高攀龍全集

東林學派文獻整理叢書

下

（明）高攀龍 著
尹楚兵 輯校

鳳凰出版社

下册目録

正蒙集註 …… 一七一五

邵文莊公年譜

附録一　墓誌銘、神道碑銘、行述、行狀、祭文、題詠贊跋…………二〇七三

附録二 傳記、年譜

附録三 序跋、提要

下编

周易孔義

《大易易簡説》叙

夫易，豈難知者乎哉？豈難能者乎哉？『天高地下，萬物散殊』，八者流動，充滿於吾前，吾於其中具形而爲一物。天地之八者未嘗不備於我，我之八者未嘗不充塞於天地，静而成象，動而成占。成象者，退藏而爲密。成占者，神明焉而爲德。吉凶悔吝，如日月之章章焉，而冥行者不知也。聖人惻然患之〔一〕，莫能致力，則以易示之，又詔之曰占。故曰易者，卜筮之謂也。卜筮者，占之謂也。静而不密則不占，動而不德則不占。至將有爲也，將有行也，問之以蓍，則卜筮之一事云爾。謂蓍不足以盡占可，謂占不足以盡易不可。雖然，不見易而能知者鮮矣，則謂蓍爲占也亦宜。於何見易？曰：『易無之而非是，識其無之而非是，無之不可見易也。』然果何物也？曰：『吾之心也。』天下有非易之心，而無非心之易，是故貴於學。學也者，知非易則非心，非心則非易也。易則吉，非易則凶悔吝。其知易，知其能簡，能易簡，而天下之理得矣，於是作《易簡説》。夫五經註於後儒，《易》註於夫子，説《易》者明夫子之言而明《易》矣。壬戌冬月，高攀龍題。

校記

〔一〕自『人惻然患之』至『識其無』，底本闕半頁，此據金陵王氏思過齋刻本及《周易易簡説》校補。

《周易孔義》叙

《周易孔義》者何？孔子之義也。人每言《易》最難讀，余謂不然。見易難耳，見易則見道，道豈易見哉？若讀之而已，六經惟《易》易讀。何者？經非註，則無門入，註非經，則從門入者，註也，非經也。惟《易》註自夫子，故即註即經。非夫子，而吾惡知《易》之所語何語哉？學《易》者，當以夫子之註學，字繹而句味之，經不難讀也。然而經者《易》也，易非經也，存乎其人。夫子固曰『聖人以此洗心，退藏於密』，『聖人以此齋戒，以神明其德』。『此』者何也？見易之謂也。《易》以孔義明，孔義又以《易》明。以目前事，故不易見，然以目前事，初非難見也。壬戌冬月，高攀龍題。

卷一

《周易》上經

☰乾

夫『乾』，『元亨利貞』而已，終古一元亨利貞也，終歲一元亨利貞也。一人一物，一元亨利貞也。元亨利貞，盡乎《乾》，盡乎《易》矣。故學《易》者，當實見之。見之於天乎？未也。見之於人乎？未也。天人一物也。一物者，一元亨利貞也。人之一呼吸者，天之一闔闢者也，此之謂『天行』，此之謂『不息』。

龍陽象潛，下象聖人。乘潛則『勿用』，時位然也。

二，陽出地上，故曰『見龍』，曰『在田』，聖人爲天下所利見矣。

三，人位也，『君子終日乾乾，夕惕若』，人道也。

四，即體而用矣，故曰『或躍』；用不離體，故曰『在淵』。上下進退，惟其時焉，故『無咎』也。

九五，『飛龍』，則『首出庶物』，『萬國』以之『咸寧』者也。然則聖人首飛龍乎？非也。易以二爲體，五爲用，故天下利見，『萬國咸寧』，必於五言之。

『亢龍』所以『有悔』，言時位，非言聖人。

『用九』者，六爻皆九也。六爻皆九，則六龍俱見矣。六龍俱用，以誰爲首乎？六龍者，聖人所時乘，本無首也。群龍見，則無首見，故曰：『見群龍無首，吉。』

『萬物資始』，言元也。『雲行雨施』，言亨也。『各正性命，保合太和』，言利貞也。何以『元亨』之下有『大明終始』三言，『利貞』之下有『首出庶物』兩言也？元亨利貞，即六位之終始，惟聖人大明之『時乘六龍以御天』，而乾道始得成其變化，萬物始得保合其太和，是聖人首出於庶物，萬國以之咸寧者也。無天道，則無人道，無人道，亦無天道，天人一而已矣。

君子何以能自强不息也？以『天行』也。天行自不息，君子之心，天行也，何息之有？非此之『以』，而能不息乎？六十四卦之『以』，皆以此也。

『在下』則『勿用』，所謂易之序。

『見龍在田』，聖人未用於世也，而『德施普』矣。故人患無德，不患無位。

反復於道，一乾惕而已。

『或』之，而聖人之見審矣。

『大人造』〔一〕，即聖人作也。

校記

〔一〕『大人』，底本作『人人』。按，《周易》及《周易易簡説》皆作『大人』，今據改。

陽至六而盈，故爻至六而止，『易與天地準』，如此。

天德循環無端，故『不可爲首』。

『元亨利貞』者，仁義禮智也。聖人何以不言智？智不可見，見之於幹事之貞。離事無智，智無朕也。『君子，行此四德者，故曰：「乾，元亨利貞。」』可見乾，一君子也；君子，一乾也。言合天人者，猶二之矣。

不爲世易，不成世名，世不我知，知不我是，弗顧也。行其樂天之誠，違其憂世之志，確乎不拔，所以爲『潛龍』。

九二，龍德正中，所謂『中庸其至矣』。此人性之本色，惟聖人造其極。夫何爲哉？庸言庸行之信謹而已，『閑邪存其誠』而已。善施而德化，聖人不知也，故曰『篤恭而天下平』。

人道惟在『忠信』，立誠在於『修詞』，至者至此，終者終此。『進德修業』，居上居下，有無限事。在其道，在此而已。孰知其在此而已也？故『知至』『知終』爲難。

『或』者，從時也。聖人仕止久速，惟其時也。

『聖人作而萬物覩』，莫知其然而然。

『動而有悔』，則不宜動明矣。

『不可爲首』者，天德也。『天下治』者，王道也。天德方是王道。

六龍皆天德也，而非其位，故『飛龍』曰：『乃位乎天德。』

『用九』而必曰『乾元』者，何也？乾元言其始，用九言其終。

六位乘而天則見，六龍乘而『天下平』也。以始而亨，故曰『乾元』。成其性情，故曰『利貞』。何莫非利，不可言其所利，此貞之所以無朕，而乾元所以爲大也。

『大哉乾乎』，性也，體也。『六爻發揮』，情也，用也。『時乘六龍』者，聖人也。『雲行雨施』者，聖人也。

明言乾，而以聖人當之，然則天耶？人耶？一耶？二耶？

初九，『成德』也。以其『隱而未見』，故行而未著。君子見，而後用之。

重剛不中，時位然也。聖人乘之，乾惕而已。『因時而惕』者，無時不惕也。

不天，不田，不人，故在淵虛圓無滯者，『或』之理也。

『大人』者，『天地』『日月』『四時』『鬼神』也，所謂『乾，元亨利貞』也。

『亢之爲言也』，言其時也，所以有悔也。『其唯聖人乎』，言其道也，所以無悔也。

䷁坤

坤之元，即乾之元也。坤透體皆乾，乾元在坤，故曰坤元資生者，生其所始也，一元之氣於是乎成形。亨，乾之亨；利，乾之利；貞，乾之貞，順承乾而已，故曰『牝馬之貞』。乾健而坤從，如牡行而牝從，馬乾而牝坤也。乾無疆，而坤德則合之；坤無疆，而君子之德則合之，三才一而已。陰道從陽，先則迷而失道，後則順而得常。『常』者，利養萬物之常，坤主利物而已。『西南得朋』，陰之類也，固其常也。『東北喪朋』，陽之從也，正其慶也。『慶』者，以其從陽而利物，此君子『安貞之吉』，應乎地之無疆者也。

地之勢，何其順乎！君子順萬物之性，因其勢而利導之，所以能『厚載』也。

君子『履霜』，而知『堅冰』之至矣。其至雖漸，有必至焉。蚤辨者，辨諸此。

順乾而動，故『直方大，不習無不利』也。

『含章可貞』，非不發也，以時發也。不居其成功，豈獨臣職有終？保其令終矣。

『括囊』者，君子之隱也。重坤不中，而括囊守正順時，免害。道莫善於此矣，非爲居位者言也。

曰『黄』則有玄在，曰『裳』則有衣在，順德『在中』，何『文』如之？

於六稱龍，陽無終滅之理；於戰稱血，陰有必窮之勢。雖『玄黄』竝『血』，而尊卑自辨也。

『用六』者，六爻皆六也。六爻皆六，皆從乾矣。永其牝馬之貞，是『以大終也』。

順乾而動，故『剛』；一於從乾，故『方』。惟其後也，故利物『有常』；惟其含也，故生物『化光』。承天時行，不違毫髮，所以剛柔動静，爲物不貳也。

坤，惟一順而順，當早辨。善而順，積而『餘慶』；不善而順，積而『餘殃』。至於堅冰，亦以順致。危哉！其在履霜之漸乎！

『直』『方』者，本體。『敬』『義』者，合本體之工夫，所以能『大』，所以能『不習而無不利』也。非乾無坤，非坤無乾，非人無乾坤，非乾坤無人，故曰三才者一而已矣。

坤主『含』，收歛謹畏，待時而行。故『成』曰『弗敢』，『有終』曰『代』，『含』之至也。

順時而隱，非賢者不能，中心無欲，氣至而應也。

通大中之理，居爲下之體，順德積中發外，美蔑以加矣。

陰進於六，至於野矣。陰之極也，而天地雜焉，雜而必以陽爲主，『故稱龍』。主而猶未離乎陰，『故稱血』。疑而雜，雜而戰，戰而血，血而玄黄，而龍已儼然在矣，謂坤『無陽』也，可乎？

䷂屯

震之始交，遇坎之險難，震動乎坎險之中，生機結而未暢，所以爲屯。『大亨，貞』者，以『雷雨』『滿盈』，生物伊始，然洪荒開闢，天運方草雜昧晦，『宜建侯』而未遑寧處也。

天下方屯，千端萬緒，君子經以分之，綸以合之，使各有條理，如雲雷方興，而民被天澤也。

磐石，桓柱也。國之柱石，鎮定不摇，『居貞』如是，『利建』如是之侯也。《象》言『雖磐桓』，居貞，未有作爲，而志行之正，下賤之誠，能『大得民』，而可建爲侯也。九在二陰之下，故曰『以貴下賤』。

六二，『乘剛』，止能自守，故爲女子之貞。雖正應之婚媾，至十年，始復其常理也。

當屯而有所往，如『即鹿無虞』，又『以從禽』，『惟入於林中』而已，言無禽也。

『乘馬班如』，不能自進也。求賢而往，智矣哉！

九五，屯膏，其施未行，可以小，正不可大，有所正也。

屯終險極，陰柔無應。然屯極必通，寧可長乎？故爻不言凶咎。

䷃蒙

蒙之所以『亨』者，以二之『剛中』。『匪我求童蒙，童蒙求我』，言二之守正。『初筮告，再三瀆，瀆則不告』，言二之當可。不如是，何以『養正』，成『聖功』乎？

『山下出泉』，浚發而渟泓，故以果其行，育其德。

『發蒙』者，利『正法』而勿『桎梏』之。恃法而往，則『吝』也。

二五，剛柔交接之美，以師『包蒙』，以夫『納婦』，以子『克家』，所謂『剛中』而『志應』也。

三六，亦『剛柔接也』，而不中不正，故爲『見金夫，不有躬』之女。

六四，不當二，故爲『困蒙』。

『童蒙』，其赤子之天真乎！

卦惟二剛爲發蒙者，二以中而包上，以不中而擊，擊以禦寇，而不爲寇，則上順下，而下亦順上矣。

《需》之所以『有孚』，『光亨，貞吉』者，以九五之得位而『正中』也。『剛健』能需，不陷於險，涉川之道，孰加焉？

䷄需

以需之時而曰『飲食宴樂』，其心之恬夷貞靜也何如！

天下之可恒者，惟常而已。君子之安於常者，曠如郊焉，又何犯難之有？

二以『在中』，故『衍』。沙在水而水不濡，能使水流通而無礙，『衍』正流通無礙之象也。

『需於泥』則『致寇』矣。然自我致之，『敬慎』則『不敗』也。

『需於血』則入於災矣，然有順聽之道焉。順聽焉，則『出自穴』矣。

君子酒食，於中正之道，順其遇之所安而無容心焉，故曰『需於酒食，貞吉』也。

以上居六，安其所處，故曰『入於穴』。柔順而能敬三陽之進，吉之道也，曰『不當位』者，上無位也。

䷅訟

凡訟之成，皆以險健，故『上剛下險』而爲訟。二五成卦之主，剛險相對。然九二剛來得中，故『有孚窒惕』，不成訟而吉，終則成而凶矣。九五中正，天理之至當也。人能見理，何訟之能成？不上從天理之正，則下陷人欲之危，故涉川則入淵。聖人垂象，豈不深切著明乎？

天、水『違行』，成訟之象。『作事謀始』，絶訟之源。

訟宜止於初。『初六，不永』，故雖『小有言』而『終吉』。以上應九四之剛，非能訟者，與上九終凶正相反也。

卦惟二五兩剛相敵而二居下，知下不可訟上，故『不克訟，歸而逋』。所謂『有孚』，能窒能惕而得中，雖『其邑人三百户』，亦得『無眚』也。《彖》言吉，爻不言吉者，《彖》言一卦之才，爻明一爻之位，安於位而『不克訟』，無患而已。在訟之時爲然，卦有小大也。

三曰『從上吉』者，從上九也。以柔應剛，安其素分，貞固自守，雖厲而『終吉』。『或從王事』，亦『無成』也。

四應初，而初不永訟。四亦『不克訟』，而復於義命。『渝』而『安貞』，故『吉』也。

九五，『中正』，『訟』之『元吉』者也，故爲訟所利見。

上九，訟之終，所謂『終凶』也。聖人發終凶之義，言雖勝而『受服』，必即見褫。『終朝』言褫之速，『三』言褫之衆，爲戒深矣。

䷆師

五陰之衆，一陽能左右之，使歸於正。所謂『師貞』，『剛中而應，行險而順』。所謂『丈人』，雖『毒天下』，而民悦從。故吉而無害，義而無咎也。

『容民畜衆』，所以能師。

『律』者，行軍之法，如肅部伍，嚴賞罰，審天時，察地利之類。失之於初，則無律矣。『否臧』者，『失律』也。

剛中而應，故承天之寵。『王三錫命』者，欲『懷萬邦也』。

師之最忌者，或以衆主之，所謂『弟子輿尸』也。

六四，能全其師者也。

「田有禽」，非大害斯民者，弗師。「利執言」，非大義可聲者，弗師。以長子帥之，不以弟子主之，乃「無咎」也。

師終賞功，嚴小人之用，《象》申之曰「必亂邦也」。後世專取小人之才者，何哉？

䷇比

比者，吉道也，「輔也」，「下順從也」。「原筮」，再筮，重審也。凡比人與比於人，有「元永貞」之德。如九五者，「無咎」也。人之不得所比，則「不寧」，不寧，故「方來」，天下應之而後者，凶矣。

衆建諸侯，以比民也。

《易》重初，初者，未變之心也。故曰「有孚」，充積之而至「盈缶」，「有他吉」也。「他吉」者，非意之吉，繇四以比五也。

「自内」者，繇己也。守其中道，「不自失也」。比卦，五陰皆主比，五而比之，爲道則在守正。

比主，比五，非五則「匪人」矣。三應上，故以戒之。

四，「外比」。五，比賢。「從上」，「貞吉」可知。

五，無心成比，如天之無私，王道之至純也。「三驅，失前禽」者，三面之網，開前一面以爲門，自門驅而入，禽之出者，向我者也，入者，背我者也。故曰「舍逆取順」，所取者，所失者也。

在上爲首，首爲終，故爻曰「無首」，《象》曰無終。

䷈小畜

以一陰畜五陽，故曰「小」。「健而巽，剛中而志行，乃亨。」見亨不在小也。雲未雨而「尚往」，雨未施而密於『西郊』，陽爲陰畜也。然則小畜之所以『亨』者，止以五陽之位而已。

『懿文德』，取《畜》象。文德雖小，而懿之足以行其道，如『風行天上』，所謂無文不行也。

復於自有之道，何吉如之？

『牽復』於中，與初同吉也。『不自失』者，不失於陰。

九三，比陰，爲陰畜制。如輿之脱輻而不能行，必至『夫妻反目』而不能正其室也。

六四，孚五，故『血去惕出』，而『無咎』。可見四之能畜乾者，非四之力也。

九五，孚。於同體有『攣如』之固，如富者之能『以其鄰』，此所以成畜乎！

上九，畜之成。未雨者，『既雨』矣；尚往者，『既處』矣；尊尚柔德，積而滿矣。婦將敵陽，故『厲』。陽有所征，必『凶』。小畜，陰道也，故聖人爲戒如此。

☰☱履

履進，進不已也。和悦而順乎天理，以是而履，雖『履虎尾』而『不咥人』也。君子之履，如履虎尾。柔心而應剛中之道，故曰『柔履剛』。九五『中正』『光明』，無疚，卦之所以亨也。

『上天下澤』，定分秩然，君子所以行無越思者以此。

素者，本色也。履其素往，又何咎？大人不失赤子之心，末世追隆古之道，感遇萬變，而素位者無入不自得焉，所謂『素履』也。

君子雖中天下，定四海，而幽人之心自若，故可敝屣天下。

才弱而志剛，鮮不及於患矣。不曰『武人爲大君』，而曰『爲於大君』者三，非君位，乃以武人爲於大君之事，非其人，非其位，象其志如此也。

三、四皆曰『履虎尾』，以兑、乾相躡而四得『終吉』者，健而敬，其才能勝，其志得行也。以九五之中正而夬決，猶有『貞厲』之戒，此所以『履帝位而不疚』也夫。視其履，考其祥，周旋而無虧，乃『元吉』也。履終而元吉，斯大慶矣。

䷊泰

凡陽在内必上，凡陰在外必下，故天地交，陽來爲主於内，『小往』聽從於外，世之治也。治世豈盡無小人？君子在内，小人在外云爾。

《象》於《泰》曰『后』，《否》曰『君子』。聖人在天位而世始泰，君子在下位而世始否。

『拔茅茹』者，『以其彙』之象。君子進而用世，退而自藏，必以其彙。

仁無不包，義無不正，遠無所遺，近無所比，非『中行』『光大』者，其誰能之？此之謂乾道。

君子所以持平陂往復之間者，惟『艱貞』而已。艱貞則自孚，孚則食其福矣。

陰之必下，其象如此。

以陰從陽，福祉所歸也。

國家命亂，遂成復隍，然聖人於此猶有道焉，曰『勿用師，自邑告命』而已。雖『貞吝』，尚可自守。自古亂亡之國，未有不昧斯理者也。

䷋否

『匪人』，非人道也。『否之匪人』者，否時無人道之人，不利於君子之正道也。

君子之『儉德避難』，『不可榮以禄』者也。可榮以禄而容，容爲儉德避難者，乃持位固寵，苟免而無恥也。

否之初，否未甚也。君子見幾，以其彙，貞則吉而亨矣，然豈忘世哉？其志則在君也，故聖人復明君子彙貞之志。

二之時，小人猶知承君子。君子雖包其承，不亂入其群，乃爲否耳。

三之時，小人恣肆而攻正，可羞甚矣。在下之君子但包其羞，有無限深意存焉。小人處非其位，又安能久也？

『命』謂天命，君子疇類皆獲福祉矣。《泰》之過中，君子以『艱貞』而食福；《否》之過中，君子以『有命』而『離祉』，然則君子固常立於福祉之中也。

『休否』，必『大人』也，而聖人猶爲『其亡』之戒。『苞桑』者，初生之柔桑。『繫於苞桑』者，危之之辭，而非以爲固也。

『傾』者，反而爲泰也。兩卦相綜，陰陽、進退、治亂循環盡之矣。

䷌同人

卦之所以爲『同人』者，以六二『得位、得中』而應乾也。卦之所以『亨』而『利涉大川，利君子貞』者，以九五中正而應二也。然則柔非從剛，不亨；剛非中正，不貞。君子所以能『通天下之志』者，可識矣。

君子之『辨物』也『以類族』，惟不同，乃所以爲同。

初九，未染於物，無私係之累，故能『出門同人』而『無咎』也。

二五，相應在他卦，則爲至吉矣，於同人則爲道之吝。道大同無我，雖同於宗，道未大也。

三四，非中正，故不能同人。『伏戎於莽』，戎心也。『升其高陵』，亢氣也。動足皆荆棘之途，而將安之乎？

四，剛而居柔，故有乘墉之妄，有『反則』之吉。

九五，『以中直』『同人』，又何大師相克之有？『同人』者，無我也。無我，豈易言哉？非有大師之相克，不能有斷金之『相遇』，故克己爲乾道之要。

上九，清遠閒曠，幽人貞士之『同人』，故曰『志未得也』。

䷍大有

『大有』，以『柔得尊位大中，而上下應之』也。『元亨』，以『剛健』『文明』『應乎天而時行』也。所以大善亨通者，以應天時行。所以應天時行者，以大明中天柔之爲道。至大有之五，而德其至矣。非九二，何能成之？

『火在天上』，大明也。『遏惡揚善』，大明而應乎天也，故曰『順天休命』。

以初九，故無交於害。『匪咎』者，初之善也。『艱則無咎』者，《易》之教也。

乾剛得中，大無不容，故積而不敗也。

公能歸富有於天子，故『亨於天子』。小人私富有於一身，故害於一身。君子之亨，小人之害矣。

鼓旁擊之曰『東』，中擊之曰『彭』，連聲曰『彭彭』，借以爲車聲之盛，曰『出車彭彭』。『匪其彭』，不有其盛也。

六五之孚於二者，有天然之信，發人之志意；有天然之威，不繇於戒備。非大明應天之主，何繇與於斯乎？此所以大有也。

『上下應之，曰大有』，上應五者也，故曰履信思順尚賢，而『自天祐之』也。

䷎謙

天惟其下也而光明，地惟其卑也而上行。謙與盈正相反，盈則必害，故謙則必亨。居尊而德光，居卑而德不可踰，君子有終者以此。自古君子之不有其終者，豈少也乎？有功而自有之也，至於身之不保，而功則安在？《易》所以重有終之戒與！

裒聚多者，益其寡者，稱物而平施之。凡君子平其不平，皆『地中有山』之義也。

謙之最下，故曰『謙謙』。

積中發外，實大聲宏者曰『鳴』。二之『鳴謙』，繇於中心所自得，而人皆聞之，非二之自鳴也。

三，居下之上，上爲君任，下爲衆歸，而山在地中，正謙之所以爲謙，而《象》之所謂『君子有終』者也。

『撝』，施布之意，動容周旋無所施，而非謙無所施而不利也。四承五，而乘三，其則如此。

謙者，天地神人所歸，故『不富以其鄰』，抗兵相加，哀者勝矣。謙爲用師吉道，聖人於五上兩言之。

上爲柔順之極，亦曰『鳴謙』。然而位處乎上，非其志之所安。謙順之極，則衆之所與，故『可用行師，征邑國』而已。

䷏豫

九四，一剛五陰應之，其志得行，順道以動，人無不服，故歡欣悦豫而爲『豫』也。『建侯』『行師』，在得衆而已。順道而動者，順時而動也。動不以時，則動非其義矣。如豫之時，如豫之義，天下無事不可爲也。

先王之作樂，以萬國之歡心，盛薦其崇德於上帝祖考也。

初六，陰柔小人，得上應，與志意滿極，以豫自鳴，其凶可知。

六二，貞於『中正』之道，明於理欲之介，如石之堅確不移，故能見事之幾微，『不終日』而決也。非介石，而何能知幾乎？

六三，上視於四，不能自立，其悔宜矣。去之不終日，庶幾免乎？故豫吉在斷，其悔在遲。

九四，繇和順之道，致時於豫，故大得上下之應。然上有逼君之疑，下有得衆之疑。己既有疑，人亦疑焉，何能致『盍簪』之『朋』乎？大臣之道，直身任天下之事而已，無他顧也。

於此見中也者，生人之命脈『中未亡』，『貞疾，恒不死』矣。

豫上故冥，動極故渝。雖昏冥之『成』，而『渝』則『無咎』。故順動之道，知其不善，速改以從善而已。《象》云『何可長』者，何可遲也，故『成有渝』，貴不終日。

䷐隨

『剛來而下柔』，其心下矣，心下則能『隨時』以從善也。元亨利貞，天道也，動以天，豈有不悦者乎？天下所以隨之。凡隨者，必『元亨利貞』，乃『無咎』也。

澤中之雷，無聲之雷，春動而秋斂，時莫大焉。『嚮晦』『宴息』，隨莫大焉。曰『宴息』，則不宴之息，非所以爲息矣。

『官』，主也。『渝』，變也。心有所隨，『官有渝』也。『從正』則『吉』，『出門交』則『有功』。出門不比於二陰而從四，破私局而從正大也。

係初則失五，故從正者，當專一，而無一毫私係也。

六三，係四失初，非應而比，故亦曰：『係「有求得」，「居貞」之戒。』

以臣獲下，雖正亦凶。『有孚在道』者，孚以道也。『以明』者，以其明也。

隨道之吉，惟隨善而已，如五之於二是也。

『上窮』則無所往，守正而已。『拘係之』，又『從維之』，固結而不可解，守正之則也。王之亨於岐山，君堅於爲民，民堅於從君，乃其象也。

䷑蠱

『剛上』『柔下』，上下不交，下卑巽而上苟止，故蠹積而爲蠱，蠱壞則修飭，亂而復治，『元亨而天下治也』。蠱則無地，非險治。蠱則無往，非事甲。事之始也，一日，二日，三日，思深慮遠，先則慮其所以始，後則圖其所以終，『元亨而天下治』者以此。

『振民』如風，『育德』如山。

貞者，事之幹。所謂正其本，萬事理治。蠱須正其本，故曰幹。子豈樂於改父意？在『承考也』。故『有子』則『考無咎』，雖『厲』而『終吉』也。

貞者，盡其道也。『幹母之蠱』，豈能盡其道？故『不可貞』者，乃『中道』也。

九三，過剛不中，而巽體得正，故有小悔而『無大咎』。

蠱裕之，則日深偷安於目前，往而見其吝矣。

五之『用譽』，二『承以德也』。

『高尚其事』，豈放情物外爲高尚已哉？正爲天下第一等事，如孟子『居仁由義』『尚志』之事，故曰『志可則也』。

䷒臨

『剛浸而長』，勢將徧及四陰，陽和之氣普徧大地，『説而順，剛中而應』，豈非『大亨以正，天之道』乎？聖人於此，已見八月之凶。履霜之戒，金柅之繫，尚在一陰方長，此則於二陽方進，蓋持盈思永，全在幾先，遲則無及，故曰：『懼以終始，其要無咎。』

君子之臨民也，『教思無窮，容保民無疆』，此臨之所以爲大也。

『咸』，無心之感也。陰陽相感，是天地自然之理。二陽在下，四陰自然感通，故初二皆曰『咸臨』。正己物正，如初之臨四，則貞吉也。

九二，『剛中而應』，一卦之主，何吉如之！如是，又何不利也？無心之咸，非『順命』之説。

甘則逐於情，憂則復於性，失己則『無攸利』，守己則『咎不長』，皆繇己而已。

地澤之交，至臨之象，臨下之道也。

君之大知，任賢而已，如五之於二，所謂『知臨，大君之宜』。

敦於二陽也，尊而應卑，高而從下，何吉如之！又何咎也？

䷓觀

九五，卦主也，故曰：『大觀在上，順而巽，中正以觀天下。』『盥而不薦』之時，其象何如？『有孚顒若』而已，此所以『下觀而化』，『神道設教而天下服』也。『神道』者，可默契而不可名言，故於穆而四時行，篤恭而天下平，『觀天之神道』盡矣。

先王省方，『觀民設教』，聖人身至而風行，教豈煩乎哉？

以初觀五，重觀而已，小人之道如是足也，曾是以爲君子乎？

六二，能順承於五，觀則闚。觀女子之貞，丈夫之醜也。

天地間莫非生也，就人身而言，動作威儀皆是。六三，『觀我生』，順時而『進退』也。

六四，『觀國之光』，其觀大矣，必有可以『賓於王』者，而後可尚也。

九五，以天下爲生，故『觀我生』，而曰『觀民』。

上九，不得位而道在焉。其生而君子，則天下萬世所觀也。道彌進而彌窮，志彌虛而彌遠，故曰『未平』。

䷔噬嗑

『噬嗑，亨』者，噬而後合，合而後亨也。剛柔交濟，威明竝至，柔中之主，上居尊位，故『利用獄』也。

『罰』者，一時所用之法。『法』者，平時所定之罰。雷電合章，則明敕至矣。

初上，取明動之義。誡於初，則無咎，至於上，則無及。故君子行己，跬步不使妄行，令小罪小惡根芽盡拔。處己處人，其道一也。

以中正，故有『噬膚』之易。以『乘剛』，故有『滅鼻』之深。

小物全乾爲腊。居位不當，故治人不治，而於事『無咎』也。

肉之連骨者曰『胏』，胏而乾，其堅至矣。以剛直之才，有『艱貞』之戒者，爻非中正，而『未光也』。

《象》言『不當位』，爻言『得當』，惟不當位，故『貞厲』而後『得當』也。

『聰』，古『聽』字。『滅耳』之凶，其剛愎自用者乎！

二至五，皆『頤中』。雖四爲物而同噬，『噬嗑』之義不及初上，『用獄』之義則通於六爻。

䷕賁

離明艮止，文明內蘊，天然本色，不雜外飾，故爲賁。賁之亨以剛，而剛之亨以柔。賁之『攸往』以剛，而『小利』以柔，剛柔往來，交錯成文，則天之文也。人倫庶物，各止其所，則人之文也。觀天文之變，而時變可察矣。觀人文之常，而天下可化成矣。

止而明，故『以明庶政』。明而止，故『無敢折獄』。

君子在下，以守義爲賁。賁初者二，舍二從四，『舍車而徒』也。『趾』取義於初，『車』『徒』取義於趾也。

剛得柔而文，柔從剛而動，『賁其須』，則與三興也。

三在兩柔之中，故有『濡如』之賁，有『永貞』之戒，貞則莫之能陵，何賁如之？

剛柔相賁，異而實同。四之於初，非寇而婚。『當位』之『疑』，疑所不當疑也。

賁五不言君位，而言山林寒素之賁。天下之至賁者，不在富貴也。

『白賁』，還其初也，故曰『得志』。聖人所謂得志者，如此可思矣。

䷖剥

不利攸往，君子觀順止之象也。『消息盈虛』，天行自然，君子以此爲尚，故以順止爲道也。

『山附於地』，下剥則上傾，故『厚下』所以『安宅』。大象不取陰剥陽，取陽覆陰之義也。

『牀』者，身所安。『足』者，牀所安。小人徒知『蔑貞』，而不知自剥其牀足。『蔑貞』之『凶』，小人之凶也，『滅下』則上危矣。凡小人之貪欲剥民，致四海困窮，皆此象也。

牀幹曰『辨』。牀之中介處，二與上不相當，不得與於君子，益肆然無忌。若使其見君子，有開明之者，豈至自蔑其貞，凶一至此乎？

六三，應上而失群陰，在『剥之』時，爲『無咎』也。『膚』者，牀之膚。『凶』者，四之凶。小人之使，災害竝至，危亡莫救，此其象也。

六五，近陽，故能貫四陰而承之，如宫人受寵於君也〔一〕。

校記

〔一〕『如』字後至《復》卦『致國君之』，底本闕一頁，此據金陵王氏思過齋刻本及《周易易簡説》補。

果爲剥之貞，反即復之元。自上視之，君子爲五陰所載，爲『輿』。自下視之，小人爲一陽所覆，爲『廬』。然則小人剥陽，實自剥其廬，此蔑貞所以爲凶也。

䷗復

『剛反』而『復』，『復』則『亨』矣。『出』者，剛之長。『入』者，剛之反。『出入無疾』，一陽動而順也。『朋來無咎』，五陰順而來也。六反爲一，『七日來復』也。『天行』原其始也，『剛長』要其終也。天地生物之心，無一息間斷，於復而見矣。

當安静以養微陽，天地之氣然也，國家之事然也，人身之養然也。

復者，復其情之未發，即性也。遠則祇於悔矣，故『不遠之復』，不『祇悔』而『元吉』也。

『休』則『復』矣，『復』則『仁』矣。二近初，故取象於『下仁』，實聖人之示心法也。

非『頻復之厲』，乃頻失之厲也，復又何咎焉？

行群陰之中，獨應於初。道當如是，不問凶吉也，故聖人不言凶吉。

『復』之『敦』矣，止於『無悔』者。微陽之時，柔而無助，自成其中德而已。

陰柔不中，迷而不反，其凶如此。以行師之故，致國君之凶，人身亦然。天君迷而事繆，事繆則心益凶，所謂『反君道也』。

䷘無妄

言心法者，莫備於『無妄』。『剛自外來』，天命也。『爲主於内』，人心也。人心即天命，故『動而健，剛中而應，大亨以正』也。『匪正』則非命，非命則『有眚』，而『不利有攸往』。然所謂『匪正』者，不獨妄也。『無妄之往』，亦妄也。『無妄之往』，所謂無事生事，如上九然。『天命不祐』也，可行乎哉？

『天下雷行』，萬物化生也。各正性命，『物與無妄』也。茂哉造化之功乎！故有一物失所，不爲茂、對，不爲育物。對時者，順時育物者，因物而已。

初九，人心之本色，如是而往，適得其志也。

天下之望得者，莫如農之耕穫菑畬。故『不耕穫』『菑畬』，則無富之心而無咎也。

九四，『固有』之心，故『可貞』而『無咎』。

『無妄之災』，順受而已。『行人得牛』，邑人得災，豈意之所及乎？

九五，無妄者也。雖疾而『勿藥』，則『有喜』。

上九，無妄者也。窮而行，斯災矣。

六爻，皆無妄而戒其妄者，則於二陰二應，人心之妄皆陰也。

䷙大畜

『大畜』，大涵養也。乾之『剛健』，艮之『篤實』『輝光』，健進而止於天理當然之極，『其德』『日新』而無窮，故爲『大畜』。剛居五上而『尚賢』，能止天下之至健，非『大正』者不能也。有天下之大抱負者，當有天下之大設施，以利濟天下之險難，故『不家食，吉』，而『利涉大川』，以應乎天行也。

何莫非天也？山之中，天在焉，若山畜之。人心『多識前言往行』，所謂弘於天，而德之畜也大矣。

乾之止，止於天理也，越理則犯災。初不中，知其『有厲』而『已』之，則『利』也。

二中，故自脱其輹而『無尤』。

三與『上合志』，畜而通者也。雖良馬之逐，當思其艱，而守於正。又自警戒曰：『其閑我輿衛乎？恐跬步之越於矩也。』如是則『利有攸往』矣。

六四之止，如童牛加牿，禁於未發之謂豫，何吉如之？

六五之止，如去勢之豶豕，又加以繫豕之牙，則制事制心有道，天下受其慶矣。

『何』者，驚喜之詞。『何天之衢』，乃如是乎！所謂一旦豁然也。

䷚頤

『頤，貞吉。』養人、自養以正，則吉。『觀其所養』，『養賢』則貞吉也。『口實』而曰『自求』，則人人有『自養』者，舍己求人，可乎？

『頤』，口也，以動而止。爲其道，『慎言語，節飲食』，聖人之頤貞如此。

初九，不能『自求口實』而求諸人者，故借所求者謂之曰『舍爾靈龜』，乃觀『朵頤』乎？欲食而頤動，可鄙甚矣。蓋在上者，道在養人；在下者，當有以自養也。

六二，無應。求於初，則爲『顛頤』『拂經』；求於上，則爲『丘頤』『征凶』，皆非其類也。

不中正而處動極，『拂頤』之貞矣。一失道而十年『無攸利』，口之於人，可畏哉！

六四，養人者也，故『顛頤』則『吉』。『耽耽』下視，『逐逐』無厭，則周悉人情，繼續不匱。『上施』之道如是，乃『光』也。

六五，賴養於上，故曰『拂經』。然以順從上爲『居貞之吉』者，所從者正也，其才豈可以濟險乎？

天下繇之以養，雖『厲』而『吉』。『利涉大川』者，大有爲之才得大有爲之慶也。

䷛大過

『大過』，以四陽言，謂『大者過也』。非聖人有過，以『大過之時』，聖人爲大過人之事，非古今所經見，正義理所當然，而人見爲大過也。四陽爲『棟』，『本末弱』而『撓』，『剛』雖『過』而二五得『中』，行之以『巽而悦』，必『利有攸往，乃亨』。大過之時，非大有爲，不亨也。

『獨立不懼，遯世無悶』，非大過人者能之乎？故知『大過』非『過中』之『過』也。

人心宜下，下之至，如『藉用白茅』之慎，又何失之有？

生意在根爲稊，二五以比初，上而有『女妻』『老婦』之象，非以巽兑爲長少也。

九三，居下之上，上實而下弱，下弱則上傾，故曰『棟撓』。

九四，居上之下，上弱而下實，下實則可載，故曰『棟隆』，以應初『有他吝』之象。

巽者，春生，兑者，秋殺，故下爲『女妻』，上爲『老婦』。

楊敬仲曰：『見危授命而功不濟，亦有從而議其後者，則鄉原之見利忘義者得志矣。「過涉之凶」，豈可咎乎？』

䷜坎

坎而又坎，『重險』之象。『有孚』，『心亨』，皆以『剛中』。『維心亨』，則『行有尚』矣，此濟險之道也。刀鋸鼎鑊在前，貞心不易，處之泰然，非獨危而即安爲『往有功』，即殺身成仁亦『往有功』也。『時用』者，有時而用。『王公設險以守其國』，君子設險以守其身，正衣冠，尊瞻視，望而畏焉，何險如之？

『水洊至』則『習』於『坎』，志洊新則篤於道。『德行』以之『常』，『教事』以之『習』也。

水以行而出險，以入而陷險，故入窞爲失道也。

九二，雖中，下坎未出，『小得』而不成大功也。

兩坎之間，往來皆坎，故枕於險而入於窞也。

人心之陷溺者，非孚誠相輸，自明而入，不能出之於陷也。一樽之酒，貳簋之食，瓦缶之器，納此款款之約於君所，開明之牖必際合矣。

水不盈科不行，既平而後出於坎也。陽陷陰中，故『中未大』。

人心之陷，如『徽纆』之『係』，『叢棘』之『寘』，『三歲不得』，則不得矣。聖人覺之，曰：『何以如是失道云爾？孰知係者自係，寘者自寘，三歲不得，一朝得之，曾莫之禦乎？初云失道，拯之於始。上云失道，拯之於終。』聖人以斯道覺斯民也如是夫。

䷝離

火必麗於物斯見，故火爲離。『重明以麗乎正』，以四剛言。『柔麗乎中正』，以二柔言。剛之能麗乎正，正以柔之能麗乎中。麗中正者，非至柔至順不能，故『畜牝牛，吉也』。

『兩作』者，明而又明。以不息之明『照於四方』，故曰『繼明』。

『履錯然』而動矣，吉凶悔吝繇兹出也，可不敬乎？

人心真明，乃『黄離』也，故曰：『得中道。』加意焉，非黄離矣。

常明之明，無昃也。若夫『日昃之離』，寧可久乎？故『不鼓缶而歌，則大耋之嗟』也。

兩離相繼，上炎躁進，『突如其來』，如赴火之蛾，有焚、死、棄而已。故犯突如之象者，皆『無所容』於世，而入於死道者也。

惟其明也，故憂民如此。『沱』與『嗟』皆至虚至明中流出，至不容已之情，此之謂『王公』。

如上九剛明，而後可行師，故能『折首』，不獲『其醜』，『有嘉』而『無咎』也。

校記

〔一〕按，《周易易簡説》無此部分。

先後抄本小異（上經）〔一〕

乾

夫『乾』，『元亨利貞』而已。終古一元亨利貞也，終歲一元亨利貞也。一人一物，一元亨利貞也。元亨利貞，盡乎《乾》，盡乎《易》矣。故學《易》者，當實見之。見之於天乎？未也。見之於人乎？未也。天人一物也，人之一呼吸，天之一闔闢。一也，一元亨利貞也。此之謂『天行』，此之謂『不息』。（《象》）九五，『飛龍』，則『首出庶物』，『萬國』以之『咸寧』者也。然則聖人首飛龍乎？非也。大中至正，『位乎天德』，爲一卦之主也。（九五）『用九』者，六爻皆九也。六爻皆九，則六龍俱見矣。六龍俱見，則六龍俱變而無首矣。易以首爲終，無首者，無終窮也。天德又何終窮之有？此『天下』所以『治』，『天則』所以『見』，故曰：『見群龍無首，吉。』（用九）

屯

乾坤之後，乾一交於坤而爲震，再交於坤而爲坎，震坎合而爲屯，故曰『剛柔始交而難生』。『難生』者，坎也。震動乎坎險之中，生機結而未暢，所以爲屯。『大亨，貞』者，以『雷雨』『滿盈』，生物伊始，然洪荒開闢，天運方草雜昧晦，『宜建侯』而未遑寧處也。卦以震爲主，爻以初爲主。凡卦皆有主爻，而一卦之吉凶係之矣。（《彖》）天下方屯，千端萬緒，君子經以分之，綸以合之，使各有條理。天地以『雲雷』生萬物，『君子以經綸』理萬物也。（《象》）六二，『乘剛』。初雖『非寇』而求『婚媾』，故於二爲難。『不字』曰『貞』者，非正應也。正應之婚媾，至『十年乃字』，而復其常。五不能得二，二又不能得初，此『膏』之所以『屯』也。（六二）三不當初，而應上之陰柔，如『即鹿無虞』，又『以從禽』，『惟入於林中』而已，言無禽也。（六三）四應初，故能『求婚媾』而『吉』。（六四）九五，屯膏，其『施未光』。事可小正，不可大正者，以不當初，而二又不能得初也。（九五）上六，則終於屯而已。一卦主爻在初，故吉凶隨其向背也。（上六）

蒙

《蒙》以坎爲主，主爻在二。雖上九亦用艮，主禦寇，而不當時中之位，故如《屯》之九五，不以爲主也。

『蒙』者，性未開通，善通之則『亨』，惟『時中』能『亨』之。『匪我求童蒙，童蒙求我』，雖蒙之志應，亦二之善感。『初筮告，再三瀆，瀆則不告』，非施之當可則反窒其真，明瀆不在蒙，在告蒙者。不迎其機而汨之，則瀆亂之矣，故曰『瀆蒙』。『正』者，蒙之固有，養之即爲『聖功』也。（《象》）『發蒙』者，以身儀刑之，自能脱其『桎梏』，若往而過求則吝矣。（初六）二五，剛柔交接，以師『包蒙』，以夫『納婦』，以子『克家』，皆謂五也。（九二）三不當二而應上，故爲『見金夫，不有躬』之女。（六三）四不當二，而所居所比所應皆陰，爲無陽之爻，故『獨遠實』而爲『困蒙』。（六四）上擊三者也，不『爲寇』而『禦寇』，則『上下順』矣。『禦寇』者，艮止也。因其固有，非强其本無，故順。（上九）

需

古人以燕客爲需，故《需》曰『飲食宴樂』。飲食宴樂，其心之恬夷貞静也何如！（《象》）

師

『容民畜衆』，如水之容畜於地中也。（《象》）『剛中而應』，故承天之寵。『王三錫命』，命斯人，而後可『懷萬邦也』。（九二）『輿尸』者，戰敗也。（六三）

比

五，無心成比，如天之無私，王道之至純也。『三驅，失前禽』者，三面之網，開前一面以爲門，自門驅而入，禽之出者，向我而逆則舍之，故無面傷；入者，順我而去，故自膘達肩爲上殺。『舍逆取順』，所取者，所失者也。（九五）

小畜

九三，比陰。爲陰畜制，如輿之脱輻而不行，雖『夫妻』亦『反目』矣。曰『不能正室』，則失不在妻也。『輻』當作『輹』，輹在輿下，脱則不行，輻在輿中，不可脱也。（九三）

履

履而曰『視』，則非冥行。視其履，考其祥，周旋而無虧，乃『元吉』也。履終而元吉，斯大慶矣。（上九）

大有

大有以上下交孚爲利，故初九以『無交』爲『害』，然『匪咎』也。亦必『艱』，則『無咎』者特立獨行，固非易事也。（初九）

豫

豫上故冥，動極故渝。雖昏冥之『成』，而『渝』則『無咎』。故順動之道，知其不善，速改以從善而已。《象》云『何可長』者，以不渝者言之。故『成有渝』，貴不終日。（上六）

隨

『隨』者，『隨時』也。『隨時』者，從道也。『剛來而下柔』，其心下矣，心下則能隨時以從道。元亨利貞，天道也。動以天，豈有不悦者乎？天下所以隨之。凡隨者，必『元亨利貞』，乃『無咎』也。（《彖》）

蠱

『蠱』者，承其敝也。蠱治，則承其德而有譽矣。故幹蠱而曰：『傷厥考者，道人於大不孝者也。』（六五）

臨

九二，『剛中而應』，一卦之主，何吉如之！如是，又何不利之有？無心之感，非『順命』也。若欲順命，則四陰方盛，豈可得哉？（九二）

觀

六四，『光』即生也。觀天下者曰『生』，下觀者曰『光』。『觀國之光』，其觀大矣，必有可以『賓於王』者，而後可尚也。（六四）

坎

坎而又坎，『重險』之象。『有孚』，『維心』乃『亨』。有孚，如水之『不失其信』；維心，如水之行而不息，如是則『行有尚』矣，此濟險之道也。刀鋸鼎鑊在前，貞心不易，處之泰然，非獨危而即安爲『往有功』，即殺身成仁爲『往有功』也。『時用』者，有時而用。『王公設險以守其國』，君子設險以守其身，正衣冠，尊瞻視，望而畏焉，何險如之？（《彖》）

卷二

《周易》下經

䷞咸

『咸』者，無心之『感』。『咸』，皆也，彼此交感也。『二氣感應以相與』，則『亨』矣。『止而說，男下女』，則『貞』矣。取如是之女，則『吉也』。天地之感不可見，而於『萬物化生』見之。『聖人感人心』不可見，而於『天下和平』見之。『觀其所感，而天地萬物之情可見。』觀天地萬物之情，而其所感益可見。蓋神感神應莫知其然而然，有心與之，豈咸也哉？

『山上有澤』，山氣上升，澤氣下潤，二氣感應，無所不受，『君子』之『以虛受人』也如之。

『咸』者，自然之感。感而無感，故卦以相與成咸，爻以相感爲累。初最下，拇最微，故雖『志在外』，而無凶也。

『腓』，欲行先動，故『凶』。居則順其自然之理，故『吉』。以中，故能『居』。

股隨足而動，如三之隨二陰而動也。失其艮，止執意隨，人安往而不吝乎？

四當心位，四非能貞者，故以『憧憧』爲戒。人心一憧憧，而朋類紛然從之，『往來』無休，其害可知。若復於『未感』之先，則『貞』，則『光大』矣。《咸》六爻無全吉者，人心易動而難貞也。

『脢』，背肉，雖不妄動而非貞。《象》云『志末』，見道貴立本。

上以『輔頰舌』爲咸，咸益下矣。六爻皆以人身取象，見動於形者皆欲也。四不以形而以意，意亦欲也。聖人感人心者，一貞而已。

䷟恒

『恒』而『亨』則『無咎』，以其『貞』也。『貞』者，不易之道，即變易之道。故『利有攸往』，『剛上』『柔下』，『雷風相與，巽而動，剛柔皆應』，四者不易之道，所以『恒』也。『終則有始』，此變易之道，正所以恒也。故日月順天行而無停晷，四時變化而無停機。變易者，乃所以爲不易。聖人久道化成，千變萬化而不易其貞，此『天地萬物』之『所恒』也。豈有失其貞、膠於一而能恒者乎？

天下之至變易者，無如雷風，然萬古變易之雷風，即萬古不易之雷風。『君子』之『立不易方』以此。

居初而巽，性務入，故『浚』。此執其常理而不知變者也。

中之道，平常而已。玩九二『悔亡』之詞，何平常如之！此所以爲『中』而可『久』也。

『不恒』之人，其羞無方，故曰或承以九，居三，故曰貞而無救，其爲吝也。蓋天下未有不識中道而能恒者。

以九居四，雖得初應，而『田無禽』者。田必有禽，自是常理，四失其中正之常也。

五以中，故『恒』，以六，故爲婦人之恒。乾道變化而能恒，地道順承而不能變也。

上以動之極，故『振』。不安平常而喜變易，彼以求功也，烏知『大無功』乎？

䷠遯

遯之所以『亨』者，以『剛當位而應』，不係於應，能『與時行也』。是時二陰雖長，然長以浸止，體未進，未遽剝陽。柔小之利在貞，剛則正於此時而行，所以爲『時義』之『大』也。

『天下有山』，山形有限，天體無窮，若遯而去之，不相即也。君子嚴以律己，而小人自遠。陟山者豈能攀附於天乎？

六爻皆發遯時之義，非以初二爲害正也。初在下，故爲『遯尾』，『不往』則雖『厲』而無災。蓋居下位，而以隱默自全者。

六二，中正應五。蓋堅固自守，詞説不可得而摇奪者。當遯之時，秉志當如是矣。

三比二陰，欲『遯』而『係』。以『畜臣妾』者優柔容與之態，而決於去就之大關，其能遯乎？『疾厲』宜矣。

四爲初應而能遯，是有相好而不爲所係也。君子以失其所好而『遯』，小人以失其所好而『否』矣。

九五，正『當位而應』，『與時』而『行』者，所以爲『嘉』，所以爲『貞』而『吉』也。

上則浩然物外，不俟戰勝而『肥』，其視『疾憊』者何如哉？

䷡大壯

四陽曰『大者壯』，『剛以動』，動未必皆出於正，故『大壯利貞』。人心正大，即天地之情，故曰『正大而天地之情可見』。

『雷在天上』，是何力氣？『君子』之『非禮弗履』者如此。

以初而壯於進，其凶信矣。易者，時位也。違時位而動，未有不凶者。『征』而『凶』，則不征而吉也。

九二，『以中』，不妄動而『貞吉』也。

九三，何以竝言君子、小人？『用罔』之『君子』，無以異於『用壯』之『小人』也。『貞厲』同，『觸藩』『羸角』同，人品異而僨事一也。

九四，正『剛以動』，而不失其正者也。

六五，順陽而不觸，是『喪羊』而從平易之道。柔之處不當位者，當如是矣。

進則厲矣，『艱則吉』矣。一念變易，易凶而吉，反掌也。

䷢晋

『明出地上』，晋象也。『順而麗乎大明』，康侯象也。『錫馬蕃庶』，坤象也。『晝日三接』，離象也。以安民之侯順事大明之君，上下相際，如此之盛也。

『明德』本明，又當『自昭』之，使大明升於天而不入於地也。

始進而『摧如』，則『貞吉』。『罔孚』而『裕』，則『無咎』。端謹雍容在下，無躁進之失也。

『晋如愁如』，不以進爲樂，而務盡其道於貞道，爲至吉也。王母柔之至尊，受介福於王母，柔道之至美也。

衆之允，順之至也，以上麗大明也，故以六居三而『悔亡』。

以不中不正之人居大明之世，如鼫鼠之晝見也。

天下所順從而不計『失得』，如是而往，皆天理之至公，無功利之私意，其光大何如？故『吉，無不利』也。

『晉其角』，進之極也，維宜用之『伐邑』。然人至於有私而用伐，非其本質矣，故『厲，吉，無咎』，而於『貞』道爲『吝』，以未至光大也。

䷣明夷

『內文明』，『外柔順』，『明夷』也。『文王以之』，『以』即六十四象之『以』，文王以之『蒙大難』也。『艱貞』者，『內難』而『正其志』也。以『艱』而『晦其明』，以『貞』而明不息也。

『晦而明』，明不露也，如在地中者然。

『于飛』垂翼，不爲所容決矣。君子見其幾微而行，雖至『三日不食』，不顧也；雖至所往，『主人有言』，不顧也，義之剛果明決如此。

六二，柔順中正，克盡臣則，故雖『夷於左股』，而『用拯馬壯』，其『吉』可知。

九三，正當暗主，故『南狩』而得之。觀孟津遲回，而『不可疾貞』見矣。

『入於左股，獲明夷之心』者〔一〕，窺見至隱而後去之也。

校記

〔一〕按，據《周易》下經《明夷》卦，『左股』作『左腹』。『股』當係『腹』字之訛，《周易易簡說》卷二作『腹』。

五之『利貞』者，如箕子之晦其明，而後爲不失其貞也。

上六，失其則，而其明息矣。然『後入於地』者，即『初登於天』者也。明之夷，蓋自夷之。

䷤家人

卦以二女，故曰『利女貞』。必男正而後女正，然必女正而後見男之正。『父父、子子、兄兄、弟弟、夫夫、婦婦』，家之正也，而繇於能嚴君其父母。故家不能嚴君其父母者，未有能正其家者也。以二卦言，曰『女』；以二五言，曰『父母』；九五、六二，男女之正。『女貞』者，先正其内也。

離在内，巽在外，『風自火出』，實則『家人』爲風化之本。君子所以正其家者，『言有物』『行有恒』而已。於初即曰『閑』，閑之於初，閑之於志，『未變也』，故用力易而『悔亡』。

巽剛在五，二能順之，無所自遂，主『中饋』而已，何『貞吉』如之？

九三，剛而不中，故有『嗃嗃』之象。『嗃嗃』者，『嘻嘻』之反。『嘻嘻』，喜笑也。嘻嘻則『失家節』而『終吝』，正以見嗃嗃者雖『悔厲』而『吉』也。

如六四之巽順，則『富家』而『大吉』矣。《記》曰：『父子篤，兄弟睦，夫婦和，家之肥也。』諺曰：『十人十心，無財市鍼。十人一心，有財市金。』其富家之謂乎？

内外『交相愛』，而後爲有其家。王至於有其家，而又何恤乎？云『勿恤』者，但盡正理，更勿恤其他也。自古有天下而能有其家者，鮮矣，故曰『王假有家』。

『有孚』則『威如』矣，未有其身之不誠而有威之可畏者。家人重嚴君，嚴以『反身』之誠也。

䷥睽

卦之所以爲睽者，以『火動而上，澤動而下』，『二女同居』，『志不同行』也。所以『小事吉』者，以『説而麗乎明，柔進而上行，得中而應乎剛』也。卦才如是，特可。『小事』者，以柔也。然而聖人又大用之者，何也？聖人於原本處見其同，不於睽乖處見其異，無不可合異而之同也。

聖人用睽，異而同之，取象又『同而異』之，何也？君子所同者，義理也；所異者，世俗也。惟其同也，故不得不異；惟其異也，乃所以爲同。

初九，以睽之時有悔也而剛正，故『悔亡』。『喪馬』，失其所以行也。守正自亨，故不逐，『自復』。『見惡人』，亦謂迫斯見之，非往見也。

『遇』則非禮見，『巷』則非大途，委曲以諭之，於道，非『失道』也。

六三之疑上也，若見上之曳其輿矣，掣其牛矣，其人髡而且劓矣，皆妄見也。妄何可常？故『無初有終』，而自與上相遇也。

四之與初，非正應也，故爲『睽孤』。然同德也，故爲『元夫』。『交孚』則『志行』，雖『厲』而『無咎』也。

六五之『悔亡』，以中也。『厥宗』，二也。『噬膚』，入之深也。如是而往，入之深而益深，不惟無咎，而『有慶』矣。

上之與三，非應也，故亦曰『睽孤』。見三，爲『負塗』之『豕』，『載鬼』之『車』，『先張』『弧』而欲敵之，『後説』『弧』而知其『非寇』也，乃『婚媾』也。離下而兑上，水火濟兑成澤，故『遇雨』而『吉』也。

䷦蹇

『蹇，難也』，艱難之『難』。程子謂蹇之爲難，如乾之爲健是也。『東北』者，蹇之方。『西南』者，往而前也。『見險』，雖以『能止』爲『知』，而濟險必以能往爲功，故往而西南乃『得中』道，止而東北，『其道』乃『窮』。『大人』者，濟蹇之人。『中正』者，濟蹇之道。初爻而外，爻皆當位。人人守其正而從濟蹇之大人，則蹇濟而邦正矣。

「君子」之「反身修德」，何時不然，而於蹇言之？艱難之時，歷世愈苦，則自考愈真，反修有獨至者矣。

卦取「見險」「能止」，而又曰東北「道窮」，卦曰「往有功」，爻曰「往蹇」，何也？六爻中，濟蹇者惟五而已。二，王臣也，餘皆見險而止，往則蹇矣。非不往也，不輕往也，故來者正所以爲往之道，初之「譽」以「宜待」也。待時而往，「往得中」矣。

二之才未必濟蹇，道在鞠躬盡瘁，即不濟，豈有尤乎？

三者，下二陰之所喜，來而反得其所喜也。

四「來」則與三「連」，以三「當位」而「實」，才足濟蹇也。

五以天下之蹇爲蹇，故曰「大蹇」。真以天下爲蹇，天下「朋來」矣。

繇上觀之，則來者皆來於五，所謂「朋來」也。蹇之時從，得其人則「碩」，否則淪胥於險而已。

䷧解

「解」，動於險外，以東北之卦往而之西南，爲「動而免乎險」也。「無所往」，未可有爲之時。「有攸往」，可以有爲之時。「來復」，坎之二也。「夙吉」，震之四也。「解」以解天下之難，時至方動，間不容髮，故聖人大解之時，而以「無所往」「有攸往」審時之幾也。

天地以雷雨普萬物之生，聖人以雷雨普赦宥之澤。

觀初六之「無咎」，而知《易》重「剛柔之際」。

解天下之難者，去天下之小人而已。去天下之小人，以中直之正道而已。

六三其狐乎？「負乘」而「致寇」，其「吝」也。理之正也，又何逃焉？

初六應剛而「無咎」，九四應初而爲「拇」。「解」陰「拇」而「孚」陽「朋」，絕陰私以出險難也。

其朝無小人，而『君子有解』矣。未有小人在位，而『君子有解』者。

以上之正則有其德矣，公則有其位矣，卦終則有其時矣。云『射隼』，云『高墉之上』，云『獲之』，『成器而動』，待時而發，故『出而有獲』。聖人『解悖』之用如此。

䷨損

損以三上爲成卦之主，剛上爲益上，柔下爲損下，故曰『損下益上，其道上行』。『損而有孚』，既『元吉』，又『無咎』，又『可貞』，又『利有攸往』，備天下之衆善也。時當損而損，即『二簋可用享』，以孚誠爲本，無所用乎繁文也。

君子之當損者，莫過於忿欲。懲戒於既往之禍，則忿易銷；窒塞於方萌之幾，則欲易制。

初九益上，須如『已事』而『遄往』，則『無咎』。然不自大者，方能益人，故又當酌損下之益上，莫『尚』於與上『合志』也。

二居柔而説體，故戒『利貞，征凶』。『弗損』之『益』，非『中以爲志』者，孰能識之？

天地之化，兩而已矣。兩者，生生之本。三則損其一，而一斯『得其友』。『一人行』者，以『三則疑也』，兩所以爲致一也。

六四，虚己受初之益，則『損其疾』，『遄有喜』矣。

六五，虚己受二之益，則益來無方。『十朋之龜』，大寶龜也。不違者，所謂龜從知其必吉也。『自上祐』，自天祐也。

損終則益，故上反益下而備損之衆美。『得臣』，得天下之臣服；『無家』，以天下爲一家。斯爲君子之『大得志也』。

䷩益

益以初四爲成卦之主，剛下爲益下，柔上爲損上，故曰『損上益下』，『自上下下』。『中正』者，二五也。中正之道何往不利乎？『木道』者，震巽也。生生之道，何『大川』不可『涉』乎？動而順理，自有『日進無疆』之益。時當春夏，正是『天施地生』之時。損之偕時，時損而損，益之偕時，無時不益，天地之益萬物，聖人之益萬民，一而已矣。

天下之有益者，莫過遷善改過。風雷一過，宇宙改色。人心一新，面目皆別。故遷改者，起死回生之神劑，超凡入聖之捷法也。

在下者不厚任事。初九爲上，所益『大作』，『元吉』，乃得『無咎』，以下而『厚事』也。

『或益之』，無方之益也。『十朋之龜，弗克違』，必知其吉也。以六，故有『永貞』之戒，如王之『享於帝』者。然以享帝之心承君，斯爲『永貞』之『吉』也。

『凶事』乃三之固有，而善受者反以凶事得益，爲其『有孚中行』，誠信通於上也。人能於貧賤憂戚受天之玉成者如此。

六四，益初者，必以『中行告公從』而益之，大臣之義也。天下『利用』，以之『爲依』，從其『遷國』矣。大君『有孚惠心』，如天施地生，無擇於物，何問之有？故天下亦有孚惠其德，而『志』乃『大得』也。

上九，無益下之志，下亦『莫益之』，且『或擊之』，如是『立心』，其可『恒』乎？『偏辭』者，猶言豈但莫益之，而擊之者且立至也。

䷪夬

『揚於王庭』，明白正大而不事陰謀也。『孚號有厲』，戒懼兢業而不忽細微也。但告敕於同類，不角勝於異己，此所謂『健而說，決而和』，『利有攸往』矣。何者？卦雖一柔，而『乘』於『五剛』之上，勢尚可危，揚之號之，則彼計無可伏，而『危乃光』。『自邑』告戒，不與『即戎』，則彼隙無可投，而往決易矣。

施逮下之祿，居敬忌之德，兌之澤而乾之惕也。

躁動於初，未有能勝者，其『咎』宜矣。

蘇氏曰：『「惕號暮夜」，警也。「有戎勿恤」，静也。』

九三，過剛而應上。過剛，故有壯頄之戒；應上，故有『夬夬』之戒。『獨行』而不暴其意，『遇雨』而不避其嫌，雖『若濡』而見疑於正人，『有愠』而暫晦於形迹，伏能於夬夬，『臻厥成』而『天下晏如』矣，何咎之有？

九四，位不中正，欲止則不能違陽，而居之不安，欲往則不能決上，而行之不進。計無若引衆陽之進，可以亡己之悔。而『聞言不信』也，大臣不能與衆正同心而暱陰邪，自累者每如此。

九五爲夬主，而近上六。如『莧陸』，在五陽之月，受陰氣而生。有不自覺者，必須『夬夬』於『中行』，乃『無咎』。然一私未鎔，『中未光』矣。

『無號，終有凶』，決辭也。小人能自決，未有不可從善者。如沈冥不悟，何哉？

䷫姤

『姤之時』，『天地相遇，品物咸章』之時也。剛居九五，『剛遇中正，天下大行』之時也。而一陰始生，方壯之女不可與長久。聖人爲戒於方盛而謹於幾微如此。

后『施命』而『四方』風動者，豈文告之末哉？有所以風之也。命不自人主眞精神流布，何以能風？方生之陰，其勢甚壯，豈人所能制？而聖人設『繫於金柅』之戒，以爲如是，於貞道方吉。若使『有攸往』，則惟凶是見矣。蓋『羸豕』之『孚』在『蹢躅』，物性則然，聖人乃因物而施則也。

二以初爲魚而包之，則『無咎』。其義不可往，更往而應四，故曰『不及賓』。

九三，志欲下行，而後迫於四，前阻於二，其『厲』如此，而『無大咎』也。

九四，應初，而才不中正，不能包魚。居上無民，凶自此起。

九五，以二包初，不自用而純心任賢，何『含章』如之？而賢人必有『自天』而『隕』者，以其念念不舍正命，而天必應之也。

上九，高亢自守，不能包物，故『吝』而亦『無咎』。

䷬萃

萃之所以『聚』者，『順』天下之理，『説』天下之心，五剛得中，上下順而歸之也。王之所以萃天下之心者，以『假』於『有廟』之心。天下所以『利見』者，以『用大牲』之心。『王假有廟』之心，『剛中』也。『用大牲』之心，順應也。此之謂『聚以正』，『而天地萬物之情』『觀其所聚』而『見矣』。

物之所聚，則有不虞，簡『除戎器』，戒備『不虞』，如『澤上於地』而防之也。

初六，陰柔不能自主，故『有孚不終』，『志亂』而妄聚。『若號』正應，則群陰一掬笑之，『勿恤』而『往』，則『無咎』也。

六二，相引萃五則『吉』，而『無咎』。『孚乃利用禴』，亦惟利用禴乃乎。中心如固，不假物而固也。

三不中正，不當於五，故『萃如』不能而『嗟如』，果何所利乎？則往而從上，雖『小吝』而『無咎』，以『巽』於理也。

九四，『不當』萃之『位』，而有萃之責，故必『大吉』而後『無咎』也。

九五，何以有『匪孚』乎？天下之萃大矣，居天下之萃難矣，所謂堯、舜猶病，而『元永貞』，止得『悔亡』而已。

上六，居五之上，不安宜矣，必『齎咨涕洟』，乃『無咎』也。

䷭升

木方升，正『元亨』之時，『剛中而應』，則君臣同德，而福慶可及於天下。其志得行，故當『勿恤』而前進也。

『地中生木』，生機之自然。惟自然之『順德』，生生自不容已，可以『積小』『高大』也。

初六，『允升』，與二『合志』也。

『九二之孚』，天下之慶也，何喜如之？

三，陰在上，至虛以聽，而無所窒礙於前，故如『升虛邑』也。

六四之『順事』，惟文王之『亨於岐山』者象之。

六五之貞，在順應九二之賢。二之升，如『升階』焉，都俞於一堂之上矣，此所以『大得』其『志』也。

『冥』者，不識不知而『升』，正『不息之貞』也。伎倆不存渣滓，渾化日進於不可知之神，其『消不富』之謂與？學者順天理之自然，上達之極致也。

䷮困

「剛」爲柔「掩」，而「險以説」，險難中自有説心者，故「困而不失其所」。君子所以爲「亨」，所以爲「貞」，所以爲「大人吉，無咎」而「不失其所」者，不失其「剛中」而已。困之時，天下其孰信之而「有言」乎？故兌取説心而戒「尚口」。

何地何時不可自遂其志？不能「遂志」者，不能「致命」也。今曰一切聽之於命，吾順受而無容心焉，是委命而非致命也。致極於命，知天所付之正理。所謂「困而不失其所」者，何志之不可遂，豈人之所得而困乎？

初六在下，「臀」象也。「困於株木」，則居不能安，而困甚矣。所以困者，以「入於幽谷」而「不明」，故至於「三歲」而「不覿」。果其明乎，又何株木之有？

九二，能飲食，天下困之者，非能困其人，「困於酒食」而不能澤物爾。然上有剛中之君，「朱紱方來」，其慶自在，特利於「享祀」之誠，自守之固，故不「征」則「無咎」也。

六三，欲困四者，不知四之不可困，故曰「困於石」。是乘二者，不知二之不可乘，故曰「據於蒺藜」。上下俱困，自入其宮，而上非其應，小人專掩君子，故「不祥」莫大焉。

九四，有初之與剛，則金車困，則行徐，雖「吝」而「有終」，其應當自合也。

上下俱傷曰「劓刖」。賢臣未遇曰「困於赤紱」，然「徐」則必遇而「有説」，特「利用祭祀」之誠而「受福」也。

以六有「葛藟」之纏束，以上有「臲卼」之高危，是以「動」而「有悔」。能自知其「動悔」，「有悔」則「征」，而出於困矣。

䷯井

木在下，『巽乎水』也。水在上，『上水』也。井以『上水』爲『養』，以『剛中』爲泉。中之在人，猶泉之在地，其體不易，其用無窮。『改邑不改井』，『無喪無得』，不易也。『往來井井』，無窮也。幾至而綆未上，井乃『羸其瓶』，則失『上水』之義，不成『井養』之功，『是以凶也』。

君子之養人也，豈人人而濟之哉？勞來其民，勸勉而相助之，田里樹畜，『養而不窮』矣。

初六，在下爲『泥』而『不食』之『舊井』。『禽』，鹿盧也。

二無應與，故下而不上，如澗谷之水止於『射鮒』，甃井之『甕敝漏』矣。

九三之泉，清『渫』而『不食』，故行道『心惻』。惟『王明』能汲之，而上下『竝受其福』也。

六四以甃修而『無咎』，未能及物也。

九五剛中，故爲清洌之『寒泉』，天下用汲而『食』也。

收鹿盧，收繘者，收則上水。『勿幕』以待井，井而井，養之功『大成』矣。

䷰革

『巳日』，當『革』之日也。上者，中也。巳土者，離之中也。正當革之時，故『革而信之』，『大亨以正』而『悔亡』也。『天地』之『四時』，差一日不得。『湯武』之『革命』，蚤一日不得。革當乎『革之時』，『巳日乃孚』矣。

四時之革，惟夏秋發生而忽肅殺，其革爲著，故『澤中有火』爲『革』，君子以之『治曆明時』。四時有自然之革，君子特曆以明之，於此見六十四卦之以易本如是，聖人亦如是，所謂『顯道神德行』也。

初九，「不可以有爲」。固守而勿爲，則得中順之理，爲「黄牛之革」。

文明之主，上而應説正，《象》之所謂巳日征而從五，非自革也。

九三，「征」則「凶」，而「貞」則「厲」。度時審勢，間不容髮，必至言「革」者「三就」，則「有孚」也。

九四，當水火之際，正「改命」之時，天下「信」其「志」，故「悔亡」而「吉」。

九五，「大人虎變」於上，天下「不占而孚」，過化存神之革也。

上六，革道之成，其君子則蔚然文明，其小人則順以相向。於斯時也，復何爲哉？爲不當矣，故「征」則「凶」，而「居貞」則「吉」也。

䷱鼎

「鼎」曰「象」者，以鼎爲象也。「以木巽火」，「亨飪」之象也。聖人亨飪，則以「享上帝」「養聖賢」。繇此推之，聖人於天下至小之物，皆成莫大之用也。鼎所以「元亨」者，六五。五所以「耳目聰明」者，「得中」應剛。「元亨」者，春夏之生長萬物，鼎新之象也。

鼎爲安重之器。「木上有火」，正心不違仁之妙，故曰「正位凝命」。命須如是而凝也。

初爲鼎趾，「顛」則「出否」，故以鼎趾之用成九二鼎實之功。如妾左右，其中饋之内子顛而「未悖」於義者，以賤而「從貴」也。

九二鼎實，如鼎中之物不可與木火相即，故與初爲仇。慎而不相即，故「我仇有疾」，而「終無尤也」。

鼎耳在五革者，變易其常耳。炎不舉，則三實「行塞」，「雉膏不食」，失鼎之義矣。必「方雨」而和，則「悔虧」而「吉」見。三之於五，非相應而相成也。

四應初，故「折足」、覆餗而形濡渥。小人敗類，其初不信，而今則何如耶？

『黄耳金鉉』，則鼎實可食，故曰『中以爲實』。惟五之中應二之剛，成鼎之義，利以下應爲貞也。『玉鉉』則剛柔得宜，而鼎耳可舉，鼎用之成，故『大吉，無不利』。

䷲震

震之所以『亨』者有二：一則以震懼而『致福』，一則以震懼而不失其所守。『震來虩虩，笑言啞啞』，致福者也。『震驚百里，不喪匕鬯』，不失其所守者也。國君主匕鬯，不以震驚而喪，如是則『可以守宗廟社稷，以爲祭主也』。

君子之『恐懼修省』，何時不然，而待『洊雷』之『震』乎？不以洊雷而始有，未嘗不以洊雷而加惕。豈獨洊雷，一切恐懼之事皆君子修省之益密者也。

震而『致福』者，初九當之人心，未得其中，藉此一震，而『後有則』。『則』，則中矣。

二以柔『乘剛』，『震來厲』，而喪其中。至『躋於九陵』，逐之不知中者，人心固有『勿逐』而自得。『七日』者，陽復之候，人心之復其常，如卦之一反復也。

三不當位，至於『蘇蘇』自失。能反其所震者，修省於行己，則『無眚』也。

九居四而陷於重陰，故『遂泥』而不光。

不喪匕鬯者，六五當之。『億無喪』，猶云萬無失。『其事在中』，安得喪乎？於有事匕鬯之時，體在中之義，則當大震懼而不失其守者，可識矣。

上六，震而失其守，『索索』『矍矍』，視『蘇蘇』益甚矣。何者？『中未得也』。何『征』之不『凶』哉？若能於震未及躬而先有主於震鄰之日，則敬戒之心足以當震驚之至，雖『婚媾』以爲迂而『有言』，然得『無咎』矣。

䷳艮

易是一定不易之至理，隨時變易者，正變易以從其不易者也，故『時止則止，時行則行』，一止於當止當行之所也。人心所以不止，以内見我，外見人。人我之見一生，而一定之所遂失，『上下敵應，不相與』，則不係累於感應之私，故艮背而『不獲其身』，行庭而『不見其人』也。然而止於『無咎』者，何也？靜而無靜，動而無動，吉凶悔吝所不能加，言無咎而已。

思不出位，止法也。隨動隨靜，各有位在，思與位俱，則心隨身止矣。

初六，止之於趾，是慎動第一步，又何咎之有？『利永貞』者，豈終於不動乎？終於守正而已。

二能艮腓而三卦王不拯其失者，三不能『退』而『聽』二也。然以二之中正，故『隨』而『不快』，豈失己而隨之者乎？

九三，不中，當兩卦之間，如限隔身之上下，而判列其夤，『危』『厲』『薰心』，止不能安。學不問道，每如斯矣。

六四，艮身，是近裏着己之學，守而未化者，要亦『無咎』也。

六五，艮輔，是止於中，非制於口。『言有序』，豈易事哉？

『上九，敦艮』，是成終之學。學不至是，是曰『無終』。

䷴漸

漸，進也。如是『之進』，『女歸』則『吉』，以其『貞』也。『進得位』者，『進以正』也。『進以正』者，『剛得中也』。以静止之，心巽順而進，則其『動不窮』，此漸之『貞』所以『利』也。

『居賢德』者，寬以居之。之居人之居，賢德亹亹而不已，循循而有序，則其德日進而不自知。『善俗』亦然，漸涵浸漬，而無欲速之心，則風移俗易而不覺矣。

初六，漸干之鴻，未得所安，故『小子』以爲『厲』而『有言』，於義實『無咎』也。

六二，中正，漸磐而安，『飲食衎衎』而『吉』，然其志豈無所爲？非『素飽也』。故居位而安舒自適者，皆素飽而失衎衎之義者也。

九三，過剛不中，防其躁進，故有『夫征不復，婦孕不育』之『凶』。禦其私邪，順理『相保』，則夫不離群，婦不失道矣。

鴻不木棲，或得桷而安，以順巽而『無咎』也。

九五，與二中正相應，自有必亨之理。不正之敵，豈能勝之？故雖『三歲不孕』，而終『得所願也』。

上九，漸于天衢。所謂冥鴻，天下之物莫得而亂之，故其羽可貴，而用以儀世也。

䷵歸妹

古之嫁者，女必少於男，故少女稱妹。陰陽相從，震東兑西，男上女下，『天地之大義也』。婚嫁者，人之終；生育者，人之始，何以凶而不利？『所歸』之『妹』，以『説』而『動』也。『位不當』，失陰陽之正；『柔乘剛』，乖夫婦之常，所以『征凶，無攸利』也。天下事以不正而往，未有利者，聖人示人之義明矣。

欲『永』其『終』，必『知』其『敝』。敝於始，未有永其終者。此説以動之，可畏也。

初二之『娣』也，娣無專行，如『跛』之『履』，則『征吉』，以『恒』道『承』其主也。

九二，剛中。賢正之女，『眇能視』，不全用其明。『幽人之貞』，不躁妄於動。婦之常理如是也。

六三，二之娣也。上説於四，則爲須女之賤，反歸於二，庶得以娣之宜。

九四，震主，與三不相當，非妄動於説者，故「愆期」待時，志歸於正也。

五尊而應二，故爲「帝乙歸妹」。以中德爲貴，豈效娣袂爲良？女德之盛，「幾望」之「月」矣，吉孰尚焉？

上六，爲女歸之無終者。「女承筐」而「無實」，則「士刲羊」而「無血」矣。六爻皆言所歸之妹也。

䷶豐

豐之「亨」，惟王能至之。「王」者，大而無外也。當盛大者不能無憂，勿用有憂，爲「日中」之「照」而已。大明中天，則天下之壞亂吾治者皆足以照之，所以保吾盛大也。若夫中而昃，自是「天地盈虚」「消息」。舍日中之照，亦别無保常中之道矣。

「折獄」以明，「致刑」以斷，故於「雷電皆至」之「豐」言之。

初九，雖非明主，以明之初應九四動之初，明以動也。「旬」，均也。「遇其配主」，雖均陽剛而「無咎」，「往」則「有尚」矣。「過旬」之「災」，見明與動之不可少偏也。

六二，中正，爲明主而五不足以應，故爲「蔀」，蔽其中天之日而見斗於晝。五方蔀，往則徒得其「疑疾」，惟「有孚」而發其志意則「吉」也。

蔽日如旆，甚於蔀也。小星皆見，甚於斗也。皆上六所爲，故三以至明，亦失其「右肱」之用，而於三「無咎」也。

四不當位，豐蔀「見斗」，皆四之爲。惟遇初，「夷主」則「吉」也。

二往五則疑，五來二則章。來天下之賢，民被其慶，君得其譽，何吉如之？

上六，柔暗自高，豐屋蔀家，而闃户無人，至於「三歲不覿」，其誰蔽之？「自藏」而已。蓋豐終動極，上翔而不下應，故失三之明，而自取其凶也。

䷷旅

『小』者，柔也。『中』而『順乎剛』，『止而麗乎明』，『旅』之『貞』也，『旅』之『亨』也。夫『旅』，窮而在外，能『得中』順剛，失其所止，能止而麗明，其亨則小，其『時義』則『大』。聖人贊『旅之時義』，其有味於旅也乎！

『山上有火』，其明在上，故『明慎用刑』。山上之火，過而不留，故『不留獄』。明而曰『慎』，恐恃其明，留獄之病民也。上之人能慎之者鮮矣。

初六，最遠於明，故『旅』而猶『瑣瑣』也，斯其所以『取災』乎？

『旅』以『即次』而安，懷資爲用，『得童僕貞』爲賴。六二中正，故三者備而『無尤』也。

九三，過剛不中。失旅之貞，反旅之亨，故焚次，喪童僕，『貞』而『厲』也。『以旅與下』者，以旅之時居高臨下也。三曰『與下』，如上曰『在上』也。

四不得位，於處者非常處也。雖得『資斧』，未得所安，『心未快也』。

六五，柔中順剛。以文明而曰射雉不用，直而曰『矢亡』，故下皆麗之。下之所歸，譽之所逮也。

上九，過剛。以旅之時，而上人如此，焚巢必矣。其始傲然自得，其究窮無所歸，喪其順道，不自覺知，『終莫之聞也』已。

䷸巽

巽，小卦也，『以申命』而已，所以『小亨』。『利有攸往』者，以剛中正而柔能順之。志行者剛，故亨，而利往者亦剛中正之剛，則『利見』之『大人』也。

『隨風』者，相繼而不已。君子『行事』，必『申命』而後行，如盤庚遷殷者然。故政莫惡於不教而誅、不戒視成。

『志』以『進退』而『疑』，以武毅貞正而治，柔從剛之義也。

九二『得中』，承五之命而布之下，如尊者坐於牀，卑者在牀下，『史巫紛若』，正諄切『申命』之象，如是乃『吉，無咎』也。

兩巽相承，『頻巽』之象。九三居上，過剛，非能巽者，故巽而頻。失志不中者，究必窮吝，道也。

六四，以順剛而『悔亡』，有離象焉，故以『田獲三品』象其功也。

巽五，剛巽中正之大人，故『貞吉，悔亡，無不利』。『申命行事』者也，事有弊壞，則有變更，弊則無始，變則『有終』。變者，更也。『先庚』『後庚』，如先甲、後甲。甲云有始，元之義也。庚云『有終』，貞之義也。補偏救弊，不同於撥亂反治也。

上何以『牀下』？『上窮』而反下也。居柔，巽極，失其陽剛，於貞道爲凶，故曰『正乎凶也』，可以見『貞凶』之義矣。

䷹兑

兑亦小卦，不曰『小亨』者，以『剛中而柔外』也。此爲兑之『貞』，所以爲兑之『亨』。『兑，説』，順天而應人，能『先民』而民忘勞，『犯難』而民忘死，其用甚大。所利者貞而已，人心得其貞則説。天人不順應者，非説之貞也。

聖人舉天下之至可説者歸之『朋友講習』，知朋友講習之至可説，而後不貞之説不足以説之矣。

『初九，和兑』，是人心最初之真説，未有所以係累其心者，故『行未疑』。

『九二，孚兑』，其志有以自信，不爲外物所移，故『吉』而『悔亡』。
六三，内爲來，來説二也，『位不當』而兑不貞也。
九四，上承五，下比三。商度未寧，介而疾邪，則上同五下，澤物『有慶』，可喜也。
九五，陽剛中正，以孚信待人，而密比陰柔，若爲所説，則爲所剥矣。五之『有厲』，爲『位正當也』。
説不本於中，其味易盡，故上兑爲『引』，其兑『未光』。兩陰爻爲説主，而非兑貞，故非兑亨。易所用者，剛中而已。

䷺涣

『剛來而不窮』，何以不窮？以中也。『柔得位乎外而上同』，同五也。『在中』，故曰假廟。乘巽，故能濟險。此涣之『亨』，所『利』之『貞』也。人心涣其妄，即聚其真，而還其真，即拯其涣也。
享帝『立廟』，所以合天下人心者，以水木本原之思，人心所同也。
初六，順二，是拯涣而『馬壯』也。
九二，『剛來而不窮』，是自『奔其杌』而得所願也，故『悔亡』。
人之志，内見一身，遂難外通。六三應上，志在濟時，涣其有我之私，而『無悔』矣。
六四，同五，是涣其陰之群，而得五之丘。『光大』之志，非平常所思也。
九五，涣其『大號』以通天下之志，天下通徹浹洽如一身，更無壅閼括結，而『王居』『無咎』矣，是乃所謂『正位』也。
上九，應險而能濟險，故『涣其血』，使其去而遠出，正乘巽涉川之功。蓋與四五同功，涣妄還真，而拯涣者也。

䷻ 節

澤以節水，剛柔平分，『剛得中』而不過。『説以行險』，説遇險則有節而不流，所以爲『節』。五『當位』而『中正』，有『節』而能『通』，所以爲『亨』。『苦節』則不中而不通，故『道窮』而『不可貞』。觀天地四時之節，節自有天然不可易者，以之制度，用儉而物裕，雖節制而實流通矣。『制數度』者，爲品節也。『議德行』者，求中節也。

初九應四，説而思險，無事不當謹密，而言語爲最，故以『不出户庭』爲『無咎』。時當塞而知塞，則時當通而亦知通矣。

『九二，不出門庭』，不往從五也。有中正之道而不從，『失時』宜之『極』矣。

六三，『不節』『則嗟』，敏於知過，『又誰咎』之？

六四，安於自然之節，承五中正之道也。

九五，節而通，故甘所往，則有功而可嘉尚也。

上六，所謂『苦節』，不可貞而貞之者也。然以『貞』而『凶』，雖凶而『悔亡』，蓋雖苦而實節也。

䷼ 中孚

『柔在内』而中虚，『剛得中』而中實，皆『孚』也。下『説』而應上，上『巽』以順下，皆『孚』也。『豚魚』，澤中之信於風者。『信及豚魚』者，中心之孚。『乘木舟虚』者，中虚之象。『中孚以利貞』，乃應天道之利貞。『利貞』者，天之性情。『中孚』者，性情之自然。莫之爲而爲，故曰『應乎天』。

『君子以議獄緩死』之心孚天下，天下無不孚。何者？一段真誠惻怛繇中而生，故繇『中』而『孚』也。

『虞』者，憂虞，人心自然之兢慎。凡有真信者，必有真虞，虞而志始定也。正與有他之心，反『有他』，則『不燕』矣。故中孚之初，要在真志不變，『虞』而後『吉』。

二五相孚，『中心』之『願』，故有『鳴鶴』，子和我爵，『爾縻』之象。『好爵』者，秉彝之良爾。『縻』者，懿德之好也。

六三，不中正，比四『得敵』，故應上不專。鼓、罷、泣、歌，不能自主也。

六四，得主而近君，得正而信上，故爲『幾望』之『月』，能絶其三之匹而『無咎』也。

九五之孚，二孚之至也，故曰『攣如』。

上九，不知道者，欲以小信孚人，如『翰音』而期『登天』，難矣，故雖『貞』而亦『凶』。

䷽小過

小過，『以小者過而亨』。蓋時有當過者，時當過而過，是以『利貞』。而過也宜於小，不宜於大，宜於下，不宜於上，此小過之義也。

山上之雷聲，若加過焉，其地上也。『君子之行過乎恭，喪過乎哀，用過乎儉』，自世俗觀之謂過，君子不隨狥乎俗，亦若有過焉，所謂『小者過而亨』。過『與時行』者，正此類也。

小過，『有飛鳥之象』。鳥飛在翼，初上當之，皆有飛鳥之凶。初陰而應動，躁動小人如飛鳥焉，所以凶也。冥然悍然，『不可如何』矣。

六二，中正，小過之最善者。四祖五君二則，妣道也，臣道也。二雖『過其祖』，亦『不及其君』，自守其妣道臣道，得『無咎』而已。所謂下而不上，小過之貞也。

九三，居得其位，『弗過』也。而比陰當『防』，若『從』之，則『戕之』矣。

九四，雖不當位，『弗過』而『過之』，『往』則『厲』，故『必戒』柔。過之時，剛失位而『不可長』，如之何可『永貞』也？

六五，密雲不能成雨，不可大事也。但可『弋取』『在穴』之二，宜下也。

上六，動體而過極，不宜上而上，如飛鳥離人之迅疾，豈獨天災，亦係人眚，凶其宜矣。

䷾既濟

時既已濟，則所『亨』者『小』而已。『利貞』者，守其濟也。『初吉』，二也。『終亂』，上也。不言五者，爻已明之，時已過矣，雖剛中之五，不能如柔中之二也。

水上火下而成濟，然離濟，坎甚難。水滅火甚易，故『思患』『豫防』正於方盛之時也。

『曳其輪』，未進也。『濡其尾』，未涉也。濟事者當欲濟未可濟之時，其慎如此，故『無咎』。

婦喪其蔽車之茀則不可行，既濟之時，君臣相與，異於共患難者矣。然中正之道無終廢之理，故『勿逐』而『七日得』也。

人但知盛時物力之甚裕，不知盛時舉事之易憊，故以『高宗伐鬼方』，猶『克之』於『三年』。『小人勿用』，當嚴之於明盛也。

『繻』，帛也；『袽』，絮也，皆以補塞罅漏。既濟之時，弊竇百出，繻袽嚴備，又須終日警戒。爻在水火之交，故取補塞之象。

此爻說者，皆以五不如二，故於東、西之解，穿鑿彌甚，不知『實受其福』，只說本爻，味象詞自見。蓋既濟已過時，只宜守儉，自受其福。不似初吉之時，可爲殺牛之祭也。離東坎西，天然本象，又何俟他求哉？

上六，濡首之厲，則《象》之所謂『終亂』也。

䷿未濟

既未皆明，濟險皆用。柔中『未濟』，所以『亨』者，六五也。『小狐汔濟，濡其尾』，不能續其終者，二在險中，『未出』也。『雖不當位』，而『剛柔應』則可濟之。道自在，特時『未濟』耳。

火上水下，各居其方，故君子於物『慎辨』而居之，使各得其所。薰蕕不使竝器，邪正不使竝立，華夷不使相雜，則竝育而不相害矣。

妄進而徒『濡其尾』，不知進退之宜極矣。

九二，時未能出險而『曳其輪』，其『貞』而『吉』者，以『中』『行正』也。

六三，以不當位而『征凶』，又以將出坎而『利涉』也。

九四，得五而『志行』，非震動奮迅，如『伐鬼方』之艱難，至『三年』之堅忍，不能『賞於大國』也。

六五，柔中文明，故『貞吉，無悔』。『君子之光』輝動於物，莫不『孚』之而『吉』也。

上九，濟之時將至，惟自信自養，從容俟時，故有『有孚飲酒』之象。然樂志者易於溺志，至於『飲酒濡首』，則於『有孚』之道失其是矣。

先後鈔本小異（下經）〔一〕

校記

〔一〕底本無『先後鈔本小異（下經）』八字，此據金陵王氏思過齋刻本校補。又，《周易易簡説》無此部分。

咸

二應説而動，故「凶」。「居」則守其艮止之道，故「吉」。以中，故能「居」。（六二）

三應説主，隨之而動，故如股之不能自主，隨足而動也。（九三）

四當心位，四非能貞者，故以「憧憧」爲戒。「憧」，從心從童，蒙昧不明也。人心一憧憧，而朋類紛然從之，「往來」無休，其害可知。若復於「未感」之先，則「貞」矣，貞則「光大」矣。《咸》六爻無全吉者，人心易動而難貞也。（九四）

大壯

進則厲矣，「艱則吉」矣。一念變易，易凶而吉，反掌也。爻言「艱」，《象》言「詳」，旨哉！（上六）

蹇

「蹇，難也」，艱難之「難」。水而遇山，「其道窮」矣。遇險而止，則往於坤矣。「東北」者，西南之對，不之東北，即往而西南。前路既窮，轉而來反，即止爲往也。中正者，濟蹇之道。五「當位貞吉」，而能「正邦」，故「利見」之，以濟蹇。止而得中，即「見大人」而「有功」也。（《彖》）

來而不往者，不往於東北，而來於西南也。初在下，「宜待」，故「來」而待時，則「譽」也。（初六）

「蹇蹇」，不輕進也。此豈爲其身圖乎？故曰「匪躬之故」。《象》又明其「無尤」也。（六二）

三爲成卦之主，二三一體，二三所喜也。「反」者，反於内，得其所喜也。（九三）

四「來」則與三「連」，以四「當位」，能得三之「實」也。（六四）

五當位，貞吉而『中節』。故諸爻皆以五之節爲節，凡來者，皆來於五也。（九五）

來於三，三則合諸爻。來於五，所謂『朋來』，皆『見大人』而有功也。（上六）

解

『君子』相『維』，則『有解』矣。未有君子之維不固而『小人退』者，未有小人在位而『君子有解』者。（六五）

損

六四，虚己受初之益，自『損其疾』，而使遄初『遄往』而已，亦遄損『有喜』矣。（六四）

六五，非專受二之益者。益來無方，故曰『或十朋之龜』。龜之至靈也，靈明天啓，欲違之而不能，蓋自天祐也。（六五）

上九，受下之益者也。『弗損』下而反以『益之』，故備損之衆美。『得臣』，得天下之臣服；『無家』，以天下爲一家。斯爲君子之『大得志也』。（上九）

益

『或益之』，無方之益也。『十朋之龜，弗克違』，益之雖『自外來』，靈心實本自具，故不能違。以六，故有『永貞』之戒，如王之『享於帝』者。然以享帝之心承君，斯爲『永貞』之『吉』也。（六二）

六四，益初者，必以『中行告公從』而益之，大臣之義也。故雖以之『爲依』，從之『遷國』，民親之而上不疑者，以能益君之志，信於上而行於下也。（六四）

姤

九五，居高包下，不大聲色，何『含章』如之？雖始生之陰，必有自天隕落者，以其念念不舍正命，而天必應之也。（九五）

困

初六在下，『臀』象也。『困於株木』，則居不能安，而困甚矣。所以困者，以『入於幽谷』而『不明』，故至於『三歲』而『不覿』。小人欲困君子，不知適以自困，原其所以，『幽不明』而已。（初六）

九四應初，故有『來徐徐，困於金車』之『吝』。然所與在五，其終必合。四之有終者，以『有與』也。（九四）

以六有『葛藟』之纏束，以上有『臲卼』之高危，是以『動』而『有悔』。能自知其『動悔有悔』，則『征』而『吉』矣。小人初快於一時，其究也，葛藟臲卼皆自受之。聖人因其困極而悔，詔以悔過。『吉行』，所謂『變而通之以盡利』也。（上六）

卷二

繫辭上傳

第一章

此夫子首明易之所以爲易也。夫易者，何物也？現前之物也。『乾坤』非他，天地之尊卑是矣。『貴賤』非他，天地之『卑高』是矣。『剛柔』非他，天地之『動静』是矣。『吉凶』非他，天地間同方而『類聚』，各物而『群分』者是矣。『變化』非他，天地之『成象』『成形』者是矣。洋洋乎觸目而是者，孰非『剛柔相摩，八卦相盪』耶？『雷霆』之『鼓』，『風雨』之『潤』，日月寒暑之『運行』，『成男』『成女』之人物，皆乾之所始，坤之所成。而乾之知始，何其易也！坤之成能，何其簡也！不易不簡者，非道也。賢人可久之德，可大之業，莫非天地自然之理。天下『易知』而『易從』，故『有親』而『有功』也。『易簡，而天下之理得』，三才之位參矣，此所謂易也。

第二章

聖人明於三極之道，吉凶變化之決然而不易者，欲揭以示人，故設爲之卦，掛以示之。觀其象而繫之辭，以『明吉凶』焉，六爻『剛柔相推而生變化』焉。故人事有得失，示以『吉凶』之象；人事有『憂虞』，示以『悔吝』之象。『變化者』，象『進退』也。『剛柔者』，象『晝夜』也。『六爻之動』，盡『三極之道』矣。『《易》之序』，有其時，有其位，不可亂也，故君子『居而安』之。『爻之辭』，陳其理，著其戒，不可悖也，故君子『樂而玩』之。居則因象『而玩其辭』，動則因變『而玩其占』，故動與吉會，不涉凶途，順天之道，而『自天祐之』矣。

第三章

彖言一卦之象，爻言人事之變。事有『失得』而言『吉凶』，事有『小疵』而言『悔吝』，『善補過』而言『無咎』。觀爻之上下而貴賤之位列矣，觀卦之陰陽而小大之象定矣，觀辭之吉凶而得失之辨明矣。『悔吝者』，所繇以入於吉凶者也，憂之則當嚴其介。『無咎者』，繇有咎而無之者也，善補則當震其悔。以『卦有小大』，故『辭有險易』。指人以『所之』，而使不迷於所往也。

第四章

聖人作《易》，與天地相準。天地之道，大無不包者，充周而無外；細無不入者，密察而不遺。聖人準則之，而彌綸其道也。仰觀天文，俯察地理，可見者爲明，不可見者爲幽。明者易之，呈於有象；幽者易之，藏於無朕。幽明之故，何以知之？以易知之也。原人之始，而知其始於易；反人之終，而知其終於易。『死生之説』，《易》一陰一陽之説也。精氣則物成其形，魂遊則物變其故。『鬼神之情狀』，易一屈一伸之情狀也。惟其準天地，故天地與相似。惟其似天地，故天地不能違。以此爲知，故『知周』『萬物』；以此爲道，故『道濟天下』。無所不偏而『不過』，無所不行而『不流』。樂此之謂『樂天』，知此之謂『知命』。順天之命而居易也，夫何憂焉？『安』此之謂『安土』，『敦』此之謂敦仁，因地之宜而厚載也，何不愛焉？夫豈惟與天地相似，天地無心而成化，此實『範圍』之，使『不過』也。萬物竝育於天地，此實『曲成』之『而不遺』也。晝夜代謝於吾前，此實『通晝夜之道』而常『知』也。何者？神無方所，易無形體，大無不包也，小無不入也。聖人『彌綸天地之道』者，即準天地之道也。

第五章

夫易，陰陽而已矣，『一陰一陽之謂道』也。一陰一陽相繼而不已者，善之流行也。一陰一陽生物而成形者，性之各正也。仁者見此則謂之仁，智者見此則謂之智，百姓亦日用之而不知也，故君子之道，民鮮能之。而道豈難知哉？目前森羅萬象皆是也。顯而可見者，即不可見之仁。顯不顯於可見，而『顯諸仁』。藏而不可見者，即可見之用。藏不藏於不可見，而『藏諸用』。鼓動萬物，如聖人之日見於世，特不同其憂世之心。運而無積，尸而不宰，『盛德大業』，『日新』『富有』，生生而無盡。『生生』者，『之謂易』也。道無象，乾則確然而『成象』。乾無爲，坤則隤然而『效法』。『效法』者，順承乾而若效法之。謂之『占』者，『極』此之『數』而可『知來』也。謂之『事』者，『通』此之『變』而使不窮也。謂之『神』者，陰陽兩在而『不測』也〔一〕。百姓出入於其中，而日用之道豈難知哉？

校記

〔一〕『在』，金陵王氏思過齋刻本作『位』。

第六章

夫此生生之體，『廣矣，大矣』，遠不可禦，邇『静而正』，天地間物物皆是也。『大』者，『大生』也。乾静專而動直，『是以大生』。『廣』者，『廣生』也。坤静翕而動闢，『是以廣生』。此之『廣大』與『天地』配，此之『變通』與『四時』配，此『陰陽之義』與『日月』配，此『易簡之善』與天地之『至德』配。謂之『配』者，其爲物不貳也。故善學《易》者，觀天地則知吾心。人心之静而正者，即遠不禦者也。

第七章

聖人之德業盡之於《易》矣，上達之知，如天之崇，下學之禮，如地之卑。知禮成性而道義出，猶之乎『天地設位而易行』也。『成性』者，性本成，必知禮以爲德業，則本成之性存存不息，而所發者皆道義矣。萬物統體一天地，知禮自成一天地，人心之易與天地之易始配合無間，故曰人心即易，而未易言也。

第八章

天下之事，至賾矣，以聖人見之，皆易也，設卦以象之，言其『至賾而不可惡也』。『天下之動』，至亂也，以聖人見之，皆道也，爲之『觀其會通』之不可泥者，以『行其典禮』之不可易者，如是則吉，如是則凶，言其『至動而不可亂也』。故卦爻之示人者，使人慎於言動而已。『擬』其當然『而後言』，『議』其當然『而後動』，『擬議』者皆觀會通以行典禮，而『成其變化』也。是故中孚之孚，天下者言行也。如『同心之言』，則『臭如蘭』；如藉茅之慎，則『無所失』；如勞謙之以功下人，則不至亢龍之『動而有悔』。不然，言語鮮不階亂而負乘，鮮不招盜矣。聖人之『象其物宜』而『斷其吉凶』者如此。以此擬議而變化成，言動『其無所失矣』乎？

第九章

易主占此占法也。所謂『極數』者，極此數也。天地五奇五偶，積之爲五十有五。『成變化』者，成卦爻之變化。『行鬼神』者，行鬼神之酬酢，故揲蓍得卦，顯陰陽之道，『神德行』之用，可與鬼神相『酬酢』，而祐助造化之神功。是知『變化之道』，皆『神之所爲』，非人所能爲也。

第十章

『《易》有聖人之道四焉』者，聖人之用《易》有四也。占則言在其中，變則象在其中，皆著卦之法也。參而伍之，以『通其變』，則成六爻剛柔相雜之文。錯而綜之，以『極其數』，則定一卦内外兩體之象。『變』者，分二掛、一揲、四歸，餘再扐之。『變參伍』者，爻之參揲而伍變也。『數』者，七八九六之數。『錯綜』者，卦之往來上下也。『無思』『無爲』，『寂然』感通，則《易》之體用也。精則能『極深』而『通天下之志』，變則能『研幾』而『成天下之務』，神則不知其所以然而然。聖人尚此四者，以用《易》也。

第十一章

《易》者，『開物成務』，盡『冒天下之道』。而其用則『以通天下之志』，『定天下之業』，『斷天下之疑』。是故蓍『圓而神』『以知來』，卦方而『知以藏往』，六爻變易以貢其義。『貢』者，顯呈之也。聖人之心純乎易也，故曰『以此洗心』，密無朕也。『退藏於密』，則寂然不動。『吉凶與民同患』，則『感而遂通』。『古之聰明睿知，神武不殺者』，羲皇也。『明於天之道』，『察於民之故』，『興』此『神物』，開民之先，聖人則『以此齋戒』

而通其德於神明也，是故乾坤爲易之門。『坤』者，『闔户』之謂。『乾』者，『闢户』之謂。『變』者，『一闔一闢』之謂。『通』者，『往來不窮』之謂。凡可見者皆『謂之象』，有形者皆『謂之器』，可用者皆『謂之法』。百姓之『利用出入』皆神也，是皆易也。而『易有太極』，所以『生兩儀』『四象』『八卦』，以『定吉凶』，『生大業』。蓋三才自然之理，不假絲毫智力而成，故天地法象、四時變通、日月著明、富貴崇高，有『莫大』焉者矣。而『備物致用，立成器以爲天下利』者，孰有大於聖人乎？『探賾索隱，鈎深致遠』，定天下吉凶之疑，成天下亹亹之業者，孰有大於蓍龜乎？是『天生』之『神物』也。聖人則此神物以用易，而效天地之變化，象天象之吉凶，則圖書之呈數，所以示之象、告之辭、斷之吉凶者何？莫非因其自然而作法以利天下耶。《易》之所以『開物成務，冒天下之道』者如此矣。

第十二章

舉《大有》上爻，見『書不盡言，言不盡意』。然『聖人之意』以『象』而『盡』，天下之『情僞』以『卦』而『盡』，聖人之『言』以『繫辭』而『盡』。又以六爻變易決其當從當違者，『以盡利』而鼓舞天下，使亹亹不倦而『盡神』也。故易之緼蓄，乾坤兩畫盡之，兩卦『成列』，『而易立乎其中』。兩不立，則一不可見，一不可見，則兩之用息，故曰『乾坤毁，則無以見易。易不可見，則乾坤或幾乎息』也。乾坤，陰陽也，陰陽亦器也。『形而上者謂之道，形而下者謂之器。』即器爲道，故即形而上下之。蓋即易爲太極，非太極在易之先也。道在，故妙於變通，『化而裁之』，使不過，『謂之變』；『推而行之』，使不窮，『謂之通』。變通則『舉而措之天下之民』爲『事業』矣。『存乎』者，全藉乎此也。卦藉以『極天下之賾』，辭藉以『鼓天下之動』。變則藉以化裁，通則藉以推行。至於神明於幾微之妙者，全藉乎人。默成其不測之用於言意之外者，全藉乎人之『德行』也。

繫辭下傳

第一章

『八卦成列』，而萬物之象無不備。以八卦而『重之』，於是乎有六爻；六爻『剛柔相推』，於是乎有變。『變』者，因天下之動。聖人因天下之動而『繫辭』以『命之』。『吉凶悔吝』，皆『生乎動』也。故易以『剛柔』爲『本』，剛柔以『變通』而『趣時』。吉凶何常之有？不入於吉，則入於凶，常相勝而存乎人之趣吉以勝凶也。何以『貞勝』之？觀『天地之道』，不『貞觀』乎？『日月之道』，不『貞明』乎？『天下之動，貞夫一』，貞夫一而動，無不吉矣，而豈難能哉？『夫乾，確然示人易矣。夫坤，隤然示人簡矣。』萬古此易簡，萬古此貞觀。爻『效此』而爲『爻』，象『像此』而爲『象』。如此則吉，不如此則凶。『爻象動乎』蓍卦之『内』，『吉凶見乎』事爲之『外』，『功業』即此變動而見，『聖人之情』即此繫辭而見，『神而明之存乎人』而已。

第二章

『天地之大德』，『生』而已矣。聖人體天地之大德，生天地所生之人，故以『位』爲『大寶』，以『仁』而『守位』，以『財』而『聚人』。『理』其『財』，『正』其『辭』，『禁』其『爲非』，是乃『義』也，古之聖王莫不以之。『包犧之王天下』，仰觀俯觀，『近取』『遠取』，而知『神明之德』『萬物之情』，『始作八卦』，以通其德，類其情，因尚象制器，『取諸《離》』『而爲網罟』，以佃漁也。神農則取《益》爲『耒』『耜』，取《噬嗑》爲日中之市。黄帝、堯、舜益通變宜民，取《乾》《坤》爲『衣裳』，取《渙》爲『舟楫』，取《隨》而服乘牛馬，取《豫》而豫備『暴客』，取《小過》爲「臼杵」，取《睽》爲「弧矢」，取《大壯》爲「宫室」，取《大過》爲「棺槨」，取《夬》爲「書契」，莫非易也。易者，生而已矣。

第三章

觀聖人之取諸易者，「是故易者，象也」，像其象也。彖則言一卦之材，爻則「效天下之動」。吉凶悔吝，紛然不一，爻則視效之，故「吉凶生而悔吝著」，使人知之而善其動也。

第四章

天地之道，陽尊而陰卑，故陽君而陰民。陽爲主則爲「君子之道」，陰爲主則爲「小人之道」。陰陽者，天地之道。扶陽抑陰者，聖人所以「彌綸天地之道」也。

第五章

夫易，日用之常道也，聖人舉十爻之最切要者推而明之。舉《咸》之九四，以明人之思慮也。曰天下果何所思，何所慮乎？本「同歸」也，人自「殊塗」耳；本「一致」也，人自「百慮」耳。往來者何爲耶？日月往來，則得代明；寒暑往來，則成歲功。往來於吾前者如斯矣，往則屈，而來則伸，屈伸相感則利生。屈非不善也，「尺蠖之屈，以求信」，「龍蛇之蟄」可「存身」。君子明乎屈伸往來之道，惟求諸「同歸」「一致」之理，精義焉而已矣。精義入微，則足以逢原而「致用」；「利用安身」，則足以立本而「崇德」。「過此以往，未之或知。」「窮神知化」，德盛致然，非思慮之所及也，而憧憧者何爲乎？故學不明於易簡之善，未有不入憧憧者，欲强遏之不可得也。舉《困》之六三，以明小人之困君子也。曰非所當困而欲困其人，徒辱爾名矣；非所當據而欲據其位，徒危爾身矣。『辱且危』，危且死，妻且不可得而見，奈何自作此不祥耶？舉《解》之上六，以明君子之解小人也。曰隼則集於高墉矣，君子『射隼於高墉』，非漫爲也。有其器，器則成矣；有其時動，『不括』矣，是以『出而有獲』也。萬舉而一不當，豈所以解哉？舉《噬嗑》之初九，以明君子之懲小人者，乃福小人也。舉《噬嗑》之上九，以明小人之積小惡，卒至於蒙大禍也。舉《否》之九五，以明君子凜乎如危亡喪亂之在前者，乃所以安身而保國也。舉《鼎》之九四，以明小人之肆然居尊謀大任重者，乃所以自及於禍也。舉《豫》之六二，以明君子『知幾』，則『上交』『下交』『不諂』『不瀆』，爲萬夫望矣。非如石之介，何以識『不終日』之斷乎？舉《復》之初九，以明顏子之復，復於幾先，《易》之所謂『不遠復』者如此也。舉《損》之六三，以明天地致一之道。一不獨行，三必損一，兩立則一行，爲物不二，故生物不測也。舉《益》之上九，以明『君子安其身』，『易其心』，『定其交』。民斯與之，所以求諸民者，無不本諸己也，皆精義致用之事。君子之所以用《易》者，思過半矣。

第六章

乾坤兩畫，一陰一陽，爲『易之門』。雖『陰陽合德』，『而剛柔有體』，所以體天地之事，『通神明之德』者，以此而已。『其稱名』，『雜而不越』此二者。『稽其類』，則皆物之情僞，而『衰世之意』也。彰著其往者，察知其來者。微其顯者，使人見事之幾微；闡其幽者，使人見理之實象。開示而當其名，其物甚辨，其言甚正，其辭甚斷，無所不備也。『稱名』於物象之『小』，『取類』於陰陽之『大』。辭不徒斷，而『旨遠』『辭文』；言不徒正，又『曲而中』；物不徒辨，又肆陳而隱。因民心之疑貳，決之而濟，其有『以明失得之報』，有吉凶之應，而不易也。所以『體天地之撰』『通神明之德』者如此。

第七章

去古漸遠，世風日下，聖人憂患後世而作《易》也。豈獨因貳以濟民行哉？所以成其德行也。是故非《履》則德無基以立，非《謙》則德無柄以持，非《復》則不能還其初而德無本，非《恒》則不能貞其守而德不固，非《損》則有以損德者而德不修，非《益》則無以益德者而德不裕，非《困》則無以驗其力而德不辨，非《井》則不能安其止而德無地，非《巽》則不能入其微、觀其變而德無制也。《履》和説而懇至，《謙》自卑而尊光，《復》入微而辨物，《恒》當紛雜而有常，《損》欲『先難』而習熟則易，《益》但充長而不造作，《困》窮於遇而心亨，《井》『居其所』而及物，《巽》稱物之宜而隱其用於無迹也，《履》上下有定而行和，《謙》德盛禮恭而『制禮』，《復》復於性『以自知』，《恒》恒其心『以一德』，《損》以遠欲之害，《益》以興善之利，《困》不得於人而不尤，《井》不遷其止而不惑，《巽》以通變『行權』，得時措之宜也。

第八章

『《易》之爲書也』，『不可遠』而求之，不可泥而求之。天下事變無常，故《易》道『屢遷』而『不居』，『周流六虚』。初無定位，往來而爲『上下』，『相易』而互『剛柔』。惟變之，適其宜者，以爲典要，不可執以爲典要也。出爲外卦，入爲内卦。有其卦，則有其爻，有其爻，則有其位。尊卑貴賤確乎其有度也，悔吝憂虞凜乎其可懼也，明於憂患之故。如『師保』『父母』臨之，欲不懼而不可得矣。率循其所告之辭，揆度其所向之道，若『有典常』之可據。『苟非其人』，不能神而明之以行道也。

第九章

一卦以六爻爲始終，六爻惟『時物』之『相雜』。『時』者，卦之時。『物』者，爻之位。原其始則『難知』，要其終則易知。初爲本，難定其所向，必『辭擬之』而後知。上爲末，成一卦之所終，故『易知』也。『雜物』者，雜八卦之物；『撰德』者，撰八卦之德；『是非』者，時物之是非，皆於中爻備之。彖辭言一卦存亡吉凶，皆於中爻定之。故觀中爻，則一卦居然可知；觀彖辭，則六爻『思』亦『過半』矣。『二與四』皆陰而『同功』，然位不同，善亦不同。『二多譽』，以中也。『四多懼』，『近』君也。柔『不利遠』，『要』於『無咎』，『其用柔中』，而去剛中者遠矣。『三與五』皆陽而『同功』，以位不同，故三居臣位而『多凶』，五居尊位而『多功』。柔居之則危，剛居之則力能勝也。一卦之始終，皆隨六爻之時物，類如此。

第十章

《易》書之『廣大』，以『三才之道』無不備也。下二爻爲地，中二爻爲人，上二爻爲天，故曰『兼三才而兩之』。『才』，猶才能。三極不同，其才同也，故曰『三才』。『道有變動』，爻以效其動。爻有遠近貴賤之不同，故值其位爲物，如大射有耦立之物也。物有剛柔之『相雜』，故『文』。『文不當』者，陰陽之不當其位也。

第十一章

危懼則無不安平，慢易則無不覆傾，惟懼而後得無咎，此《易》道之要領也。

第十二章

「乾坤」者，六十四卦陰陽之畫。「德行」者，乾坤之德行。不易則險，不簡則阻。「險阻」者，皆人爲之私，非自然之道。故乾「至健」，「恒易以知險」；坤「至順」，「恒簡以知阻」也。人心無險阻，則「説」而能「慮」。明於「吉凶」之故，而成「亹亹」之事業。「是故變化」於「云爲」之間，事之吉者，知其「有祥」。象則知其器，占則知其來。「天地設位」，聖人以易「成」其「能」。「人謀鬼謀」，雖「百姓」亦「與」其「能」也。六十四卦則「以象告」，六十四卦之爻辭則「以情言」。「剛柔雜居」，當位與不當位，而「吉凶」「見」矣。易之變動，欲人行其所利，如利貞之類，而有吉有凶者，皆「以情遷」也。故有「愛惡相攻」「遠近相取」「情僞相感」之不同，「吉凶」「悔吝」「利害」紛然不一矣。蓋「《易》之情，近而不相得」，則有「凶」者、有「害」者、有「悔且吝」者，皆以情遷也。聖人之情見乎辭，如「將叛者」之類，有其情則見於辭，不可掩也。觀於辭而聖人之情見矣。

説卦傳

第一章

聖人作《易》，幽贊神明之用，始生揲蓍之法，以天三地二倚之以起數，故大衍之數五十也。「卦」者，陰陽之變。「爻」者，剛柔之推。「立卦」「生爻」，繫之以辭，欲人「和順於道德」而條理於義，「窮理盡性以至於命」也。

第二章

《易》『以順性命之理』，在天爲陰陽，在地爲剛柔，在人爲仁義。《易》之六畫，天地人之道也，易以順天地人之道而已矣。

第三章

此伏羲先天之位，所謂『數往者順』也。至『八卦相錯』而爲六十四卦，則以蓍而成，所謂『知來者逆也』。《易》之有數，皆以知來，故曰『逆數』也。前不云乎『蓍之德圓而神』？神以知來卦之德，方以知知以藏往，往來之義明矣。

第四章

雷風相薄，一以『動之』，一以『散之』。水火不相射，一以『潤之』，一以烜之。山澤通氣，一以『止之』，一以『説之』。天地定位，一以『君之』，一以『藏之』。天地之定體定用也。

第五章

此文王後天卦也，八方之位，四時之序，萬物之出入，莫不繇之。

第六章

帝，神之主也，神妙萬物、變化萬物而成之，故先天立法象之體，則後天爲流行之用，後天立時位之體，則先天爲神化之用，莫非《易》也，故曰『天地設位而易行乎其中』。

第七章

『乾，健也』，凡健皆乾。『坤，順也』，凡順皆坤。『八』者，盡萬物之性情。

第八章

遠取諸物，則八卦爲八物。

第九章

近取諸身，則一物爲八卦。

第十章

八卦定，而父母男女合上天下地而成一家。一家之中，又分父母男女而自成八卦，三才之義豈不重乎？

第十一章

以言乎天地之間則備矣。『乾爲馬』，須知馬爲乾。『坤爲牛』，須知牛爲坤。至於黿鱉嬴蚌之微，狗鼠黔喙之屬，皆爲離爲艮。常人見其爲物，聖人見其爲易，故曰『易者非他，現前之物也』。然而不識易，徒見物之爲易，又非易也，『神而明之，存乎其人』。

春秋孔義

卷一

隱公

元年

春，王正月。

「元年」者，正始也。

「春」，周時之春也。稱「王正月」，「大一統也」，夏時之十一月也。「不書即位，攝也。」

三月，公及邾儀父盟於蔑。

我所欲曰「及」，「公攝位而欲求好於邾」也。「儀父」，邾君之字也。「邾」，魯之附庸。中國之附庸例稱字。

夏，五月，鄭伯克段於鄢。

稱「鄭伯」，歸罪也。「克」者，力勝之詞。不稱「弟」，段不弟也。「『於鄢』，遠也。」段出奔共，不書，鄭伯志殺段也。

秋，七月，天王使宰咺來歸惠公仲子之賵。

王者奉若天道，故稱『天王』。其命曰『天命』，其討曰『天討』，盡此道者，王道也。『仲子』繫『惠公』而言，謂惠公之仲子，妾稱也。『車馬曰「賵」，貨財曰「賻」，衣被曰「襚」。』以天王下賵諸侯之妾，不天亂倫之甚也。名『咺』，以見其不王。王臣雖微不名，況於宰乎？

九月，及宋人盟於宿。

『惠公季年，敗宋師於黃。公立而求成焉。』稱『及』，稱『人』，皆非卿也。

冬，十有二月，祭伯來。

『來』，來朝也。祭伯『非王命』而私交，不與其朝也。

公子益師卒。

『益師』，卿也，不書官，非受命於天子也。稱『公子』，以公子故，使爲卿也。不日卒，史不備也。

二年，春，公會戎於潛。

『脩惠公之好』，故何以書譏也？

夏，五月，莒人入向。無駭帥師入極。

『莒子娶於向，向姜不安莒而歸』，『莒人入向，以姜氏還』。書『人』，微者也。『入』者，入而不居也。無駭不氏，未賜族也。『帥師』，用大衆也。『入向』『入極』，無王也。

秋，八月，庚辰，公及戎盟於唐。

潛之會，猶請盟而辭，復與之盟，益非義矣。

九月，紀履緰來逆女。冬，十月，伯姬歸於紀。

『履緰』，紀大夫也。非命卿，皆書名。内女嫁爲諸侯夫人，則書『逆』書『歸』，明重事也。先儒謂譏不親逆，非也。諸侯親迎，迎於所館，豈有委宗廟社稷遠適他國以逆婦者乎？

紀子伯、莒子盟於密。

此必紀侯、莒子。紀迫於齊而與於莒，故相盟。天下無主則小國不安，而齊人滅紀之端見矣。

十有二月，乙卯，夫人子氏薨。

「『夫人』者，隱之妻也。卒不書葬，夫人之義從君者也。」

鄭人伐衛。

段之亂，公孫滑出奔衛，衛人爲伐鄭，取廩延。鄭人既以王師、虢師伐衛南鄙矣，今復擅興師，何爲乎？

三年，春，王二月，己巳，日有食之。

日食有常度，何以書？在人君之敬，忽不敬則災。

三月，庚戌，天王崩。

天王崩，不奔赴，不會葬，不朝新君，隱之罪大矣，不書而自見。

夏，四月，辛卯，尹氏卒。

書『尹氏』，『譏世卿』也。『外大夫不卒，此何以卒？』尹氏以王崩爲諸侯主而來赴，非禮也。

秋，武氏子來求賻。

書『武氏』，見其世官。『子』者，父老而子攝行卿事也。天王崩，諸侯不供喪而來求，君不君，臣不臣，『交譏之』。『崩』『薨』者，臣子之尊稱，故外諸侯稱『卒』以别内也。

八月，庚辰，宋公和卒。

宋宣公舍其子與夷而立穆公，穆公立與夷而使公子馮出居鄭。殤公忌馮，自此宋、鄭之争啓矣。

冬，十有二月，齊侯、鄭伯盟於石門。

齊、鄭之交始此。

癸未，葬宋穆公。

諸侯告喪，魯往會葬則書。『穆公』，私謚也。

四年，春，王二月，莒人伐杞，取牟婁。

『諸侯相伐，取地於是始。』『取』者，收奪之名。

戊申，衛州吁弑其君完。

不稱『公子』，身爲大惡，絶之於其先君也。其又有以屬稱者，或過其親之以啓亂，或見其以親而反讎，事同詞異，各有義而不可例拘也。

夏，公及宋公遇於清。

古有遇禮，以待不期之會。今相期也，而同於不期之簡，故書曰『遇』。『「及」者，内爲志也。』

宋公、陳侯、蔡人、衛人伐鄭。

宋殤不誅殺君之賊，不念穆公舍其子而立己，反以馮之在鄭，從州吁伐鄭，天理滅矣，故是役也，首謀在衛，而以宋主兵。

秋，翬帥師會宋公、陳侯、蔡人、衛人伐鄭。

四國伐鄭，圍其東門五日而還。至秋，宋來乞師復伐，公弗許，而翬固請以行，無君之心兆矣。隱公不能辨之於早，以及於難。書『翬帥師』，惡之也。不稱『公子』，所以『謹履霜之戒』。

九月，衛人殺州吁於濮。

程子曰：『稱「衛人」，衆詞也，舉國殺之也。』

冬，十有二月，衛人立晋。

未有爲子而不受之父也，未有爲諸侯而不受之王也。內不承國於先君，故不稱「公子」。上不稟命於天子，故稱「衛人立」。

五年，春，公觀魚於棠。

臧僖伯諫而不聽，「僖伯稱疾，不從。」

夏，四月，葬衛桓公。

討賊而始葬，魯往會，故書。

秋，衛師入郕。

「將卑師衆稱『師』。」衛，晋乘亂得立而遽興戎毒衆，失君道矣。

九月，考仲子之宫。

「考」，始成而祀也。凡宫廟，非志災失禮則不書。

初獻六羽。

書「初獻」，見前此僭用八矣。

邾人、鄭人伐宋。

宋取邾田，邾人請於鄭，故鄭會邾伐宋。先邾人，爲主也。

螟。

國之大事，故書。

冬，十有二月，辛巳，公子彄卒。

臧僖伯也。

宋人伐鄭，圍長葛。

書『圍』，志暴也。

六年，春，鄭人來輸平。

公之未立，與鄭人戰於狐壤止焉，故與宋爲黨，修怨於鄭。邾、鄭伐宋，入其郛，宋來告命，使者失詞，欲救而止，鄭人遂乘隙而輸平也。和而不盟曰『平』。

夏，五月，辛酉，公會齊侯，盟於艾。

『始平於齊也。』

秋，七月。

程子曰：『無事書首月，天時王月備而後成歲也。』

冬，宋人取長葛。

圍其邑，周一歲而取之。

七年，春，王三月，叔姬歸於紀。

按，伯姬爲紀侯夫人，其娣叔姬爲媵，待年於宗國，不與嫡同行，至是始歸於紀。其後桓十二年紀滅，宗廟在酅，叔姬不歸宗國而歸於酅，以全婦道。《春秋》賢之，故書此以張本。程子曰：『娣歸不書，閔其無終也。』

滕侯卒。

程子曰：『不名，史闕文也。』

夏，城中丘。

凡用民必書，勞民爲重事也。

齊侯使其弟年來聘。

程子曰：『凡不稱「公子」而稱「弟」者，或責其失兄弟之義，或罪其以弟之愛而寵任之過。先儒「母弟」之説，蓋緣禮文有「立嫡子同母弟」之説。其曰「同母弟」，蓋謂嫡耳，非以同母爲加親也。若以同母爲加親，是不知人理，近於禽道也。』

秋，公伐邾。

『爲宋討也』，渝蔑之盟矣。

冬，天王使凡伯來聘。戎伐凡伯於楚丘以歸。

《周禮》，時聘以結諸侯之好。諸侯不修臣職而聘之，非王體也。『國曰「伐」，此一人而曰「伐」』，『大天子之命也』。『楚丘』，衛地。『以歸』，易詞。『於楚丘』者，罪衛之不救。『以歸』者，罪凡伯之失節。

八年，春，宋公、衛侯遇於垂。

齊將爲鄭平宋、衛，有會期矣。而宋、衛先爲垂之遇者，有私謀也。私謀爲何？有意於從齊黨，而無志於釋鄭憾也。

三月，鄭伯使宛來歸祊。庚寅，我入祊。

魯有朝宿之邑在王畿之内曰許，鄭有湯沐之邑於泰山之旁曰祊。時天子不巡守，魯亦不朝，故欲以祊易許田，各取其近者。前此來輸平，以言請之矣，至是始入地也。『入』者，内不受也，義不可而强入之也。

夏，六月，己亥，蔡侯考父卒。

辛亥，宿男卒。

秋，七月，庚午，宋公、齊侯、衛侯盟於瓦屋。

宋、衛一黨也，齊、鄭一黨也。鄭莊挾齊以自强，齊僖特假鄭以糾合耳。不逾年，會防謀伐宋矣，要盟何益哉？

八月，葬蔡宣公。

諸侯五月而葬，宣公卒兩月耳，不及期，簡也。

九月，辛卯，公及莒人盟於浮來。

『浮來』，莒地。『人』，微者。莒雖小國，而入向、伐杞，能爲魯患，故七年城中丘以備之，至是復屈己要盟於其地，魯之不國甚矣。

螟。

冬，十有二月，無駭卒。

書名，未賜族也。季氏曰：『未爲卿也。』

九年，春，天王使南季來聘。

諸侯不朝而聘之，不王也。

三月，癸酉，大雨，震電。庚辰，大雨雪。

陰陽運動，有常而無忒。凡失其度，人爲感之也。

挾卒。

夏，城郎。

郎逼宋，『城郎』，將爲鄭伐宋也。

秋，七月。

冬，公會齊侯於防。

會防，謀伐宋也。《左氏》曰鄭伯以王命討宋之不王，豈其然乎？假此以誑齊、魯耳。

十年，春，王二月，公會齊侯、鄭伯於中丘。

會於中丘，『盟於鄧，爲師期』也。

夏，翬帥師會齊人、鄭人伐宋。

三國先遣將致伐。齊、鄭稱『人』，非卿也。

六月，壬戌，公敗宋師於菅。

不言戰而言『敗』，敗者爲主，彼與戰而此敗之也。

辛未，取郜。辛巳，取防。

程子曰：『取二邑而有之盜也。』

秋，宋人、衛人入鄭，宋人、蔡人、衛人伐戴。鄭伯伐取之。

宋又連衛以報鄭，鄭幸菅之敗而不備，故師還及郊，宋、衛已乘其虚而入之矣。

《左氏》曰：『宋、衛既入鄭，而以伐戴召蔡人，蔡人怒，故不和而敗。』戴，鄭所與也，故伐之。鄭伺三國之便，與戴合攻，故取三師也。

冬，十月，壬午，齊人、鄭人入郕。

衛、蔡、郕，與國也，故不會伐宋。鄭既得衛、蔡，故又入郕。

十有一年，春，滕侯、薛侯來朝。

諸侯雖有相朝之禮，而當時諸侯皆不朝王，獨朝魯，可乎？滕、薛二君不特言者，譏旅見也。

夏，公會鄭伯於時來。

『時來』，鄭地。『謀伐許』也。

秋，七月，壬午，公及齊侯、鄭伯入許。

鄭鄰許，伐許，鄭志也。書『及』，内爲主也，以歸祊之故也。

冬，十有一月，壬辰，公薨。

薨不書地，弑也。孰弑？翬也。孰使翬弑？桓也。『賊不討，不書「葬」』，『無臣子也』。

卷二

桓公

元年，春，王正月，公即位。

『繼故不言「即位」』，『先君不以其道終，子弟不忍即位也。』『繼故而言「即位」』，則弑也，故『美惡不嫌同辭』。

三月，公會鄭伯於垂。

鄭爲主，故稱『會』。

鄭伯以璧假許田。

朝宿之地，先王所錫，先祖所受，而私相貿易，是無君無親也。『曰「假」，諱易地也。』

夏，四月，丁未，公及鄭伯盟於越。

魯志也，故稱『及』。桓公欲結鄭好以自安，故既與許田，又爲盟也。弑君之人，凡民罔不憝，而鄭與之盟以定之，其罪大矣。

秋，大水。

桓行逆德而致陰沴，宜矣。

冬，十月。

二年，春，王正月，戊申，宋督弑其君與夷及其大夫孔父。

程子曰：『人臣死君難，書「及」以著其節。「父」，名也。稱「大夫」，不失其官也。』

《左氏》曰：『宋督攻孔氏，殺孔父而取其妻。公怒，督懼，遂弑殤公。』孔父先死，曰『及』，何也？《穀梁》曰：『書尊及卑，《春秋》之義也。』孔父之先死，何也？《公羊》曰孔父正色立朝，使其生而存君，不可得而弑也，『孔父可謂義形於色矣』。

滕子來朝。

杞最小，初稱侯，已稱伯稱子。滕亦小，初書侯，已書子。蓋弗給於朝覲貢賦，自降爲子，聖人因其實而書之。桓公，天下之大惡，滕子先隣國而朝，其罪自見也。

二月，公會齊侯、陳侯、鄭伯於稷，以成宋亂。

爲賂，故立華氏也。會未有指言所事，指言所事，特書也，此《春秋》大義也。

夏，四月，取郜大鼎於宋。戊申，納於太廟。

『取』者，得非其有之稱。宋始以不義取之，故係其器於郜。賄公者，宋也，而書曰『取』，蔽罪於魯也。以成亂之賂器置周公之廟，公其受之乎？故書『納』。『納』者，弗受而强致之也。

秋，七月，杞侯來朝。

『杞』當作『紀』，杞則非侯也。『來朝』，懼齊也。

蔡侯、鄭伯會於鄧。

《左氏》曰：『始懼楚也。』《春秋》著夷狄亂華之始。

九月，入杞。

《左氏》曰『討不敬也』，豈其然乎？紀求魯庇，魯因責利小國，不能供焉耳。

公及戎盟於唐。

冬，公至自唐。

出告反至，常事爾，何以書？或以去國踰時之久，或以會盟侵伐之危，或以黨惡附姦之罪。唐之至危之也，弑君之賊，使戎而不如鄭、齊、陳之黨惡則討之矣。

三年，春，正月。

闕疑。

公會齊侯於嬴。

《左氏》曰：『成昏於齊也。』杜氏曰：『不繇媒介，非禮也。』

夏，齊侯、衛侯胥命於蒲。

『古者不盟，結言而退。』『胥命』，『相命也』。相命，『近正也』。故荀卿曰：『《春秋》善胥命。』

六月，公會杞侯於郕。

『杞求成也。』

秋，七月，壬辰朔，日有食之既。

汪氏曰：『日食三十六，食既者三，皆臣子僭逆、夷狄暴横之應。故此年而後，荆楚僭王，鄭敗王師；宣八年而後，楚莊圍宋、伐鄭、伐晉；襄二十四年而後，齊崔杼、衛甯喜弑君，吴、楚横行中國。』

公子翬如齊逆女。

稱『公子』，已爲卿也。

九月，齊侯送姜氏於讙。

『越竟送女，非禮也。』

公會齊侯於讙。

爲齊侯爾，非爲親迎也。

夫人姜氏至自齊。

告廟而飲，『至』也。以翬往而不言，以『至』者，『公親受之齊侯也』，皆非禮也。

冬，齊侯使其弟年來聘。

『致夫人也』，非禮也。

有年。

十二公多歷年所，豈無豐年？而獨桓書『有年』，宣書『大有年』，何也？桓弑君而立，宣爲弑君者所立，皆獲罪於天，宜得水旱凶災，而乃有年，是反常也，故紀其異。

四年，春，正月，公狩於郎。

『於郎』，遠也。

夏，天王使宰渠伯糾來聘。

程子曰：『桓弑君而立，天子不能治，天下莫能討，而王使其宰聘之，天理滅矣，人道亡矣。』

或曰：『「渠」，氏。「伯糾」，字。以大夫而攝宰者。』

是年不具秋、冬，未詳。

五年，春，正月，甲戌、己丑，陳侯鮑卒。

杜元凱：『長歷，正月無甲戌。』

夏，齊侯、鄭伯如紀。

齊、鄭朝紀，『欲以襲之，紀人知之』。『外相如不書，此何以書？』紀來告也。以諸侯而爲賊於鄰國，《春秋》所深疾也。

天王使仍叔之子來聘。

書『仍叔之子』，譏世官也。

葬陳桓公。

城祝丘。

祝丘在齊、魯之間，公欲助紀而畏齊，故以非時城。

秋，蔡人、衛人、陳人從王伐鄭。

『王奪鄭伯政，鄭伯不朝。』王以諸侯伐之，『戰於繻葛』。『王卒大敗』，鄭師『射王中肩』。不書『戰』，不書『敗』，所不忍言，存天下之防也。書『從王』，明君臣之義也。然則曷爲書王師敗績於茅戎？曰『王師』，則非親討，敗而可書也。

大雩。

『大雩』，帝用盛樂，天子之事也。魯諸侯而郊禘大雩，歲以爲常，不能悉書，故雩以非時而書。非時而雩，以旱也。書之見其非禮，且志旱也。郊禘亦因事而書。

螽。

螽書時，不在一月也。

冬，州公如曹。

州公嘗爲王三公，故稱『公』。《傳》云：『度其國危，遂不復。』

六年，春，正月，寔來。

『寔』，州公也。程子曰：『不能反國，故遂名之。忽稱「鄭忽」，明其正也。寔不稱「州」，亡其國也。』

夏，四月，公會紀侯於郕。

『諮謀齊難也』。

秋，八月，壬午，大閲。

『簡車馬也。』懼齊、鄭，故先王寓軍政於四時之田，其備豫矣。無事而爲之，妄動也。有警而爲之，教之不素也。盛夏大閲，厲農失政甚矣。不言公，一國之事也。

蔡人殺陳佗。

佗弑太子免而自立踰年矣，書曰：『陳佗以賊討也。』蔡侯殺之而書『蔡人』，天下之大惡，人皆得而誅也。

九月，丁卯，子同生。

啖氏曰：『君嫡子生，以太子生之禮舉之，則史書之。』

冬，紀侯來朝。

欲公『請王命』，求齊成，『公告不能』。

七年，春，二月，己亥，焚咸丘。

『咸丘』，地名。焚林而田，淫獵也。

夏，穀伯綏來朝，鄧侯吾離來朝。

名之者，『賤之也』。越國踰境相繼而朝弑君之賊，爲可賤也。

八年，春，正月，己卯，烝。

冬烝，非過也，書之，譏五月復烝爲黷也。

天王使家父來聘。

桓公弑立，未嘗朝覲，大王不討，至是三聘矣。

夏，五月，丁丑，烝。

『黷祀也，志不敬也。』

秋伐邾。

冬，十月，雨雪。

程子曰：『建酉之月，未霜而雪，書異也。』

祭公來，遂逆王后於紀。

《左氏》曰：『禮也。』杜氏曰：『天子娶於諸侯，使同姓諸侯爲之主。祭公來，受命於魯，故曰「禮也」。』程子曰：『王姬下嫁，則同姓諸侯爲之主。逆王后，無使諸侯爲主之理。』此譏祭公受命逆后，而過魯行朝會之禮。若以朝魯爲主，而逆后爲遂也。胡氏取劉敞之説曰：『命魯以婚姻之事，大夫可矣，何必三公？任重而輕使，故祭公專命，不報遂行如紀。王以輕使爲失，祭公以遂行爲罪矣。』趙鵬飛曰：『齊將滅紀，紀託於魯，魯不能庇，於是爲之謀，俾納女於王，託王爲重焉。祭公因不反命，而遂逆王后也。』

九年，春，紀季姜歸於京師。

『逆』稱王后，主王朝言也。『歸』稱季姜，主紀言也。『京』，大。『師』，衆也。凡王后，非過國都，不書『歸』。

夏，四月。

秋，七月。

冬，曹伯使其世子射姑來朝。

曹伯有疾，使其世子來朝，君疾而儲副出，危道也。

十年，春，王正月。

庚申，曹伯終生卒。

夏，五月，葬曹桓公。

秋，公會衛侯於桃丘，弗遇。

『會』者，期詞。『弗』者，遷詞。衛侯失信也，衛中變而從齊、鄭，於是乎有郎之師。『桃丘』，衛地。

冬十有二月，丙午，齊侯、衛侯、鄭伯來戰於郎。

『内不言戰，言戰則敗也。』不書『及』，『爲内諱也』。鄭主兵而首齊，猶州吁兵而首宋，非齊、宋則不能舉也。

十有一年，春，正月，齊人、衛人、鄭人盟於惡曹。

此郎之諸侯也，『人』之示貶也。

夏，五月，癸未，鄭伯寤生卒。

鄭莊，一時之雄也，射王，陷弟，害鄰，謀立宋。莊身没未幾，而世嫡出奔，庶孽奪正，國内大亂。爲宋莊反噬爲不善者，可鑒矣。

秋，七月，葬鄭莊公。

九月，宋人執鄭祭仲。

『宋人』，宋公也。其曰『人』，貶也。『祭』，畿内邑，『仲』，字也，以天子命大夫爲鄭相也。『死君難，臣道也。』祭仲被執而廢絀其君，立非所當立，其罪大矣。字之者，非賢之也。尊王命，貴正卿，著其罪而深責之也。《公羊》以祭仲廢君爲權，害義傷教，不可從。

突歸於鄭。

突不稱「公子」，不可以有國也。「曰「歸」，易詞也。」以祭仲易，「惡祭仲也」。

鄭忽出奔衛。

「忽」，世子也。以國氏，正也。「其名，失國也。」

柔會宋公、陳侯、蔡叔，盟於折。

「柔」，魯大夫，未賜族。「蔡叔」，諸侯之兄弟稱字。内大夫會外諸侯盟始此。「折」，魯地。

公會宋公於夫鍾。

冬，十有二月，公會宋公於闞。

十有二年，春，正月。

夏，六月，壬寅，公會杞侯、莒子，盟於曲池。

隱二年，紀、莒盟於密。隱四年，莒人伐紀。是時，紀謀齊難，故爲盟莒以援之。「曲池」，魯地。

秋，七月，丁亥，公會宋公、燕人，盟於穀丘。

「燕」，南燕，姞姓，伯爵，黄帝之後。「穀丘」，宋地。

八月，壬辰，陳侯躍卒。

公會宋公於虚。

「虚」，宋地。

冬，十有一月，公會宋公於龜。

「龜」，宋地。

丙戌，公會鄭伯，盟於武父。

宋莊責賂而有怨於鄭，魯桓憾忽而欲平突於宋，至於君臣六會，而宋不許平，其辱甚矣，於是遂有武父之盟。『武父』，鄭地。

丙戌，衛侯晋卒。

十有二月，及鄭師伐宋。丁未，戰於宋。

屢盟而卒叛，數會而卒離，故盟、會，《春秋》所惡也。來戰者，罪在彼，『戰於郎』是也。往戰者，罪在内，『戰於宋』是也。

十有三年，春，二月，公會紀侯、鄭伯。己巳，及齊侯、宋公、衛侯、燕人戰，齊師、宋師、衛師、燕師敗績。

《左氏》以爲鄭與宋戰，《公羊》以宋與魯戰，《穀梁》以紀與齊戰。趙匡據經文『内兵主紀而先於鄭，外兵主齊而先於宋』，獨取《穀梁》之説。蓋齊合宋、衛、燕三國伐紀、魯，則紀其自出求兵於鄭往救之，戰於紀而勝之也。胡氏曰：『紀之不能保其國，自此戰始矣。』

三月，葬衛宣公。

既與衛人戰，曷爲葬宣公？怨不棄義，怒不廢禮。且衛助齊，魯援紀，非敵怨也。禮，喪在殯，孤無外事。衛宣未葬，朔乃即戎，又不稱子，從吉行事。據事直書，而惡自見也。

夏，大水。

秋，七月。

冬，十月。

十有四年，春，正月，公會鄭伯於曹。

曹在衛南，而東北爲齊界，所以伺齊、衛之往來，虞其報救紀之怨也。

無冰。

『時燠也。』政事舒緩，紀綱縱弛之象。

夏五。

『傳疑也。』

鄭伯使其弟語來盟。

凡外大夫請盟於魯曰『來盟』，内大夫請盟於彼曰『涖盟』。使來盟，盟前定也。

秋，八月，壬申，御廩災。

粢盛所藏也。

乙亥，嘗。

《穀梁》曰：『志不敬也。』壬申御廩災，乙亥嘗，以爲『未易災之餘而嘗也』。胡氏曰：『不時也。秋嘗以物成而薦新爲義，夏之六月未可嘗也。』

冬，十有二月，丁巳，齊侯禄父卒。

宋人以齊人、蔡人、衛人、陳人伐鄭。

師而曰『以』者，能左右之，以『行其意也』。以一國而用諸侯之師於是始。以者，爲所以者，其罪一也。

十有五年，春，二月，天王使家父來求車。

『諸侯不貢車服，天子不私求財』，王之不王甚矣。

三月，乙未，天王崩。

是後莊王、僖王不書『崩』，見王室不告，魯不赴，而諸侯不臣益甚矣。

夏，四月，己巳，葬齊僖公。

五月，鄭伯突出奔蔡。

按《左氏》，『祭仲專，鄭伯患之，使其婿雍糾殺之』，雍姬知之，以告仲，仲殺雍糾，公出奔蔡。是祭仲逐之也，而不書，何也？陸淳曰：『凡諸侯之奔，皆不書所逐之臣，聖人端本清源，明其自取焉耳。』程子曰：『避祭仲而出，非國人出之也。』

鄭世子忽復歸於鄭。

忽嘗嗣位君國，歸而稱『世子』，則亡其君位明矣。稱『復歸』，『反正也』。

許叔入於許。

隱十一年，魯及齊、鄭入許，許莊公奔衛。鄭使莊公之弟許叔居許東偏，以奉其祭祀。鄭亂，故許叔入許。曰『入』者，難詞。因亂竊入，非復國之義，故書『入』。

公會齊侯於艾。

《左氏》曰：『謀定許也。』

邾人、牟人、葛人來朝。

朝非微者之禮，曷爲書『人』？天王崩，而相與旅見弑逆之人，故『人』以賤之。《公羊》曰『夷狄之』，是也。

秋，九月，鄭伯突入於櫟。

『櫟』，鄭大都也，入於櫟則入於鄭矣。書『入』，義不容也。程子曰：『突非正也，而忽不能君，故國人君突，諸侯助之。《春秋》書爵，所以戒居正者，己不能保則人取之矣。』

冬，十有一月，公會宋公、衛侯、陳侯於袲，伐鄭。

《左氏》曰：『將納厲公也，弗克而還。』先『地而後伐』，先疑而後決也。《穀梁》曰：『非其疑也。』非其疑於爲義而果於爲不義也。『袤』，宋地。宋，鄭仇也，何以主兵？蓋忽雖正，其才不足以君一國；突雖篡，其智足以結四鄰。宋之相戾而復相用者，賄耳。

十有六年，春，正月，公會宋公、蔡侯、衛侯於曹。

夏，四月，公會宋公、衛侯、陳侯、蔡侯伐鄭。

程子曰：『突善結諸侯也。』齊氏曰：『自入《春秋》，蔡常先衛，自是遂序衛之下。先儒以爲後至，實則以勢之强弱相上下而不復用周班矣。』

秋，七月，公至自伐鄭。

凡書『至』者，久之也，『危之也』。去年十一月會伐，今年正月又會，四月又伐，故書『至』。

冬，城向。

言『冬』，通後月之詞也。

十有一月，衛侯朔出奔齊。

按，《左氏》，以殺急子、聲子也；《公》《穀》，以得罪天子也。

十有七年，春，正月，丙辰，公會齊侯、紀侯，盟於黄。

《左氏》曰：『平齊、紀，且謀衛也。』『黄』，衛地。

二月，丙午，公會邾儀父，盟於趡。

下書伐邾，則惡自見矣。

夏，五月，丙午，及齊師戰於奚。

『齊人侵魯疆』，書『戰』，敗也。『奚』，魯地。吴氏曰：『盟未幾而齊來侵境，平紀之信，豈可恃乎？』

六月，丁丑，蔡侯封人卒。

秋，八月，蔡季自陳歸於蔡。

何休曰：『蔡桓侯無子，季次當立，桓侯欲立獻舞而疾季，季避之陳。桓侯卒，蔡人召季於陳而季歸。』『歸』，順詞。既歸，何以不有國？獻舞立矣。劉敞曰：『智足以與權而不亂，力足以得國而不居，遠而不攜，邇而不迫，是以見貴於《春秋》。』

癸巳，葬蔡桓侯。

葬未有不稱『公』者，稱其本爵，或曰請謚於王者也，或曰傳失之。

及宋人、衛人伐邾。

邾、宋爭疆，魯從『宋志』。春盟而秋背之，瀆信不仁甚矣。

冬，十月朔，日有食之。

《左氏》曰：『不書日，官失之也。』

十有八年，春，王正月，公會齊侯於濼。公與夫人姜氏遂如齊。

《穀梁》曰『濼之會，不言及夫人』，『以夫人之伉』也。以尊及卑曰『及』，以此及彼曰『及』，皆『及』者爲主。夫人驕伉，公不能制也，故曰『與』。與則匹敵，而無彼此尊卑之别也。罪公也，治其本也。『濼』，齊地。

夏，四月，丙子，公薨於齊。丁酉，公之喪至自齊。

聖人直書，義在其中。濼之會，不書夫人出，以『遂如齊』見之；喪至，不書夫人入，以『孫於齊』見之，其事著矣。

秋，七月。

冬，十有二月，己丑，葬我君桓公。

『賊未討，何以書「葬」？』《公羊》曰：『讎在外也。』《穀梁》曰：『不責踰國而討於是也。』胡氏曰：『隱公之讎在內，在内者討於是，《春秋》於桓公書「葬」，隱然足以快魯國臣子之心哉！』

卷三

莊公

元年，春，王正月。

繼弑不書『即位』，『先君不以其道終，子不忍即位也』，故莊、僖、閔皆不書。

三月，夫人孫於齊。

不稱『姜氏』，魯之臣子『絶不爲親』也。『内諱奔』，故云『孫』，猶言孫讓而去也，見其無所容而絶之也至矣。

夏，單伯逆王姬。

『單伯』，『吾大夫之命乎天子者也』。『逆』，王姬使我爲之主也。『天子嫁女於諸侯，必使諸侯同姓者主之，諸侯嫁女於大夫，必使大夫同姓者主之』，不自爲主者。行婚姻之禮，則傷君臣之義，行君臣之禮，則廢婚姻之好，故使同姓敵體者主之也。然諸侯當躬至京師，天子置館，命同姓之尊者行賓主之禮，然後逆歸本國，此『男下女』之義也。齊侯既不朝王，又不親迎，而魯之單伯反往逆之。莊王不念齊、魯之讎而命之主婚，魯不念君父之讎而爲之往逆，忘親釋怨，人道絶矣。

秋，築王姬之館於外。

『主王姬者，必自公門出。於廟則已尊，於寢則已卑。爲之築，節矣。』築必有常處，何以築於外？『仇讎之人非所以接婚姻也，衰麻非所以接弁冕也。』知其不可，故築於外也。然有三年之喪，天王於義不當使之主；有不戴天之讎，莊公於義不可爲之主。築於外之爲宜，不若辭而不主之爲正也。

冬，十月，乙亥，陳侯林卒。

王使榮叔來錫桓公命。

不稱天寵，篡弑以瀆三綱也。

王姬歸於齊。

書『歸於齊』，而後忘親之罪著矣。

齊師遷紀郱、鄑、郚。

紀三邑也。徙其民、取其地曰『遷』。紀之滅始於此矣。

二年，春，王二月，葬陳莊公。

夏，公子慶父帥師伐於餘丘。

『慶父』，公之庶兄也。『公子』，已爲卿也。『於餘丘』，邾邑也。邑未有書『伐』者，志慶父之主兵也。其後卒致子般之禍，亂之所由來矣。

秋，七月，齊王姬卒。

『外夫人不卒，此何以卒？』《檀弓》曰：『齊告王姬之喪，魯莊公爲之大功。』忘親媚讎，其罪大矣。

冬，十有二月，夫人姜氏會齊侯於禚。

姜氏、齊侯之惡著矣，莊公可以爲子乎？『禚』，齊地。

乙酉，宋公馮卒。

三年，春，王正月，溺會齊師伐衛。

此公子溺也，未賜族。『伐衛』者，朔在齊，欲納之也。忘讎，罪大矣，況合黨以伐同姓乎？

《左氏》曰：『衛朔出奔，二公子立黔牟。』何休據《世本》《史記》，以朔出奔，王立公子留。

夏，四月，葬宋莊公。

五月，葬桓王。

《左氏》曰：『緩也。』王崩至是七年矣。《公羊》曰：『改葬也。』

秋，紀季以酅入於齊。

『紀季』，紀侯之弟也。齊欲滅紀，故季以邑入齊爲附庸，存先祀也。紀侯之命也，故不書『奔』，不書名。『入』者，難詞，罪齊而閔季也。

冬，公次於滑。

『將會鄭伯謀紀』，『鄭伯辭以難』。『凡師，一宿爲舍，再宿爲信，過信爲次。』『「次」，止也。』《春秋》紀兵，伐而書『次』，以次爲善；救而書『次』，以次爲譏。『次於滑』，譏也，『欲救紀而不能也』。『滑』，鄭地。

四年，春，王二月，夫人姜氏享齊侯於祝丘。

《禮》，姑姊妹已嫁而反，兄弟不與同席而坐，況用兩君相見之禮乎？『祝丘』，魯地。

三月，紀伯姬卒。

『外夫人不卒』，此其卒，『吾女也』。

夏，齊侯、陳侯、鄭伯遇於垂。

張氏曰：『謀取紀也。』胡氏曰：『「鄭伯」，厲公。非子儀也。』然是時厲公尚在櫟，豈能出會？十四年使傅瑕弑，子儀始入鄭耳。此當是子儀。

紀侯大去其國。

程子曰：「『大』，名。責在紀也，齊師未加而去也。」胡氏曰：「『大去』者，土地、人物、儀章、器物悉委置之而不顧也。」張氏曰：「《春秋》凡關紀之存亡者，一一備書。紀侯圖存不獲，委宗廟於其弟而去之，故不書『奔』而曰『大去』，不書名而曰『紀』，罪齊而閔紀也。」

六月，乙丑，齊侯葬紀伯姬。

不書『齊滅紀』，至是而齊侯滅紀之罪著矣。孫明復曰：「甚齊侯之詐也。」

秋，七月。

冬，公及齊人狩於禚。

與讎狩，人理絶矣。齊，侯也，而『人』之，所不忍言也。

五年，春，王正月。

夏，夫人姜氏如齊師。

『會』矣而『享』，『享』矣而『如齊師』，人之爲不善一，縱之後如水方至，莫知所極也。夫前此歷日而返，故書月，至此歷月而返，書時矣。

秋，郳黎來來朝。

『郳』，國。『黎來』，名。其後王命爲小邾子。《春秋繁露》曰：「附庸，字者方三千里，名者方二十里。」

冬，公會齊人、宋人、陳人、蔡人伐衛。

穀梁子曰：「是齊侯、宋公也，曰『人』，何也？人諸侯，人公也。人公，何也？逆王命也。」

六年，春，王正月，王人子突救衛。

程子曰：「「王人」，微者，例不書字，子突救衛而字之，善之也。善子突則善王命也。」《穀梁》曰：「善救者，則伐者不正矣。」

夏，六月，衛侯朔入於衛。

秋，公至自伐衛。

「入」有二義，難詞也，逆詞也。歸君未有不言「復」，不言「復」者，未得國也。朔得國矣，而書「入」，何？逆王命也。衛朔書名、書「入」，以著其惡。王人書字、書「救」，以著其善。外則諸侯書「人」，內則莊公書「至」，而《春秋》之情見矣。

螟。

冬，齊人來歸衛俘。

「俘」，軍所獲也。《公羊》曰：「衛寶也。」朔奔齊，齊連諸侯納朔。蓋朔以寶賂齊，而齊以分於三國也。

《春秋》書此結，正諸侯之罪也。

七年，春，夫人姜氏會齊侯於防。

「防」，魯地。《左氏》曰：「齊志也。」

夏，四月，辛卯夜，恒星不見。夜中，星隕如雨。

「恒星」，常見之星。如雨隕者，衆也。王運將終，伯統方作，堯、舜、禹、湯、文、武之紀綱掃滅殆盡矣。

秋，大水，無麥、苗。

「苗」，禾也。麥熟，大水，故與苗俱無也。

冬，夫人姜氏會齊侯於穀。

「穀」，齊地。蓋一歲而再會矣。

八年，春，王正月，師次於郎，以俟陳人、蔡人。

「師」即圍郕之師，必齊意也。

甲午，治兵。

「兵」即郎之兵。俟而不至，申治之耳。

夏，師及齊師圍郕，郕降於齊師。

張氏曰：「書魯用師，未有如是之詳者。次郎可謂無名；治兵可謂黷武；圍郕而郕降齊，可謂無功；歷三時而師還，可謂害民。逆天道，親仇讎，伐同姓，勦民力，備書而惡著矣。」

秋，師還。

冬，十有一月，癸未，齊無知弑其君諸兒。

僖公之母弟曰夷中年，生公孫無知，有寵於僖公，衣服禮秩如適，此亂本也。不書「公孫」，罪僖公也。

九年，春，齊人殺無知。

殺無知者雍廩，而曰「齊人」者，討賊也。

公及齊大夫盟於蔇。

此魯莊報讎之會，忘親而圖其後嗣，故以「及」譏。「蔇」，齊地也。

夏，公伐齊納糾。齊小白入於齊。

《左傳》書「納子糾」，《公》《穀》書「納糾」。杜氏註：「子糾、小白皆僖公庶子，而糾長。」荀卿亦謂桓公殺兄以爭國，獨《史記》載薄昭諫淮南厲王有曰：「齊桓殺其弟以反國。」程子取此以證子糾之爲弟，未知誰是，今以《公》《穀》爲據。糾不書「子」，小白繫「齊」，又參以夫子答子路、子貢之言，不責管仲之忘君事讎，則其長幼是非見矣。

秋，七月，丁酉，葬齊襄公。

八月，庚申，及齊師戰於乾時，我師敗績。

公敗也，不言『公』者，見乎『伐齊納糾』之文矣。

九月，齊人取子糾殺之。

此書『子糾』，不當殺也。

冬，浚洙。

洙在魯，此齊伐魯之道也。浚洙，爲齊備也。

十年，春，王正月，公敗齊師於長勺。

詐戰曰『敗』，敗之者爲主，以責魯也。『善爲國者不師，善師者不陣，善陣者不戰。』至於戰，讎怨相尋，亂亡之道也，況以詐乎？『長勺』，魯地。

二月，公侵宋。

是時魯與齊讎，必陰結於宋，故魯乘長勺之勝而侵之。『深其怨於齊』，又『衆其敵』於宋，《春秋》所惡也。

三月，宋人遷宿。

『宿』，介宋、魯間，宋人以爲貳於魯而遷之。蓋移之封内，以爲附庸。自是宿不復見，則亦亡矣，所謂不再貶而惡見者也。

夏，六月，齊師、宋師次於郎，公敗宋師於乘丘。

外師不書『伐』，内不書『戰』。胡氏曰：『次者不以其事，勝者不以其理，交譏之也。』

秋，九月，荆敗蔡師於莘，以蔡侯獻舞歸。

於是荆始猾夏矣。『蔡侯何以名?絶之也。』爲其服爲臣虜也。荆州名楚,始封以爲國,至成王頵改稱楚。李濂曰:『執君滅國,皆始此年。天下無王,齊爲之。天下無中國,楚爲之也。』

冬,十月,齊師滅譚,譚子奔莒。

書『奔』,責不死位也。不書『出』,國亡,『無所出也』。猶書爵,强暴所加,非其罪也。

十有一年,春,王正月。

夏,五月,戊寅,公敗宋師於鄑。

《左氏》曰:『凡師,敵未陣曰「敗某師」,皆陣曰「戰」,大崩曰「敗績」,得儁曰「克」,覆而敗之曰「取某師」,京師敗曰「王師敗績於某」。』『鄑』,魯地。宋師再敗而禍及,魯師再勝而國困矣。

秋,宋大水。

胡氏曰:『外災告則書。』杜氏曰:『公使弔之,故書。』張氏曰:『比歲交兵,怨不廢禮,古意之猶存也。』

冬,王姬歸於齊。

『何以書?過我也。』何以與侯女同辭?王姬雖貴,其當執婦道與公侯庶人之女無以異也。

十有二年,春,王三月,紀叔姬歸於酅。

叔姬隱七年歸紀,伯姬既卒,叔姬實攝内事,從紀侯去國。至是,紀侯卒而始歸。酅,宗廟在焉,義當歸也。

夏,四月。

秋,八月,甲午,宋萬弑其君捷及其大夫仇牧。

『萬』,宋之有力人也。乘丘之戰,被獲於魯,歸乃以爲大夫,而又靳之,又與之博,則閔公之弑,其自取也。仇牧與大宰督同死，而督不書，則弑君之賊也。

冬，十月，宋萬出奔陳。

汪氏曰：『《春秋》書逆賊出奔，一以責國人之失賊，一以責鄰國之受賊也。』

十有三年，春，齊侯、宋人、陳人、蔡人、邾人會於北杏。

何以會？平宋亂也。以諸侯主天下會盟之政，自北杏始。《春秋》非主兵皆序爵，於是齊序宋公之上，四國稱『人』而獨爵，齊主盟。『北杏』，齊地。

夏，六月，齊人滅遂。

北杏之會，遂人不至，而遽滅之，則甚矣。『凡書「滅」者，不待再貶而惡已見。』稱『人』，將卑帥少也。自此至閔二年遷陽，凡齊兵皆稱『人』，見其兵精而不貴多也。

秋，七月。

冬，公會齊侯，盟於柯。

『始及齊平也。』『柯』，齊阿邑。會於齊，則齊侯意也。

十有四年，春，齊人、陳人、曹人伐宋。

『背北杏之會』故也。程子曰：『齊自管仲爲政，莊十一年而後，未嘗興大衆也。終仲之身四十年，息養天下厚矣。惟救邢稱師，譏其次也。』

夏，單伯會伐宋。

陳、曹、魯皆與宋鄰。『單伯』，魯大夫也。舉三國之師，亦見其不勞遠人矣。

秋，七月，荆入蔡。

蔡人與北杏之會矣，而齊不能救，力未及也。自是蔡人不復與齊會盟。

冬，單伯會齊侯、宋公、衛侯、鄭伯於鄄。

「宋服故也。」「鄄」，衛地。衛朔入國，不通諸侯者九年，鄭突自遇垂，不通諸侯者十一年，今不敢不至矣。

十有五年，春，齊侯、宋公、陳侯、衛侯、鄭伯會於鄄。

踰年再會，諸侯之心猶未一也。三合諸侯矣而不盟，以示慎重，是以盟而莫敢渝也。

夏，夫人姜氏如齊。

莊不與鄄之會，故『如齊』解之。自後不復如齊，知不禮於桓也。

秋，宋人、齊人、邾人伐郳。

『郳』即小邾。齊桓助宋争郳，以脅魯也。至僖公時，魯既親齊，則進郳爲小邾，仍使服魯矣。

李氏曰：『齊伯資宋而成此，於宋示驩虞之恩，於魯用脅制之術也。』

鄭人侵宋。

間諸侯伐郳而侵宋也。背二鄄之會，鄭之反覆於齊、楚之間，蓋始於此。胡氏曰：『聲罪致討曰「伐」，潛師掠境曰「侵」。』汪氏曰：『「侵」「伐」皆行師之名，雖夷狄亦書「伐」，伯者之兵亦書「侵」。義之是非係其事之得失，不以是爲褒貶也。』

冬，十月。

十有六年，春，王正月。

夏，宋人、齊人、衛人伐鄭。

中國諸侯宋爲大，既爲之服郳，又爲之報鄭，自是宋、齊親而中國諸侯定矣。

秋，荆伐鄭。

齊方圖伯，楚亦浸强，而鄭當其衝。中國得鄭可以拒楚，楚得鄭可以窺中國，自是鄭爲齊、楚必争之地矣。

冬，十有二月，會齊侯、宋公、陳侯、衛侯、鄭伯、許男、滑伯、滕子，同盟於幽。

趙氏曰：『言「會」，魯會之。不書其人，微者也。』『同盟』者，『同欲也』。『幽』，宋地，見雖諸侯同欲，而宋桓實鼓舞之，故齊桓之伯賴宋爲多。自後滑、滕諸小國不與齊盟者，桓公事從簡便，使附於大國也。伯政下衰，盟會數而賦役煩，大國容有不至，而小弱莫不奔命焉，得失可知矣。

邾子克卒。

子瑣嗣立。或曰即儀父，或曰儀父之子。

十有七年，春，齊人執鄭詹。

『鄭不朝也』，諸侯不服。不能脩德以來之，而執其大夫，則小國之從齊，皆出於力不贍，而非有心悦誠服之意爲可見矣。

夏，齊人殲於遂。

齊人滅遂，使人戍之，遂之餘民飲戍者酒而殺之，齊人殲焉。不言遂人殲齊戍，而書其自殲，所以伸遂人復讎之志，而著桓公不仁至自殲其衆也。

秋，鄭詹自齊逃來。

『逃義曰「逃」』，罪詹也。而魯受之，又罪魯也。

冬，多麋。

京房曰：『廢正作淫，爲火不明，則國多麋。』劉向《五行志》曰：『麋，牝獸之淫。莊公將娶齊淫女，其象先見如此。』

十有八年，春，王三月，日有食之。

夏，公追戎於濟西。

不言侵伐者，遄退也。先王之法，敵知畏而遁，斯止矣，不追也。

秋有蜮。

此魯所無也，故以『有』書。蜮、麋皆陰物，是時莊公上不能閑其母，下不能正其身，陽淑消而陰慝長矣，此惡氣之應也。

冬，十月。

十有九年，春，王正月。

夏，四月。

秋，公子結媵陳人之婦於鄄，遂及齊侯、宋公盟。

鄄之巨室嫁女於陳人，結以其庶女媵之，因與齊、宋盟。『媵，禮之輕也。盟，國之重也。』以輕事遂重事，惡之也。『遂』，專事之詞也。

夫人姜氏如莒。

杜氏曰：『非父母國而往，書姦。』

冬，齊人、宋人、陳人伐我西鄙。

責魯不恭其事也。

二十年，春，王二月，夫人姜氏如莒。

夏，齊大災。

天火曰『災』。齊人來告而魯往弔，故書。

秋，七月。

冬，齊人伐戎。

家氏曰：『是時周有子頽之亂，齊桓若罔聞知。去年伐魯，今年伐戎，大率逐利以自私耳。』

二十有一年，春，王正月。

夏，五月，辛酉，鄭伯突卒。

張氏曰：『簒弑竊國之人，而《春秋》始終君之，且復記其卒於位，所以著亂賊得終，王法不行，爲世之所由亂也。』

秋，七月，戊戌，夫人姜氏薨。

黄震氏曰：『文姜之惡極矣，《春秋》始終以夫人之禮書之，實書其事，而善惡自見耳。』

冬，十有二月，葬鄭厲公。

王氏曰：『鄭伯有納惠王之功，不免謚爲厲者，其始以賂而簒立，中以虐而出奔。周室雖衰，公議尚在，臣子私謚，不敢妄加美名，古意猶可考也。』

二十有二年，春，王正月，肆大眚。

『肆』，放也。『眚』，過誤也。季氏曰：『莊公制於文姜，魯之群臣皆不協焉，則凡國内臣民以拂意而陷於大罪者多矣，故書「肆大眚」於文姜薨葬之間，善莊公之能補過也。』

癸丑，葬我小君文姜。

婦人法無謚，生以夫國冠之，韓姞、秦姬是也；死以夫謚冠之，莊姜、定姒是也。乃别爲之謚曰『文』，而不繫於桓，可乎？

陳人殺其公子御寇。

胡氏曰：『國亂無政，衆人擅殺而不出於其君，則稱「人」也。』

夏，五月。

秋，七月，丙申，及齊高傒盟於防。

議婚也。不言公，諱與高傒盟也。

冬，公如齊納幣。

魯可以釋桓公之讎，而不可以娶襄公之女。娶仇女，大惡也。況喪未畢，而又『親納幣』，不待貶絶而著矣。

二十有三年，春，公至自齊。

忘父讎而娶齊女，冒母喪而往納幣，歸復飲至，可謂有人心者乎？

祭叔來聘。

王臣也，而不言使，見私交之罪也。

夏，公如齊觀社。

吴氏曰：『襄二十四年，齊社蒐軍實，使客觀之。』蓋齊俗，每因祭社蒐軍實，以夸示威衆，而聚人觀之。莊公託此爲名以如齊也。

公至自齊。

荆人來聘。

説者以爲進之非也。『聘』者，天子問諸侯之禮，聖人豈與其僭聘問之禮耶？

公及齊侯遇於穀。

『「及」者，内爲志。』

蕭叔朝公。

『蕭叔』，宋附庸。書『朝公』，『公在外也』。『於外，非正也。』

秋，丹桓宫楹。

『天子、諸侯黝堊。』『丹楹，非禮也。』

冬，十有一月，曹伯射姑卒。

十有二月，甲寅，公會齊侯，盟於扈。

『扈』，齊地。『遇於穀』『盟於扈』，皆要結姻好也。

二十有四年，春，王三月，刻桓宫桷。

文姜將祔桓公廟，故丹楹刻桷，而不知陷於『非禮也』。

葬曹莊公。

夏，公如齊逆女。

諸侯無越境逆女之禮，況於讎人之國乎？

秋，公至自齊。

《昏義》以正始爲先，公不與夫人皆至，姜氏不從公而入，失其正矣。

八月，丁丑，夫人姜氏入。

『日入，惡入者也』，以宗廟爲不受也。

戊寅，大夫、宗婦覿，用幣。

夫人至，大夫見於宗廟，婦見於内。男贄，大者玉帛，小者禽鳥。女贄，榛栗棗脩。竝覿同贄，是亂男女之別矣。哀姜通共仲，弒嗣君之禍，蓋已兆於此與！

莊公之婚，書事十一，志大惡也。

大水。

冬，戎侵曹，曹羈出奔陳，赤歸於曹。

「羈」者，曹莊公嫡子，而「赤」其庶子。戎逐羈而歸赤也。曹伯已葬，猶不稱爵，以微弱不能君也。

郭公。

經闕誤也。

二十有五年，春，陳侯使女叔來聘。

「女」，氏。「叔」，字。「不名」者，「天子之命大夫也。」

夏，五月，癸丑，衛侯朔卒。

衛惠背幽之盟，爲齊所惡，故魯亦不會其葬也。

六月，辛未朔，日有食之。鼓，用牲於社。

救日皆鼓，常事也，此何以書？不鼓於朝而鼓於社，又用牲，皆非禮也。

伯姬歸於杞。

莊公女不書「逆」者，蓋以卿逆，而其君親受之境上，則但舉重，書「歸」而已。

秋，大水。鼓，用牲於社於門。

陰盛陽微之變極矣。周宣王救旱，雖曰「靡神不舉」，然必以側身修行爲本。社與國門非所以致水災者，自古豈有伐鼓用牲救水災之禮乎？

冬，公子友如陳。

報女叔之聘。凡公及内卿往他國，皆不言朝聘，而曰「如」，存周禮也。「友」，莊公母弟，是爲成季。以桓公之子，故後世列爲三桓。此内大夫出聘之始，亦季友私行之階也。

二十有六年，春，公伐戎。

夏，公至自伐戎。

曹殺其大夫。

曹大夫不名，殺者非一人也。羈出赤歸之際，必有不附於赤者，故赤殺之。或曰魯伐戎，曹大夫之不與赤者預聞其謀，故赤殺之以悦戎。其無王擅殺之罪大矣。

秋，公會宋人、齊人伐徐。

徐爲魯患舊矣。春伐戎，又伐徐者，必戎之黨也。

冬，十有二月，癸亥朔，日有食之。

二十有七年，春，公會杞伯姬於洮。

《左氏》曰：「天子非展義不巡守，諸侯非民事不舉，大夫非君命不越境。」會於洮，參譏之公與杞侯、伯姬，皆失正也。「洮」，魯地。

夏，六月，公會齊侯、宋公、陳侯、鄭伯，同盟於幽。

「陳、鄭服也」，同志而盟，非率之也。魯、宋、陳、鄭皆至，而衛獨不來，故明年伐衛。

秋，公子友如陳，葬原仲。

「原」，周畿内邑。「仲」，氏，爲陳大夫，「季友之舊也」。「葬原仲」，公子友之私事，請於君以行，何以書？《公羊》曰「公子慶父、公子牙、公子友皆莊公母弟」，慶父、牙「通乎夫人以脅公」，季子「不忍見也」，故以「葬原仲」適陳，遂不復歸。三十二年，公以病召，而始歸也。

冬，杞伯姬來。

莒慶來逆叔姬。

禮，父母在，歲一歸寧。常事不書，此何以書？不當來也。春會於洮，冬又歸魯，故知其不當來也。『莒慶』，『莒大夫也』。『叔姬』，莊公女也。何以稱字？大夫自逆則稱字，爲其君逆則稱女，尊卑之别也。『大夫越境逆女，非禮也。』諸侯嫁女於大夫，必使大夫同姓者主之，而公自主之，非禮也。

杞伯來朝。

公會齊侯於城濮。

『王使召伯廖賜齊侯命』，『請伐衛，以其立子頽也』。『城濮』，衛地。豈齊以魯、衛兄弟，使魯説之來歸乎？衛卒不至，而後伐之也。

二十有八年，春，王三月，甲寅，齊人伐衛。衛人及齊人戰，衛人敗績。

戰不言『伐』而書『伐』，伐不言日而書日，被伐不言『及』而書『及』，敗績不言『人』而書『人』，皆罪衛也。然齊桓既『以王命』伐矣，復『取賂而還』，何與不曰『齊侯』而書『人』？未可盡以『將卑師少』例之也。

夏，四月，丁未，邾子瑣卒。

秋，荆伐鄭，公會齊人、宋人救鄭。

程子曰：『救鄭制楚之始，蓋天下大勢所在。』

冬，築郿。

凶年而用民力於所不必爲也。

大無麥、禾。

舉國皆無也。《王制》，冢宰制國用，必於歲之杪。故大有大無，皆書於冬。

臧孫辰告糴於齊。

是爲文仲，公子彄曾孫也。《公羊》曰君子爲國，『必有三年之委。一年不熟告糴，譏也』。

二十有九年，春，新延廄。

養馬欲其富，故馬廄謂之『延』，延長也。『大無麥、禾』，故譏『新延廄』。

夏，鄭人侵許。

秋，有蜚。

劉向曰：『蜚，色青，非中國所有。南越盛暑，男女同川，淫風所生，爲蟲臭惡。娶齊淫女之徵應也。』羅氏曰：『負蠜，今謂之蜚盤蟲。好以清旦集稻上食稻花，日出則散去。又其氣惡，能熯稻使不蕃。』

冬，十有二月，紀叔姬卒。

紀國雖滅，叔姬執節守義，故繫之紀而録其卒，葬賢而得書也。

城諸及防。

三十年，春，王正月。

夏，師次於成。

《穀梁》以爲『欲救鄣』，杜氏以爲備齊師，趙氏以爲欲會齊圍鄣，聞鄣已降而不行。姜氏曰：『鄣爲紀之附庸，必不忍於鄣，又不敢逆齊，而特次於成耳。』

秋，七月，齊人降鄣。

凡服從，内附曰『降』。不書『鄣降』，而曰『降鄣』，罪齊人之力脅也。

八月，癸亥，葬紀叔姬。

九月，庚午朔，日有食之，鼓，用牲於社。

冬，公及齊侯遇於魯濟。

《左氏》曰：『謀山戎也，以其病燕故也。』

齊人伐山戎。

遇魯濟、獻捷皆書『齊侯』，則伐山戎爲齊侯明矣。『人』之者，譏也。

三十有一年，春，築臺於郎。

一歲三築臺，直書而義見矣。

夏，四月，薛伯卒。

張氏曰：『薛始稱伯，降班而告終也。』

築臺於薛。

六月，齊侯來獻戎捷。

『諸侯不相遺俘。』『獻』者，下奉上之詞。齊侯親來，卑詞尊魯，故據其所稱之實而謂之『獻』也。

秋，築臺於秦。

『秦』，魯西境地也。

冬，不雨。

程子曰：『一歲三築臺，明年春「城小穀」，故冬書「不雨」，閔之深也。』

三十有二年，春，城小穀。

備齊也。

夏，宋公、齊侯遇於梁丘。

爲鄭報楚也。齊侯不以霸主自居，以梁丘近宋而先宋公。

秋，七月，癸巳，公子牙卒。

慶父與叔牙同母，莊公與季友同母。慶父，莊公庶兄也。『君親無將，將而誅焉。』牙欲立慶父，弑械成，故季子酖之。『誅不得辟兄，君臣之義也。』『使託若以疾死然，親親之道也。』夫子書其自卒，示無譏也。

八月，癸亥，公薨於路寢。

盧陵李氏曰：『魯十二公得終路寢者三，莊、宣、成而已。』

冬，十月，己未，子般卒。

『子卒日，正也。不日，故也。』子般弑而日，何也？《穀梁》曰：『有所見則日。』

公子庆父如齊。

奔也，何以書『如』？王氏曰：『内大夫以君命適他國，皆書「如」。』慶父弑子般而出，《春秋》書之無異詞者，既書『子般卒』，則知其無君命矣。

狄伐邢。

卷四

閔公

元年，春，王正月。

不書『即位』，亂也。

齊人救邢。

凡書『救』者，未有不善者也，況於伐邢者爲戎狄乎？

夏，六月，辛酉，葬我君莊公。

莊公之薨，至是十有一月而始葬，則其故可知矣。謂子般非弑，未敢以爲然也。

秋，八月，公及齊侯盟於落姑。

『盟，納季子也。』

季子來歸。

曰『季子』，賢之也。曰『來歸』，『喜之也』。

冬，齊仲孫來。

來，『省難』也。

二年，春，王正月，齊人遷陽。

逼徙之也。

夏，五月，乙酉，吉禘於莊公。

魯禘非禮，喪『未三年』而『舉吉祭』，不於宫廟而於莊公之寢，失禮之中又失禮焉。

秋，八月，辛丑，公薨。

君薨必書其所，此不書，弑也。

九月，夫人姜氏孫於邾。

上書君薨，下書『孫於邾』『出奔莒』，則姜氏、慶父之與聞乎弑明矣。

公子慶父出奔莒。

慶父弑君，本欲代立，其奔莒者，魯人不容也。

陳氏曰：『宋萬奔陳，雖殺之不書；慶父奔莒，雖殺之亦不書，所以嚴佚賊之責也。』

冬，齊高子來盟。

『盟，立僖公也。』程子曰：『稱「高子」，善其能恤魯。』

十有二月，狄入衛。

衛自惠公即位，宣姜淫恣，失人心久矣，重以懿公好鶴，亡形已具，故狄人一至，而遂涣然離散也。

鄭棄其師。

曰『鄭』者，君臣同責也。

卷五

僖公

元年，春，王正月。

不書「即位」，「繼弒君」也。

齊師、宋師、曹師次於聶北，救邢。

救兵譏次，「次」，緩也，失救道也。然救而次不同於次而救者，次而救者，或觀釁而動乎！

夏，六月，邢遷於夷儀。

不曰「遷邢」，曰「邢遷」者，邢志也。

齊師、宋師、曹師城邢。

「是向之師也」，再書者，嘉桓之功。城夷儀也，邢國之矣，故書「邢」。

秋，七月，戊辰，夫人姜氏薨於夷，齊人以歸。

「夫人薨，不地。地，故也。」桓公召而殺之也。「以歸」，歸齊也。

楚人伐鄭。

荊始書『楚』，從其自稱也。伐鄭者，『鄭即齊』也。

八月，公會齊侯、宋公、鄭伯、曹伯、邾人於檉。

《左氏》曰：『謀救鄭也。』當是時，楚兵已退，鄭已在會矣，蓋謀伐楚也。

九月，公敗邾師於偃。

詐戰曰『敗』，豈以夫人孫邾之故乎？不請於會而討之，非禮也。

冬，十月，壬午，公子友帥師敗莒師於酈，獲莒挐。

慶父死於莒，莒人以爲功而求賂，魯人不與而加兵，其罪在莒矣。《春秋》以季友爲主，而書『敗』『獲』者，責以非王者之師也。

十有二月，丁巳，夫人氏之喪至自齊。

不稱『姜』，微辭也。

二年，春，王正月，城楚丘。

諸侯城楚丘而存衛焉。不書『會』，後也。從《左氏》。

夏，五月，辛巳，葬我小君哀姜。

成其葬者，喪既歸子，無絀母之義也。

虞師、晉師滅下陽。

貪賄而忘與國，虞首惡矣，故先書『虞』。『下陽』，『虞、虢之塞邑也』，虢之亡實繇之，故即書『滅』。

秋，九月，齊侯、宋公、江人、黄人盟於貫。

江、黄二國在楚東北境，江、黄服則楚勢孤矣。『貫』，宋地。惟宋與盟，不煩諸侯也。

冬，十月，不雨。

書「月」者，一月不雨也。

楚人侵鄭。

三年，春，王正月，不雨。

夏，四月，不雨。

《穀梁》云「不雨者，勤雨也」，「有志乎民者也」。按《詩》稱僖公「儉以足用，寬以愛民，務農重穀」，則誠賢君也，其有志乎民審矣，故冬、春、夏不雨而皆書，著其勤也。

徐人取舒。

「取」，不言「滅」者，「取」爲附庸，未絶其祀也。舒與荆比爲中國患，徐人取舒，爲中國撓楚也。

六月，雨。

「雨」云者，喜雨也。「一經書「雨」，此爲特筆，與他公之止書「不雨」者異矣。

秋，齊侯、宋公、江人、黄人會於陽穀。

「謀伐楚也。」「陽穀」，齊地。

冬，公子友如齊涖盟。

「涖」，臨也。「往盟乎彼也」，「來盟者」，「盟於我也」。趙氏以爲聽伐楚之期是也。

楚人伐鄭。

至是，楚人五加兵於鄭矣。

四年，春，王正月，公會齊侯、宋公、陳侯、衛侯、鄭伯、許男、曹伯侵蔡。蔡潰，遂伐楚，次於陘。

潛師掠境曰「侵」，聲罪致討曰「伐」，民逃其上曰「潰」。「「遂」，繼事也。」「「次」，止也。」「陘」，楚地。蔡自莊十四年荆入蔡，哀侯折而事楚，已易世不通中國，今二十四年矣。蔡已入楚，則次及於鄭。蔡、鄭當楚之衝，華夷之門户也。齊侯不得蔡，無以伐楚。侵蔡伐楚，勢當然矣。伐而次者，與伐鄭次鄫同，整兵慎戰之意。

夏，許男新臣卒。

不書卒於師者，許近楚，歸國而卒也。

楚屈完來盟於師，盟於召陵。

不稱使，權在完也，非有前定之盟也。『來盟於師』，完之意也。『盟於召陵』，桓之意也。蓋先請爲盟，而後齊始退師，盟於召陵耳。胡氏曰：『齊師雖强，桓公能以律用之而不暴；楚人已服，桓公能以禮下之而不驕，故召陵之盟，《春秋》所美也。』

齊人執陳轅濤塗。

陳、蔡近楚，常有二心。濤塗欲誤齊師東歸，誠『不忠』矣，而執之、伐之、侵之，不已甚乎？皆《春秋》所罪也。

秋，及江人、黄人伐陳。

魯及之也。

八月，公至自伐楚。

『大伐楚也。』

葬許穆公。

冬，十有二月，公孫兹帥師會齊人、宋人、衛人、鄭人、許人、曹人侵陳。

五年，春，晋侯殺其世子申生。

『目「晋侯」，斥「殺」』，惡獻公也。

杞伯姬來朝其子。

伯姬歸寧成風，因見其子於公，時年十歲。是年德公卒，所朝之子立，是爲成公。蓋是時德公病，欲託其子於魯，然非禮矣。

夏，公孫兹如牟。

《左氏》曰「娶」也。而不書「逆」者，不與其以聘禮行私事也。凡大夫聘他國曰「如」。

公及齊侯、宋公、陳侯、衛侯、鄭伯、許男、曹伯會王世子於首止。

惠王娶陳嬀爲后，生太子鄭。後母惠后生叔帶，王愛叔帶，將立之。桓公率諸侯會王世子，示天下戴之，所以尊國本，絶亂階。「及」以「會」，殊會也，尊王世子也。

秋，八月，諸侯盟於首止。

「盟者，不相信也」，「不敢以所不信加之尊者」，故諸侯自盟也。胡氏曰：「『無中事』，『復舉諸侯』，會盟同地，再言『首止』，書之重詞之複，其中必有大美惡焉。首止之盟，美之大者也。」

鄭伯逃歸不盟。

王惡齊侯定世子，而使周公召鄭伯曰：「吾撫汝以從楚，輔之以晉，可以少安。」鄭伯喜王命，而懼不朝於齊，故「逃歸不盟」。書曰「逃」，賤之也。

楚人滅弦，弦子奔黄。

江、黄「方睦於齊，皆弦姻也，弦子恃之而不事楚，又不設備，故亡」。

九月，戊申朔，日有食之。

冬，晋人執虞公。

程子曰：「書『執』不書『滅』，自取也。」胡氏曰：「『滅』者，『亡國之善詞』，『上下之同力』也。『執』之者，匹夫焉耳已。』《左氏》曰：『罪虞，且言易也。』

六年，春，王正月。

夏，公會齊侯、宋公、陳侯、衛侯、曹伯伐鄭，圍新城。

討鄭，『逃首止之盟』也。

秋，楚人圍許，諸侯遂救許。

楚人『圍許以救鄭』，經不書，不與楚人救鄭也。凡書『救』，未有不善。其曰『遂救許』，善之尤也。

冬，公至自伐鄭。

『不以救許致』，師以伐鄭出也。

七年，春，齊人伐鄭。

鄭未服也。

夏，小邾子來朝。

即郳黎來也。齊桓公請於天子，進之邾之别封，故曰『小邾』，始得王命而來朝也。

鄭殺其大夫申侯。

『稱國以「殺」』，『殺無罪也』。申侯自楚奔鄭，鄭之從楚，蓋申侯有謀焉，故鄭以申侯説於齊，歸罪申侯以自解也。

秋，七月，公會齊侯、宋公、陳世子款、鄭世子華盟於甯毋。

《左氏》曰：『謀鄭也。』

曹伯班卒。

公子友如齊。

冬，葬曹昭公。

八年，春，王正月，公會王人、齊侯、宋公、衛侯、許男、曹伯、陳世子款，盟於洮。鄭伯乞盟。

惠王崩，襄王懼太叔帶之難，「不發喪而告難於齊」，於是有洮之盟。「王人」，下士也，而『先諸侯』，『貴王命』也。『鄭伯乞盟』，請服也。前曰『逃』，此曰『乞』，善乎孔叔曰：『國君不可輕，輕則失親，患必至。』病而乞盟，乞盟所喪多矣，信哉！

夏，狄伐晉。

秋，七月，禘於太廟，用致夫人。

《穀梁》曰『「用」者，不宜用也。「致」者，不宜致也』，『言「夫人」，不以姓氏，非夫人也，立妾之辭也，非正也』。劉向曰：『「夫人」，成風也，致之於太廟，立之以爲夫人。』季氏曰：『「禘」，無致夫人之禮，蓋不特爲妾母也。』

冬，十有二月，丁未，天王崩。

趙氏曰：『《左氏》云：「七年，閏月，惠王崩。襄王惡大叔之亂，不發喪而告難於齊。八年，正月，會於洮，謀王室也。襄王定位而後發喪。」據此則正月、二月位已定，何至十二月而後告喪諸侯乎？《左氏》殆不足憑也。』吴氏謂惠王前年冬有疾，而今年冬乃崩者，近之。

九年，春，王正月，丁丑，宋公御說卒。

不葬，魯不會也。趙氏曰：『迫於葵丘之會也。』

夏，公會宰周公、齊侯、宋子、衛侯、鄭伯、許男、曹伯於葵丘。

曰『宰周公』者，以冢宰兼三公也。襄王之位，桓公所定也，故使宰孔來錫命焉。桓公合諸侯而爲會，所以重王命也。

秋，七月，乙酉，伯姬卒。

九月，戊辰，諸侯盟於葵丘。

言『諸侯盟』，則不盟宰周公矣，不敢使天子宰受諸侯約束也。會盟同地而再言之，其中有大美惡焉。葵丘之盟，美之大者也，故特書日以别之。

甲子，晋侯詭諸卒。

冬，晋里克殺其君之子奚齊。

《穀梁》曰：『「其君之子」云者，國人不子也。』

十年，春，王正月，公如齊。

公始朝齊也。

狄滅温，温子奔衛。

前年伐晋，今又滅温，狄肆甚矣，非桓公伯圖之缺乎？

晋里克弑其君卓。

去年九月，晋獻公卒。十月，里克殺奚齊於次，未葬也。荀息立公子卓以葬。十一月，里克殺卓於朝，則已成之爲君也，故書『君』書『弑』。

及其大夫荀息。

書『及』，所以著其節。書『大夫』，不失其官。於息奚取焉？《公羊》曰若息者，『可謂不食其言矣』。

夏，齊侯、許男伐北戎。

晋殺其大夫里克。

里克弑二君、一大夫，不以討賊之詞書者，『殺之不以其罪』也。『里克所爲弑者，爲重耳也。』夷吾曰：

『是又將殺我乎？』故殺之，而非討其弑也。不以弑君之罪討之，故書『殺其大夫』。

秋，七月。

冬，大雨雪。

高氏曰：『酉、戌、亥月皆非大雨雪之時也，故尤爲異。』

十有一年，春，晋殺其大夫丕鄭父。

丕鄭，里克黨也，殺甲克而懼矣。『稱國以「殺」者，國亂無政，以忌心殺人，而不得其罪也。

夏，公及夫人姜氏會齊侯於陽穀。

參譏之也。

秋，八月，大雩。

冬，楚人伐黄。

病桓公也。黄既服齊，不供楚貢，故楚伐之。而齊不救，負黄甚矣。

十有二年，春，王三月，庚午，日有食之。

夏，楚人滅黄。

《公羊》曰：『「滅」者，亡國之善辭，上下之同力者也。』

秋，七月。

冬，十有二月，丁丑，陳侯杵臼卒。

十有三年，春，狄侵衛。

夏四月，葬陳宣公。

公會齊侯、宋公、陳侯、衛侯、鄭伯、許男、曹伯於鹹。

是時『淮夷病杞』，於是有鹹之會。『鹹』，衛地。
秋，九月，大雩。
冬，公子友如齊。
鹹之會，謀城緣陵也，必已預戒事期矣，故『如齊』請事。
十有四年，春，諸侯城緣陵。
會鹹之諸侯也，『城緣陵而遷杞』。『緣陵』，杞邑也。
夏，六月，季姬及鄫子遇於防，使鄫子來朝。
曰『季姬』而不繫國，則猶女也。其稱字，蓋已許嫁於鄫也。『及』者，内爲志。内女而外與諸侯遇，譏魯也。『朝不言「使」，言「使」，非正也。』使『來朝』，使『來請己也』。僖公不君，鄫子不失，季姬不子不婦，竝見矣。
秋，八月，辛卯，沙鹿崩。
『沙鹿』，山名。『外異不書，此何以書？爲天下記異也。』
秋，侵鄭。
冬，蔡侯肸卒。
十有五年，春，王正月，公如齊。
昭三年，子大叔曰：『文、襄之伯，其務不煩。諸侯令三歲而聘，五歲而朝，有事而會，不協而盟。』今按，公十年如齊，此又如齊，用五年一朝之制，同於事天子之禮矣。
楚人伐徐。
三月，公會齊侯、宋公、陳侯、衛侯、鄭伯、許男、曹伯，盟於牡丘，遂次於匡。公孫敖帥師及諸侯之大夫救徐。

牡丘之會，救徐也。盟而往，見其心之不協。次於匡，見其力之不協。合八國之衆以救徐，而僅使大夫將，桓德益衰矣。

夏，五月，日有食之。

秋，七月，齊師、曹師伐厲。

厲在徐、楚之間，爲楚之與國，「伐厲以救徐也」。

八月，螽。

九月，公至自會。

「桓會不致，此何以致？久也。」不以救徐致，無功也。

季姬歸於鄫。

己卯，晦，震夷伯之廟。

《左氏》曰：「展氏有隱匿焉。」張氏曰：「天之怒擊，每在於惡稔而人不加誅之後。」

冬，宋人伐曹。

同盟始自相攻，而桓不能禁矣。曹在宋宇下，莊十四年，曹昭公從齊桓伐宋，遂與宋人爲不釋之憾。齊伯衰，而宋、曹之争始。此其後，曹卒亡於宋。季氏曰：「宋襄輕齊争伯，已見於此。」

楚人敗徐於婁林。

「徐恃救」而敗，伐厲之謀無補。桓伯衰，而中國之勢又將一變也。

十有一月，壬戌，晋侯及秦伯戰於韓，獲晋侯。

秦伯伐晋，而經不書「伐」，專罪晋也。獲晋侯以歸，而經不書「歸」，免秦伯也。書「伐」書「及」，兩俱有罪，而以『及』爲主。書『獲』書『歸』，兩俱有罪，而以『歸』爲甚。『不言師敗績』，何也？『君獲，不言師敗績』，君重於師也。

十有六年，春，王正月，戊申朔，隕石於宋五。是月，六鷁退飛過宋都。

『隕石』，自空凝結而隕也。『退飛』，有氣逆驅而飛也。不曰『石隕於宋』，而曰『隕石』，天應之也。

三月，壬申，公子季友卒。

『季』者，其字也。『友』者，其名也。大夫卒而書名，曷爲書字？世卿也。

夏，四月，丙甲，鄫季姬卒。

秋，七月，甲子，公孫兹卒。

冬，十有二月，公會齊侯、宋公、陳侯、衛侯、鄭伯、許男、邢侯、曹伯於淮。

淮夷病鄫，謀『城鄫』也，『不果城而還』。

十有七年，春，齊人、徐人伐英氏。

『英氏』，楚之與國。桓公不能病楚，而伐其與國之微者，『以報婁林之役』，不亦末乎？

夏，滅項。

魯滅也。『齊人以爲討而止公』。

秋，夫人姜氏會齊侯於卞。

聲姜以公止於齊而會也。

九月，公至自會。

曰『至自會』，猶未至齊也。

冬，十有二月，乙亥，齊侯小白卒。

十有八年，春，王正月，宋公、曹伯、衛人、邾人伐齊。

納公子昭也，是爲孝公。

夏，師救齊。

『善救齊也。』

五月，戊寅，宋師及齊師戰於甗，齊師敗績。

凡『伐者爲客，受伐者爲主』。今齊人受伐，以宋爲主者，曲在宋也。奉少奪長，其罪大矣。書『齊師敗績』，責齊臣也。

狄救齊。

秋，八月，丁亥，葬齊桓公。

冬，邢人、狄人伐衛。

狄既救齊，又伐，伐齊之衛，假公以行其意也。而邢人從之，豈見逼於狄與？其後邢滅於衛，禍基此矣。

十有九年，春，王三月，宋人執滕子嬰齊。

以威求伯也。

夏，六月，宋公、曹人、邾人盟於曹南。

曹、邾，即宋所與伐齊者也。襄公圖伯，而僅能合二國，其君不親會焉，可以觀人心矣。

鄫子會盟於邾。

『會盟』，『後會也』。

己酉，邾人執鄫子用之。

『惡之，故謹而日之。』執者邾也，宋罪著矣。齊桓既没，諸侯放恣，遂至於此。

秋，宋人圍曹。

『討不服也。』曹南之盟，不親會也。

衛人伐邢。

『報菟圃之役』也。

冬，會陳人、蔡人、楚人、鄭人，盟於齊。

楚人得與中國會盟，自此始。首陳，陳倡盟也。後鄭，鄭首叛也。以其『人』楚，不可不『人』陳、蔡。以其『人』陳、蔡，不可不没公。地以齊，則君亦預矣。宋襄暴虐，諸侯皆有挾楚以抗之之心，是以陳、蔡爲楚致魯，以爲此盟，《春秋》之所深罪也。

梁亡。

秦滅也，而書自亡，何也？『湎於酒，淫於色，心昏，耳目塞。上無正長之治，大臣背叛，民爲寇盜』，加以力役焉，『魚爛而亡也』。

二十年，春，新作南門。

『門有古常』，『言「新」，有故也』。言『作』，創始也，非所當作而作也。故當作者，《閟宫》《泮水》之役皆不書。

夏，郜子來朝。

『郜』，宋之附庸，知宋之不足恃而依魯也。

五月，乙巳，西宫災。

鄭人入滑。

滑與鄭鄰。桓公死，中國無伯，鄭首從楚，稱兵周疆，無忌憚甚矣。

秋，齊人、狄人盟於邢。

『於是衛方病邢』，『謀衛難也』。

冬，楚人伐隨。

『隨以漢東諸侯叛楚』，楚伐而『取成』。

二十有一年，春，狄侵衛。

爲邢故。

宋人、齊人、楚人盟於鹿上。

是宋公也，何以書『人』？齊桓攘楚以安中國，宋公盟楚『以求諸侯』，『人』楚，故因『人』之也。

夏，大旱。

歷卯、辰、巳之月而旱也。

秋，宋公、楚子、陳侯、蔡侯、鄭伯、許男、曹伯會於盂，執宋公以伐宋。

程子曰：『宋率諸侯爲會，而蠻夷執會主，諸侯莫違，故以同執書之。』

冬，公伐邾。

楚人使宜申來獻捷。

曰『使』，則明爲楚子矣，而曰『人』。捷不曰『宋』，『不與楚捷於宋也』，不與魯受楚捷也。

十有二月，癸丑，公會諸侯盟於薄，釋宋公。

會諸侯不言楚，釋宋公不言楚，夷狄爲中國主，天下之大變，《春秋》所諱也。

二十有二年，春，公伐邾，取須句。

按《左氏》謂須句，國也，邾滅之，公『伐邾，取須句，反其君』。若是，則須句乃子爵，國而奔，因成風，魯事也。國滅而興，君奔而反，皆事之大者，且有關於魯，而經不書，其本無此事可知也。趙鵬飛氏直以須句乃邾邑，是矣。

夏，宋公、衛侯、許男、滕子伐鄭。

怒鄭之與楚也。

秋，八月，丁未，及邾人戰於升陘。

書『及』，公戰也。不言敗，諱也。

冬，十有一月，己巳朔，宋公及楚人戰於泓，宋師敗績。

楚子稱『人』，惡夷狄之敗中國也。

二十有三年，春，齊侯伐宋，圍緡。

宋襄有私德於齊，而孝公背鹿上之盟，會盂不至，盟薄不與，乘泓之敗而伐之，不義甚矣，《春秋》所深惡也。

夏，五月，庚寅，宋公茲父卒。

張氏曰：『時僖公已有志於附楚，故不會宋公之葬。』

秋，楚人伐陳。

伐陳，以城頓也。陳、頓之爭始此。

冬，十有一月，杞子卒。

杞，伯爵也，而書『子』者，國小不能供伯貢，自求降爵，《春秋》從其自稱也。不名者，史佚之也。

二十有四年，春，王正月。

夏，狄伐鄭。

秋，七月。

冬，天王出居於鄭。

按《左氏》，鄭人入滑，王爲滑請，鄭不聽命。王怒，使頹叔出狄師伐鄭。而『德狄人』，立其女隗氏爲后。富辰諫〔一〕，不聽。大叔帶通於隗氏，王絀狄女。頹叔懼狄之怨己，遂奉叔帶，『以狄師攻王』。王『適鄭，處於氾。』天子不言『出』，特書曰『出』，自取之也。出而曰『居』，普天之下，莫非王土，宅其所有也。

校記

〔一〕『諫』，底本訛作『誅』，此據文淵閣四庫全書本及《左傳》校改。

晉侯夷吾卒。

惠公卒於去年九月，晉文定位而後告喪，故書於今年。

二十有五年，春，王正月，丙午，衛侯燬滅邢。

衛侯何以名？『滅同姓也』。《春秋》之法，諸侯不生名，滅同姓則名。

夏，四月，癸酉，衛侯燬卒。

宋蕩伯姬來逆婦。

伯姬配蕩氏。『婦人既嫁，不踰竟』，來，非禮也。以姑逆婦，非禮也。以公下主大夫之昏，慢宗廟，卑朝廷，非禮也。

宋殺其大夫。

大夫不名，衆辭也。

秋，楚人圍陳，納頓子於頓。

頓迫於陳而奔楚，故楚圍陳而納之。中國虐小，夷狄借爲義舉，此《春秋》所傷也。

葬衛文公。

冬，十有二月，癸亥，公會衛子、莒慶，盟於洮。

《左氏》曰『衛人平莒於我』，以元年獲拏之故也。『慶』，魯婿。衛成公稱『子』，喪未踰年也。

二十有六年，春，王正月，己未，公會莒子、衛甯速，盟於向。

《左氏》曰：『尋洮之盟也。』魯許莒平，故莒子自至。

齊人侵我西鄙，公追齊師至巂，弗及。

討洮、向二盟故。

書『人』，書『侵』，書『師』，罪齊也。書『追』，書『至巂』不及，罪魯也。『巂』，齊地。凡追在境内，則譏其不豫，在境外則譏其深入。

夏，齊人伐我北鄙。

衛人伐齊。

衛之伐齊，爲魯伐也。

公子遂如楚乞師。

展禽致詞，而北鄙之師立退矣。僖公不能用賢圖治，而乞師蠻夷，何爲乎？直書，罪著矣。

秋，楚人滅夔，以夔子歸。

『夔』，楚同姓也。滅同姓，何以不名？『人』而不名，《春秋》待夷狄之道也。夔子以無罪見滅，故爵而不名。
冬，楚人伐宋，圍緡。
宋成公忘其父盂執、泓戰之仇，而往朝楚，其罪大矣。今新即晉，故楚伐之。
公以楚師伐齊，取穀。
『以』，用之也。背華即夷，而取人之邑，失正甚矣。『患之起，必自此始』，其致，『危之也』。
公至自伐齊。
二十有七年，春，杞子來朝。
成公弟，桓公也。來朝用子禮，故公以爲『不共』而『卑』之。
夏，六月，庚寅，齊侯昭卒。
秋，八月，乙未，葬齊孝公。
乙巳，公子遂帥師入杞。
杞力不能備物，而師入其國，魯之虐小甚矣。
冬，楚人、陳侯、蔡侯、鄭伯、許男圍宋。
『楚人』，楚子也。稱『人』，貶也。『「人」楚子，所以人諸侯也』，惡其『信夷狄而伐中國也』。
十有二月，甲戌，公會諸侯，盟於宋。
公會楚子也，而曰『會諸侯，盟於宋』者，宋方見圍，無嫌於與盟，而公之罪著矣。
二十有八年，春，晉侯侵曹，晉侯伐衛。
晉侯侵曹伐衛，以救宋也，然而非正也。兩書『晉侯』，兩事也。
公子買戍衛，不卒戍，刺之。

『買』，莊公之子，僖公庶弟。買爲楚戍衛，『楚人救衛，不克，公懼於晋』，殺買『以説焉，謂楚人曰：「不卒戍也。」』審其罪曰『刺』，以殺爲刺，内辭也。殘骨肉以苟悦人，其惡甚矣。

楚人救衛。

三月，丙午，晋侯入曹，執曹伯，畀宋人。

晋侯加兵曹、衛，實以致楚。先假衛道以啓釁，衛人不許，然後略侵曹境，不深治曹，遂移師伐衛，請盟不許，以致衛君出避，魯戍逃還。楚既救衛，又移師臨曹，執其君，分其田以畀宋，而楚人不得不與晋戰矣。及子玉請復衛封曹，以釋宋圍，則又許復二國以携之，執宛春以怒之，避三舍以誘之，蓋舒徐展轉，俟齊、秦、宋師之畢集，一戰而霸，使强楚不敢内侵者十有五年，皆兵家之勝筭，伯主之偉功，而非君子正義之所貴也。《春秋》直書，而功罪自見矣。

夏，四月，己巳，晋侯、齊師、宋師、秦師及楚人戰於城濮，楚師敗績。

楚殺其大夫得臣。

得臣之敗，楚子之不能制命也，故稱國以『殺』而不去其官。

衛侯出奔楚。

按《左氏》，晋侯、齊侯盟於斂盂，衛侯請盟，晋人弗許。衛侯欲與楚，國人不欲，故出其君以説於晋。衛侯出居襄牛，『聞楚師敗，懼，出奔楚』。

五月，癸丑，公會晋侯、齊侯、宋公、蔡侯、鄭伯、衛子、莒子，盟於踐土。

踐土之會，天王下勞晋侯，削而不書，存人道之大倫也。

陳侯如會。

來不及盟，故曰『如會』。

公朝於王所。

書『朝』而後『盟』，是以天子與斯盟也。書『盟』而後『朝』，不以天子與斯盟也。

六月，衛侯鄭自楚復歸於衛。

季氏曰：『諸侯不生名，凡生名者，屈服之辭。奔而名，屈於所往之國也。歸而名，屈於所屬之臣也。』

衛元咺出奔晋。

元咺奉叔武守國，衛侯殺叔武，而咺奔訟於晋。

陳侯款卒。

秋，杞伯姬來。

『伯姬』，莊公女。歸寧曰『來』。

公子遂如齊。

始平於齊也。張洽氏曰：『杞伯姬來而入，杞之怨釋。公子遂如齊，而取穀之憾解。中國貴於伯權之立如此。』

冬，公會晋侯、齊侯、宋公、蔡侯、鄭伯、陳子、莒子、邾子、秦人於温。

『討不服也。』

天王狩於河陽。

『「狩」不書，此何以書？不與再致天子也。』『爲若將狩而遇諸侯之朝也』，爲王諱也，爲晋解也，《春秋》之忠恕也。

壬申，公朝於王所。

不月，史闕文也。

晋人執衛侯，歸之於京師。

『歸於』者，急辭，『罪未定也』。『歸之於』者，『緩辭』，『罪已定』也。雖歸之王，而不用王命也。古者君臣無獄，諸侯不專殺。爲其臣而執君，故稱『人』以貶。

衛元咺自晋復歸於衛。

『歸』，大夫不言『復』。大夫言『復』者，抗也。『「自晋」，晋有奉焉。』訟君而君被執，歸國而專置主，因晋力而恣行無忌，咺之罪大矣。

諸侯遂圍許。

『「遂」，繼事也。』

曹伯襄復歸於曹，遂會諸侯圍許。

何以名？其歸之道非所以歸也。晋侯有疾，貨筮史，『以曹爲解』而得歸，失君道矣。

二十有九年，春，介葛盧來。

書『來』，『不能乎朝也』。

公至自圍許。

不以朝王至，而以圍許至，所以著其本心不在尊王也。

夏，六月，會王人、晋人、宋人、齊人、陳人、蔡人、秦人，盟於翟泉。

『翟泉』，近王都之地也。王子虎於此下與列國盟，是謂上替；諸侯、大夫入天子之境，上盟王子虎，是謂下陵，惡之大也，故諱公不書。諸國之卿貶稱『人』，王子亦與焉者，正其本之義也。

秋，大雨雹。

冬，介葛盧來。

「以未見公，故復來朝。」

三十年，春，王正月。

夏，狄侵齊。

「狄閒晉之有鄭虞」而侵齊。

秋，衛殺其大夫元咺。

「稱國以『殺』，罪累上也。」衛侯在外，而以累上，何也？「待其殺而後入也。」兵莫憯於志，故《春秋》誅意。然則元咺訟君，無罪與曰罪也，不正名其罪，而陰使人殺之，誅之不以其罪也。

及公子瑕。

瑕，元咺所立也，而稱「公子瑕」，不居其位也。以咺之故及瑕，而衛侯忌克濫殺之罪著矣。

衛侯鄭歸於衛。

名者，罪也，戕骨肉也。不書「自京師」，專責晉也。

晉人、秦人圍鄭。

此晉侯、秦伯也，而稱「人」，以圍鄭，貶晉侯以私忿勤民，秦伯視利向背，從燭之武言，私與鄭盟，戍鄭去之。秦、晉之怨自此始矣。

介人侵蕭。

「蕭」，宋附庸也。

冬，天王使宰周公來聘。

冢宰兼三公下聘，蓋非常之禮，莫大之寵。自春秋以來，未之有也。或以僖有兩朝王所之勤而報之與！

公子遂如京師，遂如晉。

『遂』者，急於後事之辭。雖先周後晉，然志實以晉爲急，故書『遂』，而其不虔亦可見矣。

三十有一年，春，取濟西田。

不繫國者，吾故田也。『晉侯執曹伯，班其所取侵地於諸侯。』復吾故田而稱『取』，何也？《春秋》之法，不以亂易亂。

公子遂如晉。

拜曹田也。

夏四月，四卜郊。

『魯郊，非禮也。』『夏四月，非時也。四卜，非禮也。』

不從，乃免牲。

卜而不從，則不郊矣，故『免牲』。

猶三望。

『「猶」者，可以已之辭也。』不郊，則不當望也。

秋，七月。

冬，杞伯姬來求婦。

婦人與國事，非禮也。『求婦』者，『姑之辭也』，求僖公女叔姬也，是爲杞桓公妻。成公世，叔姬之不終，其權輿於此與！

狄圍衛。十有二月，衛遷於帝丘。

吴氏曰：『去年狄侵齊，今年圍衛，豈以晉文久居狄而狎之乎？』

三十有二年，春，王正月。

夏，四月，己丑，鄭伯捷卒。

衛人侵狄。

秋，衛人及狄盟。

盟，不地，於狄也。

冬，十有二月，己卯，晋侯重耳卒。

三十有三年，春，王二月，秦人入滑。

按《左氏》曰秦師『滅滑而還』，此云『入』，不能有其地也。

齊侯使國歸父來聘。

報公子遂之聘。

夏，四月，辛巳，晋人及姜戎敗秦於殽。

晋襄忘親背惠，墨衰絰而從戎，其惡大矣，故書『人』。秦爲無道，越晋踰周以襲人，不言『師』，狄之也。

癸巳，葬晋文公。

『日葬，危不得葬也。』

狄侵齊。

公伐邾，取訾婁。

『因晋喪也。』

秋，公子遂帥師伐邾。

乘晋文之没，報升陘之役，忿欲不義之兵也。

晋人敗狄於箕。

狄伐晋，及箕，此門庭之寇也，敗之宜矣。而晋侯稱『人』者，不與其喪而用師也。

冬，十月，公如齊。

十有二月，公至自齊。

宰周公下聘而不入覲，國歸父來聘而往朝，比事而觀，魯之無王甚矣。

乙巳，公薨於小寢。

君日出眡朝，退適路寢聽政，使人眡大夫退，然後適小寢釋服。是路寢治事之所也，小寢燕息之地也。君終不於路寢，『非正』矣。

隕霜不殺草，李、梅實。

季友受費而季孫氏始，公孫兹帥師而叔孫氏始，公孫敖帥師而孟孫氏始。三桓之盛自僖公始，文公以闇弱繼之，率以專魯，咎徵已先著矣。

晋人、陳人、鄭人伐許。

『討其二於楚也。』

卷六

文公

元年，春，王正月，公即位。

二月，癸亥，日有食之。

天王使叔服來會葬。

夏，四月，丁巳，葬我君僖公。

天王使毛伯來錫公命。

『禮有受命，無來錫命。來錫命，非正也。』

晉侯伐衛。

文公季年，『諸侯朝晉』，而衛獨不朝，又『使孔達侵鄭』，是以伐衛，取戚田。

叔孫得臣如京師。

拜錫命也。

衛人伐晉。

秋，公孫敖會晉侯於戚。

『晉侯疆戚田』，敖往會之。

冬，十月，丁未，楚世子商臣弑其君頵。

公孫敖如齊。

《左氏》曰『始聘』也。

二年，春，王二月，甲子，晉侯及秦師戰於彭衙，秦師敗績。

『彭衙』，秦地。秦師未至晉境，故不書『侵』『伐』。晉侯急於一戰，故書『及』。忿以取敗，故書『敗績』。善戰者服上刑，《春秋》所惡也。

丁丑，作僖公主。

譏後也。『虞主用桑，練主用栗。用栗者，藏主也。』期年練祭，至是十五月而作主，『不時也』。

三月，乙巳，及晉處父盟。

晉人以公不朝來討公，如晉盟者，公也。不地，於晉也。公出不書『反』，不致盟，不言公，處父不氏，諱與大夫盟也，所耻也，此《春秋》之筆削也。

夏，六月，公孫敖會宋公、陳侯、鄭伯、晉士穀，盟於垂隴。

討衛故也。『陳侯爲衛請成』，『執孔達以説』。桓、文没，大夫擅諸侯會盟，自公孫敖、士穀始也。

自十有二月，不雨，至於秋七月。

『歷時而言「不雨」，不憂雨也。』

八月，丁卯，大事於大廟，躋僖公。

『大事』，祫也。『「躋」，升也。』升僖於閔之上也，『逆祀也』。

臣不可以先君，猶子不可以先父，故以昭穆父祖而喻，非謂僖公父視閔公也。

冬，晋人、宋人、陳人、鄭人伐秦。

晋人再勝秦師，復興此役，直書，惡見矣。外兵非君將，皆書「人」，不以書「人」，爲貶也。

公子遂如齊納幣。

「譏喪娶也。」「三年之内不圖婚。」

三年，春，王正月，叔孫得臣會晋人、宋人、陳人、衛人、鄭人伐沈，沈潰。

「伐沈」，「以其服於楚也」。「沈潰」，「民逃其上」也。商臣，弑君父之大惡，而不能討，區區伐沈，何爲也？

夏，五月，王子虎卒。

以來赴而魯弔也。

秦人伐晋。

按《史記》稱穆公作誓，在取王官、封殽尸之後，自是遂不復東征，誓言終能踐矣。

秋，楚人圍江。

報沈之役也。

雨螽於宋。

冬，公如晋。十有二月，己巳，公及晋侯盟。

晋人悔其無禮，請改盟，然猶要公之朝，以約誓於其國，魯之屈辱甚矣。

晋陽處父帥師伐楚以救江。

商臣，弑逆之賊。晋主夏盟，合諸侯討之，豈不兩得乎？區區以救江，又無救之實，惜哉！

四年，春，公至自晋。

夏，逆婦姜於齊。

『略之也。』不終喪，不以貴者逆，是不成其夫人之禮也，故不書『夫人』。

季氏曰：『婦者，有姑之稱。成風、聲姜在也。』

狄侵齊。

秋，楚人滅江。

晋侯伐秦。

上書『楚人滅江』，下書『晋侯伐秦』，比事觀之，其義自著。滅江不耻，而急報王官之忿，書『晋侯』，正著其罪也。

衛侯使甯俞來聘。

垂隴之會，衛始服晋。明年，從晋伐沈。明年春，晋歸孔達。其夏，衛侯朝晋，至秋而聘魯。蓋成公見執，僖公爲請，今來拜僖公之賜也。

冬，十有一月，壬寅，夫人風氏薨。

妾母稱夫人，自文公喪成風始，嫡妾亂矣。仲子始僭，尚未敢同嫡也。

五年，春，王正月，王使榮叔歸含且賵。

天子成妾母爲夫人，亂倫之甚，失天理矣，故王不稱『天』。稱『叔』，存禮也。

三月，辛亥，葬我小君成風。

仲子之宫，羽數特異，蓋不祔於姑，猶有辨焉。至是有二夫人祔廟矣，自成風始也。

王使召伯來會葬。

再不稱『天』，聖人於此尤謹其戒。

夏，公孫敖如晉。

王含且賵，來會葬矣，捨天王而謹事晉，不待貶而惡見也。

秦人入鄀。

秋，楚人滅六。

秦、楚之强甚矣，中國猶恃有晉也。

冬，十月，甲申，許男業卒。

六年，春，葬許僖公。

夏，季孫行父如陳。

臧文仲以陳、衛方睦，故行父『且娶焉』。

秋，季孫行父如晉。

文公即位六年，朝晉者再，貴卿往者再。

八月，乙亥，晉侯驩卒。

冬，十月，公子遂如晉，葬晉襄公。

鄭子太叔曰：『先生之制[一]，諸侯之喪，士弔，大夫送葬。』然考僖公以前葬諸侯，未有使大夫者。今公子遂以卿往，馴致少姜以妾媵，而諸侯使卿會葬矣。

校記

〔一〕按，據《左傳》『昭公三十年』所引鄭游吉之語，『先生』應爲『先王』字訛。

『三月而葬，速。』

晉殺其大夫陽處父。晉狐射姑出奔狄。

狐射姑殺也，而稱國以『殺』，《公》《穀》云：『君漏言也。』

閏月不告月，猶朝於廟。

『不告月』，明當告也。『猶朝於廟』，幸其不已之辭。

七年，春，公伐邾。三月，甲戌，取須句，遂成部〔一〕。

『伐邾』，『間晉難也』。『取須句』，『不正其再取』也，又置叛臣焉。『成部』，備邾難也。

校記

〔一〕據《春秋》，『成』當爲『城』字之訛，下同。

夏，四月，宋公王臣卒。宋人殺其大夫。

不日者，國亂不計也。

『昭公將去群公子』，樂豫諫，不聽。『穆、襄之族率國人攻公，殺公孫固、公孫鄭於公宮。』衆殺，故稱『人』。不名者，非一人也。

戊子，晉人及秦人戰於令狐，晉先蔑奔秦。

襄公卒，太子幼，晉人欲立長君。趙孟使先蔑如秦逆公子雍，秦康公以師納之。襄夫人日抱太子啼於朝，諸大夫畏逼，乃背先蔑，立靈公以禦秦，敗秦師於令狐。書『及』，罪晉也。不言敗績，『敵也』。『先蔑奔秦』，『不言出，在外也』，自令狐而奔也。

狄侵我西鄙。

間秦、晉之爭也。

秋，八月，公會諸侯、晉大夫，盟於扈。

爲晉侯立也。諸侯不序，公後至也。大夫不名，君幼，大夫自爲主也。大夫主盟諸侯，扈之會始也。

冬，徐伐莒，公孫敖如莒蒞盟。

汪氏曰：『大夫盟，不書名氏者三：莊九年，齊無君，當國大夫自爲主也；此年趙盾專政，若晉無君者然；溴梁之會，諸侯皆在，而十一國大夫自盟。但書大夫盟，諸侯皆失政矣。』

八年，春，王正月。

夏，四月。

秋，八月，戊申，天王崩。

冬十月，壬午，公子遂會晉趙盾，盟於衡雍。乙酉，公子遂會雒戎，盟於暴。

大夫專盟，自衡雍始也。相去四日耳，不以繼事書，再稱『公子』，各日其會，正其名與地，華夷之别也。天王崩，不奔喪，而遂與盾與雒戎前後會於王都之側，尚猶待於貶乎？

公孫敖如京師，不至而復。丙戌，奔莒。

敖爲遂逆婚於莒，見其美而自娶焉，遂欲攻之而反於莒。至是，棄君命而往從之，其罪不容誅矣。然魯君不討，又不遣使京師，以終弔喪之禮，皆莫逃於聖筆之誅矣。『奔』，不言『出』，不自位出也。

螽。

宋人殺其大夫司馬，宋司城來奔。

非君命而衆人擅殺之也。前書『殺其大夫』，言死者衆也。此書『殺其大夫司馬，司城來奔』，言官者殆盡也。

九年，春，毛伯來求金。

不稱使，當喪未君也。公孫敖如京師，不至，而毛伯來求金，其罪兩著矣。

夫人姜氏如齊。

二月，叔孫得臣如京師。

辛丑，葬襄王。

前年公子遂如晋葬襄公，今年得臣如京師葬襄王，是夷周於晋也。至於以漸者，往會而不登於策，不弔不葬而見略於經，抑又甚矣。

晋人殺其大夫先都。

三月，夫人姜氏至自齊。

書『至』，正其夫人之體也，則不至者其行非禮見矣。

晋人殺其大夫士縠及箕鄭父。

襄公於夷之蒐，將登箕鄭父、先都，使士縠將中軍，以先克之言而止，故先都等陰使賊殺先克。時趙盾秉國，而先克其佐也。於是殺先都，殺士縠及箕鄭父。殺由盾也，故書衆殺，而不書國殺，不去其官。

楚人伐鄭，公子遂會晋人、宋人、衛人、許人救鄭。

楚子伐鄭，以晋君之少也。趙盾帥列國之師救鄭，而不及楚師，故書『人』，『以懲不恪』。

夏，狄侵齊。

楚得氣去，而狄交侵矣，病晋也。

秋，八月，曹伯襄卒。

九月，癸酉，地震。

前此百餘年未有書地震者，而自此至哀公，書地震者五，陽微陰盛之象也。孔晁曰：『陽伏於陰下，見迫於陰，故不能升，以至地震。』

冬，楚子使椒來聘。

伐鄭聘魯，遠交近攻也。以聘事來，故書『子』，非進之也。

秦人來歸僖公、成風之襚。

是時秦、楚交病中國，秦欲伐晋而歸襚於魯，猶楚欲圖北方而來聘也。

不曰『莊公、成風』，曰『僖公、成風』者，成風以僖公貴也。卒葬則以臣子之詞見；王之含賵會葬，則以不天見；秦人歸襚，則以僖公、成風見，其義備矣。

葬曹共公。

十年，春，王三月，辛卯，臧孫辰卒。

夏，秦伐晋。

狄之也。《春秋》書兵，罪其報復不已，而狄之者三，秦、鄭、晋也。

楚殺其大夫宜申。

宜申謀弑商臣也。而以國殺大夫爲文，聖人之意深矣。

自正月不雨，至於秋七月。

及蘇子盟於女栗。

『蘇子』，周卿士。《左氏》曰：『頃王立故也。』趙氏曰：『不書「公」，諱獨與天子大夫盟。』然諱公之盟皆書日，此不日，微者盟也，魯罪轉大矣。『女栗』，畿内地。

冬，狄侵宋。

楚子、蔡侯次於厥貉。

將伐宋也，宋出迎勞之而免。曰『次』，著其包藏禍心，欲憑諸侯而未敢遽前也。唯蔡侯首附夷狄，故表而出之，以均其罪。

十有一年，春，楚子伐麇。

楚伐亦爵矣，中國無伯，著夷狄之强也。

夏，叔仲彭生會晋郤缺於承筐。

『謀諸侯之從於楚者。』

秋，曹伯來朝。

『即位來見也』，自此曹從魯矣。

公子遂如宋。

狄侵齊。

冬，十月，甲午，叔孫得臣敗狄於鹹。

狄八年之間，三侵齊，一侵魯、宋。自是不敢窺齊、魯，惟十三年一侵衛耳，此敗鹹之功也。

十有二年，春，王正月，郕伯來奔。

孫明復曰：『諸侯失地皆名，此不名者，非自失國也。莊八年，郕降於齊師，自是入齊爲附庸。此又來奔，爲齊所逼耳。』

杞伯來朝。

二月，庚子，子叔姬卒。

《左氏》曰：『請絶叔姬而無絶昏，公許之。』『叔姬卒，不言杞，絶也。書「叔姬」，言非女也。』啖氏曰：『此傳當在成八年，誤置此也。』

夏，楚人圍巢。

巢，吴、楚間小國也。

秋，滕子來朝。

秦伯使術來聘。

『且言將伐晋。』

冬，十有二月，戊午，晋人、秦人戰於河曲。

黷兵殘民，其罪同。不言『及』，無曲直之辭。不言『敗』，無勝負之辭。

季孫行父帥師城諸及鄆。

魯一邑也。帥師城之者，逼外國也。此魯東鄆，成四年城鄆，乃西鄆也。

十有三年，春，王正月。

夏，五月，壬午，陳侯朔卒。

邾子蘧蒢卒。

自正月不雨，至於秋七月。

世室屋壞。

『周公稱太廟，魯公稱世室，群公稱宫。』書『世室屋壞』，譏『久不脩也』。程子曰：『《春秋》中，文公事宗廟最爲不謹，遂有「世室屋壞」之變。天人之際，可不畏哉！』

冬，公如晋。衛侯會公於沓。

公一出而平衛、鄭於晋，明年遂爲新城之盟。晋以復伯，終文公之世，楚不敢復侵中國，不爲無助於晋矣。

狄侵衛。

十有二月，己丑，公及晋侯盟。公還自晋。

鄭伯會公於棐。

十有四年，春，王正月，公至自晋。

邾人伐我南鄙，叔彭生帥師伐邾。

夏，五月，乙亥，齊侯潘卒。

六月，公會宋公、陳侯、衛侯、鄭伯、許男、曹伯、晋趙盾。癸酉，同盟於新城。

『從於楚者服』，『同外楚也』。盟者志同，故書『同』。

秋，七月，有星孛入於北斗。

偏指曰『彗』，光芒四出曰『孛』。

公至自會。

晋人納捷菑於邾，弗克納。

邾定公貜且既立矣，嫡長也。捷菑，晋姬所出，故奔晋，而晋人納之。『邾人辭曰：「齊出貜且，長。」宣子曰：「辭順而不從，不祥。」乃還。』故書曰『弗克納』，善其弗克納也。

九月，甲申，公孫敖卒於齊。

敖廢命奔莒，已而奔齊主，齊請復，公於是乎許之。『奔大夫不言「卒」』，『卒』之者，許其復也。著典刑之壞，爲齊人歸喪起也。

齊公子商人弒其君舍。
魯叔姬妃齊昭公，生舍。叔姬無寵，舍無威。商人驟施於國，而多聚士。昭公卒，舍即位，而商人弒之。未踰年而曰『君』者，何也？『成舍之爲君，所以重商人之弒也。』
宋子哀來奔。
『宋高哀爲蕭封人，以爲卿，不義宋公而出，遂來奔。』書曰『子哀』，貴之也，謂能貴愛其身以存道也。
冬，單伯如齊，齊人執單伯。
齊人執子叔姬。
『子叔姬』者，齊君舍之母也。『單伯』者，魯請於王，王命之求昭姬於齊者也。齊人不討弒君之賊，俱北面事之，又敢執其君母，執天子之使，故聖人不獨罪商人，而曰『齊人』，所以窮逆賊之黨與而治之也。
十有五年，春，季孫行父如晉。
『爲單伯與子叔姬故也。』
三月，宋司馬華孫來盟。
不稱使，以是專行，爲無君也。曰『司馬』，見其以掌兵之故敢自專也。
夏，曹伯來朝。
齊人歸公孫敖之喪。
敖之卒與喪歸，於法不得書，以文伯、惠叔二子之哀誠無已，以敖著教也。
六月，辛丑，朔，日有食之。鼓，用牲於社。
單伯至自齊。
內大夫被執，得反則至。

晋郤缺帥師伐蔡,戊申入蔡。

『新城之盟,蔡人不與』也。不服,故又入之。

秋,齊人侵我西鄙。

季孫行父如晋。

告齊難也。

冬,十有一月,諸侯盟於扈。

『謀伐齊也』,晋侯得賂而還。於是公以齊難不會。書曰『諸侯會於扈』,散辭也,『無能爲故也』。

十有二月,齊人來歸子叔姬。

郯伯姬來歸,有罪見出者也。齊人來歸子叔姬,深罪齊人也。

齊人侵我西鄙,遂伐曹,入其郛。

再侵者,『謂諸侯不能也』。『伐曹』者,以兩朝魯也。

十有六年,春,季孫行父會齊侯於陽穀,齊侯弗及盟。

齊以公不往而不盟也。書『弗及』者,『内辭』。

夏,五月,公四不視朔。

文公托疾以辭齊盟,故『四不視朔』,而實非疾也,故不書疾。其後漸以廢矣,故視朔之廢自文公始。

六月,戊辰,公子遂及齊侯盟於郪丘。

納賂而始盟也。

秋,八月,辛未,夫人姜氏薨。毁泉臺。

夫人聲姜也。『毁泉臺』,譏也,先祖爲之,勿居可矣,毁之是揚其失也。

楚人、秦人、巴人滅庸。

冬，十有一月，宋人弑其君杵臼。

襄夫人使甸殺之也，而書「宋人」者，「君無道」，弑賊衆，不可蔽罪於主者，而主者在其中矣。

十有七年，春，晋人、衛人、陳人、鄭人伐宋。

皆卿也，而稱「人」，立公子鮑而成其亂也，失其職矣，故不卿之。

夏，四月，癸亥，葬我小君聲姜。

不稱僖姜而别爲謚，非也。九月而葬，慢也。文公之怠於政事，可知矣。

齊侯伐我西鄙。六月，癸未，公及齊侯盟於穀。

脅公之親盟也。

諸侯會於扈。

「平宋也。」「書曰『諸侯』，無功也。」公以齊難不與會。

秋，公至自穀。

言「至自穀」，則不會扈，可知也。

冬，公子遂如齊。

拜穀盟也。

十有八年，春，王二月，丁丑，公薨於臺下。

「臺下，非正也。」

秦伯罃卒。

夏，五月，戊戌，齊人弑其君商人。

弑商人者，邴歜、閻職也，而曰『齊人』，齊人所同欲也。所同欲而曰『弑』，何也？罪齊人也。齊人黨商人而弑舍者也，故不從楚比之例以盜殺書，而曰『齊人』；不從州吁無知之例以討賊書，而曰『弑』。

六月，癸酉，葬我君文公。

秋，公子遂、叔孫得臣如齊。

『使舉上客，而不稱介。』公子遂如齊，弑嫡立庶之本也，故竝稱介副，以起問者，見事情。

冬，十月，子卒。

『子』，赤也。不曰『弑』也，『不忍言也』。

夫人姜氏歸於齊。

書『夫人』，書『姜氏』，書『歸於齊』，無罪之辭也，而魯之臣子敬嬴、宣公之罪著矣。上書大夫竝使，下書夫人歸齊，中曰『子卒』，故《春秋》屬辭，比事而義見也。

季孫行父如齊。

告宣公之立也。上書夫人歸，下書行父如齊，行父與謀可知。惡實齊甥，以夫人訴而見討，議納賂而請平也。

莒弑其君庶其。

『稱國以「弑」者，衆弑君之辭。』

卷七

宣公

元年，春，王正月，公即位。

繼故而言『即位』，與聞乎故也。

公子遂如齊逆女。

喪未期年，遣卿逆女，何亟乎！結齊以自安，敬嬴、襄仲弑君簒國之本謀也。

三月，遂以夫人婦姜至自齊。

書『以』，罪遂也。書『婦姜』，别於上文夫人姜氏也。

敬嬴欲結齊惠，懼爲出姜所謀，故喪娶其女，如是之亟也。

夏，季孫行父如齊。

『納賂以請會』也。

晋放其大夫胥甲父於衛。

河曲之戰，撓臾駢之謀者，趙穿也。軍門之呼，穿與甲父共也。而獨放甲父者，趙盾之私也。

公會齊侯於平州。

『定公位』也。

公子遂如齊。

『拜成』也。

六月，齊人取濟西田。

『弑子赤之賂也。』魯人致賂而書『齊人取』，著齊罪也。

秋，邾子來朝。

『邾子』，貜且，齊出也，雖魯附庸，而常屬於齊，視齊爲向背。今齊、魯通好，故邾子來朝。

楚子、鄭人侵陳，遂侵宋。

南北之勢於是始矣。後十五年而楚、宋平，後五十年而晋、楚同盟於宋，諸夏之君分晋、楚之從矣。書『楚子』，傷夷狄之欲執伯權。鄭伯稱『人』，貶鄭伯之從楚以亟病中國。

晋趙盾帥師救陳。

趙盾救陳，而後宋、陳四國會晋師伐鄭也。『楚蔿賈救鄭，遇於北林，囚晋解揚，晋人乃還。』

宋公、陳侯、衛侯、曹伯會晋師於棐林，伐鄭。

『不言趙盾之師，君不會大夫之辭也。』

冬，晋趙穿帥師侵崇。

趙穿欲握兵托於伐崇以求秦成也。

晋人、宋人伐鄭。

『報北林之役』也。合四國伐鄭而無功，至於再伐，不復可致三國者，爲宋也，故獨與宋連兵。

二年，春，王二月，壬子，宋華元帥師及鄭公子歸生帥師戰於大棘，宋師敗績，獲宋華元。

宋人兩報鄭伐，甚矣。鄭人受命於楚而報宋，非義也。華元不能反己息争，輕與之戰，至於喪師辱身而不能效死，《春秋》所深責也。

秦師伐晋。

秦、晋自河曲之戰，七年不交兵矣。趙穿無釁而侵崇，以致秦師。宋方敗於鄭，而晋復病於秦，皆自致也。

夏，晋人、宋人、衛人、陳人侵鄭。

是役也，趙盾避楚師而還，蓋塞宋之請，姑爲黽勉之行而已。夫晋惟取賂，釋宋不討，至以中國之大不能服鄭，不競於楚。本之不正，末流遂至於此，可不慎乎？

秋，九月，乙丑，晋趙盾弑其君夷臯。

靈公之立，本非盾意。及專國政，國不知君，靈公不堪，故欲殺盾。觀靈輒内叛，提明格鬭，無復臣禮矣。堂上之甲方興，桃園之攻隨至。及其反國，非獨置賊不討，反使往逆新君，則盾之爲弑，又誰掩乎？

冬，十月，乙亥，天王崩。

三年，春，王正月，郊牛之口傷，改卜牛。牛死，乃不郊，猶三望。

葬匡王。

四月而葬，王室不君，其禮略也。微者往會，魯侯不臣，其情慢也。

楚子伐陸渾之戎。

夷狄相攻不志，此其志，何也？窺周室也。

夏，楚人侵鄭。

楚人侵鄭，則鄭及晉平可知矣，於鄭之能反正也。

秋，赤狄侵齊。

『赤狄』，俗尚赤衣者也。

宋師圍曹。

宋文即位，『盡逐武、穆之族』，二族『以曹師伐宋』。『宋師圍曹，報武氏之亂也。』二族雖非討罪之師，而宋負不報之罪，徒事報復，《春秋》所惡也。

冬，十月，丙戌，鄭伯蘭卒。

葬鄭穆公。

葬速，禮不備也。

四年，春，王正月，公及齊侯平莒及郯，莒人不肯。公伐莒，取向。

郯乃魯昏姻之國，公欲爲郯平莒，而挾齊以爲重，義不足以服莒矣。不知自反，又伐取其邑，抑又甚焉。

秦伯稻卒。

夏，六月，乙酉，鄭公子歸生弒其君夷。

按《左氏》，謀弒者公子宋也，歸生懼譖而從之。聖人以歸生爲首惡，似非人情，豈以歸生同執政，握兵權，歸生不從，而子宋必不能行事乎？不然，必《左氏》記事之或謬也。

赤狄侵齊。

秋，公如齊。公至自齊。

如齊而皆致者，危之也。

冬，楚子伐鄭。

爭中國耳，非討罪也。

五年，春，公如齊。

夏，公至自齊。

秋，九月，齊高固來逆子叔姬。

『公如齊，高固使齊侯止公』，請叔姬秋來逆焉。曰『來』者，公自爲主也。諸侯嫁女於大夫，『主大夫以與之』，爲體敵也。而公自爲之主，卑朝廷，辱宗廟甚矣。負篡國之罪，倚齊以安，是以屈於人下如此。

當是文公少女，宣公娶。即位之後，至是纔五年，安得有及笄稱字之女乎？

不曰『逆女』，別於逆君夫人者也。

叔孫得臣卒。

内大臣卒而不日者，季氏以卒不於位也，未知是否？

冬，齊高固及子叔姬來。

以『反馬』，則親來，非禮也。以歸寧，則未易歲，非禮也。大夫非公事與妻出境，非禮也。固恣行甚，而魯辱甚矣。

楚人伐鄭。

六年，春，晉趙盾、衛孫免侵陳。

『陳即楚故也。』晉、楚爭陳，自此始矣。書『侵』，無詞可稱之詞也。

夏，四月。

秋，八月，螽。

蝗也，貪虐取民則螽。

冬，十月。

七年，春，衛侯使孫良夫來盟。

『謀會晉也。』魯專事齊，未嘗與晉通。衛久睦於晉，故爲晉致魯，來爲此盟。不日者，『前定也』。

夏，公會齊侯伐萊。

秋，公至自伐萊。大旱。

『及』者，内爲志。『會』者，外爲主。伐萊，齊志也，故書『會』。以『大旱』書者，不雩也。言雩則旱見，言旱則雩不見。宣王遇災，靡神不舉，此見其無恤民憂國之心矣。

冬，公會晉侯、宋公、衛侯、鄭伯、曹伯於黑壤。

『晉侯之立，公不朝，又不使大夫聘』，而每歲適齊。『晉人止公於會，盟於黄父，公不與盟，以賂免。』故黑壤不書『盟』，『諱之也』。諱之者，不直在我也，直則不諱矣。若夫舍其篡立之大惡，止以不朝而責賂，晉之不伯，又可見也。

八年，春，公至自會。

踰年而至，其故可知矣。自是遂不敢如晉。

夏，六月，公子遂如齊，至黄乃復。

疾而復，非禮也。『大夫以君命出，聞喪徐行而不返。』未致事而死，以尸將事。

辛巳，有事於太廟。仲遂卒於垂。

遂之卒，計與祭同日。不言公子，蒙上文仲死而賜氏也。『垂』，齊地。仲遂弑君，不當書『卒』，與公子翬同。此書『卒』，因事之變，以明卿卒不繹之禮也。

壬午，猶繹。萬入，去籥。

『非禮也。』『禮，大夫卒，當祭則不告終事，而聞則不繹。』

戊子，夫人嬴氏薨。

此敬嬴也，文公之妾。僭自成風始也。

晋師、白狄伐秦。

侵崇之曲在晋，至此七年而未已，復昏狄而伐秦，其罪大矣。不書『及』，偶晋於狄也。晋成、秦桓之交兵，又始於此。

楚人滅舒蓼。

舒地逼近中國，滅舒蓼，中國無南藩矣。

秋，七月，甲子，日有食之，既。

冬，十月，己丑，葬我小君敬嬴。

襄仲死於道路，後八日而敬嬴亦死，與哀姜、慶父先後即誅相類矣。

雨，不克葬。庚寅，日中而克葬。

譏無備也。

城平陽。

季氏曰：『平陽在魯北鄙，近根牟，城以逼根牟也。』

楚師伐陳。

陳以晋、衛之侵，棄楚從晋。楚之伐，晋不能救，復即楚焉。

九年，春，王正月，公如齊。公至自齊。

夏，仲孫蔑如京師。

君朝齊而臣聘周，歲首朝齊，夏乃聘周，於周僅一往聘，於齊則又再朝，比事而觀，不待貶絕而惡自見矣。

齊侯伐萊。

秋，取根牟。

八月，滕子卒。

九月，晉侯、宋公、衛侯、鄭伯、曹伯會於扈。晉荀林父帥師伐陳。

『會於扈，討不睦也。』陳侯不會，是背盟主而即楚，又背晉救陳之施，罪可伐矣。

辛酉，晉侯黑臀卒於扈。

晉自靈公不能繼文、襄之業，盟會皆出大夫。至成公，方會諸侯，中國賴之。

冬，十月，癸酉，衛侯鄭卒。

衛成公自復國以來，帝丘再造，抑狄事晉。自伐沈之後，諸侯之事無役不從，國內以安，皆用甯俞之效也。

宋人圍滕。

文十二年，滕昭公背宋朝魯，宋人內有國亂，外有楚兵，故不暇討，今乃因喪而圍之。曰『圍』，非師少可知。直書『宋人』，而罪見矣。

楚子伐鄭，晉郤缺帥師救鄭。

晉成方卒，楚乘隙而伐鄭。晉景方立，郤缺救而不能定。十一年辰陵之盟，鄭子良曰：『晉、楚不務德而兵争，與其來者可也。』乃從楚。

陳殺其大夫洩治。

『殺無罪也。』稱國者，『君與用事大臣同殺之也』。

王氏《經世》云：『必欲皆爲子哀、叔肹[一]，則亂世何賴於有君子乎？』

校記

〔一〕按，『盻』係『肸』之字訛。

十年，春，公如齊。公至自齊。

齊人歸我濟西田。

程子曰：『齊、魯修好，故歸魯田。田，魯有也，齊非義取之，故云「歸我」，不足爲善也。』

夏，四月，丙辰，日有食之。

己巳，齊侯元卒。

齊崔氏出奔衛。

曰『崔氏』者，以族奔也。崔氏出而能反，反而能弒者，以其宗强。於此舉氏，辨之早也。按《左氏》，『崔杼有寵於惠公，高、國畏其逼』而逐之。自此至崔杼弒莊公，凡五十一年，必非杼也。

公如齊。

五月，公至自齊。

禮，諸侯卒，有服者奔喪，無服者會葬。親奔喪，非禮也。

癸巳，陳夏徵舒弒其君平國。

君無道，稱國以『弑』。陳靈朋淫殺諫，而弑者以氏名書，所以著禍亂所從生。討徵舒，亦以治平國也。

六月，宋師伐滕。

稱『師』，譏用衆也。滕自宋人執嬰齊之後，遂爲宋私屬，故宋之盟叔孫豹曰：『滕，宋私也，成周之城。』仲幾曰：『滕，宋役也。』今不事宋，故屢虐之。

公孫歸父如齊。葬齊惠公。

親往奔喪，貴卿會葬，事齊甚謹矣。而不顧天王之禮，闕然莫之供也。『歸父』，仲遂之子，字子家，其後爲子家氏。

晋人、宋人、衛人、曹人伐鄭。

鄭介大國之間，從於强令，豈得已乎？晋不能以德鎮撫，侯國之賊其君者不能討，而汲汲於争鄭，庸何愈於楚？

秋，天王使王季子來聘。

『王季子』，王之『母弟也』。宣公享國十年，不朝周，而比年如齊；不奔王喪，而奔齊喪；微者會匡王葬，而歸父會齊侯葬，無王甚矣，而王季子來聘。自是王靈益亡，王聘益輕，《春秋》不復録矣。

公孫歸父帥師伐邾，取繹。

宣公篡立，其不能討陳宜矣，而奪地於邾，以晋伯不振，强齊爲援故也。不猶碩鼠欺人不見，竊食於盆盎之間乎？

大水。

六年螽，七年大旱，今復大水矣。

季孫行父如齊。

冬，公孫歸父如齊。

行父如齊，『初聘』也。歸父如齊，『伐邾故也』。

齊侯使國佐來聘。

葬之速也，太不懷也。未逾年而以君命使聘，當凶行吉，忘哀結好，書曰『齊侯』，著其惡也。

饑。

前此水旱蟲災，不以『饑』書，今大水之後書『饑』，著宣公煩於事大，國用無節，上下用竭故也。

楚子伐鄭。

《傳》書：『晉士會救鄭，逐楚師於潁北。諸侯之師戍鄭。』而經不書者，不足爲輕重也。

十有一年，春，王正月。

夏，楚子、陳侯、鄭伯盟於辰陵。

陳、鄭殆以晉爲不足恃乎！

公孫歸父會齊人伐莒。

四年平郯之故，爲齊、魯所憾，此則齊人之志，而歸父助之也。伐邾、伐莒皆以歸父將兵，會齊、會楚皆以歸父特會，以見宣公之德仲遂而寵其子也。至笙之逐，非肇端於此與？

秋，晉侯會狄於欑函。

往會狄也，圖赤狄而離其黨也。不致力於諸侯之事，而區區圖狄啓疆，狄土闢而伯業益衰矣。上則辰陵之盟成乎伯主，下則徵舒之殺行乎伯討，而齊、魯方且伐莒，晉方且會狄，比事而義見矣。

冬，十月，楚人殺陳夏徵舒。

『人』，衆詞，大惡，人人所欲誅也。書『楚人殺』，而諸夏之罪自見矣。

丁亥，楚子入陳。

　　討其賊，義也。取其國，惡也。先書『殺』，後書『入』，此《春秋》之義也。

納公孫寧、儀行父於陳。

　　致亂之臣，國所不容，故書『納』。

十有二年，春，葬陳靈公。

　　討賊者，非臣子也，何以書『葬』？天下之惡一也，則天下之討同，楚討亦討也。

楚子圍鄭。

　　鄭既受盟於辰陵，又徼事晉，故楚子圍之。按《左氏》，楚子『縣陳』，蓋滅之矣，而止書『入』。其於鄭也，『入自皇門，至於逵道』，蓋即其國都矣。經止書『圍』，一則以聽申叔時之言而反之，一則以鄭伯肉袒之逆而遽許之平，與其悔過也。

夏，六月，乙卯，晉荀林父帥師及楚子戰於邲，晉師敗績。

　　救鄭不書者，『無及於鄭』也。以晉主是戰而罪歸林父者，林父身爲元帥，不能治先穀違命濟師之罪，乃妄從韓厥分惡之言，楚師既乘，又不能力戰，鼓於軍中，以先退爲賞，邲之敗，實林父之所爲也。

秋，七月。

冬，十有二月，戊寅，楚子滅蕭。

　　蕭，宋附庸國，楚滅之，不能有其地。觀定十一年，辰、佗、彄、地入蕭以叛，猶爲宋地可知矣。楚莊滅蕭，所以逼宋而恐中國諸侯也。

晉人、宋人、衛人、曹人同盟於清丘。

　　楚横甚矣，今又滅蕭以脅宋。宋與曹、衛皆唇齒之國，猶欲推晉以禦楚，晉實不能而徒爲此盟以塞責，竟何益於事乎？列卿稱『人』，譏也。原縠違命喪師，晉之罪人而主是盟，『人』之宜矣。

宋師伐陳，衛人救陳。

楚討陳亂而定其國，陳之即楚未足責也，宋不知自反而伐之，書『衛人救陳』，意在責宋也。衛之背盟，義自著矣。

十有三年，春，齊師伐莒。

夏，楚子伐宋。

陳、鄭、宋皆在河南，爲中國要樞。鄭處其西，宋處其東，陳介其間。陳、鄭既皆歸楚，楚得宋，則可圖天下矣，故楚有事中國，皆自鄭及宋至。又明年之平，而南北之勢成矣。

秋，螽。

冬，晉殺其大夫先縠。

先縠以違命敗邲之師，又召狄爲清之寇，殺之宜矣。稱國以『殺』而不去其官者，罪累上也。用非其人而棄其師，君之罪也。

十有四年，春，衛殺其大夫孔達。

救陳者，孔達也。晉討，而達自殺。曷爲稱國而不去其官？其君意也。君用其言以干盟主，而殺達以『說於晉』，以是爲君之過矣。

夏，五月，壬申，曹伯壽卒。

晉侯伐鄭。

晉景不能反身修德，安夏攘夷，而欲雪敗邲之恥，區區伐鄭，又何爲乎？

秋，九月，楚子圍宋。

輕舉陳師以見伐，今復輕殺其使以見圍，宋之幾亡其國，自取之也。

葬曹文公。

冬，公孫歸父會齊侯於穀。

宋之東北界即魯地也，豈以楚師圍宋而謀之乎？

十有五年，春，公孫歸父會楚子於宋。

楚所以未遽得志於中國者，賴宋爲之支。縱不能救，嚴兵固圉以爲聲援可也，乃以周公之後、千乘之國謀其不免，至於薦賄，不亦鄙乎？

夏，五月，宋人及楚人平。

楚人圍宋九月，於此宋之憊，至易子而食，析骸以炊，楚軍亦止有七日之糧耳。而晉聽伯宗之言，不出一師以撼之，待其威單力盡，徐自解罷。書曰『宋人及楚人平』，傷中國之失道也。『外平不書』，關於天下之故而書。楚人得宋，天下將有南北之勢，《春秋》特致意焉。

六月，癸卯，晉師滅赤狄潞氏，以潞子嬰兒歸。

據《左氏》，則潞之當討者，酆舒耳。執其君，滅其國，何爲乎書『晉師』？見其勞民動衆，縱大敵，棄諸夏，而施侮奪於裔夷，爲可恥也。

季氏曰：『稱日者，謀定於先，出其不意，不待崇朝也。』

秦人伐晉。

乘晉之『略狄土』也，故貶而『人』之。

王札子殺召伯、毛伯。

以『兩下相殺』之詞，書則『王札子』，擅殺可知矣。王之不王，又可知矣。

秋，螽。

仲孫蔑會齊高固於無婁。

必謀晋、楚之故也，於是往斷道之盟矣。

初稅畝。

宣公虛内事外，調度不給，兼以水旱螽災，公田之入薄矣，乃復稅畝。『稅畝』者，稅其私田，履畝十取其一也。其公田仍在非廢，助用稅也。『初』者，志變法之始。其後作丘甲，用田賦，至於二猶不足，皆宣公啓之也。

冬，蝝生。

始生曰『蝝』，既大曰『螽』。秋螽未息，冬又生子也。

饑。

《春秋》書饑三，而宣公獨有其二。一書大水之後，一書螽、蝝之後，甚言國無儲備，民無以生也。

十有六年，春，王正月，晋人滅赤狄甲氏及留吁。

帥師者士會，而稱『人』，貶也。畏避强楚，威加赤狄，謂諸侯何？

夏，成周宣榭火。

《爾雅》：『室有東西廂曰廟。無東西廂，有室曰寢，無室曰榭。』《楚語》云：『榭以講軍實。』此宣王復會諸侯於東都講武大射之處，而非廟也。宣王中興之主，宣榭火，周之不復中興見矣。

秋，郯伯姬來歸。

『出也。』父母訓育弗至，致内女婦道之虧；郯君失齊家之道，而棄其伉儷，交見之矣。

冬，大有年。

十有七年，春，王正月，庚子，許男錫我卒。

丁未，蔡侯申卒。

夏，葬許昭公，葬蔡文公。

六月，癸卯，日有食之。

己未，公會晋侯、衛侯、曹伯、邾子，同盟於斷道。

『同盟』者，志同欲也，『同外楚也』。魯、衛、曹、邾相鄰之國，宋被楚圍，懼而推晋，晋亦恐四國之即楚，盟而固之。郤克未見笑之先，固徵會於齊，則此會非爲謀齊，可知矣。

秋，公至自會。

冬，十有一月，壬午，公弟叔肸卒。

『公母弟也。』不稱公子，不爲卿也。稱字，賢也。『其賢之何？宣弑而非之也』，『與之財，則曰：「我足矣。」織屨而食，終身不食宣公之食。』非之而不去也，兄弟無絶道也。情可以明親親，義可以厲不軌，『以取貴乎《春秋》』。

十有八年，春，晋侯、衛世子臧伐齊。

此則以不與斷道之盟故也。齊自恃伯，國未嘗服。晋文公之伯，嘗懼而從之。晋粤四世，齊未嘗從也。

公伐杞。

杞世婚於魯，僖、文之世，各一來朝。宣公殺惡及視，而杞不來，故伐之。不自反之甚矣。

夏，四月。

秋，七月，邾人戕鄫子於鄫。

『戕』，『殘賊而殺之也』。『於鄗』，刺其臣子不能救君難也。
甲戌，楚子旅卒。
楚僭稱王，降而稱『子』，仲尼之筆也。『吴、楚之君不書「葬」，辟其號也』，恐民之惑也。
公孫歸父如晋。
魯謹事齊，斷道之盟始改事晋，故始聘晋。《左氏》謂歸父謀之於公，欲以晋人去三桓。則何以不謀於素厚之齊，而遽請於新交之晋？及爲行父所逐，又何以不奔請去三桓之晋，而又奔齊耶？恐不然。
冬，十月，壬戌，公薨於路寢。
歸父還自晋，至笙，遂奔齊。
行父自文預聞弑赤之罪，故逐歸父。歸父奔齊，則以父素謹事齊也。歸父逐，而三家之張甚矣。《穀梁》曰：『捐殯而奔其父之使，是亦奔父也。』

卷八

成公

元年，春，王正月，公即位。

二月，辛酉，葬我君宣公。

無冰。

此政事舒緩、紀綱縱弛之象。成公幼弱，政在三家，公室不張，其象已見，故當沍陰沍寒，而常燠應之。

三月，作丘甲。

古者，九夫爲井，四井爲邑，四邑爲丘，四丘爲甸，甸賦車一乘，每乘七十二人，甲士三人。凡二十五人爲一甲，是四丘共出三甲。今作丘甲，即一丘出一甲，其於賦增三分之一也。『爲齊難』，作丘甲，益兵備敵，農民重困矣。

夏，臧孫許及晋侯盟於赤棘。

稱『及』者，魯所欲，爲齊難也。

秋，王師敗績於茅戎。

「不言戰，莫之敢敵也。爲尊者諱敵，不諱敗。爲親者諱敗，不諱敵。」言「敗績於茅戎」，言自敗也。

冬，十月。

二年，春，齊侯伐我北鄙。

魯之事齊甚謹，易世而聘會不絶，及與晋盟斷道而怨隙成，再盟赤棘而北鄙伐矣。

夏，四月，丙戌，衛孫良夫帥師及齊師戰於新築，衛師敗績。

與齊師遇而戰也。書「及」在衛，罪衛也。

六月，癸酉，季孫行父、臧孫許、叔孫僑如、公孫嬰齊帥師會晋郤克、衛孫良夫、曹公子首及齊侯戰於鞍，齊師敗績。

將稱元帥，不列其餘，今四卿竝書者，魯卿擅兵之始，堅冰之戒也。凡戰以受伐者爲主，此以四國及之者，以一笑之怒，殘兵毒衆，《春秋》所惡也。

秋，七月，齊侯使國佐如師。己酉，及國佐盟於袁婁。

國佐如師，將以賂免，非服晋也。而晋大夫要以非禮，國佐不可，揖而去之。郤克乃使魯、衛以其詞爲之請，追國佐於袁婁，而與之盟。是欲盟者，晋也。求盟在楚，故屈完稱「來」；欲盟在晋，故國佐稱「及」，盟見曲直之繩墨矣。

八月，壬午，宋公鮑卒。

齊自翟泉以來，不與晋盟者踰四十年。而袁婁以後三十餘年，無會不同，無役不與，則鞍之敗挫之也。

庚寅，衛侯速卒。

取汶陽田。

齊所侵也，晋使齊歸之，不以好得，故書「取」。

冬，楚師、鄭師侵衛。十有一月，公會楚公子嬰齊於蜀。

魯、衛受盟於晉，從於伐齊，故楚爲陽橋之役侵衛侵魯。魯不書，以賂退也。以中國諸侯降班失列，下與夷狄之大夫會，辱已甚矣。

丙申，公及楚人、秦人、宋人、陳人、衛人、鄭人、齊人、曹人、邾人、薛人、鄫人盟於蜀。

《左氏》曰『於是乎畏晉而竊與楚盟』，謂之曰『匱盟』。

三年，春，王正月，公會晉侯、宋公、衛侯、曹伯伐鄭。

《左氏》以爲討邲之役。邲之役，晋救鄭而自敗於楚，非鄭之罪矣。無亦以前年冬楚師、鄭師侵衛之故乎？夫使晋能距楚，則鄭必服。今兵力盡於齊，而區區摟諸侯於從楚之餘，宜其不得鄭也。若宋、衛背殯越境，以從金革之事，則不待貶矣。

辛亥，葬衛穆公。

二月，公至自伐鄭。

甲子，新宫災，三日哭。

宣宫也。不曰『宣宫』者，神主未遷也。宫成而主未入，遇災而哭，何禮哉？宣公弑君篡立，立廟災，君子於是知有天道也。

乙亥，葬宋文公。

按《左氏》，文公卒，始厚葬，始用殉。君子謂華元、樂舉於是乎不臣。臣治煩去惑者也，君生則縱其惑，死又益其侈，何臣之爲？

夏，公如晋。

『拜汶陽之田。』

鄭公子去疾帥師伐許。

『許恃楚不事鄭』故也。

公至自晉。

秋，叔孫僑如帥師圍棘。

『棘』者，『汶陽之不服邑也』。魯於是時稅畝、丘甲，稅役日重，棘不願爲之民也與！

大雩。

晉郤克、衛孫良夫伐廧咎如。

『赤狄之餘』也。

冬，十有一月，晉侯使荀庚來聘，衛侯使孫良夫來聘。丙午，及荀庚盟。丁未，及孫良夫盟。

諸侯有聘無盟，聘而盟，非禮也。『及』者，公及之。不言公，二卿抗也。

鄭伐許。

晉、楚爭鄭，鄭兩事焉。及邲之敗，鄭專事楚，不通中華，一歲而再伐許，故夷之。

四年，春，宋公使華元來聘。

宋人《春秋》聘魯始此。

三月，壬申，鄭伯堅卒。

杞伯來朝。

將『歸叔姬』也。

夏，四月，甲寅，臧孫許卒。

公如晉。

公如晋，以嘗即楚不爲所禮。又欲叛晋，以文子之言而止。

葬鄭襄公。

秋，公至自晋。

冬，城鄆。

此西鄆也，在濟西田内。以取汶陽之田，懼齊復争，故城以備齊。

鄭伯伐許。

喪未踰年，以吉禮從金革之事，故特稱伯以著其惡。

五年，春，王正月，杞叔姬來歸。

僖三十一年，杞伯姬爲其子求婦，至是四十四年矣。婦人『嫁曰「歸」，反曰「來歸」』。

仲孫蔑如宋。

『報華元也。』

夏，叔孫僑如會晋荀首於穀。

『荀首如齊逆女』也。

梁山崩。

梁山之東南爲晋，西南爲秦，西北爲白狄，當限隔華夷之處，而崩，其變大矣。梁山崩而書，『爲天下記異也』。

秋，大水。

冬，十有一月，己酉，天王崩。

十有二月，己丑，公會晋侯、齊侯、宋公、衛侯、鄭伯、曹伯、邾子、杞伯，同盟於蟲牢。

許靈公愬鄭伯於楚，鄭伯如楚，訟不勝，歸而請成於晉。「盟於蟲牢，鄭服也。」天王崩而會盟不廢，無王甚矣，故書「同」以罪之。

六年，春，王正月，公至自會。

二月，辛巳，立武宫。

「武公之宫也。」歷世十一矣，「立者，不宜立也」，「非禮也」。

取鄟。

季氏曰：「此近魯微國，取之爲己邑。」曰「取」，非滅也。

衛孫良夫帥師侵宋。

蟲牢之盟，諸侯復謀會，而宋辭以子靈之難，故晉命衛侵之，復命魯人繼之。《春秋》聯書魯、衛，責晉深矣。

夏，六月，邾子來朝。

成公即位而始朝。

公孫嬰齊如晉。

壬申，鄭伯費卒。

秋，仲孫蔑、叔孫僑如帥師侵宋。

「晉命也」，魯之不能自立甚矣。

楚公子嬰齊帥師伐鄭。

以「從晉故」。伐其喪，楚罪大矣。伯統幾亡，而書楚卿帥師。

冬，季孫行父如晉。

『賀遷也』，晋遷新田。

晋欒書帥師救鄭。

救師出而楚還，侵蔡而遇楚救蔡之師，晋帥之欲戰者八人，欒書決於三卿之言，全師而還，可謂善御下矣。武子可爲聽言之法。

七年，春，王正月，鼷鼠食郊牛角。改卜牛，鼷鼠又食其角，乃免牛。

曰『免牛』，不敢斥言不郊也。全曰『牲』，傷曰『牛』。

吴伐郯。

此壽夢始事也。壽夢立二年矣，吴始益大，稱王。吴距郯稍遠，越江淮以伐之，争中國之端也。

西亭《辨疑》曰：『四夷雖大，稱曰「子」，成周舊典也。』

夏，五月，曹伯來朝。

成公嗣位，始來朝也。

不郊，猶三望。

問有事，故書『不郊』，以起三望。

秋，楚公子嬰齊帥師伐鄭。公會晋侯、齊侯、宋公、衛侯、曹伯、莒子、邾子、杞伯救鄭。八月，戊辰，同盟於馬陵。

書『救鄭』，善之也。『同盟』，同病楚也。莒自晋文之卒，至是始與盟。

公至自會。

吴入州來。

『州來』，楚與國也。吴、楚争强始見。

冬，大雩。

舉時，則歷酉、戌、亥三月矣，大旱也。

衛孫林父出奔晉。

『林父』，良夫之子，衛定公惡而逐之。林父亡七年，恃晉反衛，復專衛政。又十九年，遂逐其君。春秋中年，諸侯之大夫外交大國以伉其君，衛之孫氏，魯之季氏，其尤也。

八年，春，晉侯使韓穿來言，汶陽之田歸之於齊。

晉侯『二命』，齊人貪得，穿也列卿，無所諫正，魯君臣不能以義自强，皆罪也。

晉欒書帥師侵蔡。

自中國之威不足以服楚，蔡自翟泉以來不與中國盟會者，四十八年矣。而蔡再致師，大國争衡而小國受敗，《春秋》矜焉。

公孫嬰齊如莒。

因馬陵之盟，復與莒通。《左氏》曰：『逆也。』

宋公使華元來聘。

六年，魯使二卿侵宋，本非魯意，故復通好也。《左氏》曰：『聘共姬也。』宣公女。

夏，宋公使公孫壽來納幣。

納幣使卿，非禮也。

晉殺其大夫趙同、趙括。

趙嬰通於莊姬，同、括逐之，姬與欒、郤譖於晉侯而殺之。同、括無罪，而晉失政刑矣，故稱國以『殺』而不去其官。

按此與《史記》所載屠岸賈事殊不合。王氏《經世》以屠岸賈殺趙朔自一事，此又一事。但《史記》謂同、括、嬰同見殺於下宫之難，傳聞之誤。趙武蓄於公宫，《左》《史》皆合，或武避岸賈，亦避同、括，同、括死，韓厥言於公而立之，未知是否？同、括、嬰皆盾異母弟。

秋，七月，天子使召伯來賜公命。

臨諸侯曰『天王』，君天下曰『天子』，一也。『禮有受命，無來賜命。』『命』者，命爲諸侯，『非正也』。

冬，十月，癸卯，杞叔姬卒。

晋侯使士燮來聘。叔孫僑如會晋士燮、齊人、邾人伐郯。

『言伐郯也，以其事吴故。』吴伐而不能救，及其既成而伐之，何義乎？

衛人來媵。

『媵』，小事不書，此書，《公羊》云：『録伯姬也。』胡氏曰：『譏，逾制也。諸侯一娶九女，三國媵，則十二女矣。』

九年春，王正月，杞伯來逆叔姬之喪以歸。

叔姬本不宜出，故魯人得以義責，使復歸葬也。

公會晋侯、齊侯、宋公、衛侯、鄭伯、曹伯、莒子、杞伯，同盟於蒲。

『爲歸汶陽之田故，諸侯貳於晋。晋人懼』，而爲此盟。亦書『同』，憂其反覆不終同也。鄭則既盟復叛矣。

公至自會。

二月，伯姬歸於宋。

夏，季孫行父如宋致女。

女既嫁三月，廟見則成婦矣，而後父母使人安之，謂之『致女』。常事爾，何以書？致女使卿，非禮也，伯姬賢，魯國重之，故使卿致。

晋人來媵。

秋，七月，丙子，齊侯無野卒。

晋人執鄭伯。晋欒書帥師伐鄭。

楚人以重賂求鄭，鄭伯會公子成於鄧，是從利而忘義也。秋，鄭伯如晋，既服其罪矣，而晋執其君，伐其國，不已暴乎？

冬，十有一月，葬齊頃公。

楚公子嬰齊帥師伐莒。庚申，莒潰，楚人入鄆。

楚子重侵陳以救鄭，又自陳伐莒，實非救鄭也，掩人之無備而虐之耳。馬陵與蒲之盟，莒皆與焉，晋置而不問，盟主固如是乎？

秦人、白狄伐晋。

楚方撓晋，争鄭潰莒以牽其西，而秦復與白狄戰其東。《左氏》曰：『諸侯貳故也。』晋固自取之矣。

鄭人圍許。

『示晋之不急君也。』

城中城。

莒恃陋不備，浹旬之間，楚克其三都，非守國之道。然不務修政撫民，而徒恃城守，豈足自保乎？穀梁子謂『凡城之誌，皆譏』，是也。

十年，春，衛侯之弟黑背帥師侵鄭。

『晋命也。』齊年之子無知，黑背之子剽，皆致篡立，《春秋》皆以『弟』書。

夏，四月，五卜郊，不從，乃不郊。

『五卜』，瀆也。上帝不亨，可畏哉！

五月，公會晋侯、齊侯、宋公、衛侯、曹伯伐鄭。

按《左氏》，晋執鄭伯，而鄭『不急君』，景公有疾，晋人『立大子州蒲爲君，而會諸侯伐鄭』，歸鄭伯。夫廢立之際，聖人所謹，不應書法如此，恐未足信也。

齊人來媵。

程子曰：『伯姬之嫁，諸侯皆來媵之，以見一女子之賢尚聞於諸侯，況君子乎？』

丙午，晋侯獳卒。

秋，七月，公如晋。

晋人止公送葬而『不書』，『諱之也』。

冬，十月。

十有一年，春，王三月，公至自晋。

晋人止公九月矣，『公請受盟，而後使歸』。

晋侯使郤犨來聘。己丑，及郤犨盟。

不盟公，反公於國，而使大夫盟之，晋之無禮甚矣。

夏，季孫行父如晋。

『報聘，且涖盟也。』豈得晋君盟？亦大夫盟之耳。不書者，諱國耻也。

秋，叔孫僑如如齊。

自蟲牢以來，晋厚齊，魯亦親齊，而十四年如齊逆女之議，始此矣。

冬，十月。

十有二年，春，周公出奔晋。

周公『争政』而出，王使劉子盟而入之，『復出奔晋』。『自周無出』，書『出』，見天下無王，王無三公也。

夏，公會晋侯、衛侯於瑣澤。

按《左氏》謂華元『合晋、楚之成』而會。然楚不至，宋亦不與。晋、楚爲成，關係不小，不應書法如此，豈其爲謀狄乎？

秋，晋人敗狄於交剛。

蓋白狄也。先敗狄而伐秦，報九年之役也。

冬，十月。

十有三年，春，晋侯使郤錡來乞師。

程子曰：『不以王命興諸侯之師，故書「乞」，卑詞也。』

三月，公如京師。

夏，五月，公自京師遂會晋侯、齊侯、宋公、衛侯、鄭伯、曹伯、邾人、滕人伐秦。

曹伯盧卒於師。

秋，七月，公至自伐秦。

不以京師至，究其初心也。

冬，葬曹宣公。

十有四年，春，王正月，莒子朱卒。

夏，衛孫林父自晉歸於衛。

『歸』，易辭也，自晉奉之故也。

秋，叔孫僑如如齊逆女。

『稱族，尊君命也。』

鄭公子喜帥師伐許。

此許之所以遷，見晉厲之不伯矣。

九月，僑如以夫人婦姜氏至自齊。

僑如不氏，一事而再見者，卒名耳。『婦』者，有姑之辭。『氏』者，別於非妾姑也。出姜以成風不氏，穆姜以敬嬴不氏也。『大夫不以夫人。以夫人，非正也，刺不親迎也。』

冬，十月，庚寅，衛侯臧卒。

秦伯卒。

十有五年，春，王二月，葬衛定公。

三月，乙巳，仲嬰齊卒。

『嬰齊』，公子遂之子，公孫歸父之弟。歸父奔齊，魯人徐傷其無後也，使嬰齊後之。以弟後兄，非序也，故書曰『仲嬰齊』，不曰『仲孫』，不與子爲父孫也。

癸丑，公會晉侯、衛侯、鄭伯、曹伯、宋世子成、齊國佐、邾人，同盟於戚。晉侯執曹伯歸於京師。

曹伯卒於師，負芻殺太子自立稱侯。以『執』，執有罪也。『歸於京師』，禮也。此伯討也，而猶不掩曹伯之與盟者，以爲先執曹伯以令諸侯，而後盟之，乃盡善也，故書『同盟』，見其既同矣。

公至自會。

夏，六月，宋公固卒。

楚子伐鄭。

晉、楚爲成，甫及三歲，而楚爲首禍。

秋，八月，庚辰，葬宋共公。

宋華元出奔晉。宋華元自晉歸於宋。宋殺其大夫山。宋魚石出奔楚。

蕩山『弱公室，殺公子肥』。元欲討山而力不能，故出奔。魚石懼其挾晉援而桓氏不祀於宋，故自止之於河上，而許以討山，然後歸。元之出，元之入，皆正也。山不書氏，害公族也。魚石之奔，親於山，而嘗同惡，恐見及也。

冬，十有一月，叔孫僑如會晉士燮、齊高無咎、宋華元、衛孫林父、鄭公子鰌、邾人，會吴於鍾離。

『始通吴也。』吴求會諸侯，諸侯之衆往而從之，故會，又會也。夷狄盛而中國衰，聖人傷之矣。

許遷於葉。

『畏逼於鄭』也。中國無伯，《春秋》深著小國之失所也。

十有六年，春，王正月，雨木冰。

『雨而木冰也。』『「木」者，少陽，幼君大臣之象。』『「冰」者，兵象也。』

夏，四月，辛未，滕子卒。

鄭公子喜帥師侵宋。

鄭服中國五年矣，至是附楚侵宋，自是與楚同病中國，諸侯之兵無寧歲矣。

六月，丙寅朔，日有食之。

晉侯使欒黶來乞師。

甲午晦，晋侯及楚子、鄭伯戰於鄢陵，楚子、鄭師敗績。

晋占錡射楚子，中目，故楚不稱『師』，君傷爲重也。

楚殺其大夫公子側。

楚共身在行間，以罷卒致敗。嬰齊以令尹將左軍，而與側相惡，致有此敗。故稱國以『殺』，君臣同責也。

秋，公會晋侯、齊侯、衛侯、宋華元、邾人於沙隨，不見公。

魯以内難，師出後期，晋聽僑如之譖，不見公。不諱者，曲不在公也。

公至自會。

公會尹子、晋侯、齊國佐、邾人伐鄭。

厲公三伐鄭，而三挾王臣，其瀆甚矣。

曹伯歸自京師。

不名，不稱復歸，位未絶也。『自京師』，王命也，王討之不行也。

九月，晋人執季孫行父，舍之於苕丘。

『舍』，止也。時從公伐鄭，晋復以僑如之譖而執之。

冬，十月，乙亥，叔孫僑如出奔齊。

季孫得釋，將與公偕歸，故僑如懼罪而出奔。魯人立其弟豹爲叔孫，後是爲穆叔。

十有二月，乙丑，季孫行父及晋郤犨盟於扈。

公至自會。

沙隨之會，既不見公，伐鄭之會又不得與宗卿見，執公待於鄆，晋釋行父，方與偕歸。不可以伐鄭致，故曰『至自會』，以見公之不與伐鄭也。

乙酉，刺公子偃。

穆姜使公逐季、孟，而指公子偃、公子鉏曰：『女不可，是皆君也。』夫言出穆姜，非偃意也，成公遽殺其弟忍矣。

十有七年，春，衛北宫括帥師侵鄭。

晋命也。《左氏》謂鄭侵晋，衛救晋而侵鄭。

夏，公會尹子、單子、晋侯、齊侯、宋公、衛侯、曹伯、邾人伐鄭。

晋不能服鄭，故假天子威，周命二卿會之。

六月，乙酉，同盟於柯陵。

前此征伐未嘗出王官也，未嘗盟王卿士也。去年王官出，今年卿士盟，三伐鄭而不服，徒爲亂而已。

秋，公至自會。

伐後而盟，故以會至。《穀梁》以謂二事偶，則以後事致也。

齊高無咎出奔莒。

以慶克之故，高、國不能自保，崔氏於是復進矣。

九月，辛丑，用郊。

郊者，春事也，不時未有甚於此者。曰『用』，『不宜用也』。

晋侯使荀罃來乞師。

冬，公會單子、晋侯、宋公、衛侯、曹伯、齊人、邾人伐鄭。

夏伐鄭，楚師至而諸侯還。冬伐鄭，楚師至而諸侯還。厲公無服人之德，而人心之不一見矣。

十有一月，公至自伐鄭。

壬申，公孫嬰齊卒於貍脤。

從公伐鄭，還而道卒。

十有二月，丁巳朔，日有食之。

邾子貜且卒。

邾子在位四十年。

晋殺其大夫郤錡、郤犨、郤至。

欒、郤自傾危趙氏之後，權勢日張。郤氏一族三卿，雖欒氏亦忌之矣，故一朝群怨竝興，厲公不道，輕聽而殺其三卿。此自禍之道也，誰與處矣？

楚人滅舒庸。

舒庸恃吴而不備也。

十有八年，春，王正月，晋殺其大夫胥童。

庚申，晋弑其君州蒲。

殺胥童者，書、偃也。『胥童道君爲亂』，國人所欲殺也，故稱國以『殺』。

按《左氏》，書、偃執公於匠麗氏，而使程滑弑之。《春秋》不著賊之名字。《穀梁》曰：『稱國以弑君，惡甚矣。』《公羊》曰：『衆弑君之辭。』恐《左氏》未得當日事情之核也。若於書、偃分疏，非所以訓矣。

齊殺其大夫國佐。

慶克通於聲孟子，靈公入孟子之言，刖鮑牽，逐高無咎及國佐，殺克。公既與盟而復之，而又殺之，故『稱國以「殺」，罪累上也』。此崔、慶專國之始事矣。

公如晉。

『朝嗣君也。』

夏，楚子、鄭伯伐宋，宋魚石復入於彭城。

『復入』者，已絶而復入，惡之甚者，惡楚之納亂臣也。

公至自晉。晉侯使士匄來聘。

秋，杞伯來朝。

八月，邾子來朝。

築鹿囿。

己丑，公薨於路寢。

冬，楚人、鄭人侵宋。

晉侯使士魴來乞師。

齊桓伯業始於平宋亂，晉文伯業始於釋宋圍，悼公伯業又始於彭城之救宋，故韓獻子曰：『成伯安疆自宋始矣。』

十有二月，仲孫蔑會晉侯、宋公、衛侯、邾子、齊崔杼，同盟於虚朾。

同外楚而救宋也。

丁未，葬我君成公。

卷九

襄公

元年,春,王正月,公即位。

仲孫蔑會晋欒黶、宋華元、衛甯殖、曹人、莒人、邾人、滕人、薛人,圍宋彭城。

楚已取彭城,封魚石,戍之三百乘矣,曷爲繫之宋?楚不得取之宋,魚石不得受之楚,所以抑强夷,黜叛臣也。

夏,晋韓厥帥師伐鄭。仲孫蔑會齊崔杼、曹人、邾人、杞人,次於鄫。

悼公既圍彭城,禽五大夫,於是伐鄭,討其從楚納魚石之罪。以韓厥獨攻其前,以五國之兵援其後,楚兵不出,則厥敵鄭而有餘,楚兵出,則五國足以鬭楚而不懾,皆所以謹用諸侯而不忍鬭其民也。

秋,楚公子壬夫帥師侵宋。

侵宋所以救鄭也。

九月,辛酉,天王崩。邾子來朝。

冬,衛侯使公孫剽來聘,晋侯使荀罃來聘。

禮，諸侯相見揖讓，入門不得終禮者六，天子崩其一也。《春秋》繼王崩而書朝聘，朝者聘者受者皆罪也。

二年，春，王正月，葬簡王。

五月而葬，速。

鄭師伐宋。

『楚令也。』

夏，五月，庚寅，夫人姜氏薨。

六月，庚辰，鄭伯睔卒。

不書『葬』者，成公背中國，諸侯不會其葬也。

晉師、宋師、衛甯殖侵鄭。

鄭雖叛中國，伐喪非禮也。師衆將卑稱師，將尊師少稱將。

秋，七月，仲孫蔑會晉荀罃、宋華元、衛孫林父、曹人、邾人於戚。

『謀鄭』也。

己丑，葬我小君齊姜。

襄公嫡母也，季氏以爲宣夫人。

叔孫豹如宋。

『通嗣君也。』

冬，仲孫蔑會晉荀罃、齊崔杼、宋華元、衛孫林父、曹人、邾人、滕人、薛人、小邾人於戚，遂城虎牢。

以偪鄭也，於是『鄭人乃成』。虎牢，鄭巖邑，不係之鄭者，鄭不能有也。

楚殺其大夫公子申。

《左氏》以爲『申爲右司馬，多受小國之賂，以偪子重、子辛，楚人殺之』。

三年，春，楚公子嬰齊帥師伐吴。

公如晉。

夏，四月，壬戌，公及晉侯盟於長樗。

長樗近晋地，去其國而與公盟，悼公之敬也。

公至自晉。

六月，公會單子、晋侯、宋公、衛侯、鄭伯、莒子、邾子、齊世子光。己未，同盟於雞澤。

『同外楚也。』會、盟異日，故别書日。

陳侯使袁僑如會。

『陳請服也』，病楚政而即晋也。本非召會，來復後時，故書『如會』。

戊寅，叔孫豹及諸侯之大夫及陳袁僑盟。

陳自辰陵即楚，二十八年矣，今始如會，故使大夫盟而固之。

秋，公至自會。

冬，晉荀罃帥師伐許。

許自新城以來不與中國會盟四十餘年矣，爲鄭虐而遷葉依楚，豈能一旦叛楚哉？荀罃，賢大夫也，規模欲速如此，宜許之終不服而已。服之，陳亦并失之也。

四年，春，王三月，己酉，陳侯午卒。

夏，叔孫豹如晋。

報荀罃之聘也。襄公聘晉者九，始於此年。

秋，七月，戊子，夫人姒氏薨。

成公妾，襄公母也。

葬陳成公。

八月，辛亥，葬我小君定姒。

冬，公如晉。

陳人圍頓。

頓近於陳，僖二十五年楚人圍陳，納頓。頓爲楚與，故陳不敢伐。今陳事晉，楚使頓間陳而侵之。陳人圍頓以怒楚，則非保國之道矣。

五年，春，公至自晉。

夏，鄭伯使公子發來聘。

『通嗣君也。』終《春秋》，鄭聘魯惟此。

叔孫豹、鄫世子巫如晉。

鄫屬魯，故魯以鄫世子托於晉。不書『及』，猶晉大夫云爾。以國君之世子列於大夫，非正也，交譏之。

仲孫蔑、衛孫林父會吴於善道。

魯、衛俱受命於晉，故不書『及』。晉、楚爭衡，權在吴，故晉急於吴。魯、衛近吴，故令先會，且告會期。

秋，大雩。

楚殺其大夫公子壬夫。

『楚人討陳叛，曰：「繇令尹子辛實侵欲焉。」乃殺之。』

公會晉侯、宋公、陳侯、衛侯、鄭伯、曹伯、莒子、邾子、滕子、薛伯、齊世子光、吴人、鄫人於戚。

吴來會，非爲主也。成九年，爲蒲之會，將以會吴，而吴不至，故十五年諸侯之大夫會之於鍾離。前三年會雞澤，使荀會逆吴子，又不至。今年吴子使壽越如晉，請聽諸侯之好，故晉使魯、衛先會之，而爲戚之會。凡序吴者，來會也；殊吴者，往會之也。

公至自會。

冬，戍陳。

諸侯受命於戚，還國遣戍，故獨書魯戍陳。附中國而楚争之，助陳距楚，《春秋》所與也。

楚公子貞帥師伐陳。

公會晉侯、宋公、衛侯、鄭伯、曹伯、齊世子光救陳。

『善救陳也。』

十有二月，公至自救陳。

辛未，季孫行父卒。

文子『相三君，而無私積』，然黨仲遂弑君，大節不足稱也。其子宿嗣，是爲武子，於是始營私家矣。

六年，春，王三月，壬午，杞伯姑容卒。

夏，宋華弱來奔。

平公以其爲欒轡梏於朝也而逐之。

秋，葬杞桓公。

滕子來朝。

莒人滅鄫。

《穀梁》曰：『非滅也。立異姓以莅祭祀，滅亡之道也。』晉博士秦秀曰：『昔鄫養外甥莒公子爲後，《春秋》書「莒人滅鄫」。』趙伯循曰：『莒人以兵破鄫，立其子，使守之，而爲附庸。其子或鄫之外孫，故當時有鄫甥守祀之説。後至昭四年，魯復取鄫。』以此季氏亦取趙氏之説，似爲長也。

冬，叔孫豹如邾。

按《左氏》記三年邾、莒伐鄫，魯救鄫侵邾，敗於狐駘，此聘謂爲脩平。竊疑諱敗可也，不應并其事没之；不報可也，不應貴卿遽往聘而脩平。恐此是報邾子之來朝，而狐駘之傳爲未真也。

季孫宿如晉。

《左氏》謂晉『以鄫故來討』，莒自滅鄫，何故討魯？宿之如晉，當以嗣位而見伯主。行父喪未及期，而宿以吉禮奉使，自成公以前尚未蔑禮至是也。

十有二月，齊侯滅萊。

齊圖萊久矣，自宣七年伐萊，至是遂滅之。

七年春，郯子來朝。

夏，四月，三卜郊，不從，乃免牲。

『不時也』，宜其不從矣。

小邾子來朝。

城費。

私邑自專之禍實造端矣，故謹書之。

秋，季孫宿如衛。

報聘也。

八月，螽。

冬，十月，衛侯使孫林父來聘。壬戌，及孫林父盟。

報季孫宿之聘，尋孫良夫之盟也。

楚公子貞帥師圍陳。

十有二月，公會晋侯、宋公、陳侯、衛侯、曹伯、莒子、邾子於鄬。

謀救陳也。陳侯逃歸，不成救，故不書。

鄭伯髡頑如會，未見諸侯。丙戌，卒於鄵。

未見諸侯而曰『如會』者，『致其志也』。鄭僖公之卒，三《傳》皆以爲弑，而書『卒』者，《左》則曰『以瘧疾赴』也，《公羊》則曰『爲中國諱也』，《穀梁》則曰『不使夷狄之民加乎中國之君也』。趙鵬飛氏、季本氏以爲本未嘗弑也。豈當時事有難明，賊無所歸，有不得不從赴告之文者乎？

陳侯逃歸。

逃義曰『逃』。《春秋》逃陳、鄭，所以予齊、晋也。

八年，春，王正月，公如晋。

如晋，『朝，且聽朝聘之數』。

夏，葬鄭僖公。

鄭人侵蔡，獲蔡公子燮。

蔡，楚之與也，能無致楚之討乎？故子産曰：『小國無文德而有武功，禍莫大焉。』

季孫宿會晋侯、鄭伯、齊人、宋人、衛人、邾人於邢丘。

『命朝聘之數』，故『公在而大夫會』，非正也。不書季孫則疑於諸侯國之微者，書季孫而人諸侯之大夫，所以嚴君臣之分，謹上下之交。而革伯者，苟且之政也。

公至自晉。

莒人伐我東鄙。

『以疆鄫田』也，而莒之强，魯之弱，伯主之無威見矣。

秋，九月，大雩。

冬，楚公子貞帥師伐鄭。

討侵蔡也，此鄭又從楚之始。

晉侯使士匄來聘。

『拜公之辱，告將用師於鄭。』

九年，春，宋災。

夏，季孫宿如晉。

『報范宣子之聘也。』

五月，辛酉，夫人姜氏薨。

成公母。

秋，八月，癸未，葬我小君穆姜。

冬，公會晉侯、宋公、衛侯、曹伯、莒子、邾子、滕子、薛伯、杞伯、小邾子、齊世子光伐鄭。十有二月，己亥，同盟於戲。

伐鄭而書『同盟』，下書『楚子伐鄭』，則鄭受盟可知，特鄭伯未嘗如師耳。

楚子伐鄭。

明年諸侯伐鄭，則鄭及楚平可知矣。晉伐從晉，楚伐從楚，所謂『犧牲玉帛待於二境，以待强者』。鄭之執政謀國，不臧甚矣。

十年，春，公會晉侯、宋公、衛侯、曹伯、莒子、邾子、滕子、薛伯、杞伯、小邾子、齊世子光，會吴於柤。

『會，又會，外之也。』吴子在柤，晉以諸侯往會之。

夏，五月，甲午，遂滅偪陽。

『偪陽』，楚與國，吴、晉往來之道。《左氏》曰欲以封宋向戌，戌辭不受，乃與宋公。《穀梁》曰書『遂』者，『不以中國從夷狄也』。

公至自會。

不至滅而至會，舉其可道者也。

楚公子貞、鄭公孫輒帥師伐宋。

宋事晉最謹，而又受偪陽故也。

晉師伐秦。

去年，秦人侵晉，晉饑不能報，至是伐之。是時秦人南交於楚，而秦景公妹又爲楚共王夫人。

秋，莒人伐我東鄙。

『間諸侯之有事也。』

公會晉侯、宋公、衛侯、曹伯、莒子、邾子、齊世子光、滕子、薛伯、杞伯、小邾子伐鄭。

自是晉人凡三伐鄭，皆以楚、鄭加兵於宋而後動，亦不得已而應之者也。齊光以世子長於小國之君，以其先至而躋之也，非禮甚矣。

冬，盗殺鄭公子騑、公子發、公孫輒。

鄭之從楚以勞中國，皆公子騑之罪也。從夷之人，弑君之賊，而發、輒惟騑是從，鄭不能討，而盜得殺之。不書「大夫」，失卿職也。

戍鄭虎牢。楚公子貞帥師救鄭。

戍者，諸侯之師也。「城虎牢」，不係之「鄭」者，欲共拒楚，天下之詞也。「戍」係之「鄭」者，爲鄭戍之也，一國之詞也。楚本争鄭，救非善之。書「救陳」，見晉之終失陳。書「救鄭」，見楚之終失鄭。

公至自伐鄭。

十有一年，春，王正月，作三軍。

三軍，魯之舊也，後以伯主之令，軍多則貢重，故爲二軍。今復其舊，何以曰「作」？三家始「三分公室，而各有其一」也。

夏，四月，四卜郊，不從，乃不郊。

鄭公孫舍之帥師侵宋。

從子展之謀，欲致諸侯，使晉人致力争鄭而後固與晉也。

公會晉侯、宋公、衛侯、曹伯、齊世子光、莒子、邾子、滕子、薛伯、杞伯、小邾子伐鄭。

秋，七月，己未，同盟於亳城北。

《左氏》記盟誓之言，祇言十二國，則是鄭未嘗與，而諸侯自同盟也。

公至自伐鄭。

楚子、鄭伯伐宋。

公會晉侯、宋公、衛侯、曹伯、齊世子光、莒子、邾子、滕子、薛伯、杞伯、小邾子伐鄭，會於蕭魚。

地會而後伐，未集事之詞也。伐而後地會，集事之詞也。伐楚盟召陵，伐鄭會蕭魚，皆序績也。

公至自會。

『不以伐鄭至，得鄭之詞也。』

楚人執鄭行人良霄。

書『楚人執鄭行人良霄』，則鄭之服晋可知矣。至是楚不復出師争鄭，而鄭不敢背晋者二十四年，此晋悼之績也。

冬，秦人伐晋。

爲楚救鄭也。

十有二年，春，王三月，莒人伐我東鄙，圍台。

伐我未有書圍邑者，書圍邑始此。公五與莒子會，而莒間歲伐我，魯弱可知矣。

季孫宿帥師救台，遂入鄆。

『大夫無遂事。』『受命而救台，不受命而入鄆，惡季孫宿也。』

夏，晋侯使士魴來聘。

來『拜師』也。

秋，九月，吴子乘卒。

吴始書『卒』。壽夢始僭稱王，故不書『葬』。

冬，楚公子貞帥師侵宋。

『報晋之取鄭也。』楚兵亦不至宋，蓋爲晋不戰所屈也。

公如晋。

朝且報聘也。

十有三年，春，公至自晉。

夏，取邿。

近魯小邑也。

秋，九月，庚辰，楚子審卒。

冬，城防。

防在齊南而近莒，是時爲臧孫氏邑。城防以備莒，亦備齊也。

十有四年，春，王正月，季孫宿、叔老會晉士匄、齊人、宋人、衛人、鄭公孫蠆、曹人、莒人、邾人、滕人、薛人、杞人、小邾人，會吴於向。

吴爲楚敗，『爲吴謀楚』也。是時鄭雖服，而悼公尚欲報秦，故親吴以遏楚。卿使，則大夫介，禮也。兩卿竝使，故竝書。季孫宿以卿爲介而不使之免，叔老介於宿而不敢避，胥失之矣。

二月，乙未朔，日有食之。

夏，四月，叔孫豹會晉荀偃、齊人、宋人、衛北宫括、鄭公孫蠆、曹人、莒人、邾人、滕人、薛人、杞人、小邾人伐秦。

『報櫟之役也。』自此終春秋之世，秦不復與晉争。齊、宋稱『人』而復位衛、鄭之上，必非未命大夫，《左氏》以爲『惰也』。『衛北宫括不書於向之會，而書於伐秦，攝也。』季本氏以當時諸侯大夫位次或以國之大小，或以勢之强弱，或以事之勤惰，或以至之後先，皆繇爲主者之意，而爵位尊卑俱越其常矣。此説得之，而特以稱『人』皆爲微者，則不盡然也。

己未，衛侯出奔齊。

孫林父、甯殖出其君也，而書『衛侯出奔』者，出其爲言，豈臣子所施於君父？但書『出奔』而已。言出奔，則或君無道，或臣强，皆可推其上下，比事而見矣，此聖人之筆也。

莒人伐我東鄙。

莒自滅鄫之後，四伐魯矣。

秋，楚公子貞帥師伐吴。

冬，季孫宿會晋士匄、宋華閲、衛孫林父、鄭公孫蠆、莒人、邾人於戚。

林父立剽，晋侯以問荀偃，對曰：『不如因而定之。』故會於戚以定剽。亂不能討，會其賊以定之，不義甚矣，此晋悼之衰也。

十有五年，春，宋公使向戌來聘。二月，己亥，及向戌盟於劉。

報豹之聘，尋亳之盟。聘而盟，非禮也。不盟於國而於劉，崇向戌也。不言公，伉也。

劉夏逆王后於齊。

天子不親迎，卿往逆而公監之，禮也。劉夏，士也，士而逆后，是不重人倫之本，而輕天下之母矣。『過我，故志之。』

夏，齊侯伐我北鄙，圍成。公救成，至遇。

救成至遇，『不敢進也』。

晋悼會諸侯者六，齊靈皆不親行。衛侯奔齊，而戚之會以定衛，而齊不與焉，益輕晋矣，故遂有北鄙之師。

季孫宿、叔孫豹帥師城成郛。

成孟氏邑。『郛』，外城。

秋，八月，丁巳，日有食之。

邾人伐我南鄙。

邾二晉與齊，黨莒也。

冬，十有一月，癸亥，晉侯周卒。

十有六年，春，王正月，葬晉悼公。

急於會諸侯，喪未三月而速葬也。

三月，公會晉侯、宋公、衛侯、鄭伯、曹伯、莒子、邾子、薛伯、杞伯、小邾子於湨梁。

平公承父之志，欲討邾、莒，兼虞諸侯有異志，故爲是會。然踰月而葬，改服而蒸，合諸侯，接會享，其越禮甚矣，不懷親甚矣。

戊寅，大夫盟。

『諸侯會，而曰「大夫盟」，政在大夫也。』『不曰「諸侯之大夫」，大夫不臣也。』自是『君若贅旒』矣，世變之益降也。

晉人執莒子、邾子以歸。

『以我故。』執之不歸京師，非伯討也，故稱『人』，而二君不名。

齊侯伐我北鄙。

齊既叛晉，又以公討莒、邾也。

夏，公至自會。

五月，甲子，地震。

叔老會鄭伯、晉荀偃、衛甯殖、宋人伐許。

許欲棄楚，『請遷於晉』，『許大夫不可』，故晉伐之。鄭非主兵也，曷爲會鄭伯？臣不可過君也，鄭與許有宿怨，故君親行焉。

秋，齊侯伐我北鄙，圍成。

大雩。

冬，叔孫豹如晉。

『言齊故』也。

十有七年，春，王二月，庚午，邾子牼卒。

宋人伐陳。

書『伐許』『伐陳』，皆著楚之詘也。

夏，衛石買帥師伐曹。

衛孫蒯越境田獵而遭曹人之詢辱，不能自反，而將兵攻其國，亦甚矣。

秋，齊侯伐我北鄙，圍桃。齊高厚帥師伐我北鄙，圍防。

九月，大雩。

宋華臣出奔陳。

華臣暴其宗室，而亂宋政，不有國討，失政刑矣。君子違不適讎國，陳，宋讎也，而奔焉，尤可誅也。

冬，邾人伐我南鄙。

邾子執於晉，既歸而卒，故嗣子助齊而脩先君之怨。

十有八年，春，白狄來。

不書『朝』者，彼不當朝魯，不當受其朝也。

夏，晉人執衛行人石買。

「爲曹故也。」然行人非所執，執不歸京師。舍林父逐君之惡，而此之執夫豈伯討乎？

秋，齊師伐我北鄙。

冬十月，公會晋侯、宋公、衛侯、鄭伯、曹伯、莒子、邾子、滕子、薛伯、杞伯、小邾子，同圍齊。

侵、伐、圍、入未有書「同」者，此書「同圍」，諸侯所同疾也。

曹伯負芻卒於師。

楚公子午帥師伐鄭。

十有九年，春，王正月，諸侯盟於祝柯。

再舉諸侯，間有異事，而會盟殊地也。

晋人執邾子。

以伐我故。不言以歸，釋之也。

公至自伐齊。

書「同圍齊」，而以伐致，大諸侯之伐而免其圍，齊之罪詞也。

取邾田，自漷水。

取邾田，以漷水爲界。

季孫宿如晋。

葬曹成公。

「拜師」也。

夏，衛孫林父帥師伐齊。

討强暴，而使逐君之大夫尸其事，晋何以服齊乎？

秋，七月，辛卯，齊侯環卒。

晋士匄帥師侵齊，至穀，聞齊侯卒，乃還。

『還』，『善詞也』，『大其不伐喪也』。『穀』，齊地。大夫以君命出境，進退得專之矣，未出境則『墠帷而歸命乎介』可也。

八月，丙辰，仲孫蔑卒。

齊殺其大夫高厚。

殺高厚者，崔杼也。以國殺，亦莊公所欲也。自是大權在杼，而射股之禍兆矣。

鄭殺其大夫公子嘉。

盗殺三卿，嘉知而不言，欲起楚師，以告諸大夫，故楚人伐鄭，又專國政，不協於人，嘉則有罪矣。子展、子西率國人殺而分其室，則非正討也，故稱國以『殺』而不去其官。

冬，葬齊靈公。

城西郛。

叔孫豹會晋士匄於柯。

齊及晋平，魯猶懼而自托於晋也。

城武城。

猶備齊。

二十年，春，王正月，辛亥，仲孫速會莒人，盟於向。

及莒平也。孟莊子未練從政，無復三年喪也。

夏，六月，庚申，公會晋侯、齊侯、宋公、衛侯、鄭伯、曹伯、莒子、邾子、滕子、薛伯、杞伯、小邾子，盟於澶淵。

「齊成故也。」

秋，公至自會。

仲孫速帥師伐邾。

魯之報邾足矣，而又伐之澶淵之盟，何取焉？

蔡殺其大夫公子燮，蔡公子履出奔楚。

「燮」，蓋嘗爲鄭所獲者，欲事晋而爲國人所殺。「履」，其母弟，出奔從夷，則非兄志矣。

陳侯之弟黄出奔楚。

爲慶氏所不容。曰「弟」，「親之也」。「親而奔之，惡也。」

叔老如齊。

始脩好也。

冬，十月，丙辰朔，日有食之。

季孫宿如宋。

報向戌聘也。

二十有一年，春，王正月，公如晋。

「拜師及取邾田也。」

邾庶其以漆、閭丘來奔。

以地奔，甚於叛矣。於是公在晋，季孫宿納之也。昭公如晋，而牟夷以牟婁、防來。昭公在乾侯，而黑肱以濫來。爲盗藪者，實季氏也。

夏，公至晋。

秋，晋欒盈出奔楚。

『欒盈』者，書之孫，黶之子。書執晋權，滅趙宗，害郤氏，厲公見弒，實書所主，黶之汰虐積惡有自矣。盈不能防閑其母，故爲州賓所譖，范匄所逐。《春秋》正本之書，故國君見出，大夫見逐，皆不書所逐之人，而以自奔爲文，明其自取之也。

九月，庚戌朔，日有食之。

冬，十月，庚辰朔，日有食之。

比年食，又比月食，八年之間，日七食，禍變重矣。

曹伯來朝。

公會晋侯、齊侯、宋公、衛侯、鄭伯、曹伯、莒子、邾子於商任。

以『錮欒氏也』。卒使其無所容而興亂，以私害公，足爲古今之戒矣。

二十有二年，春，王正月，公至自會。

夏，四月。

秋，七月，辛酉，叔老卒。

冬，公會晋侯、齊侯、宋公、衛侯、鄭伯、曹伯、莒子、邾子、薛伯、杞伯、小邾子於沙隨。

『復錮欒氏也。』

公至自會。

楚殺其大夫公子追舒。

追舒寵近小人，罪不至死，故稱國以『殺』而不去其官。

二十有三年，春，王二月，癸酉朔，日有食之。

三月，己巳，杞伯匄卒。

夏，邾畀我來奔。

杜氏曰：「庶其之黨也。」未知是否？

葬杞孝公。

陳殺其大夫慶虎及慶寅。

公子黄愬於楚，楚討而國人殺之。稱國而不去其官者，譏歸陳侯也。誰則使之擅權而逐弟乎？「及慶寅」，虎累寅也。

陳侯之弟黄自楚歸於陳。

書「自楚」，譏其因楚力也。

晋欒盈復入於晋，入於曲沃。

欒氏，晋之世臣，逐非國討而出於柄臣，故猶繫之晋。「復入」者，甚逆之辭，自齊入曲沃，自曲沃入絳，而惟書「復入於晋」。自晋敗而奔曲沃，而後書「入於曲沃」也。鋌而走險，急何能擇？盈之復入晋，有以激之也。

秋，齊侯伐衛，遂伐晋。

衛獻公奔齊而晋不能納，欒盈奔齊而晋再會，諸侯區區錮一逐臣，晋之舉措不足以服其心矣，故因欒氏之亂以報十八年之役，於是見晋伯之衰。而齊侯首伐同盟，又伐盟主，禍亂之成著於此矣。

八月，叔孫豹帥師救晋，次於雍榆。

救而次，譏也。

己卯，仲孫速卒。

魯自仲遂殺嫡立庶，公室於是失政。魯卿自季孫宿廢長立幼，於是家臣效尤，豐點廢秩立羯，豎牛殺孟丙立舍，皆托廢立以擅權，而三桓微矣。作俑之禍，其流弊可勝言哉？

冬，十月，乙亥，藏孫紇出奔邾。

武仲見惡於孟莊子，則其人可知矣。阿附季氏，爲之廢長立少，其見攻季氏而奔亡也宜哉！

晋人殺欒盈。

稱『人』，討賊之詞也。

齊侯襲莒。

輕行掩其不備曰『襲』，盗賊之事也。

二十有四年，春，叔孫豹如晋。

賀克欒氏也。

仲孫羯帥師侵齊。

『晋故也。』雍榆之次，懼晋疑也。

夏，楚子伐吴。

楚自是急吴，不争鄭矣。

秋，七月，甲子朔，日有食之，既。

齊崔杼帥師伐莒。

齊莊襲莒，身傷臣獲，未伸其志也。

大水。

八月，癸巳朔，日有食之。

比食，又既，陽道衰也。

公會晉侯、宋公、衛侯、鄭伯、曹伯、莒子、邾子、滕子、薛伯、杞伯、小邾子於夷儀。

『將以伐齊』而『不克』。

冬，楚子、蔡侯、陳侯、許男伐鄭。

以『救齊』也。子産用事有備，而楚無功矣。

公至自會。

陳鍼宜咎出奔楚。

『陳人復討慶氏之黨』，故其後在楚爲鍼尹宜咎。

叔孫豹如京師。

是時穀洛鬭，毁王宫，齊侯叛晉，求媚天子，故爲王城郟，而豹如京師賀焉。自宣九年，仲孫蔑如京師，至是五十餘年矣。

大饑。

二十有五年，春，齊崔杼帥師伐我北鄙。

『以報孟孝伯之師也』。

夏，五月，乙亥，齊崔杼殺其君光。

杼之無君，陳文子知之，伐魯而孟公綽知之，齊莊不寤也。方且背諸侯之盟，數行侵伐，利令智昏，外競而内傾，自然之符也。

公會晉侯、宋公、衛侯、鄭伯、曹伯、莒子、邾子、滕子、薛伯、杞伯、小邾子於夷儀。

將『伐齊』，『報朝歌之役』也。『齊人以莊公説』，且以賂求成。晉侯知賊不討，而受其賂，何以宗諸侯乎？

六月，壬子，鄭公孫舍之帥師入陳。

楚師之伐鄭也，陳師獨暴，故鄭報之。

秋，八月，己巳，諸侯同盟於重丘。

合諸侯將以討齊也，受賂釋之，而列弑君之齊於盟，天下之惡孰大焉？

公至自會。

衛侯入於夷儀。

衎也。晉侯使衛與之夷儀，此與鄭伯突入於櫟同。而衛侯不名者，鄭伯奪正，不當入，衛侯雖無道，非臣下所當逐，可入也。

楚屈建帥師滅舒鳩。

『舒鳩』，吴與國也。

冬，鄭公孫夏帥師伐陳。

未得成也，得成乃已。

十有二月，吴子過伐楚，門於巢，卒。

『巢』，服楚小國。『門於巢』者，攻其門也。『卒』者，射而死也。

二十有六年，春，王二月，辛卯，衛甯喜弑其君剽。

不與剽之立也，則何以謂之曰『弑』？『殖也立之，喜也君之』，故曰『甯喜弑其君』也。

衛孫林父入於戚以叛。

凡據土背君曰『叛』。春秋之季，家有藏甲，邑有百雉之城矣，故書叛始此。

甲午，衛侯衎復歸於衛。

辛卯弑而甲午歸，「知弑也」。書「復歸」，位未絶也。書名，始正其自取奔亡之罪，困而不改，不足以有國也。

夏，晋侯使荀吴來聘。

公會晋人、鄭良霄、宋人、曹人於澶淵。

爲孫氏將討衛也。黨叛臣而何以令諸侯乎？「討衛，疆戚田」也。以不義，僅三國之大夫會。晋卿不書，惡而貶之也。凡公與外大夫盟，君臣同歃，故諱公以遠恥。若會，則君臣各在其位，直書見其失而已。澶淵，衛地，近戚。

秋，宋公殺其世子痤。

寺人伊戾之譖也，内嬖芮棄與左師向戌之證也，而目君以著其惡也。是時樂喜爲政而不諫，其大節不足稱矣。

晋人執衛甯喜。

非討其弑君，討其伐戚殺晋戍云爾，故不得爲伯討。

是時趙武爲政，叔向爲之謀，而晋政無一可觀，亦足以見二子矣。

《左氏》以晋執衛侯其事大於執甯喜矣，何以不書？恐或無之也。

八月，壬午，許男甯卒於楚。

請伐鄭而往。

冬，楚子、蔡侯、陳侯伐鄭。

鄭雖未服於楚，明年晋、楚爲成，中國諸侯皆朝楚矣。

葬許靈公。

二十有七年，春，齊侯使慶封來聘。

景公即位，通嗣君也。鄭不仇楚，齊、魯釋怨，此宋之盟所以輯也。

夏，叔孫豹會晉趙武、楚屈建、蔡公孫歸生、衛石惡、陳孔奐、鄭良霄、許人、曹人於宋。

以諸侯分爲晉、楚之從而交相見，於是始南北二伯，天下大變也。楚先歃，而《春秋》先晉者，尊中國也。於溴梁，無君臣之分；於宋，無夷夏之防，昭、定、哀之春秋將以終於吴、越焉耳矣。

衛殺其大夫甯喜。

『甯喜繇君弑君，而不以弑君之罪罪之』，故『稱國以「殺」』而不去其官。

衛侯之弟鱄出奔晉。

『爲殺甯喜出奔也。』稱『弟』，罪衛侯也。鱄亦不幸矣，其母强之，其君强之，不得已而約言於甯喜，衛侯入國背約而殺喜，故奔也。終身托於木門而不仕，其義不及叔肸，而其志可悲矣。

秋，七月，辛巳，豹及諸侯之大夫盟於宋。

豹不書氏，再見也。地以宋，宋亦與盟焉，蓋向戌也。荆楚之同主夏盟，皆宋爲之。宋襄圖伯，始進楚人於鹿上之盟，二伯之端兆矣。華元合晉、楚之成，盟於宋西門之外，争伯之業啓於此矣。今向戌以善晉、楚之執政爲弭兵之説，而兩伯之勢遂成。《春秋》兩書宋爲地主，以首禍罪宋也。

冬，十有二月，乙亥朔，日有食之。

二十有八年，春，無冰。

夏，衛石惡出奔晉。

『衛討甯氏之黨』也。

邾子來朝。

邾自晋執其君，魯取其田，益微弱矣。

秋，八月，大雩。

仲孫羯如晋。

告將如楚也。

冬，齊慶封來奔。

盧蒲嫳既道慶封殺崔杼，而盧蒲癸、王何復殺慶舍，逐慶封。癸、何皆莊公倖臣也，莊公死，倖臣從死者十人，而討賊者亦倖臣也。莊固可鄙矣，當時卿大夫寧不可耻乎？

十有一月，公如楚。

諸夏之君始旅見於楚矣。

十有二月，甲寅，天王崩。

乙未，楚子昭卒。

二十有九年，春，王正月，公在楚。

正月而公在他國者有矣，此獨書『公在楚』者，外制於夷狄，内逼於强臣，故變例特書，所在『以存君也』。明此義也，臣子思君，無一日可忘矣。

夏，五月，公至自楚。

『殆其往，而喜其反』也。

庚午，衛侯衎卒。

閽弒吴子餘祭。

『閽』，『門者，寺人也』。『不稱名姓，閽不得齊於人也。不稱其君，閽不得君其君也。』君『不近刑人』，『不邇怨』，『吴子伐越，獲俘，以爲閽』，其及宜矣。

仲孫羯會晋荀盈、齊高止、宋華定、衛世叔儀，鄭公孫段、曹人、莒人、滕人、薛人、小邾人，城杞。

晋平公杞出也，故城杞。不能尊奬王室、恤宗周之闕，而夏肆是屏，輕棄諸姬，可謂知本乎？

晋侯使士鞅來聘。

『拜城杞也。』

杞子來盟。

《左氏》曰晋使魯歸所侵杞田，故來盟。

吴子使札來聘。

『通嗣君也。』

吴始聘而稱爵，『進之也』。『其名，成尊於上也。』

秋，七月，葬衛獻公。

齊高止出奔北燕。

『高止好以事自爲功，且專，故難及之。』

冬，仲孫羯如晋。

報士鞅之聘。

三十年春，王正月，楚子使薳罷來聘。

且報朝也。楚聘魯者三，至此，書法與中國同。

夏，四月，蔡世子般弒其君固。

五月，甲午，宋災，宋伯姬卒。

伯姬「以災卒也」。「傅母不在，宵不下堂」，「逮乎火而死」也。胡安定曰：「伯姬之行，婦人中之伯夷也。」

天王殺其弟佞夫。

凡王殺不書，得專殺也，必殺無罪而後書。靈王崩，儋括欲立佞夫，佞夫不知也，而尹、劉諸人殺之，故書「王殺」以罪王，特筆也。

王子瑕奔晉。

瑕與括同謀，書「奔」，佚賊也。

秋，七月，叔弓如宋，葬宋共姬。

外夫人不書「葬」，伯姬卒於災，故賢之也。

鄭良霄出奔許，自許入於鄭，鄭人殺良霄。

良霄汰侈嗜酒，諸大夫皆惡之。而與公孫黑爭，黑因其醉伐之，良霄奔許，自許入鄭，伐公門，不勝而死。「不言大夫，惡之也。」不書「復入」，位未絶也。不書「叛」，求復位，未至叛也。然而稱兵矣，故書「殺」也，從討賊之詞。

冬，十月，葬蔡景公。

晉人、齊人、宋人、衛人、鄭人、曹人、莒人、邾人、滕人、薛人、杞人、小邾人會於澶淵，宋災故。

弑賊未討不書「葬」，而蔡景公獨書，刺天下之諸侯也。以世子而弑其君父，天下之大變也，而不討。澶淵之會，會十三國之大夫，而以宋災故，故諸國之卿貶而稱「人」。魯卿諱而不書，而特書共所爲，此《春秋》大義，聖人特筆，直著誅貶，炳如日星者也。

三十有一年，春，王正月。

夏，六月，辛巳，公薨於楚宫。

公適楚歸，作楚宫。「於楚宫」，「非正也」。

秋，九月，癸巳，子野卒。

襄公太子也，舍於季氏而以毁卒。或疑季氏弑之，未敢以爲然也。

己亥，仲孫羯卒。

冬，十月，滕子來會葬。

諸侯之喪，士弔，大夫送葬。以諸侯會葬，非禮也。

癸酉，葬我君襄公。

十有一月，莒人弑其君密州。

不書『弑君』者，名君無道也。

卷十

昭公

元年，春，王正月，公即位。

叔孫豹會晋趙武、楚公子圍、齊國弱、宋向戌、衛齊惡、陳公子招、蔡公孫歸生、鄭罕虎、許人、曹人於虢。

於是公子圍『請用牲，讀舊書，加於牲上而已』。蓋晋人再長楚也。《春秋》存中國，故先書趙孟，如宋盟。

三月取鄆。

『季武子伐莒取鄆』，乘莒亂也。不書『伐莒』何？書『伐莒』，則以討賊予之矣。

夏，秦伯之弟鍼出奔晋。

『鍼』，桓公之子，景公弟也。『有寵於桓，如二君於景，其母曰：「弗去，懼選。」』遂奔晋。書『秦伯之弟』，罪秦伯寡恩也。

六月，丁巳，邾子華卒。

晋荀吴帥師敗狄於大鹵。

此戰也，毁車崇卒，變古戰法之始。

秋，莒去疾自齊入於莒。

『去疾』，密州長子。密州見弑而去疾奔齊，至是因齊而入也。未立而書『莒』者，當有莒之詞也，與『齊小白』同。不稱『公子』者，程氏曰：『凡義當承國，名繫國而不稱「公子」，以殊於大夫。』

莒展輿出奔吴。

『展輿』，莒子也，密州次子。曷爲不稱爵？爲弑君者所立，既立而不討賊，則是與聞乎故也，不可以有國矣。曷爲以國氏？明其已立也，若曰：『是莒之展輿，而非莒之君。』所謂與陳佗同者是也。

叔弓帥師疆鄆田。

『疆』者，正其界。用師者，備莒，『因莒亂也』。

葬邾悼公。

冬，十有一月，己酉，楚子麇卒。

按《左氏》，『公子圍將聘於鄭，伍舉爲介。未出竟，聞王有疾而還』，『入問王疾，縊而殺之，遂殺其二子幕及平夏』而自立。經書『楚子麇卒』，或曰：『從其僞赴也。』則《春秋》何以傳信乎？或曰：『以申之會爲中國諱也。』則弑賊不討，如成宋亂宋災故，聖人皆明著其罪，而又何以諱爲也？或曰：『麇以病卒，實非弑也。』則椒舉之言，慶封之對，當時皆彰彰人之耳目，豈其盡妄乎？竊以楚國既無齊、晋之太史，列國册書皆承其僞赴，謂聖人因魯史舊文其説爲長，不必更鑿也。

楚公子比出奔晋。

右尹子干也，共王之子，圍之弟也。

二年，春，晋侯使韓起來聘。

『起』，厥之子也。以去年執政，而是春聘魯，亦見晉伯之衰。

夏，叔弓如晉。

秋，鄭殺其大夫公孫黑。

『報宣子也。』

黑信有罪矣，以國殺者，亦累上也。

冬，公如晉，至河乃復。季孫宿如晉。

晉少姜卒，公如晉，及河，晉侯來辭曰：『非伉儷也，請君無辱。』公還，季孫宿遂致服焉。夫正姬伉儷，止於遣使，未有同列諸侯躬自出弔者，況於非適乎？《春秋》書曰『公如晉，至河乃復。季孫宿如晉』，見國君輕動，强臣外交。

三年，春，王正月，丁未，滕子原卒。

夏，叔弓如滕。五月，葬滕成公。

秋，小邾子來朝。

八月，大雩。

冬，大雨雹。

北燕伯款出奔齊。

『簡公多嬖寵，欲去諸大夫而立其寵人。』『燕大夫比以殺公之外嬖，公懼，奔齊。』《春秋》凡見逐於臣者，皆以自奔爲文，正其本也。

四年，春，王正月，大雨雹。

『雹』，戾氣也。去冬大雨雹，今又大雨雹，災之甚也。

夏，楚子、蔡侯、陳侯、鄭伯、許男、徐子、滕子、頓子、胡子、沈子、小邾子、宋世子佐、淮夷會於申。楚人執徐子。

此夷會也，中國之諸侯與者，辱也。晋平不在諸侯，故楚猖强爲伯者之事，中夏之衰甚矣。徐既世事楚，而又服於吴，徐子又『吴出也』，故楚人執之。

秋，七月，楚子、蔡侯、陳侯、許男、頓子、胡子、沈子、淮夷伐吴，執齊慶封殺之。

申之會，楚不能致魯、衛、曹、薛、邾、杞至，伐吴則中國諸侯皆去，惟屬楚者從，亦可以觀人心矣。慶封以襄二十八年奔魯，齊讓而又奔吴，吴與朱方居之。不曰『楚執』，不與楚以討齊慶封也，猶曰諸侯執之焉耳。

遂滅賴。

著其暴也。賴蓋依違吴、楚之間者也。

九月，取鄫。

『滅之也。』而言『取』，内惡，諱也。襄六年，莒滅鄫，以立莒公子爲滅也，今魯取之以爲己邑矣。

冬，十有二月，乙卯，叔孫豹卒。

豹歷事襄、昭，執政三十餘年，爲之前者僑如，爲之後者宿，皆小人也，豹庶幾爲賢耳。

五年，春，王正月，舍中軍。

『卑公室也。』『四分公室，季氏擇二，二子各一，皆盡征之而貢於公。』公有貢而無民矣。

楚殺其大夫屈申。

以爲『二於吴』也。

公如晋。

昭公如晋者七，見止者一，及河五，惟此年善往返，而以莒人之訴，幾不免辱，宜叔齊謂知儀而不知禮也。

夏，莒牟夷以牟婁及防、兹來奔。

『牟夷』，莒大夫，以地叛，雖賤而書名，『重地也』。『牟婁』，本紀邑，隱四年爲莒所取。『防、兹』，莒二邑名。『及』者，有別之辭，地而言及，以別彼此。襄二十一年，公如晋，季氏納邾庶其，今公如晋，季氏又納牟夷。庶其、牟夷，邾、莒之盗，季孫宿，魯之盗也，以盗納盗，又何怪焉？

秋，七月，公至自晋。

戊辰，叔弓帥師敗莒，師於蚡泉。

莒人必討牟夷也。

秦伯卒。

冬，楚子、蔡侯、陳侯、許男、頓子、沈子、徐人、越人伐吴。

此爲楚通越制吴之始。

六年，春，王正月，杞伯益姑卒。

葬秦景公。

夏，季孫宿如晋。

《左氏》以『拜莒田也』。納牟夷叛邑，自結於伯國而免討也。

葬杞文公。

宋華合比出奔衛。

寺人柳之譖而逐也。宋公以一伊戾而殺世子痤，以一柳而逐合比，父子君臣皆刑人敗之，可畏也夫！

秋，九月，大雩。

楚薳罷帥師伐吴。

楚虔三伐吴，而終不得志。

冬，叔弓如楚。

四年，公不會申，將朝楚，故以叔弓先之也。

齊侯伐北燕。

『將納簡公』也，受賂而還，故止書『伐』。

七年，春，王正月，暨齊平。

我所欲曰『及』，『不得已』曰『暨』。當時魯不急於平齊，乃『齊求之也』。

三月，公如楚。

『楚子成章華之臺，願與諸侯落之』，『薳啓强來召公』。

叔孫舍如齊涖盟。

始暨齊平，故盟以結好。

夏，四月，甲辰朔，日有食之。

秋，八月，戊辰，衛侯惡卒。

九月，公至自楚。

自如楚，七越月矣。

冬，十有一月，癸未，季孫宿卒。

此文子之子武子也，子紇嗣，是爲悼子。

十有二月，癸亥，葬衛襄公。

八年，春，陳侯之弟招殺陳世子偃師。

會號書「公子招」矣，此曰「陳侯之弟」，明其親，明其惡也，亦責陳侯也。殺世子，重舉國者，偃師非招之世子也。

夏，四月，辛丑，陳侯溺卒。

《傳》曰「縊」。陳侯於留有欲立之意，於偃師無欲殺之心，招逆其邪志而成之，陳侯蓋不勝其恚也。

叔弓如晉。

楚人執陳行人干徵師，殺之。

稱「行人」，非其罪也。稱「人」以「執」，非伯討也。

陳公子留出奔鄭。

留，招所立也。

秋，蒐於紅。

蒐非秋事，紅非蒐地。蒐狩不書，違禮後書。桓、莊之狩必言公，昭、定之蒐不言公，事在三家，師乘非復公有矣。

陳人殺其大夫公子過。

哀公屬留於招與過，殺世子，二人同事也，招歸罪於過，而國人殺之，故不與其殺而不去其官。

大雩。

冬，十月，壬午，楚師滅陳。執陳公子招，放之於越。殺陳孔奐。

孔奐，招之黨也。首惡而反得放者，二心於楚，歸罪於奐，故得免也。楚志在滅國，豈能討罪哉？

葬陳哀公。

楚葬之也。蒙上文，言非我會葬也。

九年，春，叔弓會楚子於陳。

許遷於夷。

楚遷之也。『夷』，一名城父，本陳地，滅陳，故遷許於此。

夏，四月，陳災。

『存陳也。』

秋，仲孫貜如齊。

暨齊平之故。自叔老聘齊，至此二十年矣。

冬，築郎囿。

季氏逢其君以耳目之娛，而竊其柄，昭公不悟也。

十年，春，王正月。

夏，齊欒施來奔。

『施』，公孫竈之子，公子暨之孫，嗜酒多怨。陳、鮑氏攻之，而遂攻公，敗而來奔也。

秋，七月，季孫意如、叔弓、仲孫貜帥師伐莒。

已舍中軍矣，何以三卿竝將？季氏毁中軍，四分公室，擇其二，二家各有其一。出軍則季氏專將一軍爲帥，而孟、仲各將一軍之半爲之副。雖曰舍中軍，舊額固在也。叔孫婼居守，叔弓所將者，叔孫氏之兵也。取鄆不書『公』，見討於平丘，故諱之。

戊子，晉侯彪卒。

九月，叔孫舍如晉，葬晉平公。

十有二月，甲子，宋公成卒。

無冬，闕文。

十有一年，春，王二月，叔弓如宋，葬宋平公。

夏，四月，丁巳，楚子虔誘蔡侯般，殺之於申。

諸侯非滅同姓不名，虔何以名？國君見殺，如鄫子戎、蠻子恒不名，般何以名？此特筆也，以賊討賊，而又誘之，聖人所重惡也。

楚公子棄疾帥師圍蔡。

以棄疾圍蔡，繼之楚虔誘般，之下見楚欲滅蔡，非討賊。虔主謀，棄疾特爲盡力耳。

五月，甲申，夫人歸氏薨。大蒐於比蒲。

季氏曰：『齊歸乃襄夫人，子野、昭公皆其所出也。喪不二事，君有三年之慼，而三家居然大蒐，無君甚矣。』

仲孫貜會邾子，盟於祲祥。

汪氏曰：『邾倚齊靈，屢致兵於魯。魯藉晉力，溴梁、祝柯兩執邾子，又取其田。既而魯納庶其、畀我之奔，邾受臧紇之奔，釁隙益深。至同盟重丘，齊、晉既睦，襄二十八年邾君來朝，昭元年魯會悼公之葬，是以盟祲祥以修好也。』高氏曰：『始也盟蔑盟趡，皆魯君也，自是皆大夫與盟矣。』

秋，季孫意如會晉韓起、齊國弱、宋華亥、衛北宮佗、鄭罕虎、曹人、杞人於厥憖。

『謀救蔡也。』『晉人使狐父請蔡於楚，弗許』而止，晉之不能可知已。此韓起之罪也。

九月，己亥，葬我小君齊歸。

冬十有一月，丁酉，楚師滅蔡，執蔡世子有以歸，用之。

『執』者，不臣之詞。稱『世子』者，未立也。抗敵八月，力竭被執，故爲賊虔虐用，有於世子之道得矣。《春秋》書滅國，未有如此其暴者。書『誘』，書『殺』，書『圍』，書『執』，書『用』，聖人傷中國之微而夷狄之暴也。

十有二年，春，齊高偃帥師納北燕伯於陽。

三年，北燕伯出奔齊。六年，齊將納之而不果。款播越在外十年矣，藉齊之力，僅能納於別邑，蓋爲强臣所拒也。不名者，諸侯失國，諸侯納之，正也，『不以高偃挈燕伯也』。

三月，壬申，鄭伯嘉卒。

鄭即楚久矣，至於簡公，乘晋悼之興，以國反正，息諸侯之兵，子産相之，遂爲春秋賢侯。

夏，宋公使華定來聘。

葬平公，故宋元嗣位而使來聘也。

公如晋，至河乃復。

《左氏》，以伐莒取郠，故爲晋所拒也。

五月，葬鄭簡公。

楚殺其大夫成熊。

殺無罪也。

秋，七月。

冬，十月，公子慭出奔齊。

季氏之臣南蒯將去季氏而立慭，不克，而以費叛，慭遂奔齊。

楚子伐徐。

徐，吳之姻國。楚伐徐，以吳故也。

晉伐鮮虞。

稱『晉』，『狄之也』。假道鮮虞以滅肥，而又伐之，夷狄之道也。楚虔，弑君之賊也，滅陳滅蔡，晉人視其殘虐而莫之救，而又效其所爲，其無中國之志甚矣，『故狄稱之也』。

十有三年，春，叔弓帥師圍費。

家臣以邑叛，不書『叛』，書大夫圍，則邑叛可知矣。克之不書，非他國邑也。

夏，四月，楚公子比自晉歸於楚，弑其君虔於乾谿。

按《傳》，楚師伐徐，楚虔次於乾谿，爲之援公子棄疾，君陳、蔡，主方城之外。有觀從者，率群失職，以棄疾命召比於晉，既至，脅比而立之，令於乾谿曰：『比已立矣，後歸者不得復其田里。』師潰而歸，楚子經而死。然則弑虔繇衆亂，而所恃爲主者，棄疾也，何以歸獄於比？曰：『比已立也。』虔，兄也，比，弟也，虔君楚國，比自外歸爲君而虔死，不曰『弑』，可乎？

楚公子棄疾殺公子比。

季氏曰：『比若實弑君，則不當仍書「公子」。棄疾若真討賊，則不當不書「人」。楚國若實君比，則不當不書「其君」。書「公子」，則比異於州吁、無知。不書「人」，則棄疾異於石碏、雍廩。不書「其君」，則楚人視比異於商人、蔡般。此《春秋》變文也。』

邵氏寶曰：『虔之縊，非比令也，而比實逼之，故曰比弑。比之自殺，非棄疾令也，而棄疾實惴之，故曰棄疾殺虔君也。比，臣也，下殺上曰「弑」。比、棄疾皆公子，兩下相殺曰「殺」。兩下不弑，分也。兩賊不討，義也。』

秋，公會劉子、晋侯、齊侯、宋公、衛侯、鄭伯、曹伯、莒子、邾子、滕子、薛伯、杞伯、小邾子於平丘。

楚竊伯權，虎視中夏，晋君臣鼠伏者幾二十年。及是昭公立，楚虔斃，乃徵會，以合諸侯之二。然不能脩德，徒矜威力，恐迫諸侯，諸侯益二，伯業益隳，而晋之合諸侯遂止於此矣。

八月，甲戌，同盟於平丘，公不與盟。

國耻必諱，不諱，不足耻也。

李氏曰：『黑壤之曲全在魯，故諱而不書。沙隨、平丘之曲雖在晋，然沙隨以僑如之譖，魯實無罪；平丘以邾、莒之訴，魯亦不能無責，故不見公與公不與亦小不同也。』

晋人執季孫意如以歸。

三家專魯，季氏罪之首也。晋不能責以君臣之義，徒以邾、莒之言曰『我之不共，魯故之以』遂辭魯君而執意如，則意在貨而已，何得爲伯討乎？故稱『人』以『執』，罪晋也。

公至自會。

公雖不與盟，已與會矣，故以會致。

蔡侯盧歸於蔡，陳侯吴歸於陳。

陳、蔡皆滅矣，不稱復歸者，不與楚虔之得滅也；不稱自楚者，不與楚子之得封也。稱歸於國，其所宜歸也。稱侯，位其所固有也。名之者，素非諸侯，始立也。

冬，十月，葬蔡靈公。

國復乃葬。

公如晋，至河乃復。

晋復辭也。

吴滅州來。

州來，楚屬。楚亂，故吴乘而滅之。

十有四年，春，意如至自晋。

大夫不致，見執而後致也。

三月，曹伯滕卒。

夏，四月。

秋，葬曹武公。

八月，莒子去疾卒。

《春秋》中於莒卒，惟此一書。

冬，莒殺其公子意恢。

殺意恢者，公子鐸與蒲餘侯兹夫也，不書而以國殺者何？韓昌黎曰：『《春秋》書王法，不誅其人身。』此類是也。若鐸不書者，多矣。

十有五年，春，王正月，吴子夷末卒。

二月，癸酉，有事於武宫。籥入，叔弓卒，去樂，卒事。

常事不書，變而失者書，變而得者書，此變而得者也。

夏，蔡朝吴出奔鄭。

朝吴能復蔡，爲蔡忠臣，楚之讒人費無極害其寵也。然朝吴功成居寵，書『出奔』，亦見吴之不智矣。

六月，丁巳朔，日有食之。

秋，晋荀吴帥師伐鮮虞。

前書圍，狄之矣，此何以稱將稱帥師？於初伐貶，餘實録而已。

冬，公如晋。

『平丘之會故也。』

十有六年，春，齊侯伐徐。

晋伯既衰，齊侯始欲争伯。徐，楚之與國也。

楚子誘戎蠻子，殺之。

楚子之誘一也，或名，或不名，何也？夷狄相殘，略之也。

夏，公至自晋。

踰三時而始返，諱不書『止公』。考其時，則事著矣。

秋，八月，己亥，晋侯夷卒。

九月，大雩。

季孫意如如晋。

冬，十月，葬晋昭公。

十有七年，春，小邾子來朝。

夏，六月，甲戌朔，日有食之。

秋，郯子來朝。

自襄七年朝魯，於是復至。

八月，晋荀吴帥師滅陸渾之戎。

以其睦於楚也。自是凡滅稱大夫矣，滅不書大夫者，吴也。

冬，有星孛於大辰。

『大辰』，心也。心爲明堂天子之象，其前星太子，後星庶子，當宋之分。故王室亂，宋亦亂，衛、陳、鄭災。

楚人及吴戰於長岸。

言戰，不言敗勝，敗敵也。吴屢受楚兵，襄二十五年，吴雖伐楚，門於巢，卒兵，亦未及楚也。至是始入楚境，自後楚日削，吴日張矣。

十有八年，春，王三月，曹伯須卒。

夏，五月，壬午，宋、衛、陳、鄭災。

四國同日而災，非人所能爲也。

六月，邾人入鄅。

惡邾也，故宋公伐邾。

秋，葬曹平公。

冬，許遷於白羽。

自葉遷也。楚遷之，而以自遷爲文者，許畏鄭而樂遷也。

十有九年，春，宋公伐邾。

『鄅夫人，宋向戌之女也。』『向寧請師』，而『宋公伐邾』，『盡歸鄅俘』。

夏，五月，戊辰，許世子止弒其君買。

『許悼公瘧』，『飲太子止之藥卒』。止進藥而藥殺也，其異於商臣、蔡般者，過與故不同也。心不同而

《春秋》之文一，施者臣子，於君父不可過也。朱子曰：『如律中合御藥誤，不如本方造御丹誤不堅固之類。』止所以稱弑以此。歐陽公辨三傳，以止爲真弑，季氏《私考》及西亭《辨疑》皆以爲用毒藥弑，恐不可以臆廢古也。

己卯，地震。

《經》書地震者五，昭公之世再見。

秋，齊高發帥師伐莒。

時郊，公在齊。庚輿不事齊故也。

冬，葬許悼公。

程子曰：『蔡般、許止疑同，故書「葬」。』

二十年，春，王正月。

夏，曹公孫會自鄸出奔宋。

奔未有言『自』者，此言『自』，何也？必曹君無道，致令其奔，非會之罪也。其曰『公孫』，賢之也，言其『專乎鄸』而不以鄸叛，賢於臧武仲遠矣。《公羊》曰會，子臧之子也。

秋，盗殺衛侯之兄縶。

『「盗」，賤也。』『「兄」』，『母兄也』。『目衛侯，衛侯累也。』以衛侯之母兄而盗得殺之，衛侯無政刑甚矣。

冬，十月，宋華亥、向寧、華定出奔陳。

君子違不適讎國，陳，宋之讎也。三大夫往奔，是欲依陳以爲亂，而宋其危矣。

十有一月，辛卯，蔡侯盧卒。

二十有一年，春，王三月，葬蔡平公。

夏，晋侯使士鞅來聘。

禮好不結，而財求無度，聘義亡矣。

宋華亥、向寧、華定自陳入於宋南里以叛。

凡叛有入，於戚、蕭、朝歌者，皆不繫之國，其所食私邑也。若南里，則宋國城内里名，故繫之宋，亦見叛臣逼脅其君之甚也。

秋，七月，壬午朔，日有食之。

八月，乙亥，叔輒卒。

冬，蔡侯朱出奔楚。

『費無極取貨於東國』，而令蔡人逐之也。

公如晋，至河乃復。

報士鞅聘，晋以伐鮮虞辭。

二十有二年，春，齊侯伐莒。

自是莒服於齊矣。

宋華亥、向寧、華定自宋南里出奔楚。

先書『叛』，繼書『奔楚』，楚君黨惡之罪大矣。

大蒐於昌間。

三綱，軍政之本，《春秋》寓軍政於三綱，以辨上下，定民志。魯昭之季，人倫悖亂甚矣，而惟蒐田之是務，是以屢書以譏之。

夏，四月，乙丑，天王崩。

六月，叔鞅如京師，葬景王。王室亂。

以天王三月而葬矣。

景王太子壽早夭，諸子皆欲立。劉子、單子附王子猛，尹氏、邵伯、毛伯附王子朝。猛，太子母弟也。朝，庶長也。王初愛朝，未立而崩，於是大亂。不曰『京師』者，嫡庶竝争，亂在家室也。

劉子、單子以王猛居於皇。

凡稱『以』者，『不以者也』。不以者，非所得而以者也。劉蚠、單旗，臣也，曷爲能『以王猛』？猛無寵於景王，不能自定其位，制在劉、單。其曰『以』者，能廢立之也。何以稱『王』？示當立也。當立何以名？明嗣君也，未立也，又以别子朝也。曰『以』，曰『居於皇』，而景王之亂國本、輕宗社之罪著矣。

秋，劉子、單子以王猛入於王城。

『入』者，難詞。『王城』，天子都，子朝之黨在焉，故言『入』。

冬，十月，王子猛卒。

前稱『王猛』，此何以復稱『王子猛』？於其卒，從其恒稱，義不在焉，不没其實而已。

十有二月，癸酉朔，日有食之。

二十有三年，春，王正月，叔孫舍如晋。

癸丑，叔鞅卒。

晋人執我行人叔孫舍。

武城人取邾師，『邾人愬於晋，晋人來討。叔孫舍如晋，晋人執之』。書『晋人』，非伯討也。書『執我行人』，不以其罪也。

晋人圍郊。

「郊」，子朝邑也。不繫之國者，天下皆王土也。書「人」者，微之也。王室危亂，晉爲方伯，不躬率諸侯赴君父之急，伸臣子之義，徒以微者帥偏師薄爲之援，書「晉人圍郊」，而罪自見矣。

夏，六月，蔡侯東國卒於楚。

高氏曰：「朝於楚而卒也。」

秋，七月，莒子庚輿來奔。

虐而國人逐之。齊納郊公，不書，微之也。

戊辰，吴敗頓、胡、沈、蔡、陳、許之師於雞父，胡子髡、沈子逞滅，獲陳夏齧。

吴伐州來，楚帥諸侯之師救之。「不言戰，未陳也。」吴以詭勝，六國先敗，楚師遂奔，故不書楚也。「其言滅獲何？別君臣也。君死曰『滅』，生得曰『獲』，大夫生死皆曰『獲』。」此見吴之强，而楚人益弱也。

天王居於狄泉。尹氏立王子朝。

「天王」者，敬王匄也，王猛母弟，以次當立者也。天王何以居於狄泉哉？必有以之者矣，而《春秋》不書。天王，天之子也，天之子非天其誰立之？突然見於策，若自天降然者，聖筆亦神矣哉！不書「出」，王幾内也。「立」者，不宜立也。書「尹氏立」，獨尹氏所欲立也。王朝公卿書爵，此稱「氏」者，見世卿擅權亂國爲後戒也。

八月，乙未，地震。

冬，公如晉，至河，有疾，乃復。

請叔孫舍也。書「有疾」，「殺耻也」。

二十有四年，春，王二月，丙戌，仲孫貜卒。

孟僖子也，將死而使説與何忌師事夫子者也。

叔孫舍至自晋。

大夫執而致則名，此書姓氏，賢之也。舍見執於晋，以禮自持，不爲所屈。及意如逐君，而面責之，意如有異志而自祈死，其魯國之良矣。

夏，五月，乙未朔，日有食之。

秋，八月，大雩。

丁酉，杞伯郁釐卒。

冬，吴滅巢。

『巢』，楚之附庸，實邑之也。楚平兵挫境蹙，漸非吴敵矣，豈非委政無極，國事日非乎？柏舉之敗已蠱於此矣。

葬杞平公。

二十有五年，春，叔孫舍如宋。

『季公若之姊爲小邾夫人，生宋元夫人，生子以妻季平子。昭子如宋聘，且逆之。』

汪氏曰：『意如遣公室正卿爲己逆婦，專恣甚矣。昔也討私邑，使公室之卿圍之，今也娶己妻，使公室之卿逆之，名雖臣，實行魯君之事矣。』

夏，叔詣會晋趙鞅、宋樂大心、衛北宫喜、鄭游吉、曹人、邾人、滕人、薛人、小邾人於黄父。

『謀王室也。趙簡子令諸侯大夫輸王粟，具戍人，曰：「明年將納王。」』夫王室之亂四年矣，晋始爲此會，而僅合諸侯之大夫，又曰『明年將納王』，聖心之所重傷也。

有鸜鵒來巢。

『記異也。』鸜鵒不踰濟，魯所無也，『宜穴又巢也』。

秋，七月，上辛，大雩。季辛，又雩。

見昭公君臣禦災非道，而區區於禱祠之末也。

九月，己亥，公孫於齊，次於陽州。

公伐季氏，敗而出奔，稱「孫」，隱也。「次於陽州」，待齊命也。

季氏曰：「叔孫舍、仲孫何忌皆賢也，況舍本爲公謀弱季氏，何忌方居喪學禮，未預國事，《傳》乃謂叔孫氏陷西北隅以救季氏，孟孫氏殺郈昭伯，以伐公徒，何謂乎？」

齊侯唁公於野井。

生事曰「唁」，死事曰「弔」。書齊侯唁者再，而無救災恤患之實見矣。

冬，十月，戊辰，叔孫舍卒。

昭公在外，而特書日以卒，表賢也。邵氏曰：「死，惡物也，變以暴君，舍以强臣，人之情於是乎極。」

十有一月，己亥，宋公佐卒於曲棘。

爲公故，將如晋。宋元之夫人曹氏生子妻意如，元公，意如外舅也。不此之顧，而求納公，是以正倫恤患爲心，賢於當時諸侯遠矣。

十有二月，齊侯取鄆。

取之爲己有，以居公也，故取繫於齊。

二十有六年，春，王正月，葬宋元公。

三月，公至自齊，居於鄆。

入魯地，故稱「至」。猶在外，故曰「居」。

夏，公圍成。

「成」，孟氏邑也。是時齊侯將納公梁丘據，以季氏之賄而止之，使公子鉏帥師從公。不言齊師者，景公爲義不終，故微之也。書「公圍成」，而季氏之不臣，昭公之不君，齊侯不能脩方伯連帥之職，其罪具見矣。

秋，公會齊侯、莒子、邾子、杞伯，盟於鄟陵。

「謀納公也。」參盟自齊桓以來未之有也，於是再見晉不復主盟也。

公至自會，居於鄆。

君行而返，必告廟則書，至昭公居鄆，則非宗廟所在矣，而必「至」者，《春秋》大義，所以存君。古者君去其國，太宰取群廟之主以從，則公之去鄆而返，亦或告於祖禰也與！

九月，庚申，楚子居卒。

平王長子建以費無極譖出奔宋，至是令尹子常以太子壬弱，母非敵，欲立王之庶弟子西，子西不從，乃立壬。

冬，十月，天王入於成周。

晉知躒、趙鞅帥師納王於成周，使成公般戍周而還。不書者，罪晉也。敬王居狄泉三年矣，至是始入焉，其不急君父之罪大矣。「入」者，難詞。「成周」者，東周下都，《洛誥》所謂「我又卜瀍水東」者是也。不遂入王城者，子朝之餘黨在也。

尹氏、召伯、毛伯以王子朝奔楚。

子朝之亂，皆三子以之。書「天王入於成周」，後書「子朝奔楚」，大天子之能反正，然後罪人咸服也。

尹氏，卿也，卿乃子爵，而叙召、毛上者，則二伯乃大夫字，非伯爵也。

二十有七年，春，公如齊。公至自齊，居於鄆。

夏，四月，吴弑其君僚。

公子光弑僚而稱國，何也？僚越光而伐札，是自禍也，故賊不書主名。

楚殺其大夫郤宛。

令尹子常殺之也，而稱國者，君不君，故臣得專其威也。

秋，晋士鞅、宋樂祈犁、衛北宫喜、曹人、邾人、滕人會於扈。

『令成周，且納公也。』宋、衛固請納公，范鞅取貨於季氏而不納。猶序諸國之大夫者，罪止士鞅，且以成周故也。

冬，十月，曹伯午卒。

邾快來奔。

邾叛臣也賤，而書，誅季氏也。

公如齊。公至自齊，居於鄆。

二十有八年，春，王三月，葬曹悼公。

公如晋，次於乾侯。

一年而如齊者再，不見禮焉，故如晋也。『次』者，止而有待之意。次於陽州，猶齊、魯之境也。次於乾侯，則羈旅之人耳。

夏四月，丙戌，鄭伯寧卒。六月，葬鄭定公。

秋七月，癸巳，滕子寧卒。

冬，葬滕悼公。

二十有九年，春，公至自乾侯，居於鄆。齊侯使高張來唁公。

書『至自乾侯』，見不得至晋也；書『高張來唁』，見徒爲唁而已，罪齊、晋也。

公如晋，次於乾侯。

復不見受也。

夏，四月，庚子，叔詣卒。

叔詣欲納公而卒。

秋，七月。

冬，十月，鄆潰。

民逃其上曰『潰』。昭公居鄆四年，民不見德，以至於潰，自是削迹於魯，尺地一民非其有矣。

三十年，春，王正月，公在乾侯。

鄆猶吾土也，乾侯非吾土矣，故歲首必書公所在，以存君也，誅逆臣，罪諸侯也。

夏，六月，庚辰，晋侯去疾卒。

秋，八月，葬晋頃公。

冬，十有二月，吴滅徐，徐子章羽奔楚。

君奔不名，非其罪也。徐子名者，臣吴而後奔也。

三十有一年，春，王正月，公在乾侯。季孫意如會晋荀躒於適歷。

晋定公初立，有意嗣伯，故欲納公，而復惑於士鞅之言，召季氏而使荀躒出會，晋伯之不復於是決矣。

夏四月，丁巳，薛伯穀卒。

晋侯使荀躒唁公於乾侯。

罪晋也，陰交其臣，陽唁其君。

秋，葬薛獻公。

冬，黑肱以濫來奔。

『黑肱』，邾大夫。不言邾，闕文。邾快、黑肱相繼來奔，季孫當國，以類至也。《公羊》云：『濫自分爲國，故不書「邾」。』

十有二月，辛亥朔，日有食之。

三十有二年，春，王正月，公在乾侯。取闞。

『闞』，魯群公墓所在。公不得奉宗廟祭祀，而先君墳墓所在，特以『取』書，著賊臣據國拒君之罪也。

夏，吴伐越。

秋，七月。

冬，仲孫何忌會晋韓不信、齊高張、宋仲幾、衛世叔申、鄭國參、曹人、莒人、薛人、杞人、小邾人，城成周。

敬王既入成周，即於此定都，不復返王城，以劉、單群族在焉，遠惡黨也。成周既城，後遂謂之京師。諸侯不勤王事久矣，今猶能從王命以安王室，衰世善事也。

十有二月，己未，公薨於乾侯。

李氏曰：『昭公初年，居喪無慼容，而父子之親喪；娶妻以同姓，而夫婦之倫乖，無立國立身之本矣。季氏之禍雖積集於成、襄之世，然取鄆而不能正；納牟夷而不能却；大雩、大雨雹，天戒屢見而不知警；舍中軍，蒐於紅，軍政盡失而不能收；得罪伯主，五如晋而不入；十三國同盟而不得與，果何以保其國哉？當是時，齊有陳氏，晋有六卿，與三家聲勢相倚，迭爲輔車，宜昭公之不入也。』

卷十一

定公

元年，春，王。

當以『春，王三月』爲句，正、二月無事可書也。昭公既薨，定公未立，魯國五月無君無政，固不以不書正月見也。

三月，晋人執宋仲幾於京師。

臯城成周，宋『不受功』，討有罪也。然以大夫執人京師，既不請命司寇，又不歸之於王，無王甚矣，故書『晋人執』，貶詞也。

夏，六月，癸亥，公之喪至自乾侯。戊辰，公即位。

昭公之喪，越葬期而始至，廢其太子衍，立其弟宋，越五月而始定，皆季氏制之也。《春秋》詳書，爲後法永鑒。

秋，七月，癸巳，葬我君昭公。

葬必曰『我君』，於昭公更有味乎！其書之也。

九月，大雩。

公薨半年餘始歸，歸及踰月而葬。當時如仲孫何忌學禮聖門，亦聽制季氏，可慨也夫！

立煬宫。

「立者，不宜立者也。」季氏先禱於煬公，求君不入。煬公者，伯禽之子，考公之弟，魯之以弟繼兄者始此。季氏又欲以掩其廢嫡立弟之罪，疑或其時有鬼物之靈與。

冬，十月，隕霜殺菽。

《穀梁》曰「舉重」也：「未可以殺而殺，舉重。可殺而不殺，舉輕。」陰勝之象，臣干君之應也。

二年，春，王正月。

夏，五月，壬辰，雉門及兩觀災。

「雉門」，象魏之門。「兩觀」，在雉門外之兩旁。

秋，楚人伐吴。

冬，十月，新作雉門及兩觀。

子家駒以設兩觀爲僭天子矣，災而不知戒，故書「新作」以譏之。

三年，春，王正月，公如晋，至河乃復。

意如廢太子而立定公，必晋人有言，而公往朝，晋辭公而復，故明年因會而請盟。

二月，辛卯，邾子穿卒。

夏，四月。

秋，葬邾莊公。

冬，仲孫何忌及邾子盟於拔。

魯大夫而盟諸侯，郲喪未期而爲盟會，交失之也。

四年，春，王二月，癸巳，陳侯吴卒。

三月，公會劉子、晋侯、宋公、蔡侯、衛侯、陳子、鄭伯、許男、曹伯、莒子、郲子、頓子、胡子、滕子、薛伯、杞伯、小郲子、齊國夏於召陵，侵楚。

楚爲無道，囊瓦以一裘一馬拘唐、蔡二君，三年而後遣。蔡昭侯又隱太子之子也，於楚有不共戴天之讎，故歸而請師於晋。晋請命於周，上致劉子，下合十七國之君以爲此會。齊桓之師不如是之盛也，而荀寅求貨不得，遂辭蔡人，無功而還，故書『侵』。晋人遂失諸侯，不可復振矣。

夏，四月，庚辰，蔡公孫姓帥師滅沈，以沈子嘉歸，殺之。

『沈人不會召陵，晋使蔡伐之。』書『滅』，罪公孫姓也。書『以歸』，罪沈子嘉也。書『殺之』，罪蔡侯也。

五月，公及諸侯盟於皋鼬。

公受國於季氏，不獲見於晋而懼，此盟，公意也，故書『公及』。重言『諸侯』，劉子不與也。書『公及諸侯』，則非晋主盟矣。自是諸侯無會同，有特相盟者。

杞伯成卒於會。

不云卒於師，不成乎伐楚也。

六月，葬陳惠公。

此見陳侯背殯出會。

許遷於容城。

許凡四遷矣，畏鄭逼也。

秋，七月，公至自會。

不致伐楚，公以皋鼬爲重也。

劉卷卒。

陳氏曰：『王卿士不「卒」，有關於天下之故則「卒」之。於襄王之難，有王子虎焉。於敬王之難，有劉子焉。』

葬杞悼公。

楚人圍蔡。

以沈故也。

晋士鞅、衛孔圉帥師伐鮮虞。

召陵之役，荀寅謂『無損於楚，而失中山』，故兹蔡圍不救而伐鮮虞，無復有中國之志矣。

葬劉文公。

尹氏、王子虎皆不書『葬』，此書『葬』，以魯特往會之也。天子三公稱『公』，魯爲三公有土爲畿内諸侯者亦稱『公』，天子、卿大夫有封爲畿内諸侯皆曰『子』。周末畿内諸侯卒皆謚『公』，聖人因劉文公之葬特書，志僭生。稱劉子卒，稱劉卷葬，稱劉文公，皆《春秋》謹嚴之筆也。

冬，十有一月，庚午，蔡侯以吴子及楚人戰於柏舉，楚師敗績，楚囊瓦出奔鄭。

『吴進』而書『子』者，『蔡侯以』也。蔡用吴師，特書曰『以』，深罪晋人保利棄義，難於救蔡也。不書『救』者，蔡圍已解，戰於楚地，非救蔡而戰也。戰書『人』，敗書『師』，奔書名，與城濮戰書『人』、敗書『師』、殺其大夫書名同。子玉、子常之罪固同，而楚之輕於任人，敗師亡衆，前後一轍矣。

庚辰，吴入郢。

入國不言邑，入楚也而曰『入郢』，非得國之詞也。稱『吴』，『狄之也』。『君舍於君室，大夫舍於大夫室，蓋妻楚王之母也』，『狄道也』。

五年，春，王三月，辛亥朔，日有食之。

夏，歸粟於蔡。

諸侯歸粟也，而獨言我者，罪中國之忘大義而不以小惠稱也。

於越入吴。

『於越』者，其自稱者也。『越』者，中國稱之者也。『於』，發聲，夷言也。吴之伐楚，有安中國之意焉，而越每乘其敝，若爲楚報者，是以君子惡之。

六月，丙申，季孫意如卒。

定公不討逐君之賊，以爲大夫，則亦以大夫卒之而已。

秋，七月，壬子，叔孫不敢卒。

冬，晋士鞅帥師圍鮮虞。

『報觀虎之役也。』三年，鮮虞獲晋觀虎。

六年，春，王正月，癸亥，鄭游速帥師滅許，以許男斯歸。

『因楚敗也。』哀元年，許復見，蓋楚復封之也。

二月，公侵鄭。

晋令也。自宣十八年公伐杞，魯無君將者八十年，至是侵鄭、侵齊、圍成皆書『公』，則三桓既衰也。然非公室能張，實以陪臣執國，托公行師耳。

公至自侵鄭。

夏，季孫斯、仲孫何忌如晋。

桓子獻鄭俘，陽虎强使懿子報夫人之幣。『變文書介副，欲以起問者，見事情也。』

秋，晋人執宋行人樂祁犁。

稱『行人』，非其罪也。范獻子以其主於趙氏，又有賄焉，譖諸晋侯而執之。此晋三卿内叛之始，宋叛伯之始。

冬，城中城。

三家張，公之所有中城耳，外有齊、鄭之怨，故懼而城焉。

季孫斯、仲孫忌帥師圍鄆。

昭三十年鄆潰，二於齊矣，至是，欲復取之。齊、魯交兵始此。

七年，春，王正月。

夏，四月。

秋，齊侯、鄭伯盟於鹹。

特相盟，自齊桓以來未之有也，於是諸侯無主盟矣。是故石門志諸侯之合也，於鹹志諸侯之散也。

齊人執衛行人北宫結以侵衛。

稱『人』，稱『以侵』，重貶之也。

齊侯、衛侯盟於沙。

齊、衛合黨之始，至哀元年，而伐晋矣。

大雩。

齊國夏帥師伐我西鄙。

齊叛晋與鄭盟，故爲鄭伐我，且報二卿之圍鄆。

九月，大雩。
冬，十月。
八年，春，王正月，公侵齊。
公至自侵齊。
二月，公侵齊。
　踰月之間再出侵齊，公之進退聽之三家，而不得自專矣。
三月，公至自侵齊。
曹伯露卒。
夏，齊國夏帥師伐我西鄙。
公會晋師於瓦。
　晋士鞅、荀寅救魯，公逆而會之。不言大夫，君不會大夫也。救不書，齊師已去也。
公至自瓦。
秋，七月，戊辰，陳侯柳卒。
晋士鞅帥師侵鄭，遂侵衛。
　晋始伐與國也。招攜以禮，懷遠以德，德禮之不務而恃力，諸國受兵，而叛晋愈堅矣。
葬曹靖公。
九月，葬陳懷公。
季孫斯、仲孫何忌帥師侵衛。
　『晋故也。』

冬，衛侯、鄭伯盟於曲濮。

結叛晋也。

從祀先公。

『從祀』，『順祀也』。『先公』，非一公也。魯祀之不順多矣，僖公以兄故特躋於閔上，昭公以奔故不祔於先君，今始復其正也。陽虎將作亂，欲以取媚國人，其事則順，其情則逆。《春秋》原情，特書『從祀先公』於『盜竊寶玉、大弓』之上，而不書禘事與日，見事出於陽虎，而不可詳也。

盜竊寶玉、大弓。

先王分器，而盜得竊諸公宫，無政也。故失地則諱，失寶玉、大弓，則書失之，書得之。書，重其事也。

九年，春，王正月。

夏，四月，戊申，鄭伯蠆卒。

得寶玉、大弓。

六月，葬鄭獻公。

秋，齊侯、衛侯次於五氏。

此伐晋也。書『次』者何？未遂伐也。三次而伐，其欲逞也久矣。於鹹，鄭叛也。於沙，衛叛也。及齊平，魯亦叛晋，諸侯無盟主。有盟主，非美事也。無盟主，非細事也。

秦伯卒。冬，葬秦哀公。

十年，春，王三月，及齊平。夏，公會齊侯於夾谷。公至自夾谷。

『及齊平』，我志也。

晋趙鞅帥師圍衛。

晋自召陵以後，凡兵書『侵』，以義不足服人也。此書『圍』，以力不足服人也。

齊人來歸鄆、讙、龜陰田。

請而得之曰『歸』，服義而歸之曰『來歸』。

叔孫州仇、仲孫何忌帥師圍郈。

『郈』，叔孫氏邑。侯犯以郈叛，自夏至秋再圍之，陪臣之强可知矣。三家知傾公室以自張，而不知家隸之擬其後。《春秋》據事直書，深切著明矣。

秋，叔孫州仇、仲孫何忌帥師圍郈。

宋樂大心出奔曹。

大心奉命使晋，僞以疾辭，罪也，故書『奔』。

宋公子地出奔陳。

宋公嬖桓魋，以地白馬與之，地抶而奪之，罪也，故書『奔』。

冬，齊侯、衛侯、鄭游速會於安甫。

以衛有晋難也。

叔孫州仇如齊。

謝歸田，又致郈也。

宋公之弟辰暨仲佗、石彄出奔陳。

辰以請留地不得，并脅佗、彄出奔，罪也。景公寵一桓魋，至親不恤焉，『習其讀而問其傳』，其罪亦著矣。

十有一年，春，宋公之弟辰及仲佗、石彄、公子地自陳入於蕭以叛。

「暨」者，以此强彼，我所欲也。「及」者，以此及彼，兩相欲也。「自」者，因其力也。「自陳」「自曹」，而陳與曹之罪亦著矣。

夏，四月。

秋，宋樂大心自曹入於蕭。

辰、佗、彄、地、大心之爲宋患也，「寵向魋故也」。

冬，及鄭平。叔還如鄭蒞盟。

「及鄭平」，我欲之也，「始叛晋也」。書「鄭輸平」，以志諸侯之合；書「及鄭平」，以志諸侯之散，此《春秋》之始終也。

十有二年，春，薛伯定卒。夏，葬薛襄公。

叔孫州仇帥師墮郈。

「墮」，毁也。三桓之邑皆爲城自固，其家臣因之以叛，於是墮之。

衛公孟彄帥師伐曹。

以曹不從齊也。

季孫斯、仲孫何忌帥師墮費。

墮郈以一卿，墮費以二卿者，費强於郈也。

秋，大雩。

冬，十月，癸亥，公會齊侯，盟於黄。

結叛晋也。

十有一月，丙寅朔，日有食之。

公至自黄。

十有二月，公圍成。公至自圍成。

『書「公圍成」，强也，其致危之也。』圍成何以不克？蓋三家城其邑以自利也，而家臣據邑以叛，則非其利也。南蒯叛，侯犯叛，不狃叛，薦爲叔季之害，叔季亦欲墮之矣，故聞聖人之言輒墮焉。聖人固無聲色也，若公斂處父在成，方有功於孟氏，且曰：『成墮，齊人必至於北門。』其意則私，其言可聽，孟氏之不肯墮宜矣。三家，孟氏最弱。無忌學於夫子，成即不墮，無與爲比，不必汲汲聖人果得志於墮成何有。惜乎明年女樂入，而夫子行矣。

十有三年，春，齊侯、衛侯次於垂葭。

與次五氏同。

夏，築蛇淵囿。

讙田歸而築囿於其地。夫子去魯，而君臣之志荒矣。

大蒐於比蒲。

衛公孟彄帥師伐曹。

秋，晋趙鞅入於晋陽以叛。

鞅殺邯鄲午，范氏、中行氏伐趙氏，而鞅奔晋陽，拒范、中行也。而直書曰『叛』，人臣專土，是無君也。

冬，晋荀寅、士吉射入於朝歌以叛。

韓、魏，黨於趙氏者也，故請於公逐二氏。二氏奔朝歌，亦曰『叛』者，興兵首禍，是無君也。

晋趙鞅歸於晋。

韓、魏以爲請故也。書『歸』，易辭也，非所得歸而歸也。叛臣而歸晋，無政刑也，三家分晋本於是矣。

薛弒其君比。

『稱國以「弒」，當國大臣之罪也。』啖氏曰：『稱國以「弒」，自大臣也。』胡氏本此。

十有四年，春，衛公叔戍來奔。

衛趙陽出奔宋。

戍以富見惡衛侯，又將去南子之黨，爲夫人所愬而出奔。趙陽、北宫結皆戍黨也。凡書『奔』者，皆罪。而靈公不能正家，以喪其大臣，罪亦著矣。書三大夫奔，以著衛亂之所從始。

二月，辛巳，楚公子結、陳公孫佗人帥師滅頓，以頓子牂歸。

頓『欲事晋，背楚而絶陳好』也。書『滅頓』，誅楚而罪陳也。

夏，衛北宫結來奔。

五月，於越敗吴於檇李。吴子光卒。

越以詐戰敗吴師，光以傷卒。

公會齊侯、衛侯於牽。

《左氏》謂晋圍朝歌，牽、洮二會皆救范、中行氏也。朝歌在衛西。

公至自會。

秋，齊侯、宋公會於洮。

宋未絶晋，至是始從齊也。

天王使石尚來歸脤。

祭肉生曰『脤』，熟曰『膰』。『石尚』，王朝士例書名。禮，諸侯朝天子，助祭於宗廟，然後受俎實。魯不助祭而歸脤，非禮也。

衛世子蒯聵出奔宋。

以南子之故。父不父，子不子，兩著其罪，故特書『世子』。張洽氏取臨江劉氏、常山劉氏之説，謂蒯聵必無殺母之事，《左氏》所記乃南子之誣其子者如此，不然，宋，南子家，何以反奔宋乎？

衛公孟彄出奔鄭。

『彄』，聵黨。屢書大夫奔，不成其爲國矣。

宋公之弟辰自蕭來奔。

三書『宋公弟』，罪宋公也。『自蕭』者，因其力。

大蒐於比蒲。邾子來會公。

蒐而邾子來會，公親蒐也。不書『公』者，以國事舉也。

城莒父及霄。

無冬，闕文。城二邑，懼晋也。

十有五年，春，王正月，邾子來朝。

以去年來會，未成禮，故復來朝。

鼷鼠食郊牛，牛死，改卜牛。

二月，辛丑，楚子滅胡，以胡子豹歸。

召陵之會，胡、頓皆在，是後楚有吴患，不能報。去年滅頓，今年滅胡，以報召陵也。

夏，五月，辛亥郊。

壬申，公薨於高寢。

『高寢』，宫名。不於路寢，『非正也』。

鄭罕達帥師伐宋。

宋，大國，至於景公，而鄭能困之，則桓魋之爲也。

齊侯、衛侯次於渠蒢。

『謀救宋也。』不果救，故書『次』。

邾子來奔喪。

天王崩，則諸侯奔喪而會其葬。書『奔喪』，『非禮也』。

秋，七月，壬申，姒氏卒。

哀公母也。不稱夫人，『哀未君也』。

八月，庚辰朔，日有食之。

九月，滕子來會葬。丁巳，葬我君定公，雨，不克葬。戊午，日下昃，乃克葬。

『會葬』，非禮也。

『雨，不克葬』，無備也。『日下昃』，失虞之時也。

辛巳，葬定姒。

『辛巳』，在十月三日。

冬，城漆。

邾庶其邑。『城漆』，謀伐邾也。定公爲拔之盟，邾好復脩，終世無犯。定公薨，而三桓復啓釁矣，元年伐邾，二年取其田，七年俘其君矣。

卷十二

哀公

元年，春，王正月，公即位。

楚子、陳侯、隨侯、許男圍蔡。

『報柏舉也。』

鼷鼠食郊牛，改卜牛。夏，四月，辛巳，郊。

牛傷，不敬也。『夏四月郊，不時也。』『四卜，非禮。五卜，强也。』斬焉衰絰之中，上僭天子之禮，一舉而犯三不韙焉。書郊之失禮，未有甚於此者也。

秋，齊侯、衛侯伐晋。

著中國之無伯也。

冬，仲孫何忌帥師伐邾。

邾之事魯至矣，而魯人利之不已。何忌之學於聖門者，何如哉？

二年，春，王二月，季孫斯、叔孫州仇、仲孫何忌帥師伐邾，取漷東田及沂西田。癸巳，叔孫州仇、仲孫何忌及邾子盟於句繹。

三卿竝將伐國取地，二卿竝盟他國之君，大夫強僭極矣。『三人伐而二人盟』，《穀梁》謂『各盟其得也』。然邾田近費，而季孫專國，豈反無得抑季孫之與之也？

夏，四月，丙子，衛侯元卒。

滕子來朝。

晋趙鞅帥師納衛世子蒯聵於戚。

『納』者，内不受也。『於戚』者，爲輒拒，不得入衛也。父喪而無子，則孫可以承重，父喪而有子，則孫不可以襲尊，況輒爲國人所立，未受靈公之命。稱『帥師納』，而蒯聵之罪著。稱『世子』，而輒之不當立明矣。

秋，八月，甲戌，晋趙鞅帥師及鄭罕達帥師戰於鐵，鄭師敗績。

鞅師，納蒯聵之師。鄭師，助齊人輸粟范氏之師。邀擊而敗之也。

冬，十月，葬衛靈公。

十有一月，蔡遷於州來。蔡殺其大夫公子駟。

『州來』，吴所滅，吴邑也。蔡侯既許楚疆於江、汝，而復請遷於吴，駟與獵皆非之。吴人聘而以兵來，故殺而放之。『稱國以「殺」，殺無罪也。』

三年，春，齊國夏、衛石曼姑帥師圍戚。

蒯聵在戚，曼姑主兵而序齊爲首者，不以子圍父也。不繫戚於衛者，不以子制父也。蒯聵出入稱世子，圍戚，先國夏，戚不如彭城。書『衛』，《春秋》筆削之情見矣。

夏，四月，甲午，地震。

五月，辛卯，桓宫、僖宫災。

桓、僖親盡矣，宫何以存？季、仲、叔皆桓公子，季友實相僖公，叔、仲之後皆僖所立，故三家尊桓而德僖。宜毁不毁，而天災之。二公不言及祖，等也；言及，則有尊卑矣。

季孫斯、叔孫州仇帥師城啓陽。

啓陽近邾，城之，以防邾也。

宋樂髡帥師伐曹。

曹伯陽奉樂大心入蕭以叛故也。

秋，七月，丙子，季孫斯卒。

蔡人放其大夫公孫獵於吴。

『放』，稱國無罪也，稱人得罪於國，人有罪也。書『大夫』，則無罪也。蓋獵與駟不附遷議，蔡侯以國法放之而媚吴也。

冬，十月，癸卯，秦伯卒。

叔孫州仇、仲孫何忌帥師圍邾。

季氏邑近邾，豈邾惟季氏之是親，而二家乘季氏新立，責其背句繹之盟乎？

四年，春，王二月，庚戌，盗殺蔡侯申。

昭公背楚詐吴，殘虐大臣，君道亡矣，變文書『盗殺』。

蔡公孫辰出奔吴。

書『盗殺蔡侯申』『蔡公孫辰出奔吴』，辰必與聞乎弑矣。

葬秦惠公。

宋人執小邾子。

伐曹執邾，蓋齊景圖伯無成，宋亦有志争權矣。

夏，蔡殺其大夫公孫姓、公孫霍。

晋人執戎蠻子赤歸於楚。

楚圍蠻氏，子赤奔晋。晋聽楚命，詐執歸之。伯主執有罪者歸於京師，正也。今曰『歸於楚』，則京師楚矣。不競至此〔一〕，《春秋》所深惡也。

校記

〔一〕『競』，底本訛作『兢』，此據文淵閣四庫全書本校改。

城西郛。

備晋也。

六月，辛丑，亳社災。

亡國之社屋之，不受天陽也，以屋，故災。

秋，八月，甲寅，滕子結卒。

冬，十有二月，葬蔡昭公。

葬滕頃公。

五年，春，城毗。

備晋也。

夏，齊侯伐宋。

以伐曹執邾故也。

晋趙鞅帥師伐衛。

以衛助范氏，故假納蒯聵爲名。

秋，九月，癸酉，齊侯杵臼卒。

冬，叔還如齊。

弔會葬也。

閏月，葬齊景公。

劉原父曰：『喪以年斷者，不以閏數。以月斷者，以閏數。』荼以非次得立，故速葬也。

六年，春，城邾瑕。

『瑕』，邾邑，故繫之邾。未嘗取於邾而遽城，見魯之迫邾也。

晋趙鞅帥師伐鮮虞。

鮮虞納荀寅於柏人故也。

吴伐陳。

陳，楚與也。吴之入楚，召陳侯不至，故伐陳。陳自是與吴成。

夏，齊國夏及高張來奔。

陳乞將弑君而逐高國。高國爲國世臣，從君於昏，受其顧命，而力不足衛上。凡書『奔』者，皆罪也。

叔還會吴於柤。

吴伐陳，還至柤，魯懼而往會之。

秋，七月，庚寅，楚子軫卒。

齊陽生入於齊。齊陳乞弑其君荼。

不稱『公子』，誅，不子也。稱『齊陽生』，景公廢長立少，以啓亂也。陽生入而陳乞弑，爲陽生弑也。

冬，仲孫何忌帥師伐邾。

宋向巢帥師伐曹。

七年，春，宋皇瑗帥師侵鄭。

齊景既没，宋妄圖伯，既伐曹，又侵鄭，報罕達之師，且求諸侯也。

晋魏曼多帥師侵衛。

『衛不服也。』

夏，公會吴於鄫。

鄫近邾，夫差至此，而公往會之。然邾亦吴與也，會吴甫罷，而即伐之，此邾人所以奔告於吴，而魯遂被伐與！

秋，公伐邾。八月，己酉，入邾，以邾子益來。

伐邾，季氏意也。『益』，名，賤之也，虜服也。夾陣而獲其君曰『獲』，入國滅國而以其君歸曰『以』。於諸侯曰『歸』，於魯曰『來』。

宋人圍曹。冬，鄭駟弘帥師救曹。

曹伯奸宋，是以致討。宋稱『人』，貶也。苟將卑師少，豈能圍之乎？『救曹』，善之也。

八年，春，王正月，宋公入曹，以曹伯陽歸。

滅曹也。不書『滅』者，曹伯好田弋，任公孫彊，背晋奸宋，自亡其國也。

吴伐我。

『爲邾故』也。伐我必書四鄙，不書者，直造國都，四竟藩屏蕩然，而國不足爲國矣。

夏，齊人取讙及闡。

内失邑不書，君辱當諱也。此何以書？『所以賂齊也。』以邾子故。

歸邾子益於邾。

懼齊討也。

秋，七月。

冬，十有二月，癸亥，杞伯過卒。

齊人歸讙及闡。

程子曰：『不云我田既歸，邾子亦歸，其田非以爲惠也。』

九年，春，王二月，葬杞僖公。

宋皇瑗帥師取鄭師於雍丘。

悉俘之曰『取』。《春秋》之末，特書取師者二，所謂『著其禍之大也』，長平之坑所由來漸矣。

夏，楚人伐陳。

『陳即吴故也。』

秋，宋公伐鄭。

鄭雖不義，宋盡覆其師，亦云憯矣。君又親帥師伐之，明年又伐，十二年又伐，十三年鄭人復取宋師，二國喪師皆自取之也。

冬，十月。

十年，春，王二月，邾子益來奔。

吴人討邾，奉太子爲政而後奔。但書「奔」，何？以爲自失國也。《春秋》之法，苟其道足以失國，雖有敵國，猶以自致之文書。

公會吴伐齊。三月，戊戌，齊侯陽生卒。

陽生實卒，非弑也。

夏，宋人伐鄭。

晋趙鞅帥師侵齊。

吴猶遭齊喪而去之，晋乃乘齊喪而伐之。

五月，公至自伐齊。

哀公會吴者五，獨此役與黄池致，擇其甚危者書之。

葬齊悼公。

衛公孟彄自齊歸於衛。

彄，蒯聵之黨，必從輒而背聵，故「歸」。聵入，復奔矣。

薛伯夷卒。

秋，葬薛惠公。

冬，楚公子結帥師伐陳。吴救陳。

書「救」，善之也，猶舉號夷吴而傷中國也。所黜在彼，所傷在此。

十有一年，春，齊國書帥師伐我。

自此春不書「王」，見天下之無王也，此《春秋》之所以終也。

報去年會吴伐齊之役也，魯之伐自取之矣。

夏，陳轅頗出奔鄭。

《春秋》書轅頗之奔，爲人臣附上刻下、托公營私之戒。

五月，公會吴伐齊。甲戌，齊國書帥師及吴戰於艾陵，齊師敗績，獲齊國書。

公再會吴伐齊，招夷狄中國，爲惡大矣。

秋，七月，辛酉，滕子虞母卒。

冬，十有一月，葬滕隱公。

衛世叔齊出奔宋。

《春秋》書内外大夫奔者六十，君之股肱，故重而書之。然《春秋》之末，何其出奔之多也！是時政在大夫，各欲自專，始則相猜相忌，終乃相攻相逐也。

十有二年，春用田賦。

田以出粟而足食，賦以出軍而足兵，今又計田斂財以充軍賦。大約税畝多於什一，田賦又多於税畝矣。税畝，私田始有征也。用田賦，私田又加征也。

夏，五月，甲辰，孟子卒。

『昭公夫人也。』『不言「夫人」』，『諱取同姓也』。不『薨』，不成薨也。不『葬』，不成葬也。

公會吴於橐皋。

『吴徵會』也。

秋，公會衛侯、宋皇瑗於鄖。

宋向巢帥師伐鄭。

宋、鄭之怨，於是十三歲矣。兵端雖起於鄭罕達，然六年之間宋四伐鄭，明年罕達遂取宋師，是兵不戢，亦可戒哉！

冬，十有二月，螽。

十有三年，春，鄭罕達帥師取宋師於嵒。

夏，許男成卒。

公會晉侯及吴子於黄池。

吴欲因魯交中國，晉欲交吴以弭兵，故魯請而二國從之以爲會。『吴主會，曷爲先言晉侯？不與夷狄之主中國也。言「及吴子」者何？會兩伯之辭也。』先吴則拂經，列書則泯實，故曰『及』。四夷雖大皆曰『子』，吴僭王矣，其稱『子』，正名也。

楚公子申帥師伐陳。

乘吴之出會也。

於越入吴。

越乘吴之不備也。

秋，公至自會。

晉魏曼多帥師侵衛。

晉事止於此矣。

葬許元公。

九月，螽。

冬，十有一月，有星孛於東方。

星孛東方，乃東方悖亂，吴争强而越滅之徵也。

盗殺陳夏區夫。

十有二月，螽。

十有四年，春，西狩獲麟。

杜元凱謂《春秋》感麟而作，諸家因之。胡文定謂《春秋》文成麟至，則本之何休。程子曰：『述作之意舊矣，但因麟而發，麟不出，《春秋》亦必作也。』故謂聖人感麟始成《春秋》則可，謂感麟始作《春秋》則不可。

正蒙集註

卷之一

太和篇第一

太和所謂道，中涵浮沉、升降、動静相感之性，是生絪緼、相盪、勝負、屈伸之始。其來也，幾微易簡。其究也，廣大堅固。起知於易者，乾乎！效法於簡者，坤乎！散殊而可象爲氣，清通而不可象爲神。不如野馬、絪緼，不足謂之太和。語道者知此，謂之知道。學《易》者見此，謂之見易。不如是，雖周公才美，其智不足稱也已。

集註：『太和』，陰陽會合沖和之氣也。《易》曰：『一陰一陽之謂道。』張子本《易》以明器即是道，故指太和以名道。蓋理之與氣，一而二，二而一者也。理無形而難窺，氣有象而可見，假有象者，而無形者可默識矣。『浮沉、升降、動静』者，陰陽二氣，自然相感之理，是其體也。『絪緼』，交密之狀，二氣摩盪、勝負、屈伸，如日月寒暑之往來，是其用也。『始』，猶資始之始，變化皆從此始也。『幾微易簡』，謂此氣流行，始則潛乎默運而已。『廣大堅固』，謂如亨利之時，則富有日新，雖金石無間也。『起』，猶始也。『知』，猶主也。『效』，猶呈也。『法』，謂造化之詳密可見者。此氣一鼓，初無形迹，而萬物化生不見其難者，爲乾之易。及庶物露生，洪纖畢達，有迹可見，亦不覺其勞者，爲坤之簡。乾以此始物，坤以此成物，明非有他也。散殊可象，有其彷彿之謂，清通不可象，明其不測之意，明非有二也。『野馬』出《莊子》，喻氣之浮沉升降如野馬飛騰，無所羈絡，而往來不息，言太和之盛大流行、充塞無間也。太和即陰陽也，陰陽即易也，易即道也。故知此謂之知道，見此謂之見易，明非陰陽之外別有所謂道也。

太虛無形，氣之本體，其聚其散，變化之客形爾。至靜無感，性之淵源，有識有知，物交之客感爾。客感客形與無感無形，惟盡性者一之。

集註：『太虛』，即虛空也。『至靜無感』，喜怒哀樂之未發也。『客』者，無常之義。『淵源』者，本始之義。盡性者能一之，知體用一源，而不落有無之見也。

天地之氣，雖聚散攻取百塗，然其爲理也，順而不妄。氣之爲物，散入無形，適得吾體，聚爲有象，不失吾常。太虛不能無氣，氣不能不聚而爲萬物，萬物不能不散而爲太虛。循是出入，是皆不得已而然也。然則聖人盡道其間，兼體而不累者，存神其至矣。彼語寂滅者，往而不反，狥生執有者，物而不化，二者雖有間矣，以言乎失道則均焉。

集註：『攻』，擊也。『取』，收也。由取而聚，由攻而散，順而不妄，實理之自然也。散入無形，本非有減，故曰『適得吾體』。聚爲有象，本非有增，故曰『不失吾常』。聖人原始反終，知夭壽不二，故樂天安土，存順没寧，所以爲存神之至也。彼二氏之失道則均焉。

聚亦吾體，散亦吾體，知死之不亡者，可與言性矣。

集註：性無生死也，何亡之有？

知虛空即氣，則有無、隱顯、神化、性命通一無二。顧聚散、出入、形不形，能推本所從來，則深於《易》者也。若謂虛能生氣，則虛無窮，氣有限，體用殊絶，入老氏『有生於無』自然之論，不識所謂有無混一之常。若謂萬象爲太虛中所見之物，則物與虛不相資，形自形，性自性，形性、天人不相待，而有陷於浮屠以山河大地爲見病之説。此道不明，正由懵者略知體虛空爲性，不知本天道爲用，反以人見之小因緣天地。明有不盡，則誣世界乾坤爲幻化。幽明不能舉其要，遂躐等妄意而然。不悟一陰一陽範圍天地、通乎晝夜、三極大中之矩，遂使儒、佛、老、莊混然一途。語天道性命者，不罔於恍惚夢幻，則定以『有生於無』爲窮高極微之論。入德之途，不知擇術而求，多見其蔽於詖而陷於淫矣。

集註：『虛空即氣』，爲物不二者也，但有聚散、出入、形與不形之分耳。『推本所從來』，知虛即氣也。『若謂虛能生氣』，謂萬象爲太虛中所見之物，皆二之矣。『虛』，空也，天道也，一也。『性』也，用也，一也。知體虛空爲性，不知本天道爲用，岐體用而二之，故以無爲真常，有爲幻妄，不知此人見之因緣，非本然之實理也。一陰一陽之謂道，器即道，道即器，有無、隱顯、神化、性命通一無二。立天之道者此也，立地之道者此也，立人之道者此也，此聖人『三極大中之矩』也。入德之途，不知擇術而求，鮮不墮於佛氏之恍惚夢幻、老氏之『有生於無』，終身蔽於詖淫之説而不自知矣。

氣坱然太虛，升降飛揚，未嘗止息，《易》所謂『絪緼』，莊生所謂『生物以息相吹』『野馬』者歟！此虛實動静之機，陰陽剛柔之始。浮而上者，陽之清。降而下者，陰之濁。其感遇聚散，爲風雨，爲霜雪，萬品之流形，山川之融結，糟粕煨燼，無非教也。

集註：『坱』，《説文》謂霧昧塵埃也，盛大氤氳之義。『息』，即鼻息。『吹』，猶呼吸也。氣在太虚，升降不已，《易》謂之『氤氳』，莊生謂之『以息相吹』，又謂之『野馬』也。一虚一實，一動一静，機括自此而出。一陰一陽，一剛一柔，朕兆自此而萌。升降清濁，感遇聚散，萬變無窮，莫非道體之流行，故曰『無非教也』。朱子曰『坱然太虚』，此張子所謂『虚空即氣也』。蓋天在四畔，地居其中，減得一尺地，遂有一尺氣，但人不見耳，此是未成形者。及至浮而上，降而下，則已成形者。若融結、糟粕、煨燼，即是氣之查滓。要知皆是示人以理。

氣聚則離明得施而有形，氣不聚則離明不得施而無形。方其聚也，安得不謂之客？方其散也，安得遽謂之無？故聖人仰觀俯察，但云『知幽明之故』，不云『知有無之故』。盈天地之間者，法象而已。文理之察，非離不相覩也。方其形也，有以知幽之因。方其不形也，有以知明之故。

集註：『離』，目也。可見者爲明，不可見者爲幽。然可見者特客形，不可見者非遽無。方其形也，幽之因已在此。方其不形也，明之故已在此。聚爲散之因，散爲聚之故。聖人仰觀俯察，而知幽明之故，不立有無之見也。幽明之故，以聚散而已。

氣之聚散於太虚，猶冰凝釋於水。知太虚即氣，則無無。故聖人語性與天道之極，盡於參伍之神，變易而已。諸子淺妄，有有無之分，非窮理之學也。

集註：太虚即氣，氣之聚散，猶冰之凝釋，豈以散而無哉？『參』者，三數之。『伍』者，伍數之。錯綜變化，兩在而不測，所謂『神』也，故曰『參伍之神』。氣之聚散，參伍變易而已，非有有無之分也。

太虛爲清，清則無礙，無礙故神。反清爲濁，濁則礙，礙則形。

集註：此言清濁、神形之别，欲人存神而不囿於形也。程子曰：『一氣相涵，周而無餘。』謂氣外有神，神外有氣，是兩之也。清者爲神，濁者何獨非神乎？

凡氣清則通，昏則壅，清極則神。故聚而有間，則風行而聲聞具達，清之驗與！不行而至，通之極與！

集註：有間之處皆清通之處，故『風行而聲聞具達』，『不行而至』也。

由太虛，有天之名。由氣化，有道之名。合虛與氣，有性之名。合性與知覺，有心之名。

集註：太虛即氣，一而已矣。但從太虛上看，則謂之天。從氣上看，則謂之道。從虛與氣合上看，則謂之性。從性與知覺合上看，則謂之心耳。『氣化』者，太虛之氣，變化客形，萬物由之以出入，故曰『道』，猶路也。朱子曰：『本只是一箇太虛，漸細分得密爾。且太虛便是四者之總體，而不離乎四者而言。』『由氣化，有道之名』，氣化是陰陽造化，寒暑晝夜，雨露霜雪，山川木石，金水火土皆是，只此便是太虛。但雜却氣化説，雖雜氣化説，而實不離乎太虛，未説到人物各具當然之理處。『合虛與氣，有性之名』，有這氣，道理便隨在裏面，無此氣，則道理無安頓處。如水中月，須是有此水，方映得月。心之知覺，又是那氣之虛靈底。聰明視聽，作爲運用，皆是有這知覺，方運得這道理。所以張子説：『人能弘道，是心能盡性，非道弘人，是性不知檢其心。』邵子説：『心者，性之郛郭。』此等語皆秦漢以下人道不到。

鬼神者，二氣之良能也。聖者，至誠得天之謂。神者，太虛妙應之目。凡天地法象，皆神化之糟粕爾。

集註：鬼神也，聖也，神也，一而已矣。以二氣自然之妙言，謂之鬼神；以至誠得天之道言，謂之聖；以太虛妙應言，謂之神，皆是物也。若夫天地法象，其糟粕爾。

天道不窮，寒暑已。衆動不窮，屈伸已。鬼神之實，不越二端而已矣。

集註：不過一陰一陽屈伸往來而已。

兩不立則一不可見，一不可見則兩之用息。兩體者，虚實也，動静也，聚散也，清濁也，其究一而已。

集註：無陰陽，無以見太極。無太極，亦無陰陽。本一氣而已，而有消長，故有陰陽。有陰陽，而後有虚實、動静、聚散、清濁之别也。

感而後有通，不有兩則無一。故聖人以剛柔立本，乾坤毁則無以見易。

集註：『感』者，兩相感也。『通』者，神也。無兩，則無感矣。《易》曰：『剛柔者，所以立本者也。』又曰：『乾坤毁則無以見易。』本即易之體，皆以明『不有兩，則無一』也。

游氣紛擾，合而成質者，生人物之萬殊。其陰陽兩端循環不已者，立天地之大義。

集註：『游氣』，流行之義。一陰一陽，絪緼交合者，則成質而爲人物；循環不已者，則對待而爲天地也。

『日月相推而明生，寒暑相推而歲成。』神、易無方體，『一陰一陽』，『陰陽不測』，皆所謂『通乎晝夜之道』也。

集註：雜引《繫辭》，皆明『通乎晝夜之道』也。

晝夜者，天之一息乎！寒暑者，天之晝夜乎！天道春秋分而氣易，猶人一寤寐而魂交。魂交成夢，百感紛紜，對寤而言，一身之晝夜也。氣交爲春，萬物揉錯，對秋而言，天之晝夜也。氣本之虛則湛本無形，感而生則聚而有象。有象，斯有對，對必反其爲。有反，斯有仇，仇必和而解。故愛惡之情，同出於太虛，而卒歸於物欲，倏而生，忽而成，不容有毫髮之間，其神矣夫！

集註：晝夜寒暑，往來相生，對必反其爲，如夏暑冬寒也，仇必和而解，如春暖秋涼也。猶人愛惡之情，皆由虛湛而出，漸底於極，卒歸物欲，倏生忽成，間不容髮，莫知所以然而然，其神矣哉！

造化所成，無一物相肖者，以是知萬物雖多，其實一物。無無陰陽者，以是知天地變化，二端而已。

集註：陰陽兩端，生人物萬殊，故無一物相肖也。

萬物形色，神之糟粕。『性與天道』云者，易而已矣。心所以萬殊者，感外物爲不一也。天大無外，其爲感者，絪緼二端而已。

集註：萬物形色，莫非神也。雖性與天道，不過陰陽變化而已。心一也，而感物則萬殊。陰陽兩端也，而變化則無外。總以明『萬之本一，一之能萬，而理與氣之不相離』也。

物之所以相感者，『利用出入』，『莫知其鄉』，一萬物之妙者歟！

集註： 物之相感，一神也。神也者，妙萬物而爲言者也。

氣與志，天與人，有交勝之理。聖人在上而下民咨，氣壹之動志也。鳳凰儀，志壹之動氣也。

集註： 天人混合無間，志氣交動，天定能勝人，人定亦能勝天也。

參兩篇第二

地所以兩，分剛柔、男女而效之，法也。天所以參，一太極兩儀而象之，性也。

集註： 天輕清，故理氣屬之。地重濁，故形質屬之。剛柔、男女，皆以兩而成形，故地數兩者，效其法而兩之。太極、兩儀，本乎一而爲二，故天數三者，象其性而三之。『男女』，兼人物言。

一物兩體，氣也。一故神，兩在故不測。兩故化，推行於一。此天之所以參也。

集註： 一物兩體，即太極兩儀也。太極，理也，而曰氣者，氣以載理，理不離氣也。氣惟一物，故無在無不在。而神是兩者，以一而神妙也。氣惟兩體，故一陰一陽而化，是一者以兩而變化也。

地純陰，凝聚於中；天浮陽，運旋於外，此天地之常體也。恒星不動，純繫乎天，與浮陽運旋而不窮者也。日月五星逆天而行，并包乎地者也。地在氣中，雖順天左旋，其所繫辰象隨之，稍遲則反移徙而右爾。間有緩速不齊者，七政之性殊也。月陰精，反乎陽者也，故其右行最速。日爲陽精，然其質本陰，故其右行雖緩，亦不純繫乎天。如恒星不動，金、水附日，前後進退而行者，其理精深，存乎物感可知矣。鎮星地類，然根本五行，雖其行最緩，亦不純繫乎地也。火者亦陰質，爲陽萃焉，然其氣比日而微，故其遲倍日。惟木乃歲一盛衰，故歲歷一辰。辰者，日月一交之次，有歲之象也。

集註：此言二十八宿。恒星繫天不動而左旋，日月五星亦順天左旋，但其行稍遲。『反移徙而右』，若逆天而行者耳。『移徙』，倒退之謂也。『金』，太白，即啓明，以日未出前能開道日之明，在日之西，日將出，則東見。『水』，辰星，即長庚，言能長續日之明，在日之東，日將没，則西見。『其理精深，存乎物感』者，陰陽之氣相感，不知其所以然而然也。

凡圜轉之物，動必有機。既謂之機，則動非自外也。古今謂天左旋，此直至粗之論爾，不考日月出没、恒星昏曉之變。愚謂在天而運者，惟七曜而已。恒星所以爲晝夜者，直以地氣乘機左旋於中，故使恒星、河漢因北爲南，日月因天隱見。太虚無體，則無以驗其遷動於外也。

集註：此言動物之機即在本物之身，非自外也，太虚無體，無以驗其遷動於外。恒星非若七曜之運，其昏曉之變，與日月出没，直以地氣乘機左旋於中，故有南北、隱見之殊也。『地氣乘機』，兼日月五星言，即上言『日月五星逆天而行，并包乎地』之説。張子之意，以恒星不動，純繫乎天，與浮陽運旋，其員動之機晝夜不息，地在氣中，與所繫日月五星乘其員動之機，亦隨而左旋，故見恒星有南有北，而日月有隱有見，以爲昏曉之變也。

天左旋，處其中者順之，少遲則反右矣。

集註：『處其中者』，謂日月五星也。

地，物也。天，神也。物無踰神之理，顧有地，斯有天，若其配然爾。

集註：朱子曰：『天包乎地，天之氣又行乎地之中。』故横渠云：『地對天不過。』

地有升降，日有脩短。地雖凝聚不散之物，然二氣升降其間，相從而不已也。陽日上，地日降而下者，虚也；陽日降，地日進而上者，盈也，此一歲寒暑之候也。至於一晝夜之盈虚升降，則以海水潮汐驗之爲信。然間有小大之差，則繫日月朔望，其精相感。

集註：自子月以後，陽氣日上，地氣虚，故降而下，地降天高，故日長。自午月以後，陽氣日降，地氣盈，故進而上，地升天低，故日短。此一歲之盈虚升降也。至於一日之盈虚升降，則以海水潮汐驗之。氣升地沉，則海水溢而爲潮。氣降地浮，則海水縮而潮退。蓋天包水，水承地，氣升降於太虚之中也，地乘水力，元氣相爲升降也。若夫潮有小大，則係日月朔望，其精相感。如余襄公《海潮圖》序云：『潮之消息皆繫於月，朔望前後，月行差疾，故晦前三日潮勢長，朔後三日潮勢大，望亦如之。月弦之際，月行差遲，故潮之去來，勢亦稍小。自朔至望，常緩一夜潮。自望至晦，復緩一晝潮。一月則潮盛於朔望之後，一歲則潮盛於春秋之中。春夏晝潮常大，秋冬夜潮常大。』按張子『地有升降』，頗用四遊之説，與渾天不同。渾天則以晝夜長短乃天體高低自然之理，非因地之升降而然，其説爲長。

日質本陰，月質本陽，故於朔望之際精魄反交，則光爲之食矣。

集註：吴臨川曰：『由北直南而從分之，謂之「度」。由東至西而横截之，謂之「道」。月二十九日半有奇，而與日同度，是爲朔。十四日九時有奇，而與日對度，是爲望。合朔之時，從雖同度，横不同道。若横亦同道，則月掩日而日蝕。對望之時，從雖對度，横不對道。若横亦對道，則日射月而月蝕。

其蝕之分數，由同道、對道所交之多寡。』

虧盈法：月於人爲近，日遠在外，故月受日光，常在於外。人視其終初，如鈎之曲，及其中天也，如半璧然。此虧盈之驗也。

集註：此言月受日光，其一面常圓，但人從下視之，則望之終。朔之初，如鈎之曲，及其中天，始如半璧耳。

月所位者陽，故受日之光，不受日之精。相望中弦，則光爲之食，精之不可以二也。

集註：月雖陰而其質陽也。『相望中弦』，日月相對，當上下弦之中，謂望日也。日之闇虚射之，則光爲之食，精不可以二也。

日月雖以形相物，考其道，則有施受健順之差焉。星、月、金、水，受光於火、日，陰受而陽施也。

集註：『以形相物』者，各爲一物也。星、月、金、水，陰之屬也。火、日，陽之屬也。

陰陽之精，互藏其宅，則各得其所安，故日月之形萬古不變。若陰陽之氣，則循環迭至，聚散相盪，升降相求，絪緼相揉，蓋相兼相制，欲一之而不能，此其所以屈伸無方，運行不息，莫或使之，不曰性命之理，謂之何哉？

集註：凡物，外陽必内陰，外陰必内陽，陰陽相爲根柢，而後各得其所安，故日月萬古不變，此以形言也。以氣言之，則如寒暑往來而循環迭至，品物流形而聚散相盪，陽清陰濁而升降相求，游氣紛擾而絪緼相揉，非相生合以兼之，則相克勝以制之。如是兩端，欲一之而不能，此所以屈伸無方，運行不息，無有使之而然，所以爲性命之理也。

「日月得天」，得自然之理也，非蒼蒼之形也。

集註：《易》謂「日月得天而久照」，自然之理，往來屈伸，莫或使之而然者也。

閏餘生於朔，不盡周天之氣。而世傳交食法，與閏異術，蓋有不知而作者爾。

集註：劉近山曰：「日之行，三十日五時而歷一辰，則爲一月之氣。月之行，二十九日六時有奇而與日會，則爲一月之朔。每月氣盈五時有奇，朔虚六時不滿。積十二氣盈，凡五日三時不滿。積十二朔虚，凡五日七時有奇。一歲氣盈朔虚，共十日十一時有奇。將及三歲，則積之三十日而置閏，日行所多爲氣盈。」又曰「陽盈月行所少爲朔虚」，又曰：「陰縮氣盈朔虚之積，是爲閏餘。」氣之分與朔之分，至十九年而皆齊，所謂氣朔分齊而爲一章。此但云朔不盡者，就周天二十四氣言之，月有大小，朔不得盡其氣而置閏也。雖言朔虚，而氣盈在其中矣。然此置閏之法，其日月交食之法亦當類此而推，非與閏異術也。

陽之德主於遂，陰之德主於閉。

集註：「遂」，直遂，物生也。「閉」，收藏也。

陰性凝聚，陽性發散。陰聚之，陽必散之，其勢均散。陽爲陰累，則相持爲雨而降。陰爲陽得，則飄揚爲雲而升。故雲物班布太虛者，陰爲風驅，斂聚而未散者也。凡陰氣凝聚，陽在内者不得出，則奮擊而爲雷霆；陽在外者不得入，則周旋不舍而爲風。其聚有遠近虛實，故雷風有小大暴緩。和而散，則爲霜雪雨露。不和而散，則爲戾氣曀霾。陰常散緩，受交於陽，則風雨調，寒暑正。

集註：朱子曰：『此一段見得陰陽之情。』陽氣正升，忽遇陰氣，則相持而下爲雨。蓋陽氣輕，陰氣重，故陽氣爲陰氣壓墜而下也。陰氣正升，忽遇陽氣，則助之飛騰而上爲雲也。陽氣伏於陰氣之内不得出，故爆開而爲雷也。陰氣凝結於内，陽氣欲入不得，故繞旋其外不已而爲風，至吹散陰氣盡乃已也。『戾氣』，飛雹之類；『曀霾』，黄霧之類，皆陰陽邪惡不正之氣，所以雹水穢濁，或青黑色。『虛實』，謂所畜之固與不固也。

『天象』者，陽中之陰。『風霆』者，陰中之陽。

集註：天，陽也，以有象，故爲『陽中之陰』。風霆，陰也，以無形質，故爲『陰中之陽』。

雷霆感動雖速，然其所由來亦漸爾。能窮神化所從來，德之盛者歟！

集註：其來也幾微易簡。神化所從來也，非德盛者，誰能知之？

火、日外光，能直而施。金、水内光，能闢而受。『受』者，隨材各得。『施』者，所應無窮。神與形，天與地之道歟！

集註：天以陽神爲用，故『直而施』，『所應無窮』。地以陰形爲質，故『闢而受』，『隨材各得』。是火、日，神之屬，有天之道；金、水，形之屬，有地之道也。

『木曰曲直』，能既曲而反申也。『金曰從革』，一從革而不能自反也。水、火，氣也，故炎上潤下，與陰陽升降，土不得而制焉。木、金者，土之華實也，其性有水火之雜，故木之爲物，水漬則生，火然而不離也，蓋得土之浮華於水火之交也。金之爲物，得火之精於土之燥，得水之精於水之濡，故水火相待而不相害，鑠之反流而不耗，蓋得土之精實於水火之際也。土者，物之所以成始而成終，地之質也，化之終也，水火之所以升降，物兼體而不遺者也。

集註：『曲直』『從革』，《書》傳本謂『曲而又直』『從而又革』，張子則作一義説。『土不得而制』，質不能制氣也。木濕極而生，得土之浮華。金燥極而生，得土之精實。水漬則生，得火則然而不離，此木性有水火之雜也。得火精於燥土，得水精於濡土，相待不害，爍之反流，此金性有水火之雜也。『交』者，相交。『際』者，相合。『水之濡』當作『土之濡』。木、金雖有水火之雜，而實土之華實。水、火之升降，雖曰『土不得而制』，然非土則無所寄，故曰『物兼體而不遺』，以見五行之重於土也。朱子曰：『五行之説，《正蒙》説得最好，不輕下一字。』

冰者，陰凝而陽未勝也。火者，陽麗而陰未盡也。火之炎，人之蒸，有影無形，能散而不能受光者，其氣陽也。

集註：陰以陽爲質，陽以陰爲質。陽未勝，故冰未化，勝則化矣。陰未盡，故火猶然，盡則滅矣。火氣曰『蒸』，薰也，指其光之灼物，氣之蒸人而言。『氣陽』，故揚光於外，而不如金、水之闢受也。或謂『人』爲『水』之誤。

陽陷於陰爲水，附於陰爲火。

集註：此《坎》《離》之義。

天道篇第三

天道四時行，百物生，無非至教；聖人之動，無非至德，天何言哉？

集註：善學者目擊道存，無假於言也。

天體物不遺，猶仁體事無不在也。『禮儀三百，威儀三千』，無一物而非仁也。『昊天曰明，及爾出王。昊天曰旦，及爾游衍』，無一物之不體也。

集註：『體物』，猶言爲物之體也。『禮儀三百，威儀三千』，莫非肫肫之仁自然流出，不仁皆虛文矣。『出王』，謂出而有所往。『旦』，亦明也。『衍』，從容之意。人即天也，詩人以出往游衍，天必與俱者，正明其充塞無間之義也。朱子曰：『此數句從赤心片片説出來，荀、楊豈能到？』

上天之載，有感必通。聖人之爲，得爲而爲之也。

集註：『載』，事也。上天之載，寂然不動，而感則必通；聖人之心，寂然無爲，而得爲則爲，明其順應而無所矯强也。

天不言而四時行，聖人神道設教而天下服。誠於此，動於彼，神之道歟！

集註： 聖人穆穆在位，而天下自然化之，於此有神焉，故曰『神道設教』云爾，所謂『誠於此，動於彼』也。

天不言而信，神不怒而威。誠故信，無私故威。

集註： 四時運而不易，天之信也。禍福響應而無常，神之威也。

天之不測謂神，神而有常謂天。

集註： 明天與神之非有二也。

運於無形之謂道。形而下者，不足以言之。

集註： 即有形之中而指言其無形之道。曰『運於無形』，非外形而别有運於無形之道也。

『鼓萬物而不與聖人同憂』，天道也，聖不可知也。無心之妙，非有心所及也。

集註： 此即《易·大傳》語，而言天道無心之妙，雖聖人有所不能知也。

『不見而章』，已誠而明也。『不動而變』，神而化也。『無爲而成』，爲物不貳也。

集註： 此即《中庸》語，而言聖人之事。不見而章，所以成己。不動而變，所以成物。無爲而成，推原其本也。

己誠而明，故能「不見而章，不動而變，無爲而成」。

集註：申明上意，本於一誠而已。

富有，廣大不禦之盛歟！日新，悠久無疆之道歟！

集註：此明《易》「富有」「日新」之語。「不禦」，言不盡也。

天之知物，不以耳目心思，然知之之理過於耳目心思。天視聽以民，明威以民，故《詩》《書》所謂「帝天之命，主於民心」而已焉。

集註：帝天之命，皆主於民心，初不以耳目心思也。民之所欲，天必從之，居民上者，可不畏歟？

「化而裁之存乎變」，存四時之變，則周歲之化可裁，存晝夜之變，則百刻之化可裁。「推而行之存乎通」，推四時而行，則能存周歲之通，推晝夜而行，則能存百刻之通。

集註：此借《易》語而言人之存心。蓋吾心之神即天地一闔一闢之變，往來不窮之通，存之而四時晝夜之變通不外於是也。

「神而明之，存乎其人」，不知上天之載，當存文王。「默而成之，存乎德行」，學者常存德性，則自然默成而信矣。存文王，則知天載之神。存衆人，則知物性之神。

集註：此亦欲人之存心。文王純亦不已，即上天之載也，故存文王所存，則知天載之神。「德性」者，衆人所受於天之正理。「常存德性」，所謂「存衆人」也，故知物性之神。

谷之神也有限，故不能通天下之聲。聖人之神惟天，故能周萬物而知。

集註：『谷神』本《老子》語。谷而謂之神者，言谷之虛也，故聲達焉，則響應之。然其神有限，故不能通天下之聲。聖人之神即天也，故知周萬物。

聖人有感無隱，正猶天道之神。

集註：『有感無隱』者，有感即應也。

形而上者，得意斯得名，得名斯得象。不得名，非得象者也，故語道至於不能象，則名言亡矣。

集註：『象』者，猶言性情、情狀。凡有實得者，必可名言，可名，斯可象，如實見天道，斯得其元亨利貞之名。得其名，斯得其生長收藏之象。苟恍惚不可爲象，豈復有可名言哉？

世人知道之自然，未始識自然之爲體爾。

集註：不識其體，不得其意者也，亦無由見其參前倚衡之象，而所謂知者，非真知矣。

有天德，然後天下之道可一言而盡。

集註：『不言而信，存乎德行』也。

正明不爲日月所眩，正觀不爲天地所遷。

集註：天下之物皆不足以搖之矣，惟有天德者能之。

神化篇第四

神，天德；化，天道。德，其體；道，其用。一於氣而已。

集註：不外乎陰陽，故曰「一於氣而已」。

神無方，易無體，大且一而已爾。

集註：既大且一，故無方所、無形體之可求也。

虚明照鑒，神之明也。無遠近、幽深、利用、出入，神之充塞無間也。

集註：清之極，故明。通之極，故充塞無間。

天下之動，神鼓之也。辭不鼓舞，則不足以盡神。

集註：《易》曰：『鼓天下之動者，存乎辭。』又曰：『鼓之舞之以盡神。』聖人作《易》，以决天下之疑，民無所疑，則歡欣鼓舞，趨事赴工，而成其亹亹矣。

鬼神，往來屈伸之義，故天曰神，地曰示，人曰鬼。

集註：天神、地示、人鬼，一氣之往來屈伸而已，非有二也。『示』者，顯以示人也。

形而上者，得辭，斯得象矣。神爲不測，故緩辭不足以盡神。化爲難知，故急辭不足以體化。

集註： 神化，形而上者也，本不可象，得辭則可得其仿佛也。朱子曰：『神自是急底，緩辭如何形容之？如「陰陽不測」，「不疾而速」，皆是急辭。化是漸漸而化，急辭以形容之則不可也。』

氣有陰陽，推行有漸爲化，合一不測爲神。其在人也，知義用利，則神化之事備矣。德盛者，窮神則知不足道，知化則義不足云。天之化也，運諸氣。人之化也，順夫時。非氣非時，則化之名何有？化之實何施？《中庸》曰『至誠爲能化』，《孟子》曰『大而化之』，皆以其德合陰陽，與天地同流而無不通也。所謂氣也者，非待其蒸鬱凝聚，接於目而後知之。苟健順動止，浩然湛然之得言，皆可名之象爾。然則象若非氣，指何爲象？時若非象，指何爲時？世人取釋氏銷礙入空，學者舍惡趨善以爲化，此直可爲始學遺累者薄乎云爾，豈天道神化所同語也哉？

集註： 天地有陰陽，在人有知義。知藏於中，爲事之幹者，神也。義形於外，制事之宜者，化也。知義用利者，智與義用之利也。至德盛而窮神知化，則知義皆下學之事而不足言矣。時即氣之推行者，非氣非時，則無化之名，亦無化之實。《中庸》所謂『至誠之化』，《孟子》所謂『大而化之』，皆德盛而窮神知化者也。謂之氣，不待蒸鬱凝聚、離明得施而後知之，苟健順動止，浩然湛然，凡可名言者皆氣之象，故得辭，斯得象矣。若非氣，則何象之有？非象，則何時之有？以此知神化之妙，瞭然於心目之間，默而識之，天下之能事畢矣。豈若世人取釋氏消礙入空、學者舍惡趨善以爲化之謂哉？『銷礙入空』，謂去其物累，而入於空寂也。朱子曰：『「神化」二字雖程子説得，亦不甚分明，惟是横渠推出來，曰：「推行有漸爲化，合一不測爲神。」又曰：「一故神，兩在故不測。」言在者，或在陰，或在陽。在陰時，全體都是陰，在陽時，全體都是陽。化是逐一挨將去底，一日復一日，一月復一月，節節挨將去，便成一年，這是化。」問：「象若非氣，指何爲象？時若非象，指何爲時？」曰：「且如天地日月，若無這氣，何以撑住，得成這象？象無晦明，何以別其晝夜？無寒暑，何以別其爲冬夏？」

變則化，由粗入精也。化而裁之謂之變，以著顯微也。谷神不死，故能微顯而不掩。

集註：變有形，化無迹，故曰「由粗入精」。「化而裁之」者，如一歲之化，裁作四時之變，以變顯化也，皆神之所爲，故至微至顯，昭著而不可掩。「谷神」，即虚空之神。前言谷神有限，此又借谷神以明神也。

鬼神常不死，故誠不可掩。人有是心在隱微，必乘間而見，故君子雖處幽獨，防亦不懈。

集註：鬼神體物不遺，與人心混合無間，人心纔動，氣即感通，故無隱不見。君子慎獨，實見乎此，雖欲不慎而不可得也。

神化者，天之良能，非人能，故大而位天德，然後能窮神知化。

集註：「大而位天德」，大而化者也。「純亦不已」，乃天德也，故與神化通。

大可爲也，大而化不可爲也，在熟而已。《易》謂窮神知化乃德盛仁熟之致，非智力能强也。

集註：非思勉所及，故不可爲。熟之而不已焉，則化矣。

大而化之，能不勉而人也。不已而天，則不測而神矣。

集註：『不已而天』，所謂『天德』也。

先後天而不違，順至理以推行，知無不合也。雖然，得聖人之任者，皆可勉而至，猶不害於未化爾。大幾聖矣，化則位乎天德矣。

集註：『先後天而不違』者，以其順理而行，故知其無不合。何者？大人得聖人之任，雖未至於化，皆可勉而至以大，幾於聖也。若化，則位乎天德，非思勉所及矣。

大則不驕，化則不吝。

集註：有所矜伐於外者，小之至也。無所係吝於中者，化之盡也。

無我而後大，大成性而後聖，聖位天德，不可致知謂神。故神也者，聖而不可知。

集註：天人一也，更不分別，有我而藐乎其小矣，故馴至於聖不可知，一無我而已。

見幾則義明，動而不括則用利，屈伸順理則身安而德滋。窮神知化，與天爲一，豈有我所能勉哉？乃德盛而自致爾。『精義入神』，事豫吾內，求利吾外也。『利用安身』，素利吾外，致養吾內也。『窮神知化』，乃養盛自致，非思勉之能强，故崇德而外，君子未或致知也。

集註：『括』，結礙也。見事之幾微，則事得其宜，動而不括矣，故能屈伸順理，身安而德崇。《易》曰：『知幾其神乎！』『精義入神』者，知幾而已。精義入神妙處，使事理素定於內而用乃利，豫利吾外而內乃安。蓋內外交相養，皆崇德之事。若夫窮神知化，乃德盛自致。君子無容心焉，先難後獲也。

神不可致思，存焉可也。化不可助長，順焉可也。存虛明，久至德，順變化，達時中，仁之至，義之盡也。知微知彰，不舍而繼其善，然後可以成人性矣。

集註：此心虛明而不息，所以存神，仁之至而知微也；順理變化，隨時處中，所以順化，義之盡而知彰也，皆所以繼其善而成之性也。

聖不可知者，乃天德良能，立心求之，則不可得而知之。聖不可知謂神，莊生謬妄，又謂有神人焉。

集註：『立心求之』，則上文所謂『致思』矣。聖不可知處，即神也，豈聖之外又有神人乎？

惟神爲能變化，以其一天下之動也。人能知變化之道，其必知神之爲也。

集註：神妙萬物，故曰『一天下之動』。變化皆神也，故知變化之道則知神。

見易，則神其幾矣。

集註：『易』，即變化也。『幾』，近也。

『知幾其神』，由經正以貫之，則寧用終日，斷可識矣。『幾』者，象見而未形也。形則涉乎明，不待神而後知也。『吉之先見』云者，順性命，則所先皆吉也。

集註：『經』者，萬世不易之常道。君子修之吉，小人悖之凶，貫之萬事，莫不皆然，何難知哉？故象見未形而即知之，若待形迹明著，則衆人皆知之，不待神矣。君子順理而動，則所先皆吉，經正故也。

知神而後能饗帝饗親，見易而後能知神，是故不聞性與天道而能制禮作樂者，末矣。

集註： 見易而後知神，知神則聞性與天道，而能制禮作樂以饗帝饗親，故曰：『明有禮樂，幽有鬼神，一也。』《祭義》曰『惟聖人爲能饗帝，惟孝子爲能饗親』，以其窮神知化也。

精義入神，豫之至也。

集註： 義入於微妙處，精研之者，豫也。

狥物喪心，人化物而滅天理者乎！存神過化，忘物累而順性命者乎！

集註： 狥物欲，即滅天理，忘物累，即順性命，間不容髮者也。

敦厚而不化，有體而無用也。化而自失焉，狥物而喪己也。大德敦化，然後仁智一而聖人之事備。性性爲能存神，物物爲能過化。

集註： 有敦厚之質而不知變化，故爲有體無用。應物之感而無厚重之德，則爲狥物喪己。惟大德者内自敦厚而存神，外能應物而過化，然後智仁一而聖人體用備也。『性性』者，性其所性，而不遷於物。『物物』者，因物付物，而不役吾神。西山真氏曰：『「過化存神」，本出《孟子》。「過化」，謂聖人凡所經歷處，人皆化之。「存神」，謂其中所存神妙正意只是如此。至横渠先生，乃謂「性性爲能存神，物物爲能過化」。下「性」字，指本然者而言；上「性」字，謂我能全其性而不爲情所蕩，則其所存神妙而不可測。下「物」字，指事物而言；上「物」字，指我之應物而言，謂物物各自有義理，隨其理以應之，物各付物，不以己之私意參乎其間，則事過弗留，如冰之釋，如風之休。後來諸老先生多本其説，獨文公不以爲然者，蓋孟子之意未説到如此深也。文公解經平實如此，然横渠先生之説亦不可不知也。」

無我，然後得正己之盡。存神，然後妙應物之感。「範圍天地之化而不過」，過則溺於空，淪於静，既不能存夫神，又不能知夫化矣。

集註：有一分私意，則己一分未正，故無我然後得正己之盡也。物各付物，妙應而無滯者，神也，故存神然後妙應物之感。天地之化，不止氣化，凡人物之性皆是。人倫日用，一循其當然之則，所謂「範圍天地之化而不過」也，過則陷於異端，而於神化遠矣。

「旁行不流」，圓神不倚也。「百姓日用而不知」，溺於流也。

集註：聖人圓神妙應而不倚於物，若與日用不知之百姓無以異，然實旁行而不流。至於百姓，則正溺於流者耳。

義以反經爲本，經正則精。仁以敦化爲深，化行則顯。義入神，動一静也。仁敦化，静一動也。仁敦化則無體，義入神則無方。

集註：「反」，復也。「經」，常也。事有萬變而經常不易，貞於至一而後義乃精。敦静無爲而神化不測，至於化行而後仁乃顯。至變而至一，動亦静也。至一而至變，静亦動也。静亦動，何體之有？動亦静，何方之有？

卷之二

動物篇第五

動物本諸天，以呼吸爲聚散之漸。植物本諸地，以陰陽升降爲聚散之漸。物之初生，氣日至而滋息。物生既盈，氣日反而游散。至之謂神，以其申也。反之爲鬼，以其歸也。

集註： 動物呼吸於一息，猶植物之陰陽升降也。植物陰陽升降於一歲，猶動物之呼吸也。氣散，則不能呼吸升降而死矣。至之謂神，反之謂鬼，固也。然伸中有屈，屈中有伸。伸之屈，如人之魄。屈之伸，如鬼之靈。人死爲鬼，伸而屈也。祖考來格，屈而伸也。

氣於人，生而不離，死而游散者，謂魂；聚成形質，雖死而不散，謂魄。

集註： 張子蓋以精神爲魂，體骸爲魄，非謂别有死而不散之物也。

海水凝則冰，浮則漚，然冰之才，漚之性，其存其亡，海不得而與焉，推是足以究死生之説。

集註： 冰漚存亡而海水自若，猶一氣聚散而太虚自如，故曰『推是足以究死生之説』。才性以氣質言。

有息者根於天，不息者根於地，根於天者不滯於用，根於地者滯於方，此動植之分也。

集註：『息』，呼吸之息也。『不滯於用』，能動作而神也。滯與不滯，正天地動静之别。

生有先後，所以爲天序。小大、高下，相並而相形焉，是謂天秩。天之生物也有序，物之既形也有秩。知序然後經正，知秩然後禮行。

集註：人之生有先後，此自然之序也，故曰『天序』。及其既生，有小大高下之不齊，相並而相形，亦自然之分限，故曰『天秩』。知序則五品之倫正，知秩則五禮之用行，皆自然之天則也。

凡物能相感者，鬼神施受之性也；不能感者，鬼神亦體之而化矣。

集註：凡物能交感者，固鬼神施受之性。如草木之不能感者，鬼神亦體之而變化，見鬼神之體物不遺也。

物無孤立之理，非同異、屈伸、終始以發明之，則雖物非物也。事有始，卒乃成，非同異、有無相感，則不見其成，不見其成，則雖物非物，故曰：『屈伸相感而利生焉。』

集註：物必有對待，同異、屈伸之類是也。『發明』，猶發揮。『雖物非物』，不成其爲物也。不屈則不能伸，不終則無以爲始，此利之所以生也。

獨見獨聞，雖小異，怪也，出於疾與妄也。共見共聞，雖大異，誠也，出陰陽之正也。

集註：獨見獨聞之異，非疾則妄。共見共聞之異，乃實有之事，陰陽之所爲也。

賢才出，國將昌。子孫才，族將大。

集註：以人才爲本。

人之有息，蓋剛柔相摩，乾坤闔闢之象也。

集註：人一呼吸，應乾坤一闔闢，皆剛柔相摩而然。

寤，形開而志交諸外也。夢，形閉而氣專乎内也。寤所以知新於耳目，夢所以緣舊於習心。醫謂饑夢取，飽夢與。凡寤夢所感，專語氣於五藏之變，容有取焉爾。

集註：寤則知新事於見聞，夢多想舊事於所習。若如醫之語夢於五藏之變，其言亦有足取也。

聲者，形氣相軋而成。兩氣者，谷響雷聲之類；兩形者，桴鼓叩擊之類；形軋氣，羽扇敲矢之類；氣軋形，人聲笙簧之類，是皆物感之良能，人皆習知而不察者爾。

集註：『敲』，《莊子》作『嚆』，矢之猛者。凡矢發必有聲，或曰如今之帶簧箭，蓋響箭也。

形也，聲也，臭也，味也，温涼也，動静也，六者莫不有五行之别、同異之變，皆帝則之必察者歟！

集註：形則有青紅白黑黄也，聲則有宫商角徵羽也，臭則有羶臭香腥臊也，味則有鹹苦酸辛甘也，氣則有温涼寒燥濕也，莫不有五行之分別，同異之變化，皆造化自然之妙，所謂帝則而學者當致察也。

誠明篇第六

誠明所知，乃天德良知，非聞見小知而已。

集註： 有天德，斯有自然之良知。

天人異用，不足以言誠。天人異知，不足以盡明。所謂『誠明』者，性與天道，不見乎小大之别也。

集註： 人之性，天之道，一也。誠則天人一矣，又何小大之别之有？

義命合一存乎理，仁智合一存乎聖，動静合一存乎神，陰陽合一存乎道，性與天道合一存乎誠。

集註： 理則合義順命矣，聖則仁且知矣，神則無動無静矣，道則一陰一陽矣，誠則性即天道矣。

天所以長久不已之道，乃所以誠。仁人孝子所以事天誠身，不過不已於仁孝而已，故君子誠之爲貴。

集註： 天所以長久不已者，一而不二也，乃所謂誠。仁人孝子不已於仁孝，即所謂誠也。

誠有是物，則有終有始。僞實不有，何終始之有？故曰：『不誠無物。』

集註：如舜之大孝，誠有是物者也。其終身慕父母，有終有始矣。若夫僞者，實無是物，何始終之有？

『自明誠』，由窮理而盡性也。『自誠明』，由盡性而窮理也。

集註：熊氏曰：『自明以至於誠，自窮究事物之理以全盡吾性之實理者也。自誠而及於明，是全盡吾心之理，則於事事物物之理自無不照也。』

性者，萬物之一原，非有我之得私也。惟大人爲能盡其道，是故立必俱立，知必周知，愛必兼愛，成不獨成。彼自蔽塞而不知順吾理者，則亦末如之何矣。

集註：無我，然後盡性，此爲大人。彼牿於形骸之私，一膜之外皆若胡越者，亦可哀矣。

天謀爲性，人謀爲能。大人盡性，不以天能爲能，而以人謀爲能，故曰：『天地設位，聖人成能。』

集註：性雖有自然之天能，大人必循其當然之理以盡之。今世之語自然而諱言思勉者，其亦不知『聖人成能』之旨矣。

盡性，然後知生無所得，則死無所喪。

集註：生死者，形也，性豈有生死哉？是以君子夭壽不二，實見其無二也。

未嘗無之謂體，體之謂性。

集註：『未嘗無之謂體』，此體即性也。君子實見斯體，故存心養性以事天，無須臾之離焉。

天所性者，通極於道，氣之昏明不足以蔽之。天所命者，通極於性，遇之吉凶不足以戕之。不免乎蔽之戕之者，未之學也。性通乎氣之外，命行乎氣之內。氣無內外，假有形而言爾。故『思知人，不可不知天』，盡其性，然後能至於命。

集註：人受爲性，天賦爲命。『受』者，受於天，故亦爲天所性。『通』者，通達無間。『極』者，推致其極。天所性者，囿於氣中，有昏明之不同矣，然通極於道，則雖愚必明也，氣之昏明何足以蔽之？天所命者，各有分限，有吉凶之不同矣，然通極於性，雖殺身亦以成仁，遇之吉凶何足以戕之？通極處皆學也，不學則未免於蔽之戕之矣。性通氣之外，命行氣之內，內外者，以人之成形而言。天人一也，更不分別，人不知天，則塊然形骸而已，知則可以盡性而至於命也。

知性知天，則陰陽鬼神皆吾分內爾。

集註：『皆吾分內』，與吾身初非有二也。

天性在人，正猶水性之在冰，凝釋雖異，爲物一也。受光有小大昏明，其照納不二也。

集註：以水喻天，以冰喻人，以凝釋喻生死，以受光喻氣稟之不同，以照納喻性之不二，彼照此納，天賦而人受也。

天良能，本吾良能，顧爲有我所喪爾。

集註：惟『大人無私，與道爲體』，故以天能爲能。

上達反天理，下達狥人欲者與！

集註：『反』，復也。

性其總合兩也，命其受有則也。不極總之要，則不至受之分。盡性窮理而不可變，乃吾則也。天所自不能已者謂命，不能無感者謂性。雖然，聖人猶不以所可憂而同其無憂者，有相之道存乎我也。

集註：天下之物必有對，惟性無對，以其爲總會處，故曰『總合兩也』。人受命於天，有一定之則，非窮理盡性，則不能至於命，故曰：『不極總之要，則不至受之分。』『極』，推極也，盡性窮理以復其初而已，不能有毫末之加，以則之一定而不可變也。造化運行，無一息之停，此謂命。寂然無朕，觸感乃見，此謂性。天與聖人一也，而聖人有憂者，欲盡其輔相之道，則不能同天地之無心，有心則有憂矣。

湛一，氣之本。攻取，氣之欲。口腹於飲食，鼻舌於臭味，皆攻取之性也。知德者屬厭而已，不以嗜欲累其心，不以小害大、末喪本焉爾。

集註：湛然純一者，氣之本。攻取乎物者，氣之欲。『攻取』者，攻而取之，如目之欲色，耳之欲聲也。攻取而曰性者，氣質之性也。『屬厭』，出《春秋左傳》。『屬』，足也；『厭』，飽也，適可而止，無貪心也。

心能盡性，人能弘道也。性不知檢其心，非道弘人也。

集註：心有覺，而性無爲也。

『盡其性』，能盡人物之性。『至於命』者，亦能至人物之命。莫不性諸道，命諸天，我體物未嘗遺，物體我知其不遺也。至於命，然後能成己成物，不失其道。

集註：物我一體，故盡則俱盡，至則俱至。何者？以人物與我莫不以道爲性，莫不受命於天，我體物未嘗遺，豈以物體我而有遺乎？故至命則人已兼成也。

以生爲性，既不通晝夜之道，且人與物等，故告子之妄不可不詆。

集註：『生』者，氣也，生之理性也。『晝夜』者，幽明死生一貫之道。人能通而物不能通，以生爲性，則滯於氣而不能通於道。等人於物，而不知靈蠢之所以分也。

性於人無不善，繫其善反不善反而已。過天地之化，不善反者也。命於人無不正，繫其順與不順而已。行險以僥倖，不順命者也。

集註：『順帝之則』，所謂『範圍天地之化而不過』也。失其則，則過之矣。日用動静，莫非天地之化也。

形而後有氣質之性，善反之，則天地之性存焉。故氣質之性，君子有弗性者焉。

集註：葉氏曰：『天命流行，賦予萬物，純粹至善。所謂「天地之性」也，氣聚成形，此性墮於其中，則氣質用事，始有純駁偏正之異。所謂「氣質之性」也，人能善反，變化氣質，則天地之性不失其初矣。故氣質之性，君子不以爲性，蓋不狥乎氣質之偏，必復其本然之善也。』朱子曰：『「天地之性」，則太極本然之妙，萬殊之一本也。「氣質之性」，則二氣交運而生，一本而萬殊也。』又曰：『氣質之説起於張、程，極有功於聖門，有補於後學，前此未嘗説到，故張、程之説立，則諸子之説定矣。』西山真氏曰：『張子有言：「爲學大益，在自求變化氣質。」此即所謂「善反之」者也。』程子亦曰：『學至氣質變，方是有功，亦是張子之意。』

人之剛柔緩急，有才與不才，氣之偏也。天本參和不偏，養其氣，反之本而不偏，則盡性而天矣。性未成則善惡混，故亹亹而繼善者，斯爲善矣。惡盡去，則善因以亡，故舍曰『善』，而曰『成之者性』。

集註：人之剛柔緩急，得中者爲才，失中則非才矣，此氣之偏所爲。能養其氣，反之本而復於參和不偏之天，則盡性矣。性未成，故惡能混善，非性中原有善惡相對也。能亹亹不倦而繼其善，斯爲善矣。『亹亹繼善』者，孜孜爲善也。善者，對惡而言，惡盡去，則善之名亦亡，故不曰『善』而曰『性』。此張子即《大易》『繼善成性』之言，示人去惡爲善之法，而非《易》之本義也。

德不勝氣，性命於氣。德勝其氣，性命於德。窮理盡性，則性天德，命天理。氣之不可變者，獨死生修夭而已，故論死生則曰『有命』，以言其氣也；語富貴則曰『在天』，以言其理也。此大德所以必受命，易簡理得而成位乎天地之中也。所謂『天理』也者，能悦諸心，能通天下之志之理也。能使天下悦且通，則天下必歸焉。不歸焉者，所乘所遇之不同，如仲尼與繼世之君也。舜、禹『有天下而不與焉』者，正謂天理馴致，非氣稟當然，非志意所與也。必曰『舜、禹』云者，餘非乘勢，則求焉者也。

集註：性者，天所命。德者，己所成。『氣』，血氣也。德不勝氣，則性命皆由於氣。德勝其氣，則性命皆由於德。窮理盡性，則德勝其氣，故性能全天德，命能順天理，而氣變矣。其不可變者，獨死生修夭，故曰『有命』，言其氣之一定也。若富貴，則曰『在天』，言有當得之理也。故有易簡之大德，必受命而成位乎天地之中，以天理能悦心通志，爲天下所必歸。有不歸者，如仲尼、益、伊尹、周公，有繼世之君，所乘所遇之不同也。舜、禹正由天理，馴致天下之歸，非氣稟當然，非志意所與，故曰『有天下而不與』。其餘有天下者，非乘勢，則求焉，不可謂其不與矣。

利者爲神，滯者爲物，是故風雷有象，不速於心，心禦見聞，不弘於性。

集註：『禦』，止也，爲見聞所牿也。風雷猶有象，故不如心之速。心禦見聞，故不如性之弘。然則人心無物，則不滯而神矣。

上智下愚，習與性相遠既甚而不可變者也。

集註：上智純於性，下愚純於習，相遠既甚而不可變也。

纖惡必除，善斯成性矣。察惡未盡，雖善必粗矣。

集註：纖惡不除，善無由成性。察惡未盡，善無由精粹也。

『不識不知，順帝之則。』有思慮知識，則喪其天矣。君子所性，與天地同流異行而已焉。

集註：順其理之自然，而我無與焉。以我與之，則喪其天矣。天地無心而成化，聖人有心而無爲，此同流異行者也。

『在帝左右』，察天理而左右也。『天理』者，時義而已。君子教人，舉天理以示之而已；其行己也，述天理而時措之也。

集註：《大雅·文王》之詩，本謂文王之神無時不在上帝之左右，張子借『在』爲『察』，謂察天理而左右不違也。『時義』者，隨時之義，『時中』之謂也。舉此以教人，述此以行己，所謂『在帝左右』也。

和樂，道之端乎！和則可大，樂則可久。天地之性，久大而已矣。

集註：人心和樂，則可大可久，而得天地之性矣。和則彼此無間，故可大。樂則始終不倦，故可久。

莫非天也，陽明勝則德性用，陰濁勝則物欲行。『領惡而全好者』，其必由學乎！

集註：陽明、陰濁而天無不在，陽明勝則德性用而天顯，陰濁勝則物欲行而天隱耳。『領惡全好』見《禮記》。鄭氏曰：『「領」，猶理治也，謂領而去之。』陽明、陰濁非獨稟受，日用之間莫不皆然，學者但使德性用事，而物欲不行，則陽明勝而陰濁自消矣。

不誠不莊，可謂之盡性窮理乎？性之德也，未嘗僞且慢，故知不免乎僞慢者，未嘗知其性也。

集註：知性，則自有不容僞且慢者。

勉而後誠莊，非性也。不勉而誠莊，所謂『不言而信』『不怒而威』者與！

集註：『誠莊』，性之德也，故不待勉而自能。『不言而信』，誠也。『不怒而威』，莊也。

生直理順，則吉凶莫非正也。不直其生者，非幸福於回，則免難於苟也。

集註： 人之生，能直而順理，則所值吉凶皆天命之正。不然，非回邪以儌福，則苟且以免難，不能『順受其正』矣。

『屈信相感而利生』，感以誠也。『情僞相感而利害生』，雜之僞也。至誠則順理而利，僞則不循理而害。順性命之理，則所謂『吉凶莫非正』也。逆理則凶爲自取，吉其險幸也。

集註：《易》曰『屈信相感而利生』，又曰『情僞相感而利害生』。『情』，實也。誠之感而利生，僞之感而害生。天以屈信相感，則萬物生生而無不利人；以情僞相感，則有利有害，以雜之僞焉耳。

『莫非命也，順受其正。』順性命之理，則得性命之正。滅理窮欲，人爲之招也。

集註： 滅理窮欲以取禍，則人爲之招，而非命之正矣。

大心篇第七

大其心，則能體天下之物。物有未體，則心爲有外。世人之心，止於聞見之狹。聖人盡性，不以見聞牿其心，其視天下無一物非我，孟子謂盡心則知性知天，以此。天人無外，故有外之心不足以合天心。見聞之知，乃物交而知，非德性所知。德性所知，不萌於見聞。

集註： 心與天，一而已矣。心大無外，天大無外。天體物而不遺，故物有未體，則心爲有外，有外之心，不足以合天心也。世人之心，牿於見聞之狹。聖人窮理以盡其本心之全體，則知性知天，而無有外之心矣。『不萌於見聞』，不因見聞而萌也。問：『如何是有外之心？』朱子曰：『只是有私意，便內外扞格，只見得自家身己，凡物皆不與己相關，便是有外之心。』

由象識心，徇象喪心。知象者心，存象之心，亦象而已，謂之心可乎？

集註：天下之物皆象也，由象識心者，格物致知也；徇象喪心者，玩物喪志也。存象之心，心滯於象也。知『知象者心，存象者非心』，而可以識心矣。

人謂己有知，由耳目有受也。人之有受，由內外之合也。知合內外於耳目之外，則其知也過人遠矣。

集註：『耳目有受』，受於外也。不知耳目所以有受，雖曰交於物，而亦吾心之知與之合也。然交則合而知，不交則不知，是其知止於聞見耳。必於聞見之外而有知，則德性所知，乃爲知之大焉。受知耳目者，始學之功，『合內外於耳目之外』者，一以貫之之妙，二者不可偏廢。

天之明莫大於日，故有目接之，不知其幾萬里之高也。天之聲莫大於雷霆，故有耳屬之，莫知其幾萬里之遠也。天之不禦，莫大於太虛，故心知廓之，莫究其極也。人病其以耳目見聞累其心，而不務盡其心，故思盡其心者，必知心所從來而後能。

集註：目接於日，耳接於雷霆，心知廓於太虛，皆莫究其極，則心之大見矣。人心即天也，知人心即天，乃知心所從來，當務盡之矣。『天之不禦』，謂天體至大，初無止處也。

耳目雖爲性累，然合内外之德，知其爲啓之之要也。

集註：狥於物則爲性累，通乎理則爲啓之之要，聖人由聞見以窮理盡性，合内外之德也。

成吾身者，天之神也。不知以性成身，而自謂因身發智，貪天功爲己力，吾不知其知也。民何知哉？因物同異相形，萬變相感，耳目内外之合，貪天功而自謂己知耳。

集註：『天之神』，即吾之性也，聰明睿知，皆由此出，所以成吾之身者也。民不知天性之妙，因物同異相形，萬變相感，耳目觸於外，啓於中，自然有知，而反貪天功爲己力，自謂因身發智，其不智甚矣。

體物體身，道之本也。身而體道，其爲人也大矣。道能物身，故大。不能物身而累於身，則藐乎其小矣。

集註：『體物』，爲物之體也。『體身』，爲身之體也。『道之本』，即天之神也。『道能物身』，將身作一物，一聽命於道，此爲『身而體道』也。

能以天體身，則能體物也不疑。

集註：天地萬物，本吾一體，能以天體身，則能體物，又何疑哉？

成心忘，然後可與進於道。

集註：一有私意，則執一廢百，皆足以賊道。然非精義入神而漫言無成心者，每自陷於成心而不知也。

化則無成心矣。成心者，意之謂與！

無成心者，『時中』而已矣。

心存無盡性之理，故聖不可知謂神。此章言心者，亦指私心爲言也。

集註：猶有意焉，未可以盡性也。

以我視物，則我大。以道體物我，則道大。故君子之大也，大於道。大於我者，容不免狂而已。

集註：見我則足以小天下之物，見道則我亦一物也。不見道而大於我，未有不入於狂者。

燭天理，如向明，萬象無所隱。窮人欲，如專顧影間，區區於一物之中爾。

集註：『燭天理』者，公於天下，如向離明，萬象在吾目中。『窮人欲』者，如專顧區區之影，在一物之中爾。公私之間而大小迥别如此，學者可不省與？

釋氏不知天命，而以心法起滅天地，以小緣大，以末緣本，其不能窮而謂之幻妄，眞所謂疑冰者與！

集註：『易有太極，是生兩儀』，此天命之本也。釋氏不知，謂一切緣心起滅，遂謂山河大地皆覺迷所生，悉屬幻妄。『緣』，因緣也。緣於小而不能窮其大，緣於末而不能窮其本，如夏蟲之不識冰而疑之也。程子亦曰：『儒者本天，釋氏本心，此千古儒釋之定論。』

釋氏妄意天性，而不知範圍天用，反以六根之微因緣天地，明不能盡，則誣天地日月爲幻妄，蔽其用於一身之小，溺其志於虛空之大，此所以語大語小，流遁失中。其過於大也塵芥六合，其蔽於小也夢幻人世，謂之窮理可乎？不知窮理，而謂盡性可乎？謂之無不知可乎？塵芥六合，謂天地爲有窮也。夢幻人世，明不能究所從也。

集註：釋氏之失，一言以蔽之曰：『不能窮理而已。』聖人窮理盡性，故能『範圍天地之化』。『範圍』，猶裁成也。『天用』，即化育也。釋氏於天性，妄意之而已，故不能範圍天用。『六根』，眼、耳、鼻、舌、身、意也。『因緣天地』，以區區之見窺測也。『誣天地日月爲幻妄』，謂一切皆空也。『蔽其用於一身之小』，謂一身之間，其用尚有所蔽而不能充也。『溺其志於虛空之大』，徒用心於六合之外也。『六合』，上下四方也。『謂天地爲有窮』，視之如塵芥，此語大而流遁失中也。不知人世所從來，視之如夢幻，此語小而流遁失中也。蓋六合、人世皆天理之當然，即天性也。釋氏不知，而塵芥焉，夢幻焉，豈非『妄意天性』者乎？其不能『範圍天用』宜矣。

中正篇第八

中正然後貫天下之道，此君子之所以大居正也。蓋得正則得所止，得所止則可以弘而至於大。樂正子、顏淵知『欲仁』矣，樂正子不致其學，足以爲善人信人，志於仁，無惡而已；顏子好學不倦，合仁與智，具體聖人，獨未至聖人之止爾。

集註：天下之道盡於中正，故中正則『一以貫之』矣。正而不中者有矣，未有不正而能中者，故中重於正，正先於中，君子所以大居正也。『正』者，君子所當止之地，如射之的。然『弘而至於大』者，非學不能，此樂正子所以不及顏子。顏子得所止，弘而至於大矣，特未至聖人之止。蓋得所止者，知至至之，至聖人之止，則知終終之矣。

學者『中道而立』，則有位以弘之。無中道而弘，則窮大而失其居，失其居，則無地以崇其德，與不及者同。此顏子所以克己研幾，必欲用其極也。未至聖而不已，故仲尼賢其進；未得中而不居，故惜夫『未見其止』也。

集註：『中道』者，天理之至當處也，立於此，則有位可據而日弘。無中道而弘，則窮大而失其居，流於異端之歸，與不及者同矣。此顏子所以克己研幾，必欲用其極，欲得中而居也。『未得中而不居』，謂必得中而後居也。『未至聖而不已』，謂必至聖而後已也。

大中至正之極，文必能致其用，約必能感其通。未至於此，其視聖人，恍惚前後不可爲像，此顏子之歎乎！

集註：文必能致其用，則非汗漫之博。約必能感其通，則非枯槁之約。

可欲之謂善，志仁則無惡也。誠善於心之謂信，充内形外之謂美，塞乎天地之謂大，大能成性之謂聖，天地同流、陰陽不測之謂神。

集註：『誠善』者，誠實有是善也。

高明不可窮，博厚不可極，則中道不可識，蓋顔子之嘆也。

集註： 高明不可窮，『仰彌高』也。博厚不可極，『鑽彌堅』也。中道不可識，『瞻之在前，忽焉在後』也。

君子之道，成身成性以爲功者也。未至於聖，皆行而未成之地爾。

集註： 盡人道而能踐其形者，成身也，成身則成性矣。

大而未化，未能有其大，化而後能有其大。

集註： 『大而未化』者，行之未熟也。

知德以大中爲極，可謂『知至』矣。擇中庸而固執之，乃『至之』之漸也。惟知學然後能勉，能勉然後日進而不息可期矣。

集註： 知至則當固執以至之，學而能勉，則日進不息矣。

體正則不待矯而弘。未正必矯，矯而得中，然後可大。故致曲於誠者，必變而後化。

集註： 『矯』，猶『矯揉』之『矯』。人爲習染所移，不嫌於矯小過以求合於中。『曲』者，性之偏處。『致曲』，即矯也。『變而後化』，則『矯而得中』者也。

極其大，而後中可求。止其中，而後大可有。

集註：聖人之道，中而已矣，中而自大。然非大，心不足以求中；非止中，不能以有大。與上文『中道而立，則有位以弘』者，相發明而不悖也。

大亦『聖之任』，雖非清、和一體之偏，猶未忘於勉而大爾。若聖人，則性與天道無所勉焉。

集註：『聖之任者』，大於清、和之聖矣，特以其未忘於勉，而非若聖人性與天道，無所勉而大也。

無所雜者，清之極。無所異者，和之極。勉而清，非聖人之清。勉而和，非聖人之和。所謂『聖』者，不勉不思而至焉者也。

集註：此夷、惠之清、和所以爲聖也。

勉，蓋未能安也。思，蓋未能有也。

不『尊德性』，則學問從而不道。不『致廣大』，則精微無所立其誠。不『極高明』，則擇乎中庸，失時措之宜矣。

集註：『德性』也，『廣大』也，『高明』也，皆吾本心之體。學不求之於心，則無所歸宿，故不『尊德性』，則不能『道問學』；不『致廣大』，則不能立誠以窮理；不『極高明』，雖擇中庸而失時措之宜也。

絶四之外，心可存處，蓋『必有事焉』，而聖不可知也。

集註：絶四之外，聖人豈遂無所用其心哉？『必有事焉』，而神妙不可測知矣。

不得已，當爲而爲之，雖殺人皆義也。有心爲之，雖善皆意也。正己而物正，大人也。正己而正物，猶不免有意之累也。有意爲善，利之也，假之也。無意爲善，性之也，由之也。有意在善，且爲未盡，況有意於未善耶？仲尼『絶四』，自始學至成德，竭兩端之教也。

集註：深明有意之不可也。聖人以『絶四』爲教，自始學以至成德，所以克治融釋者，不外乎此所謂『竭兩端之教也』。

不得已而後爲，至於不得爲而止，斯智矣夫！

集註：見義而動，致命而止，智也。

意，有思也。必，有待也。固，不化也。我，有方也。四者有一焉，則與天地爲不相似。

集註：葉氏曰：『「意」者，萌心之始，故曰「有思」。「必」者，期望於終，故曰「有待」。「固」者，滯於已往，故曰「不化」。「我」者，成於己私，故曰「有方」。』

天理一貫，則無意、必、固、我之鑿。意、必、固、我，一物存焉，非誠也。四者盡去，則直養而無害矣。

集註：天理流行無間，則至誠無妄，而四者自不能入。有一存焉，則妄矣。

妄去，然後得所止，得所止，然後得所養而進於大矣。無所感而起，妄也。感而通，誠也。計度而知，昏也。不思而得，素也。

集註：意、必、固、我盡去，則此心湛然得所止，然後可養而進於大也。人心寂然，感而遂通，故凡無感而起者，皆妄也。有感則有應，乃實理之自然矣。計度而後知，由於德性之昏昧。德性本明，又何思之有？不思而得者，本然之知也，故曰『素』。『素』者，本質，不加飾焉者也。

事豫則立，必有教以先之。盡教之善，必精義以研之。精義入神，然後立斯立，動斯和矣。

集註：『豫』者，先教也。『教之善』者，義之精也。『精義入神』者，豫之至也。故以立，則守之固而不揺；以動，則行之通而無不利矣。

志道，則進據者不止矣。依仁，則小者可游而不失和矣。

集註：志道，則進而據於德者自不容止。依仁，則小物不遺而動息有養。蓋以四事而兩解也。

志學，然後可與適道。强禮，然後可與立。不惑，然後可與權。

集註：此與上章同意。

博文以集義，集義以正經，正經然後一以貫天下之道。

集註：天下之道，歸於正經而已矣。

將窮理而不順理，將精義而不徙義，欲資深且習察，吾不知其智也。

集註：無實踐之功，而望資深習察，不智甚矣。

知、仁、勇，天下之達德，雖本之有差，及所以知之成之，則一也。蓋謂「仁」者，以生知以安行此五者；「知」者，以學知以利行此五者；「勇」者，以困知以勉行此五者。

集註：本之有差，謂其初有生知、學知、困知、安行、利行、勉行之差别也。「五者」，謂達道，知者知此，行者行此而已。

中心安仁，無欲而好仁，無畏而惡不仁，天下一人而已，惟責己一身當然耳。

集註：無欲而好仁，無畏而惡不仁，無所爲而爲，中心安仁者也，蓋惟責己一身之道當如是爾。此釋《表記》。

行之篤者，敦篤云乎哉！如天道不已而然，篤之至也。

集註：君子終日乾乾，如天道不已，此爲篤行者已。

君子於天下，達善達不善，無物我之私，循理者共悦之，不循理者共改之。改之者，過雖在人，如在己，不忘自訟。共悦者，善雖在己，蓋取諸人而爲，必以與人焉。善以天下，不善以天下，是謂「達善達不善」。

集註：物我一體，故善不善皆與人同。見人不善，如出於己，自訟其不能化導也。見善必法，善在於己矣，蓋取諸人以爲善也，亦必與人共由焉，是之謂「達」也。

「善人」云者，志於仁而未致其學，無惡而已。君子名之必可言也如是。

集註：稱其實而名，故曰「名之必可言」。

善人，欲仁而未致其學者也。欲仁，故雖不踐成法，亦不陷於惡，有諸己也。不入於室，由不學，故無自而入聖人之室也。

惡不仁，故不善未嘗不知。徒好仁而不惡不仁，則習不察，行不著。是故徒善未必盡義，徒是未必盡仁。好仁而惡不仁，然後盡仁義之道。

集註：『不善未嘗不知』，知己之不善也。必好仁，惡不仁，然後不徒善，不徒是，而仁義兼盡。今之惑於佛學者，多偏主好仁之説，其究至於含糊苟且，長惡遂非，而後知張子之言爲精切也。

『篤信好學』，篤信不好學，不越爲善人信士而已。『好德如好色』，好仁爲甚矣。『見過而内自訟』，『惡不仁而不使加乎其身』，惡不仁爲甚矣。學者不如是，不足以成身，故孔子未見其人，必嘆曰『已矣乎』，思之甚也。

孫其志於仁則得仁，孫其志於義則得義，惟其敏而已。

集註：釋《書》『惟學遜志，務時敏』之義。『孫』者，巽順而入。『敏』者，進而不怠也。

博文約禮，由至著入至簡，故可使不得叛而去。温故知新，多識前言往行以畜德，繹舊業而知新，蓋思昔未至而今至，緣舊所見聞而察來，皆其義也。

集註：至著者文，至簡者禮也，由著入簡，則著者不虚，簡者有據，可使不得叛道而去之矣。『温故知新，多識前言往行』，皆由至著入至簡之義也。

責己者，當知天下國家無皆非之理，故學至於不尤人，學之至也。

集註：天下國家無皆非之理，必在己者未盡其道耳。知在己者未盡，則自治不暇，又何尤人之有？

聞而不疑，則傳言之，見而不殆，則學行之，中人之德也。聞斯行，好學之徒也，見而識其善，而未果於行，愈於不知者爾。「世有不知而作者」，蓋鑿也，妄也，夫子所不敢也，故曰「我無是也」。

集註：不疑則已信矣，故可傳。不殆則已安矣，故可行。識其善而不果於行者，特愈於不知而作者爾。

以能問不能，以多問寡，私淑艾以教人，隱而未見之仁也。

集註：皆闇然之仁，故曰「隱而未見」。

爲山平地，此仲尼所以惜顔回未至，蓋與互鄉之進也。

集註：爲山未成一簣，顔子未見其止也。平地方覆一簣，互鄉方與其進也。

學者四失：爲人則失多，好高則失寡，不察則易，苦難則止。

集註：爲人則有狥外之多，好高則寡取善之益，不察則忽易妄行，苦難則逡巡自畫。釋《學記》之意。

學者捨禮義，則飽食終日，無所猷爲，與下民一致，所事不踰衣食之間、燕游之樂爾。

集註： 循此而之，去禽獸不遠矣，學者所宜深省。

以心求道，正猶以己知人，終不若彼自立彼，爲不思而得也。

集註： 以心求道，如以己知人，人與己二也。彼自立彼，則與道爲一矣。

考求迹合以免罪戾者，畏罪之人也，故曰『考道以爲無失』。

集註： 考求合於故迹以免罪戾者，畏罪之人也，故《表記》曰『考道以爲無失』。『考』，稽考。『道』，古道。『爲』，作爲也。

儒者窮理，故率性可以謂之道。浮圖不知窮理，而自謂之性，故其説不可推而行。

集註： 性即理也，儒者窮理，故循其性之自然，即無適而非道，不待求之日用彝倫之外也。佛氏不知窮理，非不自謂見性，而其説卒不可推行於天下國家，則不可謂之性也明矣。

致曲不貳，則德有定體。體象誠定，則文節著見。一曲致文，則餘善兼照。明能兼照，則必將徙義。誠能徙義，則德自通變。能通其變，則圓神無滯。

集註： 能致其偏曲，誠一不二，則德成矣。德之體象既定，則積中發外，自有節文著見。『一曲致文』，能於一曲致其極，而文節著見者也。如此，則餘善兼照而明矣。既明，則自能徙義。徙義，則自能變通，言則適詳略淺深之宜，行則達仕止久速之變也。能通變，則圓神無滯而化矣，所謂『形著動變』也。

有不知則有知，無不知則無知，是以鄙夫有問，仲尼竭兩端而空空。《易》無思無爲，受命乃如響。聖人一言盡天下之道，雖鄙夫有問，必竭兩端而告之。然問者隨才分各足，未必能兩端之盡也。

集註：凡人言有所不知者，必其所知多矣。聖人無不知，則無知，故聖心空空，而能竭兩端於鄙夫之問。《易》無思無爲，而受命如響也。聖人盡天下之道，故兩端必竭，問者未必能兩端之盡，亦未嘗不隨才分而各足也。

教人者，必知至學之難易，知人之美惡，當知誰可先傳此，誰將後倦此。若洒掃應對，乃幼而孫弟之事，長後教之，人必倦弊。惟聖人於大德有始有卒，故事無大小，莫不處極。今始學之人，未必能繼，妄以大道教之，是誣也。

集註：「至學」，至於學也。難易以事言，美惡以質言。如洒掃應對，乃幼而孫弟之事，小子之先可傳此也，若長而教之，彼必倦弊，故曰「後倦」。聖人大德，始卒一貫，故事無大小，處之各造其極。始學之人未必能繼聖人之志，妄語以大道，則誣矣。

知至學之難易，知德也。知其美惡，知人也。知其人，且知德，故能教人使入德，仲尼所以問同而答異以此。

「蒙以養正」，使蒙者不失其正，教人者之功也。盡其道，其惟聖人乎！

集註：劉近山曰：「童蒙之言，雖一言之微，必戒其毋誑；一動之間，必使其正直；進退食息，無不循乎規矩，此教人者之功也。若盡其道，惟聖人乎！蓋聖人動作語默，無非天理發見，所謂『以身教』也，與世之但『以言教』者邈乎不同矣。」

洪鐘未嘗有聲，由扣乃有聲。聖人未嘗有知，由問乃有知。有如時雨之化者，當其可，乘其間而施之，不待彼有求有爲而後教之也。

集註：『當其可』，有其地也。『乘其間』，有其機也。

志常繼，則『罕譬而喻』。言易入，則『微而臧』。

集註：人能繼其志者，少所譬曉，已默喻矣。『言易入』者，雖微言，而已中心藏之不忘也。釋《學記》之意。

『凡學，官先事，士先志』，謂有官者先教之事，未官者使正其志焉。『志』者，教之大倫而言也。

集註：亦釋《學記》。『大倫』，猶言大節。

道以德者，運於物外，使自化也，故諭人者，先其意而孫其志可也。蓋志意兩言，則志公而意私爾。

集註：『物』者，政刑之類。『道以德者』，自有一段精神運於物外，使民默化而不自知也。『先其意』者，謂民有所欲，及其未發而先之。『孫其志』者，遜以入之，而不急迫，所謂『運於物外，使自化也』。朱子曰：『志者，心之所之，是一直去底。意又是志之經營往來的，凡營爲謀度皆意也。』

能使不仁者仁，仁之施厚矣，故聖人并答仁智，以舉直錯諸枉。

以責人之心責己，則盡道，所謂『君子之道四，丘未能一焉者也』。以愛己之心愛人，則盡仁，所謂『施諸己而不願，亦勿施於人』者也。以衆人望人，則易從，所謂『以人治人，改而止』者也。此君子所以責己、責人、愛人之三術也。

有受教之心，雖蠻貊可教。爲道既異，雖黨類難相爲謀。

大人所存，蓋必以天下爲度，故孟子教人，雖貨色之欲，親長之私，達諸天下而後已。

子而孚化之，衆好者翼飛之，則吾道行矣。

集註：『子』，謂凡卵生者。『孚』，從爪從子，如鳥抱卵覆育之也。『衆好』，亦指羽族言。『翼飛』，引誘之也。言教人如是，則吾道行矣。

卷之三

至當篇第九

至當之謂德，百順之謂福。德者，福之基。福者，德之致。無入而非百順，故『君子樂得其道』。

集註：『至當』者，所行合宜也。『百順』者，無往不順也。内順於親，外順於友，上順於君，下順於民，行順於道，吉孰大焉？故謂之『福』，非世之所謂福也。此合釋《祭統》《樂記》。

循天下之理之謂道，得天下之理之謂德，故曰『易簡之善配至德』。

集註：理必易簡，循而行之，則得諸心而爲德矣。『至德』，乾坤之德也，循理而有得焉，故配之。

『大德敦化』，仁智合一，厚且化也。『小德川流』，淵泉時出之也。

集註：仁智合一，既厚且化，則小德川而且流矣。『淵泉』，川也。『時出』，流也。

『大德不踰閑，小德出入可也。』大者器，則小者不器矣。

集註：士君子於根本節目大處不出規矩，已成大器，於其細行，如珠走盤，不拘一隅，而又不器焉，是以規矩爲方圓也。大者器，而體之所以立。小者不器，而用之所以行。

『德者，得也。』凡有性質而可有者也。

集註：『性質』，如言天性形色。凡有性質，皆可有德，以其爲吾之固有也。

日新之謂盛德。過而不有，不凝滯於心，知之細也。

集註：日新無窮，乃謂盛德，一有凝滯，即非日新。『過而不有，不凝滯於心』者，日新之盛德也。『知之細』者，文理密察之謂。

浩然無害，則天地合德。照無偏繫，則日月合明。天地同流，則四時合序。酬酢不倚，則鬼神合吉凶。天地合德，日月合明，然後能無方體，能無方體，然後能無我。

集註：『浩然無害』者，直養而無害也。『照無偏繫』者，公明也。『天地同流』者，仁義剛柔，與時偕行也。『酬酢不倚』者，中正妙應，無所倚着也。

《禮器》則藏諸身，用無不利。《禮運》云者，語其達也。《禮器》云者，語其成也。達與成，體與用之道。合體與用，大人之事備矣。《禮器》不泥於小者，則無非禮之禮，非義之義。蓋大者器，則出入小者莫非時中也。子夏謂『大德不踰閑，小德出入可也』，斯之謂爾。

集註：釋《禮器》《禮運》篇義。《禮器》中皆言脩身謹禮之事，故曰『藏諸身，用無不利』也。《禮運》則言禮樂因革，移風俗，和天人，運而無所積，故曰『語其達』，達即運也。『成』者，成器也。《禮器》『藏諸身』，所謂『大者器』也，『體』也。《禮運》『語其達』，所謂小者不器也，『用』也。

禮器則大矣，脩性而非小成者歟！運則化矣，達順而樂亦至焉爾。

集註： 禮成器則大矣，蓋習與性成者也。運則大而化，達之無不順，而樂亦無不至焉。

『萬物皆備於我』，言萬物皆有素於我也。『反身而誠』，謂行無不慊於心，則樂莫大焉。

集註： 『有素於我』，謂與生俱生，素具於我也。

未能如玉，不足以成德，未能成德，不足以乎天下。『脩己以安人。』脩己而不安人，不行乎妻子，況可愾於天下？

集註： 『愾』，至也。《禮記》：『愾乎天下矣。』

『正己而不求於人』，不願乎外之盛者歟！

仁道有本，近譬諸身，推以及人，乃其方也。必欲博施濟衆，擴之天下，施之無窮，必有聖人之才，能弘其道。

制行以己，非所以同乎人。

集註： 《表記》曰：『聖人之制行也，不制以己，使民有所勸勉愧耻，以行其言。』

必物之同者，己則異矣。必物之是者，己則非矣。

集註：天下之理出於至常，則人心大同，有不知其所以然而然者，而可『必物之同』，『必物之是』乎？此所謂『制行以己』者也。

『能通天下之志』者，爲能『感人心』。聖人同乎人而無我，故和平天下，莫盛於感人心。

集註：能感人心，斯能和平天下矣，此所謂不制行以己者也。

道遠人則不仁。

集註：『仁』者，人也。遠人則不仁矣。

易簡理得則知幾，知幾然後經可正。天下達道五，其生民之大經乎！經正則道前定，事豫立，不疑其所行，利用安身之要莫先焉。

集註：天下之道，不離五常，『易簡理得』，而後真知天下之道果不外是也，故能『知幾』，而『經可正』，事可豫，『不疑其所行』，此『利用安身之要』也。張子之言至矣，讀者宜致思焉。

性天經，然後仁義行，故曰『有父子、君臣、上下，然後禮義有所錯』。

集註：『天經』，達道也，性之則仁義行矣，父子仁也，君臣義也。

仁通極其性，故能致養而静以安。義致行其知，故能盡文而動以變。

集註：『仁通極其性』，則根於心矣，故能致其養而靜以安。『義致行其知』，則允蹈之矣，故能盡其文而動以變。『靜以安』，則止而不遷。『動以變』，則動而不括。靜無不適，而動無不利矣。

義，仁之動也，流於義者，於仁或傷。仁，體之常也，過於仁者，於義或害。

集註：斷制太過則傷於仁，惻怛大過則害於義，仁義相爲體用而不可偏也。

『立不易方』，安於仁而已乎！

集註：《恒》大象曰：『君子以立不易方。』君子之恒恒於仁而已。

安所遇而敦仁，故其愛有常心，有常心，則物被常愛也。

集註：此釋《易·大傳》『安土敦乎仁，故能愛』之義也。

大海無潤，因暍者有潤。至仁無恩，因不足者有恩。樂天安土，所居而安，不累於物也。

集註：聖人樂天安土已爾，豈有心爲歡虞之惠哉？因不足者被其恩，始覺其爲恩耳，故曰『至仁無恩』。傷暑爲『暍』，於歇切。

愛人然後能保其身，助寡則親戚畔之。能保其身，則不擇地而安，不能有其身，則資安處以置之。不擇地而安，蓋所達者大矣，大達於天，則成性成身矣。

集註：君子不以保身而愛人，物我一體，天理自合當愛也。

上達則樂天，樂天則不怨。下學則治己，治己則無尤。不知來物，不足以利用。不通晝夜，未足以樂天。聖人成其德，不私其身，故乾乾自强，所以成之於天爾。

集註：吉凶悔吝皆來物也，知之則不疑所行，而足以利用矣。死生鬼神皆晝夜也，通之則殀壽不二，而足以樂天矣。聖人無我，乾乾自强，以成其天德而已。

君子於仁聖，爲不厭，誨不倦，然且自謂不能，蓋所以爲能也。能不過人，故與人爭能，以能病人。大則天地合德，自不見其能也。

集註：『與人爭能』及『以能病人』者，皆『能不過人』者也。能則不自見其能矣。

君子之道達諸天，故聖人有所不能。夫婦之智淆諸物，故大人有所不與。

集註：聖人之所不能者，天道無窮之事；所不與者，夫婦居室之智耳。

匹夫匹婦，非天之聰明，不成其爲人。聖人，天聰明之盡者爾。

集註：天之聰明，無間於匹夫匹婦，但聖人爲天聰明之盡者爾。

大人者，有容物，無去物，有愛物，無徇物。天之道然，天以直養萬物，代天而理物者，曲成而不害其直，斯盡道矣。

集註：『去』，棄之也。『徇』，隨之也。『曲成而不害其直』，斯仁義兼盡矣。

志大，則才大，事業大，故曰『可大』，又曰『富有』。志久，則氣久，德性久，故曰『可久』，又曰『日新』。

集註：志之所係如此，是以君子立志之爲貴。

清爲異物，和爲狗物。

集註：此言『清』『和』之弊。

金和而玉節之則不過，知運而貞一之則不流。道所以可久可大，以其肖天地而不離也。與天地不相似，其違道也遠矣。

集註：金和則始條理之備，玉節則終條理之成，所以知周萬物，道濟天下而不過也。知運則不膠於常，貞一則能守乎正，所以旁行而不流也。肖天之易而可大，肖地之簡而可久，所以與天地相似而不違也。釋《易·大傳》。

久者，一之純。大者，兼之富。

集註：承上言所以『可久可大』者。

大則直不絞，方不劌，故不習而無不利。

集註：『絞』，急切。『劌』，傷也。常情直多絞，方多劌，惟大則自不絞不劌。釋《坤》六二爻。

易簡然後能知險阻。易簡理得，然後一以貫天下之道。易簡故能説諸心，知險阻故能研諸慮。

集註：乾惟其健也，故能因易以知險。健者自高臨下，故知險。坤惟其順也，故能因簡以知阻。順者自下趨上，故知阻。易簡盡天下之理，故一以貫之。於天下之理無所疑，不亦『悦諸心』乎？於天下之事無所忽，不亦『研諸慮』乎？

知幾，爲能以屈爲伸。君子無所争，彼伸則我屈，知也；彼屈則吾不伸而伸矣，又何争？

集註：屈者，所以伸也。君子知幾，故能不争。彼直而伸，則我曲而屈，不可争也，不争，智矣。若曲在彼，則直在我，『吾不伸而伸』，不必争也，又何争？

無不容，然後盡屈伸之道。至虚，則無所不伸矣。君子無所争，知幾於屈伸之感而已。精義入神，交伸於不争之地，順莫甚焉，利莫大焉。

集註：『至虚』、『無不容』，則『無所争』而『無所不伸』矣。屈爲伸之本，能屈則能伸，此『屈伸之感』也。君子知幾，故能知之，蓋精義至於入神，而後能常『伸於不争之地』。屈亦伸也，伸亦伸也，常變順逆，無入不自得，何不順乎？何不利乎？

『天下何思何慮？』明屈伸之變，斯盡之矣。

集註：屈伸之變，如日月寒暑之往來，自然如此，無所容其思慮也，又有思慮之有？

勝兵之勝，勝在至柔，明屈伸之神爾。

集註：以屈而伸也。

敬，斯有立，有立，斯有爲。

集註：有立則有體，有爲則有用。

『敬，禮之輿也。』不敬則禮不行。『恭敬、樽節、退讓以明禮』，仁之至也，愛道之極也。

集註：釋《曲禮》之意。恭敬則無忽慢，樽節則無驕溢，退讓則無怨争，所以盡仁愛之道者也。『明』，猶發揮也。

己不勉明，則人無從倡。道無從弘，教無從成矣。

集註：熊氏曰：『「明」，明禮也。人必以禮倡率，道必以禮弘大，教必以禮成就。』

禮，直斯清，撓斯昏，和斯利，樂斯安。

集註：敬以直内，則心絜清而禮明。少有私曲，則禮昏而無得。利則行之順，安則得之固矣。

將致用者，幾不可緩。思進德者，徙義必精。此君子所以立多凶多懼之地，乾乾德業，不少懈於趨時也。

集註：釋《乾卦》九三、《文言》之意。失其幾，則業不修。徙義不精，則德不進矣。

『動静不失其時』，義之極也，義極則光明著見。唯其時物，前定而不疚。

集註：釋《艮·彖》「動静不失其時，其道光明」之意。「時物」，當幾之物，即義也。「前定不疚」，則時動而動，時静而静，其道光明著見矣。

有吉凶利害，然後人謀作，大業生。若無施不宜，則何業之有？

集註：釋《易》「吉凶生大業」之意。《説苑》亦謂「力勝貧，謹勝禍，慎勝害，戒勝災」，所以反凶爲吉，轉害爲利，人謀生大業也。

「天下何思何慮？」「行其所無事」，斯可矣。

知崇天也，形而上也。通晝夜而知，其知崇矣。

集註：「晝夜」者，幽明、死生、人鬼之道也。

知及之而不以禮性之，非己有也，故「知禮成性而道義出」，如天地位而易行。

集註：「不以禮性之」，不以禮成性也。知崇如天，禮卑如地，「知禮成性而道義出」矣。皆釋《繫辭》。

知德之難言，知之至也。孟子謂「我於辭命則不能」，又謂「浩然之氣難言」，《易》謂「不言而信，存乎德行」，又以尚辭爲聖人之道，非知德，達乎是哉？

集註：道非真得於己，難以言語形容。天下莫難言者，德也。知德之難言，則知之至矣，故孟子於「辭命」「浩然」皆難言也。《易》謂「不言而信」，亦以德行在乎默識，不假言詞，又以尚辭爲聖人之道，見辭之不易也。非真知德，能通於是哉？

『闇然』，修於隱也。『的然』，著於外也。

作者篇第十

作者七人，伏羲、神農、黄帝、堯、舜、禹、湯。制法興王之道，非有述於人者也。

集註：『制法興王』，謂八卦、書契、稼穡、醫藥、宫室、衣裳、曆象、律吕、畫野、分州、井田、封建、治水、革命等事，皆非有述於前也。

以知人爲難，故不輕去未彰之罪；以安民爲難，故不輕變未厭之君，及舜而去之。堯君德，故得以厚吾終。舜臣德，故不敢不虔其始。

集註：『未彰之罪』，四凶也。『未厭之君』，三苗也。君德則於人無不容，臣德則於分有不敢也。

稽衆舍己，堯也。『與人爲善』，舜也。『聞善言則拜』，禹也。『用人惟己，改過不吝』，湯也。『不聞亦式，不諫亦入』，文王也。

集註：『不聞亦式，不諫亦入』，朱子謂文王之德，『雖事之無所聞者，亦無不合於法度，雖無諫諍之者，亦未嘗不入於善』。愚謂『不聞亦式』，敬之至也；『不諫亦入』，虚之至也。

別生分類，孟子所謂明庶物、察人倫者與！

集註：『生』，姓也。別其姓，分其族類，皆聖人明庶物、察人倫處也。

象憂喜，舜亦憂喜，『所過者化』也，『與人爲善』也，『隱惡』也，所覺者先也。

集註：『所過者化』，謂事過不留也。『所覺者先』，而不逆億也。

『好問』，『好察邇言』，『隱惡揚善』，『與人爲善』，『象憂亦憂，象喜亦喜』，皆『行其所無事也』，『過化』也，『不藏怒』也，『不宿怨』也。

舜之孝，湯武之武，雖順逆不同，其爲不幸均矣。明庶物，察人倫，然後能精義致用，性其仁而行。湯放桀有慙德，而不敢赦，『執中』之難也如是。天下有道而已，在人在己不見其間也，『立賢無方』也如是。

集註：舜雖順，湯武雖逆，然一以瞽叟爲父，一以桀紂爲君，其不幸均矣。明物察倫，生知也；『精義致用，性其仁而行』，安行也，虞帝所以不可及也。湯放桀而有慙德，欲赦桀則畏上帝，『執中』之難如是。且天下不過欲其有道耳，在人在己有何間焉？所以『立賢無方』也。舜之至德，湯之至公，無以加矣。

『立賢無方』，此湯所以公天下而不疑，周公所以於其身望道而必吾見也〔一〕。

校記

〔一〕按，據朱熹《孟子精義》卷八引張載語：『「立賢無方」，此湯所以公天下而不疑。「兼思三王」，周公所以於其身望道而必吾見也。』則『周公』一句前當脱『兼思三王』四字。

集註：『不疑』，即任賢勿疑之疑。『周公』上疑有闕文。『於其身』，欲於其身親見之也。

『帝臣不蔽』，言桀有罪，己不敢違天縱赦。既已克之，今天下莫非上帝之臣，善惡皆不可揜，惟帝擇而命之，己不敢不聽。

集註：善惡不可揜，蓋『簡在帝心』也。

『虞芮質厥成』，訟獄者不之紂而之文王。文王之生，所以縻繫於天下，由多助於四友之臣爾。

集註：《詩・大雅》曰：『虞芮質厥成，文王蹶厥生。予曰有疏附，予曰有先後，予曰有奔走，予曰有禦侮。』此釋詩意，言文王所以繫天下之心，由有疏附、先後、奔走、禦侮之四友。而《博物志》又謂閎夭、太顛、南宮适、散宜生爲四友也。

『以杞包瓜』，文王事紂之道也。厚下以防中潰，盡人謀而聽天命者與！

集註：《姤》之九五曰：『以杞包瓜，含章，有隕自天。』九五陽剛中正，主卦於上，杞也，文王也。而下防初爻始生必潰之陰，瓜也，紂也。『含章』、『厚下以防中潰』，而俟夫『有隕自天』，非盡人謀以聽天命者與？

『上天之載』，無聲臭可象，正惟『儀刑文王』，當冥契天德，而萬邦信悦，故《易》曰：『神而明之，存乎其人。』不以聲色爲政，不革命而有中國，默順帝則而天下自歸者，其惟文王乎！

集註：《詩·大雅·文王》之篇曰：『上天之載，無聲無臭。儀刑文王，萬邦作孚。』蓋聖人者，有形之天道。求天道於天，則微而難見，求天道於聖人，則有體而可法也，故《易》曰『神而明之，存乎其人』，謂能冥契也。《皇矣》之詩曰：『不大聲以色，不長夏以革。不識不知，順帝之則。』正冥契天德而萬邦自然信悦，不求革命而有天下也。

可願可欲，雖聖人之知，不越盡其才以勉焉而已。故君子之道四，雖孔子自謂未能；博施濟衆，修己安百姓，堯舜病諸。是知人能有願有欲，不能窮其願欲。

集註：可願可欲者善也，雖聖人之知，不過盡其才以勉焉而已，而不能窮其願欲也，如孔子自謂未能，堯舜之所病者是已。

『周有八士』，記善人之富也。

重耳婉而不直，小白直而不婉。

魯政之弊，馭法者非其人而已。齊因管仲，遂併壞其法，故必再變而後至於道。

孟子以『智之於賢者』爲有命，如晏嬰知矣，而獨不智於仲尼，非天命耶？

集註：若天之限量然，故謂之命。

『山楶藻棁』爲藏龜之室，祀爰居之義，同歸於不智，宜矣。

集註：『爰居』，海鳥。

『使民義』，不害不能教。愛『猶衆人之母』，不害使之義。禮樂不興，僑之病與！

集註：《論語》言子産『使民義』，義即所以爲教，然不害其平日之不能教也。《禮》言『子産猶衆人之母，能食之，不能教也』，雖過於愛，不害其平日能使之義也。但禮樂不興，則子産不學之病耳。

獻子者忘其勢，五人者忘人之勢。不資其勢而利其有，然後能忘人之勢。若五人者，有獻子之家，則反爲獻子之所賤矣。

顓臾主祀，東蒙既魯地，則是已在邦域之中矣。雖非魯臣，乃吾事社稷之臣也。

三十篇第十一

三十器於禮，非强立之謂也。四十精義致用，時措而不疑。五十窮理盡性，至天之命，然不可自謂之至，故曰『知』。六十盡人物之性，聲入心通。七十與天同德，不思不勉，從容中道。

集註：『器於禮』，成自然之德。『器於禮』，非矯强之立也。

常人之學日益而不自知也，仲尼學行習察異於他人，故自十五至於七十，化而知裁，其德進之盛者與！

集註：久而益熟則化，覺其隨年而進，知裁也。

『窮理盡性』，然後『至於命』。盡人物之性，然後『耳順』。『與天地參』，無『意、必、固、我』，然後『範圍天地之化』。從心而『不踰矩』，老而安死，然後不夢周公。

從心莫如夢。夢見周公，志也。不夢，欲『不踰矩』也，不願乎外也，『順之至』也，老而安死也，故曰『吾衰也久矣』。

集註：聖人時行時止，無所凝滯也。

困而不知變，民斯爲下矣。不待困而喻，賢者之常也。困之進人也，爲德辨，爲感速，孟子謂『人有德慧術知者存乎疢疾』以此。自古困於内無如舜，困於外無如孔子。以孔子之聖而下學於困，則其蒙難正志，聖德日躋，必有人所不及知而天獨知之者矣，故曰『莫我知也夫』，『知我者其天乎！』

集註：『困』，德之辨也。『辨』，明也。人處困之時，能警悟通曉，故爲『德辨』，能奮發興起，故爲『感速』。蒙難而能正其志，則德性益堅而日躋也。

立斯立，道斯行，綏斯來，動斯和，從欲風動，神而化也。仲尼生於周，從周禮，故公旦法壞，夢寐不忘爲東周之意。使其繼周而王，則其損益可知矣。

集註：聖人能使民從其願欲而治，如風動物，莫不靡然也。生於周，故見周公法壞，而欲爲東周耳。使繼周而王，其所損益，當有如告顔子爲邦者，豈止從周已哉？

滔滔忘反者，天下莫不然，如何變易之？『天下有道，丘不與易。』知天下無道而不隱者，『道不遠人』，且聖人之仁，不以無道必天下而棄之也。

集註：『道不遠人』，未有不可化者。

仁者『先事後得』，『先難後獲』，故君子事事則得食。不以事事，『雖有粟，吾得而食諸？』仲尼少也，國人不知，委吏、乘田得而食之矣。及德備道尊，至是邦，必聞其政，雖欲仕貧，無從以得之。『今召我者而豈徒哉？』庶幾得以事事矣，而又絶之，是誠繫滯如匏瓜不食之物也。

集註：『事事』，事其事也。聖人豈不食如匏瓜者哉？但欲事事而不徒食耳。

不待備而勉於禮樂，『先進於禮樂』者也；備而後至於禮樂，『後進於禮樂』者也。仲尼以貧賤者必待文備而後進，則於禮樂終不可得行矣，故自謂『野人』而必爲，所謂『不願乎其外』也。

集註：『文備』，儀文之備也。

功業不試，則人所見者藝而已。

鳳至圖出，文明之祥，伏羲、舜、文之瑞。不至，則夫子之文章，知其『已矣』。

集註：『文章』，即道之顯者。『已』，止而不行也。

魯禮文闕失，不以仲尼正之，如有馬者不借人以乘習。不曰『禮文』而曰『史之闕文』者，祝史所任，儀章器數而已，舉近者而言約也。

集註：『近』謂末事，『約』謂簡易，言姑舉其末事，而言其簡易者也。〔一〕

校記

〔一〕按，此則《正蒙釋》作徐必達『發明』。

『師摯之始』，樂失其次，徒洋洋盈耳而已焉。夫子自衛反魯，一嘗治之，其後伶人賤工識樂之正。及魯益下衰，三桓僭妄，自太師以下，皆知散之四方，逾河蹈海以去亂。聖人俄頃之助，功化如此，『用我者期月而可』，豈虚語哉？

『與與如也』，君或在朝在廟，容色不忘向君也。『君召使擯』，『趨進翼如』。此翼如，左右在君也。没階，『趨進翼如』。張拱而翔。『賓不顧矣』，相君送賓，賓去，則白曰『賓不顧』而去矣，紓君敬也。

上堂如揖，恭也。下堂如授，其容紓也。

冉子請粟與原思爲宰，見聖人之用財也。

聖人於物無畔援，雖佛肸、南子，苟以是心至，教之在我爾，『不爲已甚』也如是。

集註：聖人於物，固無離畔以絶人，亦不攀援以徇世。

『子欲居九夷』，不遇於中國。庶遇於九夷，中國之陋爲可知。欲居九夷，『言忠信，行篤敬』，『雖蠻貊之邦』可行，『何陋之有』？

『栖栖者』，依依其君而不能忘也。『固』，猶不回也。

集註：『不回』者，往而不返之意。

仲尼應問，雖『叩兩端而竭』，然言必因人爲變化。所貴乎聖人之詞者，以其知變化也。

集註： 聖人告人，必因材而教，因病而藥，不膠於一定也。

『富而可求也，雖執鞭之士，吾亦爲之』，不憚卑以求富，求之有可致之道也。然得乃有命，『是求無益於得也』。

『愛人以德』，喻於義者常多，故罕及於利。盡性者方能至命，未達之人，告之無益，故不以亟言。仁大難名，人未易及，故言之亦鮮。

顏子於天下，『有不善，未嘗不知，知之未嘗復行』，故怒於人者不使加乎其身，愧於己者不輒貳之於後。

集註： 怒人之不善，『不使加乎其身』，釋『不遷怒』。愧己之未善，『不輒二之於後』，釋『不二過』。

顏子之徒，『隱而未見，行之未成』，故曰『吾聞其語而未見其人也』。

集註： 惟其隱居，故未成其行也。

『用則行，舍則藏，惟我與爾有是夫！』顏子『龍德而隱』，故『遯世不見知而不悔』，與聖者同。

集註： 顏子有聖人之德，故出處與聖人同。

『龍德』，聖修之極也。顏子之進，則欲一朝而至焉，可謂『好學也已矣』。

集註： 德必修而後成，故不曰『聖德』，而曰『聖修』。

「回非助我者」，無疑問也。有疑問，則吾得以感通其故而達夫異同者矣。

集註：疑問則有異同，聖心「感而遂通」，得以達夫異同之故矣。

「放鄭聲，遠佞人」，顏回爲邦，禮樂法度不必教之，惟損益三代，蓋所以告之也。法立而能守，則德可久，業可大。鄭聲、佞人能使爲邦者喪所以守，故放、遠之。

集註：葉氏曰：「鄭聲、佞人，二者蕩心之原，敗法亂紀之要也。」

「天下有道則見，無道則隱」，「君子疾没世而名不稱」。蓋「士而懷居，不可以爲士」，必也去無道，就有道。遇有道而貧且賤，君子恥之。舉天下無道，然後窮居獨善，「不見知而不悔」。《中庸》所謂「惟聖者能之」，仲尼所以獨許顏回「惟我與爾爲有是」也。

集註：盧中菴曰：「懷隱居之志者，雖有道不見，至没世而名不稱，非士君子本心，必至天下皆無道，然後安於隱也。此則聖人之事，在孔門惟顏子爲有是爾。」

仲由樂善，故車馬衣裘喜與賢者「共敝」。顏子樂進，故「願無伐善」「施勞」。聖人樂天，故合内外而成其仁。

集註：「樂善」，故重義輕利。「樂進」，故不自滿足。「樂天」，故因物成就，合萬物爲一己，故曰「合内外成其仁」。

子路禮樂文章未足盡爲政之道，以其重然諾，言爲衆信，故「片言可以折獄」，如《易》所謂「利用折獄」

『利用刑人』，皆非爻卦盛德，適能是而已焉。

集註：『適能是』者，謂僅能折獄刑人，非卦爻之盛德也。

顔淵從師，進德於孔子之門；孟子命世，修業於戰國之際，此所以潛見之不同。

犂牛之子雖無全純，然使其色『騂且角』，縱不爲大祀所取，次祀小祀終必取之。言大者苟立，人所不棄也。

集註：『大祀』謂享帝。『次祀小祀』，則山川以下之祀也。『大者』，大節也。人之大節苟立，必見用於世矣。

有德篇第十二

『有德者必有言』，『能爲有』也。『志於仁而無惡』，『能爲無』也。

集註：有德有言，能有其所當有。志仁無惡，能無其所當無。

『行修言道』，則當爲人取，不務徇物强施以引取乎人，故往教、妄説皆取人之弊也。

集註：《曲禮》曰：『禮聞來學，不聞往教。』又曰：『禮，不妄説人。』不待來學而往教，言未及之而言，妄求悦乎人者，皆引取人者也。

『言不必信，行不必果』，志正深遠，不務硜硜信其小者。

集註：『志正深遠』，志正而且深遠也。

辭取意達則止，多則反害也。

君子寧言之不顧，不規規於非義之信；寧身被困辱，不狗人以非禮之恭；寧孤立無助，不失親於可賤之人。三者知和而能以禮節之也，與上有子之言文相屬而不相蒙者。凡《論語》《孟子》發明前文，義各未盡者皆挈之。他皆仿此。

集註：『相屬』，相接也。『相蒙』，相承也。『挈』，謂提其綱。

德主天下之善，善原天下之一。善同歸治，故王心一。言必主德，故王言大。

集註：《書》曰：『德無常師，主善爲師。善無常主，協於克一。』凡所謂『德』，不過主於善而已。蓋善得於己，則謂之德也。凡所謂『善』，原於一理而已。蓋順理則吉，故謂之善也。主於善，故王心一發於德，『故王言大』。

言有教，動有法。晝有爲，宵有得。息有養，瞬有存。

集註：葉氏曰：『「非先王之法言不敢言」，「言有教」也。「非先王之德行不敢行」，「動有法」也。「終日乾乾」，「晝有爲」也。「夜氣所存」，「宵有得」也。氣之出入爲息，一息必有養也。目之開闔爲瞬，一瞬必有存也。此言君子無往無時而非學也。』朱子曰：『此語極好。君子終日乾乾，不可食息間，亦不必終日讀書，或靜坐存養亦是。天地之生物，以四時運動，春生夏長固是不息，及至秋冬凋落，亦只藏於其中，故明年復生。若使秋冬已絶，則來春無緣復有生意。學者常喚令此心不死，則日有進。」

君子於民，導使爲德而禁其爲非，不大望於愚者之道歟！《禮》謂『道民以言，禁民以行』，斯之謂爾。

集註：《禮》曰『道民以言，使之爲德。禁民以行，使不爲非』，皆不大責望於愚者之事也。『以言』，謂以言語告詔之。『以行』，以行事禁止之也。

無徵而言，取不信，啓詐妄之道也。杞、宋不足徵吾言則不言，周足徵則從之。故『無徵不信』，君子不言。

『便辟』，『足恭』。『善柔』，『令色』。『便佞』，『巧言』。

『節禮樂』，不使流離相勝，能進反以爲文也。

集註：『樂勝則流，禮勝則離。』朱子曰：『《樂記》云：「禮主其減，樂主其盈。禮減而進，以進爲文。樂盈而反，以反爲文。」「減」是退讓樽節收斂的意思，是禮之體本如此，然非人之所樂，故須進步向前，著力去做，故以「進」爲文。「盈」是舒暢發越快滿的意思，是樂之體本如此，然易至於流蕩，却須收拾向裏，故以「反」爲文。』

『驕樂』，侈靡。『宴樂』，宴安。

言形則卜如響，以是知蔽固之私心不能默然以達於性與天道。

集註：《易》曰：『問焉而以言，其受命也如響。』言謂揲著求卦之言，卜之應人，如響之應聲，蓋以心聲相感通也。『蔽固之私心』，不敢形於言者也，豈能默然達於性與天道哉？

人道知所先後，則恭不勞，慎不葸，勇不亂，直不絞，民化而歸厚矣。

集註：知所先者，以禮爲先也。

『膚受』，陽也。『其行』，陰也。象生法必效，故君子重夫剛者。

集註：《易》曰：『成象之謂乾，效法之謂坤。』凡事未行，則無形而爲陽，已行則有迹而爲陰。剛者陽明，故膚受不行也。

歸罪爲尤，罪己爲悔。『言寡尤』者，不以言得罪於人也。

集註：『歸罪』者，人以罪歸之。

『己所不欲，勿施於人』，能恕己以仁人也。『在邦無怨，在家無怨』，己雖不施不欲於人，然人施於己，能無怨也。

集註：『恕己』『仁人』者，推己以及物也。

『敬而無失』，與人接而當也。『恭而有禮』，不爲非禮之恭也。

聚百順以事君親，故曰『孝者，畜也』，又曰『畜君者，好君也』。

集註：劉近山曰：『「聚百順以事君親」，在人子，則「左右就養無方」，「先意承志」，諭親於道，「心與之一，而未始有違」；在人臣，則「進思盡忠，退思補過」，「將順其美，匡救其惡」，務引其君以當道也。』

事父母，『先意承志』，故能辨志意之異，然後能教人。

集註：『志』與『意』不同，志是所存處，意是發動處。人能辨此，則内能事親，外能教人。

藝者，日爲之分義，涉而不有，過而不存，故曰『游』。

集註：『分義』，職分所宜也。有之存之，則玩物喪志矣。

天下有道，道隨身出。天下無道，身隨道屈。

集註：道行，則身在必出，『道隨身』也。道屈，則身在必退，『身隨道』也。釋《孟子》『殉身』『殉道』之意。

安土，不懷居也。有爲而重遷，無爲而輕遷，皆懷居也。

集註：安土，則隨處皆安矣。重遷，以遷爲重而不遷也。

『老而不死是爲賊。』幼不率教，長無循述，老不安死，三者皆賊生之道也。

集註：『無循述』，不率由舊章而恣意妄爲也。『不安死』，不以死爲安，而欲偷生也。『賊生』，謂以人爲害之。

『樂驕樂』，則佚欲。『樂宴樂』，則不能徙義。

『不僭不賊』，其『不忮不求』之謂與！

集註：《大雅·抑》之詩曰：『不僭不賊，鮮不爲則。』不忮，則不賊害。不求，則不僭差矣。

不『穿窬』，義也；謂非其有而取之曰盜，亦義也。『惻隱』，仁也；『如天』，亦仁也。故擴而充之，『不可勝用』。

集註：『擴而充之』，由『不穿窬』至非有不取，由『惻隱』至『如天』，則仁義『不可勝用』。

自養，薄於人，私也；厚於人，私也。稱其才，隨其等，無驕吝之弊，斯得之矣。

罪己則無尤。

集註：罪己，則人無有尤之者矣。

困辱非憂，取困辱爲憂。榮利非樂，忘榮利爲樂。

『勇者不懼』，死且不懼，而反不安貧，則其勇將何施耶？不足稱也。『仁者愛人』，彼不仁而疾之深，其仁不足稱也。皆迷謬不思之甚，故仲尼率歸諸亂云。

擠人者人擠之，侮人者人侮之。出乎爾者反乎爾，理也；勢不得反，亦理也。

集註：鄭眉軒曰：『以出爾反爾爲理，所以警擠人侮人者也。以勢不得反爲理，所以教受擠侮者也，橫逆不報是也。』

克己行法爲賢，樂己可法爲聖。聖與賢，迹相近而心之所至有差焉。『辟世』者，『依乎中庸』，没世不遇而無嫌；『辟地』者，不懷居以害仁；『辟色』者，遠恥於將形；『辟言』者，免害於禍辱，此爲士清濁淹速之殊也。『辟世』『辟地』，雖聖人亦同然憂樂於中，與『賢者』『其次者』爲異，故曰迹相近而心之所至者不同。

集註：『樂己可法』，俯仰無愧，而動爲世法也。『清濁淹速』，『辟世』『辟地』，清而速矣，至於徵色發聲而後去，濁而淹矣。『憂樂』者，憂世之志，樂天之誠也。

『進賢如不得已，將使卑踰尊，疏踰戚』之意，與《表記》所謂『事君難進而易退則位有序，易進而難退則亂也』相表裏。

集註：『難進』『易退』而『位有序』，自不至『踰尊』『踰戚』矣，故曰『相表裏』。人君用賢，當如《孟子》之意；人臣自處，當如《表記》之言，庶幾出處之正。

『弓調而後求勁焉，馬服而後求良焉』，士必愨而後智能著。不愨而多能，譬之豺狼不可近。

集註：『調』者，本心正，脉理直，制作如法也。『服』，馴也。『良』，善走也。見《荀子》。

谷神能象其聲而應之，非謂能報以律吕之變也，猶卜筮叩以是言則報以是物而已，《易》所謂『同聲相應』是也。王弼謂『命吕者律』，語聲之變，非此之謂也。

集註：谷神者以虚爲静，故能象聲而應，非如王弼所語有律吕之變也。『命吕者律』，謂律以統吕，猶陽以統陰也，見《易例略》。

「行前定而不疚」，光明也。「大人虎變」，夫何疚之有？

集註：「行前定」者，一定於中正而不搖，自然光明，如大人之虎變，夫何疚之有？

言從作乂，名正，其言易知，人易從。聖人不患爲政難，患民難喻。

集註：「從」，順也。「乂」，治也。名正則其言順而易知，人易從，民不難喻而治矣，所謂「言從作乂」也。故聖人不患爲政之難，而患喻民之難，「於其言，無所苟而已」。

有司篇第十三

有司，政之綱紀也。始爲政者，未暇論其賢否，必先正之，求得賢才而後舉之。

集註：「必先正之」，正其已在位之有司也。

爲政不以德，人不附且勞。

集註：不如衆星拱則不附，不如居其所則勞。

「子之不欲，雖賞之不竊。」欲生於不足則民盗，能使無欲，則民不爲盗。假設以子不欲之物賞子使竊，其所不欲，子必不竊。故爲政者在乎足民，使無所不足，不見可欲，而盗必息矣。

爲政必身倡之，且不愛其勞，又益之以不倦。

『天子討而不伐，諸侯伐而不討』，故雖湯、武之舉，不謂之『討』而謂之『伐』。陳恒弑君，孔子請討之，此必因周制，鄰有弑逆，諸侯當不請而討。孟子又謂『征者上伐下，敵國不相征』，然湯十一征，非賜鈇鉞，則征討之名至周始定乎！

『野九一而助』，郊之外助也。『國中什一使自賦』，郊門之内通謂之國中，田不井授，故使什而自賦其一也。

集註：郊之外，都鄙之地，則行助法也。

道千乘之國，不及禮樂刑政，而云『節用而愛人，使民以時』，言能如是則法行，不能如是則法不徒行，禮樂刑政亦制數而已爾。

富而不治，不若貧而治。大而不察，不若小而察。

集註：『察』謂致詳。

『報者，天下之利』，率德而致。善有勸，不善有沮，皆天下之利也。小人私己，利於不治。君子公物，利於治。

集註：《表記》曰『報者，天下之利』，報德報功之典是也。『率德而致』，由修德而致也。報必於德，故善者勸，不善者沮，如是則天下治。君子利於天下蒙其福，故利治，不如是，則天下不治。小人利於一己，肆其奸，故利不治。

卷之四

大易篇第十四

《大易》不言有無，言有無，諸子之陋也。

集註：《易》曰：「形而上者謂之道，形而下者謂之器。」南軒張氏曰：「《易》之論道器，特以一形上下言之也。然道雖非器，而道必託於器。如禮樂刑賞是治天下之道也，禮雖非玉帛，而禮不可以虛拘；樂雖非鍾鼓，而樂不可以徒作；刑本遏惡也，必托於甲兵，必寓於鞭撲；賞本揚善也，必表之以旂常，銘之以鍾鼎。故形而上者之道託於形而後行，形而下者之器得其道而無弊。故聖人悟易於心，覺易於性，在道不溺於無，在器不墮於有，是《大易》不言有無明矣。言有無，如有生於無，則分而爲二矣。又如自無而有，自有而無，皆老莊諸子之陋也。」

《易》語天地陰陽，情僞至隱賾而不可惡也。諸子馳騁説辭，窮高極幽，而知德者厭其言。故言爲非難，使君子樂取之爲貴。

集註：「情」，實也；「僞」，不實也；「隱」謂幽深；「賾」謂雜亂，皆實理也，故不可得而惡。

《易》一物而三才：陰陽，氣也，而謂之天；剛柔，質也，而謂之地；仁義，德也，而謂之人。

集註：一物而三才，其實一物而已矣。

《易》爲君子謀，不爲小人謀，故撰德於卦。雖爻有小大，及繫辭其爻，必諭之以君子之義。

集註：『撰』，具也。『撰德於卦』，如《乾》則撰至健之德，《坤》則撰至順之德也。『爻有小大』，陰爲小，陽爲大也。陰爻雖小，亦必諭以君子之義也。

一物而兩體，其太極之謂與！陰陽天道，象之成也；剛柔地道，法之效也；仁義人道，性之立也。三才兩之，莫不有乾坤之道。

集註：太極一物而兩體，故三才莫不有乾坤之道，其實一物而已。

陰陽、剛柔、仁義之本立，而後知趨時應變，故『乾坤毀則無以見易』。

集註：『陰陽、剛柔、仁義』者，乾坤之道也。『本立』者，三才之體具。『趨時應變』者，易也。『趨時』者，三才之用行。

六爻各盡利而動，所以順陰陽、剛柔、仁義、性命之理也，故曰『六爻之動，三極之道』也。

集註：『利』猶順也，盡其理，則吉無不利。如《乾》之上『亢而有悔』不利矣，不亢則利，皆變而通之以盡利也。初二爲地，三四爲人，五上爲天，極至也。『三極』，天地人之理，三才各一太極也。

陽偏體衆陰，衆陰共事一陽，理也。是故二君共一民，一民事二君，上與下皆小人之道也；一君而體二民，二民而宗一君，上與下皆君子之道也。

集註：《繫辭》曰：『陽一君而二民，君子之道也。陰二君而一民，小人之道也。』陽爻爲君，陰爻爲民。震、坎、艮，一君二民也。巽、離、兑，二君一民也。

吉凶、變化、悔吝、剛柔，《易》之四象與！悔吝由贏不足而生，亦兩而已。

集註：《易》曰：『吉凶者，失得之象也。變化者，進退之象也。悔吝者，憂虞之象也。剛柔者，晝夜之象也。』此《易》之四象也。然天地之間，贏、不足而已。悔自凶而趨吉，由不足而生，吝自吉而向凶，由有餘而生，四象亦兩而已。

尚辭則言無所苟，尚變則動必精義，尚象則法必致用，尚占則謀必知來。四者非知神之所爲，孰能與於此？

集註：『尚』，主於此也。張南軒曰：『指其所之者，《易》之辭也，以言者尚之，言無不當矣。化而裁之者，《易》之變也，以動者尚之，動無不時矣。象其物者，《易》之象也，制器者尚之，則可以盡創物之智。極數知來者，《易》之占也，卜筮者尚之，則可以窮先知之神。知神之所爲，知道者也，見易者也。』

《易》非天下之至精，則詞不足待天下之問；非深，不足通天下之志；非通變極數，則文不足以成物，象不足以制器，幾不足以成務；非周知兼體，則其神不能通天下之故，不疾而速，不行而至。

集註：《易》曰：『問焉而以言，其受命也如響。非天下之至精，其孰能與於此？』又曰：『惟深也，故能通天下之志。』又曰：『通其變，遂成天地之文。極其數，遂定天下之象。』又曰：『惟幾也，故能成天下之務。惟神也，故不疾而速，不行而至。』又曰：『寂然不動，感而遂通天下之故，非天下之至神，其孰能與於此？』劉近山曰：『天下至精者，謂《易》乃聖人窮理盡性極精之書。惟精，故詞足以待天下之問。曰「深」者，謂《易》於幽明死生鬼神之理無不該也。惟深，故可以開通人之心志。「通變」者，揲蓍通三揲兩手之策。「極數」者，究七八九六之數。「文足以成物」，謂成陰陽老少之畫，而足以開物。「象足以制器」，謂定卦爻已成之象，而足以制器。「幾」謂吉凶之先見，悔吝之方萌。既通變極數，則道可顯，行可神，而成務矣。《易》有聖人之道四，詞、變、象、占也。至精至深，辭、占也。通變極數，象、變也。周知兼體，神也，兼詞、變、象、占而言也。』

示人吉凶，其道顯矣；知來藏往，其德行神矣。語蓍龜之用也。

集註：《易》曰：『顯道，神德行。』德行本以人言，此以蓍龜言。蓍有變，龜有兆，皆示人以吉凶，其道不亦顯乎？事之將來者，其幾可以前知，事之已然者，其迹無不備具，其德行不亦神乎？

『顯道』者，危使平，易使傾，懼以終始，其要無咎之道也。『神德行』者，寂然不動，冥會於萬化之感，而莫知爲之者也。受命如響，故『可與酬酢』。曲盡鬼謀，故『可以祐神』。

集註：『危』，敬畏也則使之安平。『易』，怠忽也則使之傾覆。懼之於始，如『履霜』之類，懼之於終，如『亢龍』之類，其要使之歸於無咎，此《易》所顯之道也。『寂然不動』，而萬化之感莫不冥會於此，而莫知爲之，此《易》所神之德行也。『可與酬酢』，幽明之中如主賓曕對也。『可與祐神』，助神化之功也。

開物於幾先，故曰『知來』。明患而弭其故，故曰『藏往』。『極數知來』，前知也。前知其變，有道術以通之，君子所以措於民遠矣。

集註：開曉於事幾朕兆之先，故曰『知來』。消弭其既往之患，故曰『藏往』。分揲掛扐，極七八九六之數，因變爲占而前知。前知其變，有道術以通之，如方屯而不往，已豐而不過，所謂『通變』也。如此則君子所以措於民者，皆當事幾，循物理而功業遠矣。

『潔静精微』，不累其迹，知足而不賊，則於《易》深矣。

集註：《禮》曰：『潔静精微而不賊，則深於《易》者也。』『累迹』者，滯心於象數。『知足』者，不騖意於高遠，如是則不賊矣。

天下之理得，元也。會而通，亨也。説諸心，利也。一天下之動，貞也。

集註：以《乾》之四德言學也。

《乾》之四德，終始萬物，迎之隨之，不見其首尾，然後推本而言，當父母萬物。

集註：迎之於前而不見其首之合，隨之於後而不見其尾之離，循環無端，而萬物資之終始，故曰『父母萬物』。

《彖》明『萬物資始』，故不得不以元配乾；坤其偶也，故不得不以元配坤。

集註： 乾始萬物，始者，元也，元之配乾固矣。坤者，乾之偶也，故亦稱元焉。

仁統天下之善，禮嘉天下之會，義公天下之利，信一天下之動。六爻擬議，『各正性命』，故乾德旁通，不失太和而利且貞也。

集註： 『擬議』，猶言模寫。潛見飛躍，各正其性命之理，故乾德旁通曲盡，不失太和而利且貞矣。此釋《乾·彖》『保合太和乃利貞』之義。

顏子求龍德正中而未見其止，故擇中庸，得一善則拳拳服膺，嘆夫子之忽焉前後也。

集註： 『擇中庸，得一善則拳拳服膺』，求龍德之正中也。『嘆夫子之忽焉前後』，則『未見其止』矣。『止』者，止於龍德之正中也。

《乾》三、四，位過中重剛，庸言庸行不足以濟之，雖大人之盛，有所不安，外趨變化，內正性命，故其危其疑，艱於見德者，時不得舍也。九五，大人化矣，天德位矣，成性聖矣，故既曰『利見大人』，又曰『聖人作而萬物覩』。亢龍以位畫爲言，若聖人則不失其正，何亢之有？

集註： 《乾》之三、四，皆過乎中，而九三又以陽居陽，則『重剛』也。『大人之盛』，指三、四。三當上下之時，四在改革之際，『外趨變化』也。進德修業，『內正性命』也。其危三之惕，其疑四之或，九二時舍，故利見。三、四艱於見德，正以時不得舍，至若九五大人，位乎天德，聖而成性，不必趨變化，正性命，故不特曰『利見大人』，又曰『聖人作而萬物覩』也。聖人無亢，亢以位畫言，惟聖人處此，則不失其正也。

聖人用中之極，不勉而中，有大之極，不爲其大。大人望之，所謂『絶塵而奔』『峻極於天』『不可階而升』者也。

集註：盧中菴曰：『聖人之用其中，有其大，皆自然而然，初非勉而爲者。大人則猶待於勉爲，此所以望之不可及也。』

《乾》之九五曰：『飛龍在天，利見大人。』乃大人造位天德，成性躋聖者爾。若夫受命首出，則所性不存焉。故不曰『位乎君位』，而曰『位乎天德』；不曰『大人君矣』，而曰『大人造也』。

集註：劉近山曰：『「造位天德」者，謂位已造聖人之德；「成性躋聖」者，謂性已成而躋聖人之域，皆以德言。若夫「受命而興」「首出庶物」，則以位言。而所性不存，謂位非所與也。』陳潛室曰：『横渠此説，不作得時位大人看，要作孔子看。所謂君有君用，臣有臣用，聖人有聖人用，學者有學者用，此善學《易》者。若專指爲堯、舜、湯、武，則不識《易》矣。』

庸言庸行，蓋天下經德達道，大人之德施於是者溥矣，天下之文明於是者著矣。然非窮變化之神，以『時措之宜』，則或陷於非禮之禮，非義之義。此顔子所以求龍德正中，乾乾進德，思處其極，未敢以方體之常安吾止也。

集註：『庸言庸行』，此守經也，方體之常也。『德施溥』者，即此庸言庸行之德及於庶物也。『天下文明』者，即此庸言庸行之化被於天下也。『然非窮變化之神，以時措之宜』，亦未爲達權之聖人，安知不陷於非禮之禮、非義之義？此顔子所以乾乾進德，未敢以守經之道自安而止之也。

惟君子爲能與時消息，順性命，躬天德，而誠行之也。精義時措，故能保合太和，健利且貞，孟子所謂始終條理，集大成於聖智者與！《易》曰：『大明終始，六位時成，時乘六龍以御天。乾道變化，各正性命，保合太和，乃利貞。』其此之謂乎！

集註：《易》謂聖人能大明乾道之終始，則見卦之六位各以時成，乘此六陽以行天道，而後乾道得盡其變化之妙，萬物各正其性命，保合其太和而利貞焉。『與時消息』者，君子明吉凶、消長、進退、存亡之理，即『六位時成』之謂也。『順性命，躬天德，而誠行之』者，順理而動，自强不息，即『時乘六龍以御天』之謂也。『精義時措』者，精研其義，以時措之，故日用之間存養有道，保合太和，健利且正，即『乾道變化，各正性命，保合太和，乃利貞』也。『精義』，智也，始條理之事；『時措』『利貞』，聖也，終條理之事，所謂『大明終始』也。

成性，則躋聖而位天德。《乾》九二，正位於内卦之中，有君德矣，而非上治也。九五言『上治』者，言乎天之德、聖人之性，故捨曰『君』，而謂之『天』，見大人德與位之皆造也。

集註：『成性』者，德與性成。至於成性，則躋聖人之位而與天同德。九二君德，未造於天，故曰『非上治』。九五『上治』，則聖人之性即天之德，德與位皆造乎天，如天之居上治下矣。此『君德』『天德』之辨，而二、五之分也。

大而得易簡之理，當成位乎天地之中，時舍而不受命，《乾》九二有焉。及夫化而聖矣，造而位天德矣，則富貴不足以言之。

集註：『時舍而不受命』，謂九二『見龍』，『窮而在下』也。『富貴不足以言之』，故捨曰『君位』，而曰『位乎天德』也。

『樂則行之，憂則違之』，主於求吾志而已，無所求於外。故善世博化，龍德而見者也；若潛而未見，則爲己而已，未暇及人者也。

集註：此釋《乾》初九『隱居以求志而已，無所慕乎外』非若九二『善世博化，有以及人』也。

『成德爲行』，德成自信，則不疑所行，日見乎外可也。

集註：《易》曰：『君子以成德爲行，日可見之行也。』『成德』者，已成之德，故自信不疑，而可日見於外。

《乾》九三『修辭立誠』，非繼日待旦如周公，不足以終其業。九四『以陽居陰』，故曰『在淵』，能不忘於躍，乃可免咎，非爲邪也，終其義也。

集註：修辭立誠之業無窮，非繼日待旦如周公，不足以終之。九四，『能不忘於躍』，則可及時進德修業以『終其義』，故『免咎』而『非爲邪』也。

至健而易，至順而簡，故其險其阻，不可階而升，不可勉而至。仲尼猶天，『九五飛龍在天』，其致一也。

集註：易簡之德，大段峻絶，着力不得。仲尼一『九五飛龍』，『猶天之不可階而升也』。

『坤至柔而動也剛』，乃積大勢成而然也。

集註：『坤』者，地之所以爲地也。地積大勢成，故坤元體雖柔順，而生物發用處則動而剛也。

乾至健無體，爲感速，故易知。坤至順不煩，其施普，故簡能。

集註：盧中菴曰：『「無體」者，圓神不滯；「感速」者，一氣所感，頃刻不留，故曰「乾知大始」，「乾以易知」。「不煩」者，無造始之勞；「施普」者，承天之施，隨物成就，故曰「坤作成物」，「坤以簡能」。』

坤先迷不知所從，故失道；後能順聽，則得其常矣。

集註：釋《坤卦》『先迷失道，後順得常』。蓋陽先陰後，先則迷，後則順。『順聽』者，聽於陽也。

造化之功，發乎動，畢達乎順，形諸明，養諸容載，遂乎説潤，勝乎健，不匱乎勞，終始乎止。

集註：即『帝出乎震』以下八卦之用：動震，順巽，明離，容載坤，説潤兑，健乾，勞坎，止艮也。

健、動、陷、止，剛之象。順、麗、入、説，柔之體。

集註：乾、震、坎、艮，陽剛也。坤、離、巽、兑，陰柔也。程子曰：『凡陽在下者，動之象；在中者，陷之象；在上者，止之象。陰在下者，入之象；在中者，麗之象；在上者，説之象也。』

『巽爲木』，萌於下，滋於上。『爲繩直』，順以達也。『爲工』，巧且順也。『爲白』，所遇而從也。『爲長，爲高』，木之性也。『爲臭』，風也，入也。於人爲『廣髮』『寡顙』〔一〕，躁人之象也。

校記

〔一〕按，《易·説卦》作「其於人也，爲寡髮，爲廣顙」，「廣髮」「寡顙」當係「寡髮」「廣顙」之訛。

集註：所遇而從白受采也。凡陽盛於上者，爲「寡髮」「廣顙」，躁人之象。

坎「爲血卦」，周流而勞，血之象也。「爲赤」，其色也。

集註：坎在地爲水，在人爲血，流而不息，所以爲勞。

離「爲乾卦」，於木「爲科上槁」，附且躁也。

集註：科空處，如盈科之科，木中空則上枯槁，蓋槁木之附於木上而乾躁者也。「乾」，音「干」。「躁」，宜作「燥」。

艮「爲小石」，堅難入也；「爲徑路」，通或寡也。

集註：「爲小石」者，剛在坤上。「爲徑路」者，二陰開於下，一陽阻於上，故曰「通或寡」。若震，二陰在上，前無阻之者，則爲「大塗」矣。「或」，一作「且」。

兑「爲附決」，内實則外附必決也；「爲毁折」，物成則上柔者必折也。

集註：「外附」「上柔」，皆指一陰而言。

坤『爲文』，衆色也；『爲衆』，容載廣也。

集註： 畫多爲衆色，色相雜，故文。虛容爲載廣，故衆。

乾『爲大赤』，其色也；『爲冰』，健極而寒甚也。

集註：『大赤』，純陽之正色。陽極而陰生，故曰『健極而寒甚』。

震『爲萑葦』，爲『蒼莨竹』，爲『旉』，皆蕃鮮也。

集註：『萑』，賓荻也。『葦』，虛蘆也。『蒼』，深青色。『莨』，謂色之美，蓋竹之筠也。『旉』與『華』通，花蒂下連而上分爲旉。皆蕃盛鮮美者也。

一陷溺而不得出爲『坎』，一附麗而不能去爲『離』。

艮，一陽爲主於兩陰之上，各得其位而其勢止也。《易》言『光明』者，多艮之象，著則明之義也。

集註： 陰陽得位，其分自安而止。艮言『光明』者，陽著見於外也。

蒙無遽亨之理，由九二循循行時中之亨也。

集註： 九二『行時中之亨』，以發人之蒙，所謂『循循善誘』者也。

『不終日貞吉』，言疾正則吉也。仲尼以六二以陰居陰，獨無累於四，故其介如石。雖體柔順，以其在中而静，何俟終日，必知幾而正矣。

集註：釋《豫》六二。《豫》之九四，居大臣之位，天下由之以豫，勢位薰灼，使人易喪其所守。六二在中而静，不爲所累，故能知幾，不終日而疾歸於正也。

坎維心亨，故行有尚。外雖積險，苟處之心亨不疑，則雖難必濟而往有功也。

集註：釋《坎》彖辭。處險欲心亨，不亨則陷矣。

中孚，上巽施之，下悦承之，其中必有感化而出焉者。蓋孚者，覆乳之象，有必生之理。

集註：中孚，上巽下兑。彖有孚，乃化邦之義。『孚』字上爪下子，張子以覆乳之象明之。上之人順理以施於下，下之人悦服以承其上，上下相得而黎民於變矣。

物因雷動，雷動不妄，則物亦不妄，故曰『物與無妄』。

集註：釋《無妄》『大象』。

静之動也，無休息之期，故地雷爲卦，言反，又言復，終則有始，循環無窮，人指其化而裁之爾。深，其反也；幾，其復也，故曰『反復其道』，又曰『出入無疾』。

集註：動静不息，如環無端，人特就其化處裁之，故有動静始終反復之説耳。静而深微，萬化無形，乃其反也。動而有幾，萬化形焉，乃其復也。静也，終也，深也，入也，皆言反也。動也，始也，幾也，出也，皆言復也。此釋《復》卦。

『益，長裕而不設』，益以實也。妄加以不誠之益，非益也。

集註：遷善改過爲益。『長裕而不設』者，充長而不造作也，造作則妄矣。

『井渫而不食』，强施行惻，然且不售，作《易》者之歎與！

集註：《井》之九三曰：『井渫不食，爲我心惻。』『渫』，潔也。『强施』，如博施之施，爲之兆也之意。行道之人亦見其渫而心惻矣，然且不售，歎賢者之遇也。

闔户，静密也。闢户，動達也。形開而目覩耳聞，受於陽也。

集註：人身一乾坤也，寤寐一闔闢也。形閉則藏於陰，形開則受於陽。

辭『各指其所之』，聖人之情也，指之以趨時盡利，順性命之理，臻三極之道也。能從之，則不陷於凶悔矣，所謂『變動以利言』者也。然爻有攻取、愛惡，本情素動，因生吉凶悔吝而不可變者，乃所謂『吉凶以情遷』者也。能深存《繫辭》所命，則二者之動見矣。又有義命當吉當凶當否當亨者，聖人不使避凶趨吉，一以貞勝而不顧。如『大人否亨』『有隕自天』，『過涉滅頂，凶，無咎』，《損》《益》『龜不克違』及『其命亂也』之類，三者情異，不可不察。

集註：《易傳》曰：『聖人之情見乎辭。』辭也者，各指其所之。蓋聖人之繫辭，無所指人趨避之方，順天理之正，使不陷於凶悔而已。所謂『變動以利言』也，能因聖人之指，變動以從之，則盡利矣。『本情』者，本爻之情，近而不相得則惡而攻，相得則愛而取。本情素動而生吉凶悔吝，所謂『吉凶以情遷』者也。爻情如是，不可得而變。凡《繫辭》所命，不過二者之動而已。又有義命當吉當凶當否當亨，聖人使人一以正勝而不當顧其吉凶者。如《否》之六二曰『大人否亨』，則必否而後道亨也；《姤》之九五曰『有隕自天』，則休命自天而降也；《大過》上六曰『過涉滅頂，凶，無咎』，則殺身成仁，於義無咎也；《損》之六五、《益》之六二皆曰『或益之十朋之龜，不克違』，則義所當得不能違也；《泰》之上六曰『城復於隍』，則其命當亂，不可逃也，皆命之所定，義之當安，不使人趨避者也，故曰『三者情異，不可不察』。

因爻象之既動，明吉凶於未明，故曰『爻象動乎内，吉凶見乎外』。

集註：内、外，指蓍卦而言。

『富有』者，大無外也。『日新』者，久無窮也。顯，其聚也；隱，其散也。顯且隱，幽明所以存乎象；聚且散，推盪所以妙乎神。

集註：氣聚而有象則顯，氣散而無形則隱。顯則明，隱則幽，幽明一存乎象之聚散，聚散一妙於神之推盪也。

『變化進退之象』云者，進退之動也微，必驗之於變化之著，故察進退之理爲難，察變化之象爲易。

集註：《大傳》曰：『變化者，進退之象也。』陰陽進退，潛孚默運，其動甚微，必觀於變化，而其象始可見也。

『憂悔吝者存乎介』，欲觀《易》象之小疵，宜存志静，知所動之幾微也。

集註：釋《大傳》『小疵悔吝』也。『動之幾微』，介也，惟志静者知之，是以君子静之爲貴。

往之爲義，有已往，有方往，臨文者不可不察。

集註：如《否》《泰》之『往』，已往也；諸卦之『攸往』，將往也。

樂器篇第十五

樂器有相，周、召之治與！其有雅，太公之志乎！雅者，正也，直己而行正也。故訊疾蹈厲者，太公之事耶！《詩》亦有《雅》，亦正言而直歌之，無隱諷譎諫之巧也。

集註：《樂記》曰：『始奏以文，復亂以武，治亂以相，訊疾以雅。』『文』謂拊鼓，『武』謂金鐃。樂之始奏，先擊鼓，故曰『始奏以文』。『亂』，卒章之節，欲退，則擊金鐃，故曰『復亂以武』。『相』，即拊也，以其節樂而治其亂，有相之道，故謂之『相』。『訊』亦『治』也。過而失節謂之『疾』。雅亦樂器，以其訊樂之節奏而不失於雅，是以謂之『雅』。《樂記》本言武亂皆坐爲周、召之治，張子以相爲周、召之治，所謂『治亂以相』，而周、召似之。本言發揚蹈厲爲太公之志，而張子以雅爲太公之志，所謂『訊疾以雅』，而太公似之。《詩》亦有《雅》，即今大、小《雅》也。

《象武》，武王初有天下，象文王武功之舞，歌《維清》以奏之。成童學之。《大武》，武王没，嗣王象武王功之舞，歌《武》以奏之。寇者舞之。《酌》，周公没，嗣王以武功之成由周公，告其成於宗廟之歌也。十三舞焉。

集註：文王之舞謂之《象》，《維清》乃其樂歌。武王之舞謂之《大武》，《武》乃其樂歌。《酌》，即《勺》也。十三舞《勺》，即以此詩爲節而舞也。

興己之善，觀人之志。群而思無邪，怨而止禮義。入可事親，出可事君。但言君父，舉其重者也。

集註：釋《論語》。

志至詩至，有象必可名，有名斯有體，故禮亦至焉。

集註：《孔子閒居》曰：『志之所至，詩亦至焉。詩之所至，禮亦至焉。』『詩言志』，故志至而詩至。既發爲詩，則有象之名，及其見諸踐履，則體實具焉，故禮亦至也。如象雎鳩之物，則有雎鳩之名，情摯有别，雎鳩之體亦雎鳩之禮也。

幽贊天地之道，非聖人而能哉？詩人謂『后稷之穡，有相之道』，贊化育之一端也。

禮矯實求稱，或文或質，居物後而不可常也。他人才未美，故絢飾之以文。莊姜才甚美，乃更絢之用質素。下文『繪事後素』，『素』謂其材，字雖同而義施各異。故設色之工，材黄白者必繪以青赤，材赤黑者必絢以粉素。

集註：矯實求勝，或文居質後，質居文後，不可常也。他人才未美，絢飾以文，是過於質者矯以文也。莊姜『巧笑倩兮，美目盼兮』，其才甚美，故絢之用質素，是過於文者矯之以質也。下文『繪事後素』之『素』，謂其材；上文『素以爲絢』之『素』，謂質實，故字雖同而義施各異。

『陟降庭止』，上下無常，非爲邪也，進德修業，欲及時也。『在帝左右』，所謂『欲及時』者與！

集註： 劉近山曰：『《周頌·閔予小子》之篇曰「念兹皇祖，陟降庭止」，謂武王之孝，思念文王，常若見其陟降於庭。《大雅·文王》之詩曰「文王陟降，在帝左右」，謂文王之神在天，一升一降，無不在上帝左右。張子則謂「陟降庭止」，或上或下而無常者，非爲邪也，進修欲及時也。「在帝左右」，天理無時離吾身，豈非欲及時者與？帝即天理，人於天理無須臾之離，德業孰大焉？』

江沱之媵以類行，而欲喪朋，故無怨。嫡以類行，而不能喪其朋，故不以媵備數。卒能自悔，得安貞之吉，乃終有慶，而其『嘯也歌』。

集註： 以《坤·彖》釋《江有汜》之詩。『媵』，妾媵也。江沱之媵待年於國，而嫡不與之偕行。其後嫡被文王后妃之化，乃能自悔而迎之。故媵托江水起興，謂之子之歸，始雖『不我以』，然其後亦悔而得所安矣。『朋』，私我也。『類行』，從嫁也。

采枲耳，議酒食，女子所以奉賓祭、厚君親者足矣。又思酌使臣之勞，推及求賢審官，王季、文王之心豈是過與？

集註： 此《卷耳》書序之説也。

《甘棠》，初能使民不忍去，中能使民不忍傷，卒能使民知心敬而不瀆之以拜。非善教寢明，能取是於民哉？

集註： 釋《詩·甘棠》三章。民思召公，愛其所舍之甘棠而不忍傷。『勿拜』，本謂勿屈折之，張子則作『拜跪』之『拜』。非善教漸明，安能致民之愛如是耶？

『振振』，勸使勉也。『歸哉歸哉』，序其情也。

集註：《殷其雷》之詩，婦人思念君子也。其云『振振君子』者，勸勉其信厚也；云『歸哉歸哉』者，冀其早歸，序其情也。

《卷耳》，念臣小勞則思小飲之，大勞則思大飲之，甚則知其怨苦噓嘆。婦人能此，則險詖私謁害政之心知其無也。

『綢直如髮』，貧者紒縰無餘，順其髮而直韜之爾。

集註：《小雅·都人士》詩，本言其髮之美，張子以爲貧女無飾之詞也。『紒』，髻也。『縰』，韜髮作髻者，以黑繒爲之。『順』，解如字。

《蓼蕭》《裳華》『有譽處兮』，皆謂君接己温厚，則下情得伸，讒毁不入，而美名可保也。

集註：『有譽處兮』乃《蓼蕭》《裳華》二篇中語。『譽』，善聲也。『處』，安樂也。一謂諸侯朝於天子，天子與之燕，以示慈惠之辭。一謂天子既見諸侯，而美之之辭。

《商頌》『顧予烝嘗，湯孫之將』，言祖考來顧，以助湯孫也。

集註：『將』，本註作『奉』，言湯尚顧我烝嘗哉！此湯孫之所奉者，致丁寧之意也，今則以爲助矣。

『鄂不韡韡』，兄弟之見，不致文於初，本諸誠也。

集註：《小雅・棠棣》，興兄弟也，本謂棠棣之華鄂然外見者，豈不韡韡其光明哉？今則以『不韡』爲無飾矣。

《采苓》之詩，『舍旃』則『無然』，爲言則求所得，所譽必有所試，厚之至也。

集註：《詩》本謂人之以讒言告子者，姑舍置之，無遽以爲然，則自得其真而讒止矣。今謂聽言則求得，其所譽者必有所試，而無遽舍之，爲厚之至也。

簡，略也，無所難也，甚則不恭焉。賢者仕禄，非迫於饑寒，不恭莫甚焉。『簡兮簡兮』，雖刺時君不用，然爲士者不能無太簡之譏，故詩人陳其容色之盛，善御之强，與夫君子『由房由敖』，不語其材武者異矣。

集註：劉近山曰：『《詩・邶風・簡兮》篇曰：「簡兮簡兮，方將萬舞。」張子以爲簡略也，坦坦施施，無所難也，甚則不恭焉。賢者不得志，或爲禄仕，而抱關擊柝，則猶恭其職也。若非迫於饑寒，而爲伶官，則雜於侏儒俳優之間，不恭甚矣。此雖刺時君不用，然爲士者輕世肆志如此，則不能無太簡之譏，故詩人既陳其容色之盛，曰「赫如渥赭」，復陳其善御之强，曰「有力如虎」，與夫君子由房由敖、不語其才武者異矣。「由房由敖」，國風《君子陽陽》之篇。「由」，從也。「房」，東房也。「敖」，舞位也。此婦人所作，蓋其夫既歸，不以行役爲勞，而安於貧賤以自樂，其家人又識其意而深歎美之，略不及其材武，所以爲異於《簡兮》之賢者也。』

『破我斧』，『缺我斨』，言四國首亂，烏能有爲？徒破缺我斧斨而已。周公征而安之，愛人之至也。

集註：詩本謂東征之役雖有破斧缺斨之勞，而義所不得辭也。

《伐柯》，言正當加禮於周公，取人以身也，其終見《書》「予小子其新逆」。

集註：詩本謂平日得見周公之難，今日見之之易。此則指成王而言，其曰「籩豆有踐」者，加禮也；「其則不遠」者，取人以身也。《書·金縢》曰「惟朕小子其新逆」，謂迎公以歸也。「新」「親」通。

《九罭》，言王見周公當大其禮命，則大人可致也。

集註：《九罭》之詩，東人喜見周公，而曰：「我遘之子，衮衣繡裳。」此則謂成王當加公衮繡之禮命也。

《狼跋》，美周公不失其聖，卒能感人心於和平也。

集註：《狼跋》之詩言周公遭流言之變而安肆自得，「赤舄几几」，然德音不瑕而不失其聖也。

《甫田》「歲取十千」，一成之田九萬畝，公取十千畝，九一之法也。

集註：釋《小雅·甫田》之詩。

后稷之生，當在堯、舜之中年。而《詩》云「上帝不寧」，疑在堯時。高辛子孫爲二王後，而詩人稱帝爾。

集註：《大雅·生民》之詩，本謂上帝誕生后稷，豈不寧乎？不寧，寧也。此謂后稷爲高辛氏子孫，則高辛爲文、武二王所自出，故尊后稷以配天，因稱高辛爲帝也。

唐棣，枝類棘枝，隨節曲屈，則其華一偏一反，左右相矯，因得全體均正。偏喻管、蔡失道，反喻周公誅殛，言我豈不思兄弟之愛，以權宜合義，主在遠者爾。《唐棣》本文王之詩，此一章周公制作，序己情而加之，仲尼以不必常存而去之。

集註：『主在遠』，謂爲社稷長遠慮也。《唐棣》本文王燕兄弟之詩，此一章周公所加，序誅管、蔡之情，夫子以人倫大變，不必常存而去之也。

日出而陰升自西，日迎而會之，雨之候也，喻婚姻之得禮者也。日西矣，而陰生於東，喻婚姻之失道者也。

集註：《蝃蝀》之詩曰『蝃蝀在東，莫之敢指』，『朝隮於西，崇朝其雨』，蓋西則雨，而東不雨，本刺淫奔。此則以自西者爲陽倡陰和，爲婚姻得禮之喻；自東者，陰倡而陽不和，爲婚姻失道之喻。其曰『雨之候』者，陰陽和而爲雨，不和則不雨也。

鶴鳴而子和，言出之善者與！鶴鳴魚潛，畏聲聞之不臧者與！

集註：《中孚》之九二曰『鳴鶴在陰，其子和之』，《繫辭》所謂『君子出其言善，則千里之外應之』者也。《小雅·鶴鳴》之詩曰：『鶴鳴於九皋，聲聞於野。魚潛在淵，或在於渚。』本謂誠不可揜，理無定在，而張子則以爲『畏聲聞之不臧』也。

『鴥彼晨風，鬱彼北林』，晨風雖摯擊之鳥，猶時得退而依深林而止也。

集註：釋《晨風》之詩。『鴥』，疾飛貌。『晨風』，鸇也。『鬱』，盛貌。

《漸漸之石》言『有豕白蹢，烝涉波矣』，豕之負塗曳泥，其常性也，今豕足皆白，衆與涉波而去，水患之多爲可知也。

集註：《漸漸之石》，《小雅》篇名。『蹢』，蹄。『烝』，衆也。

『君子所貴乎道者三』，猶『王天下有三重焉』：言也，動也，行也。

集註：《補註》曰：『動容貌與議禮皆動也，正顔色與制度皆行也，出辭氣與考文皆言也。』

耇造德降，則民諴和而鳳可致，故鳴鳥聞，所以爲和氣之應也。

集註：《書·君奭》曰『耇造德不降，我則鳴鳥不聞』，言耇老成人之德，下及於民也。

九疇次叙：民資以生，莫先天材，故首曰『五行』；君天下，必先正己，故次五事；己正，然後邦得而治，故次八政；政不時舉必昏，故次五紀；五紀明，然後時措得中，故次建皇極；求大中，不可不知權，故次三德；權必有疑，故次稽疑；可徵，然後疑決，故次庶徵；福極徵，然後可不勞而治，故九以嚮勸終焉。五爲數中，故皇極處之。權過中而合義者也，故三德處六。

集註：釋《洪範·九疇》之序。孔安國訓『皇極』爲『大中』，張子尚因其説也。

『親親尊尊』，又曰『親親尊賢』，義雖各施，然而親均則尊其尊，尊均則親其親爲可矣。若親均尊均，則齒不可以不先，此施於有親者不疑。若尊賢之等，則於親尊之殺必有權而後行。急親賢爲堯、舜之道，然則親之賢者先得之於疎之賢者爲必然。堯明俊德於九族而九族睦，章俊德於百姓而萬邦協，黎民雍。皐陶亦以惇叙九族、庶明勵翼爲邇可遠之道，則九族勉敬之人固先明之，然後遠者可次序而及。《大學》謂『克明俊德』爲『自明其德』，不若孔氏註愈。

集註：『親』謂九族。『施於有親者不疑』，謂以上皆施於有親者，隆殺之禮然也。下言尊賢之等。『急親賢』，急親之賢者，親之賢者既得，則於疎之賢者必得矣。『俊德』爲俊德之人，『明』爲『明揚』之明，『章』爲『章顯』之章，『勵』爲勉，『翼』爲敬，謂厚叙九族群哲勉敬之人也，皆本孔氏註。

義民，安分之良民而已。俊民，俊德之民也。官能則準牧無義民，治昏則俊民用微。

集註：釋《書》『立政三宅，無義民』、《洪範》『俊民用微』。『準』謂準人，守法之有司也。『牧』謂常伯，牧民之長也。『官』即準牧。官能則賢才在位，所任準牧非區區守分之良民而已也。

五言，樂語歌詠五德之言也。

集註：《虞書》曰『出納五言』，蔡《傳》謂詩歌之協於五聲者。此言五德，或指五常之德，或指五事之德。

『卜不習吉』，言卜官將占，先決問人心，有疑乃卜，無疑則否。『朕志無疑，人謀僉同』，故無所用卜，鬼神必依，龜筮必從，故不必卜筮，翫習其吉以瀆神也。

集註：蔡《傳》謂『習吉』，重吉也。

衍忒未分，有悔吝之防，此卜筮之所由作也。

集註：「衍」，過也；「忒」，差也，即悔吝之所由來也，已分則無及矣。朱子曰：「『衍』是過多、剩的意思。『忒』是差錯。」

王禘篇第十六

「禮，不王不禘」，則知諸侯歲闕一祭爲不禘明矣。至周以祠爲春，以禴爲夏，宗廟歲六享，則二享四祭爲六矣。諸侯不禘，其四享歟！夏、商諸侯，夏特一祫。《王制》謂「礿則不禘，禘則不嘗」，假其名以見時祀之數爾，作《記》者不知文之害意，過矣。

集註：「不王不禘」，《喪小記》及《大傳》之言。「諸侯歲闕一祭」者，諸侯歲朝，南方諸侯春祭畢則夏來朝，故闕禘祭；西方諸侯夏祭畢則秋來朝，故闕嘗祭，四方皆然，重王事也。夏、商之祭，春礿、夏禘、秋嘗、冬烝，禘列於四祭之中。周則改爲春祠、夏礿，而嘗、烝仍其舊，祫、禘二享不與四祭之内，故爲六享。諸侯有祫不禘，又歲闕一祭，故爲四享。蓋夏、商諸侯，夏當禘而不禘，而特一祫，此所以有祫不禘。《王制》謂「礿則不禘，禘則不嘗」，假禘之名，以見時祀之數爾，遂使人以不禘爲由於礿，而非由於不王，則文之害意甚矣。「礿」與「禴」同，薄也，春物未成，祭品鮮薄也。「禘」者，次第也，夏時物雖未成，宜依時次第而祭之。「嘗」者，新穀熟而嘗也。「烝」，衆也，冬時物成者衆也。「祠」，食也。「禘」，天子宗廟之大祭。凡廟皆有主，皆居室中，東面之位爲獨尊。禘則獨於始祖廟中特設所自出之主於東面，而始祖之主退居南面以配之。「祫」，合也，合祭祖考也。時祭之祫，則群廟之主皆升而合食於太祖之廟，毀廟之主不與。三年大祫，則毀廟之主亦與也。

禘於夏，周爲春夏，嘗於夏，商爲秋冬，作《記》者交舉，以二氣對互而言爾。

集註：禘祭，夏行於夏，周行於春。嘗祭，夏行於秋，商行於冬。蓋礿、禘用物薄，主於灌獻，順乎陽，春夏之用也；嘗、烝用物多，主於饋食，順乎陰，秋冬之用也，故郊社以禘、嘗對言，二氣之義也。

享嘗云者，享爲追享、朝享，禘亦其一爾；嘗以配享，亦對舉秋冬而言也。夏、商以禘爲時祭，知追享之必在夏也。然則夏、商天子歲乃五享，禘列四祭，并祫而五也。周改禘爲禴，則天子享六，諸侯不禘，又歲闕一祭，則亦四而已矣。《王制》所謂『天子犆礿、祫禘、祫嘗、祫烝』，既以禘爲時祭，則祫可同時而舉；礿以物薄而犆嘗從舊。『諸侯礿犆』，如天子。禘一祫一犆，言於夏禘之時正爲一祭，特一祫而已。然則『不王不禘』，又著見於此矣。下又云『嘗祫』『烝祫』，則嘗、烝且祫無疑矣。若周制，亦當闕一時之祭，則當云『諸侯祠則不禴，禴則不嘗』。

集註：《禮記·祭法》『王立七廟，遠廟爲祧。有二祧，享、嘗乃止』，謂四時之常祀。《周禮·司尊彝》『追享朝享』，謂四時之間祀。蓋五年之夏有禘，謂之追享；三年之冬有祫，謂之朝享。張子以享爲追享、朝享，兼常祀、間祀言也。嘗乃秋祭，享當在夏，故嘗以配享，亦春夏對舉秋冬而言。『特礿』者，天子春祭，時物不備，故每廟特祭。夏物稍成，秋物大成，冬物畢成，故禘、嘗、烝皆合祭群主於祖廟也。『礿特』，即『特礿』也。一犆一祫，本謂今歲犆則來歲祫，祫之明年又犆。張子主『不王不禘』而言，故謂『一祭特一祫而已』。嘗祫、烝祫則皆如天子之合祭，此夏、殷之制也。『犆』，音特。

庶子不祭祖，不止言王考而已。明其宗也；明宗子當祭也。不祭禰，以父爲親之極甚者，故又發此文。明其宗也。『庶子不爲長子斬，不繼祖與禰故也。』此以服言，不以祭言，故又發此條。

集註：適士立二廟，祭禰及祖。若兄弟二人一嫡一庶而俱爲適士，其庶子止得立禰廟，不得立祖廟。而『祭祖』者，明其宗有所在也。若庶子非適士，或未士，則雖禰廟亦不得立，故不得祭禰，明其宗之有在也。有事則具牲物，稟宗子而祭之。庶子不爲己之長子服斬者，以己非繼祖之宗，又非繼禰之宗，則長子非祖父之正統，不敢如宗子斬其長也。

『庶子不祭殤與無後者』，《註》：『不祭殤者，父之庶。』蓋以殤未足語世數，特以己不祭禰，故不祭之。『不祭無後者，祖之庶也』，雖無後，以其成人備世數，當附祖以祭之，己不祭祖，故不得而祭之也。『祖庶之殤，則自祭之也』，言庶孫則得祭其子之殤者，以己爲其祖矣，無所附之也。『凡所祭殤者唯適子』，此據《禮》『天子下祭殤五』，皆適子適孫之類。故知凡殤非適皆不當特祭，惟當從祖祔食。『無後』者，謂昆弟諸父殤與無後者，如祖廟在小宗之家，祭之如在大宗。見《曾子問》註。

集註：釋《禮》『庶子不祭殤與無後』之義〔一〕。長殤十六至十九，中殤十二至十五，下殤八歲至十一，七歲以下爲無服之殤，皆未成人而死者也。世數親服五世之數，殤與無後皆從祖祔食者也。己爲父之庶子，不得立父廟，故不得自祭其殤子；己爲祖之庶孫，不得立祖廟，故不得祭無後之兄弟，皆具牲物而宗子主其禮者也。祭祖庶之殤者，以己爲祖之庶孫，而或庶子所生之殤，則己亦爲祖矣，無所祔食，故自祭之。祭殤惟適子者，適子有廟，得特祭也。《祭法》曰：『天子下祭殤五，諸侯三，大夫二。』以尊祭卑，故曰『下祭五』，謂適子、適孫、適曾孫、適玄孫、適來孫。《曾子問》曰：『凡殤與無後者，祭於宗子之家。』鄭氏註曰：『凡祖廟在小宗之家，祭之亦然。』『小宗』者，別子之庶子，以庶子所生之長子乃小宗子也。『大宗』者，次適爲別子，別子所生之子爲大宗子也。

校記

〔一〕『與』，《正蒙集註》訛作『於』。按，此句係引《禮記·喪服小記》中語，《禮記》及《正蒙釋》皆作『與』，此據改。

殷而上七廟，自祖考而下五，并遠廟爲祧者二，無不遷之太祖廟。至周有百世不毀之祖，則三昭三穆，四爲親廟，二爲文、武二世室，并始祖而七。諸侯無二祧，爲五。大夫無不遷之祖，則一昭一穆，與祖考而三，故以祖考通謂爲太祖。若祫，則請於其君，并高祖干祫之。干祫者，不當祫而特祫之也。孔《註》『王制』，謂周制』，亦粗及之而不詳爾。

集註：劉近山曰：『「殷而上」，謂成湯以前爲天子者，其廟制則七也。「祖考」，始祖也，而下爲高、曾、祖、禰四親廟也。「遠廟爲祧者二」，則高祖之父、祖當遞遷者其主所藏之廟也，皆無不遷之太祖廟。至周始有百世不毀之祖禰，四爲親廟，二爲文、武世室，并后稷始封之祖而七。曰「世室」者，不毀之名，其祧則先公之遷主藏於太祖后稷之廟，先王之遷主藏於文、武世室，群穆於文，群昭於武也。諸侯無二祧，無高祖以上之祧廟也。「五」，謂高、曾、祖、禰及始祖也。「祫」謂合祭，請於其君，并高祖干祫之者。諸侯五廟，其祫固及其始祖矣。大夫三廟，有大事，不敢私自舉行，必省問於君，而君賜之乃得行焉，而其合也，亦上及於高祖。「干」者，自下干上之義，以卑行尊者之禮也。』

『鋪筵設同几』，疑左右几一云。交鬼神異於人，故夫婦而同几，求之或於室，或於祊也。

集註：《祭統》曰：『鋪筵設同几，爲依神也。詔祝於室而出於祊，伯更反。此交神明之道也。』

『筵』，席也。『几』，所憑以爲安。『同几』，夫婦共一几。蓋人生則形體異，故夫婦之倫在有别；死則精氣無間，故曰『交鬼神異於人』。廟門謂之『祊』，設祭在門外之西旁，故因名爲『祊』。言不知神於彼饗之乎，於此饗之乎，無方以求之也。

祭社稷、五祀、百神者，以百神之功報天之德爾。故以天地事鬼神，事之至也，理之盡也。

集註：劉近山曰：「『社』，土神。『稷』，谷神。『五祀』，門、行、户、竈、中霤。『百神』，如日月星辰山川丘陵之類。祭雖以百神之功，而實報天之德。百神而曰『天』，以見百神無非天也，故以事天之道事鬼神，則事之極而理之盡也。」

『天子因生以賜姓，諸侯以字爲謚』，蓋以尊統上、卑統下之義。

集註：朱子曰：『姓是大總腦處，氏是後來次第分别處。如魯本姬姓，其後有孟氏、季氏，同爲姬姓而氏不同。「諸侯以字爲謚」〔一〕，切恐「謚」本「氏」字，傳寫之訛。如舜生潙汭，武王遂賜胡公滿爲潙姓，即因生賜姓也。鄭之國氏本子國之後，駟氏本子駟之後，即以字爲氏，因以爲族也。「尊統上」者，天子以生賜姓，統諸侯。「卑統下」者，諸侯以字分族，統大夫也。』

校記

〔一〕『字』，《正蒙集註》訛作『氏』，此據上文校改。

天子因生以賜姓，難以命於下之人，亦尊統上之道也。

集註：天子因生賜姓，但可以賜諸侯，難以命於下之人也。

據《玉藻》，疑天子聽朔於明堂，諸侯則於太廟，就藏朔之處告祖而行。

集註：方氏曰：『天子聽朔於南門，示受之於天；諸侯聽朔於太廟，示受之於祖，原其所自也。』劉氏曰：『「聽朔」者，聽月朔之事也。』

『受命祖廟，作龜禰宫』，次序之宜。

集註：《郊特牲》言卜郊之事也。『作』，猶用也。告於祖廟而行事，尊祖也。用龜以卜，而於禰宫，親考也。

『公之士及大夫之衆臣爲衆臣，公之卿大夫、卿大夫之室老及家邑之士爲貴臣。』上言公士，所以别士於公者也；下言室老、士，所以别士於家者也。衆臣不以杖即位，疑義與庶子同。

集註：《儀禮·喪服》謂公士、大夫之衆臣爲其君布帶繩屨。公之士爲公之衆臣，公之卿大夫爲公之貴臣，卿大夫之室老及家邑之士爲卿大夫之貴臣，其餘爲卿大夫之衆臣。『室老』，家相之長。『家邑之士』，即家相。『衆臣』之與『貴臣』，猶庶子之於嫡子。《禮》『庶子不以杖即位』，謂父母之喪，嫡子得執杖進阼階哭位，庶子至中門外則去之矣。『衆臣之不以杖即位』，其義疑與此同也。

適士，疑諸侯薦於天子之士及王朝爵命之通名。蓋三命方受位天子之朝，一命再命受職受服者，疑官長自辟除，未有位於王朝，故謂之官師而已。

集註：劉近山曰：『適士，諸侯之上士也。蓋諸侯薦於天子，三命方受位於王朝。若一命受職，再命受服者，皆諸侯之官長自辟除，未有位於王朝，故謂之官師而已。謂但爲一官之長，非若適士爲王朝爵命之通名也。』

『小事則專達』，蓋得自達於其君，不俟聞於長者，《禮》所謂『達官』者也。所謂『達官之長』者，得自達之長也。所謂『官師』者，次其長者也。然則達官之長必三命而上者，官師則中士而再命者，庶士則一命爲可知。

集註：《周禮》六官之屬皆曰：『大事則從其長，小事則專達。』《檀弓》曰：『公卿之喪，諸達官之長杖。』朱子曰：『「達官」，謂得自達於君者。』

賜官，使臣其屬也。若卿大夫以室老、士爲貴臣，未賜官則不得臣其士也。

集註：《周禮》『九儀之命』『六命賜官』，使得以臣其屬也。

『祖廟未毀，教於公宫』，則知諸侯於有服族人，亦引而親之如家人焉。

集註：《禮》：『婦人先嫁三月，祖廟未毀，教於公宫。』『祖廟未毀』，言此女猶於此祖有服也。公雖不服族人之喪，然祖廟猶存，則其親於公同爲有服之屬，故使女師教之公宫。『公宫』，祖廟也。

『下而飲』者，不勝者自下堂而受飲也。『其争也』，争爲謙讓而已。

君子之射，以中爲勝，不必以貫革爲勝。侯以布，鵠以革，其不貫革而墜於地者，中鵠爲可知矣，此『爲力不同科』之一也。

集註：張布爲侯，棲革爲鵠，謂梁用布，鵠用皮也。『鵠』，小鳥，取其飛而疾。『不貫革而墜於地』，則是已中其革，特不貫爾。

『知死而不知生，傷而不弔。』畏、壓、溺可傷尤甚，故特致哀死者、不弔生者以異之，且『如何不淑』之詞無所施焉。

集註：《曲禮》曰『知死而不知生，傷而不弔』，謂識死者而不識生者，但傷死者而不弔生者。《檀弓》曰：『死而不弔者三：畏，壓，溺。』『畏』『威』古通用，謂不盡道而死桎梏者。『壓』，如立巖墻之下而死。『溺』，徒涉而死。本謂不弔以絶之，張子則謂可傷尤甚，不弔生者以異之。『如何不淑』，弔者慰問之辭，謂何如罹此凶變也。於畏、壓、溺，若弔其生者，則此慰問之辭何所施焉？故但傷而不弔也。

『博依』，善『依永』而歌樂之也。『雜服』，雜習於制數服近之文也。

集註：《學記》曰：『不學博依，不能安《詩》。不學雜服，不能安禮。』劉近山曰：『「永」即「歌永言」之「永」。「善依永」者，善依其言之短長而歌樂之也。「制數服近之文」，冕弁衣裳之類，皆當雜習也。』

《春秋》大要，天子之事也，故曰：『知我者其惟《春秋》乎！罪我者其惟《春秋》乎！』

『苗而不秀者』與下『不足畏也』爲一説。

集註： 此《論語》二章，張子合而言之。

乾稱篇第十七

乾稱父，坤稱母，予兹藐焉，乃混然中處。故天地之塞，吾其體；天地之帥，吾其性。民，吾同胞。物，吾與也。大君者，吾父母宗子；其大臣，宗子之家相也。尊高年，所以長其長。慈孤弱，所以幼其幼。聖，其合德。賢，其秀也。凡天下疲癃殘疾、惸獨鰥寡，皆吾兄弟之顛連而無告者也。於時保之，子之翼也。樂且不憂，純乎孝者也。違曰悖德，害人曰賊，濟惡者不才，其踐形，惟肖者也。知化則善述其事，窮神則善繼其志。不愧屋漏爲無忝，存心養性爲匪懈。惡旨酒，崇伯子之顧養。育英才，潁封人之錫類。不弛勞而底豫，舜其功也。無所逃而待烹，申生其恭也。體其受而歸全者，參乎！勇於從而順令者，伯奇也。富貴福澤，將厚吾之生也。貧賤憂戚，庸玉女於成也。存，吾順事。没，吾寧也。

凡可狀，皆有也。凡有，皆象也。凡象，皆氣也。氣之性本虚而神，則神與性乃氣所固有，此鬼神所以體物而不可遺也。舍氣，有象否？非象，有意否？

集註： 沈毅齋曰：『天地附於氣，則由地以上皆天氣也。蒼蒼者，極遠之色爾。然人涵育於天地之中，其呼吸假天氣以爲消息，猶魚之在水而不知也。吾之氣即天之氣爾，寧有不相爲流通乎？』

至誠，天性也。不息，天命也。人能至誠，則性盡而神可窮矣。不息，則命行而化可知矣。學未至知化，非真得也。

集註：天性無妄，天命不已。性即神，命即化，故至誠無息，而性命神化一以貫之矣。何以能誠？妄復於無妄而已。

有無、虚實通爲一物者，性也。不能爲一，非盡性也。飲食男女皆性也，是烏可滅？然則有無皆性也，是豈無對？莊老、浮屠爲此説久矣，果暢真理乎？

集註：有無皆性，而莊老語虚，浮屠崇寂滅，豈暢真理乎？

天包載萬物於内，所感所性，乾坤、陰陽二端而已。無内外之合，無耳目之引取，與人物蕞然異矣。人能盡性知天，不爲蕞然起見，則幾矣。

集註：『所感』，氣也，化也。『所性』，理也，神也。『無内外之合』，無心也；『無耳目之引取』，無形也，與人物蕞然之小者異矣。『不爲蕞然起見』，無我也。

有無一，内外合，庸聖同。此人心之所自來也。若聖人，則不專以聞見爲心，故能不專以聞見爲用。無所不感者虚也，感即合也，咸也。以萬物本一，故一能合異，以其能合異，故謂之感。若非有異，則無合。天性，乾坤、陰陽也。二端故有感，本一故能合。天地生萬物，所受雖不同，皆無須臾之不感。所謂性，即天道也。

集註：『有無一，内外合，此人心之所自來』，蓋太虚之本體然也。人病其以耳目見聞累其心，故思盡其心者，必知心所從來而後能。聖人惟『不專以聞見爲心』，『故能不專以聞見爲用』。所謂『德性所知，不萌於見聞』也。不以耳目見聞累其心，虚之極也。虚，故無所不感。所以有感者，以其合異。所以能合者，以其本一。乾坤、陰陽，一物而兩體。兩體故有感，一物故能合。天地無須臾之不感，萬物亦然。在萬物爲性，在造化爲天道，性即天道也。

感者，性之神。性者，感之體。在天在人，其究一也。惟屈伸、動静、終始之能一也，故所以妙萬物而謂之神，通萬物而謂之道，體萬物而謂之性。

集註：『感者』，性之妙用。『性者』，感之本體。『屈伸、動静、始終之能一』，兩體而一物也。『神』也，『道』也，『性』也，一而已矣。

至虚之實，實而不固。至静之動，動而不窮。實而不固，則一而散。動而不窮，則往且來。

集註：『固』，『固滯』之固。固則一而不散矣，窮則往而不來矣。『至虚之實』，即太虚之客形。『至静之動』，即至静之客感也。

性通極於無，氣其一物爾。命稟同於性，遇乃適然焉。人一己百，人十己千，然有不至，猶難語性，可以言氣。行同報異，猶難語命，可以言遇。

集註：『通極』，猶言究極。性超乎氣，氣其一物耳。命同於性，遇乃氣數之適然。『稟』者，人物所稟。曰『猶難語性』『猶難語命』，則人不可以氣與遇之異而不求性命之同也。

浮屠明鬼，謂有識之死，受生循環，遂厭苦求免，可謂知鬼乎？以人生爲妄，可謂知人乎？天人一物，輒生取舍，可謂知天乎？孔、孟所謂天，彼所謂道。惑者指游魂爲變爲輪迴，未之思也。大學當先知天德，知天德則知聖人，知鬼神。今浮屠極論要歸，必謂死生轉流，非得道不免，謂之悟道可乎？悟則有義有命，均死生，一天人，惟知晝夜，通陰陽，體之不二。自其説熾傳中國，儒者未容窺聖學門牆，已爲引取，淪胥其間，指爲大道。其俗達之天下，致善惡、知愚、男女、臧獲人人著信，使英才間氣生則溺耳目恬習之事，長則師世儒宗尚之言，遂冥然被驅，因謂聖人可不修而至，大道可不學而知。故未識聖人心，已謂不必求其迹；未見君子志，已謂不必事其文。此人倫所以不察，庶物所以不明，治所以忽，德所以亂，異言滿耳，上無禮以防其僞，下無學以稽其弊。自古詖淫邪遁之詞翕然並興，一出於佛氏之門者千五百年，自非獨立不懼，精一自信，有大過人之才，何以正立其間，與之較是非，計得失？

集註：『有識之死』，謂人死而識神復循環受生也。『天人取舍』者，棄人事以求天性也。孔、孟所謂天，彼則謂之道；《易》所謂『游魂爲變』，彼則謂之『輪迴』，似是而實非，皆以不知天德。不知天德，則以未嘗格物窮理，而徒欲得道以免生死輪轉。即此發本要歸，尚可謂之悟道乎？求其迹，考其行也，事其文，讀其書也。趙伯循曰：『此條學者當日誦一通，庶幾知崇正學而可與明道。』

釋氏語『實際』，乃知道者所謂『誠』也，『天德』也。其語到實際，則以人生爲幻妄，有爲爲疣贅，以世界爲蔭濁，遂厭而不有，遺而弗存。就使得之，乃誠而惡明者也。儒者則因明致誠，因誠致明，故天人合一，致學而可以成聖，得天而未始遺人，《易》所謂『不遺』『不流』『不過』者也。彼語雖似是，觀其發本要歸，與吾儒二本殊歸矣。道一而已，此是則彼非，此非則彼是，固不當同日而語。其言流遁失守，窮大則淫，推行則詖，致曲則邪，求之一卷之中，此弊數數有之。大率知晝夜陰陽，則能一性命，能知性命，則能知聖人，知鬼神。彼欲直語太虛，不以晝夜陰陽累其心，則是未始見易。未始見易，則雖欲免陰陽、晝夜之累，末由也已。易且不見，又烏能更語真際？捨真際而談鬼神，妄也。所謂『實際』，彼徒能語之而已，未始心解也。

集註：『際』，處也，交會之地。聖人之道，『範圍天地之化而不過，曲成萬物而不遺』，『旁行而不流』。佛氏過矣，遺矣，流矣，故其言『流遁失守』，窮大則淫於荒唐而無益，推行則陷於一偏而不通，致其一曲之見，未有不入於邪而亂天下者。其所以弊，則可一言蔽之曰『不窮理而已』。不窮理，故不知晝夜陰陽之道，不知晝夜陰陽，則未始見易，易且不見，而可語實際乎？

《易》謂『原始反終，故知死生之説』者，謂原始而知生，則求其終而知死必矣，此夫子所以直季路之問而不隱也。

集註：生死一也，知生則知死，夫子直告子路也。

體不偏滯，乃可謂無方無體。偏滯於晝夜陰陽者，物也。若道，則兼體而無累也。以其兼體，故曰『一陰一陽』，又曰『陰陽不測』，又曰『一闔一闢』，又曰『通乎晝夜』。語其推行，故曰『道』；語其不測，故曰『神』；語其生生，故曰『易』，其實一物，指事異名爾。

集註：人心不偏滯於物，所謂『道』也，『神』也，『易』也，庶幾其見之矣。

大率天之爲德，虚而善應。其應非思慮聰明可求，故謂之神。老氏况諸谷以此。

集註：『天』即太虚。『應』者，屈伸相感之無窮。『况』，譬也。老子所謂『谷神不死』，况天之虚而應也。

太虚者，氣之體。氣有陰陽，屈伸相感之無窮，故神之應也無窮；其散無數，故神之應也無數。雖無窮，其實湛然。雖無數，其實一而已。陰陽之氣，散則萬殊，人莫知其一也；合則混然，人不見其殊也。形聚爲物，形潰反原。『反原』者，其遊魂爲變與！所謂『變』者，對聚散存亡爲文，非如螢雀之化，指前後身而爲説也。

集註：天地之間，一氣而已。氣，湛然太虚而已。雖屈伸聚散，無窮無數，而其體不易，其爲物不二，此所以爲神也。湛合，謂萬物散歸大虚。『潰』，散也。『反原』，即合也。『遊魂爲變』者，有聚散存亡之變，而非如螢雀前後身之變也。

益物必誠，如天之生物，日進日息。自益必誠，如川之方至，日增日得。施之妄，學之不勤，欲自益且益人，難矣哉！《易》曰『益長裕而不設』，信矣。

集註：『施之妄』，益物不誠也。『學之不勤』，自益不誠也。『長裕不設』，不造作也，造作則妄矣。

將修己，必先厚重以自持。厚重知學，德乃進而不固矣。忠信進德，惟尚友而急賢。欲勝己者親，無如改過之不吝。

集註：釋《論語》，以『固』爲『固滯』之固。

戲言出於思也，戲動作於謀也。發乎聲，見乎四支，謂非己心，不明也，欲人無己疑，不能也。過言非心也，過動非誠也。失於聲，繆迷其四體，謂己當然，自誣也，欲他人己從，誣人也。或者以出於心者歸咎爲己戲，失於思者自誣爲己誠，不知戒其出汝者，歸咎其不出汝者，長傲且遂非，不知孰甚焉！

集註：有心謔浪之謂戲，無心差失之謂過。言雖戲，必以思而出也。動雖戲，必以謀而作也。戲言發於聲，戲動見乎四支，謂非己心，難以欺己，欲人無疑，難以欺人。言之過者，非其心之本然也。動之過者，非其誠之實然也。失於聲而爲過言，繆迷其四體而爲過動，謂己當然，既以誣己，欲人己從，復以誣人。或者以戲言戲動之出於心者歸咎爲己戲，而不知戒其出汝者，乃長傲而惡愈滋矣；以過言過動之失於思者自誣爲己誠，而不知歸咎其不出汝者，則遂非而過益深矣，不知孰甚焉！朱子曰：『此《東銘》也，正如今法書所謂「故失」二字。』

程子節録

卷之一

伯淳先生嘗語韓持國曰：『如説妄説幻爲不好底性，則請别尋一箇好底性來，换了此不好底性。著道即性也，若道外尋性，性外尋道，便不是。』聖賢論天德，蓋謂自家元是天然完全自足之物。若無所污壞，即當直而行之。若小有污壞，即敬以治之，使復如舊。所以能使如舊者，蓋爲自家本質元是完足之物。若合修治而修治之，是義也；若不消修治而不修治，亦是義也，故常簡易明白而易行。禪學者總是彊生事。至如『山河大地』之説，是他山河大地，又干你何事？至如孔子，道如日星之明，猶患門人未能盡曉，故曰『子欲無言』。如顔子，則便默識，其他未免疑問，故曰『小子何述』，又曰『天何言哉？四時行焉，百物生焉』，可謂明白矣。若能於此言上看得破，便信是會禪。也非是未尋得，蓋實是無去處説，此理本無二故也。

佛學只是以生死恐動人，可怪二千年來無一人覺此，是被他恐動也。聖賢以生死爲本分，事無可懼，故不論死生。佛之學爲怕死生，故只管説不休。下俗之人固多懼，易以利動。至如禪學者，雖自曰異此，然要之，只是此箇意見，皆利心也。舊嘗問學佛者《傳燈録》幾人，云千七百人。某曰：『敢道此千七百人無一人達者，果有一人見得聖人「朝聞道，夕死可矣」與曾子易簀之理，臨死須尋一尺布帛裹頭而死，必不肯削髮胡服而終，是誠無一人達者。』禪者曰：『此迹也，何不論其心？』曰：『心迹一也，豈有迹非而心是者也？正如兩脚方行，指其心曰：「我本不欲行，他兩脚自行。」豈有此理？蓋上下本末内外都是一理也，方是道。』

語仁而曰『可謂仁之方也已』者，何也？蓋若便以爲仁，則反使不識仁，只以所言爲仁也，故但曰『仁之方』，則使自得之以爲仁也。

忠信所以進德，『終日乾乾』，君子當終日『對越在天』也。蓋『上天之載，無聲無臭』，其體則謂之易，在理則謂之道，其用則謂之神，其命於人則謂之性，率性則謂之道，修道則謂之教。孟子去其中，又發揮出『浩然之氣』，可謂盡矣。故説神，『如在其上，如在其左右』，大小大事，而只曰『誠之不可揜如此夫』。徹上徹下，不過如此。形而上爲道，形而下爲器，須著如此説。器亦道，道亦器，但得道在，不繫今與後，己與人。朱子曰：『此是因解「乾」字。「乾」即「天」字，遂推言許多名字只是一理，而各有分別。雖各有分別，又却只是一箇實理。「誠」者，實理之謂也。』

『生之謂性』，性即氣，氣即性，生之謂也。人生氣稟，理有善惡，然不是性中元有此兩物相對而生也。有自幼而善，有自幼而惡，是氣稟自然也。善固性也，然惡亦不可不謂之性也。蓋『生之謂性』，『人生而静』以上不容説，才説性時，便已不是性也。凡人説性，只是説『繼之者善也』，孟子言人性善是也。夫所謂『繼之者善也』者，猶水流而就下也。皆水也，有流而至海，終無所污，此何煩人力之爲也？有流而未遠，固已漸濁。有出而甚遠，方有所濁。有濁之多者，有濁之少者。清濁雖不同，然不可以濁者不爲水也。如此，則人不可以不加澄治之功，故用力敏勇則疾清，用力緩怠則遲清。及其清也，則却只是元初水也，不是將清來換却濁，亦不是取出濁來置在一隅也。水之清，則性善之謂也，故不是善與惡在性中爲兩物相對各自出來。此理天命也，順而循之則道也，循此而修之，各得其分，則教也。自天命以至於教，我無加損焉，此舜『有天下而不與焉』者也。朱子曰：『此章「性」字説得最雜，有是説本性者，有是説氣稟者。其言水之下與水之清，亦是兩意，須細分別。』

一人之心即天地之心，一物之理即萬物之理，一日之運即一歲之運。（正）

天下之善皆天理，謂之惡者，非本惡，但或過，或不及，便如此如楊、墨之類。（明）

窮理盡性以至於命，三事一時竝了，元無次序，不可將窮理作知之事。若實窮得理，即性命亦可了。（明）

事有善有惡，皆天理也。天理中物須有美惡，蓋『物之不齊，物之情也』，但當察之，不可自入於惡，流於一物。（明）

聖人，即天地也。天地中何物不有，天地豈嘗有心揀別善惡？一切涵容覆載，但處之有道耳。若善者親之，不善者遠之，則物不與者多矣，安得爲天地？故聖人之志，止欲『老者安之，朋友信之，少者懷之』，死生存亡皆知所從來，胸中瑩然無疑，止此理耳。孔子言：『未知生，焉知死？』蓋略言之死之事即生是也，更無別理。（明）

言『體天地之化』，已剩一『體』字，只此便是天地之化，不可對此箇別有天地。（明）

立清虛一大爲萬物之源，恐未安。須兼清濁虛實，乃可言神。道體物不遺，不應有方所。

正叔言不當以體會爲非心，以體會爲非心，故有『心小性大』之說。聖人之神與天爲一，安得有匹？至於『不勉而中，不思而得』，莫不在此。此心即與天地無異，不可小了他，不可將心滯在知識上，故反以心爲小。

『鼓舞萬物，不與聖人同憂』，此天與人異處，聖人有不能爲天之所爲處。

『立人之道曰仁與義』。據今日，合人道廢則是。今尚不廢者，猶只是有那些秉彝卒殄滅不得。以此思之，天壤間可謂孤立，其將誰告耶？

學者於釋氏之説，直須如淫聲美色以遠之。不爾，則駸駸然入於其中矣。『顏淵問爲邦』，孔子既告之以五帝三王之事，而復戒以『放鄭聲，遠佞人』，曰：『鄭聲淫，佞人殆。』彼佞人者，是佗一邊佞耳，然而於己則危。只是能使人移，故危也。至於禹之言曰：『何畏乎巧言令色！』巧言令色直消言『畏』，只是須著如此戒慎，猶恐不免。釋氏之學，更不消言，常戒到自家自信後，便不能亂得。

以書傳道，與口相傳煞不相干。相見而言，因事發明，則并意思一時傳了。書雖言多，其實不盡。

理則須窮，性則須盡，命則不可言，窮與盡只是至於命也。横渠昔嘗譬命是源，窮理與盡性如穿渠引源。然則渠與源是兩物，後來此議必改來。

今語道，則須待要寂滅湛静，形便如槁木，心便如死灰。所貴乎智周天地萬物而不遺，又幾時要如死灰？所貴動容周旋中禮，又幾時要如槁木？論心術無如孟子也，只謂『必有事焉』，今既如槁木死灰，則却於何處有事？

持國嘗論克己復禮，以謂克却不是道，伯淳言克便是克之道。持國又言道則不須克，伯淳言，道則不消克却不是持國事，在聖人則無事可克，今日持國須克得己，便然後復禮。

只著一箇私意便是餒，便是缺了佗浩然之氣處。『誠者，物之終始，不誠無物。』這裏缺了他，則便這裏没這物。浩然之氣又不待外至，『是集義所生者』。這一箇道理不爲堯存，不爲桀亡，只是人不到他這裏，知此便是明善。

萬物皆只是一箇天理，己何與焉？至如言『天討有罪，五刑五用哉』，『天命有德，五服五章哉』，此都只是天理自然當如此，人幾時與？與則便是私意。

人能放這一箇身，公共放在天地萬物中一般看，則有甚妨礙？雖萬身，曾何傷？乃知釋氏苦根塵者，皆是自私者也。

如天理底意思，誠只是誠此者也，敬只是敬此者也。非是别有一箇誠，更有一箇敬也。

天理云者，這一箇道理更有甚窮已？不爲堯存，不爲桀亡。人得之者，故『大行不加』，『窮居不損』。

這上頭來更怎生説得存亡加減？是佗元無少欠，百理具備。

道理皆自然，若安排定，則更有甚理？

堯夫詩云『聖人喫緊些兒事』，其言太急迫。道理平鋪地放著，何必如此？

所以謂『萬物一體』者，皆有此理，只爲從那裏來。『生生之謂易』，生則一時生，皆完此理，人則能推，物則氣昏，推不得，不可道佗物不與有也。人只爲自私，將自家軀殼上頭起意，故看得道理小了。放這身來都在萬物中，一例看大小，大快活。

『萬物皆備於我』，不獨人爾，物皆然，都自這裏出去。只是物不能推，人則能推之。雖能推之，幾時添得一分？不能推之，幾時減得一分？百理具在平鋪放著，幾時道堯盡君道，添得些君道多？舜盡子道，添得些孝道多？元來依舊。

異教之書，『雖小道，必有可觀者焉』。然其流必乖，故不可以一事遂都取之。

冬至一陽生，却須寒，正如欲曉而反暗也。陰陽之際，亦不可截然不相接，厮侵過便是道理，天地之間如是者極多。《艮》之爲義，『終萬物，始萬物』，此理最妙，須玩索這箇理。

『寂然不動，感而遂通』者，天理具備，元無少欠，不爲堯存，不爲桀亡。父子君臣常理不易，何曾動來？因不動，故言『寂然』。雖不動，感便通，感非自外也。

若不一本，則安得先天而天不違，後天而奉天時？

天地安有内外？言天地之外，便是不識天地也。人之在天地，如魚在水，不知有水，直待出水，方知動不得。

天地本一物，地亦天也。只是人爲天地心，是心之動，則分了天爲上，地爲下，『兼三才而兩之，故六』也。

天地之中，理必相直，則四邊當有空闕處。空闕處如何？地之下豈無天乎？所謂地者，特於天中一物耳，如雲氣之聚，以其久而不散也。故爲對，凡地動者，只是氣動；凡所指地者，只是土，土亦一物耳，不可言地。更須要知坤元承天是地之道也。

『鳶飛戾天，魚躍於淵』，言其上下察也。此一段子思吃緊爲人處，與『必有事焉而勿正心』之意同，活潑潑地。會得時，活潑潑地；不會得時，只是弄精神。（以下明）

切脈最可觀仁。

觀雞雛可觀仁。

問鬼神有無，曰：『待説與賢道没時，古人却因甚如此道？待説與賢道有時，又却恐賢問某尋。』

鳶飛戾天，向上更有天在。魚躍於淵，向下更有地在。鄭轂問此二句，顯道曰：『非是極其上下而言，蓋真箇見得如此，此正是子思喫緊道與人處。若從此解悟，便可入堯、舜氣象。』

滿腔子是惻隱之心。

孟子言性，當隨文看。不以告子『生之謂性』爲不然者，此亦性也，被命受生之後謂之性爾，故不同。繼之以『犬之性猶牛之性，牛之性猶人之性歟』，然不害爲一。若乃孟子之言善者，乃極本窮源之性。（正）

聖人於天下事自不合與，只順得天理，茂對時，育萬物。（以上正）

天人本無二，不必言合。

論性不論氣，不備；論氣不論性，不明。二之則不是。（正）

凡物參和交感則生，不和分散則死。

二氣五行，剛柔萬殊，聖人所由惟一理，人須要復其初。

有形總是氣，無形只是道。

大抵人有身，便有自私之理，宜其與道難一。

人之於性，猶器之受光於日，日本不動之物。

仲尼言仁，未嘗兼義，獨於《易》曰：『立人之道，曰仁與義。』孟子言仁，必以義配。蓋仁者體也，義者用也。知義之爲用而不外焉，可與語道矣。世之所論，於義者多外之，不然則混而無别，非知仁義之説者也。

理與心一，而人不能會之爲一。

惟善變通便是聖人。

仁則一，不仁則二。

仁道難名，惟公近之，非以公便爲仁。

氣，形而下者。

性不可以内外言。

神是極妙之語。

語及太虛，曰：『亦無太虛。』遂指虛曰：『皆是理，安得謂之虛？天下無實於理者。』

或謂許大太虛，先生謂：『此語便不是，這裡論甚大與小？』

語默猶晝夜，晝夜猶生死，生死猶古今。（以上正）

四端不言信，信本無在，在《易》則是至理，在《孟子》則是氣。

道，一本也。或謂以心包誠，不若以誠包心，以至誠參天地，不若以至誠體人物，是二本也。知不二本，便是『篤恭而天下平』之道。（以下明）

『形而上者謂之道，形而下者謂之器。』若如或者以清虛一大爲天道，則乃以器言，而非道也。

天地設位，而易行其中。何不言人行其中？蓋人亦物也。若言神行乎其中，則人只於鬼神上求矣。若言理言誠亦可也，而特言易者，欲使人默識而自得之也。

『天地之大德曰生』，天地絪蘊，萬物化醇，『生之謂性』。《告子》此言是，而謂『犬之性猶牛之性，牛之性猶人之性』者，則非也。萬物之生意最可觀，此『元者，善之長』也，斯所謂仁也。人與天地一物也，而人特自小之，何耶？

天地萬物之理，無獨必有對，皆自然而然，非有安排也。每中夜以思，不知手之舞之足之蹈之也。

『窮理盡性以至於命』，一物也。

天地只是設位，『易行乎其中』者，神也。

氣外無神，神外無氣。或者謂清者神，則濁者非神乎？

中之理至矣。獨陰不生，獨陽不生，偏則爲禽獸爲夷狄。中則爲人，中則不偏，常則不易。惟中不足以盡之，故曰『中庸』。

萬物莫不有對，一陰一陽，一善一惡，陽長則陰消，善增則惡減。斯理也，推之其遠乎！人只要知此耳。

聖人之言，沖和之氣也，貫徹上下。

『民受天地之中以生』，『天命之謂性』也。『人之生也直』，意亦如此。

且喚做中，若以四方之中爲中，則四邊無中乎？若以中外之中爲中，則外面無中乎？如『生生之謂易』，『天地設位而易行乎其中』，豈可只以今之《易》書爲易乎？中者，且謂之中，不可捉一箇中來爲中。

『生生之謂易』，『天地設位而易行乎其中』，『乾坤毁，則無以見易。易不可見，乾坤或幾乎息矣。』易畢竟是甚？又指而言曰：『聖人以此洗心，退藏於密。』聖人示人之意，至此深且明矣，終無人理會。易也，此也，密也，是甚物？人能至此深思，當自得之。

「成性存存」，便是「道義之門」。

聖人致公，心盡天地萬物之理，各當其分。佛氏總爲一己之私，是安得同乎？聖人循理，故平直而易行。異端造作，大小大費力，非自然也，故失之遠。若謂既返之氣復將爲方伸之氣，必資於此，則殊與天地之化不相似。天地之化自然生生不窮，更何復資於既斃之形、既返之氣以爲造化？近取諸身，其開闔往來見之鼻息，然不必須假吸復入以爲呼。氣則自然生。人氣之生，生於真元。天之氣亦自然生生不窮。至於海水，因陽盛而涸，及陰盛而生，亦不是將已涸之氣却生水。自然能生，往來屈伸，只是理也。盛則便有衰，晝則便有夜，往則便有來，天地中如洪鑪，何物不消鑠乎？（以下正）

天地之間只有一個感與應而已，更有甚事？

聖人之道更無精粗，從灑掃應對以至精義入神，通貫只一理。雖灑掃應對，只看所以然者如何。沖漠無朕，萬象森然已具，未應不是先，已應不是後。如百尺之木，自根本至枝葉皆是一貫，不可道上面一段事無形無兆，却待人旋安排引入來教入塗轍。既是塗轍，却只是一箇塗轍。

仁之道，要之，只消道一「公」字。公只是仁之理，不可將公便喚做仁。公而以人體之，故爲仁。只爲公，則物我兼照，故仁所以能恕，所以能愛。恕則仁之施，愛則仁之用也。

聖人之言依本分，至大至妙事，語之若尋常，此所以味長。釋氏之説，纔見得些，便驚天動地，言語走作，却是味短，只爲乍見，不似聖人見慣。如《中庸》言道，只消道「無聲無臭」四字，總括了多少釋氏言，非黄非白，非鹹非苦，費多少言語。

大而化之，只是謂理與己一。其未化者，如人操尺度量物，用之尚不免有差。若至於化者，則己便是尺度，尺度便是已。顔子正在此，若化，則便是仲尼也。『在前』是不及，『在後』是過之，此過不及甚微，惟顔子自知，他人不與。『卓爾』是聖人立處，顔子見之，但未至耳。

真元之氣，氣之所由生，不與外氣相雜，但以外氣涵養而已。若魚在水，魚之性命非是水爲之，但必以水涵養，魚乃得生耳。人居天地氣中，與魚在水無異。至於飲食之養，皆是外氣涵養之道。出入之息者，闔闢之機而已。所出之息，非所入之氣，但真元自能生氣。所入之氣，止當闔時隨之而入，非假此氣以助真元也。

『近取諸身』，百理皆具。屈伸往來之義，只於鼻息之間見之。屈伸往來只是理，不必將既屈之氣復爲方伸之氣。生生之理，自然不息。如《復》言『七日來復』，其間元不斷續，陽已復生，物極必返，其理須如此。有生便有死，有始便有終。

仁義禮智信，於性上要言此五事，須要分別出。若仁則固一，一所以爲仁。惻隱則屬愛，乃情也，非性也。恕者，入仁之門，而恕非仁也，因其惻隱之心，知其有仁。惟四者有端，而信無端。只有不信，更無信。如東西南北，已有定體，更不可言信。若以東爲西，以南爲北，則是有不信。如東即東，西即西，則無信。

極無適而不爲中。

問仁，曰：『此在諸公自思之，將聖賢所言仁處類聚觀之，體認出來。孟子曰：「惻隱之心，仁也。」後人遂以愛爲仁。惻隱固是愛也，愛自是情，仁自是性，豈可專以愛爲仁？孟子言惻隱爲仁，蓋爲前已言「惻隱之心，仁之端也」。既曰「仁之端」，則不可便謂之仁。退之言博愛之謂仁，非也。仁者固博愛，然便以博愛爲仁則不可。』

天地人只一道也，纔通其一，則餘皆通。如後人解《易》，言乾天道也，坤地道也，便是亂說。論其體，則天尊地卑。如論其道，豈有異哉？

心譬如穀種，生之性便是仁也。

問心有善惡否？曰：『在天爲命，在義爲理，在人爲性，主於身爲心，其實一也。心本善，發於思慮則有善有不善。若既發，則可謂之情，不可謂之心。譬如水只謂之水，至如流而爲派，或行於東，或行於西，却謂之流也。』

問：『人性本明，因何有蔽？』曰：『此須索理會也，孟子言人性善是也。雖荀、楊亦不知性，孟子所以獨出諸儒者，以能明性也。性無不善，而有不善者，才也。性即是理，理則自堯、舜至於途人，一也。才稟於氣，氣有清濁，稟其清者爲賢，稟其濁者爲愚。』

『「性相近也，習相遠也」，性一也，何以言「相近」？』曰：『此只是言「氣質之性」，如俗言性急性緩之類。性安有緩急？此言性者，「生之謂性」也。』又問：『上智下愚，不移是性否？』曰：『此是才，須理會得性與才所以分處。凡言性，須看他立意如何。如言人性善，性之本也。「生之謂性」，論其所稟也。孔子言「性相近」，若論其本，豈可言「相近」？只論其所稟也。告子所云固是，孟子問他，他説便不是也。』

問：『「舍則亡」，心有亡，何也？』曰：『否，此只是説心無形體，纔主著事時便在這裏，纔過了便不見。如「出入無時，莫知其鄉」，此句亦須要人理會。心豈有「出入」？亦以操舍而言也。「放心」，謂心本善，而流於不善，是放也。』

『「孝悌之至，通於神明。」神明、孝悌不是兩般事，只孝悌便是神明之理。』又問王祥孝感事，曰：『此亦是通神明一事，此感格便是王祥誠中來，非王祥性之理也。今人言天性柔緩，天性剛急，俗言天成，皆生來如此，此訓所稟受也。若性之理，則無不善。』

義訓宜，禮訓别，智訓知，仁當何訓？説者謂訓覺、訓人，皆非也。當合孔、孟言仁處大概，研窮之二三歲，得之未晚也。

信不足以盡誠，猶愛不足以盡仁。

或問性，曰：『順之則吉，逆之則凶。』

神也者，妙萬物而爲言。若上竿弄瓶，至於斲輪，誠少義理。天下無一物無禮樂，且置兩隻椅子，纔不正，便是無序，無序便乖，乖便不和。問：『如此，則禮樂却只是一事。』曰：『不然。如天地陰陽，其勢高下甚相背，然必相須而爲用也。有陰便有陽，有陽便有陰，有一便有二。纔有一二，便有一二之間，便是三，已往更無窮。老子亦言：「三生萬物。」此是「生生之謂易」，理自然如此。「維天之命，於穆不已」，自是理自相續不已，非是人爲之。如使可爲，雖使百萬般安排，也須有息時。只爲無爲，故不孝於此，而物來於彼也。』

問：『《行狀》云：「盡性至命，必本於孝悌。」不識孝悌，何以能盡性至命？』曰：『後人便將性命別作一般説了，只是一統底事。就孝弟中便可盡性至命，至灑掃應對與盡性至命亦是一統事，無有本末精粗，却被後人言性命者別作一般高遠説。故舉孝弟，是於人切近者言之。然今時非無孝弟之人，而不能盡性至命者，由之而不知也。』

禮只是一箇序，樂只是一箇和，只此兩字含蓄多，他將公字思量。

問：『凡運用處是心否？』曰：『是意也，有心而後有意。』問：『孟子言心「出入無時」，何如？』曰：『心本無出入，孟子只是據操舍言之。』又問：『人逐物，是心逐之否〔一〕？』曰：『心則無出入，逐物是欲。』

校記

〔一〕『是心』二字，底本漶滅，此據《二程遺書》卷二十二上校補。

盡己之謂忠，推己之謂恕，盡物之謂信。

稟於天謂性，感爲情，動爲心，質幹爲才。

『「生之謂性」與「天命之謂性」同乎？』曰：『性字不可一概論。「生之謂性」，止訓所稟受也。「天命之謂性」，此言息。《中庸》言：「不見而章，不動而變，無爲而成。天地之道，可一言而盡也。」使釋氏千章萬句説許大無限説話，亦不能逃此三句。』

陰陽之氣有常存而不移者，有消長而無窮者。

楊雄、韓愈説性，正説著才也。

《書》言天叙、天秩，天有是理，聖人循而行之，所謂道也。聖人本天，釋氏本心。

真近誠，誠者，無妄之謂。

問：『如何是仁？』曰：『只是一箇公字。學者問仁則常教，至則不可得而知。上竿初習數尺，而後至於百尺，習化其高，矧聖人誠至之事，豈可得而知？』(明)〔一〕

校記

〔一〕此則文字原文疑有脱誤。『學者問仁則常教』以上，《二程遺書》卷二二上作：『又問：「如何是仁？」曰：「只是一箇公字。學者問仁，則常教他將公字思量。」』『至則不可得而知』以下，《二程外書》卷一另作一則：『神也者，妙萬物而爲言。若上竿弄瓶，至於斲輪，誠至則不可得而知。上竿初習數尺……豈可得而知？』

公最近仁。

恕者，入仁之門。（正）

合天人，通義命，此大賢以上事。

問：『張子曰：「陰陽之精，互藏其宅。」然乎？』曰：『此言甚有味□，由人如何看。水離物不得，故水有離之象。火能入物，故火有坎之象。』

問忠恕之别，曰：『猶形影也。無忠，則不能爲恕矣。』

德至於無我者，雖善言美行，無非所過之化也。

天地之化，一息不留，疑其速也，然寒暑之變甚漸。

或問明道先生：『如何斯可謂之恕？』先生曰：『充擴得去則爲恕。』『如何是充擴得去氣象？』曰：『「天地變化，草木蕃。」充擴不去時，「天地閉，賢人隱。」』

明道嘗曰：『吾學雖有所受，天理二字却是自家體貼出來。』

明道曰：『「操則存，舍則亡，出入無時」，非聖人之言也。心安得有出入乎？』

明道云：『忠恕兩字，要除一箇除不得。』

問：『如何是道？』明道曰：『於君臣父子兄弟朋友夫婦上求。』伊川曰：『行處是。』

伊川曰：『人能至公，便是仁。』

明道嘗曰：『天下事只是感與應耳。』和靖以問伊川，伊川曰：『此事甚大，人當自識之。』

和靖曰：『某謂動静一理。』伊川曰：『試喻之。』適聞鐘聲，曰：『譬如此鐘，方其未撞時，聲固在也。』

伊川喜曰：『且更涵養。』

卷之二上

人患居常講習空言無實者，蓋不自得也。爲學治經最好，苟不自得，則盡治五經亦是空言。（正）

先生常論克己復禮，韓持國曰：『道上更有甚克，莫錯否？』曰：『如公之言，只是説道也，克己復禮乃所以爲道也。』又曰：『道無真無假。』曰：『既無真又無假，却是都無物也，到底須是是者爲真，不是者爲假。』

富貴驕人固不善，學問驕人，害亦不細。

義理與客氣常相勝，又看消長分數多少，爲君子小人之别。義理所得漸多，則自然知得。客氣消散得漸少，消盡者是大賢。

若不能存養，只是説話。

籲問：『每常遇事即能知操存之意，無事時如何存養得熟？』曰：『古之人耳之於樂，目之於禮，左右起居，盤盂几杖，有銘有戒，動息皆有所養。今皆廢此，獨有禮義之養心耳，但存此涵養意，久則自熟矣。「敬以直内」是涵養意，言不莊不敬則鄙詐之心生矣，貌不莊不敬則怠慢之心生矣。』

吕與叔嘗言患思慮多，不能驅除。曰：『此正如破屋中禦寇，東面一人來，未逐得，西面又一人至矣，左右前後驅逐不暇，蓋其四面空疎，盜固易入，無緣作得主定。又如虚器入水，水自然入。若以一器實之以水，置之水中，水何能入來？蓋其中有主則實，實則外患不能入，自然無事。』

人以料事爲明，便駸駸入『逆詐』『億不信』去也。

持國曰：『道家有三住心，心住則氣住，氣住則神住，此所謂存三守一。』伯淳先生曰：『此三者，人終食之頃未有不離者，其要只在收放心。』

人於外物奉身者事事要好，只有自家一箇身與心却不要好。苟得外面物好時，却不知道自家身與心却已先不好了也。

邢和叔言吾曹常須愛養精力。精力稍不足則倦，所以臨事皆勉强而無誠意。接賓客語言尚可見，况臨大事乎？

人患乎懾怯者，蓋氣不充，不素養故也。

忿懥，怒也。治怒爲難，治懼亦難。克己可以治怒，明理可以治懼。

志道懇切固是誠意，若迫切不中理，則反爲不誠。蓋實理中自有緩急，不容如是之迫，觀天地之化乃可知。

學者全體此心。學雖未盡，若事物之來，不可不應，但隨分限應之，雖不中，不遠矣。

學者須敬守此心，不可急迫。當栽培深厚，涵泳於其間，然後可以自得。但急迫求之，只是私己，終不足以達道。

學者全要識時，若不識時，不足以言學。顔子陋巷自樂，以有孔子在焉。若孟子之時，世既無人，安可不以道自任？

《訂頑》一篇，意極完備，乃仁之體也。學者其體此意，令有諸己，其地位已高。到此地位，自别有見處，不可窮高極遠，恐於道無補也。（明）

嘗喻以心知天，猶居京師往長安，但知出西門便可到長安，此猶是言作兩處。若要誠實，只在京師，便是到長安，更不可别求長安。只心便是天，盡之便知性，知性便知天，當處便認取，更不可外求。

學者識得仁體，實有諸己，只要義理栽培。如求經義，皆栽培之意。

欲知得與不得，於心氣上驗之。思慮有得，中心悦豫，沛然有裕者，實得也。思慮有得，心氣勞耗者，實未得也，强揣度耳。嘗有人言：『比因學道，思慮心虚。』曰：『人之血氣固有虚實疾病之來，聖賢所不免，然未聞自古聖賢因學而致心疾者。』

學者須先識仁，仁者，渾然與物同體，義禮智信皆仁也。識得此理，以誠敬存之而已，不須防檢，不須窮索。若心懈，則有防心，茍不懈，何防之有？理有未得，故須窮索。存久自明，安待窮索？此道與物無對，『大』不足以明之。天地之用，皆我之用。孟子言『萬物皆備於我』，須反身而誠，乃爲大樂。若反身未誠，則猶是二物有對，以己合彼，終未有之，又安得樂？《訂頑》意思，乃備言此體。以此意存之，更有何事？『必有事焉而勿正，心勿忘，勿助長』，未嘗致纖毫之力，此其存之之道。若存得，便合有得。蓋良知良能原不喪失，以昔日習心未除，却須存習此心，久則可奪舊習。此理至約，惟患不能守。既能體之而樂，亦不患不能守也。（明）

賢者惟知義而已，命在其中。中人以下乃以命處義，如言『求之有道，得之有命』，是求無益於得，知命之不可求，故自處以不求。若賢者，則求之以道，得之以義，不必言命。

克己則私心去，自然能復禮，雖不學文，而禮意已得。（明）

孟子才高，學之無可依據。學者當學顔子，入聖人爲近，有用力處。（明）

學者不必遠求，近取諸身，只明天理，敬而已矣，便是約處。《易》之《乾》卦言聖人之學，《坤》卦言賢人之學，惟言『敬以直内，義以方外，敬義立而德不孤』。至於聖人，亦止如是，更無别途。穿鑿繫累，自非道理。故有道有理，天人一也，更不分别。浩然之氣，乃吾氣也，養而不害，則塞乎天地。一爲私心所蔽，則

欿然而餒，知其小也。『思無邪』，『無不敬』，只此二句，循而行之，安得有差？有差者，皆由不敬不正也。（明）

凡立言，欲涵蓄意思，不使知德者厭，無德者惑。

且省外事，但明乎善，惟進誠心，其文章雖不中，不遠矣。所守不約，泛濫無功。（明）

學者須學文知道者，進德而已。有德，則『不習無不利』。『未有學養子而後嫁』，蓋先得是道矣。學文之功，學得一事是一事，二事是二事，觸類至於百千，至於窮盡，亦只是學，不是德。有德者不如是，故此言可爲知道者言，不可爲學者言。如心得之，則施於四體，四體不言而喻。譬如學書，若未得者，須心手相須而學；苟得矣，下筆便能書，不必積學。

所見所期不可不遠且大，然行之亦須量力有漸。志大心勞，力小任重，恐終敗事。

教人未見意趣，必不樂學。

今之學者唯有義理以養其心。

得而後動與慮而後動異。得在己，如自使手舉物，無不從。慮則未在己，如手中持物以取物，知其不利。

伯淳言：『學者須守「下學上達」之語，乃學之要。』

子厚以禮教學者，最善，使學者先有所據守。

凡學之雜者，終只是未有所止，內不自足也。譬之家藏良金，不索外求；貧者見人説金，須借他底看。

朋友講習，更莫如『相觀而善』工夫多。

禪學直須置而不論，更休曰且待嘗試。若嘗試，則已化而自爲之矣。

君實嘗患思慮紛亂，有時中夜而作，達旦不寐，可謂良自苦。人都來多少血氣？若此，則幾何而不摧殘以盡也？其後告人曰：『近得一術，常以中爲念。』則又是爲中所亂。中又何形，如何念得？夜以安身，睡則合眼不知苦，苦思量箇甚？只是不與心爲主。

有言養氣可以爲養心之助，曰：『敬則只是敬，敬字上更添不得。心裹著兩件物不得。』

要修持他這天理，則在德，須有不言而信者。言難爲形狀，養之則須直不愧屋漏與慎獨，這是箇持養底氣象也。

知止則自定，萬物撓不動，非是別將箇定來助知止也。

養心者，且須是教他寡欲，又差有功。

中心斯須不和不樂，則鄙詐之心入之矣。此與『敬以直内』同理，謂敬爲和樂則不可，然敬須和樂，只是中心没事也。

觀天理，亦須放開意思，開闊得心胸，便可見。今雖知『可欲之謂善』，亦須實『有諸己』，便可言誠，誠便『合内外之道』。今看得不一，只是心生。除了身，只是理，便説合天人，合天人已是爲不知者引而致之天人無間。不充塞則不能化育，言贊化育，已是離人而言之。

須是大其心使開闊，譬如爲九層之臺，須大做脚始得。

醫家以不認痛癢謂之不仁，人以不知覺、不認義理爲不仁，譬最近。

孟子論四端處，則欲擴而充之；説約處，則博學詳説而反説約。此内外交相養之道也。

横渠教人，本只是謂世學膠固，故説一箇清虚一大。然而人又更别處走，今日且只道敬。

聖人之德行，固不可得而名狀。若顏子底一箇氣象，吾曹亦心知之，欲學聖人，且須學顏子。後來曾子、子夏煞學得到上面也。

今學者敬而不見得，又不安者，只是心生，亦是大以敬來做事得重，此『恭而無禮則勞』也。只恭而不爲自然底道理，故不自在也，須是『恭而安』。今容貌必端，言語必正者，非是道獨善其身，要人道如何。只是天理合如此，本無私意，只是箇循理而已。

物理最好玩。

今志於義理而心不安樂者，何也？此則正是剩一箇『助之長』。雖則心『操之則存，舍之則亡』，然而持之太甚，便是『必有事焉』而正之也。亦須且恁去，如此者只是德孤。『德不孤，必有鄰』，到德盛後，自無窒礙，『左右逢其原』也。

得此義理在此，甚事不盡？更有甚事出得？視世之功名事業，真譬如閑。視世之仁義者，真煦煦孑孑，如匹夫匹婦之爲諒也。自是天來大事，處以此理，又曾何足論？若知得這箇義理，便有進處。若不知得，則何緣仰高鑽堅，在前在後也？竭吾才，則又見其卓爾。

人於天理昏者，是只爲嗜欲亂著他。莊子言：『其嗜欲深者，其天機淺。』此言却最是。

所務於窮理者，非道須盡窮了天下萬物之理，又不道是窮得一理便到，只是要積累多後自然見去。

不愧屋漏，便是箇持養氣象。

『敬而無失』，便是『喜怒哀樂未發之謂中』也。敬不可謂之中，但敬而無失即所以中也。

司馬子微嘗作《坐忘論》，是所謂『坐馳』也。

胎息之説，謂之愈疾則可，謂之道則與聖人之學不干事。聖人未嘗説著『若言神住則氣住』，則是浮屠入定之法。雖謂養氣，猶是第二節事，亦須以心爲主。其心欲慈惠安静，故於道爲有助，亦不然。孟子説浩然之氣，又不如此。今若言存心養氣只是專爲此氣，又所爲者小。捨大務小，捨本趨末，又濟甚事？今言有助於道者，只爲奈何心不下，故要得寂湛而已，又不似釋氏攝心之術。論學若如是，則大段雜也。亦不須得道，只閉目静坐爲可以養心。『坐如尸，立如齊』，只是要養其志，豈只待爲養這些氣來，又不如是也。

目畏尖物，此事不得放過，便與克下。室中率置尖物，須以理勝他，尖必不刺人也，何畏之有？

人心作主不定，正如一箇翻車，流轉動摇，無須臾停，所感萬端。又如懸鏡空中，無物不入其中，有甚定形？心若不做一箇主，怎生奈何？張天祺常言：『自約數年，自上著牀，便不得思量事。不思量事後，須强把他這心來制縛，亦須寄寓在一箇形象，皆非自然。』君實自謂：『吾得術矣，只管念箇中字。』此則又爲中繫縛，且中字亦何形象？若愚夫不思慮，冥然無知，此又過與不及之分也。有人胸中常若有兩人焉，欲爲善，如有惡以爲之間；欲爲不善，又若有羞惡之心者。本無兩人，此正交戰之驗也。持其志，便氣不能亂，此大可驗。要之，聖賢必不害心疾。

既得後，便須放開。不然，却只是守。（明）

以記誦博識爲玩物喪志。言心中不宜容絲髮事。

周茂叔窗前草不除去，問之，云：『與自家意思一般。』子厚觀驢鳴，亦謂如此。

某寫字時甚敬，非是要字好，只此是學。

須是就事上學。《蠱》：『振民育德。』然有所知後，方能如此。

『士不可以不弘毅，任重而道遠』，重擔子須是硬脊梁漢方擔得。

執事須是敬，又不可矜持太過。

勿忘勿助之間，正當處也。

學者要學得不錯，須是學顔子。有準的。

參也，竟以魯得之。

『毛猶有倫』，入毫釐絲忽終不盡。

邢恕日三點檢，亦可哀也。何時不點檢？

學射者互相點檢病痛，『朋友攸攝，攝以威儀』。（以上明）

語學者以所見未到之理，不惟所聞不深徹，久將理低看了。（正）

聖人不記事，所以常記得。今人忘事，以其記事。不能記事，處事不精，皆出於養之不完固。

人固可以前知，然其理須是用則知，不用則不知。知不如不知之愈，蓋用便近二，所以釋子謂又不是野狐精也。

未有不能體道而能無思者，故坐忘即是坐馳，有忘之心乃思也。

伯淳在澶州日，修橋少一長梁，曾博求之民間。後因出入，見林木之佳者，必起計度之心，因語以戒學者：『心不可有一事。』

閱機事之久，機心必生。蓋方其閱時，心必喜，既喜，則如種下種子。

忘物與累物之弊等。

較事大小，其弊爲枉尺直尋之病。

忘敬而後無不敬。

聖人之心未嘗有在，亦無不在。蓋其道合内外，體萬物。

罪己責躬不可無，然亦不當長留在心胸爲悔。

有恐懼心，亦是燭理不明，亦是氣不足。須知『義理之悦我心，猶芻豢之悦我口』，玩理以養心如此。蓋人有小稱意事，猶喜悦，有淪肌浹骨如春和意思，何況義理？然窮理亦當知用心緩急，但苦勞而不知悦處，豈能養心？

入道莫如敬，未有能致知而不在敬者。今人主心不定，視心如寇賊而不可制，不是事累心，乃是心累事。當知天下無一物是合少得者，不可惡也。

須是識在所行之先，譬如行路，須得光照。（以上正）

禮樂只在進反之間便得性情之正。（明）

先生不好佛語，或曰：『佛之道是也，其迹非也。』曰：『所謂迹者，果不出於道乎？然吾所攻其迹耳，其道則吾不知也。使其道不合於先王，固不願學也。如其合於先王，則求之六經足矣，奚必佛？』

人有語導氣者，問先生曰：『君亦有術乎？』曰：『吾嘗夏葛而冬裘，饑食而渴飲，節嗜欲，定心氣，如斯而已矣。』

人必有仁義之心，然後仁與義之氣睟然達於外，故『不得於心，勿求於氣，可』也。（明）

或謂佛之理比孔子爲徑，曰：『天下果有徑理，則仲尼豈欲使學者迂遠而難至乎？故外仲尼之道而由徑，則是冒險阻、犯荆棘而已。』

君子之遇事，無巨細，一於敬而已。簡細故以自崇，非敬也。飾私智以爲奇，非敬也。要之，無敢慢而已。『執事敬』者，爲仁之端也。推是心而成之，則『篤恭而天下平』矣。

士之所難者，在『有諸己』而已。能有諸己，則『居之安』，『資之深』，而美且大可以馴致矣。徒知可欲之善，而『若存若亡』而已，則能不受變於俗者，鮮矣。

人心常要活，則周流無窮，而不滯於一隅。

論學便要明理，論治便須識體。

『唯上智與下愚不移』，移則不可知。上之爲聖，下之爲狂，在人一身，念不念爲進退耳。

『居處恭，執事敬，與人忠』，充此便睟面盎背。有諸中，必形諸外，觀其氣象便見得。

不能動人，只是誠不至。於事厭倦，皆是無誠處。

氣直養而無害，便塞乎天地之間。有少私意，即是氣虧。無不義便是集，有私意便是餒。

敬義夾持，直上達天德，自此。

心有所存，眸子先發見。

學原於思。

『節嗜慾，定心氣』，即是『天氣下降，地氣上騰』，便和無疾。

看一部《華嚴經》，不如看一《艮》卦。《經》只言一『觀止』。

自『幼子常視無誑』以上，便是教以聖人事。

怒驚皆是主心不定。

須要有止。止於仁，止於孝，止於大分。

存養熟後，泰然行將去，便有進。

清明在躬，志氣如神。貴熟。

觀天地生物氣象。

懈意一生，便是自棄自暴。

勿忘勿助長，必有事焉，只中道上行。

涵養著樂處，養心便到清明高遠。

凝然不動，便是聖人。

多驚，多怒，多憂，只去一事，所偏處自克。克得一件，其餘自正。

虛心實腹。

静後見萬物自然皆有春意。

和平依磬聲。玉磬，聲之最和平者，養心。

忿欲忍與不忍，便見有德無德。

息，止也，生也。止則便生，不止則不生。

不常其德，則所勝來復。正常其理，則所勝同化。《素問》。

心風人力倍平常，將死者識能預知，只是他不著别事雜亂，兼無昏氣。人須致一如此。

誠則自然無累，不誠便有累。

根本須先培壅，然後可立趨向也。趨向既正，所造有淺深，則由勉與不勉也。

人多昏其心，聖賢則去其昏。

讀《論語》《孟子》而不知道，所謂『雖多，亦奚以爲？』

古之學者爲己，今之學者爲人。古之仕者爲人，今之仕者爲己。古之强有力者將以行禮，今之强有力者將以爲亂。

言而不行，是欺也。君子欺乎哉？不欺也。

汎乎其思，不若約之可守也。思則來，捨則去，思之不熟也。

聖人於憂勞中其心則安静，安静却有至憂。

發於外者謂之恭，有諸中者謂之敬。

誠然後能敬，未及誠時，却須敬而後能誠。

無妄之謂誠，不欺其次矣。

不愧屋漏，則心安而體舒。

經所以載道也，器所以適用也，學經而不知道，治器而不適用，奚益哉？

今之學者岐而爲三：能文者謂之文士，談經者泥爲講師，惟知道者乃儒學也。

夫内之得有淺深，外之來有輕重，内重則可以勝外之輕，得深則可以見誘之淺。

獵自謂：『今無此好。』周茂叔曰：『何言之易也！但此心潛隱未發，一日萌動，復如前矣。』後十二年因見，果知未。

禪學只到止處，無用處無禮義。

堯、舜知他幾千年，其心至今在。

心要在腔子裏。

體道，少能體即賢，盡能體即聖。

只外面有些隙罅，便走了。

只學顔子『不貳過』。

『忠恕違道不遠』，『可謂仁之方』，『力行近乎仁』，『求仁莫近焉』，仁道難言，故止曰『近』『不遠』而已。苟以力行便爲仁，則失之矣。『施諸己而不願，亦無施於人』，夫子之道忠恕，非曾子不能知道之要，捨此則不可言。

兵法遠交近攻，須是審行此道。『智崇禮卑』之意。

只是論行規矩準繩，巧則在人。

外面事不患不知，只患不見自己。

人當審己如何？不必恤浮議。志在浮議，則心不在内。

静坐獨處不難，居廣居、應天下爲難。

玩心神明，上下同流。

禹不矜不伐，至柔也，然乃見剛。

不學便老而衰。

把得地分定，做事直是不得放過。

致知，但知『止於至善』，『爲人子止於孝，爲人父止於慈』之類，不須外面。只務觀物理汎然，正如游騎無所歸也。

須是『無終食之間違仁』，即道日益明矣。

人有斗筲之量者，有鐘鼎之量者，有江河之量者，有天地之量者。斗筲之量者固不足算，若鐘鼎、江河者，亦已大矣，然滿則溢也。唯天地之量無得而損益，苟非聖人，孰能當之？

董仲舒謂：『正其誼不謀其利，明其道不計其功。』孫思邈曰：『膽欲大而心欲小，智欲圓而行欲方，可以法矣。』今人皆反之者也。『如臨深淵，如履薄冰』，謂小心也。『糾糾武夫，公侯干城』，謂大膽也。『不爲利回，不爲義疚』，行之方也。『見幾而作，不俟終日』，知之圓也。此言極有理。

正叔謂：『何以謂之君子？何以謂之小人？君子則所見者大，小人皆所見者小且近。君子之志所慮者豈止其一身？直慮及天下千萬世。小人之慮，一朝之忿，曾不遑恤其身。』

呂進伯老而好學，理會直是到底。正叔謂：『老喜學者尤可愛。人少壯則自當勉，至於老矣，志力須倦，又慮學之不能及，又年數之不多，不曰「朝聞道，夕死可矣」乎？學不多，年數之不足，不猶愈於終不聞乎？』

二程解『窮理盡性，以至於命』，只窮理便是至於命。子厚謂：『亦是失於大快。此義儘有次序，須是窮理，便能盡得已之性，則推類又盡人之性。既盡得人之性，須是并萬物之性一齊盡得，如是然後至於天道也。其間煞有事，豈有當下理會了？學者須是窮理爲先，如此則方有學。今言知命與至於命儘有近遠，豈可以知便謂之至也？』

『天地設位，而易行乎其中』，只是敬也。敬則無間斷，『體物而不可遺』者，誠敬而已矣。不誠則無物也。（以下明）

毋不敬，可以對越上帝。

克勤小物最難。

自下而達上者，唯『造次必於是，顛沛必於是』。

耳目能視聽而不能遠者，氣有限耳，心則無遠近也。

學要信與熟。

敬勝百邪。

欲當大任，須是篤實。

失之毫釐，繆以千里，深可戒慎。

孟子曰：『仁也者，人也。合而言之，道也。』《中庸》所謂『率性之謂道』是也。『仁者，人』，此者也。『敬以直内，義以方外』，仁也。若以敬直内，則便不直矣。行仁義豈有直乎？『必有事焉而勿正』，則直也。

學要在自得。

時者，聖人所不能違。然人之智愚、世之治亂，聖人必示可易之道，豈徒爲教哉？蓋亦有其理故也。

萬物皆有理，順之則易，逆之則難，各循其理，何勞於己力哉？

人心莫不有知，惟蔽於人欲，則忘天德一作理也。

人心不得有所繫。

以物待物，不以己待物，則無我也。

志可克氣，氣勝則憒亂矣。今之人以恐懼而勝氣者多矣，而以義理勝氣者鮮矣。

『樂天知命』，通上下之言也。聖人樂天，則不須言知命。知命者，知有命而信之者耳，『不知命，無以爲君子』是矣。命者所以輔義，一循於義，則何庸斷之以命哉？若夫聖人之『知天命』，則異於此。

智、仁、勇三者，天下之達德，學之要也。

操約者，敬而已矣。

誠者，天之道。敬者，人事之本。敬者，用也。敬則誠。

『敬以直内』，則『義以方外』。『義以爲質』，則『禮以行之，孫以出之，信以成之』。『孫』，順也，不止於言。

『和順於道德而理於義』者，體用也。

學者須識聖賢之體。聖人，化工也。賢人，巧也。

致知養氣。

『居仁由義』，守禮寡欲。

有實則有名，名實一物也。若夫好名者，則狥名爲虚矣。如『君子疾没世而命不稱』，謂無善可稱耳，非狥名也。

人須知自慊之道。

動乎血氣者，其怒必遷。若鑑之照物，妍蚩在彼，隨物以應之。怒不在此，何遷之有？

人須學顔子，有顔子之德，則孟子之事功自有。孟子者，禹稷之事功也。

人須知自慊之道。自慊者，無不足也。若有所不足，則張子厚所謂『有外之心，不足以合天心』者也。

視聽思慮動作，皆天也，人但於其中要識得真與妄耳。

凡爲人言者，理勝則事明，氣忿則招怫。

人最可畏者是便做，要在燭理。

居之以正，行之以和。

『窮理盡性』矣，曰『以至於命』，則全無著力處。如『成於樂』，『樂則生矣』之意同。

凡人才學，便須知著力處；既學，便須知得力處。

灑掃應對，便是形而上者，理無大小故也。故君子只在慎獨。

知之明，信之篤，行之果，知仁勇也。

讀書要玩味。

學要在敬也誠也，中間便有箇仁，『博學而篤志，切問而近思，仁在其中矣』之意。

人之學不進，只是不勇。

人多言廣心浩大，然未見其人也。

志，氣之帥，不可小觀。（以下正）

涵養吾一。

主一無適，『敬以直內』，便有浩然之氣。浩然須要實識得他剛大直，不習無不利。

敬即便是禮，無己可克。

大而化則己與禮一，一則無己。

六經之言，在涵畜中默識心通。精義爲本。

物則一作即事也，凡事上窮極其理，則無不通。

有主則虛，無主則實，必有所事。

人患事繫累[一]，思慮蔽固，只是不得其要。要在明善，明善在乎格物窮理。窮至於物理，則漸久後天下之物皆能窮，只是一理。

校記

〔一〕「繫」，底本訛作「緊」，此據《二程遺書》卷十五校改。

人多思慮，不能自寧，只是做他心主不定。要作得心主定，惟是止於事。爲人君止於仁之類，如舜之誅四凶，四凶已作惡，舜從而誅之，舜何與焉？人不止於事，只是攬他事，不能使物各付物。物各付物，則是役物；爲物所役，則是役於物。有物必有則，須是止於事。

視聽言動，非禮不爲，即是禮。禮即是理也。不是天理，便是私欲。人雖有意於爲善，亦是非理。無人欲即皆天理。

公則一，私則萬殊。至當歸一，精義無二。人心不同如面，只是私心。

人不能祛私慮，只是吝，吝故無浩然之氣。

古之學者優柔厭飫，有先後次序。今之學者却只做一場，説話務高而已。常愛杜元凱語：『若江河之浸，膏澤之潤，涣然冰釋，怡然理順，然後爲得也。』今之學者往往以游夏爲小，不足學。然游夏一言一事却總是實，如子路、公西赤言志如此，聖人許之，亦以此自是實事。後之學者好高，如人游心於千里之外，然自身却只在此。

人皆稱柳下惠爲聖人，只是因循前人之語，非自見。假如人言孔子爲聖人也，須直待己實見聖處，方可信。

曾子傳聖人學，其德後來不可測，安知其不至於聖人？如言『吾得正而斃』，且休理會文字，只看他氣象極好，被他所見處大。後人雖有好言語，只被氣象卑，終不類道。

『養心莫善於寡欲』，不欲則不惑。所欲不必沈溺，只有所向便是欲。

人惡多事，或人憫一作欲簡之。世事雖多，盡是人事，人事不教人做，更責誰做？

要息思慮，便是不息思慮。

狥流俗，非隨時。知事可正，嚴毅獨立，乃是隨時也。

人苟有『朝聞道，夕死可矣』之志，則不肯一日安於所不安也。何止一日，須臾不能。如曾子易簀，須要如此乃安。人不能若此者，只爲不見實理。實理者，實見得是，實見得非。凡實理得之於心自別，若耳聞口道者，心實不見。若見得，必不肯安於所不安。人之一身，儘有所不肯爲，及至他事，又不然。若士者，雖殺之，使爲穿窬，必不爲，其他事未必然。至如執卷者，莫不知説禮義，又如王公大人，皆能言軒冕外物，及其臨利害，則不知就義理，却就富貴。如此者，只是説得，不實見，及其蹈水火，則人皆避之。是實見得，須是有『見不善如探湯』之心，則自然別。昔有經傷於虎者，他人語虎，則雖三尺童子皆知虎之可畏，終不似曾經傷者神色懾懼，至誠畏之，是實見得也。得之於心，是謂有德，不待勉强，然學者則須勉强。古人有捐軀隕命者，若不實見得，則烏能如此？須是實見得生不重於義，生不安於死也。故有『殺身成仁』者，只是成就一箇是而已。

學者患心慮紛亂，不能寧静，此則天下公病。學者只要立箇心，此上頭儘有商量。

閑邪則誠自存，不是外面捉一箇誠將來存著。今人外面役役於不善，於不善中尋箇善來存著，如此則豈有入善之理？只是閑邪，則誠自存，故孟子言性善，皆由内出。只爲誠便存，閑邪更著甚工夫？但惟是動容貌，整思慮，則自然生敬，敬只是主一也。主一則既不之東，又不之西，如是則只是中；既不之此，又不之彼，如是則只是內。存此，則自然天理明。學者須是將『敬以直內』涵養此意，直內是本。

釋氏之學，更不消對聖人之學比較，要之必不同，便可置之。今窮其説，未必能窮得他，比至窮得，自家已化而爲釋氏矣。

『敬以直內』，有主於內則虛，自然無非僻之心，如是則安能不虛？『必有事焉』，須把敬來做件事著。此道最是簡，最是易，又省工夫。爲此語，雖近似常人所論，然持之一有『久』字必別。

閑邪則固一矣，然主一則不消言閑邪。一者，無他，只是整齊嚴肅，則心便一，一則自無非僻之干。此意但涵養久之，則天理自然明。

『必有事焉』，有事於此一作敬也。『勿正』者，若思此而曰善，然後爲之，是正也。『勿忘』，則是必有事也。『勿助長』，則是勿正也。後言之漸重，須默識取主一之意。

修養之所以引年，國祚之所以祈天永命，常人之至於聖賢，皆工夫到這裏，則有此應。

學者之流必談禪者，只是爲無處撈摸，故須入此。

率氣者在志，養志者在直內。

人於天地間並無窒礙處，大小大快活。

切要之道，無如『敬以直內』。

『出門如見大賓，使民如承大祭』，只是敬也。敬則是不私之説也。才不敬，便私欲萬端，害於仁。

學爲氣所勝，習所奪，只可責志。

釋氏之説，若欲窮其説而去取之，則其説未能窮，固已化而爲佛矣。且只於迹上考之，其設教如是，則其心果何如？固難爲取其心，不取其迹。有是心，則有是迹。王通言心迹之判，便是亂説，不若且於迹上斷定不與聖人合。其言有合處，則吾道固已有；有不合者，固所不取。如是立定，却省易一作力。

儒者其卒必入異教，其志非願也，其勢自然如此。蓋智窮力屈，欲休來，又知得未安穩，休不得，故見人有一道理，其勢須從之。譬之行一大道，坦然無阻，則更不由徑，只爲前面逢著山逢著水，行不得，有窒礙，則見一邪徑，欣然從之。儒者之所以必有窒礙者，何也？只爲不致知。『知至至之』，則自無事可奪。今夫有人處於異鄉，元無安處，則言某處安，某處不安，須就安處。若己有家，人言他人家爲安，己必不肯就彼。故儒者而卒歸異教者，只爲於己道實無所得，雖曰聞道，終不曾實有之。

有謂因苦學而至失心者。學本是治心，豈有反爲心害？某氣本不盛，然而能不病、無倦怠者，只是一箇慎。生不恣意，其於外事，思慮儘悠悠。

卷之二下

格物窮理，非是要盡窮天下之物，但於一事上窮盡，其他可以類推。至如言孝，其所以爲孝者如何。如一事上窮不得，且别窮一事。或先其易者，或先其難者，各隨人深淺。如千蹊萬徑，皆可適國，但得一道入得便可。所以能窮者，只爲萬物皆是一理。至如一物一事，雖小，皆有是理。

敬則自虚静，不可把虚静唤做敬。居敬則自然行簡，若『居簡而行簡』，却是不簡，只是所居者已剩一簡字。

敬則無己可克，始則須絶四。

人之身有形體，未必能爲主。若有人繫虜將去，隨其所處，己有不得與也，唯心則三軍之衆不可奪也。若并心做主不得，則更有甚？

由經窮理。

『不勉而中，不思而得』與『勉而中，思而得』何止有差等，直是相去懸絶。不勉而中，即常中。不思而得，即常得。所謂『從容中道』者，指他人所見而言之。若不勉不思者，自在道上行，人何必言中不中？不勉不思，亦有大小深淺。至於曲藝，亦有不勉不思者。所謂『日月至焉』與『久而不息』者，所見規模雖略相似，其意味氣象迥别，須潛心默識，玩索久之，庶幾自得。學者不學聖人則已，欲學之，須熟玩味聖人氣象，不可只於名上理會，如此只是講論文字。

格物須積累涵養，如始學詩者，其始未必善，到悠久須差精。人則只是舊人，其見則别。

知至則當至之，知終則當遂終之，須以知爲本。知之深則行之必至，無有知之而不能行者。知而不能行，只是知得淺。饑而不食烏喙，人不蹈水火，只是知。人爲不善，只是不知。

古之學者先由經以識義理，蓋始學時，盡是傳授。後之學者却先須識義理，方始看得經。如《易》《繫辭》所以解《易》，今人須看了《易》，方始看得《繫辭》。一本云：「古之人得其師傳，故因經以明道。後世失其師傳，故非明道不能以知經。」

解義理若一向靠書册，何由得居之安，資之深？不惟自失，兼亦誤人。

學者好語高，正如貧人説金，説黄色，説堅軟。道他不是又不可，只是好笑，不曾見富人説金如此。

只營衣食却無害，惟利禄之誘最害人。

做官奪人志。

守身爲大，養疾亦是守身之一。齋、戰、疾，聖人之所慎。

説書必非古意，轉使人薄學者，須是潛心積慮，優游涵養，使之自得。今一日説盡，只是教得薄。至如漢時説下帷講誦，猶未必説書。

學者先務，固在心志。有謂欲屏去聞見知思，則是『絶聖棄智』。有欲屏去思慮，患其紛亂，則是須坐禪入定。如明鑑在此，萬物畢照，是鑑之常，難爲使之不照。人心不能不交感萬物，亦難爲使之不思慮。若欲免此，唯是心有主。如何爲主？敬而已矣。有主則虚，虚謂邪不能入。無主則實，實謂物來奪之。今夫瓶罌有水實内，則雖江海之浸無所能入，安得不虚？無水於内，則渟注之水不可勝注，安得不實？大凡人心不可二用，用於一事，則外事更不能入者，事爲之主也。事爲之主，尚無思慮紛擾之患。若主於敬，又焉有此患乎？所謂敬者，主一之謂敬。所謂一者，無適之謂一。且欲涵泳主一之義，一則無二三矣。言敬無如聖人之言，《易》所謂『敬以直内，義以方外』。須是直内，乃是主一之義。至於『不敢欺』，『不敢慢』，『尚不愧於屋漏』，皆是敬之事也。但存此涵養，久之自然天理明。

有主則虚，無主則實，必有所事。

以物待物，不可以己待物。

浩然之氣難識，須要認得。當行不歉於心之時，自然有此氣象。然亦未盡，須是見『至大』『至剛』『以直』之三德，方始見浩然之氣。若要見時，且看取地道《坤》『六二，直方大，不習無不利』，『方』便是剛，『大』便是大，『直』便是直。於《坤》不言『剛』而言『方』者，言『剛』則害於地道，故下復云『至柔而動也剛』。以其先言柔，而後云剛，無害。大只是對小而言，是大也。剛只是對柔而言，是剛也。直只是對曲而言，是直也。如此，自然『不習無不利』。《坤》之六二，只爲已是地道，又是二，又是六，地道之精純者。至如六五便不同。欲得學，且只看取地道《坤》。雖是學者之事，然亦有聖人之道。《乾》九二是聖人之事，《坤》六二是學者之事。聖賢之道，其發無二，但至有深淺大小。

嚴威儼恪，非敬之道，但致敬須自此入。

禮孰爲大？時爲大。亦須隨時，當隨則隨，當治則治。當其時，作其事，便是能隨時。隨時之義大矣哉！尋常人言隨時，爲且和同，只是流狥耳，不可謂和。和則已是和於義，故學者患在不能識時。『時出之』，亦須有『溥博淵泉』，方能出之。

義之精者，須是自求得之，如此則善求義也。

今農夫祁寒暑雨深耕易耨，播種五穀，吾得而食之；今百工技藝作爲器用，吾得而用之；甲冑之士被堅執鋭以守土宇，吾得而安之，却如此閑過了日月，即是天地間一蠹也。功澤又不及民，别事又做不得，惟有補緝聖人遺書，庶幾有補耳。

致知在格物，格物之理不若察之於身，其得尤切。

人要明理，若止一物上明之，亦未濟事，須是集衆理，然後脱然自有悟處。

大凡儒者，未敢望深造於道，且只得所存正，分别善惡，識廉恥。如此等人多，亦須漸好。

人皆知趨利而避害，聖人則更不論利害，惟看義當爲不當爲，便是命在其中也。

今之爲學者，如登山麓，方其迤邐，莫不闊步，及到峻處，便逡巡。苟能遇難益堅，聞過則改，何遠弗至也？

大凡禮，必須有意。禮之所尊，尊其義也。失其義，陳其數，祝史之事也。

學莫大於致知，養心莫大於禮義。古人所養處多，若聲音以養其耳，舞蹈以養其血脈。今人都無，只有箇義理之養人，又不知求。

或謂：『人莫不知和柔寬緩，然臨事則反，至於暴厲。』曰：『只是志不勝氣，氣反動其心也。』

學者所貴聞道，執經而問，但廣聞見而已。

大凡學問，聞之知之皆不爲得。得者，須默識心通。

學者欲有所得，須是篤，誠意燭理。上知則穎悟自别，其次，須以義理涵養而得之。

造道深後，雖聞常人語，言淺近事，莫非義理。

如眼前諸人，要特立獨行，煞不難得，只是要一箇知見難，人只被這箇知見不通透。人謂要力行，亦只是淺近語，人既能知見，豈有不能行？一切事皆所當爲，不必待著意做。纔著意做，便是有箇私心。這一點意氣，能得幾時了〔一〕？

校記

〔一〕『了』，底本訛作『子』，此據《二程遺書》卷十七校改。

今人欲致知，須要格物。物不必謂事物然後謂之物也，自一身之中至萬物之理，但理會得多，相次自然豁然有覺處。

知之必好之，好之必求之，求之必得之。古人此箇學是終身事，果能顛沛造次必於是，豈有不得道理？

近世淺薄，以相歡狎爲相與，以無圭角爲相歡愛，如此者安能久？若要久，須是恭敬，君臣朋友皆當以敬爲主也。《比》之上六曰：『比之無首，凶。』象曰：『比之無首，無所終也。』比之有首，尚懼無終，既無首，安得有終？故曰『無所終也』。比之道須當有首。或曰：『君子淡以成，小人甘以壞。』曰：『是也，豈有甘而不壞者？』

問：『學何以至覺悟處？』曰：『莫先致知。能致知，則思一日，愈明一日，久而後有覺也。學而無覺，則何益矣，又奚學爲？「思曰睿」，「睿作聖」，纔思便睿，以至作聖，亦是一箇思。故曰：「勉强學問，則聞見博而智益明。」』又問：『莫致知與力行兼否？』曰：『爲常人言，纔知得非禮不可爲，須用勉强。至於知穿窬不可爲，則不待勉强，是知有淺深也。古人言樂循禮之謂君子，若勉强，只是知循禮，非是樂也。纔到樂時，便是循禮爲樂，不循禮爲不樂，何苦而不循禮？自不須勉强也。若夫聖人「不勉而中，不思而得」，此又上一等事。』

『思曰睿』，思慮久後，睿自然生。若於一事上思未得，且別換一事思之，不可專守著這一事。蓋人之知識於這裏蔽著，雖强思，亦不通也。或問：「思一事，或泛及他事，莫是心不專否？」曰：「心若專，怎生解及別事？」不致知，怎生行得？只是覷却堯，學他行事，無堯許多聰明睿知，怎生得如他動容周旋中禮？勉强行者，安能持久？除非燭理明，自然樂循理。性本善，循理而行，是順事，本亦不難，但爲人不知，旋安排著，便道難也。學者須是真知，纔知得是，便泰然行將去也。某年二十，時解釋經義與今無異，然思今日，覺得意味與少時自別。

信有二般，有信人者，有自信者。如七十子於仲尼，得他言説，便終身守之，然未必知道。學者須要自信，既自信，怎生奪得？

或問：『進修之術，何先？』曰：『莫先於正心誠意。誠意在致知，「致知在格物」。格，至也，如「祖考來格」之「格」。凡一物上有一理，須是窮致其理。窮理亦多端，或讀書講明義理；或論古今人物，别其是非；或應事接物而處其當，皆窮理也。』或問：『格物須物物格之，還只格一物，而萬理皆知？』曰：『怎生便會該通？若只格一物，便通衆理，雖顔子亦不敢如此道。須是今日格一件，明日又格一件，積習既多，然後脱然自有貫通處。涵養須用敬，進學則在致知。』

問：『人有志於學，然智識蔽固，力量不至，則如之何？』曰：『只是致知。若致知，則智識當自漸明，不曾見人有一件事終思不到也。智識明，則力量自進。』曰：『何以致知？』曰：『在明理。或多識前言往行，識之多則理明，然人全在勉强也。』

學者言入乎耳，必須著乎心，見乎行事。如只聽他人言，却似説他人事，己無所與也。

莫説將第一等讓與别人，且做第二等，才如此説，便是自棄。雖與不能居仁由義者差等不同，其自小一也。言學便以道爲志，言人便以聖爲志。自謂不能者，自賊者也。謂其君不能者，賊其君者也。

學欲速不得，然亦不可怠。才有欲速之心，便不是學。學是至廣大的事，豈可以迫切之心爲之？

問：『敬還用意否？』曰：『其始安得不用意？』又問：『敬莫是静否？』曰：『才説静，便入於釋氏之説，只用敬字。』

或問：『獨處一室，或行暗中，多有驚愳，何也？』曰：『只是燭理不明。若能燭理，則知所懼者妄，又何懼焉？有人雖知此，然不免懼心者，只是氣不充。須是涵養久，則氣充，自然物動不得。然有懼心，亦是敬不足。」

問：「世言鬼神之事，雖知其無，然不能無疑懼，何也？」曰：「此只是自疑耳。」曰：「如何可以曉悟其理？」曰：「理會得『精氣爲物，遊魂爲變』與『原始要終』之説，便能知也。須是於原字上用工夫。」或曰：「『遊魂爲變』，是變化之變否？」曰：「既是變，則存者亡，堅者腐，更無物也。鬼神之道，只恁説與賢，雖會得，亦信不過，須是自得也。」或曰：「何以得無恐懼？」曰：「須是氣定，自然不惑。氣未充，要强不得。」

「人語言緊急，莫是氣不定否？」曰：「此亦當習，習到語言自然緩時，便是氣質變也。學至氣質變，方是有功。」

問：「人或倦怠，豈志不立乎？」曰：「若是氣，體勞後須倦。若是志，怎生倦得？人只爲氣勝志，故多爲氣所使。如人少而勇，老而怯，少而廉，老而貪，此爲氣所使者也。若是志勝氣時，志既一定，更不可易。如曾子易簀之際，其氣之微可知，只爲他志已定，故雖死生許大事亦動他不得。蓋有一絲髮氣在，則志猶在也。」

問：「人之燕居，形體怠惰，心不慢，可否？」曰：「安有箕倨而心不慢者？昔吕與叔六月中來緱氏，閒居中，某嘗窺之，必見其儼然危坐，可謂敦篤矣。學者須恭敬，但不可令拘迫，拘迫則難久矣。」

昔吕與叔嘗問爲思慮紛擾，某答以但爲心無主。若主於敬，則自然不紛擾。譬如以一壺水投於水中，壺中既實，雖江湖之水不能入矣。曰：「若思慮果出於正，亦無害否？」曰：「且如在宗廟則主敬，朝廷主莊，軍旅主嚴，此是也。如發不以時，紛然無度，雖正亦邪。」

問：「人於議論多欲己直，無含容之氣，是氣不平否？」曰：「固是氣不平，亦是量狹。人量隨識長，亦有人識高而量不長者，是識實未至也。大凡别事，人都强得，惟識量不可强。今人有斗筲之量，有釜斛之量，有鐘鼎之量，有江河之量。江河之量亦大矣，然有涯。有涯，亦有時而滿，惟天地之量則無滿。故聖人者，天地之量也。聖人之量，道也。常人之有量者，天資也。天資有量者，須有限。惟知道者量自然宏大，不勉强而成。』

人才有意於爲公，便是私心。昔有人典選，其子弟係磨勘，皆不爲理，此乃是私心。人多言古時用直不避嫌，後世用此不得，自是無人，豈是無時？

問：『觀物察己，還因見物反求諸身否？』曰：『不必如此說。物我一理，纔明彼，即曉此，合内外之道也。語其大，至天地之高厚；語其小，至一物之所以然，學者皆當理會。』又問：『致知先求之四端，何如？』曰：『求之性情，固是切於身，然一草一木皆有理，須是察。』

觀物理以察己，既能燭理，則無往而不識。天下物皆可以理照，有物必有則，一物須有一理。

爲人處世間，得見事無可疑處，多少快活。

問：『家貧親老，應舉求仕不免有得失之累，何修可以免此？』曰：『此只是志不勝氣，若志勝，則自無此累。家貧親老，須用禄仕，然得之不得有命。』曰：『在己固可，爲親奈何？』曰：『爲己爲親，只是一事。若不得，其如命何？孔子曰：「不知命，無以爲君子。」人苟不知命，見患難必避，遇得喪必動，見利必趨，其何以爲君子？然聖人言命，蓋爲中人以上者。設非爲上知者言也，中人以上於得喪之際不能不惑，故有命之説，然後能安。若上智之人，更不言命，惟安於義。借使求則得之，然非義則不求，此樂天者之事也。上智之人安於義，中人以下安於命。乃若聞命而不能安者，又其下者也。』

知道，則不肯守一節一行。

問：『惡外物如何？』曰：『是不知道者也。物安可惡？釋氏之學便如此。釋氏要屏事不問，這事是合有合無？若是合有，又安可屏？若是合無，自然無了，更屏什麼？』

蘇季明問：『中之道與喜怒哀樂未發之「中」同否？』曰：『非也。喜怒哀樂未發是在中之義，只一箇既思即是已發，纔發便謂之和，不謂之中也。」又問：「呂學士言『當求於喜怒哀樂未發之前』，如何？」曰：「若言存養於未發之前則可，若言求中於未發之前則不可。」未發之時，更怎生求？只平日涵養久，喜怒哀樂發自中節。」

季明問：「先生説『喜怒哀樂未發謂之中』是在中之義，不識何意？」曰：「只喜怒哀樂不發便是中也。」曰：「中莫無形體，只是箇言道之題目否？」曰：「非也。中有甚形體？然既謂之中也，須有箇形象。」曰：「當中之時，耳無聞，目無見否？」曰：「雖耳無聞，目無見，然見聞之理在始得。」曰：「中是有時而中否？」曰：「何時而不中？以事言之，則有時而中。以道言之，何時而不中？」曰：「固是所爲皆中，然而觀於四者未發之時，静時自有一般氣象，及至接事時又自别，何也？」曰：「善觀者不如此，却於喜怒哀樂已發之際觀之。賢且説静時如何？」曰：「謂之無物則不可，然自有知覺處。」曰：「既有知覺，却是動也，怎生言静？人説《復》，其見天地之心，皆以至静能見天地之心，非也。《復》之卦下面一畫便是動也，安得謂之静？自古儒者皆言静見天地之心，唯某言動而見天地之心。」或曰：「莫是於動上求静否？」曰：「固是，然最難。釋氏多言定，聖人便言止。且如物之好須道是好，物之惡須道是惡，物自好惡，關我這裏甚事？若説道我只是定，更無所爲，然物之好惡亦自在裏，故聖人只言止。所爲止，如『人君止於仁』『人臣止於敬』之類是也。《易》之《艮》言止之義曰『艮其止，止其所也』，言隨其所止而止之。人多不能止。蓋人萬物皆備，遇事時各因其心之所重者更互而出，纔見得這事重，便有這事出。若能物各付物，便自不出來也。」或曰：「先生於喜怒哀樂未發之前，下動字？下静字？」曰：「謂之静則可，然静中須有物始得，這裏便是難處。學者莫若且先理會得敬，能敬則自知此矣。」或曰：「敬何以用功？」曰：「莫若主一。」季明曰：「昞常患思慮不定，或思一事未了，他事如麻又生，如何？」曰：「不可，此不誠之本也。須是習，習能專一時便好。不拘思慮與應事，皆要求一。』或曰：『當静坐時，物之過乎前者，還見不見？』曰：『看事如何。若是大事，如祭祀，前旒蔽明，黈纊充耳，凡物之過者，不見不聞也。若無事時，目須見，耳須聞。』或曰：『當敬時，雖見聞，莫過而不留否？』曰：『不説道「非禮勿視勿聽」？勿者，禁止之辭。纔説弗字，便不得也。』問：『《雜説》中以赤子之心爲已發，是否？』曰：『已發而去道未遠也。』曰：『大人不失赤子之心，若何？』曰：『取其純一近道也。』曰：『赤子之心與聖人之心若何？』曰：『聖人之心，如鏡，如止水。』

問：『日中所不欲爲之事，夜多見於夢，何也？』曰：『只是心不定。今人所夢見事，豈特一日之事，亦有數十年前之事。夢見之者，只爲心中舊有此事，平日有事與此事相感，或氣相感，然後發出來。若存養久底人，自不如此，聖賢則無這夢。只有朕兆，便形於夢也。人有氣清無夢者，亦有氣昏無夢者。聖人無夢，氣清也。若人困甚時，更無夢，只爲昏氣蔽隔也。人於夢寐間，亦可以卜自家所學之淺深。如夢寐顛倒，即是心志不定，操存不固。』

問：『人心所繫著之事，則夜見於夢。所著事善，夜夢見之，莫不害否？』曰：『雖是善事，心亦是動。凡事有朕兆入夢者却無害，捨此皆是妄動。人心要定，使他思時方思乃是，今人都由心。』曰：『心誰使之？』曰：『以心使心則可。人心自由，便放去也。』

學者先須讀《論》《孟》，窮得《論》《孟》，自有箇要約處，以此觀他經，甚省力。《論》《孟》如丈尺權衡相似，以此去度量事物，自然見得長短輕重。

問：『人敬以直内，氣便能充塞天地否？』曰：『氣須是養，集義所生。積集既久，方能生浩然氣象。人但看所養如何，養得一分，便有一分，養得二分，便有二分。只將敬，安能便到充塞天地處？且氣自是氣，體所充，自是一件事，敬自是敬，怎生合得？』

問：『出辭氣，莫是於言語上用工否？』曰：『須是養乎中，自然言語順理。今人熟底事，説得便分明。

若是生事，便説得蹇澁。須是涵養久，便得自然。若是慎言語，不妄發，此却可著力。』

問：『博我以文，約我以禮。』曰：『此是顔子稱聖人最切當處。聖人教人只是如此，既博之以文，而後約之以禮，所謂「博學而詳説之，將以反説約也」。「博」與「約」相對，聖人教人只此兩字。「博」是博學多識，多聞多見之謂，「約」只是使之知要也。』又問：『「君子博學於文，約之以禮，亦可以弗畔矣夫」，與此同否？』曰：『這只是淺近説，言多聞見而約束以禮，雖未能知道，庶幾可以弗畔於道。此言善人君子「多識前言往行」而能不犯非禮者耳，非顔子所以學於孔子之謂也。』又問：『此莫是小成否？』曰：『亦未是小成，去知道甚遠。如曰：「多聞，擇其善者而從之，多見而識之，知之次也。」聞見與知之甚異，此只是聞之者也。』又曰：『聖人之道，知之莫甚難否？』曰：『聖人之道安可以難易言？聖人未嘗言易，以驕人之志，亦未嘗言難，以阻人之進。仲尼但曰：「未之思也，夫何遠之有？」此言極有涵畜意思。孟子言：「夫道若大路然，豈難知哉？」只下一「豈」字，便露筋骨，聖人之言不如此。下面説：「人病不求耳。子歸而求之，有餘師。」這却説得好。孔、孟言有異處，亦須自識得。』

問：『「不遷怒，不二過」，何也？語録中有怒甲不移乙之説，是否？』曰：『是。』曰：『若此則甚易，何待顔子而後能？』曰：『只彼説得粗了，諸君便道易。此莫是最難，須理會得因何不遷怒。如舜之誅四凶，怒在四凶，舜何與焉？蓋因是人有可怒之事而怒之，聖人之心本無怒也。譬如明鏡，好物來時便見是好，惡物來時便見是惡，鏡何嘗有好惡也？世之人固有怒於室而色於市。且如怒一人，對那人説話，能無怒色否？有能怒一人而不怒别人者，能忍得如此，已是煞知義理。若聖人，因物而未嘗有怒，此莫是甚難。君子役物，小人役於物。人見有可喜可怒之事，自家著一分陪奉他，此亦勞矣。聖人之心如止水。』

人只有箇天理，不能存得，更做甚人？

博弈小數，不專心致志，猶不可得，況學道而悠悠，安可得也？仲尼言：『吾嘗終日不食，終夜不寢。』

又曰：『朝聞道，夕死可矣。』不知聖人何故底死如此，文意不難會，須求其所以如此何故，始得。『學如不及，猶恐失之』，纔説姑待明日，便不可也。

王通曰：『天下皆憂，吾獨得無憂；天下皆疑，吾獨得無疑。樂天知命，吾何憂？窮理盡性，吾何疑？』説得極好。下面言心迹之判，便不是，皆後人附會。

未知道者如醉人，方其醉時，無所不至，及其醒也，莫不愧恥。人之未知學者，自視以爲無缺，及既知學，反思前日所爲，則駭且懼矣。

言貴簡，言愈多，於道未必明。杜元凱却有語云：『言高則旨遠，辭約則義微。』大率言語須是含蓄而有餘意，所謂『書不盡言，言不盡意』也。

凡觀書，不可以相類泥其義。不爾，則字字相梗。當觀其文勢上下之意，如『充實之謂美』，與《詩》之『美』不同。

『思曰睿，睿作聖。』致思如掘井，初有渾水，久後稍引得清者出來。人思慮，始得溷濁，久自明快。

學者求有益，須是日新。

凡順理無害處便是利，君子未嘗不欲利，只以利爲心，則有害。

讀史須見聖賢所存治亂之機，賢人君子出處進退，便是格物。今日只將他見成底事便做是，不知煞有誤人處。

若要不學佛，須是見得他小，便自然不學。

學佛者多要忘是非，是非安可忘得？自有許多道理，何事忘爲？夫事外無心，心外無事，世人只被爲物所役，便覺苦事多，若物各付物，便役物也。

先生謂繹曰：『吾受氣甚薄，三十而浸盛，四十、五十而後完，今生七十二年矣，較其筋骨於盛年無損也。』又曰：『今待老而求保生，是猶貧而後蓄積，雖勤無補矣。』繹曰：『先生豈以受氣之薄而厚爲保生耶？』子默然曰：『吾以忘生狥欲爲深恥。』

勇者所以敵彼者也，苟爲造道而心不動焉，則所以敵物者，不賴勇而裕如矣。

氣有善有不善，性則無不善也。人之所以不知善者，氣昏而塞之耳。孟子所以養氣者，養之至，斯清明純全，而昏塞之患去矣。或曰養心，或曰養氣，何也？曰：『養心則勿害而已，養氣則志有所帥也。』

問：『如何是格物？』曰：『格至也，言窮至物理也。』又問：『如何可以格物？』曰：『但立誠意去格，其遲速却在人明暗。』

問：『學者如何可以有所得？』曰：『但將聖人言語玩味，久則自有所得。當深求於《論語》，將諸弟子問處便作己問，將聖人答處便作今日耳聞，自然有得。孔、孟復生，不過以此教人耳。若能於《論》《孟》中深求玩味，將來涵養成甚生氣質。』

學者須要知言。

知言，然後可以養氣。不知言，無以知道也。

凡人血氣，須要理義勝之。

學者要自得。六經浩渺，乍來難盡曉，且見得路徑後，各自立得一箇門庭，歸來求之可矣。問：『如何可以自得？』曰：『「思曰睿，睿作聖」，須是於思慮間得之，大抵只是一箇明理。』

小人之怒在己，君子之怒在物。小人之怒出於心，作於氣，以及於物，以至於無所不怒，是所謂遷也。若君子之怒，則如舜之去四凶。

螟蠕蜾蠃，本非同類，爲其氣同，故視則肖之。又況人與聖人同類者，大抵須是自强不息，將來涵養成就到聖人田地，自然氣貌改變。

君子以義安命，小人以命安義。

看史必觀治亂之由及聖賢修己處事之美。

人思如湧泉，浚之愈清。

主一者謂之敬，一者謂之誠，主則有意在。

格物者適道之始，欲思格物，則已近道矣。何也？以收其心而不放也。

君子之學，在於意必固我既亡之後，而復於喜怒哀樂未發之前，則學之至也。

有學不至而言至者，循其言亦可以入道。荀子曰：『真積力久則入。』杜預曰：『優而柔之，使自求之，厭而飫之，使自趨之。』管子曰：『思之，思之，又重思之。思之而不通，鬼神將通之。非鬼神之力也，精神之極也。』此三者，循其言皆可以入道，而荀子、管子、杜預初不能及此。

聞見之知，非德性之知。物交物則知之，非内也，今之所謂博物多能者是也。德性之知，不假見聞。

能盡飲食言語之道，則可以盡去就之道。能盡去就之道，則可以盡死生之道。飲食言語，去就死生，小大之勢一也。故君子之學自微而顯，自小而彰。《易》曰：『閑邪存其誠。』閑邪則誠自存，而閑其邪者，乃在於言語、飲食、進退、與人交接之際而已。

何以窒欲？曰：『思而已矣。學莫貴於思，唯思爲能窒欲。曾子之三省，窒欲之道也。』

學莫貴於知言，道莫貴於識時，事莫貴於知要。

學不貴博，貴於正而已。言不貴多，貴於當而已。政不貴詳，貴於順而已。

意必固我既亡之後，必有事焉，此學者所宜盡心也。夜氣之所存者，良知也，良能也，苟擴而充之，化旦晝之所害爲夜氣之所存，然後可以至於聖人。

德盛者物不能擾，而形不能病。形不能病，以物不能擾也。故善學者臨死生而色不變，疾痛慘戚而心不動，由養之有素也，非一朝一夕之力也。

心之躁者，不熱而煩，不寒而慄，無所惡而怒，無所悦而喜，無所取而起。君子莫大於正其氣，欲正其氣，莫若正其志。其志既正，則雖熱不煩，雖寒不慄，無所怒，無所喜，無所取，去就猶是，死生猶是，是之謂不動心。

學者當以《論語》《孟子》爲本。《論語》《孟子》既治，則六經可不治而明矣。讀書者當觀聖人所以作經之意，與聖人所以用心，與聖人所以至聖人而吾之所以未至者，所以未得者，句句而求之，晝誦而味之，中夜而思之，平其心，易其氣，闕其疑，則聖人之意見矣。

吾未見嗇於財而能爲善者也，吾未見不誠而能爲善者也。

有求爲聖人之志，然後可與共學。學而善思，然後可與適道。思而有所得，則可與立。立而化之，則可與權。

形易則性易，性非易也，氣使之然也。

至顯者莫如事，至微者莫如理，而事理一致，微顯一源。古之君子所謂善學者，以其能通於此而已。

君子之學貴乎一，一則明，明則有功。

不深思，則不能造其道。不深思而得者，其得易失。

君子莫大於學，莫害於畫，莫病於自足，莫罪於自棄。學而不止，此湯、武所以聖也。

君子之學必日新。日新者，日進也。不日新者，必日退，未有不進而不退者。唯聖人之道無所進退，以其所造者極也。

不思故有惑，不求故無得，不問故不知。（以上俱伊川）

性静者可以爲學。（明）

學在知其所有，又養其所有。（明）

實是實非能辨，則循實是。天下之事歸於一是，是乃理也。循此理，乃可進學至形而上者也。（正）

心得之，然後可以爲己物。（明）

學始於不欺闇室。

學者多蔽於解釋註疏，不須用功深。

大率把捉不定，皆是不仁。

人必以忠信爲本。忠信，禮之本。人無忠信，則不可以爲學。

仁者在己，何憂之有？凡不在己，逐物在外，皆憂也。『樂天知命，故不憂』，此之謂也。若顔子簞瓢，在他人則憂，而顔子獨樂者，仁而已。

凡下學人事，便是上達天理。（正）

『人無遠慮，必有近憂』，思慮當在事外。（正）

知性善以忠信爲本，此『先立其大者』。（明）

致知在所養，養知莫善於寡欲。（正）

格，至也。窮至物理無他，唯思而已，『思曰睿，睿作聖』。人心之所同然者何也？謂理也，義也。何謂理？何謂義？學者當深思。

儒者只合言人事，不合言有數。直到不得已處，然後歸之於命，可也。

善學者要不爲文字所牿，故文義雖解錯而道理可通行者，不害也。

『經德不回』，乃教上等人禍福之説。使中人以下知所畏懼修省，亦自然之理耳。若釋氏怖死以學道，則立心不正矣。（伯）

心敬，則内自直。

思慮不得至於苦。

風竹便是感應無心。如人怒我，勿留胸中，須如風動竹。

聖人之責人也常緩，只欲事正，無顯人過惡之意。

問『寢不尸』，曰：『毋不敬。』

因論『持其志』，先生曰：『只這箇也是私，然學者不恁地不得。』

學者有所得，不必在談經論道間，當於行事『動容周旋中禮』得之。

『致知在格物』，格，至也，窮理而至於物，則物理盡。

學者今日無可添，惟有可減，減盡便無事。

世之人務窮天地萬物之理，不知反之一身。五臟六腑、毛髮筋骨之所存，鮮或知之。善學者取諸身而已，自一身以觀天地。

李朴請教，先生曰：『當養浩然之氣。』又問，曰：『觀張子厚所作《西銘》，能養浩然之氣者也。』

學者要先會疑。

石曼卿詩云：『樂意相關禽對語，生香不斷樹交花。』明道曰：『此語形容得浩然之氣。』

陳經正問曰：『據貴一所見，盈天地間皆我之性，更不復知我身之爲我。』伊川笑曰：『他人食飽，公無餒乎？』

或問涵養，曰：『若造得到，更説甚涵養？』

心定者其言重以舒，不定者其言輕以疾。

或謂科舉業奪人之功，曰：『不然。且一月之中以十日爲舉業，餘日足可爲學。然人不志此，必志於彼，故科舉之事不患妨功，惟患奪志。』

或病漢史『天子建中和之極』『中』與『極』之語，曰：『此亦有理。「中和」猶木材也，「極」猶屋之極。有中和，斯有極。如有木材，斯可建屋之極。學者須識此氣象。』

內直則其氣浩然，養之則爲大人。

二程之學，以聖人爲必可學而至，而已必欲學而至於聖人。

宗丞先生謂伯溫曰：『人之爲學，忌先立標準。若循循不已，自有所至矣。』

謝子與伊川別一年，往見之。伊川曰：『相別又一年，做得甚工夫？』謝曰：『也只去箇矜字。』曰：『何故？』曰：『子細檢點得來，病痛盡在這裏。若按伏得這箇罪過，方有向進處。』伊川點頭，因語在坐曰：『此人爲學，切問近思者也。』

謝子曰：『吾嘗習忘以養生。』明道曰：『施之養生則可，於道則有害。習忘可以養生者，以其不留情也，學道則異於是。「必有事焉而勿正」，何謂乎？且出入起居，寧無事者？正心待之，則先事而迎，忘則涉乎去念，助則近於留情，故聖人心如鑑。孟子所以異於釋氏，此也。』

明道曰：『讀書慎不要尋行數墨。』

明道曰：『人有四百四病，皆不由自家。心須教由自家。』

明道曰：『別人喫飯從脊皮上過，我喫飯從肚裏去。』

暇日靜坐，和靖、孟敦夫、張思叔侍。伊川指面前水盆語曰：『清靜中一物不可著，才著物，便搖動。』

謝顯道從明道於扶溝，明道一日謂之曰：『爾輩在此相從，只是學某言語，故其學心口不相應，盍若行之？』請問焉，曰：『且靜坐。』伊川每見人靜坐，便嘆其善學。

和靖曰：『初見伊川時，教某看敬字，某請益，伊川曰：「主一則是敬。」』門人問和靖：『如何是主一？』先生曰：『敬有甚形影？只收斂身心便是主一。且如人到神祠中致敬時，其心收斂，更着不得毫髮事，非主一而何？』又曰：『昔有趙承議從伊川學，伊川亦令看敬字。趙請益，伊川整衣冠齊容貌而已。』

有人説無心，伊川曰：『無心便不是，只當云無私心。』

《震澤語録》曰：『伊川年四十以後，記性愈進。今人年長則健忘，豈可不知其故哉？』

伊川嘗言：『今僧家讀一卷經，便要一卷經中道理受用。儒者讀書，却只閑了，都無用處。』

彦明嘗言：『先生教人，只是專令「敬以直内」。若用此理，則百事不敢輕爲，不敢妄作，不愧屋漏矣。習之既久，自然有所得也。』因説往年先生自涪歸，日日見之。一日讀《易》，至『敬以直内』，因問先生：『「不習無不利」時，則更無睹，當更無計較耶？』先生深以爲然，且曰：『不易見得如此，且更涵養，不要輕説。』

卷之三

天地生一世人，自足了一世事，但恨人不能盡用天下之才，此其不能大治。

天地生物，各無不足之理。常思天下君臣父子兄弟夫婦，有多少不盡分處。

世人多慎於擇婿，而忽於擇婦。其實婿易見，婦難知，所繫甚重，豈可忽哉？

漢策賢良，猶是人舉之，如公孫弘者，猶强起之，乃就對。至如後世賢良，乃自求舉耳。若果曰我心望廷對，欲言天下事，則亦可尚矣。若志在富貴，則得志便驕縱，失志則便放曠與悲愁而已。

有人勞正叔先生曰：『先生謹於禮四五十年，應甚勞苦。』先生曰：『吾日履安地，何勞何苦？他人日踐危地，此乃勞苦也。』

伯淳近與吴師禮談介甫之學錯處，謂師禮曰：『爲我盡達諸介甫，我亦未敢自以爲是。如有説，願往復。此天下公理，無彼我，果能明辨，不有益於介甫，則必有益於我。』

持國嘗患在下者多欺，伯淳先生曰：『欺有三：有爲利而欺，則固可罪；有畏罪而欺者，在所恕；事有類欺者，在所察。』

居今之時，不安今之法令，非義也。若論爲治，不爲則已，如復爲之，須於今之法度内處得其當，方爲合義。若須更改而後爲，則何義之有？

今之監司多不與州縣一體，監司專欲伺察，州縣專欲掩蔽。不若推誠心與之共治，有所不逮，可教者教之，可督者督之。至於不聽，擇其甚者去一二，使足以警衆可也。

談經論道則有之，少有及治體者。如有用我者，正心以正身，正身以正家，正家以正朝廷百官，至於天下，此其序也。其間則又繫用之淺深，臨時裁酌而應之，難執一意。

行禮不可全泥古，須當視時之風氣自不同，故所處不得不與古異。如今人面貌自與古人不同，若全用古物，亦不相稱。雖聖人作，須有損益。

嫂叔無服，先王之權。後聖有作，雖復制服可矣。

師不立服，不可立也，當以情之厚薄、事之大小處之。如顔、閔於孔子，雖斬衰三年可也，其成己之功與君父並。其次各有淺深，稱其情而已。下至曲藝，莫不有師，豈可一概制服？

斟酌去取古今，恐未易言，須尺度權衡在胸中無疑，乃可處之無差。

伯淳自謂只得他人待做惡人，敬而遠之。嘗有一朝士久不見，謂伯淳曰：『以伯淳如此聰明，因何許多時終不肯回頭來？』伯淳答以『蓋恐回頭後錯也』。

新政之改，亦是吾黨争之有大過，成就今日之事，塗炭天下，亦須兩分其罪可也。以今日之患觀之，猶是自家不善從容。至如青苗，且放過，又且何妨？自仁祖朝優容諫臣，當言職者必以詆訐而去爲賢，習以成風，惟恐人言不稱職以去爲落便宜。昨來諸君蓋未免此。苟如是爲，則是爲己，尚有私意在，却不在朝廷，不干事理。

大凡利害禍福，亦須致命，須得致之爲言，直如人以力自致之謂也。得之不得，命固已定。命苟不知，無所不至。故君子於窮困之時須致命，便遂得志。其得禍得福皆已自致，只要申其志而已。

堯夫解『他山之石，可以攻玉』：『玉者，温潤之物，若將兩塊玉來相磨，必磨不成。須是得他箇粗糲的物，方磨得出。譬如君子與小人處，爲小人侵陵，則修省畏避，動心忍性，增益預防，如此便道理出來。』

人之於患難，只有一箇處置，盡人謀之後，却須泰然處之。有人遇一事，則心心念念不肯捨，畢竟何益？若不會處置了放下，便是『無義無命』也。

今天下之士人，在朝者又不能言，退者遂忘之，又不肯言，此非朝廷吉祥。雖未見從，又不曾有大横見加，便豈可自絶也？君臣，父子也，父子之義不可絶，豈可身爲侍從，尚食其禄，視其危亡，曾不論列，君臣之義固如此乎？

既是爲人後者，便須將所後者呼之以爲父以爲母，不如是，則不正也，却當甚爲人後？後之立疑義者，只見《禮》『不杖期』内有『爲人後者，爲其父母報』，便道須是稱親。《禮》文蓋言出爲人後，則本父母反呼之以爲叔爲伯也，故須著道爲其父母以别之，非謂却將本父母亦稱父母也。

君子於任事之際，須成敗之由在己，則自當生死以之。今致其身，使禍福死生利害由人處之，是不可也。

今日雜信鬼怪異説者，只是不先燭理。若於事上一一理會，則有甚盡期？須只於學上理會。

人夢不惟聞見思想，亦有五藏所感者。

正叔嘗爲《葬説》，有五事：相地，須使異日決不爲路，不置城郭，不爲溝渠，不爲貴人所奪，不致耕犁所及，此大要也。

欲得人家嬰兒善，且自小不要引他，留他真性，待他自然，亦須完得些本性須别也。

勿謂小兒無記性，所歷事皆能不忘。故善養子者，當其嬰孩，鞠之使得所養，全其和氣，乃至長而性美，教之，示以好惡有常。至如養犬者，不欲其升堂，則時其升堂而朴之。若既朴其升堂，又復食之於堂，則使孰從？雖日撻而求其不升，不可得矣。養異類且爾，況人乎？故養正者，聖人也。

彈琴心不在，便不成聲。所以謂琴者，禁也，禁人之邪心。（以下明）

張子厚聞生皇子，喜甚。見餓莩者，食便不美。

『口將言而囁嚅』，若合開口時，要他頭，也須開口。如荆軻於樊於期。須是『聽其言也厲』。

有人疑伊尹出處合於孔子，『可以仕則仕，可以止則止』，不得爲『聖之時』。何也？曰：『終是任底意思在。』

一行豈所以名聖人？至於聖，則自不可見，何嘗道聖人孝聖人廉？

太山爲高矣，然太山頂上已不屬太山。雖堯、舜之事，亦只是如太虚中一點浮雲過目。

顔子合下完具，只是小，要漸漸恢廓。孟子合下大，只是未粹，索學以充之。

人少長須激昂自進，中年以後，自至成德者事。

先生少時多與禪客語，欲觀所學淺深，後來更不問。蓋察言不如觀貌，言猶可以所聞强勉，至於貌則不可勉强。

莊生形容道體之語儘有好處，老氏『谷神不死』一章最佳。

人之稟賦有無可奈何者，聖人所以戒忿疾於頑。

釋氏處死生之際不動者有二：有英明不以爲事者；亦有昏愚爲人所誤，以前路自有去處者。

見一學者忙迫，先生問其故，曰：『欲了幾處人事。』曰：『某非不欲周旋人事者，曷嘗似賢急迫？』

安定之門人往往知稽古愛民矣，則於爲政也何有？

古者鄉田同井，而民之出入相友，故無争鬭之獄。今之郡邑之訟，往往出於愚民，以戾氣相搆。善爲政者，勿聽焉可也，又時取强暴而好譏侮者痛懲之，則柔良者安，鬭訟可息矣。

門人有曰：『吾與人居，視其有過而不告，則於心有所不安。告之而不受，則奈何？』曰：『與之處而不告其過，非忠也。要使誠意之交通在於未言之前，則言出而人信矣。』

責善之道，要使誠有餘而言不足，則於人有益，而在我者無辱矣。

有分毫私，便不是王者事。

責上責下，而中自恕己，豈可任職分？

雖公天下事，若用私意爲之，便是私。

蜀山人不起念十年，便能前知。

卜筮在精誠，疑則不應。疑心微生，便是不應。

管攝天下人心，收宗族，厚風俗，使人不忘本，須是明譜系、世族與立宗子法。

技擊不足以當節制，節制不足以當仁義，使人人有子弟衛父兄之心，則制挺以撻秦、楚之兵矣。

不應爲總是罪過。

小人、小丈夫，不合小了他，本不是惡。

人無父母，生日當倍悲痛，更安忍置酒張樂以爲樂？若具慶者可矣。

方今有古之所無者二，兵與釋、老也。

『居是邦，不非其大夫』，此理最好。

『無欲速』，心速；『七年』，理速。

邪説則終不能勝正道，人有秉彝，然亦惡亂人之心。

邵堯夫猶空中樓閣。

莊子有大底意思，無禮無本。

行兵須不失家計。游兵夾持。

職事不可巧免。

兵陣須先立定家計，然後以游騎旋，旋量力分外面與敵人合，此便是合内外之道。若游騎太遠，則却歸不得。至如聽金鼓聲，亦不忘却自家如何。如苻堅養民，一敗便不可支持，無本故也。

伯淳謂天下之士亦有其志在朝廷而才不足，才可以爲而誠不足，今日正須才與至誠合一方有濟。子厚謂才與誠須二物只是一物。伯淳言：『才而不誠，猶不是也。若非至誠，雖有忠義功業，亦出於事爲，浮氣幾何時而不盡也！』

有人言：『今日士大夫未見賢者。』正叔言：『不可謂士大夫有不賢者〔一〕，便爲朝廷之官人不用賢也。』

校記

〔一〕《程子節録》無『有不賢者』四字，語意未完，當有脱漏。按，《二程遺書》有『有不賢者』四字，此據補。

正叔言：『管轄人亦須有法，徒嚴不濟事。今帥千人，能使千人依時及節得飯喫，亦能有幾人？嘗謂軍中夜驚，亞夫堅卧不起。不起善矣，然猶夜驚，何也？亦是未盡善。』

子厚謂：『昔嘗謂伯淳優於正叔，今見之果然。其救世之志甚誠切，亦於今日天下之事儘記得熟。』

人賢不肖，國家治亂，不可以言命。（以下明）

老子之言，竊弄闔闢者也。

犯而不較，較則私，非樂天者也。犯有當報者，則是循理而已。

治道在於立志、責任、求賢。

三代之治，順理者也，兩漢以下皆把持天下者也。

感慨殺身者易，從容就義者爲難。

《太玄·中》首中：『陽氣潛萌於黄宫，信無不在乎中。』《養》首一：『藏心於淵，美厥靈根。』《測》曰：『藏心於淵，神不外也。』楊子雲之學蓋嘗至此地位也。

河北只見鯀隄，無禹隄。鯀堙洪水，故無功，禹則導之而已。

治道亦有從本而言，亦有從事而言。從本而言，惟從格君心之非，正心以正朝廷，正朝廷以正百官。若從事而言，不救則已，若須救之，必須變，大變則大益，小變則小益。

古所謂『支子不祭』者，惟使宗子立廟主之而已。支子雖不得祭，至於齋戒致其誠意，則與主祭者不異。可與則以身執事，不可與則以物助，但不別立廟爲位行事而已。後世如欲立宗子，當從此義。雖不祭，情亦可安。若不立宗子，徒欲廢祭，適是長惰慢之志，不若使之祭，猶愈於而已。

學禪者常謂天下之忙者無如市井之人，答以市井之人雖日營利，然猶有休息之時，至忙者無如禪客。何以言之？禪者之行住坐卧無不在道，存無不在道之心，此便是常忙。

常見伯淳所在臨政，便上下響應。到了人衆後，便成風，成風則有所鼓動。天地間只是一箇『風以動之』也。

人或勸先生以加禮近貴，先生曰：『何不見責以盡禮，而責以加禮？禮盡則已，豈有加也？』

宗子之法不立，則朝廷無世臣。宗法立，則人人各知來處。

《禮》：『長子不得爲人後。』若無兄弟，又繼祖之宗絶，亦當繼祖。《禮》雖不言，可以義起。

祭先之禮不可得而推者，無可奈何。其可知者，無遠近多少，猶當盡祭之。祖又豈可不報？又豈可厭多？蓋根本在彼，豈可無報？

人多説某不教人習舉業，某何嘗不教人習舉業也？人若不習舉業，而望及第，却是責天理而不修人事。但舉業既可以及第即已，若更去上面盡力，求必得之道，是惑也。

或問：『簿，佐令者也。簿所欲爲，令或不從，奈何？』曰：『當以誠意動之。今令與簿不和，只是争私意。令是邑之長，若能以事父兄之道事之，過則歸己，善則惟恐不歸於令，積此誠意，豈有不動得人？』問：『授司理如何？』曰：『甚善。若能充其職，可使一郡無冤民也。』『幕官言事不合，如之何？』曰：『必不得已，有去而已。須權量事之大小，事大於去，則當去。事小於去，亦不須去也。事大於争，則當争。事小於争，則不須争也。今人只被以官爲業，如何去得？』

問：『人有日誦萬言，或妙絶技藝，此可學否？』曰：『不可。大凡所受之才，雖加勉强，止可少進，而鈍者不可使利也。惟理可進。除是積學既久，能變得氣質，則愚必明，柔必强。蓋大賢以下即論才，大賢以上更不論才。聖人與天地合德，日月合明，六尺之軀，能有多少技藝？人有身，須有才，聖人忘己，更不論才也。』

聲色臭味四字，虚實一般，凡物有形，必有此四者。意言象數亦然。

問：『方外之士，有人來看他，能先知者，有諸？』曰：『有之。向見嵩山董五經能如此。』問：『何以能爾？』曰：『只是心静，静而後能照。』又問：『聖人肯爲否？』曰：『何必聖賢？使釋氏稍近道理者便不肯爲。釋氏猶不肯爲，況聖人乎？』

人之有寤寐，猶天之有晝夜。陰陽動静，闔闢之理也，寤寐須順陰陽。人寐時，血氣皆聚於内，如血歸肝之類。不睡多損肝。

孔子既知桓魋不能害己，又却微服過宋。舜既見象之將殺己，又象憂亦憂，象喜亦喜。國祚長短自有命數，人君何用汲汲求治？禹、稷救饑溺者，過門不入，非不知饑溺而死者自有命，又却救之，如此其急。數者何故如此？須思量到『并行而不相悖』處可也。今説聖人非不知命，然於人事不得不盡，此説未是。

問：『聖人與天道何異？』曰：『無異。』『聖人可殺否？』曰：『聖人智足以周身，安可殺也？只如今有智慮人，已害他不得，況於聖人？』曰：『舜完廩浚井之事，何如？』曰：『本無此事，此是萬章傳聞，孟子更不能理會這下事，只且說舜心也。如下文言：「琴朕，干戈朕，二嫂使治朕棲」，堯爲天子，安有是事？』

問：『高宗夢往求傅説耶？傅説來入高宗夢耶？』曰：『高宗只是思得賢人，如有賢人，自然應他感，亦非此往，亦非彼來。譬如懸鏡於此，有物必照，非鏡往照物，亦非物來入鏡也。大抵人心虛明，善必先知之，不善必先知之，有所感，必有所應，自然之理也。』

凡讀史，不徒要記事跡，須要識治亂安危興廢存亡之理。且如讀《高帝》一紀，便須識漢家四百年終始治亂當如何，是亦學也。

某嘗謂諸葛武侯有儒者氣象，孫覺曰：『不然。聖人行一不義，殺一不辜，雖得天下，不爲。武侯區區保完一國，不知殺多少人。』某謂曰：『行一不義，殺一不辜，以利一己則不可，若以天下之力誅天下之賊，殺戮雖多，何害？陳恒弒君，孔子請討，孔子豈保得討陳恒時不殺一人耶？蓋誅天下之賊，則有所不顧爾。』

問：『作文害道否？』曰：『害也。凡爲文不專意則不工，若專意則志局於此，又安能與天地同其大也？《書》云「玩物喪志」，爲文亦玩物也。吕與叔詩云：「學如元凱方成癖，文似相如殆類俳。獨立孔門無一事，只輸顔子得心齋。」此詩甚好。古之學者惟務養性情，其他則不學。今爲文者專務章句，悦人耳目，既務悦人，非俳優而何？』曰：『古者學爲文否？』曰：『人見六經，便以爲聖人亦作文，不知聖人亦攄發胸中所蘊，自成文耳，所謂「有德者必有言」也。』曰：『游夏稱文學，何也？』曰：『游夏亦何嘗秉筆學爲詞章也？且如「觀乎天文，以察時變；觀乎人文，以化成天下」，此豈詞章之文也？』

或問：『詩可學否？』曰：『既學時，須是用工方合詩人格。既用工，甚妨事。古人詩云：「吟成五箇字，用破一生心。」又謂：「可惜一生心，用在五字上。」此言甚當。』

冠、婚、喪、祭，禮之大者，今人都不以爲事。某舊嘗修六禮時，祭之外更有三祭，冬至祭始祖，「厥初生民」之祖。立春祭先祖，季秋祭禰，他則不祭。冬至，陽之始也。立春，生物之始。季秋，成物之始。祭始祖，無主用祝，以妣配於廟中，正位事之。祭只一位者，夫婦同享也。先祖亦無主。先祖者，自始祖而下，高祖而上，非一人也，故設二位。祖妣異位。一云二位異所者，舅婦不同享也。常祭止於高祖而下，旁親有後者自爲祭，無後者祭之別位。爲叔伯父之後也。如殤，亦各祭。凡配，止以正妻一人，如諸侯用元妃是也。或奉祀之人是再娶所生者，即以所生母配。如葬，亦惟元妃同穴。後世或再娶皆同穴，甚瀆禮經，但於左右附葬可也。忌日必遷主，出祭於正寢。蓋廟中尊者所據，又同室難以獨享也。家必有廟，廟中異位，祖居中，左右以昭穆次序，皆夫婦自相配爲位，舅婦不同坐也。廟必有主，其大略如此。且如豺獺皆知報本，今士大夫家多忽此，厚於奉養，而薄於祖先，甚不可也。凡事死之禮，當厚於奉生者。至於嘗新，必薦享後方可。薦數則瀆，必因告朔而薦乃合宜。人家能存得此等事數件，雖幼者漸可使知禮義。凡物知母而不知父，走獸是也；知父而不知祖，飛鳥是也。惟人則能知祖，若不嚴於祭祀，殆與禽獸無異矣。

凡祭必致齋。齋之日，思其居處，思其笑語，此孝子平日思親之心，非齋也。齋則不容有思，有思則非齋。『齋三日，必見其所爲齋者』，此非聖人之語。齋者湛然純一，方能與鬼神接。然能事鬼神，已是上一等人。

八歲爲下殤，十四爲中殤，十九爲上殤。七歲以下爲無服之殤，不祭。下殤之祭，父母主之，終父母之身。中殤之祭，兄弟主之，終兄弟之身。上殤之祭，兄弟之子主之，終兄弟之子之身。若成人而無後者，兄弟之孫主之，亦終其身。凡此皆以義起也。

問：『今人陳乞恩例，義當然否？』先生曰：『只爲而今士大夫道得箇「乞」字，慣却動不動又是乞也。』

因問：『乞封父祖如何？』曰：『此事體又別。』

五德之運，却有這道理：『凡事皆有五般，一日便有一日陰陽，一歲便有一歲陰陽。』如王者，一代又是箇大陰陽也。唐是土德，便少河患，本朝火德，多水一作火災，亦有此理，只是須於這上有道理。如關朗卜百年事最好，其間須言如此處之則吉，不如此處之則凶，每事如此，蓋雖是天命，可以人奪也。如仙家養形，以奪其既衰之年，聖人有道，以延已衰之命，只爲有這道理。

謝某曾問：『涪州之行，知其由來，乃族子與故人耳。程公孫，邢恕。』先生答云：『族子至愚，不足責。故人情厚，不敢疑。孟子既知天，安用尤臧氏？』

程子在講筵，執政有欲用之爲諫官者。子聞，以書謝曰：『公知射乎？有人執弓於此，發而多中，人皆以爲善射矣。一日，使羿立於其旁，道之以彀率之法。不從，羿且怒而去矣。從之，則戾其故習而失多中之功。故不若處羿於無事之地，則羿得盡其言，而用舍羿不恤也。某才非羿也，然聞羿之道矣，慮其害公之多中也。』

繹曰：『鄒浩以極諫得罪，世疑其賣直也。』先生曰：『君子之於人也，當於有過中求無過，不當於無過中求有過。』

持國與程子語，歎曰：『今日又暮矣。』子曰：『此常理，從來如是，何歎爲？』公曰：『老者行去矣。』曰：『公勿去可也。』公曰：『如何能勿去？』子曰：『不能則去可也。』

問：『三年一郊，與古制如何？』曰：『古者一年之間祭天甚多，春則因民播種而祈穀，夏則恐旱暵而大雩，以至秋則明堂，冬則圓丘，皆人君爲民之心也。凡人子不可一日不見父母，國君不可一歲不祭天，豈有三年一親郊之理？』

學者不可不通世務。天下事譬如一家，非我爲則彼爲，非乙爲則甲爲。

先生云：『吾四十歲以前讀誦，五十以前研究其義，六十以前反復紬繹，六十以後著書。』

韓文不可漫觀，晚年所見尤高。

或問：『周公勳業，人不可爲也？』曰：『不然。聖人所爲，人所當爲也。盡其所當爲，則吾之勳業亦周公之勳業也。凡人之弗能爲者，聖人弗爲。』

伊尹耕於有莘，傅説築於傅巖，天下之事非一一而學之，天下之賢才非一一而知之，明其在己而已。

君子不欲才過德，不欲名過實，不欲文過質。

事上之道莫如忠，待下之道莫如恕。

使人有道，不疑而已。使人有心害我，雖疑，不足以化其心。使人無心害我，疑則己德内損，人怨外生。故不疑則兩得之矣，疑則兩失之矣，未有多疑能爲君子者也。

世之服食欲壽者，其亦大愚矣。夫命者，受之於天，不可增損加益，而欲服食而壽，悲哉！

見攝生者而問長生，謂之大愚。見卜者而問吉凶，謂之大惑。

問臨民，曰：『使民各得輸其情。』問御吏，曰：『正己以格物。』(明)

庶母亦當爲主，但不可入廟，子當祀於私室。

匹夫悍卒見難而能死者，有之矣。惟情慾之牽，妻孥之愛，斷而不惑者，鮮矣。

游酢初得《西銘》，讀之渙然不逆於心，曰：『此中庸之理也，能求之於語言之外者也。』

問《文中子》『圓者動，方者静』，先生曰：『此正倒説了，静體圓，動體方。』

范堯夫經筵坐睡，先生語人曰：『堯夫胸中無事如此。』有朝士入朝，倒執手板，先生曰：『此人胸中不是無事。』

立宗必有奪宗法，如卑幼爲大臣，以今之法，自合立廟，不可使從宗子以祭。

馮理曰：『二十年聞先生教誨，今有一奇特事。』先生曰：『何如？』理曰：『夜間宴坐，室中有光。』先生曰：『頤亦有奇特事。』理請聞之，先生曰：『每食必飽。』

西室所問曰：『聖人氣數順，無横逆死。學入聖域，其數亦隨氣斡轉。』先生曰：『學而至聖，爲奪造化者以此。』又問：『聰明如何磨去？』曰：『使之則有，不使則亡。』

崇寧間，范致虚攻先生爲元祐邪説，朝廷下河南府，盡逐學徒。後數月，馬伸求見，先生辭之。伸欲先棄官而來，先生曰：『近日盡逐學徒，恐非公仕進所利。公能棄官，則官不必棄也。』建炎間，伸爲御史論事，公論與之。

范淳夫之女讀《孟子》『出入無時，莫知其鄉，惟心之謂與』，語人曰：『孟子不識心，心豈有出入？』先生聞之曰：『此女雖不識孟子，却能識心。』

有患心疾，見物皆獅子。伊川教以見即直前捕之，無物也，久之疑疾遂愈。

官婢行酒，暢大隱力拒之，先生聞而不善之也。

明道先生每與門人講論，有不合者，則曰：『更有商量。』伊川則直曰：『不然。』

正叔先生曰：『今之守令，惟「制民之産」一事不得爲。其他在法度中甚有可爲者，患人不爲耳。』

凡所部公吏，雖有罪，亦當立案而後決。或出於私意，比具案，怒亦散，不至倉卒傷人。（伯

明道云：『病卧於牀，委之庸醫，比於不慈不孝。事親者亦不可不知醫。』

明道先生作縣，凡坐處皆書『視民如傷』四字，常曰：『顥常愧此四字。』

伊川先生在經筵，每進講，必博引廣喻，以曉悟人。主講退，范堯夫曰：『先生怎生記得許多？』先生曰：『只爲不記，故有許多。若還記，却無許多也。』

思叔詬詈僕夫，伊川曰：『何不動心忍性？』思叔慚謝。

伊川歸自涪，氣貌容色髭髮皆勝平昔。門人問：『何以得此？』先生曰：『學之力也。大凡學者，學處患難貧賤，若富貴榮達，即不須學也。』

王介甫爲舍人時，有《雜説》行於時，其粹處有曰：『莫大之惡成於斯須之不忍。』

周恭叔行己早登科，未三十。見伊川，持身嚴苦，塊坐一室，未嘗窺牖。幼議母黨之女，登科後，其女雙瞽，遂娶焉，愛過常人。伊川曰：『某未三十時，亦做不得此事。然其進鋭者，其退速。』每歎惜之。周以官事求來洛中，以就伊川，會伊川有涪陵行。後數年，周以酒席有所屬意，既而密告人曰：『勿令尹彦明知。』又曰：『知亦何妨？此不害義理。』伊川歸洛，和靖以是告之。先生曰：『此禽獸不若也，豈得不害義理？』又曰：「以父母遺體偶倡賤，其可乎？」

伊川論國朝名相，必曰『李文靖』。

孟淳夫獨處一室，糞穢不治。伊川嘗謂學者曰：『孟厚不治一室，竟亦何益？學不在此，假使灑掃得潔淨，莫更快人意否？』

祁寬問：『和靖、伊川謂永叔如何？』先生曰：『前輩不言人短，每見人論前輩，則曰：「汝輩且取他長處。」』

和靖曰：『悟則句句皆是這箇道理，道理已明後，無不是此事也。如孔子謂「六十而耳順」，聞無不通，然後可至「不踰矩」也。』明道嘗見一寺門，墻上有人題：『要不悶，守本分。』明道每過，必曰：『好語。』一日田明之問之，明道曰：『只被人不守本分也。』後問伊川，伊川曰：『只爲人不能盡分。』看伊川此語，豈不是悟則句句是？凡一言一句，便推到極處，看『盡分』字是大小氣象。又曰：『才説盡分，便不消説悶也。』

正獻公既薦常秩，後差改節，嘗對伯淳悔之。伯淳曰：『願侍郎寧百受人欺，不可使好賢之心少替。』

公敬納焉。

崇寧初，范舜從知河南鞏縣，請見伊川，問：『當今之新法，初行當如何做？』先生曰：『只有義、命二字。當行不當行者，義也。得失禍福，命也。君子所處只説義，如何爾？』

卷之四

『修辭立其誠』，不可不仔細理會。言能修省言辭，便是要立誠。若只是修飾言辭爲心，只是爲僞也。修其言辭，正爲立己之誠意，乃是體當自家『敬以直內，義以方外』之實事。道之浩浩，何處下手？惟立誠才有可居之處。有可居之處，則可以修業也。『終日乾乾』，大小大事却只是忠信，所以進德爲實下手處，修辭立其誠爲實修業處。（明）

『居處恭，執事敬，與人忠』，此是徹上徹下語，聖人元無二語。（明）

聖人用意深處，全在《繫辭》，《詩》《書》乃格言。（明）

古之學者皆有傳授。如聖人作經，本欲明道。今人若不先明義理，不可治經，蓋不得傳授之意云爾。如《繫辭》，本欲明《易》，若不先求卦義，則看《繫辭》不得。

觀《易》須看時，然後觀逐爻之才。一爻之間，常包涵數意，聖人常取其重者爲之辭。亦有《易》中言之已多，取其未嘗言者，亦不必重事。又有且言其時，不及其爻之才，皆臨時參考。須先看卦，乃看得《繫辭》。

《詩》《書》載道之文，《春秋》聖人之用。《詩》《書》如藥方，《春秋》如用藥治疾。聖人之用全在此書，所謂『不如載之行事深切著明』者也。有重疊言者，如征伐、盟會之類。蓋欲成書，勢須如此。不可事事各求異義，但一字有異，或上下文異，則義須別。

『生生之謂易』，是天之所以爲道也。天只是以生爲道，繼此生理者，即是善也。善便有一箇元底意思，『元者，善之長』。萬物皆有春意，便是『繼之者善也』。『成之者性也』，成却待他萬物自成，其性須得。『成性存存，道義之門』，亦是萬物各有成性存存，亦是生生不已之意。天只是以生爲道。《詩》《書》中凡有箇主宰底意思者皆言帝，有一箇包涵徧覆底意思則言天，有一箇公共無私底意思則言王，上下千百歲中若合符契。

『天地設位，而易行乎其中矣。』易是箇甚？易又不只是一部書，是易之道也。不要將易又是一箇事，即事盡天理，便是易也。

古言乾、坤退處不用之地，而用六子。若人，則便分君道無爲，臣道有爲。若天，則誰與他安排？他如是，須有道理。故如八卦之義，須要玩索。

伯淳言：『《西銘》某得此意，只是須得子厚如此筆力，他人無緣做得。孟子以後，未有人及此。得此文字，省多少言語。且教他人讀書，要之，仁孝之理備於此。須臾而不於此，則便不仁不孝也。』

《詩》前序必是當時人所傳，『國史明乎得失之迹』者是也。不得此，則何緣知得此篇是甚意思？《大序》則是仲尼所作，其餘則未必然。要之，皆得大意，只是後之觀《詩》者亦添入。

《詩》有六體，須篇篇求之，或有兼備者，或有偏得一二者。今之解《詩》者，風則分付與《國風》矣，雅則分付與大、小《雅》矣，頌則分付與《頌》矣。《詩》中且没却這三般體，如何看得《詩》？『風』之爲言，便有風動之意。『興』便有一興喻之意。『比』則直比之而已，『蛾眉』『瓠犀』是也。『賦』則賦陳其事，如『齊侯之子，衛侯之妻』是也。『雅』則正言其事。『頌』則稱美之言也，如『于嗟乎騶虞』之類是也。

化天下，只是一箇風。

夫子言『興於詩』，觀其言，是興起人善意，汪洋浩大，皆是此意。如言『秉心塞淵，騋牝三千』，須是『塞以蔽之』者，在此一句。坰牧而必要『思無邪』者，蓋爲非此則不能坰牧。淵』，然後『騋牝三千』。「塞淵」，有義理。又如《駉》之詩，坰牧是賦事，其中却言『思無邪』，『《詩》三百，一言

《詩》云：『上天之載，無聲無臭。儀刑文王，萬邦作孚。』上天又無聲臭之可聞，只看文王，便萬邦取信也，然則文王之德直是似天。『昊天曰明，及爾出王。昊天曰旦，及爾游衍』，只爲常是這箇道理。此箇亦須待他心熟，便自然别。

『樂則生，生則烏可已也』，須是熟，方能如此。『苟爲不熟，不如稊稗。』

這箇義理，仁者又看做仁了也，智者又看做智了也，百姓又『日用而不知』，所以『君子之道鮮矣』。此箇亦不少，亦不剩，只是人看他不見。

《論語》爲書，傳道立言深得聖人之學者矣。如《鄉黨》形容聖人，不知者豈能及是？

『《詩》可以興』，某自再見茂叔後，吟風弄月以歸，有『吾與點也』之意。（明）

《詩》《書》只説帝與天。（明）

『一陰一陽之謂道』，道非陰陽也，所以一陰一陽道也，如『一闔一闢謂之變』。

乾，聖人之分也，『可欲』之善屬焉。坤，學者之分也，『有諸己』之信屬焉。

一物不該，非中也。一事不爲，非中也。一息不存，非中也。何哉？爲其偏而已矣。故曰：『道也者，不可須臾離也，可離非道也。』修此道者，『戒慎乎其所不覩，恐懼乎其所不聞』而已。由是而不息焉，則『上天之載，無聲無臭』可以『馴致』也。

孔子言語，句句是自然。孟子言語，句句是實事。

《蹇》便是處蹇之道，《困》便是處困之道，道無時而不可行。

孟子有功於道，爲萬世之師。其才雄，只見雄才，便是不及孔子處。須當學顔子，便入聖人氣象。

訂頑立心，便達得天德。

『坤作成物』，是積學處。『乾知大始』，是成德處。

章，外見之物。『含章可貞』，『來章，有慶』，須要反己。

《詩》言天命，《書》言天。存心則上帝臨汝。

乾是聖人道理，坤是賢人道理。

《易》之有象，猶人之守禮法。

『樂莫大焉』，『樂亦在其中』，『不改其樂』，須知所樂者何事。

『不有躬，無攸利。』不立己，後雖向好事，猶爲化物，不得以天下萬物撓己。己立後，自能了當得天下萬物。

《咸》六四，言『貞吉，悔亡』，言感之不可以心也。不得只恁地看過，更留心。

《艮》卦只明使萬物各有正，止分便定。

曾子疾病，只要以正，不慮死，與武王『殺一不辜，行一不義，得天下不爲』同心。

『在帝左右』，『帝』指何帝？

天下之説不可極，惟朋友講習，雖過無害，兑澤有相滋益處。

《復》卦非天地之心，『復則見天地之心』。聖人無復，故未嘗見其心。

《周南》《召南》如乾、坤。

叔一生不曾看《莊》《列》，非禮勿動勿視，出於天與！從幼小有如是才識。

孔子所遇而安，無所擇。自子路觀孔子，孔子爲不恭。自孔子觀吾輩，吾輩便隘。惟其與萬物同流，便能『與天地同流』。

《詩》興起人意思。

顔子所言不及孔子。無『伐善』『施勞』，是他顔子性分上事。孔子言『安之』『信之』『懷之』，是天理上事。

顔子簞瓢，非樂也，志也。『志』，一作『忘』。

孟子『知言』，則便是知道。

子曰：『君子博學於文，約之以禮，亦可以弗畔矣夫！』此非自得也，勉而能守也。『多聞，擇其善者而從之，多見而識之，知之次也』，以勉中人之學也。

九德最好。

『君子義以爲質』四句，只是一事，以義爲本。

『仁者，己欲立而立人，己欲達而達人。能近取譬，可謂仁之方也已。』孔子之語仁以教人者，惟此爲盡。要之，不出於公也。

『思無邪』，誠也。

管仲之仁，仁之功也。

『毋不敬，儼若思，安定辭。安民哉！』君德也。君德即天德也。（以下明）

『範圍天地之化而不過』者，模範出一天地爾，非在外也。如此『曲成萬物』，豈有遺哉？

《繫辭》曰：『形而上者謂之道，形而下者謂之器。』又曰：『立天之道曰陰與陽，立地之道曰柔與剛，立人之道曰仁與義。』又曰：『一陰一陽之謂道。』陰陽亦形而下者也，而曰『道』者，惟此語截得上下最分明，元來只此是道，要在人默而識之也。

《咸》《恒》，體用也。體用無先後。

《中庸》言誠便是神。

顔子默識，曾子篤信，得聖人之道者，二人也。

『大人者，與天地合其德，與日月合其明』，非在外也。

『仁者不憂，知者不惑，勇者不懼』，德之序也。『知者不惑，仁者不憂，勇者不懼』，學之序也。知以知之，仁以守之，勇以行之。

有有德之言，有造道之言。孟子言己志者，有德之言也；言聖人之事，造道之言也。

『生生之謂易』，生生之用，則神也。

先甲三日，以窮其所以然而處其事。後甲三日，以究其將然而爲之防。甲者，事之始也。庚者，有所革也。自甲乙至於戊己，春夏生物之氣已備。庚者，秋冬成物之氣也，故有所革。别一般氣。

乾，陽也，不動則不剛。『其静也專，其動也直』，不專一則不能直遂。坤，陰也，不静則不柔。『其静也翕，其動也闢』，不翕聚則不能發散。

『詩者，志之所之也，在心爲志，發言爲詩。情動於中而形於言，言之不足，故嗟嘆之，嗟嘆之不足，故咏歌之，咏歌之不足，不知手之舞之足之蹈之也。』有節故有餘，止乎禮義者，節也。

『成性存存，道義之門。』道無體，義有方也。

中者，天下之大本。天地之間，亭亭當當，直上直下之正理。出則不是，唯『敬而無失』最盡。

孟子謂：『必有事焉而勿正，心勿忘，勿助長。』正是著意，忘則無物。

《易》要玩索『齋戒以神明其德夫』。

『天生德於予』及『文王既没，文不在兹乎』，此聖人極斷置以理。

『知至』則便『意誠』，若有知而不誠者，皆知未至爾。『知至』而『至之』者，知至而往至之，乃吉之先見，故曰「可與幾也」。「知終」而「終之」，則「可與存義也」。「知至至之」，主知。「知終終之」，主終。

「日新之謂盛德」，「生生之謂易」，「陰陽不測之謂神」，要思而得之。

息訓爲生者，蓋息則生矣。一事息則一事生，中無間斷。「碩果不食」，則便爲復也。

「純亦不已」，天德也。「造次必於是，顛沛必於是」，「三月不違仁」之氣象也。又其次，則「日月至焉」者矣。

「大學之道，在明明德」，明此理也；「在止於至善」，反己守約是也。

曾子易簀之意，心是理，理是心，聲爲律，身爲度也。

《易》中只是言「反覆」「往來」「上下」。

安有識得《易》後，不知「退藏於密」？密是甚？（以下正）

語高則旨遠，言約則義微。大率六經之言涵蓄，無有精粗。欲言精微，言多則愈粗。

「安安」，下字爲義，安其所安也。「安安」，是義也。

「原始反終，故知死生之說。」但窮得，則自知死生之說，不須將死生便做一箇道理求。

「道二，仁與不仁而已」，自然理如此。道無無對，有陰則有陽，有善則有惡，有是則有非，無一亦無三。故《易》曰：「三人行，則損一人；一人行，則得其友。」只是二也。

忠恕所以公平。造德則自忠恕，其致則公平。

「退藏於密」，密是用之源，聖人之妙處。

學者不觀他書，只觀《春秋》，亦可盡道。

離了陰陽更無道，所以陰陽者是道也。陰陽，氣也，氣是「形而下者」，道是「形而上者」。形而上者則是密也。

學《春秋》亦善，一句是一事，是非便見於此，此亦窮理之要。然他經豈不可以窮？但他經論其義，《春秋》因其行事，是非較著，故窮理爲要。嘗語學者，且先讀《論語》《孟子》，更讀一經，然後看《春秋》。先識得箇義理，方可看《春秋》。以何爲準？無如中庸。欲知中庸，無如權，須是時而爲中。若以手足胼胝、閉户不出二者之間取中，便不是中。若當手足胼胝，則於此爲中；當閉户不出，則於此爲中。權之爲言，秤錘之義也。何物爲權？義也。然也只是説得到義，義以上更難説，在人自看如何。

仲尼於《論語》中未嘗説『神』字，只於《易》中不得已言數處而已。

『閑邪存誠』，閑邪則誠自存。如人有室，垣墻不修，不能防寇。寇從東來，逐之則復有自西入。逐得一人，一人復至。不如修其垣墻，則寇自不至，故欲閑邪也。

『止於至善』，『不明乎善』，此言善者，義理之精微無可得名，且以至善目之。『繼之者善』，此言善，却言得輕，但謂繼斯道者莫非善也，不可謂惡。

舜『孳孳爲善』。若未接物，如何爲善？只是『主於敬』，便是爲善也。以此觀之，聖人之道，不是但默然無言一作爲。

『子罕言利』，所謂『利』者，不獨財利之利，凡有利心，便不可。如作一事，須尋自家穩便處，皆利心也。聖人以義爲利，義安處便爲利。如釋氏之學，皆本於利，故便不是。

善讀《中庸》者，只得此一卷書，終身用不盡也。

《春秋》之文，莫不一一意在示人。如土功之事，無小大莫不書之，其意止欲人君重民之力也。

『誠者自成』，如至誠事親則成人子，至誠事君則成人臣。『不誠無物』，不誠更有甚物也？誠後便有物。如『立則見其參於前，在輿則見其倚於衡』，『如有所立卓爾』，皆若有物方見。如無形，是見何物也？

《孟子・養氣》一篇，諸君望潛心玩索，須是實識得方可。『勿忘』『勿助長』，只是養氣之法，如不識，怎生養？有物始言養，無物又養箇甚麽？『浩然之氣』，須見是一箇物，如顔子言『立卓』，孟子言『躍如』，卓如躍如，分明見得方可。

『持其志，無暴其氣』，内外交相養也。

問：『必有事焉，當用敬否？』曰：『敬只是涵養一事。必有事焉，須當集義。只知敬，不知集義，却是都無事也。』又問：『義莫是中理否？』曰：『中理在事，義在心内。苟不主義，浩然之氣從何而生？理只是發而見於外者。』問：『敬、義何别？』曰：『敬只是持己之道，義便知有是有非。順理而行，是爲義也。且如欲爲孝，不成只守著一箇孝字？須知所以爲孝之道，侍養當如何，温凊當如何，然後能盡孝道也。』

『故者以利爲本』，『故』是本如此也，纔不利，便害性，利只是順，天下只是一箇利。《孟子》與《周易》所言一般，只爲後人趨著利便有弊，故孟子拔本塞源，不言利。其不信《孟子》者，却道不合非利，李遘是也。其信者，又直道不得近利。人無利，只是生不得，安得無利？譬如椅子，坐此便安，是利也。如求安不已，又要褥子，無所不爲，此是趨利之弊也。利只是一箇利，只爲人用得别。

《中庸》之書，其味無窮，極索玩味。

聖人六經皆不得已而作，如耒耜陶冶，一不制，則生人之用息。後世之言，無之不爲缺，有之徒爲贅，雖多何益也？聖人言雖約，無有包含不盡處。

『趙盾弑君之事，聖人不書趙穿，何也？』曰：『此《春秋》大義也。趙穿手弑其君，人誰不知？若盾之罪，非《春秋》書之，更無人知也。仲尼曰：「惜哉！越境乃免。」此語要人會得。若出境而返，又不討賊，則不免除。出境遂不返，乃可免也。』

『極高明』，『道中庸』，所以爲民極。極之爲物，中而能高者也。

君子『不成章不達』。《易》曰『美在其中，暢於四肢』，『成章』之謂也。

問：『有所「忿懥」「恐懼」「憂患」，心「不得其正」。是要無此數者，心乃正乎？』曰：『非是。謂「無」，只是不以此動其心。學者未到不動處，須是執持其志。』

讀《易》須先識卦體。如《乾》有『元亨利貞』四德，缺却一箇，便不是《乾》，須要認得。

『知至至之』，學者且先知有至處，便從此至之，是『可與幾』也。非知幾者，安能先識至處？『知終終之』，知學之終處而終之，然後可與守義。

『看《易》且要知時。凡六爻，人人有用，聖人有聖人用，賢人有賢人用，衆人有衆人用，學者有學者用，君有君用，臣有臣用，無所不通。』因問《坤》卦是臣，人君有用否？曰：『豈無用？如「厚德載物」，人君安可不用？』

看《春秋》有兩句法，以《傳》考《經》之事迹，以《經》别《傳》之真僞。

答張閎中曰：『來書云《易》之義本起於數，非也。有理而後有象，有象而後有數。《易》因象以知數，得其義則象數在其中矣。必欲窮象之隱微，盡數之毫忽，乃尋流逐末。術家之所尚，非儒者之所務也，管輅、郭璞之學是也。』又曰：『理無形也，故因象以明理，理見乎辭矣，則可由辭以觀象，故曰「得其義則象數在其中矣」。』

不動心有二：有造道而不動者，有以義制心而不動者。此義也，此不義也，義吾所當取，不義吾所當舍，此以義制心者也。義在我，由而行之，從容自中，非有所制也，此不動之異。

文王之德，正與天合，『明明於下』者，乃『赫赫於上』者也。

問：『初學如何？』曰：『入德之門，無如《大學》。今之學者賴有此篇書存，其他莫如《論》《孟》。』

凡看《語》《孟》，且須熟玩味，將聖人言語切己，不可只作一場話説。人看得此二書切己，終身儘多也。

問：『仁者先難後獲？』曰：『有爲而作，皆先獲也，如利仁是也。古人惟知爲仁而已，今人皆先獲也。」

問『務民之義』，曰：『如項梁立義帝，謂從民望者是也。』

問：『「吾道一以貫之」，所謂「一」者，便是仁否？』曰：『固是。只這「一」字須是仔細體認。一還多在忠上，多在恕上？』曰：『多在恕上。』曰：『不然，多在忠上。纔忠便是一，恕即忠之用也。』

看《書》須要見二帝三王之道。如二《典》，即求堯所以治民，舜所以事君。

『在邦無怨，在家無怨』，在理可使無怨，於事亦難。天地之大也，人猶有所憾。（以下伯）

『畏天命』，則可以不失付畀之重。『畏大人』，如此尊嚴，亦自可畏。『畏聖人之言』，則可以進德。

『聞道』，知所以爲人也。『夕死可矣』，是不虚生也。

性與天道，非自得之則不知，故曰：『不可得而聞。』

如『形而上者謂之道』，不可移『謂』字在『之』字之下，此孔子文章。

『吾斯之未能信』，不先自信，何以治人？

『先難』，克己也。

『能近取譬』，反身之謂也。

彼之事是，則吾當師之。彼之事非是，則吾又何校焉？是以君子未嘗校也。

『古之學者爲己』，『爲己』，在己也。

『所存者神』，在己也。『所過者化』，及物也。

『此亦妄人也』，是以義斷在聖人，如天地涵容，但哀矜而已。子厚。

『自反而忠』，而横逆者猶是君子。曰：『又何難焉？此一事已處了，若聖人哀矜，又別一事。』（正）

不祥，凶也。君子好成物，故吉。小人好敗物，故凶。（正）

羞惡則有所不爲，知所止，乃『義之端』。

『安安』，安於理之所安者。（伯）

『大學之道』，在明其『明德』，明德乃『止於至善』也。知既至，自然『意誠』。顏子『有不善，未嘗不知』，『知之至』也。知之至，故『未嘗復行』。他人復行，知之不至也。（正）

正其理，則萬事一，『一以貫之』也。（正）

『興於詩』，吟詠性情，涵暢道德之中而歆動之，有『吾與點』之氣象。

『克』者，勝也。難勝莫如己，勝己之私，則能『有諸己』，是『反身而誠』者也。凡言仁者，能『有諸己』也。必誠之在己，然後爲『克己』。『禮』亦理也，有諸己則無不中於理。君子慎獨，『敬以直內，義以方外』，所以爲『克己復禮』也。克己復禮，則事事皆仁，故曰『天下歸仁』。人之視最先，『非禮』而視，則所謂開目便錯了。次『聽』，次『言』『動』，有先後之序。人能克己，則心廣體胖，『仰不愧』，『俯不怍』，其樂可知。有息則餒矣。

『極高明而道中庸』，非二事。『中庸』，天理也。天理固高明，不極乎『高明』，不足以『道中庸』。中庸乃高明之極。（伯）

『艮其止，止其所也』，止各當其所也。聖人所以應萬變而不窮一作勞者，事各止當其所也。若鑑在此，而物之妍媸自見於彼也，聖人不與焉。

『不逾閑』者，『不逾矩』也。『小德出入』於法度之中。『大德』如孔子，『小德』如顏子。有一不善，是亦出入也。

《春秋》書災異，蓋非偶然。不云『霜隕』，而云『隕霜』，不云『夷伯之廟震』，而云『震夷伯之廟』，分明是有意於人也。天人之理，自有相合。人事勝則天不爲災，人事不勝則天爲災。人事常隨天理，天變非應人事。如祁寒暑雨，天之常理，然人氣壯則不爲疾，氣羸弱則必有疾。非天固欲爲害，人事德不勝也。漢儒之學，皆牽合附會，不可信。

今時人看《易》，皆不識得《易》是何物，只就上穿鑿。若念得不熟，與就上添一德亦不覺多，就上減一德亦不覺少。譬如不識此兀子，減一隻脚，不知是少，添一脚，不知是多。若識，自添減不得也。

凡看書，各有門庭。《詩》《易》《春秋》不可逐句看，《尚書》《論語》可以逐句看。

「赤舄几几」，只是形容周公一箇氣象，乃孟子所謂睟面盎背，「四體不言而喻」之意。「雍雍在宫，肅肅在廟」，亦只是形容文王氣象。大抵古人形容聖人，多此類。如「倬彼雲漢，爲章於天」，亦是形容聖人也。

《蹇》「以反身修德」，故往者在外也，在外必蹇；來者在内也，在内則有譽。

闔闢便是易，「一闔一闢謂之變」。

「敬事而信」以下事，論其所存，未及治具，故不及禮樂刑政。

泰伯知王季之賢，必能開基成王業，故爲天下而三讓之，言其公也。（伯）

泰伯「三以天下讓」者，立文王則道被天下，故泰伯以天下之故而讓之也。不必革命，使紂賢，文王爲三公矣。（叔）

「人而不仁」，君子當教養之。不盡教養，而惟疾之甚，必至於亂。（伯）

「色斯舉矣」，不至悔吝。「翔而後集」，審擇其處。（伯）

「宿諾」，宿預也，非一宿之宿。（正）

「望之儼然」，秉天陽高明氣象。「即之也温」，中心和易而接物也温，備人道也。「聽其言也厲」，則如東西南北正，定地道也，蓋「非禮勿言也」。君子之道，三才備矣。（伯）

必「有諸己」，然後知言。

『廣居』，『正位』，『大道』，一也。不處小節，即是廣居。

作《易》，自天地幽明至昆蟲草木微物，無不合。

鮮于侁問顔子所樂何事，伊川曰：『尋常説顔子所樂者何？』曰：『不過説顔子所樂者道。』曰：『若説有道可樂，便不是顔子。』

《公羊》説《春秋》書『弟』謂母弟，此大害義。禽獸則知母而不知父，人必知本，豈論同母與不同母乎？

《春秋》大抵重嫡妾之分及用兵、土功。

《易》因爻象論變化，因變化論神，因神論人，因人論德行，大體通論易道，而終於『默而成之，不言而信，存乎德行』。

『徽柔懿恭』，四事也。『徽』『懿』，皆美也。『懿』，美中似有寬裕意，研其意味乃得之。若淵，亦深也，淵則深中有奥意。

『養心莫善於寡欲』，此一句淺近，不如『理義之悦我心，猶芻豢之悦我口』最親切有滋味。然須是體察得『理義之悦我心』真個猶芻豢始得。

明道嘗言：『學者不可以不看《詩》，看《詩》便使人長一格價。』

楊子安曰：『六經蓋藥也，無病安所用乎？』伊川先生曰：『固是，只爲開眼即是病。』

和靖嘗請曰：『某今日解得「心廣體胖」。』伊川曰：『如何？』曰：『只是樂。』伊川曰：『樂亦没處著。』

問：『將《語》《孟》緊要處看，如何？』曰：『固是好，若有得，終不浹洽。蓋吾道非如釋氏，一見了便從空寂去。』

程子文集抄

古人生子，能食能言而教之。小學之法，以豫爲先。人之幼也，知思未有所主，便當以格言至論日陳於前，雖未曉知，且當薰聒，使盈耳充腹，久自安習，若固有之，雖以他言惑之，不能入也。若爲之不豫，及乎稍長，私意偏好生於内，衆口辯言鑠於外，欲其純完，不可得也。

夫告於人者，非積其誠意，不能感而入也。故聖人以蒲盧喻教，謂以誠化之也。今夫鐘，怒而擊之則武，悲而擊之則哀，誠意之感而入也。告於人亦如是。古人所以齋戒而告君者，何謂也？臣前後兩得進講，未嘗敢不宿齋豫戒，潛思存誠，覬感動於上心。若使營營於職事，紛紛其思慮，待至上前，然後善其辭説，徒以頰舌感人，不亦淺乎？此理非學者不能曉也。（《上太皇太后書》）

聖人之道雖一，而治經家法各有不同。

古之時，天子擇宰相而任之政，宰相擇諸司長官而委之治，諸司長官各擇其屬而授以事，治功所以成也。後世朝廷授法必達乎下，長官守法而不得有爲，前日考察之法是也。今欲朝廷重任長貳，長貳自委之屬官，以達於下。取舍在長貳，則上下之體順而各得致其功，先王爲治之道也。難者必曰：『長貳得人則善矣，苟非其人，不若使防閑詳密，上下相制，爲可循守也。』此世俗鄙論，烏足以言治道？先王制法，待人而行，未聞立不得人之法也。苟長貳非人，不知教育之道，徒守虚文密法，果足以成人才乎？自古以來，未有如是而能成治者也。（《看詳學制》）

觀吾叔之見，至正而謹嚴。如『虛無即氣則虛無』之語，深探遠賾，豈後世學者所嘗慮及也？然此語未能無過。餘所論，以大概氣象言之，則有苦心極力之象，而無寬裕温厚之氣。非明睿所照，而考索至此，故意屢偏而言多窒，小出入時有之。「明所照」者，如目所覩，纖微盡識之矣。「考索至」者，如揣料於物，約見彷彿耳，能無差乎？更願完養思慮，涵泳義理，他日自當條暢。（《答橫渠書》）

所云：『孟子曰：「必有事焉而勿正，心勿忘，勿助長也。」此信乎入神之奧。若欲以思慮求之，是既已自累其心於不神矣，惡得而求之哉？』頤以爲有所事乃有思也，無思則無所事矣。此與淳公言便隔一層。孟子是言方言養氣之道如是，何遽及神乎？氣完則理正，理正則不私，不私之至則神。自養氣至此猶遠，不可驟同語也。以《孟子》觀之，自見其次第也。當以『必有事焉而勿正』爲句，『心』字屬下句。此説與大哥之言固無殊，但恐言之未詳爾。（《再答橫渠》）。

所論『勿忘者，但不舍其虛明善應之心爾』，此言恐未便。既有存於心而不舍，則何謂虛明？安能善應耶？虛明善應，乃可存而不忘乎？

辱示奏稿，足以見仁人君子愛民之心深切如此。欽服！欽服！子弟當勉公以速且堅，何可已也？然於愚意有未安者，敢布左右。觀公之意，專以畏亂爲主。頤欲公以愛民爲先，力言百姓饑且死，丐朝廷哀憐，因懼將爲寇亂可也。不惟告君之體當如是，事勢亦宜爾。公方求財以活人，祈之以仁愛，則當輕財而重民；懼之以利害，則將恃財以自保。古之時，得丘民則得天下，財散則人聚。後世苟私利於目前，以兵制民，以財聚衆，聚財者能守，保民者爲迂。秦、漢而下，莫不然也。竊慮廟堂諸賢未能免此，惟當以誠意感動，覬其有不忍之心而已。（《答人示奏草書》）

相去之遠，未知何日復爲會合，人事自難前期也。前奉書，以足下心虛氣損，奉勸勿多作詩文，而見答之辭乃曰：『爲學上能探古先之陳迹，統群言之是非，欲其心通而默識之，固未能也。』又曰：『使後人見之，猶庶幾曰：「不忘乎善也。」苟不如是，誠懼没而無聞。」此疑未得爲至當之言也。某於朋友間，其間不切者未嘗敢語也，以足下處疾，罕與人接，渴聞議論之益，故因此可論，而爲吾弟盡其説，庶幾有小補也。向之云無多爲文與詩者，非止爲傷心氣也，直以不當輕作爾。聖賢之言，不得已也。蓋有是言則是理明，無是言則天下之理有闕焉。如彼耒耜陶冶之器，一不制則生人之道有不足矣。聖賢之言，雖欲已，得乎？然其包涵盡天下之理，亦甚約也。後之人始執卷，則以文章爲先，平生所爲，動多於聖人。然有之無所補，無之靡所闕，乃無用之贅言也。不止贅而已，既不得其要，則離真失正，反害於道必矣。詩之盛莫如唐，唐人善論文莫如韓愈，愈之所稱，獨高李、杜。二子之詩存者千篇，皆吾弟所見也，可考而知矣。苟足下所作皆合於道，足以輔翼聖人，爲教於後，乃聖賢事業，何得爲學之末乎？某何敢以此奉責？又言欲使後人見其不忘乎善，人能爲合道之文者，知道者也，在知道者，所以爲文之心，乃非區區懼其無聞於後。欲使後人見其不忘乎善而已，此乃世人之私心也。夫子『疾没世而名不稱』者，疾没身無善可稱云爾，非謂疾無名也。名者可以厲中人，君子所存，非所汲汲。又云：『上能探古先之陳迹，綜群言之是非，欲其心通默識，固未能也。』夫心通乎道，然後能辨是非，如持權衡以較輕重，孟子所謂『知言』是也。揆之以道，則是非了然，不待精思而後見也。學者當以道爲本，心不通於道，而較古人之是非，猶不持權衡而酌輕重，竭其目力，勞其心志，雖使時中，亦古人所謂『億則屢中』，君子不貴也。（《答朱長文書》）或曰明道先生之文。

既爲今日官，當於今日事中圖所設施。舊法之拘，不得有爲者，舉世皆是也。以頤觀之，苟遷就於法中，所可爲者尚多。先兄明道之爲邑，及民之事，多衆人所謂法所拘者，然爲之未嘗大戾於法，衆亦不甚駭。謂之得伸其志則不可，求小補，則過今之爲政者遠矣。人雖異之，不至指爲狂也。至謂之狂，則大駭矣。盡誠爲之，不容而後去，又何嫌乎？（《答吕進伯》）

『中者，道之所由出。』此語有病。

中即道也，若謂道出於中，則道在中内，别爲一物矣。所論『其所同，不容更有二名别而言之，亦不可混爲一事』，此語固無病。若謂性與天道、大本與達道可混而爲一，即未安。在天曰命，在人曰性，循性曰道。性也，命也，道也，各有所當。大本言其體，達道言其用，體用自殊，安得不爲二乎？

『中即性也』，此語極未安。中也者，所以狀性之體段。若謂性有體段亦不可，姑假此以明彼。如稱天圓地方，遂謂方圓即天地可乎？方圓既不可謂之天地，則萬物决非方圓之所出。如中既不可謂之性，則道何從稱出於中？

『喜怒哀樂未發謂之中。』赤子之心發而未遠於中，若便謂之中，是不識大本也。

凡言心者，指已發而言，此固未當。心一也，有指體而言者，「寂然不動」是也。有指用而言者，「感而遂通天下之故」是也。惟觀其所見如何耳。大抵論愈精微，言愈易差，所謂傳言者失指。（《答吕大臨論中書》）

横渠立言，誠有過者乃在《正蒙》。《西銘》之爲書，推理以存義，擴前聖所未發，與孟子『性善』『養氣』之論同功，豈墨氏之比哉？《西銘》明理一而分殊，墨氏則二本而無分。分殊之蔽，私勝而失仁。無分之罪，兼愛而無義。分立而推理一，以止私勝之流，仁之方也。無别而迷兼愛，至於無父之極，義之賊也。子比而同之，過矣。謂言體而不及用，彼欲使人推而行之，本爲用也，反爲不及，不亦異乎？（《答楊時論〈西銘〉書》）

存無不在道之心，便是助長。方其學也，固當有事，亦當知助長之非。所謂『仁能守之』者，孳孳於此也。此言未能盡仁，且宜致思，仁則安矣，所以云守也。（《答周孚先》）

前書所問心迹之説，固知未能無疑也。若以心迹有判，則『象憂亦憂』乃僞矣。是宜精索，未易曉也。又云：『有道又有易，何如？』此語全未是。更將傳序詳思，當自通矣。變易而後合道，「易」字與「道」字不相似也。大率所論辭與意太多。孔、孟之門人豈能盡與孔、孟同？唯其不敢信己而信其師之説，是以能思而卒

同也。若紛然致疑，終亦必亡而已。（《答楊迪》）

孔、孟之門豈皆賢哲？固多衆人。以衆人觀聖賢，弗識者多矣。惟其不敢信己而信其師，是故求而後得。今諸君於頤言纔不合，則置不復思，所以終異也。不可便放下，更且思之，致知之方也。姑求自曉，無庸他恤，深尤不知者，甚無謂也。（《答門人》）

聖人之道坦如大路，學者病不得其門耳。得其門，無遠之不可到也。求入其門，不由乎經乎？今之治經者亦衆矣，然而買櫝還珠之弊，人人皆是。經所以載道也，誦其言辭，解其訓詁，而不及道，乃無用之糟粕耳。覬足下由經以求道，勉之又勉，異日見卓爾有立於前，然後不知手之舞、足之蹈，不加勉而不能自止矣。（《與方元寀手帖》）

含其英，茹其實，精於思，貫於一。（《書銘》）

朱子節要

《朱子節要》序

聖人之道大矣，學者學焉而得其性之所近，故賦質各别，成德亦殊。至於前聖後聖若合符節之處，則不容毫釐差也。以毫釐差，迺千里謬矣。聖人嚴似是而非也，嚴之於此也。

由孔子而後，見而知之者，爲顔、曾、思、孟。然當孟子之時，邪説並作，而仁義充塞，不有孟子，孔子之道不著也。由孟子而後，聞而知之者，爲周、程、張、朱。然當朱子之時，邪説並作，而仁義充塞，不有朱子，孔子之道不著也。故昌黎韓氏曰孟子『功不在禹下』，而河汾薛氏曰『朱子功不在孟子下』，可謂知言矣。

夫聖人之道載在六籍，得其言而得其意，以之而明聖人之道，不得其言而不得其意，以之而晦聖人之道。自朱子出，而六籍之言迺始幽顯畢徹，吾道如日月之經天，江河之流地。其書自傳註而外，見於文集、語録者浩渺無涯。非獨研窮之勤，昭晰之密，蓋其精神氣力真足以柱石兩間，掩映千古，所謂豪傑而聖賢者也。攀龍不自揣量，三復之餘，節其要言，倣朱子《近思録》例，分爲十有四卷，而不敢擬於《近思》，名曰《朱子節要》。嗚呼！不有朱子，孔子之道不著也。而不知孔子，朱子之道不著也。余豈知之者哉？以爲是編於天理人欲毫釐千里之介莫詳焉，學者欲知前聖後聖若合符節之處，此其要也。鍥成書此，以諗同志。萬曆壬寅秋七月己卯，錫山後學高攀龍謹序。

按朱子《近思録》例，一卷《論道體》，二卷《論學》，三卷《致知》，四卷《存養》，五卷《克治》，六卷《家道》，七卷《出處》，八卷《治體》，九卷《治法》，十卷《居官處事》，十一卷《教人之法》，十二卷《警戒改過》，十三卷《辨別異端》，十四卷《總論聖賢》。吕東萊先生謂一卷所論非初學者所能領會，朱子曰：『且令識箇頭腦，學者須自二、三、四卷而入。』

朱子卷之一

太極只是一箇理字。

陰陽只是一氣，陽消處便是陰，不是陽退了又别有箇陰生。陰剥陽，每日剥三十分之一，一月方剥盡而成坤。坤初六，陽已萌了，每日長三十分之一，一月方成一陽。故冬至爲復，不是直至冬至，一陽方生也。

天之形雖包乎地之外，而其氣實透乎地之中。地雖在天之中，然其中實虚，容得天許多氣。

天地别無勾當，只以生物爲心。

《復》，「見天地之心」。何處不是天地之心？但當品物蕃新，叢雜難看。惟是萬物未生，泠泠静静，而一陽既動，生物之心闖然而見，雖在積陰之中，自掩藏不得也。

濂溪與伊川説『復』字差不同，濂溪就回來處説，伊川正就動處説。如『元亨利貞』，濂溪就『利貞』上説，伊川就『元』字頭説，道理只一般。

此身只是箇軀殼，内外無非天地陰陽之氣。如魚在水，外面水便是肚裏水，鱖魚肚裏水與鯉魚肚裏水只一般。

鬼神只是氣。屈伸往來者，氣也。天地間無非氣，人之氣與天地之氣相接無間斷，人自不見。人心纔動，必達於氣，便與這屈伸往來者相感通。

因說神怪事，曰：『人心平鋪着便好，若做弄，便有鬼怪出來。』

元亨，誠之通，動也。利貞，誠之復，静也。元者，動之端也，本乎静。貞者，静之質也，著乎動。一動一静，循環無窮。而貞也者，萬物之所以成終而成始者也。故人雖不能不動，而立人極者必主乎静，則其著乎動也無不中節而不失其本然之静矣。

天命之性，不可形容，不須贊歎，只得將他骨子實頭處説出來，乃於言性爲有功，故某只以『仁義禮智』四字言之。

『天命之謂性』，處處皆是。只尋時，先從自家身上尋起。所以説『性者，道之形體』，此句最好。論性，要須先識得性是箇甚麼樣物事。性即理也，仁義禮智而已矣。然四者有何形狀？只有此理，便做得許多事出來，所以能惻隱、羞惡、辭讓、是非。譬如論藥性寒熱，亦無討形狀處，只服了後却做得寒做得熱，便是性。今人往往指有知覺者爲性，只説得箇心。

性不是卓然一物可見者。窮理格物，性在其中，不須求，故聖人罕言性。

性，譬之水，本皆清也，以浄器盛之則清，以污器盛之則濁。本然之清未嘗不在，但既污濁，猝難得便清，故『雖愚必明，雖柔必强』，也煞用氣力。

問：『形而上下，如何以形言？』曰：『此言最的當。設若以有形無形言之，便是物與理相間斷了，所以明道謂截得分明者，只是上下之間分别得一箇界止分明。器亦道，道亦器，有分别而不相離也。』

這箇將與人看不得。公要討箇無聲無臭底道，雖視之不見，聽之不聞，然却開眼便看見，開口便説着。雖『無極而太極』，然只是眼前道理。若有箇高妙底，聖人隱却，便是聖人不忠不信。

只是眼前切近起居飲食、君臣父子兄弟夫婦朋友處，便是這道理。只就近處行到熟處，見得自高。有人説只據眼前近處行便是了，又成苟簡卑下。有人説掉了這箇，上面自有一箇道理，亦不是，下稍只是謾人。聖人説下學上達，即這箇到熟處自見精微。聖人與凡庸之分，只争箇熟與不熟。

天地之間自有一定不易之理，要當見得不假毫髮意思安排，不着毫髮意見來雜，自然先聖後聖如合符節，方是究竟處也。

天只有箇春夏秋冬，人只有箇仁義禮智，此四者便是那四者。心是箇運用的，只有此四者之理，更無别物。

仁義禮智，只把元亨利貞、春夏秋冬看便見。上蔡以覺爲仁，知覺是智之事，在四德是『貞』字。而知所以近乎仁者，便是四端循環處。若無這智，便起這仁不得。

或問仁，曰：『理難見，氣易見，但就氣上看便見，如元亨利貞是也。元亨利貞也難看，且看春夏秋冬。春時盡是温厚之氣，仁便是這般氣象，夏秋冬雖不同，皆是春生之氣行乎其中。若曉得此理，便見得克己復禮，私欲盡去，純是温和沖粹之氣，乃天地生物之心也。』

看『仁』字，當并『義』『禮』『智』字看，然後界限分明，見得端的。又曰：『仁是箇温和底意思，義是箇慘烈剛斷意思，禮是宣著發揮意思，智是收斂無痕迹意思。性中有此四者，而聖門却只以求仁爲急，緣仁是四者之先。若常存得温厚意思在這裏，到宣著發揮時，便自然會宣著發揮；到剛斷時，便自然會剛斷；到收斂時，便自然會收斂。』又曰：『仁爲四端之首，而智則能成終而成始，仁智交際之間，乃萬化之機軸。此理循環不窮，吻合無間，故不貞則無以爲元也。』

耳之德聰，目之德明，心之德仁，且將這意去思量體認。又曰：『藹乎若春陽之温，汎乎若醴酒之醇，此是形容仁的意思。』

孟子説『仁，人心』，此語最親切。心自是仁底物事，存得此心，不患他不仁。

程子穀種之喻甚善，有這種在這裏，何患不生？

問：『先生答湖湘學者書，以愛字言仁，如何？』曰：『緣上蔡説得覺字太重，相似説禪；龜山言萬物與我爲一，説亦太寬。』問：『此是仁之體否？』曰：『此不是仁之體，是仁之量。仁者固覺，謂覺爲仁不可。仁者固與物爲一，謂萬物爲一爲仁亦不可。』又問：『知覺亦有生意？』曰：『固是，但只將知覺説來却冷了。』

仁兼四端者，都是這些生意流行。

問：『仁兼四端，意思理會不透。』曰：『上蔡見明道先生，舉史文成誦，明道謂其「玩物喪志」。上蔡汗流浹背，面發赤。明道曰：「此便是惻隱之心。」』『公且道上蔡聞得過失，恁地慚皇，自是羞惡之心，如何却道是惻隱？』久之，先生曰：『惟是有惻隱之心，方會動。先動了，方有羞惡、恭敬、是非。若不從動處發出，所謂羞惡者非羞惡，恭敬者非恭敬，是非者非是非。譬如四時，若不是有春生之氣，夏來長箇甚麽？秋時又把甚收？冬時又把甚藏？』

林安卿問：『仁者以天地萬物爲一體，此即人物初生時驗之可見。人物均受天地之氣而生，所以同一體。如人兄弟異形，而皆出父母胞胎，所以皆當愛。惟仁者其心公溥，實見此理，故能以天地萬物爲一體否？』曰：『不須問，他從初只今便是一體。猶之水然，江河池沼皆是此水，見水便是同體，何待尋問？尋問便見得遲了。如昨夜莊仲説人與萬物均受此氣，均得此理，所以皆當愛便是。不如此，那物事自是愛，不是同體了方愛。』

仁體剛而用柔，義體柔而用剛。

義之嚴肅，即是仁底收斂。

義如利刀，胸中許多勞勞攘攘一齊割斷。

禮者，仁之著。智者，義之藏。且以人資質言之，温厚者多謙遜，通曉者多刻剥。

禮即理也。但謂之理，無形迹之可言，禮則有品節文章之可見矣。

性猶太極也，心猶陰陽也。太極只在陰陽之中，非能離陰陽也。然太極自是太極，陰陽自是陰陽。惟性與心亦然，一而二，二而一。

《盡心説》曰：『天大無外，而性稟其全，故人之本心，其體廓然，亦無限量。惟其牿於形器之私，滯於聞見之小，是以有所蔽而不盡。人能即事即物窮究其理，至於一日會貫通徹而無所遺焉，則有以全其本心廓然之體。而吾之所以爲性，與天之所以爲天，皆不外此，而一以貫之矣。』

心者，氣之精爽。

惟心無對。

知主别識，意主營爲。知近性近體，意近情近用。

須知未動爲性，已動爲情，心則貫乎動静而無不在焉。《知言》曰『性立天下之有，情效天下之動，心妙性情之德』，此言甚精密。

先生論中和，初與張敬夫曰：『人自有生，即有知識，事至物來，應接不暇，念念遷革，以至於死，其間初無頃刻停息，舉世皆然也。然聖賢之言則有所謂「未發之中」「寂然不動」者，夫豈以日用流行者爲已發，而指夫暫而休息、不與事接之際爲未發時耶？嘗試以此求之，則泯然無覺之中邪暗鬱塞，似非虚明應物之體，而幾微之際，一有覺焉，則又便爲已發，而非寂然之謂。蓋愈求而愈不可見，於是退而驗之日用之間，則凡感之而通，觸之而覺，蓋有渾然全體，應物而不窮者。是乃天命流行、生生不已之機，雖一日之間萬起萬滅，而其寂然之本體則未嘗不寂然也。所謂「未發」，如是而已。夫豈别有一物限於一時，拘於一處，而可以謂之中哉？』又曰：『通天下只是一箇天機活物，流行發用，無間容息。據其已發者而指其未發者，則已發者人心，而凡未發者皆其性也。即夫日用之間，渾然全體，如川流不息，天運不窮，所以體用精粗動静本末洞然無一毫之間，而鳶飛魚躍，觸處朗然也。存者，存此而已。養者，養此而已。』後答敬夫曰：『日前所見，累書所陳者，只是儱侗見得箇大本達道底影象，便執認以爲是了，蓋只見得箇直截根源、傾湫倒海的氣象。日間但覺爲大化所驅，如在洪濤巨浪之中，不容少頃停泊，以故應事接物處，但覺粗糲勇果而無寬裕雍容之氣。雖竊病之，而不知其所自來也。今而後，乃知浩浩大化之中，一家自有一箇安宅，正是自家安身立命主宰知覺處，所以立大本、行達道之樞要。所謂「體用一源，顯微無間」者，乃在於此。道邇求遠，亦可笑矣。』又答敬夫曰：『近復體察，見得此理須以心爲主而論之，則性情之德、中和之妙皆有條而不紊。蓋人之一身，知覺運用，莫非心之所爲。心者，所以主於身，無動静語默之間者也。方其静也，事物未至，思慮未萌，而一性渾然，道義全具，其所謂「中」，乃心之所以爲體而寂然不動者也。及其動也，事物交至，思慮萌焉，則七情迭用，各有攸主，其所謂「和」，乃心之所以爲用，感而遂通者也。然性之静也，而不能不動，情之動也，而必有節焉。是則心之所以寂然感通，周流貫徹，而體用未始相離者也。然人有是心而或不仁，則無以著此心之妙。人雖欲仁而或不敬，則無以致求仁之功。蓋心主乎一身，而無動静語默之間。是以君子之於敬，亦無動静語默，不用其力焉。未發之前是敬也，固已主乎存養之實。已發之際是敬也，又常行於省察之間。方其存也，思慮未萌而知覺不昧，是則静中之動，復所以見天地之心也。及其察也，事物紛糾而品節不差，是則動中之静，《艮》之所以「不獲其身」，「不見其人」也。有以主乎静中之動，是則寂而未嘗不感。有以察乎動中之静，是以感而未嘗不寂。寂而常感，感而常寂，此心之所以周流貫徹而無一息之不仁也。』又與湖南諸公書曰：『《中庸》「未發」「已發」之義，前此認得此心流行之體。又因程子「凡言心者，皆指已發而言」，遂目心爲已發，性爲未發。然觀程子之書，多所不合，因復思之，乃知前日之説，非惟心性之名命之不當，而日用功夫全無本領。蓋所失者，不但文義之間而已。按《文集》《遺書》諸説，似皆以思慮未萌、事物未至之時爲喜怒哀樂之未發。當此之時，即是此心寂然不動之體，而天命之性當體具焉。以其無過不及，不偏不倚，故謂之「中」。及其感而遂通天下之故，則喜怒哀樂之性發焉，而心之用可見。以其無不中節，無所乖戾，故謂之「和」。此則人心之正而情性之德然也。然未發之前，不可尋覓，已覺之後，不容安排。但平日莊敬涵養之功至，而無人欲之私以亂之，則其未發也，鏡明水止，而其發也，無不中節矣。此是日用本領工夫，至於隨事省察，即物推明，亦必以是爲本。而於已發之際觀之，則其具於未發之前者，固可默識。故程子之答蘇季明，反復論辨，極於詳密，而卒之不過以敬爲言。又曰「敬而無失，即所以中」，又曰「入道莫如敬，未有致知而不在敬者」，又曰「涵養須是敬，進學則在致知」，蓋爲此也。向來講論思索，直以心爲已發，而日用工夫亦止以察識端倪爲最初下手處，以故闕却平日涵養一段工夫，使人胸中擾擾，無深潛純一之味，而其發之言語事爲之間，亦常急迫浮露，無復雍容深厚之風。蓋所見一差，其害乃至於此，不可以不審也。程子所謂「凡言心者，皆指已發而言」，此却指心體流行而言，非謂事物思慮之交也，然與《中庸》本文不合，故以爲未當而復正之。固不可執其已改之言而盡疑諸説之誤，又不可遂以爲未當而不究其所指之殊也。周子曰：「無極而太極。」程子又曰：「人生而静以上不容説，纔説時，便已不是性矣。」蓋聖賢論性，無不因心而發，若欲專言之，則是所謂無極而不容言者，亦無體段之可名矣。』

龜山説『道不可離』曰：『盈天地之間，孰非道乎？道而可離，而道有在矣。譬之四方有定位焉，適東則離乎西，適南則離乎北，斯則可離也。若夫無適而非道，則烏得而離耶？故寒而衣，饑而食，日出而作，晦而息，耳目之視聽，手足之舉履，無非道也。此百姓所以「日用而不知」。』先生曰：『衣食作息、視聽舉履皆物也，所以如此之義理準則，乃道也。若便指物以爲道，則不惟昧於形而上下之别而墮於釋氏作用是性之説，且使學者誤謂道無不在，雖欲離之而不可得，吾既知之，則雖猖狂妄行，亦無適而不爲道，其爲害有不可勝言者矣。』

東坡論《易》『一陰一陽之謂道』曰：『陰陽果何物哉？雖有婁、曠之聰明，未有能得其髣髴者也。陰陽交，然後生物，物生然後有象，象立而陰陽隱。凡可見者皆物也，非陰陽也，然謂陰陽爲無有可乎？雖至愚知其不然也。物何自生哉？是故指生物而謂之陰陽，與不見陰陽之髣髴而謂之無有，皆惑也。』先生曰：『陰陽盈天地間，其消息闔闢，終始萬物，觸目之間，有形無形，無非是也。而蘇氏以爲「象立而陰陽隱。凡可見者皆物也，非陰陽也」，失其理矣。達陰陽之本者，固不指生物而謂之陰陽，亦不別求陰陽於物象見聞之外也。』

東坡論『大哉乾元』曰：『元之爲德，不可見也。所可見者，「萬物資始」而已。』先生曰：『四德之元，猶四時之春，五常之仁，乃天地造化發育之端，萬物之所從出，故曰「萬物資始」，言取其始於是也。存而察之心目之間，體段昭然，未嘗不可見也，惟知道者識之。』

廖子晦曰：『明道先生云「鳶飛魚躍」與「必有事焉而勿正心」同，竊謂萬物在吾性分中，如鑑中之影，仰天而見鳶飛，俯淵而見魚躍，上下之見，無非道體之所在也。方其有事而勿正之時，必有參乎其前而不可致詰者。鳶飛魚躍，皆其分内耳，活潑潑地，智者當自知之。』先生曰：『鳶飛魚躍，道體無乎不在，當勿忘勿助之間，天理流行，正如是爾。若謂萬物在吾性分中，如鑑之影，則性是一物，物是一物，以此照彼，以彼入此也。橫渠先生所謂「若謂萬象爲太虛中所見，則物與虛不相資，形自形，性自性」者，正譏此爾。』

胡子《知言》曰：『孟子道「性善」云者，歎美之詞，不與惡對。』先生曰：『性善之善，不與惡對，此本龜山所聞於浮屠常總者。宛轉説來，似亦無病。然既曰性善，則無復有惡，自不待言。若乃善之所以得名，乃對惡而言，所以別天理於人欲也。天理固無對，然既有人欲，即天理便不得不與人欲爲消長。善亦本無對，然既有惡，即善便不得不與惡爲盛衰。譬如「普天之下，莫非王土。率土之濱，莫非王臣」，此豈有對哉？至於晋有五胡，唐有三鎮，則華夷順逆，不得不相與爲對矣。但其初則有善而無惡，有天命而無人欲。」

《知言》曰：『天理人欲，同體而異用，同行而異情，進修君子宜深別焉。』先生曰：『既謂本體，只一天理，更無人欲。人欲者，梏於形，雜於氣，狃於習，亂於情，而後有者也。胡子之言，蓋欲人於天理中揀別得人欲，於人欲中便見得天理，其意甚切。然聖人只說克己復禮，教人實下工夫，去却人欲，便是天理，未嘗教人求識天理於人欲汩没之中也。龜山曰「天命之謂性，人欲非性也」，却是此語直截胡子非之誤矣。』

《知言》曰：『欲爲仁，必先識仁之體。』他日某問曰：『人之所以不仁者，以放其良心也。以放心求心，可乎？』曰：『齊王見牛而不忍殺，此良心之苗裔因利欲之間而見者也。一有見焉，操而存之，存而養之，養而充之，以至於大。大而不已，與天同矣。此心在人，其發見之端不同，要識之而已。』先生曰：『孔子答門人問爲仁者多矣，不過以求仁之方告之，使之從事於此而自得焉爾，初不必使先識仁體也。又以放心求心之問甚切，而答者反若支離。夫心操存舍亡，間不容息，知其放而求之，則心在是矣，豈俟異時見其發於他處而後操之，使未見之間此心遂成間斷乎？』

《知言》曰：『心無死生。』先生曰：『「心無死生」，幾於釋氏輪迴之説矣。天地生物，人得其秀，而最靈所謂心者，乃虚靈知覺之性，猶耳目之有見聞耳。在天地則通古今而無成壞，在人物則隨形氣而有始終。知其理一而分殊，則亦何必爲是「心無死生」之説以駭學者之聽乎？』

《知言》曰：『心無不在，本天道變化爲世俗酬酢云云。』先生曰：『聖人下學而上達，盡日用酬酢之理，而天道變化行乎其中耳。若有心要本天道以應人事，則胸次先横了一物，臨事之際，著意將來把持作弄，而天人之際終不合矣。』

湖南五峰多説人要識心，先生曰：『心自是箇識底心，又把甚底去識此心？且如人眼，自是見物，如何見得眼？故學者只要去其物欲之蔽，此心便明。』

《答連嵩卿》曰：『所謂「天地之性即我之性，豈有死而遽亡之理？」此説亦未爲非，但不知爲此説者，以天地爲主耶？以我爲主耶？若以天地爲主，則此性自是天地間一箇公共道理，更無人物彼此之間，死生古今之别，雖曰死而不亡，然非有我之得私矣。若以我爲主，則只是於自己身上認得一箇精神魂魄有知有覺之物，即便目爲己性，把持作弄，到死不肯放舍，謂之死而不亡，是乃私意之尤者，尚何足與語死生之説、性命之理哉？』

朱子卷之二

孔子只十五歲時便斷然以聖人爲志。

近看孟子見人即道性善，稱堯舜，此是第一義。若於此看得透，信得及，直下便是聖賢，更無一毫人欲之私做得病痛。若信不及，孟子又説箇第二節功夫，只引成覸、顔淵、公明儀三段説話，教人如此發憤勇猛向前，日用之間，不得存留一毫人欲之私在這裏，此外更無别法。若於此有箇奮迅興起處，方有田地可下功夫。不然，即是畫脂鏤冰，無真實得力處也。

書不記，熟讀可記。義不精，細思可精。惟有志不立，直是無着力處。只如今，貪利禄而不貪道義，要作貴人而不要作好人，皆是志不立之病。直須反覆思量，究見病痛起處，勇猛奮發，不復作此等人，一躍躍出，見得聖賢所説千言萬語，都無一字不是實語，方始立得此志。就此積累工夫，迤邐向上去，大有事。

古人於小學自能言便有教，一歲有一歲工夫。今都蹉過了，只據而今地頭，便立定脚跟做去，栽種後來根株，填補前日欠缺。

學者不於富貴貧賤上立得定，則是入門便差了。又曰：『吾輩於貨色兩關打不透，更無話可説。』『義利』二字乃儒者第一義。

學者須要有廉隅墻壁，便可擔負得大事。如子路，世間病痛都没了。

聖賢之心，正大光明，洞然四達，故能春生秋殺，過化存神，而莫知爲之者。學者須識得此氣象而求之，庶無差失。若如世俗常情，支離巧曲，瞻前顧後之不暇，又安能有此等氣象耶？

孔子曰：『不得中行而與之，必也狂狷乎！』看來這道理，須是剛硬，立得脚住，方有所成。孔子晚年方得曾子，曾子得子思，子思得孟子，都如此剛果決烈。若慈善柔弱的，終不濟事。况當世衰道微之時，尤用硬着脊梁，無所屈撓，於世間禍福得喪，一不足以動其心，方靠得。然其工夫只在自反常直，仰不愧，俯不怍，則自然如此，不在他求也。

世間萬事須臾變滅，皆不足置胸中，惟有窮理修身爲究竟法耳。

今學者之病，最是先學作文干祿，使心不寧静，不暇深究義理，故於古今之學，義利之間不復能察其界限，分别之際而無以知輕重取舍之所宜。所以誦數雖博，文詞雖工，而衹重爲此心之害。要須反此，然後可以議爲學之方耳。

郭德元告行，先生曰：『人若於日間閒言語省説一兩句，閒人客省見得一兩人，也好。渾身在鬧場中，如何讀得書？逐日無事，有見成飯喫，用半日静坐，半日讀書，如此一二年，何患不進？』

學者做工夫，當忘寢食做一上，使得些入處，自後方滋味接續。浮浮沉沉，半上落下，不濟得事。又曰：『這個物事要得不難，如饑之欲食，渴之欲飲，如救火，如追亡，似此年歲間看得透，活潑潑地在這裏流轉方是。』又曰：『譬如煉丹，須先將百十斤炭火煅一餉，方可用微微火養教成就。今人未曾煅，便要將微火養，如何得成？』

萬事須是有精神方做得。又曰：『須磨厲精神去理會，天下事非燕安暇豫之可得。』又曰：『人氣須是剛，方做得事。如天地之氣剛，故不論甚物事皆透過。』

學問須是大進一番，方始有益。若能於一處大處攻得破，見那許多零碎，只是這一個道理，方是快活。『曾點、漆雕開已見大意』，只緣他大處看得分曉。今且道他那大底是甚物事？

《答吕子約》曰：『示喻日用工夫如此，甚善。然亦且要見得一大頭腦分明，便於操舍之間有用力處。如實有一物，把住放行在自家手裏，不是謾説求其放心，實却茫茫無把捉處也。』吕子約來書曰：『誨諭「工夫且要見得一個大頭腦」云云，蓋嘗深體之。此個大頭腦，本非外面物事，是我元初本有底，其曰「人生而静」，其曰「喜怒哀樂之未發」，其曰「寂然不動」。人汩汩地過了日月，不曾存息，不曾實見此體段，如何會有用力處？程子謂「這個義理，仁者又看做仁了，智者又看做智了，百姓日用而不知，此所以君子之道鮮。此個亦不少，亦不剩，只是人看他不見」，不大段信得此語。及其言於勿忘勿助長間認取者，認乎此也。認得此，則一動一静皆不昧矣。惻隱、羞惡、辭讓、是非，四端之著者也，操存久則發見多。忿懥憂患恐懼，不得其正也，放舍甚則日滋長。記得南軒先生謂「驗厥操舍，乃知出入」，乃是見得主腦，於操舍間有用力處之實話。苟知主腦不放下，雖是未能常常操存，然語默應酬間歷歷能自省驗，雖非實有一物在我手裏，然可欲者是我底物，不可放失，不可欲者非是我物，不可留藏，雖謂之實有一物在我手裏，亦可也。若是謾説，既無歸宿，亦無依據，縱使彊把捉得住，亦止是襲取，夫豈是我元有底邪？愚見如此，敢望指教。』先生答曰：『此段大概，甚正當親切。』

爲學只在『明明德』一句。『君子存之』，存此而已。小人去之，去此而已。一念竦然，自覺其非，便是明之之端。

古人説『學有緝熙於光明』，此句最好。蓋心地本自光明，只被利欲昏了，要令其光明處轉光明，緝將去。

爲學工夫，不在日用之外，檢身則動静語默，居家則事親事長，窮理則讀書講義。大抵只要分别一個是非，而去彼取此耳，無他玄妙之可言也。論其至近至易，即今便可用力。論其至急至切，即今便當用力。只從今日爲始，隨處提撕，隨處收拾，隨處體究，隨事討論，則日積月累，自然純熟，自然光明。

學者工夫惟在居敬、窮理二事。能窮理，則居敬工夫日益進；能居敬，則窮理工夫日益密，兩項都不相離。纔見成兩處，便不得。

『敬以直内，義以方外』，八個字一生用之不窮。

知與行常相須，如目無足不行，足無目不見。論先後，知爲先。論輕重，行爲重。

如今工夫須是一刀兩段，所謂『一棒一條痕，一摑一掌血』，使之歷歷，分明開去，莫要含糊。

學貴時習，須是心心念念在上，無一事不學，無一時不學，無一處不學。

無事則專一嚴整，求自己之放心。讀書則虛心觀理，求聖賢之本意。

聖賢之言，常將來眼頭過，口頭轉，心頭運。

學者只是不爲己，故日間此心安頓在義理上少，在閒事上多，於義理却生，於閒事却熟。

莫説要待一個頓段工夫方做得，如此便蹉過了。只今便要做去，斷以不疑，鬼神避之。『需者，事之賊也。』

學者最怕因循。

爲學正如撑上水船，一篙不可放緩。

學者須是奈煩，奈辛苦。

這道理若不拚生棄死去理會，終不解得。

人多言爲事所奪，有妨講學，此爲不能使船，嫌溪曲者也。遇富貴，就富貴上做工夫。遇貧賤，就貧賤上做工夫。兵法一言甚佳，『因其勢而利導之』。

爲學之道，更無他法，但能熟讀精思，久久自有見處；尊所聞，行所知，久久自有至處。

嚴立功程，寬着意思，久之自當有味，不可求欲速之功。

謂陳廷秀曰：『今只理會下手做工夫處，莫問他氣禀與習，只是是底便做，不是底莫做。那箇萬里不留行，更無商量。一任你氣禀物欲，我只是恁地如此，則雖愚必明，雖柔必强。』又曰：『學問之道無他，莫論事之大小，理之淺深，但到目前，即與理會到底。』

爲學須是切實爲己，則安静篤實，承載得許多道理。若輕揚淺露，縱使探討得，説得去，也承載不住。

近來學者多是以自家合做底事報與人知，如有飯，不將來自喫，只要鋪攤在門前，要人知我家裏有飯。打疊得此意盡，方有進。

學問之道，不敢自是。虚以受人，則自有得。

聖賢言語儘多了，前輩説得分曉了，學者只將己來聽命於他，切己去做，依古人説的行出來，便是我底，何必别生意見，硬自立説？此最學者大病，不可不深戒。

吾儕講學，欲上不得罪於聖賢，中不誤一己，下不爲害於將來。

務内求者，以博觀爲外馳。務博觀者，以内省爲狹隘。墮於一偏，此學者之大病。

近年學者求道太迫，立論太高，往往嗜簡易而憚精詳，樂渾全而畏剖析，以此不見天理之本然，各墮一偏之私見，别立門庭，互分彼我，使道體分裂，不合不公，此今日之大患也。

古人之學，所貴於存心者，蓋將推此以窮天下之理。今之所謂識心者，乃欲恃此而外天下之理。是以古人知益崇而禮益卑，今人則論益高而其狂妄恣睢也愈甚，得失亦可見矣。

道體之全，渾然一致，而精粗、本末、内外、賓主之分，粲然於其中，有不可以毫釐差者。此聖賢之言所以或離或合，或異或同，乃所以爲道體之全也。今徒知所謂渾然者之爲大而樂言之，而不知所謂粲然者之未始相離也，是以信同疑異，喜合惡離，其論每陷於一偏，卒爲無星之秤、無寸之尺而已，豈不誤哉？

如説有一項不可言的，知便是釋氏之誤。

孟子道『人皆可以爲堯、舜』，何曾道堯、舜更不假修爲？

習矣不察，行矣不著，如今人又不如此。不曾去習，便説要察。不曾去行，便要著。

一箇大公至正之路甚分明，不肯行，却尋得一線路與自家私意合，便稱是道理，今人每每如此。

《答林退思》曰：『道之全體雖高且大，而其實未嘗不貫乎日用細微切近之間。苟悦其高而忽於近，慕其大而略於細，則無漸次經由之實，而徒有懸想跂望之勞，亦終不能以自達矣。故聖人之教，循循有序，不過使人反而求之至近至小之中，博之以文，開其講學之端，約之以禮，嚴其踐履之實，使之得寸則守其寸，得尺則守其尺。如是久之，日滋月盈，然後道之全體乃有所鄉望而漸可識，有所循習而漸可能。自是而往，俛焉孳孳，斃而後已。而其所造之淺深，所就之廣狹，亦非可以必詣而預期也，故夫子嘗以「先難後獲」爲「仁」，又以「先事後得」爲「崇德」。苟於此小差，則心失其正，雖有鑽堅仰高之志，而反爲計利計功之私矣，仁何自而得，德何自而崇哉？』

學不要窮高極遠，只言行上點檢便實。今人論道，只論理不論事，只説心不説身，其説至高，而蕩然無守，流於空虛異端之歸。

爲學不厭卑近，愈卑近，工夫愈實，而所得愈高遠。

學莫先於求仁，然聖賢指示求仁之方，多是於下學處指示。蓋用力於此而自得之，則安然便爲己得，非若今人懸揣暗料，窺見彷彿，便以爲得也。

據某看學問之道，只在眼前日用底便是，初無深遠玄妙。又曰：『只是這箇道理，見得是自家合當做底，便做將去，不當做底，斷不可做，只是如此。』

先生疾革，訓門人曰：『爲學之要，惟事事審求其是，決去其非，積習久之，心與理一，自然所發皆無私曲。聖人應萬事，天地生萬物，直而已矣。』

朱子卷之三

儒者之學，大要以窮理爲先。

窮理以虚心静慮爲本。

窮理且令有切己工夫。若只泛窮天下萬物之理，不務切己，即《遺書》所謂『遊騎無歸』矣。

窮理，如性中有箇仁義禮智，其發爲惻隱、羞惡、辭讓、是非，只是這四者，任是世間萬事萬物，皆不出此。

延平先生之教，以爲爲學之初，且當常存此心，勿爲他事所勝。凡遇一事，即就此事反覆推尋，待其融釋脱落而後已。如此既久，積累之多，胸中自當有灑然處。

痛理會一番，如血戰相似，然後涵養將去。未能識得，涵養個甚？

逐事上自有一箇道理，《易》曰『探賾索隱』，『賾』是紛亂時，『隱』是隱奥也，全在探索上。紛亂他自紛亂，我若有一定之見，安能紛亂得我？

問：『看道理不出，只是心不虚静否？』曰：『也是不曾去看。會看底，就看處自虚静，這箇互相發。』

見得人情事幾未甚分明，此乃平日意思不甚沈静，故心地不虚不明，而爲事物所亂，要當深察此病，而亟反之。

《答王子合》曰：『所喻思慮不一，胸次凝滯，此學者之通患。然難驟革，莫若移此心以窮理，使向於彼者專，則繫於此者不解而自釋矣。』

心熟後自然見理，熟則心精微，不見理只是心麤。

《大學》是聖門最初用工處，格物又是《大學》最初用工處。

《大學》不曰『窮理』，而謂之『格物』，只是使人就實處窮究。須是於事上窮理，理於事本無二。今見事來，别把做一般看，便錯了。

有是物，必有是理。理無形而難知，物有迹而易見。

器遠問致知格物，曰：『眼前凡所應接底都是物，都有箇極至之理，便要知得到。若知不到，便都没分明。若知得到，決定着恁地做，更無第二第三着。止緣人見道理不破，便恁地苟簡，都不做得第一義。』問：『如何是第一義？』曰：『如爲人君，止於仁之類，決定着恁地，不恁地便不得。又如在朝，須着進君子，退小人，這是第一義。有功決定着賞，有罪決定着誅，更無小人可用之理，更無包含小人之理。惟見得不破，便道小人不可去也，有可用之理，這都是第二、第三義，如何會好？若事事窮得盡道理，事事占得第一義，甚麽樣剛方正大！且如爲學，決定是要做聖賢，這是第一義，便漸漸有進步處。若道自家做不得，且隨分依稀做些子，這是見不破。所以説：「不以舜之所以事堯事君，賊其君者也。不以堯之所以治民治民，賊其民者也。」謂吾身不能者，自賊者也。』

見得義當爲，却説不做也無害；見得利不可做，却説做也無害，便是物未格，知未致。見得義當爲，決爲之；利不可做，決是不做。心下自肯自信，便是物格知至。

十事格得九事通透，即一事未通透，不妨。一事只格得九分，一分不通透，最不可。

或問：『格物致知之學與世之所謂博物洽聞者奚以異？』曰：『此以反身窮理爲主，而必究其本末是非之極摯。彼以狥外誇多爲務，而不覈其表裏、真妄之實。然必究其極，是以知愈博而心愈明。不覈其實，是以識愈多而心愈窒。此正爲己爲人之分，不可不察也。」

讀書是格物一事。

須是存心與讀書爲一事方得。

人要讀書，須是先收拾身心，令安静，然後開卷，方有所益。

讀書不可專就紙上求義理，須反來就自家身上推究。

讀書之法，在循序而漸進，熟讀而精思。又曰：『字求其訓，句索其旨，未得於前，則不敢求於後，未通乎此，則不敢志乎彼。』又曰：『先須熟讀，使其言皆若出於吾之口。繼以精思，使其意皆若出於吾之心。』

端莊正坐，如對聖賢，則心定而義理易究。不可貪多務廣，涉獵鹵莽。

讀書須斂身正坐，緩視微吟，虛心涵泳，切己體察。

今人讀書務廣而不求精，是以刻苦者迫切而無從容之樂，平易者汎濫而無精約之功。兩者之病雖殊，其受病之源一而已。

讀書須是成誦方精熟，今學者看文字往往不曾熟，如此則何緣浹洽？

以我觀書，處處得益。以書博我，釋卷而茫然。

讀書須將本文熟讀，且咀嚼有味，若有理會不得處，然後將註解看，方有益。

讀書別無法，只要耐煩仔細，是第一義。

讀書須開豁胸次，令磊落明快。纔責效，便有憂愁意思。須是胸中寬閒始得。

讀書只一遍讀時，便作焚舟計，止此相别，更不再讀，便記得。

看文字，須如猛將用兵，直是鏖戰一陣；如酷吏治獄，直是推勘到底，決不恕他。

讀書須讀到不忍舍處，方見得真味。

到無可看處，恰好看。

讀書須周匝遍滿，寧詳毋略，寧下毋高，寧拙毋巧，寧近毋遠。

讀書須純一，如看一般未了，又要一般，都不濟事。某向時讀書，方其讀上句，則不知有下句，方其讀上章，則不知有下章。

看文字專一，便是治心養性之法。

凡看書麤則心麤，看書細則心細。若研窮不熟，得些義理，可以爲是，亦可以爲非，如何有益？須是見得『差之毫釐，繆以千里』，方可。

大抵思索義理到紛亂窒塞處，須是一切掃去，放教胸中空蕩蕩地了，却舉起一看，便自覺得有下落處。

學者觀書，病在只要向前，不肯退步。愈向前，愈看得不分曉。不若退後，反覆玩味，用力深，便見意味長，受用牢固。

與其汎觀而博取，不若熟讀而精思，得尺吾尺，得寸吾寸，始爲不枉用功力耳。

看書不可穿鑿，看從分明處，不可尋從隱僻處去。

文字可汲汲看，悠悠不得。急看方接得前面意思，放慢便不相接矣。

某所以讀書自覺得力者，只是不先立論。

凡説書，只就眼前説出底便好，崎嶇尋出底便不好。

文字元來直是難看，彼纔得一説，終身不移者，若非上智，即是下愚。

看來惟是聰明底人難讀書，難理會道理，緣他先自有許多，一副當聖賢意思，自是難入。

文字須活看，此就此説，彼就彼説，不可牽此合彼，便處處有礙。

大着心胸，不可因一説相礙。看教平闊，四方八面都見。

讀書若有所見，未必便是，不可便執着，且放在一邊。若執着一見，此心便被此見遮蔽了。譬如一片潔浄田地，若上面纔安一物，便有遮蔽處。

讀書遺忘，此士友之通患，無藥可醫，只有少讀深思，令其意味浹洽，當稍見功耳。

一學者苦讀書，不記。先生曰：「只是貪多，故記不得。福州陳正之極魯鈍，每讀書，只讀五十字，必二三百遍方熟，積習讀去，後來却無書不讀。」

天下之物莫不有理，而其精蘊則已具聖賢之書，故必由是以求之。然欲簡而易知，約而易守，則莫若《大學》《論語》《中庸》《孟子》也。

上古之書莫尊於《易》，中古後書莫大於《春秋》，然此兩書皆未易看。

《大學》「在明明德」一句，須常常提醒在這裏，他日長進處在這裏。

伊川問尹氏：「讀《大學》何如？」曰：「只看得「心廣體胖」一句甚好。」又問：「如何？」尹氏但長吟「心廣體胖」一句。今人讀書都不識這樣意思。

致知、誠意是學者兩關，致知乃夢與覺之關，誠意乃善與惡之關。此《大學》一篇樞紐，乃生死路頭，人所以異於禽獸處。

昔五峰於京師問龜山讀書法，龜山云：「先讀《論語》。」五峰問：「《論語》二十篇，以何篇爲要？」龜山曰：「事事緊要。」

孟子説四端處，極好思索玩味，只反身而自驗其明昧淺深如何。又曰：「須當日夕體究，令分曉精確。」

聖賢教人，只從近處做去。學者貪高慕遠，面前的反蹉過了。《中庸》説細處，只是謹獨、謹言、謹行，大處是武王、周公達孝，經綸天下。須是謹言謹行，從細處做起，方能充得如此大。

《中庸》未易讀，其説雖無所不包，然其用力之端只在明善謹獨。所謂『明善』，又不過思慮應接之間辨其孰爲公私邪正而已，此窮理之實也。若於此草草放過，則亦無所用其存養之力矣。

《尚書》貫通，猶是第二義，直須見得二帝三王之心而通其所可通，毋强通其所難通。

讀《詩》之法，只是熟讀涵泳，自然和氣從胸中流出，妙不容言，不待安排措置，務自立説，只恁虚心平讀，意思自足。上蔡云：『學《詩》須先得六義體面，而諷詠以得之。』此是讀《詩》要法。

《詩》只是恁地説話，一章説了，次章又從而歎詠之，雖别無義而意味深長。不可於名物上尋義理，後人往往見其意只如此平淡，添上義理，如一源清水，多將物事窒塞了他。

讀《詩》必如『三復白圭』，方是有味。

伏羲畫八卦，只此數畫，該盡天下萬物之理。學者於言上會得者淺，於象上會得者深。

潔静精微謂之易，易自是不惹着事。

易不是説煞底物事，只輕輕地説過。

某説《語》《孟》極詳，《易》説却大略。譬之此燭籠，添一條骨子，便障了一路明。蓋着不得詳説也。

《易》不可將小巧去説，不可將大話去説。

凡《易》，一爻皆具兩義。『如此，吉』者，不如此則凶。『如此，凶』者，不如此則吉。

《春秋》只是直載當時之事，要見當時治亂興衰，非是於一字上定褒貶。

《春秋》大旨，其可見者，誅亂臣，討賊子，内中國，外夷狄，貴王賤霸而已，未必如先儒所言字字有義也。

看《春秋》，且須看得一部《左傳》首尾意思通貫，方能略見聖人筆削與當時事之大意。

學禮先看《儀禮》，《儀禮》載其事，《禮記》是講説其理。

須看孔、孟、程、張四家文字，方始講究得着實，其他諸子不能無過差。

修身大法，《小學》備矣。義理精微，《近思録》詳之。

解經但可略釋文義名物，而使學者自求之，乃爲有益。

尹和靖云：『解經而欲新奇，何所不至？』聞之令人悚然汗下。

某解經只是順聖賢語意，看其血脉貫通處爲之解釋，不敢自以己意説道理。

解經不可做文字，止合解釋得文義通，則理自明，意自足。今多去上做文字，只説得自一片道理，經意都蹉過了。要之，經之於理，亦猶傳之於經。傳所以解經也，經明則可無傳。經所以明理也，理明則可無經。

前輩解説，恐後學難曉，故集註盡撮其要，已説盡了，不須更去註脚外又添一段説話。只把這個熟看，自然曉得，莫枉費心去外面思量。又曰：『某於《論》《孟》四十餘年理會，中間逐字稱等，不教偏些子。學者宜仔細看。』

讀書先以經爲本，而後讀史。

或問看《史》，曰：『亦草率不得，須當看人物是如何，治體是如何，國勢是如何，皆當仔細。上蔡説：「明道看《史》，逐行看過，不蹉一字。」』

又曰：『看《史》，要見事變之血脉，不可不熟。』

爲學讀書，須是耐煩細意，切不可麤心。若曰何必讀書，自有個捷徑法，便是誤人底深坑也。

讀書須加沉潛之功，將義理去澆灌胸腹，漸漸盪滌去那許多淺近鄙陋之見，方會見識高明。

王近思問曰：『平時無事，是非之辨似不能惑，事至而應，則陷於非者十七八，雖隨即追悔，後來之失又只如故，其道何由？』曰：『此是本心陷溺之久，義理浸灌未透之病。且宜讀書窮理，常不間斷，則物欲之心自不能勝，而本心之義理安且固矣。

讀書將以求道，不然，讀作何用？今人不去這上理會道理，皆以涉獵該博爲能，所以有道學、俗學之别。

名教制度之類，略知之便得，不必大段深泥，以妨學問。學問不考古固不得，若一向去采摭故事，零碎湊合，也無益。孟子慨然以天下自任，曰：『當今之世，舍我其誰！』到説制度處，曰：『諸侯之禮，吾未之學，嘗聞其略也。』要之，後世若有聖賢出來，如《儀禮》等書，也不應便行得。只就中定其尊卑隆殺之數，使人可以通行，這便是禮。爲之去其淫哇鄙俚之辭，使不失中和歡悦之意，這便是樂。

纔要作文章，便是枝葉害着學問，反兩失也。

作詩間以數句適懷亦不妨，但不用多作，蓋便是陷溺爾。當其不應事時，平淡自攝，豈不勝思量詩句？至如真味發溢，又却與尋常好吟者不同。

博雜極害事，范醇夫一生作此等工夫，想見將聖賢之言都只忙中草草看過，抄節一番便了，元不曾仔細玩味，所以從二先生許久，見處全不精明，豈可不戒耶？

今日正要清源正本，以察事變之幾微，豈可一向汩溺於故紙堆中，使精神昏蔽，失後忘前，而可以謂之學乎？

心不耐閒，亦是大病，此乃平時記憶討論慣却心路。古人所以深戒玩物喪志，正爲此也。

洪慶將歸，先生召入與語曰：『如今下工夫，且須端莊存養，獨觀昭曠之原，不須全費工夫鑽紙上語。待存養得此中昭明洞達，自覺無許多窒礙，恁時方取文字來看，則自然有意味，道理自然透徹，遇事自然迎刃而解。此等語不欲對諸人説，恐他不肯去看文字，又不實了。且教他看文字撞來撞去，將來自有撞着處。凡看文字，非是要理會文字，正要理會自家性分上事也。』

謂陳安卿曰：『吾友僻在遠方，無師友講明，不接四方賢士，不知遠方事情，又不知古今人事之變，只知尊德性，而無道學問，許多工夫恐只是占便宜自了之學，出門動步便有礙。時變日新而無窮，安知他日之事非吾輩之責乎？學不足以應變，應得只成杜撰，不合義理，則平日工夫依舊是錯。今須遊學四方，事事去理會這道理，方周遍浹洽。自古無不曉事情底聖賢，無不通變底聖賢，無關門獨坐底聖賢。若只就一線上窺見天理，便要去通那萬事，如何可得？萃百物然後觀化工之神，聚衆材然後知作室之用。於一事一義上欲窺聖人之用心，非上智不能也。須撒開心胸去理會，他人未做工夫的，不敢向他說。如吾友於己分上已自見得，若不説與公，又可惜了。』

朱子卷之四

學者喫緊是理會這一箇心，那紙上説底全靠不得。

若不先得箇本領，雖理會得許多骨董，只是添得許多雜亂，只是添得許多驕吝。

人心纔覺便在，更不待求。

心只是一箇心，非是以一箇心治一箇心。所謂『存』，所謂『收』，只是唤醒。學者工夫只在唤醒上。

須是猛省，頻頻提起，久之自熟。

他本自光明廣大，只着些子力去照管他便是。不要苦着力，着力則反不是。

大抵此心有正而無邪，故其存則正，而亡則邪。

問『操則存』，曰：『心不是死物，操存者只於應事接物之時事事中理，便是存處。應事不是，便是心不在。若只兀然守在這裏，驀有事來，操底便散了，却是「舍則亡」也。』

此心自不用大段拘束他，只争箇醒與不醒耳。人若醒時，耳目聰明，應事接物自然無差錯處。若被私欲引去，一似睡着相似，只與他唤醒，纔醒便無事。又曰：『只要此心常自整頓，惺惺了了，即未發時不昏昧，已發時不放縱耳。』

『居處恭，執事敬，與人忠』，便是存心之法。如説話覺得不是，便莫説，做事覺得不是，便莫做，只此是存心之法。

周先生只説「一者，無欲也」，這話頭高，急難凑泊，故伊川只説箇「敬」字，庶幾執捉得定，有下手處。

敬只是此心自做主宰處。又曰：「敬只是箇畏字。」又曰：「敬非别是一事，常唤醒此心便是。人每日只鶻鶻突突過了。」又曰：「敬只是内無妄思，外無妄動。」

敬齋箴曰：「正其衣冠，尊其瞻視。潛心以居，對越上帝。足容必重，手容必恭。擇地而蹈，折旋蟻封。出門如賓，承事如祭。戰戰兢兢，罔敢或易。守口如瓶，防意如城。洞洞屬屬，毋敢或輕。不東以西，不南以北。當事而存，靡他其適。勿貳以二，勿參以三。惟精惟一，萬變是監。從事於斯，是曰「持敬」。動静弗違，表裏交正。須臾有間，私欲萬端。不火而熱，不冰而寒。毫釐有差，天壤易處。三綱既淪，九法亦斁。於乎小子，念哉敬哉！墨卿司戒，敢告靈臺。」

持敬之説，不必多言，但熟味「整齊嚴肅」「嚴威儼恪」「動容貌，整思慮」「正衣冠，尊瞻視」此等數語，而實加工焉，則所謂「直内」，所謂「主一」，自然不費安排，而身心肅然，表裏如一矣。

身心收斂，則自然和樂。不是别有箇和樂，纔收斂自和樂。

《答吕恭伯》曰：「承諭整頓收斂，則入於費力，從容游泳，又墮於悠悠，此正學者之通患。按程子嘗曰：「亦須要自此去，到德盛後，自然左右逢其原。」今亦當日就整頓收斂處着力，但不可用意安排等候，即成病耳。」

學莫要於持敬，然須造次顛沛必於是，不可須臾間斷。若今日作，明日輟，放下了，又收拾起，幾時得見效？

一念不存也，是間斷。一事有差也，是間斷。

問：「敬易間斷，如何？」曰：「覺得間斷，便已接續。習得熟，自然打成一片。」

今之主敬者，只是説。若是敬，便如烈火，有不可犯之色，事物來，便劈成兩畔去，何至如此纏繞？

四端須擴而充之，人誰無惻隱？只不能常如此。能常如此，便似孟子説火之始然，泉之始達。若不能常如此，恰似火相似，自去打滅了；水相似，自去淤塞了；草木之萌芽相似，自去踏折了，更無生意。又曰：『不能擴充者，正爲不知，只是冷過了。能知而充之，其勢甚順，如乘快馬、放下水船相似。』又曰：『常常如此推廣，少間便自會密，自會闊。到得無間斷，却自打合作一片去。』

《答吕子約》曰：『所論主一、主事之不同，恐亦未然。主一只是專一，蓋無事則湛然安静而不鶩於動，有事則隨事應變而不及乎他。是所謂主事者，乃所以爲主一者也。若有所係戀，却是私意，雖是專一不舍，然既有係戀，則必有事已過而心未忘，身在此而心在彼者。此其支離畔援，與主一無適，非但不同，直是相反。今比而論之，亦可謂不察矣。』

人心無形，出入不定，須就規矩繩墨上守定，便自内外帖然。

容貌辭色之間，正學者持養用力之地。

『九容』『九思』，便是涵養。

一學者苦敬而矜持，先生曰：『只爲將此敬字别作一物，而又以一心守之，故有此病。若知敬，只是自心自省，當體便是，則自無此病矣。』

道着敬，已多了一字，但略略收拾來，便在這裏。

吴伯英問『持敬』之義，曰：『且放下了持敬，更須向前進一步。』問：『如何是進步處？』曰：『心中若無一事時，便是敬。』

明道教人静坐，李先生亦教人静坐，蓋精神不定，則道理無湊泊處，看來須是静坐。

静坐無閒雜思慮，則養得來便條暢。

問：『思慮難一，如何？』曰：『覺得不當思慮底，便莫要思，久久純熟，自然無此等思慮矣。』又曰：

『徒然思慮，濟得甚事？若見得道理分曉，自無閒雜思慮。人所以思慮紛擾，只緣未見道理耳。「天下何思何慮」？是無閒思慮也。』又曰：『人心無不思慮之理，若當思而思，自不當苦苦排抑，反成不静。』又曰：『静坐時正要體察思繹道理，只此便是涵養。』又曰：『思慮不可過苦，但虛心游意，時時玩索，久之當自見縫罅意味。』

非全放下，終難湊泊。

君子之心如一泓清水，更不起些微波。

要惜取那無事底時節，閒時收斂定，做事便有精神。

平居須是儼然若思，當應事時常如無事時便好。

應事得力則心地静，心地静，應事分外得力。

專務静坐，又恐墮落那一邊去，只是虛着此心，隨動隨静，無時無處不致其戒謹恐懼之力，則自然主宰分明，義理昭著矣。然着戒謹恐懼四字，已是壓得重了。要之，只略綽提撕，令自省覺便是。

李伯誠曰：『打坐時意味也好。』先生曰：『坐時固是好，須是臨事接物時長如坐時方可。』

纔着箇要静底意思，便是添了多少思慮。

要得坐忘，便是坐馳。

静時要體認得親切，動時要别白得分明。

無事静坐，有事應酬，隨時隨處，無非自己身心運用。但常自提撕，不與俱往，便是工夫。事物之來，豈以漠然不應爲是耶？

天生一箇人，便須管天下事。

學常要親細務，莫令心麤。

或勞先生人事之繁，先生曰：『凡事只得奈煩做將去，纔起厭心，便不得。』

李先生言：『事雖紛紜，須還我處置。』

楊道夫曰：『羅先生教學者静坐中看喜怒哀樂未發作何氣象，李先生以爲此意不惟於進學有力，兼亦是養心之要。而《遺書》有云「既思則是已發」，與前所舉有礙否？』黄直卿曰：『此問亦切，但程先生剖析毫釐，體用明白，羅先生探索本原，洞見道體，二者皆有大功於世，善觀之，則亦並行而不相悖矣。況羅先生於静坐觀之，乃思慮未萌，虚靈不昧，自有以見其氣象，則初無害於未發。蘇季明以求字爲問，則求非思慮不可，此伊川所以力辨其差也。』先生曰：『公雖如此分解，羅先生説終恐做病。如明道亦説静坐可以爲學，謝上蔡亦言多著静不妨，此説終是小偏，纔偏便做病。道理自有動時，自有静時，學者只是「敬以直内，義以方外」，見得世間無處不是道理，雖至微至小處亦有道理，便以道理處之，不可專要去静處求。所以伊川謂「只用敬，不用静」，便説得平也，是他經歷多，故見得恁地。若以世之大段紛擾人觀之，會静得，固好，講學則不可有毫髮之偏。如天雄、附子，冷底人喫也好，如要通天下喫，便不可。』

吕與叔謂養氣可以爲養心之助，程先生大以爲不然。某初亦疑之，近方信。纔養氣，心便在氣上，却不是養心了，此所以爲不可也。

問『夜氣』，曰：『病根只在放其良心上。蓋心既放，氣必昏，氣既昏，則心愈亡。兩箇互相牽動，所謂「牿之反覆」。如下文「操則存，舍則亡」，却是用工緊切處，是箇生死路頭。』

持其志，氣自清明。

持志比『存心』字較緊，只持其志，便内外肅然。

凡人多動作，多笑語，做力所不及底事，皆是暴其氣。須事事節約，莫教過當，便是養氣之道。

人須是有蓋世之氣。

人自從生來受天地許多氣，自是浩然，只緣見道理没分曉，漸漸衰颯了。若見得真是真非，要説一直説去，要做一直做去，這氣自浩然。又曰：『浩然之氣，孔子有兩句説盡了，曰：「内省不疚，夫何憂何懼？」』

持養之久，則氣漸和，氣和則温裕婉順，望之者意消忿解，而無招咈取怒之患矣。體察之久，則理漸明，理明則諷導詳欵，聽之者，心諭慮移，而無起争見却之患矣。更須參觀物理，深察人情，體之以身，揆之以時，則無偏蔽之失也。要於事物上驗學力，若有窒礙齟齬，即深求病源所在而鋤去之。

《答林德久》曰：『所論敬爲求仁之要甚善。所爲心無私欲即是仁之全體，亦是也。但須識得此處便有本來生意融融洩洩氣象，乃爲得之耳。』

《答林擇之》曰：『「滿腔子是惻隱之心」，此是就人身上指出此理充塞處，最爲親切。若於此見得，即萬物一體，更無内外之别。若見不得，却去腔子外尋覓，則莽莽蕩蕩，愈無交涉矣。陳經正云：「我見天地萬物皆我之性，不復知我身之爲我。」伊川先生曰：「他人食飽，公無餒乎？」正是説破此病也。』

心不可識，然静而有以存之，動而有以察之，則其體用亦昭然矣。近世之言識心者則異於是，蓋其静也，初無持養之功，其動也，又無體驗之實，但於流行發見之處認得頃刻間正當底意思，便以爲本心之妙不過如是，擎夯作弄，做天來大事看。不知此只是心之用耳，此事一過，此用便息。豈有只據此頃刻間意思，便能使天下事事物物無不各得其當之理耶？

心猶鏡也，但無塵垢之蔽，則本體自明，物來能照。今欲自識此心，是欲以鏡見鏡也。

或問：『求放心，愈求愈昏亂，如何？』曰：『即求者便是賢心也。纔覺其失，覺處即心，何更求爲？自此更求，自然愈失。此用力甚不多，只要常知提惺耳。惺則自然光明，不假把捉。』

問：『心不能自把捉，奈何？』曰：『心便能把捉自家，自家如何把捉得他？惟有義理涵養耳。』

問『静中有物』，曰：『只知覺便是。伊川却云「纔知覺便是動」，恐説得太過。若云知箇甚底，覺箇甚底，如知寒覺煖，便是知覺一箇物事。今不曾知覺甚事，但有知覺在，何妨其爲静？』

究觀聖門教學，循循有序，無有合下先求頓悟之理。但要持守省察，漸久漸熟，自然貫通，即自有安穩受用處耳。

或問：『心之體與天地同其大，心之用與天地流通。』先生曰：『又不可一向去無形迹處尋，更宜於日用事物、經書指意、史傳得失上做工夫，即精粗表裏，融會貫通。』

胡季隨曰：『學者須常令胸中通透灑落。』先生曰：『通透灑落，如何令得？纔有一毫令之之心，則終身只是作意助長，欺己欺人，永不能到得灑然地位矣。此是見識分明、涵養純熟之效，須從真實積累功用中來。』

朱子卷之五

《通書》竭力説箇『幾』字，儘有警發人處。近則公私邪正，遠則廢興存亡，只於此處看破，便斡轉了。此是日用第一親切工夫，精粗隱顯，一時穿透。堯舜所謂『惟精惟一』，孔子所謂『克己復禮』，便是此事。

天理人欲之分，只争些子，故周先生只説『幾』字。然辨之又不可不早，故横渠每説『豫』字。

人只有箇天理人欲，此勝則彼退，彼勝則此退，無中立不進退之理。譬如劉、項相拒滎陽、成皋之間，我進一步，則彼退一步。初學要牢劄定脚，逐旋捱將去，此心莫退，終須有勝時。勝時甚氣象！

做事只要靠着心，但恐己私未克時，此心亦有時錯認了。

克己别無巧法，譬如孤軍猝遇强敵，只是盡力舍死向前而已。

義利之間，誠有難擇，但意所疑，以爲近利者，即便舍去可也。向後看得親切，却看舊事，只有見未盡舍未盡者，不解有過當也。

學者須實做工夫，且如見一事不可爲，忽然又要去做，是如何？又如好事初心要做，又却終不肯，是如何？蓋人心本善，方其見善欲爲之時，此是真心發見之端。然纔發，便被氣稟物欲蔽固了。此須自去體察，最是一件大工夫。

人做不是底事，心却不安，此是良心。但被私欲蔽固，雖有端倪，無力争得出。須是大段着力，與他戰，不可輸與他。知得此事不好，立定脚跟硬地行，從好路去，待得熟時，私欲自住不得。濂溪曰：『果而確，無難焉。』

或問氣質之偏如何救得，曰：『纔説偏了，又着一箇物事去救他偏，越見不平正了，越討頭不見。要緊只是看教大底道理分明，偏處自見得。如暗室求物，把火來，便照見。若只管去摸索，費盡心力，只是摸索不見。若見得大底道理分明，有病痛處，也不知不覺自會變，不消得費力。』

人性褊急，發不中節者，當於平日言語動作間以緩持之。持之久，則所發自有條理。

自家猶不能快自家意，如何要他人盡快我意？

大丈夫當容人，勿爲人所容。

『養心莫善於寡欲』，不是不好底欲，不好底欲不當言寡。只是眼前事，纔多欲，便將本心都紛雜了。如讀書，要讀這一件，又要讀那一件，又要學寫字，又要做詩人，只有一箇心，如何分做許多去？到得合用處，都不得力。

『損者三樂』，惟『宴樂』最可畏，所謂『宴安鴆毒』也。

某平生不會懶，雖甚病，一心只要向前做事，自是懶不得。今人所以懶，未必是真箇怯弱，自是先有畏縮之心，纔見一事，便料其難而不爲，所以習成怯弱而不能有爲也。

朱子卷之六

《答陳膚仲》曰：『承以家務叢委妨於學問爲憂，此固無可奈何，然只此便是用工實地。但每事看得道理，不令容易放過，更於其間見得平日病痛，痛加翦除，則爲學之道何以加此？若起一脱去之心，生一排遣之念，則事理却成兩截，讀書亦無用處矣。』

《答胡伯逢》曰：『男女居室，人事之至近，而道行乎其間，此「君子之道」所以「費而隱」也。然幽闇之中，衽席之上，人或褻而慢之，則天命有所不行矣，此「君子之道」所以「造端乎夫婦」之微密，而語其極，則「察乎天地」之高深也。然非知幾慎獨之君子，其孰能體之？《易》首於《乾》《坤》，而中於《咸》《恒》，《禮》謹「大昏」，而《詩》以《二南》爲正始之道，其以此與！《知言》亦曰：「道存乎飲食男女之事，而溺其流者不知其精。」又曰：「接而知有禮焉，交而知有道焉，惟敬者能守而不失耳。」亦此意也。』

孔明擇婦，正得醜女，奉身調度，人所不堪。彼其正大之氣，經綸之藴，固已得於天資。然竊意其志慮之所以日精明，威望之所以日益隆重者，則寡欲養心之助爲多。

古之君子思所以顯其親者，惟立身揚名之爲足恃，是以不求諸人而求諸己，不務其外而務其内。

問：『人不幸處繼母異兄弟不相容，當何如？』曰：『從古來自有那樣子，公看舜如何？只是「爲人子，止於孝」。』

問：『父母之於子，有無窮憐愛，欲其聰明成立，此之謂誠心耶？』曰：『父母愛其子，正也。愛之無窮，而必欲其如何，則非矣。此天理人欲之間，正當審決。』

朋友不善，自當踈，但踈之以漸。若無大故，則不必峻絶之，所謂『親者毋失其爲親，故者毋失其爲故』。

君子將營宫室，先立祠堂於正寢之東，爲四龕以奉先世神主，旁親無後者以其班祔。置祭田，具祭器。主人晨謁於大門之内，出入必告。至正、朔望則參〔一〕，俗節則獻以時食，有事則告。

校記

〔一〕『至正』，疑係『正至』倒誤。

籩豆簠簋之器，乃古人所用，故當時祭享皆用之。今則燕器代祭器，常饌代俎肉，楮錢代幣帛，是亦以平生所用是謂從宜也。

祭祀須用宗子法。

兄弟異居，廟初不異，只合兄祭，而弟與執事，或以物助之爲宜。若相去遠者，則兄家設主，弟不立主，只於祭時旋設位，以紙榜標記，逐位祭畢焚之，如此似亦得禮之變。又曰：『禮文品物亦當少損，或但一獻，無祝可也。』

凡祭，主於愛敬之誠而已。貧則稱家之有無，疾則量筋骨而行之，財力可及者則當如儀。

朔旦家廟用酒果，望旦用茶。重午、中元、九日之類皆名俗節。大祭每位用四味，請出木主。俗節只就家廟，止二味。朔旦、俗節酒止一上，斟一杯。

喪禮自葬以前皆謂之奠，其禮甚簡，蓋哀不能文，而於死者未忍遽以鬼神之禮事之也。自虞以後方謂之祭，故家禮又謂奠爲喪祭，而虞爲吉祭，蓋漸趨於吉也。

古人居喪，皆與平日絶異，故宗廟之祭雖廢，而幽明之間兩無憾焉。今人居喪，平日所爲皆不廢，而獨廢此一事，恐亦有未安。

《答曾光祖》曰：『家間頃年居喪，於四時正祭則不敢舉，而俗節薦享則以墨衰行之。蓋正祭三獻受胙，非居喪所可行，而俗節則惟普同一獻，不讀祝，不受胙也。遷主，《禮經》所説不一，亦無端的儀制。竊恐當以大祥前一日祭當遷之主，告而遷之，然後次日撤几筵，奉新主入廟，似亦稍合人情也。』又曰：『祔與遷自是兩事，卒哭而祔。且從温公之説，蓋是告祖父以將遷他廟，告新死者以將入祖廟之意。已祭則主復於寢也，至三年喪畢，則又祫祭，而遷祖父之主入他廟，奉新死者之主入祖廟也。』

卒哭葬後，用墨衰常祀於家廟可也。

問：『子爲母大祥及禫，夫已無服，其祭當如何？』曰：『今禮，几筵必三年而除，則小祥、大祥之祭皆夫主之。但小祥之後，夫即釋服，大祥之祭，夫亦須素服以祭，如弔喪忌日之服可也。』

祭以西爲上，葬時亦當如此。

按喪禮，凡喪，父在，父爲主，則父存子無主喪之禮也。又曰：『父没，兄弟同居，各主其喪。註云：「各爲妻子之喪爲主也。」則是凡妻之喪，夫自爲主也，以子爲喪主，未安。』

曾擇之問：『三年喪，而復有期喪者，當服期喪之服以臨其喪，卒事則反初服。説者以爲方服重，不當改輕服，不知如何？』曰：『或者之説非是。』

卒哭之禮，近世以百日爲期。蓋自開元失之，今從周制。葬後，三虞而後卒哭，得之矣。

李晦叔問程氏祭儀，謂：『凡配，止以正妻一人。或奉祀之人是再娶所生，即以所生母配。』曰：『程先生此説恐誤。《唐會要》中有論，凡是嫡母，無先後，皆當并祔合祭。』

竇文卿問：『子之所生母死，題主當何稱？祭於何所？祔於何所？』曰：『妣者，媲也。避嫡母，止稱亡母，以別之可也。伊川云祭於私室。』

問：『夫在，妻之神主宜書何人奉祀？』曰：『旁註「施於所尊」，以下則不必書也。』

問祧主，曰：『大子諸侯有大廟夾室，則祧主藏於其中。今士人家無此，祧主無可置處。《禮記》説藏於兩階間，今不得已，只埋於墓所。』

問改葬，曰：『須告廟而後告墓，方啓墓以葬。葬畢，奠而歸。又告廟，哭而後畢事。』

問：『改葬緦，鄭玄以終緦之月數而除，王肅以葬畢便除，如何？』曰：『禮宜從厚，當如鄭氏。』問：『鄭氏以只有三年服者改葬服緦三月，非三年服者弔服加麻，葬畢除之否？』曰：『然。』

忌日祭，只祭一位。

伊川言祖父母喪，須是不赴舉。法令雖無明文，看來爲士者當如此。

今國家法，爲所生父母皆心喪三年，此意甚好。

喪葬之時，只當以素食待客，祭饌葷食只可分與僕從。

先生閒居，未明而起，深衣幅巾，方履拜於家廟以及先聖，退坐書室。几案必正，書籍器用必整。其飲食也，羹食行列有定位，匙箸舉措有定所。倦而休也，瞑目端坐。休而起也，整步徐行。中夜而寢，既寢而寤，則擁衾而坐，或至達旦。其色莊，其言厲，其行舒而恭，其坐端而直。威儀容止之則，自少至老，祁寒盛暑，造次顛沛，未嘗有須臾之離也。

朱子卷之七

士大夫出處辭受，非獨其身之事而已。其所處之得失，乃關風俗之盛衰，故尤不可以不審。

『進以禮』，揖讓辭遜。『退以義』，果決斷割。

觀聖人出處，須看他至誠懇切處及灑然無累處。

人當有以自樂，則用舍行藏之間隨所寓而安之。聖人於用舍甚輕，没些子緊要，用則行，舍則藏，如晴乾則着鞋，雨下則赤脚。

人有些狂狷，方可望。聖人思狂狷，以狂狷尚可爲，若鄉愿則無説矣。今之人纔説這人不識時之類，便有些好處；纔説這人圓熟識體之類，便無可觀矣。

科舉之習，前賢所不免，但循理安命，不追時好，則心地恬愉，自無怵迫之累。

非是科舉累人，自是人累科舉。讀聖賢書，據吾所見而爲文以應之，得失利害置之度外，雖終日應舉，亦不累人。

以科舉爲爲親，而不爲爲己之學，只是無志。以舉業爲妨實學，不知曾妨飲食否？只是無志也。

問『富與貴』一章，曰：『富與貴，「不以其道」，若曰是謟曲以求之，此又是最下等人，不足論。便設有自到我面前，吾知其有一毫不是處，也不可處。譬如秀才赴試，有一人先得試官題目，將出來賣，只要三兩貫錢，人定是去買。惟到這裏見得破，方是有學力。聖人言語豈可解説一遍便休了？須是實體於身，灼然行得，方是讀書。』

問『温良恭儉讓』一章，曰：『最要看得此五字，深體之，見得聖人有不求人而人自即之底意思。今人却無非是求，自請舉以往，並是求人。雖做宰相，也是恁地。縱不肯明求也，須暗地結託，蓋以爲常而不知其非也。《學而》一篇，先以此教人，如「人不知而不愠」「巧言令色」「不患人之不己知」，皆是且要理會那不求底道理。』

纔出門去事君，這身便不是自家底了。貪生怕死，何所不至？

『臣之事君，猶子之事父』，『東西南北，惟命之從』，此古今不易之理也。

君子『量而後入』，不入而後量。

臣子無愛身自佚之理。

近臣以蹇諤爲體，遠臣以廉退恬静爲體。

今人只爲不見天理本原，而有汲汲以就功名之心，故其議論見識往往卑陋，多方遷就，下稍頭只成就一箇私意，更有甚好事？

天下事誰被你算得盡？今人須要計較到有利無害處，所以人欲愈熾而義理愈滅。

不合而去，則雖吾道不得施於時，而猶在是，異時猶可有爲。不合而苟焉以就之，不惟吾道不得行於今，亦無可望於後矣。

事有不當耐者，豈可全學耐事？其弊至於苟賤不廉。

風俗不好，直道而行，便有窒礙。然在吾人分上，只論得一箇是與不是，此外利害得喪不足言也。

凡是名利之地，退步便安穩，只管向前便危險，事勢定是如此。

財猶膩也，近則污人，豪傑之士耻言之。

怪不得今日士大夫，是他心裏無可做，飽食終日，無所用心，自然只隨利欲走。間有務記誦爲詞章者，又不足以救其本心之陷溺。所以箇箇如此，只緣無所用心。

今人遇小小利害，便生趨避計較之心。古人刀鋸在前，鼎鑊在後，視之如無物者，只緣見得這道理，不見那刀鋸鼎鑊。

人若著些利害，便不免開口告人，却與不學之人何異？向見李先生説，若大段排遣不去，只思古人所遭患難有大不可堪者，持以自比，則亦可以少安矣。始者甚卑其説，以爲何至如此？後來臨事，却覺有得力處，不可忽也。

患難之際，正當有以自處，不至大段爲彼所動，乃見學力。

問『既明且哲，以保其身』，曰：『明哲只是見得道理分明，順理而行，自然災害不及其身，非趨利避害、偷以全軀之謂也。今人以邪心看了，先占取便宜，必至於孔光之徒而後已。如揚子雲説「明哲煌煌，旁燭無疆，遜於不虞，以保天命」，便是占便宜説話，所以一生被這幾句誤。古人到舍生取義處，不如此説。』

問：『比干之死，以理論之，可謂正命，以氣論之，恐非正命。』曰：『如何恁地説？盡其道而死者，皆正命也。當死而不死，却是失其正命。古人殺身以成仁，身已死矣，又成箇甚底？直是要看此處，孟子謂「舍生取義」，「志士不忘在溝壑，勇士不忘喪其元」。學者須於此處見得定，臨利害時，便將自家斬剉也，須壁立萬仞。而今人有小利害，便生計較，説道恁地死非正命，如何得？』

今世人多道東漢名節無補於事，某謂三代而下，惟東漢人才大義根於心，利害生死不變其節。未説公卿大臣，且如當時郡守懲治宦官親戚，雖前者既爲所治，而來者復蹈其迹，誅殛竄戮，項背相望，略無所創。今士大夫顧惜畏懼，何望其如此？平居暇日琢磨淬勵，緩急之際尚不免於退縮，况游談聚議，習爲軟熟，卒然有警，何以得其仗節死義乎？大抵不顧義理，只計較利害，皆奴婢之態耳。

先生當孝宗初年，嘗兩進絶和議、抑佞倖之戒言，既不行，雖擢用狎至，不敢就。出處之義，凜然有不可易。提點江西刑獄，促奏事，有要之於路，以『正心誠意』爲上所厭聞，戒以勿言者，先生曰：『吾平生所學，止此四字，敢回互而欺吾君乎？』先生在孝宗朝，凡陛對者三，上封事者一，皆忠誠懇惻，至今讀者猶爲涕下，孝宗亦開懷容納。然所言皆痛詆大臣近習，主眷愈厚，而疾者愈深，是以一日不能安其身於朝廷之上。

先生平居惓惓，無一念不在於國。聞時政之闕失，則戚然有不豫之色。語及國勢之未振，則感慨以至泣下。然謹難進之禮，則一官之拜，必抗章而力辭；厲易退之節，則一語不合，必奉身而亟去。其事君也，不貶道以求售。其愛民也，不狥欲以苟安。故與世動輒齟齬，自筮仕以至屬纊，五十年間歷仕四朝，仕於外者僅九考，立於朝者四十日而已。

朱子卷之八

天下之事有本有末。正其本者，雖若迂緩而實易爲力。救其末者，雖若切至而實難爲功。

先生言於孝宗曰：『天下之事千變萬化，其端無窮，而無一不本於人主之心。人主以渺然之身居深宫之中，其心之邪正，若不可得而窺，而其符驗之著於外者，常若十目所視、十手所指而不可掩。是以古先聖王兢兢業業，持守此心。雖在紛華波蕩之中，幽獨得肆之地，而所以精之一之，克之復之，如對神明，如臨淵谷，未嘗敢有須臾之怠。然猶恐其隱微之間或有差失而不自知也，是以建師保之官，以自開明，列諫諍之職，以自規正。而凡其飲食、酒漿、衣服、次舍、器用、財賄與夫宦官宫妾之政，無一不領於冢宰之官，使其左右前後、一動一静無不制以有司之法，而無纖芥之隙、瞬息之頃得以隱其毫髮之私，此先王之治所以由内及外、自微至著精粹純白，無少瑕翳，而其流風餘烈猶可以爲後世法程也。』

欲圖大者，當謹於微。欲正人主之心術，未有不以嚴恭寅畏爲先務，聲色貨利爲至戒，然後乃可爲者。

存祗懼之心以畏天，擴寬宏之度以盡下，不敢自是而欲人必己同，不循偏見而謂衆無足取，不甘受佞人而外敬正士，不狃於近利而昧於遠猷。

『天無私覆，地無私載，日月無私照』，王者『奉三無私以勞於天下』，則兼臨博愛，廓然大公，而天下之人莫不心悦而誠服。

成湯當放桀之初，便説：『惟皇上帝，降衷於下民。若有恒性，克綏厥猷惟后。』武王伐紂時，便説：

天在眼前。

建邦設都，樹后王君公，承以大夫師長，不惟逸豫，惟以亂民。惟天聰明，惟聖時憲。』見古聖賢朝夕只見那『惟天地萬物父母，惟人萬物之靈。亶聰明作元后，元后作民父母。』傅説告高宗，便説：『明皇奉若天道，

天下萬事有大根本，而每事之中又各有切要處。所謂『大根本』者，固無出於人主之心術。而所謂『切要處』，如任賢相，杜私門，則立政之要也；擇良吏，輕賦役，則養民之要也；公選將帥，不由近習，則治軍之要也；樂聞警誡，不喜導諛，則聽言用人之要也。然未有大本不立而可以與此者，此古之欲平天下者所以汲汲於正心誠意以立其本也。若徒言正心而不識事物之要，或精覈事情而特昧根本之歸，則是腐儒迂闊之論，俗士功利之談，皆不足與論當世之務矣。

四海之廣，兆民至衆，人各有意，欲行其私。而善爲治者乃能總攝而整齊之，使之各循其理而莫敢不如吾志之所欲者，則以先有紀綱以持之於上，而後有風俗以驅之於下也。何謂紀綱？辨賢否，以定上下之分；核功罪，以公賞罰之施也。何謂風俗？使人皆知善之可慕而必爲，皆知不善之可羞而必去也。

天下之紀綱不能以自立，必人主之心術公平正大，無偏黨反側之私，然後紀綱有所繫而立。君心不能以自正，必親賢臣，遠小人，講明義理之歸，閉塞私邪之路，然後可得而正。

人主當務聰明之實，不可求聰明之名。信任大臣，日與圖事，反覆辨論，以求至當之歸，此聰明之實也。偏聽左右，輕信其言，此聰明之名也。

治道別無説，使人主恭儉好善，有言逆於心，必求諸道，有言遜於心，必求諸非道。這如何會不治？這別無説，從古來都有見成樣子，直是如此。

須是自閨門衽席之微積累到薰蒸洋溢，天下無一民一物不被其化，然後可以行周官之法度。不然，則爲王莽矣。

婦人與奄人常相倚而爲奸，不可不并以爲戒。歐陽公嘗言宦者之禍甚於女寵，其言尤爲深切，有國家者可不戒哉？

賈誼作《保傅》，其言曰：「天下之命，係於太子。太子之善，在於蚤諭教與選左右。教得而左右正，則太子正，太子正則天下定矣。」此天下之至言，萬世不可易之定論也。

天下之事，非艱難多事之可憂，而宴安酖毒之可畏。政使功成治定，無一事之可爲，尚當朝兢夕惕，居安慮危，而不可以少怠。

天下國家之大務，莫大於卹民。而卹民之實在省賦，省賦之實在治軍。財者，人之所同好也，而我欲專其利，則民有不得其所者矣。大抵有國有家，所以生起禍亂，皆是從這裏來。

自古國家傾覆之由，何嘗不起於盗賊？盗賊竊發之端，何嘗不生於饑餓？赤眉、黄巾，葛榮、黄巢之徒，其事已可見也。

仗節死義之士，當平居無事之時，誠若無所用者。然古之人君所以必汲汲以求之者，蓋以如此之人臨患難而能外死生，則其在平世必能輕爵禄，臨患難而能盡忠節，則其在平世必能不詭隨。平日無事之時得而用之，則君心正於上，風俗美於下，足以逆折奸萌，潛消禍本，自然不至真有仗節死義之事也。惟其平日自恃安寧，便謂此等人才必無所用，而專取一種無道理無學識重爵禄輕名義之人，以爲不務矯激而尊寵之，是以紀綱必壞，風俗日偷，非常之禍伏於冥冥之中。而一旦發於意慮之所不及，平日所用之人交臂降叛，而無一人可同患難，然後前日擯棄流落之人始復不幸而著其忠義之節。以天寶之亂觀之，其將相貴戚近幸之臣皆已頓顙賊庭，而起兵討賊卒至於殺身滅族而不悔如巡、遠、杲卿之流，則遠方下邑，人主不識其面目之人也。使明皇早得巡等而用之，豈不能銷患於未萌？巡等早見用於明皇，又何至爲仗節死義之舉哉？

王者修德行政，用賢去奸，能使陽盛足以勝陰，陰衰不能侵陽，則日月之行雖或當食，而月常避日。故其遲速高下，必有參差而不正相合不正相對者，所以當食而不食也。若國家無政，不用善，使臣子背君父，妾婦乘其夫，小人凌君子，夷狄侵中國，則陰盛陽微，當食必食。雖曰有常度，而實爲非常之變矣。

古之君臣事事做得成，緣是親愛一體。

做宰相只要辦一片心、一雙眼，眼明則能識得賢不肖，心公則能進退得賢不肖。

世間人多言君子小人常相半，不可太故去他，若要盡去他，反激其禍。且如舜舉皋陶，湯舉伊尹，而不仁者遠。蓋是君子道盛，小人自化，皆革面做好人了，非必勦滅之也。

古之大臣以身任天下之重，非以其一耳目之聰明、一手足之勤力爲能周天下之事也，其所賴以共正君心、同斷國論，必有待於衆賢之助焉。是以君子將以其身任此責者，必咨詢訪問取之於無事之時，而參伍較量用之於有事之日。蓋方其責之必加於己而未及也，無旦暮倉卒之頃，則其觀之得以久。無利害紛拏之惑，則其察之得以精。誠心素著，則得之多。歲引月長，則蓄之富。自重者無所嫌而敢進，則無幽隱之不盡。欲進者無所爲而不來，則無巧僞之亂真。久且精，故有以知其短長之實而不差。多且富，故有以使其更迭爲用而不竭。幽隱畢達，則讜言日聞而吾德修。取舍不眩，則望實日隆而士心附。此古之君子所以成尊主庇民之功，而其遺風餘韻猶稱思於後世也。或曰：『未當其任而欲先得天下之賢者，宜如何？』曰：『權力所及，則察之舉之。禮際所及，則親之厚之。皆不及，則稱之譽之。又不及，則鄉之慕之。如是而猶以爲未足也，又於其類而求之，不以小惡揜大善，不以衆短棄一長，如此而已。』

宰相以得士爲功，下士爲難。而士之所守，乃以不自失爲貴。

朝廷設官求賢，故在上者不當以請托而薦人。士人當有禮義廉恥，故在下者不當自衒鬻而求薦。

天地之間有自然之理，凡陽必剛，剛必明，明則易知；凡陰必柔，柔必暗，暗則難測。故聖人作《易》，以陽爲君子，陰爲小人。竊推《易》説以觀天下之人，凡其光明正大，疏暢洞達，如青天白日，如高山大川，如雷霆之爲威，雨露之爲澤，如龍虎之爲猛，而麟鳳之爲祥，磊磊落落，無纖芥可疑者，必君子也；而其依阿淟涊，回互隱伏，糾結如蛇蚓，瑣細如蟣虱，如鬼蜮狐蠱，如盗賊咀呪，閃倏狡獪，不可方物者，必小人也。君子小人之極既定於内，則其形於外者，雖言談舉止之微無不發見，而況於事業文章之際尤所謂燦然者？彼小人者，雖曰難知，亦豈得而逃哉？

朝廷要無黨，須是分別得君子小人分明。若其不分黑白，不辨是非，而猥云無黨，是大亂之道也。

《與留丞相書》曰：『蒙垂諭，深以士大夫之朋黨爲患，此古今之通病，誠上之人所當疾也。然熹竊謂朋黨之禍止於縉紳，而古之惡朋黨而欲去之者往往至於亡人之國，蓋不察其賢否忠邪，而惟黨之務去，則彼小人之巧於自謀者必將有以自蓋其迹，而君子恃其公心直道，無所回互，往往反爲所擠，而目以爲黨。漢、唐、紹聖之已事，今未遠也。熹恐丞相或未深以天下之賢否忠邪爲己任，是以上之所以告於君者未能使之判然不疑於君子小人之分，下之所以行於進退予奪者未能有以服天下之心，慰天下之望，而陰邪讒賊常若反有侵凌干犯之勢。丞相又慮此身自陷於君子之黨，而使彼之蓄憾久而爲禍深也，又稍故爲迷亂昏錯之態以調柔之，反使之意豪氣健，旁若無人，敢於干禄之章肆爲誣善之語，而朝廷亦不之問也。夫杜門自守，孤立無朋者，此一介之行也。延納賢能，黜退姦險，合天下之人以濟天下之事者，宰相之職也。奚必以無黨者爲是，而有黨者爲非哉？願丞相先以分别賢否忠邪爲己任，其果賢且忠耶，則顯然進之，惟恐其黨之不衆，而無與共圖天下之事也；其果姦且邪耶，則顯然黜之，惟恐其去之不盡，而有以害吾用賢之功也。不惟不疾君子之爲黨，而不憚以身爲之黨。不惟不憚以身爲之黨，又將引其君以爲黨而不憚也。如此，則天下之事其庶幾乎！』

《又與留丞相書》曰：『前輩有論嘉祐、元豐兼收並用異趣之人，故當時朋黨之禍不至於朝廷者，世多以爲名言。熹嘗謂此乃不得已之論，以爲與其偏用小人而盡棄君子，不若如是之猶爲愈耳，非以君子不可專任，小人不可盡去，而此舉真可爲萬世法也。若使當時盡用韓、富之徒，而並絀王、蔡之屬，則其所以卒就慶曆之宏規，盡革熙寧之弊政者，豈不盡美而盡善乎？後之覽者得其言而不得其心，知退守其所爲不得已之論，而不知進求其盡善盡美之策，是以國論日卑，而天下之勢卒至於委靡而不振，此可悲也。至如元祐，則其失在於徒知異己者之非君子，而不知同己者之未必非小人，是以患生於心腹之間，卒以助成仇敵之勢，亦非獨章、蔡之能爲己禍也。然則元祐之失，乃在於分别之未精，而丞相以爲太甚，熹竊有所未喻也。』

問『論治便當識體』，曰：『然如作州縣，便合治告訐，除盜賊，勸農桑，抑末作；如朝廷，便須開言路，通下情，消朋黨；如爲大吏，便須求賢才，去贓吏，除暴斂，均力役，這都是定格局合如此做。如爲天子近臣，合當謇諤正直，又却恬退寡默；及至處鄉里，合當閉門自守，躬廉退之節，又却向前要做事，便都傷了大體。』

《答廖子晦》曰：『爲政以寬爲本者，謂其大體規模意思當如此耳。古人察理精密，持身整肅，無偷惰戲豫之時，故其政不待作威而自嚴，但其意則以愛人爲本耳。及其施之於政事，便須有綱紀文章、關防禁約，截然而不可犯，然後吾之所謂寬者得以隨事及人，而無頹弊不舉之處，人之蒙惠於我者亦得以通達明白，實受其賜，而無間隔欺蔽之患。聖人説政，以寬爲本，而今反欲其嚴正。如古樂以和爲主，而周子反欲其淡。蓋今之所謂寬者乃縱弛，所謂和者乃哇淫，非古之所謂寬與和，故必以是矯之，乃得其平耳。如其不然，則雖有愛人之心，而事無統紀緩急先後可否，與奪之權皆不在己，於是姦豪得志，而善良之民反不被其澤矣。』

朱子卷之九

《周禮·天官》，兼嬪御、宦官、飲食之人皆總之，則其於飲食男女之欲，所以制其君而成其德者至矣，豈復有後世宦官之弊？古者宰相之任如此。

宰相擇長官，長官却擇其寮。今銓曹注擬小官，煩劇而又不能擇賢。每道只令監司差除亦好。某做時，且精選一箇吏部尚書，使盡搜羅天下人才；諸部官長得自辟屬官，却要過中書；朝官次第闕人，却令侍從以下各舉一人二人。只舉一二人，彼亦不敢以大段非才者進。

朝廷只當擇監司、太守，自餘職幕縣官，容他各辟所知，方可責成。天下須是放開做，使恢恢有餘地乃可。

每路只須置一刺史，正其名曰按察使，令舉刺州縣官吏。其下却置判官數員以佐之，如轉運、刑獄、農田之類，而刺史總之。稍重諸判官之權，判官有事欲奏聞，則刺史爲之發奏。刺史不肯發，許判官徑申御史臺，以分刺史之權。豈不簡徑省事，而無煩擾耗蠹之弊乎？

學校之政，不患法制之不立，而患理義之不足以悦其心。夫理義不足以悦其心，而區區於法制之末以防之，是猶决湍水注之千仞之壑，而徐翳蕭葦以捍其衝流，必不勝矣。

今科舉之弊極矣，鄉舉里選之法是第一義，今不能行，只就科舉法中與之區處。

某嘗欲作一科舉法，以《易》《詩》《書》爲一類，《三禮》爲一類，《春秋》三傳爲一類。每科舉後，便曉示後舉於某經某史命題，使人心有所定止，專心看一經一史。不過數舉，則經史皆通。經義須變其虚浮之格，只直述大意。

今科舉所取文字多是輕浮，不明白着實。最可憂者，不是説秀才做文字不好，這事大關世變。東晋之末，其文一切含胡，是非都没理會。

孟子論王道，以制民産爲先。今井地之制未能遽講，莫若令逐州逐縣各具民田一畝，歲入幾何，輸税幾何，非泛科率又幾何，州縣一歲所收金穀總計幾何，諸色支費總計幾何，有餘者歸之何許，不足者何所取之，俟其畢集，然後選忠厚通練之士數人，類會考究而大均節之，有餘者取，不足者與，務使州縣貧富不至甚相懸，則民力之慘舒亦不至大相絶矣。

天下制度無全利而無害底，但看利害分數如何。

今日民困，正緣屯兵費重，只有屯田可減民力。

漢世宗室，惟天子之子則裂地而王之；其王之子，則嫡者一人繼王，庶子皆封侯；侯惟嫡子繼侯，而其諸子則無封。故數世之後與庶人無異，其勢無以自給，則不免躬農畝之事，如光武少年自販米是也。

先生爲治所至，必以興學校、明教化爲先。中進士第，主泉州同安簿，莅職勤敏，纖悉必親。職兼學事，選邑秀民充弟子員，訪求名士，以爲表率，日與講説聖賢修己治人之道。後差發遣南康軍事，懇惻愛民，如己隱憂，興利除害，惟恐不及。至姦豪侵擾細民、撓法害政者，懲之不少貸，由是豪强斂戢，里閭安静。數詣郡學，諸生質疑問難，誨誘不倦。知漳州，以習俗未知禮，采古喪葬嫁娶之儀，揭以示之，命父老解説以教子弟，禁僧尼之教，俗爲大變。

先生所居之鄉，每歲春夏之交，豪户閉糴牟利，細民發廩强奪，動相賊殺，幾至挺變。先生率鄉人置社倉以賑貸之，米價不登，人得安業。後上其法於朝，諸路推行之。

浙東大饑，命先生提舉常平茶鹽。先生拜命，即移書他郡，募米商，蠲其征。及至，客舟已輻輳。日與僚屬鈎訪民隱，至廢寢食。分畫既定，案行所部，窮山長谷，靡所不到，拊問存恤，所活不可勝計。每出皆乘單車，屏徒從，一身所需皆自齎以行，秋毫不及州縣，以故所歷雖廣，而人不知。郡縣官吏憚其風采，倉皇驚懼，常若使者壓其境，由是所部肅然，而尤以戢盜、捕蝗、興水利爲急。

朱子卷之十

只有一箇『正其誼不謀其利，明其道不計其功』公平正大行將去，其濟不濟，天也。古人做得成者，不是他有智，只是偶然。其他費心費力，用智用數，牢籠計較，都不濟事，都是枉了。

誠以天下之事爲己任，則當自格君心之非。始欲格君心，則當自身始。

修身事君，初非兩事，不可作兩般看。

古之君子居大臣之任者，其於天下之事，知之不惑，任之有餘，則汲汲乎乘時而勇爲之。知有所未明，力有所不足，則咨訪講求以進其知，拔援汲引以求其助，如救火追亡，不敢少緩。上不敢愚其君，以爲不足與言仁義；下不敢鄙其民，以爲不足以興教化；中不敢薄其士大夫，以爲不足共成事功。屹然中立，無一毫私情之累，而惟知其職之所當爲。夫是以志足以行道，道足以濟時，而於大臣之責可以無愧。

於天下之事有可否，則斷以至公，而勿牽於内顧偏聽之私；於天下之議有從違，則開以誠心，而勿誤以陽開陰闔之計，則庶乎德業盛大，表裏光明，中外遠邇心悦誠服。

人才衰少，風俗頽壞之時，士有一善，即當扶接導誘，以就其器業。

『與其得小人，不若得愚人。』温公晚年更歷之多，爲此説。

小人爲惡千條萬端，其可惡者，不但媢嫉一事而已。仁人不深惡乎彼，而獨深惡乎此者，以其有害於善人，使民不得被其澤，而其流禍之長，及於後世而未已也。

自古小人所以敗亂國家，豈皆凶惡猛鷙，有可畏之威而後能之？但有患失之心，便自無所不至。

《答潘叔昌》曰：『君子之於小人，固不當過爲忿疾，然無交和之理。韓、富當時事，力蓋不足以勝二姦，非固欲與之和也。元祐誠有過甚處，然當時事勢恐不如此，亦不免禍。要當有以開悟人主之心，乃絶後患耳。』

《答鄭景望》曰：『來教論范忠宣救蔡新州及元祐流人，以爲至當之舉。熹竊以爲元祐諸賢憂確之不可制，欲以口語擠之，固爲未當，而范公乃欲預爲自全之計，是亦未免於自私，皆非天討有罪之意也。至其論諸公忽反爾之言，違好還之戒，自取禍敗，尤非正理。使後世見無禮於君親者，拱手坐視而不敢逐，則必此言之爲也。且舜流四凶，爲皋陶者亦殊不念反爾之戒何耶。推此心以往，恐無適而非私者。邵子文以爲明道所見與忠宣合，正恐徒見所施之相似，而未見所發之不同。蓋毫釐之間，天理人欲之差，有不可同年而語者矣。又聞深以好名爲戒，此固然矣。然偏持此論，將恐廉隅毁頓，其弊有甚於好名。故先聖云「君子疾没世而名不稱焉」，而又曰「君子求諸己」，詳味此言，不偏不倚，表裏該備，此其所以爲聖人之言。與學者要當於此玩心，則勿忘勿助之間天理卓然，事事物物無非至當矣。』

《答張敬夫》曰：『所疑小人不可共事，固然。然堯不誅四凶，伊尹五就桀，孔子仕於季孫，惟聖人有此作用，而明道或庶幾焉。所謂元豐大臣當與共事，蓋實見其可而有是言，非傳聞之誤也。然力量未至此而欲學之，則誤矣。』觀其所在爲政而上下響應，論新法而荆公不怒，同列異意者亦稱其賢，此等事類非常人所及。

今天下事只礙箇失人情，便都做不得。蓋事理只有一箇是非，今朝廷之上不能辨别這是非。如宰相固不欲逆上意，上亦不欲忤宰相意，今聚天下之不敢言是非者在朝廷，又擇其不敢言之甚者爲臺諫，習以成風，如何做得事？

論事只當言其理之是非，不當計其事之利害。

作事若顧利害，其終未有不陷於害者。

今日有一般議論，只云不要矯激，遂至凡事回互，都揀偎風躲箭處立地，却笑人慷慨奮發，以爲必陷矯激之禍。此風更不可長，固是矯激者非，只是不做矯激底心，亦是私意。大凡只看道理合做與不合做耳，如合做，豈可避矯激之名而不爲？

先生愛説『恰好』二字，云凡事自有恰好處。

天下事須論一箇是不是後，却又論其中節與不中節。

天下只有一是一非，是者須還他是，非者須還他非，方是自然之平。若不分邪正，不別是非，而但欲其平，決無可平之理，此元祐之調停、元符之建中所以敗也。

爲守令，第一便是民事爲重，其次便是軍政，今人都不理會。

平易近民，爲治之本。

居上克寬，蓋有政教法度而行之以寬，非廢弛之謂也。今人説寬政，多是事事不管，某竊謂壞了這寬。號令既明，刑罰亦不可弛。苟不嚴刑罰，則所謂號令者徒掛墻壁耳。與其不道以梗吾治，曷若懲其一以戒其百？與其覆實檢察於其終，曷若嚴其始而使之毋犯？

『凡天下疲癃殘疾，惸獨鰥寡，吾兄弟顛連而無告者也。』君子之爲政，要主張這等人。

今人獄事只理會要從厚，不知不問是非善惡，只務從厚，豈不長奸惠惡？大凡事付之無心，因其所犯，考其情實輕重厚薄，付之當然可也。

不問其是非曲直，而待之如一，則是善者常不得伸，而惡者反幸而免，以此爲平，乃大不平。

《大學》絜矩在格物之後，蓋須理明心正，則吾之所欲所不欲皆得其正，然後推以及物，則其處物亦皆得其正，而無物我之間。如其不然，而以私己自便之心爲主，又欲以是而及人，則人道不立，而驅一世以爲姑息苟且之政矣。

官無大小，凡事只是一箇公。若公做得來，也精采，便是小官，人也望風畏服。若不公，便是宰相，做來做去，只没下稍。

當官廉謹是吾輩本分事，不待多説。然細微處亦須照管，不可忽略，因循怠惰。又云：『自治既不苟，更能事上以禮，接物以誠，臨民以寬，馭吏以法，而簿書期會之間亦無所不用其敬焉，則庶乎其少過矣。』

守官只要律己公廉，執事勤恪，晝夜孜孜，如臨淵谷，便自無他患害。纔是有所依倚，便使人怠惰放縱，不知不覺錯做了事。

狀牒煩多，須集屬官同堂商量分判，自無壅滯。此非獨爲長官者省事，而屬官亦各得自效。兼是簿尉等初官，使之决獄聽訟得熟，是亦教誨之也。

聽訟只與他研窮道理，分别是非曲直，自然訟少。若厭其多，不與分别，愈見事多。

凡聽訟，必先論其尊卑上下長幼親疎之分，而後聽其曲直之詞。

做守令，如胥吏沈滯公事，邀求於人，其弊百端。須嚴立程限，决要如期，他限日到，自然邀索不得。

大抵做官，須令自家常閑，吏胥常忙方得。若自家被文字叢了，討頭不見，吏胥便來作弊。

當官須有旁通曆，逐日公事，開項逐一記録，了即勾之，未了須教了，方不廢事。

頃在同安，見官户富家典買田業，不肯受業，操有餘之勢力，以困破賣家計狼狽之人，殊使人扼腕。每縣中有送來整理者，必了於一日之中。蓋不如此，則村民有宿食廢業之患，而市人富家得以持久困之，使不敢伸理，此最弊之大者。

某見人將官錢胡使，爲之痛心。

催税之法，頃見崇安趙宰俵由子，分爲幾限，令百姓依限來納，甚無擾。及過隆興，見帥司令諸邑催税，而責以十限。縣但委之吏手，恣其乞覓。或以少不滿千，欲作一頓輸納，吏以違限拒之，每限要分外用錢，擾不可言。所以做官難，要通四方風俗情僞。

版籍不正，田税不均，雖若小事，實爲公私莫大之害。

天下事所以終做不成，只是壞於懶與私而已。只如經界，就行也安得盡無弊？然十分弊也須革去九分，所餘者一分半分而已。今人却情願受十分重弊，才有一人理會，便去搜剔那半分一分弊來瑕疵之，以爲決不可行。都是這般見識，分明只有箇天下國家，無一人肯把做自家物事看。

賑濟之策，初且大綱，一細碎便生病。屯田亦然，且理會大處。

自古救荒只有兩説：一是感召和氣，以致豐穰；其次，只有儲蓄之計。若待他饑餓時理會，更有何策？

救荒之政，蠲除賑貸固當汲汲於其始，而撫存休養尤在謹之於其終。

賑濟無奇策，不如講水利，到賑濟時成甚事？又曰：『下手得早，亦得便宜。』

先生有《踏荒詩》云：『阡陌縱横不可尋，死傷狼籍正悲吟。若知赤子原無罪，合有人間父母心。』

凡事須小心寅畏，仔細體察，思量到人所思量不到處，防備他人所防備不到處，方得無事。

臨事須是分毫莫放過。如某當官，或有一相識親戚之類，越用分明，不肯放過。

會做事底人，必先度事勢，有必可做之理方去做，不能則謹守常法。

爲政如無大利害，不必議更張。議更張，則所更之事未成，必閧然成擾，卒未已也。

古之名將能立功名者，皆謹重周密，乃能有成。如吴漢、朱然，終日欽欽，常如對陣，須學這樣底方可。

今人率負才，以英雄自待，以至恃氣傲物，不能謹嚴，卒至於敗而已。要做大功名底越要謹密，未聞麤魯闊略而能有成者。

爲人寮屬，世俗常禮有不可廢者，亦且得隨例，不須大段立異，不濟得事，徒爲人所指目憎嫌，却費調護求寬假，所屈愈多也。

孝宗即位，詔求直言，先生因上封事，首言：『陛下毓德之初，不過諷誦文詞。比年以來，頗留意老、釋。記誦詞藻，非所以探本原而出治道。虚無寂滅，非所以貫本末而立大中。帝王之學，必先格物致知，以極夫事物之變，使義理所存纖悉畢照，則自然意誠心正而可以應天下之務。』次言修攘在先定計，定計在罷和議。次言：『四海利病係斯民之休戚，斯民休戚係守令之賢否。監司者，守令之綱。朝廷者，監司之本。欲斯民之得其所，本原之地亦在朝廷而已。今之監司，姦贓狼籍、肆虐以病民者，莫非宰執、臺諫之親舊賓客，陛下無自知之耳。』明年，復召。入對，其一言：『陛下舉措之間動涉疑貳，聽納之際未免蔽欺，由不講乎大學之道，而未嘗隨事以觀理，即理以應事。』其二言：『非戰無以復讎，非守無以制勝。』末言：『古先聖王所以制御夷狄之道，其本不在乎威强，而在乎德業；其備不在乎邊境，而在乎朝廷；其具不在乎兵食，而在乎紀綱。』淳熙七年，詔監司、郡守條具民間利病，先生時在南康，上疏言：『立紀綱在正君心，正君心在親賢臣、遠小人。今宰相、臺省、師傅、賓友、諫諍之臣皆失其職，而陛下所與親密謀議者，不過一二近習之臣。此一二小人者，上則蠱惑陛下之心志，使陛下不信先王之大道而說於功利之卑說，不樂莊士之讜言而安於私褻之鄙態；下則招集士大夫之嗜利無耻者，文武彙分，各入其門。所喜則陰爲引援，擢寘清顯；所惡則密行訾毁，公肆擠排。交通貨賂，則所盜者皆陛下之財；命卿置將，則所竊者皆陛下之柄。陛下所謂宰相、師傅、賓友、諫諍之臣，或反出入其門墻，承望其風旨。其幸能自立者亦不過齪齪自守，而未嘗敢一言以斥之。其甚畏公論者，乃略能輕逐其徒黨之一二，既不能深有所傷，而終亦不敢明言以擣其囊橐窟穴之所在。勢成威立，中外靡然向之，使陛下之號令黜陟不復出於朝廷，而出於此一二人之門。名爲陛下之獨斷，而實此一二人者陰執其柄。蓋其所壞，非獨陛下之紀綱，乃併與陛下所以立紀綱者而壞之。』

八年，易提舉淛東常平茶鹽事。乞奏事，之任，入對，言：『今日近習之勢日重，士大夫之勢日輕。重者既挾其重以竊陛下之權，輕者又借力於所重以爲竊位固寵之計。中外相應，更濟其私。日往月來，浸淫耗蝕，使陛下之德業日隳，綱紀日壞，邪佞充塞，貨賂公行，兵愁民怨，盗賊間作，災異數見，饑饉荐臻。群小相挺，人人皆得滿其所欲，惟有陛下了無所得，而國家顧乃獨受其弊。』十五年，除提點江西刑獄事，入奏，極論天理人欲之介云：『願陛下自今以往一念之萌則必謹而察之，此爲天理耶？爲人欲耶？果天理也，則敬以擴之，而不使其少有壅閼。果人欲也，則敬以克之，而不使其少有凝滯。推而至於言語動作之間，用人處事之際，無不以是裁之，則聖心洞然，中外融徹，無一毫之私欲得以介乎其間，而天下之事將惟所欲爲，無不如志矣。』又具封事，極言：『近習交通將帥，共爲欺蔽。此輩但當使之守門傳命，供掃除之役，不當假借崇長，使得逞邪媚、作淫巧於内，以蕩上心，立門庭、招權勢於外，以累聖政。至於選任大臣，常不得剛明公正之人，而反容鄙夫之竊位者，直以一念之間未能祛其私邪之蔽，而燕私之好、便嬖之流不能盡由於法度。若用剛明公正之人以爲輔相，則恐其有以妨吾之事，害吾之人，而不得肆。是以選掄之際，常先排擯此等寘之度外，而後取凡疲懦軟熟、平日不敢直言正色之人而揣摩之，又於其中得其至庸極陋決可保其不至於有所妨者，然後舉而加之於位。是以除書未出而物色先定，姓名未顯而中外已逆知其決非天下之第一流矣。』又言：『紀綱不正於上，是以風俗頹弊於下。大率習爲軟美之態，依阿之言，以不分是非、不辨曲直爲得計。下之事上，固不敢少忤其意。上之御下，亦不敢稍拂其情。惟其私意之所在，則千塗萬轍，經營計較，必得而後已。甚者以金珠爲脯醢，以契券爲詩文，宰相可啗則啗宰相，近習可通則通近習，惟得之求，無復廉耻。一有剛毅正直、守道循理之士出乎其間，則群譏衆排，指爲道學，而加以「矯激」之罪。十數年來，以此二字禁錮天下之賢人君子，排擯詆辱，必使無所容而後已。此豈治世之事，而尚復忍言之哉？』

朱子卷之十一

後生初學且看《小學》書，是做人底樣子。

教道後進，須是嚴毅。然亦須有以興起開發之，徒拘束之，亦不濟事。

劉元城有言：『子弟寧可終歲不讀書，不可一日近小人。』此言極有味。

後生且教他依本子認得訓詁文義分明爲急，自此反復不厭，日久月深，自然心與理熟，有得力處。今人多是躐等妄作，誑誤後生，輾轉相欺，其實都曉不得也。

聖人教人爲學，非使人綴緝語言，造作文辭，但爲科名爵禄之計，須是格物致知、誠意正心、修身，而推之以至於齊家治國，可以平天下，方是正當學問。

《答孫仁甫》曰：『夫人無英氣，固安於卑陋而不足以語上；其或有之而無以制之，則又反爲所使，而不肯遜志於學，此學者之通患也。所以古人設教，自灑掃應對進退之節，禮樂射御書數之文，必皆使之抑心下首以從事於其間而不敢忽，然後可以消磨其飛揚倔强之氣，而爲入德之階。今既皆無此矣，唯有讀書一事尚可以爲攝伏身心之助。然不循序而致謹焉，則亦未有益也。故今爲賢者計，且當就日用間致其下學之功。讀書窮理，則細立課程，奈煩着實，而勿求速解。操存持守，則隨時隨處省覺收斂，而毋計近功。如此積累，做得三五年工大，庶幾心意漸馴，根本粗立，而有可據之地。不然，終恐徒爲此氣所使，而不得有所就也。』

《與魏應仲》曰：『所讀經史，切要反復精詳，方能漸見旨趣。誦之宜舒緩不迫，令字字分明。更須端莊正坐，如對聖賢，則心定而義理易究。不可貪多務廣，涉獵鹵莽，纔看過了，便謂已通。小有疑慮，即便思索，思索不通，即置小册子，逐一抄記，以時省閲。切不可含糊護短，耻於質問，而終身受此黯暗以自欺也。起居坐立，務要端莊，不可傾倚，恐至昏怠。出入步趨，務要凝重，不可剽輕，以害德性。以謙遜自牧，以和敬待人。凡事切須謹飭，無故不須出入。少説閒話，恐廢光陰。勿觀雜書，恐分精力。早晚頻自點檢所習之業，每旬休日將一旬内書温習數過。勿令心少有放佚，則自然漸近道理，講習易明矣。』

《與長子受之》曰：『早晚受業請益，隨衆例不得怠慢。日間思索有疑，用册子隨手劄記，候見質問，不得放過。所聞誨語，歸安下處，思省要切之言，逐日劄記。不得自擅出入，與人往還。初到，問先生有合見者見之，不令見則不必往。人來相見亦啓稟，然後往報之。此外，不得出入一步。居處須是居敬，不得倨肆惰慢。言語須要諦當，不得戲笑諠譁。凡事謙恭，不得尚氣凌人，自取耻辱。不得飲酒，荒思廢業，亦恐言語差錯，失己忤人，尤當深戒。不可言人過惡及説人家短長是非，有來告者，亦勿酬答。交遊之間，尤當審擇。雖是同學，亦不可無親疎之辨，皆當請於先生，聽其所教。大凡敦厚忠信，能攻吾過者，益友也；其諂諛輕薄，傲慢褻狎，導人爲惡者，損友也。推此見之，亦自合見得五七分，更問以審之，百無所失矣。但恐志趣卑凡，不能克己從善，則益者不期疎而日遠，損者不期近而日親。此須通加檢點而矯革之，不可荏苒漸習，自趨小人之域，如此則雖有賢師長，亦無救拔自家處矣。見人嘉言善行，則敬慕而記録之。見人好文字勝己者，則借來熟看，或傳録之而資問之，思與之齊而後已。以上數條，切宜謹守。其所未及，亦可據此推廣，大抵只是勤謹二字。循之而上，有無限好事，吾雖未敢言，而竊爲汝願之。反之而下，有無限不好事，吾雖不欲言，而未免爲汝憂之也。』

古人上下之分雖嚴，然待臣僕如子弟，待子弟如臣僕。伯玉之使，孔子與之坐。陶淵明籃輿，用其子與門人。子路之負米，子貢之埋馬，夫子之釣弋，有若之三踊於魯大夫之庭，冉有用干却齊以入其軍，而樊須雖少能用命也。古之人執干戈衛社稷，躬耕稼陶漁之事，後世驕侈日甚，反以臣子之職爲耻。此風日變不可復也，士君子知爲學者，漸率其子弟，庶幾可少變乎？

古人小學只教之以事，便自養得他心，不知不覺自好了。如今全失了小學工夫，要補填實難，只得教人且把敬爲主，收斂身心方可。

聖人教人，大概只是説孝弟忠信日用常行底語。人能就上面做將去，則心之放者自收，心之昏者自著。如心性等字，到子思、孟子方説得詳。

科舉文字固不可廢，然近年翻弄得鬼怪百出，都無誠實正當意思，一味穿穴旁支曲徑以爲新奇，此是今日莫大之弊。今欲革之，莫若取三十年前渾厚純正明白俊偉之文，誦以爲法，亦正人心、作士氣之一事也。

先生教人以《大學》《語》《孟》《中庸》爲入道之序，而後及諸經。以爲不先乎《大學》，則無以提綱挈領而盡《語》《孟》之精微；不參之《語》《孟》，則無以融會貫通而極《中庸》之旨趣；然不會其極於《中庸》，則又無以建立大本，經綸大經，而讀天下之書，論天下之事。其於讀書也，必使之辨其音釋，正其章句，玩其詞，求其義，研精覃思以究其所難知，平心易氣以聽其所自得。然『爲己務實』『辨别義利』『毋自欺』『謹獨』之戒，未嘗不三致意焉。

《白鹿洞規》曰：『父子有親，君臣有義，夫婦有别，長幼有序，朋友有信。』右五教之目。堯、舜使契爲司徒，敬敷五教，即此是也。學者學此而已，而其所以學道之序，亦有五焉，其别如左。『博學之，審問之，愼思之，明辨之，篤行之。』右爲學之序。學、問、思、辨四者，所以窮理也。若夫篤行之事，則自修身以至於處事接物，亦各有要，其别如左。『言忠信，行篤敬，懲忿窒慾，遷善改過。』右修身之要。『正其誼，不謀其利。明其道，不計其功。』右處事之要。『己所不欲，勿施於人。行有不得，反求諸己。』右接物之要。

朱子卷之十二

士君子立身，一敗而萬事瓦裂，豈可不戒？

開卷便有與聖賢不相似處，豈可不自鞭策？

凡事不可着箇『且』字，鮮有不害事。

纔枉其小，便害其大。

康節詩云『閒居慎莫説無妨』，蓋道無妨，便是有妨。要做好人，上面煞有等級；做不好人，則立地便至，只在把住放行之間爾。

纔有順適底意思，便是人欲。

每事求自家安利處，便不是義，便不可入堯、舜之道。須勤勤提省於纖微毫忽之間，不得放過。

人須有廉耻，有耻則能有所不爲。今有一様人，不能安貧，其氣銷屈，以至立脚不住。不知廉耻，則亦何所不至？吕舍人詩曰：『逢人即有求，所以百事非。』某觀今人不能咬菜根而至於違其本心者衆矣，可不戒哉？

窮須是忍，忍到熟處，自無戚戚之念矣。

儉德極好，凡事儉則鮮失。

楊綰用，而大臣損音樂，減騶御，人豈可不養素自重耶？

只理會此身，其他都是閒物事。緣我這身是天造地設底，擔負許多道理。盡得這道理，方成箇人，方可拄天踏地，方不負此生。若不盡得此理，只是空生空死，空具形骸，空喫了世間人飯。見得道理透，許多閒物事都没要緊，要做甚麼？

夫子乘桴之嘆，獨許子路之能從，而子路聞之，果以爲喜。且看此等處聖賢氣象是如何！世間許多紛紛擾擾，如百千蚊蚋鼓發狂鬧，何嘗入得他胸次耶？

向來一番前輩，少日粗有時望，晚來往往不滿人意，正坐講學不精，不見聖門廣大規模，小有所立，即自以爲事業止此，更不求進。荆公所謂『末俗易高，險塗難盡』者，可念也。

《答路德章》曰：『來諭謂儻遇漢祖唐宗，亦須有争不得且放過處，亦是舊時意思尚在方寸之地。只有一毫此等見識，便是枉尺直尋的根株。直須見得正當，道理分明，不容些兒走作，即自然無復此等意思。雖欲宛轉回護，亦有所不可得矣。古之聖賢以枉尺直尋爲大病，今日議論以枉尺直尋爲根本。若果如此，即孟子果然迂闊，而公孫衍、張儀真可謂大丈夫矣。』

今日士大夫惟以苟且捱去爲事，上下相咻以勿生事，不要十分分明理會，且恁鶻突。才理會分明，便做官不得。有人少負能聲，及少經挫抑，却悔其大惺惺了了，一切刓方爲圓，隨俗苟且，自道是年高見長。風俗如此，可畏可畏。

吾人所處，着箇『道理』二字，便自隨衆不得。

事只有箇是非，只揀是處行將去。必欲回互得人人道好，豈有此理？然事之是非，久却自定。

人於道理不能行，只是在我之道理有未盡耳。不當咎其不可行，當反而求盡其道。

大抵以學者而視天下之事，以爲己事之所當然而爲之，則雖甲兵財穀、籩豆有司之事，皆爲己也。以其可以求知於世而爲之，則雖割股、廬墓、弊車羸馬，亦爲人耳。善乎張子敬夫之言曰：『爲己者，無所爲之差矣。

而然者也。』此其語意之深切，蓋有前賢所未發者。學者以是而日自省焉，則有以察乎善利之間，而無毫釐之差矣。

人固有終身爲善而自欺者，不特外面如此而裏面不如此者，方爲自欺。蓋中心欲爲善，而常有箇不肯底意思，便是自欺也，須是打疊得盡。

《謙》之爲卦，不知天地人鬼何以皆好尚之？蓋太極中本無物，事業功勞於我何有？觀天地生萬物而不言，所利可見矣。

改過貴勇，防患貴怯。

苟欲聞過，但當一一容受，不當復計其虛實，則事無大小，人皆樂告而無隱情矣。若切切計較，必與辨争，非告以有過則喜之意也。

凡日用間知此一病而欲去之，即此欲去之心便是能去之藥。但當堅守，常自警覺，不必妄意推求，欲舍此拙法，别求妙解也。又曰：『知得如此是病，即便不如此是藥，若更問何由得如此，則是騎驢覓驢，只成一場閒説話矣。』

朱子卷之十三

佛老之學不待深辨而明，只是廢三綱五常，這一事已是極大罪名，其他更不消説。

釋氏謂人死爲鬼，鬼復爲人，如此則天地間常是許多來來去去，更不由他造化生生，必無是理也。

《答李伯諫》曰：『來書云：「形有死生，真性常在。」某謂性無僞冒，不必言真，未嘗不在，不必言在。蓋所謂性，即天地所以生物之理，所謂「維天之命，於穆不已」「大哉乾元，萬物資始」者也，曷常不在？而豈有我之所能私乎？釋氏所云真性，不知其與此同乎？否也？同乎此，則古人盡心以知性知天，其學固有所爲，非欲其死而常在也。苟異乎此，而欲空妄心見真性，惟恐其死而失之，非自私自利而何？』

《答吴公濟》曰：『來書云：「夫子專言人事生理，而佛氏則兼人鬼生死而言之。」某謂不知生死人鬼爲一乎？爲二乎？若以爲一，則專言人事生理者於死與鬼神固已兼之矣，不待兼之而後兼也。若須别作一頭項窮究，則是始終幽明却有間隔也。』

學佛者嘗云儒、佛一同，某言若果然，是又何必言同？只這靠傍的意思，便是不同。

芮國器嘗云：『天下無二道，聖人無兩心，如何要排佛？』曰：『只爲無二道，無兩心，故着不得他佛法。』

雜書中有或問儒、佛異同，答曰：『公本來處還有儒、佛否？』先生曰：『天命之性固未嘗有儒、佛也，然儒、佛是非之理則已具矣。必以未嘗有者爲言，則奚獨儒、佛，固未嘗有堯、桀也。然堯之所以爲堯，桀之所以爲桀，豈可莫之辯哉？今某子之言如此，是欲以本來無有者混儒、佛而一之也。此禪學末流淫遁之常談，俗學之士從風而靡，有不足怪。獨某子自謂親承有道，而立意如此，爲不可解耳。』

學者往往多歸異教，何故？蓋爲自家這裏工夫欠缺，奈何這心不下，見禪者之説有箇悟門，一朝得入則前後際斷，恁地見成捷快，如何不隨他去？不知自家這裏有箇道理，不必外求，此心自然各止其所。

或問：『今世士大夫何以晚年都被禪家引去？』曰：『是爾平生所讀許多書、許多記誦文章，所籍以取利禄聲名之計者，到這裏都靠不得了，所以被他降下。』

今人容易爲異説引去者，只是無見識。聖人之書非細心研究，不足以見。

某數日來閒思聖人所以説箇『格物』，工夫盡在這裏。今人都無這工夫，所以見識皆低。

近日又有一般學問，廢經而治史，略王道而尊伯術，極論古今興亡之變而不察此心存亡之端。若只如此讀書，又不若不讀之爲愈也。

近年以來乃有假佛、釋之似以亂孔、孟之實者，其法首以讀書窮理爲大禁，常欲學者注其心於茫昧不可知之地，以僥倖一旦恍然獨見，然後爲得。蓋亦有自謂得之者矣，而察其容貌詞氣之間、修己治人之際，乃與聖賢之學有大不相似者。

世學不明，異端蠭起，大率皆便於私意人欲之實而可以不失道義問學之名，以故學者翕然趨之。然諺有之『是真難滅，是假易除』，但當力行吾道，使益光明，則彼之邪説如雪見晛耳，故不必深與之辨。

異端之學以性自私，固爲大病，然又不察氣質情欲之偏而率意妄行，便謂無非至理，此尤害事。近世儒者之論亦有近似之者，不可不察也。

問：『釋氏有豁然頓悟之説，不知倚靠得否？』曰：『某也曾見叢林中有言頓悟者，後看這人只尋常如陸子静門人，初見時常云有所悟，後來所爲却更顛倒錯亂。看來所謂豁然頓悟者，乃是當時略有所見，覺得果是潔凈快活，稍久却漸漸淡去了，何嘗倚靠得？」

《答江德功》曰：『近世學者溺於佛學，本以聖賢之言爲卑近而不滿於其意，顧天理民彝有不容殄滅，則又不能盡叛吾説以歸於彼，兩者交戰於胸中而不知所定，於是因其近似之言以附會而説合之，凡吾教之以物言者則挽而附之於己，以身言者則引而納之於心。苟以幸其不異於彼，而便於出入兩是之私。至於聖賢之本意，則雖知其不然，而有所不顧也。蓋其心自以吾之所見已高於聖賢，可以咄嗟指顧而左右之矣。又況推而高之，鑿而深之，使其精神氣象有加於前，則吾又爲有功於聖賢，何不可者？而不自知其所謂高且深者，是乃所以卑且陋也。此近世雜學之士心術隱微之大病，不但講説異同之間而已。』

《答廖子晦》曰：『詳來喻，正謂日用之間别有一物，光輝閃爍，動蕩流轉，是即所謂「無極之真」，所謂「谷神不死」。學者合下便要識得此物，而後將心想象照管，要得常在目前，乃爲根本功夫。至於學問踐履，零碎湊合，自是下一截事，與此粗細迥然不同。雖以顔子之初，仰高鑽堅，瞻前忽後，亦是未見此物，故不得爲實見耳。此其意則善矣，然若果是如此，則聖人設教，首先便合痛下言語，直指此物，教人着緊體察，要令實見，着緊把捉，要常在目前，以爲直截根原之計。而却都無此説，但只教人格物致知、克己復禮，一向就枝葉上零碎處做工夫，豈不誤人枉費日力耶？《論》《孟》之言平易明白，固無此等玄妙之談。雖以子思、周子喫緊爲人，特著《中庸》《太極》之書以明道體之極致，而其所説用功夫處，只説擇善固執，學、問、思、辨而篤行之，只説「定之以中正仁義而主静」，「君子修之吉」而已，未嘗使人日用之間必求見此天命之性、無極之真而固守之也。蓋原此理之所自來，雖極微妙，然其實只是人心之中許多合當做底道理而已。但推其本，則見其出於人心，而非人力之所能爲，故曰「天命」；雖萬事萬化皆自此中流出，而實無形象之可指，故曰「無極」耳。若論功夫，則只擇善固執、中正仁義便是理會此事處，非是别有一段根原功夫，又在講學應事之外也。如説「求其放心」，亦只是説日用之間收斂整齊，不使心念向外走作，庶幾其中許多合做底道理漸次分明，可以體察，亦非捉取此物藏在胸中，然後别分一心出外，以應事接物也。來書又云：「事事物物皆有實理，如仁義禮智之性、視聽言動之則，皆從天命中來，須如顔、曾洞見全體，即無一不善。」此説雖似無病，然詳其語脉，究其意旨，亦是以天命全體者爲一物之渾然，而仁義禮智之性、視聽言動之則皆是其中零碎查滓之物，初不異於前説也。至論所以爲學，則又不在乎事事物物之實理，而特以洞見全體爲功。凡此，只是舊病也。且曰「洞見全體」，而後事無不善，則是未見以前，未嘗一一窮格以待其貫通，而直以意識想象之耳，是與程子所訶對塔而説相輪者何以異哉？此是學問功夫徹上徹下細密謹切處。蓋性命之理雖微，然就博文約禮實事上看，亦甚明白，正不須向無形象處東撈西摸，如捕風繫影，用意愈深，而去道愈遠也。』

《答陳衛道》曰：『釋氏所見，較之吾儒，彼不可謂無所見，但却只是從外面見得箇影子，不曾見得裏許真實道理，所以見處則儘高明脱灑，而用處七顛八倒，無有是處。儒者則要得見此心此理原不相離，雖毫釐絲忽間不容略有差舛，才是用處，有差便是見得不實，非如釋氏見處行處打成兩截也。嘗見龜山先生引龐居士説「神通妙用，運水搬柴」話來證孟子「徐行後長」義，竊意其語未免有病，何也？蓋如釋氏説，但能搬柴運水，即是神通妙用，此即來喻所謂舉起處，其中更無是非。若儒者，則須是「徐行後長」方是，若「疾行先長」，即便不是。所以格物致知便是要就此等處微細辨别，令日用間見得天理流行，而其中是非黑白各有條理。是者便是順得此理，非者便是逆着此理，胸中洞然，無纖毫疑礙，所以才能格物致知，便能誠意正心，而天下國家可得而理，亦不是兩事也。凡古聖賢説性命，皆是就實事上説。如言「盡性」，便是盡得此君臣父子三綱五常之道而無餘；言「養性」，便是養得此道而不害至微之理、至著之事，一以貫之，略無餘欠，非虚語也。』

又曰：『佛氏差處，舉起便是，不勝其多，寫不能窮，説不能盡。今左右既是於彼留心之久，境界熟了，雖説欲却歸此邊來，終是脱離未得。某向來亦曾如此，只是覺得大概不是了，且權時一齊放下了，只將自家文字道理作小兒子初上學時模樣讀，後來漸見得一二分意思，便漸見得他一二分錯處，迤邐看透了後，直見得他無一星子是處，不用着力排擯，自然不入心來矣。今云取其長處而會歸於正，便是放不下，看不破也。』

朱子卷之十四

問：『聖人恐不從下學中來？』曰：『不要高了聖人，越説得低，越有意思。』

問顔子所樂何事，曰：『人之所以不樂者，有欲耳，無欲便樂。』

曾子之學大抵力行之意多。

子思别無所考，只孟子所稱，如『摽使者出諸大門之外，北面再拜稽首而不受』『事之云乎，豈曰友之云乎』之類，這是甚麼樣剛毅！

孟子説滕文公，便道性善，他欲人先知得一箇本原，則爲善必力，去惡必勇。

明道渾然天成，不犯人力。伊川工夫造極，可奪天巧。明道之言，發明理致，通透灑落，善開發人。伊川之言，即事明理，質慤精深，尤耐咀嚼。然明道之言，一見便好，久看愈好，所以賢愚皆獲其益。伊川之言，乍見未好，久看方好，故非久於玩索者不能識其味。

明道德性寬大，規模廣闊，伊川氣質剛方，文理密察，其道雖同，而造德各異。故明道嘗爲條例司官，不以爲浼，而伊川所作行狀獨不載其事；明道猶謂青苗可且放過，而伊川乃於西監一狀較計如此，此可謂不同矣。然明道之放過乃孔子之獵較爲兆，而伊川之一一理會乃孟子之不見諸侯也，此亦何害其爲同耶？但明道所處，是大賢以上事，學者未至而輕擬之，恐失所守。伊川所處雖高，然實中人皆可跂及，學者只當以此爲法，則庶乎寡過矣。

伊洛拈出『敬』字，直是學問始終，日用親切之妙。

程先生有功於後學者，最是『敬』之一字有力。

『性即理也』，直自孔子後，惟伊川説盡這一句。

横渠用工最親切，可畏。學者用工須是如此。

氣質之説始於張、程，極有功於聖門，有補於後學，前此未曾有人説到。

問：『横渠「太虚」之説，本是説無極，却只説得「無」字。』曰：『無極是該貫虚實清濁而言，「太虚」字落在一邊了。明道説：「氣外無神，神外無氣」；「謂清者爲神，濁者非神乎？」有人説與横渠，横渠却云：「清兼濁，虚兼實。」却不知既説虚，便與實對了；説清，便與濁對了。如左丞相大似右丞相不多。本要説形而上，反成形而下。須是兼清濁、虚實、一萬、大小來看，方見得形而上者行乎其間。』

游、楊、謝三君子初皆學禪，後來餘習猶在，故學之者多流於禪。游先生大是禪學。

張無垢始學龜山之門，而逃儒以歸於釋，其所論著皆陽儒而陰釋。

龜山先生倡道東南，士之遊其門者甚衆，然語其潛思力行、任重詣極，羅公一人而已。延平先生從之學，講誦之餘，危坐終日，以驗夫喜怒哀樂未發之前氣象爲何如，而求所謂中。若是，久之而知天下之大本真有在於是。

延平先生資稟劲特，氣節豪邁，而充養完粹，無復圭角，精粹之氣達於面目，色温言厲，神定氣和，語默動静端詳閒泰，自然之中若有成法。平居恂恂於事，若無甚可否，及其酬酢事變，斷以義理，則有截然不可犯者。

敬夫識見純粹，踐行純實，使人望而敬之。

南軒疾革，定叟求教，南軒曰：『朝廷官爵莫愛他底。』一朋友在左右扶掖求教，南軒曰：『蟬蜕人欲之私，春融天理之妙。』語迄而逝。

呂伯恭舊時性極褊，因病中讀《論語》，至『躬自厚而薄責於人』，有省，遂如此好。

五峰云：『學欲博，不欲雜。守欲約，不欲陋。』此天下之至言也。

子壽兄弟氣象甚好，其病却是盡廢講學而專務踐履，却於踐履之中要人提撕省察，悟得本心，此爲病之大者。要其操持謹質，表裏不二，實有以過人，惜乎其自信太過，規模窄狹，不復取人之善，將流於異學而不自知耳。

子静會説其精神能感發人，一時被他聳動底，亦便清明。只是虚，更無底簟，故其徒往往進鋭退速，纔退時便如墜千仞之淵。

陸子静之學，看他千病萬病，只在不知有氣禀之雜。他只説儒者絶斷了許多利欲，便是千了百當，任意做出都不妨。不知氣禀有不好底夾雜在裏，一齊滚將去，如何都把做心之妙理，道害事不害事？看子静書，只見他許多麤暴底意思，其徒都是這樣。

子静説一箇心本來是好底，上面着不得一字，人只被私欲遮了，若識得箇心，萬法流出，都無許多事。他是實見得恁地，所以不怕天，不怕地，一向胡叫胡喊。他説得動人，使人都快活，便會使得人都恁地放顛放狂。某也會恁地説，使人便快活，只是不敢，怕壞了人。若有這箇直截道理，聖人那裏教人恁地步步做上去？

某向與子静説話，子静以爲意見，某曰：『邪意見不可有，正意見不可無。只理會除意見，安知除意見之心又非意見乎？』

問：『象山説克己，不但克利欲之私，只有一念要做聖賢，便不可。』曰：『聖門何嘗有這般説話？然則堯、舜兢兢業業，周公思兼三王，孔子好古敏求，顔子有爲若是，孟子願學孔子之念，皆當克去矣。他只是禪，誌公云：「不起纖毫修學心，無相光中常自在。」他只要如此，然豈有此理？」

直卿志堅思苦，與之處甚有益。此道不是小事，須喫些苦，方可望。

季通有精詣之識，卓絶之才，不可屈之志，不可窮之辯。

吴伯豐明敏過人，儘能思索。從事州縣，隨事有以及民，而自守勁正，不爲時勢所屈，甚不易得。

漢卿身在都城俗學聲利場中而能閉門自守，味衆人之所不能味，同門之士亦鮮見其比。

孟子後，荀、楊淺不濟事。只有王通、韓愈好，又不全。

漢儒惟董仲舒純粹，其學甚正，非諸人比。

諸葛武侯嘗言：『治世以大德，不以小惠。』而其治蜀也，官府次舍、橋梁道路莫不繕理，而民不告勞，是亦庶乎先王之政矣。

問：『陸宣公比諸葛武侯如何？』曰：『武侯氣象較大，恐宣公不及。』

韓退之却有些本領，非歐陽公比。《原道》其言雖不精，然皆實，大綱是。

退之説性，只將仁義禮智信來説，便是識見高處。

問本朝人物，曰：『韓、富規模大，又麤。温公差細密，又小。』

范文正傑出之才，又云振作士大夫之功爲多。

温公可謂智、仁、勇。

陳忠肅公剛方正直之操得之天資，而其燭理之精、陳義之切，則學問之功有不可誣者。

陳了翁説人當自試，以觀己之力量。

李忠定公雖以讒間竄斥濱九死，而愛君憂國之志終不可得而奪，亦可謂一世之偉人矣。

周子贊曰：『道喪千載，聖遠言湮。不有先覺，孰開我人？書不盡言，圖不盡意。風月無邊，庭草交翠。』

程伯子贊曰：『揚休山立，玉色金聲。元氣之會，渾然天成。瑞日祥雲，和風甘雨。龍德正中，厥施斯普。』

程叔子贊曰：『規圓矩方，繩直準平。允矣君子，展也大成。布帛之文，菽粟之味。知德者希，孰識其貴？』

張子贊曰：『蚤悦孫、吴，晚逃佛老。勇徹臯比，一變至道。精思力踐，妙契疾書。訂頑之訓，示我廣居。』

朱子自贊曰：『從容乎禮法之場，沉潛乎仁義之府。是予蓋將有意焉，而力莫能與也。佩先師之格言，奉前烈之餘矩。惟闇然而日修，或庶幾乎斯語。』

邵文莊公年譜

二泉先生年譜後敘

攀龍既删定先生年譜成，作而歎曰：『不二者道，不晦者心，曠百世而通，推四海而準乎！今去先生六十年奇，而觀先生之遺文，考先生之遺事，如見其人焉，而誠心質行使人感發興起而不能自已。然則此譜存也，世之人皆若生當先生而親炙之者矣。』

先生之學，研窮於六經，博涉於群書，而所自得者，大要見之《簡端》《學史》二書。未嘗爲辨别異同之説，而其學一出於正，不少惑於異端似是之非。未嘗爲矯絶成名之事，而其行一由於矩，不苟且於富貴功名之際。凡先生所言所行，皆世所謂固然而無奇，正世所謂冥然失之而不自覺者也，觀者可深察而自得之矣。或曰：『以先生之德而尅其嗣，則降祥之天謂之何？』嗟乎！二氣糅雜，三代以下，聖賢無純全之稟。以孔子之聖焉而窮，顔子之賢焉而夭，况其他乎？先生之氣，蓋獨嗇於是者矣。然而無常者氣也，有常者理也，君子修其在我，而無庸心焉，見其常，不見無常也。吾所謂常者，何也？觀其遺書，考其遺事，百世而下猶使人感發興起而不能自已者是也，然則先生之爲後也大矣。同邑後學高攀龍謹書。

《邵文莊公年譜》引

公道德文章卓然名世，明興以來，爲錫邑縉紳稱首。説者謂公豐於身，嗇於其後，似欲責報於天。烏乎！公生三歲而孤，太夫人且育且教，以至成人，順志承顔，八十年如一日，君子以爲孝。繇刺史歷宗伯，官於朝三十餘年，内處奸閹，外遭藩逆，侃侃大節，曾不少動，君子以爲忠。家居侍養，優游林泉，屏跡官府，終日與二三子講論於二泉書院，君子又以爲高夫！然則身後之聲稱，視彼不肖之子姓，孰重孰輕，必有間矣，天之所以命公者不已厚歟？

士人瞻拜公祠，每欲睹公歷履之全而無從也。惟我先大父胥巖先生，公之仲子婿，嘗手掇公行事，藏之家塾，迄於今五十有七年。道成於是因其歲月，列以詩文，叙次成編，題其端曰『年譜』。蓋將付諸梓人，傳之於世，使士人之瞻拜公者知所則傚於無窮也。若乃道德之純，文章之富，具在國史典籍，兹特其概云。

曾外孫閶江吴道成頓首百拜謹書。

神道碑銘

楊一清 撰

錫山有鉅公，家食爲名士，仕爲名臣，要其終爲名儒，曰邵公諱寶，字國賢者，予友西涯李文正公之門人也。予以西涯故，獲好於公，久乃益習。晚年，予謝政，公歸侍養，鎮、常郡相比，歲時通問訊不絶。然制於蹤跡，不及見。去年嘉靖丁亥，予在朝，忽得守臣報，則公亡矣。

公世居無錫，近慧山。慧山傳稱天下第二泉也，因號『泉齋』，又曰『二泉』，學者稱爲『二泉先生』。文正公成化庚子主考南畿，得公歸，以詫於予曰：『吾得天下士。』舉甲辰進士，知河南許，『能以禮讓爲國』，所舉動多風化中事。作新廟學，諭諸生義利公私之辨及忠孝大節，聞者感動，皆知慎其所自立。次教之讀書爲文矩，則許之文風蔚然改觀。正潁考叔祠墓，改魏文帝廟以祠漢愍帝，祠范忠宣公於襄城、裴晋公於郾城，毁龍骨，杖妖巫。尤急民事，躬課農種。倣朱文公社倉，立積散法，行計口澆田法。爲備荒計，釐正粮籍，民至於今稱便。徵爲户部員外郎，尚書委閲章奏。進郎中，太原周文端公、華容劉忠宣公甚器重之。孝廟臨御，諸公奏抑恩倖，杜請求，釐正度支，多公言是用，章奏多出公筆。以薦爲江西提學副使，至則以身爲教，先行檢而後辭藝，黜浮崇雅，士類勃興。修濂溪書院，白於巡撫林公待用，檄取濂溪族孫守祠。改建白鹿洞書院，清學田，定課程，遠近向慕。遷浙江按察使，慮獄囚，成豪惡殺人之獄，出可矜疑者若干人。正德丁卯，遷浙江右布政使，進湖廣左布政使。己巳，擢都察院右副都御史，總督漕運。時劉瑾用事，公一無所通。瑾銜之，數令人以危言撼之，公不爲動，乃勒令致仕去。庚午，瑾誅，起巡撫貴州。尋陞户部右侍郎，進左侍郎，命兼左僉都御史，督處粮運及會勘通州城濠，歸奏，俱稱旨。先是公以母太夫人老，自爲藩憲時，屢奏乞終養，格於例，爲侍郎，再乞歸養，俱不許。壬申，許歸省，賜寶鏹四千緡以行。抵家，又疏終養，始報可。得疾尋愈，年六十，朝夕侍親側，承歡婉婾。太夫人安其養，年八十餘壽終。公養親之暇，深居簡出，日親書史，以著作爲事。求請者踵接於門，碑板流播徧四方。今上嗣極，大臣言官交薦公，乃有南京禮書命，公疏懇辭，上褒以温旨，不奪其志，且令有司以禮存問，待養終用之。比終太夫人之喪，天子且召用公，而公病不可起矣。

曾大父諱式，母朱氏。大父諱鎬，父諱溥，俱累贈嘉議大夫、都察院右副都御史。大母楊氏，累贈淑人。母過氏，累封太淑人，進太夫人服。配顧氏，累封淑人，生子男二，曰德孫、佛真，俱早卒。今以族弟之子煦爲嗣，聘國子生華麟祥女。女三，義官華珉，邑庠生吴汝憲，國子生秦汶，其婿也。葬以卒之又明年己丑二月二十二日。

公居鄉，厚倫睦族，好爲義舉，里人薰而善良，顧自公視之，皆常行，不及書。文辭典重，刊落華藻，一歸於純厚。詩歌出入唐杜間，樂府有漢魏遺意。所著《學史》《簡端》二録，爲都憲吴公獻臣録進。他如《〈定性書〉説》《漕政舉要録》《容春堂》《勿藥》諸集，各若干卷，藏於家。其厄於火者，莫得而詳也。公生天順庚辰，卒於嘉靖丁亥二月辛未，壽六十有八。訃聞，贈太子少保，賜謚文莊，諭祭一壇，官爲營葬域。鄉大夫士共經紀其喪，中外縉紳交口惜之。今太子太保、吏部尚書見山桂公子實與其兄子朴俱被公獎識以天下士，亟稱於人人。至是，見山爲撰墓誌銘，且告余謂宜書諸神道，予曰：『諾。』乃爲之銘曰：

明體適用，惟公之學。崇本抑末，惟公之教。勤以傳事，惟公之忠。親以養終，惟公之孝。教以學成，孝忠一道。胡闕其嗣，不厚食其報。惟所自立，千古有耀。知己作銘，以碑諸神道。

墓誌銘

門生桂萼 撰文

嘉靖丁亥二月辛未，二泉先生卒。又明年己丑正月二十二日，卜葬西繡嶺之陽。前期子煦走書京師，謂萼嘗受業先生門，委志諸墓於乎萼，尚忍志先生墓邪？

弘治間先生視學江右，萼在諸生中，先生見所試文喜。已而見予兄子朴文，則又喜。子朴自結髮，言行事一以古人爲師，用無知者，而先生乃與之議論亹亹。嘗謂萼曰：『子之兄，天下士也。』而吾兄與人書亦曰：『華爲二泉公所知，二泉學古之道，不能趨時偃仰，而卒有所立者也。』遂有所恃，而本志矢以不變。於乎！子朴不遇於時，而先生獨知焉。子朴於人少許可，而於先生獨敬服焉。然則子朴不悲其不遇，而先生之於斯文蓋將有所付矣。豈謂子朴以嘉靖元年卒，逾五年而先生又卒，天降割於斯文，若是酷耶？則不志不能抒吾之哀，又何以鳴吾兄弟幽明之感於先生者，以告世世耶？

謹按狀，先生諱寶，字國賢。邵氏世家常之無錫，曾大夫諱式，大父諱鎬，贈嘉議大夫、右副都御史。父溥，加贈如大父官。母過氏，封太淑人。先生生天順庚辰九月三日，成化甲辰進士，授許州刺史。丁巳，陞户部郎中。庚申，提學江西。凡六年，陞浙江按察使。歷左布政使，已而巡撫貴州。無何，召督漕事，陞户部右侍郎。尋陞左侍郎，兼左僉都御史。陞南京禮部尚書，累引疾致仕不可，遂乞終養。辛巳，今上登極，起先生將大用之，先生懇辭焉。先生居家，一日晨起謁先聖及家廟，既退，端居瞑目，不言而逝。訃聞，天子遣官營葬諭祭焉。有司最其行，謂先生節行著於朝廷，孝友聞於鄉里，化人有道，傳後有書，擬贈太子少保，謚文莊，天子曰：『可。』享年六十有八。配顧淑人，生男子，子二：德生，佛真，俱夭。嗣子一，即煦，聘太學生華麟祥女。女子，子三：長適華珉，次吴汝憲，次秦汶。先生制行之純，文章之富，功業之隆，昭昭在人耳目，固有國史爲之紀述，乃爲之銘曰：

嗟乎！泉翁有本者，如是流澤無窮。嗟乎！泉翁爲天下第一流人，而今已矣，予將安從？

自贊

幼孤而怠厥修，於我乎有怍。晚病而省厥愆，於我乎有覺。《易》曰：『無咎者，善補過也。』吾爲我誦之，庶心逸而日樂也。

像贊

有儒一人，被古衣巾。漱六藝之芳潤，役千古於精神。擢甲科以策名，列户曹而潤身。使裴行儉尚在，始信士之致遠。若歐陽公既老，必付子以斯文。有問爲誰，爲錫谷邵國賢之真。

邵文莊公年譜

公諱寶，字國賢。姓邵氏，號泉齋，又曰二泉，學者稱爲二泉先生。世爲無錫人，其先宋以上譜逸無徵。元季，公七世祖容春府君高不仕之義，與倪處士元鎮爲文字交。國初五世祖仲容府君以人才試職知州，始徙南塘。仲容生叔安，從學周正言士衡，而與王中書孟端爲友，能自受益，以資踐履，士望歸之。叔安生存一，博洽經史，終身由禮，隱然山澤之儒。存一生鎬，能詩，嘗省用以濟人，配楊氏，生溥，是爲純和公，孝友温恭，通書史大義，配過氏，生公。存一、純和皆以公貴，贈都察院右副都御史，楊氏贈淑人，過氏累封太淑人，進太夫人服。

英宗皇帝天順四年庚辰九月三日酉時，公生。

太淑人過氏生公於南塘里第，其月乙酉，其日丙子，其時丁酉。時公曾祖存一翁以命合三奇，喜爲公父純和公曰：『此子非凡，宜善視之。』

五年辛巳，二歲。

生日後能言且行，存一翁誦書，公常侍其傍，口作誦態。翁卧，則以其履曝於日中。一日，翁之幐指翁榻，謂公曰：『此我榻也。』公曰：『此太翁榻，非汝榻也。』人争奇之。

六年壬午，三歲。

曾祖存一公、父純和公卒。

七年癸未，四歲。

葬存一公、純和公。

八年甲申，五歲。

公祖母楊淑人以庶子潤與公析産，姻長張翁惟悌當執筆作券，諸姻曰：『此子未有名，請名之。』張翁曰：『此子繫宗祀之重，非寶而何？』乃名曰『寶』。

憲宗皇帝成化元年乙酉，六歲。

聘顧氏公節公女也。

二年丙戌，七歲。

祖母楊淑人卒，公哀毁如成人。

三年丁亥，八歲。

葬楊淑人。

四年戊子，九歲。

受業於某，公、公祖父俱從先生受學，時年七十三矣，念太淑人不欲公遠離，故特就焉。先生初出對云：『低低粉壁，畫出萬里江山。』公應聲曰：『小小池塘，浸入一天星斗。』爲人傳誦。

五年己丑，十歲。

太淑人疾，聞昔人有以狀奏天欲減己年延母壽者，公感焉，即寫奏拜焚於庭，見者異之。

六年庚寅，十一歲。

七年辛卯，十二歲。

八年壬辰，十三歲。

遊學吴中。

九年癸巳，十四歲。

習舉子業。

十年甲午，十五歲。

受業於蒿庵俞公，同業者丁松年、莫潛止三人。時蒿庵先生授《書經》，至《禹貢》，公以撮要進，先生取而擲之曰：『他人讀撮要，子須讀全文。子不聞徐武功治水成功，因熟讀《禹貢》故耶？』公遂受讀，後督漕至安平，讀武功碑，益思先生言。公後有曰：『蒿庵先生嘗謂我云：「凡與人交，必先觀其處父母、兄弟、妻子如何，此而或薄，交必不終。」三四十年來驗之，尤信。』

十一年乙未，十六歲。

補邑庠生，提學御史戴公珊於同進十四人中特賞異之，問從何人學，對曰：『監生俞鎧。』明日因召俞至明倫堂，謂曰：『昨日小秀才當教他多讀書，此人他日有用，亦不忘君也。』先是參政盛公顒還自廣西，見公文，特訪之。

十二年丙申，十七歲。

公有疾，太淑人甚憂之，自秋七月至冬十二月，始愈。

十三年丁酉，十八歲。

娶淑人顧氏。

十月，訓導謝先生經初至，特加禮重，勉以五經之學。

十四年戊戌，十九歲。

就錢希齋公講理學。

是歲夏秋，以疾居宿學宫者四月。

問學於定山莊先生。先生諱昶，字孔暘，江浦人，初爲翰林檢討，以奏事落職，後復南京行人司，致仕家居。先生答書有『邵君一日千里』之語。

十五年己亥，二十歲。

時公一日接太守，至二更不至，顧謂同輩數人曰：『此非接官時，可以歸矣。』三更，太守至。明日，金掌教遍責不在者，至公，乃曰：『汝在。』公曰：『寶不在。』金曰：『汝亦當責。』公曰：『當受責。』於是應聲答不在受責者二十餘人，皆曰寧受責，毋爲欺愧邵某也。

十六年庚子，二十一歲。

八月，應天府鄉試，中式，名在第八。時主考洗馬羅先生璟、侍講李先生東陽，同考本經房爲教諭方先生臨。先生初閱公卷，以示禮房黄岩陳先生，陳曰：『此人必老學，四十以上人也，不可不高取。』既而拆封，知公年，乃嘆曰：『年少而文老成，我謂之老，豈過哉？』西涯得公歸，謂邃菴楊公曰：『吾得天下士邵寶矣。』教諭金先生燦經學最熟，先生每朔望及候上官，必夙興坐堂，公必先立鼓側，先生於燈影下見之，問爲誰，公以名對。先生召與講書十章，甚相契。自是每見公立，必召講，必終一篇。自己亥冬至庚子春，《書經》殆遍，場中經題甚得其力。其時師生之間如此。

十七年辛丑，二十二歲。

會試不第，歸與師陳先生、楊士瞻、馮文卿同舟。至開河，陳、馮、楊僕皆病疫，時伯氏同行，謂公曰：『時疫方作，群僕病如此，而前閘且多，不如陸行達徐州爲便。』公曰：『師在，不忍舍去。』遂復同舟。公卧，又與病僕鄰，心亦危之，而不敢言。過吕梁，公忽發熱，伯氏曰：『不信吾言，今何如也？』公言笑自若，晚命酒數行而愈。比歸，四家喪僕凡五人。

至家，讀書於保安寺之東林房，從學者至。

十八年壬寅，二十三歲。

十一月，入南雍，渡江見定山先生於清江書院。留三日，始入京師，見提學婁先生於會同館。婁曰：『子幾時到監？』對曰：『未也，見先生然後到監耳。』婁曰：『汝未到京，先訪莊定山先生。未到監，先來見我。異哉！有志者，他日事必成也。』

十九年癸卯，二十四歲。

正月，自南雍歸。春二月，至家。秋九月，北上。十一月，至京。

二十年甲辰，二十五歲。

二月，會試中式，第三十九人。放榜日，中式者至禮部堂群揖主司，時匏菴吴公見公，執侍講王臣袂而指曰：『此無錫邵國賢也。』自是名益重。

三月，殿試，賜進士出身，狀元李旻榜第二甲第十八名。無錫同年，陳昌、莫驄、華珏、吴學、華烈、張愷。

是月，吏部分送大理右寺辦事。

二十一年乙巳，二十六歲。

八月二十一日，除河南開封府許州知州。九月，南還，省太淑人於家。

西涯李氏《送邵許州詩序》：『進士邵國賢之知許州也，朝之大夫士無問識不識，皆嘆且惜之，曰：「國賢奈何作郡？」國賢刻意經史，工文翰，不習書簿，不宜作。性沖簡好静，不與世故相涉，不宜作。體質臞弱，殆不勝衣，不耐居起，不任於跋涉奔走之事，不宜作。然則國賢之不免於郡者，其顧以是邪？今明習律例，不泥於章句篇翰之藝，則謂之才；諳人情，達事變，不限於小廉曲謹之節，則謂之通；披豁軒舉，不爲踴縮拘滯之態，則謂之奇偉彊力。是三者，要可臺諫，華可曹省，無所往而不得，此今日之輿論莫有能易焉者也。若翰林以制作爲職，中書以揮染爲事，行人以使奉宣令爲務，則今之所謂閑官散地不必是三者而後得。如國賢者，而亦弗得焉，何哉？予嘗謂天下之才，當爲天下惜之。梓人之用木，必曰此可以梁，此可以桷。玉人之制器，必曰此可以瑚璉，此可以珩琚。以此易彼，雖才且美，弗適於用。而況指摘之，訾議之，蔑其有餘，幸其所不足，以自棄其才而不卹者，獨何爲其情也？然亦有説焉。勞者，愛之方也。詘者，信之勢也。操矢者，必引而收之，而後可以致其遠。治劍者，必揉而晦之，而後可以發其耀。造就成全之術，抑或有當然者邪？然則所以處國賢者，固將爲天下惜之也。若匡衡之文學，不以緣飾吏事，不過爲經生；陶侃之才略，不致力於兵革，不過爲豢養之子弟。則士之自處，亦安肯耽嗜暇逸，屑屑於文字間哉？州之職，縣之所仰，藩府之所責成，其政甚劇。許當道衝，且困於旱暵，居者相殘，而流者尚未復，殆所謂盤根錯節者也。國賢勉哉！拯菑卹患，鉏彊植弱，澤徧於一郡，而浹於濟民，俾人知文士之適於用如此，政之不繫於貌與力如此，亦以見予言之非私於國賢也如此。國賢勉哉！予在場屋，以文字知國賢，久而得之益深，予之惜之有甚於人者，故輯諸君所賦之詩，序以贈之。』

二十二年丙午，二十七歲。

二月，赴許州，太淑人就養。公初得知州之命，人皆謂曰：『君素好讀書，今當束高閣矣。』惟丁中書玉夫謂公曰：『先生赴許州，讀書工夫當有間否？』公曰：『顧政事繁簡何如耳。』玉夫曰：『是何言也？以某觀之，政事雖繁，一日間尚有半日學問工夫。』陳刑部一夔來訪，曰：『國賢雖作俗吏也，不可不多讀書。』既至許一年，楊君謙書自吳中來，曰：『讀書於政道甚有益，君聽人説做官讀不得書，則君一生誤矣。惟君留意遠業云云。』

四月，蝗，禱於神，三日而蝗去。詩曰：『今日蝗蟲來，明日蝗蟲去。吾爲吾民歡，還愁蝗去處。』

五月，新作四關門，復水濠，有《許濠復水録》。許州城濠舊有蓮花之盛，前守聞親藩欲占其利，懼而涸之。公曰：『濠爲城設，去濠，城將安恃？且許非藩所封，安得越境取利哉？』即命加浚。正德間，流賊至，惟許城以濠險得全，民甚德之。

毁尼寺，改建黄丞相祠，祭文：『維年月日，具官邵寶等謹以牲醴敬告於漢丞相謚忠定黄公之神曰：「嗚呼！世稱循吏，以公爲先。考厥遺跡，在兹潁川。世遠千年，改名易治。吏不知師，民不知事。寶也不肖，嘗竊慕公。寧使來官，祠享弗崇。乃廢尼居，乃葺乃理。作主棲神，人具瞻止。兹陳薄奠，用告厥成。公勿我棄，鑒我衷誠。尚饗！」』

八月，省試對讀。

十月，舉鄉飲禮。許州鄉飲，賓多不得人。公於三日前預會諸賓，人問其故，公曰：『吾聞有德者必有言，故欲先與講論，以觀其德耳。』内有三人者聞之，皆稱疾不至。

公以所積一年俸米還前守華山之母棺價，不足，又假同知施文顯，共得米五十石償之。見公自撰太淑人狀内。

二十三年丁未，二十八歲。

作政惠倉，事見《記》。立諸鄉社學。事見榜文條約。

三月，洧川驛馬夫送使人至許州驛，掛馬鞍於庭樹上，飯畢出，則鞍已亡矣。馬夫來告，公令報對驛十家，左右各十家，每家出銀一錢，共銀三兩賠之，人以爲不明也。有頃，鞍在樹上。同官問之，公曰：『驛傍小盜，居人皆知之。但事非由己，言之恐生怨耳。使令賠錢，彼必指名切責，鞍將焉往？』

作《守官箴》以自警：『何以守官？曰敬與廉。敬則不忽，廉乃有嚴。何以守敬？曰惟以畏。國憲天彝，罔或敢墜。何以守廉？曰惟以儉。我用克節，我俸亦贍。循是二者，静以待之。可否在事，喜怒曷施？民曰父母，君曰臣子。勉焉夙夜，庶幾稱此。』

作《同官箴》以相勸：『錫山邵寶爲州於許五年，而未即有功，其幸勉大過者，同官之力居多焉。思慎厥終，乃作箴曰：「同官爲僚，伊何其同？莫非王事，惟時天功。王事同襄，天工同亮。惟私起争，惟公生讓。《詩》咏『攻玉』，《易》贊『斷金』。我思古人，實獲我心。事否則否，事可則可。不必在人，不必在我。情義相孚，同僚弟昆。勿或有間，斯愛斯惇。德業相勸，同僚朋友。勿或有間，斯敬斯久。小子作箴，告諸大夫。同寅協恭，聖有嘉謨。」』

孝宗皇帝弘治元年戊申，二十九歲。

巡按李御史隆請旌異政。

表漢御史大夫晁錯墓：『晁公潁川産，墓在城東隅。顧兹一抔土，爾來千載餘。中更幾兵戈，不與荒城俱。公計不庇身，朝議夕就誅。我昔讀公傳，亦嘗笑其愚。豈有身後謀，猶能庇丘墟？大愚見深忠，耿耿固不渝。而况公論在，信史有特書。自今重封植，永夕期無虞。』《碑陰記》：『予既封漢御史大夫晁公之墓，而或者以公在當時以言賈禍，身被顯戮，非君子之所嘉予，而不滿予此舉。予觀漢史，公始事文帝，屢上書言邊事，及賢良對策，皆切中事機，蓋謀臣之雄者。迨事景帝，首建削弱諸侯之議，以爲不如此則天子不尊，宗廟不安。遽以袁盎之間，竟未及施以死。蓋公之爲謀，雖能料天下之變，然傷於急鋭，而不量君志之信否。其爲心雖出於愛君憂國，敢發天下大難之端，然未聞聖賢之道，而無善處之術，蓋爲忠而過者，則殺身之禍亦其有以取之歟！夫忠而至於過，過而至於殺身，此人臣之不幸，而重予之哀者也，安得謂非君子之所嘉予，而遂已於斯丘之封也哉？况君子之忠，尤有大且純於此者，則斯丘之封，夫人可以興矣，此又我正人之體也。既以對問者，遂書諸碑陰。』

表漢荀氏八龍塚。謁子産祠。奉詔毁諸新建寺觀及淫祠。修廟學。

諭諸生以義利公私之辨及忠孝大節、讀書爲文之方，而許之風化蔚然改觀。

建尊經閣，刻朱子講座銘於壁。作嚴師堂，作品字亭，各見《記》。謂士之品三，道德其上，功名次之，而富貴者宜斥不與。先作於許，而後又名於南昌分司之亭。

六月，勘事於汝州。謁兩蘇墓。

九月，州人馬林失驢逾年，鈞州李奉牽而過之，驢走入林室。問之，曰：『吾買諸沙陀陳智。』兩争至庭，公追陳智問之，智曰：『家産也。』情不能得，乃令林、智分立東西庭，縱驢中行，驢至林前而止。智伏盗罪，一郡稱明。

十一月，臨潁史經者被誣盗，久羈在獄，公奉孝廟初詔，釋之。分巡傅僉事希説行檄取審，同官恐懼稱疾，公獨僉文，略云：『經事方勘，遇詔釋之矣。今檄審，從詔從檄，未知所從。』文至傅，大怒，竟亦無如之何。未幾，巡按御史李公隆至，同官益恐懼。李連問史經安在，公具言詔至應釋之故，既而曰：『吾在嵩縣山中，偶想此事，自謂子能釋此人，今果如前料。』同官稱服。

二年己酉，三十歲。

二月，作范忠宣公祠於襄城。祠在學右，事見祠記。

作裴晋公祠於郾城：『郾城西北五十里有鎮曰裴城，唐丞相晋國公討淮西時，嘗視師於此，後人因以公姓命其城，又以命其鎮。鎮之中故有晋公祠，不知其所創始。蓋民之私祀，祈豐禳沴，往往即焉。然非典也，吏罔攸司，葺不葺惟民，歲久且敝。比實來守許，行縣，道祠下，慨然感之，乃勸其鎮之民某稍爲完修，建額於門，設主於堂。舊者以新，陋者以雅，有所瞻焉。又請於巡撫都御史徐公暨藩臬諸公，歲役一人，俾之繼守勿壞，且爲定私祝期式，主以鄉民耆老有行義者，而記其事於石。某按韓碑，元和十二年八月，丞相某至師。十月，丞相某入蔡。然則公駐兹地僅兩月耳，非有居守撫治之勤，而民之敬愛一至於是，豈公求民，民有私於公哉？誠於國故在在而感，仁於人故在在而孚。其車服所臨，節鉞所指，當有不言而喻者矣。然方是時，獻俘於朝，立石記功，卒爲忌者所中，至有斵碑之舉。抑不知碑可斵，而其感孚於人者不可忘也。不然，一戾止之間，而城曰裴，鎮亦曰裴，且祠焉至於今者，亦獨何哉？由此觀之，則是非之在民者，公於在國；其在後世者，公於在當時。此理之固然，無足怪也。竇獨念公之在師，與賊壘相距，曾不數舍，而從容暇豫，若無事焉。一時諸從事方且談笑爲樂，至形之詩咏，則公素定之志，夙成之謀，優爲之才，大受之量，皆於是乎見之。夫惟素也，故不可動；惟夙也，故不可撓；惟優也，故不可克；惟大也，故不可測。是其克成厥功，蓋有不偶然者。故凡有志經世之士，莫不以公爲望。嗚乎！民懷其恩，士服其德，立於百世之上，而百世之下身其地者，如見其人焉。竇知是祠之不朽也，於是乎記，而復系之以迎神送神辭，使歌於享辭曰：「公將降兮兹城，橫風雲兮揭靈。繁歌舞兮在庭，去千秋兮公如有情。蠲我俎兮旨我觥，公奄去兮何鄉焱。遠駕兮八荒，佇城皋兮彷徨。裴之城兮召之棠，後千秋兮不忘。」』

六月，巡撫楊都御史理、巡按文御史貴各奏請旌異政。

李天瑞召還自咸寧丞，巡撫、布按皆以白金數兩爲饋，天瑞却之。憲長婁公曰：『孟子於宋、薛兼金且受之，子胡爲者？』天瑞曰：『孟子大賢，必有所處。吾寧過中，不敢假以自欺也。』他日過許，以告，且請其說。公曰：『諸侯有國，宋、薛之金，君所有也，故可饋可受。今府庫之財皆朝廷物，不可饋不可受也。』天瑞嘆服。公出許，郊道見汝寧逃民復業而南者泣乞口食，公憫焉，私念有穀三十石在總鋪，將許之，繼念後有乞者，不能繼也，又將已之。既復念一念既發，行於可行，而止於不得不止，有不當過爲預計者，遂人給穀三升，數日穀盡，乞者亦不至。他日語天瑞，天瑞曰：『古人施仁政如此，一涉顧慮，便不是矣。』

學正某者，嶺南人也，博學能詩詞，然貪淫甚縱，妻妾與相爭，號呼公門。公嘆曰：『此人掌教，壞我士風甚矣。』乃使人以水沃明倫堂，曰：『無令此地久受污也。』未幾，其人以他事去官。

八月，省試彌封。

九月三日，三載考績，赴京給由。公在許，當考績，時有救荒例，凡初考，俱勒照品納粮，以免赴京。公以場屋事在汴，聞之曰：『考績於朝制也，非制而免，吾不爲也。況官至五品，則所納已多，吾安能辦之？倘藩臬有阻，寧還任供職而已。』遇李天瑞，問之，天瑞曰：『然，或告方伯徐公。』徐公喜公有志，爲告藩臬諸公。他日，公至臬司，憲長張公曰：『子不欲考滿，何以至此？』公對曰：『豈敢不欲，不許則止耳。』《辨盜文》：『弘治己酉春，邵子在許三載，將考績於京師。謝事廨居，一夕不寐，久如聞有鬨聲。問家人，曰無之，俄而曰有。使聽焉，曰在廨後。邵子曰：「盜也，其在李讓氏之室乎？」登樓望之，見火，不啓門而鼓鐘，既而後堂鐘，前堂亦鐘，鐘樓大鐘。先是約鐘則有盜，故諸巡卒皆趨李氏。時盜已半去，進而合攻，傷三人，獲二人，以至邵子。訊盜甲，曰：「逸者尚十三人，中二人曰李珙、李瓚兄弟也，居襄城之次溝，餘皆有名。」詞具，檄追之。越數日，襄城縣械二人至，施別駕方署篆，召甲視之，曰：「是也。」具諸刑，弗承。是日，次溝人百餘群言無辜於門。邵子聞之，乃輿而之學宫，群遮道訴，邵子若弗聞也者而過之。比返，群訴如前，邵子令緩訊待察。衆退，邵子召邏卒靈井慕者，密遣訊之野，曰：「得情，賞無爽。」慕請符，邵子手書畀之。越月餘，慕以二人至，曰：「此珙也，此瓚也。」審諸甲，甲又曰：「是也。」邵子異而問焉，慕曰：「四人者皆居次溝，前二人家溝之北，土着而著，後二人家溝之南，僑居而微。盜者，實後二人，逸而傭於郾城大姓。有司以名居，逮前二人耳。」邵子謂甲曰：「若何兩是之？」甲曰：「盜實後二人。某始言謂是，既而得前二人，某故有怨，且虞反覆之誅，故遂是之。雖是之，實非今所是是也。」後二人頓首服，釋前二人，賞慕如初言。君子曰：「聽獄之不可執也如此哉！」獲盜於所，即録其辭，得二人，名是名也，居是居也，審之而信，宜若無可疑者，詎知復有後二人者哉？使前二人有一先死，其主者不遂非而成獄者寡矣。』

十月，公考績。冢宰三原王公謂公曰：『薛吏目何以去？』對曰：『受馬夫錢，巡按去之。』公曰：『汝何厚贈？』對曰：『此官貧，不能歸。贈則有之，未嘗厚也。』公時知李户部有憾於吏目，言於三原而過實，公於是乃厲聲曰：『傳聞之言未必皆實，望公加察。』數日，李户部惟正謂公曰：『冢宰以子應對抗直，頗有怒意，須屬李司徒釋之。』公謝曰：『行止有命，見黜敢不自安。司徒，吾治邑人，苟藉其力以免黜，何以復爲政乎？』卒不從。

初公赴京，巡撫楊公以二書託公，一致司徒李公，一致司馬馬公。至京師，先見李公，後見馬公，再拜起致書，列坐茶而退。明日，馬公謂李公曰：『楊都堂欲爲我修牌坊，而託邵某致書於我。邵殊倨傲，豈有知州見尚書而不跪者乎？』數日，馬公忽來拜，相見論牌坊事，謂非楊公急務。公曰：『然。然受不受在公，公即不受，書報令郎却之耳。』公怒稍解，稱公加切曰：『邵許州讀書多，議論正，但不肯讓人耳。』卒成相知。

十一月，考稱復職。

十二月，奏旌五節婦，不報。賈璘妻楊氏，焦雄妻宋氏，周學妻盧氏，李新妻王氏，申銘妻張氏，先是以貧故，不得達官。公訪知之，乃爲聯奏。事下禮部，以所奏太多，竟不施行。奏發之日，公各命其子孫輿舁至州庭，謁畢，各與米三斗，絹一匹，肉十斤，令人導引，見太淑人，遍歷城市，輿前各揭一牌，略書其節，以諷鄉人。

三年庚戌，三十一歲。

正月十七日，復任。

河南、山東田土，永樂中有任民開墾，永不起科之例，故許州在册田有有粮者，有無粮者。於是民有以有粮田爲無粮賣與人圖多價者，久之，粮逋起訟，公諭得田者爲收其粮。又有以無粮田爲有粮推與人圖自利者，公諭令兩家據所有之田分認其粮。於是粮悉照田均攤，有田有粮，無田無粮，歲當徵收，官大省力。

一日，徽府知公有《文苑英華》，賣書并官板《通鑒綱目》一部來借云：『以《綱目》爲質。』公曰：『此書吾借於王僉事，不敢擅主。』及問王僉事，曰：『吾已送邵太守矣。』公力辯借送之異，即還書於王僉事，令自進之，且爲啓，令諸生王軺納還《綱目》，其略云：『書係王某物，若遽以進，雖竭獻芹之誠，難免乞鄰之誚云。』王受書後，以白金十兩酬王僉事，綵緞二疋酬公。公復令王軺辭納，啓略云：『《綱目》與綵緞前後皆蒙德意，辭受豈宜異同云云。』一日，徽府來索興源鋪大槐樹一株，公曰：『某今方課民種樹，日加督責，而以大樹歸王府，人謂我何？』終不與。其一事不苟類如此。

五月，禁澆旱魃。詳見《旱魃對》。

立社約。詳見《圖説》。

正潁考叔祠墓。襄城之潁橋有考叔墓，墓側有關公廟，公過縣而怪之，亟召諸父老諭以事理。有一老頗以禍福諷公，公紿之曰：『今日回州且晚，急益人夫數名。』夫至，公即返駕詣廟，不踰時毀焉，復立判語致襄城縣云：『非所據而據，於律爲竊。不當祀而祀，在禮爲淫。竊照漢壽亭侯關公不得已而從曹，曾幾何而去許？遺書可讀，生氣凛然，故宅雖存，遊魂渺矣。一祠已足，多殿奚爲？况純孝伯之玄宫，實春秋時之故蹟。詢諸途，既云考叔，入其廟，乃見雲長，蓋愚民皆尚力而畏威，故澆俗亦慢文而敬武。九原可作，反貽竊據之羞。千載有靈，肯享淫祠之奉？所有關公廟貌宜即拆毁，其潁考叔祠墓仍加封守，一如律詔施行。』

改魏文帝廟以祠漢愍帝，碑略云：『古今簒竊之雄首稱曹魏，其惡有不待論者。始其爲禪受也，實在許之繁城，其地有廟焉以祠魏文，南面帝服，儼然臨之。雖易姓改物，彼亦有不能泯者。今易所祠，以祠漢之愍帝，而其臣孔融配焉。彼以其新，此以其故，若將驅而逐之，撥而反之，使奸雄之徒不得一日立乎其地。愍之孱弱，勢同寄生，然猶天下之君也。融雖義廣才疎，而忠言義色至不容於賊操，亦足以愧夫北面稱臣上表勸進者矣。帝不稱獻而稱愍，從昭烈所謚，且漢之君非魏之所得謚也。存其所宜存，毁其所宜毁，而易其所宜易，此吾輩讀《春秋》學孔子者事也，况職在守土乎？』

九月，增置書籍於學宫。勸諭義官吴芳、羅榮等出銀買於南京等處，及王僉事塤送到經史子集，共八百三十部，計四千二百九十卷。

四年辛亥，三十二歲。

上巡撫時政書。

巡按武御史清覆奏，覈實異政。

三月，劉僉事某一日至許州，按王府軍校與民訟人命事〔一〕，事實誣詐，而劉執爲打死，大加刑訊，言輒怒。公時在側，數被呵叱，稍伺從容，復進言曰：『事實誣詐，非實有也。』言訖，退立臺下。少間，進言如前，如此者四五。劉忽謂押囚吏曰：『汝何言？』吏頓首曰：『知州言且不聽，某何敢言？』劉稍感動，以所加被告諸刑刑原告，其事遂白。

校記

〔一〕『命』，底本及民國間朱絲欄抄本《邵文莊公年譜》皆作『民』。據邵寶《對客燕談》，應爲『命』字之訛。兹據改。

新作教場。在南關西。

四月，子德孫生。

楊都憲繼宗謂公曰：『子佳士，凡鞭人，當盛怒時，須教鞭臀下，當豫與隸卒言之。蓋腿可受刑，雖痛無傷，臀腫則及腎，恐傷其命也。』公曰：『此用刑之仁也，其謹識之。』公又推其意，凡晨起未飯不鞭人，以人之無賴者多耽於酒色，乘虚受刑，恐或傷人也。

生員王某以事詈其師魏顯，顯亦詈之，遂呼其族無賴數十人毆顯幾死，去髮殆盡，嘔血伏枕。公乃親慰顯於家，召某生父，謂曰：『汝不能教子，故至於此。』即令隸卒按伏，令其父自痛責之。

五年壬子，三十三歲。

四月，子德生死。

議計口澆田法。陸東皋以河南歲苦旱荒，嘗令民掘井救田，勞而無功，人皆笑之。公曰：『不可笑也。數口之家，人掘一井，儘力取之，力盡則止，其所救田，亦足以活一人。東皋欲通救之，勢固有所不能也。』乃立計口澆田之法，爲圖説以諭民。民方施行，而公擢户部以去。趙州張知州者行之，大有成效。

八月，鄉試，爲受卷官。

建言地方時政四事。

御史請旌異政。

十月，上計。徐公恪、陸公淵之同在汴藩，一日，定官員考語，至公，徐公曰：『有守有爲，克勤克慎。』陸公曰：『有學有守，克慎克勤。』相辨不已，徐公曰：『官不可無作爲。』陸公曰：『士大夫不可無學術，當稱其切者。』遂各署如其言。

主一先生嘗言：『上司於故舊最難處，惟邵國賢可處。吾往來許州不下數十，國賢未嘗私送一杯茶。渠有酒，必待驛丞領來送人。此意惟我知之，他人恐未知也。』

六年癸丑，三十四歲。

二月，出京。三月，復任。

四月，子佛真生。

修《許州志》，因前知州陳公璉舊本爲之。先是檢詳群書七年矣，至是，始聘南陽張舉人景純，臨潁楊知縣盛開局，率諸生從事。九月，志成，有序。

巡按涂御史昇請旌異政。

六月，毁龍骨。弘治癸丑夏五月，鄭州某鎮地陷若干丈，水暴出，民以爲有神物焉。遠近争赴祈禱，巫獲厚利。六月，許州小趙鎮有巫言龍骨出土中，縱口道禍福以誑愚俗，將如鄭州之爲者。知州邵寶恐其久而惑衆也，乃取所謂龍骨者毁之於庭，杖巫而遣之，復作此辭以貽州人，俾勿惑。辭曰：『變化風雨兮上下於天，古人有言兮惟龍則然。龍曷能然兮乘風與時，斯以體乾尺窟兮非淵，勺水兮非川，彼朽骨兮幾何歲年？撃鼓兮田田，巫舞兮翩翩。士女會兮如廛，龍無靈兮胡託？彼傳龍有靈兮彼胡制旃骨，則何罪兮巫之慝？逐彼巫兮毁斯骨，爲吾民兮辟妖物。』

得久逸窩主。有張甫者，倚勢周府爲大窩主，有司不能禁，害及數百里。至是冬，始獲，置之法，除一大盜，民賴以安。

作總社倉，立積散法。詳見《同倉異廒議》及《客對》。公爲總社倉於許，功將半，諸生有言盍推行於屬縣者，公曰：『事由心出，則行之力。知州，一州之心，知縣，一縣之心，以心感心，或可爲也，以心使心，吾之心豈能爲彼心哉？四縣令，吾知之矣。郾城、張葛皆無能爲，襄城崛强不可與語，臨潁李濟乃粗才，可感而不可使也。』建廳日，濟率僚屬師生來賀，公即見之於倉。是日，有犒匠花紅在燕，將舉酒，公酌授濟，濟跪受，花紅已加其身矣，曰：『某何敢當？』公曰：『第受之，吾亦無他，惟願如我爲倉惠汝民耳。』濟頓首曰：『敢不盡力。』越三月，亦告成，中倉作亭，扁曰『邵公』云。公爲總社倉於許州，初議時無一錢，諸生群阻之，蓋恐役大不可卒成，且起謗耳。公不聽，越三月倉成。總社倉之經始也，有以嫌請已者，公既謝之私念，即不避嫌，恐爲浮言所阻，乃召舊書手以奸爲公所屏者一人，俾司出納之籍，甲輸乙領，知數而不見物。事成，無謗言。

六月，奉詔進階奉直大夫。

贈父純和公爲許州知州，封母過氏爲太宜人。時受誥，易純和公神主。適天瑞至，遂以執筆請。至則福建按察使王金、松江府同知王琊贊禮，天瑞置神主案上，北面再拜，公答拜。天瑞南面書畢，復北面再拜，公答拜已，乃向天瑞四拜。斯禮也，蓋初未之講也，金、琊見而嘆之。

七年甲寅，三十五歲。

公在許州七年，數十舉而未擢。偶常僉事卒，巡撫徐公恪以薦。公適在汴，因出奏稿示之，公起謝，因言曰：『吏部舉方面必寫二人，公獨舉某，得無專乎？』公曰：『子久屈，此舉期必行耳，况無人可以陪子。』公曰：『彭汝州可。』公曰：『此人學固有之，但吏道風力未能如子。』明日議於孫方伯、高憲長二君，曰：『許州有此言，公可廣矣。』遂增入彭，而語獨注重於公，公復請曰：『然則意專在某，猶獨舉也，請去之。』恪遂補彭。〔一〕

三月，公還自朝覲。一夕，在廨寢，夢雷鳴卷笥中甚烈，公謂之曰：『汝神乎？何故鳴箱中？』應曰：『謀殺人置水中，汝尚不知，何州之知？』公曰：『汝果神乎？當大鳴。』既而震驚，流汗浹背，戒家人勿言。越三日，王簽事塤以他事來，語及夢，王曰：『此張校尉家事也。』又三日，其同謀者來首，遂置於法。校尉子八人，其長子拱辰治家，七弟皆父事之。死後，虐其嫂，嫂欲發其不法事，故同謀殺之，投諸水。至是，坐死者三人。

四月二十一日，除户部四川司員外郎。

士民遮道號呼，稱不忍父師之去，立祠祀之。

校記

〔一〕『恪』，底本作『缺』，係音近而訛，兹據改。

七月六日，赴京。

十一月，子佛真死。

八年乙卯，三十六歲。

左侍郎劉公大夏委詳議章奏，尚書葉公淇委參閱本部章奏。考國朝以來，尚書待〔侍〕郎氏名書於碑。公之將擢户部也，夢入太廟，見東廡方樹大碑，其人曰：『待子而成。』至部之明年，尚書葉公命代作題名記，并考校尚書侍郎氏名，乃知夢中言蓋謂此。陳少卿玉汝讀碑文至再，明日語涯翁曰：『户部安得此文？』翁曰：『子尚有眼力在，此國賢筆也。』公入官，爲政所至，輒得師焉。在許州，則都憲徐公與論奏疏，大參陸公與論招擬。在户部，則東山劉公與論復議，俱得其力。

九年丙辰，三十七歲。

二月，爲會試同考官。

司徒葉公以讀卷官失儀，不謝罪，有詔責問，蓋欲其去也。朝論喧然，以不見幾爲譏，而公不知也。部中諸公推公及畢宗仁入燕室勸公，宗仁曰：『老先生須一辭，朝廷亦應留公。』曰：『此何言也？』『今日老先生禮當去，義亦當去，不去何待？』公曰：『人固有欲吾去者。』公曰：『老先生知有去耳，他非老先生所與知也。』公曰：『然則進奏乎？』公曰：『奏已具，尚未僉日耳。』公曰：『然奏入不允。』公又進曰：『奏固當再。』公曰：『稿具乎？』公曰：『已具。』遂奏得旨致仕。月餘，公將行，乃拜公謝曰：『吾晚節賴國賢保全。』

崇府乞正陽鎮抽分課銀，上欲與之，户部再奏，皆不允。東山劉公謂公曰：『崇正懿親，所乞不過千餘兩，今以國用爲言，宜上不允，子能論其義乎？』公曰：『不敏何足以與此？但正陽乃畿輔地，制不以封，豈宜使藩府人收其商課？如以《春秋》許田之義明白論列，宜無不從。且正陽商課，近以救荒而設，非舊額也，亦宜革去。』既而奏上，上果從之。

愲泉師訃至，公布袍角帶，南屏先生見而韙之，謂曰：『有期限乎？』曰：『尚未擬也。』曰：『以義斷之，亦二十七日可也。』公如其言。

十年丁巳，三十八歲。

正月，清理十三司。正統以來，稿簿各以字號編次，吏滿交代。

請定王府養贍米則例。各王府禄米、外養贍米無定數，閒有奏乞，主者以意引例爲輕重。太原周公患之，乃屬公。公以爵爲則，據事例輕重而議其中，上疏請爲定制。

二月二十五日，除本部廣西司署郎中事員外。

七月二十日，三年通考。本部考語：『辭之修也原乎學，事之立也本乎才。郎中如斯，考稱惟允。』吏部考語：『志行端雅，文學優贍，稱職。』都察院考語：『學問足以潤身，政事足以及物，稱職。』

八月二十五日，實授本司郎中。

十一年戊午，三十九歲。

二月，内靈臺設軍餘百人充除掃之役，兵部議允，行户部給粮。東山劉公疑之，以問公，公曰：『祖宗立法，内外各監皆有役夫。而内靈臺不設，豈無謂哉？蓋以謹密之地，若設役夫出入其間，奸人僞言，庸人妄言，恐生他變，豈祖宗深遠慮哉？若以成命爲重，當念成憲尤重。』疏上，上韙之，軍餘還衛。

六月，上《修内治以安人心疏》。時寇警甚急。

九月，巡撫朱都御史瑄檄建牌坊於里第，具書辭。

十二年己未，四十歲。

左侍郎許公進疏，舉堪任方面，有『德政修舉，學問優長』等語。

十月，議處取珠事。弘治己未，公爲户部廣西司郎中，尚書太原周文端公以内庫缺珍珠，請行廣東鎮巡官采取免差，内臣仍擬於大倉庫進銀二十萬備買辦，上從之。公與主事六人送入左順門内，庫人設木闌，稱閲太監龍壽視庫人從事焉。事畢，庫人出，皆搜檢於闌口，壽出亦如之。至公等六人出，則不搜檢。公問諸庫人，對曰：『此舊制也，凡文官不搜檢。』公退而語之同官曰：『朝廷待文官至矣，我輩而誣上行私黷於貨利者，不亦自負以負朝廷哉？』

十三年庚申，四十一歲。

四月四日，除江西按察司副使，提調學校。

八月，以考純和府君贈許州知州誥文告於墓，時巡撫安城彭公禮。有江陰粮長犯法，頤指以千金餽公，公避之山中，二日乃已，蘇之士夫稱公『千金不受先生』。

十月二十六日啓行，十二月九日至江西。

公自幼砥礪名節，尚友千古，志向遠大，欲爲天下第一等人，第一等事，然未嘗標立門户。嘗云：『願爲真士夫，不願爲假道學。』動以道義率人，講明經義，黜浮崇雅。所至，樂公之教，而德公之恩。公有教條，今逸。

陽明王公送行。《時雨賦》：『二泉先生以地官正郎擢按察副使，提學西江。於是京師方旱，民憂禾黍。先生將行，祖帳而雨。士（尹按，係『土』字形訛。）氣蘇息，送者皆喜。樂山子舉觴而言曰：「先生亦知時雨之功乎？群機默動，百花潛融，摧枯僵槁，弗蔚蒙茸，惟草木之日茂，夫焉識其所從？」先生曰：「何如？」欒山子曰：「升降閉塞，品彙是出。尪羸蹇澀，痿痺扞格。地脈焦焉，罔滋土膏，竭而靡澤。勾者矛者，莢者甲者，莖者萌者，煩者鬣者，陳者期新，屈者期伸。而乃火雲崪屼，湯泉沸騰。山靈鑠石，溝澮揚塵。田形赭色，塗坼龜文。苗而不秀，槁焉欲焚。於是乎豐隆起而效駕，屏翳輔而推輪。雷伯涣汗而頒號，飛廉行辟而戒申。川英英而吐氣，山油油而出雲。天昏昏而改色，日霏霏而就曛。風翛翛於蘋末，雷殷殷於江濆。初沾濡之脈脈，漸飄洒之紛紛。始霢霂之無跡，終滂沱而有聞。方奮迅而直下，倏橫斜以旁巡。徐一一而點注，隨渾渾而更新。乍零零而斷續，忽冥冥而驟并。將悠悠而遠去，復森森而雜陳。當是時也，如渴而飲，如飲而醺。德澤漸於蘭蕙，寵渥被於藻芹。光輝發於桃李，滋潤洽於松筠。深恩萃於禾黍，餘波及於蒿蕡。若醉醒而夢覺，起精矯於邅迍。猶闕里之多士，沾聖化而皆仁。濟濟翼翼，侃侃誾誾。樂簞瓢於陋巷，詠浴沂於暮春者矣。今夫先生之於西江之士也，不亦其然哉？原體則涵泳諸子，灌注百氏，渟滀仁義，鬱蒸經史。言用則應物而動，與時操縱，神變化於晦明，狀江河之洶湧。發爲文詞，霧滃霞摛。赫其聲光，雷電翕張。仰之嶽立，風雲是出。即之川騰，旱暵攸憑。偃風聲於萬里，望雲霓於九天。嘆爾來之奚後，怨何地之獨先。則夫西江之士，豈必漸漬沐沃，澡滌沉潛，歷以寒暑，積之歲年，固將得微涓而已穎發，霑餘滴而遂勃然。詠《菁莪》之化育，樂豐芑之生全。揚鶩瀾於洙泗，起暴漲於伊瀍。信斯雨之及時，將與先生比德而麗賢也夫！」先生曰：「是何言之易也！昔孔子太和元氣，過化存神，不言而喻，固有所謂時雨化之者矣，而予豈其人哉？且子知時雨之功，而曾未睹其患也。乃若大火西流，東作於休，農人相告，謂將有秋，須堅須實，以穫以收。爾迺庭商鼓舞，江鶴飛翔，重陰密霧，連月瀰茫，淒風苦雨，朝夕淋浪。禾頭生耳，黍目就盲。江河溢而泛濫，草木洩而衰黃。功垂成而復敗，變豐稔爲凶荒。汩泥塗以何救，疽體足其曷防？空呼號於漏室，徒咨怨於頹墻。吁嗟乎！今之以爲凶，非昔之以爲功者耶？烏乎！物理之迴絶，而人情之頓異者耶。是知長以風雨，歛以霜雪；有陽必陰，無寒不熱；化不自興，及時而盛；教無定美，過時必病。故先王之愛民，必仁育而義正。吾誠不敢忘子時雨之規，且慮其過而爲霪以生患也。」於是樂山子俯謝不及，避席而起，再拜盡觴，以歌《時雨歌》曰：「激湍兮深潭，和煦兮冱寒。雨以潤兮，過淫則殘。惟先生兮，實如傅霖。爲雲爲霓兮，民望於今。吞吐奎壁兮，分天之章。駕風騎氣兮，挾龍以翔。沛江帝之澤兮，載自西。或雨或暘，一寒一暑。隨物順成兮，吾心何與？風雨霜雪兮，孰非時雨？」

刑部主事姚江王守仁書。』

十六日，考試南昌三學諸生。

《品字亭記》：『予昔爲許，嘗作品字亭於學宮。蓋取其郡先儒靳裁之氏之説，將與諸生共戒勉焉。每當貢舉，必觴於亭，以相其志。時予雖有學責，然未專也。比者奉命督學江西，視前舉，如爲之兆者。及蒞南昌分司，顧其東隅有一亭而未名，予謂是可以名品字矣，遂名之。惟許亭之始作也，太史義興吴先生實爲之記，而予復書其碑陰，謂士之品二，道德其上，功名次之，而富貴云者宜斥不與。大抵予之爲説取諸靳氏而稍自異，君子不以爲過且妄也。今之於士也，又何道以品之哉？亦要其上而已矣，而次焉者亦與焉。雖其初終表裏未必一致，若難乎爲品者，然心誠求之，不以毁譽，不以利鈍，不以隱顯，操聖賢之律而概之於其言行，其殆所謂不中不遠者乎！夫天下之須乎士者，大矣。士無他，成物之德，經世之猷，憂時之慮，三者備焉，然後隨其所處，藴爲道德，發爲功名，異其用而同其體，此皆所謂上也。惟體不同而用有同者，所謂次焉，此之謂矣。古稱才難，正在於是。而吾乃欲百一求之，以答明詔，此夙夜所存，非今日爲然也，豈徒品之云哉？成者，品之。其未成者，激昂之，策勵之，陶養之，又欲登其上品焉。顧雖次者，且不可自畫，而况其下乎？予與諸生固當自省也。烏乎！元氣不息，才無古今，盛世名邦，於斯爲最。予雖疏漏，愧於師道，而所以副吾之望者，必有其人矣，作《品字亭記》。』

十四年辛酉，四十二歲。

正月十八日，之進賢小試。公在吉水，試畢，安福劉參議景玉來謁，公意其有所囑也，與之坐而不言者。久之，景玉起曰：『某來無他，公在廬陵所出《春秋》落姑題，未知公意，故來問耳。』公曰：『此無他，季子、季札皆賢者，季出求復，札居而出使二國，所以處二子者，如此國事係焉，此《春秋》之所謹也。』景玉曰：『諸生所不及也。』揖謝而退。夜坐分司閲卷。詩曰：『肯信行臺是隱居，手寒中夜尚披書。冰霜氣逼庭初静，星斗光臨户正虚。漫道相人如相馬，極知觀理似觀魚。九重方切真才念，獨對青燈意有餘。』

六月，之南康白鹿書院。留三日，之九江，謁周濂溪墓。『維弘治十有四年六月丁丑朔，越二十五日辛丑，巡視學校，江西按察司副使後學常郡邵寶至白鹿書院，敢昭告於道國元公濂溪周先生、徽國文公晦庵朱先生。道喪千載，孰起以承？元公其元，文公其貞。二公之學，世方師之。迹其講寓，實久於斯文。以類聚理，以言章肆。寶忘陋，與衆升堂，讀公之書，尚求公心。兹山實高，兹水實深，公如有靈，睠兹舊遊，惠我光明，以永公休。謹告。』

十月，作《諭來學》文，揭白鹿書院：『謹按南康府白鹿洞書院，實據匡廬、彭蠡之勝，宋儒周、程二先生嘗寓遊焉。其秀自天，可以資静修之趣。其重因人，可以興仰止之思。士惟無志，苟志欲上師聖賢，進德修業，期有益於天下者，聞兹洞院，皆當負笈裹粮，從事於斯。况有舍以居、有田以贍、有書以觀如今日者，而可不遊乎？但學者立心之始，幾莫大於誠僞，辨莫先於義利，此之不審，皆苟而已。今學校遍天下，立貢設科，教且用之，具有成法。若舍彼就此，徒欲自異於衆，而所習者仍與衆同，則與立身經世之道既皆有所妨奪，而群居之誚，捷徑之譏，或未能免焉，吾亦豈敢輕舉以誤諸英俊哉？學校諸生暨山林儒士，有清修慎篤，欲暫輟進取而志於前所謂學者，許各府州縣起送前來。某雖寡陋，敬遵先儒舊規，斟酌程課，近臨几席，遠寓筆札，相與講明焉。如其師道，以伺君子。此實區區奉詔崇正求真之分也。所謂暫輟進取，或五六年，或七八年，必待學成，然後出用。不惟其言，惟其事實，斯爲有志之士。如或立志未定，請勿輕至。

其四方學者聞而來遊，當異館待之。某不佞，敢以誠告。』

十五年壬戌，四十三歲。

二月，之白鹿書院，作獨對亭，修學舍，清學田。『弘治辛酉夏六月，竇奉詔視學，至南康白鹿書院。是院也，勝在五老，聞於四方，乃負而弗鄉，雖無大關繫，然亦若缺典者。故周覽之餘，欲爲亭以對之。屬時暑雨未暇，相度蓋越一年。而其後再至，步自南岡，歷於東崖，得地丈餘，其平如砥，其崇如壇。仰而西望，五老當前，若拱若揖，若陟若降，若在咫尺，可延與語者。竊意亭宜於此，諸生從者曰：「此文公先生舊遊也。」俯觀崖石，有「風泉雲壑」四字，竇乃欣然喜曰：「此先得吾意乎？不於此亭，烏乎爲宜？」雖然，五老之勝，有目者共覩，而非公莫之能當，故以「獨對」名亭，重公迹也。或謂：「峰以老稱，不獨以秀以奇，而以其壽。是五老者，天始與始，地終與終，壽孰對之？謂公獨焉，何居？」竇聞諸孔子「仁者樂山」，山以氣凝，而理行其中，泉石土木無所非仁。惟仁故静，惟静故壽，凡山皆然，况其高且大者乎？公，仁者也，静博中正，德與山協，爲鎮爲嶽，五老之對，固其所哉！君子觀其進退語默，從容暇豫，既得公之静矣，則其化遠功深，表儀流澤，與孔、孟無窮，其爲壽，對諸五老，必有能信之者。况公前後，代有寓賢，何莫不具一節，至要其大，孰與公比？非公獨對，其誰偕之？是以危登極眺，覽天下之至奇；雄詞勁筆，發天下之至秀。彼以其五，公以其一，出象入神，形於賦詠，斯固公之餘事，而所以作對者，亦有在矣。抑豈惟是哉？公仁且智，登斯臺也，必嘗反而東顧，深湖長江，至於滄海，皆公之大觀也。竇生也晚，幸讀公書，見所對，如從公焉，敢用窺測，記於亭中。九原可作，不知公以爲何如耶？』

改建宗儒祠，祔諸儒。告周、程二先生文：『維二先生繼起於宋，再闡斯文。惟兹洞境皆嘗過化，學者宗之，百世允式。祠曰「二賢祠」，若流寓，甚非吾人崇重之意。再考文公之時，實多高第弟子相從，於是而祠無祔位，亦爲缺典。今擬更祠額爲「宗儒祠」，仍設蔡沈以下十四人神位，祔於二先生之堂，敢用告知，然後行事。謹告。』

七月，之浮梁。《浮梁縣學記》：『凡學之設，其道有四：一曰習典章，二曰明經訓，三曰惇風俗，四曰育人材。斯四者，實古之道，而今制亦弗能外焉。故典章存乎誥令，經訓存乎詩書，風俗存乎儀式，人才存乎貢舉，其概如此。世之人徒見科目足以階貴，遂謂夫學專爲育人才，而於所謂典章之習、經訓之明、風俗之惇，判然若無所與。故其宫也，非謂風水有妨於科目則不修舉。不特有司爲然，而觀風君子亦莫之異。烏乎！其亦不思爾矣。今科目爲入仕之途，自皇朝公卿以至内外百吏胥由是出。蓋天下之極選，而人人慕望焉者。承平以來，學徒日益，廩增常員之外，附學爲名者多至倍蓰，其山林儒士挾藝以應試者亦如之。由是觀之，雖微學也，未嘗無人才也。然則學將可廢邪？惟學有典章、經訓、風俗之繫，而不止於人才。人才之生，必是之育，而後身心性情有所持循檢飭，以爲天下國家之用。是以國有學而能國，郡有學而能郡，邑有學而能邑，否則於制爲缺。缺於制，是缺於道也。今罔攸式，古罔攸稽，化塞於下，而賦竭於上，天衷人紀，孰與立之？故學，圮則起，荒則理，壞則葺，奠謁飲射，講歌遊肄，無廢乃已，此固有司常職。怠是者，罰將及之，於科目利弗利何有哉？浮梁縣學之建久矣，弘治己未火，庚申新之，癸未落成。寶謂其得修舉之常，當記成蹟，乃屬知縣左輔暨教諭張洪等請文今御史大夫、前大司寇戴公。繼而有傳公語命寶者，寶弗敢當，而重違公命也，敢著是論，而以歲月附焉。』

饒州分司鄰有丹霞觀者，夜半火發，焰及考試葦軒，諸生奔救，甚恐。四更火息，公獨坐，思此觀既火，不宜使復建，遂草案行府，以其地改建公館。黎明案出，淮府舒承奉以王命來慰，公以案示之，舒嘆而去，時不識所謂。後聞火出謀地者，稍遲則奸計行矣，舒之嘆有以也。

十六年癸亥，四十四歲。

《仰南昌府抄案》：『一爲巡視學校事節。該欽奉敕諭内一款：「府縣提調官員，凡學内殿堂、齋房等屋損壞，即辨料量工修理。若恃有提督憲職，將學校中一切合行之事推故不行用心整理者，量加決罰懲戒，欽此。」本職自到任以來，累經欽遵案，仰各府縣提調官相度修理。去後迄今，二年之上，本職巡歷各處，親見各學或殿廡傾頹，祭享歉對越之誠；或堂齋倒塌，講授缺摳趨之敬；下至公廨號房廚廩等處，上雨傍風，日甚一日，草萊瓦礫，舉望蕭然。凡厥師徒，懶者喜有所諉，勤者憂無所居，遂使盛世名邦絃誦詩書名存實廢。爲守令者，皆出自科目，豈不知此爲本原之地，而因陋就簡，一至於斯？試詢其由，不曰積貯數少，不足支銷，則曰科罰禁嚴，不敢措置。似此語言，亦略近理。但民困財窮，以積貯，恐無太盈之日；吏貪賄濫，以科罰，恐無少縱之時。而崇化勵賢，培植元氣，以學校，又決無不修之理。事勢至此，計將若何？凡茲守令，苟能體國如家，以人才風俗認爲己任，誠意盡力，量其緩急，酌其輕重，陸續從事，期於完美，則內不愧心，外不愧言，遠望近譽，理所必至，何爲自負任使以干憲典哉？況近者問黜庶官，皆以贓賄狼藉之故，曾未聞坐修學而退者。監懲取舍，端緒可尋。今乃小心過慮，至忽當務，就其自謀，亦甚乖戾。若不申諭，俾之改圖，深爲未便，爲此仰抄案回府，着落當官吏照依案驗內事理，即行本府并撫州府等一十二府，各行府縣提調正官，各查該學，但有廢壞去處，相應修理者，或改或仍，逐一酌量緩急重輕，估料計工，申請合於上司，徑行修理，仍將該修實跡具由回報。其或似前怠玩，視爲外事，定遵敕諭施行，決不輕貸。俱毋違錯，抄案依准，并行過日期呈來。』

二月，之瑞州，之臨江。

三月，之袁州。

《毀淫祠頌》：『中丞林公巡視江西之一月，檄毀寺觀神廟弗在典與志者。有司聞公風義，奉行唯謹。寶舟由臨江入袁河，見土木像浮水而下，後先沓至，乃嘆曰：「自狄梁公後，不見此舉幾百年矣。而公毅然行之，不俟終日，非信道篤而自知明者，其孰能之？」公昔在朝，嘗止建寺，語忤權倖，得禍幾斃。後在雲南，又嘗毁諸佛像。蓋其闢邪崇正之念，平生所存如此，而非出於一時之感也，夫安得不力哉？頌曰：「卓哉林公！心與道謀。是衛是距，以邪爲仇。昔在先朝，有寺將建，孰不惜之？而莫敢諫。公書千言，《佛骨》之遺，曰有殃咎，臣身不辭。赦公復公，惟明天子。僉曰異哉！一生九死。公節滇南，其氣益昌。曰毁斯毁，神伏鬼藏。公來江西，諏民之瘼。飲之食之，培善剗惡。公曰汝吏，民愚罔覺。舍人求神，日谷以饗。粤若帝舜，絶地天通。降禮折刑，民協於衷。我非爲異，期古是同。國憲斯在，汝罔弗共。吏奉公檄，夙夜惟力。靡遠弗臨，靡深弗即。曰火而焚，曰水而流。美石良材，學宫是修。唐有狄公，嘗事斯舉。太史書之，君子所予。公心正直，與神明俱。凡此邪慝，弗怒而除。除其邪慝，一崇我正。曰士曰民，肅肅於政。民耕於郊，士誦於庠。雖賞不竊，維禎維祥。天子曰某，汝入予輔。士民曰嗟，奪我父母而弗敢留。公在帝旁，天下之休。」」

《謁韓文公祠》：『一上春臺草陸離，忽瞻遺像起遐思。江山恨少《滕王賦》，風水愁多二女祠。石廩不知雲去地，雷塘猶想雨來時。憑君莫引飛鴻望，萬里騎龍任所之。』

四月，之安福。

七月，之金溪。行金溪縣牌：『副使邵一爲作養異才事。訪得撫州府金谿縣民生王芹，年一十二歲，能背誦四書本經等書，作文成章，且有奇氣。似此童子，可稱異才，若不加意作養，誠恐有負所稟。擬合就行爲此牌，仰本縣官吏照牌事理，即將民生王芹送學肄業。仍行提調官丁楷會同該學教官將本生時常提督，令其温習前書，仍於每日加讀《詩》《易》《禮記》三經正文及《太極圖説》《通書》《西銘》三百餘字，限二年之内熟記周遍。此外，更要點出《史》《鑑》中緊切斷論，一體默記，以爲他日致知力行之本。每季開報知會，不許虚文應塞。先具，依准繳牌。』

八月，之吉安。關行總司：『副使邵一爲崇奉先賢以激勵風教事。准總司關云云等因，到職，謹議，得濂溪周子，生於有宋，不由師傳，默契道體，上承列聖，下啓群儒。語其時，貞而復元。論其地，大而將化。開人之功，萬世永賴，無庸贅贊。乃若九江，因水濯纓，依山築室，存既寓其精神，没復藏其體魄，實與故里相類。顧自國朝以來，有墓無守，有祠無祀，而所謂書院者，又名存實廢，其於聖明崇儒重道之意誠爲未稱。謹案，范文正公爲宋名相，生於蘇而葬於洛，二處皆致享祠；岳武穆爲宋名將，生於相而葬於杭，二處皆極崇奉。貞忠勳德，禮在加隆，示後昭今，典章增重，而况再闡斯文，宗師後學，如周子者哉？由周再傳，是爲朱子，朱子貫於婺源，産於建陽，今二處各有禮秩，載享祠崇奉。地異理同，竊謂周子之於九江，如婺如建，當比其一。而荒落至此，凡有秉彝，孰不興嘆？兹欲議行，實爲盛舉。除查勘族人前來主守一節無別議外，倘有書院舊基益加營治，前堂後寢，中道外門，一如儀式。中祠，周子之主，援朱子事例，上請春秋二祭，祝號牲帛，定自禮官，永爲遵守。仍聘師聚徒講習其中，另於白鹿田租内量撥供給，庶幾振厲作興，有補風教。區區鄙見，謹議如此。其優濟修理，必需貲畫。經時之略，藩有長司，按法之故，臬有總政，斟酌詳定，於是乎在，非迂淺所能與也。緣奉巡視林批，仰會議事理，擬合就行，爲此今將所議緣由備關總司，查照施行。』

十月，聞師蒿菴先生訃。『维年月日，門生江西提學按察副使邵寶謹以牲醴之奠，遣從弟珠昭告於故長興教諭蒿菴先生之靈曰：「烏呼！先生已矣。寶不肖摳趨先生之門，於今三十年。先生教寶精深之義，而寶以粗淺負之。先生期寶遠大之業，而寶以近小負之。先生猶不我棄，故自諸生至於有禄，未嘗一日不欲激昂而使之前也。先生之於寶，可謂至焉爾矣。惟成化癸卯至弘治壬子十五年間，寶於先生三别三見。當其見也，則不勝喜。及其别也，又不勝悲。情以恩深，義以道重，無足怪者。庚申冬，寶領江西之命，道經吾鄉，而先生在長興，不得一見。比南行至平望，遂日夜兼程，走三百里往謁先生。先生飲我食我，教我如昔，之夜分始寐。越明日，晚乃拜别去，執手溪滸，各泣不已。烏乎！孰謂此别遂爲千古之永訣邪！自時厥後，先生屢有書示，輒以請老爲言。竇謂長興去錫不遠，先生教化方行，不宜遽去，屢書沮之。今年夏，聞先生歸自長興，賀啓始發，繼聞先生疾病，方將遣人候問，而訃音至矣。烏乎！孰謂千古之訣乃在長興之溪滸邪！聞訃之日，竇視學吉郡，有璽書在，弗敢位哭。悵惘數日，哀至淚流，幾廢人事。聞葬期且迫，不得奔走執役。謹承治命，述事作銘，今用附上。謹此告哀，伏惟先生鑒之。尚享！」

之贛州，禁祖父母、父母喪久不葬者。江西南贛諸郡人有泥風水，拘時日，不葬其父母，有至數十年者，其子爲生員，制滿，復科貢如常。蓋習行久之，公聞而欲禁焉，乃行諸郡，生員有父母喪，必遣年深將貢生員二人親送其葬，結報復學，誣者連坐，不葬者止其科舉。於是相率舉葬者以千計，其非生員而葬者亦多。雩都袁慶祥作《廣孝記》，刻石於學。

十一月，之南安。長至日，釋菜於濂溪祠：「維弘治十有六年歲次癸亥十一月甲子朔，越二十五日戊子，按察副使後學無錫邵寶敢昭告於濂溪先生周公、明道先生程公、伊川先生程公。惟我周先生衡人也，兩程先生洛人也，地之相去數千餘里，而乃受授於此。天作之會，中興斯文，夫豈偶然之故哉？烏乎！仲尼之道，天地也，否孰泰之？仲尼之道，日月也，晦孰明之？三先生之功於是爲大矣。故凡過化之地，莫不慕而祠之，況授受伊始如南安者，而可後乎？某也愚陋，幼學壯仕，夙仰止焉。今者承乏視學，再至兹郡，適當陽復之候，謹率諸生祭菜祠下。烏乎！獨復之難久矣，惟三先生尚矜其志而惠相之。謹告。」詩曰：「一脈濂溪萬古天，江州名自道州傳。有神真與泉俱活，無象還留月自圓。將濟晚舟猶滯在，未成春服已悠然。東風昨夜新消息，許我重栽玉井蓮。」

建一峰書院。「一峰書院者，爲故南京翰林修撰羅公作也。公以文章節行高天下，天下之人莫不賢其爲人。其生也思詣其廬，其没也思造其祠者，蓋十人而九也。然永豐既居山中，公之故第在水心，去縣又若干里。其墓在某地，又去其第若干里。若其舊遊，所謂金牛書院者，則又去其墓若干里，而人跡益遠矣。

故凡至永豐者，每以瞻拜無所爲恨。予督學江西之三年，始一至焉，欲爲文以弔其墓，而雨雪載途，不能往，乃遣教諭某代以致之。既而步自學宫西偏，得隙地若干丈，遂屬吉安守張宗厚作堂三間，中設公像，題其門曰「一峰書院」，俾人之苦於瞻拜者，於此得少展焉。雖非公之舊遊，而詩書絃誦之地，固公所以仰前修而迪後學者也。時知縣鄭濬、主簿某方勤修學之役，吉安遂以委之，不三月而告成，某與訓導某請爲之記。惟公天資剛毅，守道不回，而充之以博，養之以正。方貢於鄉，已負重望。及憲廟之初，親擢進士第一。其所對策，雖制舉之常，然援古證今，指切本要，詞嚴義正，誦者起敬。故程文未行，而海内已録傳之。人之視公，有漢董賢良之風焉。既而入翰林爲修撰，未及三月，即有扶持綱常之疏，上忠於君以及輔相，新進儒臣能爲天下大計遠慮如此，固非尋常摘劾之比。論者方之唐子方，其事似同，而義則遠矣。至其改官南都，時忌者已去，以公之望，少假歲月，公卿可待，而竟以疾歸。蓋公之仕，在行其道，而不以位爲榮。王曾之志，錢若水之節，公實有之。觀於其退而進者，可知也。烏乎！道之在人，有正大之體，有曲成之用，自聖人以下，多患其不能兼之。蓋其體不能協天下之一，故其用不能周天下之殊。即使幸有所成，而正大者或病矣，豈曲成之謂哉？故觀於今，寧正大而有過，毋寧曲成而無尤。是則公之進言，人曰太訐，君子曰忠；公之去位，人曰太激，君子曰介，固非誣且過也。雖然，公之心如青天白日，公之德如高山大川，此天下之同稱也，而才藝弗與焉，則世亦不可謂不知公矣。竇自童年遊於庠序，即知慕公。及宦遊於中外，知公爲詳，誠有所謂願爲執鞭而不可得者，則於斯舉亦烏能已哉？吾聞公晚癖金牛山水，而忘其瘴癘，竟以是終。人之爲天下惜公者，或以是爲公病，公而有知，其亦以爲然歟？故予既爲之記，復爲《招魂詞》二章，俾并刻焉。弔公於斯者，或一歌之，庶乎公之來歸也。詞曰：「公歸來兮，金牛不可以居。幽阻叢翳兮，以魅以魑。毒霧中人兮，朝弗夕虞。什或一存兮，虎豹之餘。公氣則正兮，神明袚除。彼伻從公兮，將無避而歸來。歸來兮，公有鄉閭。公歸來兮泮水傍，泮水源源兮，溪流孔長。拜者在庭兮，衣冠在堂。或羞而俎兮，或醴而觴。人歆公兮未央，公不歸來兮誦吾章。」」

十七年甲子，四十五歲。

二月，之建昌，小試。

四月，迎太皇太后遺詔於貴溪，謁陸象山墓。

七月，小試畢。

十八年乙丑，四十六歲。

之白鹿書院，留二十日。之寧州，謁濂溪祠。『維公繼絶往聖，登我後學，爲世宗師。凡公過化，神靈攸睠。惟我章逢嘉樹之思，寓於庭草，實惟秉彝，無間遠邇，肆。某不敏，承乏學事，行視郡邑，謂南安爲公傳道之始也，於是有書院之葺；謂九江爲公終焉且葬也，於是有祠墓之治，有祀守之圖；謂南康、袁州爲公所嘗宦遊也，於是有白鹿之奠，有宜春之謁。仰止高山，作我同志，非敢爲諂。兹至寧州，覩公遺化，如坐光霽焉。謹率諸生酌水薦芼，竊附古人祭菜之儀，惟公不鄙，其昭臨之。謹告。』

周濂溪墓在九江德化縣蓮花峰下，其北五里爲書院，傍水焉，即先生所名濂溪也。公既修書院，復告於巡撫林公浚，檄湖廣道州，敦取其族孫某來守之。公爲定規，俾儒衣儒冠，朔望從謁文廟畢，詣明倫堂聽講，班列諸生之上。如有過失，許共規之。其子爲生員如常，仍撥田八十畝供贍。

《請祀先儒陳澔狀》：『副使邵一爲崇祀先儒以重經學事。臣竊照先儒陳澔，係江西南康府都昌縣人，自其祖、父，世以禮經屢領鄉薦。至澔，尤極力探索，深有所得。嘗註《集説》一書，傳在學者。我太宗文皇帝纂修《大全》，特取其書，與程頤、朱熹、蔡沈、胡安國《易》《詩》《書》《春秋》傳義頒布天下。列聖相承，至我皇上，經筵進講及教人取士，亦皆用之。若斯人者，可謂有功於聖經矣。顧以隱處山林，名迹湮晦，未蒙異典。然鄉邦後進，景仰風聲，如承指授，片言單詞，互相傳録。所居之地，山名學堂，至今稱之。本縣官吏師生耆老人等，既以鄉賢群祠於學，又别建祠堂一所，專奉澔主。其德行道誼孚被於人，即是可見。竊聞成化年間，節該太常寺少卿兼翰林院侍讀學士劉定之建議，謂澔釋經之功雖未敢擬程、朱，亦可以次胡、蔡，欲比何休、賈逵、范甯、杜預等例，請從祀先聖廟廷。臣愚，竊謂論澔釋經，如學士劉定之之言，品藻已當，參之鄉評，又如前所云者。伏維聖明在上，中和建極，制作方興，朝野儒紳考究禮學，仰裨盛治者，在在有之。秩澔之祀，其於獎勵，所係甚大。如蒙皇上俯從臣言，特飭禮部轉行府縣，即今建祠堂，賜以春秋二祭，定其祝號品式，以時舉行，庶於聖命表章采擇之意愈有光輝，而後學亦知所以興起矣。緣係建言崇祀先儒，事理未敢擅便，謹題請旨。』

四月，之饒州。

六月十四日，迎先帝遺詔於南昌。

八月，具疏乞終養。以母老請終養疏，至京，而浙臬命下，西涯謂浙近且便，不可復言歸蘇，不果上。公在江西，寧府每有宴賀賜儀，公皆固辭。及以所藏書畫命長史求爲題詠，公亦遜辭。後濠謀逆時，臨江知府戴德儒從陽明王公檢濠書札，公獨無一紙一字，人服其先見云。

十二日，除浙江按察使。十四日，啓行。

《别廬山》詩：『山北山南幾度遊，春風到處得相留。鹿聽李渤祠前曉，菊采陶潛宅畔秋。星落半湖蒼島出，泉分雙澗白雲流。五峰明月新亭興，此夜江天獨倚樓。』《别白鹿洞》：『五老峰前雙澗流，洞門草長鹿呦呦。深雲似□春長住，細雨何妨午未收。千里客懷頻出使，數年吏事半藏修。明朝我放東風棹，分付山靈管素秋。』

十一月一日，至家。

武宗皇帝正德元年丙寅，四十七歲。

二月二十一日，之官。

三月，鞫獄。浙有豪惡沈姓者，横行郡縣中，睚眦殺人，不可勝計。前鄧御史璋案問當死，繫獄，首從凡八人。其一人逸京師，行賄權近，規從矜疑例。時慮囚，使至，亟欲出之。公始至浙，執不可，則移文爲訣詞，曰邵按察命下，中朝皆賀，謂必能辨寃獄云云。既乃以文侵公，久之，索送審，蓋將具文覆奏，以遂其私。公使人謂曰：『慮囚吏有再問，無再審。審在人，送在我。他日縱惡，誰任其責哉？』終不從。後竟誘藩司回文具奏，督再問，益急。未幾，沈復誣訴，大略謂按察使邵恐玷名節，不肯辨理云云。朝廷雖不公責，而沈竟以特旨杖發戍云。

二年丁卯，四十八歲。

五月二十七日，除浙江右布政使。

八月，提調鄉試。監臨御史以公閲卷取士極精，稱得人云。

十一月，勘銀鑛於處州。公與兩司及鎮守太監同勘，公曰：『此事一舉，所費者多，所得者少，勞民傷財，未必無變。』力言利害於鎮守，奏寢其事，民咸德之。

三年戊辰，四十九歲。

二月一日，除湖廣左布政使。公由浙藩遷湖南，故事，有白金百二十兩爲餽，左布政李惟誠意公不受，易以幣五十疋來致，公亦謝不受。惟誠曰：『吾知公，故餽不以金，幣亦不受，無乃過乎？前此固有争論請益者矣。』公曰：『世有争者，亦不可無辭者，公亦何訝哉？』不得已，受紗二疋。

五月三日，抵家。

六月十八日，之官。先是地方災傷，鎮巡聞於朝，命户部左侍郎韓福以附近各省援例納粮，類解湖廣賑濟。韓與逆瑾同鄉，私許厚賂，大肆貪酷，官民受虐。公至，以正義抗之。後以激變風聞於朝，取回。公設策賑濟，民賴以安。

八月，勘榮府地。

九月，會給事中張九叙勘事瀏陽。見《客對》。

四年己巳，五十歲。

正月四日，除都察院右副都御史，奉敕總督漕運。三月十日啓行，四月十一日至泗州謁祖陵，十三日至鳳陽謁皇陵，十八日還淮安。以例，上自陳疏。有上、下《治河論》，見《文集》。

七月二十七日，督漕船赴京議事。九月二十九日，入京。

閏九月二十六日，會議於朝。會議狀：『一明賞罰，以振漕綱。一審徵折，以通漕法。一防河患，以遠漕慮。一議水次，以定漕兑。一均加耗，以一漕規。一督辦科，以嚴漕計。一清逋逃，以足漕額。』詳見《文集》。瑾擅權，公卿多出入其門。公以正自持，一無所通。瑾憾之。時以平江伯陳伯熊坐公下，謂文官欺武臣，怒其罷軟，平江疑懼，以會議坐次質於公，公曰：『予方以坐累平江，今言之，所謂姤婦之口矣。雖然，朝廷自有體。天子六卿非他官比，一旦欲坐其上，恐不能行，徒爲平江損德耳。』遂如故。會議日，公以河決事大，治之當預對，諸卿亹亹數百言，反覆論難，移刻未已。又言遠近輕重，本折通融之法，上引《禹貢》，總秸穀米元有分別，下言今日湖湘等處疲弊之狀，亦數百言。時瑾命偵卒旁聽，公不少遜焉。公初至淮，有新安衛運粮指揮劉德先緣事罷運，有旨著王珏暫管，其總兵參將給與永管文移。後劉德事完，欲上運無路，投瑾門下。瑾方憾公不劾平江，欲置之罪，意公亦有永管文移與珏，令校尉查訪，然竟無之。

十月十四日，瑾假詔，召見於左順門，即日之通州處運事。《憶母詩》曰：『手線縫衣欲問寒，慈顔時向夢中看。世間盡道爲官好，天下無如別母難。讀罷家音添鬢白，書成國事剩心丹。青燈自照磚河夜，回首江南路渺漫。』

十一月二十四日還朝，被劾待罪。瑾以平江報賂少，且有詩言，欲置死地，因懾諸侯伯。會議時，一日昧爽，遣校尉數輩速公至左順門，假内旨以危言恐之曰：『行當逮汝。』公不爲動。出至東長安門内，張綵、曹元二尚書自出追曰：『内執政謂君第劾平江，則無後命矣。』復有啗言，公對曰：『平江，功臣之後，督漕未久，亦無大失，某不知所劾？』二公默然。越三日，瑾嗾給事中劾平江，并劾公不劾云云，遂逮平江詔獄。又數日，追奪謫戍海南，公致仕云。

公以瑾難待罪東朝房，法司奏入，數日不出，公日爲人書手卷。一日，報出，著原籍致仕，公書如故。既而唁客至，談笑而道之。劉司徒聞之，使人密告曰：『願公勿露喜色，不然偵者或告之，將有後命矣。』公感而謝焉。

十二月十一日，得旨致仕。公致仕出京，劉户部用齊夜攜酒至時百户家叙别，以無詩爲歉，公謝曰：『廢棄之人，不敢求贈，亦不敢留别。』用齊即誦二句：『大臣去國還憂國，天子求賢肯棄賢？』久之别去，登輿如聞泣聲，用齊之篤故舊如此。

五年庚午，五十一歲。

正月一日，行慶賀禮於僧寺。正月八日，至淮安，奉太淑人行。十七日，抵家。

三月，始課諸生來學者。闢聽松竹園。

四月，盛氏歸先塋侵地，遂疆之。先是許州發書，遣吏韓瀛至無錫，上盛中丞書，有云『南山之南，北山之北，豈無牛眠之地，而必與寒士争尺寸之土』語，然實非中丞意也。會中丞病卒，至是始歸其地。

六月，《漕政舉要録》成，自序刻於家塾。

七月，作尚德書院於聽松竹園。十九日，落尊賢堂。尊賢堂祠十賢，爲宋司徒長史湛公挺，唐尚書左僕射趙郡李文肅公紳，唐隱士陸公羽，宋國史編修秦公觀，宋御史裏行錢公顗，宋無錫令焦公千之，宋禮部尚書尤文簡公袠，元逸士倪公瓚，國朝義士張公翼，國朝中書舍人王公紱。堂在惠山泉亭上，詩曰：『萬古名泉地，諸賢合有堂。雲龕藏舊影，水鑑發新光。國史千鈞筆，鄉評一瓣香。煩僧語遊客，到此肅冠裳。』

九月，祠宋丞相李忠定公於尚德書院。『慧於錫爲名山，山之重在泉，而幽邃如聽松菴者次之。菴之左有茂林修竹，觀者謂爲一山之勝。吾世墓邇其地舊矣，弘治間，購於僧而得焉。時方考聞宋丞相李忠定公居錫之故，而恨其未之祠也。蓋有意於斯者，凡十餘年。至是，幸獲休退，而始爲堂於竹間，以爲公祠。間嘗登而四顧，左右前後無非竹者，乃顔其門曰「尚德書院」，若謂竹有君子之德。凡觀物者，尚之云爾，然豈徒以物爲哉？思古之君子而不可見，將誦其詩，讀其書，以論其世，蓋狂斐之志如此。粤稽三代以來，君子之在錫者，以至德則泰伯之祠尚矣，儒學如龜山諸賢，亦故有祠於學，凡我後進，皆得拜而瞻之。公自其祖由邵武來居，生長宦學於斯，至以「梁溪」自號，則固諸賢之儔也。況嘗廬墓兹山，義起之禮顧當後舉哉？此吾堂之所以作也。今夫祠擬諸祭菜，則事合稱諸鄉先生則名正，肖諸家廟舊本則像真。寶與子弟諸生歲時率以從事，庶幾一陟降間如與君子周旋，交懋厥修，以階聖賢之域。蓋不知道有隆污而時有古今也，抑亦自尚吾志而已矣。公之學，吾未知其所從受。觀其父母葬銘，皆出龜山，當亦與聞程氏之道者，故其建明經畫，大抵篤君臣，明夷夏，達經權，審進退，以身任重而不自失焉。其忠義激烈，千載而下，猶能使人興起。史稱公有諸葛武侯之心，而考亭朱子序其奏議，至以「天生弭亂」許之，即是而觀，謂公古之君子，其不然哉？昔朱子以匡廬卧龍菴之名取諸潭石，遂緣其義，爲畫武侯於堂，君子謂其有異世之感，若公於此，精爽伊邇。風聲所及，學者有師揆之匡廬，蓋爲感雖同，而事則切矣，乃若以竹興思。寶不敏，於龍菴之説，竊自附焉，天下之君子當有能知吾過者。是舉也，吾甥華珉實任其勞。始於正德庚午七夕，成於中秋，奉安於重九，皆不愆期。素奠畢，小燕客，賦《淇澳》而退。』

十月十六日，聞貴州巡撫之命，具疏乞終養。是年瑾誅。

十二月十二日，啓行。

六年辛未，五十二歲。

正月朔旦，行祝壽禮於杭州侍郎府。

二月四日，至江西南昌，雨留數日。十日，至臨江，聞寇警，留三日。

三月七日，聞户部右侍郎提督倉場之命，時在湖廣長沙府醴陵縣。十三日，還自醴陵。詩曰：『三月湘東應召還，君恩免過萬重山。正緣歧路生愁思，總爲庭闈動笑顔。雲與新篇封石壁，風隨舊節渡江關。百年報答知何地，只在丹心一寸間。』

二十六日，至江西南昌，具疏乞終養。

四月十七日，抵家。二十六日，奉旨不允所請。

六月十三日，啓行。

七月十三日，授本部左侍郎。

九月八日，敕往裏河處置粮運。上《申明儹運事宜狀》，上《糾舉運官狀》，上《建言漕事狀》。詳見《續集》。

十日，命兼都察院左僉都御史。二十九日，敕封贈父母及祖父母三品誥命。

十一月十日，欽賜《大明會典》一部。詩曰：『緗函新捧出天衢，十載文光照石渠。唐作一經徒託語，周遺六典始成書。聖神功化三才裏〔一〕，今昔經綸萬卷餘。遐想先皇初詔日，洞觀千古欲何如？』

校記

〔一〕『才』，底本及民國間朱絲欄抄本《邵文莊公年譜》皆作『千』。按，邵寶《容春堂前集》卷六《賜〈大明會典〉》詩作『才』，是。作『千』，當係手民刊誤，今據改。

十二月十二日，奉詔進階通議大夫。贈祖三益公爲都察院右副都御史，祖妣楊氏爲淑人，加贈父純和公右副都御史，加封母過氏太淑人。誥略曰：『學貫群經，才周庶務。純誠夙稟，至孝天成。繇賢科，首握州符。晋郎曹，久裨邦計。臬府懋修乎學政，藩司丕展乎民庸。殫心體國，正己率人。夙夜在公，憂勞奉職。節制淮南之境，恩威如見乎李紳。經營都下之儲，志慮實希乎韓滉云云。』

七年壬申，五十三歲。

正月十三日，郊祀，分獻東鎮沂山之神。十四日，與慶成燕。

三月十八日，奏乞終養，奉旨不允所辭。有詩云：『乞歸未許奈親何，帝里風光夢裏過。三月春寒青草短，五湖天遠白雲多。客囊衣在縫猶密，驛路書來字欲磨。聖主恩深臣分淺，百年心事兩蹉跎。』

二十一日，奉命會勘通州城池。

五月七日，再疏乞歸省。九日，得旨准省親。

六月一日，抵家。

秋作里塾於西巷。見浦舉人瑾《記》。念里中子弟無力讀書者多，故聘師主之。

寄莊定山先生詩：『幾年書斷定山翁，極目江天送去鴻。野史不妨朝報外，病懷長託醉吟中。短笻向晚雲隨在，小榻逢秋月與同。尚憶長安吟別第，夜深風雨燭花紅。』

九月八日，又乞終養，得旨准侍養。《聞侍養命，喜而有述》：『五疏纔蒙一語俞，拜扶老母望天除。孤孀節操劬勞外，獨苦心情喜懼餘。寬處栽花占月令，静中檢藥印方書。東風吹緑長春徑，不羨潘家有板輿。』

歸養私事，有路費鈔，不得乘傳。或謂尚書孫公，盍差官以公事起關輔行？孫公曰：『邵公既不乘傳，復以此官自隨往來，驛傳得無嫌乎？』公聞而謝之。後家居，侯尹世卿送輿隸工食，公謝曰：『行既不欲差官起關爲嫌也，居乃欲輿隸何居？』卒不受。

八年癸酉，五十四歲。

正月十八日，有疾。公初病時，左手不仁，右手執太淑人手，悲嘆久之。既而索筆書數字於簡，皆不可識，蓋《中庸序》『心之虛靈知覺』一段，口亦高聲誦之，聽者不能了了也。明日少間，以銀百兩附鄭地官，還寶應仲與立，蓋昔年所假也。

九月，出遊。

公病餘閒居，常褻服見客，有謂公曰：『子以力不能衣冠，不能野服乎？』曰：『何敢？野服，隱者之服也。予，病者也，非隱者也，是以敢褻服，不敢野服也。敢褻服，情也。不敢野服，禮也。』《燕居銘》：『如齋如尸，天鑒在兹。靈臺湛若，吾得吾師。勿忘勿助，何慮何思？彼憧與傀，無或有之。小子不敏，請事於斯。』

九年甲戌，五十五歲。

十年乙亥，五十六歲。

八月，建家廟於正寢東南。『維皇明正德十年秋九月丙戌朏，冉涇邵氏新作家廟成，作者玄孫户部左侍郎寶。自高祖至於寶，皆適於禮，爲小宗。寶不肖，徼福於祖，嘗歷官内外二品三品，遵國典，以廟稱禮也。廟之制，爲屋四楹，間遵今制，上中虛其中，前陳几，敷席，設鼎炬，東西各爲二室。顯高祖叔安處士府君居東室，顯曾祖存一處士府君居西室，顯祖考皇贈通議大夫、都察院右副都御史三益府君居東東室，顯考皇贈奉直大夫、許州知州加通議大夫、都察院右副都御史純和府君居西西室，蓋稽古昭穆之義。四時祭，遷主於中室，前高祖，南向曾祖，東向祖，西向考，東向遞下而南各一位，祭畢〔一〕，還主。若朔望謁，若出入告，若有事告，時物薦皆於中室前。若忌祭，則各於其室東西爲二夾室，東藏遺書服器，西藏祭器，外爲門，中庭爲閣，尊命誥於上，凡所受敕副及賜書皆在焉。茲惟麗牲之石，敢刻茲銘。銘曰：「惟冉涇水，南東其流。維我邵氏，宅哉維休。維高及曾，生於斯，亦斯焉遊。越後百年，玄孫寶有禄。既遷乃復，維祖維考。朝有命服，乃作新宫。爲族小宗，惟禮義是崇。有子有孫，百世其崇之。」

校記

〔一〕『畢』，底本及民國間朱絲欄抄本《邵文莊公年譜》皆作『三斗』。按，邵寶《容春堂後集》卷二《冉涇邵氏家廟碑銘有序》作『畢』，知『三斗』應係『畢』字之誤刻，今據改。

十一年丙子，五十七歲。

朱巡撫廷璧檄縣建牌坊，辭。清戎徐御史盈議建宗儒坊，辭。徐御史盈，江西門生也，欲建宗儒坊於冉涇。侯尹世卿言於公，公謝曰：『以官使人，分也，用是標榜，得無媿乎？』

作二泉書院於惠山，遷忠定祠於書院。《書院新成二首》：『小堂閒向緑陰邊，故老相過問往年。水接少陵新檻外，草生茂叔舊庭前。山從西北城纔隔，溪自東行路亦緣。微醉獨歌人莫訝，春衣初試晚晴天。』『書策重緟架上塵，兩年多負病中春。手將筆試初知健，心與盤銘幾見新。方得養親真愛日，未成報國敢輕身。冉涇門巷深如許，擊節高歌不和人。』

八月，《簡端録》成。

十二年丁丑，五十八歲。

夏四月，提學御史張公鰲山以妙覺觀田充忠定祠祭田，不受，勸以修學廟，充學田。《復張提學書》：『昨辱過我精舍，山水增重多矣。所諭祭田，時供之外，固可爲修理之助，但利之所在，衆共趨焉，病餘之人，恐動心氣，敢辭之。且昔年在撫州，嘗止諸生争占寺基，今受此，是人已異致、後先殊情也，敢固辭之。其精舍從屋，亦以是故，不欲尺寸之益，請勿留念。是望惟修學及五賢祠及名宧祠事，即乞與王郡守議行。精舍禁約條件亦希早發下，昨已拜懇，兹不多瀆。』

建五賢祠。五賢者，爲龜山先生文靖楊公，玉泉先生喻公子才，遂初先生尤公延之，小山先生李公元德，實齋先生蔣公良貴。

刊《容春堂前集》。見素林公《〈容春堂集〉序》：『精内至者，言焉成文，如三清象垂，衆湊效乎其職，皆化機自然，根諸道而發諸氣者也。故曰：「觀乎人文，以化成天下。」六經，群聖人之藴，經緯天地，綱紀人倫，立萬世常行之矩，其根深，其充養浩然，其化機在我，文之至也。後世敝經則雜，敝樸則靡，敝莊則散，敝潤則流，而入卑弱，發乎才而語道或淺，要諸理而語氣或衰。文云文，云乎哉？前輩謂《太極圖像經》《西銘》自《孟子》而後未見《易傳》甚實而自得，今與《原道》並觀，相去遠矣。數先生者，曷嘗屑屑然屬志文字之工？理至詞至，機有在我者矣。予嘗謬意古文，懵於道而病乎其蹐於氣也。嘗思名能文者，聽命焉，心存意往，海内士三數人。弘治丙辰，始得會吾二泉，追訟相見之晚。既而静思之，百能媿屈，獨吾齒長爾。嘗見《品士亭記》，其擇也如此；《廟學記》，曰爲夫子作也；《白鹿》數篇，曰爲朱子作也。及是《容春堂集》出，得盡觀焉。是文也，其是氣也，其不離是道也。紆徐容與，和以平乎！莊以潔乎！居而不有辯，博而不肆。黯然其長，油油然其光。將根幹宋儒，標枝秦漢，收韓、歐數君子之華實乎！起衰斯文，其先生始乎？先生副上卿，惜士者猶未酬其望，世固有不相易者。正德戊寅春仲，見素子俊書於雲莊青野。』

冬十月，給米於族之貧者。歲以爲常。

謝邑令請鄉飲，詩曰：『迷途歲晚尚茫茫，謂我嘉賓詎敢當？揚觶有人慙杜舉，承筐無地想周行。一經講授曾他日，三老周旋即此堂。爲語縣侯休見訝，萊衣方作小兒狂。』

十三年戊寅，五十九歲。

三月，作曾侍亭於容春堂左。亭中有屏，作『仲尼居，曾子侍』像，以寓希賢之志。每晨興，必謁拜。夏四月，鑿思濂沼於曾侍亭右，建小石梁於上，曰『光霽』。爲石田九區於容春堂右，扁其上曰『横渠遺意』。《瞻尼壇》：『畫裏瞻尼父，庭前即杏壇。春風吹緑樹，真作泗濱看。』《横渠井》：『横渠復古心，紙上聊云爾。我畫我中庭，亦復横渠紙。』

冬十二月，學史成。

十四年己卯，六十歲。

《避客對》：『正德己卯，竇幸及始生甲子，有慶。客至，將避之，客曰：「何哉子所以避者？」竇拜手：「竇所以避者有三：太淑人在堂，竇不敢言老，不敢言老，則不敢言慶，一也；凡慶，始於子孫，竇未有子，太淑人方憂之，舉觴之際，能無動心乎？且夫客皆愛竇者也，慶畢而出，必繼之以嘆，嘆以終，慶則如勿慶，二也；禮尚往來，竇病軀，不能與慶弔者七年矣，受而不答，可乎？三也。子以爲何如？」客曰：「然。」客退，遂書之簡，以告他客。』

夏六月，逆濠作亂。公聞變，命宗元筮之，得《觀》之坤，公喜曰：『朝廷無事矣。』後濠果敗。《叙筮》：『己卯六月，江西變起，警及於江之南。史以《周易》筮之，遇《觀》之坤，曰：「無咎。」客詰之，對曰：「『風行地上』，虚而有聲，或將靡焉。然巽木也，坤土也，時云秋矣，木克於金，實落材亡，同復於土，且有黄裳之象焉。雖野戰皆血，而土無分裂。《觀》之坤，亦《坤》之觀，五君位也。君位在德，德曰好生，一念動天，而况於人乎？故曰『君子無咎』。君子有不在位者，上是也。事無與焉，咎將焉生？故又曰『君子無咎』。」』

秋，八月七日，除南京禮部尚書。

九月十五日，上疏乞終養。會武宗皇帝南巡，不報。

公侍養，家居門庭肅如，惟日親書史，以著作爲事。風月之夕，唯使童子歌古詩數章，陶然自得而已。於外事一無所聞，貴要一無所通。時武宗南巡，當道致江彬之意，欲公作書通之，公婉辭謝曰：『吾山林衰朽之人，久不作長安書矣。』其待小人不惡而嚴如此。

冬十一月十日，先期爲太淑人壽八十，親賓燕集，凡二旬，事記《燕壽記》。

十五年庚辰，六十一歲。

春正月，太淑人有疾，公齋居茹素，每夜具詞露禱，至百拜。移榻寢側，躬視湯藥，承候安否。疾雖少間，公之憂勤不衰。

秋八月，始得旨，准侍養。

秋八月，巡按御史東郊命知縣暢華建大宗伯坊，辭。

冬十一月，作超然堂於點易臺前。公初爲許州，許有尚書臺，在臨潁之野，其規模風景，公嘗聞諸故老，而未之見也。弘治甲寅，一夕夢至焉，其堂曰『超然』，而『吟松』『詠竹』二齋列於左右，逍遥容與，久而後寤，具以告客，客紀之以詩。蓋至於今二十有八年矣，於是公既辭尚書之召，乃作是堂，而登之怳然如夢中所見，故堂以是名。《超然堂成一首》：『一泉一石皆君賜，敢謂山林遠廟廊？鹿洞勝遊空舊榻，潁川奇夢有今堂。厓懸老樹冬逾勁，畦引清流歲不荒。久矣吾衰還策杖，西岩北望拜焚香。』題『望闕岩』於點易臺之上。

十六年辛巳，六十二歲。

夏五月十五日，世宗皇帝即位，詔起公南京禮部尚書，旨云：『卿才行老成，特兹簡任。先朝已有成命，不允所辭，著上緊到任管事。吏部知道。』

秋七月十日，再疏懇辭。

八月十二日，得旨，准終養，詔有司以禮存問。旨云：『朕以卿才行老成，新政之初，特茲起用。既累乞終養，孝誠懇切，勉從所請。着有司以禮存問，待親終之日來説。吏部知道。』

冬十一月二十日，知府王教、知縣暢華來致存問之命。

《擬命使存問儀注》，略云：『使者致詞曰：「聖天子以太淑人病體未安，先生累乞終養，孝誠懇切，有詔着有司以禮存問，某等敬致茲休命。」公敬對曰：「臣母老病，臣乞終養，何以希天之寵？今者欽蒙聖恩，詔賜禮問，臣母子不勝感戴之至。」』

世宗皇帝嘉靖元年壬午，六十三歲。

春正月，太淑人病日進，公露禱如前。

四月二十五日，會上三宮尊號，太淑人進太夫人服色。

十一月，作《章風山先生祠堂記》：『嘉靖元年春二月，風山先生章公壽終於蘭溪里第，遺言勿於身後乞恩澤，其諸子廣東布政使拯暨門人感恩知縣董遵等以其幼子某敬聽唯謹。既葬，而今司寇見素先生林公以召命過蘭溪，弔且哭焉，已而嘆曰：「古者鄉先生没，祭於社，禮也。先生天下士也，其分則國之師，以意而專祠之，不亦可乎？」於是金華郡守扶風王侯某以上嗣大統，奉表入賀未還，則以謂其貳守歷城張侯、齊侯曰：「此固吾有司之事也，某既承乏，不敢不勉。」遵等又皆曰：「此二三子願也，敢以請侯？」乃鳩工聚材，即其第之東南營焉。功方興，而王侯還，則曰：「此固吾守郡者之責也，雖不及其始，敢忘其終乎？」申令加亟，函通判某、郡石侯某、推官某、郡監侯某胥贊厥成。中爲堂四楹，前爲門，如堂之數，兩序傍翼，繚以周垣，中位神主，而顔其門曰「風山先生祠堂」。先生於是以國子監祭酒致仕，詔加禮部侍郎，再加尚書矣，稱「先生」，尚德也。先生自壯歲以文章魁天下，以忠諫著翰林，以經濟稱於海内。自史館左遷，涉歷中外，未克展布，晚始起爲司成，天下莫不賀得師焉。及請老歸，棲遲林壑，隱然繫天下之望者幾二十年。上之初政，有意用之，問使在途，而先生卒矣。論者於先生，猶若未滿焉。然以予觀於先生，其共謹康靖之節，平邕醇雅之文，簡廉樸直之風，在朝在野，遐邇承嚮，蓋不動聲色而耿耿迴瀾，老益惇篤，君子之論焉可誣也？若是而謂先生之道未光於世，則豈可哉？夫天下之道德烏乎定？定於一而已矣。大哉孔子！萬世之師也。孟子去孔子未遠也，闢邪放淫，勤一生以爲任，大閑立矣。後數百年而有董子，欲黜百家於漢。又數百年而有韓子，欲去二氏於唐。然其識與力皆不逮乎其志，故泛然莫之能定也。周子、程子繼起於宋，其識與力超然獨詣，繼絶闡微，爲世先覺。而朱子繼之，著書立言，行於天下久矣。先生以盛德負重望，弗惑弗貳，而扶衛之意惓惓其間。蓋先生之信朱子，猶朱子之信周、程，周、程之信孔、孟也。故雖未嘗昌言如董，力辨如韓，然篤信好古，君子與之，起宋儒於千載，其謂金、許之後無人乎哉？正德之初，予按察兩浙，先生請老南歸，見予而謂之曰：「予將舉公自代，而公乃在此乎！」予愧乎其言。今先生已矣，予以遠廢而遵也，乃用書述王侯之意請爲祠，記予感先生之知也，於是乎書。時言者有爲公請謚於朝，上方重名德，固當從之。節惠之公論，吾知將與茲祠不朽矣。祠成於是歲秋某月，冬十一月某日乃記。」

冬十二月十二日亥時，太淑人終於適寢。太淑人病劇，時公筮之，得《離》之頤，玩其占詞，知不可愈，憂迫愴惶，百方求治，無所不用其誠。及卒，哀慟不輟，食寢俱廢。或勸公老當節禮，不聽。凡送終之具，一遵《朱子家禮》。其所未備者，更參《儀禮》而用之。有《讀禮雜説》九首。其一：『公儀仲子舍孫立子，而《檀弓》弔之以免。司寇惠子舍嫡立庶，而子游弔之以麻衰。禮歟？非禮也。然則二子之服之也，何居？將以明禮也。將以明禮而自蹈於非禮，可乎？昔者孟子嘗以仁術爲言，假非禮以起問者，而率人於禮，近於術矣，何不可之有？』其二：『帷殯，非古也，然則何以帷堂？夫帷堂在小斂之前，於死者有避惡之道焉，於生者有別嫌之道焉。既殯，則二者皆無之矣，是以帷堂而不帷殯也。乃若既葬反哭，雖有几筵，何帷之有？故曰「無柩者不帷」。』其三：『子爲母服，禮也。夫爲妻服，亦禮也。謂五服外，何居？母，庶母也，庶母於君爲妾。妻，庶子之妻也，於君爲庶婦。君服妻，不服妾；服冢婦，不服庶婦。君之所不服而制服焉，權也，故曰「五服之外」。然則孰爲在内？凡君之所服者，皆是也。聖人於恩之中而不能無義，於義之中而不能無恩，五服之内外，非天下之至權，其孰能與於此？』其四：『「喪三年不祭」，古之道也。今之爲烝嘗禘，何以入於廟？或謂今之居喪與古人異，卒哭之後，略倣杜氏之説，於主以衰，於廟則墨，其亦可也。噫！是何言歟？今之居喪與古異者，人自棄之，非有所禁而不爲也。不求勉於此，而徒欲并廢於彼，如之何其可也？且晋於殽之役，子墨衰絰，遂墨以葬文公，得罪於萬世大矣，况墨以廟祭乎？然則何爲而可？功衰祭於主，深衣薦於廟。』其五：『五月之間而易衰者三，昭公之童心不度，無足論者。然由今觀之，喪自成服，至小祥而練，歲則期矣，衰能無易乎？今有百日而練者，有六旬而練者，與其蚤練，不如易也。易一也，或易以狂，或易以禮。同行異情，同物異道，惟君子能行之。』其六：『喪有常服，而所遭不能無變。變之所值，服之爲難，故服有成有受有練有除有禫，其常也；有易有包有特有重有兼，其變也。三日斂而成服，期小祥而練，除首之絰，受以功衰，又期而大祥，中月而禫。當其時，服其服，所謂常也如此，是故無庸於論者。惟夫斬衰之喪，既虞，卒哭，而遭齊喪，則男子有易要絰，婦人有易首絰，所謂「包」者。男子有仍首絰，婦人仍要絰，所謂「特」者。斬喪既練，遭大功之喪，有男、婦首要皆麻，所謂「重麻」者。有男、婦首要皆葛，所謂「重葛」者。齊喪，虞卒，遭大功之喪，男以功麻易齊帶之葛而首猶齊葛，婦以功麻易齊首之葛而要猶齊葛，所謂「兼服」者。有斬葛、齊麻以至功葛、緦麻，前喪既葬，後喪初斂，男要婦首易而兼服者。彼一時也，此一時也，物以時變新，故重輕參伍伸屈而無失乎恩之中，所謂變也又如此。夫是之謂難，苟類而推之，則一人之身周旋五服之内，雖日有變，不虞也，而况其常乎？』其七：『吾讀既夕禮，而知古君子喪事縱縱而不淩節也。蓋先三日則鼎，鼎先一日則騷，騷故酌以先二日。既夕哭之後，啓而朝祖，飾棺屬引，而後祖奠，盡日從事，所謂「猶猶爾」者，其謂此乎？』其八：『昔予讀顔丁居喪之説，而未得其情。某孤也幼，固然莫之省也，乃今當太淑人之喪，日夕殯宫，忽忽默體，始克知之。烏乎！母兮母兮，不可作矣。壽也燕慶，榮也贊和，既皆不可得矣。雖病，而承候視醫，言善惡，方欣擔戚，尚可得乎？此猶常也。雖簋而得《離》之頤，錯愕隕越，色於客而客懼，尚可得乎？此猶生也。雖死，而號慟含斂，僕僕拜賓虞，病疑死，尚可得乎？蓋不惟生之日不可再得，而死之日亦不可再得矣。大哉天地間，日復一日，予安所求哉？烏乎！生之不再得，人言之。死之不再得，予亦不知其何心，不知其何以爲言也？《記》曰：「始死，皇皇焉。」安得起顏丁而與之誦『匪母何恃』之詩哉？』其九：『成化庚子冬，予爲丁壽夫墓記，有「薄棺無槨，淺土不墳」之語，意以壽夫既冠且應舉矣，不當以殤禮葬之。時秦東丘作書貽予，以予言爲非，又謂予言必引魯汪琦事爲據，予時未有以答也。今讀《喪服小記》「丈夫冠而不爲殤」之文，乃知昔之爲記有暗合焉者。若以此答東丘，一言足矣，亦何必引汪琦哉？人未多讀書而輕下筆爲文，難乎免於東丘之譏矣。越四十四年讀《禮》，苫次追念疇昔，於是乎書。』

二十二日，立再從弟寬之子一玄爲後，命名曰煦。

《立嗣後告太淑人文》：『先是太淑人病劇，寶念惟我邵氏著德望於郡邑者，莫大於我曾祖存一府君，今寶既無兄弟，雖有從弟，亦未有子，再從弟寬有子在抱，實存一府君之玄孫，於昭穆爲宜。不幸遽當大喪，將乞銘於君子，而孫行無書，慊恨甚大。擇日抱來，以爲寶後，以終太淑人之意，以延容春以下七府君之世澤云云。』

二年癸未，六十四歲。

春正月，以居喪，辭請文者。

時有勸乞祭葬者，公曰：『寶居官無狀，且兩任三品僅十有七月耳，不應著令。非令而乞，若吾親何？況寶病不能拜起，計闋服後，即有任使，必辭。今歲乞恩，明歲辭官，在朋友且不可，況君上乎？』

九月二十日，陳尹皋謨致賻辭。

冬十一月，啓太淑人殯。

時積雨連旬，是日忽霽，明日復雨，人謂公孝誠所感。見素林公撰墓碑銘：『邵先生二泉寶文與行皆脱凡格，就平粹以獨居，範型爲世儒碩，予意屈心往，又以知太淑人之賢有父道焉。太淑人過姓，宋宗室徐王郡馬孟玉之後。邵、過，世隱門。邵容春叔安，望實自副，友倪元鎮、王孟端各名士。傳存一翁，又傳三益，傳純和二翁，並贈通議大夫、副都御史。純和諱溥，二泉父也。淑人爲時明季女，年十九歸純和。五年，純和卒，存一又卒，二泉始三歲。未幾，楊氏大姑又卒。淑人鞠於多，難援，曾從大姑，以保幼孤。邵之遺獨書乎在庋爲之留。二泉既就學，一燈共命。既納顧淑人，産盡而簪珥亦去。二泉遂薦京闈，取進士，知許州，歷有都憲，淑人養官所者二十有七年，公無與聞而義取獸。贊雨之禱，二泉齊，淑人亦齊。前牧之父之喪，括歲俸以酬，祕具猶匱，將承貳僚，淑人曰：「吾爲汝節。」孝廟詔毁淫祠與佛老之居，二泉奉惟謹，間求淑人，爲右無右。江皋淑人誕之旦，女賓請賀，曰毋賀。華氏孫婿迎婦，請舉樂，曰毋舉樂。日遣小隸市一肉一菜，是外門禁肅然。淮陽二泉忤逆瑾意，勒致仕。尋起貴州，道轉户部，淑人倦於偕，二泉終養乎乞。入京又乞，來寧又乞，許焉。尚書禮部而南，淑人已未疾，二泉終養，又乞。上入趣視事，又乞。詔有司以禮存問，以昭異數。嘉靖壬午，壽八十二。二泉謝未舉子，淑人曰：「一玄也。」後告祠堂而乳焉。自是時致膝間，曰：「吾邵脈也昌，其是兒。」疾劇，命出故篋以分遺諸孫。又劇，屬二泉無毁，屬顧一玄乎！視臘月十二日也，後事顧與有相約，家衆第弔，客以無煩。二泉復冉涇也，顧尤力焉。尊號恩淑人，例進尚書太夫人命誥，葬祭例卹典，二泉皆引自避，君子爲廉晦可風，抑有授以然。墓慧繡嶺，去純和百步者三，重遷，製棺衣而合焉。癸未十月丙午葬，得日，走狀屬銘。嗚呼！節與慈，女婦之極，邵所謂大矣。《瀧岡阡表》之諭母殆然，二泉固六一似也。淑人一女二孫俱殤，一玄，命後者也。三孫女，義階華珉，學籍吴汝憲、秦汶，其婿。嗚呼！物忌於完，尚書固錫類爲慰者也。銘曰：「維邵之息，不流以湮。脈而出之，儲精發神。維邵之遺，於敓以有。維孤也恃，維命之守。維昔罔諒，有落舊門。綸書玉語，盎焉春温。司會孔棘，有收若寂。言賦閒居，偕是晨夕。得焉弗居，造物留餘。有新也後，神駒赤雛。冥默斯定，善積維遠。韋蚌雙遺，其出也晚。柔規懿式，申國是同。繡嶺蘊窿，有玉在中。」

十月丙午，具先大夫純和公衣冠合葬。公以純和公葬五十九年矣，念體魄久安，不敢議遷，乃製衣冠合葬之。

作千金彖趾亭。公自記云：『亭何以名彖趾也？志得地之難也。言千金何？先五世祖時，遊僧寓一篋去，十餘年不返。人謂僧死矣，乃手其篋，篋重，則戒勿啓，而遺之聽松菴僧。又戒僧，有亡勿以告。未幾，僧大建佛宇，蓋有物云。於是乎歸我先塋之地，僧世守之，至於今。予提學赴江西時，上官有脅人致賂爲其家地者，説者云有千金焉。予聞而避之山中，静坐竟日，遂議卜今地。人謂是日也，予且行迫矣，非是則地議不成，人將圖之。蓋前後六世相距百三十餘年，是以喻諸彖趾也。雖然，避千金而得地，雖謂地之價千金可也。況前人棄利於不知之地，又何千金之足論哉？予於是有感矣。亭扁四字，宋蔡君謨書，莫子如山集而摹之。』

三年甲申，六十五歲。

秋七月，陳尹令義官鄒益餽米一百石修牌坊，辭。

四年乙酉，六十六歲。

春三月，服闋起用，具疏乞休。旨云：『卿文學優長，才望素著，有疾宜善加調理，待有缺起用，所辭不允。』至是凡七疏。

二十九日，巡撫都御史吴公廷舉以《簡端録》《學史》二書進呈。其疏略云：『臣竊覩南京禮部尚書邵實學臻純懿，行詣中和，屢疏乞身，大孝已聞於先帝，病難供職，精神將格於聖君。臣於巡撫之暇，每有文獻之徵。而寶也痞痳聖賢，沈酣墳典，發明聖經賢傳之微，則有《簡端》一録，剖析君臣言行之大，又著《學史》一編。索隱探賾，或發先儒未發之言。微顯闡幽，或明前古未明之奥云云。』

五年丙戌，六十七歲。

秋九月二十日夜，堂寢災，圖書服用及所著《左觿春秋名臣言行録》《春秋節解》《客對》等書焚蕩無遺。姻友有餽助者，公皆辭之，揭後山『貧不受人憐』之句於座。公雖罹兹變，惟引咎修省，不少介意，人皆嘆服。

冬十二月，巡按御史許公檄縣饋銀助營修宫室，辭。《對唁者》：『某衰病且老矣，而乃罹此災變，是天以警我，抑以進吾德也？德莫大於義利之辨，辨莫先於辭受之際。苟辭受以義而不以利，視平生無改焉，則吾德之進於是乎在。若曰吾無室矣，無衣服矣，無器用矣，不問可否，至則受之，不亦愧吾平生乎？是天以成吾，而吾自敗之也。某雖衰病且老矣，敢不自勵哉？敢不自勵哉？三月前，吾無上事，因暇而叙吾平生辭受之節，作《辭饋志》，是殆若有識焉。其藁尚存，今録於左，與愛我君子者觀之。』

十二月，建節孝堂於舊址。先是大司馬彭公澤自關西以『節孝堂』三大字及記文遠致，時災後六日，遂以扁之。詩曰：『三字堂名萬里來，舊堂名扁已成灰。故人遠意真如讖，乙夜融風不是災。活水源頭仍里第，德星懸處自書臺。可憐嘉樹多憔悴，春雨來時又著栽。』

六年丁亥，六十八歲。

二月，巡撫都御史陳公鳳梧檄縣饋銀造尚書坊，辭。其文移略曰：『照得養病南京禮部尚書邵，發身高第，歷任崇階，文章政事，下爲士民之所仰瞻，勳德聞望，上爲朝廷之所倚眷。見今賜告家居，愈見清風高節。擬合表厥宅里，以樹風聲。仰縣動支無礙官銀一百兩，買辦木植磚瓦等料爲尚書邵起蓋尚書坊或大宗伯坊一座，以彰大臣勳德於無窮云云。』作書辭之。

二十四日，公終於正寢。晨起，謁先聖及家廟，步履如常。退坐存一齋，方與客談論，忽舊疾復作，瞑目不言，至亥刻而終。訃聞於朝，諭祭一壇，官爲營葬。禮部議公節行著於朝廷，孝友聞於鄉里，化人有道，傳後有書，擬贈太子少保，賜謚文莊。公所著有《定性書説》《學史》《簡端録》《左觿》《漕政舉要録》，《容春堂》前、後、續、别集等書，行於世。

雜録

《皇明名臣言行録》:

『公初爲許州,有惠政,以古行古文知名。提學江西,與諸生講求聖賢諸儒要旨,考校文藝,甄别精當,至今學者猶稱之。爲少司徒,母老乞疏歸養,以孝聞。暇則潛思著書,開拓今古,粹然自出機軸。日重海内,擢正禮部,不就,終於家。所著有《簡端録》《日格子》諸書,行於世。』(《讀書續記》)

『公之文,其謹重精純,蓋得之宋;其雄渾森嚴,蓋得諸唐;其爾雅深厚,蓋得諸漢;其近古,蓋得諸先秦。至其諸篇每曰「君子」云云者,則《左氏》蓋爾也,而公乃自附焉。』(浦瑾撰文集序)

『公性度端雅,貞介夙成。臨事猶講學,然未嘗疾言遽色。人或數百語不能終,公以數語即竟之。嘗曰:「願爲真士夫,不願爲假道學。」於聲色貨利嬉戲事,絶口不言,惟賢人君子前輩舊德則敬之。久而弗衰,一時儒碩並以天下士稱之。』(張愷撰行狀)

《無錫縣志》:『邵寶,字國賢。父溥卒時,寶始三歲,依母過氏。幼即善屬文,舉成化庚子鄉試,甲辰登進士。知許州,治先禮讓,入爲户部員外郎。擢江西提學副使,以身爲教,士習丕變。宸濠凡索題咏,皆却之。後濠敗,有司勘理書札,獨無片紙,人服其先見。累陞右副都御史,總督漕運。劉瑾怒平江伯陳熊,欲論殺之,餽寶千金玉帶,俾劾熊,寶拒不納。瑾怒,勒令致仕,熊得减死。瑾誅,起巡撫貴州,陞户部侍郎,以母老乞終養,屢疏,得請歸。久之,用大臣,言官薦爲南京禮部尚書,以母病辭。世宗即位,復申前命，辭益力，前後七疏，情詞懇切，許之。寶性度端雅，言動可師，聲色貨利嬉戲無益之事，絶口不言。其爲詩文，典重醇雅，所著有《容春》《勿藥》諸集，《定性書説》《漕政舉要》《學史》《簡端録》。平生好學，不事生産，卒之日，薄田七百畝。訃聞，贈太子少保，謚文莊，諭祭營葬。寶無子，族子煦爲嗣，卒，又嗣勳，亦卒，人咸惜之。」

《吾學編》：「公名寶，字國賢，無錫人，成化二十年進士。初至許州，愛民訓士。弘治七年，除户部員外郎、郎中。凡歲杪，會計出納及勾校京邊儲蓄鹽屯，皆公區條具疏。陞按察副使，提學江西，彰勵名節，敷寬善誘，累官臬藩長吏，政總大端而已。正德四年，陞副都御史，總漕，巡撫江北，公有清譽。在江淮，不事改革，赫赫漕政，大小將校皆嚴憚，不敢苟贖。未幾，事忤逆瑾，瑾又惡平江伯。平江伯，漕帥也，事連公，瑾益怒，禍且不測。長沙力解，得致仕。瑾誅，起巡撫貴州，陞户部侍郎。公故熟知户部程法，見財用竭耗，心憂之。七年，請養母歸。十四年，陞南京禮部尚書，辭。嘉靖初，再辭，特詔與終養母。服闋，請致仕，不允。卒，贈太子少保，謚文莊。公質性純懿，問學該洽，孝親睦族，奬誨後進，應務之才，細巨皆適。所著《學史》《簡端録》二書，巡撫吴廷舉上於朝。」

《皇明通紀》：「邵寶，常州無錫人。初知許州，以古文古行知名，諭諸生義利公私之辨及忠孝大節，聞者感動。尤急民事，躬課農桑。倣朱文公社倉，立積散法，行計口澆田法，爲備荒計。提學江西，敦尚道義，以身爲教，遠近向慕。累遷都憲，督漕運。劉瑾擅權，一無所通。瑾銜之，數令人以危言撼之，不爲動，乃揑旨勒令致仕。寶性度端雅，臨事猶講學，未嘗疾言遽色。嘗曰：「願爲真士夫，不願爲假道學。」於聲色貨利嬉戲，絶口不言。惟潛心著書，開拓古今，粹然自出機軸，名重海内。後瑾誅，起爲禮部侍郎，以母老乞終養。嘉靖初，復起爲禮部尚書，辭不就。卒，謚文莊。」

按，邵二泉懿行若此，可謂明時全人矣。其曰：『願爲真士夫，不願爲假道學。』尤爲名言，足以箴警當世。夫真僞之分無他，言行相顧不相顧之間而已耳。近世談道學者，往往言僞而辯，行僞而堅，二泉之言殆有所感而發歟？

文莊公年譜跋

嗚呼！我伯父文莊公道德之純、文章之富著之簡編者，垂於不朽矣。嘉靖壬戌，通家秦次山公録公對客語數葉，門人莫迂泉公敘公平生亦數葉，𤏡並得之，繼以家藏遺書，隨事編入公之歷履，大略已具，遂念古昔大儒皆有年譜，用是次第編集而成書。昔澹成楊先生自敘年歷，而請法於公，公答書有曰：『史法貴簡，譜書貴詳。詳而或厭其冗，綱而目之可也。』𤏡因取法焉。竊追嘉靖癸卯，𤏡年十二，同母兄煦，公抱爲子者，不幸病故，伯母顧淑人立𤏡爲嗣，在膝下五年，而復不果俟𤏡有子，以嗣煦云。嗚呼！公之爲公，行道之人能誦説焉。顧夫敘其實，以垂後世，以告史氏者，𤏡有責矣。譜成，景逸高君更得公曾外孫吴道成所編，合而筆削，遂付之梓。𤏡於高君見懿德之好在人心者，千古一日焉，孰爲公也而無後乎？因書譜末以誌感。萬曆壬辰三月既望，從子𤏡百拜謹書。

附録一　墓誌銘、神道碑銘、行述、行狀、祭文、題詠贊跋

資德大夫正治上卿都察院左都御史贈太子少保兵部尚書謚忠憲高先生墓誌銘

（明）朱國禎大學士

理學至國朝而明明之極，間亦厄而蝕，如日月然，暫蝕必復，復乃愈顯其明。正統八年癸亥，河東薛先生厄於王振，幾死，卒參密勿，祀廟廷。越一百二十四年，丙寅乃有梁谿高先生。

先生諱攀龍，字存之，號景逸。祖孟永公始定居邑之東南隅，一傳耕樂公如圭，再傳省軒公翼，三傳雪樓公適，世稱長者。雪樓生静成公材，是爲先生王父，舉孝廉，令黄巖，有異政，祀名宦、鄉賢。生繼成公德徵，配陸夫人，貳邵夫人，實生先生。生有盆蓮之瑞，王父紀以詩，至今跋而藏之。静成有弟静逸公校，娶朱夫人，無子，因以爲嗣。

自幼神采奕奕，善讀書，言動如成人。母授菓餌，必拱手接，或命自取，一如所授。習舉業，超超章句外，默誦諸儒語録、《性理》諸書。二十一壬午，舉於鄉，居嗣母憂。丙戌、丁亥，顧涇陽先生方講學，聽之甚喜，即曰：『學將爲聖人也，出口則議論，入手在躬行，豈可泛求？』一日看《大學或問》，見朱子説入道之要莫如敬，悚然曰是矣，一以整齊嚴肅爲主。久之，見程子謂心要在腔子裏，解曰：『腔子猶言身子耳，渾身是心。《大學》曰「修身爲本」，又曰「知本」，更於何處索本？即身即心，會歸於一。道不遠人，於斯可見。』己丑，成進士，出高邑趙儕鶴先生門，即有知學之評。廷試三甲，當爲令，丁嗣父憂，先後盡哀，持喪甚恪，益修子職，絶人事，讀《禮》讀《易》。服闋謁選，當改京秩，或有申舊例，外仍與外者，甚喜曰：『居内悠悠，坐老歲月，不若乘此年力做一出頭，以後便可刃解。』然竟授行人，自盟曰：『吾於道未有所見，但依獨知擔負，庶幾深造。』適僉事張世則疏詆程、朱，欲改易傳註，上所獻書，求頒行天下。不勝憤，上《崇正學闢異説》一疏，報曰：『高攀龍所言有關世教。』尋論大本大機，語極剴切。高邑方在銓部，共相確證，深味河東粹言，謂約而且精，當字字體帖。孫立亭爲司寇，相見勉以力學，且言律爲用世本，因加意律學。作《日省編》，集《崇正編》。謂讀書意思不進者，尊德性功夫少也，率以半日静坐，即出遊、公會、水邊、石上、僧房，皆其嘿嘿齋心處。五更氣清，尤自提策，忽思『閑邪存誠』句，覺得當下無邪，渾然是誠，又覺得覓誠即邪，存之即是，舊字雲從，因以改焉。奉使金陵，鄒南皋在刑部，各言所志，期以最上工夫。還朝，感時事，上《君相同心、惜才遠佞疏》，語侵閣臣，下部院會議，聞之坦然。涇陽謂只宜杜門存待罪意，若太坦然，亦覺未至，此意須當自得。深服其言。既議，上降雜職，尋調極邊。涇陽亦以言事黜，貽書有『吾曹一時退處，共得閒身，何修報稱？』之語。

甲午，赴揭陽典史。舟中嚴立規程，只於静中着力，當心氣澄寂時，有塞乎天地氣象。所經奇峻山川，險絶灘頂，一一悦心，當境皆爲我助。過汀州，坐旅舍一小樓，甚樂，手二程書，至『萬變俱在人，其實無一事』句，猛省曰：『果無事。』從來牽纏，俄然斬絶。抵官，勤職事，課藝，集《朱子要語》刊示之。邑令爲同年，佐其不逮，除一兇人。署事三月，覓差歸。其地有蕭自麓者，故念庵先生門人，臨别語曰：『公當潛養數年，不可發露。先輩嘗背地用一陣苦工夫，故得成就。』再拜謝曰：『敢不服膺。』至漳，謁李見羅先生。李謂既知宗，則心意知物各止其所，格致誠正不過就缺漏處照管，真有無所事事的光景。答以《大學》格致即《中庸》明善，要使學者辨志定業，此心光明洞達，無毫髪含糊疑似以爲自欺之本，然後爲善去惡，意誠心正身修，善所以純粹而精止，所以敦厚而固也。不然，萬端紛起，如何用力？且修身爲本，人皆知之，然必辨義利是非之極，窮至無穿窬之心，斯爲知止。工夫喫緊沉着，豈可平鋪輕説，都無氣力，並條目次第，籠侗做去？李無以難。自謂出門至此，學力已三轉手勢。

乙未歸，再取釋、老二家參之，謂釋氏與聖人所争毫釐，其精微處，吾儒具有之，總不出『無極』二字，病處，吾儒具言之，總不出『無理』二字。尋連居父母喪，一依《文公家禮》。讓産諸兄弟不可得，盡供喪葬，餘置義田贍族。戊戌，作水居於湖邊，中有一可樓，言無所不可也。武部吴子往來訪，深契，相與閉關趺坐，坐必七日。作《復七規程》，取《大易》『來復』之義。甲辰，東林書院成。故龜山先生遺址有道南祠，侵於僧院，邵文莊圖修復不果，至是與涇陽共成之，集吴越士大會其中，一依白鹿洞舊規。每會拈出大旨互證，要歸於端居主静。謂大聖賢自有大精神，主静只在尋常日用中，學者神短氣浮，以百當一，以千當十，積久厚聚，拔此俗根，庶見天則。以學爲教，從前静定居多，間以會友應酬，至是，無之非静，觸處流行，不煩收攝。嘗自言，丙午以後方實信『性善』『知本』『中庸』之旨，此道絶去名言，程子名曰『天理』，陽明名曰『致良知』，總不若『中庸』二字。『中』者停停當當，『庸』者平平常常，本體如是，工夫如是，一毫造作走作不得。心矩學矩，從有離合中造到渾成處，於朱爲貫通，於孟子爲集義所生，於顔子爲不貳不遷，四十年攻苦，確然可自信者。

兩朝鼎成，廢臣以次起用。庚申，召拜光禄寺丞。同日，高邑爲太常少卿，福清葉臺山先生再召爲首輔，鄒南皋爲總憲，衆正並登，以會講事屬同年葉閒適而後行。辛酉，進光禄少卿，署事綜理精密。中官初鬨於前，尋即帖服。嘗云頭緒雖多，儘做得去。東奴傲報狎至，請逐鄭養性、李如楨、李可灼，以消萌除慝。淇澳孫先生上《紅丸疏》，刻舊輔方從哲，讀而歎曰：『此一部《春秋》也。』持論不少顧忌。轉太常少卿，作《寅直説》，並陳務學之要，言明理以明心，明心以出治，方從哲、鄭養性，大義不容不討，不然孝非孝，反以不孝爲大孝，忠非忠，反以不忠爲大忠，黑白倒分，人禽反易，何所不至？傳旨重處，福清争曰：『斯人有重望，處則滿朝必争，吾亦與之同去。』僅罰俸，猶有『言朕不孝』之語。蓋上本英明，重首輔，容讜言，逆璫魏忠賢雖在旁播惡，猶未得盡肆也。已轉大理少卿，又轉太僕卿。方、鄭之黨且憒且懼，竊竊只以東林爲言，將注其毒。會京師建首善書院，蓋鄒南皋、馮少墟兩中丞率同志所闢，福清爲之記，稱一時盛事。給事中朱童蒙騰疏顯詆，大約歸重東林，踵而起者甚衆，兩中丞皆辭位去。先生亦疏辯，謂：『講學何罪？頓空法紀之臣。禁學何名？發自聖明之世。』再移疾，有『邪氣所干』『元氣大伐』等語，以身爲喻，冀有感動。福清留之，加護持甚力。明年差歸，給事中王志道疏論兩朝事，淆雜不倫，致書駁之，大要言：『人臣爲國，當杜漸防微，懲前毖後，不宜爲亂賊脱罪，爲君父種禍。夫皇祖威福在手，妙於調停，是皇祖身上事。皇考仁孝根心，妙於隱忍，是皇考身上事。今上祖考在念，妙於處分，是今上身上事。若夫嚴萬古綱常，守三尺法紀，君讎必報，君賊必討，是臣子身上事。而奈何諱之，加以誣謗，使天下更不敢開口説亂賊一字，可乎？』見者無不膽落，然皆倚中官爲窟翻弄，無所不至。心憂之日，玩《易》自適。幸鄭養性會鞫，逐出都門，頗慰，謂身上事作一小結局，方請告。張太宰誠宇曰：『高公坐此，人皆畏憚。』又自指其心曰：『渠心明説出，人自知畏。』尋奉差舟行，卒業《易》註。到家，講東林如故，曰：『宦情秋露，學境春風，是可決擇矣。』福清見勢孤，求補閣臣，挈余爲助，點用四人，聊城朱蓼水、南樂魏道沖與焉。余過梁谿相見，力以大義爲言，猶未行。無何，晉刑部侍郎，趣還朝。皇子生，推贈三代，蔭一子，曰：『聖恩渥矣，敢自逸乎？』時高邑已爲太宰，給事中魏廓園故與東林講席，晉首吏垣，相約一以懲貪爲急，内外凜凜。顧逆璫已用事，南樂結爲族，大拜，實有力焉。初對衆，猶諱之，璫亦曰：『我家人殊不濟事。』然密已輸款，導之爲非。一日講筵後，璫刺刺品評，且曰：『莫用一邊人，則其源可知，所礙手惟閣臣。』未幾，璫爲楊副院大洪所糾，列二十四大罪，頗内懼，謀於南樂，謂必去福清乃可。因其求歸，陽慰諭，迫以不堪事，林汝翥事。乃行，始無所憚。總憲孫藍石病卒，衆議楊副院署事，璫不允。議馮少墟爲代，璫傳旨推在京者。户、兵、刑三尚書，非人望所屬，卿貳中因補少宰及南太宰，點陪並正推皆引去。或曰：『内故以此驅除也。』惟先生與饒豫章、李懋明三人，饒年老，李新至資淺，又爲同事者所軋，遂以屬焉，苦辭曰：『師生分列部院，攻門户者藉口，何以自解？』然衆議已定，不可易，遂推上。余見内外所忌惟先生，命未必下。舊例送票而後發，計期三日，至是，次日即發，衆皆欣欣，余獨怪，謂非佳意。方福清在事，每言聊城久處，不及時局一語，難測。南樂本閣考門生，當票擬，福清運筆如飛，忽曰糊塗，又他事多相左。臨發，密語余曰：『渠内有所恃，咄咄逼人，不得不避。蒲州更非其敵，必不能久，子當早辦歸計。』又曰：『梁谿内所甚惡，外尤側目，又太宰門生，子之年友，於道交爲湊泊，於俗情爲眼釘，尤須善處。』余心識，然皆不敢言也。先生既入臺，首糾極貪御史崔呈秀，奪官勘贓。尋具疏，申嚴憲約，責成郡邑，列五十餘款，期於拔才除賊，示畫一之畔。其大端在調和閣部，謂閣當借用外廷，不可以外正直而疑其激；外當責成内閣，不可以内和緩而疑其媚。福清深得此意，余亦忝附同心，謂其跡自此可泯。而議者脊脊以一人大可疑，有冷語挑剔者，余等皆稱疾不出，至煩鴻臚宣諭，暫解。孟冬，廟享，南樂遲至，首垣等峻劾，示必不容，大恚，遂顯附逆璫，商之聊城，合策以獻。凡閣票用墨，内批用硃，内有可否，必發改票，閣臣執正，甚至强争，内亦無如之何，必曲聽，或一二字添改，必註明俟考，皆首臣執筆。想正統初年，勒定張太皇太后所云凡事聽先生主張者，世世守之，閣臣惟此一柄可以着力。即神宗在位久，事多獨斷留中，亦未嘗不依票改批。至是，獻策曰散其權，某奮死奉命，何事不可爲？璫甚喜，傳旨云云。呈秀亦投體，言曾糾陶朗先，高曲庇，借事報讎。時山西巡撫缺，已擬郭尚友，改推謝應祥。謝曾爲嘉善令，首垣經識拔者。御史陳九疇方外轉，窺指以門牆爲言，詔停應祥，另推選郎。首垣奪職，責太宰及先生阿比，余驚曰：『部院待罪，或得免。』聊城出，不意睜目曰：『誰免？誰免？』蓋成算已定，惟就中人知之。明日，九疇留用，朗先直追贓四十八萬。凡蒲州原擬，改之至盡，蓋皆兩人潛改潛送。屢黜員外郎徐大化，又伏内幕潤色，動千百言。蒲州本以王安事與南昌劉是菴先生皆逆璫所銜，劉早去，僅得留，至是，數見侵，堅卧。余肩次受事，權去無能，爲朱童蒙以蘇、松兵備捶死告災者，衆大鬨，引疾，余照例票允。聊城攫取，改擢京堂御史。李蕃、李恒茂言他事，暗訕前案，余駁之，南樂追還，改褒獎，余即趨出。旬日間，蒲州、太宰及先生皆逐，余賜歸，歲除出京，一網打盡。

呈秀復用爲先鋒，明年乙丑，毁書院，屢起大獄，殺副院、首垣等十餘人，太宰行戍。欲並坐先生，吴錦衣力解得止。至丙寅三月，竟逮報至。爲十六日謁道南祠，有别聖文。歸，看花後園，呼諸子舉『原無生死』四字以示，且曰：『急料理爲出門計，獨身就理，可免他累。』作字二紙扃篋中，復之内寢與夫人款語。少刻出，取所封紙示兩孫曰：『無先發，明日以此付官旗。』時已三更，命暫退。移時聲寂，諸子推户入，見燈火熒然，發所封，乃遺表也，諸子急從旁扉奔池畔，則赴水死矣，蓋次日丑時也。異香撲鼻，鄰人皆聞車馬聲、瓦裂聲，衣履整齊，淤泥不沾身，滴水不入腹，數日成殮，面色如生。遺表云：『臣雖削奪，舊係大臣，大臣受辱則辱國，故北向叩頭，從屈平之遺則。君恩未報，結願來生。臣高攀龍垂絶書，乞使者執此報皇上。』復有别友人書云：『僕得從李元禮、范孟博遊矣，一生學問，到此亦得少力。心如太虚，本無生死，何幻質之足戀乎？』聞者無不哀痛，余爲位哭成病，至秋稍愈，往弔，靈風肅然，若或見之。

嗚呼傷哉！夫河東厄於王振，即柬强之悍，尚以臺長被訶叱，不敢鞫，卒賴竈下執爨奴哭泣以免。今忠賢之逆十倍於振，閹臣反逢其惡，其餘草偃因以報怨逞志，黑浪翻天，鬼風匝地，坐視正人糜爛，并及先生，曾爨奴之不若。人止知南樂，不知聊城，有物有對，一顯一微，小人作緣，終露醜態。不月餘，春闈副考陡被奪去，鞅鞅有違言，守位不終，究竟掛齒，讕辭解嘲，奪者志無不快，威無不加，然良心間露，公論難容，最後一疏，嗟何及矣！逆璫科之以叛，呈秀咎以爲多，立地譴歸，蒙面以死。而附麗諸人猶泰然侈得意，自謂遠或十年，近且五、七年，可坐享富貴。然不渝歲，聖主龍興，首斃逆璫、呈秀，餘以次湔掃一空。先生得贈太子少保、兵部尚書，賜祭葬，謚忠憲，廕子。子世儒詣闕謝恩，明旨稱爲孤忠邃學，秉節正終。世儒復以先生兩次請移封，母夫人未沾一命，具疏乞恩，得封夫人。又復邀三世誥贈，自雪樓公以下咸得恩贈如先生官。噫嚱！是亦可以慰矣。生嘉靖壬戌七月十三日，距其殁，得年六十有五。配王夫人，子三，女四，孫男七，孫女五，曾孫一，俱詳述中。世儒等以崇禎三年十二月廿八日葬於九龍南嶂峢之諭塋。

先生既歿且追恤，海内益悲思，謂常人蓋棺始定，真正學問人至此始見光輝力量。夫學自孔、孟後，程、朱立準，陸象山互有印正，遂覺分塗，後之人習其説者，皆不免流弊。先生謂從朱學，弊爲實證，可消；從陸，則流爲虚證，難補，蓋深見。近日聰明人大言鼓動，致人心陷溺，思以救之，又不欲明指其人，祇煩詞説，故以敬律身，以静窺妙，以《易義》《乾坤》《姤復》轉樞紐，遮實補虚，然後學脉始清，邪説自息，功不在距楊、墨下。而蒙難從容，符合明夷之旨，静中得道，諸苦咸除，出死入生，當下超脱，稱今古一人，又何疑焉？著作甚多，内《朱子節要》研訂最真，《正蒙集註》解釋最備，《周易孔義》則一生精力所注，真前聖所未發者。余素不知學，相從口久，以真之一字見許，期以經世，而今已矣。世儒等以志見託，一時同志凋盡，非余莫可任，子往亦以爲言，然下筆實難，繪天測海，未容草草，而天裂海枯，驚悸垂死之餘，淚有餘，思不屬。荏苒年餘，則錢宫詹神道碑銘已出，乃矍然摘而書之，美不勝書，别有全刻，不可不讀。姑爲之銘，銘曰：

千古學術自有真，諸儒講席多平分。吾道南矣梁谿濆，東林書院天下聞。顧公開壇從如雲，高公領袖同其群。程、朱訂定掃紛紜，陰霾積久見朝昕。從教蛙鼓喧復殷，獨衍孔脉精且勤。剖判神理窮無垠，繭絲牛毛何足云！興起善類德所薰，立言垂世比典墳。振肅綱紀滌世氛，閔不加察口露齦。於我何有等飛蟁，超然箕尾謝魔軍。入水不溺貌欣欣，花香池影氣氤氲。生死如一見真君，曰忠曰憲表清芬，我增一字則曰文。

（明崇禎五年刻本《高子遺書》附録）

資德大夫正治上卿都察院左都御史贈太子少保兵部尚書謚忠憲高公神道碑銘

（明）錢謙益 禮部右侍郎

今上御極更始，首僇逆閹，言者始上故資德大夫、都察院左都御史高公死狀，天子曰：『噫！是吾守正捐生之臣也。』贈公太子少保、兵部尚書，謚曰『忠憲』。崇禎三年十二月，公之子世儒始奉天子之寵命，大葬公於南嶂峒之諭塋，俾謙益書其墓隧之碑。

謙益謹按，我皇祖神宗皇帝久於其位，天下恬熙，小人近倖孽牙其間，一二君子奮起下位，以搘拄國是，而朋黨之論始出。所謂『一二君子』者，高邑趙公、無錫顧公其尤也。公舉進士，實出趙公之門。萬曆癸巳，趙公忤時相被逐，公以行人奉使還，甫三日，即抗疏分別忠佞，極言閣臣不當陰除異己，鋤善類以空人國。奉旨詰問，侃侃不少輒避，遂降揭陽縣添註典史，而顧公亦以言事罷歸無錫。故有龜山先生東林書院，公與顧公修復遺址，講學其中。久之，東林之名益高，海内清名之士淹久不用者，其應和益廣，而群小疾其厲己，争相標目，遂譁然以東林爲質的。天啓初，大起廢籍，公與趙公相次枋用，群小滋不説。會應山楊公疏擊逆閹忠賢，而公以考覈回道御史褫閹之私人呈秀，於是群小合謀，嗾忠賢曰：『東林必殺公。』忠賢怖且恚，亦曰：『東林殺我，然不知所謂東林者何等也？』甲子冬，假會推事盡逐公等。乙丑，戍趙公，逮楊公等，殺之。丙寅，又逮公等七人，公不辱，死於水。嗚呼！朋黨之禍至於斯，極矣。然其所繇來久矣，公與趙公實與之終始，豈非天哉？

公初聞有使收捕，與家人處分燕語，若將治嚴就徵者。夜分，闔其室，爐香拂然也，封題宛然也，及諸河，形神離矣，裳衣戍削，口鼻未嘗少沾濕也。湛淵潔身，不以苟生辱國；北向叩頭，不以垂絶廢禮；『結願來世』，不以之死忘君。從容就義，守死善道，嗚呼難哉！公爲人齋莊閑静，不苟訾笑，淵停嶽峙如也。束脩立朝，其發念未嘗不歸君父，其持議未嘗不本名節，其斡旋護持未嘗不在世道人才，故以一散曹得讙去，而天下以大人長德歸之。其自田間起家也，熹廟幼沖，婦寺中外磐牙爲窟穴，公慨然以斥遺奸清國本爲己任，抗章極論，前後二四上。群小激怒，先帝謂訕朕不孝，欲以危法中公，又請禁講學以撼公，公弗爲動也。御史大夫闕，僉言推公，公固辭不可。公居恒謂此衙門得人，可以救世，申憲綱，舉臺規，察守令，確有成畫受事之日。雙籐倚户外，風采肅然，逾月而報罷。當是時，外庭攻閹急，群小依閹亦急，公欲外輯外廷，内齊政地，中涣群小，爲彌縫匡救之計，而亦莫能聽也。嗚呼！公之不能久於位者，天也，其不能殺閹禍者，亦天也，公何與哉？

公生平學問以誦法程、朱真知實踐爲主，揭陽之行，發憤窮究，所至登臨弔古，雲水孤清，益恍然發悟。家居二十餘年，水邊林下，洗心退藏，尤於静中得力。湛淵之時，内不獲身，外不見水，皆公之静境也。委順而去，與聖賢之曳杖易簀，夫何以異？嗚呼！如公者，斯可謂學，斯可以講矣。

公諱攀龍，字存之，别自號景逸，世爲常州之無錫人。公之祖曰静成公材，任黄巖知縣。父曰繼成公德徵，妣邵氏，實生公。材有弟曰静逸公校，壯而無子，遂以公爲嗣。其後皆以公貴，贈刑部侍郎，妣皆淑人，妻王氏封夫人。子三人，世儒、世學皆公任子，世寧，邑諸生。公之没也，世儒請於朝，得贈三代如公今官，蓋異數也。公生於嘉靖壬戌七月十三日，卒於天啓丙寅三月十七日，享年六十有五。其世次官爵及所著書若干卷，誌於墓、譜於家者，皆不具書。

嗚呼！近代朋黨之禍烈矣！其始則宣、政之碑也，其中則淳、慶之禁也，最後則延熹、建寧之獄也。彼方立黨籍，公則爲温爲蜀，其如公何？彼方禁僞學，公則爲洛爲閩，其如公何？彼方逞黄門若盧，公則爲膺爲滂，其又如公何？精金之煅百煉，良玉之火三日，羅箝吉網，蔓衍三朝，愈變而愈毒，適以完節畀公。彼小人者，冰山既傾，腐骨猶臭，徒爲海内所咀嚼唾罵，傳之無窮，令其轉而自計，當亦知其不可也。雖然，公之忠君愛國死而彌篤，靈修美人之思有餘恫焉，何樂乎與慆淫謠諑之徒比長挈短於身後也？然則嬋媛太息，攄幽憤以告來者，其亦吾黨之爲，而無乃非公之志也與？謙益不肖，附公臭味之末，慬而不死，敢因公碑首粗述朋黨梗概，而繫之以銘，銘曰：

唐虞世遠麟鳳憂，出非其時來何求？高冠長佩芳澤稠，珩璜琚瑀紛相摎。回翔延佇經九秋，虹蜺揚光白日霿。蘭芷不芳蕙爲茅，先君後身衆所讎。一夫九首擇肉投，帝閽高高靈璅幽。死暴都市生纍囚，天地爲籠逝何繇？清泠之淵水滔滔，褰裳抗跡依前修。崖山巨浸清淮流，公非水解乃天遊。皎如白月臨中洲，扈從三后參前驅。雲旗晻靄衛九斿，手援斗杓駕龍輈。騎鯨被髮覽冀州，俯視人世殷戈矛。蜩螗沸羹争嘲啁，靈不言兮心豫冘，乘風載雲還帝丘。

（明崇禎五年刻本《高子遺書》附録）

資德大夫正治上卿都察院左都御史贈太子少保兵部尚書謚忠憲高公神道碑銘

（明）錢士升南禮部侍郎

萬曆之季，朝士以東林爲詬厲。東林者，梁谿諸君子講學之所，而景逸高先生其導師也。先生自被謫，林居數十年，晚起田間，登九列，昌言正色，率屬澄清，而風節著。大道莫容，蒙難正志，遇今上褒恤，贈太子少保、兵部尚書，賜祭葬，議易名，復奉有『孤忠邃學，秉節正終』之明旨，而忠義顯。顧先生之風節、之忠義，皆學也，窮理則好惡自誠，見性則殀壽不貳，退藏於密，而顯仁於造次顛沛。嗚呼！此所以爲先生與！

先生諱攀龍，字存之，别號景逸。始祖曰孟永公，三傳至雪樓公，代有隱德。雪樓公生静成公材，是爲先生王父，舉於鄉，爲黄巖令，有異政。生繼成公德徵，配陸夫人，貳邵夫人，實生先生。静成公有弟静逸公校，逾壯無子，請以先生爲嗣，静成公許之，後皆以先生貴贈太僕卿。先生蒙邮典，胄子世儒詣闕謝恩，邀三代誥贈，自雪樓公以下皆如先生贈官。

先生年十九，補邑諸生。又二年，壬午領鄉薦。二十有五，從顧涇陽先生講學，讀《大學或問》，知入道之要莫如敬，遂以肅恭爲主，持心方寸間。久之，悟所謂『腔子』者，覺心不專在方寸，渾身是心。蓋志學時即以程、朱爲的矣。己丑，成進士，隨丁静逸公艱，廬中讀《禮》讀《易》。壬辰，謁選，授行人。適僉事張世則疏詆程、朱，請改《易傳》註，頒行所自爲書於天下，先生奮然曰：『小人而無忌憚至此哉！』遂上《崇正學闢異説》一疏，娓娓數千言。嘗謂讀書意思不進者，尊德性工夫少也，率半日静坐，半日讀書。偶坐僧房，自覓本體，忽思『閑邪存誠』，覺當下無邪，更不須覓誠，快然如脱纏縛。已奉使歸，時太倉當國，閣銓相牴牾，小人有附閣攻部者，先生覆命入都甫三日，上《君相同心、惜才遠佞》一疏，語侵閣臣。下部院會議，條旨上，而先生降雜職矣。

甲午，赴揭陽尉。自省身心，總無受用，遂大發憤，於舟中嚴立規程，取先儒静坐法門一一參求，覺心氣澄清，時有塞乎天地氣象。過汀州，憩旅舍小樓，悟明道先生『萬變在人，實無一事』之語，一念纏綿，瞥焉斬絶。自謂出門至此，學力凡三轉手勢，詳《三時記》中。

乙未，假差歸。戊戌，搆水居於蠡湖，閉關趺坐，作《復七規程》。甲辰，東林書院成。東林故有道南祠，爲楊龜山先生講學遺址，先生與顧涇陽先生請復之，搆精舍，與同志講習其中。每會拈出宗旨，洗發提撕，遠近負牆者人人得意。而先生以端居靜定尤不可少，蓋學人神短氣浮，浸染世俗，必埋頭讀書，使義理浹洽，澄神默坐，使塵妄消散，乃可耳。自言丙午以後方實信孟子『性善』之旨、程子『鳶飛魚躍』『必有事焉』之旨，已及《大學》『知本』與『中庸』之旨，具《困學記》中。蓋先生自癸巳去國，至是凡三十年，學益進，道益尊，而望亦益重。

光廟登極，詔起建言廢棄諸臣。天啓元年，起先生光禄寺丞。明年，晋少卿，署寺事，綜理微密，耗蠹畢清。既而廣寧失陷，京師震驚，先生請逐鄭養性，誅李如楨、崔文昇，以銷隱禍。孫宗伯疏論紅丸，先生曰：『此一部《春秋》也。』會議謂舊相交結鄭戚，不知有君，義甚峻。未幾，轉太常寺少卿，有務學疏，略言明理以明心，明心以出治，不然，孝也不知其爲孝，不孝也以爲大孝，忠也不知其爲忠，不忠也以爲大忠。疏上，傳旨重處，以福清力持，僅得罰俸。已轉大理寺少卿，又晋太僕寺卿。而講學之禁起，鄒、馮兩公皆請告歸，先生於辭疏及之，有『講學何罪？頓空法紀之臣。禁學何名？欲行聖明之世』，力請移疾，不允。明年春，乞差出都，貽書王給事志道論兩朝事，大要言：『人臣爲國，當杜漸防微，懲前毖後，不宜爲亂賊脱罪，爲君父種禍。夫皇祖威福在手，妙於調停，是皇祖身上事。皇考仁孝根心，妙於隱忍，是皇考身上事。皇上祖考在念，妙於處分，是皇上身上事。若夫嚴萬古綱常，守三尺法紀，君讎必報，君賊必討，是臣子身上事，而奈何諱之，加以誣謗也？』至哉斯言！聖人復起不能易矣。居無何，起刑部右侍郎，疏辭不允。值皇子覃恩，予三代誥命，先生曰：『君恩渥矣，其何以報？』而同志亦以大義敦趣。甲子春，入都，而副院楊公罪璫疏上，中及枚卜，蓋指南樂也。南樂恚，駸駸欲與璫合，而外廷諸臣以事權相齮機漸惡，先生默爲聯絡，備極苦心。會總憲缺，廷推首先生，時儕鶴趙公爲太宰，先生以門牆爲嫌，力辭之。太宰心動，而臺省急先生甚，以天下事不得引嫌廢至公，議遂決。命下，先生控辭，不允。既入臺，激揚風采，發御史崔呈秀按淮揚時賕賂鉅萬，竟褫職遣戍，天下快之。呈秀既得重譴，則潛伏輦轂，急走魏璫，以圖洩憤。而南樂又以偃蹇被糾，益恚恨，遂計不反顧，與内合謀。而所欲急驅者部院，則借晋撫事以發端，首垣、選郎逐，而先生與太宰俱罷歸矣。

乙丑春，詔獄起，追贓一案將連及先生，賴吴錦衣力持得免。及遊鳳翔疏上，而先生削奪矣，已請毁東林書院矣。先生屏跡河干，杜門絶交者逾年，而有丙寅三月十七日事。當繆、周二公之逮也，先生自度不免，先一日，肅衣冠謁道南祠，有别聖文，歸而得吴門信頗異，微笑曰：『其然乎？』及晚，家人聚酌如常，止云鬻田可得千金，完緹騎費，蕭然就道矣。就寢至夜半，復傳日中信，先生聞之，整衣起，從容入書齋，謂諸子曰：『吾稍欲料理爲出門計，可急覓舟，束身就繫，無恐怖家人也。』作字二紙鐍篋中，復之内寢與夫人款語半晌。出取所封紙置几上，指示兩孫明日以此付官旗，勿先發，命且暫退。移時聲息寂然，諸子推户入，見燈火熒熒，杳無蹤跡，發所封，乃遺表也，云：『臣雖削奪，舊係大臣，大臣受辱則辱國，故北向叩頭，從屈平之遺則。君恩未報，結願來生。臣高攀龍垂絶書，乞使者執此報皇上。』復有别友人書云：『僕得從李元禮、范孟博遊矣。一生學問，至此亦得少力。心如太虚，本無生死，何幻質之足戀乎？』諸子惶駭，急從旁扉奔池畔，則先生已赴水矣。諦視平立水面，衣履整齊，淤泥不沾身，滴水不入腹，數日成殮，面色如生。嗚呼！仲也結纓，曾也易簀，先生其同而異，異而同耶？

先生嘗謂少年不學，老無受用，事多苦，拂意苦，疾病苦，老死之苦益不可言，静而見道，此等苦皆無之。先生末路風騷，受用得手矣。先生書無不窺，尤深於《易》，所著有《周易孔義》《乾坤》《姤復》諸説。其論心性理義，如繭絲牛毛。而學脈流派參訂最精，謂學微有心性之分，孔、孟已見眹兆，朱、陸遂成異同，至文成、文清便是兩路。兩者遞傳，必有所弊。畢竟實病易消，虚病難補。今虚證見矣，當相與稽弊而反之於實。又曰：『釋氏之學，其精微，吾儒具有之，總不出「無極」二字；其弊病，先儒具言之，總不出「無理」二字。』『佛氏最忌分别是非，如何紀綱世界？聖人因物之是非而是非之，吾不與也，所以開物成務。』此其息邪閑聖功，豈在距楊、墨下哉？

生於嘉靖壬戌七月十三日，距其歿，得年六十有五。配今誥封王夫人，生三子四女：長世儒，以諸生蔭入太學；次世學，以附例承蔭；次世寧，諸生。孫男七人，女七人，詳志、狀。世儒以庚申年己丑月壬申日丁未時葬先生於崋峲之諭塋，而以墓隧之詞相屬。升五十無聞，何能窺先生萬一？顧自爲諸生時，從涇陽先生於東林，因親炙先生。及先生起勳署，得侍同朝，數過從受教。至於今，盡讀先生之遺文，恨覿面失之不獲，如醫閭之事白沙也。竊儀圖之，先生光風霽月似茂叔，太和元氣似明道，整齊嚴肅似伊川，讀書窮理、立朝嶽嶽似晦翁。若新會之灑落，餘干之主敬，河津之實踐，姚江之超悟，先生兼有之，而無其弊。蓋國朝理學名臣，濂洢洛淵源，以上接洙泗者，先生一人而已。他媺行不具載，第識其大，而系之以詞：

宋有大儒，厥惟程、朱。居敬窮理，孔矩同符。微言既遠，正學榛蕪。無善無惡，乃墮野狐。先生之學，泝流閩洛。力闢禪宗，導以聖鐸。境有動静，功兼約博。致其精微，棄彼糟粕。講道林泉，垂三十年。晚起廢籍，諸賢比肩。扶植天常，侃侃便便。激揚風紀，顧、邵後先。嬴豕漸孚，亢龍有血。義不辱國，從容明決。晝夜可通，泡影忽滅。入水不濡，汨羅非埒。帝鑒忠精，褒恤九京。將作營葬，太常易名。惟忠惟憲，二法合并。德有餘美，名匪苟成。新宫如堂，穹碑如鷁。精神行天，歷百千紀。先生有言，本無生死。廓然太虚，何終何始？

（明崇禎五年刻本《高子遺書》附録，又見錢士升《賜餘堂集》卷八）

先父資德大夫正治上卿都察院左都御史贈太子少保兵部尚書謚忠憲景逸府君行述

（明）高世儒

嗚呼痛哉！不孝輩何以述吾父哉？吾父講學四十年，遘從來不經見之慘。立朝不五載，罹人世未嘗有之兇。嗚呼痛哉！

吾父自甲午歸田，日惟讀書談道，長卧林皋，已絶意仕進。其應光禄之召也，以相知勸駕，親綸未沾故。其赴司寇之轉也，以主恩隆重，群賢滿朝故。已而會推掌憲，力辭不允，方祈與共事諸君子左襄右掖，稍傾葵藿，用酬知遇於萬一。而芳蘭當路，荆棘不容，群陰密布，爲一網打盡之計。而逆璫之焰烈，黨錮之難作矣。諸君子或譴或逐，或賫志死，或就逮死，吾父獨投淵死。嗚呼痛哉！不孝輩何以述吾父哉？

吾父居家閫修，所紹明者千古統緒。居官建白，所扶持者千古綱常。非千古人物，不與締結。非千古是非，不妄置喙。非千古事任，不以厝躬。竊念吾父梗概在鄉邦，精微在學問，忠節在廟堂，精光在穹壤，此皆里巷有口，史册有筆，海内諸同調有心。愚懵若不孝輩勿問理學淵源，莫窺津略，並出處作用罔曙幾微。今以聖天子當陽，群奸畢破，公論大伸，吾父賴諸名公題請，得蒙贈邺。而死者已不可復生，隱恨彌深，極傷難報。嗚呼痛哉！不孝輩何以述吾父哉？痛定思痛，以爲吾父雖自能不朽，乃墓中片石尤必藉當代大人先生言共勒不朽，敢以耳目睹記、師友傳述詮次一二，爰備如椽采擇焉。

吾父姓高氏，諱攀龍，初字雲從，後字存之，别號景逸。高氏可知之祖曰孟永公，始居邑東南隅。一傳耕樂公如圭，再傳省軒公翼，三傳雪樓公適，代有隱德。雪樓公配浦氏，生子二：長静成公材，即曾王父；

次静逸公校，即嗣王父，配朱氏。曾王父登嘉靖辛卯賢書，令浙黄巖，有異政，民至今户祝。居官宦績，居鄉清德，載兩處邑乘，祀名宦、鄉賢。生王父繼成公德徵，子七人，配陸氏，無出，貳室邵氏，出者五，吾父其二也。

當歲己未，伯父明陽公生，有盆荷著花之瑞，曾王父詩以志喜。歲壬戌，復有蓮開之瑞，吾父生，曾王父復詩以志喜云：『盆荷今歲又新栽，更老風情覺更孩。踰六旬惟兩度見，隔三年復一花開。吉祥共詫有先兆，孫子應多是俊才。慚愧庸虚那得此，須從父祖本原猜。』吾父得手筆於冗紙中，捧誦珍悼，跋云：『蓮之再開，若爲吾兄弟兆者。蓮，花之君子也，發於盆盎，小能大也，常人神局於六尺，君子神充於宇宙，亦若是矣。出於污泥，污能潔也，常人心役於五官，君子心超於萬物，亦若是矣。蓮，多子者也，子以及子，吾兄弟子孫相率爲君子也，乃所以報吾祖，報天之休也。』吾父之生也，穎異端方，不類凡兒，曾王父與王父絶憐愛之。嗣王父年逾壯，無子，曾王父抱以屬曰：『弟，子之。』嗣王父見頭角英英，與嗣王母朱夫人提抱鞠育，愛如己出。

六歲就外傅，神采奕奕，善讀書，能記憶，言動不苟，有成人度。讀罷，嗣王母授菓餌，敬而受之。或命自取，必如所常授數，幼時根器夙成矣。十一、二，工文章。十五，應童子試，蹶於院，下帷發憤，鋭意公車，圖遠大業。師事同邑文學茹先生澄泉，兄事孝廉許先生静餘，又與一時名碩尋盟結社，往來觀摩。每讀書，問奇於章句帖括外，别有證會。暇則默探討諸儒語録、《性理節要》諸書。十九，補邑諸生。二十一壬午，舉於鄉，爲沈相國龍江公、徐中丞檢吾公識拔，一見以天下士期之。癸未，丁嗣王母艱，戚易備至。丙戌、丁亥間，李公元冲令吾邑，與顧涇陽先生講學黌宫，士子雲趨，深諧夙好。吾父不徒以議論從事，必欲見之躬行，以爲聖人所以爲聖人，必有做處，未知其方。看《大學或問》，見朱子説入道之要莫如敬，遂專用力於肅恭收斂，持心方寸間。久之，見程子謂心要在腔子裏，解曰：『腔子，猶言身子耳。』大喜，以爲心不專在腔子裏，渾身是心也。江右羅止庵先生來講李見羅先生修身爲本之學，與吾父所持循甚合，更大喜不疑。旦夕作知本功夫，俾身心相得，言動無謬。二十八己丑，赴禮闈試，分考高邑趙銓部儕鶴太老師得吾父牘，評云：『此卷似知學者，當拔之牝牡驪黄外。』廷試名在三甲，觀政大理寺。七月，聞嗣王父訃，星夜馳歸。傷嗣王母奄逝於未第先，曾不一見子之成名；傷嗣王父奄逝於京邸日，曾湯藥不一嘗，含殮不一視，擗踊悲號，幾不欲生。特恐傷王父母心，勉强節哀成禮，匍匐以圖喪葬。憂中讀《禮》讀《易》，自問安視膳王父母外，手不釋卷，足不踰閾，矻矻攻苦如諸生。辛卯，服闋。

壬辰，謁選。例應得部，值選司鄒孚如先生條議謂起復驟得京職爲大便宜，宜如舊例，選授當得縣令。吾父寄書王父曰：『兒觀今日時事日非，天下事無一可做，稍酬生平，惟有守令耳。部官悠悠，坐老歲月，不若乘此年力做一出頭，以後便可迎刃而解。嚴不至激，和不至隨，兒自量力能爲之。愛民好士，一介不取，亦自量力能爲之。邑中豪傑雖多，兒意所取法者邵文莊、王繼山二公，皆自州官起脚。夙志如此，未審得遂否？』既而鄒議部覆不行。六月，授行人司行人。自盟曰：『吾於道未有所見，但依吾獨知而行，是非好惡，無所爲而發者，天開之矣。』驗之頗近，於此略見本心。力自擔負，期於見義必爲。適四川僉事張世則疏詆程、朱，欲改易傳註，獻所爲書，求頒行天下。吾父不勝憤愕，上《崇正學闢異説以一人心以端正本疏》，昌言排之。有全刻。疏入，奉神宗皇帝旨：『程、朱正學崇尚已久，豈可輕議？近來士論玄虚，何裨實用？高攀龍所言有關世教，張世則剿襲浮詞來奏，姑免究。禮部知道。』不旬日，尋上《今日第一要務疏》，内言天下之大本與天下之大機，欲上法祖，操心講學、勤政、發帑、理財。有全刻。疏留中。吾父半月間凡兩上疏，亹亹數百千言，皆真誠懇惻，以生平體驗所得者入告。復草《辨明忠邪疏》，欲上不果。

司中藏書甚多，得恣意涉獵。出與諸老先生往來論學，析儒、釋同異，究性命精微，移晷達旦，不憚商確。入寓，將盡日所爲密密循省，儻有浮言躁動、游思妄想，無不痛自檢點，猛自洗刷。温習《易》《詩》之餘，取二程、朱子《全書》手自摘録。讀薛文清先生《粹言》云：『一字不可輕與人，一言不可輕許人，一笑不可輕假人。』愈加儆惕，顧影顧衾，務求不愧先儒後已。與同僚謁孫立亭先生云：『諸位長官，乘此正好讀書，不可蹉過。』又云：『律爲用世本，不可不讀。』吾父併加意律學。作《日省編》，以諸儒論切要工夫分附《大學章句》下，爲學者入門之路。集《崇正編》，以諸先生論儒、釋異處彙成一書。又云：『讀書意思不進者，以尊德性工夫少也。』嗣後以半日静坐，半日讀書。偶出遊，則於水邊石上幽篁古刹静坐。習儀則於朝天宫、僧房静坐。必欲掃盡凡心，獨見本體。每五更氣清，於道悟入，知聖賢之言字字皆有著落。一日静坐久之，忽思『閑邪存誠』句，覺得當下無邪，渾然是誠，更不須覓誠，一時快然，如脱纏縛。從此反躬實踐，會友談心，無非是物，不自知其情之適、理之親也。

十二月，奉差往金陵頒詔。途次雜沓，不忘誦讀。玩《易》至《咸》卦，觀感應、屈伸之理，大有得。至金陵，公務畢，惟謁鄒南皋先生，及與葉閒適、薛玄臺兩年伯、朱虞葑先生、瞿洞觀先生深更共榻，各言所志，尋最上一乘。癸巳燈夕前抵家，自春徂秋，或花月娱親，或舟車覓友，知交日益進，見聞日益真。

奉差一年，日以天下事爲念。冬十一月，復命入都。見鄭材、楊應宿有疏附閣攻部，掊擊衆正，吾父憤激不平，到任甫三日，遂上《君相同心、惜才遠佞以臻至治疏》，有全刻。語侵閣臣。大要言諸臣罷黜，非輔臣欲除不附己，則内侍不利用正人，而應宿等反借不附吏部之名，致阿狥閣臣之實，閣臣聲音笑貌間雖示開誠布公之意，而精神心術之隱實不勝作好作惡之私，以致機權潛用，善類坐空。疏上，應宿復疏論吾父説謊附吏部。奉旨著部院會同該科從實究問，吾父坦然俟之。涇陽先生致柬謂：『只宜杜門静居，存待罪意。若太坦然，亦覺未至，此意當自得之。』吾父領其教。已而諸老先生於朝房會問，吾父以正對云：『疏中原未嘗説皇上一事不管，但自來政府票旨用意顯然，今日豈得獨歸過皇上？』諸老唯唯而出。已而會議本送閣票旨，聞上意一無所怒。次日，則應宿止降級調外，吾父則降雜職矣。臺省各有公疏，則爲首罰俸一年，餘俱罰七月、八月矣。臺中吴海洲先生有疏分别君子小人甚悉，特爲吾父與應宿發，則降極邊方雜職，旋削籍，吾父再降極邊方矣。南銓安我素先生特疏申救，嚴旨逮問，旋削職矣。吾父遺書吴海洲先生云：『凡人行義非難，所安爲難。人心清净，中一物不可著，何處著一官？若一念未融，其道不光矣。了此，便鳳皇翔於千仞。』聞省中公疏許少微先生執筆，云：『高攀龍之憤激，乃朝野之通情也。吴弘濟之建白，乃部院之公議也。』雖不果用，聞者快之。吾父雖身在危疑，因是月諭皇長子明春出閣，喜國本大定，與相知酌酒相慶，忘其一官之去。

洎奉有廣東揭陽縣典史添註之旨，蕭然策蹇出都還家。親舍依然，白雲無恙，承歡侍養之暇，第會友讀書，究竟朝聞大事。七月，赴廣東。會諸賢去，而顧先生亦以言事黜，貽書有『吾曹一時退處，共得閒身。造物之意，夫豈偶然？不知何修可以報稱？』之語。舟次海虞，安先生録屈子《卜居》於扇以贈行。吾父亦攜得《楚詞》於笈，喜安先生啓予實深。數日讀之，方寸如洗。至武林，與廣東陸古樵先生、嘉善吴蘧庵先生談論數日。古樵潛心白沙先生主静之學，吾父得其提醒，自歉於道尚未有見，身心總無受用，發憤曰：『此行不徹此事，此生真負此身矣。』舟中嚴立規程，取前所爲半日静坐、半日讀書者反覆行之。當心氣澄清時，有塞乎天地氣象。在路兩月，如武夷、天游、九龍、十八灘險絶奇絶處，不可屈指，靡不畢領其勝。憩九峰書院，登子陵釣臺，溪聲鳥韻，茂樹修篁，種種悦心，而心不著境，自謂得山水之助不小。過汀州，登旅舍一小樓，甚樂，手持二程書，偶見明道先生曰：『百官萬務，兵革百萬之衆，飲水曲肱，樂在其中。萬變俱在人，其實無一事。』猛省曰：『原來實無一事也。』一念纏綿，斬然遂絶。忽如百觔擔子頓爾落地，又如電光一閃，透體通明，遂與大化融洽無際，更無天人外内之隔。至此，見六合皆心，腔子是其區宇，方寸亦其本位，神而明之，總無方所可言也。平日深鄙學者張皇説悟，此時只看作平常，自知從此方好下工夫耳。語詳《困學記》。

至揭陽，吾父不以謫官閒散，怠於政事。日於衙齋課士，正文體，釋書義，兼編集《諸子要語》刊示之，生儒興起者甚衆。邑令爲同年朱任宇，吾父訪知民情吏弊，悉心啓告。臨行，殛一兇人。陳所藴工起滅，報睚眦，占主女，細民至鄉紳、地方、官府莫敢誰何，窮治其罪，竟置之法。在揭陽，遊蓮花峰，謁文丞相祠、周元公祠、韓昌黎、陸宣公祠，慨然有先達想。所得友爲蕭自麓先生，故羅念庵先生門人，以主敬爲學，所見甚正。

署事三月，假差歸。别自麓先生，請教，曰：『公當潛養數年，不可發露，先輩皆背地用一陣堅苦工夫，故得成就耳。』吾父深然之。啓行，諸生不遠百里相送，臨别依依，謂曰：『諸君努力，自當相遇中原。與諸君矢，繼自今脱鄙人毁簾［廉］蔑檢，無以見諸君；諸君不克砥礪，厭厭世俗，亦無以相見。』則皆曰：『誠如此盟。』

至漳州，謁李見羅先生，辨論數日。見羅先生曰：『果明宗，果知本，則心意知物各止其所。格致誠正，不過就缺漏處照管提撕，真有無所事事的光景。』吾父則謂：『《大學》「格致」即《中庸》「明善」，所以使學者辨志定業，絶利一源，分剖爲己爲人之介，精研義利是非之極，透頂徹底，窮穴搗巢，要使此心光明洞達，直截痛快，無毫髮含糊疑似於隱微之地，以爲自欺之主。夫然後爲善而更無不爲之意拒之前，不爲惡而更無欲爲之意引之後，意誠心正身修，善所以純粹而精，止所以敦厚而固也。不然，非不欲止欲修，而氣稟物欲拘蔽萬端，恐不能實用其力者矣。且修身爲本，聖訓昭然，千古知之，只緣知誘物化，不能反躬。非非欲能累人，知之不至也。何以旦晝必無穿窬之念，夜必無穿窬之事？知之切至也。學者辨義利是非之極，必皆如此，斯爲知至。此工夫喫緊沉著，豈可平鋪放在，説得都無氣力？其條目次第，雖非今日致，明日誠，然著箇先後字，亦有意義，不宜如此籠侗。』蓋吾父恪遵程、朱之説如此。過延平，拜李先生祠。往考亭，拜朱夫子祠。過崇安，拜趙清獻祠。蕭蕭身世，雲水孤清，自謂出門至此，學力已三轉手勢。詳《三時記》。

乙未春歸，再取釋、老二家參之，謂釋氏與聖人所争毫髮，其精微處，吾儒具有之，總不出『無極』二字；弊病處，先儒且言之，總不出『無理』二字。觀二氏而益知聖道之尊，若無聖人之道，便無生民之樂，即二氏亦飲食衣被其中而不覺也。

丙申，連遭王父母喪，與伯叔父竭力襄事，一依《文公家禮》。居喪三年，彌力於學。王父遺命析其産而七之，吾父推以讓諸伯叔不得，盡出爲喪葬資，以其餘置義租，贍親族，分贍祖妾之無出者。

戊戌，作水居爲静坐讀書計。數年間，徙居婚嫁，歲無寧息，而動中煉習、静中温養工夫未始頃刻廢。於水居構一可樓，『可』者，可也，言無所不可也。茅簷數椽，極湖山之致，吾父謝客棲息其中，動以旬月。偶遠近同心如歸陶庵、吴蘧庵諸先生來訪，相與瞑目焚香，閉關趺坐，坐必以七日。遊陽羨諸山，則坐龍池頂；遊武林諸山，則坐弢光、黄龍、荻秋庵，俱絶巘淒清、塵跡罕到處。作《復七規程》。有全刻。是秋，始會同志於二泉之上，與管東溟先生辨無善無惡之旨。具别記。

於是顧先生時時謂吾父曰：『日月逝矣，百工居肆以成事，吾曹可無講習之所乎？』考邑乘，錫故有東林書院，宋龜山楊先生講學遺址也，廢爲僧院，邵文莊公圖脩復不果。吾父與顧先生弔其墟，聞於當道，葺道南祠，同志相與搆書室居焉。甲辰冬，始集吴越士友於中，一依白鹿洞規。顧先生倡，吾父左右之。自顧先生歿，吾父獨肩其責。每會取儒、釋、朱、陸之辨，文成、文清真悟真修之辨，爲己爲人、義利公私、欺慊邪正之辨，時時拈示，洗發痛快，令人人劃然開，油然得。赴會從遊者遠近數百，皆一時之俊。吾父尤謂學者雖得朋友講習之功，終不可無端居静定之力，蓋各人病痛不同。大聖大賢必有大精神，其主静只在尋常日用中。學者神短氣浮，便須數十年静力，方得厚聚深培。而最受病處，在自幼無小學之教，浸染世俗，故俗根難拔，必埋頭讀書，使義理浹洽，變易其俗腸俗骨，澄神默坐，使塵妄消散，堅凝其正心正氣，乃可耳。

又云：『吾至丙午方實信孟子「性善」之旨。此性無古無今，無聖無凡，天地人只是一個。惟最上根器潔清無蔽，便能信入。其次，全在學力。稍隔一塵，頓遥萬里，孟子所以示瞑眩之藥也。至丁未，方實信程子「鳶飛魚躍」與「必有事焉」之旨。謂之性者，色色天然，非繇人力。鳶飛魚躍，誰則使之？勿助勿忘，猶爲學者戒勉。若真機流行，瀰漫布濩，亘古亘今，間不容息，於何而忘？於何而助？所以必有事者，如植穀，然根苗花實，雖其自然變化，而栽培灌溉，全在勉强問學。苟漫説自然，都無一事，即不成變化，亦無自然矣。至辛亥，方實信《大學》「知本」之旨。具別刻。壬子，方實信「中庸」之旨。此道絶非名言可形，程子名之曰「天理」，陽明名之曰「良知」，總不若「中庸」二字爲盡。「中」者，停停當當。「庸」者，平平常常。有一毫走作，便不停當。有一毫造作，便非平常。本體如是，工夫如是。天地聖人不能究竟，况於吾人，寧有涯際？勤物敦倫，謹言敏行，兢兢業業，斃而後已云爾。』語亦詳《困學記》。蓋吾父自五十前，静定者十七，會友者十二，應酬者十一。自五十後，日日應酬，日日會友，亦日日静定，觸處流行，隨機指引。人見其渾然穆然，不厭不倦，以爲平平常常、停停當當，不知平平常常、停停當當者固從四十年攻苦得之者也。嗚呼！吾父固自分爲東林學道人耳，詎有出山意哉？

無何，神廟賓天，光宗皇帝登極，酌量起用建言廢棄諸臣。甫一月，鼎湖再泣，奉遺詔，有起用未盡者，吏部陸續題補。天啓元年三月，起光禄寺寺丞。意不欲行，過孫淇澳老先生諸同志，商出處之宜，謂光廟遺謨未墜，今上新政可觀，急宜行，遂於是冬别東林諸友北上，以會講事託葉閒適年伯、吴覲華先生等主盟，再拜屬曰：『畢竟此事爲吾輩究竟，弟此行原殉君親二字，可歸即歸，不使東林草深也。』到任，作一聯粘堂中云：『精白厥衷，一率其不損不加真性；靖共乃位，勿昧其可仕可止本心。』明年二月，陞本寺少卿，贈嗣王父如其官，嗣王母朱氏宜人，移贈先王父如其官，先王母陸氏、邵氏俱宜人。時寺官正貳皆缺，吾父獨肩寺事。自冬踰春，備極煩勞。元夕，備上供茶飯，天鵝數缺，群璫行恣需索，吾父援累朝改折例題免，以家鵝代用，譁者帖然。以至裁無名供費，發鋪行物價，革諸曹鋪墊，勳署畢清。見京師窮民滿目，思廣上德，意借本寺儲峙賑給，已具疏，值侍御李瞻成先生先疏及之，喜，不果上。又以餘糧賑士之貧者，人人戴德，惟恐吾父一日去。群璫請乞不遂者，初亦狺狺申詈不休，久之，見綜理微密，躬親庶務，又終日危坐，意嚴色和，正己率物，懾服，退相戒無犯。

既而廣寧失陷，入犯京師，危在旦夕，人心皇皇，無固志。吾父獨鎮以安静，尋有《國勢甚危，懇乞聖明破格用人以備不測疏》，有全刻。內及慎畿内守令之選，行保甲防禦之法，俱允行。又具《釋群疑銷隱禍以固人心疏》，言鄭養性、李如楨、崔文昇家皆奸細窟宅，京師禍本，而鄭氏謀逆，如禎、文昇又鄭氏心腹，陷名將，失土地，以瀉藥爲弑，豈得僅加斥逐，必將養性等發回原籍，如楨、文昇等明正典刑。有全刻。疏上，觸養性等大忌。吾父謂果驅逐鄭氏去，亦出山一事。時大宗伯孫老先生疏論方從哲『紅丸』事，吾父見之曰：『此一部《春秋》也。』下部院九卿科道等官會議，吾父力持正論，不少顧忌。有全刻。議出，人以爲鐵案。未幾，轉太常寺少卿，於寺典多所釐正。作《寅直説》。有全刻。有《恭陳務學之要以立致治之本疏》，欲上明德以爲明明后，讀《大學章句》暨宋臣真德秀《衍義》、先臣丘濬《衍義補》二書，明理以明心，明心以出治，討方從哲、鄭養性罪，不可孝不知其孝，不孝以爲大孝，忠不知其忠，不忠以爲大忠。有全刻。蓋吾父前出議，正欲會奏並處鄭養性，而奏中一字不及，故不得不申言乃鄭氏通神。吾父疏上，矯旨謂已處分訖，何得又瀆奏？欲重處以杜後來之口，葉首輔對傳旨中官云：『此人有重望，若處，滿朝争之，吾亦同彼去矣。』故僅止罰俸，而旨中猶有『處分已訖』『言朕不孝』語。吾父難具疏再辨，但致束首輔云：『龍生平以學爲事，出山一番，何可不勸皇上以學？實則天下事以君心爲本。若謂迂，孔、孟當年更迂矣。中間點入時事，正見人主不可不學。何者？皇上明於報母讎，未及報父讎。諸人欲諱皇上報母讎者，惟恐其報父讎也，故謂聖諭爲王安播弄，謂皇考爲令德考終。前則以衆正爲附權璫，後則以衆正爲彰君過，伏將來一網之計，其心甚毒，故不可不辨也。龍前議正欲併處鄭養性，而會奏不及，故疏内復理前語，聖旨乃曰「鄭養性已經會奏」，何耶？龍疏正謂皇上優待選侍爲至仁，而聖旨乃曰「言朕非孝」，何耶？天高難問，區區之愚，敢於相國布之。若得維持調護，存一綫善脈，共爲社稷手額矣。』吾父在京幾一年，海内英賢亦畢集，謂此人生奇遘，惟有矢志汲引後進，充滿朝宁，以壯元陽。陽盛則陰消，小人即有伏藏，不必與口舌相角。言路中賢者稍動争端，便力止之，不使玄黄之戰再見於起廢之後。又謂默然融化乃是道理，煦然調停即屬世情，二者天壤不侔，併調停之意一切泯之。吾父用心如此。

九月，轉大理寺右少卿。時掌院鄒南皋先生、副院馮少墟年伯建首善書院，立講學會，給事中朱童蒙疏論講學，指意歸重東林，欲天下以講學爲戒。吾父欲具疏辨，適奉明旨，如日中天，乃僅具揭以明其是非。有全刻。蓋吾父當東林爲世所共趨，不標其名；當東林爲世所共忌，不避其實若此。已而鄒、馮兩先生請告歸，詞林文先生亦抗疏歸，吾父感時事不平，三疏控辭，不允。中有『講學何罪？頓空法紀之臣。禁學何名？欲行聖明之世』等語。又有『感時致疾，痊愈無期。陰陽交争，上下隔塞，邪氣所干，元氣大伐』等語，以身疾喻朝政，不異吕獻可。吾父以請告不允，惟有乞差還里可遂初服。明年春，奉差出都門。

給事中王志道疏論兩朝事，意見頗淆。吾父不便具疏，致柬剖晰，大要言：『人臣爲國，當杜漸防微，懲前毖後，不宜爲亂賊脱罪，爲君父種禍。夫張差制梃，美女代劍，先進熱藥，後進泄藥，彰明較著，中外共知，孰得諱之？「諱」之一字爲亂賊設護身之符，加以「誣謗」二字，又爲亂賊立箝口之法。夫皇祖威福在手，妙於調停，是皇祖身上事。皇考仁孝根心，妙於隱忍，是皇考身上事。皇上祖考在念，妙於處分，是皇上身上事。若夫嚴萬古綱常，守三尺法紀，君讎必報，君賊必討，是臣子身上事。烏得以討罪者遂爲謗君，遂爲誣君，遂爲傷皇考之明，遂爲害先帝之義，使天下更不敢開口説亂賊一字也？』有全刻。蓋大義所關，不容隱忍耳。

當請告時，太宰張誠宇先生謂趙太老師曰：『貴門生切不可放他去，他坐此，人自然服。』又指其心曰：『他此中明，所以人服。』吾父得差，從水路行，向著《周易孔義》未就，舟中卒業。至家，復尋東林之社。然朝中諸君子實未嘗一日忘吾父，即家起刑部右侍郎，疏辭不允。值皇子生，吾父以京官三品覃恩得三代誥封，贈曾王父、嗣王父俱如其官，曾王母、嗣王母俱淑人，再移贈先王父如其官，先王母俱淑人，廕一子。吾父慷慨言曰：『君恩渥矣，其何以報？』諸君子有以大義見責，甲子三月啓行，與門人華水部鳳超同舟北上，途中兩閲月，相對論學。六月，赴闕。

時則楊副院疏論逆璫二十四大罪，奉旨切責。舉朝争之不得，因疏中及枚卜事，内閣哄起，璫遂思借兵於閣。太宰用鄒匪石先生，有以此參論左僉院魏首垣者，太宰欲見幾遠引。朝中鼎沸，南衙北司勢如水火。當時秉公者惟恐吾父一日去，營私者惟恐吾父一日留。吾父只以無心遊之，畏忌滿目，絶無瞻避。未幾，有旨逮林御史，疑匿首輔寓，中官競圍其門。復有旨杖萬工曹，不斃於杖，斃於中官之攢毆。吾父謂此二百十六年未有之事，不爲干犯主上，而爲觸怒權璫，天下之勢盡歸中官，縉紳之禍將起。又默念人各潔身，將此世界視其陸沈，後世當謂王夷甫諸人不得不任其咎。幸太宰得留，而蒲州代福清爲首揆，次相朱年伯又與吾父同心。吾父因謂：『外庭法用正直，内閣法用和婉。中官用事，未能拔其毒，且須殺其毒。勸其以票擬還内閣，事權還部院，是非還科道。召用諸賢，以收人心。多作好事，以保富貴。今日内閣當借用外庭，不可以外庭正直而疑其激；外庭當責成内閣，不可以内閣和婉而疑其媚，如此乃相成也。』忽左都御史孫藍石老先生病故，大計伊邇，總憲員缺，諸老先生會議，謂舍高老先生其誰？各默疏所宜，首擬不約而同。吾父以陞遷非次，奔走懇辭，正色謂諸賢曰：『太宰是房師，可與門人分掌部院乎？且無論其他，即在刑部，孫蘭石以尚書總憲，近日事也。今尚書是賢者，可越之用侍郎乎？即用侍郎，饒三銘正人也，科先兩科，俸多一年，同是起廢，彼下獄受刑，禍更酷，可越次用右乎？』對太宰言亦然，又勸推馮少墟年伯。

太宰亦以爲然，恐少墟不能即到用，副院署印管考察，僉曰：『善。』魏忠賢恨楊副院，隨傳旨會推，然尚畏外庭，不敢有所屬意。衆論益急用吾父，吾父謂：『聖旨分明説見在資俸深者，何可亂作？』兩衙門紛起，一時有四疏論不宜序資俸。吾父見事勢相迫，急薦饒於太宰，謂必如此乃妥。太宰首肯，遂註饒，選司不肯。太宰令出咨，兩衙門不肯。河南道袁熙宇先生持益堅，謂太宰：『此天下事，老先生可引嫌乎？』太宰云：『非我意，是景逸推讓美意，成其美耳。』袁謂：『此天下事，可聽高老先生固讓乎？』以此遂決。當吾父力辭，太宰註饒，謂已脱重任，不預會推事。及報至，出意外，具疏懇辭，不允，乃就職。當日同推至意及吾父固讓苦情，非他人所知也。吾父立其朝，必欲行其道，一日居其位，必欲一日盡其心。謂今日安民之計，只在除貪酷吏，欲吏無貪，先在輦轂要道不要貪吏之金。故入中臺之明日，即有禁絶書儀榜行五城御史張掛九門，令知清明之朝，決不容穢濁之事。適有兩御史同日回道，一至清，一至濁。其至清者，巡按江西謝老先生，吾父以稱職考。至濁者，巡按淮揚崔呈秀，爲忠賢第一私人，贓私鉅萬，穢聲流傳，立具疏糾言呈秀舉劾失真，貪酷漏網，自來未有如其貪污者，搖山撼嶽之威，衹供其禦貨攫金之用，墦間壟斷之賤，且冒居觸奸指佞之官。疏上，奉旨著吏部從重議處。部覆呈秀褫職，贓私著撫按會勘的實，依律遣戍。呈秀青衣小帽，昏暮俯伏乞哀於忠賢。爾時衆正在位，忠賢懾吾父風聲，不敢動，然其恨吾父不減楊副院矣。

吾父又謂：『院中總六部之事，職其要，不職其詳。此衙門頗可救得世，撫按相貫通，宇內如共一堂。京師五方雜處，見聞博而易真，今只咨訪監司守令於輦下各省之賢者，人人咨之，事事記之。貪酷害民，撫按不糾於置郵中，詰問之第一義在自身上守法，苞苴一毫不入，竿牘一字不出，不言而人自凜然矣。』又謂：『天下事君相同心方做得，閣銓同心做得一半，部院同心次之。若撫按、提學選擇皆得人，士習民風不無少補。』尋具《申嚴憲約專責成州縣以安民生疏》，列款五十餘條，凡農桑水利、敦教化、育人才、正人心、厚風俗、刑名、錢穀、積貯、給散、保甲、防禦、聽訟、卹囚、彰善癉惡、剔蠹釐奸之法，纖細備具，而要以躬行儉約節用，愛人爲主。其巡方者，另有禁約柙之。欲行當行之事，將次第舉行，因會推巡撫事起，奉嚴旨切責，不果。掌憲僅月餘，人以爲北顧南邵復見云。

先是魏廣微夤緣得相位，久與正人齮齕，至是，以十月朔頒曆不至，廟祭後期，爲臺省魏廓園、李次見諸先生互參。廣微懼不能容，知忠賢恨外庭殊甚，而呈秀又潛住京師，媒孽百端，遂倒身入幕，時有内魏外魏之號。廣微以外庭必欲殺汝嚇忠賢，忠賢曰：『與此輩定不干休，須外間一幫。』於是廣微、呈秀交關其間，簸弄局面，圖洩其憤。而所欲急驅者部院，遂以會推謝鳳臯老先生山西巡撫，嗾陳九疇構陷夏選司繩北、魏首垣廓園以及部院，云魏於謝有師生之雅，故於選司力爲把持。不知謝老先生實以沈静自守，與遇缺干求者不同，太宰欲借此奬勸恬士，首垣初不聞也。及奉旨看議，部院從公會奏，夏、魏俱重處，而太宰與吾父有含糊偏比之旨。太宰具疏辯，吾父亦具疏辯。太宰辯曰：『大中之峻潔，必不容私。嘉遇之忠耿，必不可干以私。』吾父疏曰：『天地神明，昭布森列。九疇誤爲人使，以欺陛下，臣則何敢欺陛下，以欺天地神明？』疏上，有旨罷歸。首輔韓相國言部院皆賢者，若去，更尋不出此等人。忠賢唯唯，不知首輔亦其所欲去也，並罷歸。省中許霞城、沈炎洲兩先生疏救，亦降黜。自是諸賢相繼罷，呈秀營謀復職，儼然就列，掃除異己，布列私人。忠賢仗呈秀爲爪牙，呈秀倚忠賢爲窟穴，天下名流屏逐殆盡。

屏逐未已，大獄隨之。乙丑春夏間，逮楊副院等六先生至京，後先考訊死。六月，金星晝見，與日争明。趙冢宰等十五人俱著撫按提問，追贓重究。毁首善書院，鄒、馮二先生亦削籍。吾父最群奸所切齒，必欲坐以重贓。有錦衣理刑吴祖洲先生素不識吾父，極知吾父清苦，以百口保曰：『若高老先生坐贓，何以服天下？』始得免。嗚呼！吾父一介不取之操能見信於不識面之金吾，至誠動物如此。但側目未已也，《要典》出，坐以移宫一案，爲必殺之計。南道遊鳳翔疏上，有旨著削籍爲民，追奪誥命。吾父忻然曰：『非此，異日幾無以見地下諸公。』

既而張訥承風指切東林，謂東林乃淮撫李三才剋剥東南脂膏所造，田産無數，請旨折毁，估價入官。豈非以得脱贓於彼，加螫毒於此乎？究竟田屋所值僅三四百金，而吾父與諸相知始無安身之所。嗟乎！亦狠矣。時有爲吾父危者，以居易俟命謝之。屏跡湖干，自稱湖上老人。不見一賓客，不談一時事，花鳥爲伴，嘯咏自娱，謂大臣見廢，時義當然。柬友人曰：『弟在此實有事做，非浪擲光陰者。』手書不孝輩曰：『屈子遊於江潭，袁生自囚土室，彼固各以其時。況我老矣病矣，荷明主不誅之恩，守微臣引罪之義，息交入山，自是道理。若欲山中見客，何如不入山爲便？若聞客至而歸，何如不出門爲安？兩者勢決不能。客至，惟汝輩誠懇謝罪而已。』有扁舟相訪者，堅不出，曰：『此端一開，水居住不成矣。』

丙寅三月，有旨逮繆官諭西溪、周侍御來玉。吾父自度不免，然亦恬然任之，云：『世事甚險，吾所受用者，隨身學問。』十六日早，以東林折後，會講久輟，神主俱藏道南祠中，特肅衣冠往謁。有别聖文，隨焚其草，人不得見。歸即看花後園，與一二門生談笑自若。午後外傳頗異，不孝輩且驚且疑，吾父絶無幾微見顔色。偶季叔從山中入城，相與暢飲園亭，顔酡意悦，呼不孝輩曰：『吾視死如歸，心同太虚，與天地合其德，日月合其明，四時合其序，鬼神合其吉凶，何畏之有？』又舉『原無生死』四字諄復叮嚀，不下數次，曰：『原無生死，何得視生死爲二？若臨死轉一念，便墮坑落塹，不是立命之學。平生講學，此處看極分明，得多少力。』不孝輩聞言，唁不能語，私念果就逮，作何光景？詎意有中夜自溺之事耶？是夕，祖孫父子相聚一室，從容晚膳，不異平常，無一言及家事，止云：『吾有贍田二百畝，售可完緹騎費，蕭然就道矣。』隨忻然就榻，命不孝輩各歸寢，曰：『明日恐有事。』夜半，復有傳日中信，不孝輩不令吾父知。吾父正當睡覺，問曰：『信的乎？』整衣起坐，從容入書齋，不孝輩後隨，曰：『吾稍欲料理爲出門計，可暫退。』但亟命家人覓舟，明早入郡，無被逮事即歸，有即赴京，不令官旗嚇汝曹耳。』作字三四紙鏁篋中，復之内寢與吾母款語半晌。出，兩孫趨侍，取封固黄紙置几上，指示曰：『明日以此付官旗或縣父母，勿先開。』復諭曰：

『吾明日從郡中往京，無歸家相見期。丁寧汝者只四字，曰「無貽祖羞」。』因言汝等仍暫退。不孝輩肅然齋外，方商略赴京事，三四刻不聞動静，推户入第，見燈火熒然，几案寂然，齋旁先祠爐香拂拂，然覓吾父不見。繞宅覓不見，問前後守門者，俱云靡有出入。驚疑之極，亟發黄紙觀之，乃遺表也，云：『臣雖削奪，舊係大臣，大臣受辱則辱國，故北向叩頭，從屈平之遺則。君恩未報，結願來生。臣高攀龍垂絶書，乞使者執此報皇上。』復有别友人書云：『僕得從李元禮、范孟博遊矣，一生學問，到此亦得少力。心如太虚，本無生死，何幻質之足戀乎？』不孝輩一覩屈平字，觀未竟，知吾父已赴水，痛哭，急奔池畔。始悟先祠旁門洞開，吾父從此潛往。蓋書齋原傍先祠，旁一門素扃，啓之可徑至園池，故不孝輩與家人罔知耳。倉皇撈視，昏黑莫覩，移時得之，扶起竟不可救。嗚呼痛哉！何以至此哉？不孝輩哀號震慟，問天無從，惟有死殉，念吾母煢煢，存亡莫保，且身後事百無一備，姑且偷生。此三月十七五時也。

死後邑人奔走涕泣，如失怙恃，觀者填衢塞户，人不能行，而被逮信反窅然。申刻府帖至，知官旗於隔晚到府，吾父赴水之期不先不後。嗚呼痛哉！縣父母隨令不孝至府，羈留數日，胥吏追呼，官旗迫索，百方窘逐。幸曾太公祖竭力主持，諸親友協心應濟，竣事放歸。入門，靈几黯黯，帷幙蕭蕭，一慟幾絶。嗚呼痛哉！父子相依，奪之頃刻，生死長别，禁之各方，夫何使我至此極哉？吾父静功極深，神色充然，百歲可望。即或不幸罹疾，猶可奉侍湯藥。再或命數有盡，亦得含殮躬親。今自致之情，百無一有，嗚呼痛哉！不孝輩何以覥顔視息，比數人子哉？殁時家人遍覓，到處異香撲鼻。是日天色陰霾，五更下雪，山谷改容。宅旁居民聞車馬聲或如屋上瓦裂聲。尤可異者，池南北百餘步，東西十餘丈，有墻隔絶，吾父東岸入水，不知何以身泊西岸？凡人墮河，水必入腹，泥必沾身，吾父衣履整齊，絲毫不亂，履不染泥，冠不濕水，左手護心，右手傍岸，倚南向北，平立水面，肅如對君。抱起，竟日無滴水從口出，腹内寬平，面色清和潤澤，轉看如生。不孝郡歸，始克大殮，數日啓視，顔色不變。嗚呼！吾父其入水不濡，借水以化者與！迄今追思東林之往别先聖也，祠爐之香别祖廟也，命不孝輩俱退，防知覺也，赴水之計，了了素定於未事之先，從容引決於頃刻之際如此。嗚呼！吾父之變，從來未有之變。不孝輩之痛，從來未有之痛也。

吾父死，有旨提不孝究問漏洩根因，公庭匍匐，行路酸心，囚服往來，北堂隕涕，真生不若死。而猶得母子兄弟延喘至今，皆府尊曾太公祖維持保護力也。神廟之季，□□内訌，遼左喪地，往來人士共商避亂，吾父謂不孝曰：『汝輩或可買山而隱，吾忝爲臣子，園池，吾止水也。』被難之春，每語親友曰：『吾今年星度不佳，然水星，吾仇星，亦是恩星。』又曰：『黨禍已成，正未休歇，各自收拾潔净，聽天所爲。世俗必謂此時苦，吾意不然，吃得苦，便足千古。』嗚呼！吾父固以微言相示矣，恨不孝輩蠢劣，聞言不領略耳，痛忍言哉！

嗚呼！吾父已矣，追維五、六十年間，吾父全體精神，不爲一身一家用，不爲一時一事用，爲天下萬世用。其爲天下萬世用也，總爲學問用。錢啓新先生嘗曰：『聖賢生知安行，只是能知學，能力行。如高景逸二十歲外，便步步程、朱，非所謂生知安行質乎？』吾父於學問不繇傳習，不繇勉强，少而壯，壯而老，境無所不涉歷，書無所不該覽，分門别派處，無不上下而參訂，未見有一境非學，一息非學，一言一動非學，未見有一境一息一言一動不稟孔孟之微旨、程朱之嫡系。以爲學，以復性爲主，以知本爲宗，以居敬窮理爲相須並進之功力。生平注精《易》學，卦卦釋之，爻爻註之，謂『《大易》教人息息造命』，謂『六十四卦《大象》皆曰「以」，聖人渾身是易也』。作《乾坤説》《易簡説》《姤復説》，大象、小象《説》，無日不研訂於中。嘗云：『吾一生只用得一部《易》。』故所作《周易孔義》稿凡幾易，不孝曾請付梓，曰：『道理無窮，進一步又是一步。今日見得如此，明日又不然，與此身相終始而已。』四方從遊者至，必令讀《小學》《近思語録》《性鑑》諸書。次即令澄心默坐，觀喜怒哀樂未發前氣象。作《心性説》《理義説》《氣質説》《静坐説》《洗心説》《未發説》《中説》《輔仁説》《戒懼説》《朋黨説》《三勿説》《愛敬説》《好學説》《格物説》《〈程行録〉説》《諸儒要語》

《性善繹》《書院講義》有全刻。，皆本所獨得，標示精微，發前賢所未發，欲使學者進則行其道於天下，退則明其道於此，如行者之有家，耕者之有土。曰：『講學者，講其所行者也，不然則是講而已，非學也。』又曰：『學問之道無他，求放心而已。求放心無他，學問而已。』又曰：『學有無窮工夫，「心」之一字乃大總括。心有無窮工夫，「敬」之一字乃大總括。千聖萬賢，只一「敬」字做成。』又曰：『朱子立「主敬」三法：伊川「整齊嚴肅」，上蔡「常惺惺」，和靖「其心收斂，不容一物」。言敬者，總不出此。然「常惺惺」「其心收斂」，一著意便不是。蓋此心神明，難犯手勢。惟整齊嚴肅有妙存焉，未嘗不惺惺，未嘗不收斂，内外卓然，絶不犯手也。』又曰：『見性而後知過，見過而後復性。』又曰：『吾性本來清浄無物，不可自生纏擾；本來完全具足，不可自疑虧欠；本來蕩平正直，不可自作迂曲；本來廣大無垠，不可自爲局促；本來光明昭朗，不可自爲迷昧；本來易簡直截，不可自增造作。』又曰：『静中看工夫，動中看本體。工夫未是，静中作主不得。本體未真，動中作主不得。』『學無動静。其初静以澄之，至不緣境而静，不緣境而動，乃真静也。』又曰：『有理静，氣静之分。理静者，理明欲浄，胸中廓然無事而静也。氣静者，定久氣澄，心氣交合而静也。兩者交資互益，以理氣本非二。如但以氣而已，動即失之，何益哉？』又曰：『明道先生之言，句句是真悟，此方是真脩。晦菴先生之言，句句是真脩，此方是真悟。』又曰：『先儒惟明道先生看得禪書透，説得禪弊真。』又曰：『佛氏最忌分别是非，如何紀綱得世界？紀綱世界，只是非兩字，聖人因物之是是之，因物之非非之，我不與也，此所以開物成務。』又曰：『鄉原曰：「生斯世也，爲斯世也，善斯可矣。」便是强力人也推仆了。君子曰：「我猶未免爲鄉人也，是則可憂也。」便是醉夢人也唤醒了。』又曰：『天下事敗於邪見之小人，無見之庸人，偏見之君子。』又曰：『君子一點畏心至王安石滅盡，一點耻心至馮道滅盡。後世小人無忌憚，有此兩途，不可不知。』又曰：『天下不患無政事，患無學術。學術正則心術正，心術正則政事豈有不正？學術者，天下之大本。末世不但不明學，且欲禁學，若之何而天下治安？』又曰：『政事本於人才，舍人才言政，必無政。財用本於政事，舍政事言財，必無財。』有以時藝來質者，曰：『有識見而後有議論，有議論而後有文章。』嘗曰：『聖人之學常用逆法，常人自幼與人欲日順一日，故與天理日逆一日。聖人自幼與人欲日逆一日，故與天理日順一日。』又曰學有兩者之分：『孟子與夫子微見朕兆，陸子於朱子遂成異同，我朝則文清、文成便是兩樣。宇内之學，百年前是前一路，百年來是後一路。兩者遞傳之後，必有所弊。畢竟實病易消，虚病難補。今日虚症見矣，吾輩當相與稽弊而反之於實。』深懼學者厭格物之支離，墮良知之空寂，作《陽明辨説》，未刻。纍纍數千百言。嘗曰：『學必繇格物而入。』又曰：『千變萬化，無一不起化於身。千病萬痛，無一不起病於身。此處看得透，謂之格物，謂之知本。故曰：「此謂知本，此謂知之至也。」』又述羅念庵語曰：『「但知即百姓之日用以證聖人之精微，不知反小人之中庸以嚴君子之戒懼。」此語透盡講良知者末流之弊。』又述王龍溪語曰：『「始吾以致知爲然也，而不知有遺於物。」蓋姚江之門亦已覺之。』又云：『當文成之身，學者已有流入空虚爲脱落新奇之論，而文成亦悔之矣。』此語即陽明復生，當爲知己，乃知吾父所得甚微，所隄防尤甚遠也。

吾父孝友性生，兄弟七人，吾父以功名顯，又襁褓即育於嗣王父，每念撫育恩深，本生誼篤，怡怡色養，務竭力兩得其歡，而嗣者生者俱樂有其子。疾病時奉侍湯藥，衣不解帶，身不離側者幾閲月。迨相繼棄養，而一切務自致其情。事伯父恭敬有加，事必稟命。待諸叔父委曲懇至，愉愉藹藹，白首無間。於諸姪，愛之如子，教之如父，試有司，必爲通名。與吾母相莊若賓，四十餘年如一日。閨門之内，雍如肅如，終其身，無二色。

吾父自幼無狎邪之遊、綺麗之好，家居功課，晨起盥漱，謁家廟畢，扃户觀書。四壁不堊，庭草不除，帷帳不飾，敝硯禿筆。終日儼然，飯後必瞑坐片刻以爲常，極忙不廢。每子夜起坐，謂此時可想來復氣象。五更復起坐，謂初覺時甚好。先忌齋素謝客，時祭致齋一日，東林丁祭，宿齋三日。質明將事，自奉極菲，廿年一袍，食惟二簋，而供祭祀、燕賓師則極其誠。生殖不事，漠然無營，家業不逮王父時。又多男女婚嫁，延師宴客，遠方遊學，盍簪公費，產益落。而遇知交急難，友朋乞援，則稱貸以從，傾儲以付。於人所負，初不屑屑責償，甚或折券明義。親友以生計相託者，則竭力代籌，至捐己貲踐約，以故歿之日，家無餘財，檢遺篋，不贏二金，身後事亦蕭然無辦，藉通家劉羽韜昆玉高誼，得木成殮。

吾父語言簡重，喜怒希形。憂時如疾痛，好善如饑渴。早見也又不以成心逆物，嫉惡也又不以已甚求備。無所不擔荷，而過境渾然。無所不酬答，而當幾穆然。無所不坦易，至關綱常者，持之毅然。無所不和厚，至關邪正者，辨之井然。於宗親，有養之終身者，有及其再世者。於師生，養死殯之。於友，髫齔之交，無不終始相歡，贍其貧，恤其子。間以好往，以惡來，夷然不較。從幼受外祖一所王公國士遇，屬纊以身後事託，而報之者惟力是視。母舅明我公不問生產，知其必敗，預爲集。會拮据，會完，果覆蕩無存，置恒產，給其存歿，贍其孤寡，今不孝輩並畀諸表弟令食吾父德無窮。於諸婿，時噓植之。諸甥中上達者接引之，能文者薦揚之。通家年家之子孫，卵翼尤至。有被人魚肉者，百方拯救之。如吳海洲先生、孫遥岑先生，皆與吾父以言事奪官，一受侮身後，一僑寓梁溪，爲之鳴其枉，保其孱，惟恐後死者有餘憾。諸若此類，未易枚舉。海虞繆仲淳先生，天下士也，每至必與考經濟作用，剖學問淵藪，夜分不倦。繆先生精醫道，活不孝兄弟於危疾中。吾父因究岐黄秘理，講論研討，盡得其傳。有以病叩者，疏方與服輒效，且不悋製藥焉。生儒孤寒困郡邑，每試推轂譽髦數十人，不令其知。同邑宦遊四方者，諄諄以愛民好士砥名礪節相勸勉，更默爲獎借，使知奮厲。同志宦於地方，則宣上達下，維持啓牖，俾有令名。地方有大是非，得吾父而定，大利害得吾父而伸。水旱災荒，修城築圩，賑饑定變，及先聖賢祠墓、忠孝節義等事，得吾父周旋調畫，振舉表揚。至設通區役田、通邑役米，蘇糧里之困；舉同善會，卹遠近之鰥寡孤獨，爲德梓里，又其餘矣。

待不孝輩無譙訶之聲、嚴厲之色，而侍側常覺凜然。儻有所不安，跼蹐無以自容。晚年尤愛諸孫環繞膝前，煦濡顧復，不廢義方。仲弟二子少有慧質，總角遊庠，恐其佻蕩放佚，犯人世所爲三不幸者，臨歿猶以『無貽祖羞』四字諄諄戒諭。作家訓數千言，大要言色欲迷人，臨財誤人，便辟善柔之友敗壞人，一妨人誦讀之功，一消人高明之意，須以孝弟爲本，以誠實爲先，以讀書窮理、慎言語、擇交遊爲做人第一義。嘗曰：『子弟若識名節之隄防，詩書之滋味，稼穡之艱難，便足爲賢子弟。』又曰：『要知聖人取狂狷意，狂狷皆與世俗不相入，然可以入道。子弟若憎惡此等人，便不是好消息。所與皆庸俗，己未有不入庸俗者，出而用世，便與小人相媚，與君子爲讎，是大利害處。』又曰：『善須是積，積小便大。一念之差，一言一事之差，有因而喪身亡家者。』『做好人，現前覺不便宜，總筭是大便宜。做不好人，現前覺便宜，總筭是大不便宜。』又云：『臨事讓人一步，自有餘地。臨財放寬一分，自有餘味。』又云：『見過所以求福，反己所以免禍。但肯反求，道理自見。小人所以爲小人，只見別人不是而已。』又曰：『人生爵位分定，非可營求。只看義命二字透，落得做個君子。』邑中諸先達有一言一動可爲師法者，時時向不孝輩稱述之。在京聞不孝輩嘗赴講會，手札勖曰：『此乃天地間不可絶之善脈，賢子弟不可墮之家聲，非細事也。』又云：『葉年伯是汝輩真師，常在左右坐一晌聽教。』又云：『到東林，最可入頭。大衆會集時，滿堂肅然，此時默坐澄心，看有妄想也無。聽歌詩時，看有妄想也無。妄想一寂，即是真心，真心一放，即是妄想，非二物也。不善用工者，要驅除妄想，另覓真心，妄不可除，真不可得。善用工者，知真味成妄，妄醒成真，一反覆間耳。得此意，到東林實做工夫，方不虛過此日，方不做了人事，久之，其味無窮，受用無盡。』又曰：『吾在此，全靠平日静功。少年不學，老無受用。汝輩念之，静功非三四十年静不來。何者？精神一向外馳，不爲汝收拾矣。事多苦，拂意苦，有疾病苦，到老死，苦益不可言。静而見道，此等苦皆無之。汝輩急做工夫，受些口訣。不然，此事無傳矣。天下惟此事父不能傳之子，以身不經歷者，言不相入，即終日言之，如不聞也。』

吾父與同志聚處，虛而能含，恭而善下，坦而有則，竟日相對，了無倦色，不言而使人意消。至叩問紛紜，有極煩瑣不堪聽者，吾父不以爲厭，婉轉叩其所以，徐一言折衷之。家非充盈，門人遠客至，脱粟一簋，忻然共飯，不嫌頻數。待臧獲，曲加體卹，知其饑渴勞苦，獨少有生事，斷不假借。

服官於外，倍加鈐束。嘗云：『人家體面崖岸之説大害事。家人惹事，直者置之，曲者治之而已。往往爲惜體面立崖岸，曲護其短，力直其事，此乃自傷體面，自毁崖岸也。長小人之志，生不測之變，多繇此。』以故家人亦兢兢守法。兩之官，僅蒼頭四五人隨行供使，令給灑埽。即郵筒報復，親自啓閉，隻字不落其手。總憲，即遺書歸云：『居此官，家人愈要兢業。』又嘗云：『士大夫居間得財之醜，不減室女踰牆之羞。流俗滔滔，恬不爲怪，只是不曾立志。』故生平千金可託，未始輕受一錢。即片辭九鼎，卒不妄説一事。有知交坐一不平，許爲代白，其人以賄來，曰：『不聞士人得錢，如女失身乎？』謝弗預。有以講學爲名高者，每歲厚聘一達尊主席，曰：『教以爲己，學以爲人乎？』辭弗往。以至奉差銜命，應召入都，有司餽遺，沿途筐篚，概弗視也。初仕所得俸，不敢自私，必奉先王父。謫官時，有憐其俸薄，資以厚貺者，概不受。揭陽歸後，有以俸檄致者；太常罰俸，有同鄉在户曹，以俸見遺者，概不受。雖交際萬不容絶，可以義通，亦未嘗分毫入橐，亟出爲卹貧濟難、刊書廣教之用。嘗云：『大計將近，有旨禁餽遺，吾却苞苴甚多，夜卧心安。雖受些窮光景，然每事節省，儘過得。凡臨事，著一苟字便壞。自身享用，著一苟字便妙。吾一生得此力，故隨遇而安。』掌院時，柬同志曰：『弟所處風波地，一朝狂風起，吹我入菰蘆中不難。』予告時，以大臣不賜馳驛，即不走驛。僚屬醵路費，峻却之，僱夫買舟歸。先有書不孝曰：『留一日，則作一日事。去一日，則得一日樂。樂字惟山林人説得，煙雲魚鳥，無非樂事。廟堂人説不得，國亂民窮，無事不憂。廟堂人説樂，勢利兩件而已。迷人以此爲樂，何耶？』又曰：『吾爲此身出處明大義，爲世界治亂。看時宜，總不出一己意見。』繇此言之，吾父豈以官爵崇卑、功名得失障礙其往來自如之天者耶？吾父家居，不通長安貴人。書寄友朋，惟詢學力消長，驗後進損益，不作綺偶寒暄語。兩次在京寄不孝輩家報，非談學問，即談經濟，非君國是非，即郡邑利病，無一字不可與親友共觀。

嗟乎！以學問如吾父，全體精神如吾父，不使爲應運之皋、夔，而爲剖腹之逄、比，不使爲朝端之韓、范，而爲地下之滂、膺，天耶？人耶？其有可知不可知者耶？然評吾父者，謂吾父立朝真有斷斷休休、誾誾侃侃氣象，涉世真有不流不倚、不争不黨氣象，燕居真有申申夭夭氣象，設教真有無行不與、循循善誘氣象。其進而汲引同心，扶綱植紀也，真上必欲堯舜其君，下必欲唐虞其民。其危言危行，特立不摇也，真一家非之不顧，一國非之不顧，天下非之不顧。其退而力護紫陽，隄防二氏，不使支離訓詁之談、虚無寂滅之説得混精一博約、格致誠正之教也，真爲往聖繼絶學，爲萬世開太平。其廓然行藏之外，怡然禍患之臨也，真知進退存亡而不失其正，有内省不疚、何憂何懼氣象。嗚呼！此亦公論在人，久而愈定者耶！相國朱平翁老年伯亦謂吾父此際脱然神解，非汨羅所敢擬，有獨窺其深者。

世之愛惜吾父者，謂晚年不出，或可免禍，更不宜以呈秀一事激之。不知滿朝責望如此，斷難不出，一出斷難即歸。試觀會推時是何景象？業居風紀之地，未有可委曲含糊立其身於不陰不陽間者。楊副院一疏，人謂欲除毒乃發毒，吾父則謂毒已成矣，發之或稔其惡而受天誅未可知。吾父在太常，曾云魏忠賢與客氏最可慮，若二[二]奸相合之害不可言。不謂崔、魏之毒方深，廣微遂起而乘其間，卒如吾父言也。嗚呼！吾父之學，於生平見其大，於一死見其真。爲祖宗守法度，爲逆璫伸氣節，暫屏家人，翛然而逝，極慷慨，極從容，於致命遂志中，不失得正而斃之道。遺表數言，自重重國，字畫端楷，綽有閒暇。生前一念，無著死後。一絲不掛處，困而亨，守死善道，庶無愧焉。

吾父講學不立門户，當官不立朋黨，以正直爲體，以忠孝爲用。擊崔一疏，原係申明憲紀，徒以正邪水火，勢必難容。彼眈眈者慮吾父人望所宗，或異日公道復明，東山再起，故借兵李實，必殺其身後已。吾父前後彈劾諸疏及發抄諸揭議，直令亂賊褫魄，奸雄落膽，其欲傳刃者非獨崔、魏矣。逮死諸君子皆後來之勁，而吾父以起廢大臣均蹈茲慘，亦天以完節付吾父也。嗚呼！乾坤反覆，日月晦明，乘墉伏莽之奸盤踞腹心肘腋之地，乾兒假子之寵盡握閣銓府部之權，非天開聖明，此局誰爲翻者？

恭遇皇上太阿獨握，離照當空，誅宮府之神奸，表先朝之冤抑，吾父詔贈太子少保、兵部尚書，謚忠憲，奉特旨送入郡邑、(鄉)賢祠，遣行人造墳安葬，賜祭二壇，蔭一子。嗚呼！邀死後之榮，孰若展生前之志？賁光於泉壤，孰若擢用於興朝？捧誦『守正捐生，貞魂久鬱，顯忠勵世』之諭，有一字一淚、一淚一血耳。雖然，吾父雖死，猶不死也。楊、左諸公掠死後，吾父恒語不孝輩曰：『諸君子英靈何在，容彼豺虎縱横肆毒如此？若我必訴之上帝，告之太祖高皇帝，討賊除奸。』計吾父歿，不兩月，京師地雷，爲亘古未有之震虢。歿未兩載，而逆賊授首，諸奸次第伏辜。一陟一降，在帝左右，必有與諸君子陰殛權奸，默輔太平者。不孝頻與吾父夢中往來，面命語無一不驗。所談朝局變更，先期與親友言之，如持左券。意臨歿時所謂『原無生死』者歟！

噫！何代無黨錮之禍？顧以道學殺身，自吾父始。文公止於斥逐，文清亦免就刑。生文公、文清於今日，易地皆然，則死雖有異，而所以處死之道，夫固先後同心，百年合轍。吾父敘邵文莊先生軼事云：『二氣雜揉，三代以下，聖賢無純全之稟，以孔子之聖焉而窮，顏氏之賢焉而夭，况其他乎？』又云：『聖人即天地，不可以存亡言。自古忠臣義士何曾亡滅？彼謂賢愚善惡同歸於盡，非所以爲教。』又云：『人想到死去一物無有，萬念自然撇脱。然不如悟到性上一物無有，萬念自無繫累。』又云：『曾子易簀而卒曰：「吾得正而斃焉而已矣。」此曾子所以爲曾子。陽明至南安而卒曰：「此心光明，更何言？」此陽明所以爲陽明。』則吾父所以爲吾父可知矣。吾父之死，儻亦理學中不可無此光采，其缺陷也，正所以爲純全也。嗚呼！不孝輩於是而思造物者不爲無意於吾父也，即不爲無意於東林也。東林之學，惟吾父集其成。東林毁，吾父不得復生。吾父雖死，東林原未嘗毁。天生吾父，善東林之始，隨死吾父，結東林之局。東林與天地不磨，吾父亦與俱不磨。東林重吾父乎？吾父重東林乎？

戊辰冬，不孝詣闕謝恩，並獻吾父所著書，奉聖旨：『高世儒爲父高攀龍奏謝，知道了。攀龍孤忠邃學，秉節正終，朕覽奏惻然。這所進諸書，著留覽。該部知道。』往吾母以移封未得恩典，不孝復具疏陳乞。奉聖旨：『王氏准照高攀龍贈官，給與誥命。』尋與諸難家子弟請三代誥命，自高祖雪樓公以下皆贈太子少保、兵部尚書，高祖母以下皆贈夫人。此係異數，固聖明褒忠特典，儻亦吾父一生砥礪，有不容泯者耶！

吾父所著有《古本大學》《正蒙集註》《周易孔義》《四子要書》《朱子節要》《東林講義劄記就正録》《同善會録》《邵文莊公年譜》《高氏家譜》《疏稿揭議》行世。內《大學》一書研訂最真，《正蒙》一書註釋最備，《節要》一書數四更定，尤精力所萃。謂『朱子傳註六經，折衷群言，是天生斯人以爲萬世』，學者不知朱子，則不知孔子，故取《全書》編集其最要者，仿《近思録》，爲卷十有四。其未刻者，《周易孔義》《春秋集註》《毛詩集註》《困學記》《三時記》，語録、序、説、志、傳、碑文等，五、六、七言，古風、律詩、絶句，約數十卷。又嘗與顧先生議著經餘，以三代之後詔誥奏議爲《書餘》，以《太極圖》《通書》《經世啓蒙》爲《易餘》，擇騷賦銘贊爲《詩餘》，稍斟酌《鑑綱》爲《春秋餘》，以歷代典制合古宜今者爲《禮餘》。又有《日鑒篇》，以德業之敬怠義欲分註於天時人事之下，日有稽，月有考，其朝乾夕惕如此。嗚呼！可以觀吾父矣。

吾父修幹疏髯，豐頤廣額，目炯而神不露，骨清而度常夷。生平無伏枕之災，經旬之沴。稍有違和，静攝即愈。今不死於疾，而死於逮，逮而死於水，全而生之，全而歸之，豈非天哉？

吾父殁天啓丙寅三月十七日丑時，距其生嘉靖壬戌七月十三日午時，得年六十有五。配吾母王封夫人，生男五：長即不孝世儒，以諸生覃恩廕入太學，娶張氏，太學韋所公女，抱兄山東鹽運司運同弦所公女，大參澄齋公孫女；次世學，以附例承廕，娶顧氏南京光禄少卿贈吏部右侍郎端文涇陽公女，封户部主事南野公孫女；次殤；次世寧，邑庠生，娶劉氏光禄少卿本孺公女，贈光禄少卿完孺公孫女；次殤。女四：長適邑諸生浦胤麟，孝廉真所公子，鄉飲賓文學箭水公孫；次字陝西學憲雨亭李公子，邑諸生仍枝者，殤；次適廩例生安廣居，南京吏部主事贈光禄少卿我素公子，雲南僉憲膠峰公孫；次適吴縣諸生秦欽翼，太學渭陽公子，廣西參軍箭源公孫。孫男十人。世儒出者二：我生，聘福建福州守中訒王公女，贈南京禮部郎中凝明公孫女；其生，殤。世學出者三：百祥，殤；永厚，邑諸生，聘侍御驤宇顧公女，封御史重巖公孫女，殤，娶太學聞百華公女，抱大方伯來虞汪公女；永清，邑諸生，聘孝廉白餘顧公女，光禄署丞涇白公孫女，殤，娶庠彦爾亮楊公女，太學松筠公孫女。世寧出者五：鴻生，殤；同生、陽生、春生、寅生，俱未聘。孫女七人：一殤；一字秦太學子韜公子，太學華玉公孫，殤，今字恩生李遜之，福建道御史贈太僕卿次見公子，封太僕卿見復公孫，世儒抱季弟世寧者；一字張遐祝，太學心常公子，内伯父山東鹽運司運同弦所公孫，世儒出；一適張兆琳，太學瑞卿公子，内父太學韋所公孫，一字顧森，貢士寅之公子，禮部主事贈尚寶司丞涇凡公孫，一未字，世學出；一字秦德治，太學公安公子，太學太清公孫，世寧出。曾孫男一人：元，孫永厚出，未聘。

吾父生前不營菟裘，死後不孝輩朝夕難中未遑治葬。客歲得蒙昭雪，往來相視，始得地邑西之南嶂峒。不孝輩貿貿無知，謹齋戒筮吾父靈前，得吉十，遂以庚午年己丑月壬申日丁未時扶柩安厝於諭塋。是用從欒心棘腸中摭拾遺事，求老大人、老年伯、老先生爲之誌，若銘、碑銘、傳狀，俾勒石一時，徵信萬祀，殁存感且不朽，無任搏顙激切祈籲之至！

不孝孤子世儒泣血稽顙百拜謹述，鄉進士署無錫縣儒學教諭事鹿城門生何謙頓首百拜填諱。

［（明）高世儒、高世學、高世寧輯《高忠憲公墓誌行述》］

資德大夫正治上卿都察院左都御史贈太子少保兵部尚書景逸高先生行狀

(明)葉茂才工部侍郎

明興二百五十餘年,吾邑以理學名者,邵文莊公而下,代不乏人。而隆、萬以來,則有顧涇陽先生,於邑之東林闢道南精舍,以鼓舞善類,講明正學,士蒸蒸向往,幾與白鹿、紫陽鼎立宇内。維時與涇陽先生相左右,繼先生爲主盟而集其成者,高先生存之也。

先生諱攀龍,存之其字,世稱景逸先生。天啓丙寅,没於黨禍。今上龍飛,邺典涣頒,贈太子少保、兵部尚書,賜祭葬,廕子。沈冤得白,孤世儒等將營窀穸,謀所以不朽者,而先以狀屬余。余與存之同入泮,又同舉禮部,少而壯,壯而老,出入相友者,幾四十年,知存之者,宜莫如余,乃勉爲詮次,以備采擇。

高之先有孟永公者,始居邑東南隅。孟永生耕樂,耕樂生省軒,省軒生雪樓。雪樓公配浦氏,生二子:長静成公材,起家孝廉,令浙之黄巖,有循良聲,居鄉以長厚聞,卒祀名宦、鄉賢祠;次静逸公校,無子。静成公生繼成公德徵,子七人。配陸氏,無出。貳室邵氏,出者五,存之其二也。方在襁褓,静成公抱以屬弟曰:『是兒生有佳荷之兆,弟其子之。』遂爲静逸公後。存之官光禄少卿及晋刑部侍郎,兩遇覃恩,贈祖静成公、嗣父静逸公如其官,祖母、嗣母贈淑人,生父繼成公、嫡母陸、生母邵援移封例,贈亦如之。

存之少有異稟,言動不苟。五六歲時,嗣母授以菓餌,必傴僂而受,或命自取,亦如所授之數而止,其根器夙成,已露一斑矣。稍長,從文學茹澄泉先生遊,於孝廉許静余先生亦尊事之,以學行相砥礪。未冠,補邑諸生。壬午,舉於鄉,年二十一耳,爲沈相國龍江公、徐中丞檢吾公所識拔,一見以天下士期之。癸未,丁嗣母艱,戚易備至,喪葬如禮。至丙戌、丁亥間,邑令李元沖延江右羅止庵與涇陽先生講學於黌宫,士紳雲集，存之躍然喜曰：『吾夙有志於學，今得縣父母爲嚆矢，吾學其有興乎！』於是蚤夜孜孜以全副精神用於止敬慎修、存心養性、遷善改過間，而學始有入門矣。迨己丑，成進士，與薛以身、王信甫、歐陽千仞輩同出趙儕鶴先生門。趙爲振古人豪，同門皆表表英傑，一時聚樂，所見益遠以大，所得益深以邃，交相勸勉，有不詣其極不止者。未幾，聞嗣父訃，星夜馳歸，擗踴悲號，幾不欲生。讀禮三年，孺慕如一日，自料理襄事外，惟定省生父洎嫡母，與講學會友，翻經閱史爲日程，他無所置念也。

服闋，謁選，授行人。時有四川僉事張世則疏詆程、朱，以所著書獻，求頒行天下，存之不勝駭愕，上《崇正學闢異説以一人心以端政本疏》，得旨：『程、朱正學崇尚已久，豈可輕議？近來士習玄虛，何裨實用？高攀龍所言有關世教，張世則勦襲浮詞來奏，姑免究。』未數日，復上《今日第一要務疏》，内言天下之大本與天下之大機，欲上法祖，操心講學、勤政、發帑、理財，亹亹數千百言，語甚剴切，疏留中不下。説者謂此兩疏關係學脈、紀綱甚大，雖一行一不行，而存之素所蓄積已吐露於大廷矣。時僚友同志者，若聊城逯與權、江右陳彝仲、徽郡洪平叔，皆海内名士，存之與上下其議論，或紬繹往古，或參酌來今，或講究典墳，或詢訪人物，或善以相長，過以相規，往往至丙夜不休，稱莫逆友。後諸公皆蔚爲名臣，存之有力焉。行人署中多藏書，恣意探討，得其要領者，手自摘録。一日，讀薛文清《粹言》曰：『一字不可輕與人，一言不可輕許人，一笑不可輕假人。』惕然有當於心，自後每事必求無愧三言而後已。因作《日省編》，以儒先所論切要工夫分附《大學章句》下，爲初學指南。又集《崇正編》，以儒先所論儒釋分岐處彙成一書，以端學脈。久之，忽自念讀書雖多，不甚得力者，尊德性工夫少也，當分日之半讀書，半静坐，爲涵養德性之地。每出遊，則於水邊石上、茂林修竹處静坐，習儀則於禪扉静坐，夜卧至平旦氣清時，即擁衾危坐。一日坐久，精思『閑邪存誠』句，覺當下無邪，渾然是誠，更不須覓，快然如脱纏縛。從此反躬實踐，會友談心，無非是物，不自知其情之適、理之親也。壬辰臘月，齎詔至金陵，事畢，謁鄒南皋、朱虞尌、瞿洞觀諸先生請益，諸先生傾蓋如故，深更共榻，各傾吐底裏，互相質證，以存之爲海内有數人物，定交而別。抵家，昕夕娱親外，益務親師取友，考德問業，往毘陵謁錢啓新先生，往姑蘇謁王少湖先生。每對諸子曰：『錢先生謂：「孔門學脈，凡事只求天知。」此語甚確。王先生謂：「士君子處不足善其身，達不足善天下，焉能爲有無？須是立得大節，居鄉勿爲鄉愿，居官勿爲鄙夫，方有可説處。」此語令人惕然深省。』又云：『吾沈雅不若涇凡，勇勵不若文石，直截緊嚴不若玄臺、樸齋。』其篤信先覺之言，不難以身下人如此。癸巳冬，抵京，會户部郎鄭材、楊應宿陰有所附麗，掊擊諸賢甚力，存之憤激，上《君相同心、惜才遠佞以臻至治疏》，有旨着部院會同該科從實究問，及會議疏上，應宿有奥援，止降級調外，存之則謫尉揭陽矣。

赴謫所，途遇東粤陸古樵，聞白沙先生主静之學，自歉於道尚未有見，發憤曰：『此行不徹此事，真虚過一生矣。』途中嚴立規程，取前所爲涵養德性之法，静坐與讀書互用，如是者兩閲月，而心氣澄清，與膠膠擾擾之時大有逕庭。過汀州，陸行宿旅舍，對山臨澗，種種悦心，手持二程書，見明道先生之言曰：『百官萬務，兵革百萬之衆，飲水曲肱，樂在其中。萬變俱在人，其實無一事。』猛省曰：『原來如此，實無一事。』存之平日深鄙學者張皇説悟，此時看作平常。在揭陽三月，日於衙齋課士，正文體，釋書義，集《諸儒要語》刊示之，諸生彬彬顧化。又得良友蕭公自麓，羅念庵先生門人也，學以主敬立基，與存之合轍。將歸，自麓贈言曰：『公當潛養數年，不可發露，前輩皆默用一番堅苦工夫，故得成就耳。』存之深然之。瀕行，復爲地方除一大憝。至漳州，與李見羅先生辨論數日。李意主明宗脩身爲本，學之宗也，知本則心、意、知、物各止其所，便有無所事事光景，格、致、誠、正不過就缺漏處照管提撕耳。存之則謂格致是《大學》入門第一義，即《中庸》之明善也，所以使學者辨志定業，剖爲己爲人之界，別義利公私之極，其所關最爲喫緊。初學下手，必使此心光明洞達，無毫髪含糊疑似於隱微之地以爲自欺之主，然後善必爲，惡必去，意誠心正而身脩，善所以純粹而精，止所以凝定而固也。不然，非不欲止欲脩，而氣稟物欲拘蔽萬端，恐不能實用其力矣。且條目次第，雖非今日致，明日誠，然着先後字亦有意義，不宜籠侗説過。其恪遵程、朱如此。然存之嘗謂余曰：『李見老揭脩身爲本，於學者甚有益，故遊其門者俱切實可觀。』其於明宗之旨蓋未嘗不心服也。

丙申，連遭生父母喪，哀毁骨立，寢苫枕塊，一遵古禮。雖隔於限制，不得終三年喪，而期以内稱降服子，期以外稱心喪子，識者以爲得體云。遺命析産爲七，存之曰：『兒有嗣産在，不敢當。』盡出爲喪葬資，餘置義租贍親族洎父妾之無出者。迨四喪畢，遂築室湖濱爲終老計，名其樓曰『可樓』，言無所不可也。攜一二童子相羊湖上，動以旬月計。同志如吴子往、歸季思來訪，相與焚香兀坐，坐必七日，取《大易》『七日來復』之義，作《復七規程》。是秋，始會蘇、常諸友於二泉之上，與管東溟先生辨無善無惡之旨，觀聽者踵相接至，無所容。於是涇陽先生倡議曰：『百工居肆以成其事，吾輩可無講習之所乎？』乃集同志數人，醵金數百，卜築楊龜山先生講學遺址相傳所謂東林者，與諸友棲息其中。每月集吴越士紳會講三日，遠近赴會者數百人。存之與涇陽先後主盟，每一開講，得聞所未聞，靡不忻饜而去。存之每謂學者曰：『諸兄雖從事講學，終不可無端居静定之力，蓋各人受病不同，而救療之方總以調養元氣爲主。大聖大賢善養浩然之氣，故能收攝精神，主静立極。學者神短氣浮，須得數十年静力，方可變化氣質，培養德性。而其最受病處，又在自幼以干禄爲學，先文藝而後德行，俗根入髓，非頃刻可拔，必埋頭讀書，使義理浹洽，變易其俗腸俗骨，澄神默坐，使塵妄消散，堅凝其正心正氣，乃可耳。』至其自驗進學之序，則曰：『吾至丙午方信得孟子性善之旨，至丁未方信得程子「鳶飛魚躍」與「必有事焉」之旨，至辛亥方信得《大學》知本之旨，至壬子方信得「中庸」二字之旨，至此覺得天地間道理只是停停當當一箇中，平平常常一箇庸，有一毫走作便不停當，有一毫造作便非平常。本體如是，工夫如是，天地聖人不能究竟，況於吾人寧有涯際？勤物敦倫，謹言敏行，兢兢業業，斃而後已云爾。』嗚呼！存之見地至此，真不負蕭自麓所謂『潛養數年』、默而成之者矣。

又數年，抵庚申，洗心退藏，其工夫愈嚴密，應用愈圓融，與朋友交，懇懇款款，愈深沈而和易，僉謂集東林之大成者在存之矣。

明年，天啓改元，奉遺詔，起謫籍諸臣，臺省交薦，起光禄丞。意欲不行，吾輩勸駕者謂義不可辭，乃皤然曰：『義果如是，且吾親未沾一命，脱世不我容，惟不俟終日可耳。』於是以東林講會屬執友吴覲華主席，而單車就道。至歲暮，抵京，隨作一偶粘座右云：『精白厥衷，一率其不損不加真性；靖共乃位，勿昧其可仕可止本心。』次年二月，陞少卿，署寺事。值上元節，缺上供天鵝，群璫恣索。存之援舊例，以家鵝代，譁者帖然。署寺數月，裁無名供費，發鋪行物價，革諸曹鋪墊，積弊如洗，中官見者慴服，退相戒毋犯。既而廣寧失陷，京師阽危，人無固志，存之鎮以安静，疏薦孫公愷陽、董公見龍、李公之藻、鹿公善繼等，及慎畿内守令之選，行保甲防禦之法，得旨允行。又見外戚勳貴中官家皆奸細窟宅，京師禍本不可不除，輒抗疏披瀝言之。大宗伯孫公淇澳追論舊輔紅丸事，下部院九卿科道會議，存之持論益鑿鑿，不少顧忌，諸貴戚大臣近侍皆側目斂手，思有以中傷之矣。尋轉太常少卿，有《恭陳務學之要以立致治之本疏》，疏内復及方、鄭二氏。傳旨欲重處，葉相國維持，僅止罰俸。復轉大理少卿，晋太僕卿，疏辭不允，遂乞差還里。舟中闃寂，著《周易孔義》，大旨謂五經註於後儒，《易經》註於夫子，説《易》者，明夫子之言而明《易》矣。數年前與錢啓新先生講《易》東林，多所闡發，欲勒成一家言，未就，至是始得卒業。其言《易》簡而精微，多前人所未發云。里居數月，即家起刑部侍郎，復疏辭，不允，乃與門人華水部同舟北上。時楊副院大洪疏論魏忠賢大罪二十四，奉旨切責矣；又有旨逮林御史，杖萬工部矣；中官圍首輔門索御史，毆工部郎至死，不問矣。天下大柄駸駸盡歸宦寺，無可奈何。存之乃謂當事曰：『今日外庭法用正直，内閣法用和婉，内閣當借用外庭，不可以正直而疑其激，外庭當責成内閣，不可以和婉而疑其媚，如此乃相成也。』又曰：『中官用事，未能拔其毒，且須殺其毒，宜如歸德相公故事，諄諄勸化諸璫勿與吾輩爲敵，庶幾縉紳之禍可減萬分一耳。』無何，總憲員缺，舉朝會推莫踰存之者，存之發憤辭曰：『趙太宰是龍座師，可與門人分掌部院乎？大司寇喬公、左司寇饒公皆正人也，而饒公資俸深，受杖更慘，可越次用龍乎？不若用副院署事。』便僉曰：『然。』擬副院名上。魏璫大怒，傳旨推見在者。衆復强存之，存之讓饒，太宰亦許註饒，而河南道堅執不從，卒以存之名上。次日得旨，存之益跼蹐不自安，乃具疏懇辭曰：『都御史者，古御史大夫之職也，天下事皆得言之。無奈世習之漸靡久矣，臣子不以真心爲國，則有難振之氣；以請託賄賂爲固然，則有難洗之習；以同異起愛憎，以愛憎爲臧否，則别白之難；無端而分畛域，疑弓影，則調伏之難。所以難者，緣人各有私，故因私成隔。必居此位者先無私，而後可以消人之私，先無隔，而後可以通人之隔。至御史，簪筆者關公論之明晦，巡方者係億兆之安危，必爲之長者，合爲一體，萃爲一心，惟君國是殉，無苟營身家，而後可弘濟於艱難。不然，御史之失職，即都御史之失職也，其關係何如者？而以臣當之，如覆餗何？』疏上不允，乃就職。存之謂安民務在懲貪，欲懲貪，必自輦轂始，一入中臺，即有禁絶書儀榜懸掛通衢，明示爲人臣者不當以好貨爲貪吏的也。適有兩御史回道，一至廉，即今謝操臺，註上考；一至貪，即崔呈秀，立疏糾之。奉旨着吏部從重議處，部覆仰承德意，褫呈秀職，贓私着撫按會勘的實，依律遣戍。時謂存之新入臺，能舉職矣。呈秀昏夜乞哀於忠賢，忠賢是時如鷙鳥伏匿，雖不即爲解救，而與呈秀結父子歡，恨外庭實甚。存之知時事不可爲，惟有興吏治以安民生，可少延旦夕，乃復具《申嚴憲約》一疏，大意欲責成撫按以約束司道，責成司道以約束府州縣，責成府州縣以安民生，條列五十餘款，如農桑水利、敦教化、育人材、正人心、厚風俗，以至刑名、錢穀、積貯、給散、保甲、防禦、彰善癉惡、剔蠹釐奸之法甚具，而要以躬行倡導、節用愛人爲主，掌憲風規大略可覩，然無如群小之搆陷何也。

時魏南樂爲臺省交參，懼不能容，與呈秀共入閹幕，恐嚇忠賢，合謀以傾正人，遂借會推巡撫一事，爲一網打盡之計。首擊去夏文選，魏都諫，次部院，次政府，次及言官之忠鯁與各衙門之守正不阿者，靡一孑遺。

乙丑春夏間，緹騎四出，矯旨逮楊副院等六人至京，各坐重贓，先後斃詔獄。諸奸恨未已，併欲坐存之贓，藉吴錦衣孟明以百口保，始獲免。至《要典》録成，坐移宫一案，爲南道遊鳳翔所訐，削籍爲民，追奪誥命。存之忻然曰：『非此，異日無以見諸公地下。』先是京師議毁鄒南皋、馮少墟等所建首善書院，削兩公籍，至是議盡毁天下書院，而東林尤所最忌，欲索價萬餘濟大工，及拆估入官，僅得三四百金，而東林遂爲瓦礫區，學者無立錐之地矣。當是時，存之屏跡湖上，玩《易》不輟，客至，斷橋以拒之。丙寅春，復逮繆西溪、周來玉兩公。存之自度不免，而絶不露一毫聲色。至三月十六日早，肅衣冠謁龜山祠，歸與一二親知看花園中，談笑自若。忽傳有緹騎消息，存之微笑曰：『此信果的，吾視死如歸耳。』又數舉『原無生死』四字以示在坐曰：『原無生死，何得視生死爲二？若臨死轉一念，便墮苦海，安所稱立命哉？』平生講學，此處看透，得力不少。是夕，祖孫父子相聚晚酌，無一言及家事，第云：『吾有贍田二百畝，售之可當緹騎費，俟天明，蕭然就道耳。兒輩各歸寢，吾亦安枕矣。』至夜半，復傳前信至，存之起坐，問曰：『信的乎？』步入書齋，取紙書數行鎖篋中。復至夫人所，款語半晌出，兩孫趨侍，諭之曰：『吾此行未卜歸期，叮嚀汝者只四字，曰「無貽祖羞」而已。』復取篋中紙，手自封固，置几上曰：『以此付官旗，勿先啓視。』兩孫出，寢户閉，以爲復就榻矣。頃之，不聞聲響，子若孫推户入第，見一榻枵然，徧覓不可得，亟發几上封視之，乃遺筆也，云：『臣雖削奪，舊係大臣，大臣受辱則辱國，故北向叩頭，從屈平之遺則。君恩未報，結願來生。臣攀龍垂絶書，乞使者執此報皇上。』諸子讀未竟，大驚，急趨視池濱，已化去矣，是十七日丑時也。午後府帖至縣，知官旗於隔晚到府，存之赴水，適當其時，豈其静養一生，神明默啓，至誠前知耶？胡其從容暇豫，不疾不徐，一至此耶！所最異者，平立水面，冠不濕，履無泥，擁起，竟日無滴水出口，停斂數日，以待長君，顔色如生，觀者無不驚爲神云。

存之之學以程、朱爲的，以復性爲主，以知本爲宗，以居敬窮理相須並進爲終身之定業。四方從遊者至，先令讀《小學》《近思録》等書，次即令静坐，以養深厚之氣。作《心性説》曰：『心與性，謂之一則不可混，謂之二則不可分。佛氏所謂「性」，皆心也。言慈悲即仁，言般若即知，絶不言禮義，故所謂「仁」「知」者，非吾聖人之「仁」「知」也。聖學從窮理入，故即心即性。佛氏不窮理，故是心非性。』又曰：『佛氏一切平等，最忌分别是非，如何紀綱得世界？紀綱世界，全要是非明白。聖人因物付物，是者是之，非者非之，我無與也，所以能開物成務。』又曰：『學必繇格物而入。有物必有則，則者，至善也。窮至事物之理，窮至於至善處也。格物不至於極處，多以毫釐之差成千里之謬。』又曰：『吾性本來無物，不可自生纏繞；本來具足，不可自疑虧欠；本來蕩平正直，不可自作迂曲；本來廣大無垠，不可自爲局促；本來光明洞達，不可自爲迷昧；本來易簡直截，不可自爲造作。』作《氣質説》曰：『性者，學之原也。知性善，而後可言學。知氣質，而後可言性。性非學不復，學非變化氣質不能復性。人自受形以後，天地之性已爲氣質之性矣，非天地之性之外復有氣質之性也。善反之，則氣質之性即爲天地之性，非氣質之性之外復有天地之性也。故曰二之則不是。』作《静坐説》曰：『静坐之法，不容一毫安排，只平平常常，默然静去。晝前之易如此，人生而静以上如此，喜怒哀樂未發如此。静中妄念强除不得，昏氣亦强除不得，真體既顯，妄念自息，妄念既息，昏氣自清。繇静而動，亦只平平常常。静時與動時一色，動時與静時一色，不過借静坐中認此無静無動之體云爾。』又曰：『惟天理至静，惟喜怒哀樂未發渾是天理。濂溪主静，主於未發也。主静之學，始於慎獨，終於無欲。』又曰：『静中看工夫，動中看本體。工夫未是，静中作主不得。本體未真，動中作主不得。學無動静，其初静以澄之，至無動無静，乃真静也。』又曰：『有理静、氣静之别。理静者，理明欲净，胸中無事而静也。氣静者，定久氣澄，不著於物而静也。兩者交資互益，不可偏廢。如但以氣而已，動即失之，何益哉？』其闢陽明『無善無惡』之説，謂：『道性善者，以無聲無臭爲善之體，陽明以無善無惡爲心之體，一以善即性也，一以善爲意也，故曰：「有善有惡者，意之動。」佛氏亦曰不思善不思惡，以善爲善事，惡爲惡事也，此何可言明善？』作《洗心説》曰：『無求飽，無求安，不作居食想；彼富我仁，彼爵吾義，不作富貴想；仰不愧，俯不怍，不作怨尤想；用則行，舍則藏，不作窮達想。行不義，殺不辜，得天下不爲，有甚動得我？人知囂囂，人不知囂囂，有甚苦得我？非仁無爲，非禮無行，有甚恐得我？江漢濯之，秋陽暴之，有甚污得我？鳶戾天，魚躍淵，有甚局得我？識得這箇真，更有何心可洗？如何識得？曰「退藏於密」而已。愈密則愈真，是謂「一物不容」，是謂「無聲無臭」，是謂「洗心」。』作《主敬説》曰：『學有無窮工夫，「心」之一字乃大總括。心有無窮工夫，「敬」之一字乃大總括。千聖萬賢，只一「敬」字做成。主一之謂敬，無適之謂一。如何能無適？明道曰：「學者須先識仁，識得仁，以誠敬存之。」勿貳以二，勿參以三，是謂主一。』又曰：『主敬有三法，伊川「整齊嚴肅」，上蔡「常惺惺」，和靖「其心收斂，不容一物」是也。然惺惺與收斂難得恰好，纔着意便不是。惟整齊嚴肅未嘗不惺惺，未嘗不收斂，内外卓然，不犯手也。』其自學教人之法總不出此諸説中，欲學者進則以此施之天下，退則以此修之吾身，如行者之有家，耕者之有畔，宛若程、朱家法也。

存之著述頗多，有二十餘種，皆關世教。輯《朱子節要》一書，與《近思録》相表裏，尤極苦心。無論長篇短述，隻語單詞，皆膾炙人口，不可殫述。嘗語同志曰：『天下事敗於邪見之小人，無見之庸人，偏見之君子。』曰：『人一點耻心被馮道滅盡，一點畏心被王安石滅盡，後世尚有稱述之者，真小人而無忌憚矣。』曰：『天下不患無政事，患無學術。學術者，天下之大本也。學述[術]正，政事焉有不正？末世以講學爲諱，如政事何？』曰：『政事本於人才，舍人才言政，必無政。財用本於政事，舍政事言財，必無財。』曰：『聖人之學常用逆法。凡人自幼與人欲日順一日，故與天理日逆一日。聖人自幼與人欲日逆一日，故與天理日順一日。』曰吾儒學脈有二：『孔、孟微見朕兆，朱、陸遂成異同，文清、文成便分兩岐。我朝學脈惟文清得其宗。百年前宗文清者多，百年後宗文成者多。宗文成者，謂文清病實，而不知文成病虚。畢竟實病易消，虚病難補。今日虚病見矣，吾輩當稽弊而返之於實。』此數條者，前無所因，後無所襲，獨見而獨言之，其憂世淑人、砭俗迴瀾之意溢於言表矣。

其持身也，目不視非禮之色，耳不聽非禮之聲，手不接非禮之財，足不履非禮之地，門不納非禮之人。其刑家也，孝友天植，鞠我生我，咸得其歡。五弟一兄，白首無間。與夫人王氏雍雍肅肅，相莊如賓。視猶子如子，視猶子之子如孫。義方之訓，燕翼之謨，洋洋如也。下至臧獲，馭之嚴而有恩，與司馬之僕無二。其待師友也，於澄泉、静餘總角論文，世締其好。無論己，厥後子弟之師，邂逅之交，亦靡不終始相歡，緩急相周，患難相恤，如左右手者。其待戚里也，若外家，若甥家、婿家，貧者助，賢者奬，孱弱者卵翼，能文者薦拔。其待鄉邑也，孝義忠節力爲表揚，大利大害力爲興除，凶年饑歲力爲賑濟。至設爲役田役米，以蘇糧長之困，設同善會，以卹邑中之鰥寡孤獨者，尤厚卹其貧而賢者，其施益弘且遠矣。評者謂其立朝也，有斷斷休休、誾誾侃侃氣象；涉世也，有不流不倚、不争不黨氣象；燕居也，有申申夭夭氣象；誨人也，有循循善誘氣象；進而危言危行，奮不顧身也，有壁立萬仞、底柱中流氣象；退而願學孔、孟，不雜異端也，有醇乎其醇、精金美玉氣象；禍患突臨，從容就義也，有内省不疚、不憂不懼氣象。嗚呼！斯真存之之實録也夫！

余猶記曩者赴任滁陽，存之手書《偕行説》贈余。『偕行』者，與時偕行也。《易》言『與時偕行』者三：《乾》也，《損》也，《益》也。余謂乾之時行，存之有其五焉：其謫籍家居者餘三十年，遯世不悔，若將終身，時潛而潛也；主盟東林，闡發聖賢之精微，以興起斯文爲己任，時見而見也；日就月將，瞬存息養，而頃刻靡敢怠皇，時惕而惕也；遲疑於出處進退之間，自試於動寺冏卿之際，時躍而躍也；至於掌憲内臺，爲衆賢之領袖，時當外計，作貪吏之劍鋩，則幾於亢矣，矧中涓伏負嵎之虎，憸邪逞報復之謀，履霜堅冰，存之必有炳於幾先者，而無奈適遭其窮，不得不時亢而亢，其追隨屈平而含笑以入於水也。所稱進退存亡不失其正者，非與？存之每自謂一生用《易》，不虚耳。惟是吾黨失一良友，海内失一斗山，在朝在野失一規矩準繩之君子，不能不爲世道三歎息也。

余無似，不能彷彿存之萬一，詎能闡揚懿美以昭示來兹？所恃大君子椽筆鴻裁，一言表章，千載不朽。

（明崇禎五年刻本《高子遺書》附録）

祭高先生文

（明）范鳳翼

嗟嗟悲哉！悲哉！何使余隕淚和墨而筆不能下者屢也？余何悲於先生？謂天不憖遺而國空虚也。先生之使余獨悲之甚也，謂海内知己惟先生一人在，足以不恨，而今不可復覩也。

今漢署中纍纍若若者豈不充位乎？誰足當先生者？國以一人興，先生之齎志而未伸者十之九也。以余之忤俗違時，而先生謂周吏部曰：『范某舊銓典型，宜如涇陽先生故事用之，方能脱胎换骨。』此語余所不敢當，顧不知先生何取於余而云爾也？先生又嘗爲文以壽先人矣，其文雖以壽先人，而實以教余。先生之言曰：『聖人何以異於人哉？聖人習而安之，衆人不安而不習也。』是先生之警我以衆人，而誘我以聖人之道也，何篤摯也！予家食廿餘年，足不履户外，顧與先生郵筒往來無虚月。余每於時事之大者，獨謂諸君子之過激非是，此語不可聞於諸君子之耳，而先生書來，獨是余言曰：『諸君子之過激，使公論反出於小人，而私情反出於君子。如來教所謂，君子之公論也。可見天下事有一定而不可移之理』云云。先生非知予之深，余何敢以此語進？而先生果獨許予言之不謬也，然則海内一人知己，非先生而誰？而今已矣，誰當知予者？而又安能已於悲也？

雖然，人之悲先生以情，而先生則深於道者。有龍德焉，得時興雲而雨天下，非其時則蟄伏於泉壤而已矣。當逆璫煽虐，緹騎將及先生之門，而先生先一日而效屈原故事，不落奸人兇手，此豈不謂清明在躬，志氣如神，而深於道者哉？先生之生而死，死而葬，亦猶龍之蟄伏泉壤焉耳。何生何死？而又何以悲哉？予方值海上亂民之變，罹禍奇慘，恨不如蚤死璫，而僅以削奪止也。亦惟是，疲於奔命，未及哭先生之堂，而遥致雞絮，其終安能已於悲耶？

（明崇禎五年刻本《高子遺書》附録）

題高先生遺像

（明）始寧倪元璐

贊曰：『道喪之世，忠者死爾。上死死忠，上忠忠死。忠死之忠，匪以死止。死忠之死，不虧國美。魚貫鶵連，鉤黨殺士。士盡死者，公大而禮。爲士鍛榮，同文之猘。爲國洗辱，汨羅之沚。疇並公忠，信國文氏。正反相明，如車合軌。當宋既灰，羝墮其祀。嗚烈取著，所以燕市。當明鼎盛，闟干其紀。避辱取晦，所以止水。燕市國光，止水國體。大人之死，非苟焉已。』

（明崇禎五年刻本《高子遺書》附録）

詠高先生

（明）嘉善錢士升

吾師子高子，繹聖得宗旨。研幾析無倫，静觀先太始。德輝藹春陽，心境湛秋水。形解何超然，虛空起滅爾。

（明崇禎五年刻本《高子遺書》附録）

過高先生水居，同吴覲華、卞子厚、高伯珍兄弟

（明）錢士升

爲尋仰止訪遺宫，宛在冰壺玉鏡中。幾點青山留面目，數椽茆屋想流風。悠然觀化魚還躍，寂爾齋心月正空。須信斯文猶未墜，三三兩兩一時同。

（明崇禎五年刻本《高子遺書》附録）

東林三先生贊·景逸先生

（明）吴桂森

程、朱居敬，實踐力行。知命達天，反身而誠。主静存仁，格物精義。以身狥道，義盡仁至。

景逸先生之學，其用功從小學入手，而宗旨從《大學》得力。修則實修，證則實證，故凡所剖析闡明以開示後學，如『心性』『格物』『未發』諸疑義，皆能發前賢之藴，而折群言之淆。蓋其精微妙旨，皆從身心得力處實實體貼出來，故趣味不同，而人心愜服也。其應事接物，無不從容中節，雖極煩瑣紛劇，而常自裕如。人以爲先生目無全牛，故揮霍有餘，而先生自以爲皆吾用功實地也。其教專以存養爲主，每對學者，則言復性，而以爲必從静坐入。逮主教東林，諄諄懇懇，開導親切，無非指點性體，真所謂滿目行生，活潑潑地，正在勿忘勿助之間者也。蓋先生資稟純粹，貨色兩關，自幼不染，而用功最早，獨遵文公心法要訣，故所造粹然如此，洵天成道器而真儒的脈。啓新先生曰：『聖賢生知安行，只是能知學，能力行。如高景逸二十歲外便步步程、朱，非所謂生知安行之質乎？』錢師極慎許可，其推服如此，則見重於諸名碩者，更可知已。

（明吴桂森《真儒一脈》）

高景逸先生像贊

（明）鹿善繼

莫謂象非真，先生之神原在象外。莫謂象無言，先生之意原在言外。且非即非離，何内何外？即外而鬢眉，更外而衣帶。而冥吾神以爲盤礴，引吾意以爲刻畫，則先生之辯賢奸如蓍蔡，持是非忘利害，了死生無芥蔕，孰不以爲撑柱兩間，震耀百代？然總於此，粗而不足。按之鬢眉，離而不相。屬之衣帶，而無不一一具在。嗚呼！是東林滴[嫡]派，洙泗正脈。子高子之真，任憑弔者之下拜。

［（明）鹿善繼《鹿忠節公集》卷十三］

東林十先生贊·高景逸先生

（明）鄒期楨

名世真儒，出類拔萃。九龍人物，古未有二。修悟兩到，誕登於岸。泰山其頹，百世所歎。

［（清）許獻、高廷珍等纂《東林書院志》卷十七《文翰三》］

書高先生帖後

（明）劉宗周

閲先生遺表及别友人書，見先生到頭學力。顧其言，各有攸當，弗得草草看過。告君曰『願效屈平遺則』，不忘君也。告友人曰『得從李、范遊』，不負友也。蓋以數子之義，自審其所處則然，而非果以數子自況也。至云『心如太虚，本無生死』，先生心與道一，盡其道而生，盡其道而死，是謂無生死，非佛氏所謂無生死也。往歲嘗遺余書曰：『吾輩有一毫逃死之心固害道，有一毫求死之心亦害道。』此金針見血語，求先生於死生之際者，當以此爲正。先生平日學力堅定，故臨化時做得主張，亦吾儒常事。又先生處化時，端立水中，北向倚池畔，左手捧心，右手垂下，帶口不濡勺水，人多異之。若以佛氏臨終顯幻之法求之，則惑矣。余懼後之學先生者淺求之東漢人物，又或過求之二氏，孤負先生臨岐苦心，特表而出之。

（明崇禎五年刻本《高子遺書》附録）

跋高先生帖

（明）同邑葉茂才

余年友高存之先生與余共學幾四十年，其大節細行無慮千百，而全歸一節，尤足爲大臣處變之法云。蓋當乙丑、丙寅間，逆璫魏忠賢與其黨崔呈秀等矯旨逮繫諸名哲，幾遍天下，大都死於詔獄。即幸遣戍，其屈辱已甚矣。先生聞緹騎四出，逮及吴中諸公，默忖曰：『是役也，行將及我，我忝列風紀首臣，可殺不可辱，辱身即辱國也。』於是逮者至府，遂於開讀前一日秉燭書垂絶數言，自比屈平，而沉園池以終。

嗚呼！屈平之忠，先生之所優也。先生之學之養，則非屈平所敢望也。平之時，上官大夫非有深憾於平，第放之則已矣，是平可以無死也。而崔、魏諸兇於先生則必殺之而後快，與俯首就逮，爲獄吏淩逼，貽先皇以殺大臣名，曷若委身清池，國體既全，而身不受桁楊箠楚爲得乎？故以平自比，不知者以爲自賢，識者以爲自道也。而四十年學力至此，始有得力處，先生蓋亦自信之矣。後之欲觀先生者，第觀其全歸時齋沐焚香，告天告君，並告諸祖考，從容詳審，無異平日，則其所養可知已。『顛沛必於是』，先生有焉。

（明崇禎五年刻本《高子遺書》附録）

附録二　傳記、年譜

《高忠憲公墓誌行述》高攀龍傳

忠臣功績奉部劄編入熹廟實録。

高攀龍，字存之，無錫人。壬午領鄉薦，從顧端文講學，識入道之要莫如敬，時即以程、朱爲的矣。己丑成進士，授行人。適僉事張世則疏詆程、朱，慨然曰：『小人而無忌憚至此哉！』遂上《崇正學闢異説》一疏。時太倉當國，閣銓牴牾，復上《君相同心惜才遠佞》一疏，語侵閣臣，而攀龍遂降揭陽典史。於是奉命之粤，舟中取先儒静坐法門一一參求，覺心氣澄清，時有塞乎天地。乙未，假差歸。搆水居，閉關静坐，作《復七規程》。

邑故有東林道南祠，爲楊龜山講學遺址。攀龍與端文請復之，講習其中，拈出宗旨，自信以端居静定必不可少。蓋學人神短氣浮，浸染世俗，必屈首受書，然後義理浹洽。垂三十春，學益進，道益尊，而望亦益重。

光廟登極，起廢，起光禄寺丞。明年，晋少卿，疏請逐鄭誅李以銷隱禍。禮臣孫慎行論『紅丸』，攀龍□議謂舊相交結鄭戚，不知有君，義甚峻。未幾，轉太常寺少卿，有《務學疏》，大略言『明理以明心，明心以出治』，『不然孝也不知其爲孝，不孝也以爲大孝；忠也不知其爲忠，不忠也以爲大忠。』疏上，嚴旨督責，以福清力持，僅得罰俸。已轉大理寺少卿，又晋太僕寺卿。而講學之禁起，鄒元標、馮從吾皆請告歸。辭疏有『講學何罪？頓空法紀之臣。禁學何名？欲行聖明之世』，力請移疾，不允。明年春，乞差出都。貽書王謙垣論兩朝事，大要言『人臣爲國，當杜漸防微，不宜爲亂賊脱罪』，『夫皇祖威福在手，妙於調停，是皇祖身上事。皇考仁孝根心，妙於隱忍，是皇考身上事。皇上祖考在念，妙於處分，是皇上身上事。若夫嚴萬古綱常，守三尺法紀，君讎必報，君賊必討，是臣子身上事。而奈何諱之至哉？』斯言聖人不與易矣。

居無何，起刑部右侍郎，疏辭不允。值皇子覃恩予三代誥命，慨然曰：『君恩渥矣，其何以報？』而同志亦以大義敦趣。甲子春，入都。而副院楊漣罪璫疏上，中及枚卜，蓋指南樂也。南樂恚，駸駸欲與璫合。攀龍默爲聯絡，備極苦心。會總憲缺，廷推首攀龍。時趙南星爲太宰，攀龍以門墻爲嫌，力辭之。太宰心動，而臺省急欲得攀龍，以天下事不得引嫌。命下，復力辭，不允。既入臺，發御史崔呈秀賕賂，竟褫職遣戍，天下快之。呈秀既得重譴，則潛伏輦轂，急走魏璫，以圖洩憤。而南樂又以偃蹇被糾益恚恨，遂與合謀，而攀龍與太宰俱罷歸。

己丑春，詔獄起，追贓一案將連及，賴吳錦衣力持，暫免及。遊鳳翔疏上，遂削奪矣，已請毁東林書院矣。逾年，有丙寅三月十七日事。當繆昌期、周順昌之逮也，自度不免，先一日肅衣冠謁道南祠，有別聖文。夜半得緹騎信，遂整衣起，謂諸子曰：『吾稍欲料理，爲出門計，可急覓舟，束身就繫，無恐怖家人爲也。』作字二紙，指示兩孫明日以此付官旂，勿先發，命且暫退。移時聲息寂然，已而諸子推户入，見燈火熒熒，杳無蹤跡，發所封，乃遺表也，云：『臣雖削奪，舊係大臣，大臣受辱則辱國，故北向叩頭，從屈平之遺則。君恩未報，結願來生。臣攀龍垂絶書，乞使者執此報皇上。』復有別友人書云：『僕得從李元禮、范孟博遊矣，一生學問，到此亦得少力。心如太虚，本無生死，何幻質之足戀乎？』諸子惶駭，急從旁扉奔池畔，已赴水矣。是時異香撲鼻，居民聞車馬聲如崩裂。尤異者，面北整立，至死猶不忘君，此真得道而正終者耶！

攀龍於書無不窺，尤深於《易》，所著有《周易孔義》《乾坤》《姤復》諸説。其論心性理義，如繭絲牛毛。而學脈流派參訂最精，謂：『學微有心性之分，孔、孟已見朕兆，朱、陸遂成異同，至文成、文清，便是兩路。遞傳而各有所弊，畢竟實病易消，虚病難補。今虚證見矣，當相與稽弊而反之實。』又曰：『釋氏之學，其精微，吾儒具有之，總不出「無極」二字；其弊，先儒具言之，總不出「無理」二字。』『佛氏最忌分別是非，如何紀綱世界？』息邪閑聖功豈在距楊、墨下哉？蓋其光風霽月似茂叔，太和元氣似明道，整齊嚴肅似伊川，讀書窮理、立朝嶽嶽似晦翁。若新會之灑落，餘干之主敬，河津之實踐，姚江之超悟，兼而有之，而無其弊。蓋國朝理學名臣，溯伊洛淵源，以上接洙泗者，惟攀龍一人而已。没而部院具奏請䘏，伏蒙聖恩，贈太子少保、兵部尚書，廕一子，奉旨送入郡邑、鄉賢，春秋崇祀，時以爲異數。尋蒙旨，賜謚忠憲。

欽差提督學政巡按直隸蘇、松等府監察御史李懋芳總裁，直隸松江府推官徐日曦裁定，無錫縣貢生黄伯英、廪生鄒期相纂修。

〔（明）高世儒、高世學、高世寧輯《高忠憲公墓誌行述》〕

東林學案一·忠憲高景逸先生攀龍（節録）

高攀龍，字存之，别號景逸，常州之無錫人。萬曆己丑進士，尋丁嗣父憂。服闋，授行人。時四川僉事張世則上疏謂程、朱之學不能誠意，壞宋一代之風俗，進所著《〈大學〉古本初義》，欲施行天下，一改《章句》之舊。先生上疏駁之，寢其進書。

婁江再入輔政，驅除異己六十餘人。以趙用賢望重，示意鄭材、楊應宿訐其絶婚，去之。先生劾錫爵聲音笑貌之間雖示開誠佈公之意，而精神心術之微，不勝作好作惡之私。謫揭陽添註典史，半載而歸。遂與顧涇陽復東林書院，講學其中。每月三日，遠近集者數百人。以爲紀綱世界，全要是非明白。小人聞而惡之，廟堂之上，行一正事，發一正論，俱目之爲東林黨人。

天啓改元，先生在林下已二十八年，起爲光禄寺丞，陞少卿，署寺事。孫宗伯明《春秋》之義，劾舊輔方從哲。先生會議，持之益力。轉太常、大理，晋太僕卿，乞差還里。甲子，即家起刑部侍郎。逆奄魏忠賢亂政，先生謂同志曰：『今日之事，未能用倒倉之法，唯有上下和衷，少殺其毒耳。』其論與先忠端公相合。總憲缺，先忠端公上《速推憲臣慎簡名賢疏》，意任先生也。陞左都御史，糾大貪御史崔呈秀，依律遣戍。亡何，逆奄與魏廣微合謀，借會推晋撫一事，盡空朝署，先生遂歸。

明年，《三朝要典》成，坐移宫一案，削籍爲民，毁其東林書院。丙寅，又以東林邪黨逮先生及忠端公七人。緹帥將至，先生夜半書遺疏，自沉止水，三月十七日也，年六十有五。疏云：『臣雖削奪，舊係大臣，大臣受辱則辱國，故北向叩頭，從屈平之遺則。君恩未報，結願來生。』

崇禎初，逆奄、呈秀伏誅。贈太子少保，兵部尚書，賜祭葬，蔭子，謚忠憲。

［（清）黄宗羲《明儒學案》卷五八］

《東林列傳》高攀龍傳

高攀龍，字存之，號景逸，無錫人。年二十五，聞顧憲成講學，始志於學。萬曆十七年，成進士。其舉會試，吏部考功員外郎趙南星所取士也。

授行人司行人，時四川按察司僉事張世則疏詆程、朱傳註，獻所著《大學初義》，請頒學宫，一改《章句》之舊。攀龍上言，略曰：『臣維自昔儒者説經，不無異同，而是非不容乖謬。今以程、朱大賢，謂其學曰「不能誠意」，謂其教曰「誤人」，爲是耶？爲非耶？我太祖高皇帝即位之初，首立太學，命許存仁爲祭酒，一宗朱氏之學，令學者非五經、孔、孟之書不讀，非濂、洛、關、閩之學不講。成祖文皇帝益張而大之，命儒臣輯《五經四書大全》及《性理全書》，頒布天下。饒州儒士朱季友詣闕上書，專詆周、程、張、朱之説。上覽而怒曰：「此儒之賊也。」命有司聲罪杖遣，悉焚其所著書，曰：「毋誤後人。」於是邪説屏息。迨今二百餘年，庠序之所教，制科之所取，一稟於是。不意今日乃有世則者，肆然欲變祖宗之制，率天下而背之也。且自世廟以前，雖有訓詁詞章之習，而天下多實學。自穆廟以來，率多穿鑿虚幻之談，而弊不知所終。使世則之言一倡，人人得自騁其私，浮詞邪説充塞天下，二祖列宗之教蕩然掃地矣。』朝廷是之。

二十年冬，奉詔南京謁孝陵。時大學士王錫爵再起當國。癸巳京察，孫鑨爲吏部尚書，趙南星爲考功主計，所排斥與相臣忤，而臺省長官耻不得與，於是言者論謫，南星、孫鑨罷。郎中于孔兼，主事顧允成、薛敷教等力争，皆謫。而吏部侍郎趙用賢亦被論，將併去之。都御史李世達疏救，復爲户部郎中楊應宿所攻，遂與用賢俱去，吏部爲之一空。明年，攀龍使歸，即上疏論其事，語侵輔臣。又言：『楊應宿借不附吏部之名，致阿狥内閣之實，反謂近世一種小人專以抗閣臣爲風裁，附吏部爲得計。其爲説愈佞，而其爲害愈深。閣臣不當陰除異己，鋤善類以空人國。』疏入，應宿再劾南星等贓私，而言攀龍與選郎顧憲成爲姻，此疏其阿吏部之實也。時言官多佐内閣攻銓司，御史吴弘濟獨抗章，謂攀龍爲君子正論，應宿爲小人邪説。有旨會勘，弘濟遂奪職，攀龍謫廣東揭陽縣典史。

二十二年七月，攀龍取道浙、閩以達揭陽，遂渡錢塘，登嚴光釣臺，所至亦講學不輟。尋入武彝，謁蔡元定祠，憩朱熹精舍，益以道學爲己任。抵揭陽，潮之人士皆從之遊。經其指授，皆知向學。及歸，學益有得。自築室漆湖之上，曰『水居』，時讀書習静其中。又與顧憲成修復東林書院，祀宋儒楊時，偕諸同志以道學相切劘。海内士大夫之賢者聞其名，皆尊東林，從者日衆，後邪臣遂指之爲門户。四十年，憲成卒，攀龍乃專講席，徘徊家居三十年，名益重。

天啓改元，起爲光禄寺丞。二年，進本寺少卿。時禮部尚書孫慎行追論『紅丸』，歸罪舊輔方從哲，下廷臣會議。攀龍謂從哲交通國戚，表裏爲奸，心不知有君，無逃首惡之罪，議甚峻。轉太常寺少卿，復上疏，略曰：『禮部尚書孫慎行論舊輔方從哲一疏，關係甚大，隄防甚遠。從哲之罪，非止「紅丸」，其最大者，交結鄭國泰父子，所以謀先帝者不一。始以張差之梃，繼以美姝之進，終以文升之藥。從哲力左右之，培植其爲鄭者，誅鋤其不爲鄭者，一時若狂，知有鄭而已。此賊臣也，討賊則爲陛下之孝，而説者乃曰「爲先帝隱諱則爲孝」，此大亂之道也。又如戎政尚書黄克纘論李選侍一事，陛下念聖母則宣布選侍之罪，念皇考則優待選侍以禮，義盡仁至，而説者乃曰「爲聖母隱諱則爲孝」。明如聖諭，以爲假託。忠如楊漣，以爲居功。人臣避居功，必且甘居罪，君父有急，袖手旁觀，此大亂之道也。若惑其説，孝不知其孝，不孝以爲大孝；忠不知其忠，不忠以爲大忠。事有不辨於至微，貽禍於無窮者，皆如此類。如方從哲、鄭養性，豈容一日不討，尚令居輦轂下耶？』疏入，傳旨：『高攀龍誣朕不孝，當重譴。』閣臣葉向高力救，免。是時持異議者甚衆，給事中王志道首疏附和，攀龍又遺書責之曰：『人臣爲國，當杜漸防微，懲前毖後，不宜爲亂賊逭誅，爲君父種禍也。夫以青宫紫禁之中，忽有荆軻、聶政之入，於飲食男女之内，行其斧斤鴆毒之謀，皆意想所不及，而實中外所共知。此而諱之，是爲亂賊設護身之符。若更加之正人以誣謗，不幾爲亂賊立箝口之法乎？皇祖威福在手，妙於調停，是皇祖身上事。皇考仁孝根心，妙於隱忍，是皇考身上事。皇上祖考在念，妙於處分，是皇上身上事。若夫執大義，守法紀，君仇必報，君賊必討，是臣子身上事。上下相維，並行不悖。今但言《孝經》尊親，而不言《春秋》討賊；言主上父子之親，不言臣下君臣之義；言主上一時之權，不言宇宙萬世之經，使亂臣賊子聞之而喜，忠臣義士聞之而懼。一喜一懼之間，所係世道人心豈其微哉？』時從哲雖得免議，而天下以爲三案是非非斯言不能折也。

五月，升太常寺少卿。時御史鄒元標、馮從吾建首善書院於京師，攀龍時與講會。方、鄭之黨憎而且懼，給事中朱童蒙因疏訐東林，目爲朋黨。於是元標等皆去位，攀龍隨乞休，不允。進刑部右侍郎。時魏忠賢用事，群小争附，而趙南星爲吏部尚書，不附忠賢。都御史缺，廷推屬攀龍。攀龍謂師生不當分掌部院，徒爲攻門户者藉口，力辭不得。既就職，首劾罷忠賢私人崔呈秀。先是副都御史楊漣劾忠賢二十四大罪，漣亦東林人，於是群小合謀，嗾忠賢曰：『東林必殺公。』適會推山西巡撫，以謝應祥名上。御史陳九疇誣劾部院狗私，有旨切責，遂與南星俱罷。歸數月，忠賢、呈秀勢益張，修怨益力。

五年四月，詔獄起，欲以汪文言贓坐攀龍，賴吴錦衣者持之得免。八月，又詔毁東林書院，攀龍乃移祀楊時於道南祠。戍南星，逮楊漣、魏大中等殺之，而削攀龍職。方大中之就逮也，過無錫，攀龍操舟送之高橋。群小知之益怒，令織造太監李實劾周順昌等，攀龍與焉。緹騎將至，有偵其事以告者。是日，攀龍謁道南祠，作《告龜山先生文》，焚之。歸與二門生一弟酌後園池上，聞官旂已至吴門逮順昌，笑曰：『吾視死如歸，今果然矣。』晚復與家人飲，夜半信益急，乃整衣至書齋，謂諸子曰：『吾稍料理，爲就道計，姑暫退。』遂作字二紙鐍篋中，復入，與夫人語而出。二孫侍，取所封紙置几上，示之曰：『明日以此付官旂，毋先發。』因扃户。移時，不聞聲，諸子排户入，一燈熒然，發所封紙，則遺表也，云：『臣雖削奪，臣係大臣，大臣受辱則辱國，故北面叩頭，從屈平之遺則。君恩未報，願結來生。臣攀龍垂絶書，乞使者執此以報皇上。』復有别友書云：『僕得從李元禮、范孟博遊矣，一生學問，至此亦稍得力。』諸子惶駭，奔池畔，則已沈死，衣冠端立如平生，年六十五。先是就逮諸臣皆具極刑，斃詔獄。不辱者，攀龍一人而已。

崇禎元年，詔褒卹死事諸臣，贈太子少保、兵部尚書，謚忠憲，廕一子。攀龍生負重望，以直道不容於時，雖位列九卿，立朝未及數載。至其護善類，擊奸黨，蓋孤忠自許，死而後已者。今世傳其書有《異端辨》《困學記》《周易孔義》《春秋孔義》《高子遺書》。編輯《朱子要語》，皆本『主敬』『格致』之説。嘗謂人曰：『善學孔子者，無如朱子。』故所學爲得其正。與顧憲成、鄒元標、馮從吾輩齊名，裒然東林之冠。論者謂有明理學名儒，如陳獻章之灑落，胡居仁之主敬，薛瑄之實踐，王守仁之超悟，攀龍殆兼有之，而無其弊。

〔（清）陳鼎《東林列傳》卷二〕

《明史》高攀龍傳

高攀龍，字存之，無錫人。少讀書，輒有志程、朱之學。舉萬曆十七年進士，授行人。四川僉事張世則進所著《大學初義》，詆程、朱《章句》，請頒天下。攀龍抗疏力駁其謬，其書遂不行。

侍郎趙用賢、都御史李世達被訐去位，朝論多咎大學士王錫爵。攀龍上疏曰：『近見朝宁之上，善類擯斥一空。大臣則孫鑨、李世達、趙用賢去矣，小臣則趙南星、陳泰來、顧允成、薛敷教、張納陛、于孔兼、賈巖斥矣。邇者李禎、曾乾亨復不安其位而乞去矣，選郎孟化鯉又以推用言官張棟，空署而逐矣。夫天地生才甚難，國家需才甚亟，廢斥如此，後將焉繼？致使正人扼腕，曲士彈冠，世道人心何可勝慨！且今陛下朝講久輟，廷臣不獲望見顏色。天言傳布，雖曰聖裁，隱伏之中，莫測所以。故中外群言，不曰「輔臣欲除不附己」，則曰「近侍不利用正人」。陛下深居九重，亦曾有以諸臣賢否陳於左右，而陛下於諸臣亦嘗一思其得罪之故乎？果以爲皆由聖怒，則諸臣自孟化鯉而外，未聞忤旨，何以皆罷斥？即使批鱗逆耳，如董基等，陛下已嘗收録，何獨於諸臣不然？臣恐陛下有祛邪之果斷，而左右反借以行媢嫉之私；陛下有容言之盛心，而臣工反遺以拒諫諍之誚。傳之四海，垂諸史册，爲聖德累不小。輔臣王錫爵等，跡其自待，若愈於張居正、申時行；察其用心，何以異於五十步笑百步？即如諸臣罷斥，果以爲當然，則是非邪正，恒人能辨，何忍坐視至尊之過舉？得毋内洩其私憤，而利於斥逐之盡乎？』末力詆鄭材、楊應宿讒諂宜黜。應宿亦疏訐攀龍，語極妄誕。疏並下部院，議請薄罰兩臣，稍示懲創。帝不許，鐫應宿二秩，謫攀龍揭陽添注典史。御史吴弘濟等論救，并獲譴。攀龍之官七月，以事歸。尋遭親喪，遂不出，家居垂三十年。言者屢薦，帝悉不省。

熹宗立，起光禄丞。天啓元年，進少卿。明年四月，疏劾戚畹鄭養性，言：『張差梃擊，實養性父國泰主謀。今人言籍籍，咸疑養性交關奸宄，别懷異謀。積疑不解，當思善全之術。至劉保謀逆，中官盧受主之，劉于簡獄詞具在，受本鄭氏私人。而李如楨一家交關鄭氏，計陷名將，失地喪師，于簡原供明言李永芳約如楨内應。若崔文昇，素爲鄭氏腹心，知先帝症虚，故用泄藥，罪在不赦，陛下僅行斥逐，而文昇猶潛住都城。宜勒養性還故里，急正如楨、文昇典刑，用章國法。』疏入，責攀龍多言，然卒遣養性還籍。

孫慎行以『紅丸』事攻舊輔方從哲，下廷議。攀龍引《春秋》首惡之誅，歸獄從哲。給事中王志道爲從哲解，攀龍遺書切責之。尋改太常少卿，疏陳務學之要，因言：『從哲之罪非止紅丸，其最大者在交結鄭國泰。國泰父子所以謀危先帝者不一，始以張差之梃，繼以美姝之進，終以文昇之藥。而從哲實左右之，力扶其爲鄭氏者，力鋤其不爲鄭氏者。一時人心若狂，但知鄭氏，不知東宫。此賊臣也，討賊，則爲陛下之孝。而説者乃曰「爲先帝隱諱則爲孝」，此大亂之道也。陛下念聖母則宣選侍之罪，念皇考則隆選侍之恩，仁之至，義之盡也。而説者乃曰「爲聖母隱諱則爲孝」。明如聖諭，目爲假託。忠如楊漣，謗爲居功。人臣避居功，甘居罪，君父有急，袖手旁觀，此大亂之道也。惑於其説，孝也不知其爲孝，不孝也以爲大孝；忠也不知其爲忠，不忠也以爲大忠。忠孝皆可變亂，何事不可妄爲？故從哲、養性不容不討，奈何猶令居輦轂下？』時從哲輩奥援甚固，摘疏中『不孝』語激帝怒，將加嚴譴。葉向高力救，乃奪禄一年。旋改大理少卿。鄒元標建書院，攀龍與焉。元標被攻，攀龍請與同罷，詔留之。進太僕卿，擢刑部右侍郎。

四年八月，拜左都御史。楊漣等群擊魏忠賢，勢已不兩立。及向高去國，魏廣微日導忠賢爲惡。而攀龍爲趙南星門生，並居要地。御史崔呈秀按淮、揚還，攀龍發其穢狀，南星議戍之。呈秀窘，急走忠賢所，乞爲義兒，遂摭謝應祥事，謂攀龍黨南星。嚴旨詰責，攀龍遽引罪去。頃之，南京御史遊鳳翔出爲知府，訐攀龍挾私排擠。詔復鳳翔故官，削攀龍籍。呈秀憾不已，必欲殺之，竄名李實劾周起元疏中，遣緹騎往逮。攀龍晨謁宋儒楊龜山祠，以文告之。歸與二門生一弟飲後園池上，聞周順昌已就逮，笑曰：『吾視死如歸，今果然矣。』入與夫人語，如平時。出，書二紙，告二孫曰：『明日以付官校。』因遣之出，扃户。移時諸子排户入，一燈熒然，則已衣冠自沈於池矣。發所封紙，乃遺表也，云：『臣雖削奪，舊爲大臣，大臣受辱則辱國，謹北向叩頭，從屈平之遺則。』復别門人華允誠書云：『一生學問，至此亦少得力。』時年六十五。遠近聞其死，莫不傷之。

呈秀憾猶未釋，矯詔下其子世儒吏。刑部坐世儒不能防閑其父，謫爲徒。崇禎初，贈太子少保、兵部尚書，謚忠憲，授世儒官。

初，海内學者率宗王守仁，攀龍心非之。與顧憲成同講學東林書院，以静爲主，操履篤實，粹然一出於正，爲一時儒者之宗。海内士大夫識與不識，稱『高、顧』無異詞。攀龍削官之秋，詔毁東林書院。莊烈帝嗣位，學者更修復之。

〔（清）張廷玉等撰《明史》卷二四三〕

高忠憲公年譜

受業門人華允誠謹述

《高忠憲公年譜》書後

明邵文莊、顧端文、高忠憲三先生，吾錫三大儒也。初文莊既没，久無年譜，至端文、忠憲並起，始相與補成之。其爲譜，出於私淑後儒，固以道相感，而能見其大。若夫忠憲年譜，始輯之者爲華吏部鳳超先生。

其爲譜，出於入室弟子，尤得諸親炙，而能見其真。吾黨讀之，殆未有不興起者。然作譜之始末與其感應，讀者豈盡知之乎？

崇禎初，吏部起補工曹，念忠憲當秩文廡，亟繕疏數千言，將請於朝。會杜黄門先言之，未允，而吏部仲兄龍超公自家貽書京邸，謂非今日所宜言，惟當竭力表章，使忠憲之學昭明於世，而後可議及此。吏部得書喟然，爰取疏稿藏之，而力以表章師傅爲己任，始輯忠憲年譜云。先是吏部從學東林，及登第後親贄，既而同舟北上，心悦誠服，以爲幾於無行不與，具載劄記中。至是乃以平昔獨知獨見證諸天下共聞共見，博求諸同門知契，密訂諸《遺書》記録，故此編其譜年也，莫非譜學也。其譜學也，爲請祀張本也，此則吏部之心也。抑感真者，應必真。方忠憲聞逮而赴止水也，拜表謝闕、焚書告祠而外，不作一語囑家人，獨手題一帖訣别吏部。乃閲二十餘年，吏部亦復殉節，若先借是譜心相印以相諾也者。較諸顧、高兩公之譜文莊，不更有光歟？

忠憲從孫楚培氏及其子象姚夙奉學憲公庭訓，孜孜於紹明忠憲家學。己巳冬，既捐槖重梓《高子遺書》，復搜是年譜附訂於後，俾學者讀其書，即思知其人，一則伸吏部表章之心，一則著師、弟後先之跡，而將來祀議之準又何俟他求也哉？余向謂陳儀部幾亭以崇禎辛未訂《遺書》，而吏部旋以乙亥成年譜，兩先生功在高門，如鳥翼車輪，不可缺一，宜令此之合璧而行矣。竊歎先獲我心，故泚筆備書之。因憶吏部孫何思大令嘗語予曰：『先吏部於忠憲入道之序，皆遵《困學記》，提挈分明。又如壬寅輯《朱子節要》成，戊午有《戊午吟》，辛酉入京，以東林講席拜託葉、吴兩公，皆卷中加意處。』斯言也，夏中心藏之，併敢私識末簡，爲讀譜者告焉。時康熙己巳嘉平，同里後學張夏拜手敬書。

世宗肅皇帝嘉靖四十一年壬戌七月十三日午時，先生生。

先生姓高氏，諱攀龍，初字雲從，後字存之，别號景逸。其先人曰孟永公，始居無錫。一傳耕樂公如圭，再傳省軒公翼，三傳雪樓公適。代有隱德，雪樓公生静成公材，舉孝廉，令黄巖，有異政，祀名宦、鄉賢。静成生繼成公德徵，配陸夫人，貳邵夫人，實生先生。静成有弟静逸公校，配朱夫人，無子，因以爲嗣。先生之生也，有盆蓮之瑞，静成公詩以志喜。後先生得手筆於冗紙中，捧誦珍悼，跋云：『蓮，花之君子也，發於盆盎，小能大也，常人神局於六尺，君子神充於宇宙，亦若是矣。出於污泥，污能潔也，常人心役於五官，君子心超於萬物，亦若是矣。蓮，多子者也，子以及子，吾兄弟子孫相率爲君子，乃所以報吾祖，報天之休也。』

四十二年癸亥，二歲。

四十三年甲子，三歲。

四十四年乙丑，四歲。

四十五年丙寅，五歲。

穆宗莊皇帝隆慶元年丁卯，六歲。

就外傅。

先生神采奕奕，善讀書，言動如成人。母授菓餌，敬而受之。或命自取，必如所常授數。

二年戊辰，七歲。

三年己巳，八歲。

四年庚午，九歲。

五年辛未，十歲。

六年壬申，十一歲。

神宗顯皇帝萬曆元年癸酉，十二歲。工文章。

二年甲戌，十三歲。
三年乙亥，十四歲。
四年丙子，十五歲。
應童子試。
師事邑中茹澄泉，兄事孝廉許静餘，以學行相砥礪，暇則默探討諸儒語録、《性理》諸書。
五年丁丑，十六歲。
六年戊寅，十七歲。
七年己卯，十八歲。
八年庚辰，十九歲。
九年辛巳，二十歲。
補邑諸生。
十月，娶王夫人。
初聘王抑所女，繼山孫女，殤。抑所以先生爲天下第一流人品，即抱内戚沈女續好，先生佩德勿替，終身無二色。
十年壬午，二十一歲。
舉於鄉。
爲沈龍江、徐檢吾所識拔，一見以天下士期之。闈中原係落卷，將放榜矣，檢吾就榻不能寐，鼠齧其足者三，檢吾異之，暗中抽一落卷，即公卷也，呈主司，遂得中式。
十一年癸未，二十二歲。

十二年甲申，二十三歲。丁嗣母朱夫人艱。

十三年乙酉，二十四歲。

每日嚴立課程，自卧榻至日逐經行處，壁間悉黏一圈，期於觸目警心，無令此心放逸。

又有《日鑑篇》，以德業之敬怠義欲分注於天時人事之下，日有稽，月有考。

十四年丙戌，二十五歲。

始志於學。

邑令李元沖延江右羅止庵與顧涇陽先生講學於黌宮，士紳雲集，先生躍然喜曰：『吾夙有志於學，今得縣父母爲嚆矢，吾學其有興乎！』於是蚤起孜孜以全副精神用於止敬慎獨、存心養性、遷善改過間，而學始有入門矣。

十五年丁亥，二十六歲。服闋。

十六年戊子，二十七歲。

入南雍。

司成趙定宇略師生之分，結忘年交。

十七年己丑，二十八歲。

舉進士，廷試三甲。

分考高邑趙南星儕鶴評云：『此卷似知學者，當拔之牝牡驪黄之外。』同門有薛以身敷教、歐陽宜諸東鳳、王中嵩述古。

七月，丁嗣父艱歸。

讀禮三年，孺慕如一日，自料理襄事外，惟定省生父母與講學會友、翻經閱史爲日程，他無所置念也。

十八年庚寅，二十九歲。

十九年辛卯，三十歲。服闋。

二十年壬辰，三十一歲。

謁選京師。

先生廷試三甲，當爲令，丁憂。起復當改京職，值選司鄒孚如議申舊例，仍與外。先生喜，寄父書曰：『男觀今日時事日非，天下事無一可做，稍酬生平，惟有守令耳。部官悠悠，坐老歲月，不若乘此年力做一出頭，以後可迎刃而解。嚴不至激，和不至隨，兒自量力能爲之。愛民好士，一介不取，兒亦量力能爲之。邑中豪傑雖多，兒意所取法者邵文莊、王繼山二公，皆自州官起脚。夙志如此，未審得遂否？』既而鄒議不行。

六月，授行人司行人。

上《崇正學闢異説疏》。尋上《今日要務疏》。

時有四川僉事張世則疏詆程、朱，欲改易傳註，上所著書求頒行天下。先生不勝憤愕，上《崇正學闢異説以一人心以端正本疏》，上嘉之曰：『高攀龍所言有關世教。』不旬日，尋上《今日第一要務疏》，言天下之大本與天下之大機，欲上法祖，操心講學、勤政、發帑、理財，語甚剴切，留中不下。時僚友同志，若聊城逯與權中立、江右陳彝仲、徽郡洪平叔文衡，先生與之上下今古，講究性命，詢訪人物，善相長，過相規，稱莫逆交。後諸公皆蔚然爲名臣，先生有力焉。

司中無事，藏書甚多，得恣意探討。取二程、朱子《全書》，薛文清《讀書録》手自摘鈔，作《日省編》，集《崇正編》。尤多用尊德性工夫，以半日静坐，半日讀書。一日静坐久之，忽思『閑邪存誠』句，覺得當下無邪，渾然是誠，更不須覓，一時快然，如脱纏縛。從此反躬實踐，會友談心，種種無非是物矣。

十二月，齎詔金陵。

謁鄒南皋、朱虞葑、瞿洞觀諸先生。

二十一年癸巳，三十二歲。

正月，自金陵歸。

鐙夕前抵家，朝夕娱親外，益務親師取友，考德問業。往毗陵謁錢啓新先生，往蘇州謁王少湖先生。嘗曰：『王先生謂士君子須是立得箇大節，居鄉勿爲鄉願，居官勿爲鄙夫，方有可説處。語不多，令人惕然深省。』

十二月，復命。建言，謫廣東揭陽典史。

入都三日，見鄭材、楊應宿附閣攻部，掊擊衆正甚力，先生憤激不平，上《君相同心、惜才遠佞以臻至治疏》，語侵閣臣，遂有此謫。大要言諸臣罷黜，非輔臣欲除不附己，則内侍不利用正人，而應宿等反借不附吏部之名，致阿徇閣臣之實，閣臣聲音笑貌間雖示開誠布公之意，而精神心術之隱實不勝作好作惡之私，以致機權潛用，善類坐空云云。奉旨著部院會同該科從實究問，先生侃侃詰問，不少諱避。因有皇長子明春出閣之諭，先生雖身在危疑，喜國本大定，與相知酌酒相慶，忘其一官之去。又遺吴海洲曰：『人行義非難，所安爲難。此心清净中一物不可著，何處著一官？若一念未融，其道不光矣。了此，便鳳凰翔於千仞。』海洲亦爲先生建言削籍者也。

十二月，辭朝歸。

二十二年甲午，三十三歲。

七月，赴任廣東。

顧涇陽亦以言事黜，先生貽書有『吾曹一時退處，共得閒身，何修報稱？』之語。至武林，與廣東陸古樵粹明、嘉善吴遷庵志遠談論數日。古樵潛心白沙主静之學，先生得其提醒，自歉於道尚未有見，總無受用，發憤曰：『此行不徹此事，此生真負此身矣。』舟中嚴立規程，取前所爲半日静坐半日讀書者反覆行之，當心氣澄清時，有塞乎天地氣象。在路兩月，如武夷、天游、九龍十八灘，險絶奇絶處不可屈指，靡不畢領其勝。憩九峰書院，登子陵釣臺，溪聲鳥韻，茂樹修篁，種種悦心，而心不著境，自謂得山水之助不小。過汀州，登旅舍小樓，甚樂，手持二程書，偶見明道先生曰：『百官萬務，兵革百萬之衆，飲水曲肱，樂在其中。萬變俱在人，其實無一事。』猛省曰：『原來如此，實無一事也。』一念纏綿，斬然遂絶。忽如百斤擔子頓爾落地，又如電光一閃，透體通明，遂與大化融洽無際，更無天人内外之隔。至此，見六合皆心，腔子是其區宇，方寸亦皆本位，神而明之，總無方所可言也。平日深鄙學者張皇説悟，此時只看作平常，自知從此方好下工夫耳。至揭陽，不以謫官閒散怠於職事，日於衙齋課士，正文體，釋書義，兼編集《朱子要語》刊示之，生徒興起者數十。邑令爲同年朱任宇，先生訪知民情吏弊，悉心啓告。臨行，殛一凶人。陳所藴工起滅，報睚眦，占主女，細民至鄉紳、地方、官府莫敢誰何。先生窮治其罪，竟置之法。遊蓮花峰，謁文丞相祠、周元公祠、韓昌黎、陸丞相祠。所得友爲蕭自麓，自麓，故羅念庵先生門人，以立敬爲學，所見甚正。署事三月，假差歸，别自麓，請教，曰：『公當潛養數年，不可發露，先輩皆背地用一陣苦工夫，故得成就耳。』先生深然之。啓行，諸生不遠百里相送，臨别依依，謂曰：『諸君努力，自當相遇中原。與諸君矢，繼自今脱鄙人毁廉蔑節，無以見諸君；諸君不克砥礪，厭厭世俗，亦無以相見。』則皆曰：『誠如此盟。』至漳州，謁李見羅先生，辨論《大學》格致之旨，謂《大學》『格致』即《中庸》『明善』，『所以使學者辨志定業，絶利一源，分剖爲己爲人之界，精研義利是非之極，要使此心光明洞達，直截痛快，無毫髮含糊疑似於隱微之地，以爲自欺之主。夫然後爲善而更無不爲之意拒之前，不爲惡而更無欲爲之意引之後，意誠心正身修，善所以純粹而精，止所以敦厚而固也。不然，非不欲止欲修，而氣稟物欲拘蔽萬端，恐不能實用其力矣。且修身爲本，聖訓昭然，千古知之，只緣知誘物化，不能反躬。非欲能累人，知之不至也。何以旦晝無穿窬之念，夜必無穿窬之夢？知之切至也。學者辨義利是非之極，必皆如此，斯爲知至。此工夫喫緊沉著，豈可平鋪放在，説得都無氣力？且條目次第，雖非今日致，明日誠，然著箇先後字，亦有意義，不宜如此籠統。』過延平，拜李先生祠。往考亭，拜朱夫子祠。過崇安，拜趙清獻祠。蕭蕭身世，雲水孤清，自謂出門至此，學力已三轉手勢。

序《王文成年譜》。作《陽明説辨》，共四首。

二十三年乙未，三十四歲。

二月，抵家。

再取釋、老二家參之，謂釋氏與聖人所争毫髮，其精微處，吾儒具有之，總不出『無極』二字；弊病處，先儒具言之，總不出『無理』二字。觀二氏而益知聖道之尊，若無聖人之道，便無生民之類，即二氏，亦飲食衣被其中而不覺也。

二十四年丙申，三十五歲。

繼成公、陸夫人偕壽七十，先生同昆弟稱觴宴客。

三月、六月，連遭父母喪。

遵喪禮，不二斬，稱降服子。居喪，竭力襄事。父遺命析其産而七之，先生推以讓諸兄弟不得，盡出爲喪葬費，餘置義租，贍親族，分贍祖妾之無子者。

二十五年丁酉，三十六歲。

二十六年戊戌，三十七歲。

作水居，爲静坐讀書計。

數年間，徙居婚嫁，歲無寧息，而動中煉習、静中温養工夫卒未始頃刻廢。於水居構一可樓，『可』者，言無所不可也。茅簷數椽，極湖山之致，謝客棲息其中，動以旬月計。偶遠近同心如歸季思、吴子往諸先生來訪，相與瞑目焚香，閉關趺坐，坐必以七日。遊陽羨諸山，則坐龍池頂。遊武林諸山，則坐弢光、黄龍、荻秋庵。作《復七規程》。是秋，會同志於二泉之上，與管東溟辨無善無惡之旨。作《山居課程》。

二十七年己亥，三十八歲。

偶至黄巖縣謁静成公祠，父老咸嗟歎之，云此高一合孫也。蓋静成令巖時，民無滯獄，只帶合米可了，故云。

二十八年庚子，三十九歲。

與吴子往等静坐水居。日記云：『日逐只是顧諟明命爲工夫。』又云：『一日覺氣在胸膈稍滯，思調息。息最微，若有若無，誤認氣爲息而調之，大害事矣。次日便覺多却。調息一念只是誠無爲，著些子不得也。』

二十九年辛丑，四十歲。

八月，偕四郡同志會講於樂志堂。

三十年壬寅，四十一歲。輯《朱子節要》成。

三十一年癸卯，四十二歲。註張子《正蒙》完。

三十二年甲辰，四十三歲。

東林書院成。

錫東林者，宋龜山楊先生講學之所，廢爲僧院，邵文莊公所修復，王文成記可考也。後復變爲僧院，先生與顧涇陽先生弔其墟，聞於當道，葺道南祠，搆講堂、書舍，相與講習其中。朔望小會，春秋大會，歲以爲常。涇陽仿白鹿洞爲會約，先生爲之序。自涇陽殁，先生獨肩其責，每會取儒釋、朱陸之辨，文成、文清真悟真修之辨，爲己爲人、義利公私、欺謙邪正之辨，時時拈示，洗發痛快，令人劃然開，油然得。尤謂學者雖得朋友講習之功，不可無端居静定之力，蓋各人病痛不同。大聖大賢必有大精神，其主静只在尋常日用中。學者神短氣浮，便須數十年静力，方得厚聚深培。而最受病處，在自幼無小學之教，浸染世俗，故俗根難拔，必埋頭讀書，使義理浹洽，變易其俗腸俗骨，澄神默坐，堅凝其正心正氣，乃可耳。

三十三年乙巳，四十四歲。

作《異端辨》。

先生遊武林，遇一僧，原係廩於學宫，一旦叛入異教，著書數種，多抑儒揚釋之語，因摘取其言，各剖破之，分四條，刻《遺書》。

三十四年丙午，四十五歲。

實信孟子『性善』之旨。

同顧涇陽先生會於虞山書院，有《〈虞山書院商語〉小引》。

三十五年丁未，四十六歲。

實信程子『鳶飛魚躍』與『必有事焉』之旨。

立家訓。

析諸子産，有《量入約》。

三十六年戊申，四十七歲。

赴毗陵經正堂會。

爲大水災條議救荒。

爲同區設立役田。

三十七年己酉，四十八歲。

赴金沙志矩堂、毗陵經正堂會。
三十八年庚戌，四十九歲。
六月，講學焦山，段幻然主會。
赴嘉禾天心書院會。
三十九年辛亥，五十歲。
實信《大學》『知本』之旨。
訂古本《大學》。
三月，講學於金沙志矩堂。
四月，講學於荆溪明道書院。
秋，赴毗陵經正堂會。
四十年壬子，五十一歲。實信『中庸』之旨。
四十一年癸丑，五十二歲。
三月，講學於金沙志矩堂。
九月，静坐武林弢光山中，著《静坐説》。
十一月，延錢啓新先生講《易》東林。
四十二年甲寅，五十三歲。
春舉同善會，以贍鰥寡孤獨，中有節孝者尤加惠之。
赴荆溪明道書院會。
七月，作《困學記》。

四十三年乙卯，五十四歲。著《理義説》《氣質説》《未發説》《朋黨説》。

四十四年丙辰，五十五歲。赴毗陵經正堂會。

四十五年丁巳，五十六歲。赴荆溪明道書院會。

四十六年戊午，五十七歲。有《戊午吟》。

四十七年己未，五十八歲。

四十八年、光宗貞皇帝泰昌元年庚申，五十九歲。

八月，神廟賓天，光宗即位，罷商税，發内帑，起廢籍，朝政一清。甫一月，鼎湖再泣。先生方講學東林，凶問至，爲之輟講。

十月，少司寇鄒南皋先生疏薦。

十一月，御史方孩未疏薦。

熹宗哲皇帝天啓元年辛酉，六十歲。

正月，作《壽戒》。

先生云：『人生六十，老矣。老人年日增，事當日減。患減之未盡，不患減之過。當以目前最切者減之，戒壽文、壽詩、壽卮、壽服、壽畫、壽屏、壽鐙、壽筵、演戲、集分、迎賓等禮。守此七戒，老人澄然無事矣。無事之樂，更有何樂似之乎？』

舉鄉飲大賓。

三月，詔起光禄寺丞。

九月，啓行至京。

是冬，别東林諸友北上，以會講事屬葉閒適、吴覲華主盟，再拜囑曰：『畢竟此事爲吾輩究竟，弟此行原殉君親二字，可歸即歸，不使東林草深也。』到任，作一聯黏堂中云：『精白厥衷，一率其不損不加真性；靖共爾位，勿昧其可仕可止本心。』

二年壬戌，六十一歲。

正月，陞本寺少卿，贈嗣父母奉政大夫、宜人，移贈本生父母，亦如之。

著《乾坤説》《心性説》《寅直説》。

太廟春祭，執事。

時寺官正貳皆缺，備極煩勞。元夕上供九般茶飯，缺天鵝，群璫恣索，先生唯唯密疏，援累朝例，以家鵝代用，旨下帖然。

裁無名供費，發鋪行物價，革諸曹鋪墊，又以餘糧振士之貧者。

先生云：『光禄事雖多，儘做得去。初間尚有中官聒擾，事事不放過，事事不已，甚遂帖服，不敢動。今益沛然矣，但不可便以此爲盡職。他事一切不管，此等職事全算不得也。』既而廣甯失陷，人心皇皇，先生獨鎮以安静。

疏請破格用人，以備不測。

薦孫愷陽、董應舉、李之藻、鹿善繼，及慎畿内守令之選，行保甲防禦之法，俱允行。

疏請逐鄭養性。

疏内云：『乞將鄭養性等發回原籍，李如楨、崔文昇明正典刑，庶危疑可釋，隱禍可銷。』報聞。

議方從哲無君之罪。

時孫淇澳爲大宗伯，疏論從哲『紅丸』事，先生見之曰：『此一部《春秋》也。』得旨下部院九卿科道會議，先生力持正論，不少顧忌，議具别刻，人以爲鐵案。又嘗黏一聯於室云：『得閒且閒，今日莫思明日事；當做便做，一年可作百年人。』未幾轉太常寺少卿，於祀典多所釐正。

疏陳務學之要，致治之本。

疏内復及方、鄭，傳旨欲重處，福清争曰：『此人有重望，若處，滿朝必争，吾亦與之同去。』僅罰俸。先生在京一年，汲引後進之賢，充滿朝宁。言路中賢者稍動争端，便力止之，不使元黄之戰再見於起廢之後。嘗謂：『默然融化乃是道理，煦然調停即屬世情。二者天壤不侔，並調停之意一切泯之。』

九月（尹按，據下文『八月』，則『九』字當訛。），轉大理寺右少卿。

時掌院鄒南皋、副院馮少墟建首善書院，立講學會。給事朱童蒙騰疏顯詆，指意歸重東林，欲天下以講學爲戒。先生欲具疏辨，適奉明旨，如日中天，乃具揭以明其是非。已而鄒、馮兩先生請告歸，詞林文湛持亦抗疏歸。先生三疏抗辭，不允。有《論學揭》《罷商稅揭》。

八月，奉命慶陵掩龍口祭告。

十一月，晋太僕卿。

疏辭，復不允。中有『講學何罪？頓空法紀之臣。禁學何名？欲行聖明之世』，又有『陰陽交争，上下隔塞』『邪氣所干，元氣大伐』等語，以身疾喻朝政也。

除夕，太廟陪祭。

三年癸亥，六十二歲。

乞差歸，明討賊之義。

《周易孔義》成。

給事王志道疏論兩朝事，淆雜不倫，先生致書駁之，略云：『人臣爲國，當杜漸防微，懲前毖後，不宜爲亂賊脱罪，爲君父種禍。夫張差制梃，美女代劍，先進熱藥，後進泄藥，彰明較著，中外共知，孰得諱之？

「諱」之一字爲亂賊設護身之符，加以「誣謗」二字，又爲亂賊立箝口之法。大義所關，不容隱忍也。」

向著《周易孔義》舟中卒業。

四月，抵家。復尋東林之社。

先生雖歸，朝中諸君子實未嘗一日忘先生，即家起用。

十一月，陞刑部右侍郎，疏辭不允。

皇子誕生，推贈三代，廕一子。先生慨然曰：『君恩渥矣，其何以報？』

四年甲子，六十三歲。

三月，同門人華允誠啓行。

途中兩閲月，相對講學。至維楊，謁王心齋祠，心齋子王泰留先生講學。至寶應，與余兄燕超公、劉清之講學於范文正公祠。燕超教諭寶應，倡明理學，構興讓堂爲諸生講習之所，先生爲之記。

六月，進京。

時楊副院論魏璫二十四大罪，奉旨切責，舉朝争之不得。杖死工部郎萬燝，逮御史林汝翥，疑匿福清寓，中官競圍其門，天下大柄駸駸盡歸宫寺。先生曰：『外廷法用正直，内閣法用和緩。内閣當借用外廷，不可以正直而疑其激；外廷當責成内閣，不可以和緩而疑其媚，如此乃相成也。』又曰：『中官用事，未能拔其毒，且須殺其毒。宜如歸德相公勸化諸璫勿與吾輩爲敵，庶幾縉紳之禍可減萬分一耳。』

九月，陞都察院左都御史。

總憲員缺，舉朝共推先生，先生懇辭曰：『太宰是房師，可與門人分掌部院乎？大司寇喬公、左司寇饒公皆正人也，而饒公資俸深，受杖更慘，可越次用某乎？』又勸推馮少墟，太宰亦以爲然。業註饒矣，而河南道袁化中堅執不從，卒以先生名上。次日得旨，先生益跼蹐不自安，具疏曰：『都御史者，古之御史大夫也，天下之事皆得言之，臣工之邪皆得糾之。然而世習之漸靡，難言矣。臣子不真心爲國家，不真心修職業，悠悠忽忽，則有難振之氣；以請託爲固然，以貨賂相結納，則有難洗之習；陞遷壅滯，仰屋書空，則有難定之志；謬同異爲是非，誤愛憎爲好惡，則有難清之見；無端而起畛域藩籬，無端而起弓蛇鬼豕，則有難調之情。所以難者，皆緣人心各有陰私，故各成隔礙。必居此位者自心先無陰私，而後可銷人陰私；自心先無隔礙，而後可通人隔礙。至御史，簪筆朝端，公論之明晦由之；持斧寓內，一方之安危係之，必爲之長者，聯爲一體，萃爲一心，惟君國之是殉，毋身家之苟營，而後可宏濟於艱難。今者大計在近，巡方之使當使循良之麟鳳悉耀光明，貪殘之豺虎皆投有北，庶困窮四海、災荒孑遺尚獲少延喘息。不然，御史之失職，即都御史之失職。此之關係何如重大！乃以臣之薄劣當之，是《易》所謂覆餗者也。』疏上，不允，乃就職。

榜禁書儀。劾御史崔呈秀。

先生謂今日安民之計只在除貪酷吏，欲吏無貪，先從輦轂始。一入中臺，即有禁絶書儀榜行五城御史張掛九門，令知清明之朝決不容穢濁之事。適有魏璫私人崔呈秀巡按淮揚回道，贓私鉅萬，穢聲流傳，立疏糾之。部覆褫職遣戍，輿論稱快。又謂院中總六部之事，職其要，不職其詳；此衙門頗可救得世，撫按相貫通，宇內共如一堂；京師五方雜處，見聞博而易真，今只咨訪監司守令於輦下各省之賢者，人人咨之，事事記之，貪酷害民，撫按不糾於置郵中，詰問之第一義在立身上守法，苞苴一毫不入，竿牘一字不出，不言而人自凜矣。又謂天下事君相同心方做得，閣銓同心做得一半，部院同心次之，若撫按、督學選擇盡皆得人，士習民風不無少補。

十月，頒曆陪祭。疏請挺擊案三臣謚廕，奉旨下部，不行。

李俸、張庭、陸大受三臣也，爲君父告變，執法賈罪，竟抑鬱齎志以歿。先生特請謚廕，以旌其忠魂，會朝局大變，不行。

御史喬承詔疏薦王紀、鄒元標，滿朝薦徐大相、馮從吾、李炳公諸正人。奉嚴旨切責，下部院參看。先生復疏，力薦之，亦不行。

覆《吉人及時宜用疏》。

具《申嚴憲約疏》，未及上，罷歸。

疏云：『臣觀天下之治，端本澄源，必自上而率下；循法守職，必自下而奉上。故朝廷恩澤至州縣，始致之民。州縣者，奉法守職之權輿也。州縣賢，則民安。州縣不賢，則民不安。顧天下爲州二百二十一，爲縣一千一百六十六，豈能盡得賢者用之？賢者視君爲天，不可欺也，視民如子，不忍傷也，奉法守職出於心所不容已，非有所爲也。其次，則有所慕而勉於爲善，有所畏而不敢爲不善。其下，則不知職業爲何事，法度爲何物，恣其欲而已，是民之賊也。故爲政者，拔賢才，除民賊，約中人。天下惟中人最多，約之於法，皆不失爲賢者。太守，約州、縣者也。司道，約府、縣者也。撫按，則無所不約。約之，使人人守法，如農之有畔焉而無越思，則天下治矣。』列州縣所當行者五十余條，凡農桑、水利、敦教化、育人才、正人心、厚風俗、刑名、錢穀、積貯、給散、保甲、防禦、聽訟、恤刑、彰善癉惡、剔蠹釐奸之法，纖悉備具。巡方者另有禁約，欲行當行之事將次第舉行，因會推巡撫事起，不果。掌憲僅月餘，人以爲北顧南邵復見云。先是魏廣微夤緣入相，久與正人齮齕，至是，以頒曆不至、廟祭後期爲臺省魏廓園大中、李仲達應昇等交參，懼不能容，與呈秀共入閹幕，合謀以傾正人，爲一網打盡計，先生與太宰諸賢同時罷歸云。

十二月，送静成公入鄉賢祠。

五年乙丑，六十四歲。

正月，舉郡鄉飲大賓，辭不赴。

三月，酌兑荒區漕米。

時署印王通判追比荒區兑米，至斃杖下，先生惻然，爲之設法，約計水災十之一二勻派高鄉，每畝不過勺合，借完本年漕兑，各給票，以來年代兑爲償，爲福無窮。

四月，削籍爲民，追奪誥命。

五月，送别魏廓園於高橋，有《高橋别語》。

　　春夏間，逮楊副院等六人，後先拷訊死。六月，金星晝見，與日争明。趙冢宰等十五人俱提問追贓。毁首善書院，鄒、馮二先生亦削籍。先生最爲群奸所切齒，必欲坐以重贓。有錦衣理刑吴孟明，素不識先生，百口保曰：『若高老先生坐贓，何以服天下？』始得免。《要典》出，坐以移宫一案，南道遊鳳翔疏詆，削籍爲民，追奪誥命。先生忻然曰：『非此，異日無以見地下諸公。』既而張訥謂東林乃淮撫李三才刻剥東南脂膏所造，田産無數，奉旨拆毁，估價入官，所值僅三四百金，而東林遂爲瓦礫之區矣。有爲先生危者，以居易俟命謝之曰：『吾輩今日一切聽天，一切靠天，一日無禍，即一日享福而已。』屏跡湖干，自稱湖上老人，不見一賓客，不談一時事，花鳥爲伴，嘯詠自娱，謂大臣見廢，時義當然。柬相知曰：『弟在此實有事做，非浪擲光陰者。』手書示諸子曰：『屈子遊於江潭，袁生自囚土室，彼固各以其時。況我老矣病矣，荷明主不誅之恩，守微臣引罪之義，息交入山，自是道理。若欲山中見客，何如不入山爲便？若聞客至而歸，何如不出門爲安？兩者勢決不能。客至，惟汝輩謝罪而已。』有扁舟相訪者，堅不出，曰：『此端一開，水居住不成矣。』

六年丙寅，六十五歲。

二月仲丁，奉六君子從祀道南祠。

　　六子者，涇陽、涇凡兩顧子，啓新錢子，元臺薛子，我素安子，本孺劉子。進則正言直諫於朝，退則明善淑人於野，丹心矢竭於少壯，素節不改於暮年。今日講壇既毁，恐年久事湮，故有是舉。

三月十六日，謁道南祠。十七日丑時，被逮不辱，赴水終。

初六日，逮繆西溪、周季侯。十四日，又有緹騎往蘇，先生自度不免。十六日之早，以東林拆後會講久輟，神主俱藏道南祠，特肅衣冠往謁，有別聖文，隨焚其草。歸則看花後園，與一二門生談笑自若。午後，門生華仲通自吴門至，傳言頗異，先生無幾微見顔色。季弟從山中入城，相與暢飲園亭，顔酡意悦。旁一友言此信未的，先生微笑曰：『此信想的，吾視死如歸耳。心同太虚，原無生死，何得視生死爲二？若臨死轉一念，便墮坑落塹，不是立命之學。平生講學，此處看極分明，得多少力。』是夕，祖孫父子從容晚酌，無一言及家事，止云：『吾有贍田二百畝，售之可完緹騎費，蕭然就道矣。』晚飯後，忻然就榻，呼諸子明日恐有事，汝輩各歸寢。夜半，婿秦君鄰復傳日中信，諸子不令先生知。先生正睡覺，問曰：『信的乎？』整衣起坐，從容入書齋，諸子後隨，曰：『吾欲稍料理出門計，可暫退。』但亟命家人覓舟，明早入郡，無被逮事即歸，有即赴京，不使官旗到家嚇汝曹耳。』作字二三紙鎖篋中，復之内寢與夫人款語半晌。出，兩孫趨侍，取封同黄紙置几上，指示曰：『明日以此付官旗，勿先開。』復諭曰：『吾明日從郡中往京，無歸家相見期。丁寧汝者只四字，曰「無貽祖羞」。』因命仍暫退。諸子候齋外，方商略赴京事。三四刻不聞動静，推户入第，見鐙火熒然，几案寂然，先祠鑪香拂拂，然覓先生不見。急發前紙觀之，乃遺表也，云：『臣雖削奪，舊係大臣，大臣受辱則辱國，故北向叩頭，從屈平之遺則。君恩未報，結願來生。臣高攀龍垂絶書，乞使者執此報皇上。』復有別友人書云：『僕得從李元禮、范孟博遊矣，一生學力，到此亦得少力。心如太虚，本無生死，何幻質之足戀乎？』諸子惶駭，急從旁扉奔池畔，則先生已赴水矣。此三月十七丑時也。先是門人華閶修夢遊桃園，見一洞光景奇絶，欲入不得，睡於洞口，有二人深衣幅巾以麈尾揮曰：「急醒，急醒。」閶修問姓氏，曰：「吾周衡臺、魏廓園也，寄語汝師，確乎不可拔潛龍也，急來！急來！會機無失，當相會於桃源深處。」閶修覺而異之，以告先生，先生點頭曰：『或別有應。』尤異者，先生平立水中，左手護心，右手傍岸，衣履整齊，污泥不沾身，滴水不入腹，數日成殮，面色如生人，咸以爲異云。嘗有友問避亂之策，先生曰：『先要打定一箇大主意，隨地行去。康節詩云：「上天生我，上天死我，一聽於天，有何不可？」人若無此主意，臨時便手忙脚亂，不能安於天理。』又有問：『朝聞夕死，何以爲可？』先生曰：『我有四字，人忽以爲常談，不必説。』其友極叩之，先生曰：『當死便死。』其生平之言如此，是可以觀先生矣。劉念臺曰：『先生平日學力堅定，故臨化時做得主張如此。攝氣歸心，攝心歸虚，形化而神不化，亦吾儒常事，若以佛氏臨終顯幻之法求之則惑矣。』知言哉！嗚呼！先生固以微言相示矣。

先生孝友性生，怡怡色養，嗣者生者兩得其歡。待諸兄弟，委曲懇至，愉愉藹藹。於諸侄，愛之如子，教之如父。閨門之内，雍如肅如，終其身無二色。自幼無狎邪之遊，綺麗之好。家居功課，晨起盥漱，謁家廟畢，扃户觀書。四壁不堊，庭艸不除，帷帳不飾，敝硯秃筆，終日儼然。飯後必瞑坐片刻，極忙不廢。每子夜起坐，謂此時可想來復氣象。五更復起坐，謂初覺時甚好。先忌齋素謝客，時祭致齋一日，東林丁祭宿齋三日。自奉極菲，祭祀賓師則極其誠。生殖不事，漠然無營，而親友以生計相託者，則極力代籌，至捐貲踐約。於宗親，有養之終身者，有及其再世者。於師，生養死殯之。於友，髫齔之交，無不終始相歡，贍其貧，恤其孤。推轂寒士，不遺餘力。鄉紳宦遊者，諄諄以愛民好士砥名礪節相勸勉。地方有大是非，得先生而定，有大利害，得先生而伸。至設通區役田、通邑役米，蘇糧里之困；舉同善會，恤遠近之鰥寡孤獨，爲德梓里，又其餘矣。作家訓數千言，大要言色欲迷人，臨財誤人，便辟善柔之友敗壞人，一妨人誦讀之功，一消人高明之意，須以孝弟爲本，以誠實爲先，以讀書窮理、慎言語、擇交遊爲做人第一義。嘗言：『子弟若識名節之隄防，詩書之滋味，稼穡之艱難，便足爲賢子弟。』又云：『要知聖人取狂狷意，狂狷皆與世俗不相入，然可以入道。子弟若憎惡此等人，便不是好消息。所與皆庸俗，己未有不入庸俗者。出而用世，便與小人相暱，與君子爲仇，是大利害處。』又曰：『善須是積，積小便大。一念之差，一言一事之差，有因而喪身亡家者。』又云：『臨事讓人一步，自有餘地。臨財放寬一分，自有餘味。』又云：『見過所以求福，反己所以免禍。但肯反求，道理自見。小人所以爲小人，只見別人不是而已。』又曰：『人生爵位分定，非可營求。只看義命二字透，落得做箇君子。』邑中諸先達有一言一動可爲師法者，時時向諸子稱述之。在京聞諸子嘗赴講會，手札勖曰：『此乃天地間不可絶之善脈，賢子弟不可墮之家聲，非細事也。』又云：『葉年伯是汝輩真師，常在左右坐一晌聽教。』又云：『到東林最好入頭。大衆會集時，滿堂肅然，此時默坐澄心，看有妄想也無。妄想，寂，即是真心，真心一放，即是妄想，非二物也。不善用工者，要驅除妄想，另覓真心，妄不可除，真不可得。善用工者，知真昧成妄，妄醒成真，一反覆間耳。得此意，到東林實做工夫，方不虛過此日，方不做了人事，久之其味無窮，受用無盡。』又曰：『吾在此，全靠平日靜功。少年不學，老無受用。汝輩念之，靜功非三四十年靜不來。何者？精神一向外馳，不爲汝輩收拾矣。事多拂意，苦；有疾病，苦；到老死，苦益不可言。靜而見道，此等苦皆無之。汝輩急做工夫，受些口訣。不然，此事無傳矣。天下惟此事父不能傳之子，以身不經歷者，言不相入，即終日言之，如不聞也。』待臧獲，曲加體恤，知其饑渴勞苦。獨少有生事，斷斷不假借。服官於外，倍加鈐束，嘗云：『人家爲體面立崖岸，曲護其短，力直其事，此乃自傷體面，自毁崖岸也。長小人之志，生不測之變，多由此。』以故家人亦兢兢守法。兩之官，僅蒼頭四五人隨行供使，令給灑埽，即郵筒報復，親自啓閉，隻字不落其手。一入總憲，即遣書歸云：『居此官，家人愈要兢業。家人有德色，便生意外事。勿以圖利反至招禍，勿以恃勢反至失勢。』又嘗云：『士大夫居間得財之醜，不減室女踰牆之羞。流俗滔滔，恬不爲怪，只是不曾立志。』故生平未嘗輕受一錢，妄説一事。有知交坐一不平，許爲代白，其人以賄來，曰：『不聞士人得錢，如女失身乎？』謝弗預。有以講學爲名高者，家鉅萬，每歲厚聘一達尊主席，曰：『教以爲己，學以爲人乎？』辭弗往。初仕，所得俸不敢自私，必以奉父。謫官時，有憐其俸薄，資以厚貺者，概不受。揭陽歸後，有以俸檄致者，太常罰俸，有同鄉在户曹，以俸見遺者，亦概不受。雖交際萬不容絶，可以義通，亦未嘗分毫入橐，亟出爲恤貧濟難、刊書廣教之用。嘗云：『凡臨事，著一苟字便壞；自身享用，著一苟字便妙。吾一生得此力，故隨遇而安。』掌院時，柬同志曰：『弟所處風波地，一朝狂風起，吹我入菰蘆中不難。』予告時，以大臣不賜馳驛，即不走驛。僚屬醵路費，峻却之，雇夫買船歸。曰：『留一日，則作一日事。去一日，則得一日樂。樂字惟山林人説得，煙雲魚鳥，無非樂事。廟堂人説不得，國亂民窮，無事不憂。廟堂人説樂，勢利兩件而已。迷人以此爲樂，何邪？』先生立朝真有斷斷休休、誾誾侃侃氣象，涉世真有不流不倚、不争不黨氣象，燕居真有申申夭夭氣象，設教真有無行不與、循循善誘氣象。其進而汲引同心，扶綱植紀也，真上必欲堯舜其君，下必欲堯舜其民。其危言危行，特立不摇也，真一家非之不顧，一國非之不顧，天下非之不顧。其退而力護紫陽，隄防二氏，不使支離訓詁之談、虚無寂滅之説得混吾精一博約格致誠正之教也，真爲往聖繼絶學，爲萬世開太平。其廓然行藏之外，怡然禍患之臨也，真知進退存亡而不失其正，有内省不疚、何憂何懼氣象。在太常，曾云魏忠賢與客氏最可慮，二奸相合之害不可言。不謂崔、魏之毒方深，廣微遂起而乘其閒，卒如先生言也。嗚呼！先生之學，於生平見其大，於一死見其真矣。

毅宗烈皇帝崇禎二年己巳，贈太子少保、兵部尚書，錫謚『忠憲』，廕一子，送監讀書。

著書總記

《古本大學》、《正蒙集註》、《四子要書》、《朱子節要》、《東林講義劄記就正録》、《同善會録》、《邵文莊公年譜》、《高氏家譜》、《疏稿揭議》、《周易孔義》、《春秋集註》、《毛詩集註》、《困學記》、《三時記》。州縣條約、語録、序、説、志、傳、碑文等，四言、五言、六言、七言、古風、律詩、絶句，共若干卷。以三代後詔誥爲《書餘》，以《太極圖》、《通書》、《經世啓蒙》爲《易餘》，擇騷賦銘贊爲《詩餘》，稍斟酌《綱鑒》爲《春秋餘》，以歷代典制合古宜今者爲《禮餘》。

高忠憲公年譜

（清）高世寧編，高世泰訂

《高忠憲公年譜》序

自有天地，即有理學。帝王行此理於上，三綱九法，一代正焉。聖賢明此理於下，人心學術，千古昭焉。然理者即之而不可見，而心學之精微又父不能以傳之子，所以孔、孟之後有楊、墨，有佛、老，皆曰：『是理也，吾得之，吾得之。』始於泛觴，終也襄陵，一時後世靡然從之。及究其指趨，要其歸宿，則茫然如搏虛焉。諸能爲孔、孟之言者，則又優孟其衣冠，粗之流於六藝，淺之涉於詞章，而於聖賢立心行己之防不啻此參而彼商也。有志之士起焉，亦欲以明道爲務，然或誤於工夫之失傳，或病於見聞之易惑，各以其意相爲揣摹，名曰闢佛老，乃其見則猶然佛老之見也，名曰距楊墨，乃其行則猶然楊、墨之行也，乖離淆僞，不一不公，其孰從而正之？

忠憲高公奮乎百世之後，歷考群哲，斷然以朱子爲宗。其爲學也，質之於古矣未已也，反而求之於心；求之於心矣未已也，充而驗之於事。閑邪存誠，動静一致，主敬格物，内外交脩。始則參前倚衡，卓爾其有立也；終則霧散冰融，灑然其無事也。繇是貧而樂，達而檢，患難而不憂。繇是坐而言，起而行，獨處而不愧。繇是生而順，死而安，俟諸後儒而不惑。嗚呼！詎不偉哉？萬曆以後，天啓以前，其形於奏疏者，可以格君心之非；其施於政事者，可以振王綱之墜。其昭大法、擊大奸者，可以傾一世之否而爲泰。卒之璫禍一發，殲我良人。是乃明祚之將傾，而非先生之不幸也。先生死而理學彰，則先生猶不死矣。所傳《困學記》，工夫明，本體露，使後之儒者盡得乎從入之門，以復覩夫鄒魯之統。豈惟先生不死哉？雖紫陽猶不死也，雖孔、孟諸聖賢猶不死也。時康熙丙午歲季夏，三韓後學吴興祚稽首拜敬題。

《高忠憲公年譜》序

高忠憲先生少子季遠編先生年譜成，其猶子學憲彙旃版行之，而問序於嗀。嗀曰：『嗟乎！予小子而曷敢序先生哉？』無已則有吾師子華子龍超先生之言在，師嘗語嗀曰：『子亦知高先生之學之所自承乎？觀先生《聖賢論贊》有十，肇自孔、顔、曾、思、孟，訖於周、程、張，而遂終之以朱子，而不復及乎其他。然則先生意所宗主，蓋可知已。』嗀乃今觀於譜，而吾師之言益信。

夫先生之學，大約具《困學記》中。其候雖有甘苦淺深之殊，而要從朱子入道，莫如敬之一言始，繇是總輯朱子要言爲續《近思録》，羹墻步趨，朝夕以之。蓋先生雖好盡其心於聖人之道，而又恐涉於漭洸無津涯之塗，故斷然以朱爲的。言心必統之以性，言悟必實之以修，言静坐必程之以整齊嚴肅，辨儒、釋異同及陽明無善無惡之説之非，必曰反而求乎理。而其所接席訂証者則有顧涇陽先生，遠近磨切則有馮少墟、錢啓新諸先生。於是考亭之傳沃乎其內而曄乎其外，其至潔者既形於審義利、修廉隅之際，而至偉碩者又見於正色立朝，爲士類争忠邪，爲宫府争綱常之大。而謂先生非朱子之嫡系，而其誰也歟？抑觀朱子在慶元間，雖遭道學黨錮之厄，然蒙孝宗之知，詔對垂拱殿者一，延和殿者二。先生當萬曆重熙，竟懷抱其忠，不得一見天子，且至以言事被謫，坐老林泉者垂三十年。迨庚辛之際，録用舊人，時先生齒宿意新，未嘗以臣精消亡爲慮。而不意忠勤甫效，黨禍旋興，投淵之悲，遂使千古與屈同弔。其視朱子所遭，何尤不幸之極也？然當是時，儻從楊、左諸公相率赴難，豈不甚烈？而先生顧獨以從容整冠拜表自沉者，上爲朝廷略存禮遇大臣之體，而下以留不毀之膚髮於衣冠塗炭之秋，此與朱子疾革時移寢中堂，領儀禮而不從書儀者何異？嗚呼懿哉！死之常變不同，而同歸於道。其斯以爲朱子，爲先生而已矣。

先生殉節於天啓丙寅，後三十有三年而譜成，事實皆取之《困學》《三時》、日記及疏揭等書，餘非家庭親見聞者弗録。蓋先生之子之譜先生，皆先生之自譜者也。因念先生殁後，滄桑再易，凡中原文獻之漫滅不復存者何可勝數，而季遠獨能寶護先澤，詮次罔遺，學憲復能爲之交質互訂，刊示以諗來學，是先生之道雖弗克大行於當時，而猶獲著明於後世者，夫孰非其後之人紹述之功爲多也？然則讀兹譜者，即先生家學之無替亦於是乎可徵焉。同邑後學通家子嚴穀頓首拜撰。

《高忠憲公年譜》序

記予小子諸生時，彙旃先生督楚學，如韓、李出，元和文章一變。試課暇，即率諸生闡提宗旨，不欲爲不該不詳之士，以故楚士至今稱葛屺瞻、高彙旃二先生，云予李常。先生猶以道自荷，講學不輟，遠近奉爲盧牟。一日出忠憲先生少子季遠所輯年譜示予，且屬序。余捧而讀之，固知源遠流長也。

夫忠憲先生誕於明世宗之壬戌，殁於熹宗之丙寅三月，其間之顯之晦之升之沉之聚之散之存之亡，皆天之有以使之，其實先生自主之者矣。其自主之者何也？道也。天不能有治而無亂，人不能有盛而無衰，有休而無咎。自凡之人儷之，則以亂隨治，以衰隨盛，以咎隨休。而自求道者起而曰：『治也亂也，盛也衰也，休也咎也，非天之使之，皆其道之所必現之境，必周之變。』而淺庸往往差觀之，異端往往幻視之，正人君子所必渾於冥茫，散於天壤，而息消於有覺者也。《易》曰：『通乎晝夜之道而知。』死生者，人之晝夜也，故惟知道者能通乎死生。人以爲生也死也常也變也，不知其爲道也。忠憲先生甫弱冠後，即冥契先天，讀書嚴課，壁間悉粘一圈圈者，『無極而太極』也。又作《復七規》，取『七日來復』之義。及登朝，冬至，習儀朝天宫，静坐僧房，自覓本體與閑邪存誠。相會後，講《易》東林，和《至日詩》曰『一元只向動中開』，又曰『人人自有圓圈在』。又著《周易孔義》，知先生道衍羲、孔，潛心於《易》，匪一日矣。友歸季思、顧涇陽，磨切錢、馮，辨論管、李，其講究《易》，非一日矣。於《易》獨取乎復，復一陽也。至日閉關，静以養一陽也。然以天地之數論之，陽一陰二，君子少而小人多，治少亂多，故先生不免於難。貶揭揚，罹璫禍，氣數然也，於先生胡與？故安受其難而不辭不驚，如古賢臨殁觀化弄丸也。雖先生中害，而畫前《易》、壁間圈皆渾合乎升沉聚散存亡治亂盛衰休咎，而一以視之者也。至其編《朱子語録》，格致誠正，一以考亭爲歸。闢異端，似子輿氏。辨新説，雖王、李不假，如朱辨陸也。爲朝廷晰邪正，爲萬世正綱常，範圍曲成，豈小補哉？

雖然，是編也，主《困學記》。處困而亨，其大人乎！不亨於遇而亨於心。先生知天立命，常存可也，終於坎圈内亦有之，數爾，先生不驚也。非得道而能若是哉？得道而生，得道而死，自宋諸君子以迄今，先生不媿一人而已，余何敢不暢爲先生表述？俾後之覽《年譜》者，若元會運世，有道以行乎其間，不絶如先生矣。而况有紹而述之者，固能續大道於茫茫也哉！康熙丙午，楚潛後學朱士達頓首拜譔。

高忠憲先生年譜序

熹廟末，諸君子被璫禍，幽囚囹圄，備極楚毒，有識之士不勝扼腕浩歎，曰國家綱紀掃地盡矣。嗚呼！然後知高忠憲先生爲得死所也。先生殉難在丙寅三月，迄今三十餘年，季子季遠謀輯先生年譜，潛心者久之，始克成而屬余序。余惴惴懼弗克副，又不敢諉。

譜以先生《困學記》爲主，《困學記》，先生之自譜也。先生曰：『善學孔子者，莫若朱子。』繹朱子之言，入道莫如敬，遂從事主敬之學，蓋不啻準的奉之矣。江行舟中，反覆體究，不越程、朱所示法門，困衡極而一旦豁然，本體觀露，實無一事。曰未也，敬義夾持，進修密躋。而最得力者，數十年涵養靜謐，栽培深固，以立本而用不窮，至於一性瑩然，天人無間，知本知至而中庸，其至則深造自得之候然爾。先生嘗敘《朱子節要》矣，謂孔子而後，闢邪衛道之功莫大於孟子，孟子而後，闢邪衛道之功莫大於朱子；微朱子，即聖道弗著，而非深知孔子、朱之學，亦弗著也。此先生爲朱子嫡傳之明徵也。明朝自嘉、隆以來，儒而逃釋者相踵，復有王氏之學耑揭良知，掃除格致，陰帥天下學者騖玄曠而蔑繩檢。先生潛心孔氏，於前聖後聖若合符節之處洞若觀火，而後辭而闢之，辨二氏，辨新學，直推究本末，灼見其所以然與所必然而不爽者。然則繼朱子而闢邪衛道，非先生，其誰也？先生立朝不滿三載，凡學術之弊敗，朋黨之蔽蒙，宮府之危疑，宗社之卼臲，侃侃論列，一本知至意誠，精覈允當，無一語涉欺妄。假使先生得侍講幄，如熙寧之考亭所以啓翌聖明，弼扶治教，豈曰小補云爾？祇以政本非人，日中豐蔀，一落謫籍，坐老林泉。及天啓起廢，又不幸處諱學之朝，爲黨人側目，以及於難。吁其甚矣！雖然，黨人之困折先生也以其學，而先生自信自養，浩然而獨伸者卒以學。如石之介，湛徹幾先，從容止水之則，不辱國，不辱身，與朱子移寢中堂，恬然而逝者何異？信乎尼父無臣，子輿易簀，古聖賢得正歸全，要於夕可，其致一耳。繇斯以觀道南祠之從祀，於先生安乎？否乎？毘陵錢啓新先生輯《源編》《滙編》如正閏統，《源編》上自羲、農，下迄程、朱而止，自餘漢、唐、宋諸儒以及明朝從祀四君子皆入《滙編》。先生論贊諸聖賢，自先聖顔、曾而下，亦迄程、朱而止，學脉正閏，其嚴也如此。然而特祀之議，言之今日，恐益滋謡諑，何也？先生之道未大章也。先生遺書炳朗千古，道曷嘗不明？然必學者共行之，共明之，而後爲大章。先生之道得大章，而後知先生朱子之後一人也，祀典以俟論定可矣。謹序。順治己亥春，通家子華允誼頓首拜撰。

《高忠憲公年譜》序

先朝理學之儒，其盛不減於宋，然其間出類拔萃爲世所共推服者，十數人而已。十數人之中，尤必以河津薛文清及錫山高忠憲先生爲金聲而玉振焉。予讀書錫山，高先生少子季遠與猶子學憲彙旃以先生年譜來示，且請爲序。予後先生之生四十有九年矣，何敢序？抑先生事在國史，行在鄉國，名在天下，又何庸序？雖然，不可以無言也。

夫朱子生於有宋之季，集有宋一代之成，先生生於有明之季，集有明一代之成，是不可以無所發明，請得而推言之。有明理學承之自宋，陳静誠、宋文憲、陶姑孰皆衍其緒者也。至於曹月川而始真，薛文清而始大。吴康齋之後，其傳浸盛矣，而純駁即由之以起焉。殆王文成而其教大昌，自正、嘉以迄隆、萬，上則縉紳，下則士庶，家談户説，講學之風自宋以來未有盛於此時者。然而物衆則僞生，言哤則敝起，浸浸至於鄧豁渠、李温陵、林道乾、何心隱之屬，八風舞而六經掃地矣。夫文成之學，大純而小疵者也。顧自無善無惡之旨揭，而從而繼之者率皆鄙困學而詫生知，詘工夫而崇本體。名爲大一統而合三教，實則率孔、孟以事釋伽，古今以來人倫中正之理幾於蕩然。端文顧公標性善之旨，而狂瀾爲之稍障。先生繼起而力持之，而後孔、孟、程、朱之正學涣然復明。今讀先生之年譜，以困學自居，何其甘遜於生知也！以居敬自勉，何其不憚煩於本體也！辨新學，而三教合一之説窮。辨異端，而援儒入墨之途塞。然則斯道之真傳，自文清以來，所謂晦而復明，絶而復續者，不屬之先生而誰屬耶？而謂先生之功不上同於有宋之朱子耶？特以遭時不偶，未得大行其道。而從容止水，不知者猶與氣節同觀。嗟乎！先生之詩不云乎『綱常盡處此身全』？蓋先生之學固已合死生而一之矣。處常處變，時有不同，道則無不同也。先生之子若侄輯年譜成，跋之曰：『他人成仁取義之奇節，先公不過朝聞夕死之恒事。』善哉！言乎足以覘先生之家學矣。雖未獲大彰於時，然朱子之學亦以歷久而愈著。予嘗讀嘉善陳氏幾亭之書，固先生之門人也，其所以尊師者備至，而復能暢其師之説，則安知繼起者不更有人？而將來之尊信吾高子，不猶今人之尊信吾朱子耶？婁東後學陸世儀頓首拜譔。

卹贈制詞

奉天承運，皇帝制曰：『臣子立朝大節，首持正以無回。國家起敝維風，必旌忠於不朽。雖義烈非計榮身後，而褒終乃示勸將來爾。原任都察院左都御史高攀龍，清標峻品，正學弘猷，儀著皇華，丹敷疏草。雖投荒而丘園道貴，迨召用而卿寺勞深。每多砥柱之危言，遂晉内臺而總憲。觸邪秉直，逆焰寒心。爰中含沙，遽甘殞命。從容遺表，恍尸諫於當年。卹録易名，慰忠魂於今日。是用贈爾爲太子少保、兵部尚書，謚忠憲，錫之誥命。於戲！八座追崇，渥寵不忘乎華衮。九原可作，芳名永播於清流。垂景耀於士紳，服休光於冥漠。』

諭祭文

維崇禎三年十二月廿二日，皇帝遣直隸常州府掌印官劉興秀諭祭原任都察院左都御史，贈太子少保、兵部尚書，謚忠憲高攀龍曰：『朕聞善道之守，在嶽撼而瀾翻；履變而貞，必雪消而睍見。惟卿一代碩人，四朝耆德，繇夙慧而紹明絶學，歷諸艱而獨抱孤忠。亦欲正人心，大闡濂、洛、關、閩之奥。豈肯逐時好，直脱功名富貴之場。不以初獻於廷，而沮敢言之氣。即使終老於壑，猶存報國之忱。著述三十年，是亦爲政。名世五百載，蚤應其期。嶽立朝端，巖巖爲衆正之領袖。嶷然憲府，凜凜植四國之紀綱。奮除倚社之奸，弗顧投鼠忌器。酷罹反戈之噬，寧甘射影含沙。誼不受辱於僉壬，屈大夫庶幾知己。死苟見諒於明主，史子魚庸有同心。大節表於真儒，正終慊夫邃養。感茲波逝，朕何忍問之水濱？愧彼炎趨，禮所貴薦夫蘋藻。靈如有知，欣然祗享。』

又《諭祭文》

維崇禎三年十二月二十八日，皇帝遣常州府掌印官劉興秀諭祭原任都察院左都御史，贈太子少保、兵部尚書，謚忠憲高攀龍曰：『天倚柱以正其傾，地賴維以紐其絶。維卿以浴日補天之慮，振迴瀾砥柱之功，如李膺一代高標，若蕭傅千秋勁節。而邃學完養以斂其鋒，直節剛腸不矜於氣。芟憝去幹，視死如歸。星已隕而芒耀天，壑雖藏而名蔽地。悲哲人之已逝，儼遺老以猶存。式頒諭祭，寵賁黄壚。欽哉！』

附《春秋丁祭文》

同邑後學張夏撰

具官某等致祭於明先儒高忠憲公景逸先生之靈曰：『於惟先生理學、氣節、文章、事功、孝友、廉潔，靡德不同。吉甫爲憲，屈平比忠。論定有年，發蘊無窮。皇皇諸儒，誰折其衷？宋有朱子，明惟高公。茲當春秋丁禮，行禴、嘗祭。尚饗！』

高先生像題詞

大學士文震孟

《詩》曰：『人之云亡，邦國殄瘁。』每誦斯言，未嘗不三復流涕霑衣也夫。天啓之季，姑蘇、毗陵間觸璫焰死者六人，皆吾友也，而高存之先生則吾所嚴事心師者也。先生甫登進士，即以建言居謫籍三十年。復起，歷仕總憲，所蒞皆有樹立。居鄉，講明正學，聲律身度，爲世所宗。爲憲臣，劾治御史之最貪者一人。其人逆璫義兒也，以是遂及於禍。先生歿，有遺奏，其從容守正於死生之際如此。聖人復起，能易斯言耶？亡何，逆璫誅，義兒縊，先生之識力益顯然較著。蓋天祐社稷，篤生聖帝，邦國所以危而復安，人道所以絶而復續也。嗚呼！此豈人力也哉？敬瞻先生遺像，爲楚辭以招之。

穆重淵兮絶垠，驂赤鯨兮層冰。睠淍瀁兮儵忽，迴風衝兮嚴霜零。靈屈抑兮偃蹇，含素水兮蒙深。目渺渺兮自遠，哀高丘兮陸沉。入帝宫兮摇翹，陽炎炎兮卿雲。昭靈纚縰兮熙朝，佑先皇兮逍遥。靈容與兮崔嵬，紛玉佩兮陸離。搴桂檝兮延佇，碧舟淵涵兮人間望思。

題高忠憲公像贊

華亭宗伯董其昌

蕩陰裾濺，常山齶裂。三光浴焉，此一點血。汨羅波清，崖門颶起。八柱奠焉，此一勺水。臣心皎潔，臣義從容。國體如天，奉以始終。結纓恃氣，斂棋乘譴。公如嶽蓮，萬仞立卓。擊狐狐伏，射隼隼飛。雖有城社，迄無憑依。白璧懷中，幽光弗缺。衮衣帝傍，正氣不滅。凌日厲月，叱風鞭霆。群魅見之，碎肝銷形。誰知公神，湛然不掛。北斗以南，惟此儒者。

高忠憲公像贊

始寧太史倪元璐

贊曰：『道喪之世，忠者死爾。上死死忠，上忠忠死。忠死之忠，匪以死止。死忠之死，不虧國美。京貫雞連，鉤黨殺士。士盡死者，公大而禮。爲士鍛榮，同文之狴。爲國洗辱，汨羅之沚。疇竝公忠，信國文氏。正反相明，如車合軌。當宋既灰，厓墮其祀。嗚烈取著，所以燕市。當明鼎盛，闖干其紀。避辱取晦，所以止水。燕市國光，止水國體。大人之死，非苟而已。』

高先生像贊

程、朱居敬，實踐力行。知命達天，反身而誠。主静存仁，格物精義。以身狥道，義盡仁至。

同邑後學吴桂森

高忠憲公年譜

男世寧 編　姪世泰 訂

卷上

公諱攀龍，字雲從，更字存之，號景逸，學者稱爲『景逸先生』。世爲無錫人。萬曆壬午舉人，己丑進士。初任行人司行人，建言謫廣東揭陽縣添註典史。天啓元年，詔起光禄寺寺丞。歷陞光禄寺、太常寺、大理寺少卿，太僕寺正卿，刑部右侍郎，都察院左都御史。天啓六年，以璫禍被逮，草遺疏自裁。崇禎元年，卹贈資德大夫、正治上卿、太子少保、兵部尚書，謚忠憲，賜祭葬，廕一子。奉旨祀郡邑鄉賢祠，元配王氏封夫人。

高氏自孟永公而上，譜逸無徵，世居青城鄉，世農事，亦無傳。自孟永公始，居邑之東南隅。一傳爲耕樂公，名如圭。再傳爲省軒公，名翼，後以字行，曰鵬舉。三傳爲雪樓公，名適，誥贈太子少保、兵部尚書，配浦氏，贈夫人，是爲公曾祖父母。雪樓公生二子：長名材，爲静成公，嘉靖辛卯舉人，黄巖知縣，初贈通議大夫、刑部右侍郎，再贈太子少保、兵部尚書，祀名宦、鄉賢祠，配邵氏，繼李氏，初贈淑人，再贈夫人，是配陸氏，二室邵氏，初贈宜人，再贈淑人，累贈夫人。是爲公本生父母。

孟永公以下行實，詳公自撰譜傳中。

世宗肅皇帝嘉靖四十一年壬戌七月十三日午時，公生。

本生父繼成公，本生嫡母陸夫人。生母邵夫人，生公於税務里。大父静成公兄弟二人，弟静逸公，年四十七，無子。公生甫月，静成公謂静逸公曰：『吾兒且舉二子，其少者可抱也。』於是公爲静逸公嗣，母朱夫人。先是静成公書齋種盆荷，戊午一花，生長孫明陽公，壬戌再花，生公。静成公作詩志喜曰：『盆荷今歲又新栽，到老風情覺更孩。餘（尹按，疑爲『余』字之誤刻。）六旬惟兩度見，隔三年復一花開。吉祥共訝有先兆，孫子應多是俊才。慚愧庸愚那得此，須從祖父本原猜。』後公得詩於冗紙中，捧誦珍悼，恭跋云：『蓮，花之君子也，發於盆盎，小能大也，常人神局於六尺，君子神充於宇宙，亦若是矣。出於污泥，污能潔也，常人心役於五官，君子心超於萬物，亦若是矣。蓮，多子者也，子以及子，吾兄弟子孫相率爲君子，乃所以報吾祖，報天之休也。』

四十二年癸亥，二歲。

四十三年甲子，三歲。

四十四年乙丑，四歲。

四十五年丙寅，五歲。

穆宗莊皇帝隆慶元年丁卯，六歲。

公就外傅，善讀書，言動不苟，有成人度。讀罷，嗣母朱夫人予菓餌，必恭而受之。或命自取，必謹如所命之數而止。

二年戊辰，七歲。

三年己巳，八歲。

四年庚午，九歲。

五年辛未，十歲。

聘元配王夫人，爲抑所公女，繼山公孫女。

六年壬申，十一歲。

神宗顯皇帝萬曆元年癸酉，十二歲。

從承遜庵先生習舉子業。

二年甲戌，十三歲。

三年乙亥，十四歲。

四月，大父静成公卒。

初，静成公愛公特甚，每晚必命公入書齋講説書義，以遠大期之。静成公有小像，獨圖公執卷侍側。臨終，謂静逸公曰：『弟無憂，弟有子，足娱老也。』静逸公歸呼公，摩其首曰：『兒真足娱我老矣。』

四年丙子，十五歲。

從茹澄泉先生學，凡七年。

五年丁丑，十六歲。

六年戊寅，十七歲。

七年己卯，十八歲。

八年庚辰，十九歲。

九年辛巳，二十歲。

元旦隨静逸公至外家，静逸公小帽，公弱冠，衣冠朴素，投刺者止一人。時王氏貴顯，門庭赫奕，賓朋滿座，有狎客某見公父子寒素態，詞色甚倨，竟不相揖。歸途静逸公曰：『世情如此，兒亦覺之否？』公曰：『此似不足責。』曰：『誠不足責，然當知自勉。』公謹受教。

八月，補邑諸生。

學臺李公名時成，湖廣黄州人。時江陵相當國，大縣入學止十五人。

十月，娶王夫人。

先聘者已殤，王公曰：『如此婿，天下第一流人也，可覿面失乎？』即抱内戚沈公女續好。至是出閣，一如己女。公佩王公國士之德，永勿替焉，終身無二色。

十年壬午，二十一歲。

師事西席劉完孺公、沈復吾公，友事陳華墀公。是秋，與三公同寓同榜。

八月，鄉試中式。

座師沈公名鯉，號龍岡，河南歸德人；沈公名懋學，號晴峰，浙江平湖人。房師徐公名民式，號檢吾，福建浦城人。松江司理闈中，原係落卷，本房中式者已呈主考，待曉發榜矣。徐公就榻不能寐，鼠嚙其足者三，徐公異之，暗中抽一落卷，即公卷也，急趨主司語其故。沈公秉燭一覽，即嗟賞不已，遂得中式。謁見時，便以天下士期之。

十一年癸未，二十二歲。

會試不第，三月抵家。

十二年甲申，二十三歲。

讀書外家，與諸名碩結社課文。暇則探討《近思録》及諸先儒語録，時已專志聖賢之學矣。

讀書外家。

十月，朱夫人卒。

十二月，葬朱夫人。

十三年乙酉，二十四歲。

讀書嚴立課程，自卧榻至每日經行之處，壁間悉粘一圈，期於觸目警心，無至此心放逸。

八月，生母邵夫人卒。

十四年丙戌，二十五歲。講學於泮宫。

語見《困學記》。

十五年丁亥，二十六歲。

正月服闋。

十六年戊子，二十七歲。

二月，入南雍。

司成爲海虞趙定宇公，略師生之分，結忘年交。

十一月，會試北行。

十七年己丑，二十八歲。

二月，會試中式。

座師許相國諱國，宗伯王公諱弘誨，房師考功司員外郎趙公諱南星。趙公批硃卷云：『此卷似知學者，當拔之牝牡驪黄之外。』

三月，廷試，賜同進士出身，觀政大理寺。

六月，静逸公卒。

七月，聞喪。

八月，抵家。

十二月，葬静逸公。

先是静成公未舉子，夢二龍飛騰霄漢，各有攫拏之狀。繼成公生，命名夢龍。公生，初名希良，後嗣静逸公，静逸公奇愛公，恐覺其爲抱子也，改名攀龍，與本生稱雁行矣。公成進士，客有以爲言者，公曰：『天乎！吾罪當死。吾不敢言之於前，忍易之於後乎？』繼成公曰：『孺子言是，吾以字行可也。』遂不易名。

十八年庚寅，二十九歲。

八月，遊武林。

記見《遺書》。

十九年辛卯，三十歲。

十月，服闋。

二十年壬辰，三十一歲。

二月，赴京謁選。

公自記小册云：『予生質鈍，甚藉父兄師友之教，欲勉爲君子。兹將北行，檢笥中得書牘若干首，而不能盡攜，謹録其要語，以備觀省。』

六月，授行人司行人。

初到部，擬選縣令，寄繼成公書云：『兒觀今日時事日非，天下事無一可做，稍酬生平，惟有守令耳。京職悠悠，坐老歲月，不若乘此年力做一出頭，以後便可迎刃而解。嚴不至激，和不至隨，兒自量力能爲之。愛民好士，一介不取，亦自量力能爲之。邑中先達雖多，兒意所取法者邵文莊、王繼山二公，皆自州官起脚。夙志如此，未審得遂願否？』既而得行人司，司中藏書甚多，因得恣意涉獵。

七月，上《崇正學闢異説以一人心以端政本疏》。

時四川僉事張世則獻所著《大學初義》，請頒行學宫，一改《章句》之舊。公具疏參之，略曰：『臣惟自昔儒者説經，不能無異同，而是非不容有乖謬。是非謬，則萬事謬矣。今以程、朱大賢，謂其學曰「不能誠意」，謂其教曰「誤人之甚」，是耶？非耶？議之於私家，猶爲一人之偏詖，而於聖賢無損。鳴之於大廷，則遂足以亂天下之觀聽，而於世教有害，臣有不容已於言者矣。太祖高皇帝即位之初，首立太學，一宗朱氏之學，令學者非五經四書不讀，非濂、洛、關、閩之學不講，而天下翕然向風矣。成祖文皇帝益章而大之，類爲《性理全書》，頒布天下。饒州儒士朱季友詣闕獻書，專詆毁周、程、張、朱之説，上覽而怒曰：「此儒之賊也。」特遣行人押友季還饒州，令有司聲罪杖遣，悉焚其所著書，曰：「毋誤後人。」於是邪説屏息，吾道中天矣。不意今日乃有世則肆然斥之曰「誤人」，曰「不誠」，欲變祖宗表章之至意，率天下而背之也，抑臣有深憂焉。自世廟以前，雖有訓詁詞章之習，而天下多實學；自穆廟以來，率多玲瓏虚幻之談，而弊不知所終，世則之言一倡，人人自騁其私，淫詞充塞，正路榛蕪，二祖列宗之教蕩然掃地矣。伏祈明詔中外，非四書五經不讀，不得浸淫於佛老之説；非濂、洛、關、閩之學不講，不得淆亂以新奇之談。學無分門，士無異習，人心貞一，教化大同，如是而人才不出，政治不隆者，未之有也。』奉旨：『程、朱正學崇尚已久，豈可輕議？近來士論玄虚，何裨實用？高攀龍所言有關世教，張世則剿襲浮詞來奏，姑免究。禮部知道。』

八月，上《今日第一要務疏》。

時神廟久輟朝講，建言者譴謫相繼，刑罰峻急，國用空虚，公具疏，略曰：『臣無言責也，而言非越職也。人臣之義，敬君爲大，心有所知而不言，不敬莫大焉。且事關君德，天下大利害所在。我聖祖立法，百工技藝之人皆許直至御前奏聞，而况於臣乎？不敢瑣聒，特揭其至要者二端上聞。一曰天下之大本，所謂「大本」者何？陛下之心是也。人君之心與天爲一，呼吸相通，一念而善，天以善應之，一念不善，天以不善應之。古之聖王終日乾乾，操持此心，以對越在天。然人心至活，倏忽之間起滅萬狀，未有無所事事而能懸空守之者，故必觀經書以求聖賢存心養性之道，或觀史鑒以求古今治亂興亡之原，君子小人立心行事之别。又必時召侍臣相與講説討論，以求治國平天下之要。如是則一日之間此心常止於義理，人欲不得而乘之。心有所止則静，心静則氣和，氣和故喜怒皆中節，而刑罰不過其則。聖心沖然和平，聖體泰然安舒，而後天地之和應之矣。二曰天下之大機。機者，神化之樞。得其機而化，斯神矣。臣觀今日，内而百官，外而萬姓，所引領於陛下，其最急者曰除刑戮，舉朝講，用諫臣，發内帑。是四者，陛下爲之甚易，如反掌。然而天下臣民所注向，忽快覩於一朝，觀聽遽新，精神頓聳，天下事無不可爲矣。可言者不止於是，而四者其要機也。』疏入，留中。

十月，謁總憲孫立亭公。

孫公云：『諸位長官，乘此正好讀書，不可蹉過。』又云：『律爲用世本，不可不讀。』公因加意律學。

十一月，冬至，朝天宫習儀，僧寮静坐。

語見《困學記》。

録二程夫子語録。

十二月，奉差頒詔南京，謁孝陵。

公務畢，候鄒南皋先生，又會葉閒適、薛圓臺、瞿洞觀諸先生，講論旬日而別。

二十一年癸巳，三十二歲。

正月，抵家。

七月，遊武林。

九月，赴京復命。

十一月，上《君相同心惜才遠佞疏》。

時太倉相當國，正人多被斥逐，公具疏，略曰：『臣觀從古以來，君子小人迭爲消長，而治亂亦若循環。聖人爲戒，必謹於消長之際。臣自去冬奉差，迄今復命，中間不及期年，朝廷之上，善類擯斥幾至一空，大臣則孫鑨、李世達、趙用賢去矣，小臣則趙南星、陳泰來、薛敷教、張納陛、于孔兼、賈巖黜矣。近李楨、曾乾亨復不安其位，乞去矣。選司孟化鯉又以擢用言官張棟，空署而黜矣。臣惟天地生才實難，國家得人甚急，廢黜如此，後將焉繼？且皇上朝講久輟，群臣不得望見顔色，天言傳布，雖云聖裁，隱伏之中，莫測所以。臣恐皇上有去邪之果斷，而左右反得行其嫉妬之私；皇上有容言之盛心，而臣下反貽皇上以拒諫之誚，其爲聖治之累不小也，伏願皇上深賜省察。至於輔臣王錫爵，迹其自待，若愈於張居正、申時行；察其用心，何異乎五十步視百步？即如諸臣罷斥，隆眷誰出輔臣之右，何忍坐成皇上之過舉？臣恐輔臣聲音笑貌之間雖示開誠布公之意，而精神心術之隱實不勝作好作惡之私。伏望聖上諭輔臣深自省察，與其自私用智，心勞而日拙，孰若大公順應，心逸而日休？臣愚不勝至望。』又謂：『楊應宿借不附吏部之名，致阿狥閣臣之實，反謂近世一種小人專以抗閣臣爲風裁，附吏部爲得計。其爲說愈佞，其爲害愈深，臣恐此説一倡，不惟足以箝制人口，上之誤朝廷，中之誤輔臣，下之誤一時，其害不知所底。伏願皇上亟加顯斥。』奉聖旨：『已有旨了。』時楊應宿疏論公説謊，附會吏部，奉聖旨：『近來小臣不修本等職業，專鬭是非。這本着該部院會同該科從實問他，何以見得吏部有許多贓私及高攀龍爲顧憲成所使？亦問高攀龍，何以見得朕一事不管，親批親點俱出輔臣之意？明白參看來説，不許狥私黨護。』

閏十一月，奉旨會問。

詳後《癸巳記事》。

降補應天府檢校，旋謫廣東潮州府揭陽縣典史。

先是御史吴公弘濟有疏論列，至是降補，奉聖旨：『高攀龍已令吴弘濟黨救，着降邊方雜職，不許朦朧推陞。』吴公削籍，公遺吴公書曰：『凡人行義非難，所安爲難。人心清浄，中一物不可着，何處着一官？若一念未融，其道不光矣。了此，便鳳凰翔於千仞。』吴公答書曰：『流俗淺人那知此意？此行身輕蟬蜕，其樂何如！悠悠之衷，想丈與弟共之也。』

十二月，辭朝啓行。

公日記云：『良鄉縣令公强名思出拜致恭，議論甚正，且勸慎言，以防小人，風塵中亦難得此。至雄縣，以輿人疲乏，持柬往縣中討夫，縣令成名已竟不發。雖不爲意，尚微有念，因思人之怨皆起於求，有求即非正，己正則不求，不求則無怨。戒之！戒之！』

歲暮抵家。

附公《癸巳記事》

太倉相以癸巳再入閣，適當京察，吏部尚書孫鑨、考功趙南星去其私人蘇瓚、徐泰時、殷都、胡汝寧、蔡系、周柯挺、楊四知、樊玉衡、張應登等，錫爵大恚，乃與次輔張位合謀，因給事中劉道隆疏，批降南星，於是孫鑨亦去，陳泰來、薛敷教、于孔兼、顧允成、張納陛、賈巖各疏争之，皆謫去。吏科都給事史孟麟以病去，選司孟化鯉又不附錫爵，因其推用張棟一署，皆黜。尚有趙用賢爲吏部侍郎，錫爵必欲去之後已。乃先有正風俗一密揭，大意言民間倫理不正，皆繇大臣先不以倫常爲重，今後凡有犯倫理事，必用嚴革。半月後，即令吴之彦子吴鎮論用賢絶婚事。有旨：『該衙門知道。』禮科都給事張貞觀言之，用賢辨之，俱奉旨：『部院從公勘明來説。』錫爵乃令御史陳最力詆用賢，都御史李世達有《辨言易淆、公道難泯疏》糾之。户部郎中鄭材、楊應宿力詆世達，於是户部侍郎李楨又糾材與應宿，應宿又力詆楨，於是用賢、世達皆去，李楨、曾乾亨皆求去。是年十一月，行人高攀龍以復命至京，疏論前後事。楊應宿又誣吏部趙南星、劉四科贓私，又説高攀龍與選郎顧憲成爲姻，此疏專阿憲成。錫爵票旨，以『一事不管』四字挑動聖意，皆奉旨：『着部院問應宿，何以見得吏部許多贓私？問高攀龍，何以説朕「一事不管」，親批親點俱出輔臣之意？』時吏書陳有年、侍郎蔡國珍、都御史孫丕揚、吕坤，吏科都給事許弘綱齊至朝房，先問應宿吏部贓私，一無情實。問高攀龍，攀龍曰：『行人本内並不曾説皇上一事不管，但今是是非非一切倒置，誤皇上，失天下心，是誰爲之？』於是有年等覆奏，謂應宿一激而嫚駡堂官，再激而株連異己，説者以二三大臣之去方歸責於己事，而復倡爲朋黨不根之説，將流禍於方來，罰治未悛，忿争已極，所當議處；謂高攀龍感事陳言，每抱惜才之嘆，説非不正，而際聖主當陽之時，爲不必然之計，遂以區區效忠之意，取不擇言之尤，廑於扣閽，疏於削牘，所當罰治。於是應宿、攀龍俱謫。先是御史吴弘濟當未會問時，抗疏言攀龍爲君子正論，應宿爲小人邪説，亦降調去。南京吏部主事安希范、户部主事譚一召、刑部主事孫繼有合疏救，俱削籍，希范逮而得釋。臺中公疏救，爲首罰俸一年，餘罰七月。省中公疏救，爲首罰俸一年，餘罰七月。弘濟初降二級調外，至是削籍。

二十三[二]年甲午，三十三歲。

七月，赴廣東揭陽縣謫籍。

公夙有志聖學，其發憤修悟，大要得力於揭陽之行，詳後《困學記》。又有《三時記》，蓋公之謫，秋往春歸，故云。

會管東溟、王少湖於吴門。

《記》云：『二十九日，至吴門，會管公東溟。公議論英偉，使我一時如遊奇山怪水之間，應接不暇。復曰：「吾人有一念毀譽着心，還是小人路裹人。」令人更發深省。候王少湖先生，先生益衰矣，教曰：「凡人待文王而興者，便是凡民。須是一家非之、一國非之、天下非之而不顧，不要懦弱了。」予猶記去年先生一見，謂予曰：「居鄉勿爲鄉愿，居官勿爲鄙夫。」寔當終身誦之。』

八月，遇吴子往、陸古樵於武林。

《記》云：『八月六日，至武林，遇吴子往、陸古樵。古樵名粹明，廣東新會人，萬里孤身東遊訪學三年矣。子往見而奇之，朝夕與居。其人清苦澹默，終日静坐，或至閉户經月。與之錢則辭，與之衣，寒則衣之，暖則返之，井然不苟也。問其所從師，曰潮陽蕭自麓。問其學，曰主静。謂予曰：「只要立大本，一日有一日之力，一月有一月之益。務要静，有定力，令我制事，毋使事制我。」予深旨其言。』

登釣臺，拜嚴先生祠。

《記》云：『十五日，五鼓渡江。連朝陰雨不開，篷牕隱坐，深自克省，知前功之不切，手勢一轉。十六日早，雨中登釣臺，拜嚴先生祠。』

遊武夷，拜朱夫子、蔡九峰先生祠。

《記》云：『二十五日，至武夷。二十六日，遊九曲，於二曲拜蔡九峰先生，於五曲拜朱夫子，即武夷精舍也。』

答李見羅先生書。

《記》云：『二十九日，至延平，寄李見羅先生書。見羅以去秋書來，論止修之學，至是始答之。見羅書云：「果明宗，果知本，真有心意知物，各止其所，而格至誠正，總付之無所事事矣。」又曰：「格致誠正，不過就其中缺漏處照管提撕，使之常止，常止則身常修，心常正，意常誠，知常致，而物自格矣。」予則謂《大學》「格致」即《中庸》「明善」，所以使學者辨志定業，絶利一源，分剖爲己爲人之介，精研義利是非之極，透頂徹底，窮穴擣巢，要使此心光明洞達，直截痛快，無毫髮含糊疑似於隱微之地以爲自欺之主。夫然後爲善而更無不爲之意拒之於前，不爲惡而更無欲爲之意引之於後，意誠心正身修，善之所以純粹而精，止之所以敦厚而固也。不然，非不欲止欲修，而氣稟物欲拘蔽萬端，恐有不能實用其力者矣。且修身爲本，聖訓昭然，誰不知之？只緣知誘物化，不能反躬。非欲能累人，知之不至也。故學者辨義利是非之極，必皆如無穿窬之心，斯爲知至。此工夫喫緊沉着，豈可平鋪放在，説得都無氣力？且條目次第，雖非今日致，明日誠，然着個先後字，亦有意義，不宜如此儱侗。此不過先儒舊説耳，然見羅則自謂孔、孟的傳，恐决不相入也。』

九月，過九龍十八灘。

日記云：『山高水險，峰頭月吐，村酒小醺，焚香吟咏，倦而就枕。中夜夢回，水聲清徹骨髓。數旬以來，得山川之助殊不小也。』《記》云：『予於壬辰春服闋至京，卜得一籤云：「一生心事向誰論，十八灘頭説與君。」不解所謂。迨揭陽之命下，偶簡路程途，見自江右至潮，當經十八灘，遂瞿然而驚。已又遍詢之，知從閩道爲徑，則不必過江右。予戲謂：「神無如我何矣！」比達閩省，至崇安，逆旅主人云：「路出三山甚迂，宜取清流便。」予欣然從之，不虞有所謂十八灘也。至是舟人始以告予，乃知人生分定如此，世情可一笑而破矣。』

過汀州。

語見《困學記》。

過大姑。

《記》云：『十五日，過大姑，灘流湍急，亂石縱横如牙，舟别無柁，舟人僅以兩槳幹旋之。每下一灘，舟輒刺入白浪，浪裹復出，時時穿石罅中行。予初亦不免動色，已遂視之如夷。以此知險須用習，「習坎」之義大矣。』

抵潮州。

《記》云：『十七日，抵潮。二十日，至揭陽，假館於李氏之祠。二十一日，謝恩，拜聖廟訖。二十五日，蕭公自麓以予寄陸古樵書，遂來訪予。公出羅念菴先生之門，以主敬爲學，所見甚正，談論終日，歡相得也。』

課試儒童。

《記》云：『讀書静坐之餘，日有儒童以所爲文來，予稍爲正其文體。或有惑於新説，敢背傳註者，務裁抑之，期於反正乃已。每旬一會，從文字中察其品，略得數人。』日記云：『思無益於地方，日接見民間子弟，與之説書談文，冀有裨益。』

編集《朱子要語》成。

《記》云：『官舍優暇，深宜讀書。《朱子》以是月編完。連日編書，稍覺忙迫，心便不定，應事便有昏處，以此知放，教虚閒養心，發慮之本也。』日記云：『思得處事，刮洗到盡處，無一毫拖泥帶水意思，方見精義入神。』『檢點過失，在言語上多，宜專於此致力。』『温習《周易》《性理》，飯後每誦《詩》一二章，信哉《詩》之可興也！每晚讀《楚詞》一篇，忠誠懇至何減三百篇？然非朱夫子，亦未易一暢曉屈子丹衷也。』

患病静坐。

日記云：『因病復取修煉家説觀之，覺其鄙而不足爲。夫大人者，與天地合其德，日月合其明，區區自保其神氣，以偷生其間，亦焉用之？若夫慎言語，節飲食，毋勞其形，毋摇其精，毋使思慮營營，則誠養生之至要矣。』

序《王文成年譜》。

《記》云：『十一月，二府致菴莊公以文成年譜來，欲予序而刊之。予觀文成之學，蓋有所從得。其初從鐵柱宫道士，得養生之説。又聞地藏洞異人言周濂溪、程明道是儒家兩個好秀才。及婁一齋與言格物之學，求之不得其説，乃因一草一木之言，格及官舍之竹而致病，旋即棄去。則其格致之旨未嘗求之，而於先儒之言亦未嘗得其言之意也。後歸陽明洞，習静導引，自謂有前知之異，其心已静而明。及謫龍場，萬里孤遊，深山夷境，静專澄嘿，功倍尋常，故胸中益灑灑，而一旦恍然有悟。是其舊學之益精，非於致知之有悟也。特以文成不甘自處於二氏，必欲篡位於儒宗，故據其所得，拍合致知，又粧上格物，極費工夫，所以左籠右罩，顛倒重復，定眼一覷，破綻百出也。後人不得文成之金針，而欲强繡其鴛鴦，其亦悞矣。予於序中亦未敢無狀便説，姑記於此。』

作《陽明説辨》。

凡四首，全刻《遺書》。

蕭自麓書來。

《記》云：『初九日，自麓以書來，曰：「工夫不密，内有游思，則主不一；外有惰行，則儀不飭。非敬也，必須内外協持，積養深厚，使此心無少間雜，斯謂能一，斯謂真敬。先儒曰：『此心有些罅便走。』」又曰：「學貴含蓄深固，最忌洩漏。某嘗自思，惟只用功不密，洩露太早，敬爲執事誦之，毋若某之徒老而自悔也。」語語破的，謹爲書紳。且自麓所最服者魏莊渠先生，又可見其學之正矣。予數年來亦殊悠悠，自出門至此，已三轉手勢，以此知學者瞥見些光景而遂以爲有悟者，皆妄也。』

往訪自麓。

《記》云：『往潮陽訪自麓，自麓出念菴諸書觀之，其學大要以收攝保聚爲主，而及其至也，益見夫離寂之感非真感，離感之寂非真寂，念菴殆已合寂感而一之。至其取予之嚴、立朝之範，又正陽明門人對病之藥也。時潮俗頗侈，予與自麓相約菜止五簋，盡袪繁儀。蕭氏諸郎皆謂不可，而自麓見信，獨守約言。予將別請教，自麓曰：「公當潛養數年，不可發露，先輩皆背地用一陣堅苦工夫，得成就耳。」予深然之。』

十二月，以差歸，揭陽諸生送別於潮州。

《記》云：『予在縣三月，聞有凶人陳所蘊者，工於刀筆，以起滅爲事，潛結惡少年，布滿各縣，官府莫可誰何。自細民至縉紳，談之莫不色變。予聞而奇之，至詢其人，本一士夫林氏家人子，迺淫其主女，後女出嫁，又婉轉用計，占以爲妾。予始憤然，以爲如是則紀綱滅矣，告於朱任宇，密擒之。十二日，明其證佐，所蘊伏辜，辭成而上之。十五日啓行，十六日至郡，揭陽生儒送者皆集。謝見溪名良政者，予聞之唐曙臺，云潮人惟此友向學，予屢訪之不遇，至是亦來，因相與論説，以勉諸生。時諸生已得數人興起矣。予在官舍所編《朱子要語》悉已刊就，攜之而行。行三十里，見溪與諸生再集小酌。行三十里，諸生復集，予曰：「日暮矣，不可前。諸君且休，諸君努力，自當相遇中原。與諸君矢，繼自今，脱鄙人毁廉蔑檢，無以見諸君；諸君不克砥礪，厭厭世俗，亦無以相見。」皆曰：「誠如此盟。」是日至黄崗。二十一日，將至漳浦，見道旁立石，大書曰「宋鄭虎臣誅賈似道於此」，甚快之。』

過漳州，與李見羅先生論學。

《記》云：『二十二日，至漳州。入署，則李見老來，予亦即過其寓隨榻焉。見老自謂心性之辨已自了然，所爭只條目耳，因爲申諭，以明其不可易，且云：「此來必令洞然無疑，方始去得。」予所執者本自無疑，見老學已成家，長者亦不敢與深辨，故連日但巽心聽教，受益甚多。見老出見客，坐中有詆宋儒者，其人曰：「至善是性體，如何認作極功？」予曰：「公自認作極功，朱子未嘗如此說。門人問曰：『至善是各造其極，然後爲至否？』朱子曰：『至善是自然的道理，如此說不得。』」又曰：「至善是些子恰好處，天理人心之極致。公且看，人心若純乎天理，而無一毫人欲之私，此何等境界！還算不得性體否？」曰：「一草一木皆要格，如何？」予曰：「公看上下文否？」曰：「不知也。」予曰：「如此，何以駁得先儒聖賢之言？隨人抑揚，人欲專求性情，故推而廣之曰：『性情固切，草木皆有理，不可不察。』人欲泛觀物理，則又曰：『致知當知至善所在，若徒欲泛觀物理，恐如大軍之遊騎，出大遠而無所歸也。』一進一退，道理森然，何嘗教人去格草木？」曰：「今日格一物，明日格一物，如何？」曰：「自是問者疑一物格而萬物皆通，故云『雖顏子亦未至此』，『惟今日格，明日又格，積習久，然後有貫通處耳』。此於道理何疑？豈曾限定公一日只格得一物耶？」時適有泉友張子慎名維機者來受業，見老書其所見爲質問，雖尚有騎墻之見，而中間有云：「宋之諸儒求其彷佛孔、顏者，惟程明道，而集諸儒大成者，獨有朱晦菴。故嘗謂道宗於宣父，顏、曾、思紹其傳，至孟子而始著；道章於孟子，濂溪、張、邵繼其絕，至程、朱而始著。乃一再傳而不能不錮於見，局於域，墮於蹊，而流於支，則後儒之咎也。吾黨未覩一班，奈何輕評先輩？今人士有不誦習朱註者乎？青衿而遵之，係籍而變之，猶曰見有異同也，甚至病以楊、墨，斥以異端，則豈免逢蒙之罪？王新建卓識宏才，疇得議之，乃其徒何紛紛也！有憚於修詞而逃者矣，敗於名檢而逃者矣，羶於聲利而逃者矣，不知孔門四科果爾錯雜耶？大都晉、六朝之談，崇莊老而明擠之聖人之下；今學者之談，斥佛氏而陰奉之聖人之上。宋後儒之支離，不過割裂於訓解；今學者之支離，反至割裂於心體。當今之時，下而敢於犯上，怪而敢於干常，毋亦關竅風聲，密與運會，而吾黨崇奉西天之教，潛爲之徵召歟？」此其言雖聖人復起，恐亦不能易也。予不勝快心，拜而納交。』

二十六日，與見老及子慎諸兄别。

二十九日，至楓林驛，四壁大樹扶疎，鳥雀遶鳴，寥寂之中自有深致。明日，郵丞致酒，寒燈獨酌，屈指庭闈，尚隔三千，憮然就枕。

二十三年乙未，三十四歲。

遊九鯉湖。

《記》云：『元旦，驛中拜牌畢，趣駕遊九鯉湖。至初二日，盡日盤旋此湖，蕭蕭身世，雲水孤清。初三日，早發。初五日，至省，許敬庵先生以《敬和堂集》來。敬庵之學以無欲爲主，自迥别於世儒，然不必以《大學》論離合也。當時濂溪之學亦主無欲，但其時《大學》未經表章，反覺潔净。今日人人自爲《大學》，欲執此以病彼，氣象便局促耳。』

拜李延平先生祠。再遊武夷，拜朱夫子祠。

《記》云：『初九日，至延平，會趙控江。初十早，拜李先生祠。十二早，往考亭拜朱夫子。其地清邃可愛，書院前臨翠屏山，山下滄洲泉，澄泓一鑒，清氣洗人，後倚玉枕山，皆喬松茂林。朱氏五人出迎，十三代孫也，有名弘演者，志甚向學。眷然難别，恨不信宿以窮山水之幽，慰諸君之雅。晚止武夷山房。十三日，以前遊未盡，再窮其蘊，直至九曲之終，山勢既散，豁然桑麻，真朱子所謂「莫言此地無佳景，自是遊人不上來」也。往返三十六峰之間，胸中圖畫了然，而意興始愜。』

已上編次揭陽之行，所稱『記』云者，皆《三時記》也。間有出於日記者，仍分别書之。其《三時記》中所述山水之勝，别見全書，兹不盡録。

二月，抵家。

八月，出遊，同吴子往、歸季思洞庭僧房静坐。

二十四年丙申，三十五歲。

正月，繼成公、陸夫人偕壽七十。

公同兄弟稱觴宴客。

二月，繼成公有疾。

往返吴門、京口延醫。

三月，陸夫人卒。

六月，繼成公卒。

遵喪禮，不二斬，稱降服子。

閏八月，葬繼成公、陸夫人。置義租。

公已出嗣静逸公，迨繼成公有疾，命析諸子産，仍七之。公力辭，以均諸兄弟。既而繼成公授衣飾什物，公辭，授養廉三百金，又辭。繼成公曰：『此復不受，不以吾爲父耶？』公涕泣祇受，即供喪費，以其餘置義租七十石，贍父妾之無子者，親戚之無養者。

祠邑令王公於錫山之麓。

王公諱其勤，號少月，湖廣松滋人。嘉靖中來令吾錫，錫故無城，王公甫下車，即議版築。上臺非之，一邑非之，不顧也。三月而城完，三日而倭至，百萬之命爭於一絲。又有清丈田畝事。其人甚偉，其功甚大。公既建祠祀之，復貽書陳懷雲督學，檄行入祀名宦。先是倭寇，邑義士何五路等三十六人持挺出擊，敗死西壕，往往爲厲，邑人即其死所祠之，簫鼓繽紛，遂爲淫祀。公既建王公祠，陳公筠塘再爲兩廡列祀焉，有司春秋致祭惟謹，自是淫祀遂絶。祠記刻《遺書》。

二十五年丁酉，三十六歲。

八月，追圖繼成公遺容。

繼成公生前未圖像，至是延名手羅文江追圖，稿屢易，未得神。羅君謂公曰：『但端居静思，精誠自格。』公如言，思三日，得其故。羅君僅於眉睫間加一筆，遂宛肖如生。公悲感作詩云：『高堂彷彿已無蹤，此日親顔紙上逢。乍喜復驚還自痛，相看疑是夢中容。』

二十六年戊戌，三十七歲。

水居成。

《水居記》云：『漆湖之干有洲焉，可二十步，三分贏一以爲廣。其外，池周之。其外，堤周之。其外，湖周之。又其外，山周之，所謂軍將、漆塘諸山也。主人即洲作居，以水爲垣，豁然四達。主人偃息其中，以水爲娱，泊然自得。或凭軒而眺，或隱几而瞑，或曳杖而遊，目之所赴，意之所遇，魂魄之所安，無非水也。居久之，於是主人閲日月升沉，雲霞起滅，草木榮瘁，禽魚去來，與四時百物相代謝於一水之間，而忘乎其爲我也。居又久之，於是主人且宅天宇之寥廓，餐元和之膏潤，乘浩氣而翩韆上下於無窮之門，而忘乎其爲水也。或曰：「子之樂微矣。」主人謝不敏，曰：「夫造化者固逸予。」於是夫吾請問之及命之泰筮，得《節》之兑，其卦曰「水澤」，其辭曰「安節，亨」。主人莞爾而笑，乃歌曰：「可以樂饑，泌之洋洋兮。所謂伊人，在水中央兮。」』

可樓成。

《可樓記》云：『水居，一室耳，高其左偏爲樓。樓可方丈，窗疏四闢，其南則湖山，北則田舍，東則大陸，西則九龍峙焉。樓成，高子登而望之曰：「可矣。」吾於山有穆然之思焉，於水有悠然之旨焉，可以被風之爽，可以負日之暄，可以賓月之來而餞其往，優哉游哉，可以卒歲矣，於是名之曰「可樓」，謂吾意之所可也。曩吾少時，慨然欲遊五嶽名山，思得丘壑之最奇如桃花源者托而棲焉。北抵燕趙，南至閩粵，中踰齊魯、殷周之墟，目觀所及，無足可吾意者，今乃可斯樓耶？噫！是予之惑矣。凡人之大患，生於有所不足。意所不足，生於有所不可。無所不可焉，斯無所不足矣，斯無所不樂矣。今人極力以營其口腹，而所得止於一飽；極力營其居處，而所安止几席之地；極力營苑囿，遊觀止於歲時十一之托足耳，將焉用之？且天下之佳山水多矣，吾不能日涉也，取其足以寄吾之意而止。凡爲山水者，一致也，則吾之於茲樓也，可矣。雖然，有所可，則有所不可，是猶與物爲耦也。吾將繇茲忘乎？可忘乎？不可，則可樓者贅矣。』

作《復七規》。

時公與歸季思諸先生嘗習静水居，作《復七規》云：『「復七」者，取《大易》「七日來復」之義也。凡應物稍疲，即當静定七日以濟之，所以休養氣體，精明志意，使原本不匱者也。先一日，放意緩形，欲睡即睡，務令暢悦。昏倦刷濯，然後入室炷香趺坐。凡静坐之法，喚醒此心，卓然常明，志無所適而已。志無所適，精神自然凝復，不待安排。勿着方所，勿思效驗。初入静者，不知攝持之法，惟體貼聖賢切要之言，自有入處。静至三日，必臻妙境。四、五日後，尤宜警策，勿令懶散。飯後必徐行百步，不可多食酒肉，致滋昏濁。卧不得解衣，欲睡則卧，乍醒即起。至七日，則精神充溢，諸疾不作矣。食芹而美，敢告同志。』

作《山居課程》：

『五鼓，擁衾起坐，叩齒凝神，澹然自攝。天甫明，小憩即起，盥漱畢，活火焚香，默坐玩《易》。晨食後，徐行百步，課兒童，灌花木，即入室静意讀書。午食後，散步舒嘯，覺有昏氣，瞑目少憩，啜茗焚香，令意思爽暢，然後讀書，至日昃而止。趺坐，盡線香一炷。落日銜山，出望雲物，課園丁藝植。晚食淡素，酒取陶然。篝燈，隨意涉獵，興盡而止。就榻趺坐，俟睡思欲酣，乃寢。』

八月，講學於泉上。

二十七年己亥，三十八歲。

讀書水居。

四月，出遊。

從荆溪至浙中黄巖縣，謁静成公祠。父老群集曰：『此高一合孫也。』蓋静成公令巖時，民無滯獄，只帶合米可了，故云。父老因談昔年諸惠政甚悉，語詳公《譜傳》中。時歷天台、鴈宕諸名勝探奇索幽，三月而返。

二十八年庚子，三十九歲。

讀書水居。

四月，浙中訪友。

八月。

時儀真税監暨禄濫委税官收税於錫之蓉湖，乃實本縣一惡棍名任奎者勾引而來。未幾，税官爲商人所撻辱，任奎借以報怨，遂嗾税官揭牙行四人於税監。時委本縣問解，公作書致縣公，發奎之惡，而白四人之寃。

九月。

水居復七，同劉子孺、吕與幾。日記云：『七日中，只體貼誠敬，見精一爲聖學的傳也。』又云：『有主則敬，無爲則誠，只是如此。』

十月。

復七，同吴子往。日記云：『是日見只是顧諟明命爲工夫。』又云：『一日覺氣在胸脇稍滯，思調息。

息最微，若有若無，誤認氣爲息而調之，大害事矣。次日便覺多却。調息一念只是誠無爲，着些子不得也。』又云：『連日可樓静坐，朝負初陽，夕披明月，山光水色，鳥語花香，心境相融，天下寧别有仙人耶？』

作《括語》二首：

『大哉宣聖道同天，千載程、朱得正傳。格致一言拈口訣，直方二字示真詮。不從真實原非學，讒〔纔〕説虚無便是禪。只在眼前休放過，綱常盡處此身全。』

『學道須將誠敬先，工夫只在立心堅。且從有主操真宰，漸到無爲近自然。有主萬端私欲净，無爲一片太虚圓。乾乾終日緣何事，莫信人間有别傳。』

二十九年辛丑，四十歲。

讀書水居。

四月，增修水居書室。

八月，偕四郡同志會講於樂志堂。

十二月，遷居於城南隱居。

三十年壬寅，四十一歲。

讀書水居。

三十一年癸卯，四十二歲。

讀書水居。

註張子《正蒙》完。

三十二年甲辰，四十三歲。

興復東林書院。

致各上臺書：『敬啓：宋龜山楊先生受業兩程夫子，一時學者翕然從之，尊爲正宗。考錫乘，先生嘗講學是邑十有八年，建有東林書院。比先生没，學者即其地建祠祀之，其教思入人之深，於此可想見。當嘉靖初，先達文莊邵公率其門人比部補庵華公重行改建，王文成爲記。距今曾幾何時，倏已鞠爲草莽，行道過之，俯仰顧眄，咸爲喟然嘆息，徘徊不能去。攀龍等僭不自量，欲相與共圖修復，懷之中心，蓋已有年，未敢率爾。兹舉道術學術於焉攸繫，非藉寵靈不足以樹風聲而垂永永也。會庠友合呈上請，乃敢拜手颺言曰：「先生之道其源遠，其流長矣，及門之樂育既多，過化之餘風未泯。而今而往，有能紹述遺訓，如當年之在東林，一傳而爲喻工部，再傳而爲尤文簡，三傳而爲李簡肅、蔣文忠，無墜道南之一脉者乎？是惟先生之賜。而今而往，有能冥契心宗，如當年之在劍南，一傳而爲羅豫章，再傳而爲李延平，三傳而爲朱考亭，直接周、程之正統者乎？亦惟先生之賜。」其大有造於吾錫何如！此攀龍之所以仰追明德，特爲台臺懇也。台臺主盟斯文，凡在瞻聽，靡不喁喁屬耳目焉。幸得亟允所請，嘉與表章，一以揚先哲之光，儼爾儀刑之如在；一以端來學之範，昭然向往之無岐。不腆九峰、二泉之間行將坐收濂、洛、關、閩之勝，其大有造於吾錫又何如也！此攀龍之所以仰承至意，重爲台臺懇也。』

三十三年乙巳，四十四歲。

五月遊武林，作《異端辨》。

引云：『予遊武林，寓居西湖，見彼中人士半從異教，心竊憂之。問其所從，皆曰「蓮池」。問其教，出所著書數種，多抑儒揚釋之語。此僧原廩於學宫，一旦叛入異教，已爲名教所不容，而又操戈反攻，不知聖人之教何負於彼？庠序之養育何負於彼？而身自叛之，又欲胥天下而叛之。如此之亟也，因摘取其言，各剖破之。又有極力專詆朱夫子者另爲一書，尚未得也。』辨四條，刻《遺書》。

三十四年丙午，四十五歲。

講學東林，讀書水居。日記云：『正月二十七日，舟中看薛敬軒先生要語，覺得自家平日言語多，不但招尤，又且損氣。養德養身，莫要於此。又，覺已有善，常要人知，人有不善，多不能隱，此屬淺薄陋惡之甚，宜痛戒之。』

九月，講學虞山。

日記云：『重九在虞山精舍與管東翁問答云。翁語次深薄宋儒，予曰：「先生必有所見，其灼然處何居？」翁曰：「只一性字，宋儒便不識。」予曰：「何謂？」曰：「性者，大覺。宋儒謂性即理也，認做一件鶻突的黑影子。」予曰：「何以見之？」曰：「彼以知覺爲心，謂理乃心所包之物，豈非包着一件不覺之物乎？」予曰：「理有何形？因其心之發見，知其有如是之條理，故謂之理。若謂以覺包理，則理乃在外，宜乎今人以物理爲外，以格物之理爲狥外矣。」翁曰：「此是公爲宋儒分疏。吾自二十歲時，已見宋儒骨髓。」予曰：「不然。是老先生有得後，看宋儒故認得如此。若攀龍者，初時一無所見，從程、朱夫子討出工夫曲折，一一依他做，並不見有如此癡學問也。」翁曰：「公近釋《正蒙》，且論太和何如？」曰：「張子謂虛空即氣，故指氣以見虛，猶《易》指陰陽以謂道也。」曰：「即此便不是。謂氣在虛空中則可，豈可便以虛空爲氣？」予曰：「謂氣在虛空中，則是張子所謂以萬象爲太虛中所見之物，虛是虛，氣是氣，虛與氣不相資入者矣。」翁但曰「總不是」「總不是」，予亦不敢與長者屢辨而止。因思學問從入之途不同，斷無合并之理。吾儒以秩序命討自然之天理爲理，其自然之條理毫髮差池不得處，正是大覺。彼徒以此心之精靈知覺爲覺，宜其認理爲鶻突爲黑影。端緒迥然，安可以口舌争也？』

十二月，探歸季思先生喪。

公聞訃，哭之慟，復貽史武麟督學書云：『三吴高士有崑山舉人歸子慕，其人已没，芬芳逾溢，未經表章，有待君子。望檄下有司采其遺事，刻其遺書，特祀學宫，永其蒸祀，此實培正氣、障頹俗之一用也。』

三十五年丁未，四十六歲。

二月，析諸子産。

『父立撥付授兒世儒、世學、世寧。吾家世守清儉，至吾父静逸府君稍積箸三千金，於時祇以交質營什一之息，僅有負郭田五十畝。至吾，廢質庫，盡以買田，累至二千餘畝。數年以來，徙居、婚嫁，出不程入，乃積借負二千兩，每年田中所入僅足供子錢。外觀匡郭居然素封，而中藏如此，若復因仍塗轍，立盡之術也。今將田産割償所負，除後項所開外，存田一千二百畝，三子均分，每人田四百畝。每年以百畝供私室之用，以三百畝完國賦，佐公費。蓋公私倚辦，些微岌岌乎不支矣，今只有儉之一字爲對症良方。吾深懲往咎，惟是不量出入，狥物漫應，自貽不節之嗟，故立《量入約》，臨以先生長者，使汝可遵行而不疑也。』

家訓成。

刻《遺書》。

三月。

日記云：『二十八日，至水居静坐，見得目之視、耳之聽皆是此心之靈，此心之靈充塞無際，嘿識而存之，更無餘事矣，故有詩曰：「此事須從静裏求，不求徒静祇悠悠。既竭吾才方卓立，莫教日月過時休。」又詩曰：「嘗言寂寂與惺惺，大夢居然尚未醒。要識真惺與真寂，須教默識此心靈。」次日，忽疑孔門所謂仁即是此件否，何故却説克己復禮專在視聽言動上？又説恭敬忠恕寬信敏惠等俱在事上説？不知此聖學所以爲妙，正是此靈之德。此靈全不在恍惚希彝處覓，只在實事上不走漏，便是不違仁也，故有詩曰：「爲學須知要欲仁，欲仁仁至始能依。工夫更莫虧終食，三月繇兹可不違。」又詩曰：「休言雜念苦難除，自是心君無地居。一旦豁然仁體現，方知吾自有吾廬。」聖學全在躬行，所以不落光景。次日行持，覺有默識的意思，疑是多了事，因看禽魚，忽悟鳶飛魚躍總是天機自然，誰着得些子力？遂覺一化，不知手之舞之足之蹈之也，故有詩曰：「一番攻破一番平，到得平時無處尋。不説從前經歷路，只拈平處悞人深。」又詩曰：「饑來吃飯困來眠，此是勿忘勿助間。莫向癡人前説夢，工夫只説在先難。」次日行持，但覺此心光明燦爛，自作得主宰，更不靠傍，更無安排，無功用中功用自在，但是本色耳。」

三十六年戊申，四十七歲。

條議救荒。

大水災，公致周懷魯中丞書曰：『三吳不幸，横罹水災，是氣數適然。大幸台臺當路，此真天心仁愛。夫以萬萬生民寄於台臺一身，天之所以待吳民者可謂至仁；以台臺一身活萬萬生民，天之所以待台臺者可謂至重。邇者伏見大疏及一應文移，真足仰酬蒼蒼之意，俯慰林林之望。即攀龍亦不覺感激涕零，況忍死待拯之民哉？竊惟目今民間雖未甚闕食，危急已在冬間，宜先知應賑人户之數，然後可預處米穀，預立給散之法。攀龍稽考古昔，咨諏老成，謹列三款，仰備采擇。然此事全在得人，即如審户、給散二事，欲正官爲之，勢必不能，當精擇佐貳，須台臺特委，許以特薦，免其一應迎送及本衙職事，使專意爲此，另給食錢，寬以日月，禁其煩擾地方，諭令訪求各鄉公正有德之士，不拘紳衿耆老，相與商求，務使澤無遺人，人無冒澤，如不盡力，且以賄聞，即時鎖拿問罪。如此，庶幾事事得實。但佐貳官堪委者極難，其人又須訪問各處公正縉紳士人耳。又惟台臺爲民請蠲請賑至矣極矣，然又有事外之念焉。今杜關部實司農耳目，不可不使之與台臺同心。密有揭報，劉税監實内庭耳目，不可不使之自爲税計，預報災傷，此亦一助也。伏乞采擇。』又致本縣邑侯許同生書曰：『前奉教造荒册之法甚美，顧荒之與饑自是兩事。荒者田，而饑者民。勘荒可一覽而百畝十畝，審饑則一日止三村四村。必乘此風和日暖之候了審饑一事，則饑民可計數而知，賑糶可相時而發耳。夫賑饑不難於饑者必賑，而難於賑者必饑。賑者未必饑，則饑者未必活。何者？以有限之財當無窮之冒，必不繼也。惟是隨門逐户，什伍相稽，當時給票，據票給米，自無中間展轉弊竇，民受實惠。喫緊在此，望仁臺亟給賑票及文簿，先就興道鄉四河口爲始。蓋此鄉爲最低最饑，且縉紳則有葉閒室兄之賢住居此鄉，可相參酌。謹以票式及簿式呈覽，幸仁臺裁之。其餘勘荒勘圩，則可一舉兩得，待荒册造完，行之未遲也。』

爲同區設立役田。

錫邑糧長以解糧多至破家，公倡率同區隨力捐田協助，糧長任其役，而不全任其費，得保身家者多矣。公卒後，散還原主。

三十七年己酉，四十八歲。

四月，薦推吏部江南司官。

時范太蒙先生在銓司，孫立亭公位冢宰，因江南司官缺，首薦公。疏入，不允行。

八月，推起尚寶司丞。

不允行。

三十八年庚戌，四十九歲。

三月，之河南。

候座師沈龍江相公。龍江最爲神廟所簡注，後以齮齕於沈四明、趙蘭溪諸人，遂不獲大用。公每傷之曰：『夫天未欲平治天下也。』有《龍江沈先生泰交始末》，刻《遺書》。

六月，講學焦山。

段公幻然爲名邑令、名給諫，後以言事罷職，與公未識一面，至是相約同志會講焦山。

三十九年辛亥，五十歲。

訂古本《大學》。

三月，講學於金沙志矩堂。

四月，講學於荆溪明道書院。條陳邑事。

時縣令陳石湖請教，公答書云：「文成十家牌法決可行，行之決有益，此弭盜安民要事。練鄉兵恐無益有擾，只從本縣額設民壯揀選訓練可耳。吴中詞訟，假人命及告賣價不敷者，最爲民害。人命在城者，即時台駕往驗，唤四鄰一審。在鄉者，令擡屍壇中，台駕往驗。有實者方准狀，誣者懲之，詐風自息，全老稚之命實多。告賣價不敷，除豪强占奪外，一切不斷。只此二事，民受惠多矣。又體恤鋪行，於得民心最捷。即如辦酒一事，碗楪出於鋪户，狼籍不堪。若發公費置買器用，貯之庫中，專人掌之，不以煩民。以此節節推之，使民安堵，老父母三年中便是千秋人物矣。」

四十年壬子，五十一歲。

五月，顧涇陽先生卒。

公終身師事先生，至是先生卒，公獨主東林講習之事。

八月，祀中丞懷魯周公於泉上。

周公諱孔教，江西臨安人，撫江南時多善政，吴人思慕不已，公爲立祠祀之。

四十一年癸丑，五十二歲。

三月，講學於金沙志矩堂。

九月，遊武林，弢光山中静坐，作《静坐説》。

擬赴新安吴百昌中翰講學之約，過吴門，謁房師中丞徐檢吾公。檢吾公曰：「今東林舉世側目，新安又多富室，恐爲忌者所藉口，宜勿往。」公遂辭百昌，至武林，静坐弢光山中，作《静坐説》云：「静坐之法，不用一毫安排，只平平常常默然静去。此平常二字不可容易看過，即性體也，以其清净不容一物，故謂之平常。晝前之《易》如此，人生而静以上如此，喜怒哀樂未發如此，乃天理之自然，須在人各各自體貼出，方是自得。静中妄念强持不得，真體既顯，妄念自息。昏氣亦强除不得，妄念既净，昏氣自清。只體認本性原來本色，還他湛然而已。大抵着一毫意不得，着一毫見不得，纔添一念，便失本色。繇静而動，亦只平平常，湛然動去。静時與動時一色，動時與静時一色。所以一色者，只是一箇平常也，故曰「無動無静」。學者不過借静坐中認此無動無静之體云爾。静中得力，方是動中真得力。動中得力，方是静中真得力。所謂敬者，此也；所謂仁者，此也；所謂誠者，此也；是復性之道也。』又《書〈静坐説〉後》：『予作《静坐説》，越二年，觀之説殆未備也。夫静坐之法，入門者藉以涵養，初學者藉以入門。彼夫初入之心，妄念膠結，何從而見平常之體乎？平常則散漫去矣，故必收斂身心，以主於一，一即平常之體也。主則有意存焉，此意亦非着意，蓋心中無事之謂，一着意則非一也。不着意而謂之意者，但從衣冠瞻視間整齊嚴肅，則心自一，漸久漸熟，漸平常矣。故主一者，學之成始成終者也。』

十一月，延錢啓新先生講《易》東林。

先生開講一月而畢，公有《讀〈易〉約》。長至日，錢先生有詩，公和詩云：『風凛寒空天地嚴，雷聲半夜一陽添。相期勝友爲休復，更矢虚中受福謙。百慮已從歸處盡，一元只向動中占。人人自有圓圈在，此日先生爲一拈。』

四十二年甲寅，五十三歲。

二月，舉行同善會。

講語數篇，有全抄，刻《遺書》。

閉關。

《閉關詩》云：『在在名山寂寂峰，淵泉深處有潛龍。非於太極先天覓，只在尋常日用逢。當默識時微有象，到名言處絶無蹤。洗心藏密吾曹事，長掩衡門獨撫松。』

七月，作《困學記》。

記云：『吾年二十有五，聞令公李元沖與顧涇陽先生講學，始志於學。以爲聖人所以爲聖人者，必有做處，未知其方。看《大學或問》，見朱子説入道之要莫如敬，故專用力於肅恭收斂。持心方寸間，但覺氣鬱身拘，大不自在，及放下，又散漫如故，無可奈何。久之，忽思程子謂心要在腔子裏，不知腔子何所指，果在方寸間否耶？覓註釋不得，忽於《小學》中見其解曰：「腔子，猶言身子耳。」大喜，以爲心不專在方寸，渾身是心也，頓自輕鬆快活。適江右羅止菴來講李見羅修身爲本之學，正合於予所持循者，益大喜不疑。是時只作知本工夫，使身心相得，言動無謬。己丑第後，益覺此意津津。憂中，讀《禮》讀《易》。壬辰謁選，平生耻心最重，筮仕自盟曰：「吾於道未有所見，但依吾獨知而行，是非好惡，無所爲而發者，天啓之矣。」驗之頗近，於此略見本心。妄自擔負，期於見義必爲。冬至，朝天宫習儀，僧房静坐，自覓本體，忽思「閑邪存誠」句，覺得當下無邪，渾然是誠，更不須覓誠，一時快然，如脱纏縛。癸巳，以言事謫官，頗不爲念。歸嘗世態，便多動心。甲午秋，赴揭陽，自省胸中理欲交戰，殊不寧貼。在武林，與陸古樵、吴子往談論數日。一日，古樵忽問曰：「本體何如？」予言下茫然，雖答曰「無聲無臭」，實出口耳，非繇真見。將過江頭，是夜明月如洗，坐六和塔畔，江山明媚，知己勸酬，爲最適意時，然予忽忽不樂，如有所束，勉自鼓興，而神不偕來。夜闌别去，予便登舟，猛省曰：「今日風景如此，而予之情景如此，何也？」窮自根究，乃知於道全未有見，身心總無受用，遂大發憤曰：「此行不徹此事，此生真負此身矣。」明日，於舟中厚設蓐薦，嚴立規程，以半日静坐，半日讀書。静坐中不貼處，只將程、朱所示法門參求。於凡誠敬主静，觀喜怒哀樂未發，嘿坐澄心，體認天理等，一一行之，立坐食息，念念不舍。夜不解衣，倦極而睡，睡覺復坐。於前諸法反覆更互，心氣澄清時便有塞乎天地氣象，第不能常。在路二月，幸無人事，而山水清美，主僕相依，寂寂静静。晚間，命酒數行，停舟青山，徘徊碧澗，時坐磐石，溪聲鳥韻，茂樹修篁，種種悦心，而心不着境。過汀州，陸行至一旅舍，舍有小樓，前對山，後臨澗，登樓甚樂，手持《二程全書》，偶見明道先生曰：「百官萬務，兵革百萬之衆，飲水曲肱，樂在其中。萬變俱在人，其實無一事。」猛省曰：「原來如此，實無一事也。」一念纏綿，斬然遂絶。忽有百觔擔子頓爾落地，又如電光一閃，透體通明，遂與大化融合無際，更無天人内外之隔。至此，見六合皆心，腔子是其區宇，方寸亦其本位，神而明之，總無方所可言也。平日深鄙學者張皇説悟，此時只看作平常，自知從此方好下工夫耳。乙未春，自揭陽歸，取釋、老二家參之。釋氏與聖人所争毫髮，其精微處，吾儒具有之，總不出「無極」二字；其弊病處，先儒亦具言之，總不出「無理」二字。觀二氏而益知聖道之尊，若無聖人之道，便無生民之類，即二氏，亦飲食衣被其中而不覺也。戊戌，作水居，爲静坐讀書計。然自丙申後數年，喪本生父母，徙居婚嫁，歲無寧息，只於動中煉習，但覺氣質難變。甲辰，顧涇陽先生始作東林精舍，大得朋友講習之功。徐而驗之，終不可無端居静定之力。蓋各人病痛不同，大聖賢必有大精神，其主静只在尋常日用中；學者神短氣浮，便須數十年静力，方得厚聚深培。而最受病處，在自幼無小學之教，浸染世俗，故俗根難拔，必埋頭讀書，使義理浹洽，變易其俗腸俗骨，澄然嘿坐，使塵妄消散，堅凝其正心正氣，乃可耳。予以最劣之資，即有豁然之見，而缺此一大段工夫，其何濟焉？所幸呈露面目以來，纔一提策，便是原物。丙午，方實信孟子「性善」之旨。此性無古無今，無聖無凡，天地人只是一個。惟最上根潔清無蔽，便能信入。其次，全在學力，稍隔一塵，頓遥萬里，孟子所以示瞑眩之藥也。丁未，方實信程子「鳶飛魚躍」與「必有事焉」之旨。謂之性者，色色天然，非繇人力。鳶飛魚躍，誰則使之？勿忘勿助，猶爲學者戒勉。若真機流行，瀰漫布濩，亘古亘今，間不容息，於何而忘？於何而助？所以必有事者，如植穀，然根苗花實，雖其自然變化，而栽培灌溉，全在勉强問學。苟漫説自然，都無一事，即不成變化，亦無自然矣。辛亥，方實信《大學》「知本」之旨，具别刻中。壬子，方實信「中庸」之旨。此道絶非名言可形，程子名之曰「天地[理]」，陽明名之曰「良知」，總不若「中庸」二字爲盡。「中」者，停停當當。「庸」者，平平常常。有一毫走作，便不停當。有一毫造作，便非平常。本體如是，工夫如是。天地聖人不能究竟，况於吾人，豈有涯際？勤物敦倫，謹言敏行，兢兢業業，斃而後已云爾。困而學之，年積月累，厥惟艱哉！而不足以當智者一笑也。同病相憐，或有取焉。甲寅孟秋記。」

閉關水居。

四十三年乙卯，五十四歲。

九月，之河南。

聞沈龍江相公喪，即日奔弔。是年朝有張差梃擊一事，時方從哲當國，群小黨比，鄭戚日以攻東林爲事，苛求於林下諸賢。宦遊吴下者，多引嫌，至不通往來。公閉關水居，朔望東林小會，止同邑同志數人，八月大會廢而不舉。惟邑中大利病有關風教民生者，與陳筠塘諸公仍不避恩怨而任之。

四十四年丙辰，五十五歲。

閉關水居。朔望會講東林。

四十五年丁巳，五十六歲。

八月，蟄齋成。

家居讀書静坐之所。

四十六年戊午，五十七歲。

二月，之閩。

會葬房師徐檢吾公。

再遊武夷，拜朱夫子祠。

有詩二律。

六月，爲同縣設立役米。

致胡泰六中丞書云：『吴中重役，粮長爲甚，然常、鎮二府原與蘇、松不同。蘇、松官户之田浮於民户，民户懼役，争詭入官户，避役者益多，受役者益少，勢極重而不得不變。常、鎮民户之田浮於官户，可役者既多，受役者累少，上下原自相安。向年徐祖臺均蘇、松之役，并及常、鎮。敝府自役官户以來，但見其害，不見其利。何者？官户受役，勢不得不托之親戚家人，親戚家人豈能盡體主人之意？小户輸粮，嘖有怨讟，其勢然也。王老公祖以役官户不若加役米，加役米則畝畝出米，不必清花詭，人人出米，不必役官户。官户多出役米，是無役而有役也。富民多得役米，是有役而無役也。一時傳播，萬口稱便。令四郡有司倡率，獨無錫一縣奉行。舉優免不役之田，盡出貼役，民間以爲最公最平之事矣。夫縉紳受役而不親供，既未便，於民隱若出貼役，又復受役，豈政體之平乎？乞老公祖念聖旨詳細經畫之語，畫爲百世可行之法，令各郡縣約糧長每年所費多寡，加派役米，但是役米既行之處，即免官户之役。役米處處得行，則粮長處處無累；官户處處得免，則小户處處無累，永賴之澤也。』

四十七年己未，五十八歲。

二月，舉從簡會。

邑中諸老數人每月一會，竟日清談危坐，蔬以腐爲首品，故又名荳腐會。稍佐魚肉蔬果，儉朴相尚。或於家，或於園亭、僧舍。衣冠甚偉，觀者以爲洛下耆英之遺風云。

四十八年，光宗貞皇帝泰昌元年庚申，五十九歲。

四月，葬茹澄泉先生。

公爲弟子，恩禮兼盡，結會置田以贍。晚得痼疾，問候湯藥無虚日。至是卒，含殮殯葬，皆公任之。

十月，少司寇鄒南皋先生疏薦。

疏有『恬約邃學獨行三十餘年之高攀龍，遲遲啓事，物望謂何』之語。

十一月，御史方公孩未疏薦。

疏云：『高攀龍當王錫爵炙手之時，有《惜才遠佞》之疏，一身許國，九死投荒。里居三十年，絶口不言朝事，人稱潔净中廓大，寬博中精嚴，直欲遠比周、程，近方羅、薛，此誠今世之祥麟威鳳矣。』

卷下

熹宗哲皇帝天啓元年辛酉，六十歲。

正月作《壽戒》。

云：『人生六十，老矣。老人年日增，事當日減。患減之未盡，不患減之過。當以目前最切者減之。一戒壽文、壽詩，以省親知之勞費。一戒壽卮、壽服、壽畫、壽屏、壽燈，以杜壽章之變調。一戒餽食，以免施報之紛紜。一戒壽筵，以免物命之戕殺。一戒演戲，以防子弟之淫奢。一戒集分，以杜壽觴之旁竇。一戒迎賓，以貽歲首之安樂。守此七戒，老人澄然無事矣。無事之樂，更有何樂似之乎？或曰：「不然。」老人掩耳不聽。』

三月，詔起光禄寺丞。

舉鄉飲大賓。

九月，啓行。

十一月，至京。

東林講會事拜託吴素衣先生主之。

公不入朝班已二十八年，至是陛見，自陳履歷，音吐清洪，舉動端雅，見者莫不瞻仰欽服。

二年壬戌，六十一歲。

正月，陞光禄寺少卿，署寺事。

上《代天鵝疏》。

元夕，備上供九般茶飯，偶缺天鵝。内官恣行需索，公考寺誌，世廟時曾有家鵝代用之例，即日具疏，奉旨允行。

裁正本寺無名供費。

本寺無名之費皆内官侵漁，舖行賠累。公一照寺誌定額行之，舖行物價親發，四署鋪墊盡革，事必躬親，綜理精密。内官群聚大譁，公屹不爲動，終日危坐，意嚴色和，隨事勸化。久之，内官懾服不敢犯，共稱之曰『高師父』，自是舖行無賠累之苦。公鍥對一聯懸寺堂云：『精白厥衷，一率其不損不加真性；靖共乃位，勿昧其可仕可止本心。』

太廟春祭，執事。

丁祭，謁文廟。

詩曰：『野人久矣芰荷裳，端笏今朝儼肅將。憶昔並參縫掖入，只今疑繞鷺鵷行。兩楹帶礪山河在，六籍光華日月長。寄語青雲諸貴客，幾人曾不負門墻？』

上《破格用人疏》。

時廣寧失陷，京師危疑，公疏薦孫公承宗以大學士兼兵書開府京師，發帑金以修舉庶務；加李公之藻、董公應舉之職銜，以協佐中樞；專任鹿公善繼行保甲，以搜奸細；遴選四輔八府之道府州縣資性與武事相習者，練兵積穀，以備有事勤王，無事守禦。奉旨：『孫承宗已有旨推用，畿輔有司官着吏部用心更調，保甲法還着添差御史用心料理。該部院知道。』

三月，上《釋群疑銷隱禍疏》。

略云：『職觀今日中外人心，皆疑戚畹鄭氏，并及其昔日所用之人，以爲鄭戚奸細已伏宫中，一朝寇臨於外，奸發於内，其禍有不忍言。通國危疑，莫必其命，近且流言入大内矣。職伏而思之，人言胡爲而然耶？往者張差謀逆，實係鄭國泰主謀，差之供招具在；劉保謀逆，實係盧受通謀，劉于簡供招具在。受亦鄭氏之人，不可掩也，則人言洶洶有自來矣。鄭養性等蒙三朝不殺之恩，豈復更有邪謀？而無奈人心之疑不解也。在養性自爲計，不宜以人所共指之人自處危疑。陛下爲養性計，不宜以人所共疑之人密邇禁近。亟當使歸湖廣原籍，仍令帶俸，以示優厚者也。至如李如楨一家交關鄭氏，計陷名將，殺百萬軍民，失千里土地，禍延至今，不誅如楨，直是養虎遺患，所當亟正典刑，以除禍本者也。至如崔文昇者，當先帝新喪哀痛，凡有疾病，其證必虚，文昇故用泄藥，是明以藥弑也。在律，故違本方殺平人，斬，況於至尊乎？不即誅夷，僅止斥逐，四海人心已憤鬱不平，今文昇復潛住京師，意欲何爲？亟當明正典刑，以全陛下父子至情，示天下君臣大義者也。蓋文昇素爲鄭氏腹心，特當時失刑，不及考訊，故不如張差、劉保蚤正謀逆之罪，其罪豈在張差、劉保下乎？伏望陛下立賜乾斷。』奉旨：『朕御極以來，官府協心，禁庭安静，外面如何妄生猜疑，輒形章奏？鄭養性若欲回籍，當自行奏來。保全國戚，你當仰體朕心，何必多言？李如楨已問成獄，并崔文昇，朕自裁處，不得牽扯生事。該部知道。』

四月，覃恩誥贈父母、本生父母奉政大夫、宜人。

奉旨會議紅丸。

『議：得禮部尚書孫慎行論劾舊輔方從哲一疏，發舒數十年神人之憤，防閑千萬世君臣之義，其功偉矣！然尚有未盡之藴也，何者？從哲之罪在無君，其無君也，在心有獨注而不知有君。其獨注者，在交結鄭戚，表裏爲奸。所謂爲人臣子，不知《春秋》之義者，必陷於首惡之誅是也。夫《春秋》之義，端本澄源，罪坐主者，故趙穿弑君，獄歸趙盾，盾爲政也。人臣即無道，何忍輕加以弑逆之罪？況先帝至仁聖，何忍輕累以被弑之名？顧往昔之弑，雖隱而實著。今日之弑，雖著而實隱。若不透底説明，將使亂賊接踵，國家之禍何可勝言？夫張差之挺，美姝之獻，大黄之藥，相迫而來，同一線索也。稍知臣子之義，忠憤當何如？從哲處之恬然，若秦、越人之相視也。豈獨恬然，且力爲調護，力爲隱諱，力爲考察討賊之人。君與賊不兩立，從哲惟知爲賊而已，寧知有君乎？諸人若無從哲，何所恃而敢於無天無地，無人理至此極也？此從哲所以爲無君，所以無逃首惡之罪，是《春秋》之法也。嗟嗟從哲，引用匪人，公行貨賄，將神祖末年朝政壞盡，是非滅盡，人才逐盡，人心失盡，遼將殺盡，遼民殺盡，一時不忠不義，錮疾光考竟殞厥身，獨留蠹敗不可收拾之天下與我皇上。從哲無君之禍，皇上獨當之而人不知也。既經慎行拈出此一段公案，豈容抹殺？職以爲鄭戚與從哲原是一人，文昇與可灼原是一案。進封、移宫之事，諸臣當日所親見，從哲雖因人成事，尚有兩揭進美女、進泄藥之事，亦諸臣當日所親見，從哲何獨力掩護，曾無一言？從哲處分，自有公議，非職敢言。鄭戚回籍，已奉明旨，可遂弁髦乎？輕易進藥，可灼處分自有明條。文昇下藥，先於紅丸，可廢國典乎？皇上子道在此，大臣臣道在此，伏乞力請於皇上，將四事一時並了，則三綱一時再明，陽氣振則陰沴消，亂賊必有天誅，匪彝所思矣。職若有一字過求從哲，一念私黨慎行，天地鬼神立誅殛之。謹議。』

五月，陞太常寺少卿。上《恭陳務學之要疏》。

略云：『職觀帝王之德，惟明而已。惟其明也，天下誦之曰「明明后」。「明明后」者，必則明德。明德者何也？人之心也。心本明，又須人自明之，故放於外則不明，復於身則明；着於欲則不明，循乎理則明；動於氣則不明，安於止則明；荒於怠則不明，居於敬則明；騖於動則不明，主於静則明。明與不明，在一念轉移間也。自昔聖帝明王未有不好讀書者，人主好讀書，未有不爲賢君令主者。人心易放而難操，舍讀書，別無操之之道。如《大學》一書，既講於經筵，即此書反覆玩味，明明德於天下，裕如矣。推而廣之，宋臣真德秀《大學衍義》，再推而廣之，先臣丘濬《大學衍義補》，皆不可不讀也。陛下盡心於三書，帝王心法治法無不具備，夫然後知若何行政，若何用人，若何理財，若何治兵，人臣若何爲正，若何爲邪，臣下之言若何爲是，若何爲非，若何爲似正而實邪，若何爲似是而實非，皆了然於聖心，而後爲明明德，而後爲明明后也。如近日禮部尚書孫慎行論舊輔方從哲一疏，關係甚大，隄防甚遠。從哲之罪，非止紅丸，其最大者在交結鄭國泰父子。國泰父子，所以謀先帝者不一，始以張差之挺，繼以美姝之進，終於文昇之藥。從哲力左右之，培植其爲鄭者，鉄鋤其不爲鄭者，一時若狂，知有鄭氏而已。此賊臣也，討賊則爲陛下之孝。而說者乃曰爲先帝隱諱則爲孝，此大亂之道也，不可不明也。又如戎政尚書黃克纘論選侍一事，陛下念聖母，則宣選侍之罪，念皇考，則優選侍之禮，義之盡也，仁之至也。而說者乃曰爲聖母隱諱則爲孝。明如聖諭，以爲假揑。忠如楊漣，以爲居功。人臣避功，甘居罪，君父有急，冷眼旁觀，此大亂之道也，不可不明也。一惑其説，孝也不知其爲孝，不孝也以爲大孝，忠也不知其爲忠，不忠也以爲大忠。事有不辨於至微，貽禍於無窮者，皆若此類。在陛下，多讀書，精義理，此心常明，自能辨之。如方從哲、鄭養性，大義豈容不討？何可一日復居輦轂下耶？』奉聖旨：『這所奏方從哲、崔文昇、鄭養性等，已經大小九卿科道衙門會奏明白，奉旨處分，再不許牽扯生事。高攀龍不諳事體，不遵明旨，又來瀆奏。其選侍觸犯聖母，朕豈不報？但看皇考優待，今被天災，報應如何？又言朕非孝，本當重處，姑罰俸一年。該部知道。』

講學於首善書院。

書院爲鄒公南臯、馮公少墟、鍾公龍源所創，首揆葉公臺山爲之記。政事之暇，同志講會於中。

八月，奉命慶陵掩龍口祭告。

欽賞銀十兩、綵段二表裏。

《論學揭》。

云：『近者黄門朱五吉老先生有《憲臣議開講學之壇，國家慮啓門户之漸》一疏，指意歸重東林，至欲以東林爲戒，而不復講學。此説一倡，吾道之禍大矣，天下國家之禍大矣。職東林人也，即不言及於職，何忍坐受東林之誣？正欲具疏，旋奉明旨，如日中天，不復瀆奏，以啓争端，故謹具揭。夫黄門所言東林，非東林也，乃攻東林者之言也。所言東林之禍，非東林能禍人，乃攻東林者欲禍東林也。數年每自詫，理義人心同然，何以言理義者輒目爲朋黨而不容於世乎？一日憬然曰：「正惟其同然也，故以爲黨也。」國家用一當用，行一當行，去一當去，必曰是東林之脉也。或有人言一當用，言一當行，言一當去，必曰是東林之人也。不論東西南北風馬牛不相及之人，苟出於正，目爲一黨。東林何幸而合天下之衆正！何不幸而受天下之群猜！弓蛇石虎，塗豕鬼車，皆非實事也。即如郭明龍正域，生平未嘗講學，生平不識東林，黄門謂與顧憲成開講東林，即此而觀，他可例推。無亦黄門師生姻婭之間涵濡浸灌之久，於時局之説不自覺其入之之深乎？不然，何以二三年來門户去，於人口依然還作當年口吻耶？夫時局何爲而攻東林耶？方中涵相國未入相之前，首參之者，吴嚴所亮也。既入相之後，首參之者，錢梅谷春也。故一時承迎相國者，皆以攻東林爲職業，摧殘善人，戕害國脉，率繇於此。此果東林所爲乎？抑攻東林者所爲乎？以爲東林所爲，東林能制其鄉里言官不參論人乎？昔程伊川先生講學於熙、豐，而爲蔡京諸人所攻；朱晦庵先生講學於慶元，而爲韓侂胄諸人所攻。不以蔡京、侂胄諸人爲戒，而以伊川、晦庵諸人爲戒，可乎？東林非程、朱，而習程、朱之教者也，不幸類是矣。夫學者何也？人之性也。性者何也？天之道也。知道，則刑名錢穀皆實事也；不知道，則禮樂刑政皆虚文也，在此心迷悟間耳。諸老從迷得悟，不忍人之覿面而迷，故講以明之，正使之即事爲學，非以學廢事也。黄門曰：「孰是仕優者乎？乃可學。不然，勿言學。」職亦曰：「孰是學優者乎？乃可仕。不然，勿言仕。」審如是，可仕者寡矣。宇宙甚大，不可以一見相礙。釋老且不能廢，況可廢儒？儒者，以明道者也，非儒生帖括之謂也，非督學膠黌之事也，收拾精神，而非消耗精神者也。人不知學，世道交喪，於是朋黨禍起。相安則交安，相危則交危，故黨類之黨不能無，是群分之品也；偏黨之黨不可有，是亂亡之本也。知黨類之不能無，使之各得其所，而勿相猜忌。知偏黨之不可有，使之各懲其禍，而勿爲已甚。但得人人自反，勿專尤人，則無不可融異爲同，化小爲大。故有教則無類，并黨類之黨亦可融之者，其必繇學乎？惟學可消門户，以學爲立門户者，職未見立門户者而可以謂之曰學也。謹揭。」

《罷商税揭》。

云：『伏見天津撫臺李懋明老先生疏内有復商税一款，攀龍不覺頓足嘆曰：「何意斯言發於賢者？」夫神祖朝群臣敝舌秃穎請罷税而不可得，光考一朝罷之，海内歡呼，有若更生。光考一月仁政，千秋令名。此事最大，夫罷而歡呼，則復而怨咨，歡呼而誦光考之仁聖，則怨咨而謂皇上爲何如主耶！此一事耳，皇上子道所關，君道所關。今日輿人之口，即他年信史之筆，人臣縱不畏一身受譏讒，獨不畏君父蒙譏議乎？此而不畏，則王安石之「人言不足恤」矣。今日定亂，以人心爲本，舉朝方惴惴憂加派之失人心，而商税之失人心倍蓰於加派。加派□害以歲計，商税之害以日計。商税非困商也，困民也。商以貴買，决不賤賣，民間物物皆貴，皆繇商算□錢。今税撤而價不減者，實繇鑛税流禍，四海困□，加以水旱頻仍，干戈載道。税撤而物且湧貴，況□復而寧知底極乎？兵興以來，言利者細無不舉，無一足恃，實非策也。鈔關當鋪，皆令民怨而天怒，反致悖入而悖出，以奪民之財非生財之道也。生□之道，生之節之兩端而已。試觀二祖開基，軍□浩費，曾有今日之諸款乎？曾有今日之不足乎？□過屯田、鹽法、錢鈔等事行之得宜耳。即宋仁宗□師西夏，命近臣及三司議省浮費，詔：「自乘輿服□及宮掖所須，務從簡約。若吏兵禄賜，毋得輒行□

滅。」治朝生財如此。今生之不能遽生，節之不□遽節，目前急著在天下巡撫得人，使其隨地相機，隨宜措置，每年務設處若干以佐國用，豈遂不及復稅所得之數乎？以此俟屯田之成，流寇之滅，庶幾其可。商稅一事，言之痛心，萬望李老先生前念皇考，後念皇上，慎勿以復稅爲念，同朝諸老先生慎勿以復稅爲言也。謹揭。』

上《感時成疾疏》。

鄒、馮二公去位，公隨具疏乞休，奉旨着照舊供職。

上《痊可無期，再懇天恩疏》。

奉旨：『高攀龍既留心學問，正當竭忠盡職，不准辭。』

十一月，陞太僕寺正卿，上《驚聞新命，三懇天恩乞賜罷斥疏》。

奉旨：『高攀龍方有新命，着即到任供職，不准辭。』時内察屆期，大司馬董公誼臺曰：『三疏不允，主恩渥矣，不宜再瀆。來春□□以差歸，庶無獨居道學之名也。』

除夕，太廟陪祭。

三年癸亥，六十二歲。

□月，上《自陳不職疏》。

奉旨着照舊供職。

二月，奉差江南催馬價。

與王東里給諫書。

『伏讀大疏，人各有□，豈能盡同？然人臣爲國，當杜漸防微，懲前□後，有無彊之思，不宜爲亂賊脱罪，爲君父種□。如臺下所論兩朝之事者，不肖直是痛□，□難緘口，請畢其説。夫張差制挺，美女代劍，先進□藥，繼進熱藥，以紫禁青宫之中忽有荆軻□□之人，於飲食男女之内行其斧斤鴆毒之謀，□□想所不及。天下萬世之公，致討於亂賊者重，而責備於君上者輕。若爲隱諱，則粉飾門面者虚，壞亂法紀者實，况其事彰明較著，中外共知，雖欲諱之，孰得而諱之？諱之一字是爲亂賊設護身之符，今加以誣謗二字，又爲亂賊立箝口之法。臺下即不顧往事，獨不慮將來乎？皇祖威福在手，妙於調停，是皇祖身上事。皇考仁孝根心，妙於隱忍，是皇考身上事。皇上祖考在念，妙於處分，是皇上身上事。若夫臣子，君臣之義，嚴萬古綱常，守三尺法紀，君讎必報，君賊必討，是臣子身上事。上下相維，並行不悖，烏得以討賊者遂爲謗君，遂爲誣君，遂爲傷皇祖之明，遂爲害先帝之義，使天下更不敢開口説亂賊一字也？王大成以優人誤入禁地而以比張差，張敖未嘗知貫高之謀，而以比張差之主謀者；□□斧聲，本無其事，而以比進美姝、進泄藥者，一切□而虚之，所以爲亂賊則善矣，所以爲君父則□不知也。垂簾之説出自聖諭，手授方相國，□□臣子設爲不必然之慮。且皇上何嘗薄待選□，臣下亦何嘗欲皇上薄待選侍？賈侍御之揭，□時自有悮之者。侍御所以自悔，爲人所誤也。大□臺下言《孝經》尊親，不言《春秋》亂賊；言主上□子之親，不言臣下君臣之義；言主上一時□權，不言宇宙萬世之經。亂臣賊子聞之而喜，□□義士聞之而懼。一喜一懼之間，所係世道人□□其微哉？不肖言出，臺下必以爲門户之見。往□諸公事以門户錮人，謂東朝爲大東，謂東林□小東。凡有切宗社之憂者，輒目爲大東之□，□大東之黨必歸之小東。彼所爲門户者如此，臺下尚忍循其口吻乎？國是所關，不敢委曲，中涉嫌怨，亦不暇避，伏惟高明垂察。」

《周易孔義》成。

　　舟次卒業。公另著有《春秋孔義》，年月未詳。

四月，抵家。焚黄。

　　遵家禮，先一日告廟易銜，後一日墓祭宣制。

八月，閉關水居。

足瘡謝客詩云：『碌碌風塵似馬牛，暫棲煙水作眠鷗。勸君莫謾開來往，驚得眠鷗不自繇。』

十二月，陞刑部右侍郎。

四年甲子，六十三歲。

正月，疏辭新命。

奉旨：『高攀龍以才望簡擢，着遵新命前來供職，不准辭。』

皇子誕生，覃恩加贈祖父、父、本生父各通議大夫、刑部右侍郎，祖母、母、本生母各淑人，廕一子。

三月，啓行。寓天香閣。

官舫未至，暫寓習静。

六月，至京。

同舟□門人華公鳳超，名允誠。公寄書□覲華先生云：『弟一路受鳳超之益，整齊嚴肅殆□性成，故居之甚安。此天成道器，□道之幸也。』

擬請宥獻俘幼童之誅。

獻俘下法□，公見有幼童幼女，爲之惻然，擬具疏□請釋，念有堂翁在前，未可越次入告。時省□□公心華監審，公特以書屬云：『獻俘今日下法司□，毛帥以四幼童充作活俘，以四幼女謬稱俘婦，□其粉飾一破綻也。此番獻俘既屬可已，又將□□幼小驅詣闕廷，不可醜耶？據律，男子年十□□下，婦人則不論年，皆給功臣家爲僕。叛族且然，□於邊地村民？以皇上視之，皆赤子也。往年貴州之俘，刑一幼童，道路流涕，行刑者亦流涕。殺一無罪，非仁也，況於九倪乎？會審既經科院監臨，台臺不可無言，須言此九倪者不當獻，蓋獻則必刑也。大疏須上於部覆前方克有濟。冒昧僭陳。』

七月，患瘧，註籍。

八月，陞都察院掌院事左都御史。

總憲缺，衆論屬公，公聞之，懇辭，因正色謂諸賢曰：『今太宰趙公即攀龍房師也，師生可分掌部院乎？且即論本部，尚書喬公岳高、左侍郎饒公□銘皆賢者，又科先俸深，可越次乎？』太宰亦以爲□。公又勸太宰題楊公大洪署印，總憲推馮公少墟。疏入，傳旨推用現任臺省。一時四疏謂此官只宜論品望，不宜論資俸。袁公熙宇掌河南道，面□太宰曰：『此天下事，老先生可引嫌乎？』太宰曰：『非□□是景逸推讓之美。』袁公謂：『此天下事，可聽高老□生推讓乎？』遂會推，命下。

上《辭免重任以安□□疏》。

略云：『都御史，古之御史大夫也，天下之事皆得而言之，臣工之邪皆□而糾之。然而世習之漸靡，難言矣。臣子不真心□國家，不真心修職業，悠悠忽忽，則有難振之□；以請托爲固然，以貨賂相結納，則有難洗之習；□遷壅滯，仰屋書空，則有難定之志；謬同異爲□□，誤愛憎爲好惡，則有難清之見；無端而起畛□□□，無端而起弓蛇鬼豕，則有難調之情。所以□□，皆緣人心各有陰私，故各成隔礙。必居此位□□心先無陰私，而後可潛消人之陰私；自心先□□礙，而後可潛通人之隔礙。至於御史，簪筆朝□，公論之明晦繇之；持斧寓内，一方之安危係之。必爲之長者，聯爲一體，萃爲一心，惟君國之□殉，毋身家之苟營，而後可弘濟於艱難。今者大□在近，巡方之使當使循良之麟鳳悉耀光明，貪殘□豺虎皆投有北，庶幾困窮四海、災荒孑遺尚獲少延喘息。不然，御史之失職，即都御史之失職，此之關係何如重大！乃以臣之薄劣當之，是《易》所謂覆餗者也。况英賢滿朝，伏乞聖明亟收新命，任臣舊職，别簡賢能以當兹選。』奉聖旨：『卿□□雅亮，品望素孚，總憲重任，特兹簡畀，着遵□命供職，不准辭。該部知道。』

榜禁書儀。

考察屆□□諭五城，一□□禁。

上《糾劾貪污御史以嚴考察事疏》。

略云：『臣惟□史回道考察，憲綱至嚴也。列聖□□明旨，皇上之申飭，蓋諄復鄭重矣。廼不意有□視憲規，恣行無忌，如巡按淮揚御史崔呈秀者。陛下不以臣爲不肖，使長西臺，豈非欲其是則□，非則非，無所媕阿隱默乎？臣初入院，適見有□□史回道，一爲江西巡按御史謝文錦，一爲崔呈□。臣心訝曰：「異哉！兩御史一時回道，一至清，一至□，涇渭較然。臣不別白，爲陛下明言之，是不忠□大者也。」即發河南道考核。無何，河南道御史袁□中以所考核謝文錦者至，臣即以稱職考，奉□回道訖。越二旬，而化中始以所考核呈秀者□，□中蓋有難於言者矣。臣於去年奉差而出，□□復命而入，往來淮揚間，所見淮揚士民，無□□自來巡方御史，未嘗有如呈秀之貪污者。强□，□方大害也，每名得賄三千金輒放。訪犯，地方□□也，每名得賄千金輒放。不肖有司應劾者，多□賄免。不應薦者，多以賄薦。至御史出巡，每有節□公費助國用者，呈秀到處透支，至一萬四千□，各縣賠補，不勝其苦，彰彰於地方耳目。臣時以□職掌所關，不敢訪其主名何人，過付何人。至於舉劾失真，貪酷漏網，則有兩淮運司同知談天相在，是呈秀所薦也，呈秀甫離地方，而鹽臣樊尚燝、按臣劉大受且臚其贓私入告矣；則又有霍丘知縣鄭延祚在，是呈秀所薦也，吏科都給事中魏□中且發其饋儀，奉旨提問矣，是賄而薦之實□也。臣嘗竊笑人臣之負國，又自負也。受國方寵榮，若何而所爲者不務於可榮，皆蹈於至辱？□□巡方，寵榮極矣，如呈秀者辱身辱國，何如□？□聞其知譚天相之貪，欲論劾也，天相稔其易□，□之以千金求免劾，而卒免。天相益稔其易與□，□□之以千金求薦，而卒薦。則是摇山撼岳之威，□□□鬻貨攫金之用，而墦間壟斷之賤，且冒居□□□佞之官。臣故謂其至辱，所當重處，以一洗巡□之辱者也。伏祈皇上敕下吏部，議覆施行。』□旨：『御史巡方貪縱，何以察吏安民？卿秉公考□，□法糾彈，具見振飭風紀。崔呈秀着吏部從重議處。該部知道。』

《申□憲約責成州縣疏》。

疏已具，因去位，不果上。略云：『臣觀天□之治，端本澄原，必自上而率下；奉法守職，必□□而奉上。故朝廷膏澤至州縣，始致之民，州□□守職奉法之權輿也。州縣賢則民安，州縣不賢□民不安。顧天下之爲州者凡二百二十有一，□□者凡一千一百六十有六，豈能盡得賢者而□□賢者視君爲天，不敢欺也；視民爲子，不忍傷也。奉法修職，出於心所不容已，非有所爲也。其□□有所慕而勉於爲善，有所畏而不敢爲不善。□□，則不知職業爲何事，法度爲何物，恣其欲而□，是民之賊也。故爲政者，拔才賢，除民賊，約中人。天下惟中人爲多，約之於法，皆不失爲賢者。太守，約州縣者也。司道，約府州縣者也。撫按，則無所不約。約之，使人人守法，如農之有畔焉而無越思，則天下治矣。臣謹條畫州縣所當持行者，令自撫按□下以遞相約。皇上不以臣言爲謬，謂可施行，□□天語申飭，令臣等刊刻成書，發各差御史，□□天下。臣等按以覈天下州守縣令，并以覈約□□縣令者，庶幾皇上之仁恩得實究之民也。□□款如左。』款凡五十有五，全□□《遺書》。

十月，頒曆陪祭。

疏請挺擊案三臣□□。

略云：『昔張差挺擊一案，閣臣方從哲、御史劉廷元毫無忠膽，曲庇亂賊，□□正刑曹王之寀、李俸、張庭、陸大受等爲君□□□，執法賈罪。幸之寀繇寺臣而陪卿貳，人心□□。李俸等以淹滯抑鬱，賫志以殁，惜哉！今雖恩□贈官，尚當賜以謚廕，旌其忠魂。然究竟無□□實用，即欲追用其人而不可得也。』奉旨□□□朝事大變，止不行。

覆《吉人及時宜用□》。

□□喬公承詔疏薦王公紀、□□元標，滿公朝薦（尹按，係『滿朝公薦』之倒誤。）徐公大相、馮公從吾、李公□□等。嚴旨切責，下部院參看。公復疏，力薦之。□□會朝局大變，止不行。

上《愚臣失職循分□□乞賜罷斥疏》。

略云：『臣於本月初八日奉旨，會同吏□尚書看議御史陳九疇論新推山西巡撫謝應□□文選司員外夏嘉遇與九疇互相奏辨事，□□疏上聞，奉嚴旨處分矣。夫應祥之推巡□，出冢臣真見，以爲他人遇缺干求，應祥恬静自□，欲以此奬勸恬士，故與嘉遇言之，而特用應祥。會官推舉，衆論僉同，已蒙皇上點用，不謂陳九疇謂其昏耄，謂其圖謀，乃以誣不要錢不説事之□□都給事中魏大中也。天地神明，昭布森列，□疇誤爲人使，以欺皇上，臣則何敢欺皇上，□□天地神明？今大中、嘉遇俱已降斥，部院被□□偏比委曲調停之旨，臣愧死無地，自傷愚□，□能仰當聖心，報皇上知遇之恩，又傷□□亂政，致重干聖怒，虧皇上平明之理。臣□□之長，以諫爲職，當有顯諫。顧伏而思之，臣之□□，如子事父母，父母有怒，爲子者當夔夔齋□，□親心之自明，親怒之自霽，何可更爲激瀆？臣□□□思之，九疇疏中有「背公植黨」之語，前代往往□□之一字空善類，傾人國，亦繇當時大臣過□□□成其禍，今日何可別爲激瀆？然而臣之職□□，□以諫爲職而失其職，皇上何取失職之臣□□伏乞即將臣罷斥，以爲人臣不盡其職者之戒。』□□旨：『總憲，風紀重臣，自當秉公執法，卿既無欺，□□師生偏比，不肯從公會看。又旨意内沖幼□□□情那改，大失敬慎，非欺而何？既求罷黜，着准回籍。該部知道。』

十□月，抵家。

十二月，送静成公入鄉賢祠。

五年乙丑，六十四歲。

□月，舉郡鄉飲大賓，辭不赴。

閉關水居。

公自□□上老人，不見一客。東友人曰：『弟□此實有事做，非浪擲光陰者。』復書示三子曰：『屈□遊於江潭，袁生自囚土室，彼固各以其時，況我老矣病矣，荷朝廷不誅之恩，守微臣引罪之義，息交入山，自是道理。若欲山中接客，何如不入山□便？若聞客至而歸，何如不出門爲安？兩者勢決□能。客至，惟汝輩誠懇謝□而已。』

三月，酌兑荒區糟米。

公閉關水居，聞署印王□□追比荒區兑米，至斃杖下，惻然爲之設法。約□□邑水災不過十之二三匀派高鄉，每畝不過□□借完本年糟兑，各給票以來年代兑爲償。公□□力任，低鄉免鞭扑、全子女者不可勝數。

四月，削職，□□誥命。

崔呈秀修怨甚力，會汪文言鞫問，密囑問官，坐公重賍。□□□理刑吳公祖洲素不識面，極知公清苦，慨然□：『若高攀龍亦坐賍，何以服天下？』始得免。至是，游□□疏參，遂削奪。《要典》，坐□□□案。

五月，送別魏公廓園於高橋。

魏公被逮，公□□之於嘉善。至是過錫，復操舟送□□□橋。魏公有《高橋別語》。

十月，東林書院毀。

時□□天下書院，張訥參東林乃淮撫□□才剋剥東南脂膏所造，良田峻宇不下數□□金，請旨拆毁，估價入官。至是，撫按移文本□□□書室盡行拆毁。公有《和葉參之廢院詩》十絶，載《東林志》。

辭□□人才之薦。

時巡方者將報命，欲薦地方人才，公書辭之云：『□□以殊格待黨人，諸黨人惟銘之心，不敢出諸□。□是地方人才，萬不可齒及諸黨人，非惟大傷□公祖，抑且深禍諸黨人。彼且以諸黨人圖死灰□□，爲飜局之本，借以大創，决非小懲。又增朝□□番過舉，傷宇宙一番元氣，何益之有哉？非獨愚計，實出輿情，俯賜采納，世道所關也。』

六年丙寅，六十五歲。

□月，閉關水居。

二月仲丁，奉六先生從祀道□□。

《告楊龜山先生文》曰：『惟先生學道則承程門之正傳，衛道則闢王氏之□□，理學氣節，參和不偏，故在宋室既培養群哲，□□□鄉亦興起多賢。如毘陵一郡，涇陽顧子，涇□□□，啓新錢子，玄臺薛子，我素安子，本孺劉子，□□□言直諫於朝，退則明善淑人於野，丹心矢□□□壯，素節不改於暮齡，皆先生南來千四百年□□傳，東林一十八載之遺教也。今日講壇既□，□□久事湮，謹奉六子配享神靈，於以明天地一□□才之非偶，聖賢千古傳心之不磨。尚饗！』

三月十六□□道南祠。

書院既毁，朔望之會俱廢，且緹騎四出，繆公昌期、周公□□□逮，公自度不免，是晨謁龜山先生，有文焚□□□。歸即與兩門生一弟賞花後園池畔，席間□□周公順昌信至，舉家驚惶，公意恬然，曰：『吾視□□歸久矣，原無生死，何得視死生爲二？若臨時□□念，便墮落坑塹，不是立命之學。』晚復家庭款□□矣，不異平日，亦無一言及家事，止云：『吾有贍□□百畝，售之可了緹騎費，蕭然就道矣。』隨就寢，□□女亦寢，云恐明日有事也。

十七日子時，公拜□□自沉園池以終。

先是蘇郡二守楊公姜守正不用，與織□李實搆怨，道臣朱童蒙與璫朋比，共傾陷之。巡□周公起元執法力持，具疏申救，楊卒以削職去，□蒙亦不安其位。迨魏逆竊柄，童蒙以京堂起用，□公削奪。新撫毛一鷺又與周公順昌有隙，朋謀□□，遂假李實之手誣參周撫公起元，因而羅織□□同志者六人，公與焉。實疏謂公等干求請托□□崔呈秀及童蒙主使之也。至是矯旨逮問，官□□至吳門，有偵其事以告公者。夜半，信復至。公□□至書齋，謂子孫曰：『吾稍欲料理出門計，汝輩□□退。』作字三四紙，鏁篋中。復之內寢，與夫人款□□□。出，兩孫趍侍，公取封固黄紙置几上，指示曰：『□□以此付官旗及縣父母，勿先開。』復命暫退，舉□□□，齋外良久不聞動静，急推户入，惟見燈火熒□，□案寂寂，齋旁家廟中爐香拂拂耳。因發所封□□，乃遺表也，云：『臣雖削奪，舊係大臣，大臣受辱□□國，故北向叩頭，從屈平之遺則。君恩□□，□願來生。臣高攀龍垂絶書，乞使者執此報□□。』又別友人書云：『僕得從李元禮、范孟博遊□，□□學力，到此亦得少力。心如太虚，本無生死，□□□之足戀乎？諸相知統此道意，不能一一也。』□□池，得公，履不沾泥，冠不濕水，左手護心，右手□□□南向北，平立水中，肅若對君，竟日無滴水□□出。初腹甚堅，午後口鼻中氣忽出，帶微暖，約□□漸微漸止，腹亦隨軟，面色清和潤澤。數日後，□□殮，顔色如生。是夕，家庭到處，俱有異香。鄰人□□車馬及屋上瓦裂聲。天色陰慘，五更飛雪，山□□容，人情哀痛。嗚呼！公之生，公之死，係於家國，□□天人，豈其微哉？

越二年，毅宗烈皇帝改元戊□，□褒卹死事諸臣，公得贈太子少保、兵部尚□，錫謚『忠憲』，廕一子。復蒙特旨，祀郡邑鄉賢□□部覆卹疏，奉聖旨：『高攀龍等守正捐生，貞□□鬱，既經分別贈廕，准如議行，用昭朕顯忠勵□□意。』子世儒詣闕謝恩，奉聖旨：『高世儒□□攀龍奏謝，知道了。』高攀龍孤忠邃學，秉節正□，□覽奏惻然。所進諸書，着留覽。』續蒙特恩，加□□、父、本生父俱太子少保、兵部尚書，祖母、母、□□母俱夫人，元配王氏封夫人。己巳，奉巡撫曹□□□、直指饒公京、兵道吳公時亮、郡守石公萬□□□陳公其赤命，建特祠於惠山之麓。後癸巳□□□職方王公永積爲之記，春秋二丁官祭。廣□□□縣令馮公元颷祀公於文起祠，邑紳太史郭□□奇爲之傳。縣令陳公鼎新祀公於名宦，爲□□□林關主政，陳公

□□合祀於西湖忠烈祠，黄□□先生爲之記。本邑同學人祀公於道南祠，□□□公彪佳祀公於崇正書院，郡伯吴公兆□□□於毘陵龍城書院。

敬跋先公年譜後

嗚呼！此忠憲先公之年譜也。粤惟古大儒之有年譜，尚矣。然其編纂之力，則往往出於傳心之弟子與象賢之子孫。若先公忠憲，殁已三十有二年，寧猶視息人間，而自媿弗類，寔非能譜先公者，故逡巡弗敢任。迺從弟彙旃敦迫數四，寧於是悚然懼曰：『日月踰邁，苟復不果，終成缺典矣。雖積譽之身，敢自弛乎？』爰集先公手筆，若遺稿、日記諸帙，更參以耳目之所睹記，皆確乎可徵信者，敬彙而書之，踰年始克告竣。

寧竊念先公立朝大節譜於國史，居鄉惠澤譜於輿誦，家庭淳備之行譜於中外之無間言，至遠宗孔、孟之真傳，近守程、朱之的派，則又先公之著述一一自譜之，而又何俟今之譜爲？顧先公一言一行皆從學問中來，即晚遭瑠禍，在他人視爲成仁取義之奇節，在先公，不過朝聞夕死之恒事。乃知先公之所從事者，惟學焉耳。今欲流覽先公之言行事跡，則凡散見於文章語録及四方人士之所以述公、論公、謳吟思慕公者，無不可從而得公。若欲考先公學力之精勤，氣候之成熟，則非從其與年俱進之實録循序而徧觀之，不可得也。用是謹據歲月詮次成書，聊竊附於編年紀載之義，亦以備尚論者之考衷云爾，安敢妄謂能譜公乎？

寧又伏而思之，寧爲先公幼子，最所憐惜，顧惟暴棄，虧負生平。今年且老，弗克少有豎立，以副先公之望，自悔自責，誠無逃於天地罪人。然自有知識以迄於見背之年，約二十寒暑，朝夕必侍，食息必俱，凡一舉一動宛然在心目間者，大抵私居燕閒，罔非聲律身度，無一不可譜也。而或事屬纖瑣，則不暇及。若夫精神心術之微，蓋有語言文字之所不能及者，則又不勝譜，亦無容譜也，寧惟有一迴思一飲泣，譜之於心，賚以歿身而已。

順治己亥季春，不孝男世寧泣血百拜敬跋。

附録三　序跋、提要

《高子遺書》序

（明）錢士升

學有岐，性無岐。性命於天，天性即天理也。理至實而無聲無臭，未嘗不虛。理至虛而有物有則，未嘗不實。夫性，一而已矣。自性學不明，立教滋弊，篤行者諱言虛靈，談空者掃除事理。諱言虛靈，將等於不著之百姓。掃除事理，甚爲無忌憚之小人。流弊不同，其不識性，均也。孔子曰：『窮理盡性，以至於命。』孟子道『性善』，善者，理之總名也。至宋儒程、朱出，而鄒魯一脈絶而復續。淳公體認天理，文公窮至事物之理。嗚呼！聖學與異端毫釐差而千里謬者，其在斯與！

我明高忠憲公，性學正傳也。先生少而志學，曰：『學孔子而不宗程、朱，是望海若而失司南也。』取其書細讀而精思之，參求既久，一旦貫通，不必規樵成言而能盡發其蘊。大指以見性爲宗，以明善爲要，以人生而静、不著意念者爲繼善之真體，以辨志定業、絶利一原、不留毫髮疑似以爲自欺之主者爲格致之實際。論心氣而曰：『聖人所養者道義之氣，所存者仁義之心。』論理義而曰：『心爲在物之理，故萬象森羅。心爲處物之義，故一靈變化。』論情性而曰：『未發者，喜怒哀樂之情。不發者，萬古常寂之性。』論知能而曰：『乾知太始，如閃電無蹤。坤作成物，如家宅可守。』此皆程、朱以後學者久錮之疑網，而先生剖而析之，若繭絲牛毛之不可殽，而銖兩累黍之不可易。乃若義關君父，辯别必精，道介長消，扶抑必早，以至酬物行遠之篇，觸境陶情之什，莫不因形賦象，矢口成爻。蓋心精形著，隨在現前，而先生亦不自知也。《易》曰：『忠信所以進德也。修詞立其誠，所以居業也。』藉令見及之，非身有之，即言言透性，此夫對塔説相輪耳，誠於何有？先生自《三時》悟後，修持數十年，静則心氣俱寂，動則事理交融，惕乎其若冰淵，粹乎其若珪璧，肅乎其若揫斂，藹乎其若春融，具足萬行，而心體不掛一絲。蓋至致命遂志之時，身國不辱，何其從容！晝夜通知，何其超脱！而以一節名先生不得，以孤忠名先生不得，以二氏之尸解蟬蜕、入定立亡名先生亦不得，而後知先生之真能復性也，有物有則者還之於實，無聲無臭者還之於虚，所謂『窮理盡性，以至於命』。非先生，吾誰與歸？蒙嘗爲之説曰：『宋儒周元公以後爲禪學者，無極與太極分，而程、朱合之。明儒薛文清以後爲心學者，致知與格物分，而高子合之。分合之間，性學一大明晦也。』或曰：『然則先生之與程、朱奚似？』蒙謂：『程、朱同一窮理，亦各有入門，淳公從戒慎恐懼入，文公從學問思辯入。先生兼之，而得力於居敬居多。坐如泥塑人，接人渾是一團和氣。有之，似之矣。』

先生向有《就正録》，先生殁，門弟子從高長公伯珍傳寫笥中遺文若干篇，陳惕龍爲訂之、次之、詳之、反之，尋味標宗，獨出手眼，名曰《高子遺書》。較之入關東見洛陽諸録傳述師説而滯焉不圓、雜焉不精者，相去遠矣。余私淑有年，竊謂欲正人心，先正學術，欲正學術，必宗程、朱，而先生此書實爲程、朱心印，遂與諸曹謀梓之，而僭引其端。崇禎壬申春，魏里後學錢士升敬書於寅清堂之南軒。

（明崇禎五年刻本《高子遺書》卷首）

尹按，崇禎本錢士升序首段缺損六字，兹據康熙本《高子遺書》校補。

《高子遺書》序

（明）陳龍正

以言爲道，無弗離也。以身爲道，無弗貫也。知欲侔乎上聖，而行不踰中人，則知行離矣。静時髣髴若有得焉，動而失之，則動静離矣。誠爲之，誠有之，其又何離焉？

高子之學，不率心而率性，不宗知而宗善，無聲無臭之善，踐之以有形有色之身，格物之日，所謂知性，所謂復性，胥於此乎在。是故誨一學也，學一識也。天下之理患不一，不患不貫，一則自能貫矣。求一於講辨，一何在哉？致一於吾之爲道者。吾之身心一，而天下疇不一者？人之嗜慾無出於色利名，極之爲死生，高子超超乎皆蟬蜕焉。居與遊無出乎家國天下，高子雝雝乎切切乎皆準繩而無妄焉。觀其坤能，是以信其乾知。身修於百年之内，而精神乃足動乎無窮之後世。蓋本朝大儒無過文清、文成，高子微妙踰於薛，而純實無弊勝於王，至乎脩持之潔，踐履之方，則一而已矣。於此不一，不成儒者，況成聖賢？潔且方而未聞道，則誠有之，聞道而淄其躬，毁其方者，未之有也。然道脈自朱、陸以來，終莫能合。薛非不悟也，而修居多。王非無力也，而巧偏重。一修、悟，一巧、力，一朱、陸。

惟吾先生其人遺言，自自訂數種而外，多散漫無次，恐其久而愈紛，敬彙爲十二卷。凡於不欲垂不必垂者胥已之，寧簡毋繁，爲後世也，所以體先生之志也。

崇禎辛未九月壬申，門人嘉善陳龍正謹序。

（明崇禎五年刻本《高子遺書》卷首）

《高子遺書》小序

（明）陳龍正

一曰語

此卷先生所親訂，刻於天啓癸亥之秋，與講義、奏疏及諸説俱名《就正録》，此其一端也。自格物以至平天下，自日用飲食以至天地鬼神，大抵平正切實，而所謂精微玄隱，前賢未發之藴，舉在其中。集主於明道，明道莫切於語録。語録出於及門所襍記，不如自記之精純也，故先之。原二百五十六則，覲華吴先生繼刻《真儒一脈》，删併九十余條。覲華，高子之左丘、伯玉也，所經斟酌，自有真契，然味高子之言，有似淺而不得不存者，有似虚玄而實出於躬行默識，不妨與先儒微異者，余乃因其大略，爲稍廣之，定存一百八十二則。

二曰劄記

此亦先生所自記，蓋取最精者入《就正録》中，餘存而未布。大抵多引前人之言而闡發之，折衷之。然所云『體道在言行，上達在孝弟』『惡念襍念，與真當下』之類，皆以片辭披抉奥妙。殆癸亥秋冬以後日新又新，碎金未鑄，狐腋未綴，非皆《就正》之餘也。及門之士遞相傳抄，頗多重複，今定存四十六則。

三曰經、説、辨、贊類

此卷皆先生體貼所至，獨得於心，筆之而爲書者。其於古本《大學》，則雖尊信程、朱，不敢强同，而願同於崔氏。《困學記》，據其文體，原非《説林》，第先生自述生平進學次第，譬無色之繪天光，無言之傳天籟，實乃度人金鍼，不可與諸記同觀也。《山居課程》以下，指示初學，最親最切。《好學説》以下，折衷則立的，剖晰則窮微。如《乾坤》《寅直》之旨，《未發》不發之辨，佛氏性其心，老氏性其氣，雖伊川、晦翁之所未備，皆開自先生。然而或樸或文，蓋期明道益人而已。説辨三種，高極於陽明，而辨之不嫌，不嫌，衛道也；卑極於蓮池，而辨之不辭，不辭，衛道也；陷極於管氏，而辨之不遺，不遺，衛道也。先生之心事，先生之著述如此。贊宋四家，以配四配，寧謂德盡侔矣，其將有道脈之憂。

四曰講義

先生於經無不通，《易》尤精，而大會之日必講《學》《庸》《語》《孟》，爲其切於日用，且士人所群習，非如五經有專門也。講義甚多，先生自擇五十餘章，廣惠同志。所講者雖孔、孟之言，實先生之自言。其言也，蓋口而述之，則聖人自欲無言；體而行之，則學道愛人，聖人歸其言於偃。今先生所言者，皆先生之所知所行也，與子遊之言學道相類。先生固云不敢求聖人之言於聖人矣，讀講義者又可求先生之講義於先生乎？

五曰語録

先生手著尚多，顧且後之，而先語録，語録於明道切也。《會語》輯於周、祝二子，尊所聞甚至，記述之勞甚至。先生乙丑歲曾以授余，囑曰：『其中尚多可商，幸細觀之。』則先生之意可見。於是乃舉其褓而未純、繁而未精者汰之。汰之而以晦先生之道，漏二子之言，不敢也。汰之而以明先生之道，暢二子意中之旨，則汰之。其錯綜者，稍爲次序，使人易識門庭。《高橋别語》出於魏忠節，《初謁語》出於從子敳。敳弱冠慕道，故教以讀書大意。忠節當見危授命之秋，故示以處患難，定疾痛，一死生。人乎人乎！時乎時乎！先生之言，其猶化工爾。

六曰詩

言志陶情，莫先於詩。《三百》而下，詩人不知道，有道之士不工詩，亦猶孟子以後德業分岐，治事者忘身心，而學道者遺世務也。靖節詩雋千古，然性與天道猶未知何如，况餘子乎？先生不盡效陶，大都有陶韻，逸興幽懷適與之符。昌黎云『歡愉之辭難工』，先生絶作，歡愉者十居八九，又以見醲麗之歡愉厭，而闃寥之歡愉妙也。令視闃寥爲愁思，尚能有好言乎？《静坐》《戊午》諸吟，則專以舉道，譬如禪家之有偈，術家之有歌訣，不過假借宫商明宗傳要，使人哦則易熟，熟則難忘，而句字間之淘汰琢磨，概非所計矣，全在學者善觀。

七曰疏、揭、問類

敷奏以言，明試以功，兩者達道之大端也。先生筮仕之初，以言事去位，六十始出，復居閒局，所爲達道，皆以言，不以功。昔孟夫子不動心之養既成，游魏若齊，惟非心之務格，達權自牖，無惛不動，非欣然動於悦，則淒然動於戚。先生壯時，闢張世則與《第一要務》《聖明務學》諸疏，雖神機浚發未與亞聖方駕，其端本澄源之意何有異哉？晚長西臺，於是經濟之實大見，莫詳於《責成州縣》一疏，惜入林遂深，未及上。而嚴劾賊臣崔呈秀，則未形之燭，抑亦殺身成仁所繇胚胎焉。或疑明哲之旨，不然，夫既就列，先生所知者，匪解以事一人而已矣，寧得豫防奸人之報復，如世俗之模棱以養惡乎？格而旋去，去而不免，一世之運也，非先生一人之命也。垂絶從容，其實中庸之軌，豈猶往日之憤烈，回風之悽愴耶？齎志未遂，在責州縣以安民生，使繼若職者肯行若事，即忠憲復生矣。不阿同好，不棄異己，不忘維桑，又有揭有問。

八曰書

言不盡意，而達意者莫過於言。書不盡言，而代言者莫過於書。舍是，則愈無繇盡也。相視之頃，概欲其默而識之，笑而莫逆，則奚繇？千里而外，數十百世上下，非書則奚繇？故代言以達意，惟書最近。書者，達於人我之兩心，親相授受於當世者也。先生之書，論學者十七，論政事者十二，感慨時世，逍遥物外者十一，莫非學焉，莫非教焉。昔陽明子於諸書俱自標年月，使後人觀其前後淺深。先生書，年月不概見，以意度之，髣髴可得。然遥度其時序，何如實按其指歸？遂以論學者居前，政事居後，而感時寓意或襍次乎其間。蓋一人數書，則序而編之，首尾燦然，亦不概清其類也。惟削奪以後，知禍之將及，必從靈均致命遂志，前定無疚。自孫宗伯而下八書，不可不鱗次觀之，以見夕可之意。至於拱手一答，隱寓全歸；臨終數言，致意諸相知者，宛然子輿氏『小子』之呼也。受先生之呼，孰忍忘其意乎？

九曰序

或序古人，或序今人，或自序。其於當世之人也，或慶之，或慰之，或勉之。蓋紛乎不可窮詰擬議焉，然則序何定？所序之情亦何定之有？而吾閲先生諸序，有定指焉。語本體，曰『性善』而已矣。語工夫，曰『實修實悟』而已矣。然而不盡滯也，亦歸無，亦重悟，亦尚默，亦貴自然，亦取孤高，此其序道也；亦愛機警，亦量時勢，亦舉感應鬼神，此其序人才政事也；亦賞花，亦玩月，亦暢飲高歌，亦悦習静，亦嘉曠達，此其序文章燕會送别之致也。無所不通，而不離其宗。使必曰『性善』，曰『實修』，曰『實悟』，則各一言而畢爾，聽者能無索然矣乎？縱之横之，斯誘之也易動。聞道者之言，固安有不活者耶？先生以道爲文，因其文可以見道。

十曰碑、傳、記、譜、訓類

其人往矣，至今不能忘，當吾世而有人焉，又後人之所欲聞知也，此碑、傳所爲作也。彰其人，事在人中矣。若夫記其事，則人亦在事中。自記其事，則意亦在事中。而譜以思往，訓以裕來，無我而非人也，無一家而非天下也，皆仁人不容已於言者。覈其要歸，人倫人性而已。倫之無象也曰性，性之有象也曰倫，盡則俱盡矣。先生種種，有二説耶？

十一曰誌、表、狀、祭文類

譽近厚，譽死者益近厚，然總入於欺矣。欺觀者，欺作者，欺死者，莫非自欺。以居厚而蹈欺，豈格物之學哉？先生所闡多幽人奇行，其或已顯於當世，則質直言之，不溢其情。夫仁人之好學者，不毁人易，不譽人難，不譽生人易，不譽死人難。所是之分數，不忍謬其權衡，而反忍顛是以爲非乎？故信誰毁者，觀其誰譽益決。不顧此意，則俗夫之諛墓而已矣。然不原此意，則刻而已矣。反覆諸篇，見先生格物毋欺之義。

十二曰題跋、襍書類

人心世道，片長隻技，異端俗子，飲食器具，凡有關係無不言，凡有請求無不應。或曰：『奚屑爲此瑣瑣者？』則倦於事矣。『非吾徒也』，則倦於類矣。安得天下皆得門之正士，目前皆震世之大業，而後施吾化廸，當吾鼓舞發揚乎？無根之議論，一步一顧，常或失之，有主之學問，殊方異劑，醇乎醇者自若也，夫是之謂不倦之誨。

余定家《靖質集》終以自祭文，絶筆也；《陶庵集》終以劄記，進未止也；今於先生集，終以襍書，因襍以明醇也。豈曰有知，毋敢苟焉之意，其斯而已矣。龍正識。

（明崇禎五年刻本《高子遺書》卷首）

尹按，陳龍正《〈高子遺書〉序》《小序》二篇，陳龍正《幾亭全書》卷五三合爲一篇，題作《〈高子遺書〉序例》，内容稍詳。

重刊《高子遺書》序

（清）汪琬

高先生《遺書》十有二卷，幾亭陳氏所葺以行者也，洊經兵燹，版燬不存。琬嘗搆求其本，踰歲始獲，以示四方諸門人，咸欣歎，以爲未及睹也。有高生荏者，字象姚，來從琬遊，因語次告之曰：『先生是書決不湮没者也，盍謀重鐫諸？』高生蓋先生之從曾孫也，歸而謀之尊人楚培，傾槖中貲，鳩工庀役，有不足，則鬻膏腴三十畝以左之。凡縻白金若干兩，越若干日而始竣，用以嘉惠後學，其寓意至渥也。歲之正月，生復過琬門，請爲之序。

琬惟有明二百七十餘年之間，賢士大夫以鉅儒碩望箸偁於世者肩項相比，求其學術粹精、議論醇正者，前則薛文清而止耳，後則先生而止耳。顧兩先生俱罹宦豎之禍，文清僅而得免，而先生不幸竟蹈楚纍沉淵之遺躅。天降辠罟，蟊賊内訌，此明社之所以遂屋，而後之論者不免有人亡殄瘁之痛也。琬自昔有志於學，氣昏質駑，迄今髮種種矣，不能少加進焉。少而聞先生之風，壯而誦先生之書，慨然想見其爲人，煜煜乎若日星之麗天也，浩浩乎若江河之行地也，峩峩乎若嵩岱之與兩閒竝峙也。譾劣如琬，仰窺頫測，豈能極先生高深之所詣哉？方仰止景行之不暇，其庸敢妄贊一詞以刻畫摩擬之乎？姑承高生之請，具述重鐫顛末，以塞其意，以慰四方學者欣嘆欲睹之情。而琬又以得掛氏名於卷端，竊自謂深幸云。康熙二十九年正月元夕前二日，長洲後學汪琬謹識。

（清康熙二十八年重刻本《高子遺書》卷首）

重刊《高子遺書》序

（清）徐秉義

天生朱子而正學昌明，集諸儒之大成，其爲道大中而無過，其爲教至實而非虚，實萬古無弊者也。自有明嘉、隆之際，姚江良知之説興，海内樂其新奇便易，轉相傳習，流弊日甚，以格物爲支離，以性善爲偏箸，以主敬爲矯揉。於是侈張頓悟，厭薄真修，訾陸詆朱，尊釋卑孔。梁谿高忠憲公卹卹乎憂之，與涇陽顧先生講學於龜山東林書院，昌言排擊，不顧俗議，於是朱子之道晦而復明。

當時學者但講致知而不講格物，先生則曰：『學必繇格物而入，聖學所以與佛異者，以格物而致知也。儒學每入於禪者，以致知而不在格物也。』又曰：『「有物必有則」，「則」者，至善也。「窮至事物之理」，窮至於至善處也。』而當時學者多以無善無惡言性，以爲説善便箸於善而非性，非先生力辯之，三教幾於混一矣。其用功，依朱子半日静坐，半日讀書，積力至數十年之久。其教人，令先讀《小學》《近思録》，次令静坐，以培深厚之氣。蓋其所爲格物者，明吾性之本善，而非務博也。其所爲主静者，觀吾性之未發，而非守寂也。晚年涵養愈粹，工夫益密，戰戰兢兢，死而後已。故其言曰：『學問始欲知性，中欲復性，終欲盡性，惟一性而已。性以敬知，性以敬復，性以敬盡，惟一敬而已。』此又足以見先生學問之大全，而砥柱狂瀾，有功於天下後世不小也。繇是以其道德發爲氣節，流爲文章，無不合於聖賢之道，立朝則正色昌言，臨難則從容正命，有明諸儒殆未有過之者，以紹繼朱子不誣也。

《遺書》十二卷，其門人陳幾亭先生廣采而約取之，相國錢御泠爲南宗伯時刻諸禮曹。經喪亂後，曹既不存，而版亦散佚，海内思誦其書者，求之不易得。公之從孫楚培暨長君象姚懼正學之失傳也，鬻田數十畝以重鐫諸梓，其立心公而用意遠矣。刻成，請序於余，余喜獲附名於此書之末，遂述先生爲學爲人之大略，並重刻之本末如此。至行事之詳，則有諸先達序例附録存，何敢多贅焉？康熙己巳季冬朔，崑山後學徐秉義敬書。

（清康熙二十八年重刻本《高子遺書》卷首）

重刻《高子遺書》後序

（清）秦松齡

後來儒者之學，其大耑有二，曰『修』與『悟』。二者不可偏廢，然言修者，以悟爲躐等徑造，淪於虚無；言悟者，以修爲執器滯象，流於固陋。兩者交譏，而不能以相易，此學術所以分涂也。吾邑高忠憲先生篤信程朱之言，以聖學爲己任。汀州旅舍一悟，透體通明，無天人内外之隔。它人得此以爲究竟，先生但以爲入門，從此動静交養，身體實諗，復數十年，悟以啓其修，修以證其悟，歸於復性而止，於明諸儒中可謂集大成者也。《遺書》向刻於金陵，經亂散逸。先生從子學憲公輯《節要》數卷行世，四方學者終以未見全書爲恨。邇者睢州湯司空撫吴，將重梓《遺書》以惠來學，會湯公未久去任，遂浸。松齡每歎息是書之不獲流佈於世，誠學者之不幸也。學憲公之季子楚培讀書秉禮，無媿象賢，己巳夏，與長君荘取家藏原本朝夕較讎，付之剞劂，歷秋冬始成，而屬松齡爲序。松齡末學無知，生平嚮慕先生之學，未能稍窺其耑序，何敢序先生之書？顧樂是書之廣布，世之學者將讀其書而興起，知所以爲學之方，以造聖賢之域，而楚培之勤勤於是，厥功爲鉅也。謹識數語於後，康熙己巳冬，同邑後學秦松齡拜書。

（清康熙二十八年重刻本《高子遺書》卷首）

高忠憲公遺集序

（清）徐永言

古今事業倆三不朽：曰立德，曰立功，曰立言。三者分乎？合乎？如以爲合也，《劇秦美新》詒譏千古，霍光、寇准不學無術，未可云一也。如以爲分也，《天人三策》，魏哓王左之才，《正氣》一歌，成仁取義數語，凜哓貫日淩霜之概，坐而言者，即起而行，未可云二也。昔聖昔賢先從心性之間推求以至乎其極，而大經濟大文章於斯出焉，非滄桑之所得而晦蝕也。

高忠憲公景逸先生直權璫竊柄，宵小盈庭，亮節危言，孤忠自矢，而卒罹於禍。迄於今，萇弘之血三年化碧，汨羅之水一勺猶香，雖樵夫牧豎游女野夫皆知忠憲公節義文章不可泯没，而不知其淵原所自來也。固公之學問，根本紫陽，大約以主敬爲歸，固已探聖門第一義，且其間坎坷鬱抑，遭逢益困，其道彌光。固公之篤學爲之，而亦天之有以默成之。公年二十一而舉於鄉閭，及壯而成進士，設會皇路清淑含和而吐明庭，亦不過如石首之楊，南陽之李，相業炳炳人間，而興起斯文，昌明絶學，厥功或未必如是之表著。惟其筮仕之初，即擬朝陽之鳳，竄處蠻荒頻死之鄉，而鯨鱷風腥、黄茅瘴厲適足以助其灑落雄奇、孤雲萬里之致。逮夫至還閭里，卜築河干，等鷗鷺之忘機，任浮游於天地，絶口不言朝事者三十年。而公之得力，亦遂如登山者之振乎千仞，觀水者之涉乎滄溟，而莫窺其際。余不敏，承步兹土，雖不獲覯先生之爲人，而慨然優然猶得於高山流水，仿佛其宗風，而如親其道範。頃者莊誦遺篇，見夫談理，則鄒、魯之微言，濂、洛、關、閩之真血脉也；論事則長沙之流涕，陸宣公之奏劄也；即至班荆投納，互有贈言，草木蟲魚，閒情賦物，其爲文亦或如風雨合離，波潮上下，而總不離乎至性至情之所宣洩。化工隨物而賦形，原無兩化工耳，百川東流而歸海朝宗，惟一處耳。稱子瞻者，曰嬉笑怒駡皆成文章，而公則文章皆成聖學，較之子瞻，又自命何等乎？

公之書向有舊刻，因紙貴之餘，坊肆罕見，其家咸彙旃先生之子楚培、孫象姚重付剞劂。烏虖！鶴歸華表，燕去堂前，老成凋謝之餘，弓冶絶續者，何可勝道？而高子不惜膏腴之負郭，以揚先世之芳徽，則先生世澤之長，其益可見也夫。時康熙歲次己巳小春月望日，山陰後學徐永言拜撰。

（清康熙二十八年重刻本《高子遺書》卷首）

《高子遺書》跋

（清）高芷生

先從祖忠憲公遺書已刻者十二卷，嘉善陳幾亭先生所編次也。當明萬曆初，新學盛行，異説紛起，先忠憲出，而一以程、朱爲宗，深造自得，精義微言，更多發前儒之未發。昔人謂孔子以後，朱子集群儒之大成，朱子以後，高子集群儒之大成，良非虚語。惟是《遺書》刻成於壬申、辛未間，至甲申、乙酉，散逸無存。數十年來，四方學者尊奉其書，與《洛閩全書》並重，苦於印行未久，遐方僻壤至有窮年嚮慕而未獲一睹者。先公學憲於先儒諸書靡不綜貫，而深探熟復尤在忠憲《遺書》，晚年嘗仿《近思録》例，纂《高子節要》十四卷，以便後學。而欲觀全書者，徵索殆無虚日。屢思重付剞劂，而未遑也。芷生茫昧寡識，幼侍先公之側，耳提面命，頗知誦習是書。年來崶兒輩稍長，課讀之暇，即以是書爲業，而崶兒亦津津會心。幸遇昭代崇儒重道，先儒之書畢出，南宫發策，曾有以俎豆先忠憲爲言者。而《遺書》未及廣播，斯後人之責也，因謀鏤版以行，遂與崶兒繕寫較對，登諸梨棗，一遵幾亭先生原本，不敢稍有更易，以取戾前賢焉。先忠憲年譜久有刻本，係先公與從父季遠先生共相參訂，最爲詳盡。家藏鈔本則華鳳超先生所編輯，多歸於簡要。鳳超先生與幾亭先生同爲先忠憲入室弟子，其纂述必具苦心，識者謂與先君刻本不妨並行，是用附刊於後，公諸海内，考質行事，參證歲年，誠爲讀書論世者之一助也。芷生力綿任重，僭不自量，庶期無忘先公昔年之提誨云爾。康熙己巳小春上浣，從孫芷生拜題。

（清康熙二十八年重刻本《高子遺書》卷首）

文淵閣四庫全書《高子遺書》提要

臣等謹案，《高子遺書》十二卷附録一卷，明高攀龍撰。攀龍有《周易易簡説》，已著録。攀龍出趙南星之門，淵源有自。其學以格物爲先，兼取朱、陸兩家之長，操履篤實，粹然一出於正。初自輯其語録、文章爲《就正録》，後其門人嘉善陳龍正編爲此集，凡分十二類：一曰語，二曰劄記，三曰經、説、辨、贊，四曰備儀（尹按，係『講義』之訛。），五曰語録，六曰詩，七曰疏、揭、問，八曰書，九曰序，十曰碑、傳、記、譜、訓，十一曰誌、表、狀、祭文，十二曰題跋、雜書。附録誌、狀、年譜一卷。其講學之語類多切近篤實，闡發周密。詩意沖澹，文格清遒，亦均無明末纖詭之習。蓋攀龍雖亦聚徒講學，不免漸染於風尚，然嚴氣正性，卓然自立，實非標榜門户之流，故立朝大節不愧古人，發爲文章，亦不事詞藻，而品格自高，此真之所以異於僞歟？乾隆四十三年三月恭校上，總纂官臣紀昀、臣陸錫熊、臣孫士毅，總校官臣陸費墀。

（文淵閣四庫全書本《高子遺書》卷首）

《高子遺書》跋

（清）葉裕仁

高忠憲公遺書刻於前明崇禎壬申，再刻於國朝康熙己巳，乾隆時會遭禁毁，挾臧家甚鮮，迨高宗純皇帝收入四庫書中，乃稍稍復出。自乾隆以迄今兹，鐫版不存，流傳本絶少。予友周拙耘學博士錦懼其遂淹没也，謀之同志，借公款之資，付諸剞劂，是書乃復顯於世。夫有明正、嘉之際，王學熾行，洎於隆、萬，至倡爲三教合一之説，猖狂恣肆，無所忌憚，學術之裂極矣。公與顧端文公起而拯之，辟陽儒陰釋之害，辯姚江格物致知之誤，其言深切明著，繇是絶學復明，孔孟之道不至爲異端所汩，其衛道之功甚大。蓋公之學繇程朱而入，居敬而不病於執著，主静而不流於空寂，繇格物而歸於知本，及其養之熟而知之至，直謂於穆之真，絶無聲臭，安得有富貴貧賤患難夷狄？又曰：『心如太虚，本無生死。』烏虖！公之真修詣極，屹然爲一代大儒，而卒罹璫禍，公之不幸也，時爲之也。而念臺劉子謂公心與道一，盡道而死，是謂無生無死，而非釋氏之無生無死。然則公之致命遂志，又豈得以矜尚氣節者比而同之哉？昔吾鄉桴亭陸先生講學東林書院，舉顧、高二公爲學大指，反復於性善之説，開示學者。今桴亭先生已從祀廟庭，而公猶缺如，是亦拙耘與諸君子之責也。因樂觀是書之成，遂併及之。光緒二年丙子季夏之月，鎮洋後學葉裕仁敬跋。

（清光緒二年東林書院刻本《高子遺書》後）

《高子遺書》跋

（清）周士錦

同治十有三年春，巴州廖侯養泉先生綸來攝金匱篆，甫下車，首謁道南祠，以正人心厚風俗爲治。一日枉顧，首詢顧端文、高忠憲兩公流風遺緒及其祠宇。時端文公祠尚存，而忠憲公祠僅存旁舍一椽，即倡捐廉俸，刻日鳩工。既又出《高子遺書》見示，屬士錦成之。爰謀之同志，借東林書院儒寡會公款以付剞劂，即以書之直歸償，以資支放。諸同人皆以爲可，遂以光緒二年春正月授梓，畢工於夏六月。今而後得家置一編，相與讀書敦行，一以高子爲法，事事反躬實踐，勿以講學爲欺世盜名之具，行見人心正而風俗厚，庶不負賢侯之苦心也乎！顧子書其裔孫嘗任之，他日告成，二書並行於世，道南一脈庶幾由此而延，豈不懿歟？同邑後學周士錦謹跋。

（清光緒二年東林書院刻本《高子遺書》後）

《高子遺書》跋

（民國）高汝琳

十一世從祖忠憲公《遺書》，嘉善陳龍正編定，刊於明崇禎壬申，迨清初散佚無存。公之從孫楚培公重刊於康熙己巳，附以華允誠所述年譜，收入《四庫全書》。鐫版後燬，書流傳甚尠。同治甲戌，周拙耘世丈士錦覓得康熙本，重梓於江蘇書局，凡籌畫刻費校讎譌誤，胥一手經營之，苦心毅力，三年始成，藏版於東林書院。自書院改設學堂，版片散棄幾十之一，因移置惠山宗祠之中。會圖書館董錢子泉君基博謀刻鄉先哲遺書，汝琳爰商諸族人，亟以書版歸諸圖書館，並出私貲將舊藏原印本屬學海堂書肆宋少雲君，以應補之頁印版重刊，計補者八十四頁，而後圖書館現藏之版無復有殘奪之慮矣。《遺書》前後凡三刻，崇禎本偶得於友人處見之，以他書易歸而珍藏焉。康熙本未獲親覯，即是本所依據者，覯是本，如覯康熙本矣。今缺者得補，並籌續印百部，以廣流傳，庶讀書論世者得知東林學派之真傳，此則不佞之所私願焉爾。民國十年十月十日，十一世從孫汝琳謹跋。

（民國十一年補刊本《高子遺書》後）

《高忠憲公詩手稿》跋

（清）秦　臻

此高忠憲公詩手稿也。公諱攀龍，字景逸，前明與顧端文公爲東林講學之倡，氣節凛然，《明史》有傳。原不藉區區翰墨見重，然即此册而論，詩宗陶、韋，書法雲林，亦非尋常翰墨家所能企及。内有『玉齋曾藏』小印，又有『鼎雲』『汾祥』兩印。玉齋諱勇均，乾隆己未科探花。鼎雲字汾祥，曾任如皋縣學教諭，族兄緩卿方伯之高曾祖也。蓋本其家所藏，不知何時流遺在外。予於亂後得之，同里沈君旭亭藏公手劄一通，急借之與此合對，筆墨的出一手。以視《高子遺書》所刻詩，亦較多。其爲公手書底稿無疑，爰付裝池，釐爲三册。今世得公片紙隻字，往往珍如拱璧，況此煌煌全帙，其寶貴又當何如？光緒辛巳仲秋，邑後學秦臻謹跋。

（無錫博物院藏《高忠憲公詩手稿》後）

《高忠憲公詩手稿》跋

（民國）裘可桴

曩秦莕風先生贈余《高忠憲公詩手稿》三册，與共昕夕垂三十年。今將浼鄉人致諸縣立圖書館，作《暗示篇》以送其行，其辭曰：

昔黨禁之森嚴兮，斬東林之遺風。洪爐鼓其烈焰兮，又何堅之不鎔？衆紛紛其改度兮，謂氣節不必崇。昔涓失奮鬥之□素兮，因帝政之所喜。伏巨患於今日兮，孰妖氛之能弭？呼國魂使來歸兮，幟正蒙於人群。昔在野而干政兮，況主權之在民。先烈□猶未遠兮，浩氣塞於天地。惟吾子之《暗示》兮，庶聞風而競起。

民國十二年雙十節前八日，邑後學裘可桴□於上海府。序時年六十有七。

（無錫博物院藏《高忠憲公詩手稿》後）

高忠憲公詩序

（明）馬世奇

吾師高忠憲公景逸先生蚤歲登朝，以抗疏鐫秩，遲迴謫籍，偃仰林居者垂三十年，與涇陽顧先生輩倡道東南，片言提誨，啓鑰開關，則功在後學。晚用宿望洊升，獨坐正綱，嘗别忠佞，雖志不盡酬，然一時陰霾暫却，日月復明，則功在社稷。先生語録、奏疏諸書，已永之金石，壽之尊彝。一二有韻語，第先生游息餘閒之所爲，未足盡先生，然而亦先生所以見志也。余少侍先生函丈，每一晤對，如見周茂叔，有『吾與點也』

學人直指天根之語。而先生太和元氣一以詩發之，其讀書樂道，月落琴張，則詩；其憂時感事，鳥驚花淚，則詩；其滴露研朱，託物比諷，則詩；其登高臨下，贈言廣意，則詩。而誦者不以爲先生之詩，以爲皆先生陶寫性靈，爲之意。

真文忠云：『詩不必耑言性命，然後關於義理。其間興寄高遠，讀之使人忘寵辱，去係吝，翛然有自得之趣，而於君親臣子大義亦時有發焉，所爲性情心術之助，反有過於他文者。』噫！此先生之詩之實録也。先生於建安以下鍊字鍛意之工既夷然不屑，而堅清淵澹又非如白家香山止向老嫗索解人者。吾參先生詩境，庶幾求諸柴桑、少陵間。然而元亮篇不離酒，昔人輒欲與一丘一壑共之。先生即小景微吟，而萬物一體之懷自在。子美生罹干戈，於詩之淋漓悲壯，所謂境親而神易肖。先生即遭廢放，而時平主聖，絶不露羈客逐臣之態，一唱三歎，疑《擊壤》《康衢》餘音未寂。嗟乎！此先生之所以尤難也。先生與涇陽先生竝稱主盟，涇陽先生文疏通知遠，其氣近《書》；先生潔净精微，似具體於《易》。乃涇陽先生不以韻語著，而先生游戲嘯咏，率闢至極，則先生於三百篇『温柔敦厚』之教特深矣。

曩王沂公咏梅，識者以卜相業之始；韓魏公咏菊，識者以卜相業之終。當哲皇帝時，宇内望先生風采者，欣然想和羹之妙手，跂老圃之秋容，以爲一柄用而出沂、魏兩公上，而逆豎肆虐，卒從汨羅。吾覆先生詩，所爲太和元氣，不謂其逢月窮星回之候也。嗟乎！詩果驗不驗？半哉！

子長云：『《國風》好色而不淫，《小雅》怨誹而不亂。《離騷》可謂兼之。』故詩之發乎情，止乎忠孝，縣諸日月，不刊者斷以《騷》爲祖。天繼靈均以先生，意或在此。若夫崇禎載造，畢薅稂莠，登《康衢》《擊壤》之治，先生之詩若爲開先。而聖天子眷念孤忠，恩卹備至，先生所不盡酬於天啓者，至是始盡麗爲《卿雲》之旦。毋論士大夫誦其遺言，神之聽之，終和且平，即余小子摩娑手澤，三復音徽，猶如見舞雩風咏時，不至似三閭弟子仰浮陰而永歎，知靈均當含涕羨先生於九京也。丙子夏日，門人馬世奇拜手敬題。

（明崇禎刻本《高忠憲公詩集》卷首）

高忠憲公詩序

（明）陳龍正

適志陶情，莫先於詩。《三百》而下，詩人不知道，有道之士不工詩，亦猶孟子以後德業分岐，治事者忘身心，而學道者遺世務也。靖節詩雋千古，然性與天道猶未知何如，況餘子乎？先生不盡效陶，大都有陶韻，逸興幽懷適與之符。昌黎云：『歡愉之辭難工。』先生絶作，歡愉者十居八九，又以見醲麗之歡愉厭，而闃寥之歡愉妙也。令視闃寥爲愁思，尚能有好言乎？《静坐》《戊午》諸吟，則專以舉道，譬如禪家之有偈，術家之有歌訣，不過假借宫商明宗傳要，使人哦則易熟，熟則難忘，而句字間之淘汰琢磨，概非所計矣，全在學者善觀。嘉善門人陳龍正謹序。

（明崇禎刻本《高忠憲公詩集》卷首）

尹按，此序即崇禎本《高子遺書》陳龍正《小序》之『六曰詩』。

《高忠憲公詩集》跋

黄　裳

此無錫高攀龍先生詩集一册，崇禎刊本，絶罕見。《高子遺書》十二卷，亦崇禎刻，入《禁書總目》。此則未見《總目》，是以清初文綱之密，獨未及見，誠爲秘册。今日晨起入市，於秀州書社晤杭估陳某，檢此書見售，喜而留之。入春來無一日晴，今又作霖，閒窗展卷，煮茗磨墨，記此。辛卯新雨後日，黄裳。壬辰穀雨夜重閲記，小燕。

（明崇禎刻本《高忠憲公詩集》『七言古詩』後）

重刻《高忠憲公詩集》序

（清）王　澍

嘗聞《傳》之言曰：『温柔敦厚，《詩》教也。』而司馬子長又稱：『《國風》好色而不淫，《小雅》怨悱而不亂。如《離騷》者，可謂兼之。』以此知《詩》之變而《騷》，《騷》寔原本於《詩》者也。若孟子之説詩，則以詩爲尚友之具，而要在於論世，蓋未有當《匪風》《下泉》之世而能爲二《南》之詩者。屈子之世何世乎？無怪其詞之怨懟激發跌宕怪神，其纏綿惻怛忠愛無已之性不詭於三百篇，而詞則異也。梁谿高忠憲先生學接洙泗，而跡類沉淵。其性情學術出處本末之次第，畢萃於猶子彙旃先生所訂年譜與從孫楚培先生所刻全集。集中有詩，其一端耳。今文孫和鳴以先生詩稿向有專刻，而遺板漫漶，至不可卒讀，因爲之廣加搜輯，釐爲八卷，重梓以公海内。既竣事，而問序於余。余維先生之爲人，如日星河岳，炳耀宇宙，何從復贊一詞？而獨其詩之感觸，所謂『發乎情，止乎禮義』者，能令頑廉懦立，無屈子之怨懟，而通乎三百篇温柔敦厚之遺。如集中《性理》《静坐》《戊午》諸吟，一切皆時行物生，鳶飛魚躍，與夫無行不與『吾與點也』之致，而先生復一一自序之，以垂教天下後世。百代而下，其讀是詩而詠歎淫佚以興起於先生者，吾壹不知其何如也。

方今聖天子崇儒重道，加意右文，廣開書院，樂育人才，天恩優渥，千載一時矣。和鳴稟承家學，文譽蔚然，行將先生之遺緒以效之明盛之期，轉美人香草之音而爲鳳翽梧桐之什，豈祇爲先世續殘編補缺簡而已哉？余初寓梁谿，曾夢儀觀偉然者索書『殉節池』三字，夢中意言此必先生，因書『高忠憲公殉節池』七字以歸和鳴之尊人象郝君，而揭於池上。今誦先生詩，益抒尚友之志，以勖和鳴也，是爲序。雍正十有二年歲次甲寅秋八月朔，琅邪後學王澍書。

（清雍正十一年刻本《高忠憲公詩集》卷首）

《高忠憲公詩集》跋

（清）高廷珍

先忠憲藎忠亮節，昭垂史册，永堪千古，固不必以著作傳。顧一生學力如何轉手，如何入頭，與憂世淑人砭俗迴瀾之意，時露於字裡行間。間爲韻語，亦皆見性明心，有關聖賢學問之大，則人傳而著作不得不傳。昔先曾祖學憲公手輯年譜諸書刊刻行世，先祖楚培公重鋟《遺書》以廣其傳，景行忠憲者，既足以窺先儒之大全。惟詩稿一帙向有刊本，傳遠無多。讀《遺書》所載諸什，咸愛其逸興幽懷，雅與靖節類，但弗克盡讀其全稿。歲癸丑，既輯《東林志》成，家君子取忠憲詩稿命廷珍曰：『表章之責，是在後人。』廷珍謹集家藏忠憲手筆，若未刻稿、日記諸書，增輯成帙，分爲八卷，重登梨棗，以公海内，使知得力於理學者既深，磅礴鬱積亦於詩焉發之。雖謫籍後感時寓意，絶無憤激怨懟之詞，信乎韓子所云『仁義之言藹如也』。夫先世片語隻字，後人俱宜珍惜，況是編爲理學之緒餘，有補於學士身心者哉？梓既竣，家君子命筆以識歲月。時雍正十一年小春上澣，從孫廷珍敬書。

（清雍正十一年刻本《高忠憲公詩集》卷首）

重刻《高忠憲公詩集》序

（清）秦賡彤

前明鄉先賢高景逸先生學問文章氣節彪炳史册，而以其餘緒作爲詩篇。《高子遺書》若干卷，大都講學東林時發明性道之微，以及有關國計民生世道人心之論説，皆足垂世立教，爲儒林矜式。而詩集八卷，别爲一編。咸豐庚申之變，板均燬失，《遺書》無完本。兹族孫月洲茂才曁其從弟松濤先以詩集付手民，問序於彤。彤後進末學，且前有馬文肅諸公序，何敢綴一言？顧於先生素切景行之慕，因盥沐奉詩而誦之，夫乃歎先生之詩，前序擬諸陶，並擬諸《騷》，猶未足盡先生之詩也。先生之詩，見道之詩也。其味淡，其音和，其性情之沖夷，皆學問之所見端也。鳶飛魚躍之機，水面天心之象，皆於詩恍然遇之。彤嘗論先生學問文章氣節宜列兩廡俎豆，乃二百年來遲遲不果，矢願補官御史，具章奏請。顧自乞假後，因循至今，讀先生之詩，不能無慨然也。同治十二年歲次癸酉仲秋月，後學秦賡彤謹序。

（清同治十二年高光照活字印本《高忠憲公詩集》卷首）

高忠憲公《村居》詩跋

（明）范鳳翼

高景逸先生所擔者天下萬世，所了者禍福生死，其於學不止篤實光輝，殆已大而幾於化矣，故其立言，含吐元氣，披豁性靈。即偶一爲詩，無不工妙，有白沙之洒落而澤於理，有陽明之雋永而刊其華，惟紫陽晚年有『此日中流自在行』之句，庶幾似之。然先生與予交二十年，郵筒往來無虚月，於詩竟絶口不談，蓋知予不能詩而好言詩，故與予言學而不言詩，乃益見先生之望予深也。頃過密緯山房，出先生《村居》詩卷，讀之恍然立對，始悟得先生之學，而後可以讀先生之詩，讀先生之詩，而亦可以得先生之學矣。

［（明）范鳳翼《范勛卿詩文集》文集卷五］

《高子别集》叙上

唐文治

高忠憲未刻稿八卷，吾師沈子封先生得自河南書肆。文治以幾亭先生刻本校之，其中間有出入，大抵幾亭本詳於論學，而此本則多關朝政。不譾當時幾亭先生未見此本與？抑爲其所芟薙與？原書無序跋，遂不可攷。要之爲世間可寶之物，則夫人而知之也。文治既命學徒朱生誦韓、孫生昌烜分繕一通，爰復序其簡首曰：

嗚呼！天地之正氣微矣。昔孟子論浩然之氣曰：『至大至剛，以直養而無害，則塞於天地之間。』蓋人必有至大至剛之氣，而後行侔乎造化，志合乎鬼神，信孚乎夷狄。故士能由氣節而出，則百事皆真；不能由氣節而出，則百事皆僞。自開闢以來，斯理未嘗少息，惟賴聖賢之士養其静虚動直之體，本至誠之心，躬履至愚之行，以推而布之於天下，而後是正氣者得以綿綿延延，而不泯於六合之内。迨夫世衰道微，學術不明，品行不飭，士大夫習爲柔媚脆弱之態，趨承奔競，呫呰粟斯，苞苴公行，廉耻掃地，繇是生心害政，朝廷之上含垢忍尤，學校之中奇衺詭異，天人之氣否，而三綱五常浸以淪斁。嗚呼！此非特運會之隱憂，抑亦孔、孟、程、朱相傳以來名教之隱痛也。

文治竊嘗淵淵夜思，思夫《周易》消息之數，剛强則柔弱，陽盛則陰衰，故夫天地抑邪與正之心既未嘗一日絶於當世，則夫乾坤之正氣雖經此委瑣齷齪之氣掩遏閉抑，誠得一二人引而宣之，振蒙撥闔，其氣必且旁魄四塞而沛然莫之能禦。宋文文山先生有言：『孔曰「成仁」，孟曰「取義」。』夫成仁取義，豈真生人不可幾及之事？特患無明理守道之君子慨然身任其責耳。文治檮昧，居恒有志於此，故嘗搜輯唐宋以來忠臣孝子之書都若干種，編成巨帙，而特録忠憲未刻稿，用爲嚆矢。先賢有靈，固當鑒予之苦衷，而後世綴學之儒能讀是書者，尤當勃然奮興，自厲其廉頑立懦之大節，勿以委瑣齷齪之氣錮蔽終身，是則區區所深望也。

《高子别集》序下

唐文治

陸清獻之言曰：『以理爲外，而欲以心籠罩之者，陽明之學也。以理爲内，而欲以心籠罩之者，高、顧之學也。陽明之病在認心爲性，高、顧之病在惡動求静。』斯義也，文治將爲高、顧解，夫非謂清獻之論有未當也，蓋有進焉者。

《記》曰：『人生而静，天之性。』又曰：『定而後能静，静而後能安。』周子《太極圖説》亦言主静。程子見人静坐，歎其善學。自古聖賢初不諱言静者。蓋人之生，雖得夫陰陽五行之秀氣，迨形生神發，五性交感，七情相攻，嗜欲糅雜，飾僞萌生，目好色，耳好聲，口好味，鼻好臭，骨體膚理好愉佚。數者既用事於内，而名利兩途又睊睊焉日伺於外而誘之。以一人之心，而天下無窮之欲環至迭乘，盤錯交互，終日憧憧，迄無寧息之候。由是中人以下胥醉生夢死，而不足以自拔。是非有静者以主持之，則人心或幾乎死，而乾坤或幾乎息矣。且夫人當迷惑性真、違棄道本之時，其於義理固已格不能入。惟於清夜之時，悚然内省，則不免面熱汗集，而良心油然而自生。此蓋即性善之驗，操而存之，而私欲之萌芽者庶幾爲之少息。故文治嘗謂：『聖人者，無欲者也，無欲，故能主敬，而道心因之常存。衆人者，多欲者也，多欲，故祇能學静，而人心不至於日肆。』昔者孟子憫人之放失其本心，創爲夜氣之論。夜氣者，即易理之微陽，來復静中不死之人心也。當斯端倪呈露之頃，異學運其虚且靈者，以爲光明寂照之宗旨，吾儒葆其實且誠者，以爲察識擴充之始基，是惟窮理盡性之聖人有以剖其微於毫芒之中。然既能辨夫似是之非，必不遽廢夫似非之是。既不尊静中之知覺，決不黜静中之義理。

嗟夫！自比年以來，風會所趨，浸成一浮僞佻薄之天下。微特理學爲世所詬病，即求一能爲心學者，亦且如空谷足音，泬乎不可復覯。藉令得二三同志，篤守高子主静之旨，祛其好實無厭之心，抑其浮囂不靖之氣，迺復於天下之紀綱條理，徐而深究其本末，一旦出所心得，措諸政治之間，則亦未始非生民之厚。幸有聖人作，決不屏諸門牆之外也。然則清獻之説固足以正萬世之學術，而高子之書實足以正天下之人心。徵諸邃古，大禹抑洪水，周公兼夷狄、驅猛獸，孔子作《春秋》，聖賢之學，豈必盡同？務在救時而已。今日士大夫之心疾，微高子，其誰救此？文治所以終不廢『主静』之説，惜不能起清獻而質之也。光緒二十四年閏三月朔，弇山後學唐文治謹序。

《高子别集》原名《高子未刻稿》，余作序後，越十餘年，遷居無錫，得晤忠憲公裔孫映川君，亦藏有未刻稿，互相校對，頗多出入。因僭擬映川君所藏本爲續集，而以是編爲别集。甲子歲，太倉陸君勤之創設理學社，捐款先將是編付梓。乙丑歲，繕寫告竣。丙寅夏，刻成。校字者，太倉李君惠農、王君慧言，無爲侯生芸圻也。文治謹識。

（民國十五年太倉陸氏刊《高子别集》卷首）

尹按，《高子別集》唐文治二序又載唐文治《茹經堂文集》第一編卷四，作《高子外集序上》《高子外集序下》二篇，上篇内容略詳。

東林景逸高夫子論學語序

（明）周彦文

我太祖高皇帝掃除廓清，重開新運，而爲一代文明之主。開基之日，首將宋諸大儒咸表章之。設科取士，經書傳註一尊程、朱。故自取士以來，真儒輩出，確守程、朱家法而不變者，若曹月川、薛文清、吕涇野諸先生其人也。

自頓悟之教熾，而實修之學衰。嘉、隆以來，學者信虚悟而卑實踐，漸磨既久，浸灌益深，視居敬爲拘囚，目窮理爲學究，惡言工夫，託之本體，更不知操存涵養爲何物矣。斯文未喪，東林代興。高景逸先生心程、朱而脉孔、孟，拜官之日，首闢世則張子之邪説，使程、朱之學晦而復明。未幾，罷官歸里三十年，與涇陽顧先生輩力扶正學，耑事實修。

彦文不敏，雖侍教有年，常恨不能追隨左右，故於己未春決志耑住東林，就學先生。每聆先生之教，微言奥旨，恐久而湮晦，不自揣度，記録成帙，請質先生而親正焉。彦文藏之笥笈，不敢輕以視人。後待有力者梓之，以公同志。彦文以爲是録也，有志斯道者觀之，而於學之脉絡、道之源委、知性復性、本體工夫亦未必無小補云。敬爲序。天啓甲子歲季冬望日，丹陽門人周彦文頓首百拜書於東林心鑑齋中。

［（清）許獻、高廷珍等纂《東林書院志》卷十六《文翰二》］

周季純記高先生論學語序

（明）鄒期楨

吴中子弟讀書者，不曰『讀書』，而曰『念夫』。讀，口耳也，而直根之乎念，念之一字最可思也。至聖門之學，不在口耳間明矣，而仲尼以學之不講爲憂，何也？蓋嘗思之，讀書而僅僅申其呫嗶，如小生之終歲伊唔，了不會心，即映孫窗之雪，聚車囊之螢，祇口讀，非心讀也。然則講之爲義，其非口耳，蓋可思矣。

雲陽周季純游於吾邑景逸高先生之門，所聞先生緒論，輒筆之書，連篇累牘，大之包舉宇内，細之精析毫毛。同志捧而觀之，如侍依庸而聆先生之金聲玉振也。説者謂季純所學盡在是，不知此，何足以盡季純所學？夫先生性道文章，無行不與，季純心解而力行之，以領之無言之天者，寄之有言。默識真，故詮述亦真，所謂『身有之，故言之親切而有味』，非徒劄記而已也。若區區劄記而已，此夫讀於口，不念於心，去孔子講學之意遠矣，非季純之旨，亦非先生之旨也。時天啓甲子臘月，錫山友弟鄒期楨書。

［（清）許獻、高廷珍等纂《東林書院志》卷十六《文翰二》］

周季純述高先生論學語序

（明）鄒期相

客有叩高先生以孔、孟宗旨者，先生曰：『孔子之門，以聖人所言皆易知易能而疑隱其高者美者；孟子之門，以孟子之道高矣美矣而欲示其淺者近者，此義云何？蓋夫子平生只提一「學」字，即説聖説仁，總是説學。世人不識「學」之一字即極微妙之宗旨，廼以爲淺近。孟子平生只提一「性」字，即説孝説弟，總是證性。世人不識「性」之一字即極平常之宗旨，乃以爲高美。此宗旨云何？即所謂「繩墨」也，「彀率」也。「繩墨」、「彀率」云何？即率吾之性，窮吾之學，推到至極者是也。此理亘古亘今，充塞天地，無人不足，無時不足，信手拈來，頭頭皆是，特不許人輕覷耳。』客聞，躍然而退，具以告諸期相。適季純周子録先生商語，謀付梓，期相更躍曰：『季純其以是編爲「繩墨」、「彀率」乎？抑以「繩墨」、「彀率」公之學者乎？』期相不敏，竊嘗讀先生之語、先生之講義，廣大精微，羽翼前聖，啓發後來，況有不語之語、不講之講，薫人以和風凍日，風世以立懦廉頑，則斯編也，其遂罄先生之『繩墨』『彀率』乎哉！斯編而足以窺先生之『繩墨』『彀率』也，則賴有傳習之季純在。

［（清）許獻、高廷珍等纂《東林書院志》卷十六《文翰二》］

跋東林景逸高先生論學語

（明）祝可久

余自乙卯春三月問學宜興史玉池先生，始得會先生。登其堂，清淡無華，丰範皆古，遵守朱夫子家法，額曰『居敬』，曰『三畏』，而聯言『敬以直内，義以方外』。每領教，時見客問及他務，僅一兩言而止，惟談學即諄諄然。余初會間，僅識先生之品高，先生之學正，未識先生之如何下手，如何得力。戊午秋，復來東林久住求學，先生示之曰：『學以復性爲主，入門最直截者莫若敬，但人不識敬耳。不識敬，則敬只是敬。識敬，則敬即是性。此所以貴窮理也。』余參求不通。月夜仝會中，任希顔、周季純二君辨動静合一之旨，師云『天在人身春在木，人居天内木涵春』之詩，余默思之，獨坐時目視耳聽皆動也，静何常不動？日用間子臣弟友皆静也，動何嘗不静？理無動静，敬無動静，此所以蓋性乎？抑鬱數時，忽於先生至教纔有入門。

今甲子春，聞先生北上，敬候行期，就坐商先生之學。會周季純、蔣的候，與余談甚歡，遂以數年記録示余，余閲而輯之。過新安，適覺我程君，一見心賞，遂授梓人。余敢謂得力有年，要亦不忍虚先生之教也，因述其顛末如此，謹跋。德興門生徵於祝可久百拜書於來喜閣。

［（清）許獻、高廷珍等纂《東林書院志》卷十六《文翰二》］

高景逸先生論學語題辭

（明）吴桂森

儒家之有語録，昉於程門，皆授業諸賢所録耳授語也。迄今而《程氏遺書》昭垂日星，與六經竝重，使後之學者得遡伊洛之源，以接洙泗之脉，在此書也，則諸賢之記録力不易矣。天之未喪，東林代興，啓新錢先生、涇陽顧先生真儒輩出，而天又鍾其脉於景逸高先生。斯編也，則雲陽季純周子所録耳授語也，先生之書又將與《遺書》竝重矣。

季純亦知書中之宗旨乎？先生之學本於復性，而以居敬爲立本，以静存爲入門。夫惟以静而入，故讀書窮理步步有實證。夫惟以敬爲本，故致知默識步步臻實詣。此所謂『體用一原，顯微無間』，而爲性命真宗旨也。是以東林之教，標庸言庸行之矩，而談契悟者未嘗不厭心洽志於微言片語間。景逸先生宛然程伯子爾，將後之學者由東林之脉以遡伊洛之源，在此書也，則今日季純之録，其爲力洵不易也夫！洵不易也夫！

［（清）許獻、高廷珍等纂《東林書院志》卷十六《文翰二》］

王伯安、高景逸兩先生語録合刻序

（明）陳子龍

自唐以前，士君子所以自立赫然爲世稱道者，事功與節概而已。其後宋興，濂、洛、關、閩之徒相繼而作，創明先王之道，以爲獨得周、孔之精意，於是三代以後鉅公名賢勳業爛天地者不免爲學者之粗迹，而忠臣烈士或有未純之論，均非入室之彦也。嗣是二者皆絀，而儒者之説獨尊。然而儒者之學大而難名，內多而外少，功不必可見，節不必可稱，是以志竹帛者或以定静而訾其空虚，好風節者或以中庸而譏其退懦。嗚呼！道之不明久矣。人固不可以空言服也，苟非有顯然可見之事以震之，烏能使聰明才智之人俛首而入我儒者之教哉？宜乎聞道者之少也。

國家崇儒重道，名賢輩出，昌明之運累葉重熙，微晦塞而不明者，其正德與天啓之季乎？叛藩之變則文成樹其功，逆閹之禍則忠憲顯其節，要之，二君子所以能致此者，皆講學之功也。夫文成之學在良知，而忠憲之學在主敬，君臣之義無所逃於天地之間。聞變起義，不俟朝命，奮擊迅掃，剪諸鯨鯢，此良知之發也。見無禮於君者，如鷹鸇之逐鳥雀，畢命取義，不以惡名歸君，此敬之至也。夫世人憑智勇血氣之力，或有所自見，然利害物欲不能無動於中，而苦於持久。文成自少而劾逆瑾，以至爵通侯，鎮嶺表，孜孜爲國，久而不倦。忠憲爲大行，即以讜論觸時忌，卧林皋者數十年，疾惡如風，老而彌厲。夫氣易奮於建功樹節之秋，而志易萎於功成名立之日，此非講學之深，其能至此歟？

襄西方大夫，當世儒宗也，素服膺二公之學，因取其語録之要者合梓之，以告學者。使讀是書而因師其人，則登壇講德之士皆思見諸行事，而不以空虚之説馳騖天下，而功名氣節之流亦將不自滿。假以求進於聖人純粹之域，使我儒之道大明而不至於相非，則是書也豈獨爲二氏功臣哉？

［（明）陳子龍《安雅堂稿》卷四］

《四書參解》跋

（清）戴可恒

高忠憲公《四書參解》爲身心有益之書，子明李君偶得之書肆中，以此見示。敬觀一過，覺語言字字俱有工夫，置諸座右，一生參解不盡。光緒乙酉清和月中浣三日，錢塘後學戴可恒謹誌。

［（清）吴五崖、彭瓏刻《四書參解》卷末］

《高子日記約鈔》跋

（清）安　璿

忠憲公生平日記最多，不肖幼從寄翁母舅案頭所見，尚高尺許，云已强半遺失。嗣後，稟翁母舅鄭重收拾，僅得數帙。近與胡方伯談及，欣然願重價購之，止存五帙矣，精工裝釘，手書簿面云：『得諸安孟公氏，吾子孫是依是訓，守諸勿失。』又云：『每念高子，景企靡似，若有夙契。惜乎年未周甲，遽赴修文。設享遐齡，其所造當何如耶？』兹於庚辰秋暮從德一世兄借觀，采其有會於予心者，摘録二十分之一，聊附《未刻稿》之末，以志永思云爾。外孫安璿敬跋，時年七十有二。

（無錫市圖書館藏抄本《高子遺書未刻稿》附）

高先生《周易孔義》序

（明）華允誠

子曰：『《易》其至矣乎！』《易》之至焉者，何也？至之爲言，不可得而加之辭也。夫易即心也，心即天也。太虚無物，充塞無間，加毫末焉，覿面而失之，奚啻千里？《記》曰：『潔净精微，《易》教也。』故凡意解智索轉而之於窈渺奇深者，舉非《易》也。吾師景逸先生之學《易》學也，既若性之，又加密脩焉，寤寐食息於中，多歷年所，一旦根蒂脱落，一腔六合，無内無外，莫非天也，莫非心也，莫非易也。故曰：『身在易中，如魚在水。易在身中，如春在木。』則先生與易一之也。是故求志爲潛，及物爲見，匪躬爲惕，難進爲躍，全歸爲亢。知效乾知，禮法坤能，其精義也如懸的而不爽秋毫，其赴義也若轉圜而不留故我，語默繇是，動止繇是，出處繇是，生死繇是。無體之體，神用之用，體一易用一易也。一之而愈知意解知索者之舉非《易》也。是故先生之解《易》也，爻如其爻，象如其象，聲希味淡，雲行水流，歸於至易至簡而不加毫末焉。題之曰《周易孔義》，非以我解《易》，以《易》解《易》也。抑非先生之解《易》，而即先生之《易》也。《易》其至矣乎！先生之於《易》也，其至矣乎！昔楊子安侍伊川先生，問易從甚處起，先生以扇柄畫地一下，曰：『此處起。』余不敏，辱先生無隱之教，畫地一下，殊負提撕苦心，而會同年儼海氏梓行先生《易義》，俾余題其首，夫亦曰：『以先生之《易》質先生，而不敢加毫末云爾。』謹序，門人華允誠頓首敬題。

（《高子全書》本《周易孔義》卷首）

《周易孔義》跋

（清）高世泰

伯父研精於《易》，老而彌篤。其一生功候，以主敬爲端，以精義爲務，以樂天知命爲歸，總繇學《易》中來。所著《易義》，每澹然數言，皆昔賢所未發。楊子有云：『以身體之，以心驗之，從容默會於幽閒静一之中，超然自得於書言象意之表。』其伯父著述之謂歟！愚兄弟未能流布，儼海秦先生遂捐貲刻之，其嘉惠後學之心甚至，因屬泰書此叙。執筆僾然如見，復愴然隔世，敬焚香手額，爲九原謝表揚者。崇禎丙子歲陽月既望，姪世泰敬書。

（《高子全書》本《周易孔義》卷首）

《周易孔義》叙

唐文治

陝西王幼農先生閎通篤實，粹然儒者，嘗權吾錫税務，政簡人和，弊剔利厥。又以暇時留心錫邑文獻，於高忠憲、顧端［端］文兩公之學尤所服膺。一旦移節去，金陵邦人士留之不得，靡不太息咨嗟，而先生亦惓戀不能已。比時以書來曰：『高忠憲《周易孔義》一書，今世尠傳本矣。吾嘗手鈔一帙，恨殘缺脱落，未爲完善。頃從金陵圖書館假得錢塘丁氏八千卷樓所鈔善本，已爲補漏無遺，亟將付梓殺青，願吾子之有言也。抑更有疑者，據華允誠先生所撰忠憲年譜『著書總記』有《周易孔義》，而《四庫全書》著録有忠憲《周易易簡説》三卷，與《孔義》卷數相同，是一是二，疑莫能明，亦期吾子折衷之也。』文治邇時適將有《高子别集》《續集》之刻，感先生同志之深，迺謹爲之叙曰：

夫忠憲之於《易》學精矣邃矣，權輿天地，設位山川，通氣人心，『憧憧往來』不已。夫子繫《易》至《咸》之四爻，撫韋編而歎甚矣，『朋從爾思』之衆也，聖人則以無息之功定之。日月往來而明生焉，寒暑往來而歲成焉，此天理之無息也。精義入神，利用安身，此聖人與天地相似，道體心體之無息也。是故伏羲畫卦，首以《乾》，文王之彖辭曰『元亨利貞』，此天理之無息也。周公作《乾》爻辭，歸功於『終日乾乾，夕惕若（尹按，原書此後脱『厲』字。）』，此道體心體之無息也。夫子贊之曰『大哉乾元，萬物資始』，『乾道變化，各正性命』，此天理之無息也。又曰『君子以自强不息』，此道體心體之無息也。天地之道，博厚高明悠久，文王用之，『緝熙敬止』，『純亦不已』，如是焉而已。夫子發川上之歎曰『不舍晝夜』，此即理以見氣，明道體之無息也。孟子論浩然之氣，曰『配義與道』，先儒謂有息即餒，此即氣以見理，明心體之無息也。夫『寂然不動』者，誠也；『感而遂通』者，神也。聖賢之學，誠精而明，神應而妙，如是焉而已。善乎忠憲之論易曰：『天下有非易之心，而無非心之易』，『非易則非心，非心則非易也。』又曰：『人之一呼吸，天之一闔闢也，此之謂天行，此之謂不息。』微乎！微乎！此言可以成萬物，道濟天下，十翼奥義盡於斯矣。人於憧憧往來之心，飛揚馳騖而不能治，則以慎獨之功定之。『呼吸』者，人生自然之氣。『闔闢』者，天地自然之氣。知氣之不可不養，而知道之不可須臾離，戒慎恐懼，極深研幾，而非易之心於是乎泯，吾心之易於是乎存。故曰：『聖人以此洗心，退藏於密。』『以』者，用也。《易》六十四卦大象，皆用之以治心者也。六十四卦流行而無息，吾之心體與之而無息。旨哉忠憲之言！可以得學《易》之法矣。

嗟乎！晚近以來，人方薰心於富貴，沈酣於嗜欲，愛惡相攻，利害相奪，陷於大凶悔吝而不自知。吾黨人士日求所以救人心之本，因念孟子之論良心曰『苟得其養，無物不長。苟失其養，無物不消』，又引孔子之言曰：『操則存，舍則亡。』夫人知萬物之有消長，而不知吾心之有消長也；知天下之有存亡，而不知吾心之有存亡也。蓋吾心之消長，迺萬物之所由消長也；吾心之存亡，迺天下之所由存亡也。聖賢存誠，其次克己而去僞，又其次無穿窬而害人，而乾坤因以不息。今得忠憲之書以救人心，其庶幾乎！

至《孔義》與《易簡説》爲一爲二，按朱竹垞先生《經義考》列作二書，而以《孔義》爲一卷，顯係歧誤。據忠憲十一世從孫映川先生所述，謂《〈易簡説〉叙》云『五經注於後儒，《易》注於夫子』，《〈孔義〉叙》云『《周易孔義》何？孔子之義也』，厥恉若合符節。竊意著書時，有此二叙，而刻書者未敢臆斷，姑與並存，或因述《年譜》者有《〈周易孔義〉叙》一首，故總記名以『孔義』。采收《四庫》者，以《易簡説》在前，故著録名以『易簡説』。名雖錯見，實則一書，由是決之，蓋無疑義。質諸幼農先生，不審以爲何如也？歲在甲子孟夏之月，後學唐文治謹叙於無錫國學專修館。

（民國十三年金陵王氏思過齋刻本《周易孔義》卷首）

《周易孔義》提要

（清）丁　丙

《周易孔義》三卷，影鈔明刊本，梁溪高攀龍著。案攀龍字雲從，萬曆己丑進士，官至左都御史，贈兵部尚書，謚忠憲，《明史》有傳。前有壬戌冬月自撰《易簡説》云：『其知《易》，知其能簡，能易簡，而天下之理得。』又有《孔義》自序云：『《易》以孔義明，孔義又以《易》明。以目前事故不易見，然以目前事初非難見也。』蓋一書而兩名也。每條詮解《易》義不過數言，主於學《易》以檢心，非引《易》以歸心。並有門人華允誠及其姪世泰兩跋。

（丁丙《善本書室藏書志》卷一）

文淵閣四庫全書《周易易簡説》提要

臣等謹案，《周易易簡説》三卷，明高攀龍撰。攀龍字雲從，無錫人，萬歷己丑進士，官至左都御史，贈太子少保、兵部尚書，謚忠憲，事蹟具《明史》本傳。是書詮解《易》義，每條不過數言。自序云：『其知《易》，知其能簡，能易簡，而天下之理得。』又曰：『五經注於後儒，《易》注於夫子，説《易》者明夫子之言而《易》明矣。』是其著書大旨也。攀龍之學出入朱、陸之間，故以心言《易》。然其説曰『天下有非易之心，而無非心之易，是故貴於學也。學也者，知非易則非心，非心則非易。易則吉，非易則凶、悔吝』云云，則其説主於學《易》以檢心，非如楊簡、王宗傳等引《易》以歸心學，引心學以歸禪學，務屏棄象數，離絶事物，遁於恍惚窅冥，以爲不傳之秘也，是固不得謂以心言《易》爲攀龍之失矣。乾隆四十六年十月恭校上，總纂官臣紀昀、臣陸錫熊、臣孫士毅，總校官臣陸費墀。

（文淵閣四庫全書本《周易易簡説》卷首）

《春秋孔義》序

（清）高世泰

六經皆聖人之書也，雖然，未可概也。《書》之云『書』，遠稽也；《詩》之爲『詩』，廣稽也；《禮》云『禮』，

《樂》云『樂』，雜出□□□。若公孫制氏輩，而未可準也。獨十翼研於觀象，五例發自特書，兩者又皆宋國之守藏，即晉籍父、齊南史罔與因焉。故韓起聘魯，觀書太史，見《易象》與《魯春秋》，有周禮在魯之歎。孔子起而暢厥大旨，則望義知歸。非孔子，安以哉？後世學者奉古之心終不勝好異之心，迺是意見横生，義理巧出。大圭呂氏以爲六經之不明，諸儒穿鑿害之，而《春秋》爲尤甚。將去其甚奈何？在引之乎近爾。『引之乎近』者何也？《公》《穀》近乎文定，《左氏》近乎《公》《穀》，孔子近乎《左氏》也。此我伯父忠憲公有《周易孔義》之書，不已而有《春秋孔義》之書也。

伯父生平性廉節介，疾惡如仇，然宅衷寬易，不爲深礉可喜之論，故權衡四傳，悉稟尼山。凡經無傳有者，不敢信也；經有傳無者，不敢疑也。其文簡，其意覈，有嚴正之義焉，有忠恕之仁焉，有闕疑之昚焉。如書牧不書督，曰削之也，賊也；首止不序，曰不信不敢加尊也；戚之圍也，曰先夏國（尹按，『夏國』係『國夏』之倒訛），兵父不子，不可訓也；桃園之甲，曰盾也，非穿也，何嚴正以斷乎！如謀弒逆者歸生也，曷係之公子也？曰《左氏》之記事或謬也；州蒲之弒，《傳》曰書也，曰非書也，晋也；買之弒，歐陽辨三傳曰『信也』，曰非信也，誤也，何忠恕以施乎！『葬我小君文姜』，曰從夫謚，禮也，不『桓』而『文』者何也？『莒人滅鄫』，《傳》曰莒子後，鄫也，滅鄫者，鄫以莒，非莒也，曰『莒人滅鄫』者何也？尹氏卿也，伯父不可也，曰『伯』也或字，非爵也；『西狩獲麟』，或曰『感麟而作』也，或曰『因麟而發』也，或曰文成麟見也，曰感之始成或可也，感之始作或不可也，何慎疑而不誣乎！且伯父之守正罔撓，居敬勿欺，所謂『君子之於《春秋》，没身而已』。其訓人也，以身也言也乎哉！仍顔以『孔義』者，何也？欲誦法孔子者，不失爲聖人之徒也。

世泰久悼遺音已邈，揚厲未能，而儼海秦先生倡明辨絶，嘉與來兹，閱經教之澌淪，悉末學之放失，既捐貲板《周易孔義》，復續板《春秋孔義》。伯父有志得先生而言益章，語曰『流水揚於峻渠，善言揚於義士』，先生之謂歟？自兩義明，而六經之義無不明。若先生者，功表前人，惠專後學，豈私我伯父哉？如泰之感而欲涕也，固私也。崇禎庚辰春仲，高世泰題於長安執虚堂。

（明崇禎十三年刻本《春秋孔義》卷首）

文淵閣四庫全書《春秋孔義》提要

臣等謹案，《春秋孔義》十二卷，明高攀龍撰。攀龍字存之，無錫人，萬曆己丑進士，官至左都御史，以閹禍投水死，事蹟具《明史》本傳。是書斟酌於《左氏》《公羊》《穀梁》、胡安國四家之傳，無所考證，亦無所穿鑿，意主於以經解經。凡經無傳有者不敢信，傳無經有者不敢疑，故名曰《孔義》，明爲孔子之義，而非諸儒之臆説。雖持論稍拘，較之破碎繳繞横生異議者，猶説經之謹嚴者矣。

按朱彝尊《經義考》，此書之外，别有李攀龍《春秋孔義》十二卷，註曰：『未見。』書名、卷數並同。考李攀龍以詩名當世，不以經術聞，其墓誌、本傳亦不云嘗有是書，是必諸家書目有以攀龍名同，誤高爲李者，彝尊未及考核，遂誤分爲二。併附訂於此，以正其訛焉。乾隆四十二年五月恭校上，總纂官臣紀昀、臣陸錫熊，臣孫士毅，總校官臣陸費墀。

（文淵閣四庫全書本《春秋孔義》卷首）

題《正蒙釋》後

（明）顧允成

朱子曰：『解書不可將大話説，不可將小巧説。』讀高存之《正蒙集註》及徐德夫《發明》，平正通達，可謂無二者之病矣。

大抵古先大儒俱有一段徹天徹地精神，矢口而寓，莫教撥着，便霎時透露。如《正蒙》書，近來談道家往往未嘗過而問者，一番拈動，光彩如新，此豈可以聲音笑貌爲哉？前輩許大衆，幾人曾有此閒工夫作《正蒙》來？後輩許大衆，幾人曾有此閒工夫解《正蒙》來？莫將□公案小看了。傳記張子作《正蒙》時，危坐一室，左右簡編，仰而讀，俯而思，有得即識之。或中夜起坐，秉燭以書。程子曰：『今農夫祁寒暑雨，深耕易耨，播種五穀，吾得而食之。今百工技藝，作爲器用，吾得而用之。甲胄之士，被堅執鋭，以守土宇，吾得而安之。却如此閒過了日月，即是天地間一蠹也。功澤又不及民，别事又做不得，惟有補緝聖人遺書，庶幾有補耳。』是何等樣心腸！何等樣言語！每每念及，真令人汗流浹背也。抑此書因程門單提《西銘》，朱子從而表章，遂將《東銘》混過。愚熟玩之，《西銘》是個極宏闊的體段，故推至於知化窮神；《東銘》是個極詳密的工夫，故嚴覈於戲言戲動。孟子論仁義之充纖及，『無受爾汝』，可言、未可言之間，意蓋如此。質美者明得盡渣滓便渾化，却與天地同體。其次，須在一言一動上仔細磨勘，方可漸入。若無《東銘》工夫，驟而語之以《西銘》體段，鮮不窮大而失其居矣。

敢以此附兩君子之後，求就正焉。無錫顧允成謹書。

（明萬曆刻本《正蒙釋》卷首）

《四庫全書總目》之《正蒙釋》提要

《正蒙釋》四卷，浙江巡撫采進本。舊本題明高攀龍集註，徐必達發明。攀龍有《周易易簡説》，必達有《南京都察院志》，均已著録。葉向高序稱《正蒙》精深浩渺，朱子訓釋未盡，錫山高雲從緣其指，廣爲集註，檇李徐德夫篤好此書，嘗條其所見，謂之『發明』，以質雲從之説，同者去之，異者存之，異而此失彼得者去之，短長互見者存之云云。則此書爲必達所自定，非攀龍之本矣。

（《四庫全書總目》卷九五子部《儒家類存目一》）

《正蒙集註》序

（清）華希閔

皇帝御宇之四十年，允廷臣請自鄉會試及歲科校士並用《太極圖説》《通書》《西銘》《正蒙》，同《孝經》一體命題作論，於是士思益殫心天人性命之旨，以仰副聖天子崇尚理學至意。惟是《太極》《通書》《西銘》經朱子註釋，義藴無不明，而《正蒙》一書，朱子曾爲訓釋而未竟，學者或苦其深奥，不能盡解。吾邑高忠憲公有《正蒙集註》四卷，嘉興徐德夫氏加之發明，合以付刻，福清葉公序其端。會忠憲公罹禍，不果行世。後德夫之嗣君□□（尹按，原書二字爲墨丁）爲長洲令，重梓之，又會去官，遂寢。嗚呼！自有《正蒙》以來，閱四百餘年，始得高公之註，微辭奥義焕然以明，豈非斯文大幸？乃再刻而再廢，未能嘉惠後學，意者書固待時而出歟？然則後公七十餘年，而有命題之功令，不可謂非其時也。

希閔幸生公之鄉，篤服其《遺書》，粹然朱子之學，因不揣固陋，敬以朱子所註三書與公註合爲一編，付之剞劂，又徇坊人之請，虚其上方，輯諸儒論説，並附臆見於後，顔曰《性理四書註釋》。希閔竊聞制科之有論也，其始探之諸子性理，以究其源，極之諸史、《通鑑》，以達其用，所以發揮經義之餘藴，意至深遠也。士子平日不暇旁稽博討，務爲剿襲，以徼一日之倖，衡文者久益厭之，請專用《孝經》以示□道德之意。今上好古右文，眷求閎博，欲以制科網羅真儒，先之論題以表風尚，非謂士子所習止於是也。然以理該事，以道統器，學者深求而自得之，即以斯編爲嚆矢焉可矣。刻既成，書此以自勵，並以告夫同志者。康熙戊子夏四月，無錫華希閔書。

（清康熙四十七年無錫華希閔刻《正蒙集註》卷首）

《程子節録》序

（清）陸　楣

二程夫子語四卷，高忠憲公官行人時所節録也。按公年譜在萬曆壬辰，距今一百十一年。其本藏今宫諭秦對巖先生家，顧君灝期欲梓以行，不果。子楝高始踵成之，屬予讎較，因獲覩公遺墨。典刑已遠，手澤尚新，爲之肅然興起。蓋二程之書，總萃門人所記録，故多重複參錯。公合併芟節，先辨性，次論學，次治事，次釋經，而文集稍附見焉。觀其蠅書掌簿，旁加甲乙，意平日流連，懷裏卧起自隨，公之潛心是書，益可想見。

或謂公嘗刊《朱子節要》，既乞序於顧端文公，又自爲之序，而於二程不及焉，何以故？曰：『嘉、隆以來，儒者多操戈朱子，端文、忠憲特昌言其無弊，一時表章甚力。昔人纂言立説，類有所不得已，匪直以文而已。』公既階梯朱子以服膺二程，整齊嚴肅，内外卓然。甲午揭陽道中始悟『萬變在人，實無一事』之語，丁未信『鳶飛魚躍』與『必有事焉』之語，所謂纏綿斬絶，透體通明。又曰：『真機流行，間不容息。』公之得於二程，本末具在。當其身心冥會，筌蹄可忘。《易》曰：『神而明之，存乎其人。默而成之，不言而信，存乎德行。』嗚呼！如公者，乃可以讀二程之書矣。

顧子刻成，問序於予，予辭不獲，因道公所以不爲序之意如此。康熙癸未，後學陸楣敬題。

（《高子全書》本《程子節録》卷首）

《四庫全書總目》之《二程節録》提要

《二程節録》四卷《文集鈔》一卷附録一卷，江蘇巡撫采進本，明高攀龍編。取《二程語録》，擇其精粹，先辨性，次論學，次治事，次釋經，每類各爲一卷，末載《文集鈔》及附録各一卷。前有康熙癸未陸楣序，稱攀龍官行人時爲是書，其手鈔本藏同邑秦松齡家，顧鏊欲刻之未果，鏊子棟高乃踵其父志刊行云。

（《四庫全書總目》卷九五子部《儒家類存目一》）

《朱子節要》題辭

（明）顧憲成

昔朱子與東萊吕子會於寒泉精舍，相與讀周子、程子、張子之書，歎其廣大閎博，若無津涯，而懼初學者不知所入，因共掇其要爲一編，分十四卷，名曰《近思録》。友人高雲從讀而珍之，以爲四先生之後能繼其道發明而光大之者，無如朱子，亦取《朱子全書》，掇其要爲一編，分十四卷，悉準《近思録》之例，不敢擬於《近思録》也，而題之曰《節要》。間以示予，予受而卒業焉，爲之喟然太息。

世之言朱子者鮮矣，彼其意皆不滿於朱子也。予竊疑之，非不滿也，殆不便也。何者？世好奇，朱子以平，平則一毫播弄不得，高明者遏於無所逞而厭之；世好圓，朱子以方，方則一毫假借不得，曠達者苦於有所束而憚之，故不便也。以其不便也，於是乎從而爲之辭。吾以爲平，彼以爲凡爲陋，若曰『夫豈誠有厭焉？不肯俯而襲，惜其傷於卑耳』；吾以爲方，彼以爲矯爲亢，若曰『夫豈誠有憚焉？不能仰而模，惜其傷於高耳』，故不滿也。内懷不便之實，外著不滿之形，不便之實根深蒂固，而不滿之形遂成而不可解，宜乎世之言朱子者鮮矣。乃雲從之於朱子懇懇如是，且謂學者不知朱子，必不知孔子，抑何信之深也！非其超然獨立，不受變於流俗，夫孰得而幾之乎？此余之所以喟然太息也。然則朱子，其孔子乎？曰：『孔子「依乎中庸，遯世不見知而不悔」，平之至也；十五而志學，七十而從心不踰矩，方之至也。朱子，學孔子者也。是故論造詣，顔、孟猶有歉焉；論血脈，朱子依然孔子也。』雲從之爲是編，正欲人認取血脈耳。血脈誠真，隨其所至，大以成大，小以成小，皆可以得孔子之門而入。倘不其然，即有殊能絶識，超朱子而上，去孔子彌遠，雲從弗屑也。讀者以是求之，斯得之矣。

（明萬曆三十年首刻本《朱子節要》卷首）

尹按，（清）華希閔劍光閣刻《高子全書》本《朱子節要》文末有『萬曆壬寅六月穀旦，梁溪顧憲成謹題』一句。

《朱子節要》序

（清）朱之弼

《近思録》，文公所手訂，《節要》載文公語，學者讀《近思録》而不讀文公語録，未有不以爲闕如者也。文公集四子之大成也，廣大精微，行之篤而説之詳，蓋日星爲昭而莫可紀極，學者苦其載籍浩繁而不得其要領。往余讀文公傳註、文集諸書，稍有所見，隨即劄記，以防遺忘，日久浸成卷帙，欲倣《近思録》編次分類，抄寫以付家塾，與《近思録》竝藏之。後得高景逸先生《朱子節要》讀之，與予相吻合者十之七八。先生一代大儒，其所輯彙，無庸增損，今付梓人，與《近思録》合刻，公諸同志。

蓋以宋代大儒，自孟氏之後，有濂溪、關、洛之學，而列聖之道明。是集也，先生蓋掇其大指，擇其精粹，其曰『道體』，曰『論學』，曰『致知』，曰『存養』，曰『克治』，曰『家道』，曰『出處』，曰『治體』，曰『治法』，曰『居官處事』，曰『教人之法』，曰『警戒改過』，曰『辨別異端』，曰『總論聖賢』。凡皆先生之所論定者，一如文公之纂集四子，粲然明備。首卷論陰陽變化性命之理，欲學者知所從入，而載記獨詳。六卷論家道，申明祭祀之典，不啻再三，以爲家之重事，而人所易略，尤見苦心焉。至於餘卷所載講學之方與日用躬行之實，別理欲於微芒，明道器於一致，深求乎無極太極之妙，而實不離乎匹夫匹婦之所知。大至於位天地，育萬物，而實不外乎暗室屋漏之無媿。蓋至遠而近，至微而顯，合前聖後聖而會之一堂，俾學者有所依據，而易於誦習。有益於後學，功不在《近思録》下矣。康熙十四年歲在乙卯夏至日北平朱之弼識。

（清康熙十四年北平朱之弼刻滿漢合璧本《朱子節要》卷首）

重印高忠憲公《朱子節要》序

唐文治

辛酉歲，文治講學錫山，初編《朱子大義》。己巳、庚午之交，復輯《紫陽學術發微》。聞同邑高忠憲公有《朱子節要》一書，訪求未得。辛未夏日，孫君颬香來告，同邑孫君蔭午藏有《朱子節要》原本，將與榮君德生謀付印，屬爲序言。文治大喜逾望，亟披而讀之，凡十四卷，其分類悉依朱子《近思録》。而不稱『近思』者，忠憲公之謙也。然朱子嘗編《伊洛淵源録》，後人續編《考亭淵源録》，則是書名爲《朱子近思録》固無不可也。其采擇純粹，致廣大，盡精微，而靡不約之於躬行實踐之間。雖後來如童能靈先生之《朱子爲學次第考》、秦定叟先生之《紫陽大指》、朱止泉先生之《聖學考》素稱邃密，皆不能逮也。迺恭爲之序，以附於後。

曰救世之道，宏綱有三：一曰正人心，二曰立人品，三曰拯人命。舍是三者而求治平，非所敢知也。天地純駁之氣，常與人心之邪正息息相通。惟能正心，乃能維乾坤之正氣。朱子受學延平先生，平生得力在己丑悟道，探心性之源，得已發未發之奥，其大要見於答張南軒先生四書。高忠憲《未發説》《與顧涇凡論已發未發書》洞暢厥旨，綜其要，不過涵養、省察、擴充三端。『涵養』者，養未發之中也。『擴充』者，致已發之和也。而『省察』介乎未發已發之交。故周子曰：『動而未形，有無之間者，幾也。』幾爲動微，必省察乎此，而後能去惡以歸於善。夫人未有不治其心而能治身者，亦未有不能管理其心而能管理天下之事者，此正人心之道也。孟子論尚志，必本於氣節，居天下之廣居，立天下之正位，行天下之大道是也。世運之盛衰，視乎君子小人之消長，故《易・泰卦》之《彖》傳曰：『君子道長，小人道消。』而《否卦》之《彖》傳則曰：『小人道長，君子道消。』蓋君子小人即人格所由判，而其辨在義與利之間。觀朱子之言曰：『士惟有正其誼不謀其利，明其道不計其功，公平正大而行之，其濟不濟，天也。』見本書第十卷《居官處事》類。又曰：『近年鬼怪百出，都無誠實正當意思，一味穿穴旁支曲徑以爲新奇，此是今日莫大之弊。今若革之，莫若取三十年前渾厚純正明白俊偉之文，誦以爲法。』見本書第十一卷《教人之法》。至哉言乎！學校之政不修，則子弟之教不肅，士林之品日壞，則生民之苦日深，惟賴有公平正大力挽頽風者矯而正之，此立人品之道也。恂愗之儔輒詆宋儒爲無用，文治謂世界有用之學莫如孔、孟、程、朱，何也？以其爲生民立命也。孔子曰：『天地之大德曰生。』孟子曰：『親親而仁民』，『樂則生矣，生則惡可已也？』『民，吾同胞』之説發自張子《西銘》，朱子宗之，措諸實政。其犖犖大者，在社倉、賑恤。社倉防災害於未見之先，賑恤救災害於已著之後，《大全》集中於兹二事，苦心孤詣，反覆丁寧。其最要之言則曰：『救荒有兩説：一是感召和氣，以致豐穰；其次，衹有儲蓄之計。』且謂賑濟無奇策，不如講水利。其《踏荒詩》曰：『阡陌縱横不可尋，死傷狼藉正悲吟。若知赤子原無罪，合有人間父母心。』並見本書第十卷。讀之而不墮淚者，非人也。孰非赤子？孰無父母？誰實致之？孰與救之？此拯人命之道也。嗚呼！朱子生孝宗時，立朝不過四十餘日，隱居求志，孳孳講學終身，惟以上三事爲兢兢。而忠憲公纂《節要》，亦於此三致意焉。

今孫君、榮君擬印是書，適值兵災水災交迫之會，哀鴻遍野，白骨邱山，耳不忍聞，筆不忍述。當世仁人君子讀是書者，其於拯人命一事，當必有大恫於心而急所先務者矣。然惟人心險詐，人品卑污，而殺機災祲乃根據盤伏，而益無所底，則三者更有相因之理。居今之世，變今之俗，宜先革其心，改其行，立國根荄莫要於此。此以爲迂而掃除之，世道之所以愈漓，而人綱人紀之所以愈悖也。則惟有提倡朱子之學，宏宣木鐸以救之。

民國二十年辛未七月，後學唐文治敬序於無錫國學專修學校。

（民國二十年錫山孫蓉鏡排印本《朱子節要》書後）

《朱子節要》跋

（民國）孫蓉鏡

高忠憲公《朱子節要》一書，準朱子《近思録》例，都十四卷，理深而顯，辭約而賅，誠爲學切要之本。惜刊本無多，中經洪、楊之亂，散佚殆盡。族祖仰泉先生存有抄本，與先君子亦千公講學最契，歸以此書。先君子奉爲立身圭臬，手加圈點，備極精審，平生學問得力於此書爲多，欲梓行未果。辛未夏，命兒熙文攜赴真州衙舍，謹敬校讎。同邑榮德生先生素負木鐸斯民之志，見書大喜，謂於今日之世道人心甚有裨益，合謀付刊，族叔莘農復分任經費。秋季成書，圈點悉遵先君子手筆。謹附數語，以誌緣起。錫山孫蓉鏡。

（民國二十年錫山孫蓉鏡排印本《朱子節要》書後）

邵二泉先生年譜叙

（明）顧憲成

余少侍於先君子，時時爲言二泉先生之爲人也，私心業不勝向往矣。以長，從邑中諸長者游，聞其行事益悉。退而詢諸人，雖三尺孺子，語及先生，莫不知其爲篤行君子也。先生何以得此哉？凡人有可强，有不可强。文辭之績飾，才辨之所及也；事功之馳騁，智術之所及也；節概之矜厲，意氣之所及也，是可强者也。四海之大，百世之遠，生平不識面目之人一旦耳其姓名，輒心融神竦，欣然願爲執鞭，是不可强者也。不可强之謂誠，先生少而秉慤，壯而不渝，老而彌固。又時講於學問，以深持而厚發之。視聽言動，一切以不欺爲主。屋漏猶是，康衢猶是，其於誠也幾矣，宜其取信於人如此也。先生所著有《簡端録》《學史》《容春堂集》，凡數萬言，曷嘗無文辭？歇歷中外，所在家尸而户祝之，曷嘗無事功？閹瑾之横，一毫不假，曷嘗無節概？惟其一誠流注，而三者之跡並爲所掩。驟而求之，不見可喜，不見可愕。徐而繹之，深醇懇篤，穆然其可思，而悠然其無斁也，視夫文辭、事功、節概而已焉者千里矣。此所謂『不可强』者也。

友人高雲從雅好先生，每相與譚説先生，不勝亹亹。會先生之從子覍及甥道成嘗編先生年譜，雲從乞而得之，大悦，更加釐正，梓而行之，屬余爲序。余也陋，無能窺先生萬一。往聞先生有言願爲真士夫，不願爲假道學，竊以爲善。譜先生者，無如斯言。吾黨誠於斯言有猛省焉，若何爲真，若何爲假，謹擇而趨，務求不愧於先生，迺爲能譜先生者也。第曰先生篤行君子也，羡慕而已矣，卒不免歸於假而已矣。此亦所謂『可强』者也，奚譜之爲？雲從曰：『善。』遂書而志其端。萬曆壬辰仲春望日，同邑後學顧憲成謹題。

（《錫山先哲叢刊》本《邵文莊公年譜》卷首）

《高子全書》叙

（清）華希閔

明左都御史，贈太子少保、兵部尚書，謚忠憲高公有《遺書》十二卷，爲公門人嘉善陳幾亭先生龍正所裒集，板刻於崇禎辛未，未幾，燬於火。公從孫芷生再刻，復燬，四方學者欲購讀頗艱。公生平著述，《遺書》外，有《周易孔義》三卷，《春秋孔義》十二卷，《四書講義》一卷，《二程節録》四卷，《正蒙集註》四卷，《朱子節要》十四卷，《就正録》二卷，《會語》一卷，詩集一卷，俱開雕行世，然多漫漶殘脱。其《未刻稿》六卷則藏諸家云。

幾亭本分十有二門……其前五門即《就正録》《講義》《會語》三書薈萃而成。希閔不揣固陋，合公前後所著，重授諸梓。舉《遺書》中前五門仍還其篇目之舊，自疏、議、揭以下至雜著凡六卷，俱入《文集》，而殿以《詩集》八卷。《未刻稿》中有《君相同心疏》乃神廟中年人才進退暨公一生出處大節，聞幾亭不得已逸之，敬爲增入。較勘訛舛，爲部十，爲卷五十五，統名曰《高子全書》。

（清乾隆七年無錫華希閔劍光閣刻《高子全書》卷首）

引用及參考文獻

一、高攀龍著述

《高攀龍詩文殘稿》一卷，上海圖書館藏稿本。

《高氏三世誦芬帖》，(明)高材、高攀龍、(清)高世泰書，高汝琳輯，民國十一年(一九二二)據原稿影印本。

《明王守仁、高攀龍兩大儒手帖》，(清)彭尺木先生鑒定，《江曲書莊所藏明人尺牘》之一，上海國學保存會清光緒三十二年(一九〇六)影印本。

南京博物院藏高攀龍萬曆三十年(一五八五)手書墨迹《卞氏二隱君傳》。

《高忠憲公墨寶》，(明)高攀龍撰並書，上海有正書局民國間影印本，據明萬曆三十年(一六〇二)高攀龍《卞氏二隱君傳》手稿影印。

《高攀龍書信録真蹟》，無錫博物院藏原件。

《高忠憲公詩手稿》，無錫博物院藏稿抄本。

《高忠憲公詩手稿真跡》不分卷，民國十三年(一九二四)上海中華書局影印本。

《周易孔義》三卷，《高子全書》所收明崇禎九年(一六三六)秦堈刻本，又民國十三年(一九二四)金陵王氏思過齋刻本。
《周易易簡説》，《景印文淵閣四庫全書》第三四册，臺灣商務印書館一九八六年版。
《春秋孔義》，明崇禎十三年（一六四〇）秦堈刻本；《景印文淵閣四庫全書》第一七〇册，臺灣商務印書館一九八六年版。
《正蒙釋》，《四庫全書存目叢書》子部第一册據上海圖書館藏明萬曆刻本影印，齊魯書社一九九五年版。
《正蒙集註》四卷，（宋）張載著，（明）高攀龍註，上海圖書館藏清康熙四十七年（一七〇八）無錫華希閔刻本。
《程子節録》四卷《文集抄》一卷，清乾隆七年（一七四二）華希閔刻《高子全書》本。
《朱子節要》十四卷，無錫市圖書館藏明萬曆三十年（一六〇二）首刻本；清康熙十四年（一六七五）北平朱之弼刻滿漢合璧本；民國二十年（一九三一）錫山孫蓉鏡排印本。
《邵文莊公年譜》，《錫山先哲叢刊》第三輯，民國十三年（一九二四）中華書局排印本。
《就正録》一卷，上海圖書館藏明崇禎間刻清華希閔劍光閣重修《高子全書》本；中國國家圖書館藏華希閔清乾隆七年劍光閣刻《高子全書》本。
《四書講義》一卷，上海圖書館藏明崇禎間刻清華希閔劍光閣重修《高子全書》本。
《四書參解》，（明）高攀龍撰，（清）吴子雲、彭瓏輯，清刻本。
《東林書院會語》一卷，上海圖書館藏明崇禎間刻清華希閔劍光閣重修《高子全書》本。
《高忠憲公詩集》八卷，《無錫文庫》第四輯據明崇禎間刻本影印，鳳凰出版社二〇一二年版；清雍正十一年（一七三三）重刻本；清同治十二年高光照活字印本。

《高子詩集》八卷，清乾隆七年（一七四二）華希閔劍光閣刻《高子全書》本。
《高子遺書》十二卷，明崇禎五年（一六三二）刻本；清康熙二十八年（一六八九）刻本；《景印文淵閣四庫全書》第一二九二册，臺灣商務印書館一九八六年版；清光緒二年（一八七六）東林書院刻本。
《高子遺書》六卷，《乾坤正氣集》本，（清）姚瑩、顧沅、潘錫恩輯，清道光二十八年（一八四八）涇縣潘氏袁江節署刻光緒七年（一八八一）長白恭鎧重印本。
董平、柴可輔校點《高子遺書》，《儒藏》（精華編）第二六五册，北京大學出版社二〇一六年版。
高攀龍撰、高世泰輯《高子節要》十四卷，中國國家圖書館藏清初刻本。
《高子未刻稿》六卷，中國國家圖書館藏翻拍美國國會圖書館攝製原北平圖書館善本書膠片，原本今藏臺灣故宫博物院。
《高子遺書未刻稿》不分卷，無錫市圖書館藏抄本。
《高子日記約鈔》，《高子遺書未刻稿》附。
《高子文集》六卷，清乾隆七年（一七四二）華希閔劍光閣刻《高子全書》本。
《高子别集》八卷，《無錫文庫》第四輯據民國十五年（一九二六）太倉陸氏刊本影印，鳳凰出版社二〇一二年版。
《高忠憲公家訓》，上海圖書館藏清光緒刻本。
《高子全書》七種（含《周易孔義》、《春秋孔義》、《四書講義》、《程子節録》四卷《文集抄》一卷、《朱子節要》、《就正録》、《東林書院會語》），上海圖書館藏明崇禎間刻清華希閔劍光閣重修本。
《高子全書》十種（含《周易孔義》、《春秋孔義》、《四書講義》、《二程節録》、《正蒙集註》、《朱子節要》、《就正録》、《東林書院會語》、《高子文集》、《高子詩集》），中國國家圖書館藏清乾隆七年（一七四二）華希閔劍光閣刻本。

二、其他引用及參考文獻

（魏）王弼注，樓宇烈校釋《周易注校釋》，中華書局二〇一二年版。
楊伯峻編著《春秋左傳注》（修訂本），中華書局二〇一六年版。
（宋）朱熹《四書章句集注》，中華書局一九八三年版。
（明）鄒期楨《尚書揆一》，《四庫全書存目叢書》經部第五三册據北京大學圖書館藏清康熙九年（一六七〇）鈔本影印，齊魯書社一九九七年版。
（清）任啓運《禮記章句》，《四庫全書存目叢書》經部第一〇二—一〇三册，據上海圖書館藏清乾隆三十八年（一七七三）耿毓孝刻本影印，齊魯書社一九九七年版。
（明）陳建《皇明通紀集要》，明崇禎刻本。
（明）顧秉謙《三朝要典》，明刻本。
（明）沈國元《兩朝從信録》，明崇禎刻本。
（明）吴亮輯《萬曆疏鈔》，《續修四庫全書》史部第四六八—四六九册，據上海圖書館藏明萬曆三十七年（一六〇九）刻本影印，上海古籍出版社二〇〇二年版。
（明）金日昇《頌天臚筆》，明崇禎二年（一六二九）刻本。
（清）張廷玉等撰《明史》，中華書局一九七四年點校本。
（清）黄宗羲《明儒學案》，沈芝盈點校，中華書局二〇〇八年修訂本。
（清）陳鼎輯《東林列傳》，清康熙五十年（一七一一）鐵肩書屋刻本。

（清）唐體仁等纂修《晉陽唐氏宗譜》，清光緒二十五年（一八九九）桐蔭堂木活字本。
（清）趙寅恭、趙協卿纂修《錫山趙氏宗譜》，清宣統元年（一九〇九）木活字本。
（清）冷能孝等主修《冷氏族譜》，清道光八年（一八二八）木活字本。
（明）華允誼、華允誠、華毓琮纂修《華氏傳芳集》，明末刊本。
（明）顧與沐記略，（清）顧樞編、顧貞觀訂補《顧端文公年譜》二卷首一卷末一卷，《續修四庫全書》史部第五五三册，據上海圖書館藏清康熙何碩卿刻本影印，上海古籍出版社二〇〇二年版。
（明）華允誠《高忠憲公年譜》，清光緒二年（一八七六）刻《高子遺書》附刊本。
（清）高世寧《高忠憲公年譜》，清康熙間刻本。
（明）高世儒、高世學、高世寧輯《高忠憲公墓誌行述》，《無錫文庫》第四輯，據明崇禎三年（一六三〇）刻本影印，鳳凰出版社二〇一二年版。
（清）高得貴修、張九徵等纂，朱霖等增纂《鎮江府志》，《中國地方志集成》江蘇府縣志輯第二十七—二十八册，據清乾隆十五年（一七五〇）增刻本影印，江蘇古籍出版社一九九一年版。
（清）周碩勳纂《潮州府志》，清光緒十九年（一八九三）據乾隆二十八年（一七六三）刻本重刊本。
（清）徐永言修，嚴繩孫、秦松齡纂《無錫縣志》，清康熙間刻本。
（清）秦瀛纂《無錫金匱縣志》，清嘉慶十八年（一八一三）刻本。
（明）劉侗、于奕正《帝京景物略》，《四庫全書存目叢書》史部第二四八册，據明崇禎間刻本影印，齊魯書社一九九六年版。
（明）趙滂《程朱闕里志》，《四庫全書存目叢書》史部第八十五册，據清雍正三年（一七二五）刻本影印，齊魯書社一九九六年版。

（清）吴存禮編《梅里志》，《四庫全書存目叢書》史部第八十七册，據北京圖書館分館藏清雍正二年（一七二四）蔡名炬刻本影印，齊魯書社一九九六年版。
（清）吴熙纂修《泰伯梅里志》，清光緒二十三年（一八九七）泰伯廟東院刻本。
（明）霍鎮方撰、陳仁錫輯《京口三山志選補》，《中國方志叢書》，據明萬曆三十九年（一六一一）刊本影印，成文出版社有限公司一九八三年版。
（清）吴雲輯《焦山志》，沈雲龍主編《中國名山勝蹟志叢刊》第四輯第三十二册，據清同治十三年（一八七四）刊本影印，臺灣文海出版社一九七五年版。
（清）盧見曾編撰《金山志》，沈雲龍主編《中國名山勝蹟志叢刊》第四輯第三十一册，據清刊本影印，文海出版社一九七五年版。
（清）廖綸輯、楊殿奎纂《高忠憲公水居志》，《無錫文庫》第二輯，據清宣統元年（一九〇九）梁溪文苑閣活字印本影印，鳳凰出版社二〇一一年版。
（清）高鑅泉、高長康纂輯《高子水居志補編》，《無錫文庫》第二輯，據清宣統三年（一九一一）活字印本影印，鳳凰出版社二〇一一年版。
錢基博編《高子水居精華録》，《無錫文庫》第二輯，據民國十年（一九二一）鉛印本影印，鳳凰出版社二〇一一年版。
（清）孫治輯、徐增重修《武林靈隱寺志》，《中國佛寺史志彙刊》第一輯第二十三册，據清光緒十四年（一八八八）錢塘丁氏重刊本景印，臺灣明文書局一九八〇年版。
（清）邵涵初纂《松滋祠廟事略》，《無錫文庫》第二輯，據清同治十二年（一八七三）刻本影印，鳳凰出版社二〇一一年版。

（明）孫慎行、張鼐等纂《虞山書院志》，明萬曆刻本。
（明）談脩《無錫縣學筆記》，《無錫文庫》第二輯，據明萬曆刻本影印，鳳凰出版社二〇一一年版。
（清）嚴瑴輯《東林書院志》，《無錫文庫》第二輯，據清康熙刻本影印，鳳凰出版社二〇一一年版。
（清）許獻、高廷珍等輯《東林書院志》，《四庫全書存目叢書》史部第二四六—二四七册，據清華大學圖書館藏清雍正十一年（一七三三）刻本影印，齊魯書社一九九六年版。
（清）鄒鍾泉《道南淵源録》，《四庫未收書輯刊》玖輯柒册，據清道光二十八年（一八四八）道南祠刻本影印，北京出版社二〇〇〇年版。
褚少唐、吴應壽整理《徐霞客遊記》，上海古籍出版社一九八七年版。
（唐）張讀《宣室志》，《唐五代筆記小説大觀》下册，上海古籍出版社二〇〇〇年版。
（明）胡應麟《少室山房筆叢》，《歷代筆記叢刊》本，上海書店出版社二〇〇一年版。
（明）吴桂森《息齋筆記》，《續修四庫全書》子部第一一三二册，據中國國家圖書館藏明崇禎間刻本影印，上海古籍出版社二〇〇二年版。
（明）吴桂森《真儒一脈》，《四庫全書存目叢書》子部第十五册，據無錫圖書館藏明天啓刻本影印，齊魯書社一九九五年版。
（清）陸世儀《思辨録輯要》，《景印文淵閣四庫全書》第七二四册，臺灣商務印書館一九八六年版。
（清）陳宏謀輯、華希閔補輯《訓俗遺規》，《四庫全書存目叢書》子部第一五八册，據清乾隆五十五年（一七九〇）含英閣刻道光增補本影印，齊魯書社一九九五年版。
（清）余治《得一録》，清同治八年（一八六九）刊本。
《晴山堂法帖》，上海古籍出版社一九九五年影印。

莊新興主編《明清名家書法大成》，上海書畫出版社一九九四年版。
（清）端方《壬寅銷夏録》，《續修四庫全書》子部第一〇八九—一〇九〇册，據中國文物研究所文物資料信息中心藏稿本影印，上海古籍出版社二〇〇二年版。
（清）孔廣陶《嶽雪樓書畫録》，《續修四庫全書》子部第一〇八五册，據南京圖書館藏清咸豐十一年（一八六一）刻本影印，上海古籍出版社二〇〇二年版。
（清）丁丙《善本書室藏書志》，清光緒二十七年（一九〇一）刻本。
（日）山本悌二郎《澄懷堂書畫目録》，日本昭和六年（一九三一）澄懷堂鉛印本。
朱倓《東林著述考》，《廣州學報》中華民國二十五年（一九三六）第一卷第一期。
南京師範大學古文獻整理研究所編《江蘇藝文志》，江蘇人民出版社一九九四—一九九六年初版，鳳凰出版社二〇一九年修訂再版。
五代後蜀韋縠編《才調集》，中華書局上海編輯所一九六〇年版。
（宋）洪邁《萬首唐人絶句》，文學古籍刊行社一九五五年據明嘉靖本影印。
（明）胡震亨《唐音統籤》，《續修四庫全書》集部第一六一二—一六二〇册，據故宫博物院圖書館藏范希仁抄補本影印，上海古籍出版社二〇〇二年版。
（清）彭定求等編《全唐詩》，上海古籍出版社一九八六年縮印清康熙四十六年（一七〇七）揚州詩局本。
（明）陳濟生輯《啓禎遺詩選》，中國國家圖書館編《原國立北平圖書館甲庫善本叢書》第九六五册，據南明永曆刻本影印，國家圖書館出版社二〇一三年版。
（清）錢謙益《列朝詩集》，許逸民點校，中華書局二〇〇七年版。

（清）朱彝尊《明詩綜》，清康熙四十四年（一七〇五）六峰閣刊本。
（清）沈德潛《明詩別裁集》，中華書局一九七五年據清乾隆四年（一七三九）刻本縮印本。
（清）張豫章等編《御選宋金元明四朝詩》，《景印文淵閣四庫全書》第一四三七—一四四四册，臺灣商務印書館一九八六年版。
（清）顧光旭輯《梁溪詩鈔》，清乾隆六十年（一七九五）顧光旭刊本。
（清）周有壬《梁溪文鈔》，《無錫文庫》第四輯據清鈔本影印，鳳凰出版社二〇一一年版。
（清）王直纂輯、王鑑續輯《錫山文集》，《無錫文庫》第四輯據清鈔本影印，鳳凰出版社二〇一二年版。
（明）賀復徵《文章辨體彙選》，清文淵閣四庫全書補配清文津閣四庫全書本。
（明）鄭元勳《媚幽閣文娱二集》，《四庫禁燬書叢刊》集部第一七二册據明崇禎間刻本影印，北京出版社一九九七年版。
（明）陳子龍等輯《皇明經世文編》，《四庫禁燬書叢刊》集部第二十二—二十九册，據明崇禎雲間平露堂刻本影印，北京出版社一九九七年版。
（清）黄宗羲《明文海》，《景印文淵閣四庫全書》第一四五三—一四五八册，臺灣商務印書館一九八六年版；中華書局一九八七年據原涵芬樓藏鈔本影印本。
（明）陶珽書《明賢尺牘》，北京大學圖書館藏原件。
吴曾祺編纂《歷代名人小簡》，民國二十四年（一九三五）上海商務印書館印行。
（清）鄧實輯《明代名人尺牘》七種之六《明東林八賢遺札》，國家圖書館出版社古籍影印室輯《明代名人尺牘選萃》第九册，據上海國學保存會清光緒三十四年（一九〇八）影印本影印，國家圖書館出版社二〇〇八年版。

（清）黄定蘭輯《明人尺牘》，《明代名人尺牘選萃》第四册，國家圖書館出版社二〇〇八年版。
上海圖書館編《上海圖書館藏明代尺牘》，上海科學技術文獻出版社二〇〇二年版。
錢鏡塘輯《錢鏡塘藏明代名人尺牘》，上海古籍出版社二〇〇二年版。
石守謙、楊儒賓主編《明代名賢尺牘集》，財團法人何創時書法藝術文教基金會二〇一三年版。
（宋）程顥、程頤《二程遺書》，上海古籍出版社二〇〇〇年版。
（宋）張載撰，章錫琛點校《張載集》，中華書局一九七八年版。
（宋）朱熹撰，朱傑人、嚴佐之、劉永翔主編《朱子全書》（修訂本），上海古籍出版社、安徽教育出版社二〇一〇年第二版。
（元）倪瓚《清閟閣全集》，清康熙五十二年（一七一三）曹氏城書室刻本。
（明）方孝孺《遜志齋集》，《四部叢刊》初編景上海涵芬樓藏明刊本。
（明）王守仁撰，吴光、錢明、董平、姚延福編校《王陽明全集》，上海古籍出版社一九九二年初版，二〇一五年重校排印。
束景南、查明昊輯編《王陽明全集補編》，上海古籍出版社二〇一六年版。
（明）顧憲成《顧端文公集》，明崇禎間無錫顧氏家刊本。
（明）顧憲成《顧端文公遺書》，清康熙刻本。
（明）鹿善繼《鹿忠節公集》，《續修四庫全書》集部第一三七三册據湖北省圖書館藏清刻本影印，上海古籍出版社二〇〇二年版。
（明）黄正色《斗南黄先生遼陽稿》，中國國家圖書館藏抄本。
（明）劉永澄《劉練江先生集》，清乾隆劉穎刻本。

（明）陳龍正《幾亭全書》，清康熙刻本。
（明）繆昌期《從野堂存稿》，《常州先哲遺書》第一集，光緒二十一年（一八九五）武進盛氏用明崇禎十年（一六三七）刻本重雕，并輯補遺、年譜、附録各一卷。
（明）李應昇《落落齋遺集》，《常州先哲遺書》第一集，光緒二十二年（一八九六）武進盛氏用明崇禎十七年（一六四四）刻本重雕。
（明）陳子龍《安雅堂稿》，明崇禎刻本。
（明）范鳳翼《范勛卿詩文集》，明崇禎刻本。
朱文傑《東林書院叢談》，方志出版社二〇一三年版。
上海國學保存會編《國粹學報》光緒三十二年第三號（總第十五期），上海國粹學報館光緒三十二年（一九〇六）三月印行。
朱文傑《無錫新發現明代高攀龍手書家信》，載《文物》一九八六年第四期。
蘭石洪《〈高忠憲公詩集〉清雍正本的價值》，載上海師範大學人文與傳播學院與韓國交通大學校東亞研究所聯合主辦《東亞文獻研究》第十二輯（二〇一三年十二月）。
黄友灝《高攀龍理學形象的塑造及其轉變——以明末清初高氏著作的編刻爲中心》，載臺灣《漢學研究》二〇一四年第三十二卷第四期。

後記

『風聲雨聲讀書聲聲聲入耳，家事國事天下事事事關心』，這副由東林領袖顧憲成撰寫並懸掛在無錫東林書院依庸堂内的名聯，與衆多同時代人一樣，從小便耳熟能詳。二〇〇二年調入無錫江南大學任教後，又拉近了與東林書院的距離。真正開始關注東林學派，則始於二〇一〇年後。其時地域文化研究正如火如荼，在校院及無錫市政協相關領導的牽頭組織下，江南大學人文學院與東林書院、東林文化研究會擬合作開展東林文化研究。時在下忝任中文系主任，具體負責草擬了『東林學派典籍整理與文化研究』課題研究計劃。在撰寫課題研究計劃的過程中，經過初步的文獻摸底，發現其時學界於東林學派僅聚焦於理學思想和東林黨争的研究，在文獻整理研究上尚是一座有待發掘的富礦，東林學派代表人物的著述整理、學派學術史的編撰皆付諸闕如，開始意識到從事該課題研究的重要價值和意義。後來課題合作研究計劃雖因經費等原因擱淺，但與東林書院、東林文化研究會之間卻從此建立起了密切的聯繫。在與東林文化研究會朱文傑、蔡家彬、趙承中、榮駿炎諸先生的交流過程中，本人受益良多，對東林學派的研究熱情亦與日俱增，逐漸將個人研究重心轉移到東林學派文獻的整理與研究上來，開始着手東林學人著述的梳理和學派文獻的搜輯整理。

高攀龍的相關研究及高攀龍全集的整理便是其中研究工作之一。先是指導二〇一一級碩士生董曉雁同學以『高攀龍詩歌研究』作爲學位論文題目，開始對東林文學進行研究。隨後又對高攀龍著述存佚及版本作了詳細考辨，對現存作品的真僞作了考訂，並對集外佚作作了輯存，開始了對高攀龍著述的全面整理。二〇一七年春調入上海大學後，包括高攀龍全集整理在内的東林學派文獻整理研究得到了上海市高峰高原學科引進人才經費的支持。本書原定去年五月出版，因高攀龍現存著述的複雜性，在定稿過程中整理編排體例不斷調整，故延宕至今。

此書的整理、出版得到了衆多師友的關心、支持和所在專業學生的幫助。感謝鳳凰出版社倪培翔社長促成本書的出版和鳳凰出版社對拙著的厚愛，申報並獲得二〇一九年國家古籍整理出版專項資助，感謝南京師範大學江慶柏教授、中央民族大學傅承洲教授對本書的熱情推薦。江南大學人文學院蘇暘、南京藝術學院葉康寧兩位學兄耐心幫助辨認書劄文字，無錫市圖書館古籍部朱剛兄、無錫博物院盛詩瀾女史或贈送相關影印文獻，或代爲複製館藏文獻，華東師大美術學院張同標教授的研究生閆園園同學幫助查詢華師圖書館所藏圖書，江南大學孫虹教授、徐州工程學院文艷蓉教授幫助翻譯相關日文文獻，無錫市圖書館、上海圖書館、中國國家圖書館，北京大學圖書館、復旦大學圖書館古籍部等爲本書整理提供了查閲資料的方便，上海大學博士生吕樹明、渠嵩烽，碩士生徐暢思、陳歡歡、崔皓羽、程雪盈、熊桂芳、高阿丹各位同學及兒子傑弘在文本録入上付出了較多勞動，内人逸群女士承擔了大部分家務，本人得以安心從事學術研究，在此一併志謝。尤其要感謝的是，鳳凰出版社常寧文學兄及崔廣洲、尤丹丹、孫州諸位責任編輯在本書編輯出版中所付出的巨大辛勞。

庚子歲國憂家難相繼，岳父家父先後辭世，悲傷難抑，夜不能寐，匆草數語，以記本書整理出版始末。紙短情長，言不盡意，神昏意亂，或有遺漏不當之處，尚祈鑒諒。

庚子歲桐月尹楚兵記於滬上上海大學意和家園公寓。

東林學派文獻整理叢書

高攀龍全集

中

（明）高攀龍 著

尹楚兵 輯校

鳳凰出版社

中册目録

《高子遺書未刻稿》《高子別集》所載《高子遺書》《高子未刻稿》未收文①

① 按，其中個别文章《高子遺書》《高子未刻稿》因有删節存目，故亦據《高子遺書未刻稿》《高子别集》重録。

高子日記約鈔

集外佚作輯存

高子未刻稿（文）

禮部

左碧衢先生八十壽序〔一〕

天人感應，如聲入於谷〔二〕，無不傳之響，石擊於海，無不動之波。世人不知，以爲茫茫。其茫茫者，無其感也。無其感者，無其性也。性之與命，則人聲之與谷響，石擊之與波動，其間不容以髮。凡僞者，皆跡也，真者乃性也。跡與真不相即，性與命不相間，故曰：『無其感者，無其性也。』有如不信，視碧衢先生。

先生少負才名，於書無所不窺，不售而隱，不欲有見於世，所期自慊於心，以爲吾與人一也，族閭與四海一也，一介之施與萬鍾一也。有田數畝，豐歲則捐其羡與親者共之，凶歲則盡捐其有與饑者共之〔三〕，身所自給者，粥一盂，稚子怛饑，弗顧也。鬻童延名師教其子，亦與族閭共之〔四〕。蓋不與人共不樂也，是所謂性也。然以今觀先生，有丈夫子九人矣。浮丘公筮仕小鳳，則封先生内翰；已晋柏臺，則封先生侍御史；已晋棘寺，則封先生理丞；已晋僉院，則封先生大中丞，恩綸且四錫矣。諸子青衿者五，餼者一，舉賢書者一矣。諸孫四十餘人，青衿者七矣。曾孫十餘人，曾孫子亦十餘人矣。元配周太恭人壽七十有六矣，九男皆出恭人，螽斯之慶，世莫與京矣。天之所以福先生何如哉！是所謂命也。先生方且嗇神葆素，維風善俗，深居杜門，不跡郡縣，住山水處，扶筇獨遊，晏坐一室，高哦古訓，入而與周太恭人白首相莊，諸孫執經問難，諸曾孫捋鬚遶膝，人望之無異木公金母，崑崙姑射仙。而適先生以今年壽八十，季公歌《鹿鳴》而歸也，捧中丞百歲觴進之先生，斯豈獨縱陽盛事，要是記傳艷稱。而先生天人之感何以休嘉若是之駢集與？則又由中丞公當神祖末年群陰剥陽殆盡，中丞則爲不食之果，委蛇容與，妙運於人所不測，是其續國脉者心最苦；光考鼎革，一陽來復甚微，中丞則爲下仁之復，推賢舉能，盡瘁於時所可爲，是其轉國勢者力最鉅；今上踐祚，剥復之機變於呼吸，中丞則爲孚號之夬，正色危言，抉破其戎所窟穴，是其開國運者功最偉。皆所以壽國也，皆所以壽先生也。今夫干霄之木，必其枝之扶疏暢茂，而後其根益固；放海之泉，必其流之汪洋沛達，而後其源益澄。先生之培其體者厚，故發用於中丞公者大[五]，中丞公之發其用者大，故培體於先生者，藏於不涸之府，入於無窮之門，所謂性與命之交相感、交相應也。世之人由先生而信天人感應，所以修性立命者，可須臾懈乎？

時余與大洪楊公同在憲院，與中丞公相朝夕，聞先生之壽，喜陳説其事，以爲世法，因以爲先生觴。

校記

〔一〕此篇又載《高子遺書未刻稿》。

〔二〕『聲』字後，《高子遺書未刻稿》有『之』字。

〔三〕兩『捐』字，《高子未刻稿》皆訛作『損』，此據《高子遺書未刻稿》校改。

〔四〕『族閭』後，《高子遺書未刻稿》有『子弟』二字。

〔五〕《高子遺書未刻稿》無『公』字。

徐觀瀾先生八十壽言〔一〕

吴興有徐觀瀾先生，篤倫常，精名理，於書無所不窺，自少至老，手不釋卷，人稱之曰『讀書先生』〔二〕。所居室懸先生在黌中聲籍甚，杜門泊然，未嘗妄有作爲。每曰士在學，如女在閨〔三〕，自稱『不爲居士』〔四〕。所居室懸先聖像，題曰『仲尼樂處』，置日省録，旦書所爲，夜必告之先聖。人以爲愚，先生意常浩浩，人自稱『愚樂居士』〔五〕。書座右曰〔六〕：『一生中完完全全作箇好人，方不虚此生。一日中汲汲孜孜做些好事，方不虚此日。』

今年壽八十，朱仲增壽先生，欲余一言。余曰：『夫日朝而東升，夕而西入，周行於天，未嘗襲於故道，故謂之日新。草木之生，由甲坼而苗而葉而花而實而枝幹干霄〔七〕，未嘗虚此日。人之身，幼而壯，壯而老，爪髮之長無停晷〔八〕，未嘗虚此日。然人之靈於萬物者，非獨以形軀，有所以不舍晝夜而日新者在。顧貿貿焉不知也〔九〕，而且徵逐徒黨，躭迷嗜慾，束書不觀，妄爲取憂，豈止虚其日，虚其生已乎！若先生者，一日有一日之程，一生有一生之程，八十年實有二萬八千八百之日。《詩》曰：『樂只君子，萬壽無疆。』其先生之謂乎！何者？先生不作可憂之事，則皆尋樂之日，謂之『樂只君子』，詎曰不宜？

校記

〔一〕此篇又載《高子遺書未刻稿》，題無『徐』字。

〔二〕《高子遺書未刻稿》無『曰』字。

〔三〕『閨』，《高子遺書未刻稿》作『閣中』。

〔四〕《高子遺書未刻稿》無『自稱「不爲居士」』一句。
〔五〕按，疑『自』字衍。《高子遺書未刻稿》無『人自稱「愚樂居士」』一句。
〔六〕『曰』，《高子遺書未刻稿》作『云』。
〔七〕『拆』，《高子未刻稿》作『折』，形近而訛，此據《高子遺書未刻稿》校改。
〔八〕『晷』，《高子未刻稿》作『暑』，形近而訛，此據《高子遺書未刻稿》校改。
〔九〕『貿貿』，《高子未刻稿》作『質質』，形近而訛，此據《高子遺書未刻稿》校改。

壽許少司馬敬翁先生七十序〔一〕

人與萬物群生天地間，而人獨能體天地之撰，與天地相共悠久，何也？曰：『觀天地而知之。今夫天地所以爲天地者，無一物而能物物之〔二〕，故群生萬物而無擇於物。人心有欲，則不能無物，物得而役之；人心有私，自爲畛域，即彼我對待，不能無所擇取於其間。役於物則卑，擇物則隘，所由與天地之撰倍屣無算也。』

吾於今之世得一人焉，曰許敬菴先生。先生少攻舉子業，爲世所矜式。及成進士，以郎署高等入掌天曹，蘗苦冰澄，型範百職。休沐過家，盜以先生顯者，橐中裝可挈也，夜入其室，縶先生，爇火灼之，垂斃，無所得去，於是先生廉聲大著。滿三載考，飭兵廣東，尋調福建，以事左遷。逡巡郎署者數年，始出守建昌，督學陝西，所至必以興教化、育人才爲先務。入爲京兆，而先生所善李見羅先生爲宵人所中，遘奇禍〔三〕。先生抗章救之，再謫官，僉憲東粵。尋進銀臺，開府八閩。閩中饑，民攘臂起，幾挺大亂，先生指顧定之，晋南少司馬。是時南中倡無善無惡之學，士靡然趨之，先生大懼曰：『聖賢喫緊爲人，獨有性善一脉，奈何夷善於惡，使不達其指歸者并名節忠孝一切弁髦之乎？」昌言排之，而時人側目矣，乃不遺力攻先生。天子不以讒言爲然，先生遂浩然歸，杜門著書，述《學》《庸》《論》《孟》正義以昭示天下〔四〕，識者皆以先生之學爲是，而不惑於異端詭怪曼衍之説。

先生之學，以無欲爲主。謂人心之知，緣物而起，亦緣物而蔽，格去物累，則真性湛然，故《大學》最先格物，物格而知自致〔五〕，意自誠，蓋其所深造自得者在是，故説經必本於是。先生好善疾惡，臨事據法，不少姑息。然其人沖夷博大，一切茹納，見童穉如耆宿，接卑賤如尊顯。人有緩急，扣之無不應。或詐之，既已暴著，而待之如初。其胸中無物而不揀擇於物如此。

於是先生壽七十矣，諸所爲陶鑄於先生之盛德者，謀所以壽先生，而使攀龍爲言。攀龍曰：『世之談長生者侈矣，而不知長生之道，惟聖人能之。夫所謂天理云者，無去來，無增損，不隨四時代謝，不隨山岳變遷，不隨天地成毁，而萬古如斯。以爲無物，而非釋氏之虚無寂滅；以爲有物，而非老氏之谷神玄牝。人人有之，而汩於欲，牿於私，惟聖人全體斯理，故萬古常在。先生方爲聖人之學，高明博厚，將與造化同其無疆，而吾乃區區爲百年形骸之壽以壽之，不既小乎？』僉曰：『然。』遂次其語以進先生。

校記

〔一〕此篇又載《高子遺書未刻稿》。

〔二〕『物物』，《高子未刻稿》作『物』，《高子遺書未刻稿》作『物物』，是，今據補一『物』字。

〔三〕『遘』，《高子遺書未刻稿》作『遭』。

〔四〕『論』，《高子遺書未刻稿》作『語』。

〔五〕『物格』，《高子遺書未刻稿》作『格物』。

相國平翁朱先生七十壽言〔一〕

今天子踐祚之明年壬戌，平涵先生以舊德入參大政。越二年乙丑，先生以枘鑿於時予告歸。明年丙寅，先生壽大耋。予惟人生壽七十，仕宦至宰相，正人不被黨人之禍，山林中飲啖卧起不殊少壯，生人之福備矣。然人之福得之於天，必修之於人，先生則何修而致然也？先生於書無所不徹，而尤徹者史，於史無所不徹，而尤徹者昭代之史。彼其鏡觀才品之殊，研悉理亂之故，知天下之亂不生於亂而生於治，不生於治而生於欲。治之太急，故常劑之以寬，而持之以緩，以是於群情猶不甚忤。予猶記先生疇昔之言曰：『君子無所争，未有争〔二〕，而敗不歸於君子，未有敗歸君子而禍不中於國家者。』予曰：『信然。』君子居其位，則盡其職，見其可，則行其事。行事盡職，人不以爲然，則奉身而去，得喪存亡，一以聽之，不表己是，不明人非，之謂無争〔三〕。争者，口相詆角，文相深刻，無當於實事，而究底於實禍者也。先生之無争，豈惟治天下，亦以治一身；豈惟壽國，亦以壽身。何者？無争則和，壽身之訣，保合太和而已。於是先生既歸，杜門杜機杜口，非至親暱，不得入其室。入其室則相與飲酒，酒酣，陶陶於太和之域，有言及時事者，先生摇手曰：『飲酒。』

校記

〔一〕此篇又載《高子遺書未刻稿》。

〔二〕『未』，《高子未刻稿》作『求』，字訛，此據《高子遺書未刻稿》校改。

〔三〕『無争』，《高子未刻稿》作『争無』，倒誤，此據《高子遺書未刻稿》校改。

壽禹門史翁六十序〔一〕

人心之欲無窮，而富貴之溺人爲甚，故士無富貴之志，而後天下之事無不可爲。蓋難言哉！嘗縱觀千古，如傳記所稱隱逸諸賢尚矣，即陶靖節，非皭然不滓之人豪乎？然推其至隱寂寞無聊之意，猶不能不自遺於篇什之間矣〔二〕。夫其有所遺之者，未盡有以化之〔三〕。韓退之亦譏醉鄉之徒尚藉麴蘖之託，謂猶未能平其心，以爲若顔氏子操瓢與簞〔四〕，曾參歌聲若出金石，斯何所事託而逃焉？是其言至矣，然宰相之書竊恐醉鄉諸公不免啞然掩口，以此知窮途之際〔五〕，賢者猶難之。夫以由、光義至高，聖人不道也，至荷簣丈人之流，聖人又若汲汲乎欲挽其趨而易之。彼其人豈非泥塗軒冕、塵芥金玉者與？胡以弗取也？孟子曰：『人有不爲也，而後可以有爲。』是故有天下而不與者，迺可以托天下，豈與夫不屑富貴之爲高已哉？

蓋攀龍少則知吾郡有禹門史先生云〔六〕，及交於薛以身兄弟，而知先生益悉。先生自成進士，令於金華，郎於南司馬，出守廉州，遽拂衣歸。歸洽一圃，徜徉其中〔七〕，非公事不謁見郡縣。有司臺使者交薦公車，先生卧不應。其出也，不取一錢於官；其處也，不營一錢於私。先世所遺貲悉推與仲弟，帛衣菽食，若將終身焉。嗟乎！若先生者，可謂爽然於富貴之際者乎！夫士平居談説仁義，人人信其無他，一涉事境，或有靡然喪其所守〔八〕，即其偃蹇澹泊之時，第以爲名高而有所市之矣。其不然者，必置心枯槁，遺棄世事，爲異端佛老之徒。先生出則知官有官之守，不知隱之爲高，處則知吾有吾之樂，不知仕之爲榮，素心安土，順化忘機，故先生所至，各能其官，及退而恬於山水漁樵之間，又屹然負一時之望。夫先生，所謂於天下之事無不可爲者矣，而世猶未竟其用，何也？

於是先生年六十矣，以身兄弟謀所以壽先生，以不佞於先生有積慕也，遂令言之。攀龍竊聞夫壽者，其神完，故其形常存也。天下之足以耗吾神者惟情，其足以累吾情者惟欲，先生所謂爽然於富貴之際者，而其神可知矣，則先生之壽未量，而先生之有爲未量也。

校記

〔一〕此篇又載《高子遺書未刻稿》。
〔二〕《高子遺書未刻稿》無『矣』字。
〔三〕『所』，《高子遺書未刻稿》作『以』。『化之』二字後，《高子遺書未刻稿》有『也』字。
〔四〕《高子遺書未刻稿》無『子』字。
〔五〕『途』，《高子遺書未刻稿》作『達』。
〔六〕『郡』，《高子遺書未刻稿》作『鄉』。
〔七〕《高子未刻稿》『其中』之前空闕二字，《高子遺書未刻稿》作『徜徉』，此據補。
〔八〕《高子遺書未刻稿》句末有『者』字。

丁儀部長孺丈六十壽言〔一〕

長孺，聖人之所謂狂也。其氣烈，其行潔，其志一往而不可折，可以託六尺，寄百里，臨大節而不可奪者，斯其人也。

初，長孺成進士，官中翰，中翰，仕人利達之途也，長孺夷然不屑，甫拜官，慷慨言天下事，大指以人臣罔上行私，便其身家之圖，不顧辱朝廷，羞當世，臚列言之。諸不便長孺者，謂斯人一日立於朝，安所得媮衣甘食，爲吾所欲爲乎？亟中以考功法逐之。長孺曰：『吾豈爲好名者哉〔一〕？受國恩，不忍與二心之臣比肩事主耳。令吾長有畎畝，聾瞽其耳目，幸甚！』棲遲林中者二十餘年，當事者以爲賢，復官長孺儀曹，將大柄用。長孺夷然不屑，甫就列，復慷慨言天下事。諸爲長孺發其私者，益大怒，以考功法錮之。當是時，天下賢士大夫同長孺黜及被刺譏擯爲黨人者，屈指三十有八人，欲投此輩濁流者快然滿志矣。

夫士少年負氣自雄，及挫抑再奮，輒一切刓方揉直，爲天下後世咲。吾所見林間人復入仕版，倔强如昔者，惟長孺。長孺爲涇陽先生高弟，先生惡世之人以理學名節市富貴利達，謂不若昏夜乞哀者，猶不弊理學名節也，乃凜凜自持。師死而不倍者，惟長孺。吾少時即識長孺，嘐嘐然稱古之人，常擊節流涕，一坐爲之神解骨竦。至今考其行事，狂士之行掩其言者，惟長孺。長孺之於鄉亦然，決不容人壞亂名教，苟可伸其志，即罟擭陷阱，就之如飴，惟君子以爲難。嗟乎！一鄉寧得幾君子哉？此鄉愿所以乘時之利而竊譏之也。吾嘗謂狂之與俠大逕庭矣，後世所謂俠，聖人所謂蕩也，烏可同日而語？長孺行己有典有則，西方美人之思，寤寐以之，斯人得志，世道斐然矣。

於是長孺曰：『吾老矣，栖栖何爲乎？』乃徙居山中，不復問人間事，青山白雲自咲而已。今年六十，遊好相與觴長孺，余因略言長孺所以爲長孺者，而歌之曰：

天地有門户兮，曰一陰而一陽。陰陽相朋黨兮，曰一柔而一剛。剛柔分善惡兮，曰曲邪而直方。自黨人之歧途兮，若一參而一商。九官與四凶兮，何嘗不耦居而分行？苟不羞於聖人之門兮，雖韜韞兮何傷。青山青兮白雲白，一咲能令宇宙香。春風歸詠點也狂，吾爲一酌千秋觴。

校記

〔一〕此篇又載《高子遺書未刻稿》。

〔二〕『爲好名』，《高子遺書未刻稿》作『好爲名』。

同春張翁六十壽序〔一〕

始吾聞張翁掩關焚修爲瞿曇氏之學，以爲張翁隱者也〔二〕。及吾見張翁，非隱者也。其人慷慨善談論，有強力猛志，思自表見於天下，不得志於時，而欲融之於空者也。凡人之意有所屈而不伸，寘而不忘，逆而拒之，不若順而融之〔三〕。

張翁少有奇質，嗜讀書，工文詞，直以爲一第掇之，而數奇以老。有兩子，翁曰：『幸甚！可教也。』不遺力而鞭辟之，不數年而學成。長公已有聲諸生間，次公已舉進士於鄉，一日千里矣。夫人知用之用，而不知不用之用大也。始翁不遇於時，豈不謂造化薄我，而後乃知造化與之也厚，不用其身，而用其子孫，乃可爽然於心，順而融之易矣。

兹者歲暮，余閒行出郭，見夫兩兩村家，蕭蕭四壁，兒女依然，暴日簷前，喟然嘆曰：『貧者之適如是。』及之湖濱，凍水漠漠，淡日荒荒，殘雪千峰，落鴉萬點，步入水居，擁爐煨芋，則又喟然嘆曰：『閒者之適如是。』夫余草野休閒人也，兩見而不覺兩嘆，况夫當塗貴人？委五官百骸而狥一官，日暮途窮〔四〕，形神槁困，試眺首見西山爽氣，不知其喟然又當何如也。

今翁年且六十，有子而賢，有身而閒，曩日少壯之意所爲，屈而不伸，寘而不忘者，既快然無憾，視宇宙之中成虧得失，真如飄蓬落葉偶聚於前，無足當吾一瞬，不遣而自融，不融而自空，不掩關而自隱。夫如是，其壽不以百千萬億算。

校記

〔一〕此篇又載《高子遺書未刻稿》。
〔二〕後一「翁」字,《高子遺書未刻稿》作「公」。
〔三〕「順而融之」,《高子未刻稿》作「順融而之」,此據《高子遺書未刻稿》校改。
〔四〕「窮」,《高子遺書未刻稿》作「遠」。

劉東渠先生六十壽説〔一〕

東渠先生居於蘭陵之野,授經蒙士以自給。其教强毅堅定,不厭誦數,故所習皆精熟,縉紳士人争延致之。所居往往多歷年所,而忍不能舍。爲人樸而蕭散,多識前言往行,自載記以來,一切治亂興替,人才邪正是非,皆能言其竅要〔二〕。不喜佛,見佞佛,輒嫉惡之。不喜飲酒,不喜博奕,顧獨喜吟詩,所至長歌短章,得句每沾沾自諷,人不知而先生意自得不顧也。

館於高子家三年,其去之明年,而先生壽六十,高子捧觴而進曰:『先生之壽,其諸異乎人之壽也與!今夫人心何常〔三〕,惟所薫何如耳。解牛者,晝之所爲,夜之所息,所見無非牛也。斲輪者,晝之所爲,夜之所息,所見無非輪也。何者?誠習之也。先生六十年間,無日不與黄卷對,涵濡其理義〔四〕,考鏡其事實,殆無日不遊於《易》《詩》《書》《春秋》之圃也,無日不涉於皇帝王伯之途也〔五〕。而先生又喜詩,目之所觸,耳之所遇,身之所閲,一切彙而爲詩,又無日不交於雪月風花之神也。則是先生以天地爲廬舍,以古今爲什器,聖賢爲儕偶,況由此而進於耄於期,將境愈熟而神愈安,先生之靈府,其諸異於人之靈府。先生之壽，其諸異於人之壽也與！』先生莞爾而笑曰：『大哉言乎！吾向者六十年尚習於其中而不自知也，今由子之言吾，且知吾之天地，吾之古今，吾之聖賢，而不專在簡編詩句間。吾今日以後之壽，其諸異乎今日以前之壽也與哉！』

校記

〔一〕此篇又載《高子遺書未刻稿》。
〔二〕『窾』，《高子遺書未刻稿》作『竅』。
〔三〕『夫』，《高子未刻稿》訛作『失』，今據《高子遺書未刻稿》校改。
〔四〕『理義』，《高子遺書未刻稿》作『義理』。
〔五〕『王伯』，《高子遺書未刻稿》作『王霸』。

劉翁六十壽序〔一〕

有儒一人，侃然非義不苟行，居流俗之中，而慕古人之道，其人曰劉子汝禎〔二〕。一日造余，修弟子禮，余詫曰：『余不能爲人師，况能師子耶？』匿避者三，其色愈恭，執愈堅，曰：『吾意有所定也。』迺於是余得交劉子，時時相與上下其議論。而劉子則與吳君兩橋、劉君中孚及余之徒太如蔣子相驩也，平居勸善規失，求所以如古之人者。余竊幸以爲此風邈矣，吾錫之俗庶其振乎！

久之，益知劉子之尊人翁。翁事厥考蔚堂公，盡孝養也，至盡鬻其外家所與粧田以供修瀡，不令蔚堂公知。蔚堂公病目，有膜蔀之，翁旦夕舌舐蔀去，目復明。余嘗俯仰天地間，觀感應事，蓋未有神奇過於孝行所感，如王氏之魚，孟氏之笋，姜氏之湧泉，其與造化酬酢，如呼吸桴鼓然。此何以故？夫天，人之始也，父母，人之本也，反其本，則反其始也。故益曰『惟德動天』，言孝也。非孝無本，不謂德也。宇宙中天地生氣而已矣，向其所生者順之，悖其所生者逆之，順其氣則氣應之，故天地協應，鬼神效靈，無足怪也。况於天之福善，使其人壽而康，其子孫賢而達，又豈不可必乎？

翁今年六十，氣軒如也，髮鬒如也，即至於耄於期裕如也。而劉子工爲文章，固宜遇於世。黄山谷曰：『四民各世其業，士人世守忠信孝友而已，然不可令書種斷絶，有才氣者出，便足名世矣。』夫劉氏自蔚堂公以來，三世守忠信孝弟而修詩書之業〔三〕，當有興者，其在劉子乎？宜翁之壽，有以觀厥成也夫！

校記

〔一〕此篇又載《高子遺書未刻稿》。

〔二〕『人』，《高子未刻稿》初作『名』，改爲『人』。按，《高子遺書未刻稿》作『名』。

〔三〕『忠信孝弟』，《高子遺書未刻稿》作『孝弟忠信』。

秦太清親翁、親母施孺人偕六十壽説〔一〕

天啓乙丑，秦太清公及其元配施孺人偕壽六十，余兒世寧以一觴壽公與孺人〔二〕，請以一言爲侑〔三〕。余曰：『世俗之壽人者，必侈稱其人之懿美，閥閱之盛，子孫之衆〔四〕，以爲文詞云爾，於壽無與也。人固有所以致壽者，有所以葆壽者，公之伉儷實合符焉，可爲世法也。』

夫人之生也，生於太和，其壽也，壽於太和，故曰『太和所謂道』，而保合之者鮮矣。太和在天地間無來無去，寂然常住，其在人身亦然。而人心動於念，念牽於欲，於是躁擾紛飛，火以焚其和，失其所以生，故失其所以壽也。今人有萬金之寶，未有不欲求而得之，珍而藏之者，即有千百金之物當前，弗顧矣，謂其輕重殊等也。吾之所以爲生，所以爲壽，奚啻萬金之寶〔五〕？乃棄而不顧，營營焉敝屣腐鼠之足珍，何耶〔六〕？騖其最輕者，不知其最重〔七〕。吾每見太清公不然，居其室，兄弟夫婦父子祖孫之間，愉愉如，藹藹如，不以細務忽大倫，不以近圖妨遠計，明於輕重之等，而不失其和，是其生而合符於道〔八〕，可爲世法者也。是則公所以致壽，所以保壽也。吾觀夫子論孝，天子必得萬國之歡心，國君必得百姓之歡心，治家者不敢失於臣妾妻子，以得人之歡心，夫然後太和洋洋充宇宙矣，故災害不生，天下和平，此之謂無疆之壽。太清公之治其家也，臻斯理乎！於是觴公，誦其説以侑。

校記

〔一〕此篇又載《高子遺書未刻稿》。

〔二〕《高子未刻稿》『余兒』後空闕二字，《高子遺書未刻稿》作『世寧』，此據補。

〔三〕《高子遺書未刻稿》無『以』字。

〔四〕『衆』，《高子遺書未刻稿》作『衆多』。

〔五〕『奚』，《高子遺書未刻稿》作『寧』。

〔六〕『耶』，《高子遺書未刻稿》作『也』。

〔七〕《高子遺書未刻稿》句尾有『也』字。

〔八〕『合』字後，《高子未刻稿》衍一『合』字，此據《高子遺書未刻稿》删。又，《高子遺書未刻稿》句尾有『者也』二字。

王母孫孺人八十壽言〔一〕

王四時公〔二〕，於予爲内叔。今年庚申，公之母孫孺人壽八十，公謂余曰：『須子一言爲吾母壽。王氏貴盛，子所知也，吾母在膏粱文繡家，未嘗有一日膏粱文繡之享也〔三〕。十八而歸吾父從庵公，拮据養吾祖仰山翁，拮据供吾外祖静齋翁，拮据佐吾伯父義菴公，與吾伯姆虞孺人居同宫〔四〕，炊同釜，四十年如左右手也。吾父母佐伯父箸，不自積箸，伯父母析吾父母箸，吾父母箸四壁矣。吾母去饒而不忮人饒也，居窘而益恤人窘也，人以苦告，蹙眉涕頤，若身有其苦者。奉祭祀賓師甚敬，居閨闥甚莊，不佞佛，不媚神，女紅績織，至老不替。蓋八十年以勤儉二字煉習成性，不復知人世更有何事可欣慕愛樂也，豈易至今日哉？不佞不能擊鮮烹肥爲富貴之享享吾母也，不能徵聲選技爲富貴之娱娱吾母也，不能騷人墨士爲富貴之文文吾母也，得子言，吾捧一觴跽而奏之，吾母雅不羡富貴聲華，以爲有知其心者，忻然一咲爲樂矣。』攀龍曰：『然，吾有以知孺人之心。』

天下惟日用尋常有不可窮之至味，舉世不知也。夫水之味，至無味也，人一日不得之則渴；五穀之味，至無味也，人一日不得之則飢。飢渴之害，至無等也，夫人日免其大害於無味之味而曾不知其味者，不察也。今夫衡門之中，洒掃庭室，煖日熙陽，清宵朗月，交代於前，又何羡數仞之堂乎？蔬食菜羹，烹調合節，一飽之後，展舒四體，充然自足，又何羡方丈之食乎？當暑絺綌，霜寒布袍，寒暑自適耳，又何事炫他人耳目乎？子婦在側，兒孫遶前〔五〕，萬緣素定矣，又何事代造物籌算乎？凡此人人至足之味也，人心足則平，平則和，和則樂，子以此效於親，無不足之憾，親以此受於子，有常足之樂。所謂尋常之味，至淡至濃，而舉世不知也。彼慕富貴之樂者，皆害飢渴之害者也。孺人以勤儉二字成八十年百煉貞心，味斯味久矣，聞吾言，而有當於其心也。自兹而耄而期，味家庭真味愈無窮，子孫有鵲起蟬聯效其富貴之樂者，孺人視之，無以異於今日之味也。是可歌矣，歌曰：

弓河之水兮一灣，幽居兮臨潺湲。無剥啄兮門設常關，於粲洒掃兮白日閒閒。有績有織，有誦有讀〔六〕。少者順志，老者歡顔。一畝之宫兮〔七〕，是爲十洲與三山。

校記

〔一〕此篇又載《高子遺書未刻稿》。

〔二〕『時』，《高子遺書未刻稿》作『如』。

〔三〕『有一日』，《高子遺書未刻稿》作『一日有』。

〔四〕『姆』，《高子遺書未刻稿》作『母』。

〔五〕《高子遺書未刻稿》『側』作『前』，『前』作『膝』。

〔六〕《高子未刻稿》『有誦有』三字後空闕一字，《高子遺書未刻稿》作『讀』，此據補。

〔七〕《高子遺書未刻稿》無『兮』字。

李母錢太君七十壽序〔一〕

蓋余讀《詩》至《豳風》，未嘗不三復而三嘆也，曰艱難生大業，豈不信然乎？終古以來，未有不由是致隆者，豈惟國然？凡家之興，必有思艱之人始基之，而始基之人，其筋力必强，其志慮必堅忍，其神必王於恒人。蓋天欲封殖其家，必封殖其始基之人，綿其年，使之歷祖父子孫間周閲詳備，以垂不拔之業。凡吾所見致隆之家皆然，而錢太君非其人乎？

太君之歸李也，梁溪翁持家秉至井井矣。梁溪翁壽躋九十，未嘗稱耄，倦則太君佐之，孰使梁溪翁成其翁也者，非太君乎？太君以梁溪翁稱人婦矣。養沖君之爲諸生也，侃侃黌序間，莊事之者無敢以諸生視君，其嗣梁溪翁業而益拓之〔二〕，則太君佐之，孰使養沖君之成其夫也者，非太君乎？太君以養沖君稱人妻矣〔三〕。太君之稱未亡人也十有餘年，其佐瞻沖君如一日也。瞻沖君聲隆隆起諸生間，方且爲南山之豹、北溟之鵬，而太君晝視機，夜視讀，令瞻沖君益拓梁溪翁未拓之業，伸養沖君未伸之志，曰于老人，觀厥成也。孰使瞻沖君之成其子也者，非太君乎？太君以瞻沖君稱人母矣。而太君年既高，視聽瑩如也，步履跬如也，飲啗衎衎如也，吾所謂天之欲封殖其家，必封殖其始基之人，使之壽而康，周閲詳備於其祖父子孫之間者，非耶？是故其惇龐亭毒，不易漓也；沃根淵源，不易既也；廓而沛之，嗣而衍之，以交至於永永〔四〕，不易艾也，此所謂思艱始基之人也。

今丁未太君壽七十，瞻沖君則余伯兄鳴陽之姻也，伯兄將以百歲之觴從姻婭後觴太君，而命攀龍曰：『須子一言侑之。』攀龍曰：『唯唯。』《豳》詩之末章有之矣：『酌彼兕觥，萬壽無疆。』夫《豳》，思艱之詩也，而終以樂。天下未有不始於艱難，而終於逸樂者。太君之佐梁溪翁而成其翁，佐養沖君而成其夫，佐瞻沖君而成其子，其艱甚矣！今其樂乎樂，而壽無疆乎！

校記

〔一〕此篇又載《高子遺書未刻稿》，題無『壽』字。

〔二〕『翁』，《高子遺書未刻稿》作『公』。

〔三〕此句《高子未刻稿》訛作『太君以養沖稱君人妻矣』，此據《高子遺書未刻稿》校改。

〔四〕『至』，《高子遺書未刻稿》作『致』。

何母劉太孺人壽言〔一〕

吾友何穉良，奇男子也，奉其母劉太孺人，無以改於嬰孺在乳哺時。丁巳春，太孺人得寒疾，殆矣，穉良居邇城隍神，每旦起，輒就祈，願以身代太孺人。太孺人一日忽呼沐浴衣冠，卧而冥冥往矣，鼻中氣忽復閤闢，醒而曰：『神告我無恙也。』穉良禱益虔，遂愈。前後衣不解帶，目不交睫者七十晝夜。

明年戊午，太孺人壽進八袠，諸通家子求所以壽太孺人者，而問於攀龍，曰〔二〕：『美哉！太孺人之壽，穉良壽之也。方太孺人呼沐浴衣冠時，冥冥往矣，此一息之續，於何續乎？穉良一念續之也。往者太孺人壽七十，余既颺太孺人懿美，而謂穉良所爲壽太孺人者，求諸己而已，求之方寸之心而已。方寸之心固百福之府，萬壽之源也，今不左券乎哉？此何以異於祥之魚、宗之筍、詩之湧泉？穉良之得諸天者，如取水於渚〔三〕，取火於燧也。夫天下之最不可必者，天也，穉良既得之，天下最可必者，己也，又何不可得之？有孝者，萬善之本，萬善取諸一孝而足。如穉良之孝，豈不能以太孺人之身修萬善而爲太孺人萬壽〔四〕？』於是諸君子欣然曰：『此可以觴太孺人哉！』攀龍酌而進曰〔五〕：『不有太孺人也，何有穉良？不有穉良也，何有太孺人？天以穉良錫太孺人哉！』再酌而進曰：『不有穉良孝也，何以壽太孺人？不有太孺人壽也，何以著穉良孝？天以太孺人著穉良哉！』三酌而進曰：『太孺人壽彌高，穉良孝彌著，穉良孝彌著，太孺人壽彌高。天下之爲子者多孝，爲母者多壽，天以太孺人母子錫類天下哉！』皆賦《天保》而起。

校記

〔一〕此篇又載《高子遺書未刻稿》。
〔二〕「曰」，《高子遺書未刻稿》作「攀龍曰」。
〔三〕「渚」，《高子未刻稿》訛作「諸」，此據《高子遺書未刻稿》校改。
〔四〕《高子遺書未刻稿》句末有「哉」字，語意較完。
〔五〕《高子遺書未刻稿》無「攀龍」二字。

顧母華太孺人七十壽言〔一〕

太孺人以癸卯春壽大耋，先是太孺人週甲子時，攀龍既稱舉粹美，大略謂太孺人勤而恒，儉而有理〔二〕，嚴而寬，纖悉而持大體，從容而捷應物，女而女，婦而婦，母而母，倫物備矣，則五福之應自宜壽考康寧，引於勿替。及是十年，而余言已若左券。

今嗣得伯仲蔚然起黌序〔三〕，朱紱方來，季子克其家，伯仲之子皆殖學績行〔四〕，寢昌明矣。爲丈夫子者四，子之子者十，孫之子者六，斑采爛然，見三世矣。男女婚嫁既畢，諸子自黽勉，一不以家秉累太孺人，得閒身矣。而太孺人神明不衰，匕箸無恙，方且精心佛乘，益修清凈惠慈，恬然於委和之境矣。夫人即壽，有惴惴憂一線之緒在若絶若續之間者，即有子矣。或偃蹇遲暮，不得含飴弄孫之樂，有子若孫矣。或弗率於教，不得《詩》《書》《禮》《樂》之彬彬，子若孫而文矣。或家内外一切責辦治〔五〕，晝夜矻矻不休，曾不得偃仰之適。若是者，視太孺人何如也？夫有所不慊其心則傷其神，太孺人於生人之願足矣，無不慊而神全，易壽也。有所不適其身則傷其形，太孺人於生人之累盡矣，無不適而形全，易壽也。余又何以祝太孺人？則願以祝嗣得，《詩》不云乎：『溫溫恭人，如集於木。惴惴小心，如臨於谷。』是有懷二人之道也。嗣得震子也，閑有家者也，親之望子，欲其家之閑，嗣得而閑，所以壽太孺人也。則願以祝嗣得兄弟，《詩》不云乎：『兄及弟矣，式相好矣，無相尤矣。』是有懷二人之道也。親之望子，欲其能和，嗣得兄弟而和，所以壽太孺人也。則願以祝嗣得兄弟之子，《詩》不云乎：『教誨爾子，式穀似之。』是有懷二人之道也。親之望其子之子，欲其能教，嗣得兄弟而教，所以壽太孺人也。夫濬泉者達其流，沃本者護其枝，子若孫德無疆，則太孺人底豫無疆。太孺人清凈無爲之樂無疆，則壽無疆。故祝嗣得兄弟，所以祝太孺人也。

校記

〔一〕此篇又載《高子遺書未刻稿》。

〔二〕『理』，《高子遺書未刻稿》作『禮』，於義較長。

〔三〕『起釁序』，《高子遺書未刻稿》作『諸生間』。

〔四〕『績』，《高子遺書未刻稿》作『積』。

〔五〕『治』，《高子未刻稿》作『洽』，此據《高子遺書未刻稿》校改。

題《瑤池圖》壽賈母〔一〕

肖開賈公，先君子静逸、繼成兩公莫逆也。公之子彦貽、延之與余兄弟相得而歡，數年來，余弟聲野又與延之共席研墳索，相得益歡，賈氏與高再世膠漆矣。余少時，登堂拜公，公之元配錢孺人〔二〕，孺人手菓餌啖之，以是識孺人。自是侍先君子飮，每聞肖閒公數數言孺人，先君子數數嘆肖閒公有婦，以是知孺人〔三〕。肖閒公徒手治生産，孺人拮据佐之，十指在績織間，靡寒暑也。孺人生一女而無子，爲公置二室，得彦貽兄弟。恒情伸其所生者，絀其非所生者。孺人不然，絀其所生者，而伸其非所生者。彦貽兄弟少乳於所生，顧不知孺人非所生也。無我，賢人所難，而况恒人，丈夫所難，而况婦人，斯亦奇矣。

今年癸丑，孺人壽七十，余兄弟謀所以觴孺人曰：『若何持以頌無疆也？』請於張公元春，爲瑶池之圖，而攀龍飈言曰：『吾觀孺人生七十年，無怍德矣。事肖閒公者三十餘年，稱未亡人者二十餘年，如一日也。所以撫彦貽兄弟者，無纖芥之間焉〔四〕，所以撫彦貽兄弟之母者，無纖芥之間焉，如一人也。自昔所稱王母瑶池之事，余誠不知何如，要是天地間最樂地矣。然人心亦有瑶池，人不知也。今夫天下莫不樂於内省而有疚惡，則莫樂於内省而無疚惡，孺人所以效於夫，效於子者，其無疚惡矣乎！是最樂地也，是所謂瑶池者也。孺人舉斯觴，省斯無疚惡之真，可以凋三光，敝五行，卓立萬物之表，與天地無終始。瑶池之事且不足言，况區區耄期之年乎哉？』

校記

〔一〕此篇又載《高子遺書未刻稿》。

〔二〕《高子遺書未刻稿》句末有『也』字，語意較完。

〔三〕《高子遺書未刻稿》無『肖閒公數數言孺人，先君子數數嘆肖閒公有婦，以是知孺人』數句。

〔四〕《高子遺書未刻稿》無『所以撫彦貽兄弟者，無纖芥之間焉』一句。

茹母施太孺人七十壽序〔一〕

施太孺人，吾師澄泉先生之尊人也，以今辛丑壽七十，攀龍曰：『吾且極言世俗所以壽其親者，以觀吾師之於太孺人。今夫公卿之貴，素封之富，連雲之第，螽斯之子姓，四方能言之士纖言麗詞，錯陳古今，妄擬聖賢，金章玉軸，光動四座，其主人圭組執璧，萃水陸之奇，選聲技之勝〔二〕，集賓朋之美，稱百歲觴〔三〕，主人揚揚鳴得意於老人，老人揚揚鳴得意於姻婭，共謂百福備矣。凡人之所以壽其親與親之所以望其子孫者〔四〕，至此極矣，吾師有之乎？』曰：『未也。』吾聞太孺人之歸於企鳳公，當茹氏之中挫矣。鳳溪公蚤世，而太孺人奉其姑黃太君垂五十年，齟咲疴癢皆與共之，至於老而哺翼之如嬰兒，不敢以不當傷太君纖微意〔五〕。至太君考終，而太孺人爲孺子慕，每旦夕上食〔六〕，堂前之客與左右之比鄰聞其號呼，未有不投匕輟哺，咨嗟涕洟者，是太孺人之稱婦於太君也孝矣。企鳳公至高曠也，甘其貧，不以自苦，太孺人甘公之貧，不以苦企鳳公，白首相偕，如登春臺，飲濃醴〔七〕。即企鳳公平生牢騷不平之意，望太孺人眉宇盡矣。至公之賓世，而太孺人慄心裂腸可知也，是太孺人之稱妻於企鳳公也順矣。太孺人有子，惟吾師也。當師爲儒童，即有聲儒童，而不易得一弟子員。爲諸生，即有聲諸生，而不易脱一弟子員。太孺人夷然不屑曰：『吾責汝學，不責汝命也。』母子間相勞苦，無齷齪嘆老嗟卑之態，是其爲母也慈矣。

今壽七十，吾師樽酒簋二欣然奉上太孺人曰：『幸太孺人善飯。』曰：『老人幸甚。』曰：『子無似，第不敢爲不義，貽太孺人羞。』曰：『老人幸甚。』曰：『幸有孫，太孺人膝間不落莫。』曰：『老人幸甚。』於是歌嗚嗚，醉也不知天壤更有何事矣。淡而味永，寂而不勞，其於世俗之所爲壽者有之乎？則皆曰未也。夫天下之爲人婦爲人母爲人妻者衆矣，不婦而不堪其爲舅姑，不妻而不堪其爲夫，不母而不堪其爲子孫。夫不堪也者，不樂其爲壽也。太孺人孝，而天下之爲舅姑者，樂其壽而儀婦；太孺人順，而天下之爲夫者，樂其壽而儀妻；太孺人慈，而天下之爲子者，樂其壽而儀母。至於天下樂其壽，則是宇宙吾舍，萬姓吾宗也，彤史操觚而進曰萬年之觴也，又何取連雲之第，螽斯之子姓？又何取雕蟲之虚美乎哉？吾師方秉禮蹈義，邑之人僉曰端人君子也，其爲圭組璧幣也大矣，吾故與世俗所論同類而共觀之，令究其實。《詩》云：『既醉以酒，既飽以德。』寧論膏粱文繡哉？

校記

〔一〕此篇又載《高子遺書未刻稿》。

〔二〕『技』，《高子未刻稿》訛作『枝』，此據《高子遺書未刻稿》校改。

〔三〕『歲』，《高子遺書未刻稿》作『年之』。

〔四〕『親之所以』，《高子遺書未刻稿》無『之』字。

〔五〕《高子遺書未刻稿》『不當』二字前有『一』字，於義爲長。

〔六〕『旦』，《高子未刻稿》訛作『且』，此據《高子遺書未刻稿》校改。

〔七〕『醲』，《高子遺書未刻稿》作『醇』。

張母顧太孺人七十壽序〔一〕

蓋太孺人生七十年也，齋心而奉大覺氏之教者，三十年於兹矣。太孺人之父爲少參仲巖公，母爲盧恭人，豈不赫然貴盛哉？曾幾何時，公與恭人相繼謝世〔二〕，太孺人煢然育於兄嫂。無何，歸淳齋公，奉其舅光禄聽菴公、姑徐孺人。當是時，太孺人既以荆布歸淳齋公，箸且挫，太孺人夷然不屑曰：『顧自建寧公來，侈矣，其挫宜也。世禄之家，患其贏而侈，不患屈而嗇〔三〕，嗇而贏易耳。』盡謝一切金綺翡翠，縞衣綦巾而前，上奉二尊人安於養，下奉淳齋公安於學，中調諸伯姒，毋以纖芥慁二尊人及淳齋公爲也。於是聽菴公曰新婦可任，析諸子，家秉一切委之〔四〕。太孺人於内外籌算屈指了了，臧獲咋舌而退，卒無敢以錙銖釜庾爲欺者。教其子學且成，顧以淳齋公殁，毁而殉矣。是太孺人所歷興衰甘苦之候，宜其憬然有味於覺氏之言也與！

今太孺人壽而康矣，諸孫秀而文矣，大耋而當初度矣，君昆弟所以觴太孺人者，將擊鮮烹肥，極甘脆之美乎？太孺人奉覺氏言，無所用之。將徵聲選技，極觀聽之娱乎？太孺人奉覺氏言，無所用之。將詩人騷客，極雅頌之音乎？太孺人奉覺氏言，無所用之。莫若即以太孺人所奉覺氏言。今夫覺氏，就世人所謂不捨萬法，不依一法云爾。謂其有爲，彼且以一幻空之，不立一法。謂其無爲，彼且以萬行嚴之，不捨一法。太孺人女而女，婦而婦，母而母，何所捨一法？不有其身而女，不有其身而婦，不有其身而母，何所執一法？七十年所歷興衰甘苦，方且視如飄風流雲，彌變而彌定，方且視如慈航慧劍，彌苦而彌甘。太孺人所見，無住之心，無依之性，萬劫非延，一息非促，又何有耄期之數？吾乃以凡情量之，屑屑稱百年爲哉？於是歌而觴太孺人曰〔五〕：

天地爲宅兮，日月爲粮。明霞爲衣兮，沆瀣爲漿。問何土兮，曰吾之本鄉。爰歸爰處兮，雖坎壈兮何傷？任運委蛇兮，久而逾光。一息萬年兮，豈算數所足較其短長？

太孺人聞而莞爾曰：『是足觴我矣。』

校記

〔一〕此篇又載《高子遺書未刻稿》。

〔二〕『恭人』，《高子遺書未刻稿》作『安人』。

〔三〕『屈』，《高子遺書未刻稿》作『詘』。

〔四〕《高子遺書未刻稿》句尾有『於』字，與下文『太孺人』三字連。

〔五〕『於是歌而觴太孺人曰』以下至文末，《高子未刻稿》無，此據《高子遺書未刻稿》校補。

壽叔母錢太孺人七十序〔一〕

天下至難攝者〔二〕，人之情。尤至難攝者，婦人之情。夫人苟非達天知化、泊然無欲者，其心常有所不足，有所不足於心，則有所不平於情。即高明之士，猶將陶冶於詩章，寄興於山水，假物於麴蘗，以强攝其不平之情。至於婦人不然，非有詩書禮義以養之，一切適情之具不得而有焉，故有所不平於情，其感慨沮抑之氣常鬱而不達，固而不可化。若夫可甘可辛，可常可變，委運於所值，處順於適然，而無足以動之者，則其幽貞柔巽之德獨得於天者深矣〔三〕。攀龍於叔母錢太孺人而得養生之理焉。

攀龍少侍吾叔鳳池公矣〔四〕，公爲諸生，其業雄奪一時，無論公所自許〔五〕，人不間其父母昆弟，以爲一第猶掇之也，而公竟老於博士家。當此時，太孺人意不得可知矣。已而得一官，訓於浙之諸暨，下邑也，公所攜家饘不足以給，而公又夙好修弟子員，以脯贄進，一切謝去之，益不以給〔六〕。當此時，太孺人意不得可知矣。已而旅之上九，公竟不禄於邸。太孺人固不難即下從逝，第以時之不可，强保一息〔七〕，稱未亡人。當此時，太孺人之境又可知矣〔八〕。太孺人之奉其姑朱太孺人也至孝，而朱太孺人之臨其婦也至嚴〔九〕，太孺人怡然不知也〔一〇〕，而聞且見者則皆曰有是哉。以太孺人之事其姑也者，而乃有朱太孺人之臨其婦也者。太孺人即固怡不知，而其境又可知矣。嗟乎！太孺人所嘗生人甘辛之趣不既多乎哉！然而太孺人坦然處之若一也，蹇而解，剥而復，於是太孺人年七十矣，故曰於太孺人而得養生之理也。

夫仙家，儒者不道也，然竊嘗知其説，大要以神爲宗耳。夫人依形而立，形恃神以存，而耗吾神，使不能主吾形者情，故善持生者，要使愛憎不棲於情，憂喜不留於意，泊然無感，而體氣和平，故羡門比壽〔一一〕，王喬争年。太孺人不既饒爲之哉？夫甘辛者，境也，而太孺人一之。常一者，主也，太孺人不二之。一則二者外化，不二則一者内完。況今日太孺人二子善養，諸孫遶前，屈指昔日，如頂踵之不相及也，則太孺人益將遊於太和至順之天，藏於不識不知之境，其神無累，其筭無窮矣〔一二〕，故曰羡門、王喬之壽，太孺人饒爲之也。

校記

〔一〕此篇又載《高子遺書未刻稿》，題中『叔』作『高』，文中同。

〔二〕『天下』二字後，《高子遺書未刻稿》有『之』字。

〔三〕『德獨』，《高子未刻稿》訛倒爲『獨德』，此據《高子遺書未刻稿》校改。

〔四〕『攀龍少侍吾叔鳳池公矣』一句，《高子遺書未刻稿》作『孺人適吾世叔鳳池高公』。揆之上下文，《高子遺書未刻稿》所作文意較洽。

〔五〕『許』，《高子遺書未刻稿》作『計』。

〔六〕『不以給』，《高子遺書未刻稿》作『以不給』。

〔七〕「强保」，《高子未刻稿》訛作「襁褓」，此據《高子遺書未刻稿》校改。
〔八〕「太孺人」，《高子未刻稿》脱「人」字，此據《高子遺書未刻稿》校補。
〔九〕「其婦」，《高子遺書未刻稿》作「之」。
〔一〇〕《高子未刻稿》脱「然」字，此據《高子遺書未刻稿》校補。
〔一一〕「故」，《高子遺書未刻稿》作「故可」，於義爲洽。
〔一二〕「筭」，《高子遺書未刻稿》作「籌」。

薛老年伯母劉太孺人六十壽序〔一〕

攀龍等與薛以身交最深，從以身知劉太孺人焉。今夫婦德不顯，欲知其母，視其子耳。攀龍等交以身，見其人卓然不可撓，淵然不可淆，以爲以身乃爾哉，因以身進而交其伯氏叔氏，又何其玉表而金衷也！於是曠然思知太孺人之教至矣。今夫功名之際，家庭所難處。攀龍等既與以身同舉進士，見以身蹩蹩不啻布衣，以爲以身乃爾哉，間過從以身，則見伯叔氏忘以身獨先貴也，臧獲數百指，忘以身獨先貴也，於是又慨然嘆知太孺人之教益至矣。今夫家人之義，女貞爲難。攀龍等見以身兄弟醇乎其醇耳，久而習其深，蓋外内無間焉。至兄弟之視猶子，無以擇其子，猶子之視伯叔，無以擇其父母也〔二〕。攀龍等於是躍然起，芒然自失，不知太孺人之教何以至此矣。

夫樂莫真於人倫之際，故鐘鼓管絃之樂，君子弗與易歌呼笑語之温；珍齊牲鼎之侈，君子弗與易藻蘋菽粟之恭；帔珈綺錦之榮，君子弗與易斑彩布荆之適。何則？真與不真也。太孺人既壽稱大耋，攀龍等諸年家子捧觴而祝諸太孺人之前曰：「孰不爲壽，惟太孺人壽。宏堂曲房，甘鮮輕毳，太孺人固若不聞也，則又曰孰不爲壽，惟太孺人壽。縉紳奔走，干旄絡繹，太孺人亦若不聞也，則又曰孰不爲壽，惟太孺人壽。顔童髮鬒，齒完步健，太孺人亦弗聞也，則又曰孰不爲壽，惟太孺人壽。三鳳翩翩，八龍楚楚〔三〕，太孺人又安得不莞然爲開顔？於是奏塤箎之雅，賦《棠棣》之章，太孺人内自拊其斷機畫荻之心，快睹夫伯淮、孟光之美〔四〕，不將撫掌大暢，爲加一餐也哉？」

校記

〔一〕此篇又載《高子遺書未刻稿》。

〔二〕『無以擇其父母也』一句，《高子遺書未刻稿》句首有『亦』字，於義爲長。

〔三〕『楚楚』，《高子遺書未刻稿》作『奕奕』。

〔四〕『睹』，《高子遺書未刻稿》作『觀』。

張母劉孺人六十壽序〔一〕

壽難言哉！壽如孺人，可壽矣。夫生人之倫，萬有不類，壽者不能百而一，壽而食有福者不能千百而一〔二〕，况於婦人從人，從夫而得其夫，從子而得其子，前有藉，後有承，四體之需恣所好美，如是者不能萬而一也，故如孺人之壽，可觴矣。

孺人事大參澄齋公，公元配袁宜人，孺人與某孺人貳之。孺人舉仲弘，某孺人舉伯可，而後公與宜人有子也。孺人莊事大參，即一切當大參公，莊事宜人，即一切當宜人，帷帟間肅如矣。與某孺人偕如左右手相衛也，撫仲弘，撫伯可，如左右手相提也，雝如矣。公與宜人既賓世，而孺人乃就仲弘養，居必燥潔，被服必輕輭，味必甘鮮，旦晚之興居必節，四時之寒燠必劑，三事九列之養不隆於此矣。仲弘諸子，長者成室，嫺於文詞，幼者就傅，彬彬而修大參公之業。今天子甲辰，孺人壽週甲子，仲弘方爲孺人舉百年之觴，而余子世儒〔三〕，仲弘婿也，班子姓之列，進孺人觴〔四〕，而余使拜手言曰：『惟《大易》有之，在《鼎》之初六，則大參公之謂也，得孺人而子克家，浚發後人之祥，繩繩無已，慶莫大焉。其《歸妹》之六五〔五〕，宜人之謂也，不良其袂，而良其娣之袂，慶莫大焉。其初九，則孺人之謂也，稱婦而承大參公，稱娣而承宜人，稱耦而承某孺人，稱母而承仲弘，稱諸母而承伯可，恒德備矣，慶莫大焉。《詩》不云乎：「王事靡盬，不遑將母。」憫之也。曰：「胡轉予於恤？有母之尸饔。」憫之至也。孰有如孺人得其子之善養耶？繇上之田，欲隱其身，終南之廬，并欲隱其名，是二賢母者何如人哉！見之審矣。今夫五畝之宫，所托止於几席，萬鍾之庾，所炊不過數搤，世之資人最少，而人之緣世苦多，狗聲華榮利之虚而捐其實者〔六〕，所從來矣。夫朝暾有暉，夕月流采，縞衣綦巾，飲食衎衎，此生人之至樂，而人不知也。是故達人之樂，據其現在而無他營焉。若夫仲弘之才而必昌，芝玉之盛而必貴，孺人之健豫而必耄期，猶夫春之必夏，夏之必秋，不待逆數言之。第如孺人今日之德，今日之養，則吾所謂萬而不能得一者也，壽如是，可壽矣〔七〕。』

校記

〔一〕此篇又載《高子遺書未刻稿》。

〔二〕『千』，《高子未刻稿》訛作『十』，此據《高子遺書未刻稿》校改。

〔三〕《高子未刻稿》『余子』後空闕二字，《高子遺書未刻稿》作『世儒』，此據補。

〔四〕『觴』，《高子遺書未刻稿》作『之觴』，於義較完。

〔五〕『其』，《高子遺書未刻稿》作『在』。

〔六〕『捐』，《高子遺書未刻稿》作『損』。

〔七〕『可』，《高子遺書未刻稿》作『是可』。

錢母李孺人六十壽言〔一〕

余弟彦和持古松一幅壽錢母李孺人，欲余爲説，余曰：『善乎子之爲孺人壽也！凡詩人之誦德，賦其事則言有盡，比之物則意無窮，故比也者，象也，象也者，象其德也。今夫松貫四時，歷霜雪，木未有貞於此者。崇山之間，深谷大壑，松皆千萬歲，餌者得仙，木未有壽於此者。千年之松，上杪不長，下枝四垂，望而視之如偃蓋，木未有廕於此者。今夫孺人，燕人也，十四歸文峰公於燕邸，十六生翼榮於善化。事文峰公，公壽八十，事公元配薛孺人，孺人壽八十有二，今偕朱孺人稱未亡人，朱孺人年八十有三，孺人年亦六十矣，翼榮有男子五人矣，孺人之承前廕後何如耶！冰心蘗節何如耶！壽錢氏，亦以壽其身，壽而無疆，不宜耶？善乎子之所以壽孺人，而象其德於松也。』於是余兄弟偕詣翼榮，升其堂而歌曰：

亭亭乎山之松兮，瑟瑟乎谷之風兮。風則盛兮，松則勁兮。風雪慘慘〔二〕，松端正兮。豈不辛苦，有本性兮。

翼榮，余之妹所適也。余弟彦和，與余妹同母也。善化令文峰公有子三人，翼榮其季，能斤斤規矩，克其家而不墮文峰公之業者也。山有喬松，衆則仰之，邑有故家，士則式之，其錢氏之謂乎！

校記

〔一〕此篇又載《高子遺書未刻稿》。

〔二〕《高子遺書未刻稿》句尾有「兮」字。

瞿太孺人六十壽序〔一〕

瞿元立先生爲余言其庶母太孺人之賢也。太孺人之事文懿公，舉星卿，五年而公見背。事李夫人，四年而夫人見背〔二〕。又二十有五年，而星卿成進士。又五年，而太孺人壽六十。元立曰：『吾弟欲子一言佐百年觴也。』余既莊元立言，又慨然知星卿之賢所由源本矣。太孺人舉星卿，則文懿公司成留京，時文懿公喜以十金爲孺人筐篚，孺人辭曰：『妾安用此，以易吾荆布也？』公心奇之，令司橐中裝。孺人出納惟謹，未嘗私鉤金束帛之羨。一日啓笥而籍贏鎰金，左右以進孺人，孺人正色曰：『若而任籍，何所任我爲載之籍？』公坳，而嚴事李夫人，爲肺腑附，蚤起操作供具，肩一切委瑣，夕則孤燈淒然，從夫人於文懿公靈帟間。星卿呱呱投夫人懷笑矣〔三〕，不知太孺人爲母也。夫人坳，而太孺人如失怙恃，憰結成奇疾，於是峻垣縈居，中外調度，受矩元立〔四〕，時時敕星卿曰：『所欲儀而父者，儀而伯兄。』敕星卿書則曰：『讀此，非青紫是必，要以識義理，不即慆淫，爲前人羞。』星卿且長，不令服食鮮腆，不令問生産，曰易卑人意趣。性嚴重，常示星卿毋詐，即侍兒不令一謾言。然又慈惠，終歲無惡語加人。好稱人善，拯人緩急，人有疾痛，藥餌不時得，則簪珥爲脱〔五〕。星卿三試棘闈不得雋，則曰遇合有時。及成進士，輒戒曰名節難保。星卿曰：『吾母生二十有六年，而失先大夫，視藐焉孤，存與俱存，亡與俱亡，共此一喘息。及失李夫人，而强半枕簀，泊然世味，吾未見其盈怒盈喜。』余惟太孺人，所謂薄取之人而厚受之天，薄取之一身而厚受之百世者乎！文懿公貴盛矣，而當其遲暮，弗竟其享，逮事八年，足自脂潤也，而皎皎自潔，弗有其享。有子且成立，恬適於太和至順之域矣，而疢疾爲苦，弗完其享，所謂薄取之人薄取之身，非耶？其教星卿，一何凜凜也！必以文懿羔羊之節，以元立鴻漸之儀〔六〕，使遵父兄之軌，以適於聖賢之途。太孺人見及此，而星卿足辦此〔七〕，天也，所謂厚受之天，厚受之百世者也。夫子與氏以三遷之母著，而母以亞聖之子著。純公正公以侯夫人著，而母以兩先生著，赫然榮名，具瞻百世。《詩》云：『樂只君子，萬壽無疆。』二母之謂也。太孺人方母子相期許爲千秋之業，無疆之壽，區區百年筭，又何足效華封人哉？雖然，太孺人由此而耋而耄期，吾且以星卿所樹立次第爲太孺人觴。

校記

〔一〕此篇又載《高子遺書未刻稿》。

〔二〕『夫人見背』，《高子未刻稿》『夫』訛作『大』，此據《高子遺書未刻稿》校正。

〔三〕《高子未刻稿》脱一『呱』字，此據《高子遺書未刻稿》校補。

〔四〕《高子遺書未刻稿》『受矩元立』句前有『一』字。

〔五〕『珥』，《高子未刻稿》訛作『餌』，此據《高子遺書未刻稿》校改。

〔六〕『鴻漸』，《高子未刻稿》作『漸鴻』，此據《高子遺書未刻稿》校改。又，《高子遺書未刻稿》句首有『必』字。

〔七〕『辦』，《高子未刻稿》訛作『辨』，此據《高子遺書未刻稿》校改。

壽懷虹姊丈六十小詞〔一〕

六十年來〔二〕，落魄生涯，風流情性，千金散盡，留個俠字兒做少年人話柄。人道是你騃，不見石季倫輩多藏甚悋，空惹着無端不潔不净。曾聞尚平讀《易》説道『貴不如賤，富不如貧』，你道這話是假是信？看來長安貴人朝馳暮驅，素封翁横争竪競，平白地折了，除却一身，喫的着的睡的也都是剩。豈如君深巷衡門，閒窗板榻，無事來一枕羲皇，看夕陽西掛，信步知心門徑，一觴一詠，説幾句無影無形没巴没鼻的話，誰辨是叔敖、優孟？男婚不知，女嫁不知，饒他滄海桑田，縱横眼底，我只是赤光光一片無事襟懷究竟。酒莫停，歌莫停，從今去，圖看個三千回兒月明如鏡〔三〕。

校記

〔一〕此篇又載《高子遺書未刻稿》。

〔二〕《高子遺書未刻稿》無『來』字。

〔三〕《高子遺書未刻稿》無『個』字。

華母鄒孺人五十壽言〔一〕

華懿孫母鄒孺人年五十，懿孫徵言於能言者爲壽。如余非能言者，而亦及焉。

余謂壽人者輒祈其未來之福，是舍其現在之樂也。夫布衣無現在之欠缺，卿相有未來之怨望，苦樂心自爲之。今子試夔夔然上堂而洒掃，孺人履而安焉，數仞之宫，弗安於此也；試夔夔然進一觴一鼎，孺人飲而甘焉，太牢之味弗甘於此也；試夔夔然退而扃户，手一編伊吾，孺人聞而樂焉，鐘鼓之音弗樂於此也。是無所於假，無所於需，樂之至足也。夫樂，衆妙之所出，即未來可願，胥於是乎致而縈之於所願，則弗樂矣。吾聞孺人孝事其父母，孝事其舅姑，敬事其夫，友其兄弟，義訓其子，慈畜其家人，是知其大而不計其小，子無規規然念其小而曰『吾未得一第以樂孺人』，而坐失其至足之樂也。吾爲子歌，歌曰：

年五十，生五月，厥明爲五日，正陽亨兮元吉。有子兮文蔚，一畝之宫兮容膝，績織兮不敢自逸，汙邪兮昔年水今年秋。衡門之中，如琴如瑟。

校記

〔一〕此篇又載《高子遺書未刻稿》。

祭沈相國龍江先生文〔一〕

嗚呼！世不可一日無師，師何以遂捐斯世耶？世之盛也，正者伸而邪者絀，世之衰也，正者絀而邪者伸，然在我不能挽絀伸之勢，在彼亦不能亂邪正之真。至其甚也，邪者居然自以爲正，胥正者居然目之爲邪，使天下錯指鹿馬，妄擬弓蛇。而德不足以輔世之君子，往往不無所短；力足以亂世之小人，往往不無所長。以羣枉所能甘心，而其人復自見所短，於誰明其爲君子？以衆正所不能誰何，而其人復自見所長，於誰明其爲小人？所賴壽耇元老，迪哲格人。碩果不食，靈光獨存，天下見其人，如精金美玉，信其所是之爲聰〔二〕，有目者以之爲明，讒説殄行庶幾有所尼而不行。乃今已矣！羣疑滿腹，衆難填胸，莫之折衷，非，如明鑑平衡〔三〕。所與者，衆指爲邪，亦信之而不疑；所不與者，衆奉爲正，亦疑之而不信。有耳者以之爲聰〔三〕，有目者以之爲明，讒説殄行庶幾有所尼而不行。乃今已矣！羣疑滿腹，衆難填胸，莫之折衷，滔滔者將不知其所終。

嗚呼！吾師所謂君子備輔世之德者，位居可爲難，信足孚主難，吾師獨得之不難。顧格於小人〔四〕，不使其身於朝廷一日之得安。由今觀之，彼其相拒者，已如秋草冬蟲飄零委爛，不見其蹤，而師之不盡著於事業，不可掩於千秋者，昭昭乎日月行天，江河行地，自今伊始而無窮。然則君子苟得其正，固無時不伸。世之盛衰如浮雲來去，曾何增損於清旻？嗚呼哀哉！尚饗！

校記

〔一〕此篇又載《高子别集》卷八。
〔二〕『鎰』，《高子别集》作『鑑』，是。
〔三〕此句《高子未刻稿》訛作『有耳目者以爲之聰』，此據《高子别集》校改。
〔四〕『格』，《高子别集》作『尼』。

祭朱虞封先生文〔一〕

嗚呼！公所謂實能成名者矣。今之論者往往以好名爲戒，吾不謂然，以非聖人之言也。子曰：『君子去仁，惡乎成名？』曰：『善不積，不足以成名。』好名之説始於孟子。嗚呼！言不出於聖人，雖以子輿氏之言而猶不免弊。

今夫當官者之名清慎也，立朝者之名正直也，名其所貴也。上焉者象性而動，其必之於清慎，必之於正直也，猶火之熱，水之寒。其次，則知是之爲善而勉强爲之。未論其人之何如，而天下已受其賜，況作之不止，以成君子乎？然則清慎正直何負於天下，而惴惴焉欲避之？不然者，爲貪繆而已，爲邪曲而已，爲庸衆人而已。吾見斯人之真不好名矣，將焉用之？嘗論其較，天下好名者十一，而不好名者十九；好名之弊十一，而不好名之弊十九；好名之弊及其人，而不好名之弊及天下。萬世固不能逃聖人之算，苟非聖人之言，寧弗信也。

如公者，君子之不去仁者，夫善積而成名者。夫公之當官以清慎名矣，吾視其家之窶，而知其果不苟一介，視人之鮮所德於公，而知其果執法不阿。公之立朝以正直名矣，自吾交於公，見公於國家大利病未嘗無論列焉，至垂殁之月，猶欲攻異端之邪説，其一片熱心注於天下，注於天下同志之士〔二〕。世有一善事，惟恐吾之不與焉，以自外於君子；世有一不善，惟恐吾之或與焉，以自内於小人。談及時事闕失，扼腕蹙額〔三〕，至欲下泣。聞人有善，獎進稱引，雖後生小子，退退然以身下之，而惟恐或失其意。嗚呼！公之爲善可謂勤矣，故能保有令名。卒之日，海内之士相與動色歎惜，以爲失一正人君子，豈易易哉？公家甚貧，而竭力應四方之賓客；事甚冗，而未嘗廢知交之聞問，倒屣迎賓，吐哺下士，終日矻矻，不自休息〔四〕。吾間謂公君子之學静以翕之，故動而不窮，公曰：『不然。君子自强不息，無就閒自逸之理。』吾聞公之官留京也甚瘁，竟一病而不起。雖天之有定，而亦見公之公其身於天下而不私也夫〔五〕。嗚呼哀哉！

校記

〔一〕此篇又載《高子别集》卷八。

〔二〕『同志』，《高子别集》作『同心』。

〔三〕『額』，《高子别集》作『頞』。

〔四〕『休』，《高子别集》作『安』。

〔五〕《高子别集》無『夫』字。

祭于景素先生文〔一〕

嗚呼！世之不幸也，不得君子行道於天下；其幸也，猶得君子壽耇，表世範俗，使欲逞者有所憚而不敢，不至決天下之大防。君子之不幸也，不得一伸其志於吾君，吾民親見治下焉〔二〕；其幸也，猶得以其閒身左圖右史，若與古聖賢揖遜一堂，考德問業，沈酣於仁義之圃、禮樂之場。然則君子所爲不幸，固亦世之所大幸，世之所爲不幸，固亦君子所大幸，幸與不幸，相互得失，而淺見短識者要未可執以爲常。

於惟先生，見善不及，不善探湯，正言侃侃，正色昂昂。及其不容於世，退而自娱一室，五色不關其目，五聲不關其耳，五味不關其口，天下之物不足當其一盻。所與寒暑晝夜相禪而不已者，六藝之膏腴，百家之琳琅，謂天壤之間無樂可以代此。雋永不絶於心，鉛槧不絶於手，以有盡之年歲，委無涯之載籍，而渾乎相忘。嗟乎！世人少鶩一第，壯鶩一官，老鶩多藏，懵懵而生，懵懵而死，不知吾之所爲至富至貴，可愛可求，近在目睫，乃茫乎若萬里之相望，千古聖賢苦心竭力筆之於書，以開發其聾瞽者，震逾雷霆，揭若日月，曾未嘗過而問焉，得一指之染，一臠之嘗。先生少而篤學，老而彌彊，天下不見其用之萬一，先生以不用而得道味之日長，羹牆堯、舜，寤寐羲皇，謦頦可貴，魂魄自康。惟彼黨人，能扼其一時之用，不能掩其萬世之芳。嗚呼哀哉！

校記

〔一〕此篇又載《高子别集》卷八。

〔二〕『治下』，《高子别集》作『治化』。

祭劉静之文〔一〕

嗚呼静之〔二〕！子之受氣甚薄，而凛凛正氣則磅礴寥廓，足以落奸邪之魄；持見甚平，而井井定見則毛析羣情，足以定今古之衡。至清矣，未嘗以清律物，其人苟有功於世道民生者，見其尋丈之得，不見其尺寸之失；至剛矣，未嘗以剛亢物，其人苟無害於世道民生者，録其尺寸之得，不責其尋丈之失。尸居一室，而四海精神若往來於匡牀棐几；編纂數言，而千古精神若上下於銛筆伸紙。

嗚呼静之！世之宵人害正，如子之正，詎容子之爲政？世之庸人畏真，如子之真，詎容子之得伸？同志之中，恨子不用，謂光天化日不得見子爲麟爲鳳，而爲子之一慟。吾謂不然，幸子不用，使皂囊白簡不得詆子爲梟爲鴟〔三〕，徒益人之一鬨。

嗚呼静之！惟此人間，有天難叩，子之陟降，在帝左右。世途日疚，何道以救？是圖是究，爲斯人佑。嗚呼哀哉〔四〕！

校記

〔一〕此篇又載《高子别集》卷八、（明）劉永澄《劉練江先生集》卷八附録。《劉練江先生集》題作《祭練江兄文》。

〔二〕《劉練江先生集》篇首尚有『維萬曆四十二年歲次甲寅十一月丙子朔越日，錫山友弟高攀龍、劉元珍謹以清酌庶羞致祭於明故兵部職方司主事劉静之先生之靈曰』一段。

〔三〕『鴟』，《劉練江先生集》作『獍』。

〔四〕《劉練江先生集》文末有『尚饗』二字。

祭歐陽宜諸文〔一〕

嗚呼！吾所哀公，非以其私。人之云亡，世則誰支？譬如治田，乃亡其犂。譬如障川，乃決其隄。公之清節，皎則冰雪。公之敏才，疾則風雷。公之文章，漢璧秦璋。公之情誼，長天厚地。筮仕興邑，手疏籲天，粒我烝民，賦額半捐。逮官南曹，再疏指邪，範我《多士》，俗尚孔嘉。至守吾常，素絲羔羊，二百年來，卓魯龔黄。先賢一祠，上下千秋，令我後人，景行前修。東林之葺〔二〕，自公伊始，門户誠殊，未知誰是。時當虎璫，商税櫛比，有詔撤之，公發如矢。御史中丞，詰檄未移〔三〕，公曰王言，何檄如之？凡公爲民，不爲身慮，事不避難，舉非要譽。猶有讒人，誣公以墨。所以《巷伯》，欲投有北。公捐一官，如吐一核。再起再辭，養晦養訥。素風名堂，夕可名軒〔四〕，俯仰今古，呼吸乾坤。微疾而逝，如負而委，死而如公，何必不死？善乎公言，人各有真，憎孰我屈，愛孰我伸？世局紛紜，曾不一瞬，浩浩如者，歐陽千仞。嗚呼哀哉！

校記

〔一〕此篇又載《高子别集》卷八。

〔二〕『葺』，《高子未刻稿》作『戢』，此據《高子别集》校改。

〔三〕『詰』，《高子未刻稿》訛作『誥』，此據《高子别集》校改。

〔四〕『夕』，《高子未刻稿》訛作『久』，此據《高子别集》校改。

祭顧涇凡文〔一〕

嗚呼！天之生兄，何其卓卓耶！天之死兄，又何其草草耶！以兄而言，即百年，何足以重兄？以世而言，即一日，何可以無兄？惟兄有不可奪之正氣，有不可犯之正色，有不可淆之正見，禀於天者既厚，成於學者甚醇。往者大廷對策，兄之危言正論傾動朝宁，劉蕡之忠不烈於兄也。海忠介爲小人誣詆，而兄與諸、彭二君抗言争之，海内之懣得以一吐，朱雲之劍不凜於兄也。再疏回三王並封之内降，三疏癸巳大計之是非。蓋始進而即蹶，蹶而起，起而復蹶。人情再經挫抑〔二〕，百鍊之剛多化繞指之柔，惟兄愈屈而愈奮，彌久而彌堅。斬然於正誼明道，曾不少雜於計功謀利之私；毅然於進賢去佞，曾不少入於委屈調停之見。百家著述，諸司章奏，下至制科之録、舉子之業，即有微言片論發於忠君愛國之誠者，兄必愛之誦之而喜溢眉宇，即有微言片論出於黨邪害正之見者，兄必疾之痛之而憂形詞色。無一念不於君父傾注，無一事不思世路隄防，皆發自肺腑，根於天性，即兄莫知其然而然也。

嗚呼！世衰道微，學術則以無忌憚而混中庸，人品則以鄉原而亂德舉，世争趨其便，天下莫辨其非。而兄與涇陽先生崛起涇水之上，塤篪並奏，律吕諧鳴，斤斤挈先民之矩，挽末俗之靡。進不得行之於朝，以爲退可明之於野，而我二三兄弟後先屏棄，或後先興起，聚居一方，重以姻婭〔三〕，東林一室，談經論業。庶幾千古之遇，而兄遽溘焉朝露，是進不容於朝者，退亦不容於野，悠悠蒼天，謂之何哉？

嗚呼！兄之事業，十未見一於天下，兄之妙藴，十未見一於作述，誰謂兄可以死耶？然兄之人品偉然，表著於鄉國，兄之精光朗然，昭回於天地，誰謂兄不可以死耶？惟是二三兄弟永隔幽明，喪兄畏友，失我利器。追維昔者見兄之色而隱慝潛鎔，聞兄之言而岐見立決，得兄片楮短柬，津津乎若發其蒙，牖其明也。

今皆已矣。

嗚呼！兄之一生所專精者孔門六籍，既見其千古不磨之神；篤信者宋室諸賢，獨得其萬仞壁立之概。其没也，必陟降洙泗之庭，遊神洛閩之座，於以考其所疑，證其所得。其尚惠我光明，引之道岸也哉！同心之言，黍稷之馨，知兄其歆，尚饗！

校記

〔一〕此篇又載《高子别集》卷八。

〔二〕『挫』，《高子未刻稿》訛作『往』，此據《高子别集》校改。

〔三〕『姻婭』，《高子别集》作『婚姻』。

祭張濟川文〔一〕

世之賢士大夫，其好仁者，渾然於物，無忤也，而多藩籬之不固；其好義者，井然於物，無苟也，而多圭角之太露。豈仁義之有偏？乃氣質之詿誤。非性靈之發越，問學之補助〔二〕，因其質之所近，難乎道之時措。

惟公敦友誼，厚人倫，不以孑孑之義傷其仁；重廉節，輕貨利，不以煦煦之仁傷其義。入官户曹，出司民牧，所得之俸禄多散之貧交與戚族。及懸車之日，囊空如洗，幾不能給其饘粥。而公心曠神怡，悠然自足，坐卧一小閣，左右圖書，自媚幽獨，興至命酒，開懷坦腹。每思古人以自勖，而不隨世以齷齪。今年預知歸期，自作銘誌，自製衾幌。垂没之際，炯炯無翳，整襟而逝。其於貧富貴賤死生可謂不惑矣，豈非履仁蹈義、内省不疚之君子哉？夫公之在世，其行皜皜，公之歸天，其神浩浩，夢幻去來，又何足道？獨計鄉國之失其賴藉也，如喝者之失蔽芾；士之失其矜式也，如疑者之失蓍蔡；友朋之失其麗澤也，如農者之失畎澮。嗚呼哀哉！有生必死，惟心不晦。誰謂幽明，洋洋如對？奠公一觴，潸焉涕淚。匪哭吾私，懷人千載。

校記

〔一〕此篇又載《高子别集》卷八。

〔二〕《高子别集》『問學之補助』句首有『是』字。

祭華燕超文〔一〕

惟天地有正氣，於物生麟鳳芝蘭，於人生聖賢君子。在天下，爲天下之瑞，在一國，爲一國之瑞，在一家，爲一家之瑞。雖當世運澆漓，俗習頹敝〔二〕，此氣不可息滅，必其所間出獨鍾，以呈一時之瑞。公之家世自裕庵先生以來，祖父子孫三世於兹，相先孝弟，相礪名節，相敦禮義。公爲裕庵先生冢孫，表率仲季，至於幼穉，雍雍穆穆，見者心醉。公純然若赤子，退然如處子，至辨義而趨，毅然如勇夫猛士，千萬人而不惴。所本者人倫，所急者學問，所求以自慊者，獨行獨寐，鬼神之鑒。視人滔滔而騖之者，皆公所深愧；人昧昧而違之者，正公所深嗜。司教八寶，多士嚮應，遂易一時風尚，以一博士而成一方之治。人嘲公以爲迂腐〔三〕，不知公旦暮圖維者，皆千秋之事。問鴻鵠於燕雀，擬騏驥於駑駘〔四〕，彼焉測其所志？蓋天地正氣鍾於公之一家，爲國與天下之瑞，夫豈易易？公數至而來，數盡而去，無去無來者，不可息滅之正氣。吾於公，又奚見死生之二？

校記

〔一〕此篇又載《高子别集》卷八。

〔二〕『俗習』，《高子别集》作『習俗』。

〔三〕『以爲迂腐』，《高子别集》作『以爲迂，以爲腐』。

〔四〕『駘』，《高子未刻稿》訛作『胎』，此據《高子别集》校改。

祭王鍾嵩文〔一〕

昔春秋之世，大夫執國命，天下不知有天子、諸侯，而知從政者至貴盛矣，乃夫子品之曰『斗筲』，一何微也！戰國之世，游士合從連横，身都將相，天下不知有天子、諸侯，而知游客至貴盛矣，乃孟子品之曰『妾婦』，一何賤也！然則士之貴賤，無關於世之屈伸明甚。

吾觀於公，當其郎司寇時，適楚獄妖書起，以權相之威，頤使大司寇網羅正人君子，計無不得志，而公屹然持之，如砥柱卓立於洪濤，孤松獨立於歲暮，忠義之士聞且見者，稍舒其憤懣，抑何奇也！及守吾常，公意所不可，監司、直指欲移其尺寸而不可得。當是時，税璫如豺狼，公直以蚊蟻揮之，曾不爲一瞬，又何奇也！及備兵陽和，時方議封〔二〕，當事專意煦沫，冀得竣事，公力持之，不加一鏹，不溢一幣，虜卒俯首帖耳〔三〕，受朝命去，又何奇也！廊廟山林，朋黨角立，詎曰予聖〔四〕，誰知雌雄？公援宋事，警惕時人。其言甚微，其旨甚遠。至六經亂天下之説居然出式士之録，公復昌言排之，不懼入僞學之黨，又何奇也！今天下伸於世者必屈於道，伸於道者必屈於世，公言則吐其心，行則遂其志，道伸焉而世不能屈〔五〕，是遵何術與？夫亦天所命耶？降自日星，鍾於山岳，其人常伸物表，爲世人耳目，破人聾瞽，非人所得屈伸也。嗚呼！此吾夫子所謂行己有恥，使四方不辱命之士與？孟子所謂富貴貧賤威武不能淫、不能移、不能屈之大丈夫與？公雖不得大用於時，然在郡邑，見能臣之名實；在朝廷，見大臣之丰采；在封疆，見重臣之勳猷；在萬世，見名臣之軌範。其浩然正氣塞乎兩間者，不以生存，不以死亡，吾又安得隨世人戔戔之識，謂公不台鼎不期頤？於公本無虧欠，之中妄生不足之想，以爲公嗤。嗚呼哀哉！

校記

〔一〕此篇又載《高子別集》卷八。

〔二〕『時』，《高子別集》作『東』，與上句連。

〔三〕『虜卒俯首帖耳』，《高子未刻稿》作『□卒□□□□』，疑避時忌，此據《高子別集》校補。

〔四〕『詎』，《高子別集》作『具』，疑是。

〔五〕《高子別集》無『焉』字。

祭夏璞齋文〔一〕

嗚呼！吾兄遽至此耶？兄以官成貧，以貧成病，以病殉官，至於死也，古所謂『匪躬』之臣，非耶？

嗚呼！士生今之世而欲自立也難矣，苟非憑藉其先世之業，一介草茅裹糧負笈，走數千里而至輦轂，其資斧已半出稱貸。幸而得一第，誅求於府史胥徒，酬和於送迎宴會，需次於歲月遷延，纖悉取之子母家。而兄又不幸以假沐歸來之日遘怙恃相繼之變，内極情於悲哀，外極力於拮据，貧益其病，病益其貧，遂錮膏肓之疾。及服官之日，正厝火積薪，而兄一片熱心在斯世斯民，鞠躬盡瘁，不自休。惜新喻之政已成，可卧治也，而當事者復奪之安福。安福之政成〔二〕，而兄之病不可爲矣，傷哉！以官成其貧，而兄不恤其貧；以貧成其病，而兄不恤其病。委七尺以殉世，至死之日，無尺寸之土爲妻子之養，至敕其子躬耕讀書，以仕宦爲戒。悲夫！

説者曰：『兄之學不足以副其志，兄之業不足以副其學。』吾謂業究其力之所竭而止，學即其心之所安而止，兄之力殫矣，兄之没寧矣，又何恨哉？兄又囑其子曰：『必爲聖賢之學。』而又使問所從入之途於余與子往，夫子往則其人也，余則何敢當兄之斯語乎〔三〕？嗚呼！死者之言不可磨，而生者之分不易盡，余與子往凜凜矣。嗚呼哀哉！

校記

〔一〕此篇又載《高子别集》卷八。

〔二〕《高子未刻稿》『之政成』前空闕兩字，《高子别集》作『安福』，此據補。

〔三〕《高子别集》無『敢』字。

祭吴海洲文〔一〕

嗚呼！惟余與兄其始未嘗有平生之歡，傾蓋之雅，第從長安中脈脈意相許可。癸巳冬，兄奉命按視三關回，余適以使事報命。當是時，朝局一變，賢者斥逐幾盡，而一二左見士方噂沓噏訿未已，余不勝憤，具疏爲上别白之，曰某也賢，不宜黜，某也佞，足以亂義。以是忤當路得罪，兄不勝憤，復具疏爲上别白之，曰某言公宜采，某言非是，天下不謂然。當路益恚，奪兄御史，遂各東歸。而後兄訪余梁溪之上，相勞苦爲歡。自是余至越，未嘗不過兄，而兄方折柳樊圃清池修竹之間，益使余樂而忘返。及余再過兄，而兄則有母夫人憂。又過兄，而兄則有封公憂。又過兄，而兄病矣，然視兄神甚清，抵掌井井，以爲可幸無恙，而兄竟不起。嗚呼痛哉！

兄倜儻偉男子也，言論丰采矻然，足以重於鄉，而鄉人方倚之，未可以死；子尚幼，未可以死；吾儕幸而得閒身，方期相與翺翔道德之宇，浚詩書之淵，藏身煙雲泉石中作大休歇，而前途甚遥，未可以死，而兄遽死。嗚呼痛哉！夫修短，定數也。兄歸十年，其非憂病之日僅得半耳。假令兄不言事，於五六年間，左支右吾，不失其貴，左攫右攘，不失其富，亦不能不死，其死不足有無於人世，與草木鳥獸何異？今兄以言責不得言而去，余即不敢言天下後世必能辨之果其是耶，是御史而不失職也，御史而不失職，名御史也，爲人臣而不負其君，生順死安。人孰不死？兄死可矣。嗚呼哀哉！

校記

〔一〕此篇又載《高子别集》卷八。

告李見羅先生文〔一〕

維見羅李先生考終七年於兹矣，錫山晚學高攀龍辱先生之教最深，以家鄉多累，未得一哭先生於几筵。癸丑之秋，戒行在途，又以世路風波爲知愛所阻，謹於九月初二日遣僕持片香告於先生之靈曰：

嗚呼！先生之學，《大學》而已矣。《大學》之宗，止修而已矣。三綱括止，八目括本。止者至善，本者修身。即修即止，即本即善。□□□□，其義斯闡。修則實踐，止非虛無。孰是異端，敢亂吾儒？河海行地，日月麗天。先生之學，萬世無愆。維攀龍小子，尚有一疑。知本、知至，二語相隨，格致之旨，即是可推。《淇澳》諸條，實發明之。一篇錯誤〔二〕，百家支離。爰有崔氏，反其原文。余曰快哉，可折紛紜。先生有靈，質之先聖，於我夢寐，然否是正。嗚呼哀哉！

校記

〔一〕此篇又載《高子別集》卷八。

〔二〕「篇」，《高子別集》作「簡」。

祭錢啓新先生文〔一〕

嗚呼！天生至人，必有以命之，其於先生，果何爲而然耶？先生有超世識力，能研燭萬微，非天子耳目臣乎？而曾不得其聰明之用。先生有超世骨力，能肩荷萬鉅，非天子股肱臣乎？而曾不得其冀爲之用。稍見其用者，縣令循良矜式四方，御史彈章昭塞元良，此何足以見先生之長？天之生先生果如斯而已耶？嗚呼！天之命人，或事在一時，或功在千古。春秋之時，孔子六籍，戰國之世，《孟子》七篇，彼一聖一賢，曾未展布當年，萬世而下，所爲生民耳目股肱之用者，顧在方策之間。然則所以命先生者，豈無爲耶？先生五十學《易》，三絶韋編，勒成一家之語，允矣專門之傳。當其學也，嚬笑顧盼，食息寢興，與卦俱靜，與爻俱行。迨其久也，神明宣朗，形氣專純，八物之用，八德之真，觸目而是，觸念而親〔二〕，是舉先生七尺官骸易爲三十六宮之春，一掬靈惺易爲三百八十四畫之用，此其爲《易》與羲文寤寐一堂，與洛閩頡頏千古，謂先生爲紹明《易》學之真儒，非耶？

嗚呼！世路嶮巇，人心速化，昔年芳草，忽作蕭艾。先生方且父子並篤忠貞，方且師友益明正誼，壁介石於衝波，振清飈於濁霧，闃爾寒江之獨鈞，巋然靈光之獨存，吾以是知先生之陶鑄於《易》，凡骨脱盡，聖性斯敦，天蓋以先生表《易》，以《易》表先生，命之以千古之事，而非區區收一時耳目股肱之用也〔三〕。先生往矣，攀龍等儼神明之如在，悲典刑之日孤，俯仰宇宙，疇與爲徒，敬奠一觴，號天而呼，心折淚枯，先生知乎？嗚呼哀哉！

校記

〔一〕此篇又載《高子别集》卷八。

〔二〕『念』，《高子别集》作『目』。

〔三〕『用』字後，《高子别集》有『者』字。

祭徐檢吾老師文〔一〕

惟師亭亭山立，浩浩淵涵，矩度甚飭，世故熟諳。筮仕司理，精采焕揚，如旭日始旦，如太阿初鋩〔二〕。共謂斯人，宜佐帝宸。爲時所摧，抑不得伸。户曹南都〔三〕，冰心玉壺。同朝膴仕，朝榮夕蕪。師獨踽踽，如鳳而敛。載馳五馬，出守專城。治行第一，特徵名卿。荏苒二紀，且出且旋。始秉節鉞，來撫吴民。恬愉清穆，民安其淳。《陟岵》瞻母，遽賦《遂初》。樂此萊彩，以奉潘輿。方期大椿，乃忽隕星。哲人之萎，白日晝冥〔四〕。嗚呼哀哉！

師之㪅歷中外〔五〕，當世局之屢更。應變若神，若宅心之愈貞〔六〕。時見重於同心知舊，終不托足於邪蹊徑竇。不觸忤於諂臣媚子，終不替心於端人正士。妙運者用世之權衡，執樞者居身之法程。服官所至，半在三吴。如攀龍不肖，久在翼宇〔七〕。既居門牆，復辱臭味。匪特心親，亦以道貴。三十年來，如氣合氣。今登師堂，素旐在傍。儀刑宛宛，音容茫茫。我獨何心，能不裂腸？孺子之誠，斢此一觴。師神不遠〔八〕，來格洋洋〔九〕。

校記

〔一〕此篇又載《高子别集》卷八。

〔二〕『如太阿初鉎』，《高子别集》無『如』字。

〔三〕『都』，《高子别集》作『部』。

〔四〕『冥』，《高子别集》作『瞑』。

〔五〕『㪅』，《高子未刻稿》訛作『㪉』，此據《高子别集》校改。

〔六〕『若』，《高子别集》作『著』，疑是。

〔七〕『宇』，《高子未刻稿》訛作『宇』，此據《高子别集》校改。

〔八〕『遠』，《高子别集》作『遐』。

〔九〕《高子别集》文末尚有『嗚呼哀哉』四字。

祭湯質齋文〔一〕

嗚呼！人心之真，好善而惡惡，風俗之弊，好邪而惡正，故聖人論好惡必曰：『善者好之，不善者惡之。』況乎御史爲朝廷執法，其所是非，人心因之向背，世道由之轉移，豈得冒萬世斧鉞〔二〕，狥一時羣情之私？惟公道義之志凜乎自持，剛大之氣浩乎無虧，故其立朝，當狂焱倏起〔三〕，衆喙交嗤，而能屹然自立，不愧其獨知。公之行己，可謂有恥。公之事君，可謂無欺。至於不可而止，拂袖來歸，可謂不辱其鄉，不辱其國，不辱天下忠義相期之士矣。今公之殁，四海之内，有喜芒刺之去，有悲棟梁之摧。於其悲喜，而士品可知。於其所悲所喜，公之品益可知。夫以一人之身取舍，定一世之是非，生死關四海之悲喜，是其人之精神足以薄日月，挾風雷，鎮山岳，流江河，與天地久存無疑。孰謂公而果殁，乃竊竊而喜，竊竊而悲？余陳斯詞，公神其怡〔四〕。

校記

〔一〕此篇又載《高子别集》卷八。

〔二〕『得』，《高子别集》作『可』。

〔三〕『焱』，《高子别集》作『飇』。

〔四〕『怡』，《高子别集》作『佑』。

祭吴徹如文[一]

嗚呼！維公之生，實陽德之亨。上則安節先生以碩德名卿爲時正平，下則令子英英賢書繼起，郁乎藝林之有聲。公幼而博涉百氏，壯而名成一經。趨道義之若鶩，匪温飽之是營。委身爲國，抗疏遺榮。雖一官之偃蹇，實千古之峥嶸。是則公之遭逢已快然無可憾，公之樹立已卓然莫與京。攀龍往往見公惴惴窘步之不展，悄悄憂心之不寧，此何説耶？

嗚呼！公爲世而糾邪，非有意陵之；爲世而衛正，非有意憑之。世人以公爲畛域，爲鱗甲，相率爲矛戟，爲弋繒。吾試舉公之大都，亦足概公之生平。公生平所交惡者，兩給諫耳。海寧，公所攻。姚江，攻公者也。天下後世，吾不知以兩給諫爲何如人，觀其所惡，可得公之定評。公生平所交好者，兩先生耳。涇水，公所著蔡於鄉也。吉水，公所著蔡於官也。天下後世，吾不知以兩先生爲何如人，觀其所好，可得公之定評。

嗚呼！義宜，天下佳山水處也，竹樹森密，巖壑幽清，古石蒼秀，流泉澄瑩。公所在有几榻之地，容觴詠之朋，暮年閒身，足可容與。而公爲世所偵，如履虎尾，如蹈春冰[二]。今公之逝也，脱焉七尺之不繫，曠然六合之無扃，矛戟所不得而及，矰弋所不得而乘。公之憂心窘步，且如碧海回瀾，蒼山倒景，曾一瞬之無憑。昔賢云不知死，何知生，由斯而觀，安見一死之足驚？而吾又何以區區數年之算爲公論延促於委形？敬奠一觴，妥公之靈。公之定品，百千其齡。嗚呼哀哉！

校記

〔一〕此篇又載《高子别集》卷八。

〔二〕『蹈』，《高子别集》作『踏』。

祭張仲弘文〔一〕

嗚呼！惟余與兄，交及未冠。兄昆伯可，偕余遊泮。余時見兄，如日初旦，舉止軒軒，言咲衎衎。後乃與兄，子女交托。歲時宴閒，相與爲樂，有奇必探，有趣必極，醉而詠歸，充然若得。曾未十年，世事陵谷，兄遭坎凛，余亦放逐。兄惡旨酒，余好幽獨，凡兄所務，與余心契。一室餘閒，衡門晝閉，博山名香，陽羨佳茗。春山秋溪，花笻雪艇，何論人間，蠅蚊蛙黽？顧兄稟氣，激烈沉至，行拂所爲，如縛騏驥。好緩急人，而力弗企。薛君以身，清節如檗，兄左右之，終始不斁。躬爲敦匠，無憾窀穸。惠善人一，勝庸人百，有如以身，過千萬億。嗚呼哀哉！

人有此身，終會歸盡，惟此片心，終古不泯。兄之持家，井井無邪，以示後世，其則孔嘉。兄之好義，有惠及人，以迨後世，尚有其親〔二〕。人之所思，其人不忘。孰謂前修，而無後祥？嗚呼哀哉！

校記

〔一〕此篇又載《高子别集》卷八。

〔二〕『有其』，《高子别集》作『其有』。

祭劉本孺文〔一〕

嗚呼！惟余與兄，相盟幽獨，誼則友朋，情乃骨肉。余子兄婿，兄女余婦，若一家人，如左右手。兩家相赴，不遠百步，晤言過從，匪旦則暮。亦有二簋，樽酒維旨，坐月看花，談經論史。兄氣剛鋭，兄資明睿，起我柔靡，開我愚蔽。小人之務，每就兄正，面不自見，以兄爲鏡。兄不我拒，無語不吐，兄可余否，亦不爲忤。疇昔之故，權奸當路，滅棄國典，護其所附。兄揚王廷，轟如迅霆，海宇震動，劃開晦冥。及歸林皋，憂民目蒿，民之蟊賊，是薙是薅。兄喪帝都，人情兩途，君子太息，小人揶揄。舟失其檝，屋摧其棟，國喪祥麟，鄉亡威鳳。東林之學，礙人私邪，人思斬伐，絶其萌芽。兄益翩翩，引爲己肩，莊言正色，四座凜然。兄力甚强，倚兄無疆，吾道何孤，兄乃先亡。有涕漣洏，豈止情悲？睠兹頹風，孰其維之？余有兄心，無兄之勇，失兄左右，益成壅尰。兄神千秋，洋洋周遊，庶其相余，無爲兄羞。嗚呼哀哉！

校記

〔一〕此篇又載《高子别集》卷八。

祭王國衡文〔一〕

嗚呼！以國衡終諸生耶？不可謂非國家薪槱之恥。以諸生終國衡耶？不可謂非一邑庠序之光。當國衡業成，不能得一諸生，得諸生，顧在江陵抑士之日〔二〕，不可謂非時之寖昌。及其試學使者，後先三十年，未嘗一蹶，不可謂非才之獨長。下帷教授，所成諸子弟及自成其子孫[三]，斐然稱一時之良。往者祖父子孫三世並入棘場，不可謂非士人之祥。士論以兄德行純備，舉鄉飲賓，兄謙讓未遑，及迫而後起，成禮而歸，即正寢而忽亡，不可謂非令德考終，士林之遺芳。

嗚呼！國衡與物甚真，有不可回之素，秉身甚固，有不可潰之防，乃使其白首窮經，未嘗一日之即康，夫亦士不遇之常，何足爲兄傷？嗚呼哀哉！

校記

〔一〕此篇又載《高子别集》卷八。
〔二〕『江陵』，《高子别集》作『江陵相』。
〔三〕『子弟』，《高子别集》作『弟子』。

祭秦惠陽文[一]

嗚呼！往余與兄同婿王氏，余先兄後，懽若兄弟。已而與兄子女相配，婚嫁既畢，相愛更倍。末俗結交，所慕多金，婚姻之際，有市之心。而我與兄，各稱其力，蕩掃煩縟，屏除譏慝。吾最愛兄，太古遺風，油油與偕，穆無他衷。訟其行己，綽有大節，名義自閑，不蹈不潔。庭闈之内，乖戾不形，上下藹藹，家用以寧。家稱肖子，鄉稱善人，有士如此，不愧於秦。吾方期兄，白首相與，濟我甘辛[二]，調我律吕，山水勝地，風月佳晨，一咲一談，崦影時親。不謂一疾，遽稱逝者，使我孤存，交親益寡[三]。我來視兄，兄甚閒暇，既不戀生，亦不怛化。人生如幻，終會歸盡，所不盡者，浩然無朕。有黍且馨，有酒維潔，兄神洋洋，此何可滅？嗚呼哀哉！

校記

〔一〕此篇又載《高子别集》卷八。

〔二〕「濟」，《高子未刻稿》訛作「擠」，此據《高子别集》校改。

〔三〕「交親」，《高子别集》作「親交」。

祭華完沖文〔一〕

嗚呼！壬午之秋，吾邑同舉者六人，二十年來，惟吾兩人在耳。余在錮籍，兄亦歸田。余好兀坐，蠹魚一編。兄開芳圃，壘石疏泉，天遊之堂，逍遥之舫，名花不絶於目，清歌不絶於耳，佳茗不絶於口，妙香不絶於鼻。春秋佳日，花月良夜，余少年飲酒賭拳，飛揚舞蹈而不容自已者，皆已化爲蒲團滋味，黄卷綢繆。每過兄所，此興輒勃勃復動，因陶陶自遂，以爲一快。兄之所樂，不異余之所樂。人有所樂，一切不樂者銷歸此樂，無不樂矣。余嘗咲曰：『吾過天遊，兼得兄之所樂，私自矜詡。』而今已矣，不可復得矣。

昔我别兄，秋花滿堂，咲談翱翔。今我歸來，繐帷飄搴，音容寂然。俯仰永思，寧能不悲？嗚呼！兄之一生飽餐風月，兄之後人克振閥閲，兄之友朋不負存歿，兄可永安樂，大休歇。嗚呼哀哉！尚饗〔二〕！

校記

〔一〕此篇又載《高子别集》卷八。

〔二〕《高子别集》無『尚饗』二字。

祭浦箭水文〔一〕

惟翁之茂行，余已誌墓中之石而示諸來者〔二〕。雖然人以言傳，言以人傳，余懼余之不足以傳言，而言之不足以傳翁也。雖然余之言未足以傳翁，而翁之後人或足以傳言，則有余婿胤麟在。

丙戌之歲，翁之令子孝廉君病不可起〔三〕，執余手而訣曰：『以孤子累君。』今戊戌歲〔四〕，翁病不可起，執予手而訣曰：『以弱孫累君。』嗟乎！十有二年間，蓋兩聽翁父子垂絶之語也，則予將何以教胤麟？夫以胤麟之富若貴，屬之天，而不屬之人，非余之所知。以胤麟之中若才，屬之人，而不屬之天，在余之所養。胤麟而中而才，是余之榮，可不負翁父子；胤麟而不中不才，是余之辱，而翁父子其將責予。今而後，余將何以逭責？而求所以不負〔五〕，是在胤麟。胤麟當以余之榮自榮，以余之辱自辱，則不患不中若才。中若才，則不患不令名。令名，則不患窮達。夫令名，輿也，窮達，雨霽也。得其輿矣，於旱潦何傷？吾願胤麟以身爲田，以仁義爲種，以詩書爲鎛鈐鉏斸〔六〕，與古人爲耦耰而不輟也。翁聞余言，而必以爲然。

校記

〔一〕此篇又載《高子别集》卷八。

〔二〕《高子别集》『余』字後有『既』字，『誌』字後有『翁』字。

〔三〕《高子别集》無『之』字。

〔四〕『戊戌歲』，《高子别集》作『歲戊戌』。

〔五〕『負』，《高子别集》作『辱』。

〔六〕『鏄』，《高子未刻稿》作『鏄』，此據《高子别集》校改。

祭浦母秦孺人文〔一〕

維孺人之毓於德門兮〔二〕，歸貞所公而有家。奉二尊人之無忒兮〔三〕，虔婦道之有嘉。既夫君之揚南國兮，將扶摇而直上。忽中道之崩折兮，莽高厚之誰仗？孱藐孤之在襁兮，如一絲之維鼎。望歲月之迢迢兮，何長夜之難熲？手捋荼而口卒瘏兮〔四〕，憂風雨之無時。食粗糲而衣敝垢兮，庶室家之不墮。曰予庶其汔濟兮，嗟孺子之有立。勤夙夜以問業兮，或前人之可及。方易數之既周兮，忽朝露之不待。惟芳貞永逝兮〔五〕，儼蘭茝之如在。昔《柏舟》之汎汎兮，人方操其刀俎。及既成夫厥家兮，嗟旨蓄之弗茹。豈思見君子之如惄兮，告未亡人之竣事。何以藉手相慰兮，曰世復世其有嗣。嗚呼哀哉！

校記

〔一〕此篇又載《高子别集》卷八。

〔二〕『毓於德門』，《高子别集》作『毓德於名門』。

〔三〕『二尊人』，《高子别集》作『翁姑』。

〔四〕『荼』，《高子别集》作『荼』。

〔五〕《高子别集》『芳貞』二字後有『之』字。

祭史年伯母文〔一〕

嗚呼！攀龍與夫人令子際明自壬午同籍以來，際明見攀龍，未嘗不俯而引之於學，攀龍見際明，未嘗不仰而思企其教。然竊見際明官翰苑、官給事、官奉常，皆世所謂顯榮，易以喪人所守，而際明卓然不失其素。又見世之顯者論學術論世務，恒趨其私之所便，甘自外於聖人之道，而際明卓然不失其正。此其人蓋有大過人者，此攀龍所以勉勉於其教而不能自已也。

嗚呼！木則有本，水則有源，觀令子而夫人之爲夫人可知已。際明之學成，天下後世知令子，皆知夫人。《禮》之論大德也曰『必得其壽』，而必先之曰『必得其名』，言壽以名永也。《書》之論五福也，『一曰壽』，而必繼之曰『攸好德』，言壽以德永也。夫人之壽有限，而名德無窮，此之謂大年。

校記

〔一〕此篇又載《高子別集》卷八。

欒部

完孺劉先生暨配朱宜人墓誌銘

蓋攀龍受經劉先生也於外父抑所王公家，時歲辛巳。其明年，得與先生同舉南國。先生爲人剛嚴果毅，攀龍少未知學，驟得舉，稍自行意，先生呼而責之曰：『孺子何得爾爾？』攀龍曰：『噫！今而知吾所欲然者，所不當然也。』於是始有繩檢。後每見先生，容加餙，語加毖，即杯酒勸酬中，嘗抑抑退而較視平居恬適時，如作而立，如涣而萃。以是知凡人師，必嚴而有功。

當予初見先生，伯先兄弟在先生膝間，神志飆發，躍躍勢欲千里。先生既久公車不第，辛卯，伯先舉於鄉。甲午，余謫官歸，仲常試，甲其儕。予以二難爲先生喜。乙未，伯先成進士，官南祠部，先生慨然曰：『璧何必垂棘？乘何必屈産？仕何必甲第？足以明吾志已耳。』乃謁選，司教山陽。居無何，以其尊人玄默翁憂歸。辛丑，服闋，載司教績溪。伯先官南職方，留京戎政一新，賢聲籍甚。會先生有霜露疾，慨然曰：『兒子足明吾志矣。吾其爲璞乎？不必圭璋也。吾爲老馬乎？不必長途也。』乃謝績溪諸生，不往。於是伯先始得奉東朝恩，封先生如其官。時伯先在告，先生曰：『一門沐榮寵矣，以汝報國。』伯先乃起，之長安。長安妖書亂後，四明相肺肝盡，會其一二私人在考功法中，并大計陽撓陰持之，中外憤懣，莫敢先發。

伯先抗疏列其奸，當是時，如積陰塞空，上下晦濁，忽得迅雷奮擊，雲開日皎，又如炎蒸爍人，肌體爛蝕，忽得疾風蕩掃，涼生宇静。伯先禍且不測，賴天子明聖，得除籍歸。先生喜曰：『兒子果有以報國矣。』伯先得父子兄弟從容樂也。居二年，而先生卒。葬既有日，以墓中石屬攀龍，攀龍不敢辭，而謂伯先能立身揚名顯親者也，所狀先生自足不朽，先生無用更次其語，第誌先生大節。

玄默翁善長生家，又善酒，使其静足獨樂，動足衆樂，陶陶怡怡者八十年，是先生之孝也。賢書矣，封公矣，郡邑大夫干旄孑孑矣，人不敢以金錢至門問居間，是先生之節也。出無車輿，一蒼頭挾謁市中，即郊坰別墅，曳杖往矣。布袍，素蔬食，泊然自適。嘗曰：『七尺幾何，而輕耗天地百物？』是先生之儉也。舍中兒無敢爲暴者，東家惡少年挺刃及於寢，敕左右毋得一語加遺，是先生之仁也。白人之不白，如身負垢，急人之急，如己在溺，族戚胥怙恃焉。有族子以侵先墓弗與，遽爲哆侈，而猶解其子於危法，拯其子女於顛擠，是先生之義也。先生强有力，能盡五官之用。一切以嚴治，嚴於身，以名義自範；嚴於家，一縷一粟無漫蠹者；嚴於子，不令寸晷偷惰，卒以成之。戒伯先曰：『於人，當辨邪正，別真僞，省交游。于己，當慎言動，審視聽，察欺慊，端居一室，尚友千古。』此先生所以爲先生也。

其元配曰朱宜人，歸先生十有四年卒。然終玄默翁之身，而德宜人如一日也，則宜人之事二尊人者可知。終先生之身，而德宜人如一日也，則宜人之相夫子者可知。逮於今，其弟疚微公德宜人如一日也，則宜人於父母兄弟可知。先生起貧儒，家以嚴治，宜人操管鑰，親井臼，不十年，舉子女者四，而不委乳媪以一手，足力奉二尊人，祈不忤其君子，而復得父母兄弟之歡。褓褓之求，嘗一日解諸懷也，則其瘁可知，此乃伯先兄弟所爲痛慕無已時者也。

劉之先出自中山夢得，徙江南，自宋思陵扈蹕始，家晉陵，自元季諱理者始，家無錫，自石泉翁宗海始。石泉生五子，仲爲右泉翁。右泉生二子，仲爲玄默翁，諱文光，配盧孺人，寔生先生。朱宜人之父曰心然翁，諱時習，母曰徐孺人。先生生嘉靖癸卯十一月十八日，卒萬曆丁未十月二十日，年六十有五。失朱宜人，又配過宜人，失過宜人，又配時宜人。朱宜人生嘉靖丙午五月二十四日，卒萬曆丁丑十二月十四日，年三十有二。所生子伯先，名元珍，南京兵部職方郎中，仲常名允珍，邑廩生。孫男六人，孫女六人。

隱士玉川子華仲達墓誌銘〔一〕

玉川子者，華公玉滇也，字仲達，諱某〔二〕。年二十，忽夢之帝所，或授之語曰：『午午升玄，繼承玉川。運連六三〔三〕，身在桑田。』於是自號玉川子，更字曰少白，諱曰某〔四〕。其夢之帝所明年爲丙寅，七夕，神玄降其室〔五〕，別而貽之詞，曰：『相遇操，有隆慶。帝遠勝，商宗句。』明年，果穆宗踐祚。當是時，公方治制科業，未嘗習爲詩，自見神異後，忽忽成韻，出言爲章。公乃慨然嘆曰：『此天授我，雖然，吾未窺作者室也。』於是乃大肆力，務竭其才。詩自三百篇而下，文自《尚書》而下，若飲食衣被其中。久之，中閎外肆，觸機以應，象物而出，公亦不自知其所以然。久之，詩積成帙，元美王先生見而大賞曰：『神物也。』爲拔其最粹者，序而行之。太原相雅爲折節，公夷然不屑。相方入揆，公爲長歌致之曰：『蒲團掛壁落成灰，歎息流光在西崦。』其意遠矣。於是公之詩流布海内，海内諸名家若劉公子威、余公君房、屠公緯真、吾邑鄒公彦吉，無不曰：『玉川子之詩，其詩也天〔六〕。』而公則自咲曰：『吾烏能詩？古之能詩者，往往縱心寥廓，寄情麴糵，有如吾一室蕭蕭〔七〕，泉罌茗椀者乎？又往往名山大川，杖屨四落，有如吾蕭蕭博山、蒲團者乎？用物狹而取精少，吾烏能詩？』蓋公所以詩與世之名能詩者異，大要以空心浚發，靈機默成。所居曰蕭蕭齋，冠雲冠，披鶴氅，布裘暖帶，齋中道書數卷，夜卧東窗，明月滿床，時一獨咲，情致濃溢，輒復成詩。人有以事成敗吉凶問者，輒應以詩，竟其事，無不肖其語。其所爲詩類此。久之，詩益積，元美先生既捐世，公每太息曰：『九原不可作矣，吾其猶詩也夫？』

公少孤，長而事其母及其大父母，不遺力也。既有室，及錢孺人事其尊人，不遺力也。中年閉關玄養，命諸子事其尊人，不遺力也。當守默公没時〔八〕，公執喪禮甚至〔九〕，里中羡之曰：『嗟乎！守默公有孫矣。』又獲以胡孺人貞節聞於朝，天子特旌其門〔一〇〕，里中羡之曰：『嗟乎！胡孺人有子矣。』與其兄濟川公白首相偕，雍雍怡怡，文相品，詩相賡，玄相問也。於其族之人，窘者裕之，危者安之，抑者伸之，喪者櫕之。公自謂細事，不言也。教諸子以無廣田宅，無邇亡賴子，無聽婦人言，作人在勤儉端厚四字，皆其身有之也。萬曆己酉六月十四日卒〔一一〕，氣已絶，復微吟曰：『寸心偏不斷，白髮在高堂。』以胡孺人故。君子謂此心真心，此詩真詩也。其生以嘉靖丁未十一月廿四日，得年六十有三，符帝所六三之兆云。所著有《被褐稿》若干卷。

高攀龍曰：『吾觀老氏《道德》，大要有無闔闢，因天地自然耳，其道浩渺無垠，故魏伯陽氏衍《易》明之，使夫智者循象握樞，神氣融結，漸成變化，皆自然所爲，非有造作〔一二〕。然神仙家事不一，往往有遘冥靈如玉川子者，其於《道德》，顧誠不知何如。吾讀其詩，蓋庶幾迹寄人寰，心遊物表，令人想《蒹葭》伊人宛在一方，而不可即矣。玉川子之仙，仙而詩者也，玉川子之詩，詩而仙者也。然吾所貴玉川子，又不在此。勤於立家，儉於致用，端厚應物，能如其所以戒子者，蓋克子克父克弟克夫而不忝所生者與！古所稱隱君子者與？』銘曰：

謂爾仙耶？其死則凡。謂爾凡耶？其詩則仙。吾不知其死，而知其生，庶幾無愧於其天〔一三〕。生何非天？死何非天？不虧其天，何凡何仙？

校記

〔一〕此篇又載《高子遺書未刻稿》。《高子未刻稿》題中「玉川子」訛作「川玉子」，按，正文及《高子遺書未刻稿》皆作「玉川子」，兹據校改。

〔二〕《高子未刻稿》「諱」後一字空闕，《高子遺書未刻稿》作「某」，兹據校補。

〔三〕「運連」，《高子遺書未刻稿》作「運運」。

〔四〕《高子未刻稿》「諱曰」後一字空闕，《高子遺書未刻稿》作「某」，兹據校補。

〔五〕「玄」，《高子遺書未刻稿》作「女」。

〔六〕「天」，《高子遺書未刻稿》作「大」，疑是。

〔七〕「如」，《高子未刻稿》訛作「奴」，此據《高子遺書未刻稿》校改。

〔八〕「没」，《高子遺書未刻稿》作「歿」。

〔九〕「至」，《高子遺書未刻稿》作「謹」。

〔一〇〕《高子遺書未刻稿》無「天子」二字。

〔一一〕「卒」，《高子遺書未刻稿》作「以疾卒」。

〔一二〕「造作」，《高子未刻稿》脱「造」字，據《高子遺書未刻稿》校補。

〔一三〕「愧」，《高子遺書未刻稿》作「虧」。

文學吴君樸菴暨配曹孺人墓誌銘〔一〕

京口多布衣好修者，顧涇陽先生開東林精舍，來問道者蒸蒸然。先生殁，多從予遊，吴子良儒其一也。一日，介其友任子希顔顙地而乞銘其父母。問其父，曰樸菴公，母曰曹孺人。余曰：『噫！是余所時時聞之希顔。』希顔曰：『是光祖髫齓見之，訖於白首者也。樸菴公寡言咲，目炯炯，毅然不可犯。坐必端，即寢室弗怠。行必整，雖匆遽弗迫。博學强記，當其讀書時，雖美好陳於前弗瞬。兄弟友愛，睦族惠下，閑家以嚴，教子以禮。每舉《豳風·無逸》曰：「古人以農事開國，罔敢戲豫，況吾儕乎？」治麟經，工制義，五試京兆，以諸生老，命也。』又曰：『嗟乎！吾父碧泉與公相善，有無相共也。吾父病大漸，敕光祖曰：「所負樸庵公者勿負。」及公病大漸，則敕其子曰：「希顔窘，所償者勿有。」曹孺人即婦人，多記誦古人節義事。樸菴公所交好子弟，如光祖等者〔二〕，待如子。貞静慈惠，事其舅姑，事其夫，待其妯娌，待其子婦，一出至誠。甘淡好潔，衣服浣紉數十年不損。善養生，能行道引法，小疾痛多不藥愈，得年七十有七，翛然而逝〔三〕。』

余觀良孺所狀父母事〔四〕，即希顔所時時稱説，可謂循法守正矣。今之富貴者行誼如是，足以述於天下。樸菴公一經自老，闇然修於夫婦之間，而聲譽不出閭里，悲夫！然其本實不以如彼而加，如此而損也。銘曰：

生民之質，日用飲食。居身之物，規矩繩墨。循是無違，是曰天職。如公夫婦，庶幾不忒。藏斯永斯，萬年靡極。

校記

〔一〕此篇又載《高子遺書未刻稿》。

〔二〕『光』，《高子未刻稿》訛作『老』，此據《高子遺書未刻稿》校改。

〔三〕『翛』，《高子未刻稿》訛作『脩』，此據《高子遺書未刻稿》校改。

〔四〕『父母』前，《高子遺書未刻稿》有『其』字。

養源錢翁墓誌銘〔一〕

錢翁諱某〔二〕，字重器，別號養源。其先祖爲吴越武肅王，武肅十二世孫游始從嘉禾避難〔三〕，居錫之新安湖頭，又數傳而公生。今將葬於五浪山，公子伯龍之友高攀龍誌翁之行曰：『翁世爲湖頭舊族，饒於貲，至好義而漸挫，然猶具中人産。世以丁田受役，役至嘉靖季年，民間益重困。一切驛騷，責民張具，謂之支應。一貴客入境，往往千百金，家咄嗟立盡。愛芝公既困於役，翁以弱冠，方在呫嗶，慨然曰：「大人勞苦如是，兒子奚齷齪章句爲？願得入官府，聽頤指。」愛芝公喜，謂老人得炙此一片簷前日矣。翁猶强力心計，橐粮裹足，千里赴急，控愬當道，能以敏給自輔。無何，海忠介公條鞭法行，民役蘇。再遇莊皇帝、今皇帝兩御極詔，而役逋豁，翁迺得徜徉田間，菑畬耕穫矣。性喜飲酒，田多藝秫〔四〕。闢圃種花，客至，則觴俎其中。醉而卧，卧而醒，問夜何，其率先家人起力作。其治生最勤，常有餘力，足以自樂。自奉最儉，常有餘力，足以贍族。待異母弟荊野君璉以友愛稱，事再繼母沈孺人以孝稱。誨其鄉人，必曰「孝弟力田」。誨其子，必曰「積善裕後」。客有以贋金貿米者，翁既與米，則從容謂曰：「若奈何爲此以賈罪也？」客大慙服。伯龍少穎敏，治經生家言〔五〕，又多博涉古文詞及二氏家言，翁誡之曰：「孺子業弗一弗工也。」伯龍既有聲諸生間，下帷郡守邸，翁弗善也。又適比士，翁益愀然曰：「此嫌疑間，君子弗處。」時以此稱翁長者，識大體。余惟古之烝髦士者，必於農，管氏謂野處而不暱，其秀民之爲士者，必足賴也。翁非其人耶？盡其力以給公上，盡其力以治私家，而無慆心逸志焉，倘所謂心安而不遷者，非耶？其誡蟄夫足異矣，宜其彬彬不肅而成教哉！蟄夫，伯龍也。銘曰：

孰勞爾蹶蹶，而孰息爾休休？而藏兹丘，永千秋。昌爾髦士，爲公侯逑。

校記

〔一〕此篇又載《高子遺書未刻稿》。

〔二〕《高子未刻稿》『諱』後一字空闕，《高子遺書未刻稿》作『某』，兹據校補。

〔三〕『十二』，《高子遺書未刻稿》作『十一』。

〔四〕『秫』，《高子未刻稿》訛作『林』，此據《高子遺書未刻稿》校改。

〔五〕《高子未刻稿》脱『家』字，此據《高子遺書未刻稿》校補。

王伯子墓誌銘〔一〕

伯子者，王仲山先生曾孫，繼山先生之孫。繼山先生有丈夫子三：孟曰少室公，仲曰一所公，季曰謙齋公。一所公配李孺人，生子二，伯子名國俊，字章甫，别稱明我。當王氏貴盛時，一所公以雄心勍氣左提右挈於兄弟間，視一第如取之掌，卒偃蹇不偶，乃退而飾其宫室服御，欲恣所美好，以寫其牢騷敞罔之意。

然其人有智有度有略，一切非漫嘗。余少，而公撫之曰：『孺子可教。』抱女妻之，命余偕伯子習舉子業，凡與伯子朝夕者四年。伯子十七補諸生〔二〕，二十一而一所公捐館舍，又五年，李孺人捐館舍。伯子既失嚴父母，王氏故多客，居恒雜遝滿座，相與爲飲食徵逐。伯子又好治宫室，所出不會計所入，不數年，産蕩盡。凡六易居，輒以所易金飾所易居，匠未告成，居復他屬。最後獨挈一妾居緑蘿菴。緑蘿庵者，仲山、繼山兩先生出郊所憩也，已屬顧侍御驤宇公，公念兩先生，焚券還伯子地。地無周垣，屋無完壁，居無應門，伯子處焉。短褐犢褌，井臼樵蘇，夷然安之。有斗酒盤餐，必引客共，酒酣陶陶，不知其從崇堂曲房雕題畫棟中來也，不知其從冰紈霧縠輕裘袨服中來也，不知其從陵肉澠酒駢筵密座中來也，不知其從華褥黼幬金觥玉斝中來也，不知其從蒼頭廬兒咄嗟指使中來也〔三〕。伯子性淳厚，坦衷直腸〔四〕，洞見底裏。其所明，不再計而決，所不明，雖父兄臨之，師保勉之，不易也。吾嘗謂伯子：『君爲人謀，一似了了，何自爲謀輒憒憒？』伯子咲曰：『安知君所謂憒憒非了了耶？』其自用如此。

甲寅春，得噎疾，至冬而劇。於死生亦豁然不爲意，第屈指尚負某人金若干某人金若干，竭其所存者償之，至門闌甃石而止，曰：『了此，心中無事，吾浩浩而逝矣。』越三日，恬然卒。斯其人蓋有異於人者焉，夫豈可與呰窳子隤其家聲者同類而共譏乎？伯子爲郡諸生，黜而補邑諸生，其舉子業甚贍，他論策諸文，伸紙立就，未免以貧寠自廢。當余髫時，見繼山先生弓河之上，隱隱隆隆，一何醇也！及余爲婿，一所公方大拓門户，謙齋舉北京兆，家勢益盛，誠不意一所公夫婦相繼棄其孤〔五〕。夫創業之人雖長馭遠騖〔六〕，彼其中有艱難之心，乃子孫一切易之而加侈焉，宜立涸也。然以余雖見伯子倒行逆施者〔七〕，謀生計耳，未嘗喪其恒心焉。至於肫肫一念，繼山先生脈也，此脈存也，剥而復乎後，必有興者。銘曰：

中則昃，盈則食，是謂止息。謙則福，剥則復，是謂倚伏。視汝善脈，如火之炙，如水之積。炙而必燡，積而必益，而寧而宅，爲百世之籍。

校記

〔一〕此篇又載《高子遺書未刻稿》。
〔二〕《高子遺書未刻稿》『諸生』二字前有『郡』字。
〔三〕『廬』，《高子遺書未刻稿》作『盧』。
〔四〕『衷』，《高子未刻稿》作『中』，此據《高子遺書未刻稿》校改。
〔五〕『相繼』，《高子遺書未刻稿》作『中道』。
〔六〕《高子未刻稿》『夫』字後空闕一字，《高子遺書未刻稿》作『創』，此據補。『鶩』，《高子遺書未刻稿》作『駑』。
〔七〕『雖』，《高子遺書未刻稿》作『所』。

安孺人墓誌銘〔一〕

吾邑有鄒公寧、公寅者，好修而嫺於詞，時稱兩鄒生。一日，介安小范而謁余，泣而請銘其母安孺人墓中石。余既以小范不獲辭，讀狀而傷孺人之賢也。孺人甫十二而喪其父文谿公，十六而歸繼庵公，奉其舅養庵君〔二〕，奉其姑馮孺人。家貧，養庵君教授里中，繼庵公弗竟所學，棄而學賈四方。孺人與馮孺人耦而居，或日中不舉火，孺人洗筐易粟上食，馮孺人不知所從來。繼庵公歸，孺人跪進曰：『風塵不易也，如二大人倚門何？』無已，割廛得數百貫，爲子母息不勝耶。當是時，繼庵公弟少庵君娶於史，史世業賈，於是徙舍史，伯仲拮据於外，妯娌積十指力佐之於內。案而上二尊人食，復案而餕賈者食，而孺人糠核自厭，與史孺人相泣相勞苦也。三年，箸稍稍起，於是復徙歸，而繼庵公病矣。孺人曰：『是以勞致，法當以逸治。』趣繼庵公舍蕭寺，而手自調藥餌。家無應門，割飯飯鄰兒餉之〔三〕。旦夕搏顙請於帝，願以身代。復三年，而繼庵公病良已。孺人曰：『是以逸治，恐以勞復。』趣繼庵公別具寢，夫婦相莊如賓，以故繼庵公得六十壽。至戊戌，病一發不可起，而孺人之痛可知矣。葬之日，跣而塗擗踴，行道爲惻也。馮孺人之於養庵，繼也，視孺人差五年長，而蒞孺人嚴，孺人重足屏息而事之。馮孺人禮玄嶽，孺人從，馮孺人道遘疾，殆矣。孺人撫摩持掖，浣中裙者四閱月而病已。先是馮孺人與孺人既析箸，至是歸，泣數行下，曰：『老婦瞶甚，今日始識孝婦也。』立命夷竈。孺人性好作勞，然喜紡績，不耐刺繡，嘗曰：『綉錦纂組，害女紅者也，巧繡不如拙績。』未嘗習書，而喜誦佛典。文谿公工爲文章，與瞿文懿、嚴文靖二公爲莫逆友，孺人嘗訓期楨等曰：『自吾爲女時，見吾父與瞿會元讀書至夜分，搔髮滿面，已或撫掌大叫，於時不曉其故，問吾父，則曰瞿公已悟未悟境界如此。此兒曹讀書法也。自吾爲爾家婦，見汝叔祖少卿公閉户讀書，尺一不入公庭，此兒曹做人法也。』丙申，期楨兄弟同補博士弟子，孺人戒曰：『讀書做人，自此日謹一日可矣。』庚子歲，疽發於股，卒〔四〕。卒之日，謂期楨等曰：『吾未嘗知生人之樂，麤了六十年人間事矣，夫復何憾？』遂瞑。期楨等泣謂余曰：『傷哉乎吾母！夭其父而窮於女，窘其家、病其夫而窮於婦，教其子，不待其成而窮於母，天實爲之，謂之何哉？』余曰：『凡子所以爲孺人窮者，皆孺人所以瞑者也。今夫孺人，共於舅姑，惠於夫子，没身食貧而不怨，訓子以義而無利之心焉，是其女而彰父之能教，婦而彰夫之能閑，母而彰子之能學，其得正而斃，所謂豁然而入無窮之門者也，是宜銘。』銘曰：

降辛丑，歸辛丑。六十年，何所有？黝然而穴，巋然而阜。有孚貞心，是謂不朽。

校記

〔一〕此篇又載《高子遺書未刻稿》。
〔二〕『養庵君』之『君』字，《高子遺書未刻稿》作『公』。下文同。
〔三〕『鄰兒』，《高子遺書未刻稿》作『鄰門兒』。
〔四〕《高子遺書未刻稿》無『卒』字。

鄧母楊孺人墓誌銘〔一〕

先君子靜逸公之女兄適於鄧，於攀龍爲祖姑，從先君子而稱姑。姑生子河，曰龍源君，娶於談，蚤夭，生二子一女，長子曰希忠，仲曰希孝。再娶楊孺人，生一子二女，子曰希弟。龍源君以萬曆壬午卒，吾姑高孺人後龍源以乙酉卒〔二〕，希忠又以戊子卒，今年甲辰九月一日，楊孺人卒。希弟痛其家之不造也，喪父喪兄喪大母，而楊孺人以一身丁之也，區區爲諸生，未得一第，禄不逮養也，哭而謂予曰：『天乎！吾母之歸吾鄧，曾不得一舒眉之日也而歿〔三〕。吾父生五年，而大父背棄，辛苦自竪立，稍不虞饘粥。吾母歸，則大母春秋高，不任家秉，一切管鑰中饋悉自吾母。談孺人蚤夭，遺孤方在襁褓。吾母外奉吾父，内奉大母，中撫諸孤，纖悉筋力〔四〕，不敢偷終食之逸。吾父晚年，産日拙，復中讎口，被粮役，竟困頓死。吾母外支役，内支喪，不欲生者數矣，是吾母幾於身殉其夫。大母煢煢未亡人，食息依吾母，晚而病痺卧起依吾母，非母則食不下咽，衣不被體，中裙不浣滌，如是者四十年〔五〕，未嘗有厭斁之色，是吾母幾於身殉其姑。吾兩兄婚，一姊嫁，必虔必豐，至不孝，寧菲寧緩，曰：「後母當如是。」吾父歿，中更大母喪，伯兄喪，幼妹嫁，戊己大祲，再徙居，拮据不給，而必挈寡嫂，曰：「非我誰庇也？」是吾母幾於身殉其子。每戒不孝曰：「存天理，積陰德，讓人一步，有餘地也。」族黨中始有郄，卒修好者，則欣然待之，是何其爽然於德怨之際也！居恒布衣藿食，不孝勉有所進，則嚬蹙曰：「奈何以老人重孺子貧？」至父兄之事，則曰：「孺子勉之，勿以貧儉親。」姻族之事，則曰：「孺子供之，勿以貧傷禮。」是何其爽然於豐嗇之際也！畜不孝至慈也，而不小假其誦讀之力。不孝補諸生則喜，與棘試則喜，試屢蹶，不慍也，曰有命。是何其爽然於窮通之際也！天乎！不孝之不得一第，使吾母一舒眉而死，不孝寧得比數人子哉？』余曰：『否否，不然。今世俗親之所以望其子，子之所以稱孝於親者，往往以一第爲愉快，至位高多金，即虧身辱親不恤，所謂「懷利以相接」，君子不道也。必然，則閔損、曾參生無鍾釜之禄，殁無一命之位號榮施於親，將亦不數人子哉？是在子之所以守身者。且吾聞之，報不稱德者有後，若孺人者是矣。子寧終不達耶？』余謂夫孺人之賢足稱述，希弟之意可悲也，爲之銘曰：

婦人之職，曰儉曰勤，之死靡他〔六〕。譬則農之於耘，士人之職，曰詩曰書，之死矢靡他。譬則農之於畬，雖有力田，必逢其年。年之未逢，勿謂彼天之愆。雖日之長〔七〕，不竟滄海之洋洋。彼天實然，寧尋尺之可量已乎？孺人盡瘁於爾身，詩書之靈，在爾後人，應使爾德之不湮。

校記

〔一〕此篇又載《高子遺書未刻稿》。

〔二〕《高子遺書未刻稿》『龍源』後有『君』字。

〔三〕『也而殁』，《高子遺書未刻稿》作『而殁也』。

〔四〕『纖悉』，《高子遺書未刻稿》作『纖嗇』。

〔五〕《高子未刻稿》脱『十』字，此據《高子遺書未刻稿》校補。
〔六〕『靡他』二字前，《高子遺書未刻稿》有『矢』字。
〔七〕『日』，《高子未刻稿》作『目』，此據《高子遺書未刻稿》校改。

顧仰蒲墓誌銘〔一〕

顧仰蒲者，瘍醫也，名一信，字子仁。嘉靖間，家燬於倭，亡其宗譜，先世遂不可知。祖曰仁山，諱文達。父曰心蒲，諱時中，母高孺人。心蒲君好植細蒲，自稱心蒲。仰蒲者，志其親不忘也。顧之良於醫，其先得黄冠者異書，自仁山始有名於時。仰蒲君生三歲而孤，有前母兄曰一孝，同母兄曰一悌。君少能讀《小學》及日記故事，時時爲人稱説，曰：『今人何獨不然？』生十四年，仁山君捐館。歲凶，有謀奪高孺人《柏舟》志者，孺人得君扶掖告官，事乃寢。謀者復中以役，高孺人簪珥盡矣，家始貧。

當是時，君贅於吴，外父賈人，與君志不相得，於是挈其婦歸依仲兄居，而嫂匆容，僦市屋半間，一床一釜外，足不能旋其踵〔二〕，破茅不緝也，破壁不塞也，突不時墨也。日長至，不能以一飯享其先〔三〕，一臠供其親也。君黯然與吴孺人相對泣，乃發憤益取古方書讀之，久而有會於心曰：『吾必能多活人。』然人知君兩兄醫，不知君也。君益窘，不食者累日，束腹而之市，貿貿然不辨東西。適有物觝其趾，視之金也，君曰：『腹今果矣。』忽念曰：『天乎！吾惟無是也，以至此，安知亡者不如吾乎？』蹲而俟之，無何，亡金者匍匐至，得其實而還之，歸以語吴孺人，曰：『甚善，君救人，天救君矣。』語未既，速治瘍者至，所獲金乃多於所還金。竟君之身，自還金日，遂無不舉火日也。

其後〔四〕，君之醫著於縉紳先生，漸著於丞、簿、尉，著於邑宰，著於臺使者，率賓禮禮之〔五〕，至有詢民瘼，咨秘事，君絶不緣出一昧心語，私居間一錢也。游縉紳先生間，君見其所行善，輒曰宜如是；所行不善，輒曰此非公所宜爲；有佐之爲不善者，輒告曰某某敗，迺公事。每君過顯者家，蒼頭盧兒争揶揄曰〔六〕：『顧五來。』聞所陳説，必爲説以亂之，即非出君口，必漫猜曰是顧五也。官府逮惡人〔七〕，惡人之黨必漫猜曰顧五也。君行五，故云。以是人多疾之如仇。里中人更甚，欲得而甘心之。然君素信於士大夫邑宰貳，計卒不行。

君治瘍，務察人虚實，必固其元，不妄投破氣及苦寒藥〔八〕，絶不用刀砭剔割。遇富人急疾，未嘗要約酬值，病愈，多負義者，君亦不言。於貧士不取一錢，藥愈之而後已。吾嘗見其治一王生，貧〔九〕，君日携藥往，生飯麥，君曰：『疾不得穀氣，安得生？』饋之錢。又白其交遊，饋之。生夏卧無帳，君曰：『疾不得熟睡，安得生？』又白其交遊，致之帳。生病竟愈。若此類甚多，君每以此自喜。見其同儕謬投藥及針砭及要索人金錢，輒謾駡之。

君於人倫，能自致其力。叔侄兄弟間，人以怨施，君以德報，多人情所難，是皆君之大本。然數之皆君細事，故不悉書。晚年益侮於群小，杜門不出，日讀《小學》。客至，輒談《小學》，聞者厭甚，君抵掌不置。當其少年，已宅心於此，宜其不迷於大義矣，所交皆一時端人〔一〇〕。

往歲疽發於余之膂，殆矣。君立起之，故交於余獨蚤。君子之疑君者，余必伸君子〔一一〕。小人之戹君者，余必屈小人。小人固有真，余見亦有真。嗟乎！君今蓋棺矣。銘曰：

俗務利，爾務義。俗趨邪，爾趨正。爾不諧俗者，爾局爾質。爾不獲罪於天，爾率爾性。爾口爾憎，人則爲政。爾善爾祥，天則爲政。爾之後人，食爾之慶。

校記

〔一〕此篇又載《高子遺書未刻稿》。

〔二〕『踵』，《高子未刻稿》作『蹭』，此據《高子遺書未刻稿》校改。

〔三〕『一飯』，《高子未刻稿》脱『一』字，此據《高子遺書未刻稿》校補。

〔四〕『其』，《高子遺書未刻稿》作『於』。

〔五〕《高子未刻稿》僅一『禮』字，此據《高子遺書未刻稿》校補。

〔六〕『廬』，《高子遺書未刻稿》作『盧』。

〔七〕『官』，《高子未刻稿》作『宫』，此據《高子遺書未刻稿》校改。

〔八〕『苦』，《高子未刻稿》作『若』，此據《高子遺書未刻稿》校改。

〔九〕《高子遺書未刻稿》『貧』字後有『甚』字，於義爲長。

〔一〇〕『所交』二字後，《高子遺書未刻稿》有『者』字。

〔一一〕『君子』，《高子未刻稿》無『子』字，此據《高子遺書未刻稿》校補。

光宇周君配馬孺人墓誌銘〔一〕

富貴之蝕人也，蓋日浚月剥，亡其故而不自知焉。況乎貴介，生長於甘鮮温軟之中，而能振拔自立者鮮矣。余則得之光宇周君〔二〕，君故文恪周公之仲子也。其人退然若不勝衣，而將進於道也，則如春萌之必條，河竇之必決。余既已心奇之，而君一日手其所狀亡室馬孺人，請銘於余，余益訝曰：『有是哉？君之夫婦能灑然富貴之際乎！」

今夫富貴之士，即衾影幽獨，未嘗不沾沾焉自覺其所有也，忽焉而失之，其氣立盡，忽焉而復得之〔三〕，則遂恍罔張恣，不知四方上下矣。孺人之父南巖公，以落拓敗貲者也。孺人生長富貴，既而四壁立，父母遯居荒野，僅依大母廉　廛於蓉湖之上，攻苦茹淡。至歸光宇君，不能具椸枷，而妯娌皆富貴家子，孺人以繒練參於輕紈霧縠之間，不怍不餒。無論光宇君，即媼御不敢以文恪公家聲臭加之。光宇君且舉子，婚媾多顯者，孺人頻顣曰〔四〕：「不謂君讀書學道，亦效世俗結好貴人。」爲斯義也，非婦女所了矣。夫孺人生三十有一年耳，中間境凡三徙。由豐入約，其勢難，而孺人易之；由約而豐，其勢易，孺人不難；饒入窘，而孺人難之，嫵靡中獨持寒女之氣〔五〕。豈其從辛苦墊隘之鄉激而生氣，意不可一時靡靡之俗〔六〕？抑真有達視慧解於富貴貧賤，富貴貧賤之經吾前〔七〕，審其倘來而安其素履耶？然以余聞孺人事其姑也謹甚〔八〕，而內理女紅，外供賓客，拮据至瘁不自言。光宇君饘粥無恙，孺人即稍稍欲自腆，亦力及之，又縞素自若〔九〕。大率非徒負氣者然〔一〇〕，是其賢足誌矣。

校記

〔一〕此篇又載《高子遺書未刻稿》。

〔二〕《高子遺書未刻稿》句首有『迺』字。

〔三〕『忽焉而復得之』，《高子未刻稿》無『焉』字，此據《高子遺書未刻稿》校補。

〔四〕『頻顣』，《高子遺書未刻稿》作『嚬蹙』。

〔五〕《高子遺書未刻稿》『嫵靡中』三字後有『顧』字。

〔六〕『墊』，《高子未刻稿》作『蟄』，此據《高子遺書未刻稿》校改。『氣，意』，《高子未刻稿》作『意氣』，此據

《高子遺書未刻稿》校改。

〔七〕《高子遺書未刻稿》『富貴貧賤』四字不重。

〔八〕《高子遺書未刻稿》『姑』字後有『□太夫人』四字。

〔九〕『素』，《高子遺書未刻稿》作『綦』。

〔一〇〕『徒』，《高子未刻稿》訛作『從』，此據《高子遺書未刻稿》校改。

文學張圓極墓誌銘〔一〕

圓極從吾游久矣，吾視其文足以達，視其人，遠而足以自樹立〔二〕，不没没也。天下之治亂，係人才之邪正，故庠序之士明禮義、重廉恥者衆，則可以成俗，天下有治而無亂。圓極蓋其人也。師道之廢久矣，貧士俯仰於一館，皆輕於失己而重於失人，即門弟子與之喔咿嚅唲，惟恐失其意。人少時所嚴者師耳，己肆然無所忌，又何望禮讓之俗？圓極不然，所至自嚴重，小不合，即引去，終歲凍餒不恤。有兩弟更貧，又不能時得館，圓極修脯必與共之。僦屋而居，念兩弟無居，亦與共之。人有以女妻其子者，曰：『吾弟之子長於吾子，吾不忍先室吾子。』育其弟之女，聘幣歸之弟，嫁則任諸己〔三〕。凡其厚人倫、勵節操，皆類此。夫貧者，戚戚然懼一身之不保，何能及其兄弟，及其兄弟妻子？即富貴者，得千計萬，得萬計億，冀其子孫世世不乏絶耳，孰有分其餘潤者乎〔四〕？此其人賢不肖何如耶？

《詩》云：『譬如農夫〔五〕，是藨是蓘。雖有饑饉，必有豐年。』故曰『德出而福反』。夫以圓極之强於爲善，可謂德矣，卒窮困以死，何也？此所謂命也。文中子曰：『命者，召之在前，命之在後。』凡吾所得於天，皆命於所召之後〔六〕，數之不易者也。凡吾所修諸己，皆召於所命之前，理之自造者也。人見其所命者數不可易，不見其所召者由我而造，輒以爲善者無福，不知自感自應，固循環無端也。夫子曰：『伯夷、叔齊餓於首陽之下，民到於今稱之。』聖人豈貴身後虚名哉？伯夷、叔齊死之日，則生之日也。聖人以實爲名，後世以名爲虚。果如後世所謂名而已也，古今忠臣義士精爽表表於兩間者何物耶？今圓極窮困以死〔七〕，凡有好善之心者，莫不咨嗟痛惜，籍籍而不能已，此其去千駟無稱者不既遠乎？可以觀圓極所召矣。銘曰：

子瘁厥躬，一家爾恃。子正厥家，一邑爾視。道不在遠，此方寸是。何窮何達，委運自致。毋曰無所表見以究厥志。

校記

〔一〕此篇又載《高子遺書未刻稿》。

〔二〕『遠』，《高子遺書未刻稿》作『達』。

〔三〕『諸』，《高子遺書未刻稿》作『之』。

〔四〕『有』，《高子遺書未刻稿》作『肯』。

〔五〕『如』，《高子遺書未刻稿》作『彼』。

〔六〕『召』，《高子未刻稿》作『君』，此據《高子遺書未刻稿》校改。

〔七〕《高子未刻稿》衍一『困』字，此據《高子遺書未刻稿》删。

文學箭水浦翁暨元配談孺人合葬墓誌銘〔一〕

吾邑之有浦也，自後唐桓桓將軍統兵守吳越，至無錫家焉，遂爲無錫人。數傳入明，家世業儒。至泉東公而學益昌，稱《春秋》經師。娶於顧，生子曰箭水翁，名萬里。生而外樸内慧，少受《春秋》，即以《春秋》名家，已復受毛詩，即復以毛詩名家。辛丑，補諸生。乙卯，喪大母顧太孺人，相泉東以禮[二]。丙辰，喪顧孺人。既滿喪，泉東公復娶於茹。乙丑，喪泉東公，最後喪茹孺人。凡三勝喪，皆强力行禮。至喪茹孺人，既耄矣，而不怠。家素貧，其養泉東公及後先養二孺人，皆以下帷教授，其親安之，故嘗以不足爲餘。泉東公老，不喜居市，翁爲室於垌，爲畦藥樊卉，泉東公觴咏其中，陶然樂也。泉東公時笑指曰：『此真吾子。』丁卯，湛如補諸生，然最受知於守若令[三]，時時詢其家，知翁賢。癸酉，湛如舉於鄉，守若令過其家，趣見翁，翁固辭弗見。而遂有富人窺之，持金錢爲壽[四]，欲翁居間。翁笑曰：『吾向者所以固辭弗見，以此耳。』而更以戒湛如曰：『孺子毋如此與里中兒環瑱相問也。』丙戌，湛如寢疾卒，翁哭之慟，而視其橐益慟，曰：『吾兒迺能貧。』時債家亦知湛如貧，欲焚券，翁不可，曰：『君市義，孰市不義？』卒償之。丁酉，邑中舉鄉飲酒禮，縣大夫咨於衆而謀賓介，諸生馬希尹等前曰：『浦某可是，其人生七十六年矣，而無秕德。』僉曰：『然。』於是大夫門而請焉，而翁謝不見也。

今年戊戌七月卒，將營葬，子若孫狀翁之行事來請銘，攀龍曰：『浦氏世爲士，世貧，世又不第，以泉東公之才而老諸生，翁亦五落塲屋，而始發於孝廉君。當余與孝廉君子女相托也，時從翁飲酒，見翁退然於富貴之際，不以得孝廉君自多；及孝廉君溘焉朝露，余之從翁，愈數見翁爽然於生死之故，不以失孝廉君自少，心私奇之，以爲是必有過人者。及間爲余稱《參同》悟真之旨，津津静趺晏室之樂，然後知翁有以自娱也。人莫難焉，夫而御其繼妻，子而事其後母，自泉東公及翁兩世再娶，而子母胥得其理，則翁於人倫之間可知矣，可不謂賢哉？是宜銘。』孫羲馭又請曰：『古語有之「百年樹人」，吾大父見三世矣，而皆吾大母談孺人樹也。嗟乎！吾大母生十八年而於歸，甫八年而即世，又五十年，與大父比斯一抔土也，可無先生之一言？』余謂孺人之亡，泉東既志其壙[五]，自言其家無深居邃室，不聞讙笑聲出房闥外，則孺人之莊慎至矣，是宜銘。銘曰：

嫃胡歸遽？公胡歸遲？孰曰歸遲，五十如馳。久非久者時耶〔六〕？非久，非非久者誰耶？知誰之誰，而永寧於斯。

校記

〔一〕此篇又載《高子遺書未刻稿》。

〔二〕『泉東』二字後，《高子遺書未刻稿》有『公』字，是。

〔三〕《高子遺書未刻稿》無『然』字。

〔四〕『錢』，《高子遺書未刻稿》作『前』，於義爲長。

〔五〕『泉東』二字後，《高子遺書未刻稿》有『公』字，是。

〔六〕『時』，《高子未刻稿》訛作『晴』，此據《高子遺書未刻稿》校改。

文學行序顧公暨配王孺人墓誌銘〔一〕

余不文，謝去文役久矣。自得於余肺腑也，自得且屬纊，執余手曰：『以墓中片石累子。』嗚呼！余何忍逆自得意，以不任辭乎？自得偕其配王孺人窀穸有日，諸孤以先命請，余又何忍負自得諾，以不任辭乎？

既余讀褒曾所爲父母狀，印余所覩記，乃作而曰：『嗟乎！是在《蒙》之九二，所謂克家之子，納婦之吉，非耶？』自得爲故憲副洞陽公冢孫。洞陽公當毅皇帝朝，諫南巡，杖闕下；當肅皇帝朝，諫大禮，再杖闕下。從備兵瓊海歸，自得猶含飴膝下也。及洞陽公没〔二〕，曾泉公無諧世之韻，宗戚里巷不無小扞格，自得以身調之。既補郡諸生，悉肩一切户外事，人皆曰顧長公長者，所至響應。於是疑者融，睽者同，中外暢然大通，逆萌折，重徭減。曾泉公喜曰：『是兒四維吾家，八柱吾宗者矣。』當是時，自得工舉子業甚瘁，凡四試南京兆，報罷而益奮。曾泉公、華孺人後先即世，自得與兩弟、五子侄、十三孫錯處五畝之宫，授室人不争厰隘也，授産人不争肥瘠也，授橐中裝人不争贏縮也。月朔望，率子姪伏謁家廟，必戒曰若當爲，若不當爲，而以讀書作人爲要領。又曰：『吾家子弟慎毋戴奇冠，揄長袂，躡朱屣爲也〔三〕。』如是何可見先生長者。凡自得與人，飲之以和，又兢兢繩墨，皆此類也。

王孺人之佐自得，則豈非蘋蘩梟雁之賢也哉？孺人十六而歸自得，十七而舉子，嗣是子相接也，婦相接也，孫復相接也。奉曾泉公者十年，奉華孺人之稱未亡人者又二十年。華孺人之卒，蓋枕孺人臂而瞑也，則他可知矣。孺人機杼盡於婚嫁〔四〕，簪珥盡於質庫，即子婦進一茗，必儲以待客〔五〕。自得集賓客，一匕箸必敕自孺人。中夜客散，一匕箸必檢自孺人。孺人之享於顧氏者，食不二簋，衣不重綺，蓋譙譙翛翛以畢世也。

悲夫！以余觀於自得與孺人之媲德也，姑無論其他，天下有爲人父而不願如自得者爲之子乎？爲人子而不願如自得者爲之父乎？兄而不願如是之弟，弟而不願如是之兄者乎？爲人舅姑而不願如孺人者爲之婦，爲人夫而不願如孺人者爲之妻乎〔六〕？自得白首攻一經，不一第，人爲自得恨。然自得得一第固自佳，不一第何損自得？富貴人心忍而行穢，其父子兄弟不願爲若屬者多矣。吾故曰在《蒙》之九二，是剛柔相際之最吉者也〔七〕。子而爲法於人子，婦而爲法於人婦者也。自得與孺人内行甚備，自得襄兩尊人，大事之誠信也，揚其祖之節，得祀於鄉、廟於家也，恭於伯叔，友於兩弟，恤其舅氏，敬和於閨闥，信惠於朋友，慈厚於家衆，以至孺人之孝敬勤儉，凡褒曾所述至核，吾不詳著而著其人之本質。譬之於樹，特舉其一枝一節，曰：『此某樹也，仝體具是矣。』

往者辛巳之試，自得與予二十人同補博士弟子〔八〕，今三十有六年矣，交歡如一日，自得蓋表裡洞達君子哉！吾誌其夫婦，寧質而不足，毋文而有餘。嗚呼！庶幾其信矣。銘曰：

夫而衎衎，所執者綱也。婦而博博，所職者詳也。百年鼎鼎，一丘閒閒，所歸者常也。吁嗟乎！有生者之常，此其永藏。

校記

〔一〕此篇又載《高子遺書未刻稿》。

〔二〕『及』，《高子遺書未刻稿》作『故』。

〔三〕『屣』，《高子遺書未刻稿》作『履』。

〔四〕『嫁』，《高子遺書未刻稿》作『娶』。

〔五〕『待』，《高子遺書未刻稿》作『奉』。

〔六〕『乎』，《高子遺書未刻稿》作『者乎』。

〔七〕『相』，《高子遺書未刻稿》作『之』。

〔八〕《高子未刻稿》闕『補』字，此據《高子遺書未刻稿》校補。

萬安人墓誌銘〔一〕

安人姓萬氏，余同年憲僉吴之矩元配，尚書文恭公履菴先生季女，通政使安節先生冢婦也〔二〕。安節先生爲文恭公入室弟子，當張夫人娠，時李恭人亦娠之矩，文恭公曰：『吾兩家得子女者，爲耦矣。』已而果然。安人以壬戌十一月十八日生，幼能讀《内則》諸書。年十七，歸之矩，遂從通政公、李恭人官上高、豐城。乙酉，從之矩歸試，之矩即以是秋舉賢書。己丑，之矩成進士，主刑部政，安人之燕邸。之矩上書論婁江相私人陳給事，謫尉塞外，安人歸。甫三月，李恭人無禄即世。丁未，之矩以儀曹郎起家，覃恩封安人。戊申，再之燕邸。之矩爲時不容，再謫官歸。己酉，洪亮舉南國。壬子八月廿九日，以疾卒。安人柔婉，寡言笑，節儉慈惠，識大體，不沾沾眉睫間較量長短。往之矩不得志童子試，皮相者以爲一諸生蹇蹇，何以千里？獨文恭公奇其文，曰：『是子天下第一等文也，但當志天下第一等事耳。』安人心然父言，時時慰勞之矩，於勞騷中不少敗其意〔三〕。及兩從之矩長安，兩當之矩譴謫，安人怡然曰：『此吾父所謂第一等事，吾無苦萬里間關也。』每見之矩用稍溢，蹙額曰：『如是而往，安從來乎？』嚴事通政公，嚴事李恭人，又嚴事其長姐唐夫人。即妯娌間，人人以安人尚書女驕我族人，傴僂相問飲食之唯謹，人人意得去。晚而好佛，亦其澹泊之性，以類相近云。

高攀龍曰：『嗟乎！孰不有夫，幾有如安人之夫爲之矩者乎？孰不有翁，幾有如安人之翁爲安節先生者乎？孰不有父，幾有如安人之父爲履菴先生者乎？孰不有子女，幾有如安人生三雋子〔四〕，兩舉賢書，女未嫁而夫死，矢不再姓者乎？福備矣。然觀其所兢兢，未嘗不以鵲起爲懼，蠖屈爲甘。蓋深明進退之理，所謂培而不傾，浚而不涸者夫〔五〕！銘曰：

天迴地抱作爾室，背離面坎裕且謐〔六〕，靈來歸之萬事畢。

校記

〔一〕此篇又載《高子遺書未刻稿》。

〔二〕『通政使』，《高子未刻稿》無『使』字，此據《高子遺書未刻稿》校補。

〔三〕『勞騷』，《高子遺書未刻稿》作『牢騷』。

〔四〕《高子遺書未刻稿》『安人』後有『之子女』三字，於義爲長。

〔五〕《高子未刻稿》『者』字後空闕一字，《高子遺書未刻稿》作『夫』，此據補。

〔六〕『謚』，《高子未刻稿》作『諡』，此據《高子遺書未刻稿》校改。

唐孺人墓誌銘〔一〕

萬曆甲辰五月，顧沐之喪其室唐孺人。余時至涇里，入其門，見嘆惜之聲〔二〕，無少長如一；登其堂，自涇陽先生下，悲愴之色如一；竊聽其室，哭泣之聲如一。余曰：『是有異焉。夫其女，貴女也，失恃也最早，于歸也最少，難乎爲婦矣。享年也最短，難乎孚中外矣。人情如是，必有異焉。』其年冬將殯，沐之以狀來請銘，重以涇陽先生之命曰：『余之介婦也，賢能孝事其舅姑，順承其夫，慈畜其家人，一切倍於常情。故於其亡，人痛之，一切倍於常情。子其誌之，使死者不泯，存者不憾。』余謂先生誌孺人者大矣〔三〕，無以加矣，則爲按狀而詳其事曰：

孺人世居武進，爲秘書完初公女，太常凝菴公孫女，中丞荆川公曾孫女。生而端慧，紃組字書，目過心曉。生九年，完初公無禄即世〔四〕，哀踊如成人。母蔣孺人憐愛之，不如他人之視其女也〔五〕。萬恭人與凝菴公憐愛之，朝夕以從，不如他人之視其孫女也。十七歸沐之，晋陵去涇水百五十里，兩地相念，不一日去諸懷，相問訊，不旬日絶於途。孺人所爲愛其大父母與母者，不殊大父母與母所以愛孺人。其敬事二尊人，不殊所爲敬事大父母與母。定省必時，饋膳必腆，烹飪必躬親，二尊人食而旨則喜，多舉匕箸則喜。朱太孺人秉家嚴，孺人小不當意〔六〕，必退自刻責，温顔色而進，太孺人歡，始歡。其事沐之，劑服食甚謹，操管鑰甚虔，縫紉辟纑之事，非其習也，督女奴甚勤。沐之夜讀，欣欣治滫瀡勞苦之〔七〕。沐之飲客，供具必都。即移丙夜，沐之不就寢，不寢。有過必諫，疾言暴色必諫，沐之爲改容謝。一日謂曰：『君富春秋，胤嗣宜廣，宜置媵。』沐之難之，則出橐中鏹，得媵，爲飾膏沐，惟恐不當意。沐之驚曰：『是舉也，所不能得諸華門圭竇之寒女，而乃有斯人乎！』孺人六年凡五産，中更一孿生，卒亡於産。無論二尊人及大父母與母，若兄若姊〔八〕，若諸姑妯娌，哭孺人，皆非若功喪之痛者，以此知孺人洽比之者至矣，是所爲一切倍於常情者與！是所爲歎息悲泣無上下大小如一者與〔九〕！孺人自奉甚約，二簋常不設肉，庭扈間不得其叱咤聲〔一〇〕，居恒自檢押，衣不見裡，笑不見齒，不儲私錢，不問沐之刀貝出入，曰：『君子制義，非婦人所敢知。』是能見其大者矣。銘曰：

於惟荆翁，爲時所宗。世承其學，有太常公。爰及秘書，弗究厥終。龍山嵬嵬，涇水淙淙〔一一〕。聿生二難，羽儀漸鴻。兩姓合好，靈秀所鍾。曰杓曰柄〔一二〕，引而不窮。云胡孺人，殞如飄蓬。豈實之繁，而本是邛。式寧其魄，用翕元工。白雲霏微，芳草芃叢。融風朗月，翠柏高松。鐫爾貞德〔一三〕，秘之崇封。億千萬年，允安允隆。

校記

〔一〕此篇又載《高子遺書未刻稿》。

〔二〕『嘆惜』，《高子遺書未刻稿》作『嘆息』。

〔三〕『誌』，《高子遺書未刻稿》作『狀』。

〔四〕《高子遺書未刻稿》無『無禄』二字。

〔五〕《高子遺書未刻稿》無「母蔣孺人憐愛之，不如他人之視其女也」。

〔六〕「小」，《高子遺書未刻稿》作「稍」。

〔七〕「滌」，《高子未刻稿》作「修」，此據《高子遺書未刻稿》校改。

〔八〕「姊」，《高子遺書未刻稿》作「娣」。

〔九〕《高子遺書未刻稿》無「是所爲歎息悲泣無上下大小如一者與」一句。

〔一〇〕「扈」，《高子遺書未刻稿》作「庖」。

〔一一〕「淙淙」，《高子遺書未刻稿》作「潆潆」。

〔一二〕「柄」，《高子遺書未刻稿》作「枘」。

〔一三〕「爾」，《高子遺書未刻稿》作「示」。

鳳池高公配錢孺人墓誌銘〔一〕

鳳池高公名桂，邑之磊落男子也，負氣概，不倫世俗。攀龍生也少，及見其人。一日，先大父靜成公指謂攀龍曰：「而叔也〔二〕。」又指攀龍謂公曰：「孺子似可教。」當是時，聞言而心喜也。無何，公死於官。又二十年，錢孺人卒，攀龍弔焉。二子哭曰：「有吾母之修諸人者，迺有吾母之得諸天者。吾祖母朱孺人，子所知也，孰有朱孺人所以臨其婦也者？孰有吾母所以奉其姑也者？如其曩昔事吾父之母，視今日所以與二孤之婦，受之以至難，而施之以至易，其於人倫至矣。吾父又子所深知也，才而厄於一第，德而厄於一官。吾母婆娑一杼十指之間，佐之於學，佐之於仕。以廿年媳婦之劬勤始之〔三〕，以廿年未亡人之凄苦終之〔四〕，吾母之得諸天者，竟何如哉？」言已，哭弗休，則又曰：「吾母之操己嚴而御人厚，子聽諸内外之哭聲，以敝廬之風雨也，日月之休吉也。殆葬矣，俟子之銘。』攀龍曰：『數之無常，夫人所遭，萬變不齊，孺人全而終矣。回視七十年間人境甘辛，如太虚中雲物幻象，尚安在乎？而孺人之婦而共，姑而慈〔五〕，克勤於家，成其夫以及其子，恒式於世無窮也，余可志而無窮之矣。』銘曰：

古之文也，信百世而見其人。今之文也，諛飾美而信美湮。吾言不浮人，人不怍斯言，庶幾人以文而存。

校記

〔一〕此篇又載《高子遺書未刻稿》。

〔二〕『叔』，《高子遺書未刻稿》作『世叔』。

〔三〕《高子遺書未刻稿》『始之』二字在句首。

〔四〕《高子遺書未刻稿》『終之』二字在句首。

〔五〕『姑』，《高子未刻稿》作『始』，此據《高子遺書未刻稿》校改。

馮都事鶴臺墓誌銘〔一〕

天之於人，其不可知也耶？或豐而予之，或嗇而奪之，或豐也者而實奪之，嗇也者而實予之，或予之於此而奪之於彼，奪之於此而予之於彼，其不可知也耶！始余姊適鶴臺馮公之子焕也，余始解言語，則聞祖父侈談馮氏馮氏云，未幾而其箸蕩然若巵漏不可窒，匏裂不可合矣。此豈其先世所以殖之天者未厚與？何其隳之亟耶？雖然，吾則不以成敗論公〔二〕，且知公於成壞之間。

吾嘗聞公之爲都事，時視新喻縣篆〔三〕，不取民一介。喻壤接分宜也，分宜相有妻之喪，而新喻之奠最菲。丞尉受辱，而公抗言不忌，聞者壯之，是則公不以賤故鑠其氣。公之家若洗矣，余猶見其從一老婢子攜尊席野，揮杯自勸於游人雜遝之所，若睥睨一世者然，是則公不以貧故損其致。歲戊子，邑中大饑，公手疏三吴水利及一時釐革之宜數千言，掀眉抵掌於當事者。當事者大奇之，檄縣公禮公異等，是則公不以老故挫其志。公老而兩目不視物，就其子煥養〔四〕。余時面訊其狀，則猶慷慨大叫，欲了胸中未了。中夜不寐，必呼火飲啗，興愜後已。是則公不以病故隤其態。公之身始終異致，他人所謂大不堪者，公一切柔而茹之，且與之爲委蛇，盡其數而後去，得年七十有九。然則公無如造化何，造化無如公何矣。公名楷，字思孔，鶴臺其號也。銘曰：

伸其年，絀其躬。坎其外，夷其中。何伸何絀？何坎何夷？去有涯，入無窮。

校記

〔一〕此篇又載《高子遺書未刻稿》。

〔二〕「敗」，《高子遺書未刻稿》作「壞」。

〔三〕「時」，《高子遺書未刻稿》作「嘗」。

〔四〕「其」，《高子未刻稿》作「某」，此據《高子遺書未刻稿》校改。

許静餘先生元配趙孺人墓誌銘〔一〕

自昔幽人貞士蓋未嘗無女德之助云，彼其視躬耕親織之安，一廛一味之適，直泥塗軒冕，苴梗金玉，如老萊、接輿、黔婁、靖節之婦，世俗塵情豈有纖芥點其胸中哉？其君子相得益彰，光流天壤。故曰：『惟斯人也，而後有斯婦矣〔二〕。』此静餘先生有趙孺人也。

夫先生舉孝廉，迨歿之日，垂三十年，陋巷斗室不易也，布衣角巾不易也，糲飯藜羹不易也，蒼頭廬兒不易也〔三〕，孺人一切安之，躬績織，躬中饋〔四〕，躬井臼，一錢一縷，出入惟謹。或謂之曰：『爲孝廉婦，不當從臾夫君稍拓諸生時局耶〔五〕？』孺人曰：『天乎！吾聞吾姑，往者歲大饉，吾家三日不舉火，得米炊一盂飯，鄰媪匍匐乞之，吾翁姑曰：「等餒耳，吾餒可支也。」即挈與之。今日不啻足矣，又何求焉？』而孺人聞先生讓田叔氏則喜，聞先生絶干請則喜，聞先生謝計偕金則喜，無不與先生同操趣云。夫東門之士，縞衣綦巾，夫之安其婦也；北門之士，室人徧讁，婦之不安其夫也。君子進不遇於時，退而與其室家修孝弟之則，勵勤儉之風，怡怡愉愉，眉宇間無厭貧賤慕富貴之色，斯不亦至樂也哉？孺人以之，宜先生免於北門之憂也與！

孺人生年二十歸先生，奉翁一菴公、姑吴孺人，又奉其太翁效静公、太姑張孺人，孝敬不違。後先生卒八年，先吴孺人卒五年，以未亡人朝夕於逾八旬之姑，抑搔撫摩，有如嬰孺，可謂敦篤矣。銘曰：

先生之風，山高水長。先生之婦，玉質金章。三公萬鍾，孰如其芳？何以得斯？曰惟有常。陵有時谷，海有時桑。人得其常，闇而彌彰。黔婁之妻，謚夫曰康。其夫之康，其婦之光。

校記

〔一〕此篇又載《高子遺書未刻稿》。

〔二〕《高子遺書未刻稿》無『後』字。

〔三〕『廬』，《高子遺書未刻稿》作『盧』。

〔四〕《高子遺書未刻稿》『躬中饋』在『躬井臼』之後。
〔五〕『從臾』，《高子遺書未刻稿》作『慫恿』。

處士履南倪君配高孺人墓誌銘〔一〕

孺人之捐館也，以萬曆戊戌，爲歲五十四。其稱未亡人也，以萬曆乙亥，爲歲三十一。蓋十七而歸履南倪君瓚，爲婦十有四年耳。履南倪君之弗靳其世也〔二〕，猶之乎累碁焉。當其棄孺人時，子鑰方呱呱在抱，又孱善病，孺人持護之，不啻珍而十襲也。既長，委禽於先君子繼成公之女而有室。既室，舉子三，而履南君之後繩繩矣。其世之弗靳也，續之孤嫠之一線也〔三〕。

余以妹故，悉孺人。余聞孺人之歸倪也，其尊人南樓公已老，析諸子箸。履南君於南樓公爲最少子，甫娶，即欲奪孺人刀尺間問生產，曰以是觀新婦。孺人談笑而起，咄嗟而辦〔四〕，無不當南樓公指者。南樓公以布衣起素封，孺人甫離女也，而佐履南君不失其指，人以此奇孺人矣。及南樓公與履南君相繼即世，衆惴惴以家秉爲憂，孺人晨夕啼，掩淚而爲嗃嗃。内外數百指，男職耕，女職紅，晝筐夜機，夏耨冬穫，孺人察勤督怠，漿酒蔬餉，皆身調之，無不當人之饑渴。丙夜而寢，辨色而興，舉嬴舉詘，視徼扼綮，拙者情輸，巧者機伏，寸縷束芻，程能稱事。時提鑰而哭曰：『吾不以死殉若父，以生殉若矣。』以是亡履南公而産不挫，而孺人則以盡瘁且病。余妹歸，孺人慨然曰：『吾休矣，吾亦以觀新婦。』余妹亦任受事，孺人喜，徙之邑中居，曰：『以閒吾五官之用。』久之，孺人竟不任閒，曰：『向者吾以勤故病，逸之，病益甚。病等耳，寧病勤。』於是復課家人，爲計然十一之息，盡瘁如田間時，而病寢以痼〔五〕。十二月廿五日，蚤起作眩，卒。

余之聞孺人素矣，而孺人則文學省慈高翁之女也。及是，日月有時，翁手爲狀，使鑰來請銘。按狀，則皆余之聽覩也。而翁不勝痛，曰：『吾女皎皎《柏舟》之操無論已，而有丈夫行三。以嗇殖也，至祠祀賓牢，必腆備。往兩世父爲里中所齮齕，訟起，而鈞金束矢之費，令鑰均之，曰：「吾夫在也，人其舍諸，吾不可不行逝者之志。」諸如此類，能以嗇佐其施。於鑰至煦沫也，然當大義必苛求之，不令得擅行意，爲能以慈行其教。御臧獲，第閑其呰窳，而人人恤其私，無失所者，以是人樂盡力，爲能以嚴成其寬。吾每過吾女，女必庀其手飪吾所嗜，眂吾食既則喜。吾欲去，必有黯然之色，緩須臾以爲快。其於諸兄弟，白首逾篤，嘗怪其不數數來。此其隱衷深意，則唯余知之。』攀龍曰：『信。』凡孺人之行皆兼人，婦而職夫職也，母而職父職也，至所以事高翁，女而職子職矣。至哉！其爲德於倪也。成其孤以長其世，不有其躬以殖其家，即以畀彤史可也。爲之誌而銘之，銘曰：

生而蹶蹶，而没而休休。而藏於斯丘，昌而子孫，百世永修。

校記

〔一〕此篇又載《高子遺書未刻稿》。

〔二〕《高子遺書未刻稿》無『倪』字。

〔三〕《高子遺書未刻稿》『續之』後有『以』字。『嫠』，《高子未刻稿》訛作『婺』，此據《高子遺書未刻稿》校改。

〔四〕『辨』，《高子未刻稿》訛作『辨』，此據《高子遺書未刻稿》校改。

〔五〕『痼』，《高子未刻稿》作『故』，此據《高子遺書未刻稿》校改。

明故施冢婦鄭孺人墓誌銘〔一〕

施伯時喪其室鄭孺人，念之痛，謁余乞墓中銘，泣數行下。余愴然悲之曰：『是其夫婦之情至矣。』及悉孺人，而知其痛宜也〔二〕，非直夫婦之情已也。

孺人之父曰憲副南溟公，母曰顧恭人。十八而歸伯時，爲太僕勵菴公冢婦。當孺人歸，其太姑陳宜人病且亟，念得見伯時婦爲訣，見孺人〔三〕，大喜曰：『新婦良，老人死瞑目矣。』伯時所居室隘切偪，中外聲相聞。孺人窈然端居，非視二尊人膳，足不至閾，家人不聞其聲，太僕公、盛宜人皆喜。而伯時諸弟諸女弟之孩提者即孺人所，孺人皆能懷來之，啖以果餌，人人得意去，二尊人益喜。居久之，太僕公欲授其仲子室，無所拓地，當外徙。孺人前曰：『少者未閑習，當朝夕從大人，長者可徙也。』二尊人益大喜，於是孺人從伯時外徙〔四〕。太僕公、盛宜人時時過伯時，孺人必夙戒曰：『毋慁大人，令數見不鮮。』取所常嗜好，調五味之和進之。二尊人歡，孺人亦歡，稍遲留以爲快。伯時工舉子業，扃室静處〔五〕，孺人劑其服食，寒授衣，飢授食，必合其節。伯時所行善，欣然喜曰：『吾固謂宜有是。』孺人心謂不然者，必請已之，不得請，不休。伯時謝不敏，曰：『卿吾益友。』於是孺人子女種種矣，婚子一，歸女二〔六〕，孺人皆先事儲庀。又歷歲大祲，攻苦茹淡佐之，不令至空乏。敕其子必稱太僕公，曰：『若舍旃〔七〕，奚法矣？』敕其女曰：『若不敬事而尊人，和於而家者，貽吾恥也。』子婦歸，則戒其蒼頭奴曰：『婦姑離釁自汝輩，若一語爲搆，朝出汝口，吾暮逐汝矣。』

當憲副公卒於官，獨顧恭人與孺人從，諸寮佐歸賻，恭人欲私孺人，不果予。而恭人嫁其長女，介以田二百畝，謂孺人曰：『若嫁視而姊。』則又不果予，孺人絶口不言。嘗謂伯時曰：『苟饘粥無恙，已矣。蠅營蟻聚，非夫也。』孺人喪憲副公，其家人言三年中不見其一噱。及顧恭人大漸，孺人寒疾方起，歸而抱持數日，卒而哀，聞者皆哀。遇弟悉有恩禮〔八〕，念其諸兄之亡者，姊家之中落者，忽忽如有所繫，不能自遣，以是鄭氏無不人人謂孺人賢。妯娌間坦直無欵曲，然久而彌親。伯時之姊有子而病，育於孺人，孺人視之不異己子〔九〕。歲時餽問姻族，必腆必虔。里中婦女，必温顔色接之，有丐，即無厚施，不令徒手去，家人之病者予藥，死者予櫘。常惻然於人之緩急，以是施氏無不人人謂孺人賢。其人勤儉孝敬，嫁時衣，謂其母手澤存焉，澣滌至敝，服之無斁。未嘗蓄私錢，釜庾出納，稟命惟謹，卒之日，數錢著囊中而已。於是伯時撫膺慟曰：『嗟乎！已矣，不可復得矣，吾今而益知吾婦矣。』余故曰其痛宜也，非直夫婦之情也〔一〇〕，蓋以懿德焉。銘曰：

入山依林願林長，入宫依婦願婦良。團團合歡皎如霜，一日不見令人傷，胡爲千載永相望？松耶柏耶鬱高岡，是耶非耶來徬徨〔一一〕。鐫汝貞懿偕永藏，滄桑易兮兹無疆。

校記

〔一〕此篇又載《高子遺書未刻稿》。

〔二〕『也』字據《高子遺書未刻稿》校補。

〔三〕『見孺人』，《高子未刻稿》作『孺人見』，此據《高子遺書未刻稿》校改。

〔四〕『徙』，《高子未刻稿》訛作『從』，此據《高子遺書未刻稿》校改。

〔五〕『扃室静處』四字前，《高子遺書未刻稿》有『常』字。

〔六〕『二』，《高子遺書未刻稿》作『一』。

〔七〕『旃』，《高子遺書未刻稿》作『稱』。

〔八〕「弟」，《高子遺書未刻稿》作「兄弟」。
〔九〕「視」，《高子遺書未刻稿》作「育」。
〔一〇〕「夫婦」二字前，《高子遺書未刻稿》有「其」字。
〔一一〕「來」，《高子未刻稿》作「表」，此據《高子遺書未刻稿》校改。

處士遯休王公配趙孺人墓誌銘〔一〕

余少則知澄江有趙小峰先生者，挺拔卓立之君子也。其人之重於鄉，與君山大江之概頡頏吞吐。而吾邑則有許靜餘先生，孤行不易許可，而時時好稱趙先生。先生有兄之子妻王遯休公，許先生有女妻遯休公仲子之子日華，而遯休公復有□之女妻許先生之子□。惟是三族，中冓相習也。一日，許先生介遯休公仲子之子謁余而請曰：『不佞有母氏墓中一片石待子言而掩諸幽。』〔二〕余謝不敏曰：『有許先生在。』先生曰：『是趙先生所最憐愛，而吾所最悉。寧惟是姻婭，蓋吾髫而從先君子讀書遯休公家，耳目備矣。吾第言之，而子誌諸。』余逡巡曰：『唯唯。』

先生曰：『趙先生之裔自宋藝祖，父曰孝廉數峰公，兄曰三泉公。三泉之配曰郭，實生孺人。孺人歸遯休公，奉其二尊人，衣必適體，食必適口，無敢不共，以佐公於子。當是時，遯休公治經生家，孺人晨星而興，宵膏移丙，無敢不虔，以佐公於學。已遯休公棄而之南畝，孺人壺漿必戒，遺穗必稽，無敢不毖，以佐公於農。遯休公，王氏之仲子也，孺人調其伯叔無間，和其妯娌無間。遯休公有女弟，生十有七年而嫠，孺人曰：「於我焉依。」與朝夕三十年，卒得完節，天子詔旌其門。蓋遐邇不遺，以佐公於舅弟。遯休公兩厄於火，一厄於盜，旁厄於諸徭賦，岌岌不支。孺人攻苦茹淡，纖嗇筋力，以佐公於患難。孺人所生，男子三，女子一，課其伯成諸生，課其季成諸生，復課其仲之子成諸生〔三〕。當是時，師責修脯，友責餼廩，男責婚，女責嫁，成室者責廬舍。無何而伯喪其室，無何而遯休公無禄即世，一女嫁而夭，子呱呱襁褓，伯又繼其室而殞。亡者責喪，存者責養，孺人搏顙而號。藐諸孤纍纍然，前者掣，後者曳，而又黽勉餘力，以及其父母無缺，以及其兄弟無缺，以及其諸父無缺。蓋孺人歿而趙先生年且七十有餘，臨其喪而哭之慟，所慨於中者深也。孺人好事佛，第取其清凈慈惠，而不爲一切佛事諸汰費。稱未亡人者二十年，即敕斷腥味。臧獲數百指，稽核勤窳，毛舉衡程，而必郵其私，故人見德而不見勞。教其子若孫，必慎擇其所與，瞯而知爲莊士，色沾沾喜曰：「真吾兒友也。」爲盛供具。或狎於不順，動色教誡，督門者勿納。此孺人爲女爲婦爲母之大凡可數也。』

余惟内德之於人大矣哉〔四〕！得其人而一家理，即患難死喪相續，猶矻然力持其墮。安危之數，豈不以人乎？家人之睽，由二女同居，一嫠婦相守，三十年如一日，非其志行相得，能然哉？鞠躬盡瘁，死而後已，臣道也，妻道也，孺人於王氏之謂矣。銘曰：

勞我以生，七十六年。逸我以死，一抔之間。白雲閒閒，芳草芊芊。骨肉歸此，神則無邊。如水而支，如火而傳。振振孫子，百億其綿。勒此貞則〔五〕，以詔後賢。

校記

〔一〕此篇又載《高子遺書未刻稿》。

〔二〕『仲子之子』，後一『子』字，《高子未刻稿》作『士』，此據《高子遺書未刻稿》校改。『一片石』，《高子遺書未刻稿》作『石一片』。

〔三〕『仲』，《高子遺書未刻稿》作『仲子』。

〔四〕「德」，《高子未刻稿》作「得」，此據《高子遺書未刻稿》校改。

〔五〕「貞則」，《高子遺書未刻稿》作「貞珉」。

亡妹誌銘〔一〕

史遷有言：『甚哉！妃匹之愛，君不可得於臣，父不可得於子。歡合矣，或不能成子姓；能成子姓矣，或不能要其終。豈非命也哉？』余蓋三復斯言，爲吾妹氏痛也。夫夫婦其始未有不相歡者，時移愛衰，或婦不任受職，或夫有外好，相激相猜，家内外一切受其弊壞，可勝道哉！以吾所見，夫婦相歡未有如妹氏與錢君景榮者。

妹氏，先君子繼成公季女也，庶母馮出。十八歸景榮者〔二〕，榮爲故善化令文峰公季子〔三〕，姑薛孺人，而李孺人則景榮所自出。文峰公不善治生産，家罄如也。妹歸，怡然謂景榮曰：『丈夫在自立，豈問先世箸哉？』襄伯氏奉兩尊人，自奉李孺人，未嘗失其歡。盡於大事，易而戚。生男子四人，女子三人。景榮見能具飦粥足俯仰，而妹無禄即世矣。以吾見夫之痛其婦，未有如景榮者。其言曰：『往吾知賢吾婦已爾，吾不自知二十七年在至適之境也。今吾知痛吾婦已爾，吾不知婦二十七年在至瘁之境也。吾入吾室，餐者索米，吾不知給幾何米；爨者索薪，吾不知給幾何薪；庖者索鹽醯菹豉之屬，吾不知於何所取何物。兒長者把吾臂索母，幼者曳吾裾索果餌，吾腸欲裂，淚欲枯。而剥啄在門〔四〕，一蒼頭一茗弗覓弗得也；工役者，問餽者在堂，一蔬一飯弗覓弗得也。在笥者弗暴而蠹，在囷者弗扃而耗，在瓶罍者弗冪而敗，栝棬卮匜，弗問而烏有。女紅者何人？吾不復可問海藻天吳。機杼者何人？吾不復可問流黄夜月。男婚耶，吾不知何操而筐篚；女嫁耶，吾不知何操而荆布。往吾見吾婦終日鼎鼎，粒米束薪出其手也，尺帛寸縷出其手也。自乳子女七人，痛癢出其手也〔五〕。延師十五年，酒醬肉藿出其手也。而不聞其咨嗟之聲，臧獲不見其叱咤之怒。三澣之衣，一味之簋，心誠安之。盤旋一室，終歲不幾涉閾外，無論家圃中花鳥佳晨，風月良夜，未嘗過而問焉。即母家召宴，插一珥，被一綺，踧踧然非所樂。吾歷今日之瘁，而後乃知昔在至適中不知也。吾念往日之適，而後乃知婦在至瘁中不知也。往吾善病，病數數殆，婦悉力調護我。吾每患貧，中夜浩歎，婦好語慰我。然非婦盡瘁以適我，安得有身至今日哉？已矣，世不復有斯人矣。』嗚呼！此可以觀吾妹氏也。蓋夫婦拮据者，二十七年成此室也，而妹氏不能要其終，豈非命哉？銘曰：

婦人之義，從一而終。寧獨大節，貴在志同。羨彼富勢，厭此清貧，是皆二心，豈曰致身？嗟我妹氏，不怨不尤。相厥夫子，泳游方舟。室家以寧，子姓繩繩。中道而傾，弗覩厥成。盡瘁以終，是謂一德。勒之貞珉，以昭婦則。

校記

〔一〕此篇又載《高子遺書未刻稿》。

〔二〕《高子遺書未刻稿》無『者』字。

〔三〕『榮』，《高子遺書未刻稿》作『景榮』。

〔四〕『啄』，《高子未刻稿》作『椓』，此據《高子遺書未刻稿》校改。

〔五〕『癢』，《高子遺書未刻稿》作『瘁』。

亡侄實符誌銘〔一〕

昔賢云『爲善最樂』『讀書便佳』，斯二語者，萬善之樞也，百祥之輿也，夫人未有不以此望其子弟者。顧人而外誘客之，内欲主之，主客相引，其端靡窮，去善日遠矣。故莫佳於讀書，讀書精專，則志慮凝一，而入於善也不難。

若吾亡侄實符〔二〕，是真能讀書者也。當其幼時，書壁曰：『小子戲游過日，成何人品？吾輩讀書，當惜分陰。』既有室，閲月即宿書齋。人謂不情，曰：『丈夫當幹大事，豈以燕爾荒學？』既補博士弟子，旋廪學宫，不自滿假，曰：『人得一遇而氣揚揚者，必鄙夫也。』其讀書循循有常，據案手一編，春而冬矣，朔而晦矣〔三〕，旭而暝矣。不知食之欲珍，衣之欲華，室之欲飾也。不知几之欲棐，筆硯之欲精良，爐之欲香，椀之欲茗，壁之欲畫，盎之欲卉也。不知客之欲謁，相好之欲相招，九峰二泉之欲徜徉於春秋佳日也〔四〕。是真能讀書者也，使其舉子業稍就，將事親從兄〔五〕，治心繕性，以不忝所生爲善，如矢之赴鵠矣。何者？彼有彊志，能以全力辦一事者也，豈可量哉？

其生也，不畏寒，冬不纊不火，卒中寒疾死。嗚呼痛哉！惜哉！其諸兄弟請曰：『吾不忍其墓中無方寸石也，吾大人當痛惋時，不欲重傷其心，叔父念之。』吾既痛其能讀書，可示法子弟，又嘉其兄弟之相好如此，於是乎爲之銘。銘曰：

朝於書，夕於書。少於書，長於書。生於書，死於書。游魂爲變，不變於書。生於人間，當即知書。

校記

〔一〕此篇又載《高子遺書未刻稿》。

〔二〕《高子未刻稿》「亡侄」後空闕一字，《高子遺書未刻稿》作「實符」，此據補。

〔三〕《高子未刻稿》無「矣」字，此據《高子遺書未刻稿》校補。

〔四〕「九峰」，《高子遺書未刻稿》作「九龍」。

〔五〕《高子遺書未刻稿》無「事親從兄」四字。

奉直大夫司寇郎中晴宇華公墓誌銘〔一〕

余既以拙且病罷去筆硯久矣，有儼然衰絰而辱者，吾同年華重甫三孤也乎〔二〕。吾友薛以身狀，而請誌，以余辭，而顙泥地不起，曰：「人莫難世有知之者，言以知之者而信也。」余曰：「嗟乎！余敢謂不知重甫也哉？況亦惟以身之狀在。」

誌曰：「重甫諱道任，疏而易今名於朝曰士標，號晴宇，而重甫其字。華之先出宋戴公，於錫山以晉孝子寶顯名。徙隆亭者三，一處士累傳至思賚公，徙九里。思賚有子二，其伯爲孝廉公圻，其仲爲贈刑部員外郎坊，是爲慎菴公，配張宜人，而弗子。貳李宜人〔三〕，而始舉重甫。重甫生而白皙秀爽，其別於凡兒，如琪枝玉樹之在灌木矣。生十二年，習舉子業，即矯矯逼人〔四〕。又十年，癸酉始補博士弟子。又五年，丙子舉南京兆。又十有四年，己丑成進士。出宰浙之鄞，三年報績最，贈慎庵公如其官，母張封太孺人〔五〕。尋以張太孺人憂歸，再遘李令人喪，大故洊至，毀而勝喪，人以爲難。服除，補夏邑令，以才調豐城。凡重甫爲令，不務爲可喜，第以無事行之，寬徭均役，省刑簡訟，謂其民曰：「令無奇，我無爾擾，爾無我擾而已。」故當其在官，而民安之〔六〕，惟恐其去。當其去官，而民思之，如或其來。當在夏邑，適大潦，河患亟，重甫身與民雜處，相勞苦，相共藿食，庶幾循良之軌矣。重甫爲令，時宰執方諱言格考選，故重甫僅得曹。比部考三載績，再贈慎菴公如其官，李令人得從張孺人贈太宜人。而後重甫乃喜也，曰：「此吾所得於一官者矣。」重甫爲曹郎久，曹中率推重甫長者，於是令簡兩浙囚〔七〕。重甫一意爲天子解三面網〔八〕，又凜凜奉三尺也。然以浹歲周十一郡，或并夜而窮如山之牘，所弛得三百人，而重甫瘁矣。丁未報命，至京口，卒於舟，得五十六歲。重甫爲人，鮮潔修整，即燕室，衣襜如也，動止秩然，閑於矩度。祭祀賓客，必豐必腆。與鄉人處，由由然不自知其爲貴人。臧獲犯教，雖甚怒，不輕箠楚，堂無叱咤聲。有以窘告，視力周之，以難告，視力解之。而意常歃然，謂力不副願。或見其直衷應物，曰：「盍少自劑以諧俗乎？」重甫曰：「故也〔九〕。吾終不忍以吾之直狥世之曲，且吾與斯人之徒相遭撮土間，即百年寸晷耳，不自輸誠吐情，而爲此齷齪掩匿，不自苦乎？」」

高攀龍曰：『嗟乎！吾每見重甫笑言啞啞〔一〇〕，不復知人間有皺眉事。重甫去安小范西林三里，亦有別築，清池茂林〔一一〕。吾謂重甫他日歸，不令西林獨支客，而重甫逝矣，不能令其身一日於萬竹中曳杖長嘯也。悲夫！』銘曰：

堠山之日温可炙，堠山之月潔可籍。清風謖謖吹高松，白雲霏霏抱幽石。君藏其中恬且懌，不似人間事如織。

校記

〔一〕此篇又載《高子遺書未刻稿》。

〔二〕《高子遺書未刻稿》句首有『乃』字。
〔三〕『貳』，《高子遺書未刻稿》作『貳室』。
〔四〕『逼』，《高子遺書未刻稿》作『過』。
〔五〕『張』，《高子遺書未刻稿》作『張氏』。『封』，《高子遺書未刻稿》作『封爲』。
〔六〕『安』，《高子未刻稿》作『宫』，此據《高子遺書未刻稿》校改。
〔七〕『囚』，《高子未刻稿》作『因』，此據《高子遺書未刻稿》校改。
〔八〕『天子』，《高子遺書未刻稿》作『聖天子』。
〔九〕『故』，《高子遺書未刻稿》作『固』。
〔一〇〕『啞啞』，《高子遺書未刻稿》作『哂哂』。
〔一一〕『林』，《高子遺書未刻稿》作『竹』，疑是。

明企鳳茹翁墓誌銘〔一〕

茹翁，吾師澄泉先生之尊人也。翁之大母曰楊宜人，與余王母浦孺人蓋朝夕飲膳相遺問也。於是兩姓之交，四世百有餘歲矣。迨余兄弟習舉子業，吾師下帷余塾者，後先十年，則兩姓之交益可知也。翁卒，而吾師泣謂攀龍曰：『知吾父者，孰若子？其言徵而信矣，墓中之石且藉若不朽。』攀龍既受命，伏而思曰：『夫誌，取其垂也。垂，取其法也。夫人於父子兄弟居室之間不足觀，而他又何論焉？翁才而不用，老於諸生，行不出家庭閭里間，然而法矩備矣，誌其可已諸。』

謹誌曰：『翁名纘宗，字子述，號企鳳。其先洛人也，宋南渡時，徙無錫。一世祖諱元，再傳至洪〔二〕，洪武、永樂間，以諸生與修《大典》《勸善》諸書，竣事，丞山東壽光縣，卒於官。後詔旌貞節陸氏，則洪之配也。高祖諱式。曾祖諱玉，玉貢士爲新寧令。祖節菴公，諱鑾，弘治庚戌進士，參議閩藩，配即楊宜人〔三〕。父鳳溪公，諱霦，太學生，配黄孺人，生子二，翁其仲也。少穎敏，讀書過目成誦，生十有八年而孤。當是時，翁以宦家子，少年爽朗自好，不委瑣問生産，又外中於役，以是家日挫。二十一爲諸生，有聲於時。然以敏故，往往所讀書無足當抽繹者，至半輒棄去，不肯讀竟〔四〕。久之，遂浮沉諸生間。當是時，産日益挫，而翁性孝友，竭力奉黄孺人，暄甘未嘗後時。孺人好飲泉茗，翁爲茶具甚都。有時瓶粟罄，而客來出杯茗，若富人具，則以孺人好也。嘗一日天驟寒，孺人鮮衣在質庫中，翁亟以所衣敝緼進，孺人撫翁背曰：「老人衣幸不薄，兒更寒，忍奪兒衣乎？」泣弗受〔五〕，翁退而自痛責。寒甚，置衣弗衣，營歸孺人衣而後衣也。凡翁所以奉孺人者多若此。孺人卒年八十有三，翁亦五旬而八矣，猶不勝孺子慕，毁瘠幾不起。翁之伯兄懷溪公所析産盡，則朝夕就翁養，懷溪公不至，翁匕不舉也。懷溪公闔舍疫，人盡跳匿〔六〕。翁曰：「人應死，獨疫能死人耶？」日煮藥而進之，懷溪公愈，而翁竟無恙。及懷溪公夫婦相繼卒，而翁撫其子，養其女，不以貧不給自諉。所配施孺人，賢婦也，不遺力而佐翁於事母從兄間。孺人以此悦翁，翁以此悦孺人，白首相歡如一日也。至與吾師，愛逾於嚴，笑言啞啞，驟見者不意其父子。蓋翁於人倫之間，不以親故掩尊尊，不以尊故掩親親，猶夷沖煦，如登春臺。即家造中，更甘辛殊味，而内外相應以天和愉樂，不復知其始富厚後更坎壈也。自中歲，即以吾師脩脯饘粥，澹然無營，日蚤起，非過從親交，即掩户弄孫爲樂，日暮必儲錢沽酒烹火，自斟酌之，聞湯沸聲，大喜以爲致。或吾師自館歸，咥咥迎勞苦，父子自爲主賓，竟醉矣。平生樂於爲善，剛於疾惡，少年之交，一旦軒冕貴，所爲不當，不復過其門。余兄弟家有旨酒，時邀翁〔七〕，未嘗以事免，至則浮白移丙夜〔八〕，浩歌長嘯，酒酣耳熱，抵掌時事。聞人有賊仁犯義，則掀髯切齒，拍案爲叫，一座悚然。余每見世俗有愛憎而無是非，即最易析事，以語人，往往白黑易位。獨與翁語，輒心快，其所是非，如火烈烈然〔九〕，有不可犯之色。此無論顛倒謬人，即謹默自循、守言不出諸口、隨流俗俯仰者，何可令翁見耶？卒之日，咸謂正氣挺挺，大節秩秩，至求一秕行不可得。嗚呼！此豈非人倫之表率，鄉黨之遺矩與？」銘曰：

孰曰中冓，千里予覯。邇可遠止，居室無疚。曰孝曰友，曰慈曰義，爲來者視，施及後嗣，百世其熾。

校記

〔一〕此篇又載《高子遺書未刻稿》。
〔二〕《高子未刻稿》脱『洪』字，此據《高子遺書未刻稿》校補。
〔三〕『宜人』，《高子遺書未刻稿》作『孺人』。
〔四〕『讀竟』，《高子遺書未刻稿》作『竟讀』。
〔五〕『泣』，《高子遺書未刻稿》作『泫』。
〔六〕『跳匿』，《高子遺書未刻稿》作『逃匿』。
〔七〕『時』，《高子遺書未刻稿》作『時時』。
〔八〕『丙夜』，《高子未刻稿》脱『夜』字，此據《高子遺書未刻稿》校補。
〔九〕『烈烈』，《高子未刻稿》脱 一『烈』字，此據《高子遺書未刻稿》校補。

太學克菴楊公墓誌銘〔一〕

有苴絰而謁余者，楊君世顯也，余伯兄之姻，將以是秋葬其父太學克菴公，而乞銘於余曰：『吾先世居維揚，宋有士奇者守臨安，道錫，樂錫溪山，家焉。九傳至承甫，又四傳爲松泉，生王大父秋壁府君修，鄉舉弘治乙丑，三令巖邑，判温州，有才名。生大父錫峰公廷，配薛孺人。吾父其仲子，少肆力舉子業，試輒拔其儕，與伯叔聲齊，見者謂楊氏子血駒矣。當是時，大父謁選，留滯燕中，薛孺人無禄即世，吾父支喪，盡瘁也。已大父幕浙藩，吾父支家，盡瘁也。已大父病，吾父支醫，支扶持卧起，喪而支葬，盡瘁也，雄心漸耗矣。乃遊太學，司成才之，海内名儁才之，久之不遇。念益耗，慨然歸來，曰：「噫嘻！吾知之矣，所以爲吾矣〔二〕。」掃室城西，開户當竹，栽花盈砌，琴書劍塵，偃仰嘯歌，遂以此老。』又曰：『吾父爲人，巖然岸然，諤諤然。抗長者體於少年曰：「吾矯其輕也。」抗章縫體於顯者曰：「吾矯其重也。」抗耆舊體於閭右曰：「吾持其輕重之衡也。」以是見者，必餙容進之，無以狎語惰色相加遺，亦以此多與世齟齬〔三〕。至家人嗃嗃之厲，常以掩恩標。不孝所見吾父寬伯父悟菴於窘，撫叔父簡菴於幼，佐從兄之婚，佐從妹之嫁，佐吕姑之養，佐薛姑之訟，育少女之嫠，是足述也。叔父虚菴無後，序當吾弟栻，吾父遜而謝宗之老曰：「是俗所争也，吾恥之。使吾弟得嗣，吾弟之子得家，猶吾子也，不必吾子。」乃立叔父儆吾之子，已而殤。逡巡者十五年，既損箸矣，始以吾弟嗣，是足述也。』攀龍曰：『然。吾聞之吾兄，公積書數千卷，手所劄録，皆古人奇節偉義以誡其子弟，此其人豈若庸俗没没者？』爲之誌而銘其石。銘曰：

如陵如岡，以固而藏。如松柏之茂，以茂而後。

校記

〔一〕此篇又載《高子遺書未刻稿》。

〔二〕『吾知之矣，所以爲吾矣』，《高子遺書未刻稿》作『吾知吾之所以爲吾矣』。

〔三〕『世』，《高子遺書未刻稿》作『世人』。

明河南魯山令華墀陳公墓誌銘〔一〕

蓋吾邑舉壬午者六人，而爲余師者三，曰復吾沈先生，完孺劉先生，烔菴婁先生；爲余友者二，華君完沖，陳君惟焕。而余與惟焕、沈、婁兩先生又同出今南大理丞檢吾徐公之門。六人相與甚樂也，然惟焕村居，歲時不數數晤言，間握手爲繾綣，栖棬間去矣。壬辰以來，余仕而惟焕處，乙未以來，惟焕仕而余處，不相及也。五六年間，僅得一送惟焕諭清浦，一送惟焕令魯山。是時見惟焕神王意霍〔二〕，一官如火始然，心念以爲斯人不車生耳不止，何可得佐吾丘壑中觴咏？而孰意惟焕溘先朝露也？嗚呼傷哉！惟焕旅櫬自魯山歸，貧，三年始克歸土，其孤紹瀾以狀乞余銘。嗚呼！余即能以不文辭紹瀾，不能以不知惟焕辭地下，慘沮者久之，始爲誌曰：

君諱文龍，號華墀，惟焕其字。陳之先世隸江陰，稱巨族。入國朝，諱澤者贅無錫宋村朱氏，遂爲無錫人。多爲諸生，有聲譽，皆食貧。君少即能胠父篋，盡讀其書。長能文，然試郡邑輒售，試學使者即數奇。里人群揶揄之，君益發憤，大書牖曰：『奮發以破人之量我。』所師潘孝廉震川公一見器之，曰：『是惟不鳴，鳴將驚人。』年二十四，始補博士弟子。無何〔三〕，喪一峰公與呂孺人，母子煢然形影，而里中人齮齕之，中以役。無論橐如洗，即不得一據案横經伊吾也。既竣役，君益奮曰：『所不旦夕溝壑者，此六寸管耳。』蓋宵膏落晨星矣。壬午，始入棘闈得雋。君即貧苦，然心最鄙夷矻矻牙籌謚錢愚者〔四〕。産不能洛陽負郭，坐客常滿。小開飲，里中酒人尋聲來，君益喜，核盡而繼，酒酣耳熱，歌烏烏然，瓶之罄矣，君弗問也。事呂孺人，備志物，小有所苦，醫禱不量有無。每痛一峯公不逮養，歲時薦享，依然孺子慕。撫兩弟，教諸侄，曲恤其私。一姊貧於浦，倚君而忘貧。一姒寡於華，倚君而忘寡。姻族之不能自直於訟庭者，倚君而忘訟。君既爲德於鄉久，又不倦舉子業，諸在君卵翼者，旦夕望君發。而君至公車，往往夢一峰公示以試題，輒驗而輒不第。蓋自癸未至乙未，五困矣。而家又日益困，君乃慨然曰：『如吾母何？』丙申之選人，得清浦諭，迎吕孺人養。而君又不自念貧，諸生來謁者，不責束帛，歲時不責修脯。月朔望集多士課之，而衡其甲乙，課者授餐。時時來問字者，具二簋，拔其雋。如吕君克孝、陳君文煥，又率旦夕過從。陳君沖而穎，家壁立，君又爲假館，不幸死，哭之如子，賻其家，撫其孤。月既廩之，而君之諸猶子又皆來就君學。一博士禄不支，然君入而奉吕孺人，愉愉如也〔五〕。而紹瀾文藻發，諸生率就取矩。所雋吕君，舉北棘第一人，君以此自愉快，曰：『吾苜蓿盤不減五鼎，聊以自適，勿復借箸苦廼公爲。』而一時直指使者，下至郡伯邑宰，相莊君，不敢以其儕視君。乙亥報績最，授河南魯山令。歸而吕孺人壽八十，孺人曰：『老人休矣，不願從兒子遊。』於是君召其鄉人〔六〕，置酒高會，進孺人百年觴曰〔七〕：『兒所以驅馳，以吾母未膺一命耳。藉天之靈，畢此一念，即不難從吾母綿上也。』以紹瀾夫婦侍孺人，而挾兩蒼頭之官。博士橐既盡，資斧一出子母家，而君復不自念貧，一如爲博士時。兩造第扶其不直，不問鈞金束矢〔八〕。而縣有不決獄，且歷數年，君至立剖，以是不期月魯山令賢聲滿人耳，漕使者□禡首爲荐剡。當事者咨諏旁午，簡書叢委，君竟以不勝瘁病，竟不起。邑之衿紳黔首，其病而爲起居者肩相摩，爲醮而禱者蓰於起居，卒爲哭涕洟者蓰於禱，爲咨嗟者蓰於哭。蓋君仁心爲質，一切爲簡易不擾，故其得民如此。吾讀君所與紹瀾遺書，而爲酸鼻也。夫以君得一舉幸矣，然而厄於貧，厄於孤，厄於役，厄於公車，竟厄於一令也。所爲拊心而自爽者，曾幾何時幾何事乎？吾悲君之遇，厄於試而愈奮，厄於役而愈奮，厄於公車而愈奮。己丑之役，吾見君闈中之業，謂一第可掇，而卒不果。吾悲君之才，老博士得一金，惜之如其頭目，而君自取適志，應時俱竭。二十年孝廉，没而遺其後者，責券外無長物。吾悲君之度，謂二尊人逝者猶儒生地下也，未亡人劬勞之，謂何而不以一命博一咨粲？洒泣分裾，竟作永訣，則不若布荆菽藿，即死猶得一呼皋某復，而慈親稍分痛也，吾悲君之志。嗚呼！君所爲自愉快，而吾亦爲君愉快者，則有紹瀾在。於是乎銘，銘曰：

太樸既剖真淳漓，如駿走阪不可持。扼奇鬬捷竭蹷馳，籯金自衛誰相推？君好爲德世所嗤，仁義不飽萊蕪饑。吾獨於君有心儀，含淳葆真信有之。廣文三年春風遲，出宰百里膏雨施。以及婣族相愉怡，乾餱不慤如含飴。惟罍之耻君不知，没世四壁令人悲。濬發厥源厚乃基，以貽後人有餘滋。雛成五采將奮飛，我銘玄宫將來歸。

校記

〔一〕此篇又載《高子遺書未刻稿》。

〔二〕『是時』，《高子遺書未刻稿》作『當是時』。

〔三〕『無何』，《高子遺書未刻稿》作『無幾』。

〔四〕《高子遺書未刻稿》『然』字在『君即貧苦』四字前。

〔五〕《高子遺書未刻稿》此後尚有『出而課諸生，蒸蒸如也；并課紹瀾諸猶子，彬彬如也』數句。

〔六〕『召』，《高子未刻稿》訛作『君』，此據《高子遺書未刻稿》校改。

〔七〕『年』，《高子遺書未刻稿》作『歲』。

〔八〕『鈞』，《高子遺書未刻稿》作『鈎』，皆訛，據文意，當作『鈞』。

光禄寺監事涇白顧公暨配曹孺人墓碣銘〔一〕

公姓顧，諱自成，字仲時〔二〕，别號涇白〔三〕。父曰南野公，諱學。南野公元配錢安人，生子四，公其仲也。公生而廣額豐頤，巨目隆準，瞻視炯炯，吐言如鐘，肌體玉瑩，神慧夙成。南野公喜曰：『是兒必大吾門。』久之，公叔弟涇陽先生、季弟涇凡先生突起藝林，珍樹奇葩，光奪人目。而公綱領其間，書必有不經人解者，文必有不經人道者，見者詫曰：『涇皋雙璧〔四〕，復有斯人耶？』而公忽善病，病不時已。久之，罷去經生業，曰斯道也，叔、季饒爲之矣。當是時，公之伯兄涇田公佐南野公拮据生産，公乃慨然曰：『吾無事佐吾弟一編，請佐吾兄百畝。』於是虔祖廟〔五〕，惇宗典〔六〕，營堂搆，籌出入，先之以定見，恢之以大度，稽之以密察，鼓之以强力，家内外斬然，男無有偷於耕，女無有偷於紅，工無有偷於事，粟米無爽於量，布縷無爽於度，貨物無爽於衡，箸以漸起。而南野公無禄即世，既免喪，而叔、季兩先生先後成進士，直言天下事，先後還田間。公曰：『嗟乎！使吾弟觀子弟之成才者，在斯時乎！』於是建同人堂，萃子侄課之，而殿最之。公莊蒞焉，入於室者，無或出於閾也，即於几者，無或離於席也。己邑之髦士至，公多爲舍舍之，省其勤窳，給其乏絶。晝而堂左右溪南北，書聲琅琅如也，夕而堂左右溪南北膏火輝輝如也。公曰：『未也，使弟觀吾里之成聚者，在斯時乎！』於是疏而爲廛，廛有業，屬而爲墅，墅有約，教之勤儉，時其緩急，子母而轉輸之，扶抑而馴習之，環涇而居者千家，如十指之握舒於掌也。公曰：『未也，使弟觀吾邑之成俗者，在斯時乎〔七〕！』於是兩先生方偕同志舉東林之墜，公乃爲鳩工庀材，培高浚深，廟之，廡之，堂之，室之，沼之，梁之，庖之，湢之，竹之，木之，工亟而用儉，計遠而思周，居安而器給。君子之至於斯，翌翌然〔八〕，熙熙然，不知其然而然也。兩先生曰：『吾兄以病廢業，而以成人之業見業，同人闢，而莽莽涇皋蔚爲文藪。吾兄以病掩志，而以成人之志見志，東林闢，而蒸蒸君子至則如歸，伊誰力乎？』

公性孝友，行己有大節。治生第以纖嗇筋力，善觀時斂散，而不由邪徑。當涇陽先生秉銓，客有以千金請公一緘者，公曰：『君即不知吾，亦不知吾弟耶？』邑有許某，爲蜚語謗公，兩先生爲弗堪，公曰：『人之無良，夫豈其久容於世？而吾不能暫容之耶？』其人果多行不義而斃。有酗酒詈公，又携酒謝過，公咲曰：『君以酒過，又以酒來耶？』其於忿欲能自持如此。閩人陳九野抱琴至涇上，公舍之三年，别而贈百金裝。公之殁也，割千金贍猶子之貧，宗人之貧者，佐其區之役者，其於行義能自力如此。所配曹孺人，父母家不饒，而不能爲嗇，治裝小麗，孺人歸則盡脱簪珥鬻之，謂公曰：『涓涓者疏之而滔滔也，星星者蓄之而灼灼也。』公曰：『善。吾外佐吾兄，若内佐吾嫂矣。』南野公故豪長者，即遊賈人而好儒，即宴而好延名師佳賓客，孺人治中饋惟謹。上則兩尊人安之，下則諸臧獲安之，外則伯叔安之，内則妯娌安之。而孺人綺錦未嘗被諸體〔九〕，滫瀡未嘗甘諸口〔一〇〕，績織刺縫未嘗輟諸手，小嗔小怒未嘗形諸色，寸絲尺帛未嘗私諸室〔一一〕。得孝廉君最晚，公奇愛之，稍衣以輕細，孺人輒不樂，曰：『君何以愛此兒一時者，誤此兒一生？』公斂衽謝之。生十七年而歸公，歸十七年而卒。

高攀龍曰：『兩顧先生自道德文藝外，他無營焉，公之所以助之者，至纖悉矣。夫以公雄才，使得展四體，補國家之闕，若司農，若太府，豈令籌國者仰屋嘆計無之乎？天下豪傑困三寸弱翰，令當世不收其絲髮之用者，可勝道哉！若夫曹孺人之不永年，有以也。夫天道助不足，裁有餘，以公百有餘力，而長有孺人之助，非齒角足翼之義矣。』銘曰：

山兮寂寂，松柏兮淅淅，日月代兮成曆〔一二〕。魂兮翱翔，騁寥廓兮睨故鄉，此下爲骨骸之所藏。我銘其陽，著其大善，昭後人所由發祥。

校記

〔一〕此篇又載《高子遺書未刻稿》。『配』，《高子遺書未刻稿》作『元配』。

〔二〕《高子未刻稿》『字』後空闕二字，《高子遺書未刻稿》作『仲時』，此據補。

〔三〕『别號』二字後，《高子遺書未刻稿》有『曰』字。

〔四〕『壁』，《高子未刻稿》訛作『璧』，此據《高子遺書未刻稿》校改。

〔五〕『於是』，《高子未刻稿》作『於是是』，衍一『是』字，此據《高子遺書未刻稿》删。

〔六〕『宗典』，《高子遺書未刻稿》作『宗盟』，疑是。

〔七〕《高子遺書未刻稿》『在斯時乎』四字上有『其』字。

〔八〕『翌翌』，《高子遺書未刻稿》作『翼翼』。

〔九〕『綺』，《高子未刻稿》訛作『錡』，此據《高子遺書未刻稿》校改。

〔一〇〕『滫瀡』，《高子未刻稿》作『修髓』，此據《高子遺書未刻稿》校改。

〔一一〕『尺帛』，《高子遺書未刻稿》作『粒粟』。

〔一二〕《高子未刻稿》脱『曆』字，此據《高子遺書未刻稿》校補。

錢文學蟄夫墓表〔一〕

嗚呼！余何以表蟄夫耶？余少蟄夫六歲，而識蟄夫時，蟄夫尚未冠〔二〕，然已筆落成文〔三〕，傾諸長者。諸長者見蟄夫文輒相詫〔四〕，謂何物孺子，傴人爾爾？每社課後，相與舉酒爲歡，蟄夫飲如川注，醉如山峙，雄奪一坐，則又相詫，謂孺子傴人，不獨文也。於是所至，非得蟄夫不暢矣。歲辛巳，余適與蟄夫同補諸生，益相歡。壬午，又與蟄夫偕試南國，耦往耦歸。嘗於明月大江中流酣歌放言，謂誰當一口吸江流洗滌當世耶？而余乃幸得舉，蟄夫獨蹶。迨余罷官，居田間且數十年，蟄夫蹶如故。然小試輒利，既廩學宫，而辛巳同進爲王君養太、張君濟川、嵇君沖凡、葉君參之、顧君自得、馬君惟任、張君伯可、華君無技等二十人，相過從，益相歡。蟄夫高情雄興，宛如少日，余時時酒間睨而視蟄夫，是豈蹩躠老廣文乎？蟄夫亦雅自負，志不衰，其學日益博，文日益進，可背城一擊。而不幸再歷凶歲，歷徭役，歷婚嫁，諸交遊稱貸既竭，又多負子母家金錢。丙午歲且盡，百孔不一塞，乃爲書貽余曰：『已矣，錢生不復向人乞憐矣。藐焉孤，有足下與伯可、無技在。』自沉於河而死。嗚呼！蟄夫何以遂至於斯耶？蟄夫文滿天下，所編選評次博士言滿天下，曾不得一割鷄之用，吾何以表其生平？生瘁於學而不死，瘠於喪而不死，豪於酒而不死，顧獨自沉死，吾又何以表其死？

嗚呼！惟余交蟄夫久，即心腹腎腸，可相易而處，故知蟄夫深。蟄夫長不踰侏儒，氣足驅賁、育，敢於堂堂廓落，而抵其所耻則屈。吾每鼓之以義，未嘗不投袂而起，每折之非義，未嘗不欽衽而伏，其恥心然也。傷哉貧也，恥於齷齪纖嗇也。傷哉死也，恥於自侵然諾也。當蟄夫聲籍籍諸生間〔五〕，縉紳子弟執經問業者不遠千里，而一時監司直指、郡邑大夫率相邀蟄夫下帷邸舍，於時何難蠅營蟻聚？即末路無聊，托於不羈，强顔自放，亦誰何之者，乃忍於自殘如此？嗚呼！誠有所恥而不忍也。充此志，使蟄夫用於時，當樞軸，吾固知其鼓之義必起，折之非義必伏，引而之於大道不難也。悲夫！

蟄夫根本獨茂〔六〕，奉其尊人養源公甚孝，甘鮮未嘗缺於口，輕煖未嘗缺於體。多釀醇酒，多招佳客，多飾花木竹石，徜徉於五畝之宫，若素封然。蟄夫自外歸，烹鮮浮白，父子熙怡，不復問里中禾麥幾許，得無歲之不給否。而翁一弟一仲子蚤亡，蟄夫爲翼其孤，肩其役。蟄夫外家陵夷，又一切爲紀綱之。族有不白於官者，必白之，不調於家者，必調之。所居鄉，號邑之下等，輸國税不能千石，有貴人奴忽占百石於籍，蟄夫憤然曰：『是累吾鄉人無彊。』力去之。諸爲行義，不屑纖嗇〔七〕，不侵然諾，類如此，以至於死。悲夫！

屈大夫有言，寧赴湘流，葬於魚腹，安能以身之察察受物之汶汶？夫士君子力有所不逮，則漁鹽牧畜、販脂賣漿、洒削胃脯之徒皆得操有餘以笑其拙，自非大聖大賢，蔬水簞瓢，其鬱抑可勝道哉〔八〕！太史公傳貨殖，説者謂其賤德而崇貨，此寧知其微指？夫惟當世崇貨賤士，故憤激爲斯文也。嗚呼蟄夫，屈子、司馬固深悲之矣。

校記

〔一〕此篇又載《高子遺書未刻稿》。

〔二〕《高子遺書未刻稿》句末有『也』字。

〔三〕『筆落成文』，《高子遺書未刻稿》作『落筆文成』。

〔四〕《高子未刻稿》無『諸長者』三字，此據《高子遺書未刻稿》校補。

〔五〕『聲籍籍諸生間』，《高子遺書未刻稿》作『藉藉諸生時』。

〔六〕『蟄夫根本』，《高子未刻稿》訛倒爲『根本蟄夫』，此據《高子遺書未刻稿》校改。

〔七〕『纖嗇』，《高子遺書未刻稿》作『纖悉』。

〔八〕《高子遺書未刻稿》『可勝道哉』四字重。

明若沖錢公墓表〔一〕

萬曆丁未六月，京口錢公卒於家〔二〕。越十有七年〔三〕，爲天啓癸亥，其子玄葬公於某地〔四〕，錫山高攀龍表其墓曰：『是其人幼能勤學，長能服官，老能淑人，不忝所生者也。』

公名應昌，字翊之，以若沖別號。裔出宋吴越武肅王，父曰雲洲公，諱□，母曰□孺人。公爲諸生時，工舉子業。無何，謂舉子業非聖賢學也，殫心於良知之旨，以歲貢士入成均，爲大司成鄧文潔公以讚所深器。歷事尚寶，爲璽卿楊端潔公時喬所深器。二守萊之膠州，膠之軍丁多户絶者，御史督補急，公申牘爭曰：『有軍不清，官之疲也。以民代軍，官之横也。』御史閲牘，大怒曰：『何物州丞，敢恣肆乃爾！』檄召公，公至則正色對，神不懾也。御史是公議，且重公，曰：『守官當如是。』無何，楊端潔公爲少宰，聘公至銓司讎書。居一年，出判鞏昌府，監督西寧兵餉，即分治西寧。邇西番〔五〕，歲侵掠，公佐兵使者馬公朝陽，詰戎稽餉，繕城築堡。獲二番酋，當斬，公請於馬公，是可縱而勸貳也。諸番感服，迄公在事無犯。公故精天文律吕聲韻，馬公好諸家言，悉公藴，大奇公。而公忽思金、焦、北固之勝，慨然曰：『不及辱而止，仕宦之節也，吾其歸矣。』當道力挽公，卒不可得。公歸，不攜鞏昌一物，惟摹咸陽十三經石本，函而藏之堂中，顔其堂曰石經堂。後有小山，公搆精舍其上，晏坐讀書於中，絶不聞户外事。平居儼然無惰容，子孫雖盛暑不敢以褻服見，細事不稟承不敢擅。公嘗兩至東林，談名理甚晰，信有得於良知之旨者。及余一過公，坐余精舍中，甕城諸山如屏列軒几間，公清言彌日，不及一俗語，令人樂素心人悠然南山之致，忍不能去也。余聞公讎書京邸時，會兵部郎中龐公時雍論劾四明相，斥編民，龐公交遊無敢即龐公者。龐公則舊令公邑，時闢四郊義塚〔六〕，公有果園在東郊，歲入租頗饒，而公割以予官，無悋色，以此爲龐公知，而公周旋龐公。龐公去國時，相周旋者，若沖公而已，是可以見若沖公也，其風遠矣。余故曰：『幼能勤學，壯能服官，老能淑人，不忝所生者也。』故表之石，以爲世法。

校記

〔一〕此篇又載《高子遺書未刻稿》，題中無『明』字。

〔二〕《高子遺書未刻稿》『錢公』後有『若沖』二字。

〔三〕《高子未刻稿》『年』字前空闕三字，《高子遺書未刻稿》作『十有七』，此據補。

〔四〕《高子未刻稿》『葬公』後空闕三字，《高子遺書未刻稿》作『於某地』，此據補。

〔五〕《高子遺書未刻稿》『邇西番』前有『西寧』二字。

〔六〕『時』，《高子遺書未刻稿》作『令邑時』。

陝西學憲雨亭李公墓表〔一〕

余嘗游蕩山，道臨海，其民知余錫人，則争前而訊舊令尹李公，余曰：『公方爲天子佐治大藩，安無恙。』則皆喜，手加額。余爲訊公所以治臨海，其父老黯然泣曰〔二〕：『邑故苦養馬，苦役不均，苦經界不正，奸胥得上下其手，公至而諸弊如洗。自公去，曾無有如公恤民隱，若疾痛於身，必去而後已。邑嘗旱，公爲民禱白龍潭，潭去縣二十里遥，公芒履徒步，捫蘿穿崖，禱再至而雨足。時時以民事野行夜宿，風雨寒溪，孤村農舍，恬然安之。自公去，曾無有如公勤民義，若饑渴鶩飲食，必得而後已。浙兵譁，吾邑以兵使者幕吏餒其餉而亦譁。公往，萬人且休虓前，公第從容謂曰：「若所不平，吾爲若平之易耳。各以其長來，人與一大鑼，聽若析，吾不任吏，吏無緣爲奸。」衆皆拜曰：「甚便而難解。」自公去，曾無有如公緩急爲民之倚，若高城深池，必可托而固。公治邑六年，凡積公費金三千許，皆代民輸賦。自公去，曾無有如公潤民不自潤，若青霄碧溪之不可染。』語絮絮不休，余慰勞遣去，而低徊繾綣，若思見公不可得，見其里人中如見公者〔三〕，余以是知公之治臨海至矣。

歲己亥〔四〕，公督學秦中，過瘁病，而得請歸，卒於家。歲壬寅，其孤延枝等葬公於某〔五〕，而以麗牲之石請余表公平生。夫古之表者，不取詳而取大。吾聞公少食貧，父沐齋公以句讀修脯，母楊氏織刺佐之，繼饘粥而已。公嘗從沐齋公於吴門，就試於常，至不能具一楫，徒而往〔六〕，不能治一膳，枵腹而入，至無聊矣。及成進士，出宰百里，一何其斤斤耶？臨海治行至高矣，僅以户曹郎徵。九年而以憲僉飭兵於楚，三年而以少參佐藩於秦，又三年而以憲使治驛傳於楚，一年而以憲使視學政於秦。當公之歷藩司，鑛税事方起，惡璫横行天下，天子日下緹騎逮諸强項守令，不翼虎而啖民者。公獨委蛇其間，攝之以正，調之以和，開陳以利害久暫必然之畫。而諸璫亦謂李公不欺我，民得不重困。諸守令士民不勝一朝憤，螳蛙之怒往往亦得劑而解。當是時，當事者上則珍襲一官，下則朽馭萬姓，旁復芒刺衆口，惴惴身無餘幾，倚公不啻左右手，以故所在多久於其官。公即於期會簿書間，雅不廢文墨，好岑嘉州詩，好大令書，復不忍敝帚其舉子業。關中之命，得當公矣。而是時，以部推中格，藩臬半空，公至，手握四篆，晝窮案牘，夜衡試卷，困憊死矣。惜哉！

公天性慎密，沉幾緩發，慮周事外，幾中事竅，不立皦皦名，亦不隨靡靡俗。生十有七年而失沐齋公，又十有九年而失楊孺人，喪葬戚易備至。沐齋公有子三，而公爲仲，伯殤，而季亦早世，公撫季之寡若孤，撫姑之孀若遺女〔七〕，撫從兄弟若族指之貧無養者，歲廩食之以爲恒。與人交，坦蕩而有度。教其子，煦與而能嚴。嘗謂曰：『爲學須識本來面目，不然，錦心繡口，雕蟲耳。』可爲名言。吾又聞公之先諱元丑者，杖劍從高皇帝征伐有功，辭爵不拜，特予陡門里土田千畝。六傳至峽江諭藺齋公，博學工文章，爲二泉邵先生所器重。邑之名公，如斗南黄太僕輩，多出其門。當公之生，藺齋公夢乘鹿而持其尾，反顧儀從甚都，即曰：『吾後當有興者，其在斯乎？』故公名曰應祥，字善徵，雨亭其别號，蓋其源流遠矣。公之宦績最著，莫若臨海。丁酉以憲使捧表至京，太宰蔡公下而揖曰：『公非臨海令乎？而猶淹此，負公多矣。』於是有督學之命。及公殁，臨海人哭而請祝公名宦，走千里來賻奠。吾以父老所傳言表公於石，猶掩抑三嘆士奈何不自樹立。假令公當時專精營私，即位高多金，死則已矣，孰有如公所得於臨海者哉？臨海人心不死，公不死也。公以癸酉舉於鄉，丁丑成進士，配毛孺人，繼配陳孺人，有丈夫子三，具誌狀。

校記

〔一〕此篇又載《高子遺書未刻稿》。『雨亭』，《高子未刻稿》題及正文皆訛作『兩亭』，《高子未刻稿》書前目録及《高子遺書未刻稿》等皆作『雨亭』，是，此據改。

〔二〕『泣』，《高子遺書未刻稿》作『欲泣』。

〔三〕『里人中』，《高子遺書未刻稿》作『里中人』，疑是。

〔四〕『亥』，《高子未刻稿》訛作『玄』，此據《高子遺書未刻稿》校改。

〔五〕『枝』，《高子遺書未刻稿》作『枚』。《高子未刻稿》『葬公』後空闕二字，《高子遺書未刻稿》作『於某』，此據補。

〔六〕『徒』，《高子未刻稿》作『徙』，此據《高子遺書未刻稿》校改。

〔七〕『姑』，《高子未刻稿》訛作『始』，此據《高子遺書未刻稿》校改。

楊長公、唐孺人墓表〔一〕

錫邑之西陬，其鎮曰陽山，其浸曰陽湖，世居湖山間者曰楊氏。楊氏之先，其達者爲御史大夫宜間公璹，又四傳爲太僕少卿鳳麓公應文。兩公非獨名實加朝宁，皆有德澤及閭里，鄉之人齒及楊氏，輒交口曰長者。子孫守其法程，無軼於矩度。長公則太僕公家嗣，孺人則長公元配也。太僕未遇時，困邑中，豪駬魚肉虐之者，困逆奴，滅冠履之閑者，長公奮身而當之，難卒解。太僕得羸疾，伏枕五閱寒暑，長公精修藥餌而進，病良已。長公能直躬而追古之諒節，能坦中而破俗之城府，能珍己之然諾，能時人之緩急，能室而處友人之羈旅，能塾而教里中之子弟。太僕公數年給諫，貴矣，能戒其宗人無敢爲暴者，能戒其家人無敢爲暴者。太僕公曰：『所不使我得罪於鄉以墮其家聲，有吾子也。』人謂長公法應得長年，而卒夭，何哉？

唐孺人之得長年，乃不亡長公矣。長公甫年十歲，失其母胡恭人，又不克終事太僕公，終事太僕公而曲盡其道者孺人，而長公不亡也。長公有三子二女，棄藐諸孤，時伯子僅總角，餘則襁褓，成其子、于歸其女者孺人，而長公不亡也。家內外一切井井，三澣之衣不易，一臠之肉不靡，蚤作夜息，絲枲織紝不惰，以保有其家者孺人，而長公不亡也。敬於所尊，太僕官京邸二十年，一衣一履皆出十指，仲叔嵩雲公秉家，一話一言必以稟承。和於所儕，妯娌之少於孺人者，視孺人若母若姑，孺人視之若姊若妹。慈於所使，臧獲不聞有叱咤之聲。莊於所忽，即女夫未嘗有內室之饗。仁於所矜，見饑寒者，未嘗吝推解之施。終日愉愉穆穆，人謂異哉！世間固有女德婦德母德粹美如是，詩人所稱『其心塞淵，終温且惠』者，殆千古一見也。然孺人之父振菴公，蓋純然先民軌則，至和之祥乃在孺人與！孺人之殁，無論內外少長，識與不識，皆流涕嘆息，久而不能忘，此可以見孺人矣。

嗟乎！士大夫世其家難，士大夫子弟保其世家難，得女貞以正其家難，三者難，於是乎喬木之家鮮百年一姓矣。陽山岌嶪，湖水漣漪，楊氏之居於斯，且二百年餘，世之所難，而彼則易之，豈獨人事，蓋山水之靈異使然[二]，天之所篤以示人也。吾故表其墓曰：『是惟楊長公、唐孺人所藏，以爲賢子之世其家、貞婦之正其家者法。』有三子，是皆能其家者，知楊氏未艾也。

校記

〔一〕此篇又載《高子遺書未刻稿》。

〔二〕《高子遺書未刻稿》『蓋』後有『亦』字，於義爲長。

明封司我素安公行狀〔一〕

公姓安氏，名希范，字小范，别號我素，家無錫之膠山。其先黄姓，蘇州玄珠里人。洪武中有茂者，贅於安明善，因以安姓。茂生以恕，以恕生公俊，公俊生祚，祚生封户部員外郎國，足跡遍名山，交遊遍海内，所謂桂坡翁也。生膠峰公如山，舉嘉靖己丑進士，選入中秘，以同官忤權貴，外補裕州、均州，田民德之，祀名宦，卒官貴州僉憲，所至有廉靖聲。配郭宜人，宜人舉一子，而性奇妒，抱衾裯者絶矣。乃不意吴孺人娠公，即戒曰：『女則育，子則否。』膠峰曰：『不然。即子，吾弗子也。有周涇之嫠在，吾何愛焉，使吾弟鬼而餒也？』蓋公有族弟某，卒而無子，鄒孺人寡而居周涇。公生而濱殆者屢矣，吴孺人即如厠，必襁公於懷，得不死。踰月，鄒孺人抱之周涇。後七年，膠峰公與郭宜人後先卒，鄒孺人亦卒，宜人子少峰公名希堯者，以膠峰公遺命，歸公於膠山。無何，少峰公亦卒，少峰公兩子復令吴孺人攜公居周涇，人以爲此無論非膠峰公指，抑非少峰公指也。孺人泣曰：『天乎！兒賢，何必有先世貲？兒不賢，何能有先世貲？吾以兒一絲命争耶！』遂之周涇，敗屋頹垣，母子相弔，外侮官徭，蠹攻蠆螫，以日爲歲。而公以壬午補諸生，乙酉舉南闈，丙戌成進士。生二十三年耳，是年官行人。丁亥，奉使歸里，有族人售其居者，公買而奉吴孺人復歸膠山。人曰：『公歸矣，能恬然於膠峰公遺箸乎？』公絶口不言。人又曰：『即不言遺箸，能恬然於養廉田乎？』公又絶口不言養廉田。膠峰公成進士，桂坡翁給腴田三百，膠峰公拓其畝千，貯以别墅，記以碑曰：『吾子孫仕者與之養廉，無以贓辱吾家聲。』人即能以出繼不與公遺産，不能以出仕不與公廉田，然田竟不與也。公歸膠山，與兩侄交歡甚。吴孺人拮据治生産，不輕以一錢給公，公又好客，好精廬舍，蓄古書名畫，終日婆娑於明窗棐几鉛槧圖史間，纖悉取之稱貸，棄所當得如敝屣，人以此不測公汪度。行人報滿，當晉臺省，公年未及格，或勸公稍贏其算，公曰：『是欺君也。』不入試，就禮部膳司。吴孺人以秉家不願之長安邸，公即告南，授南司封。會婁江相當國，盡除異己者，不愜天下心，公乃上疏争之，嚴旨逮問，旋得釋，削仕籍。歸杜門，杜口不涉朝事，内奉吴孺人，曲承其歡，外與一二同志徜徉林泉爲娱樂而已。甲辰，吴孺人棄養，凡祔身祔棺，竭其誠敬。既服闋，適東林精舍成，公别掃一室，欄竹砌花，讀書會友於中。庚申九月，東林會中聞光宗皇帝之變，公驚迷痛憤，槌手頓足者終日，作詩有『執簡定應書趙盾，舉朝誰請討陳恒』之句。《除夕》詩云：『明日新開天啓曆，今宵猶紀泰昌年〔二〕。祇餘一掬孤臣淚，中夜潸然落枕邊。』公於是不勝悲也。公即不以一字通長安，不以一事干郡邑。至聞中朝進一正人，未嘗不躍然喜；地方有一不善事，未嘗不戚然憂，中心達面目，顧叔時先生所謂安小范不失赤子心是也。

公豐準秀目，玉標霞舉，恬夷坦蕩，質任自然。好讀書，書喜理學之有益身心者及經濟之有益政事者。詩文默符作者，不事雕鏤，浩浩曠懷，翩翩逸興，遇山水清幽，竹木森翠，風月輝朗，趣輒溢發，意復斐亹，曳杖孤遊，把杯細賞，移日落月，不能自禁。婚嫁稍畢，益思肥遯，樂吴興之勝，買山武康，有竹百畝，築室其中，製一小艇，顔曰『五湖一舸』，左右圖書，往來披對，以爲良友。公即素封乎，依然貧士也。吴孺人屬纊，始以耕織之儲畀公，公勤儉守之，衣贍而質，食腆而簡，室精而不鶩於多，器備而不溢於用。族自高祖而下，老病孤孀歲有贍，親朋之生無養死無送者人有助。至於兩侄〔三〕，力持其門户，教掖其後人，無纖芥焉，人尤以爲難。余每察公，蓋夙慧也，藝不苦習而工，學不窮研而信，性命微言，與他人言，不解爲何等語，與公言，不俟詞之畢也，其胸中實有咀嚼，實有滋味。故夷猶自在，生平無皺眉之事；城府不設，世上無切齒之人。此豈塵寰中人耶？嗟嗟斯人，一腔忠義，滿腹經綸，使司風紀〔四〕，力能振揚，委以政事，更精綜核，竟以錮死也。己實不負國，而人遺之，公無齎恨。君實有休命，而下格之，深足追悼矣。攀龍與公同黜於言事，同錮於明時，同學於東林，朝夕者二十有九年。公之力壯於攀龍者倍，公之才敏於攀龍者倍，乃公獨不得承三朝之恩，一日立於今皇帝清明之世。攀龍自呑之淚，幾回入欲斷之腸，又以拙陋無文，僅貌公形似，而不得其神理。所冀大君子一闡其幽光，賜之鴻文，以不朽斯人。攀龍他日得藉手九原見公，惟此一事爲不負知己也。

校記

〔一〕此篇又載《高子别集》卷七，無「明」字，「封司」作「司封」。

〔二〕「紀」，《高子别集》作「是」。

〔三〕「至於」，《高子别集》作「於其」。

〔四〕「紀」，《高子未刻稿》訛作「記」，此據《高子别集》校改。

文學澄泉茹先生行狀〔一〕

先生姓茹，諱灕，從舅家籍，以黄如金名補蘇郡長洲諸生，故諱金。欲復姓名，卒不果。用卿其字，澄泉其别稱。其初洛人，勝國時，有元者初居錫之長洛社，兩傳生悾悃公洪，以諸生徵修《大明會典》，授光丞，早卒。配陸孺人，以節婦詔旌。是後累傳甲第，茹氏最稱隆盛。先生祖鳳溪公，配黄孺人，生文學企鳳公。企鳳公配施孺人，生先生。先生幼育外祖施九峰公家，稍長，習舉子業於黄氏姑家。當是時，鳳溪公蚤世，企鳳公倜儻不事家人生産，又當均徭未條編時，家中於役，茹氏之業不數年如洗。先生年二十，文譽鵲起，德貌儼然，望之爲巨人端士，抱一經教授子弟，子弟從之者文行斐然，不問而知其爲先生弟子，故父兄欲成子弟才品者〔二〕，延先生惟恐失先生。先生所得修脯，即敬進企鳳公，爲企鳳公、施孺人甘旨，企鳳公即敬進黄太孺人，爲黄太孺人甘旨。家内外食指百，衣以先生衣，食以先生食，一切緩急，以先生緩急。而企鳳公有兄懷溪公赤貧，異居同食，懷溪公不至，企鳳公不先舉匕筯。先生每自館歸，入見黄太孺人、施孺人，手果餌問寒燠。企鳳公市酒脯，手自温火，先生滌盞行酒，兄弟父子熙怡一室。企鳳公醉則軒髯浩歌，酒竟，相攜持而起。先生所見善人善事，必爲企鳳公陳説，企鳳公大喜拍案曰：『有是哉？世尚有斯人乎？』家庭間恒以此爲樂。先生之事其父母，逮其大母，至愛性成，淺嘗之嬰孺所能務，深察之賢智所不能恒。至父母病，禱於神祇〔三〕，願以身代，身歿始見遺楮，非篤誠不及也。平生於天理二字若皮肉相附，偶見事乖天理者，如刺其膚，理非好其名惡其聲而然。雖甚貧，不忘利濟，養伯父，養潘氏姑，皆終身無替。於力所不及，委曲勸道交知，務以慊其一念。病亟矣，聞族嬸死無以殮，割田贍助之，如此類甚多。而其言則曰：『人能扶人之危，賙人之急，自是美事，但能勿自言爲佳。』與人坦然，不設畛域，至大義所在，堅若金湯。雖燕居，無肆容，雖大醉，無放語，妖冶當前，未嘗顧視。爲文典則淳雅，試學使者屢前，試京兆屢蹶，暮年棄之，泊如也。酒酣，輒吟『一生辛苦書千卷，萬事消磨酒十分』句，蓋其實境云〔四〕。

攀龍年十五〔五〕，受業先生，於制義未能成語，先生字訓而句道之，半年始能認題拈筆。後成進士，先生貽書教曰：『今之士習民風壞亂已極，若碌碌一官，立朝則榮身肥己，居鄉則求田問舍，此鄙夫之事，吾黨所不齒。又宦家豪奴横索子母，凌鑠小民，把持官府，主人偏聽，冤民無訴，科第之人承祖父之德，宜培養元氣，特嚴禁諭，此爲要事。』迨攀龍田居，前後相與四十餘年，師弟之間不作世俗面孔相向。今先生已矣，不復聞法言巽語矣。嗚呼痛哉！先生遇不副其文，年不副其德，世無里選之法，使忠信之士在德行之科可以坐鎮浮俗者，卒槁死閭巷。猶幸有大人君子爲一言之衮於泉壤，敢九頓以請。

校記

〔一〕此篇又載《高子别集》卷七。

〔二〕『才品』，《高子别集》作『文品』。

〔三〕『神祇』，《高子别集》作『城隍神』。

〔四〕『實境』，《高子别集》作『實録』。

〔五〕『年』，《高子别集》作『生』。

亞中大夫貴州布政司左參政澄齋張公暨配陸宜人合葬行狀〔一〕

公姓張，諱子仁，字安甫，别號澄齋。幼穎異，十歲能爲詩，詠月季花，人皆奇之。既長，博洽羣書，爲文務造理，不喜雕飾。嘉靖丙午，以儒士與秋比。己酉，居其父小竹翁喪如禮。於是益肆於學問，窺宋諸大儒書，涉核世務，即屢空充如也。乙卯鄉薦，丙辰下第歸。學務静坐澄心，爲文輒道人意所不及，蓋其養深矣。己未成進士，官南京兵部尚書郎。訪經濟於大司馬李克齋翁，相得甚歡。三年考最，得贈小竹翁如其官，母袁封太安人。尋備兵楚之湖南，節冗費，搜積蠹，多平反大獄，獲久逸巨奸，一境肅然。丁卯，穆廟改元，贈小竹翁奉政大夫，太安人封太宜人。己巳，少參蜀藩，征番平之，御史上其功，既以公不報謝，復中以他事，遂歸。於是公從容於太宜人之側，以其餘陶於山水之間樂也。亡何，蜀番復叛，戰士無食，惟至公舊所莅事，則在有積困焉，當事者賴之，白其狀上，下詔褒嘉。會有警，以公僉憲遼東。公至，則悉發諸軍所未給餉，皆鼓舞增氣。以與閫帥左，移任嘉湖。丁丑，海塘成，有詔獎賚。庚辰，改粤西副使，會裁革，壬午，補浙之金、衢。浙當叛兵之後，治兵使者餌其卒如嬰兒，惟恐其啼，公以法濬去其老弱若悍不可畜者，而簡其調良，教其藝弗習者，於是兵强而無譁。乙酉，改滇南參政。公念太宜人老，上疏乞骸骨，不許。再疏，乃得俞旨，謂有司以時聞召用。亡何，太宜人即世，公哀痛如孺子慕。既免喪，方與縉紳諸公結詩酒泉石之盟，以爲吾老人今乃有此日月也。庚寅冬夕，忽疾發而卒。

配陸宜人，先公卒。宜人女也已能操其父雲竹翁家，蓋宜人少失母也。笄而歸公，公從舅氏觀海袁翁學，即歲不一二歸，又遭家中落，宜人拮据百務，内奉其二尊人，外安公於學。十有餘年而公始貴，公貴而宜人未舉子也，則具寢請公置貳，公難之，宜人固請不休，始以貳縻舉大受，以貳劉舉大任。宜人喜不勝曰：『吾願畢矣。』公官南京，宜人從，務爲儉素，勤女紅以佐禄之不給。公所交多長者，過從輒命杯棬，宜人治漿酳，腆而卒辦，無不隱當公指。乙丑，進封安人。丁卯，進宜人，從公之楚。蜀之命，留侍太宜人於家。太宜人曰：『新婦賢，吾足老矣，不願從遊子風塵也。』於是之遼之浙，太宜人皆與宜人居。受、任稍稍長，太宜人教之，不踰則有疾病如身負痛。公最後官浙，太宜人又且安受、任養，於是令宜人從，公喜曰：『吾以二十年學，以二十年仕，今髮種種矣。吾有母，爾婦而子之，吾有子，爾母而父之，爾瘁可知也，今且休矣。』蓋宜人退然謝不勝也。居二年許，遽以疾卒於邸，訣二子，念太宜人與其父雲竹翁不置也，則宜人之婦德備矣。

狀曰：『公軒偉倜儻，善談論，事必提其要[二]。嘗曰：「爲政以便民爲主，治兵以足餉爲主，餉無不足，官漁之也。」』故公在遼，亟清其弊，戰士手額，債帥按劍矣。叙州之役，至有餘積，以濟後人，其效可覩也。又以民不安業，由豪强兼并，法之不行自此輩始，所至鋤抑勢横。而在浙尤著，浙人至今津津喜道其事，謂公遇事周思沈謀，非獨勇於從義，蓋亦以才略焉。於浙，於楚、蜀，皆司紀法，强弗友，凜凜三尺，而小民惟恐失之也。家居無雜交，絶不事干請，以其禄之贏買田治生，事必謀始，賦必先輸，爲民望。坐卧一室，左右圖書，興至輒有吟咏，前後詩稿凡若干卷，藏於家。大受曰：『吾父官南曹時，吾母從之官，從容進曰：「君今且貴，顧將爲名臣乎？抑作庸吏耶？妾聞古之當官者必慎必廉，願君不改布衣時，妾當不弛十指，以成君令名。」吾父蓋時時擊節斯言也。及從之楚，宜人見所治多讞獄，常進曰：「小民無知可憫，舉手而生死不可易也。」以故吾父持法稱不冤，歷仕四十年〔三〕，聲節如一日，宜人與有助焉。』然則宜人又不獨慈孝惠下足稱已也。余不文，更不能飾逝者以諛其子孫。伏見公即馴謹，無以自異流俗乎，然所至不屈法於豪貴，一何毅也！至於家食守己，無所謁請有司，蓋縉紳之儀刑焉。宜人又多令德，名言可訓也，謹爲次其實，惟大君子采而錫之鴻文以不朽。

校記

〔一〕此篇又載《高子别集》卷七。

〔二〕『事』，《高子别集》作『論事』。

〔三〕《高子别集》『四十年』前有『幾』字。

亡弟高仲子行狀〔一〕

嗚呼！吾弟之亡，四更寒暑矣。今年窀穸有日，余兄鳴陽謂攀龍曰：『汝當狀弟，以墓中片石乞言當世君子，毋吾以也。』攀龍謹受命。嗚呼！予固有深痛於弟〔二〕，迨其亡而後知之也。

弟名附驥，字彰甫〔三〕，别稱宇初〔四〕。高之先所從來不可知，知者自孟永公始。傳至静成公，始舉嘉靖辛卯秋，令黄巖。黄巖公生太學繼成公，配陸孺人，無子，貳邵令人及他篋媵，凡得七男子，曰某，鳴陽也。

攀龍出繼叔祖静逸公，後與附驥皆仲，故弟稱仲子。仲子少慧，以舉子業易耳，弗肯苦攻，長而知其道無涯，力自振，然已後，時以□□補諸生，試有司，乍伸乍絀，卒蹇蹇不前。邵令人既蚤世，丙申，太學公、陸孺人後先捐館，仲子悉力左右。伯兄喪葬畢，其所授室在委巷中，有園林竹樹之致。仲子故有僻性，見顯者如芒刺，深避匿。至遊客出入顯者家，稱説寵光自雄者，仲子亦見如芒刺，深避匿。及是益杜門，罕與人來往。米鹽細小皆躬操之，然有遠度，不爲齪齪，雅周恤人困乏，然所周必其心儀者，即戚黨，必其心可者，不爾，一飯不飯俗客。於書無所不好，執卷即津津忍不能舍。常以讀書、課子、飲酒、坐月爲幽居四樂事，春秋佳日必載酒徜徉泉上，不喜扣諸名園中。錫山之岡，面九龍，望三山，蒼松古石縈帶左右，仲子必於是休焉。仲子即忿世絶俗，其大節卓卓，不忍自伍流俗，非其義，一芥不苟。於治生，第能啬用，而無貪求，每曰：『如是適分矣。』出賦必完，入租必寬，蒼頭廬兒必約束。吾每與論當世人物，涇渭極明，鉅細與籌，必有定畫，予每謝不及。以痰疾暴卒，予佐伯兄爲經紀，見其童子時弁髦、句讀時簡册宛然在也，巾履雖敝必潔，不苟棄也，書籍什器，安置楚楚然，不亂列也。四十年所每日課業及所會客所應事，必有籍也，錢穀布帛之屬，下至盎缶，皆可按籍數也。歲量入爲出，没之日，槖無贏金，不妄營也。

又見其《警惰録》曰：『學者切要在一心，心有疎密，故功有勤惰，學有淺深。』『人心未有兩，無著時〔五〕，不用於義理，必用於閒雜，遂至邪念横生，惰氣潛滋，此心不可收拾。』『近見《朱子讀書法》，令人惕然驚愧。學者心純，而後可讀書，必讀書，而後可心純。已往廢弛可惜，將來短促可慮，今當袪舊習，圖新功，置《警惰録》，日記所録，月檢所積云。』此乙未秋筆也。又見其《清燈録》曰：『人生之樂莫大於清閒〔六〕，然此心無寄，便恍恍惚惚，閒思閒想，有何樂處？故必寄之於書，然讀書人其味有限，心亦易放，故必理學諸書，便得此心收歛，凝一玲瓏活潑，有無限之妙。經書、語録，理學書也，舉業之文發明乎此者也。看書當七分理學，二分史學，一分詩文，方是會讀書，方是會享清閒之樂。』此辛亥春筆也〔七〕。又見其《個中語》曰：『人情怠弛易，勤勵難，所以日流怠弛而不知勤勵者，以無正言格論臨於前，遂至因循虛度日月也。上之而聖賢義理未窺其門，下之而人情物理不窮其故，一愚人而已。余既熟察其弊之所以然，特置小册數本，日録先儒切要之言，名曰《個中語》，居置几案〔八〕，行攜袖中，以爲勤勵之助云。』此辛亥四月筆也。始予以仲子不妄交遊，不妄侈費，守家子也，已而知其塵坳綽有高趣〔九〕，非俗人也，已而知其識邪正，有向往人也，然未知其中年有大志，能求諸心，求諸義理。痛哉！天假之年，豈可量哉？往予謂仲子曰：『弟古人也，亦今人也。』仲子曰：『何謂也？』予曰：『弟有矜疾，亦廉，亦忿戾。』仲子笑謂：『甚當。』嗚呼！使其有年，疾可瘳乎？此予所深痛也，迨其亡而後知之也。

攀龍不敢私其弟飾語亂信，伏惟大君子采而論著之，納諸幽，以慰逝者，表諸世，示片善可采，人人可自勉，即死且不朽。不勝哀籲之至。

校記

〔一〕此篇又載《高子別集》卷七。

〔二〕『固』，《高子別集》作『蓋』。

〔三〕《高子未刻稿》『字』下空闕二字，《高子別集》作『彰甫』，此據補。

〔四〕『稱』，《高子別集》作『號』。

〔五〕『著』，《高子別集》作『所著』。

〔六〕《高子未刻稿》無『於』字，此據《高子別集》校補。

〔七〕『春』，《高子別集》作『二月』。

〔八〕『几案』，《高子別集》作『案頭』。

〔九〕『趣』，《高子别集》作『致』。

明安母吴孺人行狀〔一〕

故僉憲膠峰安公有最少子曰小范，其生母曰吴孺人。膠峰公之元配郭宜人嚴，一切用嗃嗃治，侍媵不寒而栗。孺人生十五年來歸，則公已及耆矣。郭宜人罕所寬假，獨孺人有智，精力强能鄉其意所便，少訶譴〔二〕，即柔顏承之，愈自不懈，推諸媵逸者，自肩勞者，宜人心奇之，所任非孺人弗任也，即宰一餌，屬之宰矣。已有身，會膠峰公病甚，孺人泣曰：『天乎！命之窮矣。』而公病良已，孺人私屈公，指告娠期，公隱治襁褓，宜人廉之，恚曰：『公髮種種，奈何以庶孽自慁耶？』則令孺人曰：『女也育之，子男勿育也〔三〕。』及產，得子男。先是公有少弟早世，鄒孺人稱未亡人二十年矣，及小范生，公曰：『此可以後吾弟。』於是小范生五旬，而鄒孺人抱之襁中。孺人泣曰：『兒命一絲耳〔四〕。吾襁之起，襁之寢，襁之食，襁之庖、湢、厠，五旬而不敢使去吾肘，今以相托矣。』久之，孺人復娠一女，遂避，弗當夕。庚午，膠峰公捐館舍，小范生八年矣。其明年，宜人卒，鄒孺人亦卒。鄒孺人居周涇里，去膠峰公居六十里遥，公之冢君曰少峰君念曰：『孺子無父無母，奚周涇之居？』乃令復歸孺人。蓋自襁中越十年所歸，而後母子喜可知也。又五年，丙子，少峰君亦卒。當是時，安氏自膠峰公尊人桂坡公以來稱素封，膠峰公以郭宜人故，倉卒出小范襁中，少峰君又倉卒不起，諸子俱長，自行意，謂小范無所得先人田廬，旦夕且壯矣，當有口語趣孺人之周涇居。客有聞膠峰公遺命者，曰：『奈何以公之子而不有其一椽一篦耶？』孺人則復泣語小范曰：『孺子勉之！人即匿公遺言，有養廉田在。』蓋養廉田者，公所界千畝而志之豐碑，以示子若孫及五服之親，有起家科目者，輒與之也。於是相攜之周涇居，則風雨蝕其敗屋，水旱蝕其囷積〔五〕，豪佃蝕其田租，强宗黠胥乘而蝕之役賦，孺人拮据持之，不給則置簪珥質庫中。壬午，小范補諸生。癸未，所娶婦談氏卒。乙酉，再娶婦張。其秋舉南闈，明年成進士。當是時，孺人煢然，母子形影耳，覯閔受侮，杜門齰舌，支鄒孺人喪，支娶婦，娶而喪，支再娶，支修脯，支小范負笈遊學，岌岌乎殆矣。而小范少年驟顯，內外費途益廣，而前所謂養廉田卒不給與，小范卒不言，於是孺人仰天太息曰：『嗟乎！往吾兒俎上肉耳，嗣業之弗能守，而養廉爲哉！今者有天幸，惟是兒東西南北稟稟奉冰蘗從事，養廉在老人十指間矣。』卒亦不言。小范拜官行人，丁亥，奉命治萬文恭公窀穸，以間歸，拜孺人，請之京邸養。孺人曰：『有先人故里在，得棲遲一廛足矣。且吾從兒，兒資斧安出？』小范乃買居，徙孺人膠山〔六〕。小范報命，再使塞上。己丑，東南大饑，斛米千錢，漕渠流絶，而膠山又最高地，孺人率夜半起，飽食諸傭，挹涓滴沃苗，卒有穫者，老農家謝謂不及也，以是得寛小范。小范既再考，報最，當得給事、御史。故事，給事、御史有年格，小范成進士時，報年贏之，實未及格也。小范曰：『奈何欺君？』竟不赴部考。既授膳部，則又曰：『奈何忘親？』乞改南，得主封司事，迎孺人邸中。無何，孺人曰：『田廬蕪矣，吾坐不妥也〔七〕。』會小范上書論事，恐不測怛孺人，則奉孺人歸。其明年，再上書論事，嚴旨逮問，尋得釋，削仕籍，編氓歸。孺人笑謂曰：『往吾得嚴旨，不異兒出襁中時痛也，今吾又不異兒自周涇歸時喜也。』休母子相朝夕樂矣，以是益寛小范。膠山饒園林竹樹陂塘魚鳥，小范好讀書幽討〔八〕，客至，輒命酒，晏譚終日。孺人矻矻陸字蹄角，以百計水孳魚鱉，以石計圃治果蓏芥蔬，以畝計田治黍稷粳秫，以頃計治醯醬酒菹豉，以歲計治酺醯饔飧，以日計質明盥櫛。坐寢堂，臧獲千指旅見，各課執業，日中省之，日夕會之，時其饑渴，賚罰其勤惰，無休時。而孺人自奉甚菲，娠小范即不食肉，終日一盂菜，十年一緼衣。小范進二篕，不甘也，進鮮衣，不御也。小范跽曰：『大人甚勞苦〔九〕，令兒作閒遊子，不已悖乎？』孺人曰：『吾自甘之，若不堪此，徒敗而媪事，無益。』孺人即纖儉，出納乎以禮，用不色吝，奉師保必虔，奉賓客必腆，施宗黨窶者必時，於父母家生事死葬、男女婚嫁必備。小范從兄南屏君寠子女衆多，孺人令小范育其女，嫁名族。必視已撫其一子一女相勞苦憐愛也，稍不馴，輒抶治之。即小范已服官，恒數之曰：『吾面數若者，人腹誹若矣。』及孺人歿，而小范痛曰：『往者聞吾母召，如赴廷尉對簿已矣，不可復得矣〔一〇〕，吾未能見其過矣。』

小范將葬孺人，而謂攀龍通家子，能悉孺人，令狀其行。攀龍不佞，以所諗孺人當膠峰存没之際，斯不亦一髮引九鼎哉？非其智足以藏身，義足以貞志，豈有常乎？及其治生，一黍一縷，必衡必度，至纖悉矣，然洒然於得失，又若芥視千金，屣視三公者，即士大夫抱獨行君子之意，何以加茲？嗟乎！夫人自有美子，死之而能生也，賤之而能貴也，貧之而能富也，世人猥以其私爭衡造物，竟何益哉！

校記

〔一〕此篇又載《高子別集》卷七，題無『明』字。

〔二〕『讉』，《高子未刻稿》訛作『諸』，此據《高子別集》校改。

〔三〕『子男勿育也』，《高子別集》作『男也勿育』。

〔四〕『絲』，《高子別集》作『襁』。

〔五〕『蝕』，《高子未刻稿》訛作『食』，此據《高子別集》校改。

〔六〕『徙』，《高子未刻稿》訛作『從』，此據《高子別集》校改。

〔七〕『妥』，《高子別集》作『安』。

〔八〕『討』，《高子未刻稿》訛作『村』，此據《高子別集》校改。

〔九〕『甚勞苦』，《高子別集》作『勞苦如是』。

〔一〇〕《高子別集》『不可復得矣』前有『今』字，於義爲長。

告楊龜山先生文[一]

惟先生上承伊洛千載不傳之絶學，下開紫陽萬世無弊之真宗，乃十八年教弘兹土，俾二三子學有師承，人才曠百年而後生，此道如一日而同揆。在梁谿，爰有顧憲成、顧允成，在晉陵，爰有錢一本、薛敷教，超然世俗之表，獨修賢聖之心，進立廟堂，正色直言，明一時之國是，退伏田野，讀書談道，挽一世之頹風，誠哉南國之英，允矣東林之彦。兹以門人私議質之通國公評，配祀道南，僉曰無愧。涓吉今日，奉安神位，敢告。

又

惟先生學道則承程門之正傳，衛道則闢王氏之邪説，理學氣節，參和不偏，故在宋室既培養羣哲，在我明亦興起多賢[二]。如毘陵一郡涇陽顧子、涇凡顧子、啓新錢子、玄臺薛子、我素安子、本孺劉子，進則正言直諫於朝，退則明善淑人於野，丹心矢竭於少壯，素節不改於暮齡，皆先生南來千四百年之真傳，東林一十八載之遺教[三]。今日講壇既毁，恐歲久事湮，謹奉六子配享神靈，於以明天地一時生才之非偶，聖賢千古傳心之不磨。尚饗！

校記

〔一〕以上二篇又載《高子别集》卷八。（清）許獻、高廷珍等纂《東林書院志》卷十七載第二篇，題下註『天啓丙寅』。

〔二〕『明』,《東林書院志》作『鄉』。

〔三〕《東林書院志》句末有『也』字。

射部

蘧初楊道尊參知晋藩序[一]

古之所謂大臣者，其盡職也，無一事自諉，而未嘗取世之名，其好善也，無片長或遺，而未嘗見己之技，故政事效於一方，而不見其迹，精誠用於萬有，而不役其神。吾每思見其人，今乃見之於蘧翁楊公。

公之備兵常、鎮三年矣，事無不治，求其所以治而莫窺其際。撫按治於上，公有善則歸之，若不知也；府縣治於下，公有事則先之，若不與也。未見其察察焉，旌其善，懲其惡，而善者若無不得公之旌，惡者若無不得公之懲也。未見其䰡䰡焉，興某利，革某害，而民有默貽之利，利而不尸，無顯形之害，害而不受也。用盜魁捕盜，無捕盜之冤，以撫兵治兵，無治兵之擾。切東南之痌瘝[二]，而憂喜關乎廊廟，職一方之師帥，而識鑒徹於海宇，故攀龍直謂我公古大臣也。《易》之善言聖人之化也，曰『垂衣裳而天下治』；《詩》之善言聖人之象也，曰『赤舄几几』；夫子於《觀》之彖明言曰『聖人神道設教而天下服』。夫治之迹，顯示於法，治之精，默喻於神，故曰聲色之於化民，末也，公之治得其神矣。故民樂其博大，公不以之干譽；民服其明敏，公不以之示能；民頌其廉潔，公不以之形人；民孚其真誠，公不以之矜己。公以大道甚易，人自難之，大道甚簡，人自繁之。衆方膠膠，吾谷兮常廓，衆方擾擾，吾淵兮常湛，吾行吾之素而不知其他，古大臣之優於天下者如是也。

公政既成，三載績最，以大參參晋藩。常郡守而下曾纓等〔三〕，鎮郡守而下賀仲軾等，涵濡於公之政教有日矣，欲攀龍揭公所以治常、鎮者爲世法則。攀龍何能言公，言何能盡公，而以平日微窺於公，特揭其不能言不能盡者，見公之大而難名也。抑攀龍且有感也，善爲治者，不數易大吏，更不易宜民大吏。公之福常、鎮，常、鎮之民德公，蓋如時雨之濡於庶草，惄饑之仰於嘉穀。易地而遷之晋，何如增秩而久於吴？天子豈不念吴民爲國根本，吴之災民爲國急務乎？此萬心所同，萬口如一，當道必有舉而聞之上者，故攀龍以兩郡之意，不忍送公之晋，而惟祈公留吴，俾公以悠久成化於吴。即自吴入參大政於朝，吾謂公古大臣者，天下有道，舍公其誰也？

校記

〔一〕此篇又載《高子遺書未刻稿》。

〔二〕『痌』，《高子未刻稿》訛作『痛』，此據《高子遺書未刻稿》校改。

〔三〕《高子未刻稿》『曾』字後空闕一字，《高子遺書未刻稿》作『纓』，此據補。

《邵文莊公年譜》序〔一〕

攀龍既删訂先生年譜成〔二〕，作而歎曰：『不二者道，不晦者心，曠百世而通，推四海而準乎！今去先生六十年奇〔三〕，而覿先生之遺文，考先生之遺事〔四〕，如見其人焉，而誠心質行使人感發興起而不能自已。然則此譜存也，世之人皆若生當先生而親炙之者矣。』

先生之學，研窮於六經，博涉於群書，而所自得者，大要見之《簡端》《學史》二書。未嘗爲辨別異同之説，而其學一出於正，不少惑於異端似是之非。未嘗爲矯絶成名之事，而其行一由於矩，不苟且於富貴功名之際。凡先生所言所行，皆世所謂固然而無奇，正世所謂冥然失之而不自覺者〔五〕，觀者可深察而自得之矣。或曰：「以先生之德而剸其嗣，則降祥之天謂何〔六〕？」嗟乎！二氣糅雜，三代以下，聖賢無純全之稟，以孔子之聖而窮，顔子之賢而夭〔七〕，况其他乎？先生之氣，蓋獨嗇於是者矣。然而無常者氣也，有常者理也，君子修其在我而無庸心焉，見其常，不見其無常也。吾所謂常者〔八〕，何也？觀其遺書，考其遺事，百世而下，猶使人感發興起而不能自已者是也，然則先生之爲後也大矣。同邑後學高攀龍謹書〔九〕。

校記

〔一〕此篇又載《高子遺書未刻稿》及《邵文莊公年譜》卷首，《邵文莊公年譜》題作《二泉先生年譜後叙》。

〔二〕「删訂」，《邵文莊公年譜》作「删定」。

〔三〕「奇」，《高子遺書未刻稿》作「有奇」。

〔四〕「考」，《高子未刻稿》訛作「致」，此據下文及《高子遺書未刻稿》《邵文莊公年譜》校改。

〔五〕《邵文莊公年譜》句尾有「也」字；「自覺者」，《高子遺書未刻稿》作「覺」。

〔六〕「何」，《邵文莊公年譜》作「之何」。

〔七〕《邵文莊公年譜》「孔子之聖」「顔子之賢」後各有「焉」字。

〔八〕《高子未刻稿》脱「謂」字，此據《邵文莊公年譜》《高子遺書未刻稿》校補。又，《高子遺書未刻稿》「吾」後有「之」字。

〔九〕《高子未刻稿》《高子遺書未刻稿》無「同邑後學高攀龍謹書」一句，此據《邵文莊公年譜》校補。

《西湖閒草》序〔一〕

卞子厚有煙霞之嗜，嘗館於武林張青林氏。子厚以閒時行吴湖上，便自憨絶，每有津津欲吐，輒拈爲文。文成，間以示余，余曰：『子猶不忘若事耶？』子厚曰：『不然。吾行湖上，見夫晚山作翠，平陂漾碧，黄鳥聲聲，白鷗點點，顧而樂之，吾不知其所以樂，樂而忘之，吾不知其所以忘，忘而言之，吾不知其所以言。』予曰：『有是哉？子不知子之所以言，吾烏知子之所言者？請還而問子之所樂所忘。』於時細草如茵，落花滿地，子厚嗒然而卧，覺，噫曰：『嘻〔二〕！「池塘春草」句從何來〔三〕，吾知文矣，吾知吾矣。』

校記

〔一〕此篇又載《高子遺書未刻稿》。

〔二〕『覺，噫曰：「嘻！」』，《高子遺書未刻稿》作『覺曰：「噫嘻！」』。

〔三〕『池』，《高子未刻稿》訛作『地』，此據《高子遺書未刻稿》校改。

鄒公寧先生《尚書揆一》序〔一〕

公寧先生治《尚書》也勤矣，以爲不極理學家言，理弗到也，不極舉業家言，用弗親也，於是舉兩家言，博采而精研之，歷幾寒暑〔二〕，爲兹編也。諸弟子讀之，發覆矣。人不能具汗簡，謀梓而公之人人〔三〕，甚盛事也。諸弟子復謁余，請揭其要。

余惟自昔聖賢傳心之典，莫尊於《易》，然義畫剖於中古，文彖翼於衰周，猶周書也。自書契以來，莫古於《尚書》，聖人之言，莫要於十六字。而秦灰之後，伏傳以來，當世大師無不涉《尚書》爲教。漢之專門，以斯位三公、爵通侯者不可勝紀。然由濂、洛、關、閩而前，無有知十六字之義者，何也？則求諸經而不求諸心也。夫經也者，心也，心也者，經也。專門者牿於訓詁，舉業者牿於文詞，於經無當焉。然而兩家者俱能造其精微〔四〕，烏在其貴求諸心也？嗟乎！彼不知所爲造其精微者何物耳。今試取經中一語，令千萬年之人爲文焉，其義不窮也，令千萬人同時爲文焉，其義不窮也，所爲富有日新於毫楮之間者何物耶？夫果有識富有日新於毫楮者，則斯編也，爲十六字矣，區區舉子業云乎哉〔五〕？

校記

〔一〕此篇又載《高子遺書未刻稿》、（明）鄒期楨《尚書揆一》卷首。

〔二〕『幾』，《尚書揆一》作『數』。

〔三〕『人』，《尚書揆一》作『世』。

〔四〕『俱』，《尚書揆一》作『俱有』。

〔五〕《尚書揆一》序末尚有『萬曆丙辰冬日東林學道人高攀龍序』一句。

顧滹之制舉義序〔一〕

天下言制舉義者，曰王、唐、瞿、薛四家。四先生皆吴人，而唐、薛兩先生皆出晋陵。四先生之後，而吾錫則有顧涇陽先生。所謂代不數人者〔二〕，皆踵相接於百里之内，豈山川之靈與？抑有脈脈相習而相續者耶？渟之爲先生震器，其文也如是，宜哉！渟之氣甚厚深，心專詣於此〔三〕，服食寢處焉毋斁，其文也如是，宜哉！往吾聞之丁長孺、夏台卿，皆從先生於涇水之上，曰每侍先生，無所不討論，而罕所及舉子業〔四〕。然制舉義卒用是大進，出而取一第若掇〔五〕。由是觀先生所以爲制舉義之工者〔六〕，不以制舉義也。渟之得之深矣，其文也如是，宜哉！夫四先生建詞場之鵠，示的來世，而其後人皆顯，寧獨天之報施，要以相習而相續者不誣也，則吾於渟之奚疑？

校記

〔一〕此篇又載《高子遺書未刻稿》。『渟』，《高子遺書未刻稿》作『亭』，下同。
〔二〕『代』，《高子未刻稿》訛作『伐』，此據《高子遺書未刻稿》校改。
〔三〕『詣』，《高子遺書未刻稿》作『諳』。
〔四〕『舉子業』，《高子遺書未刻稿》作『制舉義』。
〔五〕『若』，《高子未刻稿》訛作『芳』，此據《高子遺書未刻稿》校改。
〔六〕『由』，《高子未刻稿》訛作『曰』，此據《高子遺書未刻稿》校改。『工』，《高子遺書未刻稿》作『上』。

殷同仁先生語録序〔一〕

京口殷同仁先生以孝弟仁讓之學，實體之身，力行之家，孚於鄉里，旌於朝，司教於壽春、新建、衢州，其遺言甚富〔二〕，錢君密緯選而刻之，於是先生之學可行於天下，傳之後世，錢君之有功於鄉先進也豈小哉？刻成，欲余序其首。

余惟先生以致良知爲學，以知本爲實致良知處，斯《大學》真傳乎！《大學》曰：『此謂知本，此謂知之至。』明言乎知本之爲致知也，明德、新民歸乎止至善[三]。知止先於知物之本末，知本末之在於格物，格物而後知修身之爲本，故知本則知至，知至則知止，誠正脩齊治平一以貫之。古之欲明明德於天下者，誠知其一本也。德不明於天下，何以爲明德？明德不本諸身，何以明於天下？孝弟慈，身之明德也，本諸身，絜之天下，無二本故也。先生以一博士弟子躬修孝弟，孚於家、孚於鄉、孚於司教之邑，信乎『自天子至於庶人，壹是皆以修身爲本』。本亂末治者否矣，姚江良知之傳，其弊也課虛而鮮實，由不明於知本之爲知至。吾有味於先生知本之説[四]，爲表而出之。

校記

〔一〕此篇又載《高子遺書未刻稿》。

〔二〕『遺』，《高子未刻稿》訛作『遣』，此據《高子遺書未刻稿》校改。

〔三〕『乎』，《高子遺書未刻稿》作『於』。

〔四〕『於』，《高子遺書未刻稿》作『乎』。

《求志齋會業》序[一]

劉伯先官南膳部郎，以祖喪移病歸。方是時，里中士爭習爲詭怪不經之文，又競以新説相高，不復顧聖賢所言謂何，稍有識者疑之，亦莫知適從。及是，伯先歸，士喜曰：『吾有所衷矣。』趨往問業，伯先群而課之，又爲陳説經義。居一年，得其雋若干人，得其文之雋若干首，合而刊之，名曰《求志齋會業》，問序於余。余曰：『善夫伯先所爲訓以求志也。』

古之君子必有志矣，而非富貴之謂也。今伯先所以教諸士以舉子業，夫舉子業志一第已爾，苟志於一第，則天下之至愚不肖者皆知求之，不待教矣。雖然，吾竊有窺於伯先。今夫縉紳先生居里中，率營田産，娱聲色，豈不知其事最卑鄙，要以義理之心不勝其嗜慾。伯先歸，獨課諸士，談説經史，恂恂如諸生時，是其所求者當必有在。且士方離經叛傳，趨俗背古，而伯先一率之以正。嗟乎！使天下事皆不背先民，不追時好，又焉往不出於正哉？夫制義，士所業也，本諸身以示之，則易從，就其業以教之，則易入。善夫伯先所爲訓求志者，微而顯也。

校記

〔一〕此篇又載《高子遺書未刻稿》。

小題《影珠》序〔一〕

吾聞影珠可以療目，兹集行也，天下之有目者且得以有療乎哉！雖然，療目易，療心難。昔者春秋之時，天下病於鄉原鄙夫，究於亂臣賊子而不止，孔子療之。孔子之道衰，天下復病於楊、墨，究於無父無君而不止，孟子療之。孟子之道衰，天下復病於佛老〔二〕，廢吾聖人窮理盡性之學，不究於亂賊不止也，程、朱療之。程、朱之道衰，今天下益舉佛老，楊墨、鄉原、鄙夫混而時出之，或加瞿曇於尼聖之上，或奉馮道而蔑《春秋》之義，或删傳註而以其斷港絶潢之鄙見塞學者長江大海之通津。嗚呼！不至於大亂不止也，孰從而療之？制舉義，其小者也，然新奇可喜之説日親，則平淡經常之道日遠，其陰賊人心而禍天下也豈小哉？嗚呼！是非金非石非昌非苓可療也，孰從而療之？聖賢往矣〔三〕，而其言在，則所以療者在。是其珠也，讀者棄櫝而取珠，庶其有療乎！錢氏選兹集，而徵余弁語，取影珠義以治目，吾欲先治心，故附其說。

校記

〔一〕此篇又載《高子遺書未刻稿》。

〔二〕『復』，《高子遺書未刻稿》作『又』。

〔三〕『聖賢』，《高子遺書未刻稿》作『聖人』。

《言詩新藝》序〔一〕

吾讀三百篇而知聲音之道也。倉庚鳴春，蟬鳴夏，蟋蟀鳴秋，鵲鳴吉，鴉鳴凶，雞鳴時，孰使之然而然？蚯蚓之微而鳴，蛇無聲，鼃喧而魚默，麟鳳龜龍之靈不能言，孰使之然而然？觀萬物可以觀詩，觀詩可以觀聖人，是故有其時而有其詩，有其地而有其詩，有其人而有其詩，有其事而有其詩，有其情而有其詩。發之乎不得不然，而不知其所以然而然。夫不知其所以然而然者，自然之道也。自然之道，天地不能違，聖人不能違，萬物不能違，而況於人乎？況於文詞乎？故曰：『行乎其所不得不行，止乎其所不得不止。』古者詩三千而聖人存其十一，不知者以詩外有逸，知者以删外無詩。故深於詩者深於文，深於文者深於詩。友人錢其猶刻其社中詩草，而欲余序之。余不能詩，不能文，而爲蛇之聲、魚之鳴也乎？

校記

〔一〕此篇又載《高子遺書未刻稿》。

于培卿《承是編》序〔一〕

培卿者，景素先生季子也。一日，以其所爲制舉義示予曰：『先人往矣，吾將求是之一字以承之，姑以是編求之，未知有當否？』予見而喜曰：『有是哉！其善承先生也。』先生蓋畢世兢兢於一是而已，夫是豈易言乎？韓子曰〔二〕：『堯以是傳之舜，舜以是傳之禹、湯、文、武、周公、孔子〔三〕，至孟子而不得其傳。』韓子自以爲庶幾於是，君子未許也。而是果難言乎？夫婦之愚，試叩以兩端，孰是孰非是，未有不如菽麥者。而愚夫婦之是，固無異於堯、舜、禹、湯、文、武、周公、孔子之是也。是故五經、四子言是者也，舉業之文亦言是者也，舉業文之是固無異於五經、四子之是也。得是則傳，不得是則不傳。世之以文傳者多矣，其人是乎哉？其人非是，即以其文至三事九列，其人傳乎哉？愚夫婦之是無以異於聖人，而何以不聖人？舉業之文之是無以異於五經、四子，何以問其人多出愚夫婦下？以是求之，積求成疑，積疑成悟，當有啞然一笑，而知五經、四子之言無以異於吾啞然一笑也。培卿之舉業，是有大氣力，能得乎是者也，其志於承先人之是又如是，吾知其以文傳人，以人傳文，不難矣。

校記

〔一〕此篇又載《高子遺書未刻稿》。

〔二〕《高子未刻稿》脱『子』字，此據《高子遺書未刻稿》校補。
〔三〕《高子未刻稿》脱『舜』字，此據《高子遺書未刻稿》校補。

斗南黄先生遼陽詩稿序〔一〕

斗南先生以留京御史護興獻太后葬承天，論尚書温仁和、駙馬崔元、中官鮑忠諸不法事，世皇帝赫然怒，將敕法。諸小人懼，乃誣先生乘馬揮扇過梓宫前，先發制人口。上遂逮杖先生闕下，謫戍遼左。嗟乎！小人挾必勝之策，人主無獨運之明，假令當時事下公卿，必核其實，必致其法，豈非國家一大關鍵乎？顧以群小朋謀之計，決於深宫獨用之明〔二〕，宜先生之必不白也，悲夫！

先生居遼陽三十年〔三〕，浩然自得，登臨則樂，開卷則樂，一卉一木則樂，非國計不憂，非民瘼不憂，其憂而樂者，皆形之咏歌。至今讀其詩，既無詩人羈旅牢騷之態，而名言莊語又迥非詩流所及，此可以觀先生矣〔四〕。先生嘗與唐荆翁書曰：『遼陽無事，日課一詩。』荆翁曰：『日課一詩，不如日玩一爻。』先生遂輟詩讀《易》。雖然，先生之詩，正所以爲先生之爻也。否亨者，大人也，困亨者，大人也。觀詩於先生，則先生之《易》孰加焉？

先生與先大父静成公交最歡。攀龍髫時，猶得見先生，心知其爲忠臣義士，瞻對之如神明然。今年先生仲子思菴公刻先生稿，而徵言於攀龍。夫先生固攀龍所願爲執鞭而不可得者也。先生詩有曰：『藏修欲似深閨女，戒律當如苦行僧。』嗟乎！先生所以否困而亨，浩然自得者，其在斯乎！謹以驗之觀先生詩者。

校記

〔一〕此篇又載《高子遺書未刻稿》，(明)黄正色《斗南黄先生遼陽稿》卷首。

〔二〕『用』，《高子遺書未刻稿》作『運』。

〔三〕『三』，《高子未刻稿》作『二』，《高子遺書未刻稿》《斗南黄先生遼陽稿》皆作『三』。按，《明史》卷二〇七載『正色居戍所三十年』，兹據《高子遺書未刻稿》《斗南黄先生遼陽稿》校改。

〔四〕『先生居遼陽三十年』至『此可以觀先生矣』，《斗南黄先生遼陽稿》文字出入較大，作：『先生居遼垂三十年，浩然自得，以詩書爲師，以山水花木爲友，一觴一詠，婆娑偃仰於其間，有餘樂也。今讀其詩，於吟風弄月中，飭躬勵志，斤斤焉此，豈非蒙難者之法哉，直風雅云爾耶！』

重刻中丞宜閒楊公文集序〔一〕

陽山，吾邑西之巨鎮也，崷崒雄拔，能出雲爲雨，歲旱，禱者輒應。環山而居者，取山之石爲甓甃，礲治爲什器，走之四方，數百里内資之，千百年山不加瘠。其支脈之秀，蜿蜒盤聚，爲楊氏之居。楊氏累世貴盛不絶，宜閒公與其從弟□□公後先舉進士。宜閒公當孝廟〔二〕，以大中丞節鉞歷皇畿、晋、楚、周、秦之間，所至拯民饑溺，不遺餘力，全活無算。凡三世，而子修復舉進士，司天子耳目者數年，其人温然惠然，宅心長者，所至有以及物。

宜閒公舊有詩文若干卷行世，歲久，木蠹蝕不辨，子修重刊之，而徵序於余。余讀其詩，想見其人，於其人，想見其時，熙熙乎美哉〔三〕！盛時景物，盛時人才，盛時風雅，不可及已。而余又重有感也，天於民〔四〕，仁愛之至矣，山川出雲雨以膏澤之，出貨財以衣食之，出賢人君子以政教之，凡天下名山大澤皆然。士大夫秉靈秀而生，不念吾所以生，營營爲其身圖〔五〕，視吾民若秦越人，其亦背天逆生也哉！

校記

〔一〕此篇又載《高子遺書未刻稿》。

〔二〕《高子遺書未刻稿》句末有『時』字。

〔三〕『熙熙乎美哉』，《高子遺書未刻稿》作『美哉熙熙乎』。

〔四〕《高子遺書未刻稿》『天』後有『之』字。

〔五〕《高子未刻稿》脱一『營』字，此據《高子遺書未刻稿》校補。

周中丞兩臺奏議序〔一〕

大中丞懷魯周先生以臨海令治行第一，□□□□徵拜侍御史〔二〕。嘗一按中州，再督畿甸學政，遂建中丞節，撫江南。先生所至，以善政得民，以善教得士。一切章奏，率闡幽顯微，振拔才品〔三〕，櫛垢剔蠹，痛陳民瘼，故民得衣食之源，如孩孺之戀慈母〔四〕，士洽秉彝之好，如禍福之恃神明。前後凡得疏十有四卷，既成帙，以示攀龍曰：『爲一語弁之。』攀龍受而竟讀，作而嘆曰：『美哉！東事之疏，國之大機也。皇儲之疏，國之大本也。中州諸疏，則直指使者之楷模具焉。江南諸疏，則中丞使者之楷模具焉。』是皆先生之可見者也，而非先生之不可見者也。今夫良醫之治疾也，寒者温之，熱者凉之，虚者補之，實者泄之。其爲温凉補泄之法，凡以治病也，可見者也。至其輕重疾徐，兢兢然惟恐伐其元本，必謹護其微陽者，良工獨運之苦心〔五〕，不可見者也。夫天下大治亂之機〔六〕，在民之心而已。民之心，好生而惡死，好善而惡惡而已，此國脈也，脈生則生，脈死則死，間不容髮。吾見先生所至，獨惟是二者兢兢焉，所謂護其微陽而培其元本，良工獨運之苦心而不可見者也。今讀其《崇重道德節義疏》《破格優録賢能疏》，未有不令壯夫義士慷慨感發而思奮者也。讀其請蠲、請賑、停織、減税諸疏，未有不令窮簷蔀屋咨嗟嘆息而欲泣者也。何也？民之心也。民之心，不刻尅其財〔七〕，不倒置其善惡則喜，如是而已矣。夫疏，何足以盡先生？凡先生之政，於關民之勸懲者，未嘗不朝報而夕行；關民之衣食者〔八〕，未嘗不朝報而夕行，故一舉事而方千里誦焉。所以縮結人心者，豈其微哉？使天下直指中丞而盡然，國脈其有培乎！在《易》，《大有》曰：『遏惡揚善，以保大也』，《蠱》而曰：『振民育德，以去蠱也。』今天下大有之餘，而蠱之寢興，非是不足以持民之心樞而維其運矣〔九〕。故知先生之不可見者，始有味乎其言也，謹以驗之觀先生奏議者。

校記

〔一〕此篇又載《高子遺書未刻稿》。

〔二〕《高子未刻稿》空闕四字，《高子遺書未刻稿》作『天子』。

〔三〕『才』，《高子遺書未刻稿》作『士』。

〔四〕『孩』，《高子未刻稿》作『孫』，此據《高子遺書未刻稿》校改。

〔五〕『苦』，《高子未刻稿》訛作『若』，此據《高子遺書未刻稿》校改。

〔六〕『大治亂』，《高子遺書未刻稿》作『大治大亂』。

〔七〕『刻』，《高子遺書未刻稿》作『掊』。

〔八〕《高子遺書未刻稿》句首有『於』字。

〔九〕『之心樞』，《高子遺書未刻稿》作『心之樞』。

許靜餘先生詩序〔一〕

靜餘先生好吟詩，自言：『吾每憂時，得詩而舒；每憤世，得詩而平；吾苦貧，得詩而充然若餘；吾老而不第，得詩而軒然已貴；吾居陋巷，霪雨時至，上漏下濕，得詩而不啻夏屋崇居；吾長夜無寐，得詩而寐；過飲而酲，得詩而醒；有疾苦，得詩而霍然所苦之去吾體矣。』以故先生疾既殆，余謂先生宜息慮凝神，毋以詩爲，先生曰：『然。』久之乃曰：『吾知之矣，不吟之去吟也無幾，吾詩非病神者也。』吟如故。不食者且四旬，奄然一息耳，而吟如故，欣然曰：『自覺胸中豁然無事，得詩更活活也〔二〕。』夫先生之詩，不必論其格，第以先生觀之。故知先生者，可以觀先生之詩，可以知先生。夫人有以詩傳者，詩有以人傳者〔三〕，今觀先生之詩，令人塵土腸胃畢盡，泠泠然如濯清泉而吸澄露〔四〕，則詩固不足以重先生，先生乃足以重詩。先生之詩不盡於茲集，而茲集足以見先生之詩矣。

校記

〔一〕此篇又載《高子遺書未刻稿》。

〔二〕『活活』，《高子遺書未刻稿》作『活潑潑』。

〔三〕《高子未刻稿》脱『者』字，此據《高子遺書未刻稿》校補。

〔四〕『濯清泉而吸澄露』，《高子遺書未刻稿》作『吸澄露而濯清泉』。

許静餘先生《桃中穀似》序〔一〕

静餘先生孤高絶俗，卓然群物之表。其爲文，春容典則，愈淡而愈不可及。與之談世事，慷慨直烈，能推見微隱，其意未嘗不欲用於世，其業又非不能遇於世者也。庚子，北上公車〔二〕，携其仲子腟赤君往，至桃源而止焉。先是戊戌，先生嘗寓居桃，樂其俗之淳而士之朴，歸爲余時時言之。桃之士又依依先生，遵路執祛，忍不能舍。至是，先生再遊桃，乃日與桃之士賦詩論文，從容樂也。從遊者曰：『先生以對公車來，奈何夷然忘之？』相與趣先生行，先生笑弗應。居桃三閲月而歸，凡爲文若干首以示余曰：『兹編也，吾名曰《桃中穀似》，吾不知其穀也，而欲吾子似之。』或曰：『先生即不應舉，不可杜户寧居，而乃居桃，乃又沾沾爲舉子業〔三〕，欲穀似其子耶？』余曰：『嗟乎！此先生之意矣。夫先生未嘗不欲用於世，其業又非不能遇於世，使先生遇天下，穀似之矣。今所依依者，一桃之士，所爲依依先生而遵路執祛者，一桃之士，所欲穀似者一子，欲其似之者一經生之言，是先生之志靡遠而靡窮也。昔魏桓告其鄉人曰：「夫干禄以求進行志也〔四〕，方今後宫千數，其可損乎？廐馬萬匹，其可減乎？左右權豪，其可去乎？使桓生行而死還，於諸子何有哉？」是先生所爲笑而不以告人者也，兹編乎？吾以觀世矣。』

校記

〔一〕此篇又載《高子遺書未刻稿》。

〔二〕『上』，《高子遺書未刻稿》作『對』。『車』，《高子未刻稿》訛作『卓』，此據《高子遺書未刻稿》校改。

〔三〕《高子遺書未刻稿》『沾沾』後有『焉』字。

〔四〕『以求進』，《高子遺書未刻稿》作『求進以』。

送嚴祖亭司教盱江序〔一〕

爲國者曷爲使天下善治？曰：『在人。』『曷爲得人？』曰：『在教。』今之所爲教者，吾不知矣。夫庠序之教不修，而求天下之治，是猶濕薪而欲然其火，汨之泥而怪水之不澄也。是獨在司教者乎哉？意！所由來久遠矣。其用之也，不及其强有力而自好之時；其祿之入，不足以恤其俯仰；其遷除，未嘗爲之拔其尤而聳人聽聞，故使人倫禮樂之區徒爲天下衣食卒歲之計，若之何使人知奮而師道立也？雖然，吾聞官以人重，不聞人以官重，吾聞士之自待也甚重，不聞待人而重，豈無豪傑之士挺出於其間哉？

祖亭嚴公來教於吾錫，士之服其教者彬彬矣。當事者懼以一邑小之，轉之盱江。夫盱江佳山水，昔人所謂比屋絃誦，同風鄒魯者也。公勉之哉！公由九江泛洞庭，匡廬之勝在於杖屨，公登高而眺，俯而遐思，濂溪、考亭之遺澤，蓋若山之峙而川之流焉。此以思教，教無不至矣。攀龍則又聞公之大父溪亭公令分宜〔二〕，以不阿相嵩稱，爲二千石，以廉著聞，迄今其民家俎豆之。以此思教，教無不至矣。夫士也，修之家，欲其不壞於天子之庭，而能令人壞其所修者，富貴爾，公之先人足式矣。即濂閩兩夫子之教，精蘊未易窺測，然未有外其門庭而能入其堂奥者也。攀龍無所知，於公之行，慨然發世道之感，於是乎於公有深期。

校記

〔一〕此篇又載《高子遺書未刻稿》。

〔二〕『公之』，《高子遺書未刻稿》作『之公』。

平華林侯别語〔一〕

萬曆戊申七月，漳浦平華林侯之令吾錫，再報最，天子懸銓諫待之，先令御儀曹傳詣於闕下，一時縉紳士皆爲詩若文贈行。攀龍謝詩文既久，不復能序記咏歌侯懿美，顧侯之懿美見諸序記咏歌者備矣，攀龍第隨轅轍之民執爵而言曰：『美哉！侯之爲令也。以禔躬清苦，則冰蘗矣；以臨事詳慎，則淵谷矣；以聽斷明允，則冰鑑矣；以子惠萬姓，則春煦矣；以鋤治豪强，則秋霜矣；市鋪無擾，餽問弗顧，則懸魚留犢矣；學宫鼎新，東林倡助，則《菁莪》《棫樸》矣；長府數十年，積蠹清於一旦，則吴鉤秦鏡矣，凡此皆侯之治一邑者也。今天子且虚位待侯，不進而司銓，則進而司諫，於是普天率土胥納侯之徑寸矣。若何而使天下之穢者冰蘗，怠者淵谷，憒者冰鑑耶？若何而使漏巵窒，築室决，宜生者煦之春，宜殺者肅之秋，風俗美而髦士出，廉恥重而官常飭耶？』侯曰：『難言哉！』余曰：『易也，在侯之身而已。侯治一邑，一邑侯之身也，侯治天下，天下侯之身也。知爲吾之身，則天下之潔者、慎者、明者、决者、正者、和者皆我也。世無涯，事無涯，吾之身亦無涯也。故曰取人以身，好善優於天下。侯無大視天下，而曰天下非可以治一邑治也，無小視其身，而曰吾兩耳兩目兩手兩足之爲身也。夫不以兩耳兩目兩手兩足之爲身，則天下直一邑而已矣。』侯曰：『善。』於是舉爵三引滿而别。

校記

〔一〕此篇又載《高子遺書未刻稿》。

《梁溪政餘録》小引〔一〕

己未南宫之試，寧海任侯以詩魁天下，來令吾錫。錫之士喜曰：『吾儕得師矣。』家楷而人模之，進而聆侯片語，皆若嘗大官之臠，醉珪瓚之味者。無何，侯請於當道，改學博士去，士茫然不知其指。侯去，而以所爲《梁溪政餘録》示攀龍。攀龍得其雁字詩三十首讀之，作而嘆曰：『異哉！是天禄石渠之選也，奈何以百里慁之？夫士才各有攸當也，龐士元宰耒陽，魯子敬不以百里才之，蔣公琰長廣都，諸葛公不以百里才之。彼長駕遠馭，固自有不屑，至操觚染翰之士，登高能賦，可以爲大夫，此其雕龍畫虎，與馴雉集鸞者並耀當世，豈可以尺寸量哉？抑余有味於侯雁字微指也，夫雁，羽儀九霄，抗志萬里，孰得而慕之？及其食稻粱〔二〕，飲清泉，弋人已迹其後，乃始驚而冥冥矣。然則侯之百里，固其所聳翼雲霄者乎？』侯曰：『吾惡知？吾惡知？吾盻長空數歸鴻，見夫雁字迴旋錯落於若隱若見之際，知人世上下無常亦猶是矣，惡知其他？』攀龍曰：『不然。天地賦才不易也，以侯之才，可責天下，豈使其登高作賦已乎？今民生之困已極，侯謝百里，將翱翔雲霄之表，居高矚下，尚念兹下土之民哉〔三〕！』爲之賦《鴻雁》。

校記

〔一〕此篇又載《高子遺書未刻稿》。

〔二〕『粱』，《高子未刻稿》訛作『梁』，此據《高子遺書未刻稿》校改。

〔三〕《高子遺書未刻稿》無『下』字。

東林會語〔一〕

校記

〔一〕此篇已見《就正録》中《劄記四十六則》最後一則，文字小異。本卷删文存目，異文以校記形式録於《就正録》之《劄記四十六則》。

建故邑侯少月王公祠引〔一〕

校記

〔一〕此篇已載《高子遺書》卷十二，題作《建故邑侯王公祠堂引》，異文僅十餘字。本卷删文存目，異文以校記形式録於《高子遺書》卷十二文下。

題孫迓之稿〔一〕

韓昌黎曰：『富貴之言難工，窮苦之詞易好。』信然哉！古之名能文章家，其始未有不因困厄而工，後乃業成而達耳。故文章者，富貴之囮也，窮困者，文章之礪也。豈獨文士？即聖賢不朽盛事，如周文之

《易》〔二〕，皆從困中來。造化不難困至人，而恒人不易承造化，困不易承，乃自困矣，非造化真能困人也。

孫迓之身蒙大難，其爲文，氣强勍不衰，斯其爲善承困者哉！吾嘗見其咏梅詩三十韻，丰神秀婉，寄興閒遠，迓之才情，見一斑矣。夫梅，嚴霜凍雪所百摧而不折者也，及其斂極而舒，百卉讓芳，千葩無色，貞士之困而亨者如是夫。迓之善言梅，宜其善承困而善言文也。

校記

〔一〕此篇又載《高子遺書未刻稿》。

〔二〕『周文』，《高子未刻稿》訛倒爲『文周』，此從《高子遺書未刻稿》校改。

薛以身《井上雜語》小引〔一〕

吾友薛以身持一介不取之介，有與物偕春之和，神情活活，應機無滯。其爲詩文，拈筆成句，組事成篇，頃晷萬言，不讓穆之據案、庭筠叉手也。以是年居吾錫二泉之上，得詩文若干首，友人鄒忠餘、倪宇和既序而刊之，而欲不佞引其首。不佞則謂以身之爲以身也，不足見於詩文，以身之爲詩文也，不足見於兹編。然而兹編則以身詩文之一斑也，以身之詩文，又以身之一斑也。以身之爲介也，有其冠不正望望然而去之之意；其爲和也，有油油然與之偕而不自失之意。若以身者，又夷、惠之一斑也。以身得無謂不佞亦僅見其一斑也乎哉？

校記

〔一〕此篇又載《高子遺書未刻稿》。

浦汝弼試草引〔一〕

吾甥浦汝弼以童子列諸生，試輒先其耦，而或甲之。愛其文者，謂爲詩之白，文之坡，舉業中之仙，梓之以供炙膾也，謁余爲引語。余謂汝弼曰：『子不見藝穀者乎？當其玉粒著土，金芽透水，拂之以和風，燠之以暖日，其勃然之機瞬息萬狀。及夫雨露濡焉，藨蔉施焉〔二〕，水泉滋焉，而後苗且秀且實也。夫文亦如是也，人亦如是也。天地一生而已，生者附質而形，其質粹美，則其生暢達。故最碩之苗，其初必有異於苗之不碩者，所謂罔不在厥初生也。子之初如是，文可量乎哉？人可量乎哉？子諦觀子之筆端游移，文中變化，若隱若現，若合若離，非有法，非無法，是孰爲之？子爲之而子不知也。夫子之所不知者，是余之所爲勃然而苗而秀而實者也。雨露乎？穮蔉乎？水泉乎？子勉之矣。』

校記

〔一〕此篇又載《高子遺書未刻稿》。

〔二〕『藨』，《高子未刻稿》訛作『麃』，此據《高子遺書未刻稿》校改。

《程行録》題詞[一]

吉人爲善，惟日不足，如樹之必枝葉必花必實，自然而不容已也，彼豈以善之可以有功獲福而爲之乎？然而人之爲不善者，動於欲而不能自克，語之以禍福，猶有所慕而勉，畏而不敢，語之以理，則以爲迂而無當矣。夫以爲迂而無當者，不知理之爲何物也。理者何也？天也，善則祥，不善則殃者也。而天者何也？心也，善則安，不善則不安者也。天下有爲不善而安焉者，非其爲説以自解，必其習之久而不覺者也。君子之爲善，循理也，畏天也，求自慊其心，自然而不容已也。洗心湯君之爲《程行録》，曉然示之以如是爲善，如是爲不善，如是爲善，善雖小而有功，如是爲不善，不善雖小有罪。姑以禍福告人，引不知者之入於善也。人而安焉，而後知人爲不善，乃樹之不枝葉不花不實者也，伐無日矣。吁！可畏哉[二]！

校記

〔一〕又載《高子遺書》卷九上、《高子遺書未刻稿》。《高子遺書》題《〈程行録〉序》，文字小異。

〔二〕《高子遺書未刻稿》文末有『庚戌夏日書』一句。

題《周端卿言行述》[一]

吾邑鄒公寧先生讀書蕭寺中，邑之子弟就而受業者歲以百計，公寧以文行爲教，曰：『無論有德有言，即令言不必德，詭而獲禽，究以一第府穢求與草木委腐者同其泯泯且不可得〔二〕，而又焉用之？』諸弟子曰：『吾師，經師也，人師也。幸哉！吾儕所遭也。』

有周端卿者，故文恪公孫，勵行彌至，其修也闇，人弗知。端卿不幸蚤世，諸習端卿者，思端卿尋常語動率有至味，於是各述其事，謂端卿嘗從予游，予當有以表之。予今閱其事而痌乎悲也，嗟嗟！天奈何不以百年惠斯人，以斯人惠斯世也？昔者孟夫子論學而盡之於性，論性而盡之於仁義，論仁義而盡之於殺無罪，取非其有。夫二者，其鉅至易見也，其細至難充也。端卿所冰淵持之者，皆其類也，充之則達性，達性則達天，聖賢之能事畢矣。天奈何以成聖賢之質惠斯人，不以成聖賢之年惠斯質也？嗟嗟！端卿往矣，二三子味端卿之事者，皆聖賢之質也，天下之文孰大於是，行孰大於是？公寧之旨當於是焉求之。

校記

〔一〕此篇又載《高子遺書未刻稿》。

〔二〕『府穢』，『府』疑爲『腐』字之訛。《高子遺書未刻稿》無『府穢』二字，『委』作『萎』。

崑山令棠軒樊公去思碑〔一〕

樊公之去崑山也，諸儀部延之，既以父老意舉公治行大都碑之矣，其邑之諸生顧謙聞等憬然悲曰：『吾儕之於公，道理相灌輸，節義相砥礪，經史相參稽，文詞相評質。吾儕曰「是吾師也」，忘乎爲令，公曰「是吾子弟也」，忘乎爲令。所蒞凡齊民所得於公者，其膏澤也。善者見其春陽之温，不善者見其秋霜之烈已爾。乃若嚬笑動止，吾儕所親炙，來者取矩焉，而可令泯泯乎？』於是緘書執贄，介歸孝廉季思，請於余，以季思深交於余，余深交公也。

季思之言曰：『嗟乎樊公，寧獨吏治，凡可誦公，非其至也。誦公廉者曰：「公自商城徙崑，自崑歸黃，後先凡七年，惟是圖書數卷，敝篋半肩而已。初公至崑，矢於神曰：『有如營利自私，載崑山一錢還者，聽神殛其身，毒流子孫。』已而一一讎其言。」誦公節者曰：「公多蔬食，三年製一布裘。公服敝，僅紉綴之，左右請易，不許。故事，有司上計，則賫金壽長安貴人。或以問公，公咲曰：『無論吾槖，即吾里，貧無所從稱貸。』篋中第置資斧數金，不鍵也。」誦公才者曰：「公自文移握算，收貯出納，纖悉身親，胥隸受成事而已。六曹無所事事，相約爲字書，有杜門持經者。」誦公嚴者曰：「公所與紳衿，皆相期以君子長者之道，豪不戢者，輒大創之。人無敢干以私，賓坐可羅雀也。」誦公仁者曰：「公大要在愛養民力，爲裕民莫先止訟，故兩造具，猶諄諄令勿終訟，不得已而聽之，第判曲直，不誅罰鍰，公庭箠楚，不忍正視。雉堞外，罕所見皂衣符檄，桑麻晏然，雞犬間止。以是五年間，民稍有蓄積。」誦公勤者曰：「公甫蒞任，秋雨傷禾，輒乘小舠遍視，蒿萊榛莽，皆徧經歷。舟中帳具淒清，風雨汀州，寒氣沁骨，見者垂泣。居恒戴星而興，日出視事，事至立決。鄉氓之受事於縣者，未嘗裹糧。賣漿屠狗之家，四望闃然，皆自徙業。」誦公慎者曰：「事稍疑似，公輒閉閣竟日，默坐湛思，務使我法彼情，兩無遺憾。無論邑無冤獄，即旁邑數十百里，當路投艱於公，未嘗不搏顙稱青天去也，是非章明可數矣。」至其汪然之度，惻然之衷，闇然之意，迎之不喜，觸之不怒，無近名，無憂讒，陰行德而民不覺，諸士知之而猶能言之。至其浩氣昂霄，如商城之抑巨璫，可覩矣。而平居恂恂不欲一事自見，張弛闔闢之妙，諸士知之而不能言也。至其清風穆如，曠懷卓爾，案牘之間，或一編危坐，或孤獨掩門，諤諤終宵，聲氣俱寂，諸士莫能窺之意者，子知之耶？』攀龍曰：『否否。吾嘗問公所以治崑，公曰：「民自能安，患有以害之，吾稍去其害之者，無所以利之也。且吾所爲皆舊令尹聶公所爲，吾僅能守之，無所以益之也。蓋吾去崑，中夜檢點在崑時事，頭面盡赤矣。」嗚呼！此可以窺公之養，而吾不知何從得也，異時當偕子就公而再問焉。』

公名玉衡，楚之黄岡人。季思名子慕，環堵蕭蕭，翛然物外，與公埒品，故吾因諸公之意，即季思之言，紀公之實如此。

校記

〔一〕此篇又載《高子遺書未刻稿》。

涇陽顧先生小傳〔一〕

公姓顧，諱憲成，常之無錫人。萬曆丙子，南宫試第一。庚辰進士，官户部，與南樂魏允中、漳浦劉庭蘭以道義相砥礪，時稱三解元。江陵相忌之，謂吴門相曰：『近有三元會，公聞之否？』以皆吴門所取士也。吴門相與三人言，三人夷然不屑。會江陵相病，朝紳相率醮禳，户部如他部，榜名通衢。憲成聞，自馳馬削去其名〔二〕。江陵相死，調吏部。總憲辛自修剛正不阿，司空何起鳴疑其不利己，有疏攻自修，士論大譁。給事高維嵩、御史左之宜等糾起鳴，俱謫。憲成進《當今第一要務疏》，欲政府與司空各自反其爲公爲私，謫判桂陽州，尋司理處州。再入吏部郎功司、郎選司，公廉穎直，海内焕然改觀。而閣部異心，事事齟齬，遂以推相首王家屏削籍歸廢十六年，始起南光禄少卿，以病辭，不赴。闢東林精舍，偕同志講明性善之旨，以濂溪無欲爲宗，表裏始終，翛然不滓。與之處者，聞其卓見竑議，如發蒙，就其坦衷雅度，如飲醇。所著有《小心齋劄記》《涇皋藏稿》，行於世。

校記

〔一〕此篇又載《高子别集》卷六。

〔二〕『削』，《高子别集》作『割』。

涇凡顧先生小傳〔一〕

顧允成，常之無錫人，憲成弟也。癸未中式，丙戌廷對，極論鄭貴妃及宦豎，閲卷者駭之，置榜末。會御史房寰醜詆海忠介公瑞，允成大憤，與同年進士彭遵古、諸壽賢極論，謂寰不識人間廉恥二字，削籍爲民。戊子，改南康教授。壬辰，升國博。癸巳，主事儀曹，極論三王並封非是。是年大計京朝官，考功趙南星秉正不撓，皆謂二百年來未有。政府憾之，奪其官。允成抗疏切陳，謫判光州，卒於家。凡添注光州十五年，中州撫院悉致十五年俸薪幾千金，允成以聖主寬政，逐臣得優游丘園〔二〕，幸矣，敢叨俸乎？一無所受〔三〕。與憲成講學東林，一嚬笑不苟，非濂、洛、關、閩之旨，訶而闢之。深惡鄉原道學〔四〕，謂既得仁義道德之名〔五〕，又不失富貴利達之實，壞人心，亂國家，必由之。所緝有《朱子二大辨》及《小辨齋稿》，行於世。

校記

〔一〕此篇又載《高子别集》卷六。

〔二〕『逐臣』，《高子别集》作『遠臣』。

〔三〕『受』，《高子别集》作『取』。

〔四〕『道學』，《高子别集》作『害道』。
〔五〕『謂』，《高子别集》作『鄉原』。

明復平處士傳〔一〕

處士姓尤，余兒師汝遂君之仲兄也。汝遂博覽强記，能詩，知五經大義，爲余直、諒、多聞友。余嘗謂汝遂：『今安可得君？』汝遂曰：『不佞何所比數，則有吾仲兄復平，非今之士也。』辛卯秋，復平自楚館歸，汝遂與偕來，余見而心欽之。亡何，而復平卒於館，汝遂悲楚，疑非功喪也。余又謂汝遂曰：『今安可得如君兄弟？』汝遂涕泗不勝曰：『吾今者五十年之痛，并剜九折之腸也。往者歲在甲辰〔二〕，大饑，吾兄晨不及夕也，乃棄學而當壚，弗給，則棄而傭書，又弗給，則教授村塾中，如是者十餘年，岌岌乎壑中殍也。歲甲寅，屬有島夷之難〔三〕，吾母趙孺人在澄江之垌，兄哭曰：「不免矣。」裹餅餌間賊中求之，矢不得不復還，乃從莽中得母，負而歸。居一年，而吾母不禄，拮据畢葬。越十有六年，而吾父養端府君亦棄〔四〕，諸孤謀葬，貧日月無時也，兄從黄使君之贛，歸其脯而始就窀穸。迄癸亥，兄生四十三年矣，乃克成室，卒以過時不子。兄以貧失學後，從下幃，稍稍涉覽，天性淳篤，行事暗侔古人。事二親不遺餘力，其殁也，能盡其思。遇主人盛饌，輒愀然棄匕，痛親之殁於窶也。尤友愛諸弟，凡吾今日所記臆，兄皆句字授之。即没身寄食，而介於石焉，不以文縷苟取，不以文縷負諾。傷哉天乎！吾兄劬苦萬狀，跋履一生，今方自楚歸，未煖席而長逝矣，則願君子爲一言之，衮不泯泯斯人也。』

高攀龍曰：『嗟乎！士固有幸有不幸哉！假令處士饑寒不愁苦其心，得君子依歸之，以其篤行淳質，游之乎詩書之府，漸之於仁義之場，所就寧可既哉？而卒使其坎壈以死也，令人慨先王之教養遠矣〔五〕。』

余悲夫闇然獨行之士，孝友可風，忠信足式，乃與閭巷之庸人同一湮滅，故爲論著如此。

校記

〔一〕此篇又載《高子別集》卷六。

〔二〕『往者歲在甲辰』，《高子別集》作『往歲甲辰』。

〔三〕『夷』，《高子別集》作『寇』。

〔四〕『端』，《高子別集》作『瑞』。

〔五〕『之教養遠』，《高子別集》作『教養之遠』。

王氏兩母節義傳〔一〕

王生琦從余遊，爲余道其先世有節婦七人，爲王文恪、吴文定諸君子所表章，備家乘云。夫通都大邑世見一二，猶肩摩也，一時出生家，猗與休哉！

生又爲余言其嗣母華孺人節也。孺人生二十一年而喪其夫，無藐焉孤，屬歲大祲，其母臨之曰：『若何恃而稱未亡人？』王氏宗之老臨之曰：『若何所養而稱未亡人？』宗之惡少、邑之豪臨之曰：『未亡人不易，何自苦爲？』更訟其嗣子數十年，孺人以死自矢，屹不爲動，今幾六十矣，父老且將請之直指使者聞諸朝。嗚呼艱哉！

生又爲余言其生母華孺人之義也。孺人與節母同出無錫華氏，爲妯娌，而節母姆也，於華姑也。當節母以死自矢時，孺人初舉琦，復歲而舉某，節母曰：『不有某也，吾從逝者。』孺人欣然奉某嗣，居二年而某殤。節母曰：『不有琦也，吾從逝者矣。』孺人復欣然奉琦嗣，而弗令琦復來膝下也，復果餌慰勞也。曰：『琦不知所生者，乃知所嗣者，母之不爲烈婦，得存一息稱節母，孺人力也〔二〕。』孺人已溘先朝露矣，嗚呼傷哉！

生又悲其頹然措大，生者無以光其節，逝者無以光其義也。余曰：『不然，富貴天也，名節可自勉焉。即今三事九列之人，見生家七節婦及兩母，而愧死無地者多矣。彼不自知愧也，試令兩者相較於瞑目之際，孰浩然焉？孰恧然耶？真莫真於此一呼吸間，恧然百男子豈易浩然一婦人哉？子獨勉其浩然者，節者益光其節，義者益光其義矣。且吾觀之天下，最可畏者，兒女子情也。當節母爲人尫時，一念兒女情，生墮萬劫矣。義母不以兩子成一節姑也，即膝下擁百男，何足道哉！子其慎之視兩母也。』夫七節同出王氏婦，兩母同出華氏族，其事有可以訓者，故爲作節義傳。

校記

〔一〕此篇又載《高子別集》卷六。

〔二〕『力』，《高子別集》作『之力』。

愛禮先生傳〔一〕

先生姓劉氏，名駟，字宗道，一字良御，後以宗道字行。其先莆人也，相傳系出宋尚書克莊。祖陸一，以行稱。父寶，字惟賢，號慎翁。元末，慎翁侍陸一翁游漳，因家焉。慎翁讀書好古，家貧爲吏，不私人一錢，民有寃者，百計伸之後已。先生能言，慎翁即令習字畫、步履拜揖。八歲入小學，課讀書，稍惰，輒夏楚之。至弱冠，不令干預財利、入市坊飲食。先生少試吏於漳，胡草澗宗華見其取予不苟，奇之，勸令業儒。會慎翁謂先生曰：『吾已失身爲吏，汝寧得再失？』先生因棄吏業儒，奉慎翁隱於程溪白雲之巖，曲盡孝養。久之，令聞日著。洪武五年、十年再徵至京，懇乞終養歸，徧事漳之賢哲。已往三山從趙彦進游，宗程、朱之學，先生依之三年，歸以教授爲業。立家法，别男女，黜不順之婦，修冠婚喪祭之禮，非其義也，一介不取。慎翁嘗曰：『我爲吏三十年，閲居官者始未嘗不皎皎著廉聲〔二〕，久之，窺其微無有如駟之純白者，真吾子矣。』洪武十五年，再奉朝命徵先生，辭不獲，乃至京。時同召者八千餘人，先生對策第一，上命學士詹徽廉德行科，先生復居第一，賜宴内殿，尋拜左都御史。時詔求直言，先生陳格君心澤民物二十事，言甚切直，上嘉納之。每侍食華蓋，殿議大政，因論同列邵質慘刻乖政體，上兩釋不問。質黨給事中董希賢摘先生疏中字激怒上，徙滇南。先生至蜀之瀘州，會大赦當歸，諸郡縣謂先生未得特旨，留滯之。上一日思先生，召入見，使者抵先生家，不得先生，御史臺檄慎翁詣朝，令覓先生。慎翁至蜀蘭陵，病卒。上思先生甚，乃審像詔取鄰先生居者旁求之，給路廪，且面諭曰：『得宗道，人賞千緡。』時先生門人陳拯在遺中，得先生於播州，距慎翁之没二年矣。至渝州，拯始以告先生，被髮號慟，行奔喪之禮。至武昌，囑拯誌慎翁，哀不自制，赴水死，洪武二十一年也。

先生之學以禮爲宗，修於身，教於家，及於鄉，皆以禮，故鄉人號爲愛禮先生。其教人内謹心術，外慎威儀言詞，日記功過，歷相考驗，反覆開諭，必使有所感悟而後已。最惡釋氏，欲驅之，使不得立於中國。陳北溪，文公高第弟子也，産於漳，先生謂北溪之學皆自庸德之行、庸言之謹朴實頭做去，故其學一本於躬行。蓋聞北溪而興起者趙彦進，則謂先生少講明而多篤信，輕體察而重力行。漳之後賢如林蒙庵雍稱以事親至孝，扶植綱常，陳布衣真晟稱以執禮化俗，大有功於名教，皆實録也。先生没，無子，有文集十卷行世。

論曰：『劉先生非禮不履，可謂敦篤矣。遭遇明時，三徵而仕，以布衣侍從。自劉誠意去位，左都御史聖祖不以任人而任先生，此其遇合何如哉？而小人間之，使父死於子，子死於父，悲夫！方正之不容，盛世且然，無論晚近矣。』

校記

〔一〕此篇又載《高子別集》卷六。

〔二〕《高子未刻稿》無『者』字，此據《高子別集》校補。

汪敬初傳〔一〕

汪敬初者，金壇人，名萬里，別號九白，敬初其字也。少習舉子業不就，年十六，即教里中童子句讀，所得束脯奉其長兄。里中童子束脯不以時至，其兄疑君私之，輒令長跽〔二〕，君肅受無怨。至有室，不敢私一錢。其人精强有恒心，所訓蒙，五官之用悉委竭，不稍愉逸〔三〕，故所至争延之，未嘗家食。而丹陽有殷同仁先生，孝子也，束懷玉先生，廉吏也，兩先生皆以躬修講學〔四〕，君從兩先生遊，始知有性命之説，求之不得其門。見言養生者，心念以爲徒事口耳，反不若斂神歸形者近裡切己也，求之亦不得其門。於是君荏苒三十六年，且喪其偶盧孺人，有子二人，君告其長兄曰：『往者實不敢私一錢，今念二孺子，願以半儲其室。』兄許之，君節嗇，即不敢浪擲一錢。居久之，會吾邑顧涇陽先生講學東林，君以間來問學。涇陽先生没，問學於余。歲丙辰，君年四十有九矣，度可自饔飧，棄去不復訓蒙士，假館東林，率其子中柱來曰：『髮種種矣，不自究根柢〔五〕，何没没也？』自督中柱誦讀，暇即静坐研味其所聞者。又久之，忽自念曰：『曩言養生者誤也，夫七尺之軀，自昔名能仙者未有不毀滅，然則所稱長生者必有在矣。吾儒不已之命，非天地終始者乎？何長生如之而以他覓也？」於是盡棄其前所畔援者，求之聖人之學，方有端緒，而忽疾卒於家。君爲人斤斤自守，度力所不及，不妄念也，度人所不可，不妄念也。平生以勤儉自活，於利不妄營也。病殆，井井無雜語，但勉其兄弟勿失和好而已。

高攀龍曰：『農工商之分業也久矣，士以仕爲業者也，不農不工不商又不仕，則何以養哉？今之貧士大率以授經爲業，未有能自給者。君勤身嗇用，人欲輕出其一錢不可得，訶以吝，即笑曰：「吾不吝，誰當吝者？」吾見其飯脱粟，即菜根之味不有也，而君充然自裕，良不以爲苦，可不謂無恒産而有恒心者乎？吾謂如君者，士之不農不工不商而不仕者之則也。』

校記

〔一〕此篇又載《高子别集》卷六。

〔二〕『跽』，《高子别集》作『跪』。

〔三〕『稍』，《高子别集》作『自』。

〔四〕『兩先生皆以躬修講學』，《高子未刻稿》作『皆以躬修講學兩先生』，倒誤，此從《高子别集》校改。

〔五〕『秖』，《高子未刻稿》訛作『抵』，此從《高子别集》校改。

洪平仲傳〔一〕

平仲，徽之休寧人也，名文衡，字平仲，號桂渚。鄉舉萬曆壬午，會舉己丑。初主政户部〔二〕，改禮部，又改吏部，又改南京工部，晋郎中。考九年滿，遷光禄少卿，轉太常，又轉大理，遷太常卿。卒京邸，贈工部右侍郎。

平仲爲人端凝厚重〔三〕，不苟言咲，望而知其爲大人君子。不爲俗誘，不爲勢移，不爲名驅，不爲利動。當大節，忠義凛然，即細事，規矩截然。居户曹，與賈公巖善，並封三王，與賈公共疏切諫。居禮曹，與何公喬遠善，時何公以奏對詿誤謫，公以與何公同曹，義不獨留，而公適轉天曹，竟引疾歸。新建相盡除天曹異己，公未嘗一日入曹，微窺其非同己者，亦黜之〔四〕。公曰：『士苟不自賤，何官不可貴我？士苟不自貴，何官不可賤我？』其於南工曹最久，公所自見最著。如估價不狥臺省，器皿必自監造，濫價裁復原額，横索力按舊章，買木定價召商，歲省金錢無算；留京諸費，舊皆給銀，公請鑄錢，每用十萬，計餘三萬，又省金錢無算；分司放關例，偕臺省每月兩放，公請獨行每旬兩放，商民大歡。又如革内官青山等處樑頭之榷，免貧民扒平銀重疊之派，至今輿人之誦如一日。於光禄，有《定制節浮疏》，景命齋醮得停。於太常，有《剖良心維世道疏》，顧公憲成得白卿太常議祧廟，公謂祧睿廟〔五〕，事雖不行，而國家逆祀大義始一申於公也。公未嘗以言事自見，而事有當言者，言之以和平巽婉，不避以言自見之名；未嘗以不仕爲高，而義有當去者，去之以果決奮迅，不藉以仕爲義之口。天性孝友，居父母喪，不飲酒、不食肉、不處内者三年。兄弟親友之急者，必量力周之，不辭以己之貧。閭里利弊當興革者，必量人言之，不矜爲己之力。善者揚之，不啻口出，惡者置之，不露其迹。子女婚嫁，無事不取稱貸，而不妄取一介，終身不易也。

高攀龍曰：『余與平仲同鄉舉，同出徐檢吾先生門，同進士，同稱東林人。東林人行輩不一，如逯確齋中立、陳思岡嘉訓、丁慎所元薦、劉本孺元珍與公爲一輩，此六人者絶不相類而相歡，何也？故曰君臣同於義，父子同於親，兄弟同於友，夫婦同於敬，朋友同於道。不同其不可異者，而欲同其不可同者，未有不至亂倫者也。』□□歲，余與平仲奔徐先生喪，朝夕者兩旬餘，縱觀山水。至武夷，登天游絶頂，碧天明月，萬里如洗，飲酒浩歌，平仲忽欷歔欲泣，余問其故，平仲曰：『吾老矣，愧過時而學也。』嗚呼！平仲非過時而學者，此語實萬世回生聖藥。夫平仲動名滿於人口，讀書不輟寒暑，其所謂過時而學者何在？有以平仲語而猛省者乎？平仲一語師萬世矣。

校記

〔一〕此篇又載《高子别集》卷六。

〔二〕『主政户部』，《高子别集》作『主户部政』。

〔三〕《高子未刻稿》『端』字下空闕一字，《高子别集》作『凝』字，此據補。

〔四〕『亦黜之』，《高子未刻稿》作『黜亦之』，此據《高子别集》校改。

〔五〕『謂』，《高子别集》作『請』，疑是。

明安節吴公傳〔一〕

吾常之宜興有通政使安節吴公者〔二〕，古大臣也。何以言乎爲古大臣也？大臣者，非以其官，謂其所見者大，所執持者大，歷世變而不易，與古大臣埒無怍也。吴公得其大者，傳公者，傳其大者而已，不詳細善也。

公名達可，字叔行，嗣貞節屠太淑人，因號安節。高祖户部郎樸菴公諱玉，曾祖味菜公諱經，祖訥齋公諱儉，父惟良公諱騆〔三〕，母即屠淑人。本生父玄圃公諱騤，母杭淑人。屠淑人之稱未亡人也十年而公生，以徐太淑人命，抱公爲子。徐太淑人者，訥齋公配也。公弱冠即知有聖賢之學，味澹泊寧静之旨。師同邑萬文恭公士和，又師寓公周訥谿先生怡，治舉子業勤苦。癸酉舉於鄉，丁丑成進士。令會稽，期月而以屠淑人憂歸。服闋，令上高。考最，調豐城。凡一令浙，兩令西江，守嚴而政和，吏畏而民悦。丙戌，徵爲湖廣道御史。尋視鹺河東，以政之餘修復河東書院，建楊斛山先生表忠坊。己丑，假歸。公之令子徹如君成進士，官比部，以言事謫歸，父子自爲知己，以研經史課子孫爲樂。己亥補官，復視鹺長蘆，上格心要論四事，上《饑民圖》，謁孔廟，修廢墜，設學田，贍四氏諸生。辛丑，協理外計。壬寅，按西江。西江，天下所推鄒、魯，公以學爲政，振舉白鷺之會，與鄒南臯、王塘南兩先生往復討論，提良知，正脈塞流，蕩末弊，斤斤焉。甲辰，掌河南道，典内計，所糾拾皆公論所快。是年，晋太僕少卿。己酉，改南太僕卿。庚戌，轉南光禄卿。壬子，滿考赴京，晋通政使。癸丑，予告歸。

公官西臺，第持體要，不事搏擊，見風節。歷京卿職，以内無曠事職，以外無越思，渾渾噩噩，純任朴誠，故金蘭於君子，不芒刺於小人。徹如君浮沉風波，蹶而起，起而復蹶，羣猜衆指，以鳳爲鴞，疑鸞爲鵰。公父子迹異，心同天下，卒不以忌其子者忌其父，亦不以寬其父者寬其子，於此見公父子質任自然，無所緣飾回互也。

公所薰蒸浹洽於世者，惟是好學一念，好善一脈。於浙，則與王龍谿、張陽和二先生〔四〕；於西江，則與胡廬山、鄧定宇、鄒南臯、曾健齋、王塘南五先生；於郡，則與管東溟、顧涇陽、錢啓新、于景素四先生，肫肫然，切切然，表裏不二，始終不易也。當神廟末年，門户之禍起，中朝張羅，林間飛矢，海宇之大，幾無一席寧謐之地。公是非愈明，取舍愈定〔五〕，於是見公好學之力。公學無偏主，融會於身〔六〕，有以自樂。好稱程伯子，好稱韓魏公，卒不以圓者詘方。亦譚玄學，亦譚禪宗，卒不以二氏混儒。每曰：『何不言無聲無臭，而言無善無惡？無善無惡，非所以教也。』於此見公好善之力。吾故曰：『所見者大，所執持者大，歷世變而不易，是古大臣也。』公之高、曾既以文肅公貴贈禮部右侍郎，祖父母及其本生父母、嗣父母又以公貴贈光禄寺卿，屠淑人以貞節旌。公之没也，天子特贈右都御史。子徹如君〔七〕，名正志，江西按察司僉事。孫洪亮、洪昌、洪裕，皆舉賢書，前後輝映，可不謂公篤於好學〔八〕，申命自天者哉？

高攀龍曰：『余於公爲年家子，每見公，輒亹亹終日。公長者，責人寬，惟於傷善類者痛惡之。余謂公得好惡之正，惡惡者〔九〕，惡其惡於善，爲子孫黎民害也，小不善則何不可滌除之有？然以公篤厚，好與少年上下其議〔一〇〕，即意氣過激，不以爲非。吾見老成人每少此一段風致，故憒憒至不保晚節〔一一〕，益知公所見者大也。』

校記

〔一〕此篇又載《高子别集》卷六，題無『明』字。

〔二〕『通政使』，《高子未刻稿》訛作『通政司』，此據《高子别集》校改。

〔三〕『駰』，《高子别集》作『駟』。

〔四〕『陽』，《高子别集》作『養』。

〔五〕『愈』，《高子别集》作『彌』。

〔六〕『身』，《高子未刻稿》訛作『自』，此據《高子别集》校改。

〔七〕『徹』，《高子未刻稿》訛作『澈』，此據上文及《高子别集》校改。

〔八〕『學』，《高子别集》作『善』，於義爲長。

〔九〕《高子未刻稿》『惡』字不重，此據《高子别集》補一『惡』字。

〔一〇〕『厚，好』，《高子未刻稿》作『好，厚』，誤，此據《高子别集》校改。

〔一一〕《高子未刻稿》『憒』字不重，此據《高子别集》補一『憒』字。

堵方伯傳〔一〕

方伯者，余同年堵太沖公也。公舉乙酉賢書，吾邑同乙酉舉者有許静餘先生，余每晤公於先生所。先生好稱引古人懲毖今人，語多切至，余窺座中，有色怒者，有意厭者，有漠不知爲何語者，獨公聽之亹亹，余心知公君子矣，每樂與公語。後與公同己丑籍。公以壬辰始對大廷，令南平。其明年，余尉揭陽歸，偃息衡門，公歟歷中外〔二〕，中間惟丁蘇淑人憂，偶一晤言，丰骨如故，嗣後不數數見公。然吾見公官至方伯〔三〕，年至六十有八，蓋棺事定，公之爲公如故也。

公令南平，嚴治吏，寬治民，却饋遺，革火耗，簡詞訟，清户丁，禁火葬。歲饑，不抑米價，不閉糴，米商聞南平價厚，米大集而價平，民以全活。令江山，禁溺子女，禁賣墳墓，禁造假銀，而賭博娼優與盜賊同禁。又行宗法，立義學，定冠婚喪祭禮，江俗一新。稅璫議采土回青，公令民稍出折價而止。又議徵間架，公令逐末者稍出税而止。奸民有以千金嘗公者，公怒，盡置之法。税契所入浮他縣，公減民税，而悉輸之罰鍰，以佐公需。節餽不視儀狀，皆爲長民者法式。司南銓，絶掾史夤緣，却納班公費。以大參分守金、衢，崇節儉，禁伎樂，單車平婺州兵變，步禱得立澍甘霖，按封公之魚肉民者，謝貴人之報睚眦怨者，齎捧不受各屬之贐，方物不聽中丞之索。總憲浙藩，法璫監大猾茅姓者於辟，負大力者不得行關説焉。公作令八年，不值考選，僅遷南部。南部七年，出參大藩，以滿考始遷，顧得封其大父母。當神宗皇帝時，官聯寥落，在職者常攝數篆。公至轄東粤，精力竭矣，故抵任病，病又不得即謝事，謝事不得即至家，至豫章而卒。惜哉！

公居官，操不渝一介，不矯矯自鳴其清；法不假一人，不悻悻自鳴其力；仁不濫一鍰，不煦煦自鳴其惠；勤不偷一晷，不沾沾自鳴其敏。闇然闓然，如耕者之治田，自稼而穡，所業有畔，所思無越也；如工者之治器，自蚤而暮，不怠其事，不躁其成也。盡吾分之當爲焉，據吾力之能爲焉，雖有歆我者，不得騖而狥其名，雖有懾我者，不敢沮而怍其職，故至綰綬一邑，以至綰綬一藩，無始卒勤替焉。此豈非不二心之臣哉？至孝，事其尊人養吾公、蘇淑人恭。事其兄檢菴公，嫂有贍米，姪有贍田。世俗稱盛德，在公爲庸行。吾不悉傳，傳其膏澤之下民者，冀世之居公官者皆如公也。公名維垣，字師甫，太沖其別號，餘具誌狀。

高攀龍曰〔四〕：『吾少於文社中，諸名士畢集，各言志。有志一第無餘願者，有志一第必自樹立者，有志宦成歸築精舍名園爲娱樂者，最下曰：「人生駒隙，名成則聲色叢中一暢云爾。」後多如其言，易足者不第，最下者未第，敗矣。人少則器局已定，如所含之蕊，則所吐之花、所實之果皆具〔五〕。吾於許先生坐中窺公，竟公之身，則坐中所窺也。人始未嘗不兢兢自好，涉世久，年高官尊，則多喪其所守。公不然，所以可貴。人貴知學，知學則能變化，如公者，蓋天成之。然公七年南曹，公餘獨坐，流覽今古，目不停披，手不停抄，其學豈可量哉？」

校記

〔一〕此篇又載《高子別集》卷六。又，《高子遺書》卷十、《高子文集》卷四上僅載傳後贊文，題作《堵方伯傳贊》。

〔二〕『敭』，《高子未刻稿》作『逿』，此據《高子別集》校改。

〔三〕『見』，《高子未刻稿》作『竟』，此據《高子別集》校改。

〔四〕《高子遺書》《高子文集》無『高攀龍曰』四字，以上無。

〔五〕《高子未刻稿》『則』字在『所實之果』前，據文意，當在『所吐之花』前，此據《高子別集》《高子遺書》《高子文集》校改。

封刑部主事禹川王公傳〔一〕

王公名納誨，字養直，别號禹川。其先洪洞人，有名善者，舉永樂癸未鄉試，爲平陽府通判，始徙居禹。三傳至父引禮公，名懷義，娶於許，而生五子。公居二，娶於郭，而生九子。其貴公者，信甫也，信甫名述古，行居七。信甫與攀龍同舉己丑，交莫逆，故公卒而攀龍傳之曰：『王氏之昌自引禮公矣。』引禮公者，奇男子也。禹嘗饑，民有趙姓者，道争瓜餘，格殺人。公曰：『嗟乎！是救死，寧有意殺人？』出金錢予死者家，白其事於州大夫莫公，莫公曰：『義哉！饑年乃肯出金錢，身拔人於死耶！』遂與公交布衣驩。會劉賊攻禹急，公又挺身先民，相礪勉，固守禹訖完。

引禮公家故饒，生公甫十歲而卒，子少，徭役旁午，産日挫。公稍長，力田雜傭作，乃稍給。無何，而食指繁，析箸，公又一切讓其腴昆弟，産益挫。當是時，郭安人拮据内治，信甫伯兄善任時鬻鐵冶汝、鄧間，已用監鹽，息倍〔二〕，乃復饒。而信甫且生，生而美如玉，稱神童諸生中，遂以戊子舉於鄉，明年成進士。令崇德，課最，封公如其官。乙未，入爲户曹郎，以郭安人憂歸。服闋，移刑曹。辛丑，以東宫立，覃恩又封公如其官。始公未貴，以誠長者稱，有胥素豪，獨不善公，嘗蹊其田，又梃擊之，公謹避匿，愈自修飭。公既貴，其人懼伏罪，公咲遣之。信甫爲諸生時，里中顯者逆信甫必貴，來約婚，而公已他盟，謹謝客，客曰：『第諾之，旦夕易而田間冠矣。』公正色曰：『翁而著兒婦人冠耶〔三〕？』後著信甫冠，既端委，北向拜受，趨笥藏之曰：『老人自安田間冠。』居恒有司罕識其面。旁郡邑有訟者，持百金求公居間，公恚曰：『吾乃以易田間冠受人顧直耶？』客大慙去。信甫以崇德令省覲，公謂曰：『得舉進士幸甚，慎毋卑之，令湮滅無稱。』及入刑曹，謂曰：『司寇天下，平平而出活人也，即平而入，亦活人也，敬之矣。』信甫再以使節歸里，公感異夢，趣信甫行曰：『此行當有以報國。』會妖書事起，當事者故蔓其獄，欲殄殲正人，信甫曰：『疇昔大人之兆，其在斯乎？其在斯乎？』爲精覈而力持之，卒無以難也。而信甫以員外進郎中，其明日，麾守常州。是時公亦以下階仆，臥病，信甫歸拜牀下。公曰：『而五日兩遷官，何速化耶？』信甫具道所以，公爽然起曰：『果有以報國。』刲羊豕告廟，召親暱，爲樂如平時。而信甫故遲遲行，跪進曰：『大人春秋高，兒從此相朝夕矣。』公怫然曰：『老人健飯，安得此不祥語？不令吾見而二千石之政成也？』信甫不得已之官，然時時心動，郵問起居，公爲樂如平時無恙也。丙午秋，忽病，病六日革，七月十四日也。子孫請遺言，第曰：『勉之，必忠必孝也。』已而曰：『吾心泰然無罣礙矣。』

公長厚孝弟，兄歿而貧不克葬，公送之盡力，弟貢豸世〔四〕，子幼，視之如子，爲娶婦。舅氏子少，誤殺人，抵罪，公間關出之。癸巳歲，大祲，賦急，悉爲親族貧者代輸。他事皆類此。其生以正德辛巳九月二十一日，年八十有六，有十三孫矣。蓋自引禮公及公，又培德百年，宜王氏之昌也。

論曰：『國之靈長也，一事否，必得休否之臣。當大獄起，不意中得信甫，斬然破彌天之網，賴天子仁聖，其事立決，海内晏然，豈非天與？余與信甫及潛江歐陽若谷同出高邑趙先生門，而若谷、信甫先後守常州，相媲美爲良二千石，民思之不能忘。及吾觀王公，其人固不凡士〔五〕，誠有品，要以父師漸磨〔六〕，其所從來遠矣。』

校記

〔一〕此篇又載《高子别集》卷六。

〔二〕『倍』，《高子别集》作『歲倍』。

〔三〕《高子未刻稿》無『兒』字，此據《高子别集》校補。

〔四〕『蚤』，《高子未刻稿》訛作『丞』，此據《高子別集》校改。
〔五〕《高子未刻稿》脱『凡』字，此據《高子別集》校補。
〔六〕《高子別集》無『師』字。

秦季公夫婦傳〔一〕

吾錫秦氏，以兩孝子顯名天下。孝子之先出宋龍圖學士淮海公觀，十四傳而至孝子，又三傳爲季公。季公號玉峰，名焯。稱季公者，爲方伯虹洲公梁之季子，而字季華云。公生而秀穎，方伯公與陳宜人最愛之。年十八，爲御史耿楚侗公定向所識，補博士弟子。而質弱善病，方伯公以公不任攻苦爲諸生業，令遊太學。太學試，輒高等。無何，丁方伯公憂，毀甚，益善病。既闋服，會朝廷以軍興費，令選人，得入貲補官。陳宜人以公不任攻苦爲太學生業，令公隨例謁選，授上林苑署丞。公曰：『吾不堪向長安貴人喔咿嚅唲。』遽歸杜門，奉陳宜人，從容樂也。亡何，其仲兄所居火，公中夜倉皇起，念兄遠宦，以此傷旅人心，不遺力而號之。火滅，而公之一息幾滅矣，遂遘疾卒。

公天性孝友，奉其二尊人，居恒即一果一臠，不以進，不敢先嘗，有疾，即一蔬一水，不先嘗，不以進也。又以下而事其兄嫂，夔如也，肫如也〔二〕，以及嫂之女、祖之婢、某父之妾某，恤其私，厚其終，懇乎其至也。又以餘力贍其中表，米爲給饘粥；贍布衣之友陶，置媵以不斬其嗣；贍其族子某，捐貲以解其田訟；贍其負心之友某，給百金而不責也。凡公之厚於人倫，皆出自然。行之久，雖臧獲亦化之，其黠而惰者窺見意指，輒偕父母逭罰，公輒欣然謂曰：『甚善，若能是，吾貸汝矣。』公即貴介乎，與人居，退然不以一語先人，内外數百指，不閑習者第教之，罕所誚讓，以是人人樂。

季公所配吴孺人，諭德澤峰吴公女也。吴公舉進士第三人，當方伯公給事黄門時，吴公在史館，數過邸中，季公方襁，吴公指曰：『寧馨兒，吾有女，爲若歸可矣。』以是孺人歸季公。季公好學，而孺人能謹橐鑰，時出納一切，家秉無恙。季公安於學，以孺人也。公好客，而孺人能治醃醴，精殽核，無使罍也恥。季公安於客，以孺人也。季公有子四人，以方伯公命〔三〕，爾載爲伯氏後，奉其母談，而孺人能調其子母之間。季自教督諸子，至纖細也，殺蜎飛蠕動必戒，擇食必戒，棄餘必戒，遺糝必戒。伺其讀而或媮，至欲引刀自截其髮。季公之安於父，以孺人也。及季公歿，而護其家屹然，延名師，擁皋中堂客不以詩書，至闚其户而去矣。聞師冣其子以孝弟，輒喜曰：『人所貴以此，若夫一第，命耳。』季公之安於歿，以孺人也。季公以寬夷，孺人以精密，季公持其大端，孺人總其鉅細，季公厚人倫，樂施予，孺人裁不急以佐所急，而令不匱，以是相輔而相得甚歡，此真季公夫婦矣。

高攀龍曰：『秦兩孝子，曰永孚，仲孚。方伯公永孚後。往予侍吾祖静成公，論家法，必稱秦氏，以其父子兄弟之儀足法也。吾猶及交季公〔四〕，信寛然長者，宜其篤於人倫如是。迨公歿，而吾見下帷於公之家者，如吾師澄泉先生，吾友葉參之、吴子往，皆名賢也，以此知吴孺人。今夫巨室著姓，身歿子弱，比之匪人，無不立敗，何者？禍胚於積貯，釁生於骨肉，而讒人乘之也。季公有三子，而克其家，豈不以師友哉？非獨人事，孝子之澤遠矣。』

校記

〔一〕此篇又載《高子别集》卷六。

〔二〕『事其兄嫂，夔如也，肫如也』，《高子别集》作『事其兄，事其嫂，夔如也』。

〔三〕『以方伯公命』，《高子别集》作『方伯公命以』，與下句連。

〔四〕《高子別集》此後尚有『與之飲酒』一句。

潘安人傳〔一〕

余既謝墓文久〔二〕，今年秋，同年華德元喪其元配潘安人，且葬，德元以安人傳屬余。維昔壬午，吾邑舉南京兆者六人，今屈指三十有六年矣，獨德元與余白首婆娑，賞山論水〔三〕，咲花酌月，一脯一蔬，安人烹以享我多矣，即內德不揚外，而余則心所習知，義烏能辭？夫傳，以傳其可傳者爾，是故舉其美，不必其備，表其鉅，不必其細。余觀安人之從夫，豈非天下婦女則哉？

安人十九歸德元，歲在甲子。安人父震川公舉賢書，德元亦籍諸生。當是時，德元少失其贈公□翁，產挫甚，衣非安人不衣也，食非安人不食也，家內外一切非安人拮据不給也，其從夫於貧如此。德元試有司，弗數數前，又不甘出其耦，下試蹶歸，輒仰天而吁，繼以泣。或試百里外，裹糧不時繼，安人簪珥盡質庫矣。即復蹶歸，安人懼重傷德元心，必滌觥進曰：『姑酌彼乎？君第辦一編，婦自辦十指，今不令餱之弗充橐也。』其從夫於困如此。德元又善病，戊辰病瘵，甲申病鬱，己丑病瘍，伏枕支離，動易裘葛。安人內支家，外支客，中支德元飲食喜怒之不時，以間輒齋心禱願以身算延德元之促，德元病良已，每曰：『安人活我！安人活我！』其從夫於病如此。德元績學僧舍中，多集邑名士，談經課藝，風月良夜，盍簪勝地，安人必治酒核惟腆，德元不知所從來也，其從夫於學如此。安人常兩從德元佐郡政，聞訟庭箠楚，即不樂，及德元爲言舉某孝子，舉某節婦〔四〕，白某冤，恕某罪，喜而手額曰：『應如是矣。』其從夫於仕如此。德元困於熊羆之不入夢也，安人則曰：『有《樛木》之章在。』惟德元所欲〔五〕，所置簉有不閑《小星》之度者，安人若不聞也，德元聞之必核治，安人曰：『吾耳不聞也，彼他口聞之，彼婦之口安所紀極乎？是讒之囮也，君休矣。』其從夫於人情所難如此。德元有家圃，樹石植卉甚都，安人歲不一二至，春秋佳日強邀之，輒曰：『此非婦人事也。』父母既歿，遂不復歸，諸弟及婿亦不數見，其從夫於人情所忽如此。德元曰：『安人之莊事余也，若孝子之奉其嚴父；安人之曲事余也，又如慈父之體其愛子。』嗚呼難哉！婦之從夫者，地之承天也，未有雨露濡而草木瘁，雪霜降而草木榮，故施生若呼吸焉。夫順者，中心達於面目也。唯諸之順非順也，必於其志；貴盛之順非順也，必於其微；擇合之順非順也，必於其凡；容忍之順非順也，必於其安，一順而百善舉矣。故安人之勤，操作不時釋乎手；安人之儉，紈綺不時鮮於體，甘肥不時饜於口。奉其姑朱太安人，至太安人願爲媳以報之。奉其母蕭孺人之稱未亡人也，二十年如一日。友其弟，友其妹，慈其子及婦，慈其女及婿，惠其臧獲。死之日，人人若失其母焉。嗚呼難哉！

高攀龍曰：『吾讀史，觀蘇季子、朱買臣棄於其妻，未嘗不掩卷太息，以爲人道幾何不胥而爲□□也〔六〕。夫士當窮困時，得室人不偏謫足矣，安望於其意旨之曲承之乎〔七〕？婦人從一而終固也，然所從者，必以敬愛爲本。若安人者，明大義者也。父母没，不復歸，於園圃，謂遊非婦人事也，豈尋常所測哉？故曰安人者，明大義者也，是婦則也。』

校記

〔一〕此篇又載《高子别集》卷六。

〔二〕『謝墓文久』，《高子别集》作『久謝墓文』。

〔三〕『賞山論水』，《高子别集》作『賞水論山』。

〔四〕『舉』，《高子别集》作『旌』，疑是。

〔五〕《高子别集》句末有『置』字。

〔六〕《高子未刻稿》所空闕二字，《高子别集》作『夷』。
〔七〕『意旨』，《高子未刻稿》作『意之』，此據《高子别集》校改。『曲承之』，《高子别集》無『之』字。

讀《趙文毅公集》書事〔一〕

往余始入仕，婁江相當國，文毅公爲少宰，羣小嗆詖謂我輩人欲翼公奪婁江相政。相惑之，遂計去公。公少宰命下甫九日，而吴鎮絶姻之疏入，羣小侈言綱常以攻公，公去國。我輩人昌言排之，皆落職。相前後所計逐，皆類此，人才一時盡矣。

夫相固以不附江陵得時名，公則江陵所切齒腐心，欲得而甘心，江陵死，幸同事明主，當相與膠漆，而後乃相水火，何也？人曰：『苟患失之，何所不至？』余謂：『不然。相非獨患失，實非衆正臭味也。故柄政時，衆正斥逐殆盡。迨再入相，投密揭目此輩爲奸黨，欲上起鉤黨禍，非神祖明聖，清流白馬不在往事矣。』或曰：『他相卑卑營一官不足言，婁江相雅志不在人後，何以一至此？』曰：『氣類使然，陰以從陽爲貴，抗陽爲賤，此抗陽之陰也。』曰：『弗可變與？』曰：『何不可變也？惟學乃能變。』曰：『相豈不學者耶？』曰：『不見王半山乎？夫豈不學者？其禍天下，正以學。彼不明聖賢大學之道，竊佛氏之近似者以爲家珍，顧乃獨行其私智，小人承之，與之俱化矣。』婁江正半山之支流餘裔也。半山之禍著，婁江之禍隱，其文章議論祇足爲獵取富貴之具，天下乃獨當其禍。國家中葉，必有似君子者以開真小人，二相皆應運而興者與？不然，何其肖耶？

偶讀《文毅公集》，慨而發之。以公之文、公之品，不相不害其千古。彼夫蔽賢不祥禍天下，適以自禍。後之覽者，其有鑒於斯言。

校記

〔一〕此篇又載《高子別集》卷一。

婁江相記事〔一〕

錫爵以甲申入輔政，即與趙用賢、吳中行、沈思孝、鄒元標相仇。於時適江東之、李植以山陵有水有石，發申時行欺罔，錫爵爲時行上《八不平疏》，有識者爭唾之。錫爵門人陳與郊，故江陵姻王篆之子，莫逆也，錫爵令通意於卿貳、臺省，合攻江、李。時沈鯉爲禮部尚書，奉旨勘壽陵，獨不敢欺上，以實奏。鯉又爭秦府封郡王事，以爲壞祖宗成例。四執奏，與時行益相左。與郊亦迎政府意，攻鯉。會都御史缺，上屬意南掌憲辛自修、南少宰海瑞，而會推獨不及二人。有旨另推者再三，亦不及，獨御史李弘道疏舉二人，遂有旨批辛自修改左都御史，海瑞陞南京右都御史。錫爵、時行諷臺諫以不由廷推，上疏爭之。一時誦上之聖明，而痛恨二奸相云。二相既深忌自修與瑞，御史房寰遂醜詆瑞。進士顧允成、諸壽賢、彭遵古糾之，三進士俱削籍。而錫爵對衆揚寰曰：『房心宇是聖賢路上人。』蓋欲諷瑞去耳，而瑞不顧曰：『上去我則去，不去我，一日做一日事耳。』無可奈何。自修既爲上特簡，性素鯁，不依隨。適丁亥内計，首欲黜與郊，與郊急給工部尚書何起鳴曰：『今年大計，用尚書一人，乃公也。』何曰：『奈何？』曰：『能論掌憲，公有大功矣，何計之可慮？』起鳴欣然從之，時論大譁，給事高維崧、御史左之宜等論起鳴，俱謫。吏部主事顧憲成進《當今第一要務事疏》，亦謫。與郊乃上疏，佯爲並論起鳴、自修者，實語語論自修。自修乞骸去，起鳴知計事實不及己，爲與郊所賣，抑鬱死。當是時，司禮張誠與張鯨相持，錫爵與時行欲媚誠，乃諷吳時來及與郊輩倡爲誅君側之奸，號召臺諫攻鯨。與郊又紿新進給事陳尚象并論沈鯉交結鯨，鯉遂去。

錫爵邪毒性成，自甲申至辛卯八年，時行倚之，凡時行之欲爲而不敢者，錫爵恣爲之。故甲申以前，時行猶鼠竊狗偷，甲申以後，時行始狼吞虎噬。吏部尚書楊巍，奸佞也，據位甚久，一切爲二相彌縫幹當。及巍去，適有宋纁、陸光祖、孫鑨、陳有年諸賢相繼總銓，王教、鄒觀光、趙南星、孟化鯉、顧憲成諸賢相繼司銓，錫爵無人不與冰炭，每因勢利導，隨事挑激，激主上之怒，以行中官之憤，次第芟夷殆盡。至憲成掌選，蒿目嘔心，思登賢哲，初亦每與從容諷論，但公論所欲進之人，聞於錫爵者，輒推不下。一日，憲成欲推孟一脈、王德新，心知錫爵所惡，曰：『第推之，不以聞於錫爵。』疏上輒下，錫爵佯喜，謂憲成曰：『此機括甚好，便當推鄒南皋諸人。』憲成知錫爵弄己，第謝曰：『有好機括，反要從容。』是時錫爵欲歸，念憲成在事，必將盡引善類，乃因推相，憲成堅推王家屏，遂挑聖怒，黜之，并黜逯中立、盧明諏。其毒其巧，皆此類。自憲成去國，於是梅守峻、蔣時馨諸小人相繼秉銓路，楊東明等相繼柄言路，正人君子區區所爭一脈蕩然矣。

校記

〔一〕此篇又載《高子别集》卷一。

癸巳記事〔一〕

王錫爵以癸巳再入閣〔二〕，適當京察，吏部尚書孫鑨、考功趙南星去其私人蘇鄺、徐泰時、殷都、胡汝寧、蔡系、周柯挺、楊四知、樊玉衡、張應登等，大恚〔三〕，乃與次輔張位合謀，因給事劉道隆疏，批降南星，於是孫鑨亦去。陳泰來、薛敷教、于孔兼、顧允成、張納陛、賈岩各疏争之，皆謫去。吏科都給事史孟麟以病去，選司孟化鯉又不附錫爵，因其推用張棟一署，皆黜。尚有趙用賢爲吏部侍郎，錫爵必欲去之後已。乃先有正風俗一密揭，大意言民間倫理不正，皆由大臣先不以倫常爲重，今後凡有犯倫理事，必用嚴革。半月後，即令吴之彦子吴鎮論用賢絶婚事。有旨：『該衙門知道。』禮科都給事張貞觀言之，用賢辨之，俱奉旨：『部院從公勘明來説。』錫爵乃令御史陳雲力詆用賢，都御史李世達有《辨言易淆公道難泯疏》糾之，户部郎中鄭材、楊應宿力詆世達〔四〕，於是户部侍郎李禎又糾材與應宿，應宿又力詆禎，於是用賢、世達皆去，李禎、曾乾亨皆求去〔五〕。是年十一月，行人高攀龍以復命至京，疏論前後事。錫爵票旨以『一事不管』四字挑動聖意〔六〕，皆奉旨：『著部院問應宿何以見得吏部許多賍私？問高攀龍何以説朕「一事不管」，親批親點俱出輔臣之意？』時吏書陳有年，侍郎蔡國珍，都御史孫丕揚、吕坤，吏科都給事許弘綱，齊至朝房，先問應宿吏部賍私，一無情實，問高攀龍，高攀龍曰：『行人本中並不曾説皇上「一事不管」，但今是是非非一切倒置，誤皇上，失天下心，是誰爲之？』於是有年等覆奏，謂應宿一激而嫚駡堂官，再激而株連異己，説者以二三大臣之去方歸責於已事，而復倡爲朋黨不根之説，將流禍於方來，罰治未悛，忿争已極，所當議處；謂高攀龍感事陳言，每抱惜才之歎，説非不正，而際聖主當陽之時，爲不必然之計，遂以區區效忠之意，取不擇言之尤，廑於扣閽，疏於削牘，所當罰治。於是應宿與高攀龍俱謫。先是御史吴弘濟當未會問時，抗疏言高攀龍爲君子正論，應宿爲小人邪説，即削籍去〔七〕。南京吏部主事安希范、户部主事譚一召疏論輔臣假託威權，輕縱奸回，斥逐異己，致干聖怒，奉旨逮問，閣臣揭救，得革職爲民〔八〕。

校記

〔一〕此篇又載《高子别集》卷一。（清）高世寧《高忠憲公年譜》卷上『萬曆二十一年』下亦附。

〔二〕『王錫爵』，《高忠憲公年譜》作『太倉相』。
〔三〕『大恚』，《高忠憲公年譜》作『錫爵大恚』。
〔四〕『材』，《高子未刻稿》訛作『林』，此據下文及《高子别集》《高忠憲公年譜》校改。
〔五〕『亨』，《高子未刻稿》訛作『享』，此據《高子别集》《高忠憲公年譜》校改。
〔六〕『聖意』，《高子别集》作『聖怒』。
〔七〕『削籍』，《高忠憲公年譜》作『降調』。
〔八〕《高子未刻稿》載文至『南京吏部主事安希范、户部主事譚一召』止，下闕。『南京吏部主事安希范、户部主事譚一召』以下，《高子别集》作『南京吏部主事安希范、户部主事譚一召疏論輔臣假託威權，輕縱奸回，斥逐異己，致干聖怒，奉旨逮問，閣臣揭救，得革職爲民』，《高忠憲公年譜》作『南京吏部主事安希范、户部主事譚一召、刑部主事孫繼有合疏救，俱削籍，希范逮而得釋。臺中公疏救，爲首罰俸一年，餘罰七月。省中公疏救，爲首罰俸一年，餘罰七月。弘濟初降二級調外，至是削籍』，此據《高子别集》校補。

乙未記事〔一〕

乙未春，外計吏部尚書孫丕揚、考功郎蔣時馨考察丁此吕、馬猶龍、沈鈇、王麟趾四人〔二〕，正論憤然不平。至五月，吏科都給事中楊東明、户科給事中鄒廷彦論沈思孝，蓋以思孝救此吕，爲丕揚所不悦也。然思孝卿大理時，以擬奏内使郝金等詐奏懿旨罪，駁擬罪詞，聖上深以爲然，故東明疏入不下。及廷彦疏，東明遂降三級，廷彦亦罰俸一年。至七月，御史趙文炳論時馨贓私，下部議，丕揚力爲解之而止。及時馨辨疏入，遂革職爲民。時馨疏中攻發沈思孝、江東之、劉應秋，謂思孝、東之力庇此吕，東之、應秋又爲思孝力求太宰，又云三臣合謀造欵，託李三才授趙文炳。於是，丕揚又救時馨，亦攻思孝庇此吕，因上此吕訪單，此吕遂被逮。而文炳者，吕坤之舊屬，當文炳論時馨，坤過文炳曰：『此疏得無誤乎？』文炳曰：『往見李三才，三才曰：「大理少卿江東之賢者，凡事當與商榷。」東之語文炳，時馨貪，故有此論。』坤遂拜時馨，言文炳聽信之誤，時馨辨疏引文炳對坤語云：『人害我，人害我。』及是坤疏辨無『人害我』之語，而引出東之語。御史馮從吾遂極論東之，給事中黄運泰亦極論東之，皆牽及高桂，謂東之草疏求論時馨者，先説高桂不從，而後及文炳。給事楊天民又論思孝，御史馬文卿又論思孝、東之，南京御史朱吾弼亦論思孝、東之，且云：『思孝、東之、丕揚三臣俱宜去。』南給事祝世禄又留丕揚，給事程紹又論思孝、東之。中云：『當馮保專擅恣肆，勢傾中外，東之不敢犯其鋒則已耳，乃於論徐爵疏内爲保解云：「馮保服勢有年，未聞干預外事。」蓋陽攻徐爵，陰脱馮保云云。』至十一月，樂元聲乃論出時馨奸貪以誤丕揚之罪〔三〕，趙文炳乃論東之、元聲言時馨之貪，果爲此吕報仇，於是御史俞价、强思，給事黄運泰極論思孝、東之、元聲。至十二月，兵部考選軍政疏内有錦衣衛副千户未行題奏，輒署四品，有旨部官韓范降雜職，劉仕瞻、曾偉芳降三級，區大倫、張同德、俞价、强思降三級，調外。又有聖諭：『查兩京六科掌科、十三道掌道，俱降三級。』而鄒廷彦、黄運泰、馮從吾俱在黜中，丕揚疏救，乃俱革職。廿三年正月，又以御史馬經綸、給事林熙春申救，俱降雜職。御史鹿久徵降一級，調外。丕揚乃論大學士張位，丕揚罷歸，思孝亦罷歸。

校記

〔一〕此篇又載《高子别集》卷一。

〔二〕『鈇』，《高子未刻稿》作『鉄』，此據《高子别集》校改。

〔三〕『罪』，《高子别集》作『詳』。

書《安光禄諫草》〔一〕

嗚呼！此余友安小范與余同言事而謫事之始末也。事在萬曆癸巳冬，迄於天啓壬戌，三十年矣，同言事而謫者五人，其三人爲侍御史吳公弘濟、南比部孫公繼有、譚公一召，獨余與小范在，乃又卒於辛酉〔二〕。至今年，其令子走三千里，叩閽言：『先臣不幸，不得蒙恩澤用〔三〕，宜及闡幽之典。』天子下其事，贈光禄少卿，與誥褒嘉。嗟乎！國家何負臣子哉！

當神祖時，諸逐臣第不還之朝耳，皆令得悠游家園，爲泉石雲山主。小范三十年中，獨瘖寐歌之，欒尤備〔四〕，及其殁也，身有榮名，國家何負臣子哉！所恨者，小范痛憤光考鼎湖之事，有詩曰：『執簡定應書趙盾，舉朝誰肯討陳恒？』今年爲沐浴之請者章滿公車，而不及令小范見，悲夫！吾知其神必在帝左右請討者更亟，不然，何以人心大同如是？嗚呼！君不負臣，臣負君，而不忍負君之臣必不容負君者，蓋天植之性也，豈問生死哉？

校記

〔一〕此篇又載《高子别集》卷一。

〔二〕『乃』，《高子别集》作『小范』，文意較明。

〔三〕『澤』，《高子别集》作『録』。

〔四〕『尤』，《高子未刻稿》作『光』，此據《高子别集》校改。

書毅所龔先生《三生祠記》後[一]

丁未三月既望，攀龍從毅所先生遊曠適園，於時桃花亞水，楊柳依人，淡月輕雲[二]，浴鷗啼鳥弄態於几軒之前[三]，飲酒樂甚。既而放小艇於清池，振歌聲於林薄，春風醉心，野色酣目，其樂愈暢。酒闌，先生出《三生祠記》賜客，不佞讀竟，酌而壽先生曰：『宜先生之有斯樂也。夫今人仕宦不止，車塵馬足間寧知江南春色如許？其或進無德於時，退無德於鄉，所之既倦，愧怍交集，花鳥煙雲，祇助悽感[四]，又何有於斯樂？』夫人進退出處何常，所爲終古不晦者人心[五]。追昔先生之爲令爲守爲藩臬大吏[六]，如桃柳之芳敷於此圃，有時而盡，而膏澤之在人心，則如春之貫萬物中，不可得而盡也。然則先生俯仰於出處之際，誠足樂矣乎！不佞輩亦且爲桃爲柳，鼓舞於先生之春，而有今日之樂也。爰筆書之，以示後人，其務爲先生之德而樂其所樂，是先生所以爲教於無窮也夫。

校記

〔一〕此篇又載《高子别集》卷一。『毅所龔』，《高子别集》作『龔毅所』。『記』，《高子未刻稿》訛作『祀』，此據下文及《高子别集》校改。

〔二〕『淡月』，《高子别集》作『淡日』，疑是。

〔三〕『几軒』，《高子别集》作『軒楹』。

〔四〕《高子别集》『祇』字後有『足』字。

〔五〕《高子别集》句尾有『耳』字，語意較完。

〔六〕《高子未刻稿》『令』字後衍『德』字，此據《高子別集》刪。『梟』，《高子未刻稿》訛作『皁』，此據《高子別集》校改。

書華公德元自記行概後〔一〕

余同年華公德元自湖郡丞賦歸來也，居則有天游園，出則有逍遥舫，春秋佳日，以山水泉石之致，暢於絲竹管絃之中，不滿志不已。每居天游堂，童子報花開，德元欣欣喜溢眉宇。客至，不及他語，輒以花開報，相與坐花間，焚香瀹茗，不自知日移月落也。嘗語余曰：『吾少窶〔二〕，試有司，不時利，又善病，旦夕不自保。今得舉賢書，佐名郡，有以自表見，囊中酒錢不空〔三〕，年踰七十，於吾至足矣。所不足者，但四時不皆春〔四〕，令吾日擁花而坐，明月不常圓，令吾終歲偃仰清光中也。』余謂他人皆善憂，德元獨善樂，他人皆忙忙〔五〕，德元獨忙閒。吾見富貴人酬應雜遝，如環無已，其意戚戚然，常有所不足〔六〕，孰若德元傲然自得〔七〕，終日所營多蘭亭、竹林之幽事乎哉？

德元自記其行概，余讀之，曰：『信也。』以德元之才，人不易及，獨達生之趣，人人可爲不爲，德元爲之亹亹，所以可貴。吾不能使四時皆春，明月常圓，顧春園月滿時，寧可少德元一贊歎耶？德元善長生術，老而不衰，吾知天游花月得德元，不落寞矣。

校記

〔一〕此篇又載《高子別集》卷一。

〔二〕《高子別集》『少』字後有『而』字。

〔三〕『空』，《高子别集》作『乏』。

〔四〕『但』，《高子别集》作『恨』。

〔五〕《高子未刻稿》脱一『忙』字，此據《高子别集》校補。

〔六〕『有所不足』，《高子别集》作『有不滿其欲』。

〔七〕『自得』，《高子别集》作『自足』。

書孫少宰手筆卷〔一〕

此孫少宰柏潭先生與錦衣劉憲章手筆也，癸亥春，余與憲章自燕中同舟南旋〔二〕，得寓目，而歎其三善也：相提挈，肫然一出於誠；相勸勉，粹然一出於正；相交際，井然一出於辨。一柬有曰：『隨分盡職，毋摇摇其心，以奪所守。人心專一則事辦〔三〕，以不定之心作事，事不密而人心不屬。』噫！此可以觀少宰矣。

憲章治兵海上十有二年，無債事，其不負少宰者乎？於後沈烏程相咨諏海内佚才，憲章與焉。大司馬閱實，官錦衣，赴援重慶。憲章至，同王師破重慶，馘諸寇賊。及歸京師，烏程相去位，所與共事劉參謀且對廷尉簿，憲章未得上功幕府。憲章自燕至蜀，復自蜀之燕，萬里間關，僅得杖屨黄鶴、赤壁諸勝以爲愉快，然此卷未嘗一日不相與左右也。脱有用憲章者，憲章必不負此卷，左券矣。

校記

〔一〕此篇又載《高子别集》卷一。

〔二〕『自燕中同舟』，《高子别集》作『同舟自燕中』。

〔三〕『辨』，《高子未刻稿》訛作『辧』，此據《高子别集》校改。

書純白上人卷〔一〕

余從超然上人識純白上人，純白篤實有志，進進不已〔二〕。嘗於廬山静坐年餘，歸而謂余曰：『枯坐未可，將參求四方。』余曰：『子何以失而求〔三〕，求又何得耶？』上人曰：『失本無失，吾求失無失者，得本無得，吾求得無得者。』余曰：『本無不得，求即是失。』上人曰：『求即不失，不失即得。』余曰：『然。』東海之東，南海之南，北海之北，西海之西，有純白上人爲子語之，而子試求之。

校記

〔一〕此篇又載《高子别集》卷一。

〔二〕『進進』，《高子别集》作『精進』。

〔三〕『何以』，《高子别集》作『以何』。

書周道行頌義卷〔一〕

蓋道行泣蘇蘇爲余道斯事也，夫豈惟道行，將其子孫世世能道之。所謂『有斐君子』，没世不忘者，非公岑先生乎？使先生爲水陸之陳、聲技之樂，一朝之享而盡矣。先生能以一朝之享爲人百世之思，世人寧以百世之事盡於一朝之享者，何耶？事固有不可知者。周見微好客而貧，然能周其生死者，非所好之客也。所好之客不必賢，卒以此動賢者之好焉，非人也，天也。然則先生所得於天者，又當何如耶？

校記

〔一〕此篇又載《高子别集》卷一。

書《捕蝗記事》後〔一〕

余生五十六年，未識蝗蝻何狀，今年始見之。憂其遺種兹土，禍未艾也，幸當道篤於捕滅。太學尤君時純偕楊君、孫君奉何侯命，悉力從事，余目擊尤君之盡瘁斯役也。方事之始，鄉人悍者撓之，譎者詐之，無義者嗤之。屹不爲動，鋤其悍，發其譎，曉戒其無義者，竭誠而前，蝗卒殄滅無遺，撓之者懼，詐之者伏，嗤之者慚無所容矣。人顧行義何如耳？其始未有不思敗之，爲人口語敗者，無義者也，義行而帖伏矣。若尤君者，任事之徒也，吾故志之，慶吾邑之當大難，明大義之有人也。

校記

〔一〕此篇又載《高子别集》卷一。

題曠聲和明府卷〔一〕

古者諸侯、卿大夫必有布衣交，脱然勢分之外，於以考德問道示風尚也。寧惟是一時雅事，垂之史乘，照耀千古，即千古風尚係之〔二〕。今之王公大人，此道蔑如矣，要亦布衣韋帶有未易當之者，豈獨上之人没没哉？

雲陽舊有殷同仁先生、束懷玉先生倡教一方，時士之奮志科舉者於兩先生之教無聞焉，而布衣士篤志姱修，則雲陽獨盛。廬陵聲和曠侯來令斯邑，首廉而禮之，爲表其門，居然等之學士、大夫，甚盛典也。曠侯爲令，守身如處子，鞠民如赤子，清恬仁惠，更僕未易數。而不囿於俗，行古之道，於諸布衣交，其一端也。

今天子癸丑，輯萬國之瑞，曠侯上計，諸布衣争爲詩歌頌侯期侯，而欲攀龍弁語端。攀龍曰：『美哉！此三代之象也。孟氏不云乎：「好善優於天下。」以姬公相業，吐握而下白屋，曠侯行矣，立廟堂，佐天子，以折節諸布衣者治天下，不既優乎哉？』

校記

〔一〕此篇又載《高子别集》卷一。

〔二〕『係』，《高子别集》作『繇』。

書《待旦堂漫談》後〔一〕

《待旦堂漫談》者，懷魯周先生撫江南時所記往事也。嗟乎！先生其有深慨乎！凡天下俊傑之士，有所爲者，必有所不爲，故君子觀其大，不求其備，求其備，必疑其似而晦其真。先生其有深慨於斯乎！

攀龍出儕鶴趙先生門，又時從顧涇陽先生、沈繼山先生〔二〕，聞先生事爲多，蓋亦深窺其衷，而竊論先生所爲善善長而惡惡短者也。即如紀中擁護善人，成全善事〔三〕，指不可勝屈。其昂昂侃侃憤發於義者，正曲成其仁，而過激非其本色也。及撫江南，求善言如不及，行善政如不及。守令之賢而亢，幾得罪當路者，率以先生解。至以中丞貴重折柬下巖穴之士，其人傲不報謝，而不之罪。大水民饑，四境之内，無善不采，無善不行，所謂集思廣益者，無愧焉。其於聯合善類，培植善脈，固性然哉，自餘非所汲汲也。世之知先生者〔四〕，其不知先生者以此。嗟乎！是編出，而世之善善者於是乎知先生之善矣。

校記

〔一〕此篇又載《高子别集》卷一。

〔二〕『山』，《高子未刻稿》訛作『凡』，此據《高子别集》校改。

〔三〕《高子别集》句尾有『者』字，於義較完。

〔四〕《高子别集》句尾有『以此』二字，於義較完。

書同年華完沖《家事公議》後〔一〕

萬曆壬午秋，吾邑舉者六人，後死者不佞一人耳。完沖屬纊，不佞在燕，不得與於經紀，與諸公上下其議。及歸，見所刻《公議》，至纖悉，至明當矣，不佞乃始泫然歎曰：『美哉！錫邑之俗庶其可訓於世乎！』夫一縉紳卒，人思魚肉之，即儼然哭泣之位有人，猶悍然不顧也，故必須親知共起扶持之，苟非子孫大不肖，得安全焉，使覩喬木者知故家，覩故家者知善俗，而民歸厚矣。兹議也，與議者當堅持之，毋啓蟻穴，以潰河堤。況乎不佞所謂六人而未死之一也，敢不畢力從事，使死者復生，生者不愧乎？

校記

〔一〕此篇又載《高子别集》卷一。

藍陽先生建晏室引〔一〕

子夏曰：『百工居肆以成其事，君子學以致其道。』夫子夏入聞夫子之道，而悦至於戰勝而肥，其所得深矣。及夫子没，退而老於西河之上，其致道時乎！夫老者宜安，不宜遊四方，侵霧露，犯寒暑，故夫子六十有八而歸魯，删《詩》《書》，贊《易》，作《春秋》。聖人之所謂成事者，蓋如此〔二〕。藍陽先生之老斯室也，倘亦居肆之意乎？吾且以觀先生之成事矣。

校記

〔一〕此篇又載《高子别集》卷一。

〔二〕《高子未刻稿》無『蓋』字，此據《高子别集》校補。

書扇〔一〕

朱子曰：『人之所以爲學，心與理而已。心雖主乎一身，而體之虚靈貫乎物理。理雖散在萬物，而用之微妙主於一心，本無内外也。故必默識此心之靈，而端莊静一以存之，則無昏昧雜擾，而足以窮衆物之理。知有萬理之妙，而學問思辨以窮之，則無偏狹固滯，而足以盡此心之全。』愚謂此孔門時遜之教，虞廷精一之傳也。然存心必由静坐而入，窮理必由讀書而入，静坐、讀書必由朋友講習而入。從事於斯，其益無方，其樂無方。非天下大福人，不得與於斯。是入德要訣，即舉業要訣也。

校記

〔一〕此篇又載《高子别集》卷一。《高子遺書》卷十二、《高子文集》卷六僅節録『存心必繇静坐而入』至文末。

書吴峻伯扇〔一〕

今之讀書者，未有志於求道者也，以爲非是不得工文詞、取科第而致富貴，人生長貧賤戚戚，靡所樂則生不如死，故不可已也。至於道，得之不見其得，失之不見其失。凡世之讀聖賢書，鮮有求爲聖賢者，往往以此固未嘗思百年有盡之身一旦而盡，無論天下之物無一非吾所有，即吾之形軀且如朽株塊壤，與吾無與。而吾之所以爲吾者，何物乎？不知吾之所以爲吾，乃所謂道也。夫道，非一朝可攫而取也〔二〕。以聖人之資，十五志之，至七十始獲焉。故種植不時，耕耨無法，至於日至之時，無獲矣。然則將舍吾今日所事者求之與？曰非也。無之非道，如其道，則道矣，非其道，則俗矣。道與俗之相去如天淵，而間不容髮。曰：『則何憚不爲？』曰：『不知也。』苟知之，當見其甚於水火飲食，雖欲已，烏得而已之？

校記

〔一〕此篇又載《高子别集》卷一。

〔二〕『朝』，《高子别集》作『日』。

書左泉劉君扇〔一〕

陳白沙先生詩曰：『千休千處得，一念一生持。』余每誦之，以爲安樂法。夫千休者，休其妄，一持者，持其正也。今人日營營焉，萬念膠縛而不休，自謂營其所樂，不知乃營其所憂，何者？多求多憂，愈求愈不足，愈不足愈憂也，盍亦一切休之乎？可委者命，可憑者天，吾命之所不可得，求亦不得也。苟天之所與，我不求，亦與之也。吾爲善以自結於天而已，如此，豈不心坦坦然有餘樂乎？所謂千休者如此。一念者，正念也，正念者，善念也。休其千，而念始一矣。左泉劉丈索扇頭語，漫書於尋春舫中〔二〕。

校記

〔一〕此篇又載《高子别集》卷一。

〔二〕『左泉劉丈索扇頭語，漫書於尋春舫中』二句，《高子别集》無。

書扇[一]

『人之所以異於禽獸者幾希』，人但知去之止爲庶民，而不知非君子者，即禽獸。欲知舜與跖之分，人但知不爲善者止不得爲舜，而不知非舜者，即跖幾希也。間也微乎！微乎！危乎！人須時一猛省。

校記

〔一〕此篇又載《高子別集》卷一。

京師寄回禩訓六條[一]

戒貪享用

最赴講會

最早做静功

書朱文公『圓融無際』詩示季兒〔二〕

朱文公先生示學者詩一首，説本體工夫最爲簡盡。人能知身心即是太虚，則一物不可倚着，知言行即是本體，則一事不可放過。極敬謹，又極快樂〔三〕，方不枉做一世人也。

書長孫永厚扇

書仲孫永清《讀書樂》後

校記

〔一〕按，襍訓六條，《戒貪享用》《勗赴講會》《勗早做静功》《書長孫永厚扇》《書仲孫永清〈讀書樂〉後》五條已見於《高子遺書》卷十《襍訓五條》。其中《書長孫永厚扇》，《高子遺書》題作《爲長孫永厚書扇》；《書仲孫永清〈讀書樂〉後》，《高子遺書》題作《爲仲孫永清書〈讀書樂〉，因題其後》。又，《書長孫永厚扇》一條，《高子别集》卷一所載較《高子遺書》《高子未刻稿》爲詳。故《戒貪享用》《勗赴講會》《勗早做静功》《書長孫永厚扇》《書仲孫永清〈讀書樂〉後》五條，本卷删文存目，本書分載於《高子遺書》卷十、《高子别集》卷一。

〔二〕又載《高子别集》卷一。

〔三〕『又』，《高子别集》作『尤』。

御部

刑部右侍郎視學大典疏

奏爲恭過視學大典，敬陳王道之要，以弘聖學，以光聖治事。

臣聞王道者，因天下以治天下而已，不與焉者也。孔子曰：『巍巍乎！舜、禹之有天下也而不與焉。』謂不以己與之也。又曰：『無爲而治者，其舜也與！夫何爲哉？恭己正南面而已。』夫舜之治天下，至纖至悉，無所不爲，孔子謂之無爲者，謂舜之治天下，擇一禹以總治，擇稷、契、皋陶諸臣以分治，而不以己與之，但恭己以治之而已。又曰：『大哉堯之爲君也，惟天爲大，惟堯則之。』言堯之無意，如天之無際，天下莫能窺其朕也。孔子所言堯、舜之道，則王道之要也。

天地之道，至易至簡，王道亦至易至簡。天生人材，本足以供一世之用，皇上用天下之材，本足以致天下之治，必使之能盡其職，故能盡其材。閣臣者，司王言之重者也，必票擬出於閣臣，則王言重。部院者，治天下之事者也，必事權出於部院，則主勢尊。臺諫者，明天下之是非者也，必是非明於臺諫，則聰明闢。皇上第恭己而聽之，不以内傳阻格，所謂以天下治天下，而天下治矣。夫皇上，天也，天無爲，而後五行四序不愆其度。皇上，心也，心無爲，而後五官四體各循其理。皇上守至正而無爲，則臣下是非邪正，如明鑑之不淆，權衡之不爽。大臣有不公不法者，臺諫糾之，臺諫有不公不法者，大臣糾之，脱有隱蔽諸曹憤然而起矣。大明中天之日，魑魅誰得而奸其間？即有不合於皇上，但與閣臣往來商議，必求其至當而後已。故皇上一不用内傳，遂成蕩平之世界，皇上一用内傳，遂起猜度之群情。非不知章奏悉經聖覽也，而謂關涉左右者，必多方動皇上之怒，皇上不知其所由然也。非不知批發悉經聖斷也，而謂左右欲有布置，必多方移皇上之意，皇上不知其所由然也。此雖外廷之猜度，皆由中旨之傳宣。皇上一不用内傳，天下之事坦然與天下共之，宫府之隔徹，南北之形消，如一家情誼相通，如一身血氣相貫，天下之事無不可爲，所謂因天下治天下而不以己與者也。

此事豈不易簡，豈爲難知？而自昔人主浮慕乾綱獨攬之虚名，不察事權旁落之實竇，每恐權移臣下，反致政出多門。以皇上聰明天縱，所當昭曠獨觀，不惡逆耳之言，必臻順治之美。修庶政，息煩言，莫要於此。不然，雖以天威臨之，廷杖屢見，人心不服，天下忠臣義士愈激而愈奮，傷天地之和，虧皇上之德，黎庶傳之，青史書之。以皇上金精玉粹之主，輕自屑越，臣竊痛之，故於皇上臨雍宣化之時，敬舉孔子所以論堯、舜之道者，知皇上之行王道易易也。

夫古稱爲君難，而臣獨言易。且今之時，何時也？天變於上，民窮於下，邊方在在不測，驕兵亂民在在告變，竭國家之力不足左支右吾。爲君之難，未有難於今日者，臣乃言王政之易乎？夫難者，王心也，有其難其慎之心，而後可圖其易易者。王道也，有至易至簡之道，而後可圖其難。圖之於末，則愈見其難，圖之於本，則立見其易。果皇上一片精神與天下相通，自成太和世界，於是天應以和而雨賜，若地應以和而五穀登，人應以和而叛逆銷，故圖難者必干其易，圖治者必以其道，必自皇上之不用内傳始。臣愚不勝激切。

行人司行人高攀龍謹奏，爲感事深憂，懇乞君相同心，惜才遠佞，以臻聖治事〔一〕

臣觀崇古以來〔二〕，君子小人迭爲消長，而治亂亦若循環然。漢臣諸葛亮曰：『親賢臣，遠小人，此先漢所以興隆也。親小人，遠賢臣，此後漢所以傾頽也。』自昔治亂相尋，不出於此〔三〕。而聖人爲戒，必謹於消長之際〔四〕。

臣於今日蓋有深憂。自去冬奉差〔五〕，迄今復命，中間不及期年，朝廷之上〔六〕，善類擯斥，幾至一空。大臣則孫鑨、李世達、趙用賢去矣，小臣則趙南星、陳泰來、薛敷教、張納陛、于孔兼、賈巖黜矣〔七〕。近李禎、曾乾亨復不安其位，乞去矣，選司孟化鯉又以擢用言官張棟〔八〕，空署而黜矣。臣惟天地生才實難，國家得人甚急〔九〕，廢黜如此〔一〇〕，後將焉繼？語曰：『十年樹木，百年樹人。』前進者愈益凋零，後來者不相接續。徒使正人扼腕，曲士彈冠，常人有爲善之心而中疑，小人有爲惡之心而愈快〔一一〕，世道人心，何可勝慨！且今皇上朝講久輟，羣臣不得望見顔色，天言傳布，雖云聖裁，隱伏之中，莫測所以，故今諸臣罷斥，中外群言不曰輔臣欲除不附己，則曰近侍不利用正人。臣伏而思之，皇上深居禁密〔一二〕，亦曾有以諸臣之賢否言於皇上者乎？皇上於諸臣亦嘗一思其所以得罪之故乎？果以爲皆出自聖怒，則諸臣自孟化鯉而外，亦未見忤皇上之旨〔一三〕，何以皆至罷斥？即使批鱗逆耳，向如董基等〔一四〕，其人皇上已即收録顯用，何獨於諸臣不然？臣誠不能不深憂於其間矣〔一五〕。臣恐皇上有去邪之果斷〔一六〕，而左右反得行其嫉妬之私〔一七〕；皇上有容言之盛心，而臣下反貽皇上以拒諫之誚，傳之四海，垂之史册〔一八〕，其爲聖治之累不小也〔一九〕。伏願皇上深賜省察，思諸臣之得罪〔二〇〕，果不廉而賣法，不公而枉法，隳朝廷之職掌乎〔二一〕？抑果秉道而嫉邪，執方而忤俗〔二二〕，致衆口之怨惡乎？其人真無負國家，其去何以允協輿論？惟讒説殄行〔二三〕，每行於不識不知之中，必聖明朗照〔二四〕，常懸於人情物態之表，臣愚不勝至望。

至於輔臣王錫爵〔二五〕，迹其自待，若愈於張居正、申時行，察其用心，何以異於五十步視百步？臣不敢毛舉〔二六〕，即如諸臣之罷斥，果以爲當然與？其於是非邪正〔二七〕，一恒人能辨之，何忍自昧秉彝之良心？果以爲不當然與？則深知隆眷誰出輔臣之右，何忍坐成皇上之過舉？得非間有揭救者特外迫於公議，而姑爲觀聽之美乎？更有不可知者，内洩其私憤而利斥逐之盡乎〔二八〕？臣有不能不深憂其間矣〔二九〕，臣恐輔臣聲音笑貌之間，雖示開誠布公之意，而精神心術之隱，實不勝作好作惡之私〔三〇〕，是致機權潛用〔三一〕，善類坐空，其爲聖治之累不小〔三二〕。伏望皇上諭輔臣深自省察〔三三〕，果正大光明，純乎爲國之忠耶？抑隱伏回互，專於謀身之私耶？其真僞不能逃於虛靈之獨知，則是非不能掩於天下之指視。與其自私用智，心勞而日拙〔三四〕，孰若大公順應，心逸而日休〔三五〕？臣愚不勝至望。

抑臣又有憂焉〔三六〕。君子小人勝負之機〔三七〕，間不容髮，故小人稍長，則君子立消。自一年之中〔三八〕，劉道隆不已，而爲許子偉；許子偉不已，而爲陳勗；陳勗不已〔三九〕，而爲鄭材、楊應宿。至材與應宿，而猖獗益甚，假似是之義理，亂天下之是非〔四〇〕，乘小人之邪謀，攻一時之君子。應宿復借不附吏部之名，致阿狗閣臣之實〔四一〕，反謂近世一種小人專以抗閣臣爲風裁〔四二〕，附吏部爲得計。其爲説愈佞〔四三〕，其爲害愈深。臣不暇深論，願應宿平心而觀〔四四〕，若吏部如楊巍、李尚思、徐一檟、朱來遠、謝廷寀其人〔四五〕，天下莫不快其去，而誰惜之乎？若論輔臣〔四六〕，如禮部郎中姜鏡，天下莫不燭其奸，而誰與之乎？若輔臣《泰交》一疏，天下莫不嘉其意，而誰議之乎？是是非非，人心不死，世將誰欺？而應宿爲此讒説也。臣恐此説一倡，不惟足以箝制人口，上之誤朝廷〔四七〕，益不信言者，中之誤輔臣，益不知其非，下之誤一時無識者，皆附和以爲同然〔四八〕。小人聞之而喜，君子聞之而懼，浸淫醖釀〔四九〕，其害不知所底極也。伏願皇上察其害正之深謀，輔臣勿喜其迎承之厚意，亟加顯斥，以儆陰邪，臣愚不勝至望。此係君子小人勝負之會〔五〇〕，世道升降之機，臣誠不勝私憂過計〔五一〕，故敢竭其鄙誠微見〔五二〕，使毫髮有裨聖明之朝，小臣甘伏僭言之罪〔五三〕。臣無任屏息待命之至〔五四〕。

校記

〔一〕此疏又載《高子文集》卷一、（明）吴亮《萬曆疏鈔》卷六『國是類』，高世寧《高忠憲公年譜》『萬曆二十一年』十一月下引。《高子文集》題作《感事深憂，懇乞君相同心、惜才遠佞疏》，《萬曆疏鈔》、高世寧《高忠憲公年譜》題作《君相同心、惜才遠佞疏》。《萬曆疏鈔》高攀龍名下註：『行人，萬曆二十一年十一月。』（明）葉茂才《資德大夫正治上卿都察院左都御史贈太子少保兵部尚書景逸高先生行狀》、華允誠《高忠憲公年譜》僅引疏題，作《君相同心、惜才遠佞以臻至治疏》。

〔二〕『崇』，《萬曆疏鈔》作『從』。

〔三〕『於』，《萬曆疏鈔》作『乎』。

〔四〕『謹』，《萬曆疏鈔》作『重』。

〔五〕《萬曆疏鈔》句首有『臣』字。

〔六〕《萬曆疏鈔》句首有『伏見』二字。

〔七〕《萬曆疏鈔》『陳泰來』後有『顧允成』三字；又，『黜』作『斥』。

〔八〕『擢』，《萬曆疏鈔》作『推』。

〔九〕『得』，《萬曆疏鈔》作『待』。

〔一〇〕『黜』，《萬曆疏鈔》作『斥』。

〔一一〕《萬曆疏鈔》『心』作『志』，『快』作『决』。

〔一二〕『密』,《萬曆疏鈔》作『内』。
〔一三〕《萬曆疏鈔》無『見』字。
〔一四〕《萬曆疏鈔》無『向』字。
〔一五〕《萬曆疏鈔》『誠』字後有『有』字。
〔一六〕『去』,《萬曆疏鈔》作『祛』。
〔一七〕『嫉妬』,《萬曆疏鈔》作『娼嫉』。
〔一八〕『之』,《萬曆疏鈔》作『諸』。
〔一九〕『治之』二字,《萬曆疏鈔》作『德』。
〔二〇〕『之』,《萬曆疏鈔》作『所』。
〔二一〕『掌』,《萬曆疏鈔》作『業』。
〔二二〕《萬曆疏鈔》無『果』字,『忤』作『格』。
〔二三〕『惟』,《萬曆疏鈔》作『彼』。
〔二四〕『照』,《萬曆疏鈔》作『然』。
〔二五〕《萬曆疏鈔》句尾有『等』字。
〔二六〕『毛』,《萬曆疏鈔》作『毫』。
〔二七〕『其於』二字,《萬曆疏鈔》作『則』。又,《高子未刻稿》衍一『是』字,此據《高子文集》《萬曆疏鈔》等删。
〔二八〕《萬曆疏鈔》『内』字前有『實』字,『利』字後有『於』字。
〔二九〕《萬曆疏鈔》『有』作『又』,『憂』作『疑』。

〔三〇〕《萬曆疏鈔》「勝」字後有「其」字。
〔三一〕「是致機權」四字，《萬曆疏鈔》作「故大權」。
〔三二〕句尾《高子文集》有「矣」字，《萬曆疏鈔》有「也」字。
〔三三〕「望」，《萬曆疏鈔》作「願」。
〔三四〕《萬曆疏鈔》「心勞而日拙」五字前有「致」字，於義爲長。
〔三五〕《萬曆疏鈔》「心逸而日休」五字前有「使」字，於義爲長。
〔三六〕「又」，《萬曆疏鈔》作「復」。
〔三七〕「勝負」，《萬曆疏鈔》作「貞勝」。
〔三八〕「自」，《萬曆疏鈔》作「即」。
〔三九〕《萬曆疏鈔》無「而爲陳曷；陳曷不已」二句。
〔四〇〕《萬曆疏鈔》「之」字後有「真」字。
〔四一〕《萬曆疏鈔》「致」字後有「其」字，於義爲長。
〔四二〕「世」，《萬曆疏鈔》作「日」。
〔四三〕「説」，《萬曆疏鈔》作「讒」。
〔四四〕《萬曆疏鈔》「願」字前有「但」字。
〔四五〕《萬曆疏鈔》無「如」字。
〔四六〕「輔」，《萬曆疏鈔》作「部」，疑是。
〔四七〕「朝廷」，《萬曆疏鈔》作「皇上」。
〔四八〕「同」，《萬曆疏鈔》作「固」。

〔四九〕『浸淫』，《萬曆疏鈔》作『浸漬』。

〔五〇〕『勝負』，《萬曆疏鈔》作『貞勝』。

〔五一〕《萬曆疏鈔》『誠』作『恐』，『憂』作『慮』。

〔五二〕『鄙誠微見』，《高子文集》《萬曆疏鈔》作『鄙見微誠』。

〔五三〕『僭』，《萬曆疏鈔》作『妄』。

〔五四〕《高子未刻稿》末附：『萬曆二十一年十一月廿八日奉聖旨：「已有旨子〔了〕，聖旨：『近來小臣不修本等職業，專鬭是非，這本着該部院會同該科從實問他，何以見得吏部有許多贓私及高攀龍爲顧憲成所使？亦問高攀龍，何以見得朕一事不管，親批親點俱出輔臣之意？明白參看來説，不許狥私黨護。』」批楊應宿疏。』以上《高子文集》作題註。『奉聖旨：「已有旨子〔了〕，聖旨」』，《高子文集》作：『奉旨：「已有旨了，旨」』。

光禄寺寺丞高攀龍謹題，爲傳奉事

天啓二年正月初六日，該司禮監掌印太監兼掌尚膳監印王體乾於乾清宮奏，正月十五、十六、十九日該用九般七般茶飯九卓。傳奉欽依到寺，欽遵備辦外，内有牲口數，内每卓該用天鵝一隻，共計六隻，隨行珍羞署取用。該署呈稱，本署畜養天鵝止存一隻，去年十一月内即奉堂票督各行户四預行買辦，以備上供，行户四下尋買，告稱天鵝非北方物産，皆由南方進解，今進解不到，無從買辦，備呈到寺。職查得《會典》内一款，凡野味，每歲南直隸廬州府等額辦天鵝二百六十七隻，解至工部，轉送珍羞署收養供應。萬曆年間，神宗皇帝不傳茶飯，本署畜養天鵝置之無用，皆發行户易價，隨奉欽依，令廬州等府皆進折色，每年解天鵝銀一百四十九兩，工部送節慎庫交收。惟山東魚臺縣每年解進二隻，尚存本色。今魚臺縣未經解到工部，未經轉送本寺，無從買辦。職又查得，嘉靖元年，公主婚禮内合用竹雞，以野味無從買辦，本寺具題，奉世宗肅皇帝聖旨：『是竹雞既無，准將家雞伏用，欽此。』萬曆九年，壽陽公主婚禮，本寺以缺少竹雞具題，奉神宗顯皇帝聖旨：『照嘉靖年間例行，欽此。』今天鵝缺少，恭望皇上照嘉靖、萬曆年間竹雞事例，特賜免用天鵝，將家鵝代用。則皇上不以一物之微，重四方之累，史册以皇上一箸之省，傳萬年之德，職等亦與有榮施。伏乞聖裁，職無任懇祈顒仰之至。緣係傳奉事理，未敢擅便，謹題請旨。天啓二年正月具題〔一〕。

校記

〔一〕《高子未刻稿》文末附：『奉聖旨：「是。」』

大理寺添註少卿高攀龍奏，爲君恩未報，臣義當明，懇乞聖明放歸田里事〔一〕

職以一介書生〔二〕，由萬曆十七年進士服官行人司行人，旋以言事被謫，林居二十七年。伏蒙皇上起用，歷陞今職。聖德天高地厚，職在高厚中爲受培之一物；聖哲日照月臨，職在照臨中爲受燭之一人，頂踵可磨，髮膚何愛，思以涓滴之用，小效涓埃之酬。顧職未嘗學問人也，亦嘗講求學問人也，以嘗講求，附名講學，雖無其實，既有其名。今以諸臣不容講學之時，豈微臣可容戀位之日？《易》重知幾，史羨知止〔三〕，職以此學矣〔四〕。

夫鄒元標、馮從吾，一代名臣，品望素著，即皇上尚徘徊不舍，再四勉留，此其人豈以人稱而重，豈以人譏而輕？獨惜百年培之甚難，一朝去之甚易。講學何罪？頓空法紀之臣〔五〕。禁學何名？欲行聖明之世。朝端減幾許顔色，海内增幾許咨嗟〔六〕。職不必深言義，惟一去。况職衰朽，近更困頓，肌肉外消〔七〕，神明内頹，事半遺忘，語多顛倒，同官目擊其可笑之狀，職尤自愧其不靈之形，祇宜亟赴鷗盟，豈可久參鵷序？伏望聖明放歸田里，使得專藥餌於餘年，擁詩書於土室，一掃東林之軌，聊解《北山》之嘲。職無任激切待命之至〔八〕。

校記

〔一〕此篇又載《高子文集》卷一，題作《君恩未報，臣義當明，懇乞放歸田里疏》。

〔二〕『職』，《高子文集》作『臣』，下同。

〔三〕『羡』，《高子文集》作『美』，於義爲長。

〔四〕《高子文集》無『職以此學矣』一句。

〔五〕『頓』，《高子文集》作『遽』。

〔六〕『咨』，《高子文集》作『歎』。

〔七〕『消』，《高子文集》作『削』。

〔八〕《高子未刻稿》末附：『天啓二年十一月初五日奉聖旨：「高攀龍既留心學問，正當竭忠盡職，不必辭。該部知道。」』《高子文集》作題下註。

大理寺添註右少卿高攀龍謹奏，爲愈無期，感事致疾，再懇天恩矜允回籍調理事〔一〕

職於本月初一日疏，陳君恩未報〔二〕，臣義當明，乞放歸田事，奉聖旨〔三〕：『高攀龍既留心學問，正當竭忠盡職，不必辭。該部知道。欽此。』時届萬壽之辰，又值一陽之節，職謹匍匐趨朝，蹒跚舞拜，不敢顧其身之疾苦也。然人臣最不可苟者職業，人生最不可强者精神。精神所不到之處，則臣職有虧；職業有不盡之處，則臣忠斯替，學之所不載也。職既衰朽多病，又以感觸傷神。近見人心偏私，耆德去位，首科空傳人瑞，詞苑遂失名流，皆諸臣有意而生此厲階，致皇上無端而纇其盛美，職不勝憂懣，遂增奇疾，陰陽交争，上下隔塞，臟腑否閼，榮衛乖違，邪氣所干，元氣大伐，决非藥石可療，旦夕能瘳，安得竭其愚忠勉修職業乎？伏乞天恩放歸調理，則微臣未死之日，皆聖主並生之仁也。職不勝恐懼屏息待命之至〔四〕。

校記

〔一〕此篇又載《高子文集》卷一，題作《感事致疾，痊愈無期，再懇天恩矜允回籍調理疏》。

〔二〕『職』，《高子文集》作『臣』，下同。『二』，《高子文集》作『二』。

〔三〕『聖旨』，《高子文集》作『旨』。

〔四〕《高子未刻稿》末附：『天啓二年十一月廿五日奉聖旨：「高攀龍着照舊供職，不必屢辭。該部知道。」』《高子文集》作題註，『聖旨』作『旨』。

大理寺添註右少卿高攀龍謹奏，爲主恩愈隆，臣病愈甚，三懇天恩矜允回籍事〔一〕

職於前月二十二日疏，陳感事致疾〔二〕，痊愈無期，乞允回籍調理事，奉聖旨〔三〕：『高攀龍着照舊供職，不必屢辭。該部知道。欽此。』臣再奉敕旨，何敢復有瀆奏？故多延醫人，亟治藥餌，別居静室，專意燮調，冀得少瘥，勉出就職。本月初六日，吏部一本陞授官員事，奉聖旨：『是，高攀龍陞太僕寺卿。』臣即焚香叩頭訖。念職力不能趨闕謝恩，何况服官承寵？旬日以來，三折無靈，二豎益侮，舊症未減，新病日增〔四〕，咳嗽通宵不眠，飲食盡日不化。據醫官薛應龍等皆曰：『病在肌膚，散可解也；病在臟腑，湯可蕩也；即病在元氣，丸可緩也；惟病在神志，必神志寧静乃治，非草木服餌可瘳。若不亟返初服，大作休歇，將入膏肓，不可救矣。』職不得已，故復哀籲。夫人之情，趨顯榮而背寂寞，職獨何心，可以苟安爲此亟亟〔五〕？祇以溝壑之憂，遂犬馬之報，伏望皇上矜全，放令回籍，使少延朝露夕暉，歌詠堯天舜日。爲此謹具奏以聞〔六〕。

校記

〔一〕此篇又載《高子文集》卷一，題作《主恩愈隆，臣病愈甚，三懇天恩矜允回籍疏》。（清）高世寧《高忠憲公年譜》卷下『天啓二年』十一月僅引疏題，作《驚聞新命，三懇天恩乞賜罷斥疏》。

〔二〕『職』，《高子文集》作『臣』，下同。

〔三〕『聖旨』，《高子文集》作『旨』。

〔四〕『病』，《高子文集》作『症』。

〔五〕『亟亟』，《高子文集》作『孑孑』。

〔六〕《高子未刻稿》末附：『天啓二年十二月十二日奉聖旨：「高攀龍方有新命，着遵前旨到任供職，不准辭。吏部知道。」』《高子文集》作題註，『聖旨』作『旨』。

太僕寺添註卿高攀龍謹奏，爲自陳不職，乞賜罷斥，以嚴計典事〔一〕

近該吏部題奉欽依，考察在京官員，其四品以上准令自陳。職由萬曆十七年進士服官行人司行人〔二〕，二十一年以言事降謫，天啓元年蒙皇上起用，歷陞今職。伏念微臣資稟迂愚，才識疎莽，放棄卅載〔三〕，已甘青山緑野而長終，擢用一朝，急向紫禁彤庭而厠跡。入朝之後，洊被遷除，由光禄而太常而大理，太僕，已四寺之歷更，由寺丞而少卿而卿，未有一善之可狀。既無毫毛之報國，每拊心以深慙，當明止足以全身，在急流而勇退。況職衰病已甚，驅策不前，近已三陳乞身之章，況遇六年黜幽之典〔四〕，以幽而黜，宜莫如職。伏祈聖明鑒職悃誠〔五〕，將職罷免，庶公評不爽，而無功食禄者知有所懲，仕路允清，而量能受職者且有所勸矣。職不勝悚息待命之至〔六〕。

校記

〔一〕此篇又載《高子文集》卷一，題作《自陳不職疏》。『奏爲自陳不職，乞賜罷斥，以嚴計典事』，《高子文集》屬正文。

〔二〕『職』，《高子文集》作『臣』，下同。

〔三〕『卅』,《高子文集》作『廿』。
〔四〕『典』,《高子未刻稿》作『興』,形近而訛,此據《高子文集》校改。
〔五〕『祈』,《高子未刻稿》作『析』,形近而訛,此據《高子文集》校改。『悃誠』,《高子文集》作『誠悃』。
〔六〕《高子文集》此後尚有『謹奏』二字。又,《高子未刻稿》末附:『天啓三年正月十四日奉聖旨:「高攀龍着照舊供職,吏部知道。」』《高子文集》作題註,『聖旨』作『旨』。

遺表〔一〕

校記

〔一〕此篇已載《高子遺書》卷七,題作《遺疏》,本卷删文存目。

代鄒南翁《續闡幽疏》〔一〕

爲續舉未邺孤臣,以彰聖朝盛德事〔二〕。

臣伏念古者以人事君之義,於凡諸臣遺棄於野,舉其存者,充陛下任使,闡其逝者,求陛下邺録。陛下不以臣言爲非是,一一見之施行,則臣可以止矣。况諸臣鰓鰓焉而防冒濫,臣益可以止矣。然臣實不知諸臣之逝而未蒙邺者尚有一百二十餘人,此一百二十餘人中,據臣所知,參之同朝,皆謂不可不邺者,尚有某某四十六人。臣而不言,則日征月邁,時異勢殊,其亦已矣。

嗟嗟諸臣，身際熙朝，人膺膴仕，豈不欲保爵位，耀鄉閭，乃自甘放棄哉？惟是本心之明不容自昧，故或言事而忤朝貴，或執法而觸稅璫，或一事相連而無辜波及，或宦績久著而孤芳未揚。今諸臣之存者設有兩人焉，一人用，一人不用，其不用者，果有粃行則已耳，不然，江湖寂寞，風雨淒清〔三〕，未有不感慨歎息，恨自棄於明時者。臣不敢謂死者無知，有所卹，有所未卹，其未卹者果無善狀則已耳，不然，安知其不夜臺惆悵，孤魂躑躅，求自白於明主而無從哉？此臣所以徘徊進退，幾欲自輟而卒不能自禁。蓋天地間止有此一脉忠義能隄魚爛之群心，能振風靡之惡俗。

自古國家存與俱存，亡與俱亡，人主自爲社稷計，必汲汲於彰其既往，以示方來，不以一善而或遺，不以一人而或漏。四海之内，見聖主之精神注之於此，孰不歡忻鼓舞，感激涕零，以自發其固有之良心哉？誠使四海内歡忻鼓舞，感激涕零，以自發其固有之良心，則國家之益大矣。臣寧冒不知足之嫌，而不忍昧心以負諸臣以負陛下者以此。伏惟聖明采擇，下該部覆議贈卹，幸甚。

校記

〔一〕此篇又載《高子文集》卷一，題作《續闡幽疏》，題註：「代鄒南皋。」

〔二〕《高子文集》無「爲續舉未卹孤臣，以彰聖朝盛德事」一句。

〔三〕「雨」，《高子文集》作「月」。

黔滇餉議〔一〕

兵興以來，言利者細無不及矣，豈尚有餘策可佐末議乎？然今日言利無策尚是中策，言利有策便是下策，何者？傷其本，未有濟其末者也。黔難燃眉，遠不救近，計惟有急借附近鄰省見年實在之餉，而後當事諸老先生矢志回天，大請發帑，以補其所借。或曰帑有盡時，豈可常發？是大不然。今庶民稍有福分者，用度匱乏，必絶處逢生，出自意外，豈聖天子而患無財？今日之禍，半由礦税，礦税貨竭，干戈禍息，蓋悖入悖出，財散民聚之定理也。况又可使聖天子知國用艱難，加意節省乎！至於精求天下心計之臣，熟講屯鹽錢鈔之務，假各省撫臣以便宜，使隨地生財。每協助，但求可任之人，不立一定之法，法從人行，不因法弊矣。謹議。

校記

〔一〕此篇又載《高子文集》卷一。

紅丸議〔一〕

謹議：得禮部尚書孫慎行論劾舊輔方從哲一疏，發舒數十年神人之憤，防閑千萬世君臣之義，其功禕矣〔二〕。然尚有未盡之蘊也，何者？從哲之罪在無君，其無君也，在心有獨注而不知有君。其獨注者，在交結鄭戚，表裏爲奸。所謂爲人臣子，不知《春秋》之義者，必陷於首惡之誅是也。夫《春秋》之義，端本澄源，罪坐主者，故趙穿弑君，獄歸趙盾，盾爲政也。人臣即無道，何忍輕加以弑逆之罪？况先帝至仁聖，何忍輕累以被弑之名？顧往昔之弑，雖隱而實著；今日之弑，雖著而實隱。若不透底説明，將使亂賊接踵，國家之禍何可勝言？

夫張差之挺，美姝之獻，大黄之藥，相迫而來，同一線索也，稍知臣子之義，忠憤當何如？從哲處之恬然，若秦越人之相視〔三〕。豈獨恬然，且力爲調護，力爲隱諱，力爲考察討賊之人。君與賊不兩立，從哲惟知爲賊而已，寧知有君乎？諸人若無從哲，何所恃而敢於無天無地無人理至此極也？此從哲所以爲無君，所以無逃首惡之罪，是《春秋》之法也。嗟嗟從哲，引用匪人，公行貨賄，將神祖末年朝政壞盡，是非滅盡，人才逐盡，人心失盡，遼將殺盡，遼民殺盡，釀成一時不忠不義錮疾，光考竟殞厥身，獨留蠱敗不可收拾之天下於我皇上。從哲無君之禍，皇上獨當之，而人不知也，既經慎行拈出此段公論，豈容抹殺？

職以爲鄭戚與從哲原是一人〔四〕，文昇與可灼原是一案。進封、移宫之事，諸臣當日所親見，從哲雖因人成事，尚有兩揭進美女、進泄藥之事，亦諸臣當日所親見，從哲何獨力掩護，曾無一言？從哲處分，自有公議，非職敢言。鄭戚回籍，已奉明旨，可遂弁髦乎？輕易進藥，可灼處分自有明條。文昇下藥，先於紅丸，可廢國典乎？皇上子道在此，大臣臣道在此，伏乞力請於皇上，將四事一時並了，則三綱一時再明，陽氣振則陰沴消，匪夷所思矣。職若有一字過求從哲，有一念私黨慎行，天地鬼神立誅殛之。謹議。

校記

〔一〕此篇又載《高子文集》卷一。

〔二〕『禕』，《高子文集》作『偉』，於義爲長。

〔三〕《高子文集》句尾有『也』字。

〔四〕『職』，《高子文集》除『職若有一字過求從哲』一句外，餘皆作『臣』。

朋黨説

校記

〔一〕此篇已見《就正録》，又載《高子別集》卷一。本卷刪文存目。

静餘説〔一〕

伯勳許先生號静餘，或曰：『先生之祖爲效静公，先生自以爲效静所餘也〔二〕。』或曰：『天地之道，一闔一闢，不有闔也，無以闢。凡物皆然，惟静乃餘。』或曰：『人之躁静，在心不在境。見爲不足，千駟不足也，見爲餘，一瓢餘也，惟餘乃静。』高子曰：『吾弗知其説，吾知先生。天下皆勞，先生獨逸，天下皆絀，先生獨贏，先生真静餘者也。往予以童子而交先生，見先生塊然如處子，無一切紛華馳鶩之好，而文采日益彪炳。鉛槧之業，拙者焦心蒿目，而先生日愉快於中，可謂有餘於文。乙酉秋，先生舉於鄉，吾見世之得一舉者，忘性命，捐廉恥，營其宫室、妻妾之委瑣，晝夜矻矻而不足。先生干謁不及於公府，子母不言於私家，而敝衣陋室〔三〕，安於蕪簡。然而里巷之慶弔不乏，賓朋之宴饋不乏，男女之婚嫁不乏，是先生未嘗爲家，而可謂有餘於家。所居委巷中，衡門晝閉，非有要約也，不可得而見。一畝之宫，父子自爲知己，讀書宴談，不及勢利，不及聲色，不及一切應酬疲形徇俗之事。請與出遊，欣然而往，隤然而醉，善謔不虐。先生至，而一座笑言啞啞。是先生遊於世，而不役於世，可謂有餘於日月。先生鬚髮早白，自謂蚤白老人。家故貧，負郭數十畝，爲券書授其三子，而謂余曰：「生人之事盡此〔四〕，即一旦溘焉朝露〔五〕，無所向兒女子娓娓。」可謂有餘於死生之際。先生真静餘者也。」

或以告先生，先生笑曰：「若言其贅矣。夫人也者，太虚中之餘物也，況其他乎？吾餘，吾故静。」

校記

〔一〕此篇又載《高子别集》卷一。

〔二〕『效静』，《高子别集》作『效静公』。

〔三〕『室』，《高子别集》作『食』。

〔四〕『盡此』，《高子别集》作『盡於此』。

〔五〕『溘焉』，《高子别集》作『溘然』。

周文恪公像贊〔一〕

不以一嚬笑媚人〔二〕，落落如喬松巖石者，公之容。不以三公萬鍾自媚，皎皎如清霜烈日者，公之衷。不媚小人，亦不媚君子，孤行一意，而世莫之與同。斯人耶，是乃絶鄉原之行蹤者耶？

校記

〔一〕此篇又載《高子别集》卷一。

〔二〕《高子未刻稿》『一』字空闕，此據《高子别集》校補。

建昌郡守中復蔣公像贊〔一〕

爾貌穆乎其晬也〔二〕，爾衷坦乎其粹也。令宜陽，民得其所恃。去建昌，民失其所倚。其仕也，不順小人，而莫逆於君子。其歸也，不問生産，而衽席於山水。以孝弟爲田，如農師五穀之蒔；以睦婣爲肆，如工師百器之備；以生死爲寄，如素封一屣之棄。蓋悠哉游哉，聊以卒歲，而以浸昌浸熾者畀之後嗣。

校記

〔一〕此篇又載《高子别集》卷一。

〔二〕『晬』，《高子未刻稿》訛作『粹』，此據《高子别集》校改。

若沖錢先生像贊〔一〕

是其人幼學成人，壯能治人，老能淑人，不虚其人者也。其人與其形俱往矣，其像又以其人而不湮，孝子慈孫奉之而百世常新。

校記

〔一〕此篇又載《高子别集》卷一。

澄泉先生像贊〔一〕

世人一切伎倆，先生無有也，本性無增，故不任受增。世人一切疵纇，先生無有也，本性無減，故不任受減。望其容，頹然一翁，窺其衷，壁立孤峰。其人往矣，所不與俱往者，浩浩無窮，吾猶得於方尺之像。追其不離不鑿之風〔二〕，如見古人之蹤。

校記

〔一〕此篇又載《高子別集》卷一。

〔二〕「風」，《高子別集》作「容」。

舜巖馮先生像贊〔一〕

儼然者君子之容，是可像者也。肫然者君子之心，是不可像者也。吾何以知其心？吾知之於清田之事，不沮不撓，若痌瘝之在乃躬〔二〕。以世間人任世間事，使皆如翁，可使生民融融在太和之中。是謂君子之心，宜其有君子之容，而足以正人之蒙，啓作聖之功。

校記

〔一〕此篇又載《高子別集》卷一。

〔二〕『痌』，《高子未刻稿》作『痛』，此據《高子別集》校改。

龍涵先生像贊〔一〕

於鄉黨中，温然善人也。於庠序中，斐然文人也。不枉三代之直，不失赤子之真。遺容諤諤，彷彿蒼松翠竹之精神。吁嗟斯人！孰謂今人不如古人？

校記

〔一〕此篇又載《高子別集》卷一。

許敬庵先生像贊〔一〕

粹乎其有像者，人耶！淵乎其無方者，天耶！是將胥萬物悉納之，生養安全，使物物各得其所。天乃先生無方之淵，而先生莫知其然，此其所以爲天。

校記

〔一〕此篇又載《高子別集》卷一。

逢源江翁像贊[一]

不金而充充然富也，不珪而楚楚然貴也。其勤儉足以自立，信義令人心折也。是鄉之善士，國之憲老也。翁曰：『吾求西生者也。』不知翁之現在是爲極樂，當念而證者真，舍心緣境者幻也。

校記

〔一〕此篇又載《高子别集》卷一。

少泉薛翁像贊[一]

藏身於湖山一區，藏心於聖賢方册，故其人無風塵之緇，其貌有黄、虞之色。人亦何必富貴？駟馬高車，蓋不以易吾五湖扁舟、萬卷蠹魚之適。

校記

〔一〕此篇又載《高子别集》卷一。

蔣布衣太如像贊〔一〕

是爲布衣蔣太如之貌。少有釋氏之樂，及來東林，聞吾聖人之教，如寐斯覺。其志慥慥，聯四方同好，期共臻於斯道。苟有志於斯道，知斯人之亡爲可悼。

校記

〔一〕此篇又載《高子别集》卷一。

寒泉上人像贊〔一〕

僧而出世者，其迹也，資生作務，理劇治繁〔二〕，才則用世之才。官而用世者，又其迹也，古寺精廬，修篁茂樹，樂則出世之樂。咄！總是幻迹。會得麽？總非幻迹〔三〕。

校記

〔一〕此篇又載《高子别集》卷一。

〔二〕『繁』，《高子别集》作『煩』。

〔三〕『非』，《高子别集》作『是』。

繆仲淳先生像贊〔一〕

其目威，其明不失於當幾。其采英，其神不攖於俗情。匹夫而憂天下之憂，末技猶足起斯人於彌留。百年而契千秋之契，微言猶足發古人之秘。計有絶人之識力，不使其效一籌於國。有超世之胸襟，或者使其主管深山茂林，與波臣遷客幽人静士斷金盍簪，證無始之心與！

校記

〔一〕此篇又載《高子别集》卷一。

約軒先生像贊〔一〕

其貌諤然，其神烔然。肅寧令之勤其民也，屹乎細大不捐，以至於憊而病，病而無年。六月烏臺，一腔丹赤，如逝水往於溟渤，飄雲盡於長天。獨此諤然之貌、烔然之神點染丹青者，猶見其乘鞭驄馬、端笏鵷聯、夙夜在公之翩翩。嗚呼！盡瘁厥躬之弗延，厥慶永傳，是以後人之多賢。

校記

〔一〕此篇又載《高子别集》卷一。

楊鳳麓冏卿像贊〔一〕

爾貌今人，爾心古人。飲人者旨酒之醇，及人者載陽之春。凜然自持者，處子之身。油然自任者，赤子之真。卜爾百世未艾，以爾一腔之仁。

校記

〔一〕此篇又載《高子別集》卷一。

書部

復沈龍翁老師〔一〕

懷老師峻德丰神時時在目，一舉念，一舉事，恐辱老師，輒自悚惕，此攀龍林居功課也〔二〕。得來使訊，知老師起居清勝，爲手額稱慶〔三〕。《東林記》出老師手裁，此方奉以爲矩，庶幾實講實修，一不敢假借自便，爲聖人門墻羞，皆老師化雨所被也。拜師命，謹再商求一二字，以聽削正。顧涇陽先生出一書，明李司徒保障東南之功，而東林遂爲時局大懟。然丈夫言動總屬千秋，豈在目睫間論世情順逆也？諸不敢詳及。

校記

〔一〕此篇又載《高子遺書未刻稿》，（清）許獻、高廷珍等纂《東林書院志》卷十七，《東林書院志》云得之於『先忠憲未刻稿中』。

〔二〕『攀龍』，《東林書院志》作『某』。

〔三〕『稱』，《高子遺書未刻稿》《東林書院志》作『自』。

又〔一〕

近有吴大行名爾成者過此，云曾見候老師〔二〕，台體有小不佳，已勿藥矣，且懼且喜。暑氣未清，伏惟老師倍加静爕，幸甚。

時事稍定，而復有代藩之閙，晋江益不理於公論矣。敝邑遽失顧涇陽先生，楚中又失郭明龍先生，天之生才甚難，而才之摧殘甚易，氣運如此，世事可知。向得老師教，云東林爲世不容，欲一發揮於記文中，謹以原稿呈上，并請台銜圖記。幸老師於宴間留意，即寄吴鄭州處。孝貞歌詠，此中同志胥樂自附椒蘭蕙芷之間，而不易齊集，當俟到日刊刻寄上。

吴鄭州澄時清操好善，世人所希。他人每以宦地之物輸於家，而此君每以家中之物輸於官，此攀龍所真見。然同官相形，大非所喜也，望老師特培植之。

校記

〔一〕此篇又載《高子遺書未刻稿》。

〔二〕『見候』，《高子遺書未刻稿》作『候見』，疑是。

又〔一〕

伏惟老師天眷一德，斂時五福，遥知起居佳勝，黄鳥緑陰，樂事無邊矣。向承台命，就神醫繆仲淳覓方，謹奉上。又[二]，攀龍恭紀老師《泰交始末》，未知能不失其實否？敢以呈覽，有舛謬處，望乞批示。向見老師几頭有《妖書始末》，乞録寄一通，因此中亦有記，恐有傳聞之訛也。

校記

〔一〕此篇又載《高子遺書未刻稿》。

〔二〕《高子遺書未刻稿》無『向承台命，就神醫繆仲淳覓方，謹奉上。又』十六字。

又[一]

春來伏審老師台候萬福。今宇宙間渾渾元氣、凜凜正氣俱萃老師一身，攀龍幸當老師之世，又出老師之門，每自愉快，每自砥礪，相望千里，如在一堂，不啻日坐春風也。

承示《妖書始末》，具悉底裡。張同年一疏，舛然以疑老師，是仰面唾天而欲其及也，世人愚不至此。南臺省段幻然、汪懷德、蔣貴皆鞠躬盡瘁[二]，爲國除奸，如段幻然發太倉密揭，其功尤偉，乃一綱中考功法，何以勸後？有心世道者無不爲扼腕[三]，老師幸爲言於當路[四]。即如四明當國，南北黜陟，奸相欲亂之而不可得，今以賢者在事[五]，反使士君子有不平耶？《東林記》文想寄到，幸發下刻石。

校記

〔一〕此篇又載《高子遺書未刻稿》。

〔二〕『段幻然』，《高子未刻稿》脱『幻』字，此據《高子遺書未刻稿》校補，下同。
〔三〕《高子遺書未刻稿》無『爲』字。
〔四〕『當路』，《高子遺書未刻稿》作『當道』。
〔五〕『在事』，《高子遺書未刻稿》作『在位』。

柬沈南園〔一〕

君子之至於斯，凡登老師之龍門者，無不誦台丈高情朗鑑也。今天下微陽一線，總是福唐相維之，此公去，萬怪作矣。太宰既去〔二〕，相國無乞身之理。聞主上殊不喜，無怪其然，將來者未得其人，見在者未卜其去，理亂存亡決於鍼芒，此豈相國可去時耶？老師便中當爲極言。適上老師書，中忘及此，敢爲台丈道之。

校記

〔一〕此篇又載《高子遺書未刻稿》。
〔二〕《高子遺書未刻稿》『太宰』二字旁，他筆旁添『儕鶴』二字。

上儕鶴趙老師〔一〕

聞老師道味日永〔二〕，道體日强，欣慰而已。林下人樂事非一，而無盡享用，在學之一字〔三〕。况老師當伯玉化境，其樂又當何如？

攀龍持一觴久矣，欲得有道者一言，遂不及懸弧之候，敬於元陽來復，祈老師萬壽伊始。緘至之日，老師幸爲浮一大白，觴中有千秋之腴，頗堪咀嚼耳。

顧涇陽先生兩疏乞身，俱爲納言所格。此中同志雅不欲其出山，老師以爲何如？

校記

〔一〕此篇又載《高子遺書未刻稿》，題下他筆註：「己酉。」

〔二〕「味」，《高子未刻稿》訛作「咏」，此據《高子遺書未刻稿》校改。

〔三〕《高子未刻稿》無「在」字，此據《高子遺書未刻稿》校補。

又〔一〕

伏知老師道履佳勝，側聞時局，有以老師旦夕違和遽相傳快者，即是見老師爲元祐之君實，慶元之元晦也。今年内計以陰剥陽，盡而後已，固無足怪。而孫淇澳、王心一皆以護東朝特處，九廟果遂木然無靈乎？回思從老師長安時，即有宵小鼠竊狗偷，不意今日狼虎横行至此〔二〕。自古無有數十言官遽執國命，而揆宰靡然爲其鷹犬者，亦大奇矣。

不得與老師把盞，仰屋明月清風，總成辜負。王儉齋之便，附微物爲候。儉齋幸一嘘植於地方之可言者。此時可言之人，想在處空谷亦復有跫然者否？

校記

〔一〕此篇又載《高子遺書未刻稿》，題下他筆註：「丁巳。」

〔二〕『横行』，《高子遺書未刻稿》作『縱横』。

又〔一〕

伏惟天壽老師，所以壽君子之脈也。攀龍嘗謂君子必有所短，小人不無所長。世之人方指邪人爲正，邪人復能自見所長，方指正人爲邪，正人不免自見所短，長短相形，邪正相混〔二〕，其孰從而辨之？非文德壽耇秉明鏡平衡者，海内其何恃焉？老師其人也，故曰天壽老師，所以壽君子之脈也。

春來伏審盛德日新多福，以至遥想丰容，徒深瞻仰。自惟窮居，恨無羽翰，不腆一觴，致託令姪世丈，伏望老師壽筵中特爲浮一大白。

校記

〔一〕此篇又載《高子遺書未刻稿》。

〔二〕『混』，《高子未刻稿》訛作『混』，此據《高子遺書未刻稿》校改。

又〔一〕

里中抄《續闡幽録》〔二〕，脱落不全，故李繼白皆未之見，旋得全抄，乃始快然，毫髮無恨矣。雖間及於匪人，已普及於君子，而更有妙存焉，使天下後世聞且見者皆曰：『苟言出於正，事出於正，即其人不足數，而聖朝不以人廢也。』所風化遠矣。非老師不能爲此大文字也。向者《闡幽録》，我素令郎曾刊之，今乞老師發揭本來增刻〔三〕，更乞弁數語於首，幸甚。逝者已申，而存者尚屈，令人有露晞之悲，河清之感也。惟老師留意。意所欲言者，已在前書。

校記

〔一〕此篇又載《高子遺書未刻稿》。

〔二〕《高子未刻稿》無『録』字，此據《高子遺書未刻稿》校補。

〔三〕『刻』，《高子遺書未刻稿》作『刊之』。

又〔一〕

十七之事，各衙門公疏，量不容已。輿情望老師奮然爲此事而出，正氣便百倍，他事皆破竹而解矣。以攀龍所見，老師必不可去，去亦不慊老師之志。萬工部，老師統官中一官也，言雖非時，事實其職，乃内官百十爲羣，先撻之市，後杖之廷。老師統在朝之臣〔二〕，弼主上之違，且看主上若何，如待大臣以禮〔三〕，老師尚可留也，不然，去亦光矣。此正時幾，惟老師裁之。

校記

〔一〕此篇又載《高子遺書未刻稿》。
〔二〕『之』，《高子遺書未刻稿》作『諸』。
〔三〕『大臣』，《高子遺書未刻稿》作『老臣』。

又〔一〕

昨日門生所言，不盡意之言也。言而盡意，則言者瀆，聽者拂。以老師神明，豈待其詞之畢乎？望更察之。

校記

〔一〕此篇又載《高子遺書未刻稿》。

又

旬日中會相知，皆言選郎宜補，故爲老師言之。今日有以此問者，攀龍以老師言對，曰：『不便也。此上有八人，八人者怨矣，各省家食者皆怨矣。又礙張沖一，蒲州相謂速之去矣。雖老師立一省兩人格，而舊格相因久，張浮西不敢來，是不用者怨，而用者又不得用也。且今日以用賢而越不賢者，他日將用不賢而越賢者〔一〕。如循次用之，果作惡，則言路在，去之不難。陞者陞，去者去，不賢者盡矣。』其言有理，故爲達之，僃老師裁擇。

校記

〔一〕《高子未刻稿》『者』字重，衍一『者』字，此删。

又〔一〕

昨老師所示者，攀龍心所疑念，以爲老師見超物表，迥出尋常，攀龍以尋常擬之，無當也。及静夜思之，當諸人作惡時，老師直參之可也，今奉旨後，諸人有作惡者，老師直參之可也，乃不先不後，當此風波可息之時，復興其波，天下必以爲過矣。静思之後，内決於心，知其必不可，故直布之。此事干係非小，千萬垂察。

校記

〔一〕此篇又載《高子遺書未刻稿》。

又〔一〕

攀龍今蚤入朝，問老師昨日事，皆謂殊不覺，不過見老師手據地而起耳〔二〕。老師一疏之後，決不可再上，非攀龍一人之言，有識者同然之言也。老師出處關涉匪小，必於君臣之義了無憾，而後爲不負國。不然，立見天翻地覆，共謂世道自老師一輕去而壞，老師何以自解於心？攀龍不得不直言也。

校記

〔一〕此篇又載《高子遺書未刻稿》。

〔二〕《高子遺書未刻稿》無「殊不覺，不過見老師手據地而起耳」十四字。

又〔一〕

總憲之推，閣意似欲推現在，又意在喬鶴老，此猶無害，恐須從之。至老師屬意於攀龍，則萬萬不可。無論其他，即敝衙門便大不安〔二〕。孫藍石以刑尚掌憲，此近事，尚書方自謂當爾，而攀龍越之，彼能堪乎〔三〕？饒三銘，正人也，同是起廢，科深俸深，而攀龍越之，彼能堪乎？即閣中亦不以爲然〔四〕，如之何其可？老師欲用攀龍，不若以副院〔五〕，但侍郎管副院，事久不行，不妥，不如其已也。總憲陪推，恐須於曹真予、鄭玄嶽、孫拱陽三人中酌之。

校記

〔一〕此篇又載《高子遺書未刻稿》。

〔二〕『安』，《高子遺書未刻稿》作『妥』。

〔三〕『彼』，《高子遺書未刻稿》作『其』，下同。

〔四〕『不』，《高子遺書未刻稿》作『未必』。

〔五〕『不若』，《高子遺書未刻稿》作『或』。

又〔一〕

昨暮歸，捧讀老師四作，至移丙。前人作者各有殊絶之妙，至一種風韻，則老師迥出千古〔二〕，轉摺變化，亦惟老師得太史公之髓也。至昭問〔三〕，正今日訑訑之業〔四〕，周公正今日泄泄之象，思黨又自幸得與黨人也。繩北恐老師再宜堅留，令其思堂翁之命不可違牽。堂翁之去，不能安而復留，留雖不雅，猶愈於去。周存老已有疏，又須兩下照顧，而後可决耳。我旋則萬不可去，老師亦萬不可放去，去則不但孤負用人者一片苦心，且甚覺氣象不佳。不去而益自展布，則成肅清衙門之功，有餘味矣。難進易退，雖君子之義，今日一種病根，膴仕者輒欲尋一好題目，且歸逍遥，又有懼齮齕者，此一點意思，畢竟不容掩，慎獨之學正在此。夏、程二公，攀龍皆盡其忠者也。

校記

〔一〕此篇又載《高子遺書未刻稿》。
〔二〕『則』字,《高子未刻稿》無,此據《高子遺書未刻稿》校補,語意較完。
〔三〕《高子遺書未刻稿》無『至』字。
〔四〕『正』,《高子遺書未刻稿》作『止』,下句『正』字所作同。

又〔一〕

世道至此,真無可言。今日只有捱法,捱得一年太平,落得爲一年太平之民耳。老師日月心目,星漢文章,林中人一經品題,便足千古,無慕乎三事九列。此等筆削,游、夏不能贊一詞,况非游、夏乎?幸亟圖之。攀龍欲將今上一朝邪正脈絡剖出,冀後生入仕者稍知適從,病冗相乘,有志未逮,得師教,不覺戚戚動矣。夏繩北一疏,真朝陽鳴也,亦有病其比鄒臣虎者。此疏功高,恐不可深求。與攀龍未有往來〔二〕,攀龍久向往矣〔三〕。

校記

〔一〕此篇又載《高子遺書未刻稿》。
〔二〕《高子遺書未刻稿》無『與』字。
〔三〕《高子遺書未刻稿》無『攀龍』二字。

又〔一〕

别後伏想老師浹旬抵家，攀龍則浹月而至，人言世事如此，世道之憂奈何？攀龍謂君子，道之行也，無處著一樂字，道之窮也，無處著一憂字。所謂憂世之志，樂天之誠，雖並行不悖，實各有一當〔二〕。老師釋重擔而得輕身，釋極忙而得閒身，猶是境樂〔三〕。至仰不愧，俯不怍，乃是性樂。丁愼所謂老師此番出山，毫不折本。豈獨長孺，蓋天下之言皆然，攀龍所謂不愧不怍之樂也。龍之不肖，得依老師，亦竊有少分，故能知老師之樂之真。趙父母歸，正值歲冗，草率布此。

校記

〔一〕此篇又載《高子遺書未刻稿》。

〔二〕『一』，《高子遺書未刻稿》作『攸』。

〔三〕『境樂』，《高子未刻稿》作『樂境』，此據《高子遺書未刻稿》校改。

又〔一〕

伏惟老師蒙此大難，昔人所謂不如此，安得精光萬丈？但怪天之生老師，不以開一代之治，而以當一代之厄。徵之古大人物，每每皆然〔二〕，不知何説，此屈子所以爲《天問》也。世事不可言矣，惟是老師與劉忠宣後先相應，雖豪傑有以自持，而暮年筋力何堪？此攀龍之所以疾首痛心，不能自寧者也。謹走一力，上候起居，一芹少佐饘粥。攀龍之罪狀未結，鄭、方二族思逞，未知何以相處，總付之『義命』二字矣。令郎大奇，不及另啓，伏乞老師以近況示慰。不一。

校記

〔一〕此篇又載《高子遺書未刻稿》。

〔二〕『皆』，《高子遺書未刻稿》作『而』。

柬徐檢老房師〔一〕

新歲，伏惟老師新福方來，敬爲萬姓手額加祝。南中周侍御一疏，以至庸極陋之見，珍爲至當不易之説〔二〕，此輩直是可憐。賀農部窮源探本，扼要周防，世間有眼有心人自不乏也，而多出吴中，無怪諸公之欲殺。然天應生之人，安能滅之也耶？房按臺來，人人如登春臺；能學臺來，人人如赴湯火。老師有可婉曲轉移處，爲多士造無涯之福。此竇山之竇，惟老師能得之也。

近見邸報，有老師報邊餉一疏，敝邑止得二分，此秋間之數耳，若歲終，則五分矣。亦聞欲得楚銓者，方耽耽視楚中才望之人，如敝父母者，所屈指而欲得甘心者也〔三〕。萬一借此齮齕之，不將虚老師爲國樹人之至意乎〔四〕？正與如菴同在荆溪，相商得老師移一咨於部，歲終五分之數，使部覆不至降級，方不墮耽耽者術中耳。人才難得，幾事易失，故亟以上聞，伏惟老師即留神焉。

校記

〔一〕《高子未刻稿》書前目録題作《柬徐檢吾房師》。此篇又載《高子遺書未刻稿》。

〔二〕「珍」，《高子遺書未刻稿》作「稱」。

〔三〕「甘心」，《高子遺書未刻稿》作「驅除」。

〔四〕「人」，《高子遺書未刻稿》作「賢」。

又

望前茅幾眼穿矣，而陽春行至，喜何可言！浙之湖州有某者，通省元殼也，陳筠堂守湖，按其罪，而南臺臣聞之朝。湖之縉紳，其君子則人懷巷伯之心，其小人則人居不韋之貨。君子第以空言維之，小人悉以實力效之，數不勝也。諸君子謂攀龍曰：『此須老師過杭時爲高老先生言之，明正天討，爲吾湖之福不小也，爲吾浙之福不小也。』惟攀龍亦以爲然，故敢聞之老師，千乞留意。

柬李修吾司徒〔一〕

攀龍觀自古君子〔二〕，有一分真精神，便受小人一分真魔難，未有用世君子當邪世而冥然富貴者〔三〕。先生真精神十分滿足，故受小人真魔難亦十分滿足。大丈夫不如是，安能精光照耀千古？今日之事，惟有爲先生幸，爲先生慶而已。自是而之一段致命樂天光景，先生當不草草漫過也，餘事皆無足言者。

校記

〔一〕此篇又載《高子遺書未刻稿》。

〔二〕『攀龍』,《高子遺書未刻稿》作『竊』。

〔三〕『冥』,《高子遺書未刻稿》作『宴』。

又〔一〕

世事至此,夫復何言?惟天下大豪傑能當天下大震撼,天下大震撼常投於天下大豪傑,於先生益信矣。諸公惓惓吾輩,誤認吾輩尚有意於斯世,不知末世自是諸公世界,豈有吾輩置足之理?又認吾輩能破其局,不知蕩平正直,斯常久之理,偏黨反側,止目前之快〔二〕。是乃天道終古而然,諸公欲以目前快事爲不朽定局,其亦舛矣。熙、豐諸人之敗,豈元祐諸賢所爲哉〔三〕?當此時局,反得杜門息交,研究此生一大事,惟恐錮之不深也。於斯之時,有能於先生效毫毛之力者〔四〕,真古人矣。有之乎?幸亟示,以爲世道一快。解糧人便,以一言爲候,伏祈先生時對浮雲,一笑爲樂。

校記

〔一〕此篇又載《高子遺書未刻稿》。

〔二〕『止』,《高子遺書未刻稿》作『祇』。『目』,《高子未刻稿》訛作『日』,此據《高子遺書未刻稿》校改,下文同。

〔三〕「元」，《高子未刻稿》訛作「天」，此據《高子遺書未刻稿》校改。
〔四〕《高子遺書未刻稿》「先生」後有「分上」二字。

又〔一〕

此出纖毫無益於時，期於自了一念而已，獨於先生負古今未有之誣，未得一揭於王庭。每與黄石、念臺相對扼腕，恨未有其會。若發之不時，非徒無益，而又害之。東事任非所任，山窮水盡，必思先生。人人知先生忠義饒爲之，知先生智略饒爲之，但事極勞，先生精力饒爲與否，惟先生自知，他人不知也。惟先生密示同志，雖共爲國家計，亦須爲先生計。爲先生，所以爲國家也。此事不可作半吞半吐語，敢直陳之，幸恕其狂妄。

校記

〔一〕此篇又載《高子遺書未刻稿》。

柬李修老令郎〔一〕

伏惟令先公先生之遽謝世也〔二〕，斯世豪傑之士無問識與不識，莫不咨嗟嘆恨，以爲先生有大功於東南〔三〕，卒爲讒人所誣陷，僅得昭雪於今皇，又不得上壽，以盡行其志。蓋百身莫贖之悲，人有同心，而況於不佞東南之人在綏安之中又在教愛之切者乎？廼爲職事所羈，不得憑棺一哭，惟有隱痛於腸，隱泣於睫而已。不腆薄將，申此一念，伏惟鑒存。

校記

〔一〕此篇又載《高子遺書未刻稿》。

〔二〕《高子遺書未刻稿》「世」字前有「斯」字。

〔三〕《高子遺書未刻稿》「先生」前有「老」字。

答葉臺山相國〔一〕

三十年來，吴浙諸公一脈相禪，至於閣下，其局始易。以諸公培之一世，閣下欲融之八年，力不能也，故相持而角。往者脈出於一，如水無石，如風無户，横流洞達，其勢反安。砥之以石，壅之以户，澎湃怒號，益甚其壯，理所宜然，又何怪焉？今門户分矣，孰是孰非，較若黑白〔二〕，不待明者而決，惟是君子中自有愛憎，自立異同，令金銀銅錫攪作一器，暗者因之益其暗，偏者因之益其偏，奸者因之益其奸。世之可憂，乃在於此。閣下歸矣，觀物閒中，祇供一笑，而憂君湖海，念未能已，亦願弘慈隨方化導，以醒群迷，世道幸甚。

起廢一事，閣下苦心甚久，而天意未回，乃錮籍諸人之福。事求盡道，鉅細同難，當局旁觀，勞逸萬倍。諸人得悠遊林壑，繕性怡情，以是没身，覆瑕藏拙，顧不幸與？但恐世念未盡，空負造物，亦負閣下耳〔三〕。兩啓瑶函，兩諷瑶篇，如侍左右，以承珠璣〔四〕。重以隆貺種種，尊者之賜，所不敢辭。而逾涯之情，有不敢盡，故敢璧二幣，伏祈涵炤，不宣。

校記

〔一〕此篇又載《高子遺書未刻稿》。
〔二〕『黑白』，《高子遺書未刻稿》作『蒼素』。
〔三〕『負』，《高子遺書未刻稿》作『空負』。
〔四〕『以承』，《高子遺書未刻稿》作『承以』。

又〔一〕

伏惟閣下德福兩足，無論耳目所及，即載記所陳，相君之具美全盛，足以震今耀後，未有幾若閣下者。此豈非一代真元所鍾，兩間至和所萃，陶鑄萬品，非品物所測識者與？不然，何以當此上下否隔，朝野震撼，而閣下卓然超然〔二〕，曾無有能損其大德大福萬分之一？天之所縱，非人所爲，於閣下益信矣。攀龍一介腐儒，其於世也，何啻蟣蠓？而閣下乃常置之胸臆，形之齒牙，若謂斯世之有斯人者然。此固大造之仁，無物不在照臨，然照臨之中，何物不生顔色耶？

今兹車駕出於下里，分宜匍匐道左，上問興居〔三〕，一申其積懷積感〔四〕。而此地乃時人耳目所屬，閣下道經於此，尤屬耳目者精神所注。既不敢輕近寵光，動人猜度，而攀龍年來與一二同志於東林則談論經史，其餘日則深山晏坐，以是二者悠游卒歲，一切是非，不關其心，一切送迎，不關其足，又不敢獨近寵光，供人指點，所以上報閣下數年奬誘隆情，惟是一點自守拙法。譬如貧子口稱報恩，徒張空手，而君子亦有取其愚誠者，是所矢於閣下也。閣下之歸，遥思聖主如失左右手。未論再入鈞衡，天下手額，只今赤松結侣，緑野開堂，峩峩羽儀，如喬嶽大川，望於八埏，潤於四海，言論丰采，所以持天下善脈者，豈其微哉？伏惟珍養百年，以成千古。山野之人，何勝翹跂瞻依之至！外不腆簞食壺漿之迎，所冀不麾，以爲榮幸。

校記

〔一〕此篇又載《高子遺書未刻稿》。
〔二〕『超然』，《高子遺書未刻稿》作『超異』。
〔三〕『興居』，《高子遺書未刻稿》作『起居』。
〔四〕『積懷』，《高子遺書未刻稿》作『積仰』。

又〔一〕

伏惟閣下八年於外，三徑歸來，樂可知矣。今者春陽載始，多福駢臻，遥望德門，何勝浣慰〔二〕！從受之兄再接大教，重以珍幣，戴德何有窮際〔三〕？自閣下歸，而中朝再見考選年例之鬧〔四〕。太宰老成人，似於世局概未之知也。敝鄉葉園適素性恬默〔五〕，最惡生事〔六〕，亦遂憤然勃然而起。人心同然處，何容抹殺？惟是抹殺不得，所以爲帝則，所以爲民彝。然彼中亦自謂人心同然，亦自爲民彝帝則，何以别之？到此真難下語矣〔七〕。若果易言易曉，從古聖賢不須千言萬語〔八〕。昔賢遇不明人，但云怪不得，萬端慨嘆，直三字消之耳。

攀龍久已禁舌，於閣下撑天柱地之人，偶一及之。敝房師歸，聊附不腆，上候起居。萬物向榮，所祈大君子順時自暢。不宣。

校記

〔一〕此篇又載《高子遺書未刻稿》。

〔二〕『浣慰』，《高子遺書未刻稿》作『欣慰』。

〔三〕《高子遺書未刻稿》『戴德』後有『啣情』二字。

〔四〕『中朝』，《高子遺書未刻稿》作『朝中』。

〔五〕『園適』，《高子遺書未刻稿》作『閒適』，兩可。

〔六〕『惡』，《高子遺書未刻稿》作『怕』。

〔七〕『語』，《高子遺書未刻稿》作『一語』。

〔八〕『千言萬語』，《高子遺書未刻稿》作『萬語千言』。

又〔一〕

向於邸報中知閣下有西河之痛，深嘆天所以報施善人者，不能盡其量也。缺陷世界，上聖大賢無全得者，知閣下於至情中有卓識，不以滓空明之宇矣。

世事不容人著手，而造化者時用其不測，今日所靠者，這些子而已。吴曙老當有深心定力，不論其地，只於諸公噏噏訿訿間，便見真品格。世衰道微，事事難做，只討得諸公一場詬駡，自足千古。若欲免此，自喪其實矣〔二〕。

校記

〔一〕此篇又載《高子遺書未刻稿》。

〔二〕『寶』，《高子遺書未刻稿》作『實』。

又〔一〕

閣下之提挈攀龍者至矣，一歲廼叨四轉，雖有戴德，能無愧心？旬日以來，别假僧舍養疴，而干旄且儼然臨之，曾不得擁篲迎前驅也，悚懼當何如！不日復有小疏，上籲聖主，伏望閣下垂仁允放。蓋硜硜小人既已言去，則以一去爲信，閣下全其硜硜，實大造之曲成也。不能摳趨叩謝，謹布其踧踖不寧之私，諸不及宣。

校記

〔一〕此篇又載《高子遺書未刻稿》。

又〔一〕

攀龍通籍三十年餘，實未常有三年淹於京邸，以是水土不服。壯年人久而慣，衰年人久而愈不慣。今年秋不如夏，夏不如春，飲食日減，肌肉日消，匪獨有疾病之憂，且有性命之慮，以是思歸甚急〔二〕。不然，當此明良之世，師濟之朝，平生所願見而不可得，胡忽恝然去耶〔三〕？前日敝同年董思老所讓一差，實太常不容已之事，曾告於閣下〔四〕，今懇於宗伯，蒙許具題。伏望台仁允行，令即就道，不勝啣戴。

校記

〔一〕此篇又載《高子遺書未刻稿》。

〔二〕『甚』，《高子遺書未刻稿》作『日』。

〔三〕『忽』，《高子遺書未刻稿》作『忍』。

〔四〕《高子遺書未刻稿》句首有『已』字。

又〔一〕

恭惟元相閣下，別來令德光昭，多福駢集。遥想黄扉紫閣，如在瑞靄祥雲，何勝歡忭。然頗聞閣下去國之意甚決，而爲王留行無足以動閣下者，攀龍又何言？然畢竟閣下之決於去者，見有身在，若外其身自見〔二〕，於時於義，未可去也。龍蒙閣下扶植，至秋卿之副矣，而報國之誠不勝偷閒之念，而乃妄言致身於閣下，真言之不怍。然體念所及，知己之不能克，故望大聖賢大豪傑克之。爲九廟，爲四海，真見一日不可無閣下，不敢自嫌其不怍而不言，豈區區以吾儕小人之廬也，而懼閣下之去就乎哉？

西谿來，附候起居，微物寄意，拙言請正，伏祈批教。臨楮惟祝閣下滋至之慶，如春日加長而已。

校記

〔一〕此篇又載《高子遺書未刻稿》。
〔二〕『自見』，《高子遺書未刻稿》作『自立』。

又〔一〕

攀龍别元相之明日，即病瘧，即注籍。伏蒙賜到題卷，隋珠和璧燦爛於敝簏，殘卷與二泉光映千古。龍竟不能一來叩謝，連日瘧勢甚劇，又不能隨諸公之後，再一望見顔色，二十餘年在教愛中，能無黯然？所祈元相暫得悠游，聖天子一旦而思周召光輔中興大業耳，匪佞〔二〕。薄具微物，是措大本色，非世俗常套，萬惟鑒茹，以爲榮幸。伏枕口占，何勝瞻戀。

校記

〔一〕此篇又載《高子遺書未刻稿》。
〔二〕《高子遺書未刻稿》『匪佞』二字重。

又〔一〕

近日事令人短氣，生人遯思。以閣下安危係重之身〔二〕，且去志莫挽，攀龍直悔此來矣。龍入部未久，司官旅進旅退，不知其才品〔三〕，得教，即細詢問，其人有才而妥，又以他事特見之，明爽無陰氣，郡守饒爲之也。謹復。

校記

〔一〕此篇又載《高子遺書未刻稿》。

〔二〕『係』，《高子遺書未刻稿》作『倚』。

〔三〕『不』，《高子遺書未刻稿》作『未』。

又〔一〕

伏惟閣下再輔大政，閣下之身安，而海内之善類安，故傷善類者每不快於閣下，而善類中又多過求於閣下。攀龍每謂有閣下而人不知甘，失閣下而人知苦矣〔二〕，今竟何如哉？天生彼一班人，自合作彼一班事，天生此一班人，自合受此一班厄，於閣下出春明之日而已知之。龍歸即居湖濱，不見一客。削奪乃是其本分，後亦未卜如何。餘生無幾，原無可戀，人性至足，原無可虧，半生守拙，稍窺此理，以此度日而已。向辱題二泉卷，傳之子孫，比於圖球。謹如命，録稿呈上。

校記

〔一〕此篇又載《高子遺書未刻稿》。

〔二〕『苦』，《高子未刻稿》訛作『若』，此據《高子遺書未刻稿》校改。

又〔一〕

自閣下暫歸，天下何多故也。光宗先帝之變，天傾地折，海宇震盪，賴祖宗之靈，沖聖嗣服安若泰山，又賴先帝之靈，召還閣下，是泰山而四維之也。祖宗二百五十三年之社稷，懸閣下之一身，閣下千秋萬載之名，實懸今日之一出，固不可以爲易事，亦不可以爲難事。昔賢曰：『爲之而已矣』，『外其身者存其身』，顧其身者未有不累其身者也。遼陽之難，豈不甚劇？然試觀難作以來，在我曾有勝算否？彼亦因我敗著爲勝著耳〔二〕。若使人懷忠義之心，各做正當之事，以全盛天下，豈遂不能制一方也〔三〕？我所以敗者，内有不測之奸，外有不一之口，上無必行之法，下無必死之心也。故四者不反其道，未有能濟者也。夫天下之本，係於神京，聖心一摇，天下如沸鼎翻車，不可復救。故固天下在固聖心，固聖心在固神京，固神京在固四輔。四輔之地，自巡撫以至縣令，無不得人，則人人皆將，在在皆兵。其要在吏部得人，所難在此，所易亦在此。諸如此類，故曰『爲之而已矣』。

腐儒之見，敢效秋蟲之鳴於閣下。台騶過此，未出山之小臣不可親寵光以供指點，原亮原亮。

校記

〔一〕此篇又載《高子遺書未刻稿》。

〔二〕『彼亦因我敗著爲勝著耳』，《高子遺書未刻稿》作：『亦豈是必勝之兵將？因我敗著爲勝著耳。』

〔三〕『豈遂不能制一方也』，《高子遺書未刻稿》作：『豈遂不能制一方之□？不過彼盜也。』

又〔一〕

攀龍一無當於世用，蒙聖恩叨起廢之例〔二〕。攀龍東林人，不宜仕宦明矣。執東林之事以老，豈非天然之矩與？顧常計之，士人出處何常，視君與相而已。今主上沖年聖質，閣下名世大賢〔三〕，何忍自外於明時？然而有不可强者〔四〕，精力憊矣，神明衰矣，即欲爲國家效馳驅而不能矣。祇以君命不可委，而先父母及本生父母未有一命之榮，故擬趨闕乞恩，旋乞骸而歸，訓蒙士以畢世，則區區末路之計也。伏祈閣下鑒其不欺，委曲成全之，則攀龍此生之得遇閣下，真爲不虚。閣下覆載中，實造就一物矣，敢預布其腹心。

校記

〔一〕此篇又載《高子遺書未刻稿》。

〔二〕『例』，《高子遺書未刻稿》作『列』。

〔三〕《高子遺書未刻稿》句首有『而』字。

〔四〕《高子遺書未刻稿》無『有』字。

又〔一〕

攀龍重荷栽培，久辱臭味，豈不願日參鵷鷺，夔顧朱黄門首疏即以東林爲根柢〔二〕，東林之仕於朝者，惟攀龍一人而已，當時即欲求去，而見天語頻申，字字光映千古，心誠樂之，不忍去也。及鄒、馮二老去，而攀龍猶恬然於此，則東林辱矣。況水土不服，日甚一日，故去志一決，更無二三〔三〕。相知中謂龍宜暫住者，不深體其羞惡之真，不可聽也。伏望矜其不欺，即擬允放。或韓老先生入直，敢借九鼎，惠之一言〔四〕，使蚤得就道一日，則蚤得蒙恩一日也。

校記

〔一〕此篇又載《高子遺書未刻稿》。

〔二〕『朱黄門』，《高子遺書未刻稿》作『童蒙朱黄門』。

〔三〕『去志一决，更無二三』，《高子遺書未刻稿》作『去志益决』。

〔四〕『惠』，《高子遺書未刻稿》作『爲』。

答朱平涵〔一〕

年丈得旨，超然於風波之外，何樂如之！世事壞矣，他無足論，可惜福清相公被門户二字壓倒，竟令全局折於小人〔二〕。嗟乎！此是何等事？一代安危，千秋名實，擲而不顧，乃區區顧一時贊譏得失耶？要之，氣運如此，尚何言哉？

東林今年不敢以大會累人，但從同邑相知作小學生規行矩步而已〔三〕，他邑同心者有便則過之，恐是時義當然。老年丈以爲何如？

校記

〔一〕與朱平涵四札又載《高子別集》卷二。(清)許獻、高廷珍等纂《東林書院志》卷十七《文翰三》引第一札。《高子未刻稿》書前目録題作《答朱平涵年兄》,《高子別集》《東林書院志》題作《答朱平涵相國》。

〔二〕『折』,《高子別集》《東林書院志》作『折而入』。

〔三〕《高子別集》《東林書院志》無『而已』二字。

又

恭惟老年丈躋古稀之年〔一〕,備古稀之福。雖切憂世,聊爾樂天,知杜門之中有以自娱矣。弟不敢以一觴相從,因陳年侄之便,致一袍一杯,老年丈所不我麾也。言短心長,惟有神注。

校記

〔一〕『丈』,《高子別集》作『翁』,下文同。

又

弟削奪之旨近日始得,非弟敢爲矯語,實則進鋭退速,天道當然。往者與年丈言此,相視莫逆,而不知者乃不以爲然，癡人前不可與説夢也。

又〔一〕

年丈兩過此，弟皆不敢追隨〔二〕。近者仲淳之葬，弟以初三之夕至山中，不知於何地何時交臂而失仙鵠也？從是把臂益不可期矣。黨人未死，竊閉户之樂，閉户之中，竊性命之樂〔三〕，理亂皆可付之不知。仲淳後事，議論不一。弟謂仲淳之子，仲淳知之，仲淳之友，知仲淳而已，豈能舍其所知而知其不可知者乎？惟是仲淳存日，惓惓欲弟以遺産之半作佛事，弟謂仲淳既無的嗣，何忍繆氏之鬼之餒也？欲於敝邑深山中兵火不到處〔四〕，傍名刹作一香火院，祠其先世以及仲淳，爲置祭田〔五〕，選一行僧守之，弟輩則於春秋牲醴祭之。意中擇華藏寺之左右，尚未定也。年丈以爲何如〔六〕？香火院須立一碑，定須大筆，預懇。

校記

〔一〕此札又載《高攀龍詩文殘稿》，題作《柬朱平涵閣老》。

〔二〕『不敢』，《高子别集》作『不及』。

〔三〕『性』，《高子未刻稿》訛作『惟』，此據《高攀龍詩文殘稿》《高子别集》校改。

〔四〕『處』，《高攀龍詩文殘稿》作『之處』。

〔五〕『祭田』，《高子别集》作『祭地』。

〔六〕『丈』，《高攀龍詩文殘稿》《高子别集》作『翁』。又，『年丈以爲何如』一句後，《高攀龍詩文殘稿》尚有『餘不及宣』四字。

答南皋先生〔一〕

去年奉壽先生時，是一世界也。不謂國家有如許變故，今日又一世界也。前日世界無處著先生，今日世界不可無先生，先生之當出無疑。何者？主少國疑，當出鎮定之，揆地是善人，當出左右之，二者非先生不能，非先生不可，故曰當出無疑。非獨攀龍一人之言，同志者同然之言也。

若如攀龍者，無論在錮籍，即以先生噓拂，黨禁稍開，亦不能出户庭一步，此則攀龍自知自信自處之道，難以言盡也。

校記

〔一〕與鄒南皋七札又載《高子别集》卷二。『南皋』，《高子未刻稿》書前目録及《高子别集》作『鄒南皋』。

又

歲首以先生訃事，近以光禄多事，止攀龍一人，故未及候見。三十年來，海内翹首望先生今日久矣，先生必有平天下之不平者。天下之不平者甚多，莫甚於丁巳之計。以李朴、丁元薦、賀烺、史記事之賢而不謹也，沈應奎之廉能而不謹也，李炳恭未到任之御史，以御史考不謹也，史學遷、沈正宗、劉定國、韓萬象、王時熙、涂一榛而考浮躁也〔二〕，潘之祥、荆養喬而考不及也，皆表表人羣，沉鬱五載矣。近者公論大明，獨丁元薦、沈正宗間有不喜者。元薦爲人，其志烈，其行潔，其氣浩浩而孤行，乃聖人所謂狂也。此樣人是世界光彩，何可無之？正宗戇直自遂，家甚貧，閉户擁書自樂，蘇人最不喜之，此正宗所以拔於蘇人也。王之寀發張差逆謀，黨鄭氏者與之爲仇，無怪也。今人猶襲鄭氏口吻，尚令淹郎署，不破格爲社稷一酬其功，吐忠臣義士之氣，何耶？拾遺中賢者用矣，尚有喬允升未起，范鳳翼未轉，王圖未薦，統望先生留神。陰陽消長之機〔二〕，間不容髮。丁巳一掃正人〔三〕，尚有諸賢郵典，應行者容再列名上聞。

校記

〔一〕『涂』，《高子未刻稿》訛作『余』，此據《高子別集》校改。

〔二〕『消長』，《高子別集》作『消息』。

〔三〕『丁巳一掃正人』句後，《高子別集》尚有數句：『是年四月禍發。今反其道，乃治平上計，此語惟先生不以爲迂耳。』

又

先生此出，宇宙生色。天下第一流人物，第一流見識，非常情所能測。然壽耇元老必與英俊少年血脉流通，方盡得人性。以攀龍旁觀，今日言路中賢者甚多，如惠如焦，更有定見定力，不淆於兩可。復稅一說，聞之痛心。以先帝罷之，而萬姓歡呼，使主上復之，而萬姓怨恨。臣子悞君父，不善繼述，是誠何心？

陳、舒二丈之便附此，謝復不一。

又

糧艘過洪，大可慶事也。辱先生所命，謹具稿聽裁。此番須以李繼白朴前列，此公是大豪傑，當邪焰方張，能一疏盡列諸奸，存世公道，其誰能之？若有續闡，而復遺天下忠臣義士，必有決眥不平者。此舉爲不光他，爲稅璫所論一人不可遺，故攀龍皆圈出之。于如菴玉立是一義俠男子〔一〕，無論其他，即爲小人如此痛惡，則其表裡無一毫媚世可見矣。非先生表明，又將誰望？其人已往，人心已解，此時可以及矣。孫繼有、譚一召皆爲趙定老事罷官，幾被逮獄，兩人生平原無大過，此疏原是赤心。當時爲此一事被逐者共有五人，惟攀龍在耳，若不爲先生竭誠求之幽冥之中，負此良友。前蒙邮諸臣亦有五六人類此者，望先生收入，攀龍死瞑目矣。謹以人數奉上。

校記

〔一〕『玉』，《高子未刻稿》訛作『王』，此據《高子別集》校改。

又

曩時權奸欲甘心先生，豈意先生今日乎？區區扼先生一官，豈意先生悠游田間，一日萬年也乎？由此觀之，無君子〔一〕，莫治小人，無小人，莫成君子〔二〕。何論古今，即先生七十年，大可鏡矣。人猶相踵爲小人，以成全君子，何小人之不幸，而世道交受其不幸也乎！攀龍不能文，而於先生之學窺見其毫末，故直言之，望先生更教之。

七人一芹，非世情也，先生享之，七人有餘榮矣。

校記

〔一〕『無』，《高子未刻稿》作『無論』，衍『論』字，此據《高子别集》删。

〔二〕『成』，《高子别集》作『養』。

又

伏惟先生肫肫於宇内至矣，即如攀龍至不肖，不知費先生何限筆舌，而海内同志没者存者同被華衮。没者已矣，存者何以報稱也？今天下甚難奮然自拔之人，而時事甚難奮然可拔之會，時既困人，人益困時，相率入於泄泄之局。雖以先生包天包地之量，震古震今之品，似亦無下手處也。攀龍腐儒，一無當於世用，即使趨闕，止可乞身。有日見先生於燕邸，自當知枯朽糞土果無所用。其所自量，果非虚語也。

又

每從邸報中見大疏〔一〕，苦心哉先生之爲世道也！而世不知先生之學，遂不知先生之大心，不知先生之大用也。至大獄，非先生一疏，幾潰決矣。洪大理桂渚，真君子也，先生曾與上下其議論否？少年中真正之品亦須得一二人，通海内俊傑之脉。每見大老位尊望重者少此一着功夫，便不能使民不失望。先生道眼，所謂伯樂空冀北之馬者，尤願精選天下第一流人物，以備咨諏。其於嶽海高深，未必無助也。劉本孺，正人也，遽卒京邸。今年敝邑既失安我素，又失本孺，友朋凋謝〔二〕，惟餘涕泗，知先生亦爲深慨耳。

校記

〔一〕《高子別集》『大疏』前有『先生』二字。

〔二〕『凋謝』，《高子別集》作『凋殘』。

柬鄒南翁令郎〔一〕

恭聞令先公先生之變，不勝哀悼。皇國失此元老，四海失此先覺，不獨攀龍輩受知爲私痛也〔二〕。東林不腆之將，謹附曾公祖之便上申，伏乞門下奏之几筵，萬勿見麾，斯爲辱先生知愛者，别於尋常也。

校記

〔一〕此篇又載《高子別集》卷二。

〔二〕《高子別集》『攀龍』二字前有『以』字。

柬馮少墟中丞〔一〕

去冬，弟四疏將上矣，董大司馬見過云：『以講學去，有獨居道學之痕。有一差於此，不若計後以差去。』弟曰：『此馮年丈之教，今當從之。』故弟尚在此，需差正與同心，不至作下劣文字。得黔戰大捷，海内亂志可戢，皆極可喜事。孫拱老撫貴省，正人作用，自非尋常地方。有當言者，老年丈幸盡言之。相知當道，山林即得志之時，得志即澤加於民之日也〔二〕。老年丈非久大用，但惜首善弘開，弟徒爾東林遥慕也。

校記

〔一〕此篇又載《高子别集》卷二。

〔二〕《高子别集》無『也』字。又，《高子别集》此句後尚有『不可失也』一句。

答李孟白〔一〕

以台翁動正用和而入中朝，此爲剥之碩果，由此而之，世道有賴乎！近見時事，人不能爲力，而蒼蒼者若默持之。人易勝，天難欺，暫易淆，久難惑。翁臺但静觀之，不可輕動江湖之思，絶微陽之脉也。同心一人，翁臺何其見之明乎！攀龍輩則默識而不敢出諸口也。林中人别無餘事，惟日味頭巾語，説頭巾話，覺久而相與乳入，有津津不能已者，以此卒歲矣。

校記

〔一〕與李孟白七札又載《高子别集》卷二。

又

以翁臺國之柱石，而尚令遠官於南，固云南中天下要領，然翁臺當事於北，自可使南國得人，不必其身之南也，蓋旦暮望之矣。會攻講學者，攀龍後鄒、馮二老去，已屬遯尾，從此可以東林一老儒終矣。天下事尚可爲，是在翁臺。臨緘何勝翹跂。

又

伏惟台臺以盡勞盡瘁之身，今得晝錦，暫得爰清爰凈之樂。然天所以生台臺者，貽以憂，不貽以樂。今天下以厝火之焚成燎原之勢，岌岌乎不支矣，豈台臺偃仰自息之日乎？萬乞勿萌此念。

梅長翁至此，尚未得一晤。陳石泓父母真肝膽真見識，入朝便有無限爲國。攀龍向相知當事者屢言之，所以遲遲者有故，當亦不久啓事耳。

又

切望翁臺入都，不謂有令先慈太老夫人之戚。是天以翁臺家食厚，太老夫人之終，又稍遲翁臺大用，以永君子之脈也。

邇來清明之景雖佳，而平陂之幾不測，在諸君子維持，使日長中而已。《易》之日中者，事不過五分，此持盈之道也。伏望翁臺於相知相通此意，世道幸甚。陳石泓父母在長安，諸賢之南車也，慮其外遷者，諸賢之自爲計也。

塵客之便，得以片香附奏太老夫人几筵〔一〕。所祈翁臺節哀思，保道體，以爲大孝。

校記

〔一〕『片香』，《高子別集》作『芹香』。

又

攀龍初入都，正值中常煽虐，西江翻波。然賴楊大老一擊，而中常之害稍稍斂戢，西江亦了無滋味而止。雖日後變態不可知，而目前伎倆殆如斯矣。

攀龍之朽腐，居非其地，蓋諸賢施之，不顧其所安業。已如此，不得不望助於海内知己。伏惟翁臺勿遐遺，而時惠金玉之音，萬幸〔一〕。

校記

〔一〕《高子別集》『萬幸』二字重。

又

每讀《詩》，而味所謂「温温恭人」「藹藹吉士」者，台丈真其人也。謂宜登之巖廊，何乃復煩臬事？自是此方人福分大耳。敝鄉人得赤石來作公祖，石湖來作父母，一時德曜之聚，山中人樂事可勝道耶？所苦同志中以崑山一案同異稍損如蘭臭味〔一〕，缺陷世中多不如意〔二〕，事無足怪耳。他事不悉〔三〕。

校記

〔一〕「同異」，《高子别集》作「異同」。

〔二〕「世中」，《高子别集》作「世界」。

〔三〕「不悉」，《高子别集》作「不詳」。《高子别集》「他事不詳」後，尚有「諸祈順時燮養，以受百福」一句。

又

東省即安，非翁丈仁人在位，何以遽轉災爲福？今天下事非野人所與知，非野人所可言，第幸禾黍再登，兵革不起，一年安静，得一年快活，如是畢世已耳〔一〕。

校記

〔一〕「如是」，《高子别集》作「如此」；「耳」，《高子别集》作「爾」。

答孫拱陽〔一〕

伏惟老公祖解三吴之倒懸，起一方之吏治〔二〕，仁人溥利，無涯無盡，不知造化何以報塞宏功也？敝邑父母胸中是非天然涇渭，其意欲扶陽抑陰，成立一端正世界，故小人窺之，指爲東林之黨，悉力抑壓，使其無所容而後已。果爾，地方有司於林中麋鹿必須人人明攻暗揭，如徐太僕所謂，斯快矣。伏乞台臺力爲主持，計典中必使賢令得完，庶幾世道人心可恃無恐，非獨區區林間有安枝静羽已也〔三〕。

錢梅谷侍御孤軍堅敵，不審將來有義旅應援否？不以言而以行。監試一事，其何説之辭？此事不了，煩言愈多，一公則宣城、歸安、東筦三大案俱結矣，恐不必與口舌争鋒也。

校記

〔一〕《答孫拱陽》二札又載《高子别集》卷二。

〔二〕《高子别集》『三吴』『一方』互易。

〔三〕『有』，《高子别集》作『得有』，於義爲長。

又

晉江去考選下，海内欣欣相告〔一〕。而老公祖諸疏無一語不提當務之急，又無不欣欣相告也。循此而往，微陽或有充長之機。但恐新咨異類不忘躑躅，諸君子不得不磨礪以須。折其萌則易爲力，而又當以戊申爲前鑒，以和平爲勝筭耳。老公祖爲當今正人冠冕，六龍之轡，望手握而調閑之，宗社無疆之福端在是矣。

宜興貪吏去而一方更生，聞報一示無忌憚如此，與湖守之木可稱兩絶，天地無獨必對也。湖守既不能討之，鹽臺決當誅之計典。在彼，戕正人已不遺餘力矣；在我，除惡人豈得不惟力是視耶？向所委，已與本孺竣事，俟使者來取，便爲先此附聞。

校記

〔一〕『海内』，《高子别集》作『海宇』。

復董誼臺〔一〕

自年臺吴關之政，迄今未有能軼而過之者。若使爲政皆如年臺，何國計之不足？何生民之不贍〔二〕？何地方諸事之不興乎？伏想年臺嗣後遏歷中外〔三〕，將作幾許功業〔四〕？恨弟伏處田野，無由知之，以資誦説詠歌，徒深嘆美〔五〕。

方今東西交訌〔六〕，國事岌岌矣。近有一臺中云邊情處處孔亟，時事着着因循，殆實録也。戰争良久矣，將才不出，何也？年臺旁求，當無不至，亦有其人否？天下之命懸於三十餘撫院，如年臺者有幾？正當救此艱危。况老年伯母娱斑綵，未可有晝錦之思。切祝〔七〕！海内諸賢一時至止，聊求麗澤，不能久居，此則弟之自量自處之道也。

校記

〔一〕《復董誼臺》二札又載《高子別集》卷二。

〔二〕『生民』，《高子別集》作『民生』；『贍』，《高子別集》作『安』。

〔三〕《高子別集》無『中外』二字。

〔四〕『將作幾許功業』，《高子別集》作『不知作幾許千秋事』。

〔五〕『嘆美』，《高子別集》作『歎羡』。

〔六〕『東西交訌』，《高子別集》後有『南北並興』四字。

〔七〕《高子別集》『切祝』二字重。

又

向者叩籲，已罄情實。弟病漸深，自去夏至今，有加無已。所謂官形雖具，而倉公、扁鵲望之却走者也〔一〕。若失此差，索之枯魚之肆矣。今有餙詞，白日鑒之。駕司本稿已具，伏惟老年臺垂仁立題〔二〕，賜請萬懇〔三〕。

校記

〔一〕『之』，《高子別集》作『而』。

〔二〕『年臺』，《高子別集》作『年翁』。

〔三〕《高子別集》『萬懇』二字重。

答王憲葵〔一〕

伏惟年臺之撫淮也，清風正氣砥柱一時，不肖弟輩雖屏跡長林，被帡幪於聲臭之表。蓋數十年來，鳥無寧枝〔二〕，魚無安波，脉脉生機則綰於年臺之碩果也〔三〕。邇者奸相去位，人心稍轉，然在不肖弟，時局指目之人，復思出仕，非獨不智，亦屬無恥。此生只作老頭巾，於分足矣。辱念，故一及之。蒙賜疏稿，略一展閱，年臺真學術真經濟，天所篤生，以佐明時，又天所護持，以救末俗，幸爲斯世自愛。

校記

〔一〕《答王憲葵》二札又載《高子别集》卷二。

〔二〕『寧』，《高子别集》作『静』。

〔三〕『年臺』，《高子别集》作『翁臺』。

又

自老年翁去，而朝端無氣節。自鄒、馮二公去，而朝端無理學。譬之於人，形骸雖具，神氣銷亡，倉、扁之望而却走也。今天下病勢入於不救，無智愚皆知之，惟部院得人，稍延歲月〔一〕。必老年翁與馮少墟入，而後氣脉相續，故同志中汲汲圖之。蒲州相頗不殊此意，云乘罪璫救過，可得正人賜環，太宰於此甚切，言路諸賢亦磨礪以須矣〔二〕。老年翁箕、潁之耳，禹、稷之心，慎勿忘世也。謹因蔣直指之便，一布契闊之情。伏祈加餐固攝，以慰天下之望。

校記

〔一〕『稍』，《高子別集》作『少』。

〔二〕『磨礪』，《高子別集》作『摩厲』。

柬左滄嶼侍御〔一〕

一别遂不得再奉教，近見屯學疏，翁臺之明德遠矣，盧君真奇士哉！書院一事幾成捲土，首輔此番功力甚大，不可不知。敝房師趙儕翁有托上懇者，大抵燕趙人重意氣，敦情誼，伏祈翁臺權於情法之間，有以慰之。敝師非同氣决不相求，亦知翁臺非同聲决不相應也。

校記

〔一〕《柬左滄嶼侍御》二札又載《高子別集》卷二。

又

翁臺被屢旨，誼不可去，且鬼何足爲有無，何足爲去就也？難進易退，自是君子之道，然世局之壞率多坐此。況今主少，中人用事，國事岌岌，報國者尚當挨身，壯盈朝之氣，俟必不可不去而後去，方無憾。視學大典，翁臺不可不與〔一〕，過明日，不接報單矣。切祝〔二〕！

校記

〔一〕「不可」，《高子別集》作「何可」。

〔二〕《高子別集》「切祝」二字重。

與楊大洪〔一〕

日遂不得以杯酒之歡奉底裡之教，歉然於心。段黄門大豪傑也，取忌小人，是其本分，見誣君子，豈天下固自有有心無目之君子乎？蓋不肖邑邑於中久矣，得老父母一暢肺腑之談，豁然如脱去礙膺之物，何快如之！數日間，適其使者來，因念其兩郎，死者黄鳥莫追，生者屋烏可愛也，特以告達觀丈，然不知何以達之？蔣孝廉來，特以商之老父母，幸爲一圖，務令得達，始不虚吾輩緇衣一念耳。

校記

〔一〕又載《高子别集》卷二。

答熊壇石操臺〔一〕

今春，南中察疏至輦下，群情悦服。非老公祖當事，何能得此？及弟歸，至江淮，所聞老公祖新政，百廢具舉。大豪傑所至，度越尋常，素所擬也。北察以敝師總憲，遂謂皆出弟主張，豈以如是文字當事者不能爲而猶倩人代筆乎？世心世口大略爾爾，又何足怪？然東林老頭巾只合趁好住，如此風波不可行也。李純老諸公但可暫尼，理在必申，朱平老力任其事，當必有自效也。王述文侍御，正人也，何以突有曹郎之舉？豈聞慈谿之風而興起者乎？

校記

〔一〕又載《高子别集》卷二。

柬劉范董侍御〔一〕

伏惟台臺貞心正氣塞於兩間，每見大疏，正如積霾鬱曀忽見天日〔二〕，丘壑之人但爲世道手額而已。邇者貴鄉諸公舍我天衢，入彼幽谷，惟是台臺及張公祖、翟凌老鼎立兩臺〔三〕，羽儀東魯，豈海岱之靈偏有所鍾，固洙泗之脉獨有所寄也。夫以日前零星細算〔四〕，自古無不吃虧之君子，以日後乘除總計，自古無得便宜之小人。丈夫出世一番，幸不墮於邪見。《書》之所謂『五福』，《詩》之所謂『萬壽』也，敬爲台臺華封之祝。

吴中近來一班浙人布列各縣，與嘉、湖諸人朝野聯貫，陰謀秘計，借事合毒，先惑監司，後誤撫按，不以攻東林爲捷徑，即合西楚爲首功〔五〕。其端甚微，不可致詰，伏望台臺便中於張老公祖一點此機，敢以附陳。台臺〔六〕，天下士也，以天下爲一體，聲氣所及，六通四闢〔七〕，令碌碌戔戔如攀龍者〔八〕，亦不以未同爲嫌，輒敢尺一上通，知不以爲唐突也。

校記

〔一〕《柬劉范董侍御》三札又載《高子別集》卷二。

〔二〕『正』，《高子別集》作『政』。

〔三〕『兩臺』，《高子別集》作『西臺』，疑是。

〔四〕『日前』，《高子別集》作『目前』。

〔五〕『不以攻東林爲捷徑，即合西楚爲首功』，《高子別集》作『無不以攻東林爲捷徑，合西楚爲首功』。

〔六〕『台臺』，《高子別集》作『翁臺』。

〔七〕『六』，《高子未刻稿》作『大』，此據《高子別集》校改。

〔八〕『令』，《高子別集》作『今』。

又

別後，諸公遂以講壇爲攻具，鄒、馮二老去，弟亦從此歸矣。氣運如此，非盡人謀，此郭林宗所以謂『栖栖不遑寧處』者之爲徒爾也。

主上首科取士，得文湛持，以爲人瑞，而輕棄之，狀元之榮，朝廷之辱也。翁臺鎮晋，有其人，舉其政，夫復何疑？

今天下多事，所在募兵，祇以生亂。得真將，自得真兵，上也；次則莫如縣令精選〔一〕，并選統兵之人，事不勞而弊不甚；不然，萃多人於省會，委官選擇，弊不可言。不知貴鎮有選兵之事否也？

自此南北相望，鱗鴻修阻，一問不易矣，言之憮然。

校記

〔一〕『縣令』，《高子别集》作『令縣』，於義爲長。

又

弟入都晤𪷘師，即問與翁臺相知何如，果以二事爲言。弟謂當今之時，誰能必地方無盜，一令不職，道府不言，兩院無由而知〔一〕，因爲言翁臺公輔之器，不二心之臣，爲第一流人物。伊亦云君子誠不可小知也。

楊大老欲去，弟謂此望非翁臺不可。同志中有謂世事不測，若此缺未即出，且以別亞卿徵入〔二〕。弟急翁之入如饑渴〔三〕，而人宰堅意欲去留〔四〕，只在旬日内決之，因選事更不可遲也。中官煽虐，未知底止，今日第一義，急采正人，聯爲一體，層累而上，少延正脉〔五〕，俟天之定耳，他無可爲也。

校記

〔一〕『無』，《高子别集》作『何』。

〔二〕《高子别集》『亞卿』二字下有『缺』字，於義爲洽。

〔三〕『翁』，《高子别集》作『翁臺』。

〔四〕『留』，《高子别集》作『晋』，疑訛。

〔五〕『少』，《高子别集》作『稍』。

柬王葱嶽中丞〔一〕

屏居野外，幾與世絶。近聞汪文言之訊，而楊、左、魏、惠、繆俱坐贓單中，不知其意何爲？所恃者，高皇功德深厚，天不遽絶决，不遽絶其純心爲國之臣，理之可必者也。翁臺不即放歸，天所以活兩浙，非偶然也。

而吴海洲侍御一事，翁臺赫曦一照，陰曀頓開，凡有人心，喜色相告。而彼輩見世局如此，只作捱法。項真且飄然逸去，令人無可奈何，則侍御之居不爲其所奪，不已也。爲今之計，惟有翁臺爲立一案，行一檄，使屋主人仍居己屋，得己租，於人情允協，天理攸宜，亦彼輩所無可奈何，知仁人所欲終其惠矣。便羽附愬，伏冀留神，弟與侍御不勝存殁啣結，只此一事。

嘉地有司聵聵，有主簿程自和〔二〕，稍出公論，便欲推刃，亦不可不一知於翁臺也。

校記

〔一〕又載《高子别集》卷二。

〔二〕《高子别集》『程自和』三字下有『者』字。

答張蓬玄中丞〔一〕

今天下事急矣，翁臺鎮畿南，乃根本重地，急宜選擇司道守令，務地地得官，官官得人，方是最上乘事。王文成識一伍吉安，百事辦矣。地方豪傑當訪之地方賢者，收之以博，用之以約。翁臺昧爽旁求，俊傑自天有隕矣，腐儒之談不幾爲大方之笑乎？

此中近日大可慶者，聖主一旨復六言官，百年來未見之事也。

校記

〔一〕答張蓬玄二札又載《高子别集》卷二。

又

深擬歸途，一奉教於大君子，屬以末疾，改卜水程，遂違初願。弟以四月廿六抵家，魚鳥復歸淵林，恍獲故我。吴中甘霖正應農候，所見金芽遍野，會看玉粒盈箱，風塵之客適際斯景，一觴一詠頌帝力而已。方今中外尚可支吾，迨未陰雨，正須桑土〔一〕。然亦惟是養正保和，使月異歲殊，乃爲調元國手。如翁臺畿輔之政，真一世師表矣〔二〕。

敝邑王定興家信之便，謹附一緘，上候起居。定興世家子，清操正見，他日可望其匡襄世道，幸翁臺一培植之，其桃李菖苓也。

校記

〔一〕『須』，《高子别集》作『宜』。

〔二〕『真』，《高子别集》作『正』。

答吴本如中丞〔一〕

往者得侍台臺，如對古人，别來時想丰容，以消鄙吝。方今齒煩而財殫〔二〕，税行而貨貴，民窮日甚，國用滋虚〔三〕，不軌之徒在在思亂，故一方治亂係四海安危，未可謂蜀亂爲蜀事而已也。得台臺苦心勞力，蕩平一方，底寧四海，豈惟皇家賴之，丘壑之人一觴一詠優游化日皆受賜矣。宇内君子紀綱四方者有如晨星，以台臺之重，豈可遽有秋風之思乎？幸將此身且付之宇宙，默識動中真静，爲立命之計可耳。

校記

〔一〕答吴本如三札又載《高子别集》卷二。
〔二〕『煩』，《高子别集》作『繁』。
〔三〕『滋』，《高子别集》作『日』。

又

伏惟翁臺所居，爲宗社安危所係。今恃翁臺，弟輩皆得飲食衎衎，卧起于于，蓋頃刻不敢忘大造也。弟處非其據，如集於木，莊叟所謂木處惴慄，真弟之謂矣。一切有補於時者，翁臺有概於中久矣，幸一一剖示，其於相弟，何啻尼父之相冕乎？望之，望之。

又

不奉光儀久矣，翁臺徹性命而妙經綸，經綸本於性命，嚬笑指使，皆神化也，故知北門鎖鑰非翁臺不可。邊陲晏然〔一〕，翁臺柱石中朝，爲一代功宗必矣。弟迂愚無似，深受國恩，薄無報塞。即今中涓煽虐〔二〕，天聽愈高，挽回無計，立人之朝，面目難施。奈何〔三〕！

校記

〔一〕《高子別集》『邊陲晏然』前有『東西欵服』四字。

〔二〕《高子別集》『中涓煽虐』後有『無異羌戎』四字。

〔三〕《高子別集》『奈何』二字重。

答王半庵中丞〔一〕

東省紛紛，於翁臺可謂無妄之災。翁臺欲去，又服無妄之藥矣。東民何不幸而降割無已，又何不幸而復失所天耶？況今計事在近，當事者何能遂翁臺東山之志？萬勿作此想，一以全活孑遺爲主。一日膏澤，百世陰功，知翁臺不當面蹉過也。真懇，真懇〔二〕。

校記

〔一〕又載《高子別集》卷二。

〔二〕《高子別集》無『真懇，真懇』四字。

柬李懋明中丞〔一〕

攀龍腐儒，不足有無於世，惟是好善一念若篤之於天，故海内正人君子往往不識面而若娱一室。於台臺，蓋已金蘭膠漆久矣。

今上御極以來，變怪無所不有，獨公論一脉凜然未墜。今日諸公灼見，礙手縶足之故，端在於此，故必欲掃而滅之，易其名曰門户，使天下避門户而不復畏公議，而後天下之入其門户者乃始蕩然而無忌也。然此脉自唐虞九官四凶以來，較若黑白，固有不辨而自明者，蓋帝則民彝之不易也。諸公即有神力，安能如之何？拱陽侍御有言，自來無五年不明之邪正，無十年不定之是非，雖久速隨世道升降，不可若是其幾？而要之，千古無不明不定之是非邪正也。台臺剥之碩果，正復之一元，且静觀之。東莞之出，乃諸公失着，試看宋室諸人所挾者荆公，所名者紹述，今日何挾何名？恐翰音終難升天耳。台臺清風正氣塞於兩間，巡方之政膾炙人口，真斯道之光。金湯既固，戎寇難攻，加餐自愛。

校記

〔一〕又載《高子别集》卷二。

答方孩未侍御〔一〕

以門下之忠義，以門下之才略，天下多事一日，不可使門下家食，而乃爲羣枉挫抑至今，每與趙師扼腕。僕一入臺，即言之袁熙宇，以吾輩爲國家，不宜爲一人一官矣。而大教且至，若合符節，欣慰無似。

校記

〔一〕又載《高子别集》卷二。

又

以弟拙腐，而辱收於大豪傑如翁丈者，真夙緣也。然弟無所知識，獨能識海内豪傑。去年每謂人，東事不難，直以方侍御作經略耳。此話何人肯信？所以天下事作不得也〔一〕。今春内計，群小扯定翁丈〔二〕，以援諸大奸，高邑先生屹然持之，爲翁丈特發一疏，弟所以謂高邑先生真豪傑也。翁丈以急君父爲心，而無死封疆之責，其誰能誣之？幸爲六月息，以奮九萬程也。

弟以諸人攻道學三疏，乞身得差而歸，明年二月請告。至於事不得已，或再出以酬諸君子之意，恐諸君子又來薦道學，靡清俸之譏耳。

校記

〔一〕《高子别集》以上無。

〔二〕『扯』，《高子别集》作『扭』。

答楊侍御〔一〕

門下玉璽之疏，一何見之卓，言之正乎！蓋盈朝誦服矣〔二〕。計吏此中尚無確見，然無如地方見聞爲真，況以門下鑑衡乎？天下惟中人爲多，最優最劣者易見〔三〕，亦易混，而以操持峻潔者爲主，自不能混也。有門下在事，夫何憂？

校記

〔一〕又載《高子别集》卷二，『楊侍御』下註：『名方盛。』

〔二〕『服』，《高子别集》作『讀』。

〔三〕『最優最劣者』，《高子别集》作『最優劣者』。

答游肩生侍御〔一〕

諸賢之宦貴鄉者，得台臺與幻老表章之，使國家不遺賢而地方不負賢。世道所以賴於賢者，蓋是非不定於衆人而定於賢者也。長孺闇伯之晋，已順風而呼易矣，牧齋未知今年能出否〔二〕？蔚居非海客與，近日正得其大力，小人思中述文，至今未息，然亦不能爲。近事紛紛，台臺當於邸報中見之，楊大老疏雖不行，此世界何可無一轟雷也〔三〕？

校記

〔一〕答游肩生二札又載《高子别集》卷二。

〔二〕《高子未刻稿》『牧齋』二字空闕，此據《高子别集》校補。

〔三〕『一轟雷』，《高子别集》作『此一轟霆』。

又

去年沈黄門之疏出，同志諸公大譁曰：『彼如簧如流者不足怪，黄門稱吾黨亦復爾耶？』黄門追悔駟舌，幾成狂疾，此見是非出於君子，不出於衆人明矣。不肖因是得悉台臺本末，直泰華世道，盧扁人心，爲當代鬚眉男子，乃不幸彈文亦出敝邑〔一〕，不肖不及救正，愧而欲死。自古豪傑作事，必歷衆毁，始有定論。如陽明先生之功偉矣，其風波彌甚。蓋正者邪之所必讒，邪者俗之所必附，故邪説遂自以爲公論而牢不可破。其暫也，正必不勝邪；其久也，邪必不勝正。正不勝邪者，陰陽盛衰之勢；邪不勝正者，陽陰尊卑之分也。此今日台臺之事，當久而自定矣。台教字字實事，即同志中多有未知者，况新進乎？宜多爲讒人所中也。

校記

〔一〕『不幸』，《高子别集》作『不意』。

答沈泰垣南大司空〔一〕

伏惟老年臺千仞之品，百練之才，何所居而不宜，何所施而不效？暫借司空，暫借留京，爲宰衡地耳。弟迂踈朽腐〔二〕，老年丈所知，今乃以不勝匹雛之人令舉百鈞，其何能不顛仆乎〔三〕？然弟之辱此官，即年籍中辱老年丈也〔四〕，凡老年丈平日有概於中〔五〕，幸鉅細示之。

校記

〔一〕又載《高子別集》卷二。

〔二〕《高子別集》『弟』字前有『匪佞』二字。

〔三〕『仆』，《高子別集》作『隕』。

〔四〕『年丈』，《高子別集》作『年翁』，下同。

〔五〕《高子別集》『中』字後有『者』字。

答饒暎垣少司馬〔一〕

憶與老年臺晤時，恍若隔世矣，嗣後行藏雖不同，不容於時則同。丈夫自有真，無取其容於時也。弟之出山在意想之外，今之所居又在意想之外。衛欲填海，蚊乃負山，老年臺何以教之？賢郎偉器，一見決矣。以老年臺之才之品，豈能久安東山？弟且翹跂望入春明也。拙言請正〔二〕。

校記

〔一〕又載《高子別集》卷二。

〔二〕《高子別集》『拙言請正』後尚有『惟有神馳』四字。

柬沈泰垣少司馬〔一〕

三十年契闊，僅得俄頃晤言，殊不慊也。近者每見邊報，輒令人喜。雖天下可憂者甚，近得外患稍舒，庶内備漸飭。然不及時圖之，轉成辜負耳。留樞得年臺，東南半壁屹然泰華，弟輩得以高枕而卧矣，何幸〔二〕！

校記

〔一〕又載《高子别集》卷二。

〔二〕《高子别集》無『何幸』二字。

柬徐玄仗〔一〕

丈歸，遂不得一晤，長望耿耿。世路崎嶇，不堪着脚，修身繕性，真吾輩究竟事也。九月之會，望丈蚤赴，種種候面，不一。

校記

〔一〕又載《高子别集》卷二。

又

以老公祖居官而人言如此，使弟宦興冷而愈冷，歸興濃而愈濃，不待秋風有蓴羹鱸魚之思〔一〕，而春風切荻牙河魚之慕矣。弟三十年知交，不能以捧土之微塞孟津之口，惟對高邑先生言之，先生能得之臺，不能得之省，所賴廟堂蒼素自明，去留頗審，庶幾不盡抹殺人生平耳。

校記

〔一〕『鱸魚』，《高子别集》作『鱸膾』。

答董見龍中丞〔一〕

伏惟翁臺三年拮据，萬頃倉箱，異日者增一分屯政，則減一分横征，宗社靈長之慶，終必賴之矣。弟不勝匹雛，使舉百鈞，其不顛躓者幾希，翁臺何以教之？

校記

〔一〕又載《高子别集》卷二。

答高中丞〔一〕

伏惟老年臺以中朝具瞻司北門鎖鑰，方今塵蔽天，騎遍地，非藉韓、范，何以奠金湯乎？弟迂踈腐儒，無用於世，不量小草之一出，深憂大木之難維。正想三關虎豹之雄，可豫四輔烽煙之警，欲通一問，遥隔五雲，乃辱年臺金玉，不遐拜登，瓊玖之投，慚無木李之報。深祈年臺以身任國家之重，不以貽君父之憂〔二〕。艾蓄三年，服成六月，實都人士之顒望，非獨不肖弟之私布也。

校記

〔一〕又載《高子别集》卷二。

〔二〕《高子别集》「貽」字前有「賊」字。

答鄧壺丘中丞〔一〕

蓋不肖屏跡田野〔二〕，時君子之至於九龍二水間者，未嘗不屈指台臺，謂此是真品真才，弘濟時艱者也。懷之胸中有年矣，何幸得與台臺比肩而事明主！台臺又鎮撫帝畿，凡在同朝，皆衽席於經文緯武中。况以不肖迂朽，又處非其據，所望助於台臺〔三〕，一切行事所宜，惟纖鉅詔之〔四〕，萬勿以其不足與言而有遐心。

校記

〔一〕又載《高子别集》卷二。

〔二〕『屏跡』，《高子别集》作『屏足』。

〔三〕『所』，《高子别集》作『其』。

〔四〕『詔』，《高子别集》作『教』。

答程澂源中丞〔一〕

不肖每謂無癸亥察典，無今日世界；無台臺，無癸亥察典。大君子闢乾坤、光日月者如此。即今四輔之地，得台臺五岳之鎮，九河之潤，凡在輦下〔二〕，甘食甘寢皆台臺賜也。非久，大計考選及矣，官評賢否，在台臺所轄，如察色於離婁，相馬於伯樂，豈顧問哉？而不肖將伯之助，更有出於二者之外，一切世道人心所關，望台臺鉅細教之，令得次第舉行。雖助不肖，實助國也，懇禱〔三〕。

校記

〔一〕又載《高子别集》卷二。

〔二〕『輦』，《高子未刻稿》訛作『輩』，此據《高子别集》校改。

〔三〕《高子别集》『懇禱』二字重。

答劉心盤中丞〔一〕

伏惟台臺揚歷中外，所在成名，不肖雖未登龍門〔二〕，已仰望鳳儀久矣〔三〕。兹不肖處非所據〔四〕，方切戰兢，重辱大教，益深愧赧。以不肖所見，今天下不能無事矣，如坐厝火之薪，如當欲決之堤，特其未火未決耳，其火其決蚤莫皆不可知也。神京臂翼，呼吸而應者，全倚巖邊，幸皆大賢居之，緩急可恃。况於台臺以九鼎重器作萬里長城，凡在輦下，得甘食安寢，實惟台臺在也〔五〕。不知亦已羅其地之豪傑否？得一方之豪傑，置之腹心，得三車之蟊賊，置之憲典，士氣自奮，積弱自强。迂儒之見，敢因寵翰之及而布之〔六〕。

校記

〔一〕又載《高子别集》卷三。

〔二〕《高子别集》「不肖」二字後有「龍」字。

〔三〕《高子别集》無「望」字。

〔四〕「所據」，《高子别集》作「其分」。

〔五〕《高子别集》無「凡在輦下，得甘食安寢，實惟台臺在也」。「輦」，《高子未刻稿》訛作「輩」，兹改。

〔六〕「布」，《高子别集》作「及」。

答王符禺中丞〔一〕

伏惟翁臺粹然朗然古人也，世俗塵土浄矣，二東何幸得之！大亂之後，天其以翁臺骨而肉之乎？弟以相知大義相責，謂林居關心世道，用我故引避若忘，以是暑月不敢寧居，而水涸舟膠，今日天幸有湖水瀰然而至，樂矣。柬教及約刻，語語契心，若自弟口中流出，信乎同心之言也，一一佩服。

校記

〔一〕又載《高子别集》卷三。

答馮履亭中丞〔一〕

向年二東之亂，中州蠢蠢而動，非翁臺之重鎮，豈復寧謐有今日哉？不肖誠服久矣，無緣一見君子，而翁臺不鄙棄之，華翰衮褒，且感且愧。兹者北門鎖鑰暫借寇公，非久中朝柱石仍還司馬，不肖翹跂望之，非直識荆，登龍之爲汲汲已也。

校記

〔一〕又載《高子别集》卷三。

答徐若谷中丞〔一〕

弟以三十年山野朽物忽入仕路，即酬應話言，種種顛倒，今乃復欲其負山填海，翁臺復期以昭代名賢，惟有拊心自慙，顧影自笑而已。今天下已極敝，岌岌乎不能支，吾輩不及時矢心戮力，忘軀爲國，即碌碌無以異於吾輩平居所譏評者，他年瞑目之際，一念不自安〔二〕，千秋常抱恨矣。弟雖有懼，而愚心不開，柔力不振，須翁臺教督有聞，幸不惜苦口鍼砭，乃寔生我。顒望〔三〕。

校記

〔一〕又載《高子别集》卷三。

〔二〕「不」，《高子别集》作「不能」。

〔三〕《高子别集》「顒望」二字重。

又

壬戌之歲，切望翁臺之入，及翁臺秉鉞而出，攀龍始策蹇而入。廿年神交，未得而覿〔一〕，第於友朋中時承珠璣之誨而已。天下必壞於中涓，欲拔其毒，適發其毒。今南北水火，其勢已成，惟有吾輩同心，自固其藩，層累而進，少延其脉。如父母有疾，人子盡愛日之誠，俟天之定耳。太宰留之，未能得相知，欲弟之來有所挽，先不能挽其去也。貴鄉諸公則易解其争也，君子自與尋常不同，弟來適搆其事，幸李懋老恰至，相視莫逆，少斬葛藤也。

校記

〔一〕『而』，《高子別集》作『面』，疑是。

答韓參嶺中丞〔一〕

兩寺追隨，伏覩老公祖當言者未嘗默，當默者未嘗言。弟之輕率，每切心儀，瞻望丰神，徒深神結。弟三十年山野朽腐，忽入朝班〔二〕，未知何以不失本來面目，歸對緑水青山也？惟老公祖時切教之，始不負大塊中一番相與。顒望〔三〕。

校記

〔一〕又載《高子別集》卷三。

〔二〕《高子別集》此後尚有『已如賓廩享鳥，今又欲使填海負山，拊心内慚，顧影自笑』數句。

〔三〕《高子別集》『顒望』二字重。

答吕中丞〔一〕

擾別後，藉老公祖庇，河流無恙，得兩月抵京。讀大疏，神魂俱竦，非老公祖賢在事〔二〕，有司竭蹶東南之不爲鄒滕續者幾希，况際今洪水而能帖然乎〔三〕？今雖未知何如，要以破敗之餘，其黨志不能堅，氣不能振，防閑易爲力矣。謹爲桑梓百頓首，祝大君子福祉萬年〔四〕。

校記

〔一〕又載《高子别集》卷三，「吕中丞」下註：「名兆熊。」

〔二〕「賢在事」，《高子别集》作「在事賢」。

〔三〕「今」，《高子别集》作「今年」。

〔四〕「祝」，《高子别集》作「祝祝」。

答楊衡毓中丞〔一〕

黔中存亡，所恃者老年翁耳。讀大疏，劈畫井井〔二〕，知老年翁固辨此裕如也〔三〕。非兵勢盛，則安酋不可撫，非安酋撫，則奢酋不可滅，事理原自昭然，前人事事憒憒，戰於不當戰，而愈不可撫，撫於不當撫，而愈不可戰，至以呼吸之事萬里請命，形之章奏，令人失笑。特爲老年翁一及之〔四〕，幸勿泄也。

校記

〔一〕又載《高子别集》卷二。

〔二〕「劈」，《高子别集》作「擘」。

〔三〕「辨」，《高子未刻稿》訛作「辦」，此據《高子别集》校改。

〔四〕《高子别集》無『老』字。

答胡泰六中丞〔一〕

今天下以亂告者紛紛，獨東西粤謐如也，豈非以老公祖福星照臨乎？故曰『歲星所在，國不可伐』，匪直區區以五行之宿也。皇上英資天縱，臨事慎密，將來日練習日光明，聖德當不可測。榆關一線，言者危之〔二〕，所患人心不固耳。稍得良將，分布重兵，無論地險天設，即使長驅深入，堅守於前，抄截於後，不出一月，必成功矣〔三〕。此事理之易曉，而乃以募兵派餉窮困中土〔四〕，以致亂者四起，謀國不忠，夫復何言？今齊寇平，海内亂謀遏〔五〕，關政亦次第修舉，天下事尚可爲也。知老公祖所欲聞，故敢及之。

校記

〔一〕又載《高子别集》卷三。
〔二〕『者』，《高子未刻稿》作『老』，此據《高子别集》校改。
〔三〕『必成功』，《高子别集》作『皆投誠』。
〔四〕《高子未刻稿》衍一『中』字，此據《高子别集》删。
〔五〕《高子别集》句首有『則』字。

答郭光禄[一]

校記

〔一〕本篇已載《高子遺書》卷八下，本卷删文存目。

答章衡陽光禄[一]

今者朝端伏戎雖時時竊發，而大勢尚定者，以元相不與公論作敵也。豈惟不敢，且力佐之，此公再出，居然名相矣。天下之可憂者乃在中涓，他猶末疾也[二]。計典度可做得五六分，近諸人宣言曰：『今年考察高景逸主張。』弟謂果得其當[三]，甘虚受惡名[四]，若不得其當[五]，難冒領美譽也[六]。兩接手教，弟何敢貪天功？陰陽消長，邪正屈伸，自然如此，非人所能爲。學人只念念向陽明去，伸即陽伸，屈亦陽屈，消長任運，屈伸皆榮。翁丈試觀丁巳之事爲何如哉？真可憐憫，不忍以爲快也。翁丈入都門，恐弟入里門矣，或途中得一傾倒，未可知也。

校記

〔一〕又載《高子别集》卷三。

〔二〕『他』，《高子别集》作『餘』。

〔三〕『果得其當』，《高子别集》作『果其得當』。
〔四〕『甘虚受惡名』，《高子别集》作『甘受虚名』。
〔五〕《高子别集》無『其』字。
〔六〕『難冒領美譽』，《高子别集》作『不敢冒領虚譽』。

答毛禹門給事〔一〕

數十年前，不知欲將此世界作何貨賣，岌岌乎危矣！賴台丈神力擊去之，此之爲功，自遼難以來未嘗有此一戰也。而台丈猶然伏處田里，是九官與四凶並去，尚可謂清明之朝乎？每與同志扼腕斯事，以非時候，無從下手。

得教，深佩肝鬲。吉水先生雖去，高邑先生代之，事有當爲者，一如台命。杭牘未見，總之，台丈功在善類，忌在讒人，蒼蠅雖點，豈白璧之瑕乎？

校記

〔一〕又載《高子别集》卷三。

答徐泰掖給事〔一〕

不肖處非其據，方切戰兢，重辱台臺之教，益深愧赧〔二〕。台臺以天下砥柱暫障南省中流，大計在近，爲時具瞻，有其人，自有其政，不占有孚矣。

不肖雖承清問，不敢以未核之見誤君子之聽，惟是所知南中二三賢者，如葉園適、朱密所、王玄洲、王坦山、王文水、涂岱麓、黄春溥，皆卓有正見，可佐台臺參伍。聖人云『舉爾所知』，據不肖所知耳。

校記

〔一〕又載《高子別集》卷三。

〔二〕《高子別集》以上無。

答樊鍾陽侍御〔一〕

丁巳誣陷四賢，台臺疏盡白之，當事者得以藉手，四賢皆得柄用。台臺念在人才，功在世道，不朽在史册。何者？人心有莫大之憤，則有莫大之快，海内所共快，不可得而没没也。頃見清查，節省多金，一救垂涸之餉，又不勝大快。使爲人臣者皆如台臺用心，何至剥窮民，倡亂民，爲無窮禍本乎？

時事多艱，中涓憂大。聞萬水部死於杖下，聖主時有悔言，此輩稍知警忌，尚未知浸淫醖釀，何所底止？其他猶可争而和，嚻而静也。

校記

〔一〕又載《高子別集》卷三。

答黄南道侍御〔一〕

方今南臺主持公道如老公祖豈可多得？蓋世道人心實頼擎天柱地之力。江差屬之正人，又八郡生靈之所衽席也。

不肖且歸矣，事之大端，邸報中見之其詳，非尺一所能悉也。青山有靈，令此輩作招隱使者，不勝厚幸。

校記

〔一〕又載《高子别集》卷三，題作《答黄侍御南道》，題下註：『名公輔。』《高子未刻稿》題無『道』字，此據《高子别集》校補。

答張養素侍御〔一〕

恭惟台臺攬轡而兩浙澄清矣，又何俟問視於盲，問聽於聾？然竊聞之温、處之間海寇滋矣〔二〕，若非預防，難於應卒。去貪吏以息勞民，雖是刻本官方〔三〕，實爲救時上藥，度皆台臺意中事也〔四〕。既辱下問，輒敢上陳。

校記

〔一〕又載《高子別集》卷三，題作《答張侍御》，題下註：『養素。』《高子遺書》卷八下及《高子文集》卷五亦節録此篇。

〔二〕『然』字以上，《高子遺書》《高子文集》無。《高子未刻稿》『矣』字空闕，此據《高子遺書》《高子別集》《高子文集》校補。

〔三〕《高子未刻稿》『本』訛作『木』，此據《高子遺書》《高子文集》《高子別集》校改。

〔四〕《高子遺書》《高子文集》此下尚有『睿哲所急，亦庸愚所同』二句。

答丘大丘侍御〔一〕

伏惟台臺以真人品作真御史，内則砥柱世道，外且衽席民生，蓋翼軫降靈〔二〕，衡廬結秀，爲斯世斯民篤生之人。而空鑑平衡中，乃有世間最無比數之人如龍者，斯不亦異歟？以最無比數之人當大君子華衮，斯不亦幸歟？又不亦愧歟？方今宇内多故，閭閻困苦，所望仁人，惟吏治之察而已，正睿哲所急，亦庸愚所同然也〔三〕。今台臺所任大非易事〔四〕，大豪傑正不於易處見長。何日天河凈洗甲兵〔五〕，台臺繡衣還朝，相共睹天顔之喜也？

校記

〔一〕又載《高子別集》卷三、《高子遺書未刻稿》。

〔二〕『靈』，《高子未刻稿》作『臨』，音近而訛，此據《高子别集》校改。

〔三〕《高子遺書未刻稿》以上無。

〔四〕《高子遺書未刻稿》此句前尚有『不佞處非其據，方切戰兢，拜命之辱，益增愧赧。所望賢者同心，助其綿力耳』二十九字。又，《高子遺書未刻稿》『台臺』作『門下』，下文所作同。『今台臺所任大非易事』至文末，《高子别集》無。

〔五〕『净洗』，《高子遺書未刻稿》作『洗净』。

答山東魏直指〔一〕

天下原是一身，吾輩合并爲公，其於天下一氣呼吸耳。二東荒亂之後，所藉仁人君子嘘呵撫摩，何啻赤子之仰慈母？不知循良之吏誰爲甲乙？以門下正氣真心，鑑之審矣，風便幸詳示爲望。

校記

〔一〕又載《高子别集》卷三。

答沈雲升侍御〔一〕

都下一奉光儀，屈指兩更歲序。台臺以豺狼避跡之驄馬，問渥洼欲來之天駟，伏想巡行周歷之餘，且以伯樂之相馬者相士，以郭隗之買骨者買駿，百吏無留良，萬姓無敗群矣。不肖黽勉再出，踈慵無似，而台臺不鄙棄之，賁以寵問，重以隆儀，拜命而榮，俯躬而愧。今年東南大水，吾鄉化爲巨浸，而國家無三年之蓄，無論捐賑，即改折，亦攢當事之眉，明歲岌岌不支矣。知台臺憂國，又不能不憂家，餘事當於邸報中見之，不能及也。

校記

〔一〕又載《高子别集》卷三。

答徐南高侍御〔一〕

今天下必得穎敏卓拔之英賢，識超物表，力鎮人群者，方可一破冥晦，重耀光明，使此世界若洗而新也。龍每於大疏中窺見台臺，真其人矣。此猶周鼎所在，百物獻形，秦鏡所臨，群妖匿影，三晋之間必無二東之孽矣。

龍腐儒，無所用於世，徒欲一覲天子之光，遂乖幽人之志。度春仲可辭北闕，自兹歸老東林矣。想慕丰神，何勝仰止。

校記

〔一〕又載《高子别集》卷三。

柬陳益吾侍御〔一〕

都中一奉大教，不覺匝歲矣。每見大疏，未嘗不爲世道手額。昔日南中爲清議所自出，後乃凌夷，與清議爲敵。今得台丈、王、李兩公鼎峙砥柱，人心所以不死，於焉賴之。近乃有范得志者，突起而攻述老，此必苛求君子以應劉志選者也。不知中間事體若何，此將來天翻地覆之局所托始也〔二〕，不知諸賢計將安出，望台丈密示之。

校記

〔一〕又載《高子别集》卷三。

〔二〕『天翻地覆』，《高子别集》作『翻天覆地』。

答張諒一侍御〔一〕

伏見台臺於蜀難方殷而赴之如鶩，燭之如火，鎮之如山，故旋就清平，匪獨德星所臨，休嘉自應，亦福星所臨〔二〕，災沴自消也。川黔之亂非同齊魯〔三〕，彼有險可據，有鄰可翼謀，非一日儲偫，非一時所藉，兵威震懾，攜二其黨，乃可圖也。餉饋請之中朝，必致大誤，此難一日不解，川湖云貴之輸將一日不得北向〔四〕，以四省之力供一方之事，未有不濟，在諸老同心共力耳。

弟去使署三十餘年矣，劉郎再來，諸老先生識與不識，藹如同時。此署寅誼，百司所無，是一代可紀佳事也。

校記

〔一〕又載《高子别集》卷三。

〔二〕『臨』，《高子别集》作『照』，於義爲長。

〔三〕『亂』，《高子别集》作『賊』。

〔四〕『一日不得』，《高子别集》作『不可一日』。

答房海客侍御〔一〕

每讀大疏，而知台臺真豪傑也。即如李司徒有大功於東南，而受時人無天無日之誣陷，以耆碩如鄒南翁，尚以無必二字調諧世情，台臺獨抗疏請用之，此非眼超一世、識冠群倫者能然乎？龍蓋心儀而誠服久矣〔二〕。

如皋令大有肝膽人也，往龍爲浙人所傾，幾不白於沈繼山先生，此兄矢天日以明之，台臺問而知其奇也。

校記

〔一〕又載《高子别集》卷三。

〔二〕《高子别集》『而』字後有『已』字。

答傅括蒼鹽臺〔一〕

伏見海内不群之士言及老公祖，無不色爲起而神爲躍者。蓋老公祖一片真精神傾注於國家者深，故一副真肝膽灌輸於人心者乎也。至艖政著聞，直餘事矣。時事方艱，求一旁招俊乂之人，絶不多得。故無論泄泄沓沓，即汲汲皇皇，亦未免末務。俊乂之士臨事，乃見徒爲談説而已者，贗品耳。以老公祖求士如渴，必有非常之士應之。今日真士未必遂出，在昔名賢一生不過得一二人，不易遂得，不能多得也。極佳士固難知，極不佳士亦難知，蓋上下掩蔽，所從來矣。老公祖報命在近，當精察貪殘之吏，盡置之法，追贓以裕國，則仁人之福於國者不可算數計，福於民者亦不可算數計矣。

黔事聞大捷，此意外之喜〔二〕，黔保則滇保矣。國家之大慶，亦老公祖桑梓之大慶也〔三〕。清問之及，率以聾瞽之見陳於婁、曠，自顧赧然，伏祈涵茹。

校記

〔一〕又載《高子别集》卷三。

〔二〕『喜』，《高子别集》作『事』。

〔三〕以上二句，《高子别集》作『國家之大慶在此，老公祖桑梓之大慶亦在此』。

答喻漕院[一]

今年漕事艱苦萬倍，老公祖獨當盤錯，乃事竣而人無譁，此地方蒙老公祖如天之福也。河流如綫，舟膠不前，靈雨既零，啣尾而進，此老公祖蒙國家如天之福也。即此一事而徵，國之休嘉無疆，野人尚得苟延餘息矣。

校記

〔一〕又載《高子别集》卷三。

答練漕院[一]

曩者江光山翠之間素心酬對，了無俗韻，斯亦不肖生平不常有之緣也。老公祖真品卓識，西臺倚重，今年漕事良苦，尚幸賢者當事耳。不肖不勝匹雛，使之扛鼎，將伯之情，殆非尋常。地方賢否一以老公祖爲據，幸詳教之。

校記

〔一〕又載《高子别集》卷三。

答姜素臣給諫〔一〕

每見老父母大疏，中正和平，此國家調元上劑，未聞有議其後者。攀龍從鄒、馮二老歸，已屬遡尾，今又成係遡，以得一差，明年仲春可出春明，故勉需之耳。龍在山林久，宦途人物一無所知，耳聞者又不敢遽信，故不敢漫對。龍於老父母豈忍作世情世套，以三緘爲謹言？不一鳴以酬清問者，非人矣。熊壇老南來，此公所見甚寬平，又甚正，但與上下其議，老父母蔑不中矣〔二〕。余振老其衡鑑也，向表表於北銓，自卓卓於南銓，非老父母不能左右之。

校記

〔一〕又載《高子别集》卷三。

〔二〕《高子别集》『老父母』三字在『但與上下其議』一句前。

柬薛正亭中丞〔一〕

往者世局晦冥，長林豐草中矢鏑横加，野鳥無安棲之枝矣，而老公祖屹然華岱也。如不肖者，正以講學東林爲世疑忌，老公祖列之薦揚，被之華衮。當時正懼老公祖爲一腐儒累，而人竟無如天何，則彼泛泛隨世波上下者空自苦矣。今老公祖作萬里長城，障隄江漢，使朝宗無恙，皆此一念不摇不奪者之爲也〔二〕。不肖洊膺主恩，不知何以報稱〔三〕，望老公祖有以教之。

校記

〔一〕又載《高子別集》卷三。

〔二〕『之爲』，《高子別集》作『爲之』。

〔三〕『報稱』，《高子別集》作『報效』。

答李心白虔臺〔一〕

伏惟翁臺喬梓同德，一時濟美，故弟雖未覯丰儀，見賢芝如見翁臺。方今宇内節鉞大率屬之正人君子，而翁臺爲正人領袖，雖膏澤止於七郡，然矜式當在千秋，此作法所以貴於上哲也。翁臺所治群吏〔二〕，臧否當如列眉，自不待言，即相近四省，有闇然循良之吏，卓爾俊傑之才，幸於便郵時一相聞。此事非問於賢者不能得賢者，故地方耆舊夙著風節者不可不一延訪，因鄉評知宦績，實一舉而兩得。愚迂之見〔三〕，知高明不棄。

校記

〔一〕又載《高子別集》卷三。

〔二〕『群』，《高子別集》作『郡』。

〔三〕『愚迂』，《高子別集》作『迂愚』。

答李燦巖中丞〔一〕

與翁臺未見而相乳入者，精神也；一見而相莫逆者，聲氣也。寥寥宇内稱知交者〔二〕，豈偶然之故哉？每見大疏，知此邊得翁臺〔三〕，金湯矣。顧内者内，而翁臺外，外而且邊；逸者逸，而翁臺勞，勞而且險。雖天之欲靖此邊，而難乎《北山》之詠矣。當今宦途壅滯，幾於龍門之不鑿，九河之不疏，正與同志圖維其方，况於翁臺，敢忘在念？有幾可乘，即便置力矣。

校記

〔一〕又載《高子别集》卷三。

〔二〕『知交』，《高子别集》作『知己』。

〔三〕『知』，《高子未刻稿》訛作『如』，此據《高子别集》校改。

答楊中丞〔一〕

伏惟老年丈可謂蹇蹇之王臣，謙謙之勞臣矣。説者乃欲以王彭老之陷爲老年丈罪，甚且謂老年丈有意陷之，是何言與？論之不平，由心之不仁也。然人心如衡，不可得而欺，其孰聽之？雖青蠅之營營，知貝錦之不成也〔二〕。

弟之不量，既歸復出，而中朝紛紜〔三〕，非復壬戌景象，既出而思歸矣。

校記

〔一〕又載《高子别集》卷三，書前目録作《答楊中丞》，卷中則作《答湯中丞》。

〔二〕「知」，《高子别集》作「終」。

〔三〕《高子别集》「而」字在「既歸」二字後。

柬羅黄門心華〔一〕

久稽面謝，昨特專叩，又不值台臺之間也〔二〕。俘下法司矣〔三〕，毛帥以四幼童四幼女充作男婦，是其粉飾破綻也〔四〕。此番獻俘既屬可已，又將一群幼小驅詣闕廷，不可醜耶？據律，男子十五以下〔五〕，婦人則不論年，皆給功臣家爲奴〔六〕。叛族且然，況於邊地村民〔七〕？以皇上視之，皆赤子也。往年貴州之俘，刑一幼童，道路流涕，行刑者亦流涕。殺一無罪，非仁也，況於九倪乎？會審既經科院監臨，台臺不可無言，須言此九倪者不當獻，蓋獻則必刑也。疏上於刑部前，方有濟〔八〕。冒昧僭陳，主臣！主臣〔九〕！

校記

〔一〕又載《高子别集》卷三。又，《高子遺書》卷八下、《高子文集》卷五、（清）高世寧《高忠憲公年譜》卷下「天啓四年」六月下皆節録此札，《高子遺書》《高子文集》題作《與羅黄門心華》。

〔二〕《高子遺書》《高子文集》《高忠憲公年譜》無「久稽面謝，昨特專叩，又不值台臺之間也」。

〔三〕《高子别集》《高忠憲公年譜》作「獻俘今日下法司矣」，《高子遺書》「獻」作「奴」。《高子文集》無此句。

〔四〕此句《高子未刻稿》原作『毛帥以四幼童四幼女是其粉飾破綻也』，語意未完，應有脱字。按，《高子別集》作『毛帥以四幼童四幼女充作男婦，是其粉飾一破綻也』，是，此據其校補『充作男婦』四字。又，此句《高忠憲公年譜》作『毛帥以四幼童充作活俘，以四幼女謬稱俘婦，是其粉飾一破綻也』，《高子遺書》《高子文集》作『毛帥以四幼童充作活夷，以四幼女謬稱達婦（按，『四幼女』之『四』字，《高子文集》作『五』。），是其粉飾一破綻也』。

〔五〕《高子遺書》《高子別集》《高子文集》《高忠憲公年譜》『十五』前有『年』字。

〔六〕『奴』，《高忠憲公年譜》作『僕』。

〔七〕『邊』，《高子遺書》《高子文集》作『夷』。

〔八〕《高忠憲公年譜》作『大疏須上於部覆前，方克有濟』。

〔九〕《高子遺書》《高子文集》《高忠憲公年譜》無『主臣主臣』四字，《高子別集》作『不盡』。

柬林平華方伯〔一〕

別來老父母遭不測之大難，樹不朽之大功。今河西笑破天下之口，而錦城增重朝廷之色，非老父母平日冰玉之操，何能得民心膠漆之固耶？中外仰重，開府不日矣。

弟去年以君命不可虚，親封不能棄，小草一出，留滯京華。衰年仕宦如落日征途，以歇息爲樂，况久處山林者，尤非性之所便，今且遄歸矣。

校記

〔一〕又載《高子别集》卷三。

柬嘉湖李道尊〔一〕

慕氣向風之日久矣〔二〕，未獲一登龍門而輒敢先通鯉素者，以大義有不容諉也。貴治故侍御海洲吴公同不肖争是非於朝，而削籍歸里，先不肖而逝。不肖後死，而視其遺孤必榮爲人魚肉，苟良心之不昧〔三〕，豈友誼之能安夫？項真賣千金之産，而欲白奪其千餘金之産，此人世所無之事也。戎寇忽作於名邦，要亦名邦之恥。其事之顛末，另摺疏上。以台臺日月之照，自當奮雷霆之擊。其最令人憤懑者，必榮候命二年餘矣，先世之園亭爲其所占，園亭之房租爲其所奪。台臺蚤結一日，則可舒人心一日之憤。不勝雲霓之望，故申巫史之祝。

校記

〔一〕又載《高子别集》卷三。

〔二〕『氣』，《高子别集》作『義』。

〔三〕『昧』，《高子别集》作『死』。

答任比部〔一〕

不肖一官，處非其分，削奪乃適得其常〔二〕。雖黨人之禍未知底極，修身以俟之而已。南中白雲司夙稱宦隱，大平堤上十里荷香〔三〕，足舒老父母胸中錦繡矣。大稿必富，容以異日請之。屏居湖干，頗飽烟霞，而赤日如焚，切憂雲漢，如何〔四〕？

校記

〔一〕又載《高子别集》卷三。

〔二〕《高子别集》以上作『不肖削奪，適得其常』。

〔三〕『大』，《高子别集》作『太』。

〔四〕《高子别集》『如何』二字重。

柬徐按臺〔一〕

伏惟台臺行部所至，士民莫不嘆頌悦服。今且竣事報命，有愚衷不可不上告者。竊見台臺以殊格待黨人〔二〕，諸黨人惟銘之心，不敢出諸口。即楔棹之賜，亦謹藏之，不以顔之堂室，以上累高厚〔三〕。惟是地方人才，萬不可齒及諸黨人〔四〕，非惟大傷老公祖，抑且深禍諸黨人。彼且以諸黨人圖死灰之然，爲翻局之本，借以大創，决非小懲，又增朝廷一番過舉，傷宇宙一番元氣，何益之有哉？非獨愚計〔五〕，實出輿情，謂龍不可不言。伏望台臺俯賜采納〔六〕，世道所關也。

又有一事仰仗九鼎萬鈞者，敝邑久無正官，人心風俗頽壞殆盡，近賴毛老公祖調當塗吴令〔七〕，以渾金璞玉之品，超世俗機械之外〔八〕，使得終任三年，必有歲計之化。近傳賈四老頗不足當塗之政，果爾，敝邑之厄益甚矣。況今國貧民困，即催科一事，緩之病國，急之病民，惟此父母劑之得宜，刑不苛而賦集，上下每胥賴之〔九〕。伏望台臺轉達四老，取其長而恕其短，則台臺之加惠於敝邑者無量矣。此語台臺謂聞之無錫鄉紳則可〔一〇〕，謂言出於龍則不可〔一一〕。黨人不宜與聞事〔一二〕，而桑梓念切，此父母又有深味難於皮相者，故因便私布之〔一三〕。

校記

〔一〕《柬徐按臺》二札又載《高子别集》卷三。又，《高子遺書》卷八下、《高子文集》卷五節録此篇，題作《與徐按臺》。

〔二〕「竊見」以上，《高子遺書》《高子文集》無。

〔三〕《高子遺書》《高子文集》無「即楔棹之賜，亦謹藏之，不以顔之堂室，以上累高厚」數句。「楔棹」，《高子别集》作「棹楔」。

〔四〕「萬」，《高子别集》作「切」。

〔五〕「計」，《高子别集》作「意」。

〔六〕《高子遺書》《高子文集》無「謂龍不可不言。伏望台臺」數字。

〔七〕此句《高子别集》作「近賴毛公祖調當塗令」。

〔八〕「世俗機械」，《高子别集》作「世機俗械」。

〔九〕『每』，《高子別集》作『實』。
〔一〇〕『台』，《高子未刻稿》訛作『白』，此據《高子別集》校改。
〔一一〕『於龍』，《高子別集》作『弟口』。
〔一二〕『閒』，《高子別集》作『人閒』。
〔一三〕自『又有一事仰仗九鼎萬鈞者』至文末，《高子遺書》《高子文集》皆無。

又

東林書院拆毁事，恭讀老公祖明文，所以保護斯文一脉者至矣。以龍輩私擬東林者〔一〕，明旨所首及也，重在拆毁變價，又重在土田變價二項，共解助工〔二〕，而老公祖俱未之及，仰見台臺苦心深心，惟有鐫銘肺腑而已。然龍輩則何敢以此區區幻泡之物上累祖臺乎？書院變價，當聽本縣公估時價〔三〕，土田變價，則有府縣原申官價，當一一照價輸納。仍煩老公祖細入覆疏内，明書院之價及土田之數皆有當日公文及黄册可據，庶幾諸公之意可解〔四〕，而龍輩庖雞釜魚或可稍延殘息也。專此露封，附本縣公文中上陳。不一。

校記

〔一〕『龍』，（清）許獻、高廷珍等纂《東林書院志》卷十七作『某』，下同。
〔二〕『共』，《高子別集》《東林書院志》作『並』。
〔三〕『價』，《高子別集》《東林書院志》作『值』。

〔四〕《高子別集》《東林書院志》無『可』字。

與沈太素中丞〔一〕

丈之中州時，竟不及追隨一執手，抱歉至今。而丈中州之政，藹乎如春，醇乎若醴，四方之士嘖嘖不容口。至梁園魯軒推轂一疏，寔舒數十年士林憤懣。大君子所至，世界洗滌一新，偉哉！

徐十洲有心有骨，有氣有局，而不免一二壬人所齮齕，幸丈中密培之。

王鍾嵩真君子也，而開封守葉公始下車，即檄核王善濫鄉賢，檄中又有以子譽父語。王善者，鍾嵩遠祖，無端核百年前事，此必有誤，亦必有故，幸丈留意焉。

敝座師沈龍翁所輯著諸書，丈一彙而刊之，何如布之宇內，其裨風教不小也。

校記

〔一〕又載《高子別集》卷三。『太』，《高子未刻稿》作『大』，此據《高子未刻稿》書前目録及《高子別集》校改。

與鍾嵩王郡伯〔一〕

比日伏想台體清吉。近來朝端正氣大伸舉〔二〕，吾輩心腹腎腸中事無纖毫留匿，以此自信吾輩畢竟從社稷蒼生起念〔三〕，所以達之天下而同然。不然，諸賢散處海宇，風馬牛不相及，何以若出一口議論，一手文字也？婁江一生邪險，一揭敗露，天道昭然可畏，如此所謂『不祥之實，蔽賢者當之』也。老公祖真心卓識，同志共欽，將來必大展布〔四〕，幸珍養自愛。

先公老年伯墓文，顧先生薦，值多事，未能及之，故弟先以拙文奉上，俟其脱稿，即當别寄。

校記

〔一〕三札又載《高子别集》卷三。

〔二〕『伸』，《高子未刻稿》訛作『仲』，此據《高子别集》校改。

〔三〕『生』，《高子未刻稿》訛作『坐』，此據《高子别集》校改。

〔四〕《高子别集》『必』後有『有』字。

又

此中極望老公祖秉鉞而不可得，吴民不幸如此。今日世界竟爲言路濁亂，凡具正見持正論者〔一〕，在朝在野不能自存，不謂暮年見此光景。崇仁聞已就道，恐到亦不能措手〔二〕。弟謂不若且遲遲其行，待邪氛稍殺，因勢利導可耳。

伏覩老公祖之於道日深日妙矣，聖人所默識，終身做不了，終身享不盡。老公祖仰觀俯察，一貫天人，浩浩揚揚，其樂何如！弟年來稍得此把柄，長林豐草儘是華胥大廷，不然，當此時世，直難活矣。又見大刻中表章宋儒，闢辨異教，至黨之一字，明揭前車，醒人蹈轍，不啻三致意焉。老公祖於世道人心可謂勤矣，彼稱聖稱賢、欺天罔人者，正緣於此一脉相背而馳也。向見《封事紀略》，至今一一符契。邊事任小人敗壞，又不容君子匡扶，如何？如何〔三〕？不腆附申謝私，神與俱往。

校記

〔一〕《高子别集》無『持』字。

〔二〕《高子别集》句尾有『也』字。

〔三〕『如何？如何？』，《高子别集》作『何如？何如？』。

又

初以老公祖得邊道建牙開府，可跂而待爲天子作萬里長城，訊使乃知其地良苦，豈所以優處賢者哉？大可怪矣。

淮撫之閧，宵小不足論，而一二老成反爲之主張鼓蔽，此何説也？君子小人何常之有，但於一要領人認錯，便至株連蔓引，不盡逐正類不已。今武鱗去，鏡予去，真予去，幻然、若谷去，且攻及顧涇老，一網之計已盡〔一〕。雖幸世有人焉，公論原自昭然，而君子勢孤，究竟必詘。弟與中甫銓推，徒深彼中毒計，非但無益，且暮望趙師之出〔二〕，恐亦不可得之數也。

邊地良苦〔三〕，千萬加爕，爲天下自愛。

校記

〔一〕『盡』，《高子别集》作『就』。

〔二〕『師』，《高子别集》作『老師』。

〔三〕『良苦』，《高子别集》作『苦寒』。

答周孺東〔一〕

不肖屏伏草野，君子之至於斯，則聞海内有孺東周先生之日久矣。無翼而依左右，乃辱大集見貺，一披讀之，如春生萬彙，海聚千珍，郁郁乎宇宙之大觀矣〔二〕。然以三湘九嶷之秀發靈於台臺，則三不朽於是乎在，豈獨文章盛事已耶？

遠引之計，知造物未容。聞有西河之戚，惟君子委命曠觀，以身爲本。

校記

〔一〕又載《高子别集》卷三。

〔二〕『矣』，《高子别集》作『乎』。

答張山是〔一〕

遠近傳門下神明之政，林中人爲燦然生色。士氣摧挫極矣，豈獨上之人賤士，亦士自賤耳。一二不衷之士不自持於末路〔二〕，爲道之羞，令天下以爲口舌〔三〕。嗟乎！百年旦暮，何旦暮之不勉而廢墮〔四〕，千古言之痛心，今得門下一洗此恨矣。思見君子，願爲《晨風》而不可得，乃辱大賢過承獎誘，自是門下與進盛心，而龍豈其人哉？雖然，於門下得一鞭矣，敢不努力。

校記

〔一〕又載《高子別集》卷三。

〔二〕『自持』，《高子別集》作『自待』。

〔三〕『口舌』，《高子別集》作『口實』。

〔四〕『勉』，《高子未刻稿》作『免』，此據《高子別集》校改。

與歐陽宜諸郡伯〔一〕

伏聞台旌將發，攀龍等扳轅無計〔二〕，去思何極！東林之舉仰藉主持，得以報成，顧非名賢椽筆不足以昭宣其事而垂永久〔三〕，攀龍等不揣，敢以記文爲請，伏望台臺上念前賢之微緒寄遺跡而如存，下念末俗之向方待鼓舞而始奮〔四〕，慨賜雄文，以賁兹土。譬如雷震而百蟄具興，鐘發而群夢皆醒，所以提撕斯人之徒者豈渺小哉？敬礱石以待。

校記

〔一〕此札又載《高子別集》卷四，（清）許獻、高廷珍等纂《東林書院志》卷十七。《東林書院志》題末有『書』字。

〔二〕『攀龍』，《東林書院志》作『某』，下文同。

〔三〕『垂』,《高子未刻稿》訛作『乘』,此據《高子别集》《東林書院志》校改。

〔四〕『末俗』,《高子别集》《東林書院志》作『末學』。

又〔一〕

得潁州之信,下邑之民失其所天〔二〕,惘然無措,况於弟哉?如老公祖之廉明剛正,無論弟輩耳目未覩記〔三〕,詢之壽耇,咸謂無雙。老公祖兩年宦轍所歷〔四〕,遂爲敝郡百世未逢之盛,而盛事難逢,盛時難再,何勝于邑〔五〕!弟之蒙愛,更逾尋常,欲報之德,惟有區區盡其微誠〔六〕。

所見公祖兩年於兹〔七〕,庶事盡美,獨有二者未滿人心〔八〕。若老公祖自認爲誤,毅然改之〔九〕,斯乃豪傑出格之事。不惟兩事改正〔一〇〕,且一破世俗回頭不認錯之陋,豈不千古大快哉〔一一〕?古人以責難爲恭〔一二〕,陳善爲敬,則弟今日之敬莫有大於此者。夫吾輩浩然獨往來於天地間者,祇此自慊之心。以一日之不自克而貽終身之不慊,智勇如老公祖,必不其然。時哉不可失也,弟豈不知成事不説,但念公祖去後,天下更有何人可開此口?知己難逢,有懷不盡,亦恐自貽終身之不慊也。

校記

〔一〕此札又載《高子遺書》卷八下、《高子文集》卷五,有删節。

〔二〕『下』,《高子未刻稿》訛作『不』,此據《高子遺書》《高子文集》校正。

〔三〕《高子遺書》《高子文集》無『無論弟輩耳目未覩記』一句。

〔四〕《高子遺書》《高子文集》無『老公祖』三字。

〔五〕『何』，《高子遺書》《高子文集》作『可』。
〔六〕《高子遺書》《高子文集》無『區區』二字。
〔七〕《高子遺書》《高子文集》無『所見』二字，『公祖』作『老公祖』。
〔八〕《高子遺書》《高子文集》此下有『則貞婦、逆奴是矣』一句。
〔九〕『改之』，《高子遺書》《高子文集》作『改正』。
〔一〇〕『改正』，《高子遺書》《高子文集》作『得正』。
〔一一〕《高子遺書》《高子文集》無『千古大』三字。
〔一二〕《高子遺書》《高子文集》無『責難爲恭』四字。

又〔一〕

弟得公祖除目之日，即欲具一啓馳上，會本孺約來奉叩，希面陳而止。郡中既不相值，昨又不得其間，黯惜別之時，含耿未盡之意〔二〕。適與園適共榻相商此事，共謂事關天理民彝，非同細事，若不盡言，必貽後悔，是負公祖也，敬以原啓馳上〔三〕。君子爲政，不過因民之好惡。得老公祖在念，則默默轉移，豈無其會？若必認以爲二事俱屬茫昧，則大誤。君子爲政，不過因民之好惡。民情如此，何顯著如之，而猶以爲茫昧乎？若果有茫昧可疑，則爲時許久，豈無仇口，必有發之者〔四〕，何無一人言及〔五〕？而人人爲此憤懣不平乎〔六〕？弟輩決非作好惡者，達民之情而已。公祖居上，決不如弟輩聞見之真，此正當用朋友之處，乃反不用乎？夫一貞婦也，既污其名，又殺其身，又污其體，啣恨九泉，何時而已？仁人君子不爲一伸，而作如此兩平乎？一奴也，妻主之妾子，主之子反告其忤逆，如此大逆不道，而可視爲尋常乎？

校記

〔一〕《高子遺書》卷八下、《高子文集》卷五節録此篇，題作《與歐陽宜諸二》。
〔二〕《高子遺書》《高子文集》以上無。
〔三〕《高子遺書》《高子文集》無「敬以原啓馳上」一句。
〔四〕《高子遺書》《高子文集》無「豈無仇口，必有發之者」一句。
〔五〕「言及」，《高子遺書》《高子文集》作「發之」。
〔六〕「人人」，《高子遺書》《高子文集》作「皆」。

又〔一〕

知老公祖所苦未得脱然，每念及之，中懷如繫。仲淳醫聖，前無古人，其處方劑藥皆世人所不曉，老公祖第留數日，令深察病根〔二〕，然後立方久服。慎勿與庸醫參酌，易其藥品，違其輕重，即無疾不可愈也。時事仲淳皆能言之〔三〕。

此中同志如昨，近以章奏屢及東林，未免多事。弟輩但以空空遊之〔四〕，「彩筆畫空空不染」也。

校記

〔一〕此篇又載《高子遺書》卷八下、《高子文集》卷五，題作《與歐陽宜諸三》。
〔二〕「根」，《高子遺書》作「本」。

〔三〕《高子遺書》《高子文集》無此句。

〔四〕『但』，《高子文集》作『當』。

又〔一〕

穎、亳素稱難治，非公祖才品不足鎮服之。大抵清風正氣平時固結民心，一旦有事，使之自如左右手耳。楚中之變，乃自取之。當陳奉時，其人奄奄死久矣。今日之死，曾雞彘之不若，豈不哀哉？夫民可使之不忍，難爲使之不敢，一夫大呼，且敢於至尊，況其下者乎？故曰：『民好好之，民惡惡之，此謂父母。』天下未有忍於父母者。

《人物志》仰倚甚殷，夫以咨諏之久，聽覽之明，裁決之公〔二〕，萬萬無有及公祖，必須奮然爲敝郡了此。所謂言以人重，書以人傳，便足千古，望之，望之。東林書院已成，或得大作〔三〕，輝采萬倍，何勝喜躍！

冬寒漸厲，諸祈珍攝自愛〔四〕。

校記

〔一〕此札又載《高子別集》卷四。

〔二〕『公』，《高子未刻稿》作『明』，此據《高子別集》校改。

〔三〕《高子別集》無『或』字。

〔四〕『自愛』，《高子別集》作『爲世自愛』。

又〔一〕

五年之闊〔二〕，一宵之談，自覺暢悦。乃别後興懷，殊似草草，而同心見尤，以爲不相傳言，失此良晤。當時謂宜執縶白駒於菰蘆深處，延永朝夕，乃無此寥蕭之悔耳。邇時伏審老公祖已歸，素風長途，往返静探密証，所得必深。十指微疾，當已霍然。

繆布衣方奉上，其方平和，久服方驗。甘菊花恐無真者，附上少許。洞山芥茶爲此中最上乘，烹法有刻紙在瓶口，第恐至時稍遲，不無少失香味耳。

《程門微指》一册，熟玩便可見性，見性乃能存心。人生只有此事，望老公祖專精求之。涇老《小心齋》附往。

校記

〔一〕此札又載《高子别集》卷四。

〔二〕『闊』，《高子别集》作『别』。

答彭嵩螺鹽院〔一〕

伏惟台臺正色立朝，正言匡世，屹如山立，湛如淵澄，攀龍每於大疏竊窺，輒爲天下手額。近見總漕公一疏，破似是寔非之説，遏以邪害正之謀，豈止爲半壁天下，實定千秋是非。語曰：『銖銖而稱之，至於兩必差；寸寸而量之，至於丈必謬。」故銖寸摘君子之過，未有不失君子；銖寸取小人之長，未有不誤於小人。總漕公，君子之豪傑，豈得銖寸求之哉？非台臺此疏，幾何不令天下有耳無目者眩瞀而不知所適從耶〔二〕？敢爲海内致南山之祝。過承獎教，且感且愧，至於虚中清問，尤見大君子每懷靡及。夫以台臺所臨蒞，何地不甘膏，何事不庖解？而借瞽爲明，借聾爲聰耶？龍不敢以臆對。

校記

〔一〕此札又載《高子別集》卷四，題註：『名端吾。』

〔二〕『瞀』，《高子未刻稿》作『鶩』，此據《高子別集》校改；『不』，《高子別集》作『莫』。

答石楚陽中丞〔一〕

當台臺治吴，宇宙再闢，日月重朗，不幸鄙夫當道，使一方不得終受君子之賜福，三吴萬口恨無已時。然台臺得棲遲泉石，嘯詠烟霞〔二〕，成一代文章。每疑造化不盡君子之用〔三〕，不知不盡其用於一時，乃盡其用於千秋也。以台臺之重，不令立巖廊，而委之邊陲，豈所以盡其用乎？然獅子搏兔，俱用全力，如吴門之政，照耀今古。以台臺所歷，又何事不千秋？又何地不千秋耶〔四〕？攀龍腐儒，無所比數〔五〕，而台臺念及之；中甫輩，世人欲殺，而台臺齒及之。台臺折節下士高風，主持國是定鑑，今世豈有斯人乎？時近歲，盡曝南簷下，詠歌終日，如侍台臺於邊風關月中也。

校記

〔一〕此札又載《高子別集》卷四。

〔二〕『霞』，《高子別集》作『雲』。

〔三〕『疑』，《高子別集》作『見』。

〔四〕『耶』，《高子別集》作『乎』。

〔五〕『無所比數』，《高子別集》作『無所用於世』。

答袁寧鄉〔一〕

自別道範，裘葛再更，敝邑之士於臺下津津去思，無不曰『長者』『長者』，此益見臺下之真，寧鄉之政不占有孚矣。攀龍妄謂〔二〕，人生作令，率爾放過，真是寶山空回。一生令名，百世血食，方寸有無窮之慊，子孫有無窮之報，不過三年中一念自持而已。臺下當已深味於斯。

校記

〔一〕此篇又載《高子別集》卷四。又，《高子遺書》卷八下、《高子文集》卷五所載此篇有删節，《高子遺書》無『自別道範，裘葛再更』二句，《高子文集》自『自別道範』至『攀龍妄謂』一段皆無。

〔二〕『攀龍』，《高子遺書》作『不佞』。

答李歸安純菴〔一〕

不佞弟無他心胸，惟是得見海内一君子，便如隋珠卞璧〔二〕，心賞不能已已，豈徒區區游好之情？實見天地所以不毁，得人支撑也。近從友朋耳門下之名，欣然心嚮之，不意門下亦不鄙棄，若謂其可附臭味之末。捧讀來教，雖獎借逾分，而門下一片與人爲善之腸亦已熱矣。世運已屬叔季，陽德不能大亨，亦不至大否。凡一代之運，視開基之主，高皇帝力扶綱常〔三〕，故士氣愈紬愈奮。小人之愚，便謂一官可以防口，不知防之彌甚，决之彌甚〔四〕。昔人云：『先賢玉碎於前，來哲攘袂於後。』蓋天性中發〔五〕，非人力所致也。信矣！信矣！幸門下當簿書之時，便留心當世之務，異日爲國出一臂之力。不佞弟衰矣，誦詩讀書，畢此餘年，乃其所願，得賢者肩荷世事〔六〕，便如已出，何論彼此？

校記

〔一〕此篇又載《高子别集》卷四。

〔二〕『璧』，《高子未刻稿》訛作『壁』，此據改。『卞璧』，《高子别集》作『和璧』。

〔三〕『扶』，《高子未刻稿》訛作『狀』，此據《高子别集》校改。

〔四〕兩『彌』字，《高子别集》皆作『愈』。

〔五〕『中發』，《高子别集》作『發中』。

〔六〕『世事』，《高子别集》作『斯事』。

與陳思岡年兄〔一〕

去年猛有匡山之興，今歲復爲婚嫁所縈，此念熱中未已。丈下山以來，還如山中況致否？今年亦復入山否？時論紛紛，徙及東林，所謂驚濤無静鱗，狂飆無安羽。然而吾黨亦自有過焉，言官觸邪而胡爲歸本？林中涇陽先生輸誠當路，而誰料發抄邸報，自我致戎，又誰咎耶？北計甚正，衆以爲憤，南計甚乖，衆以爲當，即在吾黨，尚多模糊。眺睹八荒之内，祇覺吾道之孤，惟有一切放下，自証斯理而已。

吾丈邇來藏密何似？既須妄念脱落，又更真體湛然，即無倚靠，實有操持，丈已臻斯境否？弟於此如趨燕者，雖已北轍，而六轡猶未離於越耳。如何〔二〕？

校記

〔一〕與陳思岡三札又載《高子别集》卷四。

〔二〕《高子别集》『如何』二字重。

又

兄疏至今不聞，豈留中耶？士論甚韙之矣。今年場屋中必有異焉，此大典也，兄宜留意。且近年又有買卷之弊，於收卷官處賄吏書，擇平日知名士早納卷者抄寫之，袖其原卷而出〔一〕。去年會場中，雲南王綱買得十卷，恣其所擇〔二〕，及出場，忘其卷於號内，明日查出，但問遣吏書，綱依然無恙。何者？監試自恐有檢束不嚴之罪也。而十卷遂置不録，豈不冤哉？兄此時省務當紛糾，平日學力應用否？能於擾擾中從容否？能周攝而自在否？能應變而當幾否？能從善而舍己否？幸以其得力處與用力處示之，毋徒爲謙謙云爾也。

周中丞近來物議如何？此中但論其功，不論其品，謂當今之時，苟有一線在君子路上者，勿棄之，陽道衰微時，道應如是，是一説。三晋諸公是一説，並行而不悖也。

文公裔孫朱崇沐破産刻先師遺書〔三〕，大可嘉也。在南中，兄幸一護持之。

校記

〔一〕『袖』，《高子未刻稿》訛作『神』，此據《高子别集》校改。

〔二〕『所』，《高子别集》作『采』。

〔三〕此句前《高子别集》尚有『《虞山會録》附覽』一句。

又

有書附儲肩宇年兄者〔一〕，至否？丈前所論列，人情共快，所委特晤湯質齋言之，而此兄以侍養至情堅意不出矣。向謂丈當一推轂海内賢守令，曾留意否？弟歷問知交，其於六公者俱無間然，但於縣令，所見所聞未得其選。不得其人，則寧缺之，所舉一人不稱，大損光輝矣。六公者不能悉舉其行事，大抵皆興教化，育人才，重農桑，精甄别，恤小民，鋤豪右，持身可質鬼神，行事可俟百世者也。向年京堂之優擢，正合待此輩，乃數年寥寥不一舉，可謂銓司有人乎？不得之銓司，而得之臺省，不見之升除，而見之論列，猶可令海内吐氣，吏治有勸也耶？

校記

〔一〕《高子别集》無『年兄』二字。

答洪桂渚〔一〕

湛源兄歸，得丈教，種種是丈友朋高誼，然亦弟之私計。餘年如隙〔二〕，欲以静之一字結此生一小果，稍有路徑，欲罷不能矣。山公幸勿入啓事也，徐老師人心漸孚矣。

校記

〔一〕前兩札又載《高子别集》卷四。

〔二〕『年』，《高子别集》作『事』。

又

居恒每懷西方美人便隱隱，兄與確齋、思岡在念，此神情之不可强者也。近纔得確齋書，已有兩雛，爲呼酒慶之。思岡自去南中，從未得信也。兄在邸中，何所務？讀何書？往來何友？用世人一息忘世，孤負乾坤矣。

南中劉練江、閬中徐十洲皆真銓衡也，此人非此官不竟其用，此官非此人不竟其用，天地生才，不爲朝廷用，惜哉！向已與兄言，兄曾爲留意否〔一〕？涇陽先生之許十洲曰：『有識有骨，有心有局。』得之矣。今閬十洲注工曹，是明置之臺省外。閬中有二執政，而不識一十洲，奈何？弟亦已言之徐老師，幸兄相與持此報國〔二〕。此中縣令如韓丹陽萬象、徐溧水良彦、熊華亭劍化、熊長興明遇、王崑山時熙，皆上乘士也。所欲言者非一，姑舉其切心者。

校記

〔一〕《高子别集》無『爲』字。

〔二〕《高子别集》句末有『也』字，語意較完。

又〔一〕

與丈相晤，每草草而别，相别又摇摇爲念也。邇來道況何如？世局如此，吾輩自檢處欲日虚日密，自信處欲日堅日泰〔二〕。近因一二事觀天人之際，如呼吸相應。《詩》云：『胡不相畏，不畏於天？』甚矣，天之可畏也！甚矣，天之可恃以無畏也！丈自可默識於言意之表矣。

校記

〔一〕此篇又載《高子遺書》卷八上、《高子文集》卷五，有删節，無篇首『與丈相晤，每草草而别，相别又摇摇爲念也』數句。

〔二〕《高子遺書》《高子文集》句末有『也』字。

柬胡玄敬〔一〕

卧病連年，以致缺然於賢郎憑棺一哭也。然從友朋間頗聞老先生於人情最不堪者，而能不改其素，此非充養有道，何以臻此？人世浮榮如飄雲逝水，太虛湛然，誰得而增損之？了此，真無一念可置胸中也，老先生已允迪之矣。病夫未有出户之期，先以瓣香伸意。

校記

〔一〕又載《高子别集》卷四。

柬錢機山宫詹〔一〕

伏覩先公老先生津津於此學，真如衣被飲食然，所謂好而樂之者矣。向未得相與窮探極論，遂成千古遺恨。哲人既萎以來，弟以卧病杜門〔二〕，不能憑棺一慟，悠悠此心，如逝水之日東。門下天植至性，罔極孝思，自當百倍尋常，區區友生之情，所願門下以身爲本，以愛身爲本而已矣。

校記

〔一〕又載《高子别集》卷四。

〔二〕『病』，《高子别集》作『疴』。

又〔一〕

弟以勞傷之疾養痾湖干，致翁丈枉顧而不知。闊隔懷抱，積鬱如故，悵可知也。弟去年之歸，已擬結局，而事不可已，又須一出，白首黄塵，見笑青山緑水，奈之何哉？翁丈何以教之？

校記

〔一〕又載《高子遺書未刻稿》。

答王佐之戈蓋臣〔一〕

得教，如在一室也。知科考已定，可安穩温習，甚慰。臨場但不以得失爲念〔二〕，筆端自有不可知之妙。此是秘法，人忽爲常談耳。和靖詩云：『他日林間無所望，只求金榜看嘉名〔三〕。』此僕於門下之謂矣。

校記

〔一〕又載《高子别集》卷四。

〔二〕『爲念』，《高子别集》作『汩吾胸中』。

〔三〕《高子未刻稿》脱『看』字，此據《高子别集》校補。

答沈繼山少司馬〔一〕

國是似明而實淆，至今日極矣。先生巍巍千古之品，何損毫毛？獨恨以真君子爲小人，則小人皆有辭；以真小人爲君子，則君子皆無色。金銀銅鐵攙作一器，於是『是非』兩字始澌滅無餘，而世道稍賴以維持者，今皆不足恃矣。

金吾持周二魯書來〔二〕，曾一晤也，已東見先生來〔三〕，又一晤也，忽謂龍曰：『司馬公豈有惑乎？』龍曰：『以司馬公何所不了了？吾輩那得爲利名憂不剖耶〔四〕？』去數日，寄一札來，大略謂，奉教，司馬公胸中了了，决無他惑，鄙意竊恐司馬公與西北有小嫌，而諸人乘之，不無附離，即公不無謂有可借用者，前聽其酒間之言，似有此意。龍覽而笑置之，竟不省置於何所。已大索冗紙中，尚未得也，然實未嘗毁，終當得之。其書手筆也，當即以原札奉覽耳。世運之衰，無端突出怪事若此者，真是可畏〔五〕，龍從此杜門反舌矣。

校記

〔一〕又載《高子别集》卷四。

〔二〕《高子别集》『周二魯』後有『公』字。

〔三〕『來』，《高子别集》作『回』。

〔四〕《高子未刻稿》『名』字空闕，此據《高子别集》校補。

〔五〕『真』，《高子别集》作『直』。

柬熙陽范公〔一〕

數年傾慕，得覩道範，何勝快心！而台臺忘其先輩有道〔二〕，握手推心，盡洗世套。每思古人，仿佛丰度如是，不意見執事，乃恍然如黄卷中所對也。攀龍於是竊嘆賢者自有真，而益復自訝，何以不拒於大賢之門墻如此〔三〕？别來半載矣，此時此意，或動於寂若俯仰之餘，或益感慨於世交厭倦之後，殆無日能忘也。當時風雨凄其，扼腕時事，亦謂嗣來不知浸淫何底。俄而有不謹同知沈介老矣，又俄而有驟進大奸沈繼老矣。『是非之心，人皆有之』，徒成虚語。尚荷聖旨威靈〔四〕，有不可知者耳。

罪戾之餘，久不復談世事，台臺千里同心，度慨惻更甚，復漫及之。攀龍杜門屏跡，幸有閒身，學無進益，無足爲執事道者。

校記

〔一〕又載《高子别集》卷四、《高子遺書未刻稿》。《高子遺書未刻稿》題作《柬范熙陽》。

〔二〕『台臺』，《高子遺書未刻稿》作『先生』。

〔三〕『拒於』，《高子遺書未刻稿》作『拒乎』。

〔四〕『聖旨』，《高子别集》《高子遺書未刻稿》作『聖主』。

答洪年姪〔一〕

初謂黨人得驅逐一空已爾，不意致興大獄，僕得免逮，幸矣。削奪則聖朝寬典，不敢望其并免，俟命而無容心也。世事如此，將何底止？今先公時忌不深，易名當必得之。即不得，亦終不失風雨晦冥，不能使天日失其度也〔二〕。賢昆仲之光昭先德至矣，僕以先公之愛亦推愛無已，此誼今人所難，何可忘也？

校記

〔一〕又載《高子别集》卷四。

〔二〕『度』，《高子别集》作『常』。

答郭明龍宗伯〔一〕

伏惟先生今之華嶽泰岱，天下有志之士同切仰止。所由然者，以先生一片直心〔二〕，光昭天宇，涉險夷、歷生死，而不二也。世道交喪，此心不泯，是是非非，誰得誣之？往者一二秉國欲以一人奸私概行抹殺，其愚甚矣。今直道少伸〔三〕，而南北異指，雖真贋易别，而詭計難知，非先生洞觀而默持之，世其誰恃哉？

攀龍迂鄙腐儒，無當世用，一丘一壑，乃成其章，顧涇陽先生則終當一出耳。辱先生不棄，遠賜翦問，仰見虚中葑菲必采，草率上復，有懷不盡。

校記

〔一〕二札又載《高子别集》卷四。

〔二〕『直』，《高子别集》作『真』。

〔三〕『少』，《高子别集》作『稍』。

又

在歸德老師處邂逅使者，訊知先生起居佳勝，不任浣慰。南中以李修老被誣，哄然不平。蓋小人當局，君子憤憤，必有旁出於言路者起而争之；君子當局，小人悻悻〔一〕，亦必有旁出於言路者起而争之。則今日邵工曹、錢職方是也。所幸南北響應，公論凛然耳。當今之時，小人既實繁有徒，而君子每自斬羽翼。其始也，以小人之詐，欲與君子同類而並進之。其既也，以君子之過，欲與小人同類而共棄之〔二〕。至如王聚洲之見攻於小人宜也，吾黨亦從而和之；李修老之見攻於小人宜也，吾黨亦從而和之；如沈繼老之人品，吾黨亦從而攻之，此何説也？自古小人非能遂敗君子，君子先自敗，而後小人乘之。今君子自爲立盡之術〔三〕，坐待小人之乘矣。近以李修老之誣，而南北同者十八人，庶幾合并之機〔四〕。先生一言重於九鼎，伏望於可維持處默默維之〔五〕，此爲國第一義也。段幻然楚獄一疏〔六〕，事雖不行，而案已定，其救李修老而破劉勿所疏更有力也。鴻便，聊附欲言。

校記

〔一〕『悻悻』，《高子别集》作『憤憤』。
〔二〕『共』，《高子别集》作『並』。
〔三〕『術』，《高子别集》作『計』。
〔四〕『庶』，《高子未刻稿》作『應』，此據《高子别集》校改。
〔五〕『於』，《高子别集》作『有』。
〔六〕『楚』，《高子别集》作『進』。

與黄宇參觀察〔一〕

與年丈瞻對，恍若隔世。思見君子，不啻饑渴。江右諸君子誦年丈湖西之政不容口，此見年丈宰天下之概矣。比來時局乖方，朝野俱撓，所賴中正和平之君子徹人我之障，燮陰陽之和，貽國家清静寧謐之福。年丈真其人矣，幸珍養自愛。

校記

〔一〕又載《高子别集》卷四。

答吴徹如〔一〕

兄湖西之政真不負日月，昨遇饑歲，更見力量，儘做何妨。不謂年來變成此等世界，欺世盗名者到處無藏形匿影之所〔二〕，真一場好傀儡也。兄與李懋明、王止敬合傳，幸何如之〔三〕！向者玄臺寄兄一書，迷失冗紙中，近忽得之，不失愴然。旨哉言乎！并晋江兄案一語道盡矣，此意不可不令鄒先生知〔四〕。近事只問趙太室〔五〕。顧守之怪兄〔六〕，即與忤，亦是正理，不忤，更見妙用耳。所傳，弟不明也〔七〕。諸不及悉，亦不欲悉。

校記

〔一〕《高子未刻稿》書前目録作《答吴徹如年兄》。此篇又載《高子别集》卷四。

〔二〕『到處』，《高子别集》作『到此』。

〔三〕『幸何』，《高子别集》作『何幸』。

〔四〕『不可不』，《高子别集》作『當』。

〔五〕『問』，《高子别集》作『聞』。

〔六〕『守』，《高子别集》作『定』。

〔七〕『明』，《高子别集》作『聞』。

柬瞿達觀學憲〔一〕

伏知台丈道化大洽，群心胥服，浣慰無量。直指之賢如史蓮勺，鄉紳之賢如郭明老〔二〕，台丈相與必深，此亦宦途樂事也。

段幻然實楚中大豪傑，認真到十分盡處，故取忌亦到十分盡處，知丈具法眼者所能別也。今其貧苦中，止有一子名在黻，聞頗斐然，望丈特鑒拔之。弟往者聞許敬菴先生曰〔三〕：『柄文一方，以至公爲本，亦以加意於一方賢者之後爲公〔四〕，尤以已故者爲急，此公字方用得大。何者？扶陽抑陰，實參贊化育事，起念在世道人心，故爲大公也。』伍容菴丈在浙中亦如此，此語可爲台丈道也。

校記

〔一〕又載《高子别集》卷四。

〔二〕『老』，《高子别集》作『龍』。

〔三〕《高子别集》『聞』後有『之』字。

〔四〕『後』，《高子别集》作『後人』。

與沈君儒水部〔一〕

台丈立朝，獨力支撐宇宙，九廟神靈，實手額之。何况斯人之徒？何况同心之侶〔二〕？每見大疏，輒便舞蹈。嘗與劉本孺兄言台丈榮旋，當共至京口，把酒臨江，一酬台丈積勞。不謂適以涇陽先生俎豆，留滯郡中，不及聞前茅之耗，至以道駕枉顧，反失良覿，歉心如刺。兹者東林之會，不審得借台丈燕閒惠然一來否？果諧所願，種種得面承矣，不勝翹跂。

校記

〔一〕二札又載《高子別集》卷四。

〔二〕《高子未刻稿》『何況』二字後衍『獨』字，此據《高子別集》删。

又

黨人未死，惟竊閉户之樂，閉户之中，惟竊性命之樂，更不知其他〔一〕。伏想仁丈坦中忘機，得大自在，所累心者，貧而已矣。弟自養田三百畝，近賣四十畝爲師友之追贓者助，雖杯水無救於車薪之火，聊自盡其心也。此外不能毫末作意所欲爲事，無可奈何也。

校記

〔一〕《高子別集》以上無。

柬丁慎所儀部〔一〕

弟每一遷職，甚慙於長孺。若云欲有所爲，姑徐徐，即是昧心飾説，實則不曾斬鋼截鐵，如跳網之魚、出籠之鳥耳。兩以差誤，今復被差。餌當事者欲弟過計事去，特爲處一差，故今仍需差行，笑殺陶靖節諸賢矣，况於箕、潁耶？

吾丈久應起家，而群小以諸賢之例脅太宰用崑、宣，太宰畏而復止。今俟察處丁巳主察諸奸，即起補丁巳被察諸賢，若做得透，陽壯陰消矣〔二〕。此可與智者道也。

校記

〔一〕又載《高子别集》卷四。

〔二〕《高子别集》此句後有『此治平上計』一句。

答錢繼修〔一〕

别來伏知台臺陽和四布，萬象景新，神明協襄，台履多福，何勝馳嚮！攀龍竊謂丈夫出世一番，具七尺軀〔二〕，苟得時得位，决非志在温飽。然天下事入手便難，廊廟封疆與長林豐草勞佚萬倍，得台丈諸君子主持世界〔三〕，而廢棄諸人優游卒歲，真聖主之至仁，猶復不自止足，不自修繕，天固厚之，已則昧之獲戾，上下寧有算耶？攀龍辨此頗明，故無餘想，况今是非分歧，風波遍地，寡與非私長往，非固藏拙偷閒，於計益便。所望台臺隨分盡力，以致太平，使攀龍等爲太平之民，永有化日之樂而已。

校記

〔一〕又載《高子别集》卷四。

〔二〕《高子别集》無此句。

〔三〕『台丈諸君子』，《高子别集》作『台臺諸大君子』。

答錢御冷太史〔一〕

伏見台臺沖襟雅度，令人目擊道存，都下辱臭味相收，私自幸矣。弟之於學，所事皆拙事，所言皆拙言，如三家村牧豎短笛，乃置之黄鐘大吕間，聞於清廟明堂之客，如之何〔二〕？

校記

〔一〕又載《高子别集》卷四。

〔二〕《高子别集》『如之何』三字重。

答錢昭自大參〔一〕

今天下最難者餉。最難居者主餉，台臺任其最難者，又久居之，近且復借重屯政，雖勞臣之任勞事不辭，而當事者任勞臣太苦矣，會當一誦言之。

弟此番入都，非復昔年景象，朝士蹙額相對，無喜色相告者。天祚聖明，或有遷改則可耳；不然，事未可知也。

校記

〔一〕二札又載《高子別集》卷四。

又

近吴錦衣祖洲過此〔一〕，備言當日之事，誣陷翁臺者特出於南欒片紙。六月中大殺其子，不可謂天道之遠也。丈夫坎壈在一時，精神在千古，今人謂身後名，此何足道？直是一點靈光可對天地，即與天地俱無盡也，吾輩只保此無價之珍而已。敝師趙儕翁先生蒙翁臺金玉交口而維此一線公道，此即是參贊化育事，在塗之人當爲手額，况其門下士乎？直銘刻心腑矣。

校記

〔一〕『近』，《高子別集》作『近日』。

與徐十洲鹺臺[一]

今日大患在當國者不論是非，在下者以異同爲可否，在上者視强弱爲從違，此大亂之道也。相國論李繼白一疏，天下人心失盡矣。推其病本，一則爲『門户』二字壓倒，一則爲『販宰相』三字嚇倒，不知二者殊不足累相國，相國自墮其計耳。狂焰正盛，諸君子無下手處，在台丈要以默轉相國之念爲主[二]，冀得其猛省，名義至重，鬼神難欺，富貴不足恃，日月不再來，貽臭流芳，只在反掌間。盤針若定，天下事尚可爲。弟自幼無富貴之念，今老矣，三尺童子亦知東林人不復可出門一步[三]，豈有他念哉？要不忍坐視明世界化作黑暗魔宫耳[四]。風便附此，不一。

校記

〔一〕二札又載《高子别集》卷四。

〔二〕『要』，《高子别集》作『大要』。

〔三〕『門』，《高子别集》作『門庭』。

〔四〕『作』，《高子别集》作『爲』。

又

屈指交游，如翁丈肝膽，寧有幾人？今諸賢皆出，而獨不得翁丈，令人痛心。然觀時局，善類必無常伸之理，青山白雲是吾輩究竟，弟且歸矣。在山中鴻鯉甚難，今得與賢師比鄰而居，時時道及翁丈，便相與浩嘆，故以一字爲問。天下樂事無過圖書萬卷，書中秘法無過『身心』兩字，此外一切與化俱徂，於我了無干涉也。翁丈以爲然否？茫茫世事，如一部《十七史》，無處説起。邸報亦已見其大都，故總不及。

數部

柬錢啓新先生[一]

意先生必至荆溪，可一晤而不果。攀龍在會，一日歸，歸聞有令曾孫事，未必非動忍一助，又聞先生當之坦然，此學者矜式也。

今年大計，君子小人判然矣。何者？年來玄黄之戰，此以彼爲邪，彼亦以此爲邪，未有定也。即考功，奸邪掃除善士十九人，皆加之辭焉，未有定也。迨拾遺疏出，而及孫宗伯、王比部，則朋黨鄭氏借其力以除正人，而後可俟百世無惑矣。小人之愚，以爲此着最緊，不知其最拙也。知先生有同然，不知何日爲一笑也？湛老幸爲道借光，千古之慶。覲華丈離家親師，可爲大勇。相與作何功，幸一示之。

校記

〔一〕又載《高子遺書未刻稿》。

柬湯質齋侍御〔一〕

久不通長安書矣，恐累丈也。向得教，於計事了然。此中所傳，殊不少爽。宇宙中真血脉、真精神，千古一息，萬里一堂，針芒差池不得也。丈真御史矣，向日轉戰雖苦，今日自反何甘？忠臣義士所以辨途而趨，堅壘而守也。太宰既去，不知當屬何人？丈須置力。聞南中邪謀，欲尼南昌之進者，其謀果發，丈須急擊〔二〕，不可以爲嫌。丈歷世既久，亦嘗再究觀人法否〔三〕？淮撫幹臣，幻然、聚洲、虎臣也。三公之可貴者，以其扶陽抑陰，故小小瑕疵不足以掩之。目中豈無三公之才之力者乎？而專爲小人用，以此益見三公之可貴耳。近年是非之難明，此其大者。有出按江右者，乞丈一囑恤陳思罔家〔四〕，至禱，至禱〔五〕。丈報命，自應薦淮撫，爲語不可兼美刺，此着之不可失者〔六〕。

校記

〔一〕二札又載《高子遺書未刻稿》。

〔二〕『丈須急擊』，《高子遺書未刻稿》作『須擊去之』。

〔三〕『嘗』，《高子遺書未刻稿》作『當』；《高子遺書未刻稿》無『法』字。

〔四〕『一囑恤』，《高子遺書未刻稿》作『特囑一恤』。

〔五〕《高子遺書未刻稿》『至禱』二字不重。

〔六〕《高子遺書未刻稿》無『丈報命，自應薦淮撫，爲語不可兼美刺，此着之不可失者』。

又

別來奉老丈不談時事之教，且落得胸中澄然無事也。弟今者自東林會外，便入山閉關，一客不見，非特儒者有向上功夫，亦是時義當然也。

園適兄以十二日行矣，前説落遲局，已謂之姑徐徐。此兄真人，得其皎然，亦見德鄰，他不論矣。高邑師近又與極辨一番，無益也。老丈閑中讀何書，新得幸一示之。

與堵太沖銓部〔一〕

久不敢爲問，以寒暄相慁也。世事紛然，貞者自勝。南中段幻然、孫拱陽、汪若谷、蔣道充，爲正論所宗，君子區區獲此一脉，非細事也。九廟之靈，前計事得徐玄仗，今得葆元先生，而年丈適在事，相與上下其議論，世道所攸賴也。夢胥雖瑕，然非石也，若遂抹殺之，恐非天地生才之意，君子憐才之心，高明以爲何如？丈不得謂事不在己，而不出一語也。

校記

〔一〕又載《高子遺書未刻稿》。

答嚴雲少司寇〔一〕

日望翁臺之來，不謂乃遂拂衣之志，然當事者猶甚望東山之不日北闕也。攀龍之欲歸，不啻如水之東，而尼之者多端，未遂沛然之決。今察事將近，攻講學者蝟起，去之有名矣。天下事未知所止，外有虜寇之難〔二〕，内有朋黨之難，有一心一德同憂共患思有當於君者，即疾之如仇，不知蒼蒼者何意而生若輩？恰恰與之以富貴利達，而爲國家螟蝨螣賊也。『挽回滄海真無計，領略青山合有人』，則今日之謂矣。

校記

〔一〕二札又載《高子遺書未刻稿》。《高子未刻稿》書前目録及《高子遺書未刻稿》題作《答嚴雲老少司寇》，疑是。

〔二〕《高子未刻稿》『虜寇』二字空闕，此據《高子遺書未刻稿》校補。

又

倡義事〔一〕，攀龍不敢外，安分處亦不敢越。自後一切公事，攀龍作獨往獨來人可也。敢爲老先生布之〔二〕。

校記

〔一〕『義』，《高子遺書未刻稿》作『舉』。

〔二〕《高子遺書未刻稿》無『老』字。

答賈芳蕘觀察〔一〕

讀《澄氛録》，快哉！數年劇寇，一日底定，不損國家毫毛，此所謂上功也。若夫掩蔽以養亂，殺戮以邀功，國之所賞，天之所罰，又何貴焉？

弟以病而歸，歸而益病，皆酬應之爲祟也。翁丈大用不日矣。方今玄黄雖暫息争，而異同終難歸一，當局者不主調停，而戒已甚，然亦爲之在我，當如是。而世局轉換如反覆掌，豈有定乎？此翁丈他日之事矣。

校記

〔一〕四札又載《高子遺書未刻稿》。

又

伏惟翁丈靖海寇，除兇人，一境得安寢食，千秋不朽功名也。近晤王葱老，爲具言翁丈及雍老，伊甚幸地方之有干城。此老剛明有爲，知翁丈相與有成矣。方今海内多事，弟止堪置之高閣，而黽勉復有此出，未知此生所結何局也。

又

今歲亂者四起，宇内岌岌，弟所爲梓里憂者，乃在浙中江海之盗。其來非一日，其據非一地，乘機而起，則浙、直、閩、廣所在動摇，天下事不可支矣。及聞台丈淵謀宏略，擒獲賊首，震慴餘黨，相對知己，酌酒稱慶。台丈豈獨露湛一方，直河潤萬里，四省之憂，一朝而安矣。方今鄒魯底定，川黔好音，榆關整頓，壁壘一新，天下事尚可爲也。聖上親書御屏曰：『天下何時平〔一〕？』即此一念，必上格天心，下振衆志，靡靡之氣其少變乎？

台丈賢聲籍甚，新中丞耿華老温良坦直，與台丈共事，地方之慶也。

校記

〔一〕《高子遺書未刻稿》此句後尚有『□□何時滅』一句，所空闕二字疑避時忌，或爲『虜寇』之類。

又

世局翻覆，一彼一此，如晝夜寒暑之相代然，不足爲異也。惟是世之將治也，翻覆以日入於治，世之將亂也，翻覆以日入於亂，但不知治亂所底止，蓋是天運，非人所能爲也。今日吏治民生之事尚可爲，此賢者當盡力之秋。翁丈實心實事，何居不宜？而乃商進退乎？幸安意以救世也。弟抵家月餘矣，元旦後一日即入山，謝客并絶一切，專事蒲團活計。伏承寵惠，謹拜圖書，刻五湖長印，主管魚鳥而已。

答王中訒明府〔一〕

接手教，知門下當此盤錯也。壯年歷艱辛，是一生受用，耐煩耐苦，盡力向前而已。兩年僕在刀頭上過日〔二〕，只以義命自安。最不可解於心者，趙師暮年顛沛，欲遣一力候之，偶有使者之便，得相偕而前，種種可照言外。

校記

〔一〕又載《高子遺書未刻稿》。

〔二〕《高子遺書未刻稿》「兩年」後有「來」字。

答顧木之孝廉〔一〕

令先公先生揭自反之義，今日正用得着。在弟氣或過憤，語或過躁，誠不無也；在丈見或欠正，論或欠平，亦容有之，各自反而已。弟於此有感也，此事以曲直，則蒼素易明矣，以賢否，則魯衛易均矣。以弟與丈，則金蘭易同矣，而猶齟齬如是，何怪世論之乖違乎？直當寬腸大肚，此則得教於丈者大矣〔二〕。然或丈誤認弟謂相勸者便相左，則大不然，筠塘、園適、覲華、荆璵、冠龍、忠餘，皆相勸者也。

校記

〔一〕又載《高子遺書未刻稿》。

〔二〕此句《高子遺書未刻稿》作『此則得於丈之教者大也』。又，《高子遺書未刻稿》止於此，以下無。

柬秦復游〔一〕

顧先生祠，蒙丈慨然讓地，是何高誼耶〔二〕？又毅然辭直，是何厚義耶〔三〕？或曰：『丈之情誼然矣，獨不爲丈慮來者藉口乎？』弟謂不然。吾錫開闢以來，九龍二泉不知幾萬千年，至宋始有梁谿先生，至明始有二泉、涇陽兩先生。三先生者，德鄰也，世幾有如三先生者乎？以顧先生，丈不當惜此區區者，非顧先生，丈不當不惜此區區者，夫焉得而藉口？惟是此地，丈主之而丈讓之，倘不得丈手筆，案而據焉，畚鍤所不敢及也，敢以爲請。

校記

〔一〕又載《高子遺書未刻稿》。

〔二〕『誼』，《高子遺書未刻稿》作『情』。

〔三〕『義』，《高子遺書未刻稿》作『誼』。

答周繇貞撫臺〔一〕

伏惟老公祖爲吴中饑民請命者，蓋人心所不能計，老公祖已計及之，人口所不能言，老公祖已言及之，聞者無不手額搏顙，感而欲泣。惟是民情愈迫，天聽愈高，今以老公祖權宜改折之數欲重徵於詔旨不允之時〔二〕，民間譁然而起〔三〕，無論重徵者結黨不應，即無徵者且藉口不輸，直以無益害有益也。伏冀老公祖於上則再補回天之牘，於下則再酌宜民之方。即天意萬分不回，或明年帶徵補解，亦無策中一策也。

至於敝郡曾公祖，清恬明慎，百年罕見賢守，值一時地方無官，忽有獄囚意外之變，殊非典守不虔之愆〔四〕。若此官一去，則老公祖真失手足，地方真失怙恃。五縣黄童白叟無不震懼，而如隕冰淵，更冀曲垂保護。即使盜未盡獲，功令難違，亦須留其在任，戴法擒賊，則曾守一日下究之膏澤，皆老公祖千秋不磨之輿頌也。

校記

〔一〕四札又載《高子遺書未刻稿》。

〔二〕『老』，《高子未刻稿》訛作『者』，此據《高子遺書未刻稿》校改。

〔三〕《高子遺書未刻稿》『民間』二字後有『將』字。

〔四〕『虔』，《高子遺書未刻稿》作『嚴』。

又

諸人經營〔一〕，欲盡去大賢之節鉞開府者，用其私人，民自此不聊生矣。昨見老公祖報，痛心疾首，在老公祖，品實隆一時，聲名耀千古，如東南生齒何？如國家根本何？真是食不下咽也。即欲趨晤，知老公祖不見客。俟台旌榮發時，執手河干耳。

校記

〔一〕『諸人』，《高子遺書未刻稿》作『諸公』。

又

世俗翻覆，一彼一此〔一〕。然非翻覆〔二〕，不足爲精金之洪爐，美玉之礪石。若非金非玉，即不足當此煅礪。攀龍輩所懼者此〔三〕，他不以爲意也。黨人之名，西江傳黄門已開送，近來想益增廣。都門同志書來，大率托興蓴鱸而已。攀龍謂諸君子在内者人思明志，在外者人思盡力，蓋亦否象，大小内外定理也。即如吴中，非老公祖嶽鎮，不知此時作何狀矣。攀龍初歸時，民間不聞改折，但聞徵科，人情洶洶，皆歃血爲盟，不以粒米輸官〔四〕。自老公祖以便宜下四分之令，乃始帖然。今改折皆與荒田，尚有五千石未折，又欲令出改折之銀，未知究竟若何。惟有老公祖以請蠲爲上，以緩征爲下，庶幾足以維繫民心，潛銷亂志。而荒區圩岸盡決，明年有秋無望，伏賴老公祖曲處〔五〕，賑資即以築岸，是借興利即以弭亂。至於凶歲輸將，攀龍輩不敢不盡力以爲民倡。大户出得一分，令災民緩得一分，實草莽之臣所爲君臣之義也。

校記

〔一〕《高子遺書未刻稿》此後尚有『但世之治也，翻覆以入於治，世之亂也，翻覆以入於亂』數句。

〔二〕『然』，《高子遺書未刻稿》作『然而』。

〔三〕《高子遺書未刻稿》無『輩』字；『此』，《高子遺書未刻稿》作『惟此』。

〔四〕『以』，《高子遺書未刻稿》作『許』。

〔五〕『賴』，《高子遺書未刻稿》作『望』。

又癸丑漕院時答柬〔一〕

企懷高明，如仰日月。方今世道，台臺主持，攀龍輩得一飲一啄，從容畎畝，伊誰之賜？所以願天下多正人君子者，實如天覆之地載之矣。顧先生專祠，實三吴士論不符而合，攀龍輩更日夕望有此舉。表章斯人，維世善脉，實台臺參贊化育事也，伏祈留神。

校記

〔一〕題註『漕院』，《高子遺書未刻稿》作『周漕院』。

答陳懷雲學臺〔一〕

向以先達汪蒙泉鄉賢事率爾爲請，辱老公祖毅然行之，一邑幸甚。因是見老公祖虚中好善，如有不及，此意便是風聲，其化之所及者遠矣。

更有請者，敝邑故無城，王令甫下車，即議版築，一邑非之不顧也，三月而城，完三日而寇至，百萬之命争於一絲，其人甚偉，其功最大。先年曾與一二同志建祠祀之，而名宦尚未及，請老公祖此舉，直允協幽明，於是人心始快然無憾矣。

校記

〔一〕又載《高子遺書未刻稿》。

答孫六吉學臺〔一〕

此地不可一日無老公祖，而中朝又不可一日無老公祖，試事完，不能復留矣，如何〔二〕？老公祖冰心正氣，所不待言，即正文體一事，挽回氣運非小。吴人反有以譏者〔三〕，甚可笑。而部院則信老公祖，如金石不移也。向有闢邪一説，攀龍甚韙之〔四〕，得老公祖來，方實見之行事耳，敢以其説奉覽，亦不及另謄也。周繇老内熒之主，德清相也。近以聖主問舊臣，彼輩計欲改劉爲方，恐亦未便安行無阻，其幾則可憂也。道府中清夷厚重，東南實賴之。黔中得傅元老，年來兵事，用大不錯〔五〕。僅見此舉，竟可由按而撫而督。

真君子最難得，如常鎮道及敝郡守〔六〕，真一時盛事。

校記

〔一〕又載《高子遺書未刻稿》。

〔二〕『如何』，《高子遺書未刻稿》作『如之何』。

〔三〕『吴』，《高子遺書未刻稿》作『蘇、松』。

〔四〕『攀龍』，《高子遺書未刻稿》作『某』。

〔五〕『大』，《高子遺書未刻稿》作『人』，疑是。

〔六〕《高子遺書未刻稿》此句後尚有『甚正甚真』四字。

柬馬起莘按臺〔一〕

自别教言，倏逾一載。去歲以地方寃女事曾以一緘幸寄而不達，今事雖未白，而公論益著，想不至終鬱抑也〔二〕。東林之舉，具如公啓所陳。是役也，涇陽先生倡之，弟輩一二同志和之，其工用麄具，可以不煩官府，所以上聞於老公祖者，念此事風化所關，老公祖風化所自出，非仰承明德，則其事不重，其傳不永。即如嘉靖中曾修復祠堂三楹，不數十年，毁爲他用。今欲大其規制，因以爲講習切磋之地，不得不鑒於此。公啓所未及，弟敢私布之〔三〕。

校記

〔一〕又載《高子遺書未刻稿》。（清）許獻、高廷珍等纂《東林書院志》卷十七《文翰三》節録『東林之舉』以下至文末，並載馬從聘（字起莘）《答高景逸書》。

〔二〕《高子遺書未刻稿》無『去歲以地方……終鬱抑也』數句。

〔三〕《高子遺書未刻稿》無『弟』字。

東蔡虚臺道尊〔一〕

今年玄臺兄寄到公祖東曹之刻〔二〕，此事甚明，非待見此刻也。旋聞除目，此方之人皆手額喜告。天道乍屈乍伸，雖相倚伏，人心公是公非自有定衡，欲以一二人之意亂之，豈可得也？方今門户角立，朋黨已成，非獨人事，蓋亦氣運使然。縱觀往昔，蓋無必勝而不敗之道，亦無兩劑而中調之策，在明者以太虚宅心，以浮雲觀世，明以引明者多，盲以引盲者少，庶幾有救耳。老公祖以爲何如？

校記

〔一〕又載《高子遺書未刻稿》。

〔二〕『公祖』，《高子遺書未刻稿》作『老公祖』。

柬陳巍石道尊〔一〕

不謂老公祖遂不能留也，空山悵望，寸心如刺。寧獨台臺知愛之情，殆是兩郡一體之誼。今而後，豈復有念念民瘼〔二〕，惟日不足，如台臺者乎？豈復有事事設誠，惟力是視，如台臺者乎？非敢薄視天下，寔深痛此方以難遭難，遇之賢師，帥無端奪去，則斯民之薄福可知，不能再有此遭遇又可知〔三〕。兹行也，何足以尼台臺大用？祇奪此中仁賢，悠悠蒼天，斯民何罪耶？攀龍自幼慕學，垂老無成，近年稍識路徑，一意入静。每月有東林之會，惟長夏有百日之閑，若復一出，便不成章。台臺此行，萬萬不容已，於執手一别，亦便忍心割情，知大君子之能照也。雲霓之望，何日而慰其異時中丞之節乎？南國地靈，當不同兩府薄福也〔四〕。

校記

〔一〕二札又載《高子遺書未刻稿》。

〔二〕『豈』，《高子遺書未刻稿》作『寧』。下文同。

〔三〕『遭遇』，《高子遺書未刻稿》作『遭逢』。

〔四〕『兩府』，《高子未刻稿》作『府』，此據《高子遺書未刻稿》校補。

又

伏惟老公祖一點實心在世道民生，無二無雜，故俄頃化孚如此。老公祖之歸，既遂其栩杞矣，兩郡之民，於誰怙恃乎？徒有浩歎耳。攀龍迂鄙無似，青山黄卷，已爲畢世之計。老公祖大業甚遠，斑斕之暇，有一息而千古者，知不同世人忽此居諸也。山中草草附復，白月清風，徒深明德之仰。

柬閔亦墟司理〔一〕

敬啓。敝邑舊父母少月王公，諱其勤，湖廣松滋人也，由癸丑進士令於敝邑，時年二十有四耳，雄才妙略〔二〕，卓冠一時。會倭入寇浙、閩〔三〕，敝邑故有城，而復隍盡矣。王公蒞事甫三日，即議筑城，不三月而工竣。工甫竣而倭卒至，當是時，非城則錫不可守，非公則錫未易城，非公持之堅，董之有法，則不能三月城〔四〕。迄於今，敝邑億萬姓世世皆公之賜也。敝邑之田，自國朝以來，轉展於貧富之交，進退於奸胥之手；至嘉靖間〔五〕，無置錐之地，而催科之吏猶闐門守之。公遂倡議丈量，於是有田者不得隱其實，無田者得以銷其虚，而田賦以平。二者非止數世利也，故公去敝邑三十餘年，而士民思之如一日。近因倭警，思功愈切，乃建祠肖像以報之。然祠必有春秋之祀，始可永久，近弟輩已與按臺言之，錢太公祖處亦有公啓，伏望臺下順士民之心，力主張之。

校記

〔一〕又載《高子遺書未刻稿》。

〔二〕『雄才妙略』，《高子遺書未刻稿》作『妙才雄略』。

〔三〕『會倭入寇浙、閩』，《高子遺書未刻稿》作『會倭夷入寇閩、浙』。

〔四〕『不能』，《高子遺書未刻稿》作『不可』。

〔五〕《高子遺書未刻稿》此後尚有『有田者不盡出賦，而賦税者不必有田，富民子孫已』二十字。

柬林平華父母〔一〕

敝邑有邵文莊公祠，一在冉涇里者，即公之舊居爲祠也，一在惠山者，即公之書院爲祠也，方苦頹圮，無所藉以葺治，近台臺有秦、尤二氏之斷給，聞之邵氏老成曰：『是舉也，以祠爲名，則當以祠爲重。宜兼修二祠，一以妥公於里中，爲城邑之重，一以妥公於山中，爲泉石之重。委忠實耆老董司其事，務垂永久〔二〕。』仁侯之惠我文莊者不虚矣，事關先賢，謹爲轉達群情，伏惟台裁。

校記

〔一〕又載《高子遺書未刻稿》。

〔二〕『永久』，《高子遺書未刻稿》作『久永』。

答陳石湖父母〔一〕

楊吏歸，得教，且悉老父母近況，甚慰。永隆事已得白姜父母，所以遲遲至今，實以往日當事者尚在地方，機無可乘也。今之小人，只以年例一件驅除君子，言官爲政府鷹犬，銓部爲言官鷹犬，小人則揚揚肆無所忌〔二〕，君子則抑抑坐以待盡。自趙焕三年例至今，無有一人敢明白正大以聲其罪者，徒恐愈激則愈壞，不知愈退敵愈進也。

梅谷事久已得之傳聞，及奉教，與所聞符合〔三〕。梅老先生一片救世心腸，天地可毁，此公案乃可毁也〔四〕。然不知言路把持此事者果是誰人，乞老父母一訊之梅老先生，便知其人〔五〕。梅谷不忍使天壤間一脉微陽遂絶，不忍使梅老先生一段正氣不表表於天下，乘機邁會，將有所事，然其作用必妙，必非草草而發，誠得其大者一擊之〔六〕，未必非博浪中激動天下大機括也。永隆來，附此，幸老父母與梅老先生一細商之，以示宇宙無人矣，不可使空谷之跫然者復失之也。不腆野人之芹，聊申一念，伏祈叱存〔七〕，見老父母不鄙棄也〔八〕。

校記

〔一〕又載《高子遺書未刻稿》。

〔二〕『肆』，《高子未刻稿》作『四』，此據《高子遺書未刻稿》校改。

〔三〕《高子遺書未刻稿》『所聞』後有『者』字。

〔四〕『乃』，《高子遺書未刻稿》作『不』。

〔五〕「便」，《高子未刻稿》作「使」，此據《高子遺書未刻稿》校改。

〔六〕「大者」，《高子遺書未刻稿》作「大首」。

〔七〕「祈」，《高子遺書未刻稿》作「乞」。

〔八〕「見老父母不鄙棄也」，《高子遺書未刻稿》句首有「以」字。

柬許同生父母〔一〕

別來兩奉手教，不得鴻便復謝。春來伏想台侯多福〔二〕，此中相知臨事臨景未嘗不思老父母，蓋彌久彌篤。然尚以石湖父母相與頗不殊老父母情致，脱有異焉，不知懷老父母更當何如耳？人生同好，一談一笑，當時視爲尋常，轉眼遂成絶調，俯仰今昔，何限感愴。

東林之爲東林，老父母已徹骨徹髓，不意年來爲世大懟，皆由言路謬相稱許〔三〕，動相引證，以至於斯。東林付之默然而已，辱老父母所在昭雪。此爲世道之盛心，豈獨交遊之雅誼已耶？銘刻，銘刻。

樂器已成，尚未教習，邑中已有友人任之，知老父母所欲聞也。

校記

〔一〕二札又載《高子遺書未刻稿》。

〔二〕「侯」，《高子未刻稿》訛作「候」，兹改。「台侯多福」，《高子遺書未刻稿》作「台臺萬福」。

〔三〕「稱許」，《高子遺書未刻稿》作「雅許」。

又

自得奉教以來，兩度西林，神情似暢〔一〕，勝友勝地，勝日勝懷，交得爲難也。春風過半，知老父母白門樂事甚多，何以縮地一共話言？念之心癢。依庸方丈如昨，人間有口如簧，風林無静枝，將作何棲泊，老父母試籌之，以爲何如？

校記

〔一〕『似』，《高子遺書未刻稿》作『殊』。

答劉夢鳳父母〔一〕

以老父母至明，故攀龍敢直攄肝鬲，何者？明無疑也。老父母無疑，則人無嫌疑矣〔二〕。敝邑從來鄉紳戴父母，有赤心，無二心。攀龍每謂留此一段氣脉，永永無替，可以挽頽風、愧薄俗。故林平老、許同老、陳石老、姜素老至今皆如骨肉，老父母會時密訊，自知龍言非妄。今以老父母英特卓敏，豈特一方干城，將來海内砥柱，龍一見决矣。

接來教，知老父母於保甲一事亦洞然無滯，不勝欣幸。此老絶無他腸，老父母但待之如初，銷其畏心，彼之感激當倍尋常。龍不敢謬許他人，自作誑語也。

校記

〔一〕又載《高子遺書未刻稿》。

〔二〕『嫌』，《高子未刻稿》訛作『嗛』，此據《高子遺書未刻稿》校改。

與史玉池年丈〔一〕

丈行後，傳言甚異，弟殊不聞。吾輩以千古相勗，而細人以吾兩人相左，所見小大，何啻天淵？吾輩在世間，不過一二十年耳，以一二十年浮光，棄其百千萬世人品，何須臾之不能忍乎？弟以此自爲，亦以此爲丈，無兩心也。

校記

〔一〕二札又載《高子遺書未刻稿》，『丈』作『兄』，文中同。

又

昨談甚暢，北計得年兄提出保定一語，至當不易矣。蓋此事極正，其挽回世道非小〔一〕，但以不及保定爲不處其所當處。及聚洲、嚴所、太初，爲處其所不當處，則正論也。蓋三公皆有功世道之人也，一爲他論，則墮入惡道矣，其張邪熾豈可勝道哉〔二〕？吾輩一點赤心，只爲一脉善道，此自唐虞九官四凶分脉以來，較若白黑，出此則入彼，不容些子含糊也。

校記

〔一〕『非』，《高子遺書未刻稿》作『不』。
〔二〕《高子遺書未刻稿》無『其張邪熾豈可勝道哉』一句。

答蔣澤壘侍御〔一〕

今天下最可憂者，聖躬之疾，權璫之固，内操之兵，外庭不能得宰輔之匡扶，宰輔不能慰外庭之祈望，章疏一線，若有若無，二豎在膏肓，秦扁却走矣。其他争者可和，囂者可静，尚不足道也。秦中安危，全在塞上，台丈之荼，萬民之薺也〔二〕。此中正脉，必王憲老、馮少老入，而後歲月相續。少老定推總憲，魏璫不欲楊大洪署篆，遂傳旨於見在者推，又有資俸之云，其意自有所屬。諸賢乃以不肖應之，恐又增一番紛紜。蒲州相及太宰皆欲於罪璫救過之時，勸爲收拾人心之計，首以憲老，湛持之賜環爲重，恐或有機可乘。

弟有二緘，煩於郵筒致之貴屬施大參天德，向知其不没没於世俗，隴右之政，果有異於人否？

校記

〔一〕二札又載《高子遺書未刻稿》。
〔二〕『萬』，《高子遺書未刻稿》作『秦』。

又

世事如此，不底於亂不止。或者咎人事過激使然，是誠有之，亦只争遲速之間耳。天生此輩人，要作此等事，若無此等事，不生此輩人。故君子自反無窮，則氣運有定也。以台丈之品，彼豈放過？大丈夫爲千古人物，自不於一時作活計，來教見之審矣。吉水、長興相繼不禄，今復聞芮［芮］城之變，此豈章子厚所爲？然天地間一日不知死若干人，而三公在若干人之中何啻鼎甲三名而已也？見憲老書，不勝山陽之痛。少老書領訖〔一〕。

校記

〔一〕《高子遺書未刻稿》無此句。

答貢二山明府〔一〕

蒙台丈之愛，不可屈指矣。加派一事，明明不當顧目前，當顧日後者也，諸公只顧目前。東南大水，明明不當顧日後，當顧目前者也，諸公只顧日後。如此顛倒，見天下安得不亂也？加派倘不能即停，當改考成法。如十分正糧，一二分加派，則罰二三分以上之欠；十分正糧，三四分加派者，則罰四五分以上之欠。又急修屯鹽錢法，而後盡蠲之，庶乎其可也。不然，恐天下之亂，即此一事，速之有餘矣。讀來教，益令人憂心如焚。

校記

〔一〕又載《高子遺書未刻稿》。

答湯連倚進士〔一〕

既見君子，慶吾鄉之有人也。僕老矣，輦上諸公除惡務本，忍不能舍，不知其無能爲也。然世界不壞，人心不死，吾君吾民豈遂無誠心爲之者？則台丈他日之事也。辱念，益感，道義之愛出於尋常，中心藏之而已。

校記

〔一〕又載《高子遺書未刻稿》。

答曹世兄〔一〕

衰年病軀，只堪一蒲團一竹箇，終日婆娑於青山白水之間。適天與以閉户時候，真爲藏拙，他非所知矣。辱門下道義之愛，何可忘？令先公老先生，學宫俎豆自是本分應得，即當力言之曾太尊。學臺試後，亦即與言，决不敢負。

校記

〔一〕又載《高子遺書未刻稿》。

答王先茂總戎〔一〕

氣運至此，如人衰老，百證俱現，無可奈何。如不肖此時作黨人，有餘榮矣。書院之毁，亦息交絶遊之助也。今年正月二日即居湖干，不見一客，遠方知交，本地至戚，不諒來此者，寧得罪，不敢破戒。蓋將守之終身，此則黨人偷閒偷生之樂也。

校記

〔一〕又載《高子遺書未刻稿》。

柬繆西溪太史〔一〕

向得台丈南宫之信，不勝欣慰。已得秘書之信，更不勝欣慰。蓋以朝廷有人，吾道有人，非區區以一官爲台丈幸也。已從受之兄知台丈惓惓之念，已得教劄，益知台丈惓惓之愛無已〔二〕。於今之時，有如台丈貞心勁骨，不受變於俗者，非天挺人豪，孰能與於斯？但當相與默識默成而已。

飛矢之及弟也，固所宜然，而不知弟無心於世久矣。今當益奉潛惕之教，杜門屏迹，味世外之味，决不在鑾觸中作活計也。久稽報謝，畏此屬垣，兹因鴻便，附候起居。

校記

〔一〕四札又載《高子遺書未刻稿》。

〔二〕《高子遺書未刻稿》『無已』二字前有『之』字。

又

弟謂今日之事一切聽天，一切靠天，一日無禍，且一日享福。何但弟與翁丈之不坐贓，且一日享福，即六君子之逮者，一日無痛楚，一日未死，還是享福之日。何則？人能外形骸，以理自勝，無處不可自得。况吾輩百世千秋得與漢宋黨禁諸賢作一流人物，少時望不至此，暮年忽得此寵榮，一時之苦易過，無窮之榮不磨，豈可不自知福耶？或曰：『此非國家之福。』夫豈不知？然國家之福，在於多畏禍之小人，多不畏禍之君子。今既多不畏禍之小人，又豈可少不知福之君子耶？文丈之嘔血，周丈之欲殉義〔一〕，天地間不可少。要之，且以身爲本，待天下之清爲正理也〔二〕。

校記

〔一〕《高子遺書未刻稿》無『欲』字。

〔二〕《高子遺書未刻稿》此後尚有『虞山之禍剥膚，牧來歸來，一大助也』十四字。按，『牧來』當爲『牧齋』之訛。

又

前暮夜，不及與翁丈一叙。會削奪報至，親友唁者紛紛，亟去之湖干，不及候翁丈返棹，不知道履曾至嘉善否？諸君子所坐贓，至今未知的信，翁丈有所聞否？又有魏璫奏訪拿事單，開一百六十七人。若欲訪而拿，則拿者又在其中，不知何説，大抵亂世泯泯棼棼，一切聽之。老杜云『心弱恨窮愁』〔一〕，此時正用得着也。有一緘寄李次老，幸爲致之。弟所居湖干，絶不見客〔二〕，相知者寧歸晤。不如此，不足以斬葛藤，令未死之身得一日清涼也〔三〕。

校記

〔一〕『窮』，《高子遺書未刻稿》作『容』。

〔二〕『客』，《高子遺書未刻稿》作『一客』。

〔三〕《高子遺書未刻稿》此後尚有『天下書院毁矣，亦息交絶遊一助也』十四字。

又〔一〕

世事至此，吾黨亦與有過，是誠有之。然使所行合宜，亦争遲速之間〔二〕。故氣運有定，吾輩自反無窮也。以翁丈之忠肝義膽〔三〕，當户之蘭必刈，夫復何疑？丈夫志在千古〔四〕，何屑計一時？翁丈即一時〔五〕，亦榮歸矣〔六〕。

校記

〔一〕《常州先哲遺書》本(明)繆昌期《從野堂存稿》附録『贈答』亦載此篇，註云：『丙寅以前』。

〔二〕『争』，《從野堂存稿》作『不過』。又，此句後，《高子遺書未刻稿》尚有『天生此輩人，决要作此等事。若不作此等事，决不生此輩人』二十三字，《從野堂存稿》則作『天生此輩人，决要作此等事，决不虚生此輩人』。

〔三〕《從野堂存稿》無『之』字。

〔四〕《從野堂存稿》無『在』字。

〔五〕《從野堂存稿》句首有『若』字。

〔六〕《從野堂存稿》此後尚有一段：『即擬躬候，以病未能。且惡雨腐麥，民分必死，盜賊塞野，所在戒心，但思閉户耳。先祖父制文，想以付五知。當此之際，用寶未敢必也。小僕附仙鷀，今在何處？乞示知之。思見甚切，先此上問，種種俟面，未悉。』尹按，據《從野堂存稿》附録『遺事』引繆昌期之孫繆眗《交遊翰墨跋》，云家藏『《交遊翰墨》一帙，係吾大父先文貞之同學同朝及親故門下士與公往來手札也。』知《從野堂存稿》附録所引係據繆氏家藏《交遊翰墨》。

柬李次見侍御〔一〕

接手教後，又見無限變幻。雖萬變，總是一幻。周蓼老削奪，原是意中預擬，非意外也。孫姚岑公以僕奪官，其子鄰近大賢之居，得依仁之幸，冀台丈一教植之。

校記

〔一〕『柬』，《高子未刻稿》書前目録作『答』。此札又載《高子遺書未刻稿》。

柬楊蘧初道尊〔一〕

攀龍今年屏跡湖干，僅一送周綿老公祖。賢者秉鉞海内，已去其四，如吾民何？世事未知止泊，此身亦置度外，得一日，課一日學。淵明云『應盡還須盡〔二〕，無復獨多慮』也。

校記

〔一〕又載《高子遺書未刻稿》。

〔二〕『還』，《高子遺書未刻稿》作『便』。

與葉園適年兄〔一〕

天下事振作不起，日入於『蠱』矣。今六卿之長皆非宵人，且多民譽，然非撥亂才也。弟在此甚無味，故急思歸，亦不敢勸丈。邊事日壞一日，深望孫愷陽也。舉要之言如此。諸君子未起而没者有邮，被察而誣者議起，此兩事頗快人意，了弟念中事矣。

校記

〔一〕以下六札又載《高子遺書未刻稿》，『園適』作『閒適』，兩可。

又

今年弟家多事，深累年丈。骨肉之情，感當何如？弟於前月得太常一差，將題矣，忽有大理之轉，不可復奉太常之差。計事將近，攻鄒南翁者遂起，吾輩適與以可攻之隙，其詳兒輩能述之。首揆一疏，千古文章也，記文亦甚佳，弟專俟此事爲行止。

又

弟三疏乞身而不得放，揆宰之意，以大計在近，惴惴於伏莽之戎，以爲留一人，多一人氣勢也。趙師又主之甚堅，故第四疏遂不得上，覺傷於迫也。適董誼臺特爲弟註一差，過察以差去，可泯獨居道學之名。其意亦是，弟遂從之。大抵一入仕途，此身不得自主。弟亦以義在可以去可以不去之間〔一〕，故不妨委蛇。義在決去，又非此論矣。鄒南老去，趙師適來代之，又得考功甚正，今年計事決可做得六七分，庶幾吐神人之憤。要之，皆天意，非人所能爲也。吾鄉撫及道府皆佳品，或可救得少分。貴州大捷，喜出意外。中土亂志稍戢，得專意東方，尚可爲也。

校記

〔一〕『義』，《高子遺書未刻稿》作『於義』。

又

先帝鼎湖之事，我素有痛憤詩曰：『執簡定應書趙盾，舉朝誰請討陳恒？』此弟切齒腐心事，故先發鄭氏。孫淇老入朝，發方氏，國典雖不中，國是亦已明矣。但國禍尚未已也，天下之亂蠭起，當從本原做起，枝葉上如何補救？弟陳其愚，無毫毛之益也，有歸而已。

又

年丈太常所當得之恩典，但到任，吏部即彙題，司空陞於恩詔之後，須自上本，改給誥命下部，方覆行也。不知戒行何日，弟在此，望白下如仙。

初入都，即有皇子之變。兩日後，即有杖萬元白之事，元白死矣。蓋未杖前〔一〕，先爲中官千百成群箠楚交加〔二〕，已半死，况其質甚弱，何能勝？未幾有林道長之事，道長逃，而中官圍首輔之宅矣，不許百官轎矣，入朝無坐處矣。太廟之祭，百官皆露坐矣，閣臣亦露坐矣。南衙北司，勢如水火，不謂遂目見之。人言楊大洪之疏欲除毒，乃發毒，無人不尤之。此不然，毒已成矣，發之，或稔其惡而受天誅未可知。但後來諸疏宜留後勁，使有隱然虎豹之懼。强弩之末〔三〕，彼遂一無忌憚也。

太宰用鄒匪石，極得人，三十年無此考功矣。同鄉人每入一吏部，言路有千金之獲，一旦廢之，故大不甘而鬨。太宰志不行，堅意欲去，賴韓相公力留之。丈試觀如此世界〔四〕，樂耶？否耶？弟在此忍耐〔五〕，看後來何如。不敢畏事，亦不敢生事也。大水，吾鄉更苦矣，如何〔六〕？沈湛老貧甚，吾輩仕宦者當少分俸，不知其力能出否？

校記

〔一〕『未』，《高子未刻稿》訛作『先』，此據《高子遺書未刻稿》校改。
〔二〕『群』，《高子未刻稿》訛作『郡』，此據《高子遺書未刻稿》校改。
〔三〕『弩』，《高子未刻稿》《高子遺書未刻稿》皆訛作『努』，據文意，當爲『弩』字之訛，茲據改。
〔四〕《高子未刻稿》無『丈』字，茲據《高子遺書未刻稿》校補。又，《高子未刻稿》『觀』字後衍『何』字，茲據《高子遺書未刻稿》刪。
〔五〕《高子遺書未刻稿》『弟』字後有『且』字，於意較長。
〔六〕《高子遺書未刻稿》『如何』二字重。

又

弟之叨冒已極，今復有此意外，且事甚不妥，今無奈，只盡力做去。此官若真心作，可以救世，惜弟精力不足，識見不足。識見不足，可以咨諏詢度，惟精力强不得，又半耗之於應酬，可惜也。弟一愚人，不知何故爲人畏忌。今畏忌者滿目而是，弟只以無心遊之，一切不顧，爲其所當爲而已。丈何以教我？千萬勿遐棄之〔一〕。

校記

〔一〕『棄』,《高子遺書未刻稿》作『遺』。

柬陳筠塘年兄〔一〕

弟在此,以一人任一衙門事,終日持籌握算。又中官無事不打攪,弟只不受書儀,不受屬官餽儀,遂畏而不敢犯。天下事其機如此,但以不得歸爲苦耳〔二〕。年丈人皆稱屈,而太宰非用人之人,僅得盛少宰主持〔三〕,不至盡用小人耳。然王選君是好人,終須有好事也。

廿五日放榜,弟以上陵蚤去,尚未知春闈信,留此於寓所待寄。慎所諸君子,人心不平特甚,弟見首揆言之。鄒南老許上疏〔四〕,以東事信急,尚未行也。

校記

〔一〕三札又載《高子遺書未刻稿》。

〔二〕《高子遺書未刻稿》此後尚有『賊不須怕,最怕人心不固。天不生才,世事未可必也』二十字。

〔三〕『持』,《高子未刻稿》訛作『特』,此據《高子遺書未刻稿》校改。

〔四〕《高子遺書未刻稿》『上疏』後有『明之』二字。

又

年丈所惠教俱到，知年丈善飯，弟喜加一飯矣。弟已將歸，惟以年丈未起官，此念未了。近姚羅老任力言之太宰，弟言之選司，或不虚此念也。同善會勤行不已，非但救人，亦成美俗，俗美則可回天。蓋迎導生機，便是潛消殺機〔一〕，理之必然也。

校記

〔一〕《高子未刻稿》『殺』字後衍『氣』字，兹據《高子遺書未刻稿》删。

又

吾鄉不幸，罹此大災，又不幸，不得縣官。所以苴補隙者，全在鄉紳。有當言者，年丈必倡同袍言之。知年丈丹衷天植，必不以州令之事爲戒也〔一〕。國家空匱無比，古所謂無三年之蓄，不成其爲國，今且無一年之蓄矣。

弟以東林老腐儒出門來，今當此重任〔二〕，既辭之不得，但有盡力作去。至去不得，而乞身而已〔三〕。今日安民之計，只在除貪酷之吏。欲吏無貪，先從輦轂要道不要貪吏之金〔四〕。故弟到任之日，首行五城訪拿送書儀者，大張禁約，令知清明之朝決不容穢濁之事。此實正本清源要務，餘事次第行之耳。

校記

〔一〕「州」，《高子未刻稿》作「川」，兹據《高子遺書未刻稿》校改。

〔二〕「今」，《高子遺書未刻稿》作「竟」。

〔三〕「而」，《高子遺書未刻稿》作「有」，是。

〔四〕「從」，《高子遺書未刻稿》作「在」。

柬馬涵虚〔一〕

得長公捷音，快哉！天生俊傑，未有不發，而發有其時。弟每以此語人，人不信，今於賢郎信矣。丈有兩賢郎擔却世道，使丈杜門一編，樂也。弟猶役於世，五湖風景如許，而碌碌黄塵中，奈何？幸弟所居是風波地，一旦狂風起〔二〕，吹還我菰蘆中不難耳〔三〕。

校記

〔一〕又載《高子遺書未刻稿》。

〔二〕「起」，《高子遺書未刻稿》作「忽起」。

〔三〕「吹還我」，《高子遺書未刻稿》作「吹我還」。

答邑中諸老〔一〕

撫臺荒疏，毫髮無遺恨矣。疏到，即與當事諸公言，諸公以京庾止有三月之糧，鄭玄嶽賢者亦云計出無奈。攀龍謂是則然矣，若改折行〔二〕，有司猶可催徵其銀，必欲本色，桑、孔亦無力能得其米，是米與銀兩失也，如之何？諸公亦語塞。今侯按臺勘荒疏至，即算可存若干，聊備一年京邊，餘悉折之以惠民矣。吾邑父母調静海者，已爲彼處兩院所留。八月之選，止新科一人，又北人，非長才。攀龍謂與其不得人而荼民五年，不若得人而遲選兩月。孟冬之選，多方精求之也。總憲見推，既以蚊負山，今欲以衛填海，計將安出？幸諸翁臺有以教之。

校記

〔一〕又載《高子遺書未刻稿》。

〔二〕『若』，《高子未刻稿》訛作『苦』，兹據《高子遺書未刻稿》校改。『若改折行』，《高子遺書未刻稿》作『若用改折』。

柬吴覲華〔一〕

東林得丈，直是天造地設者，豈徒然哉？弟處非其分，且歸期未卜，此官儘有事作，但精力日衰，未知他日見丈有顔面否耶？

荒事，選賢令事，自不待言。所苦者，京儲無一年之積，每選只甲科一二人，未必能如意耳。鄒荆老家貞女已與新按臺詳言〔二〕，必奏旌無疑，幸道意〔三〕。

校記

〔一〕又載《高子遺書未刻稿》。

〔二〕《高子遺書未刻稿》句末有「之」字。

〔三〕《高子遺書未刻稿》無此三字。

柬繆仲淳〔一〕

聞仁丈舊恙復發，衰年人豈宜有此？大以爲慮。望家中一信，真如萬金。正月初七，小兒書到，云道體向安〔二〕，面上喜色自動，歡極，提携如意舞，乃實驗斯語。

去年朝中頗有陽氣，陰沴便却〔三〕。山東平，原圍解〔四〕，今黔又捷矣。今年大計，得考功甚佳，與趙師應和，必吐得一口氣。惜臺省管察者不相稱，只好做得五六分。察後便補長孺、函伯諸賢，弟已愬定盛少宰，彼亦力肩之。平涵丈之黄扉八分穩，盛少宰有十分，孫淇老有五分，其他皆襯貼。敝邑周念潛亦推，此君好，故衆共舉之。朱延禧、顧秉謙亦推，推者以爲襯貼，用者有不可知。首揆意，則注平涵少宰也。鄒南翁畢竟是今世第一人，然只做唐虞三代公孤方稱職。趙師代之，鄒先生得全其體，趙師得施其用，一時造化之妙也。

校記

〔一〕二札又載《高子遺書未刻稿》。
〔二〕『向』，《高子遺書未刻稿》作『尚』。
〔三〕『却』，《高子遺書未刻稿》作『小却』。
〔四〕『原』，《高子遺書未刻稿》作『川』。

又

秋中即擬捧一觴爲吾丈壽〔一〕，一笑相樂也。而一入仕路，行止便不能自由〔二〕，弟亦不敢草草。孫淇老疏滿朝議單出，於是亓詩教等遂爲窮獸之鬬，潛來京師，令其親翁朱童蒙以書院作難，以爲正局即日可翻〔三〕。幸得高邑師總憲〔四〕，敗局復定。福清此出，大非往年行徑，秋來又非春間行徑，今竟是賢相矣。此老眼明心正，故有此好結果，所得多矣。但此老不能久住，久亦不過明年二三月間，同志勸其薦賢爲善後之計，已屢上枚卜疏。所擬薦者，朱平老、盛少宰、孫淇老、公周庭。可惜王中白有病，不能出也。弟腐儒無用，惟思一歸。鄒、馮二老去，正好三人同行。諸相知，百方尼之，欲弟過計事。計事有冢宰，决不大快人，有總憲，决不大悶人。即謂弟可佐趙師〔五〕，亦不必其身之住也。

校記

〔一〕《高子未刻稿》無『捧』字，兹據《高子遺書未刻稿》校補。

〔二〕『止』，《高子未刻稿》訛作『上』，兹據《高子遺書未刻稿》校改。

〔三〕《高子遺書未刻稿》此句後尚有『幸福清相盡力維持，且挺身出疏敵住，故鄒、馮二老雖去』二十二字。

〔四〕『幸』，《高子遺書未刻稿》作『仍』。

〔五〕《高子遺書未刻稿》句末有『一二』兩字，於義爲長。

柬大哥〔一〕

弟所居綱紀之地，亦風波之所，弟一味直心而行〔二〕，無所瞻顧趨避。世之秉公者惟恐弟之一日而去，其營私者惟恐弟之一日而留。然公者少而私者多，則弟之留日短而去日長。在弟則無所不可，留一日，則作一日事，去一日，則得一日樂。樂事惟山林人説得〔三〕，煙雲魚鳥，無非樂事；廊廟人説不得，國亂民窮〔四〕，無事不憂。廊廟人説樂，勢利兩件而已，迷人以此爲樂，不知果有何樂耶〔五〕？吾邑中一年又半無令矣，弟在此，日夕以此爲念。而天下大縣缺令者二十餘處〔六〕，無人可選，甚可笑也。改折候按院荒疏〔七〕，至今不來，當道以民命爲戲，大率如此。

校記

〔一〕又載《高子遺書未刻稿》。尹按，高攀龍之子高世儒《先父資德大夫正治上卿都察院左都御史贈太子少保兵部尚書謚忠憲景逸府君行述》載：『予告時，以大臣不賜馳驛，即不走驛。僚屬醵路費，峻却之，僱夫買舟歸。先有書不孝曰：「留一日，則作一日事。去一日，則得一日樂。樂字惟山林人説得，煙雲魚鳥，無非樂事。廟堂人説不得，國亂民窮，無事不憂。廟堂人説樂，勢、利兩件而已。迷人以此爲樂，何耶？」」云書寄高攀龍之子，疑《行述》所記有誤。「先有書不孝曰」一句，（明）華允誠《高忠憲公年譜》作「曰」，未明言書寄何人，餘同高世儒所撰行述。

〔二〕「直」，《高子遺書未刻稿》作「真」。

〔三〕「事」，《高子遺書未刻稿》、高世儒所撰行述、（明）華允誠《高忠憲公年譜》作「字」。

〔四〕「民」，《高子未刻稿》訛作「氏」，此據《高子遺書未刻稿》校改。

〔五〕「不知果有何樂耶」，高世儒所撰行述、（明）華允誠《高忠憲公年譜》作「何耶」。

〔六〕「二十餘處」，《高子遺書未刻稿》作「有二十餘」。

〔七〕「俟」，《高子未刻稿》訛作「侯」，此據《高子遺書未刻稿》校改。「疏」，《高子遺書未刻稿》作「數」。

東浦允昭〔一〕

僕在此，欲歸不得。東事雖可憂，不以爲憂，一人有一人之命，一朝有一朝之命。在一人，死生事甚大〔二〕，在一朝，存亡事甚大，皆非偶然，人只爲按事不定，先事而擾耳。

校記

〔一〕二札又載《高子遺書未刻稿》。

〔二〕「大」，《高子遺書未刻稿》作「小」。

知大甥補增，甚喜。二甥偶遲，殊不足介意。但知讀書作文，不知得失，便是大豪傑。開此眼孔，豁此心胸，文字自然不凡。人知做舉業，不知此是舉業之本，可與智者道也。

又

答李見羅老先生[一]

自別道範，兩見秋光，天日昭明，輿心快協。渴祈歸旆少駐九龍，不意仙蹤竟爾潛過，反承大貺，兼以教言，真懇肫切，雖父兄之望其子弟不篤於此矣。攀龍時在荆溪，不及對使拜登。抵家，迫於北上，又不及專馳謝啓，負悚至今。適有揭揚之謫，知先生亦在清漳之間，瞻拜可期。及至崇安，乃聞閩省至潮，更無水道，陸程勞費，遂買小舟，道由清流。年餘夙懷，自違其願，赧愧何勝！

攀龍自去冬南旋[二]，頗有觀書味道之樂。蒙先生之教，謂學必本其所從來，要其所終極，而後致力有原，會歸無忝，此至教也。聖人之學，復其性而已，如此而來，故須如此而止，如此而止，故無忝其如此而來。先生止修之揭，真復性之要也。至於條目，則攀龍尚未能無疑。

竊以《大學》鼎立三綱，固以至善爲歸根立命之地，而井分八目，則以格致爲求端用力之初。原其會歸，則格、致、誠、正皆所以修身。論其入門，則修身之功實始於格致。今先生曰：『格、致、誠、正，不過就其中缺漏處照管提撕，使之常止[三]。常止則身常修[四]，心常正，意常誠，知當致而物自格矣[五]。』見教亦云：『果明宗，果知本，真有心意知物各止其所，而格、致、誠、正總付之無所事事的光景矣。』此其條目工夫説似太輕，而於先後之序亦覺小背矣。

夫學須知止，止歸至善。格致則最初沉着用力，乃《中庸》明善之功，所以使學者辨志定業，絶利一源，分剖爲己爲人之界，精研義利是非之極，透頂徹底，窮其藴奥，使此心光明洞達，直截痛快，不使毫髮含糊疑似留於隱微之地，以爲自欺之主。夫然後爲善而更無不爲之意拒之於前，不爲惡而更無欲爲之意引之於後，意誠心正而身脩，善之所以純粹而精，止之所以敦厚而固也。不然，則非不欲止欲修，而氣稟物欲拘蔽萬端，恐有不能實用其力者矣。蓋一止而常修、常正、常誠、常致、常格者，至善之本體也。由格而致而誠而正而修者，止至善之工夫也。善乎先生之言曰：『知以止至善爲宗，則此格、致、誠、正若綱在網，無非收止之功。俗學狥外忘本，固緣無此主腦。』而攀龍蓋常切體止之所以不固者，只私欲爲之牽引，非欲能累人，知之不至也。何以旦晝無穿窬之念，夜無穿窬之夢，知之切至也。故學者辨義利是非之極，必皆如無穿窬之心，斯爲知至，知至即知止也，此喫緊入止入本處，恐未可平鋪放在。不審先生以爲何如？

校記

〔一〕三札又載《高子遺書未刻稿》。

〔二〕『旋』，《高子遺書未刻稿》作『歸』。

〔三〕『常止』，《高子遺書未刻稿》作『常正』。

〔四〕『常止』，《高子遺書未刻稿》作『常正』。

〔五〕『當』，《高子遺書未刻稿》作『常』。

又

已寫奉寄先生書，而止庵丈來，接瑶函及《經武》《將將》二書，珍感無量。先生所教，大略無疑，近亦窺見至善面目，精粹澄宏，絲毫着摻和不得。只苦止地不實，稍觸便動，便失本色，自漏自修，亦無可倚靠也。所望先生時爲指引，所以袪除魔障，滋長興味者，誠不可以言語形容也。

又

年來於先生闕焉問候，即先生起居，消息甚大，而傳聞失實，一云先生已返杏里，一云先生復寓花溪。至先生所賜教劄，僅一得之敬菴先生，而寄攀龍者杳然，良可歎也。伏惟先生道體康豫，性境淵微，當有不可知之妙。攀龍前約子往欲至武夷，竟成虛想。止修之教，循習數年以來，但覺無聲無臭者漸就親切，有典有則者漸就安穩。雖習心難净，知無别法，緣此事未熟耳[一]。所恨未得親炙先生，薰習年歲。未熟之故，只此之由，不知先生何以鞭策，使千里若共一堂也？皇路如夷，先生昭雪不遠，未知造化之意何如耳。

校記

〔一〕『未』，《高子未刻稿》訛作『此』，此據《高子遺書未刻稿》校改。

上沈座師晴峰〔一〕

數年闊隔，一日侍坐，領老師『息』之一字，深入微妙。盡息群妄，方露天根，大道非遥，當體便是，半生磨勘，何如片語提撕？刻感！刻感！續得手教，獎借逾分，寧静澹泊，又知老師點以本色風光也。

校記

〔一〕又載《高子遺書未刻稿》。

柬鄒南皋先生〔一〕

《春遊記》中偶贅鄙見，先生則引而與上下其議，何仁者與人爲善，不擇而教如此乎？且感且幸。再有抽繹，謹以請正。嗟乎！此道昭昭，日載吾朽骨而行也〔二〕，舉世則貿貿焉，惟朽肉腐骨之爲珍，而遺其真，夫何故？非先生先覺，誰與証此事乎？年來見浙中周海門先生深明此事，而攀龍未之識面也，何日合并相與一視而笑耶？攀龍既縱觀先生大刻，其大者已莫逆於心，自可相忘無言〔三〕，而兹以言詞之岐再期剖決者〔四〕，區區之愚，以此事合下人已兼成相。《傳》曰：『惟斆學半。』今先生木鐸斯世，審時稽弊，當爲萬世慮久遠。大河之堤，决於蟻穴，良可畏也。伏惟終教之，幸甚。

校記

〔一〕以下七札又載《高子遺書未刻稿》。

〔二〕『朽骨』,《高子遺書未刻稿》作『朽肉腐骨』。

〔三〕《高子遺書未刻稿》『相忘』後有『於』字。

〔四〕『期』,《高子未刻稿》訛作『岐』,此據《高子遺書未刻稿》校改。

又〔一〕

向年以先生賜記東林,曾具啓上謝,聞此啓竟至浮沉。後於敝年伯吴安老《春遊記》中得先生提醒語,又於安老東中得先生提策語,種種道愛,藏之中心久矣。攀龍有諸不了念,於貴省知交中每年欲來摳趨教席,每以事絆,去年且有涇陽先生之變。

顧先生天所篤生,爲吴中開學一脉〔二〕,其一段真精神,真無有人我〔三〕,貫徹古今。至惓惓無善無惡之辨,攀龍初以爲此一語可了,何用多言,及歷世已久〔四〕,而後知此宗畢竟與孔門差却一線。上士之明心見性者可以不煩此語,下士之踰閑喪檢者往往多中其毒。誠哉不可立教,而深服先生之憂深言切也。或謂先生之學已徹悟否?攀龍謂悟者有二,質美者迷輕悟輕,質魯者迷重悟重,有悟而我執未盡者,有我執盡而後化者〔五〕。先生窮理精到,幾於無我,天假之年,不日而化矣。惜哉!

於今之世,非先生不知其學。伏惟椽筆,特爲表章,以俟後世。先生所涉於世局者,婁江一案,四明一案,淮撫之案。即四明之案也,拙狀但據實直書,不知其他,或有不合時宜,惟先生指教,幸甚。宇宙茫茫,明知此件事者，所見無幾，先生其首出也。攀龍於此雖不敢自棄，而愚柔下質，習氣深重，方在發憤滌除之時，不知他日有可以受教之地否？

校記

〔一〕（明）顧與沐記略，（清）顧樞編、顧貞觀訂補《顧端文公年譜》『譜前』節録此篇，題作《求鄒先生撰墓誌銘書》。

〔二〕《高子遺書未刻稿》無『一』字。

〔三〕『真』，《高子遺書未刻稿》『直』。

〔四〕『已』，《高子遺書未刻稿》『既』。

〔五〕《高子未刻稿》『執』字空闕，此據《高子遺書未刻稿》校補。

又

每讀先生翰稿，繹之至不能舍，讀之惟恐其竟，令人時有沉疴之忽去，大夢之忽醒者。此何以故？透性之言，往往乳入〔一〕，不知其然而然也。何幸！似此世界，於此學最有助。往時心過熱，氣過浮，語過露，至此覺罪狀一切呈露，惟有自咎自改，決不敢萌尤人一念，復增罪狀也。

校記

〔一〕『往往』，《高子未刻稿》訛作『性性』，此據《高子遺書未刻稿》校改。

又

本體呈露後，日用流行，一切是天機，自不容已見。先生一字一句皆此中流出，千里如對面也。惟此物世情染不上，故聖人以此洗心，是换却一副世俗心腸。若在世俗心腸硬遏捺，衹增痛耳。人不可不學，當此世界，正如在一片照魔鏡中，無潛形匿影處也，先生第静觀之。

山西諸賢斐然成章矣[一]，近事先生當問趙太室。宇宙一體，世事不可不聞，與謀則不可耳。徽如仕學先生之鄉，甚幸。何必遽歸，真能去官，官不必去，先生以爲何如？

校記

〔一〕『山』，《高子未刻稿》訛作『三』，此據《高子遺書未刻稿》校改。

又

得龍紫老致先生《願學集》，醴泉甘露，又一番洗沃矣。紫老維揚之政，實心實事，今日言路有斯人，真碩果也。推先生之愛顧，攀龍病中遂不及奉其教誨。

金瑕、西水二老來，言契心乎，恨不獲久留。攀龍嘗怪此道極平常，除却胸中間纏擾，即是蕩平本色。所謂人之生也直，以直養之而已。然以此語人，卒無解者。乃二老來[一]，語語欣合。先生明眼之下，固無迷人，而龍得一就正，何幸如之！會中草復，不一[二]。

校記

〔一〕『來』，《高子遺書未刻稿》作『果』，與下句連讀。

〔二〕《高子遺書未刻稿》無『會中草復，不一』六字。

又〔一〕

敝邑東林之建，發於顧涇陽先生明道淑人之盛心。伏蒙先生不鄙，賜之堂顏，賜之堂記，又賜之左右格言，觸目警心，莫非至教。攀龍等何幸〔二〕！四方之士來斯堂者何幸！先生明德光被於兹土矣。

夫道者，道也，行處便是，在人之知與不知何如耳〔三〕。知之即人即天，即凡即聖。於此不疑〔四〕，乃真悟也，而真悟者鮮矣。於此不違，乃真修也，而真修者又鮮矣。然而古之聖人真悟真修者不少，而孟子必曰『乃所願，則學孔子』，何也？其的有在也，故學者寧力之不至，而正鵠不敢不設。而不失於正鵠者，抑又鮮矣。當今之世，於此三者，非先生誰與歸耶？攀龍等既得涇陽先生爲之仰歸，又得先生指示周行，將日孜孜焉，真如明教所謂惟恐錮之不固矣。稍有入處，尚當摳趨仙里就正。謹此復謝。

校記

〔一〕此篇又載（清）許獻、高廷珍等纂《東林書院志》卷十七，題作《簡鄒南皋先生》。

〔二〕『攀龍』，《東林書院志》作『某』，下文同。

〔三〕《高子遺書未刻稿》《東林書院志》無『與』字。

〔四〕《高子遺書未刻稿》《東林書院志》『不疑』後有『者』字，下文『於此不違』後亦有『者』字。

又

顧先生誌文，快然無憾矣。伏知先生道體康佳，慰甚。世運如此，少出門，少見客，少説話，便是時宜。攀龍今年自東林會外，即入山閉關，殆是暮年安樂法，天下非之不顧也，緣此却得極深探討。『身心』二字大有説在，聖人洗心退藏，難言哉！未知何日得一面質也〔一〕？

敝邑鮑觀如丈，善人也，不幸旅卒，藉先生一言，寧於九原〔二〕，伏惟先生惠然許之〔三〕，幸甚。

校記

〔一〕『日』，《高子遺書未刻稿》作『時』。

〔二〕『寧』，《高子遺書未刻稿》作『冥』。

〔三〕《高子遺書未刻稿》無『先生』二字。

柬許敬菴先生〔一〕

攀龍不佞，每謂今世先生長者學聖人之道，惟先生之學得其宗，故常以先生之進退卜吾道之廢興。不謂人心不正，是非倒懸，近且於去邪之中陰肆妨賢之計。道之不行，以先生之博大雍容而猶然，其兆蓋可見矣〔二〕。先生於今日自當以退爲義，義立則道行，大人所爲否而亨也。

攀龍隱居頗適，多於静中探討，亦不廢朋友講習，其於學之脈絡稍見髣髴。但苦氣質薄劣〔三〕，正聖門所謂不可雕之木，不可杇之墻。然而不敢不自勉也，積有鄙見，容摳趨質正。先暨問候起居，諸祈先生静養專攝，爲道自愛。

校記

〔一〕又載《高子遺書未刻稿》。
〔二〕『蓋』，《高子遺書未刻稿》作『益』。
〔三〕『苦』，《高子未刻該》訛作『若』。《高子遺書未刻稿》初作『若』，旁改爲『苦』，此據以校改。

公啓沈老師龍江〔一〕

兹啓：敝邑故有東林書院，宋楊龜山先生講學處也〔二〕，歲久廢爲僧舍。先達邵文莊公二泉先生嘗復之〔三〕，葺有祠堂三楹，歲久又廢。近者攀龍與二三同志請於當道而復之〔四〕，於左建祠堂，祀龜山先生，其費則出於當道有司所捐；於右建講堂，友朋講習之所，其費則出於同志所捐，總名曰『東林書院』。攀龍等竊惟東林之廢也久矣，幸邑乘之文在，故文莊公得以尋其緒而續之。文莊之葺廢也久矣，幸陽明先生之文在，故攀龍輩得以尋其緒而續之。然則所謂『不朽之盛事』豈虚也哉？

今老師一身關千聖未墜之統，一言開千秋不喪之文，表章先哲，嘉與後進，非老師其誰與歸？伏乞賜之如椽，垂記其事，豈惟攀龍輩將奉之爲圖書琬琰，惟老師之鄉二程夫子之靈謂老師之文南而道南矣。謹奉啓上懇，不勝惓切之至，并以《東林始末》及二記文、一會約奉覽備考〔五〕。

校記

〔一〕又載《高子遺書未刻稿》、(清)許獻、高廷珍等纂《東林書院志》卷十七《文翰三》。

〔二〕『楊龜山先生』,《高子遺書未刻稿》《東林書院志》作『龜山楊先生』。

〔三〕『邵文莊公二泉先生』,《高子遺書未刻稿》《東林書院志》作『文莊公邵二泉先生』。

〔四〕『攀龍』,《高子遺書未刻稿》《東林書院志》作『某』,下文同。

〔五〕『并』,《高子遺書未刻稿》《東林書院志》作『别』。

柬馮少墟年兄〔一〕

與年丈南北相遥,無從以一言就正。近得張雞山先生賜年丈《辨學録》,乃始如面命也。今之論學者敝甚矣,大率以靈覺爲作弄,而不知天理爲何物,以操存爲大禁,直欲舍而亡之。蓋居然告子無善之宗,而勿求之心法也。得年丈光復聖學,世道幸甚。

大稿弟已不逆於心,但當遵而力行耳。頗有拙語,以非所急,尚未録出,明年當求教也。張先生之便,先以致其欣喜企慕之情,諸不一。

校記

〔一〕以下六札又載《高子遺書未刻稿》。

又

鄙見蒙年丈印可，何幸如之！『吾性天然完全具足，無少缺欠，無少污染，識得後，於時保之而已』，弟雖辨得路徑，稍知向往，第苦少年缺蒙養之功，壯年缺静定之力，至今學未成章。年來幸時局側目東林，弟得藉以入山屏跡，天假數年，未知得不負明教否耳？

向從張雞老處得大集，日奉左右，以爲嚴師。今辱瑶函再頒，適東林藏經閣成，已珍藏其中，令君子之至於斯者相共紬繹，如在講席矣。感荷！感荷！弟之愚拙，即有筆劄，屬未定之見，未敢出之，尚無以就正。

又

楊弱老公祖至，備道年丈惓惓，弟以閉關山中，楊公祖竟不得一晤〔一〕。伏審年丈道履亨佳〔二〕，學業日新，何勝幸慰！弟熟玩大集，於此事已了然無疑，第少失蒙養，甲午年稍有窺見之後，只在同人中切磋講習，缺却山中數年凝定之功〔三〕，至今精神不完，學不彀手，而衰病侵尋矣。然以衰病之故，百念俱灰，得一意收拾矣。天假之年，倘習心習氣漸就融脱，庶幾不虚此生。日暮途遠，年丈何以策之？

校記

〔一〕《高子遺書未刻稿》以上無。

〔二〕「佳」，《高子遺書未刻稿》作「嘉」。

〔三〕「功」，《高子遺書未刻稿》作「力」。

又

宇宙茫茫，曾不多人知此一事，豈知此事乃日用飲食最尋常事〔一〕。老年丈秉鐸關中，唤醒一世，弟乃不能日親鑪鞴，煅煉頑愚，自棄甚矣。近以『東林』二字爲世指目，學問乖方，於斯已見。今惟杜門息交，爲乾之惕、坤之括而已。有一二鄙見，敢用請正，幸老年丈一一批其是否，俾得奉而改勉焉。《困學記》未嘗敢以示人，特呈之老年丈，蓋欲老年丈知其受病之處，鍼砭之必中也。

校記

〔一〕「豈」，《高子遺書未刻稿》作「曾不」。

又

弟此番出山，惟得就正於老年丈，爲此生莫快之事。海内學術大略見之，惟老年丈是聖學正脉，吾輩但以顔、曾、思、孟、周、程、張、朱之學以學孔子，成就大小不同，即一銖一兩，終是足色真金也。弟近於一聖九賢各拈數語以示兒曹，敢以呈於年丈，幸批示再改。又有拙説三首〔二〕，亦因似是而非者發，并請裁正，便羽千萬見寄爲禱。

首善書院焕然矣，弟輩三四同志朔望謁聖，講習移時，不虚此盛事。但弟本意欲歸，得隨兩先生後〔一〕，其榮多矣，故遂負老年丈惓惓，第二疏寄覽，三疏則止説病，不及其他矣。弟以移病，覓一静室，終日静坐註《易》。《易》何必註？然一人有一人之《易》，所謂自造乾坤，物物太極也。已註到《恒》卦，俟卒業求教。

賢郎浸灌庭訓，卓然不群，但求諸心，體諸身，自成遠大也。不及另啓，不知道駕以何日抵家？同朝忽忽，别後懸懸，老年丈大用不遥，弟則有東林終焉之志〔三〕。今年良會〔四〕，恐成千古耳。短紙百不悉一。

校記

〔一〕『三』，《高子遺書未刻稿》作『二』。

〔二〕『後』，《高子遺書未刻稿》作『歸』。

〔三〕《高子遺書未刻稿》此句作『弟則東林終焉』。

〔四〕『良會』，《高子未刻稿》作『良良會』，衍一『良』字，此據《高子遺書未刻稿》删。

又

向從《辨學録》窺見老年丈一斑，今得全集，讀之不能釋手。凡弟所見隱隱約約於若合若離之中〔一〕，皆得老年丈判然决之。不知天地間有何等可幸事可以喻此〔二〕？有何等可德事可以喻此也？

已遵台命，具拙語請正，蓋即老年丈集中喫緊示人處，但經人口吻，神理便别，不審中間反滋差謬否？幸老年丈再教之。

校記

〔一〕「之中」，《高子遺書未刻稿》作「間者」。

〔二〕「幸」，《高子遺書未刻稿》作「喜」。

答張蓬玄少司馬〔一〕

讀《移愚録》，翁臺見道，真切如此。《録》不過八葉，然聖賢千言萬語不出於此。海内之與於斯者絶不多得，翁臺十年得之，却千秋享用矣。一切放下，是金鎖玉鑰。本性不添一物，人生而静以後總是添，故一切放盡，得還本色耳。

校記

〔一〕又載《高子遺書未刻稿》。

答蕭康侯〔一〕

此心既開，正須格物窮理，止於至善之地。如尼父無臣，子輿易簀，方是天理極至處，方是吾儒究竟處。若西來宗，只到窮無可窮而已，於天理尚隔一塵也。心性之辨辨於此。貴地得門下肩荷此事，吾道之幸也〔二〕。拙刻請正，有不合處，幸相與極論之。

校記

〔一〕又載《高子遺書未刻稿》。

〔二〕『吾』,《高子未刻稿》作『君』,此據《高子遺書未刻稿》校改。

答陳敬伯〔一〕

今天下之事,皆前人所已行,非新奇也。其惡講學者,正坐不學之故。若天下皆學,無此紛紛矣,皆不學,亦無此紛紛矣。有學有不學,故門户分。以不學者視學者,謂之妖也亦宜。然所謂學者,正學夫不學者,日用百姓,何學之有?學正學夫日用百姓之所同然,苟非日用百姓之同然,謂之蓮妖也亦宜。不學者之言,正學者之師也,學者又何入不浩浩乎?

劉念老人品,宇宙中決不可少。廓園身後,則後死者之責。吴祖老一歸〔二〕,豪傑哉!尚闕一候仁丈,會時先爲道意。

校記

〔一〕又載《高子遺書未刻稿》。

〔二〕《高子遺書未刻稿》此句後尚有『拔地獄而升天界』一句。

柬周自淑[一]

别兄以來，每思古人，輒思及兄，兄真古人矣。王坦山公祖來，詢兄起居，知一貧如故，此兄之所以爲兄也。然未知貧而樂否？樂與不樂，係之學與不學耳。新知何不時一相示？向所議小學書，至今不成。以弟數年來，苦身心未成片段，故專事於此，一切編輯姑且置之[二]。兄處已有成否？須兄博采，弟約收之，必有可觀，望兄之成此事也。

校記

〔一〕又載《高子遺書未刻稿》。

〔二〕『姑且』，《高子遺書未刻稿》作『且姑』。

答王弘陽太常[一]

官署數數奉教，經書中翁臺點醒一二字，便令死字得活，疑字得决，晦字得朗。恨不能即時劄記[二]，乃得大刻，珍如拱璧矣。方幸同朝，無端分袂，弟亦且歸矣[三]。人生聚散，原似飄蓬，無足怪也，弟惟於青山白雲間顒望翁臺霖雨蒼生而已。

校記

〔一〕又載《高子遺書未刻稿》。按，『王弘陽』與下札《寄王洪陽中丞》中之『王洪陽』疑即一人。

〔二〕《高子未刻稿》無『恨』字，此據《高子遺書未刻稿》校補。

〔三〕『且』，《高子遺書未刻稿》作『宜』。

寄王洪陽中丞〔一〕

去秋潛游湖上，致枉道駕，卒不能入城一答。春歸，正擬瞻拜，而先生已去省城，爲之悵然。夫人之不仁，其生也播惡，其歿也遺害，使兩浙之民一旦失其乳哺，而且也張幟於世〔二〕。自今顛連，無告之民吞聲飲恨矣，可勝痛哉〔三〕！先生之歸，天與閒身，斯道之賴。逯確齋兄篤寔志道，先生歸而裁之，共臻斯理，使鄒魯一脉奕然重光。此之爲業，豈數區區乳哺兩浙之民已哉？

攀龍愚不肖，其於道也，如旅人之無處，皇皇栖栖，莫知所之。近來只覺得『天理』二字〔四〕，明道喫緊示人，日用之間，流動充滿，只有此物津津悦心，有説不得處，恨未得就先生密証。風便幸一指點。

校記

〔一〕又載《高子遺書未刻稿》。

〔二〕『幟』，《高子未刻稿》作『識』，此據《高子遺書未刻稿》校改。

〔三〕《高子遺書未刻稿》無『可勝痛哉』四字。

〔四〕「只」，《高子遺書未刻稿》作「則」。

答趙師〔一〕

讀手教，冥然會心。嗟嗟天下紛紛，何時已也？道之不明也，支離於註疏；道之明也，復矛盾於朱、陸。今之陽明、子静之教也，學者患不爲己，苟爲己爲學，則於前賢之言當以天地大公之度觀之。孔孟之道，固必以周、程、張、朱爲入門之正，然子静、陽明亦豈無喫緊爲人處乎？今之所謂周、程、張、朱者，不過紙上解析文義之周、程、張、朱，而非其真精神也。况乎初未嘗虚心潛玩其説，而遽以略綽影響之見攻之者多矣。程子曰：『學者須學文知道者，進德而已，有德則不習無不利。學文之功，學得一事是一事，二事是二事，觸類至於百千，至於窮盡，亦只是學，不是德，有德者不如是。此言可爲知道者言，不可爲學者言。』攀龍謂必如此説，方無弊。知道者夫豈滯於見聞？而初學者豈當懸空過談性命乎？程子又曰：『學者全要識時。』朱子之時，承周、程初紹絶學之後，而天下各以所見立説，即其門人，亦多似是而非，故力折衷〔二〕，矻矻窮年，其承前惠後之心甚非得已。今非其時也，昔有問章楓山先生不著述者，先生曰：『先儒之言至矣盡矣，删其繁蕪可也。』今之時，議論多而躬行少，僞行盜名者十九，而誠心向道者十一，遂使道學之名不見其可重，而反見其可疑。敝邑邵二泉先生曰：『願爲真士夫，不願爲假道學。』攀龍雖不敏，不敢不永佩老師躬行之教也。

校記

〔一〕又載《高子遺書未刻稿》，題作《上儕鶴趙老師》。

〔二〕《高子遺書未刻稿》「力」字下有「於」字。

答祁長洲〔一〕

大丈夫形骸具七尺，精神蔽天地，顯晦在一時，而是非鏡千古。捧讀手教，洞然此際，欣慰。《龜山先生集》得重梓吴中，此道之南，端自台臺，教思之在東林，何有窮已耶？九頓以謝。承台命，敢不勉贅一語。先此復，不一〔二〕。

校記

〔一〕又載《高子遺書未刻稿》。

〔二〕《高子遺書未刻稿》無「不一」二字。

與逯確齋〔一〕

向者得教，不任欣慰。賢郎既多且長，尤爲知己，無疆之慶也。近來丈用何功？弟嘗謂吾輩六歲便讀《大學》，而虛靈不昧，一件物事至今尚認不真，思之可怪。弟與兄偕老矣〔二〕，宜有安家住宅，而猶飄泊無依，可不爲寒心乎？世事翻覆，是非大明，雖未知究竟何如，且得一時心目俱爽。吾輩之志已行，又何必其身之用？樂得做箇無事逍遥道人，研此一大事耳。兄以爲何如？

校記

〔一〕二札又載《高子遺書未刻稿》。

〔二〕『偕』，《高子遺書未刻稿》作『皆』。

又

弟年來直了此件，至易至簡，真是天下本無事也，言之不覺舞蹈。若非先儒説得明白，少年人既無師承，何緣入得此竅？危哉！危哉！惟是深念吾丈似未透此，或者丈自淵淵，寄劄中不欲露也。

近來時事一翻，端緒甚多。大約南中是非爲正，丈嘗究之否〔一〕？吾輩老於林泉，大是勝義，造化相厚，乃得除目杳然，知丈同此滋味也。此一腔心，兩雙眼，尚須稍爲世間做箇用神〔二〕。若扶植得一二精進少年，使渠致得太平，何必我做者〔三〕？考選諸公次第集矣，弟此間所深知者，韓丹陽萬象，徐溧陽縉芳，此兩人者，置之臺省，固堪彈壓，委之銓事，更精鑑衡，丈急須與洪陽先生言之。近日聞中方缺銓司，而徐兄正屬司空，尤爲當幾也。便羽欲言者如此。

校記

〔一〕『嘗』，《高子遺書未刻稿》作『能』。

〔二〕『用神』，《高子遺書未刻稿》作『有用人』。

〔三〕《高子遺書未刻稿》無『者』字。

答錢繼修中丞〔一〕

每侍門下沖夷之度，便得教於不言之表。闊隔以來，時時神動，不得鱗羽之便，闕焉於尺一之請。捧誦來教，知有味於《節要》一書，幸甚！幸甚！文公先生守孔門規矩最定，血脉最真，至其忠肝義膽，浩氣剛腸，真是聖賢中英雄，所謂百世之下，聞者莫不興起也。年來學者競趨便路，以濟其私，不讀先生之書久矣。正人如門下表章之，此道晦而復明，念之何勝舞蹈！

涇陽先生之命，寔出望外。而聖明如天，心事得昭於天下後世，此亦一大快也。若攀龍者，方苦身心未了，得優遊東林以卒歲，爲幸大矣。

校記

〔一〕又載《高子遺書未刻稿》。

答劉念臺大行〔一〕

以弟之迂愚，乃見齒於道丈，未知何修可以不負？蓋懔懔没身而已。敬伯過此，訊知起居，欣慰無量。當今師道不立，故人才不成。道丈則真人師矣，能過東林，使錫士一沾化雨否？弟之行持大略已見拙説中，未知是否？乞丈教正。鄙見以學問之道，心靈與物理二者而已。釋學遺却物理，俗學多昧心靈，敝敗皆從此出。孔門約禮博文，程門居敬窮理，是千聖一定之法。要以物理即心靈之萬殊，心靈即物理之一本，非有二也。宇宙只此一物，人生只此一事，真堪樂玩。自餘瑣瑣，不足掛齒牙矣。知道養已入微妙，萬勿吝教。

校記

〔一〕又載《高子遺書未刻稿》，題無『大行』二字。

答鮑中素〔一〕

天下如彼其大，以敷人衡行，遂上下風靡，治亂之機固如此，無足怪也。吾輩在此世中，無有師保，如臨父母，諸公皆錫我十朋者也，感之而已。弟於去夏奉台丈之命〔二〕，不自揆而草《程朱闕里序》，以六經爲説〔三〕，若知世有欲廢六經者。諸公之意，不過去礙而已，以爲礙己之人是嘗爲程朱之説者也，故曰：『亂天下者，程朱也。』以爲程朱之説是爲六經之説者也，故曰：『亂天下者，六經也。』真是端本澄源至計，習見如此，大可憐也〔四〕。欲言者甚多而不敢悉，何時握手，一道平生之歡乎？念之慨然。

校記

〔一〕又載《高子遺書未刻稿》。

〔二〕『奉』，《高子未刻稿》訛作『秦』，此據《高子遺書未刻稿》校改。又，『命』，《高子遺書未刻稿》作『教』。

〔三〕《高子遺書未刻稿》『以六經爲説』五字前有『偶』字。

〔四〕『真是端本澄源至計，習見如此，大可憐也』，《高子遺書未刻稿》作『彼以爲端本澄源之計，不知其爲大亂之端，開罪千古矣』。

與劉雲嶠年兄〔一〕

自年丈至南中，弟以舍侄來，始通問候，而翰教適至，可謂兩神默動。教中過爲獎借，此是年丈接引，曲成至意。至謂『學者不講於褧衣之義，任其塗澤，貌文肖孔，終與聖人隔萬里』，至言哉！至言哉！闇之一字最難言，非於自性自命貼體歸根，便不免靠外過活。弟自省及此，何勝愧怍！年丈不棄而鞭策之，幸矣！幸矣！

蒙賜右編，幸甚。而大序尤極雋永可味。天下之生久矣，變局大略已備，着數大略已具，舍此不學，未有不入於私意偏見者。年丈留心如此，世道之福也。

校記

〔一〕又載《高子遺書未刻稿》。

柬卓去病孝廉〔一〕

東林人不敢以竿牘入長安，故於丈舉京兆，但酌酒私慶而已。近况何如〔二〕？休仲想得時過從，弟與子往闊年餘矣。此等時局，於弟最宜，但入深林，静默味道，揆諸天理，不爲自利自私，豈非暮年安樂法乎？便羽附候起居，所祈勉旃大業，不既。

校記

〔一〕又載《高子遺書未刻稿》。

〔二〕《高子遺書未刻稿》無此句。

柬朱士翹〔一〕

兩年之别，知門下深詣矣，可聞其緒否？學以見性爲宗，即如《中庸》謂「道不可須臾離」，試驗「不可須臾離者」何物也。悟門總不出此，不俟他求。雖然，非窮參不得也。

校記

〔一〕又載《高子遺書未刻稿》。

答田雙南侍御〔一〕

燕邸伏蒙翁臺相愛逾涯，誠不自意朽腐陳人得此於大君子也。翁臺暫憇里中，而毅然以斯文爲任，是世人所營者歲月之計，翁臺所營者千古之業也。千古猶遠言之，即一時身心便安頓受用，又是切近實際也。

有拙言請正，惟翁臺批教之〔二〕。

校記

〔一〕又載《高子遺書未刻稿》。

〔二〕《高子遺書未刻稿》後有『幸甚』二字。

與楊晉庵〔一〕

確齋齋中得奉教於君子，忽二十年，而確齋已棄人間，念之令人淚蘇蘇不能已已。去年方得讀台臺山中功課，實心實事，古人哉！今世無匹矣。吴中同心頗能倣而行之，倣效所及，皆台臺仁膏所及也〔二〕。學不在多言，顧力行何如耳。從力行見仁體，方真。世以懸空卜度，瞥見光景爲仁，豈聖門力行近仁之旨哉？

弟別後，以甲午赴謫，萬里孤征，一意研究於此事，稍有見處。玩弄光景者幾數年，始漸就實地。力綿質弱，黽勉不前，得臺下令教，真不啻三鞭也。感謝〔三〕。

校記

〔一〕又載《高子遺書未刻稿》。

〔二〕『台臺』，《高子遺書未刻稿》作『臺下』。

〔三〕《高子遺書未刻稿》『感謝』二字重。

答吴百昌中翰〔一〕

去秋重違道愛〔二〕，歉心如刺。及奴子歸〔三〕，伏承道丈惓惓之雅，銘刻何已！適於賢郎知道丈有骨肉之變，此人生第一不幸也。然道丈開崇文、振正教，已肩千古事業，爲千古人物，區區盈絀多寡之間，何啻浮雲之於太虛，浮漚之於大海？實用格物法燭破之，實用克己法割舍之，何事不了？了此一事，崇文之輝炳然千秋，正教之行沛然四海矣，幸道丈努力。吴康齋曰〔四〕：『從古無不吃虧的君子。』此言大可味也。

校記

〔一〕又載《高子遺書未刻稿》。

〔二〕『愛』，《高子遺書未刻稿》作『教』。

〔三〕『及』，《高子未刻稿》作『乃』，此據《高子遺書未刻稿》校改。

〔四〕『吴』，《高子未刻稿》訛作『胡』，此據《高子遺書未刻稿》校改。

柬朱仲增年侄〔一〕

人性上不加一物，一頂烏紗，兩軸誥命，一方書院，一時除却，復其不加一物之本性，莫非天之至教也，君之至教也。在人洗却齷齪肚腸，承當此不屑教誨耳。

校記

〔一〕又載《高子遺書未刻稿》。

答李荆陽進士〔一〕

門下潛心於《易》久矣，近者讀《禮》之餘，進步何如？悦心研慮，當有不可知之妙也。僕亦得此以畢世矣。

校記

〔一〕又載《高子遺書未刻稿》。

修復東林書院致各上臺此顧端文公手筆，現刻端文公集〔一〕

敬啓：有宋龜山楊先生受業兩程夫子〔二〕，一時學者翕然從之，尊爲正宗。考錫乘〔三〕，先生嘗講學是邑十有八年〔四〕，建有東林書院，比先生没，學者即其地建祠祀之。其教思入人之深，於此可見〔五〕。當嘉靖初，先達文莊邵公率其門人比部補菴華公重行改建，王文成爲記，距今曾幾何時，倏已鞠爲茂草〔六〕，行道過之，俯仰顧盼，咸爲喟然嘆息，徘徊不能去。

攀龍等僭不自量〔七〕，欲相與共圖修復，懷之中心，蓋已有年，未敢率爾。又念兹舉〔八〕，道術學術於焉攸係，非藉寵靈不足以樹風聲而垂永永也。會庠友合呈上請，乃敢拜手颺言曰：『先生之道，其源遠矣[九]，其流長矣，及門之樂育既多，過化之餘風未泯。而今而往，有能紹述遺訓，如當年之在東林，一傳而爲喻工部，再傳而爲尤文簡，三傳而爲李簡肅、蔣忠文[一〇]，無墜道南之一脉者乎？是惟先生之賜。而今而往，有能冥契心宗，如當年之在劍南，一傳而爲羅豫章，再傳而爲李延平，三傳而爲朱考亭，直接周、程之正統者乎？亦惟先生之賜。』其大有造於吾錫何如也！此攀龍等之所以仰追明德[一一]，特爲台臺懇也。台臺主盟斯文，凡在瞻德，靡不喁喁屬耳目焉，幸得亟允所請，嘉與表章，一以揚先哲之光，儼爾儀刑之如在，一以端來學之範，昭然向往之無岐。不腆九峯、二泉之間，行將坐收濂、洛、關、閩之勝，其大有造於吾錫又何如也！此攀龍等之所以仰承至意，重爲台臺願也[一二]。謹布腹心，惟執事者實深圖之[一三]。

校記

〔一〕又載《高子遺書未刻稿》，題註：『此端文筆。』（清）嚴瑴《東林書院志》卷下《文翰・書》作顧憲成《請復公啓》。（清）許獻、高廷珍等纂《東林書院志》卷十七《文翰三・書啓》顧憲成《請復東林書院公啓》後有高廷珍題識：『按先忠憲年譜具刻此啓，未刻稿中亦見焉，其爲先忠憲作明矣。而嚴志則繫之涇陽先生，蓋東林興復，涇陽先生爲之倡，而先忠憲翼之，此公啓所以首列涇陽先生諱歟？』（清）高世寧《高忠憲公年譜》萬曆三十二年下云高攀龍作，載：『興復東林書院，致各上臺書（略）。』

〔二〕《高忠憲公年譜》無『有』字。

〔三〕『錫』，《高子遺書未刻稿》作『邑』。

〔四〕《高子遺書未刻稿》無『有』字。

〔五〕『見』，《高子遺書未刻稿》作『想』，《高忠憲公年譜》作『想見』。

〔六〕『茂草』,《高子遺書未刻稿》《高忠憲公年譜》作『草莽』。
〔七〕『攀龍』,《高子遺書未刻稿》作『某』,下同。
〔八〕《高忠憲公年譜》無『又念』二字。
〔九〕《高忠憲公年譜》無『矣』字。
〔一〇〕『忠文』,《高子未刻稿》作『文忠』。按,蔣重珍謚忠文,此據《高子遺書未刻稿》校改。
〔一一〕《高忠憲公年譜》無『等』字,下同。
〔一二〕『願』,《高忠憲公年譜》作『愬』。
〔一三〕《高忠憲公年譜》無『謹布腹心,惟執事者實深圖之』二句。

柬賈大石〔一〕

燕市夜談,便知門下非風塵中物,已而果然。即今林壑閒身,不知何以進修?弟之愚陋,無所比數,然不自量,竊謂百年來學術之弊極矣,孔、孟、周、程之脉幾絶矣,私心願得海内豪傑,矢志窮經,反躬實踐,一洗拖泥帶水之陋,顯出純清絶點之質,如昆陽大戰,篡賊殄滅,再覩漢官威儀。舍足下而誰與?若夫詞章記誦,門下之力自饒爲之。然屈指詞林,失却賈生,亦惟世間闕事〔二〕。惟門下圖之。

校記

〔一〕『大』,《高子未刻稿》書前目録作『太』。此札又載《高子遺書未刻稿》。
〔二〕『惟』,《高子遺書未刻稿》作『非』,疑是。『間』,《高子未刻稿》訛作『門』,此據《高子遺書未刻稿》

校改。

答程覺我中翰〔一〕

子輿夫子以樂善不倦爲天爵，天壤間最貴之人方爲此最貴之事。仁丈之樂善真不倦矣，雖以不肖燕石也，而亦玉之，得無累仁丈之明乎？伏讀大序，言學何其簡而盡，切而中也！雖燕石也，神仙點之，成大丹矣，活世之沉痾矣，爲嘆頌不能已已〔二〕。總之，樂善者即漁歌樵唱皆善也，皆樂也，孺子之歌不爲經乎？此所以可貴也。

貴郡爲朱夫子之鄉，心所樂遊，曩年就道而尼，蓋有機緣，尚未敢必。

校記

〔一〕又載《高子遺書未刻稿》。

〔二〕《高子遺書未刻稿》「爲」字後有「之」字。又，《高子遺書未刻稿》「已」字不重。

柬李孝廉見羅令郎〔一〕

平生辱令先公教如子弟，愛如骨肉。兩楹之夢，今且七年〔二〕，無年不戚於中，以爲寧其墓有宿草〔三〕，弗可不躬不親。今秋戒行，在途中，以横江風浪爲知愛所阻。而此念則更不能遲留矣，先遣一介以片香告於先生之祠，稍俟時平，一揮相向之淚耳。

《大學》一書，自程、朱夫子表章而後，至先生而知本之義始明。蓋千四百年而其書始行，又四百年而其義始明，嗚呼難哉！第格致無傳，終不能爽然於心。近始得一決所疑，具如小刻，謹以就正，惟仁丈一抽繹之，以爲何如？

校記

〔一〕又載《高子遺書未刻稿》。

〔二〕『且』，《高子遺書未刻稿》作『已』。

〔三〕『墓』，《高子未刻稿》訛作『慕』，此據《高子遺書未刻稿》校改。

寄陸仰峰〔一〕

庚戌之秋，伏蒙台丈劄教，欲以一緘謝復，而偃蹇至今。再辱枉顧草廬，聞命欣喜，自湖濱竭蹷而歸，覓仙舟已不可得。台丈之引進末學至矣，弟何幸得此於大君子？

伏念弟往者二十五而讀《大學大全》，得程、朱主敬窮理之説，竊有志於道也。嗣後得見羅先生止修之説，渙然不逆於心，故於李先生未嘗北面其人，實北面其道。先生之逝有年，而弟之家絆無已。必欲憑棺一哭，故未有一介之遣。因台教之及先生，不覺淚蘇蘇下也。台丈之養厚矣，於大稿中微窺一斑焉。大率知本必因於悟，不悟則未嘗不修，而非即修即止，未嘗不止，而非即止即得，故曰：『此謂知本，此謂知之至。』蓋物格知至，而始稱知本云耳。弟於此正望而未見，不審台丈何以策之？

校記

〔一〕又載《高子遺書未刻稿》，題下他筆註：『名輿，崇德人。』

柬唐曙臺明府〔一〕

向有一書附揭陽人，未知達否。不久道駕經過〔二〕，又失良晤。從陽羨歸，接手教，惓惓以斯道爲念，令儒者感奮。

今日南中之學胥入於佛，其説種種繆戾。讀《醉經樓集》，門下迴瀾障川之功不小矣，第中間多有合商量者，未能悉舉，姑以大概言之。陽明之學所以流弊者，一則以無善無惡指揭心體，一則以洪水猛獸排斥晦翁。門下辭而闢之，是矣。然遂欲以心爲諱，未免矯枉過正。而又以元晦、康成並列，未爲知德知言。世衰道微，邪説日熾，而有志於闢邪衛正者往往所執反出其下。庶民不興，吾輩正不可不自反。

潮中貪吏啖民如虎，而大計竟得晏然，門下亦未能辭其責也。揭陽曾孝廉雅有志向，而揭俗滔滔，未見有稱説道理者，伏惟門下時時接引之。此道在，地方常得一脈不絶，殊非小事也。草草未盡欲言，風便謹望金玉之音。

校記

〔一〕又載《高子遺書未刻稿》。

〔二〕『過』，《高子遺書未刻稿》作『臨』。

柬陳古池〔一〕

賢門清侍，領教最多。别來忽已三時，流光去人，日復相疎，有志之士誠不能頃刻放塌也。七月間，會羅止庵丈。知丈暫歸，不知何時復至清漳乎〔二〕？向所命《尊聞録》序，既不敢辭，且借此發其鄙拙，可望金玉之音。伏惟老丈相與剖析，印其舛錯爲望。

校記

〔一〕又載《高子遺書未刻稿》。

〔二〕『時』，《高子遺書未刻稿》作『日』。又，《高子遺書未刻稿》無『復』字。

柬方旦心憲副〔一〕

向以吴生必榮事上達，因得大教，玩之不能去手，味之不能去心。台臺以大人品得大學術，非百年之業，而千秋之業矣。今人言學者，以學爲一件好事，不言學者，以學爲一件贅事，不知學以求道也。道者，人之性命。學者，性命之飲食。不知道，則無性命。不知學，則無飲食，亦無性命矣。覿面不見，白日長夜，豈不哀哉！台臺既得大享用，當作大布施，一醒世之聾瞽也。拙稿請正，伏惟台臺教之。

校記

〔一〕又載《高子遺書未刻稿》。

答趙上舍〔一〕

程、朱三夫子之鍾靈篁墩也，蓋新安最勝事，而微門下祖孫繼德，何以能章明如是？不肖雖不文〔二〕，門下教及之，何幸微名托玆盛事，故不敢以不文辭，蓋夢寐猶津津味之也。百年來，宇内漸趨異教，豈惟程、朱，即孔、孟狎侮之矣！此舉在今日，正仁人君子之用心也。所望門下身任斯文，力引後進，使正氣薰蒸，如大造密移而不覺，新安之俗，當有甲於一世者，不勝翹跂。

校記

〔一〕又載《高子遺書未刻稿》。

〔二〕『雖不文』，《高子遺書未刻稿》作『惟不能文』。

柬周春臺選部〔一〕

蓉湖旅舍草草別丈以後，不一信相候者，知丈酬應煩也。丈今者一年中，千百年之品在焉。當此上下睽否，未必盡行其志，所可必者，一點真精神耳。弟觀天下之大，治之之法，只『好惡』兩字最不易言。物格知致，無所障於前，心正意誠，無所係累於後，乃稱好惡焉，故曰惟仁者能之。今人易視之，此徐太僕輩晏然自以爲能好惡也。聖賢之生不偶，而豪傑之生不乏。豪傑者未必有聖賢之學，而能具聖賢之識，故得好惡之正。世未嘗乏其人焉，如近年曹、湯、孫、馬，便足主持一時是非，新涔諸公亦且濟濟出矣。是非不定於衆人，而定於數君子。數君子僅能言之，而丈能行之，山中拭目觀其盛矣。

校記

〔一〕又載《高子遺書未刻稿》。

答張雞山明府〔一〕

出處進退，如人飲水，冷煖自知。先生於此必有卓見，然一方遂不得被君子之澤，奈何？與少老相與，又自有千古者在也。讀前後致曲言，先生所以惠教我者多矣。天之所與，無不純全，而氣質所受，則有偏曲。曲者，正全者所獨露處也〔二〕，故致之而能誠。攀龍從事於此三十年矣，而未能誠〔三〕，乃知一受其成形，而欲變化以人力，戛戛乎其難哉！惟有奉教以没世而已〔四〕。

校記

〔一〕《答張雞山明府》二札又載《高子遺書未刻稿》，題下他筆註：『名舜典。』

〔二〕『獨』，《高子遺書未刻稿》作『觸』。

〔三〕『誠』，《高子未刻稿》作『成』，此據《高子遺書未刻稿》校改。

〔四〕《高子遺書未刻稿》句尾有「矣」字。

又

得教，欣慰無量。世間論學，互相長短〔一〕，總以本體、工夫兩未渾合。若知孔子『仁者，人也』、孟子『形色天性』之旨，即當下鳶飛魚躍，活潑潑地。默識者真，則學誨者實，進寸而寸，進尺而尺，至於日至之時，可望其熟矣，未有下假種得真果者也。非翁丈深造實詣，不能直截提挈。幸各勉力，無負此居諸也。

校記

〔一〕『長短』，《高子遺書未刻稿》作『短長』。

答劉康谷明府〔一〕

老父母清操如水，正見如山，以此兩者，何施不可？吾輩學問，只是見性。遇忙着忙，人情然也，攝情歸性，無忙可得，習之之久，性自定矣。弟正依此法循行〔二〕，非能之也。敝邑劉父母豪傑之才，弟一見不逆，高明遠大，當日進無疆，非獨敝邑之幸，天下之幸也。

校記

〔一〕又載《高子遺書未刻稿》。

〔二〕《高子遺書未刻稿》「正」作「止」，「法」作「去」。

柬吴觀華〔一〕

近來體驗：『「復以自知」，所謂獨也。「不遠復」，所謂慎獨也。』獨者本體，慎者工夫。本體天道，工夫人道。人道下學，天道上達。達者悟也，學者修也。修有萬殊，悟惟一本。微乎微乎，始於一復乎！起死回生在此〔二〕，超凡入聖在此。

東林諸相知同此道意，錢先生已有贈卹矣〔三〕。

校記

〔一〕《柬吴觀華》二札又載《高子遺書未刻稿》，其中第一札又見《高子文集》卷五。

〔二〕《高子文集》無此句。

〔三〕《高子文集》無此二句。

又〔一〕

東林之事仰賴道丈甚大，諸賢知濟濟如昨也。弟一路受鳳超之益，整齊嚴肅，殆若性成，故居之甚安。此天成道器，吾邑之幸也〔二〕。壬戌，弟至都，有治安之象，無危亂之事。今日反是，在此殊無好况。救之不能，棄之不可，且忍耐以觀之，未敢下着也。

校記

〔一〕此札（清）許獻、高廷珍等纂《東林書院志》卷十七《文翰三》引。

〔二〕『邑』，《東林書院志》作『道』。

東周季醇〔一〕

希顏至，言季醇曾見寄一書，忘之於家。雖不見書，然知用工有恒，甚慰〔二〕。吾人只有『身心』二字，身得心便有主宰，心得身便有歸宿。心依於身，身依於心，便内外卓然。所謂敬也，只如此體認行持。讀書皆以培養証驗此事，久之自有妙理〔三〕。

校記

〔一〕《東周季醇》二札又載《高子遺書未刻稿》。其中第一札又見《高子文集》卷五，『醇』作『純』。

〔二〕《高子文集》以上無。

〔三〕二句《高子文集》作『讀書培養，自有妙理』。

又

胸中容一物，便不是理。脱落與天同體，其樂何如！至易至簡。而急不能一蹴至者，變氣質，化私欲，惟講明其一刻做得來者，方能終身做得去也。讀書静坐，一日不可懶散。此便是學，此便是教。

至煩至難。然非至煩難者，不能得至易簡者；非至易簡者，不能去至煩難者。一刻做得來，終身做不盡。

與東林在會諸友〔一〕

别來道况何如？想東林之會益津津有味也。僕在此，可喜者惟海内群賢一時畢集，僕介於其間，所謂蓬在麻中也〔二〕。連日會馮少墟，云我輩除却鍛鍊心體，更無别事。其言簡而盡矣，以天下之大，知此事者甚少〔三〕。此周子所以謂至尊至貴，吾輩可不勉與？此間無他，惟以用賢人爲事〔四〕。若得同朝諸公一年在此，必有可觀。若決不可爲，便見幾而作耳。

校記

〔一〕又載《高子遺書未刻稿》，許、高等纂《東林書院志》卷十七《文翰三》。『與』，《東林書院志》作『柬』。

〔二〕『蓬在麻中』，『在』，《高子遺書未刻稿》作『生』。

〔三〕『少』，《高子遺書未刻稿》《東林書院志》作『不多』。

〔四〕《高子遺書未刻稿》《東林書院志》『用賢人』下有『壯元陽』三字。

柬劉東渠〔一〕

得手教，丈念弟至矣。此時朝中儘有人，皆不得其用，如弟光禄，尚有事做，然以拙人攝一寺事，其何能勝？弟有一對粘堂中云：『精白厥衷，一率其不損不加真性；靖共乃位，勿昧其可仕可止本心。』量時量力，可止即止耳。

校記

〔一〕又載《高子遺書未刻稿》。

柬馮文九〔一〕

門下貞心正性，真吾道之器，但一密切反求身心，便德業兩就矣。讀書照常讀，作文照常作，應事照常應，並無纖毫異於人，所異者知不知耳。知道者一切平常皆是神化，不知道者一切神奇悉成糟粕，只一反復間，聖凡境界殆若霄壤。世人憒憒，空生空死，良可惜也。昧爽是丕顯時候，試一反觀，有一事否？旦晝憧憧，亦復何爲？無事乃能應事，着物即爲物役。如此細細體去，自見端倪，非言可盡也。

校記

〔一〕又載《高子遺書未刻稿》。

柬劉羽韶兄弟〔一〕

先公歸櫬聞有火驚，危哉！神之護正人，固必無恙也。

諸賢贈官，吏部當總題，已開名送鄒南老，言路諸公亦力任之，當必舉行也。

東林之會，賢昆玉俱往否？勿空往也，必於會中默識心靈。平日憧憧者非心也，求之切，自有一物最平最奇者顯現出來〔二〕。今人俱云講道學，不知何謂之道，何謂之學。俱云道學是一迂腐事，不知人只有此心，不自認得，雖不迂，雖不腐，要他何用？昔賢云：『不到此，幾虚過一生。』可憐！可憐！賢昆玉俱異質，勿負天。冗中草草。

校記

〔一〕又載《高子遺書未刻稿》。

〔二〕《高子遺書未刻稿》『平』作『平常』，『奇』作『奇特』。

與李孟白〔一〕

伏惟台丈沖然若虚若無，口不言學，乃真學也。學只從格物入，静亦是格，動亦是格。物者何也？『明德』『新民』『止至善』之謂也。格者何也？格知『明德』『新民』『止至善』之爲一物也。物格則身心、意知、家國、天下一以貫之，紛紜膠葛中可宴然入寂，豈不樂歟？《静坐説》自是山中人小安樂法，而台丈取善不遺，仰見虚中無觸不妙也〔二〕。

校記

〔一〕又載《高子遺書未刻稿》。

〔二〕「中」，《高子遺書未刻稿》作「東」。

答吕介孺司馬〔一〕

聞中州有介孺先生久矣，未知介孺先生之學也。辱惠教，乃始知之，幸哉！此孔子之學矣。孔子以文行忠信教，故傳之萬世而無弊。台臺學必以行，行必以誠。必以行，則文非課虚，必以誠，則文非襲跡。使天下之學皆然，何今之不古，何凡之不聖哉？捧誦諸刻，一日盡之，迴環反覆，忍不能去手。誠爲駑駘之得鞭策幸，爲大夢世界得唤醒幸，爲晦冥之聖道得光明幸，舞蹈之樂，非言可喻也。專此上謝外，拙言請正。蓋見大教而知斯言皆贅矣，倘蒙裁正，未必非頑鐵之得神丹也。

校記

〔一〕又載《高子遺書未刻稿》。

答辛復元書〔一〕

人生不稟異資〔二〕，自幼又失蒙養，如築基之不固而欲堂構之巍焕，植根之不深而欲枝葉之扶疎，難矣。門下兩得之，循循不已，至於内外映澈〔三〕，形性渾融，便是躬行君子。躬行非如世説所謂力行，乃孟子根性生色、四體默喻之謂。此乃踐形也，德盛致然，非思勉所及。不佞竊觀斯世，非門下不能臻斯理矣。所示諸編，語語契心，然在門下，尚是言詮，日用工夫一切舍去，使天命流行，默識默成，方不爲知見束縛。

《中庸》『肫肫』『浩浩』『淵淵』，不過未發之真體〔四〕，不加毫末也。風便，幸時惠教。切望〔五〕！

校記

〔一〕又載《高子遺書未刻稿》，題無『書』字。
〔二〕『資』，《高子遺書未刻稿》作『質』。
〔三〕『澈』，《高子遺書未刻稿》作『徹』。
〔四〕《高子遺書未刻稿》『未發』二字後有『者』字。
〔五〕《高子遺書未刻稿》『切望』二字重。

答瞿洞觀〔一〕

前耿令公以與老丈論格物説見示，丈所謂應止之處極確。無論是《大學》一部頭腦〔二〕，五經、四子皆是物也，更有何疑？然則何異於朱子窮理之説，而反謂其析心理爲二乎〔三〕？此則仍落世俗訛傳之見矣。天地間形形色色，總是這箇，何處分得内外？學只要識頭腦，若識《大學》頭腦在止至善，縱格一草一木，亦是應止之處。何則？無二本故也。老丈以爲何如？

校記

〔一〕又載《高子遺書未刻稿》。
〔二〕『《大學》一部頭腦』，《高子遺書未刻稿》作『一部《大學》頭腦』。

〔三〕『反』，《高子遺書未刻稿》作『又』。

答耿懷庭〔一〕

承賜《會録》，緣避暑山中，不敏裁復。讀臺下格物之説，真見其大矣〔二〕。程子所謂『有物始可言養，無物怎生養得』，正謂此也。此件物事，未見則見之難，已見則不違之難。蓋以有物之心不足以凝無物之物也〔三〕。此處更有真把柄，以求至於熟之而已矣者，不審其道何居，尚容面扣。文公先生答廖子晦書，於此亦有干涉，臺下曾見之否？

校記

〔一〕二札又載《高子遺書未刻稿》。

〔二〕『真』，《高子遺書未刻稿》作『直』。

〔三〕『足』，《高子遺書未刻稿》作『可』。

又

鄙言蒙印可，仰見臺下無微不采之虚中。復辱示所研瞿洞老格物訓義，析理至爲詳密，論先後一段尤爲明徹痛快，更復何言？攀龍生平研究於此，每見人以朱子誤認衆理在萬物，及謂必欲窮盡天下物理者，便不覺掩口。夫理者，性也，性無内外，而謂天下有心外之理乎？精義入神者，窮盡物理之謂也，果泛觀博采之學乎？末學既失紫陽之旨，而流於支離，姚江又失紫陽之旨，而過於議駁。畢竟天下萬世，心有同然，實不容掩。先哲有言，大著心胸，不可以一説相礙。臺下所謂窺其主言之意而但取其長〔一〕，至矣！至矣！洞老所謂物者所應止也，格者至於所應止也〔二〕，其味自長。天下只有此應止，更無二止。得此意思，自然觸處皆通。所應止，非理乎？至於所應止，非窮至物理乎？特異其名言耳。若向名言，多有千歧，若歸實體，别無二本〔三〕。諸面請不一。

校記

〔一〕『主』，《高子遺書未刻稿》作『立』。
〔二〕『至』，《高子遺書未刻稿》作『止』。
〔三〕『别』，《高子遺書未刻稿》作『則』。

柬范熙陽〔一〕

翁力行所學，所至民被膏澤。以經術經世，所見惟翁而已。《文清要語》《虚齋密箴》，知翁恒置左右，等於丹書。兹有《朱子節要》，謹用呈覽，翁以爲何如？此學自姚江提挈良知，真足拯文義陷溺，然令人誤入情識，不免決理義隄防。畢竟考亭之傳爲聖門不易之矩，不揣妄有采輯，以爲從事考亭者之一鑰。若攀龍，則二十年從事於斯，而猶未得其鑰也。望翁姑取其意而終教之。

校記

〔一〕又載《高子遺書未刻稿》。

答龍紫海侍御〔一〕

於馮少墟丈而知台臺，於聖學啓關而知台臺之學。世有斯人，道之幸也。當今之世而有斯人，又斯世莫大之幸也。攀龍於此學，幼而有志，老而無聞〔二〕。雖無聞焉，此志不敢隳也。求友一念，夢寐以之。聞台臺之名，喜矣。況重之以珍翰，重之以珍刻，又重之以鄒先生諸刻。昔人喜空谷足音，今不啻藐姑射神人之降，寧尋常跫然之喜而已耶？伏惟台臺萬福所歸，萬古所仰。惟加餐，爲道自愛。

校記

〔一〕又載《高子遺書未刻稿》。

〔二〕『老』，《高子遺書未刻稿》作『長』。

答馮少墟總憲〔一〕

得新刻，如得拱璧。蒙教，欲弟妄爲删存，弟迴環研味，未見有一條可去者。年丈以誠誨，弟以僞應，豈敢哉〔二〕？知諒也。今之日，殆無智愚皆知之，君父未嘗棄臣子，臣子何敢忘君父〔三〕？盡其愛日之誠，延一日，得一日耳，故望年丈急出也。

校記

〔一〕又載《高子遺書未刻稿》，題作《柬馮少墟年兄》。

〔二〕『豈』，《高子遺書未刻稿》作『何』。

〔三〕『敢』，《高子遺書未刻稿》作『忍』。

答朱平涵相國〔一〕

校記

〔一〕《高子未刻稿》僅載此札末段『尊柬有云』以下，全篇見《高子遺書》卷八上《答朱平涵》。本卷删文存目。

柬朱以功布衣〔一〕

見先生之書久矣，知先生之學久矣，得先生之教久矣，今始得因高弟卓卿丈通一語於門下。道不在遠，如先生之教，實修之即是矣。善乎先生之言，曰：『千古神交，萬里若對，總爲此物同然。學不得此物同然處，是各以意之所習爲學，而非道也。』攀龍鄙劣無似，而於先生之學無不契於心。小刻請正謬處，幸一語醒之。

校記

〔一〕又載《高子遺書未刻稿》。

與馮慕岡〔一〕

丈以豪傑之才勤研聖賢之學，天心玉成，復令躬被大困。若要熟，從這裏過，此丈之大幸也。二三子得從丈於斯者，亦大幸也。異日肩荷斯文，撐天柱地，胥於丈乎？望勉旃自愛。

校記

〔一〕又載《高子遺書未刻稿》，『岡』作『崗』。

與史玉池年兄〔一〕

年兄歸途，竟失一晤。弟以五月入山閉關，至秋下方入城〔二〕。自後除東林會期外，率守此法，亦時義當然也。年兄榮行在何日？弟不得再一奉别。世論異同，總兩忘可也〔三〕，觀理之是非可也。遯世者守上一語，用世者守下一語〔四〕。年兄此行，是學問結果之日，大要不出『性習』二字之辨而已。

校記

〔一〕又載《高子遺書未刻稿》。
〔二〕『秋下』，《高子遺書未刻稿》作『秋丁』。
〔三〕《高子遺書未刻稿》『兩』後有『相』字。
〔四〕《高子遺書未刻稿》『下一語』後有『可也』兩字。

與葉園適年兄〔一〕

一入仕途，身不由己。今且有師命，不可以請。終日持籌握算，無時休息，賴有静功〔二〕，就中宴息，尚可支持。與中官盡力執持一月，今帖帖矣，天下事貴於先難也。東林藉丈不小，身到即教，此教真無聲臭也。

校記

〔一〕又載《高子遺書未刻稿》，『園適』作『閬適』，兩可。
〔二〕『功』，《高子遺書未刻稿》作『法』。

上徐房師〔一〕

如菴至，知老師起居迪吉，欣慰。當此九閽萬里之時，老師賦疏，朝上夕報，至仁所格，天爲效順如此。老師乘此上下孚應之時〔二〕，爲百世不磨之澤，時哉不可失也。可久之計，無踰役田役米。而役米更簡易直截，須令各縣會計差解若干〔三〕，方加役米若干〔四〕。田有高下平三等，難於概加〔五〕，須照平米官户應出役米，即截作兑米。民户既免兑軍之費〔六〕，又得納户之贈，此兩利也。如此則小民世世受德，不虚老師今日受怨矣。

校記

〔一〕又載《高子遺書未刻稿》，「徐房師」作「徐檢老房師」。

〔二〕「應」，《高子遺書未刻稿》作「感」。

〔三〕「令」，《高子遺書未刻稿》作「念」。

〔四〕「加」，《高子遺書未刻稿》作「知」。

〔五〕「於」，《高子遺書未刻稿》作「以」。

〔六〕「費」，《高子遺書未刻稿》作「耗」。

上趙老師〔一〕

許襄明丈來，知老師起居佳勝，欣慰。襄明丈所見與此中毫髪不差，可謂同心〔二〕。顧先生閣部書原是逆着，然是非却足俟之百世。君子小人，何難見之有？惟是小人常有得處，君子常有失處，便難看，如近年李修老、王聚洲是矣。然欲知其人，視其與，畢竟與二公者皆君子，類聚群分，不可强也。

校記

〔一〕又載《高子遺書未刻稿》，題作《上儕鶴趙老師》。

〔二〕《高子遺書未刻稿》無『襄明丈所見與此中毫髪不差，可謂同心』。

答李修吾司徒〔一〕

台臺篤意於山中人，無所不至矣。而白雲轉深，豈獨人謀，實關天運。徹如一出，狼狽而歸，則不若恬然一丘一壑者，似爲造物之愛護也。

近見新公彈章斐亹，一吐人心所欲言，此道可謂不孤。當事者豁然與之爲一，其於天下，豈不如視諸掌？而必與之相角，祇見其心勞日拙已爾。

江南大浸，民胥魚鱉，仰仗台臺轉移，司農加意蠲賑，此其要也，自餘則有司存。若得於荒政中舉其最修最不修者勸懲一二，使衆心竦惕，地方莫大之幸也。舊令韓丹陽萬象、徐溧陽縉芳、熊華亭劍化、徐溧水良彦，皆端人也。而溧陽頭角獨露〔二〕，遂爲小人所圖，須台臺力爲援引，他日國家必得其氣力〔三〕。新令陳吴縣以聞涇渭極明，的是麟鳳，幸台臺一奬進之。

山中人老矣，容令人讀書談道，悠優卒歲，未必不爲乾坤中裝點一種顔色。而特提挈有志少年，使正人一脈繩繩不絶，真台臺擎天柱地之偉略也。耑此謝復。

校記

〔一〕又載《高子遺書未刻稿》。

〔二〕『獨』，《高子遺書未刻稿》作『最』。

〔三〕『必』，《高子遺書未刻稿》作『大』。

與王聚洲黄門〔一〕

自台丈爲羣小所排，無日不與同心扼腕〔二〕，知必欲中台丈以考功法。苟可通其一喙，不啻史巫紛若。恐豺狼當道，雖有韓盧，力不能搏耳。雖然，台丈白簡在當年，丹心在千古，彼其之子是何人斯，而能抹殺台丈乎？今五鬼且見告矣，一時名賢一網盡之，豈以冠冕如台丈而遺餘力耶？

思見君子，一日三秋。知道駕在京口，未能鼓檝，又知且欲到東林，伏惟早有以慰之。

校記

〔一〕又載《高子遺書未刻稿》。

〔二〕『同心』，《高子遺書未刻稿》作『同志』。

與周念潛太史〔一〕

別後，僅得一上問，想達矣。涇陽先生身後事〔二〕，辱諸君子惓惓，於此見世秉彝在人心〔三〕。此中兩院之疏，尼於府道〔四〕，府道想又爲人所尼也。劉誠意殊可憐，然弟輩受教不少。植杖荷簣，有何難事？直不忍耳，然夫子畢竟喟然與點。

校記

〔一〕又載《高子遺書未刻稿》。

〔二〕『涇』，《高子未刻稿》作『沱』，此據《高子遺書未刻稿》校改。

〔三〕『此』，《高子遺書未刻稿》作『以』。又，《高子遺書未刻稿》無『世』字。

〔四〕『府道』，《高子遺書未刻稿》作『道府』，下同。

上葉臺翁相國〔一〕

龍腐儒，以學爲事，出山一番，何可不勸皇上以學？實則天下事以君心爲本，若謂爲迂，孔、孟當年更迂矣。中間點入時事，正見人主不可不學。何者？皇上明於報母讎，未及報父讎。諸人欲諱皇上報母讎者，惟恐其報父讎也，故謂聖諭爲王安播弄，謂皇考爲令德考終。前則以衆正爲附權璫，後則以衆正爲彰君過，伏將來一網之計，其心甚毒，故不可不辨也。龍前出議，正欲會奏，并議處鄭養性，而會奏不及，故龍疏復理前語，聖旨乃曰『鄭養性已經會奏處分』，何耶？龍疏正謂皇上優待選侍爲至仁，而聖旨乃曰『言朕非孝』，何耶？天高難問，區區之愚，敢於相公布之。若相公盤錯紛糾，維持調護，以存此一線善脈，則共爲社稷手額矣。

校記

〔一〕又載《高子遺書未刻稿》，題作《答葉臺山相國》。

答史武麟學臺〔一〕

恭惟台臺正色立朝，正言匡世，手挽未墜，力扶將傾，當今之時，網維一世，豈啻九鼎之重七廟，五嶽之鎮四海已耶？攀龍瞻仰其人，如在隆古盛時〔二〕。何幸師鐸東南，使攀龍將得望其丰采？又何幸翰函下及，使攀龍先得承其誨語哉〔三〕？折節已甚，誘勸良深，且感且愧。方今士教彌衰，士風彌下，讀孔、孟之書者不復知行檢爲何事。伏望台臺所至，悉行優之褒，嚴行劣之罰，訪自有司，參考輿論，盡黜其尤，不拘定額。至於鄉飲盛典，殊有激勸微權，而弁髦故事，濫冒已極〔四〕，亦望台臺特爲申飭。三吴高士有崑山縣舉人歸子慕〔五〕，其人已没，芬芳逾溢，未經表章，有待君子。望檄下有司采其遺事，刻其遺書，特祀學宮，永其蒸嘗。此皆台臺緒事，實培正氣、障頹俗之一用也。恃愛，敢即布之。

校記

〔一〕又載《高子别集》卷四。

〔二〕《高子别集》以上無。

〔三〕《高子别集》以上作『恭惟台臺師鐸東南，使攀龍得望丰采，又翰函下及，使攀龍得承誨語』。

〔四〕『極』，《高子别集》作『多』。

〔五〕『子慕』，《高子别集》作『季思』。

與鮑中素儀部〔一〕

曩辱枉駕，既失奉教於大君子，嗣後未有尺一相問，則野人散漫之習也。台丈立朝，丰采言論，天下望之，如日如月，如山如嶽。至於此中鉅細，擬議印之，台丈無不符契，益信此心此理放之四海，準之千古。世變，江河無一足恃，所恃者此而已。銓推未下，天之未欲平治，此亦一端也。

敝邑顧先生之逝，斯文擔子、弟輩樣子一齊傾仆，想台丈之同此痛也。區區易名之典，不識可借以風世否？地方當事翕然同心，即有陳請，乞台丈注念〔二〕，幸甚！南少司空萬公涵臺，其人誠長者，居官不私其家，居家不輕其身，終身循於規矩繩墨中，不越跬步，至於揚善遏惡，興利革害，投之響應，不再計而決也，可謂大雅君子矣。今乃郎來乞䘏典，自其應得，特覃恩一蔭〔三〕，頗與郭明老相類。借例優賢，知爲台丈素心。皆弟桑梓切念之事，便羽敢以聞於左右，諸相知皆不及啓。

校記

〔一〕《與鮑中素儀部》三札又載《高子別集》卷四。

〔二〕『乞』，《高子別集》作『幸』。

〔三〕《高子別集》無『特』字。

又

與台丈久在神交中，而台丈至不鄙棄，儼然下辱茅衡，乃弟適居荒野〔一〕，失大君子於交臂，蓋一日三秋之恨無已時也。

今之朝端，道雖不行，而明是晋宋之局，非吴浙之局也。淮司徒一案，爲吴浙所切齒腐心而必欲驅之者。天下之事，君子見其大，小人見其小者，未嘗無説焉。然終於小人之見而已矣，今之攻司徒者是也。台丈交遊中有了然於善惡之歸、忠邪之分者幾何人哉〔二〕？幸便示之，令山中人鼓腹一慶朝廷有人也。

校記

〔一〕『居』，《高子別集》作『屏』。

〔二〕《高子別集》無『哉』字。

又

得台丈至東林相與商求，旬月必有大暢之處。人生只有此事，他不足言也〔一〕。人患無此志耳，既有此志，而不竟其事，良可惜矣。夏初秋杪，翹跂以待〔二〕。

百昌丈崇文一倡，海内翕然而應，此其負荷於前者何如？昭垂於後者何如？而忍以阿堵瓦裂乎？幸台丈竭力左右之，偕諸君子成全之，貴鄉學問真足砥柱一世矣。不然，人争揶揄之，曰爲考亭之學者竟何如乎？豈不令千古短氣耶？

尊東已致敝師弟，亦備道尊指，一聽諸君子處分矣。

校記

〔一〕『言』，《高子别集》作『信』。

〔二〕『待』，《高子别集》作『望』。

柬賀函伯計部〔一〕

吾丈一出門，便當此大敵，天固篤生吾丈負荷今日事也。秦人之當事者皆去矣，附秦之言今將何處着落？丈已明大義於天下，自此當静默以御之，非萬不可已，勿與角口吻也。山林人百念俱灰，所不能灰者，『世道人心』四字，得諸丈凜然持之而已〔二〕。且安眠飽飯於光風麗日之中，樂何可言！沈君老不敢通一字，乞爲致其高山之仰。

校記

〔一〕《柬賀函伯計部》二札又載《高子别集》卷四。

〔二〕『持』，《高子别集》作『維』。

又

世事至此，天也。吾輩自反自責〔一〕，有無限未盡處。要之，人之所爲，亦自有莫之爲而爲者。氣運有定，自反無窮〔二〕。

知道駕歸，即當趨候，病懶未能。弟老矣病矣，見相知凋謝，如鄒，如王，如丁，未免有愛日之私、惜陰之課，爲大歸之計，故日在湖山作蒲團活計耳。長安有新聞〔三〕，幸一一示之〔四〕。

任希顔蒙仁丈扶植，感德頌義無窮。其斷給之田，須賣去方妥，然又須上宅暫收，方賣得去。此輩帖然，無所施其伎倆，幸仁丈終始成全，敢復代懇。

校記

〔一〕『吾』，《高子别集》作『弟』。

〔二〕《高子别集》句末有『也』字。

〔三〕《高子别集》無『有』字。

〔四〕《高子别集》『一』字不重。

答樊棠軒明府〔一〕

向年玄臺兄備道臺下中州之政，不意世間有此等人物。及臺下宰崑，數數思見有道，而數數失之。然恒聞輿人之誦，臺下冰心春澤，未嘗不一擊節也。近日吴孝廉子往過鄙人水居，亟言臺下，自云夢寐其人。孝廉，天下高士，與貴治歸季思爲雙璧，最不易許可，而二兄之言如一口，德之感人如此者〔二〕。鄙人又何足掛齒牙間〔三〕？臺下政成名立，自今以來，正展布之日，令山中人時時一擊節撫掌，爲惠多矣。來月祇候干旄過水居，煮茗宴談〔四〕。

校記

〔一〕又載《高子别集》卷四。

〔二〕《高子别集》無『者』字。

〔三〕《高子别集》句首有『若』字，句末有『也』字，於義爲長。

〔四〕『茗』，《高子别集》作『菜』。

柬吴子山休仲〔一〕

向聞丈第，不勝喜，聞丈讀中秘書，又不勝喜，謂此官不可無此人，非獨爲丈喜也。東林人不敢以竿牘入長安累人，故忽忽至今。

弟今年自東林會期外〔二〕，即入山閉關。有一念不了者，歸季思之孤奉世將試，崑山令公則貴鄉貴同年，幸丈專以府名託之繆西谿。丈剛腸卓識，於世道心甚切，想丈知之深矣。非丈，弟不敢出此語。有一字寄去病，幸爲致之。

校記

〔一〕又載《高子别集》卷四。

〔二〕「今」，《高子别集》作「近」。

柬笪我真水部〔一〕

兩年來種種耳目未經者，皆史册所載，不幸當其時耳。一入黨籍，即宜以死自安，不作他念也。惟是趙師暮年顛沛，不能解於心，專力候之。歸時道經濟上，令覓舟而行，少省資斧。敢於台臺求一票，以便過閘，仍隱其跡爲佳。餘不敢及。

校記

〔一〕又載《高子别集》卷四。

答王聚洲給諫〔一〕

一别遂若隔世，以滇中山水之勝，安台丈暫閒之身，方切仰羨，不謂亂賊突起〔二〕，宇内無地不告變。而吴中獨寧，弟輩厚幸矣。

弟一入都，即促相識之當事者急起台丈及幻然丈，以相識中惟二老長才遠駕，當國事多艱之時，非是不足弘濟。而主爵者以調諧世情爲事，不以任賢圖治爲事，反謂弟不識時務先後着。不知彼所謂時務者乃世情，彼所謂後着者乃後時。今國家事皆以後時而敗，彼猶沾沾自謂識時，真令人懣死也。然而台丈大用，不久淹矣。沈中丞之薦正得其用也，弟亦幾書作催符矣。

校記

〔一〕又載《高子别集》卷四。

〔二〕『賊』字，《高子未刻稿》空闕，此據《高子别集》校補。

柬陳赤石憲副〔一〕

敝鄉竟不得翁臺一過化，何不幸也！曩者娼疾之人借攻貪題目一網豪傑，又將海内至清至白之名賢如翁臺及歐陽宜諸而并攻之，於是見者無不且笑且罵。雖庸愚之人不無惑於前者，亦涣然於其後，殆天奪諸人之魄，借兩賢而破其彌天之網也。君子之功化，豈待其身自爲之？又豈待贊揚表闡而後見之？即群譏衆訕，其功烈又如此也。近日又將『門户』二字换一『黨』字〔二〕，上以箝公卿，下以箝庶官，進以箝有位，退以箝在野，前以箝老成，後以箝新進。稍爲正言讜論者，即以二字目之，令人更開口不得。毒藥一味，亡人國家而有餘矣。如此世界，當藏身何地也？

連年婚嫁及涇陽先生之變，東林諸事相牽，故未得一哭思岡兄。今秋戒行，在吴門〔三〕，敝房師徐檢老力謂不可遠出，遂爲所尼，兩眼血淚，灑空寄之，稍俟時清，來視其孤耳。煢焉之孤，賴有翁臺，稍寬此念〔四〕。聞又得賢婦，不知其家中近況何如？乞一示慰。小刻二册請正，幸詳教之。

校記

〔一〕又載《高子别集》卷四。

〔二〕『日』，《高子别集》作『者』。

〔三〕『在』，《高子别集》作『至』。

〔四〕『稍』，《高子别集》作『小』。

答張念山侍御〔一〕

向在山中，每讀大疏，輒撫掌擊節。入都正祈一奉丰采，而台臺已持斧河東矣。天下事可憂之最大者既在左右，可憂之最急者又在東西。東邊無千里之遥〔二〕，止一墻之隔，安危之勢，旦夕不測，何意王肖乾更醜於袁位宇，豈國步由天造乎？何人事之不振至此耶？

台臺河東之政真千古矣，無論鹺事真懇周密，至格套所沿，群情所忽，皆洞悉民隱，力行仁術。昔人謂

『澤及枯骨，仁及禽獸』，台臺無不有焉。以不忍心行不忍政，斯之謂矣。成大事者以仁心爲本〔三〕，若皆如台臺於河東之民，驅之戰，無不前，與之守，無不堅矣。今人事事狗末，着着遺本，安得而不敗乎？

弟一腐儒，無用於世，誤承誘獎，知台臺加之鞭也，如駑之蹇何？

校記

〔一〕又載《高子别集》卷四。

〔二〕《高子未刻稿》『邊』字空闕，此據《高子别集》校補。

〔三〕『仁』，《高子别集》作『人』。

答蔣拱北州伯〔一〕

吉水先生去，而高邑老師適至矣。夫天未欲平治天下〔二〕，不若是之偶，未知果能竟其用否耳？台臺之應，求於高邑師者，至此即可以見他日立朝之概焉〔三〕。昔人謂宰相只須具一片心、兩隻眼，豈獨宰相，吾輩一日不可使此兩件憒憒也〔四〕。

校記

〔一〕又載《高子别集》卷四。

〔二〕《高子别集》句末有『也』字。

〔三〕《高子别集》『見』後有『台臺』二字。

〔四〕『一日不可』，《高子别集》作『不可一日』。

柬萬世兄元白長公〔一〕

伏惟令先公生爲忠臣，死爲明神，人見其死，僕見其生，有如不信，則聖人所言『殺身成仁』者，身既殺，仁果死乎？七尺之軀，神仙不能不毁，所謂長生不死者，仁也。令先公死於仁，又何死之有？即欲憑棺爲世道一哭，病甚不能遠涉，謹以不腆附致鄙誠。

校記

〔一〕又載《高子别集》卷四。

答虞來初明府〔一〕

門下宏才奇抱，世間所希，似此正見卓識，尤世間才士所希。從古君子，自有真正脉理。蓋自唐虞，九官四凶分途别派，以至今日〔二〕，千古一轍也。江陵以後，吴浙諸相總是一脉。蓋三十年來沉浸淪浹，無識之士以此爲常，反以正爲怪，宜今日之紛紛也。台丈試從旁冷眼觀察其脉理，孰是爲國家，孰是爲身家〔三〕，當有了然蒼素者矣。

校記

〔一〕又載《高子別集》卷四。

〔二〕『今日』,《高子別集》作『於今』。

〔三〕《高子別集》後一『孰』字作『誰』。

柬孫蘭畹二府〔一〕

弟今者杜門屏息之人,不與聞世事,有不能割於心者,貴治故侍御海洲吴公以弟癸巳之事削籍〔二〕,而弟乃後死,其孤必榮孱甚,爲人魚肉。台丈當必聞之,勢之不敵,天之當順,弟不敢以累台丈,特祈念賢者之後,默爲盼睞。弟他日得有藉手見侍御於地下,台丈之隆於弟者多矣〔三〕。

校記

〔一〕又載《高子別集》卷四。

〔二〕『治』,《高子未刻稿》訛作『冶』,此據《高子別集》校改。

〔三〕『隆』,《高子別集》作『隆施』,疑是。又,《高子別集》無『者』字。

柬澄江孫學博〔一〕

試事未竣，未得至澄江叩謝雅誼。澄江有節婦吳氏，四十二年冰霜凜然，光於世教多矣，司世教者豈得不一揚其光？台臺已熟知之，伏乞爲言於馬老先生，亟賜申請，不勝幸甚。此事所關非小，不肖聞見不真，決不敢以鄉曲之情淆人倫之鑒也。

校記

〔一〕又載《高子别集》卷五。

柬段幻然給諫〔一〕

弟從中州歸，接台丈三月初六書，即《闡幽疏》亦始見之。無論十八賢潛光大耀，而權奸欺天蔽主之罪更令人一立髪也。弟至歸德師處，知崑黨俱投江夏，且營歸德。爲救歸德，於大綱極明，細目未悉〔二〕。弟爲窮源，逐流談者八日，俱已洞然其隱害，台丈處無所施矣。至淮上，乃歸德所素明。當四明之奸未破，而歸德之召將出，四明走書淮上云：『歸德公來〔三〕，必將奪我之位，當何以備之？』意欲淮上傳此語於歸德，歸德知見忌同官，必將趦趄不前。淮上不爲傳語，第極道歸德忠誠，當與同心戮力，以濟時艱，於是四明始與淮上爲仇。歸德言當在閣時，見四明情形，所最惡者惟淮上，故婁江被召，以逐淮上爲第一事。今日群小之計，所從來久矣〔四〕。此局全倚台丈得不破，若谷公祖此疏，真補天石也。

校記

〔一〕此札又載《高子别集》卷五。

〔二〕《高子别集》『細目』前有『於』字。

〔三〕《高子别集》無『公』字。

〔四〕『久』，《高子别集》作『尚』。

又〔一〕

弟以出山故，爲世不容，台丈不出山〔二〕，亦復不容，何耶？乃知天生一班黨人，應一朝氣運，無能逃也〔三〕。然有口如簧，不能易異代之白黑，有衆如林，不能亂上帝之視聽，他又何足計乎〔四〕？雖黨禍未知底止〔五〕，暫得閑身，儘作静功。吾性中却無門户，天爵自貴，廣居自富，在人自領受耳。敝鄉去年大水，今年大旱，不審貴鄉何如〔六〕？人害天災一時并集，非此學，真難過日也。便羽附候〔七〕。楊大老得生還，弟死瞑目〔八〕。諸無足言者〔九〕。

校記

〔一〕此札又載《高子遺書》卷八下、《高子文集》卷五，題作《與段幻然》，文字有删節。

〔二〕『台丈』，《高子遺書》作『老父母』。

〔三〕《高子遺書》無『乃知天生一班黨人，應一朝氣運，無能逃也』。

〔四〕自『弟以出山故』至『他又何足計乎』，《高子文集》無。
〔五〕《高子文集》無『雖』字。
〔六〕《高子遺書》無『不審貴鄉何如』一句。
〔七〕《高子遺書》無『便羽附候』四字。
〔八〕『瞑目』，《高子遺書》作『無恨』。
〔九〕『敝鄉去年大水』以下，《高子文集》無。

答汪若谷侍御〔一〕

今之救淮上者，每張其功而疵其守，此非當幾者也〔二〕。譬如人病欲死，猥持甘草昌苓數片〔三〕，其能濟乎？得大疏，乃爲絶着。自明眼觀之，原是實録也。勿所有功之人而措足一差，萬事瓦裂。在旁觀者爲之痛惜而莫能助，在當事者直爲割棄而不之惜，其心一也。如菴兄惟恐君子自破其局，然君子欲自完局，又不得不去破局之人〔四〕，其見一也，決無異同，顧先生亦然。今日頂天立地，撐持世界，惟老公祖與段幻老耳，天下誰得而撼之？幸老公祖勉力爲三年之淹〔五〕，吾道必有一伸之候。慎勿言去，以孤君子之勢。道體有無妄之疾，自有勿藥之喜矣。

歐陽宜諸病甚，欲致繆仲淳一看，敢乞一符。宜諸賢者，又爲百年來敝郡賢守，此誼殊重，繆丈此行，所係殊不小也。

校記

〔一〕此札又載《高子別集》卷五，係《答汪若谷侍御》二札其一。

〔二〕『者』，《高子別集》作『著』。

〔三〕『昌』，《高子別集》作『萺』。按，『昌』，古同『萺』。

〔四〕《高子別集》無『又』字。

〔五〕『力』，《高子未刻稿》作『方』，此據《高子別集》校改。

答劉石閭中丞〔一〕

弟以東林人數年來屏跡人間，以是翁臺在近地，不得就有道而正，蓋時義然也。乃承篤誼不忘，畢世銘佩。

伏惟翁臺撫浙〔二〕，可謂大雅明哲矣，而不免世忌，以是知志於道必不諧於俗〔三〕，然諧於俗者，豈志於道者哉？世之所忌者，道耳。以學道得彈射，譬之以明珠彈人，受彈者得珠矣，多見其不知量也〔四〕。浙局禍天下以來，所見浙人不入浙局者〔五〕，湖州朱平涵、長興丁慎所、山陰劉念臺。平涵曠懷穆穆，慎所正氣浩浩，念臺清風凜凜。又嘉善吴邇齋，今之黄叔度也。四君一時首出，千古名流。翁臺地方人才當精意表揚，翁臺足以重諸公，諸公足以重翁臺。弟之敢於及此，夷門監所以重公子，而報其虚左之意也。

人生富貴在天，道德在己，現前一舉一動皆自道自成，知大君子見之審矣。拙言呈教，諸祈翁臺亹亹此學，幸甚〔六〕。

校記

〔一〕此篇又載《高子遺書》卷八下、《高子文集》卷五，文字有删節。《高子文集》所載僅『人生富貴在天……知大君子見之審矣』數句。

〔二〕『弟以東林人』至『伏惟』，《高子遺書》無。

〔三〕《高子遺書》『道』後有『者』字。

〔四〕《高子遺書》無『多見其不知量也』一句。

〔五〕『浙局禍天下以來，所見浙人不入浙局者』，《高子遺書》作『浙之賢者』。

〔六〕《高子遺書》無『拙言呈教，諸祈翁臺亹亹此學，幸甚』十四字。

答吴安節年伯〔一〕

未審老年伯榮發在何日，攀龍竟不得面請教益。今天下事已如此，無可措手，惟有零星補救，然補一分則世道受一分之益。若得大題目處不放過，亦見君子舉動迥别尋常。不然，以百年易盡之身，居一日可爲之位，而無可見之行，覺索然無味耳。

憶昔馬堂之變正税事，轉移之會，若使一戰而勝，尚未可知〔二〕。而巡按張大謨阿附税監，此機一失，遂不可爲，郭黄門如星之疏可案也。若大謨者，名教所不容。近日錢給事夢皋直是白日魍魎，外補而復内留，天下益囂然不平。王之禎傾陷周家棟，無辜受禍，未有此酷烈。此而不懲，將來無所紀極〔三〕，老年伯有同心矣。滸墅主政，施重光鈔關虐政過於税監，横加舟船之算無論矣，而所在支河小港輒發牌盤詰漏稅，地方惡棍乘之索詐往來，害不可言。有鄉民載燈草壹船，直不過二兩，惡棍即索詐二兩，其民度盡售不能償，焚之而去。復擾受民詞〔四〕，無端罰富民朱繼賢三千金，笞死其叔，致千金於居間者，猶不免罰千二百，而家蕩然如洗。文臣如此，又何責馬堂、陳奉、高淮耶？野人絮絮及此，可謂思出其位，然舉世同然之心，非一人之私言也，幸少留意。

校記

〔一〕此札又載《高子別集》卷五。

〔二〕《高子別集》『尚未可知』前有『事』字。

〔三〕《高子別集》『將來』後有『益』字。

〔四〕『擾受民詞』，《高子別集》作『擅受民詞訟』，是。

與周懷魯中丞〔一〕

校記

〔一〕此札又載《高子別集》卷五，『中丞』作『撫臺』。按，《高子別集》所載文字略詳，此處刪文存目。

上王撫臺公啓〔一〕

敬啓：周懷魯老公祖之撫吴也，蓋既去而士民益思之，各府皆有特祠。敝府之祠以二泉名勝九龍孔道於錫山建焉，落成久矣，而春秋之祀尚闕。夫有祠，則有祀，無祀將焉用祠？第此等公事莫適爲主，文移往來，吏胥持之，父老諸生力不能得。生輩義無容辭，竊以天下事有可疑者，不憚慎重，無可疑者，不妨決行。得老公祖一筆判之足矣，終歲望之不足〔二〕，一日行之有餘，故敢以請。

校記

〔一〕此札又載《高子别集》卷五。《高子未刻稿》『上』字原闕，此據《高子未刻稿》目録及《高子别集》校補。

〔二〕『不足』，《高子别集》作『不得』。

柬張存宇吏部〔一〕

攀龍三十年草野陳人，台臺一旦還之於朝。龍之出也，則台臺已假沐，龍之歸也，舟過臨清，竟不知爲仁里。即此一事，老情迷謬，其不可涉於人世審矣〔二〕。追維德清罷歸，南昌柄政，宇宙一線陽光實自台臺而開。以龍之無足比數，亦得以粃糠混黍稷，與於簠簋中，登清廟之席，即累台丈知人之明〔三〕，受知者寧無同天之戴耶？覿面之失，抵家方知，跼蹐罔措。鴻羽之便，致其不安，無任瞻依。

校記

〔一〕此札又載《高子別集》卷五。

〔二〕『其不可涉於人世審矣』，《高子別集》作『可知其難涉世矣』。

〔三〕『台丈』，《高子別集》作『台臺』。

《高子遺書未刻稿》《高子别集》所載《高子遺書》《高子未刻稿》未收文

高子遺書未刻稿

答顧涇陽先生

竊疑沖漠無朕之中，萬象森然已具，皆氣化之不容自已。人身一體不具，不成爲人，天地一物不具，不成天地，合下形體，自應如此。既有此形體，又各以類自爲區别感應耳。先生以爲何如？

答張雞山明府名舜典

伏承教劄，啓發無量。古人之學，求之心而已，即心即天，即天即心。故亦臨亦保，如見如承，更無得肆處，更無得僞處。若不知天，雖云踐履，猶屬冥行。譬如入長安者，苟非長安之途，終身行而不至。吾輩學以復性，苟非原來之物，不可得而復也。今日之學，得先生及少墟丈發揮，昭然大明，學者力而行之，望華嶽而長安之途不誤矣。何幸！何幸！少墟丈命作集叙，謹以請正，望裁教之。

答吴蒲圻名炳

攀龍迂拙無似，於世不足爲有無。惟是自幼即疑各人一個身心，是最親切物，不宜反疏之，是最明白物，不宜反昧之，令昧者復明，疎者復親，如是而已。知台臺亦有當於中也。蒲圻賢聲久著，而地方賢者誦德逾切，龍已亟聞之當事矣，蓋當事之求賢如渴也。

與任希顔

學無功夫，無受用。若能反求，只在身心性情做功課，雖過時猶愈於已也。念之。

柬李修吾司徒

伏惟台臺一身係四海輕重，片語關千秋是非，善脈所視以維持，氣運由之而旋轉。抗言深觸時忌，人懷不測之憂，而更念忽承主恩，士有不寐之喜。是蓋宗社之靈，帝天之命，非苟然而已也。

答胡泰六中丞

不肖三十年林中朽腐，一旦入仕路，性非所慣，事非所習，竊捫心自慙，顧影自笑矣。今益使之處非其據，如取力於螳螂之臂，取明於熠燿之光，其何能淑乎？不審老公祖何以教之？詔其所不知，引其所不能，不啻尼父之相冕也。望之！望之！

方今軍旅之事，紛拏之争，尚未至不可爲。惟是四海困窮，國儲如洗，而水旱動以方數千里，雖有善者，不知所以爲計耳。

答宋道長

天下一家，吾輩視國如家，一點心真，自無事不辦。不肖處非其據，伏惟高明詔其不及，如瞽得導，如跛得扶，可勝幸甚。

與葉閒適年兄

一入仕路，行止便有義在，不屬於己。今鄒、馮二老歸，弟附驥足，時義當然，無可疑者。諸相知多方尼之，無非爲計事也，弟恐不能顧矣。鄒先生去，趙先生適來，此亦天意，正局或可少延時日。東省亂定，海内志戢，精於天文者云：『主上福禄甚長。』倘其然乎，是吾輩大好結果矣。

柬韓求仲太史

得丈沖舉之信，生年殆無此喜，得人如此，國運可知，非特區區爲同心利達已也。自今願丈居身第一附别啓。

流，決不落第二義。首出三百人，遂首出千萬世，方不負上穹挺生一片至意耳。昨歲得大教，有當復之語，

又

兩接湛源丈所寄翰貺，高情繾綣，中心藏之而已。台從過錫，弟適屏居湖村，不及聞也。以台丈之隆施於弟，即草木無知，寧不欣欣生色？而弟乃冥然當之，邈然置之耶？蓋念與台丈傾蓋新知，相期白首，而丈以殊遇榮旋，弟自當躬詣門廡，一展慶喜，不意冗病相仍，匆匆至今。每念及之，若負芒刺。兹且俗絆層疊，度難如願，謹以一介先致微悃，惟台丈原之。

世道遂入睽象，岐中之岐，意外之意，日新月盛，未知所底。總之，各自成其好惡耳。以弟愚見，且宜各置其是非，各認些不是，以圖合併，開世太平。不知古來果有此局否？即自今日創之，未必非照耀千秋勝事也。台丈以爲何如？

又

自别台範，一紀有餘，蕩蕩皇途，頓生叢棘，晏居深念，惟有浩歎而已。台丈閉户，游心藝圃，無論制義，得此金篦，即此便是友天下友千古之精神。弟以衰年，終日終年只作蒲團生活，向此不覺如升天宫，入龍藏，枯淡身心，别生一世界也。感幸何如！有懷如縷，無緒可循。長望雲天，可勝依戀。

答張榷使

上謁，辱收臭味，遂得識海内一大君子，何幸！何幸！台臺關政，清惠兩絶，頌祝萬口，此何足爲函鼎一臠？然亦見文豹一斑矣。蒙雅愛肫切，獎誘甚殷，謙沖可挹，令人雖懦思立。此復不宣。

答周春臺少司空

世路翻覆，一彼一此，如層峰蜿蜒起伏，如層波浩渺逝續，無足怪也。要之，天運使然，人乘其會，有不知其然而然者。翁臺之念弟至矣，弟之得放，所謂魚之得淵，鳥之得林，但未知林淵之得寧與否？然人生飲啄莫非天定，總任天然，不必計也。草草復謝。

答張丹陽 名以陽

僕黨人也，黨人能累人，故於地方官不相見不相通。即本府本縣，來一謁，去一送而已，蓋義當然也。門下所教誠然，而非僕語默之義，伏惟高明諒之。今年正月二日即屏居湖干，不見一客。衰年病軀，當此時世，正宜息交絶遊，讀書静坐，爲大歸計。雖得罪於四方之友，弗暇顧也。晤相知，幸爲相傳。不不知，客徒來，至滋罪，其於相成大矣。并附陳之。

柬安無咎

得門下六月書，久未奉復者，以病以冗以懶。中朝事稍定，權璫得楊中丞一擊，今不敢傳内旨，不敢東廠亂拿人，皆聖主有不測處，故畏外庭，豈真畏外庭哉？僕以此且得暫寧於此，專與天下幾中丞幾直指檢押州縣，使民得小小過活。此近況也。

柬姚孟常太史

不知翁丈以何時榮發？弟水行先之矣。迂踈如弟，衰年如弟，而受國恩如此，當世事如此。總之，置此身度外，聽其所止而休，無所容其他念也。翁丈何以教之？有當幾者，幸密示。

答黄鄴初憲副

自奉光儀，老父母趼歷中外，而弟浮沉田野。遐想三十年，恍如一夢。老父母且於室家兵火之餘，官遐荒萬里之外，於豺虎縱横之地，建戰守兩全之績，茹荼飲蘖，人孰堪之？所謂『王臣蹇蹇』矣。以廟社之靈，老父母忠誠之報，危黔無恙，則全滇可保。繇兹聖主勞臣，俾建牙秉鉞，大展平生，一番寒沍，萬斛陽春計在眉睫矣。弟不量而出，冒《北山》之譏，今量而歸，肥東林之遯，出處無當，往來徒爾，無足爲老父母道者。伏承念存，捧讀瑶札，惟切深慚。所望老父母萬里之外，以身爲本，惜精神於不遑自惜之時，來福祉於自茲方來之日。翹首惓切。

答劉天虞憲副

趙先生來，大可喜也，鄒先生去，大可嘆也。以天地之大，國家之福，而不能使兩先生並立於朝。不知國家何負於言官，而言官惟恐天下之平治也。弟亦從此去矣。以趙先生之知翁臺，使稍當事，朝端於是有翁臺之跡矣。

與何天玉

相别忽爾經年，日月如矢，念之竦然。不知足下作何工夫？僕看來學須入静，方有滋味，有受用，於天理人欲界分，方得清楚也。

答鄒公履

門下秀拔一時，在舉業中必掇大物，在人品中必成大器。僕實默識之，不皮相門下也。天下道理，只『平常』二字。所謂『平常』，非如世人所謂平常。世人所謂平常，俗而已矣。平常者，不易者也。只在眼前，看他不見，看得他見，方知聖賢豪傑千變萬化，總只平常。心下定定貼貼，多少輕鬆，多少快活，即是神奇玄妙，更别無物。以此讀聖賢書，自有不知手之舞之、足之蹈之。平生所見止此，向人道之，無有解者。

門下聰明絶人，試爲一參，何如？

柬周太史

天生豪傑不易，門下之發於荆溪，遠則唐先生，程門天理之宗，一鄉善脈也；近則周先生，王門良知之旨，是一家善脈也。所以光而大之者於是乎繫，明道之建，豈曰偶然？伏惟不讓而毅然有之，不勝顒望。

答劉止庵明府

以爲老父母莅任於宜，弟歸即得奉道範，不謂尚在虔也。兩邑相争，此曰我父，彼曰我父，史册艷稱，乃今見之，仁政得民如此，聖賢所以信天下可運諸掌也。教到，周挹老已行，即與陳中老言之，具呈吏垣寬限，而彼中留疏適至，銓部之意，不以士民之請奪上官之留，中老輩正無奈何也。弟出山一番，無以報國，今且將隨鄒、馮二老去矣。道學打散，非佳事也，然而諸公之快心，亦弟輩之本念，此何時而容迂儒久班行乎？天下紛紛，惟聯結民心爲第一義，海内安得皆如台臺爲之乳哺乎？欲言，百不悉一，惟有悵然。

答汪二無年兄

以年丈同籍中臭味，而弟三十年草野，未得促膝抵掌，領同心之語，斯亦生平一大闕事矣。世局翻覆，如寒暑晝夜，一往一來，不足爲怪。弟因此得弛擔委責，是爲弟藏拙，惟有戴德而已。伏承年丈不棄世外之人，修金蘭之契，如斯誼薄雲霄，安得不銘深肺腑？當今之時，專恃不食之果，爲民之輿，非年丈之望而誰望？

與傅銘盤司成

不相聞者一十七年矣，常從涂鏡老集中見丈序文，知丈深詣，私心喜慰。人生惟有此事真實，餘悉虚妄。丈夙慧蚤達，必有所從來，幸於此生脱穎而出，勿辜負也。

趙老師今年週甲，同門當有一文，弟與宜諸相商，已求得沈少司馬繼山先生文，名則合書，儀則各致。

弟有鄉座師沈晴峰先生長君至京，弟令見丈致此信。沈長君幸丈進而教之，有可提攜處，千萬有一致情，懇懇。

答方旦心憲副

浙中人心風俗頹敝久矣，官於兹土者，大率附會群情，少有挺拔自振。惟台臺秉持公道，不隨流俗，此所謂豪傑之士也。不肖平生無他長，惟是好善一念不敢後人，故於台臺實切向往。今海道重鎮得台臺而屹然長城矣。

貴屬有胡二府賓，廉吏也，能吏也，台臺得之，一大助矣。不肖實未識其人，而聞於賢者可信之口，故附及之。松陽令宿夢鯉，雖非台臺之屬，實爲敝邑殊絶人品，望一表章之。

答劉紉華

過貴郡，擾翁丈至矣。衰老之人，居白雲之部，甚適，諸賢乃欲奪而之烏府。聖主不用，是錫之福也；或遂用之，是重之憂也。此身已不自由，如行大海，聽風伯之所爲而已。

萬寅老前有一字相聞，已疏名當事者，待其用，再爲劑其人地之宜耳。

令婿竟没旅邸，弟不勝痛。經紀其事者，全賴王闇老、筤我老。弟正瘧病中，非二公，弟不得貼席卧矣。蔭當貽之後人，決不至虛皇仁也。

答萬龍游名廷謙

不肖丘壑朽腐，不落人齒牙久矣，乃台臺猶知世間有斯人，而清念及之，此情殷殷，高雲之高，厚地之厚矣。伏念先司寇楓翁先生去敝邑百年，而人心之思，宛如一日，宜其發於賢子孫，繩繩繼美如此。今臺下之於盈川，即先司寇之於梁溪也，所以種德毓淳而垂休照後者，又當何如哉？堵丈之來，以年家世誼，同志合道，知臺下更有沛然往教者。華緘隆貺，猥及泌衡，愧不能當。使旋，先此復謝。

柬鄒匪石吏部

伏惟台丈，今之伯夷也，而坐千金之贓，以伯夷而贓，則贓不足信。諸君爲計，得無疎乎？百年有盡，千古無涯，有口如簧，不能易異代之黑白，有衆如林，不能亂上帝之視聽，他又何知乎？

弟昨歲歸，即屏居湖干，不見一客，天與閒身，儘是悠悠。第敝鄉去年大水，今復大旱，時事未知底止。不知貴鄉何如？

舍親楊兆芳來作簿，便知此方有台丈爲依歸，好德之誠，可嘉也。伏惟仁者教植之，幸甚。

答錢長玉關使

得教，知台臺爲當世豪傑也。以如是世途，而台臺佇想乃爾，以如是地方，而台臺設施乃爾，至文心錦腸見於時文者，又台臺餘緒，亦見天之降才如是之備也。

不肖迂疎腐儒，無當世用，而當煬蔀之時，其得放歸，弛此重擔，厚幸矣。天下事有如台臺者在，天之不棄此世，而篤生仁賢，謹爲皇國手額。

答金壇楊明府

知台臺久矣，近復於徐十老及繆布衣詳之。台臺非百里之才，而攀龍乃得九河之潤，何幸如之！今天下岌岌，需海内端人正士維此欲頹之運，台臺其人也，勉旃自愛。攀龍老矣，於世有其心而無其力，東林一席地，乃歸宿地也。

答宋常熟名賢

知交過此者，每道台臺超世之品，不與儕俗爲伍。不肖竊以丈夫出世一番，皆以肩荷宇宙爲事，而喫緊樞紐，在一脈正見而已。此見蕩蕩平平，並無旁蹊曲徑，直直截截，並無難知難曉，然却不從入仕而後即留心考究，一登清要，耳目混雜，忽不覺其入於荆棘而背於康莊者。以台臺之品，他日致君澤民，學問便只在此，不可忽也。至於百里之政，不過台臺緒餘，又何足道哉？不肖老矣，無能爲也，肩荷之事，仰藉世間俊傑，故放言若此。

柬華芳侯太史

門下高發，豈獨德門千百年之培，亦九峰千百年之培，非易也。科名非易，門下不愧科名非難。僕黨人，黨人能累人，不可近人，伏承手教，以一字上報，諸不及。

答袁丹陽、丹徒二明府

恭惟老父母仁敷萬姓，績著三年，在漢室則增秩賜金，在昭代亦榮封錫命。再需期月，即召還朝，或晋天曹，或位臺省，三事九列，此途最捷。吏治之關民生最大，國家之待良牧最優，况尸祝在一方，陰功在百世。昔賢云宰相所不能得，惟守令得之者也，自是台臺步步天衢矣。

柬趙武進

昨者流連溪山，更餘抵家，知老父母過此，體中已極倦，不能復振，今日蚤起追仙鷁，已無及矣。南北相望，遂爾各天，山中人惟有引領大君子政成登要，救世匡時，使野人保一丘一壑之適而已。

柬泰州李繼川年兄

與年丈闊隔，殆若隔世。林壑朽腐在世外久矣，屬有敝門生遊如皋者就弟索相知書，乃檢仕籍中，知年丈在泰州，此方得仁人君子如年丈，幸矣哉！以年丈仁民，必有獨創之法爲古人未試者，可令弟一聞之否？

答李元白明府

恭惟台丈榮滿，此中令譽籍甚，及得見東皋政事。台丈精神貫徹今古，兼統鉅細，寓内幾能有此良牧乎？敬服敬服。

弟服官一年，涖歷四寺，一無報國，以水土不宜，衰病日甚，假一差歸矣，深負知己期待也。丁慎老諸賢，議定祭典後補之，一以懲諸人之蔽賢者，一以伸諸賢之受蔽者，此亦經綸之最要，燮理之最先矣。

房海老當代豪傑，得台丈通其積仰，何勝感激。

柬曠丹陽

得教，備悉老父母惠邮貧儒至意，此寧獨一人之感而已耶？聞之衆議酌處，以蔣氏所負任光祖者十金已越十年，當加倍稱之息，戴氏所少光祖原價八十金，量處其半，極爲公平。又聞有爲之援者，議遂不行，不得不煩老父母片言之折矣。夫光祖之屋之適於蔣也，是賣非典，賣産斷給，則刁俗藉口，豈敢上累老父母平明之政？而光祖此事，則非賣産斷給也。世間豈有賣屋十年而價不全付者乎？交價未足，産猶光祖之産也，轉而之戴，乃戴屋邊之屋也。世間豈有買屋邊之屋不浮於原價而反損之者乎？今日此舉，稍發戴氏十年謀産之巧，蔣氏十年措價之惡，非老父母而誰望焉？

又

昔吴康齋先生曰：『自古無不吃虧的君子。』弟足之云：『自古無得便宜的小人。』君子吃虧，總是便宜，小人便宜，實是吃虧。格得此理透，胸中更無事矣。五君子之吃虧也，天下稍有人心者無不憤然不平，只此便是君子便宜處也。弟里人有一船，爲寒舍運京糧，遂稱寒舍船，歸途祇逆老父母，爲元禮仙舟矣。

答段上舍

當世如門下者，真以天下爲己任者也。所期待不肖者，雖非其人，不敢不自勉焉。許大世界，須得世界中大君子共匡扶之。聞諸賢之名，如扛鼎而忽聞賁、育之至，其爲喜躍，何能言喻？拙言請正，諸惟翹跂，以祈門下之爲世用而已。

又

門下之相念何至耶！自答手教後，不久即渡江而北，至仲夏抵國門，即有皇子之變，有萬工郎、林道長之杖。欲諫則似於激聒主上，欲默則似於保守祿位，第裁之以義曰：『一事而言者既多，則猶可以已。』故强顔於此，非如壬戌年師濟氣象、歡欣精神矣。天下必壞，如之何？如之何？僕老矣，弘濟艱難，在門下壯年有心人，勉之！

與蕭自麓

自新學一興，此道遂駸淫晦蝕，良可痛心，所以實體之於身，續濂洛既絶之緒於兹土者，非先生其誰與歸？

龍以十一日行矣，不敢前聞者，恐僕僕郎君於道路也。先塋事，向日見當事者於途中，面言之，似已受先入之言。自愧誠之不至，不足取孚於人。大抵天下事，君子拙而小人巧，君子疎而小人密，其勢必不勝也，所從來久矣，然而君子所以異於人者亦在此。不怨天，不尤人，反求諸己而已，一己重則萬物輕，何庸心哉？先生有以處之矣。

寒風蕭索，回首迢遥，不勝離群之感。諸賢郎姪孫不及另緘，統祈乘時努力，勿隨俗悠悠爲望。

柬徐匡嶽大參

别來賤迹半在山中，四方知交，音問曠絶，每一念之，輒自流汗。即於先生，兩得翰教，未及奉復，老先生必以小子自棄大造之外矣。

年來有三不了念於貴鄉，一者見羅先生之未得一哭，二者思崗，三者雲嶠，以爲寧其不速，毋寧不躬。近亦發行在途，聞東林爲時蹤跡甚嚴，退而杜門，先遣一僕，稍解歉心，尚冀河清以酬夙念。今天下之學至純至正無如李先生知本一宗，老先生體之最盡，在北則馮少墟丈，南皋、海門兩先生則洞明心地，皆大本卓然之儒，斯道可謂有人矣。

候老師沈復吾書

久别師顔，緬懷長路，恨無晨風之翼。伏惟吾師暨師母以下俱迓多福，以師之樂只，況歷年所，上下交孚，湛澤愈究，不言可知。

獨祁陽萬年金湯之固，自師而成，此血食百代之事也。向委序文，决不敢辭。龍年來以《易》《春秋》二經之故，久荒筆劄，本拙而更益其拙，當稍需之，定須揚明德之萬一，以爲來者法耳。楚宗忽邇作逆，觀其檄文，知其無能爲。但以天道人事揆之，多干戈之象，發應不遠，吾師百雉之舉，正是户牖早計，政之最大，不逾於此矣。家鄉幸爾連歲有秋，景物頗佳。聞楚中亦稔，庶民心難於從亂，此亦國家之福矣。便羽聊致起居，不腆侑緘，希笑置。《朱子節要》八卷以後俱説政事，或可少助師視民如傷之心也。別有鄙情附申。

又

小僕歸，荷師厚愛，橐中裝如數領訖。所周妻弟者，師之高誼，薄雲霄矣。時正以學使者試，同小犬在句曲。而明我不由先容，見録於郡公，私念以爲得復故中袍，可不虚吾師望，更不虚吾師賜，詎意數奇，益淹抑無聊，而箸如洗，明年不知計何所之也。悉師起居種種治行，無任欣慰。吴安節年伯處，已爲師謝，復爲師薦剡計矣。直指君未曾道錫，恨無便可通，爲師致尺一也，當覓魚雁圖之。邑中事，賢郎俱能言之，龍之近況，亦能悉之。邑中有諸不便民事，兩年間稍稍調劑得妥。尚有未備，亦不久可了。過此，即杜門深居，循林居之體。三年中粗了婚嫁及積逋，則家事并敕斷，爲怡神繕性之計，偷閒以卒歲矣。計吾師入覲，可得傾倒。所需於師者，千萬留意，早一日則受一日之惠，蓋爲子母家相迫，不得不申懇也。呵凍不多及，統祈吾師珍攝，爲民自愛。

答郭旭陽侍御

門下之擢，自是常調。但不佞甫入西臺，即見大君子入啓事爲快耳。何時榮任，奉教左右，望之，望之。

與伯兄明陽〔一〕

哥云懲者戒此人之後來，尤是仁者用心。大凡天地屈伸、禍福之機，皆是如此。即此一人，若弟懲之，似爲此人之禍，因此知警，實則此人之福。今弟不理，似爲此人之福，不知其禍深矣。反人觀己，亦復如是。是故落便宜處便得便宜，失意處便失意也〔二〕。了此，便超然於兩間之内，常自在矣。至於隨物順應，則但當於己分上論其當較不當較，不必於彼人身生計量。禍福之説，推其至理如是耳。因事講論，甚有妙趣，哥勿厭往復也。

校記

〔一〕按，高攀龍伯兄，《高攀龍詩文殘稿》之《春半同集虚顧丈、元□許丈、鳴陽伯兄續去歲觀梅之約，仍用舊韻》及《高子遺書》卷九下《鳴陽伯兄六十序》皆作『鳴陽』，高世儒《先父資德大夫正治上卿都察院左都御史贈太子少保兵部尚書謚忠憲景逸府君行述》作『明陽』，未知孰是。

〔二〕按，前一『失意』當作『得意』。

又

前日聖諭，因十六日聖躬病危，故召執政諭此。十七病間，復傳諭鑛税照舊行，相國持之，未知如何。廿三日，病復甚，令司禮求玉皇籤，如面語，可見天人相與之際也。廿四日，稍進湯飲。是後未知。前諭諸件，聖母之意也，内助有人，宗社無疆之福。籤云：『天心不順被災愆，何用臨危告聖賢？但要汝心存善念，敢教百病自然痊。』

又

勉承哥命，已拜嘉箠二握矣。今日别無酒肴，亦不速客，祇以兒子加冠之日，吾哥一姓之尊，當一奉笑談，哥於情於理，决不可不撥冗一來。且老圃秋容，亦灼灼媚人，哥於興於致，决不可不撥冗一來。他日不彊，今日必來彊也。

又

哥已得孫，此吾門之慶，又見一世矣。初九日已往荆溪，不得吃湯餅也。

又

兒之婚，例不敢領兄弟之賜，雖於哥不敢爲異同也。明蚤候哥過矣。

又

弟以十九蚤嫁女，今日送裝，裝如往日，不復屈哥過觀。明日之叙，就事爲樂，望哥必一赴焉，先此申懇。

又

徐房師之弔，去年同門洪桂渚約定日期，於嚴陵相候，故雖值今年試事，更不敢顧而失期。掃墓以卜日陰晴，原卜今日，籤詩云有雨，而爲所誤。連卜明後，皆不佳。止十三日爲穩，十四便有東林宿齋，至二十日始畢事，而是日即行矣。不意十三又值哥之速客，如何？如何？七年一度，而哥主祭者不與，極不妥，乞爲弟移一日，何如？千萬之懇。弟所以不能移者，以前所陳之故也。速客移日乃常事，即以弟之前情相告，可諒也。再懇。

又

連日匆匆，昨始見哥手教。所云兀坐一編，正道着弟年來行徑。然人情物理之必不容已者，亦隨緣徜徉。總是山行常格，至簡至便也。

又

元日不能手捧一觴，亦以體哥之意而止。壽言不文，然實語也。至於區區之物，乃同氣一念之誠，萬萬不容已者，望哥俯從至情，決不敢□來命也。

又

哥東以八月十六到，家東絶無。世儒常有仁心，不宜無後，今幸有此，命亦好養。此客中可喜之事，以哥東得之，爲惠大矣。總憲之擢，殊出意外，辭之不得。辭之非矯，是事理宜然。畢竟數定，無可奈何。詳在家東中矣，冗倦不詳。八月廿二日。

又

春光已盡，踏青浮白之致，聞哥數數焉，羡何可言？有詩書扇頭，一春懷抱盡此矣。

又

昨累哥跋涉，不安之甚。弟以追哥，亦即登舟。衰年人遠步非宜，此後恐宜以爲戒耳。

又

今夕月彩燈光，耳目希覯。學兒爲具，敢邀吾哥一過爲樂。萬勿拒，幸甚。

又

圃梅盛放，欲尋去歲之約，乞哥一過，午以爲期。

又

齋中有殘菊幾朵，晚間屈哥相對把盞。

又

天氣甚佳，明日山行，正其候也。望哥千萬一發高興，得行樂時且行樂耳。專此申訂，舟中別無他客也。

又

明日望哥一赴甚切，又以他辭，終是耿耿於中，敢用固懇，早以葉渡來，哥幸勿拒。

又

賈主爲黑漆之燈，賈奴見紙上之捧，兒子輩患其不能屈，不患不能伸，已之矣。

文行社記

吾邑鄒公寧先生下帷教授，諸生受經者常以百計。公寧每旬爲文會講會，名之曰『文行社』，而欲余記其事。余進，其高弟弟子謂曰：『鄒先生設教，人知其教舉業也，不知其教文行也，人知其教文行也，不知其爲教舉業之訣也。』夫文非舉業之謂，文者，《易》《詩》《書》《春秋》《禮》《樂》，古所謂『六藝』也。行者，孝友睦婣任卹，古所謂『六行』也。藝而有諸己，凡吾性之仁義禮智，一切任天而動，皆行之精也。行而進於道，凡吾身視聽言動，一切利用出入，皆文之精也。精以進德，緒餘以修業，故其人爲天下第一流人，其舉業爲天下第一流舉業。譬之於木，培其本根，未有不暢茂其枝葉者。心通聖賢之道，爲文以傳聖賢之神，未有不酷肖者也。昌黎韓子自言其爲文曰：『非聖賢之書不敢讀，非聖賢之志不敢存。』沉酣於詩書之府，浸灌於仁義之途，久而得之。古之善爲文者，莫不求之於道，今之善爲舉業者，天資絶人，言暗合道，未有言違於道而成文者。故曰：『先生之教文行，舉業之訣也。』無論其品之高卑，與俗學霄壤，其工之難易，亦與俗學霄壤。因記其語。

吴氏世德堂銘

與其炎炎而弗副，孰與涓涓而永流？惟德之可恃也。斯故人之不繇，譬彼坏土，積而崇丘，譬彼徑路，闢而莊馗。一世而世世天錫其休，登其堂而思其人。邈乎前修，振振公姓，克紹而作求。湖水澮澮兮遠山點點，夜月白白兮曉風遒遒。誦於斯，讀於斯，偃息於斯，惟德之是謀。以弗若於先民憂，其莫之與儔。

封公雲陽施翁傳〔一〕

夫人不仕宦，藉先世之業，有室可蔽風雨，有田可給饘粥，有子孫可教，亦樂矣哉！吾第守之儉，助之勤，約束蒼頭廬兒，不爲暴以恩乃公，杜門掃室，焚香瀹茗。庭前竹數竿，雜蒔四時之卉，相對笑傲，便足令名無窮，斯非難事也。然而有家勢則有侈心，欲枯寂難；有客相道爲非，則不惑難；用不足，内外相煎迫，則謹守難。如吾所言，殆非易事也，此雲陽施公所以可貴矣。

公諱某，字某，别號雲陽。公之父爲太僕卿勵庵先生，公之子爲己未進士太先君，上有承，下有繼，人世所不易遘也。公少習舉子業，中以病廢。最少時則從勵庵先生於宦邸，後則朝夕先生於林間，事盛太宜人於久病中，所以奉其二尊人者無失也。與伯兄海陽公、仲兄沖陽公，諸姊之適於秦、適於瞿者，相好無失也。勵庵先生橐蕭然，公所受田百畝，更災於火，窘於婚嫁，公甘苦茹淡，御衆以寬，其自持持家無失也。所配黄孺人，名族也，夫婦相與布衣藿食以爲常而安之。其誨太先曰：『士以立身爲本，立身以名節忠孝爲本，於此站得脚住，方作得個人。毋蕩而志，毋淫而朋，毋騖虚名而荒實業。』太先爲李官於台郡，則曰：『脩職業以報君父，積陰德以貽子孫。』其於妻子間相成如此也。然吾觀其大指，自門無雜賓始。念其先世心菊翁以上，代以醫活人，積仁累行，始發於太僕公，祖孫純純，不忍自我一失足而壞之，故其凛凛自持不失也。夫豈易易哉？吾故謂公之可貴，是足以傳矣。太先官京衛武學教授，以覃恩封公如其官，餘見志狀中。

高攀龍曰〔二〕：『人謂雲陽公際父子間甚難，不知其父子際公更難，名家子一不類，上纇其父，下纇其子，非渺小也。人又謂家世累善，故發其子孫於科目。不知其家世累善，故不生不善人。生不善人，則科

目者乃不善人藉而敗其家世，禍酷於不生科目也。吾於公而益信施之世善。』〔三〕

校記

〔一〕此篇又載《高子遺書》卷十、《高子文集》卷四上，所載僅傳後贊文，題作《封京衛武學教授雲陽施公傳贊》。

〔二〕『高攀龍』，《高子遺書》《高子文集》作『高子』。

〔三〕《高子遺書》文末有陳龍正按語：『科目而爲善，福將益滋，人須識科目所以可貴處。』

卞氏二隱君傳萬曆壬寅作〔一〕

余交於武塘吴子往，因子往得卞子厚。子厚翛然煙霞之中，卓爾風塵之表，與余讀書蠡湖之上，一畝之間，相樂也。子厚時時爲余言其先世有二隱君，余因觀武塘邑乘，二隱君有足誌矣。

二隱君者，一爲夢草，一爲三韭。夢草諱綸，字允言，初號居易。少從太夫人姚姓，故爲姚綸獨著。公沖夷恬靖，陶然三徑，不慕榮利，隱居武塘北郭，榜其居曰『西疇耕隱』。日手一編，既耕且讀。遇得意，則飲酒賦詩，意常浩浩。其爲詩，渾然天成。賦閑居，有『斷飲也知醒自好，得閑惟有睡相宜』；賦小隱，有『潮帶夕陽還釣浦，鷗隨春漲到柴門』；賦竹，有『玉氣暖蒸雲五色，翠梢晴弄日三竿』；賦鶴，有『養來已熟自能舞，放去常歸不待招』；賦西湖早春，有『柳條尚短不著水，梅蕊未開先可人』之句。讀公詩，想見公襟宇。性至孝，太孺人患腹疾，亟焚香祝天，願以身代。尤嗜義，嘗脱仲父昇戍於裕陵，初年又脱故人陸琦於厄，高風重於一時。章皇帝庚戌，廷尉胡公開水利蘇淅，始縣嘉善，辟公署學博〔二〕，辭不赴。公書法直入晉人堂奥。

三韭即公仲孫，諱翼，字廷輔。少穎異，嘗見兄畜鳩，有詩曰：『覓得班鳩喜不勝，羽毛五色畫難成〔三〕。煩兄豢養雕籠裡，喚雨時時送好聲。』夢草公喜曰：『真吾孫也。』後公詩成，合夢草集曰雙璧，而法書亦相配。公性坦洞，律己方嚴，言不妄發，行不妄動。秀水有懷氏，素封也，與夢草故交歡，公因下帷，與懷悦者俱有聲吟壇，世傳《檇李英華集》。悦恒莊事翁，一夕艷飾其婢嘗翁，翁呵去之。悦好古，嘗欲百金市一玉琖〔四〕，翁戒曰：『匹夫無罪，懷璧矣〔五〕。』悦乃已。無何，人以告王振，振索之，懷氏得免。悦事翁益謹，凡二十八年如一日。長公藺畹，以割産多取其勝者，公悉讓之。公自隱教授間，以身率先，子弟前後數百人，周規折矩，望而知其爲公門下士。公嘗曰：『誠著於微，行徵於獨。』畢世所斤斤者，二語也。是時邑令皆知公重公，式公廬，舉公飲賓，謝不往。公疾革，悉屏婦女，命子姓曰：『親君子，遠小人，勉之。』年七十有六。生宣德九年甲寅十二月十一日，卒正德四年己巳十二月十五日。初號桂巖，晚號三韭，爲子厚高王父。二隱君俱誌《武塘隱逸傳》。

高子曰：『豈不以時乎？當國初醇醲之氣在宇宙間〔六〕，巖壑之士皆務脩姱節，樂恬退。吾於卞氏三世而得隱君子二，諸睹記所不及，可勝道哉！嗟乎！有不可晦之心，則有不可朽之人，如夢草著介石於當年，三韭麾妖冶於暮夜，彼豈其欲人知而然？使其欲人知而然，人弗知矣。何者？飾於此，敗於彼，不出於誠心所樂也。故好名者，名不歸焉。二隱君以詩翰重，二隱君詩翰以品重。人徒慕富貴，富貴人有幾及二隱君者耶？』〔七〕

校記

〔一〕此篇又載《高子遺書》卷十、《高子文集》卷四上，僅録傳後贊文，題作《卞氏二隱君傳贊》。又按，南京博物院藏有高攀龍萬曆壬寅(三十年)手書墨迹《卞氏二隱君傳》。

〔二〕高攀龍手書墨迹『辟公署學博』五字前有『欲』字。

〔三〕『羽毛』,高攀龍手書墨迹作『羽花』。

〔四〕高攀龍手書墨迹無『嘗』字。

〔五〕『匹夫無罪,懷璧矣』,高攀龍手書墨迹作『匹夫懷璧矣』。

〔六〕『釀』,《高子遺書》《高子文集》及高攀龍手書墨迹作『濃』。

〔七〕高攀龍手書墨迹文末有『明萬曆壬寅春梁溪高攀龍撰并書』一句。

書《静餘説》後〔一〕

丁未春，静餘先生病，大漸。余視先生，先生曰：『向者吾子作《静餘説》，非吾意也。吾所謂「静餘」者，以吾祖效静公故。凡吾父所以教我，我幼知讀書，長知修檢，以至今日，皆吾祖之餘。往吾祖下帷，閭江吴氏挈吾往，冬日衣無絮，祖孫共一絮背子耳。吾曝日中，則衣吾祖，吾祖飲酒，則以衣吾。夜寒衣薄，衾未嘗煖，相抱持貼，貼不敢動。辛苦中，吾祖策我自立，語語若滲入吾肺腑。歲饑，吾家三日不舉火。得一炊，吾祖母見鄰媪餒甚，分哺之。吾祖從外入，不得粥，夷然卧矣。吾熟於貧，故熟於居貧。今子孫得一飽飯，君之餘也。子爲我志之，以示我後人。』時先生子其仁輩在側，皆泣數行下。余唯唯，退思先生一飯不忘祖父，所謂終身慕，非耶？以先生之才之節，出用於世，天下皆哺啜，衣被其餘矣，竟不得一第以死。豈先生得效静公餘，而先生之子孫，又得先生餘耶？謹附其説於前説後。是歲夏日，書於水居。

校記

〔一〕本篇至《書長孫永厚扇》，見《高子别集》卷一。

責難辨

客有謂今上皇帝不行三年喪，不報父讎者。高子曰：『噫！難言哉！光宗皇帝以一月聖君，一朝大故，人心皇皇，如將隕墜。主上以沖年踐祚，垂半年矣，九重之上，凝然粹然，四海之内，屹然宴然。吾輩得安穩一飯者，誰賜之？安穩一睡者，誰賜之？崔文昇之不正法，方相罪也，大婚之速舉，光考命也，吾儕非所宜言矣。』客曰：『子大不敬也。主上沖年，遂不能行喪禮乎？是謂其君不能也。』高子曰：『噫！是何言與？孟子謂「責難於君」，爲人臣進言者言也，非爲論事者言也。進言者不敢不以堯舜之道陳於君，論事者不敢執堯舜之道議其君。吾與子論事者也，非進言者也。三代而下有幾堯舜乎？必曰：「某事不如堯也，某事不如舜也。」則無不可議，加以誹謗，何辭是可謂之責難乎？』客曰：『進言者不以論事，固也。假子以論事者而進言，將若之何？』曰：『人臣之進言，惟其時位而已。時當言，位當言，事當言，而不言，是乃不敬也。吾儕位不當言，時不當言，事不當言，爲太平之民，誦詩讀書，樂堯舜之道而已。以是爲不敬，必群居終日誹謗朝政，所謂生今反古，災及其身，大亂之道也。書義不明，陷於大亂之道而不自知，可畏哉！是不可以不辨。』

書何約齋公所字八子《八守説》後

『道一而已矣』，千谿萬徑，皆可適之。故善學者守其途，欽欽而之焉，必有至矣。及其至之，則一也。何約齋丈讀淮南所記夫子八守，以字其八子，此善於道之途者也。抑愚有味於『守』之義矣，夫『守』從宀從寸，方寸之間，天下之廣居存焉。故窮大者，必失其居，而欽欽然能小其心者，斯能大者也，故曰『以約失之者鮮』。

書友人扇《静坐詩》後

學必須静。入静坐者，坦然一切放下，不著一事，不起一念也。果放得下時，即是直心，即是浩氣，即是天然本色。稍著絲毫造作，即與本色天地懸隔。試思降衷之後，未發之前，有一事否？人奈何安於沈錮之習，不思一反其初也？窮研極究，方知『易簡』之説、《中庸》之傳，故未易言。

書長孫永厚扇〔一〕

朱夫子曰：『爲善最樂，讀書便佳。』只此二句，知其味，此便是天下大福人〔二〕。少年欲知爲善，又必繇讀書。李永和杜門却埽，絶跡下帷，每曰：『丈夫擁書萬卷，何假南面百城？』延叔堅曰：『當吾讀書時，欣欣其獨樂也，不知天之爲蓋，地之爲輿，不知世之有人，己之有軀。』古高士讀書之味如此〔三〕。朱子又曰：『關了門，閉了户，把截了四路頭，正讀書時也。』何謂四路頭？人心紛擾，要長要短，皆是路頭，須一切斷絶〔四〕。故明道先生曰：『今人於外物，事事要好，自家一箇身心却不要好。到得外面物事件件好時，自家身心蚤已不好了。』外物皆是欲〔五〕，養心莫善於寡欲。件件看破，都没要緊，件件寡去，寡之又寡，以至於無，則此心空明靈妙，人品自高，文章自妙，此爲善讀書之本。

校記

〔一〕本篇又載《高子遺書》卷十《襍訓五條》之四、《高子未刻稿》射部《京師寄回襍訓六條》之五，《高子遺書》題作《爲長孫永厚書扇》。此篇《高子遺書》《高子未刻稿》皆有删節，故删彼存此。

〔二〕《高子遺書》《高子未刻稿》無「此」字。

〔三〕自「李永和杜門却埽」至「古高士讀書之味如此」，《高子遺書》《高子未刻稿》無。

〔四〕《高子遺書》《高子未刻稿》「須」後有「自」字。

〔五〕自「故明道先生曰」至「外物皆是欲」，《高子遺書》《高子未刻稿》無。

與馬九逵〔一〕

方今時局乖方，朝野俱困，所賴中正和平大君子，徹人我之障，燮陰陽之和，爲子孫黎民無疆之利。仰見台臺真其人矣，幸珍養自愛。

校記

〔一〕本篇見《高子別集》卷三。

柬湯海若先生〔一〕

向年一奉教於君子，闕焉聞問者至今矣。先生近況何如？所爲一日千古者，其事安在也？乞詳示之，使小子得率循焉，不啻朝夕左右也。

今天子聖明，爲柄國者所誤。自江陵相而後，吴浙一脈復三十年，中間山陰、歸德兩賢曾不能一日行其志，人耶？天耶？何吾道之窮耶？先生試觀近局，抑亦似有變計者否耶？

敝邑胡蓮渠先生子孫衰落極矣，其令孫名憲祖者頗有志向，平居深念，謂當今之世而不知海若先生者，無目人也，况通家子弟乎？惟是負笈而來，思問文行之要，以爲庶幾有發其覆焉，而欲徼啓於攀龍，故附候興居，臨風瞻企。

校記

〔一〕本篇至《答余汝楫文學》見《高子別集》卷四。

與劉延伯金吾

向弟對丈深論沈司馬決不受魔，丈與弟柬直過慮耳。此柬弟未嘗示一人，不知何故轉出，蓮勺遂輕入封章，其爲丈累不小。司馬公無論立朝大節屹如山岳，實於崑案無涉，若推而合焉，大足爲小人之重，深可慮也，此老絶不爲動，足徵所養。長安所傳丈二書，其一書云何，乞示之。惟口興戎，可畏哉！

柬夏孟發

向者得晤諸賢，幸矣。黄門公在生死之際，譬之此時之苗，得雨則生，此諸賢當盡力之時。特令子厚歸，一商其救之之法。尚有能助者，勸之屋或可棄。棄之，專聽好音。

答王儀寰二府

聞老公祖有此意外，爲扼腕者久之。家下乏人，不能走一豎問候。會道尊，攀龍爲言老公祖是有學有品人，何遂不容？道尊云，想是情面重，惹此口舌。及見直指之欵，是以跖誣夷也。見老公祖揭，而後乃知其所由，然蔽賢不祥已立見矣。明年倘得入春明，爲老公祖力白之，不使一線善脈至殄絶也。

柬李關使名孔度

伏惟天地間，惟正氣人一片真精神不可得而隱，故台臺爲時人所窺，横加以妄想不及之事，自明者觀之，祇足供一笑耳。不可恃者勢，不可滅者理，不可必者人，所可信者天。苟於天理無虧，自有餘味，彼無味之事何足道哉？

柬汪雲卿

僕去年抵家即居湖丅，不見一客，非獨時義當然，老年人稍養精力，惟一静爲宜，學問人稍做工夫，惟一静爲宜。此時閒人不作閒事，直大愚矣，故雖門下爲意中渴欲晤言之人，然門下來此，僕決不破戒。僕來城中，又頗憚煩，亦付之無可奈何而已。幻老一書，乞煩轉致。

答朱仲增年姪〔一〕

久别思晤。門下念我，每每綣懷，而病夫偷閒村野，每每失之。今後須以一字抵舍，庶得相通，即在野，可遄歸也。時事總由天運，無可言者〔二〕。

校記

〔一〕本篇又載《高子遺書未刻稿》，題下註：「見《别集》。」

〔二〕「者」，《高子遺書未刻稿》作「矣」。

答虞來初明府

台丈妙才絶世，不肖思望顔色，如思見隨和之珍，而未有其會也。乃辱儼然先施，捧誦瑤札，赬面汗背矣。以不肖之朽腐，無所比數，而台丈且過而問之，隗且如此，駿可知矣，台丈他日容天下士當何如哉！

武夷爲文公育德之地，不肖昔嘗低徊其間，於今十七年矣，未知俎豆宮牆得不至蕩爲荆棘否？惟留意，幸甚！幸甚！

如菴年丈正在鄙邑，拈杯相對誦説，台丈今日百里之錦，是異時九重之章。伏祈珍養，爲世自愛，草復不盡。

答饒宜興黄山

曩者至貴治而知台臺之政，接顏色而知台臺之人，猶以皮相也。及晤曾大公祖，誦服台臺不容口，而曰：『此絶鄉愿蹊徑者也。』於是而始知台臺之神。若夫俗士之口，何足爲憑？彼以爲能毁君子，不知愈增君子精光耳。當今世局翻覆，自是世套常局，從來此局中爲精金洪鑪美玉礪石，以台臺承蜩解牛，又何避之之有？

答余汝楫文學

行時仁丈遠涉相送，此誼豈尋常乎？得教，畏天命，悲人窮，皇皇於一線善脈，天下幾人具此胸腹？三復感歎。

弟出山一念，實以君親朋友三事。留滯經年，只誦得老杜兩句『腐儒衰晚謬通籍』『衮職曾無一字補』，輒汗浹背而已。此中事頭緒多端，無處説起，大要是人心不正，議論不一。雖以吉水先生天下第一真人品，第一好心腸，不肯一就其折衷，不容一施其調劑，天下更有誰人能正之，能一之？而彼諸公甘於得罪千古，只圖取快一時，其末如之何也已。弟已得差歸，所教一一佩之，須儀部大才，弟所深知。數年入東林人，惟恐累人，室邇神邇，宇内皆然，非獨一儀部也。張公祖在大理，無有議之者。朱水部則未知彼部中事何若，當詢之。

答沈何山方伯〔一〕

數年來，東林人供天下刀俎，而仁臺雅誼肫肫，中心藏之，不敢告人也。去冬台車北上，睠顧茅衡，弟時居湖干，不及以惠水一杯少慰契闊，真成闕事。仁臺歷三省，所在膏澤令萬姓淪洽之無窮者，即仁臺千秋光顯之無窮者也。弟腐儒，無所用於世，惟知在家在邦，和則致邪，乖則致異。入朝見吉水先生一團元氣，不勝醉心，然卒不免於齮齕，沮然自喪，知世心之不可調，保合太和，只堪作一室中自娛樂之計，今且歸矣。秦中得仁臺，乃真金城。少墟丈歸，曾晤否？

校記

〔一〕本篇至《與馬君常》見《高子别集》卷五。

又

弟之蒙愛於翁臺久矣，世局更，吾兩人相與如故。『神之聽之，終和且平』，此語真畫出久交而敬者真肝腸也。獨於令先公相國，弟雖未嘗負心，實未嘗盡心。弟初入都，僅一旅見相國。於時地分懸絶，不交不敢親，不問不敢答，蓋自守之道。然見相國與時髦皆相隔絶，弟私心謂失此一輩人心，何以經綸乎？一念悃誠，卒無由申，亦遂安於無由申而止，此弟所謂未嘗盡心也。招兵一事，出於爲國熱腸，中雜匪人，何能得其既往？天下人心明明知其無罪，又明明借爲罪案。借爲罪案者，天下人心明明知其爲冤，又明明謬以爲快。弟竊笑於旁，而無能如之何，此又弟所爲未嘗盡心也。嗟乎！安得盡如《詩》所云『終和且平』者，與之偕遊光天化日之中乎？弟則何敢有不和不平之心，使不可聽於神乎？翁臺所教，語語莫逆，畢世所不敢負也。望翁臺即出，朝夕於兹，將伯之助，翹跂而待。

答岳石帆光禄

吾輩只作三十年前面孔，自有滋味，只如三十年前交遊，自有光輝。中間無端生出險阻，迨水落石出，雲去月來，祇堪一笑，知仁丈同此心也。

治平之久，不能無亂，而祖宗功德福祚靈長，亂亦中興之亂耳。彼頑不知，自取滅亡，要亦世人作惡之多，王法所遺，天誅不漏，不能無殺運以盡此輩也。

弟講學，人攻講學者，故欲仰承其雅，三疏不得請，明春以差歸老於東林矣。仁丈大用在近，弟嘗自謂，死甚見之初少活，蠢甚見之初少靈，今久不見仁丈，活機靈機盡矣。如何？如何？

答鄒西安明府

伏惟台臺仙質神標，金衷玉表，以長才遠馭當廣土衆民，自知遊刃有餘，更見絶塵無迹。漢廷京兆，不數趙、張，宋室邊陲，追蹤韓、范，匪夷所思，不占而信也。

今世間之事，總緣一『套』字壞盡，世間之套，總緣一『宫』字誤盡。若一片精神在吾君吾民，即萬丈精光立耀天耀地。台臺但將三十九頂烏紗整頓得佳，便將三十九方赤子救度得活矣。衆人營一生，志士念千古，知台臺不以爲迕也。

答劉是菴相國

自閣下去國，而黄扉正人之氣遂薄。何謂薄？正人相繼，匪一匪二，必三四承續，而後其氣厚，厚則人思摇其一，而續者未央也，乃不敢動。今薄矣，人亦何所忌而不謀去之哉？故善弈者必計及三四着，其局始不敗也。朝中正者如春澤之冰，不正者如秋庭之葉，天下事未知底止。所望閣下保啬太和，聖主於國是日練習，一旦豁然，有不可知者。私心之祝，如是而已。

柬段幻然給諫幻然，江夏人

中朝諸公盡逐異己，以富貴可獨擅，不知陽德微而陰氛乘之，所謂《小雅》廢而四敵侵者，如符契也。

今遼事未知税駕，海宇未有寧日，然以聖祖功德，主上至孝，國祚無疆之福，當必無恙。自古中興之亂不過數年，此數年中不知吾輩於何處生活也。

伏知翁丈杜門潛修，所造淵淵乎不可測矣，肯示弟以端倪否？愷悌君子，萬壽無疆，周甲之慶，乃今託始。弟言如以凡夫贊佛乘，甚無當也，特比於屈子賦《遠遊》之義，欲翁丈長年觀世事之定耳。不腆微誠，知不爲大君子所揮。天青日白，兩地一心，吸呼無間，知道者自無離索之感也。諸不一。

又

昨有一字寄蔣孝廉者，弟復思之，自覺心體大有病在，生出許多委曲來。今已一切斬截是是非非，直任太極流行，在人者，聽之而已。若從世情上補塞聯絡，寧有是處耶？台丈以爲何如？

又

以弟目中見天下大豪傑無事不可做者，止有台丈。弟豈敢輕視天下人？豪傑儘多，非天所特縱，其心行發處，便有不滿量處，勉强不得也。人到十分，小人便忌嫉到十分，造化也煅煉到十分。以台丈所遭如是，十分滿足，人無疑也。

來教語語道着弟心中事，崑不必言，宣亦可畏，今皆率其屬而歸楚。魑魅魍魎，頂着儒巾，弄出百般神頭鬼臉，將來恐這頂巾亦無人屑戴耳。一笑，一笑。前所云云，不久遂有人做，然以時局之故，不言其所欲言，而言其所不欲言，於人心殊不快。然汪、蔣二丈功在宇宙，如何滅得？但未知何時吐得一口氣耳。如菴一腔反因周達皎皎於天下，小人自以爲能難爲君子，不知實是奉承也。

又

台丈此去，世界更恃何人？憂心如焚，誠不知所以爲計也。夫真小人怕真龍，不怕假龍，故其所驅者必真龍也。而假君子愛假龍，不愛真龍，其助小人而驅者必真龍也。自古大亂必真小人合假君子而成，今日之事又何怪矣。顧先生二書不中今日機宜，却是千秋定案。小人紛紛，自是常態，得台丈獅王一吼，六種皆震，更不必多也。

又

天未欲平治天下，又使台丈有三年之淹。聞信即圖奇唁，而杳無鱗羽。近得教言，真如瓊瑶矣。弟此番入朝，深悔出山，天下事真無可爲者。楊大老一疏，多以爲非時幾，此殊不然，中丞職糾奸佞，彼自盡其職耳。持外廷之正論，運内軸之圓機，全在綸扉。今未見有實用，此血誠者由此而之，靠天而已，餘事只是小小調劑，又何足道哉！

答汪若谷侍御〔一〕

今世人所側目者，老公祖與段、蔣二公，則三君子之品矣。然三君子閑邪植正，昭如日星，凡有人心者，能晏然而已乎？指及陳赤石，此是天敗好惡，如此，尚可服天下耶〔二〕？老公祖在風波震蕩中正可安眠穩坐，天下常勝者正理，愈危而愈安也。凶鋒四起〔三〕，但宜堅守〔四〕。是非者，天下之是非，人心不死，徐而自定耳。

校記

〔一〕此篇又載《高子遺書》卷八下、《高子文集》卷五，題作《答汪若谷》，文字有删節。

〔二〕《高子遺書》《高子文集》以上無。

〔三〕『凶鋒』，四庫本《高子遺書》作『干戈』。

〔四〕『堅守』，《高子遺書》《高子文集》作『堅壁』。

上胡撫臺公啓

昨謁見老公祖，退而共慶東南半壁屹然長城矣。敝邑區區緩急之計，思得猛士數人爲兵壯領袖，伏蒙首肯，故敢具呈。竊見管兵弁士每日工食止得五分，然既有地方職任，俯仰便可支吾。今玆株守之人若非稍厚餼廩，何以寧家久住？是所望老公祖行縣設處者也。至侵欺一事，所從來久遠，據邑中流傳之揭，殊駭聽聞，不敢不以上覽。天下多事，民力已竭，不堪密網，何當漏巵？一縣如此，他縣可知。若得老公祖留神垂察，斯亦理財一關鍵也。本縣爲奸胥盤踞之地，一應稽核，更望批發本府，庶隱弊得清耳。

答金崑源年兄

自年丈居言路，而海内稱正直忠厚，有不言，言必中者，必歸焉。君子出其言，善則千里之外應之，豈虛語耶？山中人聞朝廷有正人，臺諫有正論，以爲愉快。年丈所以餉弟者至矣，乃辱大教獎借，如施鉛朱於無鹽，安能頓令美好乎？短勒附謝，諸祈順時燮養，以受百福。

答吴安節年伯

擾別後，滁陽勝概時在心目間醉飽，老年伯之德亦時在心目間，顧以冗病相乘，闕焉聞問。重辱手劄，如聆面教。

南中之計，宛如乙未，疏詞立旨，宛似蔣考功心法，道理實有似是而非，君子所以惡鄉愿亂世。長安曹、湯二君子當事，便覺群心爽然，支撑宇宙，豈不以人耶？乙巳之計，老年伯砥柱狂瀾，今年辛亥，質齋兄媲美前哲，此荆溪盛事，一郡之光也。

令郎年兄爲小人所噬，於時人心憤極，僉謂宜一破其陰謀，後乃知事機有不當然者，天下事多從忙處錯，此類是也。

答張江院

自接台範，不勝心折，乃知天地間自有真聲氣，不知其然而然。於後南北之氛甚惡，杜門緘口而已，因是於台臺亦不通一問也。

南中今日止台臺一人，昔者排群枉於衆正之日尚易，今者扶孤陽於群陰之日甚難。台臺直造化特留碩果，非偶然之故也。洞觀豈非哲人乎哉？非洞丈不能知台臺之特操，非台臺不能表洞丈之卓識。

昨賜冏卿遺稿，爲俛仰今昔，心淚暗流者久之。所教，龍雖不文，忍無一言附不朽之業耶？敬聞命矣，相知中并當爲索之，先此拜復。

與周懷魯撫臺〔一〕

老公祖春來多福駢臻，惟士庶於仁臺，正如春日，而願其遲遲，不啻千金一刻也〔二〕。接邸報，見老公祖表章吴士，可謂葑菲不遺。如不肖之樗櫟〔三〕，亦辱華衮與其品〔四〕，又與其學，豈其有萬分之一？直老公祖誘而示之凖的，使望而趨焉，則或不敢自棄以負知己耳。

近來時論益乖，至以老公祖與沈繼老當一亂，李修老爲大奸，諸景陽爲賄買，黄黄石爲過房，此何所損於諸君子？却大益於群小人。此後名之爲君子不足榮，名之爲小人不足辱。在上之賞罰既如彼〔五〕，在下之是非又如此，欲天下無亂，得乎？

金吾書曾見否？已送之沈繼老，幸其書中原見此中之不爽也。

校記

〔一〕此札又載《高子未刻稿》數部，有删節。『撫臺』，《高子未刻稿》作『中丞』。

〔二〕《高子未刻稿》以上無。

〔三〕『樗櫟』，《高子未刻稿》作『樗朽』。

〔四〕『華衮』，《高子未刻稿》作『老公祖』。

〔五〕『既』，《高子未刻稿》作『已』。

柬姚羅浮京兆

翁丈爲大京兆，真京兆矣。所謂『李綱入來，方成朝廷』，信哉！遼事如此，奈何？山中野人别無妄想，所望天下有田禾，無兵革，擁書閉户，畢此生而已。然生五十七年，不見兵革亦是希有之福，宜此福之未必終保。昔之愚人，常憂天墜，日來頗有此愚。翁丈世之蓍蔡也，何以開其愚乎？

答吴嘉興名國仕

向年聆洪、黄二丈之亹亹，已心儀高雅久矣，何幸密邇一水，將涵濡於清風甘雨。辱台丈且儼然先之教貺，比擬非倫，奬借逾分，以龍之駑下，知台丈加之一鞭也。

嘉郡得台丈褰帷，豈惟民有召、杜，其一時之賢如沈繼老、馬廓菴、徐謙宇諸公，真不啻周璆、徐穉之得陳仲舉矣。積仰芝宇，當以來月快覩。對使草復，不一。

又

别來忽將浹歲，芝蘭之就，徒有神來。君子之至於斯，無不誦台丈春日之藹、秋淵之澄。五馬當年，四知千古，台丈其人矣。畢見老何以遽爾拂衣，弟殊不聞其故，豈當路之枘鑿乎？無論地方失一賢者，而又令試事遂將草草，奈何？先儒云：『只有一箇天下國家，無一人肯把來當件事。』直可怪也。辱念并及。

柬周念潛太史

惠書已到，知皇太孫預兆之祥，此宗社無疆之慶，太平未艾也。聞丈日無閒晷，非獨丈在朝市，即弟輩林間亦然。聖賢無厭事學問，然弱質無周事精神，丈輩處於不容已之地，而弟輩正在可擺脱之時，近始竭力删累，稍有此身矣。舍弟來就北雍，望丈小爲顧盼，此異方真骨肉也。

又

今日最可憂者，中璫之負嵎；最可幸者，樞輔之當關。前聞其兵不成兵，將不成將，一無足恃，今乃知其無事不實做，無人不鼓舞，無地不親歷。關門而外二百三十里秋禾徧野，北方甚旱，此地獨多雨，天意也。但彼忽棄四衛不耕，斗米十金，豈能坐而待死，未知計將安出耳？

太宰欲行其志，司官格而不行，故激而竟調郎中，謂立可得其用，不虞發難於同鄉，且平日之稱賢者。今匪石大不負所舉，功司冰玉，無一人敢爲道一語，自來疑難積滯不行之案數日覆盡，無不曲當事理，此中噤口，不敢道舉之非其人矣。若得其管計，吏治稍有救乎？

家鄉大水，聞米價亦不甚貴。朱相公疏甚有益，更爲君子吐氣。弟在此，無好況。壬戌年尚冀天下治安，今長安皆漢、唐、宋末季之事，無計挽回滄海，又未能領略青山，如之何？

又

前有一書寄候，未知達否？聖躬近來漸安，朝講甚勤，中旨罕傳，權璫亦稍戢，可喜也。獨弟忽有意外之擢，事極不妥，辭於太宰甚堅且苦，太宰亦以爲然，而言路强施人以不安，今且盡力作去，作不行而歸耳。翁丈何以教我？

荒事改折，自當力圖。八月之選，新科選縣者止一人，又非相宜。弟謂寧遲兩月，勿誤五年，未知十月能得人否耳？翁丈起居想益佳，福清相行時所薦三人，翁丈與林謙宇、鄭方水也，輿論皆以爲當云。冗病，草草不盡。

答劉金吾

門下一紙，遂墮風波。當今之世，只有閉門緘口便是良圖。爲門下屈指，第一義無如『静默』二字也。

答吴求峰使君

陳筠丈道仁丈之意，非道義深愛不及此，且佩且感。宇宙無窮，是非有定，諸人憒憒，一番敗北，一番出頭，不知成何事也。可歎！可歎！

仁丈補中州，地樸民淳，可卧而治。特其士大夫所見頗異，若如歸德相國，方可俟之百世也，仁丈當自知之。弟輩開東林，原是自錮之計，若得大事明了，即可欣然畢世，他非所望也。

與錢受之太史

大海毓靈，發於吾丈夫，豈偶然？得人如此，國家科目始爲不虚也。自是台丈爲善，順風而呼，登高而招，不脛而走，不翼而飛矣。百年之中，千秋之業，在一念堅持耳。野人芹獻如此，諸不及。

與韓長洲

仰瞻時切，未得從容請教。兹有鄙心不容解之事，非老父母莫以告，敢冒昧言之。攀龍有亡友崑山歸孝廉季思，天下高士也，其子奉世秀而有文，府試諒必收録，而龍爲孝廉同心後死，誠得見其子入聖人門牆，可自了一念。求老父母爲言於趙老公祖，特賜優拔。此實賢者之後，殊於尋常，而此子資非凡庸，家又極貧，大君子亟噓植之，實吴中一段佳事。向年曾作孝廉傳，不文而事核，謹以奉覽。

答翁泰興

翰貺下及，殷殷盈楮，此台丈若無若虚之衷，三握三吐之概，顧施之鄙人則無當也。方今君子相競，各以意見爲賢不肖。往者是非不明，而真者自在，今是非愈析，而真者亦淆，長此安窮，是社稷之憂也。非大豪傑出而主持，其何能瘳乎？弟衰病侵尋，百念灰棄，衹如衲子道人作蒲團活計耳。一無足仰酬，台眷如何？

答翁孝先參戎

所教滿紙憂國之言，仰見門下丹衷矣。撫賞所關最大，須是貨物精良，國家方不虚縻，而彼情方得帖服。委官侵冒，當知其名，一大創之，庶幾後易爲力。不然，大釁必從此起，不可忽也。

答賈知白同年

天地生才，自足一世之用。世之用人，常不盡一人之才，無怪臨事動稱乏才也。當今之時，如老年翁者，可使一日家食乎？而乃不使一日立乎朝也，何居？天生之，而人忌之，天亦無如人何矣。弟一腐儒，冷曹閒局乃其所宜，而今用之違其宜，人又無如天何矣。弟蓋凛凛焉，恐失三十年山林面目也。

答郭大石中丞

與台臺未諧一識之緣，乃辱八行之寵。鞭之加矣，奈駑駘之不能前也；瓊之投矣，愧桃李之無以報也。方今飛塵蔽天，敵騎布地，止存一關以繫九廟。非無君相，非不焦勞，非無經撫，非缺兵食，特以上下志離，軍民心叛，委而去之，遂至於此。不肖腐儒，不量小草一出，深憂大木難維。所幸台臺當中州一面之雄，爲長城萬里之寄，深仁既固，民心至和，自關國脈，豈特藩封保障？實惟皇國腹心。伏冀加餐，爲世自愛。

答孟操臺

昔年快覩麟鳳之表，今日奉有金玉之音。十五年來世事一新，老公祖以四海雲霓最注，先帝弓旌首推，東南半壁之幸，復暫留臺，蓋屹然爲國長城萬里，豈獨長江千里已也？以龍耳目所及，方今民生日艱，吏治日弊，一夫恣肆專城，萬姓含悲過日，靖江海之萑苻易，靖衣冠之寇盜難。伏望老公祖專意察文武吏士，舉直錯枉，則丰采肅然，折衝自遠。龍腐儒，無用於世，年來惟方丈之室，盈尺之蒲，博山一爐，《易》書一卷，作此生結局，無望其他也。

辱《景行》一録，仰見老公祖身伍今人，心遊古始，有此中藏定矩，豈無震世宏猷？民之所望，見兹益決。龍兀坐中，兩眼又得八珍之飽矣。

答史蓮勺侍御

不肖閲豪傑多矣，至好善之篤，從善之勇，未有如台丈者，私心誠企慕之，惟恐台丈一日不立乎其位，善人遂無所賴藉也。閲世變多矣，至誣善之工，擯善之酷，未有如今日者，私心誠憂危之，惟恐台丈一日之去乎其位，小人益無所忌憚也。

得教，浩然之志殊不可挽，君子聞之而懼，小人聞之而喜，如之何？不肖迂拙，無所比數，乃以諸君子過情之譽，辱大君子臭味之收，遡風瞻雲，不知何時得抵掌吐心也？以今之時，無台丈如是貞心，如是明眼，如是健筆，山中人憒懣，食何能甘？眠何能穩？大疏直如麟經馬史，珍之以示後生小子，使知正人君子一脈耳。

答許樂善

夙仰台臺爲當世大君子，而皇家不竟其用。每與亹先兄抵掌雲間人物，於台臺輒津津焉。僕迂愚無似，一出而罹黨人之禍。黨人能累人，不可親人，故昨歲北歸以後，即屏居湖濱，不見一客，閉户俟命而已。野人野處，草率復謝。

答蔣户部觀初

僕與先公年兄四十年同籍，中間幾更世變而貞心如一，《伐木》之詩所謂『神之聽之，終和且平』者真不愧矣。承委像贊，執筆之下，儼如對面。無虎頭之手，不能傳其神，負先公垂没之念矣。僕之所居，大非其任，將伯之助，望於知己，皇皇如也，幸不棄而教之。

柬潘見所年兄

與年丈闊隔者，即昔年握手之時，亦茫然不能屈指。弟以三十年山林朽腐忽入仕路，酬酢話言無不與世法顛倒，飲食起居無不與本性背違，止以恩典未拜不能恝。然而無端有中臺之擢，真螳當轍而蠶負山。老年丈何以教之，使其不失山林本來面目，不負知交相期肺腑也？賢郎在此，竟以忙中草草相别長安，總不容人存一毫真趣。老年丈頤養有道，遐福無疆，伏想晏坐清齋，杜門静晝，風塵客能不面背流幾點汗耶？

答梅督河年兄

弟昨過洳河，此功不朽矣，未知中間委曲如此。弟已放逐，無能一申公論，然公論在人，決不泯也。

答大名司理

方今國步艱難，民生憔悴，世事未知究竟，或際平陂往復之運不可知，或爲啓聖興邦之藉不可知。不肖老矣，無能爲也。台臺暫爾司命於天雄，非久司南於帝座，宇内今日之事皆台臺他日之憂也。伏惟珍六月之息，奮九萬之程，使龍文在匣，已昭玉漢輝光，駿足騰空，增重金臺聲價，世道不勝幸甚。

與畢東郊侍御

别來想見如渴，不謂道駕枉辱，乃反失之，悵恨何極！

近與馮少墟丈集中見台丈所表章揚揭，其於斯道不遺餘力。世道人心所賴於大君子者，豈其微哉？秦中學問純粹，議論清明，又得台丈綱之紀之，此方諸君子必有造於我國家。今日諸公嫉之如讎，至屏逐一空，天道好還，恐不容伯已也。

台丈所刻《吕涇野先生集》不知有攜歸否？乞惠示一册，幸甚。秦中有張舜典者令鄢陵，此君爲少墟丈好友，學甚正，幸一培植之。

柬陸庶愚户部

歲杪上謁，不獲晤言。弟於去秋七月奉旨奪俸一年，時在太常。十月，移大理。□□不知，混開支俸，故台臺仍給十月、十一月俸。聞在未湔除以前，於法不應支也，敬用送上，伏乞檢入注銷，幸甚。

柬吴憲副名之申

三年奔走，未得一聞問於老公祖。今何時耶？正不肖屏息之時，敢有所瀆陳乎？蓋有大不平於胸中而不得不鳴於仁人者。嘉興故侍御海洲吴公，向年爲不肖鳴不平於朝而罷官，先不肖朝露，其孤吴必榮孱儒也，買諸生項真千金之産，不久詐貼六十金，異矣，又訟之官，累次斷貼五百二十金，此何法耶？吴夫人訟之撫臺，撫臺嚴批，司理至今不爲一雪。而項生擅奪其千五百金之園房，每年坐收其園房之租八十五金，且五年矣，此何法耶？行道之人皆以爲平世大亂之事，而項生隱其顛末，誑老公祖謂有屋價五百二十兩，經兩年分文未給，何耶？行道之人所不平，而不肖後死於侍御，忍視其孤爲人魚肉而不爲一鳴於老公祖者？其心死矣，謹廉其真情上達，伏乞仁慈，於該府一言，速審撫臺之詞，追還其園房及得過典價一百四十兩與五年園租四百二十五兩，則老公祖所以垂惠先賢之後者，足以風世勵俗。項生作此等事亦大不祥，老公祖禁其爲非，成就此生，可謂一舉而兩得矣。并有請於老公祖者，侍御立朝居鄉，有直節而無秕行，況恩卹已有明綸，學宫無忝俎豆，此老公祖一拈筆事也。不日榮轉，便無可告語者，敢九頓以懇。

答于潤甫别駕

去年聆仁丈一晌之談，何了了也。弟兩年作長安人，海内賢豪盡於目中，如仁丈者，指不能幾屈，惜哉國家不能得仁丈一日之用也！弟歸幸矣，今惟入山晏坐讀書爲順生寧没之事，得佳酒，急載至湖干，邀青山明月相對傾之，不入俗士腹也。

與馬君常〔一〕

承示《忠鏡録》，已作小序，但恐不足以光大刻耳。君常忠孝素著，今世事如此，僕已矣，桑榆晚景，舍君常其誰收之？前見大作輓涇皋句有『先生真士夫』，僕即以真士夫望君常也。吾襍著十五本，煩收藏之，後日一展玩間，如與僕相對談心耳。書不盡言，統祈心照〔二〕。

校記

〔一〕此篇又載《上海圖書館藏明代尺牘》第六册。

〔二〕《上海圖書館藏明代尺牘》此後尚有『友攀龍頓首君常世兄史席。沖』十二字。

静餘許先生行狀〔一〕

余年十五，受書於吾師澄泉茹先生。先生與許先生遊好，於是余亦得從許先生遊。許先生在諸生間聲藉甚，四方問業者履錯然户外。余即不得就弟子列，而莊事先生，不啻弟子，先生顧獨假顔色余，時時稱許誘進。之後余稍稍有知識，以閒窺視先生。當是時，直指使者試先生第一。邑侯周念庭公、郡侯施龍岡公篤好士，所高第諸生率相與，茗椀酒榼，宴遊如家人子弟，先生襃然於其間，未嘗干以私。余乃益莊事先生，謂先生非獨工文章，即混迹疇人中，其心固有以異於人，卓然在塵埃之表矣。乙酉，先生舉留京，視其貌愈儉，念愈遠，家無新飾，無新衣，無新僕，無新什器。丙戌，從公車還，爲《幽居十戒》：『安貧戒五』：曰『詭收田糧』，曰『干謁官府』，曰『借女聯姻』，曰『多納僮僕』，曰『向人乞覓』；『省事戒五』：曰『無故拜客』，曰『輕赴酒席』，曰『妄薦館賓』，曰『替人稱貸』，曰『濫與義會』。居久之，家益窘，公私弗支。客有持橐金，謂曰：『此物易公片楮耳。』先生直視曰：『當謁客。』竟出門去。一富人婉轉願得交先生，先生曰：『必有用我，我寧爲若用耶？』無何，果欲匿田先生籍中，先生曰：『視吾戒。』有丈人行劫先生爲居間，夜卧齋中弗去，先生中夜起，引燭書壁曰：『清苦自甘，區區望保名節耳。人欲驅作馬牛，悲哉！』其人恚曰：『吾且觀若。』後見先生久而彌堅，乃悦服。有戚黨麗法，持先生甚急，先生適，賣婢爲輸罰鍰，終不爲緩頰。其克勵自持如此。居恒杜門自匿，剥啄如弗聞也。守令下車一謁後，未嘗以事見。宜諸歐陽公守常，雅重先生，延先生修常志，先生曰：『公賢者。』爲欣然一出。既五對公車，不第。庚子冬，先生年四十九，髮且種種。行至桃源，河冰堅，先生念母老，一弟蚤世，歎曰：『人生幾何，吾有母繄，奈何以虚棄實？』遂歸，不復應舉，謝去計偕傳金。自號『早白老人』，杜門益堅，左右圖書，自娱一室。性喜飲酒，每春秋佳日，同心宴談，輒諧笑傾倒，移日落月。喜散步，飯飽後，獨行城堞間，眺望雲物，以爲至適。或訪鄰翁，看花對弈；或訪親知，啜茗論文。又喜詩，不屑屑習唐人聲韻，意到成句，詩就長吟，輒復歡然。自謂調燮之妙，所善茹師及萬中丞輩相與，聯同庚社，一觴一詠甚樂矣。最不能見俗客，如目不容刺，鼻不容穢臭然。嘗自謂曰：『到處不諧俗，一生常任真。』曰：『和風未學油油惠，清節寧希望望夷。』曰：『行非東郭乞餘子，心是西山忍餓夫。』皆實録也。家故貧，先世遺田二十畝，先生既有聲諸生，下帷教授，稍拓産百畝。既鄉舉婚嫁并至，食指繁，又不復出授，經歲饑。嘗日昃不食，先生夷然，家人曰：『不聞他孝廉家若爾。』先生曰：『吾爲兒時，嘗三日不舉火，吾祖母一炊粥，復分哺鄰媪，今吾愧獨飽矣。』於是力自節嗇，粒米束薪，出入程量，得隙土，手藝菜甲，曰：『不如是，何能無求於人？』然卒未嘗營子母什一，故没時即諸生時所拓百畝也。中丞、直指使者入境，必表先生門，所問餽悉封，識之曰：『懼歲之不登，爲吾母憂。』奉母夫人嘻嘻啞啞，無異嬰孺。而夫人善成其子，其族黨希貨取先生者，輒怒曰：『若欲污吾兒耶？』先生曰：『嗟乎！有親如是，乃不自修潔乎？』同志中講習東林，先生歸則敕其子曰：『人何可不學？但口不説欺心話，身不做欺心事，出無慙朋友，入無慙妻子，睡無慙夢寐，乃爲學矣。』既疾病，謂其人曰：『吾有某逋未償，某施未報，某家人資未給，某故人於典田所入，已當其直，若券未還。』事遼遠，人皆忘之，而先生井井如此。先生嘗以四金爲蒼頭娶婦，婦病死，蒼頭慟曰：『婦死，命也。以吾主清白而糜其金，奈何？』乃力作營金，先生病，蒼頭曰：『不可當吾主而負吾言。』持金來歸。此其井井不苟尺寸者所感矣。吾嘗視先生疾，先生曰：『吾胸中蕩然無事，樂意津津。』然日吟短詩，凡不食者浹兩月，神情朗然而瞑。

先生姓盛氏，曾大父信齋翁，諱玉，幼失怙恃，依親許翁，故許姓。信齋翁通二經，以行誼重於鄉人，所著有《蓂稗集》。子三人，仲爲效静翁，諱應璧，古君子也，爲諸生，出入攜持先生，動息有教，迄以成立，先生所爲號『静餘』者以此。效静翁子二人，伯爲一庵翁，諱盛德，爲諸生，配吴孺人，生子二，先生其伯子。

先生諱世卿，字伯勳，號太玄，後乃更號静餘。配趙孺人，生子三：長其仁，娶澄江隱漁王公女；次其忠，郡庠生，娶太學振龍厲公女；次其清，未聘。女三：側室出，一適少白陸公叔子士裕，一字澄江涵虚王公仲子日華，一未字。孫男二：其仁出者曰原盛，其忠出者曰本盛；孫女一，其忠出。俱未聘字。先生生以嘉靖壬子十月十六日，卒以萬曆丁未四月初八日，年五十六。其仁以吴太孺人命於今年十二月十五日葬先生於嵂峒新阡。其仁謂攀龍幼即習知先生，委令狀其生平。其仁高朗士，先生平時父子間自爲知己，所傳事悉核，故次其語爲狀。伏惟大人先生采而論著焉，以掩諸幽，俟諸來世，幸甚！

校記

〔一〕本篇見《高子别集》卷七。

祭許静餘先生文〔一〕

嗚呼！先生積學三十有四年，始獲一舉於鄉，亦既艱苦備嘗。世俗悠悠之談，謂人生得科目，貴適意耳，何不昂首軒步而翱翔？先生曰：『吁嗟！人心如洪流如奔馬，横決從此始矣。』力控其轡而堅其防，不以一事非禮自縱，不以一介非義自戕。人皆揚揚，我獨戢戢。人皆綽綽，我獨涼涼。内不顧室家之交謫，外不顧流俗之否臧。五十六年，若處子之弗越於房。及吾觀先生於大漸之際，俯仰無怍身心，其康欣然，若舍其拘拘者，而入於曠廓無垠之宇，逍遥不繫之鄉，是其死之日乃生之日，芳名遺澤且與天壤同其無疆。然則先生以五十六年之兢兢成其千古，若使苟且恣睢於五十六年中，其所爲適意者，如飄風朝露，儵忽滅亡，而此身與禽獸同歸，草木同腐，徒留不善之餘殃。以此視先生，何啻蠛蠓之與鸞鳳！先生然余之言，其必舉余之觴。

校記

〔一〕本篇見《高子別集》卷八。

高子日記約鈔

癸巳正月初一日，僧寺行朝賀禮，筮得《遯》。玄室我素過話，時在金陵。果十一月廿三命下，降揭陽尉，筮得《遯》最神。

初四日，我素玄室設席莫愁湖，竟日而罷。

初九日，早辭陵，至棲霞寺。寺僧有蘭疇者，甚不俗，能知彼道大意。與同遊山，山無大奇勝處，只清幽可愛。五里許至絶頂，有一菴，西北望大江，西南望金陵，都城爲祖山所隱，不可見。東南皆山，東北皆江，惟一面衆山，如屏如阜，其三面江流如帶，亦一大觀也。歸與僧相對默坐，察儒釋之差只在毫釐之間，不可不慎也。

十一日，大雪，發句容驛。官吏送者，皆令勿跪，此事雖小，亦所當體䘏處。今後凡遇雨雪，皆當如此。凡役夫可不用者，出郭即當發回。至白兔，雪益甚，輿人皆不肯行，家人必欲强之，與之賞而終不可得。凡非人情，必不可勉强，宜決斷，毋有摇惑可也。

十五日，抵家。侍親燈宴，小步而歸。

二月十一日，侍親遊山。觀梅於黄公澗，晚觀香燈甚樂。

廿七日，往華藏送葬。久雨初晴，春光頓艷，兼以湖光山色，嫩緑新紅，一路見致。几前拜畢，出飲梅花下，復飲望湖亭，興甚暢浹。此非禮也，豈有送葬而可歡飲於其墓者乎？大謬！大謬！

三月初六日，往杭州，啓行。

初七日，未至吴江，阻風村莊，有桃花柳竹之致。

初十日，去縣卅里，至荻秋菴，訪吴行之。遇邇齋與錢法臺葉舟從蕩中飄漾而來，恍非人世，四人相對，終日動静皆適。晚復扁舟蕩中，月色佳甚，酒不甚醉，極風景朋遊之勝。

十一日，邇齋有亡友陶生，秀水人也，一門四寡，爲惡奴魚肉，致書章陽東。

十三日，過塘棲，訪胡、卓二兄不遇。晚到杭州，野外菜花如錦，與四弟坐飲田間，月光花影，近樹遠山，俯仰皆勝。

十四日，早起至湖上，與景陽小舟蕩於湖中。覓得瑪瑙寺僧居，殊幽適，遂假館。復泛舟至昭慶，與四弟步堤上，落日啣山，遊人歌呼相逐，笑罵喧紛，一似優場，亦自見致。

十五日，半夜起，登朝陽臺望日，雲霾不見，遠眺江海，近俯湖山，心目一豁。

四月廿六日以下，早起讀《孟子》一二章，看《朱子綱目》及奏疏。

六月十三日，思得持身只有放寬處，更勿慮過嚴，作事只有退縮處，更勿慮過鋭。時俗種種邪説俱宜屏絶棄置勿顧也。

六月十九日，啓新曰：『孔門學脉，萬事只求天知。』一語甚確。

八月廿二日，静餘言『凡事簡則鮮失』。

廿八日，往許舍尋讀書所。

九月初二日，因家人言，問紘所借一轎，初不覺其非也。觀文清《讀書録》，忽省及之，羞惡之心頓發，不可當，乃知人之真性只爲物所蔽耳。

初三日，中夜思格致之要，覺親切。

初四日，五更，氣清甚，認得本心頗真。學者只是爲氣所渾濁，欲所牽引。氣清欲净，此一段境界，真非言語可形容也。

癸巳十月初五日，玄室蕭然道味，所養益粹。

初八日，與涇凡共中復辨南中學問之謬，涇凡至動氣。

十一日中夜，玄臺規予行李太多，文石規余衣服近華，便當改之。

十二日，與三兄同行者五日，别後自省，沉雅不如涇凡，謹嚴不如玄臺，勇厲不如文石，愧心爲多，何可不勉？

十八日，上《惜才遠佞疏》。

十一月廿八日，楊應宿疏論予説謊，附吏部，是午得旨云：『近來小臣不修本等職業，專鬭是非。這本着該部院會得該科從實問他，何以見得吏部有許多賍私及高攀龍爲顧憲成所使？亦問高攀龍，何以見得朕一事不管，親批親點俱出輔臣之意？明白參看來説，不許狥私黨護。』余疏云：『已有旨了。』

卅日，涇陽書來云：『丈此時只宜杜門静居，存待罪之意。若太坦然，亦覺未至，此意當自得之。』

閏十一月初一日，杜門謝客。自省臨事不動心未也，維心亨則有之，但氣覺未充，更宜加意養氣。

初七日早，吏部都察院吏科在朝房會問，先問楊應宿畢，問予，對云：『疏中原未嘗説皇上一事不管，但自來政府票旨，用意顯然不可，今日豈得獨歸過皇上？』諸老唯唯而出。

初十日，會議本已發下閣，票旨上，無所怒也。

十一日，得旨云：『楊應宿信口攻訐，及至查問，原無的據，着降二級調外任。高攀龍本内明將朕親裁之事慢擬不信，如何又飾詞抵搪？顯然蔑視君上，着降雜職用。劉四科等都着照舊供職。今時事艱難，民生困苦，建言的何不講求理財足兵等項實政，專鬭是非，互相誣揑，成何世界？你院部公論所出，還要持平核實，務挽刁風。』

十二日早，入朝謝恩。下午，涇陽約過話，商去就之宜。吴海洲本下，旨云：『此事已有旨了，只合聽朝廷處分。吴弘濟這厮黨救瀆擾，擅自定擬，着降二級調用。』

十八日，部推得旨：『高攀龍已令吴弘濟黨救，着降邊方雜職，不許朦朧推升。臺中公本，爲首罰俸一年，餘八月。吴海洲降極邊雜職。』

廿一日下午，赴涇陽約，談心理甚愜。遺吴海洲書：『凡人行義非難，所安爲難。人心清浄，中一物不可着，何處着一官？若一念未融，其道不光矣。了此，便鳳凰翔於千仞。』海洲答云：『流俗淺人那知此意？此行身輕蟬蜕，其樂何如！悠悠之衷，想丈與弟同之也。』

廿三日，命下，降廣東揭陽縣典史添註管事。

廿四日，謝恩。

廿五日，辭朝啓行，同邑諸公皆携盒送順城門外。晚至良鄉，縣令强思即出拜致恭，議論亦甚正，且勸余慎言語以防小人。風塵中亦難得此令。

廿七日午，至雄縣，以輿人疲乏，令人持帖往縣討夫八名稍休之，竟不發〔一〕。雖不以爲意，尚微有念，因思人之怨皆起於求，有求即非正，己正則不求，不求則無怨。戒之！戒之！

校記

〔一〕（清）高世寧《高忠憲公年譜》『萬曆二十一年』十二月下引此則，『竟不發』作『縣令成名已竟不發』。

十二月初一日，騎蹇驢，從驢夫問其疾苦，殆不能聊生。復見途路流移苦楚，不能爲懷。

初六日，連日静中，甚見心體自然之妙。工夫因在閑邪操存，更不費力。思無邪，即是毋不敬，甚易簡快活也。

甲午正月初二日，在家。晚有醉人厲姓者呼名大詈，聞而不怒也。

十四日，獨往山中。登惠峰，坐半山亭，一望瑶海，喜心欲飛。適大雪復下，更極其興。下山徐步雪中，至懷先閣，對山小酌，微醺而罷。飄然身世，與雲天同遠，冰雪俱清之意，作詩紀勝。
十九日，我素書來，知已削籍。旋聞被逮，殊不能爲懷。卜之得吉。
廿一日早，聞我素得釋。
廿七日，看《小過》卦，至九三爻，爲之惕然。吾曹危蹤已露，不可不慎。伊川《傳》云：『防小人之道，以正己爲先，只是日慎一日，不必外着一念也。』
廿八日，逆我素往郡中。
卅日，遇我素於白家橋，晚酌甚歡。
二月十一日，往候我素。晚與涇凡、玄臺宿西林。
十二日，午，我素自海虞歸，晚酌我素酒。
十四日，約我素遊花藏，不果。
四月初八日，周少涇來，言我素親事。
十一日，自覺學之不進，只是意思欠濳緩從容，放教虚閒，自然有得。
十二日，諷繹《孟子》數章，惕然有省處。
十七日，我素納采禮至。大令府君時甫二歲。
廿一日，中夜，味『誠意』章，見得學者爲學與别人亦無干涉，爲不善自欺而已，爲善自慊而已。此夫子所以莫我知而不尤人、不怨天，而天獨知之也。只玩味此意，多少灑落自在。
六月初十日，山静月明，情閒興爽，不覺過飲，醉後便有故病，以此知本質全未變。蓋義理維持，所以本心不失，酒令氣昏，便舊質用事。學以變化氣質爲難，信哉！
十五日，見王荆石罷官之報。

九月十五日，過大姑灘，無數衝波湍急，舟入浪中，勢極可畏，亦頗能安。以此知坎險只是習，便漸不動也。

廿七日，思得處事刮洗到盡處，無一毫拖泥帶水，方見精義入神意思〔一〕。

校記

〔一〕（清）高世寧《高忠憲公年譜》卷上『萬曆二十二年』載高攀龍九月抵揭陽謫所後，『編集《朱子要語》成』，下引此則日記，『意思』二字在『無一毫拖泥帶水』後。

己亥四月初七日，持志是學問最喫緊處。

廿八日，因悟聖門『雅言』『罕言』之旨。

閏四月初七日，凡意興到發越處，便宜收斂也。

廿三日，兩日静坐，有進益處。學者必以静坐爲要，不如是，不足以窮理知性。

五月廿一日，七日大覺精神迥別，學雖不專在静坐，自幼欠却小學之功，却須大段入静，方得收攝凝定也。

八月十六日，是日與涇陽論時學之弊，涇陽淒切浩歎，若不能爲懷，真聖賢心事也。

九月初五日，放教平曠，使心自做主宰。纔有倚着，便不是。

廿一日，齒疼甚，因得持志妙處。痛發時，但持其志，寂然便定。學問在病苦中得力者，惟此而已。志者，心之所之。持志者，心無所之之謂也。見道後，只有持志是欛柄。

十月十九日，是夜忽悟《易》中剛柔往來之義，爲之暢悦。聖人之言《易》簡直捷，絶無支離穿鑿，而一字移動不得。知性後，心極平易，方見此理。

庚子四月十二日，至我素家看杜鵑花，登樓玩月，甚爲雅賞。

九月十八日，静坐。七日中，只體貼誠敬，見精一爲聖學的傳也。

十月十二日，静坐七日，是日見只是顧諟明命爲工夫〔一〕。

校記

〔一〕（明）華允誠《高忠憲公年譜》『萬曆二十八年』下引『是日見只是顧諟明命爲工夫』一句，『是日見』作『日逐』。

廿七日早，會季思。環堵蕭然，梅竹藹然，心迹雙清，飯而後别。

辛丑正月十四日，安婿來，留飯。時年九歲。

七月十七日，小樓無風，明月滿床，偃卧其中，半夜睡覺，不知身在人間也。

九月十八日，同季思、道安、子静至水居。芙蓉正放，入門曠覽，入室宴坐。至是，水居葺理稍完，真成樂地矣。

廿九日，水居芙蓉向殘，秋光漸老，俗務方新，爲之慨然。

十二月十五日，移居城南。

集外佚作輯存

題《秋圃晨機圖》〔一〕

吾聞東海有賢母，不藝春園藝秋圃。凡木雖陰不耐霜，獨愛離離豆花吐。菽水由來展孝思，於今更可添慈譜。白首晨興課女工，勤儉爲箴自千古。風前有子進霞觴，更挾文孫共斑舞。手授遺書禪冶弓，杼聲似寫丸熊苦。異日晝錦煌煌輝彩衣，亦知功自斷機能作祖。

校記

〔一〕據《晴山堂法帖》輯録，又載褚少唐、吴應壽整理《徐霞客遊記》卷十下《附編·石刻》。

即事二首〔一〕

無限春情到酒盃，别尋幽徑獨登臺。春風不與人間事，只共飛花自去來。

春郊夜静天無風，蓬窗月來滿枕紅。睡起莞然成獨笑，不知身在月明中。

校記

〔一〕《即事二首》及後之《劉伯先種梅東林，喜而有贈》詩，據（明）高材、高攀龍、（清）高世泰書，高汝琳輯《高氏三世誦芬帖》輯録。

劉伯先種梅東林，喜而有贈

梅花何處不崢嶸，栽向東林轉覺清。玉質天然高士韻，冰心不是世人情。清齋習静微香入，明月開樽踈影横。皂帽相看兩不厭，知君已結歲寒盟。

失題〔一〕

無事故静坐，静坐原無事。若欲起别法，是即名多事。有事故應事，應了原無事。若起厭事心，如何了得事？

校記

〔一〕據（明）吴桂森《息齋筆記》卷下輯録。

失題[一]

人心無適即先天，主敬修身千聖傳。繇此日躋爲上達，工夫熟後自天然。

校記

〔一〕據（明）吴桂森《息齋筆記》卷下輯録。《息齋筆記》載此首與「堯舜垂衣恭己時」「聖門何述最爲玄」二首，云：「此高先生變前數日内作，遂爲絶筆。」按，「堯舜垂衣恭己時」「聖門何述最爲玄」二首即《高忠憲公詩集》七絶《丙寅清明日偶成》三首之第二、三首。

自粘齋頭詩[一]

窮居不損達無加，狂聖由來是一家。只爲意根拴不住，終身不是等閒差。

美惡已分穀與荑，自家種子自家知。此幾一動須精察，誠意工夫戒自欺。

暗中舉事深藏護，詎料都人見肺肝。君子日乾併夕惕，惟求内省得心安。

生生夜氣本無窮，善反元知是聖功。一念不渝天地意，此時堯舜與人同。

校記

〔一〕《自粘齋頭詩》四首據（明）吴桂森《息齋筆記》卷下輯録。《息齋筆記》云：「此景逸先生自粘齋頭，婁麗台見而記之。先生用功之密可覩矣，但不知誰筆也。』姑繫於高攀龍名下，俟考。

同陳思嵩年兄來遊金山，留題雲谷上人山房〔一〕

浮雲終日不還山，吾亦孤峰翠靄間〔二〕。坐看大江流日夜，心如沙際一鷗閒。

校記

〔一〕據（明）霍鎮方修、陳仁錫輯《京口三山志選補》卷四《金山·七言絶句》輯録。又載（清）高得貴修、張九徵等纂，朱霖等增纂《（乾隆）鎮江府志》卷五三《藝文十·七言絶句》，（清）盧見曾編《金山志》卷七《藝文三》，詩題皆作《金山題雲谷上人山房》。

〔二〕『吾亦』，《金山志》作『有客』。

摩訶菴〔一〕

都城多所事，郊外意已豁。西山豈不高？西堤豈不潔？去去數十程，毋乃轉煩熱。修林無塵風，虚堂無氛月。湛湛止水心，端居見超越。百營良有極，庶以善自悦。

校記

〔一〕據（明）劉侗、于奕正《帝京景物略》卷五《摩訶菴》輯録。

焦山〔一〕

片石岧嶢倚碧空，振衣吾欲御長風。海波晴起千山動，日對扶桑萬樹紅。

校記

〔一〕據《（乾隆）鎮江府志》卷五三《藝文十·七言絶句》輯録。又載（清）吴雲輯《焦山志》卷十九《藝文》，『片石』訛作『片片』。

水居漫興〔一〕

鶯語巧藏深樹，花飛亂點迴塘。茅屋茶煙初歇，湘簾獨送斜陽。
小雨將疏復密，閒鷗欲去還來。漁父得魚歸也，山人臘户初開。
白露乍凋荷芰，清霜已被蒹葭。場圃數堆禾稼，閒田一片昏鴉。
野老相過率爾，野花相對悠然。慰我中宵無寐，歌聲隔浦漁船。
蘆港一灣漁舍，楓林幾個小村。薄暮未妨來往，時敲月下柴門。

校記

〔一〕《水居漫興》五首據（清）高鑠泉、高長康纂輯《高子水居志補編》卷二『自作詩歌（原註：『遺稿補入。』〕』輯録。

泰伯城〔一〕

泰伯城荒德未荒，至今遺址尚流芳。試觀霸業今何在，不比句吴讓國香。

校記

〔一〕《泰伯城》《泰伯鄉》二首據（清）吴存禮編《梅里志》卷三《詩·古今詩》輯録。

泰伯鄉

錫山梅里等靈光，三讓遺風百代揚。古柏淩雲崇墓宇，新祠映日藹馨香。雍雍世號文明地，肅肅人尊禮儀鄉。江左由來聲籍甚，遥知至德足流芳。

語録

語録二三六則

先生曰：『心是身之宅也，身是心之位也。』道家言身者心之宅，心者身之主。

人有邪見積於胸中，久則必洩。無微不彰，不容遮掩，乃天理也。極是可畏，不可不慎。

先生曰：『要煅煉身心，以心煉身，以身煉心。』

先生曰：『以天地降衷而言，人物無不同也；以人物受秉而言，無不異也。何也？若一本言之，一本到底；以萬殊言之，萬殊到底。理氣不可分，故爲一本；形質不可一，故爲萬殊。以一本言之，非惟人物、禽獸之有血氣者同，即草木、瓦礫皆同也。所謂同者，同此理也。以萬殊言之，非惟人物、禽獸、草木、瓦礫之不同，即人人所受形質亦不同也。非惟各人之不同，即一人之身，四肢五臟皆不同也。』彦文曰：『以是而推之，理氣性命之源流體用判然矣。』

先生曰：『夫子之學，非不繇於多識，而多識於一貫者也。「一貫」二字，自夫子發願，學夫子自此學之。如何爲一貫？吾人一念反觀，真實無妄之處即一貫也。須深體之，得此，儘多學，儘多識，皆是一貫。』

先生曰：『一部《中庸》，俱是飲食，「中庸」二字是其味也。』

有友問避亂之策，先生曰：『先要打定一箇大主意，隨她行去。康節有詩云：「上天生我，上天死我，一聽於天，有何不可？」人若無此主意，臨時便手忙脚亂，不能安於天理。』

先生曰：『吾人真是要自信，此時當下空空然無一毫安排造作，亭亭當當，此便與堯、舜合縫處，孟子所云「性善」也。堯、舜大聖，我們何能比得他？然云「人人可爲堯、舜」者何？在能於此。參完便有滋味出來。』

有友問『操則存』，不知操之之法何如。先生曰：『心是充塞宇宙的，認得本色，只依他本色，便是操。本色如何？直而已。故曰操之道，「敬以直内」也。』

《中庸》一書，只是性與教兩項事。説天説命，説中説誠，説道説聖説神，都是説性。説學説問，説擇説執，説五達道，説九經，都是説教。『惟天下至誠』，便是説性。到『其次致曲』，便是説教。若説性，工夫便一毫不可加。若説教，工夫便一毫不可少。

一友問李見羅先生止修之學，先生曰：『止是至善，修是修身。善是身之命脈，身是善之歸宿。此身乃塊然之身也，止於善，這身便活。此善乃無聲臭之善也，修於身，這善便實。』

先生曰：『心爲體則身爲用，身爲體則心爲用，無用便是落空學問。』

先生曰：『此心若火光，然摇摇不定。初學要一眼看定，不放他東適西適，久之，自有妙處。』吾輩相聚，得一刻無妄，即做了一刻聖人。如此勉勉循循做去，自有長進。不要欲速，不要忘了。

先生曰：『聖人是依乎中庸，吾輩且莫想依，但只今日也擇，明日也擇，意味自然深長。若顔子之服膺勿失，已是依了。吾輩擇到熟後，不知其然而然，便是依也。』人知得性善，方是易簡。〔一〕

校記

〔一〕以上十六則，《東林書院會語》及《高子遺書》卷五《會語一百則》皆無，此據（明）吴桂森《真儒一脈》之《門人記録》（周彦文記）輯録。其中第十二則「先生曰：『心爲體則身爲用，身爲體則心爲用，無用便是落空學問』」，（清）許獻、高廷珍等纂《東林書院志》卷六「會語四」《高景逸先生東林論學語下》作：「陳如觀云：『勿亡勿助，可以爲孳，孳爲善之註脚否？』先生曰：『也是。嘗思明道云「鳶飛魚躍」與「必有事焉」，意同此意，要善會，此是立本功夫。然立本正要致用，所以伊川云「必有事焉」須是集義，不知集義却是都無事也。』彦文曰：『既言事，必真有事可見。』先生曰：『心爲體則身爲用，身爲體則心爲用，無用便是落空學問。』」第十六則「人知得性善，方是易簡」，（清）許獻、高廷珍等纂《東林書院志》卷六《高景逸先生東林論學語下》亦載，「方」作「便」。

啓新先生以乾道坤道明人道，其大有功於《易》乎！昔與先生談《易》，數年來不覺其異，忽一日乾元透露，處處靈通，此其功深力到之候也。〔一〕

校記

〔一〕以上二則據（明）吴桂森《真儒一脈》之《東林三先生贊》輯録。

耳聽目視，手持足行，皆心也。謂此心之外更有一微妙之道心，是爲騎驢覓驢。謂此視聽持行者即是真心，又未免認賊爲子。聖賢於此，正有妙法，點鐵成金，所以即妄即真也。

異教摭妄，究竟一個無，故以爲完着。吾儒表真，故起首便揭要義。心與身一，是小歇脚處；心與理一，是大歇脚處。

而今切要體認是『性善』兩字。孟子道性善，必稱堯、舜者，觀堯、舜之聖，方知人性本來如此。二聖性之極則也，故孟子舉以爲性善之象。『惟天爲大，惟堯則之』，蕩蕩無名，無爲而治，恭己，正南面，則是堯、舜之象也。人只自思：『人有同於堯、舜者，其所以同在何處？然畢竟人不能爲堯、舜，所以不同在何處？』則本體工夫俱躍然矣。〔一〕

校記

〔一〕以上四則據（明）吴桂森《息齋筆記》卷上輯録。第二則，《息齋筆記》載：『異教有口訣，不輕授，留爲盡頭一語。吾儒有口訣，必從頭直指，故《大學》曰「明明德」，《中庸》曰「天命之謂性」，《論語》曰「時習」，《孟子》曰「仁義而已矣」，皆第一義第一句也。推之五經，無不然。高先生曰（略）。』第四則，《息齋筆記》載：『王元淳名養性，會稽人，周海門高足也，來學於高先生。其學重悟而輕修，謂本體外無工夫，言之可聽而已。先生語之曰（略）。先生是日輟講，遂爲東林絶響。八月朔日。』

上元後三日，得侍存之先生，談及操存，先生曰：『人只此心，又將何以操之？所謂操心者，以心操身也。禪家視此身如毒蛇猛獸，不知以心宰身，身元是妙物，此與吾儒微異處。』又曰：『吾儒所謂心，乃天也。』〔一〕

校記

〔一〕據（明）吴桂森《息齋筆記》卷下輯録。

安節復問《三游記》於景逸，景逸曰：『羅、鄧二先生游記，大略一邊享用現成，一邊收攝保聚，畢竟收得馳散方是真現成。』又曰：『學問要在知性，果是透性之人，即言收攝，不曾加得些子。若未透性，即言自然，不免加了自然底意思。但借自然，易流懶散；借收攝，可討入頭。故聖賢立教，必通上下、照古今。若以今日禪家的話頭去駁孔子，語語是病。不知聖賢所以至今無病者，正在此也。』〔一〕

校記

〔一〕據（明）顧憲成《顧端文公遺書》之《南岳商語》輯録。

惟喜怒哀樂未發渾是天理。

主静之學，始於慎獨，終於無欲。〔一〕

校記

〔一〕以上二則據《高子遺書》附録（明）葉茂才《資德大夫正治上卿都察院左都御史贈太子少保兵部尚書景逸高先生行狀》所引輯録。

或問：『如何是學道愛人？』高景逸先生曰：『道理人人具足，但不學耳。纔去學，便在道上行，便依不得自己情欲胡做。妄念既遏，真念自生，自能愛人，自然易使。君子愛人，小人易使，便是道也。』

一友論心，景逸曰：『凡民終日在情識上流轉，固不可謂心。然近來學者愛説大話，曰「無邊無際」；愛説便話，曰「無功無用」。若果從靜中透悟出來，則是不然，恐是憑虛見過活也。即從靜中透出，須要觀其從入之途。若從入之途有異，或全向精靈知覺邊去了，又恐明心而非知性。故聖人必曰：「窮理盡性，以至於命。」孟子指出心之所同然，最爲喫緊。此是天降之衷，民秉之彝，建天地，質鬼神，考三王，俟百世，只這些子。此處針芒不對，恐於聖賢血脈初不干涉。』〔一〕

校記

〔一〕以上二則據（明）孫慎行、張鼐等纂《虞山書院志》卷八《大會一》輯録。《虞山書院志》卷八《大會一》載：『俞汝楫曰：「自虞山會剏於丙午夏仲，而是年九月九日東林諸老先生畢集於虞。……涇陽顧先生憲成、景逸高先生攀龍、我素安先生希范、玉絃成先生心學、本孺劉先生元珍至自梁溪，……及遠方來學與邑之縉紳賢士數百人研窮三日，乃罷是會也。不敏汝楫自泖湖負笈三百里，奉教其間。會後棲遲書院，不忍去者三越月，録得當日商確之語如左。」』

湯茂才衡問孟子言深造自得，子思言『無入而不自得』，是同是異？……景逸曰：『看書須得其脈絡。如《中庸》所謂「自得」，是從天命之性來；孟子所謂「自得」，下面有「反説約」句，「約」就是自得。』

仲濟曰：『昨在東林，李櫑山先生舉「學而時習之」爲問，説學是學箇甚麼東西？彼時衆未有一應也，此是何如？』景逸曰：『昔在京師，某先生曾舉此問某友，友方在摹擬，先生遂曰：「這就不是『時習』了，若是『時習』的，一叩便説出。」』

絃歌樓酒罷，歸精舍宿者八人，侗初謂景逸曰：『良朋夜聚，明月在簾，步學道堂，灑然有餘思焉，細細商確，可乎？』孫子桑攜酒至，漏下三鼓，擁鑪列坐，觴三行，仲濟理動静存省之説，景逸曰：『一動一静之間，於此可識性體，所謂不見不聞一種真血脈，不在動，不在静，而在其間也。』仲濟曰：『楊慈湖「不起意」三字，爲學問如何？』景逸曰：『於性體略有些差。』語次因及羅近溪先生之學，景逸曰：『近溪只要人當下直見本體。』侗初曰：『見得當下，便見，何等直截簡易！』一友曰：『也須要用功夫。』景逸曰：『近溪自有功夫在。昔年有人往見問道，近溪一見便問曰：「你從山上來，騎馬麼？」曰：「然。」近溪曰：「你騎馬，上山時一俯，下山時一仰麼？」曰：「然。」近溪曰：「只此便是你學問。」其人請問，近溪曰：「我却與你説不得。」其人還家，五年方悟。』侗初曰：『只爲要他曉得不是我這身體俯仰。』仲濟曰：『如何？』景逸曰：『俯仰皆自我性做主，與形體無干。』

景逸問：『聖門求仁，顔子是沉潛的，如何聖人在視聽言動上告他？子張是務外的人，却又曰「能行五者於天下」，其旨何也？』侗初曰：『總是仁體，通天下爲一身的。視聽言動，克己而天下歸仁，恭寬信敏惠行於天下，而只是完吾心體。顔子工夫渾成，聖人從天性上點出他形色；子張工夫高大，聖人從作用上究竟本體，其實萬物一體，源頭無二也。』新吾曰：『「天下歸仁」，是八荒我闥之意。行於天下，還是做工夫，氣象自不同。』衆請景逸竟其説，景逸曰：『仁，人心也。此心無時無處無所不在，即如夫子告顔淵曰非禮勿視聽言動，告子張曰恭寬信敏惠試體之日用。非禮而視，便是不仁也；非禮而聽，便是不仁也；非禮而言，便是不仁也；非禮而動，便是不仁也。不恭便是不仁也，不寬便是不仁也，不信、敏、惠便是不仁也。識得不仁，便識仁。密修密證，此體活潑潑地。』

仲濟説『敬以直内、義以方外』爲學者工夫之要，耿侯欲在坐畢其説，景逸曰：『「敬以直内、義以方外」，原自明白。「敬義立而德不孤」，不孤却甚有意義。』仲濟曰：『如何？』曰：『淺淺言之，只如人心下不潔浄的，事上決不合宜，事上不合宜的，心下決不安穩。此即《大學》正修之法，即於修處正，即於正處修。』〔一〕

校記

〔一〕以上五則據（明）孫慎行、張鼐等纂《虞山書院志》卷八《大會二》輯録。《虞山書院志》卷八《大會二》載：『陸化熙曰：「丁未之重九，虞山復當大會，士大夫不期而至者，澍則有王僉憲槐庭公豫，雲間則有錢令尹肇陽公大復、吴駕部懷野公炯、張太史侗初公鼐、姜孝廉神超公雲龍、俞文學仲濟汝楫，延陵則有姜孝廉儒一公志魯，玉峰則有諸儀部景陽公壽賢，而邑中之薦紳文學暨遠方從遊之士咸在會，凡三日。士之與會如湯生衡輩者互紀所聞，各有詳略，耿師藍陽公橘以屬門下士陸化熙詮次之，且囑曰：『録遠來賢者之言，無録不佞之言。』囑至再至三，化熙退而尋繹三日，有必不可遺者，雖固遜，其曷敢從？亦遠方諸賢之意也。」』

有識見而後有議論，有議論而後有文章。〔一〕

校記

〔一〕高攀龍之子高世儒《先父資德大夫正治上卿都察院左都御史贈太子少保兵部尚書謚忠憲景逸府君行述》引此則，載：『有以時藝來質者，曰（略）。』據以輯録。

所謂妄者，亦是本心也。所謂昏者，亦是本心也。但人不曾覺耳，一覺即昏與妄便不見也。譬如此掌，正則本心也，反則昏與妄也，只是此掌也。

論學則必以知性爲本，論性則必以復性爲本。

彦文問曰：『荀彧何如人？』先生曰：『這樣人算不得帳，不過曹操一謀士耳。』彦文曰：『彼不喜操加九錫，而爲操所殺，此意何如？』曰：『這還是他知有漢處。他不認得人，知漢而不知操，總之只是見識淺陋，故失身而遭戮。』

先生曰：『上下遠近，智愚之分也。夫人之心念念明徹，則漸近於堯、舜一路，故曰「上」。念念迷昧，則漸近於桀、紂一路，故曰「下」。』又曰：『善不止於至善，則其智猶可移於愚惡。不至於極惡，則其愚猶可移於智。所謂「不移」者，只上智與下愚耳。』

彦文曰：『近看《二程先生語録》，開口便教人讀《論》《孟》。今日看《論語》，夫子云：「事君盡禮，人以爲諂也。」程夫子解云：「若他人言之，必曰：『我事君盡禮，小人以爲諂。』」彦文思之，真有味也。』先生曰：『聖人之言大抵如此，皆慨嘆之意也，曰「我愛其禮」，曰「是禮也」，曰「拜下，禮也」，曰「事君盡禮」。聖人處處見禮，他人處處見物。』

事即是學，學即是事，無事外之學，學外之事也。然學者苟能隨事精察，明辨的確，處之事事合理，物物得所，便是盡性之學。若是箇腐儒，不通世務，不諳時事，在一身而害一身，在一家而害一家，在一國而害一國，當天下之任而害天下。所以《大學》之道，先致知格物，後必歸結於治國、平天下，然後始爲有用之學也。不然，單靠言語説得何用？

彦文云：『老師詩云：「本體覩聞爲入竅，工夫戒懼是天然。」二句彦文思之真妙也。』先生曰：『爾看不覩不聞時有何色相，可是冲漠無朕否？人於不覩不聞時，此心無所思慮，便是本體，即是吾人本色，何等戒謹恐懼！故曰天理之本然，此處認得真，却無差謬。』彦文曰：『如此，本體即工夫，工夫即本體也，夫子所云「工夫戒懼是天然」也。』又曰：『不是天然戒懼，便有害本體，所以戒謹恐懼，而曰乎其所不睹不聞。』

吾人自朝至暮俱在人欲中滚過日子。人只有一箇心，此心一刻不在，則一刻是欲。欲非但嗜欲之欲，此心纔有所向，便是欲，最細要用心研究。

悔者，入吉之路。吝者，入凶之門。纔悔，便有吉之道。纔吝，便有凶之道。

有友言某真可爲民父母，先生曰：『真是清慎勤，但非君子也，反與君子作敵。』參夫曰：『既能清慎勤，何不爲君子？』先生曰：『要曉得自來有清慎勤的小人。君子以清慎勤做人，小人以清慎勤做官。王莽臣有孔光、王舜者，彼何等清慎勤！然而不可以此藉口而忽清慎勤也。』

岳鍾伊問曰：『原憲之克伐怨欲不行，與顔子之非禮勿視聽言動功夫，何如？』先生曰：『不同。這要在源頭上看，有箇主客之分，一箇是以禮爲主，以己爲客，一箇是以己爲主，以禮爲客。原憲之克伐怨欲不行，還是己爲主。』彦文曰：『克伐怨欲不行可是著察否？』先生曰：『能不行也是著察，但著察也有不同，聖人是聖人之著察，顔子是顔子之著察，原憲是原憲之著察。』

有友問曰：『《易》之《剥》卦曰：「剥床以辨，蔑貞，凶。」何謂也？』先生曰：『辨是床脚上木也，剥床及膚，膚不是人之肌肉，即是床上之薦耳。蔑貞不是爲君子言，是言小人自蔑其貞性也。小人之貞性既蔑，是小人之凶也，非爲君子言。所以上九剥極其廬，而小人無安身之所矣。』彦文曰：『「用九，天德不可爲首」，天德何以不可爲首？』先生曰：『乾卦文爻皆用九，非惟乾卦，凡六十四卦中一百九十二陽爻咸用九。「天德不可爲首」者，是不以一爻爲首也。羣龍即六龍也，六龍名雖有六，其實只是一龍之變化，故曰「六位時成」。六龍即六龍之位也，時成即六龍之時也。時當潛而潛，時當見而見，時當惕而惕，時當躍而躍，時當飛而飛，時當亢而亢。聖人六龍之德咸備，隨時變化，若神龍然，故曰「時乘六龍以御天」。』

彦文問曰：『知言、養氣是一是二？』先生曰：『知言是格物致知，養氣是正心誠意，都是一串工夫，不是兩件。不要輕看了，知言即是知道，即是知德。淫、邪、遁三者皆由心蔽而生，夫人之心一有所蔽，便淫不知其陷，邪不知其離，遁不知其窮。孟子之「知言」，皆由心無所蔽。』

彦文曰：『近見康節先生《孝弟詩》有云「奇哉讓瘦并懷橘」一句，遂知《易》之所言吉凶，不在禍福，而在仁義。』先生曰：『何爲也？』彦文曰：『讓瘦故事是漢時張信、張禮兄弟二人争死之事，彦文以此知吉凶只在此處論。其弟爲兄替死，豈非吉道乎？』先生曰：『是。昔有友問予曰：「朝聞夕死，何以爲可乎？」答曰：「我有四字，人忽以爲常，不必説。」其友極叩之，予曰：「當死便死。」彼亦不悟。』參夫曰：『先生之言雖是四字，曲盡其妙。「當」字即是「道」字，「便」字即是「可」字。』先生曰：『然。』

彦文問曰：『齋之爲言齊也，所以齊不齊而致其齋也。當其時也，寂然無事，一毫思慮容不得，何又曰「思其笑語，思其居處」？』先生曰：『程夫子已論過，此乃言衆人之齋耳。衆人之心如何得湛然純一？思其笑語，思其居處，精神併歸一處。』

彦文曰：『體用猶闔闢也。寂然不動，體也；感而遂通，用也。』先生曰：『然。』

彦文請於先生曰：『不肖今年止看得十五卦，雖不能十分透徹，確守定程、朱兩夫子傳義爲本領解去，如有不明，再參訂諸家，不知是否？』先生曰：『四聖二賢是《易》之本領，諸家各自成家。』彦文曰：『覲華吴先生以「天理」二字發明《易》道，真透徹。』先生曰：『然。又要知吴先生説「大明」是甚。』彦文曰：『《易》之大明，即人之明德。人能明其明德，透徹終始，便是《易》之「大明終始」也。』先生曰：『天理與明德何異？』彦文曰：『天理云者，是天然一定之理。明德云者，是明此天理。天理即明德，明德即天理，本無異也。』先生曰：『明德纔是我之天理。』彦文曰：『這等看來，「天理」二字還是大家公共所有之理。我能明此明德透徹，方是我之寔有諸己之德也。』先生曰：『然。』

先生曰：『齋戒三日，極進學問。所云齋者，要胸中潔浄無事，一念不雜，纔算得齋。如一念不雜之時，正好體認此真體也。』又曰：『所言人心道心，今日正好體認。吾輩今日初坐時，其心何等危而不安！這道心何等微而難見！既坐下，漸漸體貼，漸漸收斂，危者便覺稍安，微者亦稍漸著，這就是精一底工夫。精者不昏，一者不散，常常如是，便是允執矣。』

惟精是格致工夫，惟一是誠正工夫。精是博文之事，一是約禮之事。所以程、朱只以居敬窮理爲教，居是居其所窮之理，窮是窮其所居之敬，本體即工夫，工夫即本體。

聖人允執其中，時時未發，故爲允執。

有友曰：『不可與言而與之言，失言。』先生曰：『這與「中人以下，不可以語上」一般，是爲傳道而言。若凡事料其不可與言，遂不言，其如世道何？且世道雖否塞，全賴正人君子之言。當時夫子周流天下，明知其道不行，其言無益矣，只此心不容已，故不得不如此。所以晨門亦知之，曰：「是知其不可而爲之者歟！」又如陳恒弑君，夫子請討，明知無益，曰：「以吾從大夫之後，不敢不告也。」吾輩今日所言，豈能必人之聽且行？亦欲存此公論耳。』

有友講『掘井九仞』章，先生曰：『吾人一生止掘得一井，掘之不皆九仞，亦有一仞而即得泉者。惟以得泉爲主，顧人力何如耳。』

『幾希』者，差不多也。人與禽獸，人看了差多，聖人看了却差不多，險矣哉！

先生謂彦文曰：『五更初覺，甚好體認。』彦文曰：『諾。』

文文山公惟其義盡，所以仁至。伯夷以父命爲尊，叔齊以天倫爲重，皆是義盡處，故夫子稱其仁。微子去之，箕子爲之奴，比干諫而死，亦是義盡處，故夫子稱其仁。道理只是一箇，義盡處即是仁，除義無仁。

有友問曰：『「不逆詐，不億不信」，彼之真詐真不信者，我若不知，反被他欺侮，如之何可？』先生曰：

「不逆詐，不億不信，雖被他欺，還好還是君子心腸，雖不能如先覺者，却於自已無損。若存一箇逆詐、億不信，便是一箇小人心腸，王霸之分正在此處。」

吾輩處事接物只是至誠直道行去，不必添一毫算計，所以孟子云：『君子可欺以其方，難罔以非其道。』小人以方而欺君子，君子寧受其欺也，若罔以非道，君子必不從。彦文曰：『罔以非道，君子不從。君子非明受小人欺者，若察察爲明者，豈能察察到底？若偶惑於利，反受其非道之罔，不可知也。』先生曰：『然。』其友又曰：『譬如老師當任薦一人，其後改節，有累老師，將何處之？』先生曰：『昔程夫子有云：「寧百受人欺，不可使好賢心腸或替。」聖賢心腸如此。』

彦文問曰：『申生可謂孝乎？』先生曰：『申生可謂純孝矣。』彦文曰：『説者云申生不逃而自殺，使父有殺子之名，可謂孝乎？』先生曰：『彼已言之矣，云天下無無父之國，故不可逃而自殺。若不自殺，父必親殺之。伯奇亦然。若説伯奇、申生知道，未必然。若論爲子道，可謂純孝矣。』

有友問曰：『衛之壽、伋何如？』先生曰：『亦可謂盡義矣。』彦文曰：『二子之心與伯夷、叔齊同。』先生曰：『然。』

人之不仁，只是一箇『難』字阻礙了，必將此『難』字打透，方可言仁。難者何？仁是也。天理必與人欲相逆，纔去做難底事，是向天理上行，然人欲隨，之又要獲了。既先難，又後獲，方純乎天理。非仁而何？顔子克己，若紅爐點雪，不必言難。天下歸仁，反從獲上説。若樊遲，根器大不同，故曰『先難後獲』。

有友問明哲保身，先生曰：『此身是千古之身，保得方成千古。「危邦不入，亂邦不居」「邦有道則見，無道則隱」，皆明哲保身也。若有封疆之責，便以保封疆爲明哲保身矣。死於其職，又以死職爲明哲保身矣。若不顧名節，便喪其千古之身，偷生幾年，終歸一死，何曾保身？殷之三仁，是三様明哲保身。楊雄者，錯認了這一句，《綱目》書「莽大夫楊雄死」，是真死矣。』

有友問兩端用中，先生曰：『在民爲兩端，在聖人即爲中。』又一友曰：『兩端譬之賞邊，或云與之一，或云與之三，一則輕，三則重，用中則與之二。』先生曰：『是子莫之中也，非聖人之時中也。兩端是可一可三，用中是可與一，則與一爲中，可與三，則與三爲中，可與二，則與二爲中。故曰：「中無定體，隨時而在。」』

惟權乃所以爲經也，非權則經不可用矣。經譬之稱也，權則稱錘也，稱一定不可移，權則隨輕重而定，故『權』字即『時』字也。

彦文問曰：『夫子動静只在「幾」上用功否？』先生曰：『没有甚麽，只是平常。』彦文曰：『何以謂之「研幾」？』先生曰：『研到極深處，方知是平常。若説有箇「幾」可研，便不是「幾」也。』

聖人書惟有《論語》更妙，即言忠信行篤敬一段，真非大聖人不能言也。其中本體工夫精粗微顯無有不盡者，然忠信篤敬又非今之人所謂老老實實之言行可算得也。畢竟至『立則見其參前，在輿則見其倚衡』纔算得。

彦文曰：『静中充塞時，或時黑暗，或時若白日中天，明明白白。』先生曰：『此氣機也。』彦文曰：『都不管他，何如？』先生曰：『不必管他，此時正要認真假。真者無起滅，假者有起滅。』

彦文曰：『即妄而求真，轉妄即真也；即非而求是，轉非即是也。』先生曰：『然。』

參夫曰：『天地位，萬物育。有言必是聖人之德居天子之位，使鳥獸草木魚鼈咸若，方是真天地位、萬物育也。又一説云，但真能有致中和者，便是天清地寧，即是天地位、萬物育矣。此兩説不知何如？』先生曰：『且看中和與天地萬物是一是二。若一，只中和便是位育，除中和外，無位育也。若以中和觀之，隨處是位育，有何加損？但致中和者，如眼清的人，真是天清地寧，日月光華，萬物欣欣，各適其適。不中和者，却如病眼的人，舉目都是煩惱，如何有此氣象？必説聖人居天子之位纔算得致中和，却是孔子、顔、曾、思、孟俱是不中和了。即後來人言孔子删述六經，垂憲萬世，此還在功業上論。且中和、位育原非兩事，得位不得位，原無加損。』

有友論性與氣，先生曰：『性與氣要人自認，不可分而爲二，亦不可混而爲一，何也？觀《孟子》「口之於味也」一章，可知矣。這章書一向看不明白，只爲看上節「命」字作氣數之命，不知上節「性」是氣質之性，「命」是天命之命，衆人認爲人之性，君子則認爲天之命，故能轉欲而爲理。下節「命」是氣數之命，「性」是天地之性，衆人認爲天之命，君子則認爲人之性，故能盡性以至命。一自氣質中提出，賦畀之正來；一自氣數中提出，稟受之全來。』

先生謂彦文曰：『近日看來學問最易簡，却要多讀書。朱子晚年云「某自過江來，只不住教人仔細讀書，這道理書中俱備。即如五經，便是五樣，少看一經，便少一樣妙理。理只是一箇，妙處不同」。所以傅說告高宗説「學」字，便云「學於古訓乃有獲」。如何可不多讀書？』

先生問華鳳超曰：『丈之資質純美，請言所志。』鳳超曰：『志不敢言，但亦欲做些工夫，還無下手處。』先生曰：『《論語》上有三様志，曰「志於道」、「志於學」、「志於仁」。』燕超曰：『舍弟志趣甚好，嘗欲從訒庵家叔同處，自已做些工夫，被學生子耽誤。』先生曰：『動與静原是一理，學與教原非二道。學所以要静者，非是閉門討箇境界之静，只要研窮得如何是道，知道，便知忙閒都是也。應事不損精神，怕應事，便損精神。信得本來無事，應事何妨？静中體貼，正要體貼此理。』

看來學問只是『反躬』二字最妙，反躬即退藏也。

先生謂彦文曰：『人只有這本心，得之爲聖爲賢，失之爲禽爲獸。此本心非惟聖賢，即忠臣義士、節婦貞女皆得此本心者也，所以他亦垂千古不朽。如關壽亭、張中丞、岳武穆之類，一點本心不昧，千古常存。又如露筋一女子，亦遂不可磨滅。此等皆如出鑛成金。』彦文聞之悚然。

先生曰：『朱子云：一覺則義理便在。』有友曰：『甘食悦色，他也知道，又豈不是覺？』先生曰：『甘食悦色之時，正是昧了此覺。』

所謂『平天下』章，先生曰：『天下如許大，治天下如許難，得其要，真簡易直截也。看來亦無他，只一箇「性」字。性者，孝弟慈是也。孝弟慈，前章已盡言之矣。到此章，只以孝弟慈爲矩。絜此矩而放之四海，無不準也。其本只在忠信，忠信者，天然本質。忠信是真體，孝弟慈是真用。天下之大，真機括只這些子。透此，纔是物格，纔是知本，舉而措之天下裕如。何都爲一「財」字迷昧了，故未專説財。孟子曰：「王何必曰利？亦有仁義而已矣。」真知本者哉！』

『富與貴』兩章只是一箇凡情與正性相對耳。欲、惡是凡情，不處不去是正性。欲、惡真，則轉凡情而爲正性。下章是夫子拈出一箇真欲真惡來，若真能好仁，惡不仁，方純是正性，無世間凡情矣。

司馬仲良問『子罕言利與命與仁』，先生曰：『一邊是天理微妙處，一邊是人欲横流處。天理微妙處，聖人不言；人欲横流處，聖人亦不言，此是記者之撮要也。命與仁，聖人何嘗不言？但未嘗言命與仁之所以然，故記者曰「罕言」。』

彦文問曰：『孔子之「從心所欲不踰矩」，纔算得真率性？』先生曰：『然。』

彦文問曰：『率性與透性何别？』先生曰：『率性是誠明，透性是明誠。』彦文曰：『近世儒者皆云透性，及考其行事，有大差謬者，果透性乎？不透性乎？』先生曰：『孔子自十五志學便志於矩，所以至七十纔能從心不踰。後世儒者儘有透的，於矩則未也，所以只説得透性，説不得盡性，聖人便是窮理盡性以至於命。毫釐之差，差於矩也。』

彦文問曰：『孔子之作《春秋》，首書「春，王正月」，辨者多矣，夫子何以言之？』先生曰：『「元年」者，乃魯隱公之元年也。春天之春也。「王正月」者，是周王之正月也。極明白，更有何疑？』

先生曰：『朱子解《大學》「明德」，連心、性、情俱已説盡。虚靈不昧，心也；具衆理，性也；應萬事，情也。張横渠云「心統性、情」，亦此謂也。』談一函曰：『性與情俱無工夫，惟心有工夫。性與情做不得主，惟心做得主。』先生曰：『然。』

人每日思量計較的，算不得心，是情識也。要識心，在那澄然無事時見。然而還不是性，性不可見，天理是也，在未發時見。所以程子云：『吾學雖有所受，然「天理」二字是某體貼出來。』天理須是自家體貼出來，説不得。

口言程、朱之學，終身不知所學何事。程、朱之學主敬窮理，主敬者，主一之謂。今人説敬，與一無干。胸中真無事，方是一，方是敬。理者，性也。窮是窮此性，故曰『窮理盡性』。若泛泛思量道理，與窮理亦無干，大抵都是訛以傳訛。

彦文曰：『心中無事，心氣俱和平。』先生曰：『無事時即是中，中則自然和。』

先生謂彦文曰：『吾人「本分」二字要緊，聖賢不過一箇本分。本分即素位也，若一越分，便是無忌憚，如魚投網，如蛾投火，至死後已，真是可哀。』

碌碌營求者，本求衣食，要之未必能遂其欲；安分無求者，但菲衣菲食，亦未必因其不營求而遂凍餓以死，在人所志如何耳。嘗見四方來此者，若真心爲學，主人自然恭敬；苟非爲學，而志於營求，主人亦未必因其營求有厚贈也。

陳良甫問曰：『周濂溪開伊洛之源，其學直接洙泗，何所自而然？』先生曰：『濂溪是讀《易》而默契道體，所以作《太極圖》《通書》，即提出「太極」兩字。讀《易》者，須先通《太極圖》《通書》。《通書》曰：「《易》通，俱是發明《易》道。」末章説山下出泉静而清，「静」是濂溪要訣。程子又恐人認「静」字不明，故只言敬，其寔敬則自静也。』

羅近溪先生之書真明心書也，學者一向執著者看之甚有益。但初學之士先無定見，看之恐發狂。其説心處極透，若「天理」二字，與程、朱脉絡全不相干，所以有流弊。

彦文問曰：『顔子居陋巷，不出用世，是有夫子在也。曾子在夫子没後亦未見其用世，何也？』先生曰：『聖賢之所爲決不差，顔子有顔子事，曾子有曾子事。即孟子，真命世才，救世行道之心何等緊切！然曰：「於崇，吾得見王，退而有去志。」故仕止久速，聖賢惟義是從。』

先生謂彦文曰：『近溪先生《粹仁篇》該抄録數段，一看甚好，但克己復禮一説不可解。《易》是聖人親自言者，《乾》之九二曰「閑邪」，曰「存誠」，豈可不信？便欲將「克」字當作「能」字，然則邪不必閑乎？所以明道先生與韓持國云：「不必克乃是道也，非持國分上事，若持國之已還，須要克。」此言却真確而無弊也。』

彦文曰：『不肖自與開陽習静兩月，初坐七日，夜半忽起念，看「逝者如斯夫，不舍晝夜」，反之自己，真有「於穆不已」體段。彼時湛然無物，直與天地上下同流。彦文認爲本色，不知然否？』先生曰：『此是好消息，是爾客處久氣清，若動中亦如此，便妙矣。』

先生問參夫曰：『精義入神，何以言之？』參夫曰：『一向解説，一事有一義，必條分縷析，毫無滲漏，確乎不移方是。』先生曰：『此只算得精義，算不得入神。還有意在入神，更不着絲毫意也。聖人所以爲聖人，只毋意必固我。』

先生問李潤卿曰：『面前是何物，與我此中同否？』潤卿曰：『此體原是一個，何分内外？人有此身，便有内外之分。無我，纔能合一。』先生又曰：『面前還是空的，不是空的？』潤卿曰：『空與不空，皆人之見也。其寔亦無空，亦無不空。若會得，説空也得，説寔也得。』先生曰：『面前都是天，天那有空、不空？人只有了軀殼，便隔礙了天。聖人形色天性，全是天。』

易都是現前的，不可泥在這部書上。其實吾心即易，心未必是易，易方是心，故曰『以此洗心』。心是易了，謂之洗心，不然只是憧憧往來之心，非寂然不動、感而遂通之心也。密是不測處，密方是易矣。『乾知大始，坤作成物』。凡忽然而覺處，皆是乾知。其是而行之，便是坤道。知其不是而不行，亦是坤道。

李潤卿曰：『昔有一友，因兄弟不和成仇。後聞講學而歸，心中只是不快，直一夜不睡，忽思大舜處傲弟，《孟子》説「象憂亦憂，象喜亦喜」，仁人之於弟，不藏怒，不宿怨，釋然大快，與兄弟歡然，白首無一言，鄉黨皆化之。』彦文曰：『由此推之，豈止弟也？仁人之於人也，不藏怒，不宿怨，則無人不可處矣。』先生曰：『然。怒怨要藏宿，他何用徒自苦耳。』

先生謂李潤卿曰：『吾輩學問無他，只是學天。惟天好學，至於伎倆，人各有能有不能，倒難學。天乃自然之理，無所爲而爲，何等自在！』先生曰：『羅近溪所言學者假操存假工夫，親切痛快。今學者不知本領，即愛人親人，煦煦然都是一箇假仁體，甚害事。』

有友言思，先生曰：『憧憧往來豈是思？思正思其不思者，故「思曰睿，睿作聖」。無思，所以無不思。若着於思，便是有所。』

彦文問曰：『大人與天地日月四時鬼神合，即學者一念反觀，無纖毫人欲處，亦與天地日月四時鬼神合也。』先生曰：『堯、舜與人同，正同乎此處。大人者，與小人對言，所貴乎學者，只不走小人路耳。天地以生生爲德，人苟存生生之心，即與天地合德。日月以貞明爲德，人能明德，即是與日月合明。四時以生長收藏爲序，吾人一語一默一進一退不失其序，則與四時合矣。鬼神以福善禍淫爲吉凶，夫人勸善懲惡，則與鬼神合矣。如此存心，與大人何異？與天地日月四時鬼神又何嘗不合？』

佛氏謂生死事大，故其徒真心究竟。我夫子云：『朝聞道，夕死可矣。』其言何嘗不懇切？吾輩何無一人真心究竟者？

有友問：『人死時，何修而可以不苦？』先生曰：『要臨死快活，須生前喫苦。』

有友問初學何以入門，先生曰：『人只有一箇身，身只有一箇心，身譬之宅，心譬之宅中主人。身非心，譬之有宅而無人居。心非身，譬之有人而無宅住。學問入門，先要究「身心」二字。』

人以陸象山先生爲禪學，象山何嘗看佛書？其學分明是孟子一脉。先立乎其大者，但彼資性高，當下見得，如此將得手處教人，言之太易。不善學者，無彼之天資，又無彼之人力，效其現成口吻，故有病耳。象山畢竟少了朱子窮理工夫，説他不入微則可，謂之爲禪，非也。即陽明先生，分明是象山一派。象山從是非之心透入，陽明從致良知得手。彼之工夫，真萬死一生中得來。後人夾雜情識發用出來，都當了良知作用，乃其弊也。以四無立教，先生之過也。薛方山公有云：『朱子之學，孔子教人之法也。陸子之學，孟子教人之法也。』此可爲千古定案。

先生謂彦文曰：『點坐澄心，體認天理，胸中無物，便是天理。無物者，無妄也。若無事尋事，又是無妄之往矣。』

先生謂彦文曰：『所謂立志者，不是如世人立箇主意，要做件好事。孟子言：「志者，氣之帥也。」先立乎其大者，使物不能奪此爲立志。』

先生曰：『明道先生，三代後聖人也。諸葛武侯，三代後伊、吕也。』

彦文一日請於先生曰：『仲素羅先生始來貴邑，從龜山先生居東林，抄《學》《庸》半載，至今配享龜山。不肖等從夫子亦有年矣，學未成而道未聞，反而思之，真有可愧。』先生曰：『吾輩所修之業，千秋之業也，但不可時刻放過，自有至處。』

先生謂彦文曰：『張南軒先生之學全以主敬爲主，曰：「事靡他及，行無越思。」此八字乃主敬要訣。』

『朝聞道，夕死可矣。』說者皆以爲未聞道，則不可死。予獨以爲未聞道，則不可生。生死一道也，既不可死，又可生乎？

敬而無失，最要講求。程子說：『中也者，天下之大本。』曰：『惟「敬而無失」最盡。敬不可爲中，敬而無失乃所以中也。』敬如何能無失？只因强持爲敬，不能無失。若將程子此言反看，敬而無失，惟中最盡，敬不能無失，中乃所以無失也。故復性之學，只復於未發，乃是敬而無失。

黄烔伯問曰：『學何以入門？』先生曰：『四書五經皆聖賢之言，苟會得，則一言一字皆可入門。會不得，雖誦讀終身，汗牛充棟，無益。即將《論語》首節註細看便可知，其曰：「學之爲言效也。人性皆善，覺有先後，後覺者必效先覺之所爲，乃可以明善而復其初也。」可見效先覺非但效其行事，是效其明善復初。不然，效得一件兩件好事也，只是行仁義，非由仁義行也。』

烔伯問曰：『孔子云：「五十以學《易》，可以無大過。」其過何如？』先生曰：『聖人說「假我數年」，明白是四十之時也。聖人豈無過？聖人有聖人之過，賢人有賢人之過，學者有學者之過。聖人稍不如天，便自以爲過，過者，無心之謂。吾輩而今且不好說過，恐猶是惡也。稍有意爲之，即是惡。』烔伯曰：『如何可免此？』先生曰：『過與學對，有一分學力，便可少一分過惡。』

子静問曰：『「朝聞道，夕死可矣。」敢問道何以聞？』先生曰：『何莫非道聞與不聞須自知？』子静曰：『註中一句極平常話，近日體之甚有味。其曰：「道者，事物當然之理，苟得聞之，則生順死安。」可見道只是事物當然之理，信到透處，死亦是當然之理，何不可之有？』先生曰：『然。聞此言，真信者便是聞道，只是信難。』

家庭日用只好循理行去，不可要像自已意思。雖父子家人，到說不得處，宜從容消融，不可動氣。一動氣，大有害。釁從人起不妨，釁從我起便不是。

參夫講『子奚不爲政』章，先生曰：『此所謂當下也。他人言當下是虛底，聖人言當下是實底。「入太廟，每事問」，當下是禮，故曰「是禮也」。語默動静，當下是道，故曰「是丘也」。在家只是當下爲政，故曰「是亦爲政」也。』

彦文曰：『近看《繫辭》至「無思也，無爲也，寂然不動」，真是無思無爲方能寂然不動。』先生曰：『此三句一齊來，不是易，何能無思無爲？何能寂處不動？何能遂通天下之故？是易方如此。不然，無思無爲不過槁木死灰。不要説吾儒，釋氏亦謂闡提可救，惟墮落無爲廣大深坑者救拔不得。伊有受用，不肯回頭也。佛言闡提，大惡人也。』

先生問彦文曰：『人忽然警覺，可是覺否？』彦文曰：『是覺，也是乾知也。乾知若電光石火，承之者坤，方能久。』先生曰：『忽然警覺，是迷而復者也，隨起隨滅，算不得真性。若是真性，自無起滅。學要格到無起滅處。』

只將《尚書》『天叙有典』一節、『王道蕩蕩』一節細體之，便見天理，所謂『有天下而不與焉』者也。

有友問理氣，先生曰：『欲明理，先明氣。氣苟不明，理亦不透。先儒云：「論性不論氣，不備。」試看天地間可是一氣否？無論人物同此氣，即金石瓦礫亦同此氣也。知氣之同，則知理之同。萬物統體，一太極也。若到成形，便不同。無論瓦礫金石人物之不同，即人之同類者亦有不同。物物，一太極也。同一氣也，而有春夏秋冬之異，宜同一理也而有仁義禮智之異用。觀物有温凉寒熱之異性，則知人有剛柔陰陽之異稟。同者不妨其爲異，異者不害其爲同。所謂敦化川流，因氣觀理，更明白也。』

彦文問曰：『曹月川先生何如人？』先生曰：『是文清一派學問。』彦文曰：『人多不知，何也？』先生曰：『凡言悟者，俱未知之。月川、文清俱是天生聖質，只依本色便是，故其議論俱是實實落落，躬行踐履，不談悟。語儒者以爲未透，更不知彼無迷，何必悟？』彦文又問曰：『吕涇野先生何如？』先生曰：『涇野先生一生極喜明道，與明道學問極有契合，全是仁體。』彥文曰：『涇野先生看他最嚴於規矩。』先生曰：『彼教學者只以「安貧改過」四字，看來學問除此四字亦無學問矣。』

季彭山《四書私存》解『喜怒哀樂』至『萬物育焉』云：『上言修道工夫，本只是循得天命之性，故狀性情之德，以見心體本如此，而學道者當以此爲則也。』先生曰：『過到此節，從來無此語之透。』

除了稟受，只可言天，不可言性。性者，以受命言。

除了氣化，何處有道？一陰一陽，非氣化而何？

學問不透，只説得身内事，不見身外事。説着便以爲氣化，不知氣化與身是一是二。〔一〕

校記

〔一〕以上九十四則據許獻、高廷珍等纂《東林書院志》卷五『會語三』《高景逸先生東林論學語上》輯。第十四則『昔有友問予曰：「朝聞夕死，何以爲可乎？」答曰：「我有四字，人忽以爲常，不必説。」其友極叩之，予曰：「當死便死。」』此段華允誠《高忠憲公年譜》天啓六年亦引：『又有問：「朝聞夕死，何以爲可？」先生曰：「我有四字，人忽以爲常談，不必説。」其友極叩之，先生曰：「當死便死。」』

人不識這箇『理』字，只因不識性。這箇『理』字，吾之性也。人除了這箇軀殼，内外只是這箇理。程子云：『性即理也。』如今翻過來看，理即性也。夫人開眼，天地間化化生生，充塞無間，斯理也，即吾性也。人只爲有了這箇軀殼，便隔礙了。且將吾身四體觀之，譬之耳目手足，隨處有傷，便渾身俱痛，何也？以一體故也。程子以醫者言手足痿痺爲不仁，此最善名狀。吾人與人痛癢不相關，都是不仁。既知萬物一體，人之疾痛苛癢焉有不相關者乎？只爲有了私意，便與人隔絶。如赤子無知，將入井，人皆有怵惕惻隱之心，以此時無私故也。此處識仁，方有入處。

《大學》『在明明德，在新民，在止於至善』三句，一句少不得，如此方是聖人之學。不然，儘有能明德者，若單言『明德』一句，即佛氏亦可攙入矣；若單言『新民』一句，即五伯亦可攙入矣。直到了止至善，彼二家便攙入不得。看來聖人文字最妙，只『古之欲明明德於天下』一句，三句都包在其中。苟非人欲净盡、天理到粹美處，亦算不得明德、新民也。

先生曰：『華氏三日之會所得云何？』彦文曰：『會中諸友真懇切寔，甚有感激處，不肖亦不容不發憤矣。』先生曰：『前者首日上午方是會之正格，若往日之會，止算得以文會友，還算不得以友輔仁。何也？凡會之正格，是學者煅鍊之大火候也。吾人終日孤居獨處，雖云學問未經煅鍊，臨此大會，方血戰，是時大家俱有一箇收歛貼身意思。其中或有所疑，各呈所見，商量印証，方有益也。不然會時單講幾章書義，只是故事而已。雖有所聞，亦不過長得些聞見，還不是會之正格。』彦文曰：『誠然。』

彦文曰：『涵養須用敬，進學在致知，其程門宗旨乎？』先生曰：『是程門教人入門法也。若明道體貼天理，廓然大公，物來順應，伊川在物爲理，處物爲義，方是宗旨。雖然學問不過體天理而已，但「天理」二字要自己體貼出來，寔有諸己，方爲自得，孟子所爲：「深造之以道，欲其自得之也。自得之，則居之安；居之安，則資之深；資之深，則取之左右逢其原。」學至左右逢原，方是自得。』

先生坐麗澤堂，見月明如晝，謂希顔、彦文曰：『此月與我等相貫通否？月與我是一是二？』希顔曰：『不肖昏昧，胸中不能坦然，故不合一。』彦文曰：『不肖昏却不昏，但未免念有起伏，時時覺得，不爲瞞過耳。』先生曰：『只要坦然，坦然無疑，便内外合一。人在月中，如魚在水中，魚肚裏水與肚外水總是一水，人身外月與身裏月總是一月。人須要與天日常灌輸，莫滯膩胸中。若有滯膩，雖有所得，不過陰靈存想而已。此處須要用力透出，方是大明中天。』

人之所欲有甚於生，所惡有甚於死，蹴蹴之食不受不屑，是所欲有甚於生，所惡有甚於死者也。雖然，須要窮理格物，若不窮理格物，便有謹於大而略於小也。何也？譬如人之稍知學問者，使之爲穿窬，决不肯爲，若使之講分上得財，則爲之矣。講分上得財與爲穿窬雖不同，究竟非有而取，則一也。所謂『向爲身死而不受，今爲妻妾宫室、濟窮乏而爲之者』，是皆失其本心也。

《大學》『始終』『本末』四字括盡經世之術，何也？凡見一事，即有一箇本末。凡做一事，便有一箇始終。從本而治之，末在其中。審其何者爲先，則知何者可後。如此處事，事皆不廢矣。以一身言之，心爲本而身爲末，心得其正，而身修矣。以一家言之，身爲本而家爲末，能修其身，而家齊矣。以一國言之，家爲本而國爲末，能齊其家，而國治矣。以天下言之，國爲本而天下爲末，能治其國，而天下平矣。故曰『君子不出家而成教於國』，此之謂也。

彦文問曰：『「君子深造之以道，欲其自得之也。」深造於道而自得，何修而後能也？』先生曰：『聖賢所言俱是向内工夫，近裏着己。所謂「深造於道」者，即「退藏於密」之謂。此箇「深」字即「極深研幾」「深」字，深造以道是尋原，左右逢原，方爲「自得」。』

有友問：『「君子素其位」一句，文理何以言之？』先生曰：『「素其位」，猶言性其情。所謂性者，是固有之也。註中「猶現在」，「現」字要玩，言現在之位皆是素也。大舜飯糗茹草，而至袗衣鼓琴，常人以爲驟來富貴，聖人處之若固有。顔子陋巷，是視貧賤爲固有，居之何陋？雖之夷狄，不可棄，以夷狄爲固有。孔子厄於陳、蔡，以患難爲固有。如此素位，豈不自得？所謂素者，本來如此潔白，譬之一幅白紙，原無一點顔色，若富貴貧賤患難，却如白紙上加些文彩黑白耳。寔到此，素處有何加損添減哉？』

喜怒哀樂，情也，其未發，則性也。性何嘗有喜怒哀樂？當喜而喜，原無喜。當怒而怒，原無怒。哀樂亦然。

『女爲君子儒』一節註，子程子以爲己爲人分別君子、小人，爲人者不必言矣，即爲己者，非學力到純粹處，恐己私猶未盡去。謝氏以義利分別君子、小人，爲利者不必言矣，即爲義者，苟非精義入神，恐利心猶未斷。若説以道分君子、小人，子夏學以致道，豈不是道？此還是子夏之仁，何也？只將局面一看，便見孔子之心無刻不在天下，故欲老安、少懷、友信，是何等局面！此方是君子儒。

有友講『九思』章，先生曰：『聖人説九思盡矣。九思是人少不得的，除了九思，更無可思矣。九思之思，無思之思也。』

有友問原始反終，先生曰：『這不是言語解説得的。要解説，只須周子「無極而太極」便是原始，「太極本無極」便是反終。這等解説不難，但一件甚難。周子所云無極者即是無欲也，無欲到極處便是太極，如今人真能無纖毫之欲，方能原始，方能反終。不信，但看天，天何嘗有始終？天既無始終，則命亦無始終；命既無始終，則性亦無始終；性既無始終，則心亦無始終；天命心性既無始終，則人亦無始終矣；人既無始終，則生死之説了然矣。』

有友曰：『文公解「仁」字云：「心之德，愛之理。」可謂明白透快矣。但要與初學解，彼猶不能明白。何以解之，方能使之明白也？』先生曰：『心未便是仁，心之德方是仁，如耳聞目見未是耳目之德，聰明是耳目之德也。愛未便是仁，愛之理方是仁，如仁民愛物是愛，「民吾同胞，物吾與」是愛之理也。』

有友曰：『耳目手足、視聽持行皆天則也。』先生曰：『固然。先要曉得耳目手足未有視聽持行之際，原是一箇天則也。有此天則，方能視聽持行皆爲天則也。』

先生謂吴心矩曰：『學問之道無他，性而已矣。無志於學問者不必言，既有志學問，須要復性纔是真有志。復性非静不可學之，所以必要静者，只爲有生以來積習既久，私欲已深，錮蔽遮掩，若青天之覆陰雲，如止水之起波濤。初學要静中澄定此心，久之，如陰雲既散，方見青天，若波濤暫息，方見止水。静後須從無意中猛提看此性本來無物，何嘗錮蔽得他？真要信得過，方是易簡。』

有友言某先生只是讀書，某先生只是會友，云：『不讀書，不會友，則過不得日子？』先生曰：『讀書、會友俱是養法，如身是魚，書與友是水，讀書與會友如魚之得水。李見羅先生更説得全，云：「讀書、會友、静坐，三者缺一不可。」但人不可有着耳，要隨人便，切不可讀書者厭人静坐，會友者厭人讀書。』

人只是一個真，真便做得大事業。自古大人物做大事業，只是一箇老老實實。有一毫假意，便弄巧成拙。

先生曰：『「生之謂性」與「生生之謂易」何所分別？』覲華吴先生曰：『生只是一箇生，告子「生之謂性」原不差，但認食色爲生便差了，無怪其以人與犬馬爲一生也。』先生曰：『正是。繼之有善，原是一箇源頭，到「成之者性」，人與物便有分別。』覲華先生曰：『「成之者性」也不差，也是一樣人物之分別，只是主宰處有些子不同。物之爲物，俱隨造化轉，人之爲人，便有一箇自能主宰者在，可以不隨造化轉也，所以人之性爲貴。』

羅近溪先生云：『時昏時明，昏明雖二，此知却無兩也。』彦文：『信此，只以此知爲主，昏明非其體也，皆氣之開蔽耳，與吾知體何尤？』先生曰：『亦是但知便着在用上，乃心之靈非性也。』彦文曰：『正不敢冒認，還想進一步。』先生曰：『也不可急，如此做去，自有至處，至處則豁然矣。學問無窮，至死後已。』

佛氏能中而不庸，常人能庸而不中。中而不庸，非真中也；庸而不中，非真庸也。聖人之道，中庸而已。

諸友請於先生曰：『先生在京講學，與鄒、馮兩先生以何者爲教？』先生曰：『鄒先生要人見性，馮先生只教人務學，余只言存心。人只是這箇心，思量筭計的還不是乃心之用耳。不識心，學問便差了。若撥轉這箇心正了，便是存。孟子説「存心」，是以仁禮存心也。仁禮存心，又不是有箇仁禮存在心上。這箇仁禮非他，孩提知愛，稍長知敬，存心只是愛敬。人能愛敬人，便是存心。這愛敬之心乃是吾人不易之真心，聖人教人存心，存此耳。這「愛敬」二字不要看小了，愛敬人便是孝弟，不愛人，必惡人，不敬人，必慢人，惡人慢人即是不仁不禮，不仁不禮即是不孝不弟。孝弟之至，通神明，光四海，事天明，事地察，只是一箇愛敬。故天子得萬國之歡心，諸侯得一國之歡心，大夫士庶得一家之歡心，至災害不生，禍亂不作，此之謂存心。』

華認菴講『吾嘗終日不食』，先生曰：『這箇「思」字要認得真。夫子言思不如學者，憧憧之思。孟子言思則曰：「心之官曰思，思則得之。」《洪範》：「思曰睿，睿作聖。」心之官則思，正是睿聖之思。此「思」字有箇解註，虛靈不昧而已。吾人時時虛靈不昧，便是心之官在了；一不虛不靈，便昧了心之官，變而爲耳目之官矣。故思者，神明不測之謂也。夫子云何思何慮，殊途同歸，一致百慮。人心在同歸一致處，便是心官；若在殊途百慮上，便是憧憧。』

《孝經》之作，是孔子因曾子是箇真孝之人，故發揮孝道。《孝經》通天徹地，真六經領袖也。昔日未曉敬一人而千萬人悦，所敬寡而所悦衆，後來方知今人聞一箇孝子悌弟，人人便想慕而樂道，非敬寡而悦衆乎？彼孝子悌弟所敬不過一人，而千萬人俱悦，所以爲要道。

先生謂其弟曰：『人家要昌，必先有綱紀禮義，方有可昌之理。《易》曰：「家有嚴君，父母之謂也。」若父母已亡，長兄即是父也。人家大小俱有一箇統率紀綱，凡事稟命長上，商確後行，必無有差。不然，人倫有乖，家無統率，則無禮義，無禮義之家鮮有不敗者。』

非義之財，人説得之無傷，不知悖出悖入之感應不爽。余嘗驗之，非義之得，不但非義而失，還要加倍用去，甚者還要連身與子孫俱幫貼在裏許。

韓參夫講『二三子以我爲隱乎』，先生曰：『聖人説話俱是寔寔指出，若曰「是禮也」「是丘也」，「是」字最有味。參夫所言「天則」二字極是，人人有此天則。天則者何也？天然自有之則，即「有物有則」之「則」。

聖人所以爲聖人，無他，只是指點得箇天則出。上蔡講《論語》「師冕」章畢，曰：「一部《論語》俱如此看，知此，則謂之知道。」」

先生答山西辛復元曰：『公天生聖賢，如此行去，即是吴康齋也，吾輩當在下風。第學問無窮，工夫無盡。昔聞白沙從康齋半年，云未有得，後歸陽春臺静養十九年，方云有得。更不知前之半生無得是何也，後之有得，不知所得何得。公於此究之，必有説也。公今如此行去，正是享現成家當，亦成人品第，恐非天所以生公之意也。』

先生謂許涵淳曰：『學者要多讀書，讀書多，心量便廣闊，義理便昭明。讀書不多，理便不透，理不透，則心量窒塞矣。吾人心量原是廣闊的，只因讀書少，見識便狹窄。若讀書窮理工夫到，窮得一分理，心量便開一分，讀書即明心也。』

『敬以直内』，適得吾體。程子恐人認有『敬』字在，故曰『主一之謂敬』；又恐人認有『一』字在，故曰『無適之謂一』。此心無適，即是一，即是敬。

先生講『一鄉之善士』云：『此是孟子極尚友之量，若説一鄉之善士，方友一鄉之善士，意思便隘了。此章全在一箇「友」字，一箇「斯」字，心胸要闊，擇善要真。心胸闊，則無一善之不取；擇善真，則無邪正之不分。故到一鄉，則一鄉之善皆爲其友；至一國，則一國之善皆爲其友；至天下亦然，至千古亦然。自古真能友善者，孔子是也。到一處，則友一處之善。到衛則友蘧伯玉、史魚，到晋則友叔向，到鄭則友子産，三千、七十莫非其友，等而上之，伏羲、堯、舜、禹、湯、文、武、周公皆爲其友。蓋孔子之取善，真如伯樂之過冀北而馬群遂空，古今天下不過這幾人，都是他取去了。』

人無學問，真是難過。有無限難處事，二氏離事養心，便是討便宜。吾儒須事事中節纔算得，所以貴乎學也。

《左傳》文章甚好，見識甚陋。如趙盾弑君，許世子弑父，經有明文，添出『出境不出境』『嘗藥不嘗藥』，爲千古之疑。故看《春秋》者，要以經正傳，不可以傳疑經。要知此生止有此事，所以説原始反終。麗召曰：『原始還易明，反終更信不過。』曰：『原得始，便反得終。孔子曰：「未知生，焉知死？」原是一理。且觀喜怒哀樂未發時潔潔净净，便是人生而静，人之性也。原始，原此，反終，反此。今日夕胸中膠膠擾擾，便不是原始。既不能原始，如何反終？』

談一函講『民之於仁』章，先生曰：『仁是人之性命，水火不過。養此性命耳，蹈仁便不死，故曰「未見蹈仁而死」。』

『道其不行矣夫！』此句讀之令人有多少感慨。真是人人當面蹉過，緣是極平常，人謂此不是道，要別尋道，所以蹉過。譬如要尋趙甲，當面見了趙甲，曰：『此不是趙甲。』舍之別尋趙甲，豈復有趙甲耶？覲華吴先生曰：『昨看薛文清《語録》有云：「人不知中庸，是不知涵養性情也。」』先生曰：『此言極透，中庸即是人的性情，不是別物。』

人不知學，險矣哉！人心一時無主便愁苦無聊，日間還有警省時，此苦便有解説時；夜間作苦夢，猶有覺時；至於死矣，更無解救，可不懼哉！

無事時寂然不動，體也，而用在於體；有事時感而遂通，用也，而體在於用。故曰：『顯諸仁，藏諸用。』

五更睡覺時，猛然自省，吾性可潔潔净净否？可完完全全否？何曾有污染？何嘗有遮蔽？何曾有欠闕？説能，何嘗不能？説知，何嘗不知？此所謂性善，所謂明善也。

彦文曰：『敬則虚，虚則靈。』先生曰：『虚便是敬。「敬」字只是一箇「警」字，時時警覺，便是敬。程子恐人着一箇「敬」，故解曰：「主一之謂敬。」又恐人着一箇「一」，又曰：「無適之謂一。」無適，無着也。着敬，便不是敬。」

吕大臨先生有云：『惻隱、羞惡、辭讓、是非，操存久，則發見深。忿懥、恐懼、好樂、憂患，放舍甚，則日滋長。』學問用力，全在於此。

誠便是天，『思誠』云者，不是思個誠，所思者誠也。『天下之言性，則故而已矣。』所謂故者，是故物也。盤古至今，雖千萬世，只此一物。先輩嘗言『當下』，當下若果清楚，一毫無雜，便是此物。

心與氣不是兩物。充塞者是氣，主宰者是心。主宰是氣之精靈，充塞是氣之全體。又曰：『清則爲神，濁則爲氣。』

學問要時時照顧此心，一不照顧，此心便放矣。心一放，口便要多言，動脚便要多事，不可不慎。

彦文問曰：『前承夫子指點，大開眼孔。請問不知何修而能開此眼孔也？』先生曰：『陸象山先生所謂四方上下曰宇，往古今來曰宙，吾人心體本如是，寔體得來，真信得過，便是大開眼孔。且此心非止方寸也，方寸不過是心之位耳，其量充塞宇宙。』彦文曰：『近日體《西銘》意思，覺得心境開闊。苟能充之，可是大開眼孔否？』先生曰：『然。』

彦文問曰：『静中澄然無事，久之有倦意，何如？』先生曰：『若真是本色，何有倦怠？所謂倦怠，還不是真底。必竟是把捉，此時更要全放下，所謂大休歇也。』又問曰：『冲漠無朕時，何以用工夫？』曰：『要認認，便是窮理，愈認愈有滋味。』

彦文曰：『不肖今日偶思之，不覺淚下。彦文生年三十六，静追往事，真無片善寸長可言，上負天地之覆載，中負父兄師友之教育，下負妻兒子女之屬望。追之時刻，苟免禽獸足矣。』先生曰：『學問也不要十分看難了，只依自家本色。今人所患者，都是當面蹉過。只是這一靈是吾之真主宰，到捨了這現在底，又要去别尋箇甚麽。』

禮義之悦我心，猶芻豢之悦我口也，其他皆與我没相干。譬如今人之好色好財者，無了財色便不悦，豈惟不悦，反增愁苦。貴者高官大爵，前呼後擁，豈不悦？不做官，便不悦矣。富貴，人到死時可帶得去否？嘗有一富人臨死自嘆曰：『吾今日始知銀子無用。』至哉言也！人能早知無用而急回頭，便有無限意味出來。釋氏每以生死事大而爲堅苦之行，吾儒生死一關打不破，終日營營碌碌，反被他笑，真是可醜。

有友講《孝經》『嚴父配天』曰：『爲人子，必致父配得天來方爲大孝。』先生曰：『不然。「嚴父」云者，尊嚴其父如天。所以瞽瞍這樣頑，大舜只是尊嚴之如天。後世之不孝者，只是不知尊父如天故耳。若説要孝子箇箇使父母配天，即大舜不能爲孝子矣，瞽瞍又豈能配得天？』

大舜有大焉，先要知得這『善與人同』一句是箇頭腦。果是善，决是與人同。若知得善，真與人同，便真能『舍己從人』，真能『樂取於人以爲善』也。聖人取人之善，譬如今人善看文者一般，將他好處圈出來。即做文字的人連自家還不知那一句好，被他圈出，便躍然，如何不鼓舞興起？能取諸人以爲善，便是與人爲善者也。

彦文曰：『「素履，往，無咎。」何也？』先生曰：『「素履」兩字即是率性。素者，原初本色。』彦文曰：『到上九，「視履考祥，其旋元吉」，是動容周旋，中禮也。』先生曰：『然看卦要拿定看，如《履》，先要柔履剛，説而應乎乾，所以成卦。「履虎尾，不咥人」，亨虎也。不要説是乾，人之所履，都是危機，動脚如履虎尾而敬畏，所履自無咎，而不至咥人也。通卦只是一箇意思，只將九五一爻看，九五陽爻而居君位，中正不偏，可云善矣。還有貞厲之戒，恐其忘了履虎尾之意。及至上九也，還要視履考祥，始爲大吉。』彦文曰：『六三一爻，朱子以秦政、項羽比之，何如？』先生曰：『不象。六三一爻，他是一卦之主，又是陰柔之質，而居不當之位，故有許多不好，便有戒辭，似云若欲視，目却眇，若欲行，足却跛。眇目跛足之人，一步不可輕動。且卦中武人多是説陰巽之利。』彦文曰：『六三却好撰成巽。』先生曰：『「武人爲于大君」，解者皆以武人志剛而不可爲君。這却不象，似云六三若欲自爲主，便似眇目跛足之人，一舉便有蹶跌。若不自用，如武人之聽命於主帥指麾，然後可免「咥人之凶」。所云「志剛」者，正欲其堅剛其志，一心歸命而「爲于大君」。大君，指九五也。』

有友問曰：『體用之説云何？』先生曰：『言體則用在體，言用則體在用。譬如吾人之一身，體也；其運動，用也。即體即用，即用即體，體用一原，一乎哉？』

先生謂友曰：『今日坐此愁苦之心可能放下否？』對曰：『不能。』先生曰：『正是這樣，所在就要一箇究竟纔好，所謂窮致事物之理。譬如坐此思量愁苦是没用底，不如且放下，正好偷閑快活一時。若這裏放得下，便有進道之機。自古聖賢豪傑俱從困苦中得力者多，人若從此逼迫出，便可向道。故《易》曰：「困而不失其所，亨。」不然一生受苦也是枉了，所以釋氏謂之「苦緣」。人若遇了苦境，便有入道之緣分。人遇困苦而不得力，便蹉過了這緣分矣。』

李見羅先生云『古來人品是人品，學問是學問』，最説得好。又曰：『自古來若武侯、郭令公、狄梁公、韓魏公、范文正公，這都是天地間氣所生，都是大豪傑、大人品，所以他的見識與常人不同，作用俱暗合道妙。若此等人，有大聖人指點，却又是學問中大人品矣。』

彦文問曰：『董子云「道之大原出於天」，又曰「正其誼，不謀其利；明其道，不計其功」，似這樣言語，却象知道者之言。後之諸儒俱説他未透性，何也？』先生曰：『即其所云「道之大原出於天」一句便有病。』彦文於是恍然。

先生曰：『顧先生有一言至平常，又至精微，曰：「人要識得自家。」體驗之，有無窮意味。今人之不肯實心向學，只是不曾識得自家。若欲識得自家，便要究原此身之所從始，還要反此身所從終，便不容不學矣。聖人情順萬物而無情，廓然大公，物來順應。儒者若識得這箇道理透，便是舜之八元當舉而舉之，四凶當誅而誅之，與己何與焉？所謂終日在塵而不惹塵者也。聖門言仁，只是説行處多，如視聽言動，恭寬信敏惠五者，行於天下，俱是説行。只如此體貼，便知爲仁之道矣。』

先生曰：『人要識得自家。《易》曰：「大哉乾乎！剛健中正，純粹精也。」人人原來俱是這樣底，而今當下，且自試看果如此否？』

有友言仁、智，劉本孺先生曰：『仁、智原分不得。』未有昏昧之仁者，亦未有刻薄之智者。

參夫曰：『「伯夷隘，柳下惠不恭，隘與不恭，君子不由也。」由是觀之，千古聖賢相傳止一平常中庸之道。不然，即若夷之清、惠之和，且爲隘與不恭，君子亦不由。吾人必學孔子，學方不差。孔子豈不清？是時而清。豈不和？是時而和。』先生曰：『這《公孫丑》上一篇是孟子天德王道，其願學孔子，必以伯夷、伊尹、柳下惠來形容。時中這些子略差，便做到聖人也有弊。』

有友言『伊尹湯聘』章，先生曰：『要見聖人，正在此處見，方親切。聖人不是胡亂動得，必至誠到極處，方能動。如人求神，亦必至誠到極處，方能感格。若衆人，不因富貴動，必因功名動。伊尹囂囂然，與舜飯糗茹草若終身同。』

參夫問曰：『明道先生説康節先生之學内聖外王，據先生之學，可爲安且成。似此言，康節之學不可及矣，何伊川先生每與談不合？康節嘗云：「你説生薑樹上生，也由你説。」是伊川不足康節之學矣。』先生曰：『二程中正，康節精微。要知康節之學與聖人少差一線，聖人便不如此。康節從圖南一脈來，有些仙氣。嘗觀與伊川論雷從何處起，伊川云「起處起」，康節便要知其起於某方某向，多此一算。故明道云康節欲將傳與某某，兄弟那有此閑功夫？然康節之學是潔净精微，又不可以數學擬之，故云數到康節，纔是《易》之真數。』

宣城王台文來問學，先生曰：『孟子言「人皆可以爲堯、舜」，從那裏見得？』台文曰：『耳之所聞，目之所見，口之所言，手之所持，足之所行，自然而然，這箇不待安排措置者，即與堯、舜無二。』先生曰：『這箇卻靠不得。爲堯的也是這箇，爲桀的也是這箇，只看這箇爲處何如。』台文曰：『告子云「生之謂性」，何如？』先生曰：『生是人物所同，性則人物各異。若以生爲性，只知人物之同處，不知人物之異處。故孟子以白之謂白問之，而告子曰同；又以羽雪玉問之，而告子曰同；以犬、牛與人同矣。若能知其異，又初不害其爲同也，毫釐之差如此。』

先生曰：『聖人全體是一團太和元氣，顏子仰鑽瞻忽亦在此參求，進進不已，所以自云「竭才」。即曾子稱其「有若無，實若虛，犯而不校」，是何等氣象！夫子亦形容曰「如愚」。吾輩要會此意。』

參夫問曰：『夫婦有別，何謂也？』先生曰：『男正乎外，女正乎內，夫唱婦隨，無乖陰陽之道是也。』參夫曰：『是夫夫婦婦謂之有別矣。有謂各夫其夫，各婦其婦者，何如？』先生曰：『亦有別之一也。』參夫曰：『不若各盡其道之爲全，此爲有別之第一義也。』

參夫曰：『涇野先生曰：「《易》只是一部《易》，那裏有許多《易》？伏羲之《易》即文王之《易》，文王之《易》即周公之《易》，周公之《易》即孔子之《易》，豈可分別伏羲、文王、周公、孔子耶？」觀此言，却分明說朱子之說不是矣。』先生曰：『朱子之言豈有不是？且觀之現前天地，有自然之易；觀之「天尊地卑」一章，天地之易何常要畫？及至伏羲畫出，便是伏羲之《易》。伏羲之畫已備，又何消得辭說？及至文王繫之以彖辭，便是文王之《易》。智者觀其彖辭，則思過半矣，又何消爻辭？周公又繫之爻辭，便是周公之《易》。孔子又發揮出許多義理，便是孔子之《易》。程子之傳，又是程子之《易》。只一箇《易》，伏羲、文王、周公、孔子、程子又各不同。』

先生曰：『費而隱，即是顯諸仁。微之顯，即是藏諸用。』

先生曰：『程、朱之後，明道者多，行道者少。學問須要身體力行纔得，不然，只是空口説空話。』

彦文曰：『偶思「日月至焉」，「至」字有主客之分。』先生曰：『張子云内外賓主者，顏子是仁在内爲主，「日月至焉」者是仁在外爲客，此爲内外賓主之辨。』

賀伯恭篤實君子也，深服白沙，白沙人品可知矣。

先生曰：『形形色色，皆用也，顯諸仁也，然仁即藏諸用矣。程子曰：「大小大字〔事〕只曰『誠之不可揜如此』。」』

先生曰：『孔子以下曰顏、曾、思、孟，孟子而後曰周、程、張、朱，却象配定一股，非偶然也。』

先生曰：『夫子云：「躬行君子，則吾未之有得。」非謙辭，乃實語也。聖人真見得躬行君子之難，故發此言。躬行君子，惟踐形之聖人形色化而爲天性者，方是從心不踰也。若只如世上所云躬行者，聖人看了，還是文，還算不得。其次便是曾子之「動容貌，斯遠暴慢；正顏色，斯近信；出辭氣，斯遠鄙倍者矣」。』

先生曰：『一向不知陽明、象山學問來歷，前在舟中似窺見其一班。二先生學問俱是從致知入，聖學須從格物入。致知不在格物，虚靈知覺雖妙，不察於天理之精微矣。知豈有二哉？有不致之知也，毫釐之差在此。』

先生曰：『金一出鑛，千古不變。吾人學問亦如此，苟能煉鑛爲金，始能不變，無他，真而已矣。』

有友言名，先生曰：『名者，寔也，聖人言名即是寔。世之所謂虚名者，反被人笑罵，何常有名？故夫子曰「疾没世而名不稱」，又曰「君子去仁，惡乎成名」，又曰「善不積，不足以成名」「没世不稱」「無名」，可知不成名，無名可成也。』

君子不幸爲小人所薦，終身之羞也。若小人罵斥君子，乃君子之榮也。小人不知以此害君子，不知其爲愛君子也。參夫曰：『看來天下道理若非易簡便不是。』先生曰：『是。便是天下至難者惟易簡，不歷盡險阻，不到易簡處。』

先生曰：『《乾》之九二一爻，一部《中庸》盡在矣。』

彦文問曰：『「默坐澄心，體認天理」，可是擇乎中庸否？』先生曰：『體認處正是擇。』

彦文問曰：『一向俱忽略過孔子云「朝聞道」，請問道何以聞？』先生曰：『道要自聞，人替不得。説不得有，説不得無，故大《易》不言有無。若説有，其寔無聲臭；若説無，其寔俱是寔理。道即性也，性有甚物可見？譬之附子、大黄，附子性熱，必服之發熱，方知是熱；大黄性寒，服之發寒，方知是寒。人性因感而發，有惻隱、羞惡、辭讓、是非，方知有仁義禮智。』

先生曰：『伯淳先生終日端坐如泥塑人，及至接人，渾是一團和氣。學者想此氣象是甚涵養？』

所貴乎聞道者，是内外透體通徹，無一毫凝滯，方算得。若主敬工夫，依舊與未聞道一樣做。

彦文問曰：『「出入無時，莫知其鄉」，是何也？』先生曰：『此是因操舍言，是形容人心惟危也。』

先生曰：『主是工夫，一是本體，主則有意在，主到熟後纔是一也。學未有得，則敬以求之。既得，則敬以守之。敬者，學之所以成始而成終者也。』

先生曰：『性體原形容不得，若着言語，便隔一層了。自古來聖人形容性體者，無過孔子「中庸」二字形容得最好。』彦文曰：『「人生而静以上不容説，纔説性時，便已不是性矣。」此程子之言最有味。』先生曰：『誠然。』

先生問秦開陽曰：『一向静坐浮思，何如？』曰：『間有之。』曰：『體貼這易是甚麽的？』開陽默默，頃之謂彦文曰：『易不是這一本書。』彦文曰：『除了這憧憧往來者，便是易。這箇原無起滅，原無間斷，俱爲這憧憧往來者攪亂耳。』先生曰：『識得易，便有着落，所謂知止也。知止，則隨處是易。』

先生曰：『《大學》一書自得程、朱發明後，惟有王陽明「致良知」、李見羅「止修」俱不可廢。但陽明格物斷不是彼云「極力致良知於事事物物之間，使事事物物各得其正」，却是誠意正心事矣，非格物也。若見羅「物有未格，則格之」云云八條目，譬之一盤内有八樣物，任人自取，却無先後矣。格物是《大學》最初下手處也。』

先生曰：『《易》云「有天道焉，有地道焉，有人道焉，兼三才而兩之」，故曰「六六者，非他也，三才之道也」。可見天人雖是一箇，畢竟天有天之道，地有地之道，人有人之道，雖不可分而爲二，亦不可混而爲一，稍有偏重，便非全體。』又曰：『說道理也不費辭說，但看得《中庸》「費而隱」一句，即可了然矣。所謂顯諸仁、藏諸用，體用一源，顯微無間也。若偏於静，便歸索隱一路上去；偏於動，便有半途而廢之病。』

先生曰：『嘗怪學人好言虚空者，其寔何曾虚空？惡言虚空者，便以爲流於二氏，又不識虚空。嘗竊反之，吾人太虚之體還虚乎？不虚乎？喜怒哀樂之未發，有物乎？無物乎？寂然不動，至静之中，空乎？不空乎？伊川云「整齊嚴肅」，上蔡云「常惺惺」，和靖云「其心收斂，不容一物」，此時還虚乎？不虚乎？空乎？不空乎？但吾儒之所謂虚，所謂空者，要知與二氏不同，須自研究方識得。』

先生曰：『天命之性，堯、舜與桀、紂何嘗有添減？但堯、舜則兢兢業業都歸於道心，桀、紂則放蕩淫佚全歸了人心。由是觀之，所不同者，學與不學耳。學則爲堯爲舜，不學則爲桀爲紂，可畏也哉！』

先生曰：『不思不勉者，天道也；必思必勉者，人道也。以人道而造天道，則爲明誠；以天道而行人道，則爲誠明。要之，明則可以誠，誠則便是明，無二也，在人學之生熟何如耳。』

先生曰：『無極而太極，有極便不極矣。人要將伎倆骨董一一掃浄，方有入道機括。』

先生謂用行曰：『當今之世乃擾攘之秋，只可閉門潛修。若要在世路上走，必須一雙好眼睛，雖殺身也要成得一箇仁纔好。不然，徒死無益，直如草木耳。余嘗觀之三國時，人才最多，而成名者却少。你看孔明高卧隆中，直待先主三顧方出，是何等識見！其他曹操之下有荀彧等，袁紹之下有田豐等，孫權之下有周瑜、陸遜等，彼雖云盡忠，各爲其主，不過成就了賊做耳。人生真險矣哉！無他，其要在不知《春秋》之大義耳。由是觀之，《春秋》《綱目》二書，學者决不可不讀。』

先生曰：『明道先生真亞聖也，余觀彼透體於二氏中過來者，至如言語文字之間並不惹着些子，若他人未免有惹着處。』參夫曰：『朱子嘗言龜山近禪，何如？』先生曰：『朱子立教，清本澄源，防微杜漸，所以教人多指用處説，龜山常於體上點。龜山論道不可離，是在體上説，朱子便在用上分别是、不是，亦防微杜漸意也。且程門上蔡與游、楊三先生皆從禪裏打過來，獨龜山言佛蔽處最精。』

開陽曰：『一向静中亦是澄然無事，但不貫通耳。』先生曰：『要曉得澄然無事者是何物。周季純看之何如？』季純曰：『冲漠無朕之中，萬象森羅已具，此即吾之本色也。若能時時如此，依此本色行去，却無差謬。雖云前言往行未能一一識得，若存得此本真，便能知之爲知之，不知爲不知，隨事可參求，隨物可格致也。』先生曰：『説得差不多，但須曉得冲莫無朕者即性也，性即理也，理即善也。』

台文曰：『發與未發，説者有云自開闢以來於穆不已者，是無一息之停也，所爲萬古常發、萬古常不發，何如？』先生曰：『所謂萬古常發、萬古常不發者，是言性體如此也。《中庸》言未發，不言不發。所謂未發，指喜怒哀樂而言。若性體，説得不發，説不得未發。中者，性體也。萬古常發、萬古常不發者，中也。喜怒哀樂未發之時，正是萬古常發、常不發之「中」也。如此看來，兩説皆通。』〔一〕

校記

〔一〕以上九十五則據（清）許獻、高廷珍等纂《東林書院志》卷六『會語四』《高景逸先生東林論學語下》輯。第五十六則『先生曰：「顧先生有一言至平常，又至精微……」』，（明）吴桂森《真儒一脈》之《門人記録》亦載，但僅引至『便不容不學矣』一句而止。又，『還要反此身所從終』一句，『反』，《真儒一脈》作『及』。

學以復性爲主，入門最直截者莫若敬，但人不識敬耳。不識敬，則敬只是敬。識敬，則敬即是性。此所以貴窮理也。〔一〕

校記

〔一〕據（清）許獻、高廷珍等纂《東林書院志》卷十六祝可久《跋東林景逸高先生論學語》所引輯録。祝可久《跋東林景逸高先生論學語》載：『戊午秋，復來東林久住求學，先生示之曰（略）。』

我輩處常勝之局。小人敗，我輩勝。我輩敗，青史上畢竟我輩勝。〔一〕

校記

〔一〕據《常州先哲遺書》本（明）繆昌期《從野堂存稿》附録《遺事》引繆昌期季男繆太白識語輯録。《從野堂存稿》附録《遺事》載：『先文貞（按，繆昌期謚文貞）赴逮，舟抵錫山，叩别高景逸先生，不及門，遣傔從入白先生，即攜酉詣舟，從容語曰（略）。』

若説有生天生地者，便不是。動静無端，陰陽無始，原尋不出起頭處。〔一〕

校記

〔一〕據（清）陸世儀《思辨録輯要》卷二三輯録。

記

張止齋先生祠堂記[一]

祀張止齋先生者，報功也。先生諱翼，字飛卿。長七尺，戟髯廣顙，面如頳玉，目如曙星。爲人倜儻，尚氣節，與人談，見不循理者，無貴賤，輒面折之，有汲長孺風。

元季群雄竝起，東南鼎沸，先生隱居讀書，不求聞達。會高皇帝命中山王徐公達攻克蘇州，執張士誠。其部將莫天佑猶固守吾錫，徐公遣豫章侯胡公美率兵圍之。徐公再遣使諭降，而輒斬其使。公怒，傳令曰：『旦暮城拔，即屠之。』先生曰：『事急矣。』入説天佑，開陳禍福。天佑沉思良久，脱兜鍪抵地，曰：『如君議。』先生亟縋城出見豫章侯，乞全萬民。侯見先生狀偉而辭辯，爲感動，遂許之。城降，兵不血刃，市不易肆，則先生一説之力也。迄於今二百六十餘年，生生相禪於無窮，孰非先生所遺乎？

《記》曰：『法施於人則祀之，能禦大災則祀之。』先生既以子籌官大宗伯受封，子孫蕃衍，如大參公澄齋、吉州公伯可及諸俊髦，皆先生裔，可謂食報於天矣。雖父子竝祀學宮，而未有專祠。舊置木主於東郭小菴，而享祀弗及，尋没於榛莽。奉常陳公志行見而扼腕，圖爲剏祠，未得其地。會有羽士周裔玄者，毅然肩之，相度洞虚宫門内隙地而經營之。吾黨嘉其志，尋奉憲檄[二]，爲請於邑侯，即令裔玄聚材鳩工，建堂三楹，丙舍一楹，周以繚垣，西南其户。裔玄復改向離明，祠益爽塏。中奉先生神位，以徐公吉、火公丹赤配饗焉。吉字仲祥，當時與先生同説天佑；丹赤爲周思文養子，從行而死事者也，竝祀允宜。祠成於天啓甲子三月，不佞與志行及少司寇嚴公有儀、學憲鄒公彦吉、少司空葉公參之、少宗伯周公仲覲等共釋奠於先生〔三〕。不佞爲之記，而告於邑人曰：『吾儕皆先生所生也，慎勿負其生，以負先生。』

校記

〔一〕據（清）徐永言修，嚴繩孫、秦松齡纂《（康熙）無錫縣志》卷四十《碑記》輯録。又載（清）王直纂輯、王鑑續輯《錫山文集》卷三三，（清）秦瀛纂《無錫金匱縣志》卷三七《藝文》，《梁溪文鈔》卷二十。

〔二〕『憲檄』，《無錫金匱縣志》《梁溪文鈔》作『臺檄』。

〔三〕『不佞』，《無錫金匱縣志》《梁溪文鈔》作『余』，下同。『學憲』，《無錫金匱縣志》《梁溪文鈔》作『提學』。

序跋

錫山唐氏譜序〔一〕

歲丁巳春，余子世寧師唐子于震輯家譜，欲不佞弁以一言。不佞曰：『孝哉于震！此一本之誼也。夫親其親，因知親，復有親，追遠之仁也；祖其祖，因知祖，復有祖，返始之義也。敬宗收族，推之無窮，達之無盡也。致敬發情，殆有念不容已者乎！』

考唐氏先世，本晋陽唐功臣禮部尚書諱儉後。宋有字叔孝，諱作求者，崇寧五年進士，以儒學起家；有名以道者，爲太醫院長，爲無錫開化隈湖唐氏分支祖。南宋後家世稍替，蓋盛於唐宋而衰於元也。永樂三年，叔孝八世孫理舉於鄉，從弟瑨、同宗瓚俱列郡庠。理姪鳳由太學以新例補散官，爲叔孝九世孫，于震六世祖。唐氏之可知者如此。

夫俗之薄也，依草附木，亂人之祧，絶祖之祀，此不孝之大者，非仁人孝子辨氏類族之義也。于震能信其所信，缺其所疑，無附會攀引，合古人纂譜之意。吾見于震子若孫，必有覽斯譜而憬然念厥祖、肅然展孝思者，積厚流遠，未有艾也。余知于震久，惟于震平居事親無忝，故能推愛親之心，上及其祖。聖人云『立愛自親始』，豈不信哉！率祖承親，吾所以進于震者，於是乎在矣。萬曆四十五年歲次丁巳春月之吉，世侍教生高攀龍拜撰。

校記

〔一〕據（清）唐體仁等纂修《晉陽唐氏宗譜》卷二輯録。

錫山趙氏宗譜序〔一〕

家之有譜，猶國之有史也。顧史有數百年一修者，有數十世一修者。數百年一修者，聖天子操令甲於上，賢公卿秉筆削於下，出金緘玉匱之言，登石室蘭臺之選，繙閲幾經，丹槧不易。數十世一修者，章縫故老窮年累月，發抒獨得之奇，改竄已成之案。斯二者，厥功雖異，其以表實録、示勸懲，則一也。若譜，止以列名字而已，非有事蹟也；止以明世系而已，非有美刺也，於修之義何居？余謂不然。

今觀趙氏，自唐幽都令而後，即肇宋基，麟麟炳炳，天潢日盛。自松軒公徙居梁鴻谿，而吾錫趙氏之譜始著。今閲幾百年來支流蕃衍，則群處不能不涣。族之賢者鳩工而釐輯焉，蕃者析之，涣者萃之，甚盛事也。雖欲勿修，不可得已。烏得謂史之役重而譜之役輕乎？抑余謂是舉也，有三善焉：示人象賢，一也；勸人睦族，二也；勸人敦本，三也。臚列於前，聖祖神宗之蹟；序次於後，鉅儒名宦之榮。假令宗派相傳，共撫先人之俎豆，箕裘弗振，負慚舊日之衣冠，得無堂構之式微乎？其以示人象賢之思，一也。廟貌有時祧，展卷而祖同出一祖。服制有時盡，撫編而孫正非異人孫。假令親疏偶列，猶然一氣之本原，手足胥戕，竟起同宗之吴越，得無枝幹之披傷乎？其以勸人睦族之誼，一也。叔姪兄弟，昭穆之位置灼然。隆殺期功，遠近之名分截爾。萬一尊居乎卑列，出一時繼廢之權宜，嫡廢於旁支，忘百世相沿之乖舛，得無世次之或紊乎？其以勸人敦本之思，又一也。故以今日之脩而止，益所未載。夫人而知之，若使族之賢者憬然於三者之不可忽。脩者之深情，其或然乎！其或然乎！吾願後之仁人孝子共有志於斯，殆與《史紀》之編年、《綱目》之義例并垂不朽云。

賜進士出身，資德大夫、正治上卿、都察院左都御史，前刑部右侍郎、太僕寺卿，大理、太常、光禄寺少卿，召起光禄寺寺丞，行人司行人，年家眷弟高攀龍頓首拜譔。

校記

〔一〕據（清）趙寅恭、趙協卿纂修《錫山趙氏宗譜》卷一輯録。

雲陽彭隍冷氏宗譜序〔一〕

雲陽劉與光學有根柢，力行不懈，時過東林論學。一日出其母族冷氏譜，請予序其端。與光曰：『冷氏之先真定人，五代時天下大亂，有念九府君來雲陽之東，有鄉曰尚德，有地曰彭隍，山川四迴，松篁鬱然，土瘠而民稀。公曰：「此非人所争。」遂結廬其中。數傳，子孫益衍，列其巷四，以前後中岡上别焉，世以耕讀爲業。又數傳，子孫愈倍，各各散處，有居湖西者，有居顧巷橋者，有居郭村者，有居固村者，有居邑中者，有自邑遷姜堰者，有遷西府城者，有居白塔村者，有居常州者，有居吕城者，各有譜統之，故秩然不亂。在宋，十四世祖則有朝奉郎初九公，十二世祖則有奉訓大夫道昌公。國朝，十五世則有武略將軍威公，十六世則有知清河縣文俊公、上林監堪公，稱碩德者有浩然處士雪齋先生、雪巖先生，皆不可枚舉。在冷氏，先哲原建有祠，因嘉靖三十三年倭賊所焚，於萬曆三十七年乃重建祠堂於中巷之東，二年祠成。四十年，會合族於祠中，議曰：「吾族譜自斗山東先生修之，今五十年矣。且吾族散處，五十年來子孫不知歲千人，即各支有不相識者多焉，況由此而之乎？不譜也，則不有吾宗也。」皆曰：「然。」於是浮梁紹南詹子修之在祠，二年譜成，敢徼子一言之惠吾冷氏也。」

吾曰：『夫譜，猶之史也。國則有史，家則有譜。史以記善惡，譜則惟善者是誌。然富貴天所命也，不可得而强求，善則吾性也。何謂善？孝悌慈而已。是人人不慮而知之良知也，不學而能之良能也。自赤子至於老成同焉，自凡民至於聖人同焉。何以失之？弗思而已。思而得之，上之爲聖賢，下亦不失爲善士。邑之中有一善士，千百年來僅見之人。譜中有一善士，亦千百年來僅見之人。以千百年千百人中僅見之人，其人顧不重歟？是不金而富，不爵而貴。而問其所以得之者，不失其天性之自然而已。』

時萬曆丙辰冬日，賜進士、特授殿前都御史、年家眷弟高攀龍書。

校記

〔一〕據（清）冷能孝等主修《冷氏族譜》卷首輯録。

華氏重修族譜序〔一〕

吾邑惟華氏族最大，自趙宋來，古墓之存，子孫能世守者，惟華氏。世有素封，科第相望不絶，無乍興乍敗、滅没無餘者，惟華氏。譜牒明，子孫析處他郡邑，皆知所根蒂，惟華氏。其人多重宗盟，重祭祀，有古世家風。蓋華氏之族，出宋戴公考父説，食邑於華，故以華姓。自南齊孝子寶，始居錫山。至宋原泉者，自汴歸錫，居隆亭，故作譜者，自原泉始。譜創於元至正，一修正統癸亥，一修弘治丁巳，一修嘉靖戊子，一修萬曆丙子。修屢矣，諸公序之者屢矣。今去丙子垂四十年，譜又當修。余同年二守完沖公致吴興政歸，慨然曰：『吾念此三十年矣。』乃綜諸譜而衷之，爲譜德行，譜藝文，譜節烈，譜仕宦，以示其宗之所以重於吴中者，以孝子諸公重，非直以生齒貲殖閥閲重也。於是宗之老肖愚佐以咨諏，宗之雋心谷佐以剞劂，而譜完，徵言不佞。不佞以諸公之言既備，請言其未言者。

夫華，宋之後也。宋，聖人之後也。古之聖人，莫盛於堯、舜。堯、舜之時，功莫盛於棄、契。棄以養，契以教。契之後爲吾夫子，遂秉萬世教鐸，與天地無終始。今華氏，其一本也，可思矣。當高皇帝時，貞固公於兵戈草昧中能飭躬守禮，著書爲子孫式，豈非得所從來有異於人歟？今其族人多守法，不敢失隊，又非其得所從來有異於人歟？夫譜之所著，其麗不億，要以其人能爲一世有無者幾，能爲一鄉有無者幾，能爲一家有無者幾，可思矣。思也者，反其所從來也。微子至湯遠矣，契又遠矣，有娀氏受命玄鳥，抑又遠矣，所從來一也。知所從來，夫然後知司徒氏所爲五品之教，夫然後知吾夫子一貫之教。千古在前，千古在後，且將通於一息，況區區麗於兹譜者，忍秦越人相視也？有猛而思、豁然而達者耶？吾不敢謂之曰一宗之人、一世之人，而直謂之萬世之人。自司徒以來，姓之析於商者不可筭數，析於宋者不可筭數，析於戴公以後者不可筭數，各軀其軀，各心其心，而今乃豁然貫而一之，通萬世於一息，夫安得而不謂萬世之人？凡譜皆足以動人一本之思，況華氏之譜乎？夫華氏，近思其可知者，至孝子公而止矣；遐思其不可知者，至孝子公而始矣。孝，五教之先也，一本之極思也。譜首德行而宗孝子，旨哉！萬曆甲寅季秋，年家子高攀龍序。

校記

〔一〕據（明）華允誼、華允誠、華毓琮纂修《華氏傳芳集》卷八輯録。

跋顧涇陽先生答徐公匡岳書（題擬）〔一〕

此絶筆也。公一生念頭，無日不在世道上，至是，其益信矣。

校記

〔一〕據（明）顧與沐記略，（清）顧樞編，顧貞觀訂補《顧端文公年譜》卷下輯録。《顧端文公年譜》卷下萬曆四十年五月下載：『是月上旬作兩書，一答都門友人曰……，一答徐公匡岳曰……。後一札高存之簡遺草，識其後曰（略）。』

跋方正學先生行書王維詩（題擬）〔一〕

前賢既往，不復得見，所可見者，紙上之手蹟耳。正學先生當文皇帝正法金陵之日，其忠烈之氣争光日月，至今追念及之，凛凛猶有生氣。今觀墨蹟，筆似蟠鐵，平生本行已露豪端。折釵漏痕，足與平原並垂不朽。錫山後學高攀龍識。

校記

〔一〕據（清）端方《壬寅銷夏録》卷十五輯録。《壬寅銷夏録》載：『《方正學字軸》（紙本，高三尺八寸五分，寬一尺四寸五分，行書），行書：「松菊荒三徑，圖書共五車。烹葵邀上客，看竹到貧家。雀乳先春草，鶯啼過落花。自憐黃髮暮，一倍惜年華。建文二年春三月，方孝孺。」「方孝孺印」白文，「希直」朱文。題跋：（略）。「高氏景逸」白文。』

疏

請賜挺擊案三臣謚廕疏（題擬）〔一〕

昔張差挺擊一案，閣臣方從哲、御史劉廷元毫無忠膽，曲庇亂賊，獨剛正刑曹王之寀、李俸、張庭、陸大受等爲君父告變，執法賈罪。幸之寀繇寺臣而陪卿貳，人心共快。李俸等以淹滯抑鬱，賫志以歿，惜哉！今雖恩卹贈官，尚當賜以謚廕，旌其忠魂。然究竟無濟於實用，即欲追用其人而不可得也。

校記

〔一〕（清）高世寧《高忠憲公年譜》卷下天啓四年十月『疏請挺擊案三臣□□』下引此疏，今據以輯録，題擬。按，『謚廕』二字原漶滅，（明）華允誠《高忠憲公年譜》天啓四年十月下載：『疏請挺擊案三臣謚廕，奉旨下部，不行。』今據補。又，高世寧《高忠憲公年譜》卷下所載此疏有少量文字殘闕，如『獨剛正刑曹王之寀』中『獨剛』二字，『爲君父告變』中『父告變』三字，『人心共快』中『共快』二字，『今雖恩卹贈官』中『卹』字，『然究竟無濟於實用』中『濟於』二字，今皆據（明）顧秉謙《三朝要典》卷七《梃擊》所引『（甲子）十月庚寅』高攀龍此疏校補。

書札

與顧叔時書〔一〕

吾曹一時退處，共得閒身。造物之意，夫豈偶然？不知何修可以報稱？

校記

〔一〕《高子遺書》卷十《三時記》引，今據以輯録。《三時記》載：『余以癸巳冬仲謫尉潮之揭陽，越明年，七月二十六日始克成行。時叔時先生以削籍歸，信息至矣，予欲俟一晤而往。且先之海虞，弔趙定宇夫人之喪，便道問於季時。是日至小范家，飲酒半，季時至，知叔之歸尚遠也。……留書致叔時，有「吾曹一時退處，共得閒身。造物之意，夫豈偶然？不知何修可以報稱？」之語。』又載高世儒撰《先父資德大夫正治上卿都察院左都御史贈太子少保兵部尚書謚忠憲景逸府君行述》。

答范鳳翼書〔一〕

諸君子之過激，使公論反出於小人，而私情反出於君子。如來教所謂，君子之公論也，可見天下事有一定而不可移之理。

校記

〔一〕據崇禎刻本《高子遺書》附録（明）范鳳翼《祭高先生文》所引輯録。《祭高先生文》云：『余每於時事之大者，獨謂諸君子之過激非是，此語不可聞於諸君子之耳。而先生書來，獨是余言曰（略）。』

遺吴海洲書〔一〕

凡人行義非難〔二〕，所安爲難。人心清净〔三〕，中一物不可著，何處著一官？若一念未融，其道不光矣。了此，便鳳凰翔於千仞。

校記

〔一〕《高子日記約鈔》（《高子遺書未刻稿》附）癸巳閏十一月廿一日下引，據以輯録。高世儒撰《先父資德大夫正治上卿都察院左都御史贈太子少保兵部尚書謚忠憲景逸府君行述》及（明）華允誠《高忠憲公年譜》、（清）高世寧《高忠憲公年譜》卷上萬曆二十一年下亦引。《高子日記約鈔》、高世寧《高忠憲公年譜》且載吴海洲答書：『流俗淺人那知此意？此行身輕蟬蜕，其樂何如！悠悠之衷，想丈與弟同之也。』

〔二〕華允誠《高忠憲公年譜》無『凡』字。

〔三〕『人』，華允誠《高忠憲公年譜》作『此』。

柬繆西溪太史〔一〕

久不聞問，知道況佳也。翁丈無所誣坐，聞當事者反欲微波，果否？近都下盛傳姑蘇詞林作六臣弔忠文，此必有人傾文、姚二老者，翁丈聞之否？劉念老書來，且欲約同志爲大會以弔忠魂，正落其網中，弟力止之矣。當此之時，閉户謝客乃正當道理，反有以爲非者，弟誠不知其解也。有聞幸示之。

校記

〔一〕《柬繆西溪太史》三札據《常州先哲遺書》本（明）繆昌期《從野堂存稿》附録《贈答》輯録。尹按，據《從野堂存稿》附録《遺事》引繆昌期之孫繆畇《交遊翰墨跋》，云家藏『《交遊翰墨》一帙，係吾大父先文貞之同學同朝及親故門下士與公往來手札也。』《從野堂存稿》附録所載《柬繆西溪太史》三札，當係出自繆家家藏《交遊翰墨》。

又丙寅正月

新歲，翁丈福履俱新矣。春旦爲翁丈筮得一卦，如别紙。聞中朝定黨人碑，亦事之不容已者，不足異也。草草，不多及。

又丙寅二月

弟居湖干，久不見報，未知外患何如。黨禍有限，外患無窮。外患成，吾黨求爲黨人不可得矣。來月弟有人候趙師，向奉教，敢以聞。有新聞，幸廣孤陋。

與陳龍正書〔一〕

魏黄門之北也，門下高誼，如見古人。

校記

〔一〕據（明）陳龍正《幾亭全書》附録卷一（清）陳揆編《陳祠部公家傳》所引輯録。

與郡侯歐陽宜諸公祖書[一]

東林書院見於王文成公之記者不論矣，嗣後督學者三議興復，一見於聞人公名詮[二]，一見於耿公名定向，一見於謝公名廷傑，檄文具在，而皆不果。雖曾葺有祠堂三楹，後竟毁爲他搆，良以其規制蕪陋，始未嘗爲久遠之計也。今籍老公祖在事，以其時則可矣，故倡之自涇陽先生，二三同志和之，已集三百餘金，可爲堂搆計。而必上聞於老公祖，且欲求轉申兩院及學臺者，蓋以此舉爲多士所願，因其願而重之以當塗主持，便可成風，風則動，未必不爲流俗變化之機云耳。公啓所未及，敢私布之。

校記

〔一〕據（清）嚴瑴輯《東林書院志》卷下《文翰・書》輯録。又載（清）許獻、高廷珍等纂《東林書院志》卷十七《文翰三・書啓》，（清）鄒鍾泉《道南淵源録》卷十《興復・公啓》。

〔二〕「聞人公名詮」，嚴瑴《東林書院志》作「聞公名人詮」，按，聞人爲複姓，此據許獻、高廷珍等纂《東林書院志》及《道南淵源録》校改。

柬張泰巖先生[一]

楊、左、魏之不免也的矣，即弟輩彼亦不放過。此不足爲異，天下事要硬脊梁漢擔正在此。一本好戲文，丈試憑几觀之。

校記

〔一〕據（清）鄒鍾泉《道南淵源録》卷六《道南後賢紀要》輯録。《道南後賢紀要》載：『張泰巖先生久與東林講會，爲高景逸、吴素衣諸先生推重。天啓乙丑，景逸有小札貽先生云（略）。手札如此，可見兩先生心膽有契合處。』

與顧端文書〔一〕

先生之學，性學也，卓然度越諸子矣。宇宙何幸有斯文，斯文何幸出吾邑也！喜躍！喜躍！以尊命不敢違，遂僭加丹黄，妄甚。亦據今日鄙見，未知異時何如耳。年來看《大學》之義，稍覺心上妥貼，略書於尊札柬端而未明也，復申其説於别紙，乞先生細入思慮而駁正之。讀令弟遺稿一段，正氣凜凜，不可磨滅矣。教下攀龍頓首。

校記

〔一〕據上海國學保存會編《國粹學報》光緒三十二年（1906）第三號（總第十五期）《撰録·東林遺翰》輯録，又載吴曾祺編纂《歷代名人小簡》卷下。據《國粹學報》所載丁藥園《顧端文公家藏手牘序》及黄宗羲、徐倬、趙懷玉、鄧實諸人跋，高攀龍、趙南星等東林中人與顧憲成往還手札係顧憲成裔孫顧貞觀舊藏，書册舊題《東林翰墨》，趙懷玉得之於顧貞觀後裔，後辨志書塾複摹刻入《辨志書塾所見帖》，張子高奉其大父之命，將家藏舊帖贈予國學保存會。

與丁乾學書一〔一〕

丈南中來書已到，以弟目中所見，憂天下之憂者，惟丈一人而已。弟以結鄭氏之局，求太宰，太宰以旨不及，竟背初諾。弟出山自盟，不敢不以所學上告吾君。疏不可數，故即入時事，中貴竟借以償鄭氏之賄。會奏何曾及鄭氏，而曰會奏處分乎？元相無一字分疏也。元相百不担當，弟百不責備，以此公不能用天下之善而能容天下之善，不能去天下之邪而能知天下之邪。容與不容、知與不知之間相去遠矣。今彼中惟恐其不去者，元相與總憲二老去，則不似今日之局矣。審局最要緊，賢者多昧之。

王憲老之去，雖出烏程，實中官之奉客氏。知外廷洶洶，故亦罷烏程、罷中樞以劑之。今大事皆以片紙傳宣，閣臣承行而已。福清尚救得一二分，如韓如何者，可咲君臣之義無解於心，然須自量實有幹蠱之才。此時正宜自靖自獻，不然，亦見幾而作之日也。弟則日念丁長孺丈之教，云宜蚤歸來，全東林體面。能救世，何有東林體面？不能，則東林事亦不小，故決於歸也。

貴鄉人適有二尹於敝邑者，附此二尹。公於此輩中尚有可勸勉處否？望丈示之。弟有本衙門差抵家，圖晤。不一。八月望日，小弟攀龍再頓首。沖。

校記

〔一〕此札與後札皆據《江曲書莊所藏明人尺牘》之一《明王守仁、高攀龍兩大儒手帖》輯録。手帖後有乾隆五十九年彭紹升（號尺木）跋、嘉慶八年潘奕雋跋、同治五年沈梧跋及光緒三十二年吴江沈廷鏞跋。據諸人跋，王守仁、高攀龍手帖爲彭紹升所藏，合裝爲一卷，後歸其從子彭守約，續入張古虞司馬，同治間歸錫山沈梧、吴江沈飏生，此係沈飏生之子沈廷鏞光緒三十二年據原件石印。又，沈梧跋疑二札係與丁乾學書，云：『右忠憲手札所云「憂天下之憂者，惟丈一人而已」，或疑與丁侍讀乾學者。按，侍讀山陰人，萬曆己未進士，選庶吉士，授檢討。魏忠賢亂政，丁公感憤時事，輒太息流涕，仰天痛哭。天啓四年，主試江西。閹惡勢之既横，而閣臣如葉向高、韓爌輩名爲清流，大都苟自完，莫肯出力鋤奸，丁公於是即所爲程策内發憤痛言之。公故有「仁丈首攻權璫，權璫所切齒」云云。』又云：『蓋二札一在天啓二年秋公爲太僕卿，一在四年冬以御史罷歸時書也。』今從之。

與丁乾學書二

弟老矣病矣，世道陸沉，有其憂，無其用矣。乘此時位，惟有煉習身心爲全歸之計而已。仁丈年富力强，不異弟於今日，不同弟於異日。弟見經世者必須經術，經術須明《易》道。夫子謂學《易》可無大過，今人將『大』字看作『麄』字，不知是害家凶國莫大之過，惟學《易》可無也。仁丈首攻權璫，權璫所切齒，近日之事已了前件矣。惟楊大老決不兑其意，不殺之不止，焦山之事恐再見矣。『人之云亡』，既失鄒南翁，復失丁慎老，兩月之間，兩哭故人，何能爲懷乎？趙先生亦傳此耗，近得其書，始一開顔也。弟尚未能遇，德里在慎老處附一字於敬伯兄者如此。十五日，小弟攀龍再頓首。

答左滄嶼書〔一〕

觀丈試作，真堪背城一戰也。所教語語肝鬲，弟平時每以於丈未嘗致塵埃之力，耿然於中，倘有可以投隙之處，自不煩丈言。此公廉隅甚峻，弟輩祇以道義相與，若情分上事，雖弟家庭骨肉有不容解於心者，亦付之無可奈何而已[二]，知知丈能諒也[三]。弟攀龍頓首嶼丈。

校記

〔一〕據（清）孔廣陶《嶽雪樓書畫録》卷五引録《明名人尺牘精品二册》第二册《高攀龍一札》輯録。《嶽雪樓書畫録》載：『素牋二經，高七寸，闊三寸六分，行書，十行。』有『逸湖珍藏』『子孫永昌』二印。尹按，《高子未刻稿》書部、《高子別集》卷二有《柬左滄嶼侍御》二札，『嶼丈』當即其人。

〔二〕《嶽雪樓書畫録》註：『「已」字旁添。』

〔三〕《嶽雪樓書畫録》註：『「知」字重寫。』

與楊大洪書[一]

收得福建銀一百兩足，承蒙弗棄，捐登收簿。台玉於左工程約計中秋前後完竣。弟發小柬邀請諸同志長聚詩社，立東林勝舉，各賢友以會盟公道，論所□言。請石齋道兄前代爲將情，一切關照。念臺詞長前亦如是否？則差人送至亦可以也。

和月接著澄江繆西溪實信，弟飲寐不安。早聽愚言歸里，未有此變。涇陽亦云凶多吉少，所見可同，性命難逃矣。特此字達大洪詞長台收。十八日，沖弟高攀龍頓首。

校記

〔一〕據莊新興主編《明清名家書法大成》第二卷《明代書法2》輯録。《明清名家書法大成》未言此札出處，不辨真僞，姑録此待考。

與某書

千里經時之别，依戀知己，故過，一執手。昨叙後，暢洽快心甚矣。今晨重恐令姪煩費，故不别而行。乃勞使者遠來，反不安矣。珍貺謹領，扇、玉、香三種，佩兄之芬芳，式兄之潤德，扇頭諸言爲嚴師矣。昨見柱下一紀，足見兄金石之志。弟亦近有答友人一詩，謹録請教。名金令兄及少涇丈乞致聲。昨所托□□之館，千千可一爲留神。弟名正具。右冲。

校記

〔一〕此札據無錫博物院藏《高攀龍書信録真蹟》輯録。

答某書〔一〕

有以封爲贈之誤，早自朝中見教得之，今已遣役閣内返還原稿，爲之改正矣。蒙尊札見詢，草此復。攀龍頓首。

校記

〔一〕據上海圖書館編《上海圖書館藏明代尺牘》第六册輯録。

答某書〔一〕

昨承手教，適對客，不及答。歲暮旅況，不問可知其清冷也。愧多冗，不能爲資，聊奉三金，助歲除一節，幸叱存焉。生攀龍頓首。

校記

〔一〕據（清）黄定蘭輯《明人尺牘》輯録。

答某書

前日匆匆，竟失答此語。弟在嘉禾會時，便詢賢尹，弟以三賢尹對，曠父母及敝縣、常熟也。四府中之賢者固多，弟所深知者止此，舉其所知而已。微問之説決無之，不必疑也。弟名正具。右冲。

校記

〔一〕此札及後札據（清）鄧實輯《明代名人尺牘》七種之六《明東林八賢遺札》輯録。

與某書

希顔以惡族盗松毁墓，再三籌之，心不能已，必欲鳴之曠父母，此憤之出於義者也。希顔昧於當制處，望足下一治之。祝祝。四月九日，期服眷生高攀龍頓首。信乎道安！

答某書〔一〕

得教，如奉面談矣。知君子多福，不勝喜慰。家鄉一以如昨，默默觀天道，何彰明如是！信乎獲罪於天者之無可禱也。玉堂多暇，足供讀書著作，幸毋忽千秋之業。

弟家去年充糧役，鑒包棍之弊，六舍弟士鸞齋糧至京。桑梓重役，仁人所憫，有可加惠處，敢以望之。知己縷懷，百不悉一。二月廿四日，小弟攀龍再頓首。冲。

校記

〔一〕據上海馳翰2017秋季藝術品拍賣會拍品輯録。有『曾藏丁輔之處』『鮑冠儒』二藏印。

論逋税致某丈（題擬）〔一〕

東林此月之會，兄決不可不來矣。期服弟攀龍頓首。

校記

〔一〕據（日）山本悌二郎《澄懷堂書畫目録》卷四『高攀龍尺牘小軸（高九寸七分，闊四寸三分，紙本）』輯録，僅引此二句及下款。《澄懷堂書畫目録》載：『浦税を論じたる手札なり，「期服弟攀龍頓首」シ款せり。上款は「我丈」シのみにて、何人なるかを詳にせざれジも、文中に「東林此月之會，兄決不可不來矣」の一節あるを以て見れば、その東林黨の人たるこシ明なり。高攀龍は東林の領袖にして、一代の鴻儒なり。其の逆璫の追逋を逃れ、池に投じて死するに至ろまで六十五年の一生涯。竟に道學文章の外に出でざりき。所以に其の翰墨の世に流傳せるは極めて罕にして、纔に手札文稿の類に依りて、其の手蹟を窺ふこシを得るのみ。輒ち此の小幀も亦蒼龍の遺鱗たらずんばあらざるなり。』

柬友人〔一〕

弟在此實有事做，非浪擲光陰者。

校記

〔一〕《柬友人》《手書示諸子》二札據高世儒撰《先父資德大夫正治上卿都察院左都御史贈太子少保兵部尚書謚忠憲景逸府君行述》輯録。高世儒所撰《行述》載：『屏跡湖干，自稱湖上老人，不見一賓客，不談一時事，花鳥爲伴，嘯咏自娱，謂大臣見廢，時義當然。柬友人曰（略）。手書不孝輩曰（略）。』

（明）華允誠《高忠憲公年譜》、（清）高世寧《高忠憲公年譜》卷下『天啓五年』下亦引此二札，華允誠《高忠憲公年譜》第一札作『柬相知』，第二札作『手書示諸子』。又，高世寧《高忠憲公年譜》所引二札文字有殘缺。

手書示諸子

屈子遊於江潭，袁生自囚土室，彼固各以其時。況我老矣病矣，荷明主不誅之恩〔一〕，守微臣引罪之義，息交入山，自是道理。若欲山中見客〔二〕，何如不入山爲便？若聞客至而歸，何如不出門爲安？兩者勢決不能。客至，惟汝輩誠懇謝罪而已〔三〕。

校記

〔一〕『明主』，（清）高世寧《高忠憲公年譜》作『朝廷』。

〔二〕『見』，（清）高世寧《高忠憲公年譜》作『接』。

〔三〕華允誠《高忠憲公年譜》無『誠懇』二字。

寄父書〔一〕

兒觀今日時事日非〔二〕，天下事無一可做，稍酬生平，惟有守令耳。部官悠悠〔三〕，坐老歲月，不若乘此年力做一出頭，以後便可迎刃而解〔四〕。嚴不至激，和不至隨，兒自量力能爲之。愛民好士，一介不取，亦自量力能爲之〔五〕。邑中豪傑雖多〔六〕，兒意所取法者邵文莊、王繼山二公，皆自州官起脚。夙志如此，未審得遂否〔七〕？

校記

〔一〕高攀龍之子高世儒撰《先父資德大夫正治上卿都察院左都御史贈太子少保兵部尚書謚忠憲景逸府君行述》載：「廷試名在三甲，觀政大理寺。七月，聞嗣王父訃，星夜馳歸。……辛卯，服闋。壬辰，謁選。例應得部，值選司鄒孚如先生條議謂起復驟得京職爲大便宜，宜如舊例，選授當得縣令。吾父寄書王父曰（略）。既而鄒議部覆不行。六月，授行人司行人。」今據以輯録。（明）華允誠《高忠憲公年譜》、（清）高世寧《高忠憲公年譜》卷上「萬曆二十年」下亦引，華允誠《高忠憲公年譜》載：「先生廷試三甲，當爲令，丁憂。起復，當改京職，值選司鄒孚如議申舊例，仍與外。先生喜，寄父書曰（略）。既而鄒議不行。」（清）高世寧《高忠憲公年譜》載：「二月，赴京謁選。……初到部，擬選縣令，寄繼成公書云（略）。」（明）朱國禎《資德大夫正治上卿都察院左都御史贈太子少保兵部尚書謚忠憲高先生墓誌銘》僅引「居内悠悠，坐老歲月，不若乘此年力做一出頭，以後便可刃解」數句。

〔二〕「兒」，華允誠《高忠憲公年譜》作「男」。

〔三〕「部官」，高世寧《高忠憲公年譜》作「京職」，朱國禎撰墓誌銘作「居内」。

〔四〕華允誠《高忠憲公年譜》無「便」字。「迎刃而解」，朱國禎撰墓誌銘作「刃解」。

〔五〕「亦自」，華允誠《高忠憲公年譜》作「兒亦」。

〔六〕「豪傑」，高世寧《高忠憲公年譜》作「先達」。

〔七〕「否」字前，高世寧《高忠憲公年譜》有「願」字。

與大哥書一〔一〕

今日以忌日不出門，不得晤哥。有欲言者，儒兒今冬已決計贖祖屋矣，恐説遂有妨哥措置，故先言之諸侯。面，不悉。期服小弟攀龍頓首大哥尊前。

校記

〔一〕以下二札據北京大學圖書館藏（明）陶珓書《明賢尺牘》輯録。

與大哥書二

今日會園適，即面言之，擇初二日掃墓，望哥預却他冗，先此訂。期服小弟攀龍頓首大哥尊前。

與大哥書三〔一〕

頃來人急回，不及携字報哥。適有便帖，已即令人回稟矣。期小弟攀龍頓首大哥尊前。

校記

〔一〕以下與大哥書十札、與六弟書一札據無錫博物院藏《高攀龍書信録真蹟》輯録。

與大哥書四

前日會，今日得與言，已許出籤拘審矣，未悉曾出否？期小弟攀龍頓首大哥尊前。

與大哥書五

儒兒亦以比云匪人爲疑，因前已許之，如應五十金，併三姪付者可也。有田抵事必無，虞尚存，已兩促之，而泄泄不以爲事，甚可咲。復丈更不必爲言，契即還之耳。小弟攀龍頓首大哥尊前。

與大哥書六

哥處河夫已令人捺之，不必出也。期小弟攀龍頓首大哥尊前。

與大哥書七

弟適自漆塘歸，保肺膏并官户被役緣由奉上，欲求顧丈作呈也。功期小弟攀龍頓首大哥尊前。

與大哥書八

適令公來，哥事已與剖白，竟銷牌矣。期小弟龍頓首大哥尊前。

與大哥書九

藥方草草奉上。功期服小弟攀龍頓首大哥尊前。

與大哥書十

約慕臺者已歸，慕臺先三日已從長興山路至金沙矣，其家人携弟字往。幸哥病瘳，可無汲汲也。小弟攀龍頓首大哥尊前。

與大哥書十一

有楚客致其地蓮□，敢以充哥六味粉中之用。小弟攀龍頓首大哥尊前。石蓮曬燥舂□。

與大哥書十二

仲淳方，如哥服一二劑，身中如常，即對病矣。有些小不安，便不對病也。治痔已得五六分工夫矣，得教如命，附一柬。功服小弟龍頓首大哥尊前。

與六弟書一

兩兒既爲房户隘，炎暑迫，久欲分居。近大房諸姪亦急於各居，專待亟贖屋。大哥將以屋價分授，常來催促，故今冬儒兒贖祖居之計決矣。敢預以聞，弟可蚤爲計也。期兄龍頓首六弟文几。

與六弟書二〔一〕

吾邑遽失顧先生，一大變也。二扇奉上。明日約王成我一坐，愚以顧先生新喪，不酒肉，勞弟過，一作主。千萬！千萬！期兄攀龍頓首六弟几下。

校記

〔一〕據石守謙、楊儒賓主編《明代名賢尺牘集》輯録。

與七弟書一〔一〕

吾弟加冠，薄物表意，蓋以金玉君子相期云爾。愚兄攀龍頓首七弟解元。

校記

〔一〕據《高氏三世誦芬帖》輯録。

與七弟書二〔一〕

正憶兩姪試事，二姪案已見。大姪臨試，又有疾作，若得院試稍遲，將養亦不妨進取也。國事如破舟在大海波濤中，未知税駕所恃。聖上從無失德，豈有上天遽殃之理？或凶中變吉，亦未可知。若論人事，無一可恃也。愚此番出山，只了得數件念中事。出來非富貴之□，念念只想山林。若得轉南中白下宦隱，平生所樂，尚可以未盡之衰殘勉效塵埃之職事。北中決不能久居也，已向當事者屢言之，未肯從，從則大幸矣。役田事，誠如弟言，但千畝之田，久當散還，各宅以置五六百畝，如何？上煩宸聰，下部亦不肯覆。當時華學士何等神通！下部所以不覆者，亦以縣中又是一區之事，故不能爲也。此亦只是撫院結局事矣。六弟與鄭氏之事，雖不知其委曲大略，只是小人以小利誘。四月廿五日，愚兄攀龍頓首七弟文几。

校記

〔一〕據朱文傑《無錫新發現明代高攀龍手書家信》(載《文物》1986年第4期)所附影印件輯録。原件今藏無錫博物院。

與七弟書三〔一〕

今年遇凶神惡煞,作事之拙,窮天極地,只一薛濤更弄不進,無之而非窮途也。可笑,可笑。然否極者,有泰來之機,望弟勿自隳也。末場又做出許多惡模樣,皆在意料外。向所借南禪静室,竟無閒身得片刻之坐,題附返,羢衣并去。期功兄攀龍頓首七弟几下。

校記

〔一〕據石守謙、楊儒賓主編《明代名賢尺牘集》輯録。

與弟書〔一〕

於此益見藥石不可缺矣。租帳第一項是原額,第二項依弟開來數。田糧因無細號數,只以二百五十石原額算。頃依弟示,來糧則再令人算,竟不差,不知弟所云誤者何?乞示之。明日祈弟一過儒兒所,祝祝。愚兄攀龍頓首。

校記

〔一〕據錢鏡塘輯《錢鏡塘藏明代名人尺牘》第四册輯録。據文意，此札前半當缺失。

壽文

壽范某〔一〕

聖人何以異於人哉？聖人習而安之，衆人不安而不習也。

校記

〔一〕據崇禎本《高子遺書》附録（明）范鳳翼《祭高先生文》所引輯録。《祭高先生文》云：『先生又嘗爲文以壽先人矣，其文雖以壽先人，而實以教余。先生之言曰（略）。』

祭文

祭尤時純文〔一〕

嗚呼時純！生爲人所任，没爲人所思。世俗以爲癡，吾見人皆曰：『子智，卒蹈於天下之大愚而不自知，孰如君之癡？』生年不半百，所竭蹶而務者，皆足繫人之思。維彼箭水，君則疏之，捐地捐廬，不顧其私。維彼蝗蝻，君則捕之，任勞任謗，不冀人知。維彼舟盗，君則跡之，章樵一記，大憝以夷。維彼閩匠，君則驅之，直糾旁撓，搆怨不辭。凡若此類，世人心所欲爲而不肯爲。欲爲者，天理之正。不肯爲者，人欲之私。狥其私者，自以爲智。狥其公者，人以爲癡。使天下而皆曰：『予智，生人之事，吾知其頽敗委靡滅裂而無遺。』嗚呼時純！自今以往，有如邑中卒有一事，必曰：『安得有如時純者而任之？』彼三事九列，瘉衣甘食，閉門自養其七尺之軀，及其没也，所爲七尺倏忽臭腐，供蛆蟲之一飽，而世之視其七尺，亦如蛆之乍生乍死，無當於有無之數。孰如時純，生爲人任，死爲人思，使端人正士不秦越於一膜之外者皆恫乎有餘悲？此豈聲音笑貌之可得而欺？

校記

〔一〕據（明）鄭元勳《媚幽閣文娱二集》卷八輯録。

約

量入約〔一〕

父立撥付授兒世儒、世學、世寧。吾家世守清儉，至吾父静逸府君稍積箸三千金，於時祗以交質，嘗什一之息，僅有負郭田五十畝。至吾，廢質庫，盡以買田，累至二千餘畝。數年以來，徙居、婚嫁出不程入，乃積借負二千兩，每年田中所入僅足供子錢。外觀匡郭居然素封，而中藏如此，若復因仍塗轍，立盡之術也。今將田産割償所負，除後項所開外，存田一千二百畝，三子均分，每人田四百畝。每年以百畝供私室之用，以三百畝完國賦，佐公費。蓋公私倚辦，些微岌岌乎不支矣，今只有『儉』之一字爲對症良方。吾深懲往咎，惟是不量出入，狥物漫應，自貽不節之嗟，故立《量入約》，臨以先生長者，使汝可遵行而不疑也。

校記

〔一〕（清）高世寧《高忠憲公年譜》卷上萬曆三十五年『二月，析諸子産』下引，據以輯録。

戒

壽戒[一]

人生六十，老矣。老人年日增，事當日減。患減之未盡，不患減之過。當以目前最切者減之。一戒壽文、壽詩，以省親知之勞費。一戒壽卮、壽服、壽晝、壽屏、壽燈，以杜壽章之變調。一戒餽食，以免施報之紛紜。一戒壽筵，以免物命之戕殺。一戒演戲，以防子弟之淫奢。一戒集分，以杜壽觴之旁竇。一戒迎賓，以貽歲首之安樂。守此七戒，老人澄然無事矣。無事之樂，更有何樂似之乎？或曰不然，老人掩耳不聽。

校記

〔一〕（清）高世寧《高忠憲公年譜》卷下天啓元年載：『正月作《壽戒》。』並引全文。（明）華允誠《高忠憲公年譜》天啓元年下亦引《壽戒》，但文字有删節。今據高世寧《高忠憲公年譜》所引輯録。

失題、日記

失題[一]

光禄事雖多，儘做得去。初間尚有中官聒擾，事事不放過，事事不已，甚遂帖服，不敢動。今益沛然矣，但不可便以此爲盡職。他事一切不管，此等職事全算不得也。

校記

〔一〕據（明）華允誠《高忠憲公年譜》天啓二年所引輯録。

失題[一]

父母全而生之，子全而歸之，親之孝子也。天全而生之，人全而歸之，天之孝子也。

校記

〔一〕據（清）任啓運《禮記章句》卷二之一《内則》第二十三章章句引高攀龍語輯録。

日記十一則

思無益於地方，日接見民間子弟，與之説書談文，冀有裨益〔一〕。

校記

〔一〕（清）高世寧《高忠憲公年譜》卷上「萬曆二十二年」載高攀龍九月抵揭陽謫所後，「課試儒童」，下引此則日記，據以輯録。

檢點過失，在言語上多，宜專於此致力〔一〕。

温習《周易》《性理》，飯後每誦《詩》一二章，信哉《詩》之可興也！每晚讀《楚詞》一篇，忠誠懇至何減三百篇？然非朱夫子，亦未易一暢曉屈子丹衷也。

校記

〔一〕（清）高世寧《高忠憲公年譜》卷上「萬曆二十二年」載高攀龍九月抵揭陽謫所後，「編集《朱子要語》成」，下引此二則日記，據以輯録。

因病復取修煉家説觀之，覺其鄙而不足爲。夫大人者，與天地合其德，日月合其明，區區自保其神氣，以偷生其間，亦焉用之？若夫慎言語，節飲食，毋勞其形，毋摇其精，毋使思慮營營，則誠養生之至要矣〔一〕。

校記

〔一〕（清）高世寧《高忠憲公年譜》卷上『萬曆二十二年』，載高攀龍九月抵揭陽謫所後，『患病静坐』，下引此則日記，據以輯録。

有主則敬，無爲則誠，只是如此〔一〕。

校記

〔一〕（清）高世寧《高忠憲公年譜》卷上『萬曆二十八年』九月下引，據以輯録。

一日覺氣在胸膈稍滯，思調息。息最微，若有若無，誤認氣爲息而調之，大害事矣。次日便覺多却。調息一念只是誠無爲，著此子不得也〔一〕。

校記

〔一〕據（明）華允誠《高忠憲公年譜》萬曆二十八年下所引輯録，華允誠《高忠憲公年譜》載：『與吴子往等静坐水居，日記云（略）。」（清）高世寧《高忠憲公年譜》卷上「萬曆二十八年」十月下亦引，「胸膈」作「胸脇」。

連日可樓静坐，朝負初陽，夕披明月，山光水色，鳥語花香，心境相融，天下寧别有仙人耶〔一〕？

校記

〔一〕（清）高世寧《高忠憲公年譜》卷上「萬曆二十八年」十月下引，據以輯録。

正月二十七日，舟中看薛敬軒先生要語，覺得自家平日言語多，不但招尤，又且損氣。養德養身，莫要於此。又，覺己有善，常要人知，人有不善，多不能隱，此屬淺薄陋惡之甚，宜痛戒之〔一〕。

校記

〔一〕（清）高世寧《高忠憲公年譜》卷上「萬曆三十四年」下引，據以輯録。

重九在虞山精舍與管東翁問答云。翁語次深薄宋儒，予曰：「先生必有所見，其灼然處何居？」翁曰：「只一『性』字，宋儒便不識。」予曰：「何謂？」曰：「性者，大覺。宋儒謂性即理也，認做一件鶻突的黑影子。」予曰：「何以見之？」曰：「彼以知覺爲心，謂理乃心所包之物，豈非包着一件不覺之物乎？」予曰：「理有何形？因其心之發見，知其有如是之條理，故謂之理。若謂以覺包理，則理乃在外，宜乎今人以物理爲外，以格物之理爲狥外矣。」翁曰：「此是公爲宋儒分疏。吾自二十歲時，已見宋儒骨髓。」予曰：

『不然。是老先生有得後，看宋儒故認得如此。若攀龍者，初時一無所見，從程、朱夫子討出工夫曲折，一一依他做，並不見有如此癡學問也。』翁曰：『公近釋《正蒙》，且論太和何如？』曰：『張子謂虚空即氣，故指氣以見虚，猶《易》指陰陽以謂道也。』曰：『即此便不是。謂氣在虚空中則可，豈可便以虚空爲氣？』予曰：『謂氣在虚空中，則是張子所謂以萬象爲太虚中所見之物，虚是虚，氣是氣，虚與氣不相資入者矣。』翁但曰『總不是』『總不是』，予亦不敢與長者屢辨而止。因思學問從入之途不同，斷無合并之理。吾儒以秩序命討自然之天理爲理，其自然之條理毫髮差池不得處，正是大覺。彼徒以此心之精靈知覺爲覺，宜其認理爲鶻突爲黑影。端緒迥然，安可以口舌争也？〔一〕

校記

〔一〕（清）高世寧《高忠憲公年譜》卷上萬曆三十四年『九月，講學虞山』下引，據以輯録。

二十八日，至水居静坐，見得目之視、耳之聽皆是此心之靈，此心之靈充塞無際，嘿識而存之，更無餘事矣，故有詩曰：『此事須從静裏求，不求徒静祇悠悠。既竭吾才方卓立，莫教日月過時休。』又詩曰：『當言寂寂與惺惺，大夢居然尚未醒。要識真惺與真寂，須教默識此心靈。』次日，忽疑孔門所謂仁即是此件否，何故却説克已復禮專在視聽言動上？又説恭敬忠恕寬信敏惠等俱在事上説？不知此聖學所以爲妙，正是此靈之德。此靈全不在恍惚希彝處覓，只在實事上不走漏，便是不違仁也，故有詩曰：『爲學須知要欲仁，欲仁仁至始能依。工夫更莫虧終食，三月繇兹可不違。』又詩曰：『休言雜念苦難除，自是心君無地居。一旦豁然仁體現，方知吾自有吾廬。』聖學全在躬行，所以不落光景。次日行持，覺有默識的意思，疑是多了事，因看禽魚，忽悟鳶飛魚躍總是天機自然，誰着得些子力？遂覺一化，不知手之舞之、足之蹈之也，故有詩曰：『一番攻破一番平，到得平時無處尋。不説從前經歷路，只拈平處悮人深。』又詩曰：『饑來吃飯困來眠，此是勿忘勿助間。莫向癡人前説夢，工夫只説在先難。』次日行持，但覺此心光明燦爛，自作得主宰，更不靠傍，更無安排，無功用中功用自在，但是本色耳〔一〕。

校記

〔一〕（清）高世寧《高忠憲公年譜》卷上『萬曆三十五年』三月下引，據以輯録。

静坐得誠神幾之意，復體驗得天性與知覺運動。若判爲二物，必使知覺運動皆自天性中出，方是學問〔一〕。

校記

〔一〕據（清）許獻、高廷珍等纂《東林書院志》卷二二《軼事二・諸賢軼事・高景逸先生》所引輯録。

家訓、雜訓

家訓一則

居此官，家人愈要兢業。家人有德色，便生意外事。勿以圖利反至招禍，勿以恃勢反至失勢〔一〕。

校記

〔一〕此則據（明）華允誠《高忠憲公年譜》天啓六年三月下所引輯録，《高忠憲公年譜》載：『一入總憲，即遺書歸云（略）。』（明）高世儒《先父資德大夫正治上卿都察院左都御史贈太子少保兵部尚書謚忠憲景逸府君行述》僅引『居此官，家人愈要兢業』二句，『家人』作『家中』。

𥜥訓二則

此乃天地間不可絶之善脈，賢子弟不可墮之家聲，非細事也。

葉年伯是汝輩真師，常在左右坐一晌聽教。〔一〕

校記

〔一〕以上二則據（明）高世儒《先父資德大夫正治上卿都察院左都御史贈太子少保兵部尚書謚忠憲景逸府君行述》及（明）華允誠《高忠憲公年譜》天啓六年三月下所引輯録，《高忠憲公年譜》載：『在京聞諸子嘗赴講會，手札勖曰（略）。』

對聯

光禄寺堂聯〔一〕

精白厥衷，一率其不損不加真性；靖共乃位〔二〕，勿昧其可仕可止本心。

校記

〔一〕《高子未刻稿》數部、《高子遺書未刻稿》之《柬劉東渠》一文引，此據以輯録。《柬劉東渠》載：『此時朝中儘有人，皆不得其用。如弟光禄，尚有事做，然以拙人攝一寺事，其何能勝？弟有一對粘堂中云（略）。』（明）華允誠《高忠憲公年譜》亦載：『（天啓元年）三月，詔起光禄寺丞。九月，啓行至京。是冬别東林諸友北上，……到任，作一聯黏堂中』。（明）葉茂才《資德大夫正治上卿都察院左都御史贈太子少保兵部尚書景逸高先生行狀》謂係高攀龍起復爲光禄寺丞後，『隨作一偶黏座右』。（清）高世寧《高忠憲公年譜》卷下則云天啓二年『正月陞光禄寺少卿，署寺事』，『公鍥對一聯懸寺堂』。

〔二〕『乃』，（明）華允誠《高忠憲公年譜》作『爾』。

題室聯〔一〕

得閒且閒，今日莫思明日事；當做便做〔二〕，一年可作百年人。

校記

〔一〕（明）華允誠《高忠憲公年譜》天啓二年載高攀龍爲光禄寺少卿時，『又嘗黏一聯於室云（略）』。今據以輯録。（清）廖綸修、楊殿奎纂《高忠憲公水居志》卷三《楹聯》，云此聯係『高子自題書室』。

〔二〕『便』，《高忠憲公水居志》作『就』。

高攀龍全集

上

東林學派文獻整理叢書

（明）高攀龍 著
尹楚兵 輯校

鳳凰出版社

圖書在版編目（CIP）數據

高攀龍全集 / （明）高攀龍著 ； 尹楚兵輯校. -- 南京 ： 鳳凰出版社, 2020.9
ISBN 978-7-5506-3255-4

Ⅰ. ①高… Ⅱ. ①高… ②尹… Ⅲ. ①高攀龍（1562-1626）—全集 Ⅳ. ①Z424.8

中國版本圖書館CIP數據核字(2020)第161377號

書　　名	高攀龍全集
著　　者	(明)高攀龍 著　尹楚兵 輯校
責任編輯	崔廣洲　孫　州　尤丹丹
裝幀設計	徐　慧
出版發行	鳳凰出版社(原江蘇古籍出版社) 發行部電話025-83223462
出版社地址	江蘇省南京市中央路165號,郵編:210009
出版社網址	http://www.fhcbs.com
照　　排	南京凱建文化發展有限公司
印　　刷	南京凱德印刷有限公司 江蘇省南京市江寧濱江開發區寶象路16號, 郵編:210001
開　　本	880毫米×1230毫米　1/32
印　　張	75.375
字　　數	2016千字
版　　次	2020年9月第1版
印　　次	2020年9月第1次印刷
標準書號	ISBN 978-7-5506-3255-4
定　　價	388.00圓(全三册)

(本書凡印裝錯誤可向承印廠調换,電話:025-52603752)

東林書院

道南祠

東林書院牌樓

東林書院依庸堂

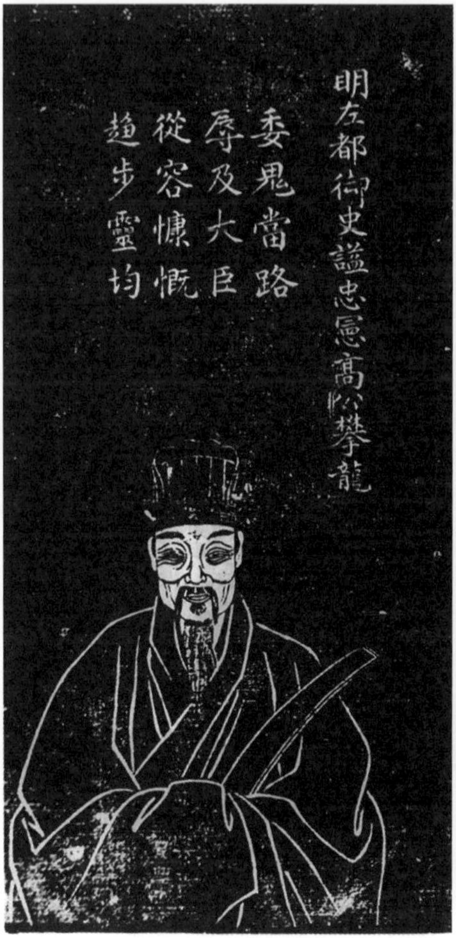

高攀龍蘇州石刻像

（刻於清道光七年，
清孔繼堯繪，石藴玉正書贊，
譚松坡鐫，爲《滄浪亭五百名賢像》
之一）

高攀龍像

（上海孫中山故居紀念館藏
清胡振摹繪高攀龍像、清沈顥像
贊碑刻拓片）

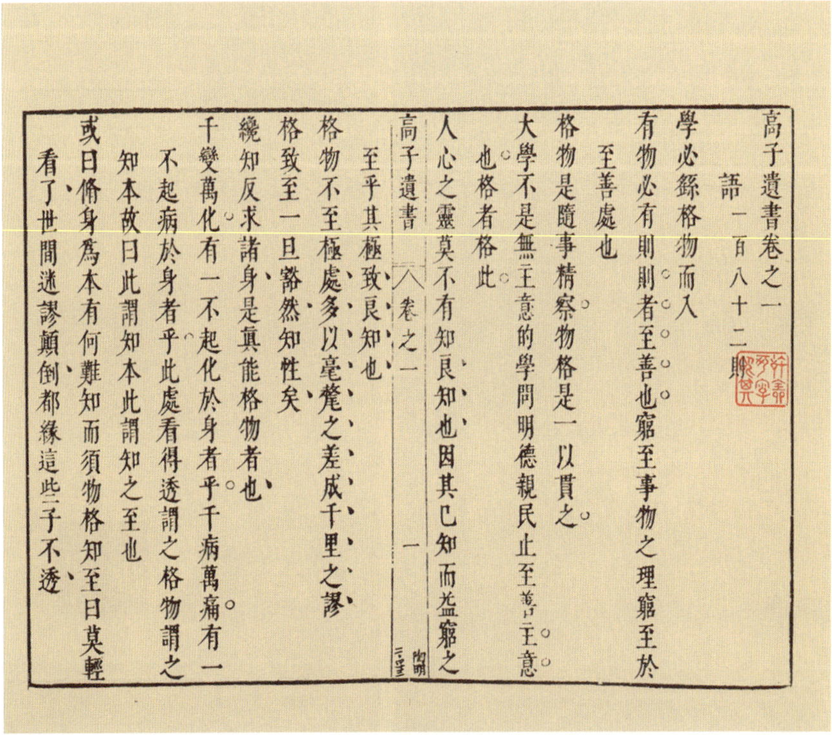

高子遺書卷之一

語一百八十二則

學必繇格物而入

有物必有則則者至善也窮至事物之理窮至於

至善處也

格物是隨事精察物格是一以貫之

大學不是無主意的學問明德親民止至善主意

也格者格此

人心之靈莫不有知良知也因其已知而益窮之

高子遺書　卷之一　一　陶明

至乎其極致良知也

格物不至極處多以毫釐之差成千里之謬

格致至一旦豁然知性矣

纔知反求諸身是眞能格物者也

千變萬化有一不起化於身者乎千病萬痛有一

不起病於身者乎此處看得透謂之格物謂之

知本故曰此謂知本此謂知之至也

或曰脩身爲本有何難知而須物格知至曰莫輕

看了世間迷謬顛倒都緣這些子不透

明崇禎五年陳龍正刻本《高子遺書》書影

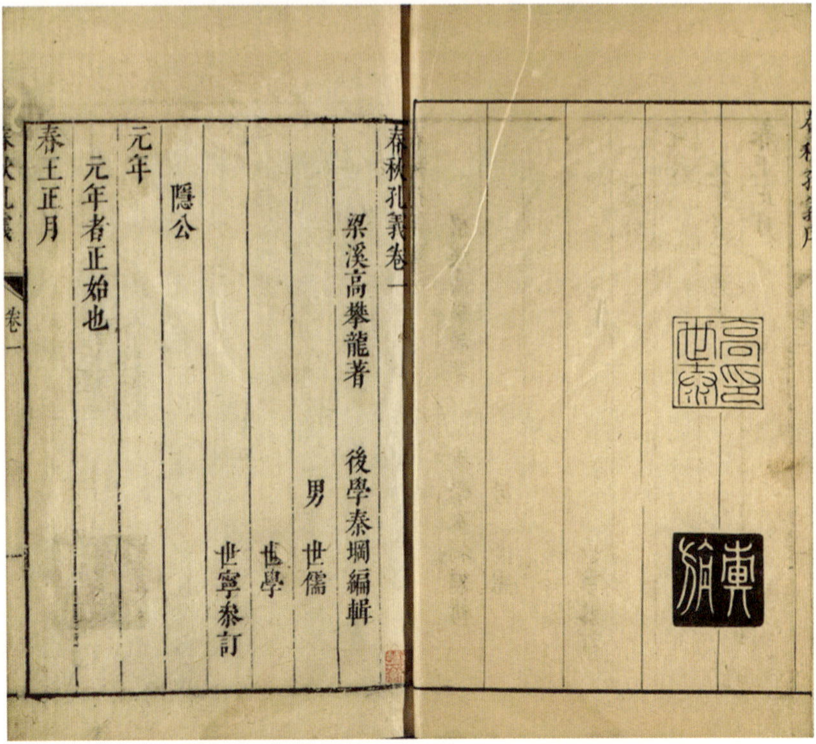

美國加利福尼亞大學伯克利分校藏
明崇禎十三年秦堈刊本《春秋孔義》書影

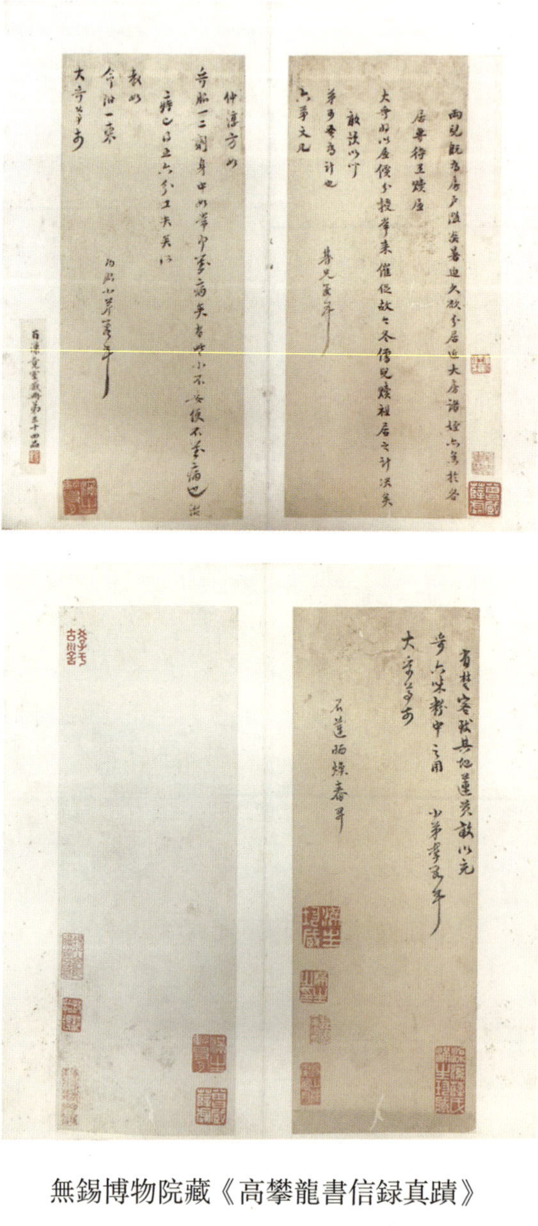

無錫博物院藏《高攀龍書信録真蹟》

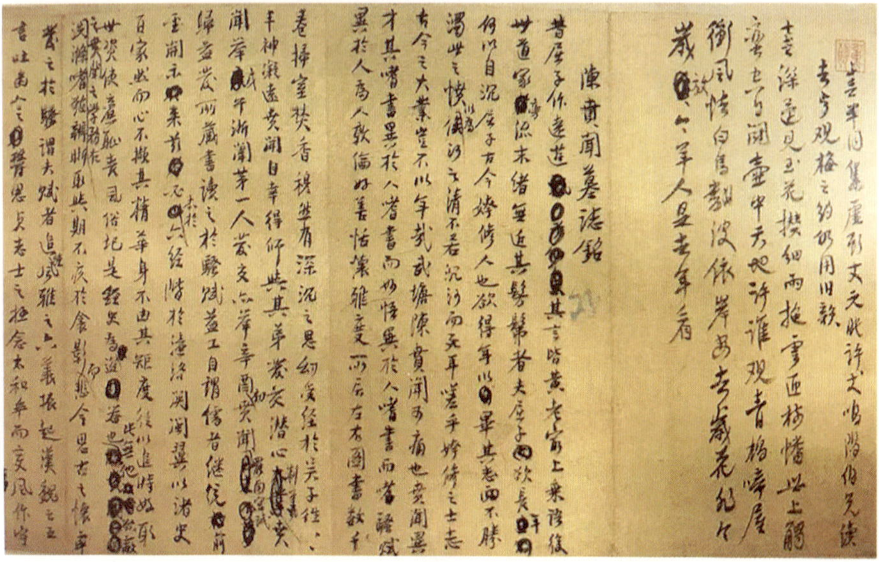

上海圖書館藏《高攀龍詩文殘稿》書影：

《春半同集虛顧丈、元□許丈、鳴陽伯兄續去歲觀梅之約，仍用舊韻》，《陳貢聞墓志銘》（局部）

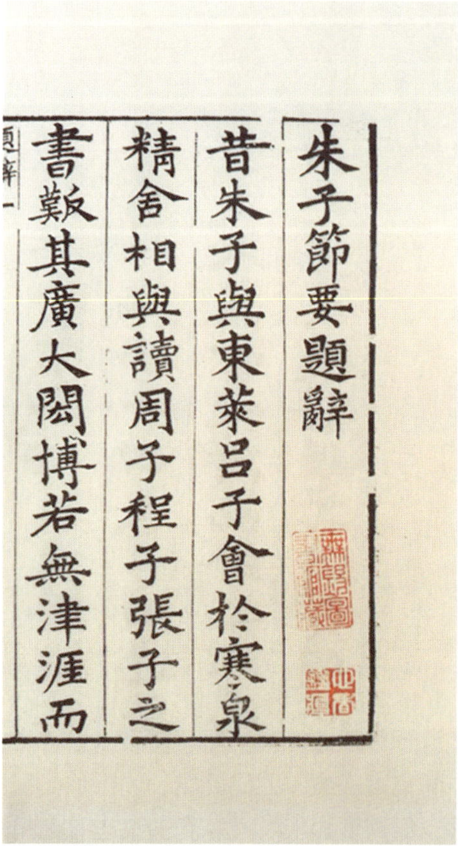
朱子節要題辭

昔朱子與東萊呂子會扵寒泉

精舍相與讀周子程子張子之

書歎其廣大閎博若無津涯而

題辭 一

無錫市圖書館藏明萬曆三十年刻本《朱子節要》書影：

顧憲成《朱子節要題辭》（局部）

總目

上册

上編……一

中册

下册

前言

高攀龍（一五六二—一六二六），初字雲從，後改字存之，別號景逸，學者稱『景逸先生』，南直隸無錫縣（今江蘇省無錫市）人。晚明政治家、思想家、文學家，與顧憲成同爲東林學派領袖，並稱『顧、高』。《明史》卷二四三《高攀龍傳》稱其『少讀書，輒有志程、朱之學。』萬曆十七年（一五八九）進士及第，尋遇嗣父喪，歸家守孝。萬曆二十年（一五九二），赴京謁選，授行人司行人。行人司藏書豐富，高攀龍開始系統閱讀並深入鑽研二程、朱子及先朝大儒著作。時四川僉事張世則向朝廷進呈個人著述《大學初義》，詆毀程、朱之學，並請求頒行天下，欲一改《大學章句》之舊。高攀龍抗疏力駁其謬，其書遂不行。當時神宗長期不理朝政，内憂外患，天下事勢岌岌。高攀龍又上《今日第一要務疏》，提出先須正本，即端正『人君之心』，其次要『除刑戮』『舉朝講』『用諫臣』『發内帑』，以革新政治。疏上，留中不發。萬曆二十一年（一五九三），吏部侍郎趙用賢、都御史李世達等人爲首輔王錫爵所逐，高攀龍上疏指責錫爵排斥異己，認爲皇帝不應無故貶斥大臣，并斥責鄭材、楊應宿讒言誣陷，應予罷免。楊應宿亦上疏彈劾高攀龍，兩人遂同時被貶，高攀龍謫爲廣東揭陽縣添注典史。萬曆二十二年（一五九四）七月赴揭陽，翌年以事假歸家。從貶謫揭陽到離開，前後不過半年，這段經歷對高攀龍的學術思想却有着深遠的影響。高攀龍自己認爲，『自出至此，已三轉手勢』（《三時記》）。尋遇生父病喪，高攀龍遂不再出仕，在家閑居二十餘年，潛心學術。

萬曆三十二年（一六〇四），在地方官的支持下，高攀龍與顧憲成等人發起重建東林書院，會合四方同志，聚衆講學。講習之餘，諷議朝政，裁量人物，指陳時弊，一時聲名大著。東林書院初由顧憲成主持，萬曆四十年（一六一二）憲成去世後，繼由高攀龍主盟書院。

天啓元年（一六二一），熹宗即位，因朝臣推薦，高攀龍重獲起用，詔起光禄寺丞，歷任光禄寺少卿、太常寺少卿、大理寺右少卿、太僕卿、刑部右侍郎、都察院左都御史等職。天啓四年（一六二四）六月，左副都御史楊漣上奏彈劾魏忠賢禍國之罪，東林黨人與閹黨之間矛盾全面激化。八月，高攀龍上《糾劾貪污御史疏》，彈劾御史崔呈秀，指其貪贓枉法。經史部尚書趙南星複核，認爲事實確鑿，提請將崔呈秀戍邊。崔呈秀得知後，連夜投奔魏忠賢。與東林黨人素有隔閡的齊、楚、浙等諸黨也乘機落井下石，歸附閹黨。以魏忠賢爲首的閹黨勢力借機大肆迫害東林黨人，矯旨斥責高攀龍等結黨營私，高攀龍被迫辭官歸里。天啓五年（一六二五）四月，高攀龍削籍爲民。春夏間，楊漣、左光斗等東林六君子相繼被逮，後慘遭殺害。八月，魏忠賢矯旨詔毁天下書院，將東林書院在内的全國書院盡數拆毁。天啓六年（一六二六），崔呈秀不甘心高攀龍僅被削籍，必欲置之死地而後快，遂假造浙江税監李實奏本，誣告高攀龍等人貪污，派緹騎前來抓捕。高攀龍聞訊，不甘受辱，三月十七日自沉於園池，時年六十五歲。崇禎初（一六二八），平反昭雪，贈太子少保、兵部尚書，謚『忠憲』。

高攀龍是明末影響深遠的東林學派的創始人之一，其時程、朱理學式微，王學大行其道，針對王學末流的空虚玄妙之弊，高攀龍推崇程、朱，『生平學問以誦法程、朱真知實踐爲主』（錢謙益《資德大夫都察院左都御史贈太子少保兵部尚書謚忠憲高公神道碑銘》），主張格物致知，認爲『立本正要致用』，倡導治國平天下的『有用之學』，開啓了明清之際實學思潮。個人道德修養上，提倡明善復性，强調静坐工夫，默坐澄心，以涵養德性。並兼取陸、王，修悟並重。『若新會（陳獻章）之灑落，餘干（胡居仁）之主敬，河津（薛瑄）之實踐，姚江（王守仁）之超悟，先生兼有之，而無其弊』（錢士升《資德大夫正治上卿都察院左都御史贈太子少保兵部尚書謚忠憲高公神道碑銘》）。《明史》本傳稱其『爲一時儒者之宗』。

高攀龍詩文在明末文壇亦迥出時俗，自成一格。其詩『無心學陶，天趣自會』（沈德潛《明詩別裁集》卷九），『皆沖淡夷猶，逼近陶、韋』，『見道之言，格律清和，無道學家語氣』（南京圖書館藏《高忠憲公詩集》清雍正刻本卷首葉德輝題跋）。《四庫全書總目提要》評：『其講學之語類多切近篤實，闡發周密。詩意沖澹，文格清遒，亦均無明末纖詭之習。蓋攀龍雖亦聚徒講學，不免漸染於風尚，然嚴氣正性，卓然自立，實非標榜門户之流，故立朝大節不愧古人，發爲文章，亦不事詞藻而品格自高。』

高攀龍生平著述繁富，其好友葉茂才所撰《資德大夫正治上卿都察院左都御史贈太子少保兵部尚書景逸高先生行狀》云：『著述頗多，有二十餘種。』門人華允誠《高忠憲公年譜》『著書總記』開列了一個詳細的書目：『《古本大學》《正蒙集註》《四子要書》《朱子節要》《東林講義劄記就正録》《同善會録》《邵文莊公年譜》《高氏家譜》《疏稿揭議》《周易孔義》《春秋集註》《毛詩集註》《困學記》《三時記》。州縣條約、語録、序、説、志、傳、碑文等，四言、五言、六言、七言、古風、律詩、絶句，共若干卷。以三代後詔誥爲《書餘》，以《太極圖》《通書》《經世啓蒙》爲《易餘》，擇騷賦銘贊爲《詩餘》，稍斟酌《綱鑑》爲《春秋餘》，以歷代典制合古宜今者爲《禮餘》。』高攀龍之子高世儒所撰《先父資德大夫正治上卿都察院左都御史贈太子少保兵部尚書謚忠憲景逸府君行述》補充：『又有《日鑒篇》，以德業之敬怠義欲分注於天時人事之下。』

以上衆多著述，除《書餘》《易餘》《詩餘》《春秋餘》《禮餘》尚未成書外，其餘著述，在高攀龍生前，僅有《朱子節要》《正蒙集註》（與徐必達《發明》合刻爲《正蒙釋》）等刊刻行世，另有《就正録》《四書講義》等少量自訂本。高攀龍死於黨禍後，其門人陳龍正感慨：『自自訂數種而外，多散漫無次，恐其久而愈紛。』遂在高攀龍自訂《就正録》《四書講義》與其門人周彦文、祝可久輯録《東林書院會語》的基礎上，又抄録其語録、詩文、家訓等遺稿，於崇禎五年刪選編成《高子遺書》十二卷，『凡於不欲垂不必垂者胥已之，寧簡毋繁』。

此後，高攀龍門人、子侄及同邑於崇禎年間又先後刊刻《高忠憲公詩集》《周易孔義》《春秋孔義》。鑒於《高子遺書》僅爲選本，其後又出現了多種續補《高子遺書》的未刻稿，如高攀龍之子高世寧所編《高子未刻稿》六卷抄本，今無錫市圖書館所藏《高子遺書未刻稿》不分卷抄本，唐文治師沈子封所得《高子未刻稿》八卷本（民國十五年刊刻時唐文治改名《高子别集》）等。

清代無錫學者華希閔始有意系統搜集刊刻高攀龍著述，先是於康熙年間刊印了《高子全書》七種（含《周易孔義》三卷，《春秋孔義》十二卷，《四書講義》一卷，《東林書院會語》一卷，《程子節録》四卷《文集抄》一卷，《朱子節要》十四卷，《就正録》一卷），後又於乾隆七年（一七四二）再度刊刻《高子全書》，并增加了《正蒙集註》四卷、《高子文集》六卷、《高子詩集》八卷三種，合計十種五十五卷。《高子全書》未收入陳龍正所編《高子遺書》，以《高子遺書》分十二門，其前五門即《就正録》《四書講義》《東林書院會語》三書薈萃而成，故『舉《遺書》中前五門仍還其篇目之舊』，《高子遺書》『自疏、議、揭以下至雜著凡六卷』則重新編爲《高子文集》，並增入《高子未刻稿》中《君相同心疏》等八篇。

二十世紀對高攀龍著述的整理研究，主要是民國學者朱倓《東林著述考》及上世紀九十年代南京師範大學古籍所編《江蘇藝文志》（無錫卷）對高攀龍著述的初步梳理。此外，朱文傑先生在《文物》上撰文對新發現的高攀龍家信進行了披露。進入新世紀，對高攀龍著述的搜集整理集中在最近數年間，一是二〇一二年鳳凰出版社出版的大型地方叢書《無錫文庫》搜集影印了高攀龍詩文類著述五種：《高子遺書》，無錫圖書館藏《高子遺書未刻稿》，《高忠憲公詩集》，《高子别集》，《高子文集》；一是二〇一六年北京大學出版社出版的《儒藏》（精華編）第二六五册董平、柴可輔點校整理的《高子遺書》，該書以中國國家圖書館所藏明崇禎五年刻本《高子遺書》作爲底本，以上海圖書館藏清康熙刻本、光緒二年刻本爲主要校本，並參校文淵閣四庫全書本，對《高子遺書》首次作了整理校勘，這也是高攀龍著述的第一個點校本。

綜上所述，自明、清以來，對高攀龍著述的搜集整理已積累了一定的基礎。然無論是《高子全書》，亦或《無錫文庫》，仍非高攀龍著述全璧，如未收《邵文莊公年譜》，《高子未刻稿》中衆多文章，《高子全書》亦僅采入八篇，更不用説高攀龍詩文各種稿抄本和集外衆多散見的詩文、日記。且《高子全書》後世未再重刻，舊刻本存世無多，《無錫文庫》作爲大型地方叢書，學者皆不易查閲利用。而後世流行較廣的陳龍正編選的《高子遺書》則存在較大缺陷：一是它是在高攀龍自訂的《就正録》《四書講義》及其門人輯録的《東林書院會語》以及未經整理的高攀龍其他遺稿的基礎上删選而成，不能反映高攀龍著述的全貌；二是選録進《高子遺書》的部分作品經過了編選者的删節改寫，不能反映高攀龍著述的原貌。

高攀龍現存著述至爲複雜。詩歌散見於陳龍正編選的《高子遺書》卷六，崇禎九年（一六三六）馬世奇、陳龍正編刻的《高忠憲公詩集》，高攀龍之子高世寧編《高子未刻稿》御部，華希閔乾隆間刻《高子全書》本《高子詩集》，以及各種稿、抄本，如《高攀龍詩文殘稿》《高忠憲公詩手稿》。各本所收詩作，數量多寡有異，篇目互有異同，文字亦多異文。語録、劄記、講義及各類文章則分别散見於高攀龍生前稿本《高攀龍詩文殘稿》、自定稿《就正録》《四書講義》、門人輯録的《東林書院會語》與門人陳龍正删選删節的《高子遺書》和各種版本的《高子遺書》未刻稿以及華希閔編刻《高子全書》時重編的《高子文集》等，不僅各本所收篇目互有異同，而且部分作品内容上還有詳略之分。除了現存著述的互見歧異外，集外尚有衆多散佚的詩文、語録、書劄、日記等有待輯佚。高攀龍存世文獻的這種紛繁複雜的狀況給學界的相關研究帶來了極大的不便。

基於以上現狀，筆者不揣譾陋，在前人和時賢研究的基礎上，對高攀龍存世著述廣事搜輯，詳加校勘，作了較爲系統的整理，編成了這部《高攀龍全集》，希冀有助於讀者對高攀龍政治、思想和文學的整體把握和重新認識，推動相關研究的深入。囿於學識，書中疏誤之處在所不免，祈請方家學者不吝指教。

整理説明

《高攀龍全集》係高攀龍現存全部著述的點校本，全面搜輯高攀龍存世著述，首次對其進行系統全面的整理。

一、作品收録、編排

本書收録高攀龍現存詩文、語録、劄記、講義、家訓、雜訓、日記、對聯及箋釋類、選編類、删訂類著作，全書分上、下兩編。上編收録其詩文、語録、劄記、講義、家訓、雜訓、日記及對聯，首爲高攀龍存世各集中作品，次爲佚作輯存；下編則收録其箋釋類著作《周易孔義》《春秋孔義》《正蒙集註》，選編類著作《程子節録》《朱子節要》及删訂類著作《邵文莊公年譜》。另，上海圖書館藏署名高攀龍的《螺江日記》六卷清抄本，爲民國無錫孫祖基玉鑑堂藏書，有『玉鑑堂』『無錫先哲遺書』『孫祖基印』藏書印。按，該書係（清）張文黻《螺江日記》八卷之前六卷内容，僅删去書前乾隆十二年建安鄭天錦《螺江日記敘》、受業侄驃《序》二序，并將每卷卷首『蕭山張文黻（字風林，又樹聲）稿』替换爲『梁溪高攀龍著』，作僞痕迹明顯。孫祖基後或有所察覺，故其民國三十年（一九四一）所編《無錫先哲遺書目》未收此書。這類僞著於此一併指出，本書不予收録。

本書編排上，如《前言》所言，高攀龍現存著述至爲複雜，故編排上頗費斟酌。高攀龍詩歌散見於明崇禎五年陳龍正編刻的《高忠憲公詩集》，高攀龍之子高世寧編《高子未刻稿》御部，清乾隆間華希閔刻《高子全書》本《高子詩集》，以及稿抄本《高攀龍詩文殘稿》《高忠憲公詩手稿》。《高忠憲公詩手稿》是否爲高氏手稿，尚存争議，《高攀龍詩文殘稿》葉恭綽跋云其『實非手稿，詳見高君汝琳書札』。而《高攀龍詩文殘稿》僅載詩十九首，且見於其他各集。比較而言，載詩各集中，《高忠憲公詩集》成書較早，收録最全，故上編高攀龍詩歌以之作爲整理底本，以《高子詩集》《高子未刻稿》《高子遺書》所載不見於《高忠憲公詩集》的數首詩作作爲補充，附於後。

載録語録、劄記、講義、家訓、雜訓及各類文的高攀龍現存各集，情況更爲複雜。既有高氏生前的手稿本《高攀龍詩文殘稿》（載文四篇，已見《高子遺書》《高子未刻稿》），自訂稿《就正録》《四書講義》，門人輯録的《東林書院會語》，又有死後門人陳龍正據《就正録》《四書講義》《東林書院會語》和其他遺稿删選編成的《高子遺書》，以及各種續補《高子遺書》的未刻稿（如高攀龍子高世寧所編《高子未刻稿》六卷，無錫市圖書館藏《高子遺書未刻稿》不分卷，《高子别集》八卷），還有清乾隆間華希閔編刻《高子全書》時將《高子遺書》『自疏、議、揭以下至雜著』六卷（按，僅遺漏《答熊壇石操院》個别作品）和增入的《高子未刻稿》中《君相同心疏》等八篇疏、議合併編成的《高子文集》。以上各本不僅所收篇目互有異同，而且部分作品内容上亦有詳略之别。本書上編編排時，鑒於《高子遺書》編輯過程中存在的删選删改現象①，陳龍正編選《高子遺書》之前有高攀龍自訂本和門人輯録本的，從《高子全書》例，『舉《遺書》中前五門仍還其篇目之舊』，直接據《就正録》《四書講義》《東林書院會語》收録相關作品。《就正録》《四書講義》《東林書院會語》外，《高子

① 如據《就正録》《四書講義》編入相關作品時，删去語録七十則及《朋黨説》，並對説類文章與《四書講義》的題註有所删削。其他如書劄、傳記、襍訓、題跋，亦有删節。

遺書》所收其他作品，一般則據《高子遺書》收録（按，《高子遺書》卷六爲詩，删去不録）。爲保持《高子遺書》的相對完整，已見於《就正録》《四書講義》《東林書院會語》的作品，在《高子遺書》中原來卷次雖删文，但仍存目。各種續補《高子遺書》的未刻稿，其中《高子未刻稿》爲高攀龍子高世寧編輯，收文數量最多，本書以其作爲整理底本（按，《高子未刻稿》御部《紅丸議》後原爲詩歌，詩歌部分删去不録）。《高子遺書》《高子未刻稿》未收作品，則據《高子遺書未刻稿》《高子别集》補充。另需説明的是，以上各集所收部分作品内容上各有詳略。《高子遺書》少量作品編者有删節，《高子未刻稿》或《高子遺書未刻稿》或《高子别集》輯有全篇的，則分别據《高子未刻稿》《高子遺書未刻稿》《高子别集》收録（按，同時見於《高子未刻稿》《高子遺書未刻稿》《高子别集》的，則據《高子未刻稿》收録），《高子遺書》原篇名下删文存目。《高子遺書》《高子未刻稿》同時載録且内容皆有删節而全篇見於《高子别集》的個别文章，則據《高子别集》收録，《高子遺書》《高子未刻稿》原篇名下删文存目。《高子未刻稿》亦有少數幾篇文章已見於《就正録》或《高子遺書》，《高子未刻稿》或題目小異，或正文小異，《高子未刻稿》原篇名下删文存目，於《就正録》或《高子遺書》相應篇章下以校記形式反映其差異。

高攀龍日記，以《高子遺書未刻稿》所附高氏外孫安璿輯録的《高子日記約鈔》作爲整理底本。

下編編排上，先箋釋類著作，次選編類著作，次删訂類著作。

二、校勘

高攀龍著述所用版本及主要參校本如下：

（一）《就正録》一卷，以上海圖書館藏明崇禎間刻、清華希閔劍光閣重修《高子全書》本作爲整理底本。按，上圖藏《高子全書》本《就正録》缺《陽明説辨四》《異端辨》《與管東溟虞山精舍問答》及『贊』，本書據中國國家圖書館藏清乾隆七年華希閔劍光閣刻《高子全書》本補入。

（二）《四書講義》一卷，以上海圖書館藏明崇禎間刻、清華希閔劍光閣重修《高子全書》本作爲整理底本，以清吴子雲、彭瓏輯《四書參解》作爲參校本。

（三）《東林書院會語》一卷，以上海圖書館藏明崇禎間刻、清華希閔劍光閣重修《高子全書》本作爲整理底本。

（四）《高子遺書》十二卷，以明崇禎五年刻本作爲底本，以清康熙二十八年刻本、文淵閣四庫全書本（書中簡稱四庫本）、光緒二年刻本爲參校本。按，《高子遺書》部分作品後原有編者陳龍正按語，爲避免與高攀龍原文混同，本書將陳氏按語改入校記。

（五）《高忠憲公詩集》八卷，以明崇禎九年刻本爲底本，以清雍正十一年重刻本、同治十二年高光照活字印本作爲參校本。

（六）《高子詩集》八卷，清乾隆七年華希閔劍光閣刻《高子全書》本。

（七）《高子未刻稿》六卷，中國國家圖書館藏翻拍美國國會圖書館攝製北平圖書館善本書膠片。

（八）《高子遺書未刻稿》不分卷，無錫市圖書館藏抄本。

（九）《高子文集》六卷，清乾隆七年華希閔劍光閣刻《高子全書》本。

（十）《高子别集》八卷，《無錫文庫》第四輯影印民國十五年太倉陸氏刊本。

（十一）《周易孔義》三卷，以上海圖書館藏明崇禎間刻、清華希閔劍光閣重修《高子全書》所收明崇禎九年秦堈刻本爲整理底本，以民國十三年金陵王氏思過齋刻本《周易孔義》及文淵閣四庫全書本《周易易簡説》作爲參校本。按，崇禎本個别頁殘缺，本書據王氏思過齋刻本及《周易易簡説》校補。

（十二）《程子節録》四卷《文集抄》一卷，《四庫全書存目叢書》子部第二册影印清乾隆七年華希閔刻

《高子全書》本。

（十三）《正蒙集註》四卷，以上海圖書館藏清康熙四十七年無錫華希閔刻本作爲整理底本。原書上端爲華希閔纂集的《正蒙輯釋》，輯録包括徐必達在内的諸儒論説，並附華希閔己見。此部分内容原非高攀龍《正蒙集註》所有，據華希閔序，係華氏刊刻《正蒙集註》時應書商請求所增。收入本書時，《正蒙輯釋》删去不存。原書高攀龍集註内容低一格以示區别於《正蒙》原文，收入本書時，整理者依《正蒙釋》例，於集註文字前加『集註』二字以醒目。以《正蒙釋》（《四庫全書存目叢書》子部第一册影印上海圖書館藏明萬曆刻本）作爲參校本。

（十四）《春秋孔義》，明崇禎十三年秦堈刊本。以《高子全書》本、文淵閣四庫全書本作爲參校本。

（十五）《朱子節要》十四卷，無錫市圖書館藏明萬曆三十年首刻本。按，原書每卷各段文字之間以圓圈分隔，收入本書時，以另行分段處理。《朱子節要》又有《高子全書》本，以之作爲參校本。

（十六）《邵文莊公年譜》，《錫山先哲叢刊》第三輯，民國十三年中華書局排印本。按，《錫山先哲叢刊》本《邵文莊公年譜》署『從子邵𥌓、曾外孫吴道成同編，後學顧憲成、高攀龍同訂』，據顧憲成《邵二泉先生年譜叙》『友人高雲從雅好先生，每相與譚説先生，不勝亹亹。會先生之從子𥌓及甥道成嘗編先生年譜，雲從乞而得之，大悦，更加釐正，梓而行之，屬余爲序』以及邵𥌓《文莊公年譜跋》所云『譜成，景逸高君更得公曾外孫吴道成所編，合而筆削，遂付之梓』，則《邵文莊公年譜》係高攀龍將吴道成、邵𥌓所編邵寶兩種年譜合併删訂而成，顧憲成並未從事其中，《錫山先哲叢刊》本署『顧憲成、高攀龍同訂』，誤，本書改正爲『高攀龍訂正』。《邵文莊公年譜》又有民國間朱絲欄抄本，以之作爲參校本。

（十七）《高攀龍詩文殘稿》一卷，上海圖書館藏稿本。

（十八）無錫博物院藏《高忠憲公詩手稿》不分卷。又，民國十三年上海中華書局有影印本《高忠憲公詩手稿真蹟》。

（十九）南京博物院藏高攀龍明萬曆三十年手書《卞氏二隱君傳》。又，上海有正書局民國間有影印本《高忠憲公墨寶》。

其他參校本：

（一）（明）吳桂森《真儒一脈》，《四庫全書存目叢書》子部第十五册影印無錫圖書館藏明天啓刻本。

（二）（明）吴亮輯《萬曆疏鈔》，《續修四庫全書》第四六八—四六九册影印上海圖書館藏明萬曆三十七年刻本。

（三）（明）陳子龍等編《皇明經世文編》，《四庫禁燬書叢刊》集部第二二一—二二九册據明崇禎雲間平露堂刻本影印。

（四）（明）陳濟生輯《啓禎遺詩選》，中國國家圖書館編《原國立北平圖書館甲庫善本叢書》第九六五册據南明永曆刻本影印。

（五）（清）朱彝尊《明詩綜》，清康熙四十四年六峰閣刊本。

（六）（清）錢謙益《列朝詩集》，中華書局二〇〇七年許逸民點校本。

（七）（清）沈德潛《明詩別裁集》，中華書局一九七五年據清乾隆四年刻本縮印本。

（八）（清）黄宗羲《明文海》，中華書局一九八七年據原涵芬樓藏鈔本影印。

（九）（清）嚴瑴輯《東林書院志》，《無錫文庫》第二輯影印清康熙刻本。

（十）（清）高廷珍、許獻輯《東林書院志》，《四庫全書存目叢書》史部第二四六—二四七册影印清華大學圖書館藏清雍正十一年刻本。

（十一）（清）黄宗羲《明儒學案》，沈芝盈點校，中華書局二〇〇八年修訂本。

校勘原則：校記文字側重於内容完整、文字正誤及文義異同的校勘。參校本爲高攀龍著述之外的其他文獻的，異文相同者，一般僅列舉成書時代較早之著述，不遍列各本。底本明顯的版刻錯誤（如「己」「已」「巳」混同，「毋」作「母」，「祇」作「衹」「秖」，「戌」作「戍」，「汩」作「泪」，「析」作「拆」等）、俗體字，逕改爲通行繁體字，一般不出校。底本中因避諱所改文字，如避泰昌帝朱常洛諱，「常」改爲「嘗」，「洛」改爲「雒」，避天啓帝朱由校諱，「校」改爲「較」「挍」，避崇禎帝朱由檢諱，「檢」改爲「簡」「撿」，諸如此類因避諱所改文字，逕改回原字，不出校。《高子未刻稿》六卷係高攀龍季子高世寧編抄，因避家諱，遇高攀龍名字，皆以「△」或空闕替代，今亦直接改爲「攀龍」或「龍」，不出校。凡底本明顯訛脱衍倒而別本可據者，據別本校改。凡據他本改正删補者均出校，必要時略述理由。底本與他本異文兩通者，出校，不改底本。底本雖誤而無他本可據者，一般也不改動原文。參校本之通假字、避諱字一般不出校。參校本訛誤及後出本明顯之删改（如高世泰編《高子節要》爲打造理學純儒形象對高攀龍著述的删節删改；清刊本因避時忌出現的删改，如對後金的蔑稱「醜虜」，文淵閣四庫全書本《高子遺書》改作「敵人」，《高子文集》改作「東敵」等），一般也不出校。需特別説明的是，長期以來，學界研究高攀龍思想，主要是依據其門人陳龍正崇禎年間整理編次的選本《高子遺書》，其書影響較大，故對其删節改動之處則一一出校，以明其變化。高攀龍作品被轉引時因删節、摘録、轉述等出現的文字歧異（如《明儒學案》等），一般也不出校。除組詩外，爲便於閲讀，校記一般直接載於各篇（則）之後。

三、輯佚

自明代以來，對高攀龍著述一直缺乏系統全面的整理，除前述結集成書者外，集外作品尚多散佚。此次整理作了較爲廣泛的輯佚，從《高攀龍書信録真蹟》《上海圖書館藏明代尺牘》《錢鏡塘藏明代名人尺牘》

等尺牘集、《高氏三世誦芬帖》《晴山堂法帖》《明王守仁、高攀龍兩大儒手帖》等法帖以及筆記、總集、他人別集附録、方志、族譜、年譜、《東林書院志》等輯佚語録二三六則，詩歌二十首，各類文章及日記、家訓、雜訓、對聯等七十二篇(則)，盡可能爲讀者呈現高攀龍現存著述的全貌。輯佚作品，文字若無異文，一般僅標註最早出處。

四、附録

《高攀龍全集》除收録高攀龍本人著述外，附録還搜輯了高攀龍生平傳記、版本序跋等相關資料，如墓誌銘、神道碑銘、行述、行狀、祭文、題詠贊跋、傳記、年譜，著述的序跋、提要等，以方便讀者對其生平、思想及著述有更全面深入的瞭解。高攀龍本人著述，除自序外，他人所撰序跋一般皆删入附録三『序跋』。附録文字皆標註出處。其中高世寧《高忠憲公年譜》所用版本爲清康熙間刻本，此本卷下第八頁B面至第二十一頁A面原書部分文字殘缺，今仍其舊。附録文字訛闕疑誤，不另出校記，闕字以( )補字，訛字以[ ]訂正於後，或隨文以括註方式加上整理者按語。

《高攀龍全集》所録高攀龍著述及附録資料，原文殘缺漶滅及作墨丁處，皆以□代替。

上册目録

七言律詩

贊

四書講義

高子遺書（文）

卷之八上 …… 三九四

書 …… 三九四

卷之八下……四六八

書……四六八

卷之九上……五五二
序……五五二

上編

高忠憲公詩集

四言古詩

水居[一]

舉網得魚，摘我園蔬。烹魚煮蔬，載陳我書。酒中有旨，書中有腴。聊爾東窗，不樂何如？
飯飽欣然，蕩槳菰蘆。菱蔓摇漾，蓮花芳敷。今日何日，吾長五湖。其來徐徐，其去于于。
微雨乍過，好風徐來。游雲斷續，衆峰皆開。歡然撫景，盡兹一杯。世事如積，亦已焉哉！
薄暮登樓，四望遠疇。時雨既降，農人乍休。乳燕來止，鯈魚出遊。萬族有樂，吾亦無憂[二]。
涉世愈拙，入山宜深。踽踽空谷，悠悠長林。支頤一卷，掛壁孤琴。游目閒雲，傾耳鳴禽。
清晝掃室，中宵擁衾。無象之色，希聲之音。咎譽可遠，陰陽不侵。雖乖通理，爰得我心。

校記

〔一〕按，《水居》組詩又載《高忠憲公詩手稿真蹟》及《高子遺書》卷六、《高子詩集》卷一。

〔二〕『亦』，（清）沈德潛《明詩别裁集》卷九作『心』，校：『一作亦。』『無』，（清）朱彝尊《明詩綜》卷五五、（清）張豫章《御選宋金元明四朝詩》明詩卷三作『何』。又，《明詩别裁集》『吾心無憂』句下校：『中有元化，偶然得之。』似謂他本尚有此二句。

送周懷魯中丞〔一〕

在昔文皇，厥有文襄。撫我吴民，錫之樂康。以及我公，斯重其光。良臣艱哉，如麟如凰。麟之遊矣，虎兕斯避。鳳之鳴矣，鴟鳥其逝。小人所腓，君子所庇。俾我草莽，浩然肆志。雖有鳴琴，孰聆其音？雖有皓齒，孰發其吟？友以文會，好以義深。莪莪羽儀，式來東林。芃芃良稼，植之溉之。驕驕稂莠，芟之夷之。董威以矩，用中以規。毖彼巷伯，惇此緇衣。天降饑饉，洪水爲割。悠悠百司，非公不挈。穆穆九閽，非公不徹。譬彼泰華，鎮此阢隉。惟此吴民，如在井孺。公手則援，公口則哺。云胡選人〔二〕，弗圖弗慮？奪我怙恃，則莫我顧。人亦有言，松桂同林。如何君子，弗諧爾音？拂民所好，違世所欽。孰是人斯，而忍斯心？瀰瀰河水，其潤萬里。藹藹吉人，其德萬祀。厥潤伊何？放海則止。厥德伊何？自今伊始。

校記

〔一〕此組詩又載《高子未刻稿》御部、《高子詩集》卷一。

〔二〕『胡』，《高子未刻稿》作『何』。

送虚臺蔡公祖〔一〕

我送我侯，爰出我疆。出疆伊何？道邇心長。如彼飛雁，東西翱翔。心之憂矣，何以弭忘？

藹藹我侯，惟仁是經。喜怒不恣，視聽不熒。悠悠布德，欽欽惟刑。豈弟君子，下民以寧。

彬彬我侯，其文維則。詔兹庶士，不愆於式。刊彼奸言，不文六籍。飭其文辭，澤之道德。

肅肅我侯，爲時紀綱。非惡不訾，非善不揚。胥以教誨，代之斧斨。鳥鼠攸去，虺蛇其藏。

桓桓我侯，爰整其旅。不競不譁，爰衣爰糈。惟歲之艱，惟亂之禦。以有康食，職思惟汝。

我有朋好〔二〕，侯則洽之。我有子弟，侯則植之。有言則信，有善則咨。人亦有言，難於心知。

知心實難，如彼淵泉。放於四海，始於涓涓。侯德維茂，遇物思全。曾是仁心，而爲禍先。

雖有青蠅，亦止於棘。雖有飛隼，載飛載息。民之訛言，則靡有極。云胡君子，不思其則？

亦有考槃，於水之澳。亦有白駒，於山之谷。離彼煩囂，即兹清淑。先民有言，禍兮倚福。

巍巍紫陽，來止於同。布斯教雨，成是仁風。侯歸振之，百世同功。潛惕而躍，溥物無窮。

校記

〔一〕此組詩又載《高子未刻稿》御部、《高子詩集》卷一。『公祖』，《高子未刻稿》作『公相』。

〔二〕『朋好』，《高子未刻稿》作『朋友』。

五言古詩

夏日閒居〔一〕

長夏只静坐〔二〕，終日無一言。問君何所爲，無事心自閒。細雨漁舟歸，兒童喧樹間。北風忽南來，落日在遠山。顧此有好懷，酌酒遂陶然。池中鷗飛去，兩兩復來還。

校記

〔一〕此詩又載《高忠憲公詩手稿真蹟》及《高子遺書》卷六、《高子詩集》卷二。『夏日』，（清）顧光旭輯《梁溪詩鈔》卷十一，（清）高鏻泉、高長康纂輯《高子水居志補編》卷二作『夏時』。

〔二〕『夏只』二字，《高子遺書》卷六作『夜此』，『夜』字當訛。《高子水居志補編》作『日此』，《明詩綜》卷五五作『夏此』。

水居三首[一]

宇宙何終極，吾念有所止。既罕百歲人，所營一樂爾。禽魚藹可親，湖山斐有旨。引酒召元和，觀書悟無始。在昔稱達人，往往契斯理。俯已常泰然[二]，此樂庶可恃。

少敦詩書好，長嗜山水娱。一朝謝簪組，而來居菰蘆。青山當我户，流水遶我廬。窗中達四野，喜無垣壁拘。桃柳植長堤，菱荷被廣渠。徒侶有漁父，比鄰惟田夫。虛堂白日静，恍若游黄虞。兀兀日趺坐，忻忻時讀書。會茲動静理，常得情性舒[三]。恬然以卒歲，去此將焉如？

道人不識憂，隤然罕所慮。胸中有奇懷，常得山水助[四]。時乘酒半醺，或值睡初寤。獨往恣幽尋，欣若有所遇。有時深林行，穿徑忽失路。有時湖上歸[五]，看雲忘所務。凝目孤鳶歸，傾耳細泉注。所造趣未極，原陸任昏暮。非關耽清娱，曾是秉遠慕。閑心始造理，忙意多失步。嗟爾行道人，迫迫焉所赴？

校記

〔一〕此三首又載《高忠憲公詩手稿真蹟》及《高子遺書》卷六、《高子詩集》卷二。其中第一首，《高子遺書》題作《辛亥春至水居》，第三首，《高子遺書》、《明詩綜》卷五五題作《湖上》。

〔二〕『俯』，《高子遺書》作『撫』。

〔三〕『情性』，《高子遺書》作『性情』。

〔四〕『常』，《高子詩集》作『當』。

〔五〕『歸』，《高子遺書》《明詩綜》作『還』。

壽于景素七十[一]

先生天下士，超然出風塵。讜論獻朝宁，暮年得閒身。以玆白日静，而與黄卷親。盡剖近儒誤，妙契先民真。一室自娱樂，四體有餘春。七十如少壯，志氣卓有神。明年懸弧日，何以慶佳晨？所願滌靈府，德與年俱新。敬誦抑抑詩，聊效華對人。

校記

〔一〕此詩又載《高子未刻稿》御部、《高子詩集》卷二。《高子未刻稿》『于景素』後有『先生』二字。

壽俞景梧六十[一]

昔我少年日[二]，與君握杯酒。仰見明月光，邀之爲三友。一笑千古空，世事復何有？荏苒歲月疎，相看成白首。今我持一觴[三]，祝君無疆壽。借問此觴酒，還如少年否？與我同時人，半已成腐朽。而我幸與君，一觴還相耦。回首平生歡，轉覺淡可久。但醉莫復問，君歌我擊缶。

校記

〔一〕此詩又載《高忠憲公詩手稿真蹟》及《高子遺書》卷六、《高子詩集》卷二。

〔二〕『年』，《高子遺書》作『壯』。

〔三〕『我』，《高子遺書》作『吾』。

諸公招飲石亭塢〔一〕

勝會寧可常，勿惜此淹留。竹樹有佳蔭，班坐無俗流。念我平居日，所愛在山丘。願得素心侶，引杯相勸酬。今晨愜兹興〔二〕，不醉將焉求？未須敕太康，此樂無患憂〔三〕。卓哉斜川人，千載心悠悠。

校記

〔一〕此詩又載《高子未刻稿》御部、《高子詩集》卷二。『亭』，《明詩綜》卷五五作『城』。

〔二〕『兹』，《明詩綜》作『幽』。

〔三〕『無患』，《明詩綜》作『可忘』。

庚戌立春日月坡初成〔一〕

浩浩月初上，月坡正受之〔二〕。以我無營心，當此獨坐時。爲籌世中事，無樂可代兹。長林寒風息〔三〕，春氣藹如斯〔四〕。萬族各萌動，我心豈不知？俯視方輿静，仰觀員象馳。靈襟既無際，一形安足私？持以畀大鈞，榮悴非所思。

校記

〔一〕按，又載《高忠憲公詩手稿真蹟》及《高子遺書》卷六、《高子詩集》卷二。《高子遺書》詩題無「立」字。「立春日」，《明詩綜》卷五五作「春」。

〔二〕「月」，《明詩綜》作「一」。

〔三〕「風」，《明詩綜》作「颸」。

〔四〕「氣」，《明詩綜》作「風」。

遊玄墓〔一〕

春至百蟄作，吾亦難幽居。玄墓梅萬樹，兹遊豈當徐？出門日以遠，塵事日以疎。終日栖花間，志意常浩如。入俗苦不足，入山覺有餘。以此成荏苒，欲歸還躊躇。吾性最所適，終當期結廬。

校記

〔一〕此詩又載《高忠憲公詩手稿真蹟》及《高子遺書》卷六、《高子詩集》卷二。

湖上閒居，吴子往、歸季思適至〔一〕

正爾山水間，念我煙霞友〔二〕。春風吹微波，日暮倚楊柳。我友惠然至，童僕喜奔走。相别嘆經時〔三〕，相逢慮非久。所歡得晤言，欲言仍無有。默默各自怡，一室閒相偶。夜深不能寐，明月在東牖。

校記

〔一〕此詩又載《高忠憲公詩手稿真蹟》及《高子遺書》卷六、《高子詩集》卷二。『吴子往、歸季思』，《高子遺書》卷六、《明詩綜》卷五五、《梁溪詩鈔》卷十一作『季思、子往』。按，（清）廖綸輯、楊殿奎纂《高忠憲公水居志》卷五載歸子慕《庚子正月偕吴子往訪高存之於漆湖》詩，《高子水居精華録》卷二題作《庚子正月吴子往見過，同訪高存之於漆湖》。

〔二〕『我』，《高子遺書》《明詩綜》《梁溪詩鈔》作『吾』。

〔三〕『經時』，沈德潛《明詩別裁集》卷九、《明詩綜》作『幾時』。

程酒詩〔一〕

尼父酒無量，天然中權衡。自非大聖資〔二〕，剛毖宜服膺。云胡末世下，放飲斯得名〔三〕？微醺憶堯夫，止酒見淵明。哲者以怡性，愚者以促齡。損此清明躬，受彼昏濁縈。吾以自深省，黽勉持法程。觴以九爲極，倍之洽親朋。上與日月誓，下與山水盟。以此茂對之，杯盡意有贏。世有善飲者，於焉知我情。

校記

〔一〕此詩又載《高忠憲公詩手稿真蹟》及《高子遺書》卷六、《高子詩集》卷二。

〔二〕『資』，《高忠憲公詩手稿真蹟》作『賢』。

〔三〕『斯』，四庫本《高子遺書》作『始』。

遊静樂寺〔一〕

杖策尋古寺，深山縱所如。古木連溪橋，修篁夾細渠。翳然見人家，茅屋庭除虛。緬懷於此中，坦腹哦詩書。良朋三五人，列塢南北居。興來相經過，直質返厥初。生與羲皇侶，殁與天地俱。

校記

〔一〕此詩又載《高忠憲公詩手稿真蹟》及《高子遺書》卷六、《高子詩集》卷二。

山居〔一〕

城郭多塵事，入山意始豁。炎暑絶尋遊，芳園轉閒潔。拂簟卧看雲，嗽泉滌煩熱。疎林來遠風，虛堂入新月。湛湛無交心，端居見超越。百營良有極，庶以善自悦。

校記

〔一〕此詩又載《高忠憲公詩手稿真蹟》及《高子遺書》卷六、《高子詩集》卷二。

川雲篇壽雲津翁八十[一]

皛皛川上雲，浮空不盈尺。奄忽成奇峰，五綵映天澤。曳若赤城霞，碎如藍田璧。下有考槃翁，看雲笑啞啞。自言八十年，樂此未嘗斁。問翁何爲者，心與雲俱適。或傾北海樽，時着東山屐。吟詩邵堯夫，采藥陶貞白。一方飲其和，醇源日培積。吾願此片雲，化作流霞液。奉翁百年觴[二]，令翁康且懌。令德有儀刑，壽兹太朴脉。

校記

〔一〕此詩又載《高忠憲公詩手稿真蹟》及《高子未刻稿》御部、《高子詩集》卷二。

〔二〕「年」，《高子未刻稿》作「歲」。

題歐陽宜諸素風堂四首[一]

春風動庭草，陳根出新萌[二]。元化一以暢，而我寧自縈？浩浩發情志，悠悠念群生。物生自有涯，秉心自有貞。茅茨已就治，春畦復深耕。蔬食聊自足，萬事取不盈。

悠然北窗下，輕風扇微凉。念彼柴桑人，傲焉稱羲皇。日旰饑不食，歲晏寒無裳。今我幸免此，豈復羨多藏？素心一以辨，千載有餘芳。

明月入我户，秋風來庭除。主人復何爲，歷覽千載書。高標信可慕，覆轍何其愚！以此秉高燭，不爲物所驅〔三〕。浩浩一室中，俛仰樂何如！

披衣曝南簷，風日何融融。嚴冬百卉盡，庭宇豁然空。俯念人世事，其理正相同。少日耽章句〔四〕，壯年馳事功。遲暮何所得，嘆息徒憧憧。棄置勿復道，嗒焉歸無窮。

校記

〔一〕此組詩又載《高忠憲公詩手稿真蹟》及《高子未刻稿》御部、《高子詩集》卷二。

〔二〕『出』，《明詩綜》卷五五作『坼』。

〔三〕『不』，《高子未刻稿》作『勿』。

〔四〕『日』，《高子未刻稿》作『時』。

幽居四樂〔一〕

我愛管幼安，蕭然一木榻。詩書有餘閒，户庭無塵雜〔二〕。四海方沸糜〔三〕，吾獨深閉閤。自抱獨往志，難與俗妄合〔四〕。辛勤海上歸，眷此舊井邑〔五〕。徵書何爲者，莞爾笑不答。

我愛陶元亮，采菊東籬時。悠然南山意，怡悦心自知〔六〕。北窗睡初起，讀書忽解頤。正爾得樽酒，日夕歡相持。

我愛邵堯夫，緬懷發清吟。當其在百原，危坐必正襟。會此凡中理，寧受外物侵？心空百慮息〔七〕，氣静天根深。爰以風月談，聊見羲皇心〔八〕。

我愛陳希夷，神遊帝之先。空山石壁下，谷口飛泉邊。結屋傍叢竹〔九〕，開户當清漣。麋鹿遊堂上，落花滿庭前。幽人在何許，松下方高眠。

校記

〔一〕此組詩又載《高忠憲公詩手稿真蹟》及《高子遺書》卷六、《高子詩集》卷二。

〔二〕《高子詩集》無『詩書有餘閒，户庭無塵雜』二句。

〔三〕『方』，《梁溪詩鈔》卷十一作『若』。

〔四〕《高子遺書》無『自抱獨往志，難與俗妄合』二句，《高忠憲公詩手稿真蹟》校：『「自抱」二句，他本删去。』

〔五〕『眷』，《高子遺書》作『樂』。

〔六〕《高子詩集》下有『户庭無塵雜，詩書有餘思』二句。

〔七〕『慮』，《高忠憲公詩手稿真蹟》《高子遺書》作『營』。

〔八〕《高子遺書》詩末有註：『他人營息而心空，又次息營以空心。』

〔九〕『屋』，《高子遺書》作『廬』。

静坐吟〔一〕

我愛山中坐，恍若羲皇時。青松影寂寂，白雲出遲遲。獸窟有浚谷，鳥棲無卑枝。萬物得所止，人豈不如之？岩居飲谷水〔二〕，常得心中怡〔三〕。

我愛水邊坐，一洗塵俗情。見彼逝者意〔四〕，得我幽人貞。漠漠蒼苔合，寂寂野花榮。潛魚時一出，浴鷗亦不驚。我如水中石，悠然兩含清〔五〕。

我愛花間坐，於兹見天心。旭日照生采，明月移來陰〔六〕。栩栩有舞蝶，喈喈來鳴禽。百感此時息，至樂不待尋。但會個中意，不撫無絃琴〔七〕。

我愛樹下坐，終日自翩蹮。據梧有深意，撫松豈徒然？亮哉君子心，寧爲一物牽〔八〕？緑葉青天下，翠幄蒼崖前。撫己足自樂〔九〕，此味無言傳。

校記

〔一〕此組詩又載《高忠憲公詩手稿真蹟》及《高子遺書》卷六、《高子詩集》卷二。

〔二〕『岩居』，《明詩綜》卷五五作『耕巖』。

〔三〕『心中』，《高子遺書》《明詩綜》作『中心』。

〔四〕『彼』，《高忠憲公詩手稿真蹟》《高子遺書》作『斯』。

〔五〕『悠然』，四庫本《高子遺書》作『悠悠』。

〔六〕『明』，《高忠憲公詩手稿真蹟》《高子遺書》作『皎』。

〔七〕末二句《高子遺書》作『有酒且須飲，把盞情何深』，《高忠憲公詩手稿真蹟》校：『他本末二句：「有酒且須飲，把盞情何深。」』

〔八〕『寧』，《高子遺書》作『不』。

〔九〕『樂』，《高忠憲公詩手稿真蹟》《高子遺書》作『悦』。

見月[一]

林間見新月，一喜忽失笑。問君喜何從，此喜不自料。高柳散輕風，薄雲斂夕照。瞥見月當頭，其中自有妙。俯視世中人，誰能諧此調？惟當對青山，相共一長笑[二]。

校記

〔一〕此詩又載《高忠憲公詩手稿真蹟》及《高子未刻稿》御部、《高子詩集》卷二。

〔二〕『笑』，《高子未刻稿》作『嘯』。

甲午正月十四日雪後遊山[一]

俗韻既難叶，佳晨常獨遊[二]。出門意已遠，望山心轉幽。皓皓在目雪，依依被層丘。不覺心怡悦，而非以銷憂。焚香展孤興，引酒自勸酬。未知世中人，誰復同此不？余得良已多，夫兹將焉求？

校記

〔一〕此詩又載《高忠憲公詩手稿真蹟》及《高子未刻稿》御部、《高子詩集》卷二。

〔二〕『佳晨』，《高忠憲公詩手稿真蹟》作『佳辰』，是。

夜步〔一〕

幽人夜未眠，月出每孤往。繁林亂螢照，村屋人語響。宿鳥時一鳴，草徑露微上。欣然意有會，無與共此賞〔二〕。千載懷同心，陶公調可彷〔三〕。

校記

〔一〕此詩又載《高忠憲公詩手稿真蹟》及《高子未刻稿》御部、《高子詩集》卷二。

〔二〕『無與共此賞』，《明詩別裁集》卷九作『誰與共心賞』，『誰』字下校：『一作無。』『心』字下校：『一作此。』

〔三〕《明詩別裁集》無末二句，校：『一本有「千載懷同心，陶公調可仿」二句。』

雜詩〔一〕

騏驥不乘水，蛟龍不處陸。物性一如此，天地不强服。曰余秉微尚，棲心在幽獨。自慚不諧時，燕駕與越轂。珍重長者規，知幾在早復。富貴多歡娱，胡爲自局束？長跽謝殷悃，念此亦云熟。真樂不外假，浮華難久馥。靈均紛好修，女嬃滋詬辱。請從庭堅正，未知孰直曲。至性不可回，還歸藝桑竹。

校記

〔一〕此詩又載《高忠憲公詩手稿真蹟》及《高子未刻稿》御部、《高子詩集》卷二。

讀書山中，季弟攜具見過[一]

山中讀《易》罷[二]，臨風弄瑶琴。絲桐感幽思[三]，無言對嶇嶔[四]。有弟賞我趣[五]，挈壺遠相尋。翩翩求羊侣，林下成盍簪。火輪忽啣山，蘭池生清陰。崇雲疊布錦，皓月波流金。融融酒中意，悠悠塵外心。道勝跡自超，慮淡樂非淫。榮名有衰歇，清娱良可任[六]。

校記

〔一〕此詩又載《高忠憲公詩手稿真蹟》及《高子遺書》卷六、《高子詩集》卷二。
〔二〕「中」，《高子水居志補編》卷二作「居」。
〔三〕「幽」，《高子遺書》《高子水居志補編》作「憂」。
〔四〕「嶔」，《高子水居志補編》作「岑」。
〔五〕「賞我」，《高子遺書》《高子水居志補編》作「愛吾」。
〔六〕「清娱」，《高子遺書》《高子水居志補編》作「清和」。

對菊(『百榮率以瘁』)〔一〕

校記

〔一〕此詩又載《高子未刻稿》御部、《高子詩集》卷二。按，此詩《高忠憲公詩集》《高子詩集》卷二重出，又作《采菊》詩三首其二。今删此存彼。

有鳥〔一〕

有鳥棲同林，趣舍獨殊致。披霞吸澄露，高翔展周視。所務無近圖，牖户常早治。嚴霜垂其翼，豈惜翠羽棄？林鳥紛相攻，啾啾一何忮！大儀有餘蔭，六翮任所至。行止千萬端，何能一其事？君已信所臧，處休亦誰企？良方貴珍秘，博示失其異。噂沓空爾爲，人生各有志。

校記

〔一〕此詩又載《高忠憲公詩手稿真蹟》及《高子未刻稿》御部、《高子詩集》卷二。

潮陽縣觀海〔一〕

仲尼欲浮海〔二〕，吾亦來海濱。不作放逐客，誰能得閒身〔三〕？澹澹風日和，蕩滌怡心神。一笑萬象閒〔四〕，偃仰得其真。快哉此日樂，可以擬千春。逝者只如此〔五〕，世事何繽紛〔六〕！安得無家累，終焉此垂綸？

校記

〔一〕此詩又載《高忠憲公詩手稿真蹟》及《高子未刻稿》御部、《高子詩集》卷二。

〔二〕『浮海』，《明詩綜》卷五五作『乘桴』。

〔三〕『誰』，《高子未刻稿》作『焉』。

〔四〕『閒』，《高忠憲公詩手稿真蹟》作『開』。

〔五〕『此』，《明詩綜》作『斯』。

〔六〕『何』，《明詩綜》作『徒』。

輿中〔一〕

輿中何所務，得已聊自娟。周道一何遥〔二〕，圓景去如鶩〔三〕。前途有佳人，麗服策名驥。輕風吹遠芳，望之不可企。遠望欲何爲，行行慎吾事。雲斂山氣佳，風定水容粹。所以至人心，貞吉在不二。妙處絶幾微，如醒半如醉。自得此中玄，萬事皆如棄。其玄本無色，君子以爲貴〔四〕。

校記

〔一〕此詩又載《高忠憲公詩手稿真蹟》及《高子遺書》卷六、《高子詩集》卷二。
〔二〕「一」，《高子遺書》作「亦」。
〔三〕「圓」，《高子遺書》作「玄」。
〔四〕「貴」，《高忠憲公詩手稿真蹟》《高子遺書》作「賁」。

風雨如晦，至車盤，鄄丞致酒，獨酌自戲〔一〕

開歲十四日，風雨晦寒城。蕭蕭松風悲，啾啾棲鳥鳴。鄄丞致美酒，山殽楚然盈。開軒延遠岑，展卷求友生。揮杯成三益，頓覺忘淒清。陶令把籬菊，子雲著《玄經》。時賴載醪者，千古有遐情。

校記

〔一〕此詩又載《高子未刻稿》御部、《高子詩集》卷二。

謫居有序〔一〕

余謫居揭陽，官舍幽清，庭有盆池〔二〕，池有竹石〔三〕，楹前榴花灼灼不絕，樹間小鳥交交弄語。長至後，謝病杜門，益無往來，終日静坐讀《易》誦詩。月明静夜，則活火焚香，援琴小弄〔四〕，意興既盡〔五〕，恬然而卧。蓋從容乎樂也〔六〕，賦詩志之。

自昔悲羈旅，局促詎非迷〔七〕？丈夫志四方，高棲豈荆扉〔八〕？昭曠苟在懷，憑運與委蛇。嶺海何必惡，四時有丹荑。我來一甲子，即事多所怡。華館絶塵鞅〔九〕，水木澹幽姿。好鳥時一鳴，静藴流天機。縱心八極外，蟄心在幾微〔一〇〕。歷覽千古書，此理不吾欺。被服誠無斁，真賞欣自知。持此以永念，可用忘棲遲。自非高堂戀，鹿門乃在兹。

校記

〔一〕此詩又載《高忠憲公詩手稿真蹟》及《高子遺書》卷六、《高子詩集》卷二。《高忠憲公詩手稿真蹟》無『有序』二字。

〔二〕『池』，《高子遺書》與《明詩綜》卷五五作『魚』。

〔三〕《高子遺書》《明詩綜》無『池』字。

〔四〕『小』，《梁溪詩鈔》卷十一作『三』。

〔五〕『盡』，《高子遺書》《明詩綜》作『極』。

〔六〕『蓋』，《明詩綜》、（清）周碩勳纂《（乾隆）潮州府志》卷四十二作『益』。

〔七〕『詎非迷』，《明詩綜》《（乾隆）潮州府志》作『亦奚爲』。

〔八〕《明詩綜》《（乾隆）潮州府志》無『丈夫志四方，高棲豈荆扉』二句。

〔九〕『鞅』，《明詩綜》《（乾隆）潮州府志》作『氛』。

〔一〇〕『蟄心』，《明詩綜》《（乾隆）潮州府志》作『欽之』。

別自麓蕭先生〔一〕

夙稟頑鈍質，於世寡所同。出門便成礙，顧盼成孤蹤。遥遥來海津，舊德知吾翁。相見無俗韻，質樸多淳風。清几陳琴書，陳、羅白沙，念菴。以爲宗〔二〕。更云玉峰莊渠。老，度越諸儒中。深心出悟語，耿耿開愚蒙。執手自此别，言歸大江東。相去四千里，惟此素心通。偃息衡茅下，括囊高其墉。翁有發露之戒。二儀常專翕，萬物多丰容。至哉潛龍義，反躬保無窮。持此酬明德，歲寒有孤松。

校記

〔一〕此詩又載《高忠憲公詩手稿真蹟》及《高子未刻稿》御部、《高子詩集》卷二。

〔二〕《高忠憲公詩手稿真蹟》無註，下同。

考亭恭謁朱夫子〔一〕

束髮自黽勉，所志非浮榮。辨途慎所之，擇術居其貞。巍巍雲谷翁，紹孔明六經。群書萬卷破，奇功一源并。自從子輿來，倬絶莫與京。如何取徑子，繁紘亂中聲？計身亦誠便，畔道非所寧。我來拜闕里，考亭爲南閩闕里。〔二〕齋心矢其誠。歸軫探神奥，發軌謹門庭。董道而不豫〔三〕，聊以拙自成。

校記

〔一〕此詩又載《高忠憲公詩手稿真蹟》及《高子遺書》卷六、《高子詩集》卷二。

〔二〕『考亭爲南閩闕里』，《高忠憲公詩手稿真蹟》作題下註。

〔三〕『董』，《梁溪詩鈔》卷十一作『志』。

異草〔一〕

南山有異草，不逐衆卉榮。古澹無顔色，幽芳有餘情。結根千仞岡，似吸陰陽精。小物有至性，近垢不得生。嚴霜無遺秀，卓彼猶峥嶸。雖非松柏質，可結歲寒盟。世無知之者，含風自凄清〔二〕。

校記

〔一〕此詩又載《高忠憲公詩手稿真蹟》及《高子遺書》卷六、《高子詩集》卷二。

〔二〕『自』，《高子遺書》作『以』。

七哀詩〔一〕

肅肅秋風深，漫漫秋夜長。中夜百感集，攝衣步空堂。俯聽虫聲悲，仰觀明月光〔二〕。物色一如昨，舊人何茫茫。歲月日已疎，髣髴日已亡。一朝成永訣〔三〕，千載空相望。静心易生哀，遣情難爲方〔四〕。愿從夢中路，柔身至其旁〔五〕。

校記

〔一〕此詩又載《高忠憲公詩手稿真蹟》及《高子遺書》卷六、《高子詩集》卷二。

〔二〕『觀』，《高子遺書》及《明詩綜》卷五五作『視』。

〔三〕『朝』，四庫本《高子遺書》作『歲』。

〔四〕『遣』，《高子遺書》《明詩綜》作『遺』。

〔五〕『柔』，《明詩綜》作『抽』。

秋雨歎〔一〕

青青庭中葵，鮮澤顔色好。淫潦不肯休，狂飈日相惱。空堦無倚着，弱質焉能保？芳意窘不舒，丹心空自抱。何時濃陰開，皎皎見秋昊？嘉植不逢年，飄零何足道。

校記

〔一〕此詩又載《高忠憲公詩手稿真蹟》及《高子未刻稿》御部、《高子詩集》卷二。

遊仙詩二首〔一〕

昔我從鴻濛，相往扣天閽。閽者向我笑，爲我啓重門。逶迤歷璇户，緬邈臨瓊軒。豁豁劃垠際，崞崞絶攀援。俯視瀛海内，群動何煩喧！喧寂相起伏，纖鉅争飛奔。人生自勞苦，誰復得常存？寄言同門友，努力超籠樊。

西北有高臺，云是軒轅居。倉茫渾元氣，嶇崒凌虚無。上有一道士，舒嘯飄瓊裾。我欲往從之，地絶空躊躇。抽思棄穢滓，餐化空肌膚。末迹既已解，行光廼自舒。駕鴻造旬始，乘煙觀清都。永絶羈罍牽，從兹宅無隅。

校記

〔一〕二詩又載《高忠憲公詩手稿真蹟》及《高子未刻稿》御部、《高子詩集》卷二。

黄龍庵訪超然上人〔一〕

山深晝寂寂，樵語聲屑屑。一徑入青靄，竹木更秀潔。有僧赤脚眠，長嘯天地裂。見我掇衣起，坦腹笑咥咥。任真無蓋藏，布懷不曲折。摘茗煮鮮泉，荳芋楚楚設。充然可供客，足已了不缺。引我看泉石，發興皆奇絶。揮手别之去，中心自怡悦。

校記

〔一〕此詩又載《高忠憲公詩手稿真蹟》及《高子遺書》卷六、《高子未刻稿》御部、《高子詩集》卷二。《高子未刻稿》題作《遊仙詩》其三。《高子遺書》詩末有跋：『心中無事人，見亦悦，別亦悦。別後憶，憶便彼此非無事人。然或不及之，或過之者。』疑爲《高子遺書》編選者陳龍正所題。

吴子往荻秋庵二首〔一〕

我友煙霞姿，結宇滄洲間。泛艇意已豁，入户心自閒。風竹弄窗翠，水閣澹秋顔。朝曦媚芳坰，皓月空澄灣。於此自偃仰，世人杳難攀。

達士無過足，幽人有孤芳。留客一茅宇，晏坐有匡牀。飯飽不願餘，布煖體常康。散金撫籬菊，鳴玉聽叢篁。何事騖遠遊，葉舟足徜徉。何必逃人間，斗室可深藏。吾有擊壤情，於兹侶羲皇。

校記

〔一〕二詩又載《高忠憲公詩手稿真蹟》及《高子詩集》卷二。

潤州王使君考績，邑宰徵詩漫賦〔一〕

民生何艱難，賦斂歲轉促。兼之漁奪吏，虎視欲逐逐。彌縫無端倪，巧取在罰贖。紛然召訐訟，努力窮案牘。推鞫與榜笞，華星至明旭。既得勤敏聲，喜兹裝囊足。皂隷有歡顔，空村唯痛哭。豈惟誅求盡，成此狠戾俗。窮谷無寧居，焉用彼民牧？聞公妙爲政，一洗此世躅。端操厲冰霜，抗志凌鸞鵠。秋風萬户清，春雨百草緑。三年最吴公，四境誦廉叔。繄我山中人，短歌揚贊馥。行行見台衮，願沛此霡霂。

校記

〔一〕此詩又載《高子詩集》卷二。

花下晏坐〔一〕

春風林中静，晝暖花氣濃。況乃山水際，顧瞻情無窮。孤遊雖云僻，心賞獨已豐。道逢貴游客，車馬一何雄！村人向我言，行樂當如儂。俯視穴邊蟻，仰聽花間蜂。營營一如此，逝將焉所終？

校記

〔一〕此詩又載《高忠憲公詩手稿真蹟》及《高子未刻稿》御部、《高子詩集》卷二。

魯兩生〔一〕

吾愛魯兩生，面折叔孫子。洒然揮之去，身隱名不紀。是時風雲際，豈不願膴仕？董道吾所聞〔二〕，追曲有深耻〔三〕。鴻鵠摩蒼天，蘭杜媚清沚〔四〕。從此謝世人，聊以保厥美。

校記

〔一〕此詩又載《高子未刻稿》御部、《高子詩集》卷二。
〔二〕『董道』，《明詩綜》卷五五作『大道』，《梁溪詩鈔》卷十一作『重道』。
〔三〕『追曲』，《明詩綜》作『曲學』。
〔四〕《明詩綜》無『鴻鵠摩蒼天，蘭杜媚清沚』二句。

送鄭太初謁選〔一〕

上有青天霞，下有濁路塵。男兒有貴賤，豈必蹈平津？繁華一時好，骨骸非常身。青陽不自立，玄冥多苦辛。聖人重成名，所務在爲仁。空持好名戒，坐令本實淪。願君珍素質，勿爲時所磷。

校記

〔一〕此詩又載《高忠憲公詩手稿真蹟》及《高子未刻稿》御部、《高子詩集》卷二。

病中見雪慨焉有懷〔一〕

歲暮俗務集，中心願多違。重以齒牙疾，終日無一怡。雪花太輕薄，顛狂何相欺？覽之心内熱，憶我山中棲。衝風窮絶徑，凌煙望四垂。俯仰瑶華間，夫我更有誰〔二〕？自顧一笑傲，陷足常及腓。豈不多辛苦？頗餘後時思。人生筋骸好，慎勿孤佳期〔三〕。佳期得閒身，百年幾何時？願從今日去，恣吾所欲之。

校記

〔一〕此詩又載《高子未刻稿》御部、《高子詩集》卷二。「焉」，《高子未刻稿》《高子詩集》作「然」。

〔二〕「夫」，《高子未刻稿》作「去」，《高子詩集》作「舍」。

〔三〕「孤」，《高子未刻稿》作「辜」。按，「孤」，古同「辜」。

將游越中諸山，憮然有感〔一〕

世事不可了，且酹山水盟。春風動逸思，顧景憐孤生。睠彼桃李樹，枯條發新榮〔二〕。人生不再好，流光空自驚。少壯不行遊，遲暮將何成〔三〕？

校記

〔一〕此詩又載《高子未刻稿》御部、《高子詩集》卷二。

〔二〕「條」，《高子未刻稿》作「桃」。

〔三〕「成」，《高子詩集》作「如」。

大雪中至西湖，與超然、安素恣尋林薄〔一〕

偶從山中來，正值湖上雪〔二〕。良遊驚佳晨，奇興忘弱劣。況與幽人侶，共此塵外適。瞻山白增妍，眄隰皜逾潔。眄睞所遇物，點綴皆清絕。百年不可知，一日聊足悅〔三〕。日入掩山扉，悄然中懷竭。

校記

〔一〕此詩又載《高忠憲公詩手稿真蹟》及《高子未刻稿》御部、《高子詩集》卷二。

〔二〕『值』，《高忠憲公詩集》作『植』，此據《高忠憲公詩手稿真蹟》《高子未刻稿》《高子詩集》校改。

〔三〕『一日聊足』，《高子未刻稿》作『聊足一日』。

登子陵釣臺〔一〕

西京亂有象，弼士鬱不揚。鄙哉通津子，奄奄孔與張。謙默聊自衛〔二〕，貞剛乃銷亡。士氣日交喪，國勢遂不强。爲彼蝨賊資，其心實先傷。卓卓嚴子陵，抗志輕侯王。辭榮去上國，垂釣來崇岡。高風一以振，芳躅斯亦昌〔三〕。龍門既搆患，驥尾皆流殃。不惜一身死，思爲後人方〔四〕。曹瞞正經營，没世空彷徨。寧爲力不足，直以名義妨〔五〕。廼知修姱士〔六〕，於世爲隄防。

校記

〔一〕此詩又載《高子未刻稿》御部、《高子詩集》卷二。

〔二〕『聊』，《明詩綜》卷五五作『祗』。

〔三〕『斯亦』，《明詩綜》作『久愈』。

〔四〕『後人』，《梁溪詩鈔》卷十一作『後世』。

〔五〕自『龍門既搆患』至『直以名義妨』，《明詩綜》無。

〔六〕『修姱』，《高子未刻稿》《明詩綜》《梁溪詩鈔》作『姱修』。

遊雁蕩山〔一〕

昔我愛丘山，名勝在夢想。去去三十年，塵事空鞅掌。兹遊愜始願，千里遂獨往。望山屢馳騖，入谷轉疑怳。仰觀湫瀑飛，俯聽潭溜響〔二〕。陽崖峙雄特〔三〕，陰洞藏奇敞。幽尋碧澗底，遐矚紫霄上。春風蕩輕陰，百里見開朗。丹青未可圖，文翰誰能髣？棲心願止託，回首空悵怏。勝地古今存，浮生俄頃賞。安得結茅廬〔四〕，於此一偃仰〔五〕。

校記

〔一〕此詩又載《高忠憲公詩手稿真蹟》及《高子遺書》卷六、《高子詩集》卷二。

〔二〕『溜』，《高子遺書》及《明詩綜》卷五五作『流』。

〔三〕『特』，《高子遺書》《明詩綜》作『突』。

〔四〕『盧』，《高忠憲公詩集》作『蘆』，此據《高忠憲公詩手稿真蹟》《高子遺書》《高子詩集》《明詩綜》校改。

〔五〕『一』，《明詩綜》作『日』。

登華頂峰，遂至石梁斷崖觀瀑布〔一〕

晨策淩絶巔〔二〕，夕棲入浚谷。攢峰插天表，飛瀑落地軸〔三〕。忘險騖前賞〔四〕，上下騁極目〔五〕。春風澹沖襟，朝曦扇輕燠〔六〕。深桃點澗紅，弱柳抱溪緑。想見桃源人〔七〕，胡蔴飯應熟。神仙不可期，探已自足欲。歸來守蓬蓽〔八〕，念此媚幽獨。

校記

〔一〕此詩又載《高子未刻稿》御部、《高子詩集》卷二。《高子未刻稿》題無『斷崖』二字。

〔二〕『晨』，《高子未刻稿》作『旅』。『巔』，《明詩綜》卷五五作『頂』。

〔三〕『落』，《明詩綜》作『掀』。

〔四〕『忘』，《明詩綜》作『昧』。

〔五〕『上下』，《明詩綜》作『升虛』。

〔六〕『扇』，《梁溪詩鈔》卷十一作『散』。

〔七〕『桃』，《明詩綜》作『花』。

〔八〕《明詩綜》無『探已自足欲。歸來守蓬蓽』二句。

己酉臘月廿五從華氏墓集顧季君舟中〔一〕

歲杪百冗集，暫得此日閒。況乃風日佳，群賢集樽前。聽彼蒿里歌，何當復憂纏？百年未足計，一笑乃爲賢。盻睞以自適，餘念從此捐。浩浩酒中歡，是爲物之先。

校記

〔一〕此詩又載《高忠憲公詩手稿真蹟》及《高子詩集》卷二。

送惟任北對大廷〔一〕

閒居二十載，同好如嚶鳴。闢兹詩書圃，上窺羲、孔情。或持一杯酒，相笑肺腑傾〔二〕。開懷無俗韻，縱心皆高冥。況當春風好，萬類吐華英。依依楊柳遠，灼灼桃花盈。惜景共娱樂，胡爲君遠行？執手不能别，仰視浮雲征。燕昭昔好士，欒子輪精誠。至今黄金臺，義士賞其名。利器無藏穎，良木當爲楨。君行豈徒然，吾以卜王明。

校記

〔一〕此詩又載《高子未刻稿》御部、《高子詩集》卷二。《高子詩集》『北』後有『上』字。

〔二〕『相』，《高子未刻稿》作『談』。

送辰州守瞿元立[一]

秋至林薄佳，幽人自怡悦。閒尋山中侣，偶坐松下石[二]。一酌清泠泉，滌兹當午熱。自餘無一事，於性有至適。云何同心人[三]，簡書迫行役。我欲賦招隱，言念斯民厄。以君之操持，所至有膏澤。囂訟可不聽，兇惡當斬絶。六言舊王章，勿惜時提挈。誠然振五品，何必恃三尺？郡齋有餘閒，即是林間客。得意且歸來，共泛五湖碧。

校記

〔一〕此詩又載《高忠憲公詩手稿真蹟》及《高子遺書》卷六、《高子未刻稿》御部、《高子詩集》卷二。《高子未刻稿》題作《送瞿元立守辰州》。

〔二〕『偶』，《高子未刻稿》作『獨』。

〔三〕『何』，《高子遺書》作『胡』。

越畸何父母奏績贈言[一]

昔我至天台，縱觀大海濱。玉京布綺綉，金鰲接琳珉。巃嵸鬱佳氣，磊落生畸人。出綰百里符，致兹兩邑馴。高搴棄俗韻，坦率繇天真。雙眸耀皎日，萬姓遊熙春。流澤洽蔀屋，揚芬徹楓宸。彩鳳出明光，紫泥下如綸。燦若赤城霞，爛如華頂雲。共言璞中剖，已作命世珍。六翮信所極，九霄當遄臻。願垂末光照，眷我棠陰民。

校記

〔一〕此詩又載《高子未刻稿》御部、《高子詩集》卷二。

奉賀虚翁蔡公祖榮封〔一〕

野人愛秋山，屏居五湖坻。空山百緣絶，嗒焉侣皇羲。忽聞扣門者，索贈蔡侯詩。欣然起受簡，經營所贈之。片雲出南山，五彩光陸離。持以贈我侯，裁作斑綵衣。捧君百歲觴，奏我千秋詞。吴民得蔡父，藹若被春曦。但願侯久治，萬類自生輝。九天恩洊來，如彼雲上時。

校記

〔一〕此詩又載《高子未刻稿》御部、《高子詩集》卷二。

送歐陽宜諸〔一〕

離别何足悲，緣在知愛閒。百年得賢牧，方與圖民艱。皎皎冰玉心，不受外物牽。春和被良善，秋肅鎮兇頑。以兹膏澤究，邑里得安閒。方期久成化，詎謂忽告還。除書一朝至，嚴駕難久攀。飛帆暗前浦，落日明秋山。淒切岸草蛩，潦戾深林蟬〔二〕。離筵不須臾，樽酌且循環。男兒自耿介，此情何能捐？我實幽居士，冠蓋罕往還。重以臭味故，相見多歡顔。自公之去矣，世事誰與言？俗韻不可叶，聊復掩重關。

校記

〔一〕此詩又載《高子未刻稿》御部、《高子詩集》卷二，《高子未刻稿》題作《送郡伯歐陽宜諸》。

〔二〕『潦戾』，《高子未刻稿》作『嗚咽』。

送戴二尹〔一〕

公來丞吾邑，兩攝令尹事。晏然民安之，以此卜遠器。公往令永川，刃遊有餘地。何以贈公行？所願一曠視。雖有肥與甘，不若淡可味。雖有朱與丹，不若白可賁。丈夫七尺軀，所需亦有既。衣食足所用，過此非所貴。萬口頌神君，千秋傳循吏。君子事遠業，蕩然滌情志。

校記

〔一〕此詩又載《高子未刻稿》御部、《高子詩集》卷二。

送吴學師北上〔一〕

吴公金玉質，天然謝雕飾。秉鐸我錫邑，春陽動群植。穆然無言化，時至物自革。維歲在龍首，髦士集皇國。歲晏公北征，念别心惻惻。何以贈君子？一酌慧泉水。中冷迹已湮，此水世無比。取之不可竭，淆之不能滓。旱潦相凌奪，此水常如此[二]。至人德似之，不爲俗所移。公今奮六翮，行爲世羽儀。願以一勺水[三]，普作生民資。置身第一流，端不愧男兒。

校記

〔一〕此詩又載《高忠憲公詩手稿真蹟》及《高子未刻稿》御部、《高子詩集》卷二。

〔二〕『常』，《高子未刻稿》作『只』。

〔三〕『勺』，《高子未刻稿》作『酌』。

壽馬母王太恭人六十[一]

富貴未足多，壽考亦恒爾。異哉馬太君，其事乃足紀。十年舉兩兒，兩第掇一榜。大兒玉堂中，小兒蘭省長。合璧藍田來，雙珠合浦上。文章驚世人，光彩耀天壤。煌煌錦衣歸，融融冬日暖。太君壽周甲，其日正初誕。干旄塞修衢，賓客填虛館。珍肴捧金盤，旨酒擎玉琖。太君前致言，絲竹且勿宣。今日何能爾，我爲示其然。德繇祖父植，業自詩書傳。嗟嗟未亡人，致此良獨難。百年未云壽，千秋邈無前。長跪謝慈教，四坐樂且嘆。乃知五福事，來自六籍中。榮華寧可慕，勉爾稽古功。

校記

〔一〕此詩又載《高子詩集》卷二。

壽胡教菴先生伉儷先後七十〔一〕

赫赫日月光，照臨此下土。爲善者得福，譬若桴與鼓。不見胡太公〔二〕，伉儷篤行善。常將一片心，直令三光見。母曰高在上〔三〕，咫尺下垂眷。翩翩畀五子，獢獢一先貴。兩作赤縣宰，仁聲誦如沸。太公七十春〔四〕，茂宰三年最。紫泥下彤庭，朱衣被白首。太君二齡少，先觴百歲酒。榮光動四筵，盛事傳百口。五福今備之，三樂世寧有？問君何能爾，惠迪吉影響。世人工文章，文章有弗賞。服食求神仙，神仙事忽恍。不如陰行善，此理真足仗。

校記

〔一〕此詩又載《高子詩集》卷二。

〔二〕「公」，《高子詩集》作「翁」。

〔三〕「母」，據詩意，當爲「毋」字之訛。

〔四〕「太公」，《高忠憲公詩集》訛作「太君」，此據《高子詩集》校改。

東溟先生七十壽言〔一〕

先生積學不第，家貧，下帷教授余子，世儒、世學從先生受《尚書》〔二〕。其爲人廩廩大節，與人交，正而和，久而逾親。好佛氏清静之旨，授書之餘，冥心自攝而已。今年庚子，壽七十，神采皎然，耳目齒牙無恙，終日言笑亹亹，入少年中飲酒，丙夜不怠，其所養可知矣。謹頌先生，以告世之保生者。

去日每苦多，來日每苦少。栖栖世中事，鼎鼎誰能了？所以達人心，擺落出物表。吾慕東溟翁，攝生得其道。投志西來宗，無念以爲寶。觀空覺諸妄，埋照澹自保。平生經苦辛，未嘗入懷抱。理得身世寬，戰勝顏色好。持此入無窮，長隨天地老。

校記

〔一〕此詩又載《高忠憲公詩手稿真蹟》及《高子遺書》卷六、《高子詩集》卷二。《高子遺書》題作《壽吴東溟先生七十》，《高子詩集》題作《東溟吴先生七十壽言》。《高子遺書》無序。

〔二〕『世儒、世學』四字，《高忠憲公詩集》原文作墨丁，此據《高忠憲公詩手稿真蹟》《高子詩集》校補。

施冏卿勵菴先生六十壽言〔一〕

驅馬多貰患，至人炳先幾。云胡馳驅士，一往嗜若飴。風塵日冉冉，素衣化爲緇。咄嗟浮榮去，籜落焉能持？我求先民範，施侯實吾師。温然有餘度，静默以自怡。雌黄不出口，理亂非所知。但恐年歲駛，行樂務及時。壯節解組歸，結茅五湖坻。穀旦以嚴邁，酌酒賦新詩。神閒物不束，理得心自夷。生年律曆周〔二〕，髮鬢氣貌肥。秉此堅貞操，永爲歲寒姿。願以不涸源，觀義於尺捶。

校記

〔一〕此詩又載《高忠憲公詩手稿真蹟》及《高子詩集》卷二。《高忠憲公詩手稿真蹟》無『冏卿』二字。

〔一二〕『生年』，《高子詩集》作『生平』。

弢光静坐[一]

偶來山中坐，兀兀二旬餘[二]。澹然心無事[三]，宛若生民初[四]。流泉當几席，衆山立庭除。高樹依岩秀，修竹夾路疎[五]。所至得心賞，終日欣欣如。流光易蹉跎，此日良不虚。寄言繕性者[六]，速駕深山居。落日在平野，悵然懷千秋。緬彼臨安區，當年棲王侯。樓臺何鬱鬱，冠蓋紛相酧。一朝世事盡，百代成荒丘。徒存指點跡，令人心悲憂[七]。何如蓬廬士，偃息岩壑幽。圖書共朝夕[八]，花木遞春秋。觴酌洽朋好，卧起親鳧鷗。豈不念世故，中心自有求。生有無窮娱，既没名長留[九]。

校記

〔一〕二首又載《高忠憲公詩手稿真蹟》及《高子未刻稿》御部、《高子詩集》卷二。《高子遺書》卷六載第一首。（清）孫治輯、徐增重修《武林靈隱寺志》卷八《詩詠》亦載此二首，題作《萬曆癸丑季秋與丹陽周仲純來遊韜光，静坐三七日而去，書二詩紀勝遊云》。

〔二〕『二』，《明詩綜》卷五五、《明詩别裁集》卷九作『浹』。

〔三〕此句《武林靈隱寺志》作『心中澹無事』。

〔四〕『民』，《梁溪詩鈔》卷十一作『我』。

〔五〕『竹』，《高子遺書》《明詩綜》作『篁』。

〔六〕『繕』，《武林靈隱寺志》作『養』。

〔七〕『悲』，《武林靈隱寺志》作『傷』。

〔八〕『圖書』，《武林靈隱寺志》作『詩書』。『共』，《高忠憲公詩手稿真蹟》作『供』。

〔九〕『没』，《高子詩集》作『殁』。

題吴之矩雲起樓〔一〕

吾友搆高樓，上與南山友。推窗延諸峰，凴几揖群阜。樓中列萬卷，亦貯泉百缶。彝鼎皆商周，圖書悉蝌蚪。客來賞奇文，疑義相與剖。遞品陽羨茶，呼取惠山酒。或時自晏坐，澹然一何有。青山時出雲，白雲時入牖。倏忽曳作衣，亦或變爲狗。起滅千萬端，巧歷能筭否〔二〕？人生一如此，幻化安能久？借問天壤間，何者是不朽？

校記

〔一〕此詩又載《高忠憲公詩手稿真蹟》及《高子遺書》卷六、《高子詩集》卷二。

〔二〕『巧歷』，《高忠憲公詩手稿真蹟》作『巧曆』，義同。

蔡觀察貽余禪衣，成夜坐詩寄謝〔一〕

長林寒風厚，斗室霜氣侵。珍重故人惠，有衣亦可衾。中夜每起坐，春温解重陰。明月入我户，流光照鳴琴。念彼世中人，異調難同音。頓使羔裘賢，難執遵路襟。思君三歎息，付之一悲吟。萬感既刊落，一息自深深。乃知人心妙，晝夜當温尋。感君衣被意，示我禪定心〔二〕。獲此頷中珠〔三〕，不啻腰纏金。欲悉此中玄，何時來盍簪？

校記

〔一〕此詩又載《高忠憲公詩手稿真蹟》及《高子遺書》卷六、《高子詩集》卷二。

〔二〕『禪定』，《梁溪詩鈔》卷十一作『禪寂』。

〔三〕『頷』，《高忠憲公詩集》訛作『領』。按，《梁溪詩鈔》作『頷』，四庫本《高子遺書》『頷中』作『頷下』。今據四庫本《高子遺書》及《梁溪詩鈔》校改。

東陽顯周許翁九十〔一〕

許翁年九十，道勝形愈强。三子十六孫，曾孫列成行。有孫致青雲，出宰稱循良。猶子爲世賢，煌煌佐岩廊。譬如千尋木，培根一何長。譬如萬斛舟，載福莫與量。問翁何能爾，作善來百祥。藹藹有惠心，遇物惻如傷。拾金還其主，義聲遂高揚。豈直百歲壽，將無千秋芳？吾願世中人，皆以翁爲方。多福自己求，此是道之常。

校記

〔一〕此詩又載《高子未刻稿》御部、《高子詩集》卷二。

書徐定齋先生卷[一]

黄虞日已遠，歎息淳源漓。空谷有徐翁，其羽可爲儀。孝弟秉至性，純白中無岐。稟兹先民範，允爲時賢師。末路念垂堂，好爵棄不縻。蕭然衡門下，高風令人思。豈無公與侯，榮華耀當時？一旦壽命盡，遂同秋草萎。孰若姱修士，芬芳揚來兹？所以明哲者，辨途慎所之。介焉從其好，不爲世人欺。

校記

〔一〕此詩又載《高子未刻稿》御部、《高子詩集》卷二。

始歸[一]

三旬通仕籍，六旬始歸田。中間立朝日，不能三年淹[二]。拙宦分自定，遯世性所便。每懷五湖志，願棲一壑堅。飛鳥脱籠中，遊魚歸故淵。豈誠異時好，所好各有專。驅逐車馬塵，何如松菊間？披服文繡裳，寧若雲霞鮮[三]？晨起日三商，夜眠月一天[四]。静默契神理，恬夷究簡編[五]。所務願不違，自謂人中仙。誰致昇平理，長令岩谷全[六]。

校記

〔一〕此詩又載《高忠憲公詩手稿真蹟》及《高子未刻稿》御部、《高子詩集》卷二。

〔二〕『不能三年淹』，《明詩綜》卷五五作『未嘗淹三年』。
〔三〕《明詩綜》無『披服文繡裳，寧若雲霞鮮』二句。
〔四〕『眠』，《明詩綜》作『坐』。
〔五〕『恬夷究』，《明詩綜》作『夷猶翫』。
〔六〕《明詩綜》無『自謂人中仙。誰致昇平理』二句，『長令岩谷全』作『至人樂已全』。

客途〔一〕

旭日照輿中，仲冬藹如春。焚香玩羲《易》，瞑目怡心神。每入野店中，宛若家室馴。糲飯甘如飴，村醪白於銀。充然醉飽後，晏卧芻藁茵〔二〕。但覺無事樂，不知客途辛。望望故園近，歲杪兒孫親。

校記

〔一〕此詩又載《高忠憲公詩手稿真蹟》及《高子遺書》卷六、《高子詩集》卷二。
〔二〕『藁』，《高忠憲公詩集》訛作『膏』，此據《高子遺書》校改。

題耿敬亭先生《嘉頌録》〔一〕

衆人營旦暮，志士務千秋。一生實辛苦，辛苦何所求？不以三公貴，安此一念羞。此念亘今古，夫豈終身謀？卓哉耿大夫，堅白盟諸幽。膴仕在前途，邪徑矢不繇。三尺懸白日，三黜非我憂。飄飄棄華榮[二]，浩浩無怨尤。須臾桑滄變，曾壞宇宙不？斯道幸不墜，一官何足酬？萬事與化徂，寸田實所留。所以中丞公，接武揚其休。

校記

〔一〕此詩又載《高忠憲公詩手稿真蹟》及《高子未刻稿》御部、《高子詩集》卷二。「亭」，《高子未刻稿》作「翁」。

〔二〕「華榮」，《高子未刻稿》作「榮華」。

賦得孟母贈姚節母文[一]

古今稱孟母，教子成大賢。所以子輿氏，著有性善篇。人性既云善，何以須三遷？乃知斷機教，問學爲最先。磨琢成璠璵，栽培得梓楩。睠兹三遷兒，何殊未遷前！人力一以盡，天性始克全。千載有姚母，芳躅可比肩。子以母成學，母以子永傳。

校記

〔一〕此詩又載《高忠憲公詩手稿真蹟》及《高子詩集》卷二。

又賦得敬瑜妻贈姚節母文〔一〕

翩翩孤飛燕，燕足繫赤絲。爲問燕何來，來自敬瑜妻。此燕昔來巢，頡頏有雄雌。一朝失其偶，不共他燕飛。衛母心感傷，繫縷以志之。明年帶足縷，舊巢復來歸。衛母喪敬瑜，截耳棲孤帷。感彼無匹鳥，朝夕偏相依。天地有正氣，禽鳥曾不迷。豈伊秉彝民，而無羽族知？所以守貞者，千載有餘思。吾爲姚節母，喟然作此詩〔二〕。

校記

〔一〕此詩又載《高忠憲公詩手稿真蹟》及《高子詩集》卷二。

〔二〕『作』，《高子詩集》作『有』。

輓郁近安先生〔一〕

憶昔龍城日，相逢輒相娱。君言人世間，年壽如隙駒。蚤求長生方，伏食爲良圖〔二〕。余謂長生者，寧在七尺軀？往往見仙人，白骨久已枯。不死是何物，坱然滿寰區。君今返其宅，此宅無方隅。浩浩安居之，於焉見真吾。

校記

〔一〕此詩又載《高忠憲公詩手稿真蹟》及《高子未刻稿》御部、《高子詩集》卷二。

〔二〕『伏』，《高子詩集》作『服』。

贈别周懷魯中丞〔一〕

人生共一世，離别何足悲？男兒重意氣，有情何能夷？悠悠世中人，唯諾工相欺。趍利較毫末，焉知澠與淄？惟公能好士，吐握不知疲。鶴音自交和，好爵相與縻。求言若不及，納善如渴饑。綱紀出庶政，纖鉅無不宜。如何民所天，一朝忽去兹？山澤迄閭里，白叟與黄兒，聞公將行邁，仰天涕漣洏。何況同聲氣，能無長相思？所幸在一方，膏澤當見施。願以九河潤，濡及千里畿。秋風濟横汾，白雲心相期。努力愛玉體，握手知何時？

校記

〔一〕此詩又載《高子詩集》卷二。

采菊〔一〕

天地有終極，人生豈常爾？年壽不可知，富貴焉足恃？昔爲春原荑，今隨秋草薙。四時更代謝，百年遞成毁。區區世人心，詎能違物理？所以采菊翁，悠然了斯旨。

百榮率以瘁，秋菊乃獨芳。愛此幽堅色，得我心之常。白日園林清，琴書静胡牀。開樽聊爾泛，無言味滋長。樂意空自知，俯襟一相羊。重出。〔二〕

夫子古大聖，蔬水亦欣然。顔公道亞之，簞瓢著當年。無怨誠獨難，所以足珍焉。芳菊秉堅貞，卓爲百卉賢。揮觴爲爾言，此意誰當傳？

校記

〔一〕此三首又載《高忠憲公詩手稿真蹟》及《高子詩集》卷二。《高子遺書》卷六載第一首，《高子未刻稿》御部載第一、三首。

〔二〕《高忠憲公詩手稿真蹟》無註。按，此首《高忠憲公詩集》《高子詩集》卷二重出，題作《對菊》，其中『開樽聊爾泛』句『爾』作『獨』。《高子未刻稿》御部此首題亦作《對菊》。

贈許襄明〔一〕

天地有正氣，賦物本自然。云胡末世下，競爲私欲牽？好惡隨異同，是非謬天淵。兩兩同心人，漠漠隔雲煙。幸兹肺腑通，常得膠漆堅。我愛襄明公，宛然忠孝傳。四海兩足遍，千秋一心肩。抵掌賢豪間，不與污俗緣。群鷄啄餘粒，孤鶴摩蒼天。不有辛垣衍，安别魯仲連？似兹珪璋器，而令淪林泉。世運既如此，一笑花枝前。

校記

〔一〕此詩又載《高子未刻稿》御部、《高子詩集》卷二。

送傅儼栗二尹〔一〕

仕宦鮮自立，競槖黄金歸。即有失官去，金多足自肥。不知天監兹〔二〕，害與利相隨。幾見貪人後，其業能永貽？惟公丞錫邑，行己足可師〔三〕。一介不苟取，四知炯自持。所務無近圖，心與古人期。方謂當殊擢，而忽聞左移。一時衆相詫，萬口共惜之。直道必三黜，自昔已如斯。君子慎衾影，所貴惟天知。浩然正氣在，何以浮榮爲？

校記

〔一〕此詩又載《高子未刻稿》御部、《高子詩集》卷二。

〔二〕『監』，《高子未刻稿》作『鑒』。按，『監』，古通『鑒』。

〔三〕『足』，《高子詩集》作『卓』。

送張春宇之太和〔一〕

與君一酌酒，爲君歌行雲。隨風忽東西，萬里無留痕。人生亦如此，形迹安足論？君爲錫城簿，操持所以丈夫志，難比倫。豈不實辛苦，名高身彌尊。君看諸公卿，貴若鳳與麟。名節一朝敗，賤如灰與塵。所懼非卑貧。君去丞太和，轉與民相親。以此一寸心，而布萬家春。此鄉多寶玉，清名良可珍。

校記

〔一〕此詩又載《高子未刻稿》御部、《高子詩集》卷二。『之』，《高子未刻稿》作『丞』。

八月四日從伯兄遊山〔一〕

以我友于愛，兼之素心耦。林薄秋氣深，田疇新雨後。入山沿清泉，蔭樹負高阜。當筵幽鳥來，歸棹星火澮。明月放廣溪，涼風動疎柳。撫景有深懷，攬物生餘感。猶存少年興，頻受深盃酒。默默何所持，但恐醉爲咎。

校記

〔一〕此詩又載《高忠憲公詩手稿真蹟》及《高子未刻稿》御部、《高子詩集》卷二。

觀海〔一〕

長嘯大海濱，廓然臨無際。回風撼紫濤，天地壯氣勢。蒼茫混太虛，萬里破蔀蔽。尺鷃依叢林，焉測鯤鵬詣？所見局所處，凡物懼有繫。百川會一壑，晝夜如斯逝。静見有深會，飄遥遺身世。

校記

〔一〕此詩又載《高忠憲公詩手稿真蹟》及《高子未刻稿》御部、《高子詩集》卷二。

五言律詩

獨坐〔一〕

獨坐無餘事，悠然見遠山。池涵高樹静，門掩夕陽閒。暝色催鳥集，寒云護雁還。會心寧在遠？不必濮濠間。

校記

〔一〕此詩又載《高忠憲公詩手稿真蹟》及《高子未刻稿》御部、《高子詩集》卷五。

題江月軒〔一〕

不知江上月，閲世幾千秋。自入吾廬内，悠然共白頭。遠山當客静，絶壁近人幽。莫謂居城市，閑心似野鷗。

校記

〔一〕此詩又載《高忠憲公詩手稿真蹟》及《高子未刻稿》御部、《高子詩集》卷五。

贈見洋吴丈[一]

聞君仁讓里，且復近名山。禮樂堪逃俗，雲霞可駐顔。倘分一室静，可借半生閑。陶令南村意，千秋事可攀。

校記

〔一〕此詩又載《高子詩集》卷五。

水居詩五首[一]

到此情偏適，安居興日新。閑來觀物妙，静後見人親。啼鳥當清晝，飛花正暮春。呼童數新笋，好護碧窗筠。

篤不愛見客[二]，所愛掩重關[三]。鳥雀荒村静，琴書斗室閑。支頤只味水，伏枕亦看山。問我何爲者，桃源在此間。

早起驚春色，扁舟出郭輕。到山争局罷，坐樹引杯清。水拓孤峰遠，帆飛落日明。此生甘一壑，萬事不關情。

此地真堪隱，經過豈厭頻？空庭雙樹老，孤坐九峰親。水遠煙光净，花深野色新。春蔬滿田徑，久客不憂貧。

乍雨洗庭柯，斜陽到薜蘿。讀書聊散帙，看竹偶經坡。烏下山初暝，月來池欲波。幽情無着處，呼酒一高歌。

校記

〔一〕又載《高忠憲公詩手稿真蹟》及《高子詩集》卷五。《高子遺書》卷六載第一首和第五首，第一首題作《水居》，第五首題作《即事》。《高子未刻稿》載第二、三、四首，題作《水居》。

〔二〕『篤』，《高子水居精華録》卷二作『我』。

〔三〕『愛』，《高子未刻稿》作『好』。

揭陽道中二首〔一〕

遼遶川途遍，艱危轉自安。山深蟲韻苦，夜半水聲寒。明月親雄劍，踈星静鷃冠。客身信天地，何自起悲嘆？

客睡蘇蘇足，深山寂寂沉。一官何附贅，萬里未投簪。藜杖秋風老，貂裘歲色深。孤舟聽夜雨，滴滴破人心。

校記

〔一〕二首又載《高忠憲公詩手稿真蹟》及《高子未刻稿》御部、《高子詩集》卷五。

夜坐〔一〕

夜氣清無睡，披衾隱坐幽。踈星催曉色，片月冷孤舟。氣入虚無杳，身俱一榻浮。溪聲枕邊去，活活未曾休。

校記

〔一〕又載《高忠憲公詩手稿真蹟》及《高子詩集》卷五。

春日陪石湖明府登錫山三首〔一〕

每嫌眼界小，到處即登高。天際雲霞迥，人間雞鶩勞。岩松皆立壁，隴麥自翻濤。世事無須問，相看飲濁醪。

每嫌眼界小，到處即登高。地想延陵劍，人思范蠡舠。江山留往事，登眺有吾曹。一笑長空暮，飄遥自解弢。

每嫌眼界小，到處即登高。萬户連峰抱，孤城大壑操。紛華知俗敝，輸輓念民勞。賴有神明宰，觀方可察毫。

校記

〔一〕三首又載《高子未刻稿》御部、《高子詩集》卷五。『石湖』，《高子未刻稿》作『陳石湖』。

贈楊齊華明府，桐城令也〔一〕

羨爾神明宰，城頭對甑山。訟庭啼鳥静，官舍落花閒。開卷孤琴伴，吟詩獨鶴還。異時留犢去，棠色杳難攀。

校記

〔一〕又載《高子詩集》卷五。按，『桐城令也』四字疑應爲題註。

晚步〔一〕

緩步到溪頭，相看事事幽。斷雲踈島嶼，落日灔汀洲〔二〕。水净芙蓉夕〔三〕，風生蘆荻秋〔四〕。吴歌何處棹，驚起欲眠鷗。

校記

〔一〕又載《高忠憲公詩手稿真蹟》及《高子遺書》卷六、《高子詩集》卷五。

〔二〕『灩』,《高子遺書》及《高子水居志補編》卷二作『豔』。

〔三〕『净』,《高子遺書》作『静』。

〔四〕『生』,《高子水居志補編》作『清』。

丙午元日〔一〕

歲冗今朝静,閉門春色深。安居知帝力,觀物見天心。柏葉休辭醉,梅花已可吟。但於叢竹裏,日日聽春禽。

校記

〔一〕又載《高忠憲公詩手稿真蹟》及《高子遺書》卷六、《高子詩集》卷五。『日』,《高子遺書》作『夕』,疑訛。

依韻題龔毅所方伯曠適園二首〔一〕

春色滿天地,山公樂事饒。爲園依古寺,開徑帶溪橋。不入桃源路,安知物外超?但於流水處,坐看白雲遥。

圖書常滿室，剥啄不到門。插槿斷樵徑，種樹列高原〔二〕。厭聞世上語，時與道者言。春酒正當熟，梅花已滿園。

校記

〔一〕二首又載《高忠憲公詩手稿真蹟》及《高子詩集》卷五。《高忠憲公詩手稿真跡》題無『方伯』二字。

〔二〕『樹』，《高忠憲公詩手稿真跡》作『松』。

庚子秋日同友水居静坐〔一〕

兀兀何爲者，朝曦至夕陰〔二〕。六經疑處破，一氣静中深。霄漢孤懸榻，乾坤壯盍簪。五湖秋色滿，相守歲寒心。

校記

〔一〕又載《高忠憲公詩手稿真蹟》及《高子遺書》卷六、《高子詩集》卷五。

〔二〕『至』，《高子遺書》及《梁溪詩鈔》卷十一作『屬』。

閉户吟三首[一]

年來惟好静，一榻日蕭蕭。讀《易》烹清茗，吟詩把濁醪。淵明念松菊，仲蔚在蓬蒿。細筭人間着，無如閉户高[二]。

有竹已疎林，空齋貯碧陰。徑縈蘿薜遠，池帶荻蘆深。人静惟開卷，情閒或撫琴。幽居多樂事，剥啄莫相尋。

大道本無着，人間何用名？黄金從客盡，白髮信年生。蚤韭三畦富，寒梅一樹清。夜深孤榻冷，倚劍伴長庚[三]。

校記

〔一〕三首又載《高忠憲公詩手稿真蹟》及《高子詩集》卷五、《高子遺書》卷六。《高子遺書》題作《和許静餘先生閉户吟三首》。

〔二〕此首《高子遺書》作：『年來惟好静，始覺解天弢。山月閒相照，春風淡自陶。牀頭儲濁酒，燈下有《離騷》。算盡人間着，無如閉户高。』

〔三〕此首《高子遺書》作：『君公（按，四庫本《高子遺書》作『君平』，是。）嘗避世，仲蔚愛閒居。城市何妨隱，蓬蒿豈必除？榻留孤劍伴，人共一瓢餘。滌盡人間念，吾將返厥初。』

壬寅冬日同卞子静過吴子往荻秋〔一〕

一别荻秋久，蕭蕭風雨過。村寒人語少，客静鳥聲多。隱几來僧梵，煎茶聞棹歌。相看二三子，端不愧煙蘿。

校記

〔一〕又載《高忠憲公詩手稿真蹟》及《高子詩集》卷五。

喜雨三首〔一〕

每宵愁見月，今日喜聞雷。萬耒金莖出，千箱玉粒來。芳樽知不燥，香社可時開。爲整東山屐，穿雲笑幾回。

每宵愁見月，今日喜聞雷。次第朱炎去，蕭疎白帝來。紛紛先落槿，溯溯欲侵苔。爲問山中客，芳樽何處開？

六月旱既甚，雨來亦不遲。即看雲漠漠，已覺黍離離。興劇惟需酒，歡多只賦詩〔二〕。明朝問積水〔三〕，相與向東菑。

校記

〔一〕三首又載《高子未刻稿》御部、《高子詩集》卷五。

〔二〕『只』，《明詩綜》卷五五作『且』。

〔三〕『問』，《明詩綜》作『應』。

夏日閒居四首〔一〕

委巷幽人室，荒蕪野氣通。插花方展葉，種竹未成叢〔二〕。有客如僧静，無心與世同。北窗眠正穩，聊擬鹿皮翁。

入暑吾逾懶，耽幽客轉疎。自知窮五技，隨意得三餘。竹氣侵書冷，蕉陰落簟虚。未須開蔣徑，幸已返班廬。

不必論廛市，藏身即茂林。一瓢葵藿老，萬卷薜蘿深。堅白江湖骨，升沉天地心。憑高試極目，迢遞有層陰。

事簡人方貴，身閑道未窮。乾坤蒿目外，朝野察眉中。趺坐落殘照，孤吟倚晚風。何當問老驥，吾意已冥鴻。

校記

〔一〕四首又載《高忠憲公詩手稿真蹟》及《高子未刻稿》御部、《高子詩集》卷五。

〔二〕『未』，《高子未刻稿》作『已』。

賦得雲鶴贈瞿元立自邵武守拂衣歸〔一〕

歸來天際鶴，八表見遺音。自抱凌霄意，相驚戒露心。乾坤六翮迥，日月九皋深。何事乘軒者，秋風空故林。

校記

〔一〕又載《高子未刻稿》御部、《高子詩集》卷五。

壽吴望庵六十〔一〕

憶詠雙珠日，君五十生子，有詩壽之。相看又十年。兒童催歲月，身世剩林泉。眼豁五湖表，心開萬卷前。長生自有道，不必問神仙。

校記

〔一〕又載《高子未刻稿》御部、《高子詩集》卷五。『庵』，《高子未刻稿》作『翁』。

弢光山中和友人韻〔一〕

禪坐秋逾寂，泉飛夕更涼。映山池帶碧，對菊酒生香。客去鳥啼歇，月來詩興忙。飄然塵壒外，身世欲渾忘。

校記

〔一〕又載《高忠憲公詩手稿真蹟》及《高子未刻稿》御部、《高子詩集》卷五。

七月十五夜同吴子往、張伯可泛溪〔一〕

不作清溪泛〔二〕，空令此月孤。寒煙浮欲去〔三〕，遠嶼澹疑無。日月高鳧鵠，行藏長荻蘆。棲遲何必惡，秋色有吾徒。

校記

〔一〕又載《高忠憲公詩手稿真蹟》及《高子遺書》卷六、《高子詩集》卷五。《高子遺書》題作《秋月同張伯可、吴子往泛溪》。『七月十五』下，《高忠憲公詩手稿真蹟》校：『一作秋日。』

〔二〕『清』，四庫本《高子遺書》作『青』。

〔三〕『去』，《高子遺書》作『出』。

宵征〔一〕

寂寂烏棲定，悠悠匹馬征。烟添山有色，月動水無聲。叢樹迎人遠，寒星帶客清。雖飛有底急，將父正含情。

校記

〔一〕又載《高忠憲公詩手稿真蹟》及《高子未刻稿》御部、《高子詩集》卷五。

賦得箭水澄清送昇宇翁先生北上〔一〕

明月一弓掛，清川九箭尖。鷗輕時淺掠，魚樂欲深潛。更有春風在，年年化雨添。行看一掬水，化作九垓霑。

校記

〔一〕又載《高子未刻稿》御部、《高子詩集》卷五。

戊午三月朔登子陵釣臺〔一〕

桐江一片石，千古白雲横。世亂無寧宇，岩棲得此生。漁樵亦偶爾，富貴豈吾情？寂寞空山士，安知後世名？

校記

〔一〕又載《高忠憲公詩手稿真蹟》及《高子遺書》卷六、《高子詩集》卷五。《高子遺書》題作《戊午春月朔登子陵釣臺》，《梁溪詩鈔》卷十一題作《戊午春月朔登嚴子陵釣臺》。

浦城道中〔一〕

此地可爲家，春深事足誇。道旁争折笋，薪束半樵花。削石圍金谷，飛泉走玉沙。依岩結茅屋，種竹是生涯。

校記

〔一〕又載《高忠憲公詩手稿真蹟》及《高子未刻稿》御部、《高子詩集》卷五。「浦」，《高子未刻稿》作「消」，疑字訛。

題西生上人西築〔一〕

幽人卜築處，山水欲相兼。泉石安飛錫，江湖出捲簾。栽梅三徑曲，種竹萬竿尖。旭日當窗上，曇花無事拈。

校記

〔一〕又載《高忠憲公詩手稿真蹟》及《高子未刻稿》御部、《高子詩集》卷五。《高子未刻稿》無『題』字。

宿法相寺和李用甫韻〔一〕

携我青藜杖，來入白雲端。古寺澗邊出，長江山半看。僧堂松護静，經閣竹籠寒。不盡山林興，淹淹坐夜闌。

校記

〔一〕又載《高忠憲公詩手稿真蹟》及《高子未刻稿》御部、《高子詩集》卷五。

壽郁近庵八十[一]

有客隱墻東，能烹大藥紅。乾坤回亥子，日月問屯蒙。有行心偏古，無憂顔欲童。未須稱耄耋，甲子駐壺中。

校記

〔一〕又載《高忠憲公詩手稿真蹟》及《高子未刻稿》御部、《高子詩集》卷五。

西湖[一]

千山青不斷，萬樹緑參差。堤得峰巒秀，湖分花木奇。雲煙縹緲處，景物會心時。無奈飛揚意，孤航聽所之。

一葉中流穩，乘凌惜易過。湖光沾席近[二]，山色媚人多。魚出仍藏藻，鷗輕故掠荷。秋山不蕭瑟，到處滿笙歌。

諸峰三竺聳[三]，二水六橋通。花柳年年色，樓臺處處雄。江山天地在，人事古今空。寂寞前朝恨，寒煙白草中。

山極乾坤巧，湖浮今古春。鄴侯留井舊，學士有堤新。世事自陳迹，才名久益真。千年歌舞地，悵望一傷神。

校記

〔一〕又載《高忠憲公詩手稿真蹟》及《高子未刻稿》御部、《高子詩集》卷五。

〔二〕「沾」，《高子未刻稿》作「展」。

〔三〕「聳」，《高子未刻稿》作「秀」。

望湖亭坐月〔一〕

樹迥籠煙合，湖平印月空。片砧傳遠谷，一鳥度高風。妙悟世情外，真機獨坐中。物交吾不役，轉覺此身雄。

校記

〔一〕又載《高忠憲公詩手稿真蹟》及《高子未刻稿》御部、《高子詩集》卷五。

静坐〔一〕

静坐杳無念，臨流望遠天。浪花圓復破，雲氣斷還連。狎水輕鷗去，摩空野鶴還〔二〕。如何此時意，不得向人傳。

校記

〔一〕又載《高忠憲公詩手稿真蹟》及《高子未刻稿》御部、《高子詩集》卷五。

〔二〕「空」，《高子未刻稿》作「雲」。「鸛」，《高子未刻稿》作「鶴」。

五言絶句

秋花八咏〔一〕

菊〔二〕

日暮有好懷，閒閒來田間。籬邊見黄菊，相對不知還。

芙蓉

芙蓉臨清水〔三〕，露下顔色冷。山齋人未眠，獨步月中影。

秋葵

花開在今朝，花落不終夕。開落如君恩，丹心不可易。

雞冠

秋氣日蕭瑟，空齋獨抱膝。雞冠着雨肥，遶階鳴蟋蟀。

蘆花

秋水不可極，月出寒山静。一夜孤舟邊，風吹蘆花冷。

秋海棠

秋蟲自唧唧，秋花自的的。何當落照中，南鄰一聲笛。

芭蕉

山人晝静室〔四〕，焚香讀《周易》。冷然萬念空，芭蕉照人碧。

紫薇

小齋當北牖，日夕生涼風。最愛竹叢裏，忽亞一枝紅〔五〕。

校記

〔一〕八首又載《高忠憲公詩手稿真蹟》及《高子詩集》卷七。除《雞冠》《秋海棠》二首外，餘又載《高子遺書》卷六，題作《秋花咏六首》。

〔二〕此首《高子水居志補編》卷二題作《秋菊》。

〔三〕『水』，《高忠憲公詩手稿真蹟》作『池』。

〔四〕『静』，《高子遺書》及《高子水居志補編》卷二作『掃』。《高忠憲公詩手稿真蹟》作『静』，旁校：『掃。』

〔五〕『亞』，《高子遺書》《高忠憲公詩手稿真蹟》作『掗』。

弢光山中雜詩〔一〕

開窗北山下，日出竹光朗。樓中人兀然，鳥雀時來往。

晏坐不覺暝，明月上東閣。相對兩悠然〔二〕，時聞木葉落。

山黛濃於染，丹楓間翠竹。遠見白石間〔三〕，山僧結小屋。

寒風客衣薄，依岩曝朝旭。坐久不知還，山童報黍熟。

日暮山寂然，樹響棲烏下。獨行深澗邊，野花摘成把。

時穿深竹坐，翠葉密於室〔四〕。落日照前山，松間一僧出。

校記

〔一〕六首又載《高忠憲公詩手稿真蹟》及《高子詩集》卷七。除第二首外，餘又載《高子遺書》卷六，題作《弢光山中襍詩五首》。

〔二〕『悠然』，《高子詩集》作『悠悠』。

〔三〕『石』，《高子遺書》作『日』。

〔四〕『翠葉密於室』，《高子遺書》作『人境忽如失』。

除夕〔一〕

去家四千里，臘月三十日。小驛對寒燈，撥火燒蒼术。

校記

〔一〕又載《高忠憲公詩手稿真蹟》及《高子未刻稿》御部、《高子詩集》卷七。『夕』，《高忠憲公詩手稿真蹟》《高子未刻稿》作『夜』。

白雲辭〔一〕

感彼地下人，仰見天際雲。白雲不可掇，使我心如焚。
大雲出如蓋，小雲出如組。寸心不可道，但見雲無數。
遥望白雲來，轉見白雲去。白雲去不來，不知散何處。
孤亭空落落，流水澹漠漠。白雲歸不歸，坐斷南山石。
心隨白雲遠，亦隨白雲遲。欲隨白雲滅，白雲無盡時。

校記

〔一〕五首又載《高忠憲公詩手稿真蹟》及《高子詩集》卷七。《高子遺書》載第三首、第五首，題作《白雲篇二首》。《高子未刻稿》御部載第一、二、四首。

荻秋雜詩〔一〕

雪鷗閣

日夕水煙起，細雨漁舟出。草閣生微寒，主人方抱膝。

點瑟軒

曰狂吾豈敢〔二〕，聊爾混樵牧。閉門春色深，相看柳條緑。

巢居

遠村人語寂，幽人卧方妥。夜半聞清鐘，明月當樓墮。

玄晏齋

世事自今昨，晏坐心無着。日暮衆鳥歸，竹葉紛紛落。

班荆館

無客長閉門，客來共心賞。去來亦何心，春風芭蕉長。

雞栖

趺跏至日夕，鳥雀鬧四壁。閒步出門去，寒溪净如拭。

校記

〔一〕又載《高忠憲公詩手稿真蹟》及《高子詩集》卷七。『詩』，《高忠憲公詩手稿真蹟》作『詠』。除《玄晏齋》《雞栖》二首外，餘又載《高子遺書》卷六，題作《荻秋褉咏四首》。

〔二〕『吾』，《高子遺書》作『我』。

贈邊郡侯考績〔一〕

大雅今寥落，如公真絶倫。淵澄珠皎潔，山立玉嶙峋。江海襟無際，風雷筆有神。赤心惟活國，青眼只親仁。佐郡聲名舊，爲郎雨露新。三吴來使節，百丈減商緡。廉石趨丹陛，銅符出紫宸。鵲知迎馬首，雉解遶熊輪。共喜歸龐統，真成借寇恂。懸魚心不改，飲水操逾真。悶悶施寬政，行行覺俗醇。雲霞官舍濟，鳥雀訟庭春。五邑仁風遍，三年惠露鈞〔二〕。吴公治行最，黄霸璽書頻。國待良賢急〔三〕，時方膏澤屯。瓶罍知已罄，金矢漫相珍。砥柱迴奔湍〔四〕，恩波起涸鱗。野人欣化日，安穩得垂綸。

校記

〔一〕又載《高子未刻稿》御部、《高子詩集》卷二。《高忠憲公詩集》此詩誤作九首五絶，《高子未刻稿》作五言排律，《高子詩集》則作五古。按，應爲五言排律。

〔二〕『鈞』，《高子未刻稿》作『均』。按，『鈞』通『均』。

〔三〕『良賢』，《高子未刻稿》作『賢良』。

〔四〕『湍』，《高子未刻稿》作『浪』。

水居飲酒詩〔一〕

憂危不爲己，放逐豈忘君？但願常太平，把酒看白雲。

到山春已半，殘梅尚盈枝。折來香滿屋〔二〕，佐酒且催詩。

下有海棠紅，上有楊柳緑。此時不快飲，何異面無目？

友人餉鹿脯，因之開晚樽。顧念蕉鹿事，使我心忘言。

有弟知我好，致我長春花。花紅映酒紅，日夕飲流霞。

月從湖心湧，爲築湧月臺。臺成且飲酒，明月幾時來？

童子田間來，桃李折成把。我興如蜂蝶，見花便相惹。

春氣暢人意，桃花滿村家。人如不爲樂，天却多此花〔三〕。

校記

〔一〕又載《高攀龍詩文殘稿》《高忠憲公詩手稿真蹟》及《高子詩集》卷七。《高子遺書》卷六載第一、五、八首，題作《水居飲酒詩三首》。《高子未刻稿》御部載第一、三、四、六、七首。

〔二〕『屋』，《高子未刻稿》作『室』。

〔三〕『多』，《高子遺書》作『無』。

題畫竹〔一〕

此君有高節，亭亭自孤直〔二〕。總多千畝陰〔三〕，不礙青山色。

校記

〔一〕又載《高忠憲公詩手稿真蹟》及《高子遺書》卷六、《高子詩集》卷七。

〔二〕『直』，《高子遺書》作『植』。

〔三〕『總』，四庫本《高子遺書》作『縱』。按，『總』通『縱』。

題畫梅〔一〕

一枝在南窗，群蜂鬧相引〔二〕。何如對此花，聲臭兩俱泯。

校記

〔一〕又載《高忠憲公詩手稿真蹟》及《高子未刻稿》御部、《高子詩集》卷七。

〔二〕『鬧』，《高子水居志補編》卷二作『閒』。

齋中對菊〔一〕

白日林中静，秋風此室閒〔二〕。黄花無限意，相對一開顔。

校記

〔一〕又載《高忠憲公詩手稿真蹟》及《高子遺書》卷六、《高子詩集》卷七。

〔二〕『室』，《高子水居志補編》卷二作『日』。

題畫贈顧恒菴有序〔一〕

古之高隱如四君子，皆有逸妻與之偕隱。翁隱居東郭，蒔花藝竹，充然自樂，其夫人有賢德，適届耆壽，翁出畫索詩，爲賦四絶句，以四賢比德云。

萊氏辭榮去，挈婦來深山。高歌茹紫芝，常有好容顔。

伯鸞與德曜，耕織依岩棲。遥知舉案中，山殽楚然齊。

元亮耕南山，有婦餉田間。側聽流水聲，悠然令心閒。
接輿歌鳳歸，日暮扣山扉。落日照桃花，紛紛點人衣。

校記

〔一〕又載《高忠憲公詩手稿真蹟》及《高子未刻稿》御部、《高子詩集》卷七。

和西築十咏〔一〕

結屋

能於塵事外，別築數間茅。借問掛瓢者，可得似巢？

引泉

次第竹根來〔二〕，相將得到家。鳥啼春雨後，流出滿山花。

種竹

自將山竹種，豈望便成林？一竿明月裡，聊爾步清陰。

負薪

采薪松岩下，日暮負盈肩。還思天際鶴，或恐避茶烟。

有客

偶隨白雲出，不掩白雲扉。有客坐來久，山僧歸未歸？

徑行

石路多欹仄，踏雲高下行。道人心似砥，不見路如坑。

坐石

徘徊澗邊石，小憩一悠然。不知山月吐，已滿竹窗前。

步月

獨坐松堂月〔三〕，參差靜影來。西湖歌吹歇，推却小窗開。

枕流

春澗鳴幽鳥，春花欲滿山。不知人世事〔四〕，一枕石泉間。

卧雪

山上雪連屋〔五〕，山僧擁褐眠。下方來往絶，身在幾禪天。

校記

〔一〕又載《高忠憲公詩手稿真蹟》及《高子詩集》卷七。除《結屋》《徑行》兩首外，餘又載《高子遺書》卷六，題作《和西築咏八首》。

〔二〕『來』，《明詩綜》卷五五作『瀉』。

〔三〕『月』，《高子遺書》作『下』。

〔四〕『人世』，四庫本《高子遺書》作『塵世』。

〔五〕『山上』，《高忠憲公詩集》作『山下』。按，下云『下方來往絶，身在幾禪天』，知作『山下』誤，此據《高子遺書》校改。

即事〔一〕

但覺閒居好，不知久離索。白日掩荆扉，庭花自開落。

校記

〔一〕又載《高忠憲公詩手稿真蹟》及《高子詩集》卷七。

偶成贈惠谷上人〔一〕

幽洞燃高燭，深山導小僧。平生好形勝，得徑便攀登。

校記

〔一〕又載《高子未刻稿》御部、《高子詩集》卷七。

贈鐘山上人集慶寺最近飛來〔一〕

遶洞已三匝，飛來奇未窮。自今懷勝地，常得主支公。

校記

〔一〕又載《高子未刻稿》御部、《高子詩集》卷七，《高子未刻稿》無題註。

贈德周上人龍井寺僧〔一〕

幽房妙曲折，奇石巧縱横。一片孤雲伴，龍泉處處聲。

校記

〔一〕又載《高子未刻稿》御部、《高子詩集》卷七,《高子未刻稿》無題註。

枕石〔一〕

心同流水净,身與白雲輕。寂寂深山暮,微聞鐘磬聲。

校記

〔一〕又載《高忠憲公詩手稿真蹟》及《高子未刻稿》御部、《高子詩集》卷七。

六言詩

湖干四時歌[一]

風颯颯兮雪墮[二]，梅寂寂兮月明。蘆洲動兮漁火，茅屋響兮書聲。

春風蕩兮柳緑，微雨灑兮桃紅。騁裘馬兮年少，惜芳菲兮老翁。

水溶溶兮林静，雲晶晶兮晝長。緑陰濃兮掃徑，黄鳥窺兮移床。

荷最妍兮朝旭，蟬何急兮晚風。有幽人兮兀兀，樂永日兮融融。

氣高徹兮遠天，蟲淒切兮清宵。人所悲兮蕭瑟，吾獨樂兮闃寥。

秋韻馥兮桂樹，秋色佳兮菊華。持巨螯兮沽酒，汲惠泉兮烹茶。

千山皓兮方曉，五湖冰兮復雪。盡大地兮無瑕，如寸心兮不涅[三]。

寒風淒兮墐户，澹日煦兮親人。君何慨兮不樂[四]，冬不久兮欲春。

校記

〔一〕又載《高忠憲公詩手稿真蹟》及《高子遺書》卷六、《高子詩集》卷三。

〔二〕『風』，《高子遺書》《高忠憲公詩手稿真蹟》《高子詩集》及《高子水居精華録》卷二作『竹』。
〔三〕《高子遺書》詩末有評語：『詠雪者，千秋上下以此二語爲冠。』當爲《高子遺書》編者陳龍正所評。
〔四〕『不樂』，《高子遺書》《高子詩集》作『歲暮』。

水居漫興〔一〕

水緑山青自在，日來月往如斯。有味津津誰會，無言默默自怡。
柴門莫掩寂寂〔二〕，小樓卧起徐徐。朝來公事幾許，過橋東岸觀魚。
蟬聲參差高柳，荷香遠近芳塘。一榻涼風午睡，半卷殘書夕陽。
楊花點點上下，燕子飛飛去來。春色行看盡矣，山茶還有未開。
緑樹遮山有態，白雲過水無心。一窗半開半掩，四月乍晴乍陰〔三〕。
黄葉疎疎門巷，寒風淅淅蒹葭。人在小樓隱几，夕陽忽度昏鴉。
桃花一叢爲佳，柳樹成行足矣〔四〕。行樂不務其多，人心自不知止。
小閣憑欄莞爾，匡牀擁被陶然。夜半人聲何處，蘆花隔浦漁船。
一點兩點村火，三聲四聲漁歌。半生得趣不少，百年好景無多。
山人别無妄念，三茶兩飯便足。種成百樹梅花，此是窮奢極欲。
靠山一畝種竹，近水兩畦栽花。客至莫愁下筯，二十七種菜鮭。
馬鞍嶺上振衣，黿頭渚邊濯足。一任閒往閒來，笑殺世人局促。
平沙漠漠兩岸，流水灣灣幾村。興至便呼葉渡〔五〕，歸來不掩柴門。

臨水閒心便遠，見山塵慮都消〔六〕。此間益者三友，一琴一卷一瓢。

可憐春色如許，轉眼秋風寂寥。若使風雨明日，豈不千金此宵？

風來柳線轉媚，雨過桃花更妍。着屐遶堤散步〔七〕，自言不減神仙。

山人作何功課，終日對山不語。問我此意何如，白雲自來自去。

赤日墮於西隅，白月升於東牖。我適於此開樽〔八〕，佩得金印如斗。

校記

〔一〕又載《高忠憲公詩手稿真蹟》及《高子詩集》卷三。《高子遺書》卷六載十六首，無『馬鞍嶺上振衣』『可憐春色如許』兩首。《寄暢園法帖》第三册高攀龍『天啓甲子春日』手書《水居詩七首》載『水緑山青自在』『一點兩點村火』『平沙漠漠兩岸』『楊花點點上下』『緑樹遮山有態』『黄葉踈踈門巷』『小閣憑欄莞爾』七首。

〔二〕『莫』，《高忠憲公詩手稿真蹟》《高子遺書》《高子詩集》及《梁溪詩鈔》卷十一、《高子水居精華録》卷二作『春』。

〔三〕『乍晴乍陰』，《高子遺書》《高子詩集》作『乍雨乍晴』。

〔四〕『成』，《高子遺書》《高子詩集》作『幾』。

〔五〕『便』，《寄暢園法帖》作『即』。

〔六〕『都』，四庫本《高子遺書》作『多』。

〔七〕『展』，四庫本《高子遺書》作『屧』。

〔八〕『適』，《高子遺書》作『趍』。

七言古詩

鄭母壽歌有序〔一〕

萬曆庚戌，鄭母太孺人壽七十，諸公競爲詩歌文詞，列之屏間，以鳴盛美。余聞太孺人終日靜默〔二〕，言笑比於河清，其相夫子、教子孫皆有法度，可謂協坤之静，得女之貞者矣〔三〕，爲之歌曰：

天迴地游浩茫茫〔四〕，萬象昭列四氣翔。人生其中百念長，消鑠至靈空彷徨。持握徑寸壽無疆，專静沉默道之鄉。心游至和迓百祥，有子賢哲孫枝昌。委運任遇神不傷，念中無營身輕康。春妍景淑日載陽，鶯鳴花發化無方。子孫拜上千年觴，心知和悦樂未央。

校記

〔一〕又載《高忠憲公詩手稿真蹟》及《高子遺書》卷六、《高子詩集》卷四。《高忠憲公詩手稿真蹟》無序。

〔二〕《高子遺書》『余聞』以上皆無，當爲《高子遺書》編者陳龍正所删。

〔三〕『得』，《高子遺書》作『安』。

〔四〕『游』，《高子遺書》《高子詩集》作『迴』。

壽邵母薛孺人七十〔一〕

以身爲我言阿姑，于歸於邵宜厥室。不妄言笑常静默，母儀婦德兩不失。有子三人能文章，彩筆冉冉將翱翔。明年辛亥壽七十，子爲短歌我爲觴。余謂坤德本貞静，寂然至無爲至有。萬物芸芸我自閒，一氣流存人自壽〔二〕。君不見河東三鳳本是薛〔三〕，展我甥兮才必碩。願崇明德成令名〔四〕，以此壽親壽無極。

校記

〔一〕又載《高忠憲公詩手稿真蹟》及《高子未刻稿》御部、《高子詩集》卷四。

〔二〕『存』，《高忠憲公詩手稿真蹟》作『行』。

〔三〕『是』，《高忠憲公詩手稿真蹟》作『自』。

〔四〕『崇』，《高子未刻稿》作『從』。

題畫〔一〕

皎皎者千年，亭亭者千年，人壽幾何同爾堅？揮麈無言，撫琴無絃，無事心遊天地先。天地先，南山傾，北海竭，扶桑東徙吾猶全。

校記

〔一〕又載《高忠憲公詩手稿真蹟》及《高子未刻稿》御部、《高子詩集》卷四。

還山歌贈王聚洲給諫[一]

百年每易盡，一官苦相牽。不有菉葹據言路，安得蘭桂還山間？還山間，住三山。高枕清江白日麗，閉門黄卷春風間。一杯一嚼過九鼎[二]，一笑一日如千年。勘破世間無别事，惟有一點丹心，萬言章疏，夢魂常遶聖君前。

校記

〔一〕又載《高忠憲公詩手稿真蹟》及《高子未刻稿》御部、《高子詩集》卷四。

〔二〕『嚼』，《高忠憲公詩手稿真蹟》作『爵』，疑是。

賦得白鹿仙爲□鶴溪翁壽[一]

有人兮山間，獨往兮自閑。遺榮兮淡志，采藥兮駐顔。上有萬仞之丹臺，下有清冷之池[二]。小橋兮斜渡，虚谷兮逶迤。山寂寂，雲霏霏，放情縱志兮澹無爲。太微爲蓋兮攙搶爲綦，至和爲糗兮太無爲衣。翱翔六合兮一丘自蟄，人間萬年兮吾一吸。

校記

〔一〕又載《高忠憲公詩手稿真蹟》及《高子未刻稿》御部、《高子詩集》卷四。按，所闕一字《高忠憲公詩集》《高子詩集》作墨丁。《高忠憲公詩手稿真蹟》《高子未刻稿》題作《賦得白鹿仙爲鶴溪翁壽》，不闕字。

〔二〕《高子詩集》『池』下有『泉』字，是。

題劉伯先《九曲清流卷》有序〔一〕

吾觀古之至人，於人世嗜好未嘗過而問焉，至山水泉石之勝，輒低徊瞻眺，若不能舍，何也？有味哉！其意念遠矣。夫歲月直坂上走丸耳，富貴無常，勳業有盡，一丘一壑，乃吾歸宿。士大夫自得其歸宿，優哉游哉，進有餘地，退有餘地，豈不可浩然行吾志於天下哉？宜伯先之有取於兹泉也。夫相與飲酒而樂之，爲之歌曰：

雲蒼蒼兮草芊芊，山漠漠兮水漣漣。有人兮澗邊，曳杖兮蹁躚。與時偕往兮，與時偕旋。或躍兮常在淵，晋如愁如兮可以自全。萬物有盡兮，無盡者石上之流泉，弄潺湲兮心泠然。

校記

〔一〕又載《高忠憲公詩手稿真蹟》及《高子未刻稿》御部、《高子詩集》卷四。

七言律詩

崇安至清流萬山深處[一]

信是桃源別有春，一重一掩一回新。秋風抱膝孤琴靜，白日蓬窗獨鳥親。何處漁舟依小石，誰家茅屋傍疎筠。細推此物真堪惜，惟是青山不誤人。

校記

〔一〕又載《高忠憲公詩手稿真蹟》及《高子未刻稿》御部、《高子詩集》卷六。

清流縣登高[一]

孤城斜抱碧山隈，此日登高遠眼開。萬壑欲浮秋色去，千山似擁客愁來。白雲縹渺迷親舍，烏几蕭條舉客杯。即擬陶公賦歸去，衡門高枕長蒼苔。

九日無朋自整冠，南山相對且加餐。小樓鴉雀荒村暮，近渚蒹葭落照寒。四海風塵雞肋破，百年身世馬蹄殘。遥思兄弟斑衣晏〔二〕，浮白持螯興未闌。

校記

〔一〕又載《高忠憲公詩手稿真蹟》及《高子未刻稿》御部、《高子詩集》卷六。

〔二〕『晏』，《高子未刻稿》作『宴』。按，『晏』通『宴』。

春日同宴集梅圃，和友人韻〔一〕

如玉名花似錦攢，青山遥帶白雲皤〔二〕。百憂已向樽前失，萬事那堪醉後觀。身老衹憑三徑在，時危猶傍一枝安。明年花發應同健，遶屋新枝細細看。

校記

〔一〕又載《高忠憲公詩手稿真蹟》及《高子未刻稿》御部、《高子詩集》卷六。《高子未刻稿》題作《宴集梅下和韻》。

〔二〕『皤』，《高子未刻稿》《高子詩集》作『皤』，疑是，參見下首詩校記。

丙寅春半同友人續去歲觀梅之約，仍用舊韻〔一〕

春深還見玉花攢，細雨拖雲匝樹皤〔二〕。世上觸蠻空自鬪，壺中天地許誰觀？青鳩啼屋衝風怯，白鳥翻波依岸安。去歲花飛今歲放[三]，今年人是去年看。

校記

〔一〕又載《高攀龍詩文殘稿》《高忠憲公詩手稿真蹟》及《高子詩集》卷六。《高攀龍詩文殘稿》題作《春半同集虛顧丈、元□許丈、鳴陽伯兄續去歲觀梅之約，仍用舊韻》。

〔二〕「幡」，《高攀龍詩文殘稿》葉恭綽校記云「幡」乃「蟠」之草寫，謂《高忠憲公詩手稿》作「幡」者非。尹按，《高子詩集》作「蟠」。

〔三〕「飛」，《高攀龍詩文殘稿》作「非」，是。

秋日飲仲兒圃中[一]

無事閉關聊日課，有兒開徑正秋容。寒風蘆荻含霜白，落日芙蓉映水紅。修竹半隨幽砌合，清池雙跨小廊通。啣杯不盡悠然意，一片南山落檻中[二]。

校記

〔一〕又載《高忠憲公詩手稿真蹟》及《高子未刻稿》御部。

〔二〕「南」，《高子未刻稿》作「西」。

水居八首〔一〕

有客風塵歸去來，兀然孤坐水中臺。九龍山似翠屏立，五里湖如明鏡開。春雨蕨肥菰米飯，秋風鱸美菊花杯。蒹葭白露伊人在，恣向江天亦快哉〔二〕！

滄洲一室静無塵，淡泊交游滋味真。湖海自容長往客，乾坤誰是獨醒人？那堪明月當杯酒，況復青山正暮春。屈指世間何限事，無如此地且垂綸。

花開客至酒盈巵，晝静簾垂日正遲。看盡白雲青嶂出，聽殘黄鳥緑蔭移。半池明月人先醉，一片五湖天倒垂。莫信春風送歸棹，且依金谷促題詩。

獨坐孤亭四望寬，夜深明月浸溪寒。歸來山色如相許，老去秋風展自安〔三〕。萬事雲霄看燕雀〔四〕，百年天地有金蘭。尸居未可言匏繫，屈指山林事更難〔五〕。

幽居無事不開顔，爲惜春光已閉關〔六〕。兩眼情親惟緑野，一生心契有青山。桃花灼灼鳥啼寂，柳絮飛飛人意閒。緩步溪頭看落日，月明深竹抱琴還。

一自幽居寄水濱，了無藩蔽豁吾真。愛他天際雲霞色，偏注人間泉石身。瀟灑行藏惟釣艇，峥嶸歲月一綸巾。清時合有吾曹在，主管箕山潁水春。

聞道今年暑倍常，湖干草閣夏偏凉。未須岩谷千山裡，聊爾菰蘆一水鄉。永晝擁書惟閉户，中宵抱膝只焚香。無端時論紛紛甚，卧聽蛙聲遍野塘。

何事驅車淄洛塵〔七〕，歸來煙水味逾真〔八〕。寒塘古岸五衰柳，落日秋風一老人。兀坐冥然天地古，觀書恍爾性情新。未須蒿目憂時事，聞道明君信直臣。

校記

〔一〕八首又載《高忠憲公詩手稿真蹟》及《高子詩集》卷六。《高子遺書》卷六載第一、四、五、八首，其中第四、五、八首分别題作《水居獨坐》《水居閉關》《至水居》。《高子未刻稿》御部載第二、三、六、七首。又，「獨坐孤亭四望寬」「幽居無事不開顔」二首，《高子詩集》卷八重出，分别題作《水居獨坐》《水居閉關》。

〔二〕「亦」，《梁溪詩鈔》卷十一作「一」。

〔三〕「展」，《高子詩集》、四庫本《高子遺書》作「轉」，似是。

〔四〕「萬事」，《高子遺書》《高子詩集》作「萬里」。

〔五〕「更」，《梁溪詩鈔》作「亦」。

〔六〕「已」，《高子遺書》《高子詩集》作「只」。

〔七〕「淄」，《高子遺書》作「緇」。按，「淄」通「緇」。

〔八〕「逾」，《高子遺書》作「愈」。

舟居〔一〕

無邊煙水一扁舟，到處爲家得自繇。岸岸花開供獨笑，山山月出每孤遊。亂峰天際不可數，野寺松間也自幽。爲笑此身無住着，只和一片白雲浮。

校記

〔一〕又載《高忠憲公詩手稿真蹟》及《高子未刻稿》御部、《高子詩集》卷六。

同友過九里莊〔一〕

爛漫林芳二月深，同人永日共幽尋。飛花啼鳥關春意，孤嶼游雲澹客心。吾道乾坤聊隱几，故人湖海半投簪。酒酣笑指浮生計，流水柴門抱素琴。

校記

〔一〕又載《高忠憲公詩手稿真蹟》及《高子未刻稿》御部、《高子詩集》卷六。

贈郁翁五十〔一〕

相看童穉兩依然，何事尋常如各天？老我一枝還鄭圃，憐君五十已蘧年。黿頭渚下濤聲壯，龍尾陵邊山翠連〔二〕。不共一觴真可惜，莫教浮世漫相牽。

校記

〔一〕又載《高子未刻稿》御部、《高子詩集》卷六。

〔二〕此句《高子未刻稿》作『龍尾山邊翠色連』。

辛亥正月十一至水居〔一〕

只覺山中味有餘，一瓢一榻可安居。煙波千頃供高坐，星月三更伴讀書。人世紛華真土梗，此身泡影一蘧廬。有時把酒高歌罷，浩氣氤氳滿太虛。

校記

〔一〕又載《高忠憲公詩手稿真蹟》及《高子未刻稿》御部、《高子詩集》卷六。《高子未刻稿》及《高忠憲公水居志》卷二、《高子水居精華録》卷二『十一』後有『日』字。

壽吕翁六十〔一〕

君從天地得閑身，斟酌春風六十巡。盛世百年傳禮樂，孤村一室掩松筠。黄金半爲窮交盡，黑髪還因大藥新。莫謂鹿門終卧穩，諸郎已有佩刀人。

校記

〔一〕又載《高子未刻稿》御部、《高子詩集》卷六。

壽浦翁六十〔一〕

一瓢一卷一匡床，無事衡門日正長。淑氣暗吹芳草色，涼風輕拂稻花香。翠雲緑墅三千頃，紫蟹黄鷄一百觴。六十年來太平老，爲君更進大還方。

坐樹看雲盡日閑，一憑甲子自回旋。不將日月忙中擲，獨挈乾坤静裡研。考德半生知酒聖，論交一世覺山賢〔二〕。山人自有逍遥訣，不讀《黄庭》不問禪。

校記

〔一〕又載《高忠憲公詩手稿真蹟》及《高子未刻稿》御部、《高子詩集》卷六。

〔二〕『世』，《高忠憲公詩手稿真蹟》作『日』。

送丁建白之英德〔一〕

正檢除書念故人，已知茂宰佩刀新。吴人舊立千門雪，粤國今開萬户春。推案日中無滯牒，鳴琴花下有閒身，經過爲覓相如賦，他日還來奏紫宸。

校記

〔一〕又載《高子未刻稿》御部、《高子詩集》卷六。

同許静餘先生遊山[一]

新涼甘雨遍汀洲，況復山中桂樹秋。以我中年窺静理[二]，知君晚節解閒遊。喜看岩竹穿幽徑，愛聽松風上小樓。滿地夕陽收拾去，并將明月載歸舟。

校記

〔一〕又載《高忠憲公詩手稿真蹟》及《高子遺書》卷六。又，《高子詩集》卷六、卷八，此詩兩見。

〔二〕『理』，《高忠憲公詩集》訛作『裡』，此據《高忠憲公詩手稿真蹟》《高子遺書》《高子詩集》校改。

和陳養浩《喜晴》[一]

長閉衡扉遠俗情，兀然終日見孤城。半春寒雪愁多病，此日和風喜乍晴。緑野淡煙來草色，碧天疎柳落鶯聲。相看花滿郊原夕，細把深杯帶月傾。

校記

〔一〕又載《高忠憲公詩手稿真蹟》及《高子未刻稿》御部、《高子詩集》卷六。《高子未刻稿》題作《喜晴和陳養浩韻》。

天遊園賞花次友人韻[一]

閒身無日不看花，細酌深杯日欲斜。玉樹半飛蒼嶺雪，絳桃輕點碧天霞。但逢勝友能爲主，何處名園不作家？轉眼風飄愁萬點，箸前應惜是韶華。

校記

〔一〕又載《高忠憲公詩手稿真蹟》及《高子未刻稿》御部、《高子詩集》卷六。《高子未刻稿》題作《天遊園賞花次韻》。

春日同諸公集安小范南林，分韻得風字[一]

長林縹緲白雲中，客到翩翩酒思雄。草閣憑欄孤嶼静，小舟蕩槳曲池通。排雲碧樹分蒼嶺，映水朱闌跨彩虹[二]。盡日相看圖畫裡，兹游端不負春風。

校記

〔一〕又載《高忠憲公詩手稿真蹟》及《高子未刻稿》御部、《高子詩集》卷六。《高子未刻稿》題無『同諸公』三字。

〔二〕『闌』，《高子未刻稿》作『欄』。

薛以身過余湖上隱居，嘲余之忘世也，賦此解之[一]

一水中央隱舍開，有人擁褐鎖莓苔。九峰雲氣當窗合，五里湖光入坐來。春雨蕨肥菰米飯，秋風鱸美菊花杯。故人莫謾勞招隱，仙尉吴門本姓梅。

校記

〔一〕又載《高子未刻稿》御部、《高子詩集》卷六。

送同生許父母入覲[一]

明府翛然俗不侵，居官不異在山林。白雲晝静萊蕪甑，明月堂閒單父琴。九壠孤標常傲骨，二泉清映不淄心。春來黄鳥粱溪上，相待朝回坐柳陰。

校記

〔一〕又載《高子未刻稿》御部、《高子詩集》卷六。

讀《白雲怡》有序〔一〕

許侯同生之令吾錫也，期月而錫大治。其政多可法於百世，其人不能悦於一時，卒以謫去〔二〕。侯去而入冷局閒曹，無不樂也。余得其《白雲怡》，玩之不能去手。或曰：『子何嗜之深乎？』曰：『是世間安樂法也。』取之世者至儉，用之身者至裕，可貴可賤，可貧可富，可夷可險，無不可樂。得此，如白雲在太虚中，物不得而干之矣，爲賦白雲之章。

爲蓋爲車幻不同，如羊如虎變無窮。都將成壞千秋事，看入閒雲一片中。碧漢卷舒常捧日，青山來去只隨風。至人自解浮雲意，一笑人間萬慮空。

校記

〔一〕又載《高忠憲公詩手稿真蹟》及《高子未刻稿》御部、《高子詩集》卷六。

〔二〕『謫』，《高子未刻稿》作『謫官』。

壽談勉菴先生八十〔一〕

看君黄髮老岩阿，擁褐衡門事若何？酒熟花邀明月上，詩成鶴報故人過。五車書富奇堪問，四壁家貧鋏可歌。却笑璜溪垂釣者，浮雲流水一竿多。

校記

〔一〕又載《高子未刻稿》御部、《高子詩集》卷六。

壽宿母陸孺人六十〔一〕

柏酒初開甲子新，梅花正發帨鞶辰。百年屈指艱難盡，此日相看自在身。鴻案晝閑清沚藻，熊丸夜静碧窗筠。楊雄已就《河東賦》，會有吹嘘入紫宸。

校記

〔一〕又載《高子未刻稿》御部、《高子詩集》卷六。《高子未刻稿》題無「壽」字，疑脱。

壽卞母唐孺人八十〔一〕

背郭清溪阿母家，春菘秋黍閱年華。冰霜黄鵠心俱遠，蘭桂青箱事足誇。錦字夜機當皎月，玉壺春酒進流霞。不須更羨安期棗，家有青門五色瓜。

校記

〔一〕又載《高子未刻稿》御部、《高子詩集》卷六。

奉壽光禄湛翁沈先生八十〔一〕

一時循吏孰如公，兩守名州橐愈空。白髮凌霜逾義烈，丹心貫日只愚忠。鑾陬能頌懷柔德，社稷誰知羽翼功？聖主豈終遺壽考，求賢當再兆非熊。

校記

〔一〕又載《高子未刻稿》御部、《高子詩集》卷六，《高子未刻稿》題無『奉』字。

壽華融湖六十〔一〕

知君晚歲愛逃禪，高韻翩翩似欲仙。百畝湖壖饘粥穩，一經家塾子孫賢。看花遍踏桃源路，訪客時乘雪夜船。六十年來無事客〔二〕，半隨鷗鳥伴雲煙。

校記

〔一〕又載《高忠憲公詩手稿真蹟》及《高子未刻稿》御部、《高子詩集》卷六。《高子未刻稿》作《壽華融湖丈七十》。

〔二〕『六』，《高子未刻稿》作『七』。

壽懷泉任君七十[一]

春風闤闠一茅衡，七十年來混迹清。麟族善聯千古葉，鴒原竝著二難名。一荊田氏春花茂，百忍張公池草生。那得世人同此意，坐令澆俗致昇平？

校記

〔一〕又載《高子未刻稿》御部、《高子詩集》卷六。

同諸公集東林送吳叔美丈北對大廷[一]

從入新年飛雪頻，東林今日酒堪親。未舒柳葉須經月，欲放梅花更浹旬。我自白雲尋孔樂[二]，君趨丹陛紀王春。渭城一曲勤相勸，落日寒風此味真。

又

同心樂聚豈嫌頻，信有人間道義親。散步吟詩曾累夜，閉關讀《易》動彌旬。君趨北闕瞻堯日，我向東林樂點春。把酒莫辭今夕醉[三]，寒風凄雪此情真。

校記

〔一〕二首又載《高忠憲公詩手稿真蹟》及《高子未刻稿》御部、《高子詩集》卷六。

〔二〕『自』，（清）嚴瑴《東林書院志》卷下《文翰》引作『向』。

〔三〕『夕』，《高忠憲公詩手稿真蹟》作『日』。

奉送保赤翁黎老公祖〔一〕

翁判吾常〔二〕，攝篆吾錫，吏凜凜三尺，士民依依二天也。方期當事者表章矜式〔三〕，反以調去〔四〕，奈何不令砥礪者解體？故於其去也，紳衿争以詩歌鳴其不平云。

寥落乾坤一闇然，巴音誰復貴朱弦？鮫珠擲盡當機淚，貝錦翻成篋裡篇。水鏡五辭懸白日，冰壺一寸映青天〔五〕。萬家春雨梁溪在，循吏應從信史傳。

校記

〔一〕又載《高子未刻稿》御部、《高子詩集》卷六，《高子詩集》題無『奉』字。

〔二〕『翁』，《高子詩集》作『黎老公祖』。又，『翁判吾常』以下，《高忠憲公詩集》與詩題連，《高子未刻稿》《高子詩集》皆另行作序文，今從《高子未刻稿》《高子詩集》改。

〔三〕《高子詩集》『當事者』後有『共爲』二字。

〔四〕《高子詩集》句首有『不意』二字。

〔五〕『天』，《高子未刻稿》作『山』。

壽張樂淵翁八十〔一〕

恣賞春花八十年，嘉山日日照人妍。一瓢身世江湖外，萬卷兒孫禮樂前。緑酒放歌人浩浩，白雲閉户影翩翩。世途何限風波在，羡爾無心似葛天。

校記

〔一〕又載《高子未刻稿》御部、《高子詩集》卷六。

壽殷心松翁八十有五〔一〕

先生一室在長林，麟里熙熙春色深。種樹有經時荷鍤，治生無術只鳴琴。坎離每鍊玄黄氣，亥子能知天地心。帶索儘饒榮啓樂，身安富不在黄金。

校記

〔一〕又載《高子未刻稿》御部、《高子詩集》卷六。

奉贈望菴吴丈五十連舉二子〔一〕

闔閭江上寄柴關，翠竹蒼松夾道灣。高枕春雲寒大陸，出門秋水漲連天。商瞿有子雙珠迥，伯玉無非萬像閒。但使樽中饒緑酒，不須大藥駐紅顔。

校記

〔一〕又載《高子未刻稿》御部、《高子詩集》卷六。

壽吴覲華先生六十〔一〕

同樣乾坤同樣分，是中何者謂超群？心通太極無形道，目晰羲皇有象文。一片大明昭白日，六經塵跡等浮雲。龜山此日看誰得，屈指東林定屬君。

校記

〔一〕此詩又載《高忠憲公詩手稿真蹟》及《高子未刻稿》御部、《高子詩集》卷六。按，（清）許獻、高廷珍等纂《東林書院志》卷二一《軼事一・東林軼事》載此詩及作詩本事，詩有異文，兹録於下：『景逸先生應起廢之詔，將北上，是年適吴覲華先生甲子六袠，先生特造而祝，爲賦詩一律云：「同樣乾坤同氣分，就中何者號超群？心通太極無形理，目晰羲皇有象文。一片虚靈昭白日，六旬塵跡等浮雲。龜山此日誰能得，屈指東林定屬君。〔二〕』後有高陛識語：『按此先忠憲壽吴素衣先生詩也，陛閱復興東林書院儲序中有「屈指東林定屬君」之句，檢之遺稿不得，偶於舅氏家展所藏先世壽軸爲先忠憲真蹟，即書是詩，亟録歸，載入軼事，於此可見兩先生一時擔荷之重矣。陛謹識。』

依韻壽施勵翁先生八十二首〔一〕

九龍山色自年年，獨占春光豈偶然？能駐紅顔寧問藥，即聯白社不逃禪。世情自變浮雲外，心事常懸皓月前。林下一人真不忝，且將耕鑿答堯天。

不論天植大椿年，更聚人間極樂緣。萬卷兒孫能鵲起，百年冠冕獨蟬聯。蕭疎生計詩偏富，滌蕩塵情酒不捐。只恐璜溪同載後，惟留明月滿前川。

校記

〔一〕又載《高忠憲公詩手稿真蹟》及《高子未刻稿》御部、《高子詩集》卷六。『翁』，《高忠憲公詩手稿真蹟》作『菴』。

壽東渠劉先生七十〔一〕

兀對殘編七十年，回看身世兩悠然。浮雲飛盡寒氊外，明月常懸孤榻邊。髮爲吟詩莖幾白〔二〕，心緣好道悟通玄。拈觴笑擬先生品，不是無懷即葛天。

校記

〔一〕又載《高忠憲公詩手稿真蹟》及《高子未刻稿》御部、《高子詩集》卷六。

〔二〕『莖幾』，《高子未刻稿》作『幾莖』。

題畫壽李母陳太君六十〔一〕

翠壁高參雲漢端〔二〕，長松謖謖出層巒。月明疎影千山静，雲滿樛枝萬壑寒。黄鶴歌殘春瑟遠〔三〕，紫鸞聲苦夜機寒〔四〕。欲知桃李芳菲日，只在冰霜凝處看。

校記

〔一〕又載《高忠憲公詩手稿真蹟》及《高子未刻稿》御部、《高子詩集》卷六。

〔二〕『壁』，《高忠憲公詩集》訛作『璧』，此據《高忠憲公詩手稿真蹟》《高子未刻稿》《高子詩集》校改。

〔三〕『鶴』，《高子未刻稿》作『鳥』。

〔四〕『寒』，《高忠憲公詩手稿真蹟》《高子未刻稿》《高子詩集》作『安』。

壽陳養浩六十〔一〕

看君丰骨似神仙，到處能開小有天。盆盎每栽三秀草，尊罍多貯九龍泉。春風絳帳書千卷，白雪奚囊詩百篇。不必丹砂烹大藥，蓬壺端在一青氊。

校記

〔一〕又載《高忠憲公詩手稿真蹟》及《高子未刻稿》御部、《高子詩集》卷六。

壽友人七十[一]

與君把盞日相親，倏忽君經七十春。飲酒豈無一萬斗，看花約得七千晨。但將往事酬佳興，莫問來朝嘆病身。林木何須求世用，斧斤不顧即靈椿。

校記

〔一〕又載《高忠憲公詩手稿真蹟》及《高子未刻稿》御部、《高子詩集》卷六。

戊午春同洪大理平叔遊武夷二首[一]

相逢勝友到名山，終日烟雲竹樹間。遍地春風添客興，一天明月照人閒。地偏似入仙遊路，心净如扃禪室關。正憶當年雲谷老，幽棲深處杳難攀。

連宵陰雨長春苔，方駕山中雲即開。峰勝正愁舟急過，灘高絶便首重迴。排雲岩竹山山出，映水春花曲曲來。薄暮天遊最高頂，可無呼月醉深杯？

校記

〔一〕二詩又載《高忠憲公詩手稿真蹟》及《高子詩集》卷六。《高子遺書》卷六載第二首，《高子詩集》卷八第二首重出，皆題作《同洪平叔遊武夷》。

同洪平叔至考亭謁朱夫子，依韻和見貽之作二首〔一〕

門墻半世未升堂，此日重過夫子鄉。廟貌乍瞻如見聖，屋烏猶愛爲扶陽。傳經日月誰能毁，流澤江河詎可忘？千古可憐胡沈輩，祇爲松柏作冰霜。

宋室多賢空白頭，考亭晚節一滄洲。立身須作中流柱，處世渾如不繫舟。林鳥山花皆足樂，朝烟暮雨豈關愁？與君四十年來友，肝膽相傾見此遊。

校記

〔一〕二詩又載《高忠憲公詩手稿真蹟》及《高子未刻稿》御部、《高子詩集》卷六。『謁』，《高子未刻稿》作『恭謁』。

静坐吟三首〔一〕

静坐非玄非是禪，須知吾道本於天。直心來自降衷後，浩氣觀於未發前。但有平常爲究竟，更無玄妙可窮研。一朝忽顯真頭面，方信誠明本自然。

一片靈明一敬融，别無餘法可施功。乾坤浩蕩今還古，日月光華西復東。不羨仙家烹大藥〔二〕，何須釋氏説真空。此兒欲問儒宗事，妙訣無過未發中。

一自男兒墮地來，戴高履厚號三才。未曾一膜顏相隔〔三〕，何事千山首不回？一静自能開百障，老翁依舊返嬰孩。從今丢却蒲團子〔四〕，鯤海鵬天亦快哉！

校記

〔一〕又載《高忠憲公詩手稿真蹟》及《高子遺書》卷六、《高子詩集》卷六。

〔二〕『不』，《高子遺書》作『莫』。

〔三〕『相』，《高子遺書》作『先』。

〔四〕『丢』，《高子遺書》作『去』。

洛南縣薛厚倫妻南氏殉夫烈節〔一〕

一死古今人不免，何如此死事堪誇？峻如西嶽千盤秀〔二〕，潔比中峰萬仞花。埋骨山中應化玉，飛魂天外亦成霞。千秋何限鬚眉子，遺臭人間一念差。

校記

〔一〕又載《高忠憲公詩手稿真蹟》及《高子遺書》卷六、《高子未刻稿》御部、《高子詩集》卷六。《高忠憲公詩手稿真蹟》《高子遺書》此詩作七言絶句，無首尾兩聯。《高子遺書》詩末有評：『老杜絶句時有此體。』當爲《高子遺書》編者陳龍正所評。

〔二〕『西』，《高忠憲公詩手稿真蹟》作『南』。

瓜步逢夏繩北吏部，次吴興茅孝若太學韻〔一〕

相逢逐客有光輝，誰謂同人海内稀？白社酒香花更發，青山雪滿客初歸。沙邊但見鷗來去，世上不聞人是非。岦壑吴興稱最勝，一廛爲貯芰荷衣。

校記

〔一〕又載《高子未刻稿》御部、《高子詩集》卷六。《高子未刻稿》無『吴興』二字。

次劉伯先閉關韻〔一〕

在在名山寂寂峰，淵泉深處有潛龍。非於太極先天覓，只在尋常日用逢。當默識時微有象，到名言處絶無蹤。洗心藏密吾曹事，長掩衡門獨撫松。

校記

〔一〕又載《高忠憲公詩手稿真蹟》及《高子遺書》卷六、《高子詩集》卷六。此詩《高子詩集》卷八重出。

水居示友人[一]

乾坤何處不吾廬，偶對青山傍水居。澹爾無心惟晏坐，悠然有得自觀書。東齋明月兼葭静，西牖清風楊柳疎。與子一談一笑外，只餘孤劍倚空虚。

校記

〔一〕又載《高忠憲公詩手稿真蹟》及《高子未刻稿》御部、《高子詩集》卷六。

即事[一]

萬里迢迢晴色開，千村藹藹野芳來[二]。孤舟最喜青山伴，倦眼多爲緑樹迴。邑里過時驚薄俗，衡門深處念時才。可憐無盡乾坤内，百念銷歸酒一杯[三]。

校記

〔一〕又載《高忠憲公詩手稿真蹟》及《高子遺書》卷六、《高子詩集》卷六。此詩《高子詩集》卷八重出。

〔二〕『千村』，《高忠憲公詩集》等作『千秋』，訛，此據四庫本《高子遺書》校改。

〔三〕『酒一杯』，《高子遺書》及《高子詩集》卷八作『一酒杯』。

看花〔一〕

轉眼人間六十年，端居無日不欣然。春風自經春草動，山月欲窺山客眠。一聲何處花間鳥，百道誰疏雨後泉。儘有眼前真富貴，何人現在不神仙？

校記

〔一〕又載《高忠憲公詩手稿真蹟》及《高子未刻稿》御部、《高子詩集》卷六。《高子未刻稿》題作《六十自吟》，《高忠憲公詩手稿真蹟》《高子詩集》題作《六十自壽》，據詩意，疑《高忠憲公詩集》題誤。

燕市中假静室燕坐讀《易》〔一〕

長安車馬日喧填，精舍深藏雙塔邊。一榻白雲寒劍色，半窗紅日静爐烟。坐空身世非禪寂，看破乾坤無聖詮。朝市得閒成大隱，風塵何處不林泉？

校記

〔一〕又載《高忠憲公詩手稿真蹟》及《高子未刻稿》御部、《高子詩集》卷六。

天游園竝蒂牡丹[一]

誰寫瑶池錦樣來，雙花相倚一枝開。金莖絳闕嘗同峙，玉種藍田曾竝栽。共駕衹應仙質擬，同心不許世情猜。芙蓉竝蒂秋江上，争得陽春萬斛回。

校記

〔一〕又載《高忠憲公詩手稿真蹟》及《高子未刻稿》御部、《高子詩集》卷六。

戊午吟二十首[一]

戊午吟者，謂是年所見然也。春氣動物，百鳥弄韻，人心至閒，自有無腔之韻悠然而來，足以吟諷。吟者不可謂詩，所吟者不可謂道，姑就行持心口相念云爾。

聖賢止是學爲人，學不知天人未真。天在人身春在木，人居天内木涵春。萬殊精別方知義，一本窮研始識仁。試看天人無間處，不知天道豈知身？

莫爲爲者是真幾[二]，稍着安排便已非。桃自解紅李自白[三]，魚能淵躍鳥能飛。不知本體原如是，安得工夫妙入微？看盡古今差謬處，只緣些子見相違。

千聖傳心一敬修，不知真敬反成囚。欲求一得且永得，須下千休更萬休[四]。蔬水曲肱常浩浩，百官萬務儘悠悠。廓然天地渾無事，一物胸中豈足留？

中庸二字聖真詮〔五〕，來自唐虞一脉傳。本體覩聞爲入竅，工夫戒懼是天然。但從庸行庸言裡，直徹無聲無臭先。此是人人真本色，可憐千古作陳編。

格物無端成聚訟，起於知本二言分。但知知本即知至，格致何曾有缺文〔六〕？本在操舟方有舵，本迷亂國爲無君。只翻誠意一錯簡，滌蕩青霄萬頃雲〔七〕。

知本繇來義最深，須從物理細推尋。一靈充塞皆爲物，萬象森羅總是心。心正涓流俱到海，身修點鐵悉成金。細窮物理無多事，只在兢兢顧影衾。

不將一字掛胸中〔八〕，蕩蕩乾坤在此躬。恰似雲開天穆穆〔九〕，更如冰泮水瀜瀜。因無邪妄名爲寂，豈謂虛無即墮空？履薄臨深緣底事，只愁無浪又生風。

吾儒窮理最爲先，理徹心空不入禪。窮是十分徹底處〔一〇〕，理須一物不容前。六經盡向躬行驗，一字不從文義牽。自有豁然通貫日，方知日用是真玄。

物物其來有定則，自然之則謂之天。但因在物付各物，一任紛然本寂然。隨分家庭堪作佛〔一一〕，無須岩壑始修仙。此機實自程門顯〔一二〕，何事廬山不細研胡廬山深闢伊川「在物爲理」一語。〔一三〕？

聞道如何可夕死，死生原是道之常。不聞有晝可無夜，幾見無陰只有陽？道在何從見殀壽〔一四〕，心安始可等彭殤。更於此外求聞道，踏遍天涯徒自忙。

萬物同生形不同，犬牛人性豈相通〔一五〕？因觀物性明人道，始信人倫是聖功。仁義非於明察外，愚蒙偏蔽事爲中。雖云此理幾希甚，兩字金針是反躬。

天載無形觸目真，羲皇兩畫寫其神。六爻雖列上中下，一物强分天地人。讀去還知非汝密，悟來方始是家珍。試看爪髮生生處，何但枝頭可覓春？

見易更須知用易，聖人原只用中庸。剛柔見處幾先吉，中正亡時動即凶。能懼始終皆免咎，存誠隱顯悉成龍。莫言卜筮用爲小，動静胥占是易宗〔一六〕。

人心偏倚道心中，凡念迴旋即聖功。精是不迷如日照，一爲不二與天同。篤恭爲執辰居所，未發爲中水不風。聖智聰明收斂盡，寂然不動感而通。

孝是修行無價珍，此身在處即吾親。一禽一草非時剪，五辟三千律可論。食德飲和供菽水，朝乾夕惕省昏晨。不分富貴與貧賤，大孝光天是守身。

事事精詳是與非，紫陽以此示全歸。初經勉强須堅苦，漸近天然妙入微〔一七〕。精義無過能擇善，入神還只是知幾。須知聖學無多法，尺寸基培萬仞巍。

言行須從擬議成，不從擬議失權衡。擬言出自三緘慎〔一八〕，議動繇於百鍊精。率意豈真爲率性？爭先或恐是爭名。須知變化方爲易，變化原從擬議生。

朱陸當年有異同，祇於稽古稍殊功。存心自合先知本，格物無過要識中。六籍漫從鹵莽過，一靈那得豁然通？前賢指示皆精切，後學無訛是晦翁。

精氣爲軀造化功，遊魂爲變浩無窮。如何謂死爲滅盡，反落禪訶斷見中。神化自然稱不測，有無不着是真空。莫將空字漫歸佛，虚實原於微顯同。

學人須是立根基〔一九〕，三戒當先謹獨知。無分少壯老異境，一於財色鬭嚴持。鎮重常如五嶽峙，防危更似九河堤。大廷暗室心如一，玉粹金精體不虧。

校記

〔一〕《戊午吟二十首》又載《高忠憲公詩手稿真蹟》及《高子遺書》卷六、《高子詩集》卷六。

〔二〕『幾』，《高忠憲公詩手稿真蹟》《高子遺書》作『機』，義同。

〔三〕『解』，《高子遺書》作『鮮』。

〔四〕『更』，《高子遺書》作『與』。

〔五〕『聖真』，《高子詩集》作『聖賢』。

〔六〕『格致』，四庫本《高子遺書》作『格物』。

〔七〕『滌蕩』，《高子詩集》作『蕩滌』。

〔八〕『字』，《高忠憲公詩手稿真蹟》《高子遺書》作『事』，於義爲長。

〔九〕『穆穆』，《高子詩集》作『漠漠』。

〔一〇〕『徹底』，《高子遺書》作『到底』。

〔一一〕『隨分』，《高子遺書》作『隨處』。

〔一二〕『自』，《高子遺書》作『在』。

〔一三〕《高忠憲公詩手稿真蹟》《高子遺書》無註。註文『「在物爲理」一語』，《高忠憲公詩集》訛作『「在物爲一理」語』，此據《高子詩集》校改。

〔一四〕『殀壽』，《高子遺書》《高子詩集》作『壽殀』。

〔一五〕『犬牛』，《高子遺書》作『犬羊』。

〔一六〕『胥』，《高子遺書》作『須』。

〔一七〕『妙入微』，四庫本《高子遺書》作『入妙微』。

〔一八〕『出』，《高子遺書》作『本』。

〔一九〕『是』，《高子遺書》作『自』。

至日錢啓翁先生講《易》東林，有即事詩相勵勉，次韻志教〔一〕

風凜寒空天地嚴，雷聲半夜一陽添。相期勝友爲休復，更矢虛中受福謙〔二〕。百慮已從歸處盡，一元只向動中占〔三〕。人人自有圓圈在，此日先生爲一拈。

校記

〔一〕又載《高忠憲公詩手稿真蹟》及《高子未刻稿》御部、《高子詩集》卷六。「勵」，《高忠憲公詩手稿真蹟》作「勗」。高攀龍此詩係和錢一本《萬曆癸丑吴叔美邀予講〈易〉東林，匝月始竟。予以十一月至，又四日而日長至，其夕相與飲酒而樂之，因爲詩示學者閉關之義》，錢詩載（清）嚴瑴《東林書院志》卷下《文翰》。

〔二〕「福」，（清）嚴瑴《東林書院志》卷下作「益」。

〔三〕「向」，（清）嚴瑴《東林書院志》作「在」。

赴華燕超金玉家會，次諸公韻〔一〕

自識乾坤得此身，每於瞬息惜芳辰。況逢春暮清和日，又集家傳孝弟人。理在眼前都是樂，語從現在道吾真。清歌細酌江天遠，好鳥聲聲弄韻頻。

校記

〔一〕又載《高忠憲公詩手稿真蹟》及《高子未刻稿》御部、《高子詩集》卷六。『華燕超』，《高忠憲公詩手稿真蹟》作『燕超華公』。

飲酒詩〔一〕

天在人身本太空，當其未發謂之中。任他凡聖無增減，安得天人有異同？不着纖毫方有主，行於無事妙無窮。但看私欲十分盡，日用尋常即聖功。

校記

〔一〕又載《高忠憲公詩手稿真蹟》及《高子未刻稿》御部、《高子詩集》卷六。《高子未刻稿》及雍正刻本《高忠憲公詩集》題作《偶成》。

水居宴集和友人韻〔一〕

片雲拖雨過山頭，蕭颯新涼上小樓。三伏今堪十日飲，五湖聊自一扁舟。微風荷芰侵筵冷，落日蒹葭動客愁。我欲賦詩成懶漫，數聲漁笛在中流。

校記

〔一〕又載《高忠憲公詩手稿真蹟》及《高子未刻稿》御部、《高子詩集》卷六。

壽于谷翁先生六十〔一〕

穀城一片白雲浮，中有幽人賦《遠遊》。憂國不堪侵白髮，著書甘自老滄洲。爲園法自青門授，辟穀方從黃石留。無奈蒼生凋瘵甚，東山不出使人愁。

校記

〔一〕又載《高子未刻稿》御部、《高子詩集》卷六。

辛酉人日依韻和友人舟中賞雪〔一〕

廖落乾坤知識稀，同人人日雪交飛。寒濃殘臘不消凍，日蔀新年未放暉。濁酒儘教人事簡，清言轉覺道心微。最憐風急途泥夜，滿目饑寒何處歸？

衝雪凌風出遠坰，遥看一色變群形。千林枯木生瓊蘂，萬疊青山作玉屏。愧我阮途頭已白，多君郢曲眼終青。扁舟此夜歡同載，何日丹成謁上靈？

高興偏從雪夜乘，蓬窗相對一孤燈。光摇高闕迷金掌，雲密低空失玉繩。國事也曾蒿目計，民情多自察眉徵。太平天子開新曆，應事春農罷選兵。

校記

〔一〕又載《高忠憲公詩手稿真蹟》及《高子未刻稿》御部、《高子詩集》卷六。《高子未刻稿》作《辛酉人日舟中賞雪和韻》，題註：『同何天玉抵足舟中。』

和宇初弟五十見贈〔一〕

五十行藏不問天，每於春到一欣然。桃花滿地紅於錦，柳絮依人白似綿。聽鳥看雲游未倦，談詩説劍坐能堅。一憑大化相流轉，當信人間有大年。

何處人寰有葛天，相逢濁酒即陶然。輕風竹裡聲如玉，旭日簷前暖勝綿。守學郤生躬不逮，知非蘧子念能堅。人間底事無成毁，秋月春風自歲年。

閒來觀物始知天，老去生涯聽自然。載酒每當花爛熳，扶筇着處草芊綿。自憐身冗人非貴，聊得心閒道可堅。爲語春光莫輕擲，幾人能不負流年？

校記

〔一〕又載《高忠憲公詩手稿真蹟》及《高子未刻稿》御部、《高子詩集》卷六。

壽王明初六十〔一〕

六十年來一野蹤，素琴孤鶴共從容。門臨流水時高枕，家傍青山信短笻。開卷閒雲過絶巘，把杯明月掛高松。惟餘綵筆人間滿，點染煙蘿幾萬重。

校記

〔一〕又載《高忠憲公詩手稿真蹟》及《高子未刻稿》御部、《高子詩集》卷六。

吾邑有許静餘先生，蓋百年間出之高標也，一疾甚危，心宇苗君走而示之方，七日有起色。吾聞活凡庸百不如活正人一，君可謂有大功吾錫矣，喜而有贈〔一〕

先生孤發九龍祥，卧病經春閉户長。愧我樽前憂國士，多君肘後有奇方。乍令瘦骨回元氣，忽爾群陰出正陽。已辨澄湖弄漁艇，相邀共賞芰荷香。

校記

〔一〕又載《高子未刻稿》御部、《高子詩集》卷六。「有大功」，《高子未刻稿》作「大有功於」。

余自金沙歸，聞宜諸在二泉，不入門而赴之，抵掌通宵，質明别去，悵然有懷[一]

風急長河欲曉天，那堪愁思攪離筵。百年惠澤褰帷外，五邑謳歌卧轍前。我自無才藏拙爾，君思高卧豈終焉？素風庭草無邊翠，何日相過問草《玄》？

校記

〔一〕又載《高子未刻稿》御部、《高子詩集》卷六。

壽馬母□太孺人八十[一]

經術誰當及馬融，詞壇再世走群雄。也知豹變文章貴，詎識熊丸聖善功？黄鵠碧霄霜翮迥，青鸞丹水玉書通。百年福澤當何似，如阜如陵天保中。

校記

〔一〕題中所缺一字原作墨丁，《高子詩集》卷六亦作墨丁，當爲馬母之姓。此詩又載《高子未刻稿》御部，題作《壽馬母八十》。

送姜文仲按察江右〔一〕

與君相見即相親〔二〕，此别天涯亦比鄰。章衮誰人思報主，誅求何處不憂民？五湖不少垂綸客，四海那無攬轡人。落落晨星看你在，秋風旦暮念鱸蓴。

校記

〔一〕又載《高子未刻稿》御部、《高子詩集》卷六。

〔二〕『即』，《高忠憲公詩集》作『亦』，與下句『亦』字重。按，《高子未刻稿》《高子詩集》作『即』，是，今據改。

丁祭前一日同諸公恭謁聖廟〔一〕

野人久矣芰荷裳，端笏今朝儼肅將。憶昔竝參縫掖入，只今疑續鷺鵷行〔二〕。兩楹帶礪山河在，六籍光華日月常〔三〕。寄語青雲諸貴客，幾人曾不負門墻〔四〕？

校記

〔一〕此詩又載《高忠憲公詩手稿真蹟》及《高子未刻稿》御部、《高子詩集》卷六，（清）高世寧《高忠憲公年譜》天啓二年下亦引。

〔二〕『續』，《高忠憲公詩手稿真蹟》《高子未刻稿》及《高子詩集》卷六、（清）高世寧《高忠憲公年譜》皆作『繞』。
〔三〕『常』，《高子未刻稿》、高世寧《高忠憲公年譜》作『長』。
〔四〕『曾』，《高忠憲公詩手稿真蹟》作『能』。

八月十四日自京口歸，始見明月，有懷海內同志〔一〕

浹旬風雨興淒然，今夕雲開月倍鮮。已喜入門正皎皎，更憐顧影方翩翩〔二〕。年光寂寞浮雲外，秋興蕭疎樽酒前。回首天涯舊朋好，何當此夜共談玄？

校記

〔一〕又載《高子未刻稿》御部、《高子詩集》卷六。
〔二〕『方』，《高子詩集》作『又』。

馮少墟先生關中講壇二首〔一〕

聖道關中得正傳，不參玄學不參禪。工夫翼翼嚴言行，本體惺惺徹性天。萬古綱常繇己任，一毫私欲可相牽〔二〕？唐虞允執無他異，精一常如未發前。

兩字中庸千聖傳，流行日用本天然。羲、文常共乾坤在，周、孔昭如日月懸。渭水自縈經閣外，南山正落講筵前。一從絶學横渠倡，次第斯文仲好肩。

校記

〔一〕又載《高子未刻稿》御部、《高子詩集》卷六。

〔二〕『可』，《高子詩集》作『不』。

七言絶句

和葉參之年兄過東林廢院十首[一]

東林廿載各成翁，興廢存亡似夢中。惟有門前楊柳月，清光無恙轉春風。

相看種木已成林，愈歷冰霜氣愈沉。屈指同遊二三子，各須自種不凋心。

滿目蒿萊三徑荒，秋蛩吟處舊升堂。黨人不死傾葵藿[二]，一飯君恩不可忘。

擬栽杞菊廣除中，修竹寒梅也不窮。試問詩人堪涕處，何如杜甫玉華宫？

有成有毁是真詮，大運誰能免聖賢？倏忽古今成幻迹，現前不動只青天。

幽人生計是雲烟，蕩掃窠巢屏俗緣[三]。大道甚夷無一事，凡心着處總成愆。

浩蕩乾坤到處安，孰爲私舍孰爲官？但教安宅能無曠，秩秩斯干本自完。

竹徑茅齋此日居，藤稍橘刺欲教袪。白雲片片溪流静，黄鳥聲聲樹影疎[四]。

城頭曾築小方臺，四望長空萬象恢。今日荒墟惟草色，春風依舊有情來。

蕞爾東林萬古心，道南祠畔白雲深。縱令伐盡林間木，一片平蕪也號林。

校記

〔一〕十首又載《高攀龍詩文殘稿》《高忠憲公詩手稿真蹟》及《高子詩集》卷八。《高子遺書》僅載「滿目蒿萊三徑荒」「竹徑茅齋此日居」「城頭曾築小方臺」三首，題作《和葉參之過東林廢院三首》。

〔二〕「不」，（清）嚴穀《東林書院志》卷下《文翰》作「未」。「傾」，此字漫漶難辨，《高子遺書》卷六、《高子詩集》卷八、《東林書院志》作「傾」，此據補。《高忠憲公詩手稿真蹟》《高攀龍詩文殘稿》「傾」作「刈」，疑訛。

〔三〕「窠巢」，《東林書院志》作「巢窠」。

〔四〕「樹」，《高忠憲公詩手稿真蹟》作「弄」。

村居四時〔一〕

門臨流水傍青山，十樹梅花在近灣〔二〕。睡起不知紅日晚，杖藜閒過小橋還。

日暖風微楊柳斜，桃花處處點村家。誰人此際能閒坐〔三〕，載酒東皋醉落霞。

新竹竿竿過短墻〔四〕，桑陰正蓋一書牀。日長晝静渾無事，匡坐聊焚沉水香。

荷池雨過得新凉，雪藕冰瓜次第嘗。黄鳥一聲林木媚，北堂拂簟問羲皇。

桂露瀼瀼欲濕衣，蚤乘殘月出柴扉。天清木葉隨風起，閒看流雲坐釣磯。

紗窗明月最堪憐，何處荷香入坐偏？夜静蟲聲正悽切，流螢數點傍人眠〔五〕。

小屋深深墐北房〔六〕，烹茶煨芋地爐香〔七〕。主人曝背書軒下，一卷羲經至夕陽。

雪片彌空風怒號，淺斟濁酒讀《離騷》。夜深活火燒松子〔八〕，忽見梅稍上月高。

校記

〔一〕八首又載《高忠憲公詩手稿真蹟》及《高子詩集》卷八。《高子遺書》卷六載第二、五、七首，題作《村居三首》。《高子未刻稿》御部載第一、三、四、六、八首。

〔二〕「十」，《高子水居志補編》卷二作「千」。

〔三〕「此際」，《高忠憲公詩手稿真蹟》作「此處」，疑訛。

〔四〕「竿竿」，《高子未刻稿》作「芊芊」。

〔五〕「傍」，《高子水居志補編》作「伴」。

〔六〕「深深」，《高子水居志補編》作「沈沈」。

〔七〕「烹」，《高子水居志補編》作「煮」。

〔八〕「松子」，《高子水居志補編》作「松柏」。

答許静餘先生問入山〔一〕

百年何處得身閒，纔得心閒是入山〔二〕。看破世情無一事，白雲深鎖翠微間。

校記

〔一〕又載《高忠憲公詩手稿真蹟》《高氏三世誦芬帖》及《高子未刻稿》御部、《高子詩集》卷八。

〔二〕『心』，《高氏三世誦芬帖》作『身』，是。

答安小范見餉新酒之作二首〔一〕

冬盡衡門也可憐，寒梅寂寂影淒然。故人深賞楊雄趣，爲餉新醅助草《玄》。

把酒真令萬事休，浮生此外復何求？蒙君相勸添籌好，不道空樽大可愁。（自註：『來書有「勸君六六且添籌」之句。』）〔二〕

校記

〔一〕又載《高子未刻稿》御部、《高子詩集》卷八。

〔二〕《高子未刻稿》無註。

哭歸季思二首〔一〕

吴下誰當處士星，斯人一去失儀刑〔二〕。玉山自此無顏色，空自孤峰春草青〔三〕。

寂寞圖書委素床，高雲軒下草淒涼。春來花鳥無人主，惟有柴門照夕陽。

校記

〔一〕二首又載《高子未刻稿》御部、《高子詩集》卷八。

〔二〕「儀刑」，《高子未刻稿》作「儀型」。
〔三〕「峰」，《高子未刻稿》作「山」。

偶成三首〔一〕

芳草青青楊柳黄，春風一拂白雲香。人間無限紛華事，只覺深林野味長。
澹月籠梅沁骨寒，輕香欲動倚欄杆。一從會得枝頭意，不作人間凡眼看。
春來勝事逐時新，蚤起風光倍可親。忽見青天垂柳緑，此時愛殺樹邊身。

校記

〔一〕三首又載《高忠憲公詩手稿真蹟》及《高子未刻稿》御部、《高子詩集》卷八。

次張弦所韻〔一〕

門無剥啄即三餘，竹徑梧陰是我廬。兀坐水邊無一事，興來只讀兩行書。

校記

〔一〕又載《高忠憲公詩手稿真蹟》及《高子未刻稿》御部、《高子詩集》卷八，《高子未刻稿》題作《次張伯可韻》。

題扇[一]

春風吹花片片輕，春光漸老壯士驚。惟有枝頭燕無賴，春來秋去不關情。

校記

〔一〕又載《高忠憲公詩手稿真蹟》及《高子未刻稿》御部、《高子詩集》卷八。

題畫[一]

翠靄青峰欲上樓，緑柳一帶野帆幽[二]。携琴時向沙邊坐，閒對春風數白鷗。

校記

〔一〕又載《高忠憲公詩手稿真蹟》及《高子遺書》卷六、《高子詩集》卷八。

〔二〕「柳」，《高忠憲公詩手稿真蹟》《高子遺書》《高子詩集》及《高子水居志補編》卷二作「楊」。「帆」，《高子水居志補編》作「塘」。

花下貽友人[一]

風光轉眼有無中，一笑乾坤萬事空。珍重一杯花下酒，十年前與故人同。

校記

〔一〕又載《高子未刻稿》御部、《高子詩集》卷八。

安小范静憩洞庭山中，次韻奉寄[一]

白雲相望共心期，縹緲峰頭正爾思。爲笑百年塵沕内，幾如孤坐看山時？

校記

〔一〕又載《高忠憲公詩手稿真蹟》及《高子未刻稿》御部、《高子詩集》卷八。「奉」，《高子未刻稿》作「見」，是。

羅文江追生父遺容而肖，且悲且幸，賦此爲謝[一]

高堂髣髴已無蹤，此日親顔紙上逢。乍喜復驚還自痛，相看疑是夢中容。

校記

〔一〕又載《高忠憲公詩手稿真蹟》及《高子未刻稿》御部、《高子詩集》卷八。「幸」，《高子未刻稿》作「喜」。「賦此爲謝」，《高忠憲公詩集》作「賦爲此謝」，此據《高忠憲公詩手稿真蹟》《高子未刻稿》校改。

舟居二首〔一〕

何處天涯不作家，如龍小艇入雲斜。今日問君何處泊，緑楊堤畔小桃花。

陂麥青青燕子飛，日長林静鳥聲希。今日問君何處泊，小溪灣裡碧山圍。

校記

〔一〕又載《高忠憲公詩手稿真蹟》及《高子未刻稿》御部、《高子詩集》卷八。

四時樂壽少泉丁翁八十〔一〕

東風無恙扇輕和，處處芳菲發興多。莫道老翁牙齒落，春來頻唱踏花歌。

朦朧竹影掩柴扉，澹蕩荷風襲葛衣。鄰曲趁凉招夜飲，兒孫扶得醉翁歸。

入市慣賒三白酒，呼兒時汲惠山泉。秋深寥落生高興，自寫長生訣一篇。

冬來詩興寄官梅，已見花開八十回。只今歲歲花開日，索共花枝進酒杯。

校記

〔一〕又載《高忠憲公詩手稿真蹟》及《高子未刻稿》御部、《高子詩集》卷八。

即事〔一〕

莽莽天涯風起塵，乾坤同是不閒人。正思萬疊青山裡，獨掩茅齋對碧筠。

校記

〔一〕又載《高子未刻稿》御部、《高子詩集》卷八。

丙寅清明日偶成〔一〕

一望千村柳色匀，春風又見一年新。五湖風色長如此，何奈人無百歲春。
聖門何術最爲玄，性善真宗妙不傳。却是拈花微笑者〔二〕，莫將精意落言詮〔三〕。
堯舜垂衣恭己時〔四〕，天然真色復何爲？欲知性善無言妙，此處端倪尚可窺。

校記

〔一〕又載《高子詩集》卷八。《高子遺書》卷六載第三首，題作《偶成》。（明）吴桂森《息齋筆記》卷下載第

二、三首。

〔二〕『是』，《息齋筆記》作『似』。

〔三〕『意』，《息齋筆記》作『義』。

〔四〕『衣』，《高子遺書》作『裳』。『恭己』，《高子詩集》作『拱己』。

蘭溪道中〔一〕

東風推蕩白雲開，隱几蓬窗亦快哉！兩岸青山看不盡，紅桃白李逼人來。

校記

〔一〕又載《高子未刻稿》御部、《高子詩集》卷八。

代簡友人〔一〕

芳草青青楊柳黃，春風惻惻麥苗長。故人相隔雲山外，惟見床前明月光。

忽見隋珠夜照明，嚶嚶鳴鳥不勝情。大鵬六月天池息，自有扶搖九萬程。

何處春山無伴行，落花飛絮鳥啼聲。故人祇有相思淚，不減汪倫千尺情。

校記

〔一〕又載《高忠憲公詩手稿真蹟》及《高子詩集》卷八。

水居閉關〔一〕

硉硉風塵似馬牛，暫棲煙水作眠鷗。勸君莫謾閒來往〔二〕，驚得眠鷗不自繇。

校記

〔一〕又載《高忠憲公詩手稿真蹟》及《高子未刻稿》御部、《高子詩集》卷八。『閉關』二字《高忠憲公詩集》漫漶難辨，此據《高忠憲公詩手稿真蹟》《高子未刻稿》《高子詩集》校補。又，（清）高世寧《高忠憲公年譜》卷下『天啓三年』『八月，閉關水居』下引此詩，題作《足瘡謝客詩》。

〔二〕『謾』，《高子未刻稿》作『漫』。按，『謾』通『漫』。

與翠峰、依蓮、純白三衲子泛湖談了心〔一〕

世上何人是了心，了心人更不求心。若云心是無心了，心是何心說了心？

校記

〔一〕又載《高忠憲公詩手稿真蹟》及《高子未刻稿》御部、《高子詩集》卷八。

壽唐抑所六十〔一〕

一從天地得閒身，披拂東風六十春。布被藜羹生計足，且從花下賞佳晨。

斗室開來旭日新〔二〕，兒孫藹藹膝邊親。滄桑總變人間事，不涉閒窗讀《易》人。

校記

〔一〕又載《高忠憲公詩手稿真蹟》及《高子未刻稿》御部、《高子詩集》卷八。

〔二〕「開」，《高子未刻稿》作「閒」。

送韓參夫〔一〕

深院沉沉夜欲分，小樓明月正論文。東林夜月常如此，纔見清光便憶君。

別君江畔柳含黃，墻角梅花蕊未香。不知花發條舒日，兩地春風何處忙？

昔年三徑小桃開，酒罷相期明歲來。今日花開君去矣，可憐扶杖獨登臺。

校記

〔一〕三首又載《高子未刻稿》御部、《高子詩集》卷八。

余以甲申謁茅君，甲辰重來，慨焉有感〔一〕

一別華陽二十年，重來不改洞中天。追歡筋力渾非舊，只愛岩前枕石眠。

校記

〔一〕又載《高子未刻稿》御部、《高子詩集》卷八。

賞花三月初十日依參夫《花影》韻〔一〕

世事可虞〔二〕，得與諸公把酒看花，幸矣。更冀明年此日長共此花，詩以祝之。

春風無恙一登臺，猶見桃花滿徑開。無計可留花再住，明年花發約重來。

校記

〔一〕又載《高忠憲公詩手稿真蹟》及《高子遺書》卷六、《高子詩集》卷八。題註『三』，《高子詩集》作『二』。《高忠憲公詩手稿真蹟》《高子遺書》無題註。《常州先哲遺書》本（明）繆昌期《從野堂存稿》附録『贈答』載此詩，題作《實園賞花并引》。據（清）繆之鎔輯《文貞公年譜》（繆昌期《從野堂存稿》附），實園爲繆昌期讀書處。

〔二〕『世事可虞』，四庫本《高子遺書》作『樂事難逢』。

依韻答李子長先生〔一〕

東林寂寞兩賢過〔二〕，一笑相看味若何？此理現前如指掌，更無歲月可蹉跎。

舊看賢聖苦嵯峨，覿面相逢蹉過多。不有文江明眼在，幾令白日夢中過。

校記

〔一〕又載《高子未刻稿》御部、《高子詩集》卷八。『李子長先生』，《高子未刻稿》作『子長李先生』。

〔二〕『寂寞』，《高子未刻稿》作『寂寂』。

送裴公祖〔一〕

公判常郡三年〔二〕，署篆吾錫兩月，清操正氣孚於遐邇，而以調去，衆庶囂然不平。於其行也〔三〕，爲楚聲祖之。

那見豺狼能屏逐，即看狐鼠有依憑。如君偏中考功法，黜陟如何可勸懲？

楊柳依依此送君，征人嘶馬不堪聞。也知曲蠖須臾事，未許山中卧白雲。

武夷杖屨已蹁蹁，春暮風光曲曲妍。欲識晋陵民庶意，相思腸似九回泉。

校記

〔一〕三首又載《高子未刻稿》御部、《高子詩集》卷八，《高子未刻稿》題作《送裴公相三首》。
〔二〕『常郡』，《高子未刻稿》作『吾常』。
〔三〕《高子詩集》無『於』字。

題畫壽浦母〔一〕

種向瑶池近日邊，不知朱實幾千年。玉顔爲帶冰霜色，吹着春風倍黯然。

校記

〔一〕又載《高子詩集》卷八。

西湖十四咏〔一〕

萬松書院

好鳥有情依古樹，閑雲無意度高岑。深林日暮行人少〔二〕，獨得幽人静意深。

虎跑泉

不雨叢林常自陰，閑門日静落花深。喜看流水堦前過，遶壁尋詩自在吟。

南高峰

南山直上最高峰，奇石嶙峋仗短笻。四望長空翳古木，微風遥送下方鐘[三]。

望湖亭

長堤萬樹收春色，山翠飄遥落此亭。飽聽悲弦與急管，何如漁叟唱孤汀？

飛來峰

峰頂足供長嘯望，洞中日得結趺跏。可能一灑人間世，茅屋深藏三兩家。

冷泉亭

松頂浮雲高不動，澗邊幽草亂交青。獨坐夕陽無一念，相看只有冷泉亭。

湖心亭

一點孤亭落照中，長天秋色静簾櫳。憑欄極目千山盡，箇箇輕舟趁晚風。

漾碧軒

漾碧軒前足芰荷，采蓮歌遶碧山阿。我來不厭經過數，拾得湖光野翠多。

石屋洞

王侯第宅棲荆棘，幾處蕭條映夕暉。石屋浮雲千古色，只今常傍嶺頭飛。

瑞石山

危峰兀突懸崖穩〔四〕，古樹婆娑據石牢。勝地感懷千古事，只今人聽浙江濤〔五〕。

宣公祠

孤忠猶自回庸主，遺疏於今啓聖明。無意不須焚諫草，逃名未若併忘名。

龍井泉

一穴清泉百道流，閑心相對共悠悠。游魚似解忘機客，故故從容出水浮〔六〕。

岳王墓

天意不教南棹返，君心豈許北轅回？將軍空入秦瞞阱，不盡千秋萬古哀。

煙霞洞

深洞煙光拂袂生，長天霞彩入衣明。白雲不改千秋色，明月常懸萬古情。

校記

〔一〕此十四首又載《高忠憲公詩手稿真蹟》及《高子未刻稿》御部、《高子詩集》卷八。
〔二〕『深』，《高子未刻稿》作『空』。
〔三〕『下』，《高子未刻稿》作『上』。
〔四〕『兀突』，《高子未刻稿》作『突兀』。
〔五〕『濤』，《高子未刻稿》作『潮』。
〔六〕『故故』，《高子未刻稿》作『宛轉』。

庚子十月作括語二首〔一〕

大哉宣聖道同天，千載程朱得正傳。格致一言拈口訣，直方二字示真詮。不從真實原非學，纔説虚無便是禪。只在眼前休放過，綱常盡處此身全。

學道須將誠敬先〔二〕，工夫只在立心堅。且從有主操真宰，漸到無爲近自然。有主萬端私欲净〔三〕，無爲一片太虚圓。乾乾終日緣何事，莫信人間有别傳。

校記

〔一〕二首載雍正刻本、同治刻本《高忠憲公詩集》『七言律詩』，又見《高子詩集》卷六，（清）高世寧《高忠憲公年譜》卷上『萬曆二十八年』十月下亦引録。

〔二〕『敬』，《高子詩集》作『意』。

〔三〕『浄』，《高子詩集》作『盡』。

丁未三月水居静坐〔一〕

此事須從静裏求，不求徒静祇悠悠。既竭吾才方卓立，莫教日月過時休。

嘗言寂寂與惺惺，大夢居然尚未醒。要識真惺與真寂，須教默識此心靈。

爲學須知要欲仁，欲仁仁至始能依。工夫更莫虧終食，三月由兹可不違。

休言雜念苦難除，自是心君無地居。一旦豁然仁體現，方知吾自有吾廬。

一番攻破一番平，到得平時無處尋。不説從前經歷路，只拈平處悮人深。

饑來吃飯困來眠，此是勿忘勿助間。莫向癡人前説夢，工夫只説在先難。

校記

〔一〕此六首載雍正刻本、同治刻本《高忠憲公詩集》『七言絶句』，又見《高子詩集》卷八。（清）高世寧《高忠憲公年譜》卷上『萬曆三十五年』三月所引日記亦載此六首，且載作詩本事：『（三月）二十八日，至水居静坐，見得目之視、耳之聽皆是此心之靈，此心之靈充塞無際，默識而存之，更無餘事矣，故有詩曰：「此事須從静裏求，不求徒静祇悠悠。既竭吾才方卓立，莫教日月過時休。」又詩曰：「嘗言寂寂與惺惺，大夢居然尚未醒。要識真惺與真寂，須教默識此心靈。」次日，忽疑孔門所謂仁即是此件否，何故却説克己復禮專在視聽言動上？又説恭敬忠恕寬信敏惠等俱在事上説？不知此聖學所以爲妙，正是此靈之德。此靈全不在恍惚希彝處覓，只在實事上不走漏，便是不違仁也，故有詩曰：「爲學須知要欲仁，欲仁仁至始能依。工夫更莫虧終食，三月繇兹可不違。」又詩曰：「休言雜念苦難除，自是心君無地居。一旦豁然仁體現，方知吾自有吾廬。」聖學全在躬行，所以不落光景。次日行持，覺有默識的意思，疑是多了事，因看禽魚，忽悟鳶飛魚躍總是天機自然，誰着得些子力？遂覺一化，不知手之舞之足之蹈之也，故有詩曰：「一番攻破一番平，到得平時無處尋。不説從前經歷路，只拈平處悞人深。」又詩曰：「饑來吃飯困來眠，此是勿忘勿助間。莫向癡人前説夢，工夫只説在先難。」次日行持，但覺此心光明燦爛，自作得主宰，更不靠傍，更無安排，無功用中功用自在，但是本色耳。』

《高子詩集》《高子未刻稿》《高子遺書》所載《高忠憲公詩集》未收詩

哭亡孫鴻生二首[一]

離家隔歲逐飛蓬，如玉嬰兒望裡空。記得別時燈影下，誰知長訣此宵中。

夢裡分明見爾來，何緣識路到金臺？阿翁今日歸來矣，呼你那能首一回。

校記

〔一〕二首載《高子詩集》卷八、《高子未刻稿》御部。

寄暢園[一]

春風靄然至，令我思山中。選勝入名園，幽情浩無窮。迴廊南北繞，阿閣西東通[二]。曲池瀉清泉，高岡面崇峰。閒閒修竹裏，寂寂桃花叢。依依和煙柳，謖謖含風松。不以茂對意，安見造化工？微吟展孤興，小酌發清容。隤然四體放，澹爾萬象空。不知賞心者，誰與此時同？

校記

〔一〕此詩載《高子詩集》卷二，又載（清）徐永言修，嚴繩孫、秦松齡纂《（康熙）無錫縣志》卷三二。

〔二〕『西東』，《（康熙）無錫縣志》作『東西』。

水居題壁[一]

澗水泠泠聲不絶，溪流茫茫野花發。自去自來人不知，歸時長對青山月。
漁竿消日酒消愁，一醉忘情萬事休。却怪韓彭興漢室，功成不向五湖遊。

校記

〔一〕二首載《高子詩集》卷八、《高子水居精華録》卷二，第二首《高子水居精華録》『却怪』作『堪歎』。《高忠憲公詩手稿真蹟》、《高子遺書》卷六、（清）高鏻泉、高長康纂輯《高子水居志補編》卷二載第一首。按，此二首應係唐詩誤入。（唐）張讀《宣室志》卷六載：『晋昌唐燕士好讀書，隱於九華山。嘗日晚，天雨霽，燕士步月上山。夜既深，有群狼擁於道，不得歸，懼既甚，遂匿於深林中。俄有白衣丈夫，戴紗巾，貌孤俊，年近五十，循澗而來，吟步自若，佇立且久，乃吟曰：「澗水潺潺聲不絶，溪壟茫茫野花發。自去自來人不知，歸時常對空山月。」燕士常好爲七言詩，頗稱於時人，聞此驚歎，將與之言，未及而没。明日，燕士歸，以貌問里人，有識者曰：「是胡氏子，舉進士，善爲詩，卒數年矣。」』《宣室志》所録此詩雖被附會爲鬼詩，但出自唐人之手顯然是毫無疑問的。此詩在後來傳播過程中，詩句字詞略有變化。南宋洪邁《萬首唐人絶句》卷六六載九華山白衣《示唐燕士》詩：『澗水潺潺聲不絶，溪壟茫茫野花發。自去自來人不知，歸時唯對空山月。』末句『常』作『唯』。（明）胡應麟《少室山房筆叢》卷三七己部『二酉綴遺下』：『鬼詩極有佳者，余嘗遍蒐諸小説，彙爲一集，不下數百篇，時用以資談噱，聊撮其尤。……七言絶，如：……「澗水潺潺聲不絶，溪壟茫茫野花發。自去自來人不知，長時惟對空山月。」」末句除「常」作「惟」外，「歸」亦作「長」。明人胡震亨所輯唐詩總集《唐音統籤》卷八六七載華山老人《月夜》詩：「澗水冷冷聲不絶，溪流茫茫野花發。自去自來人不知，歸時常對空山月。」與《宣室志》所載相比，末二句全同，首二句有兩處變動，「潺潺」作「冷冷」，「溪隴」作「溪流」。收入高攀龍集中的《水居題壁》其一「澗水泠泠聲不絶，溪流茫茫野花發。自去自來人不知，歸時長對青山月」與《唐音統籤》卷八六七華山老人《月夜》詩驚人的雷同，僅三處文字小異，首句「冷冷」作「泠泠」（按，形容聲音清越、悠揚時，「冷冷」「泠泠」義同），末句「常」作「長」（按，作「常常」「經常」解時，「長」「常」義同），「空」作「青」。可見《水居題壁》（「澗水泠泠聲不絶」）一首應係唐詩竄入高攀龍集中。《水居題壁》其二：「漁竿消日酒消愁，一醉忘情萬事休。却怪韓彭興漢室，功成不向五湖遊。」亦係唐詩，作者爲晚唐高駢。高駢此詩首載於五代後蜀韋縠編《才調集》卷七：「漁竿消日酒消愁，一醉忘情萬事休。却恨韓彭興漢室，功成不向五湖遊。」係《寫懷》二首其一。又見南宋洪邁編《萬首唐人絶句》卷四七、清代康熙朝編《全唐詩》卷五九八高駢《寫懷二首》。與《水居題壁》其二相較，僅第三句一字之異，《水居題壁》其二改「恨」爲「怪」。高攀龍好抄録前人詩文，《水居題壁》二首當後人編輯高攀龍遺稿時不察而誤入。

就正録

自序〔一〕

人之所以爲人者，性而已矣。性之所以爲性者，天而已矣。人在天中爲至虛，天在人身爲至靈。虛靈者，於人無朕，於天無際。性之所以妙於天人之間而爲心，呈天之體，顯天之用，而非徒以棼然思慮者，供其塊然官骸者，晝夜接搆之妄而已也。自夫人認塊然者爲身，棼然者爲心，至舉吾之與生俱生者，卒與死俱死而不自知。其不自知，由不學也。蓋聖賢具言之，存乎人之好古而敏求之。其事至近，其近在目前，而人以渺然之軀與天同者，不出於目前至近，第舉吾幼所誦讀者，切身體味之而見矣。

不佞至拙，以拙也，安於拙而無他營，體味所及，如見嶽於一拳，見海於一勺。就正於海内有道曰：『果其爲嶽也與否？果其爲海也與否？』必有語之嶽與海者矣。

校記

〔一〕此篇又載《高子遺書》卷九上、《高子文集》卷二，題作《〈就正録〉自序》。

語

學必由格物而入。〔一〕

校記

〔一〕除校記説明《高子遺書》未載各則外，其餘亦見《高子遺書》卷一《語一百八十二則》。

有物必有則，則者，至善也，窮至事物之理，窮至於至善處也。

格物是隨事精察，物格是一以貫之。

《大學》不是無主意的學問，明德、親民、止至善，主意也。格者格此。

『人心之靈，莫不有知』，良知也。『因其已知而益窮之，至乎其極』，致良知也。

格物不至極處，多以毫釐之差成千里之謬。

格致至一旦豁然，知性矣。

纔知反求諸身，是真能格物者也。

千變萬化，有一不起化於身者乎？千病萬痛，有一不起病於身者乎？此處看得透，謂之格物，謂之知本。故曰：『此謂知本，此謂知之至也。』

或曰：『修身爲本，有何難知，而須物格知至？』曰：『莫輕看了，世間迷謬顛倒，都緣這些子不透。』其本亂而末治者，否矣。不知至，則不知本，而本亂矣。故欲明明德於天下者，必先格物。〔一〕

校記

〔一〕《高子遺書》卷一《語》無此則。

曰『自天子至於庶人』，盡乎人矣。曰『壹是』，盡乎事矣。而『皆以修身爲本』，實信得，則『易簡而天下之理得矣』。

格物愈博，則歸本愈約，『明則誠』也。

窮理者，格物也；知本者，物格也。窮理，『一本而萬殊』；知本，『萬殊而一本』。

學者以知至爲悟，不悟不足以爲學，故格物爲要。

程子曰：『不知格物，而欲意誠心正身修，未有能中於理者。』古今學者之病大率在此。〔一〕

校記

〔一〕（明）吴桂森《真儒一脈》引《就正録》（以下省稱《真儒一脈》），此則與前之『窮理者……萬殊而一本』合爲一則。

朱子曰：『欲誠意者，必先格致，然後理明心一，所發自然真實。不然，則正念方萌，而私意隨起，亦非力之所能制也。』又曰：『知有不至，即其不至之處，惡必藏焉，以爲自欺之主。』又曰：『格致比治平，則格致事似小，然打不透，病痛却大，無進步處；治平規模雖大，然縱有未盡，病痛却小。』皆至到之言也。

無工夫，則爲私欲牽引於外；有工夫，則爲意念束縛於中。故須物格知至誠正，乃可言也。

格致是誠之明，誠正是明之誠，誠正即格致之實詣處，格致即誠正之研究處，非有二也。〔一〕

校記

〔一〕《高子遺書》卷一《語》無此則。

《孟子》七篇，句句是格物，而『性善』又是格物第一義。知到性善，方是物格。

孟子説『聖人，人倫之至』，又説『不堯不舜，便賊君賊民』。聖人，人倫之至，豈人人可爲？人不爲聖人，豈便至賊君賊民？不知人倫之至處，正是人人可能處，乃人之性也，所謂仁也。出乎此，即是不仁，中間更無站立處。所謂『窮至事物之理』者如此。〔一〕

校記

〔一〕以上兩則，《高子遺書》卷一《語》并爲一則。

朱子謂：『人之所以爲學，心與理而已。』學者必默識此心之靈而端莊静一以存之，知有萬物之理而學問思辨以窮之，此聖學之全也。論者以爲分心與理爲二〔一〕，不知學者病痛皆緣分心與理爲二。朱子正欲一之，反謂其二之，惑之不可解久矣。

校記

〔一〕《真儒一脈》此句下有註：『陽明之門。』

朱子曰：『致知格物只是一事』，『格物以理言也，致知以心言也』。由此觀之，可見物之格即知之至，而心與理一矣。今人説著物，便以爲外物，不知不窮其理，物是外物，物窮其理，理即是心。故魏莊渠曰：『物格則無物矣。』此語可味也。

古本《大學》説『格物』本自明白，曰：『此謂知本，此謂知之至也。』只緣以此二語爲錯簡，故格物遂成聚訟。然程、朱工夫原不異本旨，何以不曰『此謂物格，此謂知之至』，而曰『此謂知本，此謂知之至』？曰：『格物而不知本，不謂物格。知本之謂物格，故知本之謂知至。』

窮理與知本無二義也，『窮至事物之理』，乃知本爾。〔一〕

校記

〔一〕《高子遺書》卷一《語》無此則。

萬變皆在人，執一毫，我不得；萬化皆在身，求一毫，人不得。此處透，真格物矣。

學有無窮工夫，『心』之一字乃大總括。心有無窮工夫，『敬』之一字乃大總括。

心無一事之謂敬。

整齊容貌，心便一，合内外之道。

儼若思而已，無纖毫事也。

無適，自然有主，不假安排。

千聖萬賢只一『敬』字做成。

性不可言，聖人以仁義禮智言之；心不可言，聖人以敬言之。

不知敬之即心，而欲以敬存心，不識心，亦不識敬。

丹書曰『敬義』，《大易》曰『敬義』，千聖傳心，曾不越此。〔一〕

校記

〔一〕《高子遺書》卷一《語》無此則。

人之生也直，敬以直内而已。

人之生也直，本體也；敬以直内，工夫也。〔一〕

校記

〔一〕以上兩則，崇禎本《高子遺書》卷一《語》合爲一則。

無妄之謂誠，無適之謂敬，有適皆妄也。

程子曰：『主一者謂之敬，一者謂之誠，主則有意在。』是誠者，本體也；敬者，工夫也。不識誠，亦不識敬；不識敬，亦不識誠。

即主者，便是一也，主之謂敬；即一者，便是主也，一之謂誠。〔一〕

校記

〔一〕《高子遺書》卷一《語》無此則。

『主一之謂敬』，『無適之謂一』。人心如何能無適？故須窮理，識其本體，所以明道曰『學者須先識仁』〔一〕，識得仁體，『以誠敬存之而已』。故居敬窮理只是一事。

校記

〔一〕《真儒一脈》無『學者須先識仁』一句。

識得仁體，以誠敬存之。存之之道，『必有事焉，而勿正心，勿忘，勿助長』，未嘗費纖毫之力〔一〕，可謂明白矣。今之重攝持者，惟恐『不須防檢』等語開恣肆之端〔二〕；重解悟者，惟恐『誠敬存之』之語滋拘滯之弊，何耶？

校記

〔一〕『費』，《真儒一脈》作『致』。

〔二〕『防檢』，《真儒一脈》作『防範』。

朱子立『主敬』三法：伊川『整齊嚴肅』，上蔡『常惺惺』，和靖『其心收斂，不容一物』。言敬者，總不出此。然『常惺惺』『其心收斂』，一著意便不是。蓋此心神明，難犯手勢。惟『整齊嚴肅』有妙存焉，未嘗不惺惺，未嘗不收斂，内外卓然，絶不犯手也。

物格知至，實見得天人一、古今一、聖凡一、内外一，主一工夫自妙矣。

人心放他自由不得。

君子心一於性。

『學問之道無他，求其放心而已』。求放心之道無他，學問而已。〔一〕

校記

〔一〕《高子遺書》卷一《語》無『君子心一於性』『學問之道無他』兩則。

心中無絲髮事，此爲立本。

理不明，故心不静。心不静，而别爲法以寄其心者，皆害心者也。

孔子『操則存』四句，畫出『人心惟危，道心惟微』真像。

忿懥等四者，皆心所適也。〔一〕

校記

〔一〕《高子遺書》卷一《語》無此則。

吳康齋曰：『心是活物，涵養不熟，不免摇動。只常常安頓在書上，庶不爲外物所勝。』『安頓』二字大有害，儒者不徹性命，大率由此。於摇動處正好下工夫，尋向上去也。

人心戰戰兢兢，故坦坦蕩蕩，何也？以心中無事也。試想臨深淵，履薄冰，此時心中還著得一事否？故如臨如履，所以形容戰戰兢兢必有事焉之象，實則形容坦坦蕩蕩澄然無事之象也。

一念靈明，照耀今古。然人心所覺，以爲歷歷分明者，非真明也，是有意焉，時起時滅者也。真明者，其明命乎！古人顧諟，蓋實體如是，非見也，有見則妄矣。

此心廣大無際，常人局於形，囿於氣，縛於念，蔽於欲，故不能盡。盡心則知性，知性則知天。天無際，性無際，心無際，一而已矣。

程子曰：『天人本無二，人只緣有此形體，與天便隔一層，除却形體，渾是天也。形體如何除得？但克去有我之私，便是除也。』愚謂真知天，自是形體隔不得。觀天地，則知身心。天包地外，而天之氣透於地中；地在天中，而地之氣皆天之氣〔一〕。心，天也；身，地也。天依地，地依天，天地自相依倚。心依身，身依心，身心自相依倚。剛柔相摩如此，纔著意便不是。

校記

〔一〕『皆』，《真儒一脈》作『即』。

天在人身，爲天聰天明，爲良知良能。率其自然，便是道，參不得絲毫人爲。

六經皆聖人傳心，明經乃所以明心，明心乃所以明經。明經不明心者，俗儒也；明心不明經者，異端也。

無雜念慮，即真精神。去其本無，即吾固有。

白沙曰：『千休千處得，一念一生持。』若非千休，亦無一念。

當得大忿懥、大恐懼、大憂患、大好樂而不動，乃真把柄也。

心即精神，不外馳，即內凝。有意凝之，反梏之矣。

從古聖人皆從人身中揭出最微妙者示人，人皆覿面失之，可哀也夫！〔一〕

校記

〔一〕《高子遺書》卷一《語》無此則。

『心要在腔子裏』，是在中之義。不放於外，便是在中，非有所著也。故明道説未發之中，『停停當當，直上直下』，此中之象也；『出則不是』，放之謂也；『物各付物，便是不出來』，不放之謂也。

朱子曰：『「滿腔子是惻隱之心」，是就人身上指出此理充塞處，最爲親切。』朱子發明程子之言，亦最親切矣。蓋天地之心充塞於人身者，爲惻隱之心；人心充塞天地者，即天地之心。人身一小腔子，天地即大腔子也。

夫子只言求仁，不言存心，仁即天，天即心也。孟子言存心養性，所以事天知天，則心性即天也。心中著不得一毫事，存之反擾之矣。如何説？以仁存心，以禮存心，蓋非仁無爲，非禮無行，所謂『以仁存心，以禮存心』也。〔一〕

校記

〔一〕《高子遺書》卷一《語》無此則。

仁不能守之，未仁也。仁則安，故云守。持其志，只是『敬以直内』，非執持之也。

程子曰：『無不義，便是集義。只看行不慊心，便餒，則無不慊心，便浩然矣。』故曰集義所生，不是生出此氣來也。氣配道義，故道義即氣義，豈在外哉？〔一〕

校記

〔一〕《高子遺書》卷一《語》無『持其志』『程子曰』兩則。

『必有事焉』是集義，集義是直養。『操則存』者，必有事之謂。『舍則亡』者，忘之謂也。『人之生也直』，本體也。『以直養而無害』，工夫也。人與物同一氣也，惟人能集義，養得此氣浩然。其體則與道合，其用莫不是義，故曰『配義與道』。

孟子『心之官則思』，思則虚靈不昧之謂〔一〕。思是心之睿，於心爲用。著事之思，又是思之用也。

校記

〔一〕『思則』之『則』字，《真儒一脈》作『即』。

動則著事，静則著空，無有是處。

一念反求，此反求之心即道心也。更求道心，轉無交涉。

須知動心最可恥。心至貴也，物至賤也，奈何貴爲賤役？

知言則知道。氣自浩然，浩然之氣即天也。天不動，故孟子不動心，在善養浩然之氣。若不知天，欲此心作得主定，如何可得？

明道曰：『人心必有所止，無則聽於物。』此不動心之道也。心是定他不得的，越要定他，越不可定。惟是止於事則自定，物各付物之謂也。格物者，格知物則，各還其則，物各付物也。

不以天明心，心不可得而明也。不以心明天，天不可得而明也。

明道謂以心知天，猶居京師往長安，只在京師，便是到長安，只心便是天。可謂明切矣，須實見得。〔一〕

校記

〔一〕《高子遺書》卷一《語》無此則。

心之仁，如目之明，耳之聰。目本明，耳本聰，心本仁，本體也。明者還其明，聰者還其聰，仁者還其仁，工夫也。

何以謂心本仁？仁者，生生之謂。天只是一個生，故仁即天也。天在人身爲心，故本心爲仁。其不仁者，心蔽於私，非其本然也。

人身内外皆天也，一呼一吸與天相灌輸。其死也，特脱其闔闢之樞紐而已，天未嘗動也。

欲并生哉！昆蟲草木不可自我摧折。

明道教學者且静坐；伊川每見人静坐，必歎其善學；朱子亦曰：『初學得些静中工夫，爲助不小。』故不静不可以入道。〔一〕

校記

〔一〕《高子遺書》卷一《語》無此則。

朱子謂學者半日静坐，半日讀書，如是三年〔一〕，無不進者。嘗驗之，一兩月便不同。學者不作此工夫，虚過一生，殊可惜。

校記

〔一〕『是』，《高子遺書》卷一《語》作『此』。

惟天理至静。

濂溪主静，主於未發也。

主静之學，要在慎動。

言動一差，虚明無事中，如水著鹽，如麵著油，欲静而不可得。人生無穿窬之事，則無穿窬之夢。非禮不動，皆如不爲穿窬，心自静矣。

静中看工夫，動中看本體。工夫未是，静中作主不得。本體未真，動中作主不得。

工夫不密，在本體不徹；本體不徹，又在工夫不密。

學無動静。其初静以澄之，至不緣境而静，不緣境而動，乃真静也。

動中得力處，於静中見之；静中得力處，於動中見之。〔一〕

校記

〔一〕《高子遺書》卷一《語》無此則。

静如是，動不如是者，氣静也；静如是，動亦如是者，理静也。

理静者，理明欲净，胸中廓然無事而静也。氣静者，定久氣澄，心氣交合而静也。理明則氣自静，氣静理亦明，兩者交資互益，以理氣本非二。故默坐澄心，體認天理，爲延平門下至教也。若徒以氣而已，動即失之，何益哉？

静中雜念皆陰翳也，陰净而陽純矣。〔一〕

校記

〔一〕《高子遺書》卷一《語》無此則。

『默坐澄心，體認天理』者，謂默坐之時，此心澄然無事，乃所謂天理也。要於此時默識此體云爾，非默坐澄心又別有天理當體認也。

但自默觀吾性本來清净無物，不可自生纏擾；吾性本來完全具足，不可自疑虧欠；吾性本來蕩平正直，不可自作迂曲；吾性本來廣大無垠，不可自爲局促；吾性本來光明昭朗〔一〕，不可自爲迷昧；吾性本來易簡直截，不可自增造作。

校記

〔一〕『昭』，《高子遺書》卷一《語》作『照』。『昭朗』，《高子遺書》附録（明）葉茂才《資德大夫正治上卿都察院左都御史贈太子少保兵部尚書景逸高先生行狀》引作『洞達』。

用寂即體，體發即用。〔一〕

校記

〔一〕《高子遺書》卷一《語》無此則。

顯諸仁，即體即用；藏諸用，即用即體。

道有體用焉。其用可見，而其體難明；其體可明，而其用難盡。故君子致知力行，必交勉也。

『復以自知』，所謂『獨』也。『不遠復』，所謂『慎獨』也。

朱子曰：『必因其已發而遂明之，省察之法也。』吾則曰：『必因其未發而遂明之，體認之法也』。其體明，其用益明矣。

真知天命可畏，是真慎獨。

『十目所視，十手所指，其嚴乎！』是畫出慎獨之象。

理即性也，性即命也，故『窮理盡性，以至於命』〔一〕。

校記

〔一〕《高子遺書》卷一《語》無『十目所視』『理即性也』兩則。

龜山曰：『天理，即所謂命。知命，只事事循天理而已〔一〕。』言命者，惟此語最盡。

校記

〔一〕『只』，《明儒學案》卷五八作『即』。

『「式和民則」，順帝之則，有物有則，動作、禮義、威儀之則〔一〕，皆天理之自然，非人所爲。』聖賢傳心之學在此。

校記

〔一〕《真儒一脈》無『禮義』二字。

其實無一事，不要惹事。

因物付物者，萬變皆在人，其實無一事也。此程門心法之要。

『在物爲理，處物爲義』，『因物付物』之謂也。

『有物有則』之謂『在物爲理』,『因物付物』之謂『處物爲義』。

儒者之學,只『天理』二字最微,可以自詣,而難於名言。明道津津言之,伊川、晦翁皆體到至處。

窮理者,天理也,天然自有之理,人之所以爲性,天之所以爲命也。在《易》則爲『中正』,聖人卦卦拈出示人。此處有毫釐之差,便不是性學。

門人厚葬,何以爲不可?使門人爲臣,何以爲欺天?只此二事,可體認天理。《春秋》一書,無一事不是此理也。

天理既明,如權衡設而不可欺以輕重,如度量設而不可欺以長短。合此則是,不合此則非。以此好惡,以此用舍,以此刑賞。

易簡而理得矣,《中庸》其至矣乎!聖人示人,竭盡無餘,天理於此而見。

朱子曰:『天地間自有一定不易之理,不容毫髮意思安排,不容毫髮意見夾雜,自然先聖後聖若合符節,此究竟處也。』所謂天理者如此。

一念反躬,便是天理,故曰:『不能反躬,天理滅矣。』

問:『知覺之心與義理之心何如?』朱子曰:『纔知覺,義理便在此。纔昏,便不見了。』又曰:『提醒處便是天理,更別無天理。』由此觀之,人心明,即是天理〔一〕,不可騎驢覓驢。

校記

〔一〕『即』,《明儒學案》卷五八作『只』。

見衰冕與瞽者,何以必作必趨?見負版者,何以必式?入公門,何以鞠躬?割不正,席不正,何以不食不坐？有安排乎？則非聖人。無安排乎？豈非無隱乎爾？

所以謂之善者，天然完全，不少欠缺，別無安排用力處。〔一〕

校記

〔一〕《高子遺書》卷一《語》無此則。

擇善，擇其天然不已者而已。固執，執其人爲不參者而已。

擇善，正欲以本體爲工夫；擇非善，亦無工夫。固執，正欲以工夫爲本體；執不固，亦無本體。

回之爲人也，『擇乎中庸，得一善』，正是擇善；『拳拳服膺而弗失之』，正是固執。〔一〕

校記

〔一〕《高子遺書》卷一《語》無『擇善，正欲以本體爲工夫』『回之爲人也』兩則。

朱子謂孟子道『性善』是第一義，若信得及，直下便是聖賢。學者信關最難過，此關不過，雖知可欲之善，亦若存若亡而已。

明道先生與韓持國説幻妄一段，蓋知性訣也。於此猛省自家有何欠缺，而逐逐向外尋求乎！覺得欠缺，乃習障深重，與性無干。

人只爲一個念頭結而不化，如春蠶作繭，自纏自縛，至死不已，故於聖賢微言皆不能入，哀哉！

故者以利爲本，故是原來如此，自生民以來皆然，并無古今聖凡之異。只以順利不賊害之爲本，行所無事者，利之者也。鑿者，害之者也。故用智便害性。

何意此事便只如此，不知手之舞之足之蹈之。

見性，斯見過；見過，斯見性。〔一〕

校記

〔一〕自『明道先生與韓持國説幻妄一段』至『見性，斯見過』五則，《高子遺書》卷一《語》無。

離却生，無處見性。而孟子所謂性與告子所謂性，所争只在幾希，故曰：『人之所以異於禽獸者幾希。』

如敬，則實體如何是敬？誠，則實體如何是誠？仁，則實體如何是仁？行坐食息，念念不捨，一旦豁然，本體既顯，群疑皆亡，敬者此，誠者此，仁者此，然後知人性本來停停當當，原是如此。此後工夫，便與本體一矣。〔一〕

校記

〔一〕《高子遺書》卷一《語》無此則。

理欲之界，截然各别，不可有一毫之混。聖凡之體，渾然無二，不可有一毫之岐。

不誠無物。參前，倚衡，立卓，誠後自然如此。

既得後，須放開。蓋性體廣大，有得者，自能放開。不然，還只是守，不是得，蓋非有意放開也。

道性善者以無聲無臭爲善之體，陽明以無善無惡爲心之體。一以善即性也，一以善爲意也。故曰：『有善有惡者，意之動。』佛氏亦曰：『不思善，不思惡。』以善爲善事，惡爲惡事也〔一〕。以善爲意，以善爲事者，不可曰明善。

校記

〔一〕《真儒一脈》『惡爲惡事也』句首有『以』字。

性可默識，不可言求，何者？性無形體，安得以言形之？惟吾夫子以『中庸』二字言性，故《中庸》首言『天命之謂性』，末言『上天之載，無聲無臭』，《中庸》一書只説得一『性』字而已。非夫子不能傳此二字，非子思不能傳此一書。

聖人之道中庸焉，盡之矣。中庸者，乾坤易簡之道也，天下之人皆可與知焉，皆可與能焉，而鮮有能知者焉，鮮有能行者焉，覿面而失之也。『易簡而天下之理得矣』，果難也乎哉？天下之理得，而成位乎其中矣，果易也乎哉？〔一〕

校記

〔一〕《高子遺書》卷一《語》無此則。

有云不覩不聞之時者矣，有云不睹不聞之體者矣。云體者，無時而不在，體即時也。云時者，無時而不體，時即體也。戒謹恐懼，即時即體也，爲物不二者也。

唐虞言『中』，至子思始明之，曰：『喜怒哀樂之未發謂之中。』萬古於此明中，於此明性，於此明道。朱子謂子思憂道學之失其傳而作，信哉！

戒慎乎其所不覩，恐懼乎其所不聞，只是戒慎於無形，恐懼於無聲之謂。如末章『不動而敬，不言而信也』，大率聖賢體道皆如此，立天下之大本也。〔一〕

校記

〔一〕《高子遺書》卷一《語》無此則。

龜山門下相傳『静坐中觀喜怒哀樂未發前作何氣象』，是静中見性之法。要知觀者即是未發者也〔一〕。觀不是思，思則發矣。此爲初學者引而至之之善誘也。

校記

〔一〕『要知』，《明儒學案》卷五八作『要之』。

聖人之所謂『庸』，皆性命也。常人不著不察之倫物，庸而非中矣，故庸而非聖人之庸。聖人之所謂『中』，皆日用也。二氏不倫不物之明察，中而非庸矣，故中而非聖人之中〔一〕。

校記

〔一〕『故庸而非聖人之庸』『故中而非聖人之中』兩句句尾，《真儒一脈》皆有『矣』字。

明道曰：『中也者，天下之大本，天地間停停當當直上直下之正理。出則不是。』又曰：『若能物各付物，便是不出來也。』静則直内，動則因物〔一〕，此心常復於未發，而寂然不動矣，此謂復性。

校記

〔一〕『因』，《真儒一脈》作『付』。

佛氏最忌分别是非，如何紀綱得世界？紀綱世界，只是非兩字。聖人因物之是而是之，因物之非而非之，我不與也，此所以開物成務。〔一〕

校記

〔一〕此則《高子遺書》附録（明）葉茂才《資德大夫正治上卿都察院左都御史贈太子少保兵部尚書景逸高先生行狀》引作：『佛氏一切平等，最忌分别是非，如何紀綱得世界？紀綱世界，全要是非明白。聖人因物付物，是者是之，非者非之，我無與也，所以能開物成務。』

巍巍乎！舜、禹之有天下也而不與焉。不與，不但不以位爲樂，其實聖人於天下未嘗與之以己，所謂『因物付物』。〔一〕

校記

〔一〕《高子遺書》卷一《語》無此則。

道也者，不可須臾離。天體物而不可遺，《詩》所謂『上帝臨女』，『出王游衍』。實體如是，雖不戒謹恐懼，不可得也。

『費隱』二字，奇哉！形形色色，以言乎天地之間，則備矣。故聖人只於彝倫日用盡道，其間絶無聲臭之可即。人以爲卑近無奇，而不知皆至誠之微妙。顯之微者，人不知也，故舉鬼神。微之顯者，形之費者，顯也。微者，隱也。微之顯，所謂費之隱也。

至誠無息，人人心體如是，惟聖人能至之，專歸之。聖人者，不知性者也，故人心無妄，則無息矣，非性之本然即妄也。故不合本體之工夫皆爲虚假，而欲無間斷，得乎？

其次，致曲既曰一偏，又曰善端，何也？天之賦與，聖人得其全，自聖人以下，得其偏。善端發處，正所得於天之偏處也。蓋對全而言。

『維天之命，於穆不已』，天然如此。『文王之德之純』，純是天命流行，故曰『純亦不已』，非以此合彼之謂。〔一〕

校記

〔一〕《高子遺書》卷一《語》無『至誠無息』至『維天之命，於穆不已』三則。

明自誠而發見者，性之本體也；誠自明而悟入者，教之工夫也。《中庸》專明『性』『教』二字。

因其平日之善，知其福之將至；因其平日之不善，知其禍之將至。故曰禍福將至，善不善必先知之。〔一〕

校記

〔一〕《高子遺書》卷一《語》無此則。

本體即工夫者，中庸而已，聖人於《乾》之九二言之。工夫即本體者，敬義而已，聖人於《坤》之六二言之。

亘古亘今，塞天塞地，只是一生機流行，所謂易也。終日乾乾，與時偕行，只一『時』字便見繼之者善。〔一〕

校記

〔一〕以上二則，崇禎本《高子遺書》卷一《語》合爲一則。

天地之化，息息而易，故萬古不易。謂有不易之易、變易之易，是二之也。《大易》教人息息造命。臣弒其君，子弒其父，其所由來者漸也。既已來矣，寧可逃乎？辨之於蚤，如地中無此種子，殃從何來〔一〕？

校記

〔一〕『殃』，《明儒學案》卷五八高攀龍《語》引作『秧』，四庫本《高子遺書》亦作『秧』，是。

六十四卦《大象》皆曰『以』，聖人渾身是易也。『以此洗心』，『以此齋戒』，原來非此不爲洗心，不爲齋戒。

昔見一長者應酬雜遝，流汗終日，余謂之曰：『太勞矣。』曰：『君子自强不息。』余竊念君子自强不息者有以也，公何以而然乎？殆入死道也。無何，以勞瘁卒。學之不可不講如此。〔一〕

校記

〔一〕《高子遺書》卷一《語》無此則。

先儒謂天地間原有一部《易》，開眼便見，聖人不過即其所見者摹寫之耳。信然哉！『天尊地卑』章，易已昭昭於吾前矣〔一〕。

校記

〔一〕『已』，《真儒一脈》作『也』。

夫《乾》確然示人易矣，夫《坤》隤然示人簡矣。象也者，象此者也。爻也者，效此者也。此又易之密處，所謂『易簡之善配至德』。〔一〕

校記

〔一〕《高子遺書》卷一《語》無此則。

『繼之者善』，是『萬物資始』；『成之者性』，是『各正性命』。元，特爲『善之長』耳。元而亨，亨而利，利而貞，貞而復元，繼之者皆此善也。

利貞者，性情也。成這物，方有這性。故至利貞，始言性情。

貞之義大矣哉！四時以貞爲冬，四德以貞爲智。隆冬之時，萬象寂然無朕，大智之人，一點伎倆不形。《中庸》尚絅，《大易》藏密，入德於此，成德於此。謝上蔡去一『矜』字而曰：『仔細檢點，病痛盡在這裏。』至哉言矣！

心非易也，易方是心。以情識爲心，何啻千里！〔一〕

校記

〔一〕《高子遺書》卷一《語》無此則。

羅整菴曰：『聖人所謂太極，乃據《易》而言之。蓋就實體上指出此理以示人，不是懸空説〔一〕。』此語最精切。

校記

〔一〕『懸空説』，（明）羅欽順《困知記》作『懸空立説』，是，當脱『立』字。

中者，千古命脈。中未亡，則『貞疾，恒不死』矣。

以剛中而亨，以重剛不中而凶，此處世之準也。〔一〕

校記

〔一〕《高子遺書》卷一《語》無『中者』『以剛中而亨』二則。

『大哉乾乎！剛健中正，純粹精也。』此所謂至善。朱子謂『純乎天理而無一毫人欲之私』，最盡。大人與天地合德，日月合明，四時合序，鬼神合吉凶，人心止於至善便如此。《易》言天地，即是言聖人，言聖人，即是言人心。道無天人凡聖也。

明道先生曰：『「上天之載，無聲無臭」，其體則謂之易。』一語便可見易。此體不可形狀，孟子名之曰『浩然之氣』，即易體也。

説易莫妙於明道，曰：『「生生之謂易，天地設位，而易行乎其間。」易畢竟是甚？又指而言曰：「聖人以此洗心，退藏於密」，聖人示人之意至此深且明矣，終無人理會得。易也，此也，密也，是甚物？人能至此深思，當自得之。』此所謂『引而不發，躍如也』。〔一〕

校記

〔一〕《高子遺書》卷一《語》無此則。

明道又曰：『安有識得易後不知退藏於密？密是用之源，聖人之妙處。』又曰：『形而上者乃密也。』發密義無餘藴矣。

易，心體也，無思無爲，人以妄思妄爲失之。故夫思也者，思其無思者也；爲也者，爲其無爲者也。

『思則得之』之謂思其無思，『行所無事』之謂爲其無爲。

易者，天下定理，修之而吉，悖之而兇。人生大幸，與聞此理。

學《易》全要知時識勢，時勢不可爲而强爲之，許魯齋以爲揠苗代斵。揠苗則傷稼，代斵則傷手，豈成己成物之道哉？〔一〕

校記

〔一〕《高子遺書》卷一《語》無『易者，天下定理』『學《易》全要知時識勢』二則。

言行最不可欺家人。故《家人》曰：『言有物，行有恒〔一〕。』

校記

〔一〕《真儒一脈》『行有恒』三字前有『而』字。

《隨》之六二曰：『弗兼與。』故里克之中立，鄧析之兩可，鮮不爲邪。

伊川先生説『遊魂爲變』曰：『既是變，則存者亡，堅者腐，更無物也。』此殆不然，只説得形質耳。遊魂如何滅得？但其變化不可測識也。聖人即天地也，不可以存亡言，自古忠臣義士何曾亡滅？避佛氏之説，而謂賢愚善惡同歸於盡，非所以教也。况幽明之事昭昭於耳目者，終不可掩乎？張子曰：『《大易》不言有無，言有無，諸子之陋也。』

自感自應，非有别物。

天地間感應二者，循環無端。所云定數莫逃者，皆應也。君子盡道其間者，皆感也。應是受命之事，感是造命之事。聖人祈天永命，皆造命也。我由命造，命由我造，但知委順而不知盡道，非知命者也。

『形而後有氣質之性』者，人自受形以後，天地之性已爲氣質之性矣，非天地之性之外復有氣質之性也。善反之，則氣質之性即爲天地之性，非氣質之性之外復有天地之性也。故曰二之則不是。

口之於味等所謂氣質之性也，點到命字，純是天理，可或苟乎？仁之於父子等所謂氣數之命也，點到性字，全在人事，可弗盡乎？

孟子正謂人以欲爲性，以數爲命，故指欲爲命，見情慾皆天所賦之，正理非如世間所謂嗜欲之性也。指理爲性，見倫理皆人所受之正理，非如世間所謂氣數之命也。不謂性所以至命也，不謂命所以盡性也。

踐形者，形色純是天性，化形爲性也。

人看得形色麤了，不知其爲天性，看得天性虚了，不知其爲形色。至於聖人，始完得一個形，故曰『惟聖人然後可以踐形』。莫草草看這形。〔一〕

校記

〔一〕《高子遺書》卷一《語》無『口之於味等所謂氣質之性也』以下四則。

曾子當啓手足時，一個身子，完完全全，潔潔净净，如精金百鍊，如白璧無瑕，此時方了得『修身爲本』四字。

良知即明德也，須止於至善，故致知在格物。曾子易簀而卒，便顯出個曾子。陽明至南安而卒，便顯出個陽明。曾子曰：『吾得正而斃焉，斯已矣。』此曾子所以爲曾子也。陽明曰：『此心光明，更復何言？』

此陽明所以爲陽明也。

人想到死去一物無有，萬念自然撇脱。然不如悟到性上一物無有，萬念自無係累也。

人生歲月一年減一年，世間習染一年增一年，以聖人之資，又十五志學，至七十始從心，今以常人之資，少却聖人一年志學，便多却世間一年習染，尚可以泄泄耶？〔一〕

校記

〔一〕此則（明）孫慎行、張鼐等纂《虞山書院志》卷八《大會一》所載文字略異：『一友問：「夫子十五志學，畢竟何學？」景逸曰：「一部《論語》皆學。聖人一生得力處，只是信而好古，好古敏求。吾人辨一片信心，好古敏求便是真志，便是真學。若真求之，當自知要領處。今不須提要領來説，人生自少而長，習染之污，一年重一年，以聖人之資，又十五志學，省多少氣力。今少却聖人一年志學，便多却一年習染，可不猛省？」』

商賈在江湖，風雨勞役，若所當然，孶孶向前而已。彼固求其所可欲也，況夫學聖人之道者，而欲順適得之乎？〔一〕

校記

〔一〕《高子遺書》卷一《語》無『人生歲月』『商賈在江湖』二則。

每至夕陽，檢點一日所爲，若不切實煅煉身心，便虚度一日。流光如駛，良可驚懼。

所以要惜分陰者，不使邪思妄念瞬息據吾靈府，庶幾日就月將，緝熙於光明。

仲舒三年不窺園，仲淹六年不解衣，古人爲學，精專如此。

私欲將人牽縛住、網羅住，直下斬絶牽縛，決破網羅，翔於千仞。〔一〕

校記

〔一〕《高子遺書》卷一《語》無「仲舒三年不窺園」「私欲將人牽縛住、網羅住」二則。

絶四是克己。

克己復禮，便超凡入聖。

龍之可醢，以其可豢。

居貧無别法，惟儉是要法。

受命更不著一毫計較。〔一〕

校記

〔一〕《高子遺書》卷一《語》無「龍之可醢」「居貧無别法」「受命更不著一毫計較」三則。

聖賢所欲，止是一仁，更無别物。

所謂博學者，隨時隨處只學此一事。志專在此，故云「篤志」。問專在此，故云「切問」。思專在此，故云「近思」。只是求仁，故曰「仁在其中」。

山木不幸，當大國之郊。人生不幸，處適意之境。

逐物則憂，反躬常樂。

安莫安於知足，危莫危於多言，貴莫貴於不求，賤莫賤於多欲。

仁義之樂，真可土芥富貴。〔一〕

校記

〔一〕《高子遺書》卷一《語》無此則。

人生安得事事如意？惟不如意事來，不爲所累，其權在我，可事事如意也。

矜細行，最得力。

失在輕言輕動。

語曰：『朝過夕改，君子與之。』〔一〕

校記

〔一〕《高子遺書》卷一《語》無『失在輕言輕動』『語曰』二則。

話不可騁快説，事不可騁快作。

滋味入口，經三寸舌間耳，自喉以下，珍羞麤糲同於冥然，奈何以三寸之爽輕戕物命乎？豈惟口腹，百年光景，三寸滋味耳。有以須臾之守，垂芳百世；有以須臾之縱，遺臭萬年，亦可思矣。

見人一善，忘其百非，此待人之法也。終身行善，一言敗之，此持己之戒也。

聖人見得事事無能，是躬自厚處；見得人人有善，是薄責於人處。

鄉原曰：『生斯世〔一〕，爲斯世也，善斯可矣。』便是强力人也推仆了。君子曰：『我猶未免爲鄉人也，是則可憂也。』便是醉夢人也喚醒了。

校記

〔一〕《真儒一脈》『生斯世』三字下有『也』字。

『遯世無悶，不見是而無悶』，定見也。『行一不義，殺一不辜，得天下不爲』，定守也。學聖人之學而不辨此，如築室者無基，堂構安施乎？種樹者無根，灌溉安施乎？

樊遲請學農圃，聖門無此學問，故曰：『小人哉！』聖學合下以天下爲體，故禮義信便通天下之志。孟子亦曰：『居仁由義，大人之事備矣。』此是學問真脈。〔一〕

校記

〔一〕《高子遺書》卷一《語》無此則。

講學者，講其所行者也。不行，則是講而已矣，非學也。

凡云『在其中』者，事皆相反。耕反得餒，隱反得直，蔬水曲肱反得樂，故君子言行與禄絶不相干，而反得禄。若云言行修，可得禄，仍是學而干禄也。

吴康齋曰：『今日所當爲者，夙興盥櫛，家廟禮畢，正襟端坐，讀聖賢書，收斂此心，不爲外物所汩，夜倦而寢，此外非所當計。』此豈人所不能爲？然爲之，可至於聖賢。至平易，至遠大，人却當面蹉過。〔一〕

校記

〔一〕《高子遺書》卷一《語》無『凡云「在其中」者』『吴康齋曰』二則。

子弟若識名節之隄防，詩書之滋味，稼穡之艱難，便足爲賢子弟矣。

胡致堂曰：『事在勉强而已。意欲如是，少忍而思之曰「如是不善」，終忍而不爲，斯善矣。意不欲如是，少思而克之曰「不如是不善」，終克而爲之，斯善矣。此勉强之道也。意動即行，不復加思，其入於不善，如丸之下坂，孰能禦之？』此語於學者極有益。〔一〕

校記

〔一〕《高子遺書》卷一《語》無此則。

正公言才有善不善，恐非定論。性既善，才豈有不善？迷於性則不善，復於性則善，如反掌，然能反者乃才也。

念菴曰：『不知學者，其人不可以朝夕計。』吾驗之屢矣。〔一〕

校記

〔一〕《高子遺書》卷一《語》無此則。

念菴曰：『但知即百姓之日用以證聖人之精微，不知反小人之中庸以嚴君子之戒懼。』此語透盡講良知者末流之弊。

王龍溪曰：『始吾以致知爲然也，而不知有遺於物。』蓋姚江之門亦已覺之。

謝上蔡曰：『視聽言動，蓋皆至理，聲氣容色，莫非妙用。父子君臣，豈人能秩序？仁義禮樂，豈人能强名？心與天地同流，體與神明爲一。若動若植，何物非我？有形無形，誰能問之？』先生見道，其徹矣乎！〔一〕

校記

〔一〕《高子遺書》卷一《語》無『王龍溪曰』『謝上蔡曰』二則。『誰能問之』之『問』字，《真儒一脈》作『間』。

一日克己復禮，無我也。佛氏曰『懸崖撒手』，近儒亦曰『擦』，皆似之而實非。何者？以非聖人所謂『復禮』也。或曰：『真爲性命，人被惡名，埋没一世，更無出頭，亦無分毫掛帶。』此是欲率天下入於無忌憚，其流之弊，弑父弑君，無所不至。

不識本體，而操持念頭以爲居敬，解釋經書以爲窮理，是養稊稗者也。既識本體，但保任一靈，不知精義復禮者，是五穀不熟者也。

言赤子之知能，百姓之日用，是矣。試看《鄉黨》一篇，聖人動容周旋中禮，赤子能之乎？百姓能之乎？故聖學要在禮義。

今人每戒好名，不知名不可得而好也。以好名爲之者，名不可得而有也。惟實至而名成焉，故聖人重成名，名即實也。〔一〕

校記

〔一〕《高子遺書》卷一《語》無此則。

君子一點畏心至王安石滅盡，一點恥心至馮道滅盡。後世小人無忌憚，有此兩途。〔一〕

校記

〔一〕高世儒《先父資德大夫正治上卿都察院左都御史贈太子少保兵部尚書諡忠憲景逸府君行述》引此則，末有『不可不知』四字。此則（明）葉茂才《資德大夫正治上卿都察院左都御史贈太子少保兵部尚書景逸高先生行狀》引作：『人一點恥心被馮道滅盡，一點畏心被王安石滅盡。後世尚有稱述之者，真小人而無忌憚矣。』

天下事敗於邪見之小人，無見之庸人，偏見之君子。

事之不可救藥者，在小人不自知其爲小人，專認君子爲小人〔一〕。其始也，失於上無教化。其終也，失於上無用舍。

校記

〔一〕『專』，文淵閣四庫全書本《高子遺書》作『轉』。

君子必有所短，小人必有所長。君子難親，小人易比。故世人於君子惟見其短，於小人惟見其長，無怪乎好惡乖方，用舍倒置。

天下不患無政事，但患無學術。何者？政事者，存乎其人；人者，存乎其心。學術正則心術正，心術正，則生於其心發於政事者豈有不正乎？故學術者，天下之大本。末世不但不明學，且欲禁學，若之何而天下治安也？〔一〕

校記

〔一〕此則《高子遺書》附録（明）葉茂才《資德大夫正治上卿都察院左都御史贈太子少保兵部尚書景逸高先生行狀》引作：『天下不患無政事，患無學術。學術者，天下之大本也。學術正，政事焉有不正？末世以講學爲諱，如政事何？』

政事本於人才，舍人才而言政者，必無政。財用本於政事，舍政事而言財者，必無財。足民，方救得國之不足。有若『盍徹乎』正言足用之道。有若要在源頭上做來，哀公要在末流上補救，其實末上如何補救得？

見賢而不能舉，舉而不能先，乃曰：『是其命也，非由人矣。』見不善而不能退，退而不能遠，乃曰：『是其過也，尚可容也。』曲盡不能用賢去邪者口吻。故曰好惡拂人之性。

同民好惡，固爲政大要，同賢者好惡，尤同民大要。〔一〕

校記

〔一〕《高子遺書》卷一《語》無『見賢而不能舉』『同民好惡』二則。

有問錢緒山曰：『陽明先生擇才，始終得其用，何術而能然？』緒山曰：『吾師用人，不專取其才，而先信其心，其心可托，其才自爲我用。世人喜用人之才，而不察其心，其才止足以自利其身已矣，故無成功。』愚謂此言是用才之訣也。然人之心地不明，如何察得人心術？

人生官職素定，起心欲得某官某職者，非徒無益，而又害之。居官者格物致知，莫切於此。宋薛奎在政府，謀議無所迎避，或時不得如志，歸輒歎詫不食。家人曰：『何必乃爾？』奎曰：『吾仰慙古人，俯愧後世。』士大夫何可無此慙愧？〔一〕

校記

〔一〕《高子遺書》卷一《語》無『人生官職素定』『宋薛奎在政府』二則。

人不患無才，識進則才進；不患無量，見大則量大。皆得之於學也。

明道先生之言，句句是真悟，此方是真修。晦菴先生之言，句句是真修，此方是真悟。

文公，聖賢而豪傑者也，故雖以豪傑之氣概，終是聖賢真色。文成，豪傑而聖賢者也，故雖以聖賢學問，終是豪傑真色。

先儒惟明道先生看得禪書透，識得禪弊真。

許白雲曰：『聖賢之心，盡於四書。四書之義，備於朱子。顧其立言詞，約義廣，讀者咸得其麤而不能究其義。或以一偏之致自異，而初不知未離其範圍。世之詆訾貿亂爲新奇者，其弊在此。』愚謂昭代以四書取士，朱子註義皆晦於講章，今之説朱註者，皆講章而非朱註也。[一]

校記

〔一〕《高子遺書》卷一《語》無此則。

朱子傳註六經，折衷群言，是天生斯人以爲萬世。即天之生聖賢，可以知天命矣。

劄記四十六則〔一〕

校記

〔一〕《劄記》四十六則又載《高子遺書》卷二《劄記四十六則》。

有一事當前，必曰：『如之何？如之何？』思之，思之，自有至當處慊於吾心、同乎人心者，此便是至善。

不存心，不可知性。不知性，不能存心。

心無出入，所持者志也。

收拾全副精神，只在一處。

道無聲臭，體道者，言行而已。

孝弟二字，終日味之不可窮，終身行之不可盡，下學上達在此。

人心纔覺，便在腔子裏，不可著意。

晦菴先生曰：『瞬息不存，便是邪妄。』伊川先生曰：『存無不在道之心，便是助長。』參觀二語，可以見有事勿正之義。

盧玉溪曰：『聖賢千言萬語，論道只在遏人欲以存天理，論治只在進君子而退小人。』

仁與智，藏諸用。禮與義，顯諸仁。

程子曰：『滿腔子是惻隱之心。』朱子問門人曰：『腔子外是何物？要思得之。』

吾嘗出入於佛、老，而知總不如一『敬』字。

有憤便有樂，不知手之舞之，足之蹈之。平日無憤無樂，只是悠悠。

程子曰：『意、必、固、我既亡之後，復於喜怒哀樂未發之前。』此爲復性。

心與理，一而已矣。善學者一之，不善學者二之。識義理而心體未徹者，入於見解。見心體而義理未徹者，入於氣機。

或疑程、朱致知爲聞見之知，不知窮至物理。理者，天理也，天理非良知而何？或疑文成格物爲玄虛之物，不知各得其正。正者，物則也，物則非天理而何？落於聞見、墮於玄虛者，其流弊也。然而立教之本有虛實之辨焉：物理實，則知亦實，從義理一脈去，故曰『擇善固執』，而好善惡惡之意誠；知體虛，則物亦虛，從靈覺一脈去，故曰『無善無惡』，而好善惡惡之誠替矣。毫釐千里，蓋由於此。

王文成曰：『吾良知二字從萬死一生得來。』其致知之工何如乎？其所經歷體驗處，皆窮至物理處也。身由程、朱之途，口駁末學之弊，猶之可也。學文成者，口襲其到家之語，身不由其經歷之途，良知從何得來？

顯言知本，天下、國家之本在身之『本』也。微言知本，『中也者，天下之大本』之『本』也。『殀壽不二』[一]，此念也。『造次必於是』，此念也。『顛沛必於是』，此念也。

校記

〔一〕四庫本《高子遺書》『二』字不重，此處疑衍一『二』字。

『終日乾乾，與時偕行』，只一『時』字，本體工夫具在。『洋洋乎發育峻極』者，此也。『優優乎三千三百』者，此也。

知時則知幾，故曰：『敕天之命，惟時惟幾。』

『道之不可須臾離』也，『莫見莫顯』也，『中和』也，皆悟法也。『戒謹恐懼』也，『慎獨』也，『致中和』也，皆修法也。

天然一念現前，能爲萬變主宰，此先立乎其大者。

致一則密。

不至於密，安得吉凶與民同患，而神以知來、智以藏往乎？

『主一』二字最盡。『一』者，本體。『主』者，工夫。

楊龜山先生致知格物，蓋言致知當極盡物理也。理有不盡，則天下之物皆足以亂吾之知，思蕲於意誠心正，遠矣。此程門格物的傳也。

至静中，凡平日行不慊心者一一顯現，故主静要在慎獨。

天下至奇特，總是至平常。聖人神化，不過百姓日用，然非千窮萬究，不能信得。道理只是如此。

惡念易除，雜念難除。惡念盡，是誠意；雜念盡，是正心。

邵子言『一動一静，天地之至妙』，此言易也；『一動一静之間者，天地人之至妙』，此言太極也。

亥、子中間，即一動一静之間。

『當下即是』，此默識要法也。然安知其當下果何如？朱子曰：『提醒處，即是天理，更別無天理。』此方是真當下。

『擇乎中庸，得一善』者，復於未發也，少加毫末，便復失之。『拳拳服膺，弗失』者，純於未發也。

《中庸》言：『道不可須臾離。』顧涇陽先生曰：『此不可離，是人真念頭上一點過不去的所在。此心與道合則安，與道離則不安。試想此念頭於何而來，便識得本體矣。』余謂此一點過不去的，有兩樣查考：若在事上背理而不安，則應用有時，於須臾之義尚疎；若在心上違仁而不安，則體道無間，於須臾之義方密。

道者，率性之謂。天下豈有須臾離性之人？百姓特日用而不知耳。

元公、純公之於《易》也深乎！獨得其至微以洗心藏密矣。康節之妙於象數，正公之發明義理，文公之歸本卜筮，皆卓絶，漢儒孰得而奪諸？

易之本體只是一『生』字，工夫只是一『懼』字。

夫子去魯十有四年，與二三子棲遲容與，其進德修業有不可知之妙，所以贊《易》，大《旅》之時義。

持志之象，如猫捕鼠，如雞抱卵。

敬者，心之貞也，貞則元矣，故求仁莫如敬。

程子謂栽培生意在六經，先得根本，然後可言栽培。根本自六經得之，生意亦自六經培之，所謂『好古，敏以求之』者與！

朱子一派有本體不徹者，多是缺主敬之功。陸子一派有工夫不密者，多是缺窮理之學。

窮至無妄處，方是理。

心復於性，則無飢渴之害。

元亨利貞皆善也。元而亨而利而貞，貞而復元，故曰『繼之者善』。元始之，故曰『善之長』。天地一闔一闢，吾人一呼一吸，繼繼而不已者，皆是此件，故曰『生生之謂易』。孟子道性善，而必稱堯、舜者，何也？性無象，善無象，稱堯、舜者，象性善也，若曰如是如是云爾。此須在思慮未起時認取，思慮未起時便是此件。『剛健中正，純粹精也』，求與堯、舜一毫不同者，不可得也。及動念便差，動步便差，求與堯、舜一毫對同者，不可得也。由其同，故人皆可爲。由其不同，故不可不爲。何以爲之？曰：『堯、舜所不爲者，斷不可爲，所以爲堯、舜也。』〔一〕

校記

〔一〕此則又載《高子未刻稿》射部《東林會語》，《高子未刻稿》起首尚有『吾人時刻受用者，性而已矣。夫性之所以爲性者，善而已矣。天地間止是此件，故可欲者止是此件，受用者止是此件』數句。又，『純粹精也』一句，『也』字原脱，此據《高子未刻稿》校補。『求與堯、舜一毫不同者』一句，《高子未刻稿》『舜』字後有『有』字。『求與堯、舜一毫對同者』一句，《高子未刻稿》『求』字後有『其』字，四庫本《高子遺書》『對同』作『相同』。按，『孟子道性善，而必稱堯、舜者，何也？性無象，善無象，稱堯、舜者，象性善也，若曰如是如是』數句，又見《高子遺書》卷八下《與陳似木》其一。

經説辨贊類

經説

古本《大學》題詞[一]

謂《大學》有錯簡者，疑《誠意章》引『淇澳』而下也。謂《大學》有缺傳者，疑首章『此謂知本』二語也。夫此謂知本，必從修身爲本明矣。有修身爲本之揭，則有此謂知本之結，有此謂知至之結，則知其爲格物致知之釋，文理不辨而明也。獨《誠意章》引『淇澳』而下，則曲解不可得而通，明道先生之易古本以此也，伊川先生再易之，晦菴先生三易之，未定也。

以三先生之信古而卒不能信於斯簡，以天下後世之信三先生而卒不能信其所易，則心之同然者不可强也。愚蓋往來胸中結疑不化有年矣，一日讀崔後渠先生集，有曰：『《大學》當挈古本，引「淇澳」以下置之《誠意章》前，格物致知之義明矣。』乃始沛然如江河之決，不覺手舞足蹈而不能已也。吾何以決之？吾決之於『此謂知本』『此謂知至』之二語也。此二語者，以爲不釋格致，則自『天子』以下兩條亦屬無謂；以爲果釋格致，則自『天子』以下兩條似未明備，固知其旁引曲暢，有如『淇澳』諸條所云也。此諸條也，以爲不釋知本，則不宜結以知本；以爲果釋知本，則不宜別附他章，固知其前後起結必隨於『此謂知至』之後也。

夫以三先生不能定，敢謂定於今日乎？然而天下萬世之心目，固有漸推而愈明，論久而後定。自三先生表章《大學》之後，越三百年而崔先生之説益近自然，故敢申明之，以俟後之君子觀夫同然之心果何如也。若夫割裂推移，人人自爲《大學》，則何所底極之有？嗟乎！聖人之學未有不本諸身者，六經無二義也，《大學》之道知止而已，知止之道，知本而已，『易簡而天下之理得』，蓋沛然無疑於日用，非獨以殘編之似缺而復完已也。

校記

〔一〕又載《高子遺書》卷三。

《大學》首章約義〔一〕

大學之道在明明德，明吾之明德也。在親民，明民之明德也。在止於至善。明德之極處也。知止而后有定，定而后能静，静而后能安，安而后能慮，慮而后能得。申言止之爲要。物有本末，事有終始，知所先後，則近道矣。教以知止之法。古之欲明明德於天下者，先治其國；欲治其國者，先齊其家；欲齊其家者，先修其身；欲修其身者，先正其心；欲正其心者，先誠其意；欲誠其意者，先致其知；致知在格物。物格而后知至，知至而后意誠，意誠而后心正，心正而后身修，身修而后家齊，家齊而后國治，國治而后天下平。此謂知所先後。自天子以至於庶人，壹是皆以修身爲本。物有本末，本在此也。其本亂而末治者否矣，其所厚者薄，而其所薄者厚，未之有也。非物格知至者，烏能知之？此謂知本，此謂知之至也。本在此，止在此也。

《詩》云：『瞻彼淇澳，菉竹猗猗。有斐君子，如切如磋，如琢如磨。瑟兮僩兮，赫兮喧兮。有斐君子，終不可諠兮！』『如切如磋』者，道學也；『如琢如磨』者，自修也；『瑟兮僩兮』者，恂慄也；『赫兮喧兮』者，威儀也；『有斐君子，終不可諠兮』者，道盛德至善，民之不能忘也。民之不能忘本於盛德至善，可以知本矣。《詩》云：『於戲前王不忘！』君子賢其賢而親其親，小人樂其樂而利其利，此以没世不忘也。民之所以不能忘者以此。《康誥》曰：『克明德。』《太甲》曰：『顧諟天之明命。』《帝典》曰：『克明峻德。』皆自明也。明者，自明也，知本也。湯之《盤銘》曰：『苟日新，日日新，又日新。』《康誥》曰：『作新民。』《詩》云：『周雖舊邦，其命維新。』是故君子無所不用其極。新者，自新也，知本也。

《詩》云：『邦畿千里，惟民所止。』《詩》云：『緡蠻黄鳥，止于丘隅。』子曰：『於止，知其所止，可以人而不如鳥乎？』《詩》云：『穆穆文王，於緝熙敬止！』爲人君，止於仁；爲人臣，止於敬；爲人子，止於孝；爲人父，止於慈；與國人交，止於信。「止」者，隨身所在，而止於至善也，知本也。子曰：『聽訟，吾猶人也，必也使無訟乎！』無情者不得盡其辭。大畏民志，此謂知本。所以欲明明德於天下者，必以修身爲本。非物格知至者，孰能知之？

校記

〔一〕又載《高子遺書》卷三。

《大學》首章廣義〔一〕

或問曰：『《大學》並列三綱而歸重知止，何也？』曰：『三綱非三事，一明明德而已。「明明德」者，明吾之明德也。「新民」者，明民之明德也。「止至善」者，明德之極至處也。然不知止，德不可得而明，民不可得而新，何者？善即天理，至善即天理之至精至粹無纖芥夾襍處也。不見天理之至，便有人欲之混，明德新民總無是處，故要在知止也。』

曰：『「物有本末」一節，何謂也？』曰：『此正教人知止之法也。人心所以不止，只緣不知本，千馳萬騖，無所歸宿。《大學》當下便判本末始終，下文詳數事物，使人先於格物而知本也。』

曰：『何謂本末？』『明其非二物也，譬之於木，有本末而已。』『何謂終始？』曰：『欲圖其終，必慎其始。古人欲明明德於天下，此終事也，而必始於修身。有到頭事，必尋起頭處也。』

曰：『《大學》平分八目，而歸本修身，何也？』曰：『無身則無心意知物，無身則無國家天下，而身其管括也。格致誠正爲身而設，齊治平自身而推，故八目只是一本。』

曰：『何謂格物？』曰：『程、朱之言至矣，所謂「窮至事物之理」者，窮究到極處，即本之所在也，即至善之所在也。』曰：『若是，則於古本無悖與？』曰：『無悖也。天下之理未有不本諸身者，但格物不到物之至處，不知物之本處，故「修身爲本」是一句眼前極平常話，却不是物理十分透徹者信不過。格物是直窮到底，斷知天下之物無有本亂而末治者，無有薄其身反能厚於家國天下者。知到本處，便是知到至處。故曰：「此謂知本，此謂知之至也。」』

曰：『「淇澳」以下，何謂也？』曰：『皆釋「知本」也。本末不過明新，故釋知本以明德新民止至善也。

《淇澳》之詩是合言明新，止以釋「知本」，見民之不忘本於盛德至善也。《烈文》之詩又申言民之所以不能忘者如此。《康誥》以下是分言明新，止以釋「知本」，見明者自明、新者自新、止者自止，全不向末上起一念也。至於使民無訟，而知本之義益了然矣。』曰：『《大學》無經傳乎？』曰：『《大學》一篇本六段文字，每段必襍引經傳以咏歎而推明之，使章内之旨快然無遺，而言外之旨悠然無盡，此篇法也。首段三綱八目之下，即釋格致，而格物即在格知本末，本末即是明德新民，知本即是知至，知至即是知止，原與三綱通爲一義，故通爲一段。其次，即歷釋誠意以下。初無傳經之别也。』

曰：『誠意以下，必以「所謂」發端，以「此謂」結之，釋格致不然，何也？』曰：『物有本末，則修身爲本之發端；此謂知本，則修身爲本之結語。歷引詩書，再以「此謂知本」結之，文理本自顯然。且正心以下俱雙關釋，如釋正心，必曰「所謂修身在正其心」，至誠意則單提釋，不曰「所謂正心在誠意」，原無定文。至格致，則總括釋，不曰「所謂誠意在致知者」，以知本括始括終，誠正修齊治平無不貫也。』

曰：『釋格物而不見格物字，何也？』曰：『格物即致知也，《書》不云乎「格知天命」？格即知也，「格」訓「至」，「致」訓「推」，極格即致也。《大學》格物即是致知，故釋知至不必釋物格。《大學》知至即是知本，故釋知本不必釋知至也。』

曰：『知本之爲知至，是矣。知至之爲知止，何也？』曰：『《大學》「修身爲本」之本，即《中庸》天下大本之本，無二本也。故「修」字不是輕易説，是格至誠正著實處。「本」字不是輕易説，是心意知物著實處。本在此，止在此矣。明德者，此新民者，此至善者，此無二物也。』

曰：『陽明先生之復古本是矣，其説果與古本合邪？』曰：『王先生之致良知，則明明德之謂也。然以明明德言，則格致誠正皆其工夫，故綱正而目備。今以目作綱，而於明明德則曰明德必在於親民，親民乃所以明其明德。夫齊治平非親民乎？格致誠正非明明德乎？《大學》明言古之欲明明德於天下者必先自明其明德矣，初不以親民爲明德也。至於説格物曰極力致其良知於事事物物之間，使事事物物各得其正，又曰爲善去惡是格物。夫事物各得其正乃物格，而非格物也。爲善去惡乃誠意，而非格物也。又以誠意爲主意，格致爲工夫。《大學》固以三綱爲主意，八目爲功夫矣。試舉王先生古本序一繹之，其於文義合邪否邪？』

曰：『朱子自言某一生只看得《大學》透，見得前賢所未到。子之願學朱子篤矣，於《大學》反異其指，何邪？』曰：『朱子格物，規模極大，條理極密，無所不有，知本之義已在其中。所争者「此謂知本」二語本相粘而離之，以下句之上有缺文，以上句接「聽訟」爲衍文。爾若實做朱子格物工夫，自與知本無二；實做知本工夫，自與朱子格物無二。非今日之古本與朱子無異指，乃朱子格物原與古本無二指也。』

曰：『李見羅先生之揭知本何若？』曰：『陽明先生復《大學》古本，而於知本之義未之及也。李先生徹悟知本，而於知至之義未之及也。其曰「止爲主意，修爲工夫」，「格致誠正不過就其缺漏處檢點提撕」云爾，似於知本知至相粘處却看輕格物也。《大學》以知本爲知至，正以物格而知本，此開關啓鑰最先下手處，故曰：「知所先後，則近道矣。」就明新言，則明德爲先。就明德言，則格物爲先。此處蹉過，必無入門。此處受病，必有異症。虞廷之精一，孔門之博約，千聖傳心，一脈遞授，《大學》之本文自明也。』

校記

〔一〕又載《高子遺書》卷三。

附録先儒復《大學》古本及論格致未嘗缺傳[一]

方氏希古《題〈大學〉篆書正文後》曰：『《大學》致知格物傳之闕，朱子雖嘗補之，讀者猶以不見古全書爲憾。董文靖公槐、葉丞相夢鼎、王文憲公柏皆謂傳未嘗缺[二]，特編簡錯亂，而考定者失其序，遂歸經文「知止」以下至「則近道矣」以上四十二字於「聽訟，吾猶人也」之右，爲傳第四章，以釋致知格物。車先生清臣嘗爲書以辨其説之可信，太史金華宋公欲取朱子之意補第四章章句而未果，浦陽鄭君濟仲辨受學太史公，預聞其説，而雅善篆書，某因請以更定次序書之，將刻以示後世。舊説以「聽訟」釋本末，律以前後之例爲不類，合爲一章而觀之，與《孟子》「堯、舜之智不偏物」之言正相發明，其爲致知格物之傳何惑焉？』

蔡氏虚齋曰：『竊謂董、葉諸公所定亦未安，看來當先以「物有本末」一條，續以「知止」一條，續以「聽訟」一條，終以「此謂知本，此謂知之至也」，如此，則繇粗以及精，先自治而後治人，亦古人爲學次第也。』

王氏陽明疑朱子《大學》非是，遂斷以戴記本爲孔門古本，而曰《大學》『止爲一篇，原無經傳之分；格致本於誠意，原無缺傳可補』。

湛氏甘泉謂《大學》古本『自天子至於庶人』兩條後有『此謂知本，此謂知之至也』二句，蓋以修身申格物見格物，乃以身至之義，而非聞見之知也。

魏氏莊渠謂《大學》格物，傳雖亡而實不亡。『知本』云者，正教學者第一步功夫，優入聖域，發足在兹。

王氏心齋謂《大學》是經世完書，喫緊處只在止至善。格物却正是止至善，『自天子以至於庶人』數句是釋『格物致知』之義。

蔣氏道林謂《大學》之道必先知止，而其功則始於格物。格物也者，格知身、家、國、天下之渾乎一物也。格知身之爲本，而家、國、天下之爲末也。格知，『自天子至於庶人，壹是皆以修身爲本』也。吾與天下感動交涉，通爲一體，而無有乎間隔，則物格知至，得所止矣，知本故也。

羅氏念菴謂莫非物也，而身爲本；莫非事也，而修身爲始。知所先後，而後所止不疑。

羅氏近溪謂《大學》原是一章書。

李氏見羅謂《大學》一經，論主意，只是教人止於至善；論工夫，只是修身爲本。《淇澳》《烈文》二條，皆明知本義也，教人以知止之法也。『聽訟』一條，正釋知本義也，示人以止之歸宿也，故次『止於信』下。

顧氏涇陽謂《大學》原不分經傳，董、蔡諸君子表章格物傳最爲有見，但『自天子』以下一條，正發物有本末之義，不合遺却；『知止』一條明係止至善，又不合混入。

愚按，《大學》自程、朱考訂而後百有餘年，先儒紬繹所及，亦既知古本之爲是矣，亦既知經傳之不分矣，亦既知知本之釋格致矣。顧仍原本，則費解説。正錯簡，則涉安排。仍原本者，不知《淇澳》諸條附『誠意』之後，文義截然，强之而不可合也。正錯簡者，不知《淇澳》諸條移『知本』之前，旨趣躍然，味之不可窮也。兩簡互易，殘經遂完，千古塵埋，一朝光復，崔先生之見及此，天啓之矣。

校記

〔一〕又載《高子遺書》卷三。

〔二〕『董文靖』，（明）方孝孺《遜志齋集》卷十八《題〈大學〉篆書正文後》作『董文清』，是。

附録《洹詞》〔一〕

崔氏後渠名銑曰：『《大學》，其作聖之的乎！莫先於本末之知，莫急於誠欺之辨，是故知本之當先。故推平天下者，必原於格物，知末之當後。故充格物者，斯極於平天下。約之，皆修身也。《淇澳》《烈文》，格物之序也。仁、敬、孝、慈、信，物之目也〔二〕。《康誥》諸文，徵諸古，以列其次也。新民，而明明德之體全矣。挈古本，引《淇澳》以下置之「誠意」章之前，格物致知之義焕然矣。實乎此者，誠也；岐乎此者，欺也。』

愚按，崔氏所云『挈古本，引《淇澳》以下置之「誠意」章之前，格物致知之義焕然矣』，此不易之説也，其他釋義似未自然。越一年，又見高氏中玄《問辨録》所正《大學》古本與崔氏同，其釋義更直截明快，千古人心同然於是乎在。

校記

〔一〕又載《高子遺書》卷三。

〔二〕『物』，四庫本《高子遺書》作『格物』，是。

説

好學説[一]

嘗思聖人自視無知無能，下至不爲酒困，亦不自居，其所自居者，忠信好學而已。千古而下，想見聖人不過一個樸實頭孳孳學問人也。然不知其如何好學，及觀其自言爲人忘食忘憂忘老，聖人於學，直是滋味如此。然不知其所好何學，及觀『若聖與仁』章，然後知聖人所學，聖與仁而已。一部《論語》，其自爲的不過聖與仁，誨人的不過聖與仁。人但見其日用常行，隨人問答，不知其皆聖與仁也，故聖人須自説破。

然則『聖與仁』與『忠信』是一是二？曰：『此正見學之可好矣。』忠信只是人的真心，此一點真心，蓋天蓋地，亘古亘今，只看人學問何如。若學之不已，此一點真心愈廣大，愈肫切，這便是仁。學之不已，此一點真心愈微妙，愈通明，這便是聖。此中境界無窮，階級無窮，滋味無窮，非實修實證者，不知聖人所以憤而樂，樂而不知老之至也。聖人於《乾》卦言之矣，曰：『忠信，所以進德。修詞立誠，所以居業。』進德修業，直上達天德，不過這個忠信。

校記

〔一〕又載《高子遺書》卷三。

爲善説〔一〕

雞鳴而起，孳孳爲善，是吾人終身進德修業事也。然爲善必須明善，乃爲行著習察。何謂明善？善者，性也。性者，人生而静是也。人生而静時，胸中何曾有一物來？其營營擾擾者，皆有知識以後，日添出來，非其本然也。既是添來，今宜減去，減之又減，以至於減無可減，方始是性，方始是善。何者？人心湛然無一物時，乃是仁義禮智也。爲善者，乃是仁義禮智之事也。明此之謂明善，爲此之謂爲善。明之以立其體，爲之以致其用。『感而遂通』者，原是寂然不動，本無一物也。以此復性，以此盡性。故曰：『易簡而天下之理得矣。』

校記

〔一〕此篇又載《高子遺書》卷三。

知天説〔一〕

人莫要於知天，知天，則知感應之必然。今人所謂天，以爲蒼蒼在上者云爾，不知九天而上，九地而下，自吾之皮毛骨髓以及六合内外，皆天也。然則吾動一善念而天必知之，動一不善念而天必知之，而天又非屑屑焉，知其善而報之善，知其不善而報之不善也。凡感應者，如形影然，一善感而善應隨之，一不善感而不善應隨之，自感自應也。夫曰『自感自應』，而何以謂之天？何以謂天必知之也？曰：『自感自應，所以爲天也，所以爲其物不貳也。若曰有感之者，又有應之者，是二之矣。惟不二，所以不爽也。然則人之爲善，乃自求福，爲不善，乃自求禍，故曰：「禍福無不自己求之。」知此，則爲善去惡之意必誠，惡净而善純，人乃天矣。』

余觀聖人之教，最先格物。格物者，格至善而已。至善者，天而已。一徹永徹，一迷永迷，此吾人聖狂界口，生死關頭。

校記

〔一〕此篇又載《高子遺書》卷三。

身心説〔一〕

明道程先生曰：『人於外物奉身者，事事要好，只有自家一個身心却不要好。到得外面物事事好時，自家身心蚤已不好了也。』所謂『外物奉身者』，如宫室之美，妻妾之奉，飲食、衣服、器用、玩好皆是。欲一事好時，費多少精神。若事事要好，自家全副精神都到那邊去了，終日營營擾擾，一個身心弄得猥瑣齷齪〔二〕，不覺醉生夢死過了一生，豈不可哀？若能移這精神歸向學問，探討自性自命，當知吾性自有尊爵，吾性自有安宅，吾性自有膏粱，吾性自有文繡，儘風光，儘受用。得此滋味，回視一切外物，直是性命斧斤，身心寇賊，不但有所鄙而不屑爲，抑亦有畏而不敢爲，恥而不忍爲者矣。

校記

〔一〕此篇又載《高子遺書》卷三。

〔二〕『猥』，《高子遺書》作『委』。

洗心説〔一〕

食無求飽，居無求安，不作居食想。彼以富，吾以仁；彼以爵，吾以義，不作富貴想。不怨天，不尤人，不作怨尤想。用則行，舍則藏，不作用舍想。行一不義，殺一不辜，得天下不爲，有甚動得我？知之囂囂，不知亦囂囂，有甚苦得我？非仁無爲，非禮無行，有甚恐得我？江漢濯之，秋陽暴之，有甚染得我？鳶則於天，魚則於淵，有甚局得我？既唤做個人，須是兩手頂天，兩脚拄地，巍巍嶠嶠，還他本來面目，一洗世界，萬里無塵，此之謂洗心〔二〕。

校記

〔一〕此篇又載《高子遺書》卷三。

〔二〕『鳶則於天，魚則於淵，有甚局得我』以下，《高子遺書》附録（明）葉茂才《資德大夫正治上卿都察院左都御史贈太子少保兵部尚書景逸高先生行狀》作：『識得這箇真，更有何心可洗？如何識得？曰：「退藏於密而已。」愈密則愈真，是謂一物不容，是謂無聲無臭，是謂洗心。』

中說〔一〕

儒者須守十六字宗傳，以中爲本。人心，人之心也。有此人，即有此心。自知誘物化以來，皆爲五官四體之欲攻取萬端，危孰甚焉！道心，心之道也。有此心，即有此道。雖根於仁義禮智之性，而發於氣拘物蔽之餘，乍明乍晦，微孰甚焉！精者，精明不昏昧也。一者，純一不散亂也。惟此心精明純一，則允復於喜怒哀樂未發之中，而人心皆道心矣。

校記

〔一〕此篇又載《高子遺書》卷三。

未發說乙卯〔一〕

昔朱子初年，以人自有生即有知識，念念遷革，初無頃刻停息。所謂『未發』者，乃寂然之本體，一日之間，即萬起萬滅，未嘗不寂然也。蓋以性爲未發，心爲已發。未發者即在常發中，更無未發時也。後乃知人心有寂有感，不可偏以已發爲心。中者，心之所以爲體，寂然不動者也，性也。和者，心之所以爲用，感而遂通者也，情也。故《章句》云：『喜怒哀樂，情也。其未發，則性也。』二語指出性情，如指掌矣。

王文成復以性體萬古常發、萬古常不發，以鐘爲喻，謂未扣時原自驚天動地，已扣時原自寂天寞地。此與朱子初年之說相似，而實不同。蓋朱子初年，以人之情識逐念流轉，而無未發之時。文成則以心之生機流行不息，而無未發之時[二]。文成之説微矣，而非《中庸》之旨也。《中庸》所謂『未發』，指喜怒哀樂言。夫人豈有終日喜怒哀樂者？蓋未發之時爲多，而喜怒哀樂可言未發，不可言不發。文成所謂發而不發者，以中而言。『中』者，天命之性，天命不已，豈有未發之時？蓋萬古流行，而太極本然之妙萬古常寂也，可言不發，不可言未發。《中庸》正指喜怒哀樂未發時爲天命本體，而天命本體則常發而不發者也[三]。情之發，性之用也，不可見性之體，故見之於未發。未發一語，實聖門指示見性之訣。静坐觀未發氣象，又程門指示初學者攝情歸性之訣。而以爲無發時者[四]，失其義矣。

校記

〔一〕又載《高子遺書》卷三、(明)吴桂森《真儒一脈》，無題註。
〔二〕『未發』，《真儒一脈》作『不發』。
〔三〕『不發』，康熙本、四庫本、光緒本《高子遺書》作『未發』。
〔四〕『發』，《明儒學案》卷五八作『未發』。

心性説 壬戌[一]

心之與性，謂之一，則不可混；謂之二，又不可分。心之用可言，心之體不可言。性者，心之體也，可言者，仁義禮智耳。仁義禮智之可言者，惻隱、羞惡、辭讓、是非耳，皆心之用也。佛氏之所謂性，與聖人不同者，於用處見之。曾有一禪者問余曰：『儒家言性，與佛同否？』余曰：『不同。』曰：『性豈有二耶？』余曰：『上人了悟人也，又解儒書，請以二則質。顏淵死，門人欲厚葬之，其厚同列之意甚美，夫子何以深嗟重慨曰「非我也，夫二三子也」？禪家如此否？』曰：『否也。』『子疾病，子路使門人爲臣，其尊師之意甚美，夫子何以嚴詞切貶曰「行詐」，曰「欺天」？禪家如此否？』曰：『否也。』余曰：『儒家之言性如此，禪者不知所謂也。聖人之學所以異於釋氏者，只一性字。聖人言性，所以異於釋氏言性者，只一理字。理者，天理也。天理者，天然自有之條理也，故曰天序、天秩、天命、天討〔二〕。此處差不得針芒。先聖後聖，其揆一也。明道見得天理精，故曰：「《傳燈録》千七百人，若有一人悟道者，臨死須尋一尺布裹頭而死，必不肯削髮胡服而終。」此與曾子易簀意同。了此，便知「厚葬」「爲臣」二則。此理在拈花一脈之上，非窮理到至極處〔三〕，不易言也。』

校記

〔一〕（明）吴桂森《真儒一脈》及《高子遺書》卷三無『壬戌』題註。《真儒一脈》題下註：『辨儒佛。』

〔二〕『天序』，《明儒學案》卷五八作『天叙』。

〔三〕《真儒一脈》無『處』字。

氣心性説〔一〕

氣也，心也，性也，一也。然而天下學術之岐，則岐之於是。老氏氣也，佛氏心也，聖人之學乃所謂性學。老氏之所謂心，所謂性，則氣而已。佛氏之所謂性，則心而已。非氣、心、性有二，其習異也。習之而氣則氣，習之而心則心，習之而性則性矣。性者何？天理也。天理者，天然自有之理，非人所爲，如五德、五常之類，生民欲須臾離之不可得。而二氏不知也，外此以爲氣，故氣爲老氏之氣；外此以爲心，故心爲佛氏之心。聖人氣則養其道義之氣，心則存其仁義之心，氣亦性，心亦性也。

或者以二氏言虛無，遂諱言虛無，非也。虛之與實，有之與無，同義而異名。至虛乃至實，至無乃至有。二氏之異，非異於此也。性，形而上者也。心與氣，形而下者也。老氏之氣，極於不可名不可道；佛氏之心，極於不可思不可議，皆形而上者也。二氏之異，又非異於道器也。其端緒之異，天理而已。儒者以佛氏外君親，然其教未嘗不先忠孝。吾獨謂二氏足以亂教者，夷善惡是非，而曰平等，而惡分別。彼固曰：『無分别心，有分别性。』吾則曰：『有分别性，亦無分别用。』天下，是非善惡而已。聖人因物付物，處之各當，而我無與焉，所以經世宰物，萬物各得其所。佛氏於蜎飛蠕動無不慈愛，顧使天下善惡是非顛倒錯亂，舉一世糜爛蠹壞之不顧，而曰『清浄無爲』也。嗚呼！其亦不仁而已矣，此所謂無理也。

或曰：『老氏長生，其神長存，儒者能乎？』曰：『無極而太極之謂長生。』曰：『佛氏無生，出離生死，儒者能乎？』曰：『太極本無極之謂無生。』夫佛氏斥斷常二見，先儒謂人死則滅，反墮其斷見，何也？張子曰：『《大易》不言有無，言有無，諸子之陋也。』故曰：『大哉《易》也，斯其至矣！』

校記

〔一〕此篇又載《高子遺書》卷三。

理義說 乙卯〔一〕

伊川先生曰：『在物爲理，處物爲義。』此二語關涉不小，了此，即聖人艮止心法。胡氏廬山輩以爲心即理也，舍心而求諸物，遺内而狥外，舍本而逐末也。嗚呼！天下豈有心外之物哉？當其寂也，心爲在物之理，義之藏於無朕也。當其感也，心爲處物之義，理之呈於各當也。心爲在物之理，故萬象森羅，心皆與物爲體。心爲處物之義，故一靈變化，物皆與心爲用。體用一源，不可得而二也。物顯乎心，心妙乎物，妙物之心，無物於心，無物於心而後能物物。故君子不從心以爲理，但循物而爲義。不從心爲理者，公也。循物爲義者，順也。故曰：『廓然大公，物來順應。』故曰：『聖人之喜怒，在物不在己。』八元當舉，當舉之理在八元，當舉而舉之，義也。四凶當罪，當罪之理在四凶，當罪而罪之，義也。此之謂『因物付物』，此之謂『艮背行庭』，内外兩忘，澄然無事也。彼徒知昭昭靈靈者爲心，而外天下之物，是心爲無矩之心，以應天下之物，師心自用而已，與聖賢作處，天地懸隔。

校記

〔一〕又載（明）吴桂森《真儒一脈》及《高子遺書》卷三，無題註。

氣質説〔一〕

性者，學之原也。知性善而後可言學，知氣質而後可言性，故論性至程、張而始定。張子曰：『形而後有氣質之性。』天地間性有萬殊者，形而已矣。以人物言之，人形直而靈，獸形横而蠢。以人言之，形清而靈，形濁而蠢。匪直外有五官之形，且内有五臓之形。故吴王濞有反骨，而高祖先知其反；安禄山有反骨，而張九齡先知其反。王莽之鴟吻，商臣之蜂目，越椒熊虎之狀，伯石豺狼之聲，皆形也。形異而氣亦異，氣異而性亦異。非性異也，弗虚弗靈，性弗著也。

夫子曰：『性相近也，習相遠也。』性善之性，豈止相近已乎？云相近者〔二〕，習染未深之時，未始不可上智下愚，則氣質爲善，故曰『相近』。然而質美者，習於善易，習於惡難；質惡者，習於惡易，習於善難。美惡之極，有必不肯習於善，必不肯習於惡者耳〔三〕。故有形以後，皆氣質之性也。天地之性，非學不復，故曰：『學以變化氣質爲主。』或疑天地之性、氣質之性不可分性爲二者，非也。論性於成形之後，猶論水於浄垢器中，道著性字，只是此性，道著水字，只是此水，豈有二耶？或又疑性是性，氣質是氣質〔四〕，不可混而爲一者〔五〕，亦非也。天地之道，爲物不二，故性即是氣，氣即成質。惡人之性，如垢器盛水，清者已垢，垢者亦水也。

明乎氣質之性，而後知天下有自幼不善者，氣質而非性也。性善之説始定，而變化氣質之功始力。所謂變化氣質者〔六〕，雖惡人，可齋戒沐浴事上帝云爾。故曰：『氣質之性，君子有弗性者焉。』弗性氣質之性，則形色天性矣。蓋一明性善，隨他不好氣質，當下點鐵成金。

校記

〔一〕又載《高子遺書》卷三，《明儒學案》卷五八亦引。

〔二〕《高子遺書》《明儒學案》無『習相遠也。性善之性，豈止相近已乎？云相近者』數句。

〔三〕『耳』，《高子遺書》《明儒學案》作『也』。

〔四〕『性是性，氣質是氣質』中兩『是』字，《高子遺書》《明儒學案》皆作『自』。

〔五〕『爲一』，《高子遺書》《明儒學案》作『一之』。

〔六〕《高子遺書》此句下尚有『正欲人知得性善』一句。

寅直説 壬戌[一]

虞廷十六字，萬古以爲心學宗祖矣。至『夙夜惟寅，直哉惟清』，第謂秩宗交神明之道，不知其爲心學之要也。夫人心所以不清，由不直，所以不直，由不寅。『寅直』者，敬以直内之謂也。寅在一元，則人物開闢；在一年，則三陽交泰；在一日[二]，則平旦清明。萬感未接，一念未起，湛然寂然，此真敬也。敬則直矣，直則清矣。一有作意，即非寅非直非清，故曰：『惟寅直，惟清。』惟者，惟此真體[三]，更無纖塵；惟此真色，更無纖染。此人心所以合天德也[四]。有訣焉：『伊尹稱湯，昧爽丕顯[五]。』『昧爽』者，寅也。孟子亦曰『平旦之氣』，平旦者，昧爽也，真心莫顯於此。於此悟入，則作聖之基[六]。於此混過，則負天之牖。聖人言寅直，微矣哉！因爲箴曰：

天地之先，惟斯一氣。萬有大生，人爲至貴。人生於寅，是謂厥初。有如嬰兒，至静而虚。其心之靈，以氣之直。上際下蟠，與天無極。故惟寅直，乃性真體[七]。其性來復，其心則洗。是曰惟清，纖塵無滓。人配天地，配者在此。勿謂一日，異於一元。昧爽之際，氣反其原。敬以直之，不加毫毛。旦晝勿牿[八]，謂之曰操。日新又新，存存成性。性性不已，以至於命。

校記

〔一〕此篇又載《高子遺書》卷三、（明）吴桂森《真儒一脈》，無題註。

〔二〕『日』，《真儒一脈》作『人』。

〔三〕『真』，《真儒一脈》作『直』。下文『惟此真色』之『真』，《真儒一脈》亦作『直』。

〔四〕『合天德』,《真儒一脈》作『合德天地』。
〔五〕『昧爽丕顯』四字前,《真儒一脈》有『曰』字。
〔六〕『基』,《真儒一脈》作『機』。
〔七〕『性真體』,《真儒一脈》作『真性體』。
〔八〕『牿』,《高子遺書》作『梏』。

愛敬説 癸亥〔一〕

孟子曰:『君子以仁存心,以禮存心。仁者愛人,有禮者敬人。』君子存心,只是仁、禮,仁、禮只是愛、敬。所以期至於法今傳後之聖人,斯二者而已矣。斯二者何從來也?從孩提來也。孩提知愛,稍長知敬,莫知其所以然而然,所以爲良知良能,是人之本心也。聖人因之,故曰:『因親教愛,因嚴教敬。』其教不肅而成,其政不嚴而治,所因者本也。愛親者不敢惡於人,敬親者不敢慢於人。天子以此得萬國之歡心,諸侯、卿大夫、士、庶以此得一家之歡心,是以災害不生,禍亂不作,天下和平。道如此其大也,故曰:『立愛惟親,立敬惟長。始於家邦,終於四海。』聖人所以治天下如運之掌者,得其本也。世人致禍之道,其事非一,而其大端皆由慢人惡人,故心不和平,災害并至,卒之虧體辱親,成大不孝。『君子有終身之憂』者,憂不仁不禮不愛不敬也。有終身之憂,則『無一朝之患』矣。

校記

〔一〕此篇又載《高子遺書》卷三,無題註。

好惡説〔一〕

近見世局紛紜，此一是非，彼一是非，因而推其故，原來只在好惡兩字。不是這兩字上差，差在心上。不是心上差，差在仁不仁上。世間那一個人是没好惡的？但各人等第不同，一等人便是一等人的好惡，二等人便是二等人的好惡，三等人便是三等人的好惡。其等愈下，其人愈多，其好惡相同愈多。彼見其同，便以爲公好公惡，便自謂能好能惡。不知聖人説：『惟仁者能好人，能惡人。』若果如此，世間何仁者之多也？若是猛然自省，我還是仁者否？仁至難言，只把此篇聖人言仁處自家查對，如『久處約而無濫〔二〕，久處樂而無淫』『志仁無惡』『欲富貴而不處非道，惡貧賤而不去非道』『終食不違仁』『好仁而無以尚，惡不仁而不使加身』，諸如此類，一一合否。若是未合，未可自謂仁者，自謂能好惡也。

或曰：『兩邊好惡，必有一邊是的。是的就是仁否？』曰：『也難説。』又有一勘法，我這好惡，還從吾君吾民上起念否？還只在自家意見上異同、軀殼上通礙、交游上生熟起念否？此亦勘得大概。要之，肯回頭查勘，惟恐自陷於不仁，只此念，已向仁路上來，不患其不能好惡矣。若只鹵莽滅裂去，無論不是的一邊，即是的一邊，『君子而不仁者有矣夫』。

校記

〔一〕此篇又載《高子遺書》卷三。

〔二〕『濫』，崇禎本《高子遺書》作『怨』。

乾坤説壬戌〔一〕

凡了悟者皆乾也，修持者皆坤也。人從迷中忽覺其非，此屬乾知。一覺之後，遵道而行，此屬坤能。皆乾、坤之倪，而非其體，乍悟復迷，乍作復止，未足據也。必至用力之久，一旦豁然，如《大畜》之上九，畜極而通，曰『何天之衢』，乃如是乎心境都忘，宇宙始闢，方是乾知。知之既真，故守之必力，細行克矜，小物克謹，視聽言動，防如關津，鎮如山嶽，方是坤能。無乾知，則無坤能。無坤能，亦無乾知。譬之於穀，乾者陽，發生耳，根苗花實皆坤也。蓋乾知其始，坤成其終，無坤不成物也。故學者了悟在片時，修持在畢世。若曰悟矣，一切冒嫌疑，毀藩籬。曰：『吾道甚大，奈何爲此拘拘者？』則有生無成，苗不秀，秀不實〔二〕，惜哉！

校記

〔一〕此篇又載《高子遺書》卷三、（明）吴桂森《真儒一脈》，無題註。

〔二〕『有生無成，苗不秀，秀不實』，《真儒一脈》作『孕不成胎，苗不成實』。

乾象説〔一〕

聖人之象，《乾》而言元亨也，繼之曰『大明終始，六位時成，時乘六龍以御天』，明言天道矣〔二〕。言利貞也，終之曰『首出庶物，萬國咸寧』，明言人道矣。故朱子別之曰：『此爲天道之元亨利貞，此爲聖人之元亨利貞,渾而言之。』今別而言之,讀者不能無疑。然非別言天人,聖人彖文何以交錯如是也?蓋積疑久之。一日恍然曰:『有是哉!聖人自釋之矣。』曰:『乾元,始而亨者也。利貞者,性情也。乾始能以美利利天下,不言所利,大矣哉!』此申言『元亨利貞』也。曰:『大哉乾乎!剛健中正,純粹精也。六爻發揮,旁通情也。時乘六龍,以御天也。雲行雨施,天下平也。』此申言『大明』『首出』以下語也。『六爻發揮』,六龍時乘,非人乎?『天下平』,非萬國寧乎?統之曰『大哉乾乎』,皆乾道也。其以人道而爲乾道也明甚,則其以乾道而爲人道也明甚。所以交錯其文者,蓋四德有終始之義,故六爻有時成之位。非御天者之雲雨,則元亨不能成利貞之功,而萬國不寧。皆乾道也,皆人道也,聖人正恐人二之也。

吾於是沛然於錢啓新先生象像之説,而知其有功於《易》者大也。象像之説曰:『爲乾爲坤,天地之象也。上天下地,則人之像也。六十四卦,其象,卦也;其像,人也。缺一,非人像也。』夫聖人不云乎『君子行此四德者,故曰「乾,元亨利貞」』,明言乾之爲人也;『柔順利貞,君子攸行』,明言坤之爲人也;『豈獨聖人有之』,明言人人自有之也。人人自有之,而以歸之天地,歸之聖人,歸之《易》書者,何也?

校記

〔一〕此篇又載《高子遺書》卷三。

〔二〕『天』,原作『人』,此據四庫本《高子遺書》卷三校改。

乾彖釋〔一〕

『萬物資始』,元也;『品物流行』,亨也;『各正性命』,利也;『保合太和』,貞也。此乾道之『大明終始』也。有四德之終始，故有六位之時成。有六龍之時乘，故有四德之終始。乾元統天，而『首出庶物』。六龍御天，而『萬國咸寧』矣。

校記

〔一〕此篇又載《高子遺書》卷三。

大象〔一〕

易者，象也。乾者，天行之象也。君子自强不息，則乾之像也。以者，非法其如此而如此之謂也。六十四卦，一易而已。生道者，一易而已。天得之爲天，地得之爲地，人得之爲人，皆此也。以此自强不息，則謂之乾。以此厚德載物，則謂之坤。非此，則更有何者而可以自强不息，厚德載物乎？故易者，象三才之爲一像也。

校記

〔一〕此篇又載《高子遺書》卷三。

三勿居説〔一〕

客問高子曰：『何謂浩然之氣？』高子曰：『性也。』曰：『性也安得謂之氣？』曰：『養成之性也。性者，生理也。如草木焉，惟有性，故忽而根荄，忽而幹葉，忽而花實也，實則成性，而復生，或槁之，或戕之，則靡然萎矣。人之於性也亦然，養之暢茂條達，則其氣浩然塞乎天地，而性乃成。浩然者，人之花而實者也。今天下之於性，人人能言之，然自幼而壯而老，不知性爲何物，何怪乎與年俱盡，靡然爲腐草朽木也乎哉？養之，何如曰直而已矣？直之謂集義，直之謂有事，直之謂勿正勿忘勿助長也。』

忠餘鄒子以『三勿』名其居，而問説於龍，謹以對客者對。夫鄒子之以是名居，是有志於性者也，是不忍於自槁而自戕者也。夫然，請自勿忘始，勿忘而後，知所謂有事，所謂正助矣。

校記

〔一〕此篇又載《高子遺書》卷三。

夕可説〔一〕

潛江宜諸歐陽公既致其潁州兵使者而歸，朝命再辟〔二〕，堅卧不起，乃得佳壤於豹湖之濱而穴之曰：『此予之所歸也。』築室焉，顔曰『夕可』，杜門體道於中。使友人問『夕可』之説於某，某曰：『噫嘻！予未朝聞，焉知夕可？』且予方有疑於周元公也，其説太極而以死生之説終，何耶？死生之説，在始終之故矣，若何原，若何反耶？爲之研味者累月。一夕夢有儒衣冠者，以爲元公也，前而叩焉，公曰：『夫一動一静者，天地之生死也。一死一生者，群生之動静也。此所謂易也。』恍然而寤，於時明月在室，萬籟咸寂，予乃整襟端居，一靈炯然，如月斯浄，衆緣脱落，如籟斯寂，久之而笑曰：『此物何動何静，何生何死耶？噫嘻！我知之矣。死生，道也，譬之於漚起滅，一水也，寂然不動者也。吾欲復其寂然者，豈遺棄世事，務一念不起之謂哉？君君臣臣，父父子子，萬象森羅，常理不易，吾與之時寂而寂，時感而感，萬感萬寂而一也，故萬死萬生而一也。聞道者，非耳也。至於今而後，恍然知向所爲道，其爲物乃如此也。吾未之聞而且由焉，朝於斯，夕於斯，必有至也。至之日，則吾聞之日，聞之日，則吾可之日也。」謹以質之於公，以爲可否？

校記

〔一〕此篇又載《高子遺書》卷三。

〔二〕四庫本《高子遺書》「朝命」二字前有「奉」字。

輔仁説戊申〔一〕

夫子曰「爲仁由己」，而曾子曰「以友輔仁」，何也？仁，人也。仁也者，與人爲體者也。人也者，與仁爲用者也。胥天下之人而於仁之中也，猶之胥天下之木而於春之中也，春不可見，而見之於木，仁不可見，而見之於人。仁之於人，無一膜之隔，人之於仁，若萬里之阻，何也？各己其己也。是故胥天下之謂仁，執一人之謂己，推己而人之則仁，執人而己之則不仁。故爲仁者莫妙於人己之間〔二〕，吾之所不得而知也。相觀相摩，相習相薰，忽不覺其執者化、推者通而仁矣，故曰「輔仁」。「輔仁」者，「友」也。「以」者，孰以之爲仁？由己也。馬銘鞠諸君知於文中求友，友中求仁，爲作《輔仁説》。

校記

〔一〕此篇又載《高子遺書》卷三，無題註。

〔二〕《高子遺書》無『人己之間』四字。

朋黨説 乙卯〔一〕

歐陽公論朋黨至矣，其曰：『小人無朋，惟君子則有之〔二〕。』吾以爲未盡也。唐虞之朝，九官爲朋，四凶亦爲朋。此兩脉者，與天地相終始也〔三〕。人徒見小人利盡交疎，如王安石、吕惠卿之徒〔四〕，戈矛起於眉睫，以爲小人之爲朋者〔五〕，僞也。不知小人爲身圖則人各有心，而讎君子若天植其性，故不媒而合〔六〕，不膠而固，豈得謂其無朋哉？

或曰：『君子爲朋，小人爲黨。』亦不然，《洪範》不曰『淫朋』乎〔七〕？黨有偏黨之黨，有黨類之黨。偏黨之黨，則君子不黨之黨也。黨類之黨，則各於其黨之黨也。偏黨之黨不可有，黨類之黨不容無。君子之相與也，取其大節，掩其小疵，破末俗之雷同，持必察之獨見。小人以君子爲偏黨，豈偏黨乎哉？君子小人之相爲朋黨也，如陰陽然，不足害世也。

而自古未有不以朋黨亡國者〔八〕，何也？起於人主惡臣下之朋黨，小人乘之，遂指君子爲朋黨而盡逐之也。爲小人者，不畏君子之指爲朋黨，而盛其黨以逐君子〔九〕。爲君子者，惟恐小人之目爲朋黨，而疎其黨以避小人〔一〇〕。君子之勢益孤，小人之焰日熾，君子所以立盡，朋黨遂以亡國者以此。救之之法，在人主辨大臣之黨而已。大臣爲君子之黨，則君子進而天下治。大臣爲小人之黨，則小人進而天下亂。於何辨之？黨者，非一人也，君子、小人中皆有昭昭乎若黑白之不可掩者。得一二君子，察大臣與之爲黨〔一一〕，則大臣君子矣；得一二小人，察大臣與之爲黨，則大臣小人矣。大臣而君子也，傾心任之，大臣於君子也，傾心黨之，不畏天下之目其黨而盡進其黨。小人中之庸人漸化爲君子之黨，當用《泰》之『包荒』。小人中之奸人陰附於君子之黨，當用《夬》之『惕號』。君子之黨盛而小人之黨散，天下治矣〔一二〕。天下之治，在進君子之黨〔一三〕，不在黨之有無也〔一四〕。此道不明，君子反相戒爲黨，以成小人之黨〔一五〕。悲夫！

然無足怪也，彼其鑒於三季黨人之禍，夫安得不相戒與？故人主能辨君子之黨，當拔茅而徵於朝，人主不能辨君子之黨，當拔茅而貞於野。貞於野，非忘君也，庶幾不至人之云亡國與俱亡乎！故曰拔茅貞吉，志在君也〔一六〕。嗚呼！自古皆有死君子者，百年之身甫盡，千秋之身伊始。吾未見小人之黨逐君子，以亡人國，而小人有一人得免者〔一七〕。此其死，真死矣。三季之禍，剥廬之禍爲甚，小人不知戒也，戒則爲君子矣。人性皆善，雖有惡人，齋戒可事上帝〔一八〕。

校記

〔一〕此篇又載《高子未刻稿》御部、《高子別集》卷一，皆無題註。

〔二〕《高子未刻稿》《高子別集》無『則』字。

〔三〕《高子未刻稿》《高子別集》『也』字前有『者』字。

〔四〕『徒』，《高子別集》作『輩』。

〔五〕《高子未刻稿》《高子別集》無『爲』字。

〔六〕『媒』，《高子未刻稿》《高子別集》作『謀』。

〔七〕『不曰「淫朋」乎』，《高子別集》作『曰：「無有淫朋」』。

〔八〕《高子未刻稿》《高子別集》無『國』字。

〔九〕《就正録》《高子別集》無『而』字，據語意應有，此據《高子未刻稿》校補。

〔一〇〕《就正録》《高子別集》無『而』字，據語意應有，此據《高子未刻稿》校補。

〔一一〕『爲黨』，《高子别集》作『黨焉』。

〔一二〕《高子未刻稿》《高子别集》無『天下治矣』四字。

〔一三〕『在進』，《高子未刻稿》《高子别集》作『治於』。

〔一四〕『不在黨之有無也』，《高子未刻稿》《高子别集》作『而非論於黨之有無也』。

〔一五〕《高子未刻稿》《高子别集》無『以成小人之黨』一句。

〔一六〕『然無足怪也』至『志在君也』一段，《高子未刻稿》《高子别集》作：『然則申屠蟠、郭林宗非乎？彼見夫世主昏德不可復昭焉，諸君子又自趨禍也，且彼處士，故得超然去之，見之最先，所謂「肥遯」也。李元禮諸公不及遯矣，此漢事也。若元祐群賢，則未嘗爲己，當新法未罷，民在倒懸，亦可超然去與？古君子大居正，慎言行而止，不規規全身遠禍也。』

〔一七〕『一人』，《高子未刻稿》《高子别集》無『人』字。

〔一八〕自『三季之禍』至文末，《高子未刻稿》《高子别集》作：『《易》曰「小人剥廬」，既曰「小人」，安得有廬？宜君子之爲其剥也。』

静坐説〔一〕

静坐之法，不用一毫安排，只平平常常默然静去。此『平常』二字不可容易看過，即性體也，以其清净不容一物，故謂之平常。畫前之《易》如此，人生而静以上如此，喜怒哀樂未發如此，乃天理之自然，須在人各各自體貼出，方是自得。

静中妄念强除不得，真體既顯，妄念自息。昏氣亦强除不得，妄念既净，昏氣自清。只體認本性原來本色，還他湛然而已。大抵著一毫意不得，著一毫見不得，纔添一念，便失本色。

由静而動，亦只平平常常湛然動去。静時與動時一色，動時與静時一色。所以一色者，只是一箇平常也，故曰『無動無静』。學者不過借静坐中認此無動無静之體云爾。静中得力，方是動中真得力。動中得力，方是静中真得力。所謂敬者，此也。所謂仁者，此也。所謂誠者，此也。是復性之道也。

校記

〔一〕此篇又載《高子遺書》卷三。

書《静坐説》後〔一〕

萬曆癸丑秋，静坐武林弢光山中，作《静坐説》。越二年，觀之説殆未備也。夫静坐之法，入門者藉以涵養，初學者藉以入門。彼夫初入之心，妄念膠結，何從而見平常之體乎？平常則散漫去矣，故必收斂身心，以主於一，一即平常之體也。主則有意存焉，此意亦非著意，蓋心中無事之謂，一著意則非一也。不著意而謂之意者，但從衣冠瞻視間整齊嚴肅，則心自一，漸久漸熟，漸平常矣。故主一者，學之成始成終者也。乙卯孟冬志。

校記

〔一〕此篇又載《高子遺書》卷三。

偶筆

復七規〔一〕

復七者，取《大易》『七日來復』之義也。凡應物稍疲，即當静定七日以濟之，所以休養氣體，精明志意，使原本不匱者也。先一日，放意緩形，欲睡即睡，務令暢悦。昏倦刷濯，然後入室炷香趺坐。凡静坐之法，唤醒此心，卓然常明，志無所適而已。志無所適，精神自然凝復，不待安排。勿著方所，勿思效驗。初入静者，不知攝持之法，惟體貼聖賢切要之言，自有入處。静至三日，必臻妙境。四、五日後，尤宜警策，勿令懶散。飯後必徐行百步，不可多食酒肉，致滋昏濁。卧不得解衣，欲睡則卧，乍醒即起。至七日，則精神充溢，諸疾不作矣。食芹而美，敢告同志。

校記

〔一〕此篇又載《高子遺書》卷三，後有陳龍正按語：『龍正謹按，「萬法歸一，一歸何處？」此千古神奇語，亦千古疑難事。若平平看破，只須曰：「原非有一，一復何歸？」啞然而一笑耳。禪家參話頭，千蹊萬蹬，不出此類。彼原謂以妄息妄，但知參之者爲妄用，不知所參者原屬妄設也。終日終年參無理之話，真是勞而無功，故程子謂天下莫忙如禪客。先生反其意而用之，使人且於静中體貼聖賢切要之言，可謂開百世之群蒙矣。大抵釋氏立静坐一法，與孟夫子「平旦之氣」一段話頭意思儘覺相近，吾儒不廢其所長，往往用以入門。程子嘆善學，陽明補小學，皆借用。先生體貼要言，是反用。」

山居課程[一]

五鼓，擁衾起坐，叩齒凝神，澹然自攝。天甫明，小憩即起，盥漱畢，活火焚香，默坐玩《易》。晨食後，徐行百步，課兒童，灌花木，即入室靜意讀書。午食後，散步舒嘯，覺有昏氣，瞑目少憩，啜茗焚香，令意思爽暢，然後讀書，至日昃而止。趺坐，盡線香一炷。落日銜山，出望雲物，課園丁藝植。晚日淡素[二]，酒取陶然。篝燈，隨意涉獵，興盡而止。就榻趺坐，俟睡思欲酣，乃寢。

校記

〔一〕《高子遺書》卷三。

〔二〕『日』，《高子遺書》作『食』，疑是。

示學者[一]

靜中觀喜怒哀樂未發時，湛然太虛，此即天也。心、性、天總是一箇，故孟子曰：『盡其心者，知其性也，知其性，則知天。』

凡人之所謂心者，念耳。人心日夜繫縛在念上，故本體不現。須一切放下，令心與念離，便可見性。放之，念亦念也。如何得心與念離？放退雜念，只是一念，所謂『主一』也。習之久，自當一旦豁然。學者不識痛癢，便謂自家已是了，何不從静中體認已湛然虚否？無昏無散否？動中體察已斬然直否？無將無迎否？若猶未也，豈可不大愧恥，大發奮迅，忍自瞞昧，虚過一生乎？

古人何故最重名節？只爲自家本色原來冰清玉潔，着不得些子污穢。纔些子污穢，自家便不安。此不安之心，正是原來本色，所謂道也。今人却將道做一件物事安頓了，自家以外，一切不管，反把本色真性弄得頑鈍了，不知這箇道是甚麽道。

古人何故最重讀書？書是古人所經歷，欲後人享現成，昧者以之明，疑者以之決，怯者以之勇，躁者以之和，殘者以之寛，局者以之宏，競者以之恬，貪者以之廉，慢者以之莊〔二〕，忮者以之公，惰者以之勵。正如跛者之杖〔三〕，盲者之相，病者之藥。自姚江因俗學流弊看差了紫陽窮理，立論偏重，遂使學者謂讀書是狥外，少小精力虚抛閒過，文士不窮探經史，布衣只道聽塗説，空疎杜撰，一無實學，經濟不本於經術，實修不得其實據，良可痛也。

校記

〔一〕此篇又載《高子遺書》卷三。

〔二〕『慢』，《高子遺書》作『漫』。

〔三〕『跛』，《高子遺書》作『跛』。

讀書法示揭陽諸友〔一〕

聖賢之書不是教人專學作文字求取富貴，乃是教天下萬世做人的方法。今人都不曾依那書上做得一句，所以書自書，我自我，都不相關，都無意味。學者讀書，須要句句反到自己身上來看。如看《大學》，便思如何爲明德，在自己身上體認明德如何模樣，我又如何明之；如何能新民；如何爲至善，我又如何止之，都要在身上認得親切。若見未真，行住坐卧，放在心裏思量。又如日月之間〔二〕，聖人分明説『入則孝』，便思量去盡孝道；説『出則悌』，便思量去盡悌道；説『言忠信』，便説話要忠信；説『行篤敬』，便行要篤敬。但依那書上勉强做得一兩句，便漸漸我與書相交涉，意味漸漸浹洽。一面思索體認，一面反躬實踐，這纔是讀書。今人終年看書，不曾記得一句，明年又重看，到老亦只如此，其實不曾有一句透徹，一句受用。若依此法看去〔三〕，只須看得一書，其他便迎刃而解，終身不忘，更是人人做得箇人品。

如今第一要緊的是，這一箇心廼萬理統會，萬事根本，今人終日營營，閒思妄想，此心不知放在何處，如此豈有與聖賢之書相入之理？諸友若肯相信，今日回去，便掃一室，閉門静坐，看自己身心如何。初間必是恍惚飄蕩，坐亦不定，須要勉强坐定，令浮氣稍寧，只收斂此心向腔子裏來。若奈何這浮思邪慮不下，只向書中求聖賢所以事心之法〔四〕。孟子説『求其放心』，『存其心，養其性』，『操則存，舍則亡』，『思則得之，不思則不得』。孔子又都不説心，只説『君子不重則不威，學則不固，主忠信』，『居處恭，執事敬，與人忠』。於此類者尋箇入頭〔五〕。若更不得，再於《性理》中周、程、張、朱所論存養處討箇方法，便依法力行。如此，自然有所得。只旬日之間，便見功效。果能存得這箇心，何書不可讀？何理不可明？何事不可行？至於文詞，不過寫其胸中所自得。若心定理明，自然不待用力而能，不待求其繢飾而工矣。

天下萬事皆有箇本源，從其本而求之，則雖難而實易；從其枝葉而求之，則雖易而實難。義理無窮，學問亦無窮，此是言其讀書入頭處。諸友若誠實用力，則旬日之間便各有所疑。學以能疑而進，有疑而師友決之，便沛然矣。

校記

〔一〕此篇又載《高子遺書》卷三。
〔二〕『月』，康熙本、四庫本、光緒本《高子遺書》作『用』。
〔三〕『看去』，《高子遺書》作『去看』。
〔四〕『事』，四庫本《高子遺書》作『治』。
〔五〕『類』，四庫本《高子遺書》作『數』。

格言三月十五日〔一〕

朱文公先生曰：『惟心麤一事，乃學者之通病。横渠説顔子未至聖人，猶是心麤。一息不存，即爲麤病〔二〕。要在精思明辨，使理明義精，而操存涵養無須臾離，無毫髮間，則天理常存，人欲消去，其庶幾矣哉！』

校記

〔一〕此篇又載《高子遺書》卷三。
〔二〕『爲』，康熙本、四庫本、光緒本《高子遺書》作『是』。

觀兩先生所參《春遊記》請益[一]

若拈本體，更無可説。才涉言説，盡屬工夫。觀其會通，非一非二。鄒先生意思都在本體上指點[二]，顧先生意思多在工夫上防閑。鄒先生多説放下，顧先生多説操存。要之，真放下乃真操存，真操存乃真放下。若謂放下者非操存，操存者不放下，則觸語生礙矣。要知伊川先生心存誠敬，乃真放下。心存誠敬，至於生死不動[三]，更有何物不放下耶？若謂心存誠敬，胸中有誠敬，則拳拳服膺，胸中有一善乎？本體本無可拈，聖人姑拈一善字。工夫極有多方，聖人爲括一敬字。重本體者，欲掃念頭，并掃善敬字面。重工夫者，欲顯實理，并掃虚寂字面。兩者之偏雖小，兩者之害則殊，又不可不察也。若説本體了，則立地便了。若説工夫休，則無時可休。至於本體有不透工夫，工夫有不透本體，全在各人自痛自知[四]。如靠言語，孤負兩先生矣。敢爲兩先生闡其大指，并以請正[五]。

校記

〔一〕此篇又載《高子遺書》卷三。

〔二〕「都」，《高子遺書》作「多」。

〔三〕「生死」，《高子遺書》作「死生」。

〔四〕「痛」，四庫本《高子遺書》作「病」。

〔五〕《高子遺書》末有陳龍正按語：「非千休，無一念。所休者，妄想也。以妄想對誠敬，則惟放下，而後爲操存。若欲放下其戒慎恐懼之念，即東坡所云打破「敬」字矣。因打破，故云敬。敬又何打破之有？則惟操存可以該放下。古來遯逸高人固有放下世間一切而未知操存者。兩先生之説，畢竟遲陽爲密。』

辨

陽明説辨一〔一〕

君子於人之言也，必有以得其人之心，盡其人之説，體之於吾身，真見其非，而後明吾之是以正之，務可以建諸天地，質諸鬼神，以俟之後聖，而後無愧其人。若陽明之攻朱子也，果爲得朱子之心而有當於其説乎？

吾觀其答顧東橋之書曰：『朱子所謂「格物」云者，是以吾心而求理於事事物物之中。如求孝之理於其親之謂也。求孝之理，果在於吾之心耶？抑在於親之身耶？假果在於親身，而親没之後吾心遂無孝之理與？見孺子之入井，必有惻隱之心，是惻隱之理果在孺子之身與？抑在吾心之良知與？是可以見析心與理爲二之非矣。』果若斯言也，朱子可謂天下之至愚，叛聖以亂天下者也。夫臣之事君以忠也，夫人知之，而非知之至也。孟子曰：『欲爲臣盡臣道，法舜而已。不以舜之所以事君事君，不敬其君者也。』夫不敬其君，天下之大惡也。苟不如舜之所以事君，則已陷於天下之大惡而不自知焉，則所以去其不如舜以就其如舜者，當無不至也。子之事親而當孝也，夫人知之，而非知之至也。孟子曰：『事親若曾子者，可也。』夫至於曾子之事親而始曰『可也』，不然，猶爲未能事其親矣，則所以去其不如曾子以求其如曾子者，又當何如也？此人倫之至，天理之極，止之則也，此爲格物而至於物，則物理盡者也。所謂『因其已知之理而益窮之，以求至乎其極』也。今人乍見孺子將入井，皆有怵惕惻隱之心。此何心也？仁也。格物者知皆擴而充之，達之於其所忍，無不見吾不忍之真心焉。一簞食，一豆羹，生死隨之，而行道不受嘑爾，乞人不屑蹴爾，此何心也？義也。格物者知皆擴而充之，達於其所爲，無不見吾不爲之真心焉，此之謂格物而致知。故其心之神明，表裏精融，通達無間，而更無一毫人欲之私得藏於隱微之地，以爲自欺之主。故意之所發無不誠，心之所存無不正也。

吾所聞於程、朱格物致知之説，大略如此也。未聞其格孝於親之身，格忠於君之身，格惻隱於孺子，格不受不屑於行道、乞人也。以是而闢前人之説，譬如以病眼見天，而謂天之不明，則眼病也，於天何與？是可百世以俟聖人乎！

校記

〔一〕此篇又載《高子遺書》卷三。

陽明説辨二〔一〕

君子非立言之難，言而不得罪於聖人之爲難。夫聖人之言，順性命之理而已。後之求聖人之言者，順聖人之言而已。陽明之説《大學》也，吾惑之。《大學》曰：『致知在格物，物格而後知至。』陽明曰：『所謂致知格物者，致吾心之良知於事事物物也。致吾心良知之天理於事事物物，則事物各得其理矣。事物各得其理，格物也。』是格物在致知，知至而後物格也。又曰：『物，事也。格，正也。但意念所在，即要去其不正以全其正。』又曰：『格物者，格其心之不正以歸於正。』是格物在正心誠意，意誠心正，而後物格也〔二〕。整菴羅氏所謂『左籠右罩，以重爲誠意正心之累』，顧氏所謂『顛倒重複』，謂之陽明之《大學》可矣。《詩》云『無易由言』，天下大矣，萬世而下，不尚有人也夫！

校記

〔一〕此篇又載《高子遺書》卷三。

〔二〕『物格』，《高子遺書》作『格物』。

陽明説辨三〔一〕

凡人之言合者，必二物也。本離而合之之謂合，本合則不容言合也。天下之物有萬，而理則一。無體用，無顯微，無物我，無内外，一以貫之者也。告子之義外，不識性也，故亦不識義而外之，非求義於外也。凡人之學，謂之曰『務外遺内』，謂之曰『玩物喪志』者，以其不反而求諸理也。求諸理，又豈有内外之可言哉？在心之理，在物之理，一也。天下無性外之物，無心外之理，猶之器受日光，在彼在此，日則一也，不能析之而爲二，豈待合之而始一也？陽明亦曰：『理無内外，性無内外，故學無内外：講習討論，未嘗非内；反觀内省，未嘗遺外也。』誠是也，則奈何駁朱子曰『以吾心求理於事物之中，爲析心與理爲二也』？然則心自心，理自理，物自物，匪獨析而二，且參而三矣。是陽明析而二之，非朱子析而二之也。陽明又曰：『若鄙人之致知格物，是合心與理爲一者也。』心與理本未嘗不一，非陽明能合而一之也。猶之乎其論知行矣，夫知行亦未嘗不合一，而聖人不必以合一言也。故有時對而言之，則知及仁守是也；有時互而言之，則智愚賢不肖之過不及，而道之不行不明是也；有時對而互言之，則知至至之，知終終之是也；有時偏而言之，則夫子歎知德之鮮，孟子重始條理之智，傅説非知之艱[二]，行之惟艱是也；有時分而言之，則知及而不能守[三]，有不知而作者是也。吾故曰聖人不必合一言之也，而知行未嘗不合。惟其未嘗不合，故專言知而行在，專言行而知亦在。《大學》之先格物致知也，以其求端用力言之。然豈今日知之，明日行之之謂哉？必欲以合一破先後之説也，則《大學》之言先者八，言後者八，皆爲不可通之説矣。凡若此者，總是强生事也。

校記

〔一〕此篇又載《高子遺書》卷三。

〔二〕『傅』，《高子遺書》作『傳』。

〔三〕四庫本《高子遺書》『不能守』三字前有『仁』字。

陽明説辨四[一]

陽明以朱子之致知也爲聞見之知，故其爲宗旨也曰『良知』。吾則以《大學》之致知本非不良之知，非自陽明良之也。朱子爲聞見之知與？否與？前乎吾者知之，後乎吾者知之，吾則烏乎敢知！雖然，聖人之教不爾也。夫子不曰多聞從善，多見而識乎？不曰『多聞闕疑，而慎言其餘』乎？不曰『多識前言往行，以畜其德』乎？此爲初學言之也，知之次也。夫聖人不任聞見，不廢聞見，不任不廢之間，天下之至妙存焉。舜聞一善言，見一善行，若決江河，沛然莫之能禦也，非聞見乎？而聞見云乎哉？

校記

〔一〕此篇又載《高子遺書》卷三。

異端辨〔一〕

乙巳仲夏，余遊武林，寓居西湖，見彼中士人半從異教，心竊憂之。問其所從，皆曰『蓮池』。問其教，出所著書數種，多抑儒揚釋之語。此僧原廩於學宫，一旦叛入異教，已爲名教所不容，而又操戈反攻，不知聖人之教何負於彼？庠序之養育何負於彼？而身自叛之，又欲胥天下而叛之。如此之亟也，因摘取其言，各剖破之。又有竭力專詆朱夫子者另爲一書，尚未得也。

《竹窗隨筆》内一條辨良知者曰云云。

堯舜之道，孝弟而已。孟子指出孩提愛敬是最初最真處，以是爲妄，何所不妄？仁義智禮樂，其實只事親從兄二者，二者既妄，五者皆僞，人道盡滅矣，幾何而不胥爲禽獸也？真常寂照，將焉用之？

《正訛集》内一條辨佛書多才人所作曰云云。

佛説多端，約其大義，只『無聲無臭』四字足以蔽之。聖人在人倫庶物中，物還其則，而我無與焉，終日酬酢，萬變實無一事也。畏天命，悲人窮，汲汲皇皇，那有閒工夫在深山浚谷大家團圞頭共説無生話也？謂孔、孟爲才人，謂佛經皆孔、孟不及道，其小視孔、孟甚矣！吾以爲孔、孟道及處，學佛者不能知；其不肯道及處，學佛者不能知；其不屑道及處，學佛者不能知。

又辨三教一家曰云云。

自有開闢以來，聖帝明王相繼爲治，地平天成，民安物阜，不聞有所謂佛也，不待有所謂佛也。聖人之道不明不行，而後二氏乘隙而惑人。昔之惑人也，立於吾道之外，以似是而亂真。今之惑人也，據於吾道之中，以真非而滅是。昔之爲佛氏者，尚援儒以重佛。今之爲儒者，且軒佛以輕儒。其始爲三教之説，以爲與吾道列而爲三，幸矣。其後爲一家之説，以爲與吾道混而爲一，幸矣。今日擯之爲凡，擯之爲外，而幼之，而卑之，而踈之。然則天下孰肯舍聖人而甘爲凡夫，舍尊長而甘爲卑小，舍親而就其踈也？嗚呼！用夷變夏，至此極矣。斯言不出於夷狄，而出於中國，不出於釋氏之徒，而出於聖人之徒，是可忍也，孰不可忍也！

又辨三教同説一字曰云云。

此説鄙陋之極，不必爲剖。吾且據其説佛者問之：『一者，何耶？以爲有物耶？無物耶？以爲有物，則不識一；以爲無物，既無物矣，又有何物超乎一之外乎？』所見如此，而徒爲張大之説以誑惑後生，罪可勝誅也耶？

校記

〔一〕此篇又載《高子遺書》卷三。

與管東溟虞山精舍問答〔一〕

翁語次深薄宋儒，余曰：『先生必有所見，其灼然處何居？』翁曰：『只一性字，宋儒便不識。』余曰：

『何謂？』曰：『性者，大覺。宋儒謂性即理也，認做一件鶻突的黑影子。』余曰：『何以見之？』曰：『彼以知覺爲心，謂理乃心所包之物，豈非包著一件不覺之物乎？』余曰：『理有何形？因其心之發見，知其有如是之條理，故謂之理。若謂以覺包理，則理乃在外，宜乎今人以物理爲外，以格物之理爲狥外矣。』翁曰：『此是公爲宋儒分疏。吾自二十歲時，已見宋儒骨髓。』余曰：『不然，是老先生有得後看宋儒，故認得如此。若攀龍者，初時一無所見，從程、朱夫子討出工夫曲折，一一依他做，竝不見有如此癡學問也。』翁曰：『公近釋《正蒙》，且論太和何如？』曰：『張子謂虛空即氣，故指氣以見虛，猶《易》指陰陽以謂道也。』曰：『即此，便不是。謂氣在虛空中則可，豈可便以虛空爲氣？』余曰：『謂氣在虛空中，則是張子所謂「以萬象爲太虛中所見之物」，虛是虛，氣是氣，虛與氣不相資入者矣。』翁但曰：『總不是，總不是。』余亦不敢與長者屢辯而止，因思學問從入之途不同，斷無合并之理。吾儒以秩序命討自然之天理爲理，其自然之條理，毫髮差池不得處，正是大覺。彼徒以此心之精靈知覺爲覺，宜其認理爲鶻突，爲黑影。端緒迥然，安可以口舌争也？

校記

〔一〕此篇又載《高子遺書》卷三。

贊

聖賢論贊[一]

先師

顔之仰鑽瞻忽，曾之江漢秋陽，思之敦化川流，孟之金聲玉振，宰我謂賢於堯舜，子貢、有若謂自生民未有，是皆智足知聖，未若夫子自言知我其天。天不可知，聖不可知，蕩蕩乎其孰能名之？

顔子

簞瓢陋巷，是何胸次！博文約禮，是何修持！不遷不貳，是何力量！是之謂不違仁。識仁者，當識顔子所以爲仁。

曾子

一貫者，子之悟道也。《大學》者，子之傳道也。絜矩，又何不貫之有？故格物者，格知天下之爲一物也，物格而一以貫之矣。

子思

非仲尼，則堯舜之道不傳。非子思，則仲尼之道不傳。所傳何道也？中庸也。非『未發』一語，則中庸之道不傳。一語爲千古知性之竅，知此之謂知性，復此之謂復性，盡此之謂盡性。

孟子

何以必道性善？是人人本色也。何以必稱堯舜？是性善實證也。試看不學良知，不慮良能，塗之人與堯舜有針芒不合否？非七篇昭揭，則人人寶藏千古沉埋。

濂溪先生

先生三代以後之聖人乎！無轍跡可尋，無聲臭可即。無極太極，太極無極，是之謂易妙於未畫，聖人洗心退藏於密以此。

明道先生

《大學》者，聖學也。《中庸》者，聖心也。匪繇聖學，寧識聖心？發二書之秘，教萬世無窮者，先生也。淵乎微乎！非先生，學者不識天理爲何物矣。不識天理，不識性爲何物矣。是儒者至善極處，是佛氏毫釐差處。

伊川先生

發育萬物，峻極於天，先生之道，通於天地。禮儀三百，威儀三千，先生之道，備於一身。釋有普賢，人知尊之；儒有伊川，人思議之，礙其欲也。人欲肆而防之者禮，學如先生，乃曰『克己復禮』。

横渠先生

洋洋乎盈眸而是者，何物也？易也。子輿以浩然名氣，先生以太和名易。浩然者，太和之充於四體。太和者，浩然之塞乎天地。匪是不爲知道，不爲見易。故曰：『周公才美，智不足稱。』

晦菴先生

删述六經者，孔子也。傳註六經者，朱子也。子以四教，文行忠信。子所雅言，詩書執禮。孔子之學，惟朱子爲得其宗，傳之萬世而無弊。孔子集群聖之大成，朱子集諸儒之大成。聖人復起，不易斯言。

校記

〔一〕又載《高子遺書》卷三。

四書講義

小引〔一〕

聖人之言多矣，而曰『欲無言』，明乎所言者皆言其無言者也。而天下後世卒未免求聖人以言，求聖人之言於聖人，若與我不相涉者然，此學之所以不可不講也。講學者，明乎聖人之言皆言吾之所以爲吾也。夫吾之所以爲吾，果何如哉？知之一日而有餘，行之終身而不足者也。知者不知乎此，行者不行乎此，人各以其所知所行者言焉，其於聖人之言多覿面失之矣，此學之所以不可不講也。

吾郡舊未有講學者，顧涇陽先生倡之，數十年來，津津焉秉彝之在人心，觸之而動，有火然泉達而不容已乎〔二〕！不佞幸從諸先生後，不能無請益之言，實不敢求聖人於言，求聖人之言於聖人。然所言者，其所知所行也。懼其覿面而失聖人之言，聊舉以就正有道，求吾之所以爲吾者。乙卯秋日〔三〕。

校記

〔一〕此篇又載《高子遺書》卷四《講義》與卷九上，《高子遺書》卷九上題作《〈講義〉自序》。

〔二〕『乎』，《四書參解》作『者』。

〔三〕《高子遺書》卷九上無『乙卯秋日』四字，《四書參解》作『萬曆乙卯秋日，梁谿高攀龍題』。

『六十而耳順』一節甲寅〔一〕

人生只有理欲二途。自有知識以來，起心動念，俱是人欲。了聖人之學，全用逆法。如何爲逆法？只從矩，不從心所欲也。立者立於此，不惑者不惑於此。步步順矩，故步步逆欲。到五十而知天命，方是順境，故六十而耳順矣，七十而心順矣[二]。由此觀之，聖凡之判，只在順逆二字。凡人自幼與人欲日順一日，故與天理日逆一日。聖人自幼與人欲日逆一日，故與天理日順一日。天理者，人所固有，原是順的。人欲者，人所本無，原是逆的。此一點機括，只在學與不學。學而知其固有，故順還他順，逆還他逆。不學而不知其所固有，故順者反逆，逆者反順。吾輩要學聖人耳順從心，有兩句拙法曰：『逆耳之言必深察，從心之事莫輕爲。』

校記

〔一〕此篇又載《高子遺書》卷四。

〔二〕《明儒學案》卷五八《東林學案一・忠憲高景逸先生攀龍・講義》引『自有知識以來』至此，標註出處爲《不踰矩章》。

『不仁者不可以久處約』章丙辰[一]

今人將聖人説仁看作玄微道理，以爲非聖賢不能與於此，在自家身上是没要没緊的，不知其爲民生日用須臾不可離也。人生有身，必有所處，不處約，便處樂。不仁之人約也處不得，樂也處不得。即使暫處，斷不可久長，是此身無一處可著落也。然觀世人，窮約的他也混過一生，富貴的他自道受用一生，何以見其不可處？不可處者，聖人見之，彼不知也。其不知處，即不仁處也。今看約者日在愁苦中過日而已，樂者日在醉夢中過日而已，其中心何曾有安穩處？何曾有順利處？聖人謂不可處，真不可處也。然則可安可利者何物？仁而已。惟仁者能安之，惟知者能利之。論造詣，安仁者，大賢也，大賢以下方是利仁者。然仁是人的本心，人能自識得本心，隨心應用，何利如之？隨人自得，何安如之？纔見仁之爲利，便是知者。纔見仁之爲安，便是仁者。吾輩不可將聖賢到頭處諉於不可及，當從聖賢入頭處信得人皆可爲。安仁利仁，總在處約處樂上見不可處約不可處樂，總在不安不利處見聖人不説窮達順逆，説箇約樂二字，自相對待。約者，收斂之義。樂者，發舒之義。仁者處約，愈收斂愈發舒。仁者處樂，愈發舒愈收斂。約而樂，不見不足在己。樂而約，推其有餘及人，便是本心之則，便是仁。不仁者，愈約愈局，更無過活處；愈樂愈放，更無收煞處。然則聖人説仁，果是懸虛道理否？果是民生日用須臾可離者否？

校記

〔一〕又載《高子遺書》卷四。《明儒學案》卷五八《東林學案一・忠憲高景逸先生攀龍・講義》摘引此篇，標註出處爲《約樂章》。

『富與貴』章 庚戌〔一〕

此章聖人就人情上點出天性來。欲、惡，情也。欲富貴，惡貧賤，人情之最切也。然試看同是不以道得之，一則不處，一則不去，何也？以情言，富貴好過，貧賤難過。以性言，處非道之貧賤反好過，處非道之富貴反難過。只這一點過得過不得處，便是仁。只不瞞昧了這點過得過不得處，便是不去仁，便是君子所以成名。由此觀之，名便是仁，總是實心，不是外面妝得門面的；仁便是名，總是實事，不是裏面弄得虛頭的。只此『君子去仁，惡乎成名』二句〔二〕，聖人便把千古以來不好名而不修行，好名而不根心的都破盡了。

説君子不去仁，説到終食、造次、顛沛，已到至密處，何故却從富貴貧賤説來？蓋仁是人人具足的，只被那世情俗見封蔽了，不得出頭，今於富貴貧賤看得透了，心下方得湛然無事，方見仁的真體。有這真本體，方有真工夫，所以君子終食也，在這裏造次、顛沛也，在這裏實落，做得主宰，摇撼他不得，此方是了生死學問。若此處看不透，自家身子渾在世情俗見裏，却把些清明景象、慈愛念頭、平坦心腸、玄虚見解當做仁，如何算得帳？即終食之頃，不知有幾多起滅，事變之來，手忙脚亂，如何支持得去？他日夫子稱夷、齊『求仁得仁』，便是不處非道富貴的樣子；稱顏子『不改其樂』，便是不去非道貧賤的樣子。孔門求仁，是學問真血脈。此章是求仁的真血脈。

校記

〔一〕又載《高子遺書》卷四。

〔二〕『惡』，《高子遺書》作『烏』。

『我未見好仁』章乙卯〔一〕

聖人論爲仁，此章至爲嚴密。人心只有好惡二者自有知覺以來無息不逐於外物，都離根去了，惟好仁、惡不仁方始反情復性。好仁，惡不仁，總是一箇仁。好之者，保聚之也，至無以尚之，方無一念夾雜。惡不仁者，防閑之也，至不使加身，方無一息間斷。尚即是加，夾雜處即間斷處，間斷處渾身已不仁了。無加無尚，是全體至極純一不已境界，故聖人未見，然却人人可到，何也？好惡之力，人人具足也。此力用之於外物，便有不足，幾見好富貴的都好得來，惡貧賤的都惡得去？可見有用力不得處。若用於仁，幾見有好仁而好不來，惡不仁而惡不去者？可見無不足之力也。一日用力，是人生大翻身處，將從前散漫精神一切收拾，轉向身來，豈但無不足，當日强日盛，亹亹而不能已。故聖人又爲疑辭，以決言其未見也。吾輩今日只要窮究得無以尚之實理，人生以來，除了這箇仁，更有何物？今各人胸中營營擾擾的子細推究，何者不是虚妄？即如此身，究竟終非我有，原其所始，反其所終，豈不是只有此仁，更有何物可以尚之？若一事不仁，一息不仁，自家性命即時喪失了。由此觀之，天下之可好者，孰有甚於仁？可惡者，孰有甚於不仁？若實信得，自不患不用力矣。

校記

〔一〕又載《高子遺書》卷四。

一貫章 辛亥〔一〕

此章是聖門傳心之要，不可只將道理來解説過了。如只解作一心貫萬事，人人能説，却與各人身上總無交涉，須要究到聖人所以能貫處，曾子所以能唯處。所謂『一』，不是只説一箇心，是説這箇心到至一處。譬之於金，當其在鑛時，只可謂之鑛，不可謂之金。故未一之心只可謂之心，惟精之心方可謂之一。一便四方上下往古來今一齊穿透，何所不貫？曾子何以便拈出一箇忠恕？假如人，自爲謀是一樣，爲人謀又是一樣，便是不忠，不忠便不一了，如何貫得去？自待是一樣，待人又是一樣，便是不恕，不恕便不一了，如何貫得去？曾子平日三省：爲人謀不忠，省不一也；與朋友交不信，省不一也；傳不習，省不一也。精察力行，其心已到至一處，被夫子一點，當下便貫了。忠恕只是這箇忠恕，但悟前只唤做忠恕，是下學人事，悟後便是一貫，是上達天德。若不是平日實做忠恕，如何當下唯得一貫？觀門人一時共聞，茫然不知所謂，可見矣。曾子悟處全在『而已矣』三字，平日還認夫子有甚高妙，到此方知只是如此，別無餘法，此之謂豁然貫通，此之謂涷解冰釋。吾輩今日這箇心與孔、曾當日的心是一箇，并無些子差池，然聖凡相去，直如天淵，只争箇一與不一耳。若從今煅煉去，到得一處，便知夫子貫處、曾子唯處。

校記

〔一〕又載《高子遺書》卷四。

『吾道一以貫之』庚申〔一〕

『一貫』二字，乃夫子自言其道如此。夫子所以自生民以來未有者，正在於此。自古聖人不及夫子者，只是貫不去，如孟子言清、任、和者是矣。二氏所以畔於吾道者，只是貫不去，如程子言『名爲無不周徧，實則外於倫理』者，是矣。要知聖人一貫，只看《中庸》自『喜怒哀樂未發』貫『達德達道』『九經』『三重』『篤恭而天下平』者，是矣。曾子與門人指出忠恕即中庸之理，非有二也，吾輩當在日用間實體貼。如一念對不得上帝，便是天人不一貫；一事質不得鬼神，便是幽明不一貫；不可考三王，俟百世，便是古今不一貫；如此自待，不如此待人，便是人我不一貫；知攝其心矣，不致謹於威儀言動，知謹於行矣，不能徹身心性命，便是内外不一貫。諸如此類不貫者，總是不一。聖人只在一處求，故曰『非多學而識』。

校記

〔一〕又載《高子遺書》卷四。

『已矣乎！吾未見能見其過』節庚申〔一〕

尋常見能自知過而悔且改者，往往有之，聖人何以曰『未見』？又何以曰『已矣乎』，作絶望之詞？蓋緣粗看了聖人此語也。此正是有不善未嘗不知，知之未嘗復行，蓋見過於幾，不遠而復者也。訟者必有箇對頭，若無對，不成訟。人果能見得天理精明，方見得人欲細微。一動於欲，便礙於理，如兩造然，遂内自訟，一訟則天理常伸，人欲消屈，而過不形於外矣。是默識默消，何等力量！顔子而下，便難語此，聖人所以重爲『已矣乎未見』之歎，與『今也則亡，未聞好學者』語意同。故曰：『見性斯能見過，見過斯能復性。』若泛然知過能改者，是過已形於事，祇於悔者也，豈可同日而道哉〔二〕？

校記

〔一〕此篇又載《高子遺書》卷四及（清）許獻、高廷珍等纂《東林書院志》卷六『會語四』《高景逸先生東林論學語下》。《東林書院志》所載文字略異：『「已矣乎！吾未見能見其過而内自訟。」人作事差後知悔知改，常人往往有之，聖人説「已矣乎」，却象絶望意思，何也？看來此工夫極大，非有過然後悔改之謂，是研幾之學也，直在幾上用功，過未形而潛消默奪之謂。且訟之云者，如兩人並争方爲訟，若一人，何云訟？人心天理，人欲之界，若兩造然。内自訟者，非幾纔萌，即見即訟，即時消釋，三千、七十子中，獨顔子能之。夫子「已矣乎」，正如「未聞好學」之謂。若待過形於外，説不得未嘗不知、未嘗復行矣。』

〔二〕『道』，康熙本、四庫本、光緒本《高子遺書》作『語』。

『十室之邑』節甲寅〔一〕

若論本性，則人性皆善，何以云『十室之邑，必有忠信』？若論生質，則聖人之質創古一見，何以云『十室之邑，必有如某』？蓋常人所以高視聖人者，見得聖人聰明睿知絶世無比，以爲聖人是天生的，決不可學，不知聖人却看得這聰明睿知在各人用得如何。桀、紂之不善，原未嘗無絶人之資，全算不得帳。常人所以卑視自家者，見得自家質樸老實，無知無能，以爲這是没用處的，如何做得聖人？不知聖人却看得這是天生人的原來本色，隨他大聖大賢，不過是還他本色，原不曾有别樣伎倆。世間人，便懁巧利的，果是難與入道；質樸老實的，果是十室而有。聖人便曉得這是忠信〔二〕，若不學，便逐日澆散，若不好學，也不能究竟堅固的，所以終日孜孜，如饑食渴飲，如救焚拯溺，一生只做得一件事，不過是這箇忠信。非是把忠信做箇基本，忠信之外又有甚學問也？於此見聖人所爲聰明睿知者，只是認得這忠信真，做得這學問徹，其不可及者，乃在此。若使十室之忠信有肯回頭猛省的，豈不是絶世聰明睿知？

校記

〔一〕又載《高子遺書》卷四。

〔二〕『是』，康熙本、四庫本、光緒本《高子遺書》作『箇』。

『人之生也直』章己未〔一〕

聖人直指人心，無如此語；直指人性，無如此語。信得此語，本體工夫一齊俱到。如何信得？只當下體認人生何處有一毫不停當，何處有一毫不圓滿。自家做得不停當，覺得不圓滿，皆是有生以後添出來勾當，添出來念頭，原初本色何曾有此？仔細勘破，真可啞然一笑。但一直照他本色，終日欽欽，不迷失了故物，便到聖人地位，也只如此。若迷失了，便喚做罔。罔者，冥然罔覺，悍然不顧之謂。人若罔了，真似投火之蛾，投網之魚，撞來撞去，至死後已。其未死者，幸而免耳。總只在一念警醒上，警醒便直，不警醒便罔，生死關頭，所爭毫末，危哉！危哉！一念不回，千古長夜。

校記

〔一〕又載《高子遺書》卷四，後有陳龍正按語：『「直」字止如此。』

『知之者不如好之者』章庚申，東林〔一〕

知即是知此可樂者，若不是知此可樂者，如何能好而樂之？但其工力則愈進愈妙耳。吾輩今日且當共研可樂者果是何事。聖門論學，主於求仁，吾輩且當共研仁之可樂者果是何味。要知樂，且將不樂反觀，不樂却是人時時有之。何以不樂？不樂者，皆生於對待也。如心便與境相對，一見有境，境安得處處盡如我心？所以生出種種不樂。己便與人相對，一見有人，人安得事事盡如我意？所以生出種種不樂。

此是世俗上病痛。至細微處，更有聖凡相對，凡如何企得他聖？又有天人相對，人如何希得他天？種種懸慕，又生出種種不樂，此是道理上病痛。不樂處，正是不仁處也。人心若仁，這對待的便都一貫了。無境非心，有何通塞？無人非己，有何隔礙？無凡非聖，有何欠缺？無人非天，有何拘局？真是求其不樂者而不可得也。但不知則不能好，不好則不能樂。然不樂算不得好，不好算不得知，在各人自證自修，總不在言語上。或曰：『君子終身之憂如何？』曰：『正是憂不得此樂也。』

校記

〔一〕又載《高子遺書》卷四及（清）許獻、高廷珍等纂《東林書院志》卷五《高景逸先生東林論學語上》。《高子遺書》題註無『東林』二字，按，以下各章題註，《高子遺書》皆刪去講學地點，或與《高子遺書》成書之崇禎初年輿論尚諱言講學有關。此章《東林書院志》所載文字歧異較大：『「知之者不如好之者，好之者不如樂之者」，這是論造詣之深淺耳。若論知之者，便是知到這樂處，始可言知。知之而不知其樂，是知箇甚麽？然這樂，人雖不曾到此境界，若不樂，是人人皆有的，人要知樂，且於這不樂處反觀。予嘗體之，人之不樂俱有一箇緣故，其病只在一箇對待。心與境相對，境安得如我心？便不樂矣。人與我相對，人安得如我心？便不樂矣。至於聖凡相對，天人相對，種種懸慕，皆爲不了之心，皆爲不樂矣。試觀聖門，只是以求仁爲本，仁則樂，不仁則不樂。凡不樂處，皆是不仁，仁便對待者皆一貫矣。故程子曰：「此道與物無對，『大』不足以明之。天地之用，皆我用也，萬物皆備於我，須反身而誠，乃爲大樂。若反身未誠，則猶是二物有對，以己合彼，終未有之，又安得樂？」由此體之，可知樂矣。』

『中庸之爲德』章壬子秋，東林依庸堂〔一〕

吾輩學問，譬如行路者，胸中必有箇主意『要到何處去』，方可上路走。若無箇去處，出門罔罔，東西南北，何所適從？學者於中庸，正如行路者所欲到之處也。今人却認壞了中庸，俱就世情俗見上以圓融委曲、不犯手脚、不惹是非的爲中庸。若如此中庸，世間稍稍乖巧者皆能之，何以曰『民鮮能久矣』？中庸不是懸空說道理，是從人身上顯出來的。學者要識中庸，須是各各在自家身上當下認取。何者爲中？即吾之身心是也。何者爲庸？即吾之日用是也。身心何以爲中？只潔潔浄浄，廓然大公便是。身心不是中，能廓然無物，即身心是中也。日用何以謂之庸？只平平常常，物來順應便是。日用不是庸，能順事無情，即日用是庸也。到這裏，一絲不掛，是箇極至處，上面更無去處了，故曰：『中庸其至矣乎！』此是人生來天然本色，古如是，今如是，聖如是，凡如是，停停當當，箇箇如此。然人却生來箇箇迷昧了，何故迷昧了？緣有兩種病：一是只向外，不向裏；一是只知增，不知減。此兩種病生出千病萬病，賢智之過愚，不肖之不及，都坐此病，所以『民鮮能久矣』。然則中庸遂爲絶德乎？非也，只去得病痛浄盡，還他原來本色，便是中庸，初無難事也。夫子曰『中庸其至矣乎』，分明説此是天地間第一件事。曰『民鮮能久矣』，分明説世人俱將第一事丢去了。有志之士不要做世人所共能者，須要做世人所鮮能者。

校記

〔一〕又載《高子遺書》卷四，題註無『秋東林依庸堂』六字。《明儒學案》卷五八《東林學案一·忠憲高景逸先生攀龍·講義》引此篇，標註出處爲《中庸其至章》。

『志於道』章己酉冬，毗陵經正堂〔一〕

人生只有箇念頭，自生至死，瞬息無停。這箇念頭爲賢爲聖也是他，爲禽爲獸也是他，只看人安頓何如。若安頓在人欲上去，便把聲色、貨利、官爵等項結果了一生，目前自謂快樂，不知喪失了自家性命，千秋萬古却在一生壞了。若安頓在天理上去，便把聲色、貨利、官爵等項一切擺脱，目前雖覺平淡，却全復了自家性命，這一生做却千秋萬古的事了。所以聖人教人志必於道，據必於德，依必於仁，游必於藝。這志、據、依、游是人的念頭，道、德、仁、藝便安頓在天理上了，所謂攝心以復性也。道不在玄遠，舉目皆是，舉步皆是，活潑潑在這裏。人莫不飲食，鮮能知味，知味與不知味直是天壤懸隔，故朱子下箇『知此而心必之焉』，『知』字最重，是夢覺生死關。據於德，德就是這道，不志道，便迷失了，由迷失而得，所以爲據。依於仁，仁就是這德，不據德，便不仁了，由不仁而仁，所以爲依。游於藝，藝就是這道、德、仁。但有本領的人看這藝，便都是道、德、仁，以之養心，不以之汨心，所以謂之游。没本領的人看這藝，只是藝，不是沉溺喪志，便是粗心玩忽，不可謂之游。聖人舉此四者，一項有一項工夫，一層有一層滋味，取要言之，只在吾人現前一念，不瞞昧自家，實實落落在人倫日用間，是者知其爲是，非者知其爲非，是者決定去做，非者決定不去做，只這一念，更無二念。志道者此，據德者此，依仁者此，游藝者此。到得此念至純至粹，便是『上天之載，無聲無臭』。自凡夫做到合德天地，不過這一箇念頭爾。

校記

〔一〕又載《高子遺書》卷四，題註無『冬毗陵經正堂』六字。

『自行束脩以上』二章庚申，東林〔一〕

聖人不是無主意的學問，故看書不可作無主意的解説。如今説誨，便是誨『行束脩以上』者，啓便啓其憤者，發便發其悱者，復便復其『以三隅反』者，此所謂『無主意的解説』也，不知聖人所誨者何事，所啓發反復者何事。聖人爲著此道，急急皇皇，欲呼世人之寐者而醒之。自行束脩以上，皆向道而來者，聖人未嘗不即引之大道，無奈學者皆看作泛泛教誨，不自敏求，故不憤不悱，不以三隅反，聖人亦遂無如之何也。『憤』『悱』『三隅反』，説盡求道者精思力踐模樣，皆專專在一處求，聖人亦專專在一處開之。憤是無罅縫可入，心懣悶之甚。悱是明明看得在眼前，心欲言而口不能達。三隅反是平日用力既深，聖人舉著一隅，便知三隅皆是此物。若無此三樣，是不知當人有一件大事，未嘗一日用其力，何從啓發而復之？可見誨在聖人，學須自學。方及門之人，未嘗不可入道，在門牆之久，至道不可得而聞也。

校記

〔一〕又載《高子遺書》卷四及（清）許獻、高廷珍等纂《東林書院志》卷五《高景逸先生東林論學語上》。《高子遺書》題註無『東林』二字。此篇《東林書院志》所載文字歧異較大，兹録於下：『先生講「自行束脩以上」二節，曰：「此二節舊俱隨文生解，咸曰：『誨者，誨其行束脩者。啓者，啓其憤。發者，發其悱。復者，復其三隅。』反是無頭緒的學問，不知聖人教人只在一處徹上徹下，不過如此，但隨人向道之志、求道之切如何耳。自行束修以上，是有志向道者，聖人未嘗無誨，未嘗不接引之大道也。人却不知，當面蹉過了，聖人亦無如之何。故必須憤、悱、三隅反，而後可啓發反復也。憤、悱、三隅反，曲盡求道者曲折。憤是不得入門，心憤懣也。悱是見得在眼前，只口説不出。三隅反是觸着便動念，有領會了。學者總在一處求，故有此三樣景象。聖人總在一處教，全不是只啓其憤，發其悱，復其三隅也。」

『葉公問孔子』章甲寅，東林〔一〕

子路所以不對葉公之問，不是以葉公不足言，亦不是以聖人難言，孔門自顔子以下，實見不得聖人要領處，葉公忽然問著，子路茫然罔措，不知所以對也。夫子於子貢、子路，每每時切提醒，此處又更透露曰『女奚不曰』，責之者深矣；曰『其爲人也』，示之者深矣。夫子明見得天下莫有知其爲人者，須索自説，然原自説不得的，須索人自見。説箇『發憤忘食』，必有一件大幹當的事在。説箇『樂以忘憂』，必有一件大受用的事在。説箇『不知老之將至』，必有一件進進不已的事在。顔子則便默識，子路若會疑也，須問夫子爲著甚事而終不能也。夫子見他不能對，直代之對，令他思而再問。子路便道只教他對葉公者如此，依舊耳中過了。今日當大家窮究聖人所以能忘食忘憂忘老者爲著甚事，若不知此事，即不知聖人爲人，不知聖人爲人，即不知自家爲人。

校記

〔一〕又載《高子遺書》卷四，題註無『東林』二字。

『二三子以我爲隱』章甲寅，東林〔一〕

當時門人亦不是疑聖人有所隱而不以誨人，只是認聖人人倫日用是一件，神化性命是一件，謂聖人所可見者非其至也，其至處則隱而不可見也。審爾，則忽略現前，懸慕高遠，不成學問了，故聖人提醒之如此。『吾無行而不與二三子者』，是一句極活的話，意在言表，要看箇『者』字，謂爾以我有隱乎爾，則我平日這無行而不與二三子者又是何物，此即是某也，爾又於何者求某乎？此無他，只一箇道理而已矣。但這道理從聖人身上發揮出來，便如天工變化，神妙不測，所以顏子曰：『仰之彌高，鑽之彌堅，瞻之在前，忽焉在後。』顏子便悟得此不是在聖人身上求的，只求諸己，卓然便在這裏。今日要認是某也，都不離自己，認得自己真，方信聖人真無隱乎爾。

校記

〔一〕又載《高子遺書》卷四，題註無『東林』二字。

『仁遠乎哉』章乙卯，東林〔一〕

人心道心，非有兩心，一撥轉便天壤懸絶。聖人於此常示轉換法，如欲富貴，惡貧賤，人心也，而轉之爲不處不去之仁；欲立欲達，人心也，而轉之爲立人達人之仁。《論語》中兩説『欲仁』，仁如何欲，又如何至，此是即刻可驗。夫欲者，人之心也；仁者，心之道也。以心、欲道，却成兩箇了。不知只是這箇心，逐物而外馳便是欲，反躬而內斂便是仁。由馳而斂，却如由外而至者然。故曰：『我欲仁，斯仁至矣。』此是聖人教人點鐵成金、超凡入聖最捷法，念頭撥轉向裏便是。或曰：『人心内斂，如何便爲仁？』曰：『仁是生生之理，充塞天地，人身通體都是，何曾有去來，有内外？自人生而静以後，誘物爲欲，遂認欲爲心，迷不知反耳。若一念反求，此反求者即仁也，别尋箇仁，即誤矣。』曰：『如此，不幾認心爲性乎？何以言心不違仁？』曰：『心性不是兩箇，但看人所違何如。程子謂：「人心反復入身來，自能尋向上去，下學而上達者也。」心是形而下者，仁是形而上者，違則即心即仁，不違則心只是心，看人自得如何。心不違仁者，其心常仁，如目常明耳常聰之謂。人心常收斂，即常仁矣。此一轉念是生死關頭，千聖都從此做成。』

校記

〔一〕又載《高子遺書》卷四，題註無『東林』二字。

『學如不及，猶恐失之』癸丑四月，東林〔一〕

嘗疑聖人之學汲汲孜孜，如有所追求焉，要及這一件物事；如有所奉持焉，惟恐失這一件物事。不知是甚物事，子細研究，原來只是這一箇心。但孔門心法極難看，并不是懸空守這一箇心，他只隨時隨處隨事隨物各當其則，須合一部《論語》來看方見。蓋這箇心不是别物，就是大化流行，與萬物爲體的。若事物上蹉失，就是這箇蹉失。聖人亦别無勞攘，只順事無情，物各付物，但無走失爾。所以曰『逝者如斯，不舍晝夜』，此所以爲天德。學者不知本領的，只去事物上求，却離了本；知得本領的，要守住這箇心，又礙了物，皆謂之不仁。這裏見得，方知聖人所謂『學如不及，猶恐失之』。

校記

〔一〕又載《高子遺書》卷四，題註無『四月東林』四字。

『達巷黨人』章〔一〕

達巷黨人稱『大哉孔子』，誠然其大也；稱『博學』，誠然博學也；稱『無所成名』，誠然無所成名也，句句說著夫子。然稱其大也以博學，稱其博學也以無所成名，句句說不著夫子。夫子以其似是而非，故說破，見學有所執以成名者，射御之數而已。然則聖人所以爲聖人者如何？如太虛然，四時自行，百物自生，無所不有，實無所有，此所謂天理也。聖人於世間人欲病痛能去得浄盡，不能於天理本分上加得毫末。吾輩擇者擇此，執者執此。不然，是擇射御之擇，執射御之執而已。

校記

〔一〕又載《高子遺書》卷四。

『絶四』章辛亥春，荆溪明道書院〔一〕

吾輩學問只要復性，吾性蕩平正直，合下與天地同體。自有軀殼以來，便有箇我，便將極廣大的拘局做塊然一物，將極靈妙的障蔽做蠢然一物。從我上起出意來，只會要長要短，順之則喜，逆之則怒；只會見長見短，同之則喜，異之則怒。終日起來，但是作好作惡，偏黨反側去了。從我起意，從意成我，中間遞生固、必，只此四者滚過一生，自家真性時時現前，如隔千山，了不知爲何物也。聖人直下，便絶此四者，何以絶之？只一箇『毋』字而已。此『毋』字只是箇『醒』字，一醒便毋了。何者？今人錯認這意是我的心，故終身沉迷而不返。若猛然自醒這箇不是，便當下豁然，這箇『毋』字方是我的真心，必須體認得這箇明白，方立得主宰，方得心君出頭，所謂『立天下之大本』也。聖門四教、四絶同是教法，『毋』正所以絶之，正要人下工夫。若作『無』，便不是了。從古無現成的聖人，故聖人無現成的説話。絶而用『毋』，聖人原做常人的工夫，但毋而便絶，常人到不得聖人本體耳。夫子自言『無可無不可』，孟子稱夫子『可以仕則仕，可以止則止，可以久則久，可以速則速』，正是絶意、必、固、我處。或曰：『《中庸》言「固執」，何也？』曰：『毋意、必、固、我，所以擇善也，擇善而拳拳服膺，更不入於意、必、固、我，所謂「固執」也。擇善固執，方是絶四，故曰：「無適無莫，義之與比。」』

校記

〔一〕又載《高子遺書》卷四，題註無『春荆溪明道書院』七字。

『夫子聖者與』二章癸丑，東林〔一〕

此兩章，聖人一自以爲無能，一自以爲無知。天下萬世視聖人不可及者，以其無所不能，聖人却自以爲不過少賤之鄙事；以其無所不知，聖人却自以爲不過鄙夫之兩端。然則聖人所知所能者何事耶？曰：『但看赤子有伎倆否？有知解否？其所知能，不過孩提愛敬已耳。聖人亦然，不過盡得孩提愛敬已耳。故曰：「大人者，不失其赤子之心者也。」』若聖人果在多知多能，真不可學。若不在多知多能，豈不人人可爲？人人有聖人知能，却自埋没了，終身矜己誇人，不過就聖人所鄙者拾得一二而已，豈不棄家珍而襲臭腐乎？

校記

〔一〕又載《高子遺書》卷四，題註無『東林』二字。

『顔淵喟然歎』章 辛亥秋，毗陵經正堂〔一〕

此章書向來爲註中『高堅前後，語道體也』一句所疑，更理會不來。若説道體是人人具足，處處充滿，雖曰神化無方，然却冥會即是，以顔子默識默成，於此豈有間隔？若云仰鑽瞻忽，是顔子於道體全是恍惚想象了，况竭才之後，止見卓立，尚未與道爲一，卓立之後，又歎『末由』，是終身與道爲二，豈成箇顔子？以此懷疑不信。及味程夫子之言，乃始躍然。程子曰：『此顔子深知孔子而善學之者也。』蓋喟然之歎，直歎夫子，不是歎道體。道體是古今聖凡所同，夫子是古來聖人首出，故仰之彌高，無階可升，鑽之彌堅，無門可入，在前在後，無定本可據〔二〕。當時只有顔子能知之，亦惟顔子能學之。蓋顔子與夫子止差得一間，故一直要學夫子，却是聰明才智一毫使不著，幸得夫子循循善誘，博之以文，約之以禮，方知夫子雖神妙，也從這裏來，這便是夫子的階梯，夫子的門户，夫子的定本。博約得一分，見得夫子一分，博約得十分，見得夫子十分，至竭才之後，夫子真面目真精神徹底呈露了，一箇夫子卓然立於吾前矣。然見得愈親切，覺得愈神妙，雖欲從之，末由也已，此所以爲『仰之彌高，鑽之彌堅，瞻之在前，忽焉在後』也。末節是申明首節，竭才正是仰鑽，卓立正是瞻前，末由正是忽後也。

此章書爲一部《論語》的門户。夫子是生民以來第一箇人，顔子是善學夫子的第一箇人。如今就《論語》中求夫子，真是彌高彌堅，在前在後，無可下手，幸得顔子提出這箇法門。周子所謂『發聖人之藴，教萬世無窮者』，在此。但博文約禮，近世都説向心境上輾轉玄虚去，令學者止是作弄，而無實功。考究孔、顔當時，博文只是《詩》《書》《禮》《樂》，約禮只是躬行實踐。吾輩今日將經書熟讀深味，就是博文；將聖賢所言一一體之於心，見之行事之實，就是約禮。至於所謂日用動静之文，洗心退藏之約，自在其中，不必言也。

校記

〔一〕又載《高子遺書》卷四，題註無『秋毗陵經正堂』六字。

〔二〕『無定本可據』及下文『夫子的定本』，四庫本《高子遺書》兩『本』字皆作『體』。

『子在川上』章己未，東林〔二〕

生生之謂易，無刻不生，則無刻不易，無刻不易，則無刻不逝，所謂『造化密移』是也。在天地如此，在人身如此，在物物如此，但不可得而見。可見者無如川流，故聖人指以示人云『如斯夫』者，正謂物物如斯也。此是人的性體，所謂『天德』，人自迷失了。如何迷失了？自有生以來，此箇真體變做憧憧妄念，一般流行運用，不舍晝夜，遂沉迷不反。學者有極親切工夫，但猛自反觀此憧憧者在何處，了不可得。妄不可得，即是真也。緣真變妄，故轉妄即真，如掌反覆，反覆皆此掌也。若欲滅去此妄，别求真性，如何可得？

故程子曰『若説有不好的性，請將好的性來換了此不好的性』，正謂此也。朱子欲學者時時省察，不使毫髮間斷，不是教人將省察念頭接續不間斷，此真體原自不舍晝夜，人間斷他不得，但有轉變耳。時時省察，不令轉變，久之而熟，乃爲成德也。

校記

〔一〕又載《高子遺書》卷四，題註無『東林』二字。

『衣敝緼袍』章 甲寅，東林〔一〕

當時夫子看得子路甚鄭重，曰『其由也與』，眼中真不多見也；引《詩》贊得甚鄭重，曰『何用不臧』，直是可立躋聖地也。何也？夫子之學，下學而上達，即學即達，不離當下。如子路這樣胸襟，潔浄峻偉，一達便是，更無階級，所以夫子每每提醒他，如『是知也』『知德者鮮矣』之類是也。到此，又直揭他真本領出來，令他自認自家寶藏，而子路却把做兩句詩諷誦起來。記者下箇『終身』字，大妙，這一誦便是子路一箇終身了。夫子曰：『是道也，何足以臧？』不要看死煞了，聖人言語如化工造物，豈有死死煞煞便説何足以臧之理？蓋借《詩》言又轉一箇端緒，若曰：『是道也，所謂「何用不臧」者，果何足以臧乎？』使子路深思之也。子路之病不在自足，在於自昧，若不自昧，真可自足，日進無疆之道，原在識得自家本無不足也。今人往往好説當下，不知習心習氣，一團利欲膠固窒塞。知他當下是甚麽樣，必如子路『不忮不求』，却當下便是矣。

校記

〔一〕又載《高子遺書》卷四，題註無『東林』二字。

『子貢問師與商也孰賢』章 庚申，東林〔一〕

子張之學是闊大的，於細密處有不足焉；子夏之學是謹細的，於闊大處有不足焉，二賢正相反。子貢善方人，故舉以爲問，非是欲評定人品，正欲辨明學術。夫子一過之，一不及之，而曰『過猶不及』，蓋言都不是也，於此極可窺見聖人之學。聖人之學，中而已矣。過者，求之高遠，蹉過去了；不及者，局於近小，見不及了，所以一般迷失。若欲求師之過，俯而就焉，就商之不及，企而及焉，兩下補湊以爲中，豈有是處？然則吾輩將何以求中？非直窮其源不可。《中庸》説『喜怒哀樂未發謂之中』，此真窮源矣，然猶未也。此中從何而來？維皇上帝，降衷於下民，民受天地之中以生。一降衷，一受中，此中之所從來也。然何以謂之中？要知天地間一太和之氣而已，《易》曰『天地絪緼』，此所謂太和也。人之生也，得此以爲生，既生也，得此以爲心，渾然在中，通徹三極，情識未動，純是此體，故喜怒哀樂未發謂之中，發而中節，不失此體，故謂之和。一切學問不過保合此而已。有這體，方有這用，故能動静云爲，無過不及之差，聖人精一之心乃其體也。學問迷源，只做得師、商之學，吾輩何敢輕視師、商？然辯學則須開眼，孟子曰：『皆古聖人也，吾未能有行；乃所願，則學孔子。』

校記

〔一〕又載《高子遺書》卷四，題註無『東林』二字。

『回也其庶乎』章丁巳，東林〔一〕

程、張二夫子俱將『屢空』作『心空』，若顔子之心屢空，則是頻復也，何以爲顔子？朱夫子作『數至空匱』，其味無窮。能數至空匱，略不經心，其心還有不空者否？此方是真空。至於子貢貨殖，又爲不善看者説壞了。顔子屢空，全不算計，此爲受命。子貢未免算計，不至屢空，此便是不受命。受命者，生死一聽於命，如夫子『明日遂行』『在陳絶糧』之類，惟顔子能之。子貢貨殖，但未能受命耳。夫子看得他徹骨徹髓，原見他不是以貨殖累心的，其心虚明，能『億則屢中』，『億則屢中』緊根上句説來。顔子中道，故能屢空；子貢貨殖，止於屢中。中道則不可云『屢』，亦不可云『億』，億則雖云『屢中』，未可云『庶』。二賢品第，只在屢空、貨殖上判。貨字稍未脱體，命字遂不到手，聖人『不受命』三字點出萬世人沉冥痼疾，亦便指授萬世人换骨靈丹。

校記

〔一〕又載《高子遺書》卷四，題註無『東林』二字。

『克己復禮』章乙卯，東林〔一〕

聖門以禮教門弟子，皆使由禮求仁。禮與仁皆性也，何以禮之不即爲仁也？曰：『克己與不克己耳。』何以謂之己？人在大化中有箇身子，如大海中一冰，此冰是到死不化的，若化，方知與含生之類同一海水。不克己，即使能約禮，禮只是禮，故曰『博學於文，約之以禮』，僅可不畔於道，未知其仁也。克己復禮，則禮即仁矣。此是聖人無我之學，一直上達天德事，惟顏子可以語此。夫子恐其易視之，故曰：『一日克己復禮，天下歸仁焉。』克復於一日，天下即歸仁於一日，如呼吸然，最可以觀仁。夫子又恐其難視之，故曰：『爲仁由己，而由人乎哉？』由己是旋乾坤的力量，却是決江河的機括，全看根器何如。如顏子，言下便決矣，所以略無疑滯，便問其目。何以問目？顏子是極沉潛的人，極細密的學，他便知己之蟠根固，漏竇多，正在節目細微，點滴不漏，方得根株永拔。此是何等見識！何等精神！夫子告以非禮勿視聽言動，是禮在視聽言動之先，與視聽言動爲一，非此即勿之，非檢點於視聽言動之謂也。大綱上克己，手勢重；細目上復禮，工夫密。綱如開創，目如守成。顏子問目，正問守法，得視聽言動之説，便刻刻有事了，故曰『請事斯語』。聖門爲仁法程如此。

校記

〔一〕又載《高子遺書》卷四，題註無『東林』二字。

『仁者其言也訒』章甲寅，東林〔一〕

只看聖人説『仁者其言也訒』，便把仁者一箇欽欽翼翼的形像畫出來，便把仁者一段欽欽翼翼的心事顯出來。司馬牛乃曰：『其言也訒，斯謂之仁矣乎？』聖人是説仁者之言，司馬牛是説言者之訒，何啻天地懸隔？凡聽言不會意者類如此。若今人，便對他説言者是何物，訒言者又是何物，都點在虛靈知覺上去了。聖人便質質實實説：『爲之難，言之得無訒乎？』這『難』字，不是謂天下事難做，故言不輕説，此一『難』字是千古聖人的心體。聖人看得天下事無一件是我能的，看得君子躬行之事無一件是有於我的，其難其慎，爲也如此，言也如此，輕浮恣肆之意融化無存，厚重凝密之體造次不失，這便是仁。凡《論語》言仁，都是樸實頭如此。可見爲仁只在言行上，別無玄妙，識仁只在此識。

校記

〔一〕又載《高子遺書》卷四，題註無『東林』二字。

『君子而不仁者有矣夫』章己酉秋，金沙志矩堂〔一〕

讀此章書，爲之悚然深懼。夫謂之君子，是天地間有數的人，其於小人判若白黑矣，而猶有不仁者，何也？聖人説『未有小人而仁』，小人定是不仁，不仁就是小人，然則君子而不仁，其去小人寧有幾何？豈得不懼？聖人於當世之士，自顏子而外，未嘗輕下一『仁』字。子文之忠，而仁曰『未知』；崔子之清，而仁曰

『未知』；由、求、赤之才，而仁曰『不知』；原思之守，而仁曰『不知』；即以仲弓德行，而仁曰『不知』。由此觀之，君子安得以影響冒認這仁？然聖人曰：『爲仁由己，而由人乎哉？』是不待求人的。曰『有能一日用其力於仁，未見力不足者』，是人人可做的。曰『我欲仁，斯仁至』，是刻刻可做的。由此觀之，小人何至遽自絶於仁？蓋既是小人，定不肯去求，此所以爲小人。若夫君子，各因其性之所近，守其節之一偏，往往自以爲是，不知不覺混過了一生，真是可惜。夫仁者，人也。仁就是這箇人，人只有這箇仁。天地間無論身外之物，與我無干，即七尺之軀，終非我有，只這箇仁是我。天之尊爵，貴莫貴於此矣。人之安宅，富莫富於此矣。朝聞夕可，毒莫毒於此矣。所以聖人曰：『民之於仁也，甚於水火。』聖人看得如此緊要，此是何故？涇陽先生曰：『聖人説「有矣夫」三字，有無限警動，有無限關係。自觀人者言之，「有矣夫」者，寬詞也，曰：「斯人即有是，然而君子也，烏得遽夷之於小人？」自自修者言之，「有矣夫」者，危詞也，曰：「吾誠有是，是小人也，豈不貽羞於君子？」寬之者，扶之也；危之者，亦扶之也，聖人之扶陽也如是。』愚謂爲世所寬，其危甚矣，是以君子以務學爲急。

校記

〔一〕又載《高子遺書》卷四，題註無『秋金沙志矩堂』六字。

『莫我知』章丙辰，東林〔一〕

自顔子亡，而聖人天德之學無有知之者。子貢雖不能知，而可與知之，故發此歎，以啓其問，因其問而直告之也。『不怨天，不尤人。下學而上達』，正聖人天德之學也。非謂吾之學如是，故人莫我知，正謂人莫知其如是之學也。三句皆是天理自然，如此極平常事，然惟聖人能之，人安得而知之？故曰『知我者其天』。一部《中庸》，聖人只此三句道盡。上天之載，原來即吾人喜怒哀樂，喜怒哀樂，原來即可位天地育萬物。然則何處更有天而容怨，何處更有人而容尤，何處更有玄妙奇特而可舍下達上？

校記

〔一〕又載《高子遺書》卷四，題註無『東林』二字。

『君子修己以敬』章戊申，毗陵經正堂〔一〕

吾輩須各各自認得箇己，這箇己靈於萬物，并於天地，不可輕看了他。他原生來一私不染，萬理具備，天然完全，何故要修？只緣有生以後爲氣稟所拘，自家局小了他；爲物欲所蔽，自家污壞了他；失了他原初本色，故須要修。然修之之法却甚簡易直截，只爭箇敬不敬爾。敬則此心便在這裏，耳便聰，目便明，四體便恭謹，應事便條理，這箇己便是修的。不敬，心便不在，耳便不聽，目便不明，四體便頹放，應事便乖謬，這箇己便是不修的。只爭這些子，當下便分聖凡，何啻天淵相隔？聖人説箇『修己以敬』，徹上徹下，全體在此，大用在此，只要人見得透，信得及。子路便信不及，便曰：『如斯而已乎？』是看得這箇己小了，看得這箇修己輕了。不知聖人把握宇宙樞紐，萬化都在於此，人也以此去安，百姓也以此去安，充其分量，就是堯舜也做不盡的。這箇道理只在眼前，平常到極處，故人人明白，人人不明白。大要先看透天下萬事除了修己，更無別事。若不修己，更無一事可做。若真真實實修了這己，一正百正，一了百了，何處更要費一點閒心腸，枉一點閒氣力？今之談學者多混禪學，便説只要認得這箇己，他原自修的，何須更添箇修？原自敬的，何須更添箇敬？反成障礙了。此是誤天下學者，只將虚影子騙過一生，其實不曾修，有日就污壞而已。若是實修，須是整齊嚴肅，著不得些怠惰放肆；須是主一無適，著不得些胡思亂想；須是無衆寡、無大小、無敢慢，著不得些輕忽厭倦。其初雖不免用力，到習之而熟，自有無限風光。今人又多錯認了這箇敬字，謂纔説敬，便著在敬上了，此正不是敬。凡人心下膠膠擾擾，只緣不敬，若敬，便豁然無事了，豈有敬而著箇敬在胸中爲障礙之理？如今大會中，大家雝雝肅肅，心下潔潔净净，便是修己以敬的樣子。一刻如此，便做了一刻君子。一日如此，便做了一日君子。《詩》曰『聖敬日躋』，只要日日躋陞去。

校記

〔一〕又載《高子遺書》卷四，題註無『毗陵經正堂』五字。

『知及之』章 庚戌冬，毗陵經正堂〔一〕

聖學由知而入，這『知』字却最關係，學術之大小偏正都在這裏。惟聖人方有全知，一徹俱徹，知之所及，即仁即莊即禮，一以貫之。自聖人以下，便要處處著力：仁不能守，是知及上帶來的病，見不透也；涖之不莊，是仁守上帶來的病，守不固也；動之不以禮，是莊敬上帶來的病，養不熟也。而統宗會元，則在『知』之一字。此處透一分，以下病痛便輕一分，所以謂『知』之一字關係最大，古今學術於此分岐。何者？除却聖人全知，便分兩路去了：一者在人倫庶物，實知實踐去；一者在靈明覺知，默識默成去。此兩者之分，孟子於夫子微見朕兆，陸子於朱子遂成異同，本朝文清、文成便是兩樣。宇内之學，百年前是前一路，百年來是後一路。兩者遞傳之後，各有所弊。畢竟實病易消，虚病難補。今日虚症見矣，吾輩當相與稽弊而反之於實。知及仁守，蒞之以莊，動之以禮，一一著實做去，方有所就。

校記

〔一〕又載《高子遺書》卷四，題註無『冬毗陵經正堂』六字。

『予欲無言』章戊午，東林〔一〕

道，一也，天理之自然曰天道，人事之當然曰人道。人道者，求復天道之自然。除却天道，别無人道；除却人道，亦别無天道。聖人只言人道，凡下學處，皆人道也，凡上達處，皆天道也。不學，於何上達？不達，成何下學？門人只述聖人言語去爲學，多不知所學者何事，故聖人直指天道示之。天道不可言，故以『欲無言』示之。以子貢智足以知此，故特於子貢發之。『四時行焉，百物生焉』，現前皆是也，人人同在時行之中，同爲所生之物，人人覿面不知。若知得，則聖人終日所誨，此也；學者終日所學，此也。若不知得，只是述聖人言語而已。故曰『予欲無言』，蓋轉子貢聽言語的心路，令默識乎此也。如何要默識乎此？此所謂善，博學、審問、慎思、明辨、篤行皆擇執乎此。了此，便徹上徹下。

校記

〔一〕又載《高子遺書》卷四，題註無『東林』二字。

『仲尼焉學』章丁巳，東林〔一〕

此子貢既聞一貫之後，原以多學而識示人也。學在明宗，宗未明，要多學而識，宗既明，仍要多學而識。若識得一以貫之，觸處是道，無小無大總是學，無賢不賢總是師。不是多學而識者是一道，一以貫之者又是一道也。如曾子一生用力忠恕，唯前如此，唯後亦如此，但唯前之忠恕與唯後之忠恕，天人之隔，霄壤不侔耳。子貢之多學而識亦然，故曰『莫不有文武之道焉』，此一語便是子貢一貫處。然必説文武之道者，何故？此正是宗傳。夫子曰：『文王既没，文不在兹乎？』故《易》曰《周易》，《禮》曰《周禮》，寤寐欲行者，周公之道。子思贊仲尼曰『憲章文、武』，孟子叙道統曰『由文王至於孔子』，當時文、武宗傳在夫子。夫子見滿天下人俱在文、武道中，故觸處玩味，觸處茹納，真如大海與百川相灌相注，所謂『一以貫之』，亦何嘗不多學而識？如今吾輩何所師？何所學？由孔、孟而來，宗傳在周、程、張、朱，昭代憲章即在周、程、張、朱，滿天下都是此道。道德性命，即賢者識其大，傳註文義，即不賢者識其小，莫不有程、朱之道，即莫不有孔、孟之道，要在能一貫不能一貫耳。

校記

〔一〕又載《高子遺書》卷四，題註無『東林』二字。

『天命之謂性』章丁巳，東林〔一〕

孔門宗傳，『中庸』二字而已。子思子恐後世之失其傳，故作《中庸》以傳道也。此章首釋『中庸』二字之義，全篇皆推明此義也。中庸者，何也？人之性也。性者，何也？天之命也。在大化上說，謂之天；在人身上說，謂之性，性即天也。若天命之者然，故曰『天命』。率此之謂道，修此之謂教。率者，率循其自然，天之道也。修者，求循其自然，人之道也。然則道也者，性而已矣。性即人之性也，豈有須臾離人者哉？試看不睹不聞時何如，耳目有時離形聲，人無時可離道，君子所以戒謹恐懼也。不睹不聞，說時亦可，說體亦可。不睹不聞之時，純是此體也。玩『乎其所』三字，便見不睹不聞不落空，戒謹恐懼非著相矣。此天下之至隱也，而莫見焉；至微也，而莫顯焉。所謂獨也，『獨』者，『獨自』之『獨』，各人自知之自慎之而已。無他，即人之喜怒哀樂未發者之謂也，即喜怒哀樂發而中節者之謂也。未發謂之中，何隱微如之？中節謂之和，何顯見如之？大本達道，總只在此。『慎獨』者，慎此者也，慎之所以致之也。此天地所以爲天地，故致之而天地位；萬物所以爲萬物，故致之而萬物育。一念不慎，中不中，和不和，而天命幾乎息矣，故握要只在慎獨。

校記

〔一〕又載《高子遺書》卷四，題註無『東林』二字。

『仁者人也』丁巳，東林[一]

各在當人之身認仁，已極親切，而味未盡也。須知天地間這許多人總是一團生理，各之則不仁，一之則仁，故曰『仁者人也』。大著眼看這『人』字，八荒只一箇字，所以爲仁，其最肫肫處，則親親爲大耳。試看九經，親也，賢也，大臣、群臣、庶民、百工、遠人、諸侯，總是這箇人。試看五達道，君臣、父子、昆弟、夫婦、朋友，總是這箇人。若不開得這眼，各人其人，便是不仁。如何行五達道？如何行九經？行處只此一處，故曰『所以行之者一也』。如此看來，不知人，真不可事親；不知天，真不可知人。只看這天還有兩箇否？然則許多人的心還有兩箇否？將天字看人字，何等明白！將人字看仁字，何等明白！

天，一也，無窮之天，即昭昭之天。然井中之觀，非井外之觀。學未豁然者，即在當身體貼，猶屬昭昭之天。故余爲此説以盡人字之味，舉似葉參之[二]，參之曰：『仁者，人也。在衆人身上説，固見大同。在一人身上説，亦無不盡。蓋一人即千萬人，千萬人即一人也。夫子語意渾涵，原無所不該，非必合許多人看，方見是仁。其實一人體仁，便能通天下之志，而道德九經一以貫之矣。所謂知人者知此，知天者亦知此，非有二也。泥兄之意，恐不善理會者謂各在當人之身者，猶未足盡仁，必大著眼孔，知天地間這許多人總是一團天理，方完得這仁字，則失之遠矣。』參之此説，又不可不知。

校記

〔一〕又載《高子遺書》卷四，題註無『東林』二字。

〔二〕『似』，疑爲『示』字之訛。

『不動心』章丙辰，東林〔一〕

此章是聖賢定志之學。人心原是不動的，所以動者，道義不足以貞其志，志不足帥其氣也。故不動心全在志氣上，志是箇主意，主意一定，匹夫亦不可奪。但看北宫黝、孟施舍可見，雖萬乘、三軍皆不足以奪之。孟子説箇守字便是志，説箇勇字便是氣；説二子，便隱然見告子所以不動心；説曾子，便隱然見自家所以不動心。不動心之道已竭盡無餘矣，下特因問明之。告子大主意，只是不求。不求者，不起一念也。他也不要持志，也不要養氣，一直恁地去，未嘗不是不動心，却全不是道義了。其病皆從不知義來，故其心爲蔽陷離窮之心，其言爲詖淫邪遁之言，其害至滅裂於政事而爲大亂之道。

孟子知言，精義之學也。此義何從來？天地之間，道者體也，義者用也。道義者，天地之志也，所以帥剛大之氣；剛大者，天地之氣也，所以配道義之志。故集義乃生氣也。集義，『集』字取鳥集於木之意。集於義，更摇撼不動〔二〕，即志即義，即義即氣，非别有氣生也。義襲，『襲』字取衣襲於外之意。若不能集義，縱有一事兩事偶合於義，却如義來襲於我，而我掩取之，合於此又不合於彼，其不合處，仍不慊於心，而氣索然矣。既謂之義，故必有事焉。必有事者，勿忘之謂也。勿正心者，勿助長之謂也。除却告子以爲無益而舍之，又有一等助長以害之者，其爲不知義，一也。

孟子精義之學又從何來？從孔子來。『自有生民以來，未有盛於孔子』，正孟子知言處也。『乃所願，則學孔子』，正孟子定志處也。孟子如何學孔子？其謂『智譬則巧』是矣。『可以仕則仕』四者，正孔子中紅心處。孟子知孔子，正在此處，此所謂『義』也。化裁於仕、止、久、速而執極不移，所謂『集義』也。知一『義』字，所謂『志』者此也，所謂『氣』者此也，所謂『持』、所謂『養』者此也，豈不爲守之至約至約者哉〔三〕？

校記

〔一〕又載《高子遺書》卷四，題註無『東林』二字。
〔二〕『更』，四庫本《高子遺書》作『便』。
〔三〕按，疑衍一『至約』，四庫本《高子遺書》不重。

孟子道性善章庚戌春，荆溪明道書院〔一〕

要識性善，只看『夫道，一而已矣』，便是註脚。夫天地之道爲物不二，只是一箇，故古今聖愚別無兩箇。此在人直下認取吾與堯、舜果是一是二？既是一箇，這箇果是善是不善？此可恍然悟矣。悟得這箇，方知我平日的還不是這箇，一切膠膠擾擾做箇甚麽，一向悠悠蕩蕩成箇甚麽，吾性原自充滿具足，無少欠缺，吾性原自潔净精微，無點塵污。從此豁開兩眼，劄住兩足，看得世間更無一物入得我胸次方是。學不知性，如行者無家，終無住處；如耕者無田，終無種處，故孟子開口便道這箇。此事難在一信字，信了，又難在一爲字。當時滕世子有二疑：一是聖凡之疑，謂自己是箇凡人，如何做得去？故孟子將『成覸』三段破他；一是强弱之疑，謂自己是箇小國，如何做得來，故孟子將『截長補短』破他。豈特世子，人人不上聖賢路，只此二疑，直將自己做得事公然寫甘退，所以不但不如聖賢，漸次入於庸惡陋劣；將自己今日便做得事要等待如何如何方去做，所以終身只不做。有此疑者，便是病，病便須服藥。學者痛自參究，自家做箇人，如何容他這等不明不白、不乾不净，混帳過了一生，如何是好？參來參去，急尋箇出頭，必有一朝通身汗下，如死復生之日，此爲瞑眩，此爲病瘳。不肖同是病中人，正要共同志依方服藥爾。

校記

〔一〕又載《高子遺書》卷四，題註無『春荆溪明道書院』七字。

『大人者，不失其赤子之心者也』乙卯，東林〔一〕

《孟子》七篇，俱明性也。此章又指出赤子之心來，示人益明切矣。天下人那一箇不從赤子來？那一箇無赤子之心？赤子之心如何？無知無能者也。此無知無能者，乃良知良能也。此良知良能者，乃無不知無不能者也。自赤子以後，外誘於物，生出許多知能來，人人認這是我的心，日充日長，却把原來的真心日湮日没，得此則失彼，直相背而馳了。若猛然警省，我今所認的心千般萬様，總從軀殼上起，軀殼六尺而已，豈不是小？當初赤子之心便即天地之心，豈不是大？『不失』兩字，不要看輕了，有多少工夫在。須是急急回頭，般般放手，到那一絲不掛時，猛然自省，依然還是箇赤子，從此戰戰兢兢，惟恐失之，方能不失。大人一生，只照管得這箇在，更别無一事。

校記

〔一〕又載《高子遺書》卷四，題註無『東林』二字。

『人之所以異於禽獸者』章丁巳，荆溪〔一〕

『幾希』者，差不多也，吾輩試研究果在何處？文公先生曰：『知覺運動之蠢然，人與物同；仁義禮智之粹然，人與物異。』然仁義禮智者，五行之德，禽獸不能外五行而生，何能外五行之德爲性？其所以偏而不全，塞而不通者，何故？細看乃知《孟子》文字之微妙也。其下云『舜明於庶物，察於人倫』，人只有這一點明察，是異於禽獸處。明察者何也？乃知覺運動中之天則，仁義禮智中之靈竅。知覺運動，固物之所同，這一點天則却不同。仁義禮智，非物之獨異，這一點靈竅却獨異。雖以舜之大聖，異處只此些子耳，謂之『幾希』，真幾希也。再看『行之不著，習矣不察』章，庶民去之，只在不著不察，所謂『幾希』，愈明白矣。然這箇明察，人人具足，却在何處去了？知誘物化以後，都變作私智小慧，在世情俗見中，全不向人倫庶物上來，所以不著不察。然一轉頭，私智小慧又都作真明真察。這一轉，亦惟人能之，禽獸不能也。吾輩提出這明察，如日中天，其由於仁義之途，如明眼人行於康莊，不若行仁義者，尚是盲人待人詔告也。

校記

〔一〕又載《高子遺書》卷四，題註無『荆溪』二字。

『天下之言性也』章 癸丑三月，金沙志矩堂[一]

孟子謂天下之言性者何其紛紛也，只須道一箇『故而已矣』。何謂故？原來故物也。就一人言之，自有生以來原是如此的；就天地間言之，自有生人以來原是如此的。千萬人也如此，千萬世也如此，聖也如此，凡也如此，不曾有些子差池。性原是拈不出的，只看這箇故，便自了然，當下可認取，但不可造作壞了他，所以故者，必『以利爲本』。『利』者，不鑿之謂也，鑿便造作壞了。今人皆以能鑿爲智，不知正是智之可惡處。這箇智就是故，只以利爲本。但看禹之行水，當入江的還他入江，當入海的還他入海，此之謂行所無事，此之謂利，此之謂智。即如天之高，星辰之遠，今年的便是千歲以前的一般，是這箇故。苟求其故，千歲日至，可坐而得，所以曰：『天下之言性，則故而已矣。』孟子此章最奇特，拈一箇『故』字，便把有生來難描難畫的本色和盤托出來與人看，更不須弄一些玄虛；拈一箇『利』字，便把日用間無窮無盡的工夫一口道出來與人做，更不須用一些伎倆。次節便是『利』字註脚，三節便是『故』字註脚。看得二字透，真所謂『易簡而天下之理得矣』。

校記

〔一〕又載《高子遺書》卷四，題註無『三月金沙志矩堂』七字。

『伯夷目不視惡色』章己未，東林〔一〕

此章正孟子願學孔子處。凡謂之聖人，皆純乎天理而無一毫人欲之私，同是盡性的人，如何有清、任、和、時之異？蓋未至大中至正處，猶未免稍有意在，稍有意在，便於全體有未滿處，於妙用有未圓處。夫子一生自言，有兩語最要，曰『無可無不可』，曰『一以貫之』。一以貫之，其全體也；無可無不可，其妙用也。夫子曰『無可無不可』，孟子則曰『可以仕則仕，可以止則止，可以久則久，可以速則速』。夫子曰『一以貫之』，孟子則曰『金聲而玉振之者也』。金、玉亦八音之二耳，全重兼總條貫，金一聲而衆音翕然并作，玉一振而衆音寂然俱止。舉金聲玉振，而八音一貫矣，故曰『始終條理』。聖人知在一處知，故萬理具備；行在一處行，故萬行具足。知聖巧力，一到俱到，更不分輕重。孟子以樂喻聖人全體，以射喻聖人妙用。二節只説孔子聖之時，不涉三聖。三聖聲調自别，各自成家，不可謂是一音之小成，不可謂力有餘而巧不足。知到處，自然力到，無力到而知不到者。孟子願學孔子，豈獨是一生志願，便是萬古法程，看來夷、尹、惠真學不得。夫子之時，是人心同然天則，自古至今，自凡至聖，到這紅心處，便俱對針，此所以自生民以來未有之聖，反是人人可學。吾輩若真發願要學孔子，畢竟覷著這紅心。這紅心何在？孟子固言之矣，人之所不慮而知，不學而能者是也。這便是極時的，只依著他，自然體無不備，用無不妙。

校記

〔一〕又載《高子遺書》卷四，題註無『東林』二字。

『性無善無不善』章壬子冬，毗陵經正堂〔一〕

道性善是孟子宗旨，此章正孟子所以道性善也。當時論性有三種：謂可善可不善，是認習爲性；謂有善有不善，是認質爲性，俱在粗迹上看，更不足道。獨告子實有所見，無善無不善，儘是玄妙。須要總看他論性處，識得他所認爲性者：杞柳，謂他是箇無雕琢的，湍水，謂他是箇活潑潑的，總是天生見成的，如食色然，生來便如此，豈是人學得的？這裏著不得箇善不善，何處要人用甚工夫？仁義禮智，不過世間幾箇好名目，逼迫人做的，反弄得人不自在了，此所謂『外鑠』也。孟子則謂這箇果然是天生見成的，但不是這等没頭没腦渾沌的物事，他極有條理，有典則，你看他當惻隱便惻隱，當羞惡便羞惡，當辭讓便辭讓，當是非便是非，這便唤做仁義禮智，不是別有箇仁義禮智在外面强逼人做箇好名目也。由此觀之，只是這一件物事，各人認得不同。告子認是渾沌虛無的，孟子認是仁義禮智的。這一件是何物？生是也。心也是他，性也是他，情也是他，才也是他。若認是渾沌虛無的，便見是無善無不善，一直還他渾沌虛無便了，不須思，不須求，不須盡其才，所謂『不可與入堯舜之道』者，此也。若認是箇仁義禮智的，便見是善，便須思，便須求，便須盡其才，所謂『人皆可以爲堯舜』者，此也。試看物則秉彝，豈不是善？豈不是天生見成的？這箇生，孟子、告子同在發出來處看，但孟子妙處，將惻隱等四者换却他食色，便條理秩然。聖學、異端，其分岐處只在毫釐間。

校記

〔一〕又載《高子遺書》卷四，題註無『冬毗陵經正堂』六字。

『乃若其情』三節戊午，東林〔一〕

孟子拈出情字證性之善，拈出才字證性之無不善，固矣。然人之爲不善，畢竟從何而來？爲即才也，非才之罪，是誰之罪與？曰：『不思之罪也。』思非今人泛然思慮之思，是反觀也。吾輩試自反觀，此中空空洞洞，不見一物，即性體也。告子便認作無善無不善，不知此乃仁義禮智也。何者？當無感時，故見其無，及感物而動，便有惻隱等四者出來，何善如之？隨順他天然本色應付去，何善如之？故曰：『乃若其情，則可以爲善。』可以爲善者，乃才也。若不思，則人是蠢然一物，信著耳目口鼻四肢，逐物而去。仁義禮智之才，皆爲耳目口鼻四肢之用。才非性之才，則爲不善，豈才之罪耶？然則如何爲盡其才，曰：『只於四端知皆擴而充之。』

校記

〔一〕又載《高子遺書》卷四，題註無『東林』二字。

『富歲，子弟多賴』章甲寅，東林〔一〕

此章喫緊在『聖人與我同類者』一句。凡同類者，無不相似。常人與聖人相似在何處？只一點心之同然處也。然心之所同然，不是輕易説得的。只看口之於味，必須易牙之味，天下方同；耳之於聲，必須師曠之音，天下方同；目之於色，必須子都之姣，天下方同。不然，畢竟有然者有不然者，説不得同嗜同聽同美也。心之理義，何以見得天下同然？須是悦心者方是。即如今人説一句話，處一件事，到十分妥當的，方人人同然，稍有不到，便不盡同。所以理必曰『窮理』，義必曰『精義』，不到那至處，唤不得理義，不足以悦心，不足以同於天下。夫人所以易於陷溺其心者，何故？只緣無悦心之物，故外物皆得勝之，而牽引萬端。若到得自家悦心處，人心同然處，便是聖人所先得處。此是凡聖對鍼合縫，更無毛髮差池。孟子所謂『性善』，所謂『人皆可爲堯舜』，俱在此處認取，此處下手也。

校記

〔一〕又載《高子遺書》卷四，題註無『東林』二字。

『牛山之木』章 乙卯，東林〔一〕

從古聖人未曾説氣，至孟子始説浩然之氣，始説夜氣，最爲喫緊，何也？天地間渾然一氣而已，張子所謂『虚空即氣』是也。此是至虚至靈、有條有理的。以其至虚至靈，在人即爲心；以其有條有理，在人即爲性。澄之則清，便爲理；淆之則濁，便爲欲。理便是存主於中的，欲便是梏亡於外的，如何能澄之使清？一是天道自然之養，夜氣是也；一是人道當然之養，操存是也。操者何？志也。志，帥氣者也。操存愈固，夜氣愈清；夜氣愈清，操存愈固。此是天人相合處。平旦幾希，正見道心之微；操存舍亡，正見人心之危。若養之純熟，莫知其鄉之心便是仁義良心，更無出入可言；仁義良心便是浩然之氣，亦無晝夜之别矣。

校記

〔一〕又載《高子遺書》卷四，題註無『東林』二字。

『雖存乎人者』節己未，東林〔一〕

孟子『養氣』章以集義生氣，是氣生於心也。此章以夜氣存心，是心存於氣也。然則氣與心何以别之？天地間充塞無間者，惟氣而已。在天則爲氣，在人則爲心。氣之精靈爲心，心之充塞爲氣，非有二也。心正則氣清，氣清則心正，亦非有二也。孟子説不動心，工夫在養氣；説養氣，工夫在持志。持其志，便不梏於物，是終日常息也。常人無終日之功，須假終夜之息。夜氣者，氣以夜而息，息至平旦，稍稍清明，故曰『平旦之氣』。梏之反覆，則終夜不足以息之，故曰『夜氣不足以存』。然則息之義大矣哉！氣息則清，氣清則爲仁義良心，心存則爲浩然正氣也。今人以呼吸爲息，大謬矣。息者，止息也，萬念營營，一齊止息，胸中不著絲毫，是之謂息。真能持志集義者，自能通乎晝夜而息也。

校記

〔一〕又載《高子遺書》卷四。『人』，原作『仁』，此據《高子遺書》及《孟子・告子上》校改。《高子遺書》題註無『東林』二字。

『仁，人心也』章癸丑二月，東林〔一〕

世上人説著心，誰不曉得終日思量算計的便是？孟子説這箇不是心，『仁，人心也。』説著路，誰不曉得終日行來行去的便是？孟子説這箇不是路，『義，人路也。』世人箇箇曉得路，孟子看來，却箇箇舍其路而不由；世人箇箇曉得心，孟子看來，却箇箇放其心而不知求。然則動步就是差的，動念就是差的，迷昧顛倒，至死後已，豈不哀哉！人有雞犬放，無有不知求者。做一箇人，只有這一箇心，却放而不知求，何耶？不知求者，不知其放也。他一箇身子隨著世間滚去，饑便思食，渴便思飲，見色逐色，聞聲逐聲，終日營營，非名即利，何處覺得有甚放心？所以全要學問，學問才曉得有這心，才曉得這箇心放不放。如何爲放？不仁便是放。如何爲仁？不放便是仁。曰：『然則這思量算計的是何物？』曰：『這就是心，只緣放了。』放如流放竄殛之放，必有箇安置所在，或在聲色，或在名利，才知得放便在這裏。所以曰不知求者，不知其放也。才知便是求，才求便是仁，故曰：『我欲仁，斯仁至。』心一仁，這終日行走的便是義，非别有路也。只這些關捩子，聖凡相去，直如霄壤，可畏哉！

校記

〔一〕又載《高子遺書》卷四，題註無『二月東林』四字。

『徐行後長』節丁巳，東林〔一〕

此是孟夫子指示人爲堯、舜的訣法，至顯而易知，又至微而難察，至簡而易入，又易失而難久，非細心密意在日用煉習不可。試察徐行一步是何意思，不知不覺已是弟的心腸了，便在堯的路上行；疾行一步是何意思，不知不覺已是不弟的心腸了，便在桀的路上行。日用間種種，只是這箇關頭。如作事，占些便宜便是疾行，肯吃些虧便是徐行。非義之得，要便是疾行，不要便是徐行。非禮之色，視之便是疾行，不視便是徐行。非意之加，較之便是疾行，不較便是徐行。諸如此類，如在岐路口，一邊往堯，一邊往桀，間不容髮。認得路頭明，立得脚跟定，非能自得師不可，歸而求之有餘師，如何？曰：『只這一點不敢疾行的，便是真師。』

校記

〔一〕又載《高子遺書》卷四，題註無『東林』二字。

『盡其心者』三章丙辰，東林〔一〕

同是一箇命，理一分殊。一者，千萬人千萬世是一箇；殊者，一人是一箇。一者，心性也；殊者，壽夭貧富、貴賤之類是也。一者，雖命於天，把柄却屬之於我；殊者，雖受於我，把柄却屬之於天。把柄屬之我，故雖有昏明强弱不同，却由我自立；把柄屬之天，故雖隨遇可盡道，却聽天作主。今人所以營營擾擾，費盡了不當用的心腸，只緣不知聽命；所以悠悠蕩蕩，蹉盡了當用的工夫，只緣不知立命。此三章，首章言立命，次章言順命。『求則得之，舍則失之，是求有益於得』，又言立命事也；『求之有道，得之有命，是求無益於得』，又言順命事也。其實只一箇知性，便能立命，便能順命。『夭壽不二』，修身俟死，又是順命處；『盡其道而死』，又是立命處。原非兩事，知得順命，一毫心腸不閒用；知得立命，一刻工夫不浪廢，方得精神并歸一路。

校記

〔一〕又載《高子遺書》卷四，題註無『東林』二字。

『萬物皆備』章癸丑，東林〔一〕

萬物總是一物，故一物皆備萬物。我亦一物也，萬物一我也。即萬爲一，故藏密處不容一些散漫。人被物欲牽誘，却全散漫了，故須反身。『反身而誠』，即一即萬，取之逢原，何樂如之！即一爲萬，故推行處不容一些隔礙。人被物欲封閉，却全隔礙了，故須强恕。『强恕而行』，即萬即一，渾然同體，何仁如之！『反』字『强』字，千觔萬兩。天地原是一闔一闢，故學問只是一闔一闢。

校記

〔一〕又載《高子遺書》卷四，題註無『東林』二字。

『人不可以無恥』章戊午，東林〔一〕

孟子剔發人恥心，曰『人不可以無恥』，曰『恥之於人大矣』，又欲人以無恥爲恥，其鄭重如此。但不知恥是恥著甚事？孟子固明言之。恥者，『恥不若人』也。然人是何等樣人？不若人，是不若人何等樣事？世人恥不若人，或恥技藝不若人，或恥富貴不若人，非但不足恥，且是不當恥。恥不若人，須認得這『人』字。人是一世萬世、一人萬人對同一樣的，有不相似的，便是不若人。如孟子所謂『無惻隱之心，非人也』，『人之有四端，猶其有四體』之類，是人人本來如此，雖至聖人，原不曾加得些子，走了這樣，便不若人。若原不要若人，又何若人之有？孟子兩處言不若人，此與無名之指同看更明白。人人手具十指，有不若人，便以爲惡人；人心具四端，有不若人，曾不以爲恥，何也？有能忽然以此之無恥爲恥者乎？便是超凡絶類的人，天下可恥之事更不能加於其身矣。

校記

〔一〕又載《高子遺書》卷四，題註無『東林』二字。

『君子所性，仁義禮智根於心』辛亥十月，東林〔一〕

孟子道性善，是言人人所同也。此言君子所性，言惟君子有之者也。性之所以爲善者，以仁義禮智。

仁義禮智者，求則得之者也，惟君子能求而得之。四者之入於心，如木之於地，根深柢固，故能發榮滋長，暢茂條達而生色也。不然，則何分定之有？分者，分也。天之生物，人人分與全副家當。分得爲分，本分之内，無纖毫欠缺，所以『大行不加』，『窮居不損』。若天分之，我不承受，此家當我却無分了，便至沿門持鉢，仰息他人，雖小小得失，能加損之，況大行窮居乎？吾輩今將何以求之？孟子言之矣，『君子以仁存心，以禮存心』，是操存涵養的工夫；『凡有四端於我者，知皆擴而充之』，是體驗擴充的工夫。如此時時習去，方得根心生色。

校記

〔一〕又載《高子遺書》卷四，題註無『十月東林』四字。

『士何事』章 戊午，東林〔一〕

若説士未得爲大人之事，止是尚志，則事與志爲二。事實志虚，必須大人而後有事也。王子問『士何事』，孟子正説士以『尚志』爲事。王子問『何謂尚志』，孟子正説以仁義爲事。除却仁義，更無事；除却志，更無仁義也。『殺一無罪』，豈必是殺戮？士君子一言之誤貽害於人，一事之謬貽害於人，皆殺無罪也。簞食豆羹，苟爲非義，皆取非其有也。然則日用間，住脚便是居仁，息息有事在，動脚便是由義，息息有事在。大人之事不過如此，不曾加得毫末，士之事不曾減得毫末，故曰『大人之事備』。備是體用完備於此，非預備之備也。然則孟子何不曰『士以仁義爲事』，而必曰『尚志』？正謂志方是真仁義，尚志方是真爲仁義。如今人一切苟且，爲非仁非義者，總是志不立。若尊尚此箇志來，便浩然常伸萬物之表。『行一不義，殺一不幸』，得天下，不爲，孟子一生得力，只操持此志。

校記

〔一〕又載《高子遺書》卷四，題註無『東林』二字。

『道則高矣美矣』章乙卯，東林〔一〕

孔子之門，以聖人所言皆易知易能，而疑隱其高者美者；孟子之門，以孟子之道高矣美矣，而欲示其淺者近者，此何以故？蓋夫子平生只説一『學』字，即説聖説仁，總是説學。世人不知『學』之一字是極微妙的，乃以爲淺近。孟子平生只説一『性』字，即説孝説弟，總只證性。世人不知『性』之一字是極平常的，乃以爲高美。是皆不知法度出於自然，非人所能爲也。

孟子所謂『繩墨』『彀率』者何在？如論道德，必稱堯、舜；論征伐，必稱湯、武；『乃所願，則學孔子』，是也。學問窮到至處，方是繩墨，方是彀率，方是性。然此箇道理，亘古亘今，充天塞地，隨人具足，拈著便躍然當乎吾前，此所以爲中道，惟實用力者方知之，故曰『能者從之』。孟子所謂『性』，便是孔子所謂『學』。若非孟子指其源頭，竭其分量，學者不輕視聖人之學而別慕高遠，陷於異端，即誤視聖人之學而安於卑近，墮入庸俗矣。

校記

〔一〕又載《高子遺書》卷四，題註無『東林』二字。

東林書院會語

程夢暘《小引》

程夢暘《小引》曰：『先生之學主於復性，不以敬爲敬，而認敬即性；不以身爲身，而認身即天。蓋其得於窮理者深乎！』〔一〕

校記

〔一〕《東林書院會語》所載程夢暘《小引》及各則又見《高子遺書》卷五《會語一百則》。

會語 一百則

《通書》曰：『一者，無欲也。』程子云：『心有所向便是欲。』可見程子之『主一』自周子來，『無適』即周子之『無欲』也。

朱夫子三様入敬法，曰『整齊嚴肅』，曰『常惺惺』，曰『收斂不容一物』。今日吾輩胸中勞勞擾擾，千萬物俱容在此，豈止一物？若要免此，須是常惺惺。要惺惺，須是整齊嚴肅。三法又有次第。

凡事行不去時節，自然有疑，有疑要思其所以行不去者，即是格物。

人要於身心不自在處究竟一箇著落，所謂『困心衡慮』也。若於此蹉過，便是困而不學。

先生謂友曰：『愁苦處能放得下，便有進道之機。須是討出箇究竟，纔放得下，所謂「窮至事物之理」也。自古聖賢豪傑多從困苦中得力，人若從此逼迫出，便可向道。』

聖學正脈只以窮理爲先[一]，不窮理[二]，便有破綻[三]。譬如一張桌子，須要四隅皆見，不然，一隅有污穢，不知也。又如一間屋，一角不照，即躲藏一賊，不知也。

校記

〔一〕（清）許獻、高廷珍等纂《東林書院志》卷五《高景逸先生東林論學語上》此句後尚有：『故曰：「窮理盡性，以至于命。」』

〔二〕《東林書院志》『不』字前有『苟』字。

〔三〕《東林書院志》此句後尚有：『朱子曰：「知有不至，即其不至處，惡即生焉，以爲自欺之主。」』

彦文問曰：『静中何以格物？』曰[一]：『格物不是尋一箇物來格，但看身心安妥。苟身心稍不安妥，便要格之因甚不安妥。』彦文曰：『若安妥時如何？』曰：『安妥便要認，認即是格物也。』[二]

校記

〔一〕《高子遺書》卷五《會語一百則》『曰』字前有『先生』二字，下文『曰』字前同。

〔二〕此則亦見（明）吳桂森《真儒一脈》之《門人記録（周彦文記）》，内容稍詳：『周季純（彦文）問曰：「静中何以格物？」先生曰：「格物不是尋一箇物來格，但看身心安妥。苟身心稍不安妥，便要格之因甚不安妥。若安妥，便要認，認即是格物也。物有全體之物，有一物之物。全體之物，心是也。一物之物，一事是也。李見羅先生曰：『體則萬物皆備，用則一物當幾。』當幾之物，一物之物也。萬物皆備，全體之物也。」』

《大學》所重在知本，若不知修身爲本，格盡天下之物，也没相干。

學問先要知性，性上不容一物，無欲便是性。

學問通不得百姓日用，便不是學問，所以孟子説『反經』二字。〔一〕

校記

〔一〕《真儒一脈》此則内容稍詳：「先生曰：『學問通不得百姓日用，便不是學問，所以孟子説箇「反經」二字，極有意味。這「反經」二字乃《孟子》七篇文字收拾處，七篇俱是反經。夫所謂「反」者何？反其初也。反其初者，反其性也；反其性者，反其善也；反其善者，反其仁義也；反其仁義者，反其孝弟也；反其孝弟者，反其愛敬也。何人不有父母？何人不有長上？何人不有孩提之愛敬？反倒此同然處，則人人興起矣，故曰：「經正則庶民興。」』」

真是爲善最樂。不要説一生平穩，即反思此身乃父母所生，我不曾做辱親事，豈不至樂？此身乃天地所生，我不曾做欺天事，豈不至樂？人有生，必有死，到瞑目時，無累心事，豈不至樂？〔一〕

校記

〔一〕《真儒一脈》此則文字小異：「先生曰：『真是爲善最樂。爲善之人不要説一生平穩，即反思此身乃父母所生，我不曾做辱親底事，豈不至樂？又思此身乃天地所生，我不曾做欺天底事，豈不至樂？又思人有生，必有死，到瞑目時，無累心事，豈不至樂？』」

主宰定，更無物可奪得。舊曾患牙、腹痛，不可忍，纔主得心定，其痛隱隱退去，稍怠，痛忽至矣。可見古之忠臣義士只是一箇主宰定，雖殺身，也不知痛。

『無爲其所不爲』，是孟子道性善處。性中原無他物，因性中本無，故不爲不欲。若只在不爲不欲上求，吾人終日除不爲不欲之時，須有空缺，此空缺時，作何工夫？如何説『如此而已矣』？

悟、修二者并無輕重〔一〕。即如仁義禮智四字，言仁智處皆是悟，言禮義處皆是修，悟則四字皆是悟，修則四字皆是修，悟則四字皆是悟，真是半斤八兩。

校記

〔一〕《真儒一脈》此句後多以下兩句：『修而不悟，所修者非修也；悟而不修，所悟者非悟也。』

麻城周中興問曰：『不肖生平習氣用事，見人是非，直言無隱，鼎鑊不顧，自謂只全得這點直性。』答曰〔一〕：『這只是直之一節，「直」字不可容易看。「人之生也直」，直便是性。《易》言「敬以直内」，必敬，方能直。聖人下字極妙，「直」字便將箇「罔」字對了。罔者，冥然無覺，悍然不顧，如投火之蛾，入網之魚，有不死者，乃幸而免耳。不罔便直。』又曰：『既知習，便可知性。不是除了這習，別有箇性。即如喜怒哀樂，終日習於其中而不知，不知只是習，知得便是性。知者，知其未發也，未發的模樣便是發的節。若喜怒哀樂發時，一如未發模樣，豈不太和元氣？所以吾輩工夫只在未發培養深厚，令四者之來搖拽不動，方是性學。』中興曰：『此道理真有兩條路，但須揀正路走。』答曰：『只是一條路，學者是一箇明眼的人，高低凸凹，了了行去，不至蹶躓。常人却像盲者，小心的還知策杖而行，大膽的便墮坑落塹，只此一條路也。』

校記

〔一〕《高子遺書》卷五作『先生曰』，下文『答曰』同。

中興又曰：『今而後，不肖知凡閒是閒非俱不必管也。』余曰〔一〕：『爲學之人，何處非學？但入耳目，便非閒事，增何限觸發，何限警省！更無不關己事也。』

校記

〔一〕『余』，《高子遺書》卷五作『先生』。

中興曰：『學問只是求心要緊。』余曰〔一〕：『孟子只説求放心，不説求心。此心充塞無間，放是梏於一處了。知其放，依舊停停當當，切忌騎驢覓驢。』

校記

〔一〕『余』，《高子遺書》卷五作『先生』。

孟子『囂囂』二字不得入手〔一〕，全無受用處。苟無囂然於湯聘的心腸，早有翻然而改的行徑，未有不爲富貴所魔者。頃之，謂門弟子曰：『吾輩閒話且休説。人生幾何，悠悠蕩蕩，今年是這般人，明年是這般人，心性不曾透得一步，經書不曾透得一部，好事不曾做得幾件，好人不曾成就得幾箇，如何如何，不可不大家警省也。』

校記

〔一〕《高子遺書》卷五句首有『先生曰』三字。

顔子用志不分，只在情性上學。不在情性上學，聖人不謂之學。身通六藝之人，豈不各有所好？聖人不謂之好學。

顔子之好學，不在怒與過上用功。只看《大易》，便知《復卦》初九一爻惟顔子能當之。此一爻即乾元也，所謂『元』者，善之長也。夫子一生，『好學』二字，惟自許，許顔子一人。

彦文問曰：『曾子聞一貫，其學亦微矣。夫子猶不許之好學，何也？』答曰〔一〕：『在聖門，聞一貫還是入門之學，非終身結果之學也。且曾子在聖門最小，聞一貫時，纔二十歲外。』彦文曰：『曾子之聞一貫，是知大頭腦矣。纔知本領做工夫，到啓手啓足之時，學問結果矣。』答曰：『然。』

校記

〔一〕『答』，《高子遺書》卷五作『先生』。下文同。

彦文問曰：『夫子静中光景何如？』曰：『念頭頗少，但應接多了，便浮氣不定。伊川先生云定心氣，心氣最難定。』

一貫是忠恕悟處，忠恕是一貫修處。

意、識、情俱是不好一邊，若誠其意，智其識，性其情，道理又只是一箇〔一〕。

校記

〔一〕此則《真儒一脈》所載文字稍詳：『先生曰：「意、必、固、我之意，是不好底意。若誠其意，則意便是性也。情識之識是不好底識，若智其識，則是默識之識也。誠其意，智其識，性其情，道理只是一箇。」』

學問見了獨體，然後算得性學。不是念頭上見底，若念頭之獨，便有斷滅。見得此體，隨處是獨，而無對也。若有古今人我内外，便是二。

静以見性，見性自静。言性則無窮，言才則有限。

人一身都是心，在目主視，在耳主聽，在心主思。心在則爲心官，心不在則爲耳目之官，非别有耳目之官也。夫子所謂『九思』，是言心官當位。心官在目，則目自明，在耳，則耳自聰。

當下孝弟之事不做，只管講孝弟，孝弟是甚東西？夫子云：『親生之膝下，以養父母日嚴。』孝弟兩字不是聖人造作出來，見親生之膝下有此真愛，便名之曰孝；又因漸長而日嚴，因嚴以教敬，有此真敬，便名之曰弟。人生何時能忘此愛敬？故隨處愛敬，即隨處是孝弟。故曰：『愛親不敢惡於人，敬親不敢慢於人。』

彦文問曰：『「喜怒哀樂未發，便是「敬以直内」否？「發而皆中節」，便是「義以方外」否？』曰〔二〕：『然。』

校記

〔一〕『曰』,《高子遺書》卷五作『先生曰』。

讀書如喫飲食,喫得又要消得。凡人有一副知見在胸,最難得入道。昔有人延一名師教其二子者,謂師曰:『二生長者有工夫,易爲力;次生全無工夫,須費力也。』先生試之,謂主人曰:『所云正相反。次者只須與之搬進去,長者還要搬出來了,再搬進去。』

吴心矩問:『「天下之言性也,則故而已矣。」故者,何也?』曰〔一〕:『故者,所謂原來頭也。只看赤子,他只是原來本色,何嘗有許多造作?』

校記

〔一〕『曰』,《高子遺書》卷五作『先生曰』。

『反身而誠』四句。近看來日用受用只此二句親切〔一〕:『反身而誠,是無事時工夫。强恕而行,是有事時工夫。』一不誠,便不樂;一不恕,便不仁。反身是立本之事,强恕是致用之事。終日如此,自當進益。

校記

〔一〕《高子遺書》卷五句首有『先生曰』三字。

動時工夫要在靜時做，靜時工夫要在動時用。動時差了，必是靜時差。譬如吾人靜時澄然無事，動時一感即應，只依本色，何得有差？

剥者，剥落，剥而後復。人自孩提終日要長要短，到長大，便要名利，要貨色，種種膠固，無出頭處。而今吾輩學問正要逐漸剥去，使之剥盡，始有復機。然須一番苦工夫，至九死一生中透出，方得力。譬如這箇橘子，去皮纔見瓤，去瓤纔見子，子分兩瓣，兩瓣中間纔見一些子芽，這芽還不是，直等乾元一至，從芽中發出者，却無形可見，方是真體。

人只要自己知不善，即是善也。知不善而不復行，明善也。只要自己肯去明便好，師友只好說，說了不肯行，終没奈何[一]。

校記

[一] 此則《真儒一脈》作：『有友問「明善」，先生笑曰：「日用所言皆明善也。只看顏子之明善，其曰『有不善未嘗不知』，人只要自己知不善，即是善也。知不善而不復行，明善也。人只肯自己去明便好，所謂『自家痛癢自家知』，不是人替得底。」』（清）許獻、高廷珍等纂《東林書院志》卷六《高景逸先生東林論學語下》作：『有友問「明善」，先生笑曰：「日用所言皆明善也。只看顏子之明善，其曰『有不善未嘗不知』，人只要自己知不善，即是善也。知不善而不復行，明善也。不是除了這箇不善，又去尋箇善。人只要肯去自己明便好，所謂『自家痛癢自家知』，不是人替得底。師友只好說，說了不肯行，終是没奈何。」』

學者靜坐是入門要訣[一]，讀書、靜坐不可偏廢。伊川先生曰：『節嗜欲，定心氣。』靜坐却是定心氣之法。

校記

〔一〕（清）許獻、高廷珍等纂《東林書院志》卷五《高景逸先生東林論學語上》此句前尚有『先生謂參夫曰：「讀書後静坐否？」參夫曰：「未也。」先生曰』二十字。

彦文問：『心與氣何以分别？』曰〔一〕：『心之充塞爲氣，氣之精靈爲心。譬如日，廣照者是氣，凝聚者是心，明便是性。』〔二〕

校記

〔一〕『曰』，《高子遺書》卷五作『先生曰』。

〔二〕此則（清）許獻、高廷珍等纂《東林書院志》卷六『會語四』《高景逸先生東林論學語下》作：『彦文問曰：「静中體貼，心與氣何以分别？」先生曰：「氣即心也，心之充塞爲氣，氣之精靈爲心。譬如日，廣照者是氣，凝聚者是心，明便是性。」又曰：「虚空都是氣，不知道者不知耳。人之在氣，猶魚之在水。張子所謂『太和謂道』，『太虚謂天』，指點人極醒。」』

學者於理氣心性一一要分剖得明白。延平先生『默坐澄心』，便明心氣，『體認天理』，便明理性〔一〕。

校記

〔一〕此則（清）許獻、高廷珍等纂《東林書院志》卷五《高景逸先生東林論學語上》作：『先生曰：「學者於理氣心性一一要分剖得明白。不明理性，固不明心氣，不明心氣，亦不明理性。延平先生『默坐澄心，體認天理』，默坐澄心便明心氣，體天理便明理性。」』

聖門言仁，只是説行處多。如視聽言動，恭寬信敏惠五者行於天下，俱是説行。只如此體貼，便知爲仁之道。

彦文問曰：『聖人時時對越上帝，何又要三日齋七日戒〔一〕？』曰〔二〕：『聖人雖無時不敬，平常不廢應接。至祭祀時〔三〕，皆謝絶，收斂精神，以對鬼神耳。』

校記

〔一〕『聖人時時對越上帝，何又要三日齋七日戒』，（清）許獻、高廷珍等纂《東林書院志》卷五《高景逸先生東林論學語上》作：『聖人時時未發，是時時對越上帝，無時而不敬也，何至祭祀時又要三戒七齋，何也？』

〔二〕『曰』，《高子遺書》卷五作『先生曰』。

〔三〕《東林書院志》『至祭祀時』四字上有『若』字。

彦文問曰：『聖人臨死，順之乎？收斂精神乎？』曰〔一〕：『此處如何著得收斂？』

校記

〔一〕『曰』,《高子遺書》卷五作『先生曰』。

彦文曰:『近覺坐行語默皆瞞不得自家。』曰〔一〕:『此是得力處,心靈到身上來了,但時時默識而存之。』

校記

〔一〕『曰』,《高子遺書》卷五作『先生曰』。

孔子不言養氣〔一〕,然『三戒』却是養氣妙訣:戒色則養其元氣,戒鬭則養其和氣,戒得則養其正氣。孟子言持志〔二〕,戒即是持志也。

校記

〔一〕(清)許獻、高廷珍等纂《東林書院志》卷五《高景逸先生東林論學語上》此句前尚有『孟子言養氣』一句。

〔二〕《東林書院志》此句後尚有『即是養志』一句。

學問必須躬行實踐方有益。如某人見地最好,與之言,亦相入,但考之躬行,便内外不合,是以知虛見無益〔一〕。

校記

〔一〕此則(清)許獻、高廷珍等纂《東林書院志》卷五《高景逸先生東林論學語上》作:『先生謂彦文曰:「兩年來,愈知虚見無用之學必須躬行寔踐方有益。不然,却是當面蹉過。」因曰:「某人見地最好,與之言,亦相入,但考之躬行,便内外不合,是以知虚見無益。」』

有友言體認與揣摩,答曰〔一〕:『體認者,是實有這件在此。若與人相會,已見其人,又細認之。揣摩者,是未見其人而想像之。朱子曰「因其所發而遂明之」,發處即是實有這件矣。但人都覿面蹉過,是見其人不知認也。』

校記

〔一〕『答曰』,《高子遺書》卷五作『先生曰』。

學未有得,則敬以求之。既得,則敬以守之。即聞道者,主敬工夫與未聞道時一樣做。

有一人兄弟不和,至刻説帖,其人忿忿不平,來訴,答曰〔一〕:『兄弟相殘,大不祥。要之,釁端必自取。今不若只是認罪,無論其言之實者,即誣者,皆自認了,只説容我改過。即彼欲訴於鄉黨,亦聽彼自爲,略不與辯,從此急回頭,大翻身,方是活路。』

校記

〔一〕『來訴，答曰』四字，《高子遺書》卷五作『訴之先生，先生曰』。

與光問所著述〔一〕，答曰〔二〕：『程子至中年始著書，著述之事甚非學者所宜亟亟，不得已乃言之耳。一生學問有得力處，若無人可授，豈忍自私？只得公之後世，總亦出於不忍人之心，若文詞何用？』〔三〕

校記

〔一〕『所』，《高子遺書》卷五作『先生』。

〔二〕『答曰』，《高子遺書》作『先生曰』。

〔三〕（清）許獻、高廷珍等纂《東林書院志》卷五《高景逸先生東林論學語上》此則作：『與光問先生著述，先生曰：「程子至中年始著述，且著述之事甚非學者所可用心，何也？著述者，乃不得已之言也，亦是不忍人之心。吾人一生學問有得力處，若無人可授，豈忍自私？只得筆之於書，以公後世。無益身心之贅言，又奚著述哉？」』

聖人取人之善，譬如今人善看文者一般，將他好處圈出來。即做文字的人，連自家還不知那一句好，被他圈出便躍然，如何不鼓舞興起？

『適於義，適亦可；莫於義，莫亦可。』〔一〕此兩句原因『義之與比』一句發，無適無莫，一味隨義而轉〔二〕。

葉玄室先生曰：『「君子之於天下也」一句極要體會，可見君子之所爲直要通得天下人纔行得。若守定一己獨見，雖真心爲國爲天下，也行不去。』余曰[三]：『此豈但衆人不從，即同志中也不從。須是天下人無論賢智愚不肖都通得，方可行也。』[四]

校記

〔一〕《高子遺書》卷五、（清）許獻、高廷珍等纂《東林書院志》卷五《高景逸先生東林論學語上》句首有『先生曰』三字。

〔二〕《東林書院志》此句後尚有『夫子之仕止久速，只隨義轉也』一句。

〔三〕『余』，《高子遺書》作『先生』。

〔四〕『君子之於天下也』至『方可行也』，《東林書院志》作：『「君子之於天下也」這一句極要體會，可見君子之所作所爲，直要通得天下人纔行得。不然，若守定一己之獨見而不能通之於天下，雖是真心爲國爲天下，也行不去。」先生曰：「不能通天下而欲行一己之獨見，不要説天下人不從，即同志中也不從。必竟要行，須是天下人無論賢愚不肖都通得，方可行也。」』

先生謂周穉馨曰：『人生天地間，要思量一箇究竟，此身何來？將來何去？《太極圖》引「原始反終」一句，却大關係。所謂太極者，原始也要原到這裏，反終也要反到這裏。』[一]

校記

〔一〕《真儒一脈》此後尚有一句：『豈可只作文字看過便了』。

其爲物不貳，只是一箇道理。惟其一，所以生物不測。惟不測，故神，所謂易也。故程夫子曰：『其體則謂之易，其理則謂之道，其用則謂之神，其命於人則謂之性，率性則謂之道，修道則謂之教。孟子於其中又發揮出浩然之氣來，可謂盡矣。《中庸》又説一箇鬼神以形容斯理之妙，所以説「如在其上，如在其左右」，只曰「誠之不可揜」。』何等活活潑潑底！會得時，大好過日子。所以説：『昊天曰明，及爾出王。昊天曰旦，及爾游衍。』由是思之，天何嘗離人？人何嘗離天？故曰：『道也者，不可須臾離也，可離非道也。』人居天中，如魚居水中，魚無水不活，人無天不生。人亦死在天中，蓋須自家生氣接得天着。至於養成浩然，則死生一矣〔一〕。

校記

〔一〕『人亦死在天中』一段，疑爲陳龍正按語。『死生一』，四庫本《高子遺書》作『死亦生』。

天在眼前〔一〕，人豈不知？只爲説了天命，不知如何爲命，連天也不知了。天只是天，一落人身，故唤做命，命字即天字也。彦文曰：『做人的有天命，如做官的有君命，一切行事皆承君之命而行之。今做人的不知自家有天之命，却如做官的不知自家有君之命也。』

校記

〔一〕《高子遺書》卷五句首有『先生曰』三字。

《易》言利用出入〔一〕，民咸用之，謂之神。吾輩一語一默，一作一息，何等神妙！凡民不知，胡亂把這神都做壞了〔二〕。學者便須時時照管〔三〕，念茲在茲。所謂『允執』，所謂『顧諟』，所謂『慎獨』，只此一事。所以古人又説箇『惟』字，曰『惟精』，曰『惟一』，不然不能凝結也〔四〕。

校記

〔一〕《真儒一脈》此句前尚有一段文字：『先生曰：「學問體認無時不在，家庭日用，何者非吾真性作用？但人不知耳。」』

〔二〕《真儒一脈》無『凡民不知，胡亂把這神都做壞了』一句。

〔三〕『時時』，《真儒一脈》作『事事』。

〔四〕『所以古人又説箇「惟」字，曰「惟精」，曰「惟一」，不然不能凝結也』一段，《真儒一脈》無。

人之靈即天地之靈，原是一箇，却是箇活鬼神。倏然言，倏然默，倏然喜，倏然怒，莫知爲而爲，非鬼神而何？

胸中無事，則真氣充溢於中而諸邪不能入。

真元之氣生生無窮，一息不生，便死矣。草木至秋冬凋謝，是霜雪一時壓住，彼之生生，無一息之停也。不然春意一動，其芽何以即萌？人之爪髪即草木之枝葉也，飲食是外氣，不過借此以養彼耳。其實真元之氣何藉乎此哉？人之借飲食以養其身，即草木之滋雨露以潤其根。

鼻息呼吸，乃闔闢之機也，非真元之氣。真元之氣生生不息。〔一〕

校記

〔一〕此則後有陳龍正按語：『以上三條非説養生，總闡明一「氣」字，與夜氣之論參觀。』

王南塘先生言：『可覩可聞，皆氣也。』此句極妙。所謂『野馬』『絪緼』，亦云微矣，雖微，猶氣也。神則無形之可見，但一屬神，即是感底朕兆，動之幾萌於此矣。寂然不動，乃誠也。學問只到幾處可知，幾之上即不可知。

有友曰：『羅整菴先生言理氣最分明，云氣聚有聚之理，氣散有散之理，氣散氣聚而理在其中。』答曰〔一〕：『如此説也好。若以本原論之，理無聚散，氣亦無聚散。如人身爲一物，物便有壞，只在萬殊上論，本上如何有聚散〔二〕？氣與理只有形上形下之分，更無聚散可言。』

校記

〔一〕『答曰』，《高子遺書》卷五作『先生曰』。

〔二〕『本』，（清）許獻、高廷珍等纂《東林書院志》卷五《高景逸先生東林論學語上》作『本原』。

有友論天人，答曰〔一〕：『天人原是一箇，人所爲處即天。譬之命該做官者，必須讀書做文字，讀書做文是人，然肯讀書做文又是天。』彦文曰：『命之所有，先天也。人之肯爲，後天也。無先天，不起後天；無後天，不成先天。』答曰：『然。』

校記

〔一〕『答曰』，《高子遺書》卷五作『先生曰』，下文同。

希顔問易，答曰〔一〕：『易即人心。今人有以《易》書爲易，有以卦爻爲易，有以天地法象爲易，皆易也，然與自家身心不相干，所以書自書，卦自卦，天地自天地也。要知此心體便是易，此心變易從道者，便是易之用。所以六十四卦，聖人説六十四箇「以」字，如君子自强不息者，以乾也；厚德載物者，以坤也。非乾，而何能自强不息？非坤，而何能厚德載物乎？餘卦又以時言之，君子所以如此者，以此時也。時者，易也，總是以此也。」

校記

〔一〕『答曰』，《高子遺書》卷五作『先生曰』。

有言以易洗心是二物，何如？答曰〔一〕：『此言固好，然須知易方是心〔二〕，心未必是易，到得憧憧往來之心變成寂然不動之心，渾是易矣，豈不是以易洗心？』

校記

〔一〕『答曰』，《高子遺書》卷五、（清）許獻、高廷珍等纂《東林書院志》卷六《高景逸先生東林論學語下》作『先生曰』。

〔二〕《東林書院志》『然』字後尚有『以此洗心，豈不是以易洗心』十一字。

彦文曰：『近日吴覲華先生講《繫辭》，謂聖人作《易》，總只要人能變化，一部《易》只説得「變化」二字。』答曰〔一〕：『然。』彦文問夫子大象，答曰：『此是夫子之《易》，夫子特地教人用《易》之方，故六十四卦六十四箇「以」字，《繫辭》内又總記兩箇「以」字，看來讀《易》，又只是「以此齋戒」「以此洗心」耳。』又曰：

『一部《易》只是説一箇「中」字。』又曰：『不曾看過六十四卦，看不得《繫辭》。若不知得《繫辭》，却也看不得卦。《繫辭》是《易》原，若有入處，便可聞道。』〔二〕

校記

〔一〕『答曰』，《高子遺書》卷五作『先生曰』，下文同。

〔二〕此則（清）許獻、高廷珍等纂《東林書院志》卷六《高景逸先生東林論學語下》作兩則，第一則：『彦文曰：「近日覲華先生講《繫辭》，其意曰：『聖人作《易》，總來只是要人能變化，一部《易》只説得「變化」二字。』」先生曰：「正是。」彦文問曰：「夫子大象是總解一卦之義乎？」先生曰：「此是夫子之《易》，夫子特地教人用《易》之方，故六十四卦六十四箇『以』字，《繫辭》内又總説兩箇『以』字：『以此洗心，退藏於密。以此齋戒，神明其德。』看來讀《易》又只是『以此齋戒』『以此洗心』耳。」先生謂彦文曰：「不曾看過六十四卦，看不得《繫辭》。若不知得《繫辭》，却也看不得卦。《繫辭》是《易》原，若有入處，便可聞道。」』第二則：『先生曰：「一部《易》只是説一箇『中』字，若不識得這箇『中』字，看不得《易》。」彦文曰：「看來《易》中所言只是一正一反，如此則吉，不如此則凶。」先生曰：「然。」』《東林書院會語》當據此兩則删節而成。

『直，其正也』，何不曰『直，其敬也』？『敬以直内』，何不曰『正以直内』？看來『敬』字只是一箇『正』字。伊川先生言敬，每以整齊嚴肅言之。『整齊嚴肅』四字，恰好形容得一箇『正』字。

一部《易》，原始要終，只是敬懼無咎而已，故曰『懼以終始』『無咎者，善補過也』。《易》中凡説有喜、有慶、吉、元吉，都是及於物處，若本等，只到了無咎便好。

易是現前的物事〔一〕，看《繫辭》首章可知。只平鋪着看，尊卑貴賤，動静剛柔，吉凶變化，自然而然〔二〕。聖人説一部《易》，却像不曾説一般〔三〕。

校記

〔一〕（清）許獻、高廷珍等纂《東林書院志》卷五《高景逸先生東林論學語上》此句前尚有『先生謂彦文曰』六字。

〔二〕《東林書院志》此句後尚有『執一件，不是易。遺一件，不是易』十二字。

〔三〕《東林書院志》此句後尚有一段文字：『故朱子曰：「易是不惹着事的，不好將大話説，不好將巧話説，不得粗説，不得細説。」程子曰：「體用一原，顯微無間。」真知易者哉！』

『以此洗心，退藏於密』，隨處是密。程子曰：『密者，用之源。』『顯諸仁』，即是『藏諸用』。譬如一株樹，春氣一動，抽芽發枝，枝葉都是春發出，是『顯諸仁』；然春都在枝葉，即『藏諸用』。夫子言仁，曰『恭寛信敏惠』，可見仁都在事上，離事無仁。密不在寂然不動中尋，又不是舍寂然不動處有密，密只是『藏諸用』。

『鼓萬物而不與聖人同憂』〔一〕，言聖人與天地都是一樣，只這憂與天地不同〔二〕。聖人吉凶與民同患，百姓之憂患〔三〕，即是聖人之憂患也〔四〕。

校記

〔一〕（清）許獻、高廷珍等纂《東林書院志》卷六『會語四』《高景逸先生東林論學語下》句首有『先生曰』

三字。

〔二〕『只』，《東林書院志》作『只是』。

〔三〕『百姓之憂患』，《東林書院志》作『故憂百姓的憂患』。

〔四〕《東林書院志》此句後尚有『若論大業盛德，成象成形，知來通變，聖人與天地俱是一樣』二十三字。

有友問太極，余曰〔一〕：『太極者，據易而言，天地間莫非易，易有太極，非易之外別有所謂太極也。且以吾身觀之，吾身是易，當下寂然無些子聲臭，即是太極。周子云：「寂然不動者，誠也。」誠即太極也。』

校記

〔一〕『余曰』，《高子遺書》卷五作『先生曰』。

『不出户庭』與『不出門庭』兩爻，人時時用得着。如事之當做者不做，便是不出門庭之凶矣；事不當做而做，便是出户庭而咎矣。

《詩》必以小序爲準〔一〕，國史明得失之迹，豈可不信？但首兩句是真，餘皆後儒附會。朱子不信小序，是連真者皆不信矣，將許多思賢詩俱作淫辭解，如《鷄鳴》《丘中》，皆思賢詩也。彦文曰：『詩中多以美人喻君喻賢者。』曰：『然。』

校記

〔一〕《高子遺書》卷五句首有『先生曰』三字。

彦文問曰：『《大學》「至善」二字即「中庸」也？』曰〔一〕：『然。』

校記

〔一〕『曰』，《高子遺書》卷五作『先生曰』。

『中』字自虞廷來，到夫子，只添箇『庸』字。『中』字得箇『庸』字，纔著實。《論語》形容夫子，『温良恭儉讓』，從應接處形容；『子温而厲』，還是動容處形容；至於『燕居』，乃是從獨處無事時形容。今日想像，真是一夫子宛然在目中也。鄒荆璵問曰：『「夭夭」二字如何？』曰〔一〕：『就是「桃之夭夭」，純是一團生機。』〔二〕

校記

〔一〕『曰』，《高子遺書》卷五作『先生曰』。

〔二〕（清）許獻、高廷珍等纂《東林書院志》卷六『會語四』《高景逸先生東林論學語下》此則作：『先生曰：「顔子形容高堅前後，苟非竭才之學，真難窺測。《論語》形容夫子，其曰『温良恭儉讓』，其曰『子温而厲，威而不猛，恭而安』，其曰『子之燕居，申申如也，夭夭如也』。若『温良恭儉讓』，還是從應接處形容；『子温而厲』，還是動容處形容；至於『燕居』，乃是從聖人獨處無事時形容。今日想像，真是一夫子宛然在目中也。」鄒荆璵先生問曰：「『夭夭』二字何以解之？」先生曰：「就是『桃之夭夭』，純是一團生機。」』

有友講『以約失之者鮮矣』，答曰〔一〕：『約只是一箇小心，約到至盡處，即道也。』

校記

〔一〕『答曰』，《高子遺書》卷五、(清)許獻、高廷珍等纂《東林書院志》卷六『會語四』《高景逸先生東林論學語下》作『先生曰』。

先生問諸友曰：『「德之不修」「出則事公卿」，看這兩章，夫子何等謙退！及「天生德於予」「文不在茲乎」「知我者其天乎」〔二〕，看這數段，何等自任〔三〕！何也？』劉本孺先生曰：『聖人時時以天自對，所以自信如此。若說工夫，便不敢易言之〔三〕。』葉玄室先生曰：『正爲聖人日用工夫時與天游，故臨患難信得過〔四〕。若常人平日不曾有這工夫，臨患難更信不過。』先生兩然之〔五〕。

校記

〔一〕『德之不修』至『知我者其天乎』，(清)許獻、高廷珍等纂《東林書院志》卷六『會語四』《高景逸先生東林論學語下》作：『夫子云「德之不修」章，又曰「出則事公卿」章，看這兩段，是何等謙退！有不敢自居之意。及過宋而曰：「天生德於予，桓魋其如予何？」又曰：「文王既沒，文不在茲乎？」又曰：「知我者，其天乎！」』

〔二〕《東林書院志》『何等自任』四字前有『是』字。

〔三〕《東林書院志》『便不敢易言之』後尚有『此正見得聖人與天是一個』，『先生曰：「然。」』十五字。

〔四〕『信』，《東林書院志》作『愈信』。

〔五〕《東林書院志》此句作『先生曰：「兩説甚然。」』

『仁者先難而後獲』，曰〔一〕：『天理必與人欲相逆，纔去做難的事，是向天理上行，然人欲隨之，又要獲了。先難後獲，方純乎天理。顔子克己，若紅爐點雪，不必言難，天下歸仁，反從獲上説。樊遲根器大不同，故曰「先難後獲」。』

校記

〔一〕『曰』，《高子遺書》卷五作『先生曰』。

『回之爲人也，擇乎中庸』一句，乃是《中庸》一書大關節處。學問思辨，皆是擇乎中庸。『得一善』，不是今日得一善，明日又得一善，從始至終只此一善。又不是得一萬事畢，性道無窮，學問亦無窮，但得一善，拳拳服膺，便日新又新。

『有爲者譬若掘井』〔一〕，註中説『及泉』，云仁如堯，孝如舜，學如孔子，此是詣極的及泉。然入門便有入門的及泉，不得入門之泉，終無詣極之泉。周子言：『誠者，聖人之本。』即泉也。吾輩當下一念反觀，沖漠無朕，便是原泉。『九仞』特爲不及泉者言。掘井一仞而及泉，不可謂之棄井也。

校記

〔一〕《高子遺書》卷五此句後有『先生曰』三字。

朱夫子之言，俱是用上説，使人可知可行。孔子教人，亦只是説用，所謂『吾無行而不與二三子者』。孔子後，孟子方説出心性。孟子後，秦、漢學者俱在訓詁上求，更不知性命爲何物。至宋，周、程夫子出，纔提出性命，到微妙矣。朱夫子出，不得不從躬行實踐上説。若知孟子之言，便知孔子句句精妙。若知得朱子之言，便知周、程語語著實。

五經四書註，俱是漢儒專門傳受，俱有一箇來歷，後來宋諸大儒又費許多心思逐句逐字稱斤估兩定下，肯細心咀嚼之，自有滋味，何必説出許多新奇？更不知今之所謂新奇，正先儒所剩下不用者。故文公先生嘗云：『四書註中，字字句句俱是某稱量過來。若人不曾用得某許多工夫，却也看某底不出。』其註書時，與敬夫、伯恭兩先生往來書簡，雖有一字不安，辨論數番。後人未曾見到，反議論前賢，真無忌憚也。

薛文清、吕涇野二先生語録中無甚透悟語，後人或淺視之，豈知其大正在此？他自幼未嘗一毫有染，只平平常常脚踏實地做去，徹始徹終，無一差錯，既不迷，何必言悟？所謂悟者，乃爲迷者而言也。文公先生自七八歲時與群兒遊，端坐畫八卦，看《孝經》，便書八字曰：『人不如此，便不成人。』是何氣象！

彦文問：『漢末管寧何如人？』曰〔一〕：『高士也，未透性之曾子。』

氣節而不學問者有之，未有學問而不氣節者。若學問不氣節，這一種人爲世教之害不淺。

校記

〔一〕『曰』，《高子遺書》卷五作『先生曰』。

彦文問〔二〕：『康齋與白沙透悟處孰愈？』曰：『不如白沙透徹。』『胡敬齋先生何如？』曰：『敬齋以敬成性者也。』『陽明、白沙學問何如？』曰：『不同。陽明與陸子静是孟子一脈，陽明才大於子静，子静心粗於孟子。自古以來，聖賢成就俱有一箇脈絡。濂溪、明道與顏子一脈，陽明、子静與孟子一脈，横渠、伊川、朱子與曾子一脈，白沙、康節與曾點一脈。」彦文曰：「敬齋、康齋何如？」曰：「與尹和靖、子夏一脈。」又問：「子貢何如？」曰：「陽明亦稍相似〔二〕。」

校記

〔一〕《真儒一脈》此前尚有一段文字：「彦文問吴康齋、陳白沙學問，先生曰：『白沙初從康齋，即使讀書，白沙讀書自覺無得，居碧玉樓數載，静中養出端倪，然後豁然有得。始之讀書，乃博文之事也；終之静坐，乃約禮之事也。然非讀書，則無博文之功；非静養，則無約禮之力。』」

〔二〕《真儒一脈》此句後尚有數句：「且聖門自顏子而下，穎悟惟子貢一人。後來夫子没，獨居墓六年，想學問亦不可量也。」

彦文曰：「告子，所謂强持者乎？」曰：「他也不强持，他倒是自然底。」彦文曰：「近於禪乎？」曰：「非也。告子之學，釋氏所呵也，在釋門謂之自然外道。」

彦文問曰：「隋之文中子與漢之董仲舒何如？」曰〔一〕：「文中子更大有聖人依歸，造就與顏、閔同。」

校記

〔一〕「曰」，《高子遺書》卷五作「先生曰」。

參夫曰〔一〕：「吾儒之學既透（矣），不透禪，是欠闕否？」曰〔二〕：「非欠闕也。禪之一宗惟濂溪、明道兩先生真能知得，後來闢佛者總闢他不服。』參夫曰：『整菴、陽明俱是儒者，何議論相反也？』曰：『學問俱有一箇脈絡，即宋之朱、陸兩先生這樣大儒也，各有不同。陸子之學是直截從本心入，未免道理有疎略處。朱子却確守定孔子家法，只以文行忠信爲教，使人人以漸而入。然而朱子大，能包得陸子；陸子粗，便包不得朱子。陸子將《太極圖》《通書》及《西銘》俱不信，便是他心粗處。朱子將諸書表章出來，由今觀之，真可續六經。這便是陸子不如朱子處。』〔三〕

校記

〔一〕（清）許獻、高廷珍等纂《東林書院志》卷五《高景逸先生東林論學語上》此句前尚有一段文字：『參夫問曰：「羅整菴、馮少墟兩先生學問何如？」先生曰：「都好，是吾儒之極純者。」參夫曰：「某先生言兩先生俱不透，何也？」先生曰：「兩先生於儒極透，但闢佛或未當。且今之言透不透者，多言禪之透不透耳。」』

〔二〕『曰』，《高子遺書》卷五作『先生曰』，下文同。

〔三〕《東林書院志》此後尚有一段文字：『先生曰：「朱夫子嘗云：『子静會説，真能説得人涕泗交流。某也會説，只恐壞了人，不敢。』」此便是聖人心腸。』

彦文問曰：『武侯「學須静」之静，何如？』曰〔一〕：『他是胸中無事，閒居抱膝長吟，在軍中雖終日戰鬭，却如無事一般，胸中長安静，故思慮細密而神化不測。』彦文曰：『與程夫子「百官萬務儘悠悠」意思何如？』曰：『也差不多。』〔二〕

校記

〔一〕『曰』，《高子遺書》卷五作『先生曰』，下文同。

〔二〕（清）許獻、高廷珍等纂《東林書院志》卷六『會語四』《高景逸先生東林論學語下》此後尚有『但程先生知此即是道，武侯是資稟暗合道妙。他如此學，不知此即是道也』數句。

學問并無別法，只依古聖賢成法做去，體貼得上身來，雖是聖賢之言行，即我之言行矣。我朝曹月川先生是理學之宗，看他文集，不過是依了聖賢實落行去，將古人言語略闡發幾句，竝無新奇異説，他便成了大儒。故學問不貴空談，而貴實行也。

岳鍾尹問曰：『有言許魯齋不該仕元，何如？』曰〔一〕：『文清稱魯齋無間言，云程、朱後一人而已，又云魯齋有仕止久速氣象。文清檢身極密，非見之真，決不輕言也。』頃之曰：『予亦非漫信文清者，蓋有道焉。魯齋所居之地燕雲十六州，石晋時歸於契丹，至宋已三四百年，魯齋生於斯，長於斯，祖宗已爲彼民久矣。況魯齋非有意仕元，并無一毫功名富貴之念。每以師道自居，聘爲教官，曰：「此我可爲也。」聘爲祭酒，曰：「此我可爲也。」抗賓師之禮於太子，毫不假借，稍有不妥，拂衣而歸。其出處進退，綽綽然有餘裕也。』曰：『吴草廬何如？』曰〔二〕：『草廬與魯齋大不同。草廬乃中國人，嘗爲宋貢士。宋貢士，我朝進士也，謂未嘗任而不死，亦當披髮入山，又可仕乎？且中國人爲天子，猶不可，況夷狄耶？』曰：『未仕宋而仕之，可乎？』曰：『不可。元本夷狄，《春秋》謹華夏之辨，焉有中國人而仕夷狄者？若金華四先生，其法程也。』曰：『劉誠意先仕元，而後忠於我太祖，何如？』曰〔三〕：『焉有中國人爲天子，掃腥羶，既抱大才而不輔之者乎？誠意之差，差在仕元。』

校記

〔一〕『曰』，《高子遺書》卷五作『先生曰』。

〔二〕『曰』，《高子遺書》作『先生曰』。

〔三〕『曰』，《高子遺書》作『先生曰』。

魯齋有用夏變夷之才，與子見南子意思同。〔二〕有魯齋之志，有魯齋之德，則可。不然，只學金華四先生爲安穩。

周、程、張、朱是爲天地幹蠱之人。白沙、康節是享現成家當者。若其間最苦心竭力者，又莫過朱夫子，於世上無一事不理會過。

校記

〔一〕此則（清）許獻、高廷珍等纂《東林書院志》卷五《高景逸先生東林論學語上》作：『有歌白沙詩：「倒翻秦漢從頭數，惟有堯夫認得真。」參夫曰：「若自秦漢惟有堯夫認得真，其間周、程、張、朱諸先生皆認不真也。」先生曰：「不然。此乃二人學問氣質相近處，所遇皆當盛世，得以自樂者。若周、程、張、朱諸先生，是爲天地幹蠱之人。白沙、康節是享現成家當者。若其最苦心竭力者，又莫過朱夫子，於世上無一事不理會過，在吾道可謂鞠躬盡瘁，死而後已者矣。」』

彦文問〔一〕：『王龍溪之辭受不明，必良知之學誤之也〔二〕？』曰〔三〕：『良知何常誤龍溪？龍溪誤良知耳。』彦文曰：『龍溪之差，恐亦陽明先生教處未加謹嚴[四]。』曰：『我朝文清先生與陽明先生俱是大儒，第文清之學嚴密無流弊[五]，陽明未免有放鬆處。』[六]

校記

〔一〕『問』，（清）許獻、高廷珍等纂《東林書院志》卷六『會語四』《高景逸先生東林論學語下》作『問曰』。

〔二〕『必』，《東林書院志》作『必是』。

〔三〕『曰』，《高子遺書》卷五、《東林書院志》作『先生曰』，下文同。

〔四〕《東林書院志》『謹嚴』二字後有『耳』字。又，《東林書院志》此句後尚有『弟子如此，爲師者恐亦不得辭其責』二句。

〔五〕『文清』及下句『陽明』後，《東林書院志》皆有『先生』二字。

〔六〕《東林書院志》此後尚有：『彦文曰：「陽明一路學問，看來畢竟有滲漏。」先生曰：「然。」』

程子云：『孟子才高，學之未可依據，且學顔子。』余則曰：『顔子才高難學，學者且學曾子，有依據。』彦文曰：『明道許康節内聖外王之學[一]，何以後儒論學只説程、朱[二]？』曰[三]：『伊川言之矣[四]，康節如空中樓閣[五]，他天資高[六]，胸中無事，日日有舞雩之趣，未免有玩世意[七]。』

校記

〔一〕（清）許獻、高廷珍等纂《東林書院志》卷六『會語四』《高景逸先生東林論學語下》此句作『邵康節先生，明道嘗許之内聖外王之學』。

〔二〕《東林書院志》此句後尚有『不提康節，何也』六字。
〔三〕『曰』，《高子遺書》卷五、《東林書院志》作『先生曰』。
〔四〕『矣』，《東林書院志》作『是矣』。
〔五〕《東林書院志》此句作『云康節乃空中樓閣』。
〔六〕《東林書院志》『他天資高』前有『看來』二字。
〔七〕『意』，《東林書院志》作『的意思』。

一向不知陽明、象山學問來歷，前在舟中，似窺見其一斑。二先生學問俱是從致知入，聖學須從格物入，致知不在格物，虚靈知覺雖妙，不察於天理之精微矣。知豈有二哉？有不致之知也，毫釐之差在此。

有一玄客就坐〔一〕，先生曰〔二〕：『東林朋友俱不知玄〔三〕，雖然，仙家惟有許旌陽最正，其傳只「浄明忠孝」四字。談玄者必盡得此四字，方是真玄。』其人默默。

校記

〔一〕『就坐』，《高子遺書》卷五、（清）許獻、高廷珍等纂《東林書院志》卷六『會語四』《高景逸先生東林論學語下》作『至東林』。
〔二〕『先生曰』，《東林書院志》作『先生初不與言，久之曰』。
〔三〕此句《東林書院志》作『東林朋友俱是硜硜者，不知玄』。

參夫問曰：『開伊洛之源者，濂溪也。二程親得其秘，何不大闡發之？伊川又謂伯淳之學得之遺經。

即《太極圖》《通書》，至朱子，始爲表章，何也？』曰〔一〕：『二程不過再見茂叔耳，教尋孔、顔樂處，但指點其源頭，再見之後，各處做官，即《太極》《通書》似俱未見。伯淳曰：「吾學雖有所受，天理二字却是某體貼出來。」謂《大學》「孔氏遺書」，謂《中庸》「孔門傳授心法」，常教人讀書必先《語》《孟》，不是程子表出四書，聖學真無入門。得之遺經，豈不信然？』

校記

〔一〕『曰』，《高子遺書》卷五作『先生曰』。

高子遺書（文）

卷之一

語一百八十二則〔一〕

校記

〔一〕按，已見《就正録》，本卷删文存目。

卷之二

劄記四十六則〔一〕

校記

〔一〕按，已見《就正録》，本卷删文存目。

卷之三

經解類

古本《大學》題詞

《大學》首章約義

《大學》首章廣義

附録先儒復《大學》古本及論格致未嘗缺傳

附録《洹詞》〔一〕

校記

〔一〕按，以上五篇已見《就正録》，本卷删文存目。

説類

困學記

吾年二十有五，聞令公李元沖名復陽與顧涇陽先生講學，始志於學。以爲聖人所以爲聖人者，必有做處，未知其方。看《大學或問》，見朱子説入道之要莫如敬，故專用力於肅恭收斂。持心方寸間，但覺氣鬱身拘，大不自在，及放下，又散漫如故，無可奈何。久之，忽思程子謂心要在腔子裏，不知腔子何所指，果在方寸間否耶？覓註釋不得，忽於《小學》中見其解曰：『腔子，猶言身子耳。』大喜，以爲心不專在方寸，渾身是心也，頓自輕鬆快活。適江右羅止菴。名懋忠。來講李見羅脩身爲本之學，正合於余所持循者，益大喜不疑。是時，只作知本工夫，使身心相得，言動無謬。己丑第後，益覺此意津津。憂中，讀《禮》讀《易》。壬辰謁選，平生恥心最重，筮仕自盟曰：『吾於道未有所見，但依吾獨知而行，是非好惡，無所爲而發者，天啓之矣。』驗之頗近，於此略見本心。妄自擔負，期於見義必爲。冬至，朝天宫習儀，僧房静坐，自覓本體，忽思『閑邪存誠』句，覺得當下無邪，渾然是誠，更不須覓誠，一時快然，如脱纏縛。

癸巳，以言事謫官，頗不爲念。歸嘗世態，便多動心。甲午秋，赴揭揚。自省胸中理欲交戰，殊不寧帖。在武林，與陸古樵名粹明，廣東新會人，潛心白沙先生主静之學。吴子往名志遠談論數日。一日，古樵忽問曰：『本體何如？』余言下茫然，雖答曰『無聲無臭』，實出口耳，非由真見。將過江頭，是夜明月如洗，坐六和塔畔，江山明媚，知己勸酬，爲最適意時，然余忽忽不樂，如有所束，勉自鼓興，而神不偕來。夜闌別去，余便登舟，猛省曰：『今日風景如彼，而余之情景如此，何也？』窮自根究，乃知於道全未有見，身心總無受用，遂大發憤曰：『此行不徹此事，此生真負此身矣。』明日，於舟中厚設蓐蓆，嚴立規程，以半日静坐，半日讀書。静坐中不帖處，只將程、朱所示法門參求。於凡『誠敬主静』、『觀喜怒哀樂未發』、『默坐澄心，體認天理』等，一一行之，立坐食息，念念不舍。夜不解衣，倦極而睡，睡覺復坐，於前諸法反覆更互，心氣清澄時，便有塞乎天地氣象，第不能常。在路二月，幸無人事，而山水清美，主僕相依，寂寂静静。晚間命酒數行，停舟青山，徘徊碧澗，時坐磐石，溪聲鳥韻，茂樹脩篁，種種悦心，而心不著境。過汀州，陸行至一旅舍，舍有小樓，前對山，後臨澗，登樓甚樂，手持二程書，偶見明道先生曰：『百官萬務，兵革百萬之衆，飲水曲肱，樂在其中。萬變俱在人，其實無一事。』猛省曰：『原來如此，實無一事也。』一念纏綿，斬然遂絶，忽如百觔擔子頓爾落地，又如電光一閃，透體通明，遂與大化融合無際，更無天人内外之隔。至此，見六合皆心，腔子是其區宇，方寸亦其本位，神而明之，總無方所可言也。平日深鄙學者張皇説悟，此時只看作平常，自知從此方好下工夫耳。

乙未春，自揭揚歸，取釋、老二家參之。釋氏與聖人所争毫髮，其精微處，吾儒具有之，總不出『無極』二字；弊病處，先儒具言之，總不出『無理』二字。觀二氏而益知聖道之尊，若無聖人之道，便無生民之類。即二氏，亦飲食衣被其中而不覺也。

戊戌，作水居，爲静坐讀書計。然自丙申後數年，喪本生父母，徙居婚嫁，歲無寧息，只於動中煉習，但覺氣質難變。甲辰，顧涇陽先生始作東林精舍，大得朋友講習之功，徐而驗之，終不可無端居静定之力。蓋各人病痛不同，大聖賢必有大精神，其主静只在尋常日用中；學者神短氣浮，便須數十年静力，方得厚聚深培。而最受病處，在自幼無小學之教，浸染世俗，故俗根難拔。必埋頭讀書，使義理浹洽，變易其俗腸俗骨，澄神默坐，使塵妄消散，堅凝其正心正氣乃可耳。余以最劣之資，即有豁然之見，而缺此一大段工夫，其何濟焉？所幸呈露面目以來，纔一提策，便是原物。

丙午，方實信孟子『性善』之旨。此性無古無今，無聖無凡，天地人只是一個。惟最上根潔清無蔽，便能信入。其次，全在學力。稍隔一塵，頓遥萬里，孟子所以示瞑眩之藥也。丁未，方實信程子『鳶飛魚躍』與『必有事焉』之旨。謂之性者，色色天然，非由人力，鳶飛魚躍，誰則使之？勿忘勿助，猶爲學者戒勉，若真機流行，瀰漫布濩，亘古亘今，間不容息，於何而忘？於何而助？所以必有事者，如植穀，然根苗花實，雖其自然變化，而栽培灌溉，全在勉强問學。苟漫説自然，都無一事，即不成變化，亦無自然矣。辛亥，方實信《大學》『知本』之旨，具别刻中。壬子，方實信『中庸』之旨。此道絶非名言可形，程子名之曰『天地』〔一〕，陽明名之曰『良知』，總不若『中庸』二字爲盡。中者，停停當當。庸者，平平常常。有一毫走作，便不停當。有一毫造作，便非平常。本體如是，工夫如是。

天地聖人不能究竟，況於吾人，豈有涯際？勤物敦倫，謹言敏行，兢兢業業，斃而後已云爾。困而學之，年積月累，厥惟艱哉！而不足以當智者一笑也。同病相憐，或有取焉。甲寅孟秋記。

校記

〔一〕『天地』，高攀龍之子高世儒所撰《先父資德大夫正治上卿都察院左都御史贈太子少保兵部尚書謚忠憲景逸府君行述》引作『天理』，疑是。

山居課程

復七規

静坐説

書《静坐説》後

示學者

讀書法示揭陽諸友

格言三月十五日

好學説

爲善説

知天説

身心説

洗心説

中説

未發説

心性説

氣心性説

理義説

氣質説

寅直説

愛敬説

好惡説

乾坤説

乾彖説

乾彖釋

大象

三勿居説

夕可説

輔仁説

觀兩先生所參《春遊記》請益

辨類

陽明説辨一

陽明説辨二

陽明説辨三

陽明説辨四

異端辨

與管東溟虞山精舍問答

聖賢論贊十首〔一〕

校記

〔一〕按，自《山居課程》至《聖賢論贊》，已見《就正録》，本卷删文存目。

卷之四

講義五十四章[一]

校記

[一]按，已見《四書講義》，本卷删文存目。

卷之五

會語一百則，門人周彦文、祝可久同輯〔一〕

校記

〔一〕按，已見《東林書院會語》，本卷删文存目。

高橋别語七則，門人魏大中録〔一〕

乙丑被逮，以午日抵錫山。厥明，景翁先生餞别於高橋之滸，申以誨言，諄諄亹亹，爰次其略，用比韋弦。

雨露霜雪，總是造物玉成至意，須善承受。

富貴、貧賤、患難、夷狄諸境，禪家云一切惟識，性中無富貴、貧賤、患難、夷狄。患難中容易透性，患難中一切萬緣都斷。

臨深淵，履薄冰，禪家過獨木橋，竝著不得第二念。

陸子静滅擔法：減之又減，擔子自漸輕却。

嘗夜半腹痛，痛不可支，起坐，覺此心精明，痛亦隨止。尋偃息，痛復如初，仍起坐達旦，不藥而愈。又一日，在鎮江，齒痛，亦以静坐愈。

一禪子見峨冠偉衣裳者，接之，頗倨，曰：『我南嶽神也，能生殺人。』禪子曰：『我見汝無異衆生，我見我無異汝。無我相、人相、諸相，便是太虚。能生殺人，能生殺太虚否？』峨冠偉衣裳者拜受戒而去。

校記

〔一〕前四則又載（明）吴桂森《息齋筆記》卷上。

初謁語五則，門人陳敳録

讀書窮理，至於朱子，可謂盡美盡善矣。須知所以讀書者，專爲治心，若因欲速而至煩躁，反是累心了。須守定朱子『讀前句如無後句，讀此書如無他書』之法，方可謂之讀書。

人心能疑，便是能知痛癢了，正好當下發憤用功去，當有豁然自信、安然寧謐之日，不可悠悠忽忽錯過了一生。

叔幾亭問：『操存難久，奈何？』先生曰：『《易》曰「敬以直内，義以方外」，敬、義原非二物。假如外面正衣冠，尊瞻視，而心裏不敬，久則便傾倚了。假如内面主敬，而威儀不整，久則便放倒了。所以聖人説「敬義立而德不孤」。難久者，只是德孤。德孤者，内外不相養，身心不相攝也。今當從此著力。』先生又曰：『人心本無一物，所以紛擾者，只是外蔽。誠能一日反觀，物欲便廓然消化，所謂紛擾者安在？故一覺便是乾，一敬便是坤。』

夢中作得主張者方是真學問，方能臨大事而不亂。

聖人之道，『中庸』二字盡之。天地之道，『易』之一字盡之。

卷之七

疏

崇正學闢異説疏萬曆二十年爲行人上，得旨允行〔一〕

臣惟自古治天下者，未有不以教化爲先務。而教化之汙隆，則學術之邪正爲之，所係非小也。是以聖帝明王必務表章正學，使天下曉然知所趨，截然有所守，而後上無異教，下無異習，道德可一，風俗可同，賢才出而治化昌矣。

臣見四川僉事張世則一本〔二〕，大略自謂讀《大學》古本而有悟，知程、朱誤人之甚，謂朱熹之學專務尚博，不能誠意，成宋一代之風俗議論多而成功少，天下卒於委靡而不振，於是以所著《大學初義》上獻，欲施行天下，一改《章句》之舊〔三〕。

臣惟自昔儒者説經不能無異同，而是非不容有乖謬，是非謬則萬事謬矣。以程、朱大賢〔四〕，謂其學曰『不能誠意』，謂其教曰『誤人之甚』，是耶？非耶？議之於私家，猶爲一人之偏詖，而於聖賢無損。鳴之於大廷，則遂足以亂天下之觀聽，而於世教有害，臣有不容已於言者矣。

夫自孟子没而孔子之學無傳，千四百年而始有宋儒周敦頤、程顥、程頤、張載、朱熹得其正傳，而絶學復續，學者始知所從入之途，其功罔極矣。然是五賢者生於宋，而宋不能用其學之萬一，前則章惇、蔡京之徒斥之爲奸黨，後則韓侂胄之徒斥之爲僞學，貶逐禁錮，以迄於亡。恭惟我太祖高皇帝天縱神聖，作民君師，即位之初，首立太學，拜許存仁爲祭酒，以司教化。存仁爲先儒許謙之孫，謙承朱熹正學。而存仁承上命以爲教，一宗朱氏之學，令學者非五經四書不讀，非濂、洛、關、閩之學不講，而天下翕然向風矣。我成祖文皇帝益章而大之[五]，命儒臣輯《五經四書大全》，而傳註一以濂、洛、關、閩爲主，自漢儒以下取其同而刪其異，别以諸儒之書類爲《性理全書》，同頒布天下。永樂二年，饒州儒士朱友季詣闕獻所著書，專詆毁周、程、張、朱之説，上覽而怒曰：『此儒之賊也。』特遣行人押友季還饒州，令有司聲罪杖遣，悉焚其所著書，曰：『毋誤後人。』於是邪説屏息，吾道中天矣。迨今二百餘年以來，庠序之所教，制科之所取，一稟於是。學者幼而讀之，老而不知一言爲可用者固多，然而真儒如薛瑄、胡居仁、吴與弼、陳真晟、曹端、羅倫、莊昶、章懋、張元禎、陳茂烈、蔡清、陳獻章、王守仁諸人，彬彬盛矣。至一代之風俗，上有紀綱，下重名節，當變故之秋，率多仗義死節之士；值權奸之際，不乏敢言直諫之臣。賢士大夫之公評，士庶之清議，是非井然，一有不當於人心，群起而議其後。故至於今，上下相維持，非祖宗教育之明驗與？不意今日乃有如世則肆然斥之曰『誤人』，曰『不誠』，欲變祖宗表章之至意，率天下而盡背之也。

即世則所論程、朱之學，亦可謂不得其門者矣。夫程、朱之學，其始終條理之全，下學上達之妙，固未易言語形容，然其大要則不出『涵養用敬』『進學在致知』二語。此非程、朱之教也，孔子之教也，故『窮理』即博文之謂也，『居敬』即約禮之謂也。非孔子之教也，堯、舜之教也，故博文即惟精之謂也，約禮即惟一之謂也。二者合一並進，而主敬爲本，故理日明瑩，則心日静虚動直，而初非溺於詞章；心益定静，則理益資深逢原，而初不流於空寂，此聖學所以允執其中也。至《大學》一書，程子所揭，爲初學入德之門，而《章句》之作，則朱子所爲，一生竭盡精力之筆。後人學未造其域，豈容輕議？況古書皆有錯簡，古本安可盡信？世則之言誠意是矣，豈諸儒獨不教人誠意乎？誠者，聖人之本，學之所以成始成終，功先格致，正所以誠正也。意有不誠，心有不正，即非所以爲格致也。若夫溺於記誦，狥外忘本，此俗學所以爲陋，豈《大學》格致之教哉？

夫孔子之道，至程、朱而闡明殆盡，學孔子而必繇程、朱，正如入室而必繇户。世之學者誠能虚心涵泳，切己體察，毋務新奇，而先以一己之私意主張於前，毋務立説，而取聖賢之言矯揉爲己之用，循循焉以周、程、張、朱爲四書之階梯，以四書爲五經之階梯，自得之，而道可幾矣。故善學者默而識之，不言而信，述而不作，心逸日休。況今天下不患無論説，而患無躬行。就聖賢已明之道誠心而力行，則事半而功倍矣。何必嘵嘵焉必務自私用智，欲伸其一己之説爲也？

世則又以宋之不振歸咎於諸儒之學〔六〕，噫！是何言也！人主不能用其道，雖以孔子之聖，生於魯而不能救魯之衰微，何疑於諸儒？宋之亡也，繇前而言，則壞於新法；繇後而言，則壞於和議。今不咎王安石、吕惠卿、蔡京、章惇、黄潛善、汪伯彦、秦檜、韓侂胄之徒，而咎諸儒之學，何心哉！夫所謂議論多而成功少者，非言者之罪，而用言者之罪也。自古芻蕘獻説，工瞽陳規，其議論豈不至多？然而上之人善於用中，則片言可折，而盈庭可廢，天下見事功之實，而不見議論之虚；上之人漫無可否，則人持所見，而邪正雜陳，徒滋耳目之煩，無補經綸之實耳。豈以人人緘默而後爲盛世乎？

世則又謂本朝持衡國是者無決斷之勇，分猷庶職者有模稜之風，庠序無真才實學之士，朝廷鮮實心任事之臣。此信有之，正不學之故也，奈何反以咎程、朱之學也？抑臣有深憂焉。自世廟以前，雖有訓詁詞章之習，而天下多實學。自穆廟以來，率多玲瓏虚幻之談，而弊不知所終。笑宋儒之拙，而規矩繩墨脱落無存；以頓悟爲工，而巧變圓融不可方物。故今高明之士半已爲佛、老之徒，然猶知儒之爲尊，必藉假儒文釋、援釋入儒者，内有秉彝之良，外有惟皇之制也，而其隱衷真志則皆借孔、孟爲文飾，與程、朱爲仇敵矣。故今日對病之藥，正在扶植程、朱之學，深嚴二氏之防，而後孔、孟之學明。使世則之言一昌，天下之棄其仇敵也，不啻芻狗焉，於是人人自騁其私，淫詞充塞，正路蓁蕪，將二祖列宗之教蕩然掃地矣。

伏願陛下皇建有極，端本化人，身體孔、孟之微言，首崇程、朱之正學，必親經書以窮理，必收放心以居敬，朝乾夕惕，省察克治。思天之所與人，而人之所受於天，惟有仁義禮智四者。人君爲天之子，必克完天之賦予，而後永膺天之眷命。一念之發，一事之動，審其果合於仁、合於義、合於禮、合於智，則務擴而充之，力而行之；審其有不合者，則務遏而勿思，禁而勿行。如是日新又新，純爲天德，則萬化之源清，萬幾次第畢舉，聖主之精神一奮，天下之意氣維新矣。於是體二祖之意，振正學於陵夷廢墜之餘，明詔中外，非四書五經不讀，而不得浸淫於佛、老之説；非濂、洛、關、閩之學不講，而不得淆亂以新奇之談。學無分門，士無異習，人心貞一，教化大同，如是而人才不出，政治不隆者，從古以來未之有也。

臣入仕之初，適見世則之疏，不勝私憂隱慮，遂有此論辨。或曰四方多事，何暇爲此清談？臣謂不然，此天下之大本，古今之命脈，危微之别，毫釐千里之差〔七〕，千聖兢兢於此，而可以細故視之哉？故不避僭越之嫌、迂闊之誚，冒昧上陳，伏乞聖明采擇〔八〕。

校記

〔一〕此篇又載《高子文集》卷一、（明）吴亮《萬曆疏鈔》卷三五《崇儒類》、（清）高世寧《高忠憲公年譜》卷上『萬曆二十年』七月下亦引。《萬曆疏鈔》題作《崇正學闢異説以一人心疏》，題下註：『行人司行人，萬曆二十年七月。』（明）葉茂才《資德大夫正治上卿都察院左都御史贈太子少保兵部尚書景逸高先生行狀》、高世寧《高忠憲公年譜》題作《崇正學闢異説以一人心以端政本疏》，葉茂才所撰行狀僅引疏題。

〔二〕此句《萬曆疏鈔》作『臣近接邸報，四川僉事張世則一本爲闡明理學以仰裨文教事』。

〔三〕《萬曆疏鈔》此下尚有：『奉聖旨，禮部知道，欽此。』

〔四〕《萬曆疏鈔》句首有『今』字，於義爲長。

〔五〕『章』，康熙本、四庫本、光緒本《高子遺書》作『張』。

〔六〕『咎』，崇禎本《高子遺書》訛作『舊』，此據其餘各本校改。

〔七〕『毫釐千里之差』，《萬曆疏鈔》作『毫釐之差，千里之謬』。

〔八〕《萬曆疏鈔》此後尚有：『并下禮部覆議，一遵祖宗之舊制，毋惑於二三之説，則斯文幸甚！天下幸甚！』

今日第一要務疏萬曆二十年爲行人上，留中〔一〕

臣觀今天下事勢岌岌矣，賊虜既爲門庭之寇，而倭奴復爲堂奥之災，人情洶洶，識者寒心。所幸者，紀綱未盡壞，人心尚在離合之間，誠得其要而圖之，則天心感格，民心悦懌，元氣一復，神氣即振，而天下可措於泰山之安〔二〕。故不敢瑣聒，特揭其至要者二端上聞。

一曰天下之大本。臣聞天下之事，有本有末。正其本者，雖若迂緩而實易爲力；救其末者，雖若切至而實難爲功。所謂天下之本者何？陛下之心是也。人君之心與天爲一，呼吸相通。一念而善，天以善應之；一念不善，天以不善應之，如影之隨形，纖悉不爽。是以古之聖王，終日乾乾，操持此心，以對越在天。

故曰：『昊天曰明，及爾出王。昊天曰旦，及爾游衍。』蓋自朝及夕，出往游衍，無息不與天相對，故天理流行，人欲屏息，而能常凝帝眷於無聲無臭之表。然人心至活，倏忽之間，起滅萬狀，未有無所事事而能懸空守之者。故必觀經書，以求聖賢存心養性之道；或觀史鑑，以求古今治亂興亡之原，君子小人立心行事之別；又必時召侍臣，相與講説討論，以求治國平天下之要。如是，則一日之間此心常止於義理，人欲不得而乘之。心有所止則静，心静則氣和，氣和則喜怒皆中節，而刑罰不過其則。聖心沖然和平，聖體泰然安舒，而後天地之和應之，七政循軌，雨暘時若，萬物茂盛，百姓阜成。所謂『篤恭而天下平』，蓋自然之實理也。我太祖高皇帝曰：『人心虚靈，乘氣機出入，操而存之爲難。』成祖文皇帝曰：『人君不可有所好樂，流而不返則欲必勝理。朕每退朝，未嘗不思管束此心爲切要。』此二祖所以遠紹堯、舜精一之傳，而聖子神孫所當萬世佩服者也。

臣少伏草茅，側聞陛下憂天時亢旱，布袍步行禱雨。陛下此心何心也？畏天命，悲人窮，惻然不能自寧，故屈萬乘之尊，爲步行之勞而不憚也。然而靈雨隨車，天心格矣。當其時，臣見雖山童田叟莫不舉手加額，歡欣鼓舞，謂聖天子舉動爲萬代瞻仰，是人心格矣。陛下一舉而天人交格如此，孰謂蒼蒼者不可知，而林林總總者不易化乎？伏願陛下常提此心，保而勿失，擴而充之，每事皆然。陛下今日如此，即今日之堯、舜也，明日如此，即明日之堯、舜也。堯、舜之道至易至簡，言之似迂闊，而行之實無難。故雖爲山九仞，苟一念怠荒，即前功盡棄也；雖未覆一簣，苟一念精進，爲之即是也。陛下何憚而不爲堯、舜，使聖德光於海隅，休聲傳於萬世乎？此爲天下之大本，伏惟聖明留意，臣愚不勝惓惓。

二曰天下之大機。臣聞天下之事，必有其機。故事機一握，則百年之業可底成於一朝，兆庶之情能轉移於俄頃。何則？機者，神化之樞，得其機而化斯神也。臣觀今日，内而百官，外而萬姓，所引領望於陛下，其最急者，曰除刑戮，舉朝講，用諫臣，發内帑。是四者，陛下爲之易如反掌，然而天下臣民所注向。忽快觀於一朝，如飢者之得食，渴者之得飲，觀聽遽新，精神頓聳，天下之事無不可爲矣。

夫上帝以生物爲心，天子以天心爲心，豈以仁聖如陛下而獨不然乎？臣固知必左右使令之人懾於天威而舉動失措，故益動天怒，而刑責太過耳。夫不安則傾，人極則變，理之常也，豈以睿知如陛下不慮此乎？臣以爲慮之亦無益也，反之固甚易也。陛下誠自今日開誠諭之，許以更始，盡除刑戮，將見人心悦服，皆如再生。聖主推心置人腹，而左右傾心戴一人，上下相安，永無意外之變，豈非挽回天心，奠安宗社之至計乎？是特在陛下一念轉移間耳。

所謂舉朝講，陛下即未能盡復其舊，或五日一舉，或十日一舉，稍省虚文，使聖躬不至厭倦，孰曰不宜乎？或以午朝，或以晚朝，預爲傳宣，惟聖意所便，孰曰不宜乎？或御便殿，時召輔臣從容咨訪，相與經畫，天下人心豈不警策萬倍乎？

所謂用諫臣，非謂建言諸臣皆君子而無小人參於其間也。夫天下固有沽名釣譽之小人，而必無同流合汙之君子，故諸臣未必皆真，而真者出於其中。陛下容吏部從一時之望，精人倫之選，擢而用之，豈不彰天地無心之化，帝王從諫之美？今必使秉銓者畏罪不敢推，貶謫者以官爲禁錮，是使賢不肖皆無繇顯見，而天下後世謂聖人之朝以言爲禁，如聖德何？夫安居以享榮貴，自守以待遷除，豈非人情所甚便？諸臣明知其不利於己，而必慷慨論列者，無他，其一念忠君愛國之誠激於中而有不能自已耳。爲人子諫於父母，逢父母之怒，至於笞撻，及其事定之後，父母未有不思其言而矜其情者。臣固知陛下於諸臣，必有如父母之於子者矣。

所謂發内帑，臣非欲陛下盡捐内庭之積爲天下之用也。臣觀古今善理財者，無如周公。而周官所立泉府，謂之曰泉者，欲其如泉之流而不滯也。《記》曰：『有財此有用。』故財用相因，善用之則爲治平之道，不用則爲無益之物。臣以爲宜許户部得以通融出入，有事則暫借爲邊方之用，不致天下急賦斂而激生他變，無事則仍補還原數，以備不時之需。既明示天下以天子無私財，而實則府庫之財未有非其財者也。天下之事，可言者不止於是，而四者其要機，伏惟聖明留意，臣愚不勝惓惓。

以上二者爲今日第一要務，而聖心尤爲根本。必如是，則天心格而天下可無水旱之災，民心悦而率土益堅尊親之戴。陛下試行臣言，將見期月之間萬事改觀，邊方將吏勇氣百倍，何憂乎么麼之叛賊哉？不然，則上下之情日隔，天下之心日離，臣恐可虞之事不獨在叛軍驕虜、海島不測之夷，而又有不可知者矣。伏願陛下擴天覆地，載之弘仁，垂日照月，臨之精鑑，慨然而俞之，毅然而行之，赫傳聖諭，示清秋朝講之期，再下吏、户二部議行臣説，使百官萬民窮年累月之望一旦易爲歡騰踴躍之情。無論其他，即此中外之人情，亦足以感皇天而丕變四海矣。

校記

〔一〕此篇又載《高子文集》卷一。

〔二〕（清）高世寧《高忠憲公年譜》卷上『萬曆二十年』八月下引此疏，以上作：『臣無言責也，而言非越職也。人臣之義，敬君爲大，心有所知而不言，不敬莫大焉。且事關君德，天下大利害所在。我聖祖立法，百工技藝之人皆許直至御前奏聞，而况於臣乎？』

聖明亟垂軫恤疏 天啓元年爲光禄寺寺丞擬，因臺臣李公疏先上，得旨允行，遂止〔一〕

臣三十年前官行人司行人，曾於嚴寒見窮民赤體行乞者，不勝怵惕，然間有之而已。今蒙聖恩擢用，載至京師〔二〕，則窮民赤體者遍滿街衢矣。每近日暮，皇城左右哀號之聲悲慘萬狀。臣往來過之，目不忍視，耳不忍聞，痛心刺腸，眠食俱惡。臣日在東門，恭進陛下一朝之享而足也。』昔齊景公時，天大雨雪，景公衣狐白之裘臨朝，而曰不寒，晏嬰進曰：『古之賢君，飽而念飢，煖而念寒。』景公悟，脱裘，發粟以與飢寒者。夫景公一國諸侯，能行一善，名昭千古，況我皇上神聖，何善不能爲？在一舉念間耳。

景泰中，本寺寺丞王鍾奏，東安門外夾道中日有窮民跪拜乞錢，四關無處無之，遇寒沍，必有凍死，乞敕户部等衙門勘審，人給布衣一身、米一斗，審其原籍有親戚者，待明年春煖，沿途給與口糧，遞送還家，其無親戚者，在京以没官房給之，仍行天下有司，遇有窮民，一體矜恤。得旨，户部議行。成化時，禮部尚書姚夔奏乞特敕巡街御史，督五城兵馬拘審道途乞丐、殘疾之人，有家者責親鄰收管，無家者收入養濟院，照例給薪米，其外來者亦暫收之，候和煖，量與行糧，送還原籍，有司一體存恤，務令得所，此亦調攝和氣之一端也。憲宗可其奏，曰：『無問老幼男女，有無家及外來者，順天府尹盡數收入養濟院記名，設法養贍，無令失所。』萬曆四十年，本寺少卿徐必達疏内有請恤窮民一款，云：『文王哀先煢獨，阿衡恥一夫不獲，奈何令輦轂下有此？邇之不能，遠於何有？』又言：『操臣丁賓署南光禄時，清理南京飯堂，籍闔城飢民姓名，逐坊約期給以錢米，具受實惠。況六飛親御之地，何乃獨屯其膏？請敕令各城御史，照二臣題准行。兵馬司按坊按鋪備核各飢民，給以火烙印牌。户部出米，御史按牌親給。夜則查空閒官房，分編字號，亦按牌投宿。』其法甚善，惜此疏留中不行。臣謂此一舉也，王政所必不容已。況陛下一元伊始，萬壽方新，今萬國執玉，九夷貢琛，而令赤子寒無一縷，赤身立骨，展轉於塗泥之中，叫號於風雪之夜，豈盛世光景？可使四海九州萬目萬耳聞且見乎？

臣隱度之，此類窮民多不過千餘，目前最急者，當人與絮衣一身、米一斗。户、工部百孔千瘡之時，決不能及此，合無於本寺預借庫銀四百兩、倉米一百石，且爲千人卒歲之計。容本寺臣涂喬遷等會同巡視科道清查應節省錢糧，上請陛下允行，補還此數，可以不費陛下纖毫，而增聖德無量。如不以臣言爲謬，立發本寺庫銀四百兩、倉米一百石，委本寺堂上官一員，督精敏署官製衣，仍設法隨米給散，務令人受實惠。此係權宜，後不可爲例。更乞敕下户、工二部，如景泰、成化間王鍾、姚夔題准事例及萬曆間徐必達題請事理，立爲可久之制，其於導和迎祥，豈曰小補？

校記

〔一〕此篇又載《高子文集》卷一。

〔二〕『載』，康熙本、四庫本、光緒本《高子遺書》作『再』。按，『載』通『再』。

破格用人疏天啓二年爲光禄寺少卿上，得旨允行〔一〕

臣觀今日之事，大不可測也。奴賊長驅與否〔二〕，不可測也；山海關能堅守與否，不可測也；各邊口保無疎虞與否，不可測也；西虜保無乘虚與否，不可測也。而我所以備之者〔三〕，泛泛然日復一日，無一可見之實事，則有坐待危亡而已。非常之時，豈當守尋常之格？臣以爲宜特設一防禦大臣，專理守戰、招豪傑，如協理詹事府事、禮部右侍郎孫承宗，其選也。臣不識承宗，見其言論忠義懇切，絶無瞻避，詢之賢士大夫，皆謂豪傑之士、有爲之才，又素留心兵事。果其用之，當以學士兼尚書都御史職銜，如在外總督之任，於京師開府行事，與部院名位相並，職事相通，庶幾行無窒礙。更别發帑金數萬，令其修舉庶務，不至支用各部，擔延日月。近奉旨練兵教射之董應舉，舊奉旨製造軍需之李之藻，皆當加以職銜，協佐承宗，此要着也。

夫守京師，非獨於京師也，四輔八府，中州近地，自巡撫各道至各府州縣，皆須得人。今大計之後，豈其有不職者？顧或資性與武事素不相習，亟宜遷以善地，別選異才，布滿畿地，無事則練兵積穀，有事則率兵勤王，此要着也。守禦之道，以人心爲本。民不知義，見難争避，不可守也；無賴惡少，暋起搶劫，不可守也；姦細伏匿，乘危竊發〔四〕，不可守也。治之之法，無踰保甲，諸臣既詳言之，皇上既申命之矣〔五〕，然行之存乎其人。責府縣行，不能也；責五城御史行，不暇也。當專任一人行一事，巷至户到，巡行稽察，教以忠義，旌其良善，精擇壯丁，使習騎射，如兵部職方主事鹿善繼可任也。臣嘗一識其人，剛毅清約。真實任事，須以本部郎中帶御史職銜，令與五城御史事權相並，與府縣職事相攝，方便振行法紀，支取用度，此要着也。

國家之事，束縛於格套，分岐於意見，摇奪於議論，所從來矣。雖以聖明之朝無事不可爲，而有志之士無事可爲者，大率坐此。今日何日，尚可循沿積習乎？臣以腐儒越庖言事，罪以出位，夫復何辭！伏望皇上行臣之言，仍治臣之罪，臣之願也。

校記

〔一〕此篇又載《高子文集》卷一，《皇明經世文編》卷四九四。《皇明經世文編》無題註。

〔二〕『奴賊』，《皇明經世文編》作『賊奴』。

〔三〕『所以』，《皇明經世文編》作『所』。

〔四〕『竊發』，《皇明經世文編》作『倡亂』。

〔五〕『申命』，《皇明經世文編》作『申明』。

釋群疑銷隱禍疏天啓二年爲光禄寺少卿上，報聞[一]

臣觀今日中外人心，皆疑戚畹鄭氏，并及其昔日所用之人，以爲奴賊姦細，伏陛下宫中，一朝寇臨於外，姦發於内，其禍有不忍言。臣從田間久聞此語，今來都下，人言更甚，通國危疑，莫必其命，近且流言入於大内矣。臣伏而思之，人言胡爲而然耶？往者張差謀逆，實係鄭國泰主謀，差之供招具在；劉保謀逆，實係盧受通謀，劉于簡供招具在，受亦鄭氏之人，不可掩也，則人言洶洶有自來矣。然臣以爲祖宗功德甚厚，陛下福祚方隆，天地鬼神，森列擁護，故張差、劉保先後伏誅。凡謀者必敗，敗者必誅，即天下至愚，不應復萌此念，況鄭養性等蒙三朝不殺之恩，正保守富貴之日，豈復更有邪謀？而無奈人心之積疑不解也。人心與國勢相爲存亡，人心疑則懼，懼則易動而不可固，雖有高城深池、堅甲利兵，其何以守？

臣以姦細之説不必論其事之有無，當思所以處之之道，不過從人心所積疑者而解之，非以害之，正使之遠害以自全也。故在鄭養性自爲計，不宜以人所共指之人自處危疑；陛下爲養性計，不宜以人所共疑之人密邇禁近。亟當使歸湖廣原籍，仍令帶俸，以示優厚者也。至於李如楨一家，交關鄭氏，計陷名將，殺百萬軍民，失千里土地，禍延至今，皆其兄弟所爲。劉于簡原招明言李永芳約如楨内應，陛下不誅如楨，直是養虎遺患，所當亟正典刑，以除禍本者也。至於崔文昇者，當先帝新喪哀痛，萬幾勞瘁，凡有疾病，其證必虚，雖至庸醫亦能辨之，文昇故以泄藥，元氣一泄，不可復收，是明以藥弑也。在律，故違本方殺平人者皆斬，況於至尊乎？陛下不即誅夷，僅止斥逐，四海人心已憤鬱不平，今文昇復潛住京師，意欲何爲？亟當明正典刑，以全陛下父子至情，示天下君臣大義者也。蓋文昇素爲鄭氏腹心，特當時失刑，不及考訊，故不如張差、劉保早正謀逆之罪，其罪豈在張差、劉保下乎？

天下事，當其可爲，則絲綸出納而有餘；當其不可爲，則斧斨破缺而不足。今事急矣，伏望陛下立賜乾斷，將鄭養性一家發回原籍，將李如楨、崔文昇即正典刑，則人心之危疑可釋，肘腋之隱禍可銷。國家之紀法一明，天下之神氣一振，然後戰守之事次第可行也。事關安危大計，臣下皆可直言，臣不敢辭出位之罪〔二〕。

校記

〔一〕此篇又載《高子文集》卷一、（明）沈國元《兩朝從信録》卷十三、（明）陳建《皇明通紀集要》卷四八。《兩朝從信録》題作《爲釋群疑銷隱禍以固人心疏》，《皇明通紀集要》作《釋群疑銷隱禍以固人心》。

〔二〕『臣不敢辭出位之罪』，《兩朝從信録》作『臣不敢自引出位之罪，不勝聳息之至』。

恭陳聖明務學之要疏天啓二年爲太常寺少卿上，得旨，罰俸一年〔一〕

臣觀帝王之德，惟明而已。惟其明也，天下誦之曰『明明后』。雖以堯、舜之聖，不過明其峻德爲明明后也。故明明后者，必明明德。明德者何也？人之心也。人心本明，有不明者，何也？心本明，又須人自明之，故放於外則不明，復於身則明；著於欲則不明，循於理則明；動於氣則不明，安於止則明；荒於怠則不明，居於敬則明；騖於動則不明，主於静則明。其明與不明，在一念轉移間，如反覆掌，無難也。今陛下臨朝，百官肅肅於下，陛下肅肅於上，陛下之心無不明也；陛下臨祭，百執事肅肅於庭，陛下肅肅於位，陛下之心無不明也。然而未爲明也，何者？朝祭之頃，陛下之心無不明，陛下不自知其明也，必反而思曰：『此時心中不著一事，豈非心無爲以守至正乎？』是所謂心復於身也，循於理也，安於止也，居於敬也，主於静也；是所謂不放於外，不著於欲，不動於氣，不荒於怠，不騖於動也。故曰：『思則得之，不思則不得。』得者，知吾心之明本來如是，非由人爲造作也。然後陛下知吾心之無外，即天也；吾心之有主，即上帝也。故曰：『上帝臨汝，無二爾心。』故曰：『小心翼翼，昭事上帝。』此心一刻放失，即二其心，非所以事上帝矣。夫然後深宫之中，得肆之地，雖欲不凛然保之，不可得矣。至於深宫之中，得肆之地，凛然保之，而後爲明明德也。夫然後陛下讀聖賢書，知無一字不言心，無一字不言心之明，而津津有味焉。至津津有味於書，而此心之保不難矣。

自昔聖帝明王未有不好讀書者，人主好讀書，未有不爲賢君令主者。人心易放而難操，舍讀書，别無操之之道。如《大學》一書，既講於經筵，入於聖慮，臣以爲即此書反覆玩味，明明德於天下裕如矣。推而廣之，宋臣真德秀《大學衍義》不可不讀也。再推而廣之，先臣丘濬《大學衍義補》不可不讀也。陛下盡心於三書，而帝王心法治法無不具備，夫然後知若何行政，若何用人，若何理財，若何治兵；人臣若何爲正，若何爲邪；臣下之言，若何爲是，若何爲非，若何爲似正而實邪，若何爲似是而實非，皆了然於聖心，而後爲明明德，而後爲明明后也。

如近日禮部尚書孫慎行論舊輔臣方從哲一疏，關係甚大，隄防甚遠。從哲之罪，非止紅丸，其最大者乃在交結鄭國泰。國泰父子所以謀先帝者不一，始以張差之梃，繼以美姝之進，終於文昇之藥。而從哲力左右之，培植其爲鄭者，鋤擊其不爲鄭者，一時若狂，知有鄭氏而已。此賊臣也，討賊則爲陛下之孝。而説者乃曰爲先帝隱諱則爲孝，此大亂之道也，不可不明也。又如戎政尚書黄克纘論選侍一事，陛下念聖母，則宜選侍之罪，念皇考，則優選侍之禮，義之盡也，仁之至也。而説者乃曰爲聖母隱諱則爲孝，明如聖諭，以爲假捏，忠如楊漣，以爲居功。人臣避居功，甘居罪，君父有急，冷眼旁觀，此大亂之道也，不可不明也。一惑其説，孝也不知其爲孝，不孝也以爲大孝；忠也不知其爲忠，不忠也以爲大忠。忠孝大節皆可反黑爲白，何事不可指鹿爲馬？昔宋朝欲貶蔡確嶺表，宰執恐開端，朱熹歎曰：『使後世見無禮於君，拱手坐視而不敢逐，必此言矣。』今務隱諱而已，將何所不至哉？事有不辨於至微，貽禍於無窮者，皆若此類。在陛下，多讀書，精義理，此心常明，自能辨之。果其辨之，則如方從哲、鄭養性，大義豈容不討，何可一日復令居輦轂下耶？

臣蒙陛下擢於廢棄，玷於朝班，八閲月矣。伏見陛下真有爲堯爲舜之資，天下真可被爲唐爲虞之福，而禍亂未已，治平未臻。群臣之言鉅細畢具，然舉而措之，在陛下一人；所以回天地之運，握宇宙之樞，提挈綱維，兼總條貫，又在陛下一心。不然，如無舵之舟，無針之車，何所執持？何所適從乎？臣故舉要言之，必讀書以明理，明理以明心，明心以出治，始可弘濟於艱難，建中興之大業也。臣非迂言，四十年體驗於身心，考究於經史，信其理之必然，食芹而美，曝日而温，以獻至尊。臣老矣，不能久事陛下，不敢不畢其所欲言，伏惟聖明少垂察焉。

校記

〔一〕此篇又載《高子文集》卷一，（明）沈國元《兩朝從信録》卷十四，（明）陳建《皇明通紀集要》卷四九。《兩朝從信録》《皇明通紀集要》題作《恭陳聖明務學之要以立政治之本疏》。

辭免重任疏 天啓四年爲刑部右侍郎上，得旨令遵新命供職〔一〕

臣聞命而驚，俯躬而愧。臣常讀《易》曰：『德薄而位尊，知小而謀大，力小而任重，鮮不及矣。』臣蒙聖恩拔擢，貳於秋官，自揣逾分，方切循墻。況於都御史者〔二〕，天下之事皆得而言之，臣工之邪皆得而糾之。

然而世習之漸靡，難言矣，臣子不真心爲國家，不真心修職業，悠悠忽忽，則有難振之氣；以請託爲固然，以貨賂相結納，則有難洗之習；升遷壅滯，仰屋書空，則有難定之志；謬同異爲是非，誤愛憎爲好惡，則有難清之見；無端而起畛域藩籬，無端而起弓蛇鬼豕，則有難調之情。所以難者，皆緣人心各有陰私，故各成隔礙。必居此位者，自心先無陰私，而後可潛銷人之陰私；自心先無隔礙，而後可潛通人之隔礙。至於御史，簪筆朝端，公論之明晦繇之；持斧寓内，一方之安危繇之[三]，必爲之長者，聯爲一體，萃爲一心，惟君國之是殉，毋身家之苟營，而後可弘濟於艱難。

今者大計在邇，巡方之使當使循良之麟鳳悉耀光明，貪殘之豺虎皆投有北，庶幾困窮之四海、災荒之孑遺尚獲少延喘息。不然，御史之失職，即都御史之失職，此之關係何如重大！迺以臣之薄劣當之，是《易》所謂覆餗者也。況英賢滿朝，以臣視人，真皆勝己；以臣自視，真不如人。伏乞聖明亟收新命，任臣舊職，別選賢能[四]，以當茲選。

校記

〔一〕此篇又載《高子文集》卷一。（清）高世寧《高忠憲公年譜》卷下『天啓四年』八月下引，題作《辭免重任以安□□疏》。

〔二〕（明）華允誠《高忠憲公年譜》天啓四年九月、（清）高世寧《高忠憲公年譜》卷下『天啓四年』八月下引，後皆有『古之御史大夫也』一句。

〔三〕『繇』，（明）華允誠《高忠憲公年譜》、（清）高世寧《高忠憲公年譜》作『係』。

〔四〕『選』，（清）高世寧《高忠憲公年譜》作『簡』。

糾劾貪污御史疏天啓四年爲都察院左都御史上，得旨允行〔一〕

臣惟御史回道考察，憲綱至嚴也，列聖之明旨，皇上之申飭，蓋諄復鄭重矣〔二〕。乃不意有慢視憲規，恣行無忌〔三〕，如巡按淮揚御史崔呈秀者〔四〕。陛下不以臣爲不肖，使長西臺，豈非欲其是則是，非則非，無所婞阿隱默乎？臣初入院，適見有兩御史回道，一爲江西巡按御史謝文錦，一爲崔呈秀。臣心訝曰：『異哉！兩御史一時回道，一至清，一至濁，涇渭較然〔五〕。』臣不別白，爲陛下明言之，是不忠之大者也，即發河南道考核。無何，河南道御史袁化中以所考核謝文錦者至〔六〕，臣即以稱職考〔七〕，奉旨回道訖〔八〕。越二旬，而化中始以所考核呈秀者至，化中蓋有難於言者矣。臣於去年奉差而出，今年復命而入，往來淮揚間，所見淮揚士民，無不謂自來巡方御史，未嘗有如呈秀之貪汙者。强盗，地方大害也，每名得賄三千金輒放。訪犯，地方大惡也，每名得賄千金輒放。不肖有司應劾者，多以賄免〔九〕。不應薦者，多以賄薦〔一〇〕。至御史出巡〔一一〕，每有節省公費助國用者，呈秀到處，透支至一萬四千兩，各縣賠補，不勝其苦，彰彰於地方耳目。臣時以非職掌所關，不敢訪其主名何人，過付何人〔一二〕。至於舉劾失真，貪酷漏網，則有兩淮運司同知談天相在，是呈秀所薦也，呈秀甫離地方，而鹽臣樊尚燝、按臣劉大綬且臚其贓私入告矣〔一三〕；則又有霍丘知縣鄭延祚在，是呈秀所薦也，吏科都給事中魏大中且發其餽遺，奉旨提問矣，是賄而薦之實證也。

臣嘗竊笑人臣之負國，又自負也〔一四〕。受國家寵榮，若何而所爲者不務於可榮，皆蹈於至辱〔一五〕？御史巡方，寵榮極矣。如呈秀者，辱身辱國，何如哉？臣聞其知談天相之貪，欲論劾也，天相稔其易與〔一六〕，奉之以千金求免劾，而卒免。天相益稔其易與也，又奉之以千金求薦，而卒薦。則是摇山撼岳之威，祇供其禦貨攫金之用，而墦間壟斷之賤，且冒居觸邪止佞之官〔一七〕。臣故謂其至辱，所當重處，以一洗巡方之辱者也。伏祈皇上敕下吏部議覆施行〔一八〕。

校記

〔一〕此篇又載《高子文集》卷一、（明）金日昇《頌天臚筆》卷九『贈廕』、（清）高世寧《高忠憲公年譜》卷下『天啓四年』八月下引。《頌天臚筆》題作《爲糾劾貪污御史以嚴考察疏》，《高忠憲公年譜》題作《糾劾貪污御史以嚴考察事疏》。尹按，此疏係李應昇代草，見李應昇《落落齋遺集》卷二『奏疏下』，題作《劾崔呈秀疏》，題下註：『本科代掌院高老先生草。』《落落齋遺集》文後附：『天啓四年九月二十四日、二十七日奉聖旨：「御史巡方，貪縱何以察吏安民？卿秉公考核，執法糾彈，具見振飭風紀。崔呈秀著該部看議來說。」』

〔二〕『列聖之明旨，皇上之申飭，蓋諄復鄭重矣』，《頌天臚筆》作：『神祖四十年十一月内，該本院題爲考察事節奉神宗皇帝聖旨：「御史差滿考察，先朝事例甚嚴，近來通不遵行，一概輒准回道，豈人人盡皆稱職無過者？凡遇京官考察之時，却如何又有紛紛議論？今後務要申明舊例，着實舉行，有不稱職的，即便參奏改陞，不許回道，欽此。」天啓三年，該本院題爲申明憲職事奉聖旨：「御史回道考核，載在令甲，邇來視爲虚文，巡按所屬舉劾各官失真，貪酷漏網，及至報滿復命，不論稱職與否，一概回道，上下徇情，市恩避怨，以致吏治日偷，民窮思亂，所關豈細？這所奏差滿舉劾、咨訪考察等事，俱依議。卿以忠公奉職，申明憲紀，表率振飭各官遵承規例，察吏安民，人思盡職，有何嫌怨？仍着令開載憲綱，永遠遵行，該部院知道，欽此。」是列聖之明旨，荷皇上之申飭，不爲不諄復鄭重矣。』《落落齋遺集》『蓋諄復鄭重矣』作『不爲不諄復鄭重』，此後尚有『邇復節經前後諸臣申明憲紀，振飭臺綱，一時賢者頗稱濟濟』數句。

〔三〕《落落齋遺集》後有『者』字。

〔四〕『如巡按淮揚御史崔呈秀者』，《落落齋遺集》作『如巡按淮揚等處御史崔呈秀可異焉』。

〔五〕『涇渭』，《落落齋遺集》作『清濁』。

〔六〕『河南道御史』，《落落齋遺集》作『該御史』。

〔七〕『考』，《落落齋遺集》作『考察』。

〔八〕『奉旨回道訖』，《落落齋遺集》作『奉聖旨：「謝文錦著回道管事，欽此。」』

〔九〕『免』，《落落齋遺集》作『無』。

〔一〇〕『不應薦者，多以賄薦』，《落落齋遺集》作『不薦應薦者，多以賄薦』。

〔一一〕『至』，《落落齋遺集》作『各』。

〔一二〕『臣時以非職掌所關，不敢訪其主名何人，過付何人』，《落落齋遺集》作『不可得而掩也』。

〔一三〕《落落齋遺集》無『鹽臣樊尚燝』數字，『綬』作『受』，『臚其贓私入告』作『臚列其贓私以入告』。

〔一四〕《落落齋遺集》『笑』作『歎』，『又』作『實』。

〔一五〕『蹈』，《落落齋遺集》作『流』。

〔一六〕『稔』，《落落齋遺集》作『稔知』。下文『天相益稔其易與也』之『稔』字，《落落齋遺集》所作同此。

〔一七〕『邪』，《落落齋遺集》作『奸』。『止』，《落落齋遺集》作『指』。

〔一八〕《落落齋遺集》『敕下』前有『速賜』二字。

申嚴憲約責成州縣疏擬，未上[一]

臣觀天下之治，端本澄原，必自上而率下；奉法守職[二]，必自下而奉上。故朝廷膏澤至州縣[三]，始致之民。州縣者，奉法守職之權輿也。州縣賢則民安，州縣不賢則民不安。顧天下之爲州者，凡二百二十有一，爲縣者，凡一千一百六十有六，豈能盡得賢者而用之？賢者視君爲天，不敢欺也[四]，視民爲子[五]，不忍傷也，奉法修職[六]，出於心所不容已，非有所爲也。其次，則有所慕而勉於爲善，有所畏而不敢爲不善。其下，則不知職業爲何事，法度爲何物，恣其欲而已，是民之賊也。故爲政者，拔才賢[七]，除民賊，約中人。天下惟中人爲多[八]，約之於法，皆不失爲賢者。太守，約州、縣者也。司道，約府、州、縣者也。撫按，無所不約[九]。約之，使人人守法，如農之有畔焉而無越思，則天下治矣。臣謹條畫州縣所當持行者，令自撫按而下，以遞相約。皇上不以臣言爲謬，謂可施行，仍乞天語申敕，令臣等刊刻成書，發各差御史頒行天下，臣等按以覈天下州守縣令，并以覈約州守縣令者，庶幾皇上之仁恩，得實究之民也。謹列款如左：

一、課農桑。須中心誠懇，欲開民衣食之源，賞勤警惰，使民興起。毋得徒事虛文，差人下鄉，反滋民害。

一、興教化。教化自身而出，非以彌文，故曰民不從其令，而從其好。爲人上者，敬以持身，廉以勵操，肅以御下，民自觀而化之。更須彰善癉惡，樹之風聲。孝子順孫，義夫節婦，必表揚之。鄉紳耆德，必尊禮之。邑中經明行修、令譽著聞者，必稽考其實，聞之巡按御史，疏薦於朝，以補鄉舉里選之廢典。而不孝不悌，及一切關人倫、傷風俗者，必寘之法。如是久之，而教化自興。

一、育人才。朔望臨學宮，必以聖賢明訓爲諸生諄切教誨。俊秀之士，必令讀四書五經、《小學》《近思録》《性理綱目》，以端其心術，正其識見，爲國家有用之才。

一、鄉約，爲教化内一要事，但縣官不以誠心行之，徒成虛文，而約正、約副等反爲民害。果有力行者，必敦請邑中德行鄉紳或孝廉貢士爲民欽服者主其事，而約正副等以供奔走。鄉約行，則一鄉之善惡無所逃，盗息民安，風移俗易，皆得之於此。有記善簿、記惡簿，又須有改過簿，許令自新。

一、鄉飲鉅典，不得濫及匪人。

一、社學，務選教讀得人〔一〇〕。

一、學宫敝壞，即申詳修理。境内凡有古先聖賢及祀典所載山川祠宇敝壞者，即時修理。完好者，仍要掃除潔净，關鎖祠門，不得容人堆積雜物，坐卧作踐。四方過客瞻拜，有識者常以此占州縣官之品，何可忽也？

一、積貯，民之大命。豐無所儲，荒無所賑，尚可稱民父母乎？必須隨宜設法，使一縣積穀足備一縣賑濟。豈獨活民，即以弭亂。州縣之功在蒼赤，慶流子孫，端係於此。

一、社倉，是救荒良法。各鄉勸縉紳及名家自造倉廒，自放自收，不可以官府與之。其法，量人户種田多少，人口多少，以二分息，於青黄不接時借貸，又必二三十户連名保借，欠者，即同保内人户攤賠。小荒減利，中荒捐利，大荒連本米下熟徵催。官府給與印信文簿，爲究治奸頑，使之可久。

一、境内有荒蕪田土，宜竭力開墾；流移人民，宜竭力招撫。

一、境内有陂池宜浚者，及時開浚；圩岸宜築者，及時修築；城垣頽塌、橋梁毁壞者，及時整理；高原汙下，所宜樹木，及時種植。

一、倉穀主守，須擇殷富謹厚者，量以禮待。每年交盤更换，勿令偏累傾家，但令接管者照數交收。勿令吏書參與，以滋需索。及時斂散，出陳易新，皆縣官躬親。

一、養濟院，近來竟成弊藪。煢獨不沾實惠，皆繇吏胥添揑詭名混冒。須是州縣官據其陳告者審實，給以面貌木牌，仍不時查核，分別革留。凡男婦犯重罪，或游蕩傾家，及有子孫婿姪可養者，不得混收，以妨無告。

一、州縣極貧待斃之民，大約可計。每歲動支預備倉穀，城中四門，擇寺觀寬綽者煮粥，每人米五合，即可苟延殘喘。自十月十五日起，正月十五日止。孤老有糧，不許混冒。約費米百餘石耳。設誠行之，利濟不少。所當委任得人，稽查出納，無成虛文。

一、錢糧，一縣大事。秋冬之交，必先筭定，分派繇帖，使小民先知辦納之數。徵糧則總立一簿，筭定人户額田數、田糧數、均徭里甲條鞭數，分爲十限，每月限完幾分。比較只用此簿，不得別立第二簿。完欠俱用實寫，不得用浮票。民間依限完者，即不聽比。過限不完，方拘其尤者。比責須是分數明白，如欠一兩而從來未完者，即從重究，欠十兩而完過七八分，存剩者，即從寬處。毋得但論多寡，而不分全欠零欠之別。催徵止用里甲，間於奸頑之户行不測之威，票拿一二。無得遍差皂快執牌下鄉，徒空鷄犬，無益繭絲。

一、徵銀不加火耗，即頌聲遍地。此亦易事，何海内寥寥？信矣立志高遠者之難，所宜猛省。

一、收銀，要不時取收頭法馬等子查對，令解户親自敲針。

一、起解銀兩，須委佐二。不得用窮官猾吏，以致失事。

一、天下庫藏，未有不爲庫吏書侵欺者。查盤時，那借支吾非其實也。必須訪的監禁，即時變産完納者，貸其死，不完者，即申上司，置之法。一應收放，掌印官纖悉自封自判，勿復入其手。

一、無情之詞，十無一實，縣官貪取罪贖，輒多准詞狀，致原、被兩家同歸於盡。民之窮困，此其一端。爲民父母，當肫切勸化，令勿輕訟。事涉倫理而無大故者，即爲焚其狀詞，免其仇隙。其他苟無關係，概勿聽可也。

一、人命狀詞，尤不可輕准出牌。在城告人命者，縣官即至其家相驗，審問四鄰，誣告者重懲，情真者方准。在鄉者，必令帶尸到壇，帶四鄰到尸所，然後投狀。縣官即到壇中相驗，審問一如在城之法。則不真者自不敢輕告，非但官省事，民保家，以人命詐人者亦息，老稚之獲全其命者多矣。

一、佐二不得令擅受民詞，擅出牌票，衙役尤宜箝束。佐二之害民，即令之害民也。

一、勾攝止差里長。非真正强盗、人命、巨惡，不得濫差皂快下鄉，以滋詐擾，是造福小民第一義。

一、本縣人不得容棍徒在別縣赴告。除强盗，外關提者勿聽。

一、婦人非犯姦及人命及被公婆夫男所訟，俱不許拘。

一、輕犯罪人，勿得輕送監鋪，致染瘟疫，及爲牢頭索詐。婦人不係大辟，及勘合追贓家屬，雖娼婦，亦勿濫禁。

一、罪犯除大辟及引例充軍外，其祖父母、父母老疾，家無次丁者，照《大明會典》，發本州縣擺站做工，煎鹽哨嘹。在京無論軍民，發兩京府會同館擺站。各照徒流，年滿釋放。此刑罰中仁恩，不可廢而不行也。

一、獄中重囚，日間寬鬆，夜間當嚴禁獄門，不得容人出入。常以不測查點。

一、吏書門皂，媪之縱之，皆縣令也。衆胥役分其利，一縣令受其名，愚者不爲。往往愚而不悟，何也？所宜猛省。

一、善人者，一方元氣。民間有孝子悌弟，其上矣；次則仗義好施者；次則終身自守，不作非爲者。必須訪實，各書所長，扁額表其門，免其雜泛差役，以爲民勸。

一、惡人者，良民蟊賊，蟊賊去，而良民始安。凡天罡地煞，打行把棍之類，訪其首惡重治，仍籍之於官，使禁其黨類。一有黨類詐害良民者，并其首治之。

一、訟師教唆起滅，破民家，壞民俗。一段機械變詐，無識者競以爲能，浸淫入於其術而不覺，不復顧天理人心爲何物矣。所當訪實，悉榜其名於申明亭，審出刁誣詞狀，追究寫狀之人，并拿重治。

一、豪奴倚主人之勢，魚肉小民，莫可控訴。訪實惡端，申巡按御史拿治。

一、刑杖竹篦，不得重一斤，務要削平稜節，不許打在一處，不許打腿灣。桚指不得過兩時。非强盗、人命，不許輕用夾棍，夾不得過兩時。敲杖不得過三十。

一、堂上須要肅清，不得容吏書皂快門役擁立左右，致姦弊出於意外。

一、每日所行事，須立一簿，逐件登記，完者勾之。一月内事，必於一月内了，使吏書不得延挨索詐，上司事，亦不至沉閣取咎。

一、私衙要關防嚴密。多有清謹官爲妻子僮僕親戚所壞，交通衙役，私出官票，暗騙民財。時宜覺察。

一、縣官鄉里親戚，不得容留在寺院説事得財，以速官謗。

一、本縣每日供給，須照時價，給現銀與市民，兩平易買，不得倚官減值，虧短賒欠。不得縱容買辦人索取鋪行錢物，佐二衙一併禁戢。

一、各役工食，按季放給，不得預放扣減。

一、生辰令節，不得受禮物，以長奔競。

一、不得假借巡戢查點，將不到人役科罰銀穀。

一、不得稱貸富室，及至富室、監生家飲宴。

一、上司鋪陳，往往借用當鋪。江南則派糧長借辦，極爲擾害。須本縣節省公用，置辦着庫吏收領封貯，入查盤事件内，無令移用，以至缺少。

一、俵解備用馬疋，不得剋減馬價。

一、保甲，所以弭盜安民。今本縣開報保長時，既饜飽吏胥一番，而棍徒充當保長，又詐害良民無已，竟使善法皆成厲政。團練鄉兵亦然，徒滋擾害而已。既不可懲噎而廢食，豈可不循名而責實？要在賢者着實舉行，周密防備。天下多事之時，二者實爲未雨綢繆之計，不可忽也。

一、武備，不但地方保衛，亦官府自身保衛。昔人作縣，猝遇大盜詐作承差，突入縣庭，拔刃劫庫。縣官給以庫銀大錠不堪發用，爲批票取之大户。所僉大户皆民壯之驍勇者，諸人知令有急，皆襁磚石而入，遂擒群盜。使非掄選平時，安能應變倉卒？故據各州縣民壯弓兵，汰其老弱，實其虚冒，儘足以募壯士，練精兵，備不虞也。

一、盜賊，地方大害，必有窩家，必與捕快交通。平日當密訪窩家及通盜捕快，置之於法，一有生發，即行嚴捕，必擒獲而後已。此等風采彰聞，自然盜賊屏息。乃不肖有司，護盜如子，既欲邀盜息民安之譽，又避上司地方多盜之責，往往深怒失主呈告，反責捕快詐誣。其甚者，與盜相通，納其貨賄，致盜賊以此縣便於行劫，縱横無忌，失主不敢告，捕快不敢擒，釀成大亂，恒必繇之，所當痛以爲戒。

一、强竊盜到官，縣官即刻自審，勿輕用刑，只嚴急起贓，贓真，然後具招。勿輕信扳誣，而容捕快先拷，勿先發佐二審問。

一、賭博爲盜賊之源，必須嚴禁。民間開場賭博者，責令兩鄰首告，不首者同罪。

一、娼家爲盜賊之藪，不許容留城内居住。有居住者，兩鄰不首同罪。

一、白蓮、無爲等教〔二〕，自古倡亂之首。務要密察訪，嚴驅逐，無致遺害地方。

一、州縣官表率一方，宜先簡儉，以挽侈靡之俗。即宴會名刺，不可以爲小事，漫從流俗。當照憲規刊刻小約與本地縉紳，彼此遵行，節財用於易忽，移風俗於不覺矣。

一、民間溺殺子女，最傷天地之和。有犯者重治，四鄰不首者同罪。

一、宰殺耕牛，粘網飛鳥，當設法嚴禁，亦仁政之一端。近江南有以鳥銃射彈飛鳥，一發輒斃多命，尤爲殘忍，所當嚴禁。

校記

〔一〕此篇又載《高子文集》卷一。按，（清）余治《得一録》卷十五《高子憲約》尚有『花鼓淫戲，誨淫實甚，尤爲民俗大害。務須秘訪查拿，立予嚴懲。庶風俗可端，人心可正』一條，不見於《高子遺書》《高子文集》之《申嚴憲約責成州縣疏》。

〔二〕『奉』，（明）華允誠《高忠憲公年譜》引作『循』。

〔三〕『膏澤』，（明）華允誠《高忠憲公年譜》引作『恩澤』。

〔四〕『敢』，（明）華允誠《高忠憲公年譜》引作『可』。

〔五〕『爲』，（明）華允誠《高忠憲公年譜》引作『如』。

〔六〕『修』，（明）華允誠《高忠憲公年譜》引作『守』。

〔七〕『才賢』，（明）華允誠《高忠憲公年譜》引作『賢才』。

〔八〕『爲』，（明）華允誠《高忠憲公年譜》引作『最』。

〔九〕『無所不約』，（明）華允誠《高忠憲公年譜》前有『則』字。

〔一〇〕《得一録》此條作：『一義學，務選讀書端人。』

〔一一〕『無爲』，《得一録》作『天主』。

自請罷斥疏得旨回籍〔一〕

臣於本月初八日奉旨，會同吏部尚書趙南星看議御史陳九疇論新推山西巡撫謝應祥及文選司員外夏嘉遇與九疇互相奏辨事，隨具疏上聞。十二日，奉嚴旨處分矣。

夫應祥之推巡撫，出冢臣真見，以爲他人遇缺干求，應祥恬静自守，欲以此奬勸恬士，故與夏嘉遇言之，而特用應祥。會官推舉，衆論僉同，已蒙皇上點用。不謂陳九疇謂其昏耄，謂其圖謀，乃以誣不要錢不説事之吏科都給事中魏大中也。天地神明，昭布森列，九疇誤爲人使，以欺皇上，臣則何敢欺皇上，以欺天地神明？今大中、嘉遇俱已降斥，部院被含糊偏比、委曲調停之旨，臣媿死無地，自傷愚昧，不能仰當聖心，報皇上知遇之恩，又傷煩言亂政，致重干聖怒，虧皇上平明之理。臣諫臣之長，以諫爲職，當有顯諫，顧伏而思之，臣之事君如子事父母，父母有怒，爲子者當夔夔齋慄，待親心之自明，親怒之自霽，何可更爲激瀆？臣又伏而思之，九疇疏中有『背公植黨』之語，前代往往以黨之一字空善類，傾人國，亦由當時大臣過激以速成其禍，今日何可别爲激瀆？然而臣之職失矣，官以諫爲職而失其職，則皇上何取失職之臣爲哉？伏乞即將臣罷斥，以爲人臣不盡其職者之戒。〔二〕

校記

〔一〕此篇又載《高子文集》卷一、（明）金日昇《頌天臚筆》卷九『贈廕』、（清）高世寧《高忠憲公年譜》卷下『天啓四年』十月下。高世寧《高忠憲公年譜》題作《愚臣失職循分□□乞賜罷斥疏》，奉旨：『總憲，風紀重臣，自當秉公執法，卿既無欺，□□師生偏比，不肯從公會看。又旨意内沖幼□□□情那改，大失敬慎，非欺而何？既求罷黜，着准回籍。該部知道。」

〔二〕《頌天臚筆》文末有「天啓四年十月二十日」一句。

遺疏〔一〕

臣雖削奪，舊係大臣，大臣受辱則辱國，故北向叩頭〔二〕，從屈平之遺則〔三〕。君恩未報，結願來生。臣高攀龍垂絶書，乞使者執此報皇上。

校記

〔一〕此篇又載《高子未刻稿》御部，《高子文集》卷一。（明）朱國禎《資德大夫正治上卿都察院左都御史贈太子少保兵部尚書謚忠憲高先生墓誌銘》，（明）錢士升《資德大夫正治上卿都察院左都御史贈太子少保兵部尚書謚忠憲高公神道碑銘》，（明）華允誠《高忠憲公年譜》卷下「天啓六年」，（清）高世寧《高忠憲公年譜》天啓六年，（清）高世儒、高世學、高世寧輯《高忠憲公墓誌行述》等引。「遺疏」，除《高忠憲公墓誌行述》所録無題外，《高子未刻稿》、朱國禎撰墓誌銘、錢士升撰碑銘、《高忠憲公年譜》二種皆作《遺表》。

〔二〕「故」，《高子未刻稿》作「謹」。「頭」，《高子未刻稿》作「首」。

〔三〕「從」，《高子未刻稿》作「效」。

揭

罷商税揭[一]

伏見天津撫臺李懋明老先生疏内有復商税一款，攀龍不覺頓足歎曰：『何意斯言發於賢者！』夫神祖朝群臣敝舌秃穎，請罷税而不可得。光考一朝罷之，海内歡呼，有若更生。光考一月仁政，千秋令名，此事最大。夫罷而歡呼，則復而怨咨，歡呼而誦光考之仁聖，則怨咨而謂皇上爲何如主耶？此一事耳，皇上子道所關，君道所關。今日輿人之口，即他年信史之筆，人臣縱不畏一身受譏讒，獨不畏君父蒙譏議乎？此而不畏，則王安石之『人言不足恤』矣。

今日定亂，以人心爲本，舉朝方惴惴憂加派之失人心，而商税之失人心倍蓰於加派。加派之害以歲計，商税之害以日計。商税非困商也，困民也。商以貴買，决不賤賣，民間物物皆貴，皆繇商筭税錢。今税撤而價不減者，實繇鑛税流禍，四海困窮，加以水旱頻仍，干戈載道。税撤而物且湧貴，况税復而寧知底極乎？

兵興以來，言利者細無不舉，無一足恃，實非策也。鈔關、當鋪皆令民怨而天怒，反致悖入而悖出，以奪民之財非生財之道也。生財之道，生之節之兩端而已。試觀二祖開基，軍國浩費，曾有今日之諸款乎？曾有今日之不足乎？不過屯田、鹽法、錢鈔等事行之得宜耳。宋仁宗用師西夏，命近臣及三司議省浮費，詔自乘輿、服御及宫掖所須，務從簡約；若吏兵禄賜，毋得輒行裁減。治朝生財如此。今生之不能遽生，節之不肯遽節，目前急着，在天下巡撫得人，使其隨地相機，隨宜措置，每年務設處若干，以佐國用，豈遂不及復税所得之數乎？以此俟屯田之成，虜寇之滅，庶幾其可。

商税一事，言之痛心，萬望李老先生前念皇考，後念皇上，慎勿以復税爲念，同朝諸老先生慎勿以復税爲言也。謹揭。

校記

〔一〕此篇又載《高子文集》卷一。

論學揭〔一〕

近者黄門朱五吉老先生有《憲臣議開講學之壇，國家慮啓門户之漸》一疏，指意歸重東林，至欲以東林爲戒，而不復講學。此説一倡，吾道之禍大矣，天下國家之禍大矣。職東林人也，即不言及於職，何忍坐受東林之誣？正欲具疏，旋奉明旨，如日中天，不復瀆奏以啓争端，故謹具揭。

夫黄門所言東林，非東林也，乃攻東林者之言也；所言東林之禍，非東林能禍人，乃攻東林者欲禍東林也。數年來，職每自詫：『理義，人心同然，何以言理義者輒目爲朋黨而不容於世乎？』一日憬然曰：『正惟其同然也，故以爲黨也。』國家用一當用，行一當行，去一當去，必曰是東林之脉也。或有人言一當用，言一當行，言一當去，必曰是東林之人也。不論東西南北風馬牛不相及之人，苟出於正，目爲一黨。東林何幸而合天下之衆正！何不幸而受天下之群猜！弓蛇石虎，塗豕鬼車，皆非實事也。即如郭明龍正域，生平未嘗講學，生平不識東林，黄門謂與顧憲成開講東林，即此而觀，他可例推。無亦黄門師生姻婭之間涵濡浸灌之久於時局之説〔二〕，不自覺其入之之深乎？不然，何以二三年來，門户去於人口，依然還作當年口吻耶？

夫時局何爲而攻東林耶？方中涵相國未入相之前，首參之者，吴嚴所亮也。既入相之後，首參之者，錢梅谷春也。故一時承迎相國者，皆以攻東林爲職業，摧殘善人，戕害國脈，率繇於此。此果東林所爲乎？抑攻東林者所爲乎？以爲東林所爲，東林能制其鄉里言官不參論人乎？昔程伊川先生講學於熙、豐，而爲蔡京諸人所攻；朱晦菴先生講學於慶元，而爲韓侂胄諸人所攻。不以蔡京、韓侂胄諸人爲戒，而以伊川、晦菴爲戒，可乎？東林非程、朱，而習程、朱之教者也，不幸類是矣。

夫學者何也？人之性也。性者何也？天之道也。知道，則刑名錢穀皆實事也；不知道，則禮樂刑政皆虚文也，在此心迷悟間耳。諸老從迷得悟，不忍人之覿面而迷，故講以明之，正使之即事爲學，非以學廢事也。黄門曰：『孰是仕優者乎？乃可學。不然，勿言學。』職亦曰：『孰是學優者乎？乃可仕。不然，勿言仕。』審如是，可仕者寡矣。宇宙甚大，不可以一見相礙。釋、老且不能廢，况可廢儒？儒者，以明道者也，非儒生帖括之謂也，非督學膠黌之事也，收拾精神，而非消耗精神者也。人不知學，世道交喪，於是朋黨禍起，相安則交安，相危則交危。故黨類之黨不能無，是群分之品也；偏黨之黨不可有，是亂亡之本也。知黨類之不能無，使之各得其所，而勿相猜忌。知偏黨之不可有，使之各懲其禍，而勿爲已甚。但得人人自反，勿專尤人，則無不可融異爲同，化小爲大。故有教則無類，并黨類之黨亦可融之者，其必繇學乎？惟學可消門户，顧以學爲立門户，職未見立門户者而可以謂之曰學也。謹揭。

校記

〔一〕此篇又載《高子文集》卷一，（清）許獻、高廷珍等纂《東林書院志》卷十七《文翰三》。

〔二〕『無』,《東林書院志》作『夫』。

問

解頭問〔一〕

或問解頭之役,曰:『江南自糧解而外,解役之最重者有四:一硃漆解也,一茶蠟解也,一皇磚解也,一胖襖解也。四者皆足以破民家而殺其身。』

曰:『若是其甚與?』

曰:『民趨役於三千里外,而受命於宦豎。宦豎之視富民,虎之視肉也,何厭之有?』

曰:『然則將奈何?』

曰:『民辦物,官爲解。民厚出解綢給之,使解官有利無害,斯善矣。』

曰:『辦者非解者,解者非辦者,民競爲粗惡以塗塞,物不堪解,而解官何所呼號於輦轂之下也?』

曰:『是有主者,終無所逭其責,民則何敢?且物不具,解官不行也。』

曰:『解官挾不行之勢以漁民,奈何?』

曰:『解官有轄,民有控,何病?』

曰:『主者爲誰?』

曰:『上富户也。次富爲貼,不及下富。』

曰：『户上下於何知之？』

曰：『上富表表邑中，不必以田知，田有飛詭也。次富以田知之，差其多寡爲等。當事者平日當有一小册，差等富户，參伍咨訪，周知四境，以審糧役，點解户，不淆於臨事，不欺於胥吏矣。』

曰：『吾聞役法莫不善於用貼，譬之一牛駕一犁，牛未必憊，一犁駕十羊，羊斃而犁不舉矣。』

曰：『貼有二：貼役者，雖釐毫亦同其不測之禍，謂之以羊代牛可也；貼錢者，雖銖兩必有定派之額，謂之衆擎易舉可也。吾所謂貼，貼錢而非貼役也。』

曰：『其法如何？』

曰：『一解役出，則點幾上户爲主，必其三年内無糧長等項重役者，仍量其所費若干，與貼户若干。貼户出錢，主者辦解，物具而差官。解官亦必擇其人之可任者，即令候缺小吏，窮困無聊，如年度日，民出錢以餼官，官出力以惠民，官民兩利，計莫善於此也。』

曰：『費之多寡，何以知之？』

曰：『此須細詢。令經役而熟於事者，詳開某件時價若何，某件工價若何〔二〕，此可以知解户之費矣。詳開沿途某費若何，到京某費若何，此可以知解官之費矣。解户務在多與貼而不困其力，解官務令多與糈而不苦於行，斯上下相便而可久也〔三〕。每見往時民解既易官解，官解旋復民解者，非官解之不可行，解綱儉而官稱厲也。當其議官解時，民不勝吝，即令微益於解官而不能平。及其復民解時，民又不勝苦，即欲厚輸於解官而不可得。夫民可與樂成，而不可慮始，固在上之人力持而公裁也。若曰官解終不可行，則金花亦屬官解，經收亦屬宦官，何以人争求之，至命居間爲也？則以金花解綱最饒故也。』

曰：『官解既久，宦豎知解綱饒，獨不窮索解官乎？』

曰：『固也，視民則有間矣。解官有官差可憑，有當路可告，有地方仕宦可丐，以宦豎及各衙門吏胥視之，則鷄肋也。孰與富民？先儒有言：「天下事未有有利而無害者，擇其利多而害少者爲之耳。」抑愚復有慨焉。今天下白糧獨出江南，江南獨出七府，宫闈百官胥食之。民出財力輦輸以供國家者，獨當海内勞苦，而白糧船所至，關津復税之，何耶？今民貿易米麥，關津亦不加税，豈貢賦之米反當税耶？或曰：「非税糧，税私貨耳。」此又不仁之甚者也。夫糧有定額，船亦有定額，所帶幾何，而不使勞民自潤乎？此聖王之必以聽而不禁者也。誠得當路特奏免之，其錫福於民者無涯，斂福於身者亦無涯矣。此則蘇民間糧解之最苦者也。』

校記

〔一〕此篇又載《高子文集》卷一，《皇明經世文編》卷四九四。

〔二〕『某件時價若何，某件工價若何』，《皇明經世文編》作『某件時價若干，工價若何』。

〔三〕『斯』，《皇明經世文編》作『使』。

卷之八上

書

與李見羅先生[一]

侍先生三日，側聞所論，庶幾不逆於心，歸而益博求之，見從上聖賢所傳之要[二]，隱約皆在[三]，於是日用之間頗得歸宿。未知繇此而之，又更何如也？往時見明道云：『吾學雖有所受，然「天理」二字却是自家體貼出來。』不曉作何語。今乃見此理充周於吾前，活潑潑地，真不可須臾離也。妙在反躬而已矣。凡學問真切下手，自無閒口説閒話。去年向先生説格説致，仔細檢點，意念起處，總屬爲先儒分疏，假饒説得十分是當，與自己原不相干。學不切己，精神都向末上去，終日問辨，以爲無不在道，而於道背馳矣。静言思之，不覺失笑。

有拙序一首，其於先生教旨未審彷彿有入處否？風便一語指點。

校記

〔一〕此篇又載《高子文集》卷五。

〔二〕『上』，康熙本、四庫本、光緒本《高子遺書》作『古』。

〔三〕《高子文集》無『隱約』二字。

與許敬菴先生〔一〕

龍平昔自認以此心惺然常明者爲道心，惟知學者有之，蚩蚩之氓無有也。即其平旦幾希，因物感觸，倏明倏晦，如金在鑛，但可謂之鑛，不可謂之金；如水凝冰，但可謂之冰，不可謂之水。則道心於人心，即在鑛之金；道心迷而爲人心，即凝冰之水也。而先生乃曰：『童僕之服役中節者，皆道心也。』初甚疑之，已而體認，忽覺平日所謂惺然常明之心還是把捉之意，而蚩蚩之氓有如鳶魚飛躍出於任天之便者，反有合於不識不知之帝則，特彼日用不知耳。然則無覺非也，有意亦非也，必以良心之自然者爲真，稍涉安排，即非本色矣。

又見先生舉朱子云『凡天下之物，莫不因其已知之理而益窮之，以求至乎其極』，謂是欲盡讀天下之書，盡窮萬物之理，却不然。此只就一物上説，因其所知一二分是處，窮到足十分是處，積之之久，自有豁然貫通處耳。若謂知得一物，必須窮盡物物，則堯、舜之智而不徧物，寧有此等學問乎？今時錯認文公格物者正在此，故不敢不辨，乞先生更教之。

校記

〔一〕此篇又載《高子文集》卷五。

答顧涇陽先生論格物〔一〕

來書云：『尊稿中所欲正者，乃是所引《格物説》「一草一木」二語。丈看得甚有原委，但仔細磨勘，似説得稍闊。陽明之學與聖門之學端緒雖殊，要其説之所以得行，亦有其故。程、朱兩先生大本大原灼然無可疑者，而條理節目間未盡歸一。幸丈再精研之。』

辱教《格物》草木之説，據愚見，本無可疑。天下之理，無内外，無鉅細，自吾之性情以及一草一木，通貫只是一理。見有彼此，便不可謂盡心知性。聖賢之教，隨人指點，見問者欲專求性情，故推而廣之曰：『一草一木，亦皆有理，不可不格。』會得此意，則與《中庸》所指『鳶飛魚躍者』何以異哉？

孔門之學以求仁爲宗，顔、曾、思、孟之後，惟周、程、張、朱之傳爲的。陸氏之學從是非之心透入性地，不可謂不是，然而與佛氏以覺爲性者相近。陽明良知之學亦是如此。一邊是仁體，一邊是知體，仁統四端，而知不能兼仁，故仁者無不覺，而覺不可以名仁，源頭處杪忽差殊耳。程、朱二先生細看來無不歸一處，所不同者，解説書義。然書中緊關用力處，則亦無不同也。

愚見如此，望先生教之。

校記

〔一〕前三篇，《高子文集》卷五題作《答顧涇陽先生格物説》。

答顧涇陽先生論格物二

來書云：『兄云無善無惡説當提出根源，良是。渠所以能籠罩人，緣渠亦未嘗不以性爲善，只是將這善看得詫異耳，此其爲惑世誣民之最也。一草一木之説，善會之，亦自不妨，但六經、《語》《孟》中並未見説着此等功夫，其故安在？鳶飛魚躍，傍花隨柳，乃是自家一團生機活潑潑地，隨其所見，無非是物，與所謂一草一木亦不可不理會者，根趣自殊，試體之可見。仁者必覺，而覺不可以名仁，信然。覺非特不可以名仁，亦不可以名智，徒以智與覺字面相近，故説者多以屬之耳。如以覺爲智，則以覺爲性，又何疑焉？丈謂仁兼四德，而智不能兼仁，似尚未爲究竟語。仁義禮智只一般，渾言之，只提着一箇，便色色都在其中，非特仁兼四德；偏言之，便各有所主，又非特智不能兼仁也。道理須四方八面看，始盡耳。』

孟子只以四德言性，此便是善，安得而無之？舍此言性，非知性者也。舍此言善，非明善者也。

一草一木之説，先生以六經、《語》《孟》中未見説着此等功夫乎？此正孔門一貫之學也。『近取諸身，遠取諸物』，只爲從來源頭是一箇，故明此即通彼，通彼亦明此耳。

先生曰：『鳶飛魚躍，傍花隨柳，乃是自家一團生機活潑潑地，隨其所見，無非是物。』若不是一物，何以隨其所見無非是物？既是此物，則格諸身，格諸物，何以見根趣之殊耶？

『仁兼四德，而智不能兼仁』，此語有病。『覺非特不可名仁，亦不可名智』，先生之言是也，但覺之淺深又絶不等。今之言覺者固不足道，而象山、陽明又不可以此目之。此處幾微，直是毫釐千里也。

答顧涇陽先生論格物三

《格物説》近看得何如？一艸一木是格物事，鳶飛魚躍是物格事。朱子詩云：『一日洞然無別體，方知不枉費工夫。』正謂此也。先生試格之。

答顧涇陽先生論格物四〔一〕

先生云：『莫非理也，有何鉅細？有何精粗？但就學者工夫論，自有當務之急耳。』龍謂《大學》最先格物，便是當務之急。開眼夭喬飛走，孰非心體？以草木爲外，便是二本，便説不得格物。

先生云：『有梅於此，花何以白？實何以酸？有桃於此，花何以紅？實何以甘？一則何以衝寒而即放？一則何以待暖而方榮？』龍謂天地間物，莫非陰陽五行，五行便是五色，便有五味，各自其所稟，紛然不同，固無足異。至發之先後，蓋天地間有一大元亨利貞，各物又具一元亨利貞，雜然不齊，良有以也。

先生云：『於此格之，何以便正得心、誠得意？於此不格，何以便於正心誠意有妨？』龍敬問先生曰：『此一草一木與先生有關否？』若不相關，便是漠然與物各體，何以爲仁？不仁，何以心説得正，意説得誠？『樂意相關禽對語，生香不斷樹交花』，所以爲善形容浩然之氣，所以不可不理會也。〔二〕

先生云：『既無別體，我之體即物之體矣，豈必逐草逐木一一而爲之格？即欲逐草逐木一一而格之〔三〕，辨其如何而爲一草，如何而爲一木，此所謂堯、舜猶病者也。』龍謂萬物一體，誰不知之？然只是説話。仁者，渾然與物同體，不是小可事，恐當大費功夫。若必欲逐草逐木辨其如何，豈成學問？所以説及草木，若曰求之性情固切，然理不專在一處求，這裏也是，那裏也是云爾。

先生云：『孔子，作《大學》者也，其語子貢曰：「吾非多學而識。」曾子，傳《大學》者也，其語孟敬子曰：「籩豆之事，則有司存。」籩豆，日用不可缺者也，猶然見略，況一草一木乎？』龍謂多學而識是玩物，此是格物。玩物是放其心，格物是求放心。籩豆之事是有司事，此是心性事，不可同日而語。

先生云：『程、朱兩夫子之説則然矣，亦曾用此等功夫否？遺書具在，詳哉其言之也。孰謂發明一草一木之理者乎？孰謂商求一草一木之理者乎？』龍謂庭前草不除，便是這意思。如觀雞雛、觀盆魚，皆是。至於朱子所謂鱖魚肚裹水便是鯉魚肚裹水，尤親切可思矣。大抵先儒此説本輕而活，先生所駁則重而執。輕而活，則指點流行，觸目道在；重而執，便落言語障礙矣。先生更細研之，觀物即是養心，不枉却功夫也。

校記

〔一〕此篇《高子文集》卷五題作《答顧涇陽先生論格物》。

〔二〕篇首至此，《高子文集》無。

〔三〕『既無別體，我之體即物之體矣，豈必逐草逐木一一而爲之格？即欲』二十六字，《高子文集》無。

答涇陽論周元公不闢佛〔一〕

昨承手教，令致思周元公不闢佛之故。龍竊以元公之書字字與佛相反，即謂之字字闢佛可也〔二〕。元公謂：『聖人之道，仁義中正而已矣。』會得此語，可謂深於闢者矣。

校記

〔一〕此篇又載《高子文集》卷五。
〔二〕『元公之書字字與佛相反，即謂之字字闢佛，可也』十九字，《高子文集》無。

答涇陽論程、朱闢佛〔一〕

昨思程、朱所以闢佛之故。凡斯道大明之日，即是異端附會之時，聖賢因時有作，循其自然之勢而已。夫子没，而七十子各以其所得者爲學，及其弊，異端竝起，而孟子不得不好辯。千四百年間，儒者不過爲修身謹行、訓詁誦習之學，與二氏蓋判不相入。及周元公開揭藴奥，而天下始知求之性命之微，異端因之假合，程、朱不得不辯者，勢也。故觀《魯論》而見元公之道，觀《孟子》而可以知程、朱之心。如昭代盛時，道德一，風俗同，薛文清一向篤實而閒静也，豈見討擊異同乎？縱觀今日，是何局面耶？故聖賢不得已之心，皆天理自然之妙，而有意爲闢，有意而不闢者，皆私也〔二〕。元公之時，明吾之道而已，譬如人之無病，則起居飲食即是衛生却疾。程、朱之時，吾道已明，必須去其混之者，如六邪外侵，攻去其疾，而元氣始復也。

校記

〔一〕此篇又載《高子文集》卷五。
〔二〕《高子文集》無『縱觀今日……皆私也』數句。

答涇陽論管東溟[一]

續論更不可少，益覺快心。管翁篇中大義數十，先生已俱得之，但尚有小曲折，未審可一并説破否？蓋此翁一生命脈只在統合三教，其種種開闔不過欲成就此局。拈出一箇周元公，是欲就道理上和合；拈出一箇高皇帝，是欲在時勢上和合；拈出群龍無首，則欲暗奪素王道統，而使佛氏陰篡飛龍之位；拈出敦化川流，則欲單顯毘盧性海，而使儒宗退就川流之列。其他尊儒者，不過局面上調停；引儒者之言，不過疑似上附合。故無極、太極，近於虚空法界，則宗之；朝聞夕死，近於生死大事，則宗之。然其所謂太極，所謂道，即所謂毘盧遮那者是也。至于陽尊程、朱，陽貶狂禪，而究竟則以程、朱之中庸，五宗之佛性並斥，更是其苦心勤力處，欲使闢佛者更開口不得也。然舉要而言，則枉却一生勞攘，到底三教殊科耳。

前蒙此翁惠書，近擬答一柬，又覺孺子唐突長者。且既有環轍之宣尼，且作閉户之顔子，先生以爲何如？

校記

〔一〕此篇又載《高子文集》卷五。

答涇陽論生之謂性[一]

來書云：『「生之謂性」章，頗有所疑。性者，萬物之一原，安有不同？孟子將犬牛之性猶人之性折難告子，分明謂人與犬牛有二性矣，如何註謂「知覺運動，人與物同；仁義禮智，人與物異」？似皆宜有商量，幸丈一參之。』

在天爲命，在人、物爲性，一也。然以命言，則萬物一原；以性言，則有稟受之不同，故人得之而爲人之性，犬牛得之，爲犬牛之性，非性異也。形既異，則氣爲形拘，有不得不異者。所謂『纔説性時便已不是性』者，謂落在形氣中也。仁義禮智，人與物一也。形氣異，是以有偏全明晦之異。故曰：『論性不論氣，不備；論氣不論性，不明。』理之與氣，二之固不是，便認氣爲理，又不可。告子『生之謂性』語，未嘗差。生之謂性，與『一陰一陽之謂道』何異也？然聖人不謂陰陽便是道，故又曰：『形而上者謂之道，形而下者謂之器。』形只是這個，須是截得上下分明。告子不知此，故認氣爲道也。鄙見如此，先生以爲何如？

校記

〔一〕此篇又載《高子文集》卷五。

答涇陽論儒佛善字不同〔一〕

春來浪遊，頗是妄動。山水佳麗，未免有馳騖之意，亦爲心害。人心動於欲，未有不爲害者。山水尚然，況其他乎？辱示求正《牘質疑草》，一字一爽，千古不可磨滅之正論，又何疑〔二〕？

龍自正月以來，盡取佛書讀之，頗能究竟其旨。今日談學者，都將佛宗來證聖學，實無有知吾聖人之道者。若果知之，自見彼此正如南轅北轍，如何合得？佛氏所謂善，念中善事也，與吾聖人言善絶不相干。韓子曰：『彼以煦煦爲仁，孑孑爲義，其小之也固宜。』如佛氏所謂善，其無之也亦宜。乃欲將來混攪聖學，澌滅義理，真大亂之道也。今日邪説横流，根株只此四字。先生捉着病源，真是擒賊擒王也。

校記

〔一〕此篇又載《高子文集》卷五。

〔二〕篇首至此，《高子文集》無。

答涇陽論『猶龍』一語〔一〕

人性一也，習之於聖人之道則聖矣，習之於佛則佛矣，習之於老則老矣。維吾聖人之道亦然，習之於夷則夷矣，習之於惠則惠矣。孟子眼高千古，故曰：『所願，則學孔子也。』凡學，以習生悦，以悦生悟，以悟成性，則不可回，蓋所見無非是物矣，是以君子慎所習也。

『天下無二道，聖人無兩心』，此語誠然。而習不同，不同則其應用全别，用處既别，和體全非〔二〕。故學之至者，雖其反本還源之處同歸於太極，而實則有霄壤之不侔。故曰：『失之毫釐，謬以千里也。』向者攀龍嘗思於三教異同之際，而頗見其微，故一言蔽之曰：『性相近也，習相遠也。』

夫子謂老子曰：『鳥，吾知其能飛；獸，吾知其能走。今見老子，其猶龍乎！』天不可見，見之於時行物生；聖人之道不可見，見之於日用常行。凡天下之至道，皆愚夫愚婦之所能知者也。『猶龍』者，高之也，亦外之也。藏於淵，入於雲，在於不可知不必知者，君子無庸心矣。他日子夏論及於三才之數、生物之細微，夫子曰：『然。吾昔聞之於老聃。』子夏出曰：『論則美矣，非世之所急也。』夫子曰：『然。如女所言，亦各其所能。』繇此觀之，聖人『猶龍』之意見矣。二氏之道，陰分中事也，故皆在杳冥之境。吾以可知者詰之，彼即以不可知者逃之，其誰得而窮之？以是知聖人『猶龍』一語之微而婉也。

昨以對客，草草奉復，故詳其意如此。

校記

〔一〕此篇又載《高子文集》卷五。

〔二〕『和』，四庫本《高子遺書》作『合』。

與涇陽論知本〔一〕

《大學》之旨，明德，新民，要於止至善。止至善者，一篇主意也，其下皆説止至善工夫。『物有本末』一節最爲喫緊，『先後』二字示人入道之竅。失了先着，便不可入道。先着即在格物。格物之功非一，其要歸於知本。知修身爲本而本之，天下無餘事矣。故曰：『此謂知本，此謂知之至。』知本則知止矣，正與『物有本末』一節相叫應也。

竊謂古今説《大學》者，格致之義，程、朱爲最精；致知之義，陽明爲最醒；止修之義，見羅爲最完。三家相會通，而不以一説相排斥，斯可耳。但見羅看知本之本，如《中庸》『中』者。天下之大本之本，謂非以修身贊其爲本，乃是以本歸之修身。蓋以善無聲臭點到身上，便有着落。故曰『「本」之一字，乃所以點化此身，欛柄此善』也。此義雖甚精奥，然平平玩味本文『其本亂而末治者否矣』，似無此意。而見羅之説又自成了一箇安心訣法，未必是《大學》原旨也。《大學》之旨，只是教人格物致知，格來格去，知得世間總無身外之理，總無修外之工。正其本，萬事理，更不向外着一念，如此，自然純乎天理，而無一毫人欲之私，豈不是止至善也？觀下文『聽訟』一節，其釋知本，昭然可見矣。當初程、朱二先生只錯認『此謂知本』是闕文，而謂格致自別有傳，遂令『修身爲本』二節無歸着。後世知得『此謂知本』是原文，而謂格物只格本末，又令格物致知之工無下手。假令一無知識之人，不使讀書講論，如朱子四格法，而專令格本末，其有入乎？只如陽明單提致良知，而掃朱子窮理之説，弊敗亦已見矣，故程、朱格物之説更不可動。只提挈得《大學》主意在止至善，而知止工夫先於格物知本，自然如木有根，如水有源。而格物窮理皆所以致其良知，而非徒誇多鬬靡，爲聞見之知矣。何者？道理一不向身體貼，便非知本，便非致知也。如此，覺得文義條直明白，而工夫當下得力也〔二〕。先生試體之，以爲何如？

校記

〔一〕此篇又載《高子文集》卷五。

〔二〕《高子文集》無『如此，覺得文義條直明白，而工夫當下得力也』數句。

答涇陽病中作工夫書〔一〕

先生云：『閒時作工夫，病來即不能。』竊以病來做不得的，還未是真工夫也。横渠曰：『自來以多思爲患，且寧守之，只行其所無事。』又曰：『心之要在平曠，熟後無心，如天易簡不已。』如此，則病時正好做工夫。先生體之，以爲何如？

校記

〔一〕《高子遺書》書前目録題作《答涇陽論病中作工夫》，有『論』字，於意較長。此篇又載《高子文集》卷五。

觀《白鷺洲問答》致涇陽〔一〕

江右之學，自宋至今，如一塗轍，豈風氣使然？與今雖云陽明之宗，實則象山之派。諸老之中，塘南可謂洞澈心境者矣。然以愚見窺之，尚有未究竟在。何則？聖人之學，上下一貫，故其言表裏精粗無不兼到。舉要而言，循理而已。循理便無事，即無思無爲之謂也。今徒曰『無思』『無爲』，得手者自不至遺棄事物，然已啓遺棄事物之弊矣。如曰『止於至善』，有何名相倚着之可言至矣極矣？今必曰『無善無惡』，又須下轉語曰：『無善無惡，乃所以爲至善也。』明者自可會通，然而以之明心性者十之一，以之滅行檢者十之九矣。無思無爲者，即無善無惡之謂也。未離知解，則未離門户，未離門户，則未離倚着。倚着易知，而無倚着之倚着，難知也。故曰『尚有未究竟在』。

聖人之道，至易至簡，無可名言，故曰『予欲無言』，言之至也。惟其無可言，故其可言者，人倫日用之常而已。所以愈淺而愈深，愈卑而愈高，愈顯而愈微。然則如之何而可使人見本體也？曰：『此在人之信，而非可以無思無爲、無善無惡轉令人走向别處去也。』如《易》曰：『乾，元亨利貞。』如言人，仁義禮智之謂也。停停當當，本體如是而已。信得及者，别無一事，日用常行、人倫事物，無令少有污壞而已。此聖人之學所以爲至易至簡也。

雖然，王塘老之學，實自八十年磨勘至此，其靜功最深，妄窺之者，浮矣輕矣。然學術杪忽之間，不可不據所見相與評質。先生試參之，以爲何如？

校記

〔一〕此篇又載《高子文集》卷五。

與涇陽論東林〔一〕

東林樂聚，原是宦於此土之忌府。何則？誠畏之也。大抵吾輩罪名只在心腸不冷。冷亦何難，恐逆天理耳。因思聖人在家則曰『吾其與聞』，在外則曰『必聞其政』。當時大段多事，不知何法免三家之忌？至匡人之圍、桓魋欲殺，似不見饒。以先生之仁，直是於人無所不容，然見得是非極真，故世決放不過也。君子決無有見原於小人之理，但因而自警，各人身上各有充不盡的分，各有改不盡的過，各自勉而已。

校記

〔一〕此篇又載《高子文集》卷五。

與顧涇凡論已發未發〔一〕

《朱子》首篇内一條云：『有天地後，此氣常運，有此身後，此心常發。要於常運中見太極，常發中見本性。離常運者而求太極，離常發者而求本性，恐未免釋、老之荒唐也。』吾兄云：『此朱子初年未定之見，陽明先生自以爲秘傳者也。當删無疑。』

龍按，朱子初年之見，蓋認性爲未發，心爲已發。凡謂之心，則無未發之時，而未發之性存焉，則終未嘗發也。故其工夫，亦只在察識端倪，而却於程子所謂『涵養於未發之前』者有疑，蓋全向流行發用處尋求也。後來却見得渾然全體之在我，存者存此，養者養此，非别有未發者限於一時，拘於一處。然其樞在我，非如向日在萬起萬滅、方往方來之中立脚矣。後又益見得性情之妙，管攝於心，而動静之功貫徹於敬。當其未發，仁義禮智之性具焉，此心寂然不動之本體也。及其已發，惻隱羞惡辭讓是非之情形焉，此心感而遂通之妙用也。而戒謹恐懼之功〔二〕，則周流貫徹於動静之間，而尤必以涵養爲省察之本。此所以未發則鏡明水止，而喜怒哀樂之發，則無不中節也。凡朱子所見，大約歷三轉而始定。至此條之説，又别爲一義。其論太極者有曰：『太極之義，正謂理之極致耳。有是理，即有是物，無先後次序之可言，故曰易有太極。』則是太極乃在陰陽之中，而非在陰陽之外。若以乾坤未剖、太極未分之時論之，則非也，蓋恐人於陰陽外别求太極耳。其所謂『常發中見本性』，亦孟子所謂『乃若其情，則可謂善』，明道所謂『由其惻隱，知其有仁』。蓋性不可見，必於發處觀之也。特『此心常發』類於初年之語，然此主見本性而言，語相似而意不同，非比初年之見，以未發已發分别心性，不加涵養，而純任察識也。

兄更審之，以爲何如？

校記

〔一〕此篇又載《高子文集》卷五。

〔二〕『謹』，康熙本、四庫本、光緒本《高子遺書》作『慎』。

與涇凡二〔一〕

兄入禮曹，於國家闕典幸留意。建文年號不復，靖難死節諸臣未表，君君臣臣，天地大義，孝子慈孫，莫之能掩，與其爲之於後人，孰若爲之自我？又我朝謚法，獨不倣古，必兼行惡謚，乃昭勸懲。此弟平日所藏於胸中，兄相時因事，可一及之。

向所云東平守，弟初甚愕其人，後問於予拙〔二〕，云朴人也。弟昨道經之他州縣，皆有人投刺出接，惟彼州若不聞。細廉其民，皆云無他，以此益知迎送之間大不足以觀人，纔着一分愛憎，便都失之，不可不慎也。

校記

〔一〕此篇又載《高子文集》卷五。

〔二〕『予拙』，四庫本《高子遺書》作『余拙』。

答鄒南臯先生一〔一〕

當今先生之學，深徹『人生而静』以上。茫茫宇宙，可以考證此事者，賴有先生而已。

敝同年馮少墟，北方學者未能或之先也，先生見其集否？

自朱、陸兩先生分門後，兩脈竝行於世。龍以爲但取其來龍真、結穴真，不必問其何方何向也。先生以爲何如？

校記

〔一〕此篇又載《高子文集》卷五。

與南皋二[一]

竊觀《中庸》一書，『自誠明』之性也；《大學》一書，『自明誠』之教也。《中庸》下手慎獨，即誠即明；《大學》下手格物，即明即誠，無二物也[二]。惟是《大學》錯簡缺傳，不決於心半生矣，近年得崔先生一語決之，敢爲表出，請正是否。

校記

〔一〕此篇又載《高子文集》卷五。

〔二〕《高子文集》止於此，以下無。

答南皋三[一]

得先生教及賜新刻，讀之爽然一化，更無所疑[二]。攀龍於甲午秋赴揭陽謫所，長路孤征，寂寥蕭灑中窮研此事。至汀州店樓，推窗看山，忽然粘縛脱落，本心豁露，方知從上聖賢所説[三]，皆是藥方，皆是拄杖。自是以來，二十年矣，天然本色瞭然，日用終是放藥不得，放杖不得，根器薄劣，無可奈何。聖人於天下萬世上中下根，照見得透，故照顧得到。先生集中每每及之，如與海門先生柬，更是喫緊，此道幸甚！某自來極信得先生之學，不能無疑先生之教，以爲説得太鬆滑。天下人却不是先生忠肝義膽，萬難千磨中來也，於今始無疑矣。

誠明之説，昔有問者云：『《中庸》何以首言慎獨，便在誠身上做起？《大學》何以首言格物，又在明善上做起？』攀龍曰：『《中庸》言自誠明之性，《大學》言自明誠之教。』由今思之，只是弄口。至崔後渠先生定古本《大學》，以『誠意』章内自『淇澳』至『此謂知本』一段移在『所謂誠其意者』之前，文從理順，昭然知本是格致之義，而格致未嘗缺傳也。却如夫子宅中掘得蝌蚪原文，可以了《大學》一案，學者精神更不得向身外一步走漏矣。先生以爲何如〔四〕？

年來東林滋多口，是信道理不達時宜之罪。天下事未有不繇自取者，得此一番冰霜，大受諸公化育，不敢辜負也。辱先生相念，并及之。

校記

〔一〕此篇又載《高子文集》卷五。

〔二〕《高子文集》以上無。

〔三〕『上』，四庫本《高子遺書》作『古』。

〔四〕《高子文集》至此句止，以下無。

答南皋四〔一〕

往者從結心開處窺見本性風光，未嘗不知人之即天也，物之即我也，凡之即聖也，今之即古也，倫常日用之即神化性命也。然有陰氣在，如月光然。讀先生《合編》，竟先生之言，如赫曦透體一逼，逼去寂静的意思，覺此身方活，見人方親，方有味乎『善與人同』之語，此乃謂寂静也。初看便有此意，今乃益實。感幸之餘，附此爲報。繇此而之，未知能不負先生否耳？

校記

〔一〕此篇又載《高子文集》卷五。

答南皋五〔一〕

比者正體驗人心，除却怨天尤人，即蕩蕩乾坤，更無一事矣〔二〕。然學問不真，且向此中過活，殊不自覺。先生教及此，當幾提掣也。要在有事幹當，强排遣不得。《會約》及《文潔公誌銘》，何啻百朋之賜！

校記

〔一〕此篇又載《高子文集》卷五。

〔二〕《高子文集》至此句止，以下無。

答南皋六[一]

得先生平等之教，并認平等之誤。平等者，性體也。森羅萬象，竝育竝行，善者還他善，惡者還他惡，而已無與焉之謂也。若非見性人，等惡於善，究且背善從惡矣。所謂火力煅煉質性穢濁，復吾太虛真體，非以調停劑量之精神，薰物而無忤也。體認如此，非造詣所到。先生以爲何如？

校記

〔一〕此篇又載《高子文集》卷五。

與馮少墟一[一]

鄙見蒙老年丈印可，何幸如之！此事不落言詮，要在心悟。繇無言無象中彷佛可言可象者，中庸二字而已。繇可言可象中默契無言無象者，擇執二字而已。無一毫攙和之謂擇，無一毫滲漏之謂執。弟今日惟時時刻刻覺其攙和滲漏而已，未知何日可幾道岸也[二]。

海内惟老年丈之教無一字之逆於心，弟決不敢爲昧心語。然弟所見於年丈有未同者，千萬勿吝指示。此事非小，容情不得也。

校記

〔一〕此篇又載《高子文集》卷五。

〔二〕《高子文集》至此句止，以下無。

答少墟二〔一〕

善即生生之易也。有善而後有性，學者不明善，故不知性也。夫善，洋洋乎盈眸而是矣。不明此，則耳目心志一無着落處，其所學者僞而已矣。然其機竅，在於心入身來，故能尋向上去，下學而上達也〔二〕。大集中闡發已無餘蘊，雖以弟鄙淺之説有所印，而此中人士遂知所歸。今世有老年丈，斯道之大幸也。

校記

〔一〕此篇又載《高子文集》卷五。

〔二〕《高子文集》至此句止，以下無。

答少墟三〔一〕

手教云：『内存戒慎恐懼，外守規矩準繩。』兩語當終身行之。又云：『戒慎恐懼，是性體真精神；規矩準繩，是性體真條理。』此透性語也。人未知性，謂此爲桎梏；若透性，方知此是真安樂。蓋天然自有之中，絶無安排造作者也。非窮參不悟，非悟不徹。性體不徹，未有知吾聖人之矩爲天生自然者，又何怪其欲掃除此矩哉？聖人之學所以異於釋氏者，窮理而已。窮理，則性爲聖人之性；不窮理，則性爲釋氏之性。性豈有二哉？所從入之端殊也。

南方風氣劣於關中百倍，弟之力量劣於年丈萬倍。反觀此性，無欠無餘，上視聖賢，不差毫髮，所以不忍自棄者以此。伏惟老年丈時賜提策，開愚立柔。

校記

〔一〕此篇又載《高子文集》卷五。

答少墟四〔一〕

得教，復得《涇野先生語録》之賜，感感。拙説爲老年丈印可者方敢存之，應改者，一一如教易之矣。知學者甚難，知正學者更難，知學而能通達世務，不至以學害世者尤難。非老年丈，吾誰與歸？弟已得差歸矣，老年丈不日大用，當歸而歸，當出而出，有一定之卓識，而無執一之成心。非老年丈，吾誰爲望？

班役索報，草草寄復，有欲聞者當别寄，恐書郵之浮沉也。

校記

〔一〕此篇又載《高子文集》卷五。

與逯確齋[一]

與兄別來，略窺得路徑。聖人之學，只閑邪以存誠，此理直是易簡，然却與世學所謂易簡者不同。乾之易也以健，坤之簡也以順，蓋以健、順而易簡，非以易簡廢工夫。若以易簡爲心，便入異端去矣。世儒亦多有見得誠的意思，只是無克己閑邪工夫，故純是氣稟物欲用事，皆認作天性，以妄爲誠，種種迷謬。此格物致知，《大學》所以最先用力也。格致亦别無説，只是分别得天理、人欲，界分清楚透徹，正閑邪之要也。其入手處，則程先生每喜人静坐，朱先生每教人讀書。此意真妙，錯認其意者，便溺章句，便耽寂静，失之遠矣。弟看來吾輩每日用工，當以半日静坐，半日讀書。静坐以思所讀之書，讀書以考所思之要，朴實頭下數年之工。不然，浮浮沉沉，決不濟事也[二]。兄以爲何如？

幸相與覓便反覆印證，朱夫子曰：『日月去矣，大事未明，可懼也。』吾輩不可不念。

校記

〔一〕此篇又載《高子文集》卷五。

〔二〕《高子文集》至此句止，以下無。

與確齋二[一]

兄之學必已得力，曾詣一旦豁然貫通境界否？弟甲午東粤之行，千里孤征，燕閒静一之中，微有窺見。

五年於兹矣，雖於日用不無斷續，但覺此理充滿活潑，瞭然心目之間，身心有箇着落處，行事有箇把柄處。所苦者，既非聖賢根器，又無小學工夫，而志學又遲却孔子十年，以致氣習薰染，陶洗爲難。今亦無他法，只將義理浸灌栽培去耳。兄受質之淳、處困之甚倍於弟，其得力必百倍於弟，不知其入處何如？此事甚大，日月漸去，幸速相研究也。

校記

〔一〕此篇又載《高子文集》卷五。

答確齋三〔一〕

得兄書，下弟頂門一針矣。不必與兄談易，此便是易。

弟於數年前不意中有崑山一語，落於相知之耳，遂爲言路諸公扯作印證，横起風波。『不節之嗟，又誰咎乎！』今欲一陽之潛，須是三緘之密耳。

兄一生爻位，甚是正當。向來讀《易》無所入者，想索之文義，今有所見者，想是印之此身。尚有一語問兄，何者是畫前之易？幸教之。

校記

〔一〕此篇又載《高子文集》卷五。

答劉念臺一〔一〕

伏承下教，咨所以居方寸者。方寸即宇宙也，世人漫視爲方寸耳。顧非窮究到名言不立之地，爲名言而已；非存養於思慮未發之先，爲思慮而已。名言、思慮，爲憧憧之方寸而已。弟之愚昧，正在憧憧中生活，言之可怍。有一小書，可證斯理，敢以奉覽〔二〕。

校記

〔一〕此篇又載《高子文集》卷五。

〔二〕『名言、思慮』至文末，《高子文集》無。

復念臺二〔一〕

格物者，窮理之謂也。窮理者，知本之謂也。仁丈云：『一窮理焉，盡之矣。』誠然哉！理者，心也。窮之者，亦心也。但未窮之心不可謂理，未窮之理不可謂心，此處非窮參妙悟不可。悟則物物有天然之則，日用之間，物還其則，而已無與焉，如是而已。

弟稍窺此路，從此行去，雖不能忘歸家之念，亦不敢念到家之期，没身長途，所不慮也。反身而誠，是到家語，何敢言？吾輩但認得家真，認得路真，有家肯歸，有路肯走而已。仁丈以爲何如〔二〕？

校記

〔一〕此篇又載《高子文集》卷五。

〔二〕《高子文集》無末句。

答念臺三〔一〕

此事甚細，得兄相與推敲，甚幸。但無成心，各據所見，勘究到底，彼此必有益也。此净色根，魄也。隨念分別者，意也。靈覺則是心，《傳》所云「心不在焉，視不見，聽不聞」是也〔二〕。此與意識相似而實不同〔三〕，蓋心作主宰〔四〕，意主分別也。心，一也，粘於軀殼者爲人心，即爲識；發於義理者爲道心，即爲覺，非果有兩心。然一轉，則天地懸隔，謂之覺矣。猶以爲形而下者，乘於氣機也。視聽持行皆物也，其則乃性也。佛氏以擎拳豎運、拂水搬柴總是神通妙用〔五〕，蓋以縱横豎直無非是性，而毫釐之差則於則上辨之。兄以孟子著見之端即佛氏作用處，此最可觀〔六〕。凡事稍不合則，必有不安，此見天然自有之中毫髮差池不得〔七〕。若觀佛氏於彝倫之際，多所未安，彼却不顧也。故儒之與佛，論其潔净精微，不掛絲髮，空空如則同，而其中自然之秩叙，若權衡之輕重，度量之長短，佛則一概抹殺，超超自如矣。盡虚空，遍法界，性體充周，正謂如是。所以云與自己總不相干者，正謂軀殼上重重私欲耳。若一日克己復禮，則軀殼之己便與天地萬物爲一，豈有二耶？

吾儒與佛氏名目多不同，如儒者説性，只在人物上，未有人物，只説天，未有天地，只説太極，其實一也。知性則知天，人生而静以上，未嘗不可説。用力敏疾則念清，人生而静以後，未嘗不可復。學問之道無他，復其性而已矣。弟觀千古聖賢心法〔八〕，只一『敬』字捷徑無弊〔九〕。何謂敬？絶無之盡也。有毫釐絲忽在，便不是，有敬字在，亦不是。《易》曰：『直其正也。』直心正念而已。直心即正念，正念即直心，卓卓巍巍，惺惺了了，至於熟焉，習心化而無事矣。

弟之於此，如適千里者未出户庭，然曝温芹美，思以爲獻，不自覺其老生常談之可厭也。連日病齒，答多未盡，乞兄再窮究之〔一〇〕。

校記

〔一〕此篇又載《高子文集》卷五。
〔二〕自『净色根』至此，《高子文集》無。
〔三〕『此』，《高子文集》作『心』。
〔四〕《高子文集》無『蓋』字。
〔五〕《高子文集》及康熙本、四庫本、光緒本《高子遺書》『運』『拂』二字互乙，是。
〔六〕《高子文集》無『兄以孟子著見之端即佛氏作用處，此最可觀』一句。
〔七〕《高子文集》無『毫髮差池不得』六字。
〔八〕自『盡虚空，遍法界』至『弟觀』，《高子文集》無。
〔九〕《高子文集》無『捷徑』二字。
〔一〇〕《高子文集》無『連日病齒，答多未盡，乞兄再窮究之』一句。

與安我素一[一]

天地間需才爲急，知人甚難。君子經世，原與斯人爲徒，望兄所在精察人品爲要。方人爲聖人所不暇，而不知人，聖人所深患，二者相去遠矣。

足下清曹杜門，春日更遲，何以爲功？須以半日讀書，半日静坐，白沙所謂『静中養出端倪，方有商量處也』[二]。天理無窮，人欲亦無窮，於此日損，則於彼日益。鷄鳴而起，向晦宴息，中間何所事事，最是喫緊著力處也。所謂『人欲』，亦豈獨聲色勢利？只服食器用纔有牽戀處便是欲。須打掃得潔潔净净，方見無事之樂耳。弟正有志而未逮，敢爲同志告之[三]。

校記

〔一〕此篇又載《高子文集》卷五。

〔二〕篇首至此，《高子文集》無。

〔三〕『耳。弟正有志而未逮，敢爲同志告之』十四字，《高子文集》無。

答安我素二[一]

兄此行討一入頭，是暮年大享用也[二]。此事只在篤志真信，聖人朝聞夕可，不聞不可也。一念竦然，即此竦然之刻，便是放心收回之刻，當下認取，自後放即收回，以直養之而已，無他事也。所謂『放即收回』

者，纔覺放，便已回，更別無收。所謂『以直養之』者，不入纖微事也。覺其放者，乾知也。乾知大始，如閃電無蹤。直養者，坤能也。坤作成物，如住宅可守。弟有《静坐説》，是守之之法，書以請正。萬不可做有作有爲功夫，一涉有爲，即是假法，决不見道。蓋此事本體原是無極，故功夫不得有爲。合功夫之謂本體，合本體之謂工夫，二之則不是矣。

辱兄清問，以弟所知者備采擇可也〔三〕。

校記

〔一〕此篇又載《高子文集》卷五。

〔二〕《高子文集》以上無。

〔三〕《高子文集》無『辱兄清問，以弟所知者備采擇可也』一句。

答錢啓新一〔一〕

承教聖賢之言，語語是的，吾丈見其的矣。若識得朱子『東風面』『源頭水』，則《章句》亦便是朱子。只争這些子，故百年來無端生出許多説話來。

再觀丈與涇凡辨論，涇凡所謂『心便有兩』，大是險語。先後天之説，亦因時説生，似不必然。『夫人之心，即天也，聖人不過即先後以明其合一。』丈此語最是。至心性之辨，實是難言，在人自默識之。丈所舉整菴先生之言曰：『天人本無二，人只緣有此形體，與天便隔一層。除形體，渾是天也。』又曰：『人心之體，即天之體，本來一物，但其主於我者謂之心耳。』又曰：『静中有物者，程伯子所謂「亭亭當當、直上直下之正理」是也。』又曰：『心性至爲難明。謂之兩物，又非兩物，謂之一物，又非一物。除却心，即無性，除却性，即無心。惟就一物中分剖得兩物出來，方可謂之知性。』數語已顛撲不破。吾丈謂『心之理，便是性』，六字亦顛撲不破矣。

尋常見世儒以『在物爲理』爲程子錯認理在物上，以窮至事物之理爲朱子錯在物上求理，頗爲絶倒。此不獨不識理，亦不識物，名爲合心理而一之，實則岐心理而二之。此程子所以吃緊，爲學者先須識仁，識得此理，自不作如此見解也。老丈之意，惟恐學者開剖割裂，岐心性爲二，竭力指點曰：『虚靈知覺者，即精微純一之備具也。』誠然，誠然，然要在人之用功何如。若存養此心，純熟至精微純一之地，則即心即性，不必言合。如其未也，則如朱子曰：『虚靈知覺，一而已矣。』而所以爲知覺者不同，不嫌於分剖也。何如？

校記

〔一〕此篇又載《高子文集》卷五。

與錢啓新二〔一〕

覲華歸，訊知道況殊勝。先生所爲，退亡喪，進存得也，道理實是如此，非千休，無一得矣。《易》象經先生説明，一字一句，既知來歷。今只味其言外之味，受用無盡。先生居其勞，某輩居其逸，何德如之！

年來此身在易中，如魚在水；此易在身中，如春在木。看得世間吉凶悔吝，頗覺了了，而世人懵懵，愛莫能助。如何？如何？

校記

〔一〕此篇又載《高子文集》卷五。

與揭陽諸生〔一〕

别來加工何如？静坐收攝浮蕩精神，舉動守聖賢法戒。『貨色』二字，落脚便成禽獸。貧儒少年從此清楚，方有根基可望。舉動不苟，則虚明中無悔尤之擾，静處益得力。静處收攝寧定，則事至物來，方能審擇是非，不迷所向。兩者合一交資，而尤以静定爲本〔二〕。每日如此用工，不患人品不成。意念高遠，襟懷灑落，加以讀書精專，不必求工文字，自無不工之理。所業既工，科第自在其中，又何必營營於得失，自累其虚明，使彼此兩失哉？此鄙人近來灼見，決不誤諸兄，千萬加察。三千里外遥思往日相與之雅，愛莫能助，惟此言可贈耳。

校記

〔一〕此篇又載《高子文集》卷五。
〔二〕《高子文集》至此句止，以下無。

與管東溟[一]

蒙先生印許，謂攀龍於本體上頗爲得手。得手則豈敢云，略知下手而已。蓋此件事下手最難，緣下手處多是錯也。昔賢云：『未曾識得，涵養箇甚？』未曾識得，則纔著意，便落安排，任其自然，便成昏昧也[二]。自昔聖賢兢兢業業，不敢縱口説一句大膽話。今却不然，天下人不敢説底話，俱是學問中人説，以心性之虚見爲名教罪人者多矣。打破一桶，又做一桶，末學未臻斯境，想像應然，使心意勉勉循循，俟其自化耶？却别有工夫耶？望先生教之。

校記

〔一〕此篇又載《高子文集》卷五。

〔二〕《高子文集》至此句止，以下無。

與管東溟二[一]

竊窺先生大旨，要在統一三教。所以統一三教，爲欲度盡衆生，此是先生願力，其他種種法門皆由此起用。蓋先生實見得毘盧性海本共一家，而三教聖人原無二性，分吾儒，分二氏，總是妄生分别，反使大道自限藩籬。故拈出群龍無首，破道統之説，使素王不得獨擅其尊；拈出敦化川流，示遮那全體，見儒教不過三流之一；創遡太極於無極之旨，欲學者從此悟虚空法界之體，不然，終落儀象五行；立聖體、仁體二宗，見宣聖、元公而下，儒者不過究竟仁體，猶未窺見頭顱。先生牘中大義數十，此其最著也。

蓋先生於佛氏之學，可謂精詣其體，而大弘其用者矣，然於聖人之道終有不合。攀龍自奉教以來，虚參實體久矣，決不敢以口耳之間求異於長者，但微細體勘，儒、釋源頭相似而實非。佛氏渾淪空體，真彷彿太極，而實非聖人之太極；得無所得，真彷佛中庸，而實非聖人之中庸。此處最難下語，最未易信。除是盡置佛學，反求諸六經，切証諸日用，另開眼界，另作思維，自然見之。見則不獨路徑夐殊，直是源流各别。説者曰：『儒、釋體同而用異。』是大不然。道本無體，體本無朕，只就用處見之。繇其用處如是，所以知其本體如是。試看儒、佛用處何如，便可默識其體。故三教之異，非其川流之别，實是敦化之殊，非二本也，此一理耳，聖人體之，凡民由之，異端背之。

然既曰一理，何以有此異端？亦是此理中合有此端。蓋天地間對待之理，有陽便有陰，有晝便有夜，有明便有暗，有中國便有四夷，有吾儒便有二氏。佛氏之教，陰教也。觀其生於西方，宗於夷狄，所言皆鬼神之事，概可見矣。自古陽分中極治之世，何嘗有佛氏來？陽極盛則陰生，三代之時，世界已屬陰分。至孔子之時，吾道大明，其盛已極，而佛老遂竝生於其間。迨後世運益下，聖道益衰，夷狄亂華，佛、老司教，各以其類也。然陽全陰半，故聖人之道通於幽明，而二氏之學不可以治世，又其定分矣。

其在今日，將奈何？曰：『使之各得其所而已。』儒宗孔，釋宗佛，道宗老，斯不害不悖之義，先生所謂祖述仲尼、憲章聖祖之實也。何則？儒者自應誦法孔子。孔子道無虧欠，本不須二氏幇補，聖祖所以不廢二氏，不過以其陰翊王度，使其徒各守其教，亦未嘗合之使一也。故儒者闢之，扶陽抑陰之人事也。其次分之，觀於陰陽消長之天運也。而先生乃以統合三教爲今日經綸天下之大經，豈其然乎？

抑嘗熟玩先生之書，而思得其故矣。人之於道，猶足之於路，只分岐處一步左右，以後便各成路徑。原夫先生從明哲悟入，以趨大覺之體，迨後讀《華嚴》見性，益契無倚之智[二]。至於儒者六籍，皆先生悟後印證，故究竟只成佛門見解。觀先生以『神武不殺』、『飛龍大人』、『至聖至誠』、『過此以往未之或知』之類，隱隱皆推重如來，而所謂『乾元』，所謂『太極』，所謂『敦化』，隱隱皆指毘盧性海，蓋所見無非是物也。至於尊崇儒矩，排斥狂禪，亦不過謂世法宜然。而窺先生之意，實以一切聖賢皆是逆流菩薩，本無三教，惟是一乘耳。故攀龍謂先生之學，全體大用總歸佛門。而後之信先生者，必以牟尼之旨，疑先生者，必以仲尼之道。

龍謬承先生之教，使推敲其説，以決千古疑信，此是先生體道虛懷，龍何人，敢與於此？伏而思之，先生既以赤心俯詢，龍何敢不直心仰答？如前縷縷，蓋是千古同然之疑，幸當先生之世，一明決之[三]，學者幸甚。

校記

〔一〕此篇又載《高子文集》卷五。

〔二〕『智』，四庫本《高子遺書》作『旨』。

〔三〕『一』，四庫本《高子遺書》作『以』。

上儕鶴趙師[一]

渭南居鄉不識賢令尹，居官不識賢鄉紳，復何言其他事？

龍今年自東林會期外，即入山閉關，以學問宜静，以衰年宜静，以時局宜静。此時山中人不一味静嘿，非學矣。老師以爲何如？

校記

〔一〕此篇又載《高子文集》卷五。

上趙師二〔一〕

龍去年得胸膈之疾，殆矣。急勇猛擺脱，一切世事盡情棄捨，終日怡怡，觀大化流行，久之，身心内外瑩然朗徹，病亦自愈。自喜因病得藥，又因藥得病，不免習成懶惰。

令姪丈在此年餘，於老師亦無一字報聞。秋來方始整頓，伏念老師當此秋爽，不知於何處行樂？以何事爲樂？世局如此，總無開口處，總無着心處，落得做箇閒人，自家性命，自家受用而已。見老師種種製作，於海内知交，如齧十指。十指應心，負老師一點痛心者，非人哉！龍滋懼矣。

校記

〔一〕此篇又載《高子文集》卷五。

上趙師三〔一〕

老師位冢宰，正百官，天下賢俊鼓舞相慶。天之留碩果，使陽剛來復也。國祚靈長，於是乎徵。況老師之命甫下，皇太子之生接見，陽德一亨，福慶交集。龍不意晚景見此盛事，日爲笑樂而已。

方今天下之害在天曹不清，天曹不清，在司官得頂賂而引用匪人〔二〕，衣鉢相禪。除得此弊，而精選天下正人君子以寔四司，是第一義。又精選巡撫以安民生，精選學道以端士習，其於治理，思過半矣。

校記

〔一〕此篇又載《高子文集》卷五。

〔二〕『頂』，《高子文集》作『賄』。

答趙師四〔一〕

世情難調，自古而然。調世情者，非在世情中煅煉極熟不能。以老師天際真人，俯視世情如蚊蠅，而能爲蚊蠅相調乎？然譬之入海者，既在同舟，不得不調其捩舵、開頭、持篙、擊楫之人。在彼則世情，在老師非世情也。渡苦海者，法當如是，無可奈何矣。

校記

〔一〕此篇又載《高子文集》卷五。

候趙師五〔一〕

奉老師之命，不敢言時事，亦不忍言也。惟是老師之事，每念及，即不能眠食。所誣坐者，不知將何究竟？老師何以應之？當此患難，非平生學力抵當不過。老師得力者，專望詳示。

龍屏居湖干，不見一客，洗心待盡而已。但見本性本無常變，變動他不得，一切變幻皆銷歸於此。此則可對老師言者。

謹遣一豎，一以候老師之安，一欲印證行持，一欲知貴地當事所以措置斯事者。貴郡公爲御泠門人，御泠爲老師至切，良不易得。

龍嘗謂惟天下大人物受得大磨折，蓋天欲立千古榜樣。老師暮年一出，擔此大擔子，定數也，豈可逃乎〔二〕？惟祈老師善自保衛，俟天之定〔三〕。

校記

〔一〕此篇又載《高攀龍詩文殘稿》及《高子文集》卷五，《高攀龍詩文殘稿》題作《柬趙師》。

〔二〕《高攀龍詩文殘稿》此後尚有『伏看台造，明年七月即脱厄運』二句。

〔三〕《高攀龍詩文殘稿》此後尚有『臨書不勝心結氣寒，薄修爲老師寒具』二句。

答錢御泠〔一〕

翁臺正氣天高，深心地厚，真世道所藉覆載。敝師趙儕翁先生久不聞問，近日始馳一豎候之，乃翁臺嘿默救援，真懇如是，殆九廟之神借靈於仁人，非偶然之故也。捧緘感而欲泣，異夢兆自翁臺，必有奇應。辱貺，謹拜茶笋，以享明德。

校記

〔一〕《高子遺書》書前目録題作《答錢宫詹御泠》。此篇又載《高子文集》卷五。

答葉臺山〔一〕

攀龍迂鄙無似，少讀孔、孟之書，程、朱之訓，退而體之日用彝倫之間，恨稟賦庸下，愈鞭策，愈蹇躓不前。故覺聖賢之言愈淺近愈精深〔二〕，蓋一字一句有終身用之不盡者。乃欲舍是而更求異端之説〔三〕，直當面蹉過矣〔四〕。故嘗妄意以爲今日之學〔五〕，寧守先儒之説，拘拘爲尋行數墨，而不敢談玄説妙，自陷於不知之妄作；寧稟前哲之矩，硜硜爲鄉黨自好，而不敢談圓説通，自陷於無忌憚之中庸。積之之久，倘習心變革〔六〕，德性堅凝，自當恍然知大道之果不離日用常行，而步步蹈實地，與對塔説相輪者遠矣。鄙見如此，所謂學究頭巾語也。

門下闢邪衛正之意真矣至矣，而所取如龍者，則非其人。然願以此折節下士之誠，廣求海内，必有以副門下之意者。使此意引而伸之，浸昌浸明，來復有日矣〔七〕。

校記

〔一〕此篇又載《高子文集》卷五。
〔二〕自篇首至『故覺』，《高子文集》無。
〔三〕『更』，四庫本《高子遺書》作『别』。

〔四〕『蹉』，四庫本《高子遺書》作『錯』。
〔五〕『蓋一字一句』至『故嘗妄意以爲』，《高子文集》無。
〔六〕《高子文集》無『倘習心變革』五字。
〔七〕『鄙見如此』至文末，《高子文集》無。

答朱平涵〔一〕

年丈以地方役事，冒群譏衆訕，毅然爲小民造命，此大丈夫所爲。即此一事，他日立朝之概可見〔二〕。居廟堂之上則憂其民，處江湖之遠則憂其君，此士大夫實念也。居廟堂之上，無事不爲吾君；處江湖之遠，隨事必爲吾民，此士大夫實事也。實念實事，在天地間，凋三光、敝萬物而常存。其不然者，以百年易盡之身，而役役於過眼即無之事，其亦大愚也哉！弟丘壑中腐物也，有虚見而無實用，舍年丈，其誰與歸〔三〕？

尊柬有云弟與王年兄論動極静極之説〔四〕，已忘之矣。然吾輩學問，以眇爾六尺爲太極作箇骨子〔五〕，則陰陽動静又不足言也。何日得一抵掌，臨書慨然。

校記

〔一〕此篇又載《高子文集》卷五。《高子未刻稿》數部僅載末段『尊柬有云』以下，題作《答朱平涵相國》。
〔二〕『即此』一句，《高子文集》無。
〔三〕『弟丘壑中……其誰與歸』一段，《高子文集》無。

〔四〕《高子文集》此句作『尊束云弟論動極静極之説』。

〔五〕《高子未刻稿》『眇』作『渺』，『六』作『七』。

與蕭自麓一〔一〕

先生年高德邵，愛莫能助，惟是大化流行，未嘗止息。君子之學上達天德，非法天，行何繇焉？聖王之德至矣，而几杖户牖之銘，工瞽史巫之警，如是兢兢者，以宴安之可畏也，則孺子可爲長者誦斯言矣〔二〕。《朱子》已畢覽否？攀龍敢斷謂，士不志於聖人則已，苟欲求聖人之道，必從此入則無差。夫聖人之道〔三〕，『閑邪存誠』一語，本體工夫兼至，而夾持之功則莫如「敬以直内，義以方外」兩言之簡而盡。敬則是敬，義須索精，故在格物致知。『敬義立而德不孤』，夫然後精明的確，而無似是而非之敝。不然，知敬而不知集義，則偏陋固滯，或有敬非其敬者矣。程門之學，其大端不出乎此，特其旨雖顯，其言甚微，至朱子而始發明詳盡，學者便得下手耳。統惟乘時努力，勿隨俗悠悠爲望〔四〕。

校記

〔一〕此篇又載《高子文集》卷五。

〔二〕《高子文集》以上無。

〔三〕『夫』，四庫本《高子遺書》作『失』，與上句連讀。

〔四〕《高子文集》無末句。

與蕭自麓二〔一〕

某近來爲學，雖知所歸宿，第欲根隱伏，世情隨觸而動，收攝來，即有貼定時節，而氣未澄凝，終非天性本來面目。默默點檢，千病萬病，只是志不耑一。想亦別無巧法，專一陶洗，收攝將去而已。

園池清幽，借棲聽教，客館閒身，學力必倍。昨乃匆匆思歸，既歸而始悔之。孤興時飄飄而動，終無奈老親在堂，洒落不得也。

妻叔王謙齋名大益者，司理於漳，先生有意惠教，或可覓便寄書。三千里得先生一語喚醒，醉夢中人當必有躍然而起者矣。

陸古樵兄歸，所詣必深，異日肩任斯道，廣先生之教者，其在斯人乎！清侍未期，臨書黯然而已。

校記

〔一〕此篇又載《高子文集》卷五。

與羅匡湖一〔一〕

學必須悟，悟後方知痛癢耳，知痛癢後，直事事放過不得，蓋盡性知命之難也。先生過來人，以爲然否？

二小刻請正，是否乞判一語？此請殊非漫然，仁者萬勿棄之〔二〕。

校記

〔一〕此篇又載《高子文集》卷五。

〔二〕『先生過來人』至文末，《高子文集》無。

答羅匡湖二〔一〕

人自有生以來，一念妄想相織相續，至死不已。惟仗學力深透，此念忽破，則真心豁然顯現，方知前者之爲妄。迷悟一關，聖凡千里，其要在一念之破不破耳。先生過此關久矣，然悟前妄爲主，見真體固難，悟後真爲主，消妄想更不易。十二時中，空過不得，作何功課，幸詳教之。

校記

〔一〕此篇又載《高子文集》卷五。

答羅匡湖給諫三〔一〕

貴鄉饑，而老先生盡力如此，真學問也。

《大學》以明、親、止爲一物一事，就中揭出本始，使人知所先後，而先於格物致知。格物者，究竟到極至處，知本之所在，即明、親、止一齊在此，其義備於『淇澳』一段。蓋知本確是格物，而此段又確是知本。

《大學》明言『此謂知本』『此謂知至』，此段又明言『此謂知本』，不得紐合誠意中。老先生以知本爲致知，大旨已了，文義久當自會。

蓋攀龍是數年憤悱得之，非漫從也，如刻教不知在腸中幾盤旋矣。得一本字到手，更有何事？但此字頭面易見，肺腑難窮。古人下『格』字、『致』字，萬分鄭重。老先生洞悟心靈，只體貼天理便見。天理與心靈又豈有兩物？妙在體貼兩字耳，只在一部《大學》中，懸空體不出，泛濫亦體不出也。盲人之見，而陳於離婁，得毋一噴飯耶？

校記

〔一〕此篇又載《高子文集》卷五。

答耿庭懷〔一〕

得教推求光景之説，甚幸！甚幸！聖門所貴默識，正謂須識得此體。此豈以静而有，動而無耶？既識得，則惺惺了了，自然知是必行，知非必去矣。若用處一差，即是本體不徹，而所謂見者乃虚見也，虚見之謂光景也。如静中觀喜怒哀樂未發氣象，此爲未見道者引而致之，正令於心無所着時默識其體，此見性之捷法也。真見得天命之性，則真見得道不可須臾離，雖欲不戒懼慎獨，不可得矣。戒懼慎獨，亦不過一靈炯然不昧，知是必行，知非必去而已。所以然者何也？此件物事不着一毛，惟是知是必行，知非必去，斬斬截截，潔潔净净，積習久之，至於動念必正，方是此件。不然，只是見得他光景，不爲我有。試體行不慊心之時，還是此件否耶〔二〕？某平日體驗如此，不知是否？望老父母更正之。

校記

〔一〕此篇又載《高子文集》卷五。

〔二〕《高子文集》止於此，以下無。

與陳思嵩〔一〕

兄近來學力何如？性體豁露否〔二〕？正念現前否？二義實相須，性體不透，決不得正念現前；正念不純，所謂性體只是虛見耳。兄試體之，以爲何如？

校記

〔一〕按，『嵩』，《高子遺書》書前目録作『岡』。此篇又載《高子文集》卷五。

〔二〕『豁』，康熙本、四庫本、光緒本《高子遺書》作『發』。

復錢漸菴一〔一〕

東林會中傳先生發改過修慝之義，尤爲同學日用精切工夫，自兹以往，日事斯語而已。往者見禪林古德有言：『末後世，明道者多，行道者少。』惕然有省。竊以爲於今之時〔二〕，不患本體不明，惟患工夫不密；不患理一處不合，惟患分殊處有差。必做處十分酸澀，得處方能十分通透。天下事大抵皆然，得之易，失之亦易也。先生以爲何如？

校記

〔一〕此篇又載《高子文集》卷五。

〔二〕『時』，康熙本、四庫本、光緒本《高子遺書》作『世』。

復錢漸菴二〔一〕

席上之言，貢其狂瞽，亦蒙采擇，見老先生虛中無我之至矣〔二〕。知危者便是道心，此提最醒，得此欛柄，至於精一執中無難矣。

何莫非虛靈？中間層級，萬有不同。即如一小事至前，所以酬應區畫之者，孰非虛靈？然要商確到極停當處，便有許多推敲。要果行到極慊心處，便見許多搖撼。於此見道心之微，而精一允執之要也。人心一片太虛，是廣運處，此體一顯即顯，無漸次可待，徹此，則爲明心。一點至善，是真宰處，此體愈窮愈微，有層級可言，徹此，方爲知性。或曰：『至善是現成天則，有何層級？』攀龍曰：『所謂層級，就人見處言。身到此處，見到此處，進一層又一層，見到天然停停當當處，方是天則，此即窮理之謂也。』或曰：『虛到極處，便見至善，豈虛是虛，善是善？』攀龍曰：『只看人入處何如，從窮理入者，即虛是理，虛靈知覺便是仁義禮智；不從窮理入者，即氣是虛，仁義禮智只是虛靈知覺。緣心性非一非二，只在毫芒渺忽間故也。』老先生試爲一參究而終教之。

校記

〔一〕此篇又載《高子文集》卷五。

〔二〕《高子文集》以上無。

與徐匡嶽大參〔一〕

《大學》一書，某於文義尚有不決於中者，近始決之。此與李先生稍異者，以格物致知而知本，以知本爲物格知至耳。至於主意，則在知止，工夫則在知本，一也。吾人日用，何曾頃刻離著格物？開眼便是，開口便是，動念便是。善格物者，時時知本，善知本者，時時格物。格透一分，則本地透一分，止地透一分耳。老先生試體之。

校記

〔一〕此篇又載《高子文集》卷五。

答曹真予論辛復元書名全，河汾人〔一〕

復元公，聖質也，見在已是吴康齋先生等輩矣。説者謂康齋不及白沙透悟，蓋白沙於性地上窮研極究，以臻一旦豁然；康齋只是行誼潔脩，心境静樂，如享現成家當者，快樂受用而已。然其日漸月磨，私欲净盡，原與豁然者一般。即敬軒先生，亦不見作此様工夫。至其易簀之詩謂『此心惟覺性天通』，原是此様境界，不可謂其不悟。復元公再肯進此一步，大儒矣。但恐其質妙行敦，身心已定疊得去，日用已洒落得去，不信有此一步。只有一試法，須自知之：有妄想否？有倚靠否？若有妄想，即樂亦須假物，如讀書，亦假借也。若有倚靠，即敬亦是倚靠，如以敬直内，便不是直也。

弟得其《樂天集》，如飲沆瀣，不忍釋手，故不能奉璧。更望翁臺再見賜其《養心録》，千萬！千萬！

校記

〔一〕此篇又載《高子文集》卷五。

與劉雲嶠一〔一〕

千古西江爲道德忠節之區，今海内所傾心注目者，台丈與南皋先生而已。儒者經世之學，不格物，不止善，毫釐千里，所關於天德王道非小，望台丈於憂中更進百尺竿頭一步也。

弟晏居深念，以爲當今世道交喪，無計挽回，惟是諸君子深明此事，則或出或處，總是撑拄乾坤，自餘非綱要所在也〔二〕。台丈以爲何如？

校記

〔一〕此篇又載《高子文集》卷五。

〔二〕『自』，康熙本、四庫本、光緒本作『其』。

與劉雲嶠二[一]

今之學者每好言悟。夫悟，誠足重矣，非悟則無默識，非默識則何以學，何以教，何以不厭不倦？然悟者，虛靈之偶徹，本體之暫現也。習心難忘，本真易昧，故非真修，不足以實真悟。若使天下萬世之念不切，好善惡惡之意不誠，徒執一見，自作過活，假饒身心安頓得下，恐非千聖血脈也[二]。知年丈辨之審矣，弟懼謬誤正在臨歧，不審年丈何以教之？

校記

〔一〕此篇又載《高子文集》卷五。

〔二〕《高子文集》止於此句，以下無。

復朱密所[一]

嘗讀《孟子》曰：『能言距楊、墨者，聖人之徒。』未嘗不廢書三歎。夫曰『能言』而已，何遂爲聖人之徒？蓋誠有大不忍於心，如新亭之涕，視神州陸沉，汲汲望天下勤王之師也。茲者天幸，海内聲氣稍動，吾輩既得路徑不差，須從身心上實履出來，乃爲能言，乃可距楊、墨。弟雖不敏，請從老公祖之後，鞭策其駑駘疲足，以不負斯語。

校記

〔一〕此篇又載《高子文集》卷五。

與何天玉一〔一〕

諸賢得釋，海宇同歡〔二〕，況足下之於僕耶？聞報之日，亟呼酒稱慶，一時侍兒亦有奇喜，可見心之同然。今足下已置身雲霄之上，足以羽儀天下，所被服者明霞，所餐者沆瀣，乃纖塵不到之境。若如光音仙人貪食地肥，便身重不能上天矣，慎哉自愛！僕恃道義之愛，敢發此狂言。然人心甚危，雖豪傑之士常不能自制，須得義理栽培。讀書賢於他好，知足下有味斯言也。

校記

〔一〕此篇又載《高子文集》卷五。

〔二〕『宇』，《高子文集》作『内』。

與何天玉二〔一〕

昨與門下無語不契合也。區區鄙意，則以門下既開此眼，更無別事，足赴之而已。《離》之初九，惟敬，錯然之履，一片大光明，日就月將在此，所以爲踐形盡性也。《困知録》已卒業否？以爲何如？

校記

〔一〕此篇又載《高子文集》卷五。

答吴安節年伯一〔一〕

聖學全不靠静〔二〕，但各人稟賦不同，若精神短弱，决要静中培擁豐碩〔三〕。收拾來便是良知，散漫去都成妄想，益驗念菴先生「無見成良知」之説也。

校記

〔一〕此篇又載《高子文集》卷五，《高子文集》無「年伯」二字。

〔二〕「全不」，康熙本、四庫本、光緒本《高子遺書》作「不全」。

〔三〕「擁」，四庫本《高子遺書》作「養」。

答吴安老二〔一〕

人生處順境好過，却險；處逆境難過，却穩。世味一些靠不着，方見道味親切；道味有些靠不着，只是世味插和〔二〕，兩者推敲，儘有進步。若順境中，一切混過矣。當此世局，正是玉成，不可不知也。

老年伯玩易了心，是無上勝事。滿目生機，充塞無間，人於其中，藐然有身，但胸次不着一物時，内外融徹，純是易也，即易是心，無心可了〔三〕。鄙見如斯，老年伯以爲如何？

校記

〔一〕此篇又載《高子文集》卷五。
〔二〕『插』，四庫本《高子遺書》作『攙』，疑是。
〔三〕《高子文集》止於此，以下無。

答吴安老三〔一〕

官至九列，當邪正水火之時，而屹然持正，不失天下之望，非老年伯平生學力，何能得此〔二〕？聖人重成名，豈好名者可得而假乎？總憲公完名去矣，協院公以巧成拙，只看今日結果，便知當年下種。造物之於人，真者必顯其真，假者必破其假。靜中觀物，良有味也。

賢孫之變，誠爲不堪，第看破一命字，便可一切放下。知老年伯之朗照在群物之表矣。

校記

〔一〕此篇又載《高子文集》卷五，題作《答吴安節》。
〔二〕《高子文集》以上無。

與洪桂渚〔一〕

校記

〔一〕《高子遺書》卷八上及《高子文集》卷五所載此篇有删節，全篇見《高子未刻稿》書部。本卷删文存目。

答陳伯襄憲副〔一〕

侍於君子以來，忽即歲月，門下縣歷中外，實心實事，日見之行，此之爲德以迓福者，可涯涘耶？今年大浸稽天，民在飢溺，此仁人盡力之秋。門下居尊職要，凡念諸懷、吐諸口者，皆膏澤也。此地此時，得愷悌如門下，真上帝不絶民命矣。

弟迂疎腐人，年來惟是朝聞夕可一事，如盲者在途，悵悵乎其未有適，無足爲門下道者。猥辱存念，奬借逾分，是門下與人爲善之至意也。惠書惠儀，謹拜長者之賜。

楚中歐陽宜諸，精金良玉也，隨事幸一表章之。他如郭明龍、周二魯，皆門下友善所宜及〔二〕，附以聞〔三〕。

校記

〔一〕此篇又載《高子文集》卷五。
〔二〕《高子文集》止於此，以下無。
〔三〕篇末有《高子遺書》編者陳龍正按語：『龍正謹按，是時先公副楚臬，以予輩累多，不攜之官，故貽先生原書未及見。讀先生報章，德業相勸，而先公拮据賑濟，果已多方。又歐、郭諸公與先公不約而孚，信乎「同心之言，其臭如蘭」矣。』

與吴子往一〔一〕

接教，言連日精神不暢，此不可放過。凡天理，自然通暢和樂，不通暢處皆私欲也，當時刻唤醒，不令放倒。作科第業，不足妨兄。但見得顯晦分定，毫髮非人力所爲，信得徹底，此一片田地方潔净，方有做工夫處。不然，任是嘉種，田地蕪穢，發生不起〔二〕。韓昌黎曰：『將蘄至於古之立言者，則無望其速成，無誘於勢利，養其根而竢其實，加其膏而希其光。』夫昌黎之論工爲文章者且當如是，況求聖人之道者乎？

校記

〔一〕此篇又載《高子文集》卷五。
〔二〕《高子文集》止於此，以下無。

與子往二[一]

荻秋大足陶鑄學者，兄勉之。弟所見兄閒適之味多[二]，研窮之力少，故經年之别，而無疑義相參，坐讀書不多，悠閒過日之故也。

兄之文章，自是錦心繡口，一時絶調，毋過怯之而苟安焉，使此事進退維谷，反爲靈府之累也。亦在多讀書，使外來之聞見與性靈之趣味相浹，出之不難矣[三]。讀書而氣逼塞不暢，此是内外相拒，不相乳入之故。勿顧而愈前，至于旬時，彼此相粘而融融矣。心即理，理即心，理散見於六經，聞見狹而心亦狹，非細事也。兄勿疑於此[四]。

校記

〔一〕此篇又載《高子文集》卷五。

〔二〕《高子文集》無「荻秋大足陶鑄學者，兄勉之。弟所見」十四字。

〔三〕《高子文集》無「兄之文章」至「出之不難矣」一段。

〔四〕《高子文集》無「兄勿疑於此」一句。

與子往三[一]

與兄别後，此件工夫無可告語印證，殊無日新之益。家居只隨分應酬，尤悔日積，但徵色發聲之間皆爲煅煉琢磨之助，亦自得力。因此愈知直方之工〔二〕，動静一體而成。静中有毫髮私念攙和，便不能直；動中有毫髮世情粘帶〔三〕，便不能方。愈直則愈方，愈方則愈直，妙處真不容言也。

兄静坐已得身心妥貼否？有不妥貼處，皆屬安排，皆非自然。蓋此箇心體無有形體，無有邊際，無有内外，無有出入，亭亭當當，直上直下，不容絲髮人力。但昏雜時略綽唤醒，一醒即是，本體昭然現前，更不待認而後合。待認而合，則與道爲二，反成急迫躁擾矣。

日前見兄多有無事生事處，或因用工煩惱，或遇佳境貪戀，或修業而又慮累德，或修德而又恐遺業。此等皆非主一先難之義，甚乖湛然之體，要於此處灑灑落落，始覺自在耳。至於静中，不可空持硬守，必須涵泳聖賢之言，使義理津津悦心，方得天機流恖〔四〕。兄試體之，大抵性命心切，天下事自無不可爲。不然，則虚生虚死〔五〕。

校記

〔一〕此篇又載《高子文集》卷五。

〔二〕《高子文集》以上無。

〔三〕『帶』，四庫本《高子遺書》作『滯』。

〔四〕《高子文集》止於此，以下無。

〔五〕《高子遺書》篇末有編者陳龍正按語：『吴子於善無所不受，故高子言無不盡。高之切，正見吴之虚。』

與子往四[一]

弟觀此道，既爾充塞，形色即是天性，但隨身所在一切整齊嚴肅，許大乾坤，便樞紐在此，總無餘事矣。歸途或來訪兄[二]。

校記

〔一〕此篇又載《高子文集》卷五。

〔二〕《高子文集》無末句。

與周自淑[一]

東省大災，古今罕見，吾兄貧而當此，不知何以作活？每恨無魚雁可通此念也。關中馮少墟先生講學，外世爲局；此中顧涇陽先生論學，與世爲體。當時見涇陽先生爲大，此時覺少墟爲高。何者？與世爲體者，世與爲敵矣。弟年來又受世敵之益，一切動忍，爲洗心退藏之助也。

校記

〔一〕此篇又載《高子文集》卷五。

答史玉池[一]

定志之教，丈甚見其大，弟即反而思之，於三賢所謂毅然己任者，來書云：「范文正以天下爲己任，司馬公以天下是非爲己任，明道先生以興起斯文爲己任。」惘然無有也。今日爲計，惟有責志，不責其無三賢之所任，責其無三賢之所學而已。蓋恐一念向外，不免有舍己田而芸人田，代大匠斲之病也。

弟居平惟日取諸聖賢書循循而讀之，内體諸身而合，外應之事而順[二]，自不覺其篤信而深好之。故自《學》《庸》《語》《孟》，周、程、張、朱諸書而外，不敢泛有所讀；確守師説，亦不敢自立所見；出而應世，一秉其所信，亦不敢有所委曲求濟於其間。不審其間尚有弊病否？乞爲弟細察之。

弟極愛魏莊渠先生言：『吾輩若透却名利關，人安能軒輊我？縱毁我譽我萬方，我只消不見不聞，便都了却。我若是真金，儘教他做烈火。倘還有些渣滓，却藉他做洪鑪，猛煎熬一過，添我多少精神！』此與行無忌憚而不恤人言者相霄壤。丈所謂大爲警悟一番，但不可因之動忿心者，正兩得之。若於此不透，正坐爲己之根未深。怒於毁者，必喜於譽，却似平日所爲好事，不過欲人道得一箇好，於自己性分都無干涉也。

玄臺兄昨相聚兩日，簡淡之趣殊足以藥弟之所不及。又言吾輩氣象須要涵養和粹始得[三]，即人以非理相干，但勿從之，不必生疾之之意。弟深服其言[四]。其他見解，多有不然。自孔、顔、濂溪、明道而外，如曾、孟、小程、張、朱，皆有訕議。察其深病，不免落於禪宗。吾丈會時，當切劘之。此兄今人所難得，不欲其終於此而已也。

校記

〔一〕此篇又載《高子文集》卷五。

〔二〕『之』，四庫本《高子遺書》作『諸』。

〔三〕《高子文集》無『玄臺兄昨相聚兩日……之所不及』一段，『又言』作『玄臺兄言』。

〔四〕《高子文集》止於此，以下無。

與周念潛〔一〕

得吾丈秘書之報，喜而欲狂。蓋得其人，則邑中之庇也，非其人，則蠹也，庇與蠹相去遠矣。令先公不爲蠹者也，故天以丈報之。丈慎自愛，萬里之行自此始矣。

都下人事碌碌，能讀書否？有直諒多聞之友否？每讀《論語》至論齊景、夷、齊處，便令人意思拔污泥而升雲霄；讀《孟子》『陳代』『景春』章，浩浩然俯視寰區，俗物都茫茫矣〔二〕。此野人芹味，試爲丈獻之。賢郎留邸中爲佳，少年拘檢數歲，可望成性也。

校記

〔一〕此篇又載《高子文集》卷五。

〔二〕《高子文集》止於此，以下無。

與張子慎[一]

别來兄進修何如？擺一分俗趣，入一分道味，勢不兩立者也。如兄聰明，何事不成？但恐志立兩岐耳。今人自孩提至成人，父母之教，師傅之誨，曾有出於富貴之外者乎？根心生色，不言而喻，此念已若天性，而真仁義反若矯揉，安望有超拔沉淪、能自覓求吾之所謂至富至貴者乎？非豪傑如兄而疇望？曩時面語，今日緘書，弟之鄙誠無出此語。

蓋弟誠自體驗，廣居正路，人人自有，不待安排，只爲此賊竊據其中，故主人翁擯逐於豺虎荆棘之叢，曾不得頃刻休息。發大勇猛，誓不與此賊俱生，方能擴通道路，光復吾廬。舍此而談玄説妙，平居儘足自哄，恐當境分毫用不著耳。弟於此正在交戰之時，未知何日奏凱？雖然，吾之所謂至富至貴者，一日到手，外賊要不難除，内修外攘，正爾交資，莫兩相靠。

不審兄近日持行何如？風便幸一示知之爲望。

校記

〔一〕此篇又載《高子文集》卷五。

與吴懷野一[一]

弟年來認得學問要約處，止一性字耳。此處真假，干涉非細。若不將有生以後添出者盡情放舍，不見其面目也。何日與年丈相對默然，一印斯理？

校記

〔一〕此篇又載《高子文集》卷五。

答吴懷野二〔一〕

弟學同人之學，無同人之精力，故欲自遂其幽人之分量，而以一歸爲快。畢竟東林掌記乃弟實銜，五湖釣叟乃是兼官，他不稱職。此實語，不敢妄也。

弟歸見敝邑東林諸兄蒸蒸上進，以弟衰耄，如着緊鞭〔二〕。吾輩老矣，幸見未發性地，然欲從戒懼造於篤恭，必有須臾不離道之工夫，以復須臾不可離之道體，雖欲罷而不能也〔三〕。《理學家録》置坐右，如日侍教戒。感謝。

校記

〔一〕此篇又載《高子文集》卷五。
〔二〕《高子文集》以上無。
〔三〕《高子文集》止於此，以下無。

答蕭康侯[一]

不謂康侯罹此大慼，喪禮久廢，能勉而行之，即性體也。心境易開，性分難盡，此悟修之説，非心性之辨，言不真修，非真悟也。躬行君子，聖人所爲未得者，要形色純是天性，聲爲律，身爲度，做到聖人亦無盡處。所以爲未得，實不可得也。故不悟之修，止是妝飾，不修之悟，止是見解，二者皆聖人所謂文而已，豈躬行之謂哉？

問津書院成，門下當以身肩之。千古之業只在眼前，不於他覓也。

校記

〔一〕此篇又載《高子文集》卷五。

復陳敬伯[一]

人生不向道理上去，總是虚生。道理不向身心上去，總是虚語。早下手一日，省氣力一日。惟丈念之。

校記

〔一〕此篇又載《高子文集》卷五。

答周二魯[一]

先生云：『學涉玄虛，士迷利禄。』二語括盡世弊。天下無真事功者，繇無真學術。學術果真，步步踏着實地，朝市山林皆有事在，不必得位也。

校記

〔一〕此篇又載《高子文集》卷五。

答瞿洞觀一[一]

前尊丈爲我慮水銀詐死，良是。弟則謂原是真金，但一向埋没耳。弟自甲午年赴謫所，從萬山中磐石上露出本來面目，修持十五年，祇覺一毛尚在。去年一化，方知水窮山盡處耳。雖然，聖解一破立盡，凡情萬疊難銷。古德牧之爲牛，弟則奉之爲君。夫何爲哉？恭己正南面而已。

校記

〔一〕此篇又載《高子文集》卷五。

寄瞿洞觀二〔一〕

斯土士風民俗何如？廣土衆民，君子所欲，老丈得之，其與世俗吏傳舍一官者，必有如燕駕越轂，不可同年而語。所以苦心畢力其間，不言可知。廊廟山林，俱各有事。在山林者，一念不空，即非真體；有民社者，一念不實，亦非真空。老丈從事心學已久，知於此裕如〔二〕。弟正孳孳焉未有得手處也，便中祈一示持行真諦。

校記

〔一〕此篇又載《高子文集》卷五。

〔二〕《高子文集》『裕如』二字後有『也』字。《高子文集》止於此，以下無。

與顧新蒲〔一〕

人有言曰：『安詳是處事第一法，謙退是保身第一法，涵容是與人第一法，灑落是養心第一法。』信然矣。然何以能安詳、謙退、涵容、灑落耶？襲其事則不可久，求其真則不可得，遵何道而可？曰：『心存則是，心不存則非；知性則是，不知性則非。』何謂心存則是？心欲如是，則如是矣。何謂知性則是？知性之本如是，則心欲如是矣。不安詳者，躁也；不謙退者，傲也；不涵容者，隘也；不灑落者，滯也。躁與傲，隘與滯，吾性所本無也。復於性，則四惡屏，四美具矣。存心之謂居敬，知性之謂窮理，此二門者，萬善所自出。寧獨四者？故學貴務本〔二〕。

校記

〔一〕此篇又載《高子文集》卷五。

〔二〕《高子文集》無『寧獨四者？故學貴務本』一句。

與丁子行〔一〕

見新詩，知況味遠矣。弟近來無他進益，惟見得人生只有一個念頭最可畏，全憑依他不得。精察天理，令這念頭只在兢業中行，久之純熟。此箇念頭即是天理。孔聖七十方到此地位，吾輩何敢説大話也？

校記

〔一〕此篇又載《高子文集》卷五。

答劉直洲〔一〕

弟衰絰中，百里之内，得顧涇陽伯仲與玄臺輩磨勘商確，退而閒居，左右圖書，歲月殊不惡。適奉手札，知足下禪根獨深，欲與弟共此美，足下念弟深矣。弟獨謂此道，其徒自能爲之，非吾曹之所爲也。非獨不可，抑亦不能。何者？釋氏之道，始於止，妙於空。其空之妙，即空字更不容著，故至於滅而倫理，棄而事物，絶而思慮。其初，雖鬚髮之微，覺爲煩惱，亦削去之。吾曹今日能乎？習其道者，兀坐一室，亦自有餘，一交事物，種種憎惡，至於顛倒錯亂，無可奈何，則强曰不必安排，頭頭是道，不知拂於人情、乖於物理者多矣。吾曹爲孔子之徒，自宜從孔子之教。足下誠取四書沉潛體驗，篤實力行，無先立己見，强聖賢從吾，每一温尋，濯去舊見，以求新知，久之，自當知釋氏萬般指引，吾儒開口便見，釋氏徹底精微，亦儒家所不屑道者耳。

丈又云近於二程書更覺心適，此丈入門之漸，而吾道得人之幸也。第先入之言主張於内，爲力亦難。倘於高明未合，願姑舍之，萬勿援釋合儒，爲孔門大罪業。今之陽尊儒而陰從釋，借儒名以文釋行者，自陽明以後更大熾。足下才高力强，尤大可慮。與其似是亂真，則不若净守禪宗，借此路亦可淡灑世味耳。弟無所知識，守先儒之説，勉循下學，但立志不敢不端。語曰：『行百里者半九十。』足下姑取其志，考之於異日可也。

不盡欲言諸，惟願足下臨事平情，毋輕喜怒，得情勿喜之道，常存之方寸，此爲弟負暄之獻。

校記

〔一〕此篇又載《高子文集》卷五。

與羅止菴〔一〕

自得教誨以來，工夫雖多作輟，每輟每續，亦漸得力，止修合一，所謂『易簡而天下之理得矣』。邇年來杜門，益肆力於周、程、張、朱四先生之全書。洋洋乎！優優乎！窮子一日而獲其寶珠矣。嗟乎[二]！今世之士，其無志於學者無論也，幸而志於學，則皆樂趨捷徑，率逃之於在彼在此之間，令人不可方物。李先生獨揭止修之旨，於是自頂至踵，皆爲實地頭，無動無静，皆爲實工夫。其意微矣，其功大矣。善學者得之，則凡聖賢之言皆見下落，如五味之相濟而不相爲病。不善學者，舉一廢百，亦有不覺其相爲牴牾者。何也？聖人之言寬而不迫，雖至於千變萬化，而道則一也。李先生提綱挈領之教，説近於執，然而執則迫矣。故弟以爲，既得其大本，則宜益涵泳聖賢之言而寬以居之，斯爲不失李先生之意也。惟丈精察而更教之。

校記

〔一〕此篇又載《高子文集》卷五。

〔二〕《高子文集》以上無。

與王具茨[一]

丈夫生世，即甚壽考，不過百年。百年中除老穉之日，見於世者不過三十年。此三十年可使其人重於泰、華[二]，可使其人輕於鴻毛，是以君子慎之。僕老矣，此三十年從蠹魚中忽忽而過，遂於世爲不足有無之人。努力春華，敢望之大君子。

案牘之暇，《近思録》不可不讀，謹致一册。聖度兄居恒道大雅津津然，春陽醉人，知仁者施政惠民正如斯矣。

校記

〔一〕此篇又載《高子文集》卷五。

〔二〕『華』，四庫本《高子遺書》作『山』。

答張雞山〔一〕

龍每謂姚江之學興，而濂洛之脈絶。忽得大教，且驚且喜，不謂濂洛當再復中天。略玩致曲言，已窺見先生一斑，確然聖脈無疑。望先生以身顯道，使天下信其人而信其道，信其道而信濂洛諸君子之道也〔二〕。

有宋大儒誠明之性，明道先生是矣；明誠之教，晦菴先生備焉。舊刻呈覽，諸有拙見，邇來正欲録出，當以明年寄正。

校記

〔一〕此篇又載《高子文集》卷五。

〔二〕《高子文集》止於此，以下無。

答吕釗潭大行〔一〕

辱教舟行晏坐，此最勝之事，難遘之緣，惟夙根道器能覿面不失耳〔二〕。静坐只以見性爲主。人性萬物皆備，原不落空。人性本無一物，不容執著。性即天也。『惟天之命，於穆不已』，可以爲無乎？『上天之載，無聲無臭』，可以爲有乎？天即心也，當其感，皆天之用也；當其寂，即天之體也。必體立用行，故於静時嘿識其體，觀未發氣象，即默識其體也。觀者，即未發者也。不動於意，故不可以有意言，不可以無意言，總只是一片靈明。久著於物，故不靈不明。一念反觀，便靈便明耳。即此是性，即此是天，更無二物，以此觀彼也〔三〕。

自來研證所見之涓埃，仰正於高深者如此，惟不恡往復惠教。

校記

〔一〕此篇又載《高子文集》卷五。

〔二〕《高子文集》以上無。

〔三〕《高子文集》止於此，以下無。

答王儀寰二守〔一〕

三教各自爲宗，故起因結果絶不相同。人但知性之不異，不知學之不同。夫子曰：『性相近也，習相遠也。』學、習不同，一者不得不三，非性之有三，習使然也。至於談良知者，致知不在格物，故虛靈之用多爲情識，而非天則之自然，去至善遠矣。吾輩格物，格至善也，以善爲宗，不以知爲宗也。故致知在格物，一語而儒、禪判矣[二]。茫茫宇宙，辨此者實鮮。老公祖精研於此，豈非天之未喪斯文與？

校記

〔一〕此篇又載《高子文集》卷五。

〔二〕《高子文集》止於此，以下無。

答湯海若[一]

龍爲舉子業時，則知海内有湯海若先生者。讀其文，想其爲磊落奇男子也。從入仕版，以未得一見顔色爲恨。乃辱手書之，及開緘誦之，喜心欲舞。及觀賜稿《貴生》《明復》諸説，又驚往者徒以文匠視門下，而不知其邃於理如是。

龍嘗讀聖賢書，見孔子言仁[二]，便説復禮；孟子言浩然之氣，便説集義。夫仁者與萬物爲一體，浩然之氣塞乎天地，可謂大矣！而拈出一禮、義字，便分毫走作不得，其嚴如此。今時之學非無見其大者，只緣這些子走却，便爾落草。門下諸篇迥別時説，何勝爲吾道之幸！聊發所見大端，以望金玉之音[三]。

校記

〔一〕此篇又載《高子文集》卷五。

〔二〕《高子文集》無『見』字。《高子文集》始於『孔子言仁』，以上皆無。

〔三〕《高子文集》無『聊發所見大端，以望金玉之音』一句。

答吴嚴所司封〔一〕

弟抵家至郡中之日，即翁臺榮發之日也。後先半日，遂失一晤。今先公屈於一時，伸於千古矣，此是宇宙定理。弟嘗謂：『以暫，則正必不勝邪；以久，則邪必不勝正。』正不勝邪者，陰陽盛衰之勢；邪不勝正者，陰陽尊卑之分。君子所以必屈於當世，必伸於後世者以此。世界甚長，知者不於百年作小過活也。抵掌當於秋爽，微物寄意。

校記

〔一〕此篇又載《高子文集》卷五。

答區羅陽太常〔一〕

伏讀老年丈《明德疏》，字字莫逆。弟去年有《勤學疏》，不過因大疏而望聖主以警悟之機，保任之法耳。謂其君不能，不敬莫大焉，故寧冒迂闊之譏，不敢蹈不敬之罪〔二〕。形色天性，即形即性，即性即形，此之謂『躬行君子』，此之謂『君子所貴乎道者三』，此之謂『根心生色』。聖學所以與佛學異者，只一性字。性者，理也；理者，矩也。『從心所欲不踰矩』，方是躬行，方是踐形。拙説蒙年丈印可，何幸！何幸！講之於口，體之於身，一一語奉以畢世。不然，只是講，不是學也。

弟已歸，恐弟南而年丈北，又未得於一水時通問也〔三〕。

校記

〔一〕此篇又載《高子文集》卷五。

〔二〕《高子文集》以上無。

〔三〕『弟已歸』以下，《高子文集》無。

答吴進士〔一〕

古人奉天命以周旋，不敢褻而棄之者，如士人得一第，天即以君民命之矣。仕宦而不於兩者起念，非天所命也。弟觀世間弊敗，皆緣此念不真。弟非能真者，不敢不以望天下俊傑如仁丈也。

校記

〔一〕此篇又載《高子文集》卷五。

答友人書[一]

向者老生常談耳，然向世人語，便以老生常談一噱棄之，固知非門下之敏不能味無味之語也。得教喜躍無似，然尚在見解上盤旋。若便從此下手，一切放下，一切淡去，淡到極處，方是此平常真體。此體雖極平常，却極奇特。彼自能孝能弟能忠能恕，一毫不須人力攙和。雖聖人所不盡，却人人所共能。門下試默識。默識兩字，是隨時隨地隨事真工夫也。

校記

〔一〕此篇又載《高子文集》卷五。

答吴百昌中翰[一]

至都下，適海内同志一時盍簪，可謂此生遭逢之幸。而鄒南翁、馮少老又以聖學相參相印，二老卒以學去，不肖亦將繼之，學之不容於世如此。然既謂之學，不必其容也。以容爲學，豈復有學哉？想台丈學殖日積，道況日佳。蓋格致者，皆推究其極之謂。推究到極處，即太極、無極，所謂至善也。此是一塵不到、萬理明净之境，況味何如哉！學之所以爲樂者以此。

慕崇文如飢渴，想黄山在夢寐，未知此生還有此緣否？言之神往。

校記

〔一〕此篇又載《高子文集》卷五。

答田雙南〔一〕

聖賢息息只是學，聖賢之學，息息只是仁。所謂『逝者如斯，不舍晝夜也』，極平常，極奇特。若煅煉精純，渾是此件，即通乎晝夜，更無生死，豈不大哉？弟有志於此，而茫乎未之有及也。台臺取其一二推測之言，自是與善曠懷，使弟益勉勉於斯者，皆台臺與善功用矣。

校記

〔一〕此篇又載《高子文集》卷五。

致周懷魯中丞〔一〕

三吴不幸，横罹水害，是乃氣數適窮。然大幸台臺當路，此真天心仁愛。夫以萬萬生民寄與台臺一身，天之所以待吴民者，可謂至仁；以台臺一身活萬萬生民，天之所以待台臺者，可謂至重。邇者伏見大疏及一應文移，真足仰酬蒼蒼之意，俯慰林林之望。即某等亦不覺感激涕零，况忍死待拯之民哉？

竊惟目今民間雖未甚闕食，危急已在冬間，宜先知應賑人户之數，然後可預處米穀，預立給散之法。

攀龍稽考古昔，咨諏老成，謹列三款，仰備采擇。然此事所係，全在得人。即如審户、給散二事，欲正官爲之，勢必不能，當精擇佐貳，須台臺特委，許以特薦，免其一應迎送及本衙職事，使專意爲此，另給食錢，寬以日月。禁其煩擾地方，諭令訪求各鄉公正有德之士，不拘紳衿耆老，相與商求，務使澤無遺人，人無冒澤。如不盡力，且以賄聞，即時鎖拏問罪。如此，庶幾事事得實。但佐貳官堪委者，極難其人，又須訪問各處公正縉紳士人耳。

又惟台臺爲民請蠲請賑，至矣極矣，然又有事外之念焉。今杜監部實司農耳目，不可不使之與台臺同心。密有揭報，劉税監實内庭耳目，不可不使之自爲税計，預報災傷，此亦一助也。伏乞采擇。

校記

〔一〕此篇又載《高子文集》卷五。

卷之八下

書

與許同生父母〔一〕

前奉教造荒册之法甚美。顧荒之與饑，自是兩事。荒者田，而饑者民；勘荒可一覽而百畝千畝，審饑則一日止三村四村。必急乘此風和日煖之候了審饑一事，則飢民可計數而知，賑糶可相時而發耳。

夫賑饑不難於饑者必賑，而難於賑者必饑。賑者未必饑，則饑者未必活，何者？以有限之財當無窮之冒，必不繼也。惟是隨門逐户，什伍相稽，當時給票，據票給米，自無中間展轉弊竇，民受實惠。喫緊在此，望仁臺亟給賑票及文簿，先就興道鄉四河口爲始。蓋以此鄉爲最低最饑，且縉紳則有葉玄室兄之賢住居此鄉，可相參酌。

謹以票式及簿式呈覽，幸仁臺裁之。其餘勘荒勘圩，則可一舉兩得，待荒册造成，行之未遲也。

校記

〔一〕此篇又載《高子文集》卷五。

與林平華父母一〔一〕

敝邑解軍之役，民間最爲重累。近易官解，百年疾苦，一朝去之。但當時原議，每百里盤纏二兩，蓋念差役道路防閑之苦，經過衙門使費之累，故稍優之。於時當事者以爲太饒，每百里減去八錢。自遵行以來，則快手之累又不減於民，真有賣屋賣妻猶不能償債者。

近呈道尊，蒙許亟行，伏乞老公祖即爲一申，復其原議百里二兩之額，庶幾民間衆擎易舉，出者不以爲厲，差役見利忘勞，行者不以爲苦，而此法可垂永久矣。

校記

〔一〕此篇又載《高子文集》卷五。

與林平華父母二〔一〕

東林之政仰荷主持，遂得徼寵於各位老公祖，儼然賜命，重之弘施，煌煌斯文實式臨焉。然而揆之鄙衷，尚有不能嘿嘿而安者。

昔聞邑先達文莊邵二泉先生嘗建尚德書院祀李忠定矣，比部華補菴先生嘗建崇正書院祀七賢矣，還按東林故事，二泉先生嘗屬補菴先生重行改葺矣，竝不聞上煩公帑，下煩里中父老趨事也。惟是惠山尊賢祠，二泉先生寔倡諸衿紳共新之，則亦謀諸一邑而已，卒不聞上煩公帑，下煩里中父老趨事也。典刑具在，龍等何敢有違？已而反覆思之，祠堂之設，主以龜山先生，配以羅、胡、喻、尤、李、蔣、邵七先生，崇往厲來，於是乎繫，是一邑之公也。至於會所之設，廣麗澤也，乃龍等之自求助耳；書屋之設，備藏修也，乃龍等之自求益耳，是二三同志之私也。其爲一邑之公也，請得奉揚明德，庶幾翕然興其仰止之思，以無負表章至誼。其爲二三同志之私也，請得退而守固陋之分，無容藉口談道之名，覥顔非格之賜，以致處非其據，貽誚《伐檀》。

懇乞特賜鑒裁，轉達於各位老公祖。幸蒙許可，鏤刻有百倍於恒情者矣。

校記

〔一〕此篇又載《高子文集》卷五。

答湯質齋[一]

弟觀自古聖人，參贊化育，只有扶陽抑陰四字。謂之扶抑，畢竟特有低昂，特有低昂，畢竟衆人不識。故衆人不識處，正君子苦心獨運處也。台丈云：『不着一邊，豈不爲持平極則？』弟猶恐着一己意思，爲不着之着。不若廓然只聽之通國正人公論，爲着而不着也。

校記

〔一〕此篇又載《高子文集》卷五。

答段幻然一〔一〕

今上御極以來，江陵煽虐以後，未有如婁江之邪毒者。一切否局皆其所造，廿年虺螫，一揭鴟張，而台丈於襍然群枉獨獲大首，自此誠宜提綱挈要，相候乘時。凡天下之事，去其太甚，則人心胥服；求之已甚，則人心胥疑，匪特爲小人之藉，亦恐爲小人所乘矣。

校記

〔一〕此篇又載《高子文集》卷五。

答段幻然二〔一〕

台丈云：『斷粗慾易，斷細慾難。』誠然，誠然。然學人難於不見道耳。台丈見道既久，只收拾精神，復於未發，乃爲着實。若放空擴去，猶未帖帖。把住、放去，二者之病，知丈所不蹈也。二者幾微之異，試參之。

校記

〔一〕此篇又載《高子文集》卷五。

與段幻然三[一]

知道體去歲頗有微恙，台丈星度年來未佳，慎之！慎之！世事如此，正論之伸無日，然諸人舉動又豈可久可大者乎？吾輩苟志於道，此等事如陰晴遞變，何足道哉[二]？道之行也樂而憂，何者？兼善難也。道之廢也憂而樂，何者？獨善易也。今日衡泌之樂，諸公貽之，彼以爲足以困我，安知我輩寔以爲德與[三]？

校記

〔一〕此篇又載《高子文集》卷五。
〔二〕自『知道體去歲頗有微恙』至『何足道哉』，《高子文集》無。
〔三〕自『今日衡泌之樂』至文末，《高子文集》無。

與段幻然四[一]

校記

〔一〕此篇《高子遺書》及《高子文集》卷五有删節，全篇見《高子未刻稿》數部《柬段幻然給諫》其二，本卷删文存目。

與徐十洲一[一]

台丈在鹺司，諸人密伺。弟謂鹺事當重於惠商，而輕於稽弊。商之弊即上之惠，方便之弊與耗蠹之弊不同也。

又聞有二上舍常持台丈手書騙人，與人刻期曰：『某日當有某檄下矣。』幸其言多不讎，人之疑信尚半，乞爲一密察焉。

校記

〔一〕此篇又載《高子文集》卷五。

答徐十洲侍御二〔一〕

救競以恬，救囂以静，吾輩宜以身先之。弟於東林，只爲乾之惕，坤之括。大會亦不舉，只與同邑同心默默做小學生規行矩步事〔二〕。時事非海内一二知己，竝不吐一字。同遊中岐路者，只與論學，不與論事。如是而已〔三〕。

校記

〔一〕此篇又載《高子文集》卷五。
〔二〕《高子文集》後有『而已』二字。
〔三〕自『時事非海内一二知己』至文末，《高子文集》無。

答徐十洲三〔一〕

台丈到彼，且當善藏。丈夫舉事，據吾真心所發，諦觀群心所同〔二〕，如雲興雨作，有自然之機，難以前擬。今未見有最勝義也。

校記

〔一〕此篇又載《高子文集》卷五。

〔二〕『諦』，《高子遺書》作『締』，此據《高子文集》校改。

答劉石閭中丞〔一〕

校記

〔一〕《高子遺書》卷八下、《高子文集》卷五所載此篇有刪節，全篇見《高子未刻稿》數部，本卷刪文存目。

答耿華平中丞〔一〕

兩浙名邦，以翁臺名賢撫之，人地交重。浙有三大功臣，有三賢太宰，聲震宇内。自三閣臣相繼，今復三閣臣竝起，一何盛耶！人言天地之中，古在洛，今在越，或其然與！不知受天地之中而能養之以福者，歸之何人，而可與三功臣、三太宰相光映也？丁儀部慎所、劉光禄念臺、魏黄門廓園、吴儀司蘧菴，皆如金如玉，不倚不流。得翁臺正人當路，而後諸賢始無戒心，民之疾苦庶幾有聞於翁臺者乎！此即不肖弟芹曝之獻矣。

校記

〔一〕此篇又載《高子文集》卷五。

答楊大洪父母一[一]

清芬遠播，寔足洗滌塵宇，則功化豈在百里間耶？鄧按臺好惡極正，保撫臺一疏，似累而實非累；參福唐一疏，似非累而實累。大要舉事必於人心同然，苟其同然，即有不同，不足恤。苟非同然，即有同者，不足恃也。而察於同然處，須是一念不從軀殼上起，乃得之耳。以台臺之明，因物察則，如此等處，儘堪著眼也。信筆及之，以當抵掌。

校記

〔一〕此篇又載《高子文集》卷五。

與楊大洪二[一]

向見考選報，深慶世間有真是非，朝廷得真人品，天理之終不可絶如此。夫乃裘葛再易，不敢一字通問者，時義然也。攀龍遭此世界，甚得便宜。何者？一味株守，乃安樂法，一味冰兢，乃補救法，二法足以卒歲矣。惟是山林人，一飯兩粥下得腹，一頭兩脚貼得席，在縣父母而已。

敝邑姜父母，禔躬則冰寒蘗苦，宜民則甘雨和風，蓋循良之最也。乃以鄉紳鄉飲一事，不能以無實無據之事趨時人之局，遂失時人之歡。若或中傷，是父母能使山林人相忘於江湖，而時人能借山林人驅父母於羅網矣。自是而後，山林人其危矣哉！惟台臺念之。

校記

〔一〕此篇又載《高子文集》卷五。

與楊大洪中丞三〔一〕

弟自來心疑老父母之不宜去也，而未能決。至昨聞聖躬不安，中夜徬徨，不能合眼。因思古所稱社稷臣者，決不於自身起見，決不於格套起見，并不於道理起見。去此三見，方是真道理。始奮然起，憬然悟，決知老父母萬萬非去之時，萬萬無去之理。今日乃敢開此口，非苟焉而已也，幸高明勿疑。聖上視學，豈可憲地無人？孫老先生未知體中何如，老父母與左滄老不容不出矣。

校記

〔一〕此篇又載《高子文集》卷五。

與楊大洪四〔一〕

人世風波，所不敢避，聖朝雨露，所不能勝，即精神之衰，可知福分之薄。爲力所不及之事，一失脚時，悔之無及矣。趙師已有書盡言之，望老父母垂念，只使之趁好住，爲所全者大也。

校記

〔一〕此篇又載《高子文集》卷五。

答方本菴一〔一〕

辱教展《朱子節要》，知龍之學以朱子爲宗。龍何能宗朱子？殆有志焉。竊以自孔子而來，欲尋其緒者，必由《大學》。《大學》以明明德爲主，以格物爲先。格物者，窮究到天理極至處，即至善也。此處見得透時，更有何事？即如台教尋春尋樂，皆由一旦豁然後自有此風景耳〔二〕。

陽明於朱子格物，若未嘗涉其藩焉。其致良知，乃明明德也，然而不本於格物，遂認明德爲無善無惡。故明德一也，由格物而入者，其學實，其明也，即心即性；不由格物而入者，其學虛，其明也，是心非性。心性豈有二哉？則所從入者有毫釐之辨也。老年伯試體之，以爲何如？便羽乞一語決其是否〔三〕。

校記

〔一〕此篇又載《高子文集》卷五。
〔二〕以上《高子文集》無。
〔三〕『老年伯試體之』以下，《高子文集》無。

答方本菴二[一]

別來知道履萬福，今年復得賢郎高發，雖善門之慶，實吾道之幸也，欣慰何量！張柏老來，接手教，提警備至[二]。向有東鄒南翁曰：『朱、陸二脈並行於世久矣，但當論其來龍真、結穴真，不必問其何方何向也。』所謂龍、穴，則老年伯當下識取本心之謂矣。建陽亦無朱元晦，青田亦無陸子静，信得斯心，方信斯語。但立教則不可不慎。讀《論語》，便見聖人小心，其周物之知，曲成之仁，正在於此。故附會失真者，其真自在；快意下語者，語即流禍耳。

關中有敝同年馮少墟，老年伯曾見其集否？其學極正極透，與老年伯諸書南北並峙，砥柱狂瀾，此道不墜，賴有此也。

大集中惟『人心惟危』一語於同然之心未合。近見《南遊記》中以『語大莫載，洋洋發育』屬『惟危』，『語小莫破，優優禮儀』屬『惟微』，恐宜再入思慮。不可以老年伯之書垂於千古，而有一語之不慊也[三]。

校記

〔一〕此篇又載《高子文集》卷五。

〔二〕《高子文集》以上無。

〔三〕『關中有敝同年馮少墟』以下至文末，《高子文集》無。

答周綿貞中丞一[一]

此番入朝，深悔出山。太宰欲擇匠石之斤一斲漫鼻之堊，而所遇者非其人，紛紛宜也。然亦有疎節焉，心非不切延攬，力實疲於應酬，故各省諸賢氣脈不貫，紛紛宜也。方欲與相知共挽之而未得，會楊大老一疏，施拔毒之劑，反發腐骨之毒，縉紳之禍作矣。京師地震，兆在斯乎？

東南大水，隱憂方大，賴老公祖在事，爲民請命，攀龍輩亦不敢不竭其力。

校記

〔一〕此篇又載《高子文集》卷五。

答周綿貞二[一]

此中司農諸公皆以京邊無餉，難於改折。鄭玄老之書，實語也。攀龍謂之曰：『無餉之空國，難言改折矣；無米之窮民，獨可催徵乎？折色雖無米，本色并無銀，兩者孰利孰害？』諸公頗語塞。俟勘災疏至，即可竭力從事矣。

今之肆毒者固在中涓，與中涓合毒者實繇外庭。聞聖主知萬水部死，甚悔，大好消息也。目下爲總憲事紛紜，龍早自跳出，庶不至網羅之罹[二]。爲説甚長，未易詳布。

校記

〔一〕此篇又載《高子文集》卷五。

〔二〕『罹』，《高子文集》作『難』。

四府公啓汪澄翁大司農[一]

竊惟天下之事，有益於國而有損於民者，權國爲重，則宜從國；有益於民而有損於國者，權民爲重，則宜從民；至無損於國而有益於民，則智者不再計而決，仁者不宿諾而行矣。夫國家當此匱乏之秋，畿輔、山東、川、湖、雲、貴爭祈減賦之日，攀龍等何敢復出諸口？顧攀龍等所言與諸方異，新征之賦與久逋之賦異，酌量加派與請蠲加派異，請折本色與請蠲本色異，故曰『無損於國，有益於民』也。

夫久逋帶征，徒飽吏胥皂快耳。即官府嚴拏欠户，欠户亦但出杖錢，傭人受杖耳。每見官府出一番牌票，吏胥得一番牌錢。皂快持牌到民間，但索牌錢，不索逋賦。民間費無限之錢，國家何曾得錙銖之賦？此而不蠲，上受虚名，民受實禍者也。

加派之害，其害在照畝。蕩灘山峰，不毛之地，原無九釐之額，今有九釐之加，民何能堪？田上加派，静聽皇仁，惟蕩灘山峰，勢不容緩，宜隨各府田糧之則，合成田糧一畝，始加一畝之派。地力既均，民不偏苦，庶可少捱，以俟虜寇之平。此則通融調劑，上損不多，民悦無疆者也。至於改折之款，但省民間之浮費，不虧國家之正額。當此民窮財盡之時，正是救焚拯溺之計。唯布折少求量免，國家毫毛之損，實小民丘山之惠。

若白粳、糙粳、菉豆、稻草四項南糧，名曰民解，實多爲積猾包攬，私侵入橐，累年拖欠，動至幾萬，習爲慣常，民實無緩徵之利，而國則有逋賦之害，此江南一大弊藪也。年來雖屢厘部督，而此弊不去，畢竟難清。若得竟爲改折，委官解京，既得年年足額，一洗宿蠹，又可略省水脚，充抵别需。且各解常年率攜銀至京，賤糴客米上納，更有買籌私折者，其價甚減。何如官折白粳每石七錢，糙粳、菉豆每石五錢，其值正昂，此於軍國大有便利，與稻草改折，尤屬無疑。

以台臺之明，何俟詞之畢乎？伏乞毅然主持，即賜覆行。台臺上爲國，下爲民，中亦造無限陰功，所謂寶山之寶也。

校記

〔一〕此篇又載《高子文集》卷五。

與李大司農〔一〕

漱鄉田中一無所出，欲其出本色之米并其折色之銀而無之，空激萬姓怨恨而已。今年照災輕重改折，督其明春輕齎而來，則可以救明年之急。明年回空早兑，督其後年先秋而至，則可以救後年之急。不損國家之賦，而大得民心之和。此其利害較然，知翁臺之仁明，不待其詞之繁也。

校記

〔一〕此篇又載《高子文集》卷五。

與胡撫臺〔一〕

吴中重役，糧長爲甚，然常、鎮二府原與蘇、松不同。蘇、松官户之田浮於民户，民户懼役，争詭入官户，避役者益多，受役者益少，勢極重而不得不變。常、鎮民户之田浮於官户，可役者既多，受役者累少，上下原自相安。向年徐老公祖均蘇、松之役〔二〕，并及常、鎮。敝府自役官户以來，但見其害，不見其利。何者？官户受役，勢不得不托之親戚家人，親戚家人豈能盡體主人之意？小户輸糧，嘖有怨讟，其勢然也。

王老公祖以役官户不若加役米。加役米，則畝畝出米，不必清花詭；人人出米，不必役官户。官户多出役米，是無役而有役也；富民多得役米，是有役而無役也。一時傳播，萬口稱便。令四郡有司倡率，獨無錫一縣奉行。舉優免不役之田，盡出貼役，民間以爲最公最平之事矣。

夫縉紳受役而不親供，既未便，於民隱若出貼役，又復受役，豈政體之平乎？乞老公祖念聖旨詳細經畫之語〔三〕，畫爲百世可久之法〔四〕，令各郡縣約糧長，每年所費多寡，加派役米，但是役米既行之處，即免官户之役。役米處處得行，則糧長處處無累；官户處處得免，則小户處處無累，永賴之澤也。編審在即，具呈上懇〔五〕。

校記

〔一〕此篇又載《高子文集》卷五。（清）高世寧《高忠憲公年譜》卷上萬曆四十六年『六月，爲同縣設立役米』下亦引，云爲『致胡泰六中丞書』。

〔二〕『老公祖』，《高忠憲公年譜》作『祖臺』。

〔三〕『旨』，康熙本、四庫本、光緒本《高子遺書》作『主』。

〔四〕『久』，《高忠憲公年譜》作『行』。

〔五〕《高忠憲公年譜》無『編審在即，具呈上懇』八字。

與秦華玉〔一〕

行時勞費親丈者至矣。是日爲團圞之樂，又爲離别之悲。惟江流浩浩，漠然無情。自有江流以來，不知見幾人喜幾人悲，而浩浩者萬古如斯，有情之人不能如無情之物多矣。

弟此番入都，大非昔年光景。爽鳩之署，素號白雲，清淡安閒，甚宜衰朽。第權璫盤據，强虜伏戎，水旱幾遍南北，稱亂無間軍民，念之殆無事不憂，不能以優游爲樂荒事。在此力争蠲折，蠲或不能，改折可望。幸大司農先與往來，此公與論理，不得一味恐懼以禍福，尚有可入也。

校記

〔一〕此篇又載《高子文集》卷五。

答陳筠塘一〔一〕

令公恣意，實從來所無。大抵天下熱腸人，應作天下喫虧人。然願年丈百受人虧，不可使熱腸變冷。吾輩在世，寧有幾多時？百年喫虧人，自是千古便宜人也。

校記

〔一〕此篇又載《高子文集》卷五。

與筠塘二[一]

今之罡煞不可窮治，籍其首於官，饟之，使攝其徒黨，有事便可用之。年丈在鄉，有鄉之風波。弟在朝，有朝之風波。大抵衰世熱腸之人，無地非風波也。

校記

〔一〕此篇又載《高子文集》卷五。

與筠塘三[一]

都中景象全非壬戌年氣色，中官横行，縉紳之禍未知底止。弟謂外庭法用正直，内閣法用和婉，既未能拔其毒，且須殺其毒。内閣挾外庭之攻，勸其勿侵外權，多作好事，以收人心。故外庭不宜以内閣之和婉而謂其通内，内閣不宜以外庭之直攻而謂其聒激，乃爲相成。今頗相反，弟以空言維之，又何救焉[二]？

朱平老一疏大爲君子吐氣，年丈十五年不申之是非，今日始申。世人皆以爲善者未必得福，爲惡者未必得禍，只是眼孔小也。

校記

〔一〕此篇又載《高子文集》卷五。

〔二〕《高子文集》止於此，以下無。

與筠塘四[一]

今四海困窮，岌岌矣！弟在此，只以安民爲主，訪循良吏表之，貪酷吏除之。蓋此衙門終日與巡方者相通，而都下五方襍處，訪賢否反易於巡方之欲得諸監司者。若訪之果確，使巡方者糾核無誤，民生猶可安也。弟又爲條教列州縣之事，刊布書册而頒之。年丈爲名守令，惜不能縮地一商[二]。巡方者，另有一禁約押之，或可不至大恣[三]。弟所爲，作一日和尚，撞一日鐘，不知其他矣。

校記

〔一〕此篇又載《高子文集》卷五。

〔二〕《高子文集》無『年丈爲名守令，惜不能縮地一商』一句。

〔三〕《高子文集》止於此，『弟所爲』以下無。

與歐陽宜諸一[一]

校記

〔一〕《高子遺書》卷八下及《高子文集》卷五所載此篇有删節，全篇見《高子未刻稿》書部，題作《與歐陽宜諸郡伯》之二。本卷删文存目。

與歐陽宜諸二[一]

校記

〔一〕《高子遺書》卷八下及《高子文集》卷五所載此篇有删節，全篇見《高子未刻稿》書部，題作《與歐陽宜諸郡伯》之三。本卷删文存目。

與歐陽宜諸三[一]

校記

〔一〕《高子遺書》卷八下及《高子文集》卷五所載此篇有删節，全篇見《高子未刻稿》書部，題作《與歐陽宜諸郡伯》之四。本卷删文存目。

公啓吏部留王郡尊[一]

往者歐陽宜諸年兄之守敝郡也，郡民皆謂二百年來二千石稱賢者未能或之先，一旦奪而敕潁上兵，如赤子之失其哺母。幸而鍾嵩王年兄繼之，一守宜諸約束，清正惠和，如出一轍，於是敝郡之民皆手加額曰：『幸哉！一歐陽去，一歐陽來。』如赤子方號呼其哺母而忽遇之也。不謂忽有西安之調，郡之父母子弟及縉紳士人惘然曰[二]：『有守如是，即其未至，方願選擇而惠吾民，況已至乎？既滿秩，方願再借以究其澤，況方來乎？若以南北人不相習，則使君已令崇德，服習吴中水土，庶幾無疾病也。若謂才猷宜調繁劇，則吾常爲財賦之區，當南北要衢，其地不下西安，天子惠念之，亦不宜下西安。上之既習其俗，下之又安其政教，無故而奪之，何也？』於是同詞語弟輩曰：『吾子與使君同年籍，而今之司進退百官，奉天子嘉惠元元至意，爲海宇擇良守牧者，亦惟吾子之年籍，豈可默無一言，置桑梓休戚不顧耶[三]？』弟輩無以應，故敢連名具書，懇祈於台臺。伏乞憐父老子弟之至意，亟爲别選西安守，而終惠鍾嵩於敝郡，不勝幸甚！父老且將裹糧走兩院，走闕下，而弟輩先之以此，乞台臺委曲圖之[四]。

校記

〔一〕此篇又載《高子文集》卷五。

〔二〕『母』，四庫本《高子遺書》作『老』。

〔三〕『顧』，康熙本、四庫本、光緒本《高子遺書》作『問』。

〔四〕《高子遺書》文末有編輯者陳龍正按語：『如此守乃堪保留，如此事乃可公啓。』

答蔡虚臺〔一〕

敝郡黎通府在敝邑攝篆僅二十餘日，生等所見，以聽訟則明，以讞獄則敏，奸胥無把持之弊，小民無伺候之苦，至於正弑逆之罪，察淫僧之縱，雪龔鯉之冤，皆通邑所欣呼踴躍，以爲真民好好之、民惡惡之之父母。及去之日，縉紳祖道，父老扳轅，皆歎曰：『人固貴自立，以攝篆别駕，乃得民如此哉！』則又歎曰：『人固貴乘時，以旬日攝篆，乃得民如此哉！』生等謂此真異才，當待以異等。伏乞老公祖特爲表章，以爲懷才抱異、不得一第而有以自樹立者之勸。風勵激揚，豈小小哉？敬以爲請。

校記

〔一〕此篇又載《高子文集》卷五。

與曾郡尊〔一〕

敝邑諸文學具呈台臺，仰祈即賜申報學院洎道尊，爲先祖故黄巖令名材學宫俎豆也。先祖以萬曆二十六年浙中按臺學道祀入名宦，移文敝邑。彼地祀名宦，則此地祀鄉賢，例也。於時敝邑甲科先輩應舉者多，恐至壅滯，故未敢并舉。今應舉者盡矣，始及先祖與秦樂易先生，皆乙科也。實萬心同然，萬口如一，倘有疑似，即子孫何敢徼非分以啓物議？是以害爲愛，寧直非孝，蹈大不孝也。攀龍雖愚，計不出此，伏乞垂察。

校記

〔一〕此篇又載《高子文集》卷五。

答何府尊〔一〕

今日事，聖主非不焦勞，公卿非不拮据，却如無舵之舟，莫知把握，無針之盤，莫知向方。良繇左右竊柄，雖用人發帑，朝上夕下，而精神血脈，宫府先已不通，故百司一切頹闒。近幸川中亂賊誅夷過半，海内思亂之徒尚有所憚，長夏奴賊未至，守禦之計尚有可爲，或稍延歲月耳。以九廟之靈，聖主聰明日啓，政事日練，别换一箇乾坤，中興之業方可望也。

老公祖聲望甚隆，皆知晋陵一郡金湯屹然，緩急無慮。即如習射一事，良爲地方至計，若得推行五邑，設誠服習，老公祖不時都試，示其鼓舞，人人善射，則在在精兵，何必練鄉兵，募勇士，徒擾而無益耶？寵貺遠頒，率筆復謝。

校記

〔一〕此篇又載《高子文集》卷五。

與王三府[一]

不腆敝邑，老公祖儼然臨之，士民拭目以觀新政，謂必有所以乳哺而卵翼之。乃數日以來，輿人之誦頗似可疑。有謂刑罰太重者；有謂催科太急者；有謂鄉民手持官錢不得以時收貯者；有謂鄉民候比動經二三日者；有謂鄉民賣米輸官，市人持其急，每致損時價十之二三者；有謂鄉民逋賦未有如盜賊迎遊者；有謂青衿行學戒飭，出於公差之曲票，以致諸生人人自危者，而皆歸咎於貴廳之三役，風聞是李姓、曹姓、計姓。以爲失老公祖之德意，大都三人爲之。不佞輩不敢不以上聞，恐爲明德之累非小也。連牘密啓，總以成老公祖之高深，惟恕其狂戇。

校記

〔一〕此篇又載《高子文集》卷五。

與趙肖鶴[一]

敝邑不幸有極惡棍徒任奎者，勾引稅官至此，將開無窮厲階於往來客旅。蓋稅官係賣炭商人，任奎以女妻之，故與共成此計，以誘太監也。近日誣陷四行家，即任奎平日所怨，借稅官之勢而甘心之。萬幸事在臺下，伏乞台仁即將真情竟申太監，以昭雪無辜。豈獨生全四家，龍輩私居之懣亦爲少舒矣。萬勿解此四人以投虎吻。至於臺下所差哨官，嚇詐四家甚酷，殊失德意。四家與龍並無一面，亦未嘗以公義來求，區區不平之心不容但已，知台慈更有切於此者矣。

校記

〔一〕此篇又載《高子文集》卷五。

與尤時純[一]

方生事，昨奉教，大義朗然，然於鄙心竊有疑焉。吾輩當在在以慈仁植物，令生機流衍，凝爲至和。若物方欣欣生植，而吾乃横摧折之，恐非造物之意也。弟尚恐獨見未是，正之有道，共謂宜然，故敢畢誠於門下，決當帡幪之，以擴四海兄弟之義。此義爲勝，則他義爲劣，可弗問矣。

校記

〔一〕此篇又載《高子文集》卷五。

與李懋明中丞一[一]

神交之久，未得一接丰采。方在瞻仰，忽見大疏有復商税一款，豈以台臺見事之明，不審利害？正以台臺憂時之切，不避嫌怨也。夫不避嫌怨，必大義所在，可決行而無顧。此事是神祖一朝粃政，光考幹蠱，是光考一朝仁政，使今上不得繼其志，大義之謂何[二]？如毒再發，如防斯決，海内喪氣，亂賊執言。台臺固嘗稽之於衆，不知何人誤台臺以爲快耶？以攀龍於台臺，但宜密規，何可顯揭？他事則爾，此事不然，正懼快之者衆，不可不一明其義也。《易》曰：『先號咷而後笑。』攀龍不惜先號，台臺自應後笑，理有必然，異而自同也。不勝悚懼。

校記

〔一〕此篇又載《高子文集》卷五。

〔二〕崇禎本《高子遺書》『謂何』二字漶滅，此據康熙本、四庫本、光緒本《高子遺書》及《高子文集》校補。

與李懋明中丞二〔一〕

天下事固有異乃成其爲同者。翁臺西江不深受稅害，故於稅害知之獨淺，即鄒南翁先生亦然。攀龍以爲寧使攀龍得罪於翁臺，不可使翁臺得罪於天下後世。此意可矢天日，不爾，不成吾輩也。數年前已辱臭味之收，今未得覿芝蘭之宇，不省何日一快談？此地非翁臺久駐之所，諸相知人人急翁臺之入也。天下事尚可爲，百惟努力。

校記

〔一〕此篇又載《高子文集》卷五。

與王東里黄門〔一〕

伏讀大疏，人各有見，豈能盡同？然人臣爲國，當杜漸防微，懲前毖後，有無疆之思，不宜爲亂賊脱罪，爲君父種禍。如臺下所論兩朝之事者，不肖直是痛心，義難緘口，請畢其説。

夫張差制挺，美女代劍，先進熱藥，繼進泄藥，以紫禁青宫之中忽有荆軻、聶政之人，於飲食男女之内行其斧斤鴆毒之謀，皆意想所不及。天下萬世之公，致討於亂賊者重，而責備於君上者輕。若爲隱諱，則粉飾門面者虚，壞亂法紀者實。况其事彰明較著，中外共知，雖欲諱之，孰得而諱之？『諱』之一字是爲亂賊設護身之符，今加以『誣謗』二字，又爲亂賊立箝口之法。臺下即不顧往事，獨不慮將來乎？

皇祖威福在手，妙於調停，是皇祖身上事。皇考仁孝根心，妙於隱忍，是皇考身上事。皇上祖考在念，妙於處分，是皇上身上事。若夫臣子，君臣之義，嚴萬古綱常，守三尺法紀，君讎必報，君賊必討，是臣子身上事。上下相維，竝行不悖，烏得以討賊者遂爲謗君，遂爲誣君，遂爲傷皇考之明〔二〕，遂爲害先帝之義，使天下更不敢開口説亂賊一字也？王大成以優人誤入禁地而以比張差；張敖未嘗知貫高之謀，而以比張差之主謀者；燭影斧聲，本無其事，而以比進美姝、進熱藥、進泄藥者〔三〕，一切實而虚之，所以爲亂賊則善矣，所以爲君父則吾不知也。

垂簾之説，出自聖諭，手授方相國，乃云臣子設爲不必然之慮。且皇上何嘗薄待選侍？臣下亦何嘗欲皇上薄待選侍？賈御史之揭，當時自有誤之者，侍御所以自悔爲人所誤也。

大抵臺下言《孝經》尊親，不言《春秋》亂賊；言主上父子之親，不言臣下君臣之義；言主上一時之權，不言宇宙萬世之經。亂臣賊子聞之而喜，忠臣義士聞之而懼。一喜一懼之間，所係世道人心豈其微哉〔四〕？

國事所關，不敢委曲，中涉嫌怨，亦不暇避，伏惟高明少垂察焉〔五〕。

校記

〔一〕此篇又載《高子文集》卷五、（明）金日昇《頌天臚筆》卷九。（清）高世寧《高忠憲公年譜》卷下『天啓三年』引。《頌天臚筆》題作《與兵科王志道書》，《高忠憲公年譜》題作《與王東里給諫書》。

〔二〕『皇考』，《高忠憲公年譜》作『皇祖』，疑是。

〔三〕《高忠憲公年譜》無『進熱藥』三字。

〔四〕《高忠憲公年譜》此下尚有一段：『不肖言出，臺下必以爲門户之見。往□諸公專以門户錮人，謂東朝爲大東，謂東林爲小東。凡有切宗社之憂者，輒目爲大東之□，□大東之黨必歸之小東。彼所爲門户者如此，臺下尚忍循其口吻乎？』（明）顧秉謙《三朝要典》卷二二《移宫》節引此文，『所係世道人心豈其微哉』後，除無『不肖言出，臺下必以爲門户之見』一句外，餘與《高忠憲公年譜》相同，個別文字略異，《高忠憲公年譜》所闕文字則可據補：『往時諸臣專以門户錮人，謂東朝爲大東，謂東林爲小東。凡有切宗社之憂者，輒目爲大東之黨，而大東之黨必歸之小東。彼所爲門户者如此，志道尚忍循其口吻乎？』

〔五〕『少垂察焉』，《高忠憲公年譜》作『垂察』。《頌天臚筆》文末尚有『天啓三年二月二十四日』一句。

答周來玉〔一〕

三吴異常水災，拯民饑者急目前，慮國儲者念日後。弟謂天下事皆當顧日後，不當狥目前，惟救荒只宜顧目前，不宜慮日後。何者？民既無食，近患已在目前，遠憂豈在日後耶？幸改折等項，大司農委之倉場，倉場畢見老與今署事鄭玄老皆通達正大，能盡群情。俟勘災疏到，通算所折幾何，所存幾何，略可支一年軍餉，盡以惠民矣。

至於官買官兑，許霞老所駁司農之疏者，不知其出鄭玄老也。此實其作外吏時已試良法，但行之者難其人耳〔二〕。懋遷有無化居，即大禹救荒之法，如劉晏等善理財者，不脱有無轉輸。台臺幸與有識者熟講之，此法行，改折更便矣〔三〕。

陳筠塘湖州救荒，見於朱平老之疏者，民間轉輸也。民間易而官府難，何者？官府謀國之心不能如大户謀利之真也。瘧後疲弱，諸不及詳。

校記

〔一〕此篇又載《高子文集》卷五。

〔二〕『至於官買官兑……但行之者難其人耳』一段，《高子文集》無。

〔三〕《高子文集》止於此，『陳筠塘湖州救荒』以下無。

柬周來玉侍御〔一〕

仕宦者，鄉評、宦績而已。鄉評，則本地縣官知之。宦績，則宦地上官知之。今以本地縣官訐本地鄉宦，不言其居鄉之事，而言其居官之事。其宦地之贓，受於何人，證於何人，宦地上官曾無一言，而於何問？於何追？國家有如此法度乎？恐亦徒成笑話也。其他削奪，但足以損國威、高士節，不足辱也。即使刀鋸，益足以損國威、高士節，不足異也。嗟乎！至於削奪不足爲辱，刀鋸不足爲畏，而國家馭世之用窮。興言及此，但爲聖主痛心而已矣。此時各宜杜門屏跡，及未死之日，偷一隙之閒，故不來看台丈。

校記

〔一〕此篇又載《高子文集》卷五。

與沈銘鎮一〔一〕

當今之時〔二〕，如居沸鼎，朝野迄無寧居。有志之士當自求入火不焦、入水不濡之道，得大安穩，乃爲勝義。而欲世界之不水不火，不可望矣。台丈以爲何如？

校記

〔一〕此篇又載《高子文集》卷五。

〔二〕『今』，《高子文集》作『此』。

與沈銘鎮二〔一〕

翁丈冠冕陪京，棟梁斯世，蓋已少見一班，至賓夷之事，尤極峻偉。郭欽徙戎，非關衛道之正；昌黎詆佛，不爲經國之猷。翁丈功則兼之，猗與休哉！

遼事如此，奈何？野人望得二十年太平，一丘一壑，可卒歲矣，今似不支也。兒子輩應試，得以一緘上候，不敢使來見。

校記

〔一〕此篇又載《高子文集》卷五。

答孫司理子嗇〔一〕

門下不以文章之雄自雄，不以政事之卓自卓，顧蒿目棲心，在世道人才，此所謂豪傑之士也。夫豪傑之士，念不起於溫飽，念不起於官爵，無念不在吾君吾民。此念一真，即無事不真矣。莫輕視此身，三才在此六尺；莫輕視此生，千古在此一日。門下勉旃自愛。

校記

〔一〕此篇又載《高子文集》卷五。

答祁長洲〔一〕

臺下長才遠識，乃不令居禁近補闕、拾遺乎？已而念曰：『是天之大任臺下也。』夫人處濃釅之地，假境界扶翼其假精神，儘自過活得，遂終身迷失其寶藏而不知也。若天欲復其真性，必勞苦之，令其一無躲閃，自能求得真欛柄處；必澹泊之，令其一無靠傍，自能求得真滋味處。今臺下作劇縣，勞苦之矣；又作部官，澹泊之矣。勞而逸之，逸而始復勞之。俟臺下欛柄到手，滋味悦心，而後肩荷宇宙之事，建千古事業，爲千古人物，直是真性流行，非從局套點綴，始無負大丈夫出世一番耳。弟非妄言，後當自驗，試以質之海門先生。

校記

〔一〕此篇又載《高子文集》卷五。

答袁寧鄉〔一〕

校記

〔一〕《高子遺書》卷八下、《高子文集》卷五所載此篇有删節，全篇見《高子未刻稿》書部。本卷删文存目。

答陳石湖令公一〔一〕

文成十家牌法决可行，行之决有益，此弭盗安民要事。練鄉兵恐無益有擾，只從本縣額設民壯揀選訓練可耳。

吴中詞訟，假人命及告賣價不敷者，最爲民害。人命在城者，即時台駕往驗，唤四鄰一審；在鄉者，令攙屍壇中，台駕往驗，有實者方准狀，誣者懲之，詐風自息，全老稚之命實多。告賣價不敷者，除豪强佔奪外，一切不斷。只此二事，民受惠多矣。

又體恤鋪行，於得民心最捷。即如辦酒一事，碗碟出於鋪户，狼籍不堪。若發公費置買器用，貯之庫中，專人掌之，不以煩民。以此節節推之，使民安堵，老父母三年中便是千秋人物矣〔二〕。

校記

〔一〕此篇又載《高子文集》卷五，分作兩篇，『文成十家牌法決可行……揀選訓練可耳』爲一篇，餘下爲另一篇。（清）高世寧《高忠憲公年譜》卷上『萬曆三十九年』四月『條陳邑事』下載：『時縣令陳石湖請教，公答書云（略）。』作一篇。

〔二〕《高子遺書》篇末有陳龍正按語：『如此凱切獻替，今公書中猶不敢言，先生獨言之。見先生之仁，亦見石湖之可與言。』

答陳石湖二〔一〕

今日議論，彼此枘鑿如方圓。然弟謂天下欲得太平，皆當置之兩忘，但觀理之是非，勿在人身上起見。所謂『觀理之是非』，又只論朝廷紀綱、地方風化，勿在人情上起見乃可，然而不能也。自昔兩黨相攻，極勝者必極敗者。今日之勢，大是束濕，非諸公持盈之道也。

詠尊詩云：『每嫌眼界小，到處即登高。』爲擊節三歎。

校記

〔一〕此篇又載《高子文集》卷五。

與徐檢老房師[一]

科場事發，一時公論已闡到九分有餘。清則必淆，明則必晦，譬如時已向寒，一番熱，適重其一番寒耳，此陰陽之定機。至於扶陽抑陰，則君子之定着。主宰於陰陽之外，萬變而不失其常者也。不知當軸於時何以妙其用耳？

校記

〔一〕此篇又載《高子文集》卷五。

與葉園適一[一]

孫氏之事，邑中大變也。在弟，切手足之痛，報仇而已矣。在諸君子，抱士風之憂，正俗而已矣。綱領既正，持論自得其平。若於弟身上起見，謂所損實多，則入於利害之見。於舍弟身上起見，謂人不足惜，則入於憎惡之私。利害之見生於弟之心，憎惡之私生於諸君子之心，無有是處。弟昨所謂似是而非者，此也，不可不辨。

校記

〔一〕此篇又載《高子文集》卷五。

與園適二〔一〕

足下狷而知裁，駸乎中行矣。兩年兩與足下連宵之話，退而自惟，每愧不及。足下闇然内充，令人心融氣平，弟望此境而未見也。第足下精神氣魄太近收斂，其弊欲入於佛老，不可不察。朋友相與，須盡力砭其失，方有進處。弟施矣，足下不可不報。大塊百年中，偶爾相遇，毋相孤負也。

校記

〔一〕此篇又載《高子文集》卷五。

與吴霽陽〔一〕

伏惟老丈吾鄉獨發，天之所以厚丈者至矣。夫官爵爲身外之物，無足言也。然一以謝舉業之習，可置力於身心；二以藉君父之寵，爲德於民稍易耳。吾邑最稱人文之地，自昭代以來，爲吾輩者不知凡幾，庸衆者草木同朽，不肖者笑駡猶傳。有志之士能不猛省？

弟頑鈍性成，所至賴良友鞭策，思欲不入於小人。誤愛如丈，伏惟不棄而提挈之。千里相聞，諄諄滿紙，言不及義，今日仕路爲然，弟不敢也。故欲言止此，所祈加餐，順時自固。

校記

〔一〕此篇又載《高子文集》卷五。

答李雨亭[一]

大計在即，親丈清譽盈耳，無煩念慮，使者弟敢促返。弟見今日是非甚明，惟半上半下人最難做，亦不得便宜。親丈作令時，能超然於流俗之外，至今人多稱述。願慎此以往，千仞壁立，勿爲世情所摇奪也。休戚相關，不敢不吐肝膈。知尊嫂皆已抵任，甚慰。持家者幸常加申諭，寧過於嚴，此宦遊者之要務也。弟不久得差南還，有所聞見，亦不敢不盡其愚。

校記

〔一〕此篇又載《高子文集》卷五。

答錢心卓[一]

竊窺年丈之才，何所不濟？第今天下不患無才，而患無志。志一立，則趨向殊而人品實矣[二]。夫衆人之所悦[三]，士之所笑也；小民之所甚德，己私之所不便也，二者之間相去遠矣。君子不隨時，不足以有爲。所謂隨時者，隨風土之宜，順人情之公，就往事之有過不及，及時有爲，以利益斯民耳。今之所謂隨時，只隨俗而習非，弊也久矣。篤志如年丈，已久辨之，使旋附此請正。仕路套語不可施於年丈，皆所不及[四]。

校記

〔一〕此篇又載《高子文集》卷五。

〔二〕以上《高子文集》無。

〔三〕《高子文集》無「夫」字。

〔四〕《高子文集》無「皆所不及」四字。

與諸景陽[一]

晚節難持，不謂老丈有此敗着，以踐人言，令友朋喪氣，斯道無光。可惜！可惜！

老丈以貧儒起家，要許多田産何用？爲今之計，惟有賣去一二千，盡還諸逋，盡絶俗交，杜門讀書，禁戢賢郎纖毫勿與外事，爲世間立個悔過痛改的榜樣，猶爲大勇，不失令名。若再失此着，懸其身於不道不俗之間，兩下不收，小人喜得其間，君子恨毀其藩，即老丈自欺，亦屬面目可憎，語言無味矣。輕擲一生之品，坐棄千載之業，何爲乎哉？弟辱老丈骨肉之愛[二]，半世於兹，無以報德，敢下此苦口，千萬念之。

校記

〔一〕此篇又載《高子文集》卷五。

〔二〕『弟』，崇禎本《高子遺書》作『第』，蓋形訛，此據康熙本、四庫本、光緒本《高子遺書》及《高子文集》校改。

與徐玄仗一〔一〕

丈過梁溪，弟又在外，歸而本孺道丈惓惓若與弟心針對券合。弟嘗言交友不終，其人無終。何者？五常，人之本也，其本撥而能有終者鮮矣。弟自矢天崩地裂，此念不移。在人者，非吾事也，又何問焉？即如弟與丈，曾有纖介乎？不過議時事有異同耳。此異同者，於吾兩人有纖介交涉乎？真可啞然一笑。吾輩日用一敝器，廿年相與，不忍棄之，況於朋友？君子、小人，更在何處徵驗？其在斯矣。今後吾輩各各只管我所以待人，更勿顧人所以待我，久之當不膠漆而固。

氣運異常，往往事出意外，須自立太極，勿爲陰陽所役也。弟今年自東林會外，便閉關山中。此暮年安樂法，堅守之矣。

校記

〔一〕此篇又載《高子文集》卷五。

與徐玄仗二[一]

弟不至光禄，亦不知老公祖居官到處實事實心如此。即志書一事，嘉惠後人無窮。不然，何所據而裁横璫奸胥之破冒也？

弟以衰朽之人獨當一衙門事，只守成法，事必躬親，亦無難處。惟内官索行户鋪墊，弊不能革，但力爲主持，使行户有所恃而不盡與，品物交足，内官又無所執而索於行户。初時甚撓擾，弟頑然不動，彼亦無可奈何，今竟不至矣。

河西之失，經撫之醜已極。一棄廣寧，一棄右屯，罪案有何不明，而祖分左右？弟謂數年玄黄，今吾輩不宜出一語佐鬬，久之當無味而自定耳。

桂渚、中素、本孺相繼没於京邸，人生如幻，何足擾擾憧憧？惟日行善事，乃不負餘年。不然，此一官徒增業障耳。

今日之事，弟不憂奴而憂人心：不任武而耑任文，不招將而耑招兵，不用法而耑用情。無人，故人無所恃而不固；無法，故人無所攝而不固[二]。繇今之道不變，今之政未有不底於危亡者也。如何？老公祖在事，當多得勇力之士。武士游談，最不足憑，而膂力最不可僞也。

校記

〔一〕此篇又載《高子文集》卷五。

〔二〕『攝』，四庫本《高子遺書》作『懾』。

答郭光禄[一]

天財庫實無監生，監生應撥者，納銀於本監竟歸矣。特顧一二人在内監書寫則有之[二]，楊晋老疏陳革去，奉旨下部。但疏中及御馬監等項錢糧甚多，内監亦上疏，得照舊之旨，蓋指御馬監軍人及厨役等[三]，未嘗及天財庫。彼遂借照舊之旨來混，弟之不與，只是挨，錢晴老亦然。今翁臺賢勞獨久，便挨不去耳。或現年者且給一半，再挨何如？大抵光禄於諸冒濫，既不得清，只有挨法，每年所省亦多，他無計也。草草布復[四]。

校記

〔一〕此篇又載《高子未刻稿》書部、《高子文集》卷五、《高子别集》卷三。《高子别集》「郭光禄」下註：「存謙」。

〔二〕「顧」，四庫本《高子遺書》及《高子未刻稿》《高子别集》《高子文集》皆作「雇」。按，「顧」，通「雇」。

〔三〕「指」，《高子未刻稿》《高子别集》作「是」。

〔四〕《高子未刻稿》《高子别集》無「草草布復」四字。

與楊鳳麓[一]

長安中擇公是公非最難，失口一時，遺臭千古。丈寧作啞給事，決不可矮人看場也。

邑中有加賦之爭，亦是無事生事，起於一二好事之人。高鄉諸公則看事太輕而失之莽，低鄉諸公則看事太重而失之俗。一鄉之中，平心觀理者，亦未見其人，何怪國事之紛紛耶？

校記

〔一〕此篇又載《高子文集》卷五。

答袁節寰中丞一〔一〕

今天下難聯者人心，難得者人才，難鼓者士氣。得老公祖一點真精神，不難矣。太平之塗轍，非艱危之行徑，須是廓而大之。長袖善舞，多財善賈，博而收，選擇而使，又何害乎？損冗兵百，可養壯士十。平時養壯士十，臨事可得精兵百。一方豪傑皆在老公祖幕下，士氣自倍，人心自歸。與老公祖共此者，其地方賢士大夫乎？不審有其人否？腐儒之談無當也，而涓埃可佐高深，故不敢以膚言，而以衷語。

校記

〔一〕此篇又載《高子文集》卷五。

答袁節寰中丞二〔一〕

國家三空四盡，左支右吾之不給，孚號同於充耳，真如老公祖之教矣。以弟愚見，今天下節鉞諸賢必假以便宜，使得多方生財，以自足用。若必待司農，司農已告罄，必待内帑，内帑將不繼。一旦有急，無論呼而不應，即應，亦後時，其禍可忍言哉？不知彼中亦有心計之人可與上下其議者否？事窮則變，變則通，如之何坐而待斃也？弟腐儒，一無以報國。近風波生於講會，鄒、馮二老行，弟亦從此去矣。

校記

〔一〕此篇又載《高子文集》卷五。

答武楊紆中丞〔一〕

大教謂醜虜斷無渡海之期，即此一語，便識超一時。弟見前人防虜渡海，不覺失笑。此等事尚不知，何云知彼知己哉？毛帥自是奴禍以來一出色人物，雖不可盡信，要豈可盡疑？老年臺接濟之，覈實之，與之呼吸相通，是今日要着也。

弟迂疎無用之人，不勝匹雛，令舉百鈞，其何能勝？今且盡力作去，亦未知作得去否？作不去時，自有不可則止一着。老年臺有所概於中者，幸纖鉅教之，爲國家，非止爲弟也。至禱。

校記

〔一〕此篇又載《高子文集》卷五。

答翟凌玄中丞[一]

弟再入長安，耳目頓别。然巖疆濟濟，有五臣焉，前此未有若斯之盛者。初六日，杖林道長，而六科廊火。禮失則火爲災，天人相與感應如此，不知聖主動念否耶？至於宰公用一考功，而縉紳鬨者兩月，蓋三十年前之常事，則三十年後之怪事。人情以習慣爲定理，其鬨宜也。要在以和息争，以静治亂。與之俱争，則俱亂矣。此猶易言也，若負嵎之瑺，則恃天之篤佑皇家，何如耳？

麾下得名將否？惟豪傑識豪傑，翁臺所得名將，真名將矣。適病暑，草草復謝。

校記

〔一〕此篇又載《高子文集》卷五。

與羅黄門心華[一]

校記

〔一〕此篇《高子遺書》卷八下及《高子文集》卷五所載係删節而成，全篇見《高子未刻稿》書部、《高子别集》卷三《柬羅黄門心華》。本書此篇載《高子未刻稿》書部，本卷删文存目。

與方孩未[一]

攀龍天下最迂愚無用之人也，台臺拂拭之，華衮之。至『潔净』二字，攀龍平生不以三公爲榮，以二字爲願，實未之能詣也。台臺不量其所詣，遽與其所願，何其神與！古人貴天下一人知己，良有以也。敢不日以台臺二字爲一鞭而終身乎？

校記

〔一〕此篇又載《高子文集》卷五。

與李瞻成侍御[一]

不肖不入春明三十年，驟見滿地窮民[二]，觸目刺心，情不能忍，欲具一疏上聞，緣欲借本寺儲偫也。昨始知台臺已有大疏，急覓觀之，喜幸無量。不肖念得釋然，又言無狂發，即焚其疏，存揭呈覽。台臺按視南城，正可倡率四關，不知部覆之後，果如疏議否[三]？大抵須得城司核實給牌，即每人日給米五合，亦勝於煮粥虛糜。聞留都錢米十日一散，庶得疎數之中，即不能人與之衣，而得煤房安宿，免其房錢，亦可延其殘息。此在台臺最切之仁政，在神京必先之王政也。恃愛敢布其愚。

校記

〔一〕此篇又載《高子文集》卷五。

〔二〕《高子文集》無『不肖不入春明三十年，驟見』十一字。

〔三〕自『情不能忍』至『果如疏議否』，《高子文集》無。

答劉心統侍御一〔一〕

河汾諸生有辛全者，天賦異質，兼以純修，力行孝弟於家，不求聞達於世。倘得台臺薦揚，以補鄉舉里選久廢不行之典，其於世道，殆非小補。敢因明問而及之。

校記

〔一〕此篇又載《高子文集》卷五。

答劉心統二〔一〕

天下原是一身，吾輩合并爲公，即天下如一氣呼吸。何謂合并爲公？人人真心爲君民也。君民心真，則千萬人無不一，故曰『如一氣呼吸』。

三晉得門下，得保障矣。屬吏最優最劣，切願一聞〔二〕。此二項不爽，中人當不日而化。知門下心所同然也。

校記

〔一〕此篇又載《高子文集》卷五。

〔二〕「切」，四庫本《高子遺書》及《高子文集》作「竊」。

答楊侍御〔一〕

伏蒙華衮之賁，益增薄劣之慙，然門下正脈正見已得於言意之表矣〔二〕。天下原是一身，吾輩當共爲一心，同爲吾君，同爲吾民。此心而真，即不獲罪於天。既非獲罪，即是求福。吾輩每日以求福爲工課者也，辦一片心，自有兩隻眼，其於察吏當迥出尋常。因教之辱，敢布腹心。

校記

〔一〕此篇又載《高子文集》卷五。

〔二〕以上《高子文集》無。

答沈侍御〔一〕

台臺清標遠韻，蓋不受世之塵滓者也。今且以茶馬攬轡三秦，三秦之民其有生色乎〔二〕！夫民自非天降大割〔三〕，皆足以自活，牧之者擾之耳。台臺指顧風清，咄嗟澤究，上治之理在聲臭之表，聊借聲臭之象，非難也。偶病瘧，草復不詳。

校記

〔一〕此篇又載《高子文集》卷五。

〔二〕以上《高子文集》無。

〔三〕《高子文集》無『夫』字。

答張侍御〔一〕

校記

〔一〕《高子遺書》卷八下及《高子文集》卷五所載此篇係删節而成，全篇見《高子未刻稿》書部、《高子别集》卷三，《高子未刻稿》題作《答張養素侍御》，《高子别集》題作《答張侍御》，題下註：『養素。』本書此篇載《高子未刻稿》書部，本卷删文存目。

答郭旭陽侍御〔一〕

台臺當世俊傑，其於天下士，如伯樂、九方皋之於馬，豈有不了了目中者？顧盻及鄙人，寧啻馬骨，殆凡馬之骨矣。然凡馬之骨且然，況於駿骨，況於駿馬？於是乎天下之士爭願執鞭也。

安民先於察吏，此巡方第一義。台臺注神於此，寔萬姓更生之日也。今世運日下矣，如物之蠹壞者，骨理皆離而外面尚合，聯合得一日，還享用得一日，所以維持調護者，全係人才。台臺察吏，去墨爲先，辨真爲要。大略於案牘中能精別是非者，可得十之五，於輿論中爲細民所頌者，可得十之五。而道府鄉紳之口，則存乎其人，未必可盡憑也。龍身在遠地，茫乎未之有聞，果有所聞，敢負虛懷？

校記

〔一〕此篇又載《高子文集》卷五。

答潘虞廷按臺[一]

老公祖采人小善，忘其大愚，如攀龍者，豈非天地間最迂愚無當之人乎？猶津津道之，不啻口出也，則於天下所茹納何如哉[二]？

吳中之民，皆足自生自植，有司不魚獵之，熙熙樂國也。第情緣世界，漁獵之苦，老公祖何自聞之？仁者造福萬姓，惟此一事最急。清問之及，又發其愚，恃高天之覆，大海之涵，無所不茹也。

校記

〔一〕此篇又載《高子文集》卷五。

〔二〕以上《高子文集》無。

答湯闇生學憲〔一〕

長安中得與翁丈把盃相歡，熙如穆如，宛若黄、虞景色，不復知風塵中矣。非翁丈坦中忘機，何以得此？弟衰病，以一歸爲快。抵家至湖上，湖干魚鳥如故知相逢，不忍復作别也。翁丈東粤學政，當卓冠海内。文章家法眼，自不必言，然須以起敝維風爲第一義，則行優行劣，當世行之成格套者，君子行之，神鼓舞矣。幸留意焉。

校記

〔一〕此篇又載《高子文集》卷五。

與華潤菴、鄒荆璵、忠餘〔一〕

趙太宰一世人傑，每事出格，庸人噤而不敢動，賢知嚻而不能静，再得一年在事，吏治民生必有可觀。其言曰：『君子在救民，不能救民，算不得帳。』誠然。然此事或尚可爲，培得元氣，感天之和氣，轉禍爲福，此癡人癡心也。

校記

〔一〕此篇又載《高子文集》卷五。『潤』，康熙本、四庫本《高子遺書》作『訒』。『荆璵』，康熙本、四庫本、光緒本《高子遺書》作『經畬』。

與鄒荆璵〔一〕

當道有人，海内遺逸相繼彙征，此亦佳事。可喜在此，可危亦在此。譬如優人滿堂，紅袍盡數登場，便將散場。若賢主佳賓興濃量大，再做一本方好耳。東遼西蜀雖未必成得大事〔二〕，要之兵戈正未有息期。光禄之事，弟以一人攝之，終日手不停筆，全賴平日静功，忙中收斂，以翕而發，聊可支吾。以是益信學必以静爲本，方有受用。吾丈勉之。

校記

〔一〕此篇又載《高子文集》卷五。『荆璵』，康熙本、四庫本、光緒本《高子遺書》作『經畬』。

〔二〕『東遼西蜀』，四庫本《高子遺書》作『四郊多壘』，疑爲四庫館臣所改。

答鄒忠餘〔一〕

一入仕路，便不得自繇，欲歸不能，開口不得，致君無術，聊脩職事而已。

校記

〔一〕此篇又載《高子文集》卷五。

與華潤菴〔一〕

弟今年以一人攝一寺事，既無精神，又無才略，所仗者一静而已。静則理顯，不静則理昧，故静即理也。此心非三四十年不静，故學在早下手。朝中事，外象尚可支持，可憂者神理。且看聖主，一二年間未能定也。

校記

〔一〕此篇又載《高子文集》卷五。

與秦君鄰〔一〕

春來想閉關發憤矣，不然即没於人事中，歲月可惜。近事想邸報可見，滿朝覓一撥亂之才不可得，意孫愷陽近之，故具疏聞，今雖大拜，未卜作用。拙以一人任一衙門事，幸平日有虚聲，謂拙是氣概凌空者，今却得此用，稍用氣概於中官，相戒不要惹他。初至，甚受其聒撓，今嚴立法度，不敢復來。止此一事甚快，裁省得無限冒濫。奴賊不必憂〔二〕，國家有大運，人生有大數，非人所能爲。可爲者，盡心盡力做去，不要怕耳〔三〕。即如奴賊，何嘗有大本事？都是自怯内憒也〔四〕。

校記

〔一〕此篇又載《高子文集》卷五。

〔二〕『奴賊』，《高子文集》作『東事』。下文『即如奴賊』之『奴賊』，四庫本《高子遺書》作『敵人』，疑爲四庫館臣所改。

〔三〕《高子文集》止於此，『即如奴賊』以下無。

〔四〕『憒』，康熙本、四庫本、光緒本《高子遺書》作『潰』。

與李肖甫〔一〕

部中甚安閒，儘可静養。但學者以天下爲任，不以一部爲職。念至此，無處著一樂字矣。

校記

〔一〕此篇又載《高子文集》卷五。

與華蠡陽〔一〕

仕宦者每借山林爲口吻，實以官爵爲性命，蓋不自知其性命也。如弟稍自識性命，養性命者必以山林爲宜，但世間濁福易知，清福易蹉耳。弟在西臺，幸事亦簡，精力尚堪，所作功課，只勸化諸巡方者，表循良，去貪酷。京師五方襍處，天下之大，如指諸掌。訪一貪酷吏，即於置郵中告其巡方者。彼隔於上下相蒙，反不如都下之見聞博而易真也。其州縣之弊，作一書册頒行之。弟暫在此，或稍有憚。必民安始可天和，非迂也。

校記

〔一〕此篇又載《高子文集》卷五。

答王葱嶽〔一〕

弟少時見《前定圖》，有禾插婦人頭，而旁引一小兒者，皆曰倭也。然旁引小兒，不在左而在右，明是鬼也。今日一内一外，恰符合之，豈非天哉？弟老矣，不能俟河清。翁臺骨相，豈終於此而已者？望加餐自愛。

校記

〔一〕此篇又載《高子文集》卷五。

與張侗初少宗伯一〔一〕

翁臺暫躔南斗，需次北辰，所謂『雲上於天』，飲食宴樂時也。夫飲食者，道腴也；宴樂者，道真也。足于己而施及於天下，故曰『需於酒食』，天下將醉飽之矣。

校記

〔一〕此篇又載《高子文集》卷五。

與張侗初二〔一〕

吾丈天賦明睿，如冰壺映月，徹骨無滓，故灑落自在如此。弟之大愚，以爲鈍根之士惟患心境不徹〔二〕，而落於一切粘帶；利根之士又患事理不透，而落於一切便安。夫一靈炯然，充塞宇宙，森羅萬象，總是一物，豈有心外之事理〔三〕？故事理愈徹，則心靈愈瑩。但患含糊，不患分别。聖學所以開物成務，只是非二字而已。此處一空一混，即使身心皎然，得大安穩，不過自了之學也。丈試究之，以爲何如？

校記

〔一〕此篇又載《高子文集》卷五。
〔二〕篇首至『以爲』，《高子文集》無。
〔三〕『夫一靈炯然……豈有心外之事理』，《高子文集》作『夫宇宙豈有心外之事理』。

答陳赤石〔一〕

浙中學政，蓋無事不令人擊節也。嗟乎！安得兩畿十三方皆得台丈其人，而又久於其事？士其有興乎！世其有瘳乎！舍是而談治平，其道無繇也〔二〕。讀《〈先正要語〉序》，而又知台丈篤志於學〔三〕，喜慰。人生只有斯事〔四〕，頃刻悟之而有餘，終身修之而不足。幸台丈珍惜此日月也。

校記

〔一〕此篇又載《高子文集》卷五。

〔二〕以上《高子文集》無。

〔三〕《高子文集》無『而又』二字。

〔四〕《高子文集》無『喜慰。人生只有』六字。

與黄鳳衢一〔一〕

年丈横被風波，然轉高聲價矣。夫天意豈直高年丈之名，乃玉成年丈之實〔二〕。百年浮榮，轉眄過眼，遲暮思之，惘然無得。若將向外精神反歸自己，討箇定帖，乃千生萬劫轉迷成覺之日也。此箇路頭干涉非小，但在順境中趁著興頭，難得回頭，逆境中没了世味，方尋真味。故弟嘗謂造化每以逆境成全君子，以順境坑陷小人。以弟驗之，即今半生受用，實緣聖主一謫。年丈異日當有味斯語〔三〕，幸勿以弟言爲迂而忽之。

校記

〔一〕此篇又載《高子文集》卷五。

〔二〕以上《高子文集》無。

〔三〕『以弟驗之……當有味斯語』，《高子文集》無。

答黄鳳衢二〔一〕

唐荆翁所選《諸儒語要》，各盡其長，不執己見，編輯中之法眼也。年丈卒業，當必有深造焉，而布之浙中，如以甘露水沃日暍病人，其施溥矣。弟雖不文，當以一言附之。

弟今歲於手足同氣爲期者二，爲功者一，淚幾爲枯，不得與西湖賢主一葦六橋之間，命也夫。

校記

〔一〕此篇又載《高子文集》卷五。

與黃鳳衢三〔一〕

自古未有朝士聚訟如今日者，未有朝士與林中人相訟如今日者。東林風波，其所從來，二事而已。一者段黃門幻然之論崑山也，而引東林人爲證。一者吳侍御嚴所之欲明時事也，而發抄顧涇陽先生二書以爲快。二事之外，東林於朝中絶無一毫干涉，久當自明。

昨者孫道長摘弟三事。一淮撫援書，謂弟贊畫。贊畫則無，此書實弟所見，實未嘗沮，此罪不敢辭。一京察搆害，與弟風馬牛不相及，此罪不敢認。一者金吾書，則極可笑，弟實無涉於身，無愧於心，其人其事俱不必言。要知山中人不可輕見客，無端生出此事，則亦弟之罪也。弟於劉大行疏，當益自策，於孫侍御疏，當益自惕。好之惡之者殊途，其交成之，則一也。於年丈一道之，他人絶不開此閒口矣。

校記

〔一〕此篇又載《高子文集》卷五。

與陳省堂〔一〕

丈之所居，顯榮厚利既懸而艶之於後，毁譽得失復紛而戰之於前，吾之神明主宰爲吾所自有者鮮矣。丈若置之不顧，猛然發，必爲聖賢之志。風塵中有此人物，可謂非豪傑乎哉？

知交自清漳來者，輒訊起居，知孳孳向學不倦，柔懦如弟，每爲興起。弟歸杜門，一榻一卷。丈宰百里，萬姓萬務。雖勞逸殊勢，而倐爲不殊。處者，一念不空，妄自魔障；出者，一念不實，空文搪塞，徒自辜負耳。白沙詩曰：『廊廟山林俱有事，今人忙處古人閒。』知吾丈閒忙總不徒然矣。風便，幸舉所持行教之。

校記

〔一〕此篇又載《高子文集》卷五。

答王聚洲〔一〕

弟性好静而畏忙，以精神短弱，學不得力也。惟静可收拾精神，填補學問。連年以一官終日終年在忙中，疲困極矣。昨冬歸，即屏居五湖之濱，不見一客。往時偷閒，是討便宜的私意；今日閉户，是合時宜的道理。幽居之中，聞故人之禍，泣數行下，得故人之書，酌數盃酒。此兩端悲喜之外，惟以太虚爲家舍而已，他皆不顧也。

得台臺書，備悉近況。以俗眼觀，是極淒楚逐臣；以道眼觀，是極瀟洒行逕。況有子萬事足，有賢子，萬慮益可捐乎？他語可相照於無言。天生豪傑，必有用之，惟仁丈加餐自愛。段幻老自云盲廢，望翁丈空青甚亟，托爲促之。

校記

〔一〕此篇又載《高子文集》卷五。

與蔣恬菴一[一]

丈養高於家六年矣，人生幾得此閒日月？百年中詎數數有此幾六年？丈不以此時究身心之實益，求經濟之定計，迺於酒食戲談中浪置此身，豈天所以生吾丈之意乎？天下之生久矣，經史具在，往跡昭然，大之而聖賢，次之一節之士，曾見有於酒食戲談中得來者乎？世俗之名爲迂者，則誠迂矣，而所迂者，又或以迂之者爲惜，二者之間，是非之實，吾丈不可不察也。縱言至此，弟狂過矣，請慎其餘。

雖然，自六年來，弟與丈不相及者地，不相親者形，而彼此之情如一日而一席之也。弟非丈不狂，狂於丈，非狂也。第弟浪擲六年，并其飲食談笑之樂而亦擲之，而且呶呶然發其狂言於丈[二]，夫夫也，其亦謂今之狂也與！

校記

〔一〕此篇又載《高子文集》卷五。

〔二〕『然』，四庫本《高子遺書》作『焉』。

與蔣恬菴二[一]

國家造士，文行兩者而已。今多士如雲，於何稽之？弟竊謂有簡要焉，但杜門讀書，則兩俱脩者也；出門放曠，則兩俱窳者也。若時稽時警，自當月異歲殊。往者弟嘗在監，日見諸生所苦者班卯，放蕩者稍就羈辱，好脩者實虚靡精神。劉雲丈有講院考，入院者則免之，一妙法也。不入講院者，不審亦可爲劑量，令輪班迭進否？以吾丈精審，於此等必有妙運，願一聞之。

校記

〔一〕此篇又載《高子文集》卷五。

答繆仲淳[一]

長安中如丈識見者絶不可得，如丈者，豈非遺賢乎？甚矣科目之不能盡人才也[二]。

近言路有起廢太濫一疏，群小見諸賢盡出，明年内計可慮，故戈矛潛動。弟謂此等小人，彼正恃口舌可尼君子作用[三]，君子但置之不聞，當做便做。陽氣盛，邪氣自消。若與角口，即墮其計中。若畏其口，亦墮其計中。諸公頗以爲然，邪説一切高閣起矣。

校記

〔一〕此篇又載《高子文集》卷五，題作《續答繆仲淳》。

〔二〕以上《高子文集》無。

〔三〕《高子文集》無『弟謂此等小人彼正恃口舌可尼君子作用』一句。

報大哥一〔一〕

東事甚急，以國家承平之久，故易壞，然以高帝功德之大，亦未易壞。弟原以君親二字出門，故在此甚安。當死則在家亦死，不當死則在此亦不死。人只爲看不透一命字，每先事憧憧耳。

校記

〔一〕此篇又載《高子文集》卷五。

報大哥二〔一〕

衰年仕宦，力所不及者，不得不丢。常以半日偃卧，耳不聞，目不見，心不思，手足不動，以大息之。幸煉得三十餘年，頗放得下，息得來，不然幾不能過活矣。

天下事盡歸中官，楊大洪欲去其毒，反發其毒，此豈可口舌争也？惟有外庭諸君子各脩職業，内閣諸公居中勸化之，庶可少救少延，他無策也。

家鄉大水奈何？東南不能無事，凡可以及桑梓者，惟力是視，不敢放過也。便風惟欲知哥善飯而已。

校記

〔一〕此篇又載《高子文集》卷五。

答七弟〔一〕

前書中辱弟相勉不朽之業。不朽之業不在長安中，長安中以不失足爲第一義。名利二字至危，鮮有不爲所魔者，蓋凛凛持之，未知得保晚節否？

邇來漢唐末季之事已見，當見幾作矣。然念各人自潔，作一散場，將此世界，視其陸沉，後世必謂王夷甫諸人不得不任其咎，以此未忍。然亦只是挨延之法，如父母病危，人子盡愛日之誠耳。

校記

〔一〕此篇又載《高子文集》卷五。

答汪若谷〔一〕

校記

〔一〕此篇《高子遺書》卷八下、《高子文集》卷五係節録，全篇見《高子别集》卷五，題作《答汪若谷侍御》。本卷删文存目。

答范太蒙尚寶[一]

天下才品不同，但須别其邪正。於正人，更不可論其異同[二]。吾輩待彼，只取其大處長處。此時還須此老，翁丈師弟也，當急出助之，多誘掖，少箴規，牖其明，闕其暗，乃可耳。

校記

〔一〕此篇又載《高子文集》卷五。

〔二〕《高子文集》止於此，『吾輩待彼』以下無。

答劉清之叔姪[一]

今日之怪事，皆往代之舊事。在我輩相戒爲不可爲者，皆諸公相最爲不可不爲者也。其要在昧於天道，不信感應之理，取快一時，沉淪千古，哀哉！我輩只求不獲罪於天而已，他無所計，亦不可計。聖人曰：『人無遠慮，必有近憂。』在今日，人有近憂，皆繇遠慮。聖人欲人盡人事，今人却不知，聽天命也。台丈以爲何如？

校記

〔一〕此篇又載《高子文集》卷五。

與李壽伯[一]

今朝野皆成競局，治之之法，静嘿兩字而已。且吾輩做自家人，脩自家心，安得閒工夫向人分疏閒事也？臧否二字，吾輩亦每犯之，在末世是禍本。善善長而惡惡短，郭林宗所以免也。近思之，此是吾輩一項大工夫。

校記

〔一〕此篇又載《高子文集》卷五。

答翁應玄[一]

門下在榆關，必有以自見矣。凡事只認真做去，自有效。世人見不透，以爲人皆尚假，何能獨真？百假一真，人必不容。不知惟其百假，所以一真易毁；惟其不容於假，所以必信於真。一真信之，勝於百假容之矣。門下力行，久久自見。

校記

〔一〕此篇又載《高子文集》卷五。

與黄黄石〔一〕

自丈爲小人所誣，至今未有明目張膽申大義於天下者。然天地間未結之案終有人結之，於丈不關加損。然是非不明，不足損所不明之人，而足以損世；是非明，不足益所明之人，而足以益世也。諸人欲斷東林脈，東林無官脈可斷，若道脈，如何斷得？丈家居甚當，南中非佳境也。

校記

〔一〕此篇又載《高子文集》卷五，題作《答黄黄石》。

與劉鴻陽〔一〕

昔延陵季子之聘於上國也，所至輒盡得其一時之名賢，故於晋則叔向，於鄭則子産，於齊則平仲，於衛則史魚、伯玉，皆覿面孚心，結終世之歡，何其神也！攀龍何人斯？乃至於貴邑，亦得大君子之傾蓋，東山之屐，班荆臨流，落日開心，平蕪豁目，不亦一時之勝乎？别來澹然孤館，此興戚戚而動，慨良朋之不常，惜盛游之難繼。今且北歸，莽漠雲山，飛蓬身世，回首舊游，儼如圖畫矣。則夫人際景逢辰，盍簪具美，又安可不暢彼此之懷，極逍遥之致哉？懷望道範，不任馳神。

校記

〔一〕此篇又載《高子文集》卷五。

與吴觀華一[一]

反復之説，蒙丈印可，而體用之辨極要明白。體即是用，用即是體，雖不容分，然用寂是體，體發是用，亦不容混。一觀而用寂矣，所謂觀未發者如是。若徒觀其氣象，何啻千里？人能知用寂之體，只於此立本，乃真復也。

校記

〔一〕此篇又載《高子文集》卷五。

與觀華二[一]

弟衙門有人可脱身，念中事亦次第了之，可浩然歸矣。一登依庸，便是弟十洲三島也[二]。人心寂即是易，發即是爻，有繫縛者皆非也。習久，則繫縛者開，即無思無爲之體。非是繫者去，别有一個易來也。此又是『復以自知』時一層體認處，丈試驗之。

校記

〔一〕此篇又載《高子文集》卷五。

〔二〕以上《高子文集》無。

與覲華三〔一〕

馮少墟云：『人生自幼讀書成名，作家生子，俱少不得，却俱算不得。雖至作好人，尤少不得，也算不得。』弟謂若知道，此少不得者俱算得。此一『道』字極可怪，一切點鐵成金。如知易者，一草一木，一禽一獸，皆卦也。靜觀真有趣，此可與吾丈道耳。

東林得丈，不至草深，弟在此稍安。得脱便歸，畢竟此事爲吾輩究竟。夫子喟然與點，良有深味。近園適促弟歸，知心語也。

校記

〔一〕此篇又載《高子文集》卷五。

與許涵淳〔一〕

令先慈久病不起，涵淳至性，哀痛可知。有脩身一着，可報罔極也。學問起頭要知性，中間要復性，了手要盡性，只一性而已。性以敬知，性以敬復，性以敬盡，只一敬而已。讀書，窮此者也；静坐，體此者也；會友，明此者也。心無所適便是敬，時時習之，熟則自妙。其他皆大擔閣大障礙也。

校記

〔一〕此篇又載《高子文集》卷五。

答薛用章一〔一〕

以本體爲工夫，以工夫爲本體。不識本體，皆差工夫也；不做工夫，皆假本體也。惟誠敬即工夫，即本體〔二〕。誠無爲，敬無識〔三〕，以識本體，故未嘗費纖毫之力也。起因如此，結果如此，未有假因成真果者。門下所見甚的，可喜。

校記

〔一〕此篇又載《高子文集》卷五。

〔二〕《高子文集》止於此，「誠無爲，敬無識」以下無。

〔三〕「識」，康熙本、四庫本、光緒本《高子遺書》作「適」。

答薛用章二〔一〕

相知中如門下，真肯向裏尋求者矣。別無他法，但時刻提醒，勿令昏昧，積有年歲，自成片段。所患日復一日，年復一年，不零星積聚，允無頓段受用耳。

校記

〔一〕此篇又載《高子文集》卷五。

與周仲純、季純〔一〕

學無動静也。然形太用則疲，神太用則困，故省外事者，學之要也。季純六年東林，少有入頭。然此事凝之甚難，散之甚易。道豈有聚散乎？正欲凝此無聚散者。故本體本無散，工夫只是凝。所欲言者止此。

校記

〔一〕此篇又載《高子文集》卷五。

與周季純一[一]

學不在多言，只變化氣質，涵養性情。一切五常百行，皆以此爲本，然非見道不能。每日偷閒静坐，猛奮體認。若静中復頽闒，則動中氣濁，道體不顯也。

校記

〔一〕此篇又載《高子文集》卷五。

答季純二[一]

季純病中所見良是。學問只要一絲不掛，其體方真。體既真，用自裕，未有有真體而無真用者也。用之大小，則隨稟賦；用之真僞，則因學力。到真用功夫時，即功夫一切放下，方是功夫。非真做功夫者，不可與語此，所謂癡人前説夢也[二]。僕於出處去留，極不敢苟，在此細細稱量，要之合義而已[三]。

去年朝中稍有陽氣，治亂賊亦便有勝機。陰陽消長之分如此，人可不知易乎？

校記

〔一〕此篇又載《高子文集》卷五。

〔二〕《高子文集》無『所謂癡人前説夢也』一句。

〔三〕《高子文集》止於此，『去年朝中稍有陽氣』以下無。

與季純三〔一〕

季純作工夫何如？向年静中意思，恐失之矣。然作過一番工夫，纔警策便在，但惟恐失之意不可無耳。

相别四月，諸相知有所進，幸各寫總封寄來，一以驗諸相知工夫，一可以相答。不然，僕作無益語無益，即作有益語，亦不逗機，漠然度外，又各孤負也。

校記

〔一〕此篇又載《高子文集》卷五。

與任希顔〔一〕

深院幽閒，小齋閴寂，道人無事，卧起從容，胸中廓然其大，浩浩無涯，隨意静坐，隨意讀書，隨意會友，畛域不設，物我皆春。事既易簡，味更悠長。此爲本分人作本分事，厥脩乃來，如日加長而不覺也〔二〕。如曰吾志在天下，奈何爲此區區者？請看千里遊心客，還是東林一腐儒。

校記

〔一〕此篇又載《高子文集》卷五。

〔二〕《高子文集》止於此，『如曰吾志在天下』以下無。

與尤澹明〔一〕

弟之視婿猶子也，第一欲其養成德器，次之欲其熟讀經書。素聞箭老篤於教孫，而舍親母頗過溺愛。然天下傷生之事非一，未聞在於讀書。讀書則心静，心静則氣和，閒惰則心放，心放則氣散，二者之間相去遠矣。小兒之疾，多在寒煖不調，飲食不節。今不歸咎於不調不節之故，概歸咎於讀書勤苦，故父母益成姑息，子弟益習頑惰。此惑不破，是廢學無成之兆也。

夫學未有不勤而成功，師未有不嚴而教行。望丈以嚴爲主，勿恤其他。雖其教之初，行或有不宜於人情，至於習而安之，久而成功，思丈有不能忘者矣。望以鄙意致箭老，必得内外一心，教乃可行。不然，則一暴十寒，一傅衆咻，終無益也。舍親母亦已令人傳説，諸凡望丈主持決行。萬萬。

校記

〔一〕此篇又載《高子文集》卷五。

與安無曠〔一〕

昔人語科第者曰：『半積陰功半讀書。』誠然。然陰功非但分人以財，孜孜切切，惟以濟人救人爲事，行之數十年，此意純熟，動念即是，方謂陰功。何者？此乃仁心也。仁則生，生則吉，吉則百祥咸集，科第在其中矣。此萬驗良方，幸勿忽之。

校記

〔一〕此篇又載《高子文集》卷五。

與卞子静一〔一〕

霪雨爲災，水居洪濤，及於檻外，遂不可居。兀坐家中無事，襟懷雖得瀟洒，而觸目民艱，未免時復攢眉。方知良苗樂歲，一觴一咏，不得輕易放過也。

校記

〔一〕此篇又載《高子文集》卷五。

與卞子静二[一]

年來愈覺得身心之事當汲汲求之，不可丢在無事甲中。一切求閒好静，總是無事生事，亦成當面蹉過。聖人之學，下學上達，惟是孜孜矻矻，好古敏求。只一求字，便可做二六時中工課也。何如？

校記

〔一〕此篇又載《高子文集》卷五。

與魏廓園一[一]

人不見性，萬事俱低。何莫非性？所争知不知耳。只不睹不聞，便是未發。其發處，一話一言，一躬一揖，皆是也。不知者漫過，知者默而識之，故曰：『人莫不飲食，鮮能知味。』門下當有一日啞然自笑也。

校記

〔一〕此篇又載《高子文集》卷五。

與魏廓園二〔一〕

聞門下於吉水先生有浹旬欒聚，快哉！僕獨恨少此一行耳。今之山林，阿世以取容者下矣，次則憤世而滋口，次則玩世而不恭，最上則善世而不競。先生其善世而不競者乎！甚矣人之審局難也，局定而終身以之矣。

乾坤鼎革，光彩一新，今皇之虔始，即先帝之厚終，非有二也。世事可喜之中，亦有大可憂者，看天意何如耳。

校記

〔一〕此篇又載《高子文集》卷五。

與魏廓園三〔一〕

周士顯居然内擢入朝矣。其主考試録謂六經亂天下而有餘，自古未有以六經爲亂天下者，自士顯始。此得罪於萬古名教，可令復立清朝乎？此而不糾，可爲清朝乎？發於禮垣，更覺正當。此最大題目，最大文章。以昔之太宰，尚能考察士顯，豈今趙先生之賢，不能削奪士顯？天其或者借此一擢，激出臺諫名疏，太宰快事乎？吾輩願學孔子，縱不能行其道，當閑其道。孟子以正人心、息邪説爲承三聖，爲天下一治，非小補也。幸門下速圖之。

校記

〔一〕此篇又載《高子文集》卷五。

與魏廓園四〔一〕

長興之寇，吴野樵是葉朗生事内欽犯第二人。近日之舉，欲據邑，非劫庫也。彼自以朗生事報仇殺石令，不知殺廉吏而人心痛憤，故即被擒，是石令以一死完一邑也。寇劫獄，獄囚無一從叛，皆曰『寧死不負石爺』，此良吏所以爲保障也。門下爲貴鄉，當特題一疏請優卹，最可鼓天下靡靡怕死者。

校記

〔一〕此篇又載《高子文集》卷五。

與魏廓園五〔一〕

時事不敢以臆見瀆聽，大要以趙師作宰，門下輩作諫官，大洪諸賢在紀綱之地，不患不佳，但恐過求其佳，反乖步驟耳。

校記

〔一〕此篇又載《高子文集》卷五。

與陳似木一〔一〕

學問在知性而已，知性者，明善也。孟子道性善，而言必稱堯、舜者，何也？性無象，善無象，稱堯、舜者，象性善也，若曰如是如是。言上會者淺，象上會者深。此象在心得其正時識取，心得其正者，心中無事時也。風便寄意。

校記

〔一〕此篇又載《高子文集》卷五。

答陳似木二〔一〕

士有其志，何所不可爲？況今所爲者，乃是孩提無知識時所具足，反以有知識後昧之者也。今借吾知識，反於孩提無知識時本色，故曰復其初。門下弱體，但一切放下，不用一些知識，胸中無物，皆真精神也。養德養身是一件事，靈源返則靈機浚，理學與舉業亦是一件事也。

校記

〔一〕此篇又載《高子文集》卷五。

答陳似木三〔一〕

此無別法，即如門下所謂知而不能者習之而已。人安得遽能？以習而能。《論語》開卷示一『學』字，即示一『習』字，又示一『時』字。學而習，習而時，自凡人作聖賢，不過三字，立下見效者也。即如忿欲，習於懲窒，懲窒過二三次，便省力，便有味，豈患不能耶？

校記

〔一〕此篇又載《高子文集》卷五。

與孫淇澳宗伯乙丑〔一〕

世事甚危，黨人之危不足言也。年來履虎尾，反覺有用力處。現前於穆之真，絕無聲臭，安得有富貴貧賤夷狄患難？是刀鋸鼎鑊之所不能及，安得有死生？但在日用煉習，純是此件，即真無死生耳。知翁臺進步處又在百尺竿頭，幸不吝教示。

校記

〔一〕此篇又載《高子文集》卷五。

答劉念臺〔一〕

向得丈所寄王侍御書，當此時，侍御有此心，是於漫天殺局欲一轉生機，真仁人也。果爾，弟正不可見之。何者？敝邑爲通都，此地人多蹤跡，弟爲貢獻之着〔二〕，則侍御先無以自爲，何能爲世？故弟雖奉丈教，終不敢見也。

近日又得丈書，仰見直心浩氣可貫金石，泣鬼神，而所教者，弟不敢以爲然。近都下正有傳姑蘇詞林作六君子弔忠文者，想如丈教，正實其説矣，此何異公子無忌約賓客入秦軍乎〔三〕？杜門謝客，正是此時道理。彼欲殺時，豈杜門所能逃？然即死，是盡道而死，非立巖牆而死也。況吾輩一室之中自有千秋之業，天假良緣，安得當面蹉過？大抵現前道理極平常，不可着一分怕死意思，以害世教；不可着一分不怕死意思，以害世事。想丈於極痛憤時未之思也〔四〕。

校記

〔一〕此篇又載《高攀龍詩文殘稿》及《高子文集》卷五。《高攀龍詩文殘稿》題作《柬劉念臺太僕》。
〔二〕『之着』，《高攀龍詩文殘稿》作『此跡一著』。
〔三〕《高攀龍詩文殘稿》有旁註：『有人欲傾文、姚二丈。』

〔四〕此下《高攀龍詩文殘稿》尚有『會吴祖老，爲弟致意，尚未及一走謝也』一句。

答熊壇石操院

新法之行，吾黨亦與有過。經歷世故，乃知義理無窮，君子自反亦無窮。若夫一治一亂，殆非人力所能爲。

去年九月，木星犯三台，其占已如見今日也。諸君子在外者，尚可得民和，固邦本。而漸次芟除四載中所布列，已去其四，自此民不聊生，大亂將作矣。老公祖於俸序中不久榮轉，當留心救世，不必以自潔爲高。

弟歸迫歲除，粗了家事，元旦後即入山村。行吟澤畔，作快活屈原；不囚土室，作踈散袁閎而已。

與李次見侍御〔一〕

世事雖甚亂，吾輩正可乘此絶無滋味之時，作絶有滋味之事。何者？身無世道之責矣，可謝一切紛擾之累矣。蕭然一身，取資何幾？兩間甚廓，可以自容。千古甚長，何以不愧？滋味寧有窮乎？知翁丈同此致也。

弟所居湖干，蓮花正放，蚤起推窗，見鮮葩馪馪出濁泥中，一似人生當此世界，但心不隨境染者，真蓮花矣。野趣方濃，不忍出門，不得一看台丈，寄此道意。

校記

〔一〕此篇又載《高子文集》卷五。

與徐按臺〔一〕

校記

〔一〕此篇《高子遺書》卷八下與《高子文集》卷五所載皆係删節而成，全文見《高子未刻稿》書部、《高子别集》卷三，題作《柬徐按臺》。本書此篇載《高子未刻稿》書部，本卷删文存目。

答楊金壇〔一〕

世路翻覆，一彼一此，如山勢遞爲起伏，如水波遞爲來續，以此遞成今古，無足異也。但盛世之一往一來，究歸於治，衰世之一往一來，究歸於亂，仁人君子不能不爲杞憂。誠有如台臺所教，若不肖之放魚鳥歸林淵，適得其所。雖林淵未必遂能安處，而衰白之人得一日且爲樂一日，總不作前後想也〔二〕。伏承翰貺，此誼當篆之衷臆。

校記

〔一〕此篇又載《高子文集》卷五。

〔二〕《高子文集》止於此，『伏承翰貺』以下無。

答王無咎〔一〕

世界如棋局，人才如白黑子，勝負不常。在吾輩則以不常者爲常，故勝不爲喜，負不爲戚。勝可也，負可也，客散棋收，勝負安在哉？常者在此，不在彼也。與其得罪千古，無寧得罪一時。困窮之中，借以洗心滌慮爲大歸之計而已。道義之愛，中心藏之，所祈絅錦璞玉，以爲天下。

校記

〔一〕此篇又載《高子文集》卷五。

與曹允大〔一〕

昔漢二疏祖帳東門外，爲千古健羨。近魏黄門就逮，貴邑士人之攀號，爲千古悽愴。悽愴者何必減健羨乎？天地間總是一大戲場，悲歡離合，留一影子與後人觀場耳。

校記

〔一〕此篇又載《高子文集》卷五。

與東林諸友[一]

有人問我東林作何工夫，吾拱手對曰：『只是這等，大聖大賢也增不得些子，愚夫愚婦也減不得些子。』莫輕看了這一拱手，從前不知費幾許鑽研，方討得這箇模樣，從後不知費幾許兢業，方保得這箇模樣。且莫説，要看臘月三十日。

校記

〔一〕此篇又載《高子文集》卷五，（清）許獻、高廷珍等纂《東林書院志》卷十七《文翰三》。《東林書院志》題作《與東林諸友書》。

臨終與華鳳超[一]

僕得從李元禮、范孟博遊矣。一生學力[二]，到此亦得少力。心如太虛，本無生死，何幻質之足戀乎？諸相知統此道意，不能一一也。三月十六夜，攀龍頓首[三]。

校記

〔一〕此篇又載《高子文集》卷五。

〔二〕『學力』，(明)朱國禎《資德大夫正治上卿都察院左都御史贈太子少保兵部尚書謚忠憲高先生墓誌銘》、(明)錢士升《資德大夫正治上卿都察院左都御史贈太子少保兵部尚書謚忠憲高公神道碑銘》引作『學問』。

〔三〕《高子遺書》文末有編者陳龍正按語：『龍正謹按，亢龍有悔，聖人有時爲亢龍耶？否耶？伊、周處亢而不死，先生處亢而死；子房、懷英不處亢而不死，先生處亢而死；任智遠害之士或不處亢而亦死，先生處亢而死。同耶？異耶？悔耶？否耶？夫子言之矣，惟聖人不失其正。宜亢而亢，正也；宜死而死，正也。以必不處亢必無死地爲正，失其正者，無乃多乎！先生於魏忠節之逮也，語予曰：「吾以惑於救世，昧於知幾。」先生歎無救於世也，非自歎其將及禍也。仁人殺身，自古衆矣，亦云正而已矣，奚悔而奚歎！』

卷之九上

序

《大易易簡説》序[一]

夫易，豈難知者乎哉？豈難能者乎哉？天高地下，萬物散殊，八者流動充滿於吾前，吾於其中具形而爲一物。天地之八者未嘗不備於我，我之八者未嘗不充塞於天地，静而成象，動而成占。成象者，退藏焉而爲密。成占者，神明焉而爲德。吉凶悔吝，如日月彰彰焉[二]，而冥行者不知也。聖人惻然患之，莫能致力，則以易示之，又詔之曰占，故曰易者，卜筮之謂也，卜筮者，占之謂也。静而不密則不占，動而不德則不占。至將有爲也，將有行也，問之以蓍，則卜筮之一事云爾。謂蓍不足以盡占可，謂占不足以盡易不可。雖然，不見易而能占者鮮矣[三]，則謂蓍爲占也亦宜。於何見易，曰：『易無之而非是，識其無之而非是，無之而不可見易也。』然果何物也？曰：『吾之心也。』天下有非易之心，而無非心之易，是故貴於學。學也者，知非易則非心，非心則非易也。易則吉，非易則凶、悔吝。其知易，知其能簡，能易簡，而天下之理得

矣，於是作《易簡説》。夫五經註於後儒，《易》註於夫子，説《易》者，明夫子之言而明《易》矣。〔四〕

校記

〔一〕此序又載《高子文集》卷二、《周易孔義》卷首。『序』，《周易孔義》作『叙』。

〔二〕『彰彰』，《周易孔義》作『之章章』。

〔三〕『占』，《周易孔義》作『知』。

〔四〕《周易孔義》序末有『壬戌冬月，高攀龍題』八字。

《周易孔義》序〔一〕

《周易孔義》者何？孔子之義也。人每言《易》最難讀，余謂不然。見易難耳，見易則見道，道豈易見哉？若讀之而已，六經惟《易》易讀。何者？經非註，則無門入；註非經，則從門入者，註也，非經也。惟《易》註自夫子，故即註即經。非夫子，而吾烏知《易》之所語何語哉？學《易》者當以夫子之註學，字繹而句味之，經不難讀也。然而經者《易》也，易非經也，存乎其人。夫子固曰：『聖人以此洗心，退藏於密』，『聖人以此齋戒，以神明其德。』『此』者何也？見易之謂也。《易》以孔義明，孔義又以《易》明。以目前事，故不易見，然以目前事，初非難見也〔二〕。

校記

〔一〕又載《高子文集》卷二、《周易孔義》卷首。『序』，《周易孔義》作『叙』。

〔二〕《周易孔義》序末有『壬戌冬月，高攀龍題』八字。

《朱子節要》序〔一〕

聖人之道大矣，學者學焉而得其性之所近，故賦質各别，成德亦殊。至於前聖後聖若合符節之處，則不容毫釐差也。以毫釐差，廼千里謬矣。聖人嚴似是而非也，嚴之於此也。

繇孔子而後，見而知之者，爲顔、曾、思、孟。然當孟子之時，邪説竝作，而仁義充塞，不有孟子，孔子之道不著也。繇孟子而後，聞而知之者，爲周、程、張、朱。然當朱子之時，邪説竝作，而仁義充塞，不有朱子，孔子之道不著也。故昌黎韓氏曰孟子『功不在禹下』，而河汾薛氏曰『朱子功不在孟子下』，可謂知言矣。

夫聖人之道載在六籍，得其言而得其意，以之而明聖人之道；不得其言而不得其意，以之而晦聖人之道。自朱子出，而六籍之言廼始幽顯畢徹，吾道如日月之經天，江河之流地。非獨研窮之勤，昭晰之密，蓋其精神氣力真足以柱石兩間，掩映千古，所謂豪傑而聖賢者也。其書自傳註而外，見於文集語録者浩渺無涯。攀龍不自揣量，三復之餘，節其要言，倣朱子《近思録》例，分爲十有四卷，而不敢擬於《近思》，名曰《朱子節要》。嗚呼！不有朱子，孔子之道不著也。而不知孔子，朱子之道不著也。余豈知之者哉？以爲是編於天理人欲、毫釐千里之介莫詳焉，學者欲知前聖後聖若合符節之處，此其要也。鍥成書此，以詒同志〔二〕。

校記

〔一〕此序又載《高子文集》卷二、《朱子節要》卷首。

〔二〕《朱子節要》序末有『萬曆壬寅秋七月己卯，錫山後學高攀龍謹序』一句。

《就正録》自序〔一〕

校記

〔一〕按，此序已見《就正録》，本卷删文存目。

《講義》自序〔一〕

校記

〔一〕此篇已見《四書講義》，題作《小引》。本卷删文存目。

重鍥《近思録》序〔一〕

朱子曰：『四書爲五經之階梯，《近思録》爲四書之階梯。』言所繇以從入之序也。從兹而至聖人之道，譬之植五穀者，下種既真，培之溉之，熟可計時而待。匪是，是種稊稗而欲其爲五穀也。夫『近思』者，近取諸己。近取諸己，萬理具備，視聽言動繇是，君臣、父子、夫婦、昆弟、朋友之間繇是，聖人之道，如此而已矣，要在人默而識之。默而識之曰悟，循而體之曰脩。脩之則彝倫日用也，悟之則神化性命也。聖人所以下學而上達，與天地同流，如此而已矣。此其教所以賢愚胥益，爲能開物成務，惠天下萬世於無窮也。

今之説者好言悟，夫悟，誠足貴也。懲之者又諱言悟，夫悟，奚可少也？『立卓』非顔之悟乎？至於不遷怒貳過，斯其悟，真悟矣。『一貫』非曾之悟乎？至於啓手足，斯其悟，真悟矣。今之悟者何如耶？或攝心而乍見心境之開明，或專氣而乍得氣機之宣暘，以是爲悟，遂欲舉吾聖人明善誠身之教一掃而無之，决隄防以自恣，滅是非而安心，謂可以了生死。嗚乎！其不至於率獸食人而人相食不止矣。

予既倣《近思》而節《朱子要語》，秦生彦熙欣然有意其間，并刻《近思録》。嗚乎！逃虚谷者，聞人足音，跫然而喜，况於今之時乎？於今之時，有能讀《小學》《近思録》，而斤斤脩彝倫日用之間以爲學者，吾必謂之曰聖人之徒也。

校記

〔一〕此篇又載《高子文集》卷二。

朱子《性理吟》序〔一〕

昔者子朱子嘗取六經、四子中要義，約爲韻語，命曰《性理吟》，以訓其子。芝老金川車公名振者，受於其祖松坡公，松坡得之五河李先生，李得之雙峰饒先生，饒得之勉齋黄先生，黄則親承師授者也。天順中，車公爲常州府司理，刻於常，攜其板歸，燬於火。嘉靖中，車公婿饒公名傳者，爲汀州府司理，刻於汀。今年，予訪維城張公於武林，得而珍之，曰：『信非朱子不能作矣，味之而愈旨，研之而愈深，終身所不能窮也。』昔明道先生嘗欲爲詩歌以訓蒙士，朱子此編豈成其志乎？學者幼而誦之，長而繹之，載籍雖博，要旨不離乎是，以是求道，如規矩設而不可欺以方圓，南北辨而不可欺以燕越也夫！因重梓之，以廣其傳焉[二]。

校記

〔一〕此篇又載《高子文集》卷二。

〔二〕《高子遺書》篇末有編者陳龍正按語：『予欲重梓此編久矣，而忽忽逾邁歲月，今乃得吾姻家楊爾亮梓之爾。亮而好此也，亦度越時俗也哉！予見張無垢作《論語吟》，後人多繼其響者，大都以禪機説聖學，面目不相似也。學者於是編深味之，始知聖人之學。其時行物生之機，躍然言意之表者，不必求之於禪；而民彝物則之正、秩然矩度之中者，不可亂之以禪也。有兹刻，而此意之流行天地間，其不晦矣乎！』

《程朱闕里志》序[一]

自昔大聖賢之生，必有同道共德者出於其地，相與左右後先，以明其學，撥天下之亂而反之治。吾夫子生尼山，顔、曾、思三大賢非出其家，即出其鄉，七十二弟子大抵魯人爲多。至孟氏，道益大明，而近聖人之居又若是其近也[二]，豈偶然之故與？

孟氏之後，聖學不傳千四百年，重開於周子，光大於程、朱。程夫子生洛，朱夫子居閩，人知三夫子洛、閩相去之遥，不知兩姓之祖同出歙，又同出黄墩之撮土也。天地之氣，山河之靈[三]，鍾爲聖賢，或發於一時一地，或培其先世而發於異地異時。蓋上下千古，不能幾見。然則黄墩者，固千古靈異所鍾，而歙之最勝事也。

朱子而來四百餘年，未有表其事者。表之自趙誠之先生始，方定之先生繼之，而後歙侯劉公即地剏祠焉。太學趙君某〔四〕，誠之先生孫也，乃博考旁搜，舉凡有關三夫子者，彙而志之，使新安人士開卷見三夫子也。志成，以鮑公中素教徵言攀龍。攀龍何所知，蓋嘗竊窺古今之概矣。三代而後，聖王不作，於是夫子出，以六經治天下，決是非，定好惡，使天下曉然知如是爲經常之道，越志者欲有所肆焉，民得執常道以格之，故亂臣賊子不旋踵誅夷，生民之類不至糜爛而無遺餘。是六經者，天之法律也，順之則生，逆之則死，天下所以治而無亂，亂而即治者，以六經在也。然漢、唐之間，儒者溺訓詁，而傳六經之糟粕；佛氏言心性，而亂六經之精微。傳其糟粕者，言理而不本之心；亂其精微者，言心而不本之理。一則窮深極微而外於彝常日用，一則彝常日用而不可知化窮神，於是六經又敝，而周、程、張、朱五夫子者出〔五〕。五夫子出，而後知六經者，天理二字而已。天理者，天然自有之理，天得之爲天，地得之爲地，人得之爲人者也。無所增於聖，無所減於凡，無所升於古，無所降於今者也。誠者誠此，敬者敬此，格物者格此。明此而後知俗儒之所蔽，佛氏之所亂，一膜而千里也。人知程、朱三夫子之黄墩，亦知其學之黄墩乎？豈惟三夫子，千聖萬賢之黄墩胥於是乎在。尼山乎？黄墩乎？天地之氣，山川之靈，鍾爲聖賢，其生也有自，其出也有爲。夫何爲哉？明此而已矣〔六〕。

校記

〔一〕此篇又載《高子文集》卷二、（明）趙滂《程朱闕里志》卷首。

〔二〕《程朱闕里志》後一『近』字作『甚』。

〔三〕『河』,《程朱闕里志》、四庫本《高子遺書》作『川』。

〔四〕『君某』,《程朱闕里志》作『生滂』。

〔五〕四庫本《高子遺書》無『五夫子者出』五字。

〔六〕《程朱闕里志》末有『萬曆己卯季夏穀旦』一句。

重刻《諸儒語要》序〔一〕

唐荆川先生輯《諸儒語要》十卷,其六卷皆諸先生所自得語,四卷則辨析同異,而考亭之語爲多。吾友黄雲翼讀之而奮然起曰:『道在兹乎!』重刻於浙中,而徵言於不佞。夫不佞則烏知道?竊以善觀聖人之道者,觀其學;善觀聖人之學者,觀其教;善觀聖人之所言者,觀其所不言。觀聖人,而後乃知諸先生也。

夫聖人之憂患天下後世遠矣,故不難於自盡其心,而難於盡衆人之心;不難於開一世人之心,而難於稽萬世人之心。聖人知不學之害小,而學術之害尤大。不學之害,害其身;而學術之害,害萬世。故能言而有所不敢言,欲言而有所不敢盡,欽欽然守先王之法,文則先王之文,禮則先王之禮。聖人特示之博,特示之約,使萬世之賢且智者有所裁而不敢恣其意,愚不肖者有所循而得以殫其力,如是而已矣。

夫道,人所自道也。譬之適長安者,聖人第示以至之之塗,示以至之之具爾。塗不辨,不可得而至;用不具,不可得而至。及其至,則長安自見,不以言而見也。彼其侈言長安者,夫豈非身至之者乎?以爲言塗與具非長安也,親其地,然而心遊千里,身不越跬步也。後之教者不然,每侈言長安,而學者亦宛若身乃不知徒言長安者之非真長安也。夫然後知聖人之憂患天下後世之遠,故於其所不言而知其所言也。斯義也,繇孔子而來,惟周、程、張、朱五先生得之。自五先生外,諸先生各有獨至。而學聖人者,必以五先生爲其辨塗之正，具用之備也。吾觀聖人之教，而知諸先生，觀諸先生之教，而益知聖人。甚哉！教之關萬世生人命脈也，是以聖人視如河堤蟻穴，知其必决而慎之。

校記

〔一〕此篇又載《高子文集》卷二。

《王文成公年譜》序[一]

嗚呼！道之不明也，支離於漢儒之訓詁；道之明也，剖裂於朱、陸之分門。程子之表章《大學》也，爲初學入德之門；今之人人自爲《大學》也，遂爲聚訟之府。何天下之多故也！國朝自弘、正以前，天下之學出於一；自嘉靖以來，天下之學出於二。出於一，宗朱子也；出於二，王文成公之學行也。朱子之説《大學》多本於二程，文成學所得力蓋深契於子静，所繇以二矣。

夫聖賢有外心以爲學者乎？又有遺物以爲心者乎？心非内也，萬物皆備於我矣；物非外也，糟糠煨燼，無非教也。夫然，則物即理，理即心，而謂心理可析，格物爲外乎？天下之道貞於一，而所以害道者二：高之則虚無寂滅，卑之則功利詞章。朱子所謂『其功倍於《小學》而無用』，『其高過於《大學》而無實』者也，蓋戒之嚴矣。而謂朱子之學爲詞章乎？善乎莊渠魏氏曰：『陽明有激而言也。彼其見天下之弊於詞章記誦，而遂以爲言之太詳、析之太精之過也。而不知其弊也，則未嘗反而求之朱子之説矣。』當文成之身，學者則已有流入空虚爲脱落新奇之論，而文成亦悔之矣。至於今，乃益以虚見爲實悟，任情爲率性，易簡之途誤認，而義利之界漸夷，其弊也滋甚，則亦未嘗反而求之文成之説也。良知乎？夫乃文成所謂玩弄以負其知也乎？高攀龍曰：『吾讀譜而知文成之學有所從以入也，其於象山曠世而相感也，豈偶然之故哉？』

時攀龍添註揭陽典史，莊大夫致菴公以茲譜示，而命攀龍爲之言。攀龍不敢，而謂公之文章事業蔑以尚矣，學士所相與研究公之學也，故謹附其説如此焉。

校記

〔一〕此篇又載《高子文集》卷二。

許敬菴先生語要序〔一〕

聖人言道，未嘗諱言無也，曰：『上天之載，無聲無臭。』夫無聲無臭者不可言，言人倫庶物而已。聖人曰：『即此是道，更別無道也。』夫曰『即此是道，更別無道』者，無之極也，學者不察也。『天生蒸民，有物有則』，是故典曰『天序』，禮曰『天秩』，命曰『天命』，討曰『天討』，是之謂天則，非人所能與也。以人與之，爲私而已。聖人之學，物還其則，而我無與焉。萬變在人，實無一事也，無之極也。

今之言無者異於是，曰『無善無惡』。夫謂無惡可矣，謂無善，何也？善者，性也，無善是無性也。吾以善爲性，彼以善爲外也。吾以性爲即人倫，即庶物。彼以人倫、庶物是善，而非性也，是岐體用，岐本末，岐内外，岐精麤，岐心迹，而二之也。聖人之道一以貫之，是故言天下之至賾，而不可惡也；言天下之至動，而不可亂也。彼外善以爲性，故物曰『外物』，窮事物之理曰『狥外』，直欲一掃而無之。不知心有未盡，不可得而無也；理有未窮，心不可得而盡也。今以私欲未净之心，遽遣之使無，其勢必有所不能，則不得不別爲攝心之法，外人倫庶物而用其心。至於倫物之間，知之不明，處之不當，居之不安，將紛擾滋甚，而欲其無也，愈不可得矣。是故以理爲主，順而因之而不有者，吾之所謂無也；以理爲障，逆而掃之而不有者，彼之所謂無也。兩者根宗少異，而精神血脈頓若燕越背馳，不可不察也。

德清許敬菴先生汲汲於拯其溺也，其遺言具在。吾友張維成、周自淑〔二〕，先生之高第弟子也，復揭先生要語刻之，而徵序於攀龍。攀龍則何知道，謂先生立言之正，二君擇言之精，而集中無善無惡之辨最爲喫緊，故表而論著之，以就正於二君，就正於天下之有道者。不知以爲何如也？

校記

〔一〕此篇又載《高子文集》卷二。

〔二〕『成』，四庫本《高子遺書》作『城』。

方本菴先生《性善繹》序〔一〕

名性曰善，自孟子始，吾徵之孔子，所成之性，即所繼之善也。名善曰無，自告子始，吾無徵焉，竺乾氏之説似之。至陽明先生，始以心體爲無善無惡，心體即性也。今海内反其説而復之古者，桐川方本菴先生，吾邑顧涇陽先生也。方先生謂『天泉證道』乃龍溪公之言，托於陽明先生者也。

攀龍不敢知，竊以陽明先生所爲善，非性善之善也。何也？彼謂『有善有惡者意之動』，則是以善屬之意也。其所謂善，第曰善念云而已；所謂無善，第曰無念云而已。吾以善爲性，彼以善爲念也；吾以善自人生而静以上，彼以善自五性感動而後也，故曰非吾所謂性善之善也。吾所謂善，元也，萬物之所資始而資生也，烏得而無之？故無善之説，不足以亂性，而足以亂教。善一而已矣，一之而一元，萬之而萬行，爲物不二者也。天下無無念之心，患其不一於善耳。一於善，即性也。今不念於善而念於無，無亦念也。若曰患其著焉，著於善，著於無，一著也。著善則拘，著無則蕩。拘與蕩之患，倍蓰無算。故聖人之教，必使人格物，物格而善明，則有善而無著。今懼其著，至夷善於惡而無之，人遂將視善如惡而去之，大亂之道也，故曰足以亂教。此方先生所憂，而《性善繹》所以作也。

善乎先生之言曰：『見爲善，色色皆善，故能善天下國家；見爲空，色色皆空，不免空天下國家。見之異，則體之異，體之異，則用之異，此毫釐千里之判也。』嗚呼！古之聖賢曰止善，曰明善，曰擇善，曰積善，蓋懇懇焉。今以無之一字掃而空之，非不教爲善也。既無之矣，又使爲之，是無食而使食也。人欲横流，如河水建瓴而下，語之爲善，千夫隄之而不足；語之無善，一夫決之而有餘。悲夫！

校記

〔一〕此篇又載《高子文集》卷二。

王儀寰先生《格物説》小序〔一〕

《大學》在明、新、止。格物者，格知明、新之至善處也。故身心意知、家國天下，皆明、新、止之物也；誠、正、脩、齊、治、平，皆明、新、止之格也。格者，止也，通也，正也。格物則隨物察則，物格則一以貫之。格物必窮至極處，物格則通徹無間，而物各得其正矣。天地間觸目皆物，日用間動念皆格。一部《大學》，皆格物也，六經皆格物也。《孟子》七篇，更可作《大學》註疏。何者？以皆窮至其極，見天理真面目也。

予嘗以此語人，罕有解其微者。儀寰王先生《格物説》，獨得余心同然，《大學》之旨庶幾其明矣。先生二府京口，大得民和，其以格致爲治平乎！自是而歇歷愈久，益將以治平顯格致乎！嗟嗟聖人之學所以與佛氏異者，以格物而致知也。儒者之學每入於禪者，以致知不在格物也。致知而不在格物者，自以爲知之真，而不知非物之則，於是從心踰矩，生心害政，去至善遠矣，所係豈其微哉？

校記

〔一〕此篇又載《高子文集》卷二。

《點朱吟》序〔一〕

啓新錢先生之於《易》也，蓋四十年動静食息於其中矣。當其精思力踐之熟，一旦豁然，見夫聖人畫乾畫以象天，畫坤畫以象地，合乾坤畫以象人。故夫卦之而八，重之六十四，皆天地象也，皆人象也。像其象焉之謂人，不乾不坤不震不巽不坎不離不艮不兑之謂匪人。世人知易之爲象，不知象之爲儀〔二〕，是人與易二之也。

説《易》者，自程、朱兩夫子而後，先生可謂再闢乾坤之門而發其藴矣。然象像之書行於世，理深文奥，學者至不能句，罕有知其義者。吾邑吴叔美諸君謀於攀龍曰：『豈可當先生而不得其道一聞於錫之士耶？』龍曰：『然。』於是迎先生説《易》東林，先生欣然許之。以十一月六日至，又四日而日長至，其夕相與飲酒而樂，先生爲詩示學者閉關之義，一時從游士賡而成集。先生既序而刻之，攀龍復申其義曰：『夫關，心關也。其紛念爲商旅，其真宰爲后。商旅不行則内固，后而省方則外馳。闔乾坤之門而爲關，斯關乾坤

之户而爲盛德大業。三百八十四畫，一畫綰之[三]。而先生閉關之義，固象像之扃鑰也。」[四]

校記

〔一〕此篇又載《高子文集》卷二、（清）許獻、高廷珍等纂《東林書院志》卷十六。《東林書院志》題作《跋〈點朱餘咏〉》。

〔二〕「儀」，《東林書院志》作「像」，疑是。

〔三〕《東林書院志》「一畫綰之」四字前有「直」字。

〔四〕《東林書院志》篇末有「癸丑十一月二十四日，教下高攀龍敬跋」一句。

《虞山書院商語》序[一]

孔門高第弟子其在南方者，獨言子耳。虞山故有文學書院俎豆之，而毁於江陵相。弔其墟者，輒咨嗟歎恨，以爲是鳳凰麒麟之棲峙於此，是高山大川之鎮浸於此，而且如是，後之人其何觀焉？瀛海耿侯來令兹邑，期年政通人和，案牘直供其游刃，而慨然念曰：「治世有大於人才者乎？育才有外於教化者乎？興教兹土，有舍其先賢而别有示之者乎？」於是重復書院，群邑之縉紳先生、博士弟子講習焉。攀龍從涇陽先生報謁侯，而適遘其會，得聞侯深造自得之學，得見諸先達抑抑之儀，得研諸文學亹亹之論，自幸以爲不世之遇。而涇陽先生於會中有相商之語，侯且鋟之木，而欲攀龍爲引語。攀龍愚不肖，無所知識，竊見侯之標學道堂曰「願學孔子」，以爲是此學之大準的也，亦此時之大疑義也。夫學者誰不學孔子？自陽明先生提挈良知以來，掃蕩廓清之功大矣！然後之襲其學者，既非先生百年一出之人豪，又非先生萬死一生之學力，往往掠其便以濟其私，人人自謂得孔子真面目，而不知愈失其真精神。攀龍少即疑之，於是熟窺吾夫子，見其賊鄉愿、誅鄙夫、生夷齊、死齊景、斥媚竈、攻冉求，至斤斤一泰山之旅，若芥於目、楔於口、疾痛於身，有不能忍者，何也？於季路再列成人，於子貢三列士品，總之不離本實者爲是，言仁至微密矣。未嘗離日用庸行，即直指立達真體，不過以近譬爲方，至戒巧令、近木訥、仁夷齊、仁三仁，昭昭揭象而示之，又何也？以夫子聖智，發其慧辨，豈別無神奇？乃其自言信而好古，好古敏求，《詩》《書》、執禮外，例入『不語』『罕言』中，又何也？厚葬也，以爲薄視顔子；爲臣也，而以爲欺天；即區區不正之席、不正之割，若水火之當吾前而不敢蹈，又何也？此聖人無行不與之教，要非依倣比擬可得，而不可不思其故。攀龍參求於此，非一日矣，茫然未有見也。但自見柔情凡念、習氣懈心交錯而發，以漓吾之真體，故言未出諸口而愧已集於心，其何以發涇陽先生之意？雖然，吾見先生欽欽以小心爲學，奉孔聖之矩，闡先儒之幽，其言平實微婉，令人於真念頭發處默識本心，默識莫之爲而爲之天。至其言外之旨，則穆然有深憂於世。《詩》曰：『知我者謂我心憂，不知我者謂我何求。』嗚呼！耿侯有真精神於世道者也，其必有以知之矣，異日者吾且就而求吾所願學。

校記

〔一〕此篇又載《高子文集》卷二，（明）孫慎行、張鼐等纂《虞山書院志》卷九。《虞山書院志》題作《〈虞山會語〉序》。

《桐川會續記》序 當道改鶴鳴書院[一]

《桐川會續記》者何？方明善先生教於桐川，有《桐川會記》，令子廷尉魯嶽公善繼述之，有《續紀》，紀備矣，其承先也篤，其望後也切，脈正而澤長，百世不朽矣。

吾讀公《至善堂記》，更有味乎其言也。夫非善不名至，非至不名善。至者，無以加之之謂，所謂極也。格物者，窮至其極處，即至善也。斯《紀》也，善其明矣乎！而公之復徵余言，余又何言也？無已，請言格致之法所繇，以明善者，可乎？

朱子曰：『當因其所發而遂明之，此四端之説也，孟子之法也。』吾則曰：『又當因其所未發而遂明之，此大本之説也，《中庸》之法也。』何以因其未發也？諸賢之登至善堂也，有不雝雝肅肅者乎？此雝雝肅肅之時，有喜乎？怒乎？哀樂乎？抑有思慮乎？無有也。所謂未發也，善之體也，一反觀而明矣。此反觀者何物也？心也，明德也。性寂而静，心能觀之，情發而動，心能節之，此心之所以統乎性情，而明德之所以體用乎至善也，格致之法也。吾不能必登斯堂者皆雝雝肅肅，而能必雝雝肅肅者，無乎不善也；吾不能必出斯堂者皆純於善，而能必明善於斯堂者不復入於不善也，則斯堂之功不既大乎？於所發明善，善最真；於未發明善，善最顯。明善者，不加毫末。夫不加毫末者，善也。乃以爲無善，可乎？

明善先生鳴斯學於桐川，而魯嶽公和之，桐之人相率而和之，四海之内相率而和之。好爵之縻，中心之願，以性善也，稱鶴鳴也固宜。

校記

〔一〕此篇又載《高子文集》卷二。

《崇文會語》序〔一〕

崇文者何？崇文公朱子也。吴公伯昌生文公之鄉，崇文公，易也，生於今之時，崇文公，不易也。自良知之教興，世之弁髦朱學也久矣。一人倡之，千萬人從之，易也；千萬人違之，一人挽之，豈易易哉？此所謂不惑者也，能反其本者也。

夫學者，學爲孔子而已。孔子之教四，曰文、行、忠、信。惟朱子之學得其宗，傳之萬世無弊。即有泥文窒悟者，其敦行忠信自若也，不謂弊也。姚江天挺豪傑，妙悟良知，一破泥文之蔽，其功甚偉，豈可不謂孔子之學？然而非孔子之教也，今其弊略見矣。始也掃聞見以明心耳，究且任心而廢學，於是乎詩書禮樂輕，而士鮮實悟；始也掃善惡以空念耳，究且任空而廢行，於是乎名節忠義輕，而士鮮實脩。蓋至於以四無教者弊，而後知以四教教者，聖人憂患後世之遠也。

校記

〔一〕此篇又載《高子文集》卷二、（明）賀復徵《文章辨體彙選》卷三六二。《文章辨體彙選》題作《〈崇文會語〉引》。

《尊聞録》序〔一〕

聖人之學，復其性而已。何以復性也？《孟子》曰『盡其心者，知其性也』，『學問之道無他，求其放心而已矣』，是所繇以復之道也。然而《論語》二十篇不言心，第兩言之，曰『其心三月不違仁』，曰『從心所欲，不踰矩』，何以説也？是則固有違仁踰矩之心乎！噫！聖人之憂患後世至矣。

繇漢以來，儒者不言《大學》，言《大學》自二程夫子始，曰是孔氏遺書，而初學入德之門，故言《大學》，在程門最詳。而《章句》《或問》之作，朱子又因其説而推明之，莫或背也。至王陽明先生，始以爲是求理於事事物物之間，析心、理爲二矣，率天下而義襲矣。蓋先生自以其得諸心者取證於《大學》，又以後世傳言失真之舛盡責諸先儒，而不察其實也。

豐城見羅李先生之説《大學》也，曰皆不其然。《大學》，犂然鼎立三綱，而止歸至善，秩然井分八目，而本歸脩身，知止要矣。而止何在？本末始終，教人止法也。而本何在？脩身爲本也。知脩身爲本，斯謂知本，斯謂知之至也。善在此，止在此矣。故自天子以至於庶人，壹是皆以脩身爲本，性學也。匪獨《大學》，先生之説《論語》也猶是，説思、孟、六經猶是，壹是皆以修身爲本也。或曰：『聖人教人言而不離乎是，寧若是之拘拘乎？』曰：『不然。先生之學，主於明宗。自致良知之宗揭，學者遂認知爲性，一切隨知流轉，張皇恍惚，其以恣情任欲亦附於作用變化之妙，而迷復久矣。不知《大學》教人復性，格致八目皆其工夫也。』曰：『「孩提之愛敬」，「乍見之怵惕」，「平旦之好惡」，非性乎？致良知者致此，致之非復之乎？』曰：『「乃若其情」，則可謂善矣。「請循其本」，何以有乍見之怵惕？何以有平旦之好惡？前乎是者，遂淪於無乎？後乎是者，可執而有乎？則孟氏之指可知也。』

嗚呼！吾讀《論語》，而後知聖人憂慮後世之遠也。知《論語》之宗，是故知止脩之宗。先生之説具存《書要》，其高第弟子陳君古池侍先生於清漳，日以所聞於先生者開示來學，記其會語，名曰《尊聞》。甲午冬，攀龍過漳見先生，而古池出以示攀龍，而命爲之序。攀龍不敢辭，而謹書其端曰：

昔者孔子之教，七十子非不習而聞也，子貢廼曰：『夫子之言性與天道，不可得而聞。』何居？可思矣。然則吾曹之尊所聞於先生者，宜何如哉？先生之教，身教也，請反求之身，而毋徒以言。

校記

〔一〕此篇又載《高子文集》卷二。

馮少墟先生集序〔一〕

少墟先生，予同年馮仲好也。仲好少即志聖人之學，繇庶常吉士爲侍御史，言事罷歸，閉關九年，精思力踐，而於聖人之道始沛如也。所在講學論道，爲集凡二十二卷。余受而卒業焉，作而歎曰：『此真聖人之學也！』

聖人之學之難明也，蓋似是而非者亂之，其差在針芒間，不可不辨也。今夫人目則能視，耳則能聽，手則能持，足則能行，視聽持行者，耳目手足也，所以視聽持行者何物也？凡世之不知學者，皆覸面而失之於是也。然而目之視貴其明，耳之聽貴其聰，手之持貴其恭，足之行貴其重，所以聰明恭重者何物也？凡世之知學者，又往往覸面而失之於是也。然而目之明，非我能使之明，目本自明；耳之聰，非我能使之聰，耳本自聰；手足持行之恭重也亦然，其本來者又何物也？世之知正學者，又往往覸面而失之於是也。耳目手足者，形也；視聽持行者，色也；聰明恭重者，性也；本來如是，復還其如是，之謂工夫也。脩而不悟者，狗末而迷本；悟而不徹者，認物以爲則。故善言工夫者，惟恐言本體者之妨其脩；善言本體者，惟恐言工夫者之妨其悟。不知欲脩者正須求之本體，欲悟者正須求之工夫。無本體，無工夫；無工夫，無本體也。

仲好之集，至明至備，至正至中，非脩而悟、悟而徹者不能，真聖人之學也。吾特於其集中示人最切者揭而出之，以見似是而非者亂吾聖人之學，其端蓋異於此也。

校記

〔一〕此篇又載《高子文集》卷二。

《西齋日録》序〔一〕

自宋周、程、張、朱五夫子者出，而聖人之道始大明於天下。學者苟有志於道，必繇是入焉。吾嘗謂五經四書、四子是天地之定局也。升東嶽而知衆山之峛崺也，況介丘乎？浮滄海而知江河之惡沱也，況枯澤乎？舍五經四書、四子而求道，猶之乎指介丘、枯澤以爲山水也，謂之無目也亦宜。

今之學者多惑於異端，非異端之能惑人也，彼未嘗入宗廟之中擊金拊石，吹竹彈絲，而漫聽瓦缶硜鍧，以爲足以悦耳。嗚呼！於今之時，有能示人以聖人之正道，其亦可謂大仁也。夫雲間周萊峰先生有《西齋日録》，蓋先生手録先儒之言，粘之四壁，積而成書。雖不盡出四子，皆四子真脈也。先生真脩實踐，故其擇言最精。吾最愛韓昌黎言『一室之内，有以自娱』，先生蕭然西齋，俯仰今古，沈酣道義，味其風致，三公萬鍾不以易此樂矣。學者試讀其書，想見其人，於道不思過半乎？兹刻也，所謂於今之時示人以聖人之正道者也，大仁者也。

校記

〔一〕此篇又載《高子文集》卷二。

《願學齋劄記》序〔一〕

于景素先生既以言事謫官歸，杜門讀書，津津樂也。其言曰：『士君子植節大難，非有禮義維持之，人心甚危，浸淫潰決而不自覺。』故其讀書，第取足以治心砥行而已，自諸經諸儒諸史外，一切綺麗浮靡弗好也，曰：『勿以岐吾意。』久之見夫聖賢之學，中正易簡，而竊怪夫世之言學者一何異也，於是以其得之心，間筆之書，積而成帙，題曰《願學齋劄記》，將刻以諗同志，而徵序於攀龍。

余蓋蹙然有感於先生齋『願學』之意矣。夫言學者，孰不曰學孔子哉？究其實，乃大謬，彼其心自以爲有上於孔子者在也。吾竊度其概，彼見孔子言明不言幽也，言生不言死也，言六合之内不言六合之外也，以爲可以紀綱人倫，而不可以超出生死，可以明章禮樂，而不可以冥攝鬼神，可以具足現在，而不可以旁通三世云爾。嗚呼！其於孔子之道，曾未始得門而入焉，又何怪其言之異也？夫子曰：『莫我知也夫！』豈獨當世，千萬世而下，知聖人者有幾？未嘗知之，則不得其門也，又何怪？夫子曰：『篤信好學，守死善道。』夫信之篤，死而不移者，好學之謂也。未嘗學焉，則無繇而知聖人之道也，又何怪？今吾徒蚩蚩之氓，大幸而知學矣，又大幸而知願學孔子矣，而何以學之？服其服，未也；言其言，未也；行其行，近之矣，而未也。然則如之何？曰：『觀子輿氏所以學孔子者，没身焉而已矣。』是則先生『願學』之意也。所爲劄，以自警警人之意也。

校記

〔一〕此篇又載《高子文集》卷二。

重刊《采運條議》序〔一〕

昔歐陽公讀李翺賦曰：『衆囂囂而襍處兮，咸歎老而嗟卑。視予心之不然兮，慮行道之猶非。』蓋三歎斯言，以爲使君子皆易其歎老嗟卑之心爲翺所憂之心，天下豈有亂亡哉？嗟乎！事有曠世而相感，余又不能不歎歐公所言也。夫士卑居，邑邑不得志，謂不能一日居得爲之位，爲其所欲爲，是不過慕富貴耳，非寔有爲者也。人有必爲之心，天下未嘗無可爲之事。未嘗爲之，而輒自阻抑者多矣。

夫徐公偃蹇一第，官不過郡佐，僻在川徼。會天子興大工〔二〕，需蜀材，督有司，至逮七縣令。徐公慨然以身殉事，入虎豹之穴、蠻夷不測之境，鳩役而役從，諭夷而夷化，求木而木得，陸也神佐之開山，水也龍佐之時雨，事克以濟。公又爲天下後世之慮，陳六難三易之説，破百年之拘攣，貽無窮之利澤。凡徐公所居，皆世所謂不能一日有爲，而徐公所爲，皆世所謂張皇錯愕以爲必不可爲者也。是果官之拘人，人之不能盡其官耶！

夫事不身歷則無真知，不真知則其誠不能動人。一木也，民出萬死以得之，當事者視之，曾不足以當枯稿。執成式，則刻於分寸，核定費，則嚴於錙銖，視民之命，亦曾不足以當枯稿。果斯人之不仁至此哉！

下莫以告，而上不知也。宜公言之，而上下響應矣。匪獨木，天下之事皆然。嗚呼！上之人以爲易，而下莫敢以難之説進；上之人以爲難，而下莫敢以易之説進，無怪天下之事日入於難也。公之子德夫既成進士，而公且拂衣歸。夫世有斯人，而莫竟其用，無怪乎天下之事日入於難也。未嘗爲之，而曰事不可爲，未嘗求之，而曰天下無才，人人自顧其私，而泄泄一世之事，此歐公所以憂翺之憂，後之人又憂公之憂於無窮也。

校記

〔一〕此篇又載《高子文集》卷二。

〔二〕《高子文集》『天子』二字前有『聖』字。

《營政紀言》序〔一〕

晉江奕開徐侯來令平陵，期年，悉四境之故，考往古之英賢，擥山川之要會，於是政以時舉，自學宫縣治城濠橋道而外，復營夏林閘以利漕，營利濟橋以利涉，營求惠倉以利賑，營伍相國祠以表忠，營貞義女祠以表義，營文昌閣以爲瀨江之鎮。屬歲大旱，徐侯步禱於相國祠，靈雨旋注，民以不死。於是四方之士益知徐侯所營非苟而已也，皆爲文章以紀其事，彙而爲《營政紀言》。不佞某既受而卒業，喟然歎曰：『有是哉，徐侯乃可稱宰矣。』

夫邑宰，以一邑爲身者也。是故山川土田，肢體也，有不脩飭，是肢體之有痿廢也；忠孝節義，神明也，有不昭宣，是神明之冥頑不靈也；水旱不虞，血氣之壅閼不通也，漠焉不憫恤於心，是聽血氣之壅閼不通也。若徐侯者，乃稱宰矣。夫以一邑爲身者，是能以天下爲身者也，繇兹進而立於廟堂之上，宰天下亦如是矣。侯不憶曩日籲雨於伍大夫乎？大夫之殁，至於今幾二千年矣。侯搏顙而籲者，籲之於土木偶人耳。從二千年後，求其人於土木之偶，然而風雲變於咫尺，雷雨作於俄頃，則是侯與大夫固昭昭然相酬酢，而大夫與上帝固昭昭然相陟降也。繇是觀之，天地固吾之象貌，今古固吾之呼吸。心誠求之，則鞭雷霆，挾日月，吞吐造化，豈難也哉？故能宰天下者，能宰天地者也。《詩》曰：『蔽芾甘棠，勿翦勿伐。』寧以其物與其迹在？其人在也。猶之金瀨然，伍大夫迹在，其人在也。平陵營政，豈直一甘棠也乎？

校記

〔一〕此篇又載《高子文集》卷二。

《闡幽録》序〔一〕

我神祖御極四十八年，而讜謫諸臣自萬曆五年始。於時江陵相不喪父喪，諸臣以綱常大義諍，杖者、戍者、編氓者纍纍矣。是後，以國本，以鑛稅，以去奸者、發奸者，以救言者、薦言者、推用言者，相繼讁〔二〕，幾三百人。迨遺詔録用，無禄即世者且半，即存者，以酌量裁，以冒濫尼，不能十而二三，何況没者？忠魂炯炯，浩氣揚揚，吾不知鬱而爲苦雨淒風，抑激而爲冬雷夏雪？兩間醇和，剥之萬端，此固其一矣。幸聖天子穆穆，無奏不下；賢宰相休休，無善不庸。南皋先生爲《闡幽疏》者再，太宰乃奏，勳司案，以廷杖獄死者爲一等，贈官予廕，餘爲一等，止贈官。先以七十五人，請將益搜其未盡者。旋得俞旨布海内〔三〕，使知爲人臣者，抒忠誠於國，屈於一時，伸於萬世，彌久而光；諸爲奸利者，赫奕旦夕耳。嗚呼！此《闡幽》所以爲人心慮至深遠，以爲無須汲汲者，其度量相越何如哉！

夫鄒先生固最先譴，召用而復錮，幾四十年者。吴、趙、沈、艾諸君子相繼没〔四〕，而先生巋然爲魯靈光〔五〕，天子用爲御史大夫，諸君子卒以先生闡，天豈無意乎？天之未定，疾風迅霆，日月晦冥；天之既定，水緑山青，蜎蠕以寧。昔屈子賦《遠遊》，欲長年以觀既定之天，而忠臣義士顑頷没世者，常以年歲之不延。悲夫！然猶被三朝寵錫〔六〕，際一時明良，而及兹典，未爲不幸也。

元相，前則南昌劉公名一燝，今則福清葉公名向高。太宰，則涇陽張公名問達。少宰，則定遠盛公名以弘，會稽王公名舜鼎。勳司，則奉化戴公名澳。後之覽者考鏡焉。

校記

〔一〕此篇又載《高子文集》卷二。

〔二〕『譴』，《高子文集》作『譴謫』。

〔三〕『布』，《高子文集》作『宣布』。

〔四〕『没』，《高子文集》作『喪没』。

〔五〕《高子文集》『先生』二字後有『獨』字。

〔六〕《高子文集》『被』字前有『獲』字。

《無錫縣學筆記》序〔一〕

何以使天下治？曰人才。何以育才？曰庠序之教。何以使庠序之教天下奉之若蓍蔡，循循焉嚮於道也？曰在是非著而勸懲者深。

古者令民五家爲比，其教始於比長。閭胥聚衆讀法，書其敬敏任恤，而掌其比觵撻罰之事，蓋已昭然導之向矣。至於州長以歲時考其德行道藝而勸之，糾其過惡而戒之，行成，而後卿大夫以登於王。蓋勸戒森嚴，故民聽不惑。其必爲善也，如水之寒，而火之熱；必不爲惡也，如騶虞之不殺，竊脂之不穀。豈獨其性然哉？所繇來者豫矣。夫有善惡，而後有是非，有是非，而後有賞罰，有賞罰，而後有勸懲。上之人躬明德以示之，又嚴勸懲以一之，若之何士不務於道，而天下不安治且久也？

今也不然。士幼而誦聖賢之言十倍於古，乃其父兄所責成，師友之勸勉，止於一第而已；入官之後，俛仰以隨俗，積金拓産，以裕其子孫而已；簿書期會之餘，計俸待遷，歎老嗟卑而已；上之則詩文酒奕以自娛，仙玄釋空以休老而已。天下滔滔，不復知禮義爲何物也。鄉飲酒，以尚齒而崇德也，祠鄉賢，以褒往而勸來也，或非其人，而人不以爲榮；士之以行黜也，卿大夫以墨敗也，恬焉安之，而人不以爲辱；閭巷之間，是其同已，不必出於善，非其殊己，不必出於惡，恕於責小人，而苛於求君子，庶民瞀惑，而人不以爲信；至號爲儒者，禮義之心不能勝其嗜慾，恐天下議其後，則皆習爲無善無惡之説以自便，以含糊爲長厚，以退避爲明哲，言行不足訓於天下，於是道德滅裂，而人不以爲貴。幾何不胥而亂也？

然則如之何？曰：『救今之弊，則復古之法而止也。』德行廢而任詞章，既失其本矣。昔之詞章猶不敢叛經而亂傳也，今則傳註廢，而士之説經以意矣。説經以意，無不可行意也。意以亂指，指以從邪，浸淫潰決，將六籍之正皆爲姦言之文，是非益謬背，而不知所底矣。復之如何〔二〕？有高皇帝之卧牌、兩朝之敕諭在〔三〕。學必以孔、孟、程、朱爲宗，士必以孝弟忠廉爲貴。如此之謂是，不如此之謂非。德行繇是，詞章繇是，比閭之論議，達於朝廷之舉錯繇是，賞罰明而勸懲著，耳目一而志慮專，學如是而止也〔四〕。嗚呼！所以行之者難言矣。

吾邑思永談公爲學宫筆記，既成，以示予。予卒業而歎曰：『教典具矣，科目具矣，哲範具矣。富貴如蜉蝣，淑慝如蒼素。毁譽行於一時，是非昭於萬世，其弗可掩也。夫兹記行也，上之人考而思焉，以復古之制，下之人考而思焉，以復古之學。往者之不湮，來者之有述，公之錫類也遠矣。』於是不辭而爲之序，且以志其平居之慨〔五〕。

校記

〔一〕此篇又載《高子文集》卷二、（明）談脩《無錫縣學筆記》卷首。

〔二〕『如何』，《無錫縣學筆記》作『何如』。

〔三〕《無錫縣學筆記》『有』字前有『曰』字。『高皇帝』，《高子文集》作『聖祖高皇帝』。又，《高子文集》『兩朝』二字前有『暨』字。

〔四〕『學』，《無錫縣學筆記》作『法』。

〔五〕《無錫縣學筆記》末署『同邑高攀龍撰』。

《毘陵人品記》序〔一〕

士無定品，要在不失其人之本色而已。夫子曰：『人之生也直。』此本色也。以其本色也而易，如火之炎上，水之就下也，故無鉅細皆足以成品；以其本色也而難，如火之不熄，水之不污也，故無鉅細之品皆見其可貴。品士者，核其人，必脈理真，而後無贋品；論人者，必群品備，而後無失人。

毘陵爲泰伯端委之地，山川平衍，習尚得文質之中。繇周而來，風氣日開，至宋而益著。天下有事，毘陵人必有則古昔、稱先王，不忍自決其防者。如慶元、端平間，天下岌岌矣，毘陵人硜硜守其所學，逐而去之者，至以道學解散爲慶，而迄於亂亡，毘陵人猶孤城死守不下。及羽人釋子，亦知與城俱亡之爲義。寧獨天性，亦其習見習聞然也。

毛古菴先生記毘陵人品，顧涇陽先生志桑梓人物，侍御嚴所吴公更雅馴其文辭，續入其後死，合爲書十卷，謂某不可無一言。某曰：『侍御之功偉哉！』夫人心之所趨，必有所定以爲的而期中焉。故以富貴利達爲的者，取諸昏夜乞哀之巧力矣；以聖賢豪傑爲的者，取諸平旦虚明之巧力矣。二者如霄壤，不可同日而語，稍錯襍焉，人莫知所趨。侍御之厚於取善而嚴於别類，其示之的乎！人固有與生俱生，不與死俱死，塞兩間，亘千古，不可得而滅没者，非富貴利達之謂也。世人畢其巧力，昏夜乞哀以求之，而與此曾不相涉。夫以百年易盡之身，營此身不相涉之物，譬之冠冕金玉被飾土木偶人，至於死之日，了無餘味，而後知其向之所爲罔也，大可哀矣。其有感於斯編而興起者乎？侍御之功偉哉！

校記

〔一〕此篇又載《高子文集》卷二。

《東林志》序〔一〕

天地大矣，古今遠矣，聖賢之生，豈以一時一地爲盛衰哉？程氏之學錮於紹聖間，朱氏之學錮於慶元間，岌岌乎身之不能保。越百餘年，我太祖高皇帝、成祖文皇帝大明其道，家誦其書，人通其義，春秋大一統，諸子百家無得而奸，其間即有邪説，士得執所守而拒之。嗚呼盛矣！此何以故？洙泗之學，洛閩得其宗，學者繇是而入，皆可不畔於道，傳之萬世無敝也。

龜山楊先生上承洛統，下開閩傳，其棲止於晉陵梁溪間，浮雲流水之跡耳。而吾郡至今言學不畔洛閩，不忍曲學以阿世，於是見先生之精神大而遠也。先生於梁溪棲東林，東林之廢久矣，屢有復者而未竟。顧涇陽先生始率同志告於當道而一新之，使夫錫之士進則行其道於天下，退則明其道於此，如行者之有家，耕者之有土也。道合則進，不合則退，綽綽乎有餘裕也。夫世事成毁，何常之有？變易者存乎時，不易者存乎道，道之所在，易乃不易也。有易，故不可無志。涇陽先生屬志於劉伯先，伯先志成，以諗於予曰：『請言所以志。』予曰：『道者，人之神也。迹者，神之著也。故東林在，而龜山先生在，龜山先生在，而洛閩夫子在，洛閩夫子在，而先聖在。神，一也，一著而無不著。』今夫東林之志彙矣，堂室則志，什器則志，圖書則志。室敝可葺也，器敝可新也，圖書敝可更也，人敝則澌滅矣。何以使人之不敝也？曰在學。學非他也，人還其人之謂也。如目本明而還其明，耳本聰而還其聰，心本仁而還其仁，四體本恭而還其恭，君臣父子兄弟朋友本親義序别信而還其親義序别信。本來如是之謂性，知其如是而還其如是之謂學。不學而人敝，人敝而神離，如呼吸之離於體。夫以千秋之神滅於一日，哀哉！後之君子觀於志，即有不忍於一脈之滅而不續者[二]。斯脈也，即以一念續矣。

校記

〔一〕此篇又載《高子文集》卷二，（清）許獻、高廷珍等纂《東林書院志》卷十六。《東林書院志》題下註：『萬曆甲寅。』

〔二〕『即』，《東林書院志》作『必』，於義爲長。

《東林會約》序[一]

吾錫故未有講學者，有之自宋龜山楊先生始，今東林，其皋比處也。自元以來，蕪廢久矣，復之於邵二泉先生，王文成之記可考也。嘉、隆以來，又蕪廢矣，復之於顧涇陽先生。於時中丞則嗣山曹公，直指則起莘馬公，督學則意白楊公，兵使者則龍望鄒公，郡伯則宜諸歐陽公，邑侯平華林公[二]，皆曰都時哉不可失，各捐金搆祠宇，同邑顧侍御驤宇公則出其所有地以爲祠址，林侯復以其工之羨買田供盍簪之餼，涇陽先生而下同志者又各捐金買地，搆爲講堂書舍，以爲講習燕居之所。

而先生復爲約，指示一時從遊者。蓋攀龍讀而歎曰：『至矣！無以加矣！』古之君子，其出也以行道，其處也以求志，未有飽食而無所事事者。夫飽食而無所事事，斯不亦樂乎？又何多事而自取桎梏爲耶？噫！正以其不能無事云爾。夫人有生則有形，有形則有欲，有欲則有憂。以欲去憂，其憂愈大，蚩蚩然與憂俱生，與憂俱死矣。學也者，去其欲以復其性也，必有事以復於無事也。無事則樂，樂則生，生則久，久則天，天則神，而浩然於天地之間。夫人即至愚，未有舍其可樂而就其可憂，然徐而究其寔，卒未有不就其所憂而舍其所樂者。嗚呼！其亦弗思耳矣。思之如何？約備矣，無以加矣。謹刻以公同志者，期相與不負斯約云[三]。

校記

〔一〕此篇又載《高子文集》卷二、（清）嚴瑴《東林書院志》卷下《文翰》。

〔二〕《高子文集》『邑侯』二字後有『則』字。

〔三〕《東林書院志》末有『萬曆甲辰十二月丙寅高攀龍序』一句。

同善會序〔一〕

錢啓新先生倡同善會於毘陵，其會歲以季舉，會者人有所捐，聚而儲之，見有隱於中者，施之。於是無告之人，寒者得衣，飢者得食，病者得藥，死者得櫘，同會者人人得爲善。吾邑陳子志行聞之欣然曰：『夫學豈託之空言？將見之行事。此其爲行事之實乎！』而問於攀龍曰：『吾知如是之謂爲善也，子爲吾言善所從來。』余曰：『噫，大哉子之問也！夫善，仁而已。夫仁，人而已。夫人，合天下言之也。合天下言人，猶之乎合四體言身。吾於身，有尺寸之膚刀斧刲割而木然不知者乎？吾於天下，有一人顛連困苦，見之而木然不動於中者乎？故善者，仁而已矣；仁者，愛人而已矣。』志行曰：『君子欲萬物各得其所，而不能使萬物必得其所，博施濟衆，堯舜猶病，如力之不及何？』曰：『務博者求諸人，仁者取諸己，取諸己者，力所及也。吾取諸力之所及，天下人各取諸力之所及，何人何我，何大何小，何窮何達，施不亦博乎？濟不亦衆乎？』志行曰：『聞善者必福，有不然者，何也？』曰：『凡吾爲德於人，非期人之報也。又非施於人所不報，而期天之報也。求福爲善，故爲善無福。』志行曰：『人知善之必福，猶弗爲善，必欲其無爲而爲，執途之人責以聖賢之道乎？』曰：『噫！是不知不爲善之不可爾。於吾之身，刀斧刲割而木然者，必死人也。於天下顛連困苦而木然者，其死一也。然則吾之爲善，如渴而飲，飢而食，飲食亦望報邪？』志行曰：『善者固無福與？』曰：『道二，仁、不仁而已。仁，生道也。不仁，死道也。天下之禍，萬有不同，皆死道也。天下之福，萬有不同，皆生道也。仁則生，善則福，猶形影然。有爲之心非仁，無爲之善即福也。』志行曰：『善。吾今乃知大身是謂同善。』

校記

〔一〕此篇又載《高子文集》卷二。

重刻《感應篇》序〔一〕

天地間感、應二者，如環無端，生人物之萬殊。感應所以爲鬼神，非有鬼神以司感應也。凡世人所受，一飲一啄莫不前定，皆應也，命之不可易者也。凡世人所作，一善一惡，各以類分，皆感也，命之自我造者也。惟即感爲應，故即人爲天。不然，是有天命，無人事，聖賢脩道之教皆贅矣。或以爲是近於佛氏因果之説而諱言之，不知佛氏因果之説即吾儒應感之理。聖人以天理如是，一循其自然之理，所以爲義；佛氏以因果如是，懾人以果報之説，所以爲利。其端之殊，在杪忽間耳。今懼涉於佛氏之因果，并不察於感應之實，然豈不謬哉？然則命之既定者，不可得而易與？曰：『何不可易也？』數即氣也，氣即理也，理即心也，心之變化無方，而善之與惡殊致。惡以有心爲大，善以無心爲誠。有心之惡，禍斯速矣；無心之善，感斯神矣。是以聖人重無心之感，有其感之，理易而氣易，氣易而數易，皆自心之變化也。此人之所以爲天，而命之胥繇人造也。端銘厲君重刻《感應》《救劫》等篇，使人知感應之實而誠於爲善，其功大矣！吾特明感應者皆鬼神所爲，鬼神者皆人心所爲。天地之道，爲物不二者也。

校記

〔一〕此篇又載《高子文集》卷二。

合刻《救劫》《感應篇》序〔一〕

聖賢言義理，而吉凶在其中矣；鬼神告吉凶，而義理在其中矣。鬼神别無事，吉凶其善惡以爲事。聖人見善者之必吉，惡者之必凶，如夏之必暑，冬之必寒，而世人不知也，故汲汲然開之，引而之於善，以救其焚，拯其溺，故曰『吉凶與民同患』。而世人不信也，則不若且示以鬼神之言，此吴君伯玉兹編所以刻也。

夫善，人之性也，豈待懼之以劫禍，懼之以感應，而後從事乎？則從不善而入於善之難也，懼而入焉，入而安焉，夫然後知向之爲不善，且自投於水火，而兹編者引而出之也。仁人之利，不既溥乎？嗟乎！人知鬼神之能爲吉凶，而不知感應之爲鬼神。感應者何？義理也。名之曰義理，人以爲迂，名之曰鬼神，人以爲靈，吾故曰且示之以鬼神。

校記

〔一〕此篇又載《高子文集》卷二。

《程行録》序〔一〕

吉人爲善，惟日不足，如樹之必枝葉、必花、必實，自然而不容已也，彼豈以善之可以有功獲福而爲之乎？然而人之爲不善者，動於欲而不能自克，語之以禍福，猶有所慕而勉，畏而不敢；語之以理，則以爲迂而無當。夫其以爲迂而無當者，不知理之爲何物也。夫理者何也？天也，善則祥，不善則殃者也。而天者何也？心也，善則安，不善則不安者也。天下有爲不善而安焉者，非其爲説以自解，必其習之久而不覺也。君子之爲善，循理也，畏天也，求自慊其心也，自然而不容已也。

洗心湯君之爲《程行録》也，曉然示之以如是爲善，如是爲不善。如是爲善，善雖小，有功；如是爲不善，不善雖小，有罪。姑以禍福告人，引不知者之入於善也。入而安焉，而後知人之不爲善，乃樹之不枝葉、不花、不實者也，伐無日矣。吁！可畏哉！

校記

〔一〕此篇又載《高子文集》卷二。

鄭天台《四書題咏》序〔一〕

『天何言哉？四時行焉，萬物生焉。』此聖人所爲，嘿而識之者也。夫曰默識，則不可得之於言，故曰『欲無言』，而其理昭昭乎盈眸而是矣。或曰：『此與釋氏教外別傳之意同。程伯子亦曰：「若識得，信是會禪也。」蓋釋氏最微妙處，已經聖人平平拈出矣。天台先生之題咏也，倘亦有西來意乎？』余曰：『不然。道無之非是也，惟其無之非是，故無物不可舉而示焉，況於聖賢之言乎？夫子之在川上也，而示逝者之如斯矣。子思子之於「鳶魚」與「必有事焉」之意同，「必有事焉」與「舞雩三三兩兩」之意同，皆於不可名言中名言之，令人憬然而思，躍然而會也。此鄭先生題咏意也。』或曰：『昔張横浦之咏《論語》，所以異於《論語》者何在？先生之題咏，其異於横浦者何在？先生必知之。』余曰：『然。』相與問之先生。會先生飲酒，張目視曰：『我醉欲眠君且去。』

校記

〔一〕此篇又載《高子文集》卷二。

重刻《倪雲林先生詩集》序〔一〕

今天下學者好稱説中行。夫道，中焉止矣，中行豈不貴？然徐而覈之，往往敗裂名檢者，多出好爲中行之士，何居？孔子時中之聖，孟氏曰：『吾所願則學孔子也。』至其舉聖人百世師，則曰伯夷、柳下惠，何居？豈非以孔子中和之極，如天地渾然無跡，而高蹈絶跡、皭然塵滓之外者，能令人欣慕愛悦，油然興起而不自覺也夫？

吾少則愛慕古之隱君子，如逸民之倫尚矣。至沮、溺、丈人、於陵仲子，未嘗不賞其獨往之趣，以爲其人縱不得附《中庸》之義，不有聚斂之冉求、龍斷之叔疑乎，何可令諸賢見耶？俯仰千載，而吾鄉有倪雲林先生，間嘗誦其詩，想見其人，如在雲霄之表，願爲執鞭而不可得。會其裔孫錦將重刻先生詩集〔二〕，謂余不可無一言篇端。余謂之曰：『夫詩也者，先生之所以傳也。先生者〔三〕，詩之所以傳也。後之人誦其詩，不論其世，可乎？』

先生生元末，當天下大亂。張氏雄據江右〔四〕，一時才名之士無不匍匐其門，竊其餘潤。先生知不足與有爲，鴻飛冥冥，不可榮以禄。當是時，先生詩若畫布滿人間，鄉翁市豎叩無不得，而獨不可張氏，至麾其造廬之幣。先生以是幾不免，恬然殺身不悔也。《易》不云乎：『幽人貞吉〔五〕。』又曰：『其羽可用爲儀〔六〕。』幽人而可用爲儀也，先生有焉。《詩》不云乎：『生芻一束〔七〕，其人如玉。』又曰：『所謂伊人，在水一方〔八〕。』其人如玉，可望而不可即也，先生有焉。此先生所以爲先生，而先生之詩所以爲詩也〔九〕。先生嘗曰：『吾所謂畫，逸筆耳，聊以自娛，不求形似。』吾於先生之詩亦云：『如以其詩而已，則其高者固不能出唐〔一〇〕，以是求之，小之乎觀先生矣。』夫舉世混濁，清士乃見。當胡元之季〔一一〕，天下腥穢已極〔一二〕，先生生其間，如清風澄露滌濯寰宇，以開聖朝清明之治〔一三〕。惜天下既定，先生已老，不及風雲之會，而先生亦惟是得遂其肥遁〔一四〕。是其長往，固與沮、溺、丈人輩殊科。迨於今，故老陳説其遺事，猶能使人欣慕愛樂，自拔其沉酣流俗之氣，則先生之風所磨礪者遠矣。吾惡夫鄉愿鄙夫接迹天下而漫言中行，故於先生特表而出之，以附於孟氏之義云〔一五〕。

校記

〔一〕此序又載《高子文集》卷二，（元）倪瓚《清閟閣全集》卷首。《清閟閣全集》卷首無題。
〔二〕『錦』，《清閟閣全集》所載此序作『珵』。
〔三〕『先生者』，《清閟閣全集》所載此序作『夫先生也者』。
〔四〕『江右』，《清閟閣全集》所載此序作『江左』，是。
〔五〕《清閟閣全集》所載此序『幽人貞吉』前尚引『履道坦坦』一句。
〔六〕《清閟閣全集》所載此序『其羽可用爲儀』前尚引『鴻漸於逵』一句。
〔七〕《清閟閣全集》所載此序『生芻一束』前尚引『皎皎白駒，在彼空谷』二句。
〔八〕《清閟閣全集》所載此序『在水一方』後尚引『溯洄從之，道阻且長』二句。
〔九〕『也』，《清閟閣全集》所載此序作『已』。
〔一〇〕《清閟閣全集》所載此序無『其』字，『唐』作『唐人』。

〔一一〕『胡元』，《清閟閣全集》所載此序作『勝國』。

〔一二〕『腥穢』，《清閟閣全集》所載此序作『浸淫』。

〔一三〕『聖朝』，《高子文集》作『我高皇帝』，《清閟閣全集》所載此序作『盛代』。《清閟閣全集》此句後尚有『將見廉頑立懦，自有鼓勵一世之作用焉』二句。

〔一四〕《清閟閣全集》所載此序無『惟是』二字，『肥遁』後有『之志』二字，是。

〔一五〕《清閟閣全集》所載此序文末尚有『同邑後學高攀龍撰』一句。

瞿元立先生集序〔一〕

人言科目未必足以羅豪傑，而豪傑必繇此進。余謂不然，科目未必不足以得豪傑，而豪傑不皆繇此進，則瞿元立先生其徵也。或曰：『先生何如人也？』攀龍曰：『此所謂豪傑之士也。』曰：『先生之學何學也？』曰：『經世之學也。』曰：『先生好禪學，方且糠粃天地，土苴萬物，豈屑屑於世者哉？』曰：『不然。先生之學，無倚者也，期於皜皜，盡無可盡而止，豈其倚於禪？倚於禪，非禪矣。世之倚於禪者，遺棄倫物，繆戾是非，舍民義不務，而汲汲於所謂佛事，蓋狥其迹而失乎己，受其敝而禍乎世者也。』夫禪之敝，一言蔽之，曰『無理』。其所謂理，非吾所謂理也。先生之學，格物窮理者也。聖人中庸之道，至於一毛而曰有倫，豈非至極至極者乎？又何道足以尚之？先生以禪爲近似焉而好焉，故其言曰：『吾於釋氏，以輔吾所求於儒，非以叛吾所從於儒也。』此其學可見矣。

往歲壬辰，吾識先生於留京。當是時，先生方浮沉閒局間，嘗抵掌時事，屈指才品，若別黑白，吾於是窺先生之學。及其守黄州、守邵武、守辰州、使鹺司，遂卓卓炳烺宇内，吾又益信向所窺於先生者之不虚。

至於詩文，乃其餘緒〔二〕，然亦見其圓神妙運，本深末茂矣。故曰先生之學，經世之學也。夫學以當於理而止，苟其協諸天理而協，其學可知也。才以當於世而止，苟其施諸一世而宜，其學益可知也。

嗟乎！先生身不踰五尺，而胸包六合；年不滿七十，而行足千秋，豈非豪傑士哉？眉山張公鴻峴，先生所鑒也，果爲名御史，其不爽於是非類此。公刻先生集，而徵序攀龍，故爲之明其學，以見人心無所倚，好禪而不受其敝也。

校記

〔一〕此篇又載《高子文集》卷二。

〔二〕『餘』，《高子文集》作『遺』。

曹真予先生《仰節堂集》序〔一〕

夫學，性而已矣。夫性，善而已矣。何以證性善也？今人欽欽焉，目明耳聰，手恭足重，心空空而無適，於斯時也，徹内外非天乎？天非性乎？性非善乎？以其爲人之本色，無纖毫欠缺，無纖毫汙染，而謂之善也。循是而動，不違其則之謂道。故學莫難於見其本色，見本色，斯見性矣。程子以學者須先識仁，而謂不須防檢，不須窮索。夫學豈可廢防檢窮索？欲人識防檢窮索之非本色，辨其非本色者，即知其本色，知其本色，則防檢窮索皆本色也。

吾見曹真予先生於長安中，終日欽欽，目明耳聰，手恭足重，叩其中，空空而無適也，可以証性矣。夫性，空言之則無朕也，實証之則有象也。先生非其象乎？故先生居鄉乎鄉，立朝乎朝。告君者，足以定群囂，明國是；告友者，足以明學術，闡道奥；見於咏歌者，足以暢天機，流性藴。所謂循是而動，不違其則之道也，此之謂性，此之爲善。知先生者，知斯集，知斯集者，知先生，根本枝葉無二物也。〔二〕

校記

〔一〕此篇又載《高子文集》卷二、（明）曹于汴《仰節堂集》卷首。

〔二〕《仰節堂集》序末尚有『時天啓四年六月二十六日錫山友弟高攀龍頓首拜撰』一句。

《塾訓韻律》序〔一〕

儒者以玩物爲害道，非玩物足以害道也。吾性無外，故夫天地古今之賾，下至羽鱗走植、器數聲律之微，無所不當格。然而物無窮，知有窮，有外之心不足以載無外之物，或者急其末，遺其本，於是志喪而道病。雖然，古之人當其小學時，蓋已六藝備焉，及其長也，既得以應世利用，又得以專志於身心性命之精微，故上之不流於空疎，下之不徒守其糟魄〔二〕。後世詩賦之科興，而聲偶之學始重。君子謂士無志於聖賢之學者，俗學壞之。嗟乎！非學之累志，則無志者之累學也。夫學，欲其得之心而已。無所得諸其心，則物也者物也；有所得諸其心，則物也者知也。物自爲物，故物不關於性，物融爲知，則性不累於物，如此而已矣。

嗣瀾王公既註其皇大父所得《塾學韻律》成，以示余。余竟讀曰：『公之用心，可謂勤矣。以言乎事，則稽考者備；以言乎聲，則諧叶者嚴；以言乎文，則比事屬詞者曲盡。使夫小學之士習而熟之，足以備物，及其長也，又得以不分其身心性命之功，則公成書之意也夫！』

校記

〔一〕此篇又載《高子文集》卷二。

〔二〕『魄』，《高子文集》作『粕』。

石幢葉氏族譜序〔一〕

谿高橋西北四十里爲石幢，其地九龍映帶，五瀉盤旋，一勝區也。葉氏世居之，吾同年友參之所自生也。葉氏無名公從吴江南徙而來，世以十計矣，人以百計矣。參之從兄懋拱公始與參之譜其宗，而參之友伯升尤公又爲傳其世德。既成書，以示不佞。不佞讀其宗譜而歎曰：『美哉井井而別矣，其支別，而後其本重也。』既讀其宗傳而歎曰：『美哉繩繩而信矣，不誣其所不可知，而後不疑其所可知也。』既讀其世德而歎曰：『美哉彬彬而訓矣，文無溢美，而後其美可傳也。』參之曰：『顧涇陽先生序之矣，子則何以教吾宗人？』予曰：『先生之言，親親賢賢也，義無復加焉。余思夫親親賢賢之難也。』

今夫莫親於父子兄弟也，然而以己親之，猶爲以此暱彼也；莫親於父子兄弟之賢也，然而以己賢之，猶爲以此效彼也。天下之有對者，必有間，有間者，非其天然自有也，則盍反其本乎？今夫無名公之來石幢也，一人爾。俄而十之，俄而百之，且將千之萬之，至倍蓰無算，而出于一也，其呼吸定息一也，五官百骸一也。今之爲十百千萬者，人人一無名公也，此之謂本。知其一，而十百千萬如呼吸定息之相屬也，如五官百骸之相運也，此之謂能親親賢賢。夫族，患其弗盛。既盛，患其弗治，弗治則盛乃害矣。是故强者騁，弱者靡，崇者亢，卑者越，贏者淫，詘者濫，而莫知所底。治之者，自治也。自治者，人人而思其本，曰：『此一具骸肉，自無名公遞分而來，如之何自我而土苴視之，鳥獸畜之也？』於是強者戢，弱者奮，崇者教，卑者聽，羸者施，詘者節，親親而賢賢，以不忍土苴禽獸吾無名公也。故曰自治者，人人思其本而已。如之何而能思其本？曰：『其族之先知者覺之。人人而我其我，則亦人人而人其人。以我對人，二物也，有間者也[二]。先知者覺之，而後知十百千萬，一無名公也。』是故譜者，繇本而明其支也；教者，繇支而及其本也。人有少而亡其親者，長而遇於途，弗識也，宿於旅，弗識也，且相詬焉。有兩識之者謂曰：『嗟乎！此即而父子矣。』未有不相持而慟其相失，既而笑其相迷者。此譜之教也。善教者以譜明教，善覺者即譜知本。

校記

[一] 此篇又載《高子文集》卷二。

[二] 『二物也，有間者也』，《高子文集》作『二也』。

《呂氏合譜》序[一]

呂氏之族最貴盛，自昔多賢者，所稱有虞封姜姓於莒，後省草從呂，爲太公望以來者，遐哉邈矣！其居吳中，則自東萊公好問扈駕而南。有欽咨者，居常熟之沙溪，號沙溪呂氏。有師顏者，元末避兵無錫之奚山，號奚山呂氏。兩地各譜其所從來，子孫各世守之。萬曆間，奚山之老與沙溪之老遇逆旅中，相問皆曰呂也，問所從，皆曰某某，於是皆拜曰：『噫嘻！族也。』歸而各持其譜券，皆拜曰：『信族也。』奚山之老乃合兩譜一之曰《呂氏合譜》，而問序於余。

余曰：『不亦善乎！』當其在逆旅中，一途之人耳，問而知其爲族，槳可知也。況於五服之親，散而之四方，一旦交臂得之，槳當何如乎？於同氣之親，無故而戾氣相加遺，悻悻若仇讎，然一旦革心相交，槳當何如乎？夫天之生物也，一本。人物之生久矣，方以地殊，地以氏別，遂各爲城府，爲町畦，爲戈矛。設邇於百世絶代之上，其爲吾之宗耶？非耶？不可知也。是故譜不可以已也。博而求之，非吾譜者且不可知，況麗於吾之譜，敢弗愛與？約而求之，麗吾譜者，去途之人遠矣，況於吾同服、同宫、同氣之親，敢弗愛與？不可是故譜不可已也。雖然，於吾之身亦有譜。吾之所以爲吾，放而之四方久矣，其爲奚山也？沙溪也？不可知矣。學焉而求之，一旦遇於逆旅，相視而笑曰：『噫嘻！我也。』槳又當何如哉？夫吾之譜明，則天壤之間，民吾胞，物吾與，無弗愛也，況於譜者乎？

校記

〔一〕此篇又載《高子文集》卷二。

浦氏世系序〔一〕

浦氏舊無譜，一輯於箭水公，再輯於震宇公。二公皆浦氏之老，其人長者，闕其疑，傳其信，可俟百世矣。譜成，徵言於不佞。

不佞見世之人有事至大，其理至著，顧忽而不察者。今夫人之有生，無不有姓也。執塗之人問之，不知其姓也，則未有不笑且駭，以爲是天下之大愚也。然人之有姓者，無不有性也。執塗之人問之，不知其性也，則未有以爲怪者。豈獨不怪？有怪之者，且笑且駭，以爲大愚也。彼豈以人必有姓，可無性與？人必不可不知姓，可不知性與？果爾，則亦可以不孝不弟，極而至人相食。彼又以天下人未必有知性者，卒未見皆不孝不弟，至極而人相食也，何貴乎其知性？嗚乎！亦幸天下人無有不知性者耳。果不知性，未有不相率叛父母、逆君上，至人相食也。吾何以驗之？今人有叛父母、逆君上者，即塗之人無不欲怒而欲殺也，此果非性與？然此何以謂不知性？彼不自知其知性也。所謂天聰之聰，天明之明，日用而不知也。然則何以使自知其知？曰：『人即至愚，未有不知姓者，然知其稱謂而已，實未有知姓者。果知姓，必思其姓之所自來。』見夫具茲譜者，皆其祖之所分，與我一氣也，而愛敬之真油然生矣，此所謂知姓也。此油然而生者，即性也。然知姓者，知性者也；知性者，知姓者也。譜也者，啓其知者也。甚矣譜之不可已也！

校記

〔一〕此篇又載《高子文集》卷二。

周氏族譜序〔一〕

天之生人衆矣，衆而不爲善則亂，亂則相殘，不至相殄滅不已，故必立君以治之，立官、師以長之，又於其族生賢者以紀綱之，勸其善，戒其不善，以相保相禪而不已。故夫國之有史，家之有譜，所以總人群，昭往昔，示來兹，爲紀綱勸戒者也。

丹陽有周氏舊矣，有仲純、季純者，起闤闠之中，脩詩書之業，又進而探身心之奥，來東林從余游。一日，仲純出所爲族譜示余，而徵余言弁之。余曰：『甚哉！譜之爲用大也，令人油然起忠孝之心焉。』何言乎令人油然起忠孝之心也？夫譜世遞而支分，即一氏乎，林林衆矣。非親生之，何以有此林林？非君治之，何以保此林林？故君子舉念而不敢忘其親，念吾之一視一聽一言一動者，皆親身也；舉念而不敢忘其君，念吾之一飲一啄一卧一起者，皆君恩也。經曰：『夫孝始於事親，中於事君。』事君非必仕宦也，人人有君親之倫，則人人有君親之事，所以立身也，故曰『令人油然起忠孝之心焉』。夫人有忠孝之心，則有太和之氣，其能敦倫而睦族必矣。仲純兄弟，非天所生其族之賢以紀綱勸戒其族者乎？則立身以示範，乃所以紀綱勸戒也，所以大其譜之用者也。

校記

〔一〕此篇又載《高子文集》卷二。

卷之九下

序

華無技《荷蓧言》序〔一〕

華無技家有廣庭，庭中雙桂對峙，屹如兩山，枝下虬拂地，樹中各可布席，坐數十客，葉密護之如幄。花發時，聳色奪目，濃香沁骨。乍見而駭，不謂天壤間有此奇，蓋世無其儷矣。不佞非以事奪，無年不作賞花人。

一日酒中，無技出《荷蓧言》示不佞，旨哉！無技家太湖濱，青山白水浸灌久矣，味深矣，宜其能言丈人意中事。言之不足，而三言之，四言之，味愈雋也。第無技即有高韻，一丘一壑，不佞嘗以自與，而不與無技。無技與不佞生同歲，其受氣十倍不佞，當用於世，未可以丘壑與。又其人有肝膽，能當天下事，未忍以丘壑與。然無技閱世多，知世味如此爾。無涯之樂現前，有盡之年迫後，坐雙桂間，香一爐，茗一杯，酒一樽，書一卷，出門而雲煙帆鳥變態於七十二峰，皆吾几席上物，世味豈更有旨於是者？宜其有荷蓧之心哉！

校記

〔一〕此篇又載《高子文集》卷二。

《六生社草》序〔一〕

夫士平居誦説經義耳，琢磨文詞耳，鮮有志於道者。豪傑之士不然，憬然而思曰：『夫人也，豈面目四體已乎？豈飢食渴飲已乎？必有所以爲人者。』噫嘻！即吾所誦説者是矣。求之於心，踐之於身，而後出爲文詞，如農夫之言稼，場師之言植，宜其言之旨而膾炙天下也。今吾讀六子文而有異矣，非其有所得，何以言之旨足膾炙如是也？是必有異於人者焉。

夫天之生人也，億兆其衆，而能爲文章者百不一二。是一二人者，異時之三事九列，四岳群牧也，億兆人之所寄命也。得其道，則爲忠爲賢爲治，不得其道，則爲邪爲佞爲亂。是則天下治亂之樞，係之文章之士，而文章之士邪正之樞，係之思不思而已。六子者，能爲文章者也，世之所寄也，所以憬然而思者，當何如哉？

校記

〔一〕此篇又載《高子文集》卷二。

劉伯先《南征會業》序〔一〕

伯先甫弱冠耳，其爲諸生，不踰年間，一試直指使者，再試督學使者，輒冠諸生，而遂舉鄉書，何其鋭乎〔二〕！則繇此而進可知也，然伯先無以此易視天下之事乎哉！

不佞觀於古聖賢，當其大任未受之時，所以困抑萬狀。至近世公卿蓋多不然，以爲古今人不相侔也，然竟其始終而衡之，其行事亦鮮當可人意者，於是知子輿氏之言不誣矣！夫人平居習爲章句排偶之學耳，一旦得志，私欲迷之於中，小人乘之於外，何所不至哉？夫貧賤之心歉，富貴之氣盈。心歉者，善言易入；氣盈者，惟佞諛可投，二者之間相去遠矣。在《易·大過》之九三，以過剛而自用，其繇曰：『棟撓凶。』《益》之六二，以虚中而取人，其繇曰：『或益之十朋之龜。』夫子曰：『棟橈之凶，不可以有輔也』，『或益之，自外來也。』夫天下惟外來之益，其益無方，而至於使人不可以有輔，凶可知矣。

今伯先行出而用於世，夫天下事變無窮，義理至密，苟非精察之於己，博取之於人，未有能善其後者。夫一第不足以難伯先，願伯先毋以其易者易天下之事也。伯先於余爲師之子，有通家之誼焉，故輒敢盡其愚。

校記

〔一〕此篇又載《高子文集》卷二。

〔二〕『鋭』，《高子文集》作『易』。

劉羽戢《知新稿》序[一]

劉伯先以弱冠舉辛卯，其次君羽戢復以弱冠舉乙卯，世人視其父子取科名猶掇之也。余謂不然，人知其得之易，不知其得之難。伯先以言事罷官家居，自讀書課子外，無他營也。羽戢兄弟皆總角有奇韻，自讀書課義外，無他嗜也。教者必以其道，學者必以其道。用力專，取資富，超於言象之外，循循矩度之內。今其爲文具在，豈偶然之故哉？

往伯先文行天下，余爲語弁之，祈以大者遠者。伯先成進士，服官言事，偉然爲天下奇男子。羽戢文復行天下，復徵余言。余惟羽戢好讀書，無他事者也[二]，其體用備矣。古之人大過人者無他，好先王之道，無世俗之欲而已。是故一介取與視若泰山，萬鍾千駟等之鴻毛，惟其中有深嗜者，故物莫能奪也。羽戢既以好讀書無他嗜成舉子業矣，所以成德者豈外於是？言者，業也。行者，德也。不善言道者，其文不工。工於文者，皆善言道者也。能行其言之謂德，夫伯先則既行其言矣，不三十年，父子炳蔚宇內，此謂天地至文。羽戢勉之。

校記

〔一〕此篇又載《高子文集》卷二。

〔二〕『事』，《高子文集》作『嗜』，於義爲長。

《去浮集》序〔一〕

夫言浮物也，又欲去其浮，則誰當存者？説者曰：『聖人之道在六經，裔爲諸子，畔爲二氏。學者不探本而循裔，甚且取畔道不經之談，欲以和合聖道，猶之冶砂而融之於金，知其不合矣，亦去其非金者乎？』曰：『是猶浮言之也。』

有兩人於此，嗣其祖父之業。一人焉，去之四方，荊棘之與棲，異類之與處，而忘其所有。一人焉，扃而衛之，亟號於人曰：『吾守先世所有，甘窮餓以死，而不忍發也。』則其人智愚何如哉？聖人之道，欲其存諸心，見諸行。文也者，其所存所行者也。韓愈曰『吾始者非三代兩漢之書不敢觀，非聖人之志不敢存』，『行之乎仁義之途，游之乎《詩》《書》之源』，徐而得之也。嗚呼！彼其爲文如此，聖人之道未嘗求之，未嘗得之，則六經猶浮也，是扃而不發者也。何獨取諸畔道不經者之爲浮哉？且吾見世之能名文章者，苟其有所得於心，則有所根柢乎其言，而光必曄焉，雖得之乎諸子百家猶然。夫其得之於諸子百家猶然，而況於得六經之道者乎？若曰制舉義以博一第耳，胡道之云則非知言者也。文乎哉？浮而已矣。

余友張伯可刻《去浮集》已，屬張以登爲弁語，而伯可欲并存予之説如此。

校記

〔一〕此篇又載《高子文集》卷二。

《拂雲齋書經社草》序[一]

夫經莫尊於《易》，然卦畫於羲皇，而辭興於中古。《詩》起於商，《禮》《樂》備於周，《春秋》成於魯史。六藝弗古於《書》也，《書》有四始焉：言精一，而立德者祖之；言放勳，而立功者祖之；言曆象、山川，而立法者祖之；言典謨，而立言者祖之。四始備，而天下之道舉之矣。學者習而不察也。是故學要於知天，聖要於憲天，政要於奉天。言天者，莫善於《書》。通於天，而《書》之義悉舉之矣，舉《書》而六藝一以貫之矣。學者習而不察也。

吾邑秦元厚氏開蓉湖之墅，築拂雲之堂，摘翠九龍，味腴二水，集邑之俊髦談藝於中，歷有歲時，成《四書義》若干首。吾友薛以身既序而傳之，其《書》義則以屬之不佞。不佞謂南方之學得其精華，自古志之。大江以南莫盛於吳，吳莫盛於蘇、常，蘇、常之專經而《書》者，莫盛於吾錫。故錫之先輩，爲道德，爲勳猷，爲氣節，爲文章，出於《書》者常多。在今日，則諸君子其卓矣。夫《書》，四始所具也，三要所本也，舉而措之天下裕如，反之身而裕如。吾且於諸君子觀《書》，異日者功成而賦歸來乎！棲巖隱谷，研精一之旨，其有味於九龍之白雲也夫！

校記

〔一〕此篇又載《高子文集》卷二。

送祁侯入覲序[一]

己酉冬，長洲令山陰祁侯入覲，其門人王生瑞琦欲不佞爲語贈行。不佞某曰：『夫祁侯，所謂豪傑之士而學聖人之學者也。其文章，政事緒餘耳，余不敢以祁侯之緒餘請，敢誦所聞。』

吾聞善學者，仕而性地愈明；善仕者，學而物理愈徹。何則？天地之道，爲物不二者也，二之者妄也。今夫天地之爲物，則吾喜怒哀樂未發之謂而已矣。視聽言動，一如其本色之謂。允執厥中，聖人之道何其至易至簡！而人自難之，何也？則以萬起萬滅之感觸之外，萬起萬滅之私鬬之中也。夫士出而仕宦，仕宦而爲邑宰，邑宰而爲通都赤縣，其萬起萬滅者無極，而有不失其本來者鮮矣。夫酬應之煩，簿書之冗，雖足以疲吾之形神，不足以奪吾之心志，足以奪吾之心志者，一官之得失而已。於此一徹，則爲物格而知至，於是好惡自正，是非自明，賞罰自當，而於執中幾矣。今侯入朝上計，正起滅之沖，而格致之地也。倘於其本色者不令一念插入，豈不浩浩乎爲天之徒？其還而治吴民，又何萬起萬滅者足攖其寧哉？不佞誦其所聞而未能者如此。侯曰：『然然，否否，吾之所爲萬起萬滅者異於是。吾方懼夫政之不時，民之不和，而夙夜以思，豈其計於一官？』不佞則謂王生曰：『識之侯之所爲萬起萬滅者，斯爲物不二者矣。』

校記

〔一〕此篇又載《高子文集》卷二。

送遲菴譚先生序[一]

蓋不佞觀於人情之隱，知甚矣人之自晦其心也。今有人於此，執而責之曰：『而非直士也。』則未有不赧然怍於色，怫然怒於言，以鳴其不然者也。又執一人而責之曰：『而何不務任直[二]，惟險邪之是親[三]？』亦未有不怍色怒言，鳴其不然者也。是未嘗不知此之爲是，彼之爲非。然而天下直躬者常十一，直士之見棄又常十九[四]，何也？膏粱之能養，鴆之能殺也，夫人知之，卒未有舍膏粱而饗飱鴆者，從其明矣。至於是非之實獨不然，甚矣人之自晦其心也。曷爲而晦也？曰勝於情也。夫人之情，皆好譽而惡毁，然又皆好順而惡逆。名之曰直則喜，而逆之以直則又怒。名之曰邪則怒，而順之以邪則又喜。是非之真終不可晦者，乘於好名之心，而從違之實未有不乖者，陷於順逆之情也。何怪天下直士常十一，直士之棄常十九？則又何怪遲菴譚公之以王官去也？

譚公之師於錫諸生也，見其非矩，弗蹈也，見其非義，弗取也。守其官，求稱其事，執其職，務核其實。諸生之言曰：『吾師乎！使余日有程，月有課，猶將宵膏以輔吾力之不逮[五]。』其父兄之言曰：『吾師乎！使余子弟之晝有營，夕有養，今而始執業之有常。』其胥隸之言曰：『吁！吾手若纏，吾足若畀，自公來，而吾無所用罟擭以漁獵人之短長。』縉紳先生之言曰：『都！厥訓孔嚴，厥度用臧。自公來，而紅紫夭麗不見於士人之冠裳。』然一考而公竟以王官去矣[六]，則邑之人皆相顧怪愕[七]，莫知其所以然。高攀龍曰：『嗟乎！庠序之教，其不可振也夫[八]！』以余所觀譚公，其操行方，其取予審，其當職也核[九]，所謂直躬者非乎？然而下莫揚之，上莫知之，世之於公竟何如哉？雖然，今之君子患内信輕而外信重矣。夫伸不伸者，道也；幸不幸者，遇也。人見絀之得，孰知得之不必皆絀[一〇]？人見伸之失，孰知失之不必皆伸？與其遇而絀，無寧伸而不遇。與其絀而不遇，無寧不遇而伸。不務曠觀默識，委運於大化，信道於自成，而欲斲方爲圓，揉直爲曲，寘力於萬有或然之幸，此庸衆所以本末失之。若夫譚公所得，不既多哉！夫直士之棄於世也久矣，亦何有於譚公？

校記

〔一〕此篇又載《高子文集》卷二、（明）談脩《無錫縣學筆記》卷十二。
〔二〕『何』，《無錫縣學筆記》作『胡』。
〔三〕『險』，《無錫縣學筆記》作『憸』，是。按，『險』當係『憸』之字訛。
〔四〕《無錫縣學筆記》『見棄』後有『者』字，是。
〔五〕『輔』，《無錫縣學筆記》作『助』。又，《無錫縣學筆記》無『力』字。
〔六〕《無錫縣學筆記》『一考』前有『不』字。
〔七〕《無錫縣學筆記》無『則』字。
〔八〕『其不可振也夫』，《無錫縣學筆記》此句重。
〔九〕『職』，《無錫縣學筆記》作『事』。
〔一〇〕《無錫縣學筆記》『孰知』後有『夫』字，下句所作同。

送陳二尹序〔一〕

天子所與嘉惠元元，自宰相而下，獨有守、令，令更衆，得人更難。令所與相左右以嘉惠元元，有丞、簿、尉，而丞、簿人益衆，得人益難。今所用丞、簿、尉，凡貢、監、吏途三，而吏途益衆，人之出於其間，得一官，不勝其艱苦，而上之人待之甚輕。待之既輕，其自待不得不輕，自待輕，故上之人待之益輕。未嘗有詩書禮義漸涵之力以養其心，而機詐權變又盡汨喪其良，安處於行險徼倖之窟宅而以爲固然，矻矻焉朝夕之所望，與其父母妻子所以望之者，不過多得金錢。至去其官也，不以墨，即以老疾。即去，其槖中裝已可耀示妻兒，了無所悔憾。而民之視其去也，如豺狼蛇蝎之驅出其里，亟須臾以爲快。吾於其中求得其人有志自立，不肯忘恥冒利者，不啻麟鳳矣。而今乃得之繼洲陳公。

陳公之丞吾邑也，職水利。故事，水利丞督邑中陂塘，則塘長歲醵錢爲丞壽。公一切謝去不顧，則他可知也。此非吾所謂不肯冒利忘恥，有志自立者耶？亡何，公顧以王官去。去之日，邑中小人之言曰：『惜哉陳公！廉而失其官也。』其君子之言曰：『美哉陳公！去猶榮也。』夫天下人情不相遠，則公之歸於鄉，將爲君子焉，必將曰：『善乎！公猶以廉歸也。』將爲小人焉，必將曰：『惜乎！公以空囊歸矣。』夫士無貴賤，自一命以上，皆足以自立，患在識趣卑而志不立。人願爲君子之所惜乎？抑爲小人之所羨耶？小人之所謂失者是乎？抑君子之所謂得者非耶？以此較彼，孰取孰舍？使陳公冒利忘恥，能得其所欲而無悔憾，於其去，其民視之如豺狼蛇蝎然，又孰與今日？繇此觀之，天下未嘗無人，上之人奈何輕待士？陳公即不遇，爲君子所與，其得已多，士奈何輕自待？

雖然，公之去也，不以墨，不以老疾，以徵輸吴帛，無厚幣饜中貴人，中貴人怒，上言常郡幣惡，天子切責當道，當道歸罪公，卒以罷去。嗚呼！天下之財歸之墨吏，墨吏之財歸之中貴人。即吾錫以中貴人故奪其廉丞，天下又安可多得良守令，天子與之嘉惠元元哉？

校記

〔一〕此篇又載《高子文集》卷二。

靖江令朱華陽父母考績序〔一〕

蓋不佞知靖江朱侯之政久矣，其民愛而吏畏，善者有恃，而不善者有柙，賦不督而辦，刑不弛而清，經界正，水利脩，廢墜舉，嚚争静，民之疾病者有養，文教蔚起，干澤者知恥，三年而政成。余友都尉吕君方治兵江上，一日謂余曰：『子知侯之治民，未知侯之治兵也。閲以時，餉以時，賞賚以時，未嘗弁髦武人，咨諏詢度，人得自盡焉。』余曰：『然。先民有言軍政與民事交重，而俗吏不知，侯知其大矣。』吕君曰：『侯治兹邑三年，報績最。余將以一觴觴侯，而藉子手一言。』余曰：『微子言，吾固將有言也。』

吾見世之惜侯者曰：『侯之才，往者王司寇弇州先生寔心儀焉，宜冠冕海内，黼黻天子，而顧以一令試。即令，不通都鉅邑，顧以江上彈丸之地試，斯豈非牛刀而鷄用，烏獲而舉匹雛哉？』嗟乎！是知人之人而不知天之天也。子不見埸師之種樹乎？髡其枝葉而植其幹，則樹茂矣。不見良醫之治藥乎？泡炙其偏氣而存中和，則藥聖矣。故天之於人，小任則小折之，大任則大折之，任其自生植者，非天所任也。吾見世之巍科膴仕者，志意靡於宴安，情欲逞於順適；吏於通都鉅邑者，精神疲於奔走，機變熟於承迎，往往若入於陷穽罟擭中而不能自出。今侯以一令試，令而以彈丸之地試，儉其才，使不得旁溢焉，束其氣，使不得突發焉，優而游之，煅煉於人情事變之中，厭而飫之，妙解於簿書期會之外，所謂植其幹而存其中和，繇兹暢茂扶疎，投之所向，無弗效矣。侯精《易》，吾以《易》證。夫蠖屈則伸，龍蟄則神。侯之發軔，不以巍科膴仕，所以屈之也，不以通都鉅邑，所以蟄之也。昔者張子房擊秦皇帝博浪沙中，天下震動，其氣固足以吞吐四海，滅裂天地，而圯上老人以一履狎侮之。今兹江上彈丸，夫亦侯之一履也與哉？

吕君曰：『善乎子言天人之際也，謹以爲侯觴。』

校記

〔一〕此篇又載《高子文集》卷二。

陳志行八十序[一]

天下有不可一日無其人者，故其人不可不壽。今夫天之覆物也，地之載物也，日月之照臨物也，萬物一日不得之，則無萬物矣。天下有高明博厚之人，其覆載照臨物也，與天地日月同，人自小之耳。世有斯人而久長於世，人必相與欣欣手額曰：『幸甚哉！斯人之有斯年也。』何者？謂世之不可一日無斯人也，豈與夫焉能爲有無者可同日道哉？吾同年陳公志行則其人也。

人之生也，周歲則祝之，周甲則壽之，其後每十年一稱壽，壽必有壽言佐觴，其事起於宋以後。或以壽言非古而欲廢之，非也；以壽言俗尚而狥之，亦非也。必其人生平足述，始述於始壽之年，必其人衆善日積，始述於加壽之年，謂可爲世訓也。

今年志行壽八十，友人詣某所，求所以壽志行者。某曰：『是宜壽，是所謂善與年積，可爲世訓者也。』夫志行令確山，令中牟，郎司寇，守湖州，所至彪炳喧赫，著於政事，孚於人心，頌於人口者，世所共見聞也。譬之於木，其枝葉花實也，請言其本。昔者，孟子喜樂正子爲政不以强，不以智慮，不以聞識，而謂其人『好善優於天下』也。志行乃所謂好善人矣，故所至與善人相親，善言入於耳而決於行，如舍矢然，脱手而赴鵠矣。此所以爲志行也，猶之木中之春爲枝葉花實者也。故居官而能福其民，居鄉而能福其鄉。世有善者不彰，惡者不癉，廢墜者不舉，冤抑者不伸，窮困者不恤，志行聞斯，行之不遺餘力；世有邪説亂正，如刪正、罪知之屬，志行爲正刪正，罪罪知，辭而闢之，不遺餘力；世有不仁之事，如溺子女、屠耕牛之屬，志行斤斤勸戒之，不遺餘力。故曰世不可一日無斯人也。

往者志行駸大用於朝，念其母春秋高，拂衣歸，終太夫人養。會世局日變，志行遂不出，日孶孶爲善。而志行又善養生家言，以間則晏坐吐納，雅自康濟，故八十而神明不衰，世所共幸斯人之有年也。夫志行壽矣，子能世其家矣，一門壽算稱盛事矣，天之與善人者信矣，皆不足爲志行道也。惟是生人高明博厚之體，與天地日月爲一物者，是真體也，亘萬古不毁者也，而欲蔽之，俗溺之，見縛之，人人自失其長生者，區區以一形爲戀，百年爲壽已耳。志行好善，日孶孶爲覆物載物之事，其用日弘，用日益弘，則體日益著，年日益進，則用日益熟。將吾之官骸神志悉鎔爲高明博厚之用，而復其三才不二之體，是之謂無涯，是之謂壽，不以百千萬億算數也。非志行，其孰能與於斯？於是觴而祝之曰：

海有時竭，石有時泐，惟此仁心，與天無極。子能保之，是曰人極。

校記

〔一〕此篇又載《高子文集》卷二。

段幻然六十序[一]

於今之世，求天下奇才者，吾必曰段幻然公。何以言之？曰：『公之才有本者也。其寂也，渟泓無朕，時出也，變化無方，控御六合，鞭笞四夷，無所施而不可。』蓋公自見其一斑矣。

公令常熟，常熟幸安無事，公以廉平治之，無所見奇。無何，以憂去。服闋，令輝縣。是時，河臣方治決河，令各郡縣供埽以萬計，所費金不貲。民方飢不堪，當事督之急，公漫不應。久之，至檄令對簿，公挾一二蒼頭，囊百金，去決河所治埽，不旬日具，入見曰：『如令具埽。』當事者怪曰：『何神也！』公爲言埽編柳束土耳，幸被檄來辦河上，省道里費十九。又督供椿木，公曰：『木非地産，陸輪費百倍。木以市便，輪以水便，自此至某所達河，鑿所不達者，較各郡縣輸木，費不及十三。』當事者大喜，曰：『以此借笳天下可矣。』縣歲祲，逋賦山積，至某年大熟未穫，公以征科不及格，當降級。輝民恐失公，貸米商金輸官，約以償米，時石減金一銖。公聞，召父老謂曰：『父老苦惡歲久矣，幸有年，奈何以賦故，石損銖金？』逐米商境外，令民至冬勿易金，盡輸米。蓋輝米，旁郡縣所仰給也。公白當路，令旁郡縣仰給輝米者，以金及脚直來，輝代爲輸省。旁郡縣得輕齎，輝得厚直，民以大歡。輝盜藪，公廉得其大首，不誅，令舉所部盜。所部盜至，亦不誅，令遞舉所部，盡得輝盜。藉之官，分攝各鄉盜，輝無敢爲盜者。他縣有貴客出其途，盜掠之，當路捕盜急。公召問諸盜，一人曰：『必某某也。』公曰：『何以知之？』盜出小册袖中，指曰：『某近某地，某日某夜不歸，必爲盜也。』立捕得盜，歸貴客槖。

某縣有訟，數年無能判者。直指使以公神明，檄公鞫，勒七日報。其案盈櫝，公曰：『七日不能竟案，奈何竟獄？』第取初牘繹之，曰：『易耳。』令吏數十輩分伏郵舍中，人給紙筆，筆囚語。公訊獄未服，令人稱使者至，當迓，公攜囚至郵亭。再訊未服，復稱使者至，公出迓，兩造公梏，置庭草中，不相望見。高戶闃如也，其被罪者人人號寃，未被罪者相語曰：『固知事久必敗，今果然矣。』舍中吏人人筆囚語，公歸啓之，因立服。蓋民有鬬者，暗中椎殺兄，誣鬬者殺其兄也。果七日報獄。公間出其奇如此。

及入諫垣，公一切持要，以人才爲先，耨其稂莠。不肖者惴惴白簡之將及己，共起中公，大臣調群情，不念國家治亂，而公不容於世。

公於書無所不讀，尤好釋氏。人謂公豪傑，奈何好釋氏？余曰：『不然。若以釋氏別有道，即非道也。道者，人人本色，人自迷之，釋氏曲醒之，即吾聖人亦然，公第謂釋氏奇耳。』公蓋入不二之門，具不測之用，吾故曰公之才有本者也，豈世之馳騁浮氣漫嘗事者耶？

昔者徐文貞當國，松坡畢公在言路，舉朝嚴畢公甚於文貞，議且出畢公於外。文貞曰：『諸公畏之耶？』皆踧踖曰：『豈謂畏之，黄門切直，慮其府禍耳。』文貞曰：『不然。吾亦畏之，顧念人孰無私，私必害公，有若人在，不敢自縱，可寡過也。』聞者歎服。嗟乎！安得文貞，與之言幻然公哉？宜乎以公之奇才，當國家之急，而不收其纖芥之用也。

今年公六十，吾邑孝廉蔣君介如，公所識拔士，以一觴觴公，徵侑言於某。某何以壽公，第謂公曰：『人之精神，至寶也，用之則輝煌宇宙，不用則退藏於密。在宇宙，則壽天下，藏於密，則自壽。公其自壽，以壽天下。』

校記

〔一〕此篇又載《高子文集》卷二。

大司徒修翁李先生七十序[一]

或問大司徒李修翁先生於某者，曰：『先生以科場事抗疏救魏侍御，而直聲震朝宁；以鑛税事誅諸税璫税棍，而頌聲遍海宇。天下之人莫不曰：「使先生入而秉計，度支不虞不給乎！」又莫不曰：「使先生入而秉憲，是曰是，非曰非，國是其有定乎！」又莫不曰：「使先生入而秉銓，直者舉，枉者錯，俊傑庶幾在位乎！」又莫不曰：「使先生入而相天子，一宫府，劑閣部，順治威嚴，可計日而臻乎！」今縱不能盡如天下人所望，何至攻之不遺餘力，誣之以絶無之事，使國家無故自壞其長城，天下曾不得一被其膏澤？今上赫然詔廷臣，謂奈何遺我壽耈，其亟用以毗朕。衆口復噏訿不休者，則何以故？』攀龍曰：『先生受毁之最深也，正以天下人望之最切也。彼其疑先生者，以爲若人用，必不利於我。夫人之趨其利，何所不至？避其所不利，何所不至？則其攻先生而誣之，亦何所不至？吾以爲皆天也，非人所能爲也。』

往者土木之難，于忠肅起而平之，忠肅以譖辟；宸濠之難，王文成起而平之，文成以譖廢。鑛税之難，東南半壁天下幾糜爛於豺虎之吻，而先生砣然鎮之，貽萬姓以衽席之安。天下德其大功，故望其大用，反以來多口，蓋自昔已然，又何怪焉？夫使之平虜難，平藩難，平璫難者，天命也。不使之輔成聖主一代之治者，亦天命也。天之生至人也甚難，其用之也又甚嗇，豈獨嗇其用，又從而困折之，至於無所容者，何也？天之意若曰：『斯人也，其有功於世如此，區區富貴何足酬之？而人猶莫之酬也。甚矣富貴之不足恃也！』又若曰：『斯人也，其有功於世如此，宜念其功者，人尸而祝之。乃視之蔑如也，甚矣功名之不足恃也！』又若曰：『斯人也，其有功於世如此，非有人焉掩其功，奪其富貴，安得有一日之閒乎？甚矣閒身之不易得也！』於是乎休之無何有之鄉，廣漠之野，使其憬然念從本以來有富貴乎？有功名乎？回視往日焦勞豎立，如浮雲之過太虛，可啞然一笑，然後其意念空，精神固。一旦當天下大事，無論富貴功名，即委身棄之，無難焉。如四時然，至冬乃益固之。夫然後知天之所以厚君子者，張弛異宜，不可得而測也。

今年先生壽七十，以家居而神益閒，氣益壯，天之所厚先生者已見，特未測其所以用先生者何若。吾則以一觴祝先生曰：『寧先生恬志於未始有物之先，壽益進於無疆，無寧使世有大艱，天乃以艱大投先生也與！』

校記

〔一〕此篇又載《高子文集》卷二。

繆仲淳六十序〔一〕

余年二十五而友於丁子長孺，一日長孺謂予曰：『今海内有奇士繆仲淳者，子知之乎？』余曰：『未也。』曰：『其人孝於親，信於朋友，塵芥視利，丘山視義，苟義所在，即水火鶩赴之。』余嘆曰：『世有斯人乎？』越三年，忽遇於内弟王興甫所，歡相持曰：『此爲仲淳矣。』當是時，興甫得異疾，勺水不下嗌，諸醫望而走，一息未絶耳。仲淳爲去其胸膈中滯如鐵石如拳者二，興甫立起，肅衣冠，陳酒餚，拜仲淳。余驚曰：『聞君高義，不聞君良於醫如是。』仲淳笑曰：『吾少也病而習之，頗得古人微處，語世人，世人不解也。』是日，與仲淳酒間談説古今事，絶不及醫，仲淳無所不妙解，而後益信長孺言，知仲淳果天下奇士也。

又三年，余以使事至家，得仲兒，日抱弄之。兒忽得異疾，殆矣。一日夜半，余夫婦淚蘇蘇相語曰：

『是兒非仲淳不活。』顧安所旦夕得仲淳？坐而旦，門者報長孺至，余妄念曰：『得夫仲淳偕來乎？』倒屣出見，長孺果偕仲淳來，果一藥而活。是後，余婦、余長兒、余婿、余孫遞遘危疾，皆以仲淳活。於是余邑中不能知仲淳，能知仲淳醫，每仲淳過余，客武相接也。余不厭晋接，仲淳不厭聒人，以方寸紙授方，治之無弗活。而一時同志家所活，無不如余家者。

今天子明聖，輔政皆出東南士，以爲千古奇會，率獻其所學於廷，冀吾君於堯舜，吾相於皋夔，皆以迂不入，後先落職歸。而東南士與西北異士歸田間，甘泉香稻皆有以自樂，可以誦詩、讀書、養心、繕性，無富貴之慕，然不能無疾病之苦，兒女之憂。得仲淳，并免於二者。余常手額祝曰：『天生仲淳爲吾輩也。』客曰：『仲淳一布衣，遊諸公間，寧無仄目乎？』余曰：『不然。仲淳仁者，所至活人耳。』然吾見其聞人之善如聽聲樂，聞人之過如聽詛詈，聞貴人之名，如寒之就水而暑之就火。夫超然於權勢是非之外，人能舍之，而人疾痛，號天號父母，無可奈何，號仲淳，則立脱之矣，是天不能不庇之也。然吾嘗語仲淳以中庸之理，仲淳心洞然，如鼓應桴，谷應響。夫仲淳奇士，胡以洞此？嗟乎！此仲淳所以爲奇也。

仲淳又精形家，凡山川隱見向背，察之微茫，渺忽無失。又能詩，能大字，熟於古今治亂邪正消長之機，熟於兩兵相臨勝敗之算。吾嘗謂仲淳立廟堂爲一官之長，未能或之先，即佐邊陲，隱然長城也。顧不與一第，天必有所用之。誠得深山大谷，二三同心，聚書萬卷，蠹魚其中，相樂以老，仲淳必有千秋之業，而又不可得。天之所以用之者，豈僅如吾前所云者而止耶？

仲淳今年六十，吾邑中凡爲仲淳所活者，皆持觴觴仲淳，而謂余曰：『惟子知仲淳，當有以佐觴。』余曰：『天地之恒，毀人者自毀，成人者自成，毒人者自毒。仲淳壽人多矣，欲無壽，得乎？然仲淳洞大道之要，道無壽無不壽。今吾冥心而會者，千秋一息也；開目而視者，千秋一息也。兹觴也，一息乎？千秋乎？觴仲淳則千秋矣。』

校記

〔一〕此篇又載《高子文集》卷二。

雙山王先生八十序〔一〕

昔者聖人惡鄉原之亂中行，而名曰『德之賊』，至於過門不欲其入室。攀龍少讀《論語》《孟子》，竊疑聖人大仁，未嘗絶物，何獨絶鄉原如是之甚？而後縱觀千古，見士大夫巧於取富貴利達，潛消天下正氣而陰釀亂萌，使人恬然囿其中而不自覺，未有不繇鄉原。又觀世之君子敦尚名節，稍有益於風教，卒未有出於聖人所取狂狷二品，而污世流俗所最不能相容者，卒未有出於狂狷二品。於是乃知聖人鏡理亂之源，定取舍之極如此。然狂狷亦有似是亂真，聖人又别白言之曰：『古之狂也肆，今之狂也蕩；古之矜也廉，今之矜也忿戾。』蓋蕩則踰閑裂防，與狷相反；忿戾則是己非人，與狂相嫉。中行之敝也，似中行之鄉原托中行之説以譏狂狷；狂狷之敝也，似狂狷之小人托狂狷之説而交相譏。似狂者不容真狷，似狷者不容真狂，於是分朋立黨，爲天下禍滋甚。凡天下之亂，每創於似君子，而成於真小人。似君子者，中行狂狷之似；真小人者，中行狂狷之反也。

吾於今之世汲汲焉思見真狂狷，久乃得之雙山王先生。先生少爲諸生，聲隆隆黌序中，有司且將貢於天子〔二〕，而先生有所不平於時事，慨然曰：『如此尚可仕乎？』遂棄去，屏居不出，并戒諸子不得復習時藝，應科舉。於是先生四十餘年不妄出户，不妄見客，不妄飲人一茗、受人一錢，迪蹈仁義，敦行孝友，門庭之内，禮讓相先，有不率教，苦身責己，必改而後已。四方之士見先生者，如遊黄、虞，如揖巢、許。先生即潛脩衾影，無所表見，而一炙其朴容莊服誠心質行，令人氣銷意折，有韓、彭遇之失其勛，班、馬遇之失其文，賁、獲遇之失其勇，儀、秦遇之失其辯，不知其所以然而然者。攀龍蓋嘗再請於先生，始得一接顔色，登其堂，領其言論。竊見先生大抵獨往獨來於宇宙之中，不屑不潔於君親之外，其嘐然自得，狂也實則行常浮言有所不爲，狷也實則才足有爲，是乃所爲古之狂古之矜也哉！

今年先生壽八十，攀龍復將求見先生，而一時同志錢一本、顧憲成等俱詣攀龍曰：『爲我輩觴王先生。』往時張禹、孔光、馮道、胡廣之徒，以其媚世之術竊取卿相，營營一生，無異鷄彘，孰與王先生蕭然自足於窮巷中，而吐氣足以塞兩間，流風足以濯百世耶？願先生長壽，以示世人，見聖人所取狂狷之士，即不用於世，猶足以砥柱一世乃如此。

校記

〔一〕此篇又載《高子文集》卷二。

〔二〕《高子文集》『賁』字後有『之』字。

二思毛翁七十序〔一〕

晋陵有二思毛翁，少爲世家子，能持身謹度。奉其二尊人至孝，失其父而自志曰『怙思』，失其母而更曰『二思』。事兩兄，撫兩弟，情好無間。與人交，不爲脂韋，亦絶無城府。自奉甚儉，敝衣糲飯，而客至必盛爲具，投轄交歡，繾綣備至。性好讀書，居恒杜門，據案尤好左氏《春秋》、紫陽《綱目》及蔡氏《書傳》，客有論及者，語亹亹不休矣。少爲名諸生，廪學宫，已爲名博士，訓太平。其居官如其爲諸生，談説經史外，無一切婞阿纖曲、调時諧俗之態，以是得王官歸。而翁益自喜，下帷讀書。有三子，皆諸生，有聲。今年辛丑，翁壽七十，以仲秋二十五日爲懸弧之辰，其女夫馬君惟任進翁百歲觴，而惟任與余交最深，欲以余言爲侑。余謂造化之於翁良厚矣，去其戴冠束帶，而與之散髮舒嘯，林皋偃仰；去其車塵馬足，而與之虚堂安几，親朋晏談，子姓旋遶；去其簿書期會，而與之左圖右史，低昂百氏，揮霍千秋。古人云：『一室之内，有以自娱。』豈易易哉？或謂：『以翁之才而不竟其用，爲翁惜。』夫以翁之熟於古今成敗理亂之數，以之訓其子孫，及於閭里塾黨，寧非翁之用？而必以身試爲？身安於素履，心逸於無營，神全於機杜，世之取於翁者薄，而翁之得諸天者厚矣。翁篤嗜史，吾即以史計。自有宇宙以來，入《尚書》者，千四百十有二年，入《春秋》者，二百四十有二，入《綱目》者，千三百五十有三，凡此二千餘年間，如飄風流電，曾不足以當翁一席抵掌。至所爲，與天地爲昭，揭日月而行者，何物耶？吾知翁必曠然有會，則繇兹以至於終古，一息耳，彼夫耄期之年又何足爲翁祝哉？

校記

〔一〕此篇又載《高子文集》卷二。

薛守溪六十序〔一〕

萬曆丁未，河南薛守溪君壽六十。培正吴伯子，其東床之選也，伯子與余有通家誼，請余一言爲君觴，且言君世業農，敦儉朴，有古人風。余曰：『君業農，吾即以農言壽，可乎？』

今夫五穀，天生之、地成之者也，然而耕耨之不以道，灌溉之不以時，則弗實，再種之而不甲拆。夫人亦然，天生之，地養之，而立人之道曰仁與義。是故仁則氣和，戾氣不得而干之；義則氣正，邪氣不得而伐之，是所謂耕耨而灌溉之道也，壽道也。豈惟壽於其身，積之久，將壽於其子孫。古之人取髦士必於農，謂夫農致力勤苦，不見異物而遷，其大朴有未斲伐者，况夫又有善德培壅之，子孫必以詩書興，猶之夫穀受氣既充，再種之而甲拆繁碩也。子以是觴君，君必欣然有取夫余言。

校記

〔一〕此篇又載《高子文集》卷二。

龔舜麓六十序〔一〕

天子萬曆三十六年，歲曰戊申，龔子舜麓年週甲子，謂高子曰：『何以觴我？』高子曰：『吾聞人得天地之性以生，有善而無惡，故人之七情，好善而惡惡。此性包六合而無外，歷萬古而不摇，其壽不可算數計也。人人有之，而局於形，亂於氣，誘於物，迷於欲，人人自失之，而區區以一呼吸之附於形骸者爲壽，豈不謬與？吾見子之好善惡惡往往不背於正人君子，設有學問以養之，無飢寒以亂之，令此性直而不闕，融而不偏，雖以子之藐躬，將浩然塞乎天地之間，而得無算數之壽矣。吾試與子持一觴酒，仰視大空，見白雲時去時來，俯視人世，見萬類時榮時瘁，此一呼吸之軀亦如斯而已，何足道哉？何足道哉？凡情脱落，則聖境現前，無疆萬壽，在此一觴中也。敬以爲獻。』

校記

〔一〕此篇又載《高子文集》卷二。

諸延之先生七十序〔一〕

余兄事延之三十年餘矣。延之年且七十，人生六十始稱壽，壽必頌其生平懿媺以爲祝。君子曰：『是非古也，俗之靡也，風之訰也〔二〕。』余曰：『亦顧其人何如，果有道之士乎？是有教焉，事可傳也，子弟可述也，世可式也，若延之其人也。』

夫人少必有所業，壯必有所樹，老必有所養。譬之於稼，藝不以時，雖有地力，弗滋也；耨不以方，雖有天時，弗培也；獲不以候，雖有人工，弗實也。人少則業詩書，或以嗜好亂之則惰。延之於書無所不誦，雖至精熟，必覆讀數百過，故其書終身不忘，爲文章，令心手相習，如原泉然，浩浩乎出之無滯而後已。孰不業詩書？有如鳥之赴樹，蜂之赴花，酣嗜而無二念，若延之者否？人壯則樹名節，或以富貴奪之則隳。延之甫成進士，糾御史房寰之詆海忠介公者；司教中州，正師儒之體於直指使者；官儀曹，糾東征之失算者；居里中，糾匪人之濫鄉飲賓者，他事不可勝舉。孰不一第？有能見義如猛獸之必噬，見不義如鷙鳥之必擊，若延之者否？人老則頤天和，或不勝其欲自狥焉，而不恤其後。延之體魁肥，飲啗絶人念。豐於形者嗇於神，蚤歲即斷慾，飲酒必節，禁肉食，多茹淡，故至老聰明不衰，神氣加王。居恒手不釋卷，晚而好《易》，孶孶編纂，几案蒙塵，庭草蕪没，處之泊如。孰不七尺？有能奉保生之矩，如岱、華之不移；遠傷生之物，如砒、鴆之不御，若延之者否？夫少而不自勵則無業，壯而不自立則無品，老而不自嗇則無年，三者生人所共急，而延之其法程也。故曰：『有教焉，事可傳也，世可式也，子弟可述也。』自吾事延之以來，見其巨細期會，刻晷不移，信莫過延之者；爲人緩急，竭蹶從事，厚莫過延之者；朋友箴規，領納無忤，虚莫過延之者；世局轉徙，雲雨翻覆，讒搆百端，屹然中砥，貞莫過延之者，是皆教也。古者五帝之養老也，憲而不乞言。憲者，法也，法之而已。延之其人也歟！延之其人也歟〔三〕！

校記

〔一〕此篇又載《高子文集》卷二。

〔二〕《高子文集》無『俗之靡也，風之諛也』。

〔三〕《高子遺書》《高子文集》文末有陳龍正跋：『先生嘗有書責延之晚節不終，蓋在七十之後也。生平自好，一事敗之。讀壽言，使人樂爲善。讀責書，使人履薄臨深。』

清翁俞先生八十序〔一〕

客有坐而談清菴俞先生者，喟然嘆曰：『士不必能，能不必遇。先生博學能文章，爲學士領袖，而數奇於一第，僅得歲薦，兩爲諸生，師遂邑邑抱經世之志於山林泉石之間以老，今八十年矣。夫舉一俞先生，而天下之爲俞先生者可知也。造物者與其才，不庸其身，何居？』

高攀龍曰：『不然，夫客亦小之乎觀俞先生。昔者聖門高弟如子路、冉求之徒，皆欲以所長用於世。至狂點不然，春風沂水之趣，飄然於事物之表，夫子有慨於中，「吾與」之歎，其致思遠矣。夫夫子蓋嘗使開也仕，至其平日所稱許，則無以加於顔、曾、閔子。是三子者，視諸侯大夫之門，若將浼焉，然而聖人不聞一言以挽其獨往之志，豈其視三子在漆雕氏之後乎？其後由之纓、求之斂，爲瑕於千古，而三子者不以其闕經世之用，爲虧於聖人之學。然則自聖人而下，天之厚三子至矣。夫龍逢、比干厲皎皎之忠，子胥、屈原鬱憤憤之志，其流至於東漢諸賢，欲以市井草莽之議成一代之事實，究也身與國兩無裨焉。於是馮道、胡廣之流峩冠大紳，高位厚禄，藉口於委蛇用世之説，掃節義而盡滅之，故隱淪之士寧蹈東海，一丘一壑，誦詩讀書，猶得以追游先王之餘化，以盡其天年，而其法言法行不失爲後世之師範。夫自聖人而下，自非大賢之才，而汲汲於經世之功名者，皆代大匠斲也。今先生即不一第，而其質行、經學已被服於高、虞二邑之士，不可謂未嘗試之。及其退而老於梁溪之上，角巾布衣，圖書琴瑟，口不絶吟於唐室諸賢之韻語，手不停披於百家自勒之名言，出以林泉爲家，入與聖賢爲友。今壽且八十，聰明倍勝，飲噉逾加。與先生齒，驚謂先生之少於我也不啻倍，而少壯者又驚謂先生之强於我也不啻倍。蓋其風霜瘴癘山川之險既未嘗外損其形，而人情物態機械之險又未嘗内損其神，故先生之所得於天者，保之獨全。天之所以厚先生者，不至矣哉！嗟乎！仕宦之足以奪人志敗人守也久矣，故君子以處爲常，而遇合無心焉。夫其處也，無可以爲處，則顔、曾、閔子之不爲荷蕢丈人也者幾希。今先生之處也善矣，又何必於用？吾又何必以不用爲先生憾？」

於是客起而謝曰：『願以聞之先生，當欣然爲子加一觴。』遂以爲壽。

校記

〔一〕此篇又載《高子文集》卷二。『清翁』，《高子文集》作『清菴』。

俞毅夫先生七十序〔一〕

萬曆辛亥，雲間俞毅夫先生年七十，其弟仲齊公，余之心交也，徵言爲先生觴。余曰：『凡爲觴者，必有以樂之。吾於先生，惡乎樂之？頌先生之往者乎？往者既往，先生視如飄風行雲焉，不屑也。祈先生之來者乎？來者未來，先生視如儻來寄跡焉，不屑也。爲詩歌文辭、仙靈奇瑞之説乎？詩歌文辭，莫有工於先生者，仙靈奇瑞，先生知爲文辭之絢藻而非實，不屑也。吾惡乎樂諸？吾揭先生者相與樂之，可乎？』

夫人心何以不樂耶？物入焉而膠則不樂，神出焉而騖則不樂。物無入也，以其膠焉而謂之入；神無出也，以其騖焉而謂之出。知其無入，不必爲扞也；知其無出，不必爲留也。蕩蕩焉，平平焉，正直焉，目如其目，耳如其耳，心如其心，四體如其四體，是之謂内寧。君臣焉，如其君臣；父子焉，如其父子；夫婦兄弟朋友焉，如其夫婦兄弟朋友，是之謂外寧。如是焉，之謂天之道。去其不如是，還其如是，之謂人之道。天之道，無所加於人之毫末也；人之道，無所損於天之毫末也。未嘗生，不必求佛氏之無生；未嘗不生，不必求老氏之長生。知其未嘗有所於加、有所於損之毫末也，而贅毫末焉，毫末之累如丘山，惡得而樂諸？

先生瞿然起曰：『異哉！道乃如是乎！聖如是，凡如是，古如是，今如是，天如是，人如是，幽如是，明如是，吾求吾之所謂不樂者而不可得也。』趣觴觴吾，此之謂萬年之觴。

校記

〔一〕此篇又載《高子文集》卷二。

静菴華翁七十序[一]

動静者，時也，聖人以動静不失其時爲艮，不偏言静也。濂溪周子獨言定之以中正仁義，而主静立人極，此所謂静，以不易者言。是故於君爲仁，於臣爲忠，於父爲慈，於子爲孝，於夫爲義，於婦爲順，於兄爲友，於弟爲敬，於友爲信，不易也。是故在貌爲恭，在言爲從，在視爲明，在聽爲聰，在思爲睿，不易也。是故人此爲仁，宜此爲義，履此爲禮，知此爲智，實此爲信，不易也。聖人任萬物之縱横變化，不可揣量其一，於是而不易。如五嶽之各居其方，四瀆之必赴於海，莫能撓之，是之謂中，是之謂正，是之謂静，故曰『易有太極』。

若夫脱落世事，超然物表，深山茂林，隻居無耦，境静而已；澄湛虚明，心冥太始，無善無惡，騰騰兀兀，念静而已。静於境者，不可與於物宜，而當天下之動；静於念者，不可與於典禮，而善天下之動，去主静立極之道遠矣。

静菴華翁，以静名其菴，是有志於静者也。其爲人長者，言色有度，喜怒無溢，於人無貴賤老幼，敬之如一，於事無巨細始終，敬之如一，藹然穆然，即之者心醉意銷，是能静者也。余辱於翁之子潤菴君游，以是知翁。今年翁壽七十，鄭君商野徵余言爲翁壽。余謂壽之道莫若静，聖人曰『仁者壽』，以仁者静也。然仁知猶偏言，故壽猶數言之。若得所謂不易者，與天地無始，與天地無終，名象所不能求，算數所不能及。故至静之静，静不可得而言；至壽之壽，壽不可得而言。知至静之静，而後能静；知至壽之壽，而後能壽。謹以是爲翁壽。

校記

〔一〕此篇又載《高子文集》卷二。

浦震宇先生七十序[一]

萬曆乙卯，浦震宇先生壽七十，其高第弟子某等若干人爲觴觴先生，而徵言於某以爲侑。某曰：『子知壽乎？夫壽者，假百年以爲萬古者也。是故七尺者，百年之物也；一靈者，萬古之物也。一靈者何？天地所以生生也。無萬古之物，則無百年之物，無百年之物，亦無萬古之物。是故君子慎所以修之，不使乖戾之氣戕其生生之物，夫然後一靈者壽，而七尺者亦壽。乖戾者，生生之反也。人率憑其戾氣戕其生機，非獨學習失也，蓋亦氣質使然。故質美則性易徹，質濁則性難開，學習以修治其質而已。質美者，則不習而默符於道，如震宇先生是已。先生熙熙怡怡，與世委蛇，慥慥肫肫，與物皆春。與先生遊者，不絲竹而樂，不酒醴而醉，不談經論學而歸之仁義，澤如也。蓋其氣質粹美，生生之機流露盈溢，即先生不自知其所以然，是能不失其萬古者，以得其百年者，不失其百年者，以得其萬古者，故曰假百年以爲萬古。吾歌以爲先生觴，可乎？』歌曰：

乾坤浩蕩兮，春風融融。室家其宜兮，一畝之宮。一觴兮心如太空，再觴兮氣如長虹，三觴兮渾如鴻濛，先生醉且樂兮無窮。

校記

〔一〕此篇又載《高子文集》卷二。

薛少泉翁七十序〔一〕

薛翁所居，負群山，面太湖。其村多桃李，每春時，爛如錦幄。翁嗜讀書，家貧教授，從之者輒異於常兒，人望而知其爲薛翁弟子。涖諸生甚莊，及其與人，春風襲襲，鄉里人皆樂與爲群。其季子用章，文而有行，從余遊。天子戊午，翁年七十矣。諸善季子者爲翁觴，而問言於余。

余往者知翁嘗疾甚，幾殆，其伯子禱請身代至虔，翁忽夢神示奇兆，竟奪孝子而壽慈父。吾嘗謂天地間惟生機相摩相盪，爲不可致思，故鳥之伏卵，木之接枝，或同氣而運於各質，或異質而聯其一氣，所謂摩盪之神，聖哲所不得而知也。夫孝子一念精虔，立祛翁久嬰之苦，續其方新之氣，若吹噓而輸灌者然，抑何異也！然則用章所以壽翁者易矣。

夫子曰：『妻子好合，如鼓瑟琴。兄弟既翕，和樂且湛』，『父母其順矣乎』，此人人所能也。故衡門泌水，至適也；稻粱菜鮭，至味也；好合和樂於妻子之間，至真也。今舍其人人所能，而求不必得之事。甘珍未備，謂不足以養親；聲色未侈，謂不足以娱親；章服未備，謂不足以榮親。親以是期其子，子以是歉於親，若有物繫於中，即有山水之致，景物之和，家庭之聚樂，弗樂也，是謂棄真取僞。彼其僞者，又安有摩盪之神吹噓灌輸於一氣之中，召吉祥善事哉？用章之壽翁，壽以真者而已。爲之歌而觴翁曰：

山寂寂兮湖水洋洋，林密密兮茅屋深藏，有士兮秉德孔良。衡門兮晝閉，琴書兮連床。傾筐兮紫芝，方熟兮黃粱。一飽兮鼓腹，緩步兮虚堂。鳥啼兮花放，月來兮酒香。子孫兮趨庭，笑語兮義方。一榻兮偃仰，心豫兮體康。山長兮水遠，人壽兮無疆。

校記

〔一〕此篇又載《高子文集》卷二。崇禎本《高子遺書》『少泉』二字空闕，此據四庫本《高子遺書》及《高子文集》校補。

馮敬山翁暨錢孺人伉儷七十序〔一〕

人之靈於萬物者，必有所貴。得其貴者，匹夫而可建天地，一事而可俟千古，故曰不朽。不朽之謂壽，言形壽者，溺其旨矣。今夫人必有置其身者，五倫，身所置也。不置於彼，則置於此，欲一日離之不可得。人之異於萬物者，以合五者而成身；其貴於萬物者，以合五者而成道。道之所在，如鑛之成金，不可復滅，故曰不朽。此壽之説也。

吾邑有馮子文九，從吾遊久矣，蓋志古人之道者也。其尊人曰敬山翁，曰錢孺人，皆有過人之行。翁既委禽於孺人，孺人目忽瞽，兩家議罷姻事，翁曰：『既已爲吾婦而不娶，誰爲非其婦而娶耶？』亟止罷姻議。無何，孺人得良醫，目復明，人以爲德感。於後翁室有篷，孺人視之一體，篷生子，孺人視之一體。翁落拓不事産，又不吝，兄弟間推讓，交知間施予，家以壁立，孺人一切拮据苴補而罅室之。子三人，教之以義。環堵之室，藜羹糗飯，慼容不入於眉，慨息不出於口，人人充然意得也。

今年翁與孺人偕壽七十，翁敕其子曰：『慎毋以吾年聞里中，令里中長者車塵吾蓆門也。』文九等謹受命，而私於不佞曰：『時見賓無能以世俗歡歡兩尊人，而世俗歡亦非兩尊人所歡。藉手先生一言，子婦執濁醪敬共而稱之膝間可乎？』不佞曰：『然。子之尊人有過人之行，所謂匹夫而建天地，一事而俟千古者也。子不見天地之化乎？天地之化，以貞而固，故貞則復元。凡冬蓄之旨，不易腐敗，以其貞也。其在人，一念秉持，不逐凡情者是矣。故瞽可娶也，二女可同也。夫婦正而父子兄弟之儀不忒矣，道之所貴也，吾歌以風世矣。』乃歌曰：『衡門兮静而杳，盆卉爲囿兮盎水爲沼。朝暾上而融融兮，夕月來而曒曒。有人兮于于，兄弟翕，妻子合，一室之内，有以自娱。彼富貴而笑，毋乃爲此拘拘。』

文九等觴而陳之翁與孺人，翁乃軒髯而笑曰：『有是哉！吾父父子子、兄兄弟弟、夫夫婦婦而油油於此也，一日而稱千秋也可。』

校記

〔一〕此篇又載《高子文集》卷二。

應峰王翁七十序〔一〕

應峰翁年始耆，諸知交謀所以壽翁者，問於攀龍。攀龍曰：『翁夙講長生之道，請言長生。夫長生者，天地之道也。天地之道，變易者，其不易者也；不易者，其變易者也。古之至人，以變易成其不易，以不易貞其變易，故與天地同其無疆，非呼吸吐納之謂也。夫人自少壯而老，身體膚髮日遷日謝，變易矣，而心不易也。夫人之心思營爲萬起萬滅，變易矣，而性不易也。何謂性？於五德曰仁義禮智信，於五事曰恭從明聰睿，於五常曰親義序别信，千古而上，千古而下，不易也。吾以萬起萬滅者注之於是而不二焉，是爲以變易成其不易，久之而熟，道義成性，向之萬起萬滅者轉而爲萬變萬化之妙，是爲以不易貞其變易。夫人之夢也，其遊魂能視能聽，能言能動，無質無體與有質有體者不異焉。然遊魂爲變，變而不可知者，以其昧而不靈，至成性，而遊魂始靈。故大人通晝夜而知，與天地合德，日月合明，天地日月變易，而吾不易也。故長生者非形軀，亦非仙家所凝氣之精英，是皆屬於變易，而非不易也。應峰翁篤於人倫，勤於問學，年七十而修不替，是將道義成性者也，是真能長生也。』客曰：『善，謹以爲翁壽。』

校記

〔一〕此篇又載《高子文集》卷二。

嗚陽伯兄六十序〔一〕

萬曆戊午，伯兄嗚陽年周甲子，余及諸弟五人，兄之子五人，諸弟之猶子十有五人，兄之孫四人，猶子之子十有二人，少長咸集，蓋高氏之族萃是矣。進而颺言曰：『兄，家之冢也，宗之尊也。吾儕豈惟是一觴一祝，修世俗之具哉？要以毖和志娥，陳戒示則，爲吾宗無疆之休。其各言吾兄所以壽。』於是諸弟皆欣然起曰：『請對其質。先君子勤生儉食，承先裕後，吾子孫世世法則也。惟兄守之，是其神守而不佚矣，壽之道也，家之則也。』余曰：『然，未也。』

曰：『吾聞積針縷者成帷幕，合升斗者盈倉箱，言乎百得之得於一約也。惟兄約於口，未嘗侈其奉；約於體，未嘗侈其服；約於婚嫁，未嘗侈其用；約於燕遊，未嘗侈其具。是其神約而不騖矣，壽之道也，家之則也。』余曰：『然，未也。』

曰：『吾聞蟻穴之細，可潰河防，蠹啄之微，可仆柱梁，言乎百失之失於不慎也。惟兄慎於出入，其户閾如也；慎於臧獲，其人欽如也；慎於交與，户屨泊如也；慎於放利，什一戔如也。是其神慎而不漏矣，壽之道也，家之則也。』余曰：『然，未也。』

曰：『吾聞危封王不如安眠床，憂食羊不如樂飲湯，言乎自適者之不存於富貴也。惟兄一丸之庭，不虚四時之卉也；一葉之艇，不虚四時之興也；一味之旨，不虚盍簪之樂也；一夕之飲，不虚嘯歌之致也。是其神適而不牿矣，壽之道也，家之則也。』

余曰：『然，蓋有其本。以吾見兄仁心爲質，慮以下人，渾乎元氣之醇，穆乎太古之璞，鞭笞幾廢於家，聲色不徵於邑，所謂耕之耨之，治其方寸之田者乎！是將壽其身，壽其子孫，以壽吾宗於無窮也。夫天下之生久矣，即吾祖宗遞傳至先君子一人耳，未百年已四十有二人，繇此而之，豈可量也？士之貧者十而八九，即素封之家，迨其子孫，萬析而千，千析而百，百析而十，岌岌乎不支矣。子孫復以驕心侈念乘之，寧知所税乎？故兄之則，户可守也，守兄之則，人可自樂也。喬木之門，百世不易姓可矣，是曰無疆之壽。』諸弟皆曰：『甚哉兄之善言壽也，不可無以示來者。』乃系之詩曰：

九龍之山，下有二泉。其出一掬，其流涓涓。放於五湖，浸日粘天。人亦有言，百福之淵。匪繇於他，繇於寸田。惟此寸田，禾黍芊芊。是藨是蓘，必逢其年。太和之世，晝作夜眠。衡門之中，一琴一編。人亦易足，何爲物牽？生之以勤，用之不愆。守而不失，可以得全。有如不信，視彼原泉。涓涓之流，終古永傳。

於是胥詣兄，歌而進百年之觴。

校記

〔一〕此篇又載《高子文集》卷二。

鳳池馬公七十序代撰〔一〕

民生於三，自古志之矣。今世號爲人師者，少而授句讀，已則爲偶句爾，已則口訓經義，握管雌黄其所爲課藝爾，豈其遂與君我生我者等耶？孔氏之門，無論三千人，即七十子，不彬彬道藝哉？迺夫子曰：『回也，視予猶父也。』蓋儼然子之矣，自回以外無聞焉，則其義何居？夫師弟子之間，果其如父子相視也，則遂與君親等，誰曰不然？然而先王設爲五品之教，朋友之交列焉，而不及師，其義又何居？噫！聖人若已懸見萬世之後，其所號爲師，如世俗所稱者比比，而其相視爲父子者，百千不一二焉，故繇前則等之爲三，繇後又不列之於五也。而孰知百千不一二者，獨得之於鳳池公。

方余三兒之幼失其母也，長者、仲者方髫，少者在抱，蓋煢煢焉莫之依，而後先受業於公。公爲字句之，駢偶之，以迄於咿唔爲博士家言，靡匪公口吻授也。六期而入塾，俄而成童，俄而弱冠而成室，靡旦夕不與公周旋也。飲啖時之，寒燠時之，勞逸時之，迄於纖悉端委，靡匪公之深念而周體也。余蓋時戚焉，念三孺子爲無母也者，孰顧孰復之？則尋自慰曰：『馬師在，無恙也。』即三孺子一切所需，則皆曰：『以告馬師，無恙也。』屈指蓋於今四十餘年，師之所以視弟，弟之所以視師，如一日也。而公壽且七十，不佞無似，謬與公齒齊，三兒益喜不勝，緘來白下告曰：『三子視馬師猶父也，而壽亦與吾父等，非吾父莫能壽馬師。』余愴然寄語曰：『而翁之有斯年，亦馬師力也。當而失恃時，余外掣於宦，内掣於而等，非馬師，使余無而等憂且立稿，則余何以壽馬師？抑余有悟於生之理矣，大塊之間，一氣氤氲，而摩盪萬分之爲人身，氣長存則長生，而無所以滑之耗之摇之則長存，故惟淳龐敦重之士能之，馬師非其人也耶？而之少也，非馬師莫安；馬師之壽也，非而等莫安。其務所以安馬師者，庶無愧先王民生於三之義哉！』

校記

〔一〕此篇又載《高子文集》卷二。

馬母林孺人六十序〔一〕

蓋孺人有子曰惟任，與不佞等托肺腑交。萬曆辛卯，孺人壽始周其甲，於是王生等若干人謀所以壽孺人。不佞颺於衆曰：『今夫世俗所以爲人壽者，必期其年，非所爲耋耄、期頤與彭、聃齊筭乎？』則皆曰然。『爲人子壽其父母者，必期其子，非所謂組圭、軒冕、帔珈、錦綺乎？』則皆曰然。『爲人子而壽其親，爲人親而壽於其子者，必鳴其事之盛，非所謂韝臂、曲膝、饋漿、酳爵乎？』則皆曰然。曰：『夫然，則其事之不可必者，懸之造化，不因吾言而得，不因吾不言而失；事之可必者，又不出家庭子職之常而可以無言，請言其至者。』

余聞惟任生十有四年，而失其先大夫竹崖公也。當是時，孺人以庶母臨其諸嫡子，而惟任以幼弟事其諸長兄，使孺人諸所不平於中輒以亢心憤氣行之，未有不以剛敗者也。孺人所舉二子，其少者方呱呱在抱，使孺人戀戀形影之情，以呴濡爲愛，勤瘁爲不忍，使二子幼無所教，長無所習，不如今日諸君子所以稱説惟任兄弟者，是又以柔敗也。而孺人皆不然，孺人所謂融剛柔之德而時出之者乎！今惟任學既成，將用於世，余亦遂以其説進。今夫高明之士可與入道，然往往狠愎自用，狎侮不恭，薄經常而崇異端之説，駕意氣而縱血氣之私，是皆以剛敗者也。而沉潛之士則又隨物變化，與俗轉移，是非鬭之於内，物交引之於外，依違兩可，牽役萬端，尺寸不能自決，是皆以柔敗者也。惟任反其道，以柔心遜志精探仁義道德之奥，以剛腸强力戰勝紛華靡麗之交，卓然朗然，淵然澄然，使天下聞且見者，皆曰是馬大夫之孤也。是嚴父所不能得諸其子，而孺人得於大夫背棄之後者也。則孺人之聲施不朽，而爲壽不既無疆哉？若夫世榮者，惟任所能自致，而彭、聃之筭，固天所以報孺人，不藉言矣。

衆曰：『至矣言乎！爲孺人壽莫善，爲惟任壽孺人莫善。』於是乎書之。

校記

〔一〕此篇又載《高子文集》卷二。

顧母華孺人六十序〔一〕

人生受氣有厚薄，得數有修短，罔不在厥初。愚者不察其原，謂欲去可留，既去，復有輪轉，於是佛氏乘而入之，天下半入於中，而生民之財用十五耗之於此，惑弗可解也已。

友人顧嗣得之母華孺人亦雅好佛。於是孺人生六十年矣，精神安彊不衰，説者或歸佛力焉。高攀龍聞而解之曰：『豈其然？豈其然？夫孺人非溺於佛者也，佛亦烏乎能壽？』客曰：『何哉？』曰：『人受天地之中，以生於是，有君臣父子兄弟夫婦朋友之倫，得全爲存，失全爲亡。佛一切棄絶之，是其形色存而天性亡矣。至其徒之最愚者，并其形亦戕之，或自焚以爲化，或飼虎以爲慈，或投崖以爲捨身，種種俚鄙，以陷愚俗。是率天下爲殤子者，佛也。佛烏乎壽？今夫孺人之歸曾泉君及奉君之二尊人也，鄉閭之人皆能言之，克稱婦矣。其教嗣得諸昆季也，彬彬乎可徵見，克稱母矣。凡人倫之大，孺人無愧焉，而佛能之乎？夫佛，絶人倫遺世事者也。孺人即髮種種乎，家内外一切持之井井，時其贏絀，劑其寬嚴，有謂曾泉君嗃嗃治之不足，孺人不聲色而帖然，佛能之乎？吾故曰孺人非溺於佛者也。』曰：『何以稱孺人好佛也？』曰：『孺人好善，非好佛。世俗見佛以慈悲爲教，率稱善者曰佛。孺人勤行善，故遂蒙好佛之名而弗察也。然則孺人之善得之於性，而非得之於佛。善者，天之所壽，則孺人之壽，得之於天，而何佛之云？誠以是説也從容陳之孺人，將逌然得其本心，而又安知有所謂佛哉？』

於時嗣得若諸友皆當於心曰：『善，子之言孺人也，請以爲壽。』

校記

〔一〕此篇又載《高子文集》卷二。

秦母顧孺人七十序〔一〕

余與伯兄雲翔交於秦文成兄弟，間則嘗聞其尊人少山公治家纖嗇勤苦，歷艱難而不挫其業，每亟稱之，以爲吾邑當三吴孔道，居聲譽之區，其民習見侈靡，往往佹成佹毁，無雲礽之積，秦又望族，始未嘗不完璞純素，而後漸雕斲也，是宜表其纖嗇勤苦者訓，即矯之小過不害。少山公有五子，其非出於元妃而出於顧孺人者〔二〕，曰文成、文裕。文成爲名諸生，文裕以貲郎再遷，佐江右藩臬。兩君學專其業，仕能其官，是爲子克家而滋大少山公緒矣。

今年孺人壽七十，凡爲兩君之友，皆謀所以壽孺人，而謂余宜一言。余曰：『壽以觀養也，不養，無爲貴壽也。』養有二，其上曰志養，君子之所貴也。次曰禄養，世俗之所貴也。然天下盡尹彦明之母也而可，其不然者，《伐檀》河干之歎，士人不免焉，況婦人乎？次曰禄養，世俗之所貴也。然有母尸饔，無論不堪，其爲子至夙夜無寐，母之思又不啻什百於其子也。故廬江之檄，子有其母矣，君子猶以爲末；綿上之歌，母有其子矣，君子猶以爲怨。今文成君尚在潛陽，雲蒸霞變，交睫不可知，然而孺人得有其子，怡然五畝之宫，文裕君又將徼天子之寵於其母。兩君如左右手，有出者可與安河清之樂，有居者可與分將母之憂。孺人何以得是？曰在《鵲巢》之詩。夫《鵲巢》，言夫人之德也。鵲則有巢，而鳩居之，國君有家，而夫人則居之。其居之也，德足以宜之也。少山公之貽其子也以纖嗇勤苦，孺人宜少山公，故能居少山公。兩君之承其考也亦以纖嗇勤苦，孺人宜兩君，故能居兩君。觀少山翁，而孺人可知，觀兩君，而孺人可知。婦德不見外，吾見之於其所居。

於是酌彼大斗，使文成進之孺人。

校記

〔一〕此篇又載《高子文集》卷二。

〔二〕『妃』，《高子文集》作『配』，是。『妃』字當訛。

《慮得集》序〔一〕

《慮得集》者，華貞固先生所以訓其子孫者也。先生遜其智，居其愚，若曰是千慮之一得云爾。吾繹其旨，淵乎淵乎！

昔者聖人曰：『人無遠慮，必有近憂。』是故飲酒而旨之，惕然曰後世必有亡於酒者；見色而悦之，惕然曰後世必有亡於色者，謂其可欲也。凡人之所欲，未有不足以殺其身而亡其家國。聖人慮之於遠，故得之於近。慮危而得安，慮亂而得治，慮亡而得存，推此類也。一舉足而慮，無冥行矣；一舉口而慮，無興戎矣；一舉念而慮，無非幾矣。夫人之卒然而動，皆欲也；惕然而慮，皆理也。欲動而慮止，則得失之分，而安危存亡治亂之幾也。是故先生之訓其子孫者，總而示之曰禮義，提其要曰慮。慮以明諸心，禮義以守諸躬，自鄉黨自好而上至爲賢爲聖率繇之。

先生當皇明始興，復歸於錫，迄今二百五十年，子孫繩繩不替，甲於他族。水之放海者，發源必遠，木之干霄者，植根必深，讀兹集者，觀其淳龐敦樸之意，可以知其源與根矣。得此而弗失，雖與天地無終極而存可也。其八世孫繼祥重刻兹集，廣布族人，是能慮者也，是能得而弗失者也。

校記

〔一〕此篇又載《高子文集》卷二。

《默石翁劄記》序〔一〕

歲己酉，潛江朱翁默石來東林。越七年，乙卯再至，其於學益孜孜焉，曰：『吾老矣，吾求所爲吾之歸宿者，印之四方，庶不謬乎？』予聞而竦然曰：『嗟世之人懵懵而生，懵懵而死已爾，孰有知其歸宿者？《易》有之，曰「原始反終」。夫其所爲始者，是其終也，夫其所爲終者，是其始也。原則知始，我之始生，有何物乎？反則知終，一念反觀，何物爲我乎？故原始反終者，大明終始之要也。夫然後知人心之日增日益者，皆逐流而忘其原；日馳日騖者，皆一往而不知反，如旅人畢世棲棲而莫知底止也。悲夫！』翁曰：『吾比者恍然見是焉，吾繇此而之，庶不謬於所歸乎？』於是出其所爲筆記若干首示予曰：『吾又多乎哉？今而往，吾默如石矣。』予曰：『翁知嘿乎？言亦嘿也。使夫世之懵懵者繇翁之言知翁之默，而人得所歸也，又豈多乎哉？』

校記

〔一〕此篇又載《高子文集》卷二。

《嵩臺集》後序〔一〕

嵩臺王公佐令吾錫既二載，庚寅一攝行令事，於是訟者無不燭之情，盗者無不暴之隱。公又以其間練兵壯，饟者無不稱之事；置義塚，死者無不藏之骨。冰心湛於方掬之間，苞苴却於百里之外。一時臺使者以下不曰公丞也，而如其所以視令；其民不曰公丞也，而如其所以嚴令。

一日公出其所爲律判若干條示余，余既竟讀，作而起曰〔二〕：『嗟乎！是律之意也。』夫律未嘗一日不在矣，然而上欲民之出於律也，而下所以入之者愈不勝其多；上欲民之入於律也，而下所以出之者愈不勝其巧。何居？知律而不知所以律也。今公之於民，必有快然而無所怍之心，故民之於公，必有肅然而不敢犯之心。此肅然而不敢犯之心，豈得之尺箠間哉？所從來微矣。以余觀於公，氣盛而鎮，才辦而捷。倘令公睨而自雄曰：『一丞何當我哉！』則未有不弛然自廢者。又不然而曰：『即文無害乎，世孰能知之？』亦未有不弛然自廢者，吾不知人之視公何如矣。故曰士之才苟出於誠，大用之則大效，小用之則小效。夫律也，律己而律人者也。成人有兄死而不爲衰者，聞子皋將爲宰，而遂衰之。成人曰：『兄則死，而子皋爲之衰。』嗚呼！此所以爲律者也。王公得其深哉！

校記

〔一〕此篇又載《高子文集》卷二。

〔二〕『起』，四庫本《高子遺書》作『言』。

《事物别名》序〔一〕

吾邑有復初盧子，嗜讀書，喜爲編彙，彙必成書，爲韻家字家書，手自楷録，搜抉訂讎於毫毛同異之間。一日梓其所集《事物别名》示不佞，不佞謂之曰：『子之於書，可謂勤矣，亦嘗遊於物之初乎？夫天，吾安知其爲天？地，吾安知其爲地？人與禽獸草木，吾安知其人與禽獸草木？其初何名之有？名，賓也。天下之生久矣，文煩而名日增，賓紛而主益亂，子又從而别名之，是猶以手指日，而又指其指以爲日也，不既多乎？雖然，天地之道一，而一不得不兩不四不八，八不得不引伸而萬，不萬則一者息。吾不能使物之不萬，而又烏乎惡其名？吾聞之，江出於岷山，其始出也，其源可以濫觴。子知夫名之名，吾欲使子觀無名之主。昔者聖人之作《易》也，繫《乾》曰「元亨利貞」。元亨利貞，天之名也，夫子翼之曰「仁義禮智」，是又其别名也。不寧獨《易》，六藝皆是。物，聖人别名之，使人思也。子知夫無名者，而名者皆别矣，獨是編爲别名乎哉？』盧子憮然曰：『吾過矣，吾過矣。善，吾子之發吾覆也。請書之，以示别名之微意。』

校記

〔一〕此篇又載《高子文集》卷二。

卷之十

碑

泰伯廟碑[一]

吾邑之鴻山，古所稱皇山。皇山有泰伯墓，《南徐記》及《聖賢冢墓記》同，其爲泰伯墓審矣。蓋梅里平墟爲泰伯端委之地，皇山爲歸藏之地，兩地竝重。今梅里廟貌肅穆，而皇山草莽榛蕪，邑之人往來於此者，不知其爲山，其爲墓，指點疑似，樵蘇畜牧，且狎遊而穢踐焉，於大聖人墓宜然乎？

萬曆之季，紳衿始謀立碑而表之，旁爲屋以居道者，禁樵牧而憩往來之伏謁。既立石，欲余記其事於碑陰。余惟兹土，古所稱荆蠻，聲教不通於上國，泰伯至止，而東南之文明始闢。今且擅宇内之英華，而上國莫及焉。則是至德之聖，讓天下而逃，不之於名山大川，不之於長林浚谷，而之於荆。其之於荆也，不之於三江五湖，不之於幽巖絶壁，而之於吾錫之泱莽平墟，豈其無故耶？況乎臨於平墟，墓於兹山，相去不數里而遥，若其有擇於兹者，又豈其無故耶？錫之士可思矣。之於荆，而東南之文明甲天下，之於錫，而錫之文明不當甲東南乎？錫之士可思矣。夫文明者，非文詞績藻之工已也。記堯者曰文明，記舜者曰文明，則文明可思也。堯之文明曰『親九族』，舜之文明曰『徽五典』，至德之聖以天下讓者，在父子兄弟之間，則文明可思也。嗟乎！古之聖人以父子兄弟之間讓天下而不顧，世之人乃不免簞食豆羹争於父子兄弟之間而不恥，若是者，尚可稱錫之士而過梅里之墟、皇山之野乎？人人思而恥之，而父父子子兄兄弟弟，錫之文明甲天下矣。

校記

〔一〕此篇又載《高子文集》卷四上。（清）吴熙纂修《泰伯梅里志》卷四《陵廟》引，題作《泰伯墓碑陰記》，是。按，集作『泰伯廟碑』，疑訛。文中明言廟在梅里，墓在鴻山，『既立石，欲余記其事於碑陰』。

傳

薛文清公傳〔一〕

本朝薛文清公名瑄，字德温，山西河津人。幼有異質，因觀《性理大全》，嘆曰：『此孔、孟正脉也。』其書不下數百萬言，悉手録之，至忘寢食。學務力行，嘗曰：『聖賢千言萬語，皆説人身心上事，誠能因其言反求之身心，擺脱私累，則身心皆天理矣。』登永樂辛丑進士。宣德初，爲御史，時楊文貞公在閣，求一識面不可得。正統初，提學山東，首明理學以淑人，士人稱爲薛夫子。時王振用事，問三楊吾鄉誰可爲大臣者，皆薦先生，召爲大理右少卿。三楊欲先生一見振，先生正色曰：『安有受官公朝而拜恩私門耶？』振聞，憾先生。會有獄夫病死，其妾欲嫁私人王山，山，振姪也。正妻不許妾嫁，妾遂誣妻毒殺夫，下御史獄，坐妻死。先生辨其冤，都御史王文怒譖於振，振嗾言官劾先生故出人罪，論死。先生怡然曰：『辨冤獲咎，死何愧焉？』獄中日手《周易》，誦讀不輟。將刑，神色自若。會王振一老僕哭於廚下，振怪問之，曰：『聞今日薛夫子將刑耳。』振問何以知之，曰：『鄉人也。』備述其賢，振爲之動。忽有詔赦之，通政李錫嘆曰：『真鐵漢也。』居家六年，閉户不出，造詣益深。用侍郎江淵薦，起大理寺丞。時蘇淞饑民貸粟富民不得，遂火其屋，竄匿海中。朝廷遣王文往案，文坐以謀叛，連五百餘家。先生抗章力辯，獲免。文謂人曰：『此老崛强猶昔〔二〕。』陞南京大理卿。太監金英奉使南京，諸公卿共餞江上，先生獨不往。英北歸，言於人曰：『南京好官惟薛卿耳。』天順改元，擢禮部侍郎兼翰林院學士，入内閣。一日召入便殿，上服小帽短衣，先生不入，上遽易服。入見，所陳皆正心誠意。語左右曰：『此正薛夫子也。』會欲遣使徵獅西番，先生持不可，不得。又見石亨等竊弄朝柄，嘆曰：『君子見幾而作，豈俟終日乎？』遂引疾歸。至直沽，道遇風雨，舟不前，餱糧俱匱，日中猶未食，從者皆愠，先生歡然吟咏。居家八年，卒。卒之日作詩曰：『土床羊褥紙屏風，睡覺東窗日已紅。七十六年無一事，此心惟覺性天通。』

校記

〔一〕此篇又載《高子文集》卷四上。

〔二〕『崛』，康熙本、四庫本、光緒本《高子遺書》作『倔』。

羅文莊公傳[一]

本朝羅文莊公，名欽順，字允升，江西泰和人，弘治癸丑進士及第。自幼不識禪學，在京師遇一老僧，訪求心要，遂爲之搆思，徹夜不寐。一日攬衣將起，恍然有悟，流汗通體，證之禪書，如合符節，自以爲至奇至妙，天下之理無以加於此矣。後取五經四書、濂、洛、關、閩諸書讀而玩之，漸復有疑，久之乃喟然嘆曰：『昔兩程子、張子、朱子早歲皆嘗學禪，皆究其底藴，及於吾道有得，始大悟其非。吾今乃知前所見者，此心虚靈之妙，而非性也。』遂研磨體認，於道心、人心、理氣、性命、神化、陰陽皆極其旨奥。

正德戊辰，以忤逆瑾落職爲民。瑾誅還職，歷官吏部左侍郎。嘉靖元年，以父年踰八十乞歸養。尋以父憂，服闋，起禮部尚書，改吏部尚書，力辭不就。先生追悔年幾四十始志於道，雖粗見大意，自謂可不負此生，而官守拘牽，加以善病，工夫不專，及是力辭冢宰之命，杜門謝客，足跡不涉城市，潛心二十餘年，乃曰：『道在是矣。』著有《困知記》。

嘗曰：『自昔有志於道學者，罔不尊信程、朱。近時以道學名者，則泰然自處於程、朱之上，然究其所得，乃程、朱早年學焉，而竟棄之者也。夫勤一生以求道，乃拾先賢所棄以自珍，又從而議其後，不亦可嘆耶？』先生精思實踐，篤志不遷，毅然以衛道爲己任，聖賢諸書未嘗一日去手。於禪學尤極探討，發其所以不同之故。自唐以來，排斥佛氏，未有若是之明且悉者。

家居惟以著書明道爲事，本分之外，一無所預。家人子弟守其家法，欽欽一步不敢肆。每訓諸子曰：『勢位非一家物，須要看得破。』仲子謁選，未嘗通書故舊，瀕行酌卮酒，訓之曰：『前程有分定，惟安義命便是。』比授官有期，欲圖南方，以便音問，乞先生一達相知。先生曰：『數字本不惜，但惜乎信命欠確耳。』竟不之與。林希元曰：『先生自發身詞林，以至八座，其行己居官，如精金美玉，無得致疵。辭吏部一節，真是鳳翔千仞，故學者服其行而信其言焉。』

校記

〔一〕此篇又載《高子文集》卷四上。

陶菴先生傳〔一〕

陶菴先生者，歸子季思也，蘇之崑山人，名子慕，字季思。其父故太僕震川先生，諱有光。歸子兒時即有至趣，嘗掛酒衣帶間，見一卉一石佳者，輒引酒自賞。自餘童孺所弄，一切睨視無所屑。及長，苦心爲文詞，有境必詣其奥，有致必極其微，醲味沉情而出之以輕聲遠度，飄飄乎如祓濯於醴泉甘露，而蕩以清風，被以鮮霞者。

辛卯，舉南畿。乙未，從京邸，交於嘉善吴子志遠。過錫山，交於高子攀龍。三人相得歡甚。時高子築室於蠡湖之上，曰水居；吴子築室於祥蕩之上，曰荻秋；歸子既三對公車不第，又兩喪婦，得羸疾，築室於崑之西村，曰陶菴。三子者遞相過從，几席湖山，衣被風月，飲食圖史，見者以三人相對一室，終日默然自怡，而不知其所事也。然歸子病相尋不已，遂屏跡陶菴。

陶菴者，縛茅爲屋，插槿爲牆，屋後樹梅，庭藝菊杞，室中琴一張，書數百卷，一爐一藥囊一瓶粟，他無長物。歸子鼓琴讀書，晏坐默識，窮天地之無垠，察品物之有自，陶然不知身之病也。時復行唫溪畔，覽物從容，作小詩自娱。客至，煮蔬沽醑而已。其《陶菴儀》載集中，歸子自居陶菴，不與衣冠之會，不詣府縣，不受當路問餽，不爲宗黨争訟伸白，不爲子姪應試干請。雖甚貧，養其子之孤者〔二〕，養其弟婦之寡者。雖甚病，於人倫事未嘗偷惰。少孤，事諸兄，友愛特至。平居無疾言遽色，農夫牧豎相與依依如儕伍，周念童僕如子弟。其病愈久，其學愈進，讀劄記足見其行己之概矣。客有至陶菴者，登其堂，未見其人，不知塵念之從何去也。見其人，未聞其語，不知和氣之從何來也。飲食焉，笑語焉，退而慨然以歎，油然以思，人人覺其形穢，不知心腹腎腸之胥易矣。此所以爲陶菴也。

或問高子曰：『歸子何以願學陶也？』高子曰：『嗟乎！使歸子而得志，所謂「斷斷休休」者，其人與！而以病廢，所自饜足者，東籬南山之味而已，此誠天下高士也。而使歸子以高士名，則世不幸也。』崑山令王公時熙嘗造歸子，屏騶從，載酒殽而往，歸子欣然納之，清言彌日，時以爲白衣之致。

及卒，學者稱爲陶菴先生，而以傳屬高子。高子謂吴子曰：『惟子則能傳歸子矣。』吴子曰：『子第傳之，凡人之美，人懼溢，歸子不懼溢，天下之美備是矣。』高子曰：『予懼予之得其郛郭而遺其神理也。』吴子曰：『不然。歸子如冰壺，内外瑩徹。其郛郭者，其神理也。』高子曰：『善夫吴子之傳歸子也。』

歸子有一子，名奉世。歸子遺言敕奉世曰：『人能親近賢者，雖有下才，不至墮落。吾無以貽汝，貽以此言。』歸子得年四十有四，其卒以丙午十二月二十日。

校記

〔一〕此篇又載《高子文集》卷四上。

〔二〕『其』，《高子文集》作『兄』。『子』，四庫本《高子遺書》作『姪』。疑是。

韓氏七世祖傳〔一〕

余窮居東林，有韓參夫者，儼然就余論學焉。問其人，曰『燕人』。問其名，曰『位』。問其來，挈家而來也。問其何以來，曰：『以學。燕人無論學者，吾慕南方所在講壇學會，飲食衣被於學也，心樂而慕焉。』曰：『吾生也有涯，吾學也無涯，以有涯窮無涯，吾其晚矣，敢憚勞乎？敢以年歲計乎？願家於南，學於南，庶有幾於道也。』余心異之。假館於東林之旁舍居焉，參夫與其內子行古之道，內外肅睦，祭祀齋虔，晝則杜門讀書，以間則彈琴歌詩，從容乎樂也。蓋參夫以德行冠其鄉人，吾鄉湯質齋侍御督燕學政，特以德行補弟子員，異數也。其學一以考亭爲宗，嘗曰：『儒者之學在讀書循理，孔門博約，惟朱子學得其宗，可萬世無弊。』余益心異之，奉爲畏友。

居年餘，授經白下而去。去之日，謁余而請曰：『吾韓族微居真定藁城之野，先世之可得而知者，自七世祖始，諱俊，娶盧氏。六世祖諱世權，娶路氏，繼娶張氏，家世農桑，其行事亦不可得而知，生子名宗儒。此則韓氏之譜矣，無可譜者，以子之一言譜，自茲而往，位能譜之，令吾子孫傳之永永也。』余曰：『是其爲韓氏有名之祖也，子亦知無名之祖乎？夫自七世等而上之，究至於無窮，必有所從始者。所從始者，則氣化所生也。繇氣化所生者而上，則天地也，是之謂乾父坤母，不可得而姓，不可得而名者也。雖然，無其名也，不可謂無其傳，所傳者，吾今日一呼吸之息是也。此一呼吸之息，從天地始交來，億萬世無異也。此一息在，億萬世無名之祖在。言乎遠則不禦，言乎邇則靜而正，循是可以知命，可以知性，可以知學。子之所謂「以有涯學無涯」者，其在斯乎！豈謂譜子之七世，以譜子之萬世可矣。』

校記

〔一〕此篇又載《高子文集》卷四上。

儕鶴趙先生小傳[一]

先生磊落英邁，卓然物表，了無蓋藏，渾無涯際，臨事直心自遂，矢志報國。嘗見其於銓曹，孜孜矻矻，繫念海内賢人君子，推轂遷除，蓋無虛日。機要所關，身不得爲，必倡率同志爲之，激以名節，無不感奮。以功郎司，癸巳内計，所訪必擇其人，所聞必考其自。先生有姻親，爲公論不容，客謂先生何以處之，先生頻顣曰：『此官在長安暫耳，此身在鄉井常也，異日作何面目相向？』客曰：『君愛其親，誰不愛其親者？』先生即謝曰：『然，此國事也。』於是先生黜其姻。而冢宰一人在吏部者黜，首揆一弟在太常者黜，當路私人無一得免。國論大快，謂二百年計典絶調，而政府恚甚，尋謀逐先生。

先生歸，築一室郊坰，擁書閉户，非其人不與見也。性善飲酒，爲小詞，多寓憂世之懷，酒酣，令人歌而和之，慷慨徘徊，不能自已。先生敏慧天植，見人望形而别其臧否，聞言而悉其底裏，積數十年後，無不驗者。題覆章奏，破小人陰私，洞徹其肺腑，故當世疾之如仇。今年六十，健壯如少年，而先生則素閑養生之道，能以呼吸使其氣轆轆周身如環。嘗曰：『服食之法，草不如木，木不如禽，禽不如獸，獸不如人，人不如己。』人者，乳之類，己謂攝養也。

校記

〔一〕此篇又載《高子文集》卷四上。

薛孝子傳〔一〕

孝子名教民，字以孝，其父少泉君。孝子八歲而失母榮氏，幼奉少泉君及繼母楊，已夔夔異凡兒。年十八，棄舉子業而農，即盡瘁耕耨。已又喪其婦朱，即盡瘁井臼，子婦之職，孝子身兼之。其父母既藉孝子養，其季弟俊民又藉孝子讀，自少泉君所得里塾束脯外，家内外纖悉出孝子十指力矣。

而孝子居恒念少泉君且老，嘗指天問俊民曰：『此茫茫者有主否？』俊民曰：『有帝。』則又曰：『吾儕匹夫，叩之應否？』俊民曰：『誠則動矣。』即沾沾喜曰：『有是哉！天固可叩也。』於是絶葷酒，每朔望必叩天，烏烏然有以禱，而不聞其語，四五年以爲常。歲庚戌，少泉君病瘧而殆，孝子曰：『吾有一子足嗣世，兩弟足養親，吾身可代父死。』於是率朝夕虔禱，而後乃知其前所禱，禱親也。而少泉君病益殆，孝子仰天呼曰：『天乎！帝而不靈乎？』而禱益虔。居數日，而少泉君果有起色。一夕夢神人玄冠緇衣，語少泉君曰：『父生於子，子死於父。』少泉君不解所謂，俊民輩聞而奇之。少泉君病益愈，健啖，而家如洗，無以供。孝子則早夜爲貿易，戴星而出，披霜而行，苦雨寒風，未嘗少息。每日不再食，即一錢，必節嗇以餉少泉君。無何，力竭而病，而嘔血死矣。孝子死，而少泉君霍然起，日號哭而弗病也。

高攀龍曰：『匹夫積誠心數年，造化始憑而旋焉，豈一朝夕之故哉？不知天者，謂物有成數，非人所能爲，則是圓頂方踵者曾不異犬豕牛羊之屬。然知感應之説而易言之，非也。心不易盡，斯天不易移，人盡即天，豈以此叩彼，有應不應哉？嗟乎！孝子可謂善用其身矣。世之人有其身，率罔然自豢而死，悲夫！』

校記

〔一〕此篇又載《高子文集》卷四上。

汪節孝傳有贊〔一〕

汪節孝者，浙之烏程里人匡霞妻也。年十六，歸匡。十七，霞死，節孝所志在，死矣，顧有寡姑在，未忍，相與守夫之薄田朝夕也。無何，匡族之惡少奪其田鬻之。節孝之父訟之官，官追給焉，然惡少所鬻價盡，計無復之。節孝乃謂姑曰：『與其保田也，寧保身，避惡人以保身也。』佯受斷而不責券，於是家壁立。父憐而歸之，并歸姑。節孝盡瘁，十指以佐養也。凡十九年，而姑疾，節孝刲股和藥，姑竟不起。節孝葬之，喪之三年，服除。服除之夕，懸夫像設祭，哭盡哀，遂不食死。嗚呼！節孝所志在一死而已矣，必如是，乃善其死。

贊曰：『或偷而生，或殉而死，以死視生，死則可矣。於死之中，又求其是，如是而死，死則盡矣。以智自保，以孝自毀，畢三年喪，恬然而止。協於人心，安於天理，三十九年，百千萬祀。』

校記

〔一〕此篇又載《高子文集》卷四上。

堵方伯傳贊〔一〕

校記

〔一〕此篇《高子遺書》及《高子文集》卷四上僅録贊文，删去贊前之傳。按，全文見《高子未刻稿》射部、《高子别集》卷六，題作《堵方伯傳》。《堵方伯傳》，本書載《高子未刻稿》射部，本卷删文存目。

文學華二菴傳贊〔一〕

聖人惡鄉原，解者曰：『原，謹厚也。』夫人謹於言行，厚於倫物，雖甚成德，無以加焉，然則處鄉之道莫若原，何居以鄉原稱？是不然。鄉原者，務悦人而僞爲謹，務悦人而僞爲厚。鄉人，鄙人也，群而稱之曰『原』，實非原也。聖人惡其似是而亂真，及贊《易》，以『慎之至』者當《大過》初六，以『厚之至』者當《謙》九三，蓋謹厚並稱云。若二菴公者，乃所謂真謹真厚，是聖人之所謂德，而惡鄉原亂之者也。

校記

〔一〕此篇又載《高子文集》卷四上。

封京衛武學教授雲陽施公傳贊[一]

校記

〔一〕此篇又載《高子文集》卷四上、《高子遺書未刻稿》，《高子遺書未刻稿》題作《封公雲陽施翁傳》。按，《高子遺書》《高子文集》所載有删節，僅録贊文，《高子遺書未刻稿》贊前尚有傳。本卷删文存目，全篇見《高子遺書未刻稿》。

卞氏二隱君傳贊[一]

校記

〔一〕此篇又載《高子文集》卷四上、《高子遺書未刻稿》。《高子遺書未刻稿》題作《卞氏二隱君傳》，贊前尚有傳。《高子遺書》《高子文集》所載有删節，僅録贊文。本卷删文存目，全篇見《高子遺書未刻稿》。

記

武林遊記〔一〕

庚寅八月，余以事遊嘉、湖間，而武林在杖屨中矣。幼時聞長者談其湖山之勝，至此遂擬遊焉。以朔日行，同行者，楊君益卿、俞君汝定也。先是，約同年華德元與偕謁座師沈晴峰。德元行後，維舟蘇之閶門俟之，德元至，聯舟行。五日，抵平湖。是時天久旱，農困已極，晚而小雨，秋飈颯然。六日，謁晴峰公，公言其郡守黄仰齋，令人嚮往。黄公爲守者二，而謫者二矣。今復守嘉，自奉惟蔬腐，日早起坐堂皇，門無守者，即窮鄉下邑，婦女豎稚，皆得自達，胥隸無敢呵沮。監司兩院檄至，即纖悉事不可意，輒封之還。監司使者嚴憚公，不啻如其屬。士大夫登公堂，亦凛凛無敢爲居間者。余爲跂仰久之。

七日，已擬回棹，而適聞平湖去海僅數里而遥，蓋余未嘗觀海，德元亦然，遂偕往，且欲觀晝潮。舟抵乍浦，不暇呼舁人，疾趨而前。過乍浦堡，至海濱可三里，未見海數百武，已聞濤聲，若風撼萬樹。須臾蒼茫接天，紺赤無際，歷歷遠山在天水縹緲之間，疑爲浮雲，徐觀之皆山也。潮至，亦無他奇，但漸盈坎而來。初海塘去海可半里，潮至，則直逼塘，觀益曠，洪濤撼足矣。徘徊良久，心目曠然。晚復抵平湖，别德元。余竟至嘉興，在烟雨樓，樓前臨湖，下復有石臺，顔曰『釣鰲磯』，觀湖更曠。湖中足菱芡，右環居民星列，左環緑樹參差，亦見小致。九日，次崇德，天復雨，杞人之憂稍解。十日，次塘棲，雨更甚，作詩志喜。

十一，抵杭。飯畢，冒雨至昭慶寺止焉。得一僧號惠谷者，吾邑人也，頗慧。余急欲顔色西湖，日將哺，雨小止，急索屐至湖濱，徐步蘇堤。堤爲中貴孫隆新葺，舊堤所植惟桃柳，孫復襍植諸卉甚整。堤界於内外湖中，兩湖之勝俱掇之矣。是時雨絲陰濛，水烟籠樹，遠山層疊，濃淡相間。内湖荷香襲人，遊人歌吹與點點漁舟錯落左右，瞻眺恍然自失。旦日，買舟遊外湖。自寺前解維，放於中流，表裏青山，參差緑樹，朱碧樓臺，掩映秋水，所到可入圖畫。午漏抵净慈，殿宇殊弘敞。雨復作絲，卒卒而返。至龍王廟，即三賢祠也，唐白香山、宋蘇學士、林處士主在焉。堂顔曰『會景』，又曰『漾碧軒』，前築露臺，三面遶山，臺下植荷，水烟山翠在楹欄之間。已至湖心亭，四面可憑眺。少憩，至望湖亭。由亭而前，即中貴所築新堤矣。乃舍舟，徐步堤上，瞑而抵寺。旦日遊内湖，解維即至大佛寺。已至放鶴亭，林處士墓也，低回墓側，思不得如處士長主湖山，誦詩讀書，俯仰出入於烟雲水月之間，一爲悵望。左上爲四賢祠，前三賢復益唐李鄴侯泌也，蓋杭地近海，民久苦江水鹵惡，至泌始開六井，鑿陰竇，引湖水灌溉，民得其利。然湖泉葑蔓易壅，六井湮塞隨之，後李能修其業者白，後白能修其業者蘇，杭人尸祝三公，有以矣。夫三公文章政事無論也，而處士以清風高節雁行俎豆，士迺猥云窮達哉！已至武穆祠墓，肅衣冠拜謁，至瞻遺像，遶墓三匝，南枝蕭蕭，秋風颯然，便欲泣下。汝定持巨石擊檜賊頭，聲硜然，稍爲吐灖。歸舟，復泊漾碧軒，臨臺小坐，遊人縱横，歌聲笑語，頓失秋山蕭瑟。已而明月滿湖矣，復次望湖亭，平波印月，遠樹籠烟，野色蒼茫，漁燈隱没，心境一佳。汝定、益卿清興遄飛，鼓余仍勿舟而命趾堤間，花影交錯，至景物尤佳處，輒趺坐玩視，命酒三四行而歸。

旦日爲十四矣，湖境已涉，遂屈指南北山。早起詣玉泉，泉池可畝許，隱隱見泉從石隙中迸出，因詠樂天詩：『湛湛玉泉色，悠悠浮雲身。閒心對定水，清净兩無塵。』心賞之。元時舊畜五色文魚，爲遊人奇觀，客秋一夕爲盗所盡。旁泉遠近千畝轉灌悉仰給泉云。已至傅家莊，小有泉竹之致。已至集慶，飯畢，取道三竺[二]，孤峰插天，竹木參雲。過嶺至呼猿洞，晋僧慧理嘗蓄白猿，六朝僧智一亦畜猿於山，每臨澗長嘯，則諸猿皆集，故以名洞。洞止一石虢，益卿曰：『積陰之中，懼有毒焉。』余不敢入，蒼頭以火炮投入，其聲通山後，乃知洞深不測也。已至靈隱殿，燬而新剏，唐人蓋多詩詠。宋之問有云：『樓觀滄海日，門對浙江潮。』今寺前據山，不識所謂。山麓有亭，即冷泉也，泉從石中泠泠而去，奇石纍纍，皆如刻珪削玉，森立其前〔三〕。緩步至飛來峰，飛來又名靈鷲，晋咸和西僧慧理來登斯山，嘆曰：『此中天竺國靈鷲山之小嶺，不知何以飛來？』故峰有二名。峰高不踰數十尋，而怪石壁削，若駭豹蹲獅，衡從偃仰，益玩益奇。異木突生巨石中，根出石隙，遂合爲一。其下三洞，委蛇相屬，巖扃窈窕，屈曲通明，懸泉淅淅，乳溜垂垂，或圓澤似蓋，或絢綵如霞，不可名狀。盤旋稍憊，就洞中小憩。此時前後應接，不能默識，躍起復遶之二匝。上下藤蔓，入左出右，柔身入石穴〔四〕，燃燭究洞底，有徑必窮，廼自快然。猶不忍捨爾泠泉，復徘徊澗底，臨流枕石，偃仰少選，率爾成詩寄志。起來明月已在峰巔，松蘿弄影矣。歸寺坐月文昌殿前，念明日南山諸勝，欲稍畜精力，遂各就枕。早起至龍井泉，泉味澄冽，中有藍魚盈尺，出没旁穴。寺僧言其寺有十景，因導余一一識之。辟塵爐，乃宋時一石爐，瑩潤如玉，惟一足微損。神運石，高可六尺許，奇怪兀突，有木香穿繞竇中，正統間中貴李德因旱，令力士淘龍井中得之，上刻『神運』字，傍多款識，然漶漫不可讀矣。一片雲石，高丈許，玲瓏若鏤刻，在鳳凰嶺。又上則獅子峰，一石儼然肖之。餘所稱浣花池、插劍泉、浴麟池、仙人洞、過谿亭，皆湮没無足稱。僧復延至其精舍，曲折幽藏，圖畫滿壁，依山開窗，巧石縱横，汲泉烹龍井茶飲之。已至烟霞洞，石脂凝五色如霞，可三四十步，擴然開朗〔五〕，後漸窄深，入不可測。聞杭人以雄黄塗身，持火入，取白泥作餅粉，進數里，未竟其底也。洞右百武有石峰，下垂曰象鼻石，克肖。已至水樂洞，水從洞中流出，清響如樂。取道南高峰，益卿、汝定疲矣，余獨鼓舁人往絶頂，極峰石竹木之勝，東可瞰湖山，南頫大江，第爲葱蒨所翳，不能遐覽。時桂叢盛放，飄香滿山，歸途袂拂峭石，肩摩青篁，反曳徐下，復苦易過。已至八仙臺，乃何氏宗祠，無他致。已至石屋洞，洞開廣度三丈，如軒榭，所恨四周皆刻佛像，天巧削盡。前飛來、烟霞亦然,傳皆元時胡僧所爲。洞底邃窄不測,中貴孫隆復立石門限之。是日十五,杭人競將泛月,而陰濛作雨,余亦促歸,從六橋迤邐而西,得飽長堤兩湖之致。道經陸宣公祠,入謁,祠前臨湖,甚敞麗。抵昭慶,暮使童子覘湖堤遊人作何狀,歸報寂寞甚,廼就寢。

中夜雨甚,晨復雨,余曰:『度不能久旅,吴山之勝可奈何?』皆冒雨行。入杭城,雨廼漸霽,貫城中闤闠之盛,自金陵而下無其比。已登吴山。曰吴山者,春秋時爲吴南界,以別於越,故云。從高下瞰,萬户鱗櫛,市聲襍沓,耳目俱勝。更上謁子胥祠。所謂十廟者,惟城隍廟眺江稍佳耳。竟至瑞石山,秀石玲瓏,愈上愈奇,堪與飛來峰石相抗,而獨無佛像削損。上有紫陽菴,丁野鶴遺蜕在焉。更上爲槖駝峰雪風洞,洞不甚深,余與益卿、汝定、僧惠谷坐於峰下,四周峭石聳立,當空一石突兀上覆。時復雨,天光漏處,淋漓滴瀝,而巨石所覆,恰庇一几。四人更尋徑至絶頂,近俯闤闠,遠眺湖山,大江蒼茫,俱落眉睫,曠然大快。余謂遊之益人多矣,山岳之峻絶,江湖之浩漫,皆令人有萬仞壁立、百折不回之思;而烟雲變態,洞府幽奇,又令人飄然神往,一洗塵世之想;至於登高俯下,千里極目,天地户牖,萬象晦明,當此之時,其境有不可得而言者矣。故余自觀海之後,復一快於兹山云。

復出清波門至萬松嶺,松已濯濯矣。至萬松書院,弘治中參政周公木燬報恩寺而建大成殿,中設先師像及四配十哲,余恭謁畢。殿後爲明道堂,堂後爲周、程、張、朱五先生主〔六〕,旁出則草莽中楚楚秀石卓立。舊有軒亭,已皆荆棘矣。更轉徑,則臨湖山,地境絶佳。志稱有浣雲池,不得其處。白樂天詩:『白雲本無心,舒卷長自潔。影落一鑑空,可浣不可涅。鳶飛魚躍間,上下俱澄徹。此意難與言,覽之自怡悦。』旨哉其言矣!以余所見,在處佛殿鼎新,木聲丁丁不絶,至此,獨草棘凄涼,一望蕪穢,何也?一爲慨嘆。復自六橋堤還,山光水色,取之無盡。抵寺,大雨踵至。

明日雨,不可出。又明日,爲十八僧邀觀潮。復自六橋堤往,冒雨出,復稍稍霽。取道至虎跑泉,一潭澄泓。寺僧言舉咒誦經，可使其泉貫珠而起。余心私謂，動静乃泉之常耳，與益卿傍欄觀之，泉忽躍然珠起。覩壁間坡公有詩刻碑，余甚取其『因病得閒殊不惡，心安是藥更無方』之句，和詩有『鳥啼深樹僧方定，花落閒門日正長』，亦見風致。已至真珠泉，澄碧可愛。已至江頭，風静波平，雨晴山澹，景物殊佳。觀六和塔，徐步江濱俟潮。江濱人云今年潮不波，索然而返。余觀志，浙江潮不波〔七〕，甚非國家所宜，復動杞人之愚矣。自一橋舍舁泛舟而歸〔八〕。

十九日，浩然歸念，蒼頭束裝。余欲搜書肆中，以葉舟泛湖至湧金門，貫城步歸。湖山烟光縈帶，兼以雨色淒淒，歸舟返顧，猶不勝情。越二十五日，抵蘇門，旦日至虎丘，少步而歸〔九〕。

校記

〔一〕此篇又載《高子文集》卷三。

〔二〕『三』，四庫本《高子遺書》作『天』。

〔三〕『立』，《高子文集》作『列』。

〔四〕『柔』，四庫本《高子遺書》作『猱』。

〔五〕『擴』，四庫本《高子遺書》作『豁』。

〔六〕『主』，四庫本《高子遺書》作『祠』。

〔七〕『浙』字前，康熙本、四庫本《高子遺書》有『知』字。

〔八〕『一』，四庫本《高子遺書》及《高子文集》作『六』，疑是。

〔九〕《高子遺書》文末有陳龍正跋語：『志正氣豪，文彩颷發，後來闇淡静深之基築於此矣。蓋正初未見此記，以爲《三時》之嚴潔，是精進時；《水居》之淡曠，是得手時；《可樓》之隨寓無心，是結果時，未知其三十以前英豪忼慨、錦心繡腸有如此者。細想陽明先生文章、氣節、事功、道德無所不備，（四庫本《高子遺書》有『可』字）爲本朝第一人。愚謂陽明第一才人，非第一學人也。高子不及者，事功爾。然陽明嘗答人云：「吾請盡捐所長，亦不失爲全人。」此可參兩君子之學矣。君子多乎哉！」

（清）丁丙刻《武林掌故叢編》第十六集載此文，跋語末有『門人嘉善陳龍正謹跋』一句。

三時記〔一〕

余以癸巳冬仲謫尉潮之揭陽，越明年，七月二十六日始克成行。時叔時先生以削籍歸，信息至矣，予欲俟一晤而往。且先之海虞，弔趙定宇夫人之喪，便道問於季時。是日至小范家，飲酒半，季時至，知叔之歸尚遠也。明日凌晨而發，季時方舟行，小范不及來。午別季時，舟中遥拜，以書別老親，言所以不歸竟行之故。留書致叔時，有『吾曹一時退處，共得閒身。造物之意，夫豈偶然？不知何修可以報稱？』之語。是日莫，抵海虞，不值少宰。予於少宰，戊子僅識其人於南雍，是年夏以書來，故弔而報之。翼晨遊虞山，望大海。小范走人來，録屈子《卜居》於扇以贈行。予笈中亦攜得《楚詞》，取而讀之，竊怪世人僅知屈子以詞，而儒者又謂其過怨，失中和之則，不知其所自得固有天下之至樂者存。『耿吾既得此中正』，『溘埃風余上征』，蓋真見其中正之道上與天通，而乘鸞跨鳳何天之衢，不復知世中更有何事矣。故其詞曰：『民生各有所樂兮，余獨好修以爲常。雖體解吾猶未變兮，豈予心之可懲？』『定心廣志，予何畏懼兮？知死不可讓，願勿愛兮！』蓋爽然於死生之際矣。千古心事，晦翁爲一筆寫出，而世人反誚其爲騷人作註脚，豈知聖賢意義耶？累日讀之，方寸如洗，小范之啓我多矣。

二十九日至吳門，會管東溟。公爲黍食之，議論英偉，一時如遊奇山怪水之間，應接不暇。復曰：『吾人有一念毁譽着心，還是小人路裏人。』令人更發深省。别後，候王少湖先生。先生益衰矣，教曰：『凡人待文王而興者，便是凡民，須是一家非之、一國非之、天下非之而不顧，不要懦弱了。』余猶記去年先生一見，謂予曰：『居鄉勿爲鄉原，居官勿爲鄙夫。』實當終身誦之。别回舟中，則日葵、四弟、五弟皆至，韋所亦至，邀余四人飲，飲於虎丘致爽閣。蠡陽至，酒酣而别，蠡陽約余歸舟一過其家。翌晨，五弟先别歸，日葵、四弟則西湖之興躍如也。

八月二日至嘉善，弔璞齋父母之喪。璞齋病已黯然，不欲勞之，小語而别。三日，至檇李，拜吴海洲，弔朱虞峀封公之喪，虞峀留晚話。四日，海洲約飲於煙雨樓竟日。

六日，至武林，寓大佛寺，湖山在軒几間，昏旦弄色媚人。舍館定，與日葵、四弟往訪舊寓僧寄滄，遇吴子往、陸古樵。古樵名粹明，廣東新會人，萬里孤身東遊訪學三年矣，子往見而奇之，朝夕與俱。其人清苦澹默，終日静坐，或至閉户經月。與之錢則辭，與之衣，寒則衣之，暖而返之，井然不苟也。問其所從師，曰潮陽蕭自麓。問其學，曰主静。謂予曰：『只要立大本，一日有一日之力，一月有一月之力。務要静，有定力，令我制事，毋使事制我。』余深喜其言。又嘗謂子往曰：『静後覺真氣從丹田隱隱而生。』予又懼其悮認主静之旨也。子往有小舟如葉，攜入湖中。午後，余五人共載而泛，張布帆，信風所之，甚見氣象。遊静寺而歸，賦詩志之。八日，蚤起，獨步山薄中，或登高而眺，或臨水而坐，悠然於無人之境，别有一種意況。午歸小憩，再與日葵、四弟步六堤，帶月而回。至斷橋，月佳甚，命酒而飲，各有詩句。酡顏抵寺，則子往、古樵來，言如此良夜，不當泛舟耶？五人别坐一舟，蕩小舟取酒，童子踏而攲水注入，盡濕子往所攜，興沮而回。余謂一日中所得於山水者多矣，進而不已，宜其咎也。九日，與日葵、四弟出遊，至高麗寺，遇雨，雨止，往法相寺。飯後觀錫杖泉，叢桂盛發，亞覆泉上，醲芳清響，極一時之勝，相與樂之，遂止寺中。明日遊石屋、水樂洞，至滿家莊觀桂，則桂已後時。遂往五雲，此武林諸山最深處。所謂九溪十八澗者，兩山之間，泉凡九漈，澗凡十八曲。五雲於諸山最高，諸山至此而盡，山外則大江矣。從絶頂眺望，大海莽然，江流縈繞，千山蹲踞，收入一覽，更無遺恨。飯於山菴，取道天竺，上下崗巔，舁人指點，頗得兩浙之概。復遊飛來、靈隱而歸。十一日，丁長孺至。日葵、四弟別去，執手不免悽惻，一笑而意解。十二日，王洪陽公以書來，因托寄朱鑑塘中丞、逯確齋兄書。午後，長孺約遊湖，小坐蘇堤，月色不佳，興亦不至。朱梧峰聊爲鼓琴，夜色淒淒，懶緩而散。十三日，洪陽來，余以野服偶寓湖濱，不能入城交際，遂謝不見。方散步歸，則錢繼修、傅太恒持舟來，拉往晚泛。太恒復云開樽昭慶，以待夜談。舟抵寺前，維於池岸，岸狹水齊，予既短視，暝色蒼茫，遂步入水中，太恒急命僕援之，不至狼狽，一時解衣驚迫之情，更深見其交誼也。更衣入寺，長孺亦至，呼酒大浮，酒酣耳熱。日間偶聞一士人炎涼之狀，深愧其復負時名，偶爾談及，抵掌盡發，繼修、太恒俛而聽之，余遽省其非。別歸就寢，思一時言行俱失，三復《小宛》之六章，不能成寐。明日，范熙陽公枉駕，亦謝之。余欲湖上過中秋，且觀潮而去，及長孺來，隱蹤遂露，軒蓋時臨，不可居矣，遂行。長孺送至江口，小酌六和。連日意態頗倦，此夕明月臨江，不能飲酒，亦覺幽藴内攻，不暢諸外也。長孺復遠步送余登舟，慨然作別。

十五日，五鼓渡江。連日陰雨不開，空度佳節。蓬窗隱坐，深自克省，知前功之不切，手勢一轉。十六日早，雨中登釣臺，拜嚴先生祠。兩峰插雲，與人俱高，清江駛流，俯仰低徊，忍不能舍。自此而上，山水之勝，目中未見，千峰翠色欲浮，一道碧流縈抱，真堪漁樵肥遯也。二十日，至常山，陸行。二十四日，過分水嶺，畢日所經，兩山夾路，飛泉遶足，竹木喬秀，亦極其勝。

二十五日，至武夷。二十六日，遊九曲。二曲拜蔡九峰先生，五曲拜朱夫子，即武夷精舍也。六曲而上，羽士言山勢已散，無足觀。余見挽舟上水甚艱，遂返。大抵此山峰巒奇絶，中間飛泉劈瀉，遶於諸峰之中，遊者必以舟，舟中拄頰仰觀，隨水所曲，峰形亦變，往返所見，體勢亦殊，頃刻萬狀，不可名言。其最勝者，則文公書院之間，後枕隱屏，前臨晚對〔二〕，茂林屏翳，深藏不測。登高視之，則諸峰羅列，俱落眥際。隱屏一石，拔地萬仞，其絶頂載土，竹木蒼翠，四隤則反削而入。稍下有三峰，附之如筍，名接筍峰，皆壁立，無階可升，有木梯千級，附石而上。既至半嶺，鑿仄道，僅可置半足，横拖鐵鎖，攀而行，圓轉百武，始有石磴可循，上皆道流居之。余冒險直至絶頂，然戒心亦凛凛矣。再至天遊峰，其峰在三曲之内，陸行至其巔，則出七曲之後。上有菴宇可憩，一望則隱屏當前，三峰如架，其餘諸峰皆摩其首，此亦一絶勝處。至九峰書院，則四揭、大王、鐵板、玉女、妝鏡、兜鍪諸峰攢矗可愛，其餘幽勝未暇細探也，留詩四絶寄長孺而去。

二十九日，至延平，會趙控江，托寄李見羅先生書，并許敬菴中丞書。見羅以去秋書來，論止修之學，至是始答之。見羅書云：『果明宗，果知本，真有心意知物，各止其所，而格至誠正，總付之無所事事的光景矣。』又曰：『格致誠正，不過就其中缺漏處照管提撕，使之常止。常止則身常修，心常正，意常誠，知常致，而物自格矣。』余則以《大學》『格致』即《中庸》『明善』，所以使學者辨志定業，絶利一源，分剖爲己爲人之介，精研義利是非之極，透頂徹底，窮穴擣巢，要使此心光明洞達，直截痛快，無毫髪含糊疑似於隱微之地，以爲自欺之主。夫然後爲善而更無不爲之意拒之於前，不爲惡而更無欲爲之意引之於後，意誠心正身修，善之所以純粹而精，止之所以敦厚而固也。不然，非不欲止欲修，而氣稟物欲拘蔽萬端，恐有不能實用其力者矣。且脩身爲本，聖訓昭然千古，誰不知之？只緣知誘物化，不能反躬，非欲能累人，知之不至也。何以旦晝必無穿窬之念，夜必無穿窬之夢？知之切至也。故學者辨義利是非之極，必皆如無穿窬之心，斯爲知至。此工夫喫緊沉着，豈可平鋪放在，説得都無氣力？且條目次第，雖非今日致，明日誠，然着箇先後字，亦有意義，不宜如此儱侗。此不過先儒舊説，見羅先生則自謂孔、曾的傳，恐决不入也。

九月六日，至安沙。自延平取道沙縣，萬山之中，商旅罕繇，恍非人世。安沙而上，則山益高峻，皆危巖絶壁，斬然兩開，中瀉碧流，石磴高處，上下相去丈許，急湍飛騰，瀑注如白龍，蜿蜒而下，如此者凡九，故名九龍。其間稍亞於龍者爲灘，灘凡十八。余所買清流之舟，僅容兩人，主僕分載。自延平至清流皆逆流，舟子終日傴僂負舟水中。至九龍，則盡一時所集之舟，合數百指之力，兩岸翼以百丈倒挈其舟〔三〕，猿掛而上。每上一龍，輒至移時，蓋以諸舟合力而輪升也。余每至龍，先往山麓，坐大石而觀之，蔥蒨蔭人，四山如圍，異鳥百態弄韻，而牽舟之人與水聲浤浤許許，相切和應〔四〕，自喜以爲絶致。夜則隨意所止，山高水險，亦不虞盜。峰頭月吐，村酒小醺，焚香吟咏，倦而就枕。中夜夢回，水聲愈苦，清徹骨髓。數日心境，得山水之助殊不小也。余於壬辰之春服闋赴京，計當得部，欲告南，以便攜家。卜得一籤云：『一生心事向誰論，十八灘頭説與君。』不解所謂。至京而舊例忽改，迺得行人，此語益覺無似。揭陽之命下，途中偶檢程圖，見繇江右至潮，當經十八灘，瞿然而驚。又詢知從閩道徑，余戲謂：『神無如我何！』業已指閩省而漳而潮矣。至崇安，主人云：『路出三山迂，取清流便。且從省而東，更無水道，勞費非計。』欣然從之，不虞其有所謂九龍十八灘也。人生分定如此，世情可一笑而破矣。

重九，至清流，山城也。登高展眺，野店飲酒，作詩志喜。縣令聞之，勸入官舍，辭以即次已安。明日陸行。十一日午至汀州，有記學者，在《困知録》中。傍晚散步康莊，道傍見一坊，顔曰『鄞江第一山』。入坊，得一碧雲宫，爲霹靂觀。觀後一山，山下立石楚楚，或呀然而爲谷，或隱然而爲洞，所在翼然有亭。最勝處爲碧雲洞，亦自幽澹可人。復買兩舟，順流而下。然舟愈小而陋，一竹席僅可禦雨，前後風洞入，爲置草席簾蔽之，偃仰其中，意更舒美。十五日，過大姑，險絶處不可屈指。前所經九龍諸灘，以上水，雖艱而穩，此皆順流，且身在舟中，灘流湍急，從高而墮，其下復亂石縱横如牙，舟别無舵，舟人僅以兩槳幹旋之。每下一灘，舟輒刺入白浪，浪裏而復出，穿於石罅中，幾希乎公孫大娘之劍。假令張旭、右軍觀之，書法當更進耳。余初亦不免動色，已遂視之如夷。以此知險須用習，『習坎』之義大矣！午後至峰頭，又當從陸。雨不止，家人束裝，勞憊可念。啓塗雨霽，從山陸行十里，復當從水。易一舟，稍廠，平水隨流，晝夜不泊。

十七日，遂抵潮。會唐曙臺，知朱任宇已於前月抵任，時亦在府，遂至開元寺拜之，假館寺中。十八日，謁道府，晚赴曙臺酌，余意甚暢，曙臺神情不王，談論不盡展也。二十日，飲林仰晋。夜半至揭陽，縣中別無公署，假於李氏之祠，有池，有茂樹，有花竹，幽雅殊不陋。廿一日，謝恩，拜聖廟，晚赴任宇公宴。廿五日，蕭自麓公來，以余寄陸古樵書故，遂枉訪。公舊在羅念菴先生之門，以主敬爲學，所見甚正，談論終日，歡相得也。翌日復來，小坐而別。自是官舍中讀書静坐之餘，日有儒童以所爲文來，稍正其文體，爲新説所惑，敢背傳註者亦反正之。每旬一會，從文字中察其品，略得數人〔五〕。

十一月，二府致菴莊公以《王文成年譜》來，欲予叙而刊之。余觀文成之學，蓋有所從得。其初從鐵柱宫道士，得養生之説。又聞地藏洞異人言周濂溪、程明道是儒家兩個好秀才。及婁一齋與言格物之學，求之不得其説，乃因一草一木之言，格及官舍之竹而致病，旋即棄去。則其格致之旨未嘗求之，而於先儒之言亦未嘗得其言之意也。後歸陽明洞，習静導引，自謂有前知之異，其心已静而明。及謫龍場，萬里孤遊，深山夷境，静專澄默，功倍尋常，故胸中益灑灑，而一旦恍然有悟。是其舊學之益精，非於致知之有悟也，特以文成不甘自處於二氏，必欲篡位於儒宗，故據其所得，拍合致知，又粧上格物，極費工力，所以左籠右罩，顛倒重復，定眼一覷，破綻百出也。後人不得文成之金針，而欲强繡其鴛鴦，其亦悮矣。余於序中亦未敢無狀便説破，姑記於此。

初九日，自麓以書來，曰：『工夫不密，内有游思，則主不一，外有惰行，則儀不飭，非敬也。必須内外協持，積養深厚，使此心無少間襍，斯謂能一，斯謂真敬。先儒曰：「此心有些罅隙便走。」又曰：「學貴含蓄深固，最忌洩漏。」某嘗自思，惟只用功不密，洩露太早。敬爲執事誦之，毋若某之徒老而自悔也。』語語破的，謹爲書紳。且自麓所最服者魏莊渠先生，又可見其學之正矣。余數年來亦殊悠悠，自出至此，已三轉手勢，以此知學者瞥見些光景而遂以爲有悟者，皆妄也。

十七日，往潮陽訪自麓，風日如春，征行甚美。午後至自麓家，劉鴻陽大參往訪，其人甚爽愷。晚宿自麓別館。十八日，赴縣公酌。十九日，覓騎往海門觀海。至蓮花峰，平地突起一石，剖作數片，皆自相依傍，削直數仞，旁一片斜插，勢如欲偃，遠望之，如蓮花尚蕊而一瓣先放者然，故名蓮花峰。文丞相於此佇望帝舟。峰間兩石相拱，如門生於其中〔六〕，前臨大海。是日風静浪平，雖未覩洪濤猛勢，而天清日麗，兩儀一色，間心澹澹，渾合無間，命酒沃之，爲成小詩。歸則自麓與鴻陽攜酒西園，相約以菜止五簋，盡袪繁儀。時潮俗頗侈，蕭氏諸郎皆謂不可，自麓見信，獨守約言。自是連日在自麓家，相對静坐。自麓出念菴諸書觀之，其學大要以收攝保聚爲主，而及其至也，蓋見夫離寂之感非真感，離感之寂非真寂，已合寂感而一之。至其取予之嚴、立朝之範，又正陽明門人對病之藥也。廿一日，鴻陽邀遊東山，遂早往，拜張、許雙忠祠，文丞相祠，韓昌黎祠。其地有張、許祠者，宋朝二公，鴻陽述其事甚奇，第以怪，不可道。文山公曾謁其祠，輒與二公杯棬酬酢，其事更怪。至以所乘馬與神賭拳，文山負，其馬立槁，至今馬塚尚在，天地間感應之理，要亦無足怪也。自麓隨至，共飲祠下，鴻陽攜具亦如約。酒半，至泉簾亭，臨流更酌。既而登山眺望，正當落日，遠水煙生，千山皆紫，大海隱躍在指點之外。暝色東來，遂相與緩步而歸。廿四日，遊西巖。巖不爲佳，第上絶頂，東山如屏繞其左，南山隱隱列其右，大海蒼茫於前，更佳於東山之望矣。歸至自麓別圃，林池更幽，梅花、薔薇俱已盛放，一爲心賞。將別自麓，請教，曰：『公當潛養數年，不可發露。先輩皆背地用一陣堅苦工夫，故得成就耳。』余深然之。廿五日歸，凡在潮陽八日。

廿七日，曙臺之友蔡大秋來，此兄瀟灑不俗，與襍論圖書卦象，頗亦了了。十二月初八日，按君王梧岡以書來。先是，余具文乞休於兩臺，至是以傳符假余以書差歸。余在縣凡三月，揭陽之民，力耕自給，民頗饒，亦罕梗化。止有宄人名陳所藴者，工於刀筆，以起滅爲事，潛結惡少年，布滿各縣，凡有睚眦之怨，即令其黨控一事訟之官，此縣人必至他縣告，可勝則織成其罪，度不可勝，則沉其案。原告皆詭名，官府不可問，而所藴常立於無事之地，莫可誰何。以是細民至縉紳莫不畏之，語及，必左右顧屬垣之耳，而後敢發，常若所藴之日介於其側者。予聞而奇之，至詢其人，本一士夫林氏家人子，廼淫其主女，後女出嫁，又婉轉用計，占以爲妾。予始憤然，以爲如是則紀綱滅矣。告於任宇，密擒之。十二日，明其證佐，所藴服其辜，痛治之，僅不使至死，辭成而上之。

十五日啓行，任宇送至三十里而别。十六日至府，江鎮海參府枉顧。參府名應龍，一見謂予曰：『前聞至蓮花峰觀海，恨不及負前茅，公亦見鄙人海濱結搆乎？』余曰：『何居？』曰：『以祠文丞相，丞相之履及斯地也〔七〕。且舊有張魯菴先生者，隱居不仕，結茅蓮花峰下，琴書自老。鄙人以丞相大節震耀宇内，如先生，豈宜泯泯？欲以先生配祀丞相，爲大海生色耳。』予心喜，以武弁那得有此見解，稍稍與語，此中井然，殊不可得也。是日赴莊二府酌。十七日遊金山，拜周元公祠，謝、陳二上舍攜盒小酌。山不甚高，有大石茂樹，可蔭可坐。山巔爲宋安撫馬發合門死節之所，建祠其地。稍下則元公祠，亭宇修潔，四望亦佳。晚赴沈三府酌。十八日，江鎮海邀遊湖山，蕩舟西湖，狂風觸人，頗妨瞻顧。湖南傍山，山麓新刱梵宇，後有清泉立石，石上皆勝國時題名，蓋舊爲學宫，故登科者皆題名石上。攜盒酌於活人洞，參將殊不俗，把酒淋漓，高談軒豁，衆山如賓，列石如侍者，清流縈迴於前，俯仰俱勝。落日蒼然而别，赴徐道尊酌。

十九日啓行，舊父母李公名思悦者枉顧。公之莅九龍，余猶未出人間，於是公髮亦種種矣，猶識大父静成公，問知余祖，歎曰：『有氣概人也。』别去，遂至韓山，謁昌黎暨陸丞相祠。丞相祠頽，貌在雨打日暴中矣，一爲長歎。揭陽生儒送者皆集，謝見溪名良政者，余聞於曙臺，以潮人惟此友向學，余至郡訪之而不遇，至是亦來，因相與論説，以勉諸生。時諸生已得數人興起，余在官舍編集《朱子要語》亦已成次第，遂以梧岡及任宇所饋二十金鳩工刊之，庶幾其有得門而入者耳。移時别去，行三十里，見溪與諸生再集，小酌而别。行三十里，諸生復集。余曰：『日暮矣，不可前，諸君且休。諸君努力，自當相遇中原。』與諸君矢：

「繼自今,脱鄙人毁廉蔑檢,無以見諸君,諸君不克砥礪,厭厭世俗,亦無以相見。」」則皆曰:『誠如此盟。』是日至黄崗。廿一日,將至漳浦,見道旁立石,大書曰:『宋鄭虎臣誅賈似道於此。』甚快之。

廿二日,至漳州。入署,則李見老來,便留予過歲,余亦即過其寓隨榻焉。見老謂予:『心性之辨已自了然,所争條目耳。』因爲申諭,明不可易,且云:『此來必令洞然無疑,方始去得。』予所執者,本自無疑,見老學已成家,長者亦不敢與深辨,故連日但巽心聽教,受益甚多。見老出見客,坐中有詆宋儒者,不免又起辨論。其人曰:『至善是性體,如何認作極功,都没用了。』余曰:『公自認作極功,朱子未嘗如此説。門人問曰:「至善是各造其極,然後爲至否?」朱子曰:「至善是自然的道理,如此説不得。」又曰:「至善是些子恰好處,天理人心之極致也。」公且看人心若純乎天理,而無一毫人欲之私,此何等境界!還算不得性體否?』曰:『一草一木皆要格,如何?』余曰:『公看上下文否?』『不知也。』余曰:『如此,何以駁先儒聖賢之言?隨人抑揚,人欲專求性情,故推而廣之曰:「性情固切,草木皆有理,不可不察。」人欲泛觀物理,則又曰:「致知當知至善所在,若徒欲泛觀物理,恐如大軍之遊騎,出太遠而無所歸也。」一進一退,道理森然,何嘗教人去格草木?』曰:『今日格一物,明日格一物,如何?』曰:『自是問者疑一物格而萬物皆通,故云「雖顔子亦未至此」,「惟今日而格,明日又格,積習多,然後有貫通處耳。」此於道理何疑?豈曾限定公一日只格得一物耶?』

時適有泉友張子慎名維機者來受業見羅,書其所見爲質問,雖尚有騎牆之見,而中間有云:『宋之諸儒,求其彷佛孔、顔者,惟程明道,而集諸儒大成者,獨有朱晦菴。大率程之學粹,朱之學博。程之學以誠爲主,以涵養爲功,以無將迎無内外爲定性,其元氣之會,如瑞日祥雲,渾然天成,朱之學,主敬以立本,窮理以致知,反躬以踐實,其表章之勤,如迴瀾揚波,浩然東注。故嘗謂道宗於宣父,顔、曾、思紹其傳,至孟子而始著;道章於孟子,濂溪、張、邵繼其絶,至程、朱而始著。乃一再傳而不能不錮於見,局於域,墮於蹊，而流於支，則後儒之咎也。吾黨未覩一斑，奈何輕評先輩？今人士有不誦習朱説者乎？青衿而遵之，係籍而變之，猶曰見有異同也，甚至病以楊、墨，斥以夷狄，則豈免逢蒙之罪？王新建卓識宏才，疇得議之，乃其徒何紛紛也！有憚於修詞而逃者矣，敗於名檢而逃者矣，擅於聲利而逃者矣，不知孔門四科，果爾錯襍耶？大都晉、六朝之談，崇莊老而明擠之聖人之下；今學者之談，斥佛氏而陰奉之聖人之上。宋後儒之支離，不過割裂於訓解；今學者之支離，反至割裂於心體。當今之時，夷而敢於猾夏，怪而敢於干常，毋亦關竅風聲，密與運會，而吾黨崇奉西天之教，潛爲之徵召歟？』此其言雖聖人復起，恐無以易也。余不勝快心，拜而納交。

廿三日，蚤赴吴參將酌，午赴同年温用廷、黄雲寰、蔣恬菴酌，晚赴吴翼雲酌，一日併了人事，得與見老静對兩日，亦極其樂。見老苦欲余過歲，余不免歸心，見老笑予世情，余亦不覺自笑耳。二十六日，與見老及子慎諸兄執手郊外。明日至同安，謁朱子祠。二十八日至泉州，王對南出訪，拜何匪莪不遇，劉景范留予清源過歲，余以郡中人事襍沓，不樂也，去之。

二十九日至楓林驛，四壁大樹扶疎，鳥雀遶鳴，寥寂之中，自有深致。明日，郵丞致酒，寒燈獨酌，屈指庭闈，尚隔三千，憮然就枕。元旦，驛中拜牌畢，趣駕遊九鯉湖。蓋迂道九十里矣，日昃而至焉。湖在高山之巔，山高十餘里，上有良田、茂林，别成世界。山巔復行十餘里，始抵湖。蓋山泉從福而來，已四五百里，至此山，忽結爲一石，石坎星布，其最大者可數畝，深二十餘丈，泉奔入坎中，晝夜如雷。相傳舊有九鯉魚，何仙丹成，鯉皆化龍，仙乘而去，故名。泉從此湖而溢，又里許，山忽兩翼劈開，斬然絶壁，立地萬仞，泉從中飛瀑而下，如珠簾，故名珠簾泉。其下不可至，從山之右翼臨不測而觀之，竦魂駭目，亦天下之一奇也。又從右翼攀援藤葛，猱身側逼而行里許，則左翼有玉柱峰，一石圓立如柱，水四道下注，其珠簾泉至此石，復下削百丈，水直衝注，聲震兩壁，其觀愈勝，遊人以道險罕至。繇此而進，則鳥道亦窮矣。初二日，盡日盤旋於此，蕭蕭身世，雲水孤清。有仙祠臨鯉湖，游人晝夜偃卧其中，以祈仙夢，争割鷄血以塗神口，尤可怪也。祠左另有官署，清幽可居。

初三日，早發。初五日，至省，寓城外荷花亭。亭俯清湖，左面群山特野曠，更無寢室，非冬日所宜。明日早去芋源，登舟以書聞於許敬菴先生、徐匡嶽憲副。敬菴以《敬和堂集》來，匡嶽以《來益堂集》來。敬菴先生之學，以無欲爲主，自是迥别世儒，不必以《大學》論離合也。當時濂溪無欲之學，《大學》未經表章，反覺潔浄。今日人人自爲《大學》，執此病彼，氣象局促耳。匡嶽以余竟去，疑余過絶之，且云即欲拂衣，乞先謂景陽、我素，二泉劍石之間有徐生之跡矣。初八日，陳蘭臺少参以書追至，雅有志嚮，爲不可及。初九，至延平，趙控江留小坐。初十早，拜李先生祠。

十二早，往考亭拜朱夫子。其地清邃可愛，書院前臨翠屏山，山下滄洲泉，澄泓一鑑，清氣洗人，後倚玉枕山，皆喬松茂林。朱氏五人出迎，十三代孫也。有名弘演者，志甚向學。眷然難别，恨不信宿，以窮山水之幽，慰諸君之雅。晚止武夷山房。十三日，以前遊未盡，再窮其藴，直至九曲之終，山勢既散，豁然桑麻，真朱子所謂『莫言此地無佳景，自是遊人不上來』也。往返三十六峰之間，胸中圖畫了然，意興始愜。舟回，復步上大王峰，暖日酣人，攀援過力，頗爲困乏。晚至崇安官舍，拜趙清獻公。公舊令崇安，故官舍亦設其主。

十四，至車盤，風雨如晦。自炎方而來，此日始識寒景，被褐淒其，郵丞致酒，小酌而醺，賦詩自戲。十五日，至廣信，宿城外寺中。大街燈火頗鬧，月色不明。覓佳醪不得，捺興而卧，解衣則馮二府攜盒送酒來，不能再整孤懷也。十七，至常山從水。十八，至衢州，二府陳敬九、同年李景潁來，向余津津爛柯之勝，入山僅二十里，竟吝一日之程。十九、二十，大風雪，舟不能前，失一名勝，仍留滯兩日，當是柯山仙靈作祟耳。廿一日，行，兩岸殘雪妝點，野色甚佳。廿三日，睡起，問釣臺，則去之三十里矣，回首慨然。

廿四蚤，至杭州，寓玄妙觀。范熙陽來，相對半日，絶非世情。别去，買書肆中。時以范平麓之死，致逮彭直指魯軒，王洪陽亦革任。每逢父老，輒詢其事，無不扼腕嘆息，謂二十年來未見此撫按，民之不幸一至於此。至言范死之故，則直指絶無搏擊之實，中丞更博大裕民，時論之豔甚矣。廿五，宿舟中。明日，大雪，思湖上之勝，神興飛舞，而蒼頭倦遊，卒爲所尼。

廿七，至唐棲，弔卓月坡之喪，稚成兄弟留小坐。會胡玄敬，休仲之尊人也，一市賈耳，三十喪偶，遂絶欲不娶，二十年來，稍稍知讀書，求身心之要，奇士也。休仲亦沉潛向裏，與卓稚成、吴子往三人爲同志之友，蓋俱有拔俗之韻焉。談夜分而别。

廿八，復雪，三日不霽，東風逆舟，日行數里。初一至嘉興，風雪益甚，遂易小舟而前。至新安訪華蠡陽，踐别時之約也，秀谷在焉。遠客初歸，故人握手，問得庭闈無恙，便呼酒自慶，一時風味殊不可狀。酒酣下榻，覺而辨色矣，急起登舟。

至家時，二月四日也。秋往春歸，凡歷三時云。

校記

〔一〕此篇又載《高子文集》卷三。

〔二〕『晚對』，四庫本《高子遺書》作『佳樹』。

〔三〕『丈』字後，四庫本《高子遺書》有『繩』字。

〔四〕『切』，四庫本《高子遺書》作『爲』。

〔五〕（清）高世寧《高忠憲公年譜》卷上『萬曆二十二年』載高攀龍抵潮州揭陽謫所後，『編集《朱子要語》成』，下引《記》云：『官舍優暇，深宜讀書，《朱子》以是月編完。連日編書，稍覺忙迫，心便不定，應事便有昏處，以此知放，教虛閒養心，發慮之本也。』據《高忠憲公年譜》『萬曆二十三年』云：『已上編次揭陽之行，所稱「記」云者，皆《三時記》也。』知所引即《三時記》。《高忠憲公年譜》所引文字，今本《三時記》無。

〔六〕『生』，四庫本《高子遺書》作『立』。

〔七〕康熙本《高子遺書》『丞相之履及斯地也』一句前有『以』字。

水居記[一]

漆湖之干有洲焉，可二十步，三分贏一以爲廣。其外，池周之；其外，堤周之；其外，湖周之；又其外，山周之，所謂軍將、漆塘諸山也。主人即洲作居，以水爲垣，豁然四達。主人偃息其中，以水爲娛，泊然自得，或凭軒而眺，或隱几而瞑，或曳杖而遊，目之所赴，意之所遇，魂魄之所安，無非水也。居久之，於是主人閱日月升沉，雲霞起滅，草木榮瘁，禽魚去來，與四時百物相代謝於一水之間，而忘乎其爲我也。居又久之，於是主人且宅天宇之寥廓，餐元和之膏潤，乘浩氣而翩躚上下於無窮之門，而忘乎其爲水也。或曰：『子之樂，微矣，獨矣。』主人謝不敏，曰：『夫造化者固逸余於是夫。』吾請問之及命之泰筮，得《節》之兑，其卦曰『水澤』，其辭曰『安節，亨』。主人莞爾而笑，乃歌曰：『可以樂飢，泌之洋洋兮。所謂伊人，在水中央兮。』

校記

〔一〕此篇又載《高子文集》卷三。

可樓記[一]

水居，一室耳，高其左偏爲樓。樓可方丈，窗疏四闢，其南則湖山，北則田舍，東則九陸，西則九龍峙焉。樓成，高子登而望之曰：『可矣。吾於山有穆然之思焉，於水有悠然之旨焉，可以被風之爽，可以負日之暄，可以賓月之來而餞其往，優哉游哉，可以卒歲矣。』於是名之曰『可樓』，謂吾意之所可也。

曩吾少時，慨然欲遊五嶽名山，思得丘壑之最奇如桃花源者托而棲焉。北抵燕趙，南至閩粵，中踰齊魯、殷周之墟，目觀所及，無足可吾意者，今廼可斯樓耶？噫！是余之惑矣。

凡人之大患，生於有所不足。意所不足，生於有所不可。無所不可焉，斯無所不足矣，斯無所不樂矣。今人極力以營其口腹，而所得止於一飽；極力營其居處，而所安止几席之地；極力營苑囿，遊觀止於歲時十一之托足耳，將焉用之？且天下之佳山水多矣，吾不能日涉也，取其足以寄吾之意而止。凡爲山水者，一致也，則吾之於茲樓也，可矣。雖然，有所可，則有所不可，是猶與物爲耦也。吾將繇茲忘乎可，忘乎不可，則可樓者贅矣。

校記

〔一〕此篇又載《高子文集》卷三。

鄒忠公惠山祠堂記[一]

忠公居晉陵，故祀晉陵，惠山何以有公祠也？公之弟進士至遠公高風亮節，與公同氣同心，始居我錫[二]。至遠公十六世孫學憲愚公[三]，築名園惠山，極泉石之勝，慨然念曰：『士當明時歸老於家，擅有丘壑，此人世最適。吾何以得此？吾祖忠公遺休也，敢忘所自乎？』[四]乃搆祠泉上，未落成而公卒。公之子始祀忠公，奉至遠公與愚公配，於是惠山有忠公祠，鄒宗之賢者期楨等謁予記其事。

余惟記其祠者，必表其人。公立朝直節，竄逐坎壈，守志堅貞，彪炳史册，固無晦而不彰、微而不闡有俟於表[五]。余獨欲窺公當年所以蒙難貞志，坦然於屯亨夷險而不二者，是遵何道也。公之言曰：『聖人之道備於六經，六經千門萬户，從何而入？大略在《中庸》一篇，其要只在謹獨[六]。』公之所謂『謹獨』，蓋超然有悟於傾耳莫聞、拭目莫覩之真，非如他人得其郛廓之近似者而已，吾於是而知公之所以爲公也。夫子曰：『獲罪於天，無所禱也。』他日又曰：『丘之禱久矣。』又曰：『知我者，其天乎！』聖人所息息相保、心心相符者，惟天也。天不變，則道不變，世之常變固不得而變之。今人日見太虛浩浩，而執其妄心以爲心，乃指其見者曰虛空，若與我不相屬者。然不知虛空者即天之貫於人，妄心者即人之隔於天。學者用力久，而妄心脱落，虛體全彰，我與天一物矣。妄心者一刻萬變，天者萬古如斯，無生死之變，况於區區亨屯夷險乎？古之忠臣孝子，吾不知其於聖人之道如何，要之，忠孝則無妄，無妄則天通。人試自反，果不獲罪於天，其心浩然無涯，非天而何？寧可舍是而謂蒼蒼者之非此物耶？然則公之履險如夷，虔終如始，至於今，英爽洋洋於上下左右者，非此物也耶？公之慎獨，蓋慎諸此，此公之所以爲公而能千古者也。

吾邑有公祠，九泉若增而輝[七]，二水若增而旨[八]，公之祠與兹山終天地而不朽。愚公之味於兹山者深矣，爲德於兹山之人久矣，其與至遠公同配享公而永永不朽也宜哉！

校記

〔一〕此篇又載《高子文集》卷三、（清）周有壬《梁溪文鈔》卷二十。《梁溪文鈔》題作《宋鄒忠公祠堂記》。

〔二〕『高風亮節，與公同氣同心，始居我錫』，《梁溪文鈔》作『始居無錫』。

〔三〕『學憲』，《梁溪文鈔》作『提學』。

〔四〕『築名園惠山……敢忘所自乎？』一段，《梁溪文鈔》作『既築園惠山，復追念祖德』。

〔五〕『公立朝直節……固無晦而不彰、微而不闡有俟於表』，《梁溪文鈔》作『公立朝氣節，彪炳天壤，無俟余之表章』。

〔六〕『謹獨』，《梁溪文鈔》作『慎獨』。下文『公之所謂「謹獨」』，《梁溪文鈔》所作同此。

〔七〕『泉』，四庫本《高子遺書》及《高子文集》作『龍』，疑是。

〔八〕『水』，四庫本《高子遺書》及《高子文集》作『泉』，疑是。

汧陽縣三賢祠記〔一〕

汧陽三賢者，曰燕公伋，從夫子於遵周問禮之時者也〔二〕；曰郭公欽，肥遁於王莽篡漢之世者也；曰段公秀實，死節於朱泚之亂者也。舊皆祀於學宫，邑侯夏公始創三賢祠特祠之，請記於馮仲好先生。仲好一日謂余曰：『若是者，世之相去也，品之各别也，假令三賢者生同時，聚同堂，其志同乎？同而後可同祠也。』余曰：『同。』曰：『有説乎？』余曰：『天地大矣，惟人與之同者，其才同也，故曰三才。才者，何也？

生也。生者，何也？心也。故人之得其本心者，同於天地，失其本心者，同於禽獸。雖有賢哲，語之同於天地必駭；雖有凡愚，語之同於禽獸也必憤，是烏知不同天地則同禽獸，其間不能以髮也。夫子論成人，非謂合知廉勇藝之四子，又文之禮樂而後爲成人也。謂即知廉勇藝之四子，各文之禮樂，皆可爲成人也。且推之，利無苟得，難無苟免，不忘久要者，則不必有四子獨到之才，苟不失其本心者，皆成其人也。夫以陳亢終身依聖人，不識聖人，夫子問禮之時，名未著於天下，而燕公首得聖人宗之，視亢等憒憒何如乎？楊雄號稱大儒，不免死於『莽大夫』，視郭公冥鴻威鳳翱翔雲漢何如乎？李懷光千里赴難，破賊解圍，不甘奸臣之譏，甘爲亂賊而不顧，視段司農一笏何如乎？此本心之辨也。三賢者不同品，同於不失其本心。心同則才同，才同則與天地不朽同。故成人者，其塗甚博，其要甚約。既成其人矣，又惡乎不同？』仲好曰：『善。即以記三賢可矣。』

夏侯名之時，成都人。

校記

〔一〕此篇又載《高子文集》卷三。

〔二〕『遵』，四庫本《高子遺書》及《高子文集》作『適』。

王侯祠兩廡記〔一〕

天下有事，匹夫能執干戈捍寇賊，即不幸而死，其一念自足千古。何者？此一念，正氣也，惟正氣不可磨滅。天地之常運，日月之常明，山岳之峙，江河之流，皆氣也。聖賢能精之一之，與此渾合無間。即匹夫匹婦，一念秉正而死，其氣未嘗不與之合。然其心非精一之心，故其氣非充塞之氣。譬則盎缶之水必歸於器，有所歸則聚，無所歸則散，聚則伸，散則屈，伸則神，屈則鬼，鬼則爲厲，神則爲祥，其小大之分然也。

往者嘉靖甲寅、乙卯間[二]，吾邑有倭寇，邑之義士何五路等三十六人奮然持白挺出擊之，敗死城西之壕。巫覡往往有言其爲厲者，邑人即其死所祠之，簫鼓繽紛，遂爲淫祀[三]。余既與邑之紳衿建松磁王侯祠於惠山之麓[四]。王侯者，寇未至而築城，城甫完而寇至，使我邑萬姓不糜爛於寇者也。吾同年陳公筠塘曰：『當寇之熾也，百雉而外白骨矣。義士輩雖敗而死，寇虞其有繼至者，獸駭而去，城以獲全。是則侯之城，體也，諸義士，用也，猶之手足捍衛其軀者也，烏得而無祀？』乃自捐貲，爲兩廡列祀焉，有司春秋犧牲惟謹，自是而淫祠之祀大衰，不知其所以然也。

余謂公之此舉有四善焉：表義，息邪，彰往，示來，大錫福於邑也。夫一筵之醲醇，一夕之妖冶，一朝之寒暑風露，皆足以殺人，與諸義士西壕之死等，而諸義士之死，不死也。即不信，視西壕之簫鼓，鬼神之情狀，大可見矣。死者有所歸，生者有所勸，天下一旦有事，執干戈爲吾民衛者必相繼而起。故曰公一舉而集四善，大錫福於邑也。

校記

〔一〕此篇又載《高子文集》卷三、(清)周有壬《梁溪文鈔》卷二十。

〔二〕《梁溪文鈔》無『甲寅』二字。

〔三〕『祠』，《梁溪文鈔》作『祀』；『祀』，《梁溪文鈔》作『祠』。按，觀下文『自是而淫祠之祀大衰』，《梁溪文鈔》所作爲是。

〔四〕『松磁』，《梁溪文鈔》作『松滋』，是，《高子遺書》字訛。

常熟縣重建儀門記[一]

常熟縣儀門建於嘉靖癸未，歷八十五年，木石蠹壞，貫弗可仍。瀛海耿侯莅事之三年，召父老謂曰：『吾聞古人所舍，雖一日必葺其牆屋，去之日如始至焉。況吾吏兹土，眉睫間事，迺視爲傳舍耶？其撤新之。』於是鳩工以丁未某月某日[二]，訖工以某月某日[三]。門成，邑之人歡曰：『侯之不自暇逸，視官事如家事如此；不怠宦成，視終事如始事如此。』文學邵某、王某、薛某、浦某等則走錫山謁攀龍[四]，請記成績。

攀龍曰：『侯於虞山濬水利，建書院，教養備舉，是百世績也。一門也，而足爲侯績乎哉？雖然，弗可以弗記。昔者夫子作《春秋》，蓋土工必書焉。夫民力，聖人所甚重，不可不思也。自天子下至一邑之宰，稼穡焉而食，民之力；布帛焉而衣，民之力；宫室焉而寢處，民之力。一舉目，靡非民力也。是以君子一舉目而不敢忘民[五]，思其艱也。斯門也，可無思乎？吾出門而如見賓乎？闢門而四聰達乎？無邪曲如門乎？門之内，憑吾威福以毒吾民者，能旁燭乎[六]？門之外，萬目視我，萬手指我，吾幽獨無怍乎？喜怒無縱乎？民隱盡悉，民瘼盡軫乎？自有此邑，以至於今，令之出入斯門者，不知凡幾，其賢者，民德之，去而思之，歌詠而俎豆之；其不賢者，怨詈而疾仇之。其或不任受德，亦不任受怨者[七]，適去適來，如草木朝鮮夕萎，無當於有無之數也。是以君子無不思也[八]，無不思則無不敬也[九]。故曰弗可以弗記，以繫思也。』

於是作記，其詞曰：

維歲在丁，維月之午。維我耿侯，爲民之祜[一〇]。爰作斯門，百福所府。門之揚揚，邕和召祥，五穀用穰。門之黝黝，神氣所守，我民壽耇。門之秩秩，民以寧謐。髦士斯出，孔壬斯黜。獄訟是窒，仁讓是帥。以及萬祀，受兹多祉。

侯名橘，字庭懷，河間人〔一一〕。

校記

〔一〕此篇又載《高子文集》卷三。按，北京大學圖書館古籍特藏庫存有張仁蠡柳風堂舊藏明萬曆歲次丁未（三十五年）孟秋穀旦（明）高攀龍撰、薛志學正書原碑拓本（編號 A271312），題作《常熟縣邑侯耿公重建儀門碑記》。

〔二〕『某月某日』，拓本作『四月朔』。

〔三〕『以某月某日』，拓本作『於五月望』。

〔四〕『邵某、王某、薛某、浦某』，拓本作『邵濂、薛胤鳳、王憲曾』。

〔五〕『君子一舉目』，拓本作『耿侯一舉事』。『忘』，拓本作『勞』。

〔六〕『憑吾威福以毒吾民者，能旁燭乎』，拓本作『流吾惠鮮以澤吾民者，能旁溢乎』。

〔七〕拓本『受德』作『受怨』，『受怨』作『受德』，互易。

〔八〕『君子』，拓本作『耿侯』。

〔九〕拓本此句後尚有『而邑之黄童白叟以至父老子弟亦無不德也，無不德則亦無不歌詠而俎豆也』三十一字。

〔一〇〕『爲民之祜』，拓本作『不茹不吐』，其下尚有『捧負提攜，爲民之父。講道論德，爲民之輔。殲寇決渠，可忭可舞』二十四字。

〔一一〕拓本其後尚有『萬曆辛丑進士。萬曆歲次丁未孟秋穀旦，錫山高攀龍撰，邑人薛志學書』二十八字。

興讓堂記〔一〕

聖人之教莫先於禮，亦莫重於禮。禮體物不遺，仁義智皆禮也。孔門善學者莫如顔子，顔子之學，復禮約禮而已。然夫子曰：『不以禮讓，如禮何？』言禮必以讓者。何也？辭讓之心爲禮之端，禮無形，讓乃禮也，餘則其文也。

燕超華公司教寶邑，以禮爲教。然公之冰心蘗節，範身如處子，坦衷直腸，忘機一赤子也，故多士翕然興焉。公時時與多士求修身繕性之方，治世理人之要，而講習無所。潘君炟如、煜如乃以其所有地讓爲講堂，林君時芳、劉君心學相與經營成之。堂成，請名於公，公名曰『興讓』，令高子記其事。

高子曰：『天下之亂，亂於相争，其治也，治於相讓。上不争而下乃讓，士風興而民俗乃興。讓也者，舍我而從禮者也。我所欲言而非禮則讓，我所欲進而非禮則讓，我所欲得而非禮則讓，我所吝而非禮則讓〔二〕。何以知其非禮也？吾性之莫爲而爲者也。讓則安，不讓則不安。人思即其所安，豈有争乎？無争之極則無欲，無欲之極則無我，至無我，而學之能事畢矣，故曰「克己復禮」。聖人之教莫先於禮，亦莫重於禮，讓乃禮也，民興於讓而天下治矣。惟當仁則不讓。』

茲舉也，邑侯向公實與公同心，故公得成多士之美焉，是千秋之業也。公名允謀，無錫人。向公名孔門，宜都人。

校記

〔一〕此篇又載《高子文集》卷三。

〔二〕四庫本《高子遺書》及《高子文集》『吝』字前有『欲』字，是。

承賢橋記〔一〕

錫城中有箭河九，通者一而已。無論形家言，凡河渠疏則靈氣鬯，如人身血脈然。然而湮塞所從來久，民居踞之，不可問。惟在冉涇里者，計丈百有三十，而通者且百有十。是爲文莊公邵二泉先生故里，先生亟欲疏之，尼於里人，不果，特爲陰渠，石甃之，以通於所謂弦河者。蓋先生之寄趣遠，欲二泉、震澤之脈沿洄旋匝於吾前以爲快也。

先生既没垂百年，太學尤君時純居先生里中，慨然念曰：『是先賢之志也，夫吾不可以不承。』乃捐其樓居二十有一楹，鑿爲河，河成而橋之，請名於予。予曰：『是惟二泉先生之志，謂之承賢可矣。』太學君曰：『橋之至於河也，其地爲河者若干，爲陸者若干，具有籍，子其志之，庶可永也。』予曰：『噫！事其有可知者乎？夫以二泉先生之賢也，又貴重也，曾不能以尋丈之地得之里人，而其志遂尼，何也？語曰：「其父析薪，其子弗克負荷。」即以父兄之命其子弟，有弗克承焉。今先生之没垂百年，當年一念渺乎若逝水之無蹤，而君忽承之，又何也？皆事之不可知者也。則由此而之陵谷之變，又焉可知乎？雖然，其可知者固在也。夫以先生之賢也，而君承之，誰其甘爲不賢者而復湮之？果其甘爲不賢者，是人之最賤也，世之所共惡也，或擊之矣，是可知也。』

是役也，邑侯同生許公寔主之，故莫或有尼太學君之義，而卒告成事。侯名令典，海寧人。

校記

〔一〕此篇又載《高子文集》卷三。

龍江沈先生泰交始末記〔一〕

今上在東朝時，先生以贊善侍講讀。壬申四月十日講讀畢，上出檀扇二，命先生與編修張帙各書詩句。張書唐人早朝詩，先生書魏卞蘭《太子頌》。既呈，有旨命解説大義。先生倉卒敷陳，大發《頌》中親賢遠奸、窮經致用之要，上改容拱聽，命書講章以進。

明年登極後，先生每在講筵，上見先生舉止與他講官不同，退輒與侍璫言，某事某事沈講官行的是。先生輪講日，亦輒與侍璫言沈講官講的好。先生以外艱歸，又接内艱，上時問沈講官何久不見，内侍以居艱告。久之又問，内侍云服未闋，上曰：『令先補沈講官官，待其服闋即來。』先生服闋，於講筵見上，上甚喜曰：『沈講官還是舊日模樣。』

江陵秉政久，以先生志誠，無他齮齕。及江陵病，舉朝官爲禱祀，先生獨不與。會江陵故，先生得不被禍。及先生晉宗伯，有□□縣産麒麟〔二〕，旋斃。上聞欲觀之，政府曰：『此禮部事。』欲先生行文至彼省。先生曰：『此端不可開。果爾，天下言祥瑞者紛紛矣。』執奏不可。上曰：『此小事，沈尚書看得大了。』還要取看。先生仍執奏云：『麒麟已斃，腐穢不祥之物，臣不敢進至尊。』上乃止。

先生掌禮，每事與吴縣相枘鑿相左，吴縣又忌先生得上眷，急欲去之。乘先生請告，遂票旨放歸。上見即曰：『沈尚書是好官，何處得這人來替他？』温旨留用，吴縣益忌。給事陳與郊承其意，疏詆先生，先生求去益力。上曰：『沈尚書不曉我意，苦苦要去。』時有老宫人名銀杏者聞上言，令其姪一小内監密告先生，先生正色曰：『此宫禁語，若奈何輕洩？』内監恚而去。司禮張誠亦知之，令先生同鄉廖太監以告先生，先生曰：『此等語，張公公不宜語若，若不宜語我。』廖監恚曰：『佳信報公，公乃爲此語耶？』先生曰：『翰林官入内閣，乃其本分事，須要以正進。譬如人家女子，其嫁夫乃本分事，忽有人語之曰：「某人悦汝，要聘汝。」其女子喜而延接之者，必淫女子也；即嘿而不言者，其心喜之矣；必罵而斥之者爲正。何以異於是？』廖去，先生又對中書高務實述之，曰：『昨以此語廖，廖必不語司禮，幸爲我直致之。』張誠聞之恚甚，而先生亦竟歸。

後推閣臣，吏部首列先生名，上見，即欣然首點，四明無能遏也。然四明爲吴縣、太倉的傳衣鉢，素忌先生，又素知上眷先生，大懼，即貽書淮中丞李修吾曰：『歸德公來，必奪吾位，將何以備之？』此明知先生難進易退，欲中丞傳此語於先生，先生必趦趄不前也。中丞乃力言先生忠實無他腸，勸其同心輔政，於是四明大憾。中丞先生與山陰同召，而山陰乃四明腹心，隨事媒孽先生。

先生初入閣，即以沿途所見鑛税之害爲上陳之。越數日，山陰語先生曰：『鑛税疏，吾兩人宜再上。』先生曰：『告君有體有幾，數日有兩疏，無乃非體非幾乎？』山陰曰：『敝邑人口語不好，便以伴食相加。先生不上，某當上。』先生不得已，乃復上疏。上頗不悦，曰：『我正向他，他却不向我。』四明、山陰聞之，大喜中計。久之，先生乃謂四明、山陰曰：『鑛税疏此時宜上矣。』四明曰：『雖上，恐亦不看。』先生曰：『第具疏，進當以時。』一日大雨如注，先生謂兩臣曰：『今日乃是上疏之時。』兩臣曰：『何謂？』先生曰：『今日大雨，吾輩宜素服躬到文華殿上之，上必動心。』兩臣不得已，同先生往。内臣驚問故，先生曰：『有要事，第對上言，三閣臣皆素服冒雨在文華殿進疏。』上見疏，果曰：『必有急事。』啓閲，知爲鑛税，亦頗頷之，不怒也。

長至日，四明被論注籍，先生與山陰詣宫門外叩首，上賜飯小閣中，命陳矩陪席。先生見小内史往來竊聽，無何，又見持紙筆竊記者，知是上意，心念曰：『此時語勝奏疏多矣。』乃謂陳矩曰：『某一路來，見鑛税害百姓，所不忍見，再三疏請，皇上未見允行。』陳矩蹙額曰：『誠然。』先生曰：『若説害百姓，還是第二義。』矩曰：『百姓受害，何謂第二義？』先生曰：『皇上受虧多了。』矩曰：『何謂也？』先生曰：『如今人家也要風水興旺，今國家把名山大川都鑿破，靈氣發洩盡了，將來聖躬豈不受虧？』矩曰：『此利害真不小。』時山陰一語不發，飯畢，各謝恩而出。陳矩復命，上曰：『兩閣老有何語？』陳矩備述先生言。上曰：『這話説得是關係我身上的，你去與沈先生説，有甚培補法子，替我補一補。』先生對曰：『名山大川靈氣發洩，如何補得？但急停了鑛，安静久了，靈氣自復，便是培補的法子。』矩以復，上點頭。四明聞之，恐先生獨收其功，急令李九我代草一疏上之。上怒，又止。久之，始有停鑛分税之旨。

上有乳母，號翼聖夫人者，其夫爲都督同知，二品官也。一日，母三疏，要令其姪承襲。上傳旨内閣：『准他。』先生曰：『都督同知非世襲官，且姪不祔姑，亦無姪襲之理。』票旨兵部查例，兵部覆無此例。上謂夫人曰：『這箇人情他每内閣不肯，我也難做。』遂止。又有真人張國祥自言皇孫誕生有祝禱功，乞三代誥命，且乞世襲詹事府主簿，上亦傳旨内閣准他。先生具揭言：『皇孫誕生，自是祖宗與皇上深仁厚澤結於天心，故天降休美，一道流何功之有？皇上若念其祝禱微勤，止可金帛酬賞，國家名器豈宜濫與？』上曰：『也罷。』止賞二十兩，幾表裏。

雲南税監楊榮爲諸武弁所殺，上震怒，立命緹騎逮諸武臣。先生即具揭，首言祖宗取雲南艱難，及其地方反側難定；次開楊榮罪惡諸款；次言榮今被殺，雖非國家法紀，亦見聖德入人之深，其地不忍謀叛，但殺首惡，以一兩人正法即定矣，若不速下處分，漫遣官逮，是速其反也。上見揭怒解，即罷遣逮。

沈四明以妖書謀危先生者百方，幸上見素定，屹不爲動。先生在閣，以一木屏書：『天啓聖聰，撥亂反治。一望謹天戒，二望恤民窮，三望開言路，四望發章奏，五望補部院大僚，六望補中外庶官，七望起用廢棄，八望照例考選，九望釋放冤獄，十望撤回税監。』每晨列屏，焚香祝天。四明即買内監，譖先生咒詛。上一日忽遣人取先生屏，覽之曰：『這如何叫做咒詛？』譖者曰：『牌上寫的不是他口裏咒的。』已又令譖先生穿大紅蟒衣潛往邊上看牆。上令陳矩訪問，矩明其誣而止。

嗟乎！以皇上天聰天明，使無申、王、沈、朱諸奸亂之，早用先生，當何如哉？夫天未欲平治天下也。

校記

〔一〕此篇又載《高子文集》卷三。

〔二〕《高子遺書》『有』字後闕失兩字，黄宗羲《明文海》卷三四七、《高子文集》卷三作『某』。

竝封記事〔一〕

王錫爵以壬辰冬至京，癸巳正月，忽傳有中官持御札至閣下，錫爵獨袖歸私邸。張位、趙志皐隨内相同至王邸，禮垣都諫張貞觀亦至。錫爵已擬二旨，其一云：『依明德皇后抱妃子爲子故事，欲元子拜中宫爲母。』其二則三王竝封也。貞觀持二旨示給事史孟麟。未幾，封王之旨竟下。次日，刑科給事王如堅、光禄寺丞王學曾、涂杰、朱維京上疏争之。又一日，禮部主事顧允成、張納陛，工部主事岳元聲上疏争之。而六科掌印者李汝華、張貞觀、許弘綱、史孟麟等同至朝房見錫爵。錫爵曰：『竝封事，部院大卿多以爲是，諸公又何言？』孟麟曰：『外廷俱諒老先生調停至意，第祖宗二百年來，東宫不待嫡，元子不封王。創有此旨，殊駭人耳。』錫爵曰：『東宫不待嫡，某亦知之，但皇上必欲如此。元子不封王，穆廟之封裕王，何也？』

曰：『世廟立太子，而穆廟同日封裕王，非以元子封王也。封王非徽號之比，今日所封之王，即他日所之之國，普天之下，莫非王子之國，以何國封王子乎[二]？』錫爵久之曰：『當如祖宗舊名。』孟麟曰：『又有可慮者。元子冠婚在邇，封王則當出居十王府。冠婚皆以王禮行，元子在外，幼子居宮中，老先生擔當得否？』錫爵語塞而罷。

次日，如堅、杰、維京、學曾俱邊衛充軍。於是顧憲成、史孟麟、張輔之、于孔兼以同鄉見錫爵[三]，錫爵顧孔兼曰：『封王儀注已進未？』于曰：『未敢。』史曰：『國朝止有立太子儀注及封王儀注，今以太子封王，于郎中何敢進儀注？』錫爵曰：『皇上處置王給事等四人太重了。』史曰：『國家養士，正爲今日。凡廷杖、充軍、謫官，自是建言者分内。老先生只要把事體端正，諸公得罪甘心也。』錫爵曰：『吾已具揭救。』已而四人止爲民，顧允成等三人俱罰俸。而竝封之事，舉朝皆以爲不可，文武臣工各有疏争，大九卿且議輪番伏闕，錫爵不得已而反汗焉。

是舉也，文臣中無疏者，祭酒曾朝節也。

校記

〔一〕此篇又載《高子文集》卷三。

〔二〕『封王子』，四庫本《高子遺書》及《高子文集》作『封元子』，是。

〔三〕『顧憲成』，四庫本《高子遺書》及《高子文集》作『顧允成』，是。

毘陵歐陽守紀略〔一〕

歐陽東鳳，號宜諸，湖廣潛江人，以萬曆辛丑守常州。故事，新守到任，五縣飾供帳，所值千金。公至，盡撤還之，自製布帷瓦器，泊如也。日費錢不滿百文，積公用千金，復龍城書院故址爲先賢祠，祠一郡鄉賢〔二〕。自延陵季子以下六十九人，考其行事，人著爲傳，頒布士庶，使知仰止。每以春秋集五邑紳衿於祠中，講學問政，凡農桑、水利、人才、賦役，無不咨究。而於激濁揚清，抑强扶弱，尤惓惓焉。每受訟詞數百紙，非係風俗利害者不行。其不行者，必破所以，如見肺腑。皆以崇朝發出，民無伺候之苦，亦不敢易詞再訟，亦不敢至當道越訴，訟以大簡。地方大窩大猾，悉擒錮囹圄。積年大盗，滅贓逭罪，官府莫能詰，皆延訪得實，以他事致法，夙害悉祛。嘗以聽訟時，下縣解官銀至，吏秤座右，公據案批牘自若，秤畢，即曰第幾包銀何得獨重銖許，驗之果然，立抶吏，人以爲神。朝廷忽下罷税之旨，邸報以巳刻到府，公不白當路，即以巳刻撤所部關税。當路來詰：『何以不俟明文？』公對曰：『大哉王言！何明文如之？救民水火，寧緩須臾耶？』後旨不果行，而常郡之税獨得浹月之惠。

公喜讀書，退食手不釋卷。夜多不寐，文移往來，日至夕發，不滯信宿。接縉紳士人，藹藹而正氣凛然，人無敢干以私〔三〕。

校記

〔一〕此篇又載《高子文集》卷三。

〔二〕『祠』，四庫本《高子遺書》作『祀』。

〔三〕《高子遺書》文末有陳龍正跋語：『先生原記二賢守，其一爲王鍾嵩，事詳「行狀」中，此不復載。』

家譜

譜序〔一〕

高攀龍曰：『吾作譜而滋懼也。』夫譜，以譜其可知者已爾。由可知者推而上之，何如也？祖也。由不可知之祖推而上之，何如也？天也。然則吾之一呼吸而在，吾之親在也；吾親之一呼吸而在，吾之祖在也；吾祖之一呼吸而在，不可知之祖在也；不可知之祖一呼吸而在，天地始交之呼吸在也。嗚呼嚴哉！吾之身即親也，即祖也，即天也。吾之兄弟，吾之宗，吾之族，皆親也，皆祖也，皆天也。是故君子之孝，没身焉而已。無不孝也，則無不敬也。出於敬，入於刑矣。嗚呼嚴哉！

夫天與吾一呼吸也，其感其應，一呼吸也。以爲不信，則祥之魚何以出於冰？宗之竹何以笋於冬？江之流何以湧於詩之舍？諸如此者，動於此，應於彼，如舍矢之及於鵠焉。善者如是，何怪不善者之必以誅而不聽耶？今世人所求者富貴爾。夫富貴，善人之資，不善人之刑也。其出道也彌甚，其入刑也彌酷。蓋昭昭於耳目之前，人鶩俄頃之欲而弗顧也。悲夫！是故君子一舉念而弗敢忘親，一舉口而弗敢忘親，一舉足而弗敢忘親，懼其僇吾身以僇吾親也。是故修諸心者謂之五德，修諸躬者謂之五事，修諸世者謂之五常。修此三者之謂敬，之謂不忘其親也。是故貴而可，賤而可，富而可，貧而可，壽而可，夭而可，險而可，夷而可。其順福也，其不順非刑也，君子弗畏也。《詩》曰：『胡不相畏，不畏於天？』夫豈其影響恍惚焉，而直爲此兢兢乎！

高攀龍曰：『嗚呼！訂頑其至矣哉！蓋爲天下萬世而譜其祖也。』

校記

〔一〕此篇又載《高子文集》卷六。

譜傳〔一〕

高攀龍曰：『譜其弗可已矣。』夫譜，以追往示來也。人必有所自始，家必有所自興，起家之主必有異人者焉。其子孫始未嘗不兢兢，而後稍陵夷也，禍敗所由來矣。夫圖其終，其始未有不慎也；思其始，其終未有不善也。是故祖考思子孫可守，無不慎之始；子孫思祖考艱難，無不善之終。安危所係，豈不大哉？往余聞吾祖黃巖公事至纖悉也，今已有若存若忘者焉，況繇此而之乎？吾甚懼前者之弗著，來者之無聞，其於開承奚賴？譜其弗可已也。爰述家傳，稍次其行事，使後世得覽觀焉。

高氏可知之祖，自孟永公始。聞之吾祖曰：『高世居青城鄉，世農其事，無傳。自孟永公始居邑東南隅，贅福州守張公遯軒，而字號亦不可考矣。』嗟乎！士生治世，耕田鑿井，相忘帝力，身没之日，與化而徂。夫亦身經兵戈之苦，貴隱賤通，不習文字使然。遐哉邈矣，一代之興，幾於厥初生民之始也夫。

曰耕樂公，諱如圭，孟永子也。好學能詩，善清言。生六男子，曰羽，曰翼，曰綱，曰習，曰翰，曰倫。羽、翰皆蚤卒，倫出贅朱海家。生卒缺，葬龍山。

曰省軒公，諱翼，字鵬舉，以字行，耕樂公第二子也。聞之吾祖曰：『其行己也敬而信，以篤誼重於時，縉紳先生推稱之。』娶鄒氏，生二女。長女字華馴爲贅婿，次女嫁陸繼初。二室錢氏，生子曰適。後娶鮑氏，生子曰遜。公以宣德丁未年生，以成化乙巳年卒，月日缺，葬龍山。蓋攀龍於敝簏中得先世析箸書而重傷之也，曰：『嗟乎！昔之人艱難如此哉！』耕樂公既没，鄒孺人秉家〔二〕。成化五年四月，析諸子人受田十畝、一牀、一卓、一橱、一爐、一釜、一磨，兄弟三人屋五楹而已。至省軒公，遂有田三百畝，斯非善承善開者乎？夫星星者培之，其火傳焉；涓涓者疏之，其流衍焉。惟善之積亦然。是故君子思艱則善心生也，豈獨稼穡之難哉？

曰雪樓公，諱適，字伯達，省軒公長子也。生九歲，而省軒公疾革，鮑孺人所生子曰遜者尚襁褓，於是省軒公謂其贅婿華馴曰：『而念此兩孤，一切户外事而勉之矣。』居久之，華婿多耗蠹，家人不堪。鮑孺人乃析産三，令婿與二子受産埒，而别建繇田授婿，令應繇。然婿益善蠹，將挈所授繇田歸，不爲高氏繇也。於是胥訟之官，卒還所授繇田二十五畝去。當是時，雪樓公且壯，撫膺痛曰：『吾以蚤失怙，故失學，孺子可教矣〔三〕。』蓋指黄巖公也。即開塾延師，勤身治饔飧，若饒有力者，以奉其師。黄巖公卒以此成學，聲在諸生中藉甚。授經於縉紳先生家，縉紳先生聞雪樓公長者，多大節，願得交歡，雪樓公曰：『吾布衣安能局促軒冕間？』避匿不見。公性恬曠，不屑細事，亦不識世間人有何等機詐事，喜飲酒，充然自樂。每黄巖公自館舍歸省，公必陳饋醑酒，倚門待之，父子相對飲輒醉，醉輒相攜持，或時俱仆地，相扶大笑起。雪樓公一日晨起，若有人當前哦曰：『又上青山去，青山千萬重。』公怪曰：『是何異邪？』無何，病竟卒。卒之年，黄巖公舉於鄉十年矣。黄巖公擇葬地，久不得可者，得可者乃名青山也。事固前定，豈人力也哉？公生於成化丙申九月初十日，卒於嘉靖庚子十二月二十四日，年六十五。生男子三人，女子二人。

嗚呼！我高氏之起於儒也，自黄巖公始矣。黄巖公，雪樓公長子也，諱材，字國文，號静成。七歲能作偶句，時有誣雪樓公者，公願偕至縣庭，令占句試之，如響應，令大奇，賞與果餌筆紙，爲抶誣雪樓公者。十歲能文，以嘉靖辛卯舉鄉試〔四〕。其人剛果英邁〔五〕，重名節，多智略。邑中有顯者奴，笞一孝廉、一文學於途，諸孝廉、文學譁甚，求直於太守。孝廉中有最辯口，得顯者金，中撓之。公曰：『去敗群者，事乃濟。』乃計歸之，而後力申大義，諸奴皆伏辜。既令黄巖，有尚書黄綰，有才名，家累巨萬，侵細民；又爲良知家言，令至即稱門生。惟所頤指，紀綱之僕至令庭，令爲設便坐，訟獄以意左右。公初謁尚書，尚書謬引上坐，公即上坐。公亦謂尚書何以教令，尚書曰：『今學者大患好名，如漢之黨人，唐之清流是矣。宋之名士盡於史、嵩之一毒，悲哉！』公曰：『固也。即非清流，究竟死，死等耳。以清流死，不勝耶？』尚書默然。一日，其僕大帽華衣直入令庭言事，公曰：『若何爲者？』褫其衣笞之。民大喜，皆起暴尚書諸不法事，得數百牘，公束之送尚書自爲理，盡反侵奪民田地。尚書大窘，令其子槖珍寶飾美姬至錫，冀餌其家壞之，計卒不行，語具《太學公傳》。而公治巖，訟責主訟者，凡獲姦猾數人隸之官，詞事一不讎，輒問誰爲此以欺令也，訟遂大簡。盗責主捕者，盗發，過期不獲，囚諸捕，以次出捕，捕盗盡，乃出之，盗屏息。役責主田者，以若干役隸若干田，計田承役，役乃均。一年而庭可羅雀，所携惟二倉頭，圖書蕭然，以間引名士啜茗咏詩而已。有顯者奪民地，民訟之。公驗，果民地也，第以二詩批牘曰：『一片青山一片金，百年人有萬年心。鴻溝未必常爲限，倏忽浮雲變古今。』『踏遍青山山轉峨，問山不語奈山何？若無山下纍纍塚，料得争山人更多。』顯者慙而還民地。一姦胥世掌軍籍，爲贋册誣民，而匿其應解，歲衣食之所從來，久不可詰。公一日忽入胥家，破壁得真册，所出入千家。公立杖殺胥，盡釋誣者，即曰：『清勾無補軍伍，起解大擾良民。』并焚其册。又有無名册，霍御史核之急，里胥相連斃杖下。公進曰：『奸弊誠有之，今死杖下者，非爲奸者。』御史怒曰：『如令言，何以清勾爲？』公曰：『固也，非所論於台。昔方國珍聚烏合之衆據兹土，高皇帝惡之，盡籍爲軍，旋散亡。此册在永樂時已不可問，徒殘民無益。』御史愈怒曰：『如是，盡令爲政也。』頃之，部使者魏公至，御史告之故，魏公曰：『令言是也。』御史乃喜，一聽公，六邑得無擾。於是六邑民皆號公真鐵漢，事不決爭，願一得當公。而倭且突至，巖無城，寇至，公猶坐堂皇，矢及案。公曰：『去無之，死此矣。』崔丞呼曰：『以公得民深，出可拯民死。』掖公後壁出。公乃募壯義，數格殺賊，公亦數數幾死。持數日，而吾衆集，賊懼，遁去。公曰：『吾死矣而幸生，乃今身吾有矣。』遂歸。自公懸車至捐館，凡二十有四年，攀龍猶得十餘年見。公不問生產，不治宫室，不近聲色，不内寢，不外遊，不接賓客，不事博奕，不畜玩好，不服華好衣服，門不納僧、道、師巫、俳優。所居書齋三楹，寢室三楹，庭中時植百卉，四壁瓶罍纍纍者，二泉也。喜食蓮芰芋栗，喜吟杜詩，喜談古人節義事，喜文中子言。敝廬足庇風雨，薄田足具饘粥，讀書談道足以自樂。時誦之，輒摩腹長笑，訓攀龍輩曰：『謹以養神，勤以養志。神完則志鋭，志鋭則學成。』後攀龍遊海上鴈蕩諸山，過巖，肅拜公祠。祠宇甚治，香火嚴，祠前居民爭指余曰：『此高一合孫也。』余不解其語，問父老，則曰：『噫！我公聽斷敏，民以訟至，持一合米，事竟矣。往有周太守者，案無留牘，民裹米半升，結一訟，人呼「周半升」。而公加敏，故號「高一合」。』又曰：『倭熾時，有擒賊數人，公訊之，曰：「鮝商也。胥奪吾金，又誣吾盗。」公鞫，出其橐千金，即取䭃鮝之，氣鮝也。問橐中裝幾何，皆符。公曰：「賊劫人金，寧知數乎？」立釋之，還其橐。』又曰：『倭去，公有罰鍰千八百金。吏白曰：「方多事，此足自衛。」公曰：「吾不受人錢，誰當受吾錢者？」悉輸之府。』又曰：『按察司都吏權最重，守令媚事之。巖有都吏休沐歸，爲人居間，公怒曰：「汝，吾民也，何敢爾！」笞之十。後公以倭事問勘，適當吏，吏乃謂其儕曰：「此一文不取縣令，勿有所冀。」』又曰：『台之倭，自撤海船始。海船者，募閩人習倭者備倭人，給異等餼。倭平久，舟兵卒以間輸倭貨至，大姓得直，且稱貸復往以爲常，而亦有遂緣爲姦劫商舶者，監司遽撤之。諸大姓受輸貨，見船撤，遂詈其直不與，黄尚書家爲多。諸兵無所歸，又銜諸大姓，又素習倭，遂搆倭入寇。我兵格殺倭，往往有生擒舟兵者，舟兵大言曰：「黄尚書令吾等來殺高令公爾。」諸監司皆喜謂公曰：「尚書齮齕公久，此足報矣。」公曰：「豈有是哉？彼自恨没其直爾。」尚書聞之，大慚服。』父老言細事不能悉志，志其大者。嗚呼！人豈其以聲音笑貌强得者邪？公生弘治戊午九月十一日，卒於萬曆乙亥四月七日，年七十八。祀黄巖名宦，葬惠山黄家灣。生男子一人，女子三人。

曰處士公，名校，字國明，號静逸，雪樓公次子也。生後於黄巖公十八年，浦孺人命黄巖公曰：『而弟也，當視之子。』命公曰：『而兄也，當視之父。』各受命惟謹。及孺人卒，而公稍稍愛宴遊，黄巖公心患之而弗言。公所居一堂一齋，齋以舍客。黄巖公第蚤起，攜一書一茶椀坐齋中。諸酒人與公往來者，屨至户，黄巖公輒作咯咯之聲，酒人從壁隙窺之，吐舌去。信宿再至，如之，三至，如之。諸酒人大驚，不復來。公亦大窘，不復出。浹月，公乃憬然悟曰：『吾知兄爲我矣。』乃皆謝絶諸酒人，纖嗇治生産，米鹽瑣悉，一切躬親之，以其贏與里中交質，爲什一息。黄巖公喜曰：『是其心有寄矣。』於後公時時誦曰：『非吾兄，幾墮落。當時只以口舌訓戒我，無益也。』於是一禀法度，非義弗蹈。女翁楊虹橋者，垂没，以千金托公，公曰：『我猶空中鳥，翱翔飲啄自如，千金入吾家，吾入籠中矣。』以告黄巖公，公曰：『甚善。』馮賈者以一盒子囊金珥來質，其下格函珠，賈不知也，質金竟去。家人曰：『天與也。』公第笑，謹藏之。明年賈取質，公迎謂曰：『君家有失乎？』賈曰：『然去年失珠，幾遘禍。謂竊珠者婢，婢投溺，幸不死。』公曰：『珠今日見君矣。』賈驚曰：『珠那得在此？』公令啓盒，得珠。賈願以半酬，公曰：『吾欲得珠而取半邪？』賈泣拜祝曰：『願公獲福如珠纍纍。』公年四十有七，無子。黄巖公子，太學公一人爾。太學公且舉二子，黄巖公謂公曰：『其少者可抱也。』公曰：『幸甚。』所抱即攀龍。攀龍曰：『嗚呼！先君子愛其子，異乎人之愛其子也。即不欲人言所抱子，恐其子以爲所抱子也。』無論他人不敢泄一語，即大父不忍以此重傷其意。大父名屬纊，謂先君子曰：『弟無憂，弟有子，足娱老也。』先君子歸，呼攀龍，摩其首曰：『兒真娱我老矣。』大父名諸孫曰希某，希某。名希良者，攀龍也。先君子恐其長而覺之，易今名。及攀龍成進士，先君子棄養，客以爲言。攀龍曰：『天乎！吾罪當死。吾不敢言之於存，忍易之於没乎？』太學公曰：『孺子言是，吾以字行可矣。』故諱今諱也。公以嘉靖三十四年十月與黃巖公析産，而居一堂一齋一寢，勝國時物也。負郭田五十畝，蚤作夜息，程入量出，食無二簋，衣必三澣，粒米束薪，不妄狼戾。每歲春秋佳日，一至泉上，餘日未嘗出户。平生未嘗競人一語，未嘗負人一錢，卒之日積千餘金。攀龍不能務什一，盡以買田。今吾子孫一飲一食，公勤生儉用之貽也。嗚呼艱哉！公生於正德丙子四月十五日，卒於萬曆己丑六月十三日，年七十有四。葬於惠山黃家灣。

太學公初諱夢龍，字德徵，後以字行，號繼成，黃巖公子也。以嘉靖丁亥五月二十一日生。丙午，補諸生。庚戌，黃巖公令巖，公生二十四年矣，即已佐大母浦孺人秉家。一日，巖有黃尚書子來謁，筐篚仞於庭，公心念曰：『聞尚書魚肉巖民，豈其與吾父相暱，而以好來邪？必不然。』拒勿見，尚書之子庭立三日而去。居無何，有大俠挾美姝舍鄰舍，私於蒼頭，曰：『吾不重萬金得吴姬，行路難，相窘者數矣。聞公子賢，以一廛舍我，願持千金爲壽。』蒼頭艷之，以告公。公叱曰：『必盜也，趣執之。』其人大驚，遁去。後蒼頭抵巖，見尚書子於途，所爲大俠者，其僕也，乃大驚。尚書爲令押之急，無以中令，以公少年易中，再計，再不售。黃巖公每歎曰：『人須自立，亦賴有賢子弟。不者，兩敗矣。』癸丑，黃巖公遘倭變，謝巖政歸。甲寅，浦孺人捐世。當浦孺人時，黃巖公固不問生産，及孺人没，黃巖公謂公曰：『兒乃饒爲家，可寬我矣。』公自是一意治生。甲子，入太學，旋棄歸。凡奉黃巖公徜徉圖書花石間者二十年，而公所謂治生，第取交質什一。然必躬親，必誠信，遠近樂就之，家以是起。暮年稍廣負廓田，租入，必先輸賦，曰：『草莽中惟此爲君臣之義。脱國家一旦下赦令，而家無可赦之逋，乃良民也。』

高攀龍曰：『嗚呼！吾高氏自太學公而堂始三楹矣，産始千算矣，子始七矣。』公嘗以一裙示攀龍，補紉二十年如僧衲，而服之無斁。所居一室，窗紙第綴破裂，未嘗易新。諸節嗇多此類。而視非己之有，閉目摇指曰：『餉我禍矣。』攀龍成進士，手書教曰：『事毋争進，讓人一步，一步滋味也。』蓋凜凜自持者没其身焉。公卒於萬曆丙申六月初一日，葬惠山黄家灣。配陸氏，生女子二人。二室邵氏，生男子五人，女子二人。馮氏，生男子一人，女子一人。吕氏，生男子一人。

校記

〔一〕此篇又載《高子文集》卷六。

〔二〕『鄒』，《高子文集》作『潘』。

〔三〕『孺』，崇禎本《高子遺書》作『儒』，今據四庫本《高子遺書》及《高子文集》校改。

〔四〕『試』，《高子文集》作『薦』。

〔五〕『其』，四庫本《高子遺書》及《高子文集》作『爲』。

内傳〔一〕

潘氏，耕樂公。中書公迪女。葬龍山。生卒缺。

鄒氏，省軒公。葬明陽觀。

鮑氏，省軒公繼室。祔葬龍山。

錢氏，省軒公二室。生正統丁卯二月初二日，卒正德庚辰五月廿三日，年七十三。葬明陽觀。

浦氏，諱潔。父曰聽泉處士，諱源。母趙媪，宋宗室女。高祖仁，世爲城南右族，勝國末，念天下將亂，隱石塘山。仁生昂，昂生完，完生處士，能詩。以成化戊戌十一月十一日孺人生，歸雪樓公。雪樓公幼孤，家囑於强宗贅婿且盡，公又豁落，不屑細小，以孺人拮据而起。雪樓公嘗與里中少年爲會，諸少年輒提酒肉，令雪樓公爲具，孺人恚曰：『天青日白，各有生計，婦不任此。』諸少年提酒肉去矣。家人數十指，男課樹牧，女課績織，無尸食者。黄巖公四上公車，最後雪樓公卒於家，或議緩訃，孺人正色曰：『父死而子乃冒進取邪？』亟返之彭城。及黄巖公之官，奉孺人行，孺人曰：『令禄幾何，而給衆口？令吾隳家，若隳官也。』及倭難突作，人謂孺人若前知者，天啓之也。卒於嘉靖甲寅十二月二十日，年七十有七。其明年九月六日葬惠山黄家灣，合雪樓公兆。

邵氏，黄巖公。葬明陽觀。

李氏，黄巖公。世居下田橋，世有資。父曰桂軒公，諱官。黄巖公既娶邵孺人，生二女，孺人繼之。當是時，浦太孺人持家，嗃嗃孺人，柔身屏氣，事之無忤也。與黄巖公相莊如賓，公外寢，間一見孺人，問眠食無恙，去矣。孺人性坦率，飲食衎衎。時呼諸孫果餌啖之〔二〕，自娱樂也。生弘治甲子七月三日，卒隆慶壬申六月十五日，年六十有九。合黄巖公葬惠山黄家灣。

朱氏，處士公。居唐干，父慎齋公諱士冕，母錢氏孺人。年十九而歸處士公，無何而公遘疾，生育道絶，孺人蕭然一室，垂五十年若弗知也。浦太孺人秉家，則嚴事太孺人曰：『取無忤足矣。』已處士公秉家，則嚴事處士公曰：『取無忤足矣。』計日而績，計月而織，盛暑隆寒不輟。攀龍生彌月，而孺人抱之，於是孺人四十有六矣。蓋攀龍有識而後知孺人之異也。往先君子奇愛攀龍，即不忍泄木生一字，而孺人以間見太學公，輒謝淚蘇蘇然，攀龍固不辨作何語也。及攀龍有室，孺人則曰：『孺子且長，毋闕於所生。』常以身翼蔽，令歲時得見所生父母。孺人即自用一錢，必徘徊曰且止，及攀龍讀書需書直，欣然曰：『錢政以易書爾。』攀龍既舉於鄉，孺人家有訟，舅氏謂攀龍：『必直我於令。』以告孺人，孺人曰：『毋，而處子也，奈何以面孔向人？』攀龍曰：『固舅氏也。』孺人笑曰：『而以舅氏必直乎？直奚須而直？』嗚呼！此何等心目耶！孺人生以正德丁丑七月二十七日，卒以萬曆甲申十月初一日，年六十有八。葬黄家灣，與處士公合兆。

陸氏，太學公。陳胡公之裔。入國朝，有永寧者舉賢能，永寧生民表，民表生席，席生禎，禎生綸，曰營川公，貢於鄉。母曰邵。營川公與黄巖公相歡，俱娠，則約曰：『男女偶者必爲婚。』果偶而委禽，是爲陸孺人。孺人既有兩女而弗子，於是邵令人歸。孺人辟寢一室，曰飲則飲，曰食則食，恬然也。撫諸子及婦，欣欣相諧没其身，此可以觀德矣。生嘉靖丁亥六月初六日，卒萬曆丙申三月廿六日。葬青山。

邵氏，太學公二室。令人婉孌委蛇，每太學公有所發怒，令人劑之微言，公遽歡。生五子二女，劬何如也！乃不有其子一日之享，天乎何及矣！生嘉靖癸卯五月廿六日，卒萬曆乙酉八月二日，年四十三。葬青山〔三〕。

校記

〔一〕此篇又載《高子文集》卷六。

〔二〕『餌』，《高子文集》作『鷩』。

〔三〕《高子遺書》文末有陳龍正跋語：『或曰：「子言凡垂世以益世也，高子自譜其家，兼及内傳，於世何與？」龍正應曰：「高氏自黄巖公以前，樸遫農家，不習文采，殆有不傳之隱懿乎？黄巖公以後，則高節大略、自淑淑人之概大抵表見，而業亦漸隆。其起家蓋與德相爲凖量，又世得内助，有隕自天，所從來遠矣。人之欲傳其先也，往往求文章家，而後世信文章家之傳人祖先也，豈若信仁人之自傳其先也哉？讀高氏譜，知長勤長約長正之門必挺大良，則動天下爲祖父者之心何限？又見高氏之先多躬耕女紅耳，而一嘉言一懿行莫不托其後賢以炳於丹青，垂於無疆，則天下爲子若孫者之心又從而動矣，奚而非益世也？」』

家訓二十一條[一]

吾人立身天地間，只思量作得一箇人是第一義，餘事都没要緊。作人的道理不必多言，只看《小學》便是，依此作去，豈有差失？從古聰明睿知聖賢豪傑只於此見得透，下手蚤，所以其人千古萬古不可磨滅。聞此言不信，便是凡愚，所宜猛省。

作好人，眼前覺得不便宜，總算來是大便宜。作不好人，眼前覺得便宜，總算來是大不便宜。千古以來，成敗昭然，如何迷人尚不覺悟？真是可哀！吾爲子孫發此真切誠懇之語，不可草草看過。

吾儒學問主於經世，故聖賢教人莫先窮理。道理不明，有不知不覺墮於小人之歸者。可畏！可畏！窮理雖多方，要在讀書親賢。《小學》《近思録》、四書五經，周、程、張、朱語録，《性理》《綱目》，所當讀之書也，知人之要在其中矣。

取人要知聖人取狂狷之意，狂狷皆與世俗不相入，然可以入道。若憎惡此等人，便不是好消息。所與皆庸俗人，己未有不入於庸俗者，出而用世，便與小人相暱，與君子爲讎。最是大利害處，不可輕看。吾見天下人坐此病甚多，以此知聖人是萬世法眼。

不可專取人之才，當以忠信爲本。自古君子爲小人所惑，皆是取其才，小人未有無才者。以孝弟爲本，以忠義爲主，以廉潔爲先，以誠實爲要。

臨事讓人一步，自有餘地。臨財放寬一分，自有餘味。

善須是積，今日積，明日積，積小便大。一念之差，一言之差，一事之差，有因而喪身亡家者，豈可不畏也？

愛人者，人恒愛之；敬人者，人恒敬之。我惡人，人亦惡我；我慢人，人亦慢我。此感應自然之理，切不可結怨於人。結怨於人，譬如服毒，其毒日久必發，但有小大遲速不同耳。人家祖宗受人欺侮，其子孫傳說不忘，乘時遘會，終須報之。彼我同然，出爾反爾，豈可不戒也？

言語最要謹慎，交遊最要審擇。多説一句，不如少説一句。多識一人，不如少識一人。若是賢友，愈多愈好，只恐人才難得，知人實難耳。語云：『要作好人，須尋好友。引酵若酸，那得甜酒？』又云：『人生喪家亡身，言語占了八分。』皆格言也。

見過所以求福，反己所以免禍。常見己過，常向吉中行矣。自認爲是，人不好再開口矣。非是爲横逆之來，姑且自認不是，其實人非聖人，豈能盡善？人來加我，多是自取，但肯反求〔二〕，道理自見，如此則吾心愈細密，臨事愈精詳。一番經歷，一番進益，省了幾多氣力，長了幾多識見。小人所以爲小人者，只見别人不是而已。

人家有體面崖岸之説，大害事。家人惹事，直者置之，曲者治之而已。往往爲體面立崖岸〔三〕，曲護其短，力直其事，此乃自傷體面，自毁崖岸也。長小人之志，生不測之變，多繇於此。

世間惟財色二者最迷惑人，最敗壞人。故自妻妾而外，皆爲非己之色。淫人妻女，妻女淫人，夭壽折福，殃留子孫，皆有明驗顯報。少年當竭力保守，視身如白玉，一失脚，即成粉碎；視此事如鴆毒，一入口即立死。須臾堅忍，終身受用。一念之差，萬劫莫贖。可畏哉！可畏哉！古人甚禍非幸之得〔四〕，故貨悖而入，亦悖而出。吾見世人非分得財，非得財也，得禍也。積財愈多，積禍愈大，往往生出異常，不肖子孫作出無限醜事，資人笑話，層見疊出於耳目之前而不悟，悲夫！吾試静心思之，净眼觀之，凡宫室飲食衣服器用，受用得有數，朴素些有何不好？簡淡些有何不好？人心但從欲如流，往而不返耳。轉念之間，每日當省不省者甚多，日減一日，豈不瀟灑快活？但力持勤儉兩字，終身不取一毫非分之得〔五〕，泰然自得，衾影無作，不勝於穢濁之富百千萬倍耶？

人生爵位，自是分定〔六〕，非可營求。只看得義命二字透〔七〕，落得作箇君子。不然，空污穢清净世界，空玷辱清白家門，不如窮簷蔀屋田夫牧子老死而人不聞者，反免得出一番大醜也。

士大夫居間得財之醜，不減於室女踰牆從人之羞。流俗滔滔，恬不爲怪者，只是不曾立志要作人。若要作人，自知男女失節總是一般。

人身頂天立地，爲綱常名教之寄，甚貴重也。不自知其貴重少年，比之匪人爲賭博宿娼之事，清夜睨而自視，成何面目？若以爲無傷而不羞，便是人家下流子弟。甘心下流，又復何言？

捉人打人，最是惡事，最是險事。未必便至於死，但一捉一打，或其人不幸遘病死，或因別事死，便不能脱然無累。保身保家，戒此爲要。極不堪者，自有官法，自有公論，何苦自蹈危險耶？況自家人而外，鄉黨中與我平等，豈可以貴賤貧富强弱之故妄凌辱人乎？家人違犯，必令人扑責，決不可拳打脚踢，暴怒之下有失。戒之！戒之！

古語云：『世間第一好事，莫如救難憐貧。』人若不遭天禍，舍施能費幾文？故濟人不在大費己財，但以方便存心，殘羹剩飯亦可救人之飢，敝衣敗絮亦可救人之寒。酒筵省得一二品，餽贈省得一二器，少置衣服一二套，省去長物一二件，切切爲貧人算計，存些贏餘，以濟人急難。去無用，可成大用，積小惠，可成大德。此爲善中一大功課也。

少殺生命，最可養心，最可惜福。一般皮肉，一般痛苦，物但不能言耳，不知其刀俎之間何等苦惱〔八〕？我却以日用口腹、人事應酬略不爲彼思量，豈復有仁心乎？供客勿多餚品，兼用素菜，切切爲生命算計，稍可省者便省之。省殺一命，於吾心有無限安處。積此仁心慈念，自有無限妙處。此又爲善中一大功課也。

有一種俗人，如傭書、作中、作媒、唱曲之類，其所知者勢利，所談者聲色，所就者酒食而已。與之綢繆，一妨人讀書之功，一消人高明之意，一浸淫漸漬，引入於不善而不自知。所謂『便辟側媚』也，爲損不小，急宜警覺。

人失學不讀書者，但守太祖高皇帝聖諭六言：『孝順父母，尊敬長上，和睦鄉里，教訓子孫，各安生理，毋作非爲。』時時在心上轉一過，口中念一過，勝於誦經，自然生長善根，消沉罪過。在鄉里中作箇善人，子孫必有興者，各尋一生理，專專守而勿變，自各有遇。於毋作非爲内，尤要痛戒嫖、賭、告狀。此三者，不讀書人尤易犯，破家喪身尤速也〔九〕。

校記

〔一〕《家訓》二十一條又載《高子文集》卷六，（清）陳宏謀輯、華希閔補輯《訓俗遺規》卷五。

〔二〕『肯』，《高忠憲公家訓》作『宜』。

〔三〕（明）高世儒《先父資德大夫正治上卿都察院左都御史贈太子少保兵部尚書謚忠憲景逸府君行述》引此條，『體面』作『惜體面』，於義爲長。

〔四〕『幸』，《訓俗遺規》、四庫本《高子遺書》作『分』。

〔五〕『得』，《訓俗遺規》作『財』。

〔六〕『分定』，《訓俗遺規》作『定分』。

〔七〕《訓俗遺規》無『得』字。

〔八〕『腦』，《訓俗遺規》、四庫本《高子遺書》作『惱』，是。

〔九〕《高子遺書》文末有陳龍正跋語：『或曰：「高子學脩入微，至作家訓，皆淺近語，何故？」龍正應曰：「此文公著《小學》之心也。人少而能守《小學》之事，然後其長也可以知《大學》之道。蓋有繩趨尺步，而不能窮神知化者矣。若早軼於繩尺，則垢穢滿身，何從而遊廣大精微之奧乎？非惝怳而無依，必口耳而不實。斯訓也，拔少壯於下流，亦坊老大於作僞，不曰『遠以深』乎？先生又慮世久族多，未必皆爲士類，鄙詞諺語時或引用，士人觀此，亦足助警省，農工商賈聽此，亦足保身家。微僅爲可見子孫計，直爲無窮不可見之子孫計，又爲天下凡有子孫者通計也，不曰『遠以深』乎？」

附襍訓五條[一]

戒貪享用

受此三窮光景，每事節省，儘過得。凡臨事着一苟字便壞，自身享用着一苟字便安，吾一生得此力[二]。

校記

〔一〕《襍訓》五條又載《高子未刻稿》射部、《高子文集》卷六。《高子未刻稿》題作《京師寄回襍訓六條》，多《書朱文公『圓融無際』詩示季兒》一條。

〔二〕（明）華允誠《高忠憲公年譜》『天啓六年』三月下引『凡臨事』以下，『安』作『妙』，『吾一生得此力』後尚有『故隨遇而安』一句。

冣赴講會京師寄回[一]

到東林，最可入頭[二]。大衆會集時，滿堂肅然，此時默坐澄心，看有妄想也無。聽歌詩時，看有妄想也無[三]。妄想一寂，即是真心[四]。真味成妄，妄醒成真，一反覆間耳。得此意，到東林實做工夫，方不做了人事[五]。久之，其味無窮，受用無盡。

校記

〔一〕此則高攀龍之子高世儒所撰《先父資德大夫正治上卿都察院左都御史贈太子少保兵部尚書謚忠憲景逸府君行述》及（明）華允誠《高忠憲公年譜》『天啓六年』三月下亦引，載：『在京聞諸子嘗赴講會，手札勖曰（略）。』

〔二〕『可』，華允誠《高忠憲公年譜》作『好』。

〔三〕華允誠《高忠憲公年譜》無『聽歌詩時，看有妄想也無』一句。

〔四〕『妄想一寂，即是真心』後，高世儒《先父資德大夫正治上卿都察院左都御史贈太子少保兵部尚書謚忠憲景逸府君行述》、華允誠《高忠憲公年譜》尚有『真心一放，即是妄想，非二物也。不善用工者，要驅除妄想，另覓真心，妄不可除，真不可得。善用工者，知』數十字。

〔五〕『方不做了人事』一句前，高世儒《先父資德大夫正治上卿都察院左都御史贈太子少保兵部尚書謚忠憲景逸府君行述》、華允誠《高忠憲公年譜》尚有『方不虚過此日』一句。

冣早做静功京師寄回〔一〕

吾在此，全靠平日静功。少年不學，老無受用。汝輩念之，静功非三四十年静不來。何者？精神一向外馳，不爲汝收拾矣〔二〕。事多苦，拂意苦〔三〕，有疾病苦，到老死，苦益不可言。静而見道，此等苦皆無之。汝輩急做工夫，受些口訣，不然，此事無傳矣。天下惟此事父不能傳之子，以身不經歷者，言不相入，即終日言之，如不聞也。

校記

〔一〕此則亦見（明）華允誠《高忠憲公年譜》「天啓六年」三月下引。

〔二〕「汝」，華允誠《高忠憲公年譜》作「汝輩」。

〔三〕「事多苦，拂意苦」，華允誠《高忠憲公年譜》作「事多拂意，苦」。

爲長孫永厚書扇〔一〕

校記

〔一〕又載《高子未刻稿》射部、《高子别集》卷一，題作《書長孫永厚扇》。按，此則《高子遺書》卷十、《高子未刻稿》射部皆有删節，全篇見《高子别集》卷一，本卷删文存目。

爲仲孫永清書《讀書樂》，因題其後〔一〕

昔人有言：『閉户擁書，不羨南面王樂。』其樂讀書如此。若尋行數墨而已，何以見其樂哉？

校記

〔一〕此則《高子未刻稿》題作《書仲孫永清〈讀書樂〉後》。

卷之十一

墓誌銘

光州學正薛公以身墓誌銘[一]

嗚呼！余何忍銘以身耶？以身與余同舉進士，同出高邑趙儕鶴先生門，兩人相見相笑，以爲相遇晚。自是無日不相過從，交相勵勉。以身古心古貌，所據皆古人準則，其識甚敏，而本真應物，又令人樂而親之。是年，余以憂歸，以身以言事歸，兩家相距不五十里，旬日不見輒相念。而以身造余爲多，一蒼頭挾一被一笈至余家，不以以身爲客，蔬食菜羹，研經訂史，未嘗不窮日落月。有過相規，凡以身言，余有疑其偏者，已竟服其義。蓋余受以身規恒十之九，以身受余規恒十之一。有事相辯，凡余言，以身至拂然去，已復歡然來，蓋以身爲余容者恒十之一，余爲以身容者恒十之九。如是二十四年如一日也。嗚呼已矣！以身不可作矣，余忍爲之銘耶？以身病，余過之，自論學、憂時外，無褻言。將瞑，命其孤以墓石屬余。嗚呼！余又何忍不爲以身銘耶？

以身大父學憲公諱應旂，世稱方山先生。生景尼公，諱近魯，性至孝，居方山先生憂而卒，遺命斂用衰經。配劉太孺人，生子三，以身其仲也。諱敷教，號玄臺，字以身。娠時有青雀入懷之祥，生而絕穎，少不好弄，五歲即善屬對，十五補諸生。海忠介公撫南都，見而亟賞曰：『生寧獨文人，必忠義士。』當是時，以身慨然以天下自任，每從方山先生閱邸報，有不平，目眦欲裂，先生從旁睨之，心獨喜。會顧叔時、季時兩先生問業，先生呼以身謂曰：『此東南珍物，若與締兄弟交。』已復手一編示曰：『洙泗以下，姚江而上，盡是矣。』於是以身復以道自任。

戊子舉京兆，明年成進士。會南御史王公藩臣上疏，不白憲長，都御史吴悟齋、耿楚侗交參之。以身曰：『是欲爲執政箝天下也。』上疏争之，略曰：『臣無言責，性惡權奸，頃見左都御史吴時來欲中飭南臺憲規，其言專爲定向而發。竊以爲遠臣箝口，近臣煽威，摘祖宗之片詞，營狐兎之私窟，必欲創一警百，讐爲腹心，吁亦狡矣。掌院者，陛下之掌院，言官者，亦陛下之言官，事可風聞，聽斯無壅。就使藩臣論列果非，定向不宜阻遏，節節關白，動成掣肘。嗣今設有彈劾長官者，誰與通之？隱機先露則危其身，讜議復停則負其志，事當密而不密，禍且移之國家，時來安得視僚友爲重而視陛下爲輕耶？如海瑞，先朝憲直也，房寰醜詆，尚自包容，定向何人，敢妨言路？爲時來者，不惟不能參駁，反爾朋連，無論愧古名臣，即回想抗論嚴嵩一疏，有靦面已。大抵少年厲志，多思竪立，垂老頽顔，輒喪生平；見人覆轍，怒髪裂眦，戀己浮榮，脇肩攘臂。何則？道心難固，勢利易迷，習尚使然也。即二三輔臣，陽托飲醇，陰圖登壟，邇又故峻諸司，共繩庶采，九列之體貌尊，而九重之聰明塞矣。嗚呼！害可勝道哉？伏乞亟下明詔，嚴黨邪之禁，更易兩都臺長，以清首憲。』疏奏，當路大恚，座師潁陽許公至以貢舉非人自劾，以身奉旨歸。

明年庚寅，蔣孺人卒。辛卯，授經玉隆觀。壬辰秋，起鳳翔府教授，尋遷國子監助教。癸巳，入都。有竝封三王子詔，以身具疏力諍，復貽婁江公書，有曰：『中宫有出而始重，則仁聖之心不安；後宫有出而終輕，則慈聖之體亦屈。』竝封事寢，大計難作。時考功郎爲儕鶴趙先生，盡黜當路私人，内閣張洪陽位與婁江公合謀，借劉黄門道隆論拾遺事，奪其官。士論大譁，以身與于公孔兼、陳公泰來、賈公巖、顧公允成、張公納陛各具疏，謂南星考察京朝官，先黜其姻親都給事王三餘，又黜本部尚書孫鑨甥本部司官呂胤昌，而後舉執政所陰庇之臺省表裏爲奸邪者盡黜之，命下之日，舉朝震肅，咸謂二百年未見，而一旦奪南星官謝諸黜者，何以令天下？於是閣臣益怒，盡奪六君子官，而以身得光州學正。以身與光州士砥德勵業，不啻父兄於子弟。諸生有以口語得罪府掾，掾誣生殺人罪，郡守以掾故，成其獄。以身廉得情，白之守，守不可，以身持之堅，竟得白。光人負沉冤者，胥之以身，以身多全活之。光人謂以身：『寧獨師保我，實父母我也。』

庚子，歸省劉太孺人，遂不復之光州。癸卯，太孺人卒，以身執喪，不飲酒食肉。服闋，遂不食肉。甲辰，顧涇陽先生修復東林書院，萃同志講學，以身喜曰：『此吾歸宿地矣。』自是恒居東林。所與知交，必勸之講學，曰：『天生英雋，决不欲其斤斤結裹自家，闑閾檢柙，祇賢落魄爾。』曰：『脚跟站定，眼界放開，静躁濃淡間，正人鬼分胎處。』曰：『道德功名，文章氣節，自介然無欲始。』又曰：『學苟不窺性靈，任是皎皎不汙，終歸一節，但世風靡矣。不憂著節太奇，而憂混同一色，托大道無名以濟其私，則中庸之説誣之也。』平生所持如此，故筮仕以來，未嘗受人一餽，垢衣糲食，以没其身。嘗有詩曰：『百年吾取與，留作後人箴。』又曰：『古人持晚節，休作等閒看。』余猶憶始交以身時，餽之食，則稍嘗而謝曰：『不可以此滑吾手。』及病，余餽藥餌，復稍嘗而謝曰：『行就木矣，不敢忘當年矢志。』以身於忠孝廉節之死不二，其天性也。性復至慈，蠕動之物不忍傷害。於人油油然，雖至俗客不憎惡。獨惡傷害人者，尤惡傷害善人者，耳目所及盗賊兇人，必使不得虐民後已。嘗見一人毁葉參之，以身從稠人中憤然起，余力挽之不得，自後其人所在，以身必避匿，終身不與見。至解人之厄，揚人之善，常若不及。

拈筆成詩文，率本於情，止於禮義。嘗作《真正銘》曰：『學尚乎真，真則可久。學尚乎正，正則可守。真而不正，所見皆苟。正而不真，終非己有。君親忠孝，兄弟恭友。禔身以廉，處衆以厚。良朋切劘，要於白首。鄉里謗怨，莫之出口。毋謂冥冥，内省滋疚。毋謂瑣瑣，細行匪偶。讀書學道，係所稟受。精神有餘，窮玄極趣。智識寡昧，秉拙省咎。殊途同歸，勞逸難狃。世我用兮，不薄五斗。世不我用，徜徉五柳。無貴無賤，無榮無朽。殞節逢時，今生諒否。必真必正，夙所自剖。寄語同心，各慎厥後。』以身年五十九而卒，自同好至鄉閭婦豎無不思而痛之。嗚呼！此可觀以身之真正矣。所著詩文諸集，藏於家。銘曰：

飄乎自樂耶！幾春服舞雩之點。凜乎自持耶！則蓬門委巷之思。渾乎同群耶！幾油油與偕之惠。孑乎獨往耶！則望望去之之夷。夫固不敢謂其即點也思也惠也夷也，夫安得謂其非狂也狷也清也和也？猗與斯人，蕩滌污世，砥柱流俗，是之謂忠信廉潔，爲聖人所思，世人所師。

校記

〔一〕此篇又載《高子文集》卷四上。

職方劉静之先生墓誌銘〔一〕

孔子曰：『三軍可奪帥也，匹夫不可奪志也。』故曰『隱居以求其志』。曾皙、季路、顔淵之徒侍側，曰『盍各言爾志』，『如或知爾』。以此往矣，孟氏亦曰士之事在『尚志』。故士平居辨途慎術，擇乎中庸，蓋兢兢毫釐千里云。及乎得善固執，之死矢靡他焉，即功業文章，不少概見於天下。天下信之，如星辰之災祥，蓍龜之凶吉，以其身卜世之安危，豈非篤仁義，『誠之不可掩』者哉？

萬曆壬子五月七日，劉靜之卒於家。靜之官未列大夫，年不及强仕，海内士咨嗟痛悼，以爲國家失其柱石，人倫失其冠冕，如可贖者，人百其身矣。此何以故？嗟乎！此所謂『誠不可掩』者也。

靜之名永澄，別號練江，靜之其字也，世爲揚之寶應人。大父德齋公曰憲，父春宇公曰繼善，司訓鎮江。母曰王氏。靜之生有至性，八歲誦文信國《正氣歌》《衣帶贊》，即立信國位，朝夕謁拜，人以此見其志矣。十四補諸生，十九舉賢書。同年中召靜之飲酒，有娼佐觴，靜之即謝不往。二十而娶，家貧不能具新衣，王孺人力經營之，靜之曰：『休矣。吾意中自新，不必衣也。』戊戌下第，築土室自鍵，并晝夜讀。又善病，室中書籤藥裹外，無一長物。辛丑成進士，選讀中秘書，爲有力者所奪，人爲不平。靜之無幾微見顔色，以善病告，授順天教授，慨然曰：『師失其道久矣。』進諸生，相期勉以聖人之學，嚴程課，飭行檢，伸寃抑，懲汙濁，審勤惰，寒者衣之，飢者食之，羔雉之贄不及於門，北方學者稱『淮南夫子』。而靜之益考求國家典章、名臣言行、六曹之職、九邊之要、兵農錢穀之數，矻矻如居土室時。已遷國子學正，權要爲子弟居間，一切格不行。會雷震郊壇，有詔令禮部具修省事，靜之曰：『災異求直言，自漢、唐、宋及我祖宗，未有改也。往萬安劉吉時惡人言災異，鄒汝愚一疏炳烈千古。今者一切報罷，塞諤諤之門，務容容之福，傳之史册，尚謂朝廷有人乎？』當事者爲靜之座師，亟言之不省。亡何，楚宗獄、妖書獄及京察事繼起，靜之具疏陳得失，而司訓公適至京，不果上。靜之作《甲乙禊志》《邸中禊記》，又爲歸德相國所器重，咨對出處之道，時人愈側目。滿三載不遷，靜之曰：『昔陽城爲國子師，斥諸生三年不省親者；京兆李謂久不歸省，李皋謂無親之子不可與事君。吾歸矣。』遂歸，杜門讀書三年，而司訓公、王孺人俱未艾，健飯。會皇太后覃恩，人謂靜之奈何不以一命賁兩尊人，靜之乃至京候命，而王孺人訃矣，靜之力行喪禮，墨面柴骨，三年苫塊外寢。壬子春，補職方主事，未赴，卒。

靜之質甚弱，獨目炯炯然，英采逼人。善談論，其於古今治亂、人才短長，如指之掌。嘗曰：『某當某時有某事，惜放過。』彼寧知千載而下有劉静之者指其空缺處？然吾輩在今日，寧知千載而下無劉静之者指其空缺處乎？而静之内行純備，孝事其父母及大父母，訓迪子弟，出於至誠。每謂子弟不類，非盡子弟過，父兄鑪錘不具，火力不足，不能使入鎔鑄中也。常書薛西原語於座右，云：『雖小事，不可爲人囑托，自損廉心。』故竿牘不及郡邑大夫。至伸人冤抑，援人疾苦，不啻若身受毒螫者，以呼吸間去之爲快。静之即尸居蠖伏乎，其神常周六合以内，於世道民生所關，下至夷虜情僞、江海盗賊，咨諏詢度，無不得其要領。世固不乏修身潔行士也，然往往飭治象貌，不爲世訾詬而已，至神理血脈，與斯人之徒通洽無二者，視静之如何哉？静之官不過七品，其志以爲天下事莫非吾事，若何而聖賢吾君，若何而聖賢吾相，若何而聖賢吾百司庶職，斯道一日行於天下，即死可不恨。生不過三十年，其志以爲千古事莫非吾事，生前吾者，若何揚搉之，生當吾者，若何左右之，生後吾者，若何矜式之，斯道一日不明於天下，即死有餘責。其所謂道，何道也？正人心，息邪説，距詖行，使天下曉然知君君臣臣父父子子，天理民彝，自不容已。匪是者，即入無父無君之途，下弑父弑君之種。衰世此道不明，務黨人之婾樂，誤皇輿之敗績，蓋千古一轍也，故静之註《離騷》，於此三致意焉。推此志也，百世以俟聖人可矣。静之得年三十有七〔二〕。配韓孺人，弟永沁，子心學。山陰劉起東按國論私謚曰『貞脩先生』，長洲文文起摭遺事爲貞脩狀。攀龍知静之深矣，得文起爲誌其大者。人言静之成進士，三年郡學，三年國學，三年洗沐，三年宅憂，世曾不能用其萬分之一。余謂静之所爲静之，不以用不用也。銘曰：

自昔聖賢，與時衰盛。盛時所駕，衰世所屏。浩蕩乾坤，不容何病。川泳巖遊，理情繕性。明吾之是，不與世競。吁嗟静之，天之所命。憫此道微，以是亂正。俾示正見，爲千秋鏡。世所取正，是謂爲政。有如不信，上視孔孟〔三〕。

校記

〔一〕此篇又載《高子文集》卷八附録高攀龍所撰此文，題作《明兵部職方司主事劉静之先生墓誌銘》。（明）劉永澄《劉練江先生集》卷四上。

〔二〕『静之得年三十有七』，《明兵部職方司主事劉静之先生墓誌銘》此句作『静之以萬曆丙子六月三日生，得年三十有七，以乙卯年某月某日葬於塘西。』

〔三〕《明兵部職方司主事劉静之先生墓誌銘》此下尚有：『賜同進士出身廣東揭陽縣典史前行人司行人錫山友弟高攀龍頓首拜譔。』

孝廉陳賁聞墓誌銘〔一〕

昔屈子作《遠遊》，其言皆黄老最上乘語，後世道家旁流末緒無近其髣髴者。夫屈子欲長年，何以自沉？屈子，古今姱脩人也，欲得年以畢其志，而不勝濁世之憤，以爲俟河之清不若沉河而死耳。嗟乎！姱脩之士志古今之大業，豈不以年哉？武塘陳賁聞可痛也。

賁聞異才，其嗜書異於人，嗜書而妙悟異於人，嗜書而嗜騷賦異於人。爲人敦倫好善，恬懷雅度。所居左右圖書數千卷，掃室焚香，穆然有深沉之思。幼受經於吴子往，子往丰神凝遠，賁聞自幸得師。與其弟幾亭潛心制義，賁聞舉戊午浙闈第一人，幾亭亦舉辛酉。初賁聞罷南宫試歸，益發所藏書讀之，於騷賦益工。自謂儒者繼統前聖，開示來兹，必本於六經，階於濂、洛、關、閩，翼以諸史百家，然而心不擷其精華，身不繇其矩度，徒以追時好、取世資，使廉恥喪、風俗圮，是經史爲盜器也，此無他欲蔽之。賁聞之學務在洗滌嗜慾，辨晰取與，期不疚於衾影，而悲今思古之懷率發之於騷。謂夫賦者，追踵風雅之六義，振起漢魏之五言，叶幽人之鬱思〔二〕，貞志士之極念。太和乖而變風作，宇宙中所以宣洩其不平之情而歸之禮義者必繇焉，而鬬浮靡者失之遠矣。賁聞諸賦，自擬古外，皆有慨於中，有裨於世。而詞家之徒以文詞已者，賁聞弗貴也。賁聞年三十有八遽得疾而殆，疾且殆，爲文自祭，文具集中，當世傳誦之〔三〕。嗟乎！使賁聞而得年，必入聖賢之奥，必見豪傑之業。其賦雖已名家，必篇什富而成一代之奇。故曰姱修之士志古今之大業，必以年也。惜哉！

天下之士，文勝者多浮動躁擾而虧其質，質勝者多沉潛木訥而虧於文。賁聞何闇然也，而文采流露爾爾，天之賦賁聞厚矣，獨不賦之年，竟其所詣，何耶？夫子曰：『君子疾没世而名不稱』，『四十、五十而無聞，不足畏矣。』世之才人無聞不稱者豈少哉？賁聞年未四十，赫然以文采稱，以質行稱，嗣業靈均，不同靈均之坎壈壒死。賁聞没，而事有爲靈均所深悲者，雖不得賁聞之賦一吐其胸中之奇，而賁聞得以從容長逝，無靈均《往日》《回風》之痛，其亦幸矣。又長年者之不若，而屈子不屑修王喬不死之道者也。悲夫！

賁聞，諱山毓。父穎亭公于王，官福建按察使，所至有惠政及民。配宜人盛氏，生二子，賁聞其伯也〔四〕。銘曰：

世之人誰不讀書〔五〕？世之人誰能讀書？子獨閉户擁書，悲愉疴癢，一切忘之於書，戒所戒於書，勉所勉於書。不知天壤之間更有何樂可代吾書，天下之書安得更遇子之於書？吾悲子之逝也，而且悲子之書。

校記

〔一〕此篇又載《高攀龍詩文殘稿》及《高子文集》卷四上。《高攀龍詩文殘稿》作《陳賁聞墓誌銘》。

〔二〕『叶』，《高攀龍詩文殘稿》作『吐』，是。

〔三〕『爲文自祭，文具集中，當世傳誦之』，《高攀龍詩文殘稿》作『爲文自祭云云，倏然而逝』。

〔四〕『賁聞，諱山毓』至『賁聞其伯也』一段，《高攀龍詩文殘稿》作：『賁聞陳姓，諱山毓，賁聞字也。高祖芬，曾祖罍。祖卿，贈禮部郎中，嘗於凶歲傾家賑族黨，有陰德。生穎亭公于王，官福建按察使，所至有惠政及民。配淑人，生二子，賁聞其伯也。生萬曆某年某月日，卒天啓某年某月日，葬某。配孺人，生子六，曰舒，曰數，曰戭，曰□，曰龐，曰堅，而戭、堅殤。婚娶某某。所著書有文集六卷，《賦略》《詩略》《文略》《周詩記事》《詩摭》《詩考異》各數卷，《廉憲公年譜》三卷，制義百篇藏於家。』《高攀龍詩文殘稿》冒廣生跋：『又「配某淑人」，刻本作「配宜人盛氏」，當是後來寫定。明人最重封典，非遇覃恩，不得領制誥。有階至一品不得封，或封祇七品，五品者仍從七品稱謂。弘治中先得庵官福建左布政，而家譜所載墓誌及壽文，於其父母仍稱奉直大夫、宜人，所以重君命，不似後來一味僭越。』

〔五〕《高攀龍詩文殘稿》止於此句，下原有數句，墨筆删去。

文學秦彦熙墓誌銘〔一〕

夫人子弟樂與善人居，必善人也。吾嘗以此驗人，百不失一。近世名家子，吾得一人焉，曰秦彦熙。其所延於家，北面嚴事者，爲吾師澄泉茹先生，吾同年葉參之，吾友歸季思、吴子往，四君子凛凛法度，他子弟窺影匿避，彦熙獨山岳崇之，芝蘭親之，非見善不及者哉？季思、子往至余水居，彦熙亦時時來静坐。一日問心，余曰：『子以何者爲心？』曰：『方寸是也。』余曰：『未也，特其位耳。』曰：『思慮者是也。』曰：『未也，特其用耳。』曰：『舍是尚有心乎？』余曰：『子以眼前虚空者何物？』曰：『虚空則無物矣。』曰：

『何者爲天？』曰：『穹然上覆。』余曰：『皆非也。無之而非天，無之而非心。人心湛然無欲，一腔六合，一物也。』彦熙躍躍喜曰：『久矣哉！欲封之矣。』一日問脩，余曰：『人心之迷，常在至近。如子之族，大族也，飢者、寒者日當吾前，而漠然視之，是其心稿而不生，又何言脩？』彦熙又躍躍喜曰：『念之素矣，嘗欲祠吾宗雙孝子，以南畝三百周近宗之困者，而未逮也。』凡彦熙之可與語，類如此。

其人孝悌人也，事所後母談孺人、所生母吴孺人，交盡其力。吴孺人嗜茨，孺人亡，終身不忍食。與兄震玉公、弟華玉公，自飲食至産殖，必共必均。事必身先之，誠心闇脩於家庭，至和溢發於眉宇。秦氏世敦孝友，彦熙真不愧其先矣。自奉甚朴，食不求珍，衣不重綺。每冬寒歲饑，粥餧者、絮凍者、篳殍者以爲常。吾嘗謂彦熙之可使爲善，如水之赴於壑，火之赴於薪；不可使爲不善〔二〕，如取火之不可於方諸，取水之不可於陽燧；可使就善人，如耳入師曠之音，口入易牙之味；不可使就不善人，如刺之不容於目，如臭之不容於鼻，蓋其性然也。

萬曆丁未十一月廿二日，余居水居，彦熙令人逆余歸，至則一息如縷，令諸子拜床下，張目視余，端坐舉手而瞑。嗚呼！若彦熙者，全歸矣，又何憾焉？彦熙，字也，名爾載，别號水菴。彦熙没，記其大，及所嘗與語者如此。銘曰：

已乎彦熙！使其達耶，登賢選良，翼吉人乎翔翔〔三〕。即其窮耶，載詠載觴，偕幽人乎徜徉。孝悌可植家人之坊，慈惠足貽宗人之康，天獨不令其年之長。已乎彦熙！湖山蒼蒼，湖水洋洋。大蓋爲宇，大塊爲床。三十三年，旅寓者暫。億萬斯年，永完者常。

校記

〔一〕此篇又載《高子文集》卷四上。

〔二〕崇禎本《高子遺書》及《高子文集》無『如水之赴於壑，火之赴於薪；不可使爲不善』，此據《高子遺書》康熙本、四庫本、光緒本校補。

〔三〕『翔翔』，康熙本、四庫本、光緒本《高子遺書》及《高子文集》皆作『翶翔』。

文學景耀唐公墓誌銘〔一〕

吾嘗讀旌陽許仙書，見其所云中黄者，人身膈膜也，隔下體穢濁之氣不得上薰心府。天地亦然，凡不忠不孝，下民怨怒之氣，上至中黄，其氣復下，爲水旱疾疫，各以類應。惟忠孝之氣直上清虚，如矢中的，於是始知古忠臣孝子與造化呼吸應感者，殆以是也。然孝悌之家，其子孫往往有孝弟者，與其前人若合符節。相觀而善與？抑一氣使然與？噫！是何神也！

吾見唐于震家，蓋三世孝弟矣。公之父曰耀坡翁，母曰黄孺人。耀坡翁與黄孺人事其二尊人惠坡翁、陳孺人也，一取諸脯脩女紅，二尊人怡怡於甘鮮輕煖中，若不知寒儒儉婦之辦於脯脩女紅者。有疾輒夜不交睫，旬不解帶。一時士君子稱事親之能自致者，必曰耀坡翁夫婦。耀坡翁欲青衿以慰二尊人，而數甚奇，雖至白首，有勸其棄舉子業者，必怒斥之曰：『一諸生何益吾毛髮事？吾奉吾親教，没身而已。』于震爲人言，未嘗不泣數行下也。

至于震，青其衿矣，復數奇，以大病後應學使者試而黜。將天之不與善人與？非也。于震之可貴者不在此。于震之事其二尊人也，一如耀坡翁之事其尊人也。耀坡翁殁，于震三年不嘗酒肉。黄孺人病，于震偕其弟儆吾君露卧床下，蚊斑如綉，旦暮搏顙籲天，祈減算益親。凡四閲月，兩膝腫裂。外父王敬存翁之不得養於其子，于震曰：『於我乎養。』敬存翁病脾，于震與其婦及其子抱持浣洗，經歲不替。斂於室，喪於堂，迄於窀穸，若翁之無家者。于震即甚貧，有稱貸，必以期償之。嘗戒其子曰：『財，從才從貝。人之有才者，壞於貝十九，是士人立脚處也。』生平好善疾惡，未嘗毁一善人，譽一不善人。見有毁善譽惡者，拂袖而起，不忍聞也，其篤至如此。嗚呼！世之愈下也，士不以行舉，顧未嘗不以行貴。吾見重于震之品者若麟鳳然，重于震之言者若鼎吕然，哀于震之亡者若骨肉然。三事九列之不能得諸人者，于震得之。故曰于震之可貴者，不於一諸生也。

于震病經年，于震之子顯祖所以事于震者，一如于震所以事其尊人，至嘗糞，至割股，至割肱。即儆吾君所以事于震，一如顯祖所以事其父也。天之與于震者至矣！

昔宋徽宗時，唐公叔孝諱作求舉進士有聲，從弟孚有才識，遍交元祐諸君子，唐氏始以儒名家。國初，有諱逢明者，贅濮氏，故唐氏多稱濮。惠坡翁諱昌，耀坡翁諱光裕，至于震之子，四世矣。即未顯，皆文學孝友重於鄉里，不墮叔孝公家聲。浸蒸醞釀，必有大發其祥者，未可量也。

于震諱起龍，别號景耀，生嘉靖辛酉八月廿七日，卒萬曆己未八月初九日，年五十有九。娶陳氏，静所公女，卒。再娶王氏，鄉飲介儆存公女，生子顯祖。娶王氏，行素公女，生女一，適薛守溪公子廷相。以是年九月初五日甲申葬大池祖塋之昭。于震與余子世儒、世學好友也，世寧師也，余所莊事也，屬纊而眷眷於余之一誌不已，余不文，持墓文之戒久，而有甚不得已者，則以于震垂死眷眷之一念已。銘曰：

好惡不拂人之性，是非足以經國之政。吁嗟于震，使其孝友爲政，不得施於有政，聖人固曰『是亦爲政』。

校記

〔一〕此篇又載《高子文集》卷四上。

文學清宇高公墓誌銘[一]

嗚呼！兄可謂了了而生，了了而死矣。維歲庚戌，兄下帷張岵望公，自廣信宦邸歸，謂攀龍曰：『聞之禄命家，吾殆將死。我諸子姪室未畢，諸子母家逋未畢，吾將售産，一切畢之，蕭蕭一身俟焉，不以不了念縈吾靈府。』余爲解曰：『豈有是哉？』無何，而兄果盡售産矣，果畢室諸子姪，畢償諸子母家矣。無何，而兄果病矣。時辛亥三月事也。余曰：『異哉！若是乎天之一定，無庸人力耶？』請於吾友繆仲淳藥之，病立起。越夏而秋，體豐神王，飲啗加等。兄乃選日之良，整衣冠，出酬其常所起居，而先詣攀龍曰：『微繆公，不能活我。微子，不能得繆公。自今日月，享子之日月也。』攀龍不勝喜，爲浮大白，手額祝無算數曰：『兄今一身，蕭蕭樂矣，當數數相過從，毋令若病困時，床枕上羡人一趨一步如天上遊仙也。』兄曰：『然。』不數日，乃復病痢。余視兄，則曰：『命也夫！吾無不了念，亦不望活。』遺言纖悉皆具，帖然而瞑。嗚呼！此所謂了了而死，非耶？自吾有知識以來，見兄油油與人偕，無忤物也；里巷姻婭慶唁，無缺失也；與人期會，不愆時日也；稱貸人，不愆錙銖也；言人善津津然，不善未嘗出諸口也；與其弟，衣同寒暑，食同朝夕，用同有無，事同勞逸，若兩手相攜，兩足相踐也；撫其子姪，幼無二養，長無二教，婚嫁無二等，若兩目一視，兩耳一聽也。此又不謂了了而生耶？

嗟乎！士之貧困常十而九，然往往不自强力，計無復之，則仰哺他人，而分不明也，信不立也，一往而不可復，如之斷港絶潰然。兄少而忽忽，長而昭晰，疎而令人仗之如親，貧而令人仗之如富，以此家蹶而復立，非分明信立能然乎？肩其家衆食數百指，猶子成立皆先其子，婚嫁百需，歲月絡繹，盡瘁持之，迄無替念，豈不難哉！攀龍之曾大父雪樓公則既與兄祖左樵公相肺腑，以同姓稱族，自兹五世矣。吉凶之事，山水之間，花月之候，雖乾餱未嘗不相速也，至於兄益親。嗚呼！吾何以銘兄哉？銘曰：

維人之倫，父子兄弟。譬之草木，此寔其柢。云胡世人，不思其真？親者反踈，踈者反親。孰如吾兄，秉德堅貞？白首庭除，藹若孩嬰。其人則亡，其行則芳。百爾君子，視以爲方。有聳其岑，有菀其林。一抔斯土，千秋斯心。

校記

〔一〕此篇又載《高子文集》卷四上。

董恭人墓誌銘〔一〕

湖州守陳公爲天下名二千石，一時談吏治者，輒曰視陳湖州若何。陳湖州，則余同年陳志行也，其配曰董恭人。當志行爲諸生，貧特甚，居荒村中，時時午不舉火。慷慨磊落，有所不平，引酒自醉，醉而歌烏烏，顧影自樂，睨視世人不屑也，人亦無識志行者。己巳五日，無錢買酒，出户見村人蒲觴箬黍紛相問也，無問志行者。志行發憤曰：『佳晨遂無一觴，妻孥樂乎？』入見董恭人，無慍色，志行喜曰：『此真吾妻矣。』即日掃半簷屋，紉片布，張而障風日，發笈中所藏書，晝夜讀。恭人喜曰：『此真吾夫矣。』日煮野菜羹進曰：『他日無忘此滋味也。』

越五年爲癸酉，而志行舉於鄉。又久之，不舉南宫。當是時，杜太恭人老，志行授里中以爲養。每經時歸問家人，事無纖細不具也。志行又久不舉子，恭人爲進淑女，得子三。三子者，眠食恭人也，寒燠恭人也，溲便恭人也。其仲痘殤，恭人大慟。其長者、季者痘繁瀕殆，恭人曰：『天乎！陳氏千秋在此一日矣。』

痘愈而恭人大喜。

己丑，志行始成進士。令朗陵，恭人從，令中牟，恭人從，以太恭人在邸，非恭人弗安也。甲午，志行覲，恭人以太恭人南。舟輕，恭人曰：『此地多荳，可載也。』及泗州，湖風急，檣顛，得荳不覆。已志行晉比部，官長安六年，恭人不從，以太恭人在家，非恭人弗安也。已志行出守湖州，恭人奉太恭人之湖州。丙午，太恭人念歸，恭人復奉太恭人歸梁溪。丁未，得疾卒。又四年，志行以憲副備兵九江，念太恭人且百歲，乞終養。又二年，而太恭人卒。志行治太恭人葬，亦治恭人葬，手狀恭人謁余曰：『非子不能誌吾婦矣。嗟乎！吾少日，子所聞也。吾父病噎久，庸醫誤投藥而遽困，吾時在城不聞。一夕月明甚，吾婦見鼠蹲几而啼，心動曰：「大人得無有變乎？」吾亦心索索而震，急偕婦歸，吾父已屬纊。時秋暑劇，吾奔營喪具，一切含殮俱婦佐，太恭人得不憾於大事。太恭人一跬步不離婦也，板輿出入，非婦，吾能食入口，寢交睫乎？使余稱爲人子者，吾婦也。吾婦既以勞瘁，得一胎而墮，遂不復胎。世間婦人視他人舉子，不忮幸矣，得如吾婦提抱愛護乎？得如吾婦愛而知教乎？使余得稱爲人父者，吾婦也。太恭人有子五人皆窶，吾爲諸弟畢室，期不失太恭人意。吾婦承之，不失予意，劑諸妯娌，不失諸弟意。愛猶子如子，仲弟一兒當暑而痘，蛆出瘡中如蝟，婦不避穢，護之而生，使予得稱爲人兄者，吾婦也。予少好游酒人，醉而好務奇相矜詡。嘗着新履走石橋欄上，又循塔簷砌間，見者股戰，而予笑傲自若。吾婦聞之，泣謂余曰：「君奈何以七尺博人笑耶？」又嘗夜醉獨行，閶關閉，視河干舟可躍而逾也，驚其舟子夢中起，忽墜水。予不能水，念其人死，即不能獨生，没水拯之，卒俱其人出水，吾婦又泣相戒也。一日雪夜，裸而逐盜，吾婦又泣相戒也。予乃悟，始知尊生，而後益從養生家自衛矣。使予保此七尺而爲人子爲人父爲人兄者，吾婦也。予更有深痛，吾外父懷萱翁、外母郭孺人生一子，無禄即世，有一孫，吾婦爲娶婦，有家矣，又無禄即世，而董氏遂不祀。予令朗陵，郭孺人養於吾婦，婦念從予則舍郭孺人，從郭孺人則舍太恭人，以太恭人故，卒舍郭孺人。

予守湖，太恭人思梁谿，恭人念從太恭人則舍予，從予則舍太恭人，以太恭人故，卒舍予。嗚呼！恭人生十八年歸予，左右太恭人者餘五十年，女而不有其母，婦而不有其夫，予獨以吾婦有其母，有其子，有其家也。吾婦之於陳氏何如哉？子其志之，垂示陳氏之後人。』

高攀龍曰：『恭人孝於父母，順於舅姑，宜於家人，豈不難哉？吾所難恭人者，不止此。今夫豪傑之士，當窮困無聊時，不難浩浩遊人世間，彼俯己自視，固知其不終是也，顧獨難於入宫見其妻。室人之謫，詩人詠之，所從來久遠矣，豈獨買臣、季子婦乎？志行荒村五日，何異陶令重九籬邊？彼其夫耕婦餉，此乃夫讀婦炊，曾怡然不以爲意，令其君子意韻自遠，卒成令名。宜志行之不挫不撓，爽然於富貴之際也。恭人之助豈眇小哉？是宜銘。』銘曰：

夫之貧，御其屯。夫之遇，不竟其豫。將其母，五十年不恒有其耦。孚其子，百千世植其福祉。吁嗟乎！陳氏雲仍之詵詵，其毋或忘於斯人。

校記

〔一〕此篇又載《高子文集》卷四上。

李貞母墓誌銘〔一〕

婦之貞，其性然也，猶之乎水之寒，火之熱，非人爲使之也。然稟受萬有不齊，故其貞静非得之天者，必待教習檢柙。待教習檢柙，去天成者倍蓰矣。李母何以稱貞母也？其貞成之於天者也，非教習檢柙而貞。何以知其成之於天也？貞母者，故陝西學憲雨亭公之繼配，蘇之長洲人，姓陳，父曰二水公，諱燾，母曰楊孺人。母生三四齡，與其姊妹嬉，有家人童子亦三四齡者即之，母輒驚而啼，逐之去乃安。二水公曰：『此非凡女也。』及歸學憲公，從公之楚臬，大江怪風夜作，舟飄六百里，得一渚，衆争奔渚，母幾墮江中，一役夫將掖之，母叱去始登。及學憲公捐館舍，母稱未亡人者二十餘年，有勸令一識九龍二泉，母曰：『此非婦人事，更非未亡人事。』卒不許。夫其少而不苟即一乳豎，顛沛而不苟即一援溺者，夫亡，不苟出閫外跬步，豈教習檢柙而然？吾故曰李母之貞，天貞也。

母二十一而婦於李，猶及奉其姑太宜人盡孝養。太宜人卒時，學憲公方督浙餉，奉湯藥，視含殮，一切如學憲公在側，不貽學憲公憾。學憲前配毛宜人卒時，其二子長曰延枝，方六歲，次曰茂枝，在襁褓。母懷抱之，如執玉執盈，時其飢渴，如己飢渴也，摩其疴癢，如己疴癢也。母卒而延枝哭曰：『天乎！吾生六年，至十有八，而依依吾母膝下也，見吾讀書則喜，見吾健飲食則喜，見吾能持家則喜。吾大母病，母晨必焚香拜天。吾父病，母夜不交睫，食不盡溢，及卒，慟不欲生。母自有子，家鉅細必吾詢，曰：「而長也，婦人夫死從子，禮也。」見吾受侮，曰：「討人便宜，人誰汝寬？受人虧，汝可自安。」嗚呼！丈夫哉吾母也！』茂枝哭曰：『已矣！世不可得吾母矣。吾襁褓失母，而母爲吾母。吾弱冠失父，母爲吾父。母愛吾與仍枝等，母教我與仍枝等，母望我一第與仍枝等，至撫吾兄弟猶子與仍枝等，待吾母之親戚與己父母之親戚等。丈夫難之，世安得幾如吾母者耶？』仍枝哭曰：『天乎！仍枝，吾母所自乳也，豈獨有三年愛乎？十七年始免吾母之懷也。吾痛母之亡，又痛母儀之亡也。吾母見文字，弗屑也，曰不如謹隨身規矩；見佞佛者，弗屑也，曰不如愛惜物力，勿暴殄；見財賄，勿屑也，曰不如紡績補綴。母紡績嘗兼人，補綴獨工，使敝衣如新。春陽而機杼，秋風而刀尺，未嘗飽食嬉遊。每曰：「非婦人事勿爲，非婦人有益事勿爲。」母亡而母儀亡矣。』嗚呼！三子之言貞母之爲貞母者何如哉？吾故曰母之貞，天貞也。銘曰：

繼母之難，難於視前母之子無異於己之子也。母能一之，無人我心。未亡人之難，難於視其夫之亡無異於夫之不亡也。母能一之，無存亡心。不常者，六十二年之身。不死者，一成不移之心。故謂之貞，與天地同情，不隨物毁成。昭之以銘，豈區區曰後世之名〔二〕？

校記

〔一〕此篇又載《高子文集》卷四上。

〔二〕《高子遺書》文末有陳龍正跋語：『婦貞難而慈易，然於前母之子，又貞易而慈難。天貞也，天慈也，安得天下之繼母皆李母？』

墓表

劉貞母墓表〔一〕

嗚呼！此吾友劉節卿之母也。余與節卿受經澄泉茹先生，交節卿最密，知節卿深〔二〕。節卿十四歲而孤，奉其母至孝。母嘗病痢殆矣，目中若見有神物，以語節卿，節卿遽搏顙號神，願身代母，母見神拱而揖節卿，病竟愈。於是節卿每至神祠，輒祈減年益母以爲恒。其至性誠，願得小有樹立，博親一歡顔，即一日如百年，立槁無恨。而不幸家貧，糊口教授，旦夕不躡庭闈問安否。所娶婦奇惡，聞孝順字吐，不欲入耳。節卿每對余言及此，飲其淚矣。數數欲逐其婦，余曰甚善。而節卿孱力，又不勝尼之者，未果。母卒二十年，而節卿哀慕一日也。卒出其婦，以報余曰：『了此不了念矣。』則又手一狀，謂余曰：『奈何以吾子而不有一言録吾母？吾不及掩諸幽，以樹吾墓矣。』余讀之，愴然發二十年慨也，曰：『悲哉！宜節卿之一日不能去諸懷也。』夫節卿之尊人冉泉公，家故給饘粥也。有仇中之役，家立挫。冉泉念其兩大人且老，裕而遽窘，邑邑中病卒。越五年庚辰，節卿大父南橋公、大母周孺人，邑邑中病，相續卒。當是時，貞母之哭其夫，哭其翁，哭其姑，聲不絶也，豈一日有生人趣哉？既滿喪，而節卿之婦且入室矣。迄其卒，十年間，僅得節卿一補諸生，拊心自慰耳。悲哉！宜節卿之一日不能去諸懷也。

貞母姓傅氏，父曰愛萱公，母曰張孺人。年十七而歸冉泉公，孝事父母，歲一省愛萱公，一迎張孺人，別即涕淫淫如嫁時。順事舅姑，周孺人嗃嗃也，又喜夜飲酒，或至丙漏，母必屏息侍之，周孺人寢乃寢。或時被呵，母顔益和。周孺人亦嘆曰：『賢婦！賢婦！』周孺人病痢，孺人不解衣而扶持，浣滌穢褻未嘗任人。事冉泉公婉而莊，笑不至噱，暑不露體。冉泉公没，而旦夕依几筵哭上食，終身縞素，見其容聞其聲者，輒酸鼻也。教節卿兄弟慈而能嚴，每稱讀書作人，隆師擇友。家人有嘻笑於前者，必令節卿笞之，曰：『未亡人前而笑，何也？』其貞一如此，故曰貞母也。

高攀龍曰：『天道豈可以意測哉？惟聖人知之。今夫感應者，桴鼓也。婦而善，承嚴姑，姑而正，得逆婦，何謬戾不倫至此？』説者曰：『此所以成之也。非嚴姑不徵其順矣，非逆婦不彰其慈矣。』是則然，要之，未盡其理。死生者，晝夜也。人見生而不見死，必謂善惡俱一死而盡，則凶人畢世恣睢，與善者恬然俱逝，若是其幸與？夫既曰没寧，有不寧者矣，惟聖人知之。故曰：『惠迪吉，從逆凶。』嗟乎！貞母之爲吉也，豈顧問哉？

校記

〔一〕此篇又載《高子文集》卷四上。

〔二〕康熙本、四庫本、光緒本《高子遺書》『深』上有『最』字。

魏繼川先生墓表〔一〕

萬曆壬辰春，繼川先生魏公卒於家。越三十年，其子大中以工科給事中遇覃恩，贈公如其官，錫山高攀龍表其墓曰：『嗚呼！是古之隱君子篤行善者也，宜其迓休食福，後人蔚起，爲時聞人與！』

公名邦直，字君賢，別號繼川，世居嘉興，後析爲嘉善人。曾祖諱顯，祖隱齋翁諱繼宗，父南川翁諱祥，配楊，生二子，公行二。生而從祖母抱爲子，五歲復歸楊。又一歲，楊孺人卒，俗議火葬，公慟仆地曰：『奈何不一抔吾母？』南川公涕而曆，不火。公既娶今贈孺人薛，歲饑，家日挫。繼母周亦舉一子，析箸矣。周復舉子，其同母兄曰：『是箸將焉出？』南川公趣溺之，公亟往抱持，有笞其背者弗顧。薛孺人且生女，竝乳之。會前所抱公爲子者無嗣，貲頗饒，公曰：『吾可乳吾弟，不可子吾弟，以代吾所當嗣者可矣。』季得讀書成諸生。公續其命於呼吸，又推讓嗣產，可不謂難乎？公析兄弟箸，惟叔弟所與，叔稱不便，又惟所易，叔困子母，公爲貿產償。叔病疫，戚黨戒不近，公獨周旋。叔起，公弗疫，叔曰：『今日乃知二哥。』季病瘵，公締視惟謹，至數年如一日。南川公困徭，夙夜興，公大傷曰：『大人日僕僕公府，子乃嬉嬉擁婦子乎？』一切力肩，四壁盡矣。薛孺人娠大中，至無一廛，無肯寓產婦者，僦於外家，甫入而大中生。公曰：『嗟乎！有子矣，何以糊其口？』於是乃訓蒙士，所訓皆村牧子。公教以小學儀，不急其循也；教以讀，不盡其力也。弱而憊者，時休之；居遠而風雨，午膳之；跣而濯河干者，必躬視之。脡脯聽其至者，不責其不至者。人大喜曰：『此嚴師而慈父也。』爭願得就魏先生。而公以遠其尊人，覲饋源源，大寒暑重跰不替。事其兄如事父也，事其舅如事母也，事其鄉人之十年長者如事兄也。

公又推之人人，與父言慈，與子言孝，與弟言悌，與農言勤，與賈言信，與婦言貞。有兄弟數年鬩牆者，其弟來，公責以大義，弟大感動。其兄聞之，謝曰：『非公不能直我。』公曰：『吾第爲若弟言不直在若，不在弟也。若不兄，與若弟不弟，何以異？』兄亦泣自咎。旦日，兄弟各詣公謝，歡如初。公居人骨肉間多類此。鄉之訟者不願之官府質，多質於公。有憾公者，面詬公，衆怒欲擊之，公急止曰：『徐徐使彼自醒，毋重其迷。』居無何，果踵門謝。公好藝蔬，蔬美，有盜蔬者，公窺之爲迤東第二鄰某甲，且委蔬去。公悉刈蔬，以半分餉東西鄰各二家，因以及盜者。比舍有垂圮屋，市錫者居之，大雪夜半，聲如崩，公曰：『市錫者殆矣。』披衣往，發其覆，解衣衣之，得不死。公不輕貸人一錢，不輕餐人一飯，不輕殺一牲，不輕膳一肉。遇貧而濱死者，傾疊授之。每日半而炊，冬半而絮以爲常，而怡然自安，眉宇無寠人色。置身於一家一鄉中，春風藹如。無論人安公，公亦安人。與公居者，依依不忍去，去而若割矣。公何以得此？曰：『好行善而不慕利於人，不吝利於己也。』故曰是古之隱君子篤於善者。

夫人有念念不舍於善，而天不應之善者乎？當大中産僦屋時，公名在天壤不朽矣，不待今日也。《易》曰：『有隕自天，志不舍命也。』不舍善則不舍命，必有非常之人自天而隕者。

校記

〔一〕此篇又載《高子文集》卷四上。

行狀

南京光禄寺少卿涇陽顧先生行狀〔一〕

先生諱憲成〔二〕，字叔時，別號涇陽先生。生而沉毅，迥異常兒。十歲讀韓文《諱辯》，請於師曰：『然則親名當諱乎？』曰：『然。』自是每遇南野公諱，宛轉避之，有不可得避者，輒鬱不樂。師問而知之，謂南野公曰：『此子之志卓矣，未通方也。如尊名，何能諱乎？昔韓咸安王語其子曰：「吾名忠，汝勿諱忠。諱忠是忘忠也，忘忠是忘我也。」自是不諱忠。此古人事，君得無意乎？』南野公喜而呼先生謂曰：『吾名學，汝勿諱學。諱學是忘學也，忘學是忘我也，孺子志之。』先生謹受教。

年十五六，家貧不能延師，就讀鄰塾，歸必篝燈自課，多至達旦。書其壁曰：『讀得孔書纔是樂，縱居顔巷不爲貧。』一日從師説『或問禘之説』，先生曰：『惜也，或人欠却一問。』師曰：『何也？』曰：『假令或人再問：「子不知禘之説，何以知知其説者之於天下如視諸斯也？」夫子必有説矣。』師喜曰：『作如是觀，可讀《論語》矣。』又一日，説『養心莫善於寡欲』，先生曰：『竊以爲寡欲莫善於養心。』師曰：『何也？』曰：『心是耳目四肢之主，主人明，不受役於色矣，主人聰，不受役於聲矣。若但向聲色驅除，是主與奴競，孔子所謂仁，則吾不知也。』師喜曰：『作如是觀，可讀《孟子》矣。』

年二十一，爲隆慶庚午，補邑諸生第一。萬曆丙子，舉鄉試第一。其冬，南野公即世，先生居憂。當是時，先生名滿天下，其於文章，斟酌今古，獨闢乾坤，學者宗之，如山於嶽，如川於海，而先生退然謂此非吾人安身立命處。心所冥契，則五經四書、濂、洛、關、閩，務於微析窮探，真知力踐，自餘皆所不屑矣。庚辰服闋，應春官試，名在二十，廷對舉二甲二名。主事户部，與南樂魏崑溟允中、漳浦劉紉華庭蘭以道義相琢磨，時稱三解元。江陵相憚其丰采，一日謂申相國曰：『貴門生有三元會，公知之耶？日評隲時事，居然華衮斧鉞一世矣。』相國曰：『不知。』江陵因舉三元者，三解元某某也。而三先生者果以時事日非相約貽書申公，諷其匡救。先生書既具，及觀魏、劉兩先生書，嘆曰：『至矣，余言贅矣。』遂止。江陵病，舉朝若狂，爲禱於神。先生獨不可，同官危之，代爲署名，先生馳騎，手抹去之。壬午，江陵死，先生調吏部，日孜孜人才，與同僚爲會，以所見聞相證，遐方下吏，巖穴潛德，務於闡人所不知。尋以錢太安人年且週甲告歸，讀《易》《春秋》者三年。丙戌，除封司主事。丁亥，大計京朝官。

先是，南北都御史久未得人。一日，特旨辛自脩改都察院左都御史，海瑞陞南京都察院右都御史，中外相慶聖明英斷，兩人真都御史矣。當路不悦也，於是御史房寰有疏醜詆海公。先生弟季時適以丙戌廷對，觀吏部政，遂偕同年彭旦陽遵古、諸景陽壽賢糾之，雖各得削籍，正氣爲一吐。及是，辛公司計，所是非皆與時俗忤，當路益惡之。而工部尚書何起鳴在拾遺中，人有謂何若能去辛，大當執政意，即與辛偕歸，公他日不失舊物。何大喜，遂訐辛。給事陳與郊承風旨，竝論辛、何，抑揚其語，實齮齕辛，而辛、何果竝罷去。先生上言略曰〔三〕：『起鳴之爲君子爲小人，其訐自脩也，果有據果無據，而御史高維崧等之合糾起鳴也，爲公爲私，此皆章章較著者也。皇上爲起鳴，罷自脩謝之矣，而又降及維崧等四御史，何歟？皇上以爲用人出自朝廷，是也。今起鳴訐自脩，則罷自脩，訐維崧等，則降維崧等，可謂出自朝廷歟？自脩之賢與否，臣姑無論；職司考察，反被中傷，大計重典，一朝而壞，亦姑無論；惟是以維崧等之疏出自承望，則臣以爲謬矣。邇年以來，猜忌繁興，讒誹殷積。幸而昨者本部奉旨考察，不問恩怨，一秉至公，命下之日，中外翕然稱服，以爲我皇上之明，二三執政之有容如此，亦見人心之公，昭昭不泯，而挽回有幾矣。何意復覩是紛紛乎？在起鳴，既疑以宿釁蒙垢；在自脩，又疑以忤時招尤；在起鳴，既見以有援而巧爲排；在自脩，又見以受屈而急於辯，皆過矣，顧獨坐維崧等承望耶？即爾，彼給事中陳與郊等深詆自脩，又何爲者？爲今之計，臣以爲莫若各務自反而已。起鳴當思何以爲衆論鄙，自脩當思何以爲儕友猜，維崧等當思何以言出而召侮，與郊等當思何以言出而啓疑，至於執政大臣，尤應倍加簡省，風厲百僚，若無若虚，孜孜汲汲，積而久之，精神透徹，誠意孿如。本無偏好，誰能求同？本無偏惡，誰能求異？雖褊心鋭氣皎皎而負爲高者，亦慚悔而恍然自失矣。先是御史甘士价進和衷之説，其指甚美，第不務拔本塞源，而徒欲調停於聲色之間，其究非强上以狥下，則强下以狥上，此臣之所以不容已於言也。臣又見今之時，非科道而建言者，必詬之曰出位，曰好名，又曰是爲進取之捷徑耳，不然則又曰是多行不韙，計畫無之，聊借以蓋醜而脱計網也。斯四者，亦誠有之，而不可不求其故也。明興二百餘年，西漢之經術，東漢之節義，唐之詩詞，宋之理學，竝彬彬稱隆，而獨言官之氣稍不振，天下多故，危言讜論往往出於他曹。即如我皇上莅祚，故相張居正用事，數年之内，言官有相率讚頌耳，保留耳，祈禱耳，吴、趙、鄒、沈、王、艾之儔何寥寥也！又如近日維崧等合糾起鳴，本屬公議，及皇上詰責所以，輒惶恐推避，莫適爲首，謝罪不暇，竟無能自見始末，開廣聖心。誠令維崧等披露情愫，曉暢事實，章晰誼理，剴篤言辭，皇上一覽而悟，未可知也。臣甚惜之。繇此觀之，使言官不爲利誘，不爲威惕，無事不瑣屑以取厭，有事不依回以取容，牽裾折檻，時不乏人，他亦無繇而奮其説矣。然則使人之得以出位而言者，臺省之爲也。夫人情無不喜順而惡逆，況居尊顯者乎？其喜能令人榮，其惡能令人辱。有一人焉，端言正色，侃侃不顧，安得而不名高？名高矣，而當之者苦於不堪，厭恨之，廢棄之，摧折之，則天下皆咈然不平於其心。一旦時移事改，是非論定，夫安得而不加殊擢也？是故抑者，予其揚者也；屈者，藉其伸者也；退者，佐其進者也。假令其言是，恬然而受之，其言非，廓然而容之；録其長，不疵其短，褒其直，不嗔其狂；用其言，何必計其人，不用其言，何必疾其人，審如是，人人而能言也，何名可賈？何利可徼？而亦何醜可蓋？非徒然也？而我反因之獲容直之名，收用言之利矣。然則使人之得以賈名，得以徼利，又得以蓋醜者，廟堂之爲也。至於建言之人，大都負氣自喜，不耐矜束〔四〕，遇事發憤，往往過當，聽者方内懷不服，退而詢其行事，又不足以滿其意，則曰：「爾以古人自畜？」而承望意指者又因而媒孽之，尋垢索瘢，無所不至。於是遂置其言不復采，而并賤其人。假令士能潔躬脩行，入不愧妻子，出不愧朋輩，則其人重，其言亦重，夫安得而無聽？然則使人之得以舉而納諸群訢之中者，建言者之爲也。故臣以爲亦莫若務自反而已，自反則上何暇以言爲罪，下何暇以言爲高？惟各盡其在我而已矣。先是科臣楊廷相欲痛懲矯激之非，臣愚以爲將來之患正恐不在矯激。如曰囊居正用事，宜尚異，今非其時也，宜尚同，則唐、虞之際，猶然朝有吁咈，野有誹謗，而孔子亦云：「邦有道，危言危行。」不以唐、虞有道望斯世斯民，而僅僅較短長於居正柄國之日，此臣之所痛也。』

疏奏，有旨切責，謫湖廣桂陽州判官。時王京兆麟每語人曰〔五〕：『顧勳部折衷辛、何甚當，自反之説，拔本塞源，吾輩當各寫一通置座右。』陳司寇雨亭公謂王婁江曰：『顧勳部立論最公，何以不免？』婁江艴然曰：『渠執書生之見，狥道路之言，焉知廟堂苦心？』司寇曰：『書生之見當守，道路之言當采，勳部苦心亦不可不察也。』先生之桂陽，其士人皆進而問業。先生以桂陽爲柳子厚、蘇子瞻兩公謫居，莊定山先生亦謫於此，大有惠德於民，題所居曰『愧軒』，志愧前哲。又以柳氏文而已，蘇未離乎文，莊庶幾離乎文矣，深愧文字外無以益桂陽多士，其先行後文類此。

戊子，司理處州府。先生念太安人，不欲行，太安人不可。會季時授南康郡博，季時曰：『叔出季處乎？』即日乞休。而先生至官，專務教化。有兄弟訟數年不决者，呼謂之曰：『汝兩手兩足相争否？兄弟手足也而相争，非怪事乎？而恬不以爲怪，何也？既相争，自相治可矣。』各授之杖，謂其兄曰：『爲吾扑若弟。』謂其弟曰：『爲我扑若兄。』兩人相顧愕然，先生故促之，兩人叩首請曰：『曩者官爲析曲直，故不服。

今我服矣，不知曲直也，願得自新。』先生喜，令兄弟相揖謝，兩人大哭而去。時蔡御史按浙，不敢以吏事見先生，假之差歸。

己丑，居太安人憂。辛卯，復司理泉州。壬辰，計群吏，先生舉公廉寡慾，爲天下司理第一。尋擢主事考功，銓司出而再入者，自先生始。是年詔三皇子竝封，先生倡四司上言，略曰：『伏見皇上思祖訓立嫡之條，欲暫將三皇子一併封王，以待將來有嫡立嫡，無嫡立長，於此知皇上有惕然不敢自專者，而必以上合聖祖之心爲安也。又見皇上諭輔臣王錫爵等：「朕爲天下主，無端受誣。」於此知皇上有慊然不敢自適者，而必以下合天下之心爲安也。惟是待之一言，皇上之所據以爲得，正天下之所共據以爲失，此吉凶之原，安危之幾，不可不蚤辨而慎防也。夫太子，天下本，立本，所以不忘天下也。豫定，所以固本也。是故有嫡立嫡，無嫡立長是也，待嫡非也。就見在論嫡之有無是也，待將來論嫡之有無非也。夫待之爲言也，濡滯而不決，懸設而難期，撓不刊之典，潰不易之防，隳不攜之信，叢不解之惑，開不救之釁，貽不測之憂，甚不可也。皇上之稱祖訓惓惓矣，顧其所載立嫡、待嫡二條，意各有主，質以建儲之事，判然不類，皇上第以其合於己意，援而附之，爲遵祖訓乎？爲悖祖訓乎？其不可一也。我朝建儲家法，東宮不待嫡，元子不竝封，廷臣言之甚詳，皇上以其不合於己，概置弗省，豈皇上創得之見有加於列聖之上乎？其不可二也。有天下者稱天子，天子之元子稱太子，太子之元子稱太孫。天子繫乎天也，君與天一體也。太子繫乎父也，太孫繫乎祖也，父子祖孫一體也。主鬯承祧於是乎在，不可得而紊也〔六〕。今欲竝封三王，元子之封何所繫乎？無所繫則難乎其爲名，有所繫則難乎其爲實，其不可三也。皇上亦曰權宜云耳，夫權者，不得已而設之也。元子升儲，諸子分藩，於理爲順，於情爲安，於分爲稱，於訓爲經，有何疑顧？有何牽制？有何不得已而然乎？耦尊鈞大，偪所繇也，豈細故哉？而姑任之，其不可四也。皇上以聖祖爲法，聖子神孫以皇上爲法，皇上尚不難創其所無，後世詎難襲其所有？自是而往，幸有嫡可也，不然，是無東宮也，無乃悞萬世之大計乎？又幸而如皇上之英明可也，不然，是凡皇子皆東宮也，無乃釀萬世之大患乎？其不可五也。皇后者，與皇上共承宗祧，期於宗祧得人而已。宗祧得人，而皇后之職盡矣，豈必有嫡而後爲快？夫皇上以父道臨天下者也，皇后以母道臨天下者也，一體也。皇上之元子，即皇后之元子，雖恭妃不得而私之；皇上之諸子，即皇后之諸子，雖皇貴妃不得而私之，統於尊也。今庶民之家，妾之有子，亦以其妻爲嫡母，豈必自己出而後爲子？又豈必如輔臣王錫爵之請，須拜而後稱子哉？皇上何不斷以大義，而爲此區區？其不可六也。況始者奉旨，少待二三年而已，俄改於二十年，俄又改於二十一年，然猶可以歲月爲期也，今曰以待嫡嗣，則未可以歲月爲期也。德音方布而忽更，聖意屢遷而彌緩，非因預瀆，非因衆激，何以謝天下？其不可七也。夫爲天下之主者，未有不以天下爲心，自竝封之命下，一日之間，叩閽而上封事者不可勝數，至於里巷小民，亦悵然若失，愕然若驚，聚族而議也。是孰使之然哉？人心之公也。而皇上猶責元輔王錫爵擔當，錫爵夙夜趨召而來，正欲爲皇上定此大事，排群議而順上旨，豈所謂擔當？惟是矢志積誠，必欲納皇上於無過之地，乃真擔當耳。不然，皇上尚不能如天下何，而況錫爵哉？其不可八也。皇上神明天縱，信非溺寵狎昵之比而不諒者，見影而疑形，聞響而疑聲。皇上方以爲無端受誣，天下日以爲無端反汗。無端受誣，豈惟皇上有所不堪，臣等亦爲皇上不堪。無端反汗，豈惟臣等不能爲皇上解，皇上亦不能爲臣等解。皇上盛德大業，比隆三五，而乃來此意外之紛紛，不亦惜乎？其不可九也。凡此皆待之一言爲之也。伏願皇上反觀長慮，以成憲爲必不可違，以輿情爲必不可拂，以初命爲必不可爽，以新諭爲必不可行，皇元子早正儲位，皇第三子、皇第五子併錫王爵，父父子子，君君臣臣，兄兄弟弟，宗廟之福，社稷之慶，萬世無疆之休，悉萃於此矣。』

又自爲書貽婁江公曰：『昨請教册立之事，實百其難，明旨一定，何以轉移？人情洶洶，何以鎮定？上欲不愆於明旨，下欲不駭於人情，故曰難也。究竟則請期一着，尚自可圖，然而非閣下莫能任。蓋自萬曆十四年以來，廷臣之以建儲請者不啻數十疏，而皇上之旨亦幾變矣。然曰待二三年，則二三年而已也；曰待過十齡，則是至十齡而已也；曰二十一年，則是二十一年而已矣。期未至而請之皇上，得執激擾以爲辭，期既至而請之皇上，亦何辭以謝天下？此遷延之法，可得而窮者也。今者以待皇后生嫡子爲辭，從今以往，復何所據以請乎？此假借之法，不可得而窮者也。閣下試端意而思之，皇上之旨所以屢遷者，何也？建儲，盛典也，九廟式靈，兩宮欣願，百官萬姓之所瞻企，而言及者輒獲罪，若有大不滿其意者，何也？亦可推矣。三王竝封，耦尊齊大，亦可觀矣，閣下不念之耶？昔者秦皇、漢武，寧不蓋世之雄？一念小偏，便墮入婦人女子之手。雖二君，孰意及此乎？若曰「有嫡立嫡，無嫡立長」兩語炳若日星，誰能奸諸？則長幼有序之説，明旨不啻再見，何至今日乃更益立嫡之條？重之以祖訓，藉之以中宮，彌縫轉易，挽回轉難，歲復一歲，有何底止？竊以爲宜聽九卿科道，仍遵屢旨，合辭以請，而閣下從中調停，懇示定期，即甚遲，不得越一年，庶幾聖心確有所主，不開窺伺之端，人心專有所屬，不萌二三之釁。議論方囂而復定，國本幾摇而獲安，真閣下事矣。脱或一請不得，當至於再，至於三，又至於十百，至於去就可也，至於死生可也。若乃皇上懸不必然之説，以蓋其立長之成命，閣下又操必不然之見，以成其立嫡之托辭，交相爲負，非所望於今日君臣也。』

癸巳内計，功郎趙儕鶴先生秉至公從事，執政弟弗顧也，執政所庇弗顧也，太宰甥弗顧也，己之姻弗顧也。計典出，人謂二百年來未有慊於輿情若此者，而先生與李公元沖實左右之。政府大恚趙先生，乘劉黄門道隆疏論科道拾遺者不宜留用，遂票旨切責降調。先生與元沖公上疏曰：『頃者皇上切責吏部專權結黨，趙南星降調外任。臣等與南星生平以道義相期許，及在同部，又以職業相切磨。惟兹内計之典，始而咨詢，繼而商確，臣等皆與焉。至於議留虞淳熙、楊于庭二臣，臣等亦以爲誼出憐才，嘗從臾之。今南星被罪，臣獨何辭以免？南星一意奉公，不以情庇，不以勢撓，庶幾少挽頹風，以報皇上，而竟不免於罪，况臣等自揣才識不逮南星遠甚，其迂戇椎魯又或過焉，若復靦顔在列，將來招釁速戾有不止於南星者。然則與其去南星，孰若去臣等？與其留臣等，孰若留南星？伏惟皇上擴天地之量，垂日月之明，念南星自謀則拙，謀國則忠，還其原職，以示任事者之勸，無徒快被察諸人之心。倘始終以爲專權結黨，乞將臣等一併罷斥，無令南星獨蒙其責。』不報。

無何，先生司選，以扶陽抑陰爲體，以不激不隨爲用。於婁江公，待以至誠，每事必告，冀轉移之。而一切推用賢才，與世牴牾者，公所陽諾，實所陰尼，先生覺其機惡。值公假沐，推孟公一脈、王公德新，不以告，疏上輒下矣。公又陽喜，謂先生曰：『主上眹兆殊佳，自此正人亟宜推用。』先生又覺其機惡，曰：『幸有好眹兆，正不須急激聒也。』無何，而會推閣臣之命下矣。先是先生在動司，適鄒南皋先生請去，婁江曰：『昨文書房傳旨云放去。』先生曰：『不然。若放去果是，相國宜成皇上之是，該部宜成相國之是。若放去爲非，相國不宜成皇上之非，該部不宜成相國之非。』公語塞，竟疏得留用〔七〕。又一日，太宰孫公立峰罷，推代者，時少宰趙公定宇署篆，婁江屬以首推大宗伯羅康洲萬化。先生曰：『不可。内閣者，翰林之結局；冢宰者，各衙門之結局。今天下大勢折而入内閣矣，况可併冢宰據之乎？』選郎劉用齋曰：『嘉靖間不嘗用吕餘姚、嚴常熟乎？』先生曰：『是時威權在世廟，斷自聖心，則可。今日威權在内閣，出自相指，不可。我太祖罷中書省而設六部，惟恐其權之不散。嚴分宜以來，内閣合六部而攬之，惟恐其權之不聚。散則互鈐，權臣不得行其私，國家之利也；聚則獨制，各人不得守其職，權臣之利也〔八〕。安危大機於是乎在〔九〕，如之何背聖祖而從分宜乎？况往者内閣之推，往往用各衙門，不專翰林，即冢宰兼翰林亦得。今不能以内閣與各衙門共，而更以冢宰與翰林共，其亦頗矣。故論用人大道，止當問其孰可内閣，孰可冢宰〔一〇〕，不可問其孰爲某衙門。論救時大機，通冢宰於翰林，其勢易，通内閣於各衙門，其勢難，不可不深計也。』劉聞之愕然，因與先生謁少宰。少宰曰：『業已成議，且近有吴鎮訐絶婚事，奈何〔一一〕？』先生曰：

『國家大事，寧避小嫌？自王、楊相繼在部，其於内閣指使若奴婢，至陸平湖始正統均之體，孫餘姚遵而不變，内閣切齒，相繼免歸。千思萬算出此一着，吏部内閣合爲一家，其禍不可勝言矣。昔高中玄以内閣兼冢宰，一日進閣，一日進部，是以全身爲分身也；今内閣用其同衙門爲冢宰〔一二〕，是以分身爲全身也。作用若殊，巧妙則一，竊恐日囿其彀中而不知耳。』趙悟曰：『如公言，利害乃爾。』遂往言於婁江，婁江曰：『誰爲此議？』曰：『顧稽勳。』公無以奪〔一三〕，而冢宰得陳公心谷矣。

婁江嘗一日謂先生曰：『近有怪事，知之乎？』先生曰：『何也？』曰：『内閣所是，外論必以爲非；内閣所非，外論必以爲是。』先生曰：『外間亦有怪事。』公曰：『何也？』曰：『外論所是，内閣必以爲非；外論所非，内閣必以爲是。』相與笑而罷。及是推閣臣，陳公心谷謂先生且勿言，各疏所知。各疏七人皆合，而首舉舊輔王對南先生，又皆合。陳大喜，令先生言之婁江，婁江大恚曰：『何不舉康洲？』曰：『外論不與者半，脱言官言之，將自認乎？推閣下認乎？推閣下認，何用吏部？自認，又何成吏部？二者皆所不敢出也。』婁江益恚曰：『前推羅君冢宰，君謂翰林只宜推内閣，今推内閣又不可，何耶？』先生曰：『前論事，今論人也。』婁江復屬相國趙蘭溪言之，先生曰：『公論所在，司官不敢誤堂官也。』復自貽書於陳，陳曰：『公論所在，本部不敢誤朝廷也。』少宰趙心塘，羅之門人也，又言之陳，陳曰：『此非本部所得專也。』又言之先生，先生曰：『此非本司所得專也。』趙謂陳曰：『明日會推，必推之。』陳笑曰：『堂官口，司官手，二百年故事也。假令老先生舉口，而司官不舉筆，作何收拾？』及會推，王給諫彈羅疏亦至，而婁江必不容先生矣，遂削籍歸。給事逯公確齋上疏，極論謂憲成以直道被斥，恐今而後，非如王國光、楊巍也者，則不能一日爲太宰，非如徐一檟、謝廷寀、劉希孟也者，則不能一日爲司官，臧否混淆，舉措倒置，將使黜陟重典爲權門供愛憎，銓衡重地爲私門樹桃李，天下不知有是非，人心不知有勸懲，風靡波流，莫究所終矣。確齋亦黜。

先生嘗曰：『天下事，君相同心方可爲。其次，閣銓同心，亦得一半。今皆無之，止有三十巡撫、十三提學可選擇而使〔一四〕。若盡得人，士習民生，庶幾小補，方日孜孜焉。』當是時，太宰則宋、陸、孫、陳，四司則王秋澄公教、鄒大澤公觀光、孟雲浦公化鯉、儕鶴先生以及先生，皆極一世之選，雖人不竟用，而賢賢相續，後先一道。至先生司選，而人心益蒸蒸丕變矣。然中貴人干請不行，柄國者好惡相左，兩者合而爲一，陽施陰設不盡，逐之不已。自先生去，而隄防盡決，識者不能不歎息痛恨云。

先生歸，且以積勞成疾，頭岑岑暈眩作楚。乙未春，幾殆，諸子環泣，先生張目曰：『人有來處，應有去處，夫何傷？』已忽蘇，吟詩曰：『茫茫大化任推遷，消息盈虚總自然。若欲箇中生去取，請觀四十六年前。』越丙申、丁酉，始漸愈。病中體究，心性愈微，故《劄記》始於甲午。戊戌，始會吴中諸同志於二泉之上，與管東溟辯無善無惡。管之學一貫三教〔一五〕，而實主佛學。先生謂佛學三藏十二部五千四百八十卷，一言以蔽之曰『無善無惡』，七佛偈了然矣，故取要提綱，力剖四字。又以辯四字於告子易，辯四字於佛氏難，以告子之見性麄，佛氏見性微也；辯四字於佛氏易，辯四字於陽明難，在佛氏自立空宗，在吾儒陰壞實教也。其言曰：『自古聖人教人爲善去惡而已。爲善，爲其固有也。去惡，去其本無也。本體如是，工夫如是，其致一而已矣。陽明豈不教人爲善去惡乎？然既曰「無善無惡」，而又曰「爲善去惡」，學者執其上一語，不得不忽下一語也。何者？心之體無善無惡，則凡所謂善與惡，皆非吾之所固有矣，皆非吾之所固有，則皆情識之用事矣，皆情識之用事，則皆不免爲本體之障矣，將擇何者而爲之？未也。心之體無善無惡，則凡所謂善與惡，皆非吾之所得有矣，皆非吾之所得有，則皆感遇之應迹矣，皆感遇之應迹，則皆不足爲本體之障矣，將擇何者而去之？猶未也。心之體無善無惡，吾亦無善無惡已耳。若擇何者而爲之，便未免有善在。若擇何者而去之，便未免有惡在。若有善有惡，便非所謂「無善無惡」矣。陽明曰：「四無之説，爲上根人立教。四有之説，爲中根以下人立教。」是陽明且以無善無惡掃却爲善去惡矣。既已掃之，猶欲留之，縱曰爲善去惡之功自初學至聖人究竟無盡，彼直見以爲是權教，非實教也，其誰肯聽？既已拈出一箇虛寂，又恐養成一箇虛寂，縱重重教戒，重重囑付，彼直見以爲是爲衆人説，非爲吾輩説也，又誰肯聽？夫何故欣上而厭下，樂易而苦難？人情大抵然也。投之以所欣，而復困之以所厭，畀之以所樂，而復攖之以所苦，必不行矣，故曰：「惟其執上一語，雖欲不忽下一語而不可得。至於忽下一語，其上一語雖欲不弊而不可得也。」羅念翁曰：「終日談本體，不説工夫，纔拈工夫，便以爲外道。使陽明復生，亦當攢眉。」王塘翁曰：「心、意、知、物，皆無善無惡。學者以虛見爲實悟，必憑此語，如服鴆毒，無不殺人。海内有號爲超悟，而竟以破戒負不韙之名，正以中此毒而然也。」且夫四無之説，主本體言也，陽明方曰是接上根人法，而識者至等之於鴆毒；四有之説，主工夫言也，陽明第曰是接中根以下人法，而昧者遂等之於外道。然則陽明再生，目擊兹弊，將有摧心扼腕，不能一日安者，何但攢眉已乎？』先生之説甚詳，見《証性篇》〔一六〕。

於是先生時時謂攀龍曰：『日月逝矣，百工居肆以成事，吾曹可無講習之所乎？』錫故有東林書院，宋龜山楊先生所居，楊先生令蕭山歸來，依鄒忠公志完於毘陵。忠公尋卒，依李忠定公伯紀於梁溪，凡十八年，往來毘陵、梁溪間，棲止東林，闡伊洛之學。後廢爲僧舍，邵文莊公圖脩復之，不果。及是，先生弔其墟，慨然曰：『其在斯乎！』遂聞於當道，葺楊先生祠，同志者相與搆精舍居焉。甲辰冬，始會吴越士友。先生爲約，一以考亭白鹿洞規爲教，要在躬脩力踐。嘗言：『講學自孔子始，謂之講，便容易落在口耳邊去，故先行後言、慎言敏行之訓恒惓惓焉。至其自道不居仁聖，却居爲誨，看來説聖説仁，聰明才辯之士猶可覓些奇特，逞些伎倆，逞些精采，推到不厭不倦處，便一切都使不着。然則孔子所謂工夫，恰是本體，世之所謂本體，高者只一段光景，次者只一副意見，下者只一場議論而已。』深慮世之學者樂趨便易，冒認自然，故於不思不勉、當下即是，皆令查其源頭，果是性命上透得來否，勘其關頭，果是境界上打得過否，皆先生喫緊爲人處也〔一七〕。

丁未，婁江相再徵。先生夢爲祖道，執其手曰：『有君如是，何忍負之？』鄭重叮嚀，至於再三，至於涕泣，不覺大聲而呼，室中盡驚，而淚且漬枕矣。先生不忍虚此一段誠意，遂述寐言貽之，弗省也。戊申，詔起南京光禄寺少卿。先生商諸同志，或謂宜行，或謂宜止。先生曰：『仕宦寧退毋進，吾衰矣，當從其退者。』遂乞骸骨。而會太宰孫立亭公有不察於沈司馬繼山、李司徒脩吾，先生曰：『太宰爲人所誤，乙未之事可嘆已，今或自執所誤，則前誤遂不復贖，公之晚節可惜，天下亦承其弊。吾身在進退之間，此大窾竅，可以完三賢，撤一網。』遂爲書貽公。當是時，司徒已見彈射，白之政府，然與時局忤甚，遂憎兹多口，朝論紛紜，海宇震撓。或謂先生宜有以自明，先生報曰：『讀南北諸君疏，有爲之躍然以喜者矣，何喜也？喜聞善也。有爲之赧然以恥者矣，何恥也？恥溢美也。有爲之悚然以懼者矣，何懼也？懼滋競也。有爲之愀然以憂者矣，何憂也？憂激禍也。然則凡曲直吾者，皆提策我者也，凡提策我者，皆玉成我者也，尚不知何脩可以副德意之萬分一，而何較哉？』東司徒曰：『赤金在烈焰中，借火之力，得真色見於世，亦如我輩借諸賢力得真身見於世。諸賢誠有功於吾輩，古人所以拜昌言也。』凡先生之爲，自反類此。蓋先生謂當江陵時，吴、趙、沈、鄒諸君子出萬死力，爲宇宙扶植綱常。魏中丞見泉公爲侍御時，論科塲積弊〔一八〕，侵張蒲州相國，落職，李司徒抗疏救之，亦落職。自後司徒歘歷中外〔一九〕，吴、浙諸相無有悦之者，四明銜之獨甚。及鑛税事起，豺狼彌天，司徒屹然扼南北之衝，江淮千里，民恃以無恐而不思亂。此其人誠世道所賴，故於朝於野〔二〇〕，惓惓爲天下共惜其寶，誠見其大也。

先生每謂吾之觀人，於尼聖得五案焉：進有非刺之狂狷，退無非刺之鄉愿〔二一〕，一也；大受小知，二也；察衆惡〔二二〕，三也；皆好不如善者之好，皆惡不如不善者之惡，四也；觀過知仁，五也。若夫朋交情好，非所以論先生矣，而先生豈區區以朋交情好爲門户角立於天下者耶？嘗見其貽所知書曰：『竊觀近局，誠若冰炭，弟從旁静察，亦只是始於意見之岐，成於意氣之激耳，未始不可轉移聯合也。誠欲爲之轉移聯合，蓋有道焉。局内者置身局外，以虚心居之，乃可以盡己之性；局外者宜設身局内，以公心裁之，乃可以盡人之性。何言乎虚也？各就己分上求，不從人分上求也，各就獨見獨知處争慊，不就共見共知處争勝也。何言乎公也？是曰是，非曰非，不爲模稜也；是而知其非，非而知其是，不爲偏執也。夫如是，將意見不期融而自融矣，何所容其岐？意氣不期平而自平矣，何所容其激？其於國家尚亦有利哉！若乃自責則輕以約，責人則重以周，所愛則惟見瑜，且併其瑕而瑜之，所憎則惟見瑕，且併其瑜而瑕之，在事之人既然，持議之人復然，如水濟水，如火濟火，是化君子而小人，化一家而敵國也。是舉百年有限之光陰，盡用之於相争相競，而不用之於相補相救也。是舉兩下有限之精神，盡爲各人區區之體面用，而不爲君父赫赫之宗社生靈用也。豈不惜哉！』先生之用心如此。

先生孝友慈惠，渾然天成。父南野公，豪傑士也，不能餬其口〔二三〕，顧慨然慕范文正公爲人。先生爲諸生，有司餉膏火資，公謂士不受人憐，必謝去之爲快。先生斤斤奉以周旋，高邁夙成者以此。先生兄弟四人，公命伯仲治生，叔季治經，治生者佐治經者，故先生與季時不問生産。仲公有心計，多夭幸，箸稍稍起。其末年，兄弟各念南野公之慕范公而賫志長終也，捐産以贍其族之貧、區之役。君子謂人有其志，則天遂其事已。

先生於兩兄嚴之如父，於弟資之如友，一動一止，無不自仲肩之，一字一句無不自季參之。而東林之創，經紀者仲也，切磋者季也。先生曰：『吾多助於兄弟如是，幸矣夫！』於宗親有養之終身者，有及其再世者。於師，生養，死殯之。於友，髫齔之交，無不白首相歡，即有緣而爲利，幾敗其名者，夷然不問也。於同邑之宦於四方者，必默爲提挈，有一長可見者，必力爲表章，其人不知也。於兄弟之子，愛之如子，教之如父。有前後母者，有嗣嫡者，必使各得其所，曰：『吾以兄弟視諸孤，猶之子也〔二四〕；以吾父母視諸孤，均之孫也，何前何後，何嗣何嫡？』念其伯兄少獨勤苦，思得報而無從。伯之諸子試有司，必爲通名，曰：

『試士，公典也。吾念吾兄而聊通諸子，以備采擇，私情也[一二五]。』於子則絶不爲干請，嘗戒其長君曰：『凡爲父兄，莫不愛其子弟，莫不願其讀書進取。今府縣考童生，吾始終不欲以汝名聞於主者，非恝也，非棄汝而不屑也，吾自有説。就義理上看，男兒七尺軀，頂天立地，如何向人開口道個求字？孟夫子「齊人」一章，便是此字行狀，讀之汗顔，不可作等閑認也。就命上看，窮通利鈍，墮地已定，如何增損得些子？眼前那個不要做秀才？到底有個數在，若可以勢求，可以賄求，那不會求的便没分，造化亦炎凉矣。就吾分上看，本無尺寸之長，賴祖宗之庇，倖博一第，再仕再不效，有丘山之罪，猶然煖衣飽食，安享太平，在昔大聖大賢往往厄窮以老，甚而流離顛沛，不能自存，我何人斯？不啻過分矣，更爲汝干進，是無厭也。就汝分上看，但在志向何如，若肯刻苦讀書，到底工夫透徹，科甲亦自不難，何有於一秀才？若尤肯尋向上去，要做個人，即如吴康齋、胡敬齋兩先生只是布衣，都成大儒，至今説起兩先生，誰不敬慕？連科甲亦無用處，何有於一秀才？汝試繹而思之，識得此意，省多少閒心腸，省多少閒氣力，省多少閒悲喜，便是一生真受用也。』先生於世無所嗜好，食取果腹，衣取蔽體，居取坐卧，不知其他。四壁不堊，庭草不除，帷帳不飾，一几一榻，敝硯秃筆，終日儼然冥坐讀書，四方酬答而已。憂時如疾痛，好善如飢渴，無所不坦易。至關綱常者，毅然執之不移，無所不渾厚。至關邪正者，井然辨之必悉。蚤見也，又不以成心逆物。嫉惡也，又不以已甚求備。語言簡重，喜怒希形，常曰：『極論中和位育之脈，吾輩一嚬一笑，一語一默，在在與天地相對越，與萬物相往來，何容兒戲！』未嘗絶郡縣竿牘，而非一方之冤抑不告。未嘗絶當路交際，而辨貨取之介最嚴。丁儀部長孺見一選司老胥屈指最廉正者曰：『吾目中所見，陳尚書心谷、孫尚書立亭、顧選君涇陽、孟選君雲浦而已。』

先生之學，性學也，遠宗孔聖，不參二氏，近契元公，確遵洛閩。嘗曰：『語本體，只是性善二字；語工夫，只是小心二字。』又曰：『心不踰距，孔之小心也；心不違仁，顔之小心也。』此其學之大旨矣。先生有絶人之資，其於世也，百家衆技當無所不臻其妙，而獨以全力用之於學，一切伎倆不得而岐之，故其功專。其於學也，百家衆説當無所不造其微，而獨以全力用之聖學，一切玄妙不得而岐之，故其學純。於凡五經四書，直從神情血脈字字咀嚼，故密察不差毫髮。於凡聖賢豪傑，直從皮毛骨髓人人對勘，故權衡不爽錙銖。嘗曰：『周元公之於道至矣，所以爲之推行其道，使得昌於當時者，程伯子也；所以爲之推明其道，使得傳於後世者，朱晦翁也。元公藏諸用，其源深；兩先生顯諸仁，其流遠。』又曰：『二程與横渠、康節一時鼎興，氣求聲應，此吾道將隆之兆也，微元公，孰爲之開厥始？流傳最久，分裂失真，有禪而儒，有霸而儒，有史而儒，此吾道將涣之兆也，微晦翁，孰爲之持厥終？元公之功不在孟子下，晦翁之功不在元公下。』

攀龍亦曰：『自孟子以來，得文公，千四百年間一大折衷也。自文公以來，得先生，又四百年間一大折衷也。』先生自甲午以來，見理愈微，見事愈卓，充養愈粹，應物愈密，從善如流，徙義如鶩，殆幾於無我矣。吾推其志，必也友一鄉之善，友一國之善，友天下之善，友萬世之善，其不然者，曰小家相，先生不屑矣；必也堯舜其君，皋夔其相，唐虞斯世，孔孟吾徒，其不然者，曰第二義，先生不屑矣。天假之年，進不可量，天假之位，用不可量。

壬子五月廿又三日，以微疾恬然而逝，得年六十有三〔二六〕。昔人於明道先生之亡，曰：『伯淳無福，天下人也無福。』吾於先生亦云。所著有《藏稿》二十二卷，《劄記》十二卷，《大學通考》《質言》《東林會約》《商語》行於世，尚存《劄記》三之一、《藏稿》十之三、《還經録》《證性編》《桑梓録》未刻。

甲寅冬〔二七〕，公嗣與渟等以母朱太安人命，厝先生於賢關橋，而令攀龍次其言行，請誌銘於南皋鄒先生〔二八〕。竊惟天生非常之人，必有以也，不命之平治天下，則命之平治萬世。如涇陽先生者，謂天無以命之乎，不宜使之與於斯道；謂天有以命之乎，不宜使其窮於斯世。意者所命在此，不在彼歟？則無涯之日，自今伊始，何以使之信而可傳耶？今天下可以徵信先生，使傳於後世者，舍南皋先生誰與歸？故敢九頓以懇。

校記

〔一〕此篇又載《高子文集》卷四下、《顧端文公集》卷二一附録。《顧端文公集》附録題作《明故南京光禄寺少卿涇陽顧先生行狀》，署「同邑後學高攀龍撰」，文字稍詳，陳龍正編入《高子遺書》時當有删節。

〔二〕「先生諱憲成」，《顧端文公集》附録作：「顧之先，其可知者，自宋將仕郎百七公始家上舍里。數傳至延秀者，商文毅公輅爲表其墓。再傳爲如月公，諱麟，配錢孺人。又三傳爲先生曾祖友竹公，諱緯，邑諸生，配朱孺人，繼鄧孺人。祖侍竹公，諱夔，配朱孺人。父南野公，諱學，始居涇里，以先生官户部主事，贈如其官。配錢氏，封太安人，生五子而一殤，孟曰涇田公性成，仲曰涇白公自成，季曰涇凡公允成。先生其叔也，諱憲成。」

〔三〕「先生上言略曰」，《顧端文公集》附録作「先生於時事感慨多矣，乃上言」。

〔四〕「矜」，康熙本、四庫本、光緒本《高子遺書》及《高子文集》作「鈐」。

〔五〕「每」字，崇禎本《高子遺書》漶滅，此據四庫本《高子遺書》校補。

〔六〕「紊」，崇禎本《高子遺書》漶滅，此據康熙本、四庫本、光緒本《高子遺書》及《高子文集》校補。

〔七〕「竟疏得留用」，《顧端文公集》附録作：「竟疏留用，得旨：「鄒某照舊供職。」」

〔八〕「國家之利也」，《顧端文公集》附録作「國家之利，權臣之甚不利也」。「權臣之利也」，《顧端文公集》附録作「權臣之利，國家之甚不利也」。

〔九〕「安危大機」，《顧端文公集》附録作「理亂安危之大機」。

〔一〇〕《顧端文公集》附録兩「孰可」後皆有「爲」字。

〔一一〕『奈何』二字，《顧端文公集》附録作『下部，而康洲意頗不佳，彼以我爲是之故也』。

〔一二〕『同』，康熙本、四庫本、光緒本《高子遺書》作『本』。

〔一三〕『公無以奪』，《顧端文公集》附録作『公怫然，然無以奪』。

〔一四〕『十三』，《顧端文公集》附録作『十五個』。

〔一五〕《顧端文公集》附録此句後尚有『深微該博』四字。

〔一六〕《顧端文公集》附録此句後尚有『管先生亦謂無善無惡之語不可以爲訓，至三教異同，則各持其説，不相下也』一段。

〔一七〕《顧端文公集》附録此後尚有『於時毗陵則有經正之會，金沙則有志矩之會，荆溪則有明道之會，吴中自記載以來，所未有也』一段。

〔一八〕『場』，康熙本、四庫本、光緒本《高子遺書》作『道』。

〔一九〕《顧端文公集》附録此後尚有『憂國奉公，砥邪佐正』八字。

〔二〇〕『故』字後，《顧端文公集》附録有『先生』二字。

〔二一〕『愿』，底本作『愚』，康熙本、四庫本、光緒本《高子遺書》及《高子文集》作『愿』，是，今據改。

〔二二〕四庫本《高子遺書》『察』字後有『衆好』二字。

〔二三〕『不能餬其口』，《顧端文公集》附録作『當其偃蹇窮村，曾不能糊其口』。

〔二四〕《顧端文公集》附録此後尚有『猶有前後母嗣嫡之分，吾』數字。

〔二五〕《顧端文公集》附録此後尚有『當必有矜予而亮予者』一句，語意較完。

〔二六〕《顧端文公集》附録無『得年六十有三』一句。

〔二七〕『甲寅冬』一句前，《顧端文公集》附録尚有介紹顧憲成後嗣的一大段文字：『其生以嘉靖庚戌八月七日之寅，得年六十三。配朱氏，封安人，處士怡橋公女。子三：與渟，太學生，娶莫氏，邑庠生濂源公女，繼娶鄭氏，雲南霑益州二守龍源公女；與淪，抱仲兄子，殤；與沐，郡庠生，娶毗陵唐氏翰林庶吉士完初公女，繼娶琴川嚴氏大學仁軒公女。生女二：一適廣西馬平縣令道宇王公子孝廉永圖，卒；一適攀龍子世學。孫男五：曰柄，曰榛，與渟出，柄聘劉氏，南京兵部郎中本孺公女，榛未聘；曰樞，曰柱，曰杓，與沐出，樞聘義興王氏，即婿孝廉儉齋公繼娶所生女，柱聘琴川趙氏太學文度公女，杓未聘。孫女九：一字南京吏部驗封司主事安我素公子廣譽者殤，一字禮部儒士陳松嶼公子卿秀，一字邑庠施符先公子肇曾，一未字，與渟出；一字太學秦華玉公子鏷，一字孝廉華燕超公子衷醇，一字義興户部主事湯闇生公子原忠，一字孝廉劉彦和公子蘅滋，一未字，與沐出。』

〔二八〕自『甲寅冬』至『請誌銘於南皋鄒先生』，《顧端文公集》附録作『與渟等以朱太安人命，於甲寅十月初三日壬午厝先生於賢關橋。而述其言行之實，令攀龍次爲狀。以墓中一片石請於（鄒）先生，誌而銘之。』

顧季時行狀〔一〕

季時諱允成，别號涇凡，即世所知涇陽先生母弟也。季時少敏慧，頗好弄。年十四，從師少弦張公，習舉子業，弗善也，以語季時父南野公，公曰：『是兒非落人下者。』師笑曰：『吾亦知之，不激不奮耳。』公然之，令更他師。居半歲，季時忽謂涇陽先生曰：『弟知過矣，請歸稟繩墨。』先生大喜，請於張公，復之。衆未信，久之果如所言。先生問季時：『弟何感，遽如是？』季時曰：『恐傷兩大人心。』先生曰：『此是爲人根子。』久之業日進。

萬曆己卯，舉鄉試。癸未，舉會試。丙戌，大廷對策，指切時事，不少諱。其略曰：『陛下所以策臣者，無慮數十百言，究其指歸，賞罰二科而已。夫賞者，勸天下之法。然有不倚於賞者，所以勸天下之意也。罰者，懲天下之法。然有不倚於罰者，所以懲天下之意也。今賞罰之法甚具，然而德澤不究，法令不行，此無異故，則聖制言之矣，所以風厲之者非其本，督率之者非其實也。本也，實也，即臣愚所謂意也。竊觀當今之勢，而根極其體要，所以累皇上之意者，大幾有二，明以好示天下，而此二者恒陰移其所好，明以惡示天下，而此二者恒陰移其所惡。二者何也？曰内寵之將盛也，曰群小之將逞也。夫人主崇高富有，無一不足以厭其欲，昏其志，而惟色爲甚，聖王之所亟遠也。昨者皇上以鄭妃奉侍勤勞，特册封爲皇貴妃，大小臣工不勝其私憂過計，因而請册立皇太子，因而請加封王恭妃。皇上不温旨報罷，則峻旨譴逐矣。夫皇太子，國之本也；忠言嘉謨，國之輔也，兩者天下之公也。鄭貴妃即奉侍勤勞，以視天下，猶爲皇上一己之私也。以私而掩公，以一己而掩天下，亦已偏矣。偏則皇貴妃或得以愛憎，弄威福於内；其戚屬或得以愛憎，弄威福於外；閹人侍妾又或將乘其偏而得以愛憎，弄威福於内外之間。若然，則賞罰云者，將不爲皇上之好惡用，而爲内寵之好惡用，欲其信，且必未可也。人主雖甚神聖，其聰明不足以偏天下，將必有所寄之，寄之得其人則安，不得其人則危，非細故也。邇年以來，皇上明習政務，聽覽若神，蓋辨及左高，察及淵魚，幾於偏矣。竊聞之道路，往往二三群小伺察而得之，此可謂寄得其人耶？皇上非不知不得其人，而姑寄之者，其亦有不得已也，蓋曰：「朕向以天下事付張居正，而居正罔上行私，一時公卿臺省從風而靡，外廷之不足信明甚，故寄耳目於此輩，示天下莫能欺也。」臣以爲不然。善爲治者，以全而收其偏，不聞以偏而益其偏。皇上懲居正之專，散而公之於九卿可也，若聚而寄之於此輩，則居正之專尚與皇上爲二，此輩之專且與皇上爲一，救之難爲力也，不更倍乎？且此輩之始用事，適皇上鋭精求治之初，彼方見小信以自結，其所指陳，類依公義，猶若未害，久則陽公而陰私矣，又久則純出於私矣。若然，則賞罰云者，將不爲皇上之好惡用，而爲群小之好惡用，欲其信，且必未可也。德澤之壅，法令之尼，有繇也。臣愚以爲欲效忠於皇上，當自今日始；欲效忠於今日，當自兩者始。』時讀卷官大理何心泉者諗於衆曰：『此生作何語耶？真堪鎖榜矣。』大學士婁江王公取閲之，稍易置二百十三名。季時退自傷，以爲不幸不達皇上，即達，死不恨矣。

適南京右都御史剛峰海公屢爲房御史所詆，季時憤曰：『臣下皆自處於私，奈何望皇上無私也？』於是與彭公旦陽、諸公景陽合疏言之，數其欺妄之罪凡七，且曰：『人固有食穢自肥，而幸人之不我攻者矣。未有執己之貪而不畏人攻，反欲攻人之廉，且昌言於君父之前者。夫欲天下人爲寰甚易，爲瑞甚難。寰身享貪饕之利，而反得笑瑞之迂拙，臣等之所痛心也。昔司馬光言小人傾君子，其禦之之術有三，曰好名，曰好勝，曰彰君過而已。今觀寰之詆瑞千有餘言，概不出此，曰：「欺世盜名，非所謂禦之以好名者乎？」曰：「居己獨清，非所謂禦之以好勝者乎？」曰：「貶奪主威，損辱國體，非所謂禦之以彰君過者乎？」以寰之詆瑞，吹毛求瘢，宜無不至，而所據者不過如此，適足以明瑞之無他瑕玷，而寰之陰險窺覘亦無所用其狡也。陛下方重瑞惜瑞，借其人以風天下，而寰乃欲逆銷天下之氣節，抑慷慨之士，令無容足之地，是陛下之所褒，寰之所必斥也，士君子之所師，寰之所必擯也。以此仇正，無耻之人晏然居師表之位，驅天下之士而入於諂詐，臣等有裂冠冕而去耳，不與之竝立於朝也。臣等新進小生，發天下之清議，雖寰有奸如山不可動摇，然公論既明，人心自快，寰雖頑鈍無恥，亦何面目一日立於東南諸士之上乎？臣等何仇於寰，何私於瑞？但恐是非之公鬱而不宣。一瑞尚不足惜，如瑞者相繼而指爲邪，則君子之道日消矣。一寰尚不足畏，如寰者相繼而傾賢能，則小人之道日長矣。剥復否泰之機於是乎在，不可不爲之深慮也。』疏奏，得削籍歸。

會南太僕繼山沈公、南臺警亭陳公、直指厚齋荆公先後奏薦，戊子，奉旨起江西南康府教授。季時念其母錢太安人老又善病，不忍去左右，遂致仕。無何，丁太安人憂。服闋，再起保定府教授，累遷禮部儀制司主事。有詔竝封三王，於是又與張公文石等合疏言之。已而考功郎趙公儕鶴司内計，盡公不撓，盡黜當路私人，當路銜而計去之，於是又抗疏言之，謫光州判官。

季時無論立朝，即伏處田野乎，其憂國憂時，無一念不於君父傾注，無一事不思於世路隄防。先是己丑，薛玄臺因南都耿總憲定向以不送揭帖參御史王公藩臣，疏劾其阻塞言路，當路大恚之，座師内閣潁陽許公輒疏論玄臺，吏科都給事陳海寧復望風排擊，季時聞之，仰天浩嘆，上書許公曰：『閣下憤進士薛敷教之觸事陳言，至以貢舉非人自劾，且欲皇上敕下九卿科道，各陳紀綱何爲而正，風俗何爲而淳允，以爲無庸謀之九卿科道也。朱子謂紀綱之所以振，以宰執秉持而不敢失，臺諫補察而無所私，天下之人自將各自矜奮，更相勸勉，而禮義之風、廉恥之俗已丕變矣。然則紀綱之正，風俗之淳，不在於以勢相脅，在於以道相成，不在於使人不敢言，在於使人無可言耳。近見吏科陳給事中言路一疏，悍然以言路自任，而謂出於臺省爲蕩蕩平平，不出於臺省爲傍蹊曲徑。不知言路者，天下之公，非臺省之私也。出於公，即蕩蕩平平；出於私，即傍蹊曲徑。陳三謨、曾士楚輩曷嘗不臺不省？不言竟以爲何如也？其云：「今日爲臺諫者，無事不得言，言路不可謂塞；雖一學究得上書，一市井傭奴得擊鼓而訟，言路不可謂塞；即一二誤攖聖怒，相率營救，舉得畢其忌諱之言，言路不可謂塞。」其説美矣，然言者如李君懋檜、劉君志選、高君桂、饒君伸等，何不聞其相率營救也？豈惟不救，或攘臂而助之攻。無他，此皆攖宰執之怒，犯臺諫之忌諱者也。間有一二上攖聖怒，相率營救，乃杜欽、谷永附外戚而專攻上身之故智。其上書擊鼓之云，又無能爲宰執臺諫重輕者耳。以此而遂謂言路不塞，雖張居正時[二]，此路固未嘗塞也。何謂壬午以前爲諱言，壬午以後爲輕言也？其云：「近時行險僥倖之徒託身言路，功名富貴操左券而收，故躁妄者争趨，頑鈍者争附。」以允所覩記，如前五人外，其建言者不過黄君道瞻、盧君洪春、王君德新及允兄憲成，以庶官之夥，三四年之遥，僅僅幾人而止，何名争趨？何名争附？何名舉世輕言也？其以建言爲釣名，爲掩過，爲躐位，爲取捷徑，夫是非有真，名亦何易釣？過亦何易掩也？即如彼附曾、王，反罵曾、王，天下終不信其非權門之客；昏夜受遺，白日請禁，天下終不信其非壟斷之夫。至於躐位、捷徑之説，則往時建言諸公信有一二，要亦晚節不終，務爲容悦，抑一節自喜，袖手旁觀者耳。設守其故吾，矯矯不變，則進退維谷，未見其位之躐、徑之捷也。信若彼言，必使天下盡效彼無違夫子，以順爲正，京堂美職，操右契而收，乃爲不躐位，不捷徑耶？且近時建言者，每每有觸而云，非無事而喟然嘆也。倘臨江父老罪無可矜，則道瞻不言；倘皇上不廢郊祀，則洪春不言；倘何尚書起鳴不搆陷辛左都自修，則德新等不言；倘邵給事庶不請申出位之禁，則懋檜等不言；倘戊子順天科場毫無弊竇，則桂等不言；倘耿右都定向不逢迎當事而以先發後聞參王御史藩臣，則敷教不言，何得詬建言者？不啓蟄而雷鳴，不嚮晨而鷄號也。其云：「今日時異勢殊，既無嚴嵩、張居正之威福，又無鄢、趙、曾、王諸人之阿比，何得有楊繼盛、艾穆、鄒元標之慷慨？」夫以堯、舜之世，克艱不輟誨，慢游不輒規〔三〕，贊襄不輒勸，損益不輒警，其亦何嘗不慷慨也？豈如彼狃於陳三謨、曾士楚之從容，便以慷慨爲奇，而謂堯舜之世無得有是乎？且彼乞墦丐子，反復趨附，以苟饜足，自其常態〔四〕，宰執大臣富貴已極，豈有未饜？何苦爲彼曹所弄，徒以益人之富貴而損己之名實哉？」又見童儒試於有司，奔競成風，孤寒往往擯於府試，致書邊南亭郡伯言之。豐城李見羅先生坐雲南報功事被逮，麗於大辟，輿論冤之。廣東布衣翟從先欲詣闕申救，不遠三千里，特過涇上商於季時。季時喜曰：『甚善。』布衣又欲進澄海唐曙臺所輯《禮經》於朝，季時即復喜曰：『甚善。』竝爲代具疏草。

平生所深惡者鄉愿道學，謂此一種人占盡世間便宜，直將弑父弑君種子暗佈人心。一日，喟然發嘆，涇陽先生曰：『弟何嘆也？』曰：『吾嘆夫今人之講學者。』先生曰：『何也？』曰：『恁是天崩地陷，他也不管，只管講學，快活過日。』先生曰：『然則所講何事？』曰：『在縉紳，只「明哲保身」一句；在布衣，只「傳食諸侯」一句。』先生爲俛其首。又一日讀《朱子集》有曰：『海内學術之弊，只有兩端：江西頓悟，永康事功。』季時曰：『此弊於今尤甚。』因取集中《無極辨》《王伯辨》與凡論及兩端者，輯爲一編，名曰《朱子二大辨》，涇陽先生爲序而行之。

居恒吶吶，如不能出諸口，及遇可否紛紜，刀斬斧截，大指一依於正，不喜爲通融和會之説。有疑其拘者，語之曰：『若大本大原見得透，把得住，自然四通八達，誰能拘之？若於此糊塗，便要通融和會，幾何不墮坑落塹，喪失性命？吾輩慎勿草草開此一路，誤天下蒼生。』聞者咸悚。其論人，或反世之所褒譏，每於一言一動間斷其生平，毫髮不爽。其籌事，或違衆之所成敗，徐而按之，若合符節。錢啓新先生嘗言：『吾黨不乏有心人，至推有眼者，須首季時也。』

性孝友，事兩尊人懇惻深至，有以曲當其心。涇陽先生舉丙子，而南野公遂棄養，兄弟間語及，輒相對欷歔，且相勗曰：『吾父居恒好稱范文正公之爲人，此是萬物一體胚胎；念庭周師分俸佐讀，命無受，此是鳳凰翔於千仞風格，吾兄弟當無失此意。』其奉錢太安人，依依膝下，無異嬰孺。癸未，舉南宫，不即廷對者，以太安人也，不赴南康命者，以太安人也。

性甚介，取予纖毫不苟。壬辰，謫別駕光州，差歸，中丞景默曾公檄所司致俸薪，謝不受。越十四年，繼撫中州者，復修景默故事，季時屬涇陽先生固辭之曰：『吾不可以欺曾公也。』計後先所積可千金。季時殁，而州守璩公又以二百四十金爲賻，兩孤以季時志告於几筵而返焉。

性慷慨，好行義。邑大祲，餓莩載道，季時廩粟僅盈百，輒捐其半以賑。其業師尤公、張公殁，竝爲經紀其喪。門人孫申卿以遺孤托，悉力維持，不恤恩怨。

性好静，每日兀坐一室。好整，案頭惟攤書一帙，卒業而後易之。諸一切文具及觿礪之屬，位置有常。好朴，衣不求華，食不求精，取給而已。左右使令，蒼頭一二人。間行里巷，角巾布鞋，遇者不知誰也。

丙申九月，病不食者四旬，涇陽先生以間問有痛苦否，曰：『無之。』『有欲言乎？』曰：『無。此時惟凝神定氣，以待天機。且欲爲此身計，此身非我有；爲子孫計，一人各有一乾坤，吾無與也。』其超然於死生之際如此，久之竟愈。又十一年而卒，得年五十有四。

或有問於涇陽先生曰：『昔明道、象山兩先生皆得年五十四，季時與之同壽，其到處可得言乎？』先生默然，久之乃曰：『弟庶幾能見大意矣。往者與弟燕坐，予問曰：「近日做何工夫？」弟曰：「上不從玄妙門討入路，下不從方便門討出路，畢竟如何是恰好處？」予曰：「須要認得自家。」弟曰：「弟默默自忖，性頗近狷，情又頗近狂，如之何？」予曰：「試舉看。」弟曰：「居恒妄意，欲作天下第一等人，不近狂乎？反而按其實，尚未能跳出硜硜窠巢也，不近狷乎？竊恐兩頭不着也。」予曰：「如此，雖欲不爲中行，不可得矣。」弟曰：「此甚難言，今世所謂中行，大率孔子所謂鄉愿也。弟何敢效？且弟檢點病痛是一個粗字，去中行彌遠。」予曰：「此却是好消息。惟粗，定不走入鄉愿路矣，乃所以與中行近也。粗是真色，練粗入細，細亦真矣。狂狷原是粗中行，中行只是細狂狷，不出一真。若不論真與否，只論粗細，鄉愿且有細於中行處，非特狂狷不如也。」弟曰：「粗之爲害，亦正不小，猶幸自覺得耳，今但去密密磨洗。」予曰：「尚有說。在弟謂性近狷還是習性，情近狂還是習情，若論真性情，兩者何有？於此參取明白，方認得自家。既認得自家，一切病痛都是村魔野祟，不敢現形於白日之下矣。」弟曰：「此性善之旨也。弟亦曾煞用工夫來，及臨境，這病依舊又發，熟處難忘，可奈何？」予莞爾而笑，弟懷疑而去。越日侵晨，遽過予齋謂曰：「弟今豁然，昨多却一疑。且如人欲適京，水則具舟楫，陸則具車騎，徑向前去，無不到者。其間倘遇艱阻，只須耐心料理。若因此便生懊惱，甚者且以爲舟楫、車騎之罪，欲思退轉，别尋方便，誤矣。」余曰：「如是！如是！」弟復曰：「原來孔子拈出中字，正要喚醒狂狷，自是精神歸一，心體漸平，天假之年，大孰測其所至哉？」』夫先生所謂認得自家，其旨甚微。季時自見本色蕩平正直，爲之即是，更不必添入較量。非其平時賓主之分素明，决見不至此。此可以識季時之大矣。

而攀龍則追惟曩昔季時謂余曰：『世態易陷人，學術易誤人，子其慎諸！』余曰：『學亦有誤乎？』季時曰：『噫！難言也。』余因歷舉諸家，季時曰：『姑舍是。』余曰：『子之意何居？』曰：『繹孔、孟微言，守程、朱家法，庶其少差乎！』余於是始知所向。先生又曰：『予之於弟，相勸相規，忘爾忘汝。其怡怡也，既爲道義中天親；其切切偲偲也，又爲天親中道義。此其相與爲何如耶！』豈惟先生，即余三四同志親而愛之，敬而畏之，實異姓之天親，同儕之師保也。嗚呼已矣！所著有《小辨齋偶存》。小辨齋者，季時讀書處也〔五〕。

校記

〔一〕此篇又載《高子文集》卷四下。

〔二〕『居』，崇禎本《高子遺書》訛作『正』，此據康熙本、四庫本、光緒本《高子遺書》及《高子文集》校改。

〔三〕『輒』，康熙本、四庫本、光緒本《高子遺書》作『輟』，《高子文集》作『徹』，下二句同。

〔四〕『自』，《高子文集》作『是』。

〔五〕《高子遺書》文末有編者陳龍正跋語：『大程化，次程大，兩顧先生頗近之，叔大而季方也。然叔不自居大而居於真，季不自居方而居於粗，學者心事如此。讀至「有眼者必首季公」，更令人起不得大用之恨。』

劉本孺行狀[一]

天之爲國家生才也，有一時之事，必有一人當之。蓋不常之事，非常人所任，必生挺特奇拔之士，一舉而振天下之聾瞽，夫然後常人之心不爲憸人所奪，天下之一亂者可一治，則吾本孺劉公者是也。

當萬曆甲辰、乙巳間，四明相當國，忮沈歸德相，又以假王事忮江夏郭宗伯，其徒乃爲妖書中之，引繩批根，思一網異己者。會大計，諸奸多麗考功法，相蠱惑上，謂計典不公，盡復言官之黜者。留察疏不下，人心憤甚，莫敢先發，公乃抗疏略曰：『朝廷磨礪一世，伸正絀邪，以端揆大臣，無樹私交，無作好惡，無朦上而箝下，彰善癉惡，佐天子持衡焉。不意今日乃有罔上行私如首輔沈一貫者，又有頑鈍無恥如刑科給事中錢夢臯者。夢臯爲人，臣無暇毛舉瘢索，跡其推年例而妄奏求容，掛察典而乘機建議，壟斷如市，士林不齒。迨至兩蒙留用，因蠱惑聖衷，猜疑部院，併考察全疏亦中格矣，臺省被察諸臣概留用矣。國家代守之典章，屑越於一朝，朝野駭聽，僉謂夢臯之黨陰謀叵測，將異日種種僥倖之門從此闢也，甚可慮也[二]。夫使夢臯羞惡未滅，亦宜驚彈射而斂跡，胡乃恣起風波，動駕言於楚事，含沙反射，蔓衍何極？僉謂夢臯之黨機鋒叵測，將異日種種傾危之隙從此開也，甚可畏也。夫使政府無私人，則奸慝寧壅於上聞，邪謀亦安能下逞？乃一貫實爲戎首，秉政以來，不聞輔佐皇上救生靈於塗炭者何事，起忠良於擯扼者何人？年來比昵憸人，乖謬尤甚。即如考察一事，皇上豈有愛於夢臯而故暱之？豈有私於臺省諸臣而獨寬之？蓋繇一貫曲庇私人，内則假公以朦上，外則挾威以箝下。既借皇上之權以伸其意，復竊皇上之德以固其交，使守法者抑勒無聊，席奥者高張無忌，將來誰肯爲皇上觸權要、持國是乎？一貫之敢於欺罔如此，所關治亂安危之窾會，良非細故，幸皇上自爲社稷計。』疏奏，神祖玩之不已，意不怿也。下公卿議，四明及其黨經營百端，謂不廷杖，公議不可息。會雷震郊壇竿木，上懼，反杖旨。繼公疏者，兵部郎龐公時雍，有旨皆削籍。南臺省陳公嘉訓、孫公居相相繼極論，四明乃罷去。當是時，公直聲震天下。

公歸十六年，庚申，神祖遺詔徵言事廢棄者，起光禄少卿。辛酉三月，至京。是時遼、瀋陷没，舊贊畫劉國縉以招撫南四衛官民爲名，擁數萬衆入内，投揭督餉侍郎，令發天津、登萊船南濟。公上疏曰：『國縉投拜李成梁稱義兒，與如柏、如楨結昆弟，狼狽相倚，爲奴酋腹心，種害遼左。李成梁棄地，私奴酋以朝廷疆土，國縉代爲營賄，倖免誅夷，使奴酋得恣意兼併，鵞焉薦食，無窮禍本實基於此。李維翰紅旗催戰，玩寇喪師，撫順失守。楊鎬繼之，密與如柏主和戎之策，獨忌劉綎爲當户之蘭，故令杜松出撫順，佈置私人，誘入奴伏，松與劉綎血戰以死，一則寸骨不存，一則合門碎首。如柏爲諸將領袖，泠眼旁觀，令箭之招，適與輳合，是兩名將與數萬官兵實鎬與如柏殺之。國縉一當贊畫之任，首疏力保鎬與如柏，而反欲坐杜松以違制，此何心哉！楊鎬線索，懸於如柏，如柏線索，懸於奴酋，而國縉乃線索中傀儡，掣之東則東，掣之西則西，惟所命之，總不失義兒本來面目。國縉主用遼人，冒帑金二十余萬，究竟所稱土兵三萬，曾得其一臂之用否？國縉贊畫行徑，大率如此。已而被參解任，蹤跡詭秘，不知東還已後作何勾當。一任蹂躪屠戮之慘，獨脱然於千鋒萬鏑之中，直待河東盡没腥膻，河西危同纍卵，國縉不後不先，突如擁衆以入，衆至數萬，不爲單弱。況東山礦徒，素號驍勍，矢不降夷，國縉既能招撫四衛官民，亦可收礦徒之用，曷不就彼中糾合團聚，牽制奴酋，以自贖從前之積孽，而乃遽欲問道登萊、天津，竄處内地，意欲何爲？況遼、瀋之亡，皆以降夷爲内應，今數萬之衆，保無奸細攙入其中？果爲國縉招撫者，或別有指授，亦不可知。夫一國縉耳，今日若能招撫逃亡，昔日必不扶同賣國，昔既惡其賣國而黜之，今忽信其招撫而收之，呼吸安危，豈容嘗試？自遼事發難以來，猛士捐軀，叛帥反噬，今日震竦人心之機，全在刑賞，操縱刑賞之權，全在果斷。有如功罪已分，彰癉莫決，坐令戎行勝氣漸銷磨於廷議紆緩之中，甚可惜也。即如楊鎬、李如楨，天下皆知其可殺，而司寇不請釜正刑章，故爲縮朒以啓戎心，而開倖竇。況如楨爪牙羽翼徧滿長安，爲寇窟穴。今所在大索奸細，而獨置巨奸於肘脅，恬然安之，亦大左計矣。』〔三〕上曰：『所奏關切機宜，下部議覆。』部畏國縉之黨，不覆也。而兵垣請擢國縉爲東路巡撫者，則格不行。

公素强無病，京邸忽病不起矣。公名元珍，字伯先，本孺其别號也。歲庚子，公爲南職方，有垣長握六筦，操諸司權，莫敢與抗者，公每事必理折之。垣長曰：『此郎君不可與争鋒。』輒唯唯聽命。公益核軍需之假冒，黜選鋒之羸弱，裁操賞之冗濫，歲省金錢二萬有奇。乙巳言事歸，與顧涇陽先生講學東林，自喜得歸宿地。錢啓新先生行同善會於毘陵，東林益暢其義，邑中好義者百餘人應之，忠孝節義之貧者有助，鰥寡孤獨之賢者有助。公與陳志行、葉參之、安小范及余五人主之〔四〕。亦有言林中人不應爲蛇足者，公毅然不惑，至今行而安之。吾輩與斯人之徒木然不相關，自身痛癢不自知，可以稱人乎？於是知公之所見大也。

公少苦貧，故勤於理生，而恤人之窮未嘗意倦。性方嚴，尤肅於閨門，而體人之情未嘗不周。嘗曰：『家衆造惡，皆繇放蕩，必示以不可犯之法。至於臨事，詔之當先，語之當悉，勿以不言之喻、不戒之孚望蚩蚩氓。』公十六年林皋，無念不爲國，杜門不與外事，無念不爲民。章善鋤兇，昭雪冤抑，矻矻然惟力是視。嘗有知交當路，蘇之富民被誣陷大辟者，投暮夜金，公怒叱去之。徐廉其事冤也，密爲雪，不令之知，其不愧獨知如此。公於世浩浩獨往，余每謂公乙巳疏爲閒曹建言法。夫楚宗駢戮，妖書煽虐，天下岌岌矣。馴至考績大典，群奸亦從而奸之，小臣不敢言，大臣不敢言，臺省不敢言。公於其時睨而自視，舍我其誰，是所謂天下一人也。自是諸賢繼起，共拯天下之溺。一言而開物成務，建言者法也，閒曹建言者法也，公之功大矣！天不使之長年，弘濟天下，何哉？

公弱冠成進士，卒年五十有一。所著有《文訣》《文衡》《依庸絮語》《三畏堂素業》《湖畔逸農遺稿》，藏於家。公之大節表表，細行卓卓，總其大都，曰剛，曰明，曰忠，曰義。嗚呼！世豈可無斯人哉？有斯人，而使天下知天生人才自足備一時不測之用，爲人臣而敢於欺其君者，未得遂長驅無礙也。於是乎銘曰：

太湖三萬六千頃，浴日沐月天地闢。上有群山儲真精，龍蜒虎蹲護其脈〔五〕。湖山森聳若執圭，湖波隱見如拱璧。山環水迴自千古，下爲光禄劉公宅。形所托兮來寧兹，神何方兮無不適。有時吐氣成長虹，猶能三褫奸雄魄〔六〕。

校記

〔一〕此篇又載《乾坤正氣集》本《高子遺書》卷四，（清）許獻、高廷珍等纂《東林書院志》卷八。《乾坤正氣集》本《高子遺書》題作《本孺劉公誌銘》，《東林書院志》題作《劉本孺先生墓志銘》。

〔二〕『可』，《乾坤正氣集》本《高子遺書》作『堪』。

〔三〕『公上疏曰』一段文字，《東林書院志》作『公上疏極論國錙誤國』。

〔四〕『參』，底本原訛作『身』，此據《東林書院志》及《乾坤正氣集》本《高子遺書》校改。

〔五〕『蜒』，《乾坤正氣集》本《高子遺書》作『蟠』。

〔六〕《高子遺書》文末有陳龍正按語：『正按，神宗朝，攖鱗易，彈權貴難，相機而言，有救於世道尤難。然必居鄉之日行事真爲民，始信其立朝之日言事真爲國。倘動輒畏譏冷落，斯人即矯矯風節，疇卜其所懷乎？劉公行同善會，決蛇足之疑，則建言可師，直以愛君懇誠，非獨貴其中竅會爾。』

山西布政司右布政使中嵩王公行狀[一]

王公諱述古，字信甫，號中嵩，開封禹州人也。生而聳秀，神采英特。年二十五，舉於鄉。明年成進士，令富陽，以治行最調崇德。丁郭安人憂，服闋，再令内丘。尋晋刑部主事，歷郎中。甲辰，出守常州。丙午，外艱歸。服闋，再守保定。晋山西副使，兵備陽和，再晋按察司使，再晋布政司右布政使。奉旨遇巡撫缺推用，偃蹇除目者。久之，卒於陽和。

公爲令，不屑簿書期會，第持大體。君子之至其邑，倒屣奉教，不啻飢者之得珍羞，貧者之得珠貝。於庸俗不屑也，以是不諧於世。其在比部，妖書事起，公司楚，當胡化獄。妖書者，四明相私人爲相除異己，傀起大獄，挑聖怒，爲一網計。相異己，則歸德、江夏也。會胡化報阮明卿怨，誣奏妖書出明卿手。化，江夏鄉榜，諸人謂江夏實爲妖書，懼敗，故令化誣明卿以脱己。相直以囑司寇，司寇直以囑公，欲榜掠化，令化指妖書出郭正域以及歸德。公正色曰：『若是，則分宜、江陵再見今日。』司寇曰：『不然，此公論也。』公曰：『誰爲公論？』曰：『公論出臺省。』公曰：『臺省何人？』曰：『某某。』公曰：『天下有公論，未必臺省，臺省有公論，未必諸公，會鞫自見。』及會鞫，御史大夫温純、司禮陳矩秉公不阿。再鞫胡化，公立具疏送大理。諸人大譁，嗤司寇爲司官所持。司寇亦大譁，嗤公大敗我事。劾公入郭正域名，不可。劾公重胡化罪，不可。劾公禍且不測，公怡然甘之，卒不易原疏一字。疏上，上覽之曰：『盡是誣妄。』發閣依擬，妖書坐皦生光。大獄解，而楚藩勘疏至矣，事又當公司。司寇以華越謀害親王，當論死，江夏主使宗室，當如越罪。公從容謂司寇曰：『今日之事，未論義理，先究利害。宗室乃皇帝天潢，假令楚王果真，華越果誣，親王以誣奏自殺，論死何疑？今事有大不然者，欲駢戮數十宗室，楚宗聞之，勢必戕殺撫按，大亂之起，誰則爲之？忘國家之事，忘身家之禍，以佐人之私，知者不爲也。』司寇曰：『然是何等事，直驅我罟擭乎？』事得不行，於後戕殺撫臣，卒如公料。

守常州，恬夷廉靖，守一正以抑百邪，大義所在，當路欲移毛髮不可。試士，不入鄉紳一竿牘，不聽縣官一揭請，通國非之不顧。尚衣大璫道經毘陵，公絶不與一介。璫大不堪，言於直指，欲慼之朝。直指令少府劑之，公報少府，有曰：『幸語按君，勿以側媚相望。』其勁立類如此。在常三年，一時正色稜稜，如高秋新霽，天宇如洗，善者愈自濯磨，不善者抑心向化焉。其在陽和，正當代藩勘報，忠順婚封。代藩之廢長立幼也，四明與晉江主之，蓄機不測，故一時有識之士爭之甚力。得行撫按勘議，汪中丞據各道申報，欲先疏其事，行邊白登，出以示公，公曰：『大誤矣，一誤獲罪千古。』中丞駭曰：『何謂也？』曰：『有嫡立嫡，無嫡立長，祖宗定法〔二〕，古今通義也。親、郡王娶有内助妾媵，不論入府先後，己未加封，所生之子皆爲庶子。如無嫡子，庶長承襲，定例也。鼎、莎皆爲庶子，鼎謂非庶長乎？親、郡王妃病故，如已有子，不分嫡出庶出，俱不許選繼妃，定例也。代王有庶子二人，張氏安得進妾爲妃？鼎、莎安得改庶爲嫡乎？』中丞曰：『鼎、莎襲封庶子，已奉明旨，奈何？』曰：『有秦府例，在嘉靖二十八年。秦府恭和王秉欓，庶第一子惟燿，庶第二子惟熜，正妃楊氏故，内助邵氏違例，請封爲妃。惟熜，邵氏所生，遂得襲封王爵，亦已奉旨，奏辨累年。禮部尚書徐階等會議，郡王妃故，但有庶子，止許選娶内助，今惟燿之生在先，邵氏進封非例，惟燿於倫序實係庶長，惟熜於常法自難稱嫡，遂得旨改正。前後二事實相脗合。』中丞豁然，自是會勘，摇撼百端，中丞屹不爲動，代議遂定。公滿三年考，中丞疏公績曰：『當會議代藩廢立之事，本官簡查條例，首倡公論，斷斷乎有扶持綱常之志。議封之虜使紛來，而處置之方略常定，折服犬羊，無敢越志，君子謂公之見卓矣。』中丞之虚中無我，難哉！

撦酋物故，請封事起。邊將以賂五路爲良策，五路挾封議爲奇貨，不決者五年矣。公至鎮，熟察虜情，既得要領，言於當事曰：『夷性許一索十，後即爲例，最難開端。若循往例，毫不增減，其心自定。且忠順求婚，兀慎、擺腰等酋求賞，其情更切。欛柄在我，儘可操縱，何故倒持，反授人柄？』賄一日不斷，則封一日不成，求成反壞，求急反緩，職此之繇，當事者亦以爲然，未免時動於積習之口，公持之愈堅。五路擁衆城下，不慴；制府動色相加，不慴；同事者以貽悮邊疆相坐，不慴，毅然以去就争之。壬子，忠順亦故。癸丑，卜酋叩關。會撫夷馮大梁通虜，事覺，亡去。浮賞盡革，虜使絶望。六月九日，帖然受封。往封撦酋，撫賞八千餘金，今費二三百金矣。公又請於當事曰：『順義承襲，已經三封，依樣葫蘆，倉卒結局。國家不惜金錢玉帛以餌虜，虜亦不難交臂屈膝以順受。我以厚賂愚彼，彼以虚名愚我，兩相愚以偷旦夕之安。且今卜酋，名雖受封，孤雛腐鼠，力不足號召諸部。五路狡詭，恃功要挾，素囊桀驁，不聽約束，將來戎機尚在叵測。爲今之計，宜上下勤思，講求足兵足食之策，可戰可守之具。不宜今日稱功伐，明日議陞賞，希一時浮榮而忘後日之實禍也。』然封事紛紜數年，了局一日，不能不加酬賞，公亦得推用巡撫之紀録焉。

會中朝門户相角，公貽書所知，動以漢宋黨事相警。乙卯鄉試，式士之録，至有以六經亂天下者〔三〕，公乃昌言曰：『自古小人傾陷善類，誹謗正人，止於誅芟異己，未有及於六經者。誅芟六經，自王安石廢《春秋》始，目之爲腐爛朝報，熒惑神宗，貢舉不以取士，庠序不以設官，經筵不以進講，國論無所折衷，而宋一代之元氣命脈斬絶無餘，其究使夷狄亂華，天翻地覆者百餘年。今乃以宋儒倡道學，以道學本六經，遂以六經爲亂天下而有餘。又以六經出孔、孟，遂詆孔、孟爲儒生之學，伸黄、老於六經之上。悲夫！孔、孟、六經乃亦得連坐法乎？蓋自王安石所未敢言，當吾世始。於斯時也，天下岌岌乎殆哉！不至三綱淪，九法壞，驅一世而禽獸之不止，凡讀六經、孔、孟之書者，義當何如也？』公之齟齬於時，偃蹇除目者以此。

高攀龍曰：『予與公同舉進士，同出高邑趙儕鶴先生門。一時同遊士，交自勉毋爲不義，爲先生羞。而予與薛以身敷教同爲常州人，公與歐陽若谷東鳳同爲常州守，四人相與更深。』公之學素精天文律曆，後乃知其進於道也。一日，公寤寐中忽見晦菴先生謂曰：『道生於坤，兩生道也。』公曰：『然。惟一，故通萬物之神；惟兩，故神天下之化。』自是觸象入神，見超物表。嘗曰：『人必通天地，然後知化育；知化育，然後知孝弟；知孝弟，然後知性命；知性命，然後知禮樂；知禮樂，然後知鬼神。』又曰：『人心，一動静也；動静，一天地也。』又曰：『四時行，百物生，「默識」之義也。「默識」章是聖人做不了事，「何有於我」與「堯舜猶病」意同。』又曰：『五行，先天也；五事，後天也。夫子告顔子爲仁，直以天道傳之視聽言動之禮，肅乂哲謀聖也。直下承當，而曰「請事斯語」，由己而復矣，復其見天地之心乎！』又曰：『孟子夜氣是萬古求仁時候。』觀是，見公之所詣。

公舉六經、子、史疏於四書之下，名曰《屑考》，别有《易筌》《律筌》《曆筌》。蓋仰觀俯察，終日沉酣義理，宜其臨事卓然不惑，豈偶然哉？公於郡邑見能臣幹辦，於朝廷見大臣丰采，於封疆見重臣勳猷，於萬世見名臣軌範，一言一動，皆足垂世立教。伏惟大君子采而著之，以爲信史。

校記

〔一〕此篇又載《高子文集》卷四下。

〔二〕『定』，四庫本《高子遺書》作『立』。

〔三〕『以』，康熙本、四庫本、光緒本《高子遺書》及《高子文集》作『謂』。

江西安福縣知縣台卿夏公行狀略〔一〕

嗚呼！以余狀台卿，胡稱略耶？台卿以壬辰釋褐，余以壬辰謁選，僦舍相比，動息聽覩也，以是知台卿最深。其冬，余以使命歸。其明年，台卿受浮梁令歸，而後先喪其二尊人。乙未，下帷吾邑孫慎所氏。丁酉，服闋，謁選得新喻令，已復調安福。蓋九年中，晤言不數日，在二邑之間，聞問者一而已。凡余狀台卿，余耳目所及也，又安能盡？

往台卿未第時，受業於顧涇陽先生，先生器之。台卿謂余曰：『吾以經生言求顧先生耳，先生乃時時及孔孟微言、時事肯綮，於經生言不屑也。而余是年經生言顧獨進。』又曰：『吾最拙於覽記，呫嗶終日，不能得數行成誦。而心獨好姚江《傳習録》，玩繹者久之，意到成文，汩汩乎出之不難也。乃知人心萬象自備，不假外索。』以是台卿益自信爲學一反求之心。

辛卯，舉於鄉。北上，涇陽語之曰：『子往，無失李見羅先生。』蓋是時先生方受誣繫獄。於是台卿即從獄中受脩身爲本之旨，苦思力踐。晝所爲，夕必書之。即夢寐，有非是，大自切責，得毋負李先生。其墨守精專，黄霸之於夏侯勝不啻也。既乃慨然曰：『受其學，不爲白其冤，可乎？』抗疏曰：『臣惟人主所以不勞而化天下，辨君子小人，俾舉錯刑賞之當而已。今陛下欲禁人臣欺君罔上，而欺君罔上之罪乃加於正直忠良之臣；欲禁人臣黷貨殘民，而黷貨殘民之臣乃反得安富尊榮之實。如李材、蘇酇是也。夫李材何如人也？臣嘗反覆觀其所論著，考其鄉評，稽其政事，是實能以聖賢爲師者也，豈其忍於欺君？夫蘇酇何如人也？仕宦所至，金寶盈箱，匪獨其民切齒，道路之人唾罵不啻矣。自古未有君子而不見疾於小人，今以材若彼，以酇若此，而論材者非他人，酇也。陛下信酇之言，謂材説謊，臣以爲材未嘗説謊也。善戰者，貴在平定安輯，而不在殺戮；論功者，當論其勦撫合宜，而不當專論其功級。今材以夷攻夷，因勦而撫，未嘗損國家之一卒，用國家之金錢，而卒使遠夷慴伏，近夷歸命，一方底寧，其功豈不勝於數萬之級耶？酇也以傾材之故，遏匿遠夷之貢，削易其通貢之文，誣忠良，誑君父，是説謊未有甚於酇者也。今諸臣之救材者多矣，然有憐材之情，欲動陛下好生之心者，有惜材之能，欲開陛下使過之路者，是皆憫材之冤，無奈聖意之不可解，故委曲其詞以求濟也。臣以爲不然，陛下天聰天明，苟不實知材之寃、鄭之誣，而肯爲臣下好言動乎？夫材，陛下之世臣也，功臣也。材之父曰遂，已爲陛下殲倭夷奏膚功矣。當材弱冠時，已與幃幄效籌畫矣。及材官廣東，羅旁，百年蠢動之蠻也，材殲之，建城邑矣；石城、電白之倭，一旦卒然之變也，材殲之無遺類矣。及材官雲南，收蠻莫，破緬夷，撫孟養，守在二千里之外，遂使滇南之藩籬固而門户安矣。是材未嘗無功也，安肯飾詐而自棄其功乎？夫百官，陛下之耳目也，何私一囚繫之人？如撫臣，如科臣，如道臣，如部臣，交章救之不已。遠方之民，陛下之赤子也，何望於一囚繫之臣？如廣東布衣翟繩祖、雲南廩膳閻世祥、舉人朱萬元、貢監姚唐臣等萬里風霜，叩闕哀鳴之不已。陛下耳目之言不信也，赤子之言不信也，乃獨信一鄭。夫鄭也，浚民既厚，自衛益工，故罪狀已著，止於降調，未嘗追其贓，又未嘗正其罪，天下將謂陛下之待小人如此其厚。夫材也，國人矜式，皇國干城，一遭誣揑，百口不辯，没其功，又復致其罪，天下將謂陛下之待君子如此其刻也。昨者朝審之日，朝之賢士大夫見材囊頭屢校，纍纍道途無不欷歔欲泣。臣退而思之，陛下何以信鄭之甚，罪材之深，而忽於天下之公論？如此則皆諸臣之過也。諸臣救材者，皆委曲其言，而未嘗以實告陛下也。臣以爲即使陛下必不赦材，而天下之是非，材之功罪，鄭之欺罔，必不可不明告陛下。謹昧死以聞。』疏入，不省，而士論快之。及三王竝封之旨出，台卿又自以辨事儀曹，力争不可，疏復不省，而台卿之丰采益著矣。

及選浮梁令，未抵任，二尊人相繼隕喪，悲號嘔血，幾不起。既畢力治葬，家四壁立，不能餬其口。以吾邑孫氏去涇陽先生之居近，下帷教授，諄諄以兩先生知本之學開迪學者。既滿喪，補新喻令。邑民多訟，台卿廉得訟師數人，籍於官，各給號簿，民有訟者，使據情爲辭，情辭一不當則笞之。先時民被訟者，吏匿其詞，既訊，復匿其案，以鉤得民財。台卿令告者直書詞於牌，牌發該里，兩造備，立訊，訊畢，即示以判。民不欲終訟者，竟已之，不必至官府。緦功以上之訟，諭以至情，令即庭中講解，各相悦，已令告者毀其詞，毋起後釁。人人意得去，不半期而訟簡十之七。邑人多盜，有一家父子祖孫以盜相紹述，有一村數十百家以盜相糾結，台卿廉得之，即令備一境盜。每盜發，即令捕獲，不得，即令償民所失，功則照格敘之，盜立屏息。於是胥吏無所從得民錢，至有訓蒙吏舍中，爲販賣於市者。當是時，旁近縣人人願得台卿爲令，而安福縉紳多顯者，遂調安福。

台卿自喪其父母，毀病未良，已在新喻，病間作。台卿不自恤病，以堅志疆力治之，政成而復奪之安福。然安福吏民望台卿眉宇，心折矣，台卿亦念可疎節闊目，休養而安全之。民以訟來，亡輕重輒入，入而兩造彌月不至，置不問，束矢之贖，一無誅焉。第惓惓於勸親睦，舉訪民間孝悌力田者，旌別以風之。縣西南多種靛，其始即山谷瘠棄地，自後民歆其利，往往以奴子淩其弱主。台卿至，即爲厲禁，犯者繩以重法。邑中有魁盜，黨連甚衆，行劫吴楚間，善以邪術自解免，一再捕，輒逸，莫能得。比得，而在事者又以無左證欲釋之，幸未果釋，竟莫能决以法。台卿曰：『一盜之不忍，而諸無辜忍乎？』立杖殺之，民至焚香相慶。然台卿即雍雍與民，而廉隅頗峻，人莫敢暱。其民見爲鸞鳳，其豪見爲鷹鸇，於是諸有力而不勝其牿笠者，伏戎於莽矣。而台卿又苦病。辛丑，上計訖事，自念朝露之軀，與世枘鑿，何苦煩賢士大夫調護爲？遂乞教授衢州，就道而病浸劇，竟卒於瓜埠，得年三十有九。卒之日，桐棺三寸，委於荒野。遺言誡子弟躬耕自食，希賢聖之學，以仕宦爲戒。噫！可悲矣。

台卿諱九鼎，號璞齋。生平爲人侃侃卓卓，秉禮蹈義。少時家極貧，雅自負荷，不失一嚬笑。驟而試之，妖冶艷麗無所動；驟而驚之，鬼怪險巇無所慴。片語出，狡者輸誠，貴倨者降氣，糾紛者立解。蓋自諸生時，已屹然重於其鄉云〔二〕。

校記

〔一〕此篇又載《高子文集》卷四下。

〔二〕《高子遺書》文末有陳龍正跋語：『台卿，我嘉善人也，實無宦囊，今其子最貧。』

祭文

祭顧涇陽先生〔一〕

吾聞之孔子：『以道事君，不可則止』，謂之大臣。若先生者，斯爲大臣乎！吾聞之孟子：『先立乎其大者，則小者不能奪』，謂之大人。若先生者，斯爲大人乎！

先生之學，大無不見，其要主於明善，究無善之弊，將以明善者滅善，故如救焚拯溺，汲汲於幾希之辨。先生之精神，大無不徧，其要主於好善，要約同好，緝民彝之一線，見不善人之傷善，以爲是絶國家之脈而裂其咽，故不惜大聲疾呼，如衛父兄而扞其頭面。吾嘗謂先生具千古之眼，高燭萬類，而破大道之鍵，故落第二義者曾不足當其一莞；具千古之腹，含茹萬有，惟吾斟酌，故一切好醜異同曾不足礙其寥廓；具千古之骨，其於世俗蕩巢夷窟，苟非志之所存，三公萬鍾曾不埒於毛髮。此則先生所以爲大而莫之與越。

嗚呼！吾於世而未始見似先生者指可幾屈，況乎吾錫詩書記載更四千餘歲，而文章理學名節忠義實惟先生一人之始鳴。泰伯來，而梅里片墟闢東南之草昧；先生出，而涇皋撮土萃宇宙之文明。猗與先生，豈以七尺爲私，百年爲期？而吾乃區區以生死爲先生悲。顧哲人之萎，士將疇依？使吾儕貿貿焉如孩者無提而不立，如瞽者無相而罔之，有心如摧，有氣如靡，乃吾之所自爲悲。

校記

〔一〕《高子遺書》書前目録作《祭顧涇陽先生文》。此篇又載《高子文集》卷四上。

公祭薛玄臺〔一〕

自兄之亡也，天下之言曰：『嗟乎！失一古人矣乎！孰有如吾玄臺不雕不鑿，純任赤子良知良能之天者乎？』國之言曰：『嗟乎！失一直臣矣乎！孰有如吾玄臺進不求利，退不求全，國有大奸，奸有大慝，萬死臨之，奮然而前者乎？』鄉之言曰：『嗟乎！失一仁人矣乎！孰有如吾玄臺，人屈如己屈，人伸如己伸，爲匹夫匹婦復讎，四境恃以無冤者乎？』

嗚呼！兄之存也，世不便於兄之至清而形其濁，至方而礙其圓，皆執其似是之中而病兄之偏。及兄之亡，失兄之用，而後知世之滔滔，人趨其便，獨缺此不便之一途，而兄乃所以救其偏。況吾三人者，生同鄉，舉同籍，學同道，志同好〔二〕，無或旬時不相見而相念也，無或一事不相質而相規也。自今已矣！孰有如兄砭吾不善使必改，翼吾善使必遷，扶其暮日遠途使不顛也乎？嗚呼！兄之操持，三公不易，亦不苟於一命；萬鍾不顧，亦不苟於一介。惟其垢衣菲食，畔援者曾不得以攻其中堅，此吾之所以服膺而拳拳。使死者復生，生者不愧，兄其鑒予之斯言。

校記

〔一〕《高子遺書》書前目録作《公祭薛玄臺文》。此篇又載《高子文集》卷四上。

〔二〕『志』，崇禎本《高子遺書》作『年』，誤。康熙本、四庫本、光緒本《高子遺書》及《高子文集》作『志』，此據改。

祭安我素〔一〕

嗚呼！公之得於天者，快矣足矣。弱冠登朝，服宦清署。四牡騑騑，幾遍寰宇。自乞南銓，依依孺慕。解組歸來，悠悠杖屨。戢我田廬，築我場圃。子孫盈前，甘飴分哺。屈指人間，幾如公之所遇？幼於制義，遊戲而裕。長於詩文，指顧而具。渾然天成，從容雅度。墳典浩茫，流窮源泝。性命微言，心怡神悟。屈指人間，幾如公之所賦？孰不欲富？公脱其筊。素封之業，舍之罔顧。孰不欲貴？公恥其鶩。臺諫之要，違之弗慕。觸忤貴臣，幾就鼎鋸。廿年錮籍，安之如素。屈指人間，幾如公之所樹？名花佳辰，良朋畢聚。皓月清霄，芳樽滿注。竹木叢蔭，無幽不赴。山水名區，有勝必住。蒲團晏坐，藜杖緩步。偕衆爲樂，與物無忤。公有閒身，備諸閒趣。屈指人間，幾如公之所務？

嗚呼！公於細事，柔若嬰孺，大義所激，矯若脱兎。公於臧否，三緘甚固，民瘼所關，矢口而吐。公於清歡，翶翔軒翥，憂時之憂，展轉寐寤。公於江湖，浩然遠去，心懸魏闕，無微不慮。所得諸天享諸身者，亦既快然具足，於志無惡。或以爲年不足待其所遇，位不足展其所樹，作述不足盡其所賦，丘壑不足盡其所務，造物者固將留其餘，以爲後人無疆之祚。

校記

〔一〕《高子遺書》書前目録作《祭安我素文》。此篇又載《高子文集》卷四上。

祭長興令石雲岫〔一〕

嗚呼！長興之變，非始於長興也，甲子元旦之變，非始於甲子元旦也，其所從來者久。發於長興者，官真則盗畏也。官真，必爲國家安地方，除盗賊，盗安得不畏？安得不思除之，以便行事？故長興之盗非劫庫盗也，欲據邑叛也。公逸，則盗恣屠殺焚掠矣，民鳥獸散，盗有城矣。不意公直身當之也。彼以爲得令，無不得志焉，不意劫獄，獄囚無從叛者，皆曰寧死不背石爺。士民且動地起，盗於是思挾令出城，又不意公視死如歸也。殺一簿，持首示之，公恬然曰：『吾爲令，乃護盗，吾即活，何顔見長興父老？』於是盗知事不成，殺公矣。

夫以公之明，聞難而不亂，豈不知脱身避盗，可以擒盗？然公避而邑殘矣，盗勢張矣，盗勢張，即事不可知。於斯時，將出城乎？否乎？出城則棄城，不出城則死。與其不死而成盗之事〔二〕，孰若使盗事不成而死，而盗亦遂墮公計中。夫殺貪污吏者，或可倡亂，公則民之天也，胡可殺？殺貪污吏者，或可逋竄，公之死，則爲明神者也，胡可免？甚矣盗之愚也！

公三楚豪傑，國家方倚爲棟梁柱石，而天之生公，僅以殉長興之盗，完長興之民，何耶？節莫大於致身，致身惟義所安耳，義無小大也。抑天之意若曰：『兹盗也，擒則星星，縱則燎原，非公不能殄也。』特委公與？今天下萬姓膏原野，其初起於一人畏死，委而棄之，以成大難，特以公示之式與？夫盗之殺公，不過以公能捕大盜，靖一方，殺公而吏無復有捕大盜者。不知公不死，盜尚活，公死，盜獲，是盜之殺公，自殺也，何益之有？而他盜或自此悔而爲良民與？然則公一人之死，免萬姓之死，欲使天下無二心之臣，無二心之民，其志大矣！其功大矣！其死大矣！非國家所倚爲棟梁柱石，天所以生豪傑之意與？哀哉〔三〕！

校記

〔一〕《高子遺書》書前目録作《祭長興令石雲岫文》。此篇又載《高子文集》卷四上。

〔二〕『不死』，崇禎本《高子遺書》脱『不』字，此據康熙本、四庫本、光緒本《高子遺書》及《高子文集》校補。

〔三〕《高子遺書》文末有陳龍正跋語：『石侯，烈丈夫也，先生更多其智計。』

祭丁慎所〔一〕

維公鍾山川之間氣，稟天地之正氣，質剛骨勁，見大識超，故能歷挫抑，甘厄窮，百折而東，不餒其浩然之氣。當其官中翰也，矢口而明當世之弊，時以爲賈長沙之疏，與世遂不相臭味，一斥而歸，沉寂田間者數年。再起儀郎，復矢口而明當世之弊，時以爲汲長孺之戇，與世益相鑿枘，於是鎩其翅，絶其轡，至欲剚以大盜之刃，一決目中之刺。甲子之元晨，賢令之被弒，一邑震惴，若將隕墜。公奮不自計，流言矢集，屹無所避，擒盜寧民，大亂以治。夫侃侃者，廟堂之義也，恂恂者，鄉黨之制也，公以一意行之；危言者，有道之遂也，遜言者，無道之劑也，公以一節出之。鮀之巧言也，朝之令色也，二者兼而得免於今之世，公皆反之，其不容於世，而猶得全歸其身，固天之寵異，鬼神之擁衛。

嗚呼！公於世道可謂鞠躬盡瘁，鄙夫憤之，鄉愿笑之。至其浩浩正氣，所謂生與俱來，死與俱往者，衆之所棄，公之所貴，足以千古不敝，豈與一時争區區之隆替？

校記

〔一〕《高子遺書》書前目録作《祭丁慎所文》。此篇又載《高子文集》卷四上。

祭陳思崗〔一〕

嗚呼！吾方與兄訂匡廬之約，相與參疑證悟，明此一事。兄亦欣然期吾，以此事甚大，決不可負。而孰意期我之年，即兄棄我之年乎！方兄訃之至，予方與客會食，投匕而起。予平生涕淚甚不易，獨聞兄訃，聲入淚落，不知其所以然，此見兄與予相信之至專。是時即欲急走兄里，憑棺一慟，而疾病相牽，繼以婚嫁，又繼以顧涇陽先生之變，不敢舍東林而出。兄之孤祥且禫，而余一腔血泪尚盈盈如未疏之泉。

嗚呼！維昔與兄同官行人，兄與聊城逯確齋及余三人相期千古。兄窮逐敏〔二〕，於吾兩人一嚬一笑皆察其所以，惟恐陷於意之偏，弗收學之全。確齋與余謹守洛閩之教，而兄則好禪，各舉其所用力者，窮探極究，曾未嘗相執而相慼。及予罪放，兄嘗一至予里，一會北固。見兄之學益明益暢，益定益堅，每退而自喜。孰知夫金、焦信宿，遂永訣終天。嗚呼哀哉！

兄之爲人，擬之而不得其似，吾特像其彷彿。如萬山積雪，疾風裂石，而蒼松百尺屹然獨秀於孤巖之巔；譬如古洞奇崖，天地以來未通人徑，而幽蘭蒙茸，相錯於白石清泉之間。蓋兩間至正至清至勁之氣鍾之於兄，而兄又融之以至和而不偏。兄官南省，指奸剔蠹，留京塵垢，蕩然一滌。胥隸之鷙，中璫之狠，垂首屏息，又無不心悦誠服曰：『公特不便某等，要之，爲朝廷做官當如是。』此可見人心之靡争於無言。四明相以劉本孺諸公請尚方劍而營窟愈固，非兄與孫拱陽侍御列其贓，則不可去。相瓦裂而豈容兄之玉全，不知兄玉自全，區區一給事，何足爲兄太空之浮煙？

嗚呼！高天在上，厚地在下，來今在後，往古在前。兄心無疾〔三〕，兄身無邊，吾又何必於兄暫駐之年，較其爲促而爲延？

校記

〔一〕《高子遺書》書前目録作《祭陳思岡文》。此篇又載《高子文集》卷四上。
〔二〕『窮』，康熙本、四庫本、光緒本《高子遺書》及《高子文集》作『躬』。
〔三〕『疾』，康熙本、四庫本、光緒本《高子遺書》作『疚』。

祭逯確齋〔一〕

維昔與兄，己丑之春，觀政廷尉，落落未親。迨及壬辰，同官行人，余時見兄，迥爾出塵。就而論學，以決迷津，兄謂予曰，此事久湮。濂、洛、關、閩，聖脈最真，舍此而學，恐非其方。言出兄口，如予肺腸，我志益堅，我氣孔揚。於時江右，陳子思崗，其人如玉，其學則禪。各從所好，不諍言詮，要以修繕，禮義無愆。維余三人，燕市連翩，觴榼遞挈，選勝盤旋，充然各得，樂也無邊。是歲之冬，余有使命。明年癸巳，時事滋競。握手一月，余以罪屏。兄擢給事，急於引善，未嘗有心，以言自見。曾不半年，復以言譴，涇陽去銓，兄落諫職。君子之途，乃始叢棘，天實爲之，讒殄何嬰！吾觀仕者，務自需忍，與時委蛇，鋒藏鍔泯，邪正是非，不形口吻，三事九列，循循而迫〔二〕。維余三人，實反其道。聖主至仁，首領獲保，退而閒居，一編是老。

人皆齪齪，吾獨浩浩，所得於己，亦既可寶。嗚呼思崗，受氣至薄，余則亞之，兄神獨廓。謂兄長年，此道所托，云胡相續，喪吾棣萼？余乃後死，亦有何樂？嗚呼兄乎，南北形滯，中間書問，動淹年歲。兄謂讀《易》，久不知味，近乃豁然，知其所謂。余爲兄喜，此第一義。嗚呼兄乎，生死《易》耳，兄既知《易》，死則可矣。

嗚呼哀哉！

校記

〔一〕《高子遺書》書前目録作《祭逯確齋文》。此篇又載《高子文集》卷四上。

〔二〕『迫』，四庫本《高子遺書》作『進』。

祭歸季思〔一〕

往者予得交於武塘吳子往，已復得交於兄。予生以壬戌，兄後我一歲生，子往後兄二歲生，年相次，志相許。私相評，以爲我三人者，無叶俗之才，亦無用俗之福，柔身弱骨，惟是泉石間合有斯人。

余有水居，踞漆湖山，子往有荻秋，在野塘蓁竹間，皆豁然以野屋受景。兄亦築陶菴於郊坰，茅堂三楹，樹槿自蔽。三人者相過從，味世俗所不味，駸駸乎樂也。然余有婚嫁累，子往有舉業累，兄有病累。私相期以三人者一旦脱去所苦，表裏蕭蕭，得數十年枕琴卧書，餐山茹水，死可不恨。而三人中，兄獨貧獨鰥，獨得旦夕居陶菴中。吾二人每過兄，未嘗不竊歎以泉石之福，兄獨擅其全，眼中無復有敗人意事矣，是將何病不可愈耶？兄之病去，吾兩人累亦將漸次解除，以兄爲依，終吾暮年之樂。而何意兄之一旦舍吾去耶？

去年秋，予過兄，見兄病未良已，以爲深憂。復見兄神情暇豫，心坦坦然，自藥欄花畦外，一無所營，又深以爲得已病之道。近復寄兄書，欲兄幽事都不關情，胸次空豁不掛一絲，以待天之自定。孰意吾書未至兄，而兄訃先至耶？嗚呼哀哉！兄有絶人之慧，絶人之識，絶人之趣。出諸口者，不漫作無味之語；筆諸書者，不漫作無味之詞；措諸躬者，不漫作無味之事。倘令得用於世，正身率俗，立懦廉頑，足以風動當年，垂光百世。即寂寞陶菴中，眉宇嚬笑，猶足以洗濯一世塵垢。而今已矣！何天之無意於斯世而忍奪斯人耶？

子往方對公車，或者天復奪而用於世，使予向誰道五湖佳事耶？予於海内知交各有深契，至於雲霞之味，惟二兄造其微，惟予知二兄之微，故以二兄爲依。子往即用世，所之既倦，歸自足沮溺相耦，於時左右顧而失吾兄，又何心一談一笑耶？嗚呼！以兄之神情無滓，其行於天也，必爲清風朗月，必爲鮮霞明星，吾二人依兄，於是焉依乎？兄靈炯然，亦復依予兩人否耶？嗚呼哀哉！

校記

〔一〕《高子遺書》書前目録作《祭歸季思文》。此篇又載《高子文集》卷四上。

祭茹澄泉先生〔一〕

惟師，太朴所造，太和所保。孝於親，依依如在襁褓。信於友，沖沖如味粱稻。早歲黌宫，燁然文藻。暮年幽居，悠然懷抱。屏惡如田父之芟其草，護善如富人之匿其寶。自潔幾於江河之澡，不欺可質日月之皜。坦懷應物，不寒不燠。哲鑒内炳，爲白爲皂。斯人當三季之隆，必在德行之考。即下降七雄之世，亦何負趙、魏之老？今使其窮途潦倒，枕經藉史以稿，不得與朝榮之槿同一日之鮮好。嗚呼！吾將問諸蒼昊。

校記

〔一〕《高子遺書》書前目録作《祭茹澄泉先生文》。此篇又載《高子文集》卷四上。

公祭復吾沈先生〔一〕

嗚呼！公之丰標，如玉斯瑩。公之文章，如金斯勁。公之宇度，如春斯和。公之襟情，如秋斯净。凡兹同藉及門下士及年家子，思公德容，不違於目，思公德音，不違於耳。去我日遠，遐哉邈矣。公體則蜕，公神無方。或彼或此，或在或亡。悠悠我思，曷知其鄉？九龍之崗，二水之旁，三江浩渺，五湖蒼茫，公或其間，去來徜徉。清風淡淡，白月凉凉，虬松謖謖，碧竹鏘鏘，公或其間，上下翱翔。亦有旨酒，如人世否？亦有良朋，如我儕否？亦或來歸，視兒孫否？疇昔之日，公魁南省，附公尾者，千里思騁。淹忽至今，綆弗竟井，公其念兹，能無耿耿？嗚呼！天地成毁，如掌反覆。其不毁者，如虚在谷。哀我人斯，一往不復。旋視其元，浩然常足。區區百年，孰延孰促？公味斯言，夜臺明旭。嗚呼哀哉！

校記

〔一〕《高子遺書》書前目録作《公祭復吾沈先生文》。此篇又載《高子文集》卷四上。

公祭葉容溪文[一]

余觀世之仕宦者，歷中外不數年，則能美其宫室，膴其奉養，以明得意[二]。其父母亦率憑子自植，稍稍易其寒素。没則子爲文其生平，侈其窀穸，爛然耳目，以爲如是足以榮其親。鄉之人莫不曰：『夫夫人子也。』嗚呼！其亦不思爾矣。

葉翁以子貴有年，而參之之貧如昔。凡所謂親之憑其子者，翁百不得一，而子之侈其親者，參之百不得一。世俗之論皆以參之窘其身，并以窘其親，使翁曾不得一日享貴人之奉以死。嗚呼！其亦弗思爾矣。假令翁不能安參之之貧，則參之不能一日安其廉，是則參之能貧以翁，而翁之賢以參之之貧。若與所謂憑子厚殖者比類，而觀俗之所貴，道之所恥，翁之顯榮孰加焉？且吾聞翁性淡泊，而特嗜酒，翛竹衡門，素心朝夕，陶然一觴，無求於世。而參之奉酒錢惟謹，未嘗令乏，則是翁固有至裕者存，焉在其爲窘也？余悲夫世衰俗薄，守身之孝不明，謂富貴足以榮親，而潛德内充之士不白其堅貞之操，且若慕慆淫而不可得者，故表而出之，靈其有格於斯文。

校記

〔一〕此篇又載《高子文集》卷四上。

〔二〕『明』，四庫本《高子遺書》作『鳴』。

卷之十二

題跋、襍書類

題《三太宰傳》〔一〕

吾嘗謂君子經世宰物，好惡兩者而已。然善非身有之，弗好也；惡非身無之，弗惡也。視天下之治亂，朝廷之利害，非如得失之切於身，好而弗純，惡而弗決也。故聖人之學，始於格物。格物非一，格好惡之物爲要。好惡之物格，則好惡之知致，好惡之意誠，好惡之心正，而修齊治平舉之矣。今之人往往輕言好惡，以流俗之愛憎濟其作好作惡之私，明目張膽，自號爲公好公惡。嗚呼！其亦弗思而已矣。聖人曰：『惟仁者能好人，能惡人。』聖人言好惡如此其難，今人言好惡如此其易，其亦弗思而已。《書》曰：『先民時若。』故君子急於格物，多識前言往行也。

今天子御極四十有一年矣，天下屈指揆宰者，必曰兩揆、三宰。兩揆謂王山陰、沈歸德，三宰謂陸平湖，孫、陳兩餘姚也。山陰、歸德、兩餘姚尚矣，其心光明，其行峻潔，無得而訾焉，獨平湖有知不知者。吾謂君子論其大，不苛其細，舉其長，不諱其短。平湖合楊海豐論言事諸君子，五君子所不爲。當其時，平湖不出此，不得宰天下，收一匡之功。吾獨怪執政者以此取平湖，則是平湖之短乃其所爲長，平湖之長乃其所爲短，好惡倒置，如之何不失天下望也？夫婁江、新建、蘭溪、四明，其始豈不表表膾炙人口？一旦執揆柄，名實俱喪者，何耶？少長於富貴，沉溺於詞章，無天下萬世之遠志，又岐於佛老之學，得其粗而遺其精，假其似而亂其真，不明聖人《大學》之道，故小人得乘其欲而愚之也。哀哉！

天下之生久矣，一治一亂相尋，一正一邪相錯，極治之世不能無小人，極亂之世不能無君子。方以類聚，自唐虞之世，九官、四凶分類，至元祐、熙寧極矣，此以彼爲黨，彼亦以此爲黨。黨者，類也，欲天下無黨，必無君子、小人之類而後可，如之何諱言黨也？夫君子何黨之有？上惡黨，故小人之黨反目之爲黨，一網而君子盡矣。故君國者不患黨，要在明辨其黨。三太宰者，其好惡同，故用事者以爲黨而惡之。繇今觀之，孰是耶？非耶？

嗟乎！浙自昭代以來，有三大功臣，有三太宰，然而位不齊其德，用不竟其志。三宰歸而三揆出，猗與盛矣，而天下與彼不與此。斯民也，三代所直道而行，格好惡之物者宜何從？斯傳也，長孺之示人至深切矣。

校記

〔一〕此篇又載《高子文集》卷六。

題《貞裕卷》〔一〕

天之生物也，隆冬閉藏不固，則生不茂；山川之氣，其盤旋回伏綰結者不密，則其發靈秀也必小；聖賢之生，其勞苦拂逆，經歷愈備，則其受任愈大。語曰：『始於憂勤，終於逸樂。』信哉！

蓋攀龍讀《貞裕卷》而三嘆曰：『此可以知天，可以知人，可以知學。』當太恭人稱未亡人，二十有六耳。又十年而安節先生始生，又二十年而先生始成立。前乎十年，則繼嗣撼之，後乎二十年，則外侮撼之。當是時，太恭人所恃一念耳，一念謬則萬事謬矣。嗚呼危哉！孰知夫二十年後旌詔之及也？孰知夫先生舉於鄉，成進士，而太恭人悉及見之也？孰知夫臬臺且綸贈，再以御史贈，以太僕贈也？人見其裕之樂，而不知其貞之難。夫人心甚危，遷易靡定，幽憂亂之於內，變故亂之於外，一日不可知，況三十年乎？故一念者，天人之衡也，持之而躋於天，謬之而墜於淵。一念定而人定，人定而天定矣。嗚呼危哉！人亦慎此一念也哉！吾故曰可以知學〔二〕。

校記

〔一〕此篇又載《高子文集》卷六。

〔二〕《高子遺書》文末有陳龍正跋語：『天因人定，人因念定，念因學定。學而不定，則是未嘗學也。』

題《鄒貞女卷》〔一〕

《易》之《漸》曰『女歸吉』，女之至貞者也，故六爻皆取象於鴻。鴻，義鳥也，象女之從一而終，故曰『可用爲儀』，可以正邦而善俗也。聖人之用女貞，大矣。

吾觀鄒貞女矢志之年，十有二耳，非有告誡勸勉，非有見聞蹈襲，豈非性哉？天地大矣，一女子何啻一微塵，而一念之正足以充塞兩間，彌亘千古，顧不偉與？吾邑稱人文之盛，富貴顯榮奕於時人耳目者何可勝數！或鳴得意於恣睢，號達生於靡麗，局局轅駒，靡靡秋草，視貞女何如？其有知自好者，或節毀於名成，心移於挫抑，半塗自廢，九仞土崩，視貞女又何如？《詩》云：『豈不劬勞，其究安宅？』志士仁人，烈妻貞女，棄世俗之所樂，而甘心獨往者，夫豈徒然？吾於貞女，蓋爲潸然興嗟，竦然自懼〔二〕。

校記

〔一〕此篇又載《高子文集》卷六。

〔二〕《高子遺書》文末有陳龍正跋語：『其究安宅，果在何處？生時有之，死時有之，心安則神安，通乎生死。』

題丹陽丁氏追遠會簿〔一〕

昔者，滕，小國也，截長補短，五十里而已。孟子勸之行仁政，而曰有王者起，必法之。然則王者所行皆滕政也，滕政遂及天下，及萬世矣。

子行，貧士也，而能率其族之人分積銖累，使祭有田，月有會，行之二十餘年無替。夫放海之水本於涓勺，干霄之木起於勾萌。繇此而之，引而不已，以追遠之餘，可以恤近，以一家之法，可以勸衆，是爲仁人之師，而丁氏之仁溥矣。

夫不忍人之心，人皆有之，不忍人之政，人皆有之。有其心者有其政，無其政者無其心者也。故以一族每月分銖之積而足以成政焉，何必有位者？人心之迷，迷於至近。忽其近者小者，以爲不足爲，於是終身無善可積，而棄其遠且大者，惜哉！

校記

〔一〕此篇又載《高子文集》卷六。

建故邑侯王公祠堂引〔一〕

往者嘉靖中，少月王公來令吾錫。錫故無城，公蒞事甫三日，召父老謀曰：『大錫，巖邑也，不城，吾與父老不有錫也，請從事焉。』邑之人意難之，公持之堅，於是工始興。邑之人意又易之，公持之急，於是工遂竣，凡三月耳。工甫竣，而倭卒至。當是時，非城，則錫不可守；然非公，則錫不可城；非公持之堅，董之有法，則不可以三月城。如是，則錫之民鬼矣。故寇之退也，即藉公備禦之多方。義士之效死，而説者以爲猶其次也。

錫之田，自國朝以來，轉展於貧富之交，進退於奸胥之手。至嘉靖間，蓋有田者不盡出賦，而賦税者不必有田。富民之子孫已無置錐之地，而催科之吏猶闤門守之。公曰：『若是，則不可爲政。』遂丈量之，於是有田無賦者不能隱其實，有賦無田者始得以銷其虚，民得免溝壑，散之四方。嗚呼！迄於今三十餘年，錫民之得安養生全者，公之賜也，公之明德遠矣。

按祀典曰：『有功於民則祀之，能禦大患則祀之。』嗚呼！非公，孰克當之？非公，孰克當之？然而公今且死，公之靈尚未得憑吾錫彈丸之地，錫之民未得出一黍一具以奉公之蒸嘗〔二〕。無論縉紳先生，下至齊民，無論生當公之世，生後公之世者，萬口一心，僉謂缺然而不容已。不佞攀龍以此心當然之義〔三〕，質一邑同然之心，敢倡舉其事，欲於惠山之麓誅茅畝，許搆堂三間，以妥公之靈，於其旁搆一廂，以妥義士張某等三十餘人死於倭難者〔四〕，仍乞諸當道，歲時奉祭。然非一人之力也，敢與同志者商之。竊見今之時〔五〕，在處佛殿鼎新，畚鍤雲舉，人翕然從之，千百金可計時辦具。夫人所以樂於奉佛者，豈非惑其生死禍福之説乎？無論其事之必無，藉有之，蓋杳冥不可知者也。吾儕繇祖父以來生養安全至今者〔六〕，孰爲之乎？王公也。之死而生之，轉禍而福之，不大彰明較著哉？從事於杳冥不可知者，而忘其彰明較著者，智者必不其然。不佞則度夫同志者之衆〔七〕，而是工可計時辦具矣。謹告〔八〕。

校記

〔一〕此篇又載《高子未刻稿》射部、《高子文集》卷六、（清）邵涵初纂《松滋祠廟事略》。《高子未刻稿》題作《建故邑侯少月王公祠堂引》，《松滋祠廟事略》題作《建邑侯王公祠引》。

〔二〕『奉公之蒸嘗』，《松滋祠廟事略》無『公之』二字。

〔三〕《高子未刻稿》無『不佞』二字。

〔四〕《高子未刻稿》『死於倭難者』後有『之靈』二字，於義爲長。

〔五〕「竊見今之時」，《高子未刻稿》作「攀龍竊見夫當今時」。

〔六〕《高子未刻稿》句首有「夫」字。

〔七〕「不佞」，《高子未刻稿》作「攀龍」。

〔八〕《高子未刻稿》《松滋祠廟事略》無「謹告」二字。

烈帝廟助工疏引〔一〕

烈帝廟工已有次第，第神像未塑，殿磚未布，月臺未甃，廟門未整，以前之木直、瓦直、石直未盡償，木工、瓦工、石工未盡給，約得三百金而竣事，不無藉於衆力。

夫邑之有明神，一邑之怙恃如父母。然父母之神靈未妥，爲之子者寧能恝然？除已助者外，吾里閈中或以銖兩，或以分文，或以釜庾，或以升斗，皆可以自盡其誠，以安神靈，以爲一邑怙恃。吾輩試思水旱兵戈，萬命一絲之時，所以祈佑於鬼神者，何異子之呼號其父母，而平時可不知敬事乎？謹告〔二〕。

校記

〔一〕此篇又載《高子文集》卷六。

〔二〕《高子遺書》文末有陳龍正跋語：「急則號之，暇則忘之，凡民之事人、神者，皆一也。故因事而呼之，使恒其敬心。或曰：『如遠之之義何？』曰：『助工，敬之也，非近之也。有其舉之，莫敢廢也。邑有明神，所從來久遠，不與添設淫祠同也。』」

保安寺建養老堂疏引〔一〕

昔者聖王老老長長幼幼之化行，舉天下之民自生迄死皆有恃而無恐。王政熄而二氏興，民之幼而無養、老而無歸者皆入焉〔二〕。今浮屠氏之徒遍天下，能得其道者〔三〕，百千萬人不可見一二，而入焉者，資以爲養而已〔四〕。韓昌黎曰〔五〕：『人其人，火其書，廬其居，明先王之道以道之，鰥寡孤獨者有養也，則庶乎其可也。』夫曰『鰥寡孤獨者有養也』，是矣，而未盡也。田不井授，民無恒産，無養者豈惟鰥寡孤獨云爾哉〔六〕？

無錫有保安寺，在邑之南郭，四方僧徒過於此者得小憩焉〔七〕。寺僧某欲建養老堂以處其老且病者，欲余爲引其疏。余既悲夫養老者歸之浮屠氏〔八〕，而復憮然曰：『以天地言之〔九〕，皆人也。以老者言之，皆養也。』是宜亟與之而亟勸之〔一〇〕，且勸四方之賢者亟助而成之〔一一〕。古之聖人曰：『一夫不獲，是余之辜〔一二〕。』吾儕當曰：『一夫而獲，亦予之幸。』可謂仁之方也已〔一三〕。

校記

〔一〕此篇又載《高子文集》卷六、黄宗羲《明文海》卷三二三。

〔二〕篇首至此，文淵閣四庫全書本《明文海》作：『昔者聖王之養老也，杖鄉杖國，異其典，祝哽祝噎，隆其文，所以尊高年者。至周且備，以故老者以壽終，而有引養引恬之效。自王政不行於天下，天下之民自生迄死不能有恃而無恐，於是乎幼而無養、老而無歸者皆遁入於二氏，以苟安其身。』

〔三〕『道』，文淵閣四庫全書本《明文海》作『空虚寂滅之道』。

〔四〕『而入焉者，資以爲養而已』一句，文淵閣四庫全書本《明文海》作：『而入焉者，三時課誦，一日清修，特資以爲養而已。』

〔五〕『韓昌黎曰』，文淵閣四庫全書本《明文海》作『昔韓昌黎有曰』。

〔六〕『田不井授』以下，文淵閣四庫全書本《明文海》作：『自十六授田、六十歸田之政廢，而民無恒産，無恒産則仰事俯育，無其資豈惟鰥寡孤獨云爾哉？』

〔七〕『四』，文淵閣四庫全書本《明文海》作『西』。『得小憩』，文淵閣四庫全書本《明文海》作『多駐錫』。

〔八〕『養老者歸之浮屠氏』，文淵閣四庫全書本《明文海》作：『養老之典不行，而鳩形鵠狀白首無歸者得保餘年於浮屠氏』。

〔九〕『以天地言之』一句上，文淵閣四庫全書本《明文海》有『乾，吾父也，坤，吾母也』一句。『言』，文淵閣四庫全書本《明文海》作『視』。

〔一〇〕此句上，文淵閣四庫全書本《明文海》有『以浮屠之兼愛而有與仁民之道並行不悖者』一句。

〔一一〕『且勸四方之賢者亟助而成之』，文淵閣四庫全書本《明文海》作：『且勸四方之賢者，以吾儒仁民之心，知天下無告者推恩必自養老始，亟助而成之。』

〔一二〕『是』，文淵閣四庫全書本《明文海》作『時』。

〔一三〕文淵閣四庫全書本《明文海》句首有『斯』字。又，《高子遺書》文末有陳龍正跋語：『阿衡見此，當爲垂泣。學顔子之學者，必志伊尹之志，安能樂而無憂？樂而無憂者，自以爲遠伊而近顔，豈知一體之憂失，而樂亦非顔矣。』

華藏寺重修佛像引〔一〕

華藏爲宋張俊賜葬之地，寺爲俊建也。俊佐檜賊殺岳武穆王，千古而下，仁人志士争欲斬屍揚灰，猶恐爲大地之穢〔二〕。今俊墓已在荒烟敗草中，爲野狐牧羝之穴，而寺尚存。寺之存，非爲俊也，爲地勝也。湖山浩渺之致，禪房花竹之幽，選勝者所必之，故寺屢圮而復修。寺之修，非爲俊也，爲地勝也。寺僧某修寺既竣役，募都人士整三世之像，而欲余爲引語。余謂：『夫湖山依寺，寺依佛像，信當修而因爲大衆説佛。佛者，覺也，檜乎俊乎，一何迷乎！佛之教，空也，檜乎俊乎，千古臭穢，佛能空乎？知不能空千古之臭穢，則當自覺其是非之本心。』

校記

〔一〕此篇又載《高子文集》卷六。

〔二〕『大』，康熙本、四庫本、光緒本《高子遺書》作『天』。

《金剛經集註》小引〔一〕

無住心者，常住真心也；常住真心者，不生滅心也；不生滅心者，金剛心也。得金剛心之謂應住心，得應住心之謂降伏其心。云何應住心？得無所得也。云何得無所得？住無所住也。此法至難信，至難言。世之信者，信經而非信心；言者，言經而非言佛。雖然，經即佛也，佛即心也。不可無經，則不可無言。

承源華公，暮年幽居，冥心觀寂，手集經註以導夫讀斯經之不得其門者。既成書而梓之，徵不佞弁語。不佞儒者，夫焉知佛？蓋嘗繇吾聖人之言心者而知之，惟金剛不壞，惟心不壞。世人役役於夢幻泡影露電之物，執之以爲固，曾不知須臾變壞，至人人有常住不壞者，乃覿面而失之。哀哉！觀斯經者，於泡影見無住，不於無住見斷，於金剛見常住，不於常住見常。不捨萬法，實不得一法，其庶幾乎？然斯言也，經而已矣；斯經也，言而已矣。

校記

〔一〕此篇又載《高子文集》卷六。

告龍王文〔一〕

直隸常州府無錫縣高攀龍謹齋戒焚香，告於龍王之神曰：

天下之物萬矣，惟龍則謂之神龍。夫物則不神，神則非物，龍亦物也，而謂之神者，豈非以其能上下天淵之間，使雨澤之時行，輔陰陽之不及與？不然，則吾見其無以異於魚鰍之族，而有無不足爲世輕重也。

邇年霪雨爲災，五穀不登，東南之民饑而死者十之一二，疫而死者又十之一二。今天復不雨，苗將稿矣。更五日不雨，苗當半稿，十日不雨，則苗盡稿。公家之廩已竭於上，私家之蓄已罄於下，迄於明年，民當十而死八九矣。去冬，天子仁惠，大約捐東南田租之半。今年復不有秋，天子將復捐其半乎？則所不捐之半，亦無從出也。將盡捐之乎？則國賦無從出也，而亦無救乎民之死亡。夫天下之田，天下之人所待哺也。東南之田，非獨東南之人所待哺，天子六宫妃嬪之膳，百官之食禄，以至沿邊戍卒之餉，皆待哺於此。東南而復荒，則吾不知其勢之所終也。以爲國運自此而傾乎？則天子明聖，宰相和同，無紛更叢脞之擾，未宜遽絶於天，何民之困一至此也？

古人有言：『居廟堂之上則憂其君，處江湖之遠則憂其民。』攀龍進不在廟堂，退不在江湖，而日夜戚戚皇皇，既憂其君，又憂其民，無可與告者，不得已告之龍神。夫神龍也者，能上下天淵之間，使雨澤之時行，輔陰陽之不及者也。神則無不在，匹夫匹婦之精誠皆足以感觸之。誠有鑒予一念之精誠，三日之内，大沛甘霖，易四野洶洶之情爲欣欣之色，則龍之爲神昭昭矣。謹引領以望〔二〕。

校記

〔一〕此篇又載《高子文集》卷六。

〔二〕《高子遺書》文末有陳龍正跋語：『伊川以河工成，非龍女力，先生以亢旱籲龍神。河工，人所爲也，歸德於龍，則懈勞人之心。靈雨，人所不能爲也，業有以僭致恒暘者，在田之大人。姑以此致無聊之思焉。況也雲漢呼天飛龍之事，古人視天人神相感之際，有如一氣之通者。』

代耆老祭城隍文〔一〕

本縣城垣圮壞，鳩工修戢〔二〕，某等爲鄉紳推薦，邑父委用，董督其役，所懼人各有心，難於合并，惟是齋誠自矢於神：

此一舉事，百年永賴。此十六人，一體相成。譬如作室，或梁或棟，運斧運鑿，期於成屋。又如行舟，或江或河，操舵操篙，期於共濟。人之有善，如出於己，己之有善，亦同於人。毋居己於逸，而貽人以勞。毋暴己之長，而形人所短。毋執一己之見，不通衆人之謀。毋信細人之言，輕乖同事之誼。一有私心，聽神鑒神誅。一切公事，祈神扶神祐。各秉真誠，協成大義。謹以牲醴祗告始事〔三〕。

校記

〔一〕此篇又載《高子文集》卷六。

〔二〕『戢』，康熙本、四庫本、光緒本《高子遺書》及《高子文集》作『葺』，是。

〔三〕《高子遺書》文末有陳龍正跋語：『細民之信神者半，不信神者半，先生故代爲祭告，合人神以重其事。夫國聽於神則亡，民不信神則肆矣。』

題世尊像〔一〕

即一切法，是謂法法，離一切法，是謂無法。見有法者，即非法法，見無法者，即非無法。無法法法，法法無法。我説此法，是謂佛法。問佛何法，佛何曾法〔二〕？

校記

〔一〕此篇又載《高子文集》卷六。

〔二〕《高子遺書》文末有陳龍正跋語：『先生何故説此？因僧求題，即彼法以曉之。《觀世音》《達摩》《純陽》皆此意，惟《張仙》又説我法。』

題觀世音像〔一〕

觀世音者，反聞聞自性也。自性寂然，何得謂之音？實無所見，何得謂之觀？菩薩以無作妙力圓通自在，聞無所聞，故謂之觀，觀無所觀，故謂之音。耳目互用，人天交修，靈感靈應，機本自然，衆生動一妄念，大士能見能聞。大士何在？這妄念的便是。

校記

〔一〕此篇又載《高子文集》卷六。

題達摩〔一〕

天自清，地自寧，耳自聰，目自明，只這個便是，説這個便是，又却不是，從古無人道得一字。這個尊者西來做甚麽？共道一花五葉，决有些秘密。咄！捉出真贓，只是一衣一鉢。

校記

〔一〕此篇又載《高子文集》卷六。四庫本《高子遺書》作《題達摩像》。

題張仙〔一〕

《詩》稱『張仲孝友』者，即神也。今且列星於天，司命於世。世人冀昌其後者，必嚴事神。夫神，孝友者也，其所福，必孝友者也。然則孝友者，善其身且以昌其後人。人之嚴事其父兄，當如所以嚴事神，斯乃爲能事神者矣。

校記

〔一〕此篇又載《高子文集》卷六。四庫本《高子遺書》作《題張仙像》。

題純陽祖師像〔一〕

有甚仙？有甚凡？三餐飯是九轉丹。但欠一刀兩段，便爾萬劫沉淪。却被多口翁呵呵冷笑，説甚汞鉛龍虎，越添藤葛，覷破來是家常飯，無人喫。

校記

〔一〕此篇又載《高子文集》卷六。

題翠峰上人像[一]

認得這箇，便是翠峰，認得翠峰，還不是這箇。黄鳥一聲天地春，春在何處？會得麽，只這箇便是翠峰。

校記

〔一〕此篇又載《高子文集》卷六。

題聶端虚先生像[一]

黄卷中相對者，非聖賢耶？青氊前相對者，非蒙士耶？何聖非蒙？何蒙不可聖？視賢師而成性，瞻視必端，衣冠必正，有上上根人，繇斯以入聖[二]。

校記

〔一〕此篇又載《高子文集》卷六。

〔二〕《高子遺書》文末有陳龍正跋語：『「四勿」爲乾道，即結語之旨。』

書《玄帝訓言》後[一]

心者，人之神明，即天神地祇人鬼充塞無間者也。人敢於欺君父，不能掩其一念之自照；敢於傲雷霆，不能消其一念之自歉。其自照自歉者，神明之充塞無間也。人乃以某神主治某山，某神下降某日，欲於是祈福禳禍，亦愚矣。寓内稱神靈顯赫者必曰玄帝，玄帝有訓言垂世，陸君印初見而尊之，鐫石公之人，而徵余一語。余惟上帝好生，見人陷不善，是自蹈刀鋸鼎鑊，絶其生理，汲汲欲拯而拔之。千聖萬靈，立言垂訓，其旨一也。夫人不知自心之爲鬼神，而恒畏鬼神，畏鬼神而不敢爲不善，是畏刀鋸鼎鑊而不敢蹈之死而生之也。此刻廣而陸君之德廣矣[二]。

校記

〔一〕此篇又載《高子文集》卷六。

〔二〕《高子遺書》文末有陳龍正跋語：『上帝豈有言耶？然其旨歸之勸善，不妨因妄示真。』

書《繼志會約》[一]

聖人之學，求仁而已。蓋余每讀《論語》而疑之，仁，人心也，而何聖人言仁每言事？一日憬然思曰：『嗟乎！離事固無心。』即如夫子告顏子曰非禮勿視聽言動，告子張曰恭、寬、信、敏、惠。試體之日用，非禮而視，不仁矣；非禮而聽，不仁矣；非禮而言、動，不仁矣。不恭，不寬，不信，敏、惠，亦然。知不仁，乃知仁。夫吾之心本恭本寬本信本敏惠，視聽言動本無非禮，一一還他本色，本不加毫末。故識其自然者，不可不勉其當然者；勉其當然者，不可不識其自然者。此謂本體，此謂工夫。聖人下學而上達，即工夫，即本體。同志之友試於此求之，以爲何如？

校記

〔一〕此篇又載《高子文集》卷六。

書《悟〈易〉篇》〔一〕

太極者，理之極至處也。其在人心，湛然無欲，即其體也。先儒云『心即太極』，此語須善會。無欲之心乃真心，真心，斯太極矣。心莫難於無欲，故人莫難於立極。若但見其無形無方無際而已，是見也，故曰『有所見便是妄』。奉山汪公能悟《易》者也，其必有以識之。

校記

〔一〕此篇又載《高子文集》卷六。

敬書吾祖盆荷詩手筆後〔一〕

吾祖静成先生嘗以盆盎植荷於庭中，嘉靖己未花，賞之以詩，是年得吾伯兄附鳳。越二年，壬戌再花，再賞之以詩，復得攀龍。若爲吾兄弟兆者，抑何異耶？夫家之有喜，其氣先應，烏鵲草木皆能兆之[二]，今以蓮兆。蓮，花之君子也，發於盆盎，小能大也。常人神局於六尺，君子神充於宇宙，亦若是矣，吾兄弟可不勉歟[三]？蓮，多子者也。子以及子，吾兄弟之子孫可不勉歟？相率而爲君子也[四]，乃所以報吾祖，報天之休也歟[五]！

校記

〔一〕此篇又載《高子文集》卷六。(明)華允誠《高忠憲公年譜》、(清)高世寧《高忠憲公年譜》卷上『嘉靖四十一年』下引『蓮，花之君子也』至文末。

〔二〕『鵲』，康熙本、四庫本、光緒本《高子遺書》作『獸』。

〔三〕『吾兄弟可不勉歟』，華允誠《高忠憲公年譜》、高世寧《高忠憲公年譜》作：『出於污泥，污能潔也。常人心役於五官，君子心超於萬物，亦若是矣。』

〔四〕『吾兄弟之子孫可不勉歟？相率而爲君子也』，華允誠《高忠憲公年譜》、高世寧《高忠憲公年譜》作『吾兄弟子孫相率爲君子』。

〔五〕『報』，底本訛作『執』，此據康熙本、四庫本、光緒本《高子遺書》及《高子文集》、華允誠《高忠憲公年譜》、高世寧《高忠憲公年譜》校改。

書唯菴先生誌銘後[一]

先生少弱，稍動作輒疲，必偃仰時自休息，然善裁節一切，不竭其意之所欲，不務其力之所不勝，如是者久之，乃益强無疾，七十八十不衰。然吾聞先生八十猶未絶欲，人曰：『壽，天植也，非關欲。流水不腐，匪貴其積。』嗟乎！是驅人而納諸罟擭陷穽矣。人受氣於天，猶子受産於父，厚薄殆十百千萬倍屣無算。故富人一日之需，當貧士終歲之計。貧者效富人，一下筯而凍餒踵至矣。且夫先生少能自裁節，畜於方盛之時，故氣益固，迨老不衰。不揣其本，欲齊其末，殆矣。

先生五十七，自醴陵歸，杜門却掃，棲遲陋巷中，薄田僅給饘粥，晚歲支離婚嫁，至不能守其田廬。先生曰：『貧，人所不堪，吾以儉之一字銷之；横逆，人所不堪，吾以忍之一字銷之；士不得一第，宦不得進一秩，老而喪其室，喪其冢子，人所不堪，吾以命之一字銷之，是吾銷其意之不足也。青山白雲，吾遇之欣然，第以散步微吟銷之；長溪煙水，吾遇之欣然，第以小舠蕩槳銷之；空齋永日，吾遇之欣然，第以焚香趺坐銷之；僧廬梵宇，吾遇之欣然，第以啜茗清言銷之，是吾銷其意之有餘也。銷其不足而無餘憾，銷其有餘亦無不足之歉，吾之所以爲吾，自若也。』君子曰：『是皆壽道也，宜其壽。』然則先生養之少壯，養之暮年者交至矣，寧獨天植哉？

先生得年九十一而卒。其卒之年，第不能步履，無他疾痛。其卒之旬，第不能飲食，無他疾痛。蓋氣盡而止矣，斯所謂壽而考終命。先生自爲誌銘甚核，將葬，而原曾乃謁余請銘。余曰：『先生有成命，子不可違。』謹以所聞於先君子者附其説於後。蓋先生者，先君子所從受經也。

校記

〔一〕此篇又載《高子文集》卷六。

書成佑臺先生自誌後[一]

往攀龍常與許静餘先生耦行市中，遇佑臺先生，許先生趨而進，執禮甚恭，私於攀龍曰：『是真德行也。』嘗館於某，有魯男子事，人無知者，吾友馬君惟任聞之，亟爲舉鄉飲賓，許侯同生爲表其門。當是時，先生年八十有五。越明年庚戌而先生卒。攀龍讀其自誌，爲之歛襟歎息者久之，是豈非凜凜冰淵没身者哉？先生之生，明興百五十七年矣，去孝皇之治未遠，士生其間，慕古遵義，多獨行君子之德。吾觀先生見先民軌則焉，何必貴顯？今士或紆青拖紫，死之日捫心自疚，無論人口，即其自視，亦何異犬豕豺狼虺蝎然？悲夫！繩墨之於人，大矣。故厭貧賤，慕富貴，而略居身之道者，是貿貿於建瓴易盡之年，而不察死生之説者也。

校記

〔一〕此篇又載《高子文集》卷六。

書《淇園春雨》卷[一]

春雨既零，新篁抽翠，長林人静，書堂晝虚，當此景物，作何酬對？飲醇較奕乎？焚香啜茗乎？操觚染翰乎？是謂馳情玩物，俗之所貴，道之不載也。古之至人，川觀則指逝者之如斯，庭草則識自家之意思，此何爲耶？有斐何以興歌？切磨何以比義？於此悠然而思，憬然而會，庶幾點點聲聲非爲孤負。

校記

〔一〕此篇又載《高子文集》卷六。

書金鏡軒董役卷〔一〕

鏡軒金君之董役也，手萬金，不私一介，衡萬價，不謬一物，措萬料，不誤一用，程萬工，不虚一晷。江南有大工役，必迎致君，君退然不屑也，迫而後起，一諾之後，百挫不恤。不避嫌怨，不怠夙夜，不憚風雨，不辭寒暑，事必底於成，成必底於固而後已。今年吾邑林侯鼎葺學宫，延君董其事。君奉觀察公命而來，自正月至六月訖工。邑之人無不德君之力，憫君之勞，服君之能，悦君之誠。如吾所謂不私一介、不謬一物、不誤一用、不虚一晷者，益信矣。

余悲夫世之人士苴信義，芻狗廉恥，而惟利之視，利所在，則蠅營蟻聚，利所妨，則蜮射蠆螫，故事無不窳，衆無不吐，視金君何啻金玉之於糞壤，鸞鴻之於蛆蟲！由此觀之，人之貴賤，豈以冠裳韋布，要以自貴自賤而已矣。是役也，吾友馬君惟任實首議迎致君，持之堅，請之力，遂得之林侯，又得之觀察公，而始得君。天下之事，非人不成，非能任人者，不得成事之人，類如此。

校記

〔一〕此篇又載《高子文集》卷六。

書《江生夢》卷〔一〕

世人認欲爲心，故認夢作醒。須實信現前一切如夢，一切舍去之，當見非夢者，見非夢者，而後夢亦非夢矣。人禽之判只此幾希間，危哉！若徒夢中説夢，祇添藤葛。

校記

〔一〕此篇又載《高子文集》卷六。

書吴起讓八分變體卷〔一〕

古篆亡，而聖人之字學晦。夫字，心畫也，目擊而心存。如『德』，從直從心，直心爲德也。而『直』，從十從目從隱，隱微之地如臨十目爲直也，諸如此類。八分以後，去古愈遠，書者論點畫向背、往復回互之工，法備而義不存矣。

吾邑吴君起讓，獨好八分，書以示予。予不知書者，予則喜君之好古。今人巵匜樽罍之屬，近古則貴之，獨不好古之道耳。有志者不爾，必曰古之人。古之人如摹法書者，然故似之也。今君好書之近古者，引而伸之，非古不好矣，寧直八分千字之間哉？

校記

〔一〕此篇又載《高子文集》卷六。

書相者潘覽德卷〔一〕

壬戌春孟，吾師儕鶴先生書來，言覽德術極奇，其人有俠氣，可尚也。是時，經撫失河西，都下人心皇皇，若奴賊旦夕至。余謂覽德曰：『勿言富貴，且言安危。國家安，吾輩安矣。』覽德曰：『不害也。吾見都人，士無干戈之色，今見公益信。』余令視諸公卿，皆然。豈國家承天之祚，吾輩承皇之祚而然乎？若以人事，覽德言難爲券矣。覽德相人，必本於心，曰氣色皆心所爲也，心善而吉，心不善而凶。有吉凶反常者，先世善不善之積使然，報盡而止，不可常也。此其術之通乎道者也。夫『惠迪吉，從逆凶』，此千古大相法。覽德師傳，得其一緒便奇中，信乎天下事無不本諸心者。

校記

〔一〕此篇又載《高子文集》卷六。

書醫者喬心宇卷〔一〕

人身有附贅，與血氣相并，盜血氣爲養，耗血氣爲病，如國之有小人，所謂城狐社鼠，去之不可，容之不可，則身之瘻、腸之痔是也。而痔爲甚，甚且妨人晏坐之樂、登涉之勝。予年三十而有斯疾，五十始覺其害。己未秋，遇心宇喬君，治而去之。不用猛藥，不事驟效，以浹旬之力，使藥氣沁入，而邪氣沁出，滓結痂脱，與血肉若不相黏者然，一何神也！嗟乎！國之小人亦如是而已，不即戎，不用壯，使膚理内堅，而附贅外落，如木之落其枯且蠹者，而枝幹不知也，斯國手矣。夫國家盛時，如人之壯，有疾而不自覺，迨其衰，而害乃見，非國手，惡能勝其任而愉快乎？

予之疾去矣，晏坐一室，遊行五岳，翩躚無礙，其樂何如！於其身之樂，不能不動世之憂。安得有如喬君者，决附贅之耗，調血氣之和，使皇路平夷，往行若馳也哉？君之行也，壽之以觴，而志其私慨如此〔二〕。

校記

〔一〕此篇又載《高子文集》卷六。

〔二〕《高子遺書》文末有陳龍正跋語：『治癰疽者，首禁刀鍼，況瘻痔乎？誅殺，刀鍼也，小人驟除，毒必他發矣。保身，戒快心之言。保邦，戒快心之事。大凡妙理善術，不在快心。』

書醫者顧仰蒲卷〔一〕

顧仰蒲者，瘍醫也。癸未秋，余病疽，幾殆一庸醫之手，顧君藥之立起。當是時，人未有知君者，及是，聲殷然。其爲醫，不乘危以要人，不責報於貧人，不責厚報於富人；治方必先歲氣，慎天和，不輕用剽疾大寒熱之藥伐其源本，不輕用鍼砭劙割，要以輕重疾徐稱於其病而收其效。蓋吾邑之治瘍者，無以上之矣。

往者君貧時，日中而不舉火，出户悵然，迷於康莊，俯而視，得遺金焉。君曰：『吾窶如是，安知遺金者不猶吾邪？』低回久之，則遺金者匍匐至矣，訊其實而還之。欣然歸，以告其婦，婦曰：『甚善。若是，君不憂餒也。』吾嘗擊節，以爲其婦更難。久之，君醫果行，且時出其餘以周人急，曰：『吾念吾餒。』吾嘗謂：君爲人好善疾惡，得人善，娓娓言之，得人不善，亦娓娓言之，以是見取於君子，亦見疾於小人。吾嘗謂：『君休矣，君藥籠中寧皆菖苓、參术耶？』〔二〕

校記

〔一〕此篇又載《高子文集》卷六。

〔二〕《高子遺書》文末有陳龍正跋語：『仰蒲好心事，先生微言藥其病，過參、苓矣。然是病也，昔者子貢猶犯之，當藥以虞舜。』

書名公玉宇卷〔一〕

陳伯符寫照，肖其形，并肖其神。神者何也？在心爲志，在形爲度。肖其度者，肖其神也。肖形存乎法，肖神存乎悟。非悟不足以入神，技非入神，不足以得人之神。得形者，技而已。得神者，進乎技矣。

校記

〔一〕此篇又載《高子文集》卷六。

書關僧净六卷[一]

僧家既參方得訣，須入關自參，塵緣擾擾，得此静功，豈非勝事？然吾見關僧多是借好題目裝好模樣而已，實無志參求性命也。有焚誦者，有書寫者，有持咒者，有參話頭者，總排遣過日，三年出關，依然舊時人，閒中日月，良可痛惜。吾謂關中静坐是第一功夫，静中除妄想是第一功夫。除得妄想，方是功夫。妄想如何除得？要知人生以來，真心悉變成妄想，除却妄想，别無真心。回光一照，妄想何在？妄不可得，即是真心，急自認而已。日認日真，必有日一聲雷震，萬户洞開，方知如上所言字字是真，字字是假。何者？不認不真，當其認時，還是認者，故曰是假；當其真時，即此認者，故曰是真。此是儒者格物一訣，吾不知其於禪如何？

净六上人欲余書入關卷，余以語焉。人心無妄想則已耳，若猶未也，當用此訣。

校記

〔一〕此篇又載《高子文集》卷六。

書僧卷[一]

心月上人持不二心飯其徒衆，其徒之道經於此者，獲有底止，無飢渴之虞。夫先王之政，所在委積，行旅如歸。今沙門一衣一鉢，徒手而之四海，四民適百里，宿舂糧矣，又何怪佛氏之徒之衆乎？然以覆載言若曰作如是果，得之，皆人也；不養於彼，而養於此，皆養也；一飯之施與萬鍾之施，皆善也，爲善而已。如是報，是有意爲善，非善矣，君子無取焉。

校記

〔一〕此篇又載《高子文集》卷六。

書張汝靈扇〔一〕

只一點靈明，是人禽異處。若得他清清明明，循理而動，便是『君子存之』；若任他昏昏逐逐，隨物流轉，便是『庶民去之』。人禽二途，非此即彼，更無中間不人不禽可站立處。人但見不講學問，不識本心，不過是個庶民，不知已是個禽獸。於此瞿然發個猛省，這猛省的是何物？便是君子所存的這些子。

癸丑仲秋，桐川張伯陸先生過東林，闡發心宗，多士心孚。將別，欲余貽一語於其令郎汝靈兄。余謂聖人之道，一心而已；心，一靈而已，人人取諸己而足也。因爲題此，請正。

校記

〔一〕此篇又載《高子文集》卷六。

書秦兩行扇〔一〕

丈夫出世一番，豈容没没，要當猛然而思吾之此生作何究竟。世人有以富貴爲究竟者，有以功業爲究竟者，有以子孫爲究竟者。富貴，遇也，功業，時也，子孫，緣也，非吾所得而主，非吾所得而有。吾所得而有者何在？究其終，當原其始，吾之與生俱來者是也。何物也？曰心也。天地間極平常極奇特，惟此一字，人人知之，人人不知。聖賢千言萬語，終只説此一字。世人所謂心，絶非聖賢所謂心，聖賢所謂心，又不離世人所謂心。知之，一言可盡也，無言可會也。不知之，累千萬言不得也。故要在自求，求之彈指之頃，得之彈指之頃，如開眼見天，何處非天，舉足蹈地，何處非地。一得則萬畢，得與不得，何止聖凡之分，直是生死之路。

校記

〔一〕此篇又載《高子文集》卷六。

書秦開陽扇〔一〕

學者將凡情聖解盡情捨去，放他自然明覺出來，日用間聽其分别是非應去，如此而已。此自然明覺，何物也？索之無朕，究之無象，執之無跡，無思也而自來，無爲也而自至，其來也又無不能思，其至也又無不可爲，神矣哉！請觀日用常行内，誰號先天太極？真以此讀聖賢書，不爲尋行數墨矣。

校記

〔一〕此篇又載《高子文集》卷六。

書友人扇〔一〕

凡人而可至於聖人者，只在慎獨。獨者何也？本然之天明也，人所不知而己所獨知也。是即知其爲是，非即知其爲非，匪繇思而得，匪繇慮而知，即此是天，即此是地，即此是鬼神。無我無人，無今無古，總是這箇。知得這箇可畏，即便是敬，不欺瞞這箇，即便是誠，一一依這本色，即便是明。這裏打對得過，便可建天地，質鬼神，俟聖人於百世。《詩》云：『温温恭人，如集於木。惴惴小心，如臨於谷。』慎之也。

校記

〔一〕此篇又載《高子文集》卷六。

書友扇〔一〕

人心須常息。息，止息也，息則生矣。復於未發之謂息，但自反照，群妄了不可得，習之久而自能復也。

校記

〔一〕此篇又載《高子文集》卷六，（清）許獻、高廷珍等纂《東林書院志》卷六《高景逸先生東林論學語下》。《高景逸先生東林論學語下》作《書卞子静扇》。

書扇〔一〕

校記

〔一〕《高子遺書》及《高子文集》卷六此篇係節録（節録『存心必繇静坐而入』以下），非全文，全文載《高子未刻稿》射部、《高子别集》卷一。本書此篇已見《高子未刻稿》，本卷删文存目。

書周季純扇〔一〕

學以知性爲事，知性以知天爲事。何者？性無象可即，天舉目即是。現前虚空皆天也，知天則知性。人心無事，上下與天地同流。今人見大賓，無敢不敬，豈有與上帝相對越而不敬者乎？故曰『終日乾乾』，『終日對越在天』。小人不知天命而不畏，故閒居爲不善，無所不至，何足怪哉？學不知天，即勉强爲善，非誠也。

校記

〔一〕此篇又載《高子文集》卷六。

書朱仲增扇〔一〕

君子所在，增重何與？說在《易》之《鼎》。《鼎》之初曰「出否」，二曰「有實」。非仁無爲，非禮無行，凡物欲之非吾固有者，一切洗滌之，所以出否也。學以聚之，問以辨之，凡德業之爲吾固有者，及時進修之，所以有實也。於是乎雉膏可食，公餗無覆，爲五之金鉉，上之玉鉉，而增世之重也。夫增者，生於減也。減以出否，增以有實，惟其出否，所以有實。至於減無可減，斯增無可增，而金玉其質矣。

校記

〔一〕此篇又載《高子文集》卷六。

書趙維玄扇〔一〕

人有此身，即有此心，不知有其心，則不知有其身。人有此心，即有此性，不知有其性，則不知有其心。人有此性，即有此覺，不知有其覺，則不知有其性。覺斯敬矣，敬斯性矣。覺者乾道，敬者坤道。何以言之？夫人之覺，不知其所繇來。不知其所繇來者，天也。所以覺者，繇不敬也，繇不敬而覺，覺斯敬矣。覺者心也，敬者身也。今人四體不端，見君子而後肅然端焉，所以不安者，非繇見君子而然，其性然也，見君子而性斯顯耳。故心覺而身敬者，坤承乾也。乾坤合德，則形性渾融，久而熟，凡而聖矣。故『君子不以一日使其躬儳焉』，不克終日。聰明睿智皆繇此出，學不務此，萬事俱鄙矣。

校記

〔一〕此篇又載《高子文集》卷六。

同志約〔一〕

往來用單帖，隆重則用折柬。

過從相叙，殽用葷素六簋。菓榼、湯點，可有可無。不專席，不殺生。

特設相邀，殽用葷素八簋，五菓一榼，一湯一點，用一生，不殺更佳。

寧損於約之内，毋益於約之外。稱家而行，即一腐一菜不爲簡。益於約外者，客辭不饗。

遠地相訪，晤言既洽，主人不復至，客舟答拜。

右雖細事，可省浮費以養廉，可省煩勞以養生，可省物命以養福，可杜奢侈以示後，可敦朴實以維風。凡我同志，願相與堅持之。

校記

〔一〕此篇又載《高子文集》卷六。

同善會講語三條[一]

這個同善會，專一勸人爲善。所以勸人爲善者，且不要論善是決當爲，惡是決不當爲的道理，中間極有大利害，不可不知。我等同縣之人，若是人人肯向善，人人肯依着高皇帝六言：『孝順父母，尊敬長上，和睦鄉里，教訓子孫，各安生理，毋作非爲』，如此便成了極好的風俗，家家良善，人人良善，這一縣一團和氣，便感召得天地一團和氣，當雨便雨，當晴便晴，時和年豐，家給人足，豈不人人享太平之福？若是人心不好，見識歪邪，見個善人，便叫他是没用的滯貨，見個惡人，便叫他是有本事的好漢，看這六句言語是喫不得、着不得、用不得的古話，一味凭着自己的意力，一切非爲，要做便做，一人作歹，十人看樣，便成了極不好的風俗，這一團惡氣，便感召得天地一團惡氣，雨暘不時，五穀不登，人民疾病疫癘交作，兵火盜賊出於意外，不知者皆謂氣數當然，不知氣數是人心風俗積漸成的。此非迂闊之談，昔年福建興化府人作惡異常，有識的人皆説道此城必屠。不數年間，倭子來，獨攻破興化府，士民都被屠殺。若不是人心風俗所爲，何以有見識人先説在倭子未來之前？可見一家爲善，便是一家之福，家家爲善，便是一縣之福。我等各宜真心實意，做個好人。做好人，雖喫些虧，到底總算是大便宜；做惡人，雖討些便宜，到底總算是大喫虧。急切回頭，不可走差了路，害了自家，又害子孫，又害世界。

校記

〔一〕此三條又載《高子文集》卷六。

第二講

這同善會今日是第十四次了，會友有百餘人，人人皆出自心自願，可見善是人的本心，爲善是人的本分事，如着衣喫飯，人人喜歡做的。從此歲月日久，凡在同善會中人，看得一縣中老者、貧者、病者、死而無葬者，真如一家之人，痛癢相關，有無相濟，這一段意思，豈不是極好風俗，天地神明所極喜的？凡在會中受施之人，自然思量這個銀錢是善會中來的，豈可在不善處用？皆當興起善心，爲子弟者愈思孝親敬長，爲父兄者愈思教子訓孫，各思勤儉生理，各戒非爲浪費，這等方是同善之意。所助雖微，所勸甚大，不虚了此會。我等生在世間，百年有盡，所作善業惡業，浩劫無涯，過了一日，便没了一日，所以吉人爲善，惟日不足。這個身子，生的時節，一物不曾帶來，惟有這個善是原帶來的；死的時節，一物不能帶去，惟有這個善是原帶得去的。各各思量，各各努力。

第三講

這同善會廣勸世人爲善，凡來聽者便是有善根的人，所以有善緣到此，便有善言入耳。切不可輕看過了這句好言語，一句善言提醒了一點善心，便做了一世善人，豈但轉禍爲福，正如起死回生也。不必添説甚麽好話，只看這牌上寫着六句，一生也做不盡，一生也受用不盡。這太祖高皇帝是我朝的開基聖主，到今造成二百五十年太平天下，我等安穩喫碗茶飯，安穩穿件衣服，安穩酣睡一覺，皆是高皇帝的洪恩。高皇帝就是天，這言語便是天的言語。順了天的言語，天心自然歡喜，逆了天的言語，天心自然震怒。我輩豈能當得上天震怒？他的言語原是我們家常日用最安樂的事。人人有父母，人人隨分孝順他；人人有長上，人人隨分尊敬他；人人有鄉里，大家要和氣些；人人有子孫，大家要教訓他；生理是該做的，人人做自家該做的事，各有過活；非爲是不該做的，若做不該做的事，各有罪名。但看世間盜賊，那有不破的？但看世間嫖賭、打行、告狀、詐人的，那有善終的？到得官府訪拏，囚禁牢獄之時，想着那街上本本分分肩挑步擔做小生意的人，也都是天堂，何苦只貪暫時快意，造成無窮苦楚？今日聽得這言語，各要立定主意做個好人，鄉里也尊敬，子孫也流傳，父母尊長都喜歡，就是沒有父母兄長的人，人也稱道這是某人的子孫，某人的兄弟。如此學好，父母兄長也增光彩，祖宗也增光彩。這便是孝順尊敬的實事，比那三牲五鼎供養的也還强勝些。做好人有説不盡的風光，説不盡的安穩，都從今日這一點念頭上起。原是好念頭的人，愈要堅固。原是不好念頭的人，就要轉變，苦海無邊，回頭是岸，急急回頭，還嫌遲了。

國家古籍整理出版專項經費資助項目
國家社科基金重大項目『東林學派文獻整理與文獻研究』
（19ZDA258）成果